中国烟草年鉴 2010
U0856338

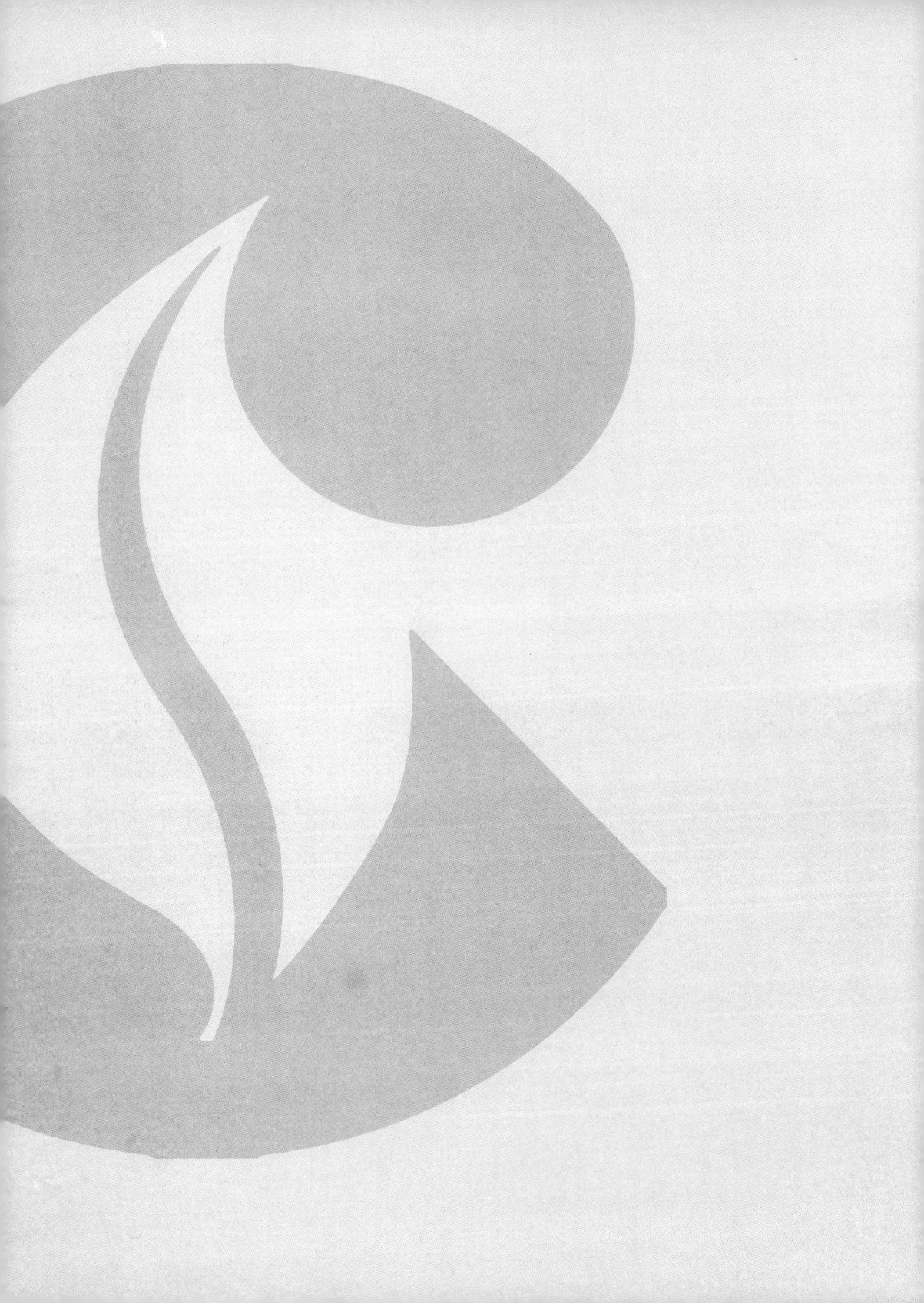

中国烟草年鉴

·2010·

CHINA TOBACCO YEARBOOK

国家烟草专卖局 编

中国科学技术出版社

·北 京·

国家烟草专卖局、中国烟草总公司领导

姜成康

工业和信息化部党组成员
国家烟草专卖局局长、党组书记
中国烟草总公司总经理

张保振

国家烟草专卖局副局长、党组成员

何泽华

国家烟草专卖局副局长、党组成员

李克明

国家烟草专卖局副局长、党组成员

张辉

国家烟草专卖局副局长、党组成员

潘家华

中央纪委驻国家烟草专卖局纪检组组长、国家烟草专卖局党组成员

国家局领导考察

6月24日，姜成康局长（前排左三）在福建武夷山市星村镇查看烟叶受灾情况

福建省局 林麦梓 摄

3月19日，张保振副局长（前排左三）在江西中烟“金圣香”精提中心考察

江西中烟 袁热娜 摄

9月14日，何泽华副局长（左二）在湖北恩施烟草考察

湖北恩施州局 向伦浩 摄

11月26日，李克明副局长（左三）到红云红河集团昆明卷烟厂调研

红云红河集团 魏红文 摄

7月8日，张辉副局长（右二）看望广东省局和广州市局两级打假机动队

广东省局 余仁伟 摄

4月23日，潘家华组长（前排左二）在湖南宁乡浙江中烟"利群"品牌导向型基地单元调研

浙江中烟 王卫民 摄

1月19～21日，2010年全国烟草工作会议在北京召开

陈兴杰 摄

2月25～26日，全国烟草行业纪检监察工作会议在北京召开

王学仕 摄

4月8~9日，全国烟草行业2010年政治工作会议在北京召开

张燕 摄

4月14~15日，2010年全国烟草专卖管理工作会议在北京召开

张宇 摄

5月13~14日，2010年全国烟草科技工作会议在北京召开

彭娟 摄

4月26日，烟草行业2010年全国劳动模范和先进工作者座谈会在北京召开

陈兴杰 摄

7月17～19日，全国烟草专卖局长、公司总经理座谈会在上海召开

陈兴杰 摄

9月27～28日，全国卷烟销售网络建设现场会暨“532”和“461”知名品牌培育动员会在甘肃兰州召开

甘肃省局 汤乐 摄

11月2～3日，全国烟叶工作座谈会在北京召开

张雨时 摄

12月2～3日，2010年全国卷烟销售工作会议在北京召开

武玉军 摄

12月7～8日，全国烟草行业办事公开民主管理暨贯彻落实"三项工作"程序规定现场会在河北石家庄召开

河北省局 武道传 摄

12月14～15日，2010年全国烟草行业质量管理体系建设工作现场会在湖北武汉召开

颉虎平 摄

3月16日，中国烟草总公司职工进修学院揭牌仪式在河南郑州举行

颉虎平 摄

12月10日，中国烟草云南祥云大型水源工程正式开工

云南省局 杨士斌 摄

2011 年 9 月，《中国烟草年鉴》获第五届
全国年鉴编校质量检查评比特等奖

《中国烟草年鉴》编辑委员会

主　任：张保振
副主任：张修连　刘　杰　郭联君
委　员：赵百东　孙宝义　毛幼力　汪为民　郑素平

《中国烟草年鉴》编辑部

主　　任：余　莉
各栏目责任编辑
《领导讲话》：王东旭
《重要文件》：吴中奇
《大 事 记》：周　佳
《行业概览》：
　　2010 年全国烟草行业发展概况、发展计划与经济运行：吴中奇
　　烟叶生产经营、卷烟生产经营、专卖监督管理：王东旭
　　政策法规与体制改革、财务与审计、纪检监察：谢争艳
　　烟草科技、信息化建设、多元化经营：周　佳
　　外事管理与对外贸易、人事与劳资、精神文明建设：张建丽
《国家烟草专卖局　中国烟草总公司机构》：张建丽
《省级局（公司）》
　　北京、天津、河北、山西、内蒙古、辽宁、吉林：吴中奇

黑龙江、上海、江苏、浙江、安徽、福建：谢争艳

江西、山东、河南、湖南、广东：张建丽

广西、海南、重庆、四川、贵州、云南：周　佳

湖北、西藏、陕西、甘肃、青海、宁夏、新疆、大连、深圳：王东旭

《工业企业》

卷烟工业企业：

河北、江苏、浙江、安徽中烟：王东旭

福建、江西、山东、河南中烟：谢争艳

湖北、湖南、广东、云南中烟：张建丽

广西、川渝、贵州中烟：周　佳

陕西中烟、中烟实业：吴中奇

境外卷烟生产企业：吴中奇

烟草机械生产企业：张建丽

卷烟辅助材料生产企业：吴中奇

烟叶加工企业：张建丽

《科研（教育）机构》：王东旭

《经济统计》：王东旭

《文　　化》：周　佳

《公益事业》：谢争艳

《论点摘要》：周　佳

《附　　录》

国 外 烟 草：张建丽

先进人物名单：谢争艳

先进集体名单：谢争艳

2010 年行业高级职称认定情况：谢争艳

2010 年行业获得的授权专利名单：王东旭

2010 年在产卷烟品牌（规格）名录：张建丽

2010 年在产雪茄烟品牌（规格）名录：张建丽

《索　　引》：吴中奇

彩　　插（文字编辑）：吴中奇

国家局机关、行业各直属单位审稿领导

国家局科技司司长：金忠理

中国烟草机械集团有限责任公司董事长、总经理、党组书记：王崇光

中国烟草实业发展中心副总经理、党组成员：刘　龙

中国烟草总公司郑州烟草研究院副院长：罗登山

中国烟草总公司合肥设计院副院长、党委委员：陆　敏

中国烟草总公司职工进修学院副院长、党委委员：杨保吉

北京市烟草专卖局（公司）纪检组长、党组成员：周　宾

天津市烟草专卖局（公司）副局长、党组成员：陈　余

河北省烟草专卖局（公司）副总经理、党组成员：钱　江

山西省烟草专卖局（公司）副总经理、党组成员：王志毅

内蒙古自治区烟草专卖局（公司）副总经理、党组成员：乌力吉

辽宁省烟草专卖局（公司）副总经理、党组成员：杜胜利

黑龙江省烟草专卖局（公司）副总经理、党组成员：杨鹤声

吉林省烟草专卖局（公司）副巡视员：杨永贤

上海烟草（集团）公司副总经理、党组成员：唐　煦

江苏省烟草专卖局（公司）副局长、党组成员：樊剑峰

浙江省烟草专卖局（公司）局长、总经理、党组书记：邱　萍

安徽省烟草专卖局（公司）副总经理、党组成员：董建江

福建省烟草专卖局（公司）副总经理、党组成员：李晓陆

江西省烟草专卖局（公司）副总经理、党组成员：郑　京

山东省烟草专卖局（公司）纪检组长、党组成员：张克强

河南省烟草专卖局（公司）副总经理、党组成员：徐德全

湖北省烟草专卖局（公司）巡视员、副局长、副总经理、党组成员：彭义政

湖南省烟草专卖局（公司）副总经理、党组成员：李民灯

广东省烟草专卖局（公司）副局长、党组成员：何建华

广西壮族自治区烟草专卖局（公司）纪检组长、党组成员：叶青峰

海南省烟草专卖局（公司）纪检组长、党组成员：徐维华

重庆市烟草专卖局（公司）纪检组长、党组成员：冉幕寿

四川省烟草专卖局（公司）副总经理、党组成员：　陈　章
贵州省烟草专卖局（公司）纪检组长、党组成员：　钟　勇
云南省烟草专卖局（公司）副局长、党组成员：　赵　全
西藏自治区烟草专卖局（公司）局长、总经理、党委副书记：　平措旺扎
陕西省烟草专卖局（公司）副局长、党组成员：　燕宏恩
甘肃省烟草专卖局（公司）副总经理、党组成员：　杨　洪
青海省烟草专卖局（公司）副局长、党组成员：　张超凡
宁夏回族自治区烟草专卖局（公司）纪检组长、党组成员：　罗增平
新疆维吾尔自治区烟草专卖局（公司）副局长、党组成员：　张小勇
大连市烟草专卖局（公司）副局长、副总经理、党组成员：　戚　兵
深圳市烟草专卖局（公司）副局长、党组成员：　顾永光
河北中烟工业公司副总经理、党组成员：　王礼发
江苏中烟工业有限责任公司董事、副总经理、党组成员：　俞惠梅
浙江中烟工业有限责任公司副总经理、党组成员：　杨柳军
安徽中烟工业公司副总经理、党组成员：　赵　辉
福建中烟工业公司副巡视员：　李长鲁
江西中烟工业有限责任公司监事、纪检组长、党组成员：　任用镨
山东中烟工业有限责任公司纪检组长、党组成员：　鹿广瑞
河南中烟工业有限责任公司副总经理、纪检组长、党组成员：　邵富根
湖北中烟工业有限责任公司董事、副总经理、党组成员：　谢伯卿
湖南中烟工业有限责任公司副总经理、党组成员：　杨智敏
广东中烟工业有限责任公司副总经理、党组成员：　区广安
广西中烟工业有限责任公司董事、副总经理、党组成员：　张雨夏
川渝中烟工业公司副总经理、党组成员：　汤柱国
贵州中烟工业有限责任公司总经理、党组书记：　白云峰
云南中烟工业公司总经理、党组副书记：　朱绍明
陕西中烟工业有限责任公司董事、副总经理、党组成员：　曹兴浪
南通醋酸纤维有限公司副总经理、党委委员：　茅　俊
珠海醋酸纤维有限公司党委委员、工会主席：　赵树春
昆明醋酸纤维有限公司党委书记、副总经理：　温　明

主要撰稿人

办公室（外事司）：王春波
科技司：高运谦
中国烟草机械集团有限责任公司：华　伟
中国烟草实业发展中心：曹建平
中国烟草总公司郑州烟草研究院：张敬一
中国烟草总公司合肥设计院：宋　林
北京市烟草专卖局（公司）：王智誉
天津市烟草专卖局（公司）：高栓龙
河北省烟草专卖局（公司）：刘学良
山西省烟草专卖局（公司）：陈晓勇
内蒙古自治区烟草专卖局（公司）：关晓勇
辽宁省烟草专卖局（公司）：周明飞
吉林省烟草专卖局（公司）：王兴谦
黑龙江省烟草专卖局（公司）：高　源
上海市烟草专卖局、上海烟草（集团）公司：李　燕
江苏省烟草专卖局（公司）：张　华
浙江省烟草专卖局（公司）：章　莉
安徽省烟草专卖局（公司）：李　胜
福建省烟草专卖局（公司）：刘国良
江西省烟草专卖局（公司）：王　萱
山东省烟草专卖局（公司）：徐文峰
河南省烟草专卖局（公司）：王　振　常树达
湖北省烟草专卖局（公司）：范晶瑛
湖南省烟草专卖局（公司）：张　仕
广东省烟草专卖局（公司）：张　慧
广西壮族自治区烟草专卖局（公司）：黄祥进
海南省烟草专卖局（公司）：孙　云
重庆市烟草专卖局（公司）：龚洪磊
四川省烟草专卖局（公司）：张羽翔
贵州省烟草专卖局（公司）：陈　俊
云南省烟草专卖局（公司）：曾尔庆
西藏自治区烟草专卖局（公司）：王佳敏
陕西省烟草专卖局（公司）：王　玉
甘肃省烟草专卖局（公司）：汤　乐
青海省烟草专卖局（公司）：葛建宝
宁夏回族自治区烟草专卖局（公司）：汪创业
新疆维吾尔自治区烟草专卖局（公司）：韩　敏
大连市烟草专卖局（公司）：高　瑞
深圳市烟草专卖局（公司）：唐琎琎
河北中烟工业公司：刘　辉
江苏中烟工业有限责任公司：卢　超
浙江中烟工业有限责任公司：孙　琦
安徽中烟工业公司：苏　畅
福建中烟工业公司：肖　部
江西中烟工业有限责任公司：李前进
山东中烟工业有限责任公司：秦日旭
河南中烟工业有限责任公司：张　宇
湖北中烟工业有限责任公司：刘智丹

湖南中烟工业有限责任公司：	盛晓燕	云南中烟工业公司：	王宏先
广东中烟工业有限责任公司：	郑泽敏	陕西中烟工业有限责任公司：	张建华
广西中烟工业有限责任公司：	周丽霞	南通醋酸纤维有限公司：	陈丹彤
川渝中烟工业公司：	晏　钢	珠海醋酸纤维有限公司：	许　江
贵州中烟工业有限责任公司：	胡桂姜	昆明醋酸纤维有限公司：	唐丽维

编写说明

一、《中国烟草年鉴》是由国家烟草专卖局组织编纂，全面反映中国烟草行业改革和发展情况以及所属各企业发展概貌的专业性、权威性行业综合年鉴。《中国烟草年鉴》自1996年创刊以来，已先后编纂出版了1991～1995年、1981～1990年、1996～1997年、1998～1999年、2000年、2001年、2002年、2003年、2004年、2005年、2006年、2007年、2008年、2009年卷等14期。从《中国烟草年鉴》2004年卷起，由国家烟草专卖局中国烟草杂志社《中国烟草年鉴》编辑部具体负责年鉴的编辑工作。

二、《中国烟草年鉴2010》设有领导讲话，重要文件，大事记，行业概览，国家烟草专卖局、中国烟草总公司机构，省级局（公司），工业企业，科研（教育）机构，经济统计，文化，公益事业，论点摘要，附录，索引，共计14个栏目。本年鉴“栏目”下设“分目”和“条目”。

三、本年鉴主要收录了2010年全国烟草行业发展的主要工作情况。各栏目内容充实，信息量大，特别突出了资料的权威性、延续性，反映行业改革发展的历程。并有大量彩图配合相关栏目，全面反映行业发展情况。

四、《省级局（公司）》、《工业企业》栏目内容不断丰富，企业基本信息更加完整。为进一步反映行业发展特点，新增“十一五发展概要”，集中反映行业及各个企业“十一五”时期的主要成就和经验。省级局（公司）栏目中，所属地市级局（公司）分目内容更加注重突出企业特色内容的编写，突出企业特点；注重文表结合，将卷烟销售情况、专卖打假情况、烟叶生产基础设施建设情况纳入表格进行反映。工业企业栏目中，“烟叶加工企业”分目新增“薄片生产企业”内容。

五、在2009年鉴《科研机构》栏目基础上，新增“教育机构”内容，充实完善为《科研（教育）机构》栏目。

六、《附录》栏目中，新增“2010年行业获得的授权专利名单”分目，下设三个表格，反映行业在2010年度获得的发明专利、实用新型专利、外观设计专利授权情况。

七、本年鉴的各种资料、数据主要由国家烟草专卖局各部门、各单位和行业各直属单位提供，条目内容、数据均由各撰稿单位审阅，并由国家局烟草专卖局办公室最后审定确认，资料可靠。

八、本年鉴中的各种资料、数据，除人物和先进企业名单外，一般截止时间为2010年12月31日。

编　者

2011年10月

目 录

领导讲话

全国烟草工作会议

专卖管理

烟叶生产

经济运行

财务审计

专卖管理

经济运行

烟叶生产

财务审计

烟草科技

整顿规范

人事政工

大事记

行业概览

国家烟草专卖局 中国烟草总公司机构

省级局（公司）

工业企业

科研（教育）机构

经济统计

总表部分

工业部分

其他

文 化

公益事业

论点摘要

附 录

国外烟草

先进人物名单

先进集体名单

2010 年行业高级职称认定情况

2010 年行业获得的授权专利名单

2010 年在产卷烟品牌（规格）名录

2010 年在产雪茄烟品牌（规格）名录

索 引

领导讲话

全国烟草工作会议

在2010年全国烟草工作会议上的讲话

工业和信息化部部长　李毅中

（2010年1月19日）

结合当前经济形势，就烟草行业做好全年工作讲几点意见。

一、2009年全国烟草行业工作取得显著成绩

2009年，在国家局党组的领导下，全国烟草行业的广大干部职工顾全大局，迎难而上，认真贯彻落实中央的决策部署和工信部的工作要求，强化管理，深化改革，着力创新，提升品牌，保持了平稳较快发展的良好态势，各项工作取得了显著成绩。

一是行业发展保持良好态势。受金融危机冲击，去年上半年烟草销售收入增幅明显下降，部分高档烟产量下降。面对市场环境的重大变化和卷烟税收政策的重大调整，烟草行业创新思路，多措并举，努力缓解运行中的困难和矛盾，积极做好“保牌、稳价、规范、增效”工作，保持了行业平稳较快发展的良好态势。全年卷烟产销协调增长，市场价格保持稳定，实现工商税利5131亿元，比上年增加559亿元，增长12.2%，实现了年初预定的工作目标。

二是财政增收任务圆满完成。去年，根据经济形势变化的要求，国务院决定调整卷烟消费税率，明确提出烟草行业要为国家财政增收作贡献。全行业坚决贯彻执行国务院的部署要求，精心组织，认真落实部分利润转为消费税的决策，妥善处理政策实施中遇到的各种问题，推动方案顺利实施。在不提高卷烟零售价格、保持市场稳定的前提下，全年新增消费税594亿元，圆满完成了财政增收500亿元的任务，为全国经济企稳回升做出了积极贡献。

三是烟草工业带动现代烟草农业取得积极成效。积极推进现代烟草农业整乡、整县建设试点，初步形成了以基地单元建设为载体、以完善基础设施建设为重点、以提高专业化服务水平为关键、以创新生产组织形式为突破的发展新路子。烟草工业高度重视烤烟种植，加大投入，提高科学化、专业化水平的成功范例，为以农畜产品为原料的加工业，与现代农业、现代畜牧业、现代养殖业协同发展，进而实现工业反哺农业，提供了宝贵的经验和做法。

四是质量品牌工作进一步加强。积极推动行业改革创新、兼并重组、节能降耗和技术进步，强化质量品牌建设。特色优质烟叶开发、卷烟增香保润、卷烟减害技术等重大专项取得积极进展，烟叶和卷烟质量水平明显提高。重点骨干品牌销量和税利占行业的比重明显提升，对行业发展的贡献不断加大。烟草行业抓质量、抓品牌的做法，对其他行业也有借鉴意义。

五是行业两化融合水平明显提高。结合自身特点，加快推进信息化与生产经营相融合，行业生产经营决策管理、专卖监督管理、会计核算、资金监管等方面信息化水平明显提高，电子商务、现代物流建设进一步得到加强，有力提升了行业的生产和配售水平，遏制了假冒伪劣产品，保护了消费者权益。烟草行业尤其是全国性、区域性现代物流的建设，是用信息化带动工业化的典范。

二、正确把握当前的宏观经济形势和工业发展任务

2009年，在党中央、国务院的正确领导下，全国人民齐心协力、迎难而上、共克时艰，有效遏止了经济增长明显下滑态势，实现经济形势回升向好。但是，必须清醒地认识到，国际金融危机还没有过去。世界经济虽然出现了积极迹象，但各种不稳定不确定因素依然较多，全面复苏将是一个缓慢、曲折、复杂的过程。从国内情况看，我国经济回升的基础还不牢固，转变经济发展方式的任务十分艰巨。中央经济工作会议科学分析了我国发展面临的国际国内形势，全面部署了今年经济工作的各项任务和要求，特别强调要着力推动发展方式转变和经济结构调整，提高经济增长

的质量和效益。我们要坚决贯彻中央的决策部署，全面抓好今年各项工作。

工业是国民经济的主导产业。转变发展方式，重点在工业，难点在工业，出路也在工业。根据中央经济工作会议精神，全国工业和信息化工作会议提出了今年的工作思路、重要任务，概括为：

一条主线：以结构调整和发展方式转变为主线，切实提高工业增长的质量和效益。

四个突出抓好：突出抓好技术改造和自主创新，突出抓好推进节能减排、淘汰落后和兼并重组，突出抓好培育发展战略性新兴产业，突出抓好信息化与工业化融合、军民结合，努力实现工业通信业平稳较快发展。实现工业增加值增长11%和结构调整的各项目标。

五个原则：一是，把改善供给结构、促进扩大内需作为保持工业平稳较快发展的根本途径。二是，把技术改造和自主创新作为转变工业发展方式的中心环节。三是，把控制总量、兼并重组、淘汰落后、节能减排、品种质量、产业升级作为工业结构调整的重要举措。四是，把推进信息化与工业化融合作为促进工业在高起点加快发展的紧迫任务和长期战略。五是，把培育战略性新兴产业作为培育新增长点、抢占国际经济技术竞争制高点的主攻方向。

八项主要工作：一是，继续落实中央一揽子计划，突出抓好技术改造，促进工业经济平稳较快发展。二是，突出抓好节能减排、抑制过剩、淘汰落后、兼并重组，推动结构调整取得实质性进展。三是，全面落实国发［2009］36号文件，进一步优化中小企业发展环境。四是，加强科技创新和成果转化，推进质量品牌建设。五是，培育发展战略性新兴产业，打造新的竞争优势和经济增长点。六是，建设先进国防科技工业，推动军民融合式发展。七是，推进“两化”融合向纵深发展，促进社会领域信息化。八是，把网络与信息安全放在更加突出的位置，维护国家安全和社会稳定。

五项保障措施：一是，全面履行工业通信业行业管理职责，强化行业指导和统筹协调。二是，加强电信监管和工业品生产管理，创造公平有序的市场环境。三是，加快职能转变和管理创新，建设高水平服务型政府。四是，推进工业和信息化系统建设，提高凝聚力和战斗力。五是，建设学习型机关，树立良好工作作风。

烟草行业在过去一年里取得了突出成绩，也为今年的发展创造了有利条件。但同时也要清醒地看到存在的问题和不足。主要是，烟叶超产超收问题突出，稳定烟叶生产规模的难度和压力增大；卷烟品牌跨省整合难度加大，体制性障碍有待进一步克服；卷烟工业费用水平上升，企业管理需要进一步加强；面对烟草控制、国际竞争等新的挑战，忧患意识、危机感、紧迫感需要进一步增强。

三、努力实现烟草行业又好又快发展

工业和信息化部完全赞成烟草局今年工作的安排。烟草行业要深入贯彻落实科学发展观，坚持走中国特色新型工业化道路，继续严格控制烟叶生产规模，全面推进“卷烟上水平”工作，着力调整烟草产业结构，更加注重转变发展方式，切实提高运行质量和效益，努力实现又好又快发展。

按照这个要求，行业发展要重点做好以下几项工作：

（一）着力推动发展方式转变，努力保持行业持续健康发展。要从行业特点出发，把保持平稳较快发展和加快发展方式转变有机统一起来。要加强市场分析研究，增加有效货源供给，努力保持卷烟销量稳定。关注社会库存，注重均衡投放，保持卷烟价格稳定。要突出抓好重点骨干品牌培育，促进全国性品牌加快成长。要加快推进省级工业公司董事会建设，建立健全现代企业制度，更好地发挥董事会在企业投资、薪酬、预算以及基本制度建设方面的决策作用。要进一步深化多元化投资体制改革，严格控制新上多元化投资项目。要积极实施“走出去”战略，努力在境外实体化运作和与国际烟草公司合作方面取得更大进展。

（二）扎实推进现代烟草农业建设，努力保持烟叶生产稳定发展。发展现代烟草农业，是烟草结构调整的重要内容。要在建设试点的基础上逐步扩大范围，重点抓好整县推进，做好总体规划，明确阶段性任务，努力实现烟叶原料供应基地化、品质特色化、生产方式现代化。要健全完善专业化服务机制，积极探索生产组织形式创新，解决好土地流转等问题，促进烟农不断增产增收，真正使广大烟农受益。要把控制烟叶生产规模作为行业工作的中心任务，采取有效措施，把工作做细做实，确保控制规模任务落实。

（三）全面加强质量品牌建设，努力提高行业整体竞争实力。质量品牌上水平，是“卷烟上水平”的集中体现，也是烟草行业转变发展方式的战略举措。要把实现卷烟工业企业满意、零售客户满意、消费者满意作为行业工作的出发点和落脚点，积极实施“大市场、大品牌、大企业”战略，加快推进重点骨干品牌发展。要充分发挥科技创新对行业发展的带动引领作用。要把现代信息技术贯穿于卷烟研发设计、工艺组织、原料供应、过程控制、企业管理、市场营销等企业生产经营的全过程，加大技术改造力度，不断提升卷烟质量和品牌价值。要继续推动卷烟工业企业跨省重组、品牌整合，淘汰落后产能，推进节能降耗减排治污，促进产业组织结构和产品结构优化。要高度重视抓好卷烟产品质量监督检测工作，确保产品质量安全。

（四）切实加强烟草专卖管理，努力保持良好的市场秩序。加强烟草专卖管理，是烟草行业的重要职责，也是行业持续健康发展的重要保障。要毫不动摇地坚持烟草专卖制度，始终保持打假高压态势，坚决维护国家利益和消费者利益。要切实加强市场检查和监管，严厉打击各种非法经营和网上贩卖假私卷烟等行为，维护正常的烟草市场秩序。要坚持以“端窝点、断源头、破网络、抓主犯”为重点，与公安部门加强协调配合，开展专项打击行动。要认真做好履行《烟草控制框架公约》各项工作，加强禁烟法律法规宣传，严格行业自律，自觉规范生产经营行为。

（五）进一步加强行业党的建设和队伍建设，努力发挥行业广大干部职工的积极性、主动性、创造性。要认真贯彻落实党的十七届四中全会精神，坚持用中国特色社会主义理论体系武装头脑，切实加强行业各级领导班子建设。要深入开展“国家利益至上、消费者利益至上”在岗位主题实践活动，加强行业内部管理监督，推进办事公开、民主管理，提高科学决策、民主决策、依法决策水平。要以完善惩治和预防腐败体系为重点，深入推进反腐倡廉建设，严格规范权力运行。要高度重视抓好安全生产管理，严格落实责任，切实做好维护稳定工作，保证行业改革发展各项工作顺利推进。

全面推进“卷烟上水平”　努力保持行业持续健康发展

——在2010年全国烟草工作会议上的报告

姜成康

（2010年1月19日）

这次全国烟草工作会议主要任务是，全面贯彻落实党的十七大和十七届三中、四中全会精神，贯彻落实中央经济工作会议、全国工业和信息化工作会议精神，紧密联系行业实际，总结2009年工作，安排部署2010年工作任务，针对当前行业发展面临形势，进一步明确主要目标任务，全面推进“卷烟上水平”，不断增强中国烟草整体竞争力，努力保持行业持续健康发展。

一、2009年行业主要工作情况

2009年是新世纪以来我国经济发展最为困难的一年，也是烟草行业坚决贯彻中央决策部署，坚定信心，主动应对，扎实工作，各方面工作取得明显成效的一年。烟草行业面对市场环境重大变化和卷烟税收政策重大调整，在党中央、国务院和工信部坚强领导下，以邓小平理论和“三个代表”重要思想为指导，深入贯彻落实科学发展观，围绕年初确定的“烟叶防过热，卷烟上水平，税利保增长”目标任务，全面抓好各项工作的推进和落实，在全行业干部职工艰苦努力下，继续保持了良好发展态势。全年实现工商税利5131.13亿元，同比增加559.26亿元，增长12.23%；其中实现税金3449.50亿元，同比增加715.11亿元，增长26.15%；实现利润1681.63亿元，同比减少155.85亿元，降低8.48%。全年实现税费（含国有资本收益）4163.4亿元，同比增加864.6亿元，增长26.21%。

（一）烟叶基础工作进一步加强

去年以来，烟叶生产面临复杂多变形势，存在明显偏热苗头。针对烟叶生产出现的新情况、新问题，国家局冷静分析，果断决策，明确提出把“烟叶防过热”作为行业工作的中心任务，要求通过扎实开展现代烟草农业建设，全面加强烟叶工作管理，努力提高烟叶工作水平，保持烟叶生产稳定发展。各烟叶产区按照国家局要求，以高度负责的态度，认真抓好各项措施落实，烟叶生产总体保持了良好发展。一是烟叶生产规模得到较好控制。在2008年全国烟叶工作座谈会上，国家局明确提出“严格控制、适度从紧”的烟叶工作方针。烟叶产区紧紧依靠当地党委、政府，认真做好政策宣传，切实加强合同管理，严格控制种苗供应，烟叶种植面积得到较好控制。去年全国烤烟种植面积1685.2万亩，同比减少44.5万亩，这是来之不易的。二是现代烟草农业建设取得实质性进展。按照“一基四化”总体要求，全国共安排现代烟草农业试点单位143个，其中整县推进3个、整乡推进41个。通过总结云南禄丰等试点单位经验，初步探索了一条以基地单元建设为载体、以完善烟叶生产基础设施为重点、以提高专业化服务水平为关键、以创新生产组织形式为突破的现代烟草农业发展的新路子。进一步加强烟叶生产基础设施建设。全年共安排专项资金99.8亿元，同比增加18.3亿元，增长22.45%；新建密集式烤房16.59万座，新修机耕路9097.12千米、沟渠9669.21千米，烟叶生产基础设施综合配套能力进一步增强。不断创新生产组织形式，种植大户、家庭农场、专业合作社健康发展。现代烟草农业建设试点单位种植大户所占种植面积比例为52.59%，家庭农场为13.65%，专业合作社为19.9%；规模种植取得新的突破，全国户均种植面积达11.19亩，同比增加3.5亩。不断完善专业化服务体系。全国商品化供苗面积达94%，同比提高12.7个百分点；机械化整地比例57.7%，同比提高8.7个百分点；密集式烤房烘烤比例66.8%，同比提高20个百分点。三是烟叶技术和管理水平明显提高。特色优质烟叶开发得到较好落实，全年收购可达331万担。烟叶收购管理工作明显加强，烟叶收购等级合格率为79.94%，同比提高7.24个百分点；工商交接等级合格率为63.2%，同比提高2.5个百分点。通过采取以上措施，促进了烟农增产增收。据统计分析，去年烟叶平均亩产达到304斤，同比增加27斤；均价每斤7.2元，同比增加0.28元；种烟农户150.61万户，户均收入达2.44万元。

（二）经济运行继续保持良好发展

全行业始终坚持“控制总量、稍紧平衡”方针，切实抓好“保牌、稳价、规范、增效”各项措施落实，把“保增长”建立在尊重市场规律、优化资源配置、良好经营秩序、保持价格稳定、切实加强管理“五个基础”之上，确保了税利增长目标顺利实现。一是精心组织卷烟消费税政策调整工作。为增加国家财政收入，国务院决定调整卷烟消费税率，并在商业环节开征消费税。为保证卷烟消费税政策调整顺利实施，明确提出“价税财”联动的调整思路，与有关部门共同制订较为完善的实施方案，既保证财政增收，又理顺了价格，营造了公平竞争市场环境；加强与有关部门协调，妥善处理政策调整过程中遇到的各种情况和问题；及时召开行业直属单位主要负责人会议，全行业认识高度一致，顾全大局，坚决贯彻国务院的决策部署。经过努力，按静态算账，全年增加消费税594亿元，圆满完成中央财政增收任务。二是努力保持卷烟产销协调发展。卷烟产销保持稳定增长。全年生产卷烟4580.3万箱，同比增长3.2%；销售卷烟4577.5万箱，同比增长4.3%；工商库存保持合理水平。卷烟价格企稳回升。5月份以后卷烟价格总体保持稳定，12月份市场零售价格指数为99.95，与6月相比提高0.35个百分点，绝大部分卷烟牌号实现顺价销售；全国现有持证卷烟零售户495.3万户，卷烟零售毛利率达到8.9%。超高价烟治理取得明显成效。认真贯彻国务院领导指示精神，加强批发价格管理和零售价格指导，明确规定卷烟批发价格最高不得超过640元/条，零售价格不得超过1000元/条，从检查看，这一要求得到较好落实。三是重点骨干品牌保持持续增长。在严峻复杂的经济形势面前，重点骨干品牌良好发展趋势没有改变，集中度进一步提高，这是去年经济运行一大亮点，也是实现税利增长的关键所在。30个重点骨干品牌销量2446.88万箱，同比增长15.67%，占行业卷烟总销量比重为54.02%，同比提高5.74个百分点；实现税利2569.8亿元，占工业实现税利比重为75.67%，同比提高4.26个百分点；实现利润527.01亿元，占工业实现利润比重为85.29%，同比提高4.62个百分点。全年有12个品牌产销量超过100万箱，其中“白沙”、“红塔山”、“红河”、“红金龙”、“红旗渠”超过200万箱；13个品牌销售收入超过200亿元，其中“云烟”、“芙蓉王”、“白沙”、“红塔山”、“利群”、广东“双喜”超过300亿元，“中华”超过500亿元。四是开拓国际市场取得新的进展。加快推进烟叶进口境外实体化运作，继续推动与跨国烟草公司合作，积极支持卷烟工业境外办厂。全年卷烟出口357万件，同比增长21%，其中境外生产卷烟171万件，同比增长12.9%；烟草进出口总值27.32亿美元，同比增长28.41%，其中出口总值8.74亿美元，同比增长18.26%。五是安全生产各项措施得到较好落实。各单位进一步健全安全机构，充实安全管理人员，认真组织开展“安全生产年”活动，全年组织两次行业安全生产大检查，针对发现的安全隐患加大整改力度，尤其是重点抓好交通安全等专项整治，确保了安全生产，避免了重大事故发生。六是经济运行质量和效益进一步提高。成本费用得到有效控制，全年工业企业销售收入成本率为28.88%，同比降低0.72个百分点，工业企业三项费用率为9.31%，同比降低0.15个百分点，商业企业三项费用率为8.78%，同比降低0.04个百分点。节能减排工作完成阶段性目标，全年工业万元产值能耗34.6千克，同比降低12.6%；万支卷烟能耗4.08千克，同比降低6.0%；工业二氧化硫排放总量10098吨，同比降低14.2%；化学需氧量排放总量6886吨，同比降低6.2%。

（三）企业管理和技术创新取得新的进步

全行业高度重视转变发展方式，不断提高企业管理和技术创新水平。一是全面加强基础管理工作。深入贯彻“重心下移、着眼基层、突出服务、加强基础”方针，以预算管理、贯标、对标、基层创优四项工作为重点，全面加强基础管理和基层建设，努力提高基础管理和基层建设水平。全面加强预算管理。总公司制定印发《烟草行业全面预算管理办法和工商企业全面预算管理规程（暂行）》，各单位把预算管理作为加强管理、提升管理水平的重要手段，明确任务，突出重点，规范程序，加强预算执行过程控制，充分发挥预算的约束作用。深入开展质量管理体系建设。总结推广浙江省局（公司）体系建设“目标引领、自我建设、突出创新、系统推进”的做法和经验，工业企业围绕“四个中心”建设和一体化转型需要，商业企业围绕卷烟营销、专卖内管、烟叶生产、物流建设等核心业务，进一步健全标准，明确职责，优化流程，完善程序，初步搭建了企业基础管理平台和综合管理体系。认真开展对标活动。国家局建立了对标体系，统一对标指标口径，按季度公布各单位对标数据，在上海召开以对标为主题的企业管理现场会，推动对标活动深入开展。各单位对照标杆寻找差距，制定措施，持续改进，形成“比、学、赶、超”良好氛围。通过采取综合措施，成本费用得到有效控制。治理卷烟过度包装取得初步成效，卷烟包装成本占总成本比重同比下降0.26%。扎实开展创建优秀基层单位活动。优秀基层单位创建活动分别确定了试点单位，专门召开创建活动试点工作座谈会，组织人员深入基层调研，指导创建工作扎实开展。二是加快推进信息化建设。以行业卷烟生产经营决策管理系统为平台，以统一会计核算软件、烟叶生产经营管理系统、资金监管系统等项目建设为重点，加快推进信息化与“两烟”生产经营相融合，全面提高行业信息化水平，为加快实现“三个转变”提供了有力支撑。三是高度重视技术创新。按照“环境一流、手段一流、人才一流、成果一流”的要求，企业技术中心建设明显加强。重大专项实施加快推进，烟草基因组计划通过论证，卷烟增香保润、卷烟减害技术、特色优质烟叶开发、中式卷烟制丝生产线等重大专项实施取得积极进展。超高速卷接包机组国际技术合作取得实质性突破，烟机装备制造技术水平和管理水平进一步提升，对卷烟生产的服务保障能力不断增强。高度重视质检机构建设，切实加强卷烟产品质量监督，全国平均卷烟焦油量为12.2毫克/支，同比降低0.6毫克/支；一氧化碳量为13.7毫克/支，同比降低0.5毫克/支。认真抓好标准化工作，2009年国家局批准发布行业标准71项，构建起了由425项烟草类国家或行业标准组成的行业标准体系，提出并牵头组织制订的我国首个烟草国际标准取得实质性进展。认真做好履行《烟草控制框架公约》工作，加强与履约工作部际协调领导小组成员单位的沟通，全面开展履约研究，密切跟踪世界各国履约动态，针对缔约方会议通过的有关准则组织制订具体履行方案。

（四）行业各项改革继续深入推进

一是卷烟工业企业改革取得新的进展。湖北中烟与黑龙江卷烟工业联合重组顺利实施，卷烟工业重组整合迈出新的步伐。全年跨省品牌定向整合413.6万箱，同比增加38万箱，卷烟品牌整合取得新的成效。省级工业公司董事会运作机制不断完善。在第一批省级工业公司董事会建设取得明显成效的基础上，江苏、江西、陕西等省级工业公司董事会建立并开始运作。按照现代企业制度要求，结合烟草专卖体制特点，就加强省级工业公司董事会建设开展专题调研，不断完善董事会运作机制，加强董事会办事机构建设，建立监事制度，更好地发挥董事会在企业决策中的作用。二是卷烟流通改革深入推进。全面推进按客户订单组织货源工作，以提高把握市场能力为目标，加强市场分析研究，较好发挥了市场配置资源的积极作用，为行业调控和品牌整合提供了真实可靠的依据。以订单是否满足市场真实需求为重点，对30个省（区、市）的67个地市级公司组织开展检查评价工作，针对存在问题加以整改，促进了按客户订单组织货源工作水平提升。总结推广江苏徐州“优化模式、完善机制、强化服务、增强能力”的网建经验，推动网建上新水平，切实增强网建软实力。按照“准确定位、有机对接、突出品牌、全面提升”的要求，积极推动工商协同营销由概念到操作、由部分试点到全面推广的延伸工作，努力建立市场导向、面向客户、面向消费者的营销体系，提升了行业营销水平。加快推进现代物流建设，完成《烟草工业企业物流作业规范》、《烟草商业企业物流配送中心视频监控系统统一平台技术规范》、《烟草工业企业物流绩效评估标准》等6项标准的制订并抓紧贯彻实施，加强物流信息采集和应用，对健全行业物流工作组织体系开展了专题调研。不断优化和完善电子商务系统，电子商务水平进一步提高。三是行业多元化投资管理取得新的成效。积极探索加强多元化企业管理监督的有效方式，建立多元化企业重大事项报告制度，实现对多元化存续企业管理监督的制度化、规范化和信息化。继续依法依规抓好多元化企业清退收尾工作，全行业已累计清退多元化企业1138家，完成清退计划的94%。四是精心组织烟叶资源配置方式改革。以新区开发为突破口，以基地单元建设为载体，卷烟工业主动参与、深度介入，基地建设上了新的水平。全国共落实74个基地单元建设，面积110万亩，其中新区开发24个单元、老区50个单元。制定并下发《关于打叶复烤企业重组整合的指导意见》，积极稳妥地推进打叶复烤企业重组整合。坚持试点先行，切实加强对重组整合试点工作的指导，云南、贵州、湖北三省试点工作进展顺利。五是扎实推进用工分配制度改革。深入贯彻落实《关于深化烟草行业收入分配制度改革的意见》，在山西召开用工分配制度改革研讨会，进一步明确改革主要任务，研究解决改革难点问题；加强对用工分配制度改革情况的调查研究，分析各单位改革实施效果。多数单位基本完成改革的阶段性任务，分类管理的岗位绩效薪酬体系、合理的收入分配结构、正常的薪酬调整机制初步建立，有效调动了行业干部职工的积极性和主动性。

（五）内部监管和专卖管理明显加强

一是更加高度重视内部监管工作，严格规范生产经营秩序。召开由行业各直属单位主要领导参加的加强内部管理监督工作汇报会，总结工作，交流经验，在更高起点上全面推进行业规范工作。按照“思想上更加重视、行动上更加自觉、标准上更加严格、整改上更加主动”的要求，全面开展工程投资、物资采购、宣传促销项目三项检查“回头看”工作。国家局组织9批抽查组对20个省市37家直属单位进行三项工作的重点抽查，共抽查项目7920个，针对检查中发现的问题提出整改建议346条。研究制订《烟草行业工程投资、物资采购和宣传促销项目管理程序的规定》，进一步健全制度、完善程序、规范行为。以落实《内部专卖管理监督工作规范》为抓手，积极推进专卖内管长效机制建设。强化日常监管，依靠信息化手段及时发现不规范经营线索，查处违规违法经营行为。坚持开展重点检查工作，国家局分4批对6个省市20家工商企业进行了检查，促进生产经营秩序进一步规范。全面加强审计监督，推广福建省局（公司）做法和经验，在13个省局（公司）推行审计委派制。拓宽审计领域，对2007年、2008年烟叶生产补贴资金和烟叶生产基础设施建设资金开展专项审计，加大固定资产投资审计力度，积极开展经济责任审计工作，内审机构监督作用得到有效发挥。二是坚持把“端窝点、断源头、破网络、抓主犯”作为卷烟打假工作的突出重点，建立和维护良好市场秩序。广东、福建等省对制假源头开展全方位不间断打击，彻底销毁查获的制假设备和原辅材料，削弱卷烟制假能力。严格查处运输、分销假烟和原辅材料行为，防止制假活动转移扩散。深入开展打击卷烟售假网络工作，国家局与公安部加大对重大制售假烟网络案件的督导力度，组织多次大规模跨省打假行动；各地切实落实每个地市级局打掉1~2个较大规模制售假烟网络的目标任务，加大网络案件侦破力度，突破大案要案，切断假烟流通渠道。继续抓好打击非法经营烟叶行为，部署开展打击网上非法经营烟草专卖品工作，有效遏制了制售假烟违法犯罪活动反弹。全年共打掉大型制假窝点181个，打掉重大制售假烟网络606个；查处案值5万元以上案件6014起，收缴制假烟机398台，查获假烟61.4万件，其中物流运输环节查获假烟32.2万件；关闭非法从事烟草专卖品经营网站57家；依法拘留犯罪嫌疑人7730人，其中追究刑事责任3905人。

（六）行业党的建设和队伍建设取得新的成效

一是扎实开展深入学习实践科学发展观活动。按照中央统一部署，全行业深入扎实开展学习实践活动，影响和制约行业科学发展的突出问题得到初步解决，贯彻落实科学发展观的自觉性和坚定性进一步增强，为行业科学发展上水平奠定了思想基础，取得明显成效。二是认真贯彻党的十七届四中全会精神，全面加强各级领导班子建设和队伍建设。制定印发《中共国家烟草专卖局党组关于加强和改进新形势下行业党的建设的意见》，对全面加强和改进行业党的建设提出明确要求。深入开展“两个至上”在岗位主题实践活动，大力加强以“四要”为主要内容的行业作风建设。深入推进企业文化服务品牌建设，大规模开展教育培训工作。国家局、总公司所属培训机构全年共组织培训班191期，培训学员23893人次。加强专业技术技能人才培养，研究制订专卖管理、烟叶生产、卷烟营销技能人才队伍建设指导意见，完成行业6个系列高级专业技术资格评审工作。三是继续以建立健全惩治和预防腐败体系为重点加强行业反腐倡廉建设。认真贯彻落实中央纪委三次、四次全会精神，坚持贯彻“标本兼治、综合治理、惩防并举、注重预防”方针和更加注重治本、更加注重预防、更加注重制度建设的要求，以落实国家局党组《贯彻落实中共中央〈建立健全惩治和预防腐败体系2008—2012年工作规划〉的实施方案》为重点，行业惩防体系建设工作扎实开展。认真贯彻落实《中国共产党巡视工作条例（试行）》等制度规定，切实加强对行业各级领导班子和领导干部的监督，组织开展巡视工作，积极推进办事公开、民主管理，确保权力正确运行。四是高度重视做好离退休干部工作，积极推广“文化养老”和“三自管理”先进经验。与此同时，完成中国烟草学会换届工作并组成新一届理事会，发挥专业委员会作用，开展学术交流和科普宣传。围绕行业改革和发展中心任务全面开展“五五”普法活动，加强烟草经济研究，加大新闻宣传报道工作力度，发挥行业媒体舆论引导作用。切实做好行业稳定工作，加强信访积案化解，妥善处理信访突出问题，防止发生群体性事件，维护了行业和社会稳定。

回顾行业去年工作，在严峻经济环境和卷烟税收政策重大调整情况下继续保持良好发展，有以下几点值得认真总结：一是行业工作必须从全党全国工作大局中找准定位，明确任务，坚决贯彻中央决策部署，确保党的路线方针政策在行业得到全面贯彻落实。在卷烟消费税政策调整、建设现代烟草农业、确保税利增长等各项工作中，行业全体干部职工自觉践行“国家利益至上、消费者利益至上”行业共同价值观，展现了讲政治、顾大局良好精神风貌，树立了责任烟草良好形象。二是紧紧抓住发展第一要务，以不断深化改革和加强自主创新为动力，始终坚持“控制总量、稍紧平衡”方针，注重发挥市场机制作用，加快推进“三个转变”，充分调动各方面特别是基层企业积极性、主动性、创造性，努力形成一心一意谋发展、专心致志干工作的良好氛围，推进行业发展上新的水平。三是始终把严格内部管理监督作为行业工作的突出重点，高度重视加强行业队伍建设尤其是各级领导班子建设，建立良好生产经营秩序，提高干部职工队伍整体素质，为行业持续健康发展提供坚强有力的保证。

二、全面抓好“卷烟上水平”各项工作落实

去年以来，国家局明确提出“卷烟上水平”的主要任务，各单位高度重视，积极推进，取得明显进展。为贯彻落实中央经济工作会议、全国工业和信息化工作会议精神，国家局党组进行了认真学习研究，结合烟草行业实际，提出 2010 年烟草行业工作总体要求是：全面贯彻党的十七大和十七届三中、四中全会精神，贯彻落实中央经济工作会议和全国工业和信息化工作会议精神，以邓小平理论和“三个代表”重要思想为指导，深入贯彻落实科学发展观，严格控制烟叶生产规模，着力调整烟草产业结构，全面推进“卷烟上水平”工作，更加注重发展方式转变，努力提高经济运行质量和效益，继续保持行业持续健康发展。当前和今后一个时期，尤其要把“卷烟上水平”作为行业工作的基本方针和战略任务。我们要深刻认识到，推进“卷烟上水平”，是行业加快转变发展方式的根本要求，是促进烟草产业结构调整的关键所在，也是提高行业经济运行质量和效益的必然选择。全行业要进一步统一思想，明确目标，坚定信心，扎实推进，全面抓好各项工作落实。

（一）以提高中国烟草整体竞争实力为目标，努力推动品牌发展上水平

品牌发展上水平，是实现卷烟上水平的集中体现。推动品牌发展上水平，一是积极实施“大市场、大品牌、大企业”战略，加快推进重点骨干品牌规模扩张。始终坚持中式卷烟发展方向，全面贯彻落实国家局《关于加快培育全国重点骨干品牌的指导意见》，继续推进以品牌为核心的资源配置方式改革，为重点骨干品牌成长创造更为有利的条件，加快 10 多个重点骨干品牌成长。争取用五年或更长一段时间，着力培育 2 个年产量在 500 万箱、3 个 300 万箱、5 个 200 万箱以上，定位清晰、风格特色突出的知名品牌，并且在国际市场要有所突破。二是积极实施减害降焦战略，努力实现产品质量安全稳定。减害降焦对于重点骨干品牌不仅是发展的需要，更是生存的需要。要把减害降焦摆在更加突出位置，下更大工夫努力抓好。要明确目标。按照“重在减害、稳步降焦”的要求，2011 年 1 月 1 日起国内生产卷烟盒标焦油量不超过 12 毫克/支，2015 年 1 月 1 日起不超过 10 毫克/支；卷烟危害性指数到 2012 年降至 9.5 以下、2015 年降至 9.0 以下；重点骨干品牌都要有 3 个以上规格焦油量在 6 毫克/支以下，同时储备一批焦油量在 3 毫克/支以下产品。要组织技术攻关。目前减害降焦主要依靠物理手段，具有明显局限性。要在提高物理降焦技术水平同时，从原料抓起，改进工艺配方技术，充分利用我国丰富的天然植物资源优势，大力推广烟草薄片，在减害降焦技术上取得新的突破。三是积极实施提质增效战略，着力提升品牌价值。积极推进品类构建，突出品牌风格特色，着力培育品牌核心技术，切实维护品牌信誉，持续提高重点骨干品牌产品质量，使之在市场上具有不可替代性。既要重视品牌的有形资产，也要重视品牌的无形资产，不断挖掘和丰富品牌的文化内涵，努力提高品牌的认同感、知名度和影响力，着力提升品牌价值，争取到 2015 年，培育 12 个销售收入超过 400 亿元的品牌，其中 6 个超过 600 亿元、1 个超过 1000 亿元。

（二）以满足重点骨干品牌发展需求为导向，努力推动原料保障上水平

原料保障上水平，是实现卷烟上水平的重要基础。推动原料保障上水平，一是认真贯彻“主动参与、深度介入”方针，努力实现原料供应基地化。烟叶生产能否保持长期稳定发展，能否满足重点骨干品牌发展需要，关键在于按品牌需求组织生产。因此，要把实现原料供应基地化作为深化烟叶资源配置方式改革、提高原料保障水平的重要任务切实抓好落实，争取到

2015年基本实现原料供应基地化目标。要加强规划。从今年开始，每个年度要高标准完成100个以上基地单元建设任务。要优化布局。在加强总量控制、稳定规模前提下，根据品牌发展需要，优化烟叶生产布局。新区开发要坚持有进有退，在抓好新区开发同时，切实抓好老区种植面积调整。要与现代烟草农业建设紧密结合。凡是列入现代烟草农业建设的试点县，必须全面落实基地建设任务，并以此作为检验成效的重要标准。二是高度重视提高质量，努力实现烟叶品质特色化。按照“发挥优势、挖掘潜力、填补空白、满足需求”的要求，充分发挥我国烟区生态环境多样性优势，清香型烟叶要进一步彰显特色，浓香型烟叶要有新的提高，新区开发要具有更加鲜明的香型特征，促进各类香型风格烟叶协调发展。要加强特色优质烟叶基地建设，完善特色烟叶评价体系，充分发挥生态环境的基础作用，高度重视特色品种的关键作用，集成特色烟叶生产技术体系，认真抓好特色烟叶工业验证，提高特色烟叶技术创新水平。要充分利用“两个市场、两种资源”，加快推进烟叶进口境外实体化运作，弥补国内缺口，满足卷烟品牌发展需要。三是扎实推进现代烟草农业建设，努力实现生产方式现代化。发展现代烟草农业是全行业重大历史任务，是原料保障上水平的根本保证。要在近年来认真组织试点、积累初步经验基础上，按照“一基四化”总体要求，深入扎实推进，争取到2015年基本实现烟叶生产方式现代化。完善设施，持续利用，积极推进设施农业建设。坚持基础设施建设与整县推进现代烟草农业建设相结合，加强规划，严格标准，保证质量，综合配套，帮助和引导烟农建立管护长效机制，确保工程项目持续发挥作用，切实增强烟区综合生产能力和抗御自然灾害能力。创新形式，规模经营，建立烟叶生产的内生发展机制。建设现代烟草农业，既要重视硬件投入，更要重视生产组织形式创新，建立烟叶生产内生发展机制。坚持“统分结合、双层经营、专业合作”的工作方针，在地方党委政府领导下，尊重烟农主体地位，按照“依法、自愿、有偿”的原则，促进土地流转，发展种植专业户、家庭农场和专业合作社，形成与生产力水平、管理水平相适应的生产组织形式，争取到2012年实现户均种植14亩的目标。明晰产权，专业合作，全面提高专业化服务水平。积极探索建立综合性专业合作社，解决烟农一家一户难以解决的问题，把烟农从技术难度高、劳动强度大的环节解放出来。专业服务合作社建立要体现烟农自愿入社、自主经营，建立自我发展机制，专业服务要覆盖生产各个环节。近年来烟草行业投入大量资金，形成了大批生产经营性资产。对这些资产要加强管理，明晰产权，量化到烟农。同时要健全服务价格与收益分配制度，尤其要通过合作社章程等形式，保持烟草公司话语权，主要是定价权，真正体现普惠制，保证烟农受益。

（三）以提高自主创新能力为核心，努力推动技术创新上水平

技术创新是品牌发展的源泉，是实现卷烟上水平的核心。推动技术创新上水平，一是精心组织重大专项实施，力求在关键技术上取得重大突破。认真分析制约我国品牌发展的技术瓶颈，加强对世界烟草发展趋势分析研究，注重跟踪世界烟草发展前沿技术，继续围绕良种培育、卷烟调香、减害降焦、特色工艺四大战略课题，精心组织烟草基因组计划、卷烟减害技术、特色优质烟叶开发、卷烟增香保润、中式卷烟制丝生产线、超高速卷接包机组、高香气低危害烟草品种等重大专项的实施，集中全行业智慧和力量，攻坚克难，力求在关键技术上取得重大突破，充分发挥重大专项对行业科技进步的带动引领作用。二是高度重视创新人才培养，在高素质人才培养上取得新的成效。技术创新上水平，关键在于培养高素质的创新人才队伍，在于培养大师级的技术创新人才。进一步解放思想，转变观念，全面贯彻“尊重劳动、尊重知识、尊重人才、尊重创造”方针，高度重视人才培养，大胆引进各类人才，不拘一格使用人才，卷烟工业技术中心、烟草研究机构都要着力培养大师级人才。高度重视基层科技队伍建设，鼓励小改小革，抓好科技普及，打牢行业技术创新的基石。坚持以市场为导向、企业为主体、产学研相结合，加强各个方面交流合作，充分利用全社会科技资源，走开放式研究路子，努力提高全行业科技水平。三是建立有效激励约束机制，在激发科技人员创新热情上取得明显进步。认真研究制定调动科技人员积极性的办法措施，努力营造科学、严谨、宽容、开放的良好氛围，建立有效激励机制，激发科技人员的创新热情。积极推行课题制，建立完善的课题评价制度，通过竞争方式确定课题承担者，确保课题选定和研究上水平。积极推行首席研究员制，大力培养各个领域学科带头人，为优秀人才脱颖而出创造体制环境。认真落实科技人员各项待遇，建立创新评价考核机制，真正做到用事业留人、待遇留人、感情留人。

（四）以提高培育品牌能力为重点，努力推动市场营销上水平

市场营销是培育品牌的重要环节，是品牌实现价值的关键。推动市场营销上水平，一是切实增强服务

意识。服务是卷烟流通企业的灵魂，是市场营销上水平的本质要求。要把实现卷烟工业企业、零售客户、消费者“三个满意”作为卷烟营销工作的根本出发点和落脚点，为重点骨干品牌成长提供优质的服务。当前，仍然要把营造公平竞争的市场环境作为市场营销上水平的突出重点。加快推动重点骨干品牌规模扩张，关键还是要靠市场、靠竞争，更好地发挥市场机制作用。继续支持重点骨干品牌加快发展，同时鼓励异军突起、后来居上，着力营造和构建适度竞争的品牌格局。深入开展按订单组织供货工作，尊重市场选择，坚决克服非市场因素，努力做到机会公平、过程公平、结果公平。二是紧紧抓住品牌培育第一要务。专卖体制下烟草分销机构的统一性，决定了卷烟流通企业要把培育品牌作为第一位任务。加强市场分析研究，全面了解重点骨干品牌市场表现和发展趋势，提出品牌改进提高的建议意见，实施重点骨干品牌精准营销，努力促进重点骨干品牌良好成长。认真探索新形势下品牌宣传促销新的途径，更多地依靠和发挥卷烟营销队伍的作用。继续推进工商协同营销，深入开展市场、货源、信息等方面的业务对接，形成合力，全面提高培育品牌水平。三是继续推进传统商业向现代流通转变，全面建设现代卷烟流通。在“电话订货、网上配货、电子结算、现代物流”的基础上，本着试点先行原则，积极推进网上订货、网上配货、网上结算，努力提高现代物流水平。重视零售终端建设研究，认真分析零售经营业态发展变化，加强对零售客户经营指导，保证零售客户合理利益，促进零售客户经营稳定和水平提升。继续加强农网建设，不断优化业务流程，努力形成以服务为灵魂的网络文化，全面提高网络从业人员素质，整体提升网络功能，切实增强网络软实力。

（五）以持续开展全面预算管理、贯标、对标、基层单位创优活动为抓手，努力推动基础管理上水平

基础管理上水平，是实现卷烟上水平的重要保障。推动基础管理上水平，一是切实加强全面预算管理。把全面预算管理作为加强财务管理的核心，把加强成本费用控制作为预算管理的突出重点，进一步健全制度，完善程序，规范运作，严格管理，通过信息化手段提高预算编制的准确性，增强严格执行预算的自觉性，加强预算执行的检查考核，不断提高预算管理水平。二是扎实推进质量管理体系贯标工作。坚持与信息化紧密结合，有效整合企业信息资源，用信息化固化流程，实现痕迹化管理，形成统一、顺畅、全覆盖、多功能的管理信息系统；与“四大中心”建设紧密结合，优化各项业务流程，理顺各环节接口关系，提高运作效率；与烟叶生产、卷烟营销、专卖管理等工作紧密结合，健全完善各项管理、技术、工作标准。通过持续贯标，搭建企业标准化、规范化、科学化管理平台，形成顺畅、高效运行机制，不断提高管理水平。三是深入开展工商企业对标工作。以创新管理和提升水平为主线，以“对比标杆、改进短板、总体提升、争创一流”为目标，不断完善对标工作指标体系、运行体系和考核体系。注重对标的实效性，着力解决企业运行中的实际问题；注重对标的导向性，在突出成本费用的同时，逐步向企业管理、技术创新等综合性指标体系延伸；注重对标的系统性，从分析具体指标入手，逐项细化分解、查找差距、落实责任、改进提升，形成对标工作与各项管理工作的有机统一、常态运行。通过开展对标，促进企业不断降低成本，提高劳动生产率。四是全面推进创建优秀基层单位活动。创优活动要以“打牢基础、强化功能、提升素质、增强活力”为着力点，对照优秀基层单位标准，全面抓好基层建设各项工作落实。按照守信念、讲奉献、有本领、重品行的要求，突出抓好基层单位领导班子建设，增强基层党组织和领导班子的创造力、凝聚力、战斗力。深化用工分配制度改革，加大专业技能培训，积极开展技能鉴定和技能竞赛，提高基层队伍整体素质。重视抓好基层企业文化建设，把建设学习型、创新型行业的要求全面落实到基层，增强基层单位创新活力。加强对创优活动的领导，抓好试点，总结经验，树立典型，推动创优活动扎实开展，努力实现优秀基层单位创建活动目标要求。

三、2010年具体工作安排

2010年，烟草行业生产经营主要指标是：全国烤烟种植1410万亩，收购4256万担；内销卷烟生产计划安排4630万箱，销售计划安排4650万箱；实现工商税利保持10%左右速度增长。具体抓好以下工作：

（一）把严格控制烟叶生产规模摆在全行业工作的中心位置

去年烟叶生产在严峻复杂的形势面前，取得了很好成绩，这是要充分肯定的。但是也要清醒看到存在的突出问题，尤其要认识到烟叶超种超收的严重危害性。根据统计，去年到12月末烟叶收购5130.16万担，超过年初下达计划436.46万担。烟叶收购量超过5000万担，从20世纪90年代到去年仅4个年份，即1992年5328万担、1996年5255万担、1997年6875万担。1997年严重超产超收后，国家局采取了一系列

"双控"措施，烟叶种植规模得到有效控制，1998年烟叶收购2906万担，到2004年烟叶收购一直控制在4000万担以内。正是由于采取了坚决有效措施，烟叶产销严重失衡状况得以改变，烟叶生产经营走上了良性发展轨道。为确保控制烟叶生产规模得到落实，当前要重点抓好：一是思想要统一。目前烟叶生产仍然存在偏热苗头，部分产区控制面积难度很大，形势不容乐观。要深刻认识到，如果今年烟叶种植面积得不到有效控制，发展下去就是一场灾难。全行业必须把思想统一到国家局对当前烟叶生产形势分析判断和决策部署上来，认真抓好各项措施落实，确保控制规模任务完成。这里再次重申，为维护计划严肃性，对于去年超收的烟叶，一律抵扣今年收购计划。二是措施要有力。要将调整后的计划通过全面签订合同落实到每个烟农；要按照合同约定的种植面积严格控种控苗，将种植株数落实到每一个地块；要严格执行产前投入政策，各地区的扶持资金数额不得突破国家局下达的指标。三是工作要做细。烟叶产区要积极主动向当地政府汇报，取得政府的重视支持；要对烟农做好宣传解释工作，争取烟农的理解；为保持烟叶生产稳定发展，对调减面积大的农户可适当给予补偿。四是作风要扎实。烟叶产区各级领导都要深入基层，深入农户，认真搞好调查研究，全面了解掌握情况，及时发现和解决存在问题，确保各项任务完成。五是责任要明确。为确保烟叶生产调控目标实现，烟叶产区实行一把手负责制，各单位主要领导负全面责任，分管领导负直接责任。各单位主要领导对烟叶生产要亲自部署，亲自检查，亲自抓好落实。对超种超收的严格实行问责制，一律追究领导责任。

（二）努力保持经济运行平稳发展

全行业要坚持把转变发展方式作为经济运行的中心任务，努力提高经济运行质量和效益。一是要努力保持卷烟销量稳定、结构提升。把保持销量稳定作为商业企业的主要任务，加强市场分析研究，组织适销对路品种，增加有效货源供给，努力完成全年销量任务。在尊重市场前提下，继续推进产品结构调整，整合精简卷烟牌号，努力实现优化结构与销量稳定的有机结合。继续抓好低档卷烟产销工作，关注低档卷烟市场需求，努力保持卷烟市场稳定。二是要加强总量控制，努力保持价格稳定。继续坚持"控制总量、稍紧平衡"方针，更加注重均衡投放，更加关注社会库存，更加重视价格变化，努力达到"市场需求基本满足、零售客户有所选择、零售价格保持稳定、社会库存基本合理、供销关系稍紧平衡"的良好运行状态。三是要突出抓好重点骨干品牌培育，促进重点品牌加快成长。把重点骨干品牌培育摆在更加重要位置，加大定向整合力度，加强检查考核，实现重点骨干品牌销量增幅明显高于全国平均水平。四是要更加重视控制成本费用，努力推进节约发展。把控制成本费用作为提高管理水平的重要任务，坚决遏制部分企业费用水平上升势头。持续开展节能减排工作，促进节能减排与提质增效同步发展，努力推动资源节约型、环境友好型行业建设。五是要全面推进信息化建设，为"卷烟上水平"提供信息技术支撑。在统一规划标准、加大集成整合、突出应用服务上下工夫，加快推进行业数据中心等重点信息化项目实施应用，加强数据资源深度挖掘和有效利用，努力建设上下贯通、左右协同、资源共享的一体化"数字烟草"。六是要高度重视安全生产管理，确保实现安全生产。牢固树立安全生产责任意识和安全发展理念，全面落实安全生产责任，高度重视安全生产应急管理，完善应急预案机制，提高预案的科学性、针对性和实际操作性，提高应急处置能力和效果。继续加强安全基础设施建设，深入开展事故隐患治理和整改工作，进一步明确分工，落实责任，确保各项安全生产措施落实，严防重特大事故发生。

（三）继续深化行业内部各项改革

继续深化行业改革，在建立比较完善的适度竞争体制机制方面取得新的进展。一是继续推进跨省重组、品牌整合。通过近年来的调整，行业企业组织结构和产品结构不断优化。但面对今后更加激烈的国际竞争，卷烟工业企业和牌号数量仍然偏多，重组整合任务仍然繁重艰巨。要积极探索重组整合新的途径，努力突破重组整合动力减弱、难度增加的瓶颈，更加重视发挥市场机制作用，更加重视重点骨干品牌的带动作用，更加重视克服体制性障碍和计划管理方式的调整，促进企业组织结构和产品结构进一步优化。二是不断健全完善省级工业公司董事会制度。加快推进省级工业公司董事会建设工作，在年内完成董事会和监事建设任务。加强调查研究，不断完善董事会运作机制。总公司要进一步放权，由董事会行使总公司部分职权，更好地发挥董事会在企业投资、薪酬、预算、基本制度建设等方面的决策作用。加强董事会办事机构建设，明确职责，配好人员，理顺关系，发挥日常协调作用。三是继续抓好多元化投资体制改革。继续坚持做精做强主业方针，严格控制新上多元化投资项目，确保资金资产安全。继续做好多元化经营企业清理工作，尤其是对问题多、情况复杂的单位要组织专门力量，加大清理力度，防止国有资产流失。建立以产权为纽带的多元化投资管理体制，推进省级多元化企业投资管理向实体化公司转变。进一步加强对多元化投资企业的管理监督，提高多元化企业管理水平。四是积极稳妥地推进打叶复烤企业重组整合。认真总结重组整合试点工作经验，加快推进在一个省范围内打叶复烤企业重组整合，适当提高卷烟工业企业在打叶复烤公司中的股权比例，进一步优化股权结构，完善法人治理结构，提高打叶复烤企业整体素质。五是坚定不移实施“走出去”战略。中烟国际要按照“专业分工、重心外移、实体运作、精简高效”的原则，以开拓国际市场为中心，加快推进以管理为主向经营为主转型，境外实体化运作要有新突破，与国际烟草公司的合作要有新进展，服务企业的水平要有新提高，为开拓国际市场积累经验、锻炼队伍、打牢基础。六是继续深化用工分配制度改革。加强工资总额管理控制，合理确定基础岗位工资标准，完善经营管理者薪酬制度。切实抓好岗位管理，严格实行绩效考核，妥善处理企业内部各类人员利益关系，建立工资正常调整机制。高度重视基层用工分配制度改革，全面开展职业技能鉴定和聘用工作，充分调动基层队伍积极性、主动性、创造性。

（四）深入推进内部管理监督工作

全行业要从保持行业持续健康发展“生命线”的高度充分认识严格规范的重要性，紧紧围绕2009年全国烟草行业加强内部管理监督工作汇报会的部署，认真抓好内部监管工作落实，在严格规范的基础上推动行业发展上新的水平。一是进一步推进办事公开民主管理。把深入推进办事公开民主管理作为严格规范的治本之策，今年每个省级公司都要认真抓好1～2个深入推进办事公开民主管理工作试点，进一步明确公开项目，充实公开内容，完善公开程序，健全相关制度，积极探索落实群众知情权、参与权、表达权、监督权的有效途径和方式，提高各级领导班子和领导干部科学决策、民主决策、依法决策水平，确保权力在阳光下运作。二是不断完善行业内部管理监督工作基本格局。继续加强专卖内部管理监督，坚持开展内管专项检查，充分发挥内管长效机制作用。今年要把严格按计划组织烟叶种植收购、遏制卷烟体外循环、依法加强对卷烟零售户管理作为重点，加大检查监督力度，杜绝不规范生产经营行为发生。继续加强财务审计监督，认真总结审计委派制做法和经验，扩大审计委派制试点范围，更好地发挥内审机构作用。进一步拓宽审计领域，深入开展经济责任审计和财务收支审计，认真抓好工程项目投资、物资采购、宣传促销、专项资金使用等专项审计工作。严明制度，严肃纪律，切实抓好审计发现问题的整改工作，确保财务管理严格规范。加强行业国有资产管理，严格执行重新修订印发的《中国烟草总公司国有资产管理规定》，直属公司和基层企业不得以任何形式委托理财和对外担保，不得擅自开展证券业务，严格资产处置管理，确保国有资产安全完整。深入推进“三项检查”工作，行业“三项检查”重点抽查工作要在上半年全面完成。各单位要针对发现的问题，制订切实有效措施认真抓好整改落实。认真贯彻落实《烟草行业工程投资、物资采购和宣传促销项目管理程序的规定》，确保各项工作开展规范有序。三是加强普法宣传教育。今年是“五五”普法的最后一年，根据《烟草行业法制宣传教育第五个五年规划》要求，各单位要高度重视、认真抓好规划提出的各项目标任务的完成，切实做到学法、懂法、守法、用法，努力提高全体干部职工法律素质。

（五）始终保持卷烟打假高压态势

近年来卷烟打假取得了很大成绩，为行业持续健康发展作出了积极贡献，但面临的形势仍然严峻，丝毫不得放松。打假未有穷期，要切实增强大局意识、责任意识，坚持不懈开展打假，始终保持高压态势，切实维护国家利益和消费者利益。一是继续突出抓好源头打假。广东、福建等省要通过实施深度打击，巩固源头打假成果。其他地区要深挖分散、隐蔽的制假窝点，密切关注制假转移动向，坚持露头就打，有效摧毁制假能力。二是不断提高打击售假网络水平。以侦破大案要案为重点，发挥联合打假机制作用，加强毗邻地区打假协作，加大对跨区域、集团化制售假烟团伙的打击力度，每个地市级局都要坚决完成打掉一两个较大规模制售假烟网络的硬任务。三是切实加强卷烟零售市场监管。加强对市场异动的掌握和分析，利用“12313”举报电话拓宽信息情报来源，与打击制售假烟网络相结合，切断向零售户供应假烟的渠道，消除公开摆卖假烟现象。认真贯彻四部门《关于严厉打击利用互联网等信息网络非法经营烟草专卖品的通告》精神，会同公安、工商、通信等管理部门加强对互联网涉烟活动的监管工作，坚决堵住网上销售假私卷烟的渠道。加强与交通、邮政、民航、铁路等部门的协调配合，加大对铁路货运站、汽运中转站、机场、港口、高速公路等运输枢纽的监管检查力度，切断非法烟草专卖品运输通道。严厉打击非法经营烟叶活动，切断制假窝点烟叶来源。四是继续加大抓捕追刑工作力度。与公安部门、检察院、法院加强协调配合，依法加大刑事打击力度，有效震慑制假活动。各级烟草专卖局要继续在人力、物力、财力方面确保打假工作开展需要，充分发挥打假奖励机制激励作用，对卷烟打假工作中表现突出的给予表彰奖励。

（六）大力加强行业党的建设和队伍建设

坚持以科学发展观为指导，深入贯彻落实党的十七届四中全会精神，全面加强行业各级党组织和领导班子建设，不断提高干部职工队伍整体素质。一是要把加强理论武装摆在队伍建设首要位置，切实增强贯彻落实科学发展观的自觉性和坚定性。健全党组理论学习中心组制度，坚持用中国特色社会主义理论体系武装头脑、指导实践，推动行业科学发展上新的水平。加强社会主义核心价值体系教育，坚定理想信念，增强宗旨意识，严守党的纪律，努力提高思想政治素质。继续深入开展“两个至上”在岗位主题实践活动，加强以“四要”为主要内容的作风建设，全面推进行业文化建设，努力建设一支有理想、讲大局、能吃苦、乐奉献的高素质干部队伍。二是要把加强各级领导班子建设作为队伍建设的突出重点，为“卷烟上水平”提供坚强的组织保证。坚持德才兼备、以德为先的用人标准，树立正确的用人导向。在新的历史条件下，选人既要看才，更要看德，把德摆在首要位置，这是当前领导班子和干部队伍建设的关键，要贯彻到选拔任用干部的全过程，把政治上靠得住、工作上有本事、作风上过得硬、人民群众信得过的干部选拔上来。深化干部制度改革，提高干部工作民主质量。完善民主推荐办法，由领导集体研究确定考察对象；完善公开选拔、竞争上岗和差额选拔等竞争性选拔干部方式，突出岗位特点，注重实际能力，坚持考试的科学合理导向，让干得好、考得好、能力强的选得上，作风实的出得来，使优秀人才能脱颖而出。按照中央要求，建立有利于促进科学发展的领导班子和领导干部考核评价机制，上半年要组织试点，年底在全行业全面推开。高度重视地市级公司建设，深入开展基层单位创优活动，加强管理，规范运作，把发展建立在更加扎实的工作基础之上。三是要加强以完善惩治和预防腐败体系为重点的反腐倡廉建设。认真贯彻中央纪委四次、五次全会精神，坚持标本兼治、综合治理、惩防并举、注重预防的工作方针，加强反腐倡廉教育，高度重视制度建设，努力形成用制度管权、按制度办事、靠制度管人的有效机制。切实加强对领导干部特别是主要领导干部的监督，严肃查办发生在领导机关和领导干部中滥用职权、贪污贿赂、腐化堕落、失职渎职的案件，严厉查处领导干部利用人事权、项目审批权、资金调配权谋取私利的案件。坚持关口前移、源头治理，加强在资金管理使用、工程建设、物资采购、宣传促销等方面的监督检查，建立严格规范的制度和程序。四是要高度重视教育培训工作。继续加强国家局党校、总公司职工进修学院建设，发挥省级局（公司）、工业公司教育培训主体作用，突出培训重点，分级分类加强培训，提高培训质量和水平，努力提高各级领导干部的战略思维、创新思维、辩证思维能力，提高全体员工的思想、文化、业务素质，努力建设学习型行业。以加强离退休干部思想政治建设和党支部建设为重点，把行业离退休干部工作提高到新的水平。高度重视信访稳定工作，有效预防、积极化解矛盾纠纷，切实把信访稳定工作作为硬任务、硬责任落到实处。

紧紧围绕“卷烟上水平” 努力推动全年各项工作取得新进展

——在全国烟草专卖局长、公司总经理座谈会上的讲话

姜成康

（2010年7月17日）

这次全国烟草专卖局长、公司总经理座谈会的主要任务是，全面贯彻党的十七大和十七届三中、四中全会精神，以邓小平理论和“三个代表”重要思想为指导，深入贯彻落实科学发展观，紧紧围绕行业“卷烟上水平”基本方针和战略任务，总结上半年各项工作推进情况，研究讨论“卷烟上水平”总体规划，进一步统一思想，明确任务，扎实推进“卷烟上水平”各项工作落实，确保全年任务目标顺利实现。

一、关于行业“卷烟上水平”总体规划编制情况

为加快推进行业发展方式转变，促进烟草产业结构优化升级，应对更加严峻的各种挑战，提高中国烟草整体竞争实力，国家局明确提出把“卷烟上水平”作为当前和今后一个时期行业工作的基本方针和战略任务。为提高全行业对“卷烟上水平”重要战略意义的认识，进一步明确目标任务，推动“卷烟上水平”

深入扎实开展，国家局决定编制“卷烟上水平”总体规划（以下简称总体规划）。总体规划编制主要做了以下几方面的工作：

一是研究确定总体规划编制的基本思路和主要内容。总体规划涉及行业各个方面，事关行业改革发展全局。国家局成立了总体规划编制领导小组，下设办公室负责编制的具体工作。国家局明确提出，总体规划的编制要站得高一点、看得远一点、谋得深一点，坚持用改革的办法、创新的思路、统筹的方法，推进“卷烟上水平”。目前提供讨论的总体规划共六个部分，主要内容：对新世纪头十年行业改革发展情况进行回顾总结，明确指出行业改革发展已站在新的起点上；深刻认识“卷烟上水平”重大意义，要求把思想进一步统一到国家局决策部署上来；明确“卷烟上水平”的总体要求和基本原则，指明了“卷烟上水平”的根本目的和实现途径；提出“卷烟上水平”主要目标任务，为今后五年行业发展提出了新的奋斗目标；制定“卷烟上水平”具体政策措施，确保“卷烟上水平”各项工作落实到位；切实加强“卷烟上水平”的组织领导，为“卷烟上水平”提供坚强有力保证。

二是广泛听取行业各方面意见建议。为使总体规划能更好地符合中央要求，符合行业实际，指导当前和今后一个时期行业改革发展，在编制过程中，充分发扬民主，广泛征求意见，集中行业智慧，反复修改完善，力求提高总体规划的质量和水平。国家局党组理论学习中心组两次集中学习讨论研究，提出了总体规划的指导思想、基本架构和主要内容；5月中旬至6月上旬，国家局分3次召开行业各直属单位主要负责同志参加的座谈会，认真听取对总体规划修改的意见建议；分别召开国家局机关离退休老领导、老同志和青年干部座谈会，对总体规划进行不断修改和完善。国家局先后8次召开办公会，就总体规划涉及的重大问题逐项进行研究，对修改完善总体规划提出具体要求。总体规划编制、征求意见的过程，是不断统一思想、深化认识的过程，较好地体现了科学决策、民主决策、依法决策，对加深“卷烟上水平”战略意义的理解，形成良好的舆论氛围，推动“卷烟上水平”各项工作落实，收到了良好效果。

三是研究制定具体实施意见和配套政策措施。在编制总体规划的同时，为确保总体规划提出的目标任务顺利实现，国家局还具体编制了品牌发展、原料保障、技术创新、市场营销、基础管理5个方面的实施意见，并制定有关烟田基础设施建设、烟叶基地建设和资源配置方式改革、特色优质烟叶开发、卷烟计划管理方式调整、品牌合作生产、创新体系建设、加强卷烟市场营销管理、国际市场拓展、工作业绩目标责任考核、扶持国产烟机工业发展、人才队伍建设等11个具体配套政策措施文件。这次会议上，总体规划和实施意见将进一步征求行业各单位意见，配套的11个政策措施文件也将在认真研究讨论基础上，下半年将陆续正式下发。1个总体规划、5个实施意见和11个配套政策措施文件，形成完整的规划体系，引领和推动“卷烟上水平”工作扎实有效开展。

二、上半年“卷烟上水平”各项工作推进情况

今年以来，全行业按照年初全国烟草工作会议的总体部署，紧紧围绕“卷烟上水平”的目标任务，各项工作取得新的进展，行业继续保持良好发展态势。烟叶生产面对特大干旱和暴雨袭击，烟区广大干部职工克服重重困难，奋力救灾，总体保持稳定发展；卷烟产销协调增长，重点品牌发展态势良好，价格稳定，把握市场能力明显增强；企业管理工作不断加强，成本费用得到有效控制，经济运行质量和效益不断提高；继续加大打假工作力度，切实加强内部监管，营造良好生产经营秩序，有力促进了品牌发展、原料保障、技术创新、市场营销、基础管理上新的水平。1～6月，行业生产卷烟2473.7万箱，同比增长3.7%；销售卷烟2519.5万箱，同比增长3.5%；6月末卷烟工商库存271.4万箱，同比增加10.5万箱。全国烟叶种植农户132.4万户，种植面积1591万亩，同比减少94万亩，控制在国家下达计划之内。全行业实现工商税利3252.68亿元，同比增加480.24亿元，增长17.32%，其中实现税金2235.62亿元，同比增加579.26亿元，增长34.97%；实现利润1017.06亿元，同比减少99.02亿元，降低8.87%。

（一）品牌发展取得新的成效

重点品牌规模发展方面，上半年销售规模前15个品牌销售量同比增长10.6%，有9个品牌销量增幅超过10%，其中4个品牌超过20%。销量超过80万箱的10个品牌中，“白沙”销量140.82万箱，同比增长0.76%；“红塔山”销量140.46万箱，同比增长29.81%；“红金龙”销量120.98万箱，同比增长6.62%；“红河”销量120.21万箱，同比增长19.02%；“红旗渠”销量112.51万箱，同比增长5.06%；“双喜”销量97.63万箱，同比增长17.86%；“云烟”销量88.18万箱，同比增长21.42%；“黄山”销量84.82万箱，同比增长16.91%。减害降焦方面，上半年国家局组织对25个省（区、市）的卷烟市场开展卷烟产品质量监督市场抽查，卷烟产品的焦油量平均值为11.7毫克/支，烟气一氧化碳量平均值为12.3毫克/支，同

比分别下降0.4毫克/支和1.2毫克/支。卷烟工业企业高度重视低焦油、低危害、高香气、高品质卷烟开发，在关键技术上取得新的突破，一批新的产品投放市场后反应良好。上半年全国共销售焦油量10毫克/支以下卷烟82.03万箱，同比增长15.94%，其中销售焦油量8毫克/支以下卷烟35.06万箱，同比增长23.76%。提升品牌价值方面，上半年批发销售收入（含税）前15个品牌销售收入同比增长36.96%，有12个品牌增长超过20%，其中5个品牌增长超过30%。销售收入超过200亿元的6个品牌中，“中华”销售收入397.79亿元，同比增长51.29%；“云烟”销售收入240.6亿元，同比增长29.11%；“芙蓉王”销售收入233.8亿元，同比增长34.42%；“红塔山”销售收入230.2亿元，同比增长29.88%；“利群”销售收入213.81亿元，同比增长31.91%；“白沙”销售收入200.56亿元，同比增长11.85%。开拓国际市场方面，1~6月境外烟厂销售卷烟103.1万件、出口卷烟85.6万件，合计188.7万件，同比增加28.2万件，增长17.5%，其中境外销售量排名前5位的牌号是“摩登”16.9万件、“马宝”15.3万件、“金鹿”13.7万件、“中华”9.6万件、“金宝”9.4万件。

（二）原料保障工作取得新的进展

加强总量控制、稳定规模方面，各烟叶产区把严格按国家局下达计划组织生产收购摆在烟叶工作首要位置，深入基层调查研究，加大政策宣传力度，全面加强合同管理，严格按计划供应种苗和烟用物资。全国共签订烟叶种植收购合同124.1万份，同比减少26.5万份；约定收购量4711.86万担。国家局下达的种植收购计划得到较好落实，尤其是面对特大自然灾害，各地采取强有力措施，努力把灾害损失降低到最低程度，涌现了一批奋战在抗灾救灾一线、尽职尽责、一心为烟农的先进集体和个人。基地建设方面，工业企业认真贯彻“主动参与，深度介入”方针，烟叶产区积极与工业企业沟通协调，突出品牌需求导向，基地建设的主动性、积极性明显增强，工商之间合作水平明显提高，取得了显著成效。今年全国共安排149个基地单元，种植面积229.9万亩，计划收购量673.6万担。境外基地建设进展顺利，阿根廷、巴西公司改制转型工作正在加紧推进，津巴布韦合同种植取得新的成效。打叶复烤企业重组整合顺利推进，体制机制不断健全完善。通过工商企业努力，基地建设任务得到较好落实，迈出了坚实的步伐。特色优质烟叶开发方面，认真总结近年来开发的成功经验，进一步择优布局，好中选优，安排开发104个特色优质烟叶单元；加强对特色品种开发研究，加大特色品种推广力度，全国推广种植“红花大金元”品种118万亩、“翠碧一号”40万亩、“KRK26”20万亩；高度重视特色优质烟叶生产技术集成和推广，提高栽培技术措施到位率，充分发挥先进技术的支撑作用。今年全国共落实特色优质烟叶开发面积152万亩，预计可以收购烟叶450万担。生产方式现代化方面，坚持以整县推进为抓手，以基地单元建设为载体，以建设设施农业、精准农业、高效农业为主要任务，以创新生产组织形式为工作重点，现代烟草农业建设上了新的水平。全国共安排32个整县推进试点，规划建设75个基地单元，试点单位种植面积达123万亩，收购量约360万担。云南省局（公司）现代烟草农业建设坚持跨县连片大规模推进，基础设施综合配套高标准实施，取得了新的突破。进一步加大投入，完善基础设施。全年计划安排专项资金100亿元，计划新建密集式烤房9.94万座，新修机耕路8089千米，新修沟渠7536千米。在云、贵、川、湘开展土地整理试点，进一步改善烟区生产条件，提高烟区综合生产能力和抵御自然灾害能力。加强专业服务，全面提高专业化服务水平。全国漂浮育苗移栽面积比例达86.3%，同比提高3个百分点；商品化供苗面积比例达94.6%，同比提高0.7个百分点；密集式烤房烘烤比例达66%，同比提高14个百分点；机械化起垄整地面积比例达52.2%，同比提高11个百分点。加强生产组织形式创新研究，积极探索出一条符合我国国情的现代烟草农业发展新路子。在云南、贵州、湖北、湖南等省开展深化专业服务合作社试点工作，取得了明显进展。种烟专业户、家庭农场、专业合作社健康发展，种烟面积比例达74.6%，同比提高11.6个百分点；种烟主体平均规模12.8亩，同比增加1.6亩。烟叶信息化开发应用工作取得新的突破，在云南开展烟叶基层站信息化建设试点工作。

（三）技术创新取得新的进步

重大专项实施方面，筹建国家烟草基因研究中心，印发13个试点品牌减害降焦工作方案，认真组织《超高速卷接包机组重大专项方案》编制工作，加快实施中式卷烟制丝生产线重大专项，把造纸法再造烟叶列入重大科技专项。扎实推进标准体系建设，发布行业标准36项，成功组织制订我国首个烟草国际标准。上半年行业申请专利547件，其中申请发明专利218件，同比分别增长71.9%和26.7%；授权专利271件，其中授权发明专利66件，同比分别增长29.7%和175%。人才培养方面，认真贯彻全国人才工作会议精神，以培养高层次、高技能人才为重点，研究制定具体贯彻实施意见。启动烟草基因组重大专项首席科学家、研究中心主任面向海内外招聘工作；完成行业首期卷烟调香师、高级调香师国内外培养工作；开展企业技术中心首席研究员、首席专家选聘试点。高度重视职业技能鉴定工作。上半年全行业通过职业技能鉴定14001人，其中高级技能鉴定2566人。行业高技能人才总数为47416人，占技能劳动者比例13.7%。完善行业创新体系方面，按照“四个一流”要求，以企业为主体、市场为导向、产学研相结合，卷烟企业技术中心建设明显加强，水平明显提高。积极推进烟草农业技术中心建设工作，研究制定加强烟叶产区农业技术中心建设的意见和烟草农业技术中心评价指标；高度重视郑州院及相关省公司科研机构知识创新能力建设，推进青州所、河南农大科技创新平台建设。健全完善创新人才激励机制，修订总公司科学技术奖励办法及实施细则，奖励在科技进步中作出突出贡献的先进集体和个人；加强基层企业专业技术职务评聘和技能岗位聘用工作。

（四）市场营销水平取得新的提高

营造公平市场环境方面，深入开展按客户订单组织货源工作，着手研究制定以规范市场准入、市场采供、终端营销为主要内容的《加强卷烟市场营销管理的意见》，积极推进全国统一大市场建设。上半年省际卷烟交易比重达50.38%，同比提高1.74个百分点；客户订单满足率为81.2%，同比提高1.2个百分点；卷烟零售毛利率为9.7%，同比提高0.9个百分点。创新营销方式方面，围绕“精确信息、精准投放、精细管理”的目标，制定《精准营销工作框架》，“中华”等品牌精准营销试点工作取得明显成效。按照“试点先行、积极推进”的要求，在大连开展规范网上订货工作，“网上订货、网上配货、网上结算”取得新进展，全国网上订货率达9.8%。建设现代物流方面，国家局明确要求把烟草物流作为行业核心业务，按照统一性、完整性、先进性、经济实用性要求，打造面向未来具有不可替代性的中国烟草物联网。在江苏召开全国烟草现代物流建设工作现场会，总结推广江苏烟草物流建设做法和经验。积极推进省级局（公司）、省级工业公司物流管理部门建设。

（五）基础管理得到新的加强

加强财务管理方面，以全面预算管理作为加强财务管理的核心，完善管理办法和规程，印发2010年行业预算编制指导意见，在广东中烟召开行业工业企业预算管理现场会，推动行业建立完善的全面预算管理体系和预算指标定额标准体系。切实加强资金管理和监督，高度重视国有资产经营管理工作，确保行业资金资产安全。推进贯标工作方面，印发《烟草行业2010年质量管理体系建设工作要点》，明确2010年质量管理体系建设工作思路。举办两期质量管理体系建设培训班，开展行业质量管理体系建设知识竞赛。深入开展对标工作方面，完善对标工作指标体系、工作体系、考核体系，调整对标指标，举办对标工作培训班，促进企业管理水平提升和效益提高。高度重视烟机工业技术进步，切实加强行业设备管理，行业技术装备水平和设备保障能力明显增强。1~6月，工业企业销售收入成本率为29.27%，同比降低1.53个百分点；工业企业三项费用率为7.38%，同比降低0.48个百分点；商业企业三项费用率为6.54%，同比降低0.28个百分点；万元工业增加值能耗33.8千克，同比降低18.6个百分点。推进创建优秀基层单位活动方面，下发《2010年优秀县级卷烟营销部（分公司）创建活动指导意见》，完善优秀卷烟工厂和优秀县级烟草专卖局创建活动评价标准和相关措施，行业创优工作向深度和广度推进。加快推进信息化建设方面，扎实推进卷烟物流数据统计应用、行业调控信息支持系统、统一会计核算软件、资金监管系统、烟叶信息化管理系统等重点项目建设，努力使信息化贯穿于“两烟”生产经营全过程，推进烟草产业与信息化相融合。

在努力推动品牌发展、原料保障、技术创新、市场营销、基础管理工作的同时，全行业围绕“卷烟上水平”，始终把严格规范作为保持行业持续健康发展的生命线，内部监管和市场专卖监管工作明显加强。一是深入推进内部管理监督。各单位把贯彻落实《烟草行业工程投资、物资采购和宣传促销项目管理程序规定（试行）》（以下简称《程序规定》）和进一步推进办事公开民主管理作为严格规范的突出重点和治本之策，精心组织试点，不断完善制度，深入扎实推进，收到了较好效果。国家局组织6批抽查组对15省市烟草工商企业就贯彻落实《程序规定》等情况进行重点抽查，深入到5个试点单位就进一步推进办事公开、民主管理进行专题调研，认真总结经验，及时发现问题，指导贯彻落实《程序规定》和办事公开、民主管理工作健康发展。继续推进省级工业公司董事会建设，健全完善相关制度，充分发挥董事会科学决策、依法决策、民主决策重要作用。进一步发挥内审监督作用，下发《烟草行业推行审计委派制实施方案》，各省级局（公司）审计委派制顺利推进；国家局加强对重点工程项目的过程审计监督，目前有16个项目处于管理审计阶段；配合审计署完成对行业国有资本收益审计和对行业“小金库”治理情况的重点检查，审计检查均未发现重大问题，体现出行业专项整顿治理取得较好成效。切实加强专卖内管监督工作，下发《关于切实发挥专卖内管长效机制作用的意见》，积极推进专卖内管长效机制建设，加强对卷烟经营和烟叶种植计划落实情况的监督检查，促进生产经营规范水平不断提高。二是不断加大卷烟打假力度。各省级局按照“端窝点、断源头、破网络、抓主犯”的打假方针，深入开展卷烟打假工作，全面加强市场监管。广东、福建等重点地区省局高度重视，采取超常规措施，不断加大打假力度，持续开展打假行动，有效遏制制假活动反弹。打击制售假烟网络工作成效显著，打击假烟运输分销和原辅材料供应取得实效，整治互联网非法销售假烟取得积极成效，卷烟零售市场监管进一步加强，侦破案件、办案能力明显提高。今年，新修订的《烟草专卖行政处罚程序规定》和《最高人民法院、最高人民检察院关于办理非法生产、销售烟草专卖品等刑事案件具体应用法律若干问题的解释》正式实施，国家局高度重视，先后两次召开电视电话会议，进行专门动员部署。按照中宣部、司法部、全国普法办部署，先后下发文件和召开电视电话会议，对认真做好行业“五五”普法教育总结验收工作提出明确要求。据统计，上半年全行业共查处5万元以上制售假烟案件4163起，其中涉案金额千万元以上的重大案件15起，超过亿元的案件4起；打掉制假窝点1616个，打掉大型制售假烟网络285个；查获假烟27.2万件，查获烟丝烟叶1万吨；收缴制假烟机361台；依法拘留4343人、劳教58人，判刑1822人。三是行业多元化投资管理取得新的成效。严格控制多元化新上项目，继续抓好多元化企业清退工作，切实加强多元化存续企业管理，构建权责清晰、管理规范的多元化投资管理体制。上半年重点推行管理审计、重大事项报告制度、投资管理信息系统、经营管理评价体系四项监管措施，初步构建了系统化、流程化、数字化的管理监督体系。全行业已累计完成清退多元化企业1152家，占清退计划的95%。12家省级公司、工业公司成立以资产经营管理为主要职责的投资公司，促进多元化企业效益明显提高。总公司战略性投资取得积极进展，体制机制不断健全完善。据统计，上半年行业多元化企业实现利润18.84亿元，同比增长53.3%。

上半年，行业队伍建设和反腐倡廉工作进一步加强，为“卷烟上水平”提供了坚强有力的组织和纪律保证。一是认真贯彻全国组织部长会议精神，切实加强各级领导班子建设。国家局党组制定下发了《关于贯彻〈2010～2020年深化干部人事制度改革规划纲要〉的实施意见》和《省级烟草专卖局（公司）、工业公司领导班子和领导干部年度考核办法（试行）》，强调坚持德才兼备、以德为先用人标准，树立正确用人导向，建立科学的选人用人机制和促进科学发展的领导班子、领导干部考核评价体系。对18个直属单位开展领导班子和领导干部年度考核、领导班子正常调整、后备干部集中调整和对干部选拔任用情况进行“一报告，两评议”工作，全面了解掌握直属单位领导班子思想作风工作和干部选拔任用情况，调整充实直属单位领导班子，建立新的后备干部队伍名单，提高领导班子整体素质。二是加强行业反腐倡廉建设。今年以来，行业各级党组织和纪检监察机构认真学习贯彻胡锦涛总书记在中央纪委五次全会上的重要讲话精神，深刻认识加强反腐倡廉制度建设的重要意义，深入开展党风廉政建设和反腐败工作。认真落实《中国共产党巡视工作条例》及国家局党组《关于开展巡视工作的实施意见》，在浙江省局（公司）、浙江中烟工业有限责任公司开展巡视工作试点，全面了解贯彻党的路线方针政策以及国家局决策部署的情况，充分听取干部职工对反腐倡廉工作的意见，对领导班子和领导干部做出全面客观的评价，收到良好的效果。强化对领导干部行使权力的监督制约，加大查办案件工作的力度。扎实推进重大工程项目监管工作，规范物资采购、宣传促销行为，积极推进资金监管系统扩大试点工作，全面推行“明示与承诺”制度。上半年，行业纪检监察机构初核案件135件，立案41件，结案40件。三是高度重视干部队伍思想作风建设。始终把加强理论武装摆在队伍建设首要位置，健全党组理论学习中心组制度，充分发挥国家局党校理论武装主阵地作用，切实增强贯彻落实科学发展观的坚定性和自觉性。积极开展“保持良好精神状态，努力开创卷烟上水平新局面”教育活动，并与以“两个至上”为主旨的企业文化服务品牌建设、“四要”作风建设结合起来，动员全体干部职工以满腔热情、富有激情、充满智慧、奋力创新的良好精神状态，开创“卷烟上水平”工作的新局面。重视做好离退休干部工作和安全稳定工作，充分发挥行业主要媒体和烟草学会作用，努力营造奋发向上、团结和谐的良好氛围。组织行业百名劳动模范进京参加“五一”表彰庆祝活动，行业30名同志被授予2010年“全国劳动模范”称号。

三、下半年重点抓好的几项工作

下半年，全行业要紧紧围绕“卷烟上水平”总体规划，进一步明确任务，抓住关键，扎实有效推进，确保全年目标任务顺利实现。重点做好以下几个方面工作：

（一）全面推进现代烟草农业建设，努力提高烟叶工作整体水平

1. 继续加大投入，全面完善烟田基础设施。烟叶产区要按照总体规划要求，制订具体实施意见，确保

烟田基础设施建设任务顺利完成。一是科学规划基本烟田面积。全国一年种植烟叶面积1600万亩左右，为提高烟叶质量，实现可持续发展，将目前两年半一轮作提高到三年一轮作，全国基本烟田面积从3800万亩调整到4800万亩。各烟叶产区要按照这一要求，结合本地实际，适度调整基本烟田规划，并上报国家局批准。增加规划的基本烟田，重点要用于新区开发，为优化布局创造条件、打好基础。二是明确烟田基础设施建设内容。在继续抓好水利工程、机耕道路、密集式烤房、育苗大棚、烟草专用机械等项目建设同时，适时开展土地整理工作试点，加强烟区水源建设，进一步改善烟区生产条件，提高抗御自然灾害能力。三是完善提高现有基础设施建设水平。烟田基础设施建设是一个不断实践、认识、提高的过程，早期的基础设施建设项目相对而言较为分散，标准也相对较低。要按照高标准、高水平、高质量的要求，在充分保护、利用好现有设施的同时，对前期开展建设的项目进行重新规划，完善提高。规划要坚持从实际出发，实事求是，重在实效。国家局将对各省上报的规划专题研究。四是健全完善基础设施管控体制机制。随着基础设施投入强度加大，形成大量经营性资产，必须切实加强管理，健全完善管控体制机制。通过明晰产权，量化到户，成立专业合作社，建立科学决策尤其是合理的定价机制，确保基础设施烟农受益，持续利用。五是加强对基础设施建设资金审计监督。各省级局内审机构要坚持边建设边审计，确保资金使用安全可靠。

2. 加强统筹安排，确保基地建设目标实现。一是突出品牌需求导向，科学安排基地建设具体任务。根据“532”、“461”品牌发展目标，在各工业公司提报基础上，国家局综合平衡，编制下达各工业公司基地建设具体任务。在基地建设安排上，既要保证知名品牌发展需要，又要统筹安排各类企业协调发展。二是满足品牌发展需要，着力提升基地建设水平。工业企业要深入贯彻“主动参与、深度介入”方针，加强领导，充实基地工作人员力量，从品种选定、栽培技术方案制订、工商原烟交接、打叶复烤等环节全过程参与基地建设。商业企业要主动与工业企业沟通协调，充分听取工业企业意见建议，着力提高基地建设水平。三是高度重视特色优质烟叶开发，努力提高烟叶品质。把特色优质烟叶开发与基地建设紧密结合在一起，优化布局，好中选优，集中建设一批生态优势明显、品质特色鲜明、风格类型多样的优质产区；加强特色烟叶基础研究，集成特色烟叶生产技术，建立特色烟叶技术标准规范，健全特色烟叶技术推广机制，努力提高特色优质烟叶开发技术水平；丰富特色品种资源，加强特色品种培育和引进试种工作，开展浓香型、清香型及中间香型代表产区烟叶的化学基础研究，完善典型风格特色烟叶的评定方法和评价体系；抓好特色烟叶工业验证，建立不同风格特色优质烟叶生产、调制、储藏、加工及醇化技术体系。

3. 全面开展现代烟草农业建设，扎实推进生产方式现代化。一是坚持整县推进、单元建设，努力提高现代烟草农业建设水平。实践证明，整县推进、单元建设影响大、质量高、效果好，是建设现代烟草农业有效形式。要认真总结近年来整县推进的成功做法和经验，加强规划，系统设计，综合配套，努力实现高水平规划、高标准实施、大规模推进，确保现代烟草农业建设水平全面提升。二是努力创新生产组织形式，充分调动烟农积极性、主动性、创造性。继续坚持“统分结合、双层经营、专业合作”工作方针，积极探索适应生产力水平和管理水平新的生产组织形式，大力发展种植专业户、家庭农场和专业合作社。按照“依法、自愿、有偿”原则，促进土地流转，推进适度规模种植。积极建立专业服务合作社，充分利用现有基础设施，拓宽生产经营领域，增加烟农收入，全面提升服务水平。三是加强基层烟叶站建设，提高烟叶工作水平。随着基地单元建设的推进，生产组织形式的创新，对烟叶生产技术指导和收购组织提出了全新的要求。要把基地单元建设与基层站建设紧密结合，统筹安排，合理布局，使基层站建设与管理更好适应现代烟草农业发展需要。

（二）积极推进以品牌为核心的资源配置方式改革，努力提高资源配置效率

1. 在知名品牌建设上力求新的突破。进一步聚集品牌发展目标。各工业企业要按照总体规划要求，从行业全局角度出发，着眼于中国烟草整体竞争实力增强和应对未来更加严峻的挑战，进一步精简牌号，整合资源，切实做到该做大的品牌集中资源加以扶持，该退出市场的尽早退出，努力提高资源配置效率。不断提高品牌的核心竞争力。高度重视现有重点品牌主导规格维护工作，稳定提高产品质量，适应市场发展变化，在市场中始终处于主导地位。切实加强新品开发研究，加大低焦油产品开发力度。知名品牌不仅要适应消费潮流，而且要引领消费潮流，其生命力在于持续创新，推陈出新，使知名品牌始终充满生机与活力。更加注重提升品牌价值。深入挖掘品牌文化内涵，彰显品牌个性，提高品牌品位，维护品牌信誉，不断提升知名品牌文化价值。在抓好知名品牌发展的同时，要从适应市场需求出发，采取有效措施，积极促进混合型卷烟、雪茄烟以及无烟气烟草发展。

2. 充分发挥卷烟流通企业对品牌发展的引领作

用。营造公平竞争市场环境。“532”、“461”品牌要在市场竞争中形成和发展。因此，卷烟流通企业要把营造公平竞争市场环境作为首要任务，认真克服非市场因素，着力推进全国统一大市场建设，努力实现机会公平、过程公平、结果公平，促进生产要素合理流动，引领知名品牌加快发展。切实提高服务客户水平。加强市场分析预测，提供准确的市场信息，为工业企业品牌调整提供真实可靠的市场依据；充分发挥销售网络工作人员的积极性，认真做好品牌宣传促销，扩大知名品牌的知名度和影响力；根据市场真实需求组织货源，满足消费者需要，加强对零售客户经营指导，保持零售客户经营稳定和效益提高。促进卷烟销售网络优化升级。在精心搞好试点基础上，积极推进“网上订货、网上配货、网上结算”，全面建设面向未来具有不可替代性的现代物流体系，打造完整统一、先进实用、具有鲜明特色的中国烟草物联网，全面提升现代营销水平。

3. 进一步调整卷烟计划管理方式。根据预测分析，今后几年卷烟产量仍可保持一定幅度增长，产品结构仍有较大调整空间。因此，一定要用好增量，盘活存量，将有限市场资源进一步向知名品牌集聚，加快知名品牌成长，提高行业资源配置整体效率。下半年新增的卷烟生产计划主要用于知名品牌发展，专项“戴帽”下达，定向合作生产；新增卷烟计划指标的工业企业，要在存量指标中配套相应的生产计划用于知名品牌生产；调减下来的低档卷烟生产计划指标，主要用于知名品牌生产。下半年新增生产计划安排和补货工作将在9月份开展，以利于与市场更好地衔接。

4. 认真制定品牌合作生产的政策措施。从行业实际出发，为保持行业稳定，实现共同发展目标，行业资源配置方式改革在总体保持现有工业公司管理体制稳定前提下，突出做好品牌整合这篇文章。深入开展按市场组织货源工作，切实做到尊重消费者选择，满足市场真实需求，这是资源配置方式改革的起点。认真研究制定品牌合作生产的政策措施。根据合理布局、技术进步、规范运作、持续发展的要求，国家局将编制合作生产规划，制订输出品牌标准，公布输出品牌名单，确定定点合作生产烟厂，制订输出品牌税利标准，严格产品质量管理，出台鼓励合作生产政策措施，有力促进品牌合作生产加快发展。在品牌合作生产基础上，积极推进卷烟工业企业跨省联合重组。调整和完善跨省联合重组企业的董事会职能，发挥董事会在跨省联合重组中的决策作用，努力推动跨省联合重组深入开展。

5. 切实加快打叶复烤企业重组整合步伐。认真总结云南、贵州、湖北等省打叶复烤企业重组整合做法和经验，加快推进打叶复烤企业重组整合步伐，争取通过两年左右时间，全面完成重组整合任务。加强重组整合政策研究和工作指导，解决重组整合工作中的重点、难点问题，在加大工业企业投入、完善仓储基础设施、提高技术装备水平和创新能力、推进卷烟工业相对集中组织加工等方面取得新的突破，全面提高打叶复烤企业整体水平。

6. 充分利用“两个市场”、“两种资源”。在改善国内资源配置同时，努力拓展国际市场发展空间，力求在国际市场上有所突破。重点企业、知名品牌不仅要盯住国内市场，而且要下决心“走出去”，根据国际市场特点，制订重点市场、重点品牌开发规划。国家局要制定具体政策措施，帮助企业解决实际问题，鼓励企业“走出去”战略实施。认真总结近年来与境外公司合作的做法和经验，深化合作内容，完善体制机制，促进合作有效开展。采取多种形式抓好境外销售网络建设，使出口的卷烟能够落地生根。加快推进阿根廷公司、巴西公司改制转型工作，提高津巴布韦公司运作水平，加强境外公司基础设施建设，逐步按照品牌发展需要指导生产、组织采购，为知名品牌发展提供更加广阔的原料支撑。

（三）高度重视技术创新和基础管理，为“卷烟上水平”提供有力支撑

1. 全面提升行业自主创新能力。一是健全完善行业创新体系。按照国际一流水平的要求，全面提高企业技术中心水平。进一步加大投入，改善环境，提升手段，为科技人员开展工作创造更加良好条件；在充分调动现有科技人员积极性的同时，积极引进高层次技术创新人才，努力改善科技人员结构，进一步提高科技人员素质；进一步加强对外合作交流，充分利用社会科技资源，形成开放多元的技术创新体系；全面实行项目制、项目招标制、首席研究员、专家等制度，重奖作出突出贡献的科技人员，建立有效激励机制。郑州烟草研究院及相关研究机构要加强基础应用和共性技术研究，加强对世界烟草科技发展趋势和前沿技术研究，占领烟草科技制高点，充分发挥对行业技术创新的牵头、指导、推动作用。健全行业标准化工作体系和运行机制，推进重要标准的关键性指标与国际先进水平接轨。加强质检机构建设，完善行业质检体系和质量安全标准，强化产品质量安全监督检查。二是精心组织重大专项实施。整合行业内外科研力量，实施重大项目带动战略，实现关键技术的重大突破。以项目为纽带，加大人才和资金投入，推进行业不同实体、不同学科专业间的交流与合作，形成技术创新合力。加强对关键技术突破情况、重大专项完成情况

的考核，加快科技成果转化步伐，转变为支撑“卷烟上水平”的现实生产力。三是努力提升行业信息化建设水平。信息化建设要坚持与行业发展战略、生产经营、决策管理相融合，全面提升信息化水平。当前要加快推进统一会计核算、资金监管系统、烟叶信息化管理系统、卷烟物流数据统计应用等重点项目建设。

2. 全面加强行业各项管理工作。一是以加强全面预算管理和开展贯标、对标、基层单位创优活动为主要内容，努力促进企业管理水平不断提升。全面预算管理要坚持以成本费用控制为重点，形成统一的预算编制、审核、控制、考核体系，全面建立预算定额标准，提高预算执行率，促进财务管理水平全面提升。贯标、对标和优秀基层单位创建活动要重在规范管理、寻找差距、持续改进、提高素质，着力提升工商企业管理水平，积极创建一流企业，全面提高企业整体素质。卷烟工业要更加重视抓好“四个中心”建设，商业企业要更加重视地市公司市场营销主体建设，进一步推进管理整合、资源整合、文化融合，优化组织构架和运行机制，不断提高企业运行效率和效益。烟机工业、多元化投资管理都要把加强管理、提高效益摆在更加重要位置，结合自身工作特点，全面提高管理水平。二是坚持不懈开展整顿规范工作。下半年，要以认真贯彻落实《程序规定》和推进办事公开、民主管理（以下简称“两项工作”）作为整顿规范工作的突出重点，进一步完善制度，明确职责，精心试点，扎实推进，务求取得实实在在成效。国家局将对工程项目、物资采购、烟机零配件采购、宣传促销4个管理规定进行修改完善，进一步明确要求，严格程序，规范运作。进一步明确各级领导班子尤其是主要负责人、具体管理部门和监督部门落实“两项工作”的职责，加强领导，形成合力，确保“两项工作”顺利推进。国家局在河北烟草工商企业组织试点，在试点取得明显成效基础上，召开行业各直属单位主要负责人参加的内部监管工作现场会，推动“两项工作”深入扎实开展。继续加强内部审计监督，积极推进审计委派制，加强对已开工工程项目的过程管理审计，继续认真抓好治理“小金库”等工作。专卖内管工作要切实加强对卷烟经营和烟叶收购等重点环节的监管，加大监督检查力度，有效发挥专卖内管长效机制作用，严格查处各种不规范生产经营行为。三是始终保持卷烟打假高压态势。通过各级烟草专卖机构的艰苦努力，行业打假工作取得明显成效，市场净化率明显提高，为行业持续健康发展营造了良好市场环境。打假未有穷期，必须树立长期作战思想，根据制售假烟新的特点，加强与公安、司法部门协同合作，采取更加坚决主动措施，不断加大打击力度，坚决遏制制假反弹。同时，要继续深入抓好《烟草专卖行政处罚程序规定》和“两高”司法解释的贯彻实施，认真做好行业“五五”普法教育总结验收工作，切实增强法制观念，不断提高依法行政能力和执法监管水平。

（四）精心组织生产经营活动，高度重视安全生产和稳定工作

确保全年生产经营各项指标完成，下半年工作繁重，任务艰巨。要加强对宏观经济形势分析研究，密切关注烟叶产区气候变化，重视抓好卷烟市场预测分析工作，采取更加有效措施，努力保持生产经营良好势头和安全稳定。

1. 高度重视烟叶后期管理和收购工作。烟叶生产上半年遭遇特大干旱和暴雨袭击，下半年不确定不稳定因素仍然存在。因此，要把可能遇到的困难估计足一点，把应对措施准备得充分一点，确保大灾之年烟叶生产有一个好的收成。要把关心烟农、照顾好烟农利益作为重要任务抓好。前段水灾比较严重的地区要帮助烟农生产自救，抓好灾后基础设施恢复重建，加强烟叶后期田管、成熟采收、科学烘烤、防洪防涝指导；所有烟区都要密切关注气候变化，立足防灾抗灾，早作安排，主动应对，增强抵御自然灾害能力。要把按国家标准组织烟叶收购作为工作重点。根据原料保障上水平要求，各烟叶产区在收购工作中要严把质量关，切实加强对烟叶收购和工商交接等级质量监督检查，尤其要高度重视新的收购方式和工商交接方式的质量控制，认真总结经验，及时发现问题，严肃查处放宽标准收购、内部提级上调、弄虚作假等行为。

2. 始终坚持“控制总量、稍紧平衡”方针，确保卷烟市场平稳运行。加强市场分析研究，密切关注卷烟市场价格变化，密切关注重点品牌市场表现，密切关注各类产品协调发展，努力保持卷烟市场平稳运行。提前做好下半年货源调整补充工作。下半年卷烟集中交易已经结束，交易总量2071.29万箱，完成国家局下达交易计划的97%。按照市场需求预测分析，下半年集中交易数量与市场需求之间仍有缺口，这也为产品结构调整提供了空间。为安排好下半年产销工作，在9月份完成下半年货源调整补充工作。按市场真实需求组织卷烟产销活动。目前全行业对“卷烟上水平”工作反响快、热情高、劲头足，因此一定要把各方面积极性保护好、引导好，既要满腔热情、富有激情，又要充满智慧、科学理性。产品结构调整一定要从市场需要出发，切实防止盲目调高倾向，防止低档卷烟供应严重不足、高端品牌出现大的起落。货源组织一定要满足消费需要，防止出现新的地方封锁，推动全国统一大市场形成。品牌合作生产一定要有新的

突破，提前安排下半年合作生产计划，做好合作生产品牌与市场衔接工作，促进重点品牌加快发展。

3. 切实加强投资管理和安全生产。继续按照“先瘦身、后强身”的要求，切实加强多元化投资管理，全资和控股企业全面推行权益法核算，确保出资人职责到位、日常管理监督到位。切实加强安全生产工作。按照全年安全生产管理目标任务要求，加强安全生产教育培训，严格落实安全管理各项制度。加强安全生产检查和隐患排查治理，加大消防、车辆安全管理力度，对各类危险源实施动态管理和全过程安全控制，扎实做好事故防范工作。进一步推进安全管理标准化、信息化和企业安全文化“三项”建设，把安全生产管理各项措施落到实处，严防各类事故发生。

4. 高度重视行业稳定工作。全行业特别是各单位主要领导，要更加重视做好行业稳定工作。从上半年行业信访工作情况看，反映出的问题仍比较突出，维护稳定工作丝毫不能放松。要切实加强领导，落实责任，完善机制，把维护稳定工作作为硬任务，以高度的政治责任感做好工作，为行业改革顺利推进营造良好环境。切实加强思想政治工作，深化用工分配制度改革，及时发现苗头性问题，积极化解各类矛盾，努力把问题解决在萌芽状态。切实重视做好行业信访工作，完善突发事件应急预案和管理机制，紧紧依靠当地党委、政府，加强部门之间沟通协调，积极有效做好工作，维护行业和职工队伍稳定。

（五）全面加强人才队伍建设，努力提高行业队伍整体素质

1. 认真贯彻全国人才工作会议精神，为“卷烟上水平”提供坚强的人才保证和智力支持。行业人才发展工作要紧紧围绕“卷烟上水平”目标任务，以培养高层次、高技能人才为重点，统筹推进各类人才队伍建设，全面提高行业人才队伍整体素质。高度重视行业高级管理人才培养工作。坚持德才兼备、以德为先用人标准，坚持民主、公开、竞争、择优改革方针，树立坚定信念、注重品行、科学发展、崇尚实干、重视基层、鼓励创新、群众公认的用人导向，加大优秀年轻干部培养力度，建设一支高素质的高级管理人才队伍。高度重视企业经营管理人才培养工作。以提高现代经营管理水平和企业竞争力为核心，以培养企业家为重点，完善以市场和出资人认可为核心的企业经营管理人才评价体系，培养造就一批具有全球战略眼光、市场开拓精神、管理创新能力和社会责任感的企业经营管理人才。高度重视高素质专业技术人才培养工作。以提高专业水平和创新能力为核心，以高层次人才和紧缺人才为重点，加强人才教育培训，加大拔尖人才引进工作力度，突出创新型科技人才培养，造就一批科技领军人才和复合型人才。高度重视高技能人才培养工作。以提升职业素质和职业技能为核心，以技师和高级技师为重点，高度重视基层企业人才队伍建设，切实加强职工在职培训，全面推行职业技能鉴定，切实抓好技能岗位设置，落实好高技能人才经济待遇和社会地位，建设一支高技能人才队伍。国家局还将制定贯彻全国人才工作会议精神的具体意见，召开专门会议进行安排部署。

2. 全面完成直属单位领导班子考核和后备干部集中调整工作，切实加强各级领导班子建设。下半年仍要对36个直属单位领导班子进行全面考察和后备干部集中调整，任务重、政策性强，要精心组织实施。在班子考察工作中，要充分发扬民主，认真听取各方面意见，对领导班子、领导干部作出客观公正评价。要严肃组织纪律，坚决治理拉票等不正当活动，确保测评推荐结果客观公正，树立风清气正的良好环境。要加强对考察情况的全面分析，注意保护干事创业干部的积极性，发现埋头苦干、潜心做事的人才，完善有利于促进科学发展的干部考核评价机制。结合后备干部集中调整，对近期需要补充调整的干部统筹安排考虑。

3. 切实加强行业思想政治建设，树立奋发向上的良好精神状态。人是要有一点精神的。在行业生产经营保持良好发展的同时，要更加注重加强行业思想政治建设，切实加强干部教育管理，努力营造团结和谐、奋发向上的良好氛围。坚持用科学发展观武装头脑、指导实践、推动工作，健全党组中心组学习制度，发挥国家局党校理论武装主阵地作用，切实做到真学、真懂、真信、真用，在推进行业改革发展实践中体现科学发展要求，实现科学发展目标。深入推进以“两个至上”为主旨、以建设“严格规范、富有效率、充满活力”中国烟草为目标的行业文化建设，努力建设一支有理想、讲大局、能吃苦、乐奉献的高素质干部职工队伍。当前要在行业全面开展“创先争优”活动和“讲责任、讲奉献、讲纪律”教育活动，行业主要媒体要围绕中心，服务大局，营造良好舆论氛围，全面推进“卷烟上水平”各项工作落实。要切实加强对干部尤其是各级领导干部的管理教育，深入推进反腐倡廉建设。行业各级领导干部主流是好的，为行业发展尽职尽责、不辞辛劳，作出了积极贡献，对此要充分肯定。同时也要看到干部队伍建设中存在的问题，有的不思进取、贪图安逸、意志消沉，有的只讲待遇、不讲责任、追名逐利，有的不守纪律、擅自决策、违规经营，给企业造成重大损失，个别的甚至以权谋私、权钱交易，走上严重违法犯罪道路，其教训是十分深

刻的。对领导干部既要关心爱护，又要严格要求、严格教育、严格管理、严格监督，绝不能放任自流。要认真贯彻中央关于领导干部个人重大事项报告制度，自觉接受组织监督，做到廉洁自律。认真贯彻中央关于“三重一大”集体决策制度，坚持科学决策、民主决策、依法决策，防止个人说了算和决策失误。深入推进办事公开、民主管理，严格办事程序，规范办事流程，加强对领导干部权力运行的监督，确保权力在阳光下运行。继续做好巡视工作，加大案件查办力度，确保国家局决策部署落实到位，严肃查处各种违规违纪行为。

四、推进“卷烟上水平”需要把握的几个问题

推进“卷烟上水平”是行业当前的中心任务，在工作中要注重把握以下几个方面问题：

第一，坚持用改革的办法、创新的思路、统筹的方法，全面推进“卷烟上水平”。《总体规划》明确提出推进“卷烟上水平”要坚持深化改革、坚持市场导向、坚持科技进步、坚持共同发展，这是《总体规划》的纲，是灵魂。改革是推动行业发展的强大动力，近年来行业保持良好发展，关键靠改革，推动“卷烟上水平”关键还是在于改革。全行业都要进一步增强改革的坚定性、自觉性，通过深化改革，不断增强行业发展的动力和活力。积极发挥市场配置资源作用，是实现“532”、“461”品牌发展目标的根本途径，只有在市场竞争中培育成长起来的品牌才有强大生命力，才能经受得住各种挑战和考验。科技进步是实现“卷烟上水平”的动力源泉，要坚持走创新驱动、内生增长发展道路，把行业发展转变到依靠技术进步、管理创新、劳动者素质提高的轨道上来，努力建设创新型行业。共同发展是“卷烟上水平”的根本要求，只有实现共同发展，才能统筹各方面利益关系，充分调动各方面积极性、主动性、创造性，形成推动“卷烟上水平”的强大合力。

第二，要“站得高一点、看得远一点、谋得深一点”，以“卷烟上水平”促进行业各项工作水平整体提升。推进“卷烟上水平”，其根本目的在于提高中国烟草整体竞争实力。行业各单位都要从全局和战略高度出发，面对新的矛盾和各种挑战，面向未来，着眼发展，深刻认识“卷烟上水平”的目的意义，全面理解“卷烟上水平”的内涵要求，准确把握“卷烟上水平”的目标任务。在推进“卷烟上水平”工作中，既要突出“532”、“461”品牌发展目标，又要切实抓好原料保障、技术创新、市场营销、基础管理工作，把“卷烟上水平”建立在各项工作水平全面提升基础之上。既要推动五个方面工作“上水平”，又要切实加强专卖管理监督，持续推进整顿规范，高度重视行业生产经营调控，营造“卷烟上水平”的良好环境。既要加强生产经营组织指导，又要高度重视干部职工队伍建设，尤其是各级领导班子建设，深入开展党风廉政建设和反腐败斗争，为“卷烟上水平”提供坚强有力的组织和纪律保证。

第三，要用新思维、大手笔、超常规措施，努力推进“卷烟上水平”各项工作落实。“卷烟上水平”是烟草行业一次新的重大变革。开展工作中，要自觉克服因循守旧、故步自封思想，进一步解放思想，转变观念，树立世界眼光，切实提高战略思维、创新思维、辩证思维能力，以全新的视角推进“卷烟上水平”；自觉克服按部就班、墨守成规思想，面对行业发展新的更高要求，科学分析复杂多变形势，准确把握行业发展规律，勇于进取，勇于突破，勇于超越，以宽阔的视野推进“卷烟上水平”；自觉克服安于现状、无所作为的思想，树立全局观念，增强合作意识，发扬敢为人先精神，抓住时机，抓紧工作，以“等不起”的紧迫感、“慢不得”的危机感、“坐不住”的责任感推进“卷烟上水平”，努力实现中国烟草竞争水平质的飞跃。当前还要注意克服急于求成和浮躁情绪，面对艰巨繁重的任务，理性对待各种挑战，扎扎实实，求真务实，把“卷烟上水平”建立在更加可靠的市场基础和扎实的工作基础之上。

专卖管理

在宣传贯彻新修订的《烟草专卖法》及《烟草专卖行政处罚程序规定》电视电话会议上的讲话

张　辉

（2010 年 3 月 2 日）

2009 年 11 月，《全国人大常委会公报》（专刊）公布了经全国人大常委会集中修订的《中华人民共和国烟草专卖法》（以下简称《烟草专卖法》）。2010 年 1 月 21 日，国家工信部第 12 号令公布了修订的《烟草专卖行政处罚程序规定》。这两个新修订的法律文件，对于巩固和完善国家烟草专卖制度具有十分重要的意义。

一、认真学习，深刻理解，切实统一思想认识

全面领会和深入掌握修订精神和主要内容，是做好宣传贯彻和实施工作的重要基础。全行业必须准确理解和掌握这次修改的基本精神、重要意义和主要内容。

（一）准确把握修订完善的主要精神

1. 修订的主要动因。消除法律间规定相互冲突，是《烟草专卖法》修订的直接原因。近年来，为了不断适应经济社会快速发展变化的形势，我国法律的立、改、废工作快速推进。但新法与旧法部分规定相互冲突现象也同时在许多法律中出现。为了有效解决这一问题，2009 年，全国人大常务委员会对 59 件国家法律中涉及“法律中明显不适应社会主义市场经济和社会发展要求的规定”、“法律和法律解释中关于征用的规定”、“法律中关于刑事责任的规定”、“法律和有关法律问题的决定中关于治安管理处罚的规定”、“法律中引用其他法律名称或者条文不对应的规定”等五个方面的相关规定，统一进行了集中修改。在新修订的上述内容中，涉及《烟草专卖法》的部分规定。因此，《烟草专卖法》也在这次统一集中修订范围之内。2009 年 8 月 27 日，全国人民代表大会常务委员会第十次会议通过了《全国人民代表大会常务委员会关于修改部分法律的决定》。同日，胡锦涛主席签署的第十八号主席令予以公布，自公布之日起施行。2009 年 11 月由《全国人民代表大会常务委员会公报》按照修改决定重新公布了 59 件法律的修正本。

不适应发展需要，是 3 号令修订的主要因素。3 号令自 1998 年发布施行以来，在规范烟草专卖行政处罚行为、维护国家烟草专卖制度方面，发挥了十分的重要作用。但随着我国法制建设不断推进，特别是烟草行业法制建设日益深化，依法行政、依法管理、依法经营水平的大幅提升，严格规范制度建设的日益完善，原规章中的许多规定已经不能适应行业发展的需要。因此，国家局于 2008 年初决定启动修订工作。根据《立法法》规定的立法权限和《规章制定程序条例》要求，先后经过纳入立法计划、深入调研、起草草案、征询意见、专家论证、国家局审定、工信部审议公布施行等步骤，历时两年时间，于 2009 年末由国家工信部审议通过，2010 年 1 月 21 日以国家工信部第 12 号部长令发布施行。在修订过程中，国家局组织起草草案，反复调研论证，工信部和全国人大法工委有关领导和专家在修订中认真审查把关，确保了修改质量，体现了“合法、合理、实用、高效”的修订要求，达到了预期目的。

2. 修改的主导精神。确保国家法制统一，是理解《烟草专卖法》修订主导精神的关键。这次全国人大常委会对于烟草专卖法五个条款的修改，按照“法制统一”原则集中调整了使用的罪名、援引的法律名称和相关表述。具体包括三种情况：第一，原规定中使用的“投机倒把罪”罪名已经在新修订的《刑法》中取消，归类到“非法经营罪”等罪名下，现调整为“构成犯罪的”表述（体现在第三十八条）；第二，原规定中援引的法律名称发生了变化。其中“走私罪的补充规定”已被新修订的《刑法》吸收，《治安管理处罚条例》已经废止并上升为《治安管理处罚法》，

"惩治贪污贿赂罪的补充规定"已经被新修订的《刑法》吸收（体现在修订后第四十条、四十一条、四十二条），现在分别作了表述调整；第三，原规定中援引法律有关规定的条目排序发生了变化，修改后将"比照《刑法》第一百一十七条的规定"表述调整为"依照刑法有关规定"（体现在第三十九条）。这里特别强调，学习和理解新修订的《烟草专卖法》必须突出注意以下四点：

第一，烟草专卖体制不受影响。这次《烟草专卖法》的修订，是全国人大常委会为了解决同类问题进行的打捆式的统一集中修订。烟草专卖法修订的内容同其他集中修订的法律一样，主要是调整与国家新的法律规定冲突的部分规定内容，丝毫不影响国家继续实行烟草专卖制度，也不会影响现行的烟草专卖体制。在宣传贯彻中，必须牢牢把握这个基点。

第二，烟草行业原有生产经营秩序不受影响。这次修改不涉及《烟草专卖法》关于烟草行业正常生产经营方面的规定，行业的生产经营活动仍然按照原有的法律法规和规章要求依法组织实施。

第三，惩治违法犯罪力度不减。对专卖执法工作来说，适用法律规定发生变化，虽然在追究倒卖烟草专卖品、走私烟草专卖品、阻碍烟草专卖检查人员依法执行职务等违法犯罪行为时，适用的罪名或者法律依据发生了变化，但由于量刑和处罚幅度没有减轻，因此不会削弱打击涉烟违法犯罪行为和保障烟草专卖检查人员依法执行职务的力度。

第四，下位法不需要随之变更。在《烟草专卖法》的下位法中没有引用或者涉及这次烟草专卖法修改的五个条款，因此既不影响下位法的执行，也无需对属于下位法的《烟草专卖法实施条例》及其三个行政规章再作相应的修订。

学习理解 12 号令，要突出注意以下六个方面：

第一是着力落实法制统一，消除与国家有关法律规定的冲突。由于发布时间先后等原因，原 3 号令存在着与《刑法》、《行政处罚法》、《行政复议法》等规定不一致问题。如原规定违法经营额在 50 万元以上、100 万元以上的案件，在作出行政处罚决定后，要分别报省级局和国家局备案。但根据《刑法》新规定及 2003 年最高人民法院、最高人民检察院、公安部、国家烟草专卖局联合发布的《关于办理假冒伪劣烟草制品等刑事案件适用法律问题座谈会纪要》规定，案值在五万元以上已经涉嫌犯罪，应当依法移送司法机关处理。如原规定"当事人对烟草专卖行政管理机关作出的行政处罚决定不服的，可以在接到处罚通知之日起十五日内向作出处罚决定机关的上一级机关申请复议"，这与《行政复议法》规定的六十日相抵触。这次修改，依照相关法律规定进行了修改，确保了国家法制统一。

第二是着力体现实用原则，细化操作性规定。针对原规定中一些不够明确、具体的规定，新规定对于处罚与教育相结合原则、保障当事人权利救济内容、先行登记保存措施、提高执法效率的办案期限、烟草办案执法人员的违法行为及其应承担的法律责任等，进一步作出了细化规定，极大地增强了实用性和可操作性。

第三是着力突出与时俱进，明确创新经验法律地位。3 号令施行十年多来，各级烟草专卖局在办案过程中建立协作机制、调查取证环节加强配合、处罚执行过程中建立罚缴分离机制、搜集证据过程中利用视听资料和电子证据等方面，积累了很多好的经验和做法，对于有效惩治跨地区涉烟违法行为、防止内部舞弊、提高办案效率发挥了重要作用。但由于没有这方面的法律规定，法律效力问题没有解决。新规定对此做了充分吸收和完善。

第四是着力维护公平正义，更加注重保护当事人合法权益。烟草专卖行政处罚，直接影响到行政相对人的切身利益。由于历史的原因，原规定在保护当事人合法权益方面存在不足。如原来规定当事人无正当理由不出席听证会的，视为放弃要求举行听证的权利，没有赋予当事人委托代理人参加听证的权利。新规定除了明确当事人可以委托代理人参加听证会外，还规定当事人在行政处罚决定作出前有权进行陈述、申辩，当事人提出的事实、理由或者证据成立的，烟草专卖行政主管部门应当采纳，并对当事人申请听证范围及烟草专卖执法人员调查取证应当遵循的程序作出了更加有利于当事人和利害关系人的规定。这些新规定，多方位细化了保护当事人合法权益原则，较好地体现了国家烟草法制进步。

第五是着力优化体制机制，强化内部依法监督。烟草专卖法律不但明确了对外部监督的责任，也明确规定了内部监督的责任。而对于烟草专卖行政处罚的内部监督，长期以来既缺乏细化的、可操作性的实体规定，也没有明确的监督法定程序。这次修订，对于烟草专卖行政处罚的内部监督实现了重要突破，集中体现在以下三个方面：一是明确了内部监督责任主体。着重解决谁监督的问题。首次明确规定，上级对下级实施情况的监督检查，由上级烟草专卖行政主管部门法制机构或者专职法制工作人员负责；对于专卖执法机构办理行政处罚案件的日常监督责任，由同级法制机构或者专职法制工作人员负责。二是明确了内部监督渠道和方式。着重解决怎么监督的问题。除了明确案卷评查、有权重新审查、重新作出处理等事后监督方式外，12 号令在审查和决定环节中规定：“专卖执法机构在将案件处理审批表报送本部门负责人审查决定前，应当先由本部门法制工作机构或者专职法制工作人员对涉嫌违法行为的定性意见、处理意见及其适用法律依据进行合法性审查并签署意见。”首次引入依法“事中监督”方式，开通了“过程监督”的法定渠道。三是明确了内部监督内容。着重解决监督什么的问题。新规定明确了三个方面的监督内容，即对于涉嫌违法行为的定性、处理意见和适用法律依据这三方面进行监督，发现问题确保在第一时间及时纠正。新规定的调整完善具有更深的战略意义。把以往单纯的事后依法监督调整为事后监督与事中监督并重，实现了资源优化配置，有效地降低了负责审查决定领导决策行为的法律风险，对于实现严格规范、保障烟草专卖体制安全提供了有力支撑，标志着烟草专卖管理法定监督的重大进步。

第六是着力兼顾统筹平衡，优化处罚工作流程。3 号令对于办案程序设定，从“调查取证”直接进入“处罚决定”程序。12 号令增加了“审查程序”，分别对案件办理过程中的合法性监督、主管部门负责人审查内容、移送案件批准时限、案情重大或复杂案件由集体讨论决定等逐一做出了优化规定，在具体操作程序上消除了流程断档，保障了处罚案件办理的科学性。

（二）深刻理解修订完善的重要意义

《烟草专卖法》及其 3 号令的修订，是在我国经济社会和烟草行业进入发展新阶段的形势下进行的，是烟草行业在推进科学发展、完善体制机制方面的又一项重大举措。全行业都必须深刻领会修订的重要意义，确保把干部职工的思想认识统一到国家局的战略部署上来。

1. 深刻理解修订完善的重要意义。经济社会的法制建设推进，总是同经济社会管理需要与被管理者需求不断提高两个因素共同作用结合在一起。当代中国正发生着广泛而深刻的变革，人们的思想观念正在发生着巨大变化。经济社会生活中深层次矛盾和问题，具有前所未有的广泛性和深刻性。利益调整的层次更深，涉及面更广，并不断伴随着改革的日益深化集中凸现出来。我们必须清醒地认识到，这次两个法律文件的修订，绝不是简单条文的变化、文词的变更，是主动应对各种挑战的一个关键步骤，对于实现烟草专卖法律同国家其他法律保持法制统一、解决程序合法与合理、巩固和完善国家烟草专卖制度，具有极其重要的现实意义和深远的影响。

2. 深刻理解 12 号令的新变化。要高度注意新的法律规定给烟草专卖管理带来的重要变化。主要是以下六个方面：

法律体系得到完善。以这两个新修订的法律文件公布实施为标志，我国的烟草专卖法律体系进一步得到完善，能够适应当前和今后一个时期我国经济社会发展需要，能够适应烟草行业建设严格规范、富有效率、充满活力的中国烟草的需要。烟草专卖法律体系中的“一法一条例三个令”的修订任务基本可以告一段落。烟草行业当前和今后一个时期的法制建设任务，要转向这一体系下的科学高效运行机制建设和制度规范建设上来。

管理环节有待衔接。随着这两个新的法律文件施行，一些原有管理环节势必要发生变化。在管辖、立案、提取物证、处置视听资料、先行登记保存、办案审查、事中监督、听证、复杂案件决定、送达、执行、事后监督等环节，都不同程度地出现了新的规定。各级专卖执法机构、各级法规机构务必引起高度注意。

工作程序需要调整。既合法又合理的规范工作程序，是执行程序合法的基本保障，是减少失误、消除人为不良操纵、保障正确实施烟草专卖行政处罚的重要基础。这里要特别强调，构建新的工作程序应当突出关注合法与合理两个层面的调整。希望各级烟草专卖机构、法制机构在调整办案工作程序方面，务必统筹兼顾程序的合法性与合理性，实现新旧工作程序的平稳对接。

运行机制尚待规范。新规定在保护当事人合法权益、拓宽救济渠道、增加保障公正行使办案权利要求、调整内部依法监督流程、明晰执法主体与处罚对象的法律责任、界定烟草行政处罚行政措施参照等方面，较原规定都有很大的变化。各级烟草专卖局应当从完善烟草专卖管理体制机制要求的战略高度，认真学习好、研究好、调整好、完善好规范烟草行政处罚程序运行机制，确保新的运行机制顺畅、高效、合理。

工作制度应当完善。公正公开，是行政处罚法的最重要的原则之一。公开原则，是烟草行政处罚不可缺少的原则。贯彻好这两个新的法律文件精神，要在制度建设上进行相应的改进和完善。其中，最主要的是要在“公开”的制度上进行构建，重点包括：适用法律的公开制度、表明身份的公开制度、告知制度、说明理由制度、听证申辩制度、咨询制度等。通过这些相互配套的制度建设及有效执行，进一步为维护公民与组织的合法权益、在更高水平上实现依法行政、构建和谐烟草、巩固烟草专卖制度提供坚强有力的法律支持。

执法标准需要提升。这两个法律文件的修订，承载着进一步巩固完善国家烟草专卖制度、提升烟草行业专卖管理水平的历史重任。贯彻两个新的法律文件，要站在对党和国家负责、对于烟草发展负责的高度，在全面领会精神的基础上，在衔接管理环节、调整工作程序、规范运行机制和完善工作制度等方面，全面坚持更高标准，构建起更加有利于行业科学发展、更加有利于巩固烟草专卖制度的体制机制。

二、全面贯彻，正确实施，切实提高执行水平

修订后的《烟草专卖法》自公布之日起施行。12号令也将在2010年5月1日起实行。烟草行业宣传贯彻和有效组织实施，时间紧迫，任务繁重。

（一）宣传贯彻的主要安排

烟草行业要把学习宣传贯彻作为当前一项十分重要的工作，周密部署，认真组织落实。要按照“明确责任、精心组织、覆盖到位、注重实效”的要求，着重在以下几个方面做好工作：

1. 实行领导负责制，认真组织宣传贯彻。行业各直属单位必须认真落实好宣传贯彻工作。各有关单位主要领导是第一责任人，分管领导是直接责任人。主要领导要亲自安排部署宣传贯彻工作，组织制定本地区、本单位落实措施，带头学习国家局有关精神，指导完善各种制度规范，协调落实各有关机构协同衔接及时到位，确保国家局的有关部署得到有效落实。

2. 制定贯彻实施方案，务求全方位覆盖。宣传贯彻新规定，是全行业共同的政治责任。要由各级法规机构负责牵头，专卖等相关部门通力配合。各有关单位要根据国家局的总体部署，按照层级管理原则层层负责落实。要制订具体实施方案，实施方案必须逐级细化，讲求实效。宣传贯彻的范围，除了烟草行业内部有关单位外，还要扩大到社会上与烟草专卖管理及其行政处罚涉及的行政机关、生产经营单位和卷烟零售点，确保宣传贯彻工作不留死角、不留盲区。

3. 突出学习重点，分层进行培训。要把宣传贯彻工作列入本地区本单位的法制教育计划，组织深入学习。国家局除召开这次电视电话会议外，还将对行业各直属单位领导班子成员及其法规和专卖部门人员集中进行统一培训。行业各直属单位要及时制定本地区或本单位的培训实施方案，在国家局培训后认真组织所属地区所属单位人员进行培训，并按照国家局统一部署组织测评考核。培训学习的重点内容，主要是这次电视电话会议精神和国家局统一编印的辅导教材。集中培训的重点对象，主要是各有关单位的领导班子全体成员，法规、行政复议和专卖部门的全体人员及在第一线工作的全体专卖执法人员。要通过广泛宣传贯彻、层层培训学习，确保切实领会两个法律文件的修订精神，全面理解新规定的实施目标要求，准确掌握新规定的具体内容，做到融会贯通、真懂会用，为正确实施打好坚实基础。

4. 统筹贯彻实施，落实清理废止。行业的宣传贯彻工作，必须同“五五”法制宣传教育工作相统筹，作出规划，纳入计划，明确目标，制定措施，有序实施。必须同新旧法律规定的衔接过渡相统筹，提前研究，及早应对，措施到位，不留空挡。必须同清理废止工作相统筹，会后各有关单位要尽快组织安排，对以往制定公布施行的有关规范性文件，由法规机构指定专人负责清理，凡是与新修订的法律规定不一致或者抵触的，一律在新规定开始施行之日废止，停止执行。各省级局要在4月30日前，将清理废止情况报国家局法规司备案。省级主管部门要对辖区的清理废止情况及时进行专门检查。国家局要在今年适当时候组织检查。

5. 注重质量效果，加强检查指导。宣传贯彻新规定要纳入法制宣传教育计划，不断加强检查指导。年内检查指导的重点要突出检查“五个落实”：一是宣传贯彻的落实。主要是检查宣传贯彻范围是否全面，重点培训对象是否覆盖，思想认识是否到位，主要精神是否领会，重点内容是否掌握。二是学习培训的落实。着重检查培训计划、培训方案、措施落实、学习效果。三是清理废止的落实。重点是检查各地落实国家局有关废止清理意见的执行情况；检查继续执行的有关法律文件和规定是否与新规定一致。四是配套机构和人员保障的落实。要把配套机构和人员建设作为检查的一个重点，突出抓好，发现问题及时纠正处理。五是执行质量的落实。通过检查分析新规定是否得到全面正确地贯彻执行。国家局将按照上述检查要求，对烟草行业贯彻执行新办法情况进行重点检查。省级单位要按照上述要求逐级安排检查指导，确保宣传贯彻工作的质量和效果。

（二）组织实施的基本要求

全行业要以贯彻实施两个法律文件为契机，用发展的意识、创新的理念、系统的思路、协调的部署，推进烟草专卖执法上水平，推动队伍素质建设上水平，加快领导能力上水平，促进和谐烟草上水平。当前和今后一个时期，要按照“岗责明晰、职能到位、制度健全、运行规范”要求，全面推进实施工作。

1. 做好实施准备，实现有序平稳衔接。当前要抓紧有限时间，务必在4月底之前认真做好全面实施的准备工作。一是细化实施流程，在原有工作流程基础上，要根据新规定的变化及时作出调整，做到合法合理。二是按照新的规定重新设置流程，做到衔接严密、

流转顺畅。三是健全岗位责任，要根据新的更高标准重新调整和完善各个岗位责任，健全可考可评可追究的岗位责任制度，做到明确、具体、适用、有效。四是人员配备到位，按照新的流程和岗位，把符合条件、适应岗位要求的工作人员及时调整配备到位，做到人员与岗位配套、素质与要求适应、效能与目标一致。五是公开工作程序的制度，要严格按照烟草行政处罚公开制度的法定要求，在充实调整完善的基础上，在正式实施前进行公示，确保内容优化、程序合法。

2. 强化基础保障，落实配套机构人员。按照新规定要求，法规机构依法要对涉嫌违法行为的定性意见、处理建议及其法律依据进行合法性审查。各级烟草专卖局必须以高度的政治责任感切实抓好落实。一是工作机构、人员素质到位。落实新的规定，法规机构将同专卖机构一道共同处理数量相同的行政处罚案件，没有专门的机构或者专职专业人员是无法正确履行职责的。因此，要求在地市级局独立设立履行“事中依法监督”职责的法规机构或者专职人员，县区级烟草专卖局应当配备专职法规工作人员。专职人员必须具备法律专业知识和相适应的业务素质。二是履行职责、工作制度到位。从新规定开始实施之日起，必须把依法履行监督职责推进到位，不能出现断档空档，否则在办理烟草专卖行政处罚案件的程序上就不合法。一旦出现落实不到位的情况，要追究有关领导责任。要同步建立健全依法开展监督工作的岗位责任和配套工作制度，要求高起点、严规范，做到岗位职责明确、权利责任对等、前后衔接严密、部门协调顺畅。三是规范管理、考核奖罚到位。法规部门依法承担事中监督，既增加了“事权”，又承担了比事后监督更大的法律风险，加重了法律责任。各级烟草专卖局要按照新规定的法定责任要求切实负起加强管理的责任，强化对依法实施监督工作的领导，积极探索加强领导的有效形式，在具体细化量化权责对等措施方面积极探索有效的路子。要把依法监督工作纳入年度考核考评范围，推动依法监督工作在较高的水平上运行。

3. 提升业务素养，开展岗位技能训练。要按照国家局贯彻落实的标准要求，扎实推进实施队伍的能力和素质建设。必须统筹政治和业务素质，烟草专卖执法办案队伍和法规监督队伍要在政治素质和业务素质两个方面建立和完善进入机制、考评机制和退出机制，始终保持队伍的高素质；必须开展经常性专业技能训练，为提高全员的整体适应能力提供指导和动力，不断推动队伍建设水平与行业发展同步。

4. 强化监督检查，务求取得预期实效。实施新规定是一项长期的战略任务，要切实加强督促检查和指导。一是实行逐级负责制，始终保持督促检查指导的力度，层层抓好落实。二是实行一把手负责制，切实加强对本辖区贯彻施行情况的督促和检查。三是建立健全监督检查制度，切实把监督检查的法定职责落到实处，把监督检查工作贯穿到贯彻实施全过程。行业各直属单位要针对检查中发现的新情况、新问题加强指导。如需国家局解决的问题请及时向国家局反映。

紧紧围绕“卷烟上水平”战略任务　全面深入推进专卖管理工作

——在2010年全国烟草专卖管理工作会议上的讲话（摘要）

张　辉

（2010年4月14日）

这次全国烟草专卖管理工作会议的主要任务是，全面贯彻落实全国烟草工作会议精神，联系专卖管理工作实际，认真总结2009年以来的工作，紧紧围绕“卷烟上水平”战略任务，安排部署下阶段专卖管理工作。

一、2009年以来工作回顾

（略）

二、2010年主要工作任务

姜成康局长在年初全国烟草工作会议上明确提出，当前和今后一个时期要把“卷烟上水平”作为行业工作的基本方针和战略任务。各级专卖管理部门要紧紧围绕“卷烟上水平”这一战略任务，进一步增强干部职工的大局意识、责任意识，找准定位，明确工作重点和努力方向，制定更加有效的措施和办法，扎实推进专卖管理工作，不折不扣地把国家局党组的决策部署落到实处。2010年专卖管理工作的总体要求是：认真学习贯彻全国烟草工作会议精神，紧紧围绕行业“卷烟上水平”的战略任务，全面深入扎实开展专卖管理工作，切实加强专卖内管、市场监管、打假打私和队伍建设，努力维护良好的生产经营秩序和市场秩序，确保行业持续健康发展。

（一）继续加强专卖内部管理监督

在年初全国烟草工作会议上，姜局长明确指出："全行业要从保持行业持续健康发展'生命线'的高度充分认识严格规范的重要性"，"继续加强专卖内部管理监督，坚持开展内管专项检查，充分发挥内管长效机制作用"。这既是对"严格规范"在烟草行业持续健康发展中重要意义的形象比喻，又是在更高的实践和认识层面上对"严格规范"重要地位的高度概括，具有极强的理论性和指导性。各级局要进一步提高认识，切实增强"两烟"生产经营规范的自觉性和坚定性，端正生产经营指导思想，建立完善的内管长效机制，把严格按计划组织烟叶种植收购、遏制卷烟体外循环作为重点，加大检查监督力度，杜绝不规范生产经营行为发生。

加强组织领导，狠抓严格规范建设。建立专卖内管长效机制、营造良好生产经营秩序任重道远，要充分认识专卖内管工作的艰巨性、复杂性、长期性，克服由集中整顿转为日常监管后出现的麻痹松懈和厌倦情绪，切实解决当前工作中存在的不敢管、不愿管的问题。各生产经营企业要进一步加强内部控制机制建设，把烟草专卖法律法规及国家局的规章制度转化为企业的内控机制，努力构建以内管促内控、以内控促自律的工作格局，切实提高自律能力和水平。各工业企业要配备专职人员负责配合专卖内管开展企业内控工作，支持配合属地专卖局履行好专卖内管职责。各商业企业要端正经营思想，严格按计划组织烟叶生产经营，严格按市场需求组织卷烟货源，坚决防止盲目投放和甩卖行为，关心支持中小零售户，杜绝直接向大户甩卖卷烟和大户控制小户的现象，把发展建立在可靠的市场基础和扎实的工作基础之上，促进行业内部生产经营秩序进一步好转。

进一步提升监管水平，全面推进长效机制建设。各级局要认真落实国家局《关于切实发挥内部专卖管理监督长效机制作用的意见》，充分调动基层单位的积极性主动性，有效发挥专卖内管长效机制的作用。一要进一步加强机构建设。要开展经常性的专题交流与研讨，营造注重学习、相互促进、共同提高的良好氛围，努力打造一支专业化、专职化、懂业务、善监管的高素质专卖内管队伍。二要进一步完善制度机制。各省级局要认真总结前期专卖内管长效机制运行情况，分析存在的问题，积极探索对工业企业、复烤企业及烟叶生产经营监管的有效途径，消除监管盲区。三要进一步提高执行力。当前不按工作规范操作的问题比较严重，尤其是县级局比较突出，是影响专卖内管长效机制作用有效发挥的主要问题，要重点加以解决。省市县三级局要逐级制定工作规范的落实细则，把工作规范确定的日常工作、定期工作、同级监管等监管内容逐项进行分解，落实到每个内管人员；要具体明确预警处理、问题描述、定期报告、痕迹资料管理等工作的标准及时限。要加强监督检查，推动工作规范的落实。今年各省级局每季度要对市县局组织一次专项检查，主要检查内管人员按照工作规范落实细则开展工作的情况，及时纠正存在的问题。国家局将对工作规范落实细则的制定和执行情况进行检查并在全行业通报。各省级局要进一步加强对所联系单位的培养，及时总结经验，适时组织推广，通过抓两头、带中间，全面推动整体水平的提升。

进一步加强监督检查，严肃查处顶风违规行为。各级专卖管理部门要切实加强对烟叶生产经营活动的监管，切实把"烟叶防过热"落到实处。现阶段要以严格分解计划、落实种植面积、提高合同签订质量为主要任务，组织开展对烟叶合同签订、育苗移栽的专项检查。各省级局要组织专卖内管部门在烟苗移栽之前严格把关，深入农户检查合同签订的真实性、规范性，核实按2009年或历史最高年份的单产水平约定种植面积、移栽株数的具体情况，充分发挥合同管理控制总量的基础作用，确保抵扣2009年超收后的计划通过全面签订合同落实到每个烟农；要切实加强育苗、移栽等关键过程的管理监督，严格对照合同核实育苗、移栽情况，及时报告发现的问题并责成有关部门认真整改。各省级局要加大督导力度，及时了解情况，研究解决问题。各省级局要在检查结束一个月内以书面形式向国家局提交专项检查报告。要进一步做好对违规经营卷烟问题的整治工作，坚决查处体外循环，特别是高档卷烟销售不规范经营问题，实行一案双查，严肃追究内管和经营人员的责任。继续做好市场上查扣真品卷烟和重大案件的统计上报工作，及时督查内部违规案件。要继续深入开展定期检查工作。国家局将定期组织开展重点抽查工作，各省级局要按工作规范要求，组织得力人员，彻底查清问题，严肃处理责任人。

严格考核与责任追究，确保长效机制作用的有效发挥。各省级局要进一步修订完善专卖内管考核制度，把工作规范落实细则的制订执行情况、长效机制作用的发挥情况等作为考核重点，把专卖内管考核作为市县局年度业绩评定的重要内容，同奖励惩处挂钩。要把定期检查的情况作为考核的重要依据，对检查发现的专职内管人员配备不到位、未制订工作规范落实细则、未按工作规范落实细则开展工作、监管机制空转、制度表面化以及对违规问题不查不报或上报不处理，被上级部门查出来的要区分情况，追究主要领导、分管领导及专卖内管人员的责任。要通过落实责任，加强考核，切实解决执行力不强的问题，确保长效机制作用有效发挥，进一步推动专卖内管工作深入开展。

（二）始终保持卷烟打假高压态势

各级局要切实增强大局意识、责任意识，坚持不懈开展打假工作，始终保持高压态势，切实维护国家利益和消费者利益。要继续把“端窝点、断源头、破网络、抓主犯”作为重点，及时掌握制售假烟违法犯罪活动的新情况、新动向，采取有力措施，加强市场监管，扎扎实实把今年卷烟打假工作的各项部署和要求落到实处，努力取得更大成效。

继续突出源头打假，摧毁假烟生产能力。福建省局要继续坚持常年驻点打击，深挖分散、隐蔽的制假窝点，切断制假原料供应，实施综合治理，把制假活动遏制到最低程度。广东省局要统一认识，积极争取政府支持，把握打假主动权，坚决把制售假烟违法犯罪活动猖獗的势头打下去。要充分发挥打假机动队的作用，开展集中打击行动，不给制假分子喘息之机，力争半年取得明显成效。要积极协调各级政府职能部门，在打击印刷假烟商标等难点问题上取得实效。要有长期作战的思想准备，建立和完善卷烟打假长效机制，尤其要注重发挥烟草、公安联合打假长效机制作用。同时，广东、福建省局都要加强假烟案件查处工作，加大抓捕追逃力度，突出重大案件侦破，严厉惩处制假主犯。密切关注毗邻地区制假转移动向，完善粤闽两地联合打假协作机制，做到信息共享、定期交流、跨省办案、共同打击。河南、山东、湖南、江西、河北、天津、四川、重庆、深圳、广西等地要严防制假活动转移扩散，采取措施，露头就打，决不让制假活动形成气候。

不断提高打击制售假烟网络工作水平。要继续抓住侦破大案要案这一关键环节，有效打击跨区域、集团化的制售假烟犯罪团伙，侦破有影响的重大案件。要充分发挥联合打假的优势，完善行政执法与刑事司法衔接机制，加强协作配合。继续加强毗邻地区打假协作机制，形成各方密切配合、行动迅速快捷、技术支持有力的良好局面。继续把“每个地市级局完成打掉一两个较大规模制售假烟网络”作为硬性任务，落实责任，从严考核。各级局要保障卷烟打假经费，用好开支和奖励政策，对取得重大成果的单位和有功人员给予奖励，充分调动打假工作的积极性。同时，要加强打假经费管理，严格执行财务管理制度。今年下半年国家局将抽查打假奖励资金的发放情况。

进一步加强卷烟零售市场监管。近年来，国家局多次要求建立健全市场监管体系，研究日常监管手段和方法，探索建立符合实际的监管模式。但是，一些地方不重视或放松了对零售市场的监管，日常监管流于形式，定期检查走过场，市场监管表面化，起不到及时发现和处理问题的作用。各级局要充分认识维护零售市场秩序的重要性，认真分析研究本地区卷烟市场监管中存在的突出问题，充分用好法律法规赋予专卖管理部门的职权。积极协调工商等部门，建立长效机制，开展联合执法工作，加强市场清查，坚决打击公开摆卖假烟行为。健全监管体系，充分发挥“12313”举报电话的作用，拓宽案件来源，建立情报信息库。把打击制售假烟网络和市场监管结合起来，注重在市场监管中发现线索、经营案件、集中摧毁，切断向零售户供应假烟的渠道。建立健全考核评价机制，加强督导检查。积极配合海关部门，严厉打击卷烟走私贩私活动。加强对免税卷烟的监管，严防出口卷烟倒流。

严厉打击非法生产经营烟用原辅材料活动。在抓好内部专卖管理监督的基础上，严厉打击非法经营烟叶违法犯罪活动。加强烟叶收购合同管理，进一步规范烟叶复烤企业的生产经营行为，防止出现烟贩利用虚假合同内外套购倒卖烟叶、复烤企业违法违规加工、经营烟叶等违法违规行为。加大对违法违规案件的查处力度，对烟叶经营中出现的内外勾结、违法违规经营问题，发现一起查处一起，对有关责任人要严肃处理，绝不姑息。云南、贵州等烟叶大省要加强烟叶日常监管，同时加强与广西、广东、福建等地的协作配合，联合侦破非法经营烟叶重大案件，堵源截流，切断制假窝点的烟叶来源。

继续加大抓捕追刑工作力度。实现巩固成果，防止假烟反弹，关键是严惩主犯，彻底打掉制售假烟网络支撑。一要协调公安机关落实专门力量，梳理追逃线索，强化追逃措施。福建、广东等追逃上线重要地区，要继续配合外省市开展追逃工作，并与有关省市建立信息共享、线索移交、串并案件、跨省行动等方面的合作机制，形成各方协作配合、高效顺畅的良好局面。二要加强与司法机关协作。严格遵守法定程序和办案纪律，做好案件移送工作。查处重大涉烟违法犯罪案件，争取公安机关和检察院提前介入指导办案。三要加强法律政策研究，协调有关部门运用新颁布的《司法解释》，解决基层办案证据标准、证据转化等问题，进一步提高涉烟刑事案件办理质量。

深入推进打击网上非法经营烟草专卖品工作。一是进一步完善执法协作机制。认真贯彻四部门《关于严厉打击利用互联网等信息网络非法经营烟草专卖品的通告》精神，会同公安、工商、通信等管理部门加强对互联网涉烟活动的监管工作，坚决堵住网上销售假私卷烟的渠道。建立和完善与通信管理部门的快速联动机制，提高查处违法网站、信息的效率，妥善解决基层反映的法律依据不足等问题。二是建立网上违法案件属地管辖制度。以备案地管辖为原则，建立省级局管辖违法售烟网站、信息和店铺制度。各地烟草部门要协调通信管理部门，建立本省重点网站档案，收集网上违法售烟信息，及时关闭备案地属本省的网站，清理备案地属本省的网站上的店铺、信息，确保10月底以前取得明显效果。三是查处大要案件。加大跨省协调力度，妥善处理案件管辖权问题，确保案件的顺利侦办。重点针对境外网站，调查摸清信息和线索，指定相关省局管辖，组织查处一批大要案件，彻底铲除规模较大的境外网站。

（三）大力加强专卖队伍建设

各级局要高度重视专卖队伍建设，以优秀县级局创建活动和专卖管理员职业技能鉴定为抓手，着眼基层，以人为本，充分调动基层单位和广大专卖执法人员的积极性和创造性。加强业务知识和执业道德培训，严格执法程序和工作纪律，建立健全专卖执法人员管理监督机制，提高执法水平和质量，防止以权谋私、徇私枉法行为的发生，确保专卖管理各项工作任务的完成。

继续深入推进专卖管理员职业技能鉴定工作。一是加强组织领导，确保鉴定工作顺利推进。各省级局要切实贯彻落实《国家烟草专卖局关于进一步加强烟草专卖管理技能人才队伍建设的意见》，加强组织领导，强化考前培训和考务管理，解决前期鉴定中出现的问题，提高鉴定工作质量，加快该项工作的推进。二是做好专卖管理师岗位标准、教材的编写审定工作。各省级局要对国家局组织开发的专卖管理师岗位标准、专卖管理职业鉴定教材、鉴定细目表和考核题库进行广泛征求意见，配合国家局做好进一步的调研论证和修订工作。三是加强师资队伍建设。组织专卖培训师资提高班，有重点、有针对性地进行强化训练。选拔骨干教师组建专卖培训师资库，为行业各单位开展鉴定培训工作提供师资服务。四是继续开展专卖管理员鉴定工作。按照今年烟草专卖管理员岗位技能鉴定计划，做好各项前期准备工作，特别是做好破格申报人员的资格审查工作，加快鉴定工作进度，力争年内使全行业所有未参加鉴定的专卖执法人员都有机会参加培训和鉴定。要进一步健全完善相关配套制度，并抓好落实，为鉴定工作提供有力支撑和保障。

继续大力开展优秀县级局创建活动。一是做好2009年创建活动的总结和验收收尾工作。列入2009年达标计划未验收的，要抓紧验收。验收完成的要及时进行总结，查找共性问题，提出解决措施，推广典型经验，结合2010年专卖管理工作重点，进一步完善创建活动评价标准和相关措施。对列入2010年创优活动计划的县级局逐家进行调研，通过情况汇报会、交流会、调研督导等手段，及时了解掌握创建活动进展情况，帮助县级局查找问题，有针对性地加以改进，防止形式主义，推动创建活动深入扎实开展。二是统筹兼顾，促进工作。把开展创建活动作为推动工作创新发展的动力，统筹协调，合理安排，妥善处理开展创建活动与做好日常工作的关系。结合“四定”工作，按照《关于加强专卖管理组织机构建设的指导意见》，切实建立和完善专卖组织体系，特别要完善县级局组织机构，明确岗位职责，落实机构和人员，保障经费和设备，加强执法监督，规范工作标准，全面加强专卖基层建设，夯实专卖管理基础。三是保证质量，按时完成年度创优达标任务。按照国家局的工作部署，今年是优秀基层单位创建活动全面展开的一年，创优达标率要达到50%以上。各地要早做计划，全面动员，保证质量，按时完成创优达标任务。

（四）做好新颁布的涉烟法律文件的宣传贯彻和实施工作

2009年11月，《人国人民代表大会常务委员会公报》公布了经全国人大常委会集中修订的烟草专卖法。2010年1月21日，工信部第12号令公布了修订的《烟草专卖行政处罚程序规定》。3月26日，《最高人民法院最高人民检察院关于办理非法生产、销售烟草专卖品等刑事案件具体应用法律若干问题的解释》（以下简称“司法解释”）正式实施。对于这些新颁布的涉烟法律文件，国家局高度重视，先后两次召开了电视电话会议，进行贯彻落实的动员部署。各级局要认真落实电视电话会议精神，通过贯彻实施工作，提高专卖执法人员的素质，提升依法行政、依法管理、依法组织生产经营的能力和水平，有效打击涉烟违法犯罪行为，维护烟草市场秩序。要加强组织领导，把学习宣传贯彻作为当前行业一项重要任务，制定具体实施方案，协调有关部门，全面贯彻实施。

（五）努力推动专卖基础管理上水平

随着行业改革发展深入推进，加强基础管理，注重管理创新显得尤为重要和紧迫。姜成康局长多次强调加强基础管理的重要性。各级专卖管理部门要高度重视基础管理，进一步加强证件管理，强化执法监督，加快专卖管理信息化建设步伐，全面提升专卖管理水平。

进一步加强证件管理工作。各省级局要加强对零售许可证管理的指导工作，对辖区内零售商户的基本状况进行全面分类排查，找准自身存在的薄弱环节，确定切实可行的工作方案，有针对性地解决零售许可证核发不平衡、无证经营等问题。依据法律法规和国家局关于行政许可的相关规定，完备本地办理各类烟草专卖证件的实体和程序规范，根据情况进行统一公示和宣传培训，实现两证基础管理的严格依法行政，努力推进办事公开、程序合法、管理规范。

强化执法监督，提高执法水平。新修订的《烟草专卖行政处罚程序规定》明确了内部监督渠道和方式，首次引入依法“事中监督”方式，开通了“过程监督”的法定渠道，增加了“审查程序”，分别对案件办理合法性监督等作出了明确规定。各级局要积极调整、规范烟草行政处罚的管理环节、工作程序、运行机制和工作制度，推动依法监督工作在较高的水平上运行。要进一步健全队伍监督机制，及时制止苗头问题发生，完善自律和惩戒机制，以监督促廉政。各省级局要针对文明执法方面存在的突出问题，重申规范专卖执法行为的纪律规定。对违反纪律的，要严肃处理，决不姑息迁就。要健全完善罚没物品、罚没收入以及举报费支出等管理制度，严格规范管理，年底前进行一次检查，结果上报国家局。严禁从罚没款中坐支举报费、办案费，对违反财经制度的要严肃查处。

继续推进专卖管理信息化。各省级局、工业公司要进一步优化专卖内管信息系统，修订完善预警指标，切实解决预警不能及时、全面、准确反映不规范行为的问题，改进流程，提高科学有效监管的水平。尚未开发启用信息系统的单位要加快进度，年内要实现信息化实时监管。对卷烟打假案件信息系统进行改造和升级，逐步建立全国打假案件管理系统，为跨区域重大案件的协查、督导提供有力支持，不断提升卷烟打假工作水平。加强信息系统使用管理，认真做好统计分析工作，确保信息数据齐全、准确、及时，不断提升专卖管理整体水平。

烟叶生产

在全国烟叶工作座谈会上的讲话

姜成康

（2010 年 11 月 3 日）

这次会议的主要任务是认真总结经验，全面分析形势，统一思想认识，安排部署工作。

一、今年的烟叶工作

今年是烟叶生产最为困难的一年，也是烟叶工作成效显著的一年。面对严重自然灾害和严格控制规模的双重压力，烟叶产区各级领导干部和全体职工不怕苦，讲责任，做奉献，始终保持奋发有为的精神状态，卓有成效地开展工作，烟叶工作在改革、创新、推进技术进步等方面取得明显进步，烟叶生产继续保持稳定发展，收购秩序良好，烟叶等级质量继续改善，全年预计收购烟叶 4700 万担左右，大灾之年取得了烟叶生产好的收成，成绩来之不易。从事烟叶工作的同志们为此付出了艰辛努力，作出了积极贡献，在此我代表国家局党组，对工作在烟叶战线的全体同志表示衷心的感谢！总结今年的烟叶工作，主要有以下几个特点：

（一）坚持真抓实干，大灾之年烟叶生产继续保持稳定发展

面对严重自然灾害和烟叶生产偏热苗头，能否保持烟叶生产稳定发展，是对烟叶产区各级领导班子领导能力的严峻考验，也是衡量各级领导干部是否成熟的重要标志。去年全国烟叶工作座谈会上，针对 2008 年、2009 年这两年烟叶连续丰产超产的形势，国家局党组明确提出“严控规模、优化结构、加强管理、全面提升”的工作方针，要求把严格控制规模摆在烟叶工作首要位置，努力保持烟叶生产长期稳定发展。在今年初全国烟草工作会议上，国家局再次强调了严控规模的重要性，要求把严格控制烟叶生产规模摆在全行业工作的中心位置。烟叶产区坚决贯彻落实国家局的决策部署，统一思想，坚定信心，迎难而上，面对

调整规模的巨大压力，全面抓好控制规模各项措施落实，控制面积取得了明显成效，为保持烟叶生产稳定发展奠定了坚实基础。调整幅度大的河南、山东等省局（公司）顾全大局，强化责任，克服种种困难，为稳定规模作出了积极贡献。在抓好控制面积同时，今年烟叶生产遭遇了特大干旱和严重洪涝灾害，云南、贵州、四川、福建等受灾严重地区以对烟农高度负责的精神，不畏艰险、奋力救灾，妥善做好灾后恢复重建和对烟农补助工作，把灾害造成的损失降至最低限度，取得了抗灾工作的决定性胜利，烟叶生产连续13年保持稳定发展，交出了一份令人满意的答卷。

（二）坚持创新机制，基地建设取得重大进展

原料保障上水平是“卷烟上水平”的重要基础，原料供应基地化是增强烟叶保障能力的有效途径和主要形式。今年烟叶基地建设工作紧紧围绕“品牌导向明确、工商协同密切、质量明显提高、供应长期稳定”的要求，按照“整县推进，单元实施”的工作思路，坚持把现代烟草农业建设与基地建设紧密结合，坚持把种植布局调整与基地建设紧密结合，坚持把新烟区开发与老烟区协调发展紧密结合，目标更加明确，措施更加有力，工业企业的积极性明显提高，商业企业的主动性明显增强，国家局制订的规划发挥了很好的指导作用，基地建设取得重大进展，水平明显提升，品牌发展有效引导烟叶生产的新机制初步确立，为实现原料供应基地化开了好头，走出了一条基地建设新路子。

（三）坚持突出风格特色，烟叶质量水平不断提升

风格体现差异，特色就是竞争力，突出风格特色是新形势下提高质量的主攻方向和重要任务。特色优质烟叶基地开发稳步推进。坚持“生态决定特色、品种彰显特色、技术保障特色”的工作思路，按照“风格表现突出、品质特征明显、配方作用独特、资源优势巩固”的要求，云南普洱、临沧、文山、保山、丽江、安徽皖南、四川凉山、河南许昌、湖南郴州、贵州黔西南等一批特色烟区加快发展，深受卷烟工业企业的欢迎，将对知名品牌加快发展发挥重要的支撑作用。特色品种种植规模不断扩大。今年“红花大金元”种植118.5万亩，“翠碧一号”种植40.4万亩，“KRK26”种植19.6万亩，特色品种种植同比增加23万亩。特色优质烟叶开发技术水平明显提升。不断优化生态环境，加快推进重大专项实施，高度重视基础性课题研究，推动三大香型协调发展。

（四）坚持现代烟草农业发展方向，积极推进生产方式现代化

现代烟草农业是烟叶生产发展方向，是实现原料保障上水平的根本保证。进一步加大投入，增加建设项目内容，狠抓建设质量与建设进度，切实加强烟田基础设施建设，设施综合配套水平进一步提高。高度重视基础设施管护长效机制建立完善，烟草行业投入的可经营性资产管理取得明显进步，烟农专业合作社建设迈出可喜步伐，专业化服务水平进一步提高。“整县推进、单元实施”加快推进，启动了32个现代烟草农业示范县建设，以云南滇东现代烟草农业示范区为代表，大规模推进、高标准实施取得重大进展。烟叶专业化分级、散叶收购试点效果明显，基地单元信息管理平台成功开发，基层管理不断加强，烟叶信息化管理工作迈上新的台阶。

（五）坚持把维护烟农利益、促进烟农增收作为烟叶工作突出重点，树立责任烟草良好形象

近年来，烟区气候变化无常，极端天气频繁发生。特别是今年，西南烟区特大干旱、东南烟区严重洪涝给烟区人民生产生活造成极大困难。面对严重灾害，各级烟草公司投入巨额抗灾资金，认真做好受灾烟农补贴工作，帮助受灾烟农生产自救、渡过难关。2005年以来，烟草行业认真贯彻中央提出的“以工促农，以城带乡”方针，加大投入，加强基础设施建设，累计投入366亿元资金，明显改善了烟区生产生活条件，大大提高了烟区综合生产能力和抗御自然灾害的能力，在今年烟区抗击特大自然灾害、减少灾区损失方面，烟田基础设施发挥了十分重要的作用。我们要始终把维护烟农利益、促进烟农增收作为全部工作的突出重点，把为烟农提供更加优质的服务作为烟草职工的不懈追求，树立责任烟草良好形象。

二、关于明年烟叶工作

明年是实施“十二五”规划的开局之年，也是全面推进“卷烟上水平”的起步之年。明年烟叶工作要以党的十七届五中全会精神为指导，坚持以科学发展为主题，以加快转变经济发展方式为主线，以建设现代烟草农业为统领，以全面推动原料保障上水平为目标，严格控制总量，更加注重质量，创新工作机制，稳定种烟效益，努力保持烟叶生产稳定发展和水平全面提升。对明年烟叶工作具体安排，这里主要强调以下几个问题。

（一）坚持“控制总量、适度从紧”工作方针，努力实现供给总量、结构平衡协调发展

对烟叶工作提出“控制总量、适度从紧”方针近

年来还是第一次。提出适度从紧主要基于以下几个方面考虑：一是烟叶生产已连续13年保持稳定发展，成绩来之不易，我们要倍加珍惜，否则，稍有放松就很容易出问题。二是当前烟叶生产主要矛盾仍是控得住的问题，现在各方面对发展烟叶积极性还比较高，对烟叶生产发展预期比较乐观。三是现有烟叶库存总量已经很大了，到今年6月底高达8548万担（把片混算），可以满足31个月卷烟生产需要。2008年6月末，库存水平是27个月，两年增加库存4个月，库存增速是很快的。如果库存继续快速增加，将对今后烟叶生产安排造成极大被动，以致造成严重损失。今后几年烟叶计划安排，重点要放在结构平衡上，下力气解决好等级结构和地区结构平衡问题，实现当年烟叶供给总量与需求相平衡、上等烟叶和优质烟区烟叶供给与需求相平衡。为此，要调整思路，由注重总量平衡转变为在控制总量的前提下实现烟叶结构总体平衡。根据这一要求，明年烟叶收购计划安排4850万担，在当年供需平衡基础上，增加1个月库存。对于在结构平衡过程中出现的不适用烟叶问题，要采取综合技术措施，制定相应的经济政策，在保证烟农收益不受影响的前提下，在大田或烘烤环节认真加以解决。各单位要把在坚持控制总量前提下，实现烟叶结构总体平衡作为行业转变发展方式的重要任务，认真抓好贯彻落实，确保严格按国家计划组织生产，切实按合同落实种植面积，继续保持烟叶生产稳定发展。

（二）把稳定种烟效益作为政策调整的出发点和落脚点，努力保护农民种烟积极性

近年来，国家局高度重视烟叶政策的研究和调整，注重发挥价格对烟叶生产的调节作用，较好地稳定了烟农种烟积极性，保持了烟叶生产的稳定发展。2009年，全国烟叶收购均价每担为715元，稻谷价格为每担95元（以粳稻为例），粮烟比价为1∶7.5。今年由于国家对粮食收购价格又进行了调整，粮烟比价发生新的变化。同时，烟区劳动力价格、烟叶生产物资价格存在较大涨价压力，尤其是烟草专用肥涨幅较大。统筹考虑以上情况，对明年烟叶收购价格需要作必要调整，调整的原则要以稳定种烟比较效益为前提，以消化种烟成本上升为主要依据，有利于控制总量，稳定规模，有利于改善结构、提高质量，有利于规范核算、规范运作。

（三）努力创新烟叶工作机制，全面提高烟叶生产现代化水平

现代烟草农业建设经过三年来的探索实践，在烟田基础设施建设、生产组织形式创新和专业化服务体系完善等方面都取得了积极成效，初步走出了一条符合我国国情的发展现代烟草农业新的路子。扎实推进现代烟草农业建设，是贯彻党的十七届五中全会精神的新要求，是烟区群众的迫切愿望，也是“卷烟上水平”的客观需要，必须坚定不移，加大力度，毫不松懈努力抓好，全面提高烟叶生产现代化水平。

1. 进一步加大烟田基础设施建设投入，努力改善烟区生产条件。近年来，烟田基础设施建设经过烟区全体干部职工艰苦努力，成效显著，对改善烟区生产条件，提高烟区综合生产能力和抗御自然灾害能力发挥了十分重要的作用，得到烟区各级党委、政府和烟农的广泛好评，树立了烟草行业负责任的社会形象，其意义已远远超过基础设施建设本身。今后几年要站在讲政治、讲大局、讲奉献的高度，把烟田基础设施建设摆在更加重要的位置，继续加大投入，每年投入100亿元左右，进一步完善烟区基础设施，全面完成4800万亩基本烟田基础设施配套任务，为改变烟区农业生产基础设施薄弱状况，加快社会主义新农村建设作出应有贡献。要认真总结“整县推进、单元实施”的建设经验，科学规划，系统设计，综合配套，确保烟田基础设施建设质量。要认真研究烟田基础设施建设新的任务，在重点抓好水利工程、机耕道路、密集烤房、育苗棚、烟草专用机械等建设项目同时，对早期建成、标准较低的项目，进行重新规划，完善提高。对烟田土地整理精心组织试点，研究制定标准和政策措施，为推动机械化作业创造条件。对烟区水源建设加强调研，统筹考虑，努力解决工程性缺水问题。

2. 加快推进烟农专业合作社建设，健全完善基础设施管护长效机制。国家局高度重视烟农专业合作社建设，烟叶产区积极探索、大胆实践，涌现了一批以湖南宁乡、湖北十堰、贵州余庆等为代表的烟农专业合作社典型，为持续发挥烟草行业投入形成的经营性资产作用，健全完善管护长效机制，为烟农提供更加优质的服务，走出了一条新的路子。明年要把加快推进、加强专业合作社建设指导作为烟叶工作突出重点，下更大工夫努力抓好。加快推进烟农专业合作社建设需要认真解决好以下几方面问题：一是应充分尊重烟农主体地位，做到烟农自愿入社，自主经营。烟农专业合作社是烟农自己的组织，不是烟站或者村委会的附属机构。要增强烟农自主意识，尊重烟农主体地位作用，充分体现烟农自愿入社，自主经营，建立自我发展机制，增强自我发展能力。要理顺专业合作社与基层烟站的关系，做到“推动而不强迫，扶持而不包办，引导而不代替”。二是应充分调动烟农积极性，宜统则统、宜分则分，注重降低成本、提高效率。发展烟农专业合作社，就是要把一家一户解决不了、一

家一户成本高的育苗、机耕、植保、烘烤、分级等环节“统”起来，提高烟叶生产、技术服务的组织化程度，实现“种植在户，服务在社，提高效率”。烟农专业合作社要发挥专业化服务的载体作用，突出服务功能，实现烟农自我服务、合作服务。通过合作社激活烟叶生产要素，提高资源配置效率。合作社规模要适度，要以便捷高效、降低成本为出发点，与管理水平相适应，与交通条件相匹配。我们要清醒地认识到，农业包括烟叶生产积累水平比较低，如果管理成本高，是难以为继的。一个基地单元究竟建几个合作社，要坚持从实际出发，因地制宜。三是应充分发挥基础设施作用，确保烟农受益。基础设施建设形成了烤房、育苗棚、农机具等大量的可经营性资产，这些资产如何管护好、怎么持续发挥作用、真正使烟农受益是明年烟叶工作重点要解决的问题。要处理好可经营性资产的产权关系，注重发挥可经营性资产对烟农专业合作社的扶持作用。在理顺产权关系时，要确保行业对可经营资产的话语权、最终处置权和服务定价监督权；确保合作社享有可经营性资产的经营管理权，确保可经营性资产烟农收益权，实现烟农共有、共享，这些都要在合作社章程里体现。另外还要强调，烟农专业合作社目前不宜吸纳社会资本，避免因社会资本进入而损害烟农在烟草行业投入形成的可经营性资产中的收益权。合作社需要资金时，可以通过其他方式解决。四是应在地方党委、政府领导下，选好带头人，注重合作社管理水平全面提升。首先要选好理事长和总经理，健全理事会、监事会制度。其次是定价机制。这是合作社运营的核心问题。合作社是非营利机构，服务定价主要取决于成本高低。合作社是否有生命力，能否正常运行，关键是提高效率、控制成本，特别是管理成本。最后是多元发展问题。烟农专业合作社要坚持“以烟为主、突出服务”，发展辅助产业和多元化经营要积极稳妥、加强研究，切实增强抗风险能力和自我发展能力，不断提高设施农业水平。

3. 突出品牌导向作用，积极推进烟叶基地建设。国家局提出“卷烟上水平”基本方针和战略任务后，重点品牌呈加快发展趋势，对原料保障能力提出了新的更高要求。要把积极推进基地建设作为提升原料保障能力的重要措施，务求取得实质性成效。要坚持科学规划，按照国家局基地建设总体部署，坚持“整县推进，单元实施”工作思路，将基地建设与烟叶资源配置方式改革有机结合，根据品牌发展需要，按照一个基地5万担左右规模，科学编制基地建设规划，合理确定基地数量和基地布局，有效提高资源配置效率。要充分利用“两个市场、两种资源”，加快推进境外采购烟叶基地化，满足卷烟品牌发展需要。要充分发挥工业企业主导作用。工业企业要把基地建设摆在更加重要位置，加强原料研究，重视质量管理，转变工作方式，找准工作重点，深化“主动参与、深度介入”的工作内容，切实在基地建设方面发挥更加积极作用。要充分发挥商业企业主体作用。商业企业要按照“整县推进，单元实施”的工作思路，对照“一个基地单元建设一个基层站、执行一套业务流程”的标准要求，科学规划论证，明确建设内容，注重资源整合，硬件软件并重，保证建设质量，确保完成100个单元的建设任务，不断提高基地单元建设水平。

（四）更加注重提高烟叶质量，更好地适应卷烟品牌发展需要

要把提高烟叶质量摆在更加突出位置，采取切实有效措施，全面提高烟叶质量水平。要更加注重烟叶特色，按照“发挥优势、挖掘潜力、填补空白、满足需求”的要求，继续抓好特色优质烟叶开发，充分发挥我国烟区生态环境多样性优势，进一步优化区域布局，丰富特色品种资源，扩大特色品种规模，注重适用技术集成，建立特色烟叶标准规范，推进标准化生产，明显提高特色优质烟叶开发水平，努力在促进各类香型风格烟叶协调发展方面取得新的进步。要抓好特色烟叶工业验证，建立风格特色评价体系，研究关键致香成分代谢规律，优化烟叶烘烤、复烤工艺规范，促进特色烟叶配方使用。要更加注重烟叶等级质量，稳步推广专业化分级、散叶收购模式。散叶收购政策性强，技术难度高，需要研究的问题多，当前重点仍要在试点上下工夫。散叶收购要切实做到严格执行标准，确保等级质量；加强业务培训，提高专业人员分级水平；改进分级方法，提高分级效率；注重工商衔接，防止等级失控，努力做到烟农满意，工业企业满意，商业企业满意。要围绕“优质、高效、生态、安全”目标，更加注重改善烟叶生产环境，调整烟叶生产布局，发展绿肥种植，全面开展轮作，加强烟叶产地环境研究控制，规范烟草农药使用，推广清洁环保生产方式，建立生态农业标准体系，提高烟叶安全性水平，加快发展烟区生态农业。

（五）高度重视基层管理工作，不断提高烟叶工作水平

国家局的决策部署能否得到有效落实，烟叶工作水平能否全面提高，关键在基层，在基础工作全面加强。各级领导要继续贯彻“重心下移、着眼基层、突出服务、加强基础”方针，认真抓好基层建设各项措施落实。要深化烟叶基层用工分配制度改革，优化岗位设置，规范用工行为，加强目标考核，落实工资报

酬，充分调动基层队伍的积极性、主动性、创造性。要高度重视高技能人才培养工作。以提升职业素质和职业技能为核心，以促进各类技能人才协调发展为重点，高度重视基层队伍建设，切实加强职工在职培训，全面推行职业技能鉴定，落实好高技能人才薪酬待遇，建设一支高技能人才队伍。要适应现代烟草农业建设全面推进的新形势，加强基层站点整合力度，优化工作流程，努力提高资源配置效率。要按照国家局关于基层单位创优活动要求，扎实开展基层烟叶收购站评先创优活动。

认真落实“原料保障上水平”各项任务　全面推进现代烟草农业建设

——在全国烟叶收购暨现代烟草农业建设现场会上的讲话

何泽华

（2010 年 7 月 8 日）

一、“卷烟上水平”有力促进了今年的烟叶生产发展

原料保障上水平是“卷烟上水平”的重要基础。自国家局明确提出卷烟上水平的基本方针和战略任务以来，烟叶工作更加受到重视，基础地位进一步加强，工作思路更加清晰，工商企业更加积极主动，有力促进了今年烟叶生产的发展。

（一）严控规模取得初步成效

在去年全国烟叶工作座谈会上，国家局全面分析了烟叶生产形势，提出“严控规模、优化结构、加强管理、全面提升”方针，要求把严格控制规模摆在烟叶工作首要位置，努力保持烟叶生产长期稳定发展。在去年年底的贵阳会议上，国家局进一步强调烟叶形势的严峻性和严控规模的艰巨性，要求各产区采取更加有效措施，全额抵减超产计划，严格控制种植规模。烟叶产区按照国家局要求，统一思想认识，严肃纪律责任，狠抓工作落实，保证计划抵减到位。山东省局面对严控规模的压力，下定决心，坚决抵减到户，并积极化解各种矛盾，从长计议烟叶生产可持续发展，全省实际抵扣烟叶计划 42 万担，涉及 25 个县、203 个乡镇、32651 个农户。经过烟区广大干部职工的共同努力，全国共抵减计划 447 万担，实际种烟面积 1591 万亩，同比减少 94 万亩；共签订种植收购合同 124. 1 万份，同比减少 26. 5 万份；种烟农户 132. 4 万户，同比减少 34. 8 万户，严控规模取得初步成效。

（二）抗灾抢险保收取得阶段性胜利

今年气候多变，灾害频繁，给群众生产生活带来极大困难，对烟叶生产造成严重影响，烟叶工作面临前所未有的复杂性和不确定性。面对去年入秋以来西南烟区百年一遇的严重干旱，云南烟草商业的同志切实增强紧迫感、责任感和使命感，态度坚决、措施有力、作风扎实，全力投入抗旱，抓住了移栽节令，缩短了移栽周期，夺取了抗旱保苗攻坚战的全面胜利。贵州省公司面对百年旱魔，切实加强领导，认真组织生产自救，扎实开展保苗备耕，为完成年度收购任务奠定了较好基础。东南烟区开春以来雹灾冻害、低温阴雨、暴雨洪涝接连不断，烟叶生产受到严重影响，烟农遭受巨大损失。福建、江西、广西、湖南产区公司在地方党委、政府领导下，制定具体救灾措施，投入专项救灾经费，稳定受灾烟农情绪，最大程度减少灾害损失，快速恢复生产生活，抗洪救灾工作取得积极进展。

烟叶生产在大灾之年有望平稳发展，有两个方面值得认真总结。一是基层同志做出了重大贡献。产区同志真抓苦干，奋力抗灾，舍身救险，涌现出一批抗灾抢险的英雄人物，谱写了一曲可歌可泣的英雄赞歌。福建泰宁县上青烟站站长汤全瑞，深入抗洪一线察看灾情，突遇山洪暴发因公殉职。红河泸西示范区苦干 100 天，用短短 3 个月就建成了 12 万亩大型农田水利灌溉工程，当年施工，当年受益。基层同志扎实的工作作风、顽强的拼搏精神和忘我的奉献精神，体现了“两个至上”的行业共同价值观，值得充分肯定。二是烟水工程发挥了重要作用。云南已建成的烟水工程，水池、水窖储水保水，沟渠管网保水节水，较好地保障了烟区生产生活用水。特别是近年来规模连片建设的大中型烟水工程，发挥了较好的水源保障作用。福建的田间管网、排洪沟渠，也在一定程度上发挥了排洪作用。这些基础设施能够在抗灾保生产中发挥积极有效作用，让我们感到非常欣慰，也坚定了我们继续加大投入、搞好烟叶基础设施建设的信心和决心。

（三）烟叶“三化”工作有力推进

为有力推进“卷烟上水平”，国家局提出烟叶供应基地化、烟叶品质特色化和生产方式现代化的烟叶工作目标，得到了烟叶战线的积极响应和努力实践。一是贯彻落实“主动参与、深度介入”要求，原料供应基地化取得积极进展。国家局2月份在湖南长沙召开会议，总结交流湖南中烟、上海烟草等单位的经验，部署原料供应基地化有关工作要求，按工业需求组织烟叶生产、建设品牌导向型基地单元达成共识，工商合作水平进一步提升。工业企业根据“532”、“461”品牌发展战略，加紧制定品牌发展规划和原料需求规划，根据品牌需求与产区协调基地单元建设布局和数量，参与基地建设的主动性和介入程度大大提高。烟叶产区根据烟叶风格特色和工业需求，统筹新老烟区发展，合理优化生产布局，积极调整种植技术方案，原料的需求导向性作用得到较好体现。

二是突出质量风格特色，加快实现烟叶品质特色化。4月份在河南许昌召开烟叶技术专题会议，发布烟叶质量评价结果，交流特色烟叶开发经验，研讨重大生产适用技术，安排烟叶品质特色化相关工作，质量风格特色越来越受到重视，良区良种良法配套的重要性取得共识。产区按照会议要求，把提高质量作为烟叶工作的长期任务和品质特色化的重要基础来抓，正确处理产量与质量的关系，高度重视适用技术集成推广，烟叶整体技术水平大大提高。为有效解决烟叶烘烤和施肥问题，国家局组织开展密集烘烤工艺研究，编写《烟叶密集烘烤技术规程》，并组织基层人员进行培训；安排布置测土施肥流程、精准施肥方法等重点课题，起草了《烟草测土配方施肥技术规范》。“生态决定特色、品种彰显特色、技术保障特色”成为共识，特色优质烟叶开发成为加快实现烟叶品质特色化的重要抓手。今年共安排特色优质烟叶基地单元104个，预计收购烟叶450万担，其中清香型占60%，浓香型占24%，中间香型占16%。

三是以基地单元建设为抓手，稳步推进生产方式现代化。去年国家局确定了全面推进现代烟草农业建设的工作任务，明确了“整县推进，单元实施”的工作思路，提出了“四个更加注重”和“五个一步到位”的工作要求。为指导产区工作，国家局印发了《现代烟草农业基地单元建设工作规范》，并先后在贵阳、北京和郑州组织专题培训。各产区按照国家局要求，加大资源整合力度，系统考虑基地单元布局，科学编制整县推进规划。经过评审论证，今年共落实首批推进基地单元149个，国家局重点联系4个县、18个单元。烟叶规模化种植进一步发展。全国户均种烟11.9亩，10亩以上专业种植户成为烟叶生产的主力，种植面积约占全国总量的65%。百亩以上连片面积近1000万亩，占62.7%，同比提高6.7%。千亩村、万亩乡规模分别突破700万亩和550万亩，占44%和35%。10万担以上县162个、种烟面积1163万亩，占73%。集约化经营、专业化服务加速推进。三类种烟主体种植比例74.6%，同比提高11.6个百分点。户均收入可望达到2.6万元，同比提高1600元。专业化育苗面积1505万亩，占94.7%。病虫害统防统治830万亩，同比增加250万亩。密集烤房51万座，烤能突破3000万担。机械深耕面积1077万亩，占67.7%，同比提高10个百分点；机械起垄面积830万亩，占52%，同比提高11个百分点。信息化管理进一步加强。基层站信息管理平台开发完成，正在进行软件实施。“两头工场化、中间专业化”业务模式初步确立，散叶收购试点工作有序推进，分级收购流程更加清晰。

（四）烟叶战线工作水平持续提升

近年来，烟叶工作面临前所未有的发展机遇，也承担了前所未有的工作压力。产区各单位紧紧围绕行业改革发展新形势、新任务，坚持以现代烟草农业为统领，严格落实烟叶生产计划，努力提高烟叶质量特色水平，积极探索现代生产方式和管理模式，深入推进烟叶资源配置方式改革，较好保持了烟叶规模稳定，有效满足了重点品牌需求，有力支撑了行业持续健康发展。总结这几年工作成绩，主要有以下经验：一是解放思想与真抓实干相结合。面对发展现代烟草农业这个全新的课题，产区各级公司牢牢抓住现代化大生产的本质，大胆解放思想，勇于开拓创新，不断取得突破。比如，从几十亩、上百亩，到几千亩、上万亩、甚至十几万亩的连片种植；从普通烤房改造、单体分散建设密集烤房，到连体建设烤房群、烘烤工场；从零星分散的小水窖，到水源、水池、沟渠、管网综合配套的系统工程；从一家一户育苗、一村一个育苗专业户，到整乡、整县工场化集中育苗供苗，现代烟草农业不断突破的过程，就是烟区广大干部职工思想不断解放的过程。同时，烟叶工作是干出来的，关键在“干”。烟叶基层同志真抓实干、苦干巧干，扎实的工作作风已成为烟叶战线的宝贵财富。二是大胆探索与严格管理相结合。各单位积极适应烟区经济社会发展要求，大胆探索密集式烤房群建设、生产组织形式、散叶收购方式，在烟叶基础设施建设、服务性专业合作社、烟站建设等方面狠抓管理，严格标准和程序，不断优化服务管理流程，基础管理水平大大提高，为烟叶生产方式转变提供了管理支撑。三是注重提升质量与彰显风格特色相结合。开展现代烟草农业建设不是搞花架子，目的是提高烟叶产出水平，更重要的是提高质量特色水平。工商企业牢固树立质量意识，坚持质量与风格特色并重，把质量作为长期任务来抓，烟叶质量进一步提高，风格特色进一步彰显，为重点品牌发展提供了有效的原料保障。四是坚持行业发展与地方利益、烟农积极性相结合。烟叶生产离不开地方政府和广大烟农的支持，必须兼顾地方利益，保持烟农合理利益。近年行业积极响应中央号召，坚持工业反哺农业，投入大量资金改善基础设施，调整价格和补贴政策，稳定地方和烟农利益，较好地体现了统筹兼顾、共同发展和构建和谐的要求。

看到成绩的同时，我们必须清醒地认识到，当前烟叶工作仍然存在一些不可回避的矛盾和问题：一是少数地区和单位没有充分认识烟叶生产形势的严峻性，缺乏控制规模的自觉性，计划合同落实不彻底，工作打埋伏、留余地，存在侥幸心理，给行业持续健康发展留下了隐患。二是受传统小农生产观念影响，一些同志思想不够解放，工作不够到位，缺少进取心和前瞻性，少数单位现代烟草农业建设在关键环节上难以突破，影响了全面推进的进度和水平。三是少数单位质量意识薄弱，质量管理不严格，技术服务不到位，风格特色尚未引起足够的重视，烟叶质量和风格特色水平不能完全适应“532”、“461”知名品牌发展要求，提高烟叶质量水平和风格特色仍是长期艰巨的任务。四是今年烟叶产区气候变化较大，自然灾害频繁发生，将对烟叶生产特别是烟叶质量产生不利影响，烟叶生产仍然面临较大的不确定性。

二、云南现代烟草农业建设代表了行业的最新水平

云南是烟叶大省，生产规模大，工作任务重，发展水平高，为行业现代烟草农业建设发挥了重要的示范作用。几个月前，姜成康局长亲自到现场考察，给予了高度评价，指出云南现代烟草农业建设体现了水平，体现了创新，取得了新的突破，为实现烟叶生产方式现代化走出了一条新路子。总结云南的经验，主要有以下五个方面。

（一）坚持创新发展

近三年来，云南省公司积极争取省委、省政府领导，贯彻落实国家局要求，坚持大规模建设、高水平开发、开放型发展和全方位、立体化推进，发展方向明确，工作思路清晰，体现了很高的领导水平和工作水平。云南12个产烟地州市公司按照国家局和省局的要求，积极发挥主观能动作用，切实加强技术创新和管理创新，形成了你追我赶、你优我特的发展格局。云南最早在行业内提出并实践整县推进现代烟草农业，并取得显著成绩。前年文山的四位一体新烟区开发、去年楚雄的整县推进现代烟草农业建设，都在全行业产生了较大影响。今年，横跨红河、曲靖、昆明三州市的滇东综合示范区，不论基础设施规模、规划设计水平，还是开发工作的影响力，都比过去有了新的提高。正是这种坚持创新、不甘落后的进取精神，推动着云南乃至全国现代烟草农业建设不断迈上新的台阶。

（二）坚持大规模建设

云南省公司坚持规模开发的工作思路，在烟叶种植规模、基础设施建设规模、专业合作社的服务规模、集中育苗和烘烤规模、烟站的管理规模等方面都取得了很大进步。户均种烟面积从2008年的5.6亩发展到今年的12.5亩。百亩以上连片烟田面积400万亩，占全国40%。在基础设施建设方面，2008年把文山小舍姑土地整治规模从5000亩调整到2.18万亩，2009年在曲靖马龙开展了大规模的中低产田改造。烟水工程从零星分散建造，到水源、水池、沟渠、管网系统设计与综合配套，单件工程受益面积从2008年的13亩提高到今年的291亩。密集烤房实现了从农户零星散建向连体集群规模建设转变，今年整县推进单位共建密集烤房2661群、5.5万座，单群平均规模超过20座。现代烟草农业建设从最初的一村、一乡试点，发展到目前的整县、跨地州整体推进。滇东综合示范区跨三个地州市、四个县、32个乡镇、292个村，基本烟田117万亩，计划收购烟叶177万担，规划建设基地单元24个，实现了规模建设的跨越。积极整合烟站资源，科学设置岗位，一些烟站平均每个烟技员服务管理规模超过1000亩。当然，考虑到边际效应，规模不是越大越好，但规模化是现代烟草农业建设的基础，规模太小不可能实现烟叶生产方式现代化。在现代烟草农业建设中，规模化要作为基本的工作思路继续坚持。

（三）坚持高水平开发

坚持高标准建设，基础设施建设总体规划，综合配套，整体实施，一步到位，保证了项目质量和实施效果。泸西现代烟草农业综合示范区，行业投入近2亿元，建成了总面积12万亩“路相通、渠相连、管成网、旱能灌、涝能排”的现代化烟田，体现了较高水平。因地制宜选择生产组织形式，全省19个示范县三种生产组织形式全覆盖，烟叶生产关键环节实现了100%专业化服务。统筹指导统分型和紧密型两类合作社建设，提出现代烟草农业服务中心的概念，利用基

层站点、育苗工场、烘烤工场、烟草农机具等设施，全方位开展技能培训、技术指导和专业化服务。坚持片区管理与专业分工相结合，加强站点整合，优化岗位设置，减少管理人员，增加技术人员，服务能力大大提高。信息化管理取得突破。积极推广烟站管理信息系统，完成了流程再造，丰富了服务手段，强化了轮作管理，实现了烟叶信息的自动采集分析，基层管理得到全面加强。

（四）坚持开放式发展

云南省公司面向省内外卷烟工业企业，积极探索工商合作的有效方式，依托基地单元设立工商合作管理中心，推动工商深度合作。坚持需求导向，以开放的心态吸引工业企业全程参与生产收购和复烤加工，根据工业需求制定生产技术方案，与工业企业共同研究解决烟叶质量问题，有力推进烟叶集中加工，全面加强原料供应管理，有效提升原料保障能力，实现了工商合作的常态化。同时，云南烟区立足自主创新，扩大对外交流，先后与美国、巴西、津巴布韦等国高等院校和科研单位开展技术合作，与国内多家科研单位建立合作关系，取得了一系列拥有自主产权的核心技术，有力地支撑了现代烟草农业建设工作。

（五）坚持技术进步

一是重视品种选育，优化品种格局。自主培育的“云烟”系列品种一度控制全国半壁江山，“红花大金元”特色品种深受工业喜爱，新引进的“KRK26”和“NC297”等优良品种表现出了很好的质量潜力。二是重视育苗技术，提升整体水平。大理漂浮育苗的成功推广在全国发挥了很好的带动作用，楚雄大棚砂培育苗体现了育苗设施的巨大进步，自动播种机大大提高了工作效率，苗床病毒速测技术提升了专业育苗的价值。特别是高茎壮苗技术在今年的抗旱工作中发挥了重要作用，大大提升了烟叶生产水平。三是重视彰显特色，塑造清甜香润烟叶品牌。加强基础研究和课题攻关，发挥生态环境优势，调整提高传统老烟区，积极开发新烟区，彰显清甜香润风格特色。今年，云南还从四个老烟区调出 17 万担计划，积极扶持新烟区发展。

总的来说，云南的现代烟草农业建设迈上了新的台阶，实现了把滇东建成全国最具影响力的现代烟草农业示范区的目标，凝聚了云南烟草的集体智慧，代表了当前现代烟草农业建设的最新水平。希望大家认真学习云南的经验，结合本地实际抓好各项工作落实，不断提升“整县推进，单元实施”现代烟草农业建设工作水平。

三、以基地单元为载体，全面提升现代烟草农业建设水平

发展现代烟草农业是行业的重大历史任务，是原料保障上水平的重要组成部分，是实现原料保障上水平的必由之路。当前，要继续坚持以基地单元为载体，狠抓原料保障上水平各项措施落实，全面推进现代烟草农业建设。

（一）继续加大投入，毫不放松地继续抓好烟叶生产基础设施建设

继续加强基础设施建设是卷烟上水平的重要内容，也是烟叶生产长期的工作。烟叶产区都要按照总体规划要求，制订具体实施意见，确保烟田基础设施建设任务顺利完成。一是科学规划基本烟田面积。全国一年种植烟叶 1600 万亩左右。为提高烟叶质量，实现可持续发展，将目前两年半一轮作提高到三年一轮作，全国基本烟田面积从 3800 万亩调整到 4800 万亩左右。各烟叶产区都要按照这一要求，结合本地实际，重新调整基本烟田规划，并上报国家局批准。增加规划的基本烟田，重点用于新区开发，为优化布局创造条件、打好基础。二是明确烟田基础设施建设内容。在继续抓好水利工程、机耕道路、密集式烤房、育苗大棚、烟草专用机械等项目建设同时，适时开展土地整理试点，加强烟区水源建设，进一步改善烟区生产条件，提高抗御自然灾害能力。三是完善提高现有基础设施建设水平。烟田基础设施建设是一个不断实践、认识、提高的过程，因此前期的基础设施相对分散，标准也相对较低。按照高标准、高质量、高水平的要求，在充分保护、利用好现有设施的同时，对前期开展的项目进行重新规划，完善提高。规划要坚持从实际出发，实事求是，重在实效。国家局将对各省上报的规划进行专题研究。四是健全完善基础设施管护体制机制。对基础设施投入形成的大量经营性资产，必须切实加强管理，健全完善管护体制机制。通过明晰产权，量化到户，成立专业合作社，建立科学决策尤其是合理的定价机制，确保烟农受益，持续利用。五是加强项目管理和资金管理，严格资金审计监督，坚持边建设边审计，确保基础设施项目质量和资金安全。

（二）深刻把握基地单元这个载体，统筹“三化”各项任务措施

基地单元是烟叶生产、经营、管理的基本业务单位，承担着多项职能。对基地单元这一概念的内涵和外延要进一步把握。我们讲一个基地单元，种植收购计划 5 万担左右，每年种植 1.7 万亩烟叶，支付烟叶收购资金和烟农补贴资金近 5000 万元；按 3 年轮作要

求，需建设 5 万亩左右基本烟田；按每亩 2000 元计算，共需投入基础设施建设资金 1 亿元左右；一个基地单元一个烟站，一个综合性的专业服务合作社。按每年种植收购烟叶 4800 万担计算，全国需要建成近 1000 个基地单元。今后几年，每年要全面完成 100 个以上基地单元的建设任务。

作为全面推进现代烟草农业建设的基本操作单位，基地单元是深化工商合作、实现原料供应基地化的载体，是提高质量特色水平、实现烟叶品质特色化的载体，也是落实“一基四化”、实现生产方式现代化的载体。基地化、特色化、现代化、技术服务、烟站建设与管理、基础设施建设等都要以单元作为规划、实施和检查验收的单位。“上面千条线，下面一根针”。烟叶工作各项任务能否真正落到实处，关键在于基地单元建设的水平。各地要把基地单元建设放在重要位置，把单元的概念做实。要把基地单元建设与烟站建设紧密结合起来，整合资源，优化流程，转变管理，统筹烟叶“三化”各项任务措施。

建设一个高标准、高水平的基地单元，必须解放思想，坚持创新发展的思路；必须重视规划设计，制定科学可行的规划和实施方案；必须重视综合配套，建设一流的现代化烟田和高标准的专业化服务设施；必须重视规模化种植和集约化经营，建立稳定的烟草种植队伍、高素质高技能的烟技员队伍和高效率低成本的专业化服务体系；必须重视管理创新，切实加强基层建设，形成清晰、高效、流畅的现代化业务流程和信息化管理手段支撑，把基层烟站建设成一流的现代化烟叶工作站；必须加强验收评价，发挥考核的导向性作用，督促产区严格按标准抓好基地建设。从今年开始，国家局将组织开展验收评价工作，对每年建设的 100 余个基地单元组织验收，对基地单元的规划、建设、运营、管理等进行全面评价。要科学制定《基地单元建设验收评价办法》，严格按标准验收。验收不合格的，必须认真落实整改。年末要对今年实施的 149 个基地单元，特别是对列入国家局计划的 75 个基地单元开展验收评价。今年第一次开展此项工作，要坚持高标准、严要求。

（三）在合作社建设方面寻求突破，着力提升专业化服务水平

一个基地单元要有一套完整的专业化服务体系。烟农专业合作社就是基地单元专业化服务的载体。在全面推进现代烟草农业建设中，专业服务合作社既是重点，也是难点。近年来，各产区对专业服务合作社建设作了积极探索，积累了不少经验，需要不断总结完善。

要进一步明确合作社的定位。首先，合作社是烟农自己的组织，要强调自主性。农民的合作社不是烟站或者村委会的附属机构，要坚持农民自愿参加、自主运营、自我发展的原则。合作社要在烟农自愿前提下依法组建，烟农权利平等，进退自由。不是烟农，原则上不应成为合作社成员。在合作社组建及运作过程中，烟草公司可以适当地扶持引导，但决不能包办代替。合作社组建以后，应由农民自主管理，发挥自我服务的功能作用。第二，合作社是烟叶生产专业服务的合作社，要突出专业化。专业化是提高效率、降低成本的重要手段。合作社通过为烟农提供专业服务，把劳动强度大、技术要求复杂的生产环节“统”起来，就能发挥集约经营、机械作业、熟练操作的优势，解决一家一户解决不了、解决不好、解决起来成本高的问题。因此，合作社内部要合理进行专业分工，加强烟农专业技能培训，不断提高专业化水平。第三，合作社是非营利性的合作社，要保持非营利性。成立烟农合作社是为了服务合作，为成员提供优质专业服务，而不是为了牟利赚钱。专业服务的价格、管理人员的工资、农业工人的报酬、合作社的分红，都要保持合理水平。

要着力研究解决专业服务合作社建设中的关键问题。一是规模问题。从各地情况看，服务性合作社主要有三种模式。第一种是一个单元成立一个综合服务合作社，下设多个专业服务队。服务队单独考核，合作社统一核算。第二种是在一个单元内按种植片区成立若干个综合服务合作社，向片区内所有烟农提供多环节、全过程的专业服务。各片区合作社单独核算。第三种是按作业环节成立多个合作社，分别向烟农提供单一的专业服务。各专业服务合作社单独运行、单独核算。选择何种模式，要从本地实际出发，但必须注意规模要适度，要以方便管理、控制成本为出发点，与管理水平相适应，与交通条件相匹配，特别是要严格控制和减少管理人员。二是成员资格问题。农民只有种烟才能加入合作社，入社以后才能具有理事、监事的选举权和被选举权。成员以适当的形式向合作社出资作为股本金，并根据股本比例进行分红。三是治理结构问题。合作社实行成员大会下的理事会负责制。理事会、监事会成员从入社烟农中选举产生，不在合作社领取工资报酬。理事会与管理层分设的，社长或总经理是专业性岗位，由理事会聘任，全面负责合作社的经营管理，在合作社领取工资，其业绩考评由理事会决定。为降低成本、提高效率，合作社理事会、监事会和管理层人员数量应依法合理设置，组织结构应尽量扁平化。四是资产及运营管理问题。合作社成员个人出资形成的资产，其产权归个人所有，退社可

以带走。行业补贴形成的苗棚、烤房、农机具等资产，要按基本烟田或种植面积量化到每户烟农，并作为成员参与合作社盈余分配的依据。行业对这些资产保留处置权，移交合作社使用，不分配到个人，退社不能带走。合作社建设中要把两个工场的资产及其运营管理作为重点。要制定作业规范和服务标准，不断优化服务流程，建立服务质量督导机制，加强技能培训和质量监督，努力实现标准化服务。服务价格应根据成本科学测算后确定，合作社的收益应保持在合理水平。建立健全合作社相关财务制度，保证合作社管理规范，运作透明。五是与烟站、村委会的关系问题。既要防止合作社与村委会高度重叠，又要防止烟站过度干预甚至包办。

（四）大力推进烟叶信息化，全面加强烟站建设

烟站是落实烟叶工作各项任务的基层单位。随着现代烟草农业的全面推进，烟站被赋予了更多职责，任务更加繁重，位置也更加重要。要在完善收购功能的同时，全面加强烟站建设，大力推进烟叶信息化，把烟站打造成烟叶“三化”的基层工作站。首先，整合资源，组织结构扁平化。以推进基地单元建设为契机，按照“一个基地单元一个烟站”的要求，加大基层站点整合力度，科学合理规划，优化站点布局，统一建设标准，实行基础设施、人员、技术和信息的适度集中管理。实行片区管理，把基地单元划分成若干个1000亩左右的片区，每个片区配置一名技术管理员。积极推进组织结构扁平化，减少管理层次和人员，不断提高管理效率。第二，严格考核，工作岗位专业化。按照《国家人才规划纲要》和国家局加强队伍建设有关要求，合理定岗定编定责，科学设岗。坚持片区管理和专业技术管理相结合，推动技术人员专业分工。烟站要设置育苗、烘烤等专业技术岗位，并把烟技员作为片区的综合业务技术岗位。加强基层人员技能培训和技能鉴定，推进农艺师、调制技师和分级技师“三师”队伍和种植工、调制工、分级工技能队伍建设，着力提高专业技术服务水平。要明确职责，加强考核，完善绩效考核与收入分配相关联的机制，打通成长通道，调动基层技术人员工作积极性。鼓励烟技员等烟站操作性岗位人员（当地农民身份）应聘合作社的技术管理岗位，或者直接承包有关专业服务业务，特别要通过这种方式加强育苗工场和烘烤工场的技术力量。这样既能够保证服务质量，又可以适当分流烟站富余人员。第三，落实规范，烟叶业务流程化。贯彻落实《现代烟草农业建设基地单元工作规范》要求，按照“两头工场化，中间专业化”的思路，依托育苗工场、烘烤工场和烟农综合服务合作社，全面建立“简洁高效、清晰流畅、职责明确、过程追踪、信息管理”的适应现代化要求的烟叶业务新流程。第四，提高效率，经营管理信息化。信息化是现代烟草农业建设的重要内容，是加强烟站基础管理的重要手段。烟站一是管人，二是管物。人和物的管理要通过信息化联系起来，形成从省公司、市公司到县公司、烟站完整的管理链条。今年国家局组织开发了基层烟站烟叶信息管理软件，并在泸西的现场向大家作了演示。可以说，这套软件比较好地实现了烟田轮作管理、种植收购合同签订、烟叶业务流程的信息化管理，目前能够较好地适应现代化生产方式和业务管理的要求。下一步要全面推广这套软件。今年要在149个基地单元完成安装部署任务，并列入年度考核内容。有关单位要高度重视，周密组织，积极配套相关硬件设施，完善网络环境，充实基础数据库，为软件实施创造条件。要加强业务培训，保证每个工作人员都会使用这套软件。今后烟站工作人员要统一配备信息化设施，具备信息化工作技能，在工作中随时录入有关信息，各种数据自动生成。烟站不再设置专职的信息员岗位。第五，争先创优，不断提高工作水平。要按照《优秀烟叶工作站创建活动实施方案》要求，结合基地单元推进效果，认真抓好优秀烟站创建活动，发挥优秀烟站典型示范作用。

（五）严格要求与积极探索并重，高标准完成今年收购工作任务

受气候影响，今年烟叶生产的不确定性和收购工作复杂性都大于往年，对此要有充分的思想准备。要切实把严控规模、提高质量摆在中心位置，高标准完成收购任务。坚持严格要求与大胆探索并重，除安排试点单元或片区进行散叶收购试点外，其他单位仍按原来的要求开展收购工作。

一要严格计划合同管理，确保严控规模目标全面实现。要充分认识今年烟叶收购工作的复杂性，坚持以合同为主线组织好收购工作，严格按计划、合同收购，严禁无合同、超合同收购。要加强灾害监测和产量预测，有超产隐患的烟区，要及早制定收购预案，采取有力措施，将超产因素控制在生产环节。要切实加强领导，严肃纪律，层层落实责任制，确保严控规模的任务全面完成。

二要严格质量管理，努力保持等级质量稳定。今年全国烟区普遍遭受不同程度的自然灾害，烟叶质量受到严重影响，但决不能因此放松等级质量管理。要积极与烟农沟通，主动向党委政府汇报，讲清稳定等级质量的重要意义，争取他们的理解支持。烟农确因

灾害遭受损失的，可以给予适当补贴。要坚持成熟采摘、规范烘烤，努力提升烟叶实物质量。落实烟叶收购工作有关规定，严格按流程、按标准收购，严禁压级压价和抬级抬价。严格控制烟叶损益率，严禁提级调拨，确保工商交接等级质量。全面推行烟叶质量负责制，实行持证上岗，加强绩效考核，层层落实责任，做到质量管理制度化、程序化。今年要继续落实烟叶收购等级预警机制。各产区中部烟比例原则上不超过45%，上等烟比例预警线原则上按去年标准执行。各产区要充分考虑今年当地气候条件，适度把握烟叶实物质量等级比例的控制幅度。

三要稳定烟叶收购秩序，提高收购工作水平。要切实改进烟农服务。在大灾之年，对烟农的服务更要加强。要增强预检员指导能力，提高预检水平；积极创造条件集中运输、约时定点、批量交售，为烟农售烟提供便利；认真制定应对收购矛盾和问题的预案，妥善解决烟农评级异议等问题，及时化解矛盾。要切实维护收购秩序。严格执行烟叶收购“五条纪律”和“七项要求”，严禁无合同、超合同、跨地区收购烟叶，严禁违反国家标准和收购价格收购烟叶。要强化烟叶专卖管理，严厉打击、严肃查处内外勾结违法购销烟叶行为。要加强边界协调，完善工作机制，确保不出现收购边界问题。要不断提高工作水平。产区公司要积极考虑至少以县为单位设立一个中心库，也可以把复烤厂的仓库作为中心库。坚持烟叶当天收购、当天调运到中心库，努力做到烟站烟叶不过夜、零库存。

四要积极探索烟叶专业分级散叶收购新模式。烟叶专业化分级散叶收购是现代烟草农业建设的一项重要内容，是烟叶收购方式的重大变革。今年国家局安排云南禄丰县、红塔区，贵州余庆、湄潭、黔西，湖南浏阳市6个县整县推进收购方式改革，并要求有关省局在32个整县推进县各选择1个基地单元或1个片区开展试点。专业化分级散叶收购的基本特点是分级、收购和工商交接一体化，主要包括“回潮→干烟下架→专业人员分级（精选）→收购评定等级→烟农确认→过磅→工业确认等级→成包→调运”9个环节，比传统收购和工商交接流程精简了10个环节，不仅大大减轻了烟农劳动强度，减少了物流周转，提高了收购效率，还从根本上解决了商业企业与烟农之间及工商之间在烟叶等级质量方面的矛盾。首先是烟叶分级问题。烟叶分级劳动强度大，用工多，技术要求高。传统分级由烟农自己完成，效率不高，分级质量也难以保证。烟叶分级要坚持专业分级、提高效率，分级人员要加强培训，持证上岗；要统一标准，规范管理；要业务设计、流程控制。专业化分级由烟农专业合作社或分级队完成，根据需要配备分级台、装烟框、回潮装置、标准光源等设施，实行编组管理，每组4人，按工位实施流水化作业，第一工位负责下竿剔青去杂，第二工位负责颜色分组，第三和第四工位负责烟叶分级。要坚持烟叶烤后现场分级，按采摘部位和烤次分级。一个单元每天烘烤烟叶800担左右，按每人每天分级1.5~2担测算，大概需要分级工400~500人次，要科学安排、合理调度。其次是收购问题。烘烤工场或烤房群附近有收购站点的，可在收购站点设散烟收购专线，工业企业现场进行工商交接；烘烤工场或烤房群离收购站点较远的，可在烘烤工场或烤房群增设简易收购场所，配套微机、电子秤、打包机等设施，实行现场散叶收购，工商交接也在现场进行。打包以后的烟叶，贴上一个电子标签，就能够做到烟叶物流信息的全程跟踪。一个基地单元5万担烟叶，一个烤季60天左右，平均每天40吨（800担），4辆卡车就可以运走。烟叶烘烤结束后，经过回潮、分级、收购、打包等环节，当天就可以运到中心仓库，完成工商交接，完全能够做到烟叶不落地、收购不过夜、烟站零库存。试点单位与对口工业企业要树立大局意识、责任意识，切实按照有关要求，认真组织实施，加强全程监控，定期测评效果，持续改进优化专业化分级散叶收购业务流程。

最后，强调一下当前要注重抓好的几项工作。一要加强烟叶生产防汛抗洪的组织领导。要制定抗灾救灾预案，加强与气象、水利等部门的联系，密切关注天气变化，及时发布预警信息，加强应急值守，结合实际落实抗灾救灾措施。二要切实加强田间管理，完善各生产环节的技术标准和操作规范，抓好适时封顶、合理留叶、成熟采收、科学烘烤等技术指导，坚决制止片面追求单产的做法，努力改善烟叶品质、提高烟叶可用性。充分发挥病虫害预测预报网络功能，做到早发现、早预报、早防治，推广生物防治技术，提高烟叶安全性。三要按照原料保障上水平有关工作要求，以基地单元为业务单位，搞好原料保障基地化、烟叶品质特色化、生产方式现代化发展规划和基础设施建设规划，由下到上层层形成规划方案。

经济运行

在全国卷烟销售网络建设现场会暨“532”、“461”知名品牌培育动员会上的讲话（摘要）

何泽华

（2010年9月28日）

一、在增强软实力上下硬功夫，进一步提升网建工作水平

（略）

二、充分发挥市场营销的基础和引领作用，积极培育知名品牌

（一）充分发挥市场的基础作用

市场竞争是知名品牌发展的基础和条件。要靠市场选择品牌，而不是商业企业选择品牌。“卷烟上水平”总体规划提出了四条原则，其中一条就是必须坚持市场导向，遵循市场客观规律，营造公平市场环境，构建适度竞争的体制机制。这既是近年来行业改革发展经验的总结，又是行业未来发展的战略选择。知名品牌要在市场中历练，在竞争中胜出。这是工商企业都应该深刻理解和把握的。面对大对大、强对强的品牌竞争新格局，工业企业要进一步提高市场意识、竞争意识、忧患意识，不断增强竞争能力，提升竞争水平，把品牌扩张建立在扎实的市场基础之上。营造公平竞争的市场环境是商业企业的重要责任。作为专卖体制下唯一的分销机构，商业企业必须牢固树立责任意识，在培育公平竞争的市场环境上下工夫，不断完善市场规则，努力消除人为设置的市场障碍，保证对每个工业企业机会公平、过程公平、结果公平，保持工业企业市场竞争的公平性，这是商业企业的责任。首先是机会公平，没有机会，过程公平就不能保证，而结果是相对公平。要让所有的品牌进入市场，现在有些地区的品牌规格还是少了些，一般来说一个市公司100个左右品牌规格不算多。2010年1～8月，全国省际间卷烟交易比重已经达到50.92%，同比提高1.61个百分点；其中一、二类卷烟省际交易比重为56.15%，比2009年提高4.41个百分点。这说明工业企业的市场环境是得到持续改善的。工商企业要继续加大“走出去”和“引进来”的工作力度，积极在全国统一大市场中培育全国性大品牌。

规范经营是公平竞争的基本要求。规范是保持行业持续健康发展的生命线，公平竞争首先要规范经营。为保持工业企业适度有序竞争格局，商业企业必须严格规范自身的经营行为。要严格执行订单采集和货源供应的业务流程和工作规范，进一步提高规范水平，维护公平的市场秩序，切实做到引进品牌不设门槛、宣传促销不论远近、分配货源不分亲疏、公平交易不谋私利，使品牌在公平竞争过程中通过市场选择发展壮大。

（二）注重发挥品牌的主导作用

品牌是市场竞争的主体，必然要靠自身的竞争力、影响力制胜。随着品牌规模逐步扩大，品牌效应愈发明显。工业企业要注重做精做强品牌，提高品牌价值，发挥品牌效应，提升品牌竞争力。商业企业要解决的就是在市场营销中如何充分发挥品牌在市场上的自身效应。品牌效应如何显现，可从四个方面思考。

要着力提升消费者的忠诚度。大品牌必然要有大批忠实的消费者。如果没有消费者的忠实拥护，品牌发展就是无本之木、无源之水。而忠诚度的形成是长期的过程，忠诚度的提升是诸多要素作用的结果。如稳定的质量、良好的口碑和较高的价值等，工商企业要下工夫着力提升知名品牌的知名度和美誉度。“中华”品牌能够长盛不衰，就充分说明了这一点。

要着力突出品牌的个性化。实践证明，越是个性突出的品牌，越能够得到消费者的认可，越能够获得更多的发展机遇。市场上销得好的品牌，差异化的特征都比较明显。比如“芙蓉王”的风格、“苏烟”的吸味、“黄鹤楼”的形象、“长白山”的低焦油、“兰州”的“干燥我适合、湿润更绵香”，都是品牌个性

的体现。因此，工业企业必须克服产品同质化的倾向，进一步加强品牌形象塑造，彰显品牌个性，建立独特的品牌地位。商业企业也要注重选择有特点、有个性、差异化特征明显的品牌，以满足市场上不同群体的消费需求，并把这种差异化特点在营销中传递给零售户和消费者。

要着力增强品牌对零售客户的吸引力。终端对品牌发展的“最后一步”的作用愈发重要。“货好卖、能赚钱”，是保持品牌对零售客户吸引力的主要因素。在调批差率基本统一的情况下，要重视保持合理的批零差率，保持价格稳定，增强品牌对零售客户的吸引力。因此，工商企业必须克服只重销售、不重价格的倾向，切实采取更加有效的措施，努力使品牌保持供求稍紧平衡的市场状态，做到货源供应“长流水、不断线”和市场价格的相对稳定，确保零售客户实现合理利益，不断提高品牌的吸引力，实现品牌与客户共同成长。

要着力加强工商营销的协同性。工商企业要建立有效协同的工作机制，充分发挥品牌的主导作用，努力保持品牌供求关系的均衡性，做到货源供应不积压、不断货；维护市场价格的稳定，做到市场销售价格挺、不波动；把握工、商、零库存的合理性，做到不脱销、不滞销；保证营销策略的一致性，发挥工商合力，保障品牌成长。未来市场高档卷烟发展加快、品牌置换力度加大、低焦油趋势越来越明显，工商企业在协同营销中要把握这三个特点。甘肃烟草工商企业通过深化协同营销，使兰州卷烟厂与浙江中烟合作生产的“利群”品牌实现了落地销售，得到了良好发展，其做法和经验值得大家借鉴。

（三）要充分发挥零售客户的终端作用

全国有500余万个零售客户处于卷烟产销供应链的末端，既是输送卷烟到消费者的毛细血管，又是感知卷烟市场变化的神经末梢，在品牌培育中地位越来越重要，作用越来越明显。一要真正尊重零售客户选择。继续深化订单供货工作，切实加强市场预测和货源供应，逐步减少对客户订货条件的限制，扩大客户自主选择范围，有效解决品牌在零售终端供大于求、供不应求、供非所求等问题。供应规格过少的单位，要通过适当增加品牌规格数量，逐步拓展零售客户选择的空间，切实做到“市场需求基本满足、零售客户有所选择”。二要提高客户培育品牌的自觉性。要把保持客户价值与品牌价值的一致性作为重要课题，通过均衡供货和稳定价格保证客户的合理利益，建立客户与品牌共同发展的纽带。要加强对零售客户的品牌宣传，提高客户对品牌的认知程度，吸引客户了解熟悉品牌、主动向消费者推介品牌，使零售客户真正成为卷烟营销网络的重要组成部分，真正形成工、商、零共同面向消费者的营销体系。三要充分挖掘零售终端的品牌培育价值。随着卷烟品牌宣传促销受到的限制日益严格，品牌与消费者接触的渠道和机会越来越少，零售终端对品牌培育的价值愈加显现。商业企业要把零售终端作为行业重要的战略资源和品牌培育的重要阵地，深入研究把握，分析不同类型零售客户的销售规律，进一步挖掘客户终端的价值，真正掌握一批经营能力强、规范程度高的零售终端，将其建设成为面向消费者进行品牌营销的桥头堡和根据地。终端建设不能一下子铺开，可以先试点，从理论上、实践上进行研究。

（四）要切实发挥商业企业的能动作用

商业企业是品牌、市场、客户的联结者、各种资源要素的整合者和本地市场状态的调节者。商业企业要充分发挥主观能动作用，尊重市场，尊重工业，尊重品牌，尊重客户，切实履行职责，主动作为，把培育品牌作为衡量网络价值的重要标准，加快培育“532”、“461”知名品牌。

首先，把握市场是硬功夫。商业企业作为本地市场唯一的分销渠道，必须发挥自身优势，加强对本地市场的研究，准确把握市场现状和发展趋势。要着力研究宏观经济与行业发展的关系、人口增长与消费增量的关系、收入提高与消费升级的关系、社会发展与品牌拓展的关系、消费行为与购买行为的关系等五大关系，注重宏观与微观相结合、当前与未来相结合、全国情况与本地市场相结合，正确认识本地市场潜力。要认真做好市场细分，通过商圈划分来研究细分区域，通过细分业态、规模、经营特点来研究客户的作用和价值，通过细分消费群体来研究消费者对卷烟功能需求的变化趋势，深刻认识本地消费特点，做到对本地市场需求了然于胸。要对宏观市场有全面了解，对本地市场有深刻的理解，对未来市场有前瞻性把握。

第二，吸引客户是真本事。适销对路的货源、合理的批零毛利、高效的客户服务、良好的销售环境是零售客户依赖商业企业的四个方面。商业企业要把提高零售客户赢利水平摆在维护客我关系的核心位置，科学调节供求关系，合理控制投放节奏，切实加强品牌维护，确保知名品牌始终保持良好的发展状态。2009年，全国零售客户平均毛利率为8.9%，到2015年要提高到10%以上。要高度重视提高零售客户的满意度和忠诚度，切实抓好货源供应、经营毛利、投诉处理等关键环节，把零售客户引入到品牌培育的队伍中来，增强零售客户推荐品牌的积极性和主动性。

2009年，全国零售客户满意度平均为85%，到2015年要提高到90%。

第三，引导消费是高水平。能否引导消费趋势、引导消费热点、引导品牌置换，从根本上体现了商业企业的营销能力和水平。当前和今后一个时期，商业企业要重点做好引导低焦油卷烟消费和合作生产品牌落地销售两项工作。要正确认识本地市场的消费特点，科学分析市场消费潜力，通过向消费者提供低焦油、低危害卷烟、混合型卷烟和雪茄型卷烟，积极培养合理的消费热点和消费偏好。随着知名品牌逐步扩张，品牌合作生产的规模不断扩大，到2015年将达到1200万箱。商业企业要站在保持行业持续健康发展的高度，充分理解和支持工业企业的品牌发展规划，认真做好品牌置换、合作加工品牌落地销售等工作，实时关注品牌市场表现，采取有效措施保证市场平稳过渡。

第四，持续提升是主课题。如何在较高水平上继续提升，进一步增强网络软实力，需要大家深入思考并加以推进。工商企业要努力克服主观因素，持续完善以市场为导向的卷烟销售和品牌培育机制，增强市场营销工作的前瞻性和预见性，不断提高了解市场、把握市场、服务客户、引导消费和培育品牌的主体能力，把市场营销上水平建立在可靠的市场基础和扎实工作基础之上。

市场的基础作用、品牌的主导作用、零售客户的终端作用和商业企业的能动作用，构成了市场营销基础和引领作用的基本内涵。要真正"引得好、领到位"，不断提高品牌培育能力，加快知名品牌发展，扎实推进市场营销上水平。

三、充分发挥营销网络的品牌培育功能，努力推动市场营销上水平

（一）切实做好发展规划

目前，工业企业已经基本完成"卷烟上水平"规划的编制，商业企业也正在积极开展规划编制工作。商业企业编制市场发展规划，要在深入了解市场、分析市场的基础上进行。一要全面回顾过去几年本地市场的发展情况，总结经验，发现规律，明确当前所处的阶段。二要深入研究卷烟市场的发展现状，通过不同角度的市场调查摸透经济环境、社会环境、消费特点及变化趋势等影响卷烟消费的关键因素，为科学制定规划提供依据。三要综合考虑本地的经济发展水平和人们消费行为的变化等因素，对今后几年市场的发展变化作一个科学的分析判断，重点讲清本地未来几年的市场规模、消费结构和品牌品类发展趋势，包括"532"、"461"知名品牌的发展状态，低焦油卷烟的发展前景等。明确主要目标，包括销量、结构、销售收入、品种规格数量。四要紧紧围绕培育"532"、"461"知名品牌制定细致周密的营销策略和扎实有效的工作措施。整体规划要做到分析充分，目标明确，任务具体，措施得当，保障有力，具有可操作性。

这里要特别强调的是，商业企业编制的是市场发展规划，而不是品牌销售规划。规划编制要坚持市场导向的原则，使品牌在市场中历练，在竞争中胜出。不是通过市场竞争成长起来的品牌，规模越大，风险越大。"532"、"461"品牌最终要让市场来选择，通过市场竞争来实现。如果在规划中把具体品牌的销售目标确定好了，就等于人为地分配市场，市场机制作用的发挥就是一句空话。因此，商业企业一定要深刻理解发挥市场机制作用对于卷烟上水平的重要意义，把充分发挥市场机制作用作为首要职责，保证公平公正对待每个品牌。凡是进入行业名单的品牌，商业企业都要一视同仁、公平对待。不能只培育几个品牌，而要体现公平竞争；不要与工业企业签订所谓战略合作协议，确定到某年销售某品牌多少数量的具体目标，而要通过市场选择实现品牌发展；不准具体规划知名品牌，而只能对卷烟品类作适当的预测计划。"卷烟上水平"是一场重大变革，是行业当前和今后一个时期的基本方针和战略任务，不可能一蹴而就。要充分认识这项工作的艰巨性、长期性、复杂性，克服盲目浮躁的心态，防止关起门来编规划、拍脑袋定目标，防止盲目调结构、简单上水平，防止出现新的地区封锁的苗头。

（二）认真开展"两个推广"

推广"135"工作法是这次会议的重点，同时要加快推进网上订货，这是当前网络建设的两项重要任务。首先，继续扎实推进网上订货。从目前情况看，网上订货得到了工商企业和零售客户的广泛支持，正在各地迅速推广，但各单位的工作水平参差不齐。开展网上订货，不是简单的订单采集方式的改变，而是网络建设、订单供货、协同营销等工作的深化。通过网上订货系统开展网上营销活动，能够把零售户纳入网络的范围，使零售户真正成为网络的终端，从而真正形成工业企业、商业企业和零售客户共同面向消费者的卷烟营销体系。因此，要充分认识网上订货对网络运行模式的重要影响，认真总结前一阶段的经验，扎实推进网上订货，把是否有利于销量稳定增长、有利于卷烟结构稳步提升、有利于"532"、"461"知名品牌成长作为衡量网上订货成功与否的重要标志，建立有利于知名品牌发挥品牌效应的有效机制。一要继续抓好试点。要坚持试点先行、以点带面，跟踪试点单位运行情况，认真总结经验，及时发现问题，为全

面推广打好基础。二要全面推进。各地要以省为单位制定推广方案和实施细则，要有时间表，按计划、分步骤推进。要做好系统对接方案，根据本地客户情况、营销流程、运行机制等对网上订货平台进行调整。三要坚持以客户为本。要真正尊重客户意愿，注重与客户沟通，通过有效手段吸引、鼓励客户参与网上订货，防止强迫限制、包办代替。四要扎实做好基础工作。推行网上订货需要具备一定的基础条件。要深入了解本单位的工作水平和零售户的意愿、能力和需求，扎实做好前期准备工作。有条件的先上，条件不成熟的要积极创造条件。要特别注意的是，货源分配是实行网上订货的前提和关键。货源采购不能时断时续，货源供应要公开透明，要控制好大户，紧俏货源要由计算机按客户类型分配，顺销货源要由客户自主选择，总量要控制，但要有适当的浮动。货源分配达不到国家局有关工作要求的，必须先补好课。要量力而行、扎实推进，把握好工作方法、工作进度和工作质量，防止一哄而起、盲目攀比，防止简单下指标、定任务。五要坚持网上订货与网上营销相结合、网上订货与网下拜访相结合。网上订货不能替代人与人之间的沟通。实行网上订货以后，客户经理对零售户的上门拜访只能加强，不能削弱。国家局委托大连市公司组织开发的“新商盟”网上订货软件，产权属行业所有，将免费提供给行业各单位使用。下一步要全面推广的是这个软件的订货功能，各单位根据自身实际决定是否拓展其他功能。

第二，全面推广“135”工作法。客户经理、市场经理和品牌经理“135”工作法，是对行业客户工作的全面总结和完善提升，不仅为一线营销人员提供了比较完整的工作方法，而且将对网络的整个运行产生全面深刻的影响。2005年，国家局根据新业务模式制定了网络运行规范，对营销网络建设发挥了重要的推动作用。“135”工作法的推广，必将对网络建设产生又一次大的推进，将促进网络软实力的全面提升。要认真搞好宣传推广，深刻领会工作法的重要意义，掌握其精神实质。要以推广工作法为契机，全面优化梳理业务流程、业务规则，进一步完善业务操作体系，并且将优化完善的结果体现到工作表单中、固化到信息系统中去，从规范上、系统上为三个工作法提供支撑和保障。工作法大的框架和结构，一条主线、三个要点、五大步骤，是经过认真研究确定的，符合目前行业实际，是不能随意更改的。但工作法的具体内容、任务和要求，各单位可以结合实际进行调整优化，完善提高。

第三，要注重“两个推广”的有机结合。网上订货提供了新手段，搭建了新平台，是网络运行模式的完善；工作法提供了新方法，创造了新工具，推出了新思维。网上订货系统是工作法的操作平台，工作法是网上订货功能的延伸和拓展。只有把两项工作有机结合起来，才能更加有效地发挥营销网络的作用。要把“两个推广”的过程有机结合起来，在人员的学习培训上、内部关系梳理调整上、项目的实施上做到有机结合，确保推广的质量和成效。以客户经理为主体的一线营销人员是网上订货与工作法应用的结合点。要注重提高客户经理等一线营销人员的素质，切实加强一线营销人员培训，使他们既熟练掌握网上订货软件等现代信息技术手段，又能够熟练掌握工作法，不断增强他们分析市场、培育品牌的能力。

第四，切实加强组织领导。“两个推广”能否取得成功，关键在于领导。各单位领导特别是地市级公司的主要领导，既要充分认识“两个推广”工作的重要性，又要意识到“两项推广”对自身素质提出了更高要求。要主动加强学习，提高自身工作能力和水平，在“两个推广”中做好表率。同时，要切实树立服务意识，做好引导和服务，把握原则和方向，明确界定前、中、后台的岗位、职能，理顺内部协作体系，积极推动两项工作，保证推广的效率与效果。

（三）全面落实三项规范

规范是保持行业持续健康发展的生命线。严格规范不能只挂在嘴上、写在纸上，而要在各个单位、各个方面、各个环节都能真正体现。一要规范货源分配。要认真落实国家局《关于进一步规范卷烟订单采集和货源供应工作的意见》（国烟办［2008］20号）等文件要求，规范订单采集方法和流程，加强市场预测和货源采购，平等对待零售客户，规范货源供应政策，不断增强货源供应的公平公正性，提高客户对货源的满意度。要在完善电话订货操作规范的同时，通过实施网上订货，不断减少对客户订货的限制，拓展客户选择的空间和余地，使客户订单真正来自市场，能够反映市场真实需求，杜绝“按货源安排订单”现象发生。货源供应要坚持商定总量，顺销品牌要基本满足，让客户自主选择，紧俏品牌规格不超过30%，销量不超过20%，新品依据客户选择。要坚持客户自主提报货源需求，在落实计算分配货源的工作中，避免将所有品牌规格平均分配给每个零售户的做法。要认真落实国家局《关于加强高价位卷烟生产经营和价格管理的意见》（国烟专［2010］294号），切实加强对高价位卷烟的价格审批管理、货源供应管理和内部监督管理，全面实现入网销售，保证公平公正合理投放，进一步规范高价位卷烟的生产经营行为，促进行业持续健康发展。

二要严格规范工商企业的交易行为。要认真落实国家局《关于加强卷烟市场营销管理的意见》（国烟办［2010］261号），坚持市场导向原则，将市场真实需求作为品牌市场准入的基本依据。卷烟品牌市场准入由省级公司统一管理。商业企业要为所有省级工业公司的产品提供准入机会，规范并公开品牌准入具体办法，保证平等对待每个工业企业。要坚决纠正工商之间不正当的交易行为，严格落实“三个严禁”，严禁以打工作麻将的名义赌博、严禁用公款旅游、严禁用公款公时打高尔夫球，切实做到令行禁止。要加强对工商企业的管理和教育，坚决杜绝以权谋私、权钱交易等违法违纪行为。

三要切实规范宣传促销。工商企业针对当前卷烟宣传促销中存在的主要问题，一是要加强项目管理，全面梳理宣传促销的业务流程，制定宣传促销项目的立项管理办法。明确宣传促销部门、立项程序和预算编制程序，建立资质认证、供应商管理、预算及计划管理、采购方式、招标管理、合同管理、质量管理等方面的制度，规范项目实施，并对立项、实施、合同签订、验收和付款结算等环节实行全过程的审计监督与评价，抓好各项制度的落实，实现对宣传促销全过程的管理和控制。二是要切实加强宣传促销品采购管理，严格落实公开招标、资质认证、比质比价采购等制度，确保规范运作。三是加强终端促销管理。可以搞终端促销，但是不能乱花钱。严禁商业企业找工业企业要钱搞终端建设。要特别强调的是，工业企业不得直接在零售终端实施项目，不得以宣传促销名义向商业企业让利，不得借机向商业企业提供赞助或变相送钱送物；商业企业不得向工业企业推荐广告商、推介项目，不得指定供应商，不得收受或向工业企业索要赞助、奖金、补贴和贵重物品，不得将本企业的费用开支转嫁为工业企业的宣传促销费用。国家局将要下发加强烟草企业宣传促销管理工作的文件，各单位要认真抓好贯彻落实。

（四）扎实开展四项活动

要围绕提升网建软实力、提高营销队伍的素质和能力，着眼于机制转换、管理转型、素质提升，扎实开展四项具体工作，为培育知名品牌打下坚实基础。

首先，以推广工作法为契机，积极开展广泛的培训和岗位练兵活动。网上订货软件和“135”工作法能不能用、会不会用、能不能用好，关键在于营销人员的业务素质、能力和水平。国家局将以推广工作法为重点，对营销网络业务规范进一步修改完善，系统编写培训教材，采取现场授课、网上培训等多种形式，全面开展对营销人员的业务培训，提高营销人员素质。省公司要统一开展对客户经理、市场经理、品牌经理的“135”工作法培训。市公司要积极开展岗位技能比武、岗位职责“一口清”等活动，通过岗位练兵促进营销人员技能提升，全面提升营销队伍的整体水平和营销网络的软实力。

第二，积极开展职业技能鉴定，落实用工分配制度改革的相关要求。要着眼于现代营销体系和岗位建设，着眼于营销人才培养与成长机制完善，着眼于营销人才能力与素质提高，扎实推进营销管理、技术、技能各类各层次人才队伍建设。要进一步完善营销职业技能资格证书制度，加强职业资格的统一管理，按计划稳步推进营销师、营销员的技能培训和鉴定工作。要全面开展竞争竞聘上岗，鼓励一般营销业务人员竞聘专业技术岗位，鼓励订单员、送货员等一般营销业务人员积极参加职业技能培训和国家营销职业资格鉴定，积极引导营销人员合理规划个人职业生涯，实现个人的成长与发展。要认真落实“分类管理、科学设岗、明确职责、严格考核、落实报酬”的要求，建立完善的用工分配和激励约束机制，调动营销人员的积极性、创造性，促进员工绩效提高和能力发展。在这方面，新疆烟草的做法值得借鉴。

第三，积极开展基层创优活动。营销工作是否扎实，关键在基层。要以“两个推广”为重要抓手，提高市场经理、客户经理和品牌经理的营销操作能力，全面加强基层营销组织的团队建设和能力建设，提高基层营销组织的凝聚力和战斗力。要认真落实国家局有关要求，积极开展创建优秀县级卷烟营销部活动，认真抓好组织实施和工作考核，推进创建活动顺利开展。要把创建工作与卷烟营销上水平结合起来，与管理创新结合起来，与贯标对标和绩效考核结合起来，不断推动营销基层建设提高到新的水平。希望大家像贺兰县营销部一样把工作做实，在市场营销实践中来创建优秀营销部。

第四，全面开展品牌培育“建功立业”活动。为加快“532”、“461”知名品牌成长，国家局决定全面开展品牌培育“建功立业”活动。一要统一思想认识，全面开展宣传动员。开展“建功立业”活动是激发行业营销战线工作热情，加快培育“532”、“461”知名品牌的重要举措，是提高市场营销能力和水平的有效途径，是对卷烟营销网络品牌培育能力的一次重要检验。各单位要充分认识这项工作的重要意义，把思想统一到国家局的决策部署上来，把培育品牌作为商业企业的首要任务，把开展“建功立业”活动作为一项长期的重点工作，充分调动营销人员的积极性、主动性、创造性，积极营造品牌培育的浓厚氛围。二要加快营销队伍转型，提升品牌培育能力。要更加注重提升营销人员的品牌培育能力，积极适应当前行业品牌培育的新要求。工业企业营销中心要设立信息分析岗位，加强市场信息的跟踪分析；区域市场营销部的内部分工要更加专业化，合理开展销售业务、营销策划、信息采集岗位分工。商业企业要加快营销队伍的转型，着力打造品牌培育专业队伍。省级公司卷烟销售管理部门负责品牌规划和品牌管理，地市级公司要加强品牌经理的工作，工业企业营销中心要与商业企业品牌经理搞好对接，县级营销部要把客户经理的工作重心向品牌培育转移。要加强营销人员培训，创造性地开展形式多样的品牌营销活动，通过营销实战不断提高营销人员的品牌培育能力和水平。三是要完善内部机制，发挥考核的导向作用。商业企业要以适应“532”、“461”品牌培育为目标，把市场营销与品牌发展紧密结合起来，把个人岗位与品牌培育紧密结合起来，完善内部管理和考核激励机制，把品牌培育的任务层层传递到每个营销人员，把国家局意图变成企业的愿景目标，把工作要求变成员工的自觉行动，把每一个员工带入到培育品牌的活动中去。要根据营销人员的能力和业绩，积极评选品牌培育的先进集体和标兵，加大宣传表彰力度，鼓励员工争当先进，发挥先进标兵的示范作用，推动品牌培育工作顺利开展。

在2010年全国烟草行业质量管理体系建设工作现场会上的讲话

李克明

（2010年12月15日）

这次会议的主要目的是：围绕“卷烟上水平”基本方针和战略任务，进一步推进行业质量管理体系建设工作深入开展，加强工商企业贯标工作经验交流，进一步促进基础管理上水平。

一、关于今年行业质量管理体系建设工作情况

2010年，按照姜成康局长提出的“突出运用，突出创新，突出解决企业管理中存在的实际问题”工作要求，行业贯标工作重点是运用信息化手段推进质量管理体系建设与企业生产经营紧密结合，呈现出以下特点：

一是突出应用。行业质量管理体系坚持自我建设，不简单套用体系，重在运用质量管理体系的原则、方法和要求来提高企业管理水平，切实解决好贯标工作中“水土不服”的问题。由于质量管理体系标准在我国采取“等同采用”原则，即把国际组织制定的ISO 9000标准“原汁原味”体现在体系标准中。标准语言精练，内涵深刻。ISO 9000标准中八项基本原则基本囊括了国际企业的先进管理理念和方法。全面质量管理是戴明最初提出的，但在本地反响不大，而在日本得到有效推广，主要原因就是重在实用。把全面质量管理概括为数理统计工具运用于企业管理中，取得了比较大的实效。

2010年，全行业始终坚持“三个突出”贯标工作指导思想和工作重点，确保体系“能用、管用、好用、实用”，在突出应用上取得了明显进步。湖北工商企业提出的贯标“从基础做起，从员工岗位工作平台做起，使体系能够落地”，都是为了更好地解决体系运用问题。只有把体系、制度、职责、标准转化为流程和程序，贯标工作才能够持续深入有效。

二是注重融合。国家局在2009年行业贯标会议上提出，要把管理体系建设和业务管理，贯标系统方法和其他企业管理方法有机融合起来。体系建设和企业业务管理是互为支撑的，体系建设和贯标工作不是替代企业业务管理工作，不是另建一套，而是运用体系要求构建管理平台，运用体系的方法衡量、整合、优化企业的管理。

三是强化运行。今年以来，国家局和工商企业高度重视体系运行的评审工作，力求真正把体系用起来，在体系运行中发现问题，查找不足，持续改进。在运用过程中、评审过程中，不仅局限于“写我所做，做我所写”，而是把工作重点放在“写我应做，做我所写，做就做对”方面，侧重于对文件质量水平提升的评审，使体系运行质量和水平有所提升。

四是体现创新。如何用信息化来运行、管控体系是新一轮贯标工作重点和本次会议的主题，这都需要通过创新来推进。今天上午，我们观看体系建设现场演示，湖北工商企业的体系建设不是简单把现有业务流程和程序进行梳理和整合，在“四大中心”的协同运作、精准服务的标准体系、绩效管理的激励约束等方面都体现了创新。

一年来，行业质量管理体系建设在三个方面取得了实效。一是基本形成了质量管理体系。按照质量管理体系要求，基本建立覆盖企业主要业务活动的管理体系，形成企业管理的流程体系、标准体系、考核体

系。通过质量体系运行，聚焦企业的管理目标，形成企业的管理合力。二是初步构建了系统管理平台。构建企业管理系统平台是贯标的重点任务之一。ISO 9000标准体系强调把企业管理看成是一个大的系统，各项业务管理要汇集成一个有机的整体，体系重点就是关注跨部门、跨业务的流程节点管理，通过构建系统管理平台，使企业管理由侧重职能管理向注重流程管理转变，促进了工业企业“四大中心”业务流程的协同和商业企业业务管理的系统整合。三是有效加强了基础管理。通过贯标，基础管理的五项重点工作得到加强，规范管理、规范行为在实际工作中得到体现，管理制度得到进一步的完善和有效的执行，岗位职责进一步清晰，标准体系进一步健全。

二、要系统总结湖北工商企业体系建设工作成效

一是坚持目标引领。2009 年浙江现场会上，国家局提出了体系建设目标引领的要求，在这次湖北现场会上体现出了实际效果。过去的体系建设和企业管理的目标没有很好地结合，这次湖北烟草在目标引领方面比较有特色，建立了目标树，对质量目标进行了有效分解，是有层级的目标，有不同业务工作的目标，把目标真正细化到岗位、细化到员工，目标管理的方法得到了很好的运用。湖北省局（公司）始终坚持将提升服务水平作为质量目标的首要任务，在目标的设定中，体现先进性、全员性、全面性。湖北中烟坚持把管理一流、绩效卓越作为企业管理体系建设的目标，促进企业管理创新持续推进。

二是突出流程优化。在体系建设中始终以梳理流程、优化流程为重点，完善管理体系。质量管理实际上最关注的是过程管理。湖北烟草在贯标过程中注重过程管理，比较好地体现了体系建设要求。湖北省局（公司）注重从制度建设、流程优化、岗位操作三个方面进行，体现了工作职责流程化，工作流程标准化，工作标准最优化和流程建设一体化。湖北中烟的“四个中心”突出了流程建设，始终突出订单驱动、流程响应。

三是注重信息支撑。体系建设是一个由简到繁、由繁到简的过程，要注重运用信息化手段简化管理。湖北省局（公司）在贯标初期“装进去、用起来、效果好”的做法，非常切合实际。体系建设不是另起炉灶，是要把企业管理中好的经验和做法延续下去。湖北中烟的信息化建设和体系建设的五同步，即“同步规划、同步设计、同步建设、同步完善、同步提升”以及“业务流程化、接口顺畅化、监控实时化、体系信息化、改进持续化”工作思路和做法，实现了信息化支撑体系运行，形成了有流程走、按流程办、绕开流程行不通的管理效果。

三、关于行业下一步体系建设主要任务和要求

行业体系建设工作要紧紧围绕“卷烟上水平”，继续坚持“三个突出”的指导思想，以加强基础管理为中心，以持续优化流程为重点，以信息化运行为支撑，不断提升体系建设“五化”水平。

一是体系目标化。管理是为了实现目标，体系建设也是为了实现企业目标。按照ISO 9000标准要求，就是要把企业的相关活动作为一个过程进行系统管理，提高企业的效力和效率，从而实现企业目标。在推进贯标工作中，一定要把体系和目标结合起来，把贯标和夯实基础管理有机地结合起来，把扎实推进贯标工作作为促进企业基础管理上水平的重要抓手和有效载体。要切实把推进基础管理上水平的目标分解落实到体系建设目标中。要把贯标和对标有机结合起来。通过对标，寻找管理短板，通过贯标系统改进薄弱环节，把对标、赶标、超标分解落实到体系建设目标中。要把贯标和岗位职责考核有机结合起来，切实把体系建设目标分解落实到每个岗位、每个员工。企业管理发展阶段不同，管理基础不同，目标的设定也要有所不同，要切实做到目标可测量，可管控。体系建设工作要有所侧重，不能求大求全，不能搞得太复杂。20 世纪 90 年代上海烟草（集团）公司在以提高产品实物质量方面的贯标工作中达到了很高的水平。在新一轮贯标中，上海烟草（集团）公司提出了贯标转型的目标任务，其目标、任务、标准有了很大提升。因此，贯标目标设定一定要基于对质量体系标准内涵的深刻理解，能够和行业的重点工作，企业的重点工作紧密结合起来，确保贯标工作的可持续。可以说，目标引领在行业新一轮贯标中至关重要，设定好目标才能展现出体系的生命力和活力。

二是管理流程化。从体系标准来讲，体系的核心是系统管理，系统管理的核心是过程管理，过程管理的核心是流程管理。现在企业从局部竞争发展到全方位竞争，不仅仅是某一条线，某一项业务领域方面的竞争，而是企业综合实力的竞争，在一定程度上就体现在流程的竞争力上，或者说是管理体系的竞争力上。因此，要提升企业整体竞争实力，关键是要不断提升管理流程化的水平。过去一个新产品的研发，甚至一个叶组配方的成功可能带来一个品牌兴起，具有“一招鲜吃遍天”轰动效应。但是，企业发展到现阶段，品牌的培育建设和企业发展实际是企业整体实力的竞争。

管理流程化就是要实现侧重职能管理向注重流程管理转变，就是要把管理制度、程序、标准、职责、过程等转化为管理流程。纵向要提高业务流程的专业化水平；横向要以流程来实现跨部门、跨业务的管理协同，通过加强流程管理来打通管理节点。通过流程优化来实现整合管理，促进协同，配置资源。企业的生产经营管理工作从某个角度来讲实际上就是以客户需求为输入、以客户满意为输出的流程系统。现在我们有些企业的业务流程还没有很好地体现以客户为关注焦点，以提升客户满意为出发点和落脚点。客户的需求不是很容易把握的，有些需求是潜在的，这就需要我们去深入研究和把握消费者的需求变化，挖掘消费者的潜在需求。有些企业品牌市场开发成功，就在于该品牌满足了客户和消费者的潜在需要，有些企业品牌满足了企业研发制造者的需要，但不是客户和消费者潜在需求，其市场开发不成功，这实际体现了流程是不是以客户满意为输出的结果。湖北省局（公司）的精准服务现场演示，其实质就是要满足客户的真实需求，实际上就是一个输入与输出的流程。因此，要始终坚持以顾客为关注焦点进行流程的梳理、执行、管理和优化。

三是流程信息化。流程信息化要做到四个方面：第一，要统一平台。要消除信息孤岛，实现信息畅通传递。工商企业可以通过体系建设来构建企业的信息化管理平台，集成、整合信息流。姜成康局长在2010年工作会议报告中明确指出，推进质量管理体系贯标工作要坚持与信息化紧密结合，有效整合企业信息资源，用信息化固化流程，实现痕迹化管理，形成统一、顺畅、全覆盖、多功能的管理信息系统。体系建设要实现贯标工作和信息化深度融合。第二，要固化流程。对一些关键、核心流程，该固化的必须固化，其中包括企业工程投资、物资采购和宣传促销等流程。国家局制定的“物资采购管理办法”实际上是从加强流程管理着手，关键是把要求变成流程和程序，用信息化手段固化流程。第三，要网上运行。这次现场会很多企业介绍文件电子化、流程数字化等内容，其实质就是把制度、流程变成计算机程序，通过信息化手段在网络上运行。第四，要网上管控。要实现体系的网上维护、管控，要实现文件网上编写、发布、评审，要通过信息化手段确保体系实施可持续。

四是基础规范化。国家局推动贯标工作是要加强基础管理。要始终把贯标作为加强基础管理的重要抓手和载体，充分发挥贯标的规范作用，进一步形成有效的规章制度、清晰的岗位职责、健全的标准体系、顺畅的信息传递和严格的绩效管理，促进基础管理上水平。基础管理的特点就是易反复，是一个需要反复抓、抓反复的过程。

五是改进持续化。持续改进是ISO 9000标准的精髓，质量管理体系建设的宗旨和活力体现在持续改进上。ISO 9000标准本身就是一个注重持续改进的标准，现有先进管理理念和方法在标准体系中都有所体现。体系建设只有起点没有终点。体系建设的持续改进要体现在目标不断攀升、流程不断优化、标准不断提高、效率不断提升上。持续改进是增强企业核心竞争力始终追求的目标，要把持续改进体现在企业生产经营管理全过程，真正实现体系建设持续性。

在2010年全国烟草行业多元化投资管理工作会议上的讲话（摘要）

李克明

（2010年5月24日）

一、推进体制建设，切实加强监管，行业多元化投资管理转段工作取得明显成效

（略）

二、深化认识，围绕中心，努力适应“卷烟上水平”新任务的发展需要

要进一步深化认识，围绕中心，努力适应“卷烟上水平”新任务的发展需要。要努力提高多元化企业资产的运营质量，提升国有资产保值增值水平。目前行业多元化投资包括金融类资产的市值形成了800余亿元的资产总额，全资、控股企业达370家。可以说，多元化企业资产已经成为烟草行业国有资产的重要组成部分，经营管理好这部分资产，对提高全行业资产经营管理水平将起到重要作用。要努力提升卷烟配套制品品质。存续多元化企业中有不少是为主业服务的配套材料类企业，包括印刷、包装、香精香料、配送企业等，这类企业与主业经营密不可分，对于稳定卷烟制品质量、降低卷烟生产成本有明显的影响。国家局考虑到各企业实际情况，虽然暂不严格要求把用于安置分流人员的多元化企业全部列入招投标的工作范

围，但从长远发展看，多元化企业最终要走市场化发展道路。因此，与主业配套的多元化企业，下一步如何提升竞争力，如何盘活存量，增加积累，自我发展，走内涵式发展路子，使卷烟材料配套企业适应“卷烟上水平”的需要，是我们努力的方向。要引导存续多元化企业自我良性发展，保持职工队伍稳定，为“卷烟上水平”营造和谐的发展环境。

2010年行业多元化投资管理工作要继续做好“三个到位”工作，即职责到位、监管到位、规范到位。职责到位最终目标就是要能够真正实现多元化投资资产的归属清晰、保护严格、产权明确、流转顺畅，真正实现归口管理，分级负责，实现集中统一管理，形成统一的多元化投资管理责任主体，明确人格化的出资人。对多元化投资管理工作而言，通过管理体制的建设，就是要明确责任主体和责任人，真正做到权责明确，责任到位。监管到位就是使多元化投资企业的运营真正处于受控状态。管理是企业永恒的主题，管理是无止境的。要建立有效的多元化投资运营管理制度，形成系统完善的监管体系，真正做到严格管理、有效监督，使多元化企业始终处于有序管理之中。规范到位就是要求企业依法经营，规范运作。

2010年是行业多元化企业规范管理第二年，要把各项工作抓深抓实。前一阶段的“瘦身”和这一阶段的加强管理，为行业多元化企业生产经营打下了健康发展基础。2009年行业多元化投资管理工作会议提出，从2011年起全行业多元化投资管理工作转入第三阶段，即多元化企业“整合优化提升”阶段。在2009年行业多元化企业管理体制建设座谈会上我们又提出整合优化提升的原则，包括坚持市场取向，进一步推动存量资产流动优化集中；借助资本运作，进一步提高资产整合的效率和水平；突出核心业务，实现规模效应，提升竞争实力；打造经营品牌，进一步增强市场影响力，形成竞争优势。2010年，投资公司要在整合优化提升的探索上有所起步。目前，国家局已经开展了一些工作，如对行业发展安全有影响的投资、资源整合，建立统一的平台，发挥规模竞争优势等。有些省级公司也进行了积极的探索。如云南中烟、浙江省局（公司）确立主营业务，并积极推进；上海烟草集团以多元化投资的龙头企业对所属多元化投资进行整合。下一步，在整合优化提升工作方面，还要积极探索，真正实现多元化企业内涵式发展，体现“转方式、调结构、上水平”。

三、突出重点，狠抓落实，全面完成今年多元化投资管理各项工作任务

姜成康局长在今年的工作报告中，明确了多元化投资管理工作的重点：继续抓好多元化投资体制改革。继续坚持做精做强主业方针，严格控制新上多元化投资项目，确保资金资产安全。继续做好多元化经营企业清理工作。建立以产权为纽带的多元化投资管理体制，推进省级多元化企业投资管理向实体化公司转变。进一步加强对多元化投资企业管理监督，提高多元化企业管理水平。

今年，要根据国家局总体工作要求，突出重点，狠抓落实，全面完成各项工作任务。

（一）加快推进体制建设

一是加快实施进度。国家局在《关于进一步加强和推进烟草行业多元化投资管理体制建设的意见》中明确要求，用两年时间建立健全多元化管理体制。今年要加快实施工作进程，凡是符合以下三个基本条件的省局（公司）、工业公司都要加快多元化管理部门向实体化公司运作转变：投资规模较大，投资企业数量较多，资产质量较好；已经完成清理工作，历史遗留问题得到解决；市场运作具有一定基础，初步形成主营业务的多元化企业。今年的目标是要再推进成立3～4家省级投资公司，要加快实现这个目标。

二是加快理顺资产关系。对有些没有把多元化企业资产划入省级投资管理公司的省级公司，要积极创造条件，做好基础工作，理顺资产关系。国家局明确指出，地市级公司今后不再从事多元化投资经营，多元化企业和资产原则上要全部上划到省级公司。2009年以来，浙江省局（公司）、上海烟草集团已将属于多元化产业的资产包括金融资产划入到投资管理公司，交由投资管理公司统一管理运作。最近，福建省局（公司）通过对海晟投资公司追加资本金的形式，完成对兴业银行的配股增资。下一步对存续企业和新增投资，也必须理顺资产管理，这是提高多元化管理水平很重要的方面。对安置职工的多元化企业，不能急于求成，在资产划转过程中要充分考虑实际情况。

三是加快建立治理结构。要通过有效的公司治理制衡机制，使得股东会、董事会、监事会、经理层各司其职。要加强董事会建设，包括如何规范建立董事会运作议事规则，如何在单一股东条件下探索优化董事会结构，如何进一步突出董事会在企业决策过程中的核心作用，以及董事会专门委员会的建设，包括投资、预算、薪酬等方面的专业委员会。要在建立真正适应多元化管理需要的公司治理结构方面进行积极的探索和完善。

（二）健全完善监管机制

一是建立严格的投资决策机制。2006年国家局严

控新增投资项目以来，多元化投资决策总体上比较规范，没有出现大的失误和问题，但是还是有少数单位存在没有按照规定的程序和要求进行投资决策的情况，有的问题还比较严重。今年，各地上报的多元化项目投资比去年翻了一番，又有“热”的迹象。对此还要重申，对新增多元化投资项目始终坚持严格控制的方针，要建立严格的投资决策机制。除符合国家产业政策和经济发展需要的战略性投资、保证烟草产业安全和提高卷烟品质的重大投资外，一般不再进行多元化投资项目建设，不搞风险投资。

二是建立长效的审计监督机制。要进一步加大审计力度，发挥审计职能，以确保履行出资人职责、实现有效监管为目的，使审计在规范多元化经营方面发挥更加积极的作用。

三是建立管理考评机制。投资公司要把建立多元化经营管理评价体系继续作为一项重点工作，把制度是否健全、运作是否规范、监督是否到位作为重要的标准，建立完善管理评价体系。

四是建立绩效管理机制。通过绩效管理，落实企业经营管理者的经营责任。今年国家局对机关各部门开展工作目标考核，其中对投资管理公司的考核目标是：力争2010年底前成立3家省级投资管理公司；力争2010年完成计划内20家多元化企业的清退工作。对于考核的目标，能量化的就要量化。

（三）突出加强基础管理

基础管理上水平是“卷烟上水平”的重要组成部分。要实现基础管理上水平的目标，还要在措施和工作力度上下很大的工夫。行业多元化投资管理工作也要实现基础管理上水平。

一是进一步规范企业会计核算。在经济责任审计和多元化管理审计中发现，多元化经营企业会计核算不规范的问题还是存在的。目前一些存续企业包括有的实体化经营投资管理公司还没有执行新会计准则。国家局已明确要求，从2011年开始主业和多元化企业都要合并会计报表，统一财务核算，这将有利于真实地反映多元化经营企业的财务状况和经营成果，有利于规范企业内部会计核算。

二是进一步规范资金监管。要把防范资金风险作为加强多元化经营企业基础管理工作的重要内容，加大对企业资金使用的监控力度，包括规范企业资金的运作流程，严格资金调用程序，提高资金使用的安全性。全资、控股的多元化企业，要实行全面的预算管理制度。烟草主业对全面预算管理的覆盖面、执行率都有具体的要求。作为多元化企业，要把全面推进预算管理作为基础管理重要的工作来抓。

三是进一步加大信息化建设力度。多元化管理信息化建设要采取统一建设、分级使用的方式进行。从国家局层面来讲，主要实现多元化企业经营运作涉及的财务信息“不落地”，包括产权的变动、资产的处置等信息；从省级公司层面来讲，要进一步通过信息化建设来提升多元化管理水平。

四是探索多元化企业开展贯标工作。今年行业准备召开贯标工作现场会，主题是运用信息化来运作、控制、展现质量管理体系。多元化管理工作也要结合实际，在多元化企业中探索开展贯标工作。

（四）继续做好清退工作

要坚持不懈地抓好列入清退计划的多元化企业的清退收尾工作。这项工作越往后情况越复杂、难度越大。剩下的75家企业集中了前两年已经清退掉的多家企业存在的困难和问题。对于清退扫尾工作，要继续抓好以下几方面工作：

一是态度要坚决。投资公司要加强督导，各省级公司要集中力量，一抓到底。事实证明，早处理比晚处理主动，早清退比晚清退有利，越拖下去，付出的清退成本就越大。

二是措施要有力。剩下的企业清退难度大，省级公司要制定具体的工作方案，勇于创新工作方式，积极探索解决难点问题，投资公司要加强分类指导。

三是处理要合法。要始终坚持依法依规、按程序进行清退，不留隐患。

四是清退要稳定。要把工作做到位，妥善处理好各方面的利益关系，特别是要稳妥、慎重地处理好涉及职工安置的有关问题，保持清退扫尾工作稳定开展。

财务审计

进一步加强财务管理工作　为“卷烟上水平”提供坚强保障

——在2010年全国烟草行业财务工作会议暨预算管理现场会上的报告（摘要）

张玉霞

（2010年3月9日）

这次会议的主要任务是：认真贯彻落实2010年全国烟草工作会议精神，总结2009年行业财务管理工作，围绕“卷烟上水平”行业基本方针和战略任务，研究部署2010年财务管理工作。

一、2009年主要工作

（略）

二、当前及今后一个时期工作的指导思想

2010年是国家大力实施经济结构调整、转变发展方式的一年。国家局党组审时度势，把“卷烟上水平”作为当前和今后一段时期行业工作的基本方针和战略任务，为行业改革发展指明了方向，同时也对财务管理工作提出了新的要求。为适应行业改革发展的新形势、新任务，当前和今后一段时期行业财务管理工作的指导思想是：认真贯彻落实“卷烟上水平”的基本方针和战略任务，以全面预算管理为抓手，以成本费用控制为重点，以财务信息化建设为支撑，以财会队伍建设为保证，提升国有资产经营管理水平，促进行业持续健康发展。具体是：

（一）以严格规范为生命线，提升财务监管水平

严格规范是巩固专卖体制的本质需要，是推进行业持续健康发展的根本保证，是行业实现科学发展的必然要求，更是促进“卷烟上水平”的生命线。要充分发挥财务管理在行业内部管理监督中的关键性作用，依法理财，依法管理，严格把关，把卷烟上水平建立在严格规范的基础之上。当前，要根据新形势下规范工作的新要求，针对问题多发和管理薄弱环节，全面监管，突出重点，切实提升财务监管水平。一是高度重视对事业单位、基层企业和特殊体制企业监管。目前，随着主业规范程度的提升，主业以外相对边缘企业和单位的规范问题明显突出。要将复烤企业、科研事业单位、多元化企业、未上划但归属烟草系统管理的企业、烟叶收购站、外派机构、非法人实体等特殊单位、企业和机构作为当前财务监管的突出重点，通过加强检查、制定制度、完善程序、规范核算，切实加强基础管理，防止重大问题发生。二是切实加强烟叶环节监管。和卷烟生产经营环节相比，烟叶生产经营环节仍是管理的薄弱环节。各烟区要以“烟叶防过热”方针为指导，全面加强烟叶环节的财务监督管理。要加强烟叶产前投入的预算管理，从严格执行补贴标准和范围的角度，强化预算执行，规范专项资金使用。要加强烟田基础设施项目的财务管理，注重从源头和过程上加强对工程项目管理，落实工程项目招投标制、工程监理制和工程造价审核签证制，提高投入效益和工程质量。要加强烟用物资管理，对烟站完善管理制度，建立物资台账，加强现金控制，规范补贴发放手续。三是进一步加强对广告宣传、物资采购环节的监管。要巩固“三项检查”的成果，立足从决策环节加强监管，严格实行招投标制度，强化合同管理，加强预算管理和强化对资金流向的监督，保证资金使用规范。四是完善资金内控制度。“小金库”问题仍然是行业资金问题的痼疾，要把防范“小金库”作为资金日常监管的突出重点，高度关注资产出租、废旧物资、边角余料、烟梗烟末处置、代扣代缴返还、会议费结余等问题易发环节管理，制定完善内控制度。针对财务部门自身存在的资金管理漏洞，要进一步完善资金内控制度，切实加强银行账户的对账工作，建立银行对账单银企核对机制，确保银行存款的真实、安全与完整。从减少内部人控制的角度，实施资金岗位强制休假制度。五是切实规范领导干部职务消费行为。要站在为领导干部高度负责的角度，制订完善领导干部公务活动财务管理办法，实行预算额度管理，确定开支标准，推广“公务卡”结算，加强报销票据审核，实行公开透明管理。

（二）以增强品牌竞争力为目标，提升成本费用控制水平

成本竞争力是中国烟草整体竞争实力的重要方面，是卷烟品牌发展的重要保证。品牌结构提升、销量增加必须建立在成本领先的基础上，否则就难以保证品牌的可持续发展。目前，行业成本费用管理总体上以事后管理为主要方式。而会计核算的成本费用是历史成本、过去成本，只能对下期管理发挥作用，对当期控制无能为力。要提高成本费用管理控制水平，就要创新管理思路，从事前决策和事中控制角度加强成本费用管理，通过产品规模化、组织扁平化、流程科学化、管理标准化要效益。一是积极探索成本费用定额标准。要按照对标工作要求，结合企业实际情况，在不断修订、反复测算的基础上确定先进、科学的成本控制定额标准，制定包括设计研发成本、叶组配方成本、能源消耗、人工成本等各个领域、各个阶段的成本控制目标，明确控制人和责任单位，形成以效率标准控制时间成本、技术标准控制设备成本，以用工标准控制劳务成本，以能耗标准控制消耗成本，以配方标准控制原料成本的生产经营全过程成本控制格局，建立健全贯穿整个生产经营过程的控制体系。同时开展目标成本差异分析，对产生差异的原因进行分析，不断消除差异，使成本控制取得实际效果。二是不断拓宽成本费用管理领域。随着“大企业、大品牌、大市场”的战略实施，材料采购、人力资源、质量管理、企业战略、产品研发设计、工艺设计、品牌定位等方面与成本管理之间的关系越来越密切，传统的单纯依靠财务部门进行成本费用管理已经无法适应新形势下成本管理工作的要求。要逐渐拓宽成本管理领域，加强对人力资源成本、质量成本、战略成本、研发成本、配方成本、税收成本等领域的研究探索。当前，围绕品牌发展战略，要将成本管理延伸到卷烟产品规划、研发和设计环节，加强成本预测分析，在品牌决策中实行成本否决制度，减少沉没成本。三是进一步加强成本费用考核。要加强对卷烟单箱制造成本费用、单箱物流成本费用、烟叶担平费用等经营效率指标考核，优化指标体系，增加考核比例权重，引导企业加强品牌投入产出分析，优化业务流程和布局，防止决策失误带来的无效成本。要充分发挥国有资产经营管理考核的作用，加强对企业国有资产运行效率指标考核，强化对投资收益率、固定资产收益率考核、无形资产收益率、人均资产量的考核，引导企业在技术改造、物流配送中心，信息化建设等方面科学决策，减少重复浪费，从源头控制成本费用。

（三）以全面预算管理为统领，提高财务综合管控水平

全面预算管理是业务预算、资本性预算和财务预算“三位一体”的预算体系，覆盖生产经营全过程，管控所有经济活动，面向所有员工，是综合性的企业管理手段，因而全面预算管理是企业管理的抓手，是财务管理的核心。近两年，各级各单位对预算管理重要性的认识逐步提高，预算管理对企业生产经营活动的控制作用逐步显现出来，出现了以红塔集团和广东中烟工业有限责任公司为代表的一批实行全面预算管理的企业。但就行业整体而言，全面预算管理工作尚处于起步阶段，未取得实质性突破。实行全面预算管理是在新形势下转变行业发展方式的必然选择，是提升企业管理水平的必然要求，是“卷烟上水平”的管理基础，更是财务管理上水平的手段创新。要把推动全面预算管理作为企业管理的重要基础工作进行推动。一是完善全面预算管理的体制机制。要紧密结合工业公司董事会建设，进一步明确预算管理委员会的职责，使预算逐渐成为股东行使出资人权利、落实董事会决策的重要手段。要明确全面预算管理的部门管理责任，财务部门主要承担编制主体的责任，业务部门主要承担控制主体的责任。在预算管理工作中，要充分调动卷烟、烟叶，科研，制造，物流、营销等业务部门的积极性，在提高预算管理的全面性上取得实质性突破。二是提高预算编制科学性。长期以来，烟草行业实行基数法预算，简单粗放，不能科学反映生产经营变化，因而不能满足中国烟草走向精细化管理的要求。要改革预算编制方法，在行业内逐步推行以成本费用标准定额为依据，以生产经营作业为成本费用动因的零基预算，提高预算编制的准确性、科学性和可操作性，使财务管理和生产经营准确对接。三是强化预算硬约束机制。考核是实现预算硬约束的保证。要建立完善预算考核制度，按照“谁控制，对谁考核”原则，将预算目标分解到相关责任中心进行考核和管理。工业企业重点对四个中心进行预算考核，商业企业重点对物流中心进行预算考核，通过考核把预算执行指标和责任中心利益挂钩，激发员工参与预算管理的积极性。

（四）以提升综合素质为任务，提高财会队伍履职水平

财务管理上水平要以建设一支懂管理、高素质的财会专业队伍为保证。一是切实提升财会人员的职业道德水平。当前，法人代表故意违规明显减少，而财务会计人员本身不规范问题凸显。要认真查找财务管理工作在基础管理、思想作风等方面存在的突出问题，着力改变不适应、不符合财务管理科学发展的思想观

念，加强财务人员职业道德教育，对财务人员建立问责制，切实抓好财务管理自身规范，防止财务人员出现职务犯罪。二是加快职能转变。财务管理的本质是资源配置，财务业务一体化是财务管理的外在表现，财务管理迫切需要从原来核算型财务转变为管理型财务。要进一步增强职能转变的意识，加快财务管理从审批向管理转变，从簿记向管理会计转变，从事后监督向全过程控制转变，从单一会计控制向财务业务一体化管理控制转变。三是积极改善管理环境。为生产经营提供专业化服务是财务人员的神圣职责。随着“两烟”业务流程趋向复杂化，新情况、新问题、新矛盾不断发生，要增强服务意识，将监管与服务有机结合，加强财政税务政策研究，深入基层开展调查研究，加强指导和协调，解决基层企业的实际困难。财务部门只有为企业生产经营提供优质、高效和专业化的服务，才能赢得业务部门的理解和尊重。四是不断创新管理手段。随着烟草行业市场化水平的提升，企业经营发展的不确定性因素明显增加，财务管理要适应形势变化，加强风险研究，将风险决策、弹性预算等现代方法引进企业财务管理中。随着“大企业、大品牌、大市场”战略的实施，要加强企业战略研究，积极探索基于企业、品牌长期可持续发展的战略成本管理。随着行业精细化管理和流程化管理的实施，要将标杆管理和作业成本法引入企业管理之中，实现财务精细化管理。五是不断提高专业素质。财务部门的领导干部要增强大局意识，增强创新思维、战略思维和辩证思维能力，增强对形势发展的判断力，提升组织带兵和解决问题能力，当好高水平的参谋助手。财务人员要学习现代企业管理的内容，深化财务分析，准确及时反映业务和会计的差异，提高财务分析的质量，使财务分析变成财务人员的“看家”本领，为企业管理出谋划策。要加强学习培训，提高专业素质，提高掌握和理解准则的水平。要在各级法定代表人的支持下，进一步扩大总会计师队伍，加强财务审计岗位之间的交流，更加注重从基层选拔优秀干部，培养复合型管理人才。

三、2010 年主要工作安排

（一）全面预算管理上水平

2010 年是行业按照新的预算管理办法和规程开展全面预算管理工作的第一年。要以国家局党组提出的“健全制度、完善程序、规范运作、严格管理”十六字方针为指导，继续推进全面预算管理工作深入开展，提升全面预算管理水平。一是切实加强成本费用控制。要围绕行业工商税利增长 10% 目标，大力压缩一般性费用，会议费、业务招待费、出国费、广告宣传费、对外捐赠、车辆购置费均不得高于 2009 年水平。总公司 2010 年将选择调拨价基本一致的重点品牌规格，在网上公布其单箱成本费用状况，促进工业企业加强成本费用管理。二是将对标、贯标工作和预算管理工作紧密结合起来，提高预算编制水平。省局（公司）、工业公司要组织所属工商企业制订成本费用定额标准，并将各类定额标准作为企业预算编制和考核的基本依据。省局（公司）、工业公司向总公司上报 2011 年行业预算时，要将本系统内的工商企业的定额标准随同预算表格一并上报总公司，作为预算审核的基本依据。总公司将加强调查研究、开展试点，明确工商企业成本费用定额标准的制订范围。三是加强预算执行的分析考核。要推行预算执行的月度和季度分析制度，对超支项目实行预警机制，加强预算执行的过程控制。要建立年中和年底分期考核机制，将考核结果和干部职工薪酬密切结合起来，落实预算管理责任，强化预算硬约束。2011 年年初，各省级公司和工业公司都要向国家局上报单位预算考核办法和年度预算执行考核结果。四是加强预算管理基础工作。总公司 2010 年将出台《复烤企业全面预算管理规程》、《烟草企业全面预算管理制度体系示例》和《工、商企业预算编制应用指南》等配套制度，形成全面预算管理的基本制度体系。各省级公司、工业公司要按照国家局下发的预算管理各类办法，制订本省范围内的具体实施办法，规范预算编制、审批、执行、调整、考核和监督流程，使预算管理严格按照规范操作。

（二）资金监管上水平

资金的安全与否直接关系着行业的健康发展，关系着专卖体制的巩固、关系着行业良好社会形象的树立，因此对资金的监管始终是财务监管的突出重点。随着近年来的改革发展，企业经营规模不断扩大，资金流量不断增大，积累的资金也越来越多，资金风险也越来越突出。当前，“小金库”屡查屡犯并未得到彻底根治，资金薄弱环节有待进一步夯实，对资金实际使用情况的监管仍不到位，为此，对资金的监管只能更加严格，而不能有丝毫的放松。一是进一步健全资金内控制度。各级各单位要按照“民主决策、科学决策和依法决策”的原则，切实做到事务、政务公开，在内部建立价格补贴、物资采购、捐赠赞助、广告宣传、基建技改等重大资金使用透明规范的运作机制，从源头加强资金管理。同时，要加强日常资金监管，建立健全资金内部控制制度，实行资金岗位牵制、印章分别保管和银行对账单银企对账制度，防止财务部门本身出现资金问题。二是进一步加强烟叶生产投入资金监管。要认真落实“烟叶防过热”方针，严格执行行业现代烟草农业政策和烟叶生产投入政策，按照2010年烟叶生产投入标准和范围进行核算和管理，各烟区的扶持资金数额不得突破国家局下达的指标。总的来说，要继续坚持烟叶生产投入比例与总额双控原则，每亩补贴标准不得超过2000元。财务部门要与烟叶生产管理部门密切配合，加强对资金管理薄弱环节的整治，围绕专项资金支付和使用重点环节加强内部控制，完善补贴资金支付程序，切实做到规范运作，确保烟叶生产投入资金安全。三是进一步加强投融资管理。要严格执行国家局“四个严禁”要求，直属公司和基层企业不得以任何形式委托理财和对外担保，不得擅自开展证券业务。四是借助信息化手段加强对资金流向的监督。要加强银企合作，利用网银系统，对资金实行痕迹化管理。充分发挥资金监管中心的作用，严格实行资金收支两条线管理。不断提高“两烟”资金的电子结算率，加强在途现金管理。五是加强监督检查，解决突出问题。为解决目前行业内银行对账单管理上存在的突出问题，2010年将在全行业集中开展银行对账单专项清理工作。各企业、各单位要在银行的配合下，对系统内（含多元化经营企业）所有单位银行账户的对账单进行全面清理核对，确保银行存款真实完整。

（三）国有资产经营管理上水平

要进一步增强国有资产经营管理意识，坚持国有资产管理“规范”和“效率”并重的目标，在工作中将资产经营管理和成本费用控制结合起来，将资产经营管理和国有资产监管结合起来，将生产经营和资产管理结合起来，提升国有资产经营管理水平。一是完善制度，落实责任。国有资产管理规范与否关键在制度执行和程序的履行。要根据新的管理办法制定配套的具体工作规程，明确职责、规范流程、强化考核，在产权登记、评估备案、资产处置等日常国有资产管理工作中切实做到依法依规操作。二是盘活存量，提升效率。要按照“严控增量、盘活存量、优化结构”的方针，加强资产在用状况分析，实行资产分类管理。对闲置资产和利用率较低的资产，采取公开拍卖办法有偿转让，优化资产结构。加强系统内资产调剂使用，促进闲置资产再利用。要梳理业务流程，整合资产布局，提高资产运行效率。三是创新手段，实行资产动态管理。要利用统一会计核算软件上线运行的契机，积极研发资产管理软件，构筑资产管理信息平台，通过资产信息查询、统计、分析找准资产管理着力点，使国有资产的账务管理和实物管理密切结合，实现资产动态化管理，提升国有资产管理效率。

（四）财会信息化建设上水平

信息化建设是当今世界经济和社会发展的大趋势，是加快实现工业化和现代化的必然选择，也是转变经济发展方式的重要手段。近年来，财政部不遗余力地打造会计准则、内控制度和企业信息化“三驾马车”的标准和实施体系，以此推动企业夯实基础、强化管理、提高竞争力。目前，会计准则和内控制度已经发布并逐步实施，但会计信息化建设正在规划之中，这项工作将是当前和今后一段时间财政部重点推进的工作之一。统一会计核算软件工作是行业信息化建设的重要工程，得到了国家局领导高度重视。项目办提出，当前一段时期行业信息化工作要实现“三个转变”，即项目实施由商业企业向工业企业转移，工作重点逐步由软件开发实施向补充完善提高转变，工作方向逐步由会计核算向财务管理转变。全行业要按照国家局党组提出的加快信息化与“两烟”生产经营相融合的方针，以信息化工作“三个转变”思想为指导，进一步推进行业财务信息化工作。一是做好商业企业统一会计核算软件后续完善工作。商业企业会计核算软件上线运行只是会计信息化建设的基础，要认真关注新系统的运行情况，收集系统运行中出现的问题，分类整理，积极协调，补充、完善、提升和挖掘软件功能，提高软件应用水平。在统一会计核算软件的基础上，要开发统一的预算管理、资产管理、在线审计等管理模块，用信息化的方式推动财务监管机制的落实。目前，国家局资产管理软件正在试点完善，下半年要全面推开；预算管理软件正在进行需求调研工作，也要进行试点总结、逐步推开。二是加快统一会计核算软件在工业企业的推广实施工作。工业企业要高度重视、统一思想、明确方向，加快统一会计核算软件工作。会计核算软件没有实施的工业公司要加紧实施，已经实施ERP的企业，要做好接口工作，实现“资源整合，系统集成，信息共享”，使工业企业统一会计核算软件的上线工作在年内基本完成。三是做好资金监管系统的扩大试点。试点单位在试点过程中要积极探索，发现问题、完善功能，为下一步在全行业的推广实施做好准备。

（五）财会队伍建设上水平

要以职能转变为动力，以增强素质为保证，以提升履职能力为目标，进一步加强财会队伍建设。一是加强政策指导。省级公司、工业公司要围绕贯彻“卷烟上水平”行业基本方针和战略任务，按照“重心下移、着眼基层、突出服务、加强基础”工作方针，加强对基层企业财务管理工作的业务指导，帮助基层企业全面理解和把握国家主要财税制度和行业重大经济政策，促进基层企业进一步加强制度建设，规范生产经营行为。二是加强调查研究。各单位要结合实际问题，深入基层开展调查研究工作，提出有针对性的管理建议，提升财会人员分析、解决问题能力，提高文字水平。三是加强业务交流。要鼓励财务人员走出去，主动学习行业内外财务管理及信息化工作方面先进经验，取长补短，不断提升自身的业务水平。国家局将加强和行业外的《新理财》杂志合作，继续在《中国烟草》开设宣传专栏，为行业财务管理工作提供交流渠道。四是加强基层企业财务队伍建设。基层企业的财务管理水平决定着行业财务管理的整体水平。要切实加强县级公司、物流配送中心、烟叶收购站、工业四个中心财务队伍建设，健全基层企业财务组织机构，配备合格会计人员，强化基础管理工作考核，提升基层企业财务管理水平。五是继续深入开展财务会计培训工作。要继续认真开展财务人员后续教育，支持财务人员参加相关专业资格考试，加强会计准则知识培训，增加企业管理和业务知识的培训内容，提高队伍专业素质。六是不断提高自身素质。财务人员要按照姜局长提出的“满怀热情、富有激情、充满智慧、奋力创新”要求，爱岗敬业、勤奋学习、严格规范、奋力拼搏，努力建设一支工作严谨、作风正派、人心向上、奋发有为的团队。关于全面实施会计准则的时间问题，由于财政部要对现有会计准则进行修改，烟草行业全面实施会计准则的时间将推后，具体执行时间将严格按照财政部要求。各单位要认真做好相关准备，为准则实施积极创造条件。

烟草科技

统一思想　明确任务　用信息化支撑“卷烟上水平”

——在2010年全国烟草行业信息化工作会议上的讲话

张保振

（2010年3月28日）

一、统一思想，进一步提升对行业信息化的认识

（一）充分认识行业信息化建设所取得的成效

近年来，随着行业改革与发展的不断深入，行业信息化快速发展，成效显著。一是编制了《数字烟草发展纲要》。明确提出了行业信息化建设的目标要求，确定了行业信息化要切实抓好电子政务、电子商务和管理决策三大应用体系建设的工作重点，并通过推进行业重点工程项目加以落实，行业信息化建设迈上了新台阶。二是信息技术得到广泛应用。以行业“卷烟生产经营决策管理系统”建设为标志，建立了行业卷烟物流网，得到了张德江副总理和工信部领导的肯定，认为烟草行业信息化已成为工业化、信息化“两化融合”的典范；以卷烟营销系统建设为标志，建立了行业卷烟营销网；以行业办公自动化系统建设为标志，建立了行业政务网。三是行业商业、工业、烟叶信息化建设水平不断提升，较好地支撑了行业的“三个转变”。四是数据中心建设稳步推进。信息资源开发利用得到加强，信息资源的价值日益显现。可以说，行业信息化建设基础扎实，目标明确，推进有力，成果丰硕。

（二）充分认识行业信息化建设面临的形势

2009年，国家在推进“两化融合”上取得了实质性进展。各级政府高度重视，制定了“点、线、区、面”相结合的全面规划，工信部制定了七个行业“融合”效果评价体系，体系研究取得重要进展，各地涌现出一批先进典型。实践告诉我们：在全球化、信息化时代，凡是经营有道的行业或企业都是通过“两化融合”转变发展方式获取竞争优势的。可以说，“两化融合”已经成为可持续发展的推动力量，成为核心竞争力的重要标志。应该看到，信息化不再只是一个工具，在“两化融合”的大环境下，信息化已经成为十分重要的发展战略。

在2010年全国烟草工作会议上，国家局党组提出把“卷烟上水平”作为行业当前和今后一个时期的基

本方针和战略任务。行业信息化工作要紧紧围绕这个中心，服务这个大局，推进信息技术与发展战略相融合，与生产经营、管理决策相融合，充分发挥信息化的支撑、推动、引领作用，切实用信息化支撑行业"卷烟上水平"。

"卷烟上水平"的五个方面都与信息化密切相关，同时对信息化也提出了新要求。一是品牌发展上水平，就是要以信息资源为载体，把原料资源、品牌资源、网络资源、客户资源有机高效地连接起来，支撑资源优化配置；二是原料保障上水平，就是要加快推进烟叶信息化，支撑现代烟草农业建设；三是技术创新上水平，就是要发挥信息技术在重大专项实施中的支撑作用；四是市场营销上水平，就是要用信息化支撑建立"工商协同、批零互动、电子商务＋现代物流"的现代营销体系；五是基础管理上水平，就是要用信息化固化流程，实现痕迹化、精细化管理。

（三）充分认识信息技术应用的发展趋势

随着"三网融合"，物联网、云计算等新的网络和信息技术广泛应用，高水平的信息化应用呈现出以下四个方面的明显特征：一是更加强调整体性，既是一体化又兼顾个性化；二是整体中的各个组成部分必须全面、及时、准确地数据化和信息化，虚拟与现实相融合，实现更加透彻的感知；三是所有的数据和信息必须互联共享，实现更加广泛的互联互通；四是采用先进的技术来处理这些数据和信息，实现更加深入的智能洞察。这些信息技术的发展既为行业信息化提供了提升空间，又为推进行业信息化上水平提供了技术支撑。

面向未来，行业信息化已站在一个新的更高起点上，新的形势为我们的工作提出了新的更高要求。我们要继续努力，不断进取，使行业信息化有一个新的更大发展。

二、明确任务，进一步提升行业信息化整体水平

当前，行业信息化建设的主要任务是：加快构建一体化"数字烟草"，努力实现行业信息化上水平，切实用信息化支撑"卷烟上水平"。

（一）用信息化支撑"卷烟上水平"是统领行业信息化各项工作的主线

用信息化支撑"卷烟上水平"是当前和今后一个时期行业信息化的主要任务。实现这一任务，关键是要按照姜局长提出的三个"下工夫"的要求，着力在"融合"上求发展，有实效。

一是在集成整合上下工夫。就是要继续坚持信息化与决策管理相融合，推进信息化向服务层延伸。要推进信息资源与传统资源相融合，树立"信息是资产"的理念，发挥信息资产的效用。要扎实构建好行业数据中心，按照系统集成、资源整合、信息共享的要求，实现国家局和省级数据中心的联动，实现信息资源的充分开发和利用，深度挖掘数据资源价值，不断提高信息化服务行业决策、服务企业发展、服务公众需求的能力和水平。

二是在应用推进上下工夫。就是要继续坚持信息化与生产经营管理相融合，推进信息化向业务层深化。要推进信息化与生产经营管理全方位、多层次、全过程的融合，从支撑、提高、推进、引领四个维度发挥信息化作用，真正实现全面支撑"卷烟上水平"。在应用推进上下工夫，一方面是要突出抓好行业、企业两个层面的建设，推进实现从企业信息化向行业信息化延伸；另一方面要突出抓好行业电子政务、电子商务、管理决策三大应用体系建设，推进实现从行业信息化向信息化行业延伸，建设一体化"数字烟草"，发挥行业信息化的整体优势。

三是在完善提高上下工夫。就是要继续坚持信息化与行业/企业发展战略相融合，推进信息化向战略层提升。行业信息化始终要与行业发展实际状况和阶段性特征融合在一起，与行业改革和发展的历程融合在一起，与外部信息化不断加速的趋势融合在一起，把融合提升到一个战略高度来规划、建设、推进。要重点抓好规划，通过修订《数字烟草发展纲要》，完善和细化下一阶段行业信息化发展的总蓝图，明确下一步信息化完善提升的路径和目标。规划既要超前谋划，注重前瞻性；又要切实可行，注意可落地、能落实。

（二）信息化工作上水平是当前行业信息化的方向和重点

要实现用信息化支撑"卷烟上水平"，信息化工作必须要上水平。实现这一任务，关键是要准确把握信息化工作上水平的方向和重点，在鼓励创新上求突破，有成果。

1. 找准切入点，在发展方式上求突破。创新发展方式，不仅是技术应用创新，更重要的是业务模式创新、资源利用创新等。创新不是为了变化而变化，而是要依据先进的理念，依托先进的技术，找准创新的切入点，为提升自身的竞争能力来变化的，最终成为促进转变发展方式的亮点。比如，在行业专卖专营、工商分设的体制下，如何创新发展方式，使计划与市场在信息的空间有机融合、竞争与协作在信息的空间和谐共存，都是要用信息化破解的课题。在创新问题

上，国家局要进一步发挥规划、指导、协调等作用；企业要积极成为创新主体，增强自主创新能力，努力成为行业“两化融合”的典范。

2. 围绕出发点，在建设效用上求突破。信息化建设，目的就是要有效果、出成果、出效益。成本的降低、质量的提高、服务的改善及应对市场变化能力的提升等都跟效用有关系。在这个层面，行业的工商企业既有共性，又各有侧重。共性主要是企业资源管理的精细化。侧重主要是工业企业要围绕“四个中心”建设突出研发设计数字化、生产制造智能化；商业企业要围绕“精准营销”，为营造公平竞争的市场环境提供支撑等。

3. 抓住关键点，在内在质量上求突破。要紧紧抓住信息化基础性、系统性、安全性三个核心要素。第一，要切实做实信息化基础性工作。“没有标准，不能持续发展；标准水平不高，不能支撑‘卷烟上水平’”。信息化的标准工作也是如此。高水平的信息化标准要够用、好用、管用。第二，要切实做强信息化系统性工作。当前，行业工作仍在深化改革、不断发展的进程中，信息化的业务需求、决策需求也要不断发展变化。为此，要更加重视体系架构建设。通过架构设计，解决全面性、整体性、一致性问题，同时要解决随需应变的问题，确保信息化可持续发展。行业的总体技术要求、应用系统、数据中心都要形成体系架构。三是要切实做好信息化安全性工作。信息化是一把“双刃剑”，在给我们带来价值的同时，处理不好也会给我们带来安全隐患。因此，必须把行业信息安全工作放在重要位置，建立有用、适用、管用的安全管控体系，促进和保障行业信息化健康发展。

三、共同营造促进行业信息化发展的良好氛围

2010年信息化工作任务繁重、责任重大，营造良好的信息化工作氛围至关重要。为此，我重点强调以下三点：

（一）加强领导，履职尽责

我们过去反复讲，信息化工作是“一把手工程”，是“班子工程”。今天我还要再次强调它的重要性。当前，行业各级领导仍需要不断提升认知度，培养信息化的思维，用信息化的眼光去经营、去管理、去决策，使其成为一种常态，在思想上真正达到融合状态。行业各级领导要不断加强推进力，真正做到把握方向出思路，明确目标提要求，亲自参与抓落实。

（二）完善机制，强化管理

一是要建立协调机制。信息化涉及面宽，涉及部门多，需要大量的协调工作来解决跨部门、跨单位的信息化协同问题。因此，必须在事权划分合理的基础上，统筹建立有效的协调机制，保障各项工作顺利开展。

二是要强化管理职能。管理是各级信息化部门的基本职责。强化管理，关键是要完善规章制度建设，做到有章可循、有据可依；同时还要加强监督检查。

三是要明确执行责任。要进一步明确信息化建、管、用之间的职责划分与相互关系。每项具体工作都要找到执行的推进力在哪里，谁来牵头负责、谁来配合等。建设、运维的执行应该以信息中心为主，应用的执行应该以业务部门为主，这样才能有执行力。

（三）建设队伍，培养人才

一是要建设一流的队伍。就是要紧紧抓住信息化技术发展迅速，信息化全方位融入生产经营、管理决策等特点，加快建设学习型信息化队伍，努力营造良好的学习氛围。要紧紧抓住信息化涉及面广、内容复杂等特点，加快建设和谐型信息化队伍，营造内重沟通、外重协调的团结协作氛围。

二是要培养一流的人才。就是要在多层面培养人才，注重高素质、复合型人才培养，建立技术人才成长通道，系统规划、合理布局、重点培养，着力打造一支以广大基层信息化人员为基石、一批业务骨干为中坚、若干突出贡献的专家为领军的行业信息化人才队伍。

立足自主创新　促进科学发展　全面推动技术创新上水平

——在全国烟草科技工作会议上的报告

张保振

（2010年5月13日）

这次会议的主要任务是：认真贯彻落实全国烟草工作会议精神，深入贯彻落实科学发展观，紧紧围绕“卷烟上水平”这一行业工作的基本方针和战略任务，密切联系行业科技工作实际，全面总结行业科技近年

来工作开展情况，安排部署2010年及今后一段时期行业科技工作任务。

一、深入贯彻落实全国烟草科技大会精神，行业科技工作取得新的突破

2006年，“十一五”伊始，国家局、总公司召开了新世纪以来的第一次全国烟草科学技术大会，发布了《烟草行业中长期科技发展规划纲要（2006～2020年）》（以下简称《规划纲要》），提出了“坚持方向、突出重点、持续创新、支撑发展”的十六字方针，确定了到2020年将中国烟草建设成为创新型行业的总体目标。几年来，行业科技战线的广大干部职工在国家局党组的正确领导下，认真贯彻落实《规划纲要》精神和科技工作的各项决策部署，锐意创新，扎实工作，行业烟草科技工作取得了长足进步和新的突破。

（一）积极实施《规划纲要》，科技工作进展顺利

全国烟草科学技术大会明确了建设创新型行业的总体目标，进一步统一了自主创新对行业未来极端重要性的认识，提高了依靠科技创新推动行业发展的自觉性，增强了建设创新型行业的信心。《规划纲要》明确了烟草科技发展的重点领域、重大专项和关键技术。为做好《规划纲要》的实施工作，国家局印发了《关于实施烟草科技发展规划纲要增强行业自主创新能力的决定》，进一步明确烟草科技工作要以提升行业整体竞争实力为核心，以促进中式卷烟发展为方向，以自主创新为主线。这是烟草行业多年发展实践和经验的概括总结，是面向未来引导中国烟草科技发展、实现行业持续健康发展的重要抉择。行业各直属单位认真贯彻国家局党组的决策部署和《规划纲要》，结合实际，认真研究本地区、本单位的科技工作，制定科技发展规划、计划，细化相关配套政策，促进了科技工作的更好更快发展。

卷烟减害技术、卷烟增香保润、中式卷烟制丝生产线、特色优质烟叶开发等科技重大专项陆续启动实施。烟草基因组计划重大专项已经基本具备启动条件，国家烟草基因研究中心筹建工作正在有条不紊进行。超高速卷接包机组国际技术合作取得实质性突破，烟机装备制造技术水平和管理水平进一步提升。烟草育种、卷烟调香、特色工艺、减害降焦四大战略性课题继续深入实施并取得重要阶段性成果。发布实施了《烟草行业知识产权发展战略（2007～2015年）》，行业知识产权的创造、运用、保护和管理水平明显提高，专利申请和授权数量大幅增加。发布实施了《烟草行业标准化中长期发展战略（2007～2020年）》，标准研究水平和标准化工作取得较大突破，进一步推动和促进了行业的标准和标准化工作。

（二）创新体系日趋健全，平台建设不断加强

按照科学布局、优化配置、完善机制、提升能力的指导思想，全面推进技术创新、知识创新和技术服务体系建设，初步构建出布局合理、定位清晰、分工协作、运行高效的行业创新体系，为提高行业自主创新能力和科技整体实力提供了强有力的保障。

不断健全以企业为主体、市场为导向、产学研相结合的行业技术创新体系建设。按照“一流的环境、一流的研发手段、一流的人才、一流的成果”的要求，瞄准国际一流水平，积极推进工业企业技术中心建设，全行业已经建立了由国家级、行业级和企业技术中心构成的运行高效、机制完善的工业企业技术创新体系，技术资源整合工作加快推进，产品研发和维护水平明显提高，为企业持续发展提供了有力的技术支撑。借鉴工业企业技术中心建设和运作的成功经验，大力推进了商业企业尤其是重点烟叶生产企业技术中心建设工作，全国大多数烟叶产量在30万担以上的地市级公司建立了技术中心等科研机构。以烟草专业科研机构为主体的知识创新体系建设逐步完善。建立了烟草工艺、烟草化学、卷烟烟气、烟草栽培、植物烟用5家行业重点实验室和1家省级重点实验室。以郑州烟草研究院为代表的行业科研院所的牵头、指导和推动作用得到较好发挥。各农业试验站和南北育种中心科研能力不断提升。积极推进青州烟草研究所和河南农业大学两个烟草科技创新平台建设。烟草质量技术监督体系、标准化体系和技术服务体系建设得到进一步强化和完善。

（三）科技水平明显提升，科研成果大量涌现

烟草工业技术创新能力不断增强，卷烟重点骨干品牌市场竞争能力显著提高，在烟草化学、卷烟工艺、减害降焦、造纸法再造烟叶等关键技术上取得一定突破，成功开发了一批低危害、低焦油卷烟产品并得到消费者认可。2009年，全国卷烟平均焦油量和一氧化碳量分别为12.2毫克/支和13.7毫克/支，比2006年的13.2毫克/支和15.0毫克/支分别下降了1毫克/支和1.3毫克/支。现代烟草农业的科技支撑作用进一步增强，在烟草育种与生物技术、烟草栽培与调制、烟草植保等领域取得较大进展，一大批先进适用的成果和技术得到了推广和应用，有力地支撑了重点骨干品牌的培育和壮大，巩固和发展了中式卷烟的市场竞争

优势。

在广大科技工作者的共同努力下，一大批代表行业先进水平的科研成果不断涌现，年均取得的科技成果数达到800项左右，年均正式发表科技论文数量在800篇以上。2006至2009年，共有63项成果获得中国烟草总公司科学技术进步奖，其中“制丝工艺技术水平分析及提高质量的技术集成研究推广”、“‘金攀西’优质烟叶开发”、“长沙卷烟厂特色工艺技术研究与应用”、“卷烟危害性指标体系研究”、“中国烟草种植区划”等5个项目获得一等奖。年均获得其他省部级科学技术奖励的成果在20项左右。“卷烟危害性评价指标体系研究”构建了由7种有害成分组成的卷烟危害性评价指数计算公式，并依据这一公式确定了今后一段时期卷烟减害目标要求。“中国烟草种植区划”构建了我国烤烟生态适宜性评价体系和品质评价体系，提出了我国烟叶生产优势区、潜力区分布状况及发展布局建议，为特色优质烟叶开发提供了新思路。烟草育种研究取得重要突破，2006年以来，共有37个烟草新品种通过审定，自育烤烟品种推广面积比例已提高到2009年的80%左右。行业知识产权工作取得重大突破，年申请专利和授权专利数量逐年大幅度增加，申请数量已从2001年的55件到2005年的159件再到2009年的830件，其中发明专利从2005年的64件增加到2009年的378件。2009年，烟草行业内单位共获得授权专利总数为575件，其中发明专利88件。

（四）产品质量稳步提升，监督力度持续加强

行业高度重视卷烟产品质量安全，切实加强卷烟、烟叶以及烟用材料质量监督工作，产品质量监督力度不断加强。2009年卷烟产品质量合格率为100%，烟用添加剂和卷烟材料相关指标得到有效控制，烟叶工商交接合格率达到63.2%。积极配合专卖执法，确保鉴别检验的科学性和公正性，开展并建立了适合辖区特点的卷烟鉴别远程信息网络和跨省鉴别检验机构。全面加强质检机构建设，出台了《关于全面加强烟草质检机构建设的意见》，质量安全制度和体系建设不断完善。按照减害降焦工作部署，及时调整了卷烟盒标焦油量的最高限值。高度重视履行《烟草控制框架公约》工作，加强与履约工作部际协调领导小组成员单位的沟通，从2009年1月1日起，全面执行《中华人民共和国境内卷烟包装标志的规定》，卷烟包装标志全面改版，标志着我国烟草行业履约工作又迈出实质性步伐。烟草制品成分和烟气释放物检测、披露及控制的技术准备工作全面展开。

（五）标准体系日趋完善，工作基础不断夯实

全面实施《烟草行业标准化中长期发展战略（2007~2020年）》，相关工作稳步推进。行业标准体系建设不断完善。2009年，国家局批准发布行业标准71项，报批国家标准8项，截至目前已构建起由447项烟草类国家或行业标准组成的行业标准体系，重要标准的预研工作进一步加强。参与制订国际标准的能力显著增强，提出并牵头组织制订的我国首个烟草国际标准《烟草及烟草制品箱内片烟密度偏差率的无损检测电离辐射法》已正式成为国际标准，实现了我国烟草行业乃至整个亚洲烟草界制定国际标准零的突破。不断加强贯标工作，全面推进烟叶标准化生产，进行了6批共计46个国家级烟叶标准化生产示范区项目建设，今年全国烟叶主产区将基本实现标准化生产。标准化工作组织进一步健全，全国烟草标准化技术委员会工作全面开展。标准化工作奖励机制初步建立，2008年，总公司设立“中国烟草总公司标准创新贡献奖”，以表彰在烟草标准创新工作中作出突出贡献的单位和个人，2009年评出了首届获奖项目，进一步调动了广大烟草标准化工作者的创造性和积极性。

（六）科技体制改革加快，创新机制不断完善

按照有利于增强自主创新能力、有利于突破关键技术、有利于推广创新成果、有利于激发科技人员积极性和创造性、有利于充分利用行业内外科技资源及有利于强化科技支撑作用和促进卷烟上水平的原则，制定和完善了一批科技政策与措施。积极推进国家局、总公司科技计划管理方式改革，实施项目分类管理制度，进一步提高了科研工作效率。确定科技计划由重大专项项目、重点项目和面上项目3部分组成。拓展总公司科研项目计划的覆盖面、扩大项目研究成果的推广辐射效果。建立重点攻关项目的合作研究机制，加大卷烟企业间的合作研究与协作攻关。逐步加大对重大科技攻关项目的组织实施力度，实施了行业重点项目过程评价制度。拟定了烟草行业科技重大专项管理办法和科研项目经费管理办法。进一步完善了创新激励机制，发布实施了新的《中国烟草总公司科学技术奖励办法》及其实施细则和《中国烟草总公司标准创新贡献奖管理办法》，大幅度提高了物质激励力度。组织制定并实施了针对省级公司领导的创新能力考核办法，有力地促进了行业的创新工作。云南、福建、山东等省（区、市）也纷纷出台了一大批促进自主创新的政策和办法。

（七）创新氛围明显改进，创新意识显著增强

为加快《规划纲要》的实施，2007年，全行业开展了以“自主创新、支撑发展”为主题的“创新年”活动，形成了高度重视自主创新和全员参与创新的良好氛围。成功举办了两届“中国烟草自主创新高层论坛”和首届“中国烟草标准化论坛”，在全行业干部职工中产生了广泛影响。为鼓励群众性创新活动的开展，出台了《关于深入开展群众性创新活动的意见》，动员和组织职工以解决企业的技术、管理和质量问题为重点，广泛开展“六个一”群众性技术革新活动。尤其是从2007年开始，国家局将创新能力考核列入省级公司领导班子业绩考核的重要内容后，全行业的创新意识显著增强，创新氛围更加浓厚。

（八）科技人才不断涌现，队伍建设日益加强

技术创新，关键在人才。近年来，全行业高度重视科技人才队伍建设，科研人员总量逐年增加，人员素质不断提高，队伍结构进一步优化，培养了一批具有较强创新能力的学科带头人和科研骨干，为推动行业科技进步提供了较好的人才保障。卷烟调香人才培养迈出坚实步伐，行业首期卷烟高级调香师、调香师学员已经顺利毕业，2007年度卷烟调香方向工程硕士研究生班教学工作顺利完成。质检队伍建设不断加强，检验领域不断拓展，全面开展了卷烟评吸、质量安全成分检测、烟草产品鉴别检验、烟叶分级等领域的培训和资格认定。加大标准化工作人才培养力度，2007年国家局公布了标准化工作领军人物和重点骨干名单。完善了创新激励机制，激发了人才的积极性和创造潜能。积极为优秀人才创造各种有利条件参与国际交流与合作，增长了知识、开阔了视野，提升了在国际烟草科技界的地位和影响。

二、准确把握方向，把促进技术创新上水平作为当前和今后一段时期行业科技工作的中心任务

第一，坚持以科学发展观统领行业科技工作全局，这是行业科技工作开展的力量源泉。科学发展观要求的发展，是以人为本的发展，是全面协调可持续的发展。纵观行业近年来工作，在严峻的市场环境和卷烟税收政策重大调整情况下仍然保持了良好的发展，最重要的一点，就是行业坚决贯彻中央决策部署，认真贯彻落实科学发展观。行业科技工作同样要进一步增强贯彻落实科学发展观的自觉性和坚定性，坚持“自主创新、重点跨越、支撑发展、引领未来”的指导方针，以人为本，转变发展观念，创新发展模式，提高发展质量，建立健全贯彻落实科学发展观的制度、体制和机制，才能真正推动和实现行业科技事业的持续健康发展。

第二，坚持推进科技体制改革和机制创新，这是行业科技工作开展的不懈动力。科技创新，体制机制是关键。体制改革和机制创新，是建设创新型行业和创新型企业的内生驱动力量。只有持续推动改革和创新，企业才能紧跟时代步伐，在瞬息万变的市场环境中抓住机遇，战胜困难，才能打造核心竞争力，实现新发展，才能具有强大的生命力。要把增强自主创新能力作为行业发展的战略任务和转变经济增长方式的中心环节，大力推进理论创新、制度创新和管理创新，深化科技体制改革，形成有利于自主创新的体制机制，才能为行业的发展进步提供不懈动力。

第三，坚持以人为本和充分发挥科技人员的积极性与创造性，这是行业科技工作开展的关键所在。科学技术是第一生产力，人是生产力中最活跃的因素。科技创新，人才为本，没有合理的科技人才结构，行业科技创新工作也就无从谈起。要坚持在创新实践中发现人才，在创新活动中培育人才，在创新事业中凝聚人才，形成有利于优秀人才成长和发挥才干的体制和制度环境，才能最大限度地激发科技人员的创新激情和活力。科技工作与人才培养要相互依赖、相互促进、相辅相成、共同发展。

第四，坚持不懈地抓好创新体系和平台建设，这是行业科技工作开展的基础保障。没有科技创新平台，没有相对完善和运行良好的创新体系，科技工作就会变成无源之水、无本之木，就失去了发展的基础和条件。几年来，国家局逐步加大了对创新平台和行业科技基础条件平台建设的支持力度，积极引导和支持重点工业企业建立具有国际先进水平的技术创新平台。产学研相结合的技术创新平台是行业科技发展的最有效途径，企业是技术创新的主体，高校和科研院所是人才和知识、技术的主要源泉及研发新技术的重要力量，产学研紧密结合，优势互补，容易实现技术转移和成果转化。烟草科技的发展呈现出了多学科相互交叉、相互渗透、高度综合以及系统化、整体化的趋势，这就要求我们必须整合各种资源为我所用，才能进行重大科技攻关，解决重大技术问题。

第五，坚定不移地实施项目带动战略，这是行业科技工作开展的重要抓手。项目是载体、是纽带、是核心，更是所有科技活动有效开展最重要的组织方式与途径。抓项目就是抓机遇、抓发展、抓成效。以重大项目为抓手，实施重大项目带动战略，是提升自主创新能力、实现重点突破和带动技术升级的重要途径。

《规划纲要》提出的烟草基因组计划、低危害烟草新品种选育、减害技术、卷烟增香保润技术等科技重大专项，都是对行业竞争力整体提升具有全局性影响、带动性强、急需取得突破的关键技术，要根据行业战略需求和发展形势变化，按步骤有条不紊地推进实施。

第六，坚持统筹协调各方面的力量为我所用，这是行业科技工作开展的有效保证。科研生产实践必须在开放的环境中推进，充分利用各方面的科技资源，充分调动国内外、行业内外企业、院校、科研所的力量，充分开展合作交流，优化外部环境，创新工作才能真正取得真正实效。

“卷烟上水平”已对行业科技工作提出了新的更高的要求。虽然近年来行业科技工作取得了较快发展，但仍存在许多问题和薄弱环节亟待解决：一是科技创新能力还不强，一些关键领域的技术支撑作用还有待提升，具有较高水平的核心知识产权成果少，制约行业发展的技术瓶颈尚未取得重大突破；二是行业科技人员队伍整体素质有待提高，具有较高声望和水平的学术、学科带头人及技术尖子人才不多，大师级人才严重匮乏；三是行业创新体系有待进一步完善，科技资源配置方式、评价制度、选题水平、科技管理等方面与行业发展的要求仍存在差距，激励优秀人才、鼓励创新的机制还不完善；四是履行《烟草控制框架公约》的压力明显加大，吸烟与健康、减害降焦、商标标识等方面面临的形势日益严峻。

在新的形势下，行业科技工作的主要任务是：坚持科学发展观，以“卷烟上水平”为目标，以提高自主创新能力为核心，以加快实施《规划纲要》为手段，始终把促进技术创新上水平作为当前和今后一段时期行业科技工作的中心任务，积极组织实施重大专项和战略性课题，力争在重大关键技术领域取得实质性突破；健全行业创新体系、标准化体系、质量监督体系和技术服务体系，实施重大项目带动战略、知识产权战略和标准化战略，完善体制机制，积极培养学科带头人和大师级科技人才，为行业的持续健康发展提供可靠的技术支撑。

近期行业科技工作的主要任务是：

（一）认真把握四个原则，研究课题选定要有新突破

研究课题的选择决定着技术创新的方向和目标，直接影响着技术创新的质量和水平。研究课题选定要牢牢把握好“科学、严谨、创新、突破”四个原则。要跟踪世界烟草科学技术前沿，把握世界烟草科技新动态、新趋势，抢占世界烟草科技制高点。要不断完善中式卷烟理念，丰富中式卷烟内涵，形成中式卷烟理论体系，创新和发展中式卷烟。要不断完善和创新选题机制，建立一套严谨而灵活、规范而简便、科学而实际的选题程序，充分发挥好各级专家智库作用，确保高水平的研究课题提得出、选得出、选得科学，形成高水平研究课题脱颖而出并持续涌现的良好局面。

（二）紧紧围绕四个一流，技术中心建设要有新突破

技术中心建设上水平是实现技术创新上水平的重要保障。技术中心是培育成果的土壤，成就人才的摇篮，集成推广创新成果的基地。要按照“一流的环境、一流的研发手段、一流的人才、一流的成果”的目标要求，瞄准国际一流水平，扎实推进技术中心建设。技术中心建设要进一步解放思想，挣脱陈旧观念束缚，破除落后体制制约，勇于探索、敢为人先。要对行业固有研发体系进行深刻思考，利用现代科学手段和方法进行流程再造，积极推进非法人实体化运作，在技术中心建设上走出一条创新之路。要确立新目标、采取新举措、实现新突破，部分具备较好基础和发展条件的技术中心要以国际一流技术中心为长远目标，加大投入，潜心建设，率先在局部领域、部分学科实现突破，引领技术中心建设水平整体提升。要借鉴卷烟工业企业技术中心建设和运作的成功经验，大力推进烟叶生产企业技术中心建设工作，为发展现代烟草农业提供科技支撑。鼓励和支持烟用材料企业建立技术中心，进一步推进烟草配套产业的发展。建立有效的激励约束机制，使技术中心真正成为充满生机和活力的研发主体。要加快技术中心合作交流力度，促进行业内外不同实体、不同学科专业间的交流与协作。要加强行业内工业企业间研究工作的联合，加强工商企业间研究工作的联动。要积极与大学、研究机构建立多种形式的合作关系，发挥不同实体的资源优势，实现资源互补，提高知识产权和其他研究资源的使用效率；要扩大对外交流合作，充分利用全球科技资源，解决科技发展中的重大瓶颈难题，建立面向全球的技术研发体系。要按照“开放、流动、联合、竞争”的原则，联合高校、科研院所，共同建设若干国家级和行业级重点实验室、工程技术中心，打造一流自主创新基础平台。

（三）实施项目带动战略，关键技术攻关要有新突破

《规划纲要》确定了烟草育种、烟叶原料、卷烟调香、特色工艺、减害降焦、技术装备、循环经济、数字烟草等8个重点领域，确定了28项对行业竞争力整体提升具有全局性影响、带动性强、急需取得突破

的关键技术群作为优先主题并筛选出9个科技重大专项。要通过项目实施，攻克一批具有全局性、前瞻性的关键共性技术，开发一批具有战略性、带动性的重大产品或重大工程，推进技术创新上水平，实现中式卷烟核心技术的新跨越。大力推进烟草基因组计划、卷烟减害技术、特色优质烟叶开发、卷烟增香保润等重大专项的实施，加快超高速卷接包机组、高香气低危害烟草品种、无公害烟叶工程、基本烟田治理等4个重大专项的方案编制和论证启动工作。抓紧其余几个专项的方案论证工作，争取尽快启动实施。要把减害降焦技术作为行业技术创新工作的重点和核心，力争掌握一簇选择性减害技术和综合减害降焦技术，形成一批具有自主知识产权的核心技术、专利技术和以我为主的技术标准。在继续推进物理方法减害降焦的同时，在烟叶生产、卷烟配方、生产工艺、加香加料等方面采取更加有效的措施，在关键技术上力求突破，逐步形成以低危害、低焦油、高香气、高品质卷烟为主导的卷烟品牌体系。

（四）加快创新资源配置，创新体系建设要有新突破

按照市场导向原则，企业创新资源的配置要进一步整合、优化，更趋于合理有效。要按照布局合理、定位清晰、分工协作、运行高效的原则，进一步完善以企业为主体、市场为导向、产学研相结合的技术创新体系。大力推进科研院所和行业重点实验室为主体的行业创新平台建设，发挥郑州烟草研究院牵头、指导和推动作用，发挥云南烟草科学研究院、云南省烟草农业科学研究院、青州烟草研究所、国家烟草栽培生理生化基地等科研机构知识创新主力军的作用。进一步加强和完善各农业试验站和南北育种中心建设。鼓励和支持烟叶主产省建立以省局科技处—省级烟草科研所—地市级公司技术中心—基层技术推广站为主体的四级创新体系。加强科技信息中心等行业科技基础条件平台建设，全面提高其为行业创新提供服务的水平和能力。要通过创新体系的组织、整合作用，凝聚各方面人才、资金和技术等创新要素，推进行业全面、全员、全时创新，使烟草行业创新工作再上新台阶。

（五）实施知识产权战略，核心专利创造要有新突破

按照《烟草行业知识产权发展战略》提出的各项目标和任务，全面加强行业知识产权工作。要广泛深入地开展知识产权宣传、普及工作，积极促进广大干部职工进一步提高知识产权保护意识、安全意识和危机意识，营造全行业“崇尚创造发明、尊重知识产权”的良好氛围，使尊重和保护知识产权成为行业全体干部职工的基本理念和自觉行动。进一步提升行业知识产权创造、保护、运用和管理能力，充分调动企业的知识产权创造积极性，着力加强企业运用法律保护知识产权的能力。加强知识产权制度建设和管理体系建设，完善知识产权激励政策，加大政策扶持力度。完善总公司科学技术奖励办法，增设“技术发明奖”。加快知识产权创造步伐，明确行业知识产权工作的关键领域和关键环节，以此作为知识产权创造的突破口，经过几年的发展，在若干关键技术领域形成和掌握一批具有自主知识产权的核心专利，提升专利对中式卷烟重点骨干品牌的支撑作用。加快培育3～5家掌握一批核心知识产权，具有较强国际竞争力的优势企业。

（六）确保产品质量安全，产品质量监督要有新突破

产品质量安全关系消费者健康，关系行业的生存与发展，是产品质量上水平的先决条件，必须常抓不懈。要着力做好卷烟生产的跟踪抽查和现场检查、卷烟和添加剂中有关质量安全成分的监督检测及质量安全监管体系建设工作，增强质量安全风险预见、评估和处置能力，全面推进烟用材料信用评价体系建设，严格烟用材料行业市场准入质量和标准条件，使不符合产品质量安全的卷烟材料企业退出供应市场，从源头上严把产品质量关，确保卷烟产品质量安全。要不断加大对质量波动大或不合格产品卷烟生产企业的质量跟踪抽查和现场检查力度，强化质量监督管理，加强过程控制，全面推进由结果控制向过程控制的转变，加强从烟叶原料到卷烟成品、从生产到流通等各环节的过程控制。要把卷烟减害降焦提到更加突出的位置，加强对烟草有害成分监督检测，今年底实现卷烟实测加权平均焦油量降到12毫克/支以下，主要有害成分有效减少。高度重视质量检测机构建设，认真把握《烟草控制框架公约》发展动态，全面做好履约的各项技术准备工作，严格按照行业质检机构建设布局要求，继续完善行业质检体系，加大质检机构建设力度，加强质检人员培训与考试，健全检测技术专家库，推进评吸师、检验师等技能鉴定工作的开展，力促质检中心检测能力上水平。

（七）推进技术标准战略，制标贯标工作要有新突破

推进实施《烟草行业标准化中长期发展战略》，充分发挥标准和标准化工作在推动行业技术进步、提升管理水平、支撑中式卷烟发展等方面的作用。要进

一步夯实标准化工作基础，在烟叶生产、烟草制品、烟用材料、烟草信息、烟草物流、烟草企业劳动定额定员和烟草机械等领域建立由500项左右烟草类国家和行业标准组成的系统、完整的标准体系。研究、制定一批控制类指标严于国家或行业的标准的企业标准，切实发挥标准的引领和支撑作用。要继续积极参与国际标准的研究与制（修）订工作，实现部分重要标准的关键性指标与国际先进水平的接轨。要加快建立以保障卷烟产品质量为核心的质量保障体系和贯标工作实效评价体系，加强对标准实施效果的评价。

（八）抓好人才队伍建设，创新人才培养要有新突破

以培养大师级人才为目标，持续抓好创新人才队伍建设，进一步提升广大科技工作者的素质和能力。要全面提升科技人才的整体素质。要进一步解放思想，转变观念，全面贯彻“尊重劳动、尊重知识、尊重人才、尊重创造”的方针，高度重视高层次人才和高技能人才培养、引进、使用，充分调动基层一线科技人员积极性，培养造就行业一流的专家和科技领军人才，使创新智慧竞相迸发、创新人才大量涌现。烟草科技事业呼唤有技术、有思想、有影响、有权威的大师级人才。要高度重视基层科技队伍建设，鼓励小改小革和小发明小创造活动，抓好科技普及，打牢行业技术创新的基石。建立有效激励约束机制，在激发科技人员创新热情上取得明显进步。认真研究制定调动科技人员积极性的办法措施，努力营造科学、严谨、宽容、开放的良好氛围，建立有效激励机制，激发科技人员的创新热情。注重通过实行课题制和首席研究员制，大力培养学科带头人，为优秀人才脱颖而出创造体制环境。认真落实科技人员各项待遇，建立创新评价考核机制，真正做到用事业留人、待遇留人、感情留人。要不拘一格使用人才，坚持把企业发展需要和科技人员特长结合起来，重视人才的个性发展，发挥人才的特有优势，量才任职、按需使用，不唯学历、注重能力，不唯资历、注重潜力。

（九）推进科技体制改革，科技宏观管理要有新突破

要完善有利于促进自主创新的烟草科技计划管理模式，以实行科学决策、民主决策为原则，建立健全规范的专家评审制度和课题评价制度，统筹安排科技计划项目，突出重大专项，更好地适应自主创新的需要。要积极推行课题制，通过竞争方式确定课题承担者，确保课题选定和研究上水平。要加大对企业技术创新的支持，根据重大专项计划，支持重点骨干企业尤其是国家级、行业级企业技术中心和行业重点实验室所在企业与科研院所、高等院校联合承担重大科技专项，建立以企业为主体、产学研联合的项目实施新机制。要加强对科技项目实施过程中的动态跟踪管理，完善项目监督、检查、考核机制，落实科技计划管理责任制，提高自主创新效率。要完善科技成果鉴定的方式和方法，建立科学的科技成果评价指标体系，发挥成果鉴定与管理对自主创新、成果转化的导向作用。积极研究科技项目后评价方法与程序，逐步建立重点项目的后评价制度。要完善科技经费管理办法，切实加强对项目资金使用的管理，建立严格的项目经费预算制度，既要保证项目经费，又要做到资金使用科学合理、规范有序，确保专款专用，提高科研经费的使用效率。要建立完善的创新激励机制，继续完善创新能力考核评价体系，更好地引导企业着力技术创新、管理创新、营销创新和文化创新。要制定和完善相关政策，加大对企业自主创新的扶持力度，引导企业坚持走自主创新内涵式发展的新路子。要加强宏观统筹协调作用，加强科技资源配置的统筹协调，与行业外各科研机构、高等院校、企事业单位的合作，包括进行国际间的合作，通过成果转让、联合开发、委托开发、共建研发中心和联合实验室等形式，增强企业的技术集成和创新能力。

（十）积极营造创新氛围，创新文化建设要有新突破

创新是民族进步的灵魂，是推动行业持续健康发展的永续动力。十七大报告指出，提高自主创新能力、建设创新型国家是国家发展战略的核心，是提高综合国力的关键。我们要建设创新型行业，就是要进一步提高自主创新重要性、紧迫性的认识，把提升自主创新能力作为行业发展的重大战略任务和转变发展方式的中心环节切实抓好。要以创新为引导力，营造行业科学发展的良好环境氛围，形成有利于创新火花竞相迸发、创新思想不断涌流、创新成果有效转化的环境；要以创新为原动力，切实推动核心技术突破，紧紧围绕培育具有较高水平、较强竞争力的中式卷烟代表品牌这一目标，着力突破一批制约行业科学发展的关键技术；要以创新为支撑力，加快创新体系建设步伐，促进企业创新资源的进一步整合；要以创新为驱动力，让创新型人才脱颖而出、施展才华，激发各类人才的创造活力和激情，开创人才辈出、人尽其才的新局面。全行业科技工作者，要以践行“两个至上”行业共同价值观为核心，不断丰富和发展创新文化，大力弘扬艰苦奋斗、开拓进取的创新精神，在行业内营造出浓厚的创新氛围。

三、再接再厉，促进行业科技工作发展再上新水平

2010年行业科技工作要以促进技术创新上水平为核心，重点抓好以下几个方面工作：

（一）按照“卷烟上水平”工作要求，制定并落实好技术创新上水平实施意见

目前，国家局正在研究制定《卷烟上水平发展纲要》，这次会议印发的《技术创新上水平实施意见》（征求意见稿），希望在座的各位同志认真研究、讨论，提出意见，经修改完善后在全行业印发、实施。要深刻认识《实施意见》的重大意义，把握烟草科技发展的目标和方向任务。实现“卷烟上水平”，要努力做到品牌发展上水平、原料保障上水平、技术创新上水平、市场营销上水平以及基础管理上水平这5个“上水平”，其中尤以技术创新上水平为核心。这个《技术创新上水平实施意见》，是卷烟上水平发展纲要的重要组成部分，它明确了行业技术创新工作开展的总体目标、分年度实施计划和具体工作措施，为行业科技工作的开展指明了发展方向。《实施意见》提出的重大措施和工作部署，都是事关行业科技发展的重大问题，各单位要深刻领会，牢牢把握，认真抓好《实施意见》的贯彻落实工作。

（二）进一步加强创新机构和平台建设，完善烟草行业科技创新体系

要加强行业技术创新体系建设，把技术中心建设摆在更加突出的位置。无论是国家级的或是行业级、企业级的技术中心，都要深入开展以“四个一流”为重点的建设工作，全面整合创新资源，建立完善、科学、高效、规范的非法人相对独立运行的管理运行体制与充满活力的竞争、和谐、流动与淘汰的激励机制，培养和引进在行业内外得到广泛认可并能够跟踪国际先进技术的学术带头人，有力提高科技支撑能力。有条件的企业要将建设具有国际一流能力的技术中心作为发展目标，积极抢占国际烟草科技前沿的技术制高点。要研究制定加强烟草行业工业、农业企业技术中心建设意见、建设规范与认定办法等指导性意见，重点推动烟叶生产企业技术中心建设，对符合行业级烟草农业技术中心认定条件的适时予以认定。启动烟草行业工程研究中心建设工作，组织在烟草相关技术领域具有雄厚研发实力的大型骨干企业、科研机构建设烟草行业工程研究中心。

加强行业知识创新体系建设。进一步完善行业创新平台，将建设具有国际一流相关能力的烟草科研单位作为当前和今后一个时期的发展方向，不断加强行业重点科研单位建设。加强行业各类实验室体制机制建设，制定并实施加强行业重点实验室建设意见、建设规范等指导性意见，确认各重点实验室开放科研项目和重点科研活动安排，组织开展重点实验室科研骨干国内外技术交流，鼓励支持企业建设省级重点实验室。全面推进青州烟草研究所和河南农业大学两大烟草科技创新平台建设，确保如期取得科研成效。加强省级局（公司）所属科研院所建设，研究制定加强烟草行业科研院所建设的指导性意见。继续做好行业烟草专利月报、年报统计和年度专利动态分析工作，加强行业知识产权发展和保护政策研究，建立和完善企业自主知识产权创新体系。

加强行业科技服务体系建设。建立职责明确、评价科学、管理规范的行业科技服务体系。继续做好科技统计工作，准确掌握行业创新活动的相关数据，为行业科技工作和技术创新上水平提供有效的数据支撑。进一步提升中国烟草科技信息中心的科技服务能力，强化其数据统计与分析能力，拓展并增强业务范围和工作任务。开展各级科技管理部门相关人员业务培训，提高业务工作能力。

开展行业创新型企业试点工作。进行创新型企业试点专题调研，起草开展创新型企业试点工作计划和实施意见。进一步开展行业群众性科技创新活动，建立健全保障群众性创新活动不断深入并长久开展的运行管理机制，适时表彰、奖励一批在群众性创新活动中涌现出来的先进人物、优秀创新成果和组织单位。

（三）精心组织实施重大专项和四大战略性课题，完善科技项目管理机制

精心组织重大专项实施，力求在关键技术上取得重大突破。认真分析制约我国品牌发展的技术瓶颈，加强对世界烟草发展趋势分析研究，注重跟踪世界烟草发展前沿技术。推进卷烟减害技术、特色优质烟叶开发、卷烟增香保润、中式卷烟制丝生产线、高香气低危害烟草品种等重大专项的实施，集中全行业智慧和力量，攻坚克难，力求在关键技术上取得重大突破，充分发挥重大专项对行业科技进步的带动引领作用。2010年要尽快启动烟草基因组计划重大专项，积极做好国家烟草基因研究中心筹建事宜。继续推进超高速卷接包机组重大专项的方案编制和启动工作。

继续围绕烟草育种、卷烟调香、减害降焦、特色工艺四大战略课题开展各项工作。继续开展国产卷烟7种有害成分分析普查、深化研究工作，积累行业减害降焦基础数据。把卷烟减害降焦提到更加突出的位置，大力推进减害降焦工作，深入贯彻落实国家局《关于进一步推进卷烟减害降焦工作的意见》，实现国

家局确定的减害降焦目标。继续做好卷烟调香师、卷烟调香方向工程硕士培养计划，开展行业卷烟高级调香师技术资格认定工作，建立卷烟调香核心人才队伍。高度重视低焦油、低危害产品市场培育工作，逐步形成以低危害、低焦油、高香气、高品质卷烟为主导的卷烟品牌体系。重点跟踪各相关单位所承担总公司育种课题研究进展情况，继续推动烟草种质资源平台的共建共享工作。

提升现代烟草农业的科技支撑水平。力争在耕地、起垄、覆膜、移栽、采收等用工多、劳动强度大的生产环节的烟草专用机械研究方面取得重大突破。继续支持和引导行业内外科研机构研发、引进适合山区特点的移栽、采收、编烟和拔杆等烟草专用机械。出台进一步加强科技对现代烟草农业建设支撑作用的指导意见。

加强科技项目管理。进一步理顺总公司科技项目管理机制。修订总公司科技项目管理办法，研究制定总公司科研项目经费管理办法。研究提出总公司科技重大专项经费管理的模式和审批程序，研究、编制重大专项经费管理办法。

（四）以履行《烟草控制框架公约》为契机，全面做好产品质量技术监督工作

认真做好履行《烟草控制框架公约》工作。要全面开展履约研究，针对历次缔约方会议通过的有关准则组织制订具体履行方案。特别是要认真研究《烟草控制框架公约》第九、十、十一条实施准则，按照履约工作部际协调领导小组要求，分阶段地实现公约有关对烟草制品成分及烟气释放物的检测、管制和披露目标。按照《中华人民共和国境内卷烟包装标志的规定》要求，继续组织开展卷烟包装标志监督检查。全面提升检测技术水平，为卷烟及烟气释放物的检测做好技术准备。

全面加强烟草质检机构建设，不断拓展检测能力。认真按照国家局《关于全面加强烟草质检机构建设的意见》及布局方案，以加强产品质量监督，确保产品质量安全，服务烟草市场监管，努力推进减害降焦，认真履行公约为工作重点，以快速提升行业整体质检能力和队伍素质为目标，采取各项有效措施着力解决检测范围较窄，仪器装备水平总体偏低，技术队伍素质有待提高等问题。加强审核和督办，加快建立以1个国家级质检中心为龙头、以8个左右综合性省级局质检机构为骨干、以20个左右专业性省级局质检机构为基础的行业质检体系，不断强化省级工业公司内控质检机构建设。通过开展国家实验室认可、行业质检机构评审、人员资格认证和开展实验室能力比对及共同实验等工作，提高行业质检工作的质量和水平，确保质检工作的科学、规范、公正，全面促进行业质检工作上台阶、上水平。

高度重视产品质量安全，加强产品质量安全监督检查，认真落实《国家烟草专卖局关于加强卷烟产品质量安全工作的意见》，严格添加剂、烟用材料的行业市场准入质量和标准条件，对禁止使用的有关材料、添加剂等，要严格把关，确保令行禁止。进一步明确责任，完善标准，加强检测，健全制度，增强预见性，使卷烟产品质量安全责任落实到位，质量安全标准日趋完善，检测能力持续提高，工作机制和制度建设不断健全，风险预见、评估和处置能力不断提高，卷烟产品质量安全得到有效保证。

做好卷烟产品减害降焦工作。按照国家局《关于大力推进卷烟减害降焦努力提升技术创新水平的意见》，力争到2010年末实现卷烟焦油量下降到11.8毫克/支的目标。贯彻落实国家局《关于调整卷烟盒标焦油最高限量的通知》要求，严格执行自2011年1月1日起生产的盒标焦油量在12毫克/支以上的卷烟产品不得在境内市场销售的规定。积极开展卷烟烟气有害成分监督检测。

提高鉴别检验技术水平，积极为专卖执法服务。不断规范鉴别检验程序，提高鉴别检验技术水平，努力推进鉴别检验远程信息技术的应用，提升为专卖执法服务的能力。继续加强烟叶工商交接等级质量的监督抽查，促进烟叶等级质量合格率的持续提升。

（五）继续推进标准化战略，全面提升烟草行业标准化工作水平

继续推进实施《烟草行业标准化中长期发展战略（2007～2020年）》，强化行业标准化工作的有效性。

进一步规范标准化管理工作。明确行业各直属单位标准化工作归口管理部门，进一步加强对标准化工作的领导与组织。省级局（公司）还没有成立标准化技术委员会的要抓紧成立。着力加强企业标准化建设工作。召开卷烟工业企业标准化工作经验交流电视电话会议，总结、交流行业标准化工作和经验。加快推进卷烟“标准化示范企业”建设，2010年要努力实现创建15个左右涉及卷烟生产、营销和打叶复烤等领域的标准化工作示范企业的目标。全面完成第六批国家级烟叶标准化生产示范区各项建设任务，继续对全国烟叶主产区推进烟叶标准化生产工作的实效进行考评。根据国标委的要求，结合行业实际，制定烟草行业技术标准战略纲要和烟草行业‘十二五’标准化工作发展规划。加快实施标准化人才培养战略，适时建立标准化职业资格制度，建立标准化人才专业技术职称评

定体系。

扎实推进行业标准体系建设，按照行业标准化发展战略的要求，2010年底要初步建立起比较系统的、由500项左右烟草类国家和行业标准组成的、基本覆盖行业主要专业领域的行业标准体系。进一步加强标准制修订项目管理力度，组织制修订一批行业发展急需的和基础性的标准。进一步完善产品质量安全卫生保障标准体系。继续跟踪、分析研究国际标准制（修）订的最新动态，引导行业相关企业选准课题，推动若干项创新性强且具有自主知识产权的技术标准冲击国际标准，提高行业在烟草国际标准化领域内的影响力和话语权。

突出抓好贯标工作。行业各直属单位和各专业标准化技术委员会要紧密结合本地区、本专业领域的工作实际，针对薄弱环节，以组织开展贯标工作实效综合考评为抓手，狠抓若干重要标准的贯彻与落实，以切实提高标准的执行力，切实发挥标准和标准化工作在推动技术进步、提升管理水平、支撑“卷烟上水平”等方面的重要作用。

健全完善行业创新体系　扎实推进技术创新上水平

——在烟草行业创新体系建设工作座谈会上的讲话

张保振

（2010年12月10日）

一、进一步完善创新平台，为技术创新上水平提供组织保障

重点要在技术创新、知识创新、技术推广和质量安全四个创新平台上做文章。

（一）以企业技术中心为核心，完善技术创新平台

要以“一流的环境、一流的研发手段、一流的人才、一流的成果”为目标，全面加强企业技术中心建设，不断提升技术中心建设水平。行业有一个普遍的规律，凡是技术中心建设水平高的企业，品牌发展就好。这一点在上海烟草集团、湖南中烟、红塔集团等单位体现得尤为明显。最近安徽中烟、湖北中烟、川渝中烟技术中心建设也有了突破性进展，为品牌发展提供了有力支撑；云南、湖北等烟叶主产区烟叶生产技术中心建设也取得明显进步，为特色优质烟叶开发和现代烟草农业建设提供了有力支持。下一步，工业企业技术中心，要围绕培育和发展卷烟品牌这一核心任务，加大投入力度，加强人才引进和使用，着力改善科研条件，力争在自身的优势技术领域实现明显突破，抢占技术的制高点和主动权，在制约发展领域，迅速填平补齐，弥补自身的不足，消除技术短板；烟叶生产技术中心，要充分借鉴工业企业技术中心建设经验，加快完善组织架构，积极配置仪器设备，整合技术资源，实现自身的跨越式发展；配套产业技术中心，要迅速组建机构、充实人员、完善功能，不断提升对烟草主业的支撑保障能力。

（二）以谋求重点突破为目标，完善知识创新平台

全面加强郑州烟草研究院、青州烟草研究所、国家烟草生理生化研究基地、云南烟草科学研究院、云南省烟草农业科学研究院建设，充分发挥其在基础及共性技术领域创新作用。要切实引导其瞄准世界烟草科技发展前沿，重点开展原始创新、集成创新和引进消化吸收再创新，力争在四大战略性课题和科技重大专项上取得一批具有全局性、战略性的重大科技成果，获得一批具有重要支撑作用的自主知识产权，构建具有引领作用的技术标准，在战略制约领域形成比较优势，掌握发展主动权。鼓励和支持有条件的工、商、研等单位在自己的优势领域建设国家级和行业级重点实验室、工程研究中心等创新基地，促进形成“开放、流动、联合、竞争”格局，最终，在行业形成具有强大持续创新能力、布局合理、定位清晰、分工协作、运行高效的知识创新平台。

（三）以加速成果应用为重点，完善技术推广平台

工、商企业要紧紧围绕发展卷烟品牌、提高优质原料保障能力这一中心任务，健全完善技术传导推广机制，切实保证研究成果的有效转化推广，实现技术研究和生产应用的无缝对接。工业企业重点要做好技

术传导，从卷烟品牌的各个技术要素出发，打通上下游产业间的技术传导通道。在企业内部，强化技术研发和产品开发的紧密衔接，把技术中心研究的新技术、新工艺、新材料在产品上真正实现并发挥效果；在企业外部要加强同烟叶产区、烟机生产企业和相关配套产业的协同和联动，以品牌需求为主线，发挥工业主导、科技主力作用，建立技术联盟、战略合作体等，通过合作研究、联合开发等形式，引领相关企业的技术创新方向，切实实现技术创新为品牌发展服务。烟叶主产区重点要做好技术推广，建立从试验研究到生产一线的落实推广机制。烟叶主产省要建立省级科技处——省级科研所——地市级烟叶生产技术中心——基层推广站的4级技术推广体系，科技处重点做好方向引领和创新规划，科研所要做好共性和关键技术攻关，烟叶生产技术中心要做好技术成果转化，基层技术推广站要做好技术服务工作和辐射，真正实现技术成果从实验室到田间生产的落实和转化。

（四）以质检机构建设为中心，完善质量安全保障平台

产品质量安全是保障行业发展的生命线，关系行业的生存和发展，无论怎么强调都不为过。要把行业质量安全工作摆在首要位置。要进一步健全行业产品质量安全保障体系。全面加强行业产品质量安全检测监督机构建设，重点加强国家烟草质检中心、8个综合性省级质检机构和20个专业性省级质检机构的建设，进一步充实人员、添置仪器、保障经费，不断提高人员素质和工作水平，确保全面覆盖产品质量安全所涉及的检测指标；工业企业要进一步加强内部质检机构建设，做到实时自检自查自纠。各公司、企业内部要建立健全产品质量安全管理机构，主要领导要亲自抓、负全责，要站在讲政治、讲责任、讲大局的高度，协调内部采购、生产、科研和检测等相关部门，确保产品质量安全工作落到实处，切实从源头上消除产品质量安全隐患。要健全完善产品质量安全标准体系，严格执行国内国际相关质量安全标准，对于不符合标准的产品，一律撤换停用。同时加强产品质量安全风险评估、科学技术和对策预案研究，做好应对风险的准备。

二、更加突出机制创新，为技术创新上水平提供政策保障

一是要落实企业技术中心在创新中的主体地位，充分发挥技术中心的创新主体作用。进一步解放思想，给予企业技术中心更大的自主权，充分激发技术中心在创新工作中的主动性。只要是围绕企业发展目标开展的创新工作，做什么事、用什么人、怎么去做、内部怎么分配可以由技术中心自主决定，实现企业技术中心相对独立的实体化运作。在技术中心内部，采取扁平化管理模式，推行主任负责制、首席专家负责制，优化管理流程，切实提高创新的效率。

二是要系统整合、集成各方创新力量，最大限度发挥创新资源的效力。强调自主创新，不是关门创新，而是要引进联合、协同创新。要把企业的技术创新活动视为一个对外开放的大系统，全面分析企业技术创新的各个环节，准确定位各个环节的任务和目标，引导、集成各方优势资源共同参与，实现创新目标任务和创新资源的相互衔接和配合。特别是要积极筛选一批创新能力突出、技术优势明显的单位，进一步深化合作的领域、范围和深度，推动创新合作由临时合作、松散合作、单项合作、技术合作向长期合作、紧密合作、系统合作、产业合作转变，由原来的“单点式”合作，提升为全方位、多交叉的立体合作，切实提高合作创新的效率和效益。

三是要充分激发全员创新活力和热情，建立并逐步完善技术创新考核制度。国家局已经把各省级公司技术创新情况纳入省级公司领导年度工作业绩考核，各省级公司要在这个基础上，对内部创新工作加大考核和奖励力度，分解工作目标、明确工作责任、落实工作任务、健全绩效评价。在考核过程中，特别要发挥考核的指挥和调度作用，突出重点和导向性，对卷烟减害降焦等关系行业战略发展层面的创新成果要加大考核权重。要进一步完善技术创新奖励制度，可以考虑在单位内部设立科技突出贡献奖和创新成果奖，对于在重大科技活动中作出杰出贡献的团队和个人给予崇高荣誉和重大奖励。同时设立不同类别、不同层次的奖项，鼓励小改小革和发明创造。

三、着力培养高层次人才，为技术创新上水平提供人才保障

国家局在“卷烟上水平”总体规划中提出，到2015年逐步培养形成80名左右具有较高学术水平并在行业内具有较大影响力的学科带头人，20名左右具有较高威望和号召力的领军人才，建立支撑行业长远发展的人才基础。围绕这一目标，需要我们牢固树立人才资源是第一资源的观念，在人才培养、引进、使用三个关键环节上求突破。

在人才引进上，要以更加开放的心态，面向国内外引进顶尖科技人才。当前，国外传统烟草跨国企业普遍缩减了技术研发投入，这一背景为行业引进顶尖人才提供了很好的机遇。2010年上半年，国家局在全球范围内招聘烟草基因组计划重大专项首席科学家和

国家烟草基因研究中心主任，在国内外科学界获得了很好的反响。我们应该抓住这个机遇，拓宽思路，创造环境，积极面向海内外吸引高水平人才。在引进方式上，要创新引进机制，拓宽引进渠道，探索聘任制、客座教授、访问学者、合作研究等一系列可行的方式。在经费方面，可设立企业专项基金，专门用于引进人才薪酬支付、改善引进人才工作环境等，以保障高水平人才引得进、留得住。

在人才使用上，要坚持以用为本，全面完善用人机制，充分发挥人才效能，用活用好人才。加强专业技术岗位和技能岗位的设置，克服论资排辈、官本位现象，根据企业、品牌发展需要设置岗位，根据人才的特长设置岗位，做到人岗相适、用当其时、人尽其才，为有创新潜能的人才提供机会，为有真才实学的人才提供舞台。全面推行首席专家制，各单位要逐步建立并完善首席专家制度，卷烟工业企业要设立首席调香师、首席配方师、首席工艺师、首席工程师等首席专家岗位，烟叶主产区要设立首席农艺师等首席专家岗位，科研院所要设立首席研究员等首席专家岗位，承担行业重大专项的试点企业要设立本单位重大专项首席专家岗位，并切实提高首席专家收入待遇。

在人才培养上，要坚持整体开发，系统设计人才培养规划，全面提升人才队伍素质。拓宽培养方式，拓展培养渠道，提高人才创新能力。加大人才培养投入力度，定期选派有发展潜力的技术人员参加高水平技术培训、出国访问交流，更新和提升专门人才的知识结构和能力水平，使其能够紧跟技术更新步伐。实施项目带动战略，通过实施重大科技攻关、产学研合作项目等，在实践中提高科技人员创新能力和经验，培养高层次人才和创新团队。加快建立健全以专业能力为导向、以业绩贡献为重点的高技术、高技能人才评价体系。高度重视首席专家的培养，推进首席专家在创新实践中逐步成长为行业学科带头人和大师级领军人才。

整顿规范

规范权力运行　公开透明操作　确保监管到位　打造阳光烟草

——在全国烟草行业“两项工作”综合试点现场会上的讲话（摘要）

姜成康

（2010 年 12 月 8 日）

这次会议主要任务是，学习推广河北烟草工商两家试点单位的做法和经验，研究部署进一步扎实推进办事公开民主管理和全面落实“工程投资、物资采购、宣传促销”项目管理程序规定（以下简称“两项工作”），推动行业内部管理监督工作再上新的台阶，努力实现“规范权力运行、公开透明操作、确保监管到位、打造阳光烟草”的目标，为“卷烟上水平”奠定更加坚实的基础。

一、进一步提高对严格规范的思想认识

（略）

二、认真抓好“两项工作”各项措施的全面落实

深入开展办事公开民主管理和严格规范“工程投资、物资采购、宣传促销”工作，既各有侧重，又紧密联系，必须协同推进，全面落实。办事公开民主管理，当前首先要围绕“工程投资、物资采购、宣传促销”工作来公开，来推进民主管理，“工程投资、物资采购、宣传促销”工作同样要通过办事公开来透明操作，接受监督。办事公开有一个向社会公开的问题，如办证、行政执法等要向社会公开，这些属于政务公开的范畴，要按照政府信息公开条例的要求来做。我们这里讲的办事公开民主管理，更多是行业内部的管理监督。公开的形式可以多种多样，内部网站、公示栏、职代会、座谈会应作为主要形式。这里着重就深入开展“工程投资、物资采购、宣传促销”规范工作提出以下要求。

一是突出重点，突破难点。“规范权力运行、公开透明操作、确保监管到位、打造阳光烟草”，既是这次会议的主题，也是“两项工作”开展的总体要求。规范权力运行要求各级领导干部尤其是主要领导

在行使权力时一定要遵纪守法，按规则办事，决不允许随心所欲、为所欲为。近年来中央和国家局出台一系列有关纪律规定的文件，首先就是要管住领导干部特别是主要领导，防止行为失当、权力失范。公开透明操作，既是对决策层面提出的要求，也是对执行层面提出的要求。“工程投资、物资采购、宣传促销”都要按照办事公开民主管理的要求，科学民主决策，公开透明运作。确保监管到位，就是法规、审计、监察等部门要认真履行职责，努力做到监督日常化、制度化、规范化，从制度设计上要强化事前、事中、事后监督，以免出问题最后算总账。打造阳光烟草的目的，就是要通过严格规范，保证行业持续健康发展，充满生机和活力。

在物资采购和宣传促销工作中，公开招标始终是一个难点，必须下决心突破，认真解决好四方面问题：一是能不能公开招标？目前各单位“物资采购、宣传促销”项目公开招标比例低。通过现场会来看，河北工商两家企业在这方面有很大突破，比较好地解决了这一问题。“工程投资、物资采购、宣传促销”通过招标实施的项目占80%以上。实践证明只要下决心真抓实干，公开招标作为项目实施主要形式就可以做到。二是怎么组织公开招标？物资采购、宣传促销项目品种多，数额大，供应商有上千家，如何组织招标，在具体操作层面也要认真研究。是一个年度集中招一次，还是两个年度招一次，是否采取一次招标分批次实施。只要把这些问题解决好，就能处理好规范与效率的关系。从河北省局（公司）经验看，不仅数额大的项目实行了公开招标，数额小的也采取民主管理形式，在制度设计上是走到前面的，具有很强的借鉴性。河北中烟近期对2011年的物资采购采取集中招标，其中烟标一项就涉及金额4亿余元，通过招标采购的价格比2009年减少8%，既降低了成本，又为明年生产提前做了准备。三是怎么保证公开招标制度真正落实到位？国家局强调以公开招标为主要采购方式已经多年了，至今仍有不少单位没有把公开招标落到实处。怎么保证这一要求能得到全面落实，在提高认识的基础上，还要靠纪律来保证。国家局在制订相关管理制度的基础上，近期还要研究制订相关纪律规定，对各单位领导班子尤其是主要领导提出严格要求。这次会后，凡是没有严格执行制度程序规定的，要作违纪处理，追究领导和相关人员责任。四是怎么保证公开招标的效果？要看是真招标还是假招标，决不允许弄虚作假、流于形式。要在保证价格有竞争力的同时，把质量摆在十分重要的位置，确保产品质量，以满足生产的需要。要注重效率，实现招标工作的制度化、规范化，提前筹划，把一年的计划提前安排好，把各项准备工作都做好，效率就能得到保证。如果能有效解决好以上问题，公开招标作为主要形式就能够在全行业得到落实。

二要完善制度，规范程序。制度和程序要严密、管用、可操作。最近国家局重新修订了加强烟用物资采购和宣传促销管理的有关意见，对烟用物资采购和宣传促销管理工作作出了明确规定，提出了明确要求。有关工程投资管理工作，国家局已有明确规定。公开招标一般以地方管理为主，这里着重讲完善物资采购和宣传促销管理制度和程序。首先要明确管理机构。各直属单位和基层企业均要成立工程项目、烟用物资、宣传促销管理委员会，将原有投资委员会职能并入新设立的管理委员会。没有设立董事会的烟草企业，管理委员会作为企业决策机构，其人员由领导班子全体成员、相关部门代表、职工代表组成。设立董事会的烟草企业，董事会作为决策机构，管理委员会作为咨询机构，其人员组成由企业经营管理领导班子成员、相关部门代表、职工代表组成。作为决策机构的管理委员会主要职责：审批年度投资、采购、宣传促销项目计划与具体实施方案；研究确定采购方式、供应商资格、招标文件、成交供应商、采购价格；决定谈判小组成员和询价小组成员。作为咨询机构的管理委员会，除年度投资、采购、宣传促销项目计划要报董事会审批外，其余事项原则上由管理委员会审定。二是要切实加强计划管理。计划是管理的第一要素，工程投资、物资采购、宣传促销必须加强计划管理。各单位要根据国家局下达的年度烟叶和卷烟生产计划，由相关主管部门会同有关部门，编制年度工程投资、物资采购、宣传促销项目计划，经管理委员会或董事会批准同意后，提交预算委员会讨论，纳入预算管理。三是要高度重视供应商管理工作。把加强供应商管理作为物资采购、宣传促销的重要环节，建立供应商资质认证审查制度。明确供应商参加烟用物资采购和宣传促销项目应具备的条件，加强对供应商的资格审查，确保供应商的资质符合相关标准要求。要根据物资采购、宣传促销项目的类型和质量要求，在公开、公正、公平前提下，分层次建立供应商名单，并向社会公布。要加强供应商日常管理，建立供应商动态评价和退出机制。对于弄虚作假、不讲信用、产品质量低劣的供应商及时终止业务往来；对有行贿等违法行为的供应商要建立黑名单制度，取消供应商资格，停止业务往来。四是明确不同采购方式的条件和要求。公开招标应作为烟用物资采购和宣传促销项目的主要方式。采取邀标方式的，应是具有特殊性，只能从有限范围供应商采购的；采取公开招标方式的费用占采购金额的比例过大的。采用竞争性谈判方式的，应是招标后没有供应商投标或者没有合格标的或者重新招标未能成立的；技术复杂或者性质特殊，不能确定详细规格或者具体要求的；采用招标所需时间不能满足用户紧急需要的；不能事先计算出价格总额的。采取单一来源方式采购的，应是只能从唯一供应商处采购的；发生了不可预见的紧急情况不能从其他供应商处采购的；必须保证原有采购项目一致性或者服务配套的要求，需要继续从原供应商处添购，不改变合同其他条款且添购资金总额不超过原合同采购金额10%的。采取询价方式采购的，应是采购的烟用物资规格、标准统一、现货货源充足且价格变化幅度小，全年采购量金额30万元以下的。对于以上条件和要求各单位必须严格掌握具体采购方式，由管理委员会研究确定。五是要加强烟用物资采购的过程管理。对于公开招标的项目，企业有条件的可以设立招标机构，编制招标文件，同时应设立拦标价，建立专家管理制度，并对废标条件作出明确规定。对其他采购方式如何操作也要作出明确规定。对于工程项目也应加强实施过程管理。六是要加强监督检查。质检部门、法规部门、财务部门、审计部门、纪检监察部门都要明确职责，认真审查，严格把关，确保各项规定落到实处。对以上这些规定要认真抓好落实。

三是全面覆盖，全程控制。从现场会来看，河北工商两家企业在“工程投资、物资采购、宣传促销”工作中，每项工作都有明确制度规范，每个环节都有严格程序规定，每个岗位都有具体职责要求，体现了全面覆盖，全程控制。在决策环节，各单位领导班子尤其是主要领导要严格执行制度和程序，坚持科学决策、民主决策、依法决策，防止决策失误和随意决策。业务主管部门要把加强管理作为重要职责，在具体操作层面严格把关，确保规范运作。法规部门要加强合同的合法合规性审查；审计部门要负责对“工程投资、物资采购、宣传促销”项目实施程序性、全过程跟踪或实质性审计；纪检监察部门负责对“工程投资、物资采购、宣传促销”项目进行廉政监督。

要严肃纪律，建立严格的问责制。各直属单位主要负责同志作为第一责任人，要对本单位的“两项工作”负全责，亲自部署、亲自推动、亲自检查，及时研究和解决工作开展过程中的新情况、新问题。对由于工作不力使问题长期得不到解决，并发生重大案件的要对“一把手”进行问责；对“两项工作”违反制度程序的人和事不放过，一查到底，决不姑息迁就。各级领导班子、机关工作人员不准在“工程投资、物资采购、宣传促销”工作中向下属企业“打招呼”、“递条子”，否则要严肃处理。

三、进一步加强对“两项工作”的组织领导

一要加强思想教育。扎实推进“两项工作”要加强思想教育。要树立责任意识，牢固树立“国家利益至上、消费者利益至上”的行业共同价值观，真正把权力当成一种责任，对国家负责、对消费者负责、对行业负责，树立负责任烟草形象。要增强规范工作自觉性，作为专卖体制下的企业要十分注重自身形象，要用自身模范行动来赢得信誉，用严格规范来塑造行业良好形象。绝不允许干那些损公肥私、损人利己之事。要提高执行力。近几年来，国家局对严格规范工作提出了明确要求，全行业必须做到令行禁止，政令畅通，绝不能各行其是。要清醒地认识到，违规违纪问题如得不到及时解决，发展下去一般问题就会演变为重大问题，苗头性问题就会演变为倾向性问题，局部性问题就会演变为全局性问题，对此绝不能掉以轻心。历史经验告诉我们：一个单位即使效益上去了，如果风气不好，就失去了意义，发展也是难以为继的。

二要全面推进。这次现场会后，各直属单位都要按照会议要求，全面抓好“两项工作”落实。要继续坚持“主要领导负总责、分管领导具体负责、管理监督部门为主、整顿办日常协调、各部门齐抓共管”的工作机制，切实保证“两项工作”扎实推进，务求实效。要认真制订工作方案。推进“两项工作”涉及行业工作的方方面面，是一个系统工程，必须统筹考虑，周密安排，制订完善的工作方案，提出具体的任务要求，确保工作落到实处。要精心组织试点，通过试点，探讨方法，发现问题，总结经验，全面推广。要从领导机关抓起，发挥示范带动作用。要继续抓好内管机构建设。审计、法规、专卖内管、纪检监察等机构要进一步加强。各级整顿办当前只能加强，不能削弱，要继续抽调力量充实和加强整顿办工作，发挥整顿办在“两项工作”中的牵头作用。在确保机构健全、人员到位的基础上，加强培训，努力提高内管队伍的工作能力和水平。各监管部门既要各司其职、各有侧重，又要加强协作，形成监管合力，确保监管到位。

三要加强领导干部的廉洁自律。加强行业党风廉政建设和反腐败斗争是行业各级领导干部的重要政治责任。行业各级领导都要认真执行《中国共产党党员领导干部廉洁从政若干准则》、《国有企业领导人员廉洁从业若干规定》及其他有关规定。有权必有责，用权受监督。行业各级领导干部都必须严格要求自己，树立正确的世界观、人生观、价值观，带头遵守党的纪律和各项规章制度，抵得住诱惑，耐得住寂寞，始终认认真真做事，堂堂正正做人，在廉洁自律方面起

模范带头作用。同时也要通过办事公开民主管理等措施，把领导干部从具体事务中解放出来，从复杂的关系中解放出来，营造风清气正的良好环境。

四要努力创新工作方法。整顿规范工作要取得明显成效，还必须积极探索，大胆创新。要充分运用信息化手段，努力实现“工程投资、物资采购、宣传促销”工作网上运作，全面提高管理和监督水平。这几年在资金监管方面进行了有益尝试，烟机零部件网上订货也取得明显效果，明年重点推广物资网上订货，做到公开透明操作。要加强烟用物资基地建设。这几年，不少单位在烟用物资科研生产方面下了很大工夫，如上海烟草集团香精香料的研发，湖北、河南等中烟工业公司烟草薄片水平的提升，不少企业卷烟商标的印刷等，不仅满足了卷烟生产需要，也明显提高了企业竞争水平。国家局鼓励支持烟草企业全资投资兴建烟用材料企业，更好地服务行业发展。

关于“小金库”专项治理工作，下一阶段要着重做好以下几方面工作：

（一）严格标准，对照检查。中央文件明确企业“小金库”的主要表现形式有4类、12种，涉及企业生产经营的各环节，“小金库”问题不仅包括“账外账”，还包括账外资产，账外资金和有价证券；不仅包括主观恶意设立的“小金库”，还包括业务流程不规范和核算不规范形成的“小金库”，处理处罚不仅要求处理事，还要求将处理事与处理人相结合。行业治理工作中发现的“小金库”问题主要集中在资产处置和资产出租环节以及各种保险、电话费、购物的返利、回扣环节；同时，也存在预支费用和核算不规范等问题。各单位要对照4类、12种“小金库”问题的形式，全面排查在生产经营管理、财务和资产管理等方面存在的各类隐患，堵塞容易和有可能形成“小金库”的管理漏洞，并根据排查结果，梳理业务流程，完善内控制度，规范权力运行，采取有效措施从源头上防范和杜绝“小金库”问题的发生。

（二）加强督导，彻底整改。各单位要按今年治理工作方案的要求，认真组织重点检查，进一步发现问题，促进发现问题的整改落实。要关注治理工作开展情况，加大督导力度，避免形式主义、走过场等问题的发生。要进一步加强对烟叶生产基础设施建设投入、烟叶基地建设投入等重点环节的监管，加强对控股的多元化投资企业等重点单位的监管。要针对查找出来的突出问题和薄弱环节，进一步明确整改落实目标任务、责任分工、具体措施和时限要求，做到资金、资产处理到位，有关违纪人员处理到位。各单位要加强对整改落实情况的监督检查，确保整改措施落实到位。国家局、总公司将对各单位整改情况进行抽查。

（三）建立防治“小金库”长效机制。长效机制建设是“小金库”治理工作的根本任务。各单位要加强教育培训，进一步提高对“小金库”治理工作的认识，使广大干部职工树立严格规范，依法经营、稳健经营的理念。将预防和惩治“小金库”与党风廉政建设相结合，进一步拓宽监督渠道，完善举报制度，充分调动全员在预防和惩治“小金库”方面的积极性和主动性，形成相互监督、齐抓共管的良好机制。要将“小金库”治理工作与行业加强基础管理上水平工作相结合，进一步规范和完善管理制度和管理程序，加强制度研究，创新管理手段，把握规律，促进基础管理水平的提升。将“小金库”治理与预算管理、规范对外投资与资产管理、加强银行账户和发票管理、内部检查及审计制度的建设等日常管理工作相结合，强化源头治理，进一步完善内部控制制度，明确责任落实，力求从体制机制上建立“小金库”防治的长效机制。

人事政工

全面贯彻落实《规划纲要》　积极推进烟草行业干部人事制度改革

——在全国烟草行业政治工作会议上的讲话

姜成康

（2010年4月8日）

这次全国烟草行业政治工作会议主要任务是：坚持以邓小平理论和“三个代表”重要思想为指导，深入贯彻落实科学发展观，全面贯彻党的十七大、十七届四中全会以及全国组织部长会议精神，认真贯彻落实中央印发的《2010～2020年深化干部人事制度改革规划纲要》（以下简称《规划纲要》），积极推进行业干部人事制度改革，为实现“卷烟上水平”的战略任务提供坚强的组织保证和人才支撑。

一、认真学习领会《规划纲要》精神，充分认识深化行业干部人事制度改革的重要意义

2009年12月，经中央批准正式印发了《2010～2020年深化干部人事制度改革规划纲要》。胡锦涛总书记、习近平同志对贯彻《规划纲要》作出重要指示，中央组织部专门召开贯彻落实《规划纲要》座谈会，李源潮同志作了重要讲话，对全面贯彻落实《规划纲要》、毫不动摇地推进干部人事制度改革作出了安排部署。《规划纲要》在总结以往改革经验基础上，明确提出了今后10年深化干部人事制度改革的指导思想、基本目标、重点突破项目和整体推进任务，是新形势下推进干部人事制度改革的纲领性文件。我们要紧密联系行业实际，认真学习，深刻领会，全面抓好贯彻落实。

（一）深化行业干部人事制度改革，是深入贯彻落实党的十七大和十七届四中全会精神的具体行动

党的十七大和十七届四中全会对深化干部人事制度改革提出了明确要求。胡锦涛总书记强调指出，要抓住当前干部群众反映突出的重点难点问题，毫不动摇地推进干部人事制度改革，既要积极探索创新，又要稳妥有序推进。这次经中央同意下发的《规划纲要》，是继2000年以来第二个专门规划部署干部人事制度改革的纲领性文件，在建设中国特色社会主义干部人事制度的进程中具有重大意义，为新形势下做好行业干部人事制度改革工作指明了方向。要深刻认识到，选人用人是党的重要执政行为，干部人事制度是党的执政制度的重要组成部分，干部人事工作中存在的重点难点问题，只有通过深化改革才能得到比较好的解决。因此，全行业要从全面贯彻党的十七大和十七届四中全会各项任务部署，从加强党的执政能力建设和先进性建设的要求出发，充分认识深化行业干部人事制度改革的重要性和紧迫性，切实增强深化干部人事制度改革的责任感和使命感，努力提高贯彻落实《规划纲要》的自觉性和主动性，把学习贯彻落实《规划纲要》作为当前和今后一个时期行业干部人事工作的重要任务认真抓好。

（二）深化行业干部人事制度改革，是实现“卷烟上水平”战略任务、提高中国烟草整体竞争实力的重要保证

近年来，全行业认真贯彻中央关于干部人事工作的方针政策和部署要求，大力加强行业各级领导班子建设和干部队伍建设，不断深化干部人事制度改革，全面推进用工分配制度改革，高度重视人才队伍建设，努力提高各级领导班子和干部队伍整体素质，为保持行业持续健康发展提供了坚强有力保证。在2010年初召开的全国烟草工作会议上，国家局明确提出要把“卷烟上水平”作为当前和今后一个时期行业工作的基本方针和战略任务。实现这一任务目标，行业全体干部职工，尤其是各级领导班子肩负着重要的责任，发挥着关键的作用。要坚持把加强行业干部队伍建设、尤其是领导班子建设摆在更加重要位置，全面贯彻落实《规划纲要》的各项规定要求，积极推进行业干部人事制度改革。通过深化行业干部人事制度改革，坚持德才兼备、以德为先用人标准，树立正确用人导向，努力形成干部选拔任用工作科学机制和内容完备、结构合理、功能健全、科学管用的干部人事制度体系，实现行业干部人事工作的依法管理和科学管理，充分调动干部职工的积极性、主动性、创造性，全面提高干部队伍整体素质，为更好地实现“卷烟上水平”战略目标任务，全面提升中国烟草整体竞争实力，提供坚强的组织保证和人才支撑。

（三）深化行业干部人事制度改革，是适应新形势下行业发展要求、着力解决行业干部人事工作突出问题的迫切需要

国家局党组高度重视行业干部人事制度改革工作，通过近年来积极探索实践，行业干部人事制度改革不断深入推进，干部选拔任用工作民主化不断提高，民主推荐、民主测评、任前公示成为行业干部选拔任用的必经程序，公开选拔、竞争上岗成为干部选拔任用的重要方式，干部交流的力度不断加大，干部管理监督工作明显加强，促进行业科学发展的干部考核评价机制正在形成，符合现代企业制度要求和行业实际的人事制度初步建立。但是，必须清醒地认识到，行业干部人事工作还存在一些不适应或不符合新形势新任务要求的问题。突出表现是：如何增强民主推荐、民主测评的科学性、合理性及反映情况的真实性需要进一步改进提高；通过公开选拔、竞争上岗方式选拔任用干部的比例偏低，竞争择优机制需要进一步完善；领导班子中年龄结构、专业知识结构不尽合理，年轻干部培养需要进一步重视；选人用人的视野不够开阔，如何进一步解放思想、转变观念，大胆引进人才，重视人才的培养需要进一步加强；一些单位对《党政领导干部选拔任用工作条例》及行业有关规定的执行不够严格，程序需要进一步完备；一些单位选人用人公信度不高，对干部管理监督不严，选人用人方面存在

的问题需要进一步解决。解决行业干部人事工作中存在的问题，关键在于深化改革。要通过坚持不懈地推进改革，着力解决好行业干部人事工作中存在的突出问题，切实提高选人用人公信度，努力实现《规划纲要》确定的干部人事制度改革目标要求，并以此作为检验行业干部人事制度改革成效的重要标准。

二、深刻理解《规划纲要》内容，正确把握深化行业干部人事制度改革的指导原则和目标方向

贯彻落实《规划纲要》，我们要紧密结合行业实际，深刻理解《规划纲要》主要内容和各项要求，正确把握好以下几个方面问题：

（一）坚持深化干部人事制度改革的正确方向

干部人事制度改革是党的建设的重要内容，也是政治体制改革的重要组成部分。《规划纲要》提出的建设中国特色社会主义干部人事制度改革目标，既是发展社会主义民主政治在干部人事工作领域的体现，也是深化干部人事制度改革必须牢牢把握的政治方向和根本要求。我们要全面准确地理解《规划纲要》提出的指导思想和目标要求，使行业干部人事制度改革沿着正确方向前进。行业各级党组（党委）要认真贯彻落实胡锦涛总书记提出的既要积极探索创新、又要稳妥有序推进的指示精神，围绕行业改革和发展的大局，全面落实干部人事制度改革的各项任务。当前和今后一个时期，深化行业干部人事制度改革的总体要求是：高举中国特色社会主义伟大旗帜，以邓小平理论和“三个代表”重要思想为指导，深入贯彻落实科学发展观，坚持党管干部原则，坚持德才兼备、以德为先用人标准，坚持民主、公开、竞争、择优方针，坚持科学化、民主化、制度化方向，解放思想、勇于创新，着力解决领导班子和干部队伍建设中的关键问题、干部人事工作中的重点难点问题和干部群众反映强烈的突出问题，树立坚定信念、注重品行、科学发展、崇尚实干、重视基层、鼓励创新、群众公认的正确用人导向，提高选人用人公信度，把各方面优秀人才集聚到行业改革和发展事业中来，为全面建设严格规范、富有效率、充满活力的中国烟草，努力实现“卷烟上水平”战略目标任务提供坚强组织保证。

（二）遵循深化干部人事制度改革的指导原则

《规划纲要》提出了“四个坚持”的明确要求，我们要在深化行业干部人事制度改革实践中全面贯彻执行，认真抓好落实。

要认真贯彻党管干部原则。党管干部原则是党的领导在干部工作中的重要体现，是我国干部人事制度鲜明的政治特色。干部人事制度改革的每项措施，都要有利于加强而不是削弱党的领导、有利于巩固而不是动摇党的执政地位。烟草行业实行专卖专营管理体制，既行使烟草专卖行政管理职责，同时又担负着组织生产经营繁重任务，尤其是工业企业还要积极推进现代企业制度建设，建立和完善法人治理结构。深化行业干部人事制度改革，必须坚持党管干部原则，对此不能有任何动摇。

要全面贯彻德才兼备、以德为先用人标准。胡锦涛总书记在2008年全国组织工作会议上明确提出德才兼备、以德为先用人标准，并作了深刻阐述。党的十七届四中全会强调，坚持“德才兼备、以德为先”，把干部的德放在首要位置，是保持马克思主义执政党先进性和纯洁性的根本要求和重要保证。坚持德才兼备、以德为先用人标准，是新时期党的干部工作的重要指导方针，抓住了当前领导班子和干部队伍建设的关键。选拔任用干部既要看才、更要看德，把德放到首要位置；有才而无德，最终会对党和人民事业造成极大危害；只有德才兼备，才能做到想干事、能干事、干成事、不出事，履行好党和人民赋予的职责。识别干部的“德”，要从履行岗位职责、完成目标任务、关键时刻表现、对待个人名利等多方面加以考察，要看能否做到党性强、品行好、作风正、状态好。坚持德才兼备、以德为先，要按照政治上靠得住、工作上有本事、作风上过得硬、人民群众信得过的要求选拔任用各级领导干部，在干部队伍中大力营造坚守政治品质、注重道德修养的良好氛围，充分激发干部重德、养德的内在动力，树立坚定信念、注重品行、科学发展、崇尚实干、重视基层、鼓励创新、群众公认的正确用人导向，努力形成一心一意谋发展、专心致志干事业的良好局面。

要切实落实民主、公开、竞争、择优方针。坚持民主、公开、竞争、择优选拔任用干部，是党的十七大和十七届四中全会《决定》提出的明确要求。要把扩大民主贯穿到深化干部人事制度改革各方面，认真落实广大干部职工对干部选拔任用的知情权、参与权、选择权、监督权，使选出来的干部组织放心、群众满意。公开是扩大民主的前提，要把干部选拔任用工作公开作为办事公开、民主监督的重要内容，着力增强干部选拔任用工作透明度，从干部选拔任用的操作程序、制度保证、监督保障等方面作出努力，让选人用人在阳光下运行，切实提高选拔任用干部公信度。竞争是选贤任能的有效途径，要进一步完善公开选拔、

竞争上岗办法，加大竞争性选拔干部工作力度，提高通过公开选拔、竞争上岗方式选拔任用干部的比例。要结合行业实际，突出岗位特点，注重实际能力，坚持考试的科学合理导向，让干得好的考得好，能力强的选得上，作风实的出得来，使优秀人才能够脱颖而出。择优是干部人事制度改革的目的。要在干部任用程序中，坚持用科学的方法选贤任能，好中选优，真正把政治坚定、德才兼备、群众公认的优秀干部选拔到各级领导岗位，把各方面优秀人才集聚到行业改革和发展事业上来。

要始终坚持科学化、民主化、制度化方向。干部工作的科学化、民主化、制度化，是深化干部人事制度改革的重要目标，也是提高党的建设科学化水平的重要内容。要结合行业专卖体制特点和干部人事工作实际，遵循干部成长规律及干部管理工作规律，改进和完善干部人事制度，努力实现干部选拔任用和干部管理工作的科学化、民主化、制度化，形成内容完备、结构合理、功能健全、科学管用，既严格落实中央要求又符合行业实际的干部人事制度体系。

（三）明确深化干部人事制度改革的目标要求

《规划纲要》提出，要通过坚持不懈的努力，逐步形成广纳群贤、人尽其才、能上能下、公平公正、充满活力的中国特色社会主义干部人事制度。这就要求我们在深化行业干部人事制度改革中，必须进一步扩大民主，健全制度，完善体系，努力实现干部人事工作依法管理和科学管理。广纳群贤，要求我们在识人选人用人育人方面开阔视野、积极创新，努力形成有利于各类人才脱颖而出的机制和良好环境。人尽其才，要求我们在选人用人上，能够把最优秀的干部选配到关键岗位上，让能干事者有机会、干成事者有舞台。能上能下，要求我们要敢于打破常规，努力做到科学评价、奖惩分明、尊重民意，真正实现职务位置因工作需要而能上能下，薪酬收入随岗位变化而能高能低，使干部队伍的新老交替、优进绌退制度化。公平公正，要求我们在选人用人上，必须严格标准、规范程序、方法科学，公道正派地选拔任用干部，不能使老实人吃亏，不能让投机钻营者得利。充满活力，要求我们在推进干部人事制度改革上，要与时俱进、永不僵化、永不停滞、不断创新，努力创造良好机制和环境，始终保持干部队伍生机与活力。认真贯彻落实“广纳群贤、人尽其才、能上能下、公平公正、充满活力”的要求，既充分体现了建立中国特色社会主义干部人事制度的目标方向，也是检验行业深化干部人事制度改革成效的重要标准。

三、全面抓好《规划纲要》贯彻落实，着力做好深化行业干部人事制度改革的重点工作

《规划纲要》确定提出了党政干部制度改革11个重点突破项目和整体推进任务，对深化国有企业人事制度改革明确提出要求。结合行业实际，国家局党组研究制定了《关于贯彻〈2010～2020年深化干部人事制度改革规划纲要〉的实施意见》（以下简称《实施意见》），希望同志们认真讨论提出意见，修改后将正式印发各单位贯彻执行。全行业要按照《实施意见》提出的任务要求，抓住重点，突破难点，努力推动行业干部人事制度改革向前迈进。

（一）建立健全干部选拔任用机制

坚持德才兼备、以德为先的用人标准，树立正确用人导向，必须要有科学的选人用人机制作保障。贯彻落实《规划纲要》，要在干部选拔任用的提名、考察、决定等环节进一步建立和完善工作机制。一是要规范干部选拔任用提名制度。提名是干部选拔任用的初始环节，在很大程度上决定着干部选拔任用的走向和结果。要认真分析行业干部人事工作实际，严格落实《规划纲要》和《实施意见》要求，努力扩大干部选拔任用提名环节的民主和监督，逐步建立健全主体清晰、程序科学、责任明确的干部选拔任用提名制度。总结行业近年来选拔任用干部工作实践，为进一步规范干部选拔任用提名，国家局、总公司机关，省级局（公司）、工业公司拟提拔副处级以上干部的考察对象，均要通过民主推荐产生，并且一般不低于30%的推荐票。考察对象的确定要经过所在单位党组集体研究，报上一级组织批准后在本单位范围内公示。完善挂职干部的选拔任用办法，提拔任用挂职干部要在挂职单位一定范围内进行民主推荐。鼓励符合条件的干部职工积极参与公开选拔、竞争上岗。二是要改进民主推荐工作，提高民主推荐质量。考察人选由民主推荐产生，因而民主推荐的质量直接关系到选人用人的公信度，关系到干部选拔任用质量和水平。因此，要高度重视民主推荐工作。要合理确定参与人员范围，今后省级局（公司）推荐领导班子人员，机关全体干部、所属单位领导班子成员参与。要正确分析民主推荐结果，不简单以得票高低取人。要坚决刹住和防止乱拉票等不正之风，提高干部选拔任用的质量和水平。三是认真探索推行差额选拔干部的办法。《规划纲要》明确要求，在今后选拔工作中，要实行差额推荐、差额考核、差额酝酿、差额票决的办法。这是干部选拔任用工作的新举措、新要求。结合行业实际，如何在干部选拔任用工作中运用这一方式，需要认真研究，积极探索，搞好试点，总结经验，全面推开。

（二）健全促进科学发展的领导班子和领导干部考核评价体系

考核是干部管理的重要环节，考核结果是选准用好干部的基本依据。要全面贯彻落实中组部关于综合考核评价的“一个意见、三个办法”，进一步完善促进科学发展的行业干部考核评价机制。一是完善考核评价标准。按照中央要求，国家局党组制订了《省级烟草专卖局（公司）、工业公司领导班子和领导干部综合考核评价办法》。今后对省级局（公司）、工业公司领导班子和领导干部考核和干部选拔任用工作，要按照这一文件要求组织开展。各直属单位也要制订相应的考核评价办法并认真组织实施。二是改进考核办法。按照中组部要求，国家局党组制订印发《省级烟草专卖局（公司）、工业公司领导班子和领导干部年度考核办法（试行）》。国家局将先期组织试点，然后在行业全面开展。要进一步完善民主测评、个别谈话、实绩分析等方法，健全定性考核与定量考核相结合的考核方法，注意综合运用巡视、审计、生产经营责任目标考核等专项考评结果。考虑到2010年干部工作任务比较繁重，国家局党组决定将2010年的领导班子和领导干部年度考核、领导班子正常调整、后备干部集中调整、“一报告两评议”在行业分批组织开展，在一个单位集中开展。人事部门要认真制订方案，精心组织实施。三是用好考核结果。坚持把考核结果作为干部选拔任用、管理监督的重要依据，建立健全考核结果反馈和通报办法。

（三）加大竞争性选拔干部工作力度

竞争性选拔是干部选拔方式的重大改革，有利于广开视野、公开公正、好中取优，是干部群众认为有效的选人用人改革措施。近年来，全行业在竞争性选拔干部工作方面进行了积极探索，取得明显成效，但总体来说步子还迈得不够大。按照《实施意见》要求，到2015年，行业每年新提拔的处级以上干部中，通过竞争性选拔方式产生的应不少于三分之一。这是一项硬指标。因此，要加大工作力度，推进竞争性选拔干部的常态化、制度化、规范化。一是要严格把握竞争性选拔干部的基本条件。坚持德才兼备、以德为先，拓宽选人视野，不拘一格选拔人才。二是要改进考试测评。突出岗位特点，注重实绩能力，提高考试测评的科学性和实效性，把考试与考察更好地结合起来，全面准确地了解干部德才表现和工作实绩，以人岗相适取人，不简单以考试成绩高低取人。三是要完善程序方法。要落实中央要求，结合工作实际，逐步建立公开选拔、竞争上岗制度，积极探索多种形式竞争性选拔干部的方法。今后国家局、总公司机关要拿出一定比例的司局级干部岗位面向全行业公开选拔；各省级局（公司）处级干部岗位可积极推行面向全省系统公开选拔。

（四）坚持和完善从基层一线选拔干部制度

注重从基层一线选拔干部，是保证各级领导岗位、领导机关与广大干部职工密切联系的重要措施，也是改变当前领导干部、机关干部来源结构性缺陷的迫切需要。要进一步完善措施、疏通渠道，加快建立从基层一线选拔和培养干部的机制，注重从基层选拔优秀干部充实到行业各级领导岗位和各级机关。要认真贯彻落实中组部《关于注重从基层和生产一线选拔党政领导机关干部的意见》要求，今后行业各直属单位配备领导班子成员，要重视基层工作经历，注重从基层选拔优秀干部。到2015年，各省级局、工业公司领导干部，国家局、总公司机关司（局）级领导干部中，具有两年以上基层工作经历的，应达到三分之二以上；各省级局、工业公司机关处级干部中，具有两年以上基层工作经历的，也要达到三分之二以上。要重视选派机关干部到基层挂职锻炼，国家局和各直属单位机关没有基层工作经历的干部，均要有计划、有组织，分期分批安排到基层单位任（挂）职锻炼。要加大从基层选用工作人员力度，畅通从基层选拔干部渠道。从2012年起，国家局和各省级局、工业公司机关新进人员，除部分特殊岗位外，均应从具有两年以上基层工作经历的人员中选用，建立健全从基层一线遴选和培养干部的机制，促进形成重视基层的干部导向。各单位都要制定从基层选拔干部的具体措施并抓好落实。

（五）加大培养选拔优秀年轻干部力度

加大培养选拔优秀年轻干部力度，是党的十七大提出的一项重大任务。提高中国烟草整体竞争实力，保持行业持续健康发展，年轻干部不断地成长成熟起来是关键。近年来，各单位高度重视年轻干部培养，引进吸收了一大批学历层次较高、具备专业知识、有闯劲有干劲的人才，为行业改革发展注入了新的生机和活力。但是，我们也要看到，年轻干部中不少同志缺乏严格的党内生活锻炼，缺乏对行业发展历程的了解和认识，缺乏基层实践特别是艰苦复杂环境的锻炼，驾驭复杂局面、解决实际问题的能力亟待加强。党的十七届四中全会明确提出，要加强年轻干部党性修养和实践锻炼。行业各单位党组（党委）要切实加强年轻干部的理想信念教育，不断提高年轻干部思想政治素质；切实加强年轻干部的党性修养，培养年轻干部良好作风；切实加强年轻干部的实践锻炼，不断提高年轻干部的能力素质。要认真落实《烟草系统领导班子后备干部管理办法》，研究制订行业加强培养选拔年轻干部工作意见，抓紧编制行业领导班子后备干部队伍建设规划。国家局今年将组织对行业各直属单位领导班子后备干部集中调整，各直属单位领导班子副职后备干部年龄一般不要超过50周岁，其中45岁以下的要有一定比例；正职后备干部年龄一般应不超过53周岁，其中45岁左右的要有一定比例，建立起行业新的后备干部库。要抓好后备干部队伍的培养交流，规范和完善后备干部挂职交流办法，按照缺什么、补什么的原则，有计划地交流到艰苦地区、复杂环境和关键岗位培养锻炼。要加大重要部门、关键岗位、艰苦地区、复杂环境干部交流力度，推进行业上下级机关干部交流。

（六）认真落实从严管理干部要求

党要管党、从严治党，关键是从严抓好班子、带好队伍、管好干部。干部的健康成长，既要靠自重、自省、自警、自励，又要靠组织严格要求、严格教育、严格管理、严格监督。2009年12月，中共中央办公厅专门印发了《关于进一步从严管理干部的意见》，最近又下发了《党政领导干部选拔任用工作责任追究办法（试行）》及中组部关于《党政领导干部选拔任用工作有关事项报告办法（试行）》等3个规定文件，对严格从严管理干部，健全干部选拔任用监督机制和责任追究制度作出具体规定，提出明确要求。这是深入贯彻党的十七大和十七届四中全会精神，落实党要管党、从严治党方针的重要举措，要认真抓好贯彻落实。行业各单位党组（党委）要把加强理论武装摆在干部队伍建设首要位置，健全党组中心组学习制度，坚持用中国特色社会主义理论体系武装头脑、指导实践。要加强社会主义核心价值体系教育，坚定理想信念，增强宗旨意识，严守党的纪律，努力提高领导干部思想政治素质。要继续深入开展“两个至上”在岗位主题实践活动，加强以“四要”为主要内容的作风建设，全面推进行业文化建设，努力建设一支高素质干部队伍。要按照中央从严管理干部的要求，进一步加强对领导干部特别是“一把手”和人、财、物等重要岗位领导干部的监督管理，完善和落实干部谈话谈心、个人重大事项报告、诫勉函询、经济责任审计等日常管理制度。认真落实“一报告两评议”制度和国家局党组《关于开展巡视工作的实施意见》要求，加大对行业干部选拔任用工作的监督检查和巡视力度。研究制定符合行业实际的调整不适宜担任现职干部办法。对于在领导班子全面考核与年度考核测评中优秀和称职得票率不到三分之二，经组织考核认定为不胜任现职岗位的，及时进行组织调整；对不称职得票率超过三分之一，经组织考核认定为不称职的，视具体情况对其作出免职、责令辞职、降职等组织处理。建立干部管理工作责任追究相关制度，探索试行拟提拔干部廉政报告制度。扩大干部工作信息公开，进一步完善干部监督联席会议制度，畅通监督渠道。建立信息共享的协商沟通机制，加强人事部门与纪检监察等有关部门信息沟通，坚持干部选拔任用纪检监察部门派员参与全过程考察、听取纪检监察部门意见制度。对于严重违规用人问题的案件必须严肃查处。

四、切实加强组织领导，确保深化行业干部人事制度改革各项任务落到实处

深化行业干部人事制度改革，是一项艰巨而紧迫的任务。全行业要按照《规划纲要》精神和国家局《实施意见》的要求，切实加强对深化干部人事制度改革的组织领导，高度重视，提高认识，明确任务，狠抓落实，既要积极探索创新，又要稳妥有序地向前推进。

（一）要切实加强领导

各级党组（党委）及人事部门要充分认识深化行业干部人事制度改革的重要性、紧迫性、艰巨性，解放思想，求真务实，以高度负责的态度、知难而进的作风、锲而不舍的精神，扎扎实实抓好各项工作推进。各单位党组（党委）主要负责同志要对干部人事制度改革工作负总责，认真学习领会中央的精神和国家局党组的要求，认真调研，找准问题，明确重点，制定措施，切实负起领导责任。分管干部人事工作的领导要切实抓好组织落实。人事部门要担负起具体实施的责任。形成党组（党委）统一领导，人事部门牵头协调，有关部门各司其职，形成密切配合、齐抓共管的工作格局。

（二）要积极探索创新

干部人事制度改革是一个不断创新、不断探索、不断完善的过程。各单位要从行业改革发展实际出发，抓住推进干部人事制度改革中的热点、难点问题，积极探索创新，稳妥有序推进。对经实践检验比较成熟的经验和做法，要及时总结并加以推广。要坚持一手抓制度创新，一手抓制度执行，并在实践中不断完善。要抓住改革重点，加大攻关力度，努力取得突破。

（三）要确保有序推进

各单位党组（党委）要严格按照中央的部署和国家局要求，结合本单位实际，加强对干部人事制度改革的规划和指导，有计划有步骤地加以推进，保证改革积极稳妥、有序进行。要注重改革实效，防止形式主义。要深入宣传党的干部路线方针和干部人事制度改革的决策部署，尤其要宣传改革实践中的新举措、

新进展、新成效，营造有利于推进改革的良好环境和舆论氛围。要发挥思想政治工作优势，掌握党员干部思想动态，引导干部职工积极支持和参与改革，保证改革积极稳妥有序推进。

在全国烟草行业第六次企业文化建设工作和服务品牌建设现场会暨中烟政研会秘书长会议上的讲话（摘要）

张保振

（2010 年 12 月 15 日）

一、行业企业文化建设工作回顾

（略）

二、服务品牌建设工作的启示

（略）

三、当前和今后一个时期的主要工作

2011 年是实施“十二五”规划的开局之年，也是全面推进“卷烟上水平”的关键之年。“卷烟上水平”是当前和今后一个时期行业工作的基本方针和战略任务，是行业加快转变发展方式的根本要求，也是行业思想政治建设的立足点和出发点。为此，我们要大力加强新形势下行业党的建设和思想政治建设，创新文化建设方式，提升文化成果价值，全面推进行业文化的大发展、大繁荣，不断提升中国烟草软实力，为行业持续健康发展奠定坚实基础。行业思想政治建设的指导思想是：以党的十七届五中全会精神为指导，深入贯彻落实科学发展观，以全面提升中国烟草总体竞争实力为目标，深入推进“两个至上”长效机制建设，大力加强行业党的建设、思想建设、文化建设，努力推动行业文化建设向文化管理进步，为“卷烟上水平”基本方针和战略任务的全面完成，为“532”、“461”品牌发展目标的实现，提供坚实的思想组织保证和文化支撑。当前和今后一个时期行业文化建设的主要任务是：紧紧围绕“卷烟上水平”基本方针和战略任务，持续推进以“两个至上”共同价值观为内核的行业思想政治建设，努力推动行业文化建设向文化管理进步，大力加强服务品牌建设、行为规范建设，全面提升中国烟草总体竞争实力。（简称“112”，即一个内核，一个进步，两个建设）。

（一）以“两个至上”为内核，大力加强思想政治建设，为“卷烟上水平”提供思想组织保证

“两个至上”共同价值观是促进行业改革和发展，推动行业文化建设的思想根基和灵魂。行业各直属单位要把持续推进“两个至上”主题实践活动，努力构建“两个至上”长效机制，深入开展“创先争优”活动，大力加强学习型组织建设有机地融入到企业的生产经营实践中，为“卷烟上水平”基本方针和战略任务的实现，提供坚实的思想组织保证。

1. 深入开展“创先争优”活动。深入开展“创先争优”活动，是贯彻落实党的十七大、十七届三中和四中全会精神的重要举措，是全面推进“卷烟上水平”基本方针和战略任务的重要保证，是落实行业“重心下移、着眼基层、突出服务、加强基础”工作方针的有效载体，是充分发挥基层党组织战斗堡垒作用、党员先锋模范作用的客观要求。行业各级党组织要把“创先争优”活动作为加强行业党的基层组织建设的重要任务，作为推动行业“卷烟上水平”基本方针和战略任务实现的重要抓手，力争到 2011 年，基层党组织达标率达到 70% 以上，其中优秀基层党组织达到 5% 左右。一是要抓好与各项工作的结合。“创先争优”活动开展以来，行业各级党组织高度重视，制定规划、设立机构、落实载体、持续推动、狠抓落实，全行业呈现出良好的发展态势。2011 年是这项活动的关键之年。要把“创先争优”活动作为“卷烟上水平”基本方针和战略任务的重要推手，不断提高各级领导班子的工作水平，增强基层党组织的战斗力、凝聚力，充分发挥广大党员模范带头作用，影响和带动行业广大员工更加积极主动、创造性地开展工作，进一步激发基层活力，夯实行业发展基础，为推动“卷烟上水平”基本方针和战略任务的实现提供重要保证。要把“创先争优”活动与“两个至上”长效机制建设结合起来，充分发挥基层党组织和广大党员的先锋模范作用，努力推动“两个至上”共同价值观“进班子、进岗位、进制度、进流程”。要把“创先争优”活动与“优秀基层单位”创建工作结合起来，以“优秀基层单位”创建工作为抓手，拓展“创先争优”活动的内涵，相互推动，相互促进。要把“创先争优”

活动与创建学习型行业、学习型党组织结合起来，结合岗位实际，引导广大党员牢固树立在工作中学习、在学习中工作的理念，努力使全体党员在思想上有新境界、素质上有新提高、工作上有新突破。要把“创先争优”活动与企业文化、服务品牌建设结合起来，丰富活动载体，活泼活动形式，拓展活动范围，让社会感受到责任烟草的风采，让客户感受到诚信烟草的信誉，让员工感受到和谐烟草的魅力。二是要开展党建工作标准化建设。党建工作标准化建设是严格基层组织生活、规范基层组织工作流程、发挥基层组织战斗堡垒作用、提高基层组织凝聚力、树立基层组织良好形象的重要抓手。国家局要组织“创先争优”试点单位，梳理基层组织工作制度，规范基层组织工作流程，建立适合行业特点、符合企业实际，执行有力、行之有效的工作机制。要加强基层组织活动标准化建设，建立标准化党员活动室，建设严肃活泼、弘扬先进、激励向上、员工向往的政治文化中心。国家局要组织“创先争优”试点单位先行落实，为全行业基层组织标准化建设的推广积累经验，树立标杆。要以“围绕中心抓党建、抓好党建促发展”为指导，制订符合行业实际、科学合理的党建工作标准，明确各级党组织的工作责任，健全党内监督和民主评议制度。三是要树立典型，弘扬正气。树立典型，弘扬正气，是推动“创先争优”活动深入开展的有效载体。一名党员就是一面旗帜，一个基层党组织就是一个战斗堡垒，要充分发挥先进典型的示范引领作用，全面推进行业党建工作整体水平的提升。国家局将围绕建党90周年，开展“优秀基层党组织”、“优秀共产党员”表彰活动。行业各直属单位党组（党委）要结合本单位实际，积极组织开展“创先争优”活动现场会、歌颂党的伟大成就、表彰先进典型等丰富多彩的活动，大力弘扬正气，彰显党的先进性。

2. 推进“两个至上”长效机制建设。“两个至上”共同价值观是社会主义核心价值体系在烟草行业的具体体现，是深入学习实践科学发展观的必然要求，是行业的立身之本，是推进“卷烟上水平”基本方针和战略任务实现的重要指导思想。2005年以来，全行业广泛开展了“两个至上”共同价值观大讨论、“两个至上”在岗位主题实践活动，“两个至上”共同价值观成为行业广大员工的共同价值追求和行为准则，较好地统一了思想、凝聚了力量，为行业持续健康发展发挥了积极作用。2010年7月，国家局党组专门印发《国家烟草专卖局党组关于构建以“进班子、进岗位、进制度、进流程”为重点的“两个至上”长效机制的意见》，各级党组（党委）要切实加强领导、狠抓落实，把握重点、明确目标，联系实际、狠抓结合，有针对性、创造性地开展“两个至上”长效机制建设工作。一是要加强领导，狠抓落实。各级党组（党委）要认真落实国家局党组的要求，切实加强领导，确保“两个至上”长效机制建设落到实处。各级领导干部要带头宣讲，深入基层，加强调研，认真指导。各职能部门要结合本单位实际，把方向、定方案、拟计划、出措施、抓落实，确保长效机制建设工作到责、到位、到岗、到人。要坚持以点带面，国家局要切实抓好行业长效机制建设试点单位工作，利用片会、座谈会等形式，加强指导，推广经验。各直属单位要做好典型宣传工作，利用现场会、交流会等形式，加强对长效机制建设工作的交流和指导，确保2011年底“两个至上”长效机制建设工作取得实质性进展。二是要把握重点，明确目标。“进班子、进岗位、进制度、进流程”是“两个至上”长效机制建设的重点。既要让“两个至上”共同价值观入脑、入心，更要使“两个至上”共同价值观入位、入行。“进班子”是“两个至上”长效机制建设的重中之重。各级领导班子要率先垂范“两个至上”，在思想认识上自觉提高党性修养和宗旨意识，讲责任、讲诚信、讲效率、讲奉献。从工作实际出发，自觉将践行“两个至上”体现在企业日常管理的点点滴滴上，把心思放在谋事上、把精力放在干事儿、把点子放在发展上。“进岗位”是“两个至上”长效机制建设的重要手段。各级各类岗位人员要将“两个至上”共同价值观的要求，主动融于岗位职责和工作标准中去，做到人人有责任、事事有标准，在各个工作层面、每个岗位充分体现“两个至上”共同价值观的要求。“进制度”是“两个至上”长效机制建设的重要保证。“两个至上”是行业制度建设的灵魂，要结合“卷烟上水平”的要求，审视分析企业已有的工作标准、工作要求、工作规范，进行认真梳理、分析比照、完善改进。要将“两个至上”共同价值观的要求贯穿到各级领导班子、领导干部、员工的考核评价制度中，用制度管事、管人。进流程是“两个至上”长效机制建设的关键环节。要以工作标准、管理体系、规章制度为基础，以方便工作运转、员工操作为要求，建立明晰工作岗位分工的岗位工作流程。要严格按照流程办事，在执行力上下工夫，在创新力上做文章，建立健全工作流程改进机制。三是要联系实际，狠抓结合。要紧密联系行业中心工作和本单位工作实际，努力实现“知”与“行”的有机结合与统一。要与“创先争优”工作相结合，让各级领导班子和领导干部成为践行共同价值观的表率、推动“卷烟上水平”的带头人，努力提高驾驭全局、领导科学发展的能力。要与深化用工分配制度改革相结合，进一步明确岗位职责，细化工作目标，强化考核监督，在各个工作层面、每个岗位，充分体现“两个至上”共同价值观的要求，真正实现行业共同价值观在全体员工中内化于心、外化于行。要与贯标、对标工作相结合，结合质量管理体系、职业健康安全管理体系、企业文化评价体系的建设，以管理、技术、工作标准、岗位规范、员工行为规范为重点，对现有制度进行认真梳理，不断完善考核评价体系，引导员工自觉将“两个至上”共同价值观转化为实际工作行为。

3. 大力推进学习型组织建设。推进学习型组织建设，是认真学习贯彻党的十七届五中全会精神、深入贯彻落实科学发展观、顺利实现“十二五”宏伟目标的迫切需要，是行业转变发展方式、增强竞争实力，实现行业“卷烟上水平”基本方针和战略任务的必然要求，也是提升广大员工综合素质的必由之路。我们要深刻理解学习型组织建设的含义，以人的发展为中心，以提高人的素质为目标，树立终身教育、终身学习的理念，大兴学习之风。要遵循组织建设规律，清晰建设思路规划，搭建学习载体平台，培养专业的“内训师”队伍，融入企业经营管理，建立学习长效机制，确保学习型组织建设为企业发展服务，为实现行业“卷烟上水平”基本方针和战略任务服务。一是要固化共同目标，强化组织领导。当前和今后一个期间，全行业要将“卷烟上水平”基本方针和战略任务作为共同的奋斗目标，固化到广大员工的认识中，细化到企业的经营实践里，落实到员工的行为上，努力形成尊重知识、全员学习的良好氛围，激发广大员工为行业发展的共同事业、共同使命而不断学习，持续提升能力水平，以更好地服务于行业改革和发展、服务于社会、服务于国家。要切实抓好教育培训，国家局和行业各直属单位要组织关于学习型组织是什么、做什么、怎么做的专题培训和讲座，让行业上下正确认识学习型组织的真正要义、建设内容、建设步骤、实施方法等。各直属单位要成立相应的组织机构，定规划、定目标、定任务，科学有效地推进学习型组织建设工作。二是打造学习型团队，提升素质能力。要注重将个人的知识和技能转化为团队的知识和技能，进而全面提升员工素质能力。结合行业实际，学习型团队的打造主要致力于创建优秀管理团队、优秀班组、优秀内训师三支队伍。创建优秀管理团队是关键。要以管理团队为核心，辐射和打造优秀员工队伍。全行业管理人员要开展“读一本书、听一堂课、上一次讲台”活动，建设一支党性强、善学习、能带队的管理队伍。创建优秀班组是基础。生产、营销、服务等一线队伍是企业生产力的保障。要通过开展团队学习、知识竞赛、能力比武等形式，全面提升综合素质。创建优秀内训师队伍是保障。要采取“引进来”和“送出去”等多种途径培训内训师队伍，打造一支有思想、有方法、有实践的内训师队伍。内训师队伍要达到所在单位员工总数的3%以上。三是加强学习创新，转变工作方式。通过学习型组织创建，运用相关方法和技术，依托多样化、多途径的学习渠道，创造良好的知识和技能共享的文化氛围，建立团队协作机制和员工创新激励机制。结合企业工作实际，有针对性地实施相关的培训和学习演练，将学习与工作内容紧密结合，促进员工转变观念，提高能力，实现“学习工作化，工作学习化”，推动员工工作方式向学习型、协作型、创新型转变。要着力构建企业知识库、学习大讲堂、实战演练场、创新社区等平台。国家局要组织相关单位开展学习型组织建设试点工作，为行业创建学习型组织积累经验，提供示范。

（二）以企业文化为引领，大力加强服务品牌建设，为“卷烟上水平”增强发展动力

服务品牌建设是企业文化建设的有效载体，是文化力转化为经济力的重要抓手，是“卷烟上水平”基本方针和战略任务实现的重要保证。各单位在服务品牌建设上要力求做到“三性八有”。“三性”就是突出思想性、彰显实践性、注重辩证性；“八有”就是有理念、有历史、有载体、有内容、有流程、有形象、有效果、有奖惩。要不断深化服务内容，创新服务手段，提升服务质量，着力打造让客户有忠诚度和满意度的服务品牌。2011年全行业要全面开展服务品牌建设工作，省会城市、副省级城市烟草公司、16家中烟公司要先行一步。国家局要积极构建服务品牌价值评估标准，启动品牌价值评价工作，适时开展行业最具价值服务品牌的评比工作。

1. 以服务品牌为抓手，提升商业企业竞争力。烟草商业企业要紧紧围绕行业“卷烟上水平”基本方针和战略任务，以服务品牌建设为重点，明确职能定位，坚持省级公司规划、管理、指导，地市级公司打造、推进、提升的原则，逐步实现从经销产品到经营服务一体化的转变。省级公司作为服务品牌建设管理主体，一是构建服务文化架构，塑造品牌个性。服务品牌理念系统与服务品牌视觉识别系统是服务文化架构的关键要素。要充分融入地域文化、服务特点，深度挖掘、丰富品牌文化内涵，结合本单位实际，打造特色鲜明的服务品牌；构建系统完善的母子（分）公司服务品牌理念体系架构；依托品牌故事、品牌案例、文化活动等丰富多彩的宣贯方式，传播品牌内涵和服务理念；在中国烟草视觉识别系统规范应用的基础上，统一服务品牌视觉识别系统，塑造良好的服务品牌视觉形象。

二是优化服务品牌运行，夯实品牌基础。服务标准、服务流程、服务评价是服务品牌建设的核心要素。要充分掌握服务对象诉求，明确服务内容、完善服务标准、优化服务流程、完善评价体系，激励员工增强服务意识、提升服务能力、提高服务质量。积极探索工商协同模式，围绕品牌培育的第一要务，实现信息共享、形成品牌共育，建立行业内外真正意义上的战略合作关系。三是强化服务品牌传播，树立良好形象。要逐步建立健全服务品牌传播制度，通过有效载体、系列活动、公益事业等方式，加强服务品牌传播，树立责任烟草的良好形象，让广大客户和消费者感受、认知、认同服务品牌，使服务创造价值看得见、摸得着，不断提高广大员工建设服务品牌的积极性。四是强化服务品牌管理，推进服务品牌成长。要不断强化服务品牌的管理与维护，将服务品牌建设提升到企业经营战略的高度。要建立专业化的服务品牌管理团队，调动各业务部门积极参与，形成合力，努力实现服务品牌建设的长远发展与企业的发展愿景相结合，与企业的生产经营相结合，与员工的价值追求相结合。

地市级烟草公司作为服务品牌打造、推进、提升主体，要准确把握职能定位，不断提升服务意识、强化服务观念、提高服务水平、凸显服务特色、落实服务任务，使广大员工逐步实现“要我服务”到“我要服务”的转变，从强化服务观念意识到自觉落实服务行为的转变。要大力营造服务氛围，提高服务意识。以省级公司统一规划为依托，认真组织服务品牌培训工作，提升广大员工对服务品牌内涵的认识，推进员工思想观念的转变。要开展“优秀服务单位”、“优秀服务标兵”评选，组织服务技能竞赛，营造良好氛围。要打造终端服务模式，提升服务能力。建设符合企业实际的、科学的终端服务模式，是服务品牌建设的目的。烟草商业企业不仅要服务零售客户、烟农、消费者，还要服务卷烟工业企业和企业员工。各单位要结合自身实际，根据服务对象的需要，积极探索各具特色的服务模式，提升服务能力，提供优质服务。

2. 以品牌文化为核心，提升工业企业竞争力。烟草工业企业要紧紧围绕“卷烟上水平”基本方针和战略任务，坚持“以市场为导向，以客户为中心”的原则，努力实现从制造商向服务商转变，立足品牌文化，打造服务品牌，提升品牌竞争力。一是整合品牌文化，彰显品牌价值。各工业公司要结合品牌整合实际，梳理、提炼、整合品牌文化，提升品牌内涵，明确品牌定位，彰显品牌个性。二是突出品牌精髓，打造优质品牌。卷烟企业的服务品牌，必须在突出品牌精髓上下工夫。品牌的精髓，当今就是低害，长远向少害甚至多益方向发展。这同时也是“卷烟上水平”的核心所在。各卷烟企业必须在这方面有真动作、真功夫、真作为。三是实施精益生产，提高品牌张力。“卷烟上水平”要求生产过程必须上水平。要从成本、质量、效率、安全各方面入手，优化流程，提高劳动生产率、产品质量和市场响应速度，降低单箱综合能耗和制造成本，强化安全生产，实现从“规范管理”向“精细化管理”迈进。四是优化品牌营销，促进品牌传播。要自觉履行《烟草控制框架公约》有关规定，根据企业品牌发展战略，创新品牌营销和传播手段，加强企业文化和品牌文化的传播，充分利用企业文化媒体、品牌案例、社会责任活动等手段，开辟品牌传播渠道。加强工商协同，共同培育品牌。五是加强品牌管理，实现持续发展。要自觉强化品牌管理职能，全面管理、运营品牌资产，对品牌文化进行系统、高效管理和运用，评估品牌价值，组织品牌危机公关，建立品牌建设长效机制，实现品牌管理的系统化、日常化、制度化，确保品牌资产保值增值。

3. 加强领导，推动服务品牌建设。各直属单位要认真落实国家局党组要求，切实加强对服务品牌建设工作的领导。一是要加强指导，以点带面。国家局要进一步推动行业服务品牌建设试点单位的工作，认真总结服务品牌建设经验，适时推广服务品牌建设案例。要加强服务品牌建设的指导，举办服务品牌建设专题培训班，组织片区服务品牌建设研讨会。结合行业服务品牌建设实际，建立《行业服务品牌建设实施细则》。二是要做好协同，整体推进。服务品牌建设是一项系统工程，需要各部门密切合作。企业领导、责任部门和相关部门要协同起来，形成齐抓共建服务品牌的局面。企业的主要领导要做好“三件事”：将服务品牌建设列入议题、抓好协调、搞好考核；直接责任部门要做好“三件事”：搞好规划、抓好宣贯、抓好落实；相关部门要做好“三件事”：主动配合、全员参与、培养典型。三是要建立标准，严格考核。国家局要加强调研，认真研讨，组织构建《服务品牌评价体系》，细化服务品牌建设目标，明确服务品牌建设标准，适时评选行业优秀服务品牌。要严格落实服务品牌建设的考核，国家局已经将服务品牌建设纳入《省级公司领导工作业绩考核指标》，各省级公司要结合本单位服务品牌建设工作实际，对下属各单位开展服务品牌建设考核工作。

（三）以规范工作行为为目标，全面开展行为规范建设，为“卷烟上水平”提供素质保障

努力建设一支有理想、讲大局、能吃苦、乐奉献的高素质员工队伍，是实现“卷烟上水平”基本方针和战略任务的重要保证。行业行为规范是规范员工工

作行为、提升员工队伍综合素质的有效抓手，是践行“两个至上”共同价值观的具体体现。建设具有烟草行业特色的行业行为规范，是行业文化由理念转化为行为的根本保障，是行业文化外化于行的有效载体。国家局通过试点调研、总结提炼，形成《中国烟草行业行为规范》，分别从公共行为规范、职业行为规范、窗口岗位行为规范、礼仪行为规范四个方面，对商业企业28个职业类别、8个窗口岗位，工业企业24个职业类别、5个窗口岗位规范了行为标准，具有很强的针对性，各直属单位要认真学习，系统培训，强化演练，狠抓落实。

1. 认真学习，深刻领会。各直属单位要以《中国烟草行业行为规范》为标准，系统学习、分层解读、丰富载体、有效推进。一是要认真宣讲，全面应用。《中国烟草行业行为规范》将印发到各直属单位。各级领导干部要带头宣讲、率先垂范，各职能部门要认真解读、狠抓培训，广大员工要认真学习、深刻理解、内化于心。二是要结合实际，有效延伸。《中国烟草行业行为规范》是行业上下共同遵守的行为准则。各单位要结合实际，在遵循行业行为规范内涵和精神的基础上，对未涉及到的岗位行为规范加以完善。三是要丰富载体，寓教于乐。各单位在认真学习、深刻领会的基础上，充分利用电视、网络、电子读物等多种形式，丰富学习手段，借助演示、竞赛、文艺表演等载体，强化对行为规范的学习。

2. 全面宣贯，强化演练。培训是宣贯的有效载体，演练是落实行为的重要抓手。各单位要结合实际，加强宣贯，外化于行。一是要开展培训。要将行为规范培训的普遍性要求与不同类别、不同层次、不同岗位的特殊需要结合起来，把行为规范培训纳入年度培训工作计划，按照职业、岗位类别分别组织培训。要结合企业实际，开展行为规范内训师培训，为行为规范的宣贯建立一支骨干队伍。国家局要结合行业行为规范的应用，组织专题培训班，解读行为规范的内容和应用要求。二是要强化演练。演练是激发动力、固化行为的有效手段。要依托《中国烟草行业行为规范》读本，组织不同岗位的情景演练，使行为规范外化于行。要依托文艺演出形式，使行为规范生动展示。要突出窗口岗位的演练，针对不同情况、不同问题，寻找最佳行为答案，树立企业良好形象。三是要开展竞赛。要依托《中国烟草行业行为规范》读本，开展知识竞赛活动，使行为规范熟记于心。要结合行业职业技能竞赛，开展不同岗位、不同类别技术比武，使行为规范要求融入技能。要针对行业窗口岗位开展服务技能比武竞赛活动，提高服务水平，规范服务行为。

3. 严格考核，狠抓落实。严格考核是保证行为规范落实到位的重要手段。一是要建立考核指标。要结合企业实际，针对不同岗位、不同类别的行为规范要求，从理论和行为层面，量化考核指标，融入到企业整体的考核体系中，真正使员工对岗位行为记得住、做得到。二是要狠抓工作结合。行为规范是岗位职责、工作标准、服务标准的具体体现。要与岗位职责的要求相结合，互为补充。要与工作标准的具体要求相结合，相得益彰。要与服务标准、服务流程相结合，优化服务行为，打造服务品牌。三是要实现有效激励。要将年度考核和过程管理相结合，综合评价员工行为；要将行为规范的考核评价纳入先进单位、部门和优秀员工评选指标；要将行为规范的考核结果与员工工资调整、奖金发放、岗位晋升相结合，真正达到公平公正、有效激励的目的。

（四）以文化管理为目标，持续推进行业文化发展，为“卷烟上水平”提供坚实支撑

5年来，行业企业文化建设实践做了大量基础性工作，奠定了行业文化建设的基石，为行业文化建设向文化管理进步创造了良好条件。文化管理是行业文化建设的升华与发展，是推动行业文化建设与行业发展战略、经营理念、制度创新、行为规范及社会责任相融合，实现“管理上水平”，提升行业竞争力的重要目标。行业上下要努力实现企业文化建设的“三个转变”：从自发转变为自觉；从重理念转变为与生产经营相结合；从职能部门组织实施转变为所有部门共同推进。各单位要有效整合行业文化建设成果，努力创建文化管理模式，实现行业文化建设向文化管理进步，为“卷烟上水平”提供有力的文化支撑。

1. 持续推进企业文化建设。持续推进企业文化建设，是行业文化建设客观实际的必然要求。这几年我们做了大量的基础性工作。概括起来主要是四个方面：一是建起了行业文化架构体系，二是明确了行业视觉识别系统，三是形成了行业行为规范，四是制定了企业文化评价体系。这四个体系是行业企业文化的基础性工作。如果打个比方的话，这些基础工作就像我们建厂盖了工房、买了设备、招了人员。但工房再漂亮、设备再先进、人员再优秀，如果没有产品，市场就不会认识，社会就难以认可。因此，有了“工厂”，就要出产品。产品靠开发，品牌靠创造。企业文化建设就是要创出品牌。这个品牌，就是服务品牌。因此，要结合本单位企业文化建设的实际，持续改进、深入推进，把企业文化作为企业发展的强大推动力。一是正确认识企业文化建设现状。行业各直属单位企业文化建设工作取得了很大成绩，但还存在着一些不足。如：文化建设发展不平衡，有的单位是硕果累累，有

的单位则尚未萌芽；有的单位只满足于对本企业文化的整合与提升，文化宣贯不力，缺乏长远建设规划；有的单位领导对企业文化建设认识不强，把企业文化作为“副产品”；有的单位简单应付，流于形式；有的单位对企业文化建设的内涵理解不深，不遵循文化发展规律，在整合提升文化的同时，宣贯、品牌一把抓，导致本单位员工认识模糊、理解不透、落实不力。我们要客观认识这些问题，结合本单位实际，不断改进完善，促进文化建设持续发展。二是准确把握企业文化建设方法。各单位要在继承和发扬优良传统的基础上，结合自身实际，吸收先进理念，掌握科学方法。在企业文化表现形式上，最主要的是做到“六有”：一是要有追求。有追求才能让人羡慕。追求就是愿景。愿景就是要把企业办成一个什么样的企业，把队伍带成一支什么样的队伍。二是要有标志。有标志才能让人认得。标志是一种文化符号。有文化符号才能让人认识并记住。三是有活动。有活动才能让人快乐，才能最大限度地把员工都吸引过来，参与进去，从而给大家带来快乐，收到润物无声之效。四是有故事。有故事才能让人记牢。理念靠故事，才有感染力。有感染才服人。对此，有故事要提炼，没故事要挖掘。挖掘不是瞎编。瞎编的故事，没有任何生命力。五是要有典型。有典型才能让人信服。企业文化是企业的“灯”与“火”。“灯”要照路，“火”要暖人。“灯”与“火”如何体现？典型最有说服力。六是要有品牌。有品牌才能让人满意。品牌最重要是要抓好服务品牌。服务品牌讲服务。服务就是付出。付出，不仅要付出体力、精力，而且要付出财力。这样的付出越多，才越能照亮别人，温暖人心。各直属单位要准确把握，结合企业文化评价，开展文化建设“回头看”活动，将本单位的企业文化建设做精、做实。三是努力推动母子文化相融共进。母子文化是行业特性的体现，是行业文化的重要组成部分。本着“共享核心、尊重个性、系统融合，互为补充”的原则，各省级公司要在行业文化架构体系的引领下，构建自身母文化，倡导并鼓励所属企业在母文化的基础上，结合自身特点做进一步的细化和延伸，积极建设各具特色化的子文化。母子文化既要体现共性，又要体现个性。母文化是子文化的源头，子文化是母文化的丰富，在清晰的定位下，各自发挥不同的作用。省级公司要强化对所属单位的文化管理，统一部署，分类管理，促进融合，加强监督，以达到母子文化的和谐统一。

2. 深入开展文化宣贯活动。企业文化入眼、入脑、入心、入行，是一个渐进的过程，需要持续推进，不断渗透，才能拓宽文化的影响面，增强文化的凝聚力。一是宣贯行业文化架构体系。行业文化架构体系是宣贯的核心，是强化行业共同价值观、深化行业共同使命感的根本。随着行业改革和发展的进步，行业文化的内涵不断得到丰富和升华。2007 年国家局党组提出了全面建设“严格规范、富有效率、充满活力”中国烟草的总体目标，2009 年提出了“节奏要快、标准要高、工作要实、状态要好”的“四要”作风建设要求，2010 年又提出保持“满腔热情、富有激情、充满智慧、奋力创新”的良好精神状态要求。这是行业文化与时俱进的发展与延续，各直属单位要结合行业“卷烟上水平”总体规划，结合行业行为规范建设和服务品牌建设，广泛深入地开展宣贯活动，使广大员工认知、认同新的文化理念内涵。二是创新宣贯方法。面对文化发展的新阶段，不断丰富活动内容、创新活动形式、拓展活动载体、增强活动吸引力、提高活动效果，是文化宣贯的关键。各直属单位要通过开展文艺演出、书画展览、拓展训练、公益活动等形式，让企业文化鲜活起来，促进员工对企业文化的正确理解；要充分发挥广播、电视、内刊、网站、橱窗、板报、墙报等宣贯载体的作用，延伸文化宣贯面，让企业文化传播到每一位员工、每一个终端服务对象；要从不同岗位中选拔人员，加强培训，努力打造一线企业文化师队伍；要充分发挥案例和故事的作用，挖掘企业内具有代表性的典型案例和故事，形成、更新企业文化案例集和故事集，创造良好的企业文化传承方式。2011 年，国家局要继续做好文化案例丛书编辑工作，组织举办“文化故事大讲堂”竞赛活动。要充分发挥中烟政研会会刊《烟草企业文化》杂志的作用，加强典型宣传，强化宣贯效应。

3. 严格贯彻落实两个标准。《中国烟草视觉识别系统》、《行业文化评价体系》两项标准，作为行业文化建设基础工作的重要内容，得到了行业上下的全面贯彻和执行，树立了行业形象，促进了行业文化发展，各直属单位要继续抓好这两个标准的贯彻落实。一是要强化行业企业文化评价体系应用。作为行业文化建设的“方向盘”和“指南针”，企业文化评价体系今年在行业内得到了广泛应用，75% 的直属单位完成评价体系的培训和实施工作，评价效果初步显现。没有实施的单位要快步跟上，充分利用评价体系，进一步清晰企业文化建设现状，总结经验，分析问题。将总结分析后的改进完善计划融入到本单位企业文化建设规划中，不断提升文化建设水平。各直属单位要在 2011 年 5 月底前全面完成评价体系的应用。依托评价体系，国家局将拓展现有企业文化评价管理平台功能，升级成为行业思想政治工作运行平台，开辟思想政治工作和文化建设管理的新途径，强化“向下考，向上报”的过程管理，实现思想政治工作和企业文化建设信息的上传下达，分享建设经验，促进行业内部交流，推进思想政治工作和文化建设向纵深发展。要不断完善行业思想政治工作运行平台，构建国家局、省级局、工业公司及所属企业“三级应用、两级考核”的母子文化建设和管理机制。强化省级单位的统筹作用，确保文化建设大方向、大思路的一致。二是推进中国烟草视觉识别系统落实。《中国烟草视觉识别系统》颁布实施以来，为树立鲜明的行业形象奠定了基础。各直属单位高度重视，细化标准，狠抓落实，大力促进推广应用，为统一行业形象奠定基础。目前已有60%的直属单位完成视觉识别系统应用工作。凡涉及行业视觉识别系统基础应用、规范应用部分相关内容的导入工作，必须在2011年5月底前完成，各直属单位要向国家局提交应用报告。各单位要积极支持标志整合，加快标志更新，停用原有标志，维护标志权益；要结合企业实际延伸视觉识别系统应用，结合服务品牌标志，整体展示行业形象和企业形象。各单位要组织好两项标准建设情况的检查评估工作，2011年国家局将对两项标准落实情况进行抽查，检查结果纳入各直属单位领导的评价，切实保障企业文化建设标准应用落到实处。

纪检监察

在全国烟草行业纪检监察工作会议上的讲话

姜成康

（2010年2月26日）

这次全国烟草行业纪检监察工作会议，主要任务是认真学习贯彻中央纪委五次全会精神，特别是认真学习贯彻胡锦涛总书记在中央纪委五次全会上的重要讲话精神，在回顾总结行业2009年纪检监察工作基础上，对2010年行业的反腐倡廉建设进行安排部署，以奋发有为的精神状态和真抓实干的工作作风，全面推进行业党风廉政建设和反腐败工作，为保持行业持续健康发展提供坚强有力的保证。

一、严格履行职责，行业反腐倡廉建设取得新的明显成效

2009年是我们党和国家有效应对国际金融危机冲击、保持经济平稳较快发展和社会大局稳定、把改革开放和社会主义现代化建设推向前进的一年，也是烟草行业坚决贯彻中央决策部署，顾全大局、坚定信心、主动应对、扎实工作，各方面工作取得明显成效的一年。过去的一年，面对市场环境重大变化和卷烟税收政策重大调整，全行业在党中央、国务院坚强领导下，以邓小平理论和“三个代表”重要思想为指导，深入贯彻落实科学发展观，紧紧围绕“烟叶防过热，卷烟上水平，税利保增长”的目标任务，全面抓好各项工作的落实，生产经营继续保持了良好的发展态势，全年实现工商税利5131.13亿元，同比增长12.23%。这些成绩的取得，是全行业广大干部职工共同努力奋斗的结果。应当充分肯定的是，纪检监察工作在行业改革和发展中发挥了强有力的服务和保障作用，各级纪检监察机构和广大纪检监察干部为行业持续健康发展作出了积极的贡献。

（一）紧紧围绕中心履行职责，服务大局的意识进一步增强

行业各级纪检监察机构和广大纪检监察干部，始终把纪检监察工作放在行业改革发展的大局来谋划和部署，紧紧围绕“烟叶防过热，卷烟上水平，税利保增长”的目标任务，加强对贯彻党的路线方针政策的检查落实，确保中央的决策部署和国家局党组的工作要求在行业得到坚决贯彻落实。在推进现代烟草农业建设中，各级纪检监察机构主动参与，加强监督，在“两烟”生产经营、重大工程项目及资金管理等方面，加强监督检查，严明纪律要求，及时纠正不规范行为，确保政令畅通，为行业持续健康发展发挥了强有力的保证作用。

（二）强化对权力运行的监督制约，党员领导干部廉洁自律的自觉性进一步提高

行业各级党组（党委）和纪检监察机构，认真组

织学习《关于实行党政领导干部问责的暂行规定》和《国有企业领导人员廉洁从业若干规定》，教育各级领导干部牢固树立责任意识和纪律观念，正确对待手中的权力。认真贯彻实施《中国共产党巡视工作条例（试行）》，组织开展巡视工作试点，切实加强对各级领导班子建设情况的监督检查。进一步抓好对干部选拔任用的监督工作，配合人事部门参与干部考察工作，对拟任人选进行廉政审核，对干部选拔任用工作程序进行监督，有效防止了干部选拔任用工作中的不正之风。严格落实党员领导干部廉洁自律各项规定要求，严格规范权力运行。

（三）坚持从严治党方针，查办案件的力度进一步加大

各级纪检监察机构坚持把查办案件作为惩治腐败的重要措施，加大案件线索排查力度和信访举报查核力度。2009 年，全行业纪检监察机构初核案件 336 件，立案 108 件，结案 111 件，给予党纪政纪处分 170 人，其中处级以上干部 30 人。在查办案件的同时，注重对典型案例的剖析研究，举一反三，吸取教训，堵塞漏洞，做到查处一起案件，教育一批干部，完善一套制度，充分发挥了查办案件的治本功能和惩戒作用。

（四）认真研究反腐倡廉工作规律，源头治理工作进一步深化

国家局党组和驻局纪检组坚持从行业实际出发，立足行业内部规范，着眼生产经营管理的重点部位和关键环节，不断探索反腐倡廉工作特点和规律，以改革创新精神，坚持不懈地推动源头治理工作向纵深发展。推行“明示承诺”制度工作进展有序，“两烟”生产经营不规范行为明显遏制；大宗物资采购监管稳步推行，招投标工作更加规范；重大工程项目监管工作和资金监管系统建设成效明显，中央纪委有关部门专门组织进行了调研和总结。

（五）注重政治业务素质的培养，纪检监察队伍建设进一步加强

行业各级党组（党委）和纪检监察机构高度重视纪检监察队伍建设，认真开展深入学习实践科学发展观活动和“做党的忠诚卫士、当群众的贴心人”主题实践活动，广大纪检监察干部自觉用科学发展观武装头脑，讲党性、重品行、作表率，牢固树立和自觉践行“两个至上”行业共同价值观，积极开展以“节奏要快、标准要高、工作要实、状态要好”为主要内容的作风建设，切实履行好党和人民赋予的神圣职责和光荣使命，为行业改革发展作出了积极的贡献。

二、认真学习贯彻胡锦涛总书记在中央纪委五次全会重要讲话精神，深入推进行业反腐倡廉制度建设

胡锦涛总书记在中央纪委五次全会上发表的重要讲话，从党和国家事业发展全局和战略高度，全面分析了当前反腐倡廉建设形势，明确提出深入推进党风廉政建设和反腐败斗争，必须重点抓好反腐倡廉制度建设。讲话深刻阐述了加强反腐倡廉制度建设的重要性和紧迫性，强调要以建立健全惩治和预防腐败体系各项制度为重点，以制约和监督权力为核心，以提高制度执行力为抓手，加强总体规划，抓紧重点突破，逐步建成内容科学、程序严密、配套完备、有效管用的反腐倡廉制度体系。胡锦涛总书记的重要讲话高屋建瓴、思想深刻、内容丰富、论述精辟，具有很强的指导性和针对性，是当前和今后一个时期加强反腐倡廉建设特别是制度建设的纲领性文件。烟草行业各级党组织和纪检监察机构一定要认真学习领会，全面贯彻落实，务求取得实效。

（一）深刻理解加强反腐倡廉制度建设的重要意义

胡锦涛总书记的重要讲话明确提出，反腐倡廉制度建设既是党的制度建设的重要方面，又是反腐倡廉建设的重要保障。学习贯彻胡锦涛总书记重要讲话，要深刻理解和把握以下几方面：一是深刻理解抓好反腐倡廉制度建设，是深入推进反腐倡廉建设和反腐败斗争、筑牢党员干部廉洁从政思想道德防线的重要基础。当前我国仍处于经济体制深刻变革、社会结构深刻变动、利益格局深刻调整、思想观念深刻变化和各种社会矛盾凸显的历史时期，各方面体制机制还不完善，在全方位对外开放的条件下，一些党员干部理想信念动摇、宗旨意识淡漠，拜金主义、享乐主义、极端个人主义思想有所滋长，客观上还存在着滋生腐败现象的土壤和条件。突出抓好反腐倡廉制度建设，是深入推进党风廉政建设和反腐败斗争，努力从制度上预防腐败行为发生的治本之策。二是深刻理解抓好反腐倡廉制度建设，是深入贯彻落实党的十七大和十七届四中全会关于加强反腐倡廉建设各项部署的具体措施。党的十七大明确提出，在坚决惩治腐败的同时，更加注重治本，更加注重预防，更加注重制度建设，拓展从源头上防治腐败工作领域。十七届四中全会进一步提出推进反腐倡廉制度创新的要求。学习贯彻胡锦涛总书记重要讲话，要与深入贯彻落实党的十七大和十七届四中全会精神紧密结合起来，努力推进行业反腐倡廉制度建设深入发展。三是深刻理解抓好反腐

倡廉制度建设，是构建行业惩治和预防腐败体系的重要内容和迫切要求。制度建设既是构建惩治和预防腐败体系的重要内容，又是贯穿惩治和预防腐败体系各个核心要素中的保障机制。教育要靠制度来落实，监督要靠制度来保证，纠风要靠制度来巩固，惩处要靠制度来规范，改革要靠制度来深化。切实抓好反腐倡廉制度建设，是对反腐倡廉建设规律认识的进一步深化，是反腐倡廉建设深入发展的必然要求，对于深入开展党风廉政建设和反腐败斗争，全面推进党的建设新的伟大工程具有重要而深远的意义。

（二）进一步增强反腐倡廉制度建设的紧迫感和责任感

制度建设更带有根本性、全局性、稳定性和长期性。加强制度建设，从源头上预防和治理腐败，是构建行业惩防体系、预防腐败发生的根本途径。近年来，国家局党组高度重视行业反腐倡廉制度建设，按照中央《建立健全教育、制度、监督并重的惩治和预防腐败体系实施纲要》的部署和要求，着眼于行业改革发展实际，把“严格规范”作为保持行业持续健康发展的生命线，先后制定下发了《国家局党组关于贯彻落实〈建立健全教育、制度、监督并重的惩治和预防腐败体系实施纲要〉的具体意见》、《关于加强烟草行业内部管理监督工作的意见》、《关于加强对行业各级领导班子及主要领导干部监督的意见》、《关于省级局（公司）领导干部选拔任用工作实施办法（试行）》、《关于在加强烟草行业内部管理监督中充分发挥纪检监察部门监督检查作用的意见》等一系列规范性文件，坚持把反腐倡廉制度建设与加强行业内部管理监督紧密结合起来，针对“两烟”生产经营管理的薄弱环节，加强专项整顿，深化源头治理，规范内部管理，建立健全各项行之有效的规章制度措施，并付诸实施，确保了生产经营管理的规范运行；坚持把反腐倡廉制度建设与解决“提高效率”、“注重自律”两大课题结合起来，切实加强行业各级领导班子建设，注重对各级领导干部特别是“一把手”权力运行的监督，健全完善民主集中制，坚持科学决策、民主决策、依法决策，增强各级领导班子和领导干部的民主意识、群众观点和纪律观念；坚持把反腐倡廉制度建设与自觉践行“两个至上”行业共同价值观结合起来，完善教育制度，落实教育内容，把理想宗旨教育和廉洁从政从业教育融入各项制度规范之中，有效发挥了教育说服力和制度约束力的整体功效；坚持把反腐倡廉制度建设与行业经济运行健康发展结合起来，紧紧围绕行业中心工作和改革发展目标，建立健全纪律保障制度，确保了国家局各项决策部署在行业的贯彻落实；坚持把反腐倡廉制度建设与完善体制机制结合起来，在推进传统烟叶生产向现代烟草农业转变、传统商业向现代卷烟流通转变、传统企业制度向现代企业制度转变过程中，逐步建立规范的法人治理结构，形成职责明确、运转协调、相互制衡的体制和机制，推进了行业各项改革不断深入。由于近年来全行业在严格规范上狠下工夫、在建章立制上花大力气，反腐倡廉制度建设取得了积极进展。仅2009年，国家局就相继制定出台了《关于加强和改进新形势下行业党的建设的意见》、《关于加强领导班子建设的意见》、《关于开展巡视工作的实施意见》、《烟草行业干部选拔任用工作廉政监督暂行规定》、《关于加强行业内部管理监督体系建设的意见》、《关于进一步推进烟草企业办事公开民主管理的意见》、《烟草行业全面预算管理办法和工商企业全面预算管理规程（暂行）》、《烟草行业工程投资、物资采购和宣传促销项目管理程序的规定》等多项制度规定，逐步形成了反腐倡廉制度体系的基本框架，有力地促进了行业生产经营秩序进一步规范和持续健康发展。但必须清醒地认识到，尽管近年来行业在各个方面制定了不少制度规定，但不规范的问题还时有发生，有些问题还反复出现，一些单位违规违纪问题仍比较严重。这些情况表明，我们的反腐倡廉制度建设还不健全，还存在一些缺陷，具体表现为：一是制度制定缺乏针对性，有的制度过于原则、宽泛。二是制度制定缺乏系统性，有的只有实体性制度，而没有相配套的程序性制度，操作性不强，不能发挥监督制约作用。三是制度执行不力，有的重制定、轻执行，制度只是成了贴在墙上的一纸空文，有的甚至搞上有政策、下有对策，有利的就执行，不利的就“变形”，使制度丧失了应有的权威性和严肃性。对以上这些问题，必须引起高度重视。当前，要通过认真学习贯彻胡锦涛总书记重要讲话精神，切实增强反腐倡廉制度建设的紧迫感和责任感，下决心、花气力抓紧解决制度建设上存在的突出问题，努力提高反腐倡廉制度化、规范化水平，把反腐倡廉建设进一步向前推进。

（三）着力抓好反腐倡廉制度落实，努力提高制度执行力

胡锦涛总书记在中央纪委五次全会上强调，制度的效用取决于制度执行力。建立健全反腐倡廉制度的目的，是通过执行制度深入推进反腐倡廉建设。抓好制度执行，既是制度建设的基本要求，也是检验制度建设成效的重要标准。制定一份好的文件不容易，把文件落到实处更不容易。这就要求我们在重视建立健全反腐倡廉各项制度的同时，更要在狠抓制度落实上下工夫，着力提高制度的执行力。

要深入宣传教育，增强遵守制度的自觉性。一些党员干部制度意识淡薄，缺乏严格遵守和执行制度的自觉性，是影响制度执行效果的重要原因。推进行业反腐倡廉制度建设，必须把制度的宣传教育摆在重要位置。要把反腐倡廉制度教育纳入各级党组中心组学习内容，列入干部教育培训课程，重点在领导机关和领导干部中广泛开展反腐倡廉制度的宣传教育，增强各级领导干部和广大党员的法制纪律观念，增强在法律面前人人平等、制度面前没有特权、制度约束没有例外的意识，带头学习制度，严格执行制度，自觉维护制度，真正用制度规范行为，做执行制度的表率。要把反腐倡廉制度宣传教育纳入反腐倡廉制度建设整体工作之中，作为反腐倡廉和廉政文化建设的重要内容，统一安排部署，统筹组织落实。要充分利用报刊、杂志、网站等媒体，加大宣传教育力度，提高制度的透明度、影响力和知晓率，使广大党员干部广泛了解制度、高度认同制度、有效监督制度执行，增强恪守制度的自觉性。

要加强监督检查，增强执行制度的实效性。推进行业反腐倡廉制度建设，当前要进一步围绕教育、制度、监督、改革、纠风、惩治等工作，加快健全完善构建行业惩治和预防腐败体系的各项制度规定，努力形成一整套用制度管权、按制度办事、靠制度管人的反腐倡廉有效机制，重点抓好各项制度的执行和监督检查。要针对权力运行中的重点部位和关键环节，进一步建立和完善监督办法和监督检查程序，规范监督职权，强化监督责任，使监督有法可依、有章可循，有效实施事前预防、事中监督和事后查处。要进一步扩大公开和民主，健全落实办事公开和民主管理制度，用制度保障职工群众的知情权、参与权、表达权和监督权，做到领导干部权力行使到哪里，相应的监督就延伸到哪里，最大限度地发挥监督在制度落实中的关键作用。要进一步落实和完善巡视制度，加强对各级领导班子执行制度的监督检查，要把制度执行情况纳入党风廉政建设责任制检查考核和领导干部述职述廉内容，对执行制度不力的坚决追究责任。要加强检查，既要针对存在的问题开展专项检查，又要开展经常性的日常检查，及时发现和纠正违反制度的行为，切实做到令行禁止，违者必究，强化制度的约束力和公信力。行业各级纪检监察机构要充分发挥职能作用，积极协助各级党组（党委）领导班子做好制度健全完善和执行情况的监督检查。

要完善惩戒机制，增强落实制度的严肃性。要加强责任追究和领导问责，强化对责任追究和惩处制度的落实，对制度执行不力的要按相应制度规定进行严肃处理。特别是发生在领导机关和领导干部中的违反制度贪赃枉法、徇私舞弊、索贿受贿及滥用权力等严重损害党和国家人民群众利益的，更要重点查办，从严追究，切实维护制度的严肃性、权威性和有效性。要把惩处作为强化监督制约的重要手段，不断改进办案方式和方法，不断加大查办案件工作力度，保持查办案件、严惩腐败的强劲势头，保持对腐败分子的高压态势。对各种腐败行为，要切实做到严格依纪依法办案、查处及时、惩治到位，充分发挥查办案件在反腐倡廉中的惩戒和治本功能。要深入剖析腐败行为易发多发部位和环节，认真研究腐败案件发生特点和规律，针对案件中暴露的问题，举一反三，查找制度性方面原因，以更加有效地减少和预防腐败行为发生，铲除腐败现象滋生土壤。

三、全面贯彻落实中央纪委五次全会精神，把行业反腐倡廉建设进一步推向前进

胡锦涛总书记在中央纪委五次全会强调指出，坚持警钟长鸣，坚决反对腐败，防止党在长期执政条件下腐化变质，是党必须始终抓好的重大政治任务。全党必须深刻认识反腐败斗争的长期性、复杂性、艰巨性，以更加坚定的信心、更加坚决的态度、更加有力的措施、更加扎实的工作，坚定不移把党风廉政建设和反腐败斗争推向前进。我们一定要认真学习贯彻胡锦涛总书记重要讲话精神，以高度的政治责任感和紧迫感，把烟草行业党风廉政建设和反腐败工作进一步推向前进。

（一）充分发挥纪律监督保障作用，确保行业发展各项决策部署落实到位

在1月份召开的全国烟草工作会议上，国家局党组对2010年工作明确提出了“严格控制烟叶生产规模，着力调整烟草产业结构，全面推进卷烟上水平工作，更加注重发展方式转变，努力提高经济运行质量和效益，继续保持行业持续健康发展”的总体要求，尤其强调要把“卷烟上水平”作为当前和今后一个时期行业工作的基本方针和战略任务。全面推进“卷烟上水平”，是行业转变发展方式的根本要求，也是行业应对今后更加严峻挑战的迫切需要。烟草行业的反腐倡廉工作，必须紧紧围绕这一中心，服务这一大局，确保“卷烟上水平”各项措施在全行业得到全面贯彻落实。2010年，要把严格控制烟叶生产规模，防止烟叶超种超收，保持烟叶生产稳定发展和水平提升；认真克服和解决卷烟销售的非市场因素，加强专卖内部管理监督，营造公平竞争市场环境，促进重点骨干品牌快速发展；努力为烟农和零售客户提供优质服务，切实维护烟农和零售客户合理利益，树立责任烟草良

好形象；继续开展工程项目、宣传促销、物资采购专项检查工作，加大治理力度，确保“三项工作”更加规范有序；始终保持打假高压态势，坚持守土有责，坚决遏制制售假烟反弹等作为监督检查的工作重点，努力解决不适应、不符合“卷烟上水平”的各种问题，为推进“卷烟上水平”提供有力的纪律监督保障。全行业干部职工都要以满腔热情、富有激情、充满智慧、奋力创新的良好精神状态，全面抓好“卷烟上水平”各项工作落实。

（二）着力强化制度的制约和监督，促进党员领导干部廉洁自律

胡锦涛总书记强调，反腐倡廉制度约束的重点是权力运行，而掌握和行使权力的主要是领导干部。因此，领导干部特别是主要领导干部发挥模范作用对反腐倡廉制度执行至关重要。行业各级领导干部都要严格执行《中国共产党党员领导干部廉洁从政若干准则》、《国有企业领导人员廉洁从业若干规定》，自觉抵制拜金主义、享乐主义、极端个人主义等腐朽思想的侵蚀和影响，禁止利用职权和职务上的影响谋取不正当利益。2月23日，中央召开贯彻实施《中国共产党党员领导干部廉洁从政若干准则》（以下简称《准则》）电视电话会议，贺国强同志在会上发表重要讲话，对贯彻实施《准则》、促进党员领导干部廉洁从政提出了明确要求。全行业都要认真学习，切实抓好贯彻落实。当前重点做好以下几方面工作：一是要认真组织学习，把学习《准则》作为各单位党组理论学习中心组学习、党校培训的重要内容，通过学习，全面把握《准则》的基本精神和主要内容，切实提高对贯彻实施《准则》重要意义的认识，从政治和全局高度，增强贯彻实施《准则》的责任感、紧迫感。二是根据《准则》的基本精神和主要内容，结合行业实际，认真修订国家局党组制定下发的《关于加强对行业各级领导班子及主要领导干部监督的意见》，对行业党员领导干部廉洁从政提出明确具体要求。三是狠抓贯彻落实，着力解决突出问题。当前要重点解决好以下问题：要带头执行制度，严格按程序办事，禁止违反规定干预和插手具体业务活动，坚决克服决策随意性，防止“个人说了算”；要切实加强国有资产和资金监管，严格执行财经纪律，禁止假公济私、化公为私，坚决克服资产处置、资金管理、对外投资等不规范行为，防止国有资产流失；要严格执行干部选拔任用制度规定，禁止违反规定选拔任用干部，坚决克服用人方面的不正之风，防止制度流于形式；要严格规范职务消费和宣传促销行为，禁止借宣传促销之名打高尔夫球、到外地旅游及赌博等行为，坚决克服讲排场、比阔气、挥霍公款、铺张浪费，防止借工作之名牟取私利。要严格要求自己的亲属和身边工作人员，禁止利用职权和职务上的影响为亲属及身边工作人员谋取私利。要认真贯彻《中国共产党巡视工作条例（试行）》和国家局党组《关于开展巡视工作的实施意见》，通过开展巡视工作，加强对行业各级领导班子和领导干部贯彻党的路线方针政策和国家局党组决策部署以及权力运行情况的监督检查，确保各级领导干部正确行使权力。

（三）进一步加强组织领导，切实履行反腐倡廉建设的政治责任

各级党组织要把反腐倡廉建设作为党的建设的重要内容，切实加强对党风廉政建设和反腐败工作的领导。行业各级领导班子的主要领导必须从讲政治的高度，切实担负起党风廉政建设责任，把管好班子、带好队伍作为主要职责，营造风清气正的良好氛围。领导班子其他成员要抓好自己职责范围内的反腐倡廉工作，切实加强对分管部门反腐倡廉工作的检查指导。要抓好责任分解，各部门各单位都要根据自身职能和领导干部岗位职责，细化工作责任，落实责任主体，明确目标要求。要抓好责任考核，各级党组织要对所属下一级领导班子及其成员执行责任制情况，每年进行一次考核，并将考核结果纳入领导班子综合考核评价体系之中，切实形成落实责任制考核评价的激励机制。要抓好责任追究，对执行党风廉政建设责任制方面严重失职的领导干部，严格追究责任。要发挥好党组总揽全局、协调各方的作用，各职能部门要密切配合，形成合力，在全行业努力营造反腐倡廉齐抓共管的工作格局。

（四）大力支持各级纪检监察机构积极开展工作，建设一支高素质的行业纪检监察干部队伍

新形势下的党风廉政建设和反腐败工作，对行业纪检监察机构自身建设提出了更高的要求。各级党组织和领导干部都要高度重视纪检监察工作，尤其是要按照中央关于加强基层纪检监察队伍建设的要求，切实加强地市级局（公司）纪检监察队伍建设，配齐配强专职纪检组长，健全纪检监察机构和人员，充分发挥基层纪检监察在一线监督检查的作用。要及时掌握纪检监察机构开展工作情况，帮助解决工作中遇到的实际问题，关心爱护纪检监察干部，旗帜鲜明地支持他们认真履行职责。多年来，我们行业各级纪检监察机构和纪检监察干部自觉服从和服务于行业改革发展这一中心，围绕国家局党组的中心工作，坚持原则，秉公执纪，辛勤工作，默默奉献，为加强行业党风廉

政建设和反腐败工作作出了重要贡献。事实证明，我们行业的纪检监察干部队伍是一支精神面貌好、业务素质高的队伍。随着反腐倡廉工作不断深入，要求各级纪检监察干部必须不断适应新形势、新任务要求，切实加强思想政治建设和能力建设，努力提高反腐倡廉工作水平。希望各级纪检监察干部坚持用科学发展观武装头脑，牢记使命，爱岗敬业，严于律己，清正廉洁，无私奉献。要努力学习掌握经济、金融、法律、科技、管理等现代科学知识，提高业务工作能力。要带头遵守纪律，严格依纪依法办事，做到公正执纪执法，在全行业努力建设一支政治坚强、公正清廉、纪律严明、业务精通、作风优良的高素质纪检监察干部队伍。

加强反腐倡廉制度建设　深入推进行业党风廉政建设和反腐败工作

——在全国烟草行业纪检监察工作会议上的工作报告（摘要）

潘家华

（2010 年 2 月 25 日）

这次会议的主要任务是：全面贯彻党的十七大和十七届四中全会、第十七届中央纪委第五次全会精神，认真学习领会、坚决贯彻落实胡锦涛总书记在中央纪委第五次全会上的重要讲话精神，回顾总结烟草行业 2009 年党风廉政建设和反腐倡廉工作，贯彻落实全国烟草工作会议精神，研究部署 2010 年的工作任务。

一、2009 年党风廉政建设和反腐倡廉工作的回顾

（略）

二、2010 年主要工作任务

深入贯彻落实党的十七届四中全会的新要求新举措，是部署 2010 年行业反腐倡廉工作任务的主线。在新的一年，行业各级党组（党委）要把反腐倡廉建设放在更加突出的位置；各级纪检监察机构要按照中央纪委第五次全会的部署，紧紧围绕行业工作大局，认真履行党章赋予的职责，充分发挥服务和保障作用。工作的总体要求是：全面贯彻党的十七大和十七届三中、四中全会精神，高举中国特色社会主义伟大旗帜，以邓小平理论和“三个代表”重要思想为指导，深入贯彻落实科学发展观，坚持标本兼治、综合治理、惩防并举、注重预防的方针，切实加强作风建设、切实加强惩防体系建设、切实加强反腐倡廉制度建设、切实解决反腐倡廉建设中群众反映强烈的突出问题，不断取得行业党风廉政建设和反腐败工作新成效。

（一）加强对促进行业科学发展重大决策部署执行情况的监督检查

加强对促进行业科学发展重大决策部署执行情况的监督检查，是各级纪检监察机构的一项重要职责。党的十七届四中全会作出《中共中央关于加强和改进新形势下党的建设若干重大问题的决定》，行业各级纪检监察机构要按照中央纪委监察部的工作要求，恪尽职守，正确履行监督检查职责，促进《决定》部署任务的落实。要通过监督检查，进一步严明纪律特别是党的政治纪律。坚决纠正有令不行、有禁不止的行为，确保中央政令畅通；严肃查处违反政治纪律的行为，坚决维护党的集中统一，确保在思想上、政治上、行动上同以胡锦涛同志为总书记的党中央保持高度一致。要认真贯彻落实全国烟草工作会议精神，紧紧围绕促进行业科学发展、全面推进“卷烟上水平”重要决策和各项措施的落实情况开展监督检查，为继续保持行业持续健康发展提供纪律保证。

（二）整体推进反腐倡廉建设，着力解决存在的突出问题

中央纪委第五次全会确定了 2010 年党风廉政建设和反腐败工作的大政方针，行业各级党组（党委）和纪检监察机构要深刻领会精神实质，准确把握工作部署，以奋发进取的精神和求真务实的作风，扎扎实实抓好各项工作的落实，努力开创行业党风廉政建设和反腐败工作新局面。为此，要切实做好以下工作：

1. 加大工作力度，坚决查处违纪违法案件。中央纪委第五次全会指出：贯彻党要管党、从严治党方针，进一步加大查办案件工作力度，决不让任何腐败分子逃脱党纪国法的惩处。胡锦涛总书记在中央纪委第五次全会上强调指出，要坚决遏制一些领域腐败现象易发多发势头，就必须始终保持惩治腐败高压态势，惩治这一手任何时候都不能放松。行业各级纪检监察机构要根据中央纪委监察部的工作部署，进一步加大违纪违法案件的查处力度，严肃查办发生在领导机关和领导干部中滥用职权、贪污贿赂、腐化堕落、失职渎

职的案件；严厉惩处利用人事权、行政执法权、行政审批权谋取非法利益的行为；要切实加大对行贿行为的查处力度，对有行贿记录的单位和个人，在市场准入、经营资质、投标资格等方面要按照中央纪委监察部的要求加以严格限制；严肃查办严重侵害群众利益的案件；严肃查处在资金管理使用、工程建设、物资采购、宣传促销中的违纪违法行为；严肃查办严重违反政治纪律和组织人事纪律的案件。充分发挥查办案件的治本功能，加强案例剖析，研究案发规律，找出管理上的漏洞和薄弱环节，有针对性地完善规章制度。要认真落实办案责任制，严格依纪依法查办案件，严格办案程序，加强案件审理、信访举报和申诉受理等工作，切实保障党员和职工的合法权利。

2. 强化教育和监督，促进领导干部廉洁自律。加强领导干部廉洁自律是反腐倡廉建设的一项基础性工作，丝毫不能有所放松。要采取切实措施，强化教育和监督，促进领导干部的廉洁自律。加强教育是提高领导干部廉洁自律意识的思想保证，加强监督是促进领导干部廉洁自律的有效措施。行业各级领导要认真执行《中国共产党党员领导干部廉洁从政若干准则》、《国有企业领导人员廉洁从业若干规定》及其他有关规定。领导干部要按照规定报告个人有关事项；严禁领导干部违反规定为配偶、子女及其他特定关系人在就业、投资入股、经商办企业等方面谋取不正当利益；严禁违反规定私自从事营利性活动；严禁违反规定收送礼金、有价证券、支付凭证；严禁大操大办婚丧喜庆事宜或借机敛财；严禁用公款或接受与行使职权有关系的单位和个人邀请进行高消费娱乐、健身活动。要严格执行中央关于因公出国管理规定、公务用车管理规定、公务接待规定等，厉行节约，坚决反对铺张浪费，惩治奢靡之风。坚决制止公款消费打高尔夫球行为，严禁打“工作麻将”，凡涉嫌赌博的，一经查实，一律免职，并依纪作出处理。

3. 加强监督制度建设，坚持用制度管权、管事、管人、管钱。胡锦涛总书记在中央纪委第五次全会上强调：以建立健全惩治和预防腐败体系各项制度为重点，以制约和监督权力为核心，以提高制度执行力为抓手，推进反腐倡廉制度建设。权力的规范运行和正确行使，不仅要靠思想教育的软支撑，更要靠刚性制度的硬约束。好的制度，可以使坏人无法任意横行；制度不好，可以使好人无法做事，甚至会走向反面。因此，以制约和监督权力为核心，建立健全决策权、执行权、监督权既相互制约又相互协调的权力结构和运行机制，构建内容科学、程序严密、制度完备、有效管用的反腐倡廉制度体系，坚持用制度管权、用制度管事、用制度管人、用制度管钱，这是从源头上预防腐败的根本途径。行业各级党组（党委）要认真贯彻执行《中国共产党党内监督条例》，进一步抓好国家局党组《关于加强领导班子建设的意见》和《关于加强对行业各级领导班子及主要领导干部监督的意见》的贯彻落实。认真贯彻执行国家局《关于进一步推进烟草企业办事公开民主管理的意见》、《烟草行业投资项目招标投标实施办法》等规定，切实防止权力失控、决策失误和行为失范，特别是少数人或个人滥用权力的行为发生。凡属重大决策、重要干部任免、重大项目安排和大额资金使用等重要问题，必须按照程序集体讨论决定。对于违反“三重一大”的行为，一经查实，不仅要坚决纠正，还必须追究主要责任人的纪律责任。积极推进党务公开、政务公开、厂务公开，切实保障广大干部职工的知情权、参与权、表达权、监督权。要加强巡视工作和对领导干部的经济责任审计工作，要严格执行新任领导干部任前廉政谈话制度和领导干部述职述廉、诫勉谈话、函询、质询等制度。

（三）创新治本办法，进一步做好治本抓源头工作

从源头上预防腐败不仅要深化改革和创新制度，更重要的是要创新治本的办法。在这方面，近几年行业做了一些尝试和探索，并取得明显效果。在新的一年里，要进一步加大继续推进的工作力度，在建立长效机制上下工夫。

1. 积极推进“明示与承诺”制度建设。在行业推行“明示与承诺”制度，是贯彻落实中央惩防体系实施纲要、构建烟草行业惩防体系、更加注重教育所采取的一项重要举措。把教育和规范寓于明示之中，把以他律促自律寓于承诺之中，是把预防“两烟”不规范经营行为关口前移的有效途径。明示，是告知哪些行为是不作为行为，这些不作为行为是与行为人的任职资格和从业资格相联系的；承诺，就是无论是谁，一旦违反了明示条款，行为人必须承担后果。需要强调的是，“明示与承诺”制度推进工作虽然取得明显成效，为严格规范“两烟”生产经营行为发挥了应有的积极作用，但各地工作进展还很不平衡，尤其是在制度执行方面，失之于宽、失之于软的问题要引起高度注意。制度的生命力在于执行，没有执行力的制度，只能流于形式，成为摆设。行业的发展得益于改革、得益于“严格规范”。“严格规范”是保持行业持续健康发展的生命线。我们不仅要把思想认识统一到国家局党组的正确决策上来，同时要更加自觉、倍加珍惜来之不易的大好局面。各级党组（党委）要站在切实维护“生命线”的高度，积极推进“明示与承诺”制度落实工作；各级纪检监察机构要加大推行力度，特

别是“明示与承诺”制度的执行力度。“严格规范”这条行业持续健康发展的“生命线”，任何人不得践踏，谁践踏谁就得承担承诺后果，绝无例外。要加强对“明示与承诺”制度执行情况的监督检查，凡是执行制度不严格且情节严重的，不仅要追究纪检监察机构主要领导的责任，同时还要对主要领导进行问责。

2. 扎实推进重大工程项目监管工作。工程建设领域是腐败案件易发多发领域。近些年，我们行业每年在建项目的投资多达数百亿元。为了有效监管，我们始终坚持更加注重预防关口有效前移、更加注重工作思路和方法创新、更加注重运用科技手段遏制腐败行为的滋生。在严格执行国家有关法律规定的同时，通过规范“自选动作”，即：聘请与工程设计单位具有同等资质且无利益关联的第三方，对工程总体规划设计及造价概算进行严格的评审稽核；设立工程项目招标拦标价；建立甲乙双方履约保证金制度；建立工程项目资金甲乙双方共管账户制度；运用信息化手段，加强对建筑材料收、管、用的监管等，切实做到了每个环节权力分置、相互制约，把“预防关口”有效前移，成效明显。对此，中央纪委给予了充分肯定。2月3日，中央纪委办公厅第3期《中纪办通报》专题介绍了我们创新制度、破解工程腐败难题的做法和经验。在肯定成绩的同时，也要看到存在的问题：有的单位虽然也是按照这套监管思路去做，但不够严密，总想“变通”一下。如果这种“变通”是完善和创新，这是坚决提倡的，如果是别的什么原因，那就应该制止。有的单位把项目分拆招标，对此，我们重申，这是绝对不允许的。存在这种现象的单位，尽管有各种各样的“原因”和“理由”，但是问题的实质是违反了国家或行业关于工程项目管理监督法规，都必须坚决纠正。而工程建设领域又是一个容易出“情况”、出问题的“高危”领域。纪检监察工作创新治本方法，立足点和出发点都是为了维护行业形象，以履行职责的方式保护和爱护我们的干部。扎实推进重大工程项目监管工作，2010年的具体任务和工作目标是：认真贯彻落实中央《关于开展工程建设领域突出问题专项治理工作的意见》工作部署，全面排查工程建设领域重点部位和关键环节存在的突出问题，并立即纠正；根据中央纪委的纪律要求，领导干部不得违规插手干预工程建设及工程建设招投标，违者必究。驻局纪检组监察局将把目前重大工程项目管理监督措施上升成为管理规范，以便建立长效机制，经报国家局党组同意后，印发全行业严格执行。在建项目要实行“环节”报告制度，重点监管的五个环节实施和完成后，必须向立项批准部门和上级纪检监察机构报告实施和完成情况；省级局（公司）要加强对地市级公司在建项目的管理监督，要参照国家局的管理规定制定具体的管理办法。今后对工程项目的监督检查，一方面要听取工作情况的汇报，但更主要的是要检查“五个金额数字”：立项概算、设计概算、审核预算、拦标价和中标价，务必严格执行。

3. 全力推进资金监管系统建设。权钱交易是腐败行为的主要特征；腐败成本越低、“风险系数”越低，滋生腐败行为的频率就越高，这是腐败现象的一个基本规律。把握特征、探索规律，这是坚持以科学发展观指导纪检监察工作的重要基础。根据行业生产经营的特点，我们始终坚持把加强资金有效监管作为从源头上预防腐败的重要举措，全力持续推进。行业资金监管系统坚持“以银行为枢纽，以信息为载体，变规范为程序，变监管为控制，阳光操作，痕迹运行”的总体要求，充分利用科技手段，通过银企互联实时监控银行账户、全面控制预算执行、在线监督资金支付，实现全过程痕迹运行和警示监管。其目的在于：通过把规范变为程序，使企图违规违纪者不经过所有规定的程序，其行为无法实施和完成，从而解决“不能”的问题；一旦发生不仅会留下“痕迹”，而且还会及时触发警示信息，提示相关职能部门进行调查了解，这对企图违规违纪者就是威慑，从而解决了“不敢”的问题；由于“不能”“不敢”随之所产生相应的边际效应，也就能够解决了“不想”的问题。全力推进资金监管系统建设，这是纪检监察工作深化源头治理，创新监管思路的具体体现。不仅是努力推动行业基础管理上水平的需要，也是纪检监察工作上水平的需要，希望各级领导及有关部门能够充分理解。经过一年多的试运行，2010年将在扩大试点的基础上全面推开，为此，经国家局同意后，将在适当时候召开资金监管系统运行情况现场会。

（四）加强队伍建设，切实履行纪检监察职责

烟草行业反腐倡廉建设任务艰巨，纪检监察机构责任重大。各级纪检监察机构要巩固学习实践科学发展观活动成果，把“做党的忠诚卫士、当群众的贴心人”要求体现在工作中，落实到行动上。要加强思想政治建设，进一步增强政治敏锐性和政治鉴别力，在思想上、政治上、行动上与党中央保持高度一致。要加强业务能力建设，加大对纪检监察干部的培训力度，通过开展纪检监察和烟草业务培训，改善知识结构，拓宽工作视野，提高纪检监察工作专业化水平。要加强作风建设，继续加强对纪检监察干部的教育、管理和监督，严格遵守各项纪律特别是办案纪律和保密纪律。要加强组织建设，有计划地推进干部交流，健全

完善地市级局（公司）纪检监察机构，配齐配强纪检监察干部。

三、需要重点强调的几个问题

2010年的党风廉政建设和反腐败工作任务繁重，各级党组（党委）和纪检监察机构要以高度的政治责任感，认真部署、精心组织、开拓创新，扎实推进各项工作，确保各项任务顺利完成。

（一）认真学习、深刻领会胡锦涛总书记重要讲话精神，以制度建设为重点，开创行业反腐倡廉建设新局面

胡锦涛总书记在中央纪委第五次全会上的重要讲话，是加强反腐倡廉建设特别是制度建设的纲领性文件，标志着我们党在反腐倡廉认识上达到了新境界，方法上进入了新阶段，对于深入开展党风廉政建设和反腐败斗争，全面深入推进党的建设新的伟大工程，具有重大而深远的意义。各级党组（党委）和纪检监察机构，特别是班子主要领导，要认真学习、深刻领会胡锦涛总书记的重要讲话，以更加坚定的信心、更加坚决的态度、更加有力的措施、更加扎实的工作，坚定不移地把行业党风廉政建设和反腐败各项工作推向前进。

加强党风廉政建设，坚决反对腐败，是行业必须始终抓好的重大政治任务。各级党组（党委）和纪检监察机构，特别是主要领导，要从努力保持行业持续健康发展、切实践行“两个至上”的全局和战略高度，全面科学地分析当前行业党风廉政建设和反腐败工作的形势，通过查找普遍存在、急需解决、且严重影响行业党风廉政建设的突出问题，明确反腐倡廉制度建设的工作重点。反腐倡廉制度建设，首先要确保各级领导为人民执好政、掌好权。在权力行使上，始终保持清醒的认识，始终置于群众的监督之下，始终自觉接受群众的监督；始终不为私心所扰、始终不为名利所累、始终不为物欲所惑。其次，加强反腐倡廉制度建设的重中之重，就是用制度管权、按制度办事、靠制度管人、用制度管钱，领导干部要用制度管好自己。制度的生命力，在于领导干部特别是主要领导的执行力，要求下级做到的，上级必须做到；要求别人做到的，自己必须首先做到。只要领导干部用制度管自己、管好了自己，制度才会行得通、管得住、用得好，才能维护制度的严肃性和权威性。

（二）加强监督检查，严格控制烟叶种植规模

姜成康局长在2010年全国烟草工作会议上强调指出：目前烟叶生产仍然存在偏热苗头，形势不容乐观。要求全行业必须把思想统一到国家局对当前烟叶生产形势的分析判断和决策部署上来。并重申，为了维护计划的严肃性，对于2009年超收的烟叶，一律抵扣2010年收购计划。烟叶主产区各级纪检监察机构要会同有关职能部门，认真履行监督检查职能，恪尽职守，确保国家局关于烟叶生产各项调控措施的贯彻落实。要继续加强对现代烟草农业建设投入资金及烟用物资采购的监管，规范运作，增强工作透明度，严肃查处各种违规违法行为，坚决防止弄虚作假、套取占用专项资金，严禁重复建设。

（三）要在规范物资采购、宣传促销行为方面积极发挥纪检监察机构的组织协调作用

行业烟用物资年采购量多达几百亿元，严格规范采购行为非常必要。认真贯彻国家局《关于进一步规范烟草行业工程投资、物资采购和宣传促销项目管理程序的规定》，将物资采购权进行分置制衡，核心要求是提出需求的不询价，询价的不谈判，谈判签约的不付款，切实做到上一个环节对下一个环节的制约，下一个环节对上一个环节的监督，确保采购过程公开透明、监督有效。关于促销问题，要严格预算，按照国家局的要求，2010年宣传促销费用不得超过2009年的总额，一定要严格控制。

（四）健全地市级公司纪检监察机构，强化内部管理监督

随着行业改革的不断深化，地市级公司成为市场营销主体，其职能随之发生很大的变化：权力集中、责任更重。但是目前地市级公司的现状与这一变化还有不相适应的地方，特别是在内部管理监督方面还存在某些薄弱环节，需要继续加强和完善。地市级公司要牢固树立市场营销主体意识和责任意识，坚定服从中国烟草发展战略，自觉服务行业品牌发展战略，正确处理与省级公司、工业公司、县级局、烟农和零售客户的关系，在探索中加以提升和规范。地市级公司要准确定位，绝不可以把市场当做谋取私利的资源。各级党组（党委）要为地市级公司强化内部管理监督提供有力的组织保证：地市级公司要健全纪检监察机构，要配备专职纪检组长和纪检监察干部，县级局要配有纪检监察工作人员。省、市公司领导要统一认识，健全纪检监察机构，这是完善党组（党委）职能的需要，是构建行业惩防体系、加强反腐倡廉建设的需要，务必抓紧抓好。

（注：此栏目领导讲话均据《国烟办通报》选编，部分内容作了删节）

重要文件

综　　合

最高人民法院、最高人民检察院关于办理非法生产、销售烟草专卖品等刑事案件具体应用法律若干问题的解释

法释［2010］7号

《最高人民法院、最高人民检察院关于办理非法生产、销售烟草专卖品等刑事案件具体应用法律若干问题的解释》已于2009年12月28日由最高人民法院审判委员会第1481次会议、2010年2月4日由最高人民检察院第十一届检察委员会第29次会议通过，现予公布，自2010年3月26日起施行。

二〇一〇年三月二日

最高人民法院、最高人民检察院关于办理非法生产、销售烟草专卖品等刑事案件具体应用法律若干问题的解释

（2009年12月28日最高人民法院审判委员会第1481次会议、2010年2月4日最高人民检察院第十一届检察委员会第29次会议通过）

为维护社会主义市场经济秩序，依法惩治非法生产、销售烟草专卖品等犯罪，根据刑法有关规定，现就办理这类刑事案件具体应用法律的若干问题解释如下：

第一条　生产、销售伪劣卷烟、雪茄烟等烟草专卖品，销售金额在五万元以上的，依照刑法第一百四十条的规定，以生产、销售伪劣产品罪定罪处罚。

未经卷烟、雪茄烟等烟草专卖品注册商标所有人许可，在卷烟、雪茄烟等烟草专卖品上使用与其注册商标相同的商标，情节严重的，依照刑法第二百一十三条的规定，以假冒注册商标罪定罪处罚。

销售明知是假冒他人注册商标的卷烟、雪茄烟等烟草专卖品，销售金额较大的，依照刑法第二百一十四条的规定，以销售假冒注册商标的商品罪定罪处罚。

伪造、擅自制造他人卷烟、雪茄烟注册商标标志或者销售伪造、擅自制造的卷烟、雪茄烟注册商标标志，情节严重的，依照刑法第二百一十五条的规定，以非法制造、销售非法制造的注册商标标志罪定罪处罚。

违反国家烟草专卖管理法律法规，未经烟草专卖行政主管部门许可，无烟草专卖生产企业许可证、烟草专卖批发企业许可证、特种烟草专卖经营企业许可证、烟草专卖零售许可证等许可证明，非法经营烟草专卖品，情节严重的，依照刑法第二百二十五条的规定，以非法经营罪定罪处罚。

第二条　伪劣卷烟、雪茄烟等烟草专卖品尚未销售，货值金额达到刑法第一百四十条规定的销售金额定罪起点数额标准的三倍以上的，或者销售金额未达到五万元，但与未销售货值金额合计达到十五万元以上的，以生产、销售伪劣产品罪（未遂）定罪处罚。

销售金额和未销售货值金额分别达到不同的法定刑幅度或者均达到同一法定刑幅度的，在处罚较重的法定刑幅度内酌情从重处罚。

查获的未销售的伪劣卷烟、雪茄烟，能够查清销售价格的，按照实际销售价格计算。无法查清实际销售价格，有品牌的，按照该品牌卷烟、雪茄烟的查获地省级烟草专卖行政主管部门出具的零售价格计算；无品牌的，按照查获地省级烟草专卖行政主管部门出具的上年度卷烟平均零售价格计算。

第三条　非法经营烟草专卖品，具有下列情形之一的，应当认定为刑法第二百二十五条规定的“情节严重”：

（一）非法经营数额在五万元以上的，或者违法所得数额在二万元以上的；

（二）非法经营卷烟二十万支以上的；

（三）曾因非法经营烟草专卖品三年内受过二次

以上行政处罚，又非法经营烟草专卖品且数额在三万元以上的。

具有下列情形之一的，应当认定为刑法第二百二十五条规定的“情节特别严重”：

（一）非法经营数额在二十五万元以上，或者违法所得数额在十万元以上的；

（二）非法经营卷烟一百万支以上的。

第四条 非法经营烟草专卖品，能够查清销售或者购买价格的，按照其销售或者购买的价格计算非法经营数额。无法查清销售或者购买价格的，按照下列方法计算非法经营数额：

（一）查获的卷烟、雪茄烟的价格，有品牌的，按照该品牌卷烟、雪茄烟的查获地省级烟草专卖行政主管部门出具的零售价格计算；无品牌的，按照查获地省级烟草专卖行政主管部门出具的上年度卷烟平均零售价格计算；

（二）查获的复烤烟叶、烟叶的价格按照查获地省级烟草专卖行政主管部门出具的上年度烤烟调拨平均基准价格计算；

（三）烟丝的价格按照第（二）项规定价格计算标准的一点五倍计算；

（四）卷烟辅料的价格，有品牌的，按照该品牌辅料的查获地省级烟草专卖行政主管部门出具的价格计算；无品牌的，按照查获地省级烟草专卖行政主管部门出具的上年度烟草行业生产卷烟所需该类卷烟辅料的平均价格计算；

（五）非法生产、销售、购买烟草专用机械的价格按照国务院烟草专卖行政主管部门下发的全国烟草专用机械产品指导价格目录进行计算；目录中没有该烟草专用机械的，按照省级以上烟草专卖行政主管部门出具的目录中同类烟草专用机械的平均价格计算。

第五条 行为人实施非法生产、销售烟草专卖品犯罪，同时构成生产、销售伪劣产品罪、侵犯知识产权犯罪、非法经营罪的，依照处罚较重的规定定罪处罚。

第六条 明知他人实施本解释第一条所列犯罪，而为其提供贷款、资金、账号、发票、证明、许可证件，或者提供生产、经营场所、设备、运输、仓储、保管、邮寄、代理进出口等便利条件，或者提供生产技术、卷烟配方的，应当按照共犯追究刑事责任。

第七条 办理非法生产、销售烟草专卖品等刑事案件，需要对伪劣烟草专卖品鉴定的，应当委托国务院产品质量监督管理部门和省、自治区、直辖市人民政府产品质量监督管理部门指定的烟草质量检测机构进行。

第八条 以暴力、威胁方法阻碍烟草专卖执法人员依法执行职务，构成犯罪的，以妨害公务罪追究刑事责任。

煽动群众暴力抗拒烟草专卖法律实施，构成犯罪的，以煽动暴力抗拒法律实施罪追究刑事责任。

第九条 本解释所称“烟草专卖品”，是指卷烟、雪茄烟、烟丝、复烤烟叶、烟叶、卷烟纸、滤嘴棒、烟用丝束、烟草专用机械。

本解释所称“卷烟辅料”，是指卷烟纸、滤嘴棒、烟用丝束。

本解释所称“烟草专用机械”，是指由国务院烟草专卖行政主管部门烟草专用机械名录所公布的，在卷烟、雪茄烟、烟丝、复烤烟叶、烟叶、卷烟纸、滤嘴棒、烟用丝束的生产加工过程中，能够完成一项或者多项特定加工工序，可以独立操作的机械设备。

本解释所称“同类烟草专用机械”，是指在卷烟、雪茄烟、烟丝、复烤烟叶、烟叶、卷烟纸、滤嘴棒、烟用丝束的生产加工过程中，能够完成相同加工工序的机械设备。

第十条 以前发布的有关规定与本解释不一致的，以本解释为准。

中华人民共和国工业和信息化部令

第 12 号

《烟草专卖行政处罚程序规定》已经 2009 年 12 月 29 日中华人民共和国工业和信息化部第 8 次部务会议审议通过，现予公布，自 2010 年 5 月 1 日起施行。国家烟草专卖局 1998 年 9 月 2 日公布的《烟草专卖行政处罚程序规定》（国家烟草专卖局令第 3 号）同时废止。

部长　李毅中

二〇一〇年一月二十一日

烟草专卖行政处罚程序规定

第一章　总　则

第一条　为了规范烟草专卖行政处罚的实施，保障和监督烟草专卖行政主管部门依法行政，维护国家烟草专卖制度，保护公民、法人和其他组织的合法权益，根据《中华人民共和国行政处罚法》、《中华人民共和国烟草专卖法》以及《中华人民共和国烟草专卖法实施条例》等法律、行政法规，制定本规定。

第二条　各级烟草专卖行政主管部门实施行政处罚，适用本规定。

第三条　烟草专卖行政主管部门实施行政处罚，应当遵循下列原则：

（一）与违法行为的事实、性质、情节和社会危害程度相当；

（二）主体适格、程序合法、手续完备；

（三）处罚与教育相结合，引导公民、法人和其他组织自觉守法；

（四）公平公正、公开透明，保障当事人的合法权益。

第四条　公民、法人和其他组织对烟草专卖行政主管部门给予的行政处罚，依法享有陈述、申辩的权利；对行政处罚不服的，有权依法向上一级烟草专卖行政主管部门申请行政复议或者向人民法院提起行政诉讼。

第五条　各级烟草专卖行政主管部门应当建立健全行政处罚内部监督制度，保证依法实施行政处罚。

第二章　管　辖

第六条　烟草专卖行政处罚案件由违法行为发生地的县级以上烟草专卖行政主管部门管辖。

第七条　县级烟草专卖行政主管部门管辖本辖区内发生的案件。

地市级烟草专卖行政主管部门管辖本辖区内发生的有重大影响的案件。

省、自治区、直辖市烟草专卖行政主管部门管辖本辖区内发生的重大、复杂案件。

国务院烟草专卖行政主管部门管辖在全国范围内有重大影响的案件。

第八条　对当事人的同一违法行为，两个以上烟草专卖行政主管部门都有管辖权的，由先立案的烟草专卖行政主管部门管辖；发生管辖争议的，报请共同的上一级烟草专卖行政主管部门指定管辖。

第九条　烟草专卖行政主管部门发现所查处的案件应当由其他烟草专卖行政主管部门管辖的，应当将案件移送有管辖权的烟草专卖行政主管部门。

受移送的烟草专卖行政主管部门对管辖权有异议的，应当报请共同的上一级烟草专卖行政主管部门指定管辖，不得再自行移送。

第十条　上级烟草专卖行政主管部门可以直接查处下级烟草专卖行政主管部门管辖的案件。

烟草专卖行政主管部门认为案件有重大影响的，可以报请上一级烟草专卖行政主管部门管辖。

第十一条　有管辖权的烟草专卖行政主管部门由于特殊原因不能或者不宜管辖的，由其上一级烟草专卖行政主管部门直接管辖或者指定其他烟草专卖行政主管部门管辖。

第十二条　烟草专卖行政主管部门发现所查处的案件应当由其他行政机关管辖的，应当依法移送其他行政机关。

违法行为构成犯罪的，烟草专卖行政主管部门应当将案件移送司法机关追究刑事责任，不得以行政处罚代替刑罚。

第三章　简易程序

第十三条　违法事实确凿并有法定依据，对公民处以五十元以下、对法人或者其他组织处以一千元以下罚款或者警告的行政处罚的，执法人员可以当场作出行政处罚决定。

第十四条　执法人员依法当场作出行政处罚决定前，应当主动向当事人出示省级以上烟草专卖行政主管部门签发的检查证件，并告知当事人享有陈述权和申辩权。当事人的陈述和申辩合理合法的，执法人员应当采纳。

依法当场作出行政处罚决定的，执法人员应当填写预定格式、统一编号的烟草专卖行政处罚决定书，并当场交当事人签收。

前款规定的烟草专卖行政处罚决定书应当载明当事人的基本情况、违法事实、行政处罚依据、处罚种类、罚款数额、罚款缴纳方式及期限、救济途径及期限、作出行政处罚的时间及地点、烟草专卖行政主管部门名称等内容，并由执法人员签字。

执法人员当场作出行政处罚决定的，应当在二日内报本烟草专卖行政主管部门备案。烟草专卖行政主管部门收到备案材料后，应当及时进行审核并按规定立卷归档。发现错误的，应当及时纠正。

第四章 一般程序

第一节 立 案

第十五条 烟草专卖行政主管部门应当自发现违法嫌疑或者收到举报、其他机关移送、上级机关交办的材料之日起七日内予以核查并决定是否立案；案情重大、复杂需要延长立案决定期限的，应当经本烟草专卖行政主管部门负责人批准，并书面告知当事人。

第十六条 有下列情形之一的，烟草专卖行政主管部门应当立案查处：

（一）经初步调查，掌握了一定的违法事实，应当给予行政处罚的；

（二）根据举报人提供的当事人违法事实和证据，需要立案查处的；

（三）掌握了当事人违法活动线索，且有违法嫌疑需要继续进行调查的；

（四）上级烟草专卖行政主管部门指定管辖的案件；

（五）依法应当立案查处的其他情形。

第十七条 办理立案的，应当由承办人填写立案报告表并附办案相关材料，报本烟草专卖行政主管部门负责人审核批准。烟草专卖行政主管部门负责人批准的日期为立案日期。

对正在发生的违法活动，有管辖权的烟草专卖行政主管部门应当立即查处，并在查处后七日内依法补办立案手续。

第十八条 有下列情形之一的，烟草专卖行政主管部门应当不予立案；已经立案的，应当予以撤销：

（一）违法行为超过法律规定的行政处罚时限的；

（二）不属于本机关管辖的；

（三）违法事实不成立，或者违法行为显著轻微且已改正的；

（四）法律、行政法规规定不予立案的其他情形。

不予立案或者撤销立案的，应当填写不予立案或者撤销立案报告表，报本烟草专卖行政主管部门负责人批准。属于其他行政机关管辖的案件，烟草专卖行政主管部门应当在七日内移送其他行政机关。

第十九条 对于举报或者其他机关移送的案件，烟草专卖行政主管部门决定不予立案的，应当书面告知具名的举报人或者移送机关。

烟草专卖行政主管部门应当将不予立案的情况立卷归档。

第二十条 执法人员与当事人有直接利害关系的，应当主动回避。当事人有权依法申请执法人员回避。

执法人员的回避，由本烟草专卖行政主管部门负责人决定；烟草专卖行政主管部门负责人的回避，由上一级烟草专卖行政主管部门决定。

第二节 调查取证

第二十一条 烟草专卖行政主管部门应当依法全面、客观、公正地收集、调取证据材料。

第二十二条 烟草专卖行政主管部门进行调查或者检查时，执法人员不得少于二人。

执法人员查处违法行为，应当佩戴国务院烟草专卖行政主管部门制发的徽章，出示省级以上烟草专卖行政主管部门签发的检查证件。

第二十三条 执法人员应当依法收集与案件有关的证据。证据包括以下几种：

（一）书证；

（二）物证；

（三）询问笔录；

（四）证人证言；

（五）视听资料；

（六）鉴定结论；

（七）勘验、检查笔录。

前款规定的证据应当符合法律关于证据的规定并查证属实后，方能作为认定事实的依据。

第二十四条 执法人员需要从有关单位查阅、复制与违法活动有关的合同、发票、账册、单据、记录、文件、业务函电和其他材料的，应当出示县级以上烟草专卖行政主管部门出具的协助调查函。

执法人员应当收集、调取与案件有关的原始凭证作为证据；调取原始证据确有困难的，可以将原件复印、复制、摘抄、拍照，并由原始证据持有人签字或者以其他方式确认复印件、复制件、摘抄件、照片与原件相符。

证据材料涉及国家秘密、商业秘密或者个人隐私的，烟草专卖行政主管部门及其执法人员应当予以保密。

第二十五条 提取物证应当当场清点，出具物品清单并由执法人员、当事人签字或者以其他方式确认。当事人拒绝确认或者不在场的，应当有两名以上见证人在场确认；见证人不足两名或者拒绝确认的，执法人员应当在物品清单上注明情况并签字。

第二十六条 执法人员询问当事人、证人应当单独进行，并向其说明依法享有的权利和提供伪证或者隐匿证据的法律责任。

询问笔录应当交被询问人核对；被询问人阅读有困难的，应当向其宣读。经核对无误后，由被询问人在笔录上逐页签字或者以其他方式确认。笔录有差错、遗漏的，应当允许被询问人更正或者补充，涂改部分应当由被询问人签字或者以其他方式确认；被询问人拒绝确认的，执法人员应当在笔录上注明情况并签字。

第二十七条　执法人员应当收集视听资料的原始载体。收集原始载体有困难的，可以收集复制件并注明制作方法、制作时间、制作人等情况。视听资料应当附相关话语的文字记录。

第二十八条　对涉嫌违法行为发生的现场进行检查时，执法人员应当制作检查笔录并交当事人签字或者以其他方式确认。当事人拒绝确认或者不在场的，应当有两名以上见证人在场确认；见证人不足两名或者拒绝确认的，执法人员应当在检查笔录上注明情况并签字。

第二十九条　需要对烟草专卖品的真伪等专门事项进行鉴定的，烟草专卖行政主管部门应当出具载明委托鉴定事项及相关材料的委托鉴定书，委托具有鉴定资格的鉴定机构进行鉴定。

烟草专卖品真伪的鉴定检测工作，由国务院产品质量监督管理部门或者省、自治区、直辖市人民政府产品质量监督管理部门指定的烟草质量检测机构实施。

第三十条　需要委托其他烟草专卖行政主管部门协助调查取证的，应当出具协助调查函，受委托的烟草专卖行政主管部门应当予以协助；无法协助的，应当及时函告委托部门。

第三十一条　执法人员调查取证需要邮政、电信、银行等单位予以协助、配合的，应当按照国家有关规定办理。

第三十二条　在证据可能灭失或者以后难以取得的情况下，经本烟草专卖行政主管部门负责人批准，可以依法对与涉嫌违法行为有关的证据进行先行登记保存。

烟草专卖行政主管部门先行登记保存证据，应当出具先行登记保存通知书，由执法人员、当事人签字或者以其他方式确认后，分别交当事人和本烟草专卖行政主管部门。当事人拒绝确认或者不在场的，应当有两名以上见证人在场确认；见证人不足两名或者拒绝确认的，执法人员应当在先行登记保存通知书上注明情况并签字。

先行登记保存期间，任何人不得销毁或者转移先行登记保存的证据。

第三十三条　对于依法先行登记保存的证据，应当根据情况在七日内采取下列措施：

（一）及时采取复制、拍照、录像等证据保全措施；

（二）需要鉴定的，及时送交有关机构鉴定并告知当事人所需时间；

（三）依法应当移送其他有关部门处理的，作出移送决定并书面告知当事人；

（四）违法事实不成立或者违法行为轻微，依法可以不予行政处罚的，决定解除先行登记保存措施并告知当事人。

第三十四条　执法人员在调查过程中发现立案事由以外的涉嫌违法行为的，应当及时报请本烟草专卖行政主管部门负责人决定是否对该涉嫌违法行为一并进行调查。

第三十五条　调查取证应当自批准立案之日起三十日内终结。案情重大、复杂需要延长调查取证期限的，应当经本烟草专卖行政主管部门负责人批准，并书面告知当事人。

第三十六条　调查终结的，执法人员应当提交案件处理审批表。案件处理审批表包括当事人的基本情况、经调查核实的事实和证据、对涉嫌违法行为的定性意见、处理建议及其法律依据等内容。

第三节　审查和决定

第三十七条　烟草专卖行政主管部门的专卖执法机构在将案件处理审批表报送本部门负责人审查决定前，应当先由本部门法制工作机构或者专职法制工作人员对涉嫌违法行为的定性意见、处理建议及其法律依据进行合法性审查并签署意见。

第三十八条　烟草专卖行政主管部门负责人应当对案件处理审批表及法制工作机构或者专职法制工作人员的意见进行综合审查，依法作出是否给予行政处罚等决定。对于拟移送司法机关的案件，烟草专卖行政主管部门负责人应当在三日内作出批准移送或者不批准移送的决定。

案情重大、复杂的案件，应当由烟草专卖行政主管部门负责人集体讨论决定。

第三十九条　烟草专卖行政主管部门应当根据案件的不同情况，分别作出下列决定：

（一）确有应受行政处罚的违法行为的，依法作出相应的行政处罚决定；

（二）违法行为轻微，依法可以不予行政处罚的，不予行政处罚；

（三）违法事实不成立的，决定不予行政处罚并撤销立案；

（四）违法行为涉嫌犯罪的，依法移送司法机关处理。

第四十条　烟草专卖行政主管部门在作出行政处罚决定前，应当告知当事人拟作出行政处罚的事实、理由、依据和处罚内容，并告知其依法享有陈述权、申辩权和行使陈述权、申辩权的期限。

口头告知当事人的，应当将告知情况记入笔录并由当事人签字或以其他方式确认；书面告知当事人的，应当按照本规定第四十三条向当事人送达告知书。

第四十一条 当事人在规定期限内进行陈述、申辩的，烟草专卖行政主管部门应当充分听取当事人的意见，对当事人提出的事实、理由和证据进行复核；当事人提出的事实、理由或者证据成立的，烟草专卖行政主管部门应当采纳。

烟草专卖行政主管部门不得因当事人陈述、申辩而加重处罚。

第四十二条 烟草专卖行政主管部门实施行政处罚，应当制作行政处罚决定书。行政处罚决定书应当载明下列事项：

（一）当事人的姓名或者名称、地址等基本情况；

（二）违反法律、法规或者规章的事实和证据；

（三）行政处罚的种类和依据；

（四）行政处罚的履行方式和期限；

（五）不服行政处罚决定，申请行政复议或者提起行政诉讼的途径和期限；

（六）作出行政处罚决定的烟草专卖行政主管部门的名称和日期。

行政处罚决定书应当加盖作出行政处罚决定的烟草专卖行政主管部门的印章。

第四十三条 烟草专卖行政处罚决定书应当在宣告后当场交付当事人；当事人不在场的，烟草专卖行政主管部门应当在七日内按照下列方式送达当事人：

（一）直接送达当事人的，由当事人或其同住成年家属在送达回证上注明收到日期并签字、盖章或者以其他方式确认。当事人或其同住成年家属在送达回证上注明的签收日期为送达日期；

（二）直接送达时，受送达人或其同住成年家属拒绝接收送达文书的，依法适用留置送达；

（三）直接送达有困难的，可以委托当地烟草专卖行政主管部门代为送达，或者通过邮寄方式送达。邮寄送达的，以回执上注明的收件日期为送达日期；

（四）受送达人下落不明或采取本条第（一）项、第（二）项、第（三）项规定的方式无法送达的，可以公告送达。烟草专卖行政主管部门可以在其所在地公开发行的报纸上予以公告，也可以在受送达人原住所地或者烟草专卖行政主管部门的公告栏张贴公告。烟草专卖行政主管部门设有向社会公众开放的网站的，可以同时在网站上公告。公告送达的，自公告发布之日起经过六十日即视为送达。

第五章 听证程序

第四十四条 烟草专卖行政主管部门在作出下列行政处罚决定之前，应当告知当事人有要求举行听证的权利：

（一）一万元以上的罚款；

（二）没收较大数额的违法所得或者违法烟草专卖品；

（三）责令停产、停业，责令关闭；

（四）取消从事烟草专卖业务的资格。

省级烟草专卖行政主管部门可以结合本地实际，调整和确定本行政区域内罚款、没收违法所得或者违法烟草专卖品的听证数额标准，报国务院烟草专卖行政主管部门批准后施行。

第四十五条 烟草专卖行政主管部门不得因当事人要求听证而加重处罚。

当事人不承担烟草专卖行政主管部门组织听证的费用。

第四十六条 当事人依照本规定第四十四条要求举行听证的，应当在烟草专卖行政主管部门告知权利后三日内提出申请。

当事人可以通过书面或者口头方式提出听证申请。口头申请的，烟草专卖行政主管部门应当当场记录申请人的基本情况、申请听证的主要理由以及申请时间等内容，并由当事人签字或者以其他方式确认。

第四十七条 听证应当公开举行，允许公众旁听，但涉及国家秘密、商业秘密或者个人隐私的案件除外。

第四十八条 烟草专卖行政主管部门应当在举行听证七日前，将听证时间、听证地点书面通知当事人并同时报告上一级烟草专卖行政主管部门。

第四十九条 当事人可以亲自参加听证，也可以委托一至二人代理。

第五十条 听证主持人由烟草专卖行政主管部门指定。听证主持人应当符合下列条件：

（一）非本案的执法人员；

（二）非本规定第二十条规定应当回避的人员。

主持人不符合前款规定条件的，应当主动回避。当事人认为主持人与本案有直接利害关系的，有权申请其回避。

第五十一条 听证按照下列程序进行：

（一）主持人查明到场的当事人或者其他参加听证人员的身份，说明案由，告知当事人的权利、义务，宣布会场纪律，询问当事人是否申请主持人回避，宣布听证开始；

（二）由执法人员指出当事人违法的事实，出示有关证据，提出处罚建议和依据；

（三）当事人进行陈述和申辩；

（四）有第三人的，由第三人进行陈述和申辩；

（五）执法人员与当事人相互辩论、质证；

（六）当事人进行最后陈述、申辩；

（七）有第三人的，由第三人进行最后陈述；

（八）执法人员进行最后陈述；

（九）主持人宣布听证结束。

听证应当制作笔录并由主持人、记录人签字。听证笔录交当事人审核无误后签字或者以其他方式确认；当事人拒绝确认的，主持人应当注明情况并签字。

第六章　行政处罚的执行

第五十二条　行政处罚决定作出后，当事人应当在规定的期限内全面履行。

到期不缴纳罚款的，烟草专卖行政主管部门可以每日按罚款数额的百分之三加处罚款。

第五十三条　依法取消企业或者个人从事烟草专卖业务资格的，原发证机关应当及时收回烟草专卖许可证并依法办理烟草专卖许可注销手续；因客观原因无法收回的，原发证机关应当注明情况，依法注销烟草专卖许可并向社会公告。

第五十四条　当事人对烟草专卖行政主管部门作出的行政处罚决定不服的，可以自接到行政处罚决定书之日起六十日内，向其上一级烟草专卖行政主管部门申请复议；当事人也可以自接到行政处罚决定书之日起十五日内直接向人民法院提起行政诉讼。

行政复议或者行政诉讼期间，除法律另有规定外，不停止烟草专卖行政处罚决定的执行。

第五十五条　当事人逾期既不申请行政复议，也不向人民法院提起行政诉讼，又不履行行政处罚决定的，作出行政处罚决定的烟草专卖行政主管部门可以申请人民法院强制执行。

第五十六条　当事人逾期既不对复议机关维持行政处罚的行政复议决定提起行政诉讼，又不履行行政复议决定的，由最初作出行政处罚的烟草专卖行政主管部门申请人民法院强制执行。

第五十七条　当事人逾期既不对复议机关变更行政处罚的行政复议决定提起行政诉讼，又不履行行政复议决定的，由复议机关申请人民法院强制执行。

第五十八条　对于依法查获的烟草专卖品，自烟草专卖行政主管部门采取张贴通告、发布公告等措施之日起三十日内无法找到当事人的，经本烟草专卖行政主管部门负责人批准，可以采取变卖等处理措施，变卖款上缴国库。

第五十九条　依法查获的霉坏变质的烟草制品不得上市流通。烟草专卖行政主管部门采取销毁等处理措施的，应当符合国家有关规定，并经上一级烟草专卖行政主管部门批准。

第六十条　除依照《中华人民共和国行政处罚法》第四十七条、第四十八条的规定当场收缴的罚款外，作出行政处罚决定的烟草专卖行政主管部门及其执法人员不得自行收缴罚款。

罚没款及没收物品的变卖款应当全部上缴国库，任何单位和个人不得截留、私分或者变相私分。

第七章　执法监督

第六十一条　上级烟草专卖行政主管部门的法制工作机构或者专职法制工作人员应当定期对下级烟草专卖行政主管部门办理的行政处罚案件进行案卷评查。对评查中发现的问题，应当及时指出。

第六十二条　上级烟草专卖行政主管部门有权对下级烟草专卖行政主管部门依本规定作出的行政处理决定重新进行审查。

上级烟草专卖行政主管部门发现下级烟草专卖行政主管部门的行政处理决定确有错误的，有权变更、撤销该决定，或者责令下级烟草专卖行政主管部门重新作出处理决定。

第六十三条　对于上级烟草专卖行政主管部门作出的纠正决定，下级烟草专卖行政主管部门应当遵照执行并及时上报执行情况。

第六十四条　烟草专卖行政主管部门的法制工作机构或者专职法制工作人员可以对本部门专卖执法机构办理行政处罚案件的合法性进行监督。

第八章　法律责任

第六十五条　烟草专卖行政主管部门实施行政处罚，有下列情形之一的，由上级烟草专卖行政主管部门责令改正，可以对直接负责的主管人员和其他直接责任人员依法给予行政处分：

（一）没有法定的行政处罚依据的；

（二）擅自变更行政处罚种类、幅度的；

（三）违反法定的行政处罚程序的；

（四）违法委托其他单位或者个人实施行政处罚的。

第六十六条　烟草专卖行政主管部门违反本规定自行收缴罚款的，由上级烟草专卖行政主管部门责令改正，对直接负责的主管人员和其他直接责任人员依法给予行政处分。

第六十七条　烟草专卖行政主管部门截留、私分或者变相私分罚款、变卖款、没收的违法所得或者烟草专卖品的，对直接负责的主管人员和其他直接责任人员依法给予行政处分；构成犯罪的，依法追究刑事责任。

执法人员利用职务上的便利，索取或者收受他人财物、将收缴的罚款据为己有，构成犯罪的，依法追究刑事责任；不构成犯罪的，依法给予行政处分。

第六十八条　烟草专卖行政主管部门违法实施检

查等执法措施，给公民人身或者财产造成损害、给法人或者其他组织造成损失的，应当依法予以赔偿；对直接负责的主管人员和其他直接责任人员依法给予行政处分；构成犯罪的，依法追究刑事责任。

第六十九条 烟草专卖行政主管部门对应当依法移送司法机关追究刑事责任的案件不移送，以行政处罚代替刑罚的，由上级烟草专卖行政主管部门责令改正；拒不改正的，对直接负责的主管人员给予行政处分；徇私舞弊、包庇纵容违法行为构成犯罪的，依法追究刑事责任。

第七十条 执法人员玩忽职守，对应当予以制止和处罚的违法行为不予制止、处罚，致使公共利益或者公民、法人或者其他组织的合法权益受到损害的，对直接负责的主管人员和其他直接责任人员依法给予行政处分；构成犯罪的，依法追究刑事责任。

第九章 附 则

第七十一条 烟草专卖行政主管部门采取收购违法收购的烟叶、违法运输的烟草专卖品等行政执法措施的，参照本规定执行。

第七十二条 本规定中的期间以时、日、月计算，期间开始之时或者日不计算在内。期间不包括在途时间。期间届满的最后一日为法定节假日的，以节假日后的第一日为期间届满的日期。

第七十三条 本规定中的“以上”、“内”、“前”均包括本数或本级。

第七十四条 烟草专卖行政主管部门应当建立健全行政处罚案件档案管理制度，依法及时制作、收集、整理并妥善保存有关涉案材料。移交、借阅、调用涉案材料应当按照档案管理要求办理相应的手续。

第七十五条 本规定由国务院烟草专卖行政主管部门负责解释。

第七十六条 本规定自2010年5月1日起施行。1998年9月2日公布的《烟草专卖行政处罚程序规定》（国家烟草专卖局令第3号）同时废止

发展计划

国家烟草专卖局关于调整卷烟计划管理方式的意见

（2010年8月2日 国烟办［2010］264号）

各省级局（公司）、工业公司，中国烟草实业发展中心：

按照“卷烟上水平”总体规划要求，为进一步发挥卷烟计划管理在优化资源配置中的积极作用，现就调整卷烟计划管理方式提出如下意见。

一、卷烟计划管理方式调整回顾

近年来，为适应烟草行业坚持专卖体制前提下市场取向改革的需要，国家局对卷烟计划管理方式进行了一些调整，主要体现在：逐步停止生产计划的省与省之间调剂，通过品牌合作生产弥补产量缺口，提高资源配置效率；实施“放开衔接、适度引导、定向整合、促进发展”的卷烟交易方针，取消卷烟交易省内省外计划的限制，根据工商企业卷烟产销衔接数量下达卷烟调出、调入计划；加强低档烟计划管理，下达低档烟专项调入、调出计划，保持卷烟产销结构合理。通过采取以上措施，有力推动了“按客户订单组织货源”向“按客户订单组织生产”工作的延伸，对加快卷烟重点骨干品牌成长，促进卷烟产销协调发展，发挥了积极作用。

卷烟上水平，根本目的是提升中国烟草整体竞争实力，重点是培育“532”和“461”知名品牌。实现以上目标任务必须在坚持专卖体制前提下积极发挥市场机制的作用，促进要素合理流动，优化资源配置。这对卷烟计划管理方式提出了新的更高要求。

二、卷烟计划管理方式调整的指导思想和主要任务

卷烟计划管理方式调整的指导思想：深入贯彻落实科学发展观，紧紧围绕“卷烟上水平”这一基本方针和战略任务，坚持“控制总量、稍紧平衡”的方针，以培育“532”和“461”知名品牌为重点，不断提高资源配置效率，统筹企业之间协调发展，努力保持行业持续健康发展。

卷烟计划管理方式调整的主要任务是：调整卷烟年度产销存计划编制和下达方式，提高计划编制的科

学性和准确性；调整卷烟交易管理方式，增加企业间竞争力度，促进生产要素合理流动；调整卷烟存量计划管理方式，引导和推动企业间合作生产；调整卷烟增量计划管理方式，突出“532”和“461”知名品牌导向，加快知名品牌发展。

三、卷烟计划管理方式调整的主要措施

调整卷烟年度产销存计划编制和下达方式。省级局（公司）要加强对卷烟市场的分析预测，深入推进“按客户订单组织货源”工作，根据市场真实需求提出卷烟销量建议意见。国家局根据省级局（公司）提出的意见，在综合平衡的基础上，编制年度卷烟产销存计划方案。在加强总量控制前提下，为促进重点品牌加快发展，专门编制下达重点品牌年度产销计划和品牌合作生产年度计划。

调整卷烟集中交易计划管理方式。在半年卷烟集中交易中，根据市场需求预测，编制下达商业企业半年调入计划和工业企业半年调出计划。商业企业严格按照下达的半年调入计划与工业企业签订协议。为做好重点品牌生产与市场衔接工作，工业企业可在半年调出计划基础上，上浮一定比例与商业企业签订协议，使品牌能更好地适应市场，满足消费者需求。

调整存量计划管理方式。在维持现有计划指标稳定前提下，充分利用存量指标用于重点品牌生产。获得增量生产计划的工业企业，原则上按照一比一的要求用存量生产计划生产“532”和“461”知名品牌。调减的低档烟计划，主要用于生产“532”和“461”知名品牌。

调整增量计划管理方式。根据预测分析，今后几年卷烟产销量仍可保持一定幅度增长。新增加的生产计划指标主要用于生产“532”和“461”知名品牌并专项戴帽下达。为鼓励品牌合作生产，企业用存量指标生产合作品牌的（不含增量计划一比一配套部分），按生产量20%给予奖励。

维护计划管理的严肃性和统一性。工商企业要严格按照国家局下达的计划组织生产经营。凡是需要调整年度产销计划和半年卷烟调入、调出计划的直属单位，都要报国家局批准。

国家烟草专卖局办公室关于实施卷烟统一批发价格锁定的通知

（2010年4月13日　国烟办综［2010］143号）

各省级局（公司）：

为进一步加强卷烟价格管理，维护卷烟价格稳定，努力营造公平竞争的市场环境，全面推进“卷烟上水平”工作任务，经研究，国家局确定在全国开展卷烟统一批发价格锁定工作。现将有关事项通知如下：

一、实施目的

为不断完善卷烟价格管理，规范商业企业经营行为，营造公平竞争的市场环境，确保全国卷烟统一批发价格目录的权威性，保持卷烟价格稳定，维护卷烟零售户合理利益，对商业企业与卷烟零售户的订单结算价与统一批发价格目录在系统中自动进行比对，以实现批发价格锁定。

二、实施范围

全国地市级公司（由于物流建设原因，“打码到条及订单采集系统”尚未完成建设的单位稍后进行）。

三、实施内容

国家局通过远程部署，在各地市级公司决策管理系统管理机上新增“卷烟批发价格锁定模块”，通过订单结算价与统一批发价格目录在系统中自动进行比对、违规信息采集与汇总上报、价格违规警告及价格违规订单不得打码销售等功能，实现卷烟批发价格的实时动态管理和监督。

四、实施步骤

卷烟统一批发价格锁定工作分为两个阶段进行。

（一）试运行阶段（发文之日起至2010年6月底），国家局及各省级局（公司）价格管理职能部门只采集价格违规信息，同时产生警告信息。

（二）正式运行阶段（2010年7月1日起），为不影响商业分拣配送业务，第一次发生价格违规时，允许商业企业对价格违规订单中的卷烟打码销售，但所打32位条码中4位自定义信息为非正常码（FZCM）；如第二次发生价格违规时，该订单中的卷烟不得打码销售。

省级局（公司）对于发生的第一次价格违规的订单，可以进行免除违规记录操作，当下一次发生价格违规情况时，仍按第一次发生价格违规进行处理，但省级局（公司）只能进行一次免除违规记录操作，国

家局免除违规记录操作则不受次数限制。

五、管理职责

（一）国家局卷烟价格管理职能部门作为全国卷烟批发价格锁定工作的主管部门，负责此项工作的技术协调和对各省（区、市）价格违规信息的汇总分析通报等，对于重大价格违规事件和频繁出现价格违规现象的省级局（公司），将按国家局价格管理有关规定进行处理。

（二）省级局（公司）卷烟价格管理职能部门作为本省（区、市）卷烟批发价格锁定工作的主管部门，负责牵头协调本省（区、市）卷烟批发价格的锁定工作，全面跟踪实施的技术与业务流程；认真汇总分析本省（区、市）价格违规信息并上报国家局卷烟价格管理职能部门；对第一次出现价格违规的订单进行警告，对连续（2次以上）出现价格违规的订单中的卷烟不得打码销售；及时督促出现价格违规的地市级公司查找原因并解决问题；对于频繁出现价格违规现象的地市级公司按国家局及本省（区、市）卷烟价格管理有关规定进行处理。

（三）地市级公司作为卷烟批发价格锁定的具体实施单位，负责组织协调销售、分拣扫码、信息处理等多个环节的工作，确保锁定工作的顺利开展；查找产生价格违规的原因，上报省级局（公司）卷烟价格管理部门并及时整改，对具体责任人员按国家局及本省（区、市）卷烟价格管理有关规定进行处理；确保正常销售，维护零售户合理利益。

六、实施要求

（一）统一思想，高度重视。卷烟批发价格锁定是国家局利用信息技术手段规范商业企业经营行为，进一步强化卷烟批发价格管理，营造公平竞争市场环境的重要措施。各省级局（公司）要统一思想，高度重视此项工作，切实抓好本省（区、市）卷烟批发价格锁定工作的实施。

（二）各司其职，有序推进。各省级局（公司）卷烟价格管理职能部门牵头负责此项工作，信息中心、销售、物流等相关部门全力配合，确保此项工作有序推进，顺利实施。

（三）及时沟通，总结完善。对于卷烟批发价格锁定工作在实施过程中出现的业务管理和技术问题，国家局及省级局（公司）、地市级公司之间，各个相关业务部门之间，均要及时进行沟通交流，不断总结完善，更好地推进此项工作的开展。

国家烟草专卖局办公室关于以省级局（公司）和工业公司为单位编制现代物流建设规划的指导意见

（2010年11月1日　国烟办综［2010］488号）

各省级局（公司）、工业公司，中国烟草实业发展中心：

以省级局（公司）、工业公司为单位制订现代物流建设规划，是2010年全国烟草行业现代物流建设工作会议提出的一项重要工作，是制订全行业现代物流建设规划的重要基础。编制和实施好这一规划，对于提升行业现代物流建设水平，促进行业现代物流建设全面、协调、可持续发展，实现中国烟草物流的不可替代性，具有重大意义。为促进各省级局（公司）、工业公司卓有成效地开展好这项工作，增强现代物流建设规划的科学性、前瞻性，现提出如下指导意见，请各单位结合实际情况认真执行。

一、指导思想

深入贯彻落实科学发展观，紧紧围绕“卷烟上水平”烟草工作基本方针和战略任务，以全面建设面向未来具有不可替代性的现代物流体系和率先打造具有鲜明行业特色的中国烟草物联网为目标，以健全卷烟销售物流网络渠道为核心，坚持标准化、信息化、专业化、网络化行业物流建设思路，科学统筹规划，有序分步实施，加快物流资源整合，优化降低配置成本；着力流程再造，有效提高效率；强化服务意识，致力提升水平。

二、基本原则

（一）统一性原则

以省级局（公司）、工业公司为规划主体，在同省（区、市）省级工商企业共同研究确定的全省（区、市）烟草行业现代物流建设指导意见的基础上，按照2010年全国烟草行业现代物流建设工作会议要求，统一做好全省（区、市）、全公司的规划工作。

（二）完整性原则

规划要充分体现物流的行业核心业务地位，要充分保证工业企业内部物流、商业企业分拣配送和工商之间物流运输的完整性，有利于建立行业完整的物流配送体系。

（三）先进性原则

规划是面向未来的，必须高瞻远瞩，适当超前一些，预见性强一些。要在经营管理方面、物流技术和信息化建设等方面适应未来的发展趋势。要以打造中国烟草物联网为目标，努力实现对企业物流的全面感知、全面覆盖、全程控制，全面提升企业物流的管理水平。

（四）经济实用性原则

规划要充分考虑现有资源的综合利用，力戒全部推倒重来，避免重复建设。要注意物流体系的建设成本和运行成本，切实做好物流成本核算，要以物流体系建成后运行成本的竞争力水平为标准进行反向规划设计。

（五）可操作性原则

规划要科学合理、便于操作，在可达到的条件下能够付诸实施。规划要有相应的指标体系，既要有定性的指标，也要有定量的指标，既要有最终的指标，也要有阶段性的指标。要有具体的、可以实施的对策与措施。规划要充分考虑天气、自然灾害、突发事件等对物流正常运作的负面影响。

三、适用范围及期限

（一）省级局（公司）的规划范围主要是全省（区、市）范围内的烟叶物流、卷烟销售物流。

（二）省级工业公司的规划范围主要是全公司范围内的烟叶物流、卷烟材料供应物流、卷烟成品销售物流，有省（区、市）外生产企业的工业公司，省（区、市）外企业的烟叶物流、卷烟材料供应物流、卷烟成品销售物流要一并考虑。

（三）同省（区、市）工商企业物流一体化建设。

（四）物流规划期为 2011 ~ 2020 年。

四、主要内容

现代物流建设规划要按照行业“卷烟上水平”总体规划的要求，在系统总结 2006 年以来本单位现代物流建设发展经验，全面分析企业发展内外部形势的基础上，明确 2011 ~ 2020 年期间企业现代物流建设的指导思想和目标，提出战略重点和主要任务，制订具体的实施方案和保障措施。规划在内容上至少要包括以下五个方面：

（一）现状分析

1. 内部环境分析。全面摸清全系统现有各类物流资源（包括卷烟、卷烟材料、烟叶、人力）的数量、质量和布局，全面摸清企业主要市场布局、零售客户布局，准确掌握企业物流的流量、流向、流速、成本、效率等基础数据，认清企业发展阶段、发展基础 、发展潜力等。

2. 外部环境分析。主要包括所在省（区、市）社会、经济发展基本情况。要全面了解和掌握所在省（区、市）各级人民政府“十二五”社会经济发展规划、发展现代物流的各项政策及具体发展战略，全面摸清各类社会物流资源的数量、质量和布局，明确地方人民政府哪些政策规划、哪些社会物流资源我们可以充分利用。

3. 按照“不可替代性”工作要求，找出企业物流在布局、建设、装备、管理、队伍建设等方面的差距，明确发展需求。

（二）指导思想和基本原则

按照 2010 年全国烟草行业现代物流建设工作会议精神和国家局“卷烟上水平”总体规划要求阐明本省（区、市）在今后 5 ~ 10 年内现代物流建设的指导思想、坚持的主要原则、建设道路的选择等。指导思想要深思熟虑、高屋建瓴，基本原则要贴近企业发展实际情况，不要生搬硬套。

（三）发展目标

明确提出今后 5 ~ 10 年内，全省（区、市）现代物流建设的发展方向和发展水平。既要有总揽全局的总体目标，也要有具体工作的子目标；既要有长远目标，也要有阶段性目标。目标要贴近实际、切实可行，凡是能量化的一定要量化提出。

（四）主要任务

1. 根据全省（区、市）自然地理、社会经济、道路交通、市场布局、资源现状和企业发展目标，提出全省（区、市）物流建设总体布局，明确区域物流中心试点单位、卷烟物流配送中心总体布局、烟叶物流建设基本规划，重点建设的地市级烟草物流中心和一般性地市级物流中心。

2. 工业企业在规划中要有完成物流中心组建、物流业务整合，按照统一管理、分散作业的模式，实现全公司物流业务一体化运作的具体工作安排。

3. 工商物流一体化建设，要明确工商企业在基础设施建设、托盘运输、物流流程、物流标准、物流信息系统对接等方面的具体规划。在物流基础设施建设方面，凡是能共享的一定要共享，能建在一起的原则上要建在一起。卷烟生产企业所在地要成为商业企业物流中心建设的首选地。

4. 物联网建设方面，各省级工商企业在规划中要积极做好以下工作安排：一是按照物联网“全面感知、互联互通、智能处理”的基本要求，重新审视企业的物流信息化建设工作，提出积极采用成熟物联网技术，进一步提升企业物流信息化水平的意见；二是以省级公司为单位，全面完成国家局提出的“工商卷烟物流在途信息系统”、“两烟”数字仓储管理信息系统、“两烟”仓储视频监控系统建设工作；三是以省级公司为单位建设物流管理信息系统，加强信息应用研究，不断提升信息的智能处理水平；四是按照国家局将要发布的行业物联网总体框架与卷烟物流物联网建设规划要求开展好各项工作。

5. 在标准化建设方面，各工商企业在规划中，一要有积极研究制订企业物流标准的具体工作安排；二要有积极采标、贯标的具体行动，坚决执行国家和行业已颁布实施的物流标准。今后所有新开工物流建设项目，凡是国家及行业已经有明确物流标准规定的，建设单位都要严格按照国家及行业标准执行。现有物流系统、物流管理工作凡是投资不大，短期内可以改进的也要在规划中积极体现，按照国家及行业标准进行改进。

6. 物流队伍建设方面各单位在规划中，要明确提出规划期内物流人员培训、人才引进、优化结构、持证上岗、文化建设等项工作的具体安排。原则上，规划期内，各单位物流队伍中，大专以上学历人员比例要达到70%以上，具备物流师、采购师、工程师等职业资格证书人员比例要达到30%以上，关键技术岗位全部实现持证上岗。全体物流从业人员每年都要以各种形式轮训一遍。

（五）保障举措

规划要明确为完成目标任务所要采取的对策与措施。主要指人、财、物等必要资源及其相关体制、机制、制度的保障。在这方面各单位要积极探索新思路、出台新措施。

五、工作要求

（一）加强组织领导

国家局烟草行业现代物流与电子商务工作领导小组负责全行业规划编制工作的领导和审批。国家局烟草行业现代物流与电子商务工作领导小组办公室（中烟电子商务有限责任公司）负责具体指导、督促各省级公司现代物流建设规划的编制工作，初审各省级公司上报的现代物流建设规划。

各省级局（公司）、工业公司现代物流与电子商务工作领导小组要加强对现代物流建设规划编制工作的领导，按照国家局统一要求，高质量地组织完成好规划编制工作。物流处、物流中心未成立的省级局（公司）、工业公司要先抓紧完成物流处、物流中心的组建工作，组建工作完成后再开展企业物流规划设计工作。

（二）加强工商协调

地处同省（区、市）的省级烟草工商企业在制定本企业现代物流建设规划之前，要先联合成立全省（区、市）烟草行业现代物流建设规划领导小组及工作组，共同研究制订全省（区、市）烟草行业现代物流建设大政方针和工商物流一体化建设具体内容及实施方案。联合领导小组由省级局（公司）牵头，工商企业有关领导参加。

（三）落实人员和经费保障

各单位要从企业各相关业务部门选配知识结构好、业务能力强、熟悉业务的骨干人员，组建得力的规划编制队伍。规划编制队伍要加强国家及行业现代物流建设有关文件的学习，深入企业内外开展调查研究，充分了解企业物流系统现状和竞争环境，广泛搜集、分析、整理行业内外专家的意见和建议，合理选择技术路线，科学系统地安排好规划编制工作。各单位要为规划编制安排必要的经费，为规划编制工作提供经费保障。

（四）规划要有翔实的数据基础

规划要综合考虑建设成本、仓储成本、分拣成本、运输成本和人工成本，正确处理好区域物流与地市级公司、县级公司的关系，适度集中与经济合理的关系，物流中心与配送站之间的关系。要有现状与规划实施后详细的数据对比分析，依托数据制订规划，最终达到系统最优、总成本最低、竞争力最强的目的。

（五）按时完成规划编制工作

各单位于2011年6月30日以前，以正式文件形式将规划报国家局烟草行业现代物流与电子商务工作领导小组办公室（中烟电子商务有限责任公司）。规划经国家局烟草行业现代物流与电子商务工作领导小组批准后，方可组织实施。

专卖管理

国家烟草专卖局关于切实发挥内部专卖管理监督长效机制作用的意见

（2010 年 3 月 3 日　国烟专［2010］68 号）

行业各直属单位：

2009 年，行业各单位认真贯彻落实国家局的部署和要求，积极构建长效机制，继续保持检查力度，切实加强日常监管，推进内部专卖管理监督工作的深入开展，促进了生产经营秩序的进一步规范。针对 2009 年第一季度部分单位卷烟不规范经营行为有所抬头现象，各级局认真落实（2009 年）3 月 27 日行业直属单位主要负责人会议精神，加大对工业企业不按码段组织生产和商业企业捆绑搭配销售、体外循环销售卷烟等问题的检查力度，及时查处了一批不规范问题，使违规经营行为反弹的问题在较短时间内得到有效解决。各单位继续推进专卖内管长效机制建设，加强机构建设，提高内管人员素质；加强信息化建设，提升了监管效率和监管效果；加强企业内控机制建设，提高严格规范的能力和水平，取得了明显成效。但目前专卖内管还存在一些问题，有的单位主要领导思想认识仍需提高，对专卖内管工作重视支持不够，内管人员不敢管的问题仍没有解决；不少单位执行力亟待增强，内管人员不按工作规范操作，定期报告照搬照抄业务部门的报表数据，对系统预警没有认真处理，日常监管走过场，长效机制没有很好地发挥作用。违规生产经营问题仍然存在，有的工业企业无码生产，违规促销；有的商业企业卷烟经营虚拟客户，捆绑销售，体外循环，烟叶超种超收。近期国家局领导多次作出批示，明确指出建立专卖内管长效机制、营造良好生产经营秩序还任重道远，要求在抓好国家局专项检查的同时，要充分调动基层单位的积极性主动性，充分发挥专卖内管长效机制的作用。2010 年全国烟草工作会议明确提出，要把严格按计划组织烟叶种植收购、遏制卷烟体外循环作为重点，加大检查监督力度，杜绝不规范生产经营行为发生。根据国家局领导有关批示精神和全国烟草工作会议的要求，现就进一步做好专卖内管工作、切实发挥好长效机制的作用提出以下意见：

一、加强组织领导，狠抓严格规范建设

切实加强内部专卖管理监督，规范“两烟”生产经营秩序，关系到专卖体制的巩固和完善，是保持行业持续健康发展的生命线。各单位主要领导务必要高度重视，亲自部署、亲自督导，继续坚定不移、坚持不懈地抓紧抓好专卖内管工作。各级局要充分认识专卖内管工作的艰巨性、复杂性、长期性，克服由集中整顿转为日常监管出现的麻痹松懈和厌倦情绪，切实解决口头上重视、工作上松懈的问题，狠抓严格规范建设，积极支持专卖内管部门开展工作，有效解决不敢管不愿管的问题，推动行业内部生产经营秩序进一步好转。

二、进一步加强机构建设，提高队伍素质

各级局要以建立一支专业化、专职化、懂业务、善监管的高素质专卖内管队伍为目标，进一步加强机构建设，优化队伍结构。2010 年各省级局要重点做好运用专卖内管信息系统、严格按工作规范操作的培训工作，制订计划，对所有专卖内管人员都要轮训一遍，确保内管人员熟练掌握工作规范，熟练运用信息系统进行实时监管，及时发现处理不规范问题。要开展经常性的专题交流与研讨，营造注重学习、相互促进、共同提高的良好氛围，不断促进队伍整体素质的提高。

三、进一步完善制度机制，提高科学有效监管水平

各省级局要认真总结前期专卖内管长效机制运行情况，总结经验，分析存在的问题，积极探索对工业企业、复烤企业以及烟叶生产经营监管的有效途径，消除监管盲区。要进一步优化专卖内管信息系统，修订完善预警指标，切实解决预警不能及时全面准确反映不规范行为的问题，改进流程，提高科学有效监管的水平。尚未开发启用信息系统的单位要加快进度，年内要实现信息化实时监管，提高工作效率和效果。

四、进一步提高执行力，全面落实行业内部专卖管理监督工作规范

目前执行力不强、不按工作规范操作的问题比较严重，尤其是县级局比较突出，是影响专卖内管长效机制作用有效发挥的主要问题，2010 年要作为重点加以解决。省市县三级局要逐级制订工作规范的落实细则，把工作规范确定的日常工作、定期工作、同级监管等监管内容逐项进行分解，落实到每个内管人员；要具体明确预警处理、问题描述、定期报告、痕迹资料管理等工作的标准及时限。要加强监督检查，推动工作规范的落实。今年各省级局每季度要对市县局组织一次专题检查，主要检查内管人员按照工作规范落实细则开展工作的情况，及时纠正存在的问题。国家局将对工作规范落实细则的制订和执行情况进行检查并在全行业通报。

五、进一步加强监督检查，严肃查处顶风违法违规行为

各级局要切实加强对烟叶生产经营活动的监管，把烟叶防过热落到实处。省级局要组织各级专卖内管部门在烟苗移栽之前严格把关，根据 2009 年超收的烟叶抵扣今年种植计划的要求组织检查，加强对计划分解、预留烟田、合同签订、育苗以及烟苗移栽等环节的监管，及时报告发现的问题并责成有关单位认真整改。要进一步做好对违规经营卷烟问题的整治工作，对不顾市场需求、盲目投放卷烟、冲击其他地区市场的问题，要比照卷烟体外循环进行处理，实行一案双查，严肃追究有关人员的责任。要继续做好市场上查扣真品卷烟和重大案件的统计上报工作，及时督查有关内部违规线索，重大案件国家局将组织查处。要继续深入开展定期检查，国家局将定期组织开展重点抽查工作，各省级局要按工作规范的规定对工商企业进行定期检查，要切实提高定期检查工作的质量，组织得力人员，不留死角，彻底查清问题，严肃处理责任人。

六、进一步加强考核，追究监管不作为、不到位的责任

各省级局要进一步修订完善专卖内管考核制度，把工作规范落实细则的制订执行情况，长效机制作用的发挥情况等作为考核重点，把专卖内管考核作为市县局年度业绩评定的重要内容，同奖励惩处挂钩。要把定期检查的情况作为考核的重要依据。对检查发现的专职内管人员配备不到位、未制订工作规范落实细则、未按工作规范落实细则开展工作、监管机制空转、制度表面化以及对违规问题不查不报及上报不处理、被上级部门查出来的要分清情况，追究主要领导、分管领导及专卖内管人员的责任。要通过落实责任，加强考核，切实解决执行力不强的问题，确保长效机制作用的有效发挥。

七、进一步加强内控机制建设，提高自律能力和水平

各生产经营企业要结合对前期发现问题的整改，进一步加强内部控制机制建设，把烟草专卖法律法规及国家局的规章制度转化为企业的内控机制，努力构建以内管促内控、以内控促自律的工作格局，切实提高自律能力和水平。各省级工业公司要配备专职人员负责配合专卖内管和企业内控工作，支持配合省级局履行好专卖内管职责。商业企业要端正经营思想，严格按计划组织烟叶生产经营，严格按市场需求组织卷烟货源，坚决防止盲目投放和甩卖行为，关心支持中小零售户，杜绝直接向大户甩卖卷烟和大户控制小户的现象，把发展建立在可靠的市场基础和扎实的工作基础之上。

八、进一步加强联系单位培养，发挥典型示范作用

各省级局要进一步加强联系单位的培养，积极探索充分调动基层积极性主动性、充分发挥专卖内管长效机制作用的途径和方式。要与联系单位一起加强调研，研究制订好工作规范的落实细则，分解监管任务到人，落实责任到岗，明确各项工作的具体标准，形成能切实提高执行力的检查考核办法，推动联系单位实现科学有效监管。对联系单位好的经验和做法，要及时进行总结，适时组织召开现场会进行推广。对工作基础较差的单位，要加强帮扶，防止出现机制空转的问题。通过抓两头、带中间，全面推动整体水平的提升。

国家烟草专卖局关于进一步加强烟草专卖零售许可证管理有关事项的通知

（2010 年 7 月 6 日　国烟专［2010］234 号）

各省级局：

2008 年统一换发烟草专卖许可证以来，全国卷烟零售户持证总数明显增加，目前已达 503 万户，无证经营户逐年减少，卷烟零售市场保持了较好的发展势头。但从一些地区反映的情况看，卷烟零售户持证率仍然偏低，甚至出现“领证难”问题；城乡零售户持证比例不平衡现象未得到根本解决，卷烟无证经营的情况依然存在。为切实维护国家烟草专卖制度，确保卷烟零售市场的健康发展，现将进一步加强烟草专卖零售许可证管理的有关事项通知如下：

一、严格依法行政，切实解决“领证难”问题

各级烟草专卖局要严格按照《中华人民共和国烟草专卖法》及其实施条例、《中华人民共和国行政许可法》等法律法规，正确行使法律赋予的行政许可权，以基本满足社会需要、零售户规范经营、市场秩序良好为目标，重新修订原制订的卷烟零售点布局标准。不得根据当地总人口事先设定零售户持证总数；不得将电话订货、电子结算、物流配送作为发证条件；不得以取得工商营业执照作为核发零售许可证的前置条件；对于守法经营的社会弱势群体，应适当放宽办证条件，做好相关服务。在具体办理过程中，要切实遵照《烟草专卖许可证管理办法》（国家发展和改革委员会令第 51 号）及《国家烟草专卖局关于印发烟草专卖许可证申请与办理程序规定的通知》（国烟专［2007］549 号），坚持政务公开，做到公正透明。

二、面向农村市场，切实解决城乡持证失衡问题

坚持网建城乡一体、统一运行的原则，控制城市集中领证问题，防止出现新的自由批发交易市场。严格规范对卷烟零售大户的货源供应，防止形成二次批发。努力扩大农村市场覆盖面，提高对农村零售户的服务质量和水平。对于行政村或自然村的卷烟零售户，符合办证条件的，在自愿申请的基础上，要尽量满足领证需求并做好访销、配送等后续服务。

三、开展联合执法，切实解决卷烟无证经营问题

主动协调工商行政管理部门，建立卷烟零售市场联合执法机制。对辖区内的卷烟无证经营户，要开展摸底排查，分类处理。按照“打疏结合”的原则，对符合办证条件并提出办证申请的，要尽快核发许可证，将其纳入专卖管理渠道。对证照不全的，要协调工商管理部门做出处理。对不符合办证条件而擅自经营卷烟的，要会同工商行政管理部门坚决予以取缔。

各级烟草专卖局要高度重视烟草专卖零售许可证的管理和卷烟零售市场建设工作，凡是与国家法律、法规、规章及国家烟草专卖局规定相悖的规定要停止执行，抓紧进行修改。各省级烟草专卖局要按照本通知要求，尽快研究制订贯彻落实方案，切实抓好督导检查。

国家烟草专卖局关于加强对高价位卷烟生产经营和价格管理的意见

（2010 年 8 月 24 日　国烟专［2010］294 号）

行业各直属单位：

近年来全行业积极推进卷烟销售网络建设，努力提升营销水平，严格价格管理，强化内部监管和市场监控，卷烟生产经营秩序有了根本性的好转。但在高价位卷烟生产经营方面仍还存在违规批条特供、虚拟客户、向无证单位或个人供货、市场实际零售价偏离指导零售价等问题。为进一步规范高价位卷烟生产经营行为，促进行业持续健康发展，现就加强高价位卷烟生产经营和价格管理提出如下意见：

一、全面实现入网销售

各单位要认真落实《国家烟草专卖局关于进一步规范卷烟订单采集和货源供应工作的意见》（国烟办

［2008］20号）中“六个不准”的规定。烟草商业企业所有经营的卷烟产品都要进入营销系统，销售对象必须是持证零售客户，全面做到入网销售。严禁虚拟客户销售卷烟，严禁向无证客户供货，严禁以任何形式向社会集团、单位及个人批条特供销售卷烟。全部卷烟实行打码到条销售，通过零售客户销售进入消费市场。

二、严格价格审批管理

要认真落实《国家烟草专卖局关于切实加强卷烟价格管理的通知》（国烟计［2008］549号）要求，所有卷烟品牌规格的零售指导价均不得超过1000元/200支。国家局不再审批批发价高于680元/200支的卷烟牌号规格，同时将清理目前在销的批发价格高于680元/200支的卷烟牌号规格，逐步将其批发价格调整到680元/200支以下。

三、切实加强价格管理

各级烟草商业企业所属卷烟自营店必须执行明码标价的有关规定，如有明码标价或实际零售价格超过1000元/200支的卷烟牌号规格，则取消烟草商业企业对该牌号规格卷烟的经营权。各级烟草专卖局要与当地物价部门密切配合，对卷烟零售明码标价工作加强监督管理，如发现社会卷烟零售户存在明码标价或实际零售价格超过1000元/200支的行为，烟草商业企业要立即停止向该零售户有关牌号规格的供货。烟草商业企业如继续向明码标价或零售价格超过1000元/200支的社会卷烟零售户供货，国家局一经发现，将取消该烟草商业企业相关牌号规格的调拨资格并按有关规定追究责任。卷烟工业企业要关注市场变化，及时掌握卷烟产品的市场价格信息，烟草商业企业也要及时向卷烟工业企业反馈市场变化情况，工商协同营销，通过合理投放调节供求关系，调控零售价格。烟草工商企业不得通过人为炒作等方式提高零售价格，一经查实，国家局将按有关规定追究相关责任。如有高价位卷烟品牌规格零售价格在某省（区、市）区域持续超过1000元/200支，国家局将责令其退出该省（区、市）卷烟批发价格目录。国家局将加大对高价位卷烟零售价格波动情况的监测，及时向有关单位反馈以作为调控管理依据。

四、规范货源供应管理

烟草商业企业要制订高价位卷烟销售管理办法，明确货源供应原则，规范货源供应流程，实行信息公开、阳光操作。高价位卷烟货源调入数量、分配办法、投放对象、供应价格、分配结果必须定期在卷烟商业企业内部公示，接受监督。要从有利于稳定高价位卷烟价格出发，确定合理的投放面，不得将高价位卷烟集中分配给少数零售户。卷烟商业企业业务用烟及其他特殊需要用烟一律以零售价从自营店购进；自营店必须是烟草商业企业全资的，不允许烟草内部职工入股。

五、加强内部管理监督

各级专卖内管部门要进一步完善监管制度，切实加强对高价位卷烟的日常监管和定期检查，及时发现纠正不规范问题。各级烟草价格管理职能部门将把高价位卷烟列为每年价格管理工作检查的重点内容，确保高价位卷烟价格管理措施完全落实到位。各级卷烟销售管理部门要加强对高价位卷烟货源分配及客户布局情况的检查，对货源分配没有做到公开公正、客户布局不合理的，要责令限期整改。各级烟草审计部门要加大对高价位卷烟生产经营的审计监督力度，严格内部控制，防止违法违规经营问题的发生。各烟草工商企业要密切关注市场动态，认真分析检查高价位卷烟的供求关系，加强沟通协调，及时调控投放数量、投放节奏，稳定市场价格。

行业各单位要认真抓好上述意见贯彻落实，抓紧制订、调整和完善相关的经营管理制度，采取有效措施，切实解决高价位卷烟生产经营中存在的问题，确保“卷烟上水平”战略任务的顺利实施。

国家烟草专卖局关于印发打击利用互联网等信息网络非法经营烟草专卖品工作指引（试行）的通知

（2010年9月10日　国烟专［2010］314号）

各省级局：

为进一步推动打击利用信息网络非法经营烟草专卖品工作的开展，完善专卖市场监管体系，切实维护烟草市场秩序，现将《打击利用互联网等信息网络非法经营烟草专卖品工作指引（试行）》印发给你们。请各单位结合实际情况，认真贯彻执行。各单位在贯彻执行中有哪些问题和建议，请及时报国家局。

打击利用互联网等信息网络非法经营烟草专卖品工作指引（试行）

第一章　总则

第一条　为依法打击利用互联网等信息网络非法经营烟草专卖品行为，完善烟草专卖市场监管体系，依据《中华人民共和国烟草专卖法》及《中华人民共和国烟草专卖法实施条例》以及《互联网信息服务管理办法》（国务院令第292号）、《烟草专卖行政处罚程序规定》（工业和信息化部令第12号）、《关于严厉打击利用互联网等信息网络非法经营烟草专卖品的通告》（国烟专［2009］242号）等法律法规和有关政策，制订本指引。

第二条　本指引所称信息网络，是指以互联网（含移动互联网）为代表的，通过计算机、手机、固定电话、电视机等各类电子设备为终端所形成的信息网络。

第三条　各级烟草专卖局要深刻认识打击利用互联网等信息网络非法经营烟草专卖品工作的紧迫性、长期性和复杂性，依照本指引，细化工作程序，指定专人负责，建立部门联动和长效工作机制，形成完善有力的监管体系。

第二章　监管职责

第四条　各省级烟草专卖局负责指导和开展本区域的打击治理工作，认真组织核查国家烟草专卖局交办的案件线索，指定专人负责汇总所辖地区的打击治理工作情况，每半年进行总结并向国家烟草专卖局报告，重大案件要随时报告。

第五条　各地市级、县级烟草专卖局要确定专人负责本辖区涉烟非法经营网站的检索、监管和查处工作，深入调查有关案件线索，及时向上一级烟草专卖局报告工作进展和案件查处情况。

第六条　各级烟草专卖局要积极与有关网络监管部门联系，建立多部门参加的监管协作机制，共同打击治理信息网络涉烟非法经营活动。

（一）各省级烟草专卖局要与所在区域的通信管理部门建立联系，及时关闭在本区域通信部门备案接入的涉烟非法经营网站，清理有关涉烟非法经营网页；

（二）各级烟草专卖局要加强与公安部门的工作联系，及时移交有关案件线索，推动案件调查处理，共同打击重大网络涉烟非法经营活动；

（三）各级烟草专卖局要加强与工商行政管理部门的工作联系，共同开展对网络商品经营者和网络服务经营者的宣传和监管工作；

（四）各级烟草专卖局要加强与所在区域的通信管理部门、公安部门、工商行政管理部门及法院、检察院等部门的沟通，及时学习掌握有关网络监管的法律法规规定，了解网络交易基本知识，对相关行政处罚程序和标准、案件的证据固定要求等问题进行商定细化。

第三章　信息收集与整理分类

第七条　各级烟草专卖局要通过网络搜索引擎、网站内搜索等方式，积极检索相关的网络涉烟非法经营信息，同时也要注意通过举报邮箱、举报电话等其他方式收集相关信息。各省级烟草专卖局可根据情况，开发专门的应用软件，或设立工作小组，提高收集信息的效率。

第八条　各种网络搜索引擎是目前发现网络涉烟非法经营信息的主要手段。应用较为广泛的搜索引擎包括百度、搜狗、谷歌（Google）、必应（Bing）、搜搜等。有效利用搜索引擎的要点是选取关键字。主要关键字有：

（一）经营内容方面：香烟、雪茄烟、免税烟、烟叶、烟丝、烟机等烟草专卖品及“中华”、“玉溪”、“芙蓉王”等卷烟品牌；

（二）经营类别方面：香烟批发、回收、销售、采购、代购等。

以上关键字结合各地区名称，可以有针对性地发现特定地区的网络非法经营信息。

第九条　通过各网站提供的站内搜索服务，可以发现该网站内部含有涉烟非法经营信息的网页。

第十条　各级烟草专卖局要在单位外网主页上悬挂显著标志，链接访问国家烟草专卖局网站“严厉打击网络非法售烟”宣传专辑，公布投诉举报电话号码和邮箱地址，充分发挥“12313”举报电话的作用，将网络涉烟非法经营信息纳入投诉举报接受范围，及时处理相关投诉举报信息，信息查实可参考有关标准给予举报人奖励。

第十一条　各级烟草专卖局要对发现的网络涉烟非法经营信息进行分析整理，打印涉烟网页，填写记录表（附件1）并将有关信息分为自建售烟网站、网上售烟店铺、涉烟广告信息等三类。

第十二条　自建售烟网站是指购置或租用服务器，具有相对独立的域名，其网页内容包含卷烟品牌、价格等交易信息及相关图片，雇佣网上客服，通过QQ、旺旺等聊天软件，或直接建立客服聊天窗口与消费者交谈从事卷烟交易的网站。

第十三条 网上售烟店铺是指在各种电子商务网站（如淘宝网、易趣网、拍拍网等）开设经营页面，具有附属该电子商务网站的网址，受电子商务网站管理，使用电子商务网站提供的交易联系方式和资金支付手段，店铺主页直接显示卷烟品牌、价格等涉烟交易信息或以经营烟标、打火机、茶叶等其他商品为名，暗中经营烟草专卖品的网店。

第十四条 涉烟广告信息是指通过博客、论坛、贴吧及各类广告信息网站或传真、电子邮件、手机短信等方式发布的涉烟非法经营信息。

第四章 管辖

第十五条 各级烟草专卖局要根据网站的备案、接入地点、违法人员的经常活动地点或违法行为发生的地点，按属地管理的原则，对网络涉烟非法经营信息进行检索分析，判断管辖权的归属。

第十六条 对有备案号或许可号的自建售烟网站，要查询工信部网站核对备案信息的真实性，真实备案的网站可由备案地烟草专卖局管辖。网上售烟店铺和网站上发布的涉烟广告信息，可由其主管网站备案地的烟草专卖局管辖。没有备案的涉烟非法经营网站，在国内接入的，可由接入地烟草专卖局管辖。

第十七条 如能查清违法人员的活动地点，则要由其所在地的烟草专卖局管辖，对其违法行为做深入调查。判断违法人员的活动地点，主要根据是违法人员的物流单据信息（发货地点、收货地点等），联系人信息（电话号码、客服人员QQ号、联系人IP地址等）、资金交易信息（银行账户、支付宝账户等第三方支付账户关联的银行账户、取现地点等）。

第十八条 对不属于本区域烟草专卖局管辖的网络涉烟非法经营信息，由省级烟草专卖局负责定期整理上报国家烟草专卖局，或直接移交给相应有管辖权的省级烟草专卖局。

第十九条 对管辖权归属无法确定或存在交叉重叠的网络涉烟非法经营信息，由所涉烟草专卖局共同的上一级烟草专卖局指定管辖。

第五章 调查处理

第二十条 自建售烟网站的调查处理可按以下程序进行：

（一）根据售烟网站接入地的位置，将其分为国内网站和国外网站。国内网站要实施关闭，对其中经营规模较大的网站及国外网站要深入调查，落地找人；

（二）收集售烟网站的资金交易信息（银行账户、支付宝账户等第三方支付账户）、联系人信息（QQ号等网络即时通讯号、电话号码、电子邮箱等）、物流单据信息等线索。要及时协调公安部门，查清账户交易情况（交易金额及取现、消费地点等）和物流情况（发货地点、线路、时间等）；

（三）如查实交易金额达到追究刑事责任的标准，要移交公安机关立案查处，抓捕犯罪嫌疑人并在售烟网站上发布公告（附件2）并在一个月内予以关闭。

第二十一条 网上售烟店铺的调查处理可按以下程序进行：

（一）通过协调查询网店的注册信息、信用等级、交易频次、支付宝账户等第三方支付账户及其关联银行账户的交易记录判断其所在地和交易规模；

（二）经营规模较小的要通知其主管网站查封该网店并由其所在地烟草专卖局进行行政处罚。规模较大的网上售烟店铺要参照自建售烟网站的调查处理方法，移交公安部门立案侦查，构成犯罪的，追究其刑事责任。

第二十二条 涉烟广告信息的调查处理可按以下程序进行：

（一）各省级烟草专卖局要主动联系通信管理部门，获得在本区域备案许可的有一定规模的网络内容服务商（ICP）、电子公告服务商、互联网接入服务单位（ISP）名录，协调省级通信管理部门、工商行政管理部门要求其做好内部监控，不得对有涉烟非法经营行为的商户和网站提供服务；

（二）各级烟草专卖局要指定专人，定期对辖区内各类网站进行检索，整理相关证据提交有关网站，责令其删除含有涉烟非法经营信息的网页并要求其做好内部监控，定期清理相关信息。对长期整改不力的网站，要协调通信管理部门和工商行政管理部门依法作出相应的行政处罚；

（三）对各类网站上发布的涉烟广告信息，可参照自建售烟网站调查方法，判断其经营价值，有价值的信息要进一步调查，符合条件的要立案查处。

第六章 附则

第二十三条 本指引由国家烟草专卖局负责解释。

第二十四条 本指引自印发之日起施行。

附件： 1. 网络涉烟非法经营信息记录表（略）
2. 公告（略）

国家烟草专卖局关于规范卷烟零售大户经营行为的指导意见

（2010 年 12 月 27 日　国烟专［2010］448 号）

各省级局（公司）：

为规范卷烟零售大户经营行为，进一步维护卷烟零售市场秩序，为“卷烟上水平”战略任务的顺利实施提供良好的外部环境，现提出以下指导意见：

一、充分认识规范卷烟零售大户经营行为的重要意义

卷烟零售户直接面向消费者，是卷烟销售的终端环节，零售市场的稳定直接关系到行业的长远健康发展。卷烟零售大户是指月销售卷烟千条以上或月销量超过本地区零售户平均月销量 5 倍以上的持有烟草专卖零售许可证的卷烟零售户。卷烟零售大户经营行为规范与否对卷烟市场秩序至关重要。卷烟零售大户经营能力强，卷烟吞吐量大，是卷烟零售市场的风向标，有很强的示范作用。多年来的专卖管理实践表明，卷烟零售大户守法经营，则零售市场秩序总体平稳；卷烟零售大户违法抬头，则零售市场出现波动。卷烟零售大户经营行为规范与否，还将影响行业内部规范经营。通过外部环境治理，规范卷烟零售大户，使行业不规范经营失去外部配合，有利于消除不规范经营的外部条件。

各级烟草专卖管理部门要充分认识卷烟零售大户规范经营的重要意义，把规范零售大户经营行为作为市场监管的重点工作和维护卷烟零售市场秩序的关键环节，加强监管，提高对卷烟零售市场管控能力，确保行业发展有一个规范、有序的市场环境，使行业发展建立在扎实的市场基础之上，进一步维护国家烟草专卖制度。

二、规范卷烟零售大户经营行为的指导思想和目标任务

（一）指导思想

规范卷烟零售大户经营行为的指导思想是：紧紧围绕行业“卷烟上水平”战略任务，通过规范卷烟零售大户经营行为，促进卷烟零售市场秩序持续好转，促进行业内部经营行为不断规范，为行业发展提供良好的外部环境。

（二）目标任务

1. 通过加强监管，使卷烟零售大户非法批发、售假贩私等违法违规行为明显减少，市场检查、暗访中零售大户的违法违规率明显下降。

2. 加强对烟酒店的监管，重点打击以合法身份为掩护，暗中违法违规经营的烟酒店，使烟酒店在各类业态中保持合理比例。

3. 卷烟零售大户数量在客户总量中比例偏高的地区，要通过综合治理，使其在零售客户总量中保持合理比例。

三、规范卷烟零售大户经营行为的主要措施

（一）规范行业内部经营行为，公平分配货源，严格控制卷烟零售大户规模和比例

各级卷烟经营部门要坚持“控制大户、培育中户、扶持小户”的原则，认真落实《国家烟草专卖局关于进一步规范卷烟订单采集和货源供应工作的意见》（国烟办［2008］20 号）的要求，实行公开、公平、公正的货源分配政策，研究制订卷烟零售大户管理办法，切实规范经营行为。

（二）抓好许可证发放，综合治理无证经营，努力避免卷烟零售大户向无证户供货现象

1. 依法进行零售许可证的发放审核，纠正申领零售许可证条件过于严苛的倾向。各级专卖管理部门要严格按照国家烟草专卖及行政许可的法律法规规定，正确行使行政许可权，不得将配送成本、结算方式等非法定条件作为核发许可证的前提。正确认识合理布局，坚持网建城乡一体、统一运行的原则，努力扩大农村市场覆盖面，加强对农村卷烟零售户服务和管理。

2. 综合治理无证经营行为。各级专卖管理部门要按照《国家烟草专卖局关于进一步加强烟草专卖零售许可证管理有关事项的通知》（国烟专［2010］234 号）要求，对符合办证条件的无证户核发烟草专卖零售许可证，对社会弱势群体，可放宽办证条件；对不具备经营资格的，会同当地工商行政管理部门予以取缔，使无证经营户数量明显减少，切实解决卷烟无证经营问题，堵住卷烟零售大户向无证户供货的渠道。

（三）加强市场监管，严厉打击违法违规经营行为

1. 加强研究，夯实市场监管基础。各级专卖管理部门要查明本地区卷烟零售大户的身份情况，判断其是否属于违规经营比例较高的家族式关联户；分析卷烟零售大户经营情况，比较成本收益，判断零售户经营行为是否异常；注重对本地卷烟零售大户历史变化情况的研究，分析零售大户与本地烟草市场变化的关系，判断本地零售市场各类业态及规模的合理分布。建立零售大户的基本档案，密切关注零售大户的变化情况。

2. 加强日常监管。各级专卖管理部门要注重收集卷烟零售大户违法违规经营活动的线索，进一步创新监管方法，着力提高市场检查效率，制订专门的工作方案，加大检查力度，提高检查频率，优化检查方式，对个别经营不正常的大户要长期盯守。严肃查处转借、出租许可证行为，对两类卷烟零售大户要重点监控：一是非本地常住居民租赁场所经营卷烟，特别是家族式的或有关联关系的零售大户；二是以卷烟零售为主营业务的烟酒店。

3. 严厉打击卷烟零售大户的违法违规行为。对于监管中发现的卷烟零售大户违法违规行为要依法严肃处理。出现《烟草专卖许可证管理办法》（发展改革委令第51号）第四十五条所列情形的卷烟零售大户，要坚决取消其从事烟草零售业务的资格。要协调工商、公安等人民政府职能部门，形成联合执法机制，依法既可以由烟草专卖行政管理部门处罚、也可以由其他部门处罚的案件，要交由法定处罚标准较重的部门处理。违法情节严重，应当追究刑事责任的案件，必须及时移交有关司法部门处理。

（四）强化内部专卖管理监督，促进行业内卷烟经营进一步规范

1. 切实加强日常监管。各级专卖内管部门要进一步加强对卷烟经营业务的日常监管，防止行业内从业人员利用卷烟零售大户倒卖卷烟，尤其要坚决制止为了完成销售任务，向零售大户集中投放卷烟的行为。各省级局（公司）要在信息系统中建立辖区零售户的整体分析模块，推动实现各地区营销管理系统与专卖管理系统数据的共享，完善卷烟零售户经营数据的系统分析功能，使专卖内管人员能及时掌握零售户的经营动态。通过对比分析零售户的订单数据，及时发现利用卷烟零售大户甩卖卷烟的行为并严肃查处、及时通报、监督整改。

2. 充分利用涉案真品卷烟条码信息，认真排查涉案真品卷烟的来源，敦促有关单位整改，促进行业规范经营。各省级局要及时收集整理涉案真品卷烟的情况，抄录32位条烟码，每月进行一次汇总分析，通报情况并将具体的品牌、数量及条烟码等信息发回卷烟流出地的地市级局（公司）。各地市级局专卖内管部门要根据反馈的条烟码信息，查找相关订单，将所涉卷烟零售大户的卷烟品牌、数量、配送日期等信息及时通报给营销部门，由营销部门调整货源供货，使其无烟可倒。对内部违法违规的线索，要进行调查核实，严肃处理有关责任人。

四、加强组织领导，落实责任，建立完善监督检查机制

各省级局（公司）要按照本意见的要求，认真指导所属单位抓好本意见的贯彻落实，抓紧制订、完善相关的市场监管和经营管理制度，明确工作目标和任务，采取有效措施，切实规范卷烟零售大户经营行为，并将对卷烟零售大户的管理作为市场监管的重点工作，纳入专卖工作考核范畴。要加强教育并建立岗位轮换制度，防止出现徇私舞弊现象。对违反规定与零售大户内外勾结、帮助其不规范经营的行业内业务人员和徇私舞弊掩护零售大户违法违规经营的专卖管理人员，要按规定严肃处理。各级烟草专卖管理部门要安排专人负责相关工作；负责零售市场检查的专卖管理人员要将辖区内的零售大户列为重点监管对象，投入更多精力，采取更灵活的方式，加强管理。对辖区存在严重问题，但却不能及时发现的专卖管理人员，要追究其责任。要进一步加强对所属地区零售市场的暗访检查，将卷烟零售大户作为暗访的重点对象，单独记录对其检查的情况。要密切关注卷烟零售大户的数量比例和销量份额，每月统计卷烟零售大户数量和销量比例，由各省级局专卖管理部门汇总后报国家局。各省级局要及时通报本地区卷烟零售大户的有关情况，对存在问题较多、工作不力的单位要通报批评并监督整改。

经济运行

国家烟草专卖局关于加强打叶复烤企业建设的意见

（2010 年 3 月 16 日　国烟办［2010］79 号）

各省级局（公司）、工业公司：

打叶复烤企业是连接卷烟工业企业和烟叶产区的重要纽带，原烟加工质量水平直接关系到烟叶资源有效利用和卷烟产品质量。近年来，打叶复烤企业狠抓企业基础管理，开展设备技术改造和仓库建设，推广运用配方打叶技术，有效推进节能减排工作，不断加强服务能力建设，企业自我发展能力进一步增强，打叶复烤加工服务水平不断提高，较好地满足了卷烟工业企业的需求。随着卷烟品牌的发展，烟叶加工如何有效支撑“卷烟上水平”任务要求，打叶复烤企业面临着艰巨任务。为进一步提高烟叶加工服务水平，努力建设现代打叶复烤企业，不断适应卷烟工业企业发展需要，现提出加强打叶复烤企业建设的意见如下。

一、坚持服务为本，全面提升水平

坚持服务为本是打叶复烤企业的根本宗旨。打叶复烤企业作为加工服务型企业，是卷烟工业企业的“第一车间”。随着行业改革和发展不断深入，卷烟品牌的集中度不断提高，必然要求烟叶加工资源进一步集中，加工烟叶的地区、部位、等级将进一步增加，烟叶的配方加工、模块加工将成为主要加工形式，同时卷烟工业企业对加工的个性化要求进一步凸显，加工的均质化、稳定性要求进一步提升。打叶复烤企业必须始终坚持以卷烟工业企业需求为导向，牢固树立为卷烟工业企业服务、为品牌发展服务、为行业大局服务的理念，适应卷烟工业企业品牌发展的需求，提高烟叶入库、挑选、加工和储运各个环节的技术和管理水平，全面提升烟叶加工保障能力。

二、推进技术进步，提高加工技术保障能力

推进企业技术进步，是打叶复烤企业发展的动力。全面提高企业技术装备水平。制订设备技术改造规划，按照高效、节能、环保、智能的要求，对现有工艺流程和设备进行改进、改造与优化。以提高加工质量、满足工业企业配方打叶及个性化需求为着力点，优化工艺流程和设备布局；以完善在线检测装置、提高设备保障能力为主线，提高工艺控制水平，增强工艺控制时效性。

加大技术改造力度，推进节能减排。节能减排是打叶复烤企业节约发展的战略措施，必须长期坚持。进一步改进工艺技术，合理衔接工艺流程，降低不合理流程产生能耗。加强设备选型工作，在满足工艺要求的基础上，优先选用国内生产的技术先进、性能可靠、安全环保、性价比高的设备。尽可能采购低硫煤，使用清洁能源，增加脱硫装置以降低二氧化硫排放浓度，力争 2010 年达到国家局对打叶复烤企业制订的锅炉二氧化硫排放浓度≤400 毫克/立方米、吨片烟综合能耗≤210 千克标煤的节能减排指标要求。

完善企业技术中心建设。加快实验室物理检测平台、化学成分检测平台、感官品吸平台建设，实现产品均质化。

加快信息技术在打叶复烤企业的应用。以信息化手段为支撑，加快建立和完善过程自动控制系统和数据自动采集分析系统，利用射频和条形码技术，实现现代物流和数字化加工。

加强技术创新，不断推进企业技术进步。密切开展与科研院校、卷烟工业企业、设备生产厂家的合作，联合研发，着力解决困扰打叶复烤的技术难题，创新工艺技术，加快科研成果的推广应用。充分发挥广大职工参与企业创新管理和小改小革，开展 QC 活动、“金点子”行动，调动各方面积极因素，营造创新氛围，将技术创新列入绩效考核和工作评价的内容，激发员工的创新热情，不断提高企业技术水平。

三、加强企业管理，提高现代企业管理水平

管理是企业永恒的主题。打叶复烤企业要进一步完善管理制度，不断改进管理方式，持续提升管理水平。

全面开展质量管理体系建设。以卷烟工业企业需求为导向，以提高服务水平为目标，以贯彻国际标准、

国家标准和行业标准为核心，建立企业标准化管理体系。大力推进 ISO 9000、ISO 14000、OHSAS 18000 国际标准管理原理的本土化运用，突出创新，突出解决实际问题，积极落实《烟叶打叶复烤工艺规范》（YC/T146—2001）、《打叶烟叶质量检验》（YC/T147—2001）行业标准的宣贯工作，加大贯标工作的检查整改力度。进一步梳理管理制度，建立健全企业各项规章制度，理顺企业内部业务流程，逐步完善以技术标准、管理标准、工作标准为主要内容的企业标准化体系，确保规范管理落到实处。

加强成本管理，规范内部核算。建立生产经营成本预算制度，严格生产加工各工序的内部成本核算，做到指标科学、考核严格、奖罚分明。严格控制非生产性开支。在严格控制生产成本的基础上，努力降低打叶复烤企业管理费用和销售费用的支出，在大宗物资采购方面要严格执行招标、议标工作程序，在备品备件管理当中要严格以需定存，节约挖潜，减少浪费。

强化设备管理，努力实现传统管理向现代管理转变。通过健全体系、完善制度、夯实基础、创新模式等手段，建立健全设备管理的组织体系、制度体系、标准体系和绩效指标体系，实现“设备完好，持续改进，提高效能，保障运行”的设备管理目标。

加快打叶复烤企业信息化管理平台建设，促进打叶复烤企业生产经营更加规范，管理更加富有效率，服务更加富有个性。进一步优化硬件配置，信息管理要全过程全覆盖，建立生产经营客户服务烟叶质量信息库。整合企业业务管理模式，将管理体系各项制度、流程和标准固化到管理信息平台，使各项管理工作程序化、标准化。

全面开展对标工作。打叶复烤企业要了解相关对标指标的行业平均水平、先进水平以及自身所处的水平，寻找差距，确立标杆，制定对标工作流程，确定对标进度安排，制订切实有效改进措施，持续提高管理水平。

大力开展优秀基层单位创建活动。以创建优秀企业活动为契机，通过完善制度、严格管理，建立优秀打叶复烤企业考核激励机制，激发打叶复烤企业活力，提升打叶复烤企业管理水平、技术水平和服务能力，力争经过三年的努力达到基础管理工作扎实、员工队伍素质明显提高，企业凝聚力显著增强，优秀企业达标率在85%以上。开展优秀打叶复烤厂创建活动，要把创建活动和贯标工作、对标工作有机结合起来，实现企业生产经营管理整体水平的提升。

四、规范生产流通，建立良好经营秩序

严格管理、规范运作是建立打叶复烤企业良好生产经营秩序的内在要求，要通过建立严格的管理制度，优化业务流程，努力建立良好的生产经营秩序。

打叶复烤企业必须认真执行烟草专卖法及国家局相关规定，严格按照与卷烟工业企业所签订的委托加工合同，把好烟叶入库、生产加工、成品运输等涉及生产流通的各个关口，杜绝无合同、超合同加工，杜绝系统外非法加工。

拓展渠道，妥善解决残次废弃物的处理问题。综合考虑环保、节约成本、综合利用的因素，卷烟工业企业要本着对烟叶资源充分利用的原则，提高卷烟对长梗、短梗、碎片的使用需求，减少残次废弃物的产生；打叶复烤企业要提高烟梗、碎片的筛分和细分能力，对加工过程产生的废弃物按照工业企业的要求进一步细分，以利于工业企业有效利用；省级局（公司）、工业公司要加大残次废弃物处理的协调力度，积极沟通打叶复烤企业与烟草薄片生产厂家的联系，充分有效利用残次废弃物；省级局（公司）的进出口公司要加强与国外烟草企业的联系，组织出口，打叶复烤企业根据国外烟草企业的需求进行分类加工；加快生物质气化新技术在打叶复烤企业的推广、应用，通过残次废弃烟叶的气化技术，减少燃煤用量，实现残次废弃物的有效利用。

各级烟草专卖部门要加强专卖监督管理，严格执行烟草专卖法，充分发挥专卖驻厂员和纪检联系人的监督指导作用，重点加强对加工合同的执行和残次废弃烟叶处理的监督管理，确保烟叶流通在打叶复烤加工过程中的规范。

五、规范用工分配制度，建立人才成长通道

进一步理顺打叶复烤企业在劳动用工分配管理方面的隶属关系。重组整合后的打叶复烤企业劳动用工分配统一由省级局（公司）、工业公司进行。在对企业的考核上，要采取灵活的考核方式，把考核重点放在管理效能、服务水平、成本控制和专卖法执行等指标上。

深化企业用工分配制度改革。省级局（公司）、工业公司要督促和指导打叶复烤企业切实按照《国家烟草专卖局关于进一步深化烟草行业收入分配制度改革的意见》（国烟人［2007］204 号）中“分类管理，科学设岗，明确职责，严格考核，落实报酬”的改革总体要求科学设计改革方案，确保各项改革措施落到实处。在推进改革的过程中，要重点抓好企业人才队伍建设，制订切实有效的各类人才培养规划，建立各类人才的晋升通道，不断提高人才队伍素质，激发人才队伍活力。在重组整合过程中，省级局（公司）、

工业公司要按照国家局制订的打叶复烤相关劳动定额定员标准，在科学设岗、明确职责的基础上，按照企业实际需要，科学核定岗位员额水平，以改革为契机，统筹规划，积极稳妥地解决打叶复烤企业富余人员问题。

开展教育培训和职业技能鉴定工作。大力开展各类人员培训和竞争上岗，建立高素质的管理人才队伍、技术人才队伍和操作人员队伍。充分利用加工淡季和设备检修期间，进行企业各类人员的教育与培训，提高员工素质。工业企业要深度介入，充分发挥对打叶复烤企业工艺、技术和管理的指导作用，配方技术人员加强打叶复烤加工现场指导和培训，提高打叶复烤企业员工的技术水平。

六、增加资本投入，提升服务保障能力

《国家烟草专卖局 中国烟草总公司关于打叶复烤企业重组整合的指导意见》（国烟法［2009］195号）明确了打叶复烤企业重组整合的方向和措施。省级局（公司）要按指导意见要求，积极推进打叶复烤企业的重组整合工作。

在推进打叶复烤企业重组整合中，要重点解决增加打叶复烤企业资本投入的问题。卷烟工业企业要按照国家局“主动参与、深度介入”的要求，指导打叶复烤企业按照卷烟工业企业的要求，进行设备工艺改造和烟叶仓库建设。卷烟工业企业要加大增资扩股力度，逐步形成工业企业参股占多数，商业企业相对控股的股权格局，通过增加资本投入，提供打叶复烤企业设备技术改造和仓库建设必要的资金，确保资金到位，达到提升服务保障能力的目的。

打叶复烤企业仓库建设要按照现代物流理念，科学设计和优化打叶复烤加工物流流程，降低成本，提高效率。运用信息技术，健全信息系统，实现信息资源在商业、打叶复烤企业和卷烟工业企业之间互联共享。仓库要本着方便、适用、高效、节约、安全的原则，进行规划与建设，原烟仓库采用框栏式储存方式，减少烟叶压油和造碎；成品烟仓库采用框架式储存方式，提高仓库利用率。

打叶复烤企业原烟仓库建设要与烟叶产区仓库建设实行统筹规划。在满足产地烟草公司烟叶收购、周转功能的基础上，今后的原烟仓库要尽可能建在打叶复烤企业，或建在打叶复烤企业周边，使打叶复烤企业成为主要的原烟物流集散中心。

打叶复烤企业的仓库建设按照“谁投资，谁使用，谁受益”的原则，做到产权清晰，权责明确。重组整合后的打叶复烤企业可以利用增资扩股资金进行仓库建设，产权属打叶复烤公司；也可以由卷烟工业企业投资，在打叶复烤企业所在区域新建原烟和成品烟仓库，产权属卷烟工业企业，委托打叶复烤企业代管或采取其他方式管理。

卷烟工业企业委托打叶复烤企业进行的烟叶挑选，是保证烟叶原料质量稳定的重要手段。打叶复烤企业要从保障卷烟品牌质量稳定的高度，充分重视烟叶挑选工作，将选叶车间建设和选叶设备配备纳入打叶复烤企业主要生产设施进行规划，加大投入力度，加快建设步伐。

七、加强领导，确保管理措施落到实处

省级局（公司）、工业公司作为打叶复烤企业的主管部门，要进一步明确打叶复烤企业的主管机构，完善管理职能，增强人员配置，理顺管理体制，健全管理制度，使省级局（公司）、工业公司更加有效地履行对打叶复烤企业的管理与指导职能，使对打叶复烤企业的管理措施落到实处。要从实际出发，统筹兼顾，周密部署，妥善处理各方利益关系，促使打叶复烤企业重组整合工作顺利实施，平稳推进，把现有打叶复烤企业整合为具有较大规模、较高水平、专业化的打叶复烤公司。各打叶复烤企业要围绕行业改革和发展的要求，按照建设现代打叶复烤企业的目标，扎实推进基础管理和基础建设，进一步规范企业生产经营活动，不断提高服务能力和服务水平，满足卷烟工业企业品牌发展需求。

国家烟草专卖局关于加强卷烟品牌合作生产工作的指导意见

（2010年7月29日　国烟办［2010］260号）

各省级局（公司）、工业公司，中国烟草实业发展中心：

为认真贯彻落实《烟草行业“卷烟上水平”总体规划》，进一步提高行业资源配置效率，促进“532”、

"461"知名卷烟品牌加快发展，现就加强卷烟品牌合作生产工作提出以下指导意见：

一、品牌合作生产基本情况

2009年，全国共有17家省级工业公司参与品牌合作生产工作，其中品牌输出省级工业公司7家，品牌输入省级工业公司10家。2009年品牌合作生产总量为2065亿支（413万箱），其中重点骨干品牌合作生产量为1575亿支（315万箱）。通过开展品牌合作生产，有力促进了重点骨干品牌快速发展，有效满足了市场需要，收到了良好效果。

品牌合作生产虽然取得了一定成效，但仍不能适应行业"卷烟上水平"形势发展的要求，主要表现在：加工点分散，单点加工规模偏小；合作双方关系不够稳定；合作生产运作有待进一步规范；品牌合作生产的质量保障体系有待进一步加强。

二、品牌合作生产目标任务和基本原则

（一）目标任务

1. 扩大品牌合作生产规模。

2. 形成品牌合作定点工厂（以下简称定点工厂）。

3. 促进卷烟工业企业跨省重组。在合作生产知名品牌基础上，积极推进以知名品牌为支撑、以资产为纽带的企业跨省联合重组。

（二）基本原则

1. 合理布局。根据"532"、"461"品牌发展战略目标任务，加强规划，合理布局，统筹安排合作品牌和合作对象，促进合作双方协调发展。

2. 技术进步。通过品牌合作生产，全面提升定点工厂装备水平、工艺制造水平和信息化管理水平。

3. 规范运作。明确合作双方责任，规范合作生产方式和卷烟产品交易行为，统一结算方式和税利标准。

4. 持续发展。妥善处理品牌合作双方利益关系，着眼全局，着眼长远，促进合作双方持续发展。

三、品牌合作生产主要工作和政策措施

（一）主要工作

1. 制订合作生产品牌目录。国家局制订并公布《合作生产品牌目录》（以下简称《目录》）。参与合作生产的品牌一般应是年商业销量或年商业批发销售收入（含税）排名前15位的品牌。逐步调整不在《目录》中但目前已经组织合作生产的品牌，不在《目录》中的品牌不再安排新的合作生产。

2. 确定合作生产定点工厂。凡是有品牌输入的省级工业公司，要确定合作生产定点工厂，实现合作品牌相对集中生产。合作生产量在150亿支（30万箱）以上的品牌输入省级工业公司，可确定两个以上定点工厂。

3. 明确合作品牌税利标准。合作生产品牌的平均单箱税利水平应高于品牌输入省级工业公司（企业）自有品牌的平均单箱税利水平，但不高于品牌输出省级工业公司（企业）平均单箱税利水平；品牌输入省级工业公司（企业）税利增幅一般与行业卷烟工业税利增幅大体持平；合作生产品牌的税利水平在合作双方充分协商基础上，报国家局批准。

4. 规范合作品牌交易方式。合作生产品牌由品牌输出省级工业公司（企业）统一调拨和销售；努力实现合作生产品牌在品牌输入企业所在地落地销售；销售合作生产品牌占用所在省商业企业的调入计划，视同省与省之间交易品牌考核。规范合作生产品牌结算方式。品牌输出省级工业公司（企业）以成本价向品牌输入省级工业公司（企业）出售合作生产品牌的主要原辅材料，品牌输入企业按照正常会计核算程序归集核算合作生产品牌的卷烟成本费用，按统一调拨价将卷烟产品销售给品牌输出省级工业公司（企业）。品牌输入省级工业公司（企业）不得以加工费等名义向品牌输出省级工业公司（企业）收取任何形式的费用。

（二）政策措施

1. 制订品牌合作生产规划。按照《烟草行业"卷烟上水平"总体规划》和"532"、"461"品牌发展目标要求，品牌合作生产双方要认真编制品牌合作生产五年规划（到2015年）及年度实施计划，国家局综合平衡后，正式批准下达执行。

2. 明确品牌合作双方责任。品牌输出省级工业公司（企业）责任：负责输出知名品牌的维护和质量提升工作；负责制订品牌合作生产工艺技术及产品质量标准，组织实施过程监督；负责组织主要原辅材料供应；负责合作生产品牌销售。品牌输入省级工业公司（企业）责任：严格按照合作生产品牌有关工艺技术、产品质量标准组织生产；确保合作生产品牌质量，合作生产的产品应符合《卷烟》GB5606系列标准、《品牌许可生产质量保障通则》和品牌输出企业产品技术标准，加工过程符合品牌输出企业工艺技术标准，原辅材料符合品牌输出企业技术标准；维护产品信誉；严格按照合作生产协议安排生产进度，均衡组织生产。

3. 切实保障合作生产品牌烟叶供应。合作生产所需原料由品牌输出省级工业公司（企业）统一组织，国家局列入调拨计划管理，保证合作品牌生产需要。

4. 合理利用卷烟计划指标。品牌输入省级工业公

司（企业）要充分利用现有卷烟计划指标，安排一定数量存量计划指标用于知名品牌合作生产；新增卷烟生产计划主要用于知名品牌合作生产，保证品牌合作生产计划指标，促进知名品牌加快发展。国家局安排专项卷烟生产计划指标，鼓励品牌输入企业用存量指标增加合作品牌生产。

5. 加强定点工厂建设和管理。定点工厂要在生产设备、工艺技术条件、质量保证能力、管理方法等方面进行改进和提升，达到合作生产知名品牌的标准要求；鼓励品牌合作生产双方以各种形式推动资产联合重组，建立和加强紧密合作关系；国家局对品牌输入省级工业公司确定的定点工厂给予资金支持。

国家烟草专卖局关于加强卷烟市场营销管理的意见

（2010 年 7 月 29 日　国烟办［2010］261 号）

各省级局（公司）、工业公司，中国烟草实业发展中心：

为贯彻落实行业“卷烟上水平”的基本方针和战略任务，充分发挥市场营销的基础和引领作用，为“532”和“461”品牌发展营造公平竞争的市场环境，现对加强行业卷烟市场营销管理提出如下意见。

一、卷烟市场准入

1. 坚持市场导向原则，将市场真实需求作为品牌市场准入的基本依据。

2. 卷烟品牌市场准入由省级公司统一管理，地市级公司具体操作。

3. 商业企业要为所有省级工业公司的产品提供准入机会，行业重点品牌（批发销售收入 <含税> 排名前 15 位品牌、三类及以上卷烟销量排名前 15 位品牌、部分工业自有主导品牌及混合型卷烟品牌）和低焦油、低危害品牌（规格）（低焦油卷烟规格指盒标焦油量 8 毫克/支以下的规格；低危害卷烟规格指卷烟危害性评价指数 8.0 以下的规格）优先准入。

4. 商业企业要规范并公开品牌准入具体办法。对拟引入新的卷烟产品，工商企业要协同开展市场测试和分析；对决定引入新的产品，工商企业要协同制订并实施市场营销方案。

5. 对于不适应市场需求，出现下列情形之一的卷烟品牌（规格），商业企业要与工业企业协同实施市场退出：（1）工业企业计划实施整合；（2）在地市级公司存销比连续 6 个月处在 2.0 以上（不含税调拨价 400 元/条以上的品牌规格除外）。

二、卷烟市场采供

1. 卷烟市场采供坚持“预测指导采购，采购适应需求”原则。工商企业按照市场情况和工作流程开展需求预测，年度及半年预测准确率不低于 95%，预测结果经省级工商企业审核后报国家局备案。

2. 商业企业根据半年预测结果提交商业订单，重点品牌的需求预测与商业订单吻合度不低于 95%。

3. 工商企业按国家局下达计划开展半年协议签订工作，新增调入调出计划以及低档烟核减计划，须主要用于重点品牌签约。工商企业要严格履行协议，协议履约率不低于 98%，协议变更率不超过 10%。

4. 商业企业要为工业企业提供商业月度进销存、零售客户订单、社会存销比、零售价格和卷烟到货情况等数据信息，在月度预测基础上，提出卷烟货源需求。工业企业要及时向商业企业提供下一月度的货源供应数量和批次调运计划，保证均衡供货。

5. 工商企业共同设定合理的月度商业存销比。对于商业存销比低于预警线的品牌（规格），工商企业要启动应急补货机制，保障市场需求。对于地市级公司月度存销比超过 2 的品牌（规格），工业企业要停止供货，商业企业要停止调入。

6. 工商企业在采供过程中要严格遵守行业有关规定，规范经营行为，克服非市场因素。

三、零售终端营销

1. 零售终端营销要由商业企业统一组织，工业企业可配合当地商业企业开展宣传促销。

2. 零售终端货源供应要尊重客户选择，不得向客户下达销量任务，不得捆绑、搭配销售。紧俏品牌可实行合理限量。根据市场需求和货源情况，制订公开透明、公平公正的货源供应办法。

3. 零售终端促销坚持依法、公平的原则并制订年度或半年度促销计划，不得以价格折让或变相降价、发放现金、卷烟实物等作为促销手段。

4. 商业企业不得在宣传促销活动中收受和索要钱物。工业企业不得借宣传促销活动名义向商业企业开展让利活动或送钱送物。

5. 商业企业要开展零售终端信息采集工作并定期向工业企业反馈。重点品牌的零售价格、社会库存等信息，要每月向工业企业反馈。

6. 工业企业不得以任何名义直接在卷烟零售终端投资建设形象店、品牌店、专卖店。

国家烟草专卖局　中国烟草总公司关于印发烟用物资采购管理规定的通知

（2010 年 11 月 9 日　国烟运［2010］389 号）

行业各直属单位：

为落实卷烟上水平的工作要求，规范烟草企业烟用物资采购行为，进一步推进烟用物资招标采购管理，现将《烟用物资采购管理规定》印发给你们，请认真执行，2008 年 5 月 27 日印发的《国家烟草专卖局 中国烟草总公司印发关于加强卷烟工业企业烟用材料采购管理规定的通知》（国烟运［2008］297 号）同时废止。

烟用物资采购管理规定

第一章　总　则

第一条　为进一步加强烟草行业烟用物资管理，规范采购行为，提高采购质量，降低采购成本，依据《中华人民共和国烟草专卖法》、《中华人民共和国政府采购法》、《中华人民共和国招标投标法》等相关法律、法规，制订本规定。

第二条　烟草企业为烟用物资采购的主体，包括省级商业公司及地市级公司，省级工业公司，具有法人资格的卷烟（雪茄）、打叶复烤、薄片生产加工企业等。

第三条　烟用物资包括卷烟材料，烟叶配套物资，烟草物流配送物资。

卷烟材料是指直接用于卷烟制造的各种生产性材料。卷烟材料分为专卖品卷烟材料和非专卖品卷烟材料，烟用丝束、滤嘴棒、卷烟纸三种卷烟材料为专卖品卷烟材料，其他卷烟材料为非专卖品卷烟材料。

烟叶配套物资是指用于烟叶生产与加工的各种生产性物资。如育苗物资、肥料、农药等物资。

烟草物流配送物资是指烟草制品储藏运输过程中所需的各种物资。如烟叶（片）包装物品、卷烟配送包装材料等物资。

第四条　烟用物资采购要遵循公开透明原则、公平竞争原则、公正原则和诚实信用原则。

第二章　管理机构

第五条　烟草企业均要成立工程项目、烟用物资、宣传促销管理委员会（以下简称管理委员会），将原有投资委员会职能并入新设立的管理委员会。

第六条　没有设立董事会的烟草企业，管理委员会作为企业决策机构，其人员由领导班子全体成员、相关部门代表、职工代表组成。设立董事会的烟草企业，董事会作为决策机构，管理委员会作为咨询机构，其人员组成由企业决定。

第七条　管理委员会主要职责：审批年度采购计划与采购实施方案；研究确定采购方式，供应商资格，招标文件，成交供应商，采购价格；决定谈判小组成员和询价小组成员。

第三章　计划管理

第八条　国家局、总公司负责下达专卖品卷烟材料年度分配计划。

第九条　烟草企业根据国家局、总公司下达的烟叶和卷烟生产计划，会同有关部门编制年度采购计划。

第十条　烟草企业采购部门依据批准的年度采购计划编制采购预算并提交预算委员会讨论。

第十一条　烟草企业采购部门根据批准的年度采购计划和预算编制采购实施方案，方案须包括物资名称、品种规格、采购数量、采购金额、拟采用的采购方式等。

第四章　供应商管理

第十二条　供应商参加烟用物资采购活动应当具备下列条件：

（一）具有独立承担民事责任的能力；

（二）具有良好的商业信誉和健全的财务会计制度；

（三）具有履行合同所必需的设备和专业技术能力；

（四）有依法缴纳税收和社会保障资金的良好

记录；

（五）参加烟用物资采购活动前 3 年内，在经营活动中没有重大违法记录；

（六）在劳动保护、节能减排与生态环境保护方面符合国家规定要求；

（七）法律、行政法规规定的其他条件。

烟草企业可以根据采购项目的特殊要求，规定供应商的特定条件，但不得以不合理的条件对供应商实行差别待遇或者歧视待遇。

第十三条 烟草企业可以根据烟用物资的具体特点和实际需要，要求参加采购的供应商提供有关资质证明文件和业绩情况，并根据前款所规定的供应商条件和烟用物资对供应商的特定要求，对供应商的资格进行审查。专卖品卷烟材料的供应商必须持有烟草专卖生产企业许可证。

第十四条 烟草企业要建立供应商资质认证制度，根据不同类别烟用物资的特点确定供应商资质认证标准，在公开报名的基础上遴选具有资质的供应商，未经资质认证的供应商不得进入采购环节。对国家局、总公司发布的烟用物资供应商名录，烟草企业须从名录中通过招标等方式选择供应商。

第十五条 烟草企业要加强烟用物资供应商的日常管理，建立供应商动态评价和退出机制，定期对供应商的产品质量和服务质量等进行综合评审，依据评审意见，对评审不合格的供应商，要取消其供应资格。

第五章 采购方式

第十六条 烟用物资采购采用以下方式：

（一）公开招标；

（二）邀请招标；

（三）竞争性谈判；

（四）单一来源采购；

（五）询价。

第十七条 公开招标须作为烟用物资的主要采购方式。

第十八条 烟草企业不得将须以公开招标方式采购的烟用物资化整为零或者以其他方式规避公开招标采购。

第十九条 国家局、总公司分配的专卖品卷烟材料，按国家局、总公司下达的计划执行。

第二十条 烟草企业从全资的关联企业采购烟用物资可不采用招标方式。

第二十一条 因特殊情况需要采用公开招标以外的采购方式的，要在采购活动开始前获得管理委员会批准。

第二十二条 符合下列情形之一的烟用物资，可以依照本规定采用邀请招标方式采购：

（一）具有特殊性，只能从有限范围的供应商处采购的；

（二）采用公开招标方式的费用占采购总金额的比例过大的。

第二十三条 符合下列情形之一的烟用物资，可以依照本规定采用竞争性谈判方式采购：

（一）招标后没有供应商投标或者没有合格标的或者重新招标未能成立的；

（二）技术复杂或者性质特殊，不能确定详细规格或者具体要求的；

（三）采用招标所需时间不能满足用户紧急需要的；

（四）不能事先计算出价格总额的。

第二十四条 符合下列情形之一的烟用物资，可以依照本规定采用单一来源方式采购：

（一）只能从唯一供应商处采购的；

（二）发生了不可预见的紧急情况不能从其他供应商处采购的；

（三）必须保证原有采购项目一致性或者服务配套的要求，需要继续从原供应商处添购，不改变合同其他条款且添购资金总额不超过原合同采购金额10%的。

第二十五条 采购的烟用物资规格、标准统一、现货货源充足且价格变化幅度小，全年采购量金额 30 万元以下的，可以依照本规定采用询价方式采购。

第六章 过程管理

第二十六条 具有编制招标文件和组织评标能力的烟草企业，可自行成立招标机构；采取委托招标代理机构进行招标的，招标代理机构须通过招标确定。

第二十七条 招标机构会同相关部门编制招标文件，经管理委员会批准后实施。

第二十八条 烟草企业须依据现行的烟用物资采购价格设定上限拦标价控制采购成本；须设立下限投标价或采用其他方式防止恶性竞争。

第二十九条 烟用物资招标公告通过烟草物资交易网、烟草企业网站或其他媒介发布。

第三十条 烟草企业要建立健全评标专家管理制度，严格认定评标专家的资格，加强培训、考核、评价和档案管理，根据实际需求和考核情况及时对评标专家进行更换和补充，实行评标专家的动态管理，评标专家库人数不少于 20 人。

第三十一条 招标机构开标前从评标专家库中抽取 9 人以上单数组成评标委员会，其中技术、经济等方面的专家不得少于成员总数的 2/3。

第三十二条 在招标采购活动中，出现下列情形之一的，要予废标：

（一）符合专业条件的供应商或者对招标文件作实质响应的供应商不足3家的；

（二）出现影响采购公正的违法、违规行为的；

（三）投标人的报价均超过采购预算的；

（四）因重大变故，采购项目取消的。

废标后，烟草企业要将废标理由通知所有投标人。

第三十三条 废标后，除采购项目取消情形外，要重新组织招标；需要采用其他采购方式的，要在采购活动开始前经管理委员会批准。

第三十四条 采取邀请招标方式采购的，招标机构要根据管理委员会批准的供应商选择方式，选择不少于3家符合相应资格条件的供应商，向其发出投标邀请书。

第三十五条 采用竞争性谈判方式采购的，要遵循下列程序：

（一）成立谈判小组。谈判小组由5人以上的单数组成，其中专家的人数不得少于成员总数的2/3；

（二）制订谈判文件。谈判文件要明确谈判程序、谈判内容、合同草案的条款以及评定成交的标准等事项；

（三）确定邀请参加谈判的供应商名单。谈判小组依据管理委员会批准的供应商选择方式，从符合相应资格条件的供应商名单中选择不少于3家的供应商参加谈判并向其提供谈判文件；

（四）谈判。谈判小组所有成员集中与单一供应商分别进行谈判。在谈判中，谈判的任何一方不得透露与谈判有关的其他供应商的技术资料、价格和其他信息。谈判文件有实质性变动的，谈判小组要以书面形式通知所有参加谈判的供应商；

（五）确定成交供应商。谈判结束后，谈判小组须要求所有参加谈判的供应商在规定时间内进行最后报价，采购部门从谈判小组提出的成交候选人中根据符合采购需求、质量和服务相等且报价最低的原则确定拟成交供应商，经管理委员会批准后将结果通知所有参加谈判的未成交的供应商。

第三十六条 采取单一来源方式采购的，烟草企业采购部门要会同生产使用部门、财务部门等有关部门，在保证烟用物资实物质量和服务质量前提下与供应商商定合理的采购价格。

第三十七条 采取询价方式采购的，要遵循下列程序：

（一）成立询价小组。询价小组由5人以上的单数组成，其中专家的人数不得少于成员总数的2/3。询价小组要对采购项目的价格构成和评定成交的标准等事项作出规定；

（二）确定被询价的供应商名单。询价小组根据管理委员会批准的供应商选择方式，从符合相应资格条件的供应商名单中选择不少于3家的供应商并向其发出询价通知书让其报价；

（三）询价。询价小组要求被询价的供应商1次报出不得更改的价格；

（四）确定成交供应商。询价小组根据符合采购需求、质量和服务相等且报价最低的原则确定拟成交供应商，经管理委员会批准后将结果通知所有被询价的未成交的供应商。

第三十八条 烟草企业与成交供应商签订的采购合同必须经法规、财务、审计等部门审核会签，由企业法定代表人或其授权代理人签订合同。

第三十九条 烟草企业要依据国家与行业的烟用物资标准，结合企业标准制订供需双方共同执行的质量检验标准，以采购合同附件或其他方式约定执行。

第四十条 烟草企业要建立健全合同管理制度，对烟用物资采购合同的签订、履行、变更、解除、监控、保管等进行规范管理。

第七章 监督检查

第四十一条 烟草企业要明确采购事项的询问与投诉处理程序，供应商对采购事项有疑问的，可按程序提出询问或投诉。烟草企业要按程序规定予以答复或处理，但答复的内容不得涉及商业秘密。

第四十二条 烟草企业要加强对采购文件的管理，按“一项一卷”的要求，收集采购项目实施全过程的资料，形成采购文件卷宗，确保采购实施全过程可检查、可追溯。

第四十三条 质量检验部门负责依据质量标准对采购物资实施质量检验与验证并出具报告。质检人员及其负责人要在报告上签字并承担相应责任。

第四十四条 法规部门负责对烟用物资采购合同进行审核把关，检查烟用物资采购活动的合法合规情况。

第四十五条 财务部门负责对采购项目、预算、合同、发票、验收单据等支付凭证进行核实，核实无误的按照与供应商约定的付款方式支付采购资金，否则不予支付。

第四十六条 审计部门负责对采购活动实施程序性、全过程跟踪或实质性审计。

第四十七条 纪检监察部门负责对采购活动廉政监督工作进行再监督，受理涉及采购活动的投诉和举报，对采购活动中发生的违纪违规行为进行核实和查处。可视情况对采购活动进行现场监督或专项检查。

第四十八条 烟草企业要将烟用物资采购活动纳入企务公开内容，建立烟用物资采购公告制度，及时公布采购事项中采购方式及成交供应商等采购活动信息，接受群众监督。

第八章 附 则

第四十九条 本规定由国家局、总公司物资管理部门负责解释。

第五十条 烟草企业要依据本规定，结合实际情况，制订实施办法，建立健全烟用物资采购管理体系。

第五十一条 烟用物资采购流程按《烟草行业工程投资、物资采购和宣传促销项目管理程序规定（试行）》（国烟办［2010］42 号）执行。

第五十二条 非烟用物资的采购管理参照本规定执行。

第五十三条 本规定自印发之日起施行。2008 年 5 月 27 日印发的《国家烟草专卖局 中国烟草总公司印发关于加强卷烟工业企业烟用材料采购管理规定的通知》（国烟运［2008］297 号）同时废止。

国家烟草专卖局办公室关于调整全国性卷烟重点骨干品牌的通知

（2010 年 7 月 9 日　国烟办综［2010］273 号）

各省级局（公司）、工业公司，中国烟草实业发展中心：

按照烟草行业“卷烟上水平”总体要求，根据卷烟品牌发展现状，现对全国性卷烟重点骨干品牌做如下调整：

一、“黄金叶”品牌视同全国性卷烟重点骨干品牌考核。

二、“红梅”品牌退出全国性卷烟重点骨干品牌目录。

烟叶生产

国家烟草专卖局关于深入推进特色优质烟叶开发工作的意见

（2010 年 8 月 2 日　国烟办［2010］270 号）

行业各直属单位：

为贯彻落实《烟草行业“卷烟上水平”总体规划》，提高特色优质烟叶保障能力，确保实现行业“卷烟上水平”的战略任务，现就深入推进特色优质烟叶开发工作提出以下意见。

一、新世纪以来特色优质烟叶开发工作现状

新世纪头十年，全国烟叶生产认真贯彻落实“稳定规模、控制总量，主攻质量、突出特色”的工作方针，深入推动烟叶技术进步，示范推广先进适用技术，积极开展优质烟叶开发，不断优化烟叶生产布局，探索完善工商合作机制，稳步启动基地单元现代烟草农业建设，烟叶质量和风格特色水平显著提升，较好地满足了重点骨干品牌发展需要，有力地支撑了烟草行业的持续健康发展。

（一）特色优质烟叶开发取得初步成效

“主攻质量、突出特色”是烟叶工作的核心目标和长期的主攻方向。进入新世纪以来，国家局不断深化中外技术交流合作，稳步开展国际型优质烟叶开发；为缓解重点骨干品牌进口烟叶供求矛盾，积极探索国外烟叶部分替代途径；适应中式卷烟配方和品类发展要求，提出“生态决定特色，品种彰显特色，技术保障特色”工作思路，加大布局调整力度，积极开发新烟区，不断扩大特色优质烟叶种植规模。2004 年以

来，特色优质烟叶累计种植261万亩，收购数量37.75万吨（755万担），“红花大金元”、“翠碧1号”等特色品种达到20万吨（400万担），“KRK26”等新引进品种受到工业企业欢迎，培育出云南普洱、临沧等一批特色烟叶新区，河南豫中、安徽皖南等浓香型产区焦甜感风格更加突出，中间香型及其他产区烟叶风格特色都有了新的提高。

（二）先进适用技术研发取得明显进步

技术进步是提高烟叶质量的源泉和动力，是特色优质烟叶开发的关键内容。国家局高度重视烟叶适用技术推广工作，组织行业内外科研机构联合攻关，加强烟叶适用技术研发应用，主栽品种格局发生变化，“K326”从40%左右调整到25%左右，“NC89”、“云烟85”逐步被“云烟87”、“云烟97”取代，自育品种“红花大金元”、“翠碧1号”等规模不断扩大；集约化漂浮育苗技术取得重大成功，面积突破1370万亩，比例达到85%；以土壤改良、硝态氮肥、优质饼肥、定量施用为主要内容的平衡施肥技术得到普及，烟叶营养水平和化学成分协调性得到改善；烟叶烘烤体系实现了传统烤房向集群密集烤房的升级换代，密集烘烤能力超过150万吨（3000万担）；以品种合理布局、大棚集约育苗、烟草平衡施肥、密集烘烤工艺为核心的烟叶适用技术体系不断集成完善，推动了烟叶生产整体水平和质量水平的大幅提高。全国烟叶上等烟比例提高到41%，等级合格率稳中有升；上部烟叶品质及化学成分协调性大为改善，淀粉偏高问题得到一定程度解决；烟叶风格特色及感官质量水平也有较大幅度提升。

（三）需求导向的工商合作机制初步建立

高效的合作机制是提升工作水平的有力保证。部分替代进口烟叶工作开展以来，特别是随着烟叶资源配置方式改革的深入推进，工商共建品牌导向型原料基地达成共识，工商合作模式不断优化，原料基础管理得到重视，基地技术力量逐渐加强，烟叶质量评价制度发挥作用，基地烟叶质量持续改进，工业企业“主动参与、深度介入”水平明显提高，基地业务流程更加清晰，基地管理水平不断提高，骨干品牌基地单元建设取得较好进展，充满生机活力的工商合作机制初步确立。

在充分肯定成绩的同时，也要清醒看到烟叶品质方面存在的矛盾和问题：一是特色优质烟叶规模和数量还不能满足中式卷烟知名品牌迅速发展的需要，特色优质烟叶保障能力有待进一步提高。二是特色烟叶质量水平和等级结构还不能适应中式卷烟品类发展要求，烟叶成熟度不够、上部烟叶可用性低等问题尚未根本解决，精准施肥、密集烘烤等重大适用技术尚未取得重大突破。三是特色优质烟叶布局有待进一步优化。生态基础作用、品种关键作用尚未充分发挥，新烟区开发和老烟区布局调整还有很大潜力，烟叶风格特色水平还有较大提升空间。这些问题必须高度重视，认真研究解决。

二、2010～2015年特色优质烟叶工作安排

（一）目标任务

1. 到2015年，清香型烟叶进一步彰显特色，浓香型烟叶实现新的提高，中间香型烟叶不断挖掘提升，新区烟叶风格特征更加鲜明，各类香型风格协调发展，基本形成“风格表现突出、特色方向清晰、品质特征明显、配方作用独特、资源优势巩固”的烟叶品质特色化格局。

2. 特色优质烟叶重大专项取得重大突破，初步解读特色优质烟叶的生态基础、化学物质基础、分子遗传基础，深入研究特色优质烟叶的风格形成规律、关键致香物质代谢规律和烟叶品质特色化综合评价方法，重点突破特色品种、营养调控、烘烤复烤、模块加工、叶组配方等关键技术，建立完善烟叶品质特色化核心技术体系，先进适用技术集成普及达到100%。

3. 推行现代化工商合作模式和生产方式，打造特色优质烟叶“千万担”工程，建设200个品牌导向型特色优质烟叶基地单元，建立工业需求有效引导烟叶生产的基地工作机制，特色优质烟叶结构和可用性明显改善，全面实现持续稳定批量供应，烟叶模块加工和叶组配方技术广泛应用，知名品牌特色优质烟叶保障能力显著增强。

（二）具体指标

1. 特色烟叶规模。2010年全国特色优质烟叶开发面积152万亩，基地单元104个，收购调拨22.5万吨（450万担）。2011年，特色优质烟叶基地单元120个、收购调拨量达到30万吨（600万担）；2012年开始，每年安排增量20个单元、5万吨（100万担）；2015年特色优质烟叶基地单元达到200个，收购调拨50万吨（1000万担）左右，占全国烟叶总量20%以上。

2. 特色烟叶布局。2010年，清香型特色烟叶占60%，浓香型特色烟叶占24%，中间香型特色烟叶占16%。2011～2015年，清香型、浓香型、中间香型等特色烟叶形成“622”格局，即清香型特色烟叶占60%左右，浓香型特色烟叶、中间香型及其他特色烟叶各占20%左右。

3. 特色品种格局。2010年，特色品种收购量“红

花大金元”15万吨（300万担）、“翠碧1号”5万吨（100万担）左右，积极开发“KRK26”等品种资源。2011年特色品种收购调拨量发展到25万吨（500万担）左右；2012年开始，每年安排增量2.5万吨（50万担）；到2015年，特色品种格局更加合理，收购调拨总量35万吨（700万担）左右。

4. 适用技术推广。2010～2015年，全国烟叶单产水平150千克/亩左右。建立生态烟草农业技术体系，推行以烟为主种植制度和良好农业操作规范，烟田轮作、土壤改良、绿肥种植每年提高10个百分点以上，到2013年实现100%；建立精准烟草农业技术体系，推广测土精准施肥技术和测报精准施药技术，到2013年达到100%；建立科技烟草农业技术体系，严格选择种烟土壤，pH值为5.5～7.0，质地为砂土、砂质壤土，重视饼肥施用，合理留叶20片左右，上部6片叶集中成熟采收，密集烘烤工艺100%，建立区域烟叶生产技术标准规范，全面推行标准化生产。

5. 烟叶质量风格。烟叶结构明显改善，上中等烟比例90%左右，等级合格率80%以上，外观质量、物理特性较好；烟叶结构、各部位烟叶质量及可用性显著改进，烟碱、淀粉、还原糖等化学成分符合率达到80%以上并且比例协调；感官评吸质量不断改善，浓香型烟叶风格稳中有升，清香型烟叶风格区域化特征更加鲜明，中间香型烟叶风格定位清晰；知名品牌配方可用性（可进入配方比例）每年提高5个百分点左右，到2015年知名品牌配方可用比例达到70%以上。

（三）工作措施

1. 坚持品牌导向，完善工商合作机制。科学规划，重点保障知名品牌。适应“532”、“461”品牌发展战略需要，根据品牌发展规划和现代烟草农业要求，高水平谋划建设200个品牌导向型基地单元，形成有效支撑知名品牌发展的特色优质烟叶基地格局。深入研究，有效提升基地价值。工业企业要定位不同风格烟叶的配方功能，研究分析原料需求，准确提出数量、结构、品质相关指标，在基地单元建立烟叶试验场，解决质量风格难题，深入挖掘基地烟叶使用潜力，不断提高基地烟叶品牌贡献率。完善机制，实现工商互惠共赢。工业企业派驻农艺师、质检师和工艺师队伍主动参与烟叶生产、收购、加工全过程，全面开展质量评价，研究提出改进意见，完善需求传导通道，健全烟叶供应链；商业企业根据质量评价意见，调整基地单元烟叶生产技术方案，探索烟叶调拨价格浮动和生产投入补贴联动政策，完善基地烟叶价值链，建立工业需求有效引导烟叶生产的工作机制。

2. 攻关重大专项，打造核心技术体系。加强特色优质烟叶基础研究。分批启动特色优质烟叶重大专项相关课题，推行首席专家负责制，全面剖析三类香型烟叶及其他品质特色化的生态环境基础、化学物质基础和分子遗传基础，深入研究特色优质烟叶的风格形成规律和关键致香物质代谢规律，促进清香型、浓香型、中间香型特色优质烟叶及其他风格特色烟叶协调发展。攻克特色优质烟叶重大技术难题。加快建立科学系统的烟叶品质特色化感官评吸方法体系和关键致香物质分析体系，重点突破特色品种、营养调控、采收烘烤、复烤加工、叶组配方等关键技术，着力研究烘烤、复烤、醇化过程中关键香气物质的代谢规律，有效调控关键香气物质代谢进程，实现特色优质烟叶核心技术的重大创新。建立特色优质烟叶信息共享平台。集中建设生态基础、烟叶取样、化学分析、感官评价四大平台，定位典型风格特征烟叶的生态基础、化学物质基础以及香型风格、香韵特点和口感特征，借助地理信息技术手段，完成特色优质烟叶风格特征区划。

3. 优化品种格局，发挥特色品种资源优势。立足知名品牌配方需要，加大品种筛选力度，合理选择主栽品种，科学安排“红花大金元”、“翠碧”等特色品种以及“KRK26”等新引品种规模，最大程度与生态环境相匹配，彰显区域烟叶风格特色，发挥特色品种对丰富中式卷烟品类、保障知名品牌特色的关键作用。

4. 坚持好中选优，集中建设一批特色优质产区。充分发挥生态环境的基础作用，加大老区布局调整和新区开发力度，在生态条件优越、光温水气良好的优势产区或潜力新区，优先选择土壤酸碱度、质地适宜的连片地块，规划建设1000万亩左右特色优质烟叶基本烟田，努力打造北回归线附近、金沙江及乌江河谷流域、滇东黔西山地、武陵山区、南岭山地、河南豫中及安徽皖南等“千万担”特色优质烟叶产区。

5. 坚持良法配套，集成特色优质烟叶生产技术。建立生态烟草农业体系，全面推行烟田轮作和以烟为主种植制度，改善烟区生产条件，改良保育土壤质量，倡导良好农业操作，推行资源节约、环境友好生产技术，实现烟叶清洁生产，不断提高烟叶安全性。建立精准烟草农业体系，重点突破水肥调控、生物防治、采收烘烤等适用技术，积极发展以精准施肥、精准施药、自动烘烤为重点的精准烟草农业。建立特色烟叶技术标准规范，重视适用技术集成应用，完善适用技术标准规范，推行绿肥种植和饼肥使用，加强烟田水肥综合管理，推行上部6片叶集中成熟采烤，改善部位结构和质量水平，推行育苗、烘烤专业化作业，全面实现标准化生产。

6. 重视工业验证，切实增强特色优质烟叶保障能力。烟叶质量是卷烟产品质量的基础。工业企业要切实加强烟叶全面质量管理，建立基地烟叶质量追踪体系，深度参与复烤企业改制，加强配方打叶工艺研究，开展多等级、多地区配方打叶，推行模块化集中加工，加强基地烟叶叶组配方和醇化技术研究，切实增强特色优质烟叶保障能力。

（四）保障措施

1. 加强组织领导。特色优质烟叶开发是卷烟上水平的重要内容，是今后一段时期烟叶工作的中心任务。各单位要按照国家局、总公司总体部署，提高认识，统一思想，强化领导，继续深入推进特色优质烟叶开发各项工作。

2. 稳定政策措施。特色优质烟叶实行单收单调，原则全等级调拨，达到配方要求的烟叶调拨价格可适当上浮，最高不超过30%，具体浮动比例、浮动等级及数量根据工业企业考核评价结果确定下达。特色烟叶基地单元生产投入补贴按照《国家烟草专卖局 中国烟草总公司关于规范现代烟草农业投入有关财务管理的意见》（国烟财［2010］128 号）有关规定，规范补贴项目，加强资金管理，适当提高配方适用等级的补贴标准，具体由省级局（公司）自行掌握。

3. 加强管理监督。特色烟叶开发工作任重道远，相关单位要加强统筹，组织工商双方签订合同协议，搭建合作平台，加强沟通交流。工商企业和科研单位要分解任务责任，强化执行监督，加强经费预算管理，完善考评激励机制，切实提升特色优质烟叶开发水平。

附件：2010～2015 年烟叶品质特色化分年度实施计划（略）

国家烟草专卖局关于深入推进烟叶生产基础设施建设工作的意见

（2010 年 8 月 25 日　国烟办［2010］296 号）

行业各直属单位：

为贯彻落实烟草行业“卷烟上水平”总体规划，深入推进烟叶生产基础设施建设，全面建设现代烟草农业，现就深入推进烟叶生产基础设施建设工作提出以下意见。

一、五年来烟叶生产基础设施建设基本情况

烟草行业认真贯彻落实党中央“以工促农、以城带乡”重大方针和建设社会主义新农村重大历史任务的要求，2005～2009 年在 22 个省（自治区、市）的烟叶产区开展了烟叶生产基础设施建设，投入资金 294 亿元，建设基础设施项目 236 万个，有效提高了烟区综合生产能力和抵御自然灾害能力，改善了烟农的生产、生活条件，巩固了烟叶生产的基础地位，对增加烟农收入、促进烟区经济社会发展和支持社会主义新农村建设发挥了积极作用。

五年来，各级烟草部门认真落实“科学规划、精心实施、严格管理、加强领导”的工作要求，基础设施规划设计和建设质量不断提高，管理水平不断提升。烟田水利设施建设实现了从“小水窖、小水池、小塘坝”三小工程向依托水源，水池、沟渠和管网综合配套的系统设计转变；烤房建设实现了从改造普通烤房向建造密集烤房、从零星散建向烤房群、烘烤工场建设的转变；育苗设施建设实现了从一家一户育苗到工场化集中育苗的转变；机耕路建设沟、渠、路相配套；烟草农用机械在较大范围内得到推广使用。

各单位积极发挥主观能动作用，努力探索，以新思路创造性地开展工作，坚持项目规划立项、资金使用管理和质量检查验收以烟草部门为主的管理模式，精心组织，加强过程管理，确保了工程质量和资金安全。普遍采用 GPS 定位、项目编码和档案痕迹化管理手段。排洪渠、提灌站、倒虹吸和自流式灌溉等项目的建设，丰富了烟叶生产基础设施建设的内容。全行业通过建章立制，基础设施建设程序规范，管理到位，项目真实。烟叶生产基础设施建设在全国主要烟区已广泛形成人民政府领导、烟草主导、职能部门支持配合、烟农积极参与的良好局面。国家局提出建设现代烟草农业以来，各单位更加重视烟叶生产基础设施建设工作，加强组织领导，使这项工作更加扎实地向前推进。

几年来，烟叶生产基础设施建设取得了明显成效，为下一步深入开展工作奠定了良好基础。但同时也要清醒看到，各地自然灾害频繁发生，烟田基础设施的保障能力还很脆弱，当前工作与全面建设现代烟草农业的要求还有很大差距；行业部分同志面对成绩或困难思想认识不足，产生了自满或厌倦情绪；对待这方面的矛盾和问题要认真引导，烟叶生产基础设施建设

任务仍然任重道远，需要付出艰苦努力。

二、2010～2015 年工作安排

（一）目标要求

紧紧围绕“卷烟上水平”总体规划，按照“新思路、大手笔、超常规”的工作要求，今后每年继续投入 100 亿元资金专项用于烟田基础设施建设，到 2015 年全行业投入资金达到 900 亿元以上，全面完成 4800 万亩高标准基本烟田水利、密集烤房、育苗设施、机耕路、农用机械等基础设施的综合配套建设任务。真正做到路相通、渠相连、管成网、旱能浇、涝能排，抵御自然灾害能力显著增强，机械化耕作、工场化育苗、智能化烘烤等综合生产能力大为提升，烟农劳动强度进一步降低、收入水平明显提高，烟区生产生活条件大幅度改善，为提高原料保障水平，实现烟叶生产可持续发展，全面建设现代烟草农业打牢坚实基础。

（二）主要任务

1. 扩大基本烟田面积。根据常年种植面积 1600 万亩，将目前两年一轮作提高到三年一轮作，全国基本烟田面积从 3800 万亩调整到 4800 万亩左右。主要烟叶产区要按照三年一轮作的要求，调整基本烟田规划。增加的基本烟田面积，重点用于适宜区的新区开发。

2. 继续抓好烟田水利设施建设。烟田水利设施仍然是今后基础设施建设的重要任务。各地要在充分保护、利用好现有设施的同时，对前期建设的 2500 万亩基本烟田配套设施进一步完善和提高，对剩余的 2300 万亩基本烟田高起点规划、高水平建设。水窖、水池、管网、排灌渠和塘坝等工程项目在近几年抗旱和排涝中发挥了独特作用，要下工夫继续抓紧做好，确保旱能浇、涝能排。同时有选择、有重点地搞好可调节的具有一定规模的水源性工程建设，使烟区长期受益。

3. 加强综合配套。今后几年全行业还要完成 30 万座密集烤房、覆盖 1200 万亩基本烟田的农机具、1400 万亩基本烟田的育苗设施和 2500 万亩基本烟田机耕路配套建设。从 2011 年开始，每年要高标准完成 100 个以上基地单元烟叶生产基础设施综合配套建设任务。一个基地单元内配套 1～6 个育苗工场、600～800 座密集烤房、2500 千米机械动力及适量专用农机具。

4. 适时开展土地整理。土地零星分散不利于规模化种植和机械化耕作，今后拟安排一定面积的土地整理项目，进行土地平整、坡改梯、土壤改良等；坡改梯项目不得在坡度为 25 度以上的土地进行；搞好试点，稳步推广。土地整理项目计划单列，实行专项管理。

（三）工作措施

1. 完善规划，制订方案。各烟叶产区要在确保三年一轮作的情况下按照全国 4800 万亩基本烟田总体规划的要求，结合本地实际情况，重新调整基本烟田规划并报国家局批准。各单位要通过调查摸底，对 2010 年前已建设的基本烟田情况进行一次全面分析，掌握实情。要围绕新的规划制订具体的工作方案和年度实施计划，明确受益基本烟田面积、建设项目类型、数量和投入资金预算等，采取扎实有效措施，确保工作达到预期目标。

2. 规模推进，单元实施。坚持与基地单元、整县推进现代烟草农业建设相结合，集中连片，规模推进。确保规划一个推进一个，建设一个达标一个。在基地单元里，烟田水利设施建设要依托水源，因地制宜，宜提则提、宜排则排、宜灌则灌、排灌结合；水源性工程要在地方政府协调下、按照水利工程建设的要求进行。机耕路建设要合理布局，以砂石路为主，充分利用老旧路基进行改造，少占耕地，确需硬化的省公司要严格审批。烤房建设要结合规模化种植及烟农生产和生活半径，宜群则群，群组结合，不得再进行零星分散的单座烤房建设。育苗设施可采用大中棚或可移动式棚架，减少地面硬化，提高设施的使用率。烟草农机重点解决生产用工多的起垄、移栽、施肥、覆膜、拔秆和编烟等环节机械的研发，加大对成熟农机的推广力度。烟田水利工程、密集烤房、机耕路、农机具、育苗设施建设要同基地单元建设同步推进。

3. 严格程序，加强管理。依法实施招投标制、建设监理制和合同管理制，不断优化管理流程，创新管理方式，强化过程控制，确保基础设施项目质量；改进项目管理方式，当年项目计划原则上在当年完成，不跨年度建设；严格遵守财经纪律，强化预算管理，加强审计监督，严格执行烟叶生产基础设施建设资金管理办法和审计管理办法。在审计过程中，审计部门必须到施工现场进行工程量的核实，检查工程结算资料的真实性。坚持边建设边审计，确保审计质量和资金安全。

4. 明晰产权，加强管护。各地要研究和探索经营性资产的有效管控模式，明晰产权，量化到户，成立专业服务合作社，建立科学决策尤其是合理的定价机制。要高度重视工程项目管护工作，坚持建管结合、管用并举，突出烟农主体地位，强化烟农参与和监督的自觉性，帮助和引导烟农建立基础设施管护的长效机制，保证工程持续发挥作用和烟农长期受益。

5. 精心组织，强化领导。各单位要按照国家局、

总公司的决策部署，从行业发展战略和全局的高度统一思想，提高认识，精心组织。按照“一基四化”总体要求，切实加强组织领导，采取有力措施，深入推进；有关省级局（公司）“一把手”要亲自过问，分管领导要具体负责，机关各职能部门要积极配合；关心一线职工生活，努力培养作风正、能吃苦、讲科学、过得硬的基础设施建设人才队伍。要建立检查监督机制，定期组织检查考核，严格按照考核办法实施奖惩。要克服自满和厌倦情绪，大力发扬节奏要快、标准要高、工作要实、状态要好的良好作风，继续以满腔热情、富有激情、充满智慧、奋力创新的精神状态，搞好烟叶生产基础设施建设，为建设现代烟草农业、实现“卷烟上水平”奠定坚实基础。

国家烟草专卖局关于加强烟叶基地建设和落实烟叶资源配置方式改革的指导意见

（2010 年 12 月 16 日　国烟办［2010］434 号）

行业各直属单位，中国烟草实业发展中心：

为认真贯彻落实烟草行业“卷烟上水平”总体规划，加快实现原料供应基地化，进一步优化烟叶资源配置，全面提高“532”和“461”知名品牌的原料保障水平，现就加强烟叶基地建设，落实烟叶资源配置方式改革工作提出以下指导意见。

一、基本情况

2008 年行业启动了烟叶资源配置方式改革，烟叶基地建设成效明显。2010 年共落实基地单元 149 个，收购烟叶 33.68 万吨（673.61 万担），占全国烟叶收购总量的 14.19%。随着烟叶基地建设工作稳步推进，工商共建基地机制不断完善，烟区生产条件不断改善，综合生产能力不断增强，烟叶质量持续改进，风格特色不断突出，资源配置效率得到明显提高，原料保障能力明显增强。但同时也要看到，随着“卷烟上水平”战略任务的实施，“532”和“461”知名品牌发展对烟叶保障能力提出了新的更高要求，原料供需的结构性矛盾已成为制约品牌发展的瓶颈，工业对提高原料适用性的要求更加迫切，基地建设的工作任务更加繁重，烟叶资源配置方式改革显得更加紧迫。

二、指导思想和目标任务

（一）指导思想

紧紧围绕“卷烟上水平”基本方针和战略任务，以保障“532”和“461”知名品牌原料供应为核心，把原料供应基地化作为深化烟叶资源配置方式改革、提高原料保障水平的重要任务。经过 5 年或更长一段时间的努力，推进我国烟叶生产布局更趋合理，优质烟叶产区稳步发展，生产水平不断提升，质量和结构明显改善，资源配置效率不断提高，知名品牌原料基本实现基地化供应，原料保障能力明显增强。

（二）目标任务

1. 稳定全国烟叶种植规模和收购数量。2009 年烤烟收购计划 234.5 万吨（4690 万担）。综合考虑原料结构提升、合理库存、烟叶丰歉、使用周期等因素，到 2015 年，年烤烟种植面积稳定在 1700 万亩左右，收购量稳定在 250 万吨（5000 万担）以内（含出口备货）。根据行业品牌发展规划，结合各省级工业公司的需求，国家局经综合平衡后，2015 年国内烤烟需求总量安排在 235 万吨（4700 万担）左右。

2. 提高重点品牌的原料保障能力。根据烟草行业“卷烟上水平”总体规划确立的品牌发展目标，到 2015 年，“532”和“461”知名品牌产销量达到 16000 亿支（3200 万箱）以上，按照每 5 万支（1 箱）所需 0.045 吨（0.9 担）国内原料计算，投料需求为 145 万吨（2900 万担）左右。到 2015 年建成以知名品牌为导向的基地单元（5 万担/个）650 个左右，基地烟叶收购数量 160 万吨（3200 万担）以上，基地烟叶占收购总量比重 65% 左右。

3. 提高烟叶质量，优化烟叶结构。根据 2010 年上等烟叶使用情况和工业企业对上等烟叶的需求趋势，到 2015 年，通过优化烟叶生产布局等措施，提高烟叶的质量和结构，提高烟叶的适用性。

根据以上目标任务，确定“总体规划、年度平衡；需求主导、基地衔接；单元配置、有效调节”为烟叶资源配置的主要业务运作模式。

三、主要工作和政策措施

（一）制订 2010～2015 年烟叶资源配置规划

1. 制订 2010～2015 年烟叶调拨规划。在坚持总量控制、综合平衡的前提下，把卷烟工业品牌需求作为烟叶种植及收购规划制订、计划安排、布局调整和资源配置的重要依据。

国家局根据烟草行业“卷烟上水平”总体规划，综合考虑2010～2015年卷烟产量、品牌发展状况、省级工业公司的需求、库存总量等因素，合理确定2010～2015年全国烟叶总规划。

各省级工业公司在国家局烟叶总规划内，根据自身卷烟品牌的发展规划、风格特色、原料配方要求等，在与省级局（公司）协商衔接的基础上，提出2010～2015年烟叶产地、数量、品种、等级结构具体需求。各省级工业公司对卷烟和烟叶发展趋势要有客观的预计，避免烟叶需求放大失真和过于集中在少数产区。对工业企业提报的烟叶数量需求，要根据卷烟品牌发展实际情况合理确定，避免出现大的波动。对工业企业提报的烟叶等级结构需求，要根据卷烟品牌发展需要力求满足。国家局综合平衡后，制订2010～2015年省级工业公司原料调拨规划和各产区省的烟叶种植、收购规划。

依据规划要求，按照各工业企业品牌发展的原料需求，国家局进行年度平衡，逐年制订并下达年度的原料调拨计划以及各产区烟叶种植收购计划；各省级工业公司和省级局（公司）根据国家局下达的调拨和种植收购计划，做好需求衔接和生产安排。

2. 制订2010～2015年重点品牌的烟叶调拨规划。根据“532”和“461”知名品牌的发展规划，综合考虑重点品牌的风格特色、原料配方、合作生产、基地单元配置要求等因素，合理确定2010～2015年重点品牌的烟叶需求规划。

各重点品牌根据发展规划、风格特色、原料配方等要求，在与省级局（公司）协商衔接的基础上，提出2010～2015年重点品牌的烟叶产地、数量、品种、等级结构具体需求。国家局综合平衡后，制订2010～2015年重点品牌的原料调拨规划。根据重点品牌发展状况和原料需求，国家局逐年下达重点品牌的年度烟叶调拨计划。

卷烟品牌合作生产中所需原料的规划、年度调拨计划和基地建设计划，由品牌输出省级工业公司（企业）统一组织并负责落实；具有资产纽带关系的工业企业，双方协商合作、共同进行烟叶基地建设并逐步统筹到重点品牌工业企业的基地建设体系之中。

3. 制订2010～2015年烟叶基地建设规划。国家局根据2010～2015年全国烟叶调拨总体规划，综合考虑基地建设现状、品牌发展状况、省级工业公司的需求、卷烟品牌合作生产规划以及优化烟叶生产布局等因素，确定2010～2015年烟叶基地建设总规划。

在烟叶基地建设总规划之内，工商企业按照“需求导向，双向选择”的要求进行基地衔接。各省级工业公司和省级局（公司）以现有的工商供应关系为基础，以提出需求和适应需求为主线，共同制订烟叶基地建设规划；省级工业公司及地市级局（公司）立足自身实际情况和发展需要，自主双向选择基地建设的合作对象。在此基础上，国家局综合平衡，确定2010～2015年各省级工业公司、省级局（公司）的基地规划。

国家局根据基地衔接情况、基地建设规划、卷烟品牌发展状况和烟叶基地建设情况，逐年制订并下达年度的基地建设计划；按照国家局下达的年度基地建设计划，工商企业共同组织落实。工商企业要进一步发挥好烟叶基地的载体功能，积极发展品牌需求导向型烟叶基地，真正形成更加稳定、更加密切的产销合作关系。工商双方要认真签订长期基地合作建设协议和年度基地合作建设合同，长期基地合作建设协议不少于5年，可以滚动延续签订。

烟叶基地建设的调整按照5年规划、逐年实施，动态管理、渐进调整，基地计划主要向重点品牌倾斜，重点品牌的基地烟叶按照收购量的70%安排供应，基地的调整优先满足重点品牌中优势品牌的需要。

（二）调整烟叶生产模式，完善烟叶经济政策，提高烟叶生产质量，改善烟叶等级结构

调整烟叶的等级价格，提高上等烟叶价格，拉开等级差价，以经济手段调整烟叶生产采收方式，通过技术手段在田间地头妥善处理低次等级烟叶，提高采收烟叶的等级结构。积极推进“专业分级、散叶收购”，实现精准分级，提高烟叶纯度、散叶收购质量和工业的适用性。积极鼓励采用再造烟叶等方式提高烟叶的可用率。

建立更加符合烟叶生产实际情况、有利于烟叶生产持续稳定发展、烟叶质量不断提高的价格形成机制，妥善处理好各环节利益关系。研究并制订特色品种、特色烟叶、优质烟叶价格政策。对特色优质烟叶经国家局批准，可适当提高调拨价格浮动幅度，实行优质优价，拉开质量差价和等级差价。对特殊烟叶品种制定专门的政策措施，以满足卷烟配方个性化需要。进一步规范烟叶基地建设的投入机制，工业企业对烟叶产区的投入一律通过调整调拨价格的形式实现，以科技项目等方式进行投入的，统一报国家局审批。

（三）明确职责，工商携手加快烟叶基地建设

工商双方要明确职责和分工，共同实施烟叶基地建设。卷烟工业企业要“主动参与、深度介入”，全过程参与基地的烟叶生产。在生态和品种的选择上发

挥主导作用，确定主栽品种和栽培技术措施；在质量风格上发挥主导作用，加强技术指导，推进“品牌、基地、人员”和“技术、管理、质量、考核”到位；帮助产区把好分级、收购、等级合格率等关键问题，切实提高烟叶收购等级合格率；在调制、加工方面加强指导，重视烘烤、复烤工艺研究，加强对打叶复烤全过程的管理、监督和指导。

商业企业要按“一基四化”要求，落实种植区域和面积，积极推进生态农业、设施农业、精准农业、高效农业建设，创新烟叶生产组织形式，推广先进适用技术，强化质量管理和信息管理，建立健全规范化、制度化的技术和工作标准体系，全面提升基地化建设水平。

（四）优化烟叶产区的生产布局

产区布局每年进行一次调整，新增烟叶种植和调拨计划主要安排给烟叶基地建设，向适宜区、新区、特色烟区和特色品种倾斜。现有种植计划和种植区域，根据卷烟品牌的需求和市场变化，逐步向适宜区、新区的基地转移。工业需求量减少的烟叶产区，采取渐进的方式逐步调减烟叶种植规模，调整幅度一般不超过上一年度的10%。好中选优，扎实推进特色烟叶基地的开发，逐步增加特色烟叶的开发面积和收购数量，实现烟叶结构持续优化。

（五）加强信息沟通，完善烟叶资源余缺调剂机制

建立需求预测提报制度，加强信息沟通和发布。建立健全烟叶资源信息平台，进一步完善烟叶交易系统、烟叶基地专项管理子系统和全国性的余缺调剂平台。基地单元烟叶在满足所在工业企业需求同时，采取多种方式进行烟叶余缺调剂。主要包括：基地内部和基地之间的调剂；工业企业库存不适用原料，在工业和工业之间、工业和薄片生产企业之间、工业和外贸企业之间进行有序调剂；基地用于出口烟叶，由商业环节直接组织出口，不进入工业环节。

（六）充分利用“两个市场、两种资源”

在改善国内资源配置的同时，统筹国内国际“两个市场、两种资源”，优化供应结构。加大国外优质烟叶的进口数量，2010～2015年，年进口烟叶计划逐步从10万吨（200万担）增加到15万吨（300万担）。推进境外烟叶基地建设，提高国外优质烟叶的保障能力；在满足国内卷烟工业企业烟叶需求的前提下，积极拓展海外烟叶市场。

财务审计

国家烟草专卖局关于印发烟草行业推行审计委派制实施方案的通知

（2010年5月13日　国烟审［2010］174号）

行业各直属单位，中国烟草国际有限公司，中国烟草实业发展中心：

为进一步规范行业各单位推行审计委派制，现将《烟草行业推行审计委派制实施方案》印发给你们，请各单位结合实际情况，认真遵照执行。

烟草行业推行审计委派制实施方案

根据2010年国家局办公会议决定，在认真总结好的做法和经验的基础上，结合烟草行业实际情况，制订本方案。

一、指导原则及工作目的

1. 指导原则。以科学发展观为指导，积极推进审计体制机制改革，整合审计资源、发挥审计职能、创新审计手段、拓宽审计领域，打牢审计基础、提高审计效能，为促进烟草行业治理水平的提升服务。

2. 工作目的。保证省级公司履行出资人职责，强化省级公司的管控能力；提高内部审计的独立性，有效解决内部审计机构的局限性；充分利用内部审计资源，集中力量开展大型审计项目；保障机构和队伍稳

定，加强内部审计队伍建设。

二、实施内容

（一）委派范围及方式

1. 委派范围

（1）除第一批开展的13个省级公司、福建省公司、江西省公司外的行业所有直属单位和国家局、总公司机关有审计部门的专业性公司。

（2）凡是有法人资格和独立核算的生产点、地市级公司（包括改制后的有限责任公司，如复烤企业、专业性公司）都要成立审计派驻办公室（以下简称审计派驻办），特殊事项需报国家局审批。

（3）对于不具有法人资格、未进行独立核算的生产点、地市级公司可实行审计委派制的不同模式，其具体形式由省级公司决定，报国家局备案。

2. 委派方式

（1）2010年实施审计委派制的单位要按照国家局统一方案实施；

（2）对于以前年度实施审计委派制的单位，与国家局统一方案不一致的事项也要按国家局统一的方式实施审计委派制。

（二）管理体制

1. 审计体制

实行“双重领导、垂直管理、监督驻地、参审异地”的审计体制。

2. 人事管理

一是人员管理以省级公司管理为主，由省级公司人事部门负责牵头，防止审计人员多头管理，地市级公司审计派驻办主任和副主任由省级公司负责任免。二是建立审计人才进入退出和交流机制，既要注重培养专业性强、业务素质高的审计队伍，又要重视人员交流，特别是审计人员与财务人员的交流。地市级公司、工业生产点开展的竞争上岗等工作，对审计人员要一视同仁。三是审计人员考核以省级公司审计部门的意见为主并征求派驻地单位的意见。

3. 业务管理

要按照监督驻地、参审异地的原则，合理安排工作任务，处理好审计人员对所在单位日常审计监督与省级公司集中使用的关系。审计业务要实行省级公司统一管理，省级公司要通过年度工作计划和定期报告、年度考核、派驻办主任述职等管理方式落实审计任务的完成。

（三）审计人员管理

1. 审计人员编制

按照国家局规定，省级公司本级不得低于5人、地市级公司（生产点）不得低于3人，如达不到相应的数量需报国家局说明情况，同时各省级公司可依据烟叶产量、计划产量、跨省经营、生产点数量、复烤企业数量及控股多元化经营企业规模的不同等具体情况，适当调整专职审计人员数量以满足实际审计工作需要。

2. 审计派驻办人员从现有内部审计、财务人员、其他相关岗位和通过公开招考方式选用。

从现有内部审计、财务人员和其他相关岗位中选拔的，原则上从驻地企业择优选配，由驻地企业推荐，报省级公司审计部门、人事部门同意后配备。通过公开招考方式选拔的相关事项，由省级公司人事部门负责，省级公司审计部门配合。

3. 审计派驻办人员工资福利由所在地单位负责发放，既要保证有效监督，又要注重调动审计人员的工作积极性。

4. 审计派驻办人员的业务培训由省级公司审计部门统一组织安排。

（四）省级公司审计部门主要工作职责

1. 执行总公司统一部署的工作。

2. 制订审计委派制相关规章制度。

3. 组织全省（自治区、市）系统审计人员的进入、转出、考核和培训。

4. 制订全省（自治区、市）系统年度审计计划，合理组织安排审计项目，考核审计项目质量。

5. 根据省级公司及所属单位审计需求，开展其他内部审计工作。

三、实施步骤

（一）第一阶段

2010年3月初至2010年5月底为宣传动员和制订方案阶段。各单位根据国家局的总体安排，结合实际情况，做好本单位的宣传动员工作，尤其在召开财务审计工作会、劳动用工分配等会议宣传省级公司推行审计委派工作的重要意义，同时各单位要根据本省（自治区、市）的实际情况，结合公司治理结构改革，编写出审计委派制实施方案。审计委派制实施方案于2010年5月30日前报国家局备案，其中对于完成一体化改革的省级公司实施审计委派制的方案报国家局批准后实施。

（二）第二阶段

2010年6月初至2010年7月30为制定相关制度阶段。各单位要在此阶段做好制订各种制度的准备工作，具体包括：出台审计委派管理暂行办法，明确管理体制、组织机构、职责权限等内容；出台审计委派管理具体实施办法，包括绩效考核办法、操作流程规范管理等办法，同时结合加强行业用工分配改革，做好与相关制度衔接。

（三）第三阶段

2010 年 8 月初至 10 月底为行业各单位机构人员到位阶段。委派审计派驻办主任、副主任，选配所属企业审计派驻办内部审计人员，完成派驻办组建工作。

（四）第四阶段

2010 年四季度为试运行阶段，各省级公司审计部门组织各审计派驻办开展工作；各审计派驻办制定工作职责、工作目标及相关制度、规定报省级公司审计部门备案，国家局将跟踪了解各单位审计委派制开展情况，为行业推行审计委派管理打好基础。

四、具体要求

（一）切实加强对实施审计委派制工作的领导

省级公司主要领导要亲自负责，精心组织，扎实推进审计委派制的实施工作。各单位要深刻理解国家局推行审计委派制的重大意义，站在讲政治的高度，用科学发展的眼光看待审计委派制，准确把握“双重领导、垂直管理、监督驻地、参审异地”的深刻内涵，加强组织领导，成立相应的领导机构，充分发挥领导作用，精心实施。

（二）要以大局为重，制订方案，明确职责

各单位各级领导要提高对母子、母分公司体制下加强审计管理的认识，要以大局为重，继续重视、关心和支持审计工作，在选拔审计人员上把真正懂业务，能审计、敢审计、会审计的专业技术人员充实到审计工作岗位，把审计岗位作为培养锻炼专业技术人员的平台，使其专业技术得到更加充分的发挥。在发挥审计人员监督本地作用的同时，省级公司对审计人员要尽可能集中使用，注重提高审计人员的业务素质。

（三）做好审计人员的思想工作

要做好各部门和广大审计人员的思想工作，把思想和行动统一到审计委派制的工作部署上来，为推进审计委派制营造良好的氛围。

（四）处理好实施审计委派制与做好当前审计工作的关系

今年，行业的审计任务繁重，要把实施审计委派制当做推动各项审计工作的机遇与动力，正确处理好完成当前各项审计任务与审计委派制的关系，统筹安排，做到审计委派制和完成各项审计任务两不误、两促进、两提高，进一步开创审计工作新局面。

国家烟草专卖局关于促进烟叶基础设施建设项目审计常态化的实施意见

（2010 年 8 月 26 日　国烟审［2010］303 号）

各有关单位：

为加强烟叶基础设施建设项目同级审计监督，规范资金管理和使用，确保烟叶基础设施建设项目审计常态化，促进烟叶基础设施建设项目进一步合法、规范、有序的深入开展，体现“对烟农负责、对社会负责”的行业形象，根据国家局《烟叶生产基础设施建设项目管理办法（试行）》（国烟办［2007］325 号）、《烟叶生产基础设施建设项目资金管理办法》（中烟办［2008］33 号），参照《烟草行业工程建设项目审计管理办法》（国烟审［2009］485 号），《烟叶生产基础设施建设项目资金审计暂行办法》（中烟办［2008］33 号），结合烟叶基础设施建设的实际情况，现提出促进烟叶基础设施建设项目审计常态化的实施意见如下。

一、审计职责

（一）国家局审计部门对省级公司烟叶基础设施建设项目审计工作进行指导、检查和抽查。

（二）省级公司根据国家局的相关规定制订全省（自治区、市）烟叶基础设施项目常态化审计管理办法，组织、协调全省烟叶基础设施项目审计工作，加强对地市级派驻办审计工作的监督指导。

1. 制订年度烟叶基础设施建设项目审计计划，组织全省开展烟叶基础设施建设项目审计工作，对派驻办开展的专项审计工作进行检查指导。

2. 按照项目管理权限，省级公司审计部门负责对省内重大烟叶基础设施建设项目实施全过程跟踪审计并将审计报告上报国家局。

3. 根据审计委派制“参审异地”的要求，省级公司有计划地组织省内派驻审计人员对烟叶基础设施建设项目进行交叉抽查审计。

4. 省级公司对抽查审计和派驻办专项审计发现的问题定期汇总整理，明确问题出现的关键环节、违反的相关规定和整改的具体意见，组织未抽查审计的企业进行自查并上报自查整改情况。

5. 年度烟叶基础设施建设项目审计结束后，对全省专项审计工作和整改情况进行整理分析并上报国家局。

（三）地市级公司派驻办按照审计委派制“监督本地”的要求，结合本单位实际情况制订具体的审计实施细则，实施烟叶基础设施建设项目同级审计监督。

1. 根据省级公司下达的年度烟叶基础设施项目审计计划，制订审计方案，明确烟叶基础设施项目审计内容。

2. 重点对烟叶基础设施建设项目的项目实施、招投标、项目建设、资金管理、竣工验收、竣工结算（决算）等环节实施审计。

3. 根据工作需要委托中介机构进行烟叶基础设施项目开展工程结算审计并监督中介机构的工作质量。

4. 根据审计发现问题提出整改依据和建议，督促企业落实整改，并将年度开展的烟叶基础设施项目审计报告和整改情况汇总上报省级公司。

二、审计内容

烟叶生产基础设施建设项目审计包括烟叶基础设施项目管理审计和烟叶基础设施项目资金审计，其中烟叶基础设施项目管理审计分为烟叶基础设施项目行业管理审计和烟叶基础设施建设项目审计两方面。

（一）烟叶基础设施项目行业管理审计

1. 对项目规划管理程序的审计监督。检查项目规划程序的合规性、手续的完备性；检查烟农自愿申请手续的真实性和完备性；检查勘测设计程序是否合规、手续是否完备，设计单位有无相关设计资质，设计图和施工图中有无设计单位签章，有无相关设计委托书及合同书等；检查项目规划批复程序是否合规、手续是否完备，如因特殊情况需变更实施计划的，是否按照规定逐级报批。

2. 对项目计划管理程序的审计监督。检查项目立项计划的申报和批复情况；是否进行项目公示，以及公示程序的合规性、公示内容的真实完整性，是否有公示的痕迹化记录；检查大型工程的立项是否建立了审批制度及其执行情况。

3. 对项目预算管理程序的审计监督。检查项目资金预算是否按照国家局的有关规定编制，是否按照不同审批权限报各级机构对项目进行评审或备案；检查项目资金预算执行的真实性、合法性和效益性，实际建设项目与批复的资金预算是否一致，有无超标准建设的情况。

4. 对项目建设管理程序的审计监督。检查项目申报、审批、签订补贴合同、项目施工、检查验收、档案管理、管护等是否建立了相应的管理办法并有效执行；是否建立相应的质量管理与控制制度并有效执行；是否以公司名义代烟农购置设备、材料等，发票是否开具给公司；检查库存物资是否真实、管理是否合规；检查工程建设项目权属证明是否完整、合法有效；交付使用资产是否符合条件，是否办理移交手续；完工项目是否得到有效管护，管护资金是否落实到位；是否按照行业有关规定建立项目档案。

（二）烟叶基础设施建设项目审计

1. 烟叶基础设施建设项目原则上实行开工前审计、建设期间跟踪审计和竣工结算审计。各级审计部门按照重要性原则，确定开工前审计、建设期间跟踪审计和竣工结算审计三种审计模式的审计范围和权限。

2. 烟叶基础设施建设项目审计范围权限的确定以项目资金为标准划分，任何单位不得以任何理由、任何形式分拆项目，规避审计。

3. 除烟农自建项目外，烟叶基础设施建设项目达到委托中介机构审计标准的项目，必须由具有相应资质的社会中介机构实施并出具书面审计报告；其他烟叶基础设施建设项目，由各地市级公司结合管理需要自行确定。

4. 烟叶基础设施建设项目开工前审计主要包括：检查项目行业审批立项手续的完备性；检查招标（比选）工程量清单编制的完整性和准确性，预算控制价编制的合理性和准确性；检查招标（比选）文件编制的合规性、完整性和准确性；检查招标（比选）程序的合法性、合规性和有效性；检查签订的施工合同是否采用通用范本，合同要素是否齐备，合同内容是否全面、明确和公平合理，是否与招标文件和投标文件实质性相符，是否与现行法律法规相符。

5. 烟叶基础设施建设项目建设期间跟踪审计主要包括：检查是否按规定聘请工程监理单位对工程进度和质量进行监理并出具完备的监理日志和监理报告；检查烟叶基础设施建设项目重要隐蔽工程验收的真实性，是否与设计施工图一致；检查烟叶基础设施建设项目现场签证、技术核定单、索赔等经济技术资料的真实性、合规性和合理性；检查工程变更（含设计变更）造成新增加的项目工程量清单准确性、程序的合规性，设计变更的经济性和效益性；检查项目和资金计划的执行情况；检查烟叶基础设施建设项目已完工程量价款的真实性和准确性，检查是否严格按照合同约定方式和金额支付进度款。

6. 烟叶基础设施建设项目竣工结算审计主要包括以下内容：检查烟叶基础设施项目竣工验收程序是否合规，组织方式、人员组成是否符合规定；检查烟叶基础设施项目竣工验收资料是否真实、完整，是否提供工程竣工图，竣工图内容是否真实、完整、签章是否齐备；检查烟叶基础设施项目竣工结算的编制依据和方法是否正确、合规，与法规文件规定及施工合同约定是否一致；检查竣工结算工程量是否与实际完成工程量一致；检查烟叶基础设施项目设计变更是否经项目实施单位、施工单位、监理单位和原设计单位书面确认，重大设计变更是否通过主管部门的批准；检查工程变更内容的真实性，工程索赔依据的充分性、合理性，索赔金额的准确性；检查竣工结算有关的取费标准、费率的准确性、合规性并与招标文件要求及施工合同约定一致。

（三）项目资金管理审计

1. 对项目资金管理和使用情况的审计监督。检查资金的来源、支付及结存情况，检查项目资金余额调节表的编制情况。

2. 对项目资金支付申请环节的审计监督。检查项目补贴资金拨付申请单及其要素是否齐备；对照项目申请、完工验收和批复资料，检查项目申请是否真实。

3. 对项目资金审批环节的审计监督。根据项目资金预算、计划、申请情况，检查项目资金审批是否严格按照内部审批程序和审批权限执行，项目资金拨付审批单及其要素是否齐备。

4. 对项目资金拨付环节的审计监督。根据项目资金预算、计划、申请、审批的情况，对项目资金的拨付情况进行检查。重点检查项目资金是否按照审批的结果进行拨付，金额是否正确，收款方是否一致等，直接支付给烟农的补贴是否有烟农签字，支付依据是否合法、有效。

5. 检查地市级公司代购项目工程物资或设备资金支付的程序和手续。主要检查代付资金委托书和资金收款收据的合规性和完备性。

6. 对项目资金使用管控环节的审计监督。检查补贴资金支付是否符合统一规定和补贴标准，实际开支是否与批准开支的范围和标准一致，有无随意扩大补贴范围或随意改变资金用途的情况；检查项目开工前是否存在预付项目资金的情形，项目竣工验收前支付的项目资金是否超过80%，是否按照规定预留5%以上的工程质量保证（保修）金；检查项目建设过程中发生的项目规划、论证、勘探、设计、咨询、工程监理、审计等费用是否真实、合理，支付依据是否充分，是否存在超预算列支费用的情况。

7. 检查支付的项目资金是否在“烟叶生产投入补贴”科目核算，该科目是否按工程项目或类别进行明细核算。

8. 检查项目建设过程中发生的项目规划、论证、勘探、设计、咨询、工程监理、审计等费用在“烟叶生产投入补贴/烟叶生产基础设施建设补贴”科目单独归集核算的正确性。

三、审计程序

省级公司负责组织对地市级公司的烟叶基础设施项目进行抽查审计。地市级公司负责对其实施范围内的烟叶基础设施项目进行常态化审计监督，对烟叶基础设施建设项目从项目实施招投标、项目建设、资金管理到项目竣工验收、竣工结算（决算）等内容开展程序性审计（即符合性测试审计），在此基础上可选择开展全过程跟踪审计或实质性抽查审计。程序性审计是指审计部门参与烟叶基础设施项目各环节管理程序合规性，实行烟叶基础设施项目审计日常化的审计模式；全过程跟踪审计是指审计部门按照重要性原则对烟叶基础设施项目进行事前、事中和事后审计监督和评价的审计模式；实质性抽查审计是指审计部门有重点、有目的将部分烟叶基础设施项目纳入年度审计计划，形成特定审计项目并实施相应审计程序的审计模式。

（一）实施烟叶基础设施项目行业管理审计和项目资金审计的步骤

1. 省级公司负责制订烟叶基础设施建设项目常态化审计计划并在全省（自治区、市）范围内组织实施。

2. 地市级公司审计部门根据省级公司下发的年度项目审计计划，结合本公司烟叶基础设施建设的实际情况，制订具体的常态化审计实施方案，合理安排审计时间，按规定程序下达审计通知，做好审前调查和准备工作，原则上按照工程实施进度情况开展审计。

3. 审计人员在烟叶基础设施建设项目常态化审计的过程中要依据审计内容做好详细的审计记录，以单项工程为审计项目进行审计记录并以审计记录本的形式做好审计痕迹记录。审计记录本要详细记录项目名称、投入的金额、计划批复情况、审计时间、工作内容、发现的问题及审计建议；对发现的问题，要及时向被审计单位（部门）进行反馈，按照“边审边改”的要求落实整改并记录对反馈意见的处理结果。

4. 现场审计结束后，地市级审计部门在与相关部门进行充分沟通的基础上形成审计报告，报告内容要真实、客观、公正，不得隐瞒或虚报。

5. 审计终结后，各级审计部门要及时建立审计档案并按照有关规定进行管理。

（二）实施烟叶基础设施建设项目审计的步骤

1. 项目实施单位完成项目实施前期相关资料收集整理后，将资料报送审计部门，由审计部门按照审计权限开展开工前审计工作。

2. 开工前审计完成后，由具有审计权限的审计部门按照管理权限组织审计人员或委托中介机构实施建设期间跟踪审计。跟踪审计时间与项目建设周期同步，审计人员必须定期或随机到施工现场及时了解、检查项目建设与管理情况。重点对隐蔽工程、增减工程量、变更施工图纸和施工方案等进行现场审核记录并做好现场跟踪审计日记。

3. 项目实施单位将完整齐备的结算资料收集整理完成后，向审计部门提出申请，由审计部门组织实施或委托中介机构进行竣工结算审计。在审计过程中，审计部门必须到施工现场进行工程量的测量、核实，取得施工单位的书面确认记录，检查工程结算资料的真实性、准确性。凡是烟叶基础设施工程结算审计项目，务必对每一个标段每一种项目类型进行现场抽验，确保审计工作质量。

四、审计整改

（一）各级烟草企业要建立审计整改责任制，按照“边查边改”的原则，对于审计中发现的问题，抓紧整改落实，通过查找根源、完善制度，建立长效机制，同时对未被省级公司抽查的单位，由省级公司就审计发现问题下达自查整改通知，组织地市级公司开展专项同级审计并将审计及整改报告上报省级公司。

（二）烟叶基础设施对挤占、挪用的资金责成业务部门限期按原渠道归还，对限期不归还资金的，提出追究相关责任的审计意见；对严重违反财经法规、造成严重损失浪费的直接责任人员，向主管部门领导提出移交相关部门处理的审计建议。

（三）各级审计部门要适时进行后续审计，督促相关单位或部门落实整改，检查整改措施、未整改原因和整改效果，及时将整改落实情况向上一级主管部门报告。

五、工作要求

（一）提高认识，加强领导

开展烟叶基础设施常态化审计，对于加强烟叶基础建设，提升现代烟草农业管理水平，增强烟叶保障能力有着重要的促进作用。各单位要充分认识、高度重视开展烟叶基础设施建设项目常态化审计的意义，本着实事求是、高度负责的态度，切实加强对项目审计工作的组织领导。主要领导要具体负责，相关职能部门要积极支持，齐抓共管，做到组织严密、重点突出、狠抓落实，确保本单位烟叶基础设施项目审计工作有序开展。

（二）注重实效，边查边改

各单位要以烟叶基础设施项目常态化审计为契机，注重实效，认真查找审计发现问题的根源，从政策和制度上提出有针对性的整改建议并督促整改落实，以达到运作规范、监管有效的目标。

（三）完善制度，提升水平

各单位要把整改问题和完善制度、提升水平有机地结合起来，通过进一步健全制度，强化规范意识，不断提升烟叶生产基础设施建设项目管理水平，为建设好现代烟草农业、实现烟叶生产可持续发展服好务。

国家烟草专卖局关于印发烟草行业物资采购内部审计暂行办法的通知

（2010 年 8 月 30 日　国烟审［2010］306 号）

行业各直属单位：

现将《烟草行业物资采购内部审计暂行办法》印发给你们，请遵照执行。在执行过程中有何问题请及时报国家局。

烟草行业物资采购内部审计暂行办法

第一章　总　则

第一条　为进一步规范烟草行业物资采购管理，充分发挥内部审计的评价、服务、控制和监督职能，提高物资采购质量和资金使用效益，根据《中华人民共和国审计法》及财政部等五部委《企业内部控制基本规范》（财会［2008］7号）、《烟草行业内部审计工作暂行规定》（国烟审［2009］401号），结合烟草行业实际情况，制订本办法。

第二条　本办法所称物资采购是指烟草行业生产经营和企业管理等经济业务相关的烟用物资（含烟叶配套物资）、烟机零配件和非烟用物资等采购业务。

物资采购审计，是指审计部门依据有关法律、法规，实施适当的审计程序，对物资采购从立项开始，至验收入库及货款结算等环节进行全过程管理的服务和控制，对采购全部经济活动的真实性、合法性、合规性、完整性及效益性进行的评价和监督。

第三条　烟草行业工业企业、商业企业、事业单位除工程建设和宣传促销项目外的物质采购审计，均适用于本办法。工程建设物资采购审计适用《烟草行业工程建设项目审计管理办法》（国烟审［2009］485号），宣传促销物资采购审计适用烟草行业宣传促销内部审计的有关办法。

第二章　审计职责与权限

第四条　烟草行业各级审计部门根据《烟草行业内部审计工作暂行规定》的要求，按照“起点介入、过程监督、重点突出”的原则，对物资采购业务必须开展程序性审计，在此基础上可选择开展全过程跟踪审计或实质性抽查审计。

程序性审计是指审计部门通过调查了解内控制度、实地观察、穿行测试等审计方法，对物资采购业务的相关内部控制的健全性和有效性进行评价；

全过程跟踪审计是指审计部门根据重要性原则对物资采购预算审批、采购方式、供应商资质认证、价格确定、合同管理和验收付款等业务流程的合规性进行监督；

实质性抽查审计是指审计部门根据年度审计计划，按照重要性原则抽取一定比例的采购业务，对其管理制度的完善性、决策程序的合规性和实施程序的规范性进行审计。

第五条　审计部门每年要向单位管理层和决策层提交物资采购专项审计报告。审计报告包括但不限于以下内容：对全年采购情况进行概述；对物资采购内部控制的有效性、过程管理及效果进行评价；审计发现的问题和建议等。

第六条　行业各级单位要依据相关管理规定，赋予审计人员对采购项目事前、事中及事后的全程审计监督权；相关业务部门要建立报审制，积极配合审计工作并对所提供资料的真实性、合法性、完整性负责，不得以任何理由拒绝提供资料，限制审计范围；相关业务部门对审计部门出具的审计意见、建议，要在规定的期限内向审计部门反馈落实情况。

第七条　审计部门根据工作需要，可以聘请具备相应资质的社会中介机构开展审计工作并对其工作质量进行评价。

第三章　程序性审计

第八条　业务流程和内控制度的健全性评价。取得或编制采购业务流程图并通过观察和询问，了解梳理物资采购的业务流程，对企业建立的资质认证、供应商管理、预算及计划管理、采购方式、招标管理、合同管理、质量管理等方面的制度流程健全性进行评价。

第九条　各环节制度执行的有效性评价。抽取一定数量的采购业务按照各业务环节对其内控有效性进行符合性测试，重点关注采购业务中的主要风险点（立项、供应商选择和价格确定等），是否制订相应的控制措施并有效执行。

第十条　采购业务后评估的评价。检查业务部门是否定期对已完成物资采购项目的采购计划、采购渠道、采购价格、采购质量、采购成本、协议或合同签约与履行情况等业务进行专项评估和综合分析，对其采购业务后评估的效果进行评价。

第四章　全过程跟踪审计

第十一条　全过程跟踪审计的主要内容包括：对物资采购申购环节、采购实施环节、合同签订环节、验收环节和付款结算环节等全过程的审计监督与评价。

第十二条　申购环节的过程审计。

（一）审计物资采购业务是否符合预算审批程序。是否按审批权限经采购领导机构、办公会、董事会的批准。申购、审批、执行职责是否按规定相互分离，相互牵制。

（二）审计技术上有特殊要求的物资采购业务，是否经过技术、设备、质量和安全管理等专业部门确认。

（三）审计物资采购业务是否符合生产经营计划，是否按计划需求量结合实际库存情况审定采购数量，是否在资金预算总额内安排计划外的采购。

（四）审计采购计划审批程序是否执行行业及企业管理规定。专卖品卷烟材料的采购计划是否按国家局、总公司下达的计划编制，是否分类别采用不同采购流程；采购计划的调整是否经过合规审批；烟机专用零备件采购是否均在交易监管网中进行。

第十三条 采购实施环节的过程审计。

（一）审计是否通过资质认证方式对供应商进行评价、认证和管理。

（二）审计采购方式的确定与采购对象的金额及特性是否相适应，是否按照管理权限履行相关审批手续。

1. 是否将达到招标规定额度的项目进行拆分或者以其他任何方式规避招标采购。

2. 达到招标规定额度的物资采购，采用竞争性谈判、单一来源、询价方式的，是否经过主管部门审批，是否符合供应商不足三家、涉及行业安全和秘密、涉及行业核心技术、采用特定专利专用技术的有关情形。

3. 招标代理机构是否按规定通过招标方式选定。招标代理机构是否在资格认定部门依法认定的资格等级范围及招标代理合同约定的代理权限范围内承担招标事宜；招标代理机构是否接受同一招标项目的投标咨询服务，是否与有关行政机关存在隶属关系或其他利益关系；依法必须进行招标的项目，采购人自行办理招标事宜的，其条件是否符合法律法规的规定。

（三）招标实施过程审计。

1.《招标文件》的制订和审批流程是否合规。是否人为设立了不合理的资格条件限制潜在投标人或明显倾向个别投标人；是否以专有技术、专利产品、特定品牌等倾向性内容或技术规格明显有利于个别投标人产品；是否规定了参与前期工作（包括但不限于咨询、规划、监理、设计）的单位不得参与投标；是否包括招标项目的技术要求、投标人资格审查标准、投标报价要求和评标标准等所有实质性要求和条件以及拟签订合同的主要条款。

2. 邀请招标方式是否通过招标管理部门审批，邀请招标的对象是否符合采购管理规定，从供应商管理库中挑选合格的供应商，或者公告报名结束后集体评选；信誉、资质、财务状况是否满足招标文件要求；达到条件的投标人是否不少于三家。

3. 采购公告发布、潜在供应商报名、领取标书、投标等时间节点的规定是否符合法律法规；公开招标信息发布是否达到充分公开的效果。

4. 评标小组成员组成是否符合法律法规规定，评分细则设定是否科学，资格、商务、性能三部分分值设定是否合理。

5. 招标实施机构是否在评标委员会提出的书面评标报告和推荐的中标候选人中确定中标人；是否按规定的方式、时间及内容进行公示。

6. 发出中标通知书后，招标实施机构是否按照招投标文件与中标人签订书面合同。

（四）竞争性谈判过程审计。

1. 谈判流程的制订和审批是否合规；是否明确谈判程序、谈判小组人员组成、合同草案的条款以及评定成交的标准等事项。

2. 竞争性谈判采购对象是否具备谈判文件规定的资质。

3. 谈判小组成员组成是否符合法律法规规定的人员数量及结构；谈判小组成员是否集体与单一供应商展开谈判，所有供应商谈判次数是否均等。

4. 是否根据符合采购需要、质量和服务相等的情况下，报价最低的原则确定供应商。

（五）单一来源过程审计。

1. 采购价格的确定依据是否充分，是否经过调研、测算和集体商议。

2. 是否组成谈判小组集中进行价格谈判，与采购同一项目的其他业主相比，采购价格是否合理。

（六）询价过程审计。

审查价格信息来源渠道的可靠性、价格构成内容的全面性、可比性和价格信息的充分性。

（七）价格确定过程审计。

价格评议小组人员构成是否合规，价格审批流程是否合规，谈判或审议过程中的重要事项和参与人员的主要意见是否予以记录并按照档案管理要求予以保存。

第十四条 合同签订环节的过程审计。

（一）签订合同的部门和人员是否得到授权；对方签约单位是否具备签约资格、供货资质、履约能力。

（二）合同文本是否经过法规部门审核，是否遵循前期立项、招标、谈判、比价的结果；是否符合采购方的经济利益，合同权利和义务、违约责任和争议解决条款是否明确；是否对物资采购项目、数量和质量、采购价款、包装要求、运输方式、履约期限、交货地点、验收标准、结算方式、履约保证金以及质量保证金等内容予以明确。

（三）与合同相关的过程记录和档案资料是否全面完整，是否真实可靠；合同重要条款的变更是否经过集体商议或审核。

第十五条 验收环节的过程审计。

是否按制度规定组成验收小组对采购项目按合同进行数量、质量、供货时间等综合验收；对验收过程中发现的异常情况，是否向管理机构报告，同时由管理机构查明原因并及时处理。

第十六条 付款结算环节的过程审计。

（一）是否按合同约定的比例及条件支付货款，供货单位、合同单位、发票出具单位、收款单位名称是否“四统一”。

（二）在合同履行完成后，质量保证金未返还中标人之前，对合同实际履行过程进行审核检查，对发现问题发出整改通知书。退回质保金前，还需对合同履行情况进行最终审核。

（三）物资采购业务规模或金额超过预算的，是否按规定程序履行手续。

（四）是否按制度规定，按“一项一卷”序时整理装订采购过程资料。

第五章 实质性抽查审计

第十七条 抽查审计的准备工作包括：编制年度审计计划并经单位分管审计工作的领导批准；组织审计力量，成立审计小组，指定项目负责人；拟订审计方案，明确审计范围、方法、要求；下发审计通知，通知被审单位或部门，告知审计范围、审计时间、审计人员、列出要求提供资料的清单。

第十八条 样本的抽取由审计部门确定。样本须主要来源于重点物资采购项目和关键风险控制点。抽样比例要在风险评估结果的基础上进行确定，样本要具有代表性，要兼顾不同品种（烟用物资和非烟用物资）、不同采购方式（招标方式和非招标方式）、不同采购层级（集中采购和分散采购）。

第十九条 抽查审计要实施适当的审计程序。通过现场询问、直接观察、测试、盘点和检查文件等方式，收集审计证据。对重大的审计发现和建议记录在审计工作底稿中，以支持审计结论和建议。

第二十条 采购业务部门要按照“一项一卷”的要求对物资采购相关资料分类归档并向审计部门提供以下资料：物资采购的内控制度；采购部门的目标任务及其完成情况总结资料；采购部门内部工作会议记录；物资采购项目立项报告及批复；物资采购预算明细及批复；招标采购文件审批资料；采购项目清单、供应商选定、价格确定的依据以及审批过程记录和文件；合同订立申报表；评标报告、中标通知书；供货单位的资质证明及报价文件；质量检验报告单、入库单、资产管理部门的有关验收手续；存货收发存记录，存货盘点记录，存货报废和处置记录；仓库、使用部门对于质量问题的反馈记录及其采购部门的处理记录；物资采购有关的财务账簿、凭证、报表及结算资料；与招标代理机构、受托审计机构、供应商签订的合同；网上交易信息数据等。

第二十一条 抽查审计主要内容。

（一）物资采购管理制度的完善性。

1. 是否建立资质认证、供应商管理、预算及计划管理、采购方式、招标管理、采购程序、合同管理、质量管理等方面的内控制度并有效执行。

2. 单位和部门的分工与授权是否符合不相容职务相分离的原则，职责分工、权限范围与机构设置、人员配备是否科学合理。

（二）物资采购决策程序的合规性。

1. 是否分别成立了物资采购管理机构并明确物资采购领导机构、计划管理、采购执行部门和物资采购监督小组职能职责；各职能部门是否履行了规定的职责。

2. 根据全年实际购进和耗用的结果，评价采购依据是否充分可靠；审批程序是否科学合理；审批决策过程是否存在瑕疵。

3. 业务部门是否对进货时点和批次进行经济性管理，是否存在超储积压存货。

（三）物资采购实施程序的规范性。

1. 是否严格执行合同。是否超合同付款、超进度付款；付款是否经过申请、审批；付款是否提前或滞后、付款不实和违规结算；是否追究了违约责任；是否存在须签订合同而没有签订合同的采购事项。

2. 是否严格物资采购供应过程的管理。是否建立了质量信息反馈渠道，质量问题是否得到妥善处理；审查短缺物资和不符合质量要求的物资是否查明了原因，有无根据不同情况及时组织索赔；审查对逾期未交货者，有无按合同规定给予罚款或没收违约金；审查对大型或数额较大的物资采购，有无取得供货商合同的验收证明，合同中是否规定了必要的质保内容；验收人员的组成是否符合规定，是否由相关技术员及质检员依据有关规定、标准共同验收并出具验收依据；实际到货是否与合同约定的数量、品牌、规格、型号，以及技术标准一致，是否与样品一致；审查物资验收是否严格，有无存在由于验收不严造成以次充好、以劣充优、不合格物资入库等问题。

3. 是否加强采购付款管理。是否加强预付账款和定金管理，及时清收往来账款；是否挪用采购资金；是否及时取得合规发票；是否按确定的付款方式付给指定的收款人。

4. 是否存在因重大差错、舞弊、欺诈而导致资产损失。

5. 招标代理机构、受托中介机构是否提供了合同约定的服务。

6. 物资采购专项审计意见和建议是否得到了整改落实，是否建立了相关记录。

第六章　罚　则

第二十二条　凡违反物资采购相关规定造成国有资产流失、损失或浪费的，按规定移交相关部门处理；涉嫌犯罪的，依法移交司法机关处理。

第二十三条　对于滥用职权、徇私舞弊、玩忽职守、泄露秘密的内部审计人员，由所在单位依照国家有关规定给予纪律处分；涉嫌犯罪的，依法移交司法机关处理。

第二十四条　受托中介机构及人员不作为、玩忽职守、与相关利益方串通损害企业利益的，提交其所在行业协会按有关规定处理；涉嫌犯罪的，依法移交司法机关处理。

第二十五条　对于打击报复内部审计人员的，企业要及时予以纠正；涉嫌犯罪的，依法移交司法机关处理。

第七章　附　则

第二十六条　各级烟草企业根据本办法并结合单位实际情况，制订具体的实施细则。

第二十七条　本办法由国家局负责解释。

第二十八条　本办法自印发之日起施行。

国家烟草专卖局关于印发烟草行业宣传促销内部审计暂行办法的通知

（2010 年 8 月 30 日　国烟审［2010］307 号）

行业各直属单位：

现将《烟草行业宣传促销内部审计暂行办法》印发给你们，请遵照执行。在执行过程中有何问题请及时报国家局。

烟草行业宣传促销内部审计暂行办法

第一章　总　则

第一条　为进一步规范烟草行业宣传促销管理，充分发挥内部审计的评价、服务、控制和监督职能，根据《中华人民共和国审计法》及《烟草广告管理暂行办法》（工商总局令第 69 号）、《烟草行业内部审计工作暂行规定》（国烟审［2009］401 号），结合烟草行业实际情况，制订本办法。

第二条　本办法所称宣传促销是指烟草工商企业（有直接投资关系或特定利益关联的视同），介绍企业、产品、品牌，提升形象、促进产品销售、培育卷烟品牌所进行的宣传和促销活动。

宣传促销审计，是指内部审计部门依据有关法律、法规，实施适当的审计程序，对宣传促销从立项开始，至验收评估、货款结算以及宣传促销品采购、验收入库等环节进行全过程管理的服务和控制，对宣传促销全部经济活动的真实性、合法性、合规性、完整性进行的评价和监督。

第三条　烟草行业工业企业、商业企业、事业单位的宣传促销项目，均适用于本办法。

第二章　审计职责与权限

第四条　烟草行业各级内部审计部门根据《烟草行业内部审计工作暂行规定》，按照“起点介入、过程监督、重点突出”的原则，对宣传促销项目必须开展程序性审计，在此基础上可选择开展全过程跟踪审计或实质性抽查审计。

程序性审计是指审计部门通过调查了解内控制度、实地观察、穿行测试等审计方法，对宣传促销项目的相关内部控制的健全性及有效性进行评价；

全过程跟踪审计是指审计部门根据重要性原则对宣传促销项目的立项程序、预算审批、实施方式、供应商资质认证、价格确定、合同管理和验收付款等业务流程的合规性进行监督；

实质性抽查审计是指审计部门根据年度审计计划，按照重要性原则抽取一定比例的宣传促销项目，对其管理制度的完善性、决策程序的合规性和实施程序的规范性进行审计。

第五条 审计部门每年要向单位管理层和决策层提交宣传促销专项审计报告。审计报告包括但不限于以下内容：对全年宣传促销情况进行概述；对宣传促销内部控制的有效性、过程管理及效果进行评价；审计发现的问题和建议等。

第六条 行业各级单位要依据相关管理规定，赋予审计人员对宣传促销项目事前、事中及事后的全程审计监督权；相关业务部门要建立报审制，积极配合审计工作并对所提供资料的真实性、合法性、完整性负责，不得以任何理由拒绝提供资料，限制审计范围；相关业务部门对审计部门出具的审计意见、建议，要在规定的期限内向审计部门反馈落实情况。

第七条 审计部门根据工作需要，可以聘请具备相应资质的社会中介机构开展审计工作并对其工作质量进行评价。

第三章 程序性审计

第八条 业务流程和内控制度的健全性评价。取得或编制宣传促销项目流程图并通过观察和询问，了解梳理宣传促销的业务流程，对企业建立的资质认证、供应商管理、预算及计划管理、采购方式、招标管理、合同管理、质量管理等方面的制度流程健全性进行评价。

第九条 各环节制度执行的有效性评价。抽取一定数量的宣传促销项目按照各业务环节对其内控有效性进行符合性测试，重点关注业务流程中的关键环节和主要风险点（立项、供应商选择和价格确定等），是否制订相应的控制措施并有效执行。

第十条 宣传促销项目后评估的评价。检查业务部门是否定期对已完成宣传促销项目的需求计划、供应商选择、价格确定、合同签约与履行情况等业务进行专项评估和综合分析，对其宣传促销项目后评估的效果进行评价。

第四章 全过程跟踪审计

第十一条 全过程跟踪审计的主要内容包括：对立项环节、项目实施环节、合同签订环节、验收环节和付款结算环节等全过程的审计监督与评价。

第十二条 立项环节的过程审计。

（一）审计宣传促销项目立项是否符合管理程序；项目是否按审批权限经宣传促销领导机构、办公会、董事会批准。

（二）宣传促销项目和金额是否在年度全面预算中安排，预算编制的合理性。

第十三条 项目实施环节的过程审计。

（一）审计是否通过资质认证方式对供应商进行评价、认证和管理。

（二）审计宣传促销实施方式的确定与促销对象的金额及特性是否相适应，是否按照管理权限履行相关审批手续。

1. 是否将达到招标规定额度的项目进行拆分或者以其他任何方式规避招标采购。

2. 达到招标规定额度的宣传促销项目，采用竞争性谈判、单一来源、询价方式的，是否严格遵循规定程序，是否符合供应商不足三家、涉及行业安全和秘密、涉及行业核心技术、采用特定专利专用技术的有关情形。

3. 招标代理机构是否按规定通过招标方式选定。招标代理机构是否在资格认定部门依法认定的资格等级范围及招标代理合同约定的代理权限范围内承担招标事宜；招标代理机构是否接受同一招标项目的投标咨询服务，是否与有关行政机关存在隶属关系或其他利益关系；依法必须进行招标的项目，采购人自行办理招标事宜的，其条件是否符合法律法规的规定。

4. 供应商是否声明不触及第三方的知识产权和专利专用技术。

（三）审计价格的确定过程和结果的合规性。

价格评议小组人员构成是否合规，价格审批流程是否合规，谈判或审议过程中的重要事项和参与人员的主要意见是否予以记录并按照档案管理要求予以保存，价格确定的结果是否合理。

第十四条 合同签订环节的过程审计。

（一）签订合同的部门和人员是否得到授权；对方签约单位是否具备签约资格、供货资质、履约能力。

（二）合同文本是否经过法规部门审核，是否遵循前期立项、招标、谈判、比价的结果；是否符合项目实施方的经济利益，合同权利和义务、违约责任和争议解决条款是否明确；是否对宣传促销项目的数量和质量、价款、履约期限、验收标准，结算方式、履约保证金以及质量保证金等内容予以明确。

（三）与合同相关的过程记录和档案资料是否全面完整，是否真实可靠；合同重要条款的变更是否经过集体商议或审核。

第十五条 验收环节的过程审计。

是否按制度规定组成验收小组对宣传促销项目按合同进行数量、质量、时间等综合验收。

第十六条 付款结算环节的过程审计。

（一）是否按合同约定的比例及条件支付货款，供应商单位、合同单位、发票出具单位、收款单位名称是否“四统一”。

（二）在合同履行完成后，质量保证金未返还中标人之前，对合同实际履行过程进行审核检查，对发现问题发出整改通知书。退回质保金前，还需对合同履行情况进行最终审核。

（三）宣传促销项目规模或金额超过预算的，是否按规定程序履行手续。

（四）是否按照行业工商企业成本费用核算办法规范列支宣传促销费用。

（五）是否按制度规定，按“一项一卷”序时整理装订宣传促销项目资料。

第五章　实质性抽查审计

第十七条　抽查审计的准备工作包括：编制年度审计计划并经单位分管审计工作的领导批准；组织审计力量，成立审计小组，指定项目负责人；拟订审计方案，明确审计范围、方法、要求；下发审计通知，通知被审单位或部门，告知审计范围、审计时间、审计人员、列出要求提供资料的清单。

第十八条　样本的抽取由审计部门确定。样本须主要来源于重点宣传促销项目和关键环节、风险控制点。抽样比例应在风险评估结果的基础上进行确定，样本要具有代表性，要兼顾不同业务类型（广告、宣传、促销）、不同定价方式（招标和非招标）、不同执行部门（自行经办、授权基层销区经办，以及委托外单位承办）。

第十九条　抽查审计要实施适当的审计程序。通过现场访问、直接观察、测试和检查文件等方式，收集审计证据。对重大的审计发现和建议记录在审计工作底稿中，以支持审计结论和建议。

第二十条　宣传促销项目部门要按照“一项一卷”的要求对宣传促销相关资料分类归档并向审计部门提供以下资料：宣传促销项目的内控制度；销售部门的目标任务及其完成情况总结资料；销售部门内部工作会议记录及其员工考评资料；宣传促销项目立项报告书及批复；宣传促销项目预算明细及批复；供应商选定、价格确定的依据以及审批过程记录和文件；宣传促销项目相关单位的资质证明及报价文件；验收报告；商情信息；销售统计报表；销区和客户对于宣传促销质量问题的反馈记录及其销售部门的处理记录；宣传促销项目有关的财务账簿、凭证、报表及结算资料；与招标代理机构、调查评估机构、受托审计机构、供应商签订的合同等。

第二十一条　抽查审计的主要内容。

（一）宣传促销管理制度的完善性。

审查企业是否建立招投标制度、比质比价制度、变更洽商的审批制度以及其他相关的内控制度，是否有效执行。

（二）宣传促销决策程序的合规性。

1. 是否分别成立了宣传促销职能机构并明确宣传促销领导机构、策划管理、执行部门等职责和权限。各职能部门是否履行了规定的职责。

2. 根据全年实际投入的宣传促销费用和产生的效果，评价宣传促销方案是否经济合理；立项依据是否充分可靠；审批程序是否科学合理；审批和执行过程是否存在瑕疵。

（三）宣传促销实施程序的规范性。

1. 是否严格执行合同。是否追究了违约责任；是否存在无合同宣传促销项目；是否未按合同约定条款付款；是否及时清收往来账款、是否挪用宣传促销资金；是否取得合规发票；收款单位、合同签订单位、发票出具单位名称是否一致。

2. 宣传促销的实施是否与合同约定的标准一致；项目完成后，是否依据有关规定、标准进行验收；验收评估人员的组成是否符合规定；评估验收手续是否齐备。

3. 各项资料（含音像制品）是否齐全并分类立卷、妥善管理。

4. 招标代理机构、评估机构、受托审计机构是否提供了合同约定的服务。

5. 审计意见和建议是否得到了整改落实，是否建立了相关记录。

第六章　罚　则

第二十二条　凡违反宣传促销相关规定造成国有资产流失、损失或浪费的，按规定移交相关部门处理；涉嫌犯罪的，依法移交司法机关处理。

第二十三条　对于滥用职权、徇私舞弊、玩忽职守、泄露秘密的内部审计人员，由所在单位依照国家有关规定给予纪律处分；涉嫌犯罪的，依法移交司法机关处理。

第二十四条　受托中介机构及人员不作为、玩忽职守、与相关利益方串通损害企业利益的，提交其所在行业协会按有关规定处理；涉嫌犯罪的，依法移交司法机关处理。

第二十五条　对于打击报复内部审计人员的，企业要及时予以纠正；涉嫌犯罪的，依法移交司法机关处理。

第七章　附　则

第二十六条　各级烟草企业根据本办法并结合单位实际情况，制订具体的实施细则。

第二十七条　本办法由国家局负责解释。

第二十八条　本办法自印发之日起施行。

烟草科技

国家烟草专卖局关于健全完善行业创新体系的指导意见

（2010 年 8 月 2 日　国烟办［2010］271 号）

行业各直属单位：

为贯彻落实烟草行业“卷烟上水平”总体规划及技术创新上水平实施意见，现就健全完善行业创新体系提出如下指导意见。

一、健全完善技术创新体系

（一）明确任务

坚持中式卷烟发展方向，紧紧围绕培育和发展行业卷烟知名品牌，健全完善以企业为主体、市场为导向、产学研相结合的行业技术创新体系。

（二）健全机构

全面加强卷烟工业、烟草农业和配套产业企业技术中心建设，围绕现代烟草技术发展趋势，形成产业集聚度高、核心竞争力强、专业化分工明确、系统完整性好的技术创新产业链。加强卷烟工业企业技术中心建设，加大投入力度，改善科研条件，提高运行效率，增强创新活力，不断提升对卷烟品牌的技术支撑能力。全面推进烟叶生产技术中心建设，年产 1.5 万吨烟叶以上地市级公司全部建立烟叶生产技术中心，年产 5 万吨以上的烟叶主产省全部建立省级烟草科研所，持续提高烟叶生产技术水平，增强烟叶原料保障能力。加强烟草相关产业企业技术中心建设，鼓励和支持烟机、醋纤、打叶复烤、再造烟叶等烟草相关产业的企业建立技术中心，不断提升对烟草主业的支持和保障能力。

（三）提升水平

要以“一流的环境、一流的研发手段、一流的人才、一流的成果”为目标，不断提升技术中心建设水平。具备较好基础和发展条件的知名品牌卷烟工业企业要用世界眼光和开放式思维建设企业技术中心，争取率先在局部领域、部分学科实现突破，到 2015 年建成 9 家国家级企业技术中心，拥有知名品牌的卷烟工业企业技术中心力争达到国际一流水平。烟叶生产技术中心要充分借鉴卷烟工业企业技术中心和国内外其他农业企业技术中心建设的成功经验，有效整合利用行业内外各方面创新资源，实现跨越式发展，到 2015 年建成 7 家行业级烟叶生产技术中心。

（四）创新机制

全面落实企业技术中心非法人实体化运作，赋予技术中心在用人、资金使用和分配等方面更大自主权，实现技术中心运行相对独立。围绕企业卷烟品牌发展需要，优化完善企业技术中心内部组织结构，有效提升产品开发、卷烟调香、卷烟工艺、减害降焦、特色品种培育等核心领域研发能力。采取扁平化管理模式，提升企业技术中心运行效率。探索开放式系统创新模式，以创新产品和创造效益为目标，鼓励和支持企业与高校、科研机构开展多种模式的产学研技术合作或组建高水平联合实验室、工程研究中心等，充分整合利用各方科技优势资源，搭建无边界、外延性的技术创新平台，提升技术创新效率和水平。

二、健全完善知识创新体系

（一）完善平台

进一步加强郑州烟草研究院建设，充分发挥其牵头、指导和推动作用。加强与青州烟草研究所、河南农业大学的战略合作，改善其科研条件，提升其科研水平，充分发挥其在基础及共性技术领域创新作用。更加重视云南烟草科学研究院和云南省烟草农业科学研究院等重点省级科研机构建设，推动其在烟草部分学科领域形成优势地位。加强国家烟草基因研究中心建设，使其成为国内领先、国际先进、行业共享的烟草基因研究机构。鼓励和支持有条件的单位建设国家重点实验室、国家工程研究中心等创新基地。到 2015 年，国家工程研究中心或国家重点实验室达到 3 家，全行业形成具有强大持续创新能力、布局合理、定位清晰、分工协作、运行高效的知识创新体系。

（二）重点突破

瞄准世界烟草科技发展前沿，不断加强原始创新、集成创新和引进消化吸收再创新。紧紧围绕良种培育、卷烟调香、减害降焦、特色工艺四大战略课题，力争在烟草基因组计划、特色优质烟叶开发、高香气低危害烟草新品种、无公害烟叶工程、基本烟田治理工程、卷烟减害技术、卷烟增香保润、中式卷烟制丝生产线、超高速卷接包机组、造纸法再造烟叶等重大专项上取得一批具有全局性、战略性的重大技术成果，拥有一批具有重要支撑作用的知识产权。到2015年，授权发明专利总量与2009年度相比翻一番，达到760件；在烟草科技部分领域形成明显比较优势并占领制高点，力争在世界烟草科技发展中取得主动。全面推进行业信息化建设，加强低碳技术、节能减排和循环经济技术应用研究工作。

（三）开放合作

加大科研院所、重点实验室等开放合作力度，促进行业内外不同实体、不同学科专业间的交流与协作，促进其更加广泛地与企业、高校、研究机构建立多种形式的合作关系，发挥不同实体的资源优势，实现资源互补，提高知识产权和其他技术资源的使用效率，促进形成“开放、流动、联合、竞争”局面。加大国际合作与交流，促进各项研究工作与国际技术前沿接轨，充分利用全球科技资源，解决科技发展中的重大瓶颈问题。

三、健全完善技术推广体系

（一）完善技术推广机制

完善工业传导机制。卷烟工业企业要围绕卷烟品牌发展，与上下游产业建立多种形式的技术传导平台，发挥其技术引领、带动和传导作用。以烟叶基地为平台，发挥工业主导、商业主体、科技主力作用，构建卷烟品牌导向原料体系；以品牌培育为核心，提高工商企业把握市场、预测需求和分析市场动态的能力，探索卷烟品牌培育的新途径、新方法，在更大范围、更广领域和更高层次上推进工商协同。加强卷烟工业企业与烟机企业、再造烟叶企业和烟用材料企业的技术协同与联动，发挥技术联盟、战略合作等多种技术传导平台作用，引领相关产业技术创新，加速新技术、新工艺、新材料的推广应用。鼓励和支持企业间开展技术交流与合作，品牌输出的企业要加强技术和标准的输出，实现技术成果共享和技术水平共同提升。

完善农业推广机制。鼓励和支持烟叶主产省建立以省级烟草科研所、地市级公司烟叶生产技术中心、基层技术推广站为主体的烟叶生产技术推广体系，强化地市级公司烟叶生产技术中心的技术推广功能，强化基层技术推广站的技术服务功能，充分调动和保护基层烟叶技术人员的积极性，研究多种形式的技术推广和服务方式，切实提高烟叶生产的技术水平。

（二）搭建成果转化平台

以建立共享机制为核心，以资源系统整合为主线，充分运用现代信息技术和国内外资源，搭建具有公益性、基础性、战略性的科技资源共享平台，重点建设烟草种质资源平台、科技文献信息服务平台、知识产权综合信息服务平台和科学数据共享平台等，实现知识创新、技术创新和成果产业化的紧密衔接。鼓励和支持企业在应用基础和共性技术领域开展技术交流与合作，实现知识产权和关键技术成果的共享。大力推进节能环保技术、低碳技术和循环经济技术在行业技术改造和工程基建等项目上的推广应用并不断提高转化效率和应用范围，推进资源节约型、环境友好型行业建设。拓宽科技成果共享渠道，引导企业按照市场规律，有偿转让科技成果。完善行业知识产权制度建设和管理体系建设，对知识产权创造、保护、运用和管理活动进行规划、指导和动态管理，切实提高知识产权专利的使用效果。到2015年，基本建立满足行业知识产权信息查询、咨询服务、法律援助和转移推广等功能需要的行业知识产权服务体系，为行业科技力的整体提升提供保障。

四、健全完善质量安全保障体系

（一）加强质检机构建设

加强国家烟草质检中心建设，使其具备履行《烟草控制框架公约》中烟草制品及释放物成分检测的能力，具备国际烟草科学研究合作中心（CORESTA）推荐的毒理学指标及生物标记物测试能力。加强省级局质检机构建设，使其满足依法实施市场质量监管所需要的技术保障能力，能够承担产品质量监督检验、委托检验职责并提供与检测相关的技术服务。加强省级工业公司内控质检机构建设，加大卷烟产品和原辅材料的检测检验力度，强化企业内部质量管理。加强烟叶主产区地市级公司烟叶质检内控管理，提高烟叶生产过程管理水平和烟叶质量水平。到2015年，更加完善以国家烟草质检中心为龙头、8个左右综合性省级局质检机构为骨干、20个左右专业性省级局质检机构为基础的布局合理、能力完备、技术先进、监控有力的行业质检体系，同时显著提升信息化管理水平，提高质检工作效率。

（二）加强标准化体系建设

切实按照行业标准化中长期发展战略要求，建立健全行业标准体系和标准化工作体系。组织制修订一批行业发展急需标准和基础性标准，进一步完善产品质量安全卫生保障标准体系，研究、制订一批控制性指标严于国家或行业标准、具有重要引领作用的企业标准；继续积极参与国际标准的研究与制修订工作，提高行业在烟草国际标准化领域内的影响力和话语权；加快标准的更新和提高，保持标准的适应性和先进性。到2015年，在建立并完善500项左右烟草类国家和行业标准组成的标准体系的基础上，实现部分重要标准的关键性指标与国际先进水平的接轨，切实发挥标准的引领和支撑作用。

（三）完善产品质量安全保障机制

认真落实《国家烟草专卖局关于加强卷烟产品质量安全工作的意见》（国烟科［2009］117号）。严格添加剂、烟用材料的行业市场准入质量和标准条件，加大卷烟产品和原辅材料的检测检验力度。强化过程控制，全面推进由结果控制向过程控制的转变，加强从烟叶原料到卷烟成品、从生产到流通等各环节的过程控制。进一步明确和落实质量安全责任，健全质量安全工作机制和制度建设，加大产品质量安全监管力度，制订更加严格的企业质量安全内控指标，提高风险预见、评估和处置能力。

五、健全完善创新人才培养体系

（一）创新人才引进

围绕良种培育、卷烟调香、减害降焦和特色工艺四大战略性课题和科技重大专项的发展需求，以全球化的视野，开放的心态，制定人才引进规划，积极挖掘开发外部人才资源，分层次、有计划地引进一批能够突破关键技术、带动学科发展的拔尖科技人才。充分发挥企业、科研院所在人才资源开发中的主体作用，健全完善人才引进机制，简化人才引进程序，创新人才引进渠道，优化人才引进环境，提高人才引进效率。

（二）高层次人才培养

根据国家创新人才推进计划，制订和实施行业高层次人才培养规划。拓宽培养方式，拓展培养渠道，加大高层次创新人才的培养力度。通过实施重大科技攻关，在实践中培养高层次人才。利用境外优质教育培训资源，有计划、有目的地选送高层次人才进行境外培养。到2015年，行业具有高级专业技术资格的高层次人才达到3500人；造就具有较高学术水平并在行业内具有较大影响力的学科带头人80名，有较高威望和号召力的行业领军人才20名，力争增加1名中国工程院院士。

（三）高技能人才培养

根据国家高技能人才振兴计划，制订和实施行业高技能人才培养规划。优化高技能人才工作成长环境，加强高技能人才的在职培训和技能鉴定，完善以职业能力和工作业绩为重点的评价考核机制，培养造就一大批具有精湛技艺的高技能人才。到2015年，高技能人才达到8.7万人，占技能劳动者比例达到25%。

六、健全完善创新激励机制

（一）加大投入

加大资金投入。建立以企业为主体、高效率的科技投入机制，加大政策支持力度，注重投入产出效果，确保全行业科技投入强度逐年提高，使科技投入水平与建设创新型行业的要求相适应。优化科技投入结构，国家局科技投入重点支持应用基础、关键技术和共性技术研究以及行业科技基础条件平台建设；企业科技投入围绕增强企业自主创新能力和品牌市场竞争力，重点开展技术应用、技术集成和成果转化工作。

加大人才投入。健全人才投入机制，提高人才投资效益，确保创新人才的数量，不断提升创新人才的质量，给予技术创新足够的人才保障。

（二）加强考核

建立并逐级完善创新考核制度，促进形成推动技术创新上水平的长效机制，有效提升工业企业、商业企业和科研机构的创新活力和动力，把烟草行业逐步建设成为创新型行业。对卷烟工业企业减害降焦工作和低焦油低危害卷烟销量进行考核，对商业企业低焦油低危害卷烟销量进行考核，逐步提高低焦油低危害卷烟销量比重。对企业创新人才队伍建设进行考核，引导和鼓励企业引进、培养高层次、高技能人才。

（三）有效激励

全面推行首席专家制。卷烟工业企业设立首席调香师、首席配方师、首席工艺师、首席工程师等首席专家岗位；烟叶主产区设立首席农艺师、首席调制师、首席评级师等首席专家岗位；科研院所设立首席研究员等首席专家岗位；承担行业重大专项的试点企业设立本单位重大专项首席专家岗位。各单位要赋予首席专家创新责任和使命并切实提高首席专家收入和待遇。

完善专业技术岗位和技能岗位的设置，落实岗位薪酬待遇。加强烟草农业、卷烟工业、烟草商业等一线专业技术、技能岗位设置工作，发挥行业各级单位在专业技术、技能岗位聘任中的自主权，全面推进专业技术、技能职务聘任工作，做到评聘结合。

建立健全与工作业绩紧密联系、充分体现人才价值、有利于激发创新活力的薪酬调整机制，向优秀创新人才和技术创新关键岗位重点倾斜，使创新人才待遇更加具有内部激励性和外部竞争性。

健全以行业奖励为导向、企业奖励为主体的创新奖励体系。进一步完善中国烟草总公司科学技术奖励办法，增设技术发明奖；加强对烟草新品种推广和低焦油低危害卷烟培育的奖励和引导；设立重大专项贡献奖，奖励在重大专项工作中做出突出贡献的个人和单位。企业和科研单位应建立相应奖励机制，对于做出突出贡献的人员和成果给予奖励，同时设立不同类别、不同层次的奖项，鼓励小改小革和小发明小创造。

国家烟草专卖局关于调整卷烟盒标焦油最高限量的通知

（2010 年 3 月 16 日　国烟科［2010］78 号）

行业各直属单位，中国烟草实业发展中心：

为持续推进卷烟减害降焦工作，现将再次调整卷烟盒标焦油最高限量的有关事项通知如下：

一、自 2011 年 1 月 1 日起生产的盒标焦油量在 12 毫克/支以上的卷烟产品不得在境内市场销售。

二、各卷烟工业企业要提前做好调整卷烟盒标焦油量标注的换版工作。在卷烟产品质量监督检查中，2011 年 1 月 1 日以后生产的盒标焦油量高于 12 毫克/支的卷烟，将被判定为不合格产品。

三、自 2011 年 1 月 1 日起盒标焦油量在 12 毫克/支以上的国外以及港澳台地区卷烟产品不得入关。

整顿规范

国家烟草专卖局　中国烟草总公司关于印发烟草行业工程投资、物资采购和宣传促销项目管理程序规定（试行）的通知

（2010 年 2 月 8 日　国烟办［2010］42 号）

行业各直属单位：

为了加强对烟草行业工程投资、物资采购和宣传促销项目的管理和监督，现将《烟草行业工程投资、物资采购和宣传促销项目管理程序规定（试行）》印发给你们，请遵照执行。

烟草行业工程投资、物资采购和宣传促销项目管理程序规定（试行）

为加强烟草行业内部管理监督体系建设，进一步规范工程投资、物资采购和宣传促销项目的管理程序，特制订本规定。

工程投资项目

第一条　本规定所称的工程投资项目（以下简称项目）是指企业从事生产、经营、仓储、办公、科研、教育和多元化等领域的固定资产投资项目和信息化建设项目。

第二条　项目管理必须依照国家法律法规及本规定规范运作，项目管理过程中未按本规定的程序执行的，不得进入下一环节。

第三条　项目申报审批。项目经投资管理部门初审，按审批权限报投资管理委员会、办公会议、董事会审议批准或审议通过报上级审批单位审批。

第四条　项目概算。项目批准后列入预算，列入预算的项目工程概算必须经过审计。

第五条　招标。项目必须按有关规定进行招标，

招标代理机构、设计单位、监理单位、施工单位、设备和物资供应商、软件开发商等必须招标确定。

符合下列情形之一的，经项目审批单位批准，可以不进行招标，采用竞争性谈判、询价、单一来源采购的方式进行，但必须严格按照规定程序进行。

（一）供应商不足三家；

（二）涉及行业安全和秘密；

（三）涉及烟草行业核心技术；

（四）采用特定专利、专用技术。

第六条 合同签订。所有项目必须签订正式合同，合同必须经法规、财务、审计部门审核会签，由企业法定代表人或法定代表人委托授权签订合同。

第七条 项目变更。项目必须严格按照批复的内容和投资实施，需变更建设规模、建设标准、建筑面积、建设内容和建设地点的，报原项目审批单位批准；工程建设投资超出项目批复投资总额15%的，必须对超支情况进行审计，报原项目审批单位批准。

第八条 项目竣工验收。项目竣工决算必须经过审计后，项目审批单位才可组织竣工验收。

第九条 项目竣工验收后，由财务部门按规定将项目投资转为固定资产。

第十条 项目资金支付。项目资金支付依据工程进度和合同约定条款，经审计、财务部门审核后付款。

第十一条 项目资料归档。项目实施部门要按照“一项一卷”的要求，收集项目实施全过程资料并整理归档。

物资采购项目

第十二条 本规定所称的物资采购项目（以下简称项目）是指烟用物资（含烟叶配套物资）、烟机零配件和非烟用物资等采购项目。

第十三条 项目管理必须依照国家法律法规及本规定规范运作，项目管理过程中未按本规定的程序执行的，不得进入下一环节。

第十四条 项目申报审批。项目由物资采购部门申报，按审批权限报采购领导小组、办公会议、董事会审批。

第十五条 项目预算。项目批准后列入预算，列入预算的项目必须经过审计。

第十六条 招标。项目必须按有关规定进行招标，烟用物资（含烟叶配套物资）和烟机零配件实行以公开招标为主的采购方式。非烟用物资项目金额在50万元以上的必须进行招标；对项目金额低于50万元，但长期供应的定点供应商也必须通过招标方式确定。招标代理机构必须招标确定。

符合下列情形之一的，经采购领导小组批准，可采用竞争性谈判、单一来源、询价的采购方式，但必须严格按照规定程序组织采购。

（一）供应商不足三家；

（二）涉及行业安全和秘密；

（三）涉及烟草行业核心技术；

（四）采用特定专利、专用技术；

（五）《关于加强卷烟工业企业烟用材料采购管理的规定》（国烟运［2008］297号）第四章中列出的采购方式有关情形。

第十七条 合同签订。所有项目必须签订正式合同，合同必须经法规、财务、审计部门审核会签，由企业法定代表人或法定代表人委托授权签订合同。

第十八条 项目调整。采购实施过程中，采购数量或采购金额超过原批准总额10%的须经采购领导小组审议通过并相应调整采购项目预算。

第十九条 项目验收入库。采购物资到货后，企业物资采购部门要会同相关技术人员及质检人员依据有关规定、标准共同验收并出具验收报告，验收合格后办理入库。

第二十条 项目资金支付。项目资金支付依据采购进度和合同约定条款，经财务部门审核后付款。采购项目完成后，审计部门对项目全部资金进行审计。

第二十一条 项目资料归档。项目实施部门要按照“一项一卷”的要求，收集项目实施全过程资料并整理归档。

宣传促销项目

第二十二条 本规定所称宣传促销项目（以下简称项目）是指企业通过一定媒介直接或间接地介绍企业、产品、提升形象、促进产品销售活动所进行的宣传和促销项目。

第二十三条 项目管理必须依照国家法律法规及本规定规范运作，项目管理过程中未按本规定的程序执行的，不得进入下一环节。

第二十四条 项目申报审批。项目计划由项目实施部门编制，按审批权限报宣传促销领导小组、办公会议、董事会审议批准或审议通过报上级审批单位审批。

第二十五条 项目预算。项目批准后列入预算，列入预算的项目概算必须经过审计。

第二十六条 招标。项目必须按有关规定进行招标，项目金额在50万元以上的项目必须进行公开招标。供应商、招标代理机构、评估机构必须招标确定。

符合下列情形之一的，经项目审批单位批准，可以不进行招标，采用竞争性谈判、询价、单一来源采购的方式进行，但必须严格按照规定程序进行。

（一）供应商不足三家；

（二）涉及行业安全和秘密；

（三）涉及烟草行业核心技术；

（四）采用特定专利、专用技术。

第二十七条 合同签订。所有项目必须签订正式合同，合同必须经法规、财务、审计部门审核会签，由企业法定代表人或法定代表人委托授权签订合同。

第二十八条 项目调整。项目实施过程中，需变更项目规模、项目标准和项目内容的，报原项目审批单位批准；项目规模和金额超过预算10%的，必须对超支情况进行审计，报原项目审批单位批准。

第二十九条 项目验收和评估。项目完成后，要依据有关规定、标准进行验收和评估并保留实施资料、音像制品等资料。

第三十条 项目资金支付。项目资金支付依据合同约定条款和项目履约情况，经财务部门审核后付款。项目完成后审计部门对全部项目资金进行审计。

第三十一条 项目资料归档。项目实施部门要按照“一项一卷”的要求，收集项目实施全过程资料并整理归档。

办事公开、检查监督与责任追究

第三十二条 工程投资、物资采购和宣传促销项目按《烟草行业招标采购活动廉政监督工作暂行规定（试行）》（国烟监［2008］127号）和《国家烟草专卖局关于进一步推进烟草企业办事公开民主管理的意见》（国烟监［2009］338号）规定进行公示和监督。

行业各企业违反本规定的，将追究相关责任人责任；有违纪违规行为的，各级纪检监察部门按照有关规定实行责任追究，涉嫌犯罪的，移送司法机关处理。

附　则

第三十三条 本规定自印发之日起执行。

国家烟草专卖局办公室关于2010年烟草行业整顿规范生产经营秩序和加强内部管理监督工作的意见

（2010年2月4日　国烟办综［2010］48号）

行业各直属单位：

2009年，烟草行业整顿规范工作按照国家局党组的部署，紧紧围绕“烟叶防过热，卷烟上水平，税利保增长”的目标任务，坚持把严格规范作为保持烟草行业持续健康发展的“生命线”，着力规范“两烟”生产经营秩序，扎实开展“三项检查”工作，为行业年度目标任务的完成发挥了重要作用。为认真贯彻落实烟草行业加强内部管理监督工作汇报会及2010年全国烟草工作会议精神，现提出2010年烟草行业整顿规范生产经营秩序和加强内部管理监督工作的意见如下。

一、指导思想

2010年烟草行业整顿规范生产经营秩序和加强内部管理监督工作，要坚持以邓小平理论和“三个代表”重要思想为指导，深入贯彻落实科学发展观，认真学习贯彻党的十七大和十七届四中全会精神，全面落实2010年全国烟草工作会议精神，进一步增强规范意识，突出规范重点，拓展规范途径，以内部管理监督工作的新成效为“卷烟上水平”营造健康的发展环境。

二、工作目标

紧紧围绕建设“严格规范、富有效率、充满活力”中国烟草的总体目标任务，进一步巩固和完善行业内部管理监督工作基本格局，继续开展专项治理整顿，全面加强内部管理监督，深入推进办事公开民主管理，积极构建内部监管长效机制，在更高起点上全面提升烟草行业整体规范水平，保持行业持续健康发展。

三、主要任务

（一）全面推进办事公开民主管理工作

行业各单位都要把贯彻落实《国家烟草专卖局关于进一步推进烟草企业办事公开民主管理的意见》（国烟监［2009］338号）作为当前和今后一个时期的一项重要工作，认真研究部署，切实抓好落实。今年要重点做好以下四个方面的工作：一是抓好宣传动员。各级领导班子要将办事公开民主管理工作作为整顿规范工作的重点任务，有组织、有计划、有步骤地开展这项工作，要做好宣传教育和引导工作，把国家局关于办事公开民主管理的一系列会议和文件精神传达到行业每一位职工，为办事公开民主管理工作的扎实开展奠定思想基础，营造良好氛围。二是落实体制机制。各单位要抓紧落实办事公开民主管理工作的领导体制和工作机制，研究制订实施意见和具体措施，进一步明确整顿办、办公室、纪检监察、企业工会等部门在推进办事公开民主管理工作中的具体职责和工作任务，形成齐抓共管的合力。三是加强制度建设。各单位要尽快建立健全办事公开民主管理的工作制度。重点是建立公开事项的预审制度、民主管理的监督制度、工作评议制度和问责制度，逐步建立和完善办事公开民主管理的制度体系和工作流程。四是开展试点工作。各直属单位都要在本系统内选择1～2个地市级局（公司）或卷烟厂作为开展办事公开民主管理的试点单位，加强调研和指导，充分发挥试点的表率和示范作用，及时总结经验，适时推广试点单位的经验和做法，积极探索开展办事公开民主管理的有效途径。各级整顿办作为这项工作的牵头部门，要充分发挥职能，积极协调、会同各相关部门保证各项任务落到实处。

（二）做好“三项检查”的后续工作

“三项检查”工作历时两年，已基本完成了阶段任务，各单位要切实巩固、充分利用“三项检查”工作的成果，进一步健全制度、规范流程、严格监管，促进行业三项工作管理的制度化、常态化、规范化。下一步要认真做好后续工作。一是继续做好重点抽查和整改工作。今年上半年，国家局将继续开展“三项检查”重点抽查工作，力争在6月底前全面完成。没有接受国家局重点抽查的单位，要依据行业有关工程投资、物资采购和宣传促销项目管理程序的规定，认真做好迎接抽查的准备工作；抽查工作已经结束的单位，要针对单位自查和重点抽查中发现的突出问题，举一反三，采取有力措施，狠抓整改落实。国家局将对行业直属单位的整改工作情况适时进行抽查。二是认真贯彻落实有关工程投资、物资采购和宣传促销项目管理程序的规定，要认真研究制订具体实施细则和配套措施，提升对关键节点的管控效果。国家局将对有关工程投资、物资采购和宣传促销项目管理程序规定的落实情况进行检查，各直属单位也要加大对所属单位的督导检查力度。三是认真梳理工程投资、物资采购和宣传促销等方面的制度，结合国家局的有关工程投资、物资采购和宣传促销项目管理程序规定，认真做好制度的“废、改、立”，特别是同类制度的归类和整合工作，切实提高制度的可操作性。

（三）加大对违规违纪案件的查处力度，建立严格的问责制

全行业要把整顿规范和加强内部管理监督工作作为构建行业惩防体系的重要内容，进一步严格标准，严格要求。行业各级监管部门要认真履行监督职能，不断拓宽监督渠道，切实加大监管力度。各级纪检监察机构要严格执行中央《关于实行党政领导干部问责的暂行规定》（中办发［2009］25号），加强对同级和下属单位领导班子的监督，加大对违规违纪案件的查处力度，对相关责任人必须进行问责。

四、工作要求

（一）提高思想认识

烟草行业整顿规范十年实践证明，没有严格规范，就没有当前行业持续健康发展的良好态势。全行业必须要从“生命线”的高度充分认识严格规范的重要性，充分认识整顿规范工作的长期性、艰巨性、复杂性，将思想和行动统一到国家局党组的工作部署上来，增强规范的主动性和自觉性，坚决克服盲目乐观和松懈厌战情绪，一以贯之、持之以恒，不断提升整顿规范和加强内部管理监督工作的水平。

（二）加强组织领导

行业各单位要继续坚持把整顿规范和加强内部管理监督工作摆到重要议事日程，高度重视，加强领导，严密组织。要继续坚持内部管理监督工作机制，巩固完善内部管理监督工作基本格局，根据新形势、新任务，创新思路、真抓实干，高质量地完成好整顿规范和加强内部管理监督工作的各项任务。

（三）加强机构建设

行业各单位要高度重视和加强监管机构建设，按照国家局对加强内部审计、专卖内管、纪检监察等机构设置的要求认真抓好落实，进一步充实人员，充分发挥监管机构在日常监管中的积极作用；要继续抓好整顿办建设，行业各级整顿办要有专门的机构、专职的人员开展专项工作，要充分发挥“牵头、协调、综合、指导”职能，求真务实、扎扎实实，抓好各项工作任务的落实。各级整顿办工作人员要严格要求自己，按照“四要”作风建设的要求提高综合素质，紧紧围绕行业“卷烟上水平”这一目标任务，进一步提高调查研究的水平，及时发现问题，提出建议，为行业的持续健康发展做出新的努力。

人事政工

中共国家烟草专卖局党组关于贯彻深化干部人事制度改革规划纲要的实施意见

（2010 年 4 月 23 日　国烟党［2010］38 号）

行业各直属单位党组（党委）：

为贯彻中共中央办公厅印发的《2010～2020 年深化干部人事制度改革规划纲要》（中办发［2009］43 号）和《2009～2013 年全国党政领导班子建设规划纲要》（中办发［2009］39 号）精神，进一步深化行业干部人事制度改革，不断提高干部人事工作的科学化、民主化、制度化水平，现提出如下实施意见。

一、深化干部人事制度改革的指导思想和基本目标

（一）指导思想

高举中国特色社会主义伟大旗帜，坚持以邓小平理论和“三个代表”重要思想为指导，深入贯彻落实科学发展观，按照加强党的执政能力建设和先进性建设的要求，坚持党管干部原则，坚持德才兼备、以德为先用人标准，坚持民主、公开、竞争、择优方针，坚持科学化、民主化、制度化方向，解放思想，勇于创新，着力解决领导班子和干部队伍建设及干部人事工作存在的主要问题，树立坚定信念、注重品行、科学发展、崇尚实干、重视基层、鼓励创新、群众公认的正确用人导向，提高选人用人公信度，培养造就一支适应行业改革发展需要的高素质干部队伍，为实现“卷烟上水平”的战略任务，全面建设“严格规范、富有效率、充满活力”的中国烟草提供坚强组织保证和人才支撑。

（二）基本目标

通过坚持不懈地努力，逐步形成广纳群贤、人尽其才、能上能下、公平公正、充满活力的干部人事制度，培养造就一支适应推进行业发展的高素质干部队伍。

扩大干部工作民主，提高干部群众参与度。在干部选拔任用、考核评价、管理监督等环节充分发扬民主，信息更加公开、透明度进一步提高，干部群众的知情权、参与权、选择权和监督权得到保障和落实。

健全竞争择优机制，促进优秀人才脱颖而出。广开举贤荐能之路，选人用人渠道进一步拓宽，选拔任用方法进一步完善，竞争性选拔力度进一步加大，形成各类人才公平竞争和优秀人才不断涌现、健康成长的生动局面。

改善领导班子结构，优化领导班子配备。形成班子成员年龄、经历、专长、性格互补的合理结构，班子整体功能明显增强。

完善干部管理制度，增强干部队伍的生机和活力。干部考核科学规范，评价客观准确；流动渠道畅通，资源配置优化；管理约束严格，权力责任统一；激励措施完善，保障体系健全，形成有利于充分调动干部积极性、鼓励干事创业的有效机制。

加强干部选拔任用监督，有效遏制用人上的不正之风。用人行为规范，工作责任明确，监督制约有力，形成风清气正的用人环境，群众满意度明显提高。

二、行业干部人事制度改革的工作重点

（一）规范干部选拔任用提名制度

明确干部选拔任用提名主体，规范提名形式、提名程序，合理界定提名责任，扩大提名环节的民主和监督。健全完善民主推荐制度，考察对象均要经民主推荐产生；完善挂职干部的民主推荐办法；鼓励符合条件的干部职工自荐参与公开选拔、竞争上岗。

（二）健全促进科学发展的领导班子和领导干部考核评价机制

研究制订省级局（公司）、工业公司领导班子和领导干部综合考核评价办法、省级局（公司）、工业公司领导班子和领导干部年度考核办法，在试点的基础上全面推开。各单位要结合实际情况，制订和实施相应的考核评价办法。

（三）推行差额选拔干部制度

认真开展差额推荐、差额考察、差额酝酿试点工作，探索差额票决的办法。

（四）加大竞争性选拔干部工作力度

完善公开选拔、竞争上岗制度，积极探索多种形式竞争性选拔干部办法。坚持标准条件，突出岗位特点，注重能力实绩，完善程序方法，改进考试测评工作，提高竞争性选拔干部工作的质量，进一步扩大竞争性选拔干部的比例。探索推行国家局机关部分司级岗位在全系统内进行公开选拔；继续推进省级局（公司）、工业公司部分领导岗位和处级岗位在全省系统内进行公开选拔、竞争上岗；适时开展特殊岗位干部面向全社会公开招聘。到2015年，行业每年新提拔的处级以上领导干部中，通过竞争性选拔方式产生的，要不少于1/3。

（五）坚持和完善从基层一线选拔干部制度

注重从基层和生产一线选拔优秀干部。到2015年，各省级局（公司）、工业公司领导干部中，具有两年以上基层领导工作经历的，要达一半以上；国家局、总公司机关司级领导干部，省级局（公司）机关处级干部中具有两年以上基层工作经历的，要达2/3以上。加大选派机关干部到基层培养锻炼的工作力度，缺乏基层工作经历的机关年轻干部，要分期分批到基层单位培养锻炼。加大从基层选用行业各级单位机关工作人员的力度，畅通从行业基层选拔干部渠道。自2012年起，国家局及省级局（公司）机关新进人员，除部分特殊岗位外，均要从具有两年以上基层工作经历的人员中选用。各单位要制订从基层选拔干部的具体措施并抓好落实。

（六）制订与健全调整不适宜担任现职干部制度

合理界定干部不适宜担任现职的情形，规范调整的原则、程序，及时调整不适宜担任现职的干部，拓宽干部调整后的安排渠道，完善保障性配套措施。

（七）建立健全拟提拔干部廉政考察制度

加强对拟提拔干部廉政考察，坚持纪检监察部门全程参与干部考察制度。在干部考察中，纪检监察部门对拟提拔干部廉政问题及时了解情况、调查核实、作出结论，形成拟提拔干部廉政考察情况报告。探索试行拟提拔干部向组织报告本人执行党风廉政建设规定情况、本人涉及本单位干部群众反映突出问题的情况、公示中群众反映问题的有关情况及其他方面廉政情况的制度。

（八）深入整治用人上的不正之风

匡正选人用人风气，坚决整治跑官要官、买官卖官、拉票贿选等问题。畅通电话举报、信访举报和网络举报等监督渠道。坚持和完善干部任用前征求纪检监察部门意见、对新提任干部进行廉政谈话制度，加大对行业干部选拔任用工作的监督检查和巡视力度。认真落实严重违规用人问题立项督查制度、干部选拔任用工作责任追究等用人问责制度及深入整治用人上不正之风工作责任制，逐步形成比较完善的防治用人上不正之风长效机制。

（九）实行干部工作信息公开制度

扩大选人用人民主，加强干部工作监督，明确干部工作信息公开内容，扩大干部工作信息公开范围。实行干部选拔任用提名情况和民主推荐、民主测评结果在领导班子内部公开制度，探索干部考核结果在一定范围内公开，逐步实现干部工作信息公开的制度化、规范化。

三、行业干部人事制度改革的目标任务

（一）改善领导班子结构

优化领导班子的年龄结构，形成老中青梯次配备。国家局、总公司机关各部门、各单位及省级局（公司）、工业公司领导班子中，45岁左右的干部至少要有1名；地市级局（公司）、卷烟厂领导班子中，40岁左右的干部至少要有1名。注重领导班子成员的专业知识配套和领导经验互补，实现优化组合，增强整体功能。各级领导班子成员要具备相应的专业知识，成为分管工作的内行。在领导班子成员中既要有熟悉专卖、政工方面的干部，又要有熟悉生产、经营方面的干部，烟叶主产区领导班子中要配备一名熟悉烟叶工作的成员。各级领导班子中，具有下级基层正职经历的成员要有一定比例。

（二）加强后备干部队伍建设

做好后备干部调整工作。国家局在2010年组织对行业各直属单位领导班子后备干部进行集中调整，建立新的后备干部名单。要实行复式年龄结构和梯次配备，既考虑领导班子建设近期需要，又考虑中长期需要。坚持优进绌退、动态管理，始终保持后备干部队伍的合理数量和结构。

抓好后备干部培养工作。以坚定理想信念、加强党性修养和弘扬良好作风为核心，着力提高后备干部的思想政治素质。要优先安排后备干部到国家局党校和其他培训机构学习培训。缺乏机关工作经历的后备干部要有计划地安排到机关培养锻炼；缺乏基层工作经历的后备干部要优先安排到基层领导岗位培养锻炼。要安排后备干部到情况复杂、条件艰苦的地方或急难

险重任务中经受锻炼和考验。

做好后备干部使用工作。坚持后备干部与其他干部同样标准、同样使用。对各方面条件比较成熟的后备干部，根据工作需要，按程序予以任用。优化后备干部资源配置，在不同地区、不同部门、不同单位之间统一调配使用后备干部。

（三）健全选拔任用机制

1. 完善民主推荐、民主测评制度。探索建立民主推荐职位预告制度。合理确定参加民主推荐人员范围，改进民主推荐方式方法，增强民主推荐的科学性和真实性。省级局（公司）、工业公司领导班子民主推荐、民主测评，原则上机关全体干部、直属单位领导班子成员参加。正确分析和运用民主推荐结果，把干部的得票和测评情况同干部的德才素质和一贯表现进行对照分析，根据考察情况、岗位需要、班子结构进行综合考虑，既要尊重民意，又不简单以票数高低取人，注意保护真抓实干、坚持原则、敢于负责、锐意进取的干部。

2. 改进任职考察工作。完善干部德才考察标准，注重从履行岗位职责、完成急难险重任务、关键时刻表现、对待个人名利等方面考察干部的德。建立与完善考察预告制度、考察对象公示制度。落实延伸考察，增强考察准确性，防止失真失实。

3. 规范酝酿和讨论决定程序。进一步完善干部选拔任用酝酿制度。各单位党组（党委）讨论干部任用前，要事先征求党组成员（党委委员）意见，经过充分酝酿再提交党组（党委）会研究；实行讨论决定干部向党组成员（党委委员）预告制度；完善人选介绍内容，改进介绍方法。规范讨论决定干部的程序和方法。

4. 完善任前公示制度。丰富公示内容，改进公示方式，探索扩大公示对象范围。

5. 规范干部破格提拔办法。坚持不拘一格选拔优秀干部，研究制定干部破格提拔办法，明确破格提拔条件，规范破格提拔程序。凡是干部破格提拔，必须报经上级组织人事部门同意。

（四）健全考核评价机制

1. 建立岗位职责规范。根据岗位的性质、任务和要求，逐步建立健全干部岗位职责规范及其能力素质标准，作为干部考核评价的基础和依据。

2. 实行平时考核与定期考核相结合。规范干部平时考核制度，加强对干部的经常性考核。综合运用平时考核、年度考核与全面考核、任职考察等方式，全面准确地评价干部。

3. 改进考核方法。坚持定性考核与定量考核相结合。整合考核信息，注意综合运用巡视、审计及行业专项考评等结果。根据考核任务和考核对象，合理运用考核方法。

4. 强化考核结果运用。把考核结果作为干部选拔任用的重要依据，并与干部的培养教育、管理监督、激励约束等结合起来。建立健全考核结果反馈和通报制度。建立健全干部考核信息库。

（五）健全管理监督机制

1. 完善干部交流回避制度。加大重要部门、关键岗位干部交流力度，推进上下级机关干部交流。各单位要建立健全干部交流有关制度，推进各级领导班子成员跨地区、跨单位交流，机关关键岗位干部定期轮岗，机关干部跨部门、跨单位交流。规范和改进干部挂职锻炼工作，引入竞争机制，改进交流人选产生方式。坚持干部任职回避和公务回避制度。

2. 创新干部教育培训制度。进一步完善行业干部教育培训管理体制，创新干部教育培训方式方法，增强教育培训实效。坚持党组（党委）中心组学习制度，完善组织调训制度，鼓励干部在职自学。建立健全干部教育培训的考核评价和激励约束等机制。充分发挥各级培训机构在行业干部教育培训中的作用。

3. 加强领导干部日常管理和监督。加强上级党组织对领导干部的监督，健全领导班子成员之间的监督。认真贯彻《中国共产党党内监督条例》（试行）（中发［2003］17号）以及党风廉政建设等方面的规章制度，严格落实国家局关于干部监督的要求和规定，坚持和完善民主生活会制度、谈心谈话制度，建立健全政（企）务公开、经济责任审计、述职述廉、信访举报、诫勉谈话、质询问责、任前廉政谈话等制度。严格落实中央办公厅《关于党员领导干部报告个人有关事项的规定》（中办发［2006］30号），各直属单位领导班子成员要按时向国家局党组报告个人有关事项。积极发挥群众监督、舆论监督的作用。

4. 加强干部选拔任用工作全过程监督。坚持和完善干部选拔任用工作监督检查办法。坚持和完善干部选拔任用工作有关事项报告、干部任用前征求纪检监察机关意见、干部监督工作联席会议等制度。建立健全干部选拔任用工作“一报告两评议”制度。规范领导干部特别是主要领导用人行为。健全组织部门干部选拔任用工作内部监督机制。研究建立干部选拔任用工作全程纪实制度。

（六）健全激励保障机制

1. 加强省级局（公司）、工业公司领导班子业绩考核体系建设，完善工作业绩考核细则，科学设置考核指标，合理确定指标权重。依据业绩考核结果核定省级局（公司）、工业公司领导年度薪酬，加强业绩考核的导向作用。

2. 健全奖惩制度。坚持精神奖励与物质奖励相结合，丰富奖励形式，规范奖励种类。坚持和健全惩戒制度。

3. 坚持和完善权益保障制度。关心干部身心健康，坚持和健全干部休假、健康检查等制度。完善申诉控告制度，畅通申诉控告渠道，保障干部的合法权益。

4. 坚持和完善离退休制度。严格执行干部离退休制度。坚持和完善有关离退休干部政治待遇的各项制度。完善离休干部离休费和医药费保障机制。完善离退休干部服务管理机制。进一步加强对离退休干部兼职的管理。

四、加强对行业干部人事制度改革的领导

（一）加强领导、落实责任

各级党组（党委）要充分认识行业干部人事制度改革的重要性和紧迫性，积极推进各项改革，要结合本单位实际情况，制订相应的实施办法，做到有计划、有部署、有督促、有检查。各级领导干部要站在改革的前列，做改革的倡导者和推动者。党组（党委）书记要亲自抓干部人事制度改革。完善党组（党委）统一领导，组织部门牵头协调，有关部门各司其职、密切配合，干部群众共同参与的干部人事制度改革工作格局。

（二）积极探索、鼓励创新

行业干部人事制度改革是一个不断创新、不断探索、不断完善的过程。要积极探索烟草专卖体制下的干部人事管理有效办法，对比较成熟的改革措施，要及时总结，加以推广。在行业干部人事制度改革工作中一定要尊重基层和广大干部职工的意见，鼓励从基层实际情况出发，针对改革中的重点难点问题，积极探索、大胆创新。

（三）把握节奏、有序推进

各级党组（党委）既要坚定不移地推进改革，又要冷静清醒地把握改革。要把握好改革的时机、重点和节奏。要深入宣传党的干部路线方针政策及行业深化干部人事制度改革的决策部署，让广大干部职工了解改革、支持改革、监督改革，确保积极稳妥、有序推进。

中共国家烟草专卖局党组关于在全国烟草行业党的基层组织和党员中深入开展创先争优活动的意见

（2010 年 5 月 12 日　国烟党［2010］46 号）

行业各直属单位党组（党委）：

为认真贯彻落实党的十七大、十七届四中全会精神，巩固和拓展行业深入学习实践科学发展观活动成果，全面推进“卷烟上水平”各项工作落实，为行业持续健康发展提供坚强的组织保证，根据中共中央办公厅转发的《中央组织部、中央宣传部关于在党的基层组织和党员中深入开展创先争优活动的意见》（中办发［2010］12 号），国家局党组决定，2010 年起在全国烟草行业党的基层组织和党员中深入开展创先争优活动（以下简称创先争优活动）。现提出创先争优活动意见如下：

一、充分认识创先争优活动的重要意义

（一）深入开展创先争优活动，是贯彻落实党的十七大、十七届三中、四中全会的重要举措。党的十七届四中全会强调，必须进一步巩固和加强党的基层组织，推动基层组织工作创新，充分发挥基层党组织和党员的政治核心作用。行业各级党组（党委），要把全面深入开展创先争优活动作为当前和今后一个时期行业思想政治建设的主要任务抓紧抓好。深入开展创先争优活动，是全面建设“严格规范，富有效率，充满活力”的中国烟草的客观需要，是落实行业“重心下移、着眼基层、突出服务、加强基础”工作方针的有效载体，各级党组（党委）要切实抓紧抓好，抓出成效。

（二）深入开展创先争优活动，是深入贯彻落实科学发展观，推动行业科学发展的现实需要。深入开展创先争优活动，进一步抓好学习实践活动整改落实

工作、完善长效机制、推动学习实践科学发展观向深度和广度发展。切实加强企业基层党组织建设，激发广大党员生机活力，帮助基层党员干部深刻领会、准确把握科学发展观的科学内涵、精神实质和根本要求，增强贯彻落实科学发展观的自觉性和坚定性，影响和带领广大员工共同促进企业科学发展。

（三）深入开展创先争优活动，是全面推进“卷烟上水平”战略目标任务的重要保证。“卷烟上水平”是行业当前和今后一个时期工作的基本方针和战略任务。实现“卷烟上水平”目标是一项艰苦卓绝的任务，全行业面临着大量繁重的工作，必须动员行业各方面力量，统筹规划，整体推进。深入开展创先争优活动，进一步提升基层领导班子的工作水平，创新完善基层工作机制，增强基层党组织的战斗力、凝聚力，充分发挥广大党员模范带头作用，影响和带动行业全体职工更加积极主动、创新性地开展工作，进一步激发基层活力，夯实行业发展基础，为推动“卷烟上水平”目标任务实现提供重要保证。

（四）深入开展创先争优活动，是充分发挥基层党组织战斗堡垒作用、党员先锋模范作用的客观要求。围绕党的路线方针政策的贯彻落实和各项工作目标任务的顺利完成，深入开展创先争优活动，提高党的执政能力，提高烟草行业基层党建工作的整体水平，更好地联系群众、宣传群众、组织群众、服务群众，充分发挥基层党组织政治核心和广大党员先锋模范作用，赢得广大员工的信赖、拥护和支持。推动行业党的建设更好地服务于行业“卷烟上水平”的战略任务，加快转变经济发展方式，推动行业又好又快发展。

二、创先争优活动的指导思想和基本原则

指导思想：认真贯彻落实党的十七大、十七届三中、四中全会精神，以邓小平理论和“三个代表”重要思想为指导，以深入学习实践科学发展观为主题，全面落实《中央组织部、中央宣传部关于在党的基层组织和党员中深入开展创先争优活动的意见》，大力推进行业基层党组织建设，增强基层党组织的创造力、凝聚力和战斗力，充分发挥基层党组织的战斗堡垒作用和共产党员的先锋模范作用，推动行业科学发展、促进行业和谐、服务干部职工、加强基层组织，为行业持续健康发展提供坚强的组织保证。

基本原则：根据党的十七届四中全会精神，结合行业实际，开展创先争优活动要遵循以下原则。

坚持与行业中心任务相结合的原则。紧紧围绕行业“重心下移、着眼基层、突出服务、加强基础”的工作方针，将创先争优活动与行业优秀基层单位创建活动结合起来，坚持“融入中心抓党建、进入管理起作用”的指导思想，正确把握行业管理体制和企业发展现状，深刻领会党的十七届四中全会精神，准确把握国家局党组提出的“卷烟上水平”战略任务的要求，真正把创先争优活动建立在扎实工作基础之上，把行业党建工作的政治优势转化为企业的发展优势，把组织活力转化为企业的发展活力。

坚持规范完善与创新发展相结合的原则。按照新形势新任务要求，以“规范和完善基础性工作，创新和实践建设性工作”为基本思路，坚持因地制宜、分类指导、突出特色，创新模式，狠抓基层党组织规范化、制度化、系统化和信息化建设。找准党建工作开展活动、发挥作用的着力点，围绕行业工作中心任务开展党建工作，充分发挥基层党组织的战斗堡垒作用。

坚持“以人为本”的原则。坚持以提高党员队伍素质为重点，培养党员队伍自觉为行业持续健康发展做贡献的大局观念；建立健全教育、管理、服务党员长效机制，牢固树立党员队伍“两个至上”行业共同价值观，激发党员增强光荣感和责任感，保持先进性内在动力；落实“把骨干培养成党员，把党员培养成骨干”培养措施，改进发展党员工作，拓宽党员受教育渠道，保持党员队伍生机与活力；坚持按照守信念、讲奉献、有本领、重品行的要求，推进基层党组织班子成员能力素质的全面提升；坚持以明确责任、考核监督、保障服务为重点，加强领导班子管理，增强班子整体功能和合力，打造推动企业科学发展的集体。

三、创先争优活动的目标任务

行业各直属单位党组（党委）要切实加强对创先争优活动的领导，充分认识深入开展创先争优活动的重要性和必要性，切实增强责任感和使命感，努力使基层党组织实现“五个好”、广大党员做到“五带头”的要求。

先进基层党组织的基本要求是：学习型党组织建设成效明显，出色完成党章规定的基本任务，努力做到“五个好”。

领导班子好。领导班子能深入学习实践科学发展观，认真贯彻党的路线方针政策，执行国家局党组的决策。班子团结，战斗力强，出色完成基层党组织的基本任务；班子成员党性强、作风正、业务精、威信高，分工明确，团结协作；坚持民主集中制原则，全面落实党风廉政建设责任制，无违法违纪问题；积极推进党建工作创新，主动融入中心工作，服务改革发展和稳定大局。

党员队伍好。认真学习党章、党的基本知识以及党组织规定的学习内容，具有坚定的理想信念，努力践行社会主义荣辱观和行业“两个至上”共同价值

观；积极主动参加党组织活动，并按规定完成学习任务；对行业改革和发展充满信心，具有强烈的党性观念、无私奉献的精神和全心全意为人民服务的宗旨意识；认真钻研业务知识，有过硬的工作本领；立足本职岗位、勤奋工作、勇于创新，自觉为推进行业改革和发展多做贡献。

工作机制好。党内组织、生活、监督和日常工作、学习教育等制度健全；党员管理、组织活动、“三会一课”、学习培训、换届选举、党费收缴、党风廉政建设等各项制度落实好；发扬党内民主，开展批评与自我批评，坚持和完善民主评议党员制度；思想政治工作制度化、经常化、多样化；支持群团组织开展活动，形成适合行业特点、符合企业实际，执行有力、行之有效的工作机制；建立健全保持共产党员先进性长效机制。

工作业绩好。充分发挥推动发展、服务群众、凝聚人心、促进和谐的作用，积极协助行政领导开展工作，有力促进生产、经营、管理和其他业务工作开展，无群体性上访事件和重大安全、质量、环保等事故发生，工作业绩名列前茅；创造性地开展工作，形成有本单位特色的党建工作路子；积极推进企业文化建设，思想政治建设扎实有效；团结带领职工共同完成上级赋予的各项工作任务。

群众反映好。认真贯彻全心全意依靠职工办企业的方针，切实维护职工群众合法权益，强化服务意识，干部职工队伍思想稳定，主人翁意识强，工作积极性和创造性得到较好发挥；党组织、党员工作业绩和工作作风得到群众认可，具有良好形象和较高威信，干群关系密切。

优秀共产党员的基本要求是：模范履行党章规定的义务，努力做到“五带头”。

带头学习提高。适应行业形势发展的需要，认真学习实践科学发展观，自觉坚定理想信念；自觉学习各类政策法规、岗位业务、企业管理等方面的知识，坚持系统学、深入学、持久学，学习上时时处处以身作则，率先垂范，通过学习，在思想和业务方面综合素质显著提高，成为本职工作的行家里手。

带头争创佳绩。具有强烈的事业心和责任感，信守科学发展理念，做好本职工作，埋头苦干、艰苦创业，积极向上，不断进取，勇于创新，出色完成各项工作任务，在平凡的岗位创造出不平凡的业绩，个人工作业绩和工作作风得到群众认可。

带头服务群众。密切联系群众，提高服务意识，深入了解群众关心的热点难点问题，千方百计帮助群众解决实际困难，克服官僚主义，通过各种途径帮助困难群众解除各种工作困难和家庭的后顾之忧，自觉维护群众正当权益。

带头遵纪守法。自觉遵守党的纪律，模范遵守国家法律法规。严格要求自己，恪守职业道德，始终以个人利益服从党和人民的整体利益，全心全意为人民，做到自重、自省、自警、自励、慎欲、慎言、慎行，防微杜渐，警钟长鸣。

带头弘扬正气。不搞小圈子、贪小利益、耍小聪明；弘扬公道正派的作风，提倡民主，广泛听取民意，接受群众监督，做到正气环身，自觉抵御一切不正之风；坚持和不良习气作斗争，做到在原则方面不让步、大是大非面前不迷航，关键时刻敢直言、重要环节严把关。

四、创先争优活动的组织实施

创先争优活动在国家局党组的统一领导下，以省级局（公司）、工业公司党组（党委）为组织单位和考评单位逐级实施。创先争优活动的考核评比，要与行业优秀基层单位创建活动考核评比相结合，不组织单独达标验收。为扎实推进创先争优活动，确保活动成效，创先争优活动分三个阶段进行（2010～2012年）。

（一）试点引导阶段（2010年）

行业创先争优活动由国家局人事司负责组织指导。要坚持以点带面，有效推进的工作方法。国家局重点抓好6家工厂党委及一个党支部，6家地市级公司党组（党委）及一个党支部的试点工作。试点单位分别是：上海卷烟厂、浙江中烟工业有限责任公司杭州制造部、合肥卷烟厂、涪陵卷烟厂、昆明卷烟厂、楚雄复烤厂及所属党支部各一家；江苏省烟草公司南通市公司、福建省烟草公司福州市公司、广东珠海市烟草有限公司、云南省烟草公司保山市公司、陕西省烟草公司西安市公司、甘肃省烟草公司兰州市公司所属党支部各一家。各直属单位要结合本单位工作实际情况，自行确定试点单位。各直属单位及国家局试点单位创先争优活动实施方案，请于6月1日前报国家局人事司。

（二）全面推广阶段（2011年）

2011年，行业创先争优活动全面深入推广。行业各直属单位党组（党委）要按照本意见，全面开展创先争优活动并于年底进行考核和评比。

（三）总结提升阶段（2012年）

行业各直属单位对创先争优活动进行系统总结，构建基层党建工作长效机制。国家局党组将结合行业优秀基层单位创建表彰活动一起，同时表彰2010～

2012年创先争优活动先进基层党组织、优秀共产党员，以及开展创先争优活动成绩显著的先进单位党组（党委）、支部。

创先争优活动的开展，各直属单位党组（党委）要结合实际情况，认真组织，严格考核，力争2010～2012年达标率在50%以上。各年度达标量，各直属单位党组（党委）结合实际情况确定。

五、切实加强组织领导

1. 要落实领导责任。各直属单位党组（党委）要切实加强对创先争优活动的组织领导，按照中央的统一部署及国家局党组的要求，结合本单位优秀基层单位创建活动实际情况，及时制订开展创先争优活动实施意见，构建党组（党委）统一领导，人事政工部门共同负责、相关部门参与指导的工作机制。全国烟草行业创先争优活动成立领导小组（领导小组人员名单见附件），国家局人事司负责承担领导小组办公室日常工作。各级党组（党委）要充分进行动员，提高广大党员对创先争优活动的思想认识，明确创先争优活动的创建主体，形成一级抓一级，层层抓落实的工作格局。各单位主要负责人要率先垂范，领导班子成员要深入一线，及时发现和解决活动中的新情况新问题，确保创先争优活动稳步推进。

2. 要抓好有机结合。各级党组（党委）要紧紧围绕行业“卷烟上水平”的战略任务，根据本单位的实际情况和党员岗位特点，把创先争优活动与完成各项工作任务结合起来。要把创先争优活动与行业“优秀基层单位”创建工作结合起来，将优秀基层单位创建活动作为创先争优工作的有效载体，把创先争优活动作为“优秀基层单位”创建活动的重要内容，明确工作指标，落实目标任务；要把创先争优活动与“两个至上”在岗位主题实践活动结合起来，激发广大党员率先垂范“两个至上”；要把创先争优活动与建设学习型行业、学习型组织结合起来，以满腔热情、富有激情、充满智慧、奋力创新的精神状态，投身于行业改革和发展事业；要把创先争优活动与深化“四好”领导班子建设结合起来，不断提高各级领导班子和领导干部的工作水平；要把创先争优活动与行业“四要”作风建设和各级机关“讲责任、讲奉献、讲纪律”作风建设结合起来，切实改进机关作风，提高工作效能；要把创先争优活动与班组建设结合起来，通过设立党员先锋岗、党员示范窗口，充分发挥共产党员先锋模范作用。

3. 要注重活动实效。行业各级党组织要坚持从实际情况出发，围绕行业“卷烟上水平”战略任务，把广大党员吸引到创优争先活动中来。要切忌形式主义，要扎扎实实开展工作，通过开展公开承诺、群众监督、领导点评、员工评议、评选表彰等形式和载体，把及时有效解决创先争优活动中的突出问题贯穿始终，坚持有什么问题解决什么问题，什么问题突出着重解决什么问题。严格规范基层党组织基础工作、建立科学的党建工作机制，全面提升行业党建工作水平。

4. 要营造良好氛围。要发挥行业各类报刊、有线电视、局域网、手机短信平台的作用，大力宣传行业先进基层党组织和优秀共产党员的先进事迹。充分利用“七一”、“十一”等有利时机，开展形式多样的座谈、征文、演讲等活动，引导广大党员以先进典型为榜样，争做优秀共产党员，在全行业形成学习先进、崇尚先进、争当先进的良好风气。

附件：全国烟草行业创先争优活动领导小组人员名单（略）

中共国家烟草专卖局党组关于深入开展“保持良好精神状态，努力开创‘卷烟上水平’新局面”教育活动的通知

（2010年5月26日　国烟党［2010］51号）

行业各直属单位党组（党委）：

为认真贯彻落实党的十七大、十七届三中、四中全会和中央经济工作会议精神，准确把握当前宏观经济形势，从烟草行业特点和实际出发，在今年初召开的全国烟草工作会议上，国家局党组把“卷烟上水平”上升到“行业工作的基本方针和战略任务”的高度。为动员和鼓舞行业全体干部职工以满腔热情、富有激情、充满智慧、奋力创新的良好精神状态，努力开创“卷烟上水平”工作的新局面。中共国家烟草专卖局党组决定，在全国烟草行业开展“保持良好精神状态，努力开创‘卷烟上水平’新局面”教育活动。现就有关事项通知如下。

一、认真领会，充分认识保持良好精神状态，努力开创“卷烟上水平”新局面的重要意义

全面推进“卷烟上水平”，是国家局党组在当前形势下认真贯彻落实中央一系列决策部署的具体体现，是行业加快转变发展方式的根本要求，是烟草行业新的一场重大变革，是应对严峻挑战的必然选择。各直属单位党组（党委）要从行业发展的战略高度，深刻理解全面推进“卷烟上水平”对于保持行业持续健康发展的重要意义，紧紧围绕和突出“卷烟上水平”这一战略任务，进一步统一思想认识，扎实推进各项工作。

（一）保持良好精神状态，努力开创“卷烟上水平”新局面，是行业加快转变发展方式的根本要求。党的十七大提出，要加快转变经济发展方式，推动产业结构优化升级，并提出了“三个转变”的具体要求。今年年初召开的省部级主要领导干部深入贯彻落实科学发展观加快经济发展方式转变的专题研讨班上，胡锦涛总书记明确指出，加快转变发展方式刻不容缓，这是经济领域的一场深刻变革，事关我国经济社会发展的全局。全面推动“卷烟上水平”是烟草行业加快经济发展方式转变最主要的任务，也是当前各项工作的中心任务。保持良好精神状态，满怀对事业的热情和激情，主动把握机遇，努力开创“卷烟上水平”新局面，是认真贯彻落实中央的决策部署，加快转变烟草行业发展方式的根本要求。

（二）保持良好精神状态，努力开创“卷烟上水平”新局面，是烟草行业新的一场重大变革。2003 年以来，以工商分开为突破口，以企业联合重组为主要特征，烟草行业经历了一次重大变革。这一改革通过改善卷烟企业组织结构，在一个省内实现了资源的优化配置，促进了行业近年来的持续高速增长，为行业今后的发展打下了良好的基础。但也要看到，随着行业各项改革发展的深入推进，新问题、新矛盾不断涌现，特别是内在发展动力趋弱的问题进一步凸显。保持良好精神状态，努力开创“卷烟上水平”新局面，就是以品牌上水平为核心，以提高中国烟草总体竞争实力为主要目标，在全国范围内或更大范围内促进行业要素的合理流动和整个资源的优化配置，进一步推进行业持续健康发展，是烟草行业新的一场重大变革。

（三）保持良好精神状态，努力开创“卷烟上水平”新局面，是应对严峻挑战的必然选择。烟草行业面临着四大挑战，烟草控制、完善体制、构建和谐、国际竞争。应对挑战，关键是要把自己的事情办好。保持良好精神状态，努力开创“卷烟上水平”新局面，通过推进各项改革，把行业发展建立在依靠员工素质提高、技术进步和管理创新上来，构建和谐的外部和内部环境，不断推动行业的持续健康发展。

二、深刻理解，准确把握保持良好精神状态，努力开创“卷烟上水平”新局面的深刻内涵

保持良好精神状态，是努力开创“卷烟上水平”新局面的前提。各直属单位党组（党委）要教育引领员工进一步明确推进“卷烟上水平”的具体任务目标。即：推动品牌发展上水平，以提高中国烟草整体竞争实力为目标，做大重点骨干品牌规模，降低卷烟产品危害，提升品牌质量和价值；推动原料保障上水平，以满足重点骨干品牌发展需求为导向，实现“三化”目标，即原料供应基地化、烟叶品质特色化、生产方式现代化；推动技术创新上水平，以提高自主创新能力为核心，努力在关键技术上取得重大突破、在高素质人才培养上取得新的成效、在激发科技人员创新热情上取得明显进步；推动市场营销上水平，以提高培育品牌能力为重点，增强卷烟流通企业服务意识、营造公平竞争的市场环境，把品牌培育作为第一要务、全面提高培育品牌水平，全面建设现代卷烟流通、促进零售客户经营稳定和水平提升；推动基础管理上水平，以加强全面预算管理、扎实推进质量管理体系贯标、工商企业对标工作和创建优秀基层单位活动为抓手，促进基础管理水平全面提升。

深刻理解保持良好精神状态的内涵，是努力开创“卷烟上水平”新局面的思想基础。各直属单位党组（党委）要教育引领员工准确把握始终保持满腔热情、富有激情、充满智慧、奋力创新的良好精神状态的要义，从思想上、行动上真正投身到努力开创“卷烟上水平”新局面工作之中，推动行业的持续健康发展。

（一）满腔热情是保持良好精神状态，推动“卷烟上水平”的前提基础。态度决定一切，成功始于热忱。开创“卷烟上水平”新局面，呼唤广大干部职工的“满腔热情”，保有“满腔热情”，是始终保持良好精神状态的前提基础。热情本身就是一种充分体现责任和追求的态度。只有热爱工作热爱事业的人，才会珍惜时间、把握机遇，调动全部力量去攻坚克难从而在困境中崛地而起。当前，严峻的国内外经济环境对烟草行业的挑战仍然存续，工作难度越来越大，稍有懈怠便会丧失发展的良机。面对新阶段、新形势、新任务，积极应对各种竞争和挑战，需要全行业广大干部职工焕发拼搏奋斗的热情，把“满腔热情”作为“节奏要快”要求的更高提升，主动迎难而上，积极超前谋划，以满腔的热情投入到实现“卷烟上水平”

的工作目标当中去。激励全体干部职工把“卷烟上水平”为己任，坚定执著地履行岗位职责，大力发扬敬业奉献的精神，自觉践行“两个至上”行业共同价值观，为推动行业持续健康发展贡献出自己的全部热情与智慧。

（二）富有激情是保持良好精神状态，推动“卷烟上水平”的动力源泉。“富有激情”是开创“卷烟上水平”新局面不可或缺的动力源泉。富有激情，体现的是一种敢想敢干、昂扬向上、奋勇攀登的精神。在繁重的任务面前，在严峻的困难面前，在巨大的挑战面前，没有良好的精神状态，是难有作为的。富有激情就是要坚定忠诚信念，把“两个至上”行业共同价值观自觉贯穿到行业的全部决策和各项工作中去，在利国惠民的伟大事业中实现全体烟草人的人生价值和意义；富有激情就是要增强信心，尽管我们仍面临困难和挑战，但是烟草行业近年来工商分开、战略重组、调整职能、理顺产权等一系列具有深远意义的成功改革，显著增强了行业参与未来竞争的整体实力，奠定了行业今后发展的基础，只要行业上下团结奋进，再接再厉，激情开拓，就一定能够迎来发展的新局面；富有激情就是要明确目标，烟草行业当前的主要任务就是全面推进“卷烟上水平”这一重要战略任务和目标，号召全体干部职工在各自岗位上创造性地开展工作，把差距当做潜力，把压力变成动力，使“节奏要快、标准要高、工作要实、状态要好”的优良作风得到进一步体现，以富有激情的精神状态和工作面貌为中国烟草综合竞争实力提升做出更大贡献。

（三）充满智慧是保持良好精神状态，推动“卷烟上水平”的关键内因。“充满智慧”是持续推动“卷烟上水平”的关键内因，保持良好的精神状态要善于运用和挖掘全体烟草人的智慧能量，鼓励和引导行业全体干部职工以科学发展观为指导，运用最新的科学知识武装丰富自己的头脑，要加强学习，善于钻研，勤于思考，广泛吸收和借鉴各种先进的管理理念和发展经验。求真务实，博采众长，学以致用，破除盲目自满、得过且过、墨守成规和僵化保守，通过深入实际开展调查研究，虚心向一线职工和广大客户问计求教，不断从基层吸取营养和力量。切实增强忧患意识、责任意识、进取意识和学习意识，增强工作的主动性、预见性和创造性。努力把握行业发展规律，站在国家经济社会发展大局的高度，认真总结行业改革和发展的历史经验，找准发展定位，理清发展思路，落实发展方针。通过不断深化改革，完善体制机制，优化资源配置，增强全行业的整体竞争实力。紧紧围绕全面推进“卷烟上水平”的工作重心，努力做到善于发挥才智，不懈探索追求，以充满智慧的良好精神状态推动各项工作不断迈上新台阶。

（四）奋力创新是保持良好精神状态，推动“卷烟上水平”的核心要义。创新是一个民族的灵魂，是一个国家兴旺发达的不竭动力。“奋力创新”是保持良好精神状态，持续推动“卷烟上水平”的核心要义。烟草行业只有不断创新，才能形成新鲜血液，才能欣欣向荣，才能基业长青。中央经济工作会议上提出了“重点要在促进发展方式转变上下工夫，真正把保持经济平稳较快发展和加快经济发展方式转变有机统一起来，在发展中促转变，在转变中促发展”这一大政方针，彰显了我国经济坚持走可持续发展之路、坚持实现科学发展的理念和决心，同时也为行业依靠创新推进“卷烟上水平”，实现发展方式转变指明了方向。因此，行业上下要狠抓创新工作，不断增强核心竞争能力。当前，行业改革发展面临如何提升品牌价值、如何提高管理水平、如何进一步推动重组等诸多关乎发展全局的重大问题，针对这些问题，有许多新的现象需要研究，有许多新的矛盾需要解决。这就要求我们奋力创新、奋发有为，针对新特点，寻找新办法，总结新经验，不断研究新思路、形成新共识、开辟新境界，在“卷烟上水平”工作中力争实现新的突破。

三、加强领导，认真组织保持良好精神状态，努力开创“卷烟上水平”新局面的教育活动

今年是全行业实施“卷烟上水平”重大战略的启动年，也是发展的关键年，全行业要紧紧围绕“卷烟上水平”这一主要任务，解放思想，开拓创新，完善机制，改进作风，继续把严格规范作为行业持续健康发展的生命线，充分调动全体干部职工的积极性，切实增强发展活力。

一是要加强组织领导，提高全员思想认识，充分认识在新形势下始终保持良好精神状态的重要性和紧迫性，充分发挥思想政治工作优势，抓紧制订实施方案，扎实推进教育活动的开展。要把教育活动与行业“优秀基层单位”创建工作结合起来，与“两个至上”在岗位主题实践活动结合起来，与“四好”领导班子建设结合起来，与“四要”作风建设和各级机关“讲责任、讲奉献、讲纪律”作风建设结合起来，不断提升教育活动的实效性。

二是要进一步加强领导干部思想作风建设，充分发挥领导干部的带头示范作用，突出发挥基层干部典型引导带动作用。各级领导干部要满怀对事业的热情，积极主动地开展工作，带头学习、带头实践，在思路上高人一筹，在行动上领先一步，积极指导本单位教

育活动的开展，勇挑重担，带领员工迎难而上。广大干部要以更加饱满的热情投入工作，以蓬勃的朝气和昂扬的锐气感染和带动周围员工，不断增强企业干事创业的凝聚力。

三是要加大宣传教育力度，采取专题教育、专题研讨、专题宣传等方式，利用网站、刊物、板报等宣传载体，与实际工作相结合，切实改进提升干部职工的精神状态。要及时发现教育活动中涌现出来的典型事迹和典型人物，大力进行报道。要通过开展座谈、征文、演讲等活动，引导广大干部职工不断深化认识，努力形成激情干事业，激情谋发展的良好氛围。

四是要进一步加强企业文化建设，着力建设创新文化，积极倡导创新精神，努力推动管理创新、机制创新，进一步增强企业发展的创新能力。按照国家局党组的要求，以“两个至上”行业共同价值观为指导，为促进行业科学发展、和谐发展、跨越发展，提升行业整体竞争实力和构建和谐社会做出新的贡献。

各直属单位开展教育活动情况，请及时报国家局党组。

国家烟草专卖局关于烟草行业2010～2020年教育培训改革的实施意见

（2010年11月29日　国烟人［2010］411号）

行业各直属单位，国家局、总公司机关各部门、各单位：

为切实提高烟草行业教育培训科学化水平，培养造就高素质员工队伍，推动“卷烟上水平”，根据中共中央办公厅《2010～2020年干部教育培训改革纲要》（中办发［2010］18号），结合烟草行业实际情况，现在提出以下实施意见。

一、改革的重要性和紧迫性

（一）教育培训是烟草行业建设高素质员工队伍的先导性、基础性、战略性工程，是推动“卷烟上水平”，建设“严格规范、富有效率、充满活力”的中国烟草的重要保证，在烟草行业改革和发展中具有不可替代的地位和作用。

（二）进入新世纪以来，世情、国情、党情发生了深刻变化，改革开放和社会主义现代化建设面临新形势新任务，党的十七大作出继续大规模培训干部、大幅度提高干部素质的重大决策，党的十七届四中全会提出建设马克思主义学习型政党的战略任务。

国家局、总公司认真贯彻落实党的十七大、十七届四中全会精神，始终把教育培训作为行业改革和发展全局中的一项重要工作，行业上下高度重视，教育培训机构发挥骨干作用，广大员工积极参与，行业教育培训工作取得明显成效。面对行业改革与发展的各种压力和挑战，国家局、总公司提出把“卷烟上水平”作为烟草行业当前和今后一个时期的基本方针和战略任务，这对行业教育培训工作提出了新的更高要求。“卷烟上水平”，教育培训要先行。行业各级单位必须从全局和战略高度深刻认识教育培训工作的重要意义，进一步增强做好新形势下教育培训工作的责任感和紧迫感，不断开创教育培训工作新局面。

（三）改革创新是提高行业教育培训质量的不竭动力，是行业教育培训工作保持生机活力的必由之路。近年来，烟草行业按照中央提出的联系实际创新路、加强培训求实效的要求，更新教育培训理念，创新教育培训内容，改进教育培训方法，整合教育培训资源，优化教育培训队伍，积极推进教育培训改革，取得了明显成效。但是，我们也应清醒地看到，行业教育培训还不同程度地存在体系不够健全、制度不够完善、队伍建设比较薄弱、资源配置和使用不尽合理等问题。行业上下必须进一步解放思想，加大改革创新力度，切实提高教育培训质量和效益。

二、改革的指导思想、基本原则和主要目标

（一）指导思想

高举中国特色社会主义伟大旗帜，以邓小平理论和“三个代表”重要思想为指导，深入贯彻落实科学发展观，紧密围绕行业中心工作，服从行业发展大局，以建立健全符合行业需要，具有行业特色的教育培训体系为目标，以体制机制改革为重点，以提高培训质量为主线，不断提高教育培训科学化、制度化、规范化水平，全面落实大规模开展教育培训、大幅度提高员工队伍素质的战略任务，努力培养造就一支政治可靠、业务精湛、作风过硬、奋力创新的高素质员工队伍，为全面建设“严格规范、富有效率、充满活力”的中国烟草，推动“卷烟上水平”提供人才保障和智

力支持。

（二）基本原则

坚持服务大局、以人为本。适应烟草行业改革和发展需要，围绕行业中心工作谋划和推进改革，突出员工在学习培训中的主体地位，强化培训需求导向，真正做到行业发展需要什么就培训什么，员工成长缺什么就补什么，更好地为行业发展服务、为员工成长服务。

坚持改革创新、整合优化。认真总结和吸收行业内外教育培训工作成功经验。以改革促动力释放，以创新促活力增强，以整合促资源盘活，以优化促质量提升，实现行业教育培训工作科学发展。

坚持联系实际、学用结合。紧密结合行业生产经营实际情况和员工职业生涯发展需要，开展教育培训。把理论素养、学习能力、学习态度作为选拔任用领导干部和员工晋升的重要依据，形成推动培训机构联系实际办学、教师联系实际教学、学员联系实际真学的机制。

坚持质量第一、注重实效。将提高教学质量和培训效果作为谋划、推进和评价改革的基本要求，贯穿于改革的各个环节和各个方面，实现行业教育培训规模和质量、效益相统一。

（三）主要目标

到2020年，建立健全与行业改革和发展相适应，与行业干部人事和用工分配制度改革相衔接，更加开放、更具活力、更有实效的烟草行业教育培训体系。

形成国家局、总公司及省级局（公司）直属培训机构主渠道作用充分发挥，行业外培训资源合理补充，网络培训广泛运用，资源共享、优势互补、充满活力的教育培训格局。

形成以培训需求为导向，单位组织培训为主、员工自主选学为辅，激励与约束机制相结合，规范有序、健全高效的运行机制。

形成遵循员工成长规律和教育培训规律，培训理念、内容和方式不断创新，更具针对性、时效性和吸引力、感染力的教育培训模式。

形成适应行业改革和发展新要求、广大员工新期待，吸引优秀人才，并充分发挥其聪明才智的师资选聘、培养、评价机制。

形成促进行业教育培训科学化，指导与服务相结合，职责明确、制度健全、保障有力、效能显著的行业教育培训管理体制。

三、培训体制改革

（一）建立健全行业教育培训机构。按照规模适度、突出特色的原则，大力推进行业教育培训机构建设，不断提升其专业化水平。

已经建立省级烟草教育培训机构的，要进一步健全机构，配齐人员，加强师资队伍、课程体系、特色培训项目等方面的建设，着力提升培训质量和工作水平。

尚未建立省级烟草教育培训机构的，要认真研究自身需要，原则上在一个省级行政区内，只建立一个省级烟草教育培训机构，省级局（公司）和省级工业公司要加强协调和沟通，统一规划，统筹安排，共建共享，确保满足全体员工教育培训需求。

确定不建立省级烟草教育培训机构的，要主动与其他省级烟草教育培训机构建立规范、稳定的合作关系，充分利用行业教育培训资源，确保职工教育培训工作顺利开展。

为加强培训机构的管理和有利于培训机构开展工作，培训机构主要负责人由省级局（公司）、工业公司分管领导兼任并设专职副主任1人，培训管理人员不少于3人。

（二）构建更加合理的行业教育培训格局。行业各级教育培训机构要充分发挥主渠道、主阵地作用，突出培训特点，增强培训实效，提高培训的主动性和积极性。发挥行业资源优势，开辟各类实践教研基地，为加强员工能力培养提供直观、生动的课堂。

科学引导具备教育培训资质的社会培训机构有序参与行业教育培训。坚持以我为主、为我所用、趋利避害、注重实效的方针，合理利用境外著名大学和其他培训机构开展教育培训。积极稳妥开展高端人才国际合作培训与交流。

（三）加快建设行业远程培训网络。适应现代信息技术迅猛发展的新趋势，加强行业远程培训网络基础设施建设，规范行业远程培训网络管理，更好地满足员工多样化的学习需求。整合行业现有远程培训网络资源，建立开放、兼容、共享的烟草行业远程培训网络，加强网络培训课程开发，到2012年基本建成功能完备、资源共享、规范高效的行业远程培训网络。

四、运行机制改革

（一）完善体现培训需求的计划生成机制。牢固树立按需培训理念，把需求调研作为培训计划生成的基础环节。人事部门要深入研究行业发展对员工素质能力的新要求，提出做好教育培训工作的指导意见。教育培训机构要组织专门力量，开展深入细致的需求调研，准确把握企业需求、岗位需求和员工需求，以此为依据设计培训项目，提出教学计划。员工所在单位要根据工作需要和员工成长需要，主动提出培训需求。建立教育培训需求调研成果共享制度。

人事部门和培训机构要建立培训计划协调会商机制，研究确定需求调研、重点班次、培训计划等事项。

（二）建立激发教育培训机构办学活力的竞争择优机制。推行培训项目管理制度，对部分涉及全行业的重大培训项目采取直接委托等方式，在行业内教育培训机构中，择优选定培训项目承担者。加强对教育培训竞争的监督和管理，确保培训机构公平参与、规范运作。

（三）建立单位组织为主、自主选学为辅的员工参训机制。坚持和完善培训计划的统筹制度，严格执行培训计划申报制度，加强对培训计划的统筹协调，提高培训计划的科学性和透明度，解决多头培训、重复培训和多年不训的问题。

对政治理论、党性教育、党和国家重大战略部署，以及行业重大培训项目等需要组织调训的，坚持实行组织调训。

对主要领导干部、重点岗位人员以及需要点名调训的，可实行点名调训。

把组织要求和个人需求结合起来，推行员工自主选学，鼓励员工自愿参训，逐步扩大员工选择培训机构、培训内容、培训师资、培训时间的自主权。鼓励员工利用业余时间多读书、读好书，不断改进员工在职自学。

（四）建立健全学习培训考核评价机制。严格执行员工学习培训情况考核制度，全面考核员工的学习态度和表现。对领导干部培训班等重点班次，由人事部门会同教育培训机构进行考核并做出鉴定，向干部所在单位反馈，同时将领导干部的学习态度和表现、掌握运用理论和知识、党性修养和作风养成等重要培训情况纳入干部人事档案。

建立健全教育培训档案管理制度，将员工学习培训情况和考核结果如实记入员工信息库，建立员工教育培训跟踪管理制度，不断拓展和延伸培训效果。

（五）完善学习培训激励约束机制。建立健全教育培训工作与人事管理工作之间的沟通协调机制，把理论素养、学习能力作为选拔任用领导干部的重要依据。对干部进行任职考察，要把干部学习培训情况作为重要内容。提拔担任处级以上领导职务，要达到《干部教育培训工作条例（试行）》（中发［2006］3号）规定的培训要求，确因特殊情况在提任前未达到要求的，须在提任后1年内完成培训，仍未完成的要延长试用期。

结合员工年度考核，开展述学评学考学活动。学习培训考核不合格的，年度考核不得确定为优秀等次。将开展教育培训工作情况作为各级领导班子年度考核的重要内容。

（六）建立教育培训质量评估机制。人事部门要会同同级教育培训机构，研究制订教学质量评估办法和指标体系，定期开展评估工作，将评估结果作为培训机构承担培训任务、深化教学改革的重要依据。

教育培训机构要组织学员对培训项目、课程设置、师资水平、教学管理等进行评价，根据评价情况不断改进工作，提高教学水平。

五、内容方式改革

（一）制订分级分类培训大纲。国家局人事司要按照科学理论武装、具有世界眼光、善于把握规律、富有创新精神、岗位技能精湛的要求，牵头组织研究不同类别、不同层次、不同岗位员工的素质能力模型，制订分级分类培训大纲，明确初任培训、任职培训、专门业务培训、岗位培训、技能鉴定培训和继续教育等的目标、内容和方式等，不断提高教育培训科学化水平。

（二）完善培训内容体系。着眼于提高员工素质和能力，建立培训内容更新机制，不断完善理论教育、党性教育、业务知识和专业技能教育体系。人事部门要会同教育培训机构，加强课程和教材体系建设，打造品牌培训项目，开发精品课程和精品教材，特别要大力开发案例教材。国家局人事司要根据工作需要和人员变动情况，及时调整充实全国烟草行业培训教材编审指导委员会组成人员，加强宏观指导和审核把关，确保培训教材质量。

（三）创新培训方式方法。改进培训班次设置方式，推广专题研究、短期培训、小班教学，突出按员工类别开展培训。改进讲授式教学，推广研究式、案例式、体验式、模拟式教学。合理运用异地培训、挂职培训、分段式培训，探索建立干部免职脱岗培训、后备干部个性化培训制度。人事部门和教育培训机构，要针对重点企业、重点专业的特殊培训需求，主动送教上门。

六、培训师资管理改革

（一）改进师资队伍选聘。坚持专兼结合，公开选拔、择优聘用专职教师，选聘优秀领导干部、企业经营管理人员和知名专家学者担任兼职教师，尤其要注重从行业内部选聘一批素质优良、技艺精湛的优秀员工担任兼职教师，形成结构合理、内外互补、专兼职比例适当的高素质师资队伍。探索建立符合行业教育培训特点的师资准入和退出机制，引导优秀师资积极参与教育培训，做到不求所有、但求所用、优胜劣汰、有进有出。

建立领导干部上讲台制度，行业各级领导干部，特别是主要领导要坚持为培训班授课。

积极开展送教下基层活动，选送优秀教师支持基层教育培训工作。到2012年，国家局人事司和行业各直属单位人事部门分别牵头建成烟草行业和省级烟草系统教育培训师资库，为实现优秀师资资源共享创造条件。

（二）强化师资队伍培养。加大对培训者培训的力度。有计划、分期分批地组织优秀教师特别是中青年骨干教师，到境内外知名高校和上级教育培训机构学习进修。通过挂职锻炼、实地调研、跟班学习等途径，切实提高教师理论联系实际能力和业务水平。

（三）完善师资队伍评价。探索建立符合行业教育培训特点的师资考核评价体系和职业道德规范。推进教师竞争竞聘上岗，并将岗位等级、工作业绩与薪酬挂钩。推行首席培训师制度，在师资领域培养领军人才。

七、宏观管理改革

（一）强化管理职能。国家局人事司对行业教育培训要以宏观管理为主，在抓好重点培训项目的同时，切实履行好整体规划、宏观指导、协调服务、督促检查、制度规范职能。省级局（公司）、工业公司人事部门要制订好本系统教育培训规划并组织实施。加强与其他职能部门的沟通协调，加强对教育培训机构的工作指导，及时研究解决教育培训工作中的重要问题。

（二）改进管理方式。加强教育培训制度建设，研究制定规范各级各类人员培训的管理办法，完善员工教育培训权益保障、竞争择优、考核评估和监督约束等方面配套制度。加强教育培训工作理论和政策研究。推进教育培训管理信息化建设，建立行业统一的教育培训管理信息系统。

加强教育培训管理者队伍建设，注重培训，促进交流，优化结构，提高素质。

（三）加强和改进学风建设。教育培训机构要坚持理论联系实际，从严治校，勤俭办学。学员要端正学习态度，严守校纪校规。教师要严守纪律、严谨治学、以德施教。人事部门要将干部学习态度、参与程度、互动效果、学习成果作为评价学风情况的重要内容。纪检监察部门要将干部学习培训期间的表现纳入干部日常监督管理范围，对培训期间违反有关规定和纪律的，视情节轻重，给予批评教育直至纪律处分。

（四）改革经费管理。各单位要将教育培训经费列入年度预算，按照规定足额提取并随着企业收入增长逐步提高，保证教育培训工作需要。建立健全以单位投入为主和个人出资相结合的教育培训经费投入机制。建立健全员工教育培训专项经费制度，加强专项经费管理，完善经费“跟着项目走”的管理办法，探索建立经费“跟着员工走”的使用方式，促进经费向优质培训资源流动。加大教育培训经费使用监督检查力度。

八、加强组织领导

（一）落实领导责任。行业各级领导要高度重视教育培训改革，切实把这项工作摆上重要议事日程，充分发挥领导作用，做到思想到位、组织到位、措施到位。单位主要负责人要加强调查研究，及时掌握情况，解决教育培训改革中的困难和问题。人事部门要在党组（党委）领导下履行好牵头抓总职能，其他职能部门和教育培训机构，要按照职责分工，认真落实好相关改革任务和要求，形成各司其职、各尽其责、密切配合、齐抓共管的工作格局。

（二）强化工作指导。充分尊重基层和员工的首创精神，鼓励基层大胆探索，切实解决教育培训工作的重点难点问题。认真总结推广各单位创造的成功经验，及时转化为改革的具体措施。注意分类指导，针对不同地区、不同单位、不同培训机构的特点，提出推动改革的指导意见。

（三）加强督促检查。国家局人事司要对本实施意见的贯彻落实情况进行跟踪了解和督促检查，针对存在的问题和不足，提出具体意见和措施。行业各直属单位人事部门也要及时对本系统教育培训改革情况进行督促检查，确保改革扎实推进，取得实效。

（注：此栏目所选编行业文件有删节，部分内容从略）

大事记

2010年中国烟草大事记

1月

15日，国家局"打码到条及订单采集系统"项目通过行业内外专家组成的验收委员会验收。国家局副局长李克明出席验收会并讲话。这标志着历时7年的"行业卷烟生产经营决策管理系统"建设圆满完成。

19～21日，2010年全国烟草工作会议在北京召开。工业和信息化部部长李毅中出席会议并讲话。国家局局长姜成康作题为《全面推进"卷烟上水平"　努力保持行业持续健康发展》的工作报告；副局长张保振、何泽华、李克明、张辉，驻国家局纪检组组长潘家华，国家局总会计师兼财务管理与监督司（审计司）司长张玉霞出席会议。会议提出要把"卷烟上水平"作为当前和今后一个时期行业工作的基本方针和战略任务。

28日，中国烟叶公司印发《现代烟草农业基地单元建设工作规范（试行）》（中烟叶生［2010］2号）。该规范对基地单元规划建设、烟叶生产基础设施综合配套建设、烟叶生产组织形式和专业化服务方式、基地单元业务管理等四方面内容作了明确规定，并相应制定了建设和验收的量化指标。

29日，国家局召开烟草行业安全生产电视电话会议。李克明代表国家局安全生产委员会作题为《切实加强"五项工作"积极开展"三化建设"努力实现行业安全发展》的工作报告。

2月

9日，国家局印发《关于批准发布基本烟田水利设施建设工程质量评定与验收规程等13项烟草行业标准的通知》（国烟科［2010］41号），对"基本烟田水利设施建设工程质量评定与验收规程"及"烟草及烟草制品转基因测定的取样方法"等13项烟草行业标准进行了明确规定。

21日，工业和信息化部公布《烟草专卖行政处罚程序规定》（工业和信息化部令第12号）。该规定于2009年12月29日经工业和信息化部第8次部务会议审议通过，自2010年5月1日起施行。同时，国家局1998年9月2日公布的《烟草专卖行政处罚程序规定》（国家烟草专卖局令第3号）废止。

22日，烟草行业深化推进用工分配制度改革电视电话会议在北京召开。姜成康出席会议并强调，要把加强岗位管理作为深化用工分配制度改革的关键，构建更加和谐的劳动关系。张保振出席会议并讲话。

23～24日，全国烟叶基地建设座谈会在湖南长沙召开。何泽华出席会议并强调，要转变观念、加强力量、明确重点，有序推进烟叶基地建设。

24日，国家局办公室印发《关于成立中式卷烟制丝生产线重大专项专家委员会的通知》（国烟办综［2010］78号），"中式卷烟制丝生产线"重大专项专家委员会正式成立。

25～26日，全国烟草行业纪检监察工作会议在北京召开。姜成康主持会议并讲话，张保振、何泽华、李克明、张辉出席会议，潘家华作题为《加强反腐倡廉制度建设 深入推进行业党风廉政建设和反腐败工作》的工作报告。

3月

1日，国家局印发《国家烟草专卖局关于印发〈全国人民代表大会常务委员会关于修改部分法律的决定〉及修改后的〈中华人民共和国烟草专卖法〉的通知》（国烟法［2010］65号）。该决定对《烟草专卖法》的5个条款做了修改。

2日，国家局召开宣传贯彻新修订的《烟草专卖法》及《烟草专卖行政处罚程序规定》电视电话会议。张辉出席会议，并就烟草行业宣传贯彻和实施这两个新修订的法律文件提出要求。

2～3日，全国烟草行业审计工作会议在北京召开。姜成康出席会议并讲话；张玉霞作题为《扎实推进"审计上水平"　做好审计委派制下内部审计监督服务工作》的工作报告。

9～10日，全国烟草行业财务工作会议暨预算管理现场会在广州召开。张玉霞作题为《进一步加强财务管理工作　为卷烟上水平提供坚强保障》的工作报告。

12日，内蒙古上海庙矿区煤炭资源整合开发合作协议签约仪式在北京举行。国家局副局长张辉、内蒙古自治区副主席赵双连、宁夏回族自治区副主席赵小平、神华集团有限责任公司副总经理韩建国分别代表中国烟草总公司、内蒙古自治区人民政府、宁夏回族自治区人民政府、神华集团公司签署了协议。

15～17日，烟草行业教育培训工作座谈会暨中国烟草总公司职工进修学院揭牌仪式在郑州举行。张保振出席揭牌仪式并讲话。

16日，国家局印发《关于调整卷烟盒标焦油最高限量的通知》（国烟科［2010］78号），明确规定自2011年1月1日起生产的盒标焦油量在12毫克/支以上的卷烟产品不得在境内市场销售；2011年1月1日以后生产的盒标焦油量高于12毫克/支的卷烟将被判定为不合格产品；2011年1月1日起盒标焦油量在12毫克/支以上的国外以及港澳台地区卷烟产品不得入关。

18日，中国烟草总公司与中国银行股份有限公司在北京签署《战略合作备忘录》，国家局领导姜成康、何泽华、张玉霞和中国银行董事长肖钢、行长李礼辉、副行长陈四清出席签字仪式。该备忘录的签署将有助于总公司依托中国银行多元化业务平台和海内外一体化经营优势，为其量身定制金融服务方案，推进行业“走出去”发展战略实施，实现双方互利共赢。

28~29日，全国烟草行业信息化工作会议在江西井冈山召开。国家局副局长张保振出席会议并作题为《统一思想 明确任务 用信息化支撑“卷烟上水平”》的工作报告，就行业信息化建设面临的形势和信息技术应用发展趋势进行了分析，明确提出新形势下行业信息化建设的主要任务。

4月

8~9日，全国烟草行业政治工作会议在北京召开。姜成康出席会议，就全面贯彻落实中央印发的《2010~2020年深化干部人事制度改革规划纲要》，积极推进行业干部人事制度改革作了讲话；张保振对行业各直属单位领导班子后备干部集中调整工作进行了安排部署。

13~14日，全国烟草专卖管理工作会议在北京召开。姜成康对专卖管理工作作出批示，张辉作题为《紧紧围绕“卷烟上水平”战略任务 全面深入推进专卖管理工作》的工作报告。

15日，由我国烟草行业牵头制订和提交的《烟草及烟草制品 箱内片烟密度偏差率的无损检测 电离辐射法》（ISO 12030）正式被国际标准化组织（ISO）批准发布，实现了我国烟草行业主持制订国际标准“零”的突破。

20日，山东中烟工业有限责任公司在山东济南举行揭牌仪式。张辉出席仪式并讲话。

21~23日，全国特色优质烟叶开发工作暨烟叶生产技术研讨会在河南许昌召开。何泽华出席会议并讲话。

26日，烟草行业2010年全国劳动模范和先进工作者座谈会在北京举行。姜成康出席会议并讲话，张保振主持会议，李克明、张辉、潘家华、张玉霞出席会议。

28日，“长白山”低害低焦卷烟品类创新成果发布会在吉林延吉召开。李克明出席会议并讲话。

5月

5日，国家局发布2010年第1号公告，正式审定通过了“蓝玉一号”（闽审烟201001）、“闽烟35”（闽审烟201002）两个烤烟新品种。

5~7日，全国烟草行业职业技能鉴定工作会议在广州召开。张保振出席会议，并作题为《扎实推进职业技能鉴定工作 为卷烟上水平提供技能人才保障》的工作报告。

10~11日，全国烟草行业离退休干部工作会议在北京召开。张保振出席会议并作工作报告。

12日，国家局党组印发《关于在全国烟草行业党的基层组织和党员中深入开展创先争优活动的意见》（国烟党［2010］46号），决定自2010年起在全国烟草行业党的基层党组织和党员中深入开展创先争优活动。活动分三个阶段进行，其中2010年为试点引导阶段，2011年为全面推广阶段，2012年为总结提升阶段。

13~14日，全国烟草科技工作会议在北京召开。张保振作题为《立足自主创新 促进科学发展 全面推动技术创新上水平》的工作报告。会议为2009年度中国烟草总公司科技进步奖和首届中国烟草总公司标准创新贡献奖获奖单位颁发了奖状。

17日，国家局在行业网站上发布《中国烟草总公司关于招聘烟草基因组计划重大专项首席科学家和“国家烟草基因研究中心”主任的公告》，面向全球招聘高层次人才。

24日，全国烟草行业多元化投资管理工作会议在北京召开。李克明出席会议并强调，2010年多元化投资管理工作的重点是全面落实职责到位、监管到位、规范到位“三个到位”，促进多元化企业管理上水平。

25~26日，全国烟草行业现代物流建设工作会议在江苏南京召开。何泽华出席会议并提出，行业下一个目标是努力打造中国烟草“物联网”。

30日，2009年“太阳花杯”公益活动颁奖大会暨5·31“世界无烟日”系列活动在北京举行。张保振致辞并为获奖单位颁奖。

6月

3日，云产卷烟大品牌发展战略研讨会在云南昆明召开。何泽华出席会议并讲话。

3日，云南省烟叶生产抗旱工作总结表彰大会在云南昆明召开。何泽华出席会议并讲话，会议表彰了在2010年抗旱工作中表现突出的先进单位和个人。

9日，川渝中烟灾后重建暨“娇子”品牌发展汇报会在四川成都召开。姜成康、何泽华，四川省委副书记李崇禧出席会议并讲话，副省长李成云主持会议。

18日，国家局、总公司印发《关于省级工业公司设立物流中心的通知》（国烟人［2010］212号）和《关于省级局（公司）设立物流管理处的通知》（国烟人［2010］213号），明确了省级工商企业物流专职管理部门的职能定位。

22～24日，全国烟草行业服务品牌建设汇报会在江苏南京召开。张保振出席会议并讲话。

24日，中国烟草博物馆与复旦大学文博系共同完成“烟草传入中国时间”的课题研究，并在上海复旦大学举行结题报告会。

25日，烟草行业开展统计法及统计违法违纪行为处分规定贯彻执行情况大检查电视电话会议在北京召开。张保振出席会议并讲话。

7月

2日，国家局党组召开第28次机关离退休干部座谈会。姜成康通报行业“卷烟上水平”总体规划有关情况，张保振主持会议，何泽华、李克明、张辉、潘家华出席会议。

6日，中国烟草总公司与北京市平谷区政府在北京签订《战略合作框架协议》，计划合作建设涵盖烟草产业发展、政府民生工程、旅游和基础设施建设项目在内的多个项目。北京市委副书记、市长郭金龙和国家局领导姜成康、张玉霞出席签约仪式，北京市副市长苟仲文、国家局副局长李克明出席会议并致辞。

6日，国家局在北京召开烟草行业“五五”普法检查验收工作电视电话会议。张辉出席会议并讲话，会议安排部署了行业“五五”普法检查验收工作。

6～8日，全国烟叶收购暨现代烟草农业建设现场会在云南昆明召开。姜成康对滇东现代烟草农业示范区作出批示，何泽华、潘家华出席会议并讲话。

17～19日，2010年全国烟草专卖局长、公司总经理座谈会在上海召开。姜成康作题为《紧紧围绕“卷烟上水平”努力推动全年各项工作取得新进展》的工作报告，张保振作总结讲话，何泽华、李克明、张辉、潘家华、张玉霞出席会议。会议总结上半年各项工作推进情况，研究讨论“卷烟上水平”总体规划，进一步统一思想，明确任务，扎实推进“卷烟上水平”各项工作落实，确保全年任务目标顺利实现。

22～23日，全国烟草行业第21届优秀QC小组成果发布会在北京举行。评审委员会经过严格评审，共评选出一等奖12个、二等奖15个、三等奖18个。

24日，国家局印发《关于加强对高价位卷烟生产经营和价格管理的意见》（国烟专［2010］294号），进一步规范高价位卷烟生产经营行为，促进行业持续健康发展。

27日，全国卷烟调香技术委员会第一次会议暨行业首期卷烟调香师学员毕业典礼在广州举行。张保振出席会议，并向行业首期卷烟调香师学员颁发毕业证书。会议总结了行业近年来在卷烟调香领域取得的进展和成效，明确了下一阶段任务，并对中式卷烟风格感官评价方法、中式卷烟品类划分进行了探讨。

29日，国家局印发《关于烟草行业“卷烟上水平”总体规划及五个实施意见的通知》（国烟计［2010］259号）。该规划明确提出了“卷烟上水平”的总体要求和目标任务，并具体制定了品牌发展、原料保障、技术创新、市场营销、基础管理等5个方面的实施意见和11项配套措施。

8月

2日，国家局印发《关于健全完善行业创新体系的指导意见》（国烟办［2010］271号）。作为“卷烟上水平”总体规划的配套措施之一，该意见明确了在健全完善技术创新体系、知识创新体系、技术推广体系、质量安全保障体系、创新人才培养体系和创新激励机制共6个方面的任务和具体措施。

3日，国家局印发《关于贯彻国家中长期人才发展规划纲要 全面推进行业人才工作创新发展的实施意见》（国烟办［2010］273号），对今后行业人才工作发展和人才队伍建设的主要任务进行了规划部署。

3～4日，全国烟草行业纪检监察工作座谈会在河南郑州召开。潘家华出席会议并作总结讲话。

10日，中国烟草总公司和神华集团公司在北京举行内蒙古上海庙矿区合作开发暨合资公司成立签字仪式。国家发改委副主任、国家能源局局长张国宝，国家局局长姜成康、副局长李克明出席签字仪式。此次协议签署表明双方合作进入实质性阶段。

17～21日，全国烟草行业第四次援藏工作座谈会在西藏林芝召开。张辉出席会议并讲话。会上，行业51家直属单位共捐款2435万元，援助西藏烟草发展。

9月

6日，特色优质烟叶开发重大专项工作会议在北京召开。何泽华出席会议并讲话。会议总结了特色优质烟叶开发重大专项启动以来的基本情况，决定对重大专项实施方案进行调整，形成“三纵三横 统分结合”的项目运行模式，并确定三个香型特色组和专题研究组为技术牵头单位、设立项目首席专家制、建立项目领导小组的项目组织管理模式。

7日，省级工业公司卷烟品牌合作生产工作座谈会在北京召开。姜成康主持会议并讲话，张保振、何泽华、李克明、张辉、张玉霞出席会议。会议总结分析了卷烟品牌合作生产工作情况及存在的主要问题，对品牌合作生产规划进行了研究。

10日，国家局下发《关于印发打击利用互联网等信息网络非法经营烟草专卖品工作指引（试行）的通知》（国烟专［2010］314号），进一步推动打击利用信息网络非法经营烟草专卖品工作的开展，完善专卖市场监管体系，维护烟草市场秩序。

12～16日，中国烟草代表团参加在英国爱丁堡举行的国际烟草科学研究合作中心（CORESTA）大会。中国烟草代表团在农业、化学、工艺等方面宣读论文17篇。郑州烟草研究院谢剑平获得CORESTA铜奖。

17日，国家局印发《关于卷烟打码销售有关事项的通知》（国烟专［2010］324号）。该通知要求，商业企业所有卷烟货源必须进入营销系统，销售卷烟必须打码到条，自2010年10月起，不得销售无码卷烟。

27～28日，全国卷烟销售网络建设现场会暨“532”、“461”知名品牌培育动员会在甘肃兰州召开。何泽华出席会议并讲话。会议提出要积极推广网上订货和“135”营销工作法，促进营销模式优化升级，持续提升营销网络软实力。

10月

8日，总公司发出《关于印发科学技术奖励办法及实施细则的通知》（中烟办［2010］187号）。新修订的《中国烟草总公司科学技术奖励办法》及《中国烟草总公司科学技术奖励办法实施细则》增设了中国烟草总公司技术发明奖，加大各奖项的奖励力度，并进一步规范了评审制度。

11日，国家局印发《关于设立中国烟草总公司烟草添加剂安全性测试中心的批复》（国烟科［2010］335号），同意在云南烟草科学研究院设立中国烟草总公司烟草添加剂安全性测试中心。

13日，国家局、总公司机关第十届职工运动会在北京举行。

14日，在中央国家机关工委组织召开的纪念中央党校中央国家机关分校成立30周年总结表彰大会上，国家局职工培训中心（中共国家局党校）被中央国家机关工委授予“优秀办学单位”称号。

26日，公安部、国家局在广州联合召开广东省“海啸二号”卷烟打假行动总结表彰会，对打假行动中做出重要贡献的公安和烟草系统共8个先进集体和22名先进个人进行表彰。“海啸二号”卷烟打假行动是卷烟打假史上行动人数最多、成果最大的一次打假行动，也是涉烟网络案件的经典案例。

26～27日，由中国烟草机械集团有限责任公司主办、以“拓宽思路 跨越发展”为主题的首届烟草机械技术发展论坛在上海举行。李克明出席论坛并讲话。此次论坛就国产烟机技术的发展和创新进行了深入探讨和交流。

26～30日，第八届全国烟草行业职业技能竞赛暨第一届全国烟草行业卷烟商品营销职业技能竞赛在河南郑州举行。张保振出席开幕式并讲话。行业50家工商企业的150名选手参加比赛。

11月

2～3日，全国烟叶工作座谈会在北京召开。姜成康出席会议并讲话，何泽华作题为《认真抓好烟叶生产基地化、特色化和现代化建设 努力实现原料保障上水平》的工作报告，潘家华出席会议。

3～5日，中国烟草总公司科学技术进步奖评审会议在福建厦门召开。张保振出席会议，强调要把科技奖励作为推动行业科技进步和促进技术创新上水平的重要手段。会议评审出中国烟草总公司科学技术进步一等奖1项、二等奖8项、三等奖14项。

7～9日，全国烟草行业第九次信访稳定工作座谈会在陕西西安召开。张保振出席会议，并作题为《扎实解决突出问题 努力化解矛盾纠纷 促进行业持续健康平稳发展》的工作报告。

10日，国家局、总公司向中国妇女发展基金会捐赠暨“金叶基金”启动仪式在北京举行。张保振出席仪式并为“金叶基金”揭牌。

13日，广东中烟工业有限责任公司和深圳烟草工业有限责任公司在广州签署品牌整合协议。深圳烟草工业有限责任公司的“好日子”品牌全部整合为广东中烟的“双喜”品牌。张保振出席品牌整合签约暨启动仪式并讲话。

15日，国家局召开烟草行业贯彻落实全国依法行政工作会议精神电视电话会议。姜成康出席会议并讲话，张辉传达全国依法行政工作会议精神，张玉霞出席会议。

26日，国家局、总公司印发《关于上海烟草（集团）公司更名改制和完善公司法人治理结构的批复》（国烟法［2010］405号），批复同意上海烟草（集团）公司依法更名改制为上海烟草集团有限责任公司。

26日，国家局印发《关于设立国家烟草基因研究中心的通知》（国烟人［2010］407号），决定设立国家烟草基因研究中心，隶属郑州烟草研究院，业务上接受国家局科技主管部门的指导和管理。

30日，总公司印发《关于聘请夏庆友教授担任烟草基因组计划重大专项首席科学家的通知》（中烟办［2010］230号），决定聘请夏庆友教授担任烟草基因组计划重大专项首席科学家。

12月

1日，国家局、总公司印发《关于中国双维投资公司更名改制有关事项的批复》（国烟法［2010］412号）。批复同意将中国双维投资公司更名改制为中国双维投资有限责任公司，中国烟草总公司为唯一出资人（股东）。

2~3日，全国卷烟销售工作会议在北京召开。何泽华出席会议并讲话。

3日，庆祝《中国烟草》创刊25周年暨中国烟草杂志社工作座谈会在北京召开。张保振出席会议并讲话。

6日，国家局印发《关于转发最高人民检察院等四部门关于开展对行政执法机关移送涉嫌犯罪案件专项监督活动的工作方案的通知》（国烟专［2010］431号），开展对烟草专卖行政执法部门办理烟草专卖违法案件情况和衔接机制运行情况的自查工作。

7~8日，全国烟草行业办事公开民主管理暨贯彻落实“三项工作”程序规定现场会在河北石家庄召开。姜成康出席会议并讲话，张保振、何泽华、李克明、张辉、潘家华出席会议。

9日，烟草基因组计划重大专项启动会在北京召开。姜成康为会议发去贺信，张保振、张玉霞和农业部科技教育司、中国农业科学院等有关负责人启动烟草基因组计划重大专项。

13~15日，全国烟草行业质量管理体系建设现场会在湖北武汉召开。李克明出席会议并讲话。

15~16日，全国烟草行业第六次企业文化建设工作和服务品牌建设现场会暨中烟政研会秘书长会议在云南腾冲召开。张保振出席会议并作工作报告。

29日，国家局、总公司印发《关于云南中烟工业公司更名改制和完善公司法人治理结构的批复》（国烟法［2010］450号），批复同意云南中烟工业公司依法更名改制为云南中烟工业有限责任公司。

吉林市局（公司）
举办同舟文化艺术周活动
吉林市局 供稿

6月10日，郑州烟草研究院召开企业文化成果发布大会，对企业文化先进工作者进行表彰
郑州烟草研究院 张敬一 摄

11月18日，安徽中烟阜阳卷烟厂举办"攀登者"杯企业文化辩论赛
安徽中烟 供稿

陕西渭南市局（公司）“春雨万户行”服务品牌揭晓

陕西省局 供稿

宁夏区局（公司）举行企业文化建设成果发布会

宁夏区局 张启华 摄

12月21日，深圳烟草工业有限责任公司举行《企业文化手册》启动仪式

深圳烟草工业有限责任公司 张庚鑫 摄

10月24日，安徽烟草成立三十周年纪念大会在安徽合肥召开，1980年安徽在全国率先实行烟草管理体制改革，成立了安徽省烟草工业公司

郑旭南 摄

12月2日，《中国烟草》创刊25周年座谈会在北京召开

陈兴杰 摄

7月3日，北京烟草“中南海”队在北京市首届职工足球联赛决赛中夺得冠军

北京市局 供稿

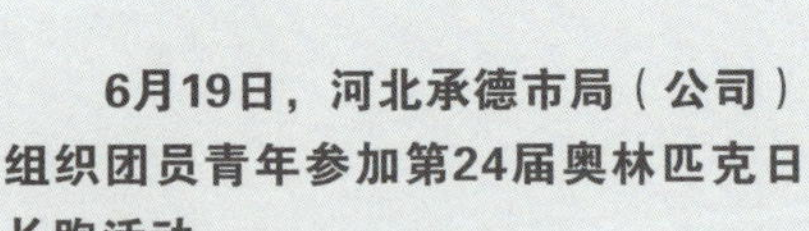
6月19日，河北承德市局（公司）组织团员青年参加第24届奥林匹克日长跑活动

河北承德市局 王宝军 摄

11月9日，辽宁省局（公司）举办“责任文化”书法、绘画作品巡展

辽宁丹东市局 李晨茵 摄

1月23日，上海烟草（集团）公司召开2009年度先进表彰大会

上海烟草（集团）公司 供稿

10月28日，安徽中烟举办首届“攀登者”文化艺术节

安徽中烟 供稿

12月2日，浙江省局（公司）组织开展“展望十二五，全面上水平”浙烟发展论坛

浙江省局 许新红 摄

5月28日，山东省局（公司）举办山东烟草第二届老年文化节

山东省局 王斌 摄

“黄鹤楼杯”篮球友谊赛在武汉举行

湖北中烟 供稿

4月22日，广西桂林市局（公司）举办“桂林烟草发展历程回顾与展望”图片展

广西桂林市局 姜韬 摄

4月26日，广西中烟举办庆“五一”秀职业服装展

广西中烟 供稿

贵州省局（公司）举行“颂劳模、强四要、上水平、促和谐”巡回演讲报告会

贵州遵义市局 雷鸣 摄

打造团队凝聚力拓展训练
贵州中烟 供稿

云南中烟举办全省烟草工业系统离退休人员文艺汇演
云南中烟 供稿

工商企业答谢零售客户“丝路情感恩心”联合文艺演出
陕西省局 供稿

7月23日，甘肃武威市局（公司）举办自行车越野赛
甘肃武威市局 李朋山 摄

深圳烟草男子合唱团参加第十届中国合唱节暨第二届星海国际合唱节合唱比赛
深圳市局 供稿

1月29日，中国工程院院士、郑州烟草研究院名誉院长朱尊权与参加烤烟国标修订的专家交流

郑州烟草研究院 张敬一 摄

郑州烟草研究院科研人员在实验室进行科技项目研究

郑州烟草研究院 张敬一 摄

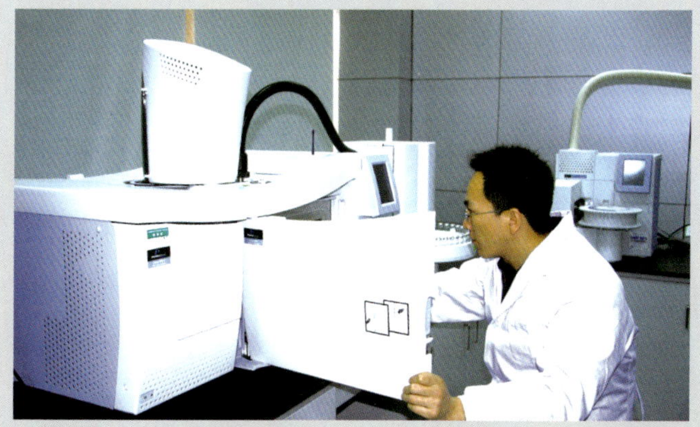

减害技术重大专项的实施为行业减害降焦工作提供了有力支撑

张宇 摄

郑州烟草研究院科研人员在进行减害降焦实验

汤元宋 摄

云南省烟草农业科学研究院科研人员观察烟苗生产状况

王承丞 摄

科研人员在进行育种试验

刘洪岩 摄

红塔集团科研人员在进行原料研究

红塔集团 郭建林 摄

科研人员开展增香研究，保证低危害、低焦油卷烟产品的高香气、高品质

华芳公司 供稿

运用海洋生物提取物促进卷烟增香保润、减害降焦

张燕 摄

安全生产

送货司机为配送车辆加装防滑链，确保雪天行车安全

辽宁朝阳市局 邹存伟 摄

浙江宁海县局开展卷烟配送车自燃时灭火演练

浙江宁海县局 葛兴林 摄

10月15日，内蒙古区局（公司）组织机关全体员工进行消防灭火现场演练

内蒙古区局 麻小平 摄

3月3日，河北白沙烟草有限责任公司保定卷烟厂组织安全生产大签名

河北白沙烟草有限责任公司保定卷烟厂 李璐 摄

江苏中烟工业系统举行第二届消防运动会

江苏中烟南通滤嘴公司 吴莉 摄

安徽中烟芜湖卷烟厂举行消防演习

安徽中烟芜湖卷烟厂 刘魁 摄

江西中烟举行火险应急演练

江西中烟 袁热娜 摄

行业概览

2010年全国烟草行业发展概况

【全面完成年度目标任务经济效益稳定增长】 2010年，全国烟草行业在党中央、国务院和工业和信息化部领导下，紧紧围绕“卷烟上水平”这一基本方针和战略任务，思想统一，行动迅速，措施有力，各项工作扎实有效推进，全面完成年初确定的各项目标任务，生产经营继续保持良好发展态势。全年销售卷烟（含出口）23527亿支（4705.4万箱），同比增长2.8%。实现工商税利6045.52亿元，同比增长16.95%；实现税金4327.10亿元，同比增长25.25%；实现利润1718.42亿元，同比增长0.23%；上缴国家财政（含国有资本收益）4988.5亿元，同比增长21.2%。

【扎实推进现代烟草农业建设，烟叶生产保持稳定发展】 2010年是烟叶生产最为困难的一年，也是烟叶工作进一步取得显著成效的一年。

大灾之年烟叶生产获得较好收成。年初以来，云贵川等西南烟区遭遇特大干旱，东南烟区发生严重洪涝灾害，其他烟区各种灾害接连不断。面对严重自然灾害，烟叶产区各级领导干部和全体职工讲责任、讲奉献，不畏艰险，奋力救灾，通过艰苦努力，烟叶收购秩序良好，等级质量有所提升，至年底完成233.65万吨（4673万担）烤烟收购任务。受灾烟区周密制订抗灾救灾预案，及早部署安排，充分发挥烟田基础设施作用，最大限度减少灾害造成的损失。云贵川烟区保质保量完成了抗旱救灾增加的烟叶生产收购任务，为灾区经济社会发展、农民增收作出了积极贡献。全行业投入专项救灾资金5.6亿元，帮助烟农生产自救，保护了烟农利益。在抓好抗灾救灾的同时，烟叶产区坚决贯彻落实行业工作部署，把严格控制烟叶生产规模摆在重要位置，全面抓好控制烟叶规模各项措施的落实。全国种烟面积1591万亩，同比减少94万亩，为烟叶生产连续13年保持稳定发展作出了积极努力。

现代烟草农业建设取得新的成效。烟叶产区坚持以整县推进为抓手，以基地单元建设为载体，以创新生产组织形式为工作重点，大力推进现代烟草农业建设。全国启动了32个现代烟草农业示范县建设，以云南滇东现代烟草农业示范区为代表，大规模推进、高标准实施取得重大进展。进一步加大投入，加强烟田基础设施建设，全年共安排75亿元专项资金，建设项目30.3万件。在抓好现有工程项目建设的同时，启动土地整理和大型水源工程建设试点，努力改善烟区生产条件。尊重烟农主体地位，创新生产组织形式，烟农专业合作社建设迈出可喜步伐，专业化服务水平进一步提高，烟田基础设施管护长效机制初步建立。全国共有烟农专业合作社1.17万家，其中工商注册烟农专业合作社3728家，涌现了一批以湖南宁乡、湖北十堰等为代表的专业合作社典型。

烟叶工作水平整体提升。基地建设取得重大进展。按照“品牌导向明确、工商协同密切、质量明显提高、供应长期稳定”的要求，工业企业的积极性明显提高，商业企业的主动性明显增强，工商之间协调合作明显加强，品牌发展有效引导基地建设的新机制初步建立。全国共落实基地单元149个，18家工业公司全部参与基地单元建设。特色优质烟叶开发扎实推进。更加注重生态环境，合理调整开发布局，全国共安排特色优质烟叶开发基地单元104个，种植面积152万亩。加大特色品种推广力度，“红花大金元”、“翠碧一号”、“KRK26”品种种植规模同比增加23万亩。高度重视基础性课题研究，加快推进科技专项实施，推动各类香型协调发展，全面提高特色优质烟叶生产水平。烟叶专业化分级、散叶收购试点取得初步成效。试点涉及37个县，收购散烟5.91万吨（118.12万担），抽检合格率83.5%，比常规收购合格率高出1.09%。基地单元信息管理平台成功开发，基层管理不断加强，烟叶信息化管理工作迈上新的台阶。

统筹“两个市场、两种资源”。对中国烟草国际巴西、阿根廷有限公司进行改制，津巴布韦天泽公司着力提高经营管理水平，境外烟叶实体化运作取得积极进展。

【高度重视卷烟品牌培育，重点品牌呈加快发展态势】 按照“532”、“461”品牌发展要求，加强工商合作，加大品牌培育力度，发挥市场导向作用，促进重点品牌加快成长、价值提升。

重点品牌规模持续扩大。列入行业考核的29个卷烟重点品牌（以下均简称“重点品牌”）全年累计生产 14765.35 亿支（2953.07 万箱），同比增长 17.97%，占全国卷烟产量比重 62.72%，同比上升 7.66 个百分点；累计销售 14446.05 亿支（2889.21 万箱），同比增长 16.3%，占全国卷烟销量比重 61.61%，同比上升 6.76 个百分点。全年有 13 个品牌销量超过 500 亿支（100 万箱），其中，“红塔山”、“白沙”、“红金龙”、“红河”、“双喜”、“红旗渠”超过 1000 亿支（200 万箱），重点品牌市场主导作用进一步显现，影响力进一步增强，为实现“532”目标奠定了坚实基础。

重点品牌价值大幅提升。全年重点品牌实现商业批发销售收入（含税）6491.46 亿元，同比增长 24.68%，占行业卷烟商业批发销售收入比重 76.49%，同比提高 5.26 个百分点；实现税利 3230.94 亿元，同比增长 22.17%，占卷烟工业实现税利比重 79.56%，同比提高 5.41 个百分点。全年有 15 个品牌商业批发销售收入超过 200 亿元，其中，“中华”品牌超过 760 亿元，“云烟”、“芙蓉王”、“红塔山”、“利群”、“白沙”超过 400 亿元，重点品牌对行业发展的贡献度明显提高，“461”品牌发展格局初步形成。

减害降焦取得明显进步。全国卷烟焦油量实测平均值降至 11.9 毫克/支，烟气一氧化碳量平均值降至 12.9 毫克/支，同比分别下降 0.3 毫克/支和 0.8 毫克/支。焦油量 8 毫克/支以下卷烟累计生产 437.5 亿支（87.5 万箱），同比增长 24.3%；累计销售 444 亿支（88.8 万箱），同比增长 24.5%。“长白山”、“中南海”、“红双喜”（上海）、“七匹狼”、“娇子”等牌号低焦油产品产量超过 25 亿支（5 万箱），为实现减害降焦目标迈出了可喜的一步。

开拓国际市场取得新的进展。全年卷烟一般贸易出口 204.3 亿支，同比增长 23.2%；境外卷烟生产销售 228.8 亿支，同比增长 15.7%；“金鹿”、“摩登”、“马宝”、“白山”、“双喜”境外销量超过 20 亿支，实现国际市场有所突破的目标有一个良好开端。

【大力推进技术创新，行业创新体系不断健全完善】 着力增强自主创新能力，加快推动行业发展转入科技引领、创新驱动轨道。

围绕“四大战略课题”，积极实施科技重大专项。启动烟草基因组计划重大专项，加快烟草种质资源平台建设，加强自育品种研发和推广工作，烤烟自育品种种植比例达到 68.47%。大力推进卷烟减害技术重大专项实施，采取综合措施降低焦油和一氧化碳等 7 种成分释放量，全国卷烟危害性指数降到 9.3，同比下降 0.3；“卷烟危害性评价与控制体系建立及其应用”研究项目获得国家科技进步二等奖。高度重视增香保润重大专项实施，加快卷烟重点品牌生产专线技改步伐，启动超高速卷接包机组重大专项，努力提高技术装备和工艺水平。

完善行业标准体系，高度重视知识产权开发利用工作。发布 77 项行业标准，报批 2 项国家标准，成功制定并通过发布我国首个烟草国际标准，构建起由 502 项烟草类国家、行业标准构成的行业标准体系。专利工作取得新的成效。行业申请烟草技术类专利 1230 件，同比增长 54.33%，其中发明专利 501 件，同比增长 38.02%；授权专利 891 件，同比增长 70.69%，行业自主创新能力明显增强。

加强行业质检体系建设，确保卷烟产品质量安全。获得国家质检总局指定烟草质检机构承担烟草制品成分及释放物监督检验任务的授权，以国家烟草质检中心为龙头、8 个综合性省级局质检机构为骨干、20 个专业性省级局质检机构为基础，构建完整的烟草质检体系。工业企业内设质检机构建设得到进一步加强。完成卷烟产品、烟丝、卷烟材料等 14 大类的 4969 个批次、5.94 万项指标检测任务，卷烟产品质量合格率、质量安全指标合格率均达到 100%。完成 1047 批次烟叶工商交接等级合格率监督检查，对进出口烟叶、卷烟进行了农药残留量和转基因监控。认真做好履行《烟草控制框架公约》工作。

加大人才培养工作力度，激发科技人员创新热情。成功面向海内外公开招聘烟草基因组计划重大专项首席科学家、国家烟草基因研究中心主任；完成为期 3 年的行业首期卷烟调香师和高级调香师培养工作；积极推进专业技术职务评聘工作，全面开展职业技能鉴定和聘任工作，为专业技术人员和技能人员发展创造良好环境。全行业累计取得高级专业技术资格人员 2579 人、技师以上技能人才 4061 人。修订印发《中国烟草总公司科学技术奖励办法》及《中国烟草总公司科学技术奖励办法实施细则》，增设技术发明奖，加大科技奖励力度，激励科技人员为推进“卷烟上水平”建功立业。

进一步推进信息化建设，努力提升行业管理水平。完成行业统一会计核算软件实施工作，在试点基础上全面推广资金监管系统，继续抓好烟叶生产经营管理信息系统、网上订货系统等重点项目建设，加大资源整合、系统集成工作力度，加强信息安全和运行维护管理工作，全面推进信息化与行业生产经营管理深度融合。

【精心组织市场营销，卷烟流通水平明显提高】 卷烟流通企业把培育品牌作为第一要务，积极发挥市场营销的基础和引领作用，市场营销水平得到明显提高。

高度重视市场营销管理工作。为营造有利于知名品牌发展的良好环境，制定加强卷烟市场营销管理办法，对卷烟品牌市场准入、货源采购供应和零售终端促销作出明确规定；制定加强对高价位卷烟生产经营和价格管理的意见，对高价位卷烟价格管理、供货渠道、货源安排等提出明确要求，确保供应渠道规范、货源安排公平、价格管理到位；重新修订《卷烟营销网络业务规范》，全面提升营销业务流程化、标准化和规范化水平。

积极推进按客户订单组织货源、工商协同、精准营销工作。卷烟流通企业把尊重消费者选择、满足市场需求作为营销工作的根本出发点，不断完善工商需求预测体系，全面开展市场分析预测工作，按照市场需求精心组织货源，促进了卷烟全国统一大市场形成和零售客户赢利水平提升。全国省际间卷烟交易比重51.67%，同比提高2.07个百分点；零售平均毛利率达到9.8%，同比提高0.9个百分点；零售客户满意度82.4分，达到较高的满意水平。进一步完善工商协同营销基本模式和运行机制，统一规范的协同营销业务流程得到落实，信息采集与共享体系初步建立，营销过程合作更加密切，品牌培育能力明显增强。积极探索建立以“精确信息、精准投放、精细管理”为主要内容的精准营销体系，“中华”品牌精准营销试点成效明显，初步形成精准营销工作流程框架和运行模式，为大品牌营销积累了经验。

努力推动卷烟销售网络优化升级。在4个省级公司开展网上订货试点工作，网上订货率由上年的7.45%提高到28.18%。总结推广甘肃烟草“一条主线、三个要点、五个步骤”为主要内容的客户经理、品牌经理和市场经理“135”工作法，提高一线营销人员工作水平。

现代物流体系建设取得新的进展。坚持把烟草物流作为行业核心业务，以建设具有不可替代性的现代物流体系为目标，加强现代物流建设规划工作，建立健全物流组织机构，完善行业物流标准体系，推广江苏烟草物流建设“全面感知、全面覆盖、全程控制、全面提升”的成效和经验，努力打造面向未来具有鲜明行业特色的中国烟草物联网。

【加强内部监管和市场监督，生产经营和市场管理更加严格规范】 高度重视加强内部监管和市场监督，建立良好的生产经营和市场秩序，把行业发展建立在更加严格规范基础之上。

持续开展全面预算管理、贯标、对标和基层创优工作。把全面预算管理作为加强财务管理的重点，预算管理制度更加健全完善，编制更加科学严谨，执行更加严格规范，作用得到更好发挥。全面启动贯标工作，总结湖北工商企业体系建设成效和经验，深入推进行业质量管理体系建设。以建立完善的对标工作体系、考核体系和指标体系为重点，加大对标工作考核力度，定期公布对标数据，突出解决数据背后反映出的管理问题，对标工作取得明显成效。基层单位创优活动注意认真总结经验，突出活动特色，严格验收标准，工作水平明显提升。通过以上工作，企业基础管理进一步加强，成本费用得到有效控制，节能减排取得新的成效。卷烟工业企业销售收入成本率29.76%，同比降低0.77个百分点；工业企业三项费用率8.65%，同比降低0.93个百分点；商业企业三项费用率8.58%，同比降低0.25个百分点。全行业万元工业增加值能耗36.6千克，同比下降17.0%；工业二氧化硫排放总量8103吨，同比下降19.8%；化学需氧量排放总量5436吨，同比下降21.1%。

行业内部管理监督工作深入扎实推进。深入开展规范“工程投资、物资采购、宣传促销”项目管理工作，积极推进办事公开、民主管理工作，努力构建内部监管长效机制。认真总结河北烟草工商两家综合试点做法和经验，按照“规范权力运行，公开透明操作，确保监管到位，打造阳光烟草”的要求，以推进公开招标为突破口，以完善制度规范程序为重点，以网上公开、公示栏、职代会和座谈会为主要载体，全面抓好规范“工程投资、物资采购、宣传促销”项目管理和推进办事公开民主管理“两项工作”落实。进一步加强审计监督和资产监管，全面推广审计委派制，深入开展经济责任审计、财务收支审计和烟田基础设施建设等专项审计，对审计发现的问题进行认真整改。全年国家局（总公司）共对38个单位开展了经济责任审计，对26个工程项目实施了专项审计。根据中央统一部署，继续开展“小金库”专项治理工作。以严格按计划组织烟叶种植收购、遏制卷烟体外循环为重点，加大检查监督力度，专卖内部管理监督工作进一步加强。

始终保持卷烟打假高压态势。在公安部门大力支持下，广东、福建省局继续坚持常年不间断打击，深挖隐蔽制假窝点，切断制假原料供应，充分发挥打假机动队的作用，成功组织“海啸二号”等专项行动，有效遏制卷烟制假活动反弹。河南省局采取有效措施，坚决打击制假扩散转移。各地树立长期作战思想，加强宣传发动和法制教育，打击制售假烟网络取得新的成效。运用新颁布的《最高人民法院 最高人民检察院关于办理非法生产、销售烟草专卖品等刑事案件具体应用法律若干问题的解释》，配合公安、司法部门加

大抓捕追刑工作力度，提高办案质量。全年共打掉大型制假窝点294个、重大制售假烟网络713个；查处案值5万元以上制售假烟案件7448起，打击利用互联网非法经营烟草专卖品案件43起；查获假烟57.5万件、烟叶烟丝1.81万吨，收缴制假烟机841台；依法拘留犯罪嫌疑人8506人，其中追究刑事责任4832人。

*安全生产管理措施得到较好落实。*深入开展“安全生产年”活动，组织开展行业安全生产大检查，全面加强安全生产设施建设，推进《烟草企业安全生产标准化规范》评审工作，启动企业安全生产文化建设试点，开展企业安全生产管理评审抽查工作。

*高度重视烟机设备管理。*以“设备管理精益化”为目标，初步建立行业设备管理体系，开展设备管理经验交流，技术装备保障能力明显增强。

【深化行业内部改革，资源配置效率进一步改善提高】 紧紧围绕提高资源配置效率，不断深化行业内部改革，努力增强行业发展的动力和活力。

*积极推动品牌合作生产。*国家局、总公司下发品牌合作生产指导意见，制定规划，出台政策，规范核算，有力地促进了品牌合作生产发展。全国确定18家合作生产定点工厂，总公司通过注资形式投入108.85亿元资金，重点用于企业技术改造，改善企业工艺技术条件，确保合作生产品牌产品质量。全年合作生产品牌产量2590亿支（518万箱），同比增长25.4%，为做大品牌起到了重要作用。

*深入推进打叶复烤企业重组整合。*云南、贵州、湖北打叶复烤企业重组整合试点深入推进，工业企业增加投资35.11亿元，股权比例提高到60%以上，股权结构更加合理，企业实力明显增强；按照现代企业制度要求，建立公司法人治理结构，充分发挥股东作用，企业运作更加规范有序；调整烟叶加工布局，为卷烟工业企业深度介入打叶复烤环节、烟叶相对集中加工创造条件。

*重视加强多元化投资管理。*以开展管理审计、建立经营管理评价体系和管理信息系统为抓手，初步建立了行业多元化投资管理监管体系。积极推进多元化投资管理体制改革，已有13家省级公司成立实体化运作的投资管理公司，企业经营效益明显提高。继续抓好清退工作，全年清退多元化经营企业22家，累计清退1160家，完成清退计划的95.4%。中国双维投资有限责任公司进一步健全机构，充实人员，建立健全现代企业制度，重点项目建设取得积极进展。

*继续加强董事会建设。*修订《省级工业公司董事管理暂行办法》和《省级工业公司职工董事管理暂行办法》，研究制订《省级工业公司监事管理暂行办法》，董事会制度不断健全完善，在企业决策中的作用得到较好发挥。工业公司改制任务全面完成。

【切实加强干部队伍建设，提高干部职工队伍整体素质】 认真学习贯彻党的十七届四中、五中全会精神，高度重视行业党的建设和干部队伍建设，努力提高干部队伍思想政治素质和业务水平。

*认真开展创先争优活动。*按照中央统一部署，国家局党组成立创先争优活动领导小组，把创先争优活动作为巩固和拓展学习实践科学发展观教育活动成果，加强行业党员干部队伍建设，尤其是各级领导班子建设的大事来抓，切实加强对创先争优活动的组织领导。紧密联系行业实际，创新工作机制，在国家局（总公司）机关以“讲责任、讲奉献、讲纪律”教育活动为载体，在行业以构建“两个至上”进班子、进岗位、进制度、进流程长效机制为载体，在基层与加强企业文化建设和创建优秀基层单位活动紧密结合，使行业创先争优活动富有特色。在12家单位开展创先争优活动试点工作，发挥典型示范带动作用；通过行业媒体进行宣传发动，召开经验交流会，推动创先争优活动深入开展。

*全面加强直属单位领导班子建设。*研究制定对省级局（公司）、工业公司领导班子全面考核的意见，分批对53个直属单位领导班子进行了全面考核，对近年来各直属单位提拔任用的处级干部进行了群众评议。各单位领导班子认真贯彻党的路线方针政策和行业工作部署，注重加强思想政治建设，努力提高领导科学发展和驾驭局面能力；民主集中制执行比较好，领导班子总体比较团结协调；干部选拔任用工作认真贯彻“德才兼备、以德为先”用人标准，坚持民主、公开、竞争、择优，满意度比较高。对各直属单位领导班子后备干部进行集中调整，建立了新的后备干部名单。各直属单位确定的后备干部中，具有基层工作经历的占69.38%，仍在基层任职的占43.02%，大部分后备干部人选具有基层工作尤其是担任基层主要领导工作经验，较好体现了干部来自基层、来自实践的要求。年龄结构比较合理，平均年龄45.5岁，其中50岁以上的占3.48%；45~50岁的占52.71%；45岁以下的占43.8%。既有一批工作经验丰富的同志，也有一批年富力强的同志，能较好调动各个年龄段干部的积极性。

*大规模开展教育培训工作。*充分发挥国家局、总公司直属培训机构作用，全年共组织培训班269期，培训2.86万人次。以国家局党校为主阵地加强对各级领导干部教育培训，提高领导干部理论水平和政治素

质。对地市级局（公司）主要负责人开展财务知识专门培训，对县级局（分公司）主要领导进行全面轮训，提高基层领导干部的大局意识和政策水平。发挥行业各级培训机构作用，大规模培训基层一线客户经理、专卖稽查人员、烟技人员，提高基层队伍业务技能水平。

深入开展行业党风廉政建设和反腐败斗争。全行业认真贯彻中央纪委五次全会和国务院第三次廉政工作会议精神，贯彻落实国家局党组关于行业惩治和预防腐败体系建设工作规划，加强对工作落实情况的监督检查，持续深入推进反腐倡廉工作。认真执行《中国共产党党员领导干部廉洁从政若干准则》、《国有企业领导人员廉洁从业若干规定》和中央纪委五次全会五项禁止性规定要求，狠刹各种不正之风。加强对干部选拔任用工作的监督。继续开展巡视工作，加强对领导班子特别是主要领导干部的监督，及时纠正倾向性问题。严肃查处了一批违纪违法案件，给予307人党纪政纪处分，7人被移送司法机关，对30人进行了问责，对59人进行了组织处理。深化反腐倡廉制度建设，逐渐形成一批具有行业特色的反腐倡廉创新成果。

完成行业“五五”普法检查验收等各项工作。加强行业普法宣传教育和法制建设，坚持依法行政、依法管理、依法经营，完成“五五”普法检查验收工作；组织对《中华人民共和国烟草专卖法》修改条款和《烟草专卖行政处罚程序规定》（工业和信息化部第12号令）进行全面培训，认真做好规范性文件清理工作。高度重视做好行业离退休干部工作，加强离退休干部党支部建设，充分发挥离退休干部基层组织作用。切实加强信访稳定工作，努力从源头上做好防范、化解工作，行业信访量持续减少，信访案件结案率有所提高。加强行业发展经济研究，充分发挥烟草学会、行业新闻媒体作用，调动各方面积极性，营造良好舆论氛围，保持行业稳定发展。

【“十一五”发展概要】 “十一五”时期，全国烟草行业以邓小平理论和“三个代表”重要思想为指导，深入贯彻落实科学发展观，在党中央、国务院和工业和信息化部部领导下，通过全体干部职工艰苦努力，全面完成“十一五”期间各项目标任务，保持了行业持续健康发展，进一步巩固完善了烟草专卖体制，是行业发展最好时期之一。

烟叶生产连续保持稳定发展，现代烟草农业建设扎实推进，烟叶工作水平整体提升，烟农收入大幅增加，累计投入366亿元资金加强烟区基础设施建设，烟农种烟户均收入由5700元增加到2.51万元。

企业组织结构和产品结构调整持续推进，烟草产业结构不断优化，重点企业、重点品牌加快成长，老少边穷地区烟草产业发展良好，具有法人资格的卷烟工业企业由44家调整到30家，卷烟牌号由325个调整到133个。

减害降焦取得明显成效，自主创新能力明显增强，科技水平明显提升，全国卷烟平均焦油量由13.5毫克/支降低到11.9毫克/支，烟气一氧化碳量由15.0毫克/支降低到12.9毫克/支。

经济运行质量明显改善，劳动生产率大幅提高，行业实力显著增强，工业企业人均劳动生产率由1321.5万支（264.3箱）提高到2255.5万支（451.1箱），卷烟流通企业人均销量由1224.5万支（244.9箱）提高到1508万支（301.6箱），行业总资产由5566亿元增加到10095亿元，所有者权益由3563亿元增加到8046亿元，工业增加值率由73.58%提高到83.46%。

现代卷烟流通建设取得新的进步，零售客户赢利水平持续提升，良好的客户关系初步建立，电话订货率（含网上订货）98.54%，电子结算率87.89%，一次配送到户率97.84%，卷烟零售客户户均收入由8740元增加到1.64万元。

经济效益保持较高速度增长，实现税利由2530亿元增加到6045亿元，增长1.39倍，年均增速达19.03%，上缴国家财政由1944亿元增加到4988亿元，为保证国家财政收入作出积极贡献。

总结“十一五”时期工作，全行业坚持把发展现代烟草农业作为全行业重大历史任务，加强烟区基础设施建设，着力改善烟区生产条件，创新生产组织形式，提高专业化服务水平，努力促进烟农增产增收，烟叶基础地位进一步加强；坚持把产品结构调整作为行业加快转变发展方式的主攻方向，以培育10多个重点品牌为目标，以做大品牌、减害降焦、提升价值为主要任务，充分发挥流通企业培育品牌基础和引领作用，努力提高资源配置效率，着力增强中国烟草整体竞争力；坚持把推进科技进步作为提高行业发展水平的中心环节，健全完善创新体系，积极推进科技重大专项实施，高度重视标准化体系和质检机构建设，促进信息化与烟草生产经营管理相融合，行业自主创新能力不断增强；坚持把深化改革作为推动行业发展的强大动力，理顺行业资产关系，建立完善卷烟工业企业法人治理结构，积极推进烟叶和卷烟资源配置方式改革，深化用工分配制度改革，为行业发展增添新的动力和活力，努力实现共同发展目标；坚持把严格规范作为保持行业持续健康发展的生命线，深入开展专项整顿，全面加强内管监督，不断完善内部管理监督基本格局，始终保持卷烟打假高压态势，建立良好生产经营和市场秩序；坚持把提高队伍素质作为各项工作重中之重，牢固树立和践行“两个至上”行业共同价值观，全面加强各级领导班子建设和党风廉政建设，积极推进行业文化建设和人才队伍建设，大规模开展教育培训，努力提高干部职工队伍整体素质，为行业发展提供坚强有力组织保证和人才支撑。

——摘编自国家烟草专卖局局长姜成康在2011年全国烟草工作会议上的报告《坚定信心 奋力开拓 全面推进“卷烟上水平”各项工作落实》

发展计划与经济运行

【计划管理】 加强调控，促进烟叶生产保持稳定。按照“严控规模、优化结构、加强管理、全面提升”要求，把严格控制生产规模摆在烟叶工作首要位置，认真落实合同种植、“超收抵减”等措施，烟叶种植面积得到有效控制，烟叶保障水平进一步提高，地区性、结构性矛盾得以缓解。面对西南烟区遭遇严重干旱、东南烟区发生特大洪涝灾害等灾情，专门安排抗旱生产计划，努力减小灾害损失，保持烟叶平稳发展。为指导烟农合理安排烟叶生产、保持烟叶供求总量平衡，2月，国家发展和改革委员会、国家烟草专卖局联合下发《关于2010年烟叶收购价格政策的通知》(发改价格［2010］231号)，明确2010年烟叶收购价格政策、小等级收购价格及价区政策。为保证烟叶流通平稳有序进行，6月，印发《国家烟草专卖局关于下达2010年烟叶调拨基准价格的通知》（国烟计［2010］198号)，严格规范烟叶调拨价格。

严控总量，促进卷烟产销协调增长。卷烟产销安排上，坚持“控制总量、稍紧平衡”方针，更加关注社会库存，更加重视价格变化，努力达到“市场需求基本满足、零售客户有所选择、零售价格保持稳定、社会库存基本合理、供销关系稍紧平衡”的良好运行状态。8月，国家局印发《关于调整卷烟计划管理方式的意见》(国烟办［2010］264号)，明确提出继续坚持“控制总量、稍紧平衡”方针，以培育“532”、“461”知名品牌为重点，调整卷烟年度产销存计划编制和下达方式，提高计划编制的科学性和准确性；调整卷烟交易管理方式，增加企业间竞争力度，促进生产要素合理流动；调整卷烟存量计划管理方式，引导和推动企业间合作生产；调整卷烟增量计划管理方式，突出“532”、“461”知名品牌导向，加快知名品牌发展，提高资源配置效率。全年卷烟产销协调平衡，结构快速提升，价格保持稳定，效益稳步增长，卷烟重点品牌加速发展，品牌规模持续扩大，品牌价值大幅提升，促进了行业持续健康发展。

“十二五”规划编制。开展行业“十二五”投资规划及各专项规划编制工作，完成行业“十二五”投资规划、打叶复烤企业规划、造纸法薄片发展规划、国产醋纤丝束工业发展规划以及卷烟工业企业技术装备政策等编制工作。

政策研究。完成“烟草区域经济协调发展”课题研究工作，制订《关于调整卷烟计划管理方式的意见》和《关于加强烟叶基地建设和落实烟叶资源配置方式改革的指导意见》两个文件。加强行业技术装备政策研究，按照“设备服从工艺、工艺服从品牌”的原则，开展超高速卷接包机组的对外经济技术谈判，促进国产烟机工业发展，努力保障卷烟工业企业对技术装备的需要。编制《烟草行业绿色工房评价标准》，积极开展绿色工房建设，并对《卷烟厂设计标准》进行论证修改。加强高价位卷烟价格政策研究，制订下发《关于加强对高价位卷烟生产经营和价格管理的意见》(国烟专［2010］294号)。开展低档卷烟专题调研，为2010年全国低档卷烟计划安排提供数据支持。

【价格管理】 卷烟价格管理工作紧紧围绕“卷烟上水平”基本方针和战略任务，不断巩固完善卷烟价格管理成果，以全面落实所有品牌在全国所有地区实现顺价销售为重点，加强高价位卷烟价格管理，全面提升执行力、分析力和服务力，推进卷烟价格管理工作向纵深发展。

巩固价格管理成果。按照“卷烟上水平”总体规划和培育知名品牌要求，加强对卷烟和烟叶、烟机及辅料价格的审批备案管理。全年共审批新增卷烟规格58个，雪茄烟规格10个，改造整合卷烟规格37个。下达2010年烟叶收购价格政策、烟叶调拨价格、醋纤丝束价格，审核国产烟机成本价格。6月，印发《关于实施卷烟统一批发价格锁定的通知》（国烟办综［2010］143号)，完成卷烟批发价格锁定实施工作，实现卷烟批发价格的实时动态管理和监督。开展行业卷烟价格管理检查工作，在全面开展卷烟价格管理自查工作基础上，对21个省级局（公司)、15个省级工业公司进行重点抽查。

强化价格政策管理。加强对高价位卷烟的价格管理，认真落实《关于切实加强卷烟价格管理的通知》（国烟计［2008］549号）要求，从严格价格审批管理、密切监控高价烟市场价格两个方面，不断强化高价位卷烟的价格管理措施，细化对高价烟市场价格监测的标准，明确对违反卷烟价格管理有关行为的惩罚规定。对部分企业高价位卷烟的生产安排、货源投放、宣传促销、市场价格表现等方面进行专项抽查。根据《最高人民法院、最高人民检察院关于办理非法生产、销售烟草专卖品等刑事案件具体应用法律若干问题的解释》及其他有关法律法规，研究制定了《烟草专卖执法过程中涉案卷烟价格管理规定》，对《烟叶调拨价格管理办法》和《丝束价格管理办法》进行了修订。

价格管理信息化建设。继续完善卷烟价格管理分析系统的业务管理模块，在保证卷烟价格管理分析系统顺畅运行、数据及时更新的基础上，针对价格检查中发现的问题，对卷烟价格业务管理模块进行了功能完善，在价格目录中增加条、盒包装图片等信息，产品信息更加全面、准确和直观，通过技术手段防止违反“一物一码一价”现象出现。完善市场批发价格监测系统，进一步优化调查规格和调查频率，调整分析报告的内容和模式，将零售价格监测信息和市场批发价格监测信息合并分析，形成《卷烟价格监测报告》，更加全面反映卷烟市场价格变化情况，为宏观调控提供依据。利用卷烟价格管理分析系统中的成本价格采集模块，完成2009年度卷烟成本价格资料的网上直报和审核工作。继续完善卷烟市场监测系统，利用项目多年积累的数据，针对当前行业发展关注的问题和卷烟市场变化规律进行专题性研究，项目建设从信息收集向信息运用转变，服务宏观决策和行业发展的能力和水平得到提升。

卷烟价格管理人员学习培训。召开卷烟价格管理片区座谈会，围绕“卷烟上水平”和卷烟价格管理实际，讨论卷烟价格归档方案及高价烟、涉案烟价格管理等内容，开展卷烟价格信息综合分析利用的培训交流。开展卷烟价格管理人员业务培训，系统讲解卷烟批发价格锁定的各项技术业务流程，为卷烟批发价格锁定系统的全面部署和上线运行打下基础。

【投资管理】 转变工作职能，完善管理制度。在投资项目管理中，继续严格执行行业投资规划和年度计划管理制度，促使企业全面、系统规划安排投资项目，从源头抓好项目管理。推进投资决策的科学化与民主化，坚持并完善项目申请报告制度、专家论证制度、投资委员会或董事会审查制度、项目审批备案制度，对重大项目恢复了初步设计审查程序。在投资项目过程管理中，继续坚持并完善项目法人责任制、项目预算制度、招标投标制度、定期报告制度、合同与资金管理制度、项目全过程审计与监督制度、工程监理制度、项目后评价制度等项目过程管理和监督体系，全行业投资项目过程管理水平进一步提升。全年共审核批复行业投资项目146个。

健全管理手段，强化项目监管。进一步完善对合肥设计院委托技术审查制度，为提升行业投资项目管理水平创造条件。实施行业投资管理信息系统的开发建设工作，初步实现投资年度计划的申报审核，推进开发投资项目的申报审核功能、项目过程管理功能。根据中央中治办和工信部的整体部署，开展行业工程建设领域突出问题排查工作。全行业继续深入开展包括工程投资在内的“三项检查”，并开展“推进办事公开民主管理及贯彻落实工程投资、物资采购和宣传促销项目管理程序规定”综合试点。根据工信部要求，全年对行业投资额5000万元以上的项目进行重点检查，共检查工程项目215个。开展工程建设与专家库管理制度及人员调整工作，为加强项目论证与管理夯实基础。国家局、总公司机关招标领导小组及办公室工作有序开展，规范了机关的投资和采购行为。

优化投资结构，提升竞争实力。继续大力支持并引导各工业企业稳步推进技术改造。全年启动了南京、徐州、新疆、赣州、涪陵、滕州、会泽、昭通、四平卷烟厂等卷烟工业企业整体技术改造9个，启动武夷、华环、楚雄等打叶复烤整体技术改造项目3个，“中华”专线、“芙蓉王”专线以及杭州制造部、广州生产基地等行业重大技术改造项目进展顺利，为中国烟草打造中式卷烟提供了技术支撑。烟草商业系统按照现代物流系统建设要求和国家局《卷烟物流配送中心建设意见》，开展物流配送中心建设，共启动项目10个，为商业系统提升服务质量和水平提供技术支撑。

【物资管理】 提高物资采购规范意识，通过调研、专项检查、建章立制等方式，进一步加强行业物资管理工作。2月，印发《烟草行业2010年物资管理工作要点》（国烟办综［2010］64号），提出2010年物资管理工作要从加强采购中心建设、推进物资对标工作开展、降低卷烟包装成本、规范采购行为、提高物资利用水平、提高物资管理信息化水平、注重物资人才队伍建设等7个方面开展。

专卖品物资管理。起草卷烟材料补充计划安排意见、专卖卷烟材料第三批分配方案、三家单位进口卷烟纸计划。伊斯曼公司和南通醋酸纤维有限公司召开用户技术交流座谈会，了解丝束供需情况，为5家工业公司增加醋纤丝束计划4450吨。全年办理专卖品卷烟材料合同签章审批1061份，办理专卖品卷烟材料调运单210份。

*物资采购调研。*9～11月，开展行业物资采购情况调查。根据对18家工业公司、22家省级公司近三年烟用物资采购情况报表的了解，结合实地调研，形成《行业物资采购调研报告》，内容主要包括行业烟用物资采购基本情况、行业物资采购管理的成效与做法、物资采购管理方面存在的问题及下一步设想。

*出台烟用物资采购管理规定。*为规范行业烟用物资采购行为，推进烟用物资招标采购管理，印发《关于烟用物资采购管理规定》（国烟运［2010］389号），从管理机构、计划管理、供应商管理、采购方式、过程管理、监督检查等方面加强物资管理工作。12月，召开卷烟工业企业落实《关于烟用物资采购管理规定》宣传贯彻会，着力推进烟用物资公开采购招标，进一步加强行业物资管理工作。

*开展行业物资采购专项检查工作。*先后对黑龙江、大连、山西、内蒙古、北京、天津、新疆、辽宁、吉林、海南、宁夏、西藏、青海等省（区、市）烟草工商企业和中国烟草总公司郑州烟草研究院、职工进修学院、合肥设计院、南通醋酸纤维有限公司等单位开展烟用物资与大宗大额物资采购专项检查工作。

【品牌管理】 *重点品牌发展概况。*全国性卷烟品牌发展态势良好，行业品牌集中度进一步提高，列入国家局考核的29个重点卷烟品牌全年累计生产2953万箱，同比增长17.97%，占全国卷烟产量比重62.72%，同比提高7.66个百分点；累计销售2889万箱，同比增长16.3%，占全国卷烟销量比重61.61%，同比提高6.76个百分点。全年有13个品牌销量超过100万箱，其中“红塔山”、“白沙”、“红金龙”、“红河”、“双喜”、“红旗渠”超过200万箱，重点品牌市场主导作用进一步显现，影响力进一步增强，为实现“532”目标奠定了坚实基础。

*起草《品牌发展上水平实施意见》。*为培育一批定位清晰、风格特色突出、技术含量高、规模效益好、发展潜力大、竞争优势强的“532”、“461”品牌，实现品牌发展上水平，组织起草《品牌发展上水平实施意见》，总结行业近年品牌发展基本情况，提出品牌发展上水平的工作目标、基本任务和具体工作措施。

*加强品牌合作生产。*为更充分发挥品牌合作生产的关键性作用，推进与实施以知名品牌为主体的品牌合作生产模式，促进行业“532”、“461”知名品牌形成，制定《关于加强卷烟品牌合作生产工作的指导意见》（国烟办［2010］260号），进一步明确合作生产的主要任务、工作要求。对未来五年卷烟合作生产工作进行初步量化规划，分别制定“2015年卷烟合作生产规划表”、“2015年知名品牌合作生产规划表”、“2015年合作生产定点卷烟工厂规划表”。从卷烟合作生产的产量计划、生产品牌、生产点等方面对未来五年品牌合作生产工作进行统筹安排。9月，召开工业公司总经理参加的卷烟合作生产座谈会，对合作生产工作进行具体安排和落实。

根据下半年工商企业上报补货需求，制定2010年卷烟品牌合作生产及重点品牌补充货源方案，并召开工业公司生产管理负责人座谈会，落实补货方案。全行业共组织货源196万箱，其中安排合作生产76万箱，着力推进重点品牌合作生产。

*加大实施科技重大专项工作。*推进中式卷烟制丝生产线重大专项，成立中式卷烟制丝生产线重大专项专家委员会，进一步加强科研力量。确定8个项目的研发课题，对常州智思、昆船公司等专项研究课题承担单位进行调研，进一步明确研究方向。组织郑州烟草研究院和5家品牌专线承担单位及3家烟机企业进行汇报和交流，对“七匹狼”、“芙蓉王”品牌专线开展调研。

推进卷烟增香保润重大专项，开展年度卷烟增香保润项目计划评审，经过专家预审和正式评审，从23个申报项目中确定了14个项目计划。7月，郑州烟草研究院和14家试点企业开展了专项技术交流活动。全年卷烟增香保润工作取得初步成效：初步构建了3大评价方法；保润机理、烟叶中关键化学成分剖析等机理研究取得进展；开发了多种天然、合成香料和保润剂，部分在产品中应用；通过上部烟叶特殊处理、调整叶组配方以及梗丝、膨丝、薄片改进等拓宽了烟叶使用范围，降低了上等烟叶使用比例。

*加强对外合作。*继续开展“万宝路”对外合作，全年生产“万宝路”3万箱，完成了合作双方共同确定的目标。不断推进辅料国产化，除个别情况外，包装材料基本实现国产化，完成协议目标。

开展雪茄烟对外合作，完成川渝中烟与美国阿塔迪斯雪茄烟技术合作框架协议文本的起草和审定，就子协议内容组织川渝中烟与美国阿塔迪斯公司进行4次谈判。修改完善川渝中烟与阿吉奥雪茄烟技术合作子协议并签约；完成川渝中烟与阿吉奥雪茄合作产品的开发等相关事宜，行业评委对合作开发的雪茄烟产品进行评吸、鉴定，首批产品审批上市。

*考核导向突出“532”、“461”品牌培育。*在2010年品牌发展考核指标中增加了对“532”、“461”品牌培育的考核内容，同时突出行业品牌合作生产考核导

向。进一步加大"532"、"461"品牌在考核中的比重，引导企业品牌发展向"532"、"461"集聚。

【质量管理体系建设】 行业质量管理体系建设工作坚持"三个突出"（突出运用、突出创新、突出解决企业管理中存在的问题）的指导思想，强化基础管理五项要求，各项工作扎实有效推进，截至2010年9月，省级局（公司）、工业公司均启动此项工作。工业公司中有14家单位处于体系正式运行和试运行状态，处于策划准备阶段的有3家；省级局（公司）全面开展了此项工作，380多家地市级局（公司）中处于正式运行和试运行状态的占72%，处于策划准备阶段的占28%。

提出"十二五"期间贯标工作目标任务。围绕"卷烟上水平"总体规划制订"基础管理上水平"实施意见，提出"十二五"期间贯标工作的目标任务和具体工作措施。印发《烟草行业2010年质量管理体系建设工作要点》，要求行业工商企业注重自主建设，注重系统推进，按照健全标准、强化执行、深入推进、持续提升的要求，不断完善工作措施，持续深化体系建设，使管理体系真正发挥基础管理平台的作用。以质量管理体系为平台，以固化流程、简化程序、强化执行、提高效率为目标，推进以制度和流程为载体的管理体系信息化实施进程，形成顺畅有效的信息传递。

推进工商企业体系建设工作。开展36家重点城市烟草专卖局（公司）质量管理体系交流检查工作。8～9月，重点围绕"关注顾客满意"及影响顾客满意度的关键环节，从专卖、营销、物流及烟叶生产的核心业务流程，对质量目标、体系文件质量、执行率以及持续改进活动等方面工作进行重点交流检查。各省级局（公司）、重点城市体系建设主管部门负责人及相关人员共76人组成8个小组参加此次检查。国家局审核组对福建中烟、银川市局（公司）两家受审单位质量管理体系的建立及运行情况进行全面审核，并对下一步工作提出改进和提升的具体意见和建议。

加强质量管理体系队伍建设。加强质量管理体系知识培训，促进管理体系队伍建设。4月，在北京召开两期质量管理体系建设培训班，各省级局（公司）、工业公司负责体系建设的部门负责人，36个重点城市主管领导及主管部门负责人以及行业审核员共170人参加培训。开展行业质量管理体系建设知识竞赛，通过竞赛激发基层单位员工学习质量管理体系标准的积极性和主动性，加深对标准的认识和理解。

推进质量管理体系信息化应用工作。以湖北烟草工商为代表的体系建设信息化应用工作取得初步成效。部分单位进行了工作策划和筹备，实现了文件制定、发布、修改等管理信息化。

基层单位不断深化体系建设，管理成果初步显现。质量目标体系逐步建立。上海烟草商业管理体系建设全面吸收工业企业贯标的经验成果，以企业标准化为平台，提高管理体系文件的完整性、协调性、合规性和先进引领性，完善了4大类、15个一级指标、37个二级指标构成的上海商业企业发展指标体系，形成"一套指标、不同功能，标杆比对、系统推进"目标管理机制，初步完成《新服务设计开发导则》标准，促进了"服务创造价值"质量方针的具体落实。工作方法不断创新。浙江省局（公司）将"常态化"审核、文件控制、有效内审以及管理评审等四项体系建设作为科技创新项目进行立项研究，其中部分创新项目形成初步成果并投入使用，促进了管理体系的有效运行。组织推动力度不断加大。云南中烟在贯标工作中发挥省级工业公司主导作用和两大集团的主体作用，按照突出重点、突出特色要求，开展集团间的交叉互审，推进所属企业质量管理体系建设水平共同提高，实现了贯标与对标、创优、四大中心建设、队伍建设、企业文化建设"五个结合"。与各专项工作有效融合，深度对接。西安市局（公司）将体系建设与内部监管工作紧密结合，以体系建设为着力点，探索以制度体系、组织保障体系、监管体系和自律体系为主要框架的长效机制建设，从监管体系建设、监管区域划分、监管对象区分、监管责任落实、监管考核实施等方面进一步规范市场监管流程，促进了内部监管工作持续有效开展。与管理创新紧密结合，工作成果进一步深化。兰州市局（公司）以建立新型客我关系为主线，创造性地设计了客户经理、品牌经理、市场经理服务营销工作法。

【对标工作】 提出行业全年对标工作要点，主要围绕建立完善对标工作指标体系、工作体系、考核体系三个体系进行。年底，围绕行业对标工作要点的落实情况，以调研形式检查了广东、江苏、上海、福建、陕西、安徽、浙江、广西、深圳等省级公司对标情况，根据《对标工作要点》中"形成一批课题"的要求，收集汇总了各单位对标课题的落实情况。

调整和完善对标指标。4月，印发《关于调整2010年烟草行业对标指标的通知》（国烟办综［2010］154号），工商企业均增加了总资产贡献率、成本费用利润率和加权焦油量平均值等指标，工业企业修改了6项指标。对照国际标准开展对标，收集菲莫、JT等公司的主要经济技术指标进行对比。

加强行业对标工作交流。5月，召开工商企业对标研讨会，举办行业对标培训班，交流对标经验。每季度定期整理和分析行业工商企业对标数据，分类公布工业和商业企业数据，并将对标工作与经济运行责任制考核挂钩。全年印发3期《行业对标工作动态》。

对标工作促进了行业效益保持增长。1~9月，工业企业人均劳动生产率同比提高21.78个百分点，人均卷烟销售收入同比增长37.04%，总资产贡献率同比提高17.70个百分点；商业企业人均劳动生产率同比提高4.96个百分点，人均卷烟销售收入同比增长18.91%。成本费用得到有效控制，单箱生产成本占销售收入比重同比下降4.28个百分点，其中烟叶成本占销售收入比重同比下降1.28个百分点，香精香料成本占销售收入比重同比下降8.22个百分点，主要材料成本占销售收入比重同比下降7.27个百分点；工商企业卷烟三项费用率继续下降，工商业企业成本费用利润率下降均超过13个百分点。

【“优秀卷烟工厂”创建工作】 完善“优秀卷烟工厂”创建指标体系及评价体系，推动创建工作向深度和广度开展。7月，在郑州召开部分工业企业参加的“优秀卷烟工厂”创建研讨会，讨论确定“优秀卷烟工厂”创建活动达标和创优阶段的指标及评价办法。9月，召开第三期全行业卷烟工厂厂长培训班，提出“四个加强，四个提升”，推动创建工作深入开展。搭建创建活动交流平台，全年编发两期《优秀卷烟工厂创建活动简报》。

【节能减排】 提高能源利用效率，严格控制污染排放，探索节能减排有效途径。全行业万元工业增加值能耗36.6千克，同比下降17.0%；工业二氧化硫排放总量8103吨，同比下降19.8%；化学需氧量排放总量5436吨，同比下降21.1%。

推动卷烟企业清洁生产。完成《卷烟企业清洁生产》标准中能源和生产排放两部分内容的修订工作，指导企业推进节能减排工作。研究建立企业碳排放统计报表制度，并于8月加入行业生产经营决策管理系统中试运行。

加强节能减排成果宣传。在行业报刊先后刊登6家单位的节能减排成果经验，包括山东中烟及所属企业建立起能源实时计量监控系统、长沙卷烟厂的绿色工房经验和武汉卷烟厂的蒸汽凝结水回收利用经验，红河卷烟厂、广州卷烟厂和山西昆明烟草有限责任公司的节能减排QC成果。组织行业企业参加工信部主办的“绿色工业论坛”，玉溪市公司、南通醋酸纤维公司和长沙卷烟厂在会上发言。

【安全生产】 全面加强行业安全生产工作，落实职责，完善体系，突出重点，提升水平，加强五项工作，开展三化建设，努力提高安全生产管理水平，避免了重特大事故发生。

强化安全生产责任意识。为切实做到责任明晰、考核到位，国家局印发《关于贯彻落实国务院办公厅有关文件精神进一步明确企业安全生产工作责任落实事项的通知》，各单位将安全生产绩效纳入工作业绩考核之中。加强安全生产设施建设，各单位进一步加大安全设施投入，行业安全设施建设初见成效。

加强隐患排查治理。开展2次行业安全大检查，1次专项火灾隐患排查工作抽查，检查工商企业200余家，查出各类安全隐患230余项，提出安全管理意见或建议390余条。各单位针对安全生产的薄弱环节、重点场所和突出问题，集中力量开展隐患治理工作。

开展安全管理标准化、信息化和企业安全文化建设。《烟草企业安全标准化 规范》完成送审稿，企业在作业层面的相关安全规程进一步完善。开展工商企业安全管理信息系统试点工作，筹划行业层面的安全管理信息平台建设。4月，举办两期烟草企业安全文化建设培训班。

加强企业领导和安全管理人员培训。相关企业领导基本做到持证上岗，大多数企业设置了注册安全工程师岗位。通过加强培训，全行业获得国家注册安全工程师资格人员达620名，同比增长19%。

烟叶生产经营

【概　况】 2010年是行业烟叶生产最为困难的一年，也是烟叶工作成效显著的一年。面对严重自然灾害和严格控制规模的双重压力，国家局总揽全局，果断决策，烟叶产区各级领导干部和全体职工不怕苦，讲责任，做奉献，始终保持奋发有为的精神状态，卓有成效地开展工作，烟叶工作在改革、创新、推进技术进步等方面取得明显进步，收购秩序良好，烟叶等级质量继续改善，大灾之年烟叶生产连续第13年保持稳定发展。

【烟叶种植】 2010年，行业认真贯彻“严控规模、优化结构、加强管理、全面提升”的方针，连续召开相关会议，组织监督检查，印发明传电报，明确责任，强化措施。烟叶产区各级烟草部门加强分解计划、签订合同、约定面积、发放烟用物资、安排生产补贴、供种、供苗、移栽等环节管理。超收产区积极化解各种矛盾，切实采取有效措施，把“超收抵减”的要求落实到县、乡、村和每户烟农。

全国11个省（区、市）抵减计划22.35万吨（447万担），涉及359个县、3042个乡镇、66.5万户烟农；全国共签订烟叶种植收购合同124.1万份，同比减少26.5万份；种烟农户数量132.4万户，同比减少34.8万户；实际移栽烤烟1591万亩，同比减少94万亩。全国烟农户均规模达11.9亩，同比增加1.8亩。

【烟叶收购】 2010年，主产烟区不断遭受严重的自然灾害，烟叶生产面临较大的不确定性，国家局把严控规模、提高质量摆在中心位置，严格计划合同管理，严格质量管理，稳定烟叶收购秩序，积极探索烟叶专业分级散叶收购新模式，高标准完成收购任务。

进一步加强烟叶收购工作管理。6月，印发《国家烟草专卖局办公室关于切实加强烟叶收购工作的通知》（国烟办综［2010］259号），《通知》要求严格按计划组织收购，确保规模控制任务的完成；严格执行国家烟叶标准，提高烟叶收购等级质量，继续加大“两条红色预警线”① 的考核力度；严肃烟叶收购纪律，维护良好烟叶收购秩序；加大基层烟站管理力度，提升烟叶收购管理水平；完善现有烟叶收购方式，抓好散叶收购试点工作；增强烟叶收购责任意识，强化收购工作组织领导。

10月，西南六省（市）烟叶收购边界协调会议在重庆市召开。会议强调了行业要严格执行烟草专卖法律法规和烟叶收购政策，将边界收购整顿工作纳入整顿重点，重抓边界基层收购站点管理，重抓烟叶合同收购和质量检验等关键环节；加强毗邻地区联系和协作，落实烟叶收购责任制；严厉打击跨区收购和烟贩私卖行为。

2010年，全国计划收购烟叶241.0万吨（4820.04万担），累计收购烟叶233.66万吨（4673.1万担），占计划总量的96.95%。收购总金额为332.6亿元，同比减少34.36亿元；收购均价为14.23元/千克，同比减少0.07元/千克。在实际收购的烤烟中，上等烟比例为45.05%，同比增加3.67个百分点；中等烟比例为39.55%，同比减少5.93个百分点；下低等烟比例为15.41%，同比增加2.26个百分点。上部烟比例为33.51%，同比减少1.27个百分点；中部烟比例为45.56%，同比增加3.74个百分点；下部烟比例为20.93%，同比减少2.47个百分点。全国烟叶收购等级合格率达80.9%，较2009年提高1个百分点。

全年共收购晾晒烟9.33万吨（186.66万担），其中白肋烟4.63万吨（92.65万担）、香料烟2.14万吨（42.87万担）、其他晾晒烟2.56万吨（51.14万担）。

【烟叶流通】 行业严格规范烟叶生产流通秩序，确保烟叶生产流通的平稳运行。6月，国家局印发《关于下达2010年烟叶调拨基准价格的通知》（国烟计［2010］198号），要求各省级局（公司）、工业公司和卷烟工业企业必须严格执行国家局烟叶调拨价格政策和调拨价格，必须严格执行烟叶价格补贴政策及各项规定。

2010年，全国共签订烤烟购销协议236.11万吨（4722.1万担），同比增加4.19万吨（83.8万担），计划执行率为99.4%，其中，国内217.0万吨（4340.1万担），计划完成率99.4%；上等烟48.1%，中等烟46.2%，下低等烟5.7%；出口备货19.1万吨（382万担），计划完成率100%。在全国烤烟购销协议中，2010年新烟182.23万吨（3644.5万担）、基地单元烟叶32.42万吨（648.3万担）、超产烟叶21.47万吨（429.3万担）。

全国共签订晾晒烟购销协议9.31万吨（186.1万担），同比增加0.86万吨（17.1万担），计划执行率95.6%，其中国内5.97万吨（119.3万担）、出口备货3.34万吨（66.8万担）。

【烟叶先进技术推广】 行业高度重视生产环节新技术研发和适用技术的推广应用，进一步加强基础研究，突破关键技术。2010年，全国特色品种“红花大金元”和“翠碧一号”种植面积达到158.9万亩，同比增加5万亩。外引品种示范推广面积扩大，其中“KRK26”达到19.6万亩。全国全年漂浮育苗移栽面积1373.4万亩，占84.9%，同比提高1.9个百分点；专业化供苗面积达到1505.4万亩，占94.7%，同比提高0.7个百分点。

组织开展密集烘烤工艺和测土施肥研究，全国累计建成密集烤房51万座，烤能突破3000万担，烤能

---

① “两条红色预警线”即：上等烟收购比例不能超过前三年的平均比例，中部叶收购比例不能超过45%。

利用效率得到提高，烘烤水平明显提升；测土配方施肥面积达到730.9万亩，占46%。

通过推行秸秆还田、种植绿肥、增施有机肥、规范农用化学品使用等措施，改良土壤理化性状。各烟叶产区在大田移栽期间，加强指导，移栽规范化程度得到提高。

【烟叶基地化建设】 2010年，烟叶基地化建设工作紧紧围绕“品牌导向明确、工商协同密切、质量明显提高、供应长期稳定”的要求，按照“整县推进，单元实施”的工作思路，坚持把现代烟草农业建设与基地建设紧密结合，坚持把种植布局调整与基地建设紧密结合，坚持把新烟区开发与老烟区协调发展紧密结合，基地建设取得重大进展，水平明显提升，品牌发展有效引导烟叶生产的新机制初步确立。

1月，制定《现代烟草农业基地单元建设规范（试行）》，《规范》对基地单元规划建设、烟叶生产基础设施综合配套建设、烟叶生产组织形式和专业化服务方式、基地单元业务管理等作出了明确规定。3月，国家局在湖南长沙组织召开全国烟叶基地建设座谈会，积极推广湖南中烟和湖南省局等单位基地建设的经验。组织召开专题会议，推广上海烟草与河南省局等单位建设烟叶联合实验室的做法。9月，国家局下发了《基地单元现代烟草农业建设评价验收暂行办法》和《2010年度烟叶基地单元评价验收细则》。10月，下发了《国家烟草专卖局办公室关于大力推进现代烟草农业基地单元烟叶管理信息化建设的实施意见》（国烟办综［2010］442号），《意见》提出要全面推广烟站（单元）烟叶管理信息系统单元软件，并明确了具体的推广目标和进度。

全年共落实烟叶基地单元149个，种植面积229.9万亩，收购计划33.68万吨（673.6万担），18家工业公司全部参与了基地单元建设。

【特色优质烟叶开发】 坚持“生态决定特色、品种彰显特色、技术保障特色”的工作思路，按照“风格表现突出、品质特征明显、配方作用独特、资源优势巩固”的要求，云南普洱、临沧、文山、保山、丽江、安徽皖南、四川凉山、河南许昌、湖南郴州、贵州黔西南等一批特色烟区加快发展，对知名品牌加快发展发挥重要的支撑作用。

4月，国家局在河南许昌组织召开了全国特色优质烟叶开发工作暨烟叶生产技术研讨会议，会议交流了特色烟叶开发经验，研讨重大生产适用技术，安排烟叶品质特色化相关工作，并就良区、良种、良法配套的重要性取得共识。5月，制订《2010年特色优质烟叶开发工作实施方案》（国烟办综［2010］172号），《方案》明确了2010年度特色优质烟叶的具体生产目标，以及相应的工作措施和保障措施。8月，下发《关于深入推进特色优质烟叶开发工作的意见》（国烟办［2010］270号），《意见》明确了特色优质烟叶的发展思路，并对2010~2015年特色优质烟叶工作作出安排。

国家局及时调整特色优质烟叶开发重大专项的工作机制，形成“三纵三横、统分结合”的项目组织模式，并启动相关专题的研究。合理调整特色优质烟叶开发面积，全年落实特色优质烟叶基地单元104个，种植面积152万亩，计划收购22.5万吨（450万担）。2010年，全国特色品种“红花大金元”种植面积达118.5万亩，“翠碧一号”种植面积达40.4万亩，“KKR26”种植面积达19.6万亩，特色品种同比增加23万亩。

【现代烟草农业建设】 2010年，行业坚持现代烟草农业发展方向，积极推进生产方式现代化。按照“整县推进、单元实施”的要求，全年共安排32个县、75个单元，种植面积123.1万亩，收购计划17.96万吨（359.1万担）。

*规模种植。*全国烟农户均规模11.9亩，同比增加1.8亩；百亩以上连片面积近1000万亩，占62.7%，同比提高6.7个百分点；千亩村、万亩乡规模分别突破700万亩和550万亩，分别占44%和35%。专业分级、散叶收购试点取得实质性进展，全年试点共涉及17个省、30个州（市）、37个县、46个基地单元或片区，共有39.05万亩、5.91万吨（118.12万担），抽检合格率为83.5%，比常规收购合格率高出1.09个百分点。5月，国家局印发《国家烟草专卖局办公室关于2010年烟叶专业化分级散叶收购试点工作的意见》（国烟办综［2010］203号），《意见》确定了2010年烟叶专业化分级散叶收购试点单位，明确了试点工作采取的主要措施，并制定了《烟叶专业分级散叶收购工作规范（试行）》。

*烟叶生产基础设施建设。*2010年度是烟叶生产基础设施建设投入资金最多、实施范围最广、项目类型最丰富的一年。全年共安排资金75亿元，建设项目30.3万件，其中，新建烟水配套工程受益面积633万亩，密集烤房9.9万座、受益面积236.7万亩，机耕路8089公里，配置农机具8.5万台（套），新建育苗大棚1.4万个，建设项目从“散、小、零”向综合配套、集群建设转变。

8月，国家局印发《关于深入推进烟叶生产基础设施建设工作的意见》（国烟办［2010］296号），

《意见》明确了2010～2015年烟叶生产基础设施建设工作的目标要求：到2015年全行业投入资金达到900亿元以上，全面完成4800万亩高标准基本烟田水利、密集烤房、育苗设施、机耕路、农用机械等基础设施的综合配套建设任务。

国家局全年安排16.6亿元资金对整县推进单位实施综合配套，占全年项目资金总量的22%。综合配套建设坚持规划立项、资金管理、检查验收“三个以我为主”原则，抓住“质量”、“资金”两个关键环节。8月，国家局印发《关于促进烟叶基础设施建设项目审计常态化的实施意见》（国烟审［2010］303号），《意见》就进一步加强烟叶基础设施建设项目同级审计监督，规范资金管理和使用作出了规定。

建立完善基础设施管护的长效机制，安排云南、贵州、四川、湖南土地整治计划17万亩，在云南开展了水源性工程建设试点，提高土地综合生产能力。

专业化服务。进一步提高专业化服务水平。2010年，全国专业化育苗面积1505万亩，占94.7%；落实专业化育苗队（户）4.6万个；病虫害统防统治830万亩，同比增加250万亩；密集烤房51万座，烤能突破3000万担；测土配方施肥面积730.9万亩，占46个百分点；机械深耕面积1077万亩，占67.7%，同比增加10个百分点；机械起垄面积830万亩，占52%，同比增加11个百分点；机械化中耕面积237万亩，占14.9%，同比提高9.1个百分点；机械化移栽面积54万亩。

烟农专业合作社建设。行业不断加强烟农专业合作社建设，烟叶产区积极探索、大胆实践，尊重烟农主体地位，创新生产组织形式，烟农专业合作社建设取得进展，专业化服务水平进一步提高，烟田基础设施管护长效机制初步建立。截至2010年年底，全国共有烟农专业合作社11746家，其中工商注册烟农专业合作社3728家，以湖南宁乡、湖北十堰等地的专业合作社为先进代表。

烟叶基层建设。烟叶产区按照现代烟草农业建设要求，进一步优化站点布局，完善基础设施，建立工作规范，优化业务流程，强化基层管理。

各烟叶产区持续开展优秀基层站创建活动，成立创建活动领导小组和工作班子，并因地制宜制订了创建活动方案和评价细则；同时，通过严格的组织实施，进一步改善了烟站硬件和软件条件，对照评价细则进行了查漏补缺，加强了检查考核力度。2010年，全国共创建优秀烟叶基层站47个，促进了基层工作水平的全面提升。部分烟叶产区创新开展了创建工作，宣贯ISO 9000质量管理体系，并引进推行了“6S”现场管理模式。

基层管理水平得到提高。行业基层烟站的岗位设置趋于合理，标准化体系比较健全，痕迹化管理得到较好落实。基地单元信息管理平台成功开发，国家局组织开发了基层烟站（单元）烟叶管理信息软件，并在云南滇东四个基地单元进行了试点。

烟叶信息化建设。国家局组织开发了基层烟站（单元）烟叶管理信息软件，并在云南滇东四个基地单元进行试点。该套软件较好地实现了对基地单元烟叶生产、收购、管理全面工作的信息化管理，对基本烟田规划、种植收购计划与合同、烟用物资补贴发放等各环节的信息化管理，对育苗、移栽、植保、采摘、烘烤、收购、运输等全过程的信息化管理，初步形成了基层烟站人员日常管理工作平台和基层运行检查考核平台，提升了现代烟草农业基地单元信息化管理水平。

【烟叶复烤加工】 2010年，行业打叶复烤企业的重组整合工作有效推进。于2009年启动试点的云南、贵州、湖北三个试点省份均已重组整合完毕，国家局对完成重组整合的云南烟叶复烤有限责任公司、贵州烟叶复烤有限责任公司、湖北烟草金叶复烤有限公司按照统一业务流程、统一人力资源管理、统一财务管理、统一计划管理、统一技术标准、统一物资管理的“六统一”要求建立了组织结构，配备了资源，细化了公司级与工厂级管理的职责权限，合理调配烟叶加工资源，实现了适度集中加工。

3月，国家局下发《关于加强打叶复烤企业建设的意见》（国烟办［2010］79号），明确了打叶复烤企业各项工作的目标及要求，为打叶复烤企业制定“十二五”规划指明了方向；下发了《关于全面开展打叶复烤企业对标工作的意见》（中烟叶复［2010］24号），《意见》明确了打叶复烤企业对标工作的工作目标和对标内容，打叶复烤企业的基础管理进一步加强。12月，国家局印发《关于批准发布烟叶 打叶复烤工艺规范等15项烟草行业标准的通知》（国烟科［2010］414号），进一步加强对打叶复烤工艺的规范管理。

2010年，全国烟草行业共有打叶复烤生产点64个，共计81条生产线（不含正在筹建的贵州黔西南和江西赣南两条60万担/年的生产线，贵州遵义南白镇生产线已经拆除），年度设计加工能力为186.75万吨（3735万担）。按照自然年度统计（2010年1月1日～12月31日），2010年全国打叶复烤企业共加工烟叶251.66万吨（5033.27万担），其中加工原烟244.84万吨（4896.71万担），占加工总量的97.29%；加工机烤把（片）烟6.83万吨（136.56万担），占加工总量的2.71%。2010年“原烟交接、委托加工”总量为

238.24 万吨（4764.88 万担），占加工总量的94.67%，其中委托加工省内烟叶总量为210.02万吨(4200.35万担)，占委托加工总量的88.15%；委托加工省外烟叶总量为28.23万吨（564.53万担），占委托加工总量的11.85%。截至年底，40家独立法人打叶复烤企事业的资产总额为171.65亿元，实现加工费用收入为49.42亿元，平均加工费收入为2967.24元/吨（含价外费用）。

【烟叶进出口】 2010年，行业共进口烟叶11.02万吨，同比增加0.63万吨，增长6%，其中烤烟10.51万吨、白肋烟0.25万吨、雪茄烟叶0.23万吨、香料烟350吨。

卷烟生产经营

【概　况】 2010年是烟草行业品牌加快发展、结构快速提升的一年。全行业紧紧围绕“卷烟上水平”基本方针和战略任务，加大重点品牌培育力度，扎实推进各项工作落实，全国卷烟市场保持了“销量稳定增长、结构快速提升、重点品牌增势强劲，市场状态运行平稳”的良好局面。

【卷烟产销情况】 *卷烟生产与销售*。全国烟草行业累计生产卷烟23752.73亿支（4450.55万箱），同比增长3.71%，其中，生产一类烟2377.28亿支(475.46万箱)，同比增长30.49%；二类烟1131.99亿支（226.40万箱），同比增长35.87%；三类烟7494.95亿支（1499.0万箱），同比增长20.67%；四类烟8402.90亿支（1680.58万箱），同比下降6.15%；五类烟4345.60亿支（869.12万箱），同比下降14.51%。年末卷烟工商库存1823.96亿支(364.80万箱)，同比增长16.29%，其中商业库存1239.22亿支（247.84万箱)，工业库存584.74亿支(116.95万箱)。

全国烟草行业累计销售卷烟23420.5亿支(4684.1万箱)，同比增长3.0%，其中，销售一类烟2294.05亿支（458.81万箱)，同比增加495.65亿支(99.13万箱)，增长27.56%；销售二类烟1109.9亿支（221.98万箱)，同比增加268.4亿支（53.68万箱)，增长31.89%；销售三类烟7280.95亿支(1456.19万箱)，同比增加1157.15亿支（231.43万箱)，增长18.89%；销售四类烟8443.15亿支(1688.63万箱)，同比减少365.45亿支（73.09万箱)，下降4.14%；销售五类烟4294.15亿支(858.83万箱)，同比减少760.35亿支（152.04万箱)，下降15.04%。一、二、三类烟销量占总销量的比重达45.6%，同比提高6.9个百分点；五类烟销量占总销量的比重同比下降3.9个百分点。

重点品牌销售。全年销量超过100万箱的品牌有13个，其中“红塔山”、“白沙”、“红金龙”、“红河”、“双喜”、“红旗渠”等6个品牌超过200万箱。销售收入超过200亿元品牌有15个，其中“中华”、“云烟”、“芙蓉王”、“红塔山”、“利群”、“白沙”等6个品牌超过400亿元，“中华”达到761亿元。“中华”、“玉溪”、“黄鹤楼”、“黄金叶”、“娇子”、“泰山”、“好猫”、“贵烟”等8个品牌销量增长率均超过30%；“云烟”、“芙蓉王”、“红塔山”、“利群”、“双喜”等5个品牌的销量增长率均在20%以上。28个品牌中有11个品牌单箱均价明显提升，其中“白沙”、“红金龙”、“红旗渠”、“黄金叶”、“贵烟”、“真龙”、“中南海”等7个品牌单箱均价增幅均超过5%。

一、二、三类烟销量前15名品牌实现销量7976.05亿支（1595.21万箱），同比增长24.9%，占行业一、二、三类烟总销量比重74.6%，同比提高1.8个百分点。行业卷烟销售收入前15名品牌实现销售收入5573.98亿元，同比增长24.3%，占行业卷烟销售收入的65.7%，同比提高4.3个百分点。

【卷烟市场分析】 *省级单位卷烟销售情况*。行业31个省级单位单箱结构增幅均高于2009年同期。上海、河南、云南、西藏、天津、广西、山东、山西、北京、湖南和深圳等12个省级单位，单箱结构增幅明显高于2009年。北京、天津、辽宁、大连、黑龙江、福建、山东、湖北、广东、深圳、广西、海南、四川、云南、陕西和青海等16个省级单位单箱结构增幅和销量增幅均高于2009年。山西、内蒙古、黑龙江、安徽、山东、河南、海南、重庆、四川、云南、陕西、甘肃、青海和新疆等14个省级单位连续两年单箱结构增幅高于行业平均水平。

全行业有20个省级单位一类烟销量同比增长超过

行业平均水平（27.56%）；有25个省级单位一类烟销量增幅高于2009年，增幅较明显的有河南、山东、上海、云南、黑龙江和北京，其中河南一类烟同比增幅高于2009年同期50个百分点。有21个省级单位二类烟销量同比增长超过行业平均水平（31.89%）；有20个省级单位二类烟增幅高于2009年同期，增幅较明显的有广西、河南、湖北、吉林、山东、云南、湖南、海南和北京，其中广西、河南二类烟同比增幅高于2009年同期100个百分点以上。

省级单位重点品牌销售情况。品牌销量增长率超过50%的省级市场："中华"有12个；"云烟"有4个；"芙蓉王"有6个，其中山东、河南、湖北增长率超过100%；"红塔山"有4个；"利群"有16个，其中重庆、河南、贵州、广西等8个省级市场增长率超过100%；"双喜"有16个，其中吉林、河北、甘肃、山东和宁夏等5个省级市场增长率超过100%；"玉溪"有10个；"黄鹤楼"有21个，其中海南、甘肃、云南、河南、四川和贵州等6个省级市场增长率超过100%；"黄山"有3个，其中重庆市场增长率超过100%；"南京"有17个，其中四川、陕西、重庆、海南、广西等11个省级市场增长率超过100%；"七匹狼"有8个，其中贵州、甘肃、宁夏市场增长率超过100%。"中华"、"利群"、"双喜"、"黄鹤楼"、"南京"等5个品牌市场扩张最为明显。

从全年各价类卷烟品牌销售情况看，一类烟销量前五位的品牌依次是"芙蓉王"、"中华"、"玉溪"、"黄鹤楼"、"利群"，增量前五位的品牌依次是"芙蓉王"、"中华"、"玉溪"、"黄鹤楼"、"苏烟"，增量贡献度为73.9%，其中"芙蓉王"和"中华"的增量贡献度分别是18.9%和17.7%。

二类烟销量前五位品牌依次是"利群"、"娇子"、"七匹狼"、"黄山"、"黄鹤楼"，增量前五位品牌依次是"利群"、"黄鹤楼"、"娇子"、"双喜"和"黄山"，增量贡献度为67.6%，其中"利群"在二类烟中销量与增量贡献均为第一，增量贡献度为29.3%。

三类烟销量前五位品牌依次是"红塔山"、"双喜"、"云烟"、"白沙"、"红双喜"，增量前五位品牌依次是"红塔山"、"双喜"、"云烟"、"白沙"和"娇子"，增量贡献度为64.2%，其中"红塔山"在三类烟中销量与增量贡献均为第一，增量贡献度为25.6%；"双喜"销量与增量贡献均为第二，增量贡献度为13.8%。

【卷烟交易】 2010年6月和12月举行的全国卷烟网上集中交易期间，工商会员共签订半年协议1.17万份，协议交易量为22710.05亿支（4542.01万箱），成交金额为5469.38亿元。截至12月23日，卷烟网上交易系统共完成合同分解49.6万份，合同交易量达21847.73亿支（4369.46万箱）。

根据《关于部分卷烟牌号规格退出国产卷烟调拨价格目录》（国烟办综［2010］32号）清退可交易牌号231个，根据《2010年度进口卷烟、雪茄烟产品目录》完成59个进口卷烟交易牌号规格、182个进口雪茄烟牌号规格的交易价格的清理核对工作。卷烟产品数量由2009年年底的142个牌号、975个规格，减少到2010年年底的129个牌号、859个规格。

【工商协同营销】 *工商协同品牌营销试点*。继续深入开展工商协同营销试点工作，总结试点经验，各工商企业积极探索，不断加大协同营销工作力度。7月，制定印发《烟草行业"卷烟上水平"总体规划》及五个实施意见（国烟计［2010］259号）中的《市场营销上水平实施意见》。8月，在北京组织召开工商协同营销培育行业知名品牌试点工作启动会，研究工商协同营销培育知名品牌试点工作方案。9月，印发《工商协同品牌营销试点工作方案》，确定了包括广东中烟和北京、山西、黑龙江、浙江、河南、重庆、陕西等省级公司在内的第一批试点单位，以"双喜"品牌作为试点品牌，其高端产品"双喜（逸品）"和"双喜（盛世）"作为具体试点载体；具体协同内容包含产品研发协同、新品上市协同、品牌维护协同、品牌评价协同等。

品牌培育。卷烟品牌培育工作按照"营造环境、尊重市场、引导消费、增强能力"的要求，注重发挥市场营销对知名品牌培育的基础和引领作用，聚集目标，加大力度，促进"532"和"461"知名品牌加快成长。11月，下发《关于在卷烟流通企业开展为培育"532"和"461"知名品牌建功立业活动的意见》（中烟办［2010］229号），明确开展建功立业活动的意义、目标和要求，制定了评价标准，为行业知名品牌成长营造良好氛围。11月，下发《关于加强烟草企业宣传促销管理的意见》（中烟办［2010］212号），对企业的立项管理、公开招标，零售终端促销活动、监督检查等方面提出要求，为知名品牌发展营造公平竞争的市场环境。

先后召开了"中华"品牌精准营销座谈会、云南中烟"卷烟上水平"工商协同座谈会、全力推进"七匹狼"上水平座谈会、浙江烟草"七匹狼"品牌专项营销启动会、"双喜"品牌培育座谈会、川渝中烟灾后重建暨"娇子"品牌发展汇报会、"黄金叶"品牌发展座谈会、"长白山"低害低焦卷烟市场营销座谈会等营销工作会议。

精准营销试点。按照“精确信息、精准投放、精细管理”要求，组织开展“中华”品牌精准营销试点，完善《精准营销工作框架》，初步形成一套精准营销工作流程框架、运行模式和操作标准。5月，“中华”品牌精准营销交流会在上海召开，会议围绕“中华”品牌精准营销试点工作，共同探讨完善精准营销模式。

【卷烟销售网络建设】 卷烟销售网络建设工作按照“优化模式、完善机制、强化服务、增强能力”要求，围绕持续提升卷烟营销网络软实力目标，在模式、手段、方法上进行积极探索。9月，全国卷烟销售网络建设现场会暨“532”、“461”知名品牌培育动员会在甘肃兰州召开，总结推广了兰州市公司网建经验。

网上订货。强化以网上订货为主要形式的电子商务建设，按照“试点先行，积极推进”的要求，组织编写《网上订货业务规范》，制订《网上订货技术规范》，从基础准备、业务规范、技术支持等方面提出要求，并分批开展业务和技术培训。

国家局委托大连市公司组织开发“新商盟”网上订货软件，并通过行业内外专家的评审，成为向全行业推广的网上订货软件。截至年底，全国50余万户卷烟零售客户通过“新商盟”实现网上订货，网上订货率由2009年的7.45%上升到2010年的28.18%，其中大连达99%，重庆达87%，陕西达75%，江苏、云南、浙江、甘肃四省达到或超过60%。

客户服务。坚持服务客户，通过组织有效货源、完善货源分配政策、稳定市场价格，保证零售客户合理利益。全国零售客户平均毛利率为9.8%，比2009年提高0.9个百分点。根据国家统计局有关零售客户满意度调查，2010年全国卷烟零售客户综合满意度82.4分，总体处于较高水平。

农网建设。在农村卷烟零售服务站点建设、农网服务规范、农村市场调查及农村市场货源供应等方面加大力度，农村客户服务明显加强。农村服务站点从2008年年底的2181个增加到2010年的2435个。云南农村服务站点从621个增加到829个，贵州农网服务大厅从56个增加到84个。

【卷烟市场营销管理】 7月，下发《关于加强卷烟市场营销管理的意见》（国烟办［2010］261号），对卷烟营销管理中的市场准入、市场采供、零售终端营销等提出具体要求；8月，下发《关于加强对高价位卷烟生产经营和价格管理的意见》（国烟专［2010］294号），把高价位卷烟管理监督列入日常监管和定期检查的重要内容，通过加强价格管理、规范货源供应管理及加强内部管理监督等措施，进一步规范高价位卷烟生产经营行为。10月，下发《关于开展卷烟营销规划有关事项的通知》（国烟办综［2010］436号），明确开展卷烟营销规划需要遵循的基本原则和要求，以及包括分析市场、工作目标和具体措施在内的具体规划内容。

加强卷烟市场营销管理，组织编写《卷烟市场营销》、《卷烟服务营销》、《卷烟品牌营销》、《卷烟营销管理》4本教材和《客户经理300问》知识丛书，重新修订了《卷烟营销网络业务规范》。

【卷烟营销信息化】 以市场为导向，加强对卷烟零售终端市场的跟踪与研究，提高快速响应市场能力。在深入调研基础上，制定印发《全国卷烟市场信息采集网络建设工作规范》（中烟销信［2010］24号），指导和推进行业市场信息监测体系建设。

开展市场信息采集与分析系统实施试点工作，推进全国卷烟市场信息采集网络建设。截至年末，17个省级公司实现所辖全部地市级公司的软件部署和系统对接。

按照《中烟电子商务系统卷烟、烟叶、物资交易平台会员管理办法》，规范会员管理流程，并按照行业CA体系统一要求，对会员管理平台进行整合，建设电子商务平台会员管理子系统。拓展烟草电子商务平台功能。按照“行业调控信息支持系统”项目总体设计和要求，在原有卷烟网上交易平台上组织开发了工商协同子系统，为实现先协同后交易的业务模式，以及网上配货工作的全面展开奠定了基础。截至年底，卷烟工商交易协同子系统基本建设完毕，并在云南、湖南、山西、深圳等13家工商企业试点运行。完成烟草网上交易系统与国家局代码系统对接工作，实现了卷烟代码和组织机构代码从国家局代码系统的实时接收。

注重提高研究市场、分析市场、把握市场能力，建立省级公司与地市级公司市场分析报告制度。全面收集整理各省和重点城市的市场月度分析报告，结合全国卷烟市场信息采集网络数据，逐步筹建基于品牌和零售终端的市场分析体系，定期撰写发布全国卷烟市场分析报告。全年共撰写月度分析报告12篇、旬市场监测报告24篇、上半年及全年市场综述各1篇。组织完成《2009年及2010年上半年品牌发展研究报告》、《“532”和“461”品牌市场前景分析报告》、《高价位卷烟品牌发展研究报告》、《流动人口卷烟消费状况调查研究报告》、《加强雪茄烟营销工作实施意见（初稿）》、《关于我国卷烟品牌发展情况的分析报告》等研究报告及《中式卷烟大品牌之路——卷烟品牌市场咨询和诊断工作纪实》一书。

【现代物流建设】 5月，在上海组织召开全国烟草现代物流建设工作会议，明确烟草物流为行业核心业务，明确今后一段时期行业现代物流建设方向和任务。会议总结推广江苏烟草现代物流建设经验，从一个目标、两个体系、三个一体化、四个环节、七项工作对下一阶段行业现代物流建设工作进行了全面部署。6月，印发《关于省级工业公司设立物流中心的通知》（国烟人［2010］212号）和《关于省级局（公司）设立物流管理处的通知》（国烟人［2010］213号），明确省级工商企业物流专职管理部门的职能定位。

区域物流中心建设工作。配合“按客户订单组织货源”工作深入推进，拟在全国范围内建立若干区域烟草物流中心。北京作为首个试点城市，将建设一个辐射东北、华北等10个省（市、区）的区域卷烟物流中心。同时，指导和推动长株潭区域物流中心、兰州区域物流中心、武汉区域物流中心等地市级层面的区域物流中心建设试点工作。

烟草行业物流标准化工作。召开行业物流分标委第四次工作会议，完成《工商卷烟物流在途信息系统数据交换》、《卷烟工业企业物流作业规范》、《卷烟工业企业物流作业绩效评估》、《卷烟工业企业物流信息系统数据接口规范》、《烟草商业企业物流配送中心视频监控系统统一平台技术规范》等五项行业物流标准审查工作。《工商卷烟物流在途信息系统数据交换》、《卷烟工业企业物流作业规范》两项标准通过全国标准委员会审查并发布实施。

卷烟流通学术研究活动。发挥学术研讨对卷烟流通的指导作用，中国烟草学会卷烟流通专业委员会组织开展了“市场营销上水平”学术交流和专题研究工作。活动共收集论文196篇，评审委员会对论文进行评选并对获奖论文单位及作者给予了表彰奖励。

专卖监督管理

2010年，全国烟草行业专卖监督管理工作认真贯彻落实全国烟草工作会议及全国烟草专卖管理工作会议精神，紧紧围绕“卷烟上水平”的战略任务，全面深入推进专卖内管、打假打私和队伍建设三项重点工作，努力维护良好的生产经营秩序。

【内部专卖管理监督】 专卖内管长效机制作用进一步发挥。3月，国家局印发《关于切实发挥内部专卖管理监督长效机制作用的意见》（国烟专［2010］68号），《意见》总结了2009年以来行业各单位落实《烟草行业内部专卖管理监督工作规范》、加强专卖内管、规范生产经营的情况，分析了存在的问题，并明确了从组织领导、机构建设、制度机制等八个方面发挥长效机制作用的具体任务。

针对《工作规范》执行过程中出现的问题，国家局组织召开了全行业内部专卖管理监督工作调研会，研讨了修订《工作规范》的有关事宜，并探索进一步提高科学有效监管水平的方法和途径。

“两烟”生产经营秩序进一步好转。国家局先后分3批对深圳、山东、贵州、陕西、宁夏等5个省（区、市）20家工商企业进行重点检查，发现了工业企业的无码生产、违规促销、无证运输等行为，以及商业企业虚假订单和捆绑销售卷烟、超合同种植烟叶等问题。有关省级局、工业公司明确责任部门、时限和要求，抓好整改落实，推动了存在问题的解决和内管工作水平的提升。

8月，国家局下发了《关于加强对高价位卷烟生产经营和价格管理的意见》（国烟专［2010］294号），《意见》把高价位卷烟管理监督列入日常监管和定期检查的重要内容，通过加强价格管理、规范货源供应管理及加强内部管理监督等措施，进一步规范高价位卷烟的生产经营行为。

加强对卷烟非法流通的治理整顿，各级局逐月上报查扣非法流通卷烟案件的情况。国家局分4次对重大非法经营真烟案件进行督办，对责任人进行了严肃处理，及时纠正卷烟经营不规范行为。各烟叶产区省级局按照严格控制烟叶生产规模的要求，在烟叶合同签订、育苗移栽、收购调拨等阶段开展专项检查，及时发现、纠正超合同种植、无合同收购等问题，进一步规范了烟叶生产经营秩序。

【卷烟打假】 卷烟打假总体情况。行业继续按照“端窝点、断源头、破网络、抓主犯”的打假工作方针，始终保持高压态势，不断完善联合打假长效机制，严厉打击制售假烟违法犯罪活动，有效遏制了制售假烟违法犯罪活动。2010年，查处案值5万元以上制售假烟案件7448起，同比增长24%；捣毁大型制假窝点294个，同比增长62%；收缴制假烟机841台，同比增长110%；查获非法经营烟叶烟丝1.81万吨，同比增长18%；查获假冒卷烟57.5万箱，同比下降2%；破获符合公安部、国家局标准的制售假烟网络案件713起，其中63起被列为部级督办案件，刑事拘留8506人，追究刑事责任4832人，案值35.6亿元。

源头打假。福建烟草、公安部门坚持长年驻点、持续打击卷烟制假活动，针对云霄地区制假出现原料加工、储藏窝点日益小型、分散的情况，于4月份开展“天鹰二号”专项行动，加大对重点制假区域的排查和打击力度，重点查缴制假烟机，销毁制假设备，爆破制假洞穴，异地焚烧原辅材料。2010年，福建共查获制假烟机488台，占全国查获量的58%，同比增加315台，增长182%。

广东采取有效措施，在假烟生产、烟丝加工、假烟商标印刷、手工包装、中转运输等环节开展了持续、大规模的打击行动，有效遏制了广州、汕头和潮州等重点地区制售假烟活动的猖獗势头。“海啸二号”专项行动共捣毁各类制假窝点19个，查获大型制假烟机36台，现场货值5000余万元，抓获制假嫌疑人17人，其中5名制假主犯全部落网。

河南连续组织平顶山“11.27”、漯河舞阳“12.1”等大规模集中打假行动，有效遏制转移北上的制假活动。从解决部分地区执法环境问题入手，于12月初全面部署开展为期4个月的卷烟打假冬季专项整治行动。

2010年，福建、广东、河南三省查获制假烟机778台，占全国93%。湖南、深圳、河北、广西、天津、贵州、江西、重庆、河北、四川等地密切关注制假转移扩散新动向，及时打掉了一批立足未稳的制假窝点。

打击制假原辅料。各烟叶产区开展烟叶专项整治工作，打击非法经营烟叶（烟丝）活动。通过建立省际间烟草专卖联合执法机制，形成打击合力。贵州捣毁6个向福建、广东、广西等省（区）地下窝点输送原料的非法经营烟叶团伙，云南破获16起非法经营烟叶网络案件。

2010年，全国查获的烟叶（烟丝）同比增加2729吨，增长17.7%，查获假烟标识9649万张，同比增长109%，其中广东查获假烟标识7037万张，占全国73%。广西梧州捣毁一个特大制造假烟标识窝点，涉案金额超过1亿元，及时打掉了转移的非法商标印刷活动。

打击制售假烟网络案件。各地烟草专卖局落实“每个地市局打掉1~2个较大规模制售假烟网络”的工作任务，与公安机关密切配合，以有效打击、摧毁假烟网络为目标，追踪溯源，抓捕主犯。全国破获重大假烟网络案件同比增加99起，同比增长16%。一是积极探索打击物流领域非法运输假烟活动的途径和方法，取得了新的突破。沪浙闽“12.11”网络案件是通过物流从福建长期向上海、浙江供应假烟的案件，涉案金额达2.7亿元；江苏徐州“4.16”网络案件是近年侦破的最大一起利用航空贩运假烟、走私烟案件，犯罪嫌疑人被逮捕，涉案金额达1.9亿元；浙江海宁“1.31”销售假烟网络案件涉案金额逾2亿元，主犯全部落网。中央电视台对此进行了报道。新疆等偏远地区也查获利用物流贩运假烟的百万元大案。二是对打击利用互联网非法经营烟草专卖品这一新型涉烟活动进行了积极探索。国家局与公安部、工信部、国家工商总局密切协作，积极协调有关电子商务企业，查找分析违法线索，调查涉案信息，及时移送案件线索，督导破获多起互联网涉烟案件；国家局制定下发《关于印发打击利用互联网等信息网络非法经营烟草专卖品工作指引（试行）的通知》（国烟专［2010］314号），逐步建立起互联网监管长效机制。各地不断加大查处违法网站的力度，抽调专业人员，加强信息研判，破获“京华烟云网站”等多起利用互联网非法经营烟草专卖品案件。三是结合市场监管打击制售假烟网络。各级烟草部门注重在市场监管中发现线索、经营案件，成功破获一批销售假烟网络案件。内蒙古破获“12.25”销售假烟网络案件，异地查获假烟1073万支，捣毁销售和藏匿假烟窝点42个，涉案金额1.3亿元，并抓捕两名主犯。深圳“9.16”、山西晋中“1.23”、黑龙江“1.17”、新疆博州“9.7”、青海西宁“8.3”、西藏“6.11”、海南三亚“8.22”等销售假烟网络案件均是从市场监管发现线索后告破的案件。

打击物流运输假烟。各地加大拦截力度，查处运输假烟和原辅材料违法行为。全国在运输环节查获假烟26.8亿支（5.36万箱），占全部查获假烟总数的47%。广东开展了打击非法运输假冒伪劣烟草制品专项行动，在省内各主要交通干道设立临时检查点，发挥治安卡口电子眼监控作用，拦截假烟运输车辆。2010年，广东在运输环节查获假烟7.5亿支（1.5万箱），占全国运输环节查获假烟数量的28%。湖南充分发挥与公安交警的协作机制，在省内主要交通要道构建了拦截假烟、非法烟叶的屏障。湖北加强与公安交警、治安、经侦、刑侦、铁路公安多警种的协作，在省内交通要道设置检查点，建立了以高速公路为主线，国道省道为辅线的区域性联防体系。浙江联合运管部门开展对非法涉烟运输的专项整治行动，联合铁路部门建立了联合打击非法涉烟运输工作机制，有效预防利用铁路非法运输假烟活动。山西、大连、浙江、江苏、江西、湖南、湖北、山东、四川、重庆、陕西、甘肃、宁夏、辽宁等省（区、市）积极协调省综治办、省整顿办、省公安厅、省交通厅、省工商局等部门，对货运站和高档卷烟经营场所进行专项整治，取得了积极成效。

追捕判刑。随着打假力度加大，暴力抗法案件增多。汕头澄海“3.30”非法运输假冒卷烟暴力抗法劫持执法人员案件发生后，当地公安机关、烟草部门快速反应，成功解救了被劫执法人员，并抓捕了主犯。随后，国家局与公安部在厦门召开了粤闽涉烟专案协调会，继续督导此案，研究解决黑恶势力参与制假、暴力抗法等问题，要求加大抓捕判刑力度，改善执法环境。

各级局加强与公、检、法协调配合，及时解决基层办案证据标准、证据转化等问题，严惩了一批制售假烟主犯。2010 年，全国刑事拘留涉烟犯罪嫌疑人 8506 人，追究刑事责任 4832 人，其中判处有期徒刑的 3099 人，同比增长 11%。

【卷烟市场监管】 *打击利用互联网非法经营专卖品工作取得新突破*。一是进一步加强与公安部、工信部、国家工商总局等部门的密切合作，积极协调腾讯、淘宝及支付宝等企业，查找分析违法线索，调查涉案嫌疑人基本信息和网上交易情况，向十几个省级局移送了案件线索，并组织督导吉林、江西、湖南、山东、四川等省破获了多起公安部、国家局督办案件，如吉林“京华烟云网站”非法销售假冒伪劣卷烟案，江西余江“1.15”、湖南长沙“7.5”和四川渠县“5.14”等利用互联网销售假冒卷烟网络案，以及山东济南、广饶、惠民等制售烟机网络案件。

二是为解决互联网涉烟监管方面存在的问题和不足，国家局于 9 月制定下发《关于印发打击利用互联网等信息网络非法经营烟草专卖品工作指引（试行）的通知》（国烟专［2010］314 号），规定了互联网上违法售烟信息、店铺、网站的处理程序和具体方法，明确互联网涉烟案件办理的一般流程，确定各级烟草专卖部门的监管责任，为建立打击利用互联网非法经营烟草专卖品长效工作机制奠定基础。国家局组织编写了互联网涉烟案件典型案例，指导各地有效开展利用互联网非法经营烟草专卖品案件的侦办工作。

三是进一步加大打击互联网非法经营工作的宣传力度，组织《中国烟草》、《东方烟草报》等行业媒体报道典型案例，在烟草行业各外部网站首页设置飘窗式链接窗口，相关专题网页访问量超过 70 万次，加强了对重点网站的监督，及时整理清理违法网页或网站，进一步营造了良好的社会环境。

卷烟零售市场监管工作得到进一步加强。加强对零售大户的监管，并下发《国家烟草专卖局办公室关于调查全国卷烟零售户有关情况的通知》（国烟办综［2010］206 号），对全国卷烟零售客户的基本状况、经营规模和业态及守法经营等方面内容进行调查，特别针对零售大户情况进行了解。国家局组织人员赴山东、山西、天津等地了解卷烟零售市场情况和零售大户的监管措施和办法，对调查结果汇总分析后，研究制定规范零售大户经营行为的监管办法。

进一步加强卷烟打码管理，规范卷烟打码到条工作。9 月，国家局制定下发《关于卷烟打码销售有关事项的通知》（国烟专［2010］324 号），要求商业企业所有销售卷烟必须打码到条，未打码到条的卷烟不得在市场上销售，对无码烟问题进行专项整治。国家局组织人员赴贵州、山东、山西、天津等地进行专项检查，对部分地区异形包装卷烟尚未实现打码到条等问题提出整改意见。

加强对免税店的专卖监管。针对近年来发现部分免税店非法销售免税卷烟，扰乱国内卷烟市场正常秩序的现象，国家局专门组织人员赴有关地区实地调查，督导山东、云南等有关省局对免税品商店经营情况加强监督检查，严格查处违法违规行为，并向中国免税品（集团）有限责任公司通报了有关省区免税品商店的监管情况。书面调查了解了深圳免税店、珠海免税店的专卖监管情况，约谈各免税企业负责人，严格申明监管要求。

行业外烟草专卖品生产企业监管方面取得新进展。完成规范性文件清理工作，组织修订《卷烟纸专卖管理办法》。根据有关举报线索，分别赴湖南、广东、云南等地，组织调查有关烟草专卖品生产经营企业的违规经营行为：调查岳阳黄金叶新技术开发有限公司和衡阳黄金叶枝森烟草薄片有限公司无证经营问题，并督办撤销有关注册登记；调查广东汕头打假收缴烟叶（烟丝）、烟梗等处理情况及金科公司烟草薄片生产经营情况，并提出处理建议；调查广州南沙保税港区深圳中晟醋纤丝束投资项目；调查江西萍乡三长花烟生产企业涉嫌违法经营烟草专卖品问题。此外，还对河南开封东方机械有限公司、云南玉溪通海烟丝厂、贵阳大鸿公司等企业进行了调查与处理。

【证件管理】 *许可证管理*。7 月，国家局印发《关于进一步加强烟草专卖零售许可证管理有关问题的通知》（国烟专［2010］234 号）要求，结合本地实际，采取有效措施，积极解决“领证难”、城乡持证失衡、卷烟无证经营等问题。截至2010年年底，全国拥有卷烟持证零售客户519.63万户，占全国人口比例3.88‰，其中城区和农村零售户持证比例分别为4‰和3.76‰，无证经营由2009年的19.15万户减少到15.51万户，同比下降19.02%。

出入库管理。为实现卷烟准运证制证与卷烟实物出库扫码、卷烟准运证到货确认与卷烟实物入库扫码的整合，国家局对卷烟准运证制证和到货确认模块进行了集成。浙江、山东、新疆等省级局（公司）和上海烟草（集团）公司及云南、湖南中烟作为试点单位，采用新模式进行卷烟准运证制证和到货确认，为下一步新模式在全国的推广使用积累了经验、奠定了基础。

【“两高”司法解释】 3月24日，最高人民法院、最高人民检察院正式发布了《关于办理非法生产、销售烟草专卖品等刑事案件具体应用法律若干问题的解释》，并于3月26日开始在全国施行。4月12日，国家局联合公、检、法等部门召开了贯彻落实“两高”司法解释的电视电话会议。

4月起，国家局分别在江西、重庆、湖北、甘肃、内蒙古等地共举办了5期司法解释培训班，并邀请最高人民法院等相关单位的专家进行授课。国家局专卖司和公、检、法等有关部门共同组织编写了《烟草打假法律指导手册》。

【职业技能鉴定】 继续开展专卖管理员岗位技能鉴定工作。全年共开展了四批全国统一鉴定，全行业共计35639名专卖管理人员参加鉴定，其中初级7408人、中级22301人、高级5930人。经鉴定获得烟草专卖管理员岗位资格证书的共计23004人，获证率为64.55%，其中初级5706人，获证率77.02%；中级12992人，获证率58.25%；高级4306人，获证率72.6%。

完成专卖管理师岗位标准和教材的开发。在完成初、中、高级烟草专卖管理员岗位标准的基础上，组织对专卖管理师岗位标准和培训教材的开发初审。结合近两年的鉴定工作情况，对试行的初、中、高级专卖管理员和新拟订的专卖管理师岗位标准进行合并修改。

【优秀县级局创建】 截至2010年5月底，各省级局全部完成2009年优秀县级局创建单位的验收工作，优秀县级局达标率达到24%，超过国家局确定的达标15%的目标。国家局分8批次对10个国家局创建试点单位进行调研，在《专卖动态》上编发优秀县级烟草专卖局创建活动专辑，全年共编发14期创建活动专辑，以多层次、多渠道的方式通报全行业省、市、县三个层面创建优秀县级局工作开展情况。

开展2010年优秀县级局创建活动，各省级局列入计划创建达标单位有1132个，计划累计达标率为71%。国家局分别在9月、10月和11月在山东、陕西、云南对三个片区优秀县级局创建活动开展情况进行集中调研，并对创建工作进行了抽查。截至2010年年底，已完成验收达标的单位有729个，验收累计达标率为54%，超额完成创优达标率50%的工作目标。

政策法规与体制改革

【卷烟工业企业改革】 积极推动“卷烟上水平”相关工作。围绕《烟草行业“卷烟上水平”总体规划》编制、召开座谈会和开展调研工作，政策法规与体制改革司重点配合发展计划司，参与规划编制工作小组，对“卷烟上水平”总体规划和“品牌发展上水平”子规划中进一步推动有关卷烟工业企业跨省联合重组工作提出意见和建议。

加强工业公司更名改制工作和完善公司法人治理结构。4月20日，山东中烟工业有限责任公司在山东济南举行成立揭牌仪式。11月，国家局、总公司先后完成对贵州中烟、河南中烟完善公司法人治理结构的批复。11~12月，先后批复同意安徽中烟、上海烟草（集团）公司、福建中烟、川渝中烟、河北中烟、云南中烟更名改制和完善公司法人治理结构。

为降低交易成本、优化资源配置、提高经营管理效率，12月，国家局批复同意撤销江苏中烟所属的江苏格瑞实业有限责任公司。

【烟草商业企业改革】 7月，国家局、总公司下发《国家烟草专卖局 中国烟草总公司关于印发中国烟草总公司山西省公司章程的通知》。8月，批复同意成立海南金沙岛卷烟销售有限责任公司。10月，批复办理甘肃省甘南藏族自治州所属7县烟草管理体制上划事宜。

【调整多元化投资及企业管理体制】 继续推进多元化投资管理体制改革，实现省级公司多元化投资管理部门向实体化投资管理公司转变。年内，国家局研究办理了山东、广东、贵州省烟草公司多元化投资管理体制改革的批复。其中：1月，批复同意设立山东烟草投资管理有限公司，作为中国烟草总公司广东省公司的全资子公司；10月，国家局、总公司下发《国家烟草专卖局 中国烟草总公司关于理顺广东省烟草商业系统多元化投资管理体制的批复》，同意设立广东粤烟投资管理有限公司，作为广东省烟草公司的全资子公司；12月，批复同意设立贵州烟草投资管理有限公司，作为中国烟草总公司贵州省公司的全资子公司。

推动国家局、总公司直属专业性公司进行公司制改革。11月，国家局、总公司下发《国家烟草专卖局 中国烟草总公司关于中国双维投资公司更名改制有关事项的批复》，同意将中国双维投资公司更名改制为中国双维投资有限责任公司，作为中国烟草总公司的全资子公司。

【打叶复烤企业改革】 *开展打叶复烤企业重组整合试点工作。*确定以云南、贵州、湖北3省为打叶复烤企业重组整合试点，督促落实打叶复烤企业重组整合任务，进一步优化股权比例。1月6日，湖北烟草金叶复烤有限责任公司成立，在武汉举行授牌仪式，公司由10家股东单位共同出资组建，属于湖北省烟草公司控股的子公司，总部设在湖北恩施州。1月12日，贵州烟叶复烤有限责任公司在贵阳举行成立授牌仪式，公司系15家股东单位共同出资组建，由贵州省内原有的7家打叶复烤企业重组整合而成。11月，国家局、总公司下发《国家烟草专卖局 中国烟草总公司关于云南烟叶复烤有限责任公司股权结构调整的批复》，调整云南烟叶复烤有限责任公司股权结构，由18家股权单位共同出资，其中，云南省烟草公司占股权比例的32.83%。

*推进各省打叶复烤企业重组整合工作。*1月，研究办理了四川三益烟草有限责任公司增资扩股的相关事宜。7月，批复同意川渝中烟工业公司入股湖北烟草金叶复烤有限责任公司，占湖北烟草金叶复烤有限责任公司股权比例的4.14%。10月，国家局、总公司下发《国家烟草专卖局 中国烟草总公司关于山东省公司打叶复烤企业体制改革的批复》，同意将山东京鲁烟叶复烤有限公司、山东申沂烟叶复烤有限公司重组整合为山东烟叶复烤有限公司，作为山东省烟草公司控股管理的子公司，下设非独立法人的山东烟叶复烤有限公司沂水复烤厂、诸城复烤厂。12月，研究办理了安徽省打叶复烤企业重组整合的相关事宜。

【"五五"普法检查验收】 5月，国家局印发《国家烟草专卖局关于开展"五五"普法检查验收的通知》，组织对行业各直属单位"五五"普法工作进行检查验收。7月，组织召开全国烟草行业"五五"普法检查验收启动电视电话会议。8月15日至9月中旬，国家局派出5个普法检查验收工作小组，对黑龙江、广东、陕西、四川、福建、贵州等27个省级局（公司）以及川渝、湖北、广东、山东中烟等13个省级中烟工业公司的普法工作组织机构建设、普法经费落实、重点人群法律培训、依法行政、依法管理和依法生产经营等情况进行检查验收。12月，国家局印发《国家烟草专卖局关于表彰烟草行业"五五"法制宣传教育先进单位先进集体和先进个人的决定》，并组织召开全国烟草行业"五五"法制宣传教育总结表彰电视电话会议。

【行业法治建设】 *加强行业相关法律法规培训与调研。*2009年11月，《全国人大常委会公报》（专刊）公布了经全国人大常委会集中修订的《中华人民共和国烟草专卖法》；2010年1月21日，国家工业和信息化部第12号令公布了修订的《烟草专卖行政处罚程序规定》。行业针对两部新修订的法律法规，组织编写培训教材，对《烟草专卖法》修订前后的变化、修订原因及第12号令各章节的主要内容、条款含义进行了说明。3月28日至4月2日，国家局组织了两期由省级局领导班子成员及法规、专卖工作部门、工业公司法改部门负责人参加的培训班。行业各单位对所属干部职工也进行相关内容的培训，其中，仅全国烟草商业系统约7.8万人（次）接受了培训。

从8月中旬开始，国家局重点检查了浙江、四川、江西、陕西、山东等省对第12号令的贯彻落实情况。12月初，政策法规与体制改革司完成了《烟草专卖行政处罚案件办理过程中的主要问题及其意见建议》的调研报告。截至年底，全国大部分省级局（公司）建立健全了第12号令配套制度规范。

*依法行政。*2010年，全行业没有向国家局申请复议的案件，全国由省级烟草专卖局及地市级烟草专卖局受理的行政复议案件共有23起。申请行政复议的案件数自2007年以来一直呈下降趋势。切实加强对依法

行政工作的宣传教育。4月，国家局下发《国家烟草专卖局法制宣传教育领导小组办公室关于印发2010年烟草行业普法依法治理工作要点的通知》；11月，国家局召开烟草行业贯彻落实全国依法行政工作会议精神电视电话会议，对推进行业依法行政工作提出要求。

清理行业规范性文件。继续开展对国家局、总公司机关1995年至2009年公布的规范性文件的清理工作。从10月中旬到12月底，全部完成18个制定部门的规范性文件会审工作，分三批向行业公布了283份废止文件名单。

【董事会建设】 推进公司治理工作。年内，董事会工作办公室参与完成了安徽、河南、贵州中烟工业有限责任公司董事会和监事会建设工作。加强公司制度建设。7月，国家局、总公司下发《国家烟草专卖局中国烟草总公司关于印发省级工业公司董事管理暂行办法和职工董事管理暂行办法及监事管理暂行办法的通知》，明确相关工作要求。研究探索在实行三级母子公司体制的省级工业公司建立董事会和监事。至年底，董事会工作办公室完成了川渝、福建、河北、云南中烟工业公司更名改制和完善公司法人治理结构批复的会签工作。

推动发展战略研究。落实年初全国烟草工作会议提出的“卷烟上水平”战略任务，围绕培育“532”、“461”知名品牌战略目标，董事会工作办公室深入基层，结合调研工作，根据有关中烟工业有限责任公司实际情况，把握各公司发展定位，督促、参与和指导各公司制定“卷烟上水平”规划方案，确定各公司发展目标。3～4月，湖南、湖北、广东、浙江、江苏、江西、陕西中烟工业有限责任公司就本公司“卷烟上水平”规划方案向国家局、总公司进行了专题汇报；广西、山东中烟工业有限责任公司也制定和上报了“卷烟上水平”规划方案。7～8月，9家中烟工业有限责任公司董事会相继召开年中董事会会议，按照行业推动“卷烟上水平”的整体部署和各公司在培育“532”、“461”知名品牌工作中的目标定位，审定和调整了各公司年度经营目标。

加强投资项目管理。为规范投资行为、规避投资风险，提高投资资金运作效率，董事会工作办公室制定了《关于加强有关中烟工业有限责任公司投资管理工作的指导意见》，明确各公司投资管理的总体原则、组织架构、审批流程、过程控制、考核评价以及信息化建设等内容，进一步加强对有关中烟工业有限责任公司的投资管理，确保国有资产保值增值。

审定权限内的投资项目。根据注重控制投资规模、注重投资效率和效益、注重节能降耗与环保、注重防范投资风险等原则，董事会在年初和年中董事会会议上审议通过了各公司2010年度投资项目方案和投资项目调整方案，并于10月底审议通过了各公司2011年度投资项目计划。

在有关中烟工业有限责任公司重点选取1～2个投资项目，进行全过程跟踪监督。董事会工作办公室与有关中烟工业有限责任公司研究确定了2010年度董事会重点跟踪监督的投资项目19项，其中湖南中烟、广东中烟、广西中烟各3项；湖北中烟、浙江中烟、山东中烟、陕西中烟各2项；江苏中烟、江西中烟各1项。董事会制订了具体实施办法，建立项目实施跟踪反馈制度，并不定期对项目进行实地现场调研。

强化预算约束作用。年初和年中董事会会议上，董事会审议通过了有关中烟工业有限责任公司2010年度预算方案和预算调整方案，并于12月初审议通过了各公司的2011年度预算方案。加强对预算执行情况的监督，对预算执行进展情况进行跟踪，各公司董事会办公室每月向董事会上报生产经营情况及各公司预算执行情况。开展预算审计试点工作，董事会工作办公室3月份在云南召开预算审计工作研讨会，听取云南中烟工业有限责任公司预算审计工作经验汇报，了解有关中烟工业有限责任公司审计委员会的工作规则和工作流程，探索开展预算审计工作，为董事会审核预算提供依据。

规范有关中烟工业有限责任公司的全面预算管理，加强各公司内控制度建设。9月，董事会工作办公室组织修改了《关于加强省级中烟工业有限责任公司全面预算管理工作的意见》，进一步明确各公司预算组织机构职责，规范预算编制流程，加强预算的执行与控制，严格预算监督和考核。

监督检查重点控制费用的支出情况。董事会把有关工业有限责任公司的广告宣传促销费、业务招待费、会议费和涉外费作为重点控制费用，在预算方案中进行严格控制，并要求在预算方案中对费用支出列出明细；在实际执行中加强监督，确保四项费用的实际支出数控制在董事会审议通过的预算范围内。已成立董事会的各公司2010年度成本费用率同比平均下降1.97个百分点。

开展薪酬分配调研。年初董事会会议上，董事会审议通过了有关工业有限责任公司的薪酬分配政策和分配方案。审议过程中，重点做到两个“把握”、两个“控制”、两个“关注”，即把握公司的分配政策和分配方案；控制工资增长幅度不高于企业效益增长水平、控制发放总额不高于国家局规定的工资总额；关注企业所在地政府规定的工资增长指导线、关注企业职工平均工资与总经理工资的差距水平。6月，董事会召开由部分公司参加的薪酬管理工作座谈会，对山东、广西、江苏、湖北、江西等中烟工业有限责任公司及川渝中烟工业公司的薪酬管理现状进行了详细了解，并就公司更名改制后如何重新设计公司薪酬管理工作中的权责体系及工作流程进行了研讨。11 月，董事会工作办公室草拟制订了《关于加强有关中烟工业有限责任公司薪酬管理工作的指导意见》，规范有关公司的薪酬管理。

建立基本制度体系。9 ~ 10 月，董事会工作办公室就湖南、湖北、广东、广西、浙江中烟工业有限责任公司基本制度建设情况进行了调研。通过检查 1 ~ 2 件工作的流程，抽查基本管理制度执行情况及查找制度建设中存在的不足，明确 2011 年开展工作的思路和方向。江苏、山东、江西、陕西中烟工业有限责任公司在年内完成了基本管理制度的起草工作，初步建立基本管理制度体系，并经董事会审议通过。截至年底，在基本管理制度方面，湖南中烟出台 16 项、湖北中烟 14 项、广东中烟 12 项、广西中烟 17 项、浙江中烟 12 项，由董事会工作办公室将其汇编成册。

完善办事机构建设。5 月，行业下发《国家烟草专卖局 中国烟草总公司关于设立董事会办公室有关事项的通知》。根据文件精神，截至年底，9 家中烟工业有限责任公司建立了专门的董事会工作机构，明确职责，充实人员，推动了公司现代企业制度的建立和完善。加强董事会办公系统建设，继湖南、湖北、广东、广西、浙江中烟工业有限责任公司实现董事会办公系统网上运行后，2010 年内江苏、山东、江西、陕西中烟工业有限责任公司也实现了董事会办公系统全面网上运行。董事会工作办公室制订了《中烟工业有限责任公司董事会办公室日常工作规程》，截至年底，江苏、山东、江西、陕西中烟工业有限责任公司建立了日常报告制度。

【“十一五”发展概要】 2006 年以来，行业围绕贯彻落实国务院《全面推进依法行政实施纲要》和《烟草行业全面推进依法行政五年规划（2006 ~ 2010 年）》，推进依法行政工作。

烟草法制建设。先后协调完成《中华人民共和国烟草专卖法》、《烟草专卖许可证管理办法》（51 号令）、《烟草专卖行政处罚程序规定》（12 号令）等 3 个重要法律文件的修订发布。

决策机制建设。国家局制订了《国家烟草专卖局（中国烟草总公司）工作规则》（国烟办［2004］480 号）。在行业深化改革、结构调整，研究制定行业重要政策、规章和规范性文件，以及预算、投资、薪酬等重要管理活动和涉及职工利益调整等重大事项中，把民主管理落到实处，在全行业构建科学决策、民主决策、依法决策工作机制。

行政行为规范建设。清理行政审批事项和规范性文件，截至“十一五”期末，行业依法保留行政审批事项 10 项、非行政审批事项 10 项。推进程序建设，在烟草专卖行政执法方面，协调修订《烟草专卖行政处罚程序规定》；在生产经营活动方面，制定《烟草行业工程投资、物资采购、宣传促销项目管理程序规定（试行）》。完善烟草专卖执法机制，贯彻执行《烟草专卖许可证管理办法》和《烟草专卖行政处罚程序规定》，通过专卖行政处罚实施引入事中依法审查监督，落实烟草行政执法责任制度和过错追究制度，完善与工商、公安、检察院、法院等部门联合办案等措施，行业行政复议案件和行政诉讼案件明显减少。

内部管理监督。加强专项整顿治理，国家局制定了一系列规范性文件，行业先后进行财经秩序整顿、专项治理“两烟”体外循环、内部专卖管理监督和审计监督“两项检查”，并于 2008 年以来集中开展工程项目、物资采购、宣传促销“三项检查”工作。加强审计监督，充实和加强审计机构、队伍建设，拓展审计内容，推进财务收支审计、经济责任审计和各类专项资金审计，对单位法定代表人实行“凡提必审、离任必审”。发挥纪检监察再监督作用，制订相关文件，对“两烟”生产经营、干部选拔任用、投资项目、资金管理等关键部位和重要环节实施再监督，重点加强对各级领导干部特别是主要领导干部的监督。加强“办事公开、民主管理”，国家局制订《关于进一步推进烟草企业办事公开民主管理的意见》，并推行公示制度，设立“12313”专卖举报电话。

法制宣传教育。建立领导干部学法用法制度，国家局于 2007 年制定《进一步加强烟草行业领导干部学法用法工作实施意见》。行业各级开展法律法规知识培训，国家局基本做到每年集中对省级局（公司）、工业公司领导干部进行一次法律知识培训；每年平均培训专卖执法人员 5 万人次；处级以上生产经营管理人员平均每 2 ~ 3 年轮训一遍。开展行业“五五”普法教育工作，完成自查和抽查。实行专卖执法人员上岗前法律资格认证制度，推行“一站式”服务和一个窗口集中办理，加强执法信息化建设。

财务与审计

【加强财政、财务政策措施保障】 2010年，行业各级财务管理部门加强与相关政府部门沟通协调，出台各项促进行业持续健康发展的财政、财务政策。

落实烟叶基础设施建设的扶持政策，国家局下发《关于规范现代烟草农业投入有关财务管理的意见》，明确和规范现代烟草农业投入的开支范围、投入标准和管理流程；全行业共安排75亿元专项资金用于加强烟田基础设施建设，建设水利工程、机耕道路等项目30.3万件；烟区严格执行现代烟草农业建设和生产投入政策，加强经营预算管理、资金监管和烟用物资管理。

制定品牌合作生产的配套措施，规范卷烟品牌合作生产过程中的财务行为，促进“532”、“461”战略中知名卷烟品牌发展，行业制订了《关于卷烟品牌合作生产若干财务问题的意见》，初步明确税利标准、财务政策和核算办法，保障品牌合作生产顺利起步。同时，总公司对品牌合作生产企业注资108亿元，并在品牌加工合同执行过程中制定专项管理办法，优化财务工作流程，解决突发问题。

加大烟区抗灾工作的政策支持，为支持云、贵、川等受灾烟叶产区抗灾保生产工作，国家局出台西南烟区抗旱补贴财务政策和部分烟区抗洪补贴财务政策，全行业投入专项救灾资金5.6亿元，稳定灾区烟叶生产。

探索水源性工程建设资金管理模式，解决烟区资源性及功能性缺水问题，国家局在云南省试点建设祥云水源工程项目，行业制订了《中国烟草云南祥云大型水源工程建设项目援建资金监管办法》，明确项目法人和烟草企业项目资金管理职责、权限，规定项目资金使用的范围、程序和依据，建立“政府主导、烟草监管”的资金管理模式，促进祥云水源工程项目建设的顺利开展。

【全面预算管理】 完善预算制度建设。在全面推进各项预算管理的基础上，9月，国家局下发《烟草复烤企业全面预算管理规程（暂行）》，形成以行业预算管理办法为统领，以工业、商业、复烤企业管理规程为支撑的预算管理基本制度体系。行业各工商企业依据规程，修订和完善了本单位的预算管理制度。

预算管理创新。针对预算管理工作存在的重点、难点问题，结合企业内部控制建设的要求，行业进行预算管理创新，制订《关于烟草行业预算管理上水平的指导意见》及《全面预算项目设置》、《全面预算管理标准设计》、《全面预算与会计核算衔接》等3项具体应用指南，为预算管理如何落实行业战略任务及技术操作提供指导与规范。

加强成本费用预算标准定额管理。行业工商企业普遍结合对标工作，探索经营费用等可变费用控制方法，制订企业成本费用标准定额，提高预算编制的科学性，加强成本费用预算标准定额管理。

推行预算职能化管理。行业工商企业明确预算管理的部门管理责任，建立以业务环节和归口部门为中心的管控模式，推行预算执行的月度和季度分析制度，实行费用预警机制，加强预算执行的过程控制。

强化重点成本费用管理。全行业坚持精打细算、节约发展方针，压缩一般性费用，加强对会议费、业务招待费、出国费、办公费、对外捐赠、车辆购置费等经营管理重点费用的预算执行控制。2010年，工业企业三项费用率同比降低0.68个百分点，商业企业三项费用同比降低0.17个百分点。

【财务基础管理】 2010年，行业加大信息系统建设，以信息化建设带动财务基础管理上水平。

统一会计核算软件实施及应用。2010年，行业统一会计核算软件实施工作的重点是工业企业。各工业企业克服了点多面广、业务复杂、接口众多等困难，特别是攻克了核算软件与ERP系统接口的难点，完成了实施工作，标志着全行业统一会计核算软件项目全面完成。在完成统一会计核算软件实施工作的单位中，完善系统功能，加大对系统的应用力度，提升软件的应用水平，实现财务集中管控，提升了企业管理水平。

完成行业资金监管系统扩大试点工作。继资金监管系统在湖北工商企业完成研发、试点后，2010年，国家局确定山东省局（公司）、甘肃省局（公司）、四川省局（公司）和山东中烟工业有限责任公司等4家单位为扩大试点单位，为行业全面推广做准备。各扩大试点单位制定了监管规则，完善内控制度，拓展系统功能，加强资金监控，其中，湖北省局（公司）全年在资金监管系统中，共登记资金支付21.5万笔，支付金额170.16亿元，未发生一起安全问题；四川省局（公司）实现了结算、预算和核算的“三算合一”。12月下旬，国家局在湖北武汉召开了行业资金监管系统推广现场会，全面部署2011年全行业推广实施资金监管系统工作。

推进资产管理系统和预算管理系统建设。国家局项目办召集行业内外专家，经过研讨论证，确定了国有资产管理系统、预算管理系统需求方案。截至年底，两个系统已经开发完成，其中，资产管理系统在辽宁省局（公司）进行了试点。

行业会计制度建设。国家局先后出台了《烟草行业工业企业成本费用核算办法》和《烟草行业烟机制造企业会计核算办法》，连同2008年出台的《烟草行业商业企业会计核算办法和烟草行业复烤加工企业会计核算办法的通知》，初步建立起行业会计核算制度体系。

【国有资产监管】 全行业严格执行《中国烟草总公司国有资产管理规定》，以资产处置过程监管为重点，加大国有资产监管工作力度，确保国有资产安全完整。

规范资产处置行为，加强资产处置环节监管，2010年，全行业实行了资产预处置方案上报制度和执行情况年度检查制度，以资产处置为重点开展国有资产管理专项检查。全年全行业处置国有资产金额409.83亿元，基本做到工作程序合规，处置手续合法。加强存量资产管理。通过分析资产在用状况，实行资产分类管理，开展存量资产清查，盘活存量资产，优化资产结构和质量，提高资产的利用效率。根据中央开展“小金库”专项治理要求和国家局党组的部署，2009~2010年，行业连续两年全面开展“小金库”专项检查，各单位对发现的问题进行整改，并完善了防范“小金库”问题发生的长效机制。加强多元化企业资产管理，行业制订了《中国烟草总公司多元化经营企业资产管理规程》，各省级公司继续推进多元化企业清理清退工作，理顺投资关系。推动打叶复烤企业资产重组，完成了打叶复烤企业股权比例调整工作，解决复烤企业改革中出现的重大资产及相关财务问题。加强境外投资企业财务制度建设，行业出台了《烟草行业境外企业（机构）财务管理办法》，并完善了相关规章制度，初步规范境外企业财务管理工作。

【推广实施审计委派制】 2010年，行业在总结13家试点单位经验做法的基础上，下发了《烟草行业推行审计委派制实施方案》，在行业内全面推广实施审计委派制。在推广实施过程中，各单位通过整合审计资源，加强审计计划管理，组织审计力量，围绕重难点实施项目，扩大审计范围，提高审计效率；完善审计管理体制，规范统一业务流程，逐步建立绩效考评制度；加强队伍建设，通过集中管理，同时以审代培，在实战中积累经验和交流学习，提升审计人员整体素质。实施审计委派制后，行业各单位统一审计计划、统一组织重点项目、统一调配审计资源、统一工作标准，提升了整体工作水平和效果。截至年底，全行业共有派驻审计机构418个、在岗审计人员1872人。

【履行审计监督职能】 2010年，行业各级审计部门结合行业发展实际，履行审计监督职责，主要从以下几个方面开展审计工作。

工程项目审计。行业各单位依据《烟草行业工程建设项目审计管理办法》，将审计关口前移，对工程项目建设的全过程进行审计监督。主要有四个特点：在开工前重点对工程的立项和批准、项目法人的设立情况、资金的落实、图纸的设计、项目的招投标情况、合同的签订情况等准备工作进行审计，做到未经审计不得开工；在建设过程中重点对合同执行、变更洽商、物资采购、工程造价控制及质量控制措施与监管措施的执行情况等建设工作进行审计，做到未经审计不得支付工程款；项目竣工后，重点对竣工结算、决算编制的真实合法性、交付资产的真实性、剩余资金物资的核算情况进行审计，做到未经审计不得竣工验收；健全项目管理制度，加强对委托审计的管理和考核，注重现场督导检查和定期汇报相结合，做到早预防、早发现、早整改。全年行业各单位累计开展工程审计项目2.18万个，审计资产额达146亿元，取得直接经济效益23.62亿元，提出建议4276条。

烟叶基础设施审计。国家局下发了《关于促进烟叶基础设施建设项目审计常态化的实施意见》，明确各级审计部门的职责、项目管理审计和资金审计的内容、程序及整改要求，推动行业烟叶资金审计规范化、常态化、制度化。行业各单位制订具体审计办法，对项目实施招投标、项目建设、资金管理到项目竣工验收、竣工结算（决算）等内容开展程序性审计、全过程跟踪审计和实质性抽查审计。

经济责任审计。2010年，行业各级单位开展了拟任、离任和任期经济责任审计，对各级企业领导干部任职期间遵守国家财经法规情况，重大决策的合规性和科学性，国有资产的管理、使用及保值增值情况，工作目标完成及勤政廉政等情况进行了审计。全年行业各单位累计开展经济责任审计项目829个，审计资产额693亿元，提出建议304条。

加强对非法人实体的审计监督，行业各单位探索报账制下经济责任审计方式，其中，江苏省局（公司）探索对县级局（分公司）非法人实体负责人的经济责任审计工作，制订《县级局（分公司）负责人经济责任审计业务指南》，对12个县级局（分公司）负责人开展经济责任审计，重点关注行政执法、专卖案件处理、预算执行、资产管理等方面，客观评价县级局（分公司）主要负责人的经济责任。

同级审计。行业各级审计派驻机构利用熟悉业务流程、关键部位和薄弱环节的优势，以财务收支审计为基础，以规范管理为主题，丰富审计内容，创新审计方式，推进同级审计有效开展，履行“监督驻地”职能。更新理念，审计重点转向管理审计和效益审计延伸，包括预算管理与执行审计、资产管理审计、内部控制制度评审等，突出审计的服务职能；创新方式，采取上下结合，交叉互审的方式解决同级审计中的难点和矛盾，注重发挥审计成果利用的协同效应；注重整改，加强对同级审计查出问题的整改落实力度，每季度对上季度审计查出的问题逐项督促落实整改，年末同级审计再进行“回头看”。2010年，行业各单位累计开展同级审计项目1387个，审计资产额达1184亿元，提出建议2840条。

【提升审计服务水平】 行业各级审计部门注重发挥内向性服务特点，将审计监督和审计服务有机结合，围绕行业发展过程中的重难点加强审计，防范和控制经营管理风险，提升企业管理水平。

宣传促销、物资采购专项审计。行业高度重视宣传促销、物资采购的规范运行，8月，国家局下发了《烟草行业物资采购内部审计暂行办法》、《烟草行业宣传促销内部审计暂行办法》。行业各单位结合实际，制订实施细则，明确审计职责、审计方式和范围，开展专项审计工作。全年行业共开展物资采购审计项目1.82万个，审计资产额达13.31亿元，取得直接经济效益5.58亿元，提出建议452条。

内部控制评审。行业各级审计部门就如何有效开展内部控制审计进行了有益探索，其中，内蒙古自治区局（公司）修改完善《内蒙古自治区烟草系统内部控制制度审计暂行办法》，重点开展了货币资金内控审计，从内控观念、内控制度、操作流程、控制措施和控制效果等5个方面对企业货币资金内控的健全性、有效性进行评审，明确内控关键点，诊断内控强弱点，提升企业内部监管水平。全年行业各单位累计开展内控审计项目251个，审计资产额达122.09亿元，取得直接经济效益1.47亿元，提出建议8289条。

合同审计。行业各级审计部门着重从项目的立项、预算、招投标等源头加强控制，严把合同签订和货款支付两个关口，重点审核物资采购、技术服务、宣传促销等合同审批程序，质询合同价格，提出审核意见。全年行业各单位累计开展合同审计项目5.70万个。

管理审计。行业各单位拓宽审计领域，开展管理审计项目，从“查错、问责”的单纯监督转变到“提建议、找措施”的服务层面，提高企业的管理水平和运作效率，为企业提供增值服务。2010年，四川省局（公司）引入作业成本法开展物流费用管理审计，提出涉及全省商业系统管理模式、用工形式、作业效率、费用控制等方面的建议，促使2家单位提高了电子结算率，14家单位优化了送货线路，减少送货线路60余条，减少配送人员108人；中国双维投资公司对浙江、湖北等省的行业投资管理公司开展多元化投资管理审计，重点检查公司治理结构的有效性、管理制度的健全性，从项目管理、资金管理和财务核算等方面提出管理建议，促进多元化企业提高管理水平和规范程度。

专项审计。全年行业各单位累计开展专项审计项目368个，审计资产额达379.27亿元，提出建议1103条。云南省局（公司）开展抗旱救灾资金专项审计，确保大旱之年完成烤烟生产任务；福建省局（公司）开展烟草站风险防范专项审计调查，从烟叶生产种植收购、现代烟草农业、烟草站综合业务等3个方面对烟草站的现状、风险点进行剖析，并针对薄弱点提出了20条应对措施，推动烟草站基础建设。

【财务审计队伍建设】 财会队伍建设。重视财会知识宣传，2010年，总公司首次举办了地市级公司主要负责人财务管理培训班，邀请审计署、国家税务总局等相关部门负责人授课，分三期共培训386人。开展专业技能培训，总公司及各省级公司结合相关业务工作，采用不同形式开展国有资产管理、新财会知识、财务信息化、预算管理培训，加强会计人员后续教育，举办会计知识竞赛，实施岗位练兵。加强业务工作交流，总公司和各省级公司针对基层工作面临的困难，深入生产经营第一线调查研究，开展了多种形式的学习交流。截至年底，全行业高级会计师、高级审计师达288人，占全行业高级专业技术资格人员的10%。

审计队伍建设。打造创新型团队，利用信息化手段开展审计工作。行业部分单位在原已应用的审计软件基础上，逐步构建审计管理系统、现场作业系统，积极探索联网审计系统，统一审计计划管理，创新审计手段，提供在线作业工具。打造竞争型团队，行业各级审计部门积极营造“比、赶、超”的学习氛围，其中，安徽省局（公司）连续三年开展优秀审计项目评选工作，制订《优秀审计项目评选实施办法》，聘请行业外专家对审计项目集中评审，评出优秀审计项目。行业各单位多方面采取措施，打造学习型审计队伍。采取“请进来、走出去”多种方式组织培训，2010年，行业各单位参加了国家局举办的工程审计培训和经济责任审计培训班，部分单位还邀请审计特派办、财政专员办、大学教授等有关方面的专家，就审计业务、会计知识、财经法规等方面进行了系统的业务培训；鼓励“自我充电”，支持审计人员参加CIA、CPA、工程造价师等多种资格考试；开展以审代培，集中人员开展审计项目，其中，山东省局（公司）组织239人（次）参加国家局和内审协会举办的培训班，有25名审计人员通过内部审计师资格考试，8人通过中级职称考试，2人被评为高级职称，累计发表论文10篇。

【“十一五”发展概要】 “十一五”时期财务工作简要回顾。“十一五”时期，行业财务部门围绕行业中心工作，加强政策研究，为行业发展提供政策保障。在现代烟草农业建设上，财务部门积极落实资金来源，规范开支渠道，明确开支标准，完善资金管理流程，并与国家有关部门沟通协调，明确烟叶生产投入补贴的范围和标准。制定卷烟品牌合作生产配套措施，财务部门落实向合作生产定点工厂注资108亿元的任务，研究制定相关配套政策，规范卷烟品牌合作生产中的财务行为。落实行业财税政策改革各项措施，按照卷烟消费税政策改革价、税、财联动的有关要求，财务部门提出较符合行业实际的改革方案，行业顺利完成中央财政增收500亿元以上的任务。理顺卷烟价格体系，统一调批差率，配合税务部门修订卷烟计税价格核定管理办法。

行业坚持严格规范，加强对生产经营管理的监督和指导。在2004年审计署对行业进行审计的基础上，2005年对行业审计中未被审计的单位组织全面审计，并开始了以财务审查、财政专员办检查、审计特派办检查、“小金库”专项治理等工作，都没有发现大的问题。

夯实基础，提升财务管理水平。行业各单位以统一会计核算件为契机，全面梳理财务管理的制度、流程、规范和标准，实现了会计政策、核算口径和核算方法的统一。提升预算管理水平，行业初步实现了从单一财务预算向业务预算、资本预算、财务预算相结合的全面预算管理转变。深化行业改革，理顺资产产权关系，初步形成国有资产管理制度体系。开展清产核资工作，不良资产比例下降到0.2%以下。优化财务管理手段，加强财务信息化建设。“十一五”时期，统一了行业工商企业会计核算软件，对资金监管系统进行试点，国有资产管理、预算管理系统需求方案、软件研发、试点运行工作取得初步进展。

重视队伍建设，全行业财务审计人员达1.8万多人，其中高级会计师、高级审计师队伍达288人。重视自身能力建设，各级财务部门开展专业知识和专业技能培训。

“十一五”时期审计工作简要回顾。“十一五”期间，行业内部审计工作得到高度的重视和全面加强。

建立比较完善的审计机制和工作体系。在组织机构方面，行业省、市两级商业企业和工业企业都建立了专门的审计工作机构。基本制度方面，行业先后建立了各种管理办法、制度体系、流程规范及标准，并制定了部分专项的内控制度。重视提升审计部门的地位，2005年，国家局确定把财务审计作为行业内部监督管理格局中的关键环节。探索同级审计，2006年，行业开展了同级审计工作，并逐步得到认可。推行审计委派制度，从福建开始探索并逐步在全行业推广，截至“十一五”期末，行业共有418个派驻审计机构。

完成一系列审计检查，促进行业整体生产经营秩序的规范和财务审计工作水平的提高。“十一五”期间，行业每年开展审计检查工作，其中，2004年的行业审计对财务审计部门具有历史性意义。此后，行业历经地方审计厅对行业的审计、国家局税务总局对行业的税收稽查、中纪委等部门主导的两次“小金库”检查、每年审计机关对行业的国有资本收益情况的审计，以及地方财政专员办的检查等一系列审计检查工作。

开展行业内部审计、拓展审计工作内容。2005年，国家局下发了《烟草行业加强内部财务管理和审计监督的实施意见》。在经济责任审计方面，审计层面涵盖市、县级等基层单位，形成每两年必审一次的任期经济责任审计机制。在财务收支审计方面，将财务收支审计和效益审计相结合，探索同级审计。在工程项目审计方面，明确分级管理标准，仅国家局机关就开展了20多个项目审计。在专项审计方面，行业组织开展了专项资金审计等一系列专项审计工作。

加强审计队伍建设，全行业共有审计人员1923人，其中，具有高级职称的73人、中级职称850人，有注册会计师68人、注册税务师22人、工程造价师22人、资产评估师1人、国际内审师58人。行业各单位重视对审计部门的培训工作，并通过以审代训锻炼审计队伍。通过委派制改革，提升人力资源的配置水平，向“以我为主”的方向转变。加强探索审计工作信息化，打造创新型团队。

纪检监察

【履行监督检查职能】 2010年，行业各级纪检监察机构和纪检监察干部坚持服从和服务于党和国家中心任务和工作大局这一基本要求和重要原则，围绕促进行业科学发展、全面推进“卷烟上水平”战略目标任务和各项措施的落实情况开展监督检查，把党风廉政建设纳入到行业总体规划之中。国家局印发了《关于严格控制烟叶生产规模的纪律要求》，对烟叶主产区执行国家局调控政策情况进行监督检查。对近年来信访反映烟叶生产基础设施建设的有关问题进行专项调研，并督促整改落实。烟叶主产区纪检监察机构会同有关职能部门对烟叶生产计划执行情况进行监督检查，对烤房设备采购招标工作进行监督，及时发现和纠正问题。加强对现代烟草农业建设投入资金及烟用物资采购的监管，较好地防止了弄虚作假、套取占用专项资金、重复建设等问题的发生。加大对不规范卷烟销售行为的查处和纠正力度，努力排除非市场因素的干扰，为“532”、“461”品牌营造公平竞争的市场环境。加强对卷烟营销特别是高价位卷烟销售的监督，确保价格管理措施落实到位，规范高价位卷烟生产经营行为。落实打叶复烤企业派员驻厂和定点联系的监督制度，强化打叶复烤企业重组整合期间生产经营管理和监督。

【查办案件】 国家局重点核查了山东烟草多元化企业重组改制、产权交易、资本运营和经营管理中违规违纪的案件，对违规改制企业的资产重新进行确权，追回、挽回巨额国有资产。对广西区烟草专卖局（公司）案件进行了调查和妥善处理。协助地方纪委，对湖南中烟工业有限责任公司有关领导相关问题进行了调查并移送司法机关。对浙江中烟工业有限责任公司主要领导有关问题立案调查。会同广东省纪委，对广东省汕尾市烟草专卖局主要负责人的问题进行核查。针对中央纪委信访简报反映的行业其他问题进行了查核。

2010年，驻局纪检组、监察局办理来信来访425件（次），转有关单位核实结果15件；行业纪检监察机构初核案件438件，立案188件，结案186件，给予党纪政纪处分307人，问责30人，组织处理59人，移送司法机关7人，追回违纪款项462万元。

【加强党员领导干部监督管理】 2010年，行业各级党组（党委）召开了以“贯彻落实廉洁从政若干准则，切实加强领导干部作风建设”为主题的民主生活会。驻局纪检组、监察局派人参加了12个直属单位领导班子民主生活会，重点对《中国共产党党员领导干部廉洁从政若干准则》、《国有企业领导人员廉洁从业若干规定》的52个“不准”执行情况进行检查，对会议质量进行监督。各级党组织和纪检监察机构对党员干部特别是处级以上领导干部开展廉政教育，落实领导带头讲廉政党课的制度。全年全行业开展廉政专题教育2266场（次），开展廉政文化活动2442次，受教育人数达到40多万人（次）。落实领导干部报告个人有关事项有关制度，通过与领导干部进行廉政谈话、诫勉谈话和函询，及时纠正个别领导干部存在的苗头性问题。全年行业各级领导干部报告重大事项12184人（次），上交礼品礼金、有价证券、支付凭证922人（次）；纪检监察机构负责人与所属单位领导干部进行任前廉政谈话3722人（次）、诫勉谈话468人（次）、函询74人（次），有24人受到责任追究。配合有关部门继续深入开展因公出国（境）、“小金库”、公务接待、公务用车专项治理，公款打高尔夫、公款旅游和赌博等不正之风得到有效遏制。

开展直属单位后备干部集中调整及领导班子年度考核专项工作，对55家行业直属单位领导班子进行考核，对后备干部和拟提拔人选进行廉政考察。2010年，行业各级纪检监察机构对4733名拟提拔干部进行了廉政审核，对其中43名提出了不宜提拔或暂缓提拔的意见。国家局党组巡视组重点对浙江省局、浙江中烟、广西区局、广西中烟领导班子进行了巡视；行业直属单位对312个所属单位进行了巡视。行业各单位推进党务公开、政务公开、厂务公开，加强民主管理，增强工作透明度，并自觉接受干部职工的监督。

【反腐倡廉制度建设】 2010年，国家局先后制订了《关于规范现代烟草农业投入有关财务管理的意见》、《关于切实发挥内部专卖管理监督长效机制作用的意见》、《省级局（公司）、工业公司党组（党委）向国家局党组报告干部选拔任用工作并接受民主评议办法（试行）》等文件。各级纪检监察机构协调职能部门，探索加强内部管理监督的办法和途径，通过完善制度、规范流程，运用信息化手段，对干部选拔任用、专卖管理、烟叶生产、卷烟销售、财务管理等工作实施有效监管，使惩防体系建设逐步制度化。全年行业新建制度1321项，修订完善3130项。

【从源头防治腐败】 推进“明示与承诺”制度。行业各单位进一步完善“明示与承诺”制度内容，规范运作程序，严明惩处措施，提高干部职工的自律意识，规范从业行为。行业51个直属单位、503个地市级局（公司）和专业性公司、82个卷烟工业企业已经推行了“明示与承诺”制度。推行制度3年来，全行业兑现承诺、解除劳动合同63人，给予纪律处分76人，组织处理29人。

建立环节报告制度，落实工程项目监控措施。行业在建项目5个重点监管环节实施和完成后，各单位及时向立项批准部门和上级纪检监察机构报告实施和完成情况；职能部门和监督机构通过对立项概算、设计概算、审核预算、拦标价和中标价等5个关键数字的掌控，突出监管重点，提高工作效率，降低项目成本，强化资金安全，保证工程质量。2010年，通过对工程建设5个关键环节的有效监管，全行业节约大量资金。

规范招标采购工作。行业各级在招标采购活动中，严格程序、规范运行、阳光操作、廉政监督，确保招标采购活动公平公正和廉洁高效。2010年，全行业采购烟叶烘烤设备预算资金经招标采购或比质比价，节约资金0.73亿元；物资采购预算资金经招标后节约资金8.92亿元。

完善行业资金监管系统建设。经过评审测试、试点和扩大试点，优化和完善行业资金监管系统，较好地实现了“事前控制、事中监管、事后跟踪”的制度设计预期。中央纪委、财政部等单位先后对该系统进行了调研。

【纪检监察队伍建设】 按照中央深入开展创先争优活动的要求，在国家局开展的“讲责任、讲奉献、讲纪律”教育活动中，行业纪检监察干部队伍不断加强思想建设、组织建设、作风建设和能力建设。组织协调业务培训，全年组织273名纪检监察干部参加中央纪委培训，1082名参加当地纪委培训，行业组织培训近万人（次），提高履行职责的能力。省级局（公司）加强地市级公司纪检监察组织建设，以适应地市级公司成为市场营销主体带来的变化。注重研究新情况、解决新问题，全年开展了8个专题的调查研究。中国监察学会烟草分会组织开展反腐倡廉理论研讨，推荐优秀论文参加中央纪委学术交流。行业组建了包括办案骨干、文字骨干和培训骨干在内的行业纪检监察业务骨干人才库，有效整合纪检监察人力资源。

【三项检查】 2010年，国家局先后派出7个抽查组，历时7个月，完成对北京市局（公司）等17家直属单位的“三项检查”重点抽查工作。各单位在检查结束后，向国家局报送了重点抽查情况报告。在开展重点抽查的同时，针对2009年度重点抽查结束的单位，通过电话联系、收集整改报告和调研等方式，了解安徽、浙江、江西等10个省（市）的19家烟草工商企业直属单位针对重点抽查发现问题的整改情况，巩固和提升“三项检查”工作成果。9月，整顿和规范市场经济秩序领导小组办公室完成了“三项检查”工作总结。

在历时三年的重点抽查中，国家局除抽查全部54个直属单位本级外，还抽查了62个地市级局（公司）、36个卷烟生产企业、15个复烤企业，共抽查工程投资、物资采购、宣传促销项目1.09万余个，发现突出问题466个，提出整改建议386条。针对抽查中发现的问题，完善制度，堵塞漏洞，建立长效机制，国家局先后出台了《烟草行业工程投资、物资采购和宣传促销项目管理程序规定（试行）》（简称《程序规定》）等一批规范性文件。

【两项工作①】 办事公开民主管理。2010年，行业确定了试点单位83个，其中烟草商业企业60个，卷烟工业企业20个，省级局（公司）机关部门3个。出台《综合试点实施工作方案》，明确综合试点工作的指导思想、组织机构、时间阶段、工作内容、方法步骤。国家局派出“两项工作”综合试点工作组，工作组8次去河北、3次去广东，与综合试点单位共同研究完成制度编制、软件开发、项目运行、经验总结等各项工作，推动试点工作开展。为加强对河北、广东试点工作的指导，国家局先后组成多个含试点单位相关人员参与的调研组，调研组分赴安徽、云南等省，开展关于“两项工作”的调研工作，收集整理、分类汇总行业在“两项工作”宣传教育、组织部署、启动实施、推动总结等阶段的工作情况，为试点工作开展积累经验。通过对行业14家工商直属单位及十余家地市级局（公司）、卷烟生产企业开展关于“两项工作”的督导调研工作，3月，形成了试点工作进展情况专

① 即办事公开民主管理和“工程投资、物资采购、宣传促销”项目管理。

题报告；6月，形成《行业上半年办事公开民主管理试点工作情况综述》。

“工程投资、物资采购、宣传促销”项目管理。国家局确定以湖南省局（公司）、湖南中烟为落实《程序规定》试点单位，并派出专题调研组。专题调研组多次赴湖南工商企业，与试点单位一起梳理完善制度、规范流程，明确管控节点，指导试点单位按照规定的要求，提升管理水平。2010年上半年，国家局对北京市局（公司）等17家直属单位开展“三项检查”重点抽查工作，并对被检查单位贯彻执行《程序规定》的情况一并进行了检查督导。4月，国家局下发《关于上报程序规定贯彻落实情况的通知》，收集汇总各单位上报的情况；6月，形成了贯彻落实《程序规定》的情况综述。

召开“两项工作”现场会。12月7~8日，全国烟草行业办事公开民主管理和“工程投资、物资采购、宣传促销”项目管理综合试点现场会在河北石家庄召开。会议学习推广河北烟草试点单位的做法和经验，研究部署进一步推进办事公开民主管理和全面落实《程序规定》，推动行业内部管理监督工作再上台阶，努力实现“规范权力运行、公开透明操作、确保监管到位、打造阳光烟草”的目标，为“卷烟上水平”奠定坚实基础。

烟草科技

【行业技术创新】 《技术创新上水平实施意见》的制订。根据“卷烟上水平”总体规划，2010年，国家局印发了《技术创新上水平实施意见》，确定行业未来5年技术创新的目标任务，提出了突破关键技术、培养高素质人才、健全创新激励机制等3个层面的目标。为保障技术创新上水平目标任务的有效落实，国家局又制订了《健全完善行业创新体系的指导意见》，提出了健全完善技术创新、知识创新、技术推广、质量安全保障、创新人才培养体系以及建立健全创新激励机制的各项保障措施。各省级局（公司）、工业公司及科研单位按照国家局部署要求，结合实际制订了符合自身发展要求、科学合理、操作性强的《实施意见》或《“十二五”科技发展规划》，明确了企业今后一个时期科技工作的发展思路、目标任务和配套措施。

企业技术中心建设。开展对国家级、行业级和申请行业认定的18家工业企业技术中心的评价认定工作，其中，浙江中烟、江西中烟、安徽中烟、福建中烟等4家卷烟工业企业和南纤公司的技术中心通过行业认定。推进烟叶生产技术中心建设，全国大部分烟叶产量在30万担以上的地市级公司建立了技术中心等科研机构。其中，云南烟叶产量100万担以上的地市级公司全部建立了技术中心，并通过举办“2010·中国云南国际优质烟叶高级专家论坛”、推广“烟蚜茧蜂防治烟蚜”和“砂培育苗”等先进适用技术、创建地市级公司科技示范园区等活动，带动技术中心创新能力和创新水平提升；湖北恩施建成“清江源”现代烟草农业科技园区和集烟叶科研、人才培养、技术培训和成果转化于一体的烟叶技术中心；贵州遵义市公司与加拿大圭尔夫大学、中国农科院，毕节地区公司与河南农业大学，建立了全面科研合作机制。

行业知识创新体系建设。进一步加强青州烟草研究所和河南农业大学两个烟草科技创新平台建设，全年完成了平台建设、课题研究和人才培养等工作。郑州烟草研究院与美国雷诺烟草公司等国外科研机构在卷烟危害性评价等方面开展了实质性科研合作。云南省烟草农业科学研究院与美国北卡州立大学、浙江大学共同组建中美烟草分子育种联合实验室。国家烟草基因研究中心正式组建，面向全球招聘的中心主任已到岗上任。

完善创新激励机制。开展省级公司创新能力考核指标体系调研，国家局修订了《2010年度省级公司技术创新考核指标体系》，加大减害降焦、创新人才等指标权重，强化对低焦油低危害卷烟品牌培育的考核。修订印发了《中国烟草总公司科学技术奖励办法》及实施细则，增设技术发明奖，并加大科技奖励力度，突出对烟草新品种推广和减害降焦技术应用的引导和鼓励。行业各单位科技部门进一步完善创新激励机制，贵州省局（公司）对“十一五”期间科技先进单位（集体）、个人和优秀科技成果给予表彰奖励，奖金总额近400万元；浙江中烟对2010年度科学技术成果、科技创新先进集体和个人进行表彰奖励，奖金总额400余万元。

行业知识产权工作。2010年，全行业申请和获得授权的烟草技术类专利分别达到1230件和891件，分别同比增长54.33%和70.69%，其中发明专利的申请和授权数量为501件和163件，分别同比增长38.02%

和85.23%。

【科技奖励】 完成2010年中国烟草总公司科技进步奖评奖工作，下发《中国烟草总公司关于2010年度科学技术进步奖励的决定》（中烟办［2010］254号），共评选出获奖项目23项，其中，一等奖1项、二等奖8项、三等奖14项。中国烟草总公司推荐的由郑州烟草研究院等单位承担的“卷烟危害性评价与控制体系建立及其应用”研究成果以及湖南省政府推荐的由湖南白沙物流有限公司参与完成的“烟草物流系统信息协同智能处理关键技术及应用”研究成果获得国家科技进步二等奖。2010年，中国烟草总公司成立了科技奖励评审专家库。

【科技重大专项】 烟草基因组计划重大专项。2010年，烟草基因组计划重大专项全面启动，国家烟草基因研究中心正式挂牌。国家局在全球范围内招聘重大专项首席科学家和国家烟草基因研究中心主任，组建了重大专项专家委员会，研究细化了重大专项实施计划及国家烟草基因研究中心建设规划。

卷烟减害技术重大专项。2010年，国家局继续深入推进卷烟减害技术重大专项的实施工作，下达了13个试点品牌减害降焦工作方案，确定从切实降低卷烟危害、关键技术突破、低焦油低危害产品培育、产品质量安全等4个方面开展工作。通过试点品牌带动，进一步降低国产卷烟焦油和有害成分释放量，13个试点品牌卷烟危害性评价指数降至8.9，低于全国平均值9.6。

特色优质烟叶开发重大专项。创新特色优质烟叶开发重大专项实施模式，采取纵向设立浓香特色组、清香特色组、中间香特色组等3个专题香型组，横向设置风格特色评价、化学基础研究、低危害烟叶开发等3个专题的“三纵三横”模式，全面兼顾机理研究、共性技术研究和模式化开发，提升了研究工作的科学性、系统性和可操作性。

造纸法再造烟叶重大专项。2010年。国家局启动了造纸法再造烟叶重大专项方案编制工作，全面调研造纸法再造烟叶发展现状，组织造纸法薄片研发基地、卷烟工业企业和造纸法再造烟叶生产企业开展专题研讨，起草了造纸法再造烟叶重大专项方案。

【四大战略性课题】 减害降焦。组织郑州烟草研究院、云南烟草科学研究院和部分卷烟工业企业等23家单位开展针对7种成分检测的共同实验，其中，检测样品覆盖76个牌号的200个规格，样品覆盖度超过历年水平。2010年，全国卷烟焦油量和烟气一氧化碳量实测平均值分别为11.9毫克/支和12.9毫克/支，与2009年相比分别下降0.3毫克/支和0.8毫克/支。全国卷烟危害性指数降至9.3，同比下降0.3。低焦油卷烟产品产销增长迅速，全年焦油量在8毫克/支以下的卷烟累计生产437.5亿支（87.5万箱），同比增长24.3%；累计销售444亿支（88.8万箱），同比增长24.5%。

烟草育种。继续推进中国烟草种质资源平台建设工作，全年新增编目种质1164份，完成国家烟草种质资源库繁种更新3570份，完成品质鉴定726份，9个烤烟新品种通过全国、省级烟草品种审定委员会鉴定。

卷烟调香。以品牌为核心的卷烟调香体系构建工作取得成效，红云红河集团、湖北中烟、红塔集团承担的品牌卷烟调香技术体系构建项目通过鉴定，为行业知名品牌确立“以我为主、自我掌控”的卷烟调香主体地位奠定了基础。中式卷烟风格感官评价方法基本建立，工业企业进行卷烟产品开发和维护的能力进一步加强。完成行业首期卷烟调香师、高级调香师学员国内外培养工作，启动卷烟调香师、高级调香师认定工作。

特色工艺。卷烟品牌多点加工均质化技术取得突破，“红塔山”、“白沙”、“红金龙”品牌多点加工均质化技术通过鉴定，为卷烟生产、品牌输出、品牌做大做强提供了有力的技术支撑。

【质量技术监督】 质检体系建设。2010年，国家烟草质量监督检验中心等28家行业质检机构获得了国家质检总局指定行业质检机构承担烟草质检任务的机构授权，为行业质检工作开展确立了法律地位。截至年底，国家烟草质量监督检验中心已具备卷烟、烟叶、卷烟材料、添加剂以及7种危害性指标的检验检测能力；湖北、云南等省级综合性质检机构已具备卷烟、烟叶、部分卷烟材料以及添加剂质量安全指标的检测能力。

烟草产品质量监督。2010年，国家局组织完成了504个规格的卷烟产品质量监督抽查检验，对484个牌次的卷烟烟丝、940个烟用添加剂、284个卷烟纸、419个烟用接装纸、1028个卷烟包装纸、206个卷烟内衬纸、222个烟用水基胶以及滤棒、丝束等烟用材料进行了质量监督抽查，抽查显示，卷烟产品质量合格率为100%，卷烟产品有关质量安全指标合格率为100%。对进出口烟叶、卷烟进行了农残和转基因监测监控。同时，国家局专题普查了220个国内外卷烟中重金属含量、184个卷烟成品的卷烟纸中有关添加剂成分；开展了丙纤丝束及滤棒中挥发性成分专项监测工作。

烟叶工商交接等级质量监督抽查。截至2010年年底，国家局共对1047批次烟叶进行了工商交接等级质量监督抽检，工商交接等级合格率为62.8%。福建、广东两省连续5年烟叶工商交接等级合格率在68%以上，居全国前列。在遭遇历史罕见的特大干旱情况下，云南省局开展了“百县千站烟叶质量推进行动”，全年全省烟叶工商交接等级合格率达到63.3%，高于全国平均水平。

焦油最高限量调整。2010年，国家局印发《国家烟草专卖局关于调整卷烟盒标焦油最高限量的通知》（国烟科［2010］78号），明确规定自2011年1月1日起国内生产的盒标焦油量在12毫克/支以上的卷烟产品不得在境内市场销售，盒标焦油量在12毫克/支以上的国外以及港澳台地区卷烟产品不得入关，并要求各卷烟工业企业提前做好调整卷烟盒标焦油量标注的换版工作。

【标准化管理】 行业标准体系建设。全年共发布77项行业标准，报批2项国家标准，构建起由502项烟草类国家、行业标准组成的行业标准体系。成立行业烟草添加剂安全性评估委员会，并出台《烟用添加剂安全性评估管理规程》，组建了中国烟草总公司烟草添加剂测试中心，在标准化方面初步建立起以卷烟质量为核心的保障体系。

国际标准化工作。2010年，由中国烟草行业牵头制定的《烟草及烟草制品 箱内片烟密度偏差率的无损检测 电离辐射法》（ISO 12030）国际标准获得国际标准化组织的批准发布，实现了中国乃至亚洲烟草界制定国际标准“零”的突破。同时，《卷烟 端部掉落烟丝的测定 振动法》（ISO 3550）再次在国际标准化组织成功立项。经国际标准化组织提议，中国将承担国际标准化组织/烟草及烟草制品技术委员会/烟叶分技术委员会联合秘书处工作。

【科技工作队伍建设】 高层次人才引进。2010年，国家局首次面向全球招聘高层次创新人才，成功完成烟草基因组计划重大专项首席科学家和国家烟草基因研究中心主任的招聘工作，为行业引进高层次人才探索了新的途径。中美烟草分子育种联合实验室组建了由美国、英国、津巴布韦和中国知名科研机构的专家学者组成的一流客座研究员团队。

高层次人才培养。国家局印发《烟草行业科技领军人才和学科带头人管理办法（试行）》（国烟人［2011］3号），为培养和造就科技领军人才、学科带头人，加速提升自主创新能力创造了良好条件。完成了为期3年的行业首期卷烟调香师和高级调香师培养工作，培养卷烟调香技术骨干33名，初步形成一支结构合理、水平较高的调香人才队伍。科技重大专项全面推行首席科学家、首席专家制度，组建相应的工作团队。

人才培训。举办行业科技统计及科技管理培训班，开展科技成果管理、科技统计、科技政策等相关培训。加强对质检人员的培训和交流，完成了900余人次的评吸人员技术培训和资格考试，组织开展检验人员职业技能鉴定工作，举办第二届卷烟产品鉴别检验技能竞赛。

信息化建设

【信息化工作总体思路】 2010年，行业各级信息化部门围绕贯彻实施“卷烟上水平”总体规划，以“推进信息化与烟草产业相融合，全面提升行业信息化水平”为主要任务，以建设一体化“数字烟草”为目标，以开展“创先争优”活动为契机，扎实做好各项工作，信息化工作呈现了新变化，取得了新成效，提升了新水平。

【行业信息化规划制定】 行业信息化规划研究编制。加强行业信息化规划制定工作，完成《“卷烟上水平”总体规划》相关内容的编制和《数字烟草发展纲要》（修订稿）的初稿，配合有关部门起草《“十二五”行业信息化投资规划》，修改完善了《烟草行业电子政务建设指导意见》和《卷烟工业企业信息化建设指导意见》。进行卷烟生产经营数据指标体系建设工作，按照全局、物资、生产、技术、营销、市场等内容分组，共收集整理1200余个指标，待进一步完善后开展信息资源规划编制工作。浙江中烟、安徽省局（公司）等单位围绕“卷烟上水平”，以集成整合共享为主线开展规划研究工作；河南、湖南、西藏等省级局（公司）和陕西中烟上报了信息化规划。

加强技术架构研究和规划。对行业信息化技术情况进行全面调研，并撰写了《2010年行业信息化技术调研报告》，总结行业信息技术现状，分析存在的主要问题，初步提出行业信息化总体技术架构。四川省局（公司）从规划技术架构入手，积极探索架构落地，推进应用集成和数据中心建设，取得明显成效。

信息化规划及项目技术的审核。进一步加强对信息化规划及项目技术的审核，梳理项目管理流程和审批依据，建立项目管理档案。完成“广东中烟信息安全保障体系规划”的审核；组织申报了“烟草行业人力资源管理系统（二期）”的立项工作。

【行业信息化标准体系建设】 积极开展行业信息化标准制定、修订工作，认真研究改进标准工作的措施。对标准化工作进行全面总结和客观分析，在全国烟草标准化技术委员会信息分技术委员会（简称信息分标委）第二届二次会议上成立基础通用标准、应用支撑标准、信息资源标准等3个工作小组，明确责任分工，具体研究相关标准编制的主要内容和组织方式。2010年新发布行业信息化标准7项，使信息化行业标准达到29项；信息分标委审查通过行业信息化标准7项；行业各单位新申报标准化项目17项，位列行业11个分标委中的第4位。

【行业信息集成整合工作】 开展行业调控信息支持系统建设，进行集成整合的实践。行业调控信息支持系统包括计划管理、市场信息采集、工商协同、准运证、价格锁定和合作生产等6个模块，业务涉及5个部门，借助该系统搭建了应用集成平台环境，完成了系统软件的安装部署，并在模拟环境中进行了工商协同系统的测试。

行业各单位信息集成整合工作得到推进。甘肃省局（公司）采取“大集中、一体化”建设模式，统一技术路线、技术架构、技术平台、技术标准，构建了组织机构、业务流程、数据界面一体化的企业架构。湖南省局（公司）依托应用平台开展集成整合实践，其“应用平台的开发及关键技术研究项目”获中国烟草总公司科学技术进步三等奖，“应用平台系统”和“基础数据资源管理系统”两项成果获国家实用新型专利授权。湖北省局（公司）、湖北中烟将集成整合的思想融入到信息化支撑质量管理体系运行的实践中，构建企业的信息化管理平台，集成整合信息流。福建中烟梳理代码表162张、基础数据代码14万多条，统一数据交换方式和规则，建立基础数据交换平台，为数据共享创造了良好条件。

【行业信息化重点工程项目建设】 卷烟生产经营数据统计应用。年内，行业卷烟生产经营数据统计应用项目的系统开发、测试和实施方案制订工作顺利完成，截至年底，除北京、西藏、新疆区（市）局（公司）及所属单位未能实施外，行业工商479家单位都已完成系统部署并进入培训阶段。

烟站（单元）管理信息系统。国家局信息中心和中国烟叶公司合作开发的烟站（单元）管理信息系统已完成在云南的试点工作，并对贵州等6个烟叶主产区的软硬件接口进行了集中测试，开始在行业149家基地单元进行推广。

统一会计核算软件。行业统一会计核算软件实施工作基本完成，重点解决了工业企业ERP软件与统一会计核算软件的对接问题；资金监管系统完成在山东、四川、甘肃省局（公司）和山东中烟的扩大试点工作，开始在全行业推广。

物流信息化。行业物流信息化取得新的进步，江苏省公司、江苏中烟以召开全国烟草行业现代物流建设工作会议为契机，积极推进全面感知，探索物联网的建设。商业企业卷烟网上订货试点取得新的成效，制订了网上订货数据接口规范，截至年底，大连市公司网上订货率达到100%、陕西省公司达到75%以上。

生产执行系统。工业企业生产执行系统（MES）建设取得新的进展，上海烟草集团和河南、广东等中烟公司遵循MES行业标准，积极开展生产点MES建设，提高了生产管理和工艺质量管理水平。一些工业企业积极探索数字化产品设计，山东中烟“卷烟配方计算机辅助设计技术创新研究项目”获中国烟草总公司科学技术进步二等奖。

【信息资源利用及数据中心建设】 积极开展行业信息资源综合利用，取得新的成效。国家局信息中心利用掌握的数据资源，深入挖掘数据，加强统计分析，撰写了《卷烟品牌发展上水平预测分析研究》、《实现品牌发展上水平需要解决好的几个问题》、《重点品牌回顾与展望》等多篇分析文章。开展行业数据中心建设方案研究工作，初步形成立项报告。行业各单位积极推进数据中心建设，加强数据共享和分析利用。重庆市局（公司）信息中心把握企业发展战略，深度分析卷烟市场现状，提出决策建议，在提升企业竞争力和品牌培育上发挥了重要作用。山东省局（公司）推进数据中心建设，深度挖掘数据资源内在价值，实现数据的有效集成和共享。行业统计工作受到国家统计局的表扬。

【门户建设和网站管理】 国家局内部网站升级改造项目立项工作进入项目招标阶段。全年国家局内、外网共发布新闻等各类信息3万余条，其中63条被中央政府网站采用，在2010年政府网站评测活动中国家局网站排部委类网站第31位，比上年提升11位。国家局信息中心共编发《每月网络信息摘要》和《每日舆情监测报告》76期。

行业各单位认真抓好网站建设和管理工作，按照国家局要求统一标志、统一域名、统一元数据规范、统一栏目设置。国家局加强对行业各直属网站的备案检查和考核评价，截至年底，行业各直属单位共有49家建有内部网站、45家建有外部网站。组织开展对网站的考核检查工作，从网站管理、建设、内容保障等方面进行综合评分，其中贵州中烟、福建省局（公司）等10家单位被评为行业网站工作先进单位。

【信息化管理制度建设】 国家局召开办公会议专题研究行业信息化工作管理办法，并印发《烟草行业统计工作管理办法》。完成行业信息化水平评价体系指标设计工作，截至年底，已研究形成了5个一级指标、20个二级指标、178个三级指标的指标体系。同时与该项工作相结合，制定了《2010年行业省级领导创新能力考核信息化部分的评分标准》。

行业各单位不断完善信息化工作管理制度。北京市局（公司）以开展ISO 9000质量管理体系贯标工作为契机，制定项目管理和运行维护流程等规范性文件，进一步完善了项目规范化管理。江西省局（公司）、云南中烟等单位结合自身实际，健全和完善信息化工作制度和流程。

【网络和信息安全保障工作】 信息安全工作。制定行业信息化安全管理制度体系框架。国家局通过工业和信息化部进行的信息系统安全抽查，并协助公安部完成信息安全等级保护督查工作。组织开展两次行业信息安全检查，促进了行业技术防护和管理水平的提升。福建省局（公司）、广东中烟等单位制定了信息安全专项规划。数字证书应用取得进展，行业统计应用项目实现了原始数据和审核安全性保证，其中天津市局（公司）等26家单位加强了财务、营销及办公自动化等重要应用系统安全保障。国家局、总公司信息系统上海容灾中心建设稳步推进，基本完成了土建工程、详细方案设计、容灾技术测试和招标等工作。

运维管理工作。完成了国家局机关2011～2013年IT运维总承包服务项目招标和2008年扩容项目的后续工作。实施了行业骨干网线路扩容工程，扩充带宽，并实现双线路互备。截至年底，行业共有45家省级单位建成了省域网备份线路。印发《行业信息系统运维工作管理办法征求意见稿》，研究制定行业信息系统运维管理体系建设指导意见。各单位更加重视信息系统运维工作，湖北省局（公司）推进安全和运维一体化管理平台建设，实现信息安全和运维服务统一展现、统一管理、统一调度。

【行业信息化队伍建设】 先后举办行业信息中心主任、统计人员和网站通讯员培训班，组织开展服务体系架构的开发与管理、信息安全等专业培训，共培训人员900余人次。国家局信息中心坚持每月至少开展一次技术讲座和业务交流活动。行业各单位重点围绕业务应用、专业技术等开展培训，一些单位积极创新队伍建设模式，浙江省局（公司）举办了全省系统第一届信息化岗位技能竞赛，为培养和建设信息化队伍提供新的平台。中国烟草学会信息化专委会和中国统计学会烟草分会进行了行业信息化论文和统计论文征集评选活动，分别收到论文332篇和295篇。

【“十一五”发展概要】 “十一五”时期，行业信息化工作以科学发展观为指导，坚持围绕中心、服务大局，完成了《数字烟草发展纲要》规划的主要目标和任务，信息化与烟草产业相融合迈出了坚实的步伐，信息化在行业持续健康发展中发挥了重要作用。

“十一五”期间，行业进一步深化了“数字烟草”内涵，提出了建设上下贯通、左右协同、资源共享的一体化“数字烟草”目标，强调行业信息化是一个整体，要整体规划、整体建设、整体推进；进一步指明了增强行业信息化融合力的途径，提出了“三个相一致”和“三个相协调”的发展思路，强调信息化应与行业、企业的发展战略、管理模式相一致，与业务需求、决策需求相一致，与信息技术发展趋势相一致；进一步明晰了推进信息化建设的方法，提出了“摸清、理清、说清”的工作方法和“系统的思想、建设的方法、积极的状态”的思想方法，“系统的思想”强调整体性和相关性，“建设的方法”强调阶段性和协调性，“积极的状态”强调主动性和创新性；进一步明确了行业信息化的实施路径，提出了以规划引路、应用推进、集成整合来增强行业信息化的推进力。

信息化发展思路的确定。“十一五”期间，行业信息化工作得到广泛重视，特别是随着工作不断推进，行业更加注重对信息化发展规律的研究，更加注重对信息化建设方法论的探索，更加注重对信息化实施路径的实践，逐步总结出一套符合行业特点的信息化发展思路、建设方法和实施路径。

信息化建设上水平。“十一五”期间，信息化已经成为推进“三个转变”（传统烟叶生产向现代烟草农业、传统商业向现代流通、传统企业制向现代企业制度转变）、建设现代化烟草的有力支撑，成为建设

"严格规范、富有效率、充满活力"中国烟草的有效手段，成为实现"卷烟上水平"的坚实基础。主要有三个方面标志性成果：坚持以《数字烟草发展纲要》规划为指导，通过规划，明确思路，确定了目标任务和实施路径；商业企业卷烟营销网络建设价值日益显现，信息化发挥了不可替代的作用；工业企业开展"数字化工厂、信息化企业"建设，信息化在支撑集团化管理、提高企业资源管控能力，提升卷烟厂订单响应、质量稳定、成本控制能力，提升卷烟厂的制造力水平等方面取得了显著成效。

信息化应用上水平。行业信息化应用走出了一条以重点工程项目为突破口，以集成整合为着力点的应用推进道路。主要有五个方面标志性成果：以卷烟生产经营决策管理系统为标志，搭建起了行业卷烟生产经营管理的基础平台；以办公自动化系统为标志，搭建了行业公文远程传输和公文流转的基础平台；以行业统一会计核算软件为标志，搭建了行业财务核算管理的基础平台；以卷烟生产经营数据统计应用为标志，变传统的事后统计为实时统计，提升了行业管理水平；以烟站（单元）管理信息系统为标志，开展149家基地单元的推广应用工作，搭建行业烟叶生产、收购管理的工作平台。

信息化管理上水平。行业统一领导、垂直管理的体制特点，为加强行业信息化管理创造了有利条件。主要有三个方面标志性成果：进一步加强了行业信息化标准体系建设；进一步加强了信息安全和运维保障体系建设；进一步加强了考评体系建设。

多元化经营

【多元化企业清退】 2010年，国家局针对剩余计划内清退企业情况复杂，涉及大量经济纠纷、法律诉讼、人员安置、手续缺失等问题，提出了"态度要坚决、措施要有力、处理要合法、清退要稳定"的工作原则。一方面坚持每月调度督导有关省级公司清退工作情况，加大清退扫尾工作力度；另一方面，要求省级公司领导给予重视，认真研究清退方案，妥善处理棘手问题。全年共清退完成计划内清退企业22家。截至2010年年底，全行业列入清退计划的1216家企业，已完成清退的企业有1160家，占清退计划的95.4%。

【多元化投资管理体制建设】 2010年，国家局以"自上而下、归口管理、分级负责"为目标，以"产权为纽带的实体化运作"为方向，推动以省级公司为单位集中管理的体制改革取得实质性进展。拥有多元化企业的省级公司全部建立或明确了归口管理机构。截至2010年年底，全行业共有10家省级公司先后成立了投资管理公司，分别是福建省局（公司）、上海烟草集团、浙江省局（公司）、重庆市局（公司）、湖北中烟、湖北省局（公司）、福建中烟、山东省局（公司）、广东省局（公司）和贵州省局（公司）。

2010年，国家局对已经成立投资管理公司的省级公司督促理顺资产关系，上海烟草集团、浙江省局（公司）、福建省局（公司）等通过进一步理顺资产关系，真正实现对多元化企业的归口管理，提高企业经营效益；对多元化投资额较大、企业数量较多、没有历史遗留问题的省级公司，推进成立投资管理公司。2010年，国家局批复同意山东省局（公司）、广东省局（公司）、贵州省局（公司）等3家单位成立省级投资管理公司；对暂时不具备成立投资公司条件的省级公司，强化相关管理机构的归口管理职能，如四川省局（公司）将地市级公司的多元化企业统一划转到省公司管理，湖南中烟、湖南省局（公司）、川渝中烟等进一步解决职工股权和职工安置等历史遗留问题，为实体化运作打好基础。

【多元化投资监督管理】 重大事项报告制度。为把监管关口前移，防范经营风险，2009年8月国家局印发了《烟草行业多元化经营企业重大事项报告制度（试行）》（国烟办［2009］289号），明确了重大事项的范围、报告主体、报告方式、报告程序、报告要求等内容。各省级公司高度重视该项工作，2010年有存续多元化企业的47家省级公司均结合自身实际制定了《重大事项报告制度实施细则》。全年行业共有23家省级公司上报了71项多元化企业重大事项，重大事项报告制度的执行率达96%。

管理审计。围绕"制度是否健全、决策是否符合程序、运作是否规范、监督是否到位"的审计目标，国家局于2010年6～9月分别对浙江烟草投资公司、云南红塔集团、内蒙古金叶公司和湖北烟草投资公司开展了管理审计，重点对内控制度的健全性、有效性、合理性进行审核评价，共提出具体整改意见13条，并指导4家单位对所属多元化企业开展管理审计工作。2010年的管理审计工作从注重审计结果向注重审计整改落实转变，通过及时发现企业管理的薄弱环节，整改存在的问题，进一步健全多元化企业的管理制度体系、加强内部控制、防范经营风险。

经营管理评价。2010年9月，国家局印发了《烟草行业多元化经营管理评价体系（试行）》（国烟办［2010］310号），从省级多元化归口管理机构、多元化企业两个层级，分组织建设、制度建设、机制运行、经营绩效等4个维度，系统评价各省级公司多元化经营管理状况。10月，正式启动管理评价的试运行工作，按照体系培训与工作部署、数据填报与多元化管理检查、审核与重点抽查、汇总分析与公布结果等4个阶段推进。经过对评定结果进行综合分析，浙江省局（公司）、云南中烟、湖南中烟位列评审总分前三位；湖南中烟、贵州中烟、安徽中烟、安徽省局（公司）并列组织建设第一位；湖北省局（公司）、湖北中烟、云南省局（公司）分列制度建设、机制运行、经营绩效单项第一位。

管理信息系统。在开展多元化经营企业统计年报汇总分析的同时，国家局为实现多元化投资动态、实时监控的目标，开发了行业多元化管理信息系统。该系统分为数据填报、数据审核、综合查询、统计分析、系统管理等10个功能，涉及独立指标538个。截至2010年年底，各省级公司基本完成了所属多元化企业基础信息和年度企业财务指标的上报工作，其中，云南中烟、云南省局（公司）等单位开展信息系统对接工作，为下一步实现信息化监管、提升监管的时效性和统计数据的真实性奠定基础。

【多元化企业的基础管理】 2010年，各省级公司进一步加强基础管理工作，浙江省局（公司）把规范管理和创新管理作为推动多元化企业发展的着力点，通过理顺产权关系、健全制度体系、统一工作标准，夯实了企业发展的基础；通过整合内部资源、统一集中管理、强化审计监督，在管理创新和资源整合上做了有益的尝试。湖北中烟红金龙集团结合业务范围和经营模式，制定了32类、92项管理制度，并积极推进制度的“废、改、立”工作，提高了制度的针对性、实效性和可操作性。湖南省局（公司）结合ISO 9001质量体系贯标要求，梳理各项制度和流程，参与对标贯标工作，并在行业内率先开展多元化经营企业管理评审工作，对多元化企业战略管理、基础管理和生产经营管理等3个方面的19个项目进行“健康体检”。重庆市局（公司）、河南省局（公司）高度重视对多元化企业的审计工作，在严格管理、规范运作方面做了大量工作。云南红塔集团在系统分析各相关行业发展前景的基础上，确定三大主要投资领域，编制多元化发展战略和“十二五”发展规划。湖南中烟按照将多元化产业打造成“新的经济效益增长点”的定位，成立多元化产业“十二五”发展规划编制工作小组，完成了“多元化总体规划”以及“物流产业”、“印刷产业”、“辅料和新兴产业”三个专项规划。福建海晟投资管理公司通过企业文化建设提升企业管理水平，提炼出的“融”文化核心理念突出、文化体系完整，推动了企业的规范发展，增强了品牌影响力。云南中烟、云南省局（公司）等开发了本单位的多元化投资监管分析管理系统，将多元化信息化工作的主要功能从档案信息管理转向资产监管分析，进一步提高了管理决策水平。

【十一五”发展概要】 按照“先瘦身、后强身”工作方针，行业多元化投资管理工作分为“清理清退”、“加强管理”和“整合优化”3个阶段逐步推进。“十一五”时期全行业完成了“清理清退”（2006～2008年）和“加强管理”（2009～2010年）两个阶段的主要工作，实现了“三个基本”和“三个到位”的目标任务，取得了阶段性成果：基本建立了“自上而下、分级负责、归口管理”的行业多元化投资管理体制；初步建立了覆盖“事前、事中、事后、实时”四个环节的多元化投资监管体系；进一步夯实了多元化企业管理基础；投资分散局面明显改变、投资层级明显压缩、资产质量和投资收益进一步提高，为“整合优化”阶段的发展奠定了基础。

多元化投资的资产质量明显提升。“十一五”时期是行业多元化投资清理整顿和加强管理的重要时期，截至2010年年底，行业多元化投资总额为427亿元；总资产为785亿元，其中全资、控股企业为599亿元；累计实现投资收益124亿元，其中全资、控股企业实现利润44亿元。全行业共有多元化投资企业566家，其中全资234家、控股136家，参股企业196家，主要集中在配套材料、宾馆酒店、金融证券、交通能源、房地产、卷烟零售等12个行业，按投资额排序，前三位的是：金融证券类企业125亿元，宾馆酒店类企业95亿元，交通能源类企业42亿元。按企业数量排序，前三位的是：烟用配套材料类企业115家，宾馆酒店类企业80家，卷烟零售类企业64家。按省级公司多元化投资额排序：多元化投资额10亿元以上的有8个省级公司，5亿元以上的有11个省级公司，1亿元以上的有27个省级公司。

多元化经营管理明显规范。通过投资管理体制建设，促进了出资人职责到位。各省级公司对多元化投资在决策程序以及重大事项方面制定了系统的、相对完善的管理办法，在一些投资项目建设和资产处置问题上，比较严格地执行投资程序和制度，该进入产权市场交易的依法进行。同时，一些省级公司在处理董事会和唯一出资人的关系上，在执行董事会决策和履行出资人职责有机结合方面作出了积极探索。福建海晟投资管理公司在运作过程中，一般性经营决策由公司董事会或经理办公会决定，重大经营决策由董事会在充分研究的基础上形成可行性研究报告，由福建省局（公司）党组集体研究和决策；云南红塔集团对全资、控股企业积极履行出资人职责，由公司党政联席会议研究讨论多元化企业重大决策事项，形成统一意见后，再由董事会研究决定，在投资决策上更加严格。

通过加强监管体系建设，多元化企业经营重大事项监管取得实效。2009 年，国家局出台多元化企业重大事项报告制度后，各省级公司结合自身实际，进一步制定实施细则，在执行过程中得到有效落实，报告制度得到有效执行，有效加强了事前监管。

通过全面加强制度建设，基本形成了覆盖生产经营、资产监督考核、投资管理等方面较为健全的制度体系。在建立多元化投资管理制度上，浙江烟草投资管理公司建立 67 项、福建海晟投资管理公司 51 项、云南红塔集团 70 项、重庆烟草投资管理公司 51 项、湖北烟草投资管理公司 44 项，基本覆盖了多元化企业投资决策、生产经营管理等各个方面。

多元化投资运作水平明显提升。“十一五”期间，在行业集中精力对多元化企业进行清理清退、加强监管的同时，一些管理基础较好、多元化投资资产质量较高的省级公司，在盘活存量、资本运作、管理创新、打造经营品牌、推进企业文化建设等方面也进行了探索和实践。红塔证券、红塔创新通过积极引进资本运作的专业人才，形成了一支经营管理水平较高的专业化队伍，其中红塔证券连续 8 年实现盈利，红塔创新 2010 年的净资产已达原始投资的 1 倍以上。云南红塔集团通过借助资本运作，及时打通退出企业的退出通道；采取引进战略投资者的方式，对红塔仁恒纸业、昆明红塔木业等公司进行资产重组、引进资金、整合资源，使经营状况较好的企业继续保持良好的发展态势，一些经营亏损的企业也实现扭亏为盈。浙江烟草控股的上市公司香溢融通控股集团股份有限公司在资本市场上经过多年的运作发展，积累了丰富的资本运作和资产经营的管理经验。云南省局（公司）通过成立酒店管理公司，采取输出管理方式对下属宾馆酒店进行管理整合，逐步统一酒店经营模式和管控模式，努力打造核心业务。一些管理水平较高的酒店，如上海王宝和酒店、昆明翠湖宾馆，积极探索实践人员、模式和品牌等管理输出。浙江省局（公司）坚持以市场为取向，以优势企业为主体，以“香溢”品牌为纽带，分类整合主营业务资源，组建房地产、旅游业两个集团，探索集团化管理运作模式，使多元化整体竞争实力和运作水平得到提升。

浙江、福建、上海、云南等省级公司通过整合资源、加强管理，培育和发展了一批经营品牌，品牌的效应得到进一步发挥，增强了多元化企业的向心力和凝聚力。

多元化企业队伍建设明显加强。“十一五”期间，各省级公司在完成清理清退和加强管理工作的过程中，能够严格依法依规办事、认真负责，迎难而上，不断创新工作方法，形成了多元化企业管理队伍的良好精神风貌和工作作风。

同时，从国家局到各省级公司层面，采取多种方式来加强多元化队伍建设。一是通过加强培训，提升队伍素质。5 年来，国家局根据不同阶段的工作重点，有针对性、分步骤地开展专题培训、实务型培训、研讨型培训、境外考察培训等各类培训。二是通过相互交流，促进相互学习促进多元化管理队伍素质的提升。国家局先后组织召开各类管理现场会，介绍、推广先进单位好的做法和经验。三是通过探索人才培养模式，提升队伍素质。部分省级公司把烟草主业的优秀人才配置到多元化企业中，部分省级公司把优秀的后备干部安排在多元化投资管理公司负责人的岗位，提升多元化企业的竞争实力。

外事管理与对外贸易

【外事管理】 制度建设。制定和完善外事规章制度，国家局制定并印发了《在华举办有关烟草国际会议的管理办法》、《关于烟草行业出国（境）培训管理规定》和《国家局、总公司机关申办出国（境）手续细则》等规章。加强行业外事管理工作，全面推广应用外事管理软件。

外事出访。贯彻中共中央办公厅、国务院办公厅《关于进一步加强因公出国（境）管理的若干规定》和《关于坚决制止公款出国（境）旅游的通知》规定，严格编制执行国家局机关和行业各直属单位出国（境）计划。全年国家局机关上报出国（境）计划103个；审核批准行业各直属单位出国（境）团组159个。

外事接待。全年共接待外国政府代表团1个、高级代表团31个、其他团组4个，举办国家局2010年新春招待会，招待外国政府、企业、机构驻京代表180余人。中日、中韩烟草技术交流顺利进行。

【履行《公约》】 2010年，国家局加强与有关部委沟通，做好履行《烟草控制框架公约》工作。在参加缔约方大会、政府间谈判机构会议，以及编写第二次国家烟控履约报告、《烟草控制国家规划（建议稿）》等工作中，发挥积极作用。

【对外贸易】 严格按计划统一组织对外贸易谈判签约工作。2010年丝束进口按工业企业需求年内进行了3次补货。卷烟及烟机等物资的进口供给满足行业需要，保持了价格基本稳定。卷烟出口牌号和出口规模基本稳定，全年出口卷烟142.6亿支，其中重点培育类品牌比重占61.8%，同比提高近20个百分点。烟叶出口数量稳定，质价提升，全年出口烟叶及副产品30万吨，其中片烟11.7万吨，均价同比提高7%。烟机出口特别是具有一定水平的国产烟机出口取得较好进展，树立了国产烟机的良好形象。

【卷烟境外生产经营】 加快推动中国烟草国际化品牌发展战略，中烟国际拟订了《中国卷烟拓展国际市场的指导意见》和《中国烟草拓展国际市场实施方案》，组织重点卷烟工业企业召开中国烟草国际化品牌战略规划研讨会和境外卷烟生产企业业务衔接座谈会，举办对外投资法律风险防范与控制培训班和卷烟国际市场营销培训班。推动与跨国烟草公司合作，推进与菲莫国际公司合作事宜，拟订《关于深化中烟和菲莫战略合作的具体方案》，组建了深化合作项目团队；推进与英美烟草公司合作项目，经过十几轮谈判磋商，就合作品牌国际国内运作模式，合资公司组织架构，市场、技术等方面合作基本达成意向。2010年，卷烟境外企业及对外合作卷烟产、销同比增长，销量增幅大于产量增幅，库存同比下降。境外企业及对外合作累计生产卷烟216.4亿支，同比增长12.2%；销售卷烟228.8亿支，同比增长15.7%；库存13亿支，同比下降28%。

【烟叶境外实体化运作】 全面改进进口烟叶采购模式，实施境外实体化运作，打造中国烟草稳定的海外烟叶供应基地，是中国烟草利用两种资源发展行业知名品牌的战略选择，也是“卷烟上水平”总体规划的基本要求。2010年，中烟国际拟定了境外烟叶实体化运作的总体发展规划；改进了进口烟叶结算方式，加快资金周转，采取预付款、“内保外贷”方式支持境外烟叶公司实体化运作。各境外烟叶实体公司均制定了各自的发展规划，并付诸实施。天泽烟草有限责任公司实体化运作初具规模，全面承担起非洲烟叶采购、监督加工和验货工作，实现了全程在线监督加工，成为中国烟草进口津巴布韦烟叶的第一大供应商。2010年，天泽公司实现合同种植4641公顷，采购原烟15395吨，供应中国烟草片烟10095.6吨。中烟国际阿根廷公司召开第二届第一次董事会，明确了发展思路和工作重点，改制增资扩股工作稳步推进。中烟国际巴西公司积极推进相应的增资扩股工作，并探索与跨国烟叶公司的战略合作。全年行业共组织进口烟叶11万吨，整体实物质量较好。

附：

中国烟草国际有限公司成员企业及驻外机构

中国烟草国际有限公司于2008年8月7日正式挂牌，是由原中国烟草进出口（集团）公司改制而成的经济实体，注册资本1.13亿元。中国烟草国际有限公司按照“改制、转型、整合”的要求，稳步推进中烟国际转型，推进烟叶境外采购实体化运作和境外卷烟生产企业建设。

主要经营业务是：卷烟（含雪茄烟）的进出口业务；烟叶的进出口业务；烟草专用设备和烟用辅料的

进出口业务；境外投资及经贸合作；国家允许或中国烟草总公司委托的其他业务。

中国烟草国际有限公司以控股方式管理深圳烟草进出口有限公司，直接管理8个驻外机构。

深圳烟草进出口有限公司

深圳烟草进出口有限公司成立于1997年12月，是经原对外贸易经济合作部和国家烟草专卖局批准成立的深圳特区唯一经营烟草进出口业务的经贸公司。公司工商注册资本为1000万元。深圳烟草进出口有限公司是中国烟草国际有限公司的控股子公司，实行董事会领导下的总经理负责制。股东方为中国烟草国际有限公司、中国烟草总公司深圳市公司。主要经营烟草、烟草制品及卷烟行业机械设备、卷烟原辅材料的进口业务（具体按外经贸部［96］外经贸政审函第3081号文执行）；国内商业、物资供销业（不含专营、专控、专卖商品）。

2010年，公司实现进出口商品总值2004万美元。实现商品销售收入2.84亿元，同比增长7.05%。实现税利16932万元，同比增长5.09%，其中利润5102万元，同比增长9%。三项费用开支4638万元。

天利国际经贸有限公司

天利国际经贸有限公司是中国烟草国际有限公司的全资子公司，经原对外贸易经济合作部批准，于1989年在香港注册成立。公司的主要职责是经营烟草及其制品、烟草机械设备及零部件、烟用辅料等进出口业务；开展烟草经济技术合作及交流活动；负责烟草行业海外机构的管理工作；负责国际烟草商情信息的收集、汇编工作；承担有关出国团组的接待安排工作。

中国烟草国际有限公司驻津巴布韦代表处
天泽烟草有限责任公司

代表处设立于1990年，注册地点为津巴布韦哈拉雷，前身为中国烟草进出口（集团）公司驻津巴布韦代表处，2008年8月，更名为中国烟草国际有限公司驻津巴布韦代表处。代表处主要任务是收集、了解津巴布韦及周边国家烟叶种植、收购、加工、销售情况，协助中国烟叶采购、监督加工验货团组开展工作，协调、解决中国进口烟叶过程中的有关问题，接待国内团组。2005年4月1日，津巴布韦公司注册局颁发了天泽烟草有限责任公司注册证书。英文名称TIAN ZE TOBACCO COMPANY（PRIVATE）LIMITED，中文名称为天泽烟草有限责任公司。公司主要经营烟叶采购，烟草合同种植、烟草合同收购，烟叶加工、包装、出口等业务。

迪拜瑞士达贸易有限责任公司

公司成立于1997年，注册地点为阿联酋迪拜，注册资本30万美元。主要职责是开拓中东市场，经营中国卷烟、烟叶、烟梗在中东地区的销售业务。

CTPM国际有限公司

公司成立于2006年，注册地点为瑞士洛桑，前身是中国烟草进出口（集团）公司和菲莫国际公司的合资公司，2008年变更为中国烟草国际有限公司和菲莫国际公司的合资公司。公司利用菲莫国际公司的渠道在国际市场经营中国卷烟品牌，在符合《烟草专卖法》有关规定的前提下，菲莫国际公司的“万宝路”在中国实现许可生产并销售。

中国烟草国际有限公司驻莫斯科代表处

代表处设立于1992年，注册地点为俄罗斯莫斯科，前身为中国烟草进出口（集团）公司驻莫斯科代表处，2008年8月，更名为中国烟草国际有限公司驻莫斯科代表处。代表处主要任务是收集、了解俄罗斯及独联体国家的烟草商情信息，宣传、推销中国烟草制品及烟草机械，协助开展中外烟草合作项目。

中国烟草日本株式会社

公司成立于2001年4月21日，注册地点为日本东京，注册资本20万美元，其中，天利国际经贸有限公司占60%的股份，日本泰丰通商株式会社占40%的股份。公司主要任务是经营中国卷烟在日本市场的销售业务。

中国烟草国际有限公司巴西有限公司

公司成立于2002年6月6日，注册地点为巴西圣克鲁斯，注册资本40万美元，前身为中国烟草进出口（集团）公司巴西有限公司，2008年8月，更名为中国烟草国际有限公司巴西有限公司。公司主要工作是收集、了解巴西烟叶种植、收购、加工、销售信息，协助中国烟叶采购、监督加工验货团组开展工作，协调、解决中国进口烟叶过程中的有关问题，研究探索公司改革、开展实质性经营业务的方案。

中国烟草国际有限公司阿根廷有限公司

公司成立于2009年，注册地点为阿根廷萨尔塔省。公司主要工作是收集、了解阿根廷烟叶种植、收购信息，协助开展中外烟草合作项目。

人事与劳资

【干部人事工作】 推进国家局机关人事制度改革。2010年，配合中组部考核组完成了国家局领导班子和领导干部年度考核工作。组织实施国家局机关干部选拔任用的民主推荐和组织考察，全年累计提拔任用干部28名，其中司级干部12名，处级干部16名；交流提任省级公司领导9名；办理科级干部职务晋升11名；办理干部轮岗交流8名。

加大竞争性选拔干部的力度，印发《国家局机关竞争上岗工作实施方法的通知》（国烟人［2010］109号）和《国家局机关副处级领导岗位竞争上岗实施方案的通知》（国烟人［2010］176号），组织实施机关副处级岗位竞争上岗工作，提供了12个副处级岗位面向机关进行竞争上岗，通过民主测评、笔试、面试、考察等环节，有6人走上副处级领导岗位。加大干部交流力度，完成对第二批到地震灾区企业挂职锻炼干部的全面考察；接收1名西部和少数民族地区干部到国家局机关挂职；从行业各单位交流6名干部到国家局机关任职；从行业各单位选调35名干部到国家局机关挂职锻炼、帮助工作。坚持“凡进必考”，全年接收录用16名2010年应届高校毕业生，并安排到基层工商企业接受锻炼；接收录用4名军转干部。向人力资源和社会保障部申报2010年度京外调干计划指标，办理京外调干人员2名，解决了机关5名同志夫妻两地分居问题。

国家局、总公司机关全面实行工作目标责任制管理，制订了《国家局总公司机关工作目标责任制考核办法（试行）》（国烟人［2010］100号），印发《国家局机关各部门各单位2010年工作目标责任制》（国烟人［2010］127号）。有关职能部门采用听取介绍、个别谈话、查阅资料等方式，对机关各部门目标责任制落实情况进行抽查。

全面加强直属单位领导班子建设。重视加强制度建设，国家局先后出台了《省级局（公司）、工业公司领导班子后备干部集中调整工作实施方案的通知》、《省级局（公司）和工业公司领导班子领导干部综合考核评价办法（试行）及年度考核办法（试行）》和《省级局（公司）、工业公司领导班子和领导干部年度考核及后备干部集中调整工作方案》，全行业关于领导班子建设的制度规定逐步健全。

集中开展领导班子和领导干部2009年年度考核、2010年度领导班子调整和“一报告两评议”及后备干部集中调整工作。国家局对53个直属单位领导班子和276名领导干部进行了2009年年度考核，通过谈话和民主测评，全面了解了行业各直属单位领导班子的总体建设情况。对民主测评中群众满意度低的领导干部，向其党组通报后，按规定免去职务，或进行个别谈话。对51家直属单位上年度干部选拔任用情况进行“一报告两评议”。按照现有班子职数1∶1的比例，考察后备干部308人，全行业初步建立了一支后备干部队伍。对40个省级局（公司）、工业公司的领导班子成员补充和非领导职务提任进行考察。加大选拔优秀年轻干部、基层干部进班子的力度，改善领导班子结构，提高班子整体功能。

加强对干部选拔任用工作的监督力度，国家局印发了《省级局（公司）、工业公司领导干部选拔任用工作责任追究办法（试行）的通知》、《省级局（公司）、工业公司领导干部选拔任用工作有关事项报告办法（试行）的通知》等文件。行业各直属单位党组认真贯彻执行有关文件精神，在干部选拔中严格按任用程序办理，在选人用人上坚持德才兼备、以德为先的用人标准。积极深化干部人事制度改革，不断创新和丰富干部选拔任用方式，行业干部选拔任用工作逐步规范。

【劳动工资管理】 *用工分配制度改革*。国家局组织召开了烟草行业深化推进用工分配制度改革电视电话会议，对行业用工分配制度改革进行阶段性总结。行业各单位开展了用工分配制度改革的自查评估，及时总结推广典型经验。截至2010年年底，全行业绝大多数单位均按新的措施实行了用工分配制度改革，按照《劳动合同法》签订劳动合同，依法依规用工的意识普遍增强。拟订《烟草行业劳动规章制度范本》，在山东中烟、山东省局等单位进行试点；在试点的基础上，广泛征求行业各方意见，最终完成《烟草行业劳动规章制度范本》的制定工作，为行业劳动用工的规范工作提供制度保障。

工资调控。2010年，根据工效挂钩原则，国家局机关实施了工资调整。同时，根据烟草行业生产经营等实际情况，国家局对2009年省级公司领导业绩考核办法进行调整，印发《国家烟草专卖局关于核定省级公司领导2009年度薪酬的通知》，根据考核办法和考核结果对2009年度省级公司领导的薪酬进行核定。印发《2010年行业省级公司领导班子考核实施细则》，并起草《中国烟草总公司企业负责人薪酬管理暂行办法》。印发《国家烟草专卖局办公室关于开展烟草行业企业工资内外收入情况调查的通知》，对各省级公司工资内外收入情况进行调查。召开烟草系统2010年工效挂钩工作会议，开展工资总额基数、发放计划的核定工作。举办了一期行业劳资干部培训班，研究讨论行业工资宏观调控管理新的思路和办法，提出以工资预算管理为基础的工资宏观调控总体思路。

【人才队伍建设】 *贯彻落实全国人才工作会议精神*。国家局组织了两期烟草行业人事干部培训班，专题学习全国人才工作会议精神和《国家中长期人才发展规划纲要（2010～2020年）》，邀请中组部人才工作局和人社部专业技术人员管理司的领导作专题讲座。出台《国家烟草专卖局关于贯彻国家中长期人才发展规划纲要全面推进行业人才工作创新发展的实施意见》。

重视高层次人才引进。2010年，国家局面向全球招聘高层次科技人才，为郑州烟草研究院成功引进烟草基因组计划重大专项首席科学家和国家烟草基因研究中心主任。

加强技能人才队伍建设。完成行业技能人才队伍“十二五”规划的编制工作。加强职业技能培养和鉴定力度，截至2010年年底，鉴定总量9.07万人次，获证人数5.58万人，其中，高级技能鉴定2.19万人次，获证1.31万人；技师鉴定729人次，获证422人。制订《关于加强烟叶基层队伍建设指导意见》，并开展烟叶基层队伍建设试点工作。举办第八届全国烟草行业职业技能竞赛暨第一届全国烟草行业卷烟商品营销职业技能竞赛，50家直属单位的150名选手参加比赛，其中30名选手被授予“全国烟草技术能手”称号，并被列入烟草行业高技能人才库。

职称改革。高级专业技术资格评定工作通过改进电子申报方式、推广电子计票和实名制投票、建立和扩大专家库、严格评审条件和评审程序等一系列措施，评审质量逐步提高。2010年，行业6个系列共计315人先后通过了国家局的高级专业技术资格评审，总通过率71%。新增委托评审通过8人。

推进烟草行业人力资源管理信息系统建设。在系统一期完成的基础上，开展行业人力资源主题数据交互工作，并完成17家直属单位人力资源数据的交互对

接；开展系统二期项目建设的立项申请、需求调研及商务谈判，并于年底启动二期项目建设。

“十一五”末期行业人才队伍建设回顾。国家局党组高度重视行业人才培养工作，近年来采取多方面有效措施不断加大行业人才培养力度，人才队伍素质不断提高，有利于行业人才发展的体制机制不断健全完善，基本形成一支与行业改革发展总体相适应的人才队伍。截至2010年年底，全行业有中国工程院院士1名，享受国务院政府特殊津贴人员95名；有8.56万人获得专业技术资格，其中高级专业技术资格2579人；开展职业技能鉴定48.8万人次，有33.9万人获得职业资格证书，其中获得高级职业资格6.08万人。行业职工受过高等教育比例达到45.7%；各直属单位处级以上干部具有本科以上文化程度的占66.3%；2005年以来行业各级培训机构培训干部职工累计450万人次。

【机构职能调整】 2010年，北京、天津、济南、徐州等地各自辖区内的部分烟草专卖机构进行了设立、更名、调整；明确了省级局（公司）设备管理机构和管理职能；设立了省级工业公司物流中心、省级局（公司）物流管理处、国家烟草基因研究中心；设立了广西烟草教育培训中心。

【教育培训】 行业教育培训概况。大规模开展教育培训工作，全年国家局、总公司直属培训机构共组织培训班269期，培训28603人次。以国家局党校为主阵地加强对各级领导干部教育培训，提高领导干部理论水平和政治素质，对地市级局（公司）主要负责人开展了财务知识专门培训；对县级局（分公司）主要负责人进行全面轮训，提高基层领导干部的大局意识和政策水平。举办“卷烟上水平”专题培训班、第十五期职教干部培训班等重点培训班。行业各级培训机构充分发挥作用，大规模培训基层一线客户经理、专卖稽查人员、烟技人员，提高基层队伍业务技能水平。

建立教育培训机构。推进行业教育培训体系建设，在已有20家省级教育培训机构的基础上，规划建设省级教育培训机构13家。

加强师资队伍建设。国家局印发了《烟草行业培训教师资源库管理实施细则（试行）》，进一步规范行业内培训师资的选拔、聘用、培养、课酬以及奖惩、激励等，通过建立行业统一的培训师资库，逐步实现优秀培训教师资源共享。行业各直属单位逐步建立起结构合理、业务精通、专兼结合的培训师资库。

规范职业（岗位）标准、培训教材、鉴定题库建设。国家局组织开展了职业（岗位）标准、培训教材和鉴定题库的开发与修订工作。组织开展培训教材编写与审定工作，稳步推进行业培训教材资源建设，中国烟草职工进修学院组织召开10次行业培训教材开发工作会议，完成《打叶复烤工》等5个职业、7本培训教材的终审，《卷烟包装工》等4个职业、5本培训教材的复审和《烟机设备修理工（打叶复烤、滤棒成型）》等16个项目、18本培训教材的初审。

推进培训制度建设。国家局先后印发《行业教育培训工作考核评价办法（试行）和教育培训机构考核评价办法（试行）》、《烟草行业培训教师资源库管理实施细则（试行）》，以及《烟草行业2010～2020年教育培训改革实施意见》等规章制度，推动行业教育培训工作科学化、规范化、制度化。教育培训工作开始实行季报制度。推动行业五年全员轮训。总结教育培训经验，国家局人事司调研甘肃省兰州市局，总结兰州市局自创的“克隆培训”（即复制式的培训，具体做法是由相关职能部门根据培训计划，制作统一的培训课件，逐级培训，通过“我讲你听，你讲他听”的模式逐级复制至基层一线员工）经验。

国家局党校（培训中心）教育培训状况。全年共举办司局级基本理论进修班1期，处级基本理论进修班2期，处级专题研究班2期，培训学员356人，累计学时13个月。协同国家局人事司举办三期“卷烟上水平”专题培训班，培训行业处级干部383人，累计学时15日。

中国烟草职工进修学院教育培训状况。全年共举办行业干部职工培训班194期，培训2.11万人次（不含远程培训），其中国家局机关组织培训52期，共6711人次，占总期数的26.80%和总人次的31.78%；自主开发实施的培训班116期，培训1.24万人次，占总期数的59.79%和总人次的58.65%。以中国烟草培训网为平台，举办“专卖管理员”、“卷烟商品营销员”和“新员工”3个远程培训项目，在线培训总人数达2.63万人。结合企业实际开发培训项目，卷烟品牌培育、烟草物流等培训项目受到企业的关注和欢迎。烟叶分级培训、机电一体化技术培训等项目成为学院的培训品牌项目。选派教师深入企业举办各类培训班47期，培训4134人次。

【离退休干部管理】 行业离退休干部概况。截至2010年年底，全行业共有离退休人员19.65万人，其中离退休干部4.48万人。

贯彻落实中组部有关老干部的方针政策，采取单位自查和重点督查相结合的办法对行业各单位贯彻落实《关于进一步加强新形势下离退休干部工作的意见》（中组发［2008］10号）文件情况进行督促检查。按照中组部等三部委文件的精神，对行业易地安置离退休干部服务管理工作提出要求。召开2010年全国烟草行业离退休干部工作会和行业部分单位离退休干部工作部门负责人座谈会，研究探讨做好新形势下离退休干部工作的新思路、新方法。对行业离退休干部人数、党员人数、党支部数，走访慰问、组织活动情况，老年活动中心、老年大学建设情况等每月做汇总分析，国家局再次被中组部评为离退休干部统计全优报表单位。

生活待遇情况。广泛开展走访慰问。春节前，国家局离退休干部工作办公室向全行业411名党组管理干部、4名红军时期老干部邮寄贺卡进行慰问。落实2010年度行业给予红军时期老干部的生活补助，并拨付到位。截至2010年年底，全行业共走访慰问离退休人员20.2万人次；组织活动2.32万次，参加活动的离退休人员59.27万人次。

政治待遇情况。推动离退休干部“五好党支部”建设，举办了首届全国烟草行业离退休干部党支部书记培训班。截至2010年年底，全行业共有离退休干部中共党员2.9万人，离退休人员党支部926个，支部组织活动1.15万次。在行业部分单位中开展离退休干部工作调研。做好老干部信访工作，全年国家局共办理来信来访6件（次）。

活动站、老年大学建设。全面总结山东省局“文化养老”和云南中烟“三自管理”先进经验，利用报刊杂志等媒体，加大宣传力度，在行业内全面推广。截至2010年年底，全行业共建有老年活动中心（站、室）1794个，总建筑面积39万平方米，总投资4.5亿元，日均活动人数2.2万人；参加老年大学学习月均8864人。

国家局机关离退休干部工作。截至2010年底，机关共有离退休干部233人，遗属14户；离退休干部中共党员198人，民主党派3人，离退休干部党支部7个。

加强离退休干部党支部建设，全年组织离退休干部党支部书记和委员召开各类专题座谈和会议8次；成立虎坊桥活动站管委会，由各支部书记、委员和文艺骨干自主开展工作，逐步探讨和引导离退休干部进行自我管理、自我教育、自我服务。坚持每月以支部为单位组织政治学习和活动，参加人数占离退休干部的80%以上。执行支部联络员制度，每月派处级党员干部分别参加各支部政治学习，通报中央及行业改革与发展的有关情况。为离退休干部每人订阅一份《中国烟草》杂志和《东方烟草报》。在机关离退休干部党支部和离退休干部党员中开展创建先进基层党组织、争当优秀共产党员活动。

保证按时发放离退休费和物品；组织离退休干部进行年度体检，报销门诊医药费，配合医务室每月一次送药上门；解决了老同志医药费报销周期长、报销不方便的问题；加强车辆管理，确保老同志的用车需求。坚持走访慰问制度，妥善答复和处理老同志反映的问题。

组织机关离退休干部开展参观游览、健康讲座、知识竞赛等活动。定期组织形式多样的文化体育活动，在机关运动会上取得集体特等奖。采取报销学费等办法积极引导和鼓励离退休干部参加社会老年大学学习，全年共有21名机关离退休干部参加了老年大学的学习。

精神文明建设

【开展创先争优活动】 *全行业创先争优活动概况*。2010年，按照中央统一部署，全行业认真开展创先争优活动。国家局党组成立创先争优活动领导小组，把创先争优活动作为巩固和拓展学习实践科学发展观教育活动成果，加强行业党员干部队伍建设，尤其是各级领导班子建设的大事来抓，切实加强对创先争优活动的组织领导。印发《中共国家烟草专卖局党组关于在全国烟草行业党的基层组织和党员中深入开展创先争优活动的意见》，明确烟草行业创先争优活动分三个阶段进行，其中2010年为试点引导阶段，2011年为全面推广阶段，2012年为总结提升阶段。紧密联系行业实际，创新工作机制，在国家局机关以“讲责任、讲奉献、讲纪律”教育活动为载体，在行业以构建“两个至上”进班子、进岗位、进制度、进流程长效机制为载体，在基层与加强企业文化建设和创建优秀基层单位活动紧密结合，使行业创先争优活动富有特色。33家省级局（公司）、16家中烟工业公司、中国烟草机械集团有限责任公司、中国烟草实业发展中心等行业直属单位制定并上报了创先争优活动实施方案，12家单位开展了创先争优试点工作，发挥典型示范带动作用，通过行业媒体进行宣传发动，召开经验交流会，推动创先争优活动深入开展。与此同时，全行业从7月份开始开展“保持良好精神状态，努力开创卷烟上水平新局面”教育活动，并与“两个至上”为主旨的企业文化服务品牌建设、“四要”作风建设结合起来，动员全体干部职工以满腔热情、富有激情、充满智慧、奋力创新的良好精神状态，开创“卷烟上水平”工作的新局面。行业创先争优工作取得明显效果，年底，中组部分别到国家局机关和湖北中烟调研，对烟草行业开展创先争优活动取得的成效给予充分肯定。

国家局机关创先争优活动。国家局机关成立创先争优活动领导小组和办公室，针对机关党员干部的工作特点，坚持以转变作风为突破口，把突出抓好“讲责任、讲奉献、讲纪律”教育活动作为创先争优活动的重要平台和实践载体。印发《关于在国家局总公司机关深入开展创先争优活动的实施意见》。召开机关创先争优活动动员会议和专题会议，传达中央对开展创先争优活动的指示要求。召开纪念建党八十九周年党员干部座谈会，机关各党支部以“创先争优和‘讲责任、讲奉献、讲纪律’，保持良好精神状态，努力开创‘卷烟上水平’新局面”为主题，采取讲党课、参观考察、接受警示教育等多种形式开展主题党日活动。全面推行机关工作目标责任制管理，引导党员干部在完成中心任务中创先争优。开展向先进典型学习活动，组织全体党员干部观看电影《第一书记》。国家局党组中心组第三季度学习把深入开展创先争优活动作为重要内容。通过开展创先争优活动，机关党员干部的责任意识、奉献精神、纪律观念和工作作风都有积极变化，机关自身建设得到加强，有力促进了行业中心工作的开展。

【“两个至上”长效机制建设】 2010年，为进一步推进行业干部职工自觉践行“两个至上”行业共同价值观，国家局党组决定在全行业开展构建以“进班子、进岗位、进制度、进流程”（以下简称“四进”）为重点的“两个至上”长效机制建设。印发《中共国家烟草专卖局党组关于构建以“四进”为重点的“两个至上”长效机制的意见》；明确江苏省局、上海烟草集团等为试点单位；召开了全国烟草行业构建以“四进”为重点的“两个至上”长效机制建设重点推进单位座谈会。行业各单位相继制订实施意见和方案，扎实推进构建以“四进”为重点的“两个至上”长效机制工作，确保国家局提出“卷烟上水平”各项工作任务的全面完成。新疆维吾尔自治区局（公司）以团队建设为突破口，以零售终端建设为切入点，以“好习惯在岗位”活动为载体，以全面综合考核为推动力，深入开展“两个至上”长效机制建设，各项工作取得显著成绩；江苏南通市局（公司）全力打造以固化岗位职责为基础的全员责任机制、以打造服务品牌为载体的整体落地机制、以完善评价体系为抓手的立体监督和改进机制，推进“两个至上”落地生根；河南商丘市局（公司）以“两个至上”在岗位“比争”活动为载体，通过“横比、竖比、争上游”，形成一个运转科学合理、内容准确规范、考核客观公正的岗位“比争”机制。

【企业文化建设】 *2010年行业企业文化建设状况*。深入推进企业文化建设，全年召开6次企业文化建设片区座谈会。推进服务品牌建设工作，组织召开服务品牌建设试点单位座谈会，对全行业服务品牌建设明确提出有理念、有历史、有载体、有内容、有流程、有形象、有效果、有奖惩的“八有”要求。重点抓好服务烟农模式的构建工作，总结云南保山市局（公司）“永子”服务经验，使企业文化建设与生产经营等业务工作实现有机对接，为“卷烟上水平”中心工作的完成起到积极促进作用。

全面推动《中国烟草视觉识别系统》、《行业文化评价体系》两项标准的实施。截至年底，国家局直属单位中有75%完成了评价体系的培训和实施工作，评价效果初步显现；有60%的直属单位完成了视觉识别系统应用工作，基本达到年初制定的工作目标。

行业文化建设呈现出良好发展态势。2005年《中国烟草企业文化建设纲要》颁布实施以来，行业上下始终坚持以“两个至上”共同价值观为核心，扎实有效推进行业文化建设，构建行业文化架构体系，明确行业视觉识别系统，制定行业行为规范，建立企业文化评价体系。截至2010年年底，共召开6次全国烟草行业企业文化建设工作会议，先后确定了进行企业文化建设、服务品牌建设、行为规范建设等试点的50多家试点单位，组织、策划和编辑出版烟草企业文化案例4套37部，全行业具有法人资格单位中有400多家启动了企业文化建设工作。行业文化建设呈现出良好的发展态势，行业文化软实力明显增强。

一是加强领导，引领文化发展方向。行业各直属单位对企业文化建设工作高度重视，积极抓好落实，确保企业文化建设扎实有效，稳步推进。江苏省局（公司）提出要把企业文化建设作为一项事业来办，并建立组织、明确目标、预算资金、配备队伍、确定主题。重庆市局（公司）将企业文化建设作为一项系统工程来抓，连续三年持续推进文化体系构建、文化宣贯、服务品牌建设等工作。辽宁省局（公司）要求认真学习行业先进单位经验，推动辽宁烟草企业文化建设。安徽中烟研究确定公司文化定位和主题，重视文化落地，加强企业文化系统推进工作。

二是强化内核，提升行业整体形象。“两个至上”行业共同价值观及行业文化架构体系奠定了行业持续发展的思想基础，统一了行业共同价值取向，向社会展现了责任烟草形象。行业各直属单位根据行业文化架构体系的要求，构建符合企业实际的文化理念体系，将企业发展目标自觉融入到行业共同愿景的实现上。红塔集团以“山高人为峰”为核心，构建了“人本至上，务实为先，创新求远”三维一体的价值体系；川渝中烟的“激情文化”、安徽中烟的“攀登者文化”、浙江省局（公司）的“精实文化”、河南省局（公司）的“根文化”、云南省局（公司）的“大成文化”等，都致力于用理念指导经营，用文化推动发展。在服务品牌建设实践中，各单位自觉践行“两个至上”共同价值观，商业企业以主动的服务意识、高效的服务行为，努力为客户创造更大价值，塑造了良好的服务形象；工业企业以先进的技术创新、精细的生产管理，为消费者提供优质的产品，塑造了良好的品牌形象。

三是注重宣贯，凝聚行业共同力量。行业各直属单位因地制宜开展文化活动，寓教于乐，使广大员工逐步实现从认知到认同、从认同到实践、从被动到主动、从消极到积极的转变，保证了行业文化有效地融于思想实际和各项工作实践中。在企业文化宣贯中，湖北中烟创办了“三报三刊三网”传播体系，通过宣贯引导员工自觉把个人的理想与奋斗融入到促进企业发展的共同事业中；红云红河集团倡导“自己的课程自己开发”、“自己的文化自己宣讲”，按照“边建设、边传播、边实践”的思路，搭建了较为完备的宣贯长效管理机制和平台，锻炼和培养了一批企业文化内训师；川渝中烟通过“文化关键词解读”、“文化案例分析”等环节，以朗诵、小品、情境再现等形式促进员工理解企业文化；重庆市局围绕“看见、知道、理解、践行”四个层面，通过“强化领导，强化宣传，强化培训，强化活动”四项措施全力推进系列活动；新疆区局（公司）编印了《好习惯在岗位》等宣贯教材；吉林省局（公司）开展了企业文化建设“回头看”活动。

四是融入经营，增强行业发展活力。行业各直属单位注重将企业文化建设有机融入生产经营实践之中，抓好“两个至上”长效机制与企业管理的融合、服务品牌建设与管理能力提升的融合、文化评价体系与企业综合管理水平的融合。上海烟草集团、江苏省局（公司）在深化“两个至上”在岗位主题实践活动中，系统整合管理资源，创新管理制度，将长效机制建设植入管理标准、岗位流程、工作要求，推动“两个至上”进班子、进岗位、进制度、进流程，有效促进了企业管理的科学化、制度化和规范化；红塔集团通过科技链、品质链、营销链、文化链的有效组合来确保集团实现品牌管理目标，将文化与技术创新、生产过程、品牌建设紧密结合；山东省局提出服务品牌是体现“两个至上”的一个点，贯穿生产经营的一条线，展示责任形象的一个面的系统思路；贵州中烟组织了各个部门参加的评价报告解读会。各单位在实施文化评价过程中，对企业战略、人力资源、生产管理、品牌建设等方面工作综合考评，并以此为依据，完善经营管理方式，加强制度建设，提升人员素质，真正达到文化融入管理、文化促进经营的目的。

五是以人为本，提升队伍综合素质。行业上下始终坚持以人为本的原则，广泛开展保持共产党员先进性教育、社会主义荣辱观教育、深入学习实践科学发展观活动以及“两个至上”共同价值观大讨论等活动，帮助和引导广大员工树立正确的世界观、人生观、价值观，使行业先进的文化理念不断转化为员工的思想认识和行为准则。在打造企业文化建设队伍方面，行业上下高度重视专业人才的培训，先后举办企业文化培训班150多期，参加学习25000多人次；举办内训师、文化师培训班50多期，参加培训2600多人，建立起了一支企业文化建设骨干和内训师队伍。积极开展学习型组织建设，全行业员工队伍整体素质不断提高。

【国家局机关开展的各项活动】 理论学习。组织党员干部深入学习党的十七大和十七届四中、五中全会精神，举办学习党的十七届五中全会精神辅导报告会。印发《关于推进国家局、总公司机关学习型党组织建设的实施方案》。组织开展主题读书活动，统一为机关干部配发《六个“为什么”——对几个重大问题的回答》、《深入开展创先争优活动实用学习读本》、《怎样写文章》、《划清“四个重大界限”学习读本》、《七个怎么看——2010理论热点面对面》等书籍。为每名机关党员干部下拨党费作为读书学习费用。按照中央国家机关工委开展“强素质、作表率”读书活动的部署，在机关开展“读书与实践”征文活动，评选出41篇优秀征文，其中3篇征文获得中央国家机关工委奖励，国家局机关获得中央国家机关组织奖。全年国家局党组中心组共进行4次集中学习。坚持司处级党员领导干部进党校学习培训制度，全年组织机关16名司处级干部参加国家局党校专题班和进修班的学习。坚持定期组织专题知识讲座和形势政策报告会，先后举办加强党性修养、提高党的建设科学化水平，加快经济发展方式转变，深入学习贯彻人才规划、加快建设人才强国以及学习“十二五”规划建议重要思想等专题讲座，组织机关干部参加中央国家机关系列报告会和青年心理学系列知识名家讲座共计26次。

基层党组织建设。坚持组织党务干部集中培训，举办机关各党支部组织委员培训班，学习贯彻落实新修订的《中国共产党党和国家机关基层组织工作条例》。落实“三会一课”制度和各项组织生活制度，做好国家局党组民主生活会征集意见等工作，机关各部门各单位召开了党员领导干部民主生活会和党员组织生活会。国家局机关党内统计报表被评为中央国家机关年度全优报表。全年共有9个党支部进行改选，增补了19名支部委员，增设天利国际经贸有限公司党总支。发展新党员5名，有9名预备党员按期转为正式党员。

反腐倡廉教育。开展警示教育和岗位廉政教育，组织学习《中国共产党党员领导干部廉洁从政若干准则》和《从政提醒——领导干部必修的25课》两本书，组织机关党员参观了最高人民检察院举办的“法制与责任——全国检察机关惩治和预防渎职侵权犯罪展览”。

“讲责任、讲奉献、讲纪律”教育活动。在继续抓好“两个至上”、“转变职能、转变作风”、“提高工作水平、提高办事效率”和“四要”作风建设活动的基础上，2010年国家局、总公司机关开展了“讲责任、讲奉献、讲纪律”教育活动，把“讲责任、讲奉献、讲纪律”教育活动作为开展创先争优活动的重要平台和活动载体。印发《中共国家烟草专卖局党组关于国家局总公司机关开展“讲责任、讲奉献、讲纪律”教育活动的实施意见》，把创先争优“五个好”、“五带头”细化为“讲责任、讲奉献、讲纪律”3个方面共9项内容的具体要求：讲责任，就是要忠实履行职责，正确行使权力，提高服务水平；讲奉献，就是要珍惜工作机会，立足岗位奉献，厉行艰苦奋斗；讲纪律，就是要严格遵守政治纪律，严格落实行业部署，严格执行规章制度。在国家局党组中心组第二季度学习期间对此项教育活动进行具体安排部署。抓好教育活动的学习和宣传，机关各部门各单位普遍设置了教育活动宣传栏；在机关局域网开设教育活动专栏。以“创先争优和讲责任、讲奉献、讲纪律，保持良好精神状态，为卷烟上水平服好务”为主题开展大讨论活动。通过开展一系列活动，机关作风得到进一步转变。

【报纸期刊】 *《中国烟草》杂志*。《中国烟草》杂志创刊于1985年，由国家烟草专卖局主管、中国烟草杂志社主办。2010年，《中国烟草》杂志紧紧围绕行业“卷烟上水平”目标任务，坚持正确的舆论导向，坚持深化改革，刊物质量和发行经营稳步提升，为行业改革发展营造了良好舆论氛围，充分发挥了“喉舌、窗口、园地”的作用。全年编辑出版《中国烟草》24期，文字量达300多万字；制作出版《中国名烟离国际品牌还有多远》、《共同的财富共同的责任》、《在大同世界里，创造大不同》、《黄鹤楼，创出经典》、《中国烟草创刊25周年》等专刊17本。全年杂志实际订阅量为4.05万份，同比增长8%，实际发行量达到4.2万份，连续11年保持稳定增长。

2010年，《中国烟草》杂志坚持围绕中心、服务大局，努力做到“贴近实际、贴近基层、贴近读者”，继续发挥刊物集中深度报道优势，重视选题策划，不断创新内容和形式，着力打造精品栏目，“专题”、“资讯”、“关注”、“一线之声”、“观点”等栏目受到读者欢迎，《“卷烟上水平”这一年半》、《铁汉阮同军》、《春耕时节走烟区》、《从葡萄酒产区说起》、《一方水土一方烟》、《旱！旱！！旱！！！》等一批优秀文章相继涌现。重视杂志质量，针对印刷出现偏色问题，多次修改制定印刷标准，办刊水平不断提升。刊物发行经营工作再上新台阶，推广两年的“集订分投（集中订阅，分别投递）”的征订方式取得成效。协办工作逐渐成熟，与各协办单位形成了专刊制作、专题或专栏报道、品牌推广、征文活动等多种协办模式，协办单位增加到近80家。广告经营不断创新，行业外广告经营新增了来自工业自动化、软件设计、纺织服装、物流技术等行业的数十家大客户。2010年，杂志社进行了期刊审稿系统和网站技术平台的升级改造工作，各媒体统一投稿平台投入试运行，信息化水平不断提高，资源进一步整合，运行机制逐渐理顺。

《中国烟草学报》。《中国烟草学报》创刊于1992年，由中国科学技术协会主管、中国烟草学会主办，主要刊登国内有关烟草工业、农业、经济等方面的学术论文、研究报告以及反映国内外烟草科研进展、学术动态的综述文章，面向国内外公开发行。2010年，《中国烟草学报》坚持跟踪报道行业阶段性成果或近期重大成果，65%的学术论文来源于有项目资金的科研成果，刊登的稿件多为原创性论文。据科技部信息研究所“万方数据”和中国学术期刊“中国知网”发布的2010年版科技期刊引证报告显示，《中国烟草学报》学术影响力指标——总被引频次、影响因子、他引率、基金论文比等指标较2009年度有所提高，影响因子达到1.195（中国境内6063种科技期刊影响因子≥1的期刊共380种），比2009年提高0.223，比同期国内6063种科技期刊影响因子平均值高0.773，在“轻工纺织食品类”（56种期刊）学科中影响因子位列第一。扩大发行范围，向国家烟草栽培生理生化基

地教学基地及工业企业烟叶生产基地赠阅《中国烟草学报》。科技期刊计算机远程投稿及编辑系统运行稳定。全年共编辑出版《中国烟草学报》6期，发表学术论文136篇；并经新闻出版总署和中国科学技术协会批准，增加出版1期《卷烟上水平》专刊。

《新烟草》。《新烟草》由中国烟草总公司主管，黑龙江省烟草公司、中国烟草杂志社共同主办。作为全国卷烟零售户的营销科学期刊，2010年，《新烟草》杂志紧密围绕与零售户息息相关的行业政策、营销技巧、经营方法等，突出对与零售户有关的行业重大事件的报道，突出对零售户读者经营与生活的报道，突出对重点卷烟工商企业的报道，刊物质量和知名度不断提升。全年编辑出版《新烟草》12期，总版面达644个，总文字量约80万字，图片600余幅；每期发放16万册，覆盖全国50多个大中城市。杂志所刊登的稿件中，编辑部自采稿件约占42%，通讯员来稿约占48%，摘编稿件约占10%。全年《新烟草》征订量达到1.45万份。先后推出《劳动合同法关乎你我他》、《“市”在人为》、《腰包升级大作战》、《店员顶着半边天》等文章，得到零售户读者的普遍好评。

《东方烟草报》。《东方烟草报》创刊于1992年7月，是面向烟草行业和全国公开发行的报纸。《东方烟草报》每周一、二、三、四、五出版，包括正刊、《金周刊》和《山东视窗》、《中烟物流》、《中国烟机》、《贵烟视窗》、《烟草人家》、《现代烟草农业》、《现代卷烟营销》、《湖南中烟视窗》、《红云红河视窗》等专刊、专版。2010年，《东方烟草报》以全力做好“卷烟上水平”宣传工作为首要任务，成功启用采编系统，初步实现出版流程信息化，报道方式更加灵活，精品稿件和版面日渐增多，报道内容更具针对性和贴近性，较好地发挥了行业报“喉舌、窗口、园地”的作用。全年《东方烟草报》发行量达到11万份，《金周刊》发行量突破50万份。报社在昆明新设西南联络站，实现了百万元以上合作项目零的突破，带动了其他行业与报社合作，汽车、糖酒、茶叶、副食品等行业外广告相继刊登，全年报社经营收入再增千万元。截至2010年年底，理事单位达到123家。

【网络媒体】 2010年，国家局加强行业网站内容保障工作，坚持每季度通报行业各单位信息报送情况，确保行业网站的内容质量。推进信息公开工作，共发布新闻等各类信息3万多条，其中63条被中央政府网站采用，在2010年政府网站评测活动中，国家局网站列部委类网站第31位，比上年提升11位。收集网络舆论动态信息，针对涉及烟草的焦点、热点和敏感信息，共编发《每月网络信息摘要》和《每日舆情监测报告》76期。开展网站考核检查工作，从网站管理、建设、内容保障等方面进行综合评分，贵州中烟、福建省局等10家单位被评为行业网站工作先进单位。行业各单位高度重视网站建设和管理，按照国家局要求统一标识、统一域名、统一元数据规范、统一栏目设置。目前行业各直属单位中有49家建有内部网站，有45家建有外部网站，在推进政务公开、宣传企业文化、加强信息共享等方面发挥了重要作用。

【志书编纂】 《中国烟草年鉴》。2010年，完成了2008年年鉴的出版发行工作和2009年年鉴编辑出版工作。《中国烟草年鉴（2009）》在2008年年鉴的基础上，不断丰富栏目内容，企业基本信息更加完整，特别突出了资料的权威性、延续性，反映行业改革发展的历程。栏目新增“卷烟消费税调整”、“重点骨干品牌培育”、“现代烟草农业建设”等重点内容；省级局（公司）新设“所属其他二级单位及派驻机构”分目等，更加注重各企业特色条目的编写，突出各企业特点。同时，在《附录》栏目新增“2009年行业高级职称认定情况”分目；在2008年“百牌号”卷烟名录基础上，扩展为“2009年在产卷烟品牌（规格）名录”分目，将所有在产卷烟牌号全部收录。从2005年7月至2010年年底，中国烟草杂志社年鉴编辑部共完成6本年鉴的编辑出版工作，撰稿质量和编辑质量不断提高。国家局办公室和中国烟草杂志社于2010年3月和8月分别在广东广州和浙江宁波召开《中国烟草年鉴（2009）》组稿和审稿工作会议。

国家烟草专卖局
中国烟草总公司机构

国家烟草专卖局　中国烟草总公司机构

办公室（外事司）

【主要职责】 1. 拟订并组织实施机关政务管理的制度和工作规范，协调机关政务工作；负责国家局召开会议的计划管理和组织筹备工作；负责督办工作；负责全国人大代表建议和全国政协委员提案办理工作；负责国家局、总公司机关总值班工作。

2. 负责起草国家局、总公司的重要文件、会议报告及领导讲话；组织、协调行业重大问题调研工作；组织、协调行业电子政务建设；负责编发行业重要信息；负责国家局、总公司新闻、信息发布工作；组织、协调行业履行《烟草控制框架公约》有关工作。

3. 负责国家局、总公司机关公文核稿、收发传递和文件印制工作；指导行业公文处理工作；管理国家局党组、国家局、总公司印章；负责国家局、总公司机关各部门、各单位和行业各直属单位印章管理工作；指导、协调行业档案管理工作；承担国家局保密委员会的日常工作。

4. 负责烟草系统外事管理工作。

5. 负责行业信访、稳定和应急管理工作；负责国家局、总公司机关安全、保卫工作；指导行业社会治安综合治理工作。

6. 承办国家局、总公司交办的其他事项。

【负责人】 主任、司长：张修连；副主任、副司长：郭联君、王劲栋、赵百东（2010.4—）；副巡视员：孙宝义、林　海、王　红（2010.4—）。

【内设机构】 设综合调研处、秘书处（值班室）、文秘档案处、新闻联络处、信访保卫处、外事处等6个内设机构。

发展计划司

【主要职责】 1. 拟订并组织实施行业发展战略、发展规划；拟订行业生产布局规划；编制行业投资规划，拟订并组织实施投资年度计划；拟订行业技术装备政策。

2. 拟订并组织实施烟草专卖品产供销、进出口的年度计划。

3. 拟订烟草专卖品管理名录；核定全国烟草专卖品生产、经营企业的生产规模。

4. 审核烟草系统投资项目和外资投资项目；负责行业投资项目管理和招投标工作；编制烟草专用机械设备分配计划；负责国家局定点扶贫工作。

5. 拟订烟草专卖品价格政策，管理烟草专卖品价格；收集、整理、分析、发布烟草专卖品价格信息。

6. 承办国家局、总公司交办的其他事项。

【负责人】 司长：赵洪顺；副司长：孙桂芳（部门正职级）；巡视员兼副司长：郭齐贵（2010年4月之前担任副司长）。

【内设机构】 设综合处、计划处、投资处、价格处等4个内设机构。

专卖监督管理司

【主要职责】 1. 监督检查《中华人民共和国烟草专卖法》及《中华人民共和国烟草专卖法实施条例》的执行情况。

2. 拟订烟草专卖管理监督制度，监督检查烟草专卖品的生产经营活动。

3. 组织、指导并承办违反烟草专卖法律法规案件的查处，查禁、关停计划外烟厂，保护合法经营；会同国家有关部门取缔非法烟厂和烟草专卖品自由交易市场，打击假冒和走私烟草专卖品等违法活动。

4. 拟订烟草专卖许可证、烟草专卖品准运证管理制度，监督检查各类专卖许可证件的核发、使用工作；参与拟订名晾晒烟名录和烟草专卖机械名录。

5. 指导专卖行政执法和专卖队伍建设工作。

6. 承办国家局、总公司交办的其他事项。

【负责人】 司长：魏树琦（—2010. 10）、程佳华（2010. 10—）；副司长：高兴智、关宏梅；副巡视员：白　明。

【内设机构】 设综合处、内部监督管理处、市场监督管理处、打假打私处、证件管理处等5个内设机构。

经济运行司

【主要职责】 1. 承担行业生产、经营的统一调度工作，协调产供销的衔接；负责行业生产、经营的综合分析和预测监控；拟订并组织实施行业经济运行调控政策和方案。

2. 参与拟订烟草专卖品产供销年度计划，拟订并组织实施卷烟季度、月度生产进度计划；负责行业经济运行考核工作。

3. 负责行业产品结构调整工作；拟订并组织实施卷烟品牌发展规划，指导行业品牌维护与培育工作，组织开展品牌定向整合；依法实施烟草制品商标管理工作；组织开展中外烟草企业间生产技术合作工作。

4. 承担烟草专卖品卷烟材料供应管理工作；承担烟草专用机械设备转让、租借与报废的管理事项。

5. 指导行业企业管理工作；承担行业质量管理工作，负责推行ISO 9000系列标准；组织开展行业节能减排工作；指导行业安全生产工作，依法处理重大安全事故；协调行业抗灾救灾工作。

6. 承办国家局、总公司交办的其他事项。

【负责人】 司长：王　平；副司长：卢瑞刚（—2010. 6）、李德义、刘　艳（2010. 4—）、季　泓（挂职，2010. 4～12）；副巡视员：谢云海。

【内设机构】 设综合处、生产经营管理处、企业管理处、安全处等4个内设机构。

政策法规与体制改革司

【主要职责】 1. 组织起草行业相关法律法规、规章草案和重大政策；审查行业生产经营管理的重要制度、重大经济合同和国家局、总公司机关各部门、各单位拟订的规范性文件；建立和完善专卖管理法规体系和行业管理法规体系。

2. 拟订并组织实施行业体制改革和企业组织结构调整规划和工作方案；指导企业和专业性公司改革工作；承办行业企业设立、分立、合并与撤销工作；指导建立现代企业制度。

3. 调查研究《中华人民共和国烟草专卖法》及《中华人民共和国烟草专卖法实施条例》、国家有关法律法规在行业的执行情况和改革中存在的问题；监督检查行业依法行政，组织实施行政执法责任制工作；负责行业普法依法治理工作。

4. 承担行业法律咨询工作，指导行业行政机关和企业法律顾问工作；组织推动行业法制建设工作；参与研究和审议行业对外经济技术合作的有关政策和制度；组织开展烟草专卖法规、政策方面的国际交流。

5. 指导、协调行业行政复议工作，承办相关行政复议、行政应诉工作。

6. 承办国家局、总公司交办的其他事项。

【负责人】 司长：刘敬如；副司长：李　鸣、赵国臣、王玉麟。

【内设机构】 设综合处、政策法规处（行政复议处）、体制改革处等3个内设机构。

财务管理与监督司（审计司）

【主要职责】 1. 研究提出行业有关经济政策建议；拟订并组织实施行业财务管理、资产经营管理、会计核算、审计监督的制度、办法。

2. 拟订并组织实施行业国有资产管理规定和国有资产保值增值考核办法、标准。

3. 管理监督行业财务资金；拟订行业税后利润分

配政策及方案；编制并组织实施行业年度预算；组织行业所属企业上缴国有资本收益，编报行业国有资本经营预算。

4. 负责行业各类财务会计报告的汇总、审核和编报工作；监督检查行业会计信息质量；参与拟订行业财务会计、审计信息化建设发展规划。

5. 负责行业内部审计工作；拟订并组织实施行业内部审计工作规定、办法，拟订行业内部审计发展规划和年度审计项目计划。

6. 承办国家局、总公司交办的其他事项。

【负责人】 司长：张玉霞（兼）；副司长：万里明（2009.12—）、王建雪、张书东、郝和国（—2010.4）；副巡视员：叶建华。

【内设机构】 设综合处、财务处、预算处、会计处、国有资产管理处、审计一处、审计二处、机关财务处等8个内设机构。

科技司

【主要职责】 1. 承担烟草制品减害降焦工作；拟订行业科技发展政策及战略规划、年度计划；参与拟订行业技术装备政策，参与技术引进和技术改造论证工作；组织国内外科技交流与合作。

2. 承担国家局、总公司科技领导小组、科学技术委员会、全国烟草标准化技术委员会的日常工作；负责行业创新体系建设及创新能力考核工作；负责行业科技成果评价、推广、奖励；负责科技信息、科技统计及有关知识产权管理工作；研究提出科技经费预算建议。

3. 拟订并组织实施行业科技项目年度计划；组织管理行业重大科技项目；审核烟草新品种和烟草基因工程事项。

4. 负责行业产品质量评价和监督工作；负责行业质量技术监督检验机构建设、审查和认定工作；负责烟草专卖品、烟用材料和相关产品的质量技术监督及质量市场准入工作。

5. 负责行业标准化管理工作；编制并组织实施行业标准制订项目年度计划，管理行业用标准物质和标准样品的制作与发布；组织开展烟草专用仪器计量检定工作。

6. 承办国家局、总公司交办的其他事项。

【负责人】 司长：金忠理；副司长：王献生、张虹。

【内设机构】 设综合处、科技开发处、技术监督处、标准化处等4个内设机构。

人事司

【主要职责】 1. 拟订烟草系统干部人事、劳动工资、思想政治、教育培训、人才队伍等工作相关政策和制度；指导烟草系统干部人事制度改革、用工分配制度改革等工作。

2. 负责国家局党组管理干部的考核、任免、档案管理等工作；组织、指导、监督检查烟草系统各级领导班子建设工作；指导烟草系统人事档案管理工作。

3. 负责烟草系统机构编制工作，审核各级烟草专卖局的设立、分立、合并与撤销。

4. 负责烟草系统工资总额宏观调控，指导烟草系统劳动用工管理工作，负责国家局党组管理干部薪酬核定工作。

5. 负责烟草系统人才队伍建设工作，编制烟草系统教育培训规划，指导烟草系统教育培训工作。

6. 指导烟草系统思想政治、企业文化建设工作；负责中国烟草职工思想政治工作研究会的日常工作。

7. 负责国家局机关干部管理、劳动工资、教育培训等工作。

8. 承办国家局、总公司交办的其他事项。

【负责人】 司长：邢万里；副司长：刘景珍、孙晓莹；副巡视员：史惠民。

【内设机构】 设综合处、系统干部处、机关人事处、劳动工资处、思想政治工作处、教育培训处等6个内设机构。

机关党委[①]

【主要职责】 1. 负责组织国家局、总公司机关政治理论、科学知识学习，宣传和贯彻党的路线、方针、政策。

2. 负责国家局、总公司机关党风廉政建设和纪律检查的相关工作；负责国家局、总公司机关思想政治工作，组织协调精神文明建设工作。

3. 领导机关各部门、各单位党组织开展各项组织活动。

4. 负责各部门、各单位党组织和党员的管理，开展党员表彰奖励工作；负责各部门、各单位党组织换届选举的指导工作，任免各部门、各单位党组织的负责人。

5. 指导国家局、总公司机关工会、共青团、妇女工作委员会工作。

6. 承办国家局、总公司交办的其他事项。

【负责人】 机关党委书记：潘家华（兼）；机关党委常务副书记：郭振景（—2010.1）；机关党委常务副书记、纪委书记：申秋生。

【内设机构】 办公室。

离退休干部办公室

【主要职责】 1. 拟订烟草系统离退休干部工作有关制度、规定，指导系统离退休干部工作。

2. 组织开展离退休干部工作人员业务培训；负责离退休干部统计工作。

3. 研究提出国家局、总公司机关离退休干部工作经费预算建议；负责机关离退休干部的服务管理工作；组织机关离退休干部的政治学习、文件传阅以及参加重大政治活动。

4. 承办国家局、总公司交办的其他事项。

【负 责 人】 主任：邵文龙；副主任：杨章锁（2010.4—）。

【内设机构】 设综合处、机关离退休干部处2个内设机构。

中央纪委、监察部驻国家烟草专卖局纪检组、监察局（中国烟草总公司监察局）

【主要职责】 中央纪委、监察部驻国家烟草专卖局纪检组、监察局是中央纪委、监察部派驻国家局的纪检监察机构，直接受中央纪委、监察部领导，与中国烟草总公司监察局合署办公。根据《驻国家烟草专卖局纪检组、监察局关于实行统一管理的实施方案》的规定，确定其主要职责。

1. 监督检查国家局及所属系统贯彻党的路线、方针、政策和决议，遵守国家法律、法规，执行国务院决定、命令的情况。

2. 监督检查国家局党组和行政领导班子及其成员维护党的政治纪律，贯彻执行民主集中制，选拔任用领导干部，贯彻落实党风廉政建设责任制和廉政勤政的情况。

3. 经中央纪委、监察部批准，初步核实国家局党组和行政领导班子及其成员违反党纪政纪的问题；参与调查国家局党组和行政领导班子及其成员违反党纪政纪的案件；调查国家局及所属系统司局级领导干部违反党纪政纪的案件及其他重要案件。

4. 受国家局党组和行政领导班子委托，继续履行组织协调国家局及所属系统党风廉政建设和反腐败工作的职责，管理和指导国家局所属系统各单位纪检监察机构及国家局直属机关纪委的业务工作，协助国家局人事司管理所属系统纪检监察机构和纪检监察干部。

5. 受理对国家局机关及所属系统党组织、党员和行政监察对象的检举、控告，受理国家局机关及所属系统党员和行政监察对象不服处分的申诉。

---

① 国家烟草专卖局直属机关党委与国家局人事司合署办公，内设机构为办公室。

6. 承办中央纪委、监察部，国家局、总公司交办的其他事项。

【负责人】　驻局纪检组组长：潘家华；驻局纪检组副组长、监察局局长：姜　凯；中国烟草总公司监察局副局长：程春节；驻局监察局副局长：刘　忠；中共国家烟草专卖局党组巡视工作办公室主任：冯京安（部门副职级）。

【内设机构】　设一室（综合室）、二室（监督检查室）、三室（信访审理室）、四室（纠风办）等4个内设机构。

中国烟叶公司

【主要职责】　中国烟叶公司是国家局、总公司直属的专业性公司，承担一定的行业宏观管理职能。

1. 组织、指导、协调、管理全国烟叶工作。

2. 研究提出并组织实施现代烟草农业的政策和发展规划；参与拟订烟叶种植、收购、储备、调拨和进口计划；参与拟订烟叶收购、调拨价格及打叶复烤加工费用标准。

3. 指导全国烟叶生产、收购和加工工作；参与拟订烟叶国家标准、生产技术标准和打叶复烤技术标准；核准烟叶收购基准样品，参与审定烟草新品种；组织全国烟叶购销交易。

4. 拟订并组织实施烟叶生产基础设施建设总体规划、计划；指导烟叶基层建设和打叶复烤企业管理；参与拟订打叶复烤企业技术改造规划；参与组织烟叶信息化工作。

5. 组织经营进口烟草专用肥料；参与进口烟叶工作，负责进口烟叶国内流通管理；负责烟叶中外技术交流与合作工作。

6. 承办国家局、总公司交办的其他事项。

【负责人】　总经理：赵振山；副总经理：聂和平、陈江华（—2010.4）、张玉征、包　勤、吴洪田。

【内设机构】　设办公室、综合计划部、生产管理部（技术推广部）、收购管理部、基层建设管理部、复烤企业管理部、财务部、经营部等8个内设机构。

中国卷烟销售公司

【主要职责】　中国卷烟销售公司是国家局、总公司直属的专业性公司，承担一定的行业宏观管理职能。

1. 组织、指导、协调、管理全国卷烟销售工作，研究提出全国卷烟销售工作的政策和相关制度。

2. 指导全国卷烟销售网络建设和商业企业卷烟现代流通建设工作；拟订卷烟销售网络运行规范，参与拟订卷烟销售网络管理标准。

3. 组织实施全国卷烟市场需求预测工作，参与拟订卷烟销售计划；参与组织卷烟产销衔接和品牌定向整合工作，参与拟订卷烟品牌发展规划。

4. 组织、指导全国卷烟市场调查工作，采集、分析、发布卷烟市场信息；参与组织卷烟销售信息化工作，负责卷烟销售信息网络的管理与维护。

5. 组织、指导全国卷烟交易工作，拟订卷烟营销规则，监督、检查卷烟促销工作；参与拟订进口卷烟销售计划，拟订进口卷烟的国内销售管理办法；组织、协调中外合作国内生产卷烟品牌的市场销售工作；依法对公司的全资企业、参股企业行使出资人权利，经营和管理国有资产，承担保值增值的责任。

6. 承办国家局、总公司交办的其他事项。

【负责人】　总经理：吴庚宏（—2010.2）、曹华青（2010.2—）；副总经理：秦前浩（—2010.2）、汪世贵、王　宏；总经理助理：张振华（挂职，—2010.10）。

【内设机构】　设办公室、财务部、网建部、信息部、市场管理部、交易管理部等6个内设机构。

中国烟草投资管理公司

【主要职责】　中国烟草投资管理公司是国家局、总公司直属的专业性公司，承担一定的行业宏观管理职能。

1. 负责行业多元化投资经营工作的归口管理；参与编制行业多元化投资规划，参与审核多元化投资项目；参与审核多元化经营企业国有产权转让、国有资产无偿划转等事项。

2. 拟订行业多元化经营管理规定和企业退出机制，指导建立现代企业制度，完善公司治理结构；建立和完善行业多元化经营企业国有资产保值增值指标体系和目标考核制度。

3. 根据总公司的授权，对总公司直接投资及本公司投资的多元化企业行使出资人权利，履行出资人职责。

4. 负责行业战略性投资项目的规划、论证及组织实施工作。

5. 负责国产醋纤丝束经营，依法经营其他烟用材料；参与拟订醋纤丝束分配计划与价格。

6. 承办国家局、总公司交办的其他事项。

【负责人】 总经理：吴建明（—2010. 4）、王健男（2010. 4—）；副总经理：孙兰成、吴　益；总经理助理：唐　强（挂职）。

【内设机构】 设办公室、企业管理部、行业指导管理部、事业发展部、财务管理部、审计部、经营部等7个内设机构。

中国烟草机械集团有限责任公司

【主要职责】 中国烟草机械集团有限责任公司是国家局、总公司直属的专业性公司，承担一定的行业宏观管理职能。

1. 参与拟订并组织实施烟草机械工业的发展规划、年度计划；参与拟订行业技术装备政策及烟草机械生产企业的生产布局、企业定点方案；拟订并组织实施行业设备管理制度，组织、协调行业生产设备的日常管理工作；负责推广新设备、新技术，发布淘汰设备目录。

2. 参与拟订国产烟草机械设备分配计划和价格政策；组织、协调全国烟草机械的购销管理工作；拟订并组织实施烟草机械产品生产经营业务的管理制度。

3. 负责行业设备大修理（翻修）的定点及布局工作，指导定点企业的生产经营和技术管理，拟订并组织实施设备大修理的年度计划；负责行业烟草机械零配件管理工作。

4. 负责烟草机械产品的技术管理工作；负责国内外烟草机械的技术交流、技术合作、对外技术谈判、技术培训和技术咨询服务工作；负责烟草机械引进技术的消化吸收和国产化工作；参与组织烟草机械新产品技术鉴定工作；拟订烟草机械产品的质量标准；参与拟订烟草机械设备进出口年度计划；参与组织烟草机械出口工作，负责组织货源和售后服务，参与组织国际市场开发工作。

5. 依法对控股企业行使出资人权利，经营和管理国有资产，承担保值增值的责任；按照国家局的授权，管理本公司及控股企业的人事、劳动工资及纪检监察工作。

6. 承办国家局、总公司交办的其他事项。

【负责人】 董事长、总经理、党组书记：王崇光；副总经理、党组成员：程佳华（—2010. 10）；副总经理、总会计师、党组成员：宋春华（部门正职级），巡视员：王仲强（2010. 8 ~ 10，8月之前担任副总经理、党组成员）；副总经理、党组成员：王建法、于明芳（2010. 10—）；副巡视员：凌卫民、赵美燕；总经理助理：鹿广瑞（挂职，—2010. 12）。

【内设机构】 设办公室、综合计划部、人力资源部（纪检监察部）、生产管理部、市场部、财务资产部、技术合作部、审计部、设备管理部等9个内设机构。

中国烟草国际有限公司

【主要职责】 中国烟草国际有限公司是国家局、总公司直属的专业性公司，承担一定的行业宏观管理职能。

1. 按照集中统一对外原则，组织、指导、协调、管理中国烟草的国际业务；研究提出行业国际业务工作总体规划，拟订并组织实施开拓国际市场战略规划。

2. 统一经营和管理烟草类国营贸易业务，拟订相关规章制度，规范经营秩序；参与拟订烟草进出口产品的年度计划并负责组织实施；参与拟订烟草进出口产品价格；组织进口烟叶工作，组织实施进口烟叶采购的境外投资实体化运作。

3. 拟订行业境外企业的发展规划、生产布局；指导、协调、管理行业境外企业及境外卷烟销售网络的生产经营工作；参与拟订开拓国际市场的奖励政策，研究提出相关奖励方案。

4. 统一管理烟草行业境外投资及经贸合作；审查、评估行业境外投资项目和境外企业的设立、分立、合并与撤销，报国家局审批；协调解决对外贸易中的法律纠纷。

5. 依法对公司的全资企业、控股企业、参股企业行使出资人权利，经营和管理国有资产，承担保值增值的责任；根据国家局的授权，管理公司及境外投资控股企业和驻外机构的人事、劳动工资工作。

6. 承办国家局、总公司交办的其他事项。

【负责人】 董事长、总经理、党组书记：张本甫；副总经理、党组成员：郭胜锁、高学林、潘肖勇、梁占华、谭小燕；总会计师、党组成员：张宏实；副巡视员：杨健身、吴　伟、熊　斌。

【内设机构】 设公共事务部、企划投资部、国营贸易部、烟叶运营部、市场拓展部、财务管理部、审计部、法律事务部、人力资源部等9个内设机构。

【驻外机构】 公司以控股方式管理深圳烟草进出口有限公司。公司还直接管理8个驻外机构：天利国际经贸有限公司（所在地：中国香港）、天泽烟草有限责任公司/中国烟草国际有限公司驻津巴布韦代表处（所在地：津巴布韦哈拉雷）、中国烟草国际巴西有限公司（所在地：巴西圣克鲁斯）、中国烟草国际有限公司驻莫斯科代表处（所在地：俄罗斯莫斯科）、中国烟草日本株式会社（所在地：日本东京）、迪拜瑞士达贸易有限公司（所在地：阿联酋迪拜）、CTPM国际有限公司（所在地：瑞士洛桑）、中国烟草国际有限公司阿根廷有限公司（所在地：阿根廷萨尔塔省）。

中烟电子商务有限责任公司

【主要职责】 中烟电子商务有限责任公司是国家局、总公司直属的专业性公司，承担一定的行业宏观管理职能。

1. 拟订行业电子商务发展规划，负责烟草电子商务平台建设工作。

2. 组织、指导、协调、管理行业物流建设工作，拟订行业物流标准；承担行业现代物流工作领导小组的日常工作。

3. 负责烟草电子商务平台、行业卷烟生产经营决策管理系统和物流信息系统的运行维护、安全管理和技术支持工作；负责有关数据汇总、分析，提供信息服务。

4. 负责广安门办公大楼的日常管理工作。

5. 承办国家局、总公司交办的其他事项。

【负责人】 总经理：曹华青（—2010.2）、秦前浩（2010.2—）；副总经理：董传国、范建治；总经理助理：董建江（挂职，—2010.11）；总工程师：王金亮（2010.11—）。

【内设机构】 设办公室、综合管理部、交易部、物流部、技术部、财务部等6个内设机构。

中国烟草实业发展中心

【主要职责】 中国烟草实业发展中心是国家局、总公司直属的专业性公司。

1. 指导、协调、管理所属企业的生产经营活动；指导所属企业安全生产工作。

2. 组织实施所属企业组织结构调整，指导企业改革。

3. 依法对所属企业的国有资产行使出资人权利，承担国有资产保值增值责任，管理监督所属企业财务资金，组织实施内部审计工作。

4. 管理所属企业人事、劳动工资工作，指导所属企业精神文明建设，负责所属企业纪检监察工作。

5. 承办国家局、总公司交办的其他事项。

【负责人】 总经理、党组书记：张建军；副总经理、党组成员：李增林；纪检组长、党组成员：傅鹏；副总经理、党组成员：赵　琦、刘　龙（2010.4—）；总会计师：汪利华（2010.4—）；副巡视员：李立林、秦　燕。

【内设机构】 设办公室（外事办公室）、人力资源部、生产部、安全监督管理部、企业管理部、财务部、审计部（监事室）、法律与改革部、市场营销部、物资供应部、纪检监察部等11个内设机构。

中国双维投资公司[①]

【主要职责】 中国双维投资公司是国家局、总公司直属的专业性公司。

1. 负责烟草行业重大战略性投资项目的规划、论证和可行性研究工作。

2. 组织实施经中国烟草总公司批准的投资项目。

3. 承担本公司直接投资企业和投资项目的经营管理工作。

4. 参与整合中国烟草总公司确定的行业多元化投资项目的优质资产。

5. 根据国家烟草专卖局授权，管理本公司的人事、劳动工资工作。

6. 承办国家局、总公司交办的其他事项。

【负责人】 总经理、党组书记：吴建明；副总经理、党组成员：戴伟坤（2010. 2—）、王建勇（挂职，2010. 12—，12月之前挂职任总经理助理、党组成员）、王卫平（挂职，2010. 12—，12月之前挂职任总经理助理、党组成员）；总经理助理：徐晓新。

【内设机构】 设办公室、法律部、投资管理部、企业管理部、财务部等5个内设机构。

国家烟草专卖局职工培训中心（中共国家烟草专卖局党校）

【主要职责】 国家烟草专卖局职工培训中心（党校）是国家局直属的事业单位。

1. 负责行业司、处级党员领导干部党校教育，承担有关素质能力培训工作；组织开展相关教学课题研究。

2. 承办国家局、总公司组织的会议及业务培训。

3. 负责教育、培训、会议等服务保障工作。

4. 承办国家局、总公司交办的其他事项。

【负责人】 党校校长：潘家华；党校常务副校长、培训中心主任：何秀群；党校副校长、培训中心副主任：王继锋、曾晓三（2010. 4—）；副巡视员：郁　毅。

【内设机构】 设办公室、教务处、总务处等3个内设机构。

烟草经济研究所

【主要职责】 烟草经济研究所是国家局直属的事业单位。

1. 研究行业改革发展的经济理论和行业经济政策、重大产业政策、发展战略。

2. 参与行业有关重大问题的调研工作。

3. 分析研究国际烟草经济与科技信息、国际烟草市场动态及有关国家烟草政策。

4. 分析研究国家经济体制改革和国民经济运行信息；承担行业软科学研究工作。

5. 承办国家局、总公司交办的其他事项。

【负责人】 所长：郭联君（兼）；副所长：李印美；副巡视员：左　红。

【内设机构】 设办公室、政策研究室、产业研究室等3个内设机构。

---

① 2010年11月，国家局先后印发国烟法［2010］412号、国烟人［2010］413号文件，同意将中国双维投资公司更名改制为中国双维投资有限责任公司，并在中国双维投资公司内部增设办公室和法律部，撤销综合部。

中国烟草杂志社

【主要职责】 中国烟草杂志社是国家局直属的事业单位。

1. 编辑出版发行国家局的机关刊物《中国烟草》杂志（半月刊）。

2. 建设、维护、管理中国烟草资讯网。

3. 在国家局办公室指导下负责《中国烟草年鉴》编纂发行工作。

4. 编辑出版发行《新烟草》杂志（月刊）。

5. 承办《烟草企业文化》杂志（月刊）编辑工作。

6. 管理和经营中烟广告公司。

【负责人】 社长、主编：刘　杰；副社长、副主编：毛幼力。

【内设机构】 设主编室、编辑一部、编辑二部、记者部、美术摄影编辑部、网络部、《中国烟草年鉴》编辑部、《新烟草》编辑部、《烟草企业文化》编辑部、综合办公室、中烟广告公司（广告部）、财务部、发行部、协办经营部等14个内设机构。

机关服务中心（机关服务局）

【主要职责】 机关服务中心（机关服务局）是国家局直属的事业单位。

1. 负责机关行政后勤管理工作，拟订并组织实施内部管理制度；负责内部聘用人员的人事、劳动工资管理工作；管理北京金叶园会议中心。

2. 负责机关固定资产的管理及办公用品、劳动保护用品的采购、保管和供应工作；负责机关职工食堂的管理及食品的采购供应工作。

3. 负责机关的交通运输、机动车辆管理、使用及安全工作；负责机关职工的医疗、保健、计划生育和义务献血工作；负责机关办公楼门前三包、绿化、美化工作。

4. 负责机关的基本建设、房地产及相关物业管理工作。

5. 承办国家局、总公司交办的其他事项。

【负责人】 主任（局长）：李东明［2010.2～7，2月之前任副主任（副局长、部门正职级）］；副主任（副局长）：张永军（2010.7—，主持工作）、何绍青、付久海、綦振平（2010.4—）。

【内设机构】 设办公室、综合服务处、财务处、生活福利处、基建房产处等5个内设机构。

烟草经济信息中心

【主要职责】 烟草经济信息中心是国家局直属的事业单位，承担一定的行业宏观管理职能。

1. 拟订并组织实施行业信息化发展规划和管理制度、办法；拟订行业电子政务和电子商务建设的技术方案。

2. 拟订并组织实施行业信息化规范和标准；审核行业直属单位信息化规划和实施方案。

3. 负责行业统计工作；负责行业数据中心建设和管理工作。

4. 负责建设和管理行业网络通信系统；承担行业数据中心网络、信息系统运行维护管理；监督检查行业网络信息安全工作。

5. 负责国家局内、外网站的建设和管理；承担国家局机关信息化项目建设工作，办理设备购置等有关事项；指导行业直属单位网站的建设和管理；承担国家局信息化工作领导小组的日常工作。

6. 承办国家局、总公司交办的其他事项。

【负责人】 主任：胡新华；副主任：陈　彤；副巡视员兼综合处处长：秦　剑。

【内设机构】 设综合处（网站管理处）、信息统计分析处、系统运行处、网络通信安全处4个内设机构。

中国烟草学会办事机构

【主要职责】 中国烟草学会是依法登记的全国性非营利性具有法人地位的学术性社会团体。

中国烟草学会办事机构在国家局、总公司领导下开展工作，接受民政部、中国科协的监督管理和业务指导，执行中国烟草学会理事会决议，处理日常事务。

1. 根据行业发展需要，组织行业科技工作者开展学术交流、科学普及和科技咨询活动，编印学术刊物。

2. 承担中国烟草学会的日常工作；负责协调上海中国烟草博物馆的业务工作。

3. 承办国家局、总公司交办的其他事项。

【中国烟草学会负责人】 理事长：张　辉；副理事长：金忠理、董国智、杨　俊、刘建福、王元英、刘国顺；秘书长：董国智（兼）。

【内设机构】 设办公室、学术部、编辑部等3个专业部门。

省级工业公司董事会工作办公室

【主要职责】 1. 直接从事部分省级工业公司董事会工作。

2. 协调省级工业公司董事会之间的工作。

3. 指导实行三级母子公司体制的卷烟工业企业的董事会工作。

4. 指导非烟企业董事会工作。

5. 研究探索直接从事经营的省级烟草公司的董事会建设。

【负责人】 主任：徐　瑝（—2010.6）、王彦亭（2010.6—）

【内设机构】① 设综合处、秘书处2个部门。

整顿和规范市场经济秩序领导小组办公室

【主要职责】 整顿办为临时性机构，在国家局整顿和规范市场经济秩序领导小组（简称领导小组）的直接领导下，承担领导小组的日常工作。

1. 负责向领导小组报告全行业整顿和规范市场经济秩序工作的重大事项，做好牵头、组织、协调、综合指导全行业整顿和规范市场经济秩序工作。

2. 根据烟草行业整顿和规范市场经济秩序的总体要求，做好整顿和规范市场经济秩序的调研工作，向领导小组提出整顿和规范市场经济秩序的工作建议。

3. 组织全国烟草行业整顿和规范市场经济秩序的有关会议。

4. 负责组织起草整顿和规范市场经济秩序工作的领导讲话和文件；组织协调烟草行业专项整治行动的实施，督办重大案件的查处工作。

5. 负责与全国整顿和规范市场经济秩序领导小组办公室的工作联系。

【负责人】 主任：张修连（兼）；常务副主任：李　鸣；副主任：马　宁、张国宾；副巡视员：叶建华。

【内设机构】 设综合组、内管组2个部门。

中国烟草总公司郑州烟草研究院

【主要职责】 综合性从事烟草科学研究与开发，是国际标准化组织（ISO）第126技术委员会国内技术归口单位。主要从事烟草栽培调制及贮保、卷烟加工工艺和卷烟配方、烟草化学、烟用香精香料、卷烟减

① 2010年12月，根据《国家烟草专卖局关于增设省级工业公司董事会工作办公室综合处的通知》（国烟人〔2010〕418号），在省级工业公司董事会工作办公室内部增设综合处。

害降焦、再造烟叶等方面的应用基础研究和共性技术研究，卷烟厂和烟叶复烤厂的工程设计，行业相关检测仪器的研制、开发等。其学科范围覆盖烟草栽培及卷烟生产的全过程。

【负责人】 院长、党组书记：闫亚明；副院长、党组成员：谢剑平、张建勋；副院长、纪检组长、党组成员：赵继先；副院长：罗登山。

【内设机构】 设院长办公室、机关党委（政工处）、人事处（含研究生部）、科研开发处、财务管理处等5个职能部门，农业研究室、烟草工艺研究开发中心（烟草工艺重点实验室）、烟草化学重点实验室、香精香料研究室4个等科研部门，国家烟草基因研究中心[①]、国家烟草质量监督检验中心、中国烟草科技信息中心、中国烟草标准化研究中心等4个行业中心。

中国烟草总公司合肥设计院

【主要职责】 受国家局、总公司委托，承担烟草行业固定资产投资工程项目的技术审查职责，负责组织行业固定资产重大投资工程项目总体规划、项目申请报告、初步设计文件、工程超支分析报告等技术审查以及对重大项目和课题的专家论证、评估。在完成国家局委托的工程项目技术审查任务的基础上，保留部分经营职能，利用其技术优势，承接行业打叶复烤厂、烟用原料仓库和部分项目施工图审查及设计咨询工作。

【负责人】 院长、党委书记：朱小平；副院长、党委委员：陆　敏。

【内设机构】 设技术审查处、生产设计处（总师办）、经营处、人力资源处、财务处、办公室等6个内设机构。

中国烟草总公司职工进修学院

【主要职责】 承担烟草行业高技术、高技能人才培训，承担行业远程培训任务，具体承办行业培训师资库和培训教材库的建设与管理；培训师资的培训，开展远程教育培训和职业技能竞赛，并为企业提供职业技能鉴定、培训开发设计、培训评估、培训师资、培训教材和培训案例建设、培训信息资源、培训业务和生产技术咨询及成人学历教育服务。

【负责人】[②] 院长、党委委员：翁　浩（—2010.10）；党委书记：路鹏翔；副院长、党委委员：杨保吉、刘学义、李广才；纪委书记、党委委员：陈卫华。

【内设机构】 设办公室、政工处（人事劳资处、监察处）、财务审计处、安全保卫处等4个行政部门；信息中心（对外合作办公室）、培训处、远程培训处（培训研究室）、学员管理处等4个教学培训部门；后勤服务部、学员公寓服务部、餐饮服务部等3个后勤服务部门。

---

① 2010年11月，根据《国家烟草专卖局关于设立国家烟草基因研究中心的通知》（国烟人〔2010〕407号），设立国家烟草基因研究中心，隶属郑州烟草研究院，业务上接受国家局科技主管部门的指导和管理。

② 2009年，中国烟草总公司职工技术培训中心更名为中国烟草总公司进修学院，2010年3月，国家局印发文件，将进修学院负责人职务相应由“主任”、“副主任”更改为“院长”、“副院长”。

附：

烟草行业组织结构图

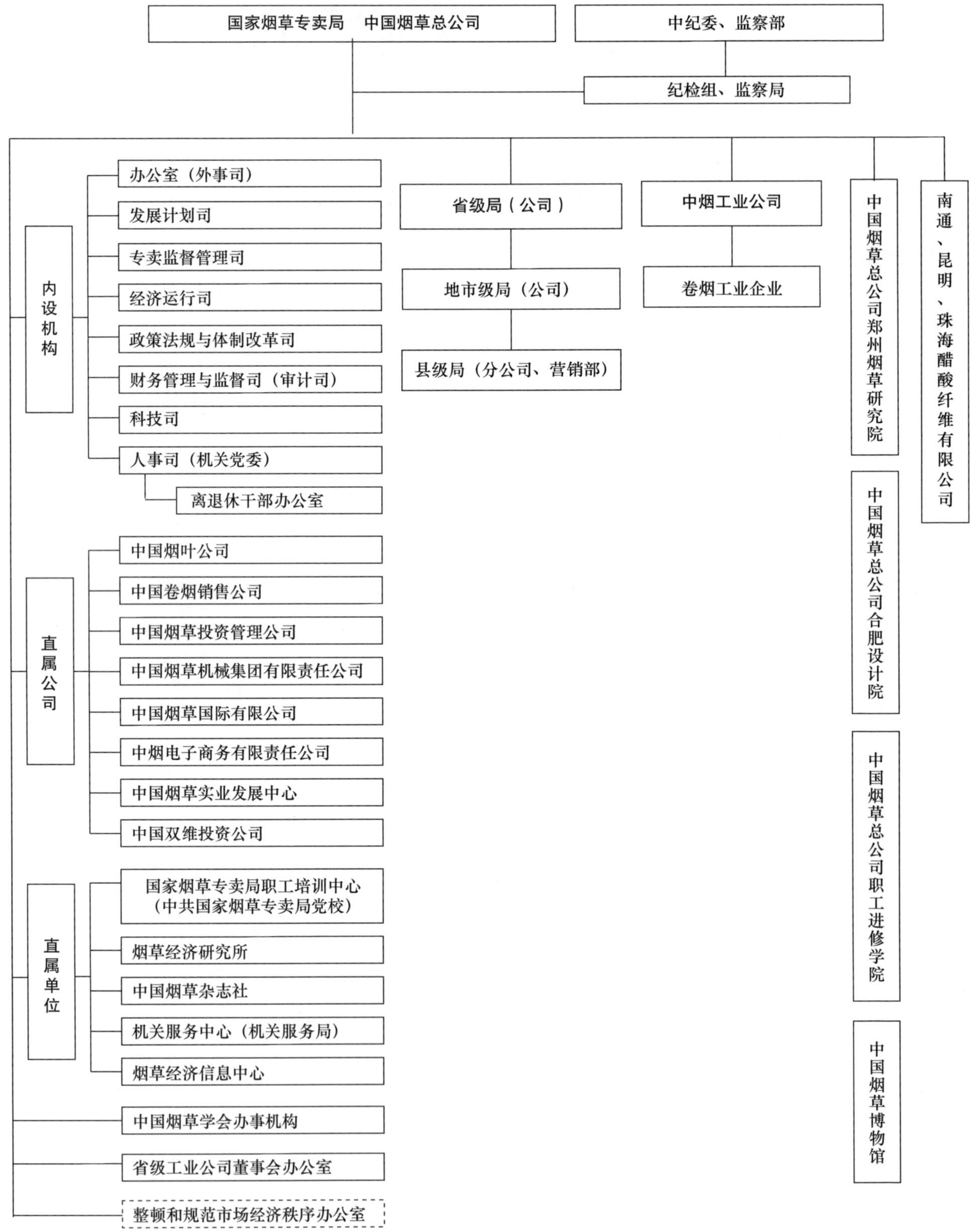

国家烟草专卖局　中国烟草总公司

中纪委、监察部

纪检组、监察局

内设机构
- 办公室（外事司）
- 发展计划司
- 专卖监督管理司
- 经济运行司
- 政策法规与体制改革司
- 财务管理与监督司（审计司）
- 科技司
- 人事司（机关党委）
  - 离退休干部办公室

直属公司
- 中国烟叶公司
- 中国卷烟销售公司
- 中国烟草投资管理公司
- 中国烟草机械集团有限责任公司
- 中国烟草国际有限公司
- 中烟电子商务有限责任公司
- 中国烟草实业发展中心
- 中国双维投资公司

直属单位
- 国家烟草专卖局职工培训中心（中共国家烟草专卖局党校）
- 烟草经济研究所
- 中国烟草杂志社
- 机关服务中心（机关服务局）
- 烟草经济信息中心

中国烟草学会办事机构

省级工业公司董事会办公室

整顿和规范市场经济秩序办公室

省级局（公司）
- 地市级局（公司）
  - 县级局（分公司、营销部）

中烟工业公司
- 卷烟工业企业

中国烟草总公司郑州烟草研究院

中国烟草总公司合肥设计院

中国烟草总公司职工进修学院

中国烟草博物馆

南通、昆明、珠海醋酸纤维有限公司

10月26日，国家局、公安部在广州联合召开广东省“海啸二号”卷烟打假行动总结表彰会

广东省局 余仁伟 摄

3月15日，辽宁葫芦岛市局组织开展“3. 15”卷烟打假宣传活动

辽宁葫芦岛市局 封光 摄

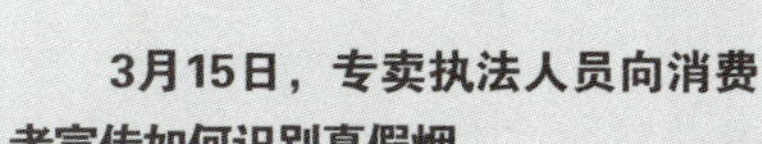

3月15日，专卖执法人员向消费者宣传如何识别真假烟

河南安阳市局 谢存峰 摄

专卖执法人员向零售客户宣传讲解新法规

湖北襄樊市局 刘凡 摄

12月18日，广西北海市局与北海市工商局联合举办法制宣传暨卷烟打假成果展

广西北海市局 陈冠昌 摄

9月20日，浙江金华市局将假冒卷烟送到热电厂，以碾碎焚烧的环保方式予以公开销毁

浙江金华市局 王瑜 摄

广东广州市局在卷烟打假集中整治中查获制假窝点

刘海文 摄

切割销毁制假机械设备

颉虎平 摄

专卖执法人员进入福建云霄地下制假窝点

福建厦门市局 陈石顺 摄

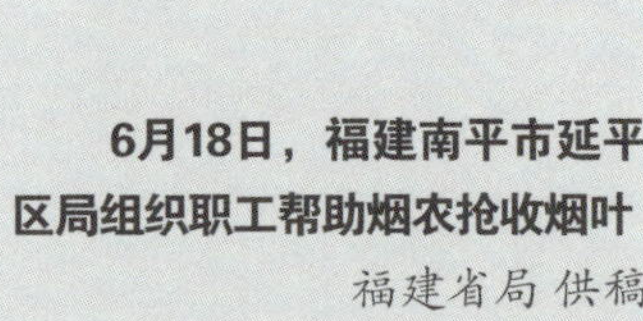

6月18日，福建南平市延平区局组织职工帮助烟农抢收烟叶

福建省局 供稿

山东日照市公司烟技员讲解编烟机使用技巧

山东日照市局 张春霞 摄

河南驻马店市公司烟技员在漂浮育苗工场进行现场指导

河南驻马店市局 李书令 摄

湖北恩施州公司烟技员帮助烟农裁剪蓄水播种的底膜

湖北恩施州局 周方奎 摄

云南楚雄州禄丰县公司在烘烤工场开展散烟收购培训

王承丞 摄

广西百色市公司技术人员用引进的剪叶机对烟苗进行剪叶

广西百色市局 黄庆群 摄

云南遭遇百年不遇干旱，
云南烟草投入车辆抗旱拉水栽烟
云南曲靖市局 朱党强 摄

云南曲靖市全面推行烤烟
生产电子合同和交售款电子结算
云南曲靖市局 朱党强 摄

笼式快速烟夹取得国家实用新型专利后，烟技员给烟农示范烟夹操作技巧
广西百色市局 潘棉纯 摄

云南大理州祥云县大型水源工程青海湖施工现场

云南大理州局 杨士斌 摄

云南普洱市景谷县永平现代烟草农业示范区

云南省局 供稿

河南许昌襄城县试验田中的生态特征观测站在特色烟叶研究中发挥了大作用

吕玉敏 摄

红云红河集团与烟草商业企业共同推进烟叶基地建设

红云红河集团 供稿

云南大理州公司积极培育“红花大金元”特色品种

云南南涧县局 熊发兴 摄

台风过后，女送货员淌水送货

浙江台州市局 泮涛 摄

甘肃舟曲“8·17”特大泥石流灾害后，舟曲县营销部照常及时为卷烟零售客户送货

甘肃甘南州局 杨建栋 摄

客户经理帮助零售客户整理分析动销台账

湖北荆州市局 舒毅 摄

客户经理指导零售客户网上订货

河南信阳市局 李钦岳 摄

甘肃张掖市公司营销人员利用多媒体在卷烟零售客户家中开展培训

甘肃张掖市局 杨峰 摄

6月29日，浙江宁波市公司举行客户服务七步法场景模拟演示比赛

浙江宁波市局 黄凯 摄

浙江湖州市公司工商卷烟在途物流跟踪信息系统投入使用

浙江湖州市局 孔燕国 摄

安徽铜陵市公司开展卷烟中转箱发放活动

安徽铜陵市局 林志刚 摄

甘肃省局（公司）举办“135”营销服务工作法培训

甘肃省局 汤乐 摄

江苏烟草建设“卷烟零售经营服务标准店”，充分挖掘零售终端的价值

张燕 摄

江苏南京市公司卷烟营销配送中心设计的周转箱行进间打码方案提高了分拣效率

张宇 摄

河南省局（公司）举行第一届卷烟商品营销职业技能竞赛

河南省局 供稿

省级局（公司）

北京市烟草专卖局（公司）

【概　况】 北京市烟草专卖局、中国烟草总公司北京市公司成立于1986年1月。市局（公司）下辖16家区（县）烟草专卖局（公司），铁路运输专卖分局、公路运输专卖分局、烟草营销中心、烟草物流中心等12个专业部门，以及北京京烟卷烟零售连锁有限公司、金健恒通商贸有限公司2个全资子公司。截至2010年年底，公司拥有总资产77.98亿元，其中，固定资产11.60亿元、流动资产64.60亿元，资产负债率为5.52%。共有从业人员3077人，其中聘用员工2242人。

【领导成员】 局长、总经理、党组书记：周瑞增

副总经理、党组成员：仲长林（正局级）

副局长、党组成员：梁宝贵（正局级）

副总经理、党组成员：甄晓勇

副总经理、党组成员：刘根甫

纪检组长、党组成员：周　宾

副巡视员：王爱国（—2010.2）

副巡视员：沈　勇（—2010.11）

副巡视员：罗　莉

副巡视员：李东梅

【机构设置】 市局（公司）机关设办公室（外事办公室）、综合计划处（经济运行处、科技处）、专卖监督管理处（专卖稽查总队、内部专卖管理监督处）、政策法规与体制改革处、财务管理处、审计处、人事劳资处、思想政治工作处、监察处（与党组纪检组合署办公）、安全保卫处等10个职能处室，以及北京烟草营销中心（网建办公室）、北京烟草物流中心、经济信息中心、机关服务中心、烟草质量监督检测（验）站、烟草学会、内部审计管理中心（与审计处合署办公）、职业技能鉴定站（与人事劳资处合署办公）、离退休人员管理办公室（与人事劳资处合署办公）、公路运输专卖分局、铁路运输专卖分局、整顿办（与办公室合署办公）等12个专业部门和机构。

【专卖管理】 联合执法。2010年，市局全面推进联合执法机制建设，打击涉烟违法犯罪活动，维护卷烟市场秩序。参加市政法委统一组织的公、检、法机关集中学习“两高”司法解释，深入研究并着力解决执法实践中的重点难点问题。推进公安、烟草查办案件行动机制和公安多警种合作办案机制建设，打击涉烟违法犯罪的精度得到提升。加强与工商部门的协调合作，开展了解决公开摆卖假烟、取缔无证照经营等专项行动。进一步加强与铁路、交通、航空等部门的协调，运输环节治理机制日趋完善。进一步巩固和完善毗邻地区、华北五省市、“两端一线”（制假源头、运输通道、售假终端）的卷烟打假协作机制。全年会同天津、河北、河南等省（市）局查获了5起跨省重大制售假烟网络案件。

打假成果。全年共查处各类涉烟违法案件7095起，其中，查处案值在5万元以上案件808起、50万元以上案件35起、100万元以上案件20起。查获各类非法卷烟1.97亿支，其中假烟9795万支；涉案卷烟总值近1.4亿元。公安、司法机关刑事拘留185人，判刑110人。全年共打掉制售假烟网络17个，其中部级督办案件6个。

日常监管。全市各级烟草部门围绕彻底解决公开摆卖假烟、无证经营问题，在公安、工商、城管等执法部门配合下，开展卷烟零售终端调研和首次跨区执法大检查，组织了“年末年初”、“国庆中秋”两次市场集中整治，采取“诚信经营店”管理模式以及错时检查、法制宣传等措施，零售终端规范经营水平得到提升。全年共取缔无证经营户1326户，清理非法涉烟广告865块，零售户店内公开摆卖非法卷烟问题明显减少，“三不卖”（不卖假烟、不卖非渠道烟、不低于零售指导价卖烟）零售户稳步增加，全市辖区市场净化率达到98%以上。

【经济效益】 2010年，全市烟草商业系统实现税利33.62亿元，同比增长13.11%，其中利润20.30亿元，同比增长0.25%。三项费用率为5.61%。

【卷烟经营】 卷烟销售。2010年，全市烟草商业系统销售卷烟393.92亿支（78.78万箱），同比增长4.1%，其中，销售一类烟45.25亿支（9.05万箱），同比增长27.69%；二类烟17.32亿支（3.46万箱），同比增长35.59%；三类烟131.65亿支（26.33万箱），同比增长12.75%；四类烟126.86亿支（25.37万箱），同比下降6.76%；五类烟72.84亿支（14.57

万箱），同比下降5.85%。本地区销量居前三位的品牌为“红塔山”、“中南海”、“红梅”，销量分别为60亿支（12万箱）、57.18亿支（11.44万箱）、37.64亿支（7.53万箱）。全年实现卷烟销售收入131.10亿元，同比增长15.51%。

订单供货流程调整。全市烟草商业系统订单供货流程调整工作经过近两年调研、论证，2010年进入系统切换阶段。市局（公司）制订实施方案和推进计划，针对工作机制衔接、工作平台衔接、工作流程衔接等方面问题以及对系统开发、到货、访销、策略投放等重要支撑环节的变化进行分析，把需要开展的各项准备工作列入推进计划，确保“切换”成功。经过朝阳、海淀、丰台区公司的试点完善和全市营销队伍的动员培训，开展了两次实操演练。8月，新旧业务流程成功切换。

网上订货。开展零售客户网络环境调研，确定了流程调整和网上订货系统的开发需求，制订《网上订货工作实施与推广方案》等配套制度，以朝阳区公司为试点，积累网上订货工作相关经验，组织区、县公司开展网上订货系统的应用和操作培训。2010年，全市辖区网上订货零售客户13073户，网上订货率为36%。

工商协同营销。推动工商协同营销向供应商、批发商、零售商的协调互动延伸，建立市场导向、面向客户、面向消费者的营销体系。4月，京鄂工商战略协同会议在京召开，与湖北中烟签署了工商战略协同规划；5月，与湖南中烟召开工商协同品牌研讨会；10月，与川渝中烟召开协同共育品牌恳谈会；11月，召开京皖工商协同共育品牌恳谈会。

品牌培育。市局（公司）建立和完善了品牌培育、新品发布、新品促销工作流程和工作制度，严格审批、监管程序，避免了节日期间促销环节的无序竞争。建立新品定期多点多层次和超高档卷烟的百店定点投放制度，定期分析和发布品牌分析报告。2010年，在保持“中华”、“红塔山”、“中南海”等传统重点骨干品牌稳定增长前提下，“黄鹤楼”、“芙蓉王”、“利群”、“南京”、“黄山”等5个重点骨干品牌销量也步入万箱行列，初步形成有序、良性的市场竞争格局。协同11家工业企业，对14个品牌31个规格开展了40多次促销活动，印发2000本《在销卷烟目录》，向零售客户发放15.2万册新品宣传单页，取得较好市场反馈。

【信息化建设】 2010年，市局（公司）完成营销信息系统流程改造、网上订货系统推广实施、“四城区”信息系统合并、工商协同营销系统推广、预算与资金管理信息系统集成，以及职业健康安全系统和专卖内管系统的建设工作。开展了数据交换平台整合研究、应用级备份管理系统开发、服务器虚拟化建设、后台结算系统升级和零售终端信息采集系统推广实施工作。开通新办公楼和东直门办公楼的千兆光纤和40M专线。配合贯标工作，完成了质量体系文件信息系统的培训使用。11月，开通“北京烟草经济信息中心IT服务热线——9265”，规范运维服务流程，对服务响应时间、解决率、客户满意度进行量化管理，将零散服务转变为有制度、有标准的服务，将随机服务变为能够控制、能够持续提高的服务。

【企业管理】 财务管理。市局（公司）开发新的预算管理信息系统，以费用控制为重点，加强预算执行分析，推进全面预算管理。开发新的资金管理系统，加强资金归口管理，确保资金安全完整。完成国有资产专项检查工作和多元化经营企业管理评价体系自查自评工作，对固定资产、土地及各类物权权证进行核实清理，与北京东亚铝业公司核实账目并重新明确债权。分3期举办了240人次的专业培训，组织财务人员分6批共52人次参加国家局组织的相关培训，不断强化队伍建设和提升专业能力。

安全管理。加强“两会四节”期间的安保工作和安全重点监管。开展安全大检查，发现整改安全问题隐患180项，发出安全检查报告书46份。继续开展“交通安全文明岗竞赛活动”，各单位加强驾驶员的安全教育，出台了遏制交通违法违章具体措施，全市系统近600部机动车、775名持证驾驶员交通违法违章数同比下降36起，没有发生甲方交通事故。强化保安值守队伍建设，加强训练，严格制度，全年3次出警，避免了企业财产损失。

【贯标工作】 市局（公司）推进质量管理体系建设，确定了“依法管理、优质服务、持续改进、追求首善”的北京烟草质量管理体系质量方针。制定了《质量手册》和67个程序文件，搭建了市区两级以专卖、营销为主体，涵盖办公、行政、计划、法规、财务、审计、培训、信息化建设等一体化的综合管理平台和基础管理体系。9月，举办质量管理体系三级文件编写培训班，近100人参加培训。10月，举办质量管理体系内审员培训班，130人参加培训。11月，对体系策划及运行情况进行第一次内部审核，开具281项问题清单；召开第一次内审整改情况汇报会，对不合格项进行跟踪验证。

【人力资源管理】 用工分配制度改革。在上年收入分配制度改革取得阶段性成果的基础上，开展收入分配制度改革的后续工作，完成非主业单位（京烟零售公司和金健恒通公司）工资制度改革。完善主业单位《岗位绩效工资运行办法》，对新招聘人员的初始工资待遇提出具体办法。严格绩效考核，探讨建立健全责任更加明确、考核更加科学、激励约束更加有效的绩效考核体系。结合职工代表大会制度，探讨建立集体合同制度，起草《集体合同草案》，提交职工代表大会讨论。

各级领导班子建设。市局（公司）制定《领导班子和领导干部综合考评和年度考核办法》、《选拔培养后备干部工作的实施意见》等政策文件，明确干部人事制度改革的目标、任务和重点工作。继续开展干部交流，全年共调整交流处级干部 68 人，其中交流 20 人、新提职 32 人（竞争上岗 3 人、挂职期满任职 6 人、副处级 23 人）、离岗退养 8 人、试用期满正式任职 8 人。基层各单位成立了纪检组并明确了专（兼）职纪检组长。

人才队伍建设。加强专业技术人才队伍建设，全年有 59 人取得各级专业技术职务任职资格，其中高级 7 人，中级 13 人。具有高级专业技术资格人员达到 35 人。员工招聘工作逐步规范统一，年内委托第三方组织了招聘考试，录用 52 人。全年系统内共调配了 58 人，保证了各部门工作的开展。

教育培训。4 月，市局（公司）与北京财贸职业学院签订了“校企合作战略合作协议书”，并在学院挂牌成立北京烟草培训中心。培训中心日常工作由市局（公司）人事劳资处和学院高级职业培训部共同管理，主要承担北京烟草科级干部岗位资格培训项目，学院提供标准房 50 余间，配备了电教室和学员餐厅。规范教育培训管理制度，起草了《教育培训体系建设实施意见》，明确目标任务，全面加强教育培训的组织建设、职能管理、制度建设和机制建设；制定《教育培训管理程序》，强化职责管理。

【内部管理监督】 进一步加强专卖内部管理监督工作，及时发现和解决不规范经营，结合营销流程调整，优化专卖内管系统，强化同级日常监管。加强月度预警处理评查，推行月度通报制度，预警处理优良率达 99.9%。加强卷烟打码到条和高价烟管理，有效规范了业务用烟，内部规范经营意识得到提高。强化内审监督工作，开展经济责任审计和专项审计，以机关预算管理审计为试点，进一步拓展内部审计的范围和内容，发挥内审管理中心集中审计优势，严格规范权力运行。

【“十一五”发展概要】 “十一五”时期，北京烟草紧紧围绕“做精做强主业、保持平稳发展”的基本方针，牢牢抓住改革与发展带来的机遇，贯彻落实国家局宏观调控的各项措施，成功应对金融危机的冲击和影响，经济运行质量和效益明显提高。

“十一五”时期，累计销售卷烟 1816.45 亿支（363.29 万箱），比“十五”时期的 1513.1 亿支（302.62 万箱）增长 20%；累计实现税利 130.39 亿元，比“十五”时期的 42.12 亿元增长 2.09 倍。推进按客户订单组织货源、工商协同营销和网上订货工作，举办全国烟草行业工商协同营销现场会，推动“工商零”的良性互动，网络建设水平得到提高。推进物流体系建设，物流中心在对内支撑经济运行健康发展、对外展示烟草行业良好形象等方面发挥了重要作用。

坚持以打击制售假烟网络为重点，探索和建立打假长效机制，始终保持卷烟打假高压态势，市场监管水平得到提高。“十一五”时期，共破获制售假烟网络案件 77 起；查获各类涉烟违法案件 1.91 万起；查获非法卷烟 12.91 亿支，案值共计 6.24 亿元。

深入开展内部管理监督检查工作，推进贯标和对标工作，加强预算管理，成本费用得到有效控制，三项费用率从“十五”期末的 7.34% 下降到“十一五”期末的 5.61%，年均降低 0.34 个百分点。

【特事要辑】 1 月 28 ~ 29 日，市局（公司）召开 2010 年北京烟草工作会议。国家局副局长李克明出席会议并讲话。

2 月 3 日，工业和信息化部纪检组组长郭炎炎到北京烟草物流中心考察调研。国家局局长姜成康、驻局纪检组组长潘家华陪同考察调研。

2 月 10 日，国家局局长姜成康一行到北京烟草慰问干部职工。

5 月 18 日，国家安全生产监督管理总局副局长孙华山一行到北京烟草物流中心考察调研，国家局副局长李克明陪同考察。

6 月 10 日，国家安全生产监督管理总局局长骆琳、副局长杨元元一行到北京烟草物流中心考察调研，国家局副局长张辉陪同考察。

6 月 23 日，国家局副局长何泽华一行到北京烟草物流中心考察调研。

11 月 30 日，国家局局长姜成康到北京烟草调研，并与市局（公司）主要领导以及相关部门负责人进行座谈。

12 月 30 日，北京烟草举行成立 25 周年庆祝大会。

2010 年北京市局（公司）主要统计指标汇总

实现税利（亿元）	实现利润（亿元）	销售卷烟（亿支）	烟叶种植（万亩）	烟叶收购（万担）
33.62	20.30	393.92	—	—

所属区、县局（公司）

【东城区烟草专卖局(公司)】 北京市东城区烟草专卖局、北京市东城烟草公司成立于 1998 年 3 月。北京市崇文区烟草专卖局成立于 1994 年，北京市崇文烟草公司成立于 1998 年。

2010 年 9 月，为落实国务院关于首都功能核心区行政区划调整的批复精神和北京市委、市政府关于四城区合并的工作部署，根据《国家烟草专卖局 中国烟草总公司关于调整北京市城区烟草专卖机构的批复》（国烟人［2010］311 号）和北京市政府办公厅《关于调整首都功能核心区烟草专卖机构的通知》（京政办函［2010］72 号）精神，撤销北京市东城区、崇文区烟草专卖局（公司），设立新的东城区烟草专卖局（公司）。新的东城区烟草专卖局（公司）以原东城区、崇文区的行政区域为管辖区域，负责辖区内烟草专卖管理和卷烟营销工作。

制订重点品牌培育计划，根据优化结构的思路，加大对一、二类卷烟的培育工作，全年共销售一、二类卷烟 3.35 亿支（0.67 万箱），同比增长 24.53%，占总销量的 14.46%。销售重点骨干品牌卷烟 18 亿支（3.62 万箱），占总销量的78%。与工业企业共同做好新品上市推介工作，多次召开品牌推荐会、工商零座谈会，促进新品在辖区市场的上市与推广。

【西城区烟草专卖局(公司)】 北京市西城区烟草专卖局、北京市西城烟草公司成立于 1998 年 3 月。北京市宣武区烟草专卖局、北京市宣武烟草公司成立于 1998 年 3 月。

2010 年 9 月，为落实国务院关于首都功能核心区行政区划调整的批复精神和北京市委、市政府关于四城区合并的工作部署，根据《国家烟草专卖局 中国烟草总公司关于调整北京市城区烟草专卖机构的批复》（国烟人［2010］311 号）和北京市政府办公厅《关于调整首都功能核心区烟草专卖机构的通知》（京政办函［2010］72 号）精神，撤销北京市西城区、宣武区烟草专卖局（公司），设立新的西城区烟草专卖局（公司）。新的西城区烟草专卖局（公司）以原西城区、宣武区的行政区域为管辖区域，负责辖区内烟草专卖管理和卷烟营销工作。

全年共开展高档卷烟、社会库存、零售户需求、网上订货等专项调研 11 次，与工业企业共同召开工商协同品牌培育座谈会 7 次。联合红塔集团召开了行政区域合并后的首次工商品牌培育会，确定了“聚集目标、反映实情、跟踪效果”的原则，共同策划实施方案，明确了“玉溪”、“红塔山”等知名品牌的培育目标和计划。

开展 5 次零售客户摸底调查，2 次客户经理网上订货业务培训，辖区共有 1002 户零售客户参加了网上订货。网建工作通过考核，在北京烟草网建工作会上进行经验交流。

【朝阳区烟草专卖局(公司)】 北京市朝阳区烟草专卖局成立于 1991 年 7 月，北京市朝阳烟草公司成立于 1998 年 3 月。

开展网上订货试点工作，全年组织 4 次网上订货专项市场调研，对辖区所有正常经营的零售客户进行逐一摸底调查。8 月起，采取集中授课和入户讲解的方式，对零售客户进行了“新商盟”软件操作培训。制作《客户网上订货指导手册》，印制《零售户网上订货操作流程专刊》，截至年底，辖区网上订货的零售客户数达 3200 余户，其中有两个片区实现网上订货率 100%。

【海淀区烟草专卖局(公司)】 北京市海淀区烟草专卖局成立于 1994 年，北京市海淀烟草公司成立于 1998 年。

区局（公司）密切关注市场动态，开展市场调研活动，提高把握市场的能力。开展了 2010 年卷烟社会库存调研、每季度卷烟零售客户服务满意度和获利满意度调研、2011 年度零售客户卷烟需求预测等专项调研活动。作为国家局信息点单位之一，承担了国家局信息采集工作，月度信息采集 164 户次，全年共计上报 1968 户次，完成了全部信息采集任务。

【丰台区烟草专卖局（公司）】 北京市丰台区烟草专卖局、北京市丰台烟草公司成立于1997年11月24日。

加强货运场站监管，5月，对辖区货运场站进行摸底调研，历时25天，出动执法人员1150人次，出动执法车辆400台次，完成了对货运企业地址、经营范围、负责人信息、员工信息、车辆信息等相关资料的统计。

治理无证经营，继续与街道办事处联合开展无证经营治理工作，取缔无证经营户130户。成立首支烟草志愿者服务队伍，举报周边无证经营和公开摆卖假、私、非卷烟行为，进一步拓宽涉烟犯罪信息来源，形成卷烟市场日常监管的新模式。

【石景山区烟草专卖局（公司）】 北京市石景山区烟草专卖局、北京市石景山烟草公司成立于1997年1月。

发挥与公安司法部门的协作联动机制，定期召开联席会议，开展“两法衔接”工作专项调研，加大对重点监管的29家货运企业的日常监管力度，进一步巩固联合打假工作机制，增强工作合力，打击制售假烟网络和查处大要案能力明显提高。参与京津冀“5.9”网络案件查处工作，该案件被国家局、公安部列为部级督办案件。

【通州区烟草专卖局（公司）】 北京市通州区烟草专卖局、北京市通州烟草公司成立于1992年。

以彻底解决公开摆卖假私非卷烟和无证经营问题为重点，采取集中检查、突击检查、片区互查和错时检查等方法深入开展市场监管工作，全年共进行市场执法检查248次，出动执法人员4752人次，组织辖区集中整治2次，与工商部门联合执法10次，公开摆卖假、私、非卷烟问题得到有效治理，市场净化率达到98%以上。

【顺义区烟草专卖局（公司）】 北京市顺义区烟草专卖局、北京市顺义烟草公司成立于1997年8月。

建立高效实用的卷烟零售市场动态监测体系，不断开发和完善零售客户信息点和消费者信息员的信息采集渠道，实现了“周监控、月分析”的信息采集模式和对市场情况的实时掌控，市场把握能力得到提升。

9月，区局（公司）组织召开顺义区卷烟零售户法律法规大型培训会，有1500余名卷烟零售客户参会，烟草专卖管理人员共发放各类普法宣传材料2000余份。

【延庆县烟草专卖局（公司）】 北京市延庆县烟草专卖局、北京市延庆烟草公司成立于1995年3月22日。

按照“安全运行、节能减排、优质服务、提高效率”的总体要求，做好卷烟配送工作，全年优化配送线路20条，合理使用配送车辆，全年送货车辆累计比上年少行驶7459千米。没有发生漏送、错送、代送现象，确保了全年送货率100%。

【怀柔区烟草专卖局（公司）】 北京市怀柔区烟草专卖局成立于1996年6月，北京市怀柔烟草公司成立于2001年12月。

开展品牌培育，2010年，区局（公司）确定“长白山”及“黄鹤楼”为重点培育品牌，通过制订差异限量供货方案，对上柜率进行监控，配合工业企业开展促销拉动等措施，保证了品牌培育的成果，截至年底，两个品牌均成为同价位卷烟的主销品牌。对部分滞销品牌卷烟开展产品促销活动，选取进货量大的零售客户作为促销终端，组织客户经理将促销品发放到户，并撰写促销分析报告，保证卷烟营销成果。

【大兴区烟草专卖局（公司）】 北京市大兴区烟草专卖局、北京市大兴烟草公司成立于1997年1月28日。

全年共有28个规格的新品卷烟陆续投放辖区市场，主动与工业企业加强沟通，携手推进品牌培育。对不同价位的卷烟设定了不同的培育策略目标，即超高档卷烟定点投放，以展示提升品牌形象；高档卷烟以提高上柜率为主要目标，提高消费者的认知度；中档卷烟同时兼顾上柜率和销量，以快速形成规模营销。

【昌平区烟草专卖局（公司）】 北京市昌平区烟草专卖局成立于1998年3月，北京市昌平烟草公司成立于1998年4月。

加强市场监管，确保辖区卷烟市场规范有序，把“先礼后兵、严防死守、重点监管、全面检查”作为彻底解决公开摆卖的工作思路。多层面开展市场调研，按照一户一档，建立零售客户档案，对零售客户实施分类监管，开展了错时检查、片区互查、联合检查等形式多样的检查方式，全年开展4次专项整治行动，加强许可证管理，加强货运场站的监管，对零售客户开展普法宣传教育，加强“专销一体”。四个季度辖区市场净化率分别为99.75%、98.90%、99.60%和99.98%，保持了较高的市场净化水平。

【密云县烟草专卖局(公司)】 北京市密云县烟草专卖局、北京市密云烟草公司成立于1997年8月。

依法行政水平得到提升，全年共制作行政执法案卷174卷，在市县两级评查过程中，优秀率均为100%，参加北京市法制办评查的案卷获得满分。处理专卖内管系统预警741条，预警处理完成率100%，预警处理保持较高水平。

【门头沟区烟草专卖局(公司)】 北京市门头沟区烟草专卖局、北京市门头沟烟草公司成立于1998年2月18日。

区局（公司）组织山区253户零售客户开展新业务流程培训，开通手机短信服务平台，解决了客户经理上门宣传解释、电话通知受时间和地理环境限制的影响，提高了工作效率和零售客户满意度。

以开展“交通安全宣传日”和“安全生产月”等活动为契机，采取收看交通安全知识光盘、安全知识竞赛答卷等形式进行安全生产教育培训17次。召开各种形式安全会议21次，进行安全设施、车辆、网络系统等方面检查58次，整改隐患3项。

【房山区烟草专卖局(公司)】 北京市房山区烟草专卖局、北京市房山烟草公司成立于1998年4月。

开展贯标工作，制订了体系文件宣传贯彻推进计划，开辟了贯标学习专栏，将贯标知识公布在内网供员工学习。开展贯标知识竞赛，组织全员进行体系文件学习，普及贯标知识。将主要业务流程图和各岗位职责制作成展板，重新修订了各岗位作业指导书和《房山烟草员工手册》，增强员工实际工作的规范性和针对性。10月起，贯标工作列入绩效考核内容。

【平谷区烟草专卖局(公司)】 北京市平谷区烟草专卖局、北京市平谷烟草公司成立于1998年2月16日。

区局（公司）作为市局（公司）办事公开民主管理试点单位，制订了办事公开民主管理工作方案，完善办事公开制度，健全组织机构，规定办事公开审核、监督检查、工作评议、责任追究等相关事项。梳理公开事项共6大类、66项，其中向社会公开12项，本系统20项，本单位34项；确定了办事公开事项目录，制订了办事公开审批表和办事公开流程，规范了办事公开内容、形式、范围、时限、流程。确定了烟草政务、企务、党务三类公开事项及向社会、系统、单位公开的主要载体，明确了各公开事项的公开形式。建立了单位内部职工及外部评议团双重评议的评议机制，接受群众监督。

所属其他二级单位及派驻机构

【铁路运输专卖分局】 北京市烟草专卖局铁路运输专卖分局成立于1990年7月。主要职责是检查铁路运输环节违法运输卷烟行为。截至年底，共有从业人员19人，其中聘用员工3人。

2010年，分局共查办涉烟违法案件95起，其中，5万~20万元案件76起，20万~50万元案件1起，100万元以上重大案件1起。全年查获非法卷烟1209万支，其中假冒伪劣卷烟547.24万支，案值825.6万元。上缴罚没款172.45万元。

向公安机关移送、向检察机关抄备案件34起，案件移送率、抄备率均达到100%，全年司法机关依法判刑6人。

【公路运输专卖分局】 北京市烟草专卖局公路运输专卖分局成立于1992年11月。主要职责是检查公路运输环节违法运输烟草专卖品行为。截至年底，共有从业人员22人，其中聘用员工1人，交通执法总队派驻人员2人。

2010年，分局共查办各类违法涉烟案件73起，其中，5万~20万元案件67起，20万元以上案件4起。查获非法卷烟1224.8万支，涉案金额624.8万元，其中，假烟140.9万支，标值209.5万元；真品国产烟890.62万支，价值356.3万元；走私烟193.28万支，价值68.2万元。查获烟叶10.46吨，价值10万元。上缴罚没款223万元。

全年向公安机关移送案件5起，向检察机关抄备案件5起。公安、司法机关刑拘4人，判刑4人。案件评查优秀率100%。执法人员依法行政、文明执法，全年未发生行政复议及行政诉讼案件。

【北京京烟卷烟零售连锁有限公司】 北京京烟零售连锁有限公司是北京市烟草公司直属的零售终端企业，成立于2005年1月。2010年，公司拥有总资产9257万元，其中，固定资产182万元、流动资产882.28万元，资产负债率为51%。截至年底，共有从业人员288人，其中聘用员工264人。

公司销售卷烟4.09亿支（0.82万箱），同比增长1.45%。实现销售收入34048万元，同比增长28.8%。实现税利2656万元，同比增长32.6%，其中实现利润2022万元，同比增长97.9%。

【金健恒通商贸有限公司】 金健恒通商贸有限公司成立于2005年1月，是北京市烟草公司的全资子公司。公司推行现代化企业经营管理模式，为北京烟草系统所属办公楼、宿舍小区的业主提供保洁、保安、会议、餐饮、设备运行维修服务。公司下设5个科室，8个物业服务项目部及沙河库物业管理，物业服务面积共计15.1万平方米。

截至年底，公司拥有总资产893.15万元，其中，固定资产10.87万元、流动资产882.28万元，资产负债率为15.03%。共有从业人员215人，实行全员聘用制。

2010年，公司实现经营收入1946万元。

2010年北京市烟草商业系统主要情况统计

区、县局（公司）名称		东城区烟草专卖局（公司）	西城区烟草专卖局（公司）	朝阳区烟草专卖局（公司）	海淀区烟草专卖局（公司）	丰台区烟草专卖局（公司）	石景山区烟草专卖局（公司）
主要负责人/法人代表		杨　捷（—2010.9） 张　建（2010.9—）	殷　刚（—2010.9） 江　涛（2010.9—）	李宝珍	王文相	武　斌	艾小平（—2010.9） 陈　平（2010.9—）
总资产（万元）		21200	23770	86233	74634	50104	12616
资产负债率（%）		7.11	5.60	3.12	3.25	4.35	4.07
所属县级局（个）		—	—	—	—	—	—
所属县级公司/分公司（个）		—	—	—	—	—	—
所属县级营销部（个）		—	—	—	—	—	—
从业人员（人）		115	129	171	134	125	61
所属业务机构	访销机构	1个访销中心	1个访销中心	1个访销中心	1个访销中心	1个访销中心	1个访销中心
	物流配送机构	—	—	—	—	—	—
	稽查机构	1个稽查支队	1个稽查支队	1个稽查支队	1个稽查支队	1个稽查支队	1个稽查支队
	烟叶机构	—	—	—	—	—	—
销售卷烟	（亿支）	23.14	26.29	65.66	57.42	38.50	12.75
	2010年比2009年（%）	92.76	94.06	5.59	3.72	8.21	4.14
卷烟销售收入（万元）		76611	84465	260951	227268	145346	39624
实现税利	（万元）	14832	16834	61827	53446	33421	7815
	2010年比2009年（%）	122.32	131.91	28.85	26.87	22.22	12.10
实现利润	（万元）	7683	8981	37177	31976	19732	4145
	2010年比2009年（%）	90.66	96.92	15.72	13.31	6.24	-6.09
查处涉烟违法案件（起）		223	354	2642	1416	266	120
查处涉烟违法案件案值（万元）		309	373	2018	1265	2075	106
2010年度烟草行业投入烟叶生产基础设施建设资金（万元）		—	—	—	—	—	—
烟水配套工程累计受益面积（万亩）		—	—	—	—	—	—
烟叶种植（亩）		—	—	—	—	—	—
烟叶收购（担）		—	—	—	—	—	—
零售户数（户）		2300	2812	5794	4584	3606	1115
零售户销售毛利率（%）		11.70	9.90	9.70	9.90	11.70	10.90

区、县局(公司)名称		通州区烟草专卖局(公司)	顺义区烟草专卖局(公司)	延庆县烟草专卖局(公司)	怀柔区烟草专卖局(公司)	大兴区烟草专卖局(公司)
主要负责人/法人代表		张子义	孙立勇	张凤军	齐福安	李学梅
总资产(万元)		27848	24207	6319	11375	20283
资产负债率(%)		3.34	3.68	6.85	4.91	4.29
所属县级局(个)		—	—	—	—	—
所属县级公司/分公司(个)		—	—	—	—	—
所属县级营销部(个)		—	—	—	—	—
从业人员(人)		76	92	61	68	89
所属业务机构	访销机构	1个访销中心	1个访销中心	1个访销中心	1个访销中心	1个访销中心
	物流配送机构	—	—	—	—	—
	稽查机构	1个稽查支队	1个稽查支队	1个稽查支队	1个稽查支队	1个稽查支队
	烟叶机构	—	—	—	—	—
销售卷烟	(亿支)	24.43	21.98	8.17	11.04	20.86
	2010年比2009年(%)	4.63	0.21	2.50	0.15	3.91
卷烟销售收入(万元)		73332	61059	20767	29268	54831
实现税利	(万元)	16133	12942	3407	5742	11127
	2010年比2009年(%)	13.89	13.04	17.44	13.89	19.15
实现利润	(万元)	9406	7371	1539	3081	6148
	2010年比2009年(%)	-1.84	-3.40	-4.31	-3.04	2.80
查处涉烟违法案件(起)		447	164	19	22	270
查处涉烟违法案件案值(万元)		421	276	52	19	1024
2010年度烟草行业投入烟叶生产基础设施建设资金(万元)		—	—	—	—	—
烟水配套工程累计受益面积(万亩)		—	—	—	—	—
烟叶种植(亩)		—	—	—	—	—
烟叶收购(担)		—	—	—	—	—
零售户数(户)		2511	2618	1405	1423	2504
零售户销售毛利率(%)		9.60	10.80	10.20	9.80	11.30

区、县局(公司)名称	昌平区烟草专卖局(公司)	密云县烟草专卖局(公司)	门头沟区烟草专卖局(公司)	房山区烟草专卖局(公司)	平谷区烟草专卖局(公司)
主要负责人/法人代表	张 伟	孔繁国	王献军	杨 军	罗明录
总资产(万元)	21635	11442	4137	20851	7336
资产负债率(%)	3.90	5.55	7.47	3.26	6.46
所属县级局(个)	—	—	—	—	—
所属县级公司/分公司(个)	—	—	—	—	—
所属县级营销部(个)	—	—	—	—	—
从业人员(人)	89	74	49	85	67

续表

区、县局(公司)名称		昌平区烟草专卖局(公司)	密云县烟草专卖局(公司)	门头沟区烟草专卖局(公司)	房山区烟草专卖局(公司)	平谷区烟草专卖局(公司)
所属业务机构	访销机构	1个访销中心	1个访销中心	1个访销中心	1个访销中心	1个访销中心
	物流配送机构	—	—	—	—	—
	稽查机构	1个稽查支队	1个稽查支队	1个稽查支队	1个稽查支队	1个稽查支队
	烟叶机构	—	—	—	—	—
销售卷烟	(亿支)	22.83	12.29	6.65	22.31	9.93
	2010年比2009年(%)	3.76	2.77	2.69	3.22	3.76
卷烟销售收入(万元)		65463	31388	16763	60274	25399
实现税利	(万元)	13631	5834	2491	12665	4570
	2010年比2009年(%)	23.23	12.46	23.55	20.15	20.46
实现利润	(万元)	7680	2996	966	7216	2264
	2010年比2009年(%)	7.00	-6.46	-6.04	4.48	1.36
查处涉烟违法案件(起)		484	174	47	135	104
查处涉烟违法案件案值(万元)		597	105	54	137	58
2010年度烟草行业投入烟叶生产基础设施建设资金(万元)		—	—	—	—	—
烟水配套工程累计受益面积(万亩)		—	—	—	—	—
烟叶种植(亩)		—	—	—	—	—
烟叶收购(担)		—	—	—	—	—
零售户数(户)		2855	1965	852	2502	1835
零售户销售毛利率(%)		11.60	9.30	11.50	10.00	11.50

（王智誉）

天津市烟草专卖局（公司）

【概　况】 天津市烟草专卖局、中国烟草总公司天津市公司组建于1986年1月1日，2010年4月13日，中共天津市烟草专卖局（公司）委员会变更为中共天津市烟草专卖局（公司）党组。8月24日，设立天津市滨海新区烟草专卖局，撤销天津市塘沽区烟草专卖局、天津市汉沽区烟草专卖局、天津市大港区烟草专卖局，设立天津市滨海新区烟草专卖局塘沽分局、天津市滨海新区烟草专卖局汉沽分局、天津市滨海新区烟草专卖局大港分局。截至年底，下辖7家区烟草专卖局（分公司）、3家区烟草专卖分局（分公司）、5家区（县）烟草专卖局（有限公司）、天津市滨海新区烟草专卖局和天津市烟草公司卷烟销售分公司、天津市烟草公司物流分公司、天津市恒大实业公司。

截至2010年年底，公司拥有总资产44.7亿元，其中，固定资产3.49亿元、流动资产40.56亿元，资产负债率为15.06%。共有从业人员2105人，其中聘用员工1068人。

2010年，市局被国家烟草专卖局、公安部授予“全国卷烟打假工作特殊贡献奖”，市局团委被天津市团委评为“共青团组织工作先进单位”，市公司物流分公司被天津市团委评为“天津市青年文明号”。

【领导成员】 局长、总经理、党组书记：高　林
副总经理、党组成员：王建民
副局长、党组成员：陈　余
纪检组长、党组成员：高玉明
总会计师、党组成员：李加春
副巡视员：吴永年

副巡视员：张立海

【机构设置】 市局（公司）机关设办公室（外事办公室）、综合计划处（经济运行处、科技处）、专卖监督管理处（内部专卖监督管理处、专卖稽查总队）、政策法规和体制改革处、财务管理处、审计处、人事劳资处、思想政治工作处（直属机关党委①、工会、团委）、监察处（与党组纪检组合署办公）、安全保卫处等10个职能处室，以及经济信息中心、机关服务中心、职业技能鉴定站、质量监督检测站、整顿和规范市场经济秩序办公室、烟草学会。

【专卖管理】 *卷烟打假打私*。2010年，市局坚持以打击制售假烟网络为重点，形成全市统一的多层次“打网络”工作体系。建立卷烟打假责任考评机制，不断改进工作方法，扩大情报来源，提高案件经营能力。集中开展了夏季卷烟市场清理整顿专项行动、“元旦、春节”期间专项整治行动、配货站清理专项整治行动、打击制假售假活动高发区域专项整治行动、清理取缔无证户专项行动等5次专项行动。开展“3.15”烟草专卖法律法规宣传活动，各区（县）局结合辖区实际，开设宣传点，发放宣传资料，讲解真假烟的鉴别知识，宣传最新的举报奖励政策，营造卷烟打假的舆论氛围。

全年共破获涉烟违法案件1365起。破获部级督办网络案件3起，其中“10.11”网络案件案值680余万元、“2.25”网络案件案值800余万元、“5.9”网络案件案值250余万元，符合国家局标准网络案件7起，符合市级标准的网络案件3起。查获非法卷烟8276万支，捣毁制售假烟窝点50余个，收缴制假烟机4台及大量制假原辅材料，总案值2961万元，公安、司法机关抓捕涉烟犯罪嫌疑人110人，判刑25人。

专卖队伍建设。市局努力提高依法行政水平，打造天津烟草服务品牌，加强专卖队伍的思想素质、业务素质和作风素质建设。开展“当一天零售客户”活动，组织全市各级专卖管理人员参加。开展专卖管理员岗位职业技能鉴定，全市中级职业技能鉴定通过率达到67.5%以上，高级职业技能鉴定通过率达到91.9%以上。开展“四个标准化”建设活动，开展行政许可检查评议活动，向社会各界发放调查问卷和征求意见函等5074份，检查评议结果满意度均在90分以上。

【经济效益】 2010年，全市烟草商业系统实现税利21.52亿元，同比增长24.86%，其中利润12.2亿元，同比增长32.01%。三项费用率为7.14%。

【卷烟经营】 2010年，全市烟草商业系统销售卷烟273.71亿支（54.74万箱），同比增长3.28%，其中，销售一类烟32.70亿支（6.54万箱），同比增长30.42%；二类烟9.41亿支（1.88万箱），同比增长24.26%；三类烟89.87亿支（17.97万箱），同比增长10.61%；四类烟81.72亿支（16.34万箱），同比下降2.21%；五类烟60亿支（12万箱），同比下降11.16%。本地区销量居前三位的品牌是“恒大”、“大前门”、“红塔山”，销量分别为32.29亿支（6.46万箱）、27.71亿支（5.54万箱）、22.80亿支（4.56万箱）。

2010年，全市烟草商业系统实现卷烟销售收入88.48亿元，同比增长17.71%。实现卷烟税利21.44亿元，同比增长25.07%，其中利润12.2亿元，同比增长32.12%。

【品牌培育】 进一步完善《2010～2012年品牌发展规划》，开展品牌培育与推广工作，组织销售跟踪和品牌评价，清晰品牌定位，细化品牌结构，调整品牌分布。完善品牌市场定期分析制度，为工业企业提供市场信息，收集与整理重点品牌产品特性和发展方向，不断促进重点品牌成长。2010年，销售重点骨干品牌151.26亿支（30.25万箱），同比增长15.97%，占总销量的55.26%，同比提高6.04个百分点。有11个重点骨干品牌销量超过5亿支（1万箱），占总销量的43.02%，其中3个重点骨干品牌销量超过15亿支（3万箱），占总销量的20.39%。“中华”销量增幅超过50%，“芙蓉王”、“利群”、“玉溪”、“黄鹤楼”、“红河”、“南京”、“金桥”销量增幅均超过20%。

【现代物流建设】 加大物流体系建设力度，深化营销流通体制改革。完善仓储分拣设备和信息管理系统，在设备运行、技术保障、人员配备等方面科学统筹。为优化资源配置，整合业务流程，降低安全风险，停用原卷烟成品库，全面启用物流中心库。

对自动分拣系统进行技术改造，完成了自动分拣系统主线辅线运行模式优化、周转箱缓存线增容、合单输送线提速、捆扎设备升级等30余项技术革新项目。推进3G系统应用，优化调整压缩送货线路，物流运行效率得到提高。全面梳理和修订企业管理规章制度，物流配送规范化建设进一步加强。

---

① 5月，撤销市局党委办公室、机关党总支，成立中共天津市烟草专卖局直属机关委员会。

【信息化建设】 制订《天津烟草信息化建设三年规划（2011～2013年）》，制订营销、物流应用系统集成整合方案，为搭建主业务应用系统平台做好准备。推进财务系统、人力资源系统、办公自动化系统的集成工作，完成天津烟草行业数字证书认证系统建设。完成天津烟草行业信息系统等级保护和风险评估项目，进行信息系统安全风险评估，进一步发挥了信息化的支撑保障作用。

【科技创新】 进一步完善科技创新项目的可行性论证、立项、奖励评审工作机制，不断优化探索科研项目管理模式，科技管理水平和项目质量得到新的提升，其中，“物流设备、信息系统运维标准化体系”项目被列入中国烟草总公司科技面上项目。制订全市行业《自主创新评价考核实施细则》，加大自主创新工作引导力度，夯实开展自主创新活动的基础。2010年，市局（公司）确立“一号工程32位码鉴别系统”、“烟草基层单位服务营销方法”、“卷烟品牌培育考核长效机制”等30个创新立项项目。

【人力资源管理】 继续深化干部人事制度改革，建立人力资源管理信息系统（HR系统），并正式投入使用。深入推进绩效考核体系建设，制定《区县局（分公司）业绩考核办法及配套考核细则》。制定《综合考核评价办法（试行）》和《年度考核办法（试行）》，初步形成针对基层单位领导班子和领导干部的考核评价体系。制订《天津市烟草专卖局机关部门及工作人员年度考核办法》，完善对机关考核模式。制订《关于进一步规范科级干部任用工作的意见（试行）》和《行业任用科级及以下干部的相关规定（试行）》。

用工分配制度改革全面运行，市局（公司）围绕“全面监控、查找问题、积极调整、平稳运行”的工作思路，重点突出解决问题、确保运行“两个中心”。按照《天津市区县烟草专卖局（分公司）岗位说明书》和《天津市区县烟草专卖局（分公司）工作流程说明及流程图》的要求继续深化完善岗位管理，梳理工作流程，明确岗位职责，逐步实现从身份管理向岗位管理的转变。加强用工分配制度改革相关配套规章制度的修订工作，以物流分公司为试点单位，基本完成了物流分公司劳动用工制度的拟定工作。

大力开展教育培训，市局（公司）举办全市系统范围的各类培训班23期，累计培训2168人次；所属区、县局（分公司）共举办培训808次，累计培训2.05万人次。推进职业技能鉴定工作，共组织763人参加初、中、高级卷烟商品营销及专卖管理的职业技能鉴定考试，481人获得资格证书。

【党风廉政建设】 市局（公司）继续深化党员干部党风廉政教育，开展“学准则、守纪律、重品行、作表率”主题教育活动。加强对拟提拔干部的廉政审核工作。加强领导干部廉洁自律，对各级领导班子和领导干部廉洁从政、廉洁从业提出具体要求。加强对工程投资、物资采购、宣传促销项目的监管，对全市行业36个工程项目、招投标以及大额物资采购项目进行了全程监督，对29个项目提出了整改意见。

推进惩防体系建设，切实加强权力运行、财务管理、专卖执法、卷烟经营等方面的制度建设。切实加强效能监察工作，围绕企业经营管理的薄弱环节开展工作，采取有力措施降低费用，节约资金约228万元。切实加强对“三项检查”、专卖内管、“小金库”治理等专项检查的整改工作，查找存在的突出问题，制订完善整改措施。

【基层创优】 按照创优工作目标，市局（公司）组织有关处室成立指导推动组，深入基层单位检查指导创建活动，各单位创优工作深入开展。通过考核，6个区、县局达到国家局规定的优秀区县级专卖局创建标准，各区县分公司全部达标。

【服务品牌建设】 市局（公司）进一步明确“打造天津烟草服务品牌”目标任务，组织召开“天津烟草服务品牌建设研讨会”、“打造天津烟草服务品牌”零售客户座谈会，营造服务品牌建设的浓厚氛围。开展“当一天零售客户”、“零距离服务”等活动，引导广大干部职工形成“以服务品牌建设为抓手、扎实推进卷烟上水平”的思想共识，树立责任烟草、诚信烟草的良好形象。形成《天津烟草精诚服务品牌手册（征求意见稿）》。基层各单位结合自身实际，采取多种形式，深入开展打造服务品牌主题实践活动，逐步形成具有自身特色的服务理念。

【“十一五”发展概要】 “十一五”期间，全市烟草商业系统销售卷烟1296.5亿支（259.3万箱），实现卷烟销售收入372.84亿元，实现税利79.43亿元，其中利润55.61亿元，税利增长平均每年保持了20%以上的发展速度，“十一五”末比“十五”末税利翻了一番。五年来，市局（公司）深入推进经营体制改革和运行机制改革，提高经济运行质量和水平。建立母子公司体制，理顺产权关系。深入推进营销网络体系改革，形成专销一体化信息管理系统。推进信息管理系统升级，实施电子结算网上扣划，形成“群访群呼”业务模式。开展“按客户订单组织货源”工作，品牌培育工作成效明显。推进营销流通体制改革，成立了物流分公司，各区、县分公司配送业务全部并入物流分公司，形成全市统一的卷烟营销流通体系，实现“四个统一”（统一分配货源、统一分配订单、统一配送货线路、统一打码配送）。

市局（公司）始终保持卷烟打假高压态势，以打团伙、断网络、破大案、捣窝点、抓首犯为重点，突出源头打假，严打制售假烟网络，形成联合打假工作机制。加强专卖日常管理，市场控制力明显增强。五年来，共查处各类涉烟违法案件6500起，查处制售假烟网络案件19起，查获制假烟机51台（套）及大量原辅材料，查获各类非法卷烟6.04亿支，案值2.4亿元，配合公安、司法机关抓捕涉烟犯罪嫌疑人700余人，判刑45人。

不断加强内部专卖管理监督和同级审计工作，健全企业内控制度，建立内部监管长效机制。深入开展“工程投资、物资采购、宣传促销”规范管理，项目运作规范化水平进一步提高。加强日常经济责任审计和财务收支审计，开展专项审计和经济合同审计，审计监督作用进一步发挥。不断加强人力资源管理，建立了人力资源管理信息系统。健全完善预算管理制度。深入推进质量管理体系贯标工作，完成了体系文件初稿编写。

“十一五”期间，市局（公司）加大改革创新工作步伐，完善创新工作机制。推进企业体制机制改革，健全完善了现代企业制度和法人治理结构。加强科技创新管理，形成科研项目管理实施办法和自主创新考核评价体系。制订实施科学技术进步奖励办法，把科技创新纳入工作业绩考核内容。

2006年，市局（公司）成立企业文化领导机构，制订《天津烟草企业文化建设三年规划》。2008年，制订《天津市烟草专卖局（公司）企业文化理念体系》和《天津市烟草专卖局（公司）员工行为规范》，形成天津烟草“精诚”文化。2009年，制订《天津烟草行业企业文化建设推进实施规划》，组织企业文化宣传贯彻活动，召开企业文化演讲会，把企业文化建设纳入工作业绩考核内容。2010年，开展“打造天津烟草服务品牌”宣传教育活动，形成《天津烟草精诚服务品牌手册（征求意见稿）》。

【特事要辑】 1月21～22日，国家局局长姜成康、副局长李克明到天津市局（公司）考察工作。

10月18日，国家局副局长何泽华到天津烟草考察调研。

2010年天津市局（公司）主要统计指标汇总

实现税利（亿元）	实现利润（亿元）	销售卷烟（亿支）	烟叶种植（万亩）	烟叶收购（万担）
21.52	12.20	273.71	—	—

所属区、县局（公司）

【天津市区第一烟草专卖局(分公司)】 天津市区第一烟草专卖局、天津市烟草公司第一分公司成立于1999年8月，负责和平区、河西区的烟草专卖管理和卷烟销售工作。

“两项工作”试点。局（分公司）作为全市行业“两项工作”试点单位，成立“两项工作”领导小组，明确工作职责，深入学习调研，制订实施方案及实施细则。

【天津市区第二烟草专卖局(分公司)】 天津市区第二烟草专卖局、天津市烟草公司第二分公司成立于1999年9月，负责河东区、河北区的烟草专卖管理和卷烟销售工作。

服务品牌建设。局（分公司）完善服务标准、优化服务流程、创新服务方法，不断提高职工服务意识和服务质量，服务品牌建设工作不断深入。

【天津市区第三烟草专卖局(分公司)】 天津市区第三烟草专卖局、天津市烟草公司第三分公司成立于1999年8月，负责红桥区、南开区的烟草专卖管理和卷烟销售工作。

品牌培育工作。局（分公司）围绕“532”、“461”品牌目标，大力培育重点品牌，进一步完善卷烟经营调控机制，持续加强对卷烟品牌、价格档次的调控，重点品牌销量占总销量的61%。

【东丽区烟草专卖局（分公司）】 东丽区烟草专卖局、天津市烟草公司东丽分公司成立于1998年5月，负责东丽区的烟草专卖管理和卷烟销售工作。

区局（分公司）深入开展打造特色服务品牌活动，确立了“精思诚行”服务文化理念，形成了以“润”为核心的服务品牌体系架构，在2010年全国烟草行业第六次企业文化建设工作和服务品牌建设现场会上被评为企业文化建设“先进单位”。

【津南区烟草专卖局（分公司）】 津南区烟草专卖局、天津市烟草公司津南分公司成立于1998年7月，负责津南区的烟草专卖管理和卷烟销售工作。

区局（分公司）作为全市行业网上订货试点单位，深入开展调研，为网上订货工作的开展奠定了基础。结合开展优秀区、县局（公司）创建活动和打造天津烟草服务品牌，组织开展“重服务、讲服务、会服务、善服务”主题活动，打造具有自身特色的“精诚”服务品牌。

【西青区烟草专卖局（分公司）】 西青区烟草专卖局、天津市烟草公司西青分公司成立于1998年5月，负责西青区的烟草专卖管理和卷烟销售工作。

营销管理创新。区局（分公司）围绕品牌、市场、客户三个关键要素，建立“阳光化”货源提报制度，与工业企业加强协作，大力提升客户经营水平，定期开展零售客户满意度调查和在销品牌评价调查，建立健全了“三位一体”的营销管理模式。

【北辰区烟草专卖局（分公司）】 北辰区烟草专卖局、天津市烟草公司北辰分公司成立于1998年5月，负责北辰区的烟草专卖管理和卷烟销售工作。

基础管理工作。区局（分公司）高度重视创优工作，落实各项标准，抓好痕迹化管理，推进创优工作深入开展。加大贯标工作力度，围绕突出运用、突出创新、突出解决实际问题三个重点，提高贯标工作水平。加强预算管理和绩效考核，不断健全和完善企业基础管理制度，提高基础管理工作水平。

【滨海新区烟草专卖局】 滨海新区烟草专卖局成立于2010年8月，下辖滨海新区烟草专卖局塘沽分局、滨海新区烟草专卖局汉沽分局、滨海新区烟草专卖局大港分局。天津市滨海新区烟草专卖局与滨海新区烟草专卖局塘沽分局合署办公，负责滨海新区辖区内烟草专卖管理工作。

【滨海新区烟草专卖局塘沽分局、天津市烟草公司塘沽分公司】 天津市烟草公司塘沽分公司成立于2006年12月，2010年8月撤销塘沽区烟草专卖局，设立滨海新区烟草专卖局塘沽分局，负责塘沽区、天津经济技术开发区、天津港保税区的烟草专卖管理和卷烟销售工作。

2010年，筹备成立了天津市津烟卷烟自营总店。按照“重心下移、服务延伸、强化宣传、提高服务”的要求，大力提高专卖许可证的管理和信息化水平，提升审批速度，得到辖区卷烟零售客户的肯定。

【滨海新区烟草专卖局汉沽分局、天津市烟草公司汉沽分公司】 天津市烟草公司汉沽分公司成立于1997年，2010年8月撤销汉沽区烟草专卖局，设立滨海新区烟草专卖局汉沽分局，负责汉沽区的烟草专卖管理和卷烟销售工作。

打造“诚心”服务品牌，为企业发展注入强大精神动力。深入推进自主创新工作，举办了以践行“两个至上”行业共同价值观为主题的企业文化演讲比赛活动。

【滨海新区烟草专卖局大港分局、天津市烟草公司大港分公司】 天津市烟草公司大港分公司成立于2006年12月，2010年8月撤销大港区烟草专卖局，设立滨海新区烟草专卖局大港分局，负责大港区的烟草专卖管理和卷烟销售工作。

注重创新管理与日常工作实践结合，加强零售终端建设，密切工商零关系，推进品牌培育工作。发挥“法律进社区”信息平台的作用，“烟草专卖打假社区化”工作取得成效。倾力打造“爱心、诚心、交心”的“三心”服务品牌。

【武清区烟草专卖局、天津武清烟草有限公司】 武清区烟草专卖局成立于1992年，天津武清烟草有限公司成立于1996年6月，并于成立之日起与武清区烟草专卖局合署办公，负责武清区的烟草专卖管理和卷烟销售工作。

开展“夏日维权”和“市场清理整顿专项治理”等专项活动，辖区持证率增幅明显。

【宝坻区烟草专卖局、天津宝坻烟草有限公司】 宝坻区烟草专卖局成立于1991年10月，天津宝坻烟草有限公司成立于1996年9月，并于成立之日起与宝坻区烟草专卖局合署办公，负责宝坻区的烟草专卖管理和卷烟销售工作。

开展“创先争优”活动，突出“争创学习型党组织、争当学习型党员”，通过开展“明示承诺”、“知识竞赛”、“演讲”、“征文”等活动，干部队伍素质得到提高，领导班子执政能力得到增强。

【宁河县烟草专卖局、天津芦台烟草有限公司】

宁河县烟草专卖局成立于1992年，天津芦台烟草有限公司成立于1996年8月，并自成立之日起与宁河县烟草专卖局合署办公，负责宁河县的烟草专卖管理和卷烟销售工作。

加强基础管理，开拓发展思路、创新工作方式、提高工作效率、打造服务品牌，各项工作得到进一步提升。档案管理工作取得成效，通过天津市机关档案工作一级单位的评估验收。

【静海县烟草专卖局、天津静海烟草有限公司】

静海县烟草专卖局成立于1992年7月，天津静海烟草有限公司成立于1996年11月，并自成立之日起与静海县烟草专卖局合署办公，负责静海县的烟草专卖管理和卷烟销售工作。

基础管理工作。狠抓基础管理，网建基础更加扎实，企业文化软实力进一步提升，物资采购、工程招投标和宣传促销“三项检查”工作深入开展，优秀区、县局（公司）和优秀电访室创建活动扎实推进。

【蓟县烟草专卖局、天津渔阳烟草有限公司】

蓟县烟草专卖局成立于1991年12月，天津渔阳烟草有限公司成立于1996年8月，并于成立之日起与蓟县烟草专卖局合署办公，负责蓟县的烟草专卖管理和卷烟销售工作。

大力加强企业文化建设，努力营造“激情工作、快乐生活”的“家”文化氛围，把企业文化作为助推力，促进和谐发展。

所属其他二级单位

【天津市恒大实业公司】 天津市恒大实业公司成立于2005年，是天津市公司的全资子公司。截至2010年年底，共有从业人员236人，其中劳务派遣人员8人。公司设办公室、政治工作部、工会、审计部、财务部、劳资部、后勤部、安保部、岗下办、退休办等10个科室部门，下设印刷厂、运输公司、销售部等3个经济实体。

2010年，公司加强安全检查，规范管理运行，严格督导考核，全力维护企业安全稳定。提供优质高效的运输服务，创造更高效益。

2010年天津市烟草商业系统主要情况统计

区、县局(公司)名称		天津市区第一烟草专卖局(分公司)	天津市区第二烟草专卖局(分公司)	天津市区第三烟草专卖局(分公司)	东丽区烟草专卖局(分公司)	津南区烟草专卖局(分公司)
主要负责人/法人代表		高　林	高　林	高　林	高　林	高　林
总资产(万元)		1340	1797	984	207	217
资产负债率(%)		—	—	—	—	—
所属县级局(个)		—	—	—	—	—
所属县级公司/分公司(个)		—	—	—	—	—
所属县级营销部(个)		—	—	—	—	—
从业人员(人)		86	92	84	66	58
所属业务机构	访销机构	1个客服中心	1个客服中心	1个客服中心	1个客服中心	1个客服中心
	物流配送机构	—	—	—	—	—
	稽查机构	2个稽查大队	2个稽查大队	2个稽查大队	1个稽查大队	1个稽查大队
	烟叶机构	—	—	—	—	—
销售卷烟	(亿支)	29.76	33.49	34.93	13.10	12.04
	2010年比2009年(%)	2.96	-0.48	1.25	5.65	4.71

续表

区、县局（公司）名称		天津市区第一烟草专卖局（分公司）	天津市区第二烟草专卖局（分公司）	天津市区第三烟草专卖局（分公司）	东丽区烟草专卖局（分公司）	津南区烟草专卖局（分公司）
卷烟销售收入（万元）		99454	119112	116731	41943	40078
实现税利	（万元）	24186	29545	28842	10490	10448
	2010 年比 2009 年（%）	18.75	25.56	16.70	22.67	29.66
实现利润	（万元）	16252	20091	19533	7077	7153
	2010 年比 2009 年（%）	20.22	27.81	17.97	25.28	31.73
查处涉烟违法案件（起）		135	65	152	66	111
查处涉烟违法案件案值（万元）		100	159	271	130	89
2010 年度烟草行业投入烟叶生产基础设施建设资金（万元）		—	—	—	—	—
烟水配套工程累计受益面积（万亩）		—	—	—	—	—
烟叶种植（亩）		—	—	—	—	—
烟叶收购（担）		—	—	—	—	—
零售户数（户）		2848	3103	3056	1673	1462
零售户销售毛利率（%）		8.00	8.00	8.00	8.00	8.00

区、县局（公司）名称		西青区烟草专卖局（分公司）	北辰区烟草专卖局（分公司）	滨海新区烟草专卖局塘沽分局、塘沽分公司	滨海新区烟草专卖局汉沽分局、汉沽分公司	滨海新区烟草专卖局大港分局、大港分公司
主要负责人/法人代表		高　林	高　林	高　林	高　林	高　林
总资产（万元）		528	288	1825	131	725
资产负债率（%）		—	—	—	—	—
所属县级局（个）		—	—	—	—	—
所属县级公司/分公司（个）		—	—	—	—	—
所属县级营销部（个）		—	—	—	—	—
从业人员（人）		62	60	134	42	71
所属业务机构	访销机构	1 个客服中心	1 个客服中心	1 个客服中心	1 个客服中心	1 个客服中心
	物流配送机构	—	—	1 个送货中心	1 个送货中心	1 个送货中心
	稽查机构	1 个稽查大队	1 个稽查大队	2 个稽查大队	1 个稽查大队	1 个稽查大队
	烟叶机构	—	—	—	—	—
销售卷烟	（亿支）	12.44	12.29	21.90	4.88	12.01
	2010 年比 2009 年（%）	4.10	3.27	9.48	4.81	2.61
卷烟销售收入（万元）		40653	40041	78628	17377	43046
实现税利	（万元）	9975	9991	20691	4177	11243
	2010 年比 2009 年（%）	24.32	23.06	33.94	32.43	29.23
实现利润	（万元）	6702	6694	13970	2664	7527
	2010 年比 2009 年（%）	27.78	24.26	35.62	33.54	30.57
查处涉烟违法案件（起）		139	54	183	23	59
查处涉烟违法案件案值（万元）		92	122	191	16	28

续表

区、县局(公司)名称	西青区烟草专卖局(分公司)	北辰区烟草专卖局(分公司)	滨海新区烟草专卖局塘沽分局、塘沽分公司	滨海新区烟草专卖局汉沽分局、汉沽分公司	滨海新区烟草专卖局大港分局、大港分公司
2010年度烟草行业投入烟叶生产基础设施建设资金(万元)	—	—	—	—	—
烟水配套工程累计受益面积(万亩)	—	—	—	—	—
烟叶种植(亩)	—	—	—	—	—
烟叶收购(担)	—	—	—	—	—
零售户数(户)	1488	1432	2509	568	1302
零售户销售毛利率(%)	8.00	8.00	8.00	8.00	8.00

区、县局(公司)名称		武清区烟草专卖局(有限公司)	宝坻区烟草专卖局(有限公司)	宁河县烟草专卖局、芦台烟草有限公司	静海县烟草专卖局(有限公司)	蓟县烟草专卖局、渔阳烟草有限公司
主要负责人/法人代表		王富忠	尹庆来	武桂宪	李家维	刘爱华
总资产(万元)		3996	3287	1673	2520	4336
资产负债率(%)		3.33	0.82	14.15	—	10.08
所属县级局(个)		—	—	—	—	—
所属县级公司/分公司(个)		—	—	—	—	—
所属县级营销部(个)		—	—	—	—	—
从业人员(人)		135	120	77	78	113
所属业务机构	访销机构	1个客服中心	1个客服中心	1个客服中心	1个客服中心	1个客服中心
	物流配送机构	1个送货中心	1个送货中心	1个送货中心	1个送货中心	1个送货中心
	稽查机构	1个稽查大队	1个稽查大队	1个稽查大队	1个稽查大队	1个稽查大队
	烟叶机构	—	—	—	—	—
销售卷烟	(亿支)	21.60	18.56	11.15	14.53	21.05
	2010年比2009年(%)	2.84	1.70	8.21	3.41	3.94
卷烟销售收入(万元)		62182	53082	31786	41966	58797
实现税利	(万元)	6319	5900	3033	4772	6878
	2010年比2009年(%)	27.21	29.32	38.93	37.60	33.51
实现利润	(万元)	1287	1348	354	1200	1977
	2010年比2009年(%)	98.53	58.01	270.00	73.26	75.22
查处涉烟违法案件(起)		79	64	50	86	28
查处涉烟违法案件案值(万元)		86	44	27	50	76
2010年度烟草行业投入烟叶生产基础设施建设资金(万元)		—	—	—	—	—
烟水配套工程累计受益面积(万亩)		—	—	—	—	—
烟叶种植(亩)		—	—	—	—	—
烟叶收购(担)		—	—	—	—	—
零售户数(户)		2452	1904	1289	1556	2309
零售户销售毛利率(%)		8.00	8.00	8.00	8.00	8.00

(高栓龙)

河北省烟草专卖局（公司）

【概　况】 河北省烟草专卖局成立于1984年，河北省烟草公司组建于1982年11月。1985年1月，河北省烟草公司正式上划中国烟草总公司，更名为中国烟草总公司河北省公司。省局（公司）下辖11家地市级烟草专卖局（公司）。截至2010年年底，公司拥有总资产113.67亿元，其中，固定资产13.44亿元、流动资产93.82亿元，资产负债率为9.66%。共有从业人员9277人，其中劳务派遣人员711人。

【领导成员】 局长、总经理、党组书记：滑福生

副局长、党组成员：鲍灵军（正厅级）

巡视员：王玉田（2010.11～12，2010年11月前任纪检组长、党组成员）

副总经理、党组成员：钱　江

副总经理、党组成员：杨子辛

纪检组长、党组成员：马学雷（2010年11月前任副巡视员）

【机构设置】 省局（公司）机关设办公室（外事办公室）、综合计划处（经济运行处、科技处）、专卖监督管理处（专卖稽查总队、内部专卖管理监督处）、政策法规和体制改革处、财务管理处、审计处、人事劳资处（职业技能鉴定站）、思想政治工作处（机关党委、工会）、监察处（与党组纪检组合署办公）、安全保卫处、烟叶管理处、卷烟销售管理处等12个职能处室，经济信息中心、机关服务中心、烟草质量监督检测站、职业技能鉴定站、烟草职工培训中心、离退休人员管理办公室等6个专业部门与整顿和规范市场经济秩序领导小组办公室、烟草学会。

【专卖管理】 *卷烟打假。*省局发挥卷烟打假联合工作机制的作用，联合省公、检、法等部门制定《关于对重大涉烟案件联合督办的意见》，大力开展卷烟打假工作。全年共查处各类涉烟违法案件8812起，其中假烟案件3252起，查获假烟7904万支。捣毁制假窝点8个，缴获制假烟机15台，查获假烟1219万支、烟丝21.45吨、烟叶21.3吨、卷烟纸1.83吨、滤棒258.71万支。破获符合国家局标准的网络案件54个，其中5个案件被列为部级督办案件；破获石家庄“1.19”和承德“3.10”利用互联网非法经营卷烟案件。向公安机关移送案件共121起，公安、司法机关依法刑事拘留182人、逮捕194人、判刑51人。

*市场监管。*完善“12313”举报投诉管理机制，加强对卷烟市场的日常监管。根据零售客户守法经营情况对其进行分类管理，对违法经营的零售客户加大检查力度，对守法经营的零售客户加大服务力度，取缔无证无照经营。在“3.15”消费者权益日、“12.4”全国法律宣传日等节日期间，开展烟草专卖法律法规的宣传。

*证件管理。*完善证件管理信息系统，严格规范零售许可证申办流程，对全省行业近200名证件管理人员进行集中培训。全年共办理卷烟零售许可证8.93万个，其中新办2.41万个；取缔无证经营户7191个。进一步规范卷宗档案管理，建立一户一档的零售许可卷宗电子档案和纸质档案。

*内部专卖管理监督。*印发《河北省烟草专卖局关于进一步加强内部专卖管理监督工作的通知》，加强内部专卖管理监督工作。制订《河北省烟草行业内部专卖管理监督工作规范实施细则》，细化流程，统一标准。采取召开座谈会、填报信息、查阅资料、实地核查等方式，对烟草驻冀办事机构开展专卖内管检查。7月，对11个地市局（公司）、40多个县级局（营销部）、3个工业企业以及3个烟叶生产经营企业进行全面内管检查。制订《2010年全省烟草专卖行政执法监督检查实施方案》，强化执法监督，提高依法行政水平。

*专卖队伍建设。*2010年，先后组织7期烟草专卖管理员职业技能鉴定培训班，培训1500多人次；全省系统有1802名专卖管理员参加国家局组织的统一鉴定，970名专卖管理员获得烟草专卖管理员岗位资格证书。

【经济效益】 2010年，全省烟草商业系统实现卷烟销售收入261.60亿元，同比增长14.59%。实现税利54.45亿元，同比增长19.99%，其中利润28.02亿元，同比下降3.04%。三项费用率为7.73%。

【卷烟经营】 2010年，全省烟草商业系统销售卷烟1188.5亿支（237.7万箱），同比增长4.36%，其中，一类烟51.6亿支（10.32万箱）、二类烟18.7亿支

(3.74万箱)、三类烟301.5亿支(60.3万箱)、四类烟415.9亿支(83.18万箱)、五类烟400.8亿支(80.16万箱)。本地区销量居前三位的品牌为"钻石"、"新石家庄"、"红塔山",共销售483.8亿支(96.76万箱),占总销量比重的40.71%。

11月,召开全省烟草商业系统网上订货工作专题会议,明确网上订货工作具体要求。选定保定、唐山市公司为试点单位,制订工作方案,完成试点单位网上订货实施服务商以及业务系统改造商的选择。11月,保定、唐山市公司分别实现"新商盟"网上订货系统成功上线。对手机订货和零售终端机订货进行新探索。全年全省网上订货率为8.77%;手机订货率为5.45%;零售终端机订货率为3.97%。

成立"135"工作法推广机构,制订实施方案,明确石家庄市公司为试点单位。召开"135"工作法专题推广会议,并对相关人员开展培训。加强营销队伍建设,制订自主培训计划,5月、9月,开展针对一线营销岗位和营销管理岗位等人员的集中和自主培训;5~8月,组织开展"市场营销上水平"学术研究活动。省局(公司)制订优秀县级营销部创建达标验收方案,全省51个参与达标验收的县级营销部全部通过验收。

【烟叶产销】 2010年,全省3个地市、6个县、31个乡镇、135个村共种植烟叶2.7万亩,同比减少400亩;签订种植收购合同1045份,同比减少483份;户均种烟面积25.84亩,同比增加8.43亩。烟叶种植进一步向种烟能手和大户集中,适度规模种植程度进一步提高。合同实际收购量0.4万吨(8万担)。

3月,举办整县推进现代烟草农业建设和密集式烤房建设培训班。与中国农业科学院开展技术合作,通过平衡施肥试验,建立施肥模型,试种"LJ237"、"辽烟16"、"辽烟17"、"云烟85"、"云烟87"、"龙江935"等品种,为品种更新换代做好储备。开展1000亩烟田防雹网试验,探索防雹减灾新措施。

【两项工作①】 加强"两项工作"制度建设。对原有涉及"两项工作"的规章制度,从主体、权限、程序、内容及配套性5个方面进行审核清理,通过保留、废止、修改、补充4种措施,健全完善涵盖"两项工作"各个方面的制度71项,基本形成依法制定、覆盖全面、标准严格、流程规范、监督到位的制度体系。新修订和制定制度19项,其中9项涉及办事公开民主管理工作,10项涉及"三项工作"。

通过调研,及时掌握职工普遍关心和希望了解的问题,准确把握公开尺度,科学设置公开方式,初步形成涵盖决策、实施、结果、监督等全方位,贯穿事前、事中、事后全过程,注重体现民主管理与监督的公开类目录体系,做到凡应该公开、能够公开的事项都及时全面公开。制定民主管理与监督的相关制度,全面落实员工的知情权、参与权、表达权和监督权,确保权力在阳光下运行。

把内部网站、公开栏、职工大会、座谈会确定为公开与民主互动的主要载体和途径,围绕"三项工作"、"三重一大"、班子建设以及经营管理等工作,规定了13大类134项公开内容。制定员工合理化建议制度、信息联络员制度和申请公开制度,明确互动意见处理及反馈的形式和程序。建立监督、考评和责任追究制度,根据公开内容和部门职责确定每项公开内容所对应的责任主体,针对办事公开民主管理工作的规范性、及时性和职工意见、建议的反馈处理等情况,明确监督评议的主管部门和民主监督的办法及方式。

实现"两项工作"信息化。利用办公自动化系统,构建办事公开民主管理和"三项工作"两大网上运行平台,通过信息化手段,把规章制度具体化、程序规范流程化、操作权限固定化。"三项工作"系统中的主要操作节点完成后,让其信息内容自动发布到公开网页上,并提供"公开申请"、"投诉"、"信息评论"等多种互动手段,确保"三项工作"公开、透明,阳光操作。

【企业管理】 财务核算。建立物流二级核算体系,设置物流费用台账,制定物流二级核算实施细则及管理办法,对原有的制度进行修订完善。建立费用定额标准体系,完成车辆油耗、水电消耗、包装膜耗用以及人工费用的定额标准测定工作。研发物流二级核算软件,推动物流二级核算工作向更高水平、更高层次发展。

预算与资金管理。修订预算考核办法,重新设计预算内容和项目,预算管理更加科学完整。省局(公司)在资金监管中严格履行各项规章制度,对全省烟草商业系统资金的支付进行有效监管,资金管理水平得到提升。进一步完善预算报表体系,重新设计预算内容和项目,定期对预算执行情况进行分析,统一预算执行分析报告模式。完善预算调整的相关制度和工作规则,规范预算调整的审核手续和流程控制,定期

① "两项工作"是深入推进办事公开民主管理和严格落实"工程投资、物资采购、宣传促销"项目管理程序规定的简称,其中,工程投资、物资采购、宣传促销项目管理程序规定也称"三项工作","三项工作"是"两项工作"中与办事公开民主管理并列的重要一项。

对预算调整事项进行集体研究。实行资金支出滚动计划，建立资金月报制度，扩大资金监管范围，6月起，对平山培训中心资金支出进行正式监管。

安全工作。全年共组织安全检查134次，查出安全隐患2217条，整改2212条，整改率达到99.77%。投入资金5600万元，全面完成安全基础设施建设。遏制各类安全事故的发生，实现“八无”安全生产管理目标。

【人力资源管理】 劳资管理。重点推进省局（公司）机关用工分配制度的改革工作，实行岗位绩效工资制度。指导所属企业依法理顺劳动关系，解决历史遗留问题，规范劳动合同制度，加强劳动合同管理。严格实行工资计划和工效挂钩双控管理，确保工资总额均衡发放。办理劳动年检、养老金调整等工作，进一步完善员工社会保障。

教育培训与职业鉴定。全年共组织培训班48期，培训员工4846人次。推进教育培训工作改革，培训模式从重理论学习轻能力培养、重知识讲授轻实践演练向多层次、多类型、多渠道方向转变。搭建卷烟商品营销员、专卖管理员远程培训平台，参加全国烟草行业卷烟商品营销技能大赛，对1810名卷烟商品营销员、2033名专卖管理员、201名专业技术人员进行了培训和鉴定。完成专业技术资格评审工作。完成地方经济师、会计师等专业技术职务任职资格考试的报名推荐工作，推荐5人参加国家局高级专业技术职务任职资格评审。

【思想政治工作】 以“党性教育”、“岗位奉献”、“服务基层群众献爱心”、“亮旗示范和夺旗争星”等为抓手，深入开展创先争优活动，履行“认责承诺”，推进实际工作创先争优。4月，举办工会主席培训班，对11个地市局（公司）新任工会主席和部分分会主席33人进行培训。组织全省政工干部、基层党支部书记进行培训。6月，组织举办全省烟草商业系统党支部书记培训班，对各地市局（公司）政工科长、党务干部和部分县局（营销部）支部书记75人进行培训。制定“五个好”先进基层党组织标准和“五个模范”优秀共产党员标准，进一步强化党的组织建设和党员队伍建设。印发《关于在全省烟草商业系统深入开展全面打造现代卷烟流通企业大讨论活动的通知》，完成9个调研课题，形成121篇论文。

【“十一五”发展概要】 “十一五”期间，河北烟草商业系统始终坚持稍紧平衡方针，始终坚持严格规范，始终保持专卖打假高压态势，始终保持行业经济和干部职工队伍两方面的安全健康成长。五年间，卷烟销量、税利、利润三项主要经济指标年平均增速分别为3.17%、20.57%和11.66%，保持了发展速度与发展质量的有机统一。2010年，卷烟销量和税利分别超过“十一五”规划目标10.56%和33.2%，保持了良好的发展态势。

五年间，全省共查处假冒卷烟9.42亿支，捣毁制假窝点75个，查获制假设备146台（套），破获符合国家局标准的网络案件199个，其中部级督办案件17个，公安、司法机关拘留1541人、逮捕910人、判刑339人。

形成具有鲜明特色的河北烟草商业卷烟现代物流，初步构建起适应烟草专卖体制和行业发展需要的现代经营管理机制，为行业的持续健康发展打造了全新的平台。

按照国家局统一部署，实施母子公司制改革，理顺行业资产管理体制。用工分配制度改革取得阶段性成果，实现了全省系统机构设置、岗位管理、用工计划和薪酬制度的“四统一”，建立了以市场为导向的人力资源管理机制和员工工资正常调整机制。打通员工职业发展通道，建立起更加和谐稳定的劳动关系和分配关系，进一步增强了和谐发展的动力。

立足于行业管理的法制化、制度化、信息化，建立起以“五项监督”为重点的内部监管体系，扎实推进办事公开民主管理和落实工程投资、物资采购、宣传促销项目管理程序规定试点工作，构建起公开透明、规范运作与全方位全过程监督三位一体的权力运行监管体系，整体规范水平上一个新台阶。

【特事要辑】 1月26~28日，国家局副局长张保振到石家庄市局（公司）调研并慰问一线职工。

7月29~30日，国家局副局长张辉到河北省局（公司）考察调研。

9月2日，国家局副局长李克明到秦皇岛市局（公司）考察调研。

12月7~8日，全国烟草行业办事公开民主管理和“工程投资、物资采购、宣传促销”项目管理综合试点现场会在石家庄召开。

2010 年河北省局（公司）主要统计指标汇总

实现税利（亿元）	实现利润（亿元）	销售卷烟（亿支）	烟叶种植（万亩）	烟叶收购（万担）
54.45	28.02	1188.50	2.70	8.00

注：河北省烟叶工作未上划，仍由各地方政府负责管理，烟叶税利、烟叶利润在此处未做统计。

所属地市级局（公司）

【石家庄市烟草专卖局（公司）】 石家庄市烟草专卖局、河北省烟草公司石家庄市公司成立于 1985 年 7 月。下辖辛集市、晋州市、藁城市、新乐市、鹿泉市、正定县、深泽县、无极县、赵县、栾城县、高邑县、元氏县、赞皇县、井陉县、平山县、灵寿县、行唐县等 17 个县级烟草专卖局（营销部）。

全年建成机井 8 个、管网 8 条、育苗大棚 20 个，购买烟草农机具 35 台，新建卧式密集型烤房 60 座。烟水配套工程实际受益面积累计 5300 亩，受益农户 242 户。全年开展现代烟草农业试点面积 2800 亩，与同地区大面积生产相比，试点区域亩产达 400 千克，提高 50 千克；亩均用工 26 个，减少 5 个；亩产值 2540 元，提高 200 元。

创新企业管理。市局（公司）全面优化各级体系文件、工作流程，形成 32 个程序文件、123 个作业指导书、69 项公共管理制度。市局（公司）全年新立创新项目 4 个，在 2010 年全省创新项目评比中，获得二等奖一个、三等奖三个，并获得 4 项专利授权。

【邯郸市烟草专卖局（公司）】 邯郸市烟草专卖局、河北省烟草公司邯郸市公司成立于 1986 年。下辖大名县、魏县、曲周县、邱县、鸡泽县、广平县、成安县、临漳县、磁县、涉县、永年县、馆陶县、峰峰矿区、邯郸县、武安市等 15 个县级烟草专卖局（营销部）以及 1 个未上划的肥乡县局（经理部）。

市局（公司）构建“三位一体”的公开体系，确定了“三项工作”、“三重一大”、专卖管理等 9 个类别 44 项公开内容，涉及 151 个公开点。建立多功能的“两项工作”信息化系统，形成以“一栏”、“两屏”、“三网”、“四维”、“五会”为特点的“12345 + X”公开体系。

构建“三制互促”的保障体系，健全考评问责机制，建立专项考核制度，把“两项工作”综合试点内容纳入 ISO 9001 质量管理体系和绩效考核体系。建立专项评议制度，采取问卷评议、网上评议、代表评议等 5 种方式，定期或不定期开展专项评议。建立专项问责制度，设置 16 种问责情形、5 种问责方式。

【保定市烟草专卖局（公司）】 保定市烟草专卖局、河北省烟草公司保定市公司成立于 1984 年 12 月。下辖曲阳县、安国市、安新县、定兴县、阜平县、博野县、满城县、蠡县、易县、顺平县、徐水县、涞水县、高阳县、唐县、容城县、涞源县、高碑店市、清苑县、望都县等 19 个县级烟草专卖局（营销部），以及涿州、雄县 2 个营销部和定州经理部。

年内完成烟叶生产基础设施建设项目 30 件，新建卧式密集型烤房 30 座。

推行 8S 管理。提升全市系统创新力和综合竞争能力，市局（公司）在全市系统范围内推行 8S 管理的新模式。8S 管理即整理，腾出更大空间；整顿，讲究合理布局；清扫，扫出崭新天地；清洁，美化工作环境；素养，养成文明习惯；学习，提升员工素质；安全，消除一切隐患；节约，杜绝一切浪费。8S 管理核心是：有物必有区、有区必分类、分类必标志。

【张家口市烟草专卖局（公司）】 张家口市烟草专卖局、河北省烟草公司张家口市公司成立于 1984 年 6 月。下辖沽源县、尚义县、张北县、康保县、怀安县、怀来县、赤城县、万全县、涿鹿县、蔚县、阳原县等 11 个县级烟草专卖局（营销部），以及未上划的宣化、崇礼县烟草专卖局（公司）。

年内完成烟叶生产基础设施建设项目 261 个，育苗大棚 20 座，机耕路 31.8 千米，新建密集型烤房 180 座。烟水配套工程实际受益面积累计 1.39 万亩。全年开展现代烟草农业试点面积 3800 亩，与同地区大面积生产相比，试点区域亩产达 165 千克，提高 23.16 千克；亩均用工 25.15 个，减少 6 个，节约成本 270 元；亩产值 2051 元，提高 297 元。

推进市场监管上水平。市局（公司）健全完善联合执法工作机制，制订《关于对重大涉烟案件联合督办的意见》，成立联合工作机构，制定相应工作措施，与高速公路交通警察支队建立联合检查工作机制，与市工商局建立联合清理整顿无证经营长效工作机制，明确工作标准和完成时限。

【承德市烟草专卖局（公司）】 承德市烟草专卖局、河北省烟草公司承德市公司成立于1985年。下辖承德县、宽城满族自治县、平泉县、滦平县、隆化县、兴隆县、围场满族蒙古族自治县、丰宁满族自治县等8个县级烟草专卖局（营销部）。

市局（公司）发挥纪检监察员作用，加强重大工程项目的建设监管，对物流项目、县级局（营销部）基础设施的修缮项目实行全过程监督。针对县级局党风廉政责任制落实情况，进行全面督导检查和年度考评，按时完成明示与承诺工作。

【唐山市烟草专卖局（公司）】 唐山市烟草专卖局、河北省烟草公司唐山市公司成立于1986年3月。下辖丰润区、丰南区、滦县、滦南县、乐亭县、迁安市、迁西县、遵化市、玉田县、唐海县等10个县级烟草专卖局（营销部）和古冶区、开平区营销部。

市局（公司）高度重视营销网建工作，制定“1155”网建发展规划，构建了客户服务、卷烟市场、营销队伍、货源供应、品牌培育等5个管理体系，出台24项制度，形成科学系统的营销网建管理架构。强化品牌管理，做好工商协同营销，订货计划向知名品牌倾斜，带动销售结构的优化和提升，全年卷烟单箱平均销售收入1.51万元，同比增长12.72%。通过宣传动员、集中培训、入户指导等形式，做好“新商盟”网上订货系统的上线与推广，全市辖区网上订货户1.29万户，网上订货率为50.91%。

【廊坊市烟草专卖局（公司）】 廊坊市烟草专卖局、河北省烟草公司廊坊市公司成立于1986年7月。下辖城区、三河市、大厂回族自治县、香河县、永清县、固安县、霸州市、文安县、大城县等9个县级烟草专卖局（营销部）。

加强现代物流建设。市局（公司）对全市送货线路进行优化，将物流中心作为主要配送点，设立对接点，实现卷烟配送由行政区域管理向经济区域管理的转变。对物流中心现场标线、标志进行规范设计，开展烟箱分拣线工艺流程改造，加强对现场的巡查和考核，实现分拣配送作业现场的文明、安全、整洁、有序。

【沧州市烟草专卖局（公司）】 沧州市烟草专卖局成立于1984年11月、河北省烟草公司沧州市公司成立于1983年12月。下辖任丘市、泊头市、黄骅市、河间市、沧县、肃宁县、孟村回族自治县、东光县、海兴县、献县、青县、吴桥县、盐山县、南皮县等14个县级烟草专卖局（营销部）。

加强品牌培育。围绕国家局“532”、“461”品牌发展战略，编写《品牌培育作业指导书》，建立品牌培育标准化操作流程。重新修订《卷烟品牌引入退出管理办法》和《工商协同卷烟宣传促销管理办法》，增强品牌管理决策的科学性；创新品牌培育方法，通过开展专题研讨会、工商协同营销座谈会和品牌宣讲会，交流品牌培育成果，促进知名品牌成长。

【衡水市烟草专卖局（公司）】 衡水市烟草专卖局、河北省烟草公司衡水市公司成立于1985年。下辖冀州市、枣强县、武邑县、深州市、武强县、饶阳县、安平县、故城县、景县、阜城县等10个县级烟草专卖局（营销部）。2010年，市局（公司）被河北省委、省政府评为“河北省文明单位”，被河北省总工会授予“省级模范职工之家”称号。

创新物流配送模式。按照“统一集中分拣到户、打码到条，直送为主、分级配送为辅”的物流配送模式，打破行政区域，建立了按照经济区域配送的物流模式。

【邢台市烟草专卖局（公司）】 邢台市烟草专卖局、河北省烟草公司邢台市公司成立于1984年。下辖邢台县、沙河市、内丘县、临城县、隆尧县、柏乡县、宁晋县、巨鹿县、平乡县、广宗县、南和县、任县、南宫市、新河县、威县、清河县、临西县等17个县级烟草专卖局（营销部）。

全面开展贯标、对标及“双优”创建工作。建立健全全市系统的公共制度体系，开展两次文件评审、内部审核活动，实现公共制度的体系化管理和质量管理体系的持续改进。在对标工作方面，重点对卷烟销售结构和品牌培育情况进行分析，提高经营工作的“效率指标”。节约卷烟配送成本、降低物流费用指标，实现了费用管理的持续改进和提高。在“双优”创建方面，总结试点单位经验，加大督导调度力度，截至2010年年底，一半以上的县级局达到创建优秀县级局的标准。

【秦皇岛市烟草专卖局（公司）】 秦皇岛市烟草专卖局、河北省烟草公司秦皇岛市公司成立于1986年。下辖抚宁县、昌黎县、卢龙县、青龙满族自治县等4个县级烟草专卖局（营销部）和北戴河区、山海关区营销部。2010年，市局（公司）被河北省总工会、河北省人力资源和社会保障厅、河北省企业家协会授予“AAA级劳动关系和谐企业”称号。

推进队伍建设。开展县级局领导干部集中述职、集体评议工作，进一步加强各县级局之间工作经验的交流和沟通。全年共组织3个工种9个场次316人次的技能鉴定，开展营销大练兵、专卖大比武等岗位培训活动。开展企业文化故事征集、打造现代卷烟流通企业论文征集活动等各类专题文化活动。

2010年河北省烟草商业系统主要情况统计

地市级局(公司)名称		石家庄市烟草专卖局(公司)	邯郸市烟草专卖局(公司)	保定市烟草专卖局(公司)	张家口市烟草专卖局(公司)	承德市烟草专卖局(公司)	唐山市烟草专卖局(公司)
主要负责人/法人代表		刘庆岩 罗明海	成志忠(2010.1—) 李淑芬(2010.1—)	张书林 王春怀	迟德明 屈文立	张宝月 毛建民	闫福宽(2010.1—) 杨炳柱(2010.1—)
总资产(万元)		163350	90676	117736	60982	41510	134223
资产负债率(%)		7.10	10.69	9.37	7.20	17.00	5.13
所属县级局(个)		17	15	19	13	8	10
所属县级公司/分公司(个)		—	—	—	—	—	—
所属县级营销部(个)		17	15	21	11	8	12
从业人员(人)		925	1214	1311	536	621	1037
所属业务机构	访销机构	1个访销中心	1个访销中心	1个访销中心	1个访销中心	1个访销中心	1个访销中心
	物流配送机构	1个物流配送中心	1个物流配送中心	1个物流配送中心	1个物流配送中心	1个物流配送中心	1个物流配送中心
	稽查机构	1个稽查支队、17个稽查大队	1个稽查支队、16个稽查大队	1个稽查支队、25个稽查大队	1个稽查支队、13个稽查大队	1个稽查支队、8个稽查大队	1个稽查支队、10个稽查大队
	烟叶机构	—	—	—	—	—	—
销售卷烟	(亿支)	183.43	139.50	179.45	79.09	65.45	127.06
	2010年比2009年(%)	4.23	4.39	0.98	5.31	3.41	4.02
卷烟销售收入(万元)		414550	283321	385674	169999	147104	328343
实现税利	(万元)	95701	53966	78405	34053	28846	76809
	2010年比2009年(%)	16.16	15.31	20.00	17.38	17.94	22.94
实现利润	(万元)	56227	27282	40651	18606	13808	43721
	2010年比2009年(%)	5.19	-5.44	-0.36	2.05	-4.56	6.60
查处涉烟违法案件(起)		547	4075	359	166	141	1543
查处涉烟违法案件案值(万元)		1238	4508	1561	284	296	4050
2010年度烟草行业投入烟叶生产基础设施建设资金(万元)		560	—	147	886	—	—
烟水配套工程累计受益面积(万亩)		5300	—	—	13900	—	—
烟叶税利(万元)		—	—	—	—	—	—
烟叶利润(万元)		—	—	—	—	—	—
烟叶种植(亩)		5600	—	2300	19000	—	—
烟叶收购(担)		20000	—	8000	52000	—	—
零售户数(户)		34048	31955	35976	14757	14510	28331
零售户销售毛利率(%)		11.03	10.60	10.09	10.50	12.02	11.17

地市级局(公司)名称		廊坊市烟草专卖局(公司)	沧州市烟草专卖局(公司)	衡水市烟草专卖局(公司)	邢台市烟草专卖局(公司)	秦皇岛市烟草专卖局(公司)
主要负责人/法人代表		贾立业 骆　钢	王　辉(2010.1—) 王铁军	谭新社 王友安(2010.1—)	林　海 张玉华	马学雷
总资产(万元)		88002	92429	39126	74824	55248
资产负债率(%)		8.47	13.67	14.97	12.16	7.97
所属县级局(个)		9	14	10	17	4
所属县级公司/分公司(个)		—	—	—	—	—
所属县级营销部(个)		9	14	10	17	6
从业人员(人)		606	1046	712	1064	371
所属业务机构	访销机构	1个访销中心	1个访销中心	1个访销中心	1个访销中心	1个访销中心
	物流配送机构	1个物流配送中心	1个物流配送中心	1个物流配送中心	1个物流配送中心	1个物流配送中心
	稽查机构	1个稽查支队、 9个稽查大队	1个稽查支队、 14个稽查大队	1个稽查支队、 10个稽查大队	1个稽查支队、 17个稽查大队	1个稽查支队、 5个稽查大队
	烟叶机构	—	—	—	—	—
销售卷烟	(亿支)	72.56	114.86	68.25	105.64	53.22
	2010年比2009年(%)	3.52	4.29	5.49	4.02	7.73
卷烟销售收入(万元)		165957	245851	135992	207479	133671
实现税利	(万元)	34543	47293	23635	39874	29571
	2010年比2009年(%)	16.76	15.52	12.91	15.43	22.51
实现利润	(万元)	17287	23870	10614	20307	15719
	2010年比2009年(%)	-4.43	-3.90	-7.73	-0.23	6.76
查处涉烟违法案件(起)		82	216	1158	1044	615
查处涉烟违法案件案值(万元)		840	3702	1036	3384	165
2010年度烟草行业投入烟叶生产基础设施建设资金(万元)		—	—	—	—	—
烟水配套工程累计受益面积(万亩)		—	—	—	—	—
烟叶税利(万元)		—	—	—	—	—
烟叶利润(万元)		—	—	—	—	—
烟叶种植(亩)		—	—	—	—	—
烟叶收购(担)		—	—	—	—	—
零售户数(户)		11574	20930	12126	20818	11953
零售户销售毛利率(%)		10.66	10.46	10.03	12.00	11.69

注：河北省烟叶工作未上划，因此烟叶税利、烟叶利润在此处未做统计。

（刘学良）

山西省烟草专卖局（公司）

【概　况】 山西省烟草公司成立于1982年，1983年7月设立山西省烟草专卖局，1984年6月山西省烟草公司上划中国烟草总公司，改制更名为中国烟草总公司山西省公司。省局（公司）下辖太原、大同、阳泉、长治、晋城、朔州、忻州、吕梁、晋中、临汾、运城等11家地市级烟草专卖局（公司）。截至2010年年底，公司拥有总资产102.37亿元，其中，固定资产19.95亿元、流动资产75.68亿元，资产负债率为7.45%。共有从业人员7080人，其中聘用员工2846人。

【领导成员】 局长、总经理、党组书记：李泽华
副总经理、党组成员：王志毅（正厅级）
副总经理、党组成员：程高峰（—2010.1）
副局长、党组成员：杜毓志
巡视员：陈克进（—2010.1）
副巡视员：高兰生

【机构设置①】 省局（公司）机关设办公室（外事办公室）、综合计划处（经济运行处）、专卖监督管理处（专卖稽查总队、内部专卖管理监督处）、政策法规与体制改革处、财务管理处（含资金管理中心）、审计处、人事劳资处、思想政治工作处（与机关党委、工会合署办公）、监察处（与党组纪检组合署办公）、安全保卫处、烟叶管理处、卷烟销售管理处、物流管理处等13个职能处室，机关服务中心、经济信息中心、烟草质量监督检测站、离退休人员管理办公室、烟草学会、职业技能鉴定站、山西烟草职工培训中心、整顿办公室、督查考评中心、劳动服务公司等10个专业部门和机构。

【专卖管理】 卷烟打假打私。全省共查处各类涉烟违法案件1.25万起，其中，查处假烟案件6358起（5万元以上假烟案件176起），查获假冒卷烟1.58亿支，标值4956万元，依法公开销毁7457万支；打掉制假窝点4个、贩藏假烟窝点274个；查获制假烟机6台；查处非法渠道卷烟案件6030起，查获卷烟6932万支。全省共查处符合国家局标准的网络案件22起，11个地市级局均完成年度打击制售假烟网络案件任务，其中，晋中市局“1.23”网络案件被列为公安部、国家局挂牌督办案件。全年共向公安机关移送案件113起，公安、司法机关依法拘留132人、逮捕114人、判刑100人。

内部专卖管理监督。完成2009年度和2010年上半年度“两烟”生产经营内部专卖管理监督全面检查，对套购真品卷烟等不规范问题进行处理。依托山西烟草专卖监督管理信息系统，以预警提示为日常监管的主要线索，全年共处理系统预警22.28万条，省局下达整改通知22份、督办函7份。

专卖队伍建设。制订《山西烟草专卖执法十条禁令》，开展“加强职业道德教育、规范文明执法”专项活动。组织行政处罚程序、涉烟司法解释、打网络专业技能、专卖信息系统操作、生产经营管理人员专卖内管、专卖管理上岗资格考试、执法检查证换证培训，全省专卖人员参训率达100%，人均培训时间40课时以上。省局组织培训12批次，参培人员1710人次。

【经济效益】 2010年，全省烟草商业系统实现卷烟销售收入215.58亿元，同比增长16.92%。实现税利50.54亿元，同比增长21.55%，其中利润28.17亿元，同比增长5.2%。三项费用率为7.38%。

【卷烟经营】 2010年，全省烟草商业系统销售卷烟726.54亿支（145.31万箱），同比增长3.31%，其中，销售一类烟65.09亿支（13.02万箱）、二类烟8.88亿支（1.78万箱）、三类烟190.74亿支（38.15万箱）、四类烟323.68亿支（64.74万箱）、五类烟138.09亿支（27.62万箱）。

本地区销量居前三位的品牌为“红河”、“红旗渠”、“云烟”，其中，销售“红河”120.55亿支（24.11万箱），同比增长20.25%；“红旗渠”83.22亿支（16.64万箱），同比下降3.25%；“云烟”76.17亿支（15.23万箱），同比增长37.13%。年末卷烟库存39.72亿支（7.94万箱）。

【烟叶产销】 生产与收购。按照“烟农申请、资格审核、签订合同、建立档案”的要求，实行“以烟苗定株数、以株数定亩数、以计划控烟苗”办法，与烟农逐村逐户签订合同，确保计划落到实处，有效遏制烟叶过热苗头。全省签订烟叶种植收购合同2457份，同比下降20.5%；合同约定和实际移栽面积4.79万亩，同比下降10%；实际收购0.84万吨（16.8万担），其中，上等烟叶0.19万吨（3.74万担）、中等烟叶0.59万吨（11.74万担）、下等烟叶0.07万吨（1.32万担）；全省烟叶均价12.48元/千克，同比提高0.18元/千克。全省调出烟叶0.84万吨（16.8万担），连续三年保持烟叶产销平衡。

实施规模化生产。优化和调整烟田布局，全省烟叶集中连片种植较往年有大幅度提高，全省500～1000亩连片区域9个，共计5443亩；100～500亩连片区域101个，共计1.63万亩；100亩以下连片区域17个，共计6909亩。随着布局调整，全省烟农户均种烟面积19.5亩，机械化作业面积较往年有所提高，

① 2010年5月，撤销基建项目办公室；8月，设立物流管理处。

机械化深耕 3.92 万亩，机械起垄 2.85 万亩。

烟叶生产基础设施建设。2009 年全省建成的 900 座烟叶烤房通过国家局项目组的检查验收。

【品牌培育】 按照烟草行业“532”、“461”品牌发展战略要求，重新修订《山西省烟草行业全国性重点骨干品牌培育三年规划》。推进卷烟品类管理，开展“七匹狼”、“黄山”、“娇子”、“黄鹤楼”品牌诊断活动，组织 12 次月度和 4 次季度品牌评估。开展新品牌营销策划，出台《山西烟草全力推进“七匹狼”品牌培育方案》。省公司在全国率先实施“中华”品牌精准营销试点工作，突出“四个强化”（强化合作对接，强化机制运作，强化分级管理，强化环节管理）。全国销量规模前 15 位品牌在全省销售 484.45 亿支（96.89 万箱），同比增长 17.48%，其中有 10 个品牌位居全省销量前 15 位；全国销售收入前 15 位品牌在全省实现销售收入 197.22 亿元，同比增长 30.12%，其中有 11 个品牌位居全省销售收入前 15 位。

【现代物流建设】 *决策层面管理*。实施新一轮物流建设，太原市公司新物流中心正式投入运转，临汾物流项目主体工程完工，吕梁孝义物流项目正式启动。省公司制订《2011～2020 年全省物流发展规划》（讨论稿），提出未来十物流建设思路原则和目标步骤。

运营层面管理。省公司制定信息服务、作业服务、增值服务、风险控制和投诉管理等 5 个方面服务标准，形成全省统一的物流服务标准体系。制订《山西烟草物流管理对标体系》，开展物流对标管理。推行直送 36 小时完成、接力送 60 小时完成、城市核心客户即访即送模式，开展配送线路系统自动生成和运输车辆全过程定位监控。制订《山西烟草工商物流协作流程》，推进“工商物流在途信息系统”应用，在太原、晋中、忻州市公司与山西昆明烟草有限责任公司之间实施托盘联运。

保障层面管理。加强全省物流一体化管控组织体系建设，省公司成立物流管理处，统一了各市公司物流中心内设机构，重新制订了中转站工作职责和工作流程。山西烟草现代物流一体化管控信息系统 1 月上线运行，为提升全省物流一体化管理水平提供了系统支撑。采用标杆管理法对全省行业物流运行质量开展综合绩效考评，各市公司成立物流运行监控指挥中心，利用物流一体化管控平台实现了物流配送全程、实时、动态监控和分析。

【对标工作】 按照“对比标杆、改进短板、总体提升、争创一流”的要求，省局（公司）完善对标工作体系，开展“抓典型、树标杆”活动，部分指标水平明显提升。人均劳动生产率 199.5 箱，同比提高 4.97%；人均卷烟销售收入 296 万元，同比提高 20.42%；总资产贡献率 53.5%，同比提高 1.15 个百分点；加权焦油量平均值 11.7 毫克/支，同比降低 0.1 毫克/支；单箱物流费用 145 元，同比降低 1.76%；物流费用占销售收入比重 0.98%，同比降低 0.16 个百分点。

【内部管理监督】 *三项检查*。配合国家局检查组完成了对省局（公司）和太原、忻州市局（公司）“三项检查”重点抽查工作，省局成立综合检查组，对未接受国家局重点抽检的单位全部进行检查。对照“三项检查”反馈意见，各单位认真整改，进一步完善相关制度，规范了运作程序。

两项工作。落实“工程投资、物资采购、宣传促销”项目管理程序规定，省局（公司）出台相关指导意见，对关键节点加强管控，对县级局工程投资项目开展专项检查。确定太原、大同、忻州、临汾市局（公司）为全省行业办事公开民主管理试点单位，出台《关于进一步推进办事公开全面加强民主管理的实施意见》，规定了涵盖卷烟经营、专卖管理、财务管理、工程投资等公开内容及公开的主体、时限、方法和流程等。

内部审计监督。进一步完善审计委派制，拓宽审计领域，开展经济责任、财务收支、工程项目投资、物资采购、合同签订等专项审计共计 534 项，涉及资产金额 76.41 亿元，提出审计意见和建议 797 条，充分发挥了审计的监督、评价和服务作用。

【人力资源管理】 *干部人事制度改革*。省局（公司）党组出台《关于深化干部人事制度改革试行意见》，3 月起，陆续对临汾、运城、吕梁、长治、晋城、阳泉等市局（公司）的主要领导进行调整或充实。在省局（公司）与市局（公司）之间进行领导干部双向交流任职。完成 2009 年度各市局（公司）领导班子及班子成员全面考核评价工作。制订《贯彻落实深化干部人事制度改革规划纲要的实施办法》等 5 个相关文件，进一步规范干部人事管理工作，健全干部选拔任用工作机制。重新修订《山西烟草市级局（公司）领导班子和领导干部年度考核评价办法（试行）》，使领导干部考核评价工作更趋科学化、制度化、规范化。

教育培训。省局（公司）共举办 6 期县级局局长和各地市级局（公司）科级干部“卷烟上水平”专题培训班，组织各类业务培训班 36 期，培训人员 3800

余人次，组织专卖、营销人员技能鉴定7批次、1573人次。

【“十一五”发展概要】 “十一五”时期是山西省局（公司）组建以来发展最好的时期，在“十一五”时期实现了重大突破：

经济发展和市场管理。全省卷烟销量由“十五”末的599.55亿支（119.91万箱）增加到“十一五”末的726.54亿支（145.31万箱），增加127亿支（25.4万箱）；实现税利由20.53亿元增加到50.54亿元；始终保持卷烟打假高压态势，“十一五”期间共查处假冒卷烟案件2.97万起，查扣假冒卷烟13.60亿支，捣毁制售假烟窝点1942个，移送涉烟刑事案件589起，公安、司法机关依法判刑372人。全省烟草商业系统较好履行了增加财政收入、维护市场秩序两大职能，为社会经济发展作出积极贡献。

卷烟流通。开展按客户订单组织货源工作，全面创新市场营销和工商协同营销机制，积极推广电子商务应用，着力发展现代物流，持续推动卷烟销售网络优化升级，“电话订货、网上配货、电子结算、现代物流”模式成熟运行，初步实现了传统商业向现代流通的转变。城乡卷烟市场发展更加协调，零售客户数量和布局更加合理，行业重点品牌发展势头更加迅猛，消费者、零售客户、工业企业满意度明显提高。

管理监督。以全员流程化为基础，实施质量体系管理和对标管理，基本形成目标引领、过程控制、严格考核、有效激励、持续改进的管理机制。奠定了信息化网络设施硬基础和信息化战略意识软基础，基本形成十大流程体系的信息化支撑框架，较好地用信息化支撑了管理现代化的进程。以规范“两烟”生产经营秩序为重点，大力加强内部专卖管理监督、资金监管和工程投资、物资采购、信息化建设项目监管，建立健全“三重一大”决策制度、专业管理委员会工作制度、流程管控规范和督查考评体系，构建了内部管理监督的工作格局和长效机制。

队伍建设。坚持以人为本、和谐构建的指导思想，建立健全干部选拔任用、人事管理、薪酬管理和绩效考评机制，为所有干部职工打通了晋升通道、搭建了公平竞争的舞台。规范劳动用工关系管理，建立了收入增长的正常机制，聘用员工与在册员工之间、市县两级之间、市局（公司）之间的收入差距逐步缩小，有力调动了各级干部职工的积极性。干部职工的知识结构、年龄结构明显改进，队伍整体素质和文化软实力明显提升。

基础设施建设。五年来，共完成固定资产投资16亿元，新建、改建了一批卷烟经营、物流仓储和办公设施，是山西烟草投资最多、规模最大、效果最好的基础设施建设，大大强化了省、市、县三级基础设施的功能性。

【特事要辑】 1月1日，山西省局（公司）与上海烟草（集团）公司联手启动“中华”品牌精准营销。

1月27日，山西省副省长陈川平到山西省局（公司）调研现代企业管理、现代物流管理、信息化建设。

9月15日，中央驻晋单位党建工作经验交流会在山西省局（公司）召开，32家中央驻晋单位代表参加了会议。

10月27～28日，华中和东北片区“卷烟上水平”与服务品牌建设专题研讨会在太原召开，国家局副局长张保振出席会议并讲话。会后，张保振到山西烟草商业系统调研，对“头等舱”服务品牌建设表示肯定。

2010年山西省局（公司）主要统计指标汇总

实现税利（亿元）	实现利润（亿元）	销售卷烟（亿支）	烟叶种植（万亩）	烟叶收购（万担）
50.54	28.17	726.54	4.79	16.80

注：烟叶税利、烟叶利润不作统计。

所属地市级局（公司）

【太原市烟草专卖局（公司）】 太原市烟草专卖局、山西省烟草公司太原市公司成立于1983年8月。下辖清徐县、古交市、阳曲县、娄烦县等4个县级烟草专卖局（营销部）。

全年全市共查获假冒卷烟6433万支，打掉制假窝点3个、贩藏假烟点43个，上缴罚没款106万元。移送公安机关涉烟案件34起，公安、司法机关依法刑事拘留41人，逮捕30人，判刑31人。全年共破获符合国家局标准的网络案件4起，案值1088万元。

太原烟草卷烟配送中心工程项目经过历时一年的建设，10月24日投入使用。配送中心内建自动高架库，最大库容量2.8万箱，存储能力可满足60万箱/年销量的库容需求，可支持29万箱/年工业周转需求。建设3条全自动复合式分拣线，单条分拣线分拣能力达1.5万条/小时，单班作业年分拣能力达36万箱。

【大同市烟草专卖局（公司）】 大同市烟草专卖局、山西省烟草公司大同市公司成立于1983年8月。下辖城区、南郊区、新荣区、大同县、天镇县、阳高县、浑源县、广灵县、灵丘县、左云县等10个县级烟草专卖局（营销部）及大同市同烟实业公司。市局（公司）被山西省委、省政府授予“山西省模范集体”称号，被山西省总工会授予“全省‘五五’普法工作先进单位”称号。

全年全市共查获假冒卷烟1213万支，打掉贩藏假烟点7个。移送公安机关涉烟案件17起，公安、司法机关依法刑事拘留7人，逮捕8人，判刑2人。全年共破获符合国家局标准的网络案件3起，案值505万元。

市局（公司）按照“实施准备、全面启动、宣传发动、平台搭建、运行推进、测评总结”六个阶段推进，举办了6期以“发挥职工代表作用，推进民主管理进程”为主题的民主管理知识培训班，出台《办事公开管理手册》、《对内信息公开目录》和《民主管理制度体系手册》，搭建起制度体系、运行机制、考核机制、评价体系和监督体系。2010年，大同烟草职工代表大会被山西省总工会授予“五星级职代会”称号。

【阳泉市烟草专卖局（公司）】 阳泉市烟草专卖局、山西省烟草公司阳泉市公司成立于1983年9月。下辖平定县、盂县2个县级烟草专卖局（营销部）和城区、矿区、郊区3个专卖稽查支队。

全年全市共查获假冒卷烟734万支，打掉贩藏假烟点21个。移送公安机关涉烟案件2起，公安、司法机关依法刑事拘留10人，逮捕11人，判刑10人。全年共破获符合国家局标准的网络案件1起，案值533万元。

建立健全进退机制、客户自我培训指导机制和应急机制，创新网上订货工作方法，研发制作了《网上订货操作流程视频教程》，在全市网上订货客户中推广，全市网上订货率达到91.19%。

【长治市烟草专卖局（公司）】 长治市烟草专卖局、山西省烟草公司长治市公司成立于1983年。下辖长治县、潞城市、屯留县、长子县、壶关县、平顺县、黎城县、武乡县、襄垣县、沁县、沁源县、城区、郊区等13个县级烟草专卖局（营销部）。

全年全市共查获假冒卷烟367万支，打掉贩藏假烟窝点5个，上缴罚没款10.48万元。移送公安机关涉烟案件6起，公安、司法机关依法刑事拘留17人，逮捕16人，判刑13人。全年共破获符合国家局标准的网络案件3起，案值493万元。

推行6S管理和定置管理，完善了《长治烟草卷烟物流配送中心现场管理实施方案》，出台了《现场管理改进机制》。持续加强物流标准化建设，实施确定目标、制定措施、过程跟踪、指标分析及更新目标“五步走”。推进工商物流一体化建设，统一实施了工商卷烟物流在途信息系统，对出入库扫码系统进行了更新升级。

【晋城市烟草专卖局（公司）】 晋城市烟草专卖局、山西省烟草公司晋城市公司成立于1983年8月。下辖城区、泽州县、高平市、阳城县、沁水县、陵川县等6个县级烟草专卖局（营销部）。

全年全市共查获假冒卷烟913万支，打掉假烟点2个，上缴罚没款17.4万元。移送公安机关涉烟案件13起，公安、司法机关依法刑事拘留14人，逮捕10人，判刑23人。全年共破获符合国家局标准的网络案件2起，案值240万元。

【朔州市烟草专卖局（公司）】 朔州市烟草专卖局、山西省烟草公司朔州市公司成立于1989年7月。下辖朔城区、平鲁区、山阴县、怀仁县、应县、右玉县等6个县级烟草专卖局（营销部）。

全年全市共查获假冒卷烟550万支，打掉贩藏假烟点10个。移送公安机关涉烟案件1起，公安、司法机关依法逮捕3人。全年共破获符合国家局标准的网络案件1起，案值321万元。

市公司在营销实践中创造性地采取了“需求拉动、市场驱动、环境促动、示范带动、高端牵动、客我互动、机制联动、全面推动”系列驱动策略，探索出“娇子”品牌“情感培育法”、“红双喜”品牌“拆条上柜法”、“黄鹤楼”品牌“文化宣贯法”等新方法，特别是“卖‘娇子’、献爱心”活动得到零售户和消费者的积极响应。

【忻州市烟草专卖局（公司）】 忻州市烟草专卖局、山西省烟草公司忻州市公司成立于1983年4月。下辖忻府区、原平市、代县、繁峙县、定襄县、五台县、宁武县、神池县、岢岚县、五寨县、保德县、静乐县、偏关县、河曲县等14个县级烟草专卖局（营销部）。

全年全市共查获假冒卷烟1050万支，打掉假烟点20个，上缴罚没款6.2万元。移送公安机关涉烟案件4起，公安、司法机关依法刑事拘留3人，逮捕5人。全年共破获符合国家局标准的网络案件1起，案值3193万元。

继续坚持“厅、站、车”、“三位一体”农网建设，召开两次网建工作推进座谈会，修订《县局（营销部）卷烟销售网络建设提升及订单供货工作目标考核标准》及《农村管理服务大厅（流动服务站、偏远服务车）考核标准》，统一网建痕迹资料科目，强化对流动服务车的轨迹考核和服务人员的业绩考核。

【吕梁市烟草专卖局（公司）】 吕梁市烟草专卖局、山西省烟草公司吕梁市公司成立于1984年。下辖离石区、汾阳市、孝义市、中阳县、柳林县、石楼县、交口县、方山县、临县、岚县、兴县、交城县、文水县等13个县级烟草专卖局（营销部）。

全年全市共查获假冒卷烟775万支，打掉制假窝点1个，假烟点2个，上缴罚没款13.97万元。移送公安机关涉烟案件7起，公安、司法机关依法刑事拘留9人，逮捕5人，判刑2人。全年共破获符合国家局标准的网络案件1起，案值120万元。

【晋中市烟草专卖局（公司）】 晋中市烟草专卖局、山西省烟草公司晋中市公司成立于1984年10月。下辖榆次区、太谷县、祁县、平遥县、介休市、灵石县、榆社县、左权县、和顺县、昔阳县、寿阳县11个县级烟草专卖局（营销部）。

全年全市共查获假冒卷烟1782万支，打掉假烟点154个，上缴罚没款33万元。移送公安机关涉烟案件7起，公安、司法机关依法刑事拘留19人，逮捕12人，判刑13人。破获“1.23”网络案件，被列为公安部、国家局挂牌督办案件，涉及仓储、分销、运输三个环节，跨广东、福建、山西三省，涉案金额3212万元，共查获假冒卷烟432万支，公安、司法机关依法逮捕4人、刑拘14人。

【临汾市烟草专卖局（公司）】 临汾市烟草专卖局、山西省烟草公司临汾市公司成立于1985年7月。下辖尧都区、侯马市、曲沃县、翼城县、襄汾县、洪洞县、霍州市、古县、吉县、安泽县、浮山县、乡宁县、蒲县、大宁县、永和县、隰县、汾西县等17个县级烟草专卖局（营销部）。

全年全市共查获假冒卷烟1208万支，打掉贩藏假烟点2个，上缴罚没款35.77万元。移送公安机关涉烟案件10起，公安、司法机关依法刑事拘留4人，逮捕7人。全年共破获符合国家局标准的制售假烟网络案件3起，案值1095万元。

【运城市烟草专卖局（公司）】 运城市烟草专卖局、山西省烟草公司运城市公司成立于1984年9月。下辖盐湖区、临猗县、永济市、万荣县、河津市、新绛县、稷山县、铝厂厂区、绛县、闻喜县、夏县、垣曲县、平陆县、芮城县、风陵渡区等15个县级烟草专卖局（营销部）。

全年全市共查获假冒卷烟762万支，打掉假烟窝点8个，上缴罚没款8.62万元。移送公安机关涉烟案件12起，公安、司法机关依法刑事拘留8人，逮捕7人，判刑6人。全年共破获符合国家局标准的网络案件2起，案值515万元。

2010年山西省烟草商业系统主要情况统计

地市级局（公司）名称	太原市烟草专卖局（公司）	大同市烟草专卖局（公司）	阳泉市烟草专卖局（公司）	长治市烟草专卖局（公司）	晋城市烟草专卖局（公司）	朔州市烟草专卖局（公司）
主要负责人/法人代表	董文彦	冯小云	张维良（—2010.5） 赵新秋（2010.5—）	金永平（—2010.4） 陈惠民（2010.4—）	陈惠民（—2010.4） 陈秀云（2010.4—）	蔡金平
总资产（万元）	134934	83342	32336	68128	42803	27703
资产负债率（%）	15.40	10.80	22.52	14.96	11.02	13.40
所属县级局（个）	4	10	2	13	6	6
所属县级公司/分公司（个）	—	—	—	—	—	—
所属县级营销部（个）	4	10	2	13	6	6
从业人员（人）	744	695	221	695	401	316

续表

地市级局(公司)名称		太原市烟草专卖局(公司)	大同市烟草专卖局(公司)	阳泉市烟草专卖局(公司)	长治市烟草专卖局(公司)	晋城市烟草专卖局(公司)	朔州市烟草专卖局(公司)
所属业务机构	访销机构	1个营销中心	1个营销中心	1个营销中心	1个营销中心	1个营销中心	1个营销中心
	物流配送机构	1个物流配送中心	1个物流配送中心	1个物流配送中心	1个物流配送中心	1个物流配送中心	1个物流配送中心
	稽查机构	1个稽查支队、1个稽查中心、4个稽查大队	1个稽查支队、10个稽查大队	1个稽查支队、2个稽查大队	1个稽查支队、6个稽查大队	1个稽查支队、14个稽查大队	1个稽查支队、6个稽查大队
	烟叶机构	—	—	—	—	—	—
销售卷烟	(亿支)	90.89	68.02	25.80	69.29	44.56	29.84
	2010年比2009年(%)	5.11	2.97	1.18	3.01	2.32	1.84
卷烟销售收入(万元)		349439	219855	74043	185716	115922	91377
实现税利	(万元)	88410	54936	17440	42962	26686	21377
	2010年比2009年(%)	18.55	15.51	18.75	26.85	15.24	23.01
实现利润	(万元)	52670	32597	9674	23454	14884	11975
	2010年比2009年(%)	4.78	5.79	1.16	8.73	0.57	6.40
查处涉烟违法案件(起)		5173	557	612	557	476	252
查处涉烟违法案件案值(万元)		2533	468	229	138	238	116
2010年度烟草行业投入烟叶生产基础设施建设资金(万元)		—	—	—	—	—	—
烟水配套工程累计受益面积(万亩)		—	—	—	—	—	—
烟叶种植(亩)		—	—	—	7000	—	—
烟叶收购(担)		—	—	—	21800	—	—
零售户数(户)		11741	10813	5118	12681	7687	5766
零售户销售毛利率(%)		10.00	10.00	10.00	10.00	10.00	10.00

地市级局(公司)名称		忻州市烟草专卖局(公司)	吕梁市烟草专卖局(公司)	晋中市烟草专卖局(公司)	临汾市烟草专卖局(公司)	运城市烟草专卖局(公司)
主要负责人/法人代表		任川水	张凤翔(—2010.4) 张家驰(2010.4—)	闫 杰	郭生平(—2010.3) 张亚林(2010.3—)	景随玉(—2010.3) 郭生平(2010.3—)
总资产(万元)		56634	66632	70327	86421	85137
资产负债率(%)		15.82	13.56	18.78	18.39	17.12
所属县级局(个)		14	13	11	17	15
所属县级公司/分公司(个)		—	—	—	—	—
所属县级营销部(个)		14	13	11	17	15
从业人员(人)		718	681	718	687	989
所属业务机构	访销机构	1个营销中心	1个营销中心	1个营销中心	1个营销中心	1个营销中心
	物流配送机构	1个物流配送中心	1个物流配送中心	1个物流配送中心	1个物流配送中心	1个物流配送中心
	稽查机构	1个稽查支队、13个稽查大队	1个稽查支队、11个个稽查大队	1个稽查支队、13个稽查大队	1个稽查支队、16个稽查大队	1个稽查支队、15个稽查大队
	烟叶机构	—	—	—	—	—
销售卷烟	(亿支)	62.82	72.43	69.74	87.95	105.20
	2010年比2009年(%)	4.80	4.52	2.81	3.37	2.15

续表

地市级局(公司)名称		忻州市烟草专卖局(公司)	吕梁市烟草专卖局(公司)	晋中市烟草专卖局(公司)	临汾市烟草专卖局(公司)	运城市烟草专卖局(公司)
卷烟销售收入(万元)		176002	205070	205531	261995	270872
实现税利	(万元)	40035	48649	48371	63231	63690
	2010 年比 2009 年(%)	21.31	27.79	21.09	32.81	25.52
实现利润	(万元)	22220	27085	26247	36339	35388
	2010 年比 2009 年(%)	7.02	11.04	0.36	17.95	9.79
查处涉烟违法案件(起)		415	874	1173	1968	469
查处涉烟违法案件案值(万元)		173	244	337	313	167
2010 年度烟草行业投入烟叶生产基础设施建设资金(万元)		—	—	—	—	—
烟水配套工程累计受益面积(万亩)		—	—	—	—	—
烟叶种植(亩)		—	—	—	9900	31000
烟叶收购(担)		—	—	—	37600	108600
零售户数(户)		10808	13490	12200	19734	19548
零售户销售毛利率(%)		10.00	10.00	10.00	10.00	10.00

（陈晓勇）

内蒙古自治区烟草专卖局（公司）

【概　况】 内蒙古自治区烟草专卖局、内蒙古自治区烟草公司组建于 1984 年 1 月 1 日。1984 年 9 月，内蒙古自治区烟草公司上划中国烟草总公司，更名为中国烟草总公司内蒙古自治区公司。自治区局（公司）下辖 14 家地市级烟草专卖局（公司）、107 家县级烟草专卖局、78 家营销部、7 家分公司。截至 2010 年年底，公司拥有总资产 70.02 亿元，其中，固定资产 10.96 亿元、流动资产 55.65 亿元，资产负债率为 19.44%。共有从业人员 5777 人，其中聘用员工 2721 人。

2010 年，自治区局（公司）被内蒙古自治区直属机关文明委、工委评为“自治区级文明单位”。

【领导成员】 局长、总经理、党组书记：董晓民

副总经理、党组成员：乌力吉

副总经理、党组成员：王文忠

副 局 长、党组成员：赵德国

副巡视员：张福义

副巡视员：郑子林

副巡视员：于小芹

副巡视员：刘凤书（2010. 10—）

【机构设置】 自治区局（公司）机关设办公室（外事办公室）、思想政治工作处（机关党委、工会）、人事劳资处、专卖监督管理处（内部专卖监督管理处）、财务管理处、综合计划处（经济运行处、科技处）、政策法规与体制改革处、监察处（纪检组）、审计处、安全保卫处、烟叶管理处、卷烟销售管理处、物流管理处、投资管理处等 14 个职能处室，其中，物流管理处为 2010 年 7 月设立；烟草经济信息中心、资金管理中心、离退休人员管理办公室、烟草学会、自治区局烟草行业特有工种职业技能鉴定站、自治区烟草质量监督检测站、呼和浩特铁路烟草专卖局等 7 个专业部门，其中，资金管理中心挂靠财务管理处，烟草学会挂靠办公室，职业技能鉴定站挂靠人事劳资处；整顿和规范市场经济秩序领导小组办公室、烟草专卖治安办公室 2 个临时机构。

【专卖管理】 卷烟打假打私。全年组织开展 3 次卷烟市场清理整顿专项行动。全年出动专卖打假人员 9.88 万人次，查获涉烟违法案件 8165 起，其中，假冒卷烟案件 1862 起（5 万元以上案件 101 起）。查获假烟 4735 万支，上缴罚没款 401 万元。公安、司法机

关依法刑事拘留 123 人，逮捕 92 人，判刑 49 人。破获制售假烟网络案件 21 起，其中符合国家局标准的网络案件 19 起，符合自治区局标准的案件 2 起。

专卖队伍建设。实行专卖人员资格考试上岗制度。全年组织 3 期贯彻落实新修订的《烟草专卖法》、工信部 12 号令和“两高”《司法解释》培训班。7 月起，自治区局在全系统范围内开展“每月当一周专管员”活动。

【经济效益】 2010 年，全自治区烟草商业系统实现卷烟销售收入 150.65 亿元，同比增长 18.64%。实现税利 34.23 亿元，其中利润 17.90 亿元。实现“两烟”税利 33.19 亿元，同比增长 25.92%，其中“两烟”利润 17.86 亿元，同比增长 12.66%。三项费用率为 8.80%。

【卷烟经营】 卷烟销售。2010 年，全自治区烟草商业系统销售卷烟 520.67 亿支（104.13 万箱），同比增长 4.01%，其中，销售一类烟 33.55 亿支（6.71 万箱），同比增长 38.65%；二类烟 41.85 亿支（8.37 万箱），同比增长 16.04%；三类烟 148 亿支（29.60 万箱），同比增长 23.73%；四类烟 151.40 亿支（30.28 万箱），同比下降 8.38%；五类烟 145.85 亿支（29.17 万箱），同比下降 6.17%。本地区销量居前三位的品牌是“云烟”、“大青山”、“兰州”，销量分别为 67.55 亿支（13.51 万箱）、40.24 亿支（8.05 万箱）、40.18 亿支（8.04 万箱）。

品牌培育。2010 年，各盟市公司在营销中心设置品牌管理员，建立科学合理的品牌评价体系、品牌引入退出机制和统一的服务标准。制订《品牌发展规划》，加强对重点品牌的关注度，明确品牌发展目标。各单位从品牌引入、成长、维护、成熟、退出等业务环节建立与工业企业、零售客户之间完整的供应链系统，共同培育卷烟品牌。

工商协同营销。工商协同营销工作从品牌营销、市场营销、服务营销和工商信息等方面开展。工商双方以市场为导向，按照工商协同预测的结果，加强信息沟通，提高互动效率，协同货源计划，加强月度订单衔接。商业企业侧重服务营销，把品牌与零售客户结合，根据品牌研究零售客户；工业企业侧重品牌营销，把品牌与市场结合，面向市场做精做优卷烟品牌。开展工商互评工作，自治区公司从信息协同、市场协同、货源协同、组织协同等 4 个方面设计出《工商互评问卷》，工商双方相互征求意见和建议。

按客户订单组织货源。各盟市公司依托客户经理、坐席员采集客户货源需求，按照不同权重形成货源需求并加以修正，指导月度货源采购及半年货源组织。采取分区域投放办法，将“白沙（软、硬）”品牌投放到自治区东部地区、将“红梅”投放到西部地区，并将长期不能满足市场的“前门”品牌退出自治区市场，用同价位的其他品牌加以替代。推行月度商定总量的供应管理办法，按照零售购进量与购进结构两个维度，结合客户业态，进行市场细分，实施精细化的货源投放管理举措，基本做到了“市场需求基本满足，零售客户有所选择”。

【物流管理】 2010 年 7 月，自治区局（公司）成立物流管理处，制订《关于加强物流工作的指导意见》。推进物流信息化建设，推广实施物流 GPS 车辆监控系统、工商在途信息系统，建立信息报告制度，搭建物流交流平台。加强物流成本核算监管，开展物流评价工作，建立物流评价通报制度。8～11 月，物流管理处对全自治区 15 个物流配送中心、2 个物流中转站进行摸底调研。实施分拣车间工厂化管理，通过设置虚拟分拣线的办法，实现异型烟打码到条。12 月，自治区局（公司）在内蒙古包头召开全自治区物流现场管理培训会议，进行 6S 理论培训。

【烟叶产销】 种植与收购。全年有 9 个旗（县、区）25 个乡镇 114 个村组种植烟叶，全部实现集约育苗、统一供苗和集中移栽。全自治区落实烟叶种植计划 1.0 万吨（20.05 万担），同比增长 1.57%。签订种植收购合同 2362 份，落实种植面积 4.03 万亩；收购烟叶 0.87 万吨（17.43 万担）。截至年底，烟叶全部调出，实现零库存目标。2010 年，自治区局（公司）烟叶实现税利 0.45 亿元，同比增长 246.15%，其中实现利润 0.16 亿元，同比增长 200%。

现代烟草农业建设。2010 年，自治区局（公司）在赤峰市松山区建设烟叶种植专属区，继续推进敖汉旗现代烟草农业试点建设，并逐步建立和形成育苗工场（中心）、烘烤工场、烟农合作社、中心仓库等基本生产要素和专业化采摘、烘烤队。2010 年，自治区局（公司）继续开展烟叶生产基础设施建设，新建密集式烤房 111 座，投入补贴资金 351 万元，当年完工并投入使用。

【多元化经营】 开展多元化企业清退和整改工作，通过资产重组、股权转让、清算关闭、减少投资层级等形式，内蒙古烟草多元化企业由 20 家整合为 8 家，完成国家局下达的清退计划。2010 年，投资管理处所属企业总资产 6.61 亿元，实现利润 1966 万元。

【企业管理】 *财务管理*。2010年，自治区局（公司）对所属9个单位的物流费用核算情况进行全面调研，对所属6个单位的“小金库”专项治理工作进行重点检查，开展银行对账单专项检查工作。开展产权登记、年检等国有资产管理工作，并配合国家局审计组完成任期经济责任审计。2010年，自治区局（公司）成为全国烟草行业首批应用审计管理信息系统软件的单位，审计委派制管理体制成效初步显现。

贯标对标。2010年，自治区局（公司）在行业对标指标的基础上，增加4项对标指标。从例会制度、通报制度、协调机制三个方面建立对标工作长效机制。10月，自治区局（公司）印发《关于强化质量管理体系运行提升企业管理水平的通知》，要求各单位在已建立的质量手册、程序文件的基础上，进一步细化体系文件，编制和建立“六有”管理手册。通过2010年下半年网建工作检查，各单位基本能按照“六有”体系建设进度完成工作，形成“一把手”总负责，分管领导牵头，各部门负责人、全体员工参与的局面。

技术创新。2010年，全自治区烟草系统在科技创新项目管理工作的基础上，开通科技及创新业务管理系统，审定科技创新项目26项、成果18项、论文13篇，全年有15项申请专利被受理，14项获得专利授权。

【人力资源管理】 *人事制度建设*。2010年，自治区局（公司）制定盟市局（公司）领导班子和领导干部综合及年度考核办法，并对各直属二级单位的领导班子进行全面考核，开展“一报告两评议”工作，对12个单位的领导班子进行调整，其中，提拔处级干部21人。加大干部交流使用力度，异地交流干部16人，对4个单位的主要负责人进行了交流。开展盟市局（公司）领导班子后备干部的集中调整，建立新的后备干部名单。开展人事用工分配制度改革，加强劳动工资结构性调控，进一步缩小不同档次、不同地域员工收入差距，逐步形成合理的收入分配和员工收入正常调整机制。重视人才引进工作，组织2010年高校毕业生招聘工作，择优录用103名高校毕业生。

教育与培训。全面组织实施员工轮训工作，2010年自治区烟草系统举办各类培训班372个，4787人参加培训，累计培训达2.19万人次。2010年，自治区局（公司）组织开展第一期内训师培训班；第十二期中青年干部培训班毕业，第十三期班完成教学任务；第二期MBA学位班全年进行6次集中授课；举办新进高校毕业生入职教育。6月，自治区局（公司）举办第二届全自治区烟草行业卷烟产品鉴别检验技能竞赛暨选拔赛。

职业技能鉴定。2010年，全年组织鉴定8次，共鉴定1880人次，614人次获得证书。组织选手参加第一届全国烟草行业卷烟商品营销员职业技能竞赛；承办2010年全国烟草行业职业技能鉴定信息工作会议暨培训班。

【企业文化】 内蒙古烟草企业文化定位为“诚实·求实”，全自治区烟草系统企业文化开展率达到100%，其中7个单位完成企业文化建设的主体性工作，进入落地宣贯和文化手册印制阶段，4个单位开展企业文化理念修改及审核。“志——行文化”、“山石文化”、“桥文化”、“水文化”、“敬文化”、“暖文化”、“和德文化”、“彩虹文化”等子文化各具特色，全自治区烟草系统企业文化架构体系初步形成。各单位推进企业文化宣贯工作，充分发挥企业文化引领作用，通过开展多种形式的活动，促进企业文化建设的开展。

2010年，完成蒙汉两种文字的《内蒙古烟草/视觉识别系统》的设计、印制工作。

【“十一五”发展概要】 “十一五”期间，内蒙古烟草系统经济运行保持良好态势，实现卷烟销量合计2390亿支（478万箱），销售收入合计630.39亿元，税利合计115.37亿元，烟叶生产收购量合计4.6万吨（91.99万担）。

“十一五”期间，内蒙古烟草系统确立了以科学发展为主线，加大网络软实力的建设力度、加大规范管理力度、加大“两烟”规范经营的整顿力度。主要经济指标稳中有升，卷烟市场经营秩序实现由相对无序到规范经营的根本转变，专卖管理实现行业单一行政向政府、社会综合治理的转变，在全自治区烟草系统成立烟草专卖治安机构，卷烟打假工作取得新突破，市场占有率、净化率明显提高，卷烟市场管理走上依法行政、依法管理的健康轨道。

构建行业内部管理监督的长效机制，设立专门机构、配备专职人员、出台相应制度，加强“三线互控、三层督查”，统一全员在内部管理监督上的认识，开展内部管理规范教育，将行业的改革和发展置于内部管理规范和高效的基础之上。开展财经秩序整顿和“内审”工作，开展“三项检查”工作，治理体外循环，推进效能监察，规范自律意识不断提升。

完成取消县级公司法人资格的工作。全自治区网络建设按照“突出服务、注重效率、优化流程、提高素质”的总体要求，实现“电子商务+现代物流”的现代流通替代传统手工操作，推进了全自治区营销网络的高效率、低成本运行。梳理多元化投资项目，集中精力抓好主营业务，切实转变增长方式，改革卷烟产销交易方式，优化资源配置，提高卷烟市场集中度。

“十一五”期间，内蒙古烟草坚持“以人为本”的企业文化理念，加强队伍建设，努力提高队伍整体素质。从改革和完善人事用工制度入手，出台人才储备的长远规划和实施办法，着力建设完善的内部培训机制和业绩激励机制，初步实现行业、企业与员工的全面和谐发展。

【特事要辑】 8月6日，国家局总会计师兼财务司（审计司）司长张玉霞一行到包头市局（公司）检查指导工作。

9月2日，国家局局长姜成康一行到内蒙古鄂尔多斯市上海庙能源化工基地考察。

2010年内蒙古自治区局（公司）主要统计指标汇总

实现税利（亿元）	实现利润（亿元）	销售卷烟（亿支）	烟叶种植（万亩）	烟叶收购（万担）
34.23	17.90	520.67	4.03	17.43

所属地市级局（公司）

【呼和浩特市烟草专卖局(公司)】 呼和浩特市烟草专卖局、内蒙古自治区烟草公司呼和浩特市公司成立于1984年。下辖土默特左旗、托克托县、和林格尔县、清水河县、武川县等5个县级烟草专卖局（营销部）和新城区、赛罕区、回民区、玉泉区等4个城区烟草专卖局。

市局（公司）物流中心运用3G技术对送货线路进行优化，探索论证弹性接力送货模式，打破行政区域，实现送货配载最优化。推进改革创新，物流中心与浙江中烟工业有限责任公司开展托盘联运试点工作，进一步提高入库效率。

【满洲里市烟草专卖局(公司)】 满洲里市烟草专卖局、内蒙古自治区烟草公司满洲里市公司成立于1993年1月，下辖扎赉诺尔区烟草专卖局。

【呼伦贝尔市烟草专卖局(公司)】 呼伦贝尔市烟草专卖局、内蒙古自治区烟草公司呼伦贝尔市公司成立于1984年。下辖海拉尔区、牙克石市、扎兰屯市、阿荣旗、莫力达瓦达斡尔族自治旗、鄂伦春自治旗、根河市、额尔古纳市、陈巴尔虎旗、鄂温克族自治旗、新巴尔虎左旗、新巴尔虎右旗、大杨树等13个县级烟草专卖局（营销部）和呼伦贝尔烟草宾馆。2010年，市局（公司）连续第六年保持内蒙古自治区党委、政府评为自治区“精神文明单位标兵”。

电子结算业务拓展到农网，全市辖区电子结算率达75.69%。进一步整合、优化送货线路，由年初的191条整合到172条，提高了车辆满载率和配送工作效率。扎实推进“六有”体系建设，对标工作由市局（公司）延伸到各旗（市、区）局（营销部）。

【赤峰市烟草专卖局(公司)】 赤峰市烟草专卖局、内蒙古自治区烟草公司赤峰市公司成立于1984年4月。下辖元宝山区、宁城县、喀喇沁旗、敖汉旗、翁牛特旗等5个县级烟草专卖局（分公司）和林西县、克什克腾旗、阿鲁科尔沁旗、巴林左旗、巴林右旗等5个县级烟草专卖局（营销部），以及红山区、松山区烟草专卖局和松山区烟叶分公司。

2010年，共种植烟叶3.86万亩，收购烟叶0.84万吨（16.73万担）。建造烤房40座、烟叶分级室797平方米。市公司举办烟叶分级等培训3期，参加人数110人次。按生产环节举办烟农培训班35期，培训烟农8784人次。

整合送货路线，共减少送货车3辆，缩减送货线路15条，优化6条，每年可节约运输费6.5万元，每月减少送货里程2500千米，单车车载率提高5.47%。

【兴安盟烟草专卖局(公司)】 兴安盟烟草专卖局、内蒙古自治区烟草公司兴安盟公司成立于1984年。下辖阿尔山市、扎赉特旗、科尔沁右翼前旗、科尔沁右翼中旗、突泉县等5个县级烟草专卖局（营销部）和乌兰浩特市烟草专卖局。

全年打掉“1.20”、“10.23”、“12.25”三个符合国家局标准的假烟网络案件，其中“12.25”案件被列为国家局、公安部督办案件。该案累计出动办案人员1500人次、查明涉案卷烟超过1亿支，涉案违法金额达1.03亿元，捣毁贩藏假烟窝点40余个，判刑7人。

【通辽市烟草专卖局(公司)】 通辽市烟草专卖局、内蒙古自治区烟草公司通辽市公司成立于1984年9月。下辖科尔沁区、开鲁县、霍林郭勒市、奈曼旗、扎鲁特旗、科尔沁左翼后旗、科尔沁左翼中旗、库伦旗等8个县级烟草专卖局（营销部）。

市局（公司）开展了"'833'三维协同服务管控体系"、"零售户信息档案软件开发"、"研究开发企业标准化管理信息系统"等科技创新项目，"基于通辽市烟草公司ASP动态网站的职工电子图书阅览屋"项目被自治区局（公司）评为"科技创新成果二等奖"。

【锡林郭勒盟烟草专卖局(公司)】 内蒙古自治区烟草公司锡林郭勒盟公司前身是锡林郭勒烟草驻张分公司，组建于1984年4月，办公地点设在河北张家口市，与1985年10月成立的锡林郭勒盟烟草专卖局为政企合一机构。2005年4月，锡林郭勒驻张分公司回迁锡林浩特市，并变更为"内蒙古自治区烟草公司锡林郭勒分公司"，与锡林郭勒盟烟草专卖局合署办公。2006年分公司更名为"内蒙古自治区烟草公司锡林郭勒盟公司"。截至2010年年底，下辖太仆寺旗、正蓝旗、多伦县、东乌珠穆沁旗、西乌珠穆沁旗、乌拉盖管理区、阿巴嘎旗、苏尼特左旗、苏尼特右旗、镶黄旗等10个县级烟草专卖局（营销部）和锡林浩特市烟草专卖局。此外，还有一个未上划的正镶白旗烟草专卖局（公司）。

盟局（公司）经过多次优化线路和整合资源，将全盟10个旗县和锡林浩特市中心市场划分为中部、西部、东部、南部4个配送区域。各片区内的送货路线基本形成闭合的环形路线，通过集中化区域配送，减少送货人员16人，送货车辆由原来的24辆减少到14辆，卷烟配送人员由34人减少到27人，达到"方便、快捷、高效、安全"的目标。通过线路整合，月送货里程减少1.26万千米。

【二连浩特市烟草专卖局(公司)】 二连浩特市烟草专卖局、内蒙古自治区烟草公司二连浩特市公司成立于1996年6月。

4月起，市局（公司）开展"每月之星"评选活动，对于能出色完成某一项工作，在某方面对公司做出贡献，在工作中得到客户认可等，通过评审给与"月度之星"称号。7月，组织开展征集名言警句活动，全体员工参与，并经过筛选整理后在市局（公司）办公楼内制牌悬挂48块，营造积极向上的文化氛围。

【乌兰察布市烟草专卖局(公司)】 乌兰察布市烟草专卖局、内蒙古自治区烟草公司乌兰察布市公司成立于1984年。下辖丰镇市、凉城县、卓资县、兴和县、化德县、商都县、四子王旗、察哈尔右翼前旗、察哈尔右翼中旗、察哈尔右翼后旗等10个县级烟草专卖局（营销部）和1个集宁区烟草专卖局，以及凉城县烟叶公司。

2010年，市公司使用IDC信息平台将卷烟到货、断货、投放策略等信息发布给客户经理、卷烟零售户，实现了信息对称，订单满足率达到81%，接收短信服务的零售户达到6409户，占全部卷烟零售客户的91.58%。2010年，市公司启用"客户经理启发式工作法"，通过固定客户经理拜访客户的线路和拜访客户的时间，填写客户经理案头工作表、拜访表，将客户经理工作表与V3系统链接，实现数据自动传输。营销中心订单部制订了"服务明星"评选办法，每月开展以"客户在我心中"为主题的"服务明星"评选活动，激发订单员客户服务工作的热情。

【包头市烟草专卖局(公司)】 包头市烟草专卖局、内蒙古自治区烟草公司包头市公司组建于1984年。下辖土默特右旗、固阳县、达尔罕茂明安联合旗、白云矿区、石拐区等5个县级局（营销部）和东河区、九原区、青山区、昆都仑区等4个城区烟草专卖局。

市局（公司）抓好对标工作，制定对标管理办法，全年16项对标指标优于全国平均水平，其中6项成本费用控制指标为自治区系统先进水平。

2010年，市局（公司）有3个创新项目在自治区局（公司）立项。在自治区局（公司）创新成果表彰中，有1个项目获二等奖、1个项目获三等奖、4个项目获优秀奖。申报专利7项，授权专利7项。

【鄂尔多斯市烟草专卖局(公司)】 鄂尔多斯市烟草专卖局、内蒙古自治区烟草公司鄂尔多斯市公司成立于1984年4月。2010年，新增上海庙经济开发区直属分局。下辖准格尔旗、准格尔经济开发区、达拉特旗、伊金霍洛旗、杭锦旗、乌审旗、鄂托克旗、鄂托克前旗等8个县级烟草专卖局（营销部），东胜区、康巴什新区2个城区烟草专卖局，以及棋盘井经济开发区、乌兰木伦和上海庙经济开发区等3个直属分局。

2010年，市局（公司）被自治区局（公司）确定为自治区烟草行业推进办事公开民主管理工作的试点单位。制订《推进办事公开民主管理工作实施方案》。通过鄂尔多斯市交通广播电台等媒体公布有关事项，电台制作专题节目10期，《鄂尔多斯烟草报》开办办事公开民主管理专栏18期，内网专栏共公开项目100余项。11月，开通办事公开民主管理论坛，进一步畅通员工与公司的沟通渠道。

【巴彦淖尔市烟草专卖局（公司）】 巴彦淖尔市烟草专卖局、内蒙古自治区烟草公司巴彦淖尔市公司成立于1984年4月。下辖乌拉特前旗、五原县、杭锦后旗、磴口县、乌拉特中旗、乌拉特后旗等6个县级烟草专卖局（营销部）和临河区烟草专卖局。

2010年，市局（公司）打破全市传统行政区域配送限制，逐步推进城乡物流配送的一体化运行，修订《卷烟物流费用管理办法和核算规程》，使物流运输负载均衡、线路划分合理，将旗县零售户48小时到货缩短到36小时，减轻配送人员的劳动强度，提高物流配送效率。

【乌海市烟草专卖局（公司）】 乌海市烟草专卖局、内蒙古自治区烟草公司乌海市公司成立于1984年4月，下辖海勃湾、乌达、海南3个城区烟草专卖局。5月，市局（公司）恢复成立海勃湾、乌达、海南3个城区烟草专卖局。

按规定配齐人员，专卖管理人员由23人增加到35人。建立持证零售户明示机制，由零售户自愿出资，市局监制，集中订购、统一制作零售户身份明示牌，悬挂于零售户店外醒目位置。制作配套的服务承诺牌，牌上标有零售户对应的专管员、客户经理和送货员的职责和照片、举报电话等信息。

【阿拉善盟烟草专卖局（公司）】 阿拉善盟烟草专卖局、内蒙古自治区烟草公司阿拉善盟公司成立于1984年。下辖阿拉善左旗、阿拉善右旗、额济纳旗3个县级烟草专卖局（营销部）和乌斯太烟草专卖分局。

2010年，通过全盟各级烟草、公安、工商等部门联合行动，在“百日清理”、“飓风二号”等专项行动中，共查处各类违法经营卷烟案件88起，查获违法卷烟30.70万支，罚没款2.28万元，清理整治无证户140户。

所属其他二级单位及派驻机构

【呼和浩特铁路烟草专卖局】 呼和浩特铁路烟草专卖局恢复成立于2009年11月19日，是内蒙古自治区烟草专卖局的派驻机构。主管呼和浩特铁路局安全监管范围内的烟草专卖工作，受自治区局和呼和浩特铁路局的双重领导，以自治区局领导为主。内设专卖监督管理科、综合管理科两个职能部门。共有从业人员15人。

2010年，呼和浩特铁路烟草专卖局严格按照《烟草专卖法》、《铁路法》、《烟草专卖法实施条例》及《烟草专卖行政处罚程序规定》查处案件。充分发挥烟草专卖管理的职能作用，依法依规对呼和浩特铁路局安监范围实施有效的监督管理与检查，阻断非法运输销售烟草专卖品的通道。加强与铁路及地方公、检、法等部门联系，对构成犯罪的案件，加大追刑力度。与呼和浩特铁路局纪检监察、路风、收入稽查及自治区局纪检监察等部门密切配合，严肃查处内外勾结的违法违规案件。2010年，共查获各类违法案件24起，涉案卷烟885条，涉案金额7.14万元。取缔无证经营户9户，建议属地局撤销许可证2户。

2010年内蒙古自治区烟草商业系统主要情况统计

地市级局(公司)名称	呼和浩特市烟草专卖局(公司)	满洲里市烟草专卖局(公司)	呼伦贝尔市烟草专卖局(公司)	赤峰市烟草专卖局(公司)	兴安盟烟草专卖局(公司)
主要负责人/法人代表	郑子林	毛吉山	王化敏	董祥生	张保国
总资产(万元)	101311	6048	31564	44207	20246
资产负债率(%)	25.74	14.00	36.62	25.10	17.98
所属县级局(个)	9	1	13	12	6
所属县级公司/分公司(个)	—	—	—	6个分公司	—
所属县级营销部(个)	5	—	13	5	5
从业人员(人)	681	77	610	1311	307

续表

地市级局(公司)名称		呼和浩特市烟草专卖局(公司)	满洲里市烟草专卖局(公司)	呼伦贝尔市烟草专卖局(公司)	赤峰市烟草专卖局(公司)	兴安盟烟草专卖局(公司)
所属业务机构	访销机构	1个营销中心	1个营销中心	1个营销中心、1个电访中心	1个营销中心	1个营销中心
	物流配送机构	1个物流中心	1个物流中心	2个物流中心、2个配送中心	1个物流中心	1个物流中心
	稽查机构	1个稽查支队、2个稽查大队	1个稽查支队	1个稽查支队	1个稽查支队、2个稽查大队	1个稽查支队
	烟叶机构	—	—	—	18个烟叶站	—
销售卷烟	(亿支)	69.68	6.49	43.69	60.26	29.24
	2010年比2009年(%)	3.38	3.18	3.53	7.00	3.35
卷烟销售收入(万元)		247798	19000	99825	134849	61224
实现税利	(万元)	62840	3807	15371	30460	10522
	2010年比2009年(%)	19.56	39.66	21.98	33.21	24.80
实现利润	(万元)	35055	1863	6266	16478	5155
	2010年比2009年(%)	3.20	32.17	-1.86	34.25	29.71
查处涉烟违法案件(起)		1766	96	570	207	355
查处涉烟违法案件案值(万元)		928	22	292	75	10528
2010年度烟草行业投入烟叶生产基础设施建设资金(万元)		—	—	—	316	—
烟水配套工程累计受益面积(万亩)		—	—	—	0.16	—
烟叶种植(亩)		—	—	—	38634	—
烟叶收购(担)		—	—	—	167306	—
零售户数(户)		10258	1333	9725	13723	5822
零售户销售毛利率(%)		10.75	26.63	10.91	10.31	10.00

地市级局(公司)名称		通辽市烟草专卖局(公司)	锡林郭勒盟烟草专卖局(公司)	二连浩特市烟草专卖局(公司)	乌兰察布市烟草专卖局(公司)	包头市烟草专卖局(公司)
主要负责人/法人代表		罗松林	刘　永(—2010.11) 王建胜(2010.11—)	杜秀亭	李志军	刘先勇(—2010.11) 刘　永(2010.11—)
总资产(万元)		29995	12166	2653	38733	83201
资产负债率(%)		5.30	24.60	4.21	23.60	14.35
所属县级局(个)		8	11	—	11	9
所属县级公司/分公司(个)		—	—	—	1个公司	—
所属县级营销部(个)		8	10	—	10	5
从业人员(人)		481	300	34	481	446
所属业务机构	访销机构	1个营销中心	1个营销中心	1个营销物流中心	1个营销中心	1个营销中心、1个电访中心
	物流配送机构	1个物流中心、10个配送站	1个物流中心	1个营销物流中心	1个物流中心	1个物流中心
	稽查机构	1个稽查支队、8个稽查大队	1个稽查支队、1个稽查机动大队	—	1个稽查支队	2个稽查支队
	烟叶机构	2个烟叶站	—	—	2个烟叶站	—

续表

地市级局(公司)名称		通辽市烟草专卖局(公司)	锡林郭勒盟烟草专卖局(公司)	二连浩特市烟草专卖局(公司)	乌兰察布市烟草专卖局(公司)	包头市烟草专卖局(公司)
销售卷烟	(亿支)	54.63	22.29	2.70	45.27	68.44
	2010 年比 2009 年(%)	4.00	4.50	7.10	5.50	1.92
卷烟销售收入(万元)		119627	57222	9167	116496	237909
实现税利	(万元)	23006	8830	1875	23718	63406
	2010 年比 2009 年(%)	24.73	39.14	31.51	68.38	21.44
实现利润	(万元)	11359	2927	881	11599	38881
	2010 年比 2009 年(%)	6.67	4.83	6.09	59.95	11.10
查处涉烟违法案件(起)		308	740	32	892	1303
查处涉烟违法案件案值(万元)		394	234	34	182	1018
2010 年度烟草行业投入烟叶生产基础设施建设资金(万元)		35	—	—	—	—
烟水配套工程累计受益面积(万亩)		0.21	—	—	—	—
烟叶种植(亩)		1363	—	—	273	—
烟叶收购(担)		5887	—	—	1118	—
零售户数(户)		10754	3900	312	6994	8768
零售户销售毛利率(%)		10.45	9.00	27.03	8.00	10.00

地市级局(公司)名称		鄂尔多斯市烟草专卖局(公司)	巴彦淖尔市烟草专卖局(公司)	乌海市烟草专卖局(公司)	阿拉善盟烟草专卖局(公司)
主要负责人/法人代表		董建华	王建胜(—2010.11) 刘先勇(2010.11—)	乔培雄	孟凡超
总资产(万元)		58196	31353	19772	10010
资产负债率(%)		16.86	29.78	16.38	41.94
所属县级局(个)		13	7	3	4
所属县级公司/分公司(个)		—	—	—	—
所属县级营销部(个)		8	6	—	2
从业人员(人)		381	291	109	87
所属业务机构	访销机构	1 个营销中心	1 个营销中心	1 个营销中心	1 个营销中心
	物流配送机构	1 个物流中心	1 个物流中心	1 个物流中心	1 个物流中心
	稽查机构	1 个稽查支队	1 个稽查支队	—	1 个稽查支队
	烟叶机构	—	—	—	—
销售卷烟	(亿支)	60.36	35.48	13.73	8.45
	2010 年比 2009 年(%)	3.97	0.82	4.19	16.19
卷烟销售收入(万元)		227996	93643	58243	26735
实现税利	(万元)	61444	18240	15156	4561
	2010 年比 2009 年(%)	23.18	6.53	3.99	53.36
实现利润	(万元)	36559	9287	9627	2516
	2010 年比 2009 年(%)	7.60	-9.30	0.17	58.36

续表

地市级局(公司)名称	鄂尔多斯市烟草专卖局(公司)	巴彦淖尔市烟草专卖局(公司)	乌海市烟草专卖局(公司)	阿拉善盟烟草专卖局(公司)
查处涉烟违法案件(起)	1036	749	491	88
查处涉烟违法案件案值(万元)	2185	259	22	13
2010年度烟草行业投入烟叶生产基础设施建设资金(万元)	—	—	—	—
烟水配套工程累计受益面积(万亩)	—	—	—	—
烟叶种植(亩)	—	—	—	—
烟叶收购(担)	—	—	—	—
零售户数(户)	6933	5058	1727	1085
零售户销售毛利率(%)	17.50	16.00	10.50	13.34

（关晓勇）

辽宁省烟草专卖局（公司）

【概　况】 辽宁省烟草专卖局成立于1983年7月22日，辽宁省烟草公司成立于1983年5月21日，1984年9月，辽宁省烟草公司上划中国烟草总公司。2006年，完成母子公司体制改革。省局（公司）下辖13个地市级烟草专卖局（公司）和中国烟草辽宁进出口公司、丹东辽东烟草发展有限责任公司。截至2010年年底，公司拥有总资产80.02亿元，其中，固定资产9.49亿元、流动资产66.50亿元，资产负债率为8.77%。共有从业人员9009人，其中聘用员工7213人。

【领导成员】 局长、总经理、党组书记：赵振林

副总经理、党组成员：杜胜利

副局长、党组成员：孙世夫

纪检组长、党组成员：韩永斌

副总经理、党组成员：刘　宁

党组成员：李德贤

【机构设置】 省局（公司）机关设办公室（外事办公室）、综合计划处（经济运行处、科技处）、专卖监督管理处（专卖稽查总队、内部专卖监督管理处）、政策法规与体制改革处、财务管理处（资金管理中心）、审计处、人事劳资处、思想政治工作处（机关党委）、监察处（与党组纪检组合署办公）、安全保卫处、烟叶管理处、卷烟销售管理处、物流管理处（2010年10月设立）等13个职能处室，烟草学会（编辑部）、经济信息中心、离退休人员管理办公室、机关服务中心、辽宁烟草教育培训中心（职业技能鉴定站）、烟草质量监督检测站等6个专业部门，以及整顿和规范市场经济秩序领导小组办公室。

【专卖管理】 *卷烟打假。*全年共查处涉烟违法案件1.21万起，查获非法卷烟1.26亿支，其中假烟1.12亿支。打掉制售假烟窝点76个。公安、司法机关依法逮捕86人，判刑57人。全年共破获制售假烟网络案件21起，其中符合国家局标准的制售假烟网络案件16起，沈阳“1.22”制售假烟网络案件涉及广东、福建、四川等6省，被列为部级督办案件。

*市场管理。*2010年，各地市级局开展“元旦、春节”期间卷烟市场整治、“五一”期间打击非渠道卷烟等专项治理活动，累计查处涉烟违法案件5000余起、查获非法卷烟0.69亿支。在全省辖区继续实行错时检查工作制度，将定期走访与突击检查相结合，重点在节假日、休息日对有违法经营嫌疑的卷烟零售客户进行突击检查。3月，省局制订《全省卷烟市场暗访管理办法》，加大市场暗访力度，全年先后对7个市局、14个县局辖区的600余户卷烟零售客户进行暗访。3～4月，各地市级局开展中、小学校周边卷烟零售点集中清理行动，为2054户零售客户办理歇业手续。

【经济效益】 2010年，全省烟草商业系统实现卷烟销售收入169.04亿元，同比增长13.20%。实现税利39.02亿元，同比增长17.21%，其中利润20.03亿

元，同比增长4.76%。三项费用率为8.83%。

【卷烟经营】 卷烟销售。2010年，全省烟草商业系统销售卷烟668.76亿支（133.75万箱），同比增长2.68%，其中，销售一类烟39.25亿支（7.85万箱），同比增长28.39%；二类烟32.18亿支（6.44万箱），同比增长15.51%；三类烟182.07亿支（36.41万箱），同比增长20.86%；四类烟236.84亿支（47.37万箱），同比下降4.50%；五类烟178.42亿支（35.68万箱），同比下降8.91%。本地区销量居前三位的品牌为“红梅”、“红塔山”、“七匹狼”，销量分别为94.10亿支（18.82万箱）、55.91亿支（11.18万箱）、53.60亿支（10.72万箱）。

品牌培育。11月，印发《辽宁烟草行业品牌发展上水平实施方案》，对全省烟草商业系统“十二五”期间品牌发展进行整体规划。12月，省公司在沈阳召开“七匹狼（通仙、通泰）”品牌培育动员大会，全面启动“七匹狼（通仙、通泰）”品牌培育工作。制订《关于开展为培育“532”和“461”知名品牌建功立业活动的方案》，全面开展培育知名品牌建功立业活动。加强对重点品牌的培育导向，全年累计销售重点品牌卷烟396.41亿支（79.28万箱），同比增长13.89%，占总销量的59.28%。

网上订货。4月，制订《辽宁省烟草行业网上订货项目实施方案》，成立省局（公司）电子商务建设工作小组。9月，制订《辽宁省烟草行业网上订货项目启动方案》，全省烟草商业系统网上订货工作统一正式启动。截至年底，网上订货进入正式运行阶段。

【烟叶产销】 种植与收购。2010年，全省落实种烟乡镇83个、种烟村444个、种烟户数8141户，实际签订烟叶种植收购合同8141份，合同约定种植面积14.98万亩，合同约定收购量2.85万吨（57.01万担）。2010年，全省烟叶生产受前期低温、中后期洪涝及霜冻等自然灾害的影响，实际收购2.36万吨（47.11万担），完成计划的82.63%；烟叶收购均价10.5元/千克；上中等烟比例68.44%，同比下降9.88个百分点。全年销售烟叶2.55万吨（51.03万担），其中，国内销售1.83万吨（36.6万担），出口烟叶0.72万吨（14.43万担）。

现代烟草农业建设。推进集约化生产，2010年，全省户均种烟面积18.41亩，万亩以上乡镇2个；集约化千亩村39个，种烟面积5.82万亩；百亩以上农户28户，种烟面积0.37万亩，种植布局进一步向优势地区连片地块集中。投资361万元在朝阳市建平县建设4处共100座集约化烤房群，可烤面积2000亩。继续推进烟农合作社建设，截至2010年年底，全省共建立烟农合作社10个，种烟面积3990亩；成立烟农互助组23个，参加户数271户，种烟面积6660亩。推进烟叶生产机械化，全年购置移栽机、起垄机、施肥机等农机设备49台。

截至2010年年底，全省累计投入资金1.39亿元，其中烟草行业投入资金1.23亿元；烟田可灌溉面积7.89万亩，占全省烟田总面积的52.67%；累计建设密集烤房4467座，密集烘烤面积9.47万亩；全省建设10座以上烤房群51处、密集烤房1642座。

烟叶基地单元建设。全省共完成8个烟叶基地单元建设规划，与福建、湖南、湖北、贵州中烟等卷烟工业企业签订基地单元建设协议，基地单元烟叶占内销计划的90%以上。针对“红塔山”、“白沙”、“七匹狼”、“黄鹤楼”、“黄果树”等品牌，与工业企业继续共同合作开展优质特色丰产填充型原料开发研究。2010年，以朝阳太平庄贵州中烟现代烟草农业基地单元为试点，通过完善中心烟叶工作站功能设施，优化流程，改善员工工作和生活环境，提高服务质量和效率。基地单元配套建设密集烤房群100座、烘烤工场1个，实行散叶烘烤、散叶收购、散叶交接、散叶包装与运输、场厂直调，散叶配打。

【多元化经营】 省局（公司）推动多元化企业清退工作，全年共召开4次多元化清退企业专题会议，指导清退工作。截至2010年年底，除沈阳正豪房地产公司和抚顺商场两个企业外，其他19家多元化企业全部完成清退。12月，对抚顺市抚烟经贸有限公司和辽阳小南门专营店2家多元化存续经营企业收回投资及收益，共计168万元。

【现代物流建设】 推进物流现场管理。省局（公司）开展物流现场管理课题研发工作，对原有物流“7S”现场管理进行梳理和改进，设计出物流现场管理课题架构，即“7S管理”、“自律量化管理”、“目视管理”三大内容，并组织制定各内容的工作流程、工作标准及考核制度，完善物流现场管理体系。5月，在抚顺市局（公司）召开现场会，物流现场管理课题成果在全省系统正式推广应用。

整合优化送货线路。2010年，以市级公司为单位统一规划物流配送资源，打破行政区域界限，扩大市公司本级的送货辐射范围。对于农网偏远地区路况差、每次订货量很少的零售客户，调整送货周期，在保持月供货总量不变的基础上，由一周一送货改为两周一送货。全省系统通过整合资源、优化线路，共减少送货车辆27台，减少送货线路135条，平均车辆满载率达91%。

物流定额管理。2010年，全省系统开展物流定额管理，在物流能耗、效率、用工、费用等方面实施过程控制，明确节点控制标准。在卷烟销量增加的前提下，全年全省系统物流可控费用总额为3570万元，同比减少190万元。

【企业管理】 贯标对标工作。全面推进质量管理体系贯标工作，截至7月，13家市局（公司）质量管理体系全部通过省局（公司）内部审核验收。深入推进对标工作，5月，省局（公司）制订《对标工作考核办法》，构建考核激励机制。全年有卷烟人均劳动效率、人均卷烟销售收入、总资产贡献率等9项对标指标优于上年。

预算管理。7月，省局（公司）制订《辽宁省烟草行业预算管理实施细则》，对全省烟草商业系统预算的编制、审批、执行、调整、监控、评价和考核7个环节的程序、原则和重点进行明确，进一步完善预算管理制度。印发《中国烟草总公司辽宁省公司关于下发2010年预算执行季度分析模板及中期调整报表参数的通知》，统一了预算分析的格式和内容，并要求对偏离值超过5%的预算项目深入分析产生差异的原因，通过查找原因修正企业经济运行过程中与年初设定目标的偏离度，发挥预算的硬约束作用。

审计工作。全年共完成审计项目1223项，审计资产总额81.2亿元，取得经济效益799.79万元，提出审计意见144条。推进审计委派制，9月，省局（公司）召开全省系统审计委派制启动大会，审计委派制在全省系统15家单位全面施行，“双重领导、垂直管理、监督驻地、参审异地”的审计新体制正式建立。全年组织全省系统审计派驻办开展省级审计项目11项，在财务收支、预算执行、专卖打假经费等方面共开展派驻办交叉审计12次。

【人力资源管理】 用工分配制度改革。1月和9月，省局（公司）分别召开全省系统绩效考核体系建设工作部署会和绩效考核体系建设研讨会，对全省行业绩效考核体系建设工作进行部署推动，截至2010年年底，全省系统共计12家地市局（公司）正式运行绩效考核体系，实现考核结果与员工薪酬挂钩。7月，省局（公司）召开机关用工分配制度改革动员大会，全面启动机关用工分配制度改革。省局机关用工分配制度改革经过方案制定、定岗定员、双向选择、定级套档等4个阶段，先后召开7次领导小组会、2次职代会，11月，进入试运行阶段。

教育与培训。3月，省局（公司）制订《省局（公司）机关举办培训班管理办法》和《省局（公司）外出培训管理办法》，明确各项培训工作业务的流程、节点、标准，提高教育培训工作的规范化、制度化水平。5月，制订《辽宁省烟草专卖局办公室关于2010年继续开展提高素质活动的通知》，在上年的基础上，继续围绕读书、培训、研讨交流、创新等内容，深入开展提高素质活动。以辽宁大学为教育培训基地，全年举办全省系统中层管理干部培训班10期，举办专卖管理员岗位技能鉴定考前培训班5期，举办全省系统企业内训师培训班2期，全年累计培训各级干部员工1195人次。

职业技能鉴定。开展全省系统卷烟商品营销师、烟草专卖管理员、烟叶分级工等职业技能鉴定工作，全年共有2557人参加鉴定，949人通过鉴定，总合格率为37.1%。

【企业文化】 加强“责任文化”理念宣传贯彻工作，开展“责任之魂”主题征文活动，共征集稿件62篇。举办全省系统“责任文化”书法、绘画作品比赛及巡展，共征集作品104幅。11月，召开全省系统第四次企业文化建设暨服务品牌建设现场会议。12月，举办企业文化建设骨干培训班，对31名企业文化内训师进行培训，全省系统企业文化内训师队伍正式组建。

【“十一五”发展概要】 坚持合理运用市场资源，保持行业可持续发展。省局（公司）合理运用市场资源，提出“销量调稳、结构调准、成本调低”，“两个适度、一个平衡”，“从发展中积累资源向运用资源提高发展质量转变”的阶段性经济运行指导思想。“十一五”期间，全省系统卷烟销量年均增加15亿支（3万箱），单箱销售收入年均增加1087元，税利年均增长19.21%。

坚持加强内部监管，筑牢行业发展的“生命线”。全省烟草商业系统探索和实践严格规范的有效途径和方式，研发建立信息化监管系统，构建全覆盖、全过程的监管制度体系，不断完善组织、制度和措施三个保障机制，深入推进办事公开民主管理，全省系统生产经营行为更加规范。

坚持解决服务与效率两大问题，增强企业竞争实力。全省系统深入开展按订单组织货源工作，加强工商协同营销，打造可靠的货源供应链，持续提升市场营销水平，服务零售客户的质量明显提高。以“一基四化”为重点，大力推进现代烟草农业建设，创新烟叶生产组织方式，推行专业化分工和社会化服务，在深化服务和提高生产效率中，提高烟农收益。切实加强预算管理，合理控制成本费用，三项费用率年均下降0.31个百分点。

坚持加强基础管理，推进现代企业管理。2009年，省局（公司）确定以14项基础管理课题建设为重点，推动从传统管理向现代企业管理转型。两年来，各项基础管理课题建设都取得重要进展，形成了现场管理、资产管理、责任管理和法制化管理等一批具有较高应用价值的管理课题成果。

坚持走创新之路，促进行业改革发展。全省系统组织开展创新实践活动，取得了集约化烘烤工场、专卖信息化监管、农网建设、区域物流建设、用工分配制度改革、内部监管制度机制、基础管理课题建设等一批具有实用价值的创新成果，为全省行业发展提供了更加有力的创新支撑。

坚持以人为本，着力提高干部职工队伍素质。全省系统开展深入学习实践科学发展观和创先争优活动，牢固树立并践行“两个至上”行业共同价值观，深入推进“四要”作风建设，在领导干部中加强党性锻炼。坚持人才引进和培养相结合，共招收本科以上学历员工559人，有54名新员工走上中层岗位，干部职工队伍知识结构得到改善。自2007年开展“素质年”活动以来，共举办各类培训班1610次，累计培训7.19万人次。

【特事要辑】 8月3~6日，国家局副局长何泽华到辽宁烟草商业系统调研指导工作。

9月9~10日，国家局副局长李克明到辽宁烟草商业系统调研指导工作。

7~12月，辽宁省局（公司）组织编制了《辽宁烟草行业“卷烟上水平”总体实施方案》。

2010年辽宁省局（公司）主要统计指标汇总

实现税利（亿元）	实现利润（亿元）	销售卷烟（亿支）	烟叶种植（万亩）	烟叶收购（万担）
39.02	20.03	668.76	14.98	47.11

所属地市级局（公司）

【沈阳市烟草专卖局(公司)】 沈阳市烟草专卖局、辽宁省烟草公司沈阳市公司成立于1983年10月。下辖和平区、沈河区、大东区、皇姑区、铁西区、于洪区、东陵区、沈北新区、苏家屯区、新民市、辽中县、康平县、法库县等13个县级烟草专卖局（区域市场部）。2010年，市局（公司）被辽宁省委、省政府评为“辽宁省精神文明单位”。

优化网络营销模式，构建以电话订货为主、终端机与网上订货为辅的现代营销模式，全年电子结算率达97.26%。提升现代物流运行效率，辖区单车搭载率达88.23%，同比提高2个百分点。开展对零售客户“点对点”服务，抓住货源供应、经营指导、获利水平等关键环节，努力提高服务水平。

【鞍山市烟草专卖局(公司)】 鞍山市烟草专卖局、辽宁省烟草公司鞍山市公司成立于1984年4月。下辖海城市、台安县、岫岩县等3个县级烟草专卖局（区域市场部）和市本级区域市场部。

2010年，市局（公司）在质量管理体系建设中突出管理体系的运用与创新两项工作，深入开展“全员岗位设计”、“全员岗位调查”等系列活动，全员参与率达100%，形成了包含市局（公司）质量手册、15个部门工作手册、84个程序文件、268个流程的体系文件，达到全面覆盖的设计目标。

制订《物流费用成本管理实施细则》，推动物流定额管理，将物流费用划分为3大类，量化为13个可控项。2010年，物流费用占销售收入比重的1.44%，同比下降16.76个百分点；单箱物流费用167.37元，同比下降11.57%。

【抚顺市烟草专卖局(公司)】 抚顺市烟草专卖局、辽宁省烟草公司抚顺市公司成立于1984年1月。下辖清原县、新宾县2个县烟草专卖局（区域市场部），抚顺县和市区2个区域市场部。

2010年，市局（公司）深入推动现场管理体系建设与应用工作，形成了现场管理“四个三”体系，即“三全”（全区域、全部设备和设施、全员）、“三现”（现场、现物、现实）、“三见”（看见、能看见、能让人看见）；“三法”（“7S”管理、目视化管理、自律量化管理）。

【本溪市烟草专卖局(公司)】 本溪市烟草专卖

局、辽宁省烟草公司本溪市公司成立于1984年5月。下辖本溪满族自治县、桓仁满族自治县、南芬区3个县级烟草专卖局（区域市场部）和明山、平山、溪湖3个区域市场部。

2010年，市局（公司）坚持“廉政从业、诚实守信、行为规范、道德高尚”的文化理念，继续推进廉政文化建设工作。在学习廉政文化理论和先进单位经验的基础上，开展“十廉”系列活动。6月，举办“十廉”活动交流演讲会、廉政文化知识竞赛；9月，设计完成廉政文化走廊，将廉政文化体系进行可视化宣传；11月，编辑出版廉政文化手册、故事集、论文集。

【丹东市烟草专卖局(公司)】 丹东市烟草专卖局、辽宁省烟草公司丹东市公司成立于1984年4月。下辖东港市、凤城市、宽甸县3个县级烟草专卖局（区域市场部），市区区域市场部，凤城市、宽甸县2个县级烟叶分公司和凤城科技示范农场。

2010年，市局（公司）利用凤城国家级烟叶标准化生产示范区的技术成果，在烟区广泛推广集约化育苗、测土配方平衡施肥、土壤改良、膜下移栽等适用技术，建立适应卷烟品牌发展需要的特色优质烟叶原料生产技术体系。建立了凤城、宽甸两个特色烤烟区，初步形成了规模化种植、集约化经营、专业化服务、信息化管理的生产格局。

【锦州市烟草专卖局(公司)】 锦州市烟草专卖局、辽宁省烟草公司锦州市公司成立于1984年。下辖凌海市、北镇市、黑山县、义县等4个县级烟草专卖局（营销部）。

市局（公司）制订《锦州市公司第五阶段网建工作实施方案》，召开对标工作会议4次，网建工作分析部署会5次，及时解决工作中存在的具体问题。11月，开展农网建设专项自查活动，完成对8个乡镇、42个行政村138个自然村屯农网模式落实情况的自查工作。截至2010年年底，农网建设形成了“县为基础，工作站为辅；全线贯通，延伸到村；系统管理，封闭运行；统一流程，标准一致”的工作模式，实现了业务经营和人员的垂直管理目标。

【营口市烟草专卖局(公司)】 营口市烟草专卖局、辽宁省烟草公司营口市公司成立于1984年4月。下辖盖州市、大石桥市2个县级烟草专卖局（营销部），老边区、鲅鱼圈区2个县级烟草专卖局（配送中心）、直属熊岳稽查支队。

2010年，市局（公司）提出“创建学习型组织、打造学习型企业、培养学习型员工”的思路，先后制定和修改完善了5个制度文件。8月，制订《创建学习型组织管理手册》，规范了创建学习型组织过程控制的具体要求。全年围绕创建学习型组织活动，开展各类培训305期，培训总学时达到1.8万个。

【阜新市烟草专卖局(公司)】 阜新市烟草专卖局、辽宁省烟草公司阜新市公司成立于1984年4月。下辖阜蒙县、彰武县2个县级烟叶生产销售公司，阜蒙县烟草专卖局和彰武县烟草专卖局（区域市场部）。

全年烟叶收购均价为9.85元/千克。2010年，建设机井41眼，提灌站工程7座，烟田受益面积0.49万亩，建设机耕路2千米，研究高效烟田打药车1台，试验烟叶移栽机1台。

2010年，市局（公司）强化了安全管理体系建设，成立安全管理课题组，围绕制度框架、工作计划、教育培训、节点控制和安全绩效考评等5个方面，继续完善安全管理手段，出台了《安全管理课题方案》。课题研究过程共形成3个管理办法、20个管理实施细则、1个安全检查评分标准，21个专业管理制度，并编制了安全管理流程图和安全操作规程。

【辽阳市烟草专卖局(公司)】 辽阳市烟草专卖局、辽宁省烟草公司辽阳市公司成立于1983年11月。下辖灯塔市、辽阳县2个县级烟草专卖局。

2010年，市局（公司）推动按订单组织货源的模式创新工作，利用市场信息监测系统和动销台账数据，及时掌握社会库存和卷烟价格波动信息。在货源供应上加大信息公示力度，拓宽公示渠道，利用《金叶连心桥》刊物、V网短信、新商盟网站及走访等方式将货源信息、营销策略信息第一时间传递给零售客户。开展网上订货，制订《辽阳市局（公司）网上订货推广方案》，编制并发放《网上订货工作手册》7000册，方便零售客户学习和查阅网上订货操作流程。

【铁岭市烟草专卖局(公司)】 铁岭市烟草专卖局、辽宁省烟草公司铁岭市公司成立于1984年1月。下辖开原市、调兵山市、昌图县、西丰县、清河区等5个县级烟草专卖局（营销部），开原市、昌图县、西丰县等3个县级烟叶分公司。

全年全市行业投入177万元用于烟田基础设施建设，其中，申请国家局补贴106万元。年内建成育苗大棚37座，机井3眼。烟水配套工程实际受益面积累计1.71万亩，受益农户370户。

办事公开民主管理。2010年，市局（公司）成立了办事公开民主管理工作领导小组，制订了办事公开民主管理的实施细则、责任追究、职工诉求表达等配套制度，设置了涵盖对外公开、对内“三重一大”公开和对内“一般事项”公开三大类137个公开事项目录，拓宽了公开、诉求渠道。

【朝阳市烟草专卖局（公司）】 朝阳市烟草专卖局、辽宁省烟草公司朝阳市公司成立于1984年1月。下辖北票市、凌源市、建平县、喀喇沁左翼蒙古族自治县等4个县级烟草专卖局（营销部），朝阳县烟草专卖局，北票市、建平县2个烟叶生产收购总站。

全年烟叶收购均价为10.48元/千克。全年全市投入372万元用于烟田基础设施建设，烟水配套工程累计受益面积0.19万亩。

2010年，市局（公司）推进太平庄烟叶基地单元建设，5月，太平庄烟叶基地单元通过国家局验收。加强烟叶生产基础设施建设，新建密集烤房4组、育苗工场2处，烟叶生产基础设施覆盖基本烟田2.3万亩。提高规模化种植水平，户均种植烟叶12.6亩，500亩以上连片种植的占33%。推行“片区化”管理模式，整合基层人力资源，人均服务面积710亩。加强烟叶收购管理，2010年，收购等级合格率达到84.7%，工商交接等级合格率达到74.4%。

【盘锦市烟草专卖局（公司）】 盘锦市烟草专卖局、辽宁省烟草公司盘锦市公司成立于1984年12月。下辖盘山县、大洼县2个县烟草专卖局（区域市场部），兴隆台区区域市场部和广达公司。

2010年，市局（公司）推动预算管理课题研发工作，形成了以企业预算管理制度为先导，以经营预算、财务预算为核心，以预算编制、预算审批、预算执行、预算控制、预算评价为流程的全面预算管理体系，成本费用控制进一步强化。

【葫芦岛市烟草专卖局（公司）】 葫芦岛市烟草专卖局、辽宁省烟草公司葫芦岛市公司成立于1990年1月。下辖兴城市、绥中县、建昌县3个县级烟草专卖局（营销部）和1个市局直属营销部。

2010年，市局（公司）先后制订了有关仓储平台、仓储区、分拣区、物流车辆等4项现场管理规定，物流中心的现场管理更加系统化、科学化。把定额管理指标划分为费用指标、效率指标、能耗指标三大类共35项具体指标，确保定额指标统计的规范性、及时性和准确性。8月，进行了并线减车方案的实施，共减少送货车7台，减少送货线路35条。

所属其他二级单位

【中国烟草辽宁进出口公司】 中国烟草辽宁进出口公司成立于1985年，2006年改制为辽宁省烟草公司的全资专业子公司，主要经营烟叶、烟草制品、烟草专用机械设备、原辅材料、烟草技术的进出口和代理进出口业务，承办来料加工、来样加工、补偿贸易及对外技术交流等业务。截至2010年年底，公司拥有总资产2.52亿元，其中，固定资产231万元、流动资产2.39亿元，资产负债率为7.17%。共有从业人员39人，其中聘用员工13人。

2010年，公司出口烟叶0.54万吨（10.8万担），出口备货烟叶0.7万吨（14万担），进出口卷烟8.27亿支。全年实现进出口总值2370万美元，其中，出口总值1686万美元。全年实现销售收入2.41亿元。实现税利8333万元，其中利润2914万元。

2010年辽宁省烟草商业系统主要情况统计

地市级局(公司)名称	沈阳市烟草专卖局(公司)	鞍山市烟草专卖局(公司)	抚顺市烟草专卖局(公司)	本溪市烟草专卖局(公司)	丹东市烟草专卖局(公司)	锦州市烟草专卖局(公司)	营口市烟草专卖局(公司)
主要负责人/法人代表	韩佳君　邱崇宝	蒋全波	李　力	姜振光	孙　奇	卜剑飞	张国梁
总资产(万元)	227026	57045	34982	25875	45821	48073	49645
资产负债率(%)	7.72	8.11	3.33	6.67	9.11	5.21	6.83
所属县级局(个)	13	3	2	3	3	4	4
所属县级公司/分公司(个)	—	—	—	—	—	—	—
所属县级营销部(个)	13	4	4	6	4	4	2
从业人员(人)	1477	492	339	306	1439	459	393

续表

地市级局(公司)名称		沈阳市烟草专卖局(公司)	鞍山市烟草专卖局(公司)	抚顺市烟草专卖局(公司)	本溪市烟草专卖局(公司)	丹东市烟草专卖局(公司)	锦州市烟草专卖局(公司)	营口市烟草专卖局(公司)
所属业务机构	访销机构	1个营销中心、1个电访中心	1个营销中心、1个电访中心	1个营销中心、1个电访中心	1个营销中心、1个电访中心	1个营销中心、1个电访中心	1个营销中心、1个电访部	1个营销中心、1个电访中心
	物流配送机构	1个物流配送中心、5个中转站	1个物流配送中心、3个中转站、1个工作站	1个物流配送中心、2个中转站	1个物流配送中心、1个中转站	1个物流配送中心、3个中转站、1个工作站	1个物流配送中心、4个配送站	1个物流配送中心、4个中转站
	稽查机构	1个稽查支队、13个稽查大队	1个稽查支队、3个稽查大队、1个机动大队	1个稽查支队、3个直属大队、7个稽查大队	1个稽查支队、1个专管大队、4个稽查大队	1个稽查支队、8个稽查大队	1个稽查支队、8个稽查大队	2个稽查支队、8个稽查大队
	烟叶机构	—	—	—	—	2个烟叶分公司、17个烟叶站	—	—
销售卷烟	(亿支)	171.53	62.50	41.21	29.36	41.00	52.75	44.01
	2010年比2009年(%)	2.93	1.54	1.25	0.82	2.50	2.39	5.16
卷烟销售收入(万元)		501901	159657	101331	71917	95051	124778	113503
实现税利	(万元)	122209	35276	21238	14246	28619	27825	26121
	2010年比2009年(%)	18.24	17.91	18.43	18.84	10.34	23.41	27.83
实现利润	(万元)	69911	18806	10937	6898	15540	15343	14280
	2010年比2009年(%)	3.05	2.87	4.61	1.92	10.83	9.86	12.89
查处涉烟违法案件(起)		1475	2270	664	232	1216	1117	554
查处涉烟违法案件案值(万元)		1497	879	124	159	177	192	496
2010年度烟草行业投入烟叶生产基础设施建设资金(万元)		—	—	—	—	—	—	—
烟水配套工程累计受益面积(万亩)		—	—	—	—	0.10	—	—
烟叶种植(亩)		—	—	—	—	53490	—	—
烟叶收购(担)		—	—	—	—	126841	—	—
零售户数(户)		28485	10620	7435	5095	8751	10712	9251
零售户销售毛利率(%)		12.15	12.01	12.35	12.02	12.00	12.03	11.87

地市级局(公司)名称	阜新市烟草专卖局(公司)	辽阳市烟草专卖局(公司)	铁岭市烟草专卖局(公司)	朝阳市烟草专卖局(公司)	盘锦市烟草专卖局(公司)	葫芦岛市烟草专卖局(公司)
主要负责人/法人代表	齐世英	于海荣(—2010.3) 吴世江(2010.3—)	赵静波	吕其华	仲崇库	张宁一
总资产(万元)	26219	29171	25948	32201	24357	41286
资产负债率(%)	21.74	2.66	27.01	23.86	3.11	10.41
所属县级局(个)	2	2	5	5	2	3
所属县级公司/分公司(个)	—	—	—	—	—	—
所属县级营销部(个)	1	—	5	4	3	4
从业人员(人)	772	305	709	963	219	400

续表

地市级局(公司)名称		阜新市烟草专卖局(公司)	辽阳市烟草专卖局(公司)	铁岭市烟草专卖局(公司)	朝阳市烟草专卖局(公司)	盘锦市烟草专卖局(公司)	葫芦岛市烟草专卖局(公司)
所属业务机构	访销机构	1个营销中心、1个电访中心	1个营销中心、1个电访中心	1个营销中心、1个电访部	1个营销中心、1个电访部	1个营销中心、1个电访中心	1个营销中心、1个电访中心
	物流配送机构	1个物流配送中心、1个中转站	1个物流配送中心、2个中转站	1个物流配送中心、3个中转站、1个工作站	1个物流配送中心、5个中转站、1个工作站	1个物流中转站(沈盘区域物流)	1个物流配送中心、3个中转站
	稽查机构	1个稽查支队、5个稽查大队	1个稽查支队、1个机动大队、5个稽查大队	1个稽查支队、9个稽查大队	1个稽查支队、6个稽查大队	1个稽查支队、5个稽查大队	1个稽查支队、9个稽查大队
	烟叶机构	2个烟叶生产销售公司、14个烟叶站	—	3个烟叶分公司、20个烟叶站	2个烟叶总站、6个烟叶站	—	—
销售卷烟	(亿支)	33.38	33.49	48.25	43.73	22.45	45.10
	2010年比2009年(%)	2.14	2.98	2.64	4.37	2.75	2.50
卷烟销售收入(万元)		73667	83142	104639	92704	62619	107603
实现税利	(万元)	15874	17941	22526	20979	13512	22695
	2010年比2009年(%)	10.72	16.65	26.58	21.13	13.72	20.26
实现利润	(万元)	7105	9258	9247	9557	7204	11560
	2010年比2009年(%)	-1.61	-3.24	15.06	2.58	-3.24	3.51
查处涉烟违法案件(起)		826	364	434	1538	378	1045
查处涉烟违法案件案值(万元)		152	159	168	183	154	466
2010年度烟草行业投入烟叶生产基础设施建设资金(万元)		365	—	177	372	—	—
烟水配套工程累计受益面积(万亩)		1.95	—	1.71	0.19	—	—
烟叶种植(亩)		29334	—	36500	29690	—	—
烟叶收购(担)		98091	—	134528	111589	—	—
零售户数(户)		5780	6861	13574	12831	4438	10072
零售户销售毛利率(%)		11.84	12.02	11.93	11.57	12.18	11.83

（周明飞）

吉林省烟草专卖局（公司）

【概　况】 吉林省烟草专卖局、中国烟草总公司吉林省公司成立于1983年7月。省局（公司）下辖长春市、吉林市、四平市、辽源市、通化市、白山市、白城市、松原市和延边朝鲜族自治州等9家地市级烟草专卖局（公司）。截至2010年年底，公司拥有总资产58.32亿元，其中，固定资产12.10亿元、流动资产44.53亿元，资产负债率为15.91%。共有从业人员7971人，其中聘用员工1979人。

【领导成员】 局长、总经理、党组书记：王健男（—2010.3）

局长、总经理、党组书记：曹东伟（2010年3月前任副局长、党组成员）

巡视员：王永盛（2010.6～8，2010年6月前任副总经理、党组成员）

副总经理、党组成员：徐　智

纪检组长、党组成员：宋政峰

副总经理、党组成员：何　成（2010.3—）

副巡视员：杨贵生

副巡视员：张永刚

副巡视员：杨永贤（2010.3—）

【机构设置】 省局（公司）机关设办公室（与外事办公室、烟草学会办事机构合署办公）、综合计划处、专卖监督管理处（与专卖稽查总队、内部专卖管理监督办公室合署办公）、政策法规与体制改革处、财务管理处（与资金管理中心合署办公）、审计处、人事劳资处（与离退休干部办公室合署办公）、监察处（与党组纪检组合署办公）、思想政治工作处（与机关党委、工会合署办公）、安全保卫处（与吉林省公安厅直属三分局合署办公）、卷烟经营管理部、烟叶生产经营管理部、整顿办等13个职能处室，信息中心、机关服务中心、职业培训中心（与职业技能鉴定站合署办公）3个中心及吉林省烟草质量监督检测站。

【专卖管理】 卷烟打假。全年共查处各类涉烟违法案件3118起，查获假冒卷烟6544万支，查获非法烟丝10吨、烟叶23吨。破获符合公安部、国家局标准的制售假烟网络案件16起，涉案金额5396万元；公安、司法机关刑事拘留40人，判刑11人。破获公安部、国家局督办的“京华烟云网站”销售假烟案件，公安、司法机关依法刑拘7人，逮捕3人，涉案金额近千万元。该案是全国破获的首例利用互联网销售假冒卷烟案件。

打假专项行动。5月起，省局与省公安厅联合开展打击制售假烟专项行动。省、市、县三级烟草和公安机关以卷烟打假为重点，对名烟名酒店、高档消费场所以及重点商户进行全面清查和整治。专项行动期间，共查办案件1235起，涉案金额共计1078万元，查扣假烟2416万支。查处5万元以上假烟案件45起，百万元以上网络案件6起，公安、司法机关依法刑拘12人，逮捕10人。

专卖管理信息化工作。省局对专卖内管信息系统进行完善和补充，完成了烟叶监管模块和工业监管模块的应用运行，实现了卷烟和烟叶生产经营全过程的信息化监管。对“两烟”生产经营、烟叶种植合同签订、卷烟库存结构和异常预警处理进行监督检查，及时发现和制止了不规范经营行为。

【经济效益】 2010年，全省烟草商业系统实现税利27.49亿元，同比增长15.17%，其中利润13.75亿元，同比下降9.66%。三项费用率为9.81%。

【卷烟经营】 卷烟销售。2010年，全省烟草商业系统销售卷烟485.2亿支（97.04万箱），同比增长2.46%，其中，销售一类烟22.75亿支（4.55万箱），同比增长27.21%；二类烟8.45亿支（1.69万箱），同比增长120.51%；三类烟199.10亿支（39.82万箱），同比增长22.01%；四类烟155.20亿支（31.04万箱），同比下降12.63%；五类烟99.75亿支（19.95万箱），同比下降10.17%。本地区销量居前三位的品牌为“长白山”、“红塔山”、“云烟”，销量分别为119.4亿支（23.88万箱）、24.95亿支（4.99万箱）、16.40亿支（3.28万箱）。

品牌培育。省公司建立工商协同培育品牌机制，优化品牌营销和推广工作流程，确保工商协同营销工作稳步推进。推进网建“三统一”（统一网络运行管理、统一客户关系管理、统一货源管理），规范卷烟营销网络运行流程、管理制度，基本建立了公平公正的货源供应保障体系。各市、州公司按照《省局（公司）2010年重点品牌培育方案》要求，进一步量化重点品牌培育目标，完善品牌培育考核评价体系，监控重点品牌市场动态，创新品牌培育方法和手段，实施有针对性的品牌培育措施和营销策略。

全国烟草商业销售收入前15位品牌在本省实现销售收入额为73.32亿元，同比增长38.25%，增幅比全国平均水平高13.98个百分点。“中华”、“芙蓉王”销量均突破1万箱，“玉溪”销售近9000箱，“利群”和“黄鹤楼”销量增幅超过或接近1倍，一、二类“长白山”销量增幅达到68.2%。品牌规模效应促进了卷烟经营结构提升，全省一、二类卷烟销售62329箱，同比增长43.65%；比重为6.42%，同比上升1.84个百分点；卷烟单箱销售收入14662元（含税），同比增长10.91%。以“长白山”品牌为主的低焦低害卷烟销售7.74万箱，占总销量的7.98%，高于全国平均水平6.08个百分点。

网上订货试点。省局（公司）选定通化市公司作为网上订货试点单位，通化市公司零售客户网上订货取得初步进展，确定网上订货的目标客户群体，采取集中培训、现场指导相结合的方式对目标客户群体进行系统培训。网上订货零售客户达832户。其他市、州公司为开展网上订货做好了基础准备。

【烟叶产销】 生产与销售。全省各烟叶产区把“控制总量、稳定规模”作为烟叶工作的首要任务，通过加强政策宣传、强化合同管理、注重过程控制、狠抓责任落实等手段，确保烟叶生产平稳发展。2010年，种植烤烟15.45万亩，同比减少1.25万亩，收购烤烟2.35万吨（46.93万担）。烟叶收购质量得到提升，全省上等烟比例为27.53%，同比提高3.1个百分点。全省有烤烟种植专业户610户，家庭农场56个，互助型合作社377个，户均种植面积30.12亩。

现代烟草农业建设。全年投入4033万元，建设基础设施项目752个，进一步改善了烟区生产条件，全面提高烟区综合生产能力和抵御自然灾害能力。全省现代烟草农业试点围绕“一基四化”的总体要求，在基地单元建设、创新生产组织形式、专业化服务等方面进行探索，各试点产区平均亩减工5.64个，降低生产成本282元；亩产值1858元，同比增加146元；整县推进的镇赉县收购烤烟0.25万吨（5万担），上等烟比例同比提高4.68个百分点。加大基层烟叶收购站整合力度，全省烟叶收购站由上年的53个整合压缩到47个。

【内部管理监督】 2010年，省局（公司）通过了国家局“三项检查”工作的重点抽查。以整改工作为突破口，进一步修改完善管理制度和工作流程，细化《烟草行业工程投资、物资采购和宣传促销项目管理程序的规定》的执行要点，统一工作标准，健全组织管理机构，促进物资采购、工程投资和宣传促销管理工作的规范。

四平、白城市局（公司）开展办事公开民主管理试点工作，在健全制度、完善规则、探索具体工作方法等方面取得了预期效果。

【人力资源管理】 省局（公司）落实培训计划，全年共举办培训班36期，累计培训1946人次。完成吉林烟草首届工商管理硕士（MBA）课程班的教学任务，提高了员工学历层次、理论水平和管理技能。开展“四要”作风建设，省局（公司）机关开展了做“四要”表率的作风建设年活动。制订《吉林烟草系统贯彻深化干部人事制度改革规划纲要的实施办法》，建立领导班子和领导干部考核评价机制。对各市、州局（公司）领导班子和领导干部进行全面考核，建立后备干部队伍。

【服务品牌建设】 省局（公司）以服务品牌建设为重点推进企业文化建设。吉林市局（公司）贯彻“以烟传情、追求感动”的“同舟”服务宗旨，结合卷烟营销、网络建设和客户服务管理，突出文化落地、操作落实、服务落户三个重点，把“同舟”服务品牌转化为客户普遍受益的服务模式。其他市、州局（公司）学习借鉴吉林市局（公司）经验，结合实际，广泛采取学习培训、专家辅导、媒体传播等形式扩大服务理念宣传，增强服务品牌的认知度和影响力。各市、州局（公司）不断细化服务内容，完善服务标准，优化服务流程，健全管理制度，强化考核机制，坚持标准化和差异化服务相结合，为卷烟零售客户提供有效的增值服务，增强服务品牌的美誉度和感召力。围绕增加客户收入，提升服务价值，服务品牌零售示范店和网络信息平台建设进一步加强，基本服务、成长服务、前瞻服务、济困服务逐步落实到零售终端，白城市局（公司）启动了烟农服务品牌示范户建设。

省局（公司）和吉林市局（公司）在全国烟草行业第六次企业文化建设工作会议暨服务品牌建设现场会上分别介绍了服务品牌建设的经验。吉林市局（公司）被评为“全国烟草行业企业文化建设先进单位”。

【“十一五”发展概要】 “十一五”期间，吉林烟草保持了良好发展态势。2006年至2010年，全省卷烟销售量由425.32亿支（85.06万箱）增加到485.2亿支（97.04万箱）；实现税利由12.40亿元增加到27.49亿元；全省在销卷烟品牌由109个减少到48个，全省销量前10个品牌的集中度由56.7%提高到69.6%；卷烟单箱销售收入由8637元提高到13221元。

专卖打假成效显著，市场监管力度加大。“十一五”期间，省局始终保持卷烟打假高压态势，进一步完善与公安机关联合打假协作机制，在区域协作、信息共享、线索移交、串并案件等多方面建立固定的工作模式，公安机关累计抓捕涉烟犯罪嫌疑人197人。进一步落实监管职责和工作目标，形成市场监管长效机制。

体制机制改革稳步推进。2006年起实行母子公司体制，省公司退出“两烟”经营，实现了从行政管理到资产经营管理与行政管理并重的转变，确立市、州公司的经营主体地位。制订了《关于进一步深化市州局（公司）收入分配制度改革指导意见》，经过试点规范了收入分配结构，建立分类管理的岗位绩效工资体系，建立有效激励和考核评价机制，初步打破了身份界限。2008年全省烟草系统完成了收入分配制度改革工作，建立分类分级管理的收入分配制度。

企业文化建设不断加强。制订《吉林省烟草系统2006~2007企业文化建设实施意见》，形成一整套企业文化建设规范化操作模式。注重企业文化理念的系统提炼和普及，努力转化成为具体工作制度、员工行为准则和企业形象，建立企业文化建设和发展的长效机制。吉林烟草企业文化定位为“德文化”和“服务文化”，提炼形成了吉林烟草的企业宗旨、企业愿景、经营理念、企业精神和行为准则，实现了企业文化在促进企业发展方面的积极作用。

【特事要辑】 8月10~12日，国家局副局长何泽华一行到辽源、通化、白山市局（公司）访销配送一线进行考察调研。

9月15日，国家局副局长李克明一行到吉林烟草商业系统调研指导工作。

11月11~12日，国家局局长姜成康一行到延边州局（公司）调研指导工作。

2010年吉林省局（公司）主要统计指标汇总

实现税利（亿元）	实现利润（亿元）	销售卷烟（亿支）	烟叶种植（万亩）	烟叶收购（万担）
27.49	13.75	485.20	15.45	46.93

所属地市级局（公司）

【长春市烟草专卖局(公司)】 长春市烟草专卖局、吉林省烟草公司长春市公司成立于1984年9月。下辖榆树市、农安县、德惠市、九台市等4个县级烟草专卖局（分公司），二道区、南关区、朝阳区、宽城区、绿园区、双阳区等6个县级烟草专卖局（营销部），以及1个特业分局（营销部）。

2010年，市公司强化了物流配送的流程规范、流程控制、流程管理，在提高满载率、减少空转率、实现高效率上取得突破。物流配送系统更新了部分仓储、分拣和配送设备，引进了覆膜包装技术，仓储能力和日分拣能力得到提高。先后进行了卷烟库存整托盘入库、数字化仓储信息管理、打码到条等项目建设，为卷烟规范经营提供了技术支持。进一步完善“三统一”货源自动分配系统，完善了自动分配程序，开展网上订货。

全面启动烟叶基地建设整县推进工作，烟叶集约化种植规模不断扩大，有万亩乡1个、千亩村18个、300~500亩成方连片烟田5块，户均种烟面积26.72亩，比全国平均水平高14.68亩。

【吉林市烟草专卖局(公司)】 吉林市烟草专卖局、吉林省烟草公司吉林市公司成立于1984年6月。下辖舒兰市、磐石市、桦甸市、蛟河市、永吉县等5个县级烟草专卖局（分公司），以及吉林市金叶烟草有限公司1个控股企业。

2010年，市局（公司）“德”文化和“同舟”服务品牌建设深入推进，基本服务质量明显提升，成长服务范围逐步扩大，前瞻服务领先发展，促进了文化落地、操作落实和服务落户，初步形成了客户普遍受益的服务模式。市局（公司）被评为“全国烟草行业企业文化建设先进单位”。

质量管理体系形成了特色鲜明、符合实际的运行模式，通过了第三方审核认证，获得由中国质量认证中心（CQC）颁发的2008版标准认证证书和国际联盟（IQNET）证书，企业管理走向制度化、流程化、痕迹化、标准化。

【四平市烟草专卖局(公司)】 四平市烟草专卖局、吉林省烟草公司四平市公司成立于1984年7月。下辖公主岭市、梨树县、伊通满族自治县、双辽市等4个县级烟草专卖局（分公司）及金叶烟草有限责任公司（2010年成立）1个全资子公司。

2010年，市局（公司）以“把量算账”为主要载体的“通达”服务品牌推进工作进一步深入，重点抓好服务品牌建设与卷烟品牌培育的同步运转、与营销网络建设的结合。客户经理每月15日前对辖区零售客户进行“把量算账”服务，帮助零售客户科学地确定每一品种卷烟合理的库存周转量和卷烟经营所需的资金量，以减少资金占用，实现资金使用的最大优化，算好“品牌账”和“结构账”，提高客户的经营水平和赢利能力。截至2010年年底，全市辖区以“把量算账”内容为核心的“动销台账”覆盖面达到95%以上。

【辽源市烟草专卖局(公司)】 辽源市烟草专卖局、吉林省烟草公司辽源市公司成立于1984年。下辖东丰县、东辽县2个县级烟草专卖局（分公司）。

2010年，市局（公司）统筹推进全面预算管理、贯标、对标、基层创优和企业文化建设，促进企业管理科学化、正规化。进一步强化对吉林烟草“德”文化和辽源烟草“思源”文化理念的宣传贯彻，用文化建设引领各项工作扎实开展，企业文化建设水平得到提高。

【通化市烟草专卖局(公司)】 通化市烟草专卖局、吉林省烟草公司通化市公司成立于1984年。下辖梅河口市、辉南县、柳河县、通化县、集安市等5个县级烟草专卖局（分公司）。

市局（公司）作为全省烟草行业网上订货试点，制订网上订货实施方案，分阶段安排重点工作任务，落实领导、部门和人员责任。确定网上订货的目标客户群体，采取集中培训、现场指导相结合的方式对目标客户群体进行系统培训。零售客户网上订货取得初步进展，零售客户网上订货832户。

加强企业文化建设，形成了“太阳鸟”服务品牌。

【白城市烟草专卖局(公司)】 白城市烟草专卖局、吉林省烟草公司白城市公司成立于1984年。下辖大安市、通榆县、洮南市、镇赉县等4个县级烟草专卖局（分公司）。

全年新建烤房工场4处、密集式烤房250座，新建育苗工场5处，新打机井230眼，新购置农机具60台（套）。科技创新项目集中供热烘烤在试验成功的基础上，在镇赉县米太烟叶生产合作社示范应用，并获得国家知识产权局颁发的专利证书。加大各生产环节管理和指导力度，烟叶生产质量得到提高，上等烟比率达17.74%，比上年提高4.5个百分点。

【白山市烟草专卖局(公司)】 白山市烟草专卖局、吉林省烟草公司白山市公司成立于1985年4月。下辖临江市、抚松县、靖宇县、长白朝鲜族自治县等4个县级烟草专卖局（分公司），以及江源区、松江河镇两个直属分局。

实施“四方联动”营销策略，新二类烟品牌培育取得成效。卷烟分类标准调整后，新二类烟牌号较少，消费群体不多，市公司加大品牌引入力度，实施“四方联动”品牌培育措施，即内部联动、工商联动、批零联动、客我联动。全年共引入新二类烟品牌13个，初步培养了5个具有成长力的新二类烟品牌。

与银行开展对卷烟零售客户服务相关业务合作，全市辖区电子结算率提高至67%。重新签订近6000份客户服务公约，增强双向约束能力。优化整合对县级公司配送资源，有效降低了网络运行成本。

【松原市烟草专卖局(公司)】 松原市烟草专卖局、吉林省烟草公司松原市公司成立于1992年8月。下辖扶余县、长岭县、乾安县3个县级烟草专卖局（分公司）和前郭尔罗斯蒙古族自治县烟草专卖局，以及金叶烟草有限责任公司1个全资子公司。

加强企业文化和服务品牌建设，开展读书征文评比交流活动，共评出获奖征文35篇。8月，市局（公司）组织干部职工投身抗洪抢险之中，做好江南城区一段80米长堤坝巡护工作，完成江南城区一段20米长的堤坝险段加固任务。

【延边朝鲜族自治州烟草专卖局(公司)】 延边朝鲜族自治州烟草专卖局、吉林省烟草公司延边朝鲜族自治州公司成立于1983年12月。下辖图们市、珲春市、敦化市、龙井市、和龙市、汪清县、安图县等7个县级烟草专卖局（分公司）及敦化市、和龙市、龙井市、汪清县等4个烟叶生产管理部。

年内完成烟叶生产基础设施建设项目139件，购置农机4台，新建水利管网5467米，新建卧式密集型烤房120座，新建烤房附属设施项目分级室1946平方米，新建育苗大棚8组，修建机耕路4.6千米，共有424户烟农直接受益，实现受益面积1.45万亩。

深入开展企业文化建设活动，突出创先争优活动特色，做到创先争优活动与“两烟”协调发展相结合、与企业文化建设相结合、与为职工办实事相结合、与企业回报社会相结合，促进卷烟经营和烟叶生产各项工作有序发展。

2010年吉林省烟草商业系统主要情况统计

地市级局(公司)名称	长春市烟草专卖局(公司)	吉林市烟草专卖局(公司)	四平市烟草专卖局(公司)	辽源市烟草专卖局(公司)	通化市烟草专卖局(公司)
主要负责人/法人代表	陈建新	范忠顺	高晓青	牛　千	庞晓龙
总资产(万元)	158531	75071	45810	21323	35320
资产负债率(%)	10.20	13.51	20.06	10.58	6.87
所属县级局(个)	11	5	4	2	5
所属县级公司/分公司(个)	4个分公司	5个分公司	4个分公司	2个分公司	5个分公司
所属县级营销部(个)	7	—	—	—	—
从业人员(人)	1352	785	456	232	436

续表

地市级局(公司)名称		长春市烟草专卖局(公司)	吉林市烟草专卖局(公司)	四平市烟草专卖局(公司)	辽源市烟草专卖局(公司)	通化市烟草专卖局(公司)
所属业务机构	访销机构	1个营销中心、1个电访中心	1个访销中心	1个营销中心	1个营销中心	1个营销中心
	物流配送机构	1个物流中心、1个配送中心	1个配送中心	1个配送中心	1个配送中心	1个配送中心
	稽查机构	1个稽查支队、3个稽查大队	1个稽查支队、3个稽查大队、4个城区分局	5个稽查大队	1个稽查支队、2个稽查大队	1个稽查大队
	烟叶机构	16个烟叶站、2个收购点	—	—	—	—
销售卷烟	(亿支)	140.00	78.06	57.80	22.72	41.20
	2010年比2009年(%)	3.70	2.54	3.11	1.91	1.98
卷烟销售收入(万元)		390081	198629	132010	53709	103429
实现税利	(万元)	98710	54936	28505	10393	21054
	2010年比2009年(%)	14.26	11.76	17.06	14.71	11.28
实现利润	(万元)	55031	32597	15281	4858	10745
	2010年比2009年(%)	-3.08	0.96	1.21	-6.72	-4.80
查处涉烟违法案件(起)		62	1510	977	289	124
查处涉烟违法案件案值(万元)		803	543	134	174	105
2010年度烟草行业投入烟叶生产基础设施建设资金(万元)		96	—	—	—	—
烟水配套工程累计受益面积(万亩)		0.50	—	—	—	—
烟叶种植(亩)		51900	—	—	—	—
烟叶收购(担)		166000	—	—	—	—
零售户数(户)		29953	22207	15190	4667	12632
零售户销售毛利率(%)		21.9	10.19	8.50	9.80	10.00

地市级局(公司)名称	白城市烟草专卖局(公司)	白山市烟草专卖局(公司)	松原市烟草专卖局(公司)	延边朝鲜族自治州烟草专卖局(公司)
主要负责人/法人代表	于显峰	徐继坤	刘　君	吴家伟
总资产(万元)	38029	19627	35415	54864
资产负债率(%)	28.85	5.66	13.00	18.16
所属县级局(个)	4	6	4	7
所属县级公司/分公司(个)	4个分公司	4个分公司	3个分公司	7个分公司
所属县级营销部(个)	—	—	—	—
从业人员(人)	410	312	435	645

续表

地市级局(公司)名称		白城市烟草专卖局(公司)	白山市烟草专卖局(公司)	松原市烟草专卖局(公司)	延边朝鲜族自治州烟草专卖局(公司)
所属业务机构	访销机构	1个营销中心	1个访销中心	1个营销中心、1个订单部	1个营销中心、1个访销订单部、1个客户服务部
	物流配送机构	1个物流中心	1个配送中心	1个配送中心、4个送货部	1个配送中心、5个配送部
	稽查机构	1个稽查支队	1个稽查支队、1个稽查大队	1个专卖稽查支队	1个稽查支队、7个稽查大队
	烟叶机构	1个生产经营管理部、10个烟叶站、3个收购点	—	—	4个烟叶管理部、16个收购站
销售卷烟	(亿支)	36.56	24.03	46.50	39.75
	2010年比2009年(%)	3.69	0.01	4.00	1.00
卷烟销售收入(万元)		81820	70219	101727	102521
实现税利	(万元)	21377	48371	20298	17440
	2010年比2009年(%)	12.51	16.34	23.44	19.00
实现利润	(万元)	10095	5638	10102	9674
	2010年比2009年(%)	-8.38	-2.70	5.25	10.00
查处涉烟违法案件(起)		290	29	102	745
查处涉烟违法案件案值(万元)		516	36	62	141
2010年度烟草行业投入烟叶生产基础设施建设资金(万元)		3079	—	—	855
烟水配套工程累计受益面积(万亩)		6.52	—	—	1.45
烟叶种植(亩)		4600	—	—	62300
烟叶收购(担)		13900	—	—	184400
零售户数(户)		10270	5970	14530	100332
零售户销售毛利率(%)		10.02	11.20	10.00	10.04

（王兴谦）

黑龙江省烟草专卖局（公司）

【概　况】 黑龙江省烟草专卖局成立于1983年4月，黑龙江省烟草公司组建于1982年7月，1984年4月正式上划中国烟草总公司。省局（公司）下辖14家地市级烟草专卖局（公司）、63家县级烟草专卖局（营销部），以及哈尔滨烟叶公司、牡丹江烟叶公司2家烟叶公司和中国烟草黑龙江进出口有限责任公司。截至2010年年底，公司拥有总资产94.92亿元，其中，固定资产13.70亿元、流动资产80.09亿元，资产负债率为16.26%。共有从业人员8608人，其中聘用员工1757人。

【领导成员】 局长、总经理、党组书记：吕忠信

副总经理、党组成员：迟焕发

副总经理、党组成员：孙杰邦

副局长、党组成员：牛中全

党组成员：王殿贵

副总经理、党组成员：杨鹤声

副巡视员：王乃信

【机构设置】 省局（公司）机关设办公室（外事办公室）、综合计划处（经济运行处）、专卖监督管理处、政策法规与体制改革处、财务管理处、审计处、科技处、人事劳资处、思想政治工作处、监察处（与党组纪检组合署办公）、安全保卫处、烟叶管理处、卷烟销售管理处等13个职能处室和机关服务中心、离退休人员管理办公室、烟草质量监督检测站、烟草工会、烟草学会、整顿和规范市场经济秩序领导小组办公室等6个专业部门。

【专卖管理】 卷烟打假打私。2010年，全省共破获假冒商标卷烟案件8710起，案值3410万元。查获假冒卷烟4728万支，捣毁制假黑工厂3个，制假烟机2台（套），捣毁制假贩假窝点412个，烟叶烟丝（含烟梗）312吨，烟砖139包。破获案值50万～100万元的假烟案件5起。加大网络案件经营力度，破获网络案件16起，其中符合国家局标准网络案件4起，省局标准网络案件12起，破获半成形网络案件3起。公安、司法机关依法拘留、逮捕涉烟违法犯罪人员79人。

专卖管理兑额对标。将兑额对标①工作向专卖管理工作拓展，从网络案件、打假案值、窝点数量、市场净化、内管成效、卷烟经营、队伍建设等7个方面，层层分解量化考核指标，将兑额对标工作列入对各市（地）局领导班子工作成效评价，其结果同领导班子成员薪酬挂钩，提升专卖管理水平和效力。

专卖队伍半军事化管理。年初，省局印发《专卖队伍半军事化管理实施指导意见》，要求各级局打造一支“招之即来，来之能战，战之必胜”的金叶铁军。8月12日，省局在绥化召开全省烟草专卖队伍半军事化管理现场会议，推进专卖队伍建设。

【经济效益】 2010年，全省烟草商业系统实现税利43.55亿元，同比增长19.02%，其中利润23.81亿元，同比增长5.53%。三项费用率为9.12%。

【卷烟经营】 卷烟销售。全年销售卷烟605.42亿支（121.08万箱），同比增长1.35%，其中，一类烟32.85亿支（6.57万箱）、二类烟21.87亿支（4.37万箱）、三类烟196.15亿支（39.23万箱）、四类烟232.99亿支（46.60万箱）、五类烟121.56亿支（24.31万箱）。本地区销量居前三位的品牌是“林海灵芝”、“哈尔滨”、“长白山”，销量分别为80.55亿支（16.11万箱）、77.70亿支（15.54万箱）、68.10亿支（13.62万箱）。

全年实现卷烟销售收入155.54亿元，同比增长17.1%。实现卷烟税利35.47亿元，同比增长23.34%，其中利润19.58亿元，同比增长7.56%。

工商互动。坚持工商信息交流机制，实现工商信息共享。制订《工业企业满意度评价体系》和《工商协同工作制度》，建立工商互动的信息交流、反馈、共享机制，解决产销衔接中信息不对称问题。

提升卷烟配送水平。通过对齐齐哈尔、佳木斯市公司进行定点测算，省公司出台《卷烟物流费用核算规程》，建立健全《卷烟仓库预警管理制度》、《卷烟进、销、存登记办法》《卷烟分拣制度》、《卷烟扫码制度》等，制定各环节、各岗位工作量化标准。严格结算管理，做到日清日结。

【烟叶产销】 种植与收购。2010年，全省实现烟叶销售收入21.13亿元，同比增长12.41%。实现烟叶税利8.18亿元，同比增长11.76%，其中利润4.71亿元，同比增长3.99%。实现烟叶特产税2.17亿元。

全年烟叶种植面积为49.93万亩，分布在27个县（市）、213个乡（镇）、1261个村。签订种烟合同1.39万份，户均种烟面积达35.92亩。收购烟叶7.7万吨（153.91万担），其中上等烟比例为23.52%，中等烟比例为69.2%。收购均价为12.84元/千克。全省实现烟农收入9.87亿元，同比增加1.97亿元。

烟叶生产基础设施建设。全年总投资3899万元，建设烟叶生产基础设施项目1182个。新打机井29眼，受益基本烟田面积0.87万亩；新建密集式烤房836座和烘烤工场附属设施6个，受益基本烟田面积2.09万亩；新建141栋育苗大棚，受益基本烟田面积3.79万亩；新购烟草农用机械专用设备117台（套），受益基本烟田面积为0.49万亩。

特色烟叶生产。开发龙江特色烟叶，在龙江烟叶品质总体定位在填充型烟叶的基础上，通过布局调整、适宜区烟叶集中种植等手段，提高烟叶生产整体水平。完善特色烟叶栽培和烘烤培训网络，加强烟叶生产标准化技术培训，推广配套栽培技术。全年共举办特色烟叶栽培和烘烤技术培训班150余场，培训烟农、下乡员6000多人次。8月19日，全省特色优质烟叶开发工作研讨会在哈尔滨召开。

---

① 兑额对标：兑额即定性标准和定量额度，兑额对标指将专卖管理工作包含的网络案件、打假案值、窝点数量、市场净化、内管成效、队伍建设等六个指标项目进行量化分解，结合定性标准和定量额度，考核完成情况。同时把各地区卷烟单箱值、利税增幅、商业库存和社会库存等卷烟经营指标纳入进行综合评定，反映专卖管理的效果。

烟叶生产组织形式探索。积极探索烟叶生产组织形式，在哈尔滨烟区形成4种形式的合作社，即紧密经营型种植合作社、松散管理型种植合作社、自发内生型种植合作社、专业化服务合作社。

烟叶基层站建设。加强烟叶基层站工作管理，建立农户户籍档案，优化和规范基层站的工作流程，合理设置工作岗位。对20世纪80~90年代的一些烟站进行改建、扩建。使用收购信息管理系统，配备计算机、pos机、电子秤、辅助光源设施。

烟叶标准化生产。在全部产区按照标准体系的要求实施烟叶标准化生产，覆盖率达100%。8月，国家局烟叶标准化生产考评专家组对牡丹江烟区的宁安、林口，哈尔滨烟区的汤原等地的烟叶标准化生产情况进行了现场检查。

【财务管理】 2010年，全省行业初步实施预算标准化体系建设，包括预算组织结构标准化、预算指标标准化、预算流程标准化、预算额度标准化，促进预算管理上水平。省局（公司）与用友软件公司、协作银行开展多次座谈调研，加强CA认证体系、与银行通过专线网络直连、双机热备方案、防火墙设置、《银企互联协议》以及管理制度等多方面建设，提高资金管理系统的运行安全系数。对全省行业闲置资产进行处置，通过公开拍卖，成交闲置房产28处、闲置车辆159辆，成交金额1878.98万元，超出资产净值1333.93万元。

【信息化建设】 建设全省行业CA数字证书安全系统，首先在财务管理系统实现CA身份认证管理。加强数据集成整合，在各业务系统间建立数据传输通道，实现财务、卷烟、烟叶、专卖等系统的数据共享。建立专题调研数据分析工作制度，实现实时跟踪重要指标数据。开发烟叶电子结算系统。以哈尔滨市烟草公司为网上订货项目的试点单位，并于11月27日上线运行。截至年底，大庆、绥化、佳木斯市烟草公司网上订货项目成功上线。加强专卖信息化建设，历经两年半，2010年初，完成专卖监控信息系统建设。

【技术创新】 制订2010年全省行业技术创新考核指标体系及考核办法。全年全省行业有在研科技开发项目58项，重点科研项目8项，研发费用合计7029万元，当年科技成果18项，获得授权专利43项，发表科技论文14篇，获得科技奖励11项，其中，由牡丹江科研所完成的“应用RNAi技术进行抗TMV病毒病研究”与“烟草病虫害生物防治技术研究”两项科研成果分别获得2010年度中国烟草总公司科技进步奖三等奖和黑龙江省政府科技进步奖三等奖。自主选育的烟草品种“龙江925”和“龙江935”通过全国烟草品种审定。“烟草主要病毒鉴定 逆转录—聚合酶链反应法”（YC/T 365—2010）与“烟草及烟草制品 转基因测定的取样方法”（YC/T 339—2010）两项行业标准发布实施。

【人力资源管理】 人事制度改革。加强干部选拔任用管理工作，完善各全资子公司领导班子成员任免备案制度，形成全省行业干部选拔任用及后备干部管理意见。深化用工分配制度改革，出台相关文件规范绩效考核，围绕劳动用工预算特别是聘用人员预算，核定各单位人工成本、用工数量。加强绩效考核管理体系研究，组织进行一线生产操作、业务类等岗位评价，细化各个岗位绩效考核指标。在工资申请、分配上加强监管，建立各全资子公司领导班子薪酬分配机制和全省行业薪酬宏观计划调控管理机制。

教育培训及职业技能鉴定。全年先后组织384人参加国家局培训。举办各类培训班25班次，培训学员1192人次。开展网络培训，培训学员580人次。突出安全培训，8月，对各全资子公司安保科长和车管人员进行烟草行业交通安全培训；11月，分两期对全省各全资子公司及下属县级营销部的129名内审员进行职业健康安全管理体系培训。开展职业技能鉴定，组织586人参加。

【“十一五”发展概要】 “十一五”时期，省局（公司）以深化改革为突破，整合发展资源，理顺体制机制；以调整结构为主线，优化“两烟”资源配置；以全面预算管理为基础，突出精细化管理，全面夯实黑龙江烟草正规化发展；以“两烟”协调发展为重点，综合利用省内、省外两种资源和两个市场，全省行业进入发展速度快、质量结构优、经济效益好的最佳时期。全省行业实现税利从2006年的18.58亿元增长到2010年的43.55亿元。

体制改革。“十一五”期间，省公司与红塔集团、上海烟草集团，以及湖南、湖北、山东中烟等5家中烟工业公司建立长期战略合作关系，引资3.1亿元，完成4家打叶复烤企业改制。完善了省公司与17家全资子公司新的母子公司管理体制。6家资不抵债的企业依法破产成功，合计减亏减债10.74亿元。

烟叶生产。大力发展现代烟草农业，切实加强基层烟站建设，实现传统烟叶生产向现代烟草农业的转变。加强烟田基础设施建设，烟田综合生产能力和抗御自然灾害能力显著增强，烟叶质量明显提高。标准化生产水平、烟草农业机械化作业率不断提高。烟草科技取得新的突破，获得省部级科技进步二等奖3项，三等奖5项，国家标准创新贡献三等奖1项，制定国家和行业标准9项，拥有发明专利4项，烤烟新品种“龙江912”、“龙江925”、“龙江935”通过全国审评。

卷烟营销。采取兑额对标办法，对卷烟商业企业实施综合考核。发挥知名品牌对市场营销的基础和引领作用，完善和优化业务流程，落实“增加销量，提升结构，提高效益”中心任务，实施“攀一类、冲二类、打三类”的营销方针，全省卷烟知名品牌集中度显著提高，营销结构快速提升，卷烟销量稳步增长，各项经济运行指标屡创新高。

专卖管理。突出“端窝点、断源头、破网络、抓主犯”的工作重点，全面加强市场监管，持续开展打假行动。构建全方位、立体交叉的专卖稽查体系，建立了联合打假协作机制。在全国率先成立省、市、县三级烟叶专管稽查队伍。对收缴假烟实行全省统一保管和统一销毁。创建无假烟社区330个。加强专卖队伍建设，打造“金叶铁军”。

内部监管。制定涵盖烟草工作各领域的“十七个不可”的工作规制，坚持走正规化的发展道路。突出规范权力运行，建立健全各项内部管理监督机制。推行全面预算，实施严格财务管制，建立健全全面预算管理体系。

企业文化。建立以“两个至上”为核心价值观，以“立德而宽厚、求实而敬业”为母文化，以全面建设“行为规范，管理精细，富有效率，充满活力”的黑龙江烟草为载体的行业文化。

【特事要辑】 1月26日，全省烟草工作会议在哈尔滨召开。

7月29～30日，全省烟草专卖局长、公司经理座谈会在哈尔滨召开。

2010年黑龙江省局（公司）主要统计指标汇总

实现税利（亿元）	实现利润（亿元）	销售卷烟（亿支）	烟叶种植（万亩）	烟叶收购（万担）
43.55	23.81	605.42	49.93	153.91

所属地市级局（公司）

【哈尔滨市烟草专卖局(公司)】 哈尔滨市烟草专卖局、黑龙江省烟草公司哈尔滨市公司成立于1983年。下辖市区第一、第二、第三营销部等3个卷烟营销部，第一、第二、第三、第四、第五分局等5个分局，阿城区、五常市、双城市、尚志市、巴彦县、宾县、依兰县、延寿县、木兰县、通河县、方正县等11个县级烟草专卖局（营销部）。

2010年，成功破获“1.17”、“9.10”两起符合国家局标准的网络案件，案值分别为120.75万元、132.17万元。开展元旦、春节“双节”打假行动，累计破获涉烟案件1076起，案值695.08万元。9月15日至11月15日，开展专项打假行动，共查处各类涉烟违法案件367起，查获非法卷烟1240万支，案值511.6万元；查处非法运输烟叶案5起，查获非法烟叶47.4吨，案值31.86万元。

【大庆市烟草专卖局(公司)】 大庆市烟草专卖局、黑龙江省烟草公司大庆市公司成立于1983年5月。下辖肇源县、肇州县、杜尔伯特蒙古族自治县、林甸县、新村区、萨尔图区、让胡路区、乘风庄区、龙凤区、红岗区、大同区等11个县级烟草专卖局（营销部）。

坚持用精细化措施加强企业内部管理，建立起卷烟营销、物流配送、财务预算、审计考评、安全保卫、人事劳资等日常管理和监管机制。

【齐齐哈尔市烟草专卖局(公司)】 齐齐哈尔市烟草专卖局、黑龙江省烟草公司齐齐哈尔市公司成立于1983年。下辖龙江县、甘南县、富裕县、克山县、克东县、依安县、拜泉县、讷河市、泰来县、富拉尔基区、昂昂溪区、梅里斯达斡尔族区、龙沙区、铁锋区、建华区等15个县级烟草专卖局（营销部）及齐齐哈尔铁路烟草专卖局。

加强品牌培育工作，确定“468”品牌培育目标，即“培育4个年销量超万箱、6个年销量超5000箱、8个年销量超3000箱的骨干品牌”。截至年底，辖区一、二、三类烟销量占总销量的比例为30.75%，同比增长18.29个百分点。

【绥化市烟草专卖局(公司)】 绥化市烟草专卖局、黑龙江省烟草公司绥化市公司成立于1983年。下辖肇东市、海伦市、庆安县、青冈县、明水县、望奎县、兰西县、安达市、绥棱县、北林区等10个县级烟草专卖局（营销部）。

以绥化市局为试点单位，全面加强烟草专卖队伍基础建设，打造“金叶铁军”。8月12日，全省专卖半军事化管理现场会在绥化召开。

【牡丹江市烟草专卖局(公司)】 牡丹江市烟草专卖局、黑龙江省烟草公司牡丹江市公司成立于1983年。下辖西安区、东安区、阳明区、爱民区等4个区烟草专卖局，以及林口县、东宁县、海林市、宁安市、穆棱市等5个县级烟草专卖局（营销部）。

推进优秀县级局（营销部）创建活动，1月14日，全省优秀县级局创建活动现场会在东宁召开，东宁县局（营销部）在会上作经验介绍。

【佳木斯市烟草专卖局(公司)】 佳木斯市烟草专卖局成立于1983年，黑龙江省烟草公司佳木斯市公司组建于1985年。下辖永红区、向阳区、前进区、东风区、郊区等5个县级烟草专卖局，富锦市、桦南县、汤原县、桦川县、同江市、抚远县等6个营销部和建三江农垦烟草专卖分局（营销部）。

坚持“攀一类、冲二类、打三类”营销策略，注重品牌培育和营销队伍建设。2010年，全市入网销售率、卷烟配送率、客户服务到位率、电子结算率均保持在100%，客户满意度达90%以上。

【鸡西市烟草专卖局(公司)】 鸡西市烟草专卖局、黑龙江省烟草公司鸡西市公司成立于1983年3月。下辖鸡东县、密山市、虎林市3个县级烟草专卖局（营销部）和鸡冠区烟草专卖局。

在推进半军事化、规制管理的基础上，加强专卖队伍建设，清理完善专卖管理相关方面的规章制度26项。加强对零售市场的净化及管控，专卖部门与营销配送部门及时沟通协调，推进专销结合。

【双鸭山市烟草专卖局(公司)】 双鸭山市烟草专卖局成立于1986年5月，黑龙江省烟草公司双鸭山市公司组建于1983年1月。下辖集贤县、宝清县、友谊县、饶河县等4个县级烟草专卖局（营销部）。

恢复成立企业管理办公室，建立完善“全方位、全过程、全员性、全痕迹”，集规划、控制、评价、考核于一体的经营管理制度体系建设，提升企业管理水平。

【伊春市烟草专卖局(公司)】 伊春市烟草专卖局、黑龙江省烟草公司伊春市公司成立于1983年10月。下辖铁力市、嘉荫县、伊春区、南岔区、汤旺河区等5个县级烟草专卖局（营销部）。

推进卷烟营销工作，提出“四个注重”，即“注重密切关注市场需求变化、注重抓好‘532’、‘461’重点骨干品牌培育营销格局、注重优化卷烟销售结构、注重形成工商协调营销合力”。

【七台河市烟草专卖局(公司)】 七台河市烟草专卖局、黑龙江省烟草公司七台河市公司成立于1983年。下辖勃利县、桃山区、新兴区、茄子河区等4个县级烟草专卖局（营销部）。

研发卷烟零售户终端短信平台系统，使全区卷烟零售户与市公司卷烟营销实现“一对一”互动沟通。

【鹤岗市烟草专卖局(公司)】 鹤岗市烟草专卖局、黑龙江省烟草公司鹤岗市公司成立于1983年。下辖萝北县、绥滨县2个县级烟草专卖局（营销部）和农林专卖分局。

重视品牌效应，在已有20家品牌培育示范户的基础上，新增10户品牌培育示范户。

【黑河市烟草专卖局(公司)】 黑河市烟草专卖局、黑龙江省烟草公司黑河市公司成立于1990年2月。下辖北安市、嫩江县、五大连池市、逊克县、孙吴县等5个县级烟草专卖局（营销部）和爱辉区营销部。

重视企业文化建设，弘扬黑河烟草的“融·本”文化理念。

【大兴安岭地区烟草专卖局(公司)】 大兴安岭地区烟草专卖局、黑龙江省烟草公司大兴安岭地区公司成立于1985年。下辖呼玛县、漠河县、塔河县、加格达奇区、松岭区、新林区、呼中区等7个县级烟草专卖局（营销部）。

在漠河民航机场设立烟草专卖检查站，实现全地区专卖监管网络全覆盖。

【绥芬河市烟草专卖局(公司)】 绥芬河市烟草专卖局、黑龙江省烟草公司绥芬河市公司成立于1998年1月。

为防止免税卷烟倒流国内市场，通过24小时轮流监控、加强宣传、专项整顿等工作，加强对辖区内两家免税店的监管。

所属其他二级单位

【哈尔滨烟叶公司】 黑龙江省烟草公司哈尔滨烟叶公司成立于2001年12月，2006年12月由黑龙江烟叶公司改制而成。下辖宾县、绥化、肇州、汤原、集贤、富锦、望奎、肇东、绥滨、桦南等10家烟叶分公司，双城和庆安2个直属烟叶经营站及控股哈尔滨天阳国际烟草有限公司、绥化红塔烟叶有限责任公司2家烟叶加工企业。公司拥有总资产10.49亿元，资产负债率为48.51%。共有从业人员1007人，其中聘用员工157人。辖区共有种烟农户6084户。

全年种植烟叶25.26万亩，收购烟叶3.9万吨(78万担)，上等烟比例23.81%，中等烟比例67.8%，工商交接合格率达到63.6%。烟叶收购均价12.72元/千克。实现销售收入101637万元，同比增长8.71%。实现税利37615万元，同比增长1.89%，其中实现利润21739万元。

2010年，公司投入资金3377.66万元，新建科技烘烤园区16个，其中6个园区具备了收购功能；新建密集式烤房836座；新打机电井20眼；新建育苗大棚101栋，可承担面积2.74万亩；购置专用机械107台。

烟区建立了烟草植保110信息网络、气象信息网络、烟叶生产管理网络，实现信息资源共享与流通。

加强技术创新力度，申请立项“东北优质烤烟生产决策支持系统的开发与应用”。持续开展品种、施肥的常规试验，重点开展节水灌溉、防雹网应用、漂浮育苗、散叶烘烤、集中供热烘烤、新式板房烘烤等新技术应用试验。成立4个试验站，专门从事品种试验、有机肥料试验等各类科研工作。

推广标准化生产，在巩固宾县、绥化、肇州、汤原、富锦、望奎、肇东等7个示范县的基础上，在集贤、绥滨、桦南、双城、庆安继续开展标准化工作，标准化生产面积达100%。

【牡丹江烟叶公司】 黑龙江省烟草公司牡丹江烟叶公司成立于2001年12月，2006年12月改制为黑龙江省烟草公司的全资子公司。下辖宁安、东宁、林口、勃利、宝清、密山、海林、穆棱等8个烟叶分公司，虎林、鸡东2个烟叶生产经营站，控股勃利龙湘烟叶有限责任公司、林口龙鄂烟叶有限责任公司2个烟叶加工企业。拥有总资产8.79亿元，资产负债率为33.10%。共有从业人员746人，其中聘用员工65人。辖区共有种烟农户7849户。

全年与烟农签订烤烟种植合同7849份，种植烤烟24.67万亩。户均种植面积31.4亩，其中75亩以上专业大户251个。收购烤烟3.80万吨(75.91万担)。种植晒烟2万亩，收购晒烟0.41万吨(8.1万担)。实现销售收入109637万元，同比增长16.07%。实现税利44188万元，同比增长10.33%，其中实现利润25377万元。

满足卷烟工业橘色烟需求，结合产区实际，全年收购橘色烟0.74万吨(14.8万担)，同比增长38.3%。

公司拥有密集式半自动化、自动化烤房10073座，负担种植面积的95%，密集式半自动化烤房群21处；机电井、大口井、小口井共计2360多眼，大小提水工程240多处，可灌溉烟田14万多亩；防雹炮73门。

重视机械化作业，截至年底，公司拥有烟用大型拖拉机及深松浅翻犁、深松旋耕机、起垄夹肥机等大型机械160多台(套)，其中企业拥有67台(套)，烟用覆膜机835台，烟用刨埯机442台，烤烟移栽机15台，烟用除草耘锄5184台，烟用中耕培土机147台，烟用行走及电动背负式喷药机393台。

【中国烟草黑龙江进出口有限责任公司】 中国烟草黑龙江进出口有限责任公司成立于1992年。拥有总资产3.22亿元，资产负债率为49.94%。共有从业人员40人，其中聘用员工10人。

2010年，公司完成进出口总值1843万美元，其中出口1303万美元，进口540万美元。进口卷烟10801万支，同比增长14%。出口烟叶9547吨，同比增长4.73%。出口烟叶吨价为29693元/吨，同比增加9.1%，创历史新高。做好客户稳定工作，重点确保对欧美、俄罗斯、北非、东南亚等市场主要客户的货源供应，在保证现有烟叶销售数量的同时，努力扩大中等烟销售比例。抓住各种促销时机，培育新客户。协调哈尔滨市烟草公司，加大促销力度，确保进口卷烟合同履约。

2010年黑龙江省烟草商业系统主要情况统计

地市级局（公司）名称		哈尔滨市烟草专卖局（公司）	大庆市烟草专卖局（公司）	齐齐哈尔市烟草专卖局（公司）	绥化市烟草专卖局（公司）	牡丹江市烟草专卖局（公司）
主要负责人/法人代表		秦殿刚	王乃信	王永权	高元杰	孙胜良
总资产（万元）		236198	61526	56768	26672	31076
资产负债率（%）		12.13	13.21	15.96	2.13	13.25
所属县级局（个）		16	11	16	10	9
所属县级公司/分公司（个）		—	—	—	—	—
所属县级营销部（个）		14	11	15	10	5
从业人员（人）		1616	422	595	771	393
所属业务机构	访销机构	1个营销中心、1个电访中心	1个营销中心、1个电访中心	1个营销中心	1个营销中心、1个电访中心	1个营销中心
	物流配送机构	1个物流配送中心	1个配送中心	1个物流配送中心	1个物流配送中心	1个配送中心
	稽查机构	1个稽查支队、19个稽查大队	1个稽查支队、3个稽查大队	1个稽查支队	1个稽查支队	1个稽查支队、3个稽查大队
	烟叶机构	—	—	—	—	—
销售卷烟	（亿支）	178.30	49.30	74.50	70.84	39.86
	2010年比2009年（%）	1.86	0.80	-0.62	1.87	1.28
卷烟销售收入（万元）		520660	158406	168860	143060	98520
实现税利	（万元）	129725	41886	38513	25794	20288
	2010年比2009年（%）	17.45	35.43	23.07	33.45	23.21
实现利润	（万元）	74904	25243	21744	11895	10528
	2010年比2009年（%）	2.39	20.33	7.20	14.65	9.03
查处涉烟违法案件（起）		3446	1240	1089	994	523
查处涉烟违法案件案值（万元）		1534	477	350	392	165
2010年度烟草行业投入烟叶生产基础设施建设资金（万元）		—	—	—	—	—
烟水配套工程累计受益面积（万亩）		—	—	—	—	—
烟叶种植（亩）		—	—	—	—	—
烟叶收购（担）		—	—	—	—	—
零售户数（户）		52444	12750	21049	27454	12000
零售户销售毛利率（%）		10.00	10.00	10.50	11.00	8.90

地市级局（公司）名称	佳木斯市烟草专卖局（公司）	鸡西市烟草专卖局（公司）	双鸭山市烟草专卖局（公司）	伊春市烟草专卖局（公司）	七台河市烟草专卖局（公司）
主要负责人/法人代表	耿金波	贺志勤	冯德文	宁　辉	杨春荣
总资产（万元）	31241	24896	20625	13782	11699
资产负债率（%）	19.60	11.37	9.12	8.86	1.19
所属县级局（个）	6	4	4	5	4
所属县级公司/分公司（个）	—	—	—	—	—
所属县级营销部（个）	7	3	4	5	4
从业人员（人）	497	331	317	137	163

续表

地市级局(公司)名称		佳木斯市烟草专卖局(公司)	鸡西市烟草专卖局(公司)	双鸭山市烟草专卖局(公司)	伊春市烟草专卖局(公司)	七台河市烟草专卖局(公司)
所属业务机构	访销机构	1个营销中心	1个营销中心	1个营销中心	1个营销中心、1个电访中心	1个营销中心、1个电访中心
	物流配送机构	1个物流中心	1个配送中心	1个物流中心	1个物流中心、1个配送中心	1个物流中心、1个配送中心
	稽查机构	1个稽查支队、2个稽查大队	1个稽查支队、6个稽查大队	1个稽查支队、3个稽查大队	1个稽查支队、6个稽查大队	1个稽查支队
	烟叶机构	—	—	—	—	—
销售卷烟	(亿支)	41.39	31.75	27.10	17.68	16.35
	2010年比2009年(%)	1.90	1.21	4.19	0.01	1.21
卷烟销售收入(万元)		103592	80061	67615	40902	40777
实现税利	(万元)	21863	17677	14690	9190	9156
	2010年比2009年(%)	25.33	23.97	29.83	26.06	20.24
实现利润	(万元)	11526	9671	7489	5180	4932
	2010年比2009年(%)	8.89	14.78	7.15	14.20	5.16
查处涉烟违法案件(起)		585	146	78	28	110
查处涉烟违法案件案值(万元)		375	104	60	123	55
2010年度烟草行业投入烟叶生产基础设施建设资金(万元)		—	—	—	—	—
烟水配套工程累计受益面积(万亩)		—	—	—	—	—
烟叶种植(亩)		—	—	—	—	—
烟叶收购(担)		—	—	—	—	—
零售户数(户)		14341	10899	8994	5328	6004
零售户销售毛利率(%)		10.00	10.25	9.00	9.96	12.47

地市级局(公司)名称		鹤岗市烟草专卖局(公司)	黑河市烟草专卖局(公司)	大兴安岭地区烟草专卖局(公司)	绥芬河市烟草专卖局(公司)
主要负责人/法人代表		付建政(—2010.9) 孙育新(2010.9—)	于荣庭	于晓晨	和发皓
总资产(万元)		13957	15252	3916	2114
资产负债率(%)		5.50	3.83	17.88	13.04
所属县级局(个)		2	5	7	—
所属县级公司/分公司(个)		—	—	—	—
所属县级营销部(个)		2	5	7	—
从业人员(人)		180	356	122	34
所属业务机构	访销机构	1个访销中心	1个营销中心、1个电访中心	1个营销中心	1个营销中心
	物流配送机构	1个配送中心、5个配送站	1个物流中心	1个物流配送中心	1个配送中心
	稽查机构	1个稽查支队	1个稽查支队、6个稽查大队	1个稽查支队	1个稽查支队
	烟叶机构	—	—	—	—

续表

地市级局(公司)名称		鹤岗市烟草专卖局(公司)	黑河市烟草专卖局(公司)	大兴安岭地区烟草专卖局(公司)	绥芬河市烟草专卖局(公司)
销售卷烟	(亿支)	20.21	26.26	8.56	3.34
	2010 年比 2009 年(%)	1.35	1.12	0.52	0.72
卷烟销售收入(万元)		47632	55269	20208	9847
实现税利	(万元)	9834	10719	3383	1982
	2010 年比 2009 年(%)	28.03	23.12	13.49	9.32
实现利润	(万元)	5015	5282	1428	964
	2010 年比 2009 年(%)	11.82	-0.47	-5.80	-8.71
查处涉烟违法案件(起)		141	510	22	26
查处涉烟违法案件案值(万元)		72	31	45	22
2010 年度烟草行业投入烟叶生产基础设施建设资金(万元)		—	—	—	—
烟水配套工程累计受益面积(万亩)		—	—	—	—
烟叶种植(亩)		—	—	—	—
烟叶收购(担)		—	—	—	—
零售户数(户)		6631	10200	1972	943
零售户销售毛利率(%)		10.51	11.00	13.00	26.03

（高　源）

上海市烟草专卖局、上海烟草（集团）公司

【概　况】 上海市烟草专卖局成立于 1984 年 2 月，上海烟草（集团）公司（简称“集团公司”）于 1993 年 11 月由原上海市烟草公司及所属企业改制组建。集团公司下辖虹口、青浦、崇明、金山、宝山、长宁、普陀、闸北、松江、奉贤、黄浦、静安、杨浦、徐汇、卢湾、闵行、嘉定等区（县）烟草专卖分局（有限公司），浦东新区分局，浦东烟草糖酒有限公司一公司、二公司，驻上海铁路专卖局（有限公司），中国烟草上海进出口有限责任公司，上海海烟投资管理有限公司，以及上海卷烟厂、北京卷烟厂、天津卷烟厂、上海高扬国际烟草有限公司、上海烟草储运公司、上海烟草包装印刷有限公司、上海白玉兰烟草材料有限公司、上海海烟物流发展有限公司、太仓海烟烟草薄片有限公司。截至 2010 年年底，集团公司拥有总资产 747.01 亿元，其中，固定资产 46.91 亿元、流动资产 565.68 亿元，资产负债率为 5.97%。共有从业人员 5222 人，其中在岗员工 4119 人。

2010 年，集团公司被上海市政府评为第十五届“上海市文明单位”，被上海市质量技术监督局评为“2010 年度上海市标准化工作先进集体”，被上海世博会执委会评为“上海世博工作优秀集体”。

【领导成员】 局长、党组书记：董浩林（—2010.2）

局长、总经理、党组书记：施　超（2010 年 2 月前任总经理、党组成员）

副局长、党组成员：吴菊民

副总经理、党组成员：董秀明

副总经理、党组成员：周永森

副总经理、党组成员：郜　强

副总经理、党组成员：许虎烈（—2010.4）

纪检组长、党组成员、工会主席：解建伟

党组成员：曲志刚

党组成员：李钢成

巡视员：刘罗曼（—2009.12）

巡视员：徐明辉

巡视员：谢华庆（—2010.2）

【机构设置】 集团公司共设28个处室（部门），分别是：办公室（外事办公室），综合计划处，人事劳资处，政策法规与体制改革处，思想政治工作处，纪检组、监察处，工会（退休人员管理办公室），团委，机关党委，安全保卫处（人民武装部），机关服务中心，专卖监督管理处（专卖稽查总队、内部专卖监督管理处），上海市烟草学会（修志办公室），财务管理处（资金管理中心），投资管理处，审计处，市场营销部（市场营销中心），上海烟草贸易中心有限公司，采购中心①，经济信息中心，技术中心，烟草质量监督检测站，基建设备处，生产管理部（合作生产办公室）②，中国烟草上海进出口有限责任公司，三产管理中心，房地产开发经营公司，苏州中华园大饭店。

【专卖管理】 按照“端窝点、断源头、破网络、抓主犯”卷烟打假方针，把“四区”（世博区、旅游区、商业区、示范区）和运输分销枢纽作为整治重点，组建“海宝”特别行动队，与公安、司法等部门协同配合，加强烟草专卖执法检查和市场监管，为上海世博会和“卷烟上水平”提供良好的市场环境。

全年共查获各类非法卷烟2.08亿支，其中假冒卷烟1.5亿支，总案值1.26亿元，破获符合国家局、公安部标准的网络案件32起，全市卷烟市场净化率达98.01%。协助公安、司法机关抓获涉烟犯罪嫌疑人316人，依法刑事拘留119人。破获国家局、公安部2010年1号督办案，实现上海中心城区在跨地区合作破获重大涉烟违法案件上的新突破。

【经济效益】 2010年，集团公司共生产卷烟1304.8亿支（260.96万箱），同比增长3.2%，其中，生产一类烟395.45亿支（79.09万箱）、二类烟12.6亿支（2.52万箱）、三类烟513.6亿支（102.72万箱）、四类烟165.6亿支（33.12万箱）、五类烟217.55亿支（43.51万箱）。

工业销售卷烟（含出口）1349.15亿支（269.83万箱），同比增长2.9%，其中，内销一类烟374.1亿支（74.82万箱）、二类烟12.1亿支（2.42万箱）、三类烟542.5亿支（108.5万箱）、四类烟139.0亿支（27.8万箱）、五类烟217.55亿支（43.51万箱）。

商业销售卷烟402.86亿支（80.57万箱），同比增长1.9%，其中，销售一类烟51.31亿支（10.26万箱）、二类烟14.30亿支（2.86万箱）、三类烟246.62亿支（49.32万箱）、四类烟59.25亿支（11.85万箱）、五类烟28.15亿支（5.63万箱）。本地区销量居前三位的品牌为“红双喜”、“上海”、“中华”，销量分别为158.62亿支（31.72万箱）、69.98亿支（14万箱）、37.16亿支（7.43万箱）。

全年实现主营业务收入746.55亿元。实现工商税利583.80亿元，同比增长38.89%，其中工业税利571.18亿元，同比增长41.76%。实现工商利润150.30亿元，同比增长16.26%，其中工业利润139.34亿元，同比增长23.80%；商业利润10.96亿元，同比下降34.51%。集团三项费用率为4.17%。

出口卷烟63.90亿支（12.78万箱），出口实现1.40亿美元，其中，包括中国烟草辽宁进出口公司代理北京卷烟厂出口“中南海”3.25亿支。

全年万元产值综合能耗为7.47千克标煤/万元，卷烟生产综合能耗为3.45千克标煤/万支，烟叶、滤棒、盘纸平均消耗分别为7.51千克/万支、1678支/万支、648米/万支。

【主要产品】 2010年，集团公司生产的卷烟品牌有“中华”、“熊猫”、“红双喜”、“中南海”、“牡丹”、“上海”、“大前门”、“孟菲斯”、“江山”、“恒大”等。

坚持“1+3”品牌战略，“中华”和“红双喜”、“中南海”、“熊猫”四个品系协调发展，统筹协调其他品牌发展。全年生产“中华”378.82亿支（75.76万箱），同比增长36.2%；工业销售380.47亿支（76.09万箱），同比增长33.7%。生产“红双喜”347.31亿支（69.46万箱）（不含安徽阜阳、山东青岛卷烟厂合作生产量），同比增长2.9%；工业销售392.93亿支（78.59万箱），同比增长2.9%。生产“中南海”202.95亿支（40.59万箱），同比增长5.0%；工业销售202.21亿支（40.44万箱），同比增长4.6%。生产“熊猫”4.2亿支（0.84万箱），同比增长55.6%；工业销售4.3亿支（0.86万箱），同比增长48.3%。

【战略目标】 “中华”品牌“百万千亿”目标。集团公司提出以提升“中华”品牌价值为目标，争取用5年或更长一段时间，全面实施“中华”品牌“百万千亿”（年产量达到100万箱左右、年销售收入突破1000亿元）工程，确保上海烟草持续健康发展。不断

① 2010年，根据沪烟人［2010］300号文件，成立上海烟草（集团）公司采购中心，同时撤销物资供应部、原料供应部。

② 2010年，根据沪烟人［2010］300号文件，成立上海烟草（集团）公司合作生产办公室，与生产管理部合署办公。

追求“中华”品牌“五个之最”，努力使其具有最高的品牌价值、最大的高档烟市场份额、最突出的品牌风格和技术特征、最广博的品牌文化、最好的市场美誉度，把“中华”品牌打造成为中式卷烟的代表品牌。

“1+3”品牌发展战略。明确“中华”在集团公司品牌发展中的核心地位，以及“中南海”、“红双喜”、“熊猫”品牌各自的发展方向和目标定位。“中华”要成为凸显“五个之最”的中式卷烟代表品牌；“中南海”要保持国内混合型卷烟第一品牌地位；“红双喜”要努力打造成为国内低焦油和喜庆市场首选品牌；“熊猫”要成为集团发展的潜力品牌和新的增长点。

“十二五”发展规划。围绕《烟草行业“卷烟上水平”总体规划及五个实施意见》，明确集团公司“十二五”规划编制的指导思想、工作方针、总体目标和主要内容，通过细化职责分工、落实工作进度、组织专题调研、听取各方意见等，编制集团公司“卷烟上水平”总体规划和10个专题篇，形成了较为完整的规划体系。

【科技创新】　上海烟草（集团）公司技术中心于1995年2月被国家局认定为行业级企业技术中心，同年8月被原国家经贸委、国家税务总局、海关总署认定为国家级企业技术中心。主要负责产品开发与维护、工艺研究及产品技术标准管理，烟叶原料和配方的技术研究和管理，烟用材料应用技术研究，以及开展烟草化学和应用基础研究，生物毒理相关研究。拥有约8000平方米科研场所及一批先进的实验分析检测仪器设备。共有员工141人，其中博士、硕士研究生学历44人，高、中级职称72人。技术中心本部设立产品研究室、原料研究室、工艺材料研究室、烟草化学研究室、理化实验室、综合管理部等6个科室；另设北京、天津2个工作站及烟草薄片研究室、滤棒技术研究室、包装设计印刷研究室和烟叶储存养护研究室等4个专业研究室。

2010年，技术中心围绕技术创新的6大领域重点任务，确立66个科技项目，加强对减害降焦、特色工艺、配方技术、增香保润、原料保障及产品质量安全等关键技术的研究和应用。“以品牌为导向的原料体系研究”、“中式卷烟风格特征剖析”等课题研究取得重大进展。申请国家专利12项，其中发明专利10项。

实施减害降焦战略，加强对卷烟烟气、吸附剂的分析测试，深化以选择性减害为目标的配方、辅料、工艺优化研究，加大复合滤棒、烟草薄片研发和推广应用力度，有序推进降焦改版工作。加强卷烟新品研发，“中华”、“中南海”等10多个规格的新品研发工作取得进展，“红双喜（晶派）”成功上市，“熊猫”礼盒完成新版包装设计。组织重大专项实施，不断加大特色工艺、叶组配方、增香保润、风格特征、质量安全及“中华”系列标准等关键技术研究力度。强化质量监督检测，深化质量波动研究，加强对多点联合生产产品的一致性评价。健全完善科技创新体系，形成以品牌为主线、项目为载体，中心与工作站、研究室分工明确的技术中心内部运行体系，建立“以能力定岗位、以业绩定激励”的分配激励制度，构建技术人才培育三级递进模式，完善技术创新项目管理、能力评价、成果转化等系列标准。开展质量改进、QC活动及合理化建议等群众性主题创新活动，形成“双多、双联”（即多层面并行、多学科交叉，厂会联办、组际联动）学术活动新格局。

【市场营销】　聚焦“中华”品牌，以精确信息、精准投放、精细管理为抓手，将精准营销扩展到全国59个地级市，保持了“中华”在高档卷烟市场“价格最优、库存最稳、份额最高、销量最大”的良好表现。7月9日，集团公司与广东省局（公司）签订《沪粤工商“十二五”品牌发展合作协议》，为“中华”品牌新发展奠定基础。

实施“红双喜”、“中南海”驱动营销，切实加强品牌培育。把培育品牌作为商业企业第一要务，抓好终端维护、网上订货、营销服务、现代物流等工作，确保卷烟销量平稳增长、结构合理提升。拓展海外市场，探索“落地生产”、“落地销售”合作机制，运用信息化手段加强品牌和市场的整体建设，“中华”、“金鹿”、“红双喜”、“中南海”出口数量继续居全国单品牌卷烟出口前六位。

做好“世博营销”工作。以上海举办世博会为契机，加强品牌营销宣传、企业形象展示和各项接待服务工作。世博会期间，集团公司成功接待行业来宾13万人次，出色完成行业和上级部门有关重要会议的会务保障和接待服务工作，确保了世博会接待服务和生产经营工作“两不误”。通过“世博营销”工作，扩大了集团公司和品牌影响力，树立了一批优质服务“窗口”，培养了一支世博志愿者队伍。

【技术改造】　“中华专线”项目生产工房主体实现结构封顶，并通过优质结构验收，土建工程进入收尾阶段。天津卷烟厂技改项目实现全面搬迁并正式投产。增强信息化保障能力，推进三地四厂MES和集团ERP平台建设，完善协同研发系统功能、企业门户管理构架。加快集研发试验、生产制造、仓储物流于一体的科技创新园区建设，截至年底，完成科技创新园区战略框架协议、投资项目协议的签约，得到国家局关于购置项目建设用地的批复，完成对康桥工业园区 1280 亩土地规划的修编、报批等工作。

【基础管理】 对标工作。构建集团公司关键绩效指标体系，推行集团对标工作项目管理。完善体系贯标工作和集团规范性文件体系。推进商业企业质量标准体系并轨工作，初步建立“统一平台、分类管理、目标导向、分层运行、专业指导、系统推进”的集团化体系运行管理模式。

基层创优。集团公司所属工业企业积极“争创一流工厂”，京津沪三地四厂深入推进柔性化组织、同质化生产、市场化服务、精细化管理，实现管理和技术的持续进步。各配套企业围绕卷烟主业做好服务，提升对集团的贡献度。商业企业开展“优秀专卖分局、有限公司”创建活动，发挥市场主体作用，加强工作标准、业绩评价、财务控制、教育培训等 4 个体系建设，形成较为系统的企业内部管理机制。

财务预算管理。构建集团公司的预算指标体系、制度框架，形成“三算合一”预算管理模式。完善资金监管体系，加大资金分层分类控制力度。统一会计核算标准，制订会计合并初步方案，提高集团财务管理水平。

原辅材料保障。推进烟叶资源配置方式改革，加强以品牌为导向的“四位一体”烟叶基地管理，完成 20 个基地单元建设任务，形成“中华”品牌烟叶原料保障规划。10 月 16 日，集团公司与河南省烟草专卖局（公司）签订烟叶战略合作框架协议。促进资质认证管理与招标采购有机结合，巩固完善供需双方战略合作伙伴关系，推进物资供应链、质量链建设。

【内部监管】 研究制订“三项检查”长效运行管理考核办法，开展“小金库”专项治理工作，实现对重点领域、关键环节的常态化监督。推进审计委派制，开展“在线审计”。推行“明示与承诺”制度，试点推进办事公开民主管理工作。整合监督资源，发挥监管合力，建立审计、法规、纪检三部门监督工作联席会议制度。

【多元化经营】 集团公司将交通银行股份有限公司、中国太平洋保险（集团）股份有限公司、中国太平洋人寿保险股份有限公司、中国太平洋财产保险股份有限公司、上海烟草集团苏州中华园大饭店有限责任公司、上海王宝和大酒店有限公司、上海捷强烟草糖酒（集团）有限公司、上海烟草集团房地产开发经营公司等 8 笔多元化投资共计 38.88 亿元股权，经批准统一无偿划转至所属上海海烟投资管理有限公司。集团公司对上海海烟投资管理有限公司追加投资 12 亿元，使其注册资本达 13 亿元。上海海烟投资管理有限公司对其全资子公司上海烟草集团房地产开发经营公司追加投资 3 亿元，对控股的上海王宝和大酒店有限公司追加投资 1.88 亿元，同时，为进一步拓展王宝和品牌，在北京购买营业用房，开设王宝和北京分店。

加强基础管理，集团公司制订《上海烟草行业多元化经营重大事项报告制度实施细则（试行）》。重点加强投资日常管理，完成多元化投资信息上报、重大事项报告、信息化系统建设、多元化企业评价等有关工作，组织多元化经营企业对制度文件进行梳理，建立健全制度体系，推动企业经营管理水平提高。

【人力资源管理】 推进干部人事制度改革，坚持德才兼备、以德为先用人标准，形成加强后备干部培养等 10 个方面的具体措施。制订《关于进一步从严管理干部的实施意见》，修订领导班子和领导干部年度考核办法。推进跨地域、跨工商、跨条线的干部交流和培养，年内有 53 名干部交流挂职。初步形成基于岗位管理和业绩评价的员工晋升激励机制，完成市场营销、宾馆管理、工艺配方等多个重要管理技术岗位竞聘工作。重视“两高”人才培育，制订《专业技术岗位聘任工作管理办法（初稿）》及实施细则，完成专业技术职称聘任和博士后进站工作。开展“为世博加油，为青春喝彩”主题实践活动，完善团青选优、推优工作机制，激励团员青年立足岗位、实践成才。

【思想政治工作】 修订完善《局、（集团）公司党组议事规则》，为党组决策的科学化、民主化和工作的规范化、程序化提供制度保障。建设学习型领导班子，通过“走出去、请进来、坐下来”等方式，先后 5 次开展党组（党委）中心组理论学习。开展“五个上水平”主题学习活动，组织集团公司 900 多名科级干部、机关 500 多名干部分 12 批参加封闭式教育培训。开展“创先争优”活动，围绕“‘达标创优’工作中创先争优，在‘百万千亿’工程中建功立业”活动主题，打造基层党建品牌。开展以“规范履权”为主题的党风廉政教育活动，推进管理监督一体化工作和集团公司标准化惩防体系建设。

【企业文化】 加大集团公司企业文化提炼和宣贯力度，建立完善文化建设体系和母子文化架构。打造“海烟”服务品牌，围绕“服务创造价值”的理念，树立“诚信、共赢、负责任”的“海烟”服务形象，按照“业务无投诉、服务无条件、管理无缺陷、工作无差错”的要求，初步建立市内服务体系。外树形象，形成4类人员10个窗口的职业行为规范。编辑出版《上海烟草志（1993～2003）》。

【“十一五”发展概要】 “十一五”期间，集团公司卷烟年产量由1067.45亿支（213.49万箱）增长到1304.8亿支（260.96万箱），增长22.24%；实现年度工商税利由212.28亿元增加到583.80亿元，增长176.66%；净资产由377.11亿元增加到701.01亿元，增长85.89%；人均劳动生产率由378.33箱提高到490.58箱，增长29.67%；“中华”品牌商业批发销售收入（含税）由511亿元增加到762亿元，增长49.1%，在国内高档卷烟市场份额中继续保持领先地位；“红双喜”在行业同类产品中销量排名第一；“中南海”品牌在国内混合型卷烟市场保持份额第一。

积极应对，科学决策，大力弘扬“和搏一流”企业精神，确保集团持续平稳健康发展。“十一五”期间，深化上海烟草商业企业公司体制改革和股权调整，初步建立适应“统一领导、垂直管理、专卖专营”要求的上海烟草商业管理模式，实现了对专卖分局、有限公司“管人、管事、管资产”的高度集中统一管理。提出率先实现国家局“严格规范、富有效率、充满活力”总体要求的目标，制订具体实施意见，全面指导和推进集团“十一五”后两年各项工作。提出“中华”品牌“百万千亿”目标和“1+3”品牌发展战略，明确集团新一轮发展方向。

突出品牌，聚焦“中华”，注重市场化取向，增强了市场营销和技术创新“两大能力”。始终坚持“中华”原产地生产，通过合理配置生产资源，积极完善产销衔接，建立有效的计划码段监控预警机制，灵活运用“周计划排产”等方式，实现了由“生产主导型”向“订单主导型”的转变，提升了快速响应市场、适应市场、满足市场的能力。

持续追求管理进步，形成了以“标杆引领、规程保障、要素控制、人文和谐”为主要特征的集团“3+1”管理模式。

传承丰富企业文化，形成了以企业精神为核心，战略思想、企业愿景、核心价值观、质量方针和行为信条为五大理念的文化架构体系。

以“高起点、高质量、高效益”为标准，全面实施京津沪三地工厂技术改造。实施“中华专线”项目，围绕建设拥有自主知识产权和核心技术的“中式卷烟”代表生产线，全力打造样板工程、精品工程，努力体现出“国内一流、国际先进”的目标要求。

【特事要辑】 1月5日，上海市市长韩正等到集团公司视察指导工作。

1月11日，云南省烟草专卖局（公司）与中国烟草博物馆举行馆藏展品交接仪式，向博物馆移交了胡锦涛总书记在云南地震灾区视察工作慰问群众时亲手帮助烟农编扎烤烟的实物。

1月18日，上海烟草集团北京卷烟厂举行易地技术改造项目投产仪式。国家局局长姜成康出席仪式。

1月22日，国家局局长姜成康、副局长李克明考察集团公司天津卷烟厂。

2月10日，国家局局长姜成康到上海烟草集团北京卷烟厂检查工作并向干部职工拜年。

4月6日，国家局副局长何泽华到集团公司调研，提出要完善“中华”品牌精准营销运行体系。

6月23日，国家局副局长何泽华到上海烟草集团北京卷烟厂调研指导工作。

7月16日，上海烟草（集团）公司与上海浦东新区政府就上海烟草推进科技创新园区建设签署合作框架协议。上海市委书记俞正声、国家局局长姜成康出席签署仪式。

7月17～18日，2010年全国烟草专卖局长、公司总经理座谈会在上海召开。

7月23日，工业和信息化部部长李毅中视察集团公司，国家局局长姜成康等陪同参观上海卷烟厂和中国烟草博物馆。

9月2日，国家局副局长张辉一行到集团公司调研市场监管、专卖内管、队伍建设等工作。

9月21日，上海烟草（集团）公司天津卷烟厂举行易地搬迁新厂揭牌仪式。

9月29日，上海烟草集团北京卷烟厂以“春华秋实四十载，科技兴烟谱新篇”为主题举行建厂40周年厂庆活动，国家局副局长李克明出席庆典。

11月6日，上海烟草（集团）公司在苏州天平山景区主办了2010年第五届“百对新人秀、百年红双喜——晶派之恋”大型婚庆文化活动。

11月11日，国家局副局长何泽华到上海烟草（集团）公司调研，听取了集团公司精准营销试点工作汇报。

11月24～25日，国家局副局长张保振到上海烟草（集团）公司调研服务品牌建设。

12月11日，由上海市慈善基金会和上海烟草（集团）公司共同发起的“中华慈善教育基金捐助仪式暨‘知识改变命运’——大型慈善报告会”在集团公司中华会场举行。

12月23日，上海烟草（集团）公司与上海浦东康桥（集团）有限公司签署项目投资协议，共同打造科技创新园区。

2010 年上海烟草（集团）公司主要统计指标汇总

实现工商税利（亿元）	实现工商利润（亿元）	商业销售卷烟（亿支）	烟叶种植（万亩）	烟叶收购（万担）
583.80	150.30	402.86	—	—

所属区、县局（公司）

【上海烟草集团浦东烟草糖酒有限公司一公司】 上海烟草集团浦东烟草糖酒有限公司一公司前身是成立于 1995 年 12 月的上海烟草集团浦东烟草糖酒有限公司，由上海烟草（集团）公司、上海浦东新区烟酒茶经营有限公司和上海烟草贸易中心有限公司共同出资组建，2009 年 11 月更名为上海烟草集团浦东烟草糖酒有限公司一公司。2010 年，公司被上海市政府评为第十五届“上海市文明单位”。

重视品牌培育，通过电子相框动态展示新品卷烟，以感谢信、新品派发等形式进行“红双喜（晶派）”的上市前期宣传，策划开展“晶派婚庆”促销方案、与海烟物流联合举办“晶派有礼，快乐收集”等活动。

【上海烟草集团浦东烟草糖酒有限公司二公司】 上海烟草集团浦东烟草糖酒有限公司二公司前身是成立于 1995 年 1 月的上海烟草集团南汇烟草糖酒有限公司，由上海烟草（集团）公司、上海烟草贸易中心有限公司、上海南供投资有限公司共同出资组建，2009 年 11 月更名为上海烟草集团浦东烟草糖酒有限公司二公司。

推进“红双喜（晶派）”“五个百分百”工作，即 100% 零售客户知晓率；100% 消费者推介率；100% 终端物料发放使用准确率；100% 价格标签使用正确率；100% 出样率，有效提升“红双喜（晶派）”的品牌竞争力及销量、市场占有率、知名度。以“电子商务推进零售终端建设，提升烟草网建水平”为对标课题，推进对标工作，网上订货客户比例达 83.9%。

【上海市烟草专卖局浦东新区分局】 上海市烟草专卖局浦东分局成立于 1993 年 11 月，上海市烟草专卖局南汇分局成立于 1991 年 1 月，2009 年，上海市烟草专卖局浦东分局和上海市烟草专卖局南汇分局合并，成立上海市烟草专卖局浦东新区分局。人事关系上分别归属上海烟草集团浦东烟草糖酒有限公司一公司、二公司。

世博会期间，着力加强市场监管，践行“一线工作法”工作要求，即作风在一线转变、情况在一线掌握、措施在一线落实、问题在一线解决、成效在一线创造、职责在一线恪守、素质在一线提升、形象在一线树立。

【上海市烟草专卖局虹口分局、上海烟草集团虹口烟草糖酒有限公司】 上海市烟草专卖局虹口分局成立于 1990 年 12 月 25 日。上海烟草集团虹口烟草糖酒有限公司成立于 1993 年 10 月 31 日，由上海烟草（集团）公司、上海烟草贸易中心有限公司、上海大祥集团有限公司共同出资组建。

全年辖区内全国卷烟知名品牌市场份额达 89.64%，重点培育品牌销量增长率达 5.76%，其中零售价在 130～300 元/条的卷烟市场份额为 6.33%，焦油量 8 毫克以下卷烟市场份额为 8.01%。

【上海市烟草专卖局青浦分局、上海烟草集团青浦烟草糖酒有限公司】 上海市烟草专卖局青浦分局成立于 1991 年 1 月。上海烟草集团青浦烟草糖酒有限公司成立于 1995 年 3 月，由上海烟草（集团）公司、青浦供销社合作联合社共同出资组建。

积极参与世博接待工作，获“上海烟草行业世博服务优秀组织奖”称号。加强企业文化宣贯，制作“诚信金叶”电视专题片，策划《青浦报》专版和社区宣传栏，塑造“诚信和服务”的社会形象。

【上海市烟草专卖局崇明分局、上海烟草集团崇明烟草糖酒有限公司】 上海市烟草专卖局崇明分局成立于 1991 年 1 月。上海烟草集团崇明烟草糖酒有限公司成立于 1995 年 4 月，由上海烟草（集团）公司、上海烟草贸易中心有限公司、上海崇明供销社商业集团有限公司共同出资组建。2010 年，分局（公司）被上海市政府评为第十五届“上海市文明单位”。

开展“三加二”企业文化建设。“三”，即制作一部企业文化片，建设一个企业文化园地，刊发一张《崇烟文化报》；“二”，即启动全员文化再培训和文化建设评估工作。全年实现培训覆盖率、知晓合格率、活动参与率“三个100%”的目标。

【上海市烟草专卖局金山分局、上海烟草集团金山烟草糖酒有限公司】 上海市烟草专卖局金山分局成立于1990年11月。上海烟草集团金山烟草糖酒有限公司成立于1995年1月，由上海烟草（集团）公司、上海烟草贸易中心有限公司、上海金石商社共同出资组建。

加强世博会期间卷烟市场净化，查处多起非法运输卷烟案件，获上海市烟草专卖局、上海市公安局卷烟打假工作“特殊贡献奖”。推进文化建设上水平，积极宣贯“和搏一流”企业文化，提炼出以“知行如金”为主题的理念群，初步形成文化架构体系。

【上海市烟草专卖局宝山分局、上海烟草集团宝山烟草糖酒有限公司】 上海市烟草专卖局宝山分局成立于1990年12月25日。上海烟草集团宝山烟草糖酒有限公司成立于1995年12月，由上海烟草（集团）公司、上海烟草贸易中心有限公司、上海宝山区糖业烟酒有限责任公司共同出资组建。2010年，被上海市政府评为第十五届“上海市文明单位”。

加强基础管理，建立企业标准体系，完成文件审查发布工作，实现标准化体系对所有部门的全覆盖，初步形成全员参与的PDCA管理闭环的基本体系。

【上海市烟草专卖局长宁分局、上海烟草集团长宁烟草糖酒有限公司】 上海市烟草专卖局长宁分局成立于1991年2月。上海烟草集团长宁烟草糖酒有限公司成立于1996年10月，由上海烟草（集团）公司、上海烟草贸易中心有限公司、上海九华商业（集团）有限公司共同出资组建。

2010年，分局加强与公安部门的协作，成功破获符合公安部、国家局标准的“12.5”和“1.28”两起涉烟网络案件，其中，“12.5”大案总案值达121万元，“1.28”大案总案值达102万元。

探索研究直属网点开架式销售模式，以优质服务提升消费体验，满足消费者的消费需求，实现集团公司卷烟品牌和直属网点特色品牌的双赢。

【上海市烟草专卖局普陀分局、上海烟草集团普陀烟草糖酒有限公司】 上海市烟草专卖局普陀分局成立于1990年11月。上海烟草集团普陀烟草糖酒有限公司成立于1996年10月，由上海烟草（集团）公司、上海烟草贸易中心有限公司、上海市快乐（集团）有限公司共同出资组建。2010年，分局（公司）被上海市政府评为第十五届“上海市文明单位”，被上海市商业联合会评为“上海市商业优质服务先进集体”。

夯实专卖基础管理工作，成为市局“创建优秀专卖分局”活动中的首批达标分局。

【上海市烟草专卖局闸北分局、上海烟草集团闸北烟草糖酒有限公司】 上海市烟草专卖局闸北分局成立于1990年12月。上海烟草集团闸北烟草糖酒有限公司成立于1996年11月，由上海烟草（集团）公司、上海烟草贸易中心有限公司、上海市闸北区国有资产投资公司共同出资组建。2010年，分局（公司）被上海市政府评为第十五届“上海市文明单位”。

营造公平有序的卷烟市场环境，成为市局“创建优秀专卖分局”活动中的首批达标分局。推进企业文化建设，提炼“开闸创优、醇厚致远”企业宗旨。

【上海市烟草专卖局松江分局、上海烟草集团松江烟草糖酒有限公司】 上海市烟草专卖局松江分局成立于1991年1月。上海烟草集团松江烟草糖酒有限公司成立于1995年1月，由上海烟草（集团）公司、上海烟草贸易中心有限公司、松江商业总公司共同出资组建。2010年，分局（公司）已连续12年共六届被上海市政府评为“上海市文明单位”。

加强品牌培育，以“中华（软）”、“中华（硬）”、“熊猫（时代）”、“中南海（蓝色风尚）”、“红双喜（晶派）”作为年度重点培育品牌。辖区内“中华（软）”销量同比增长26.40%，“中华（硬）”同比增长3.42%，“熊猫（时代）”同比增长16.94%。

【上海市烟草专卖局奉贤分局、上海烟草集团奉贤烟草糖酒有限公司】 上海市烟草专卖局奉贤分局成立于1991年2月。上海烟草集团奉贤烟草糖酒有限公司成立于1995年1月，由上海烟草（集团）公司、上海奉贤商业投资有限公司、上海烟草贸易中心有限公司共同出资组建。2010年，分局（公司）被上海市政府评为第十五届“上海市文明单位”。

加强企业文化建设，根据集团公司文化架构体系建设总体要求，搭建子文化架构体系，形成公司宗旨及人才理念、管理理念等6个理念。

【上海市烟草专卖局黄浦分局、上海烟草集团黄浦烟草糖酒有限公司】 上海市烟草专卖局黄浦分局始建于1990年12月，2002年6月与原上海市烟草专卖局南市分局合并成立新的上海市烟草专卖局黄浦分局。上海烟草集团黄浦烟草糖酒有限公司成立于1993年11月，由上海烟草（集团）公司、上海烟草贸易中心有限公司、上海得强实业有限公司、上海豫园（集团）有限公司共同出资组建。2010年，分局（公司）被上海市政府评为第十五届“上海市文明单位”。

重视培育卷烟品牌，辖区内全国重点骨干品牌市场份额占74%。强化示范社区建设，完善共建机制，创建“三无”（无假烟，无走私烟，无外渠道进货）社区。

【上海市烟草专卖局静安分局、上海烟草集团静安烟草糖酒有限公司】 上海市烟草专卖局静安分局成立于1990年12月。上海烟草集团静安烟草糖酒有限公司成立于1996年10月，由上海烟草（集团）公司、上海九百（集团）有限公司和上海烟草贸易中心有限公司共同出资组建。2010年，分局（公司）被上海市政府评为第十五届“上海市文明单位”。

破获被国家局列为2010年部级1号督办案件的沪浙闽“12.11”系列运销假烟网络案，查获各类假冒伪劣卷烟2550余万支，案值1725万余元，公安、司法机关抓获涉案人员27人，查获涉案车辆16辆，捣毁藏假仓库8处。

加强营销终端建设，筛选出80家具有培育条件的零售户作为公司2010年战略合作终端，并为各个战略合作终端制订了个性化赢利目标和管理目标。

【上海市烟草专卖局杨浦分局、上海烟草集团杨浦烟草糖酒有限公司】 上海市烟草专卖局杨浦分局成立于1990年12月25日。上海烟草集团杨浦烟草糖酒有限公司成立于1996年12月，由上海烟草（集团）公司、上海烟草贸易中心有限公司、上海杨浦商业发展投资有限公司共同出资组建。

加强品牌培育，以“熊猫（时代）”、“中华（5000）”、“红双喜（晶派）”培育为关注点，其中，“熊猫（时代）”销量同比增长51.8%，“中华（5000）”同比增长7.9%。

【上海市烟草专卖局徐汇分局、上海烟草集团徐汇烟草糖酒有限公司】 上海市烟草专卖局徐汇分局成立于1990年12月。上海烟草集团徐汇烟草糖酒有限公司成立于1997年1月，由上海烟草（集团）公司、上海烟草贸易中心有限公司、上海徐汇国有资产投资经营有限公司共同出资组建。

围绕“中华”品牌“百万千亿”工程进行精准营销，全年辖区内销售“中华”系列卷烟9610.60万支（1922.11箱），同比增长12.89%。大力宣传“和搏一流”的企业精神，对企业文化理念进行全面梳理，形成以“聚精汇优、务实创新”为宗旨，行为、管理、服务、执法、经营、廉洁及人才八大分支理念为支撑的企业子文化体系。服务世博，组建了党员志愿者、轨道交通志愿者、平安志愿者、集团世博志愿者等4支队伍，共计56人，努力提升企业形象和窗口形象。

【上海市烟草专卖局卢湾分局、上海烟草集团卢湾烟草糖酒有限公司】 上海市烟草专卖局卢湾分局成立于1991年1月。上海烟草集团卢湾烟草糖酒有限公司成立于1996年8月，由上海烟草（集团）公司、卢湾区国有资产监督管理委员会共同出资组建。2010年，企业下属单位长春食品商店被评为“上海市模范集体”；中华烟行获“上海市巾帼文明岗”、“迎世博600天上海市五一巾帼示范岗”称号；美臣大酒店被评为“青年文明号”。

推进卷烟结构上水平，探索精准营销具体方案，以“中华（软）”、“中华（硬）”、“熊猫（时代）”、“红双喜（精品）”、“红双喜（晶派）”等5个品牌为2010年的品牌培育重点。加强日常监管，推进社区化管理，辖区社区化“示范点”内卷烟市场净化率达100%，被市局（公司）评为“先进示范点”。

【上海市烟草专卖局闵行分局、上海烟草集团闵行烟草糖酒有限公司】 上海市烟草专卖局闵行分局始建于1990年11月，1995年1月1日与原上海市烟草专卖局上海县分局合并成立新的上海市烟草专卖局闵行分局。上海烟草集团闵行烟草糖酒有限公司成立于1995年2月，由上海烟草（集团）公司、上海市闵行区烟酒食品有限公司、上海烟草贸易中心有限公司共同出资组建。2010年，分局（公司）被评为“上海市平安单位”、上海市“治安安全合格单位”；专卖稽查支队获“上海市文明班组”称号。

完善品牌培育平台，建立精准营销项目组，全年辖区“中华”销量同比增长10.6%，“红双喜”同比增长14.3%，“熊猫”同比增长36.2%。完成企业文化体系架构，形成“知行合一，诚信共赢”的企业宗旨和十项理念。

【上海市烟草专卖局嘉定分局、上海烟草集团嘉定烟草糖酒有限公司】 上海市烟草专卖局嘉定分局成立于1991年1月。上海烟草集团嘉定烟草糖酒有限公司成立于1995年1月，由上海烟草（集团）公司、上海烟草贸易中心有限公司、上海新嘉商业投资有限公司共同出资组建。

加强网络终端监管模式研究，针对海烟物流配送商店监管方面存在的盲点、难点，探索建立与海烟物流的联动机制，深化专卖内部监管。实施精准营销，精心培育“红双喜（晶派）”，发展特殊、核心、重要客户222户，销量达1047.6万支（209.52箱）。

【上海市烟草专卖局驻上海铁路专卖局、上海烟草集团铁路烟草有限公司】 上海市烟草专卖局驻上海铁路专卖局成立于1991年9月15日。上海烟草集团铁路烟草有限公司前身是成立于1992年的上海铁路烟草批发市场，由上海烟草（集团）公司、上海市烟草贸易中心有限公司、上海铁路经济开发有限公司共同出资组建，2003年年底增资扩股并改制更名为上海烟草集团铁路烟草有限公司。

结合铁路实际立足铁路三站一区（上海火车站、上海南站、上海虹桥站、老北站地区）的特点加强营销网建，利用铁路站区这个陆上窗口的平台实施精准营销，其中“红双喜（晶派）”在铁路地区的营销取得良好成效。

推进企业文化建设，把“服务为本、诚信至上、顾客至尊、求精做强”作为企业文化和发展理念。

所属其他二级单位

【中国烟草上海进出口有限责任公司】 中国烟草上海进出口有限责任公司前身是始建于1985年1月1日的中国烟草上海进出口公司，是原对外贸易经济合作部批准的工贸一体化外贸公司。1999年12月27日，中国烟草进出口（集团）公司与上海烟草（集团）公司联合对其进行改制。2000年7月1日，中国烟草上海进出口公司正式更名为中国烟草上海进出口有限责任公司，实行董事会领导下的总经理负责制。2006年1月1日，中国烟草进出口（集团）公司将其所拥有的进出口公司51%股权无偿划拨给上海烟草（集团）公司，进出口公司成为上海烟草（集团）公司的全资子公司，注册资本4028万元。2008年1月1日，上海烟草（集团）公司将持有的上海诚信国际经贸有限公司8.8%的股权无偿划入进出口公司。

2010年，进出口公司以“做稳做实一般贸易出口”和“积极推进对外合作”为重点，着力开展品牌和市场建设，拓展海外零售网络，加快推广以SAP-CRM（客户关系管理）信息系统为核心的信息化建设，进一步扩大“熊猫”、“中华”、“红双喜”、“金鹿”等品牌的销量和影响力。截至2010年年底，集团公司出口卷烟进入了57个国家（地区）的海外市场，包括31个国家（地区）的有税市场和44个国家（地区）的89个城市（不包括中国大陆）的免税市场。

2010年，进出口贸易总额达1.89亿美元，出口实现1.52亿美元。卷烟出口60.65亿支，其中自营卷烟出口50.38亿支；代理卷烟出口10.27亿支。烟草机械、辅料和废料出口实现0.15亿美元。实现利润5723万元。

所属企业①

上海烟草（集团）公司上海卷烟厂

上海烟草集团北京卷烟厂

上海烟草（集团）公司天津卷烟厂

上海高扬国际烟草有限公司

上海烟草（集团）公司上海烟草储运公司

上海烟草包装印刷有限公司

上海白玉兰烟草材料有限公司

上海海烟物流发展有限公司

上海烟草集团太仓海烟烟草薄片有限公司

① 详见工业企业栏目，此处仅列出所属企业的名称。

2010 年上海市烟草商业系统主要情况统计

地市级局(公司)名称		上海烟草集团浦东烟草糖酒有限公司一公司	上海烟草集团浦东烟草糖酒有限公司二公司	上海市烟草专卖局浦东新区分局	上海市烟草专卖局虹口分局(有限公司)	上海市烟草专卖局青浦分局(有限公司)	上海市烟草专卖局崇明分局(有限公司)
主要负责人/法人代表		李　俊	张品新	吴菊民(兼)	杨伟康	张文江	傅军海
总资产(万元)		30539	18178	—	36676	19575	16595
资产负债率(%)		6.93	5.32	—	25.59	13.86	4.96
所属县级局(个)		—	—	—	—	—	—
所属县级公司/分公司(个)		—	—	—	—	—	—
所属县级营销部(个)		—	—	—	—	—	—
从业人员(人)		423	400	103	797	580	276
所属业务机构	访销机构	1 个营销部	1 个营销部	—	1 个营销部	1 个营销部	1 个营销部
	物流配送机构	—	—	—	—	—	—
	稽查机构	—	—	2 个稽查支队	1 个稽查支队	1 个稽查支队	1 个稽查支队
	烟叶机构	—	—	—		—	—
销售卷烟	(亿支)	30.28	18.20	—	18.22	14.75	16.87
	2010 年比 2009 年(%)	4.67	1.96	—	2.52	1.51	1.13
卷烟销售收入(万元)		131816	71269	—	95368	61607	68133
实现税利	(万元)	17816	10963	—	12225	12064	11063
	2010 年比 2009 年(%)	20.00	0.37	—	13.65	-0.13	-2.85
实现利润	(万元)	6047	4727	—	3286	5869	5014
	2010 年比 2009 年(%)	-22.67	-28.62	—	-22.93	-23.19	-25.96
查处涉烟违法案件(起)		—	—	461	13	127	134
查处涉烟违法案件案值(万元)		—	—	1887	672	501	15
2010 年度烟草行业投入烟叶生产基础设施建设资金(万元)		—	—	—	—	—	—
烟水配套工程累计受益面积(万亩)		—	—	—	—	—	—
烟叶种植(亩)		—	—	—	—	—	—
烟叶收购(担)		—	—	—	—	—	—
零售户数(户)		3342	2469	—	1556	2333	2927
零售户销售毛利率(%)		15.69	14.03	—	14.10	14.00	16.37

地市级局(公司)名称	上海市烟草专卖局金山分局(有限公司)	上海市烟草专卖局宝山分局(有限公司)	上海市烟草专卖局长宁分局(有限公司)	上海市烟草专卖局普陀分局(有限公司)	上海市烟草专卖局闸北分局(有限公司)
主要负责人/法人代表	徐唯东	孙　康	赵松高	陈维新	胡伟坚
总资产(万元)	28303	27463	11941	14870	14598
资产负债率(%)	2.41	4.80	3.74	5.42	20.38
所属县级局(个)	—	—	—	—	—
所属县级公司/分公司(个)	—	—	—	—	—
所属县级营销部(个)	—	—	—	—	—
从业人员(人)	400	430	190	397	236

续表

地市级局(公司)名称		上海市烟草专卖局金山分局(有限公司)	上海市烟草专卖局宝山分局(有限公司)	上海市烟草专卖局长宁分局(有限公司)	上海市烟草专卖局普陀分局(有限公司)	上海市烟草专卖局闸北分局(有限公司)
所属业务机构	访销机构	1个营销部	1个营销部	1个营销部	1个营销部	1个营销部
	物流配送机构	—	—	—	—	—
	稽查机构	1个稽查支队	1个稽查支队	1个稽查支队	1个稽查支队	1个稽查支队
	烟叶机构	—	—	—	—	—
销售卷烟	(亿支)	14.64	14.74	9.70	12.61	11.20
	2010年比2009年(%)	1.39	3.60	6.50	1.64	2.75
卷烟销售收入(万元)		63076	67527	50455	60757	50255
实现税利	(万元)	10759	12359	8429	9923	8806
	2010年比2009年(%)	-5.88	-17.16	8.23	2.53	10.32
实现利润	(万元)	4699	5796	3787	4208	4122
	2010年比2009年(%)	-33.84	-43.11	-18.23	-23.41	-12.80
查处涉烟违法案件(起)		151	149	102	208	146
查处涉烟违法案件案值(万元)		1190	1321	465	443	1042
2010年度烟草行业投入烟叶生产基础设施建设资金(万元)		—	—	—	—	—
烟水配套工程累计受益面积(万亩)		—	—	—	—	—
烟叶种植(亩)		—	—	—	—	—
烟叶收购(担)		—	—	—	—	—
零售户数(户)		2237	1805	868	1095	1024
零售户销售毛利率(%)		14.55	21.59	14.08	13.87	13.59

地市级局(公司)名称		上海市烟草专卖局松江分局(有限公司)	上海市烟草专卖局奉贤分局(有限公司)	上海市烟草专卖局黄浦分局(有限公司)	上海市烟草专卖局静安分局(有限公司)	上海市烟草专卖局杨浦分局(有限公司)
主要负责人/法人代表		吴国权	朱永征	史荣康	陆忠平	朱 华
总资产(万元)		32354	36018	96348	15906	15773
资产负债率(%)		8.04	14.43	2.04	17.23	15.68
所属县级局(个)		—	—	—	—	—
所属县级公司/分公司(个)		—	—	—	—	—
所属县级营销部(个)		—	—	—	—	—
从业人员(人)		351	560	399	236	282
所属业务机构	访销机构	1个营销部	1个营销部	1个营销部	1个营销部	1个营销部
	物流配送机构	—	—	—	—	—
	稽查机构	1个稽查支队	1个稽查支队	1个稽查支队	1个稽查支队	1个稽查支队
	烟叶机构	—	—	—	—	—
销售卷烟	(亿支)	15.56	15.85	20.48	5.70	14.65
	2010年比2009年(%)	1.10	1.60	2.35	5.80	4.90
卷烟销售收入(万元)		64658	63344	122543	31039	65663

续表

地市级局(公司)名称		上海市烟草专卖局松江分局(有限公司)	上海市烟草专卖局奉贤分局(有限公司)	上海市烟草专卖局黄浦分局(有限公司)	上海市烟草专卖局静安分局(有限公司)	上海市烟草专卖局杨浦分局(有限公司)
实现税利	(万元)	12498	11929	28587	5956	9666
	2010 年比 2009 年(%)	-14.40	-7.01	3.09	6.48	-1.26
实现利润	(万元)	6347	4617	16057	2648	3983
	2010 年比 2009 年(%)	-36.66	-19.40	-13.40	-17.27	-22.68
查处涉烟违法案件(起)		339	68	40	85	92
查处涉烟违法案件案值(万元)		763	252	275	1444	661
2010 年度烟草行业投入烟叶生产基础设施建设资金(万元)		—	—	—	—	—
烟水配套工程累计受益面积(万亩)		—	—	—	—	—
烟叶种植(亩)		—	—	—	—	—
烟叶收购(担)		—	—	—	—	—
零售户数(户)		2043	2311	1100	599	1122
零售户销售毛利率(%)		14.12	20.57	14.18	17.50	13.50

地市级局(公司)名称		上海市烟草专卖局徐汇分局(有限公司)	上海市烟草专卖局卢湾分局(有限公司)	上海市烟草专卖局闵行分局(有限公司)	上海市烟草专卖局嘉定分局(有限公司)	上海市烟草专卖局驻上海铁路专卖局(有限公司)
主要负责人/法人代表		刘正渝	钟家苏	岑鼎崑	陆志明	蒋仲麟/倪鸿宾
总资产(万元)		14195	42439	35321	27024	3363
资产负债率(%)		3.64	11.59	6.88	7.48	2.62
所属县级局(个)		—	—	—	—	—
所属县级公司/分公司(个)		—	—	—	—	—
所属县级营销部(个)		—	—	—	—	—
从业人员(人)		202	819	448	544	51
所属业务机构	访销机构	1 个营销部	1 个营销部	1 个营销部	1 个营销部	1 个营销部
	物流配送机构	—	—	—	—	—
	稽查机构	1 个稽查支队	1 个稽查支队	1 个稽查支队	1 个稽查支队	1 个稽查队
	烟叶机构	—	—	—	—	—
销售卷烟	(亿支)	9.89	7.25	18.30	19.73	1.61
	2010 年比 2009 年(%)	1.93	2.55	2.00	1.96	3.53
卷烟销售收入(万元)		48785	31388	83593	91075	8459
实现税利	(万元)	7940	13580	18157	15666	1676
	2010 年比 2009 年(%)	3.83	22.19	4.04	6.49	-4.71
实现利润	(万元)	3392	8120	10007	7036	840
	2010 年比 2009 年(%)	-23.88	16.05	-15.21	-18.69	-24.44
查处涉烟违法案件(起)		93	43	592	106	10
查处涉烟违法案件案值(万元)		507	45	1150	724	198
2010 年度烟草行业投入烟叶生产基础设施建设资金(万元)		—	—	—	—	—

续表

地市级局（公司）名称	上海市烟草专卖局徐汇分局（有限公司）	上海市烟草专卖局卢湾分局（有限公司）	上海市烟草专卖局闵行分局（有限公司）	上海市烟草专卖局嘉定分局（有限公司）	上海市烟草专卖局驻上海铁路专卖局（有限公司）
烟水配套工程累计受益面积（万亩）	—	—	—	—	—
烟叶种植（亩）	—	—	—	—	—
烟叶收购（担）	—	—	—	—	—
零售户数（户）	848	567	1817	2430	87
零售户销售毛利率（%）	16.60	13.95	13.90	13.75	11.00

（李　燕）

江苏省烟草专卖局（公司）

【概　况】 江苏省烟草专卖局成立于1983年7月，中国烟草总公司江苏省公司组建于1982年11月。省局（公司）下辖13家地市级烟草专卖局（公司）、68家县级烟草专卖局（分公司）及多元化经营企业江苏金丝利集团公司。截至2010年年底，公司拥有总资产464.69亿元，其中，固定资产37.40亿元、流动资产415.52亿元，资产负债率为4.68%。共有从业人员11994人，其中聘用员工7735人。

2010年，省局（公司）被江苏省精神文明建设指导委员会评为“江苏省文明行业”。

【领导成员】 局长、总经理、党组书记：尉彭城

副总经理、党组成员：杨兴泉

副局长、党组成员：樊剑峰

纪检组长、党组成员：马鲁宁

副总经理、党组成员：刘加荣

副巡视员：范　宁

副巡视员：潘立慧（2010.11—）

副巡视员：秦立华（2010.11—）

【机构设置】 省局（公司）机关设办公室（外事办公室）、综合计划处（经济运行处）、物流管理处、专卖监督管理处（专卖稽查总队、内部专卖监督管理处）、政策法规和体制改革处、财务管理处（国有资产管理处、资金管理中心、投资管理处）、审计处、人事劳资处（烟草职工教育培训中心、离退休人员管理办公室）、思想政治工作处（机关党委、工会）、监察处（与党组纪检组合署办公）、安全保卫处、卷烟销售管理处、经济信息中心、烟草质量监督检测站（科技处）、职业技能鉴定站、机关服务中心、烟草学会、金丝利集团公司等18个处室（部门），其中，物流管理处成立于2010年11月。

【专卖管理】 卷烟打假。加大与公、检、法协作力度，在省公安厅挂牌督办案件7起，在公安部挂牌督办案件3起。3月24日，省局、省公安厅联合召开全省卷烟打假工作总结表彰会。加强省内片区协作，把全省划分为苏南、苏中、苏北三个打假协作片区，一年两次定期召开片区烟草、公安打假协作会。

2010年，全省共出动打假人员10.59万人次，查处涉烟违法案件2.44万起，查获非法卷烟2.92亿支，上缴罚没款3082万元。打掉符合国家局标准的制售假烟网络案件50起。公安、司法机关依法拘留440人，逮捕156人，判刑293人。

市场监管。坚持每月市场访查制度，通报访查结果。对达到标准的大要案及时通报嘉奖，全年共发嘉奖令51个。开展“冬季会战”、“闪电7号”、“闪电8号”等3次市场集中专项整治活动。省局（公司）连续五年获“全国卷烟打假工作特殊贡献奖”。突出加强同级监管，对江苏中烟淮阴卷烟厂、南京卷烟厂，以及苏州市局（公司）等9家地市级局（公司）开展专项检查。

内部专卖管理监督。6月，省局下发《江苏省烟草专卖局贯彻落实内管工作规范实施细则》，要求各地市局在保障专卖内管部门专职内管人员达10%的基础上，在营销、物流、财务等部门设置兼职内管员，在重点业务部门配备内管联络员。下发《江苏省烟草专卖局内部专卖管理监督工作考核办法（试行）》，对辖区内卷烟工商企业的生产经营、专卖内管工作等进行重点检查和考核。

【经济效益】 2010年，全省烟草商业系统实现税利140.52亿元，同比增长4.9%，其中利润87.42亿元，同比下降7.32%。三项费用率为4.37%。

【卷烟经营】 卷烟销售。全年共销售卷烟1325.45亿支（265.09万箱），同比增长1.90%，其中，销售一类烟208.85亿支（41.77万箱）、二类烟88.35亿支（17.67万箱）、三类烟383.75亿支（76.75万箱）、四类烟490.4亿支（98.08万箱）、五类烟154.10亿支（30.82万箱）。销售省产卷烟606.65亿支（121.33万箱），同比下降0.22%。本地区销量居前三位的品牌是"南京"、"一品梅"、"红杉树"，销量分别为222.85亿支（44.57万箱）、185.20亿支（37.04万箱）、125.95亿支（25.19万箱）。

全年实现卷烟销售收入496.34亿元，同比增长9.30%。实现税利139.95亿元，同比增长4.43%；利润87.13亿元，同比下降7.70%。

工商协同营销。构筑信息互动机制，逐月向工业企业反馈各具特色的《江苏市场信息》，全年寄发252份。定期向工业企业征询其企业发展、品牌发展动向，不定期对工业企业市场动态进行分析，全年撰写《重点工业企业市场动态》33份。

终端建设。推进"卷烟零售经营服务标准店"项目建设。开展"标准店"分组抽签工作，在分组时做到市场类型、零售业态分布比例基本一致，抽签时规范程序、阳光操作。制定《关于做好"卷烟零售经营服务标准店"卷烟陈列的指导意见》，明确卷烟陈列的基本原则、具体规范和相关要求。加强"标准店"建设质量监督，确保项目按计划推进。截至年底，全省共完成8360家"卷烟零售经营服务标准店"建设。

创建优秀分公司。省局（公司）制定《关于创建优秀县级烟草分公司的实施意见》，对创优内容和标准进行细化分解。在《江苏网建信息》开设创优工作专栏，加强对创建工作指导。2月，在常州市溧阳分公司召开全省创建优秀县级分公司工作推进会，对溧阳分公司的经验做法进行现场展示，并对全省创建工作进行动员部署。经考核，全年共有13家县级烟草分公司创建工作达到"优秀"等级。

品牌培育与服务。对在销卷烟品牌进行梳理，编制《江苏省卷烟品牌培育管理资料》，加强品牌培育的目录管理、分类指导。根据工业企业品牌整合的方向，了解工业企业的发展思路和发展方向，及时通报基层。推进"公开服务承诺"活动，下发《关于广泛开展"公开服务承诺"的实施意见》，对零售户作出"八讲八不"、对工业企业作出"八化八要"的服务承诺。健全服务质量评价体系，各市公司建立了网上客户投诉渠道，全方位监控服务质量。

物流建设。加强物流中心管理制度建设，编制《卷烟物流配送中心管理规范》、《卷烟物流配送中心7S现场管理实施办法》等。除苏州市公司外，全省12家地市级公司实现了卷烟物流配送中心一库制运行。推进物流信息化建设，物流管理信息系统、仓储管理系统、运输管理系统、视频监控系统等在省公司、各地市公司均投入试运行。1月，开展卷烟物流中转站整合工作，重新规划大市范围内各县（区）卷烟中转站的设置。5月25日，省公司成功承办全国烟草行业现代物流建设工作会议，在会上交流了江苏烟草现代物流建设的做法和经验。

【基层创优】 5月，省局下发《江苏省烟草专卖局创建优秀县级烟草专卖局评价细则》，所属各单位积极开展宣传发动工作。6月22日至9月9日，省局创建优秀县级局验收评价小组对东海县局等15个创建优秀县级局试点单位进行验收，各试点单位均达到优秀。全年全省烟草专卖系统完成53个县级局的创优秀达标工作，提前一年完成优秀县级局创建工作目标任务。

【技术创新】 立项工作取得新突破，"烟草商业企业物流配送运输管理系统开发与应用"列入2010年度国家局科技项目计划。确定"人力资源管理信息系统研发与应用"等37个项目为2010年省局级科技项目，并对2009年取得的"烟草商业电子商务平台开发及应用"等28个科技创新成果进行奖励。加强标准化工作，省局（公司）申报的"烟草商业企业物流管理信息系统统一平台技术规范"、"烟草商业企业运输管理系统终端设备SIM卡号码编码规则"和常州市局（公司）申报的"烟草商业企业卷烟物流中心现场管理标准"等3个标准项目获国家局2010年度烟草行业标准制修订项目立项。重视知识产权工作，全年共获得"一种基于短信模块的数据采集监控系统"等授权专利6项，"工作过程的实时监控系统和方法"等11项专利申请获国家知识产权局受理。

【队伍建设】 推进专卖队伍建设，召开两高司法解释培训班，省公、检、法及烟草专卖等部门共计2520人参加学习；举办六期烟草专卖管理队伍法律法规知识及内管工作培训班，培训员工732人。

提升销售人员素质，4月，举办全省卷烟销售网络管理人员培训班，介绍零售终端建设的新思维、新办法；各单位全年共培训销售人员2.02万人次；7月，组织全省首届卷烟商品营销员职业技能竞赛。

加强物流队伍建设，6月，举办全省烟草系统第三届物流师（助理物流师）职业资格培训班，培训员工40名；11月，举办全省烟草系统卷烟物流配送中心第二届技能比赛，13个代表队共147名参赛选手参加了叉车技能、车辆驾驶、分拣技能等3个项目的比赛。

【企业文化】 四项工程。1月，省局（公司）下发《2010年度文化建设上水平、创一流工作要点》。5月，召开全省行业企业文化和文明行业创建的推进会，全面启动企业文化建设四项工程，即“企业文化载体推进工程”，省局（公司）制定企业文化中心的建设方案，截至年底，有2个市局（公司）、近20个县局（分公司）建成了文化中心（室）；“行为文化规范工程”，组织人员编写行业窗口岗位行为规范等文本，以南通市局（公司）为试点推进文化规范工程；“视觉识别系统应用工程”，省局（公司）于4月召开了“中国烟草”统一标志的导入工作的培训班；“文明行业创建工程”，全省13个市局（公司）系统通过省级文明行业的评定，省局（公司）被江苏省精神文明建设指导委员会评为“江苏省文明行业”。

企业文化架构体系建设。导入企业文化评价体系，建立企业文化评价体系网上平台，形成完整的评价报告，并组织编写企业文化手册。确定以“戒浮戒躁、恒心恒行、至诚至善、共建共享”为江苏烟草的企业文化用语和行为准则。

【“十一五”发展概要】 经济运行保持平稳发展。“十一五”期间，全省烟草商业系统累计实现销售收入（不含税）2200亿元，累计实现税利605亿元，年平均增幅均超过10%。2010年，资产总额为464.69亿元，比2005年增长133%。省局（公司）连续四年获“全国卷烟销售工作先进单位一等奖”、连续五年获“全国卷烟打假工作特殊贡献奖”。

以抓好培育品牌为“第一要务”，促进全国卷烟知名品牌稳健成长。实施按客户订单组织货源工作，探索建立精准营销体系。

专卖管理取得明显成效。“十一五”期间，建立完善专卖行政执法主体资格认证制度、行政执法监督和错案追究制度。全省行业共出动专卖打假人员77.5万人次，查处涉烟违法案件14.18万起，其中网络案件185起，上缴罚没款1.48亿元。公安、司法机关依法刑事拘留2326人，逮捕879人，判刑1599人。

推动传统商业向现代流通转变。2005年，省局（公司）率先在全国建立“省级客户投诉中心”，制定“商业系统客户服务评价体系”。2006年，网建整体推进工作获全国优秀等级。2009年，全省启动“卷烟零售经营服务标准店”建设项目。同年，全国卷烟销售网络建设现场会在徐州召开。2010年，研发推广以网上订货为主要形式的电子商务平台。到“十一五”末，全省网上订货客户达25.12万户，占客户总数的70.98%，其中利用互联网订货的客户比例达67.81%。探索现代物流建设与管理的新模式，加强卷烟物流配送中心的建设，达到“适度自动化、高度信息化”水平。2010年，全国烟草行业现代物流建设工作会议在南京召开。

企业管理不断加强。初步建立全面预算管理体系，推进母子公司体制改革，成本费用利润率指标在全行业居领先水平。加大信息化建设水平，专卖营销、办公自动化、会计核算、人力资源等信息系统在全省行业相继实施。推进办事公开民主管理，构建内部管理监督长效机制，打造“阳光烟草”。

三个文明全面发展。深入推进物质文明、精神文明、政治文明建设，开展“两个至上”主题实践活动、学习实践科学发展观活动和创先争优活动，探索以“进班子、进岗位、进制度、进流程”为重点的“四进”模式。重视干部素质提升，到“十一五”末，全省行业45岁及以下的干部占干部总数的56.35%，大专及以上学历的干部占86.03%，拥有中高级专业技术职称的干部占20.88%。制定《江苏烟草商业系统企业文化建设实施意见》，以“戒浮戒躁、恒心恒行、至诚至善、共建共享”为企业精神，构建母子文化架构体系。开展创建文明行业活动，2010年获“江苏省文明行业”称号。

【特事要辑】 4月2日，国家局副局长何泽华到江苏省局（公司）考察并检查现代物流建设工作会议筹备情况。

5月21日，国家局局长姜成康一行到江苏省局（公司）考察。

5月25～26日，全国烟草行业现代物流建设工作会议在江苏南京召开。

6月22～24日，国家局副局长张保振到江苏省局（公司）考察并出席全国烟草行业服务品牌建设汇报会。

7月19～21日，国家局局长姜成康考察江苏无锡、苏州市局（公司）。

9月16～17日，全国烟草行业物联网建设规划研讨会在江苏无锡召开。

12月23日，国家局局长姜成康到江苏省局（公司）考察。

2010 年江苏省局（公司）主要统计指标汇总

实现税利（亿元）	实现利润（亿元）	销售卷烟（亿支）	烟叶种植（万亩）	烟叶收购（万担）
140.52	87.42	1325.45	—	—

所属地市级局（公司）

【南京市烟草专卖局（公司）】 南京市烟草专卖局、江苏省烟草公司南京市公司组建于 1983 年。下辖浦口区、六合区、江宁区、溧水县、高淳县等 5 个县级烟草专卖局（分公司）和第一、二、三、四分局（分公司）。2010 年，六合区局（分公司）获“江苏省文明单位”称号。

充分发挥卷烟打假主力军作用，重视案件经营，坚持联合打假，市局连续 4 年获全省打假“特殊贡献奖”，第二分局经办的“7.28”案件获国家局表彰。提升现代物流管理水平，完成 2010 年全国烟草行业现代物流建设工作会议的现场展示任务，先后接待 150 余批次 4000 多人次参观交流。加强党务政务公开，开展办事公开民主管理试点工作，市局（公司）承办了全省办事公开民主管理现场会。重视科技创新，“南京烟草企业文化建设的研究与实践”项目获江苏省局（公司）科技创新一等奖。

【苏州市烟草专卖局（公司）】 苏州市烟草专卖局、江苏省烟草公司苏州市公司成立于 1983 年 7 月。下辖吴江市、昆山市、太仓市、常熟市、张家港市等 5 个县级烟草专卖局（分公司）和吴城分局（分公司）。

8 月 5 日，向国家知识产权局申请“卷烟配送用分拣装置”实用新型专利。12 月 14 日，吴江市局（分公司）档案工作晋升为省五星级，至此，苏州市局（公司）本级及所属 5 个县级局（分公司）全部通过了档案管理工作省五星级标准的测评验收。

【无锡市烟草专卖局（公司）】 无锡市烟草专卖局、江苏省烟草公司无锡市公司成立于 1984 年 1 月。下辖江阴市、宜兴市 2 个县级烟草专卖局（分公司）和锡惠分局（分公司）。

辖区零售户中，采用电脑订货的占零售户总数的 80%，采用 ITV 电视机顶盒订货的占 20%，实现了 100% 网上订货率。对标指标保持领先，在省局（公司）公布的 13 项对标指标排名中，市局（公司）有 4 项指标列全省第一，4 项列全省第二。

【常州市烟草专卖局（公司）】 常州市烟草专卖局、江苏省烟草公司常州市公司成立于 1984 年。下辖武进区、金坛市、溧阳市 3 个县级烟草专卖局（分公司）。

以 7S 现场管理为平台，建设现代物流，先后获“江苏省优秀质量信得过班组”、“常州市优秀质量管理小组”等荣誉。加强零售终端建设，在统一柜台基础上，完成 626 家“卷烟零售经营服务标准店”建设。承担编制行业《烟草商业物流中心现场管理规范》并通过技术审核。全年申请专利 1 项，向省局（公司）申请立项创新项目 2 项，“服务保障信息系统”项目被评为省局（公司）科技创新项目一等奖。

【镇江市烟草专卖局（公司）】 镇江市烟草专卖局、江苏省烟草公司镇江市公司组建于 1983 年。下辖丹阳市、句容市、扬中市和丹徒区等 4 个县级烟草专卖局（分公司）。

推进企业文化建设，成功举办首届“企业文化周”活动。建立烟草志愿者队伍，通过江苏省文明委验收并获“江苏省文明行业”称号。

【南通市烟草专卖局（公司）】 南通市烟草专卖局、江苏省烟草公司南通市公司成立于 1983 年 5 月 1 日。下辖海安县、如皋市、如东县、通州区、海门市、启东市等 6 个县级烟草专卖局（分公司）。2010 年，市局（公司）被中国质量协会授予“全国实施卓越绩效模式先进企业”称号。

创新市场监管机制，建立专卖、营销良性沟通机制，增强对市场的动态把握和监控。完成 747 家零售“标准店”建设，全区使用互联网和手机上网订货的客户比例达 84%。物流中心改扩建主体工程基本完工。整合全区物流资源配置，实施 7S 现场管理，运用 TMS 系统调度大市范围内卷烟配送。完成文化中心建设，出版《南通烟草企业文化丛书》。

【扬州市烟草专卖局（公司）】 扬州市烟草专卖局、江苏省烟草公司扬州市公司成立于 1983 年 7 月。

下辖邗江区、仪征市、江都市、高邮市、宝应县等5个县级烟草专卖局（分公司）。

推进卷烟物流建设，“整托盘模式”运转模式项目在省局（公司）立项，通过对项目的研究和试运行，实现卷烟分区存放、分区管理、分区盘点，扫码数据准确率从95%提升到99.8%，分拣时间缩短了3~4个小时，同城物流响应时间从48小时缩短到12小时。加强物流理论创新，市局（公司）撰写的《把握三个方向，做好三个结合，努力打造烟草物流服务品牌》获得江苏省物流论文大赛二等奖。

【泰州市烟草专卖局（公司）】 泰州市烟草专卖局、江苏省烟草公司泰州市公司成立于1996年10月。下辖靖江市、泰兴市、姜堰市、兴化市等4个县级烟草专卖局（分公司）。2010年，市局（公司）被江苏省全面推进依法行政工作领导小组授予“江苏省依法行政示范点”称号，驻市民服务中心烟草办证窗口连续第五年获“红旗窗口”称号。

辖区实现跨行政区送货，车载率、单车送货户数以及送货安全性指标均有所提升，初步实现降本增效的目标。开展创建优秀县级局（分公司）活动，初步实现基层单位建设的标准化、规范化和制度化，试点单位均通过省局（公司）验收，并评为优秀等级。开展“企业文化推进年”及各类文体活动，建设企业文化中心（文化室）。

【盐城市烟草专卖局（公司）】 盐城市烟草专卖局、江苏省烟草公司盐城市公司组建于1983年。下辖响水县、滨海县、阜宁县、建湖县、射阳县、大丰市、东台市等7个县级烟草专卖局（分公司）。

创新专卖数字化目标管理，创立“专卖监管力度指数、专卖市场规范指数、专卖队伍素质指数”等关键绩效指标，运用对标管理的方式，具体客观评价基层专卖工作。重视提升员工素质，开办盐城烟草首届工商管理硕士研究生班。

【淮安市烟草专卖局（公司）】 淮安市烟草专卖局、江苏省烟草公司淮安市公司成立于1983年。下辖淮阴区、涟水县、楚州区、洪泽县、盱眙县、金湖县等6个县级烟草专卖局（分公司）。2010年，被中华全国总工会授予“全国工会系统‘五五’普法先进单位”称号。

加强网络建设，建设280户“标准店”，建成明码实价“示范街”87条。扎实推进基础管理。通过“三标合贯”外审，无不合格事项；加强预算管理和资金管理，严格控制成本费用支出，费用水平在全省行业下降幅度最大。9月，全省办事公开民主管理推进会在淮安召开。

【宿迁市烟草专卖局（公司）】 宿迁市烟草专卖局、江苏省烟草公司宿迁市公司成立于1996年。下辖沭阳县、泗阳县、泗洪县、宿豫区等4个县级烟草专卖局（分公司）。

全年开展9次专项整治行动，查处符合国家局标准的网络案件6起，其中，“5.11”案件为公安部挂牌督办案件，“1.16”和“6.22”案件受国家局通报表彰。实施全市统一货源分配新办法，网上订货率达78.33%。建设217个“标准店”。开设“客户大讲堂”，提升客户营销能力。创建优秀县级烟草分公司，沭阳县分公司通过省局（公司）优秀验收。开展优秀营销团队创建活动，组建10个营销团队，增强服务客户能力。推进烟草物流7S现场管理，提升管理水平。

【徐州市烟草专卖局（公司）】 徐州市烟草专卖局、江苏省烟草公司徐州市公司成立于1983年。下辖丰县、沛县、睢宁县、新沂市、邳州市、铜山县、贾汪区等7个县级烟草专卖局（分公司）。

全年破获符合国家局标准的网络案件3起，其中“4.16”案件利用航空物流贩售假私卷烟特大网络案件，开创涉烟刑事案件多项之最。改革用工分配制度，在“四定”过程中，实施全员双向选择、竞聘上岗和科级干部公推竞岗，彻底摒弃身份管理，实现岗位管理。开展企业文化建设，投入300余万元，启动企业文化中心（文化室）建设。

【连云港市烟草专卖局（公司）】 连云港市烟草专卖局、江苏省烟草公司连云港市公司成立于1983年。下辖赣榆县、东海县、灌云县、灌南县等4个县级烟草专卖局（分公司）。

围绕“卷烟上水平”的目标任务，印发市场营销、市场监管、内部监管、基础管理、队伍建设、文化建设等6项工作“上水平、创一流”实施意见。

所属其他二级单位

【江苏金丝利集团公司】 江苏金丝利集团公司成立于1994年3月，注册资本为1.71亿元。作为省局（公司）下辖的多元化经营企业，主要从事实业投资、国内贸易、技术咨询、技术服务等业务。公司下辖南京金丝利喜来登酒店、江苏金丝利租赁有限公司、江苏金丝利药业有限公司等3家子公司。截至年底，公司拥有总资产8.11亿元，其中，固定资产3.89亿元、流动资产3.29亿元，资产负债率为10.71%。

2010年，公司实现营业收入13915万元，同比增长17.76%。实现利润2500万元，同比增长47.4%。

2010年江苏省烟草商业系统主要情况统计

地市级局(公司)名称		南京市烟草专卖局(公司)	苏州市烟草专卖局(公司)	无锡市烟草专卖局(公司)	常州市烟草专卖局(公司)	镇江市烟草专卖局(公司)	南通市烟草专卖局(公司)	扬州市烟草专卖局(公司)
主要负责人/法人代表		李潮江	许亚楠	王玉平	袁　纯	胡龙海	秦立华	潘茂才
总资产(万元)		589725	588945	470324	255199	194907	304235	227486
资产负债率(%)		10.14	9.66	14.79	11.00	11.83	10.70	11.25
所属县级局(个)		9	6	3	3	4	6	5
所属县级公司/分公司(个)		9个分公司	6个分公司	3个分公司	3个分公司	4个分公司	6个分公司	5个分公司
所属县级营销部(个)		—	—	—	—	—	—	—
从业人员(人)		1272	1272	814	658	562	911	904
所属业务机构	访销机构	1个营销中心、1个电访中心	1个营销中心、1个电访中心	1个营销中心	1个营销中心	1个营销中心、1个电访中心	1个营销中心、1个电访中心	1个营销中心
	物流配送机构	1个物流配送中心	1个物流中心、1个配送中心	1个物流配送中心	1个物流中心、2个配送站	1个物流中心、1个配送中心	1个物流配送中心	1个物流中心
	稽查机构	1个稽查支队	10个稽查大队	5个稽查大队	15个稽查大队	3个稽查大队	9个稽查大队	6个稽查大队
	烟叶机构	—	—	—	—	—	—	—
销售卷烟	(亿支)	163.25	172.93	113.80	81.50	61.30	118.50	84.63
	2010年比2009年(%)	2.54	2.78	2.22	3.20	2.10	1.70	1.52
卷烟销售收入(万元)		732414	729453	554881	359072	272976	453558	330761
实现税利	(万元)	203812	223202	173570	106216	76844	128636	90044
	2010年比2009年(%)	4.70	4.14	6.79	6.97	3.68	3.36	3.49
实现利润	(万元)	132681	144971	109151	66382	47465	79835	54644
	2010年比2009年(%)	-0.63	-5.71	-5.64	-6.76	-8.62	-10.79	-10.21
查处涉烟违法案件(起)		3468	2727	2974	1648	686	1415	2570
查处涉烟违法案件案值(万元)		1254	3727	1447	4600	3825	2157	888
2010年度烟草行业投入烟叶生产基础设施建设资金(万元)		—	—	—	—	—	—	—
烟水配套工程累计受益面积(万亩)		—	—	—	—	—	—	—
烟叶种植(亩)		—	—	—	—	—	—	—
烟叶收购(担)		—	—	—	—	—	—	—
零售户数(户)		24602	37804	24012	16146	16498	36000	24075
零售户销售毛利率(%)		13.32	27.54	10.26	10.10	11.00	10.00	10.00

地市级局(公司)名称		泰州市烟草专卖局(公司)	盐城市烟草专卖局(公司)	淮安市烟草专卖局(公司)	宿迁市烟草专卖局(公司)	徐州市烟草专卖局(公司)	连云港市烟草专卖局(公司)
主要负责人/法人代表		刘培峰	李成军	李前效	李江苏	廉　文	杨思藻
总资产(万元)		221818	222301	119413	84744	199436	98179.26
资产负债率(%)		14.00	8.42	9.20	0.12	11.54	11.72
所属县级局(个)		4	7	6	4	7	4
所属县级公司/分公司(个)		4个分公司	7个分公司	6个分公司	4个分公司	7个分公司	4个分公司
所属县级营销部(个)		—	—	—	—	—	—
从业人员(人)		924	1069	718	720	1285	694
所属业务机构	访销机构	1个营销中心、1个电访中心	1个营销中心、1个电访中心	1个营销中心	1个营销中心、1个电访中心	1个营销中心	1个营销中心、1个电访中心
	物流配送机构	1个物流中心、4个中转站	1个物流配送中心	1个物流配送中心	1个物流中心、4个卷烟中转站	1个物流配送中心	1个配送中心
	稽查机构	7个稽查大队	7个稽查大队	7个稽查大队	6个稽查大队	13个稽查大队	7个稽查大队
	烟叶机构	—	—	—	—	—	—
销售卷烟	(亿支)	83.15	120.24	68.00	60.20	134.57	65.05
	2010年比2009年(%)	1.60	1.01	1.49	1.14	1.45	1.47
卷烟销售收入(万元)		320791	355942	201372	140754	349533	167741
实现税利	(万元)	89374	91913	48257	30535	82815	38076
	2010年比2009年(%)	0.98	5.05	7.10	2.81	12.04	5.25
实现利润	(万元)	53051	55279	27267	16812	46333	20634
	2010年比2009年(%)	-14.81	-10.07	-9.59	-13.63	-2.79	-12.93
查处涉烟违法案件(起)		1235	1077	1732	817	4744	993
查处涉烟违法案件案值(万元)		1085	596	738	291	1234	1117
2010年度烟草行业投入烟叶生产基础设施建设资金(万元)		—	—	—	—	—	—
烟水配套工程累计受益面积(万亩)		—	—	—	—	—	—
烟叶种植(亩)		—	—	—	—	—	—
烟叶收购(担)		—	—	—	—	—	—
零售户数(户)		26730	40775	27240	23783	41169	21728
零售户销售毛利率(%)		10.58	12.91	10.00	10.50	10.70	13.00

（张　华）

浙江省烟草专卖局（公司）

【概　况】 浙江省烟草专卖局、浙江省烟草公司组建于1984年3月。1985年1月，浙江省烟草公司正式上划中国烟草总公司，更名为中国烟草总公司浙江省公司。2008年年底，完成母子公司体制改革。省局（公司）下辖11家地市级烟草专卖局（公司），64家县级烟草专卖局（分公司），以及浙江烟草进出口有限公司、浙江烟草投资管理有限责任公司。截至2010年年底，公司拥有总资产398.51亿元，其中，固定资产37.69亿元、流动资产337.94亿元，资产负债率为11.21%。共有从业人员10815人。

2010年，省局（公司）被浙江省总工会、浙江省经济和信息化委员会、浙江省国有资产监督管理委员会、浙江省企业联合会、浙江省企业家协会联合授予“浙江省企业文化优秀单位”称号。

【领导成员】 局长、总经理、党组书记：钱锦根（—2010.8）

局长、总经理、党组书记：邱　萍（2010年8月前任副局长、党组成员）

副总经理、党组成员：于政雄

副总经理、党组成员：戴伟坤

纪检组长、党组成员：王德源

副巡视员：黄晓峰

副巡视员：章福祥

【机构设置】 省局（公司）机关设办公室（外事办公室）、综合计划处（经济运行处）、专卖监督管理处（专卖稽查总队、内部专卖监督管理处）、政策法规和体制改革处、财务管理处、审计处、科技处、人事劳资处、思想政治工作处、监察处（与党组纪检组合署办公）、安全保卫处、卷烟销售管理处等12个职能处室，浙江烟草进出口有限公司、浙江烟草投资管理有限责任公司2个全资子公司，以及信息中心、烟草质量监督检测站（与科技处合署办公）、机关服务中心、浙江省烟草拍卖行、烟草学会秘书处等专业部门和机构。

【专卖管理】 联合打假。与浙江省公安部门联合成立浙江省打击制售假烟网络犯罪工作领导小组，设立打网办。出台《浙江省涉烟重大刑事案件督办规定》，对重大案件实行督办制度。与上海铁路公安局杭州公安处、浙江省道路运输管理局建立长效协作机制、通报机制、密切协作和协助监管机制，坚持属地管辖原则，切断假烟运输线，打击非法运输烟草专卖品行为。严厉打击利用互联网等信息网络非法经营烟草专卖品违法犯罪活动，浙江省烟草、通信管理、公安、工商等4部门联合发文，加强互联网监管，建立联合执法工作机制、案件移送制度和联席会议制度，制定互联网监管工作流程和实施方案。加强与检察院、法院等司法部门沟通，协调有关办案证据标准、证据转化和涉案金额认定等问题。湖州“3.28”案成为省内首例依非法卷烟数量追刑的案件。

卷烟打假打私。全年共查获涉烟违法案件1.96万起，其中案值5万元以上的大要案663起。查获非法卷烟2.92亿支，其中假烟1.72亿支；依法拘留、逮捕涉烟违法犯罪人员502人，同比增长21%，判刑514人。破获符合公安部、国家局标准的制售假烟网络案件73起，同比增加10起。办结部督案件4起，其中，海宁“1.31”部督2号运销假烟案涉案金额2亿元，抓捕犯罪嫌疑人18人，中央电视台《新闻直播间》对该案进行了全面报道。此外，破获的宁波“1.8”带有黑社会性质团伙的销售假烟案、义乌“4.22”跨国运输假烟案、临安“10.31”利用互联网销售假烟案、象山“5.12”非法购进烟机案等，具有较大影响力。

内部专卖管理监督。内管办与专卖管理所、稽查支队加强协作，专卖片管员在量化分析的基础上，带着线索走市场，在市场走访中主动发现问题。加大内管办与稽查支队互通信息力度，共同查处案件，净化内部经营环境。以网上检查和实地检查相结合的方式，对11个地市级局（公司）内管工作进行定期检查。各县级局严格执行月度检查制度，检查的内容和结果作为年终考核的重要依据，并进行通报。组织领导干部轮训，举办地市级局（公司）中层干部培训班、业务经营从业人员行纪行规、内控制度、典型案例等培训活动。各单位建立内管论坛，推动监管防线前移。完善内管内控制度，明确专卖管理所、市场管理员的监管职责、标准和程序。

专卖队伍建设。在全省范围组织“争优秀专卖所队、争当优秀岗位技术能手”活动，评选十佳专卖所队和十大专卖岗位技术能手。各地市级局以“双争”活动为载体，强化全区专卖所队建设，统一规范专卖所队人员配置、职能定位、形象标志。开展岗位技能鉴定工作，建立健全岗位准入、考评、退出的相关制度和标准，落实持证上岗。

【经济效益】 2010年，全省烟草商业系统实现税利166.12亿元，其中利润101.32亿元。三项费用率为5.56%。

【卷烟经营】 卷烟销售。全年销售卷烟1261.05亿支（252.21万箱），同比增长1.64%，其中，销售一类烟315.5亿支（63.1万箱），同比增长14.38%；二类烟113.65亿支（22.73万箱），同比增长6.07%；三类烟349.1亿支（69.82万箱），同比增长5.33%；四类烟375.05亿支（75.01万箱），同比下降6.17%；五类烟107.75亿支（21.55万箱），同比下降14.85%。本地区销量居前三位的品牌为“利群”、“雄狮”、“大红鹰”，其中，“利群”销量为266.75亿支（53.35万箱），同比增长14.64%；“雄狮”销量为209.1亿支（41.82万箱），同比下降4.49%；“大红鹰”销量为87.05亿支（17.41万箱），同比下降0.77%。

全年实现卷烟销售收入583.17亿元，同比增长

9.98%。实现卷烟税利 165.38 亿元，同比增长 4.12%，其中利润 100.89 亿元，同比下降 8.86%。

完善营销策略。以优化结构为重点，以均衡销售为目标，以稳定价格为前提，做好重点品牌，尤其是“中华”和“利群”的销售工作，保持结构稳步提升。增加四类烟销量指标，保持销量的稳定增长。采取季度销量考核办法，完善均衡供货。规范卷烟价格管理，对市场价格倒挂或存销比偏大的品牌规格，采取限调措施。规范高价位卷烟销售行为，出台《关于规范自营零售商店对卷烟集团消费货源供应的意见》。利用信息化手段加强管理，推广应用库存采集分析系统，完善和优化货源分配自动优化系统。针对重点骨干品牌，与工业企业开展品牌精准培育试点，初步建立动态跟踪和评价体系。全省十一个地区全部通过优秀营销中心订单部创建工作验收和“两大中心”建设达标验收。

工商协同营销。建设营销管理平台，制定工商满意度评价办法，固化工商协同营销流程。加强省内烟草工商企业合作，支持浙江中烟实现“百万利群”工程。深化与上海烟草集团、红塔集团、红云红河集团，以及湖南、湖北、广东、福建、江苏中烟等重点工业企业战略合作，针对“红双喜（晶派）”上市、“黄鹤楼”品牌文化传播、“七匹狼”专项营销等，配合相关工业企业开展协同服务，提高对工业企业的服务质量。

零售终端建设。完成全省零售终端信息采集工作。开展“新商盟”软件试点，全省零售户网上订货比例达 65%，卷烟销量的 60%、销售额的 70% 均通过网上订货实现。加强零售示范店规范化和标准化建设，将示范店建设重心向质量化、规范化、标准化管理转移。开展“服务成果展示月”活动，各地市公司开展了服务建言、服务工作回头看、机关人员走访客户等活动，客户经理、电话订货员、送货员、12313 投诉服务满意度均达 98% 以上。

现代物流建设。启动“浙江烟草 2011～2020 年现代物流建设规划”论证和编制工作。调整全省卷烟配送中心建设进度，其中，舟山配送中心完成搬迁，绍兴、丽水配送中心进入土建施工，杭州、宁波配送中心完成工艺规划设计。截至年底，全省共有 11 个卷烟配送中心、4 个分中心、21 个中转站。2010 年，单箱物流费用 177.25 元。

营销队伍建设。省局（公司）开发卷烟营销培训课件 37 门 84 课时，组织网络培训。全省客户经理中，大专以上学历占 86%。开展职业技能鉴定工作，提高中、高级营销员在客户经理中的比例。

【烟叶产销】 全年种植烟叶 1.76 万亩，收购烟叶 0.14 万吨（2.87 万担）。

2010 年，烟叶产区遭遇低温天气等自然灾害，各烟叶产区地市级局（公司）指导烟农利用田间地头的空地和多余的烟苗进行补种，弥补部分损失。

开展科技创新，嘉兴桐乡市局（分公司）、河南农大的专家共同研究 2010 年雪茄包皮烟栽培项目。丽水松阳县局（分公司）开展晒红烟叶大棚晾制项目研究，计划用两年时间完成。扩大香料烟试种规模，在丽水景宁畲族自治县试种香料烟 30 亩。在嘉兴市建立优质特色晾晒烟基地，推行“公司＋基地＋烟农”的生产组织模式。

【企业管理】 财务管理。推进全面预算管理，下发《关于制订预算定额标准的指导意见》，加强预算定额标准体系建设。强化行业资金动态管理，全省行业实现与工商银行、农业银行、建设银行等三大行的银企互联。履行项目建设资金三方监管责任，健全业主、承包方和银行三方银行账户共管机制，确保工程款专款专用和项目资金安全。坚持大额资金“双重”审批制度，加强对合同审查、合同授权、款项支付各环节监管，确保资金使用规范安全。建立全省资产处置拍卖公司机构库并制定拍卖规则，出台《实物资产出租管理办法》。全年省局（公司）批复资产处置事项 36 项，处理评估报告 36 份，完成无偿划转事项 4 项。

内部审计。全面开展经济责任审计、工程管理审计、预算管理审计和合同管理审计。重视工程项目审计，实行工程项目分级管理，300 万元以下工程由各审计派驻机构进行管理审计，300 万元以上项目由省局（公司）牵头进行管理审计。全年共完成 95 项结算审计，净核减 2203 万元，核减率 13.7%。

基层创优。推进全省烟草专卖商业系统基层单位创优活动，省局下发《关于进一步开展“优秀县级烟草专卖局、优秀县级烟草分公司”创建活动的补充意见》，对基层单位创优工作实行动态管理。截至年底，完成优秀县级局、优秀县级分公司申报和评选工作。

对标工作。出台对标工作的实施方案和考核办法。宁波、嘉兴、金华市局（公司）开展相关课题研究。2010 年，全省系统人均劳动效率为 1124.35 万支，同比提高 3.42%；人均卷烟销售收入为 519.94 万元，同比增长 11.92%。全省物流费用占销售收入比重指标为全国卷烟商业企业最低。

安全工作。开展“安全生产年”、“安全设施建设”、“安全用电宣传”和“隐患排查治理”等专项活动，编制《浙江省烟草专卖商业系统安全质量标准》，组织特色安全培训，推进职业健康安全管理体系有效运行，全年全系统没有发生重大安全事故和案件。

【内部管理监督】 落实“工程投资、物资采购、宣传促销”项目管理程序规定，省局（公司）成立了工程投资、烟用物资、宣传促销管理委员会，所属各单位先后成立各级管理委员会，负责“工程投资、物资采购、宣传促销”项目决策，原投资委员会的职能并入新设立的管理委员会。推行办事公开民主管理工作，下发全系统办事公开民主管理的实施意见、实施方案和信息公开目录，建立相关综合配套制度，全省系统办事公开民主管理内网专栏上线运行。

【科技创新】 全省行业明确15个重点研究方向和20个省局（公司）立项项目，其中，省局（公司）、杭州市局（公司）、绍兴市局（公司）联合承担的“烟草行业卷烟产品鉴别方法研究及鉴别系统构建”项目被列入国家局科技重点项目，杭州市局（公司）研制的“建筑消防给水系统远程实时监测装置”获得国家专利授权。

【信息化建设】 编制全省行业“十二五”信息化规划，提出全面打造“整合、融合、智慧、创新”的一体化数字浙烟的总体目标。调整和完善全省专卖管理信息系统案件管理模块和内管真烟案件模块，建设办事公开民主管理信息化支撑体系、卷烟营销服务综合管理平台、科技创新管理系统和安保管理系统，实施行业卷烟生产经营数据统计应用项目。举办全省首届信息化岗位技能竞赛，召开浙江烟草学会信息技术专业委员会2010年学术研讨会，评选优秀论文10篇。

【人力资源管理】 *人事制度改革。*省局（公司）制定下发《全省烟草系统专业技术职务聘任工作实施意见》、《浙江省烟草专卖商业系统职业（岗位）技能等级聘用工作实施意见》、《关于深化干部人事制度改革规划纲要实施意见》等文件。建立领导班子、领导干部定期考核评价机制，实行市级局（公司）干部选拔任用工作“一报告两评议”制度。集中调整市级局（公司）后备干部，共确认后备干部29人，平均年龄40.5岁。加大公开选拔、竞争上岗力度，逐步建立来自基层一线的干部选拔任用工作机制。省局（公司）机关对信息中心综合技术科、项目建设科、运行维护科等3个科室负责人以竞争上岗的形式进行公开选拔。

*教育与培训。*制定《全系统教育培训体系建设意见》。初步建立全系统兼职教师师资库，从全系统领导干部、经营管理人才、专业技术人才和高技能人才中选拔兼职教师。提升内训师的授课水平和专业素质，在国家局组织的烟草行业职工培训教学案例评选活动中，省局（公司）有7篇案例获奖。全年共组织各类培训班892期，培训3.7万人次。组织技能鉴定培训81期，参加鉴定人数3368人，取证率为56.6%。举办卷烟商品营销职业技能竞赛、专卖管理岗位技术能手竞赛和信息化岗位技能竞赛。在第二届全国烟草行业卷烟产品鉴别检验技能竞赛中，省局（公司）选派的参赛选手包揽专卖组和质检组前三名。

【思想政治工作】 *开展主题活动。*2010年下半年，省局（公司）通过网上建言、“岗位在我心中”演讲、浙烟发展论坛和“十二五”规划编制四大载体，开展“展望‘十二五’、全面上水平”主题活动。制订《关于加强和改进新形势下党的建设的意见》、《深入开展创先争优活动实施意见》，启动全省行业创先争优活动。以深化和加强机关作风建设为目标，开展“深化作风建设年”活动。组织“庆七一、献一策，我为‘卷烟上水平’作贡献”合理化建议征集和评选活动，共收到建言42条。

*学习推广浦江经验。*总结金华浦江县局（分公司）“八必谈”①、“四必访”② 工作经验，省局（公司）党组印发《浦江县局（分公司）开展思想政治工作情况的调研报告》，要求各单位学习借鉴浦江经验。全省行业各单位借鉴浦江经验，加强基层一线党工团组织建设，建立省、市、县及基层所、队、部四级预警网络，探索思想政治工作的沟通机制、预警机制、反馈机制、教育机制和评价激励机制，完善谈心谈话、家庭走访、动态预警、情况处置等方面制度。

*反腐倡廉。*省局（公司）对所属各单位执行“三重一大”制度和领导干部廉洁自律情况开展专项检查。加强对物资采购、工程投资、干部选拔任用的监督，制订《重点工程监管方案》，举办基建工程廉政监管培训，层层签订《重点工程建设廉洁承诺书》。开展“明示与承诺”回头看自查工作、“廉政故事”创作比赛等活动。

【企业文化】 开展“服务成果展示月”活动。各单

---

① 即员工上岗、退休前必谈；接受任务、岗位调整时必谈；立功受奖、违纪处分时必谈；晋级升职、入党前后必谈；遇到挫折、情绪波动时必谈；关系紧张、发生矛盾时必谈；政策出台、执行决策时必谈；牵涉社会热点时必谈。

② 即员工患重病受伤、直系亲属患重大疾病住院必访；员工婚丧事必访；员工家庭有困难纠纷必访；员工子女考上大学参军入伍必访。

位加强企业文化培训，将“精实”文化作为必修课，纳入各级素质培训、职业教育的内容。发挥宣传舆论阵地的作用，开展企业文化先进单位、先进个人、先进事迹的宣传。2010 年，省局（公司）获“浙江省企业文化优秀单位”称号。制订《浙江烟草员工行为规范》，以杭州、绍兴市局（公司）作为行为规范试点单位。启动《浙江烟草志》第二轮编纂工作。

【“十一五”发展概要】 “十一五”期间，省局（公司）坚持以邓小平理论和“三个代表”重要思想为指导，深入贯彻落实科学发展观，整体推进、全面提升卷烟销售网络，初步形成省内市场全国化格局，不断创新专卖管理理念和管理方式，稳妥推进体制改革，取消县级公司法人资格、理顺产权关系、建立起母子公司管理模式；全面开展管理创新，加强队伍素质和企业文化建设，通过 5 年的努力，浙江烟草商业系统整体竞争实力迈上新的台阶，较精的管理，较实的服务，较优的素质，较好的环境，为“十二五”时期全面上水平打下了坚实基础。全省烟草专卖商业税利从 2006 年的 104 亿元增加到 2010 年的 166 亿元，年均增长 11.5%。

行业管理模式更加稳固。取消县级公司法人资格，推进省局（公司）本级机构调整和职能转变，省公司退出卷烟经营。调整进出口公司管理体制，设立浙江烟草香溢投资管理公司，形成“三级法人、二级管理、一级营销”和“1 加 13”的母子公司体制。国有资产保值增值率年均保持在 145% 以上；三项费用率从 2006 年的 8.18% 降低到 2010 年的 5.57%，年均降低 0.5 个百分点。

卷烟营销服务日益完善。围绕对客户负责、让客户满意主题，打造卷烟电子商务平台，发展网上订货、网上配货、网银结算，推进终端服务建设，建立服务体系和监督评价体系，加快建设现代物流。2006 ~ 2010 年，全省卷烟销量从 1000 亿支（200 万箱）增加到 1261.05 亿支（252.21 万箱），年均增长 4.76%；销售额从 347.5 亿元增加到 683 亿元，年均增长 14.7%；单箱销售收入从 1.74 万元增加到 2.7 万元，年均增长 9.5%；省际间卷烟交易比重从 40% 增加到 55%。

烟草专卖管理持续加强。建立卷烟打假联合协作机制，源头打击与市场监管并重。“十一五”期间，全省破获假烟国标网络案件 208 起，市场净化率保持在 96% 以上。三次获得公安部、国家局颁发的“全国卷烟打假工作特殊贡献奖”。

精神文明建设持续推进。“十一五”期间，全省烟草专卖商业 32 家单位获“省级文明单位”称号，省局（公司）获“全国精神文明建设先进单位”、“浙江省企业文化优秀单位”称号。

【特事要辑】 1 月 23 ~ 24 日，浙江省烟草专卖、商业工作会议在杭州召开。

8 月 26 日，浙江省局（公司）召开干部大会，国家局副局长张保振宣布了省局（公司）主要领导职务调整通知。

2010 年浙江省局（公司）主要统计指标汇总

实现税利（亿元）	实现利润（亿元）	销售卷烟（亿支）	烟叶种植（万亩）	烟叶收购（万担）
166.12	101.32	1261.05	1.76	2.87

所属地市级局（公司）

【杭州市烟草专卖局（公司）】 杭州市烟草专卖局、浙江省烟草公司杭州市公司成立于 1991 年。下辖萧山区、余杭区、临安市、富阳市、桐庐县、建德市、淳安县等 7 个县级烟草专卖局（分公司）。

打击互联网非法涉烟活动，临安市局成功破获“10.31”案件，该案是浙江省第一起互联网涉烟销假网络案件，案值达 1700 余万元。

探索现代零售终端建设。网上订货客户比例达 61%，全市 105 家零售商店启动网上智能配货。3300 多个数据采集点每天传报零售终端进销存数据，采样点数据准确率超过 95%。

全年共开展创新项目 29 个，其中国家级重点项目 1 个、省级项目 4 个。“卷烟感观鉴别检验方法”创新课题获国家局重点项目立项。“建筑消防给水系统远程实时监测装置”获实用新型专利授权。

【宁波市烟草专卖局（公司）】 宁波市烟草专卖局、浙江省烟草公司宁波市公司成立于 1988 年。下辖慈溪市、余姚市、奉化市、宁海县、象山县、鄞州区、镇海区、北仑区等8个县级烟草专卖局（分公司）。

积极探索专卖管理新方法、新途径，市场监管取得新成绩，卷烟市场呈现“四减一增”（即查处的非法经营案件、罚没款、非法经营卷烟、非法总额呈减少趋势，卷烟网络案件呈增加趋势）的特点。

【温州市烟草专卖局（公司）】 温州市烟草专卖局、浙江省烟草公司温州市公司成立于1985年。下辖乐清市、瑞安市、永嘉县、洞头县、平阳县、苍南县、文成县、泰顺县等8个县级烟草专卖局（分公司）。

开展全员QC活动，注册登记了16个QC小组，1个项目获全国烟草行业第二十一届优秀QC小组成果发布会三等奖。

【嘉兴市烟草专卖局（公司）】 嘉兴市烟草专卖局、浙江省烟草公司嘉兴市公司成立于1985年5月。下辖桐乡市、海宁市、平湖市、嘉善县、海盐县等5个县级烟草专卖局（分公司）。2010年，桐乡市局（分公司）被浙江省创建劳动关系和谐企业活动领导小组评为“浙江省创建和谐劳动关系先进企业”。

全市共种植晒红烟0.29万亩，收购烟叶0.02万吨（0.34万担）。投入33.8万元，对烟叶生产受损进行补助。在卷烟区域市场协调发展上，推行市公司重业务经营和管理指导、分公司重市场维护和基础管理的运行模式，通过客户分类、合理定量、营销策略的三统一，全市统一大市场初步形成。

建立卷烟联合打假工作机制，海宁市局联合公安部门破获“1.31”假烟网络案。该案被公安部、国家局列为2010年2号部督案件，查实涉案资金4200余万元，假烟案值逾2亿元。公安、司法机关抓获涉烟犯罪嫌疑人9人。中央电视台新闻频道对该案进行了专题报道。

【湖州市烟草专卖局（公司）】 湖州市烟草专卖局、浙江省烟草公司湖州市公司成立于1985年8月。下辖长兴县、德清县、安吉县3个县级烟草专卖局（分公司）。

2010年，市公司经济运行呈现出“销量、效益齐增长，结构、品牌双提升”的发展态势，知名品牌培育水平进一步提高，在全省行业中率先实现知名品牌占销量比重80%的目标。推进卷烟销售网络建设，推广零售客户库存采集创新项目，实施了“当日订单、当日分拣、次日送货”新模式。

【绍兴市烟草专卖局（公司）】 绍兴市烟草专卖局、浙江省烟草公司绍兴市公司成立于1986年3月。下辖诸暨市、上虞市、嵊州市、新昌县等4个县级烟草专卖局（分公司）。2010年，市局（公司）工会被中华全国总工会授予“全国职工小家”称号。

全年全市种植香料烟1.31万亩，收购烟叶1.65万担（33万担）。

建设现代营销网络，完善“以市场为导向”的货源动态投放机制，推广应用终端信息采集机制，全市共设立库存监测点1369个。试点上线运行“新商盟”网上订货系统，初步建立网上订货和电话订货相互补充的订货模式，辖区网上订货率达83.2%。建设袍江新物流中心，截至年底，建筑主体基本完工。

加大企业文化宣贯力度，开展行为规范的内容编写、影视制作、全员培训等工作。以行政拨款、工会出资、员工捐资“三合一”模式，筹资15.63万元，设立员工爱心基金会。

【金华市烟草专卖局（公司）】 金华市烟草专卖局、浙江省烟草公司金华市公司成立于1986年4月。下辖兰溪市、东阳市、浦江县、武义县、义乌市、永康市、磐安县等7个县级烟草专卖局（分公司）。

构建面向消费者的卷烟营销体系，确立“找得到、看得到、买得到”“3D”工作目标。全市组建了23支模范团队，建立1680户终端模范户。创新思想政治工作，推广“构建一套系统的工作机制，搭建一个畅通的沟通平台，构织一张缜密的预警网络，找准一套有效的工作载体”的“浦江经验”。

【衢州市烟草专卖局（公司）】 衢州市烟草专卖局、浙江省烟草公司衢州市公司成立于1986年。下辖江山市、龙游县、常山县、开化县等4个县级烟草专卖局（分公司）。

开展营销服务创新试点，形成“十看十帮”服务新模式、标准化拜访服务流程、零售示范店建设标准及零售积分制管理等创新项目。

【丽水市烟草专卖局（公司）】 丽水市烟草专卖局成立于1987年3月，浙江省烟草公司丽水分公司成立于1986年7月，2008年9月更名为浙江省烟草公司丽水市公司。下辖青田县、缙云县、龙泉市、庆元县、云和县、景宁畲族自治县、遂昌县、松阳县等8个县级烟草专卖局（分公司）。

全年种植烟叶0.3万亩，收购烟叶0.04万吨（0.88万担），其中烤烟0.03万吨（0.65万担），晒红烟0.01万吨（0.23万担），香料烟51担。

全年破获符合国家局标准的网络案件5起，其中，市局破获的“5.18”销售运输假烟网络案，在丽水市互联网领域监管实现突破；遂昌县局破获的利用邮政快递进行假烟运输销售的“6.24”案件，在丽水市打击物流领域新型涉烟犯罪上实现突破。

【台州市烟草专卖局（公司）】 台州市烟草专卖局、浙江省烟草公司台州市公司成立于1986年12月。下辖玉环县、温岭市、黄岩区、临海市、天台县、仙居县、三门县等7个县级烟草专卖局（分公司）。

组织推进网上订货，截至年底，全市共有2.32万户零售户开通网上订货，占总零售户数的56.42%。推进库存采集项目，对上线客户进行一对一的上门培训指导。推行“积分卡”制度，加强零售示范点信用分类监管，实施“柜台亮化”工程。

加强内部监管，先后组织领导干部、客户经理开展内管内控培训。建立内管工作论坛，组织“预警参数设置”和“四个重点”（即重点时期、重点区域、重点环节、重点对象）专题研讨，形成预警参数设置方案，建立“四个重点”标准和监管方法。

【舟山市烟草专卖局（公司）】 舟山市烟草专卖局、浙江省烟草公司舟山市公司成立于1987年。下辖普陀区、岱山县、嵊泗县3个县级烟草专卖局（分公司）。

探索基层组织建设模式和团队文化落地模式，构建“3×3”班组建设体系，并在营销、配送中心进行试点。

所属其他二级单位

【浙江烟草进出口有限公司】 浙江烟草进出口有限公司是经原对外贸易经济合作部和国家烟草专卖局批准设立的从事烟草专卖品进出口业务的专业外贸公司，于1997年3月在浙江杭州注册成立，注册资金1000万元。2006年8月，调整为中国烟草总公司浙江省公司的全资子公司。公司对外贸易经营范围主要为卷烟（雪茄烟）进口、烟叶出口业务、除国家组织统一联合经营的出口商品和国家实行核定公司经营的进口商品以外的其他商品及技术的进出口业务、非烟草制品的一般贸易业务。截至年底，公司拥有总资产6370万元，其中，固定资产908万元、流动资产5461万元，资产负债率为18%。共有员工14人。

2010年，公司实现销售收入11877万元，实现利润1277万元。出口烟叶124吨，金额为70万美元。进口卷烟（雪茄烟）2.82亿支，金额为671万美元。

【浙江烟草投资管理有限责任公司】 浙江烟草投资管理有限责任公司成立于2007年5月25日，是中国烟草总公司浙江省公司的全资子公司。公司经营涉及投资管理、实业投资、酒店管理、进出口经营等业务。2010年，按照“主辅分离”原则，各地市级公司持有的上市公司股权，以及丽水、台州和舟山等市公司的多元化资产无偿划转到浙江烟草投资管理有限责任公司。截至年底，公司下属多元化经营企业共有20家，其中，有浙江香溢房地产开发有限公司、杭州香溢浣纱宾馆、舟山香溢普陀宾馆等3家全资企业，香溢融通控股集团股份有限公司、杭州香溢大酒店股份有限公司2家控股企业，以及15家参股企业（含上市公司股权）。公司拥有总资产32.21亿元，其中，固定资产7.27亿元、流动资产19.56亿元，资产负债率为14.44%。公司本部有在岗员工10人。

2010年，公司主营业务收入16669万元，其他业务实现利润22677万元，扣除所得税和少数股东损益，归属浙江烟草投资管理有限责任公司的净利润为18490万元。

全年3家酒店主营业务收入11431万元，同比增长13.4%。浙江香溢房地产公司全年确认利息收入、投资收益11287万元，实现利润4924万元。公司出租物业收入3363万元。

2010 年浙江省烟草商业系统主要情况统计

地市级局(公司)名称		杭州市烟草专卖局(公司)	宁波市烟草专卖局(公司)	温州市烟草专卖局(公司)	嘉兴市烟草专卖局(公司)	湖州市烟草专卖局(公司)	绍兴市烟草专卖局(公司)
主要负责人/法人代表		李定晓	包诚善	丁春生	陈月华	孙佳华	潘昵琥
总资产(万元)		534446	440937	377008	235172	156873	230774
资产负债率(%)		17.18	22.21	22.95	30.12	28.30	27.87
所属县级局(个)		7	8	8	5	3	4
所属县级公司/分公司(个)		7 个分公司	8 个分公司	8 个分公司	5 个分公司	3 个分公司	4 个分公司
所属县级营销部(个)		—	—	—	—	—	—
从业人员(人)		1361	1398	1509	843	714	961
所属业务机构	访销机构	1 个营销中心	1 个营销中心、1 个电访中心	1 个营销中心、1 个电访中心	1 个营销中心	1 个营销中心	1 个营销中心、1 个电访中心
	物流配送机构	1 个配送中心、1 个配送分中心	1 个配送中心	1 个配送中心	1 个配送中心	1 个配送中心	1 个配送中心、1 个配送分中心
	稽查机构	1 个稽查支队、5 个稽查大队	1 个稽查支队	1 个稽查支队	1 个稽查支队	1 个稽查支队、5 个稽查大队	1 个稽查支队
	烟叶机构	—	—	—	1 个烟叶科	—	2 个烟叶科
销售卷烟	(亿支)	205.20	196.35	186.50	95.32	69.75	105.85
	2010 年比 2009 年(%)	0.47	0.98	1.61	2.53	1.82	1.44
卷烟销售收入(万元)		1068339	927292	782593	502487	351791	506999
实现税利	(万元)	310845	269078	214731	140067	95906	144145
	2010 年比 2009 年(%)	6.04	2.55	6.93	1.57	-2.28	0.21
实现利润	(万元)	192298	167478	131361	84167	56952	88856
	2010 年比 2009 年(%)	-6.98	-8.48	-5.02	-12.63	-16.37	-12.46
查处涉烟违法案件(起)		1867	4060	3205	2063	2957	1266
查处涉烟违法案件案值(万元)		3520	2484	5051	2009	927	760
2010 年度烟草行业投入烟叶生产基础设施建设资金(万元)		—	—	—	120	—	—
烟水配套工程累计受益面积(万亩)		—	—	—	—	—	—
烟叶种植(亩)		—	—	—	2931	—	13058
烟叶收购(担)		—	—	—	3400	—	16535
零售户数(户)		35184	47280	51035	21613	20999	26857
零售户销售毛利率(%)		12.55	11.47	11.85	10.83	11.39	10.00

地市级局(公司)名称	金华市烟草专卖局(公司)	衢州市烟草专卖局(公司)	丽水市烟草专卖局(公司)	台州市烟草专卖局(公司)	舟山市烟草专卖局(公司)
主要负责人/法人代表	邱樟海	缪裕富	张　和	童循亚	黄安康
总资产(万元)	234155	92440	75339	279330	65080
资产负债率(%)	31.15	27.82	35.40	26.23	33.10
所属县级局(个)	7	4	8	7	3
所属县级公司/分公司(个)	7 个分公司	4 个分公司	8 个分公司	7 个分公司	3 个分公司
所属县级营销部(个)	—	—	—	—	—

续表

地市级局(公司)名称		金华市烟草专卖局(公司)	衢州市烟草专卖局(公司)	丽水市烟草专卖局(公司)	台州市烟草专卖局(公司)	舟山市烟草专卖局(公司)
从业人员(人)		1145	542	780	1049	340
所属业务机构	访销机构	1个营销中心	1个营销中心	1个营销中心、1个电访中心	1个营销中心、1个电访中心	1个营销中心
	物流配送机构	1个配送中心、1个配送分中心	1个配送中心	1个配送中心、1个配送分中心	1个物流中心、1个配送中心	1个配送中心、1个配送分中心、2个中转站
	稽查机构	1个稽查支队、9个稽查大队	1个稽查支队、4个稽查大队	1个稽查支队、8个稽查大队	1个稽查支队、9个稽查大队	1个稽查支队、5个稽查大队
	烟叶机构	—	—	6个烟叶站	—	—
销售卷烟	(亿支)	122.15	50.95	52.75	144.05	32.25
	2010年比2009年(%)	2.60	1.90	1.73	3.19	0.31
卷烟销售收入(万元)		527943	224386	213842	580029	158471
实现税利	(万元)	145556	62978	48671	159356	43195
	2010年比2009年(%)	10.20	6.76	-0.09	2.72	-3.73
实现利润	(万元)	87476	38128	25572	95921	25580
	2010年比2009年(%)	-4.78	-7.02	-19.58	-12.09	-18.01
查处涉烟违法案件(起)		2070	459	371	1111	214
查处涉烟违法案件案值(万元)		1036	1411	248	1863	132
2010年度烟草行业投入烟叶生产基础设施建设资金(万元)		—	—	—	—	—
烟水配套工程累计受益面积(万亩)		—	—	—	—	—
烟叶种植(亩)		—	—	3029	—	—
烟叶收购(担)		—	—	8787	—	—
零售户数(户)		33045	14562	15315	41222	8490
零售户销售毛利率(%)		11.40	11.35	10.50	7.80	11.00

（章　莉）

安徽省烟草专卖局（公司）

【概　况】 安徽省烟草专卖局成立于1984年5月，中国烟草总公司安徽省公司成立于1980年10月；2006年，完成母子公司体制改革。省局（公司）下辖17家地市级烟草专卖局（公司）、87家县级烟草专卖局、80家营销部，华环国际烟草有限公司、安徽华圆烟草有限责任公司2家烟叶加工企业和安徽皖南烟叶有限责任公司。截至2010年年底，公司拥有总资产187.42亿元，其中，固定资产14.84亿元、流动资产166.73亿元，资产负债率为16.79%。共有从业人员12374人，其中聘用员工6363人。

【领导成员】 局长、总经理、党组书记：问　武
副局长、党组成员：王汉文（正厅级）
副总经理、党组成员：卓俭华
纪检组长、党组成员：鹿　军
副总经理、党组成员：董建江（2010.11—）
总会计师：贾零霓
副巡视员：江太平
副巡视员：曹永钦

【机构设置】①省局（公司）机关设办公室（外事办公室、烟草学会）、综合计划与企业管理处、专卖监督管理处（内部专卖监督管理处、专卖稽查总队）、烟叶管理处、卷烟营销管理处、物流管理处、人事处（行业职业技能鉴定站）、财务管理处、审计处、法规处、科技处（烟草质量监督检测站）、安全保卫处、监察处（与党组纪检组合署办公）、思想政治工作处（机关党委、烟草工会）等14个职能处室，以及经济信息中心、离退休人员管理办公室（机关离退休人员服务中心）、培训中心、机关行政管理中心等4个专业部门和整顿办公室1个临时机构。

【专卖管理】 卷烟打假打私。发挥省政法烟草、行政执法两个联席会议制度作用，以“打团破网”为重点，注重大要案的查处和侦破，开展系列专项整治行动，注重将市场监管向常态化转变。卷烟市场净化率达98%，实现“基本买不到假烟”工作目标。推行卷烟打假进社区工程，全年全省共查处涉烟违法案件2.14万起，查获各类非法卷烟1.26亿支，处理涉烟违法人员377人；破获制售假烟网络案件34起，其中符合公安部、国家局标准的网络案件11起，符合省局标准的23起；“卷烟打假进（乡）社区”完成462个，占全省（乡）社区总数17.3%。

【经济效益】 2010年，全省烟草商业系统实现税利75.97亿元，同比增长13.74%，其中利润43.98亿元，同比下降1.87%。三项费用率为6.84%。

【卷烟经营】 卷烟销售。全年全省烟草商业系统共销售卷烟955.49亿支（191.10万箱），同比增长2.36%。其中，销售一类烟92.24亿支（18.45万箱）、二类烟115.40亿支（23.08万箱）、三类烟226.48亿支（45.30万箱）、四类烟309.38亿支（61.88万箱）、五类烟211.99亿支（42.40万箱）。本地区销量居前三位的品牌是“黄山”、“红三环”、“盛唐”，销量分别为447.65亿支（89.53万箱）、186.59亿支（37.32万箱）、41.64亿支（8.33万箱）。

全年实现卷烟销售收入359.61亿元，同比增长16.57%。实现卷烟税利75.66亿元，同比增长14.29%，其中利润44.26亿元，同比下降0.93%。

品牌培育。制订《2011～2015年品牌发展规划》，确定未来五年全省品牌培育工作总体思路和目标任务。巩固与重点工业企业的传统合作关系，与安徽中烟协同实施“黄山”品牌“双两百工程”，加大“黄山”品牌宣传推介力度，选择部分高端规格开展精准营销，开展工商货源衔接，全力培育“黄山”卷烟品牌。2010年，安徽市场“黄山”销量同比增长17.9%。

物流管理。8月，成立物流管理处，加强对全省系统物流建设工作的统筹规划和业务指导。合理规划配送站点，打破县级行政区划，推广单车双班制，缩短配送周期，提高响应速度。

市场网络终端建设。加强市场信息监测，以合肥、六安市公司为试点单位，开展终端信息采集系统项目建设。网上订货呈快速增长势头，全省网上订货户达9.4万户，占总客户数的36%。蚌埠市公司开展客户经理职能转变试点工作，确立“科学分类、专业分工、团队协作、区别考核”分群服务模式。

提升服务水平。在全省行业开展“向您承诺”服务主题实践活动，明确服务标准，规范服务过程，改进服务质量。通过征集承诺内容、开展征文比赛、举办演讲比赛等，增强服务意识。加强对零售户的培训，全年培训零售户21.8万户，占全省持证户总数80.3%。全省累计服务质量投诉率1.9‰，同比下降38.6%。

【烟叶产销】 种植、收购与复烤加工。全年签订烟叶种植收购合同7407份，种植面积14万亩，其中皖南烟区落实种植面积10.97万亩（含焦甜香特色优质烟叶5万亩）。收购烟叶1.95万吨（39.11万担），其中皖南烟区收购烟叶1.54万吨（30.85万担），占全省收购总量的78.9%。全省共有种烟农户7407户，户均种烟面积18.9亩。烟叶收购等级合格率83.2%，工商交接等级合格率70.3%，其中上等烟和中等烟合格率分别为63.9%和71.4%。烟叶收购均价为13.77元/千克，同比增长2.6%。

销售烟叶1.97万吨（39.36万担），其中省内销售0.96万吨（19.13万担），省外销售1.01万吨（20.23万担）。实现烟叶销售收入5.96亿元，实现烟叶税利0.61亿元，其中实现利润0.37亿元。

复烤烟叶9.65万吨（193万担），同比增长4.3%。实现加工收入2.3亿元，同比增长14.1%。实现税利0.75亿元，其中实现利润0.42亿元，同比增长9.8%。

现代烟草农业建设。制订整县推进现代烟草农业建设规划，发展种烟专业户、家庭农场和专业合作社，促进土地流转，提高烟叶集中连片种植规模。全省2000亩以上集中种植片区10个，1000亩以上集中种

① 2010年8月，设立物流管理处；原卷烟营销管理处（物流管理办公室）更名为卷烟营销管理处，其物流建设和管理方面的职责职能划归物流管理处。

植片区82个。有合作社10个，其中种植合作社8个，入社农户294户；专业服务合作社2个，入社农户257户。

烟叶技术推广。研究皖南焦甜香特色优质烟叶技术，“皖南烟区烤烟特殊香气风格形成机理及配套栽培技术研究”项目获中国烟草总公司科技进步奖二等奖，“皖南烤烟浓香型焦甜香特色彰显关键技术研究与开发”项目正式立项。分地区制订标准体系，在全省范围内推进烟叶标准化生产。推广漂浮育苗14.06万亩，占育苗总面积的96.3%；商品化供苗12.67万亩，占供苗总量的86.8%。

烟叶生产基础设施建设。2010年，国家局补贴资金9537.4万元，省局（公司）投入3814.96万元，建成烟水配套项目396个、机耕路233条、密集烤房1331个、烘烤工厂及附属设施1个、育苗大棚7个，购买烟草农机械1398台。

【优秀县级局创建活动】 4月，在巢湖召开全省系统优秀县级局创建现场会，学习了解巢湖含山县局现场定置管理和“读优秀书籍，学先进经验，提升管理能力”专项活动。12月，在合肥召开全省系统优秀县级局创建推进会。截至年底，全省共有47个县级局验收合格，合格率54%。

【企业管理】 贯标对标。举办质量管理体系建设知识竞赛，提升全省系统体系建设水平。启动省局（公司）机关质量管理体系建设工作，并组队参加行业竞赛。围绕对标指标、考核评价、工作保障等3个体系搭建框架，开展对标培训，建立对标工作常态管理机制。

财务管理。完善预算指标体系，严格资产资金管理，推进审计委派制。会计工作标准化课题研究基本完成，构建资金头寸管理模型。清理撤销县级局（营销部）银行收入账户，建立系统内省、市两级银行收入账户体系。10月，举办“徽映·黄山杯”安徽烟草财审知识竞赛。

安全生产。突出交通安全和消防安全，强化源头控制、过程管理、监督检查，抓好隐患整改、专项整治、安全教育、队伍建设，提升安全技术防范水平，实现安全生产事故6个“零”（即生产安全事故为零、火灾事故为零、商品霉变事故为零、电器和机械事故为零、压力容器事故为零、盗抢案件为零）。

【信息化建设】 集成整合全省系统信息资源，实现在R1平台上业务系统和网站集成。上线“新商盟”项目，试点“135客户经理工作法”系统，在试点单位完成网上订货新老系统切换。建设全省GPS和线路优化项目，确定电子地图更新机制。启动烟叶基地单元信息系统建设项目。推广电子政务信息系统，完成网上报账系统、财务预算系统、固定资产管理系统上线推广。完成3G网络移动办公系统建设。

【科技创新】 编制《省局（公司）科技创新发展规划（2010～2012）》，组织科技创新能力考核，开展科技项目中期评估和结题验收，完成年度科技项目申报立项，举办全省系统QC小组成果发布会。全年开展烟草质量监督检测抽查27批次，受理委托卷烟产品真伪鉴别检验样品3155个，开展“大要案”现场抽样检测11次。

【人力资源管理】 干部队伍建设。拟定干部人事制度改革、后备干部队伍建设实施意见和方案，公开选拔信息中心主任、审计处副处长。拟定《人员招聘管理规定》，对省局（公司）机关4个一般岗位进行公开选聘和招聘。调整各市级局、县级局法规部门设置。

教育培训和技能鉴定。开设机关大讲堂、“大家谈”等活动。全年全省行业举办各类培训班43个，培训56期次，培训员工4867人次。加强职业技能鉴定工作，全年共组织4个种类、4个级别、16批次技能鉴定工作，实际鉴定7776人次，通过鉴定6417人次。

【思想政治工作】 开展创先争优活动，建立联系点，组织调研指导、评先评优、主题实践、领导点评等。以“四进”为主要内容，推进“两个至上”长效机制建设，开展“保持良好精神状态、努力开创‘卷烟上水平’新局面”大讨论活动。重视反腐倡廉，在全省行业党员领导干部中开展“学习《廉政准则》、规范从业行为、促进科学发展”主题教育活动。党组理论学习中心组开展四次集中学习活动。

【企业文化】 运行烟草行业企业文化评价体系，开展全省系统企业文化考核评价。统一视觉识别系统。加强“徽映”服务品牌建设，基本完成《“徽映”服务品牌理念识别手册》、《“徽映”服务品牌标准化服务手册》等体系文件。与中国科技大学研究生院合作开展《安徽省局（公司）企业文化评价体系和诊断研究》课题研究，形成《安徽烟草商业企业文化项目持续改进报告》等。

【“十一五”发展概要】 经济运行平稳健康。“十一五”期间，安徽烟草商业企业坚持推进企业组织由增长型向成长型转变战略，加快发展，生产经营保持良好态势，经济效益稳步增长，基本完成组织转型阶段性目标。卷烟销量从2005年的826.5亿支（165.3万箱）增长到2010年的955.49亿支（191.1万箱），年均增长2.96%；实现税利从2005年的28.5亿元增长到2010年的75.97亿元，年均增长21.8%。

*烟叶生产稳步发展。*坚持“北烟南移”、“稳北促南”工作思路，按照“做精做强、做成精品”总体要求，取消皖东、皖西烟叶种植，压缩皖北种植计划，促进皖南烟区规模化、特色化发展，培育皖南焦甜香特色烟叶品牌，加快传统烟叶生产向现代烟草农业转变。“十一五”期间，累计建设烟叶生产基础设施项目近1.8万个，行业投入资金3.1亿元，烟叶收购量从2005年的1.03万吨（20.6万担）增长到2010年的1.95万吨（39.11万担），烟农户均种烟收入由6098元增加到36363元，烟叶收购均价由8.6元/千克增加到13.77元/千克。

*营销水平快速提升。*加快推进由传统商业向现代流通转变。构建市场信息采集和需求预测机制，制订品牌发展纲要和规划，加强营销服务体系和零售终端建设，开展“按客户订单组织货源”工作，探索推广网上订货。建设现代物流，在全省范围形成以工商物流对接、工商物流一体化为主要内容的物流运作新模式。实行“一库式”管理，推行跨区域物流配送整合，提升物流效率。“十一五”期间，全省卷烟在销品牌由86个减少到66个，规格由292个减少到230个。2010年，全省零售户电话订货率为64%，网上订货率为36%，电子结算率为99%，卷烟分拣配送到户率为100%。

*改革创新增添动力。*提出“两个兼顾、两个下降”原则，构建新型工商关系；建立烟草、工商、质监、交通等部门组成的行政执法联席会议机制，完善市场监管长效机制，市场控制能力不断增强，市场环境更加净化；探索跨区域物流整合，加强工商物流一体化建设和同城物流资源共享，探索推进GPS/GIS及线路优化项目和“后推式货架”仓储改造，推行单车双班制，加强物流成本绩效管理，提升物流效率；深入推进财务审计、对标管理、信息化建设、科技创新、基层创优，形成了比较可靠的市场基础和扎实的工作基础。

*规范管理增强保障。*推进“两项检查”和“三项检查”，全面开展质量体系认证，推行办事公开民主管理，切实加强职工代表大会制度建设，推动“三重一大”事项公开，创新推进管理规范免检制度，落实明示承诺制度，开展“全面规范梳理年”活动，坚持从严管理干部，加强党风廉政建设责任制考核，着力构建规范和监管长效机制，基本实现从“他律”到“自律”、由“要我规范”到“我要规范”的转变。

*企业文化激发活力。*发挥企业文化“融心、融智、融情”功能，全省烟草商业系统各企业全部构建企业文化体系。2010年，省局（公司）确定“徽映”服务品牌名称，是全行业首家尝试和推进全省统一的服务品牌。

【特事要辑】 1月5~8日，全国烟叶密集烘烤技术交流会在合肥召开。

1月26日，安徽省局（公司）2010年工作会议在合肥召开。

3月11日，国家局副局长李克明在安徽烟草调研，先后到合肥市局（公司）桃花管理所、卷烟零售终端示范店、配送中心和营销中心了解工作情况。

3月31日，中国烟草学会第六届理事会第二次会议暨学术年会在合肥召开。国家局副局长张辉出席会议并讲话。

5月18~20日，国家局局长姜成康、副局长李克明在安徽烟草调研，先后考察合肥市蜀山区局（营销部）、安徽中烟技术中心，并听取了省局（公司）的工作汇报。

10月24日，安徽烟草成立30周年纪念大会在合肥举行。国家局局长姜成康、安徽省省长王三运出席会议并讲话，国家局老领导江明、杨传德，国家局副局长何泽华、李克明，安徽省副省长黄海嵩，省政府秘书长梁卫国出席会议。

2010年安徽省局（公司）主要统计指标汇总

实现税利（亿元）	实现利润（亿元）	销售卷烟（亿支）	烟叶种植（万亩）	烟叶收购（万担）
75.97	43.98	955.49	14.00	39.11

所属地市级局（公司）

【合肥市烟草专卖局（公司）】 合肥市烟草专卖局成立于1983年、安徽省烟草公司合肥市公司成立于1981年；2006年1月批复成立安徽省烟草公司合肥市公司。下辖肥东县、肥西县、长丰县、瑶海区、庐阳区、蜀山区、包河区等7个县级烟草专卖局（营销部）。

加强终端建设，开展“我帮客户站好柜”活动，推进零售客户终端3G平台建设项目和零售终端示范店工作。

加快现代物流建设，制定“合六巢”（合肥、六安、巢湖）物流整合规划，截至年底，完成3条新分拣线安装和房中房项目建设。

【淮北市烟草专卖局（公司）】 淮北市烟草专卖局、安徽省烟草公司淮北市公司成立于1981年。下辖濉溪县烟草专卖局和城区、孙疃2个营销部。

推进企业文化建设，以做“真”文化为目标，统一视觉识别系统。

【亳州市烟草专卖局（公司）】 亳州市烟草专卖局、安徽省烟草公司亳州市公司成立于1981年。下辖涡阳县、蒙城县、利辛县3个县级烟草专卖局（营销部）和谯城分局（营销部）。

夯实市场监管基础工作，总结谯城分局“标杆市管线路”工作经验，即“统一工作标准、固化市管流程、规范管理服务、提升监管质量”，并在全市烟草系统中推行。

开展示范店梳理工作，全市达到示范店标准并验收合格的有400户，为“徽映”服务品牌传播奠定基础。

【宿州市烟草专卖局（公司）】 宿州市烟草专卖局、安徽省烟草公司宿州市公司成立于1981年。下辖砀山县、萧县、灵璧县、泗县、埇桥区等5个县级烟草专卖局（营销部）。

推进现代物流建设，与淮北市局（公司）协调配合，推行工序化管理和7S管理，应用车辆GPS、GIS系统，优化工作流程，整合送货线路，革新仓储方式，推动物流模式转变，实现商流和物流相对分离与专业化分工。

【蚌埠市烟草专卖局（公司）】 蚌埠市烟草专卖局、安徽省烟草公司蚌埠市公司成立于2000年3月。下辖怀远县、五河县、固镇县3个县级烟草专卖局（营销部）和1个直属分局（本级营销部）。2010年，市局（公司）被安徽省劳动竞赛委员会、省总工会联合授予“安徽省劳动竞赛先进集体”称号，被安徽省总工会评为“2009年度工会财务工作先进集体”。

转变客户经理职能。以自然业态为基础，根据客户群基本特性和需求，将市场细分为不同类别的客户群。按客户类型制定示范店标准和分群作业指导书，细化工作内容、流程及服务标准。根据客户群需求与客户经理能力，建立相匹配的双向选择机制，每个客户经理只需服务同一类客户群。在基层营销部组建13个客户经理团队，并在团队内部、团队之间进行交流探索，提升解决问题的能力。

【阜阳市烟草专卖局（公司）】 阜阳市烟草专卖局、安徽省烟草公司阜阳市公司成立于1981年。下辖临泉县、阜南县、太和县、颍上县、界首市等5个县级烟草专卖局（营销部）和1个直属分局（营销部）。2010年，市局（公司）被安徽省绿化委员会评为“安徽省绿化模范单位”，被安徽省住房和城乡建设厅评为“安徽省园林式单位”。

加强基层建设工作，在太和县苗集专卖管理所推行“苗集模式”，即集“专卖管理、营销网建、烟叶生产”三大功能于一体，专卖、营销、烟叶工作人员同时进驻，构建“统一管理、分合有度、三线运作”的“一二三”运行模式。

【淮南市烟草专卖局（公司）】 淮南市烟草专卖局、安徽省烟草公司淮南市公司成立于1982年。下辖凤台县烟草专卖局（区域营销部），田家庵大通、谢家集八公山、潘集3个分局（区域营销部）及毛集分局、山南分局。

推进质量管理体系建设，创新构建一套以“三阶段”（长期目标，年度目标，短期目标）、“三领域”（质量目标，经营指标，对标指标）、“三层级”（总目标，分目标，子目标）为主要特征的质量目标动态管理体系，配套建立量化监督考核机制和PDCA循环管理机制。

【滁州市烟草专卖局（公司）】 滁州市烟草专卖局、安徽省烟草公司滁州市公司成立于1982年。下辖定远县、凤阳县、明光市、来安县、天长市、全椒县等6个县级烟草专卖局（营销部）和1个直属分局（营销部）。2010年，市局（公司）被安徽省“保护生命、平安出行”交通安全宣教工程领导小组授予“交通安全优秀示范企业”称号。

作为全省行业预算方面五项制度的试点单位，市局（公司）先后出台《办公费定额管理规定》、《专卖驻点中队日用品管理办法》等管理制度。推进以预防风险为导向的管理审计，重点开展资金结算、实物资产、基建管理、纸箱回收等专项审计，资金结算审计被省局（公司）评为2010年度优秀审计项目。全年基建工程送审金额750万元，审减率17.3%。

【六安市烟草专卖局(公司)】 六安市烟草专卖局、安徽省烟草公司六安市公司成立于1985年。下辖寿县、霍邱县、舒城县、金寨县、霍山县等5个县级烟草专卖局（营销部），皋城、叶集2个直属分局和1个市局（公司）本级营销部。

推进网络建设，与金融机构合作，在六安市金融网点设立了27台网上订货自助终端系统。全市网上订货客户1.39万户，占经营客户的55.84%。加强零售终端建设，完成274户示范店的选点组建。

【马鞍山市烟草专卖局(公司)】 马鞍山市烟草专卖局、安徽省烟草公司马鞍山市公司成立于1981年10月；2010年1月，撤销钢城营销部、当涂县营销部，由卷烟营销中心统一管理其营销工作。下辖当涂县烟草专卖局、钢城分局。2010年，市局（公司）卷烟营销中心“蚂蚁”QC小组被中国质量协会、中华全国总工会等单位联合授予2010年“全国优秀质量管理小组”称号。

改革基层组织架构。改革营销组织架构，撤销市、县营销部，将客户经理细分为大客户经理、诚信守法户经理、网订经理、推广经理、信息经理、市场经理和客服主办等7个岗位；改革专卖管理组织架构，由“按区域”调整为“按职能”划分队所，设立特行大队、重案大队、市场大队、稽查大队。

将创新管理工作纳入年度考核。开发“客户零售管理系统”，为零售户建立卷烟和非卷烟商品经营统计分析。召开首届QC小组成果发布会。

【巢湖市烟草专卖局(公司)】 巢湖市烟草专卖局、安徽省烟草公司巢湖市公司成立于1985年7月。下辖无为县、庐江县、和县、含山县、居巢区等5个县级烟草专卖局（营销部）。

2010年，推进多元化经营，市局（公司）成立便利总店，下辖8个便利分店和2个名酒专卖店。

【芜湖市烟草专卖局(公司)】 芜湖市烟草专卖局、安徽省烟草公司芜湖市公司成立于1981年。下辖南陵县、繁昌县、芜湖县3个县级烟草专卖局（营销部），1个市区营销部和1个直属分局。

加强营销网络建设，制定品牌发展三年规划。完善培训考核评估机制建设，全年开展各类培训21期152学时，投入培训费用47.5万元。

【宣城市烟草专卖局(公司)】 宣城市烟草专卖局、安徽省烟草公司宣城市公司成立于1984年。下辖郎溪县、广德县、宁国市、泾县、旌德县、绩溪县等6个县级烟草专卖局（区域营销部）和宣州区分局（区域营销部）。

推进信息化建设，打造宣城烟草管理体系信息系统，完善“一平台三中心”（即扁平化管理平台，标准化管理中心、考核管理中心、督查管理中心）。

提升营销服务能力，物流中转节点由最初3个整合为1个，直送面由66%扩大到84%，直送户比例由68%上升到86%。建成23户“示范店”，电子结算面达98%，网上订货率和成功率均超过80%。

【铜陵市烟草专卖局(公司)】 铜陵市烟草专卖局成立于1984年，安徽省烟草公司铜陵市公司成立于1981年。下辖铜陵县烟草专卖局（营销部）、铜都分局。

开通营销、配送、督查、县局、分局等5单位（部门）业务对口的“服务之窗”电话项目，全天候接受并解决客户诉求，全年共处理和反馈客户诉求468起。编发《服务直通车》，免费发放到铜陵市零售户手中，全年共编发12万份。

【池州市烟草专卖局(公司)】 池州市烟草专卖局、安徽省烟草公司池州市公司成立于1981年。下辖贵池区、东至县、石台县、青阳县等4个县级烟草专卖局（营销部），九子山宾馆和1个烟叶生产经营中心。2010年，市局（公司）被中华全国总工会评为“全国亿万职工健身活动月先进单位”。

组建品牌部，充实品牌培育力量。启动黄山“双两百工程”，制订《品牌培育三年发展规划》。挑选“黄山”及“黄鹤楼”系列两个品牌，探索精准营销。

通过举办企业文化内训师首届培训班、第二届“仁”文化（艺术）节、第二届“十大杰出员工”巡回演讲等活动，促进企业“仁”文化落地。

【安庆市烟草专卖局(公司)】 安庆市烟草专卖局成立于1984年、安徽省烟草公司安庆市公司成立于1981年。下辖宜城市、桐城市、怀宁县、枞阳县、潜山县、岳西县、太湖县、望江县、宿松县等9个县级烟草专卖局（营销部）。2010年，市局（公司）被安徽省委、省政府评为“安徽省第九届文明单位”。

通过应用行业视觉识别系统、开办安烟讲坛、举办第三届职工运动会、举行“向您承诺”巡回慰问演出等，宣传“徽映”服务品牌。

【黄山市烟草专卖局(公司)】 黄山市烟草专卖局、安徽省烟草公司黄山市公司成立于1981年。下辖屯溪区、徽州区2个县级烟草专卖分局，歙县、休宁县、祁门县、黟县和黄山区等5个县级烟草专卖局（区域营销部）。

推进廉政文化建设，组织专题学习、知识测试、召开民主生活会，全年无违法违纪事件发生。2010年，市局（公司）被安徽省纪委确定为全省首批廉政文化进机关示范单位。

撤销祁门、太平两个中转站。运行GPS物流监控系统，实施全市区域直接配送。开展“向您承诺”主题实践活动，完善客户服务制度和体系。

所属其他二级单位

【安徽皖南烟叶有限责任公司】 安徽皖南烟叶有限责任公司位于安徽省宣城市，成立于2004年12月。公司统一管理皖南地区宣城、芜湖、黄山市的烟叶生产、技术研发、人员培训、烟叶购销、皖南烟叶的品牌塑造与市场拓展等工作。公司本部设有技术研发、生产经营、综合管理3个部门，下辖宣州、郎溪、芜湖、南陵、黄山等5个烟叶经理部及9个烟叶收购站（点）。截至2010年年底，拥有总资产41922万元，其中，固定资产5090万元、流动资产36284万元，资产负债率57%。共有在岗员工428人，实行全员聘用制。

2010年，落实种烟面积9.57万亩，收购烟叶1.35万吨（27万担），收购均价为14.81元/千克，中上等烟比例占85.17%。全年实际调拨烟叶1.56万吨（31.1万担），其中省内0.60万吨（11.93万担）、省外0.96万吨（19.16万担）。

公司全年实现烟叶销售收入43257万元。实现税利7004万元，其中实现利润4977万元。

全年完成烟叶生产基础设施建设项目4224个。修建烟水配套项目308个，其中，修建小塘坝67个，修建沟渠63条，新打机井33眼，修建提灌站14个，修建机耕路131条。受益烟田5.8万亩。

宣州区国家级烟叶标准化生产示范区建设项目通过国家局复查验收。推进特色烟整村连片开发，开展精品特色烟园区建设。2010年，种植特色烟叶5.6万亩，收购特色烟叶0.8万吨（16万担）。与上海烟草（集团）公司、中国农业科学院烟草研究所加强合作，开展特色烟核心技术研究，完善特色烟生产技术体系。“皖南烟区烤烟特殊香气风格形成机理及配套栽培技术研究”项目获中国烟草总公司科技进步奖二等奖。

2010年安徽省烟草商业系统主要情况统计

地市级局(公司)名称	合肥市烟草专卖局(公司)	淮北市烟草专卖局(公司)	亳州市烟草专卖局(公司)	宿州市烟草专卖局(公司)	蚌埠市烟草专卖局(公司)	阜阳市烟草专卖局(公司)
主要负责人/法人代表	丁云水	王传清(—2010.8) 张雪松(2010.8—)	李成贵	王世华	张丙利	昝兴标
总资产(万元)	183612	45536	45457	70053	53272	79068
资产负债率(%)	6.07	4.29	18.79	12.62	10.30	8.52
所属县级局(个)	7	1	4	5	4	6
所属县级公司/分公司(个)	—	—	—	—	—	—
所属县级营销部(个)	7	2	4	5	4	6
从业人员(人)	928	328	1145	964	496	1057

续表

地市级局(公司)名称		合肥市烟草专卖局(公司)	淮北市烟草专卖局(公司)	亳州市烟草专卖局(公司)	宿州市烟草专卖局(公司)	蚌埠市烟草专卖局(公司)	阜阳市烟草专卖局(公司)
所属业务机构	访销机构	1个营销中心、1个品牌管理与订单采集部	1个营销中心、1个电访中心	1个营销中心、1个电访中心	1个营销中心、1个电访中心	1个营销中心、1个电访中心	1个营销中心、1个电访中心
	物流配送机构	1个配送中心	1个配送中心	1个卷烟配送中心、3个中转站	1个配送中心	1个配送中心	1个配送中心、3个中转站
	稽查机构	1个稽查支队、7个稽查大队、21个稽查中队	8个稽查大队	1个稽查支队、19个专卖管理所	1个稽查支队	1个稽查支队、4个稽查大队、1个打假大队、12个专卖管理所	1个稽查支队
	烟叶机构	—	—	1个烟叶经理部、8个烟叶工作站、1个烟叶物资库	3个烟叶工作站	—	1个烟叶生产经营中心、2个烟叶站
销售卷烟	(亿支)	98.46	30.24	66.02	77.53	55.50	112.51
	2010年比2009年(%)	7.01	1.66	2.86	2.11	2.60	3.03
卷烟销售收入(万元)		518909	96317	184452	200898	173801	301522
实现税利	(万元)	122231	19381	26312	35878	31120	55973
	2010年比2009年(%)	10.80	4.06	20.11	12.96	10.55	23.57
实现利润	(万元)	75857	10969	10459	19164	16361	30258
	2010年比2009年(%)	-2.51	-11.98	-9.69	-3.95	-8.50	5.83
查处涉烟违法案件(起)		1751	415	2462	2169	1702	2388
查处涉烟违法案件案值(万元)		738	28	233	156	494	112
2010年度烟草行业投入烟叶生产基础设施建设资金(万元)		—	—	161	17	—	325
烟水配套工程累计受益面积(万亩)		—	—	0.50	0.02	—	0.28
烟叶种植(亩)		—	—	24438	1734	—	2837
烟叶收购(担)		—	—	73000	3834	—	5819
零售户数(户)		22100	8618	19850	25194	13198	30736
零售户销售毛利率(%)		11.00	10.20	9.00	11.65	10.00	9.70

地市级局(公司)名称	淮南市烟草专卖局(公司)	滁州市烟草专卖局(公司)	六安市烟草专卖局(公司)	马鞍山市烟草专卖局(公司)	巢湖市烟草专卖局(公司)	芜湖市烟草专卖局(公司)
主要负责人/法人代表	孙太勇	戴锦亮(—2010.3) 程旭东(2010.4—)	时玉玲	胡家木	吴永成	谢建生
总资产(万元)	65922	86181	114005	56770	101381	87424
资产负债率(%)	7.46	11.69	5.56	9.82	8.52	5.22
所属县级局(个)	6	7	7	2	5	4
所属县级公司/分公司(个)	—	—	—	—	—	—
所属县级营销部(个)	4	7	6	—	5	4
从业人员(人)	416	703	779	252	676	389

续表

地市级局(公司)名称		淮南市烟草专卖局(公司)	滁州市烟草专卖局(公司)	六安市烟草专卖局(公司)	马鞍山市烟草专卖局(公司)	巢湖市烟草专卖局(公司)	芜湖市烟草专卖局(公司)
所属业务机构	访销机构	1个营销中心、1个电访中心	1个营销中心、1个电访中心	1个营销中心、1个电访中心	1个营销中心、1个电访中心	1个营销中心、1个电访中心	1个营销中心、1个电访中心
	物流配送机构	1个配送中心	1个配送中心、4个配送分库	1个配送中心、4个中转站、1个分库	1个卷烟配送中心	1个配送中心	1个配送中心、2个区域中转站
	稽查机构	1个稽查支队、21个大队	1个稽查支队	1个稽查支队	1个稽查支队、7个稽查大队、3个专卖管理所	1个稽查支队	1个稽查支队、1个稽查大队、3个稽查中队
	烟叶机构	—	—	—	—	—	—
销售卷烟	(亿支)	41.74	67.31	81.04	23.29	62.25	40.06
	2010年比2009年(%)	2.15	1.99	2.42	1.93	1.19	2.06
卷烟销售收入(万元)		171145	248218	300787	120336	265785	181122
实现税利	(万元)	38372	49630	66632	29264	58651	42934
	2010年比2009年(%)	12.92	12.15	14.66	16.49	13.82	14.55
实现利润	(万元)	23205	28609	40202	18341	35112	27500
	2010年比2009年(%)	-0.34	-2.29	-1.23	4.10	0.07	2.46
查处涉烟违法案件(起)		370	1020	2699	865	1772	1087
查处涉烟违法案件案值(万元)		807	379	1001	219	672	434
2010年度烟草行业投入烟叶生产基础设施建设资金(万元)		—	—	—	—	—	—
烟水配套工程累计受益面积(万亩)		—	—	—	—	—	—
烟叶种植(亩)		—	—	—	—	—	—
烟叶收购(担)		—	—	—	—	—	—
零售户数(户)		10200	15979	26217	6489	17787	8987
零售户销售毛利率(%)		10.00	11.39	9.47	14.00	9.55	10.00

地市级局(公司)名称	宣城市烟草专卖局(公司)	铜陵市烟草专卖局(公司)	池州市烟草专卖局(公司)	安庆市烟草专卖局(公司)	黄山市烟草专卖局(公司)
主要负责人/法人代表	李根存	陈长生	齐美生	范家福	张后全
总资产(万元)	93156	39917	45966	137501	51090
资产负债率(%)	8.07	8.53	6.17	8.76	10.79
所属县级局(个)	7	2	4	9	7
所属县级公司/分公司(个)	—	—	—	—	—
所属县级营销部(个)	7	1	4	9	5
从业人员(人)	544	174	894	919	359

续表

地市级局(公司)名称		宣城市烟草专卖局(公司)	铜陵市烟草专卖局(公司)	池州市烟草专卖局(公司)	安庆市烟草专卖局(公司)	黄山市烟草专卖局(公司)
所属业务机构	访销机构	1个营销中心、1个电访中心	1个营销中心、1个电访中心	1个营销中心、1个电访中心、1个品牌部	1个营销中心、1个电访中心	1个营销中心、1个电访中心
	物流配送机构	1个物流中心、1个配送中心	1个物流中心、1个配送中心	1个配送中心	1个配送中心	1个配送中心
	稽查机构	1个稽查支队	1个稽查支队	1个稽查支队	1个稽查支队、9个稽查大队、35个稽查中队	1个专卖稽查支队、13个专卖稽查中队
	烟叶机构	—	—	10个烟叶服务站、2个烟叶服务点	—	—
销售卷烟	(亿支)	48.16	14.59	26.85	84.51	25.42
	2010年比2009年(%)	0.99	1.94	0.26	1.20	-3.31
卷烟销售收入(万元)		197934	81405	114880	327674	110908
实现税利	(万元)	42054	20681	23757	70623	22150
	2010年比2009年(%)	8.06	11.31	12.80	13.87	4.93
实现利润	(万元)	24599	12865	13384	41702	12630
	2010年比2009年(%)	-7.21	-3.25	-1.63	-1.70	-8.56
查处涉烟违法案件(起)		881	187	1561	3137	253
查处涉烟违法案件案值(万元)		256	215	933	888	37
2010年度烟草行业投入烟叶生产基础设施建设资金(万元)		—	—	156	—	—
烟水配套工程累计受益面积(万亩)		—	—	5.00	—	—
烟叶种植(亩)		—	—	14008	—	—
烟叶收购(担)		—	—	39000	—	—
零售户数(户)		15506	4200	9106	25973	9449
零售户销售毛利率(%)		8.00	11.30	10.00	11.50	9.20

（李　胜）

福建省烟草专卖局（公司）

【概　况】 福建省烟草专卖局、中国烟草总公司福建省公司组建于1984年。省局（公司）下辖9家地市级烟草专卖局（公司）、72家县级烟草专卖局、72家分公司，三明金叶复烤有限公司、福建武夷烟叶有限公司2家烟叶加工企业，以及福建烟草海晟投资管理有限公司和中国烟草福建进出口有限责任公司。截至2010年年底，公司拥有总资产224.39亿元，其中，固定资产27.34亿元、流动资产161.76亿元，资产负债率为11.21%。共有从业人员13923人，实行全员聘用制。

2010年，省局（公司）被中华全国总工会授予“全国模范职工之家”称号；被中国企业文化研究会授予“新中国60年企业精神六十佳”称号；被公安部、国家局授予“全国卷烟打假工作特殊贡献奖”。

【领导成员】 局长、总经理、党组书记：杨培森

副局长、党组成员：张　卉

副总经理、党组成员：揭柏林

副总经理、党组成员：李晓陆

纪检组长、党组成员：黄星光

副总经理、党组成员：林则森

【机构设置】 省局（公司）机关设办公室（外事办公室）、综合计划处（经济运行处）、专卖监督管理处（专卖稽查总队、内部专卖监督管理处）、政策法规与体制改革处、财务管理处、审计处、科技处、人事劳资处、监察处（与党组纪检组合署办公）、思想政治工作处（机关党委、工会）、安全保卫处、烟叶管理处、卷烟销售管理处、物流管理处（2010 年 6 月新设）等 14 个职能处室，以及机关服务中心、经济信息中心、烟草质量监督检测站、职业技能鉴定站、福建省烟草学会、福建省烟草农业科学研究所（中国烟草东南农业试验站）、离退休人员管理办公室、职工培训中心等 8 个专业部门。

【专卖管理】 打假破网。加强烟草专卖管理，推动地方政府职能部门开展打假行动，云霄当地自打成效明显。加强闽粤打假合作，防止制售假烟活动转移。加大制假售假网络案件侦破力度，整治互联网非法销售卷烟活动。2010 年，全省共查处 5 万元以上制售假烟案件 2736 起，查获制假卷接机 435 台、假烟 10.07 亿支、非法烟丝烟叶 4412 吨。破获符合国家局、公安部标准的制售假烟网络案件 28 起，其中部级督办案件 8 起。公安、司法部门依法刑事拘留 308 人，判刑 326 人。

市场管理“四个体系”。构筑专卖市场监管指标体系、终端管理体系、绩效考核体系、案件查处监控体系“四个体系”。市场监管指标体系突出守法经营率、持证经营率、合理供货相符率等关键性指标，全省证照相符率为 89.7%，同比提高 15.7 个百分点；终端管理体系着力完善终端准入机制、监管机制、互动机制和退出机制；绩效管理体系着重加强对专卖管理一线人员执法工作的考核；案件查处监控体系着力应用信息系统加强专卖办案的程序监督与流程管理。12 月，在三明召开全省专卖管理现场会，交流“四个体系”建设经验。

内部管理监督。建立专卖内管长效机制，推行“一案双查”制，从市场管理和内部监管两方面同时立案查处零售户违规经营行为。对全省行业工商企业规范经营情况进行检查，下达整改通知书 25 份，提出整改意见和建议 90 条。

【经济效益】 2010 年，全省烟草商业系统实现税利 81.41 亿元，同比增长 8.40%，其中利润 46.62 亿元，同比下降 0.49%。三项费用率为 8.73%。

【卷烟经营】 卷烟销售。全年销售卷烟 796.53 亿支（159.31 万箱），同比增长 3.31%，其中，销售一类烟 76.14 亿支（15.23 万箱）、二类烟 100.5 亿支（20.10 万箱）、三类烟 246.55 亿支（49.31 万箱）、四类烟 273.58 亿支（54.72 万箱）、五类烟 99.76 亿支（19.95 万箱）。本地区销量居前三位的品牌为“七匹狼”、“石狮”、“红梅”，其中，销售“七匹狼” 374.78 亿支（74.96 万箱），同比增长 14.32%；销售“石狮” 125.40 亿支（25.08 万箱），同比下降 16.68%；销售“红梅” 22.48 亿支（4.50 万箱），同比下降 9.13%。

全年实现卷烟销售收入 264.8 亿元，同比增长 11.5%。实现卷烟税利 73.3 亿元，同比增长 23.61%，其中，实现卷烟利润 44.9 亿元，同比增长 16.32%。

品牌培育。建立健全品牌培育工作相关制度，承接《终端营销规则》起草制订任务。推动营销队伍转型，全省设 200 个品牌经理岗位、建立 8000 家品牌培育示范户。加强工商联合，开发“7 匹狼（通仙）”高端品牌。辖区内全国性卷烟重点骨干品牌销量为 547.73 亿支（109.55 万箱），同比增长 13.72%，占总销量的 68.76%，同比提高 6.27 个百分点。

渠道终端建设。开展“中华”品牌精准营销。推行后台扣款、贷记卡扣款，降低零售户经营成本。全省零售户每月户均毛利 1360 元，平均毛利率达 10.2%。完善终端服务，开展服务需求调研，构建菜单式服务体系，实施个性化服务营销，全省建立了 8500 户零售户联系点。规范终端管理，修订零售户星级评定办法。完善市场信息采集体系，全省建立了 1600 户零售户信息采集点，建立以价格为基准的货源投放调控机制。延伸终端功能，发挥零售户联系工业企业以及与消费者的桥梁作用，强化反馈信息、宣传品牌的功能，提高品牌培育能力。塑造终端形象，制订《终端建设财务支出规定》，落实《零售终端陈列指南》，推进终端信息化建设，加大客户培训力度，全年培训零售客户 6 万人次。12 月，在莆田召开全省网建工作现场会，交流终端建设经验。

现代物流建设。成立物流管理处，制订《现代物流运行规范》，统一全省物流管理标准。在烟叶产区推行“两烟合一”物流模式。厦门、龙岩两地卷烟工商企业对同城物流协作进行新探索，其中，龙岩市公司二次回收利用烟箱试点取得成功。提高配送响应速度，全省次日送货户占零售户总数的 63.32%，其中莆田市 40% 的零售户实现当日送货。推进网上订货、网上配货工作，截至年底，全省网上订货户数突破 8

万户。加强物流成本控制，开展成本定额管理、物流线路优化和对标评价工作。开发物流决策分析信息系统，实现对全省卷烟仓储、分拣、配送等物流活动的全景式监控与管理。2010年，全省平均单箱物流费用为180.16元/箱，物流费用占销售收入比重为1.09%。

【烟叶产销】 种植与收购。全省落实烟叶种植面积92.36万亩。因遭遇严重自然灾害，全省实际收购烟叶9.89万吨（197.7万担），完成计划的75.5%，其中上等烟比例54.1%，烟叶收购均价14.88元/千克，烟农户均种烟收入2.18万元。全省烟叶收购等级合格率为73.63%，工商交接等级合格率为70.2%。全省户均种植烟叶面积13.7亩，同比增加2.6亩。

全年实现烟叶销售收入40.6亿元，同比减少10.1%。实现烟叶税利8.07亿元，同比下降48.9%，其中利润1.72亿元，同比下降79.3%。

抗洪救灾工作。2010年，福建烟区先后遭遇冰雹、低温、特大暴雨洪灾等自然灾害，全省受灾烟农5.49万户，占烟农总数的81%，烟叶受灾面积43.53万亩，占烟叶种植面积47%，实际烟叶产量损失达3.2万吨（64万担），烤房倒塌1632座，直接经济损失4.76亿元。

福建各级烟草部门积极组织抗灾救灾、恢复烟叶生产工作。全省行业投入2000万元用于支援龙岩、三明、南平三地市政府开展灾后重建，投入1554万元用于采购烟苗、地膜、农药、肥料等烟用救灾物资，投入1.69亿元对绝收、严重受灾的烟农进行扶持。抗洪救灾工作中，泰宁县局（分公司）等先进集体、因公殉职的汤全瑞同志等先进个人为行业树立了榜样。

现代烟草农业建设。加强烟叶基础设施建设，全年全省投入资金7.08亿元，新增烟基项目2.76万个。在2010年洪灾中，历年建设的烟基工程发挥重大作用，减少烟叶受灾面积35万亩，减少经济损失2.5亿元。加大烟用机械研发推广力度，推广桥式剪叶机、起垄机、培土机、打包机，完善编烟机性能，改进起垄施肥覆膜一体机。提高烟叶生产专业化服务水平，发展育苗、机耕、采编、烘烤、分级、运输、植保、烤房维护等关键环节的专业化合作组织，其中，建阳农机专业服务合作社、沙县农场式规模经营具有示范作用。开展烟叶科技研究，对品种提纯优化、特定区域烟叶内在质量、烘烤工艺和烤香技术等课题进行重点攻关。建设现代烟草农业信息平台，推广站点远程视频监控管理系统。

特色优质烟叶。以永定、长汀、尤溪、宁化、泰宁、政和、浦城、邵武等8个县（市）为试点单位，启动特色优质烟叶开发项目。全年试点区域共收购烟叶0.06万吨（1.1万担），选取35个样品开展工业验证。全省种植“翠碧一号”40.85万亩，占全国清香型烟叶总面积1/4；收购4.18万吨（83.5万担）。

烟叶基地单元建设。加强以品牌为导向的烟叶基地建设，与上海烟草集团、红塔集团，以及江苏、福建、浙江、贵州中烟等合作建立6个基地单元，在基地单元种植烟叶11.21万亩，收购烟叶1.28万吨（25.69万担）。

【企业管理】 贯标对标。以厦门、福州、龙岩市局（公司）等单位为试点，推进质量管理体系信息化建设，对专卖、营销、物流、烟叶等主营业务信息系统进行整合，建立质量管理综合信息平台。省局（公司）建立了对标指标体系、工作体系、考核体系，提升企业管理水平。12月，在龙岩召开全省系统基础管理工作现场会，交流基础管理工作经验。

财务审计。建立财务主管重大事项报告制度。全省系统报告重大财务事项42件，发出管理建议书244份，增收节支217万元。深化审计委派制改革，延伸对县级审计人员的管理。全年组织开展94个审计项目，提出意见建议811条。

预算管理。省局（公司）出台《全面预算管理实施暂行办法》、《预算管理委员会议事规则》，强化预算管理考核，试行预算执行审计，开展预算执行情况分析通报。所属9家地市局（公司）三项费用预算偏差率控制在5%以内。

基层创优。开展基层创优活动，优秀县级局达标率为77%，优秀县级分公司达标率为77%，优秀烟草站达标率为50%，优秀打叶复烤企业达标率为100%。

内部管理监督。明确监督委员会职能定位，制订《监督委员会联席会议制度》。对“三重一大”决策制度执行情况和救灾资金、物资使用情况开展监督检查。推进办事公开民主管理，作为严格规范的突出重点。11月，在厦门召开全省系统办事公开民主管理现场会，交流经验。

【信息化建设】 编制信息化建设“十二五”规划和全省行业信息化工作规范。升级OA办公自动化系统，优化网上订货、终端分析、现代烟草农业信息系统，推进财务管理、人力资源、电子监察、质量管理信息系统建设。建设省局（公司）数据中心机房，启动全省行业信息化综合管理和运维监控管理平台建设。

【人力资源管理】 人事制度改革。修订《处级干部选拔任用管理规定（暂行）》，开展面向全省行业公开聘任处级干部试点工作。集中调整后备干部，优化队伍结构。加大干部上下交流、异地交流力度，全年全省行业交流干部9人。建立专业技术职务通道，在三明、龙岩市局（公司）分别开展农业、科研系列专业技术职务聘任试点。

教育与培训。建立县级局局长轮训制度。全年选派11名干部到国家局党校和省直党校学习。全省行业培训员工5.71万人次。重视加强基层专管所（队）长、市场经理、烟草站长“三支队伍”建设。

【思想政治工作】 *主题活动*。开展创先争优活动，推进学习型党组织建设。组织全省行业志愿服务活动。以“进班子、进岗位、进制度、进流程”为重点，开展“两个至上”长效机制建设。开展学习汤全瑞同志先进事迹活动，举办先进人物、先进事迹巡回演讲，弘扬抗洪救灾精神。

反腐倡廉。举办地市局主要领导《廉政准则》培训班。探索建立廉政风险防控机制，在莆田、泉州、三明市局（公司）组织试点。邀请省纪委、检察院提前介入行业重点建设项目监督，建立同步预防工作体系。制订《巡视工作办法》，开展巡视工作试点。建立政风行风长效机制，省局（公司）领导走进“政风行风热线”与公众互动交流。

【“十一五”发展概要】 “十一五”时期，福建省局（公司）坚持以科学发展观为指导，加强烟草专卖管理，推进母子公司体制和用工分配制度改革，有效应对国际金融危机和严重自然灾害考验，加快现代流通和现代烟草农业转型步伐，实现了持续健康发展。全省烟草商业税利从2005年的36.2亿元增长到2010年的81.41亿元，资产总量从2005年的111.5亿元增长到2010年的224.39亿元。

烟叶基础地位更加牢固。烟叶产量从2005年的10.20万吨（203.9万担）发展到最高峰2008年的14.33万吨（286.6万担），烟农户均规模从6.4亩增加到13.7亩，户均售烟收入从2005年的7580元提高到2010年的21792元。烟叶收购工作连年获得国家局表彰。“翠碧一号”种植面积占全国清香型烟叶总面积四分之一。“十一五”期间，共投入烟叶基础设施建设资金31.38亿元，建设11.29万个烟基项目，受益烟田面积达169.26万亩。

卷烟销售网络加快发展。推进以电子商务为特征的现代烟草流通建设，网上订货、网上配货、网银结算快速发展。辖区卷烟销量从2005年的641.8亿支（128.36万箱）增长到2010年的796.55亿支（159.31万箱）。截至“十一五”期末，卷烟零售户平均月赢利1360元，平均毛利率达10.2%。

烟草专卖管理有效加强。“十一五”期间，全省共查处各类涉烟违法案件5.10万起，一些区域制假售假历史顽疾治理取得重大突破。捣毁卷烟制假窝点1.27万个，查获非法烟草机械1858台、假烟59.30亿支、非法烟丝烟叶2.99万吨。司法机关依法判刑1242人。

基础设施建设日臻完善。“十一五”期末，全省行业共有基层烟草站（点）259个、专卖管理所193个、客户服务部180个、物流配送中心（中转站）66个。推进“数字烟草”建设，开发应用电子政务、电子商务、管理决策等各类信息系统30个。

精神文明建设持续推进。“十一五”期间，全省行业获全省“文明行业”称号，有2家单位获评“全国精神文明工作先进单位”，35家单位获评省级以上“文明单位”，省局（公司）获“省级文明单位”、“省五一劳动奖状”和“全国企业文化示范基地”称号。

【特事要辑】 1月29日，国家局局长姜成康考察福建省局（公司），提出建设“一流优质烟叶基地、一流卷烟销售网络、一流企业管理水平、一流员工队伍”要求。

2月4日，全省烟草商业系统工作会议在福州召开。

6月22日，国家局局长姜成康考察福建烟叶受灾情况。

11月3日，国家局副局长张保振考察厦门市局（公司），提出厦门市局（公司）“三角梅”服务品牌要做到更深、更新、更温暖。

11月25日，国家局局长姜成康、副局长何泽华在厦门听取福建省局（公司）零售终端建设工作汇报。

2010年福建省局（公司）主要统计指标汇总

实现税利（亿元）	实现利润（亿元）	销售卷烟（亿支）	烟叶种植（万亩）	烟叶收购（万担）
81.41	46.62	796.53	92.36	197.70

所属地市级局（公司）

【福州市烟草专卖局（公司）】 福州市烟草专卖局、福建省烟草公司福州市公司成立于1984年3月。下辖闽侯县、福清市、长乐市、连江县、永泰县、闽清县、平潭县、罗源县等8个县级烟草专卖局（分公司）和城南、城北烟草专卖局（分公司），以及金叶物流有限公司和金叶大酒店有限责任公司。

2010年，市局（公司）成为福州市青年文明号组委会成员单位，福清市局（分公司）融城客户服务部获福建省“工人先锋号”称号。

【厦门市烟草专卖局（公司）】 厦门市烟草专卖局、福建省烟草公司厦门市公司成立于1984年。2010年9月，新成立集美区局（分公司）。下辖厦门市局第一分局（分公司）、集美区局（分公司），以及厦门海晟连锁商贸有限公司、厦门五福贸易有限公司、厦门市烟草物流有限公司等3个全资子公司。2010年，第一分局（分公司）被福建省总工会授予“福建省劳动和谐企业”称号。

2010年，市局破获的“6.14”特大制售假烟网络案、“8.19”特大假烟运销网络案被国家局、公安部列为部级督办案件，其中“6.14”案件案值2100余万元、“8.19”案件案值5900余万元。

厦门市烟草物流有限公司与福建中烟开展项目合作，共同探索同城物流工作。成立了同城物流工作小组，召开了三次工作协调会，进行两次现场调研，确立了托盘联运、烟箱回收、库存代管三个合作意向。

【宁德市烟草专卖局（公司）】 宁德市烟草专卖局、福建省烟草公司宁德市公司成立于1984年7月。下辖蕉城区、福安市、福鼎市、霞浦县、寿宁县、周宁县、屏南县、古田县、柘荣县等9个县级烟草专卖局（分公司）和宁德市金叶物流有限公司1家全资子公司、宁德海晟连锁商贸有限公司1家多元化经营企业。2010年，市局（公司）获福建省“五一劳动奖状”。

确定2010年为“企业文化宣贯年”，开展企业文化建设系列活动，推动“责任”母文化和“宁”子文化宣贯落地。

【莆田市烟草专卖局（公司）】 莆田市烟草专卖局、福建省烟草公司莆田市公司成立于1984年7月。2010年，新设立城厢区局（分公司）、涵江区局（分公司）。下辖仙游县、城厢区、涵江区、秀屿区等4个县级局（分公司）和莆田海晟连锁商贸有限公司。共有从业人员496人。2010年，市局（公司）被中国企业文化研究会评为“2010年企业文化建设优秀单位”。

重视网建工作，市局（公司）推进队伍转型、精准营销、网络营销和快速响应等四大营销网建课题的自主研究与探索实践，建立一支专业的品牌培育队伍，形成基于聚类分析方法、决策树方法、量价关系模型的精准营销模式，全市网上订货率达94.14%，物流配送最快响应时间仅为3.5小时。12月，承办全省卷烟销售网络建设现场会，介绍推广电子商务和网络营销等现代营销模式。

作为全省系统试点单位，市局（公司）推进廉政风险防控体系建设和巡视工作，确保各项经营管理活动的廉洁性。开展“诚”文化宣贯活动。

【泉州市烟草专卖局（公司）】 泉州市烟草专卖局、福建省烟草公司泉州市公司成立于1984年。下辖城区、晋江市、南安市、石狮市、惠安县、安溪县、永春县、德化县、泉港区等9个县级烟草专卖局（分公司）及泉州烟草物流有限公司、福建泉州海晟连锁商贸有限公司2家子公司。

全年全市共查处各类涉烟违法案件3232起，同比增长55%，其中“12.26”案件、“12.31”案件分别被列为国务院督办和部级督办案件。

4月，泉州卷烟物流配送中心动工建设，总造价预计1.78亿元。泉州烟草系统12家单位已全部通过安监部门检查考评，均评定为A级，成为全省烟草商业系统第一个地级市整体通过验收的企业。

【漳州市烟草专卖局（公司）】 漳州市烟草专卖局、福建省烟草公司漳州市公司成立于1984年3月。下辖城区、龙海市、漳浦县、云霄县、诏安县、东山县、南靖县、平和县、华安县、长泰县等10个县级烟草专卖局（分公司），以及漳州海晟连锁商贸有限公司、漳州正益物流有限公司2个控股公司。2010年，市公司订单部获全国“巾帼文明岗”、“全国‘三八’红旗集体”称号。

保持卷烟打假高压态势，组织开展“窒息行动”。

【龙岩市烟草专卖局（公司）】 龙岩市烟草专卖局、福建省烟草公司龙岩市公司成立于1984年3月。

下辖长汀县、永定县、上杭县、武平县、连城县、漳平市、新罗区等7个县级烟草专卖局（分公司），以及龙岩鑫叶农资有限责任公司、龙岩鑫叶物流有限公司、龙岩海晟连锁商贸有限公司等3家多元化经营企业。2010年，市局（公司）被中国企业文化研究会评为“全国企业文化建设优秀单位”，被国家体育总局授予“2010年全民健身活动先进单位”称号。

2010年，龙岩市公司自主培育的烤烟新品种“闽烟38”、“闽烟35”通过全国烟草品种审定委员会组织的农业评审。烟叶工商交接等级质量连续十年（2001～2010年）获国家局通报表彰。开展现代烟草农业建设，试点面积9.84万亩，其中整乡推进试点4个，面积2.87万亩；以长汀县为试点开展整县推进，面积6.97万亩。

探索同城物流协作。优化工商物流协同运作，全年共代管工业库存3.8亿支，减少库存占用资金1亿多元。实施烟箱回收再利用项目，规范封箱、装卸、开箱、回收等关键环节的技术操作，全年共成功回收烟箱4.77万个，烟箱回收率由第一批次的50%提升至第十批次的80%，创收约8万元。

【三明市烟草专卖局（公司）】 三明市烟草专卖局成立于1984年8月，福建省烟草公司三明市公司成立于1984年5月。下辖城区、永安市、沙县、大田县、尤溪县、将乐县、建宁县、泰宁县、明溪县、清流县、宁化县等11个县级局（分公司），以及福建省三明金叶复烤有限公司、三明金明农资有限公司、三明海晟连锁商贸有限公司、三明宏叶物流发展有限公司等4个控股公司。2010年，“金三明”牌烟叶被福建省人民政府授予“福建名牌产品”称号。

加强卷烟打假，坚持“以烟找人、以人找网”的案件经营经验，健全打假工作机制。破获被列为部级督办案件的大田“3.10”跨省制售假烟网络案件，案值675.6万元。深化专卖管理“四个体系”建设，以终端管理为主线，推行区域化合理布局，开展终端细分管理，注重引入平衡计分卡、信息化技术等管理手段，提升市场监管水平，卷烟市场净化率连续两年超过95%。

烟叶生产遭受连续自然灾害，特别是“6.18”特大洪涝灾害损失严重。全市烟叶受灾损失超过1.5万吨（30万担），直接经济损失2.5亿元。行业累计投入救灾资金1.41亿元，帮助烟农开展生产自救和灾后重建。

【南平市烟草专卖局（公司）】 南平市烟草专卖局、福建省烟草公司南平市公司成立于1984年7月。下辖延平区、邵武市、顺昌县、建阳市、建瓯市、浦城县、武夷山市、光泽县、松溪县、政和县等10个县级烟草专卖局（分公司），以及金叶贸易服务有限公司、南平先益物流有限公司2个多元化经营企业，参股福建武夷烟叶有限公司、南平海晟连锁商贸有限公司。

全年全市共种植烤烟29.21万亩，收购烤烟3万吨（59.97万担）。全年全市行业共投入2.35亿元，完成烟叶生产基础设施建设项目5567个，烟水配套工程实际受益面积累计13.31万亩。

所属其他二级单位

【中国烟草福建进出口有限责任公司】 中国烟草福建进出口有限责任公司前身是成立于1985年1月1日的中国烟草进出口公司福建分公司。1991年更名为中国烟草福建进出口公司，同年公司由福州迁址到厦门。2001年11月，改制更名为中国烟草福建进出口有限责任公司，股东方分别是中国烟草进出口（集团）公司、福建省烟草公司、福建中烟工业公司、龙岩卷烟厂、厦门卷烟厂。2006年12月，经国家局批准，成为中国烟草总公司福建省公司的全资子公司。公司经营范围涵盖烟叶出口和卷烟进口两项，其中烟叶出口到印度尼西亚、中国香港、埃及、印度、德国、俄罗斯、荷兰、葡萄牙等国家和地区，并负责为福建、天津、内蒙古三省（区、市）提供包括英美烟草集团“555”、南洋兄弟烟草公司“红双喜”、日本烟草公司“七星”、韩国烟草公司“爱喜”、怡通烟草（香港）有限公司“大卫杜夫”、台湾国际脉络股份有限公司“长寿”等国内外品牌的进口卷烟和少量雪茄烟。截至2010年年底，公司拥有总资产2.06亿元，其中，固定资产0.12亿元、流动资产1.92亿元，资产负债率为12.83%。共有从业人员51人。

全年实现销售收入3.22亿元，实现税利1.26亿元，其中实现利润6645万元。出口烟叶（含烟梗）1.28万吨，实现销售收入1873万美元。全年进口卷烟、雪茄烟5.46亿支，进口额930.68万美元。

加强企业文化建设，形成并提炼为“勤”文化体系。

【福建烟草海晟投资管理有限公司】 福建烟草

海晟投资管理有限公司前身是成立于1993年的厦门海晟实业公司，位于福建省厦门市。2007年改制更名为福建烟草海晟投资管理有限公司，成为中国烟草总公司福建省公司的全资子公司，专门负责福建省烟草商业系统多元化投资管理工作。公司以资本经营、投资管理为主线，投资范围涵盖金融投资、房地产开发、信息技术开发、连锁经营、文化传媒、旅游酒店、物业管理等领域。截至2010年年底，公司拥有总资产36.43亿元，其中，固定资产1.03亿元、流动资产25.35亿元，资产负债率为29.17%。公司本部有员工52人，其他控（参）股企业员工1450人。

公司对外投资控（参）股企业有13家，其中控股企业10家，分别是：厦门海晟房地产开发有限公司、福州海晟房地产开发有限公司、武夷山海晟国际大酒店管理有限责任公司、福建海晟连锁营销发展有限公司、福建海晟信息技术有限公司、厦门海晟信息技术有限公司、福建省海晟文化传媒有限公司、福建省海晟物业管理有限公司、武夷山市海晟通仙茶业有限公司、厦门烟草海晟物业服务有限公司；参股企业3家，分别是：兴业银行股份有限公司、厦门中软海晟信息技术有限公司、福州芸香阁酒店策划管理有限公司。

全年公司实现经营收入28.28亿元，实现利润总额6.35亿元。

2010年福建省烟草商业系统主要情况统计

地市级局(公司)名称		福州市烟草专卖局(公司)	厦门市烟草专卖局(公司)	宁德市烟草专卖局(公司)	莆田市烟草专卖局(公司)	泉州市烟草专卖局(公司)
主要负责人/法人代表		林则森(—2010.3) 孔祥统(2010.3—)	陈全志(—2010.2) 黄端启(2010.2—)	黄端启(—2010.2) 石建闽(2010.2—)	尤清河	孔祥统(—2010.3) 詹小强(2010.3—)
总资产(万元)		217206	165398	89989	90536	323935
资产负债率(%)		5.60	5.95	4.64	3.46	4.93
所属县级局(个)		10	2	9	4	9
所属县级公司/分公司(个)		10个分公司	2个分公司	9个分公司	4个分公司	9个分公司
所属县级营销部(个)		—	—	—	—	—
从业人员(人)		1166	418	751	496	1419
所属业务机构	访销机构	1个营销中心、 1个电访中心	1个订单部、 6个客户服务部、 1个集团客户服务部	1个营销中心、 1个订单部、 9个客户服务中心	1个卷烟营销中心、 1个电访中心、 13个客户服务部	1个营销中心、 1个订单部
	物流配送机构	1个物流中心、 1个配送中心	1个配送中心、 1个中转站	1个物流公司， 下设1个分拣部、 1个送货部、 7个中转站	1个物流中心	1个物流中心、 3个配送中心、 4个中转站
	稽查机构	1个稽查支队、 10个稽查大队	6个稽查支队、 1个内部管理监督中心、 1个证件管理投诉中心、 1个案件审理中心、 2个行动大队	1个稽查支队、 9个稽查大队	1个稽查支队、 5个稽查大队、 13个专卖管理所	1个稽查支队、 10个稽查大队、 13个稽查中队
	烟叶机构	—	—	—	—	—
销售卷烟	(亿支)	136.85	81.54	59.00	63.03	181.00
	2010年比2009年(%)	3.92	5.54	5.16	4.65	1.69
卷烟销售收入(万元)		472621	312930	204779	210274	592457
实现税利	(万元)	122300	85501	48395	55119	160451
	2010年比2009年(%)	13.60	19.33	18.48	16.96	3.89
实现利润	(万元)	72701	52732	27057	33628	98386
	2010年比2009年(%)	-0.48	5.70	3.52	4.38	-7.70

续表

地市级局（公司）名称	福州市烟草专卖局（公司）	厦门市烟草专卖局（公司）	宁德市烟草专卖局（公司）	莆田市烟草专卖局（公司）	泉州市烟草专卖局（公司）
查处涉烟违法案件（起）	2416	635	644	512	3232
查处涉烟违法案件案值（万元）	852	2465	1865	673	1932
2010 年度烟草行业投入烟叶生产基础设施建设资金（万元）	—	—	—	—	—
烟水配套工程累计受益面积（万亩）	—	—	—	—	—
烟叶种植（亩）	—	—	—	—	—
烟叶收购（担）	—	—	—	—	—
零售户数（户）	28166	11727	15021	13206	37667
零售户销售毛利率（%）	10.02	11.40	10.54	10.41	13.31

地市级局（公司）名称		漳州市烟草专卖局（公司）	龙岩市烟草专卖局（公司）	三明市烟草专卖局（公司）	南平市烟草专卖局（公司）
主要负责人/法人代表		游文忠	姜林灿	刘添毅	黄学良
总资产（万元）		170003	169170	243112	147367
资产负债率（%）		4.86	8.92	14.04	16.94
所属县级局（个）		10	7	11	10
所属县级公司/分公司（个）		10 个分公司	7 个分公司	11 个分公司	10 个分公司
所属县级营销部（个）		—	—	—	—
从业人员（人）		1073	1985	2221	2254
所属业务机构	访销机构	1 个卷烟营销中心、1 个订单部、10 个客户服务中心	1 个订单部、7 个客户服务中心	1 个营销中心、11 个客户服务中心、1 个订单部	1 个营销中心、1 个电访中心
	物流配送机构	1 个物流中心、2 个配送中心、10 个中转站	1 个卷烟配送中心、6 个中转站	1 个物流分公司、3 个配送中心、8 个中转站	1 个物流中心、2 个配送中心
	稽查机构	1 个稽查支队、10 个稽查大队	1 个稽查支队、7 个稽查大队	1 个稽查支队、12 个稽查大队	1 个稽查支队、10 个稽查大队
	烟叶机构	—	1 个烟科分所、55 个烟草站、27 个收购点、2 个科技园、3 个试验站	1 个烟叶生产部、1 个烟叶购销部、1 个烟科所、11 个烟叶管理办公室、89 个烟草站	72 个烟叶站、4 个烟叶收购点
销售卷烟	（亿支）	113.93	52.17	51.80	57.28
	2010 年比 2009 年（%）	2.63	4.17	2.30	2.10
卷烟销售收入（万元）		375653	174037	159736	188338
实现税利	（万元）	92881	60903	78497	62592
	2010 年比 2009 年（%）	10.89	-11.21	-21.27	-1.36
实现利润	（万元）	54776	26694	37608	25569
	2010 年比 2009 年（%）	-2.10	-27.40	-31.83	-21.19
查处涉烟违法案件（起）		5227	619	291	722
查处涉烟违法案件案值（万元）		58467	1571	20160	196
2010 年度烟草行业投入烟叶生产基础设施建设资金（万元）		—	21143	28900	23450
烟水配套工程累计受益面积（万亩）		—	14.00	16.50	13.31

续表

地市级局(公司)名称	漳州市烟草专卖局(公司)	龙岩市烟草专卖局(公司)	三明市烟草专卖局(公司)	南平市烟草专卖局(公司)
烟叶种植(亩)	—	245000	386343	292053
烟叶收购(担)	—	589714	787766	599729
零售户数(户)	24146	12837	11958	12800
零售户销售毛利率(%)	11.60	10.20	9.70	14.38

（刘国良）

江西省烟草专卖局（公司）

【概　况】 江西省烟草专卖局、中国烟草总公司江西省公司成立于1984年1月。省局（公司）下辖11家地市级烟草专卖局（公司）、驻南昌铁路烟草专卖局，以及中国烟草井冈山传统教育基地、江西省锦峰实业有限公司、江西赣南烟叶复烤有限责任公司。截至2010年年底，公司拥有总资产106.04亿元，其中，固定资产19.79亿元、流动资产79.04亿元，资产负债率为10.44%。共有从业人员9711人，其中聘用员工4552人。

2010年，省局机关被中共江西省直机关工委授予"省直机关党建工作达标单位"称号。

【领导成员】 局长、总经理、党组书记：雷万春（—2010.6）

局长、总经理、党组书记：徐　瑾（2010.6—）
副局长、纪检组长、党组成员：罗年安
副总经理、党组成员：郑　京
副局长、党组成员：魏　平
副总经理、党组成员：顾厚武（2010.6—）
副总经理、党组成员：徐素珍（2010.6—）
总会计师：陈建辉
副巡视员：罗建武
副巡视员：辛焕荣

【机构设置】 省局（公司）机关设办公室（外事办公室）、综合计划处（经济运行处）、专卖监督管理处（专卖稽查总队、内部专卖监督管理处）、政策法规与体制改革处、财务管理处、投资管理处、审计处、科技处、人事劳资处、离退休人员管理办公室、思想政治工作处（机关党委、工会）、监察处（与党组纪检组合署办公）、安全保卫处、烟叶管理处、卷烟销售管理处、驻江西中烟工业有限责任公司专卖监管办公室、信息中心、机关服务中心、江西省烟草质量监督检测站、江西省烟草职工教育培训中心、江西省烟叶科学研究所、行业特有工种职业技能鉴定站、烟草学会、物流处（2010年7月设立，原物流建设管理办公室撤销）、整顿烟草经济秩序办公室等25个职能处室、专业部门。

【专卖管理】 *卷烟打假。*在全省范围内实施"金网4号"打击制售假烟网络专项行动，继续保持卷烟打假高压态势，全年共查处假冒卷烟0.4亿支。全年查处各类涉烟违法案件2.36万起，其中，破获符合国家局标准的制售假烟网络案件27起、符合省局标准的网络案件16起。赣州"4.9"制售假烟网络案件、抚州临川"7.18"非法经营烟用丝束案件、宜春"9.10"销售假烟网络案件、鹰潭余江"1.15"利用互联网销售假烟网络案件等4起重大案件先后被公安部、国家局列为挂牌督办案件。公安、司法机关依法拘留246人，劳教5人，追究刑事责任109人。

*市场日常监管。*完善与公、检、法部门的协作机制，与江西省公安厅、省检察院、省高院召开联席会议，对全省15起重大制售假烟案件实施督办。完善区域协作机制，与广东省局联合召开卷烟打假座谈会，签订联合打假打私工作备忘录。探索建立卷烟市场现代日常监管体系，先后组织开展对销售非法渠道卷烟、非法仓储窝点、名烟名酒店、大型超市、特殊业态等的重点集中整治。联合江西省通信管理局、省公安厅、省工商局开展严厉打击利用互联网非法经营烟草专卖品专项行动。

*内部专卖管理监督。*完善内部专卖管理监督信息系统，完善资料收集、资料上报、资料查询和考核模块，并调整订单预警处理模块。加强对高价位卷烟生产经营及价格的日常监管和定期检查，规范卷烟打码

工作，严格实行激光打码到条，统一卷烟打码规格，区分打码区域。

【经济效益】 2010年，全省烟草商业系统实现销售收入208.07亿元，同比增长12.88%。实现税利49.82亿元，同比增长17.83%，其中利润27.4亿元，同比增长3.2%。三项费用率为7.75%。

【卷烟经营】 卷烟销售。全年销售卷烟631.14亿支（126.23万箱），同比增长3.34%，其中，销售一类烟63.64亿支（12.73万箱），同比增长25.16%；二类烟44.32亿支（8.86万箱），同比增长11.6%；三类烟168.56亿支（33.71万箱），同比增长14.07%；四类烟223.71亿支（44.74万箱），同比下降0.80%；五类烟130.91亿支（26.18万箱），同比下降10.86%。本地区销量居前三位的品牌为“庐山”、“金圣”、“白沙”，其中，销售“庐山”188.83亿支（37.77万箱），同比下降4.26%；“金圣”101.2亿支（20.24万箱），同比增长13.08%；“白沙”52.72亿支（10.54万箱），同比增长11.08%。

全年实现卷烟销售收入197.32亿元，同比增长13.67%。实现卷烟税利47.06亿元，同比增长19.62%，其中卷烟利润26.3亿元，同比增长2.6%。

品牌培育。对全省2007～2009年品牌发展状况进行全面分析研究，并对未来5年的品牌发展状况进行预测和规划。制订了品牌规划、品类管理、新品引入、品牌维护、宣传促销、品牌评估、品牌退出等工作流程，探索在统一、规范的基础上进行品牌管理创新。全年销售全国烟草行业一至三类烟销量前十五位的品牌卷烟208.65亿支（41.73万箱），同比增长17.50%；销售全国烟草行业销售收入前十五位的品牌卷烟210.35亿支（42.07万箱），同比增长19.37%。在销品牌由2009年的65个减少到2010年的60个。

网建营销。坚持以市场为导向，推进订单供货，推广“两个流程一个模式”（订单供货流程、客户经理工作流程，“当日访、次日送”模式）。启动网上订货试点和“135”工作法试点工作。加强重点品牌精细调控，改革货源购进计划分配方式，建立和完善工商协同机制和服务体系。

现代物流建设。2010年，南昌、上饶、抚州、宜春、吉安、赣州、景德镇、萍乡、新余、鹰潭市公司已按现代物流模式建成新的配送中心。推广南昌市公司物流精细化管理经验，物流成本统一核算基本到位，物流现场管理进一步加强，基本形成符合全省系统实际的卷烟配送体系，初步建立了统一的物流管理规范。

【烟叶产销】 种植与收购。全年共种植烟叶23.71万亩，收购烟叶3.03万吨（60.57万担），烟叶收购均价为14.52元/千克。烟叶平均亩产127.5千克，烟农户均种烟收入为2.2万元，同比增加1000元。烟叶省外销售2.39万吨（47.74万担）。全年实现烟叶税利2.92亿元，同比下降0.67%，其中利润1.35亿元，同比增长12.94%。

现代烟草农业建设。全年共安排21个现代烟草农业建设试点，试点总面积1.11万亩，试点户均种植面积20.8亩，比全省户均种植面积高出8.92亩。赣州市信丰县作为全国32个整县推进基地单元试点，发挥了较为明显的示范作用。全年烟草行业共投入资金1.14亿元（省内行业投入0.46亿元），完成55个重点产烟村烟水配套工程的项目建设，在抗洪救灾中发挥了积极作用，得到产区农民和党委、政府的一致好评。

特色烟叶开发。赣州石城与江西中烟、抚州广昌与红塔集团联合实施的全国特色优质烟叶开发工作扎实推进，“商业主体、工业主导、科研主力”的工商研协同机制初步形成，紫色土浓香型烟叶开发规模不断扩大。

烟叶抗灾救灾。2010年，江西省气候多变，灾害频繁，特别是6月中下旬发生特大洪涝灾害。面对灾害，全省系统干部职工在当地党委、政府的领导下，及时启动烟叶自然灾害捐赠救助程序，救助因灾造成生活困难的烟农。全年共发放烟叶生产救助资金2216.92万元。

【科技创新】 全年省局（公司）立项科技项目23个，各市局（公司）自立科技项目38个，其中2个科研项目被列为国家局面上项目；省局11个科技项目完成并发挥效益。加大科技投入，各市局（公司）共投入经费1578.1万元。推进以小改革、小发明为代表的“五小”创新活动。

【多元化经营】 截至2010年年底，全省烟草商业系统共有多元化企业7家，其中，全资企业4家、参股企业3家。全资企业为：江西省锦峰实业有限公司、中国烟草井冈山传统教育基地①、江西省烟草培训中心、景德镇市金叶大酒店。参股企业为：国盛证券有限责任公司、江西大厦股份有限公司、南昌银行。中国烟草井冈山传统教育基地和景德镇市金叶大酒店全

---

① 2010年，中国烟草井冈山传统教育基地注册为事业法人，原井冈山金叶大厦企业法人注销。

年歇业，分别进行易地重建和升级改造筹办。

【企业管理】 资产管理。完善统一会计核算和全面预算管理两大体系，在总结推广萍乡市局（公司）预算管理系统试点经验的基础上，推进预算管理、资金监管、资产管理信息化建设，加强成本费用控制，严格资金管理。开展“小金库”和银行对账单专项检查。加强审计监督，开展工程项目全过程跟踪审计、预算管理审计，加强审计派驻管理。

内部监管。规范内部经营行为，并完善紧俏货源分配办法。加强工程投资、物资采购和宣传促销项目管理，推进办事公开民主管理工作。健全法规机构，正式建立法规工作队伍。开展质量管理体系内审，组建省级审核员队伍，开展了省级内审试点工作。

【信息化建设】 推进信息化与经营管理相融合，启动订单供货过程控制、网上订货、人力资源管理等系统的试点工作，卷烟生产经营数据统计应用、预算管理系统实现并轨运行。开通省局（公司）外网和烟草学会网站，综合办公系统、专卖管理信息系统整体升级项目顺利通过验收。加强信息安全和运维管理，省域骨干网络成功扩容，提高了服务保障能力。

【人力资源管理】 用工分配制度改革。启动省局（公司）机关用工分配制度改革工作，完善各市局（公司）用工分配制度体系。规范市级公司领导班子成员年度薪酬管理，重新核定各单位领导班子正职年度薪酬，并全面实行工资预警预报制度。理顺劳动保障、职工离退休、社会养老金和军转干部管理等工作。人力资源管理信息系统信息数据库基本形成，企业年金收缴和支付工作进一步规范。

干部队伍建设。组织开展全省系统处级领导干部综合考评工作，加大干部激励约束力度。重视优秀年轻干部和高技能人才培养，拓宽干部培养锻炼途径。制订《关于严厉整治干部选拔任用工作中行贿受贿行为的实施方案》，干部选拔任用工作的立体监督网络初步形成。

教育与培训。全年举办各类培训班 170 余期次，培训员工 1.5 万余人次。开展各等级职业技能鉴定，共鉴定 2543 人。举办第一届全省系统卷烟商品营销职业技能竞赛，并推荐优秀选手参加全行业竞赛。

【思想政治工作】 主题活动。开展“保持良好精神状态，努力开创‘卷烟上水平’新局面”教育活动和创先争优活动，并与“创建学习型党组织、学习型江西烟草”和构建以“进班子、进岗位、进制度、进流程”为重点的“两个至上”长效机制相结合，主题活动得到江西省委创先争优活动领导小组和国家局的充分肯定。

党风廉政建设。加强廉政警示学习教育，创新廉政文化建设。推进党风廉政责任制落实，实行“一岗双责制”和“一票否决制”。加强对重点环节和领域的监督，推进工程建设领域突出问题专项治理，全面规范工程建设领域“五个关键环节”、“五个金额数字”的管理。

【企业文化】 开展以“责任文化”为核心的企业文化宣贯工作。开展服务品牌建设工作，向全系统员工征求服务品牌建设的方法和思路。

【“十一五”发展概要】 “十一五”期间，江西省局（公司）坚持以邓小平理论和“三个代表”重要思想为指导，深入贯彻落实科学发展观，面对国际金融危机、冰雪灾害、特大洪涝灾害等严峻复杂的环境，以建设“严格规范、富有效率、充满活力”江西烟草为目标，贯彻落实国务院有关文件要求，转变省、市、县局（公司）职能，坚持“内管外打”，保持卷烟打假打私高压态势；加强内部监管，先后开展财经秩序整顿、“两烟”体外循环专项治理、内部专卖管理和审计监督“两项检查”以及工程投资、物资采购、宣传促销“三项检查”等工作；推进现代烟草农业建设，加强营销管理、工商协同，大力培育重点骨干品牌；推进信息化建设，推进科技创新和全面预算管理，加强国有资产经营管理，深入开展贯标、对标工作和优秀基层创建工作；深化用工分配制度改革，各级党组织建设、领导班子和队伍建设、党风廉政建设不断加强，企业形象不断改善。

“十一五”期间，江西省局（公司）累计销售卷烟 2942.6 亿支（588.52 万箱），年均增长 3.77%；销售品牌由 2005 年底的 129 个减少到 2010 年底的 60 个，前 10 位品牌集中度由 61.05% 提高到 76.46%。累计收购烟叶 16.55 万吨（331.10 万担），烟叶产量最高时达到 4.34 万吨（86.86 万担），比 2005 年增长 1.52 倍，基础设施建设累计投入 4.87 亿元。累计实现税利 182.1 亿元，年均增长 21.37%。

【特事要辑】 9 月，江西省委、省政府领导在《中共江西省烟草专卖局党组关于烟叶救灾工作情况的报告》上作出批示，充分肯定江西省局（公司）的抗洪救灾工作。

2010 年江西省局（公司）主要统计指标汇总

实现税利（亿元）	实现利润（亿元）	销售卷烟（亿支）	烟叶种植（万亩）	烟叶收购（万担）
49.82	27.40	631.14	23.71	60.57

所属地市级局（公司）

【南昌市烟草专卖局（公司）】 南昌市烟草专卖局、江西省烟草公司南昌市公司成立于 1985 年 5 月。下辖南昌县、新建县、进贤县、安义县、西湖区、东湖区、青山湖区、青云谱区等 8 个县级烟草专卖局（分公司）。

2010 年，市局将查处异地流入的非法渠道卷烟作为专卖管理工作重心，开展了以整治物流货运环节及大型商场、连锁超市为重点的“金网 3 号”、“金网 4 号”专项行动，加大对大、要案和假烟窝点的查处力度，卷烟市场日常监管力度进一步加强。

加强物流建设，基本实现卷烟在商业销售环节的“全面识别、可靠传输、智能处理”。

【九江市烟草专卖局（公司）】 九江市烟草专卖局、江西省烟草公司九江市公司成立于 1985 年 5 月。下辖城区、九江县、修水县、武宁县、瑞昌市、永修县、德安县、星子县、共青城市、庐山区、都昌县、湖口县、彭泽县等 13 个县级烟草专卖局（分公司）。

做好全国性大品牌的培育，在不同价格区间保持合理的卷烟品牌规格数量。举办讲座和座谈会，向零售客户宣传和解析各卷烟品牌的特色和文化，实现品牌与市场的有效对接。

加强基础管理，将月度考核、季度考核、年度考核有机结合，把考核结果作为评先创优和晋升薪酬的重要依据。开展 OHSAS18001：2007 职业健康管理体系转版培训，对危险源进行重新评价，共辨识本级危险源 146 项。

开展“水”文化宣讲活动，“润”服务标志申请了国家商标注册，“润”服务品牌形象墙设计发明申请了国家专利。

【上饶市烟草专卖局（公司）】 上饶市烟草专卖局、江西省烟草公司上饶市公司成立于 1984 年 4 月。下辖信州区、上饶县、玉山县、广丰县、横峰县、铅山县、弋阳县、鄱阳县、余干县、万年县、德兴市、婺源县等 12 个县级烟草专卖局（分公司）。

全年破获符合国家局标准的制售假烟网络案件 3 起。

以打牢各项工作基础为抓手，推进“卷烟上水平”，提出打牢“四个基础”（终端建设基础，品牌培育基础，内部管理基础，队伍建设基础）的工作思路。

【抚州市烟草专卖局（公司）】 抚州市烟草专卖局、江西省烟草公司抚州市公司成立于 1984 年 7 月。下辖黎川县、崇仁县、南城县、金溪县、南丰县、资溪县、广昌县、宜黄县、东乡县、乐安县、临川区等 11 个县级烟草专卖局（分公司）。

全年破获符合国家局标准的制售假烟网络案件 3 起。

克服洪涝灾害影响，稳定烟叶生产。推进烟叶标准化生产，全市设立烟叶标准化示范点 18 个，示范面积 1.15 万亩。安排现代烟草农业示范点 10 个，示范面积 4747 亩，户均种植面积 20.8 亩，比全市户均种植面积高出 7.42 亩。

【宜春市烟草专卖局（公司）】 宜春市烟草专卖局、江西省烟草公司宜春市公司成立于 1985 年 1 月。下辖袁州区、丰城市、樟树市、高安市、万载县、上高县、宜丰县、奉新县、靖安县、铜鼓县等 10 个县级烟草专卖局（分公司）。

全年破获符合国家局标准的制售假烟网络案件 4 起。完善专卖人员月度绩效考核办法，考核以查缴市场假冒商标卷烟、非法渠道购进卷烟和工作质量为主，激发专卖人员工作积极性。

开展创建学习型烟草活动，按月制订学习计划。全年举办各类培训 30 期，培训员工 2066 人次。

【吉安市烟草专卖局（公司）】 吉安市烟草专卖局、江西省烟草公司吉安市公司成立于 1985 年 5 月。下辖城区、吉安县、吉水县、峡江县、新干县、永丰县、安福县、泰和县、遂川县、万安县、永新县、井冈山市等 12 个县级烟草专卖局（分公司）。

全年破获符合国家局标准的制售假烟网络案件

3起。

全年实现烟农种烟收入0.76亿元。全市安排现代烟草农业试点面积5300亩，试点区域亩产烟叶143.2千克，亩均用工26个，亩产值2102元。

【赣州市烟草专卖局(公司)】 赣州市烟草专卖局、江西省烟草公司赣州市公司成立于1984年8月。下辖章贡区、赣县、南康市、大余县、信丰县、上犹县、崇义县、安远县、龙南县、全南县、定南县、于都县、宁都县、兴国县、瑞金市、会昌县、寻乌县、石城县等18个县级烟草专卖局（分公司）。

全年破获符合国家局标准的制售假烟网络案件2起。加强卷烟市场日常监管，要求分管领导每周不少于两天带队进行市场检查，并实行错时监管、交叉检查，提高市场监管效率。

全年实现烟农种烟收入1.94亿元；烟农户均收入1.97万元。全市安排现代烟草农业试点面积2.14万亩，在信丰县实施整县推进，在会昌县周田镇实施整乡推进，并在石城县、瑞金市、赣县、兴国县、宁都县5个产烟县（市）选取1个村实施整村推进，试点区域户均种烟19.6亩，与同地区大面积生产区相比，亩产烟叶高出15千克，亩均用工减少7个，节约成本230元。全年发放烟农救灾补助620余万元、农药1.77吨，减轻种烟损失，稳定烟农生产生活。

在全省系统率先实现由“当日访、隔日送”向“当日访、次日送”模式的转换，按合理装载量确定送货户数，打破行政区域送货，全市送货车辆由72辆精减为58辆。

【景德镇市烟草专卖局(公司)】 景德镇市烟草专卖局、江西省烟草公司景德镇市公司成立于1985年1月。下辖城区、乐平市、浮梁县3个县级烟草专卖局（分公司），以及景德镇市金叶大酒店1个全资子公司。

全年破获符合国家局标准的制售假烟网络案件3起。

加强网络建设，重新梳理各级营销部门的岗位和工作流程，建立“六定”（定岗、定责、定工作内容、定工作流程、定工作记录、定考核）标准，客户经理工作流程得到有效落实。

完善职工代表大会制度，召开市公司第一届职工代表大会第一次会议，并选举产生第一届工会委员会委员。

【萍乡市烟草专卖局(公司)】 萍乡市烟草专卖局、江西省烟草公司萍乡市公司成立于1985年2月。下辖安源区、湘东区、芦溪县、上栗县和莲花县等5个县级烟草专卖局（分公司）。

全年破获符合国家局标准的制售假烟网络案件2起。

开展全员综合测评和竞争上岗，精简人员，优化结构，凝聚力量。在湘东区局（分公司）开展“员工加油系统”试点工作，建立完善了以鼓励为主的激励机制。

按萍乡市纪委要求开展风险岗位廉能管理规范试点工作，形成了以岗位为点、程序为线、制度为面的风险岗位廉能管理规范体系，获得“2010年度全市推进惩防体系建设暨落实党风廉政建设责任制工作先进单位”称号。

【新余市烟草专卖局(公司)】 新余市烟草专卖局、江西省烟草公司新余市公司成立于1984年12月。下辖渝水区、分宜县2个县级烟草专卖局（分公司）。

全年破获符合国家局标准的制售假烟网络案件1起。搭建专卖竞争平台，由稽查支队履行城区局职能，并在城区局内组建烟草铁路稽查大队，构建了稽查支队、渝水区局、分宜县局共同竞争的格局。

完善营销垂直管理体制，取消县级分公司职能和副经理岗位设置，推行人、财、物一条线管理，实现集电访、网建、采供、客户服务、品牌培育推广“五部一体”的管理模式。

实施干部人事制度改革，全面推行民主提名推荐、差额票决、公开选拔和竞争上岗等干部选拔方式。

【鹰潭市烟草专卖局(公司)】 鹰潭市烟草专卖局、江西省公司鹰潭市公司成立于1985年3月。下辖月湖区、余江县、贵溪市3个县级烟草专卖局（分公司）。

开展工商协同营销，建立起以“精确信息、精准投放、精细管理”为主要内容的精准营销体系，不断创新品牌营销模式，增强引导消费、培育品牌的能力和水平。

所属其他二级单位及派驻机构

【江西省烟草专卖局驻南昌铁路烟草专卖局】 江西省烟草专卖局驻南昌铁路烟草专卖局于 1992 年 10 月成立，1993 年 10 月撤销。为加强对南昌铁路局管辖范围内各车站、客货列车及南昌地区铁路二、三村家属区的烟草专卖管理，更好开展铁路沿线卷烟打假打私工作，净化铁路沿线卷烟市场，江西省烟草专卖局驻南昌铁路烟草专卖局于 2001 年 11 月恢复成立，是江西省烟草专卖局的派驻机构。共有从业人员 39 人，其中聘用员工 19 人。主要职能是依法加强铁路烟草专卖管理，保护烟草专卖品在铁路辖区内的合法经营和运输，打击和查处违法行为。下设南昌铁路卷烟经营部，卷烟销售范围为南昌铁路局所辖江西省境内的车站、客车和南昌地区铁路二、三村家属区。

2010 年，驻南铁局共查处涉烟违法案件 90 起，其中案值在 5 万元以上的案件 7 起，破获符合国家局标准的制售假烟网络案件 1 起。查获非法卷烟 698 万支，上缴罚没款 28 万元。公安、司法机关依法逮捕 2 人，判刑 2 人。

【中国烟草井冈山传统教育基地】 中国烟草井冈山传统教育基地始建于 1996 年 10 月，隶属于江西省烟草专卖局（公司），原是烟草系统进行革命传统教育的基地，也是独立核算的旅游饭店——井冈山金叶大厦。2010 年，井冈山金叶大厦企业法人注销，中国烟草井冈山传统教育基地注册为事业法人。截至 2010 年年底，基地拥有总资产 157 万元，其中，固定资产 45.65 万元、流动资产 111.35 万元，资产负债率为 39%。共有从业人员 13 人。

2010 年，根据《财政部关于中国烟草总公司部分资产无偿划转事项的通知》（财建［2010］474 号），原井冈山金叶大厦的 4193.93 万元资产无偿划转给中国井冈山干部学院，划转基准日为 2010 年 1 月 1 日。同时根据《中国烟草总公司关于江西省公司购置中国烟草井冈山传统教育基地建设用地的批复》（中烟办［2010］38 号）、《中国烟草总公司关于中国烟草井冈山传统教育基地易地重建项目的批复》（中烟办［2010］247 号），中国烟草总公司江西省公司出资 2.4 亿元进行中国烟草井冈山传统教育基地易地重建。

【江西省锦峰实业有限公司】 江西省锦峰实业有限公司成立于 1997 年 7 月 8 日。由中国烟草总公司江西省公司和江西省烟草公司南昌市公司、抚州市公司、宜春市公司、赣州市公司、上饶市公司、鹰潭市公司、景德镇市公司、萍乡市公司 9 家企业共同出资，中国烟草总公司江西省公司控股。主要经营范围为住宿、饮食、副食品的销售、食品加工、卷烟、书刊、工艺美术品的零售，打字、复印、停车服务、物业管理等。公司拥有总资产 22617 万元，其中固定资产 18238 万元，流动资产 3655 万元，资产负债率为 8.47%。公司及所属锦峰大酒店共有从业人员 401 人，其中聘用员工 393 人。2010 年，锦峰大酒店被评为“江西省诚信和解示范单位”、“江西省明星旅游星级饭店”。

全年实现营业收入 5036 万元，同比增长 7.5%。实现利润 834 万元。

2010 年江西省烟草商业系统主要情况统计

地市级局(公司)名称	南昌市烟草专卖局(公司)	九江市烟草专卖局(公司)	上饶市烟草专卖局(公司)	抚州市烟草专卖局(公司)	宜春市烟草专卖局(公司)	吉安市烟草专卖局(公司)
主要负责人/法人代表	李　文	刘　淳	熊也农	袁　球(2010.2—) 叶福建(—2010.2)	詹国华	卢卫铭
总资产(万元)	148446	82351	96724	88300	93820	72560
资产负债率(%)	8.60	11.60	9.87	26.14	9.44	11.12
所属县级局(个)	8	13	12	11	10	12
所属县级公司/分公司(个)	8 个分公司	13 个分公司	12 个分公司	11 个分公司	10 个分公司	12 个分公司
所属县级营销部(个)		—	-	-	-	-
从业人员(人)	910	846	1080	1314	837	1085

续表

地市级局(公司)名称		南昌市烟草专卖局(公司)	九江市烟草专卖局(公司)	上饶市烟草专卖局(公司)	抚州市烟草专卖局(公司)	宜春市烟草专卖局(公司)	吉安市烟草专卖局(公司)
所属业务机构	访销机构	1个营销中心、1个电访中心	1个营销中心、1个电访中心	1个营销中心、1个电访中心	1个营销中心(含电访部)	1个营销中心、1个订单部	1个营销中心、1个电访中心
	物流配送机构	1个物流配送中心	1个配送中心	1个配送中心	1个配送中心	1个物流中心	1个物流配送中心
	稽查机构	1个稽查支队、8个稽查大队	1个稽查支队、13个稽查大队	1个稽查支队、12个稽查大队	1个稽查支队、11个稽查大队	1个稽查支队、10个稽查大队	1个稽查支队、12个稽查大队
	烟叶机构	—	—	—	40个烟叶站	—	11个烟叶站
销售卷烟	(亿支)	86.20	70.20	87.63	48.50	79.68	60.07
	2010年比2009年(%)	1.40	1.74	1.61	1.10	3.60	5.40
卷烟销售收入(万元)		314876	238900	269300	190418	224696	174735
实现税利	(万元)	81744	57700	66600	45249	55350	45284
	2010年比2009年(%)	13.60	24.00	16.84	2.18	20.91	16.68
实现利润	(万元)	47789	32400	38424	23700	31603	24816
	2010年比2009年(%)	-2.80	8.14	1.94	-7.00	4.24	1.70
查处涉烟违法案件(起)		3375	2185	1580	1527	2661	2932
查处涉烟违法案件案值(万元)		286	21	165	85	83	73
2010年度烟草行业投入烟叶生产基础设施建设资金(万元)		—	—	—	4778	—	1525
烟水配套工程累计受益面积(万亩)		—	—	—	3.87	—	0.36
烟叶种植(亩)		—	—	—	90500	—	36900
烟叶收购(担)		—	—	—	231800	—	103600
零售户数(户)		17691	20069	24097	13318	21323	18625
零售户销售毛利率(%)		9.00	8.50	9.50	8.00	8.30	10.12

地市级局(公司)名称		赣州市烟草专卖局(公司)	景德镇市烟草专卖局(公司)	萍乡市烟草专卖局(公司)	新余市烟草专卖局(公司)	鹰潭市烟草专卖局(公司)
主要负责人/法人代表		胡义强	徐素珍	熊尚彬	刘光辉	陈小平
总资产(万元)		132595	43192	35287	22803	30905
资产负债率(%)		19.38	9.07	3.46	8.36	5.80
所属县级局(个)		18	3	5	2	3
所属县级公司/分公司(个)		18个分公司	3个分公司	5个分公司	2个分公司	3个分公司
所属县级营销部(个)		—	—	—	—	—
从业人员(人)		2199	328	364	256	243
所属业务机构	访销机构	1个营销中心、1个电访中心	1个营销中心(含电访部)	1个营销中心、1个电访中心	1个营销中心、1个电访中心	1个营销中心、1个电访中心
	物流配送机构	1个物流配送中心	1个物流配送中心	1个物流配送中心	1个物流配送中心	1个配送中心
	稽查机构	1个稽查支队、18个稽查大队	1个稽查支队、3个稽查大队	1个稽查支队、6个稽查大队	1个稽查支队、7个稽查大队	1个稽查支队、3个稽查大队
	烟叶机构	69个烟叶站	—	—	—	—

续表

地市级局(公司)名称		赣州市烟草专卖局(公司)	景德镇市烟草专卖局(公司)	萍乡市烟草专卖局(公司)	新余市烟草专卖局(公司)	鹰潭市烟草专卖局(公司)
销售卷烟	(亿支)	101.65	28.97	30.90	19.48	17.82
	2010 年比 2009 年(%)	7.00	1.47	4.74	7.40	2.89
卷烟销售收入(万元)		322441	100846	97432	65217	65601
实现税利	(万元)	82401	24184	23105	15042	16583
	2010 年比 2009 年(%)	33.82	12.50	20.50	26.80	12.21
实现利润	(万元)	47501	13557	12699	8301	9559
	2010 年比 2009 年(%)	33.75	-4.47	2.80	11.50	-2.12
查处涉烟违法案件(起)		5793	624	1460	886	486
查处涉烟违法案件案值(万元)		332	26	126	99	23
2010 年度烟草行业投入烟叶生产基础设施建设资金(万元)		5203	—	—	—	—
烟水配套工程累计受益面积(万亩)		4.55	—	—	—	—
烟叶种植(亩)		109656	—	—	—	—
烟叶收购(担)		270340	—	—	—	—
零售户数(户)		35254	6968	7400	4974	4120
零售户销售毛利率(%)		9.70	8.37	8.00	8.70	9.00

（王　萱）

山东省烟草专卖局（公司）

【概　况】 山东省烟草专卖局成立于1983年10月，山东省烟草公司组建于1982年4月。1985年，山东省烟草公司正式上划中国烟草总公司，更名为中国烟草总公司山东省公司。省局（公司）下辖17家地市级烟草专卖局（有限公司）、140家县级烟草专卖局（分公司、营销部），山东京鲁烟叶复烤有限公司和山东申沂烟叶复烤有限公司2家打叶复烤企业以及中国烟草山东进出口有限责任公司、中国烟草总公司青州中等专业学校、《东方烟草报》社有限公司、山东烟草投资管理有限公司。截至2010年年底，公司拥有总资产245.03亿元，其中，固定资产31.2亿元、流动资产198.85亿元，资产负债率为22.84%。共有从业人员26000人，实行全员聘用制。

2010年，山东省局（公司）被中央文明办、民政部、中国残联命名为“2010～2015年度全国志愿助残示范基地”；被中国三农问题高峰论坛组委会评为2010年度中国三农领域“社会责任贡献单位”；被山东省委机要局评为“省直密码使用管理先进单位”；被省安委会评为“安全生产先进单位”；被省政府残疾人工作委员会授予“扶残助残贡献奖”；被省残疾人福利基金会评为“2009～2010年度爱心助残荣誉单位”。

【领导成员】 局长、总经理、党组书记：孙公准

副局长、党组成员：陈毅力（2010年4月行政级别提为正厅级）

副总经理、党组成员：武梅华

副总经理、党组成员：刘云生

纪检组长、党组成员：张克强

副总经理、党组成员：王卫平（2010.11—）

副巡视员：邓志坚

副巡视员：祝国业

【机构设置】 省局（公司）机关设办公室（外事办公室）、综合计划处（经济运行处）、专卖监督管理处（专卖稽查总队）、政策法规与体制改革处、财务

管理处、审计处、科技处、人事劳资处、思想政治工作处（机关党委、纪委、工会）、监察处（与党组纪检组合署办公）、安全保卫处、烟叶管理处、卷烟销售管理处、物流管理处（卷烟销售网络建设办公室、零售户致富工程办公室）等14个职能处室，内部专卖监督管理和整顿规范办公室、巡视工作办公室、职工基本养老统筹办公室、离退休人员管理办公室、驻铁路烟草专卖局、特有职业（工种）职业技能鉴定站、资金管理中心、山东烟草信息中心、山东省烟草质量监督检测站、山东省烟草学会、机关服务中心、北京办事处等12个专业部门，以及筹建处1个临时机构。

【专卖管理】 *完善执法协作机制。*争取省委、省政府和省综治委的支持，将烟草市场整治工作纳入“平安山东”建设体系。协调省综治委，建立联席会议联络员制度，加强与交通、民航、铁路、海关、邮政、通信等部门的沟通协作。健全完善跨区域协作机制，淄博、枣庄、莱芜、德州、聊城、滨洲、菏泽市局等单位建立了毗邻地区联合执法协作机制。全省自上而下形成“党委政府统一领导，烟草部门牵头，公检法密切配合，县乡村多级联动”的工作局面。

*抓好打假破网工作。*坚持“打疏建”结合方针，始终保持打假高压态势。充分发挥“打网办”职能，继续实行网络案件月调度、上报预审制度，对重大案件实施挂牌督办，提高制售假烟网络案件侦办质量。全年查处涉烟违法案件6.13万起，查获非法卷烟3.87亿支，案值1.76亿元。有6起网络案件被公安部、国家局挂牌督办，其中泰安“4.16”利用铁路非法运输经营假烟案被列入全国10大制售假烟案件。全年破获网络案件数量和公安部、国家局督办数量均占全国10%左右，拘留、逮捕、判刑、劳教数量均居全国前列，取得了历史性突破。

*开展“利剑行动”。*突出抓好对名烟名酒店、高档卷烟经营场所等重点场所的整治，取得重大战果。“利剑行动”期间，全省共查处涉烟案件3.4万起，案值9500万元，查获非法卷烟2.08亿支。在全国烟草专卖管理工作会议上，山东省局就名烟名酒店清理整治工作做交流发言。

*推进专卖管理与控制体系建设。*开展市场监管模块、案审模块、GIS模块的研发和部署上线工作，推进专控体系系统与质检、销售信息系统的对接。泰安、潍坊市局30%以上的案源来自专控系统对比分析得出的数据。

*加强内部专卖管理监督。*落实规范“两烟”生产经营督查督办制度，通过《违规线索督查函》、《违规线索告知函》对全系统不规范“两烟”生产经营行为进行督查督办，全年发出督查函18个、告知函15个。投诉咨询服务中心受理社会各界电话2189个，督办事项415件，处理满意率达97.11%。针对烟叶面积核实、合同签订、烟叶育苗、烟叶收购、“三项检查”延伸自查工作和“一项一卷”贯彻落实情况分别组织了重点检查。

【经济效益】 2010年，全省烟草商业系统实现税利113亿元，实现利润56.24亿元。三项费用率为9.9%。

【卷烟经营】 *卷烟销售。*全年共销售卷烟1722.64亿支（344.53万箱），其中，销售一类烟132.10亿支（26.42万箱），同比增长48.73%；二类烟59.64亿支（11.93万箱），同比增长53.61%；三类烟467.80亿支（93.56万箱），同比增长41.24%；四类烟764.09亿支（152.82万箱），同比下降9.76%；五类烟299.01亿支（59.80万箱），同比下降14.99%。销售全国性卷烟重点骨干品牌710亿支（142万箱），同比增长41.15%。本地区销量居前三位的品牌为“红塔山”、“泰山”、“南京”，分别销售157.90亿支（31.58万箱）、120.6亿支（24.12万箱）、83.40亿支（16.68万箱），同比分别增长53.70%、84%、20.20%。

全年实现卷烟销售收入497.98亿元，同比增长21.96%。实现卷烟税利113.34亿元，其中利润60.97亿元，同比增长7.46%。

*加大品牌培育力度。*对全国性卷烟重点骨干品牌不设任何门槛全部引进，对销量和市场覆盖面较小的非全国性卷烟重点骨干品牌（规格）进行优化整合，截至年底，全省在销卷烟品牌52个、规格205个。

*加强工商协同营销。*制订《协同营销业务操作规范（试行）》，对工商协同的具体内容和细节进行界定。与省内外卷烟工业企业召开12次协同营销会议，与10多个重点工业企业制定品牌培育实施方案，建立定期沟通协作机制。组织工商协同互评活动，评选8家工业企业为“工商协同营销荣誉单位”。协同上海烟草集团开展精准营销试点。实现与山东中烟、湖北中烟、浙江中烟和河南中烟等10家工业企业的网上配货。

*稳步推进烟草电子商务。*按照客户自愿、因地制宜、市场运作的原则，推进网上订货及智能终端和3G手机订货。截至年底，全省已推广网上订货（含智能终端、3G手机）零售户2.96万户，网上订货率为7.33%；电子结算户37.11万户，电子结算率为91.78%；电话订货率达97%以上。

加快现代物流建设。成立省局（公司）物流管理处。注重物流信息化建设，全省17个市局（公司）全部推广实施卷烟在途信息系统；优化配送线路，同比缩短配送里程近270万千米。完成物流规划编制，在全行业率先向国家局正式提交现代物流建设规划。

实施零售户致富工程。制定下发《卷烟零售客户致富工程实施意见》（鲁烟物［2010］5号）。与金融机构合作，试行零售户小额融资，为经营资金短缺的零售户提供方便、快捷、低成本的小额贷款。开展零售商协会建设，成立市、县两级零售商协会，组建零售户自律小组3505个，发展会员12750余户。探索建立零售户帮扶机制，以市局（公司）为单位，统一终端建设标准，开展标准终端、精品终端及亮丽终端建设活动，为重点零售户配备柜台、货架等。全年卷烟零售户户均盈利同比增加2088元，增幅达19.2%。

【烟叶产销】 种植与收购。全省种植烤烟30.6万亩，收购烟叶4.59万吨（91.71万担），完成国家收购计划。上等烟比例占37.9%，同比提高8.9个百分点，烟叶质量特色明显提升，浓香型风格特色逐渐显现。全省共调拨烟叶6.73万吨（134.54万担）。

现代烟草农业建设。继续实施烟叶生产生态村富民工程。全年新建生态村201个，建设烟叶生产基础设施项目4826个；生态村种烟面积20.36万亩，占全省总种植面积的66.5%，烟农种烟收入4.96亿元，占全省烟农总种烟收入的68.4%。培育综合性服务合作社，发展机耕、烘烤、育苗、植保等专业合作社，加大烟草农机推广力度。全省百亩以上烟叶农场283个，种烟专业户10375户，农场和种烟专业户种烟面积占总面积的78.3%，同比提高11个百分点；烟农户均种烟14.7亩，同比增加3.9亩。发展综合性合作社81个、农机合作社144个，服务面积分别达9.7万亩、15.2万亩，组建各类专业队3007个。

烟叶基地单元建设。推进品牌导向型基地建设，与上海烟草集团、湖北中烟、山东中烟、河北中烟、浙江中烟等5家工业企业合作，在诸城、蒙阴、五莲建设6个品牌导向型基地单元，并建设科技园区。全省基地种烟9.6万亩，收购30.8万担。

烟叶技术推广。实施《以重点卷烟品牌为导向的山东烟叶质量特征定位及培育研究》、《山东基本烟田土壤综合治理研究》等一批重点科研开发项目。全面推广山东现代烟草农业辅助决策管理系统，全省烟叶产区总计采集录入各类数据112万余条，基本实现生产收购数据的查询、监控、预警和辅助分析。

烟叶基层建设。加强烟站整合与标准化建设，全省烟站数量由164个整合到127个。在诸城开展烟叶基层队伍建设试点，设定247个岗位，分流富余人员44人。竞聘农艺师、烟叶质量总检，烟站竞聘助理农艺师、烟草农艺助理、烟叶烘烤助理、烟叶质量主检并享受分公司中层薪酬待遇，其他岗位加大工作绩效与薪酬挂钩比例。开展优秀基层单位创建活动，全省有20个烟站参与创优，其中18个达到国家局优秀烟站标准。诸城辛兴烟站作为行业优秀烟站创建首批试点单位已通过国家局验收。

【体制改革】 省局协调省政府和质量技术监督局相关部门，为全省各级烟草专卖局办理组织机构代码证（机关法人）。国家局批复同意山东京鲁烟叶复烤有限公司、山东申沂烟叶复烤有限公司重组整合为山东烟叶复烤有限公司。

【企业管理】 全面实施质量体系建设，加强省级审核并进行至少一次的内部审核，并组建由31人组成的省级审核员专家库。开展降费增效活动，实施强县评定工作，全系统三项费用率同比下降0.6%。完善绩效考核办法，实行月度考核与年度考核相结合。以稳定价格、培育品牌为重点，突出套码和高价位卷烟的价格管理，加强市场监测，实行价格锁定。开展统计并轨工作，强化统计执法检查。开展“安全生产责任落实年”活动，全面加强消防、仓储、交通等重点部位或环节的安全管理。

【信息化建设】 编制《山东省烟草专卖局（公司）信息化建设规划》。加强关键业务流程和数据整合，逐步推进销售、专卖、烟叶等业务数据集成和集中展现。完成行业资金监管等软件的试点工作以及卷烟生产经营数据统计应用、网上订货等系统推广应用。推进省局（公司）外网网站、专卖管理与控制体系、实物资产管理等信息系统建设。制订《信息系统数据备份管理规定（试行）》、《CA认证系统管理规范》等制度，完善信息化管理制度体系。

【人力资源管理】 干部队伍建设。全年选拔处级干部30人，其中交流任职4人；调整处级干部岗位29人，其中单位内部调整17人、交流调整12人。选派12名优秀干部分别赴临沂费县和日照莒县及所属乡镇党委政府进行为期2年的挂职锻炼；赴潍坊诸城及所属乡镇党委政府挂职的6名同志完成挂职任务。

教育与培训。共举办各类培训班1212个，累计培训学员61521人次。开设8期干部培训班，累计培训干部1000名。组织28名中高层管理人员分赴德国、美国、英国、澳大利亚培训。与中国海洋大学合作开展 MBA 学位教育，34 人被录取参加学习。组织 87 名同志参加国家局组织的县级烟草专卖局（公司）主要负责人轮训班，8 名处级干部参加国家局党校进修班，9 名处级干部参加“卷烟上水平”专题培训班，3 名处级干部参加山东省委党校省直分校培训。

【思想政治工作】 *理论学习*。每季度召开一次省局（公司）党组理论学习中心组（扩大）读书会。3 月，以“沈浩留下什么，学习沈浩什么，我们该怎么做”为主题，开展向沈浩同志学习活动。4～7 月，开展“走在全国前列”专题教育活动。9 月，开展向“全国离退休干部先进个人”史光同志和女送货员张凤同志学习活动。10～12 月，以“实施规划，走在前列”为主题，组织开展第四次解放思想大讨论活动。

党风廉政建设。全面推行规范经营明示承诺制度，把党风廉政建设工作纳入全系统月度考核及工资额核定，做到廉政建设与经济工作同部署、同落实、同考核。制订反腐倡廉建设“十二五”规划。各级纪检监察机构共参与干部选拔任用廉政监督审核 301 人次；参与物资采购监督 709 次，节约资金 2672 万元；落实工程项目建设监督措施，节约资金 3310 万元。落实政风行风建设责任制，得到省政府纠风办的充分肯定。

加强巡视工作。在行业内率先成立独立的巡视工作办公室，严格按程序进行日常巡视和重大问题的专项巡视。

【企业文化】 提炼形成省局（公司）“情义”文化架构体系讨论稿。有 19 个直属单位基本构建企业文化架构体系，8 个市局（公司）发布了服务品牌。泰安、滨州市局（公司）被国家局评为全国烟草行业企业文化建设先进单位。

推行文化养老，举办山东烟草第二届老年文化节，3300 余人参加文化节各项活动，其中 1100 多名老同志参加了“七彩霞光”文体会演，455 名老同志参加门球、乒乓球、跳棋和象棋比赛；收到、展示老同志书法、绘画、摄影、剪纸等作品 416 幅；15 名老同志代表在文化节活动现场进行书画、剪纸现场创作。

【“十一五”发展概要】 “十一五”期间，山东省局（公司）不断解放思想，求真务实，改革创新，加快转方式、调结构，着力打基础、抓规范、上水平、增后劲，各方面工作取得明显成效，进入历史发展最好时期之一。

专卖管理形成齐抓共管的格局，五年来累计查处涉烟案件 40.2 万起，总案值 7.7 亿元，破获符合国家局、公安部标准的制售假烟网络案件 224 起，公安、司法机关累计拘留涉案人员 7793 人，逮捕 1709 人，判刑 1613 人，劳教 132 人。

烟叶生产得到恢复性发展，烟叶收购量由 3.91 万吨（78.2 万担）恢复到最高时的 8.75 万吨（175 万担），累计投入资金 15.9 亿元，建成烟叶生产生态村 1000 个。2010 年卷烟销量比 2005 年增加 100 万箱；单箱销售额增长 122.5%。实现税利增加 85.4 亿元。

创新能力持续提升，累计取得创新成果 164 项，3 个项目获得中国烟草总公司科技进步奖，49 个项目获得省级企业管理现代化创新成果和优秀应用成果奖，获国家专利 12 项。

队伍建设不断加强，累计调整充实 21 个直属单位的领导班子，选拔处级干部 219 人次；举办各类培训班 5000 余个，培训人员约 18 万人次；鉴定职业资格 1.56 万人次，合格 1 万多人次，聘任高级农艺师 4 人，干部职工精神面貌发生深刻变化，全系统形成了想干事、会干事、干成事、不出事，昂扬向上，争创一流的良好局面。

【特事要辑】 1 月 26 日，2010 年全省烟草工作会议在济南召开。山东省委常委、副省长王军民出席会议并讲话。

4 月 20 日，国家局副局长张辉到山东省局（公司）调研。

5 月 27 日，国家局副局长张保振到山东省局（公司）调研。

5 月 28 日，山东烟草第二届老年文化节在济南举行。张保振、王军民出席开幕式并讲话。

7 月 12 日，中国银行股份有限公司党委书记、董事长肖钢一行到山东省局（公司）走访调研。山东省委常委、常务副省长王仁元陪同调研。

8 月 24 日，全省烟草市场秩序集中整治“利剑行动”总结表彰电视电话会议在济南召开。山东省委常委、省政法委书记柏继民出席会议并讲话。

10 月 26～29 日，国家局副局长何泽华到山东省局（公司）调研，并与山东省副省长郭兆信就山东烟草改革发展交换意见。

2010 年山东省局（公司）主要统计指标汇总

实现税利（亿元）	实现利润（亿元）	销售卷烟（亿支）	烟叶种植（万亩）	烟叶收购（万担）
113.00	56.24	1722.64	30.60	91.71

所属地市级局（公司）

【济南市烟草专卖局（有限公司）】 济南市烟草专卖局成立于 1984 年 2 月、济南烟草分公司组建于 1983 年 1 月，2000 年改制更名为山东济南烟草有限公司。下辖市中区、历下区、槐荫区、天桥区、历城区、长清区、章丘市、平阴县、济阳县、商河县等 10 个县级烟草专卖局（营销部）。

全年破获 11 起符合公安部、国家局标准的制售假烟网络案件。

坚持“峰谷投放”、“超市投放”、“顺水行舟而不随波逐流”的经营理念；加大品牌培育力度，引入和培育“7 匹狼（通泰）”、“7 匹狼（通仙）”、“红双喜（晶派）”、“中华（5000）”等全国知名品牌规格。重组卷烟营销中心，设立营销分部，变“终端”为“中端”、“始端”，开发婚庆、团购、会议等重点市场，推进营销服务向消费者延伸。

【青岛市烟草专卖局（有限公司）】 青岛市烟草专卖局成立于 1984 年 2 月，青岛烟草分公司组建于 1982 年 9 月，2000 年 7 月改制为山东青岛烟草有限公司。下辖市南区、市北区、四方区、李沧区、崂山区、城阳区、黄岛区、莱西市、即墨市等 9 个县级烟草专卖局（营销部）和胶州市、胶南市、平度市 3 个县级烟草专卖局（分公司）。

争取党委政府领导，形成“小机关、大专卖”执法格局，专卖管理纳入社会综合治理范畴，实现专卖工作的社会化转型。

确立“稳定增销量、大幅提结构”卷烟营销思路，引入“三种营销”（视觉营销、感情营销、口碑营销）和“四种消费”（婚庆消费、旅游消费、集团消费、夜店消费）工作机制，实施零售户致富工程和品牌培育工程，基本形成青岛烟草名牌市场。

实施“山海·融”企业文化建设，全面打造“快乐工作、认真生活”人文品牌、“阳光”廉政文化品牌和“慧众”服务品牌。

【淄博市烟草专卖局（有限公司）】 淄博市烟草专卖局成立于 1983 年 12 月，淄博烟草分公司组建于 1982 年 12 月，2000 年改制更名为山东淄博烟草有限公司。下辖张店区、周村区、临淄区、桓台县、高青县等 5 个县级烟草专卖局（营销部）和博山区、淄川区、沂源县等 3 个县级烟草专卖局（分公司），山东金建物流有限公司和淄博金叶经贸有限公司 2 个多元化企业。

全年投入 100 万余元给市管员购置电脑、GPS 定位仪等设备，加强数据和市场分析，实施精确打击，初步建立起“数字化”市场管理模式。

加快专业化合作组织建设，成立烟叶种植合作社 55 个，农机合作社 24 个，专业化合作组织 246 个。在省局（公司）组织的烟叶收购质量等级检查中，等级合格率居全省第一。

开展营销队伍和零售户培训，培训营销人员 130 余人次、零售户 4000 余人次。建立在销全国性卷烟重点骨干品牌成长性、竞争力、贡献度三维评价分析制度。新增智能终端机 90 台，选取 570 个信息点，建立了数据采集、分析、上报制度。加强卷烟零售商协会建设，成立协会自律小组 2465 个，发展协会会员 1.13 万名。

【枣庄市烟草专卖局（有限公司）】 枣庄市烟草专卖局成立于 1984 年 2 月，枣庄烟草分公司组建于 1982 年 9 月，2000 年改制更名为山东枣庄烟草有限公司。下辖滕州市、市中区、薛城区、山亭区、峄城区、台儿庄区等 6 个县级烟草专卖局（营销部）。

开展“泰山”品牌“上餐桌、进房间”活动，拓展“泰山”品牌婚庆市场。针对“空白点”扩展客户群体，增加入网户数，并对地段好、门店好、能力强、诚信好的客户配备智能终端机，发放柜台、背柜，提升零售终端展示形象。

【东营市烟草专卖局（有限公司）】 东营市烟草专卖局成立于 1983 年 12 月，东营烟草分公司组建于 1983 年 5 月，2000 年改制更名为山东东营烟草有限公司。下辖东营区、河口区、广饶县、垦利县、利津县等 5 个县级烟草专卖局（营销部）。

破获“12.8”利用互联网销售非法烟机案件，被公安部、国家局并案列为部级督办案件。该案涉案金额160余万元，8名犯罪嫌疑人以非法经营罪被司法机关判刑。

【烟台市烟草专卖局(有限公司)】 烟台市烟草专卖局成立于1984年1月，烟台烟草分公司成立于1982年12月，2000年改制更名为山东烟台烟草有限公司。下辖芝罘区、莱山区、福山区、牟平区、蓬莱市、龙口市、招远市、莱州市、莱阳市、栖霞市、海阳市、长岛县等12个县级烟草专卖局（营销部）。

建立鲁东五市卷烟市场整治联合协作机制；与市公安局联合出台《重大案件挂牌督办管理办法》等4个办法。全年破获符合公安部、国家局标准的制售假烟网络案件4起。

新卷烟物流配送中心基本建成。全面铺开网上订货工作，网上订货户达1.30万户。

打造“诚实、朴实、扎实”的“三实”服务品牌。推行“文化养老”，弘扬“孝道文化”，被山东省老龄工委授予“山东十佳敬老企业”称号。

【潍坊市烟草专卖局(有限公司)】 潍坊市烟草专卖局成立于1984年3月，潍坊烟草分公司组建于1982年10月，2000年改制更名为山东潍坊烟草有限公司。下辖奎文区、潍城区、坊子区、寒亭区、寿光市、昌邑市等6个县级烟草专卖局（营销部）和青州市、诸城市、安丘市、高密市、临朐县、昌乐县等6个县级烟草专卖局（分公司），山东京鲁烟叶复烤有限公司1家打叶复烤企业，潍坊鑫叶实业有限公司、潍坊东方大酒店和安丘新东方大酒店3家多元化企业。

配合市政府出台《涉烟犯罪案件挂牌督办实施办法》，并与9部门共同签订《加大烟草市场整治的协议》。全面实施市场“拓荒”工程和重点区域、重点市场“精耕”工程。开展“双基”大练兵活动，对全体专卖人员进行封闭式、军事化技能培训。

全年获实用新型专利授权5项，获省局（公司）科技和管理创新奖3项，奖励群众性创新9人，被省经济和信息化工作委员会表彰为“山东省管理创新优秀企业”。

开展第四次解放思想大讨论活动，省局（公司）在潍坊召开现场会。开展中级专业技术职务聘任工作；与中国海洋大学联合举办MBA课程班，对全市112名副科级以上干部和业务骨干进行培训；成立职工教育培训中心，建立市、县两级机关经常性学习长效机制。

【济宁市烟草专卖局(有限公司)】 济宁市烟草专卖局成立于1984年2月，济宁烟草分公司组建于1982年8月，2000年改制更名为山东济宁烟草有限公司。下辖市中区、任城区、兖州市、曲阜市、泗水县、邹城市、微山县、鱼台县、金乡县、嘉祥县、汶上县、梁山县等12个县级烟草专卖局（营销部）。

完善联合执法体系和跨区域协作机制，与公安部门联合制订《办理违反烟草专卖管理案件工作意见》，加大对涉烟案件的责任追究力度；与枣庄、泰安市局签署《联合打假意向书》，并与临沂、菏泽市局建立信息共享和联动协查机制。

实施婚庆、旅游、集团消费“三大市场”开发，全年开发婚庆用烟2379起2385万支（477箱）、集团消费用烟925起1415万支（283箱）。推进网上订货，智能终端客户全部实行网上订货。与山东、湖北、广东中烟等工业公司联合开展零售客户培训90场次、培训8700余人。

【泰安市烟草专卖局(有限公司)】 泰安市烟草专卖局成立于1984年2月，泰安烟草有限公司组建于1983年9月，2000年改制更名为山东泰安烟草有限公司。下辖泰山区、岱岳区、新泰市、肥城市、宁阳县、东平县等6个县级烟草专卖局（营销部）。

构建具有泰安烟草特色的质量管理体系，在省局（公司）率先通过ISO 9000质量管理体系认证。坚持全面创新和全员创新，顺利通过省局（公司）创新型企业试点验收，成为省局（公司）首批创新型企业。

【威海市烟草专卖局(有限公司)】 威海市烟草专卖局成立于1988年7月，威海烟草分公司组建于1988年7月，2000年改制更名为山东威海烟草有限公司。下辖荣成市、文登市、乳山市、市区等4个县级烟草专卖局（营销部）。

打假破网工作取得历史性突破，全年破获符合公安部、国家局标准的制售假烟网络案件6起。

启动市场建设工程，打造“一流市场、一流品牌、一流网建、一流服务、一流队伍”。

优化品牌布局，以品牌发展带动销售结构整体上移，全年一、二类烟销量同比增长54.4%，三类烟销量同比增长30.3%，单箱销售收入同比增长22.73%。

加强企业文化建设，打造“海浪文化”，获省委宣传部、省委组织部等七部门联合授予的“2010年度山东省企业文化建设创新成果”奖励。市局（公司）被授予“省级文明单位”称号。

【日照市烟草专卖局(有限公司)】 日照市烟草专卖局成立于1991年7月，日照烟草分公司组建于

1991年7月，2000年改制更名为山东日照烟草有限公司。下辖东港区、岚山区、莒县、五莲县等4个县级烟草专卖局（分公司）。

全年破获符合公安部、国家局标准的制售假烟网络案件3起。

推进现代烟草农业建设，户均植烟面积同比增长133%，20亩以上大户种烟面积占57%，专业化育苗、商品化供苗达100%。推广烟株营养精准调控技术，全面施行“施肥供应单”制；推广膜下烟栽培技术，种植膜下烟面积同比增长37%，亩产量比常规烟田增产20千克；全面落实“准采证”制和烘烤责任制。

全年全市在销卷烟品牌42个、规格103个，形成“倒金字塔形”品牌发展格局，卷烟单箱销售额同比增长20.8%。

打造“暖阳”服务品牌，坚持“至善服务、诚信共赢、与客户共创成功”的服务理念。实施市场经理制度和技能资格聘任制度，拓宽客户经理等基层营销人员晋升渠道。

【莱芜市烟草专卖局(有限公司)】 莱芜市烟草专卖局成立于1984年1月，莱芜烟草分公司组建于1984年1月，2000年改制更名为山东莱芜烟草有限公司。下辖莱城区、钢城区2个县级烟草专卖局和莱芜金叶商贸有限公司。

烟叶生产质量取得新突破，全年烟叶亩产量、亩产值均增长两成左右，高于全省平均水平。将面积压缩与布局调整结合起来，烟叶种植村由54个减少到36个，专业户、合作社和农场种烟面积占总面积的81%，实现种植区域、种植地块、品种结构和烟农队伍“四个优化”。

细分卷烟市场，将市场按5个标准分为17种类型，实施“高端市场抓市场净化、中端市场抓结构优化、低端市场抓平稳减化”的“三化”营销策略。挖掘结婚、生子、参军、升学等风俗市场潜力，城区婚庆市场用烟由上年5元/包左右向10元/包左右转移，农村市场用烟开始向6~7元/包转移。

【临沂市烟草专卖局(有限公司)】 临沂市烟草专卖局成立于1984年3月，临沂烟草分公司组建于1982年11月，2000年改制更名为山东临沂烟草有限公司。下辖兰山区、罗庄区、河东区3个县级烟草专卖局（营销部）和沂南县、郯城县、沂水县、苍山县、费县、平邑县、莒南县、蒙阴县、临沭县等9个县级烟草专卖局（分公司），以及山东申沂烟叶复烤有限公司、临沂金叶经贸有限公司和临沂荣华大酒店有限责任公司。

实施烟叶生产生态村富民工程，全年新建生态村90个，生态村总数达到390个。实施烟叶基地单元建设，在全市规划14个基地单元，分别对接重点卷烟工业企业和重点卷烟品牌。

加强创新型企业建设，全市有3项发明专利获授权，2项发明专利、5项实用新型专利、1项计算机软件著作权获受理；有2项成果获省局（公司）奖励，4项成果获省经信委奖励，1项成果获省国资委奖励，有2个科技试验示范项目通过专家鉴定。市局（公司）被省经信委评为“山东省管理创新优秀企业”。

【德州市烟草专卖局(有限公司)】 德州市烟草专卖局成立于1984年4月，德州烟草分公司组建于1982年11月，2000年改制更名为山东德州烟草有限公司。下辖德城区、乐陵市、禹城市、陵县、宁津县、庆云县、临邑县、齐河县、平原县、夏津县、武城县等11个县级烟草专卖局（营销部）。

打破卷烟品牌先投放后推广的传统营销策略，通过对集团消费市场、婚庆市场、新兴市场消费规律的准确把握，抓住市场关键导点，有针对性地培育全国性卷烟重点骨干品牌，形成“先导营销、整体推进”的工作模式。

在省局（公司）率先实施员工岗位考核，制订《员工岗位考核实施细则》，建立员工日常工作业绩档案，形成规范的“招—用—退”员工动态管理体系，实现“干部能上能下，人员能进能出，薪酬能升能降”。

【聊城市烟草专卖局(有限公司)】 聊城市烟草专卖局成立于1983年9月，聊城烟草分公司组建于1982年10月，2000年改制更名为山东聊城烟草有限公司。下辖东昌府区、临清市、冠县、莘县、阳谷县、东阿县、茌平县、高唐县等8个县级烟草专卖局（营销部）。

全年破获符合公安部、国家局标准的制售假烟网络案件5起。

总结提炼出“6543”客户经理终端工作法（6看，一看卷烟陈列位置，二看卷烟整体陈列，三看卷烟终端宣传，四看重点品牌陈列，五看卷烟品牌推介、六看卷烟明码标价；5问，一问卷烟销售情况，二问客户盈利状况，三问卷烟订货计划，四问顾客消费体验，五问客户意见建议；4商讨，一商讨品牌推介技巧，二商讨卷烟经营思路，三商讨消费环境变化，四商讨客户培训需求；3动手，一动手规划店铺整体布局，二动手优化卷烟陈列方式，三动手强化客户经营能力），基本涵盖了客户经理在零售终端的所有活动，有效提高客户经理工作效率，促进客户获利水平的提升。

【滨州市烟草专卖局(有限公司)】 滨州市烟草专卖局成立于1984年2月，滨州烟草分公司组建于1983年1月，2000年改制更名为山东滨州烟草有限公司。下辖滨城区、惠民县、阳信县、无棣县、沾化县、博兴县、邹平县等7个县级烟草专卖局（营销部）。

在原有层级管理的基础上，通过市县两级组建的“三全组合”（专卖、销售、管理人员齐备，领导、中层、一般员工兼有），形成市、县、片区（线路）三级联动，各类人员优势互补的复合型、立体式工作格局。市、县两级“三全组合”分别挂靠下一级工作单元，全面参与其工作，并承担相应责任，实施有针对性的“参谋、参与、参加”，提升了全市系统整体工作水平。

实施人本工程，倡导树立学习养本、教育正本、实干健本、激励壮本、创新强本、规范律本、监督护本、廉洁保本、文化固本、形象塑本的“十本观”。将卷烟零售户和工业公司驻滨人员纳入队伍建设，逐步建立工商零“三支队伍”共同提高、工作协同、互考互评、创先争优机制。

打造“益之缘”文化，组建新闻、文学、摄影等12个文化方阵。

【菏泽市烟草专卖局(有限公司)】 菏泽市烟草专卖局成立于1984年1月，菏泽烟草分公司组建于1983年11月，2000年改制更名为山东菏泽烟草有限公司。下辖牡丹区、曹县、单县、巨野县、郓城县、成武县、定陶县、鄄城县、东明县等9个县级烟草专卖局（营销部）。

贯彻落实“两高”司法解释等系列法规性文件，建立警务工作站和治安检查站烟草稽查联络员制度。全年破获符合公安部、国家局标准的制售假烟网络案件2起。

加强终端建设，全市共建设“菏泽烟草”标志店510个、诚信形象店6625个，卷烟贷记卡电子结算成功率达86%。

所属其他二级单位

【中国烟草山东进出口有限责任公司】 中国烟草山东进出口有限责任公司成立于1985年2月，前身为中国烟草进出口公司山东分公司，2006年7月划归山东省烟草专卖局（公司）管理。经营范围包括烟草专卖品及其制品和烟草专用机械的进出口，接受委托办理进口烟草专卖品；预包装食品销售；自有资金对外投资业务；对外经济技术交流与合作。公司拥有总资产4.03亿元，其中，固定资产2827万元、流动资产3.75亿元，资产负债率为49.17%。有在册职工113人。

公司全年实现销售收入49904万元，同比增长19.21%。实现税利7731万元，同比增长98.79%，其中利润3776万元，同比增长152.07%。

开拓国际市场，卷烟和烟叶行销世界30多个国家和地区，全年实现进出口总值3308万美元，同比增长62.39%。出口烟叶1417吨，同比下降33.97%；出口烟梗2.77万吨，同比增长174.20%；出口卷烟4.20亿支，同比增长2.34%；进口卷烟1.74亿支，同比增长13.90%；内销丝束5777吨，同比增长1.03%；代理进口烟机设备4套。

山东中烟品牌卷烟出口实现新突破，新增出口“Taishan”、“Hatamen”、“J&J”3个卷烟品牌。全年出口山东中烟品牌卷烟2.76亿支，达到上年出口量的10倍。

【中国烟草总公司青州中等专业学校】 中国烟草总公司青州中等专业学校（山东烟草职工培训中心）组建于1983年12月。现为山东大学山东烟草函授站、山东农业大学山东烟草函授站。学校拥有总资产7167.22万元，其中，固定资产5410万元、流动资产1757万元，资产负债率为3%。共有从业人员143人，其中聘用员工50人。

学校全年举办校内外各类培训112个班次，共培训7735人次。所培训烟叶分级技师职业鉴定学员在行业第三批烟叶分级技师职业资格鉴定中，有22名全部模块考试合格，通过率为91.7%。

2010年，学校经山东省教育厅批准增设酒店管理与服务专业，与中豪大酒店、东方大酒店、荣华大酒店等签署长期订单培养协议，招生87人。全年普通中专招生达352人，创建校以来招生数量之最。与中国海洋大学联合举办MBA教育，26人通过考试；与山东大学、山东农业大学联合举办函授本专科学历教育，录取31人。

【山东烟草投资管理有限公司】 山东烟草投资管理有限公司成立于2010年3月，注册资金3亿元。共有从业人员25人。

2010年，公司逐步对全省烟草商业系统多元化企业实施集中统一经营管理。完善投资管理体制机制，基本完成多元化企业清理清退任务；加强存续企业的监督管理，酒店业全部实现赢利。与黑龙江隆福肥业公司在山东淄博合资筹建山东隆福肥业有限公司，由山东烟草投资管理有限公司控股。山东宏发烟草（集团）有限公司与山东中豪大酒店有限公司实施合并，保持山东中豪大酒店有限公司名称。中豪大酒店、潍坊东方大酒店、临沂荣华大酒店、安丘新东方大酒店4家酒店，以及参股交通银行股份有限公司和山东省东西结合信用担保有限公司股份全部上划山东烟草投资管理有限公司管理。

【《东方烟草报》社有限公司】 《东方烟草报》社有限公司的前身是1992年7月创办的《东方烟草报》社，2008年9月改制为《东方烟草报》社有限公司，成为法人单位。公司设办公室（整顿办）、考评室、总编室、正报室、周刊室、专刊室、美编室、省内部、财审（国有资产管理）部、发行部、广告部（理事会秘书处）、网站7室4部1站。共有从业人员115人，其中聘用员工105人。

全年报纸发行量达到11万份，《金周刊》发行量突破50万份，经营收入再增1000万元，新增理事单位13家，理事单位达到123家。

2010年山东省烟草商业系统主要情况统计

地市级局(公司)名称		济南市烟草专卖局(有限公司)	青岛市烟草专卖局(有限公司)	淄博市烟草专卖局(有限公司)	枣庄市烟草专卖局(有限公司)	东营市烟草专卖局(有限公司)	烟台市烟草专卖局(有限公司)
主要负责人/法人代表		王永平	刘国华(—2010.10) 韩志忠(2010.10—)	王洪波(—2010.7) 谢　云(2010.7—)	李　峰	蒋树珍	王　军
总资产(万元)		205604	298302	102253	76092	56772	210454
资产负债率(%)		28.44	24.19	28.78	12.87	26.12	26.29
所属县级局(个)		10	12	8	6	5	12
所属县级公司/分公司(个)		—	3个分公司	3个分公司	—	—	—
所属县级营销部(个)		10	9	5	6	5	12
从业人员(人)		1141	1410	943	988	444	1327
所属业务机构	访销机构	1个营销中心(下设1个电访中心)	1个营销中心(下设销售部、市场部、配送部)	1个营销中心(下设市场部、销售部、物流中心)	1个营销中心(市场部、销售部、配送部)	1个营销中心(销售部、市场部、物流配送部)	1个卷烟营销中心(市场部、销售部、物流配送部)
	物流配送机构	1个物流中心	1个配送部	1个物流中心	1个物流配送部	1个物流配送部	1个物流配送部
	稽查机构	1个稽查支队	1个稽查支队、12个稽查大队	1个稽查支队、8个稽查大队	1个稽查支队、6个稽查大队	1个稽查支队、5个稽查大队	1个稽查支队、12个稽查大队
	烟叶机构	—	6个烟叶站	9个烟叶站	—	—	—
销售卷烟	(亿支)	138.29	172.75	79.42	68.75	42.01	150.78
	2010年比2009年(%)	7.61	3.00	2.12	2.18	5.65	3.98
卷烟销售收入(万元)		465142	568827	241338	225406	143744	481998
实现税利	(万元)	119820	144528	53240	50931	33424	116228
	2010年比2009年(%)	33.83	15.91	23.30	17.75	30.00	12.86
实现利润	(万元)	69512	82405	28204	27374	17987	65604
	2010年比2009年(%)	19.42	1.18	9.15	0.30	12.88	1.46
查处涉烟违法案件(起)		3088	11457	1975	3488	1075	2138
查处涉烟违法案件案值(万元)		1108	4736	653	840	379	309
2010年度烟草行业投入烟叶生产基础设施建设资金(万元)		—	946	709	—	—	—

续表

地市级局(公司)名称	济南市烟草专卖局(有限公司)	青岛市烟草专卖局(有限公司)	淄博市烟草专卖局(有限公司)	枣庄市烟草专卖局(有限公司)	东营市烟草专卖局(有限公司)	烟台市烟草专卖局(有限公司)
烟水配套工程累计受益面积(万亩)	—	0.58	0.72	—	—	—
烟叶种植(亩)	—	6515	12856	—	—	—
烟叶收购(担)	—	12564	33169	—	—	—
零售户数(户)	31968	31746	18711	14608	8502	30982
零售户销售毛利率(%)	10.82	9.20	9.00	8.00	8.90	9.22

地市级局(公司)名称		潍坊市烟草专卖局(有限公司)	济宁市烟草专卖局(有限公司)	泰安市烟草专卖局(有限公司)	威海市烟草专卖局(有限公司)	日照市烟草专卖局(有限公司)	莱芜市烟草专卖局(有限公司)
主要负责人/法人代表		徐立国	王成才(—2010.7) 齐义良(2010.7—)	孙德育	崔方成	张守厚	曹红祥
总资产(万元)		201629	136047	91359	83110	77535	21354
资产负债率(%)		20.45	17.17	36.10	24.04	29.52	25.24
所属县级局(个)		12	12	6	4	4	2
所属县级公司/分公司(个)		6个分公司	—	—	—	4个分公司	—
所属县级营销部(个)		6	12	6	4	—	—
从业人员(人)		3185	1582	840	596	845	310
所属业务机构	访销机构	1个营销中心(市场部、销售部、物流中心)	1个营销中心(市场部、销售部、配送部)	1个营销中心(下设市场部、销售部、配送部、电访中心)	1个营销中中心(下设市场部、销售部、物流中心)	1个营销中心(市场部、销售部、物流配送部)	1个卷烟营销中心(市场部、销售部、物流配送部)
	物流配送机构	1个物流中心	1个配送部	1个配送部	1个物流中心	1个物流配送部	1个物流配送部
	稽查机构	1个稽查支队	1个稽查支队	1个稽查支队、6个稽查大队	1个稽查支队、5个稽查大队	1个稽查支队、4个稽查大队	1个稽查支队、2个稽查大队
	烟叶机构	44个烟叶站	—	—	—	23个烟叶站	2个烟叶站
销售卷烟	(亿支)	155.09	140.52	90.62	56.68	51.85	22.55
	2010年比2009年(%)	6.93	3.30	2.73	2.56	3.70	7.63
卷烟销售收入(万元)		450119	367891	254502	189174	161251	70428
实现税利	(万元)	103572	83091	53639	44992	36927	15941
	2010年比2009年(%)	18.03	25.12	19.70	24.20	9.75	38.77
实现利润	(万元)	44042	43675	28716	24792	15364	8542
	2010年比2009年(%)	6.46	4.72	15.50	8.12	-12.99	28.78
查处涉烟违法案件(起)		5756	6941	2855	822	924	487
查处涉烟违法案件案值(万元)		2233	790	329	286	268	237
2010年度烟草行业投入烟叶生产基础设施建设资金(万元)		4761	—	—	—	3620	646
烟水配套工程累计受益面积(万亩)		19.35	—	—	—	10.00	1.20
烟叶种植(亩)		87500	—	—	—	56052	4360
烟叶收购(担)		280963	—	—	—	162460	16713
零售户数(户)		33567	36521	24049	12995	12132	6759
零售户销售毛利率(%)		11.11	10.00	9.80	8.07	10.00	10.00

地市级局(公司)名称		临沂市烟草专卖局(有限公司)	德州市烟草专卖局(有限公司)	聊城市烟草专卖局(有限公司)	滨州市烟草专卖局(有限公司)	菏泽市烟草专卖局(有限公司)
主要负责人/法人代表		刘昌宝(—2010.7) 王洪波(2010.7—)	孙力君	王春山	王淑敏	乔廷勇
总资产(万元)		206484	92591	70539	60143	79085
资产负债率(%)		29.95	35.19	33.33	27.70	11.41
所属县级局(个)		12	11	8	7	9
所属县级公司/分公司(个)		9个分公司	—	—	—	—
所属县级营销部(个)		3	11	8	7	9
从业人员(人)		2809	803	866	769	1401
所属业务机构	访销机构	1个营销中心(市场部、销售部、配送部)	1个电访中心(下设市场部、销售部、配送部)	1个营销中心(市场部、销售部、配送部)	1个营销中心(下设销售部、市场部、配送部)	1个营销中心(下设市场部、销售部、配送部)
	物流配送机构	1个配送部	1个物流配送部	1个物流配送部	1个配送部	1个配送部
	稽查机构	1个稽查支队、12个稽查大队	1个稽查支队、11个稽查大队	1个稽查支队、8个稽查大队	1个稽查支队、7个稽查大队	1个稽查支队、9个稽查大队
	烟叶机构	12个中心烟站、42个烟叶生产收购服务站	—	—	—	—
销售卷烟	(亿支)	166.00	96.58	92.25	65.69	133.00
	2010年比2009年(%)	2.53	3.18	6.34	2.79	2.36
卷烟销售收入(万元)		413167	236204	233881	181809	29580
实现税利	(万元)	94108	50914	48752	39887	58135
	2010年比2009年(%)	2.07	27.25	32.97	23.80	20.43
实现利润	(万元)	34222	27344	24000	20972	28455
	2010年比2009年(%)	33.37	16.05	12.15	10.78	28.51
查处涉烟违法案件(起)		6911	1421	5225	2861	3894
查处涉烟违法案件案值(万元)		2523	308	736	694	1165
2010年度烟草行业投入烟叶生产基础设施建设资金(万元)		4298	—	—	—	—
烟水配套工程累计受益面积(万亩)		40.00	—	—	—	—
烟叶种植(亩)		138686	—	—	—	—
烟叶收购(担)		411231	—	—	—	—
零售户数(户)		40969	22480	25404	18432	37166
零售户销售毛利率(%)		10.00	10.60	12.18	11.51	10.00

（徐文峰）

河南省烟草专卖局（公司）

【概　况】 河南省烟草专卖局、中国烟草总公司河南省公司组建于1982年。省局（公司）下辖18家地市级烟草专卖局（公司）、133家县级烟草专卖局（分公司），天昌国际烟草有限公司、中国烟草河南进出口有限责任公司和河南省烟草职工培训中心。截至2010年年底，公司拥有总资产185.63亿元，其中，固定资产27.64亿元、流动资产145.45亿元，资产负债率为30.56%。共有从业人员24700人，其中聘用员工5134人。

2010年，省局被河南省政府评为“依法行政工作目标考核优秀单位”，《河南烟草志》编纂办公室被中国地方志指导小组授予“全国方志系统先进集体”称号。

【领导成员】 局长、总经理、党组书记：郑建民

副局长、党组成员：秦留拽（正厅级）

副总经理、党组成员：王志富

副总经理、党组成员：李俊成

副总经理、党组成员：徐德全（2010年11月由纪检组长改任副总经理）

纪检组长、党组成员：张振华（2010.11—）

总会计师：王冀民

副巡视员：徐鸿飞

副巡视员：龚正伟

【机构设置】 省局（公司）机关设办公室（外事办公室）、综合计划处（经济运行处）、专卖监督管理处（专卖稽查总队、内部专卖监督管理处）、政策法规处、财务管理处、审计处、科技处、人事劳资处、思想政治工作处（机关党委）、监察处（与党组纪检组合署办公）、安全保卫处、投资管理处、烟叶管理处、卷烟销售管理处等14个职能处室，经济信息中心、离退休人员管理办公室、机关服务中心、烟草质量监督检测站、烟草学会秘书处、职业技能鉴定站、河南烟草驻北京办事处等7个专业部门，以及整顿和规范市场经济秩序办公室1个临时机构。

【专卖管理】 *卷烟打假破网*。坚持“保持高压、突出重点、严防死守、露头就打”的基本方针，加强对重点地区的监控摸排，组织开展一系列大规模集中打假行动。全省捣毁制假窝点255个，查获假冒卷烟2.77亿支、非法烟丝260.97吨、非法烟叶311.87吨、制假滤棒1444.2万支，收缴制假烟机271台，公安、司法机关依法拘留549人，逮捕218人，判刑192人，劳教34人。全面落实破网络工作责任，着力侦破大案要案，实现“每个市级局打掉1~2个较大规模制售假烟网络”的目标任务。全年破获案值30万元以上的制假网络案件53起，其中案值100万元以上的案件38起，案值1000万元以上的案件7起。郑州市中牟县“5.9”、平顶山市叶县“5.19”、南阳市城区“1.3”制售假烟网络案件被国家局、公安部列为部级督办案件。

内部管理监督。贯彻落实《内部专卖管理监督工作规范》，统一专卖内管机构和监管岗位设置，调整充实市、县两级专职内管人员。逐级制定内管工作规范落实细则，对全省烟草工商企业专卖内管工作及规范生产经营情况进行重点检查并通报。坚持真品卷烟案件查处上报督查制度，继续实行专卖驻烟站和驻复烤厂监管制度，对烟叶合同签订、育苗移栽环节进行专项检查，对烟叶收购环节实施有效监管，全省共查处内部违规案件35起，47名相关责任人受到行政处分。

卷烟市场监管。完善“321”（三级巡查、两层考核、一个联合）市场监管模式，健全零售户自律机制，推行零售户守法经营分类动态管理模式。强化与交通、工商、通信管理等多部门联合监管机制，开展联合治理非法运输、利用互联网非法经营烟草专卖品行为的活动，开展“百日市场整治”、节日期间市场治理和对重点场所的专项治理活动。采取明察暗访等形式，分3批对18个地市80个县级局卷烟市场进行考核。

证件管理。召开证件管理座谈会，制订《河南省烟草专卖局关于进一步加强烟草专卖零售许可证管理的意见》，规范办证程序和流程，全年共签发准运证3.17万份，新办零售许可证3.14万份，审核烟叶工作站384个，办理检查证1183份。

【经济效益】 2010年，全省烟草商业系统实现税利82.54亿元，同比增长17.86%，其中利润39.48亿元，同比下降4.17%。三项费用率为12.20%。

【卷烟经营】 *卷烟销售*。全年销售卷烟1501亿支（300.2万箱），同比增长3.4%，其中，销售一类烟96.5亿支（19.3万箱），同比增长87.61%；二类烟31.5亿支（6.3万箱），同比增长141.53%；三类烟377亿支（75.4万箱），同比增长31.52%；四类烟638亿支（127.6万箱），同比增长0.96%；五类烟358亿支（71.6万箱），同比下降23.52%。本地区销量居前三位的品牌是“红旗渠”、“散花”、“帝豪”，销量分别为655亿支（131万箱）、235亿支（47万箱）、100亿支（20万箱）。

全年全省烟草商业系统实现卷烟销售收入397.14亿元，同比增长24.95%。

卷烟销售结构转型。坚持以结构转型统领卷烟销售工作，明确“2332”（一、二类卷烟销售比重占20%，三、四类卷烟各占30%，五类卷烟占20%）和

“456”（2010年一、二类卷烟销售比重增长4%、2011年增长5%、2012年增长6%）的目标任务，扩销一、二类烟，推进“四转三”。2010年，全省三类以上卷烟销量504.35亿支（100.87万箱），同比增长43.65%，占总销量的33.6%，同比增长9.4个百分点，其中，一、二类烟销量127.9亿支（25.58万箱），同比增长98.51%，占总销量的8.53%，同比增长4.09个百分点。

品牌培育。制订《河南烟草商业品牌发展和市场营销上水平实施方案》，加快推进工商协同营销和精准营销，加大“532”、“461”全国知名品牌培育力度，全省销量排前15位的品牌销售收入达到357.07亿元，同比增长27.82%；三类以上销量排前15位的品牌销售472.95亿支（94.59万箱），同比增长46.58%；全省平均单箱销售收入13229元，同比增加2282元。

网络物流建设。深入推进“村村通网络”工程，全省200人以上的自然村实现“全覆盖”。大力推进电子商务建设，全省共有持证卷烟零售客户34.79万户，占总人口比例3.56‰；电话订货率72.29%，网上订货率27.71%，电子结算率94.06%；零售客户满意度90.5分。加快现代物流体系建设，新开工物流中心6个，截至年底，全省已建成卷烟物流中心2个、在建12个。

【烟叶产销】 种植与收购。贯彻国家局“严控规模”要求，加强计划和合同管理，强化生产环节控制，全省移栽烟叶78.8万亩，收购烟叶11.97万吨（239.47万担），签订烟叶购销协议15.4万吨（308万担），与省内外工业企业签订协议13.83万吨（276.68万担），其中省外工业企业9.14万吨（182.8万担）。

加强“一基四化”建设。围绕“一基四化”的要求，综合配套烟田基础设施，创新生产组织形式，提高专业化服务水平，抓好许昌襄城县和洛阳宜阳县整县推进现代烟草农业建设工作。全年全省安排资金5.67亿元，新建烟田基础设施项目1.95万个；种植专业户、家庭农场和专业合作社种烟比例达73.5%；户均种烟规模达12.12亩，同比增加1.92亩；集约化育苗率达99.3%，专业化服务率和综合机械作业率均达50%以上；烟农亩均种烟收入2232.8元，同比增收130.2元。

烟叶生产基础设施建设。全年共建设烟叶生产基础设施项目5606个，行业投入资金2.52亿元，其中国家局补贴资金1.35亿元，省内烟草行业配套资金1.17亿元。

烟叶基地单元建设。把烟叶基地单元建设作为深化烟叶资源配置方式改革、提升烟叶原料保障能力的重要途径，加大与省内外工业企业的合作力度，整县推进，单元实施，全省共建烟叶基地单元26个，收购烟叶6.5万吨（130万担），占烟叶总收购量的54.29%，其中8个基地单元列入国家现代烟草农业基地单元建设计划。

浓香型特色优质烟叶开发。把“突出浓香”作为河南烟叶发展的主攻方向，以加强“基地化、特色化、现代化”建设为载体，以解决“品种、生态、技术”等关键性问题为重点，与知名品牌卷烟生产企业联办7个浓香型特色优质烟叶基地单元，开发烟叶面积11.56万亩，收购烟叶1.62万吨（32.29万担）。

【多元化经营】 全面完成省公司所属列入清退计划的多元化企业清退工作，累计清退多元化经营企业50家，存续多元化经营企业10家。2010年，全省多元化经营实现销售收入2.27亿元，同比增长51.64%；实现税利1671万元，同比增长131.79%，其中利润955万元，同比增长223.73%。

【优秀县级局创建活动】 修改完善考核验收评分细则，建立动态评价考核机制，全年有64个县级局通过了优秀县级局的达标验收。参加全省“群众满意的基层站所”评选活动，有136个基层专卖稽查队被当地政府纠风办推荐参评，其中有24个稽查队被评为河南省“群众满意的基层站所”。

【企业管理】 财务管理。推行“分地区、分类型”标杆化管理预算编制工作，开展预算执行资金审批，推动财务预算和资金预算有机结合，三项费用率同比下降0.95%。印发《河南烟草商业国有资产管理办法》，洛阳、驻马店、商丘市局（公司）3家试点单位搭建完成资产管理信息化平台。取消县局（分公司）所有收入账户和部分工会账户，实现烟叶收购资金零贷款。全省首次实行定期存款管理，利息收入同比增加0.26亿元。推动卷烟货款电子结算和烟叶收购在线支付工作，烟叶收购在线支付率同比提高2.36%，全省卷烟货款电子结算率达到89.97%。

审计监督。完善审计委派制管理模式，省局（公司）统一组织全省行业审计派驻办挂牌仪式，并制订《审计派驻办公室年度工作考核办法（试行）》。全年集中调配审计资源开展审计项目926个，提出审计建议455条，促进增收节支6656万元。

“两项工作”。省局（公司）成立办事公开民主管理领导小组，确定焦作、信阳市局（公司）为试点单位，制订《关于进一步推进办事公开民主管理的实施意见》和《“两项工作”实施方案》。成立工程投资、物资采购、宣传促销管理委员会，修订《河南烟草商业工程投资项目管理办法》、《河南烟草商业投资项目招标投标管理暂行办法》。

贯标对标。下发《河南烟草商业2010年质量管理体系建设工作要点》、《河南烟草商业市级局（公司）质量管理体系建设工作考核评价标准》，启动体系建设首批推进单位交流检查，确定体系建设信息化试点单位。制订《河南烟草商业2010年对标标杆体系》、《河南烟草商业市级局（公司）对标工作考核评价标准》，定期公布对标数据，形成“比、学、赶、超”的氛围。

安全保卫。省局（公司）组织开展了“百日安全集中综合整治”、“守护中原、冬季消防安全百日决战行动”等活动。2010年，全省系统共开展常规安全检查1.82万次，专项安全检查4730次，夜间安全抽查7102次，查处整治事故隐患2977项，整改率达97%。开展各类安全教育5.91万人次，其中特殊工种（岗位）教育4278人次。

【信息化建设】 省局（公司）修订了视频会议管理办法、信息化项目管理办法、打码到条工作操作规范等制度。开展数据标准体系建设，完成数据交换体系方案设计，搭建数据中心软硬件平台。推进卷烟营销、专卖管理系统升级改造及烟叶基地单元信息化建设，完成物流数据并轨项目建设和人力资源信息系统阶段性目标，启动电子政务和CA安全认证体系建设，开展新商盟网上订货系统和国有资产管理系统试点工作。省局（公司）新增到国家局移动线路1条，新增联通测试线路1条，实现了骨干网络的扩容和线路备份。

【科技创新】 2010年，全省烟草商业系统在研省部级科研项目11项，省局（公司）项目143项，单位自立项目80项。各市局（公司）向省局（公司）申报科研项目79项，正式立项54项，项目经费预算2743万元。

全年全省烟草商业系统共发表科技论文51篇，申请专利11项，取得专利授权22项，完成省科技厅组织鉴定评价科技成果24项，获河南省科学技术进步奖3项。召开全省行业科技成果推广会，对18项科技成果的关键技术进行推广。成立河南烟草商业标准化技术委员会及6个分标委，制定《河南烟草商业标准化技术委员会章程》，截至2010年年底，全省12个烟叶产区全部完成标准制定和发布，全省烟叶标准化生产面积达到100%。

【人力资源管理】 干部队伍建设。制订《中共河南省烟草专卖局（公司）党组关于贯彻深化干部人事制度改革规划纲要的实施意见》、《市级局（公司）领导班子和领导干部综合考核评价办法（试行）和年度考核办法（试行）》、《市级局（公司）领导班子后备干部集中调整工作实施方案》，完成12个直属单位领导班子及领导干部年度考察和后备干部集中调整工作，调整领导干部22人，调整领导班子副职后备干部43名。制订《省局（公司）机关选拔处级干部工作实施方案》，选拔16名处级干部充实到机关中层领导干部队伍。

用工分配制度改革。省局（公司）审核各直属单位改革方案和和薪酬体系，督促改革措施落实到位，2010年底前各直属单位改革措施全部到位，完成深化用工分配制度改革阶段性任务。

劳动用工管理。制订《市级局（公司）岗位分类分级管理办法（试行）》、《省局（公司）系统劳动用工管理暂行规定》，统一核定市级局（公司）各经营中心的机构设置、人员编制及适宜签订无固定期限劳动合同岗位的人员编制；推进人力资源管理信息系统项目建设，在信阳、焦作两家直属单位进行试点。

职工教育培训。制订《省局（公司）加强教育培训体系建设整体实施方案》、《2010~2014年河南烟草商业员工教育培训规划》、《2010~2012年河南烟草商业科级以上干部集中轮训实施方案》，构建教育培训体系，完善教育培训制度。制订《关于建立河南烟草商业培训教师资源分库的意见》，组建培训教师资源分库。完成2010年“处、科级干部集中轮训”任务，组织176名处科级干部参加国家局专项培训，全省系统举办各类培训班469个，培训3.72万人次。成立河南烟草商业专业技术资格评审委员会及专家库，农业、经济、财（审）、政工系列入选专家103人。制订《市级局（公司）专业技术类岗位等级聘任管理办法（试行）》和《市级局（公司）业务类和生产操作类岗位等级聘任管理办法（试行）》。做好职业技能鉴定工作，全年组织特有工种鉴定10批次，鉴定4467人。

【思想政治工作】 教育实践活动。6月下旬至8月上旬，省局（公司）组织开展了“保持良好精神状态，努力开创‘卷烟上水平’新局面”教育活动。开辟“上水平、促跨越”网络论坛，研究制订了《“卷烟上水平”三个实施方案》，全省系统上下进一步形成了“上水平、促跨越”的浓厚氛围。从6月开始，在全省烟草商业党的基层组织和党员中开展创先争优活动，确定4家直属单位为活动试点单位。省局（公司）党组下发了《关于构建以“四进”为重点的“两个至上”长效机制的意见》，抓好商丘市局（公司）“两个至上”长效机制建设试点工作。

党风廉政建设。6月，省局（公司）组织开展了以“加强制度建设，促进廉洁从政”为主题的党纪条规教育月活动。制订《河南烟草商业廉政文化示范点建设标准》，命名27家市、县级局为“全省烟草商业廉政文化建设示范点”。开展反腐倡廉制度清理，共废止制度16项，修订完善制度74项。

【企业文化】 以“根文化”为主线，至2010年年底，有18个直属单位完成了企业文化理念的整合提炼及企业文化手册的编写工作。选择5个市局（公司）为服务品牌建设带动单位，12月召开全省烟草商业“两个至上”长效机制建设工作暨服务品牌建设工作座谈会。

【“十一五”发展概要】 “两烟”规模扩大。累计销售卷烟6985亿支（1397万箱），年均增长50亿支（10万箱）；平均单箱销售收入由6700元增加到1.3万元，年均提高1302元。累计收购烟叶73.45万吨（1469万担），比“十五”时期增加8.1万吨（162万担）。

综合实力增强。累计实现税利306亿元，年均增长21.17%；上缴财政由2006年的20.24亿元增加到2010年的59.77亿元，年均增长24.18%；总资产由105.65亿元增加到185.63亿元，年均增加16亿元；资产负债率从68.9%降至30.56%，年均降低7.67%；所有者权益从31.6亿元增至126.27亿元，年均增加18.93亿元。

基层基础加强。累计投入烟田基础设施建设资金17.42亿元，建成项目10.07万个，烟农种烟总收益92亿元，比“十五”时期增加27亿元；新建改建一批现代化物流中心，新增城乡卷烟零售网点6.3万个；现代产权制度和母子公司体制初步建立，各项基础设施不断完善。

管理规范有序。内部监管工作全面加强，各项管理制度逐步健全，生产经营秩序实现根本性好转。

行业形象提升。和谐烟草建设深入推进，在全省政风行风评议中的位次逐年前移，连续7年受到河南省政府通报表彰，树立了负责任的行业形象。

【特事要辑】 1月28日，河南省副省长史济春对河南烟草商业工作作出批示，充分肯定河南省局（公司）在特殊年份为促进烟农增收、促进财政增税、促进全省实现保增长目标做出的特殊贡献。

4月21～23日，全国特色优质烟叶开发工作暨烟叶生产技术研讨会在河南省许昌市召开。国家局副局长何泽华、河南省副省长史济春、中国工程院院士朱尊权出席会议并讲话。

8月3～4日，全国烟草行业纪检监察工作座谈会在郑州召开。驻国家局纪检组组长潘家华，中共河南省委常委、省纪委书记叶青纯出席会议并讲话。

8月24～26日，国家局副局长张辉到河南烟草调研。

2010年河南省局（公司）主要统计指标汇总

实现税利（亿元）	实现利润（亿元）	销售卷烟（亿支）	烟叶种植（万亩）	烟叶收购（万担）
82.54	39.48	1501.00	78.80	239.47

所属地市级局（公司）

【郑州市烟草专卖局（公司）】 郑州市烟草专卖局、河南省烟草公司郑州市公司成立于1983年8月。下辖北城区、西城区和南城区3个直属分局（分公司）及登封市、新密市、荥阳市、巩义市、新郑市、中牟县、上街区等7个县级烟草专卖局（分公司）。2010年，市局（公司）党组被中共河南省委授予“五好基层党组织”称号，市局（公司）被中国文化理事会授予“中国企业文化建设优秀单位”称号。

全市共查获假冒卷烟6870万支。破获符合国家局标准的制售假烟网络案件1起，案值1000万元。中牟县局破获“5.9”假烟网络案件，该案涉案总值达5067万元，查处实物卷烟案值1360万元，公安、司法机关依法逮捕主要犯罪嫌疑人9人，被公安部、国家局列为重点督办案件。

全年实现烟农种烟收入1794.66万元，烟农户均收入1.51万元。

【开封市烟草专卖局（公司）】 开封市烟草专卖

局、河南省烟草公司开封市公司成立于1983年8月。下辖城区、开封县、通许县、尉氏县、杞县、兰考县等6个县级烟草专卖局（分公司）。

开展用工分配制度改革，全市行业78个岗位、784人实现竞聘（组合）上岗；各县局（分公司）机关管理人员由原来的平均38人减少到26人，股级干部减少23人，管理和辅助岗位人员缩减29.7%；在岗员工薪酬套改一次完成。

开展“现代物流建设年”活动，物流中心主体工程竣工，分拣设备、信息系统安装调试完成，新型卷烟物流模式基本确立。

加强专利技术创新，市局（公司）申报的“交叉线直通线互转头”技术，获得国家知识产权局颁发的实用新型专利。

【洛阳市烟草专卖局(公司)】 洛阳市烟草专卖局、河南省烟草公司洛阳市公司成立于1983年。下辖偃师市、孟津县、新安县、宜阳县、伊川县、汝阳县、嵩县、洛宁县、栾川县、城区、吉利区等11个县级烟草专卖局（分公司）和孟津烟叶储备库。

加强机关建设，制订监督检查实施方案，发布《机关效能建设十不准》；利用多种渠道和平台，主动征求消费者、零售客户、烟农的意见和建议，提升行政效能和服务质量。

【平顶山市烟草专卖局(公司)】 平顶山市烟草专卖局、河南省烟草公司平顶山市公司成立于1984年5月。下辖郏县、叶县、宝丰县、鲁山县、汝州市、舞钢市、石龙区、城区等8个县级烟草专卖局（分公司），以及宝丰金叶烟草有限责任公司1个控股打叶复烤企业。

全年共查获非法卷烟4023万支，捣毁制假窝点111个，查获制假设备164台，破获案值30万元以上的网络案件3个。截至2010年年底，国家局、公安部督办的平顶山叶县“5.19”制售假烟网络案件共锁定犯罪嫌疑人41人，公安、司法机关依法抓获制假售假人员36人，案值达1900万元。

提升卷烟销售结构，全年辖区卷烟单箱销售收入1.37万元，同比增长21.9%；单箱毛利3516元，同比增长20.8%。

共与工业企业联办7个基地单元，其中河南中烟和上海烟草集团2个单元列入国家局开发项目。全年实现烟农种烟收入2.48亿元。

企业文化建设稳步推进，倡导尽责、包容、感恩、奉献之风，奉行“快乐工作，创造满意”企业理念，建立具有平顶山烟草特色的“家文化”架构体系和企业文化运行保障体系。

【安阳市烟草专卖局(公司)】 安阳市烟草专卖局、河南省烟草公司安阳市公司成立于1983年6月。下辖安阳县、汤阴县、林州市、内黄县、滑县、城区等6个县级烟草专卖局（分公司）。

全面推行对标工作，形成《全面诊断报告》、《标杆伙伴调研报告》和《标杆管理暨卷烟上水平实施方案》，建立“月度协调、季度分析、年度总结”的对标工作机制，对标工作基本覆盖企业工作的全方位、全过程。

加强和谐烟草建设，和安阳市慈善总会共同组织烟草零售特困户救助活动，并建立起定向捐助基金机制。

【鹤壁市烟草专卖局(公司)】 鹤壁市烟草专卖局、河南省烟草公司鹤壁市公司成立于1983年12月。下辖城区、浚县、淇县3个县级烟草专卖局（分公司）。2010年，市局（公司）被河南省妇女联合会授予“河南省三八红旗集体”称号。

推进质量管理体系建设，经过体系调研、流程策划、专题培训、文件编写评审等过程，编制程序文件63个、作业文件71个；建立全市对标标杆数据库，设置三级标杆42个，将对标工作与质量管理体系建设紧密结合。

按照“分类管理、科学设岗、明确职责、严格考核、落实报酬”的总体要求，相继开展岗位评价、工资测算、竞争上岗、双向选择等工作，打通职工的晋升渠道，完成深化用工分配制度改革任务。

2010年，市局（公司）的“资产条码管理系统”和“商户经营理财分析系统”科技项目获得河南省科学技术进步奖三等奖。

【新乡市烟草专卖局(公司)】 新乡市烟草专卖局、河南省烟草公司新乡市公司成立于1983年8月。下辖城区、新乡县、原阳县、封丘县、延津县、长垣县、卫辉市、辉县市、获嘉县等9个县级烟草专卖局（分公司）。2010年，市局（公司）被河南省纪委、省委宣传部、省监察厅、省文化厅命名为“河南省廉政文化进机关示范点”。

以“做大做强一类烟，重点培育二类烟，做稳做精三类烟，合理布局四、五类烟”的工作理念统领卷烟销售结构转型，开展精准营销，深化工商协同营销，突出培育重点骨干品牌，着力扩销一、二类烟，全年销售一、二类烟5.95亿支（1.19万箱），同比增长157.96%；单箱销售收入1.25万元，同比增长24.66%。

完善新烟服务品牌，推进企业文化宣贯落地，组织开展省级文明单位创建活动，3个直属单位通过省级文明单位验收，全市系统省级文明单位达到8个。

【焦作市烟草专卖局(公司)】 焦作市烟草专卖局、河南省烟草公司焦作市公司成立于1984年3月。下辖修武县、武陟县、温县、孟州市、沁阳市、博爱县、城区7个县级烟草专卖局（分公司）。2010年，市局（公司）被河南省委、省政府评为“省级文明单位”。

推行万元毛利费用含量管理办法，把卷烟销量、品牌结构、一二类烟销售比重目标与费用提取系数挂钩，形成费用指标和效益指标的有机结合，促进销售品类结构的优化。全年辖区销售一、二类烟3.25亿支（0.65万箱），同比增长125.77%。

【濮阳市烟草专卖局(公司)】 濮阳市烟草专卖局、河南省烟草公司濮阳市公司成立于1985年1月。下辖城区、濮阳县、清丰县、南乐县、台前县、范县等6个县级烟草专卖局（分公司）。

开展“创新思想观念，优化干部作风，优化发展环境”集中教育活动，坚持党组成员带头、部门主要负责人带头、各直属单位“一把手”带头，积极收集社会各界、特别是零售客户和消费者的意见建议，不断查找自身问题和差距。结合学习、查摆、整改的成果，紧紧围绕加强作风建设、提高服务水平、优化发展环境、促进行业发展的要求建章立制，先后制订《卷烟营销服务质量提升方案》、《货源分配、公开、监督管理办法》等10项制度，为全市行业“卷烟上水平”奠定基础。

【许昌市烟草专卖局(公司)】 许昌市烟草专卖局、河南省烟草公司许昌市公司成立于1983年8月。下辖魏都区、长葛市、禹州市、鄢陵县、襄城县、许昌县等6个县级烟草专卖局（分公司）。2010年，市局（公司）被国家档案局评为“企业档案工作目标管理国家二级单位”，被河南省爱国卫生运动委员会评为“省级卫生先进单位”。

全年实现烟农种烟收入2.14亿元。开展整县推进现代烟草农业试点工作，建设烟叶基地单元6个，科技示范园区1.2万亩，特色烟叶基地4.4万亩，收购特色烟叶0.65万吨（13万担），同比增长85.7%。种植专业户、家庭农场和专业合作社共种植烟叶5.24万亩，占烟叶种植面积的75%；户均面积12.16亩，同比增加4.38亩，烟田土地流转面积达2.97万亩。注册登记合作社8个。建设防雹增雨作业站6个，现代烟草农业气象信息平台投入使用。

【漯河市烟草专卖局(公司)】 漯河市烟草专卖局、河南省烟草公司漯河市公司成立于1986年5月。下辖临颍县、舞阳县、城区3个县级烟草专卖局（分公司）和城区烟叶分公司。2010年，市局（公司）被河南省委、省政府评为“省级文明单位”，被河南省爱国卫生运动委员会评为“省级卫生先进单位”。

全市查获假冒卷烟4238.48万支、非法烟叶28.8吨、非法烟丝6.3吨、制假烟机91台，打掉制假窝点130个。破获符合国家局标准的制售假烟网络案件2起。

全年实现烟农种烟收入1.22亿元。建立烟叶基地单元4个。市局（公司）的“河南省烟草重大病虫害预测预报技术研究与应用”项目获得河南省科学技术进步二等奖。

推进网上订货试点工作，1436家零售客户运行了新商盟网上订货系统，网上订货率达到44.21%。

【三门峡市烟草专卖局(公司)】 三门峡市烟草专卖局、河南省烟草公司三门峡市公司成立于1986年4月。下辖城区、卢氏县、灵宝市、陕县、渑池县、义马市等6个县级烟草专卖局（分公司）和三门峡金红烟草有限责任公司。2010年，市局（公司）被河南省委、省政府评为“省级文明单位”。

全市破获符合国家局标准的制售假烟网络案件5起。

全年实现烟农种烟收入3.63亿元，烟农户均收入2.4万元，同比增收6072元。

增强全员道德意识，开展“道德建设年”活动，学习道德知识，规范员工行为，征集道德故事，评选道德模范，建立了一套员工道德规范，涌现了一批道德模范，实现“注重自律，提升素质，树立形象，促进工作”的目标。

【南阳市烟草专卖局(公司)】 南阳市烟草专卖局、河南省烟草公司南阳市公司成立于1983年9月。下辖镇平县、内乡县、西峡县、淅川县、邓州市、唐河县、新野县、社旗县、方城县、桐柏县、南召县、油田和城区等13个县级烟草专卖局（分公司）及南阳金业烟草有限责任公司。

全市共查获非法卷烟2079万支、非法烟叶5.5吨，查处非法运输案件38起，取缔无证户212户。破获符合国家局标准的制售假烟网络案件5起，其中南阳市城区局破获的“1.3”案件被国家局、公安部列为部级督办案件，该案件涉及福建、广东、贵州、江苏、浙江、湖北、河南等7省13市7县，以福建、广东省为源头，以南阳市为中心，是集生产、运输、仓储、销售为一体的制售假烟网络案件，总涉案卷烟2.04亿支，总涉案金额3487万元，公安、司法机关依法刑事拘留15人，逮捕14人，判刑11人。

全年实现烟农种烟收入2.96亿元。

【商丘市烟草专卖局(公司)】 商丘市烟草专卖局、河南省烟草公司商丘市公司成立于1983年9月。下辖夏邑县、虞城县、柘城县、宁陵县、睢县、民权县、梁园区、睢阳区、永城市等9个县级烟草专卖局(分公司)。

开展“争先创优”活动，实施“两个至上”长效机制建设试点工作，以“两个至上”在岗位“比争”活动为载体，通过“横比、竖比、争上游”，形成运转科学合理、内容准确规范、考核客观公正的岗位“比争”机制，并在全国烟草行业构建“两个至上”长效机制建设座谈会上作了典型发言。市局（公司）被国家局授予“全国烟草行业企业文化建设先进单位”称号。

【信阳市烟草专卖局(公司)】 信阳市烟草专卖局、河南省烟草公司信阳市公司成立于1983年7月。下辖浉河区、平桥区、罗山县、息县、淮滨县、潢川县、光山县、商城县、新县、固始县等10个县级烟草专卖局（分公司)。

制订《关于加快卷烟销售结构转型的考核奖励办法》，确保销量平稳增长、销售结构提升。全年一、二类烟销售10.75亿支（2.15万箱），同比增长69.43%，占销量比重为11.31%，同比提高4.44个百分点。

建设富有特色的卷烟销售网络，按照“批零一体、相辅相成”的基本方针，免费为零售客户更换门牌和柜台贴，发放统一服装，为部分家庭经济困难的客户配备卷烟柜台，对送货车辆统一标准喷漆并张贴“太阳花”服务标志，把客我关系从交易型向亲情伙伴型转变。

选定平桥区局、淮滨县局为办事公开民主管理工作试点单位，确定全市专卖管理信息系统为试点系统，通过“点、线”试点结合的方式，发挥试点引领作用，规范企业决策和经营行为。

【周口市烟草专卖局(公司)】 周口市烟草专卖局、河南省烟草公司周口市公司成立于1983年。下辖城区、淮阳县、商水县、项城市、郸城县、太康县、西华县、扶沟县、沈丘县、鹿邑县等10个县级烟草专卖局（分公司)。

4月23~25日，市局（公司）举办以“文明、和谐、发展、跨越”为主题的周口市烟草行业首届企业文化节运动会。

由公司承担的“豫东烟区接茬种植技术研究与推广应用”项目通过河南省科技厅鉴定，该项目针对豫东烟区烤烟生产上存在的突出问题，提出豫东烟区烤烟—胡萝卜接茬种植模式。项目累计示范推广3.1万亩，增收3579万元。

【驻马店市烟草专卖局(公司)】 驻马店市烟草专卖局、河南省烟草公司驻马店市公司成立于1983年。下辖城区、西平县、遂平县、上蔡县、新蔡县、平舆县、汝南县、正阳县、确山县、泌阳县等10个县级烟草专卖局（分公司)。

全年实现烟农种烟收入0.998亿元，烟农户均收入3.18万元。突出规模种植，优化种植农户，完善烟叶生产技术服务体系，加强育苗、机耕、植保三类专业户建设，建立烟农协会和烟叶用水协会，培养集约化育苗专业户129户，机耕专业户121户，植保专业户176户，高标准建造育苗大棚610座，最大育苗棚群达36棚，集约化育苗率达到100%，商品化供苗率实现100%。烟田深耕、起垄、覆膜、中耕、施肥等田间作业实现机械化。

加强外部监督。开辟绿色通道，向社会公布“16条承诺”；开展万人评议活动，邀请电视台、广播电台和评议代表等新闻媒体监督评议；继续聘请人大、政协、检察院、媒体、零售户、烟农代表为行风监督员，把加强涉及群众利益执法活动的管理、服务质量情况作为重点，行业形象得到有效改善。

【济源市烟草专卖局(公司)】 济源市烟草专卖局、河南省烟草公司济源市公司成立于1983年10月。下辖1个卷烟营销配送中心。

以培育重点品牌、提升销售结构、加强消费引导、夯实网建基础为着力点，积极扩销一、二类烟，卷烟销售结构转型明显加快。全年销售一、二类烟1亿支(0.2万箱)，同比增长129.51%，占销量比重为9.8%，同比提高5.25个百分点；卷烟单箱销售收入14590元，同比增加3422元。

所属其他二级单位

【中国烟草河南进出口有限责任公司】 中国烟草河南进出口有限责任公司成立于1985年7月，2006年12月完成股权划转，调整为中国烟草总公司河南省公司的全资子公司。公司投资参股的企业有天昌国际烟草有限公司、许昌京昌包装有限公司和郑州市商业银行。公司拥有总资产3.01亿元，其中，固定资产2945万元、流动资产1.35亿元，资产负债率为19%。有员工24人。

全年共出口烟叶、烟梗、烟末4727吨，出口实现1179万美元；进口“555”、“ESSE”等卷烟1.10亿支（0.22万箱）。实现税利1074万元，同比下降78.5%，其中实现利润710万元。

【河南省烟草职工培训中心】 河南省烟草职工培训中心前身为1988年1月经中国烟草总公司批准成立的河南省烟草技工学校，2009年经国家烟草专卖局（国烟人［2009］16号）批准更名为河南省烟草职工培训中心，隶属于河南省烟草专卖局（公司）管理，主要承担河南省烟草行业职工培训任务。共有在岗员工72人，其中专业技术人员44人，其中高级职称6人；国家职业技能鉴定高级考评员4人，考评员9人。

全年举办各类培训班88期，培训人员1.18万人次。2010年，培训中心组织有关人员，赴6个地市级公司、12个县级公司的烟叶产区，历时10个月，拍摄制作《河南优质烤烟生产适用技术》系列科教片。该系列科教片包含烟叶生产的整个过程，共分7集，片长300分钟。

2010年，培训中心启动处、科级干部集中培训项目，计划用3年时间对全省烟草商业处、科级干部集中培训一遍。全年举办处级干部培训班2期，培训71人；科级干部培训班4期，培训368人。

2010年河南省烟草商业系统主要情况统计

地市级局（公司）名称		郑州市烟草专卖局（公司）	开封市烟草专卖局（公司）	洛阳市烟草专卖局（公司）	平顶山市烟草专卖局（公司）	安阳市烟草专卖局（公司）	鹤壁市烟草专卖局（公司）
主要负责人/法人代表		徐鸿飞	赵　超（—2010.11） 刘　兵（2010.11—）	张　宏	胡宏超	蒋中民	牛宝菊
总资产（万元）		188048	72258	135463	91716	94703	27057
资产负债率（%）		31.05	44.03	33.99	44.49	42.91	51.52
所属县级局（个）		10	6	11	8	6	3
所属县级公司/分公司（个）		10个分公司	6个分公司	11个分公司	8个分公司	6个分公司	3个分公司
所属县级营销部（个）		—	—	—	—	—	—
从业人员（人）		1875	907	1746	2752	839	306
所属业务机构	访销机构	1个营销中心、1个电访中心	1个营销中心	1个营销中心	1个访销中心	1个营销中心、1个电访中心	1个营销中心
	物流配送机构	1个配送中心	1个配送中心	1个配送中心	1个配送中心、7个配送站	1个配送中心、2个配送站	1个配送中心
	稽查机构	1个稽查支队、10个稽查大队	1个稽查支队、6个稽查大队	1个稽查支队、9个稽查大队	1个稽查支队、8个稽查大队	1个稽查支队、6个稽查大队	1个稽查支队、3个稽查大队
	烟叶机构	4个烟叶收购（工作）站	—	73个烟叶收购（工作）站	47个烟叶收购（工作）站	—	—
销售卷烟	（亿支）	170.65	77.00	108.75	76.15	83.65	22.55
	2010年比2009年（%）	6.47	3.20	1.39	2.42	2.94	2.17
卷烟销售收入（万元）		587259	191544	284892	208525	216135	59692

续表

地市级局(公司)名称		郑州市烟草专卖局(公司)	开封市烟草专卖局(公司)	洛阳市烟草专卖局(公司)	平顶山市烟草专卖局(公司)	安阳市烟草专卖局(公司)	鹤壁市烟草专卖局(公司)
实现税利	(万元)	136168	39159	58085	52934	49376	12873
	2010 年比 2009 年(%)	33.14	22.19	-7.30	14.87	19.01	33.75
实现利润	(万元)	74073	19770	24067	20118	28680	6999
	2010 年比 2009 年(%)	18.98	0.91	-40.13	-33.11	6.69	17.47
查处涉烟违法案件(起)		2160	1349	2883	2114	2675	707
查处涉烟违法案件案值(万元)		2700	279	423	1538	297	94
2010 年度烟草行业投入烟叶生产基础设施建设资金(万元)		300 万元,其中国家局补贴 180 万元,省内行业配套资金 120 万元	—	6385 万元,其中国家局补贴 3501 万元,省内行业配套资金 2884 万元	3489 万元,其中国家局补贴 1904 万元,省内行业配套资金 1585 万元	—	—
烟水配套工程累计受益面积(万亩)		0.89	—	5.75	5.60	—	—
烟叶种植(亩)		8900	—	220000	95800	—	—
烟叶收购(担)		27500	—	403800	326411	—	—
零售户数(户)		30339	19060	24000	16250	20240	6376
零售户销售毛利率(%)		13.00	9.20	10.00	13.38	13.37	14.77

地市级局(公司)名称		新乡市烟草专卖局(公司)	焦作市烟草专卖局(公司)	濮阳市烟草专卖局(公司)	许昌市烟草专卖局(公司)	漯河市烟草专卖局(公司)	三门峡市烟草专卖局(公司)
主要负责人/法人代表		李晓海	蒋贺清	尹宏伟	蒋笃彪	李广良	李 琦
总资产(万元)		81377	44449	49978	74722	30255	95542
资产负债率(%)		40.36	45.51	43.77	37.94	38.23	34.22
所属县级局(个)		9	7	6	6	3	6
所属县级公司/分公司(个)		9 个分公司	7 个分公司	6 个分公司	6 个分公司	3 个分公司	6 个分公司
所属县级营销部(个)		—	—	—	—	—	—
从业人员(人)		844	611	639	1870	1281	1623
所属业务机构	访销机构	1 个营销中心、1 个电访中心	1 个营销中心	1 个营销中心、1 个电访中心	1 个营销中心	1 个营销中心、1 个电访中心	1 个电访中心
	物流配送机构	1 个配送中心	1 个配送中心	1 个配送中心	1 个配送中心	1 个配送中心	1 个配送中心
	稽查机构	1 个稽查支队、9 个稽查大队	1 个稽查支队、7 个稽查大队	1 个稽查支队、7 个稽查大队	1 个稽查支队、6 个稽查大队	1 个稽查支队、3 个稽查大队	1 个稽查支队、6 个稽查大队
	烟叶机构	—	—	—	17 个烟叶收购(工作)站、22 个烟叶收购点	14 个烟叶收购(工作)站、13 个烟叶收购点	32 个烟叶收购(工作)站
销售卷烟	(亿支)	83.56	53.65	54.00	73.00	40.00	45.40
	2010 年比 2009 年(%)	3.74	2.12	3.80	2.39	1.86	3.77
卷烟销售收入(万元)		208142	126752	135318	197314	105473	122619
实现税利	(万元)	46324	22018	28840	48811	24291	38444
	2010 年比 2009 年(%)	32.52	17.12	25.48	5.39	11.21	25.62

续表

地市级局（公司）名称		新乡市烟草专卖局（公司）	焦作市烟草专卖局（公司）	濮阳市烟草专卖局（公司）	许昌市烟草专卖局（公司）	漯河市烟草专卖局（公司）	三门峡市烟草专卖局（公司）
实现利润	（万元）	24815	10350	15190	22775	8623	21756
	2010 年比 2009 年（%）	14.97	1.81	2.48	-21.39	-15.24	12.80
查处涉烟违法案件（起）		1897	1375	811	364	395	335
查处涉烟违法案件案值（万元）		461	130	64	2244	5500	300
2010 年度烟草行业投入烟叶生产基础设施建设资金（万元）		—	—	—	7049 万元，其中国家局补贴 3620 万元，省内行业配套资金 3429 万元	232 万元，其中国家局补贴 142 万元，省内行业配套资金 90 万元	1255 万元，其中国家局补贴 753 万元，省内行业配套资金 502 万元
烟水配套工程累计受益面积（万亩）		—	—	—	19.11	11.45	2.29
烟叶种植（亩）		—	—	—	69900	50700	165400
烟叶收购（担）		—	—	—	272137	158296	504619
零售户数（户）		18660	11678	12958	18372	8759	8300
零售户销售毛利率（%）		13.51	10.00	12.04	11.46	10.00	10.00

地市级局（公司）名称		南阳市烟草专卖局（公司）	商丘市烟草专卖局（公司）	信阳市烟草专卖局（公司）	周口市烟草专卖局（公司）	驻马店市烟草专卖局（公司）	济源市烟草专卖局（公司）
主要负责人/法人代表		赵明山	张明显	余自强	李光明	马　聪	苏志军
总资产（万元）		165185	75731	109002	75075	87928	12328
资产负债率（%）		46.79	31.29	45.32	64.83	40.23	38.91
所属县级局（个）		13	9	10	10	10	—
所属县级公司/分公司（个）		13 个分公司	9 个分公司	10 个分公司	10 个分公司	10 个分公司	—
所属县级营销部（个）		—	—	—	—	—	—
从业人员（人）		3131	1449	1098	1986	2030	216
所属业务机构	访销机构	1 个营销中心、1 个电访中心	1 个营销中心、1 个电访中心	1 个营销中心、1 个电访中心	1 个营销中心、1 个电访中心	1 个营销中心、1 个电访中心	—
	物流配送机构	1 个配送中心	1 个物流中心、3 个配送站	1 个物流中心、3 个配送站	1 个物流配送中心、3 个配送站	1 个物流配送中心	1 个卷烟营销配送中心
	稽查机构	1 个稽查支队、13 个稽查大队	1 个稽查支队、9 个稽查大队	1 个稽查支队、11 个稽查大队	1 个稽查支队、10 个稽查大队	1 个稽查支队、10 个稽查大队	1 个稽查支队
	烟叶机构	69 个烟叶收购（工作）站	8 个烟叶收购（工作）站	3 个烟叶收购（工作）站	7 个烟叶收购（工作）站	24 个烟叶收购（工作）站	4 个烟叶收购（工作）站
销售卷烟	（亿支）	158.50	114.81	94.96	125.90	108.25	10.20
	2010 年比 2009 年（%）	3.26	4.10	2.94	3.92	2.51	2.71
卷烟销售收入（万元）		384854	304311	276729	279697	252360	29764
实现税利	（万元）	84365	63290	56438	47326	47259	6120
	2010 年比 2009 年（%）	8.85	38.45	24.58	23.03	17.50	29.88
实现利润	（万元）	35182	33177	30176	19826	16320	3027
	2010 年比 2009 年（%）	-7.74	18.50	6.68	0.75	-16.89	11.37
查处涉烟违法案件（起）		13354	7429	940	2850	2455	341
查处涉烟违法案件案值（万元）		5710	573	169	458	570	62

续表

地市级局(公司)名称	南阳市烟草专卖局(公司)	商丘市烟草专卖局(公司)	信阳市烟草专卖局(公司)	周口市烟草专卖局(公司)	驻马店市烟草专卖局(公司)	济源市烟草专卖局(公司)
2010年度烟草行业投入烟叶生产基础设施建设资金(万元)	2158万元,其中国家局补贴810万元,省内行业配套资金1348万元	726万元,其中国家局补贴425万元,省内行业配套资金301万元	1088万元,其中国家局补贴653万元,省内行业配套资金435万元	692万元,其中国家局补贴415万元,省内行业配套资金277万元	1309万元,其中国家局补贴777万元,省内行业配套资金532万元	540万元,其中国家局补贴297万元,省内行业配套资金243万元
烟水配套工程累计受益面积(万亩)	25.40	1.34	2.90	2.10	1.50	1.42
烟叶种植(亩)	83300	29174	3300	23900	42300	13400
烟叶收购(担)	387000	90000	10091	46300	133000	34000
零售户数(户)	40588	27580	20373	32761	26151	3544
零售户销售毛利率(%)	11.63	11.84	13.83	11.54	11.62	11.70

（王　振　常树达）

湖北省烟草专卖局（公司）

【概　况】 湖北省烟草专卖局成立于1984年3月，中国烟草总公司湖北省公司组建于1983年8月，实行合署办公。1984年11月，正式上划中国烟草总公司；2006年，完成母子公司体制改革。省局（公司）下辖武汉、黄冈、襄樊、荆州、十堰、孝感、恩施、宜昌、咸宁、随州、黄石、荆门、鄂州等13家地市级烟草专卖局（公司），仙桃、天门、潜江等3家直管市烟草专卖局（公司）和神农架林区烟草专卖局（公司），另有湖北烟草金叶复烤有限责任公司，中国烟草湖北进出口有限责任公司和湖北烟草投资管理有限责任公司。截至2010年年底，公司拥有总资产166.64亿元，其中，固定资产29.49亿元、流动资产122.15亿元，资产负债率为24.86%。共有从业人员14557人，其中聘用员工7271人。

2010年，省局被湖北省政府评为“2010年度全省安全生产红旗单位”，被湖北省委评为“2010年度支持新农村建设工作队先进单位”；省局机关工会被湖北省总工会评为“全省模范职工之家”。

【领导成员】 局长、总经理、党组书记：赵全意

巡视员、副局长、副总经理、党组成员：彭义政（2010年11月前任副局长、副总经理、党组成员）

副总经理、党组成员：杨　树

副局长、党组成员：徐述舟

纪检组长、党组成员：夏汉林

副总经理、党组成员：刘裕堂（2010.11—）

党组成员：黄树立（2010.11—）

副巡视员：钟存高

副巡视员：张友德

副巡视员：杜建平（2010.11—）

【机构设置】 省局（公司）机关下设办公室（外事办公室）、综合计划处（经济运行处）、卷烟销售管理处、烟叶管理处、物流管理处（2010年新设立）、专卖监督管理处（专卖稽查总队）、政策法规与体制改革处、财务管理处（资金管理中心）、审计处、科技处、人事劳资处（教育培训中心）、思想政治工作处（离退休人员管理办公室、机关党委、工会）、监察处（与党组纪检组合署办公）、安全保卫处等14个职能处室。另设经济信息中心、机关服务中心、湖北省烟草产品质量监督检测站、中国烟草白肋烟试验站（湖北省烟草科研所）、湖北省烟草职业技能鉴定站等5个专业部门，以及湖北省烟草学会、整顿办和基建办公室。

【专卖管理】 打假破网。全年共查处各类涉烟案件2.83万起，查获非法卷烟3.79亿支，其中假冒卷烟1.82亿支、非渠道卷烟1.97亿支，总案值1.81亿元。捣毁制售假烟窝点194个，抓获涉烟违法犯罪嫌疑人1017人，移送公安、司法机关判刑363人，劳教2人，拘留652人。全年破获制售假烟网络案件131起，其中符合国家局标准的网络案件32起。荆州“10.15”特大制售假烟网络案件涉及8省，涉案金额达4000万元，被公安部、国家局列为挂牌督办案件，21人被

判刑。

卷烟打假协作机制。完善“政府主导、部门联管、烟草主抓”的卷烟打假长效机制，始终保持打击涉烟违法犯罪活动的高压态势。2月，省政府组织召开了全省支持烟草行业发展暨卷烟打假市场整顿总结表彰工作电视电话会议；10月，省政府组织召开全省卷烟打假会议，并部署开展百日卷烟打假市场整顿专项行动。元旦、春节、“五一”期间，省政府组织烟草、公安、工商、交通、质监、铁路等六部门，联合开展全省卷烟打假市场整顿专项行动。

与省工商局、省交通运输厅、省邮政管理局在卷烟零售市场监管，打击利用营运车辆和邮政渠道非法运输、邮递烟草专卖品的行为方面建立协作机制。加大与广东、福建等周边省市的协作力度，全年从省外抓捕涉烟犯罪嫌疑人138名。

【经济效益】 2010年，全省烟草商业系统实现税利72.37亿元，同比增长13.44%，其中利润35.37亿元，同比下降4.23%。三项费用率为10.41%。

【卷烟经营】 卷烟销售。2010年，全省烟草商业系统销售卷烟891.38亿支（178.28万箱），同比增长1.66%，其中，销售一类烟144.35亿支（28.87万箱），同比增长18.74%；二类烟10.81亿支（2.16万箱），同比增长144.93%；三类烟258.30亿支（51.66万箱），同比增长25.63%；四类烟301.74亿支（60.35万箱），同比下降9.44%；五类烟176.17亿支（35.23万箱），同比下降14.80%。本地区销量居前三位的品牌为“红金龙”、“黄鹤楼”、“红河”，“红金龙”销量为594.83亿支（118.97万箱），同比下降2.46%；“黄鹤楼”销量为139.91亿支（27.98万箱），同比增长19.44%；“红河”销量为28.42亿支（5.68万箱），同比增长15.33%。

全年实现卷烟销售收入280.73亿元，同比增长14.77%。实现卷烟税利64.56亿元，同比增长13.46%，其中利润34.30亿元。

品牌培育。组织制定全省卷烟品牌培育规划，明确所属单位投放重点品牌个数、重点培育品牌个数和销量增长率。全年销售重点骨干品牌卷烟240.91亿支（49.64万箱），同比增长19.77%，占总量27.84%，同比提高4.07%。全年全国烟草行业一至三类烟销量前15位品牌实现销量187.75亿支（37.55万箱），同比增长22.61%；全国烟草行业销售收入前15位品牌实现销售收入314.32亿元，同比增长15.26%。

营销网络建设。开展零售终端信息调查工作，建立19.79万个零售客户的终端资源数据库。规范零售终端陈列，全面开展终端示范街、示范店建设。加强电子商务建设，截至12月底，全省共2.82万户零售客户实现网上订货。以动态线路优化、成本核算、安全监管、同城物流为重点，推进现代物流建设。

【烟叶产销】 种植与收购。2010年，全省签订烟叶种植收购合同10.81万份，落实烟叶种植面积75.97万亩。实际收购烟叶10.22万吨（204.43万担），其中烤烟6.83万吨（136.61万担）、晾晒烟3.39万吨（67.83万担）。

全年实现烟叶税利8.16亿元，同比增长41.95%，其中利润2.28亿元，同比增长194.60%。

推进烟叶标准化层级管理工作试点，推广先进适用技术，全省烟叶标准化生产面积超过95%，大棚育苗、漂浮育苗、平衡施肥、密集烘烤等关键技术推广率有较大提高。加强烟叶收购管理，保证烟叶收购等级质量，2010年，全省上等烟比例为36.57%，同比上升1.42%；工商交接等级合格率为65.8%，高出全国平均水平2%。全省烟农实现种烟收入15.5亿元。

特色优质烟叶开发。“清江源”绿色生态、富硒低害的风格特色通过国家局组织的专家论证。湖北、浙江、川渝和湖南中烟在湖北建立4个特色优质烟叶基地，购销协议量16万担。全省特色优质烟叶基地亩均单产为130.06千克，上等烟比例为43.74%，收购均价14.02元/千克，分别比大面积烟叶生产提高9%、10%、5%。23个烟叶产区县中有20个县的烤烟进入全国14个重点品牌原料配方。

现代烟草农业建设。整县推进现代烟草农业建设试点，共建设基地单元8个，其中国家局2个、省级3个、市（州）级3个。创新生产组织形式、提高专业化服务水平，共成立41个烟叶生产专业合作社。

烟叶生产基础设施建设。烟叶生产基础设施建设由单个项目为主向综合配套转变，全年全省投入4.64亿元，建设项目4.27万个。56个乡镇实施项目片区综合配套建设，81个村实现整村推进。

【企业管理】 办事公开民主管理。4月，省局（公司）召开办事公开民主管理工作座谈会。2010年，全省烟草商业系统建立民主公开制度114项，从社会、行业、企业三个层面启动信息公开，在人、财、物上加大民主公开力度。

财务与审计。健全审计委派机制，重点开展经济责任审计、财务收支审计、工程项目审计等，实现对所有直属单位审计项目全覆盖。全年完成各类审计项目4.86万项。

统一县级营销部会计核算模式，全部取消县级营销部收入账户。推进预算建标工作，全省统一预算标准746项；加强预算考核控制，实行归口条线管理；省局按季通报、逐月分析预算执行情况。11月，全面预算管理系统在全省范围内统一上线运行。

优化资金监管系统，增加审计和纪检监察监督流程，对审计、纪检监察部门实行定人、定责、定岗管理，明确内部监管流程。通过与纪检、审计监督协作，实现资金横向监管。12月27～28日，国家局在武汉召开烟草行业资金监管系统推广现场会，总结推广湖北做法和经验。

【创新工作】 科技创新。7月，首次召开全省烟草商业系统创新工作会议。2010年，全省商业系统投入创新经费9000余万元，其中省局投入2100万元。开展创新项目162个，申请专利22件，获得授权专利12件；获得计算机软件著作权9项；3个项目获国家局、省科技厅科技进步奖。

在恩施建立"清江源"现代烟草农业科技园区和集烟叶科研、人才培养、技术培训、成果转化为一体的烟叶技术中心，恩施现代烟草农业科技园区是全国烟草行业第一家科技园。围绕"清江源"和"金神农"两个烟叶品牌建设，启动"生物技术在烟叶生产中的应用"、"烤烟特色品种选育"2个重大专项，全年实施烟叶科研项目65项。2个马里兰烟新品系（品种）通过国家局组织的农业评审；基本掌握烟杆生物有机肥项目的核心技术；白肋烟栽培技术规程通过国家局批准并对外发布。

管理创新。全省系统开展管理创新项目97个，申请专利6件。

【"142"体系建设实施方法】 省局总结探索出"142"体系建设实施方法，并率先在武汉市局投入运行。12月14～15日，国家局在武汉召开烟草行业质量管理体系建设现场会，推广湖北做法。"142"体系建设实施方法是指"一条主线、四个维度、两个平台"。一条主线，即：以体系建设为抓手，以信息化为支撑，推动"卷烟上水平"；四个维度，即："目标树"——目标引领，"管理芯"——过程控制，"螺旋梯"——持续改进，"计算机"——信息支撑；"两个平台"，即：建立相互链接的流程管控平台和员工工作平台。

【人力资源管理】 制订深化干部人事制度改革实施办法、领导班子和领导干部考核评价等一系列管理制度。组织开展17个市（州）局领导班子、领导干部考核评价和后备干部集中调整，按照"两推一述"的办法，公开选拔副处以上干部26人，主任科员5人。从基层中青年干部中选拔61人补充到省局党组直管班子后备干部队伍中。

2010年，全省商业系统举办各类培训班1765个，培训6.65万人次。公开招聘引进人才，录取本科、硕士、博士毕业生共174人。完成岗位技能鉴定7194人次，通过鉴定4228人。

【党风廉政建设】 以学习贯彻《廉政准则》为重点，加强反腐倡廉宣传教育。开展民主评议政风行风工作，解决社会及客户关注的烟草专卖管理和行政执法、卷烟货源分配和电子结算等焦点问题。完成对46名领导干部的经济责任审计。参与工程项目、物资采购项目、招投标廉政监督共计375次，并对重大工程项目派驻廉政监督员。加大案件查办力度，全年查处违纪案件6起，行政处分6人，诫勉谈话3人。

【"十一五"发展概要】 "十一五"期间，全省系统经济运行质量和效益持续提升，实现税利由2005年底的26.1亿元增加到2010年的72.37亿元，增长1.77倍，年均增加9.25亿元。

专卖管理。坚持打假破网与市场监管并重，累计查处涉烟案件15.94万起，查获非法卷烟31.16亿支（6.23万箱），捣毁制售假烟窝点982个，打击涉烟违法犯罪嫌疑人5087人，其中判刑1945人。

卷烟营销。提升网建水平，优化营销模式，重视品牌培育，卷烟营销保持平稳向上的良好态势，卷烟销量由2005年底的165.31万箱增加到2010年的178.28万箱，年均增加2.32万箱；单箱销售均价由2005年年底的10010元增加到2010年的18549元，年均增加1708元。

烟叶生产。加强现代烟草农业建设，累计投入19亿元用于烟区基础设施建设。

【特事要辑】 4月28日，驻国家局纪检组组长潘家华到恩施州调研现代烟草农业建设工作。

5月13日，湖北省副省长张岱梨到恩施州调研"清江源"现代烟草农业科技园。

9月2日，湖北省副省长段轮一到湖北省局（公司）调研。

9月14～16日，国家局副局长何泽华、总会计师兼财务司（审计司）司长张玉霞到恩施州、随州市调研。

10月14～16日，国家副局长李克明到湖北省局（公司）调研。

12月14～15日，全国烟草行业质量管理体系建设现场会在武汉召开。

12 月 27 ~ 28 日，全国烟草行业资金监管系统推广现场会在武汉召开。

2010 年湖北省局（公司）主要统计指标汇总

实现税利（亿元）	实现利润（亿元）	销售卷烟（亿支）	烟叶种植（万亩）	烟叶收购（万担）
72.37	35.37	891.38	75.97	204.43

所属地市级局（公司）

【武汉市烟草专卖局（公司）】 武汉市烟草专卖局、湖北省烟草公司武汉市公司成立于 1986 年 2 月。下辖江汉区、江岸区、硚口区、汉阳区、武昌区、青山区、洪山区、蔡甸区、黄陂区、新洲区、江夏区、东西湖区、汉南区等 13 个县级烟草专卖局（营销部）和武汉金叶惠民商贸有限公司 1 个专业公司。

根据省局“142”体系建设工作思路，全面构建质量目标树，实现质量目标全覆盖，进一步强化目标管理；以信息化为支撑，打造员工个人工作平台和流程管控平台，实现对员工工作与工作流程的有效监管；以内部审核、管理评审和文件修订为抓手，持续对体系运行情况进行全面评估和动态改进，实现体系建设“四个转变”，企业基础管理水平得到有效提升。

把充分尊重职工的知情权、参与权、表达权、监督权作为工作目标，以“五个一”（一会、一网、一屏、一栏、一册）为主要形式，把事关企业经营管理的重大决策、事关干部职工切身利益的重要事项及需要向社会告知的服务承诺和公共管理事项作为重要内容，推进民主管理办事公开工作。

【黄冈市烟草专卖局（公司）】 黄冈市烟草专卖局、湖北省烟草公司黄冈市公司成立于 1984 年 7 月。下辖黄州区、团风县、红安县、麻城市、罗田县、英山县、浠水县、蕲春县、武穴市、黄梅县等 10 个县级烟草专卖局（营销部）和龙感湖分局（公司）。

实行党风廉政建设和反腐败工作“全覆盖”，构建“分岗查险、分险设防、分类监察、分级预警、分层追责”的“五步”腐败风险预警防控体系，实现“三防、四前、四保”的工作目标。“三防、四前、四保”是指自我预防、单位联防、社会群防，教育在前、制度在前、监督在前、预警在前，保权力运行安全、保项目建设安全、保资金使用安全、保干部成长安全。

【襄樊市烟草专卖局（公司）】 襄樊市烟草专卖局、湖北省烟草公司襄樊市公司成立于 1984 年 4 月。下辖樊城区、襄阳区、襄城区、宜城市、枣阳市、老河口市、谷城县、南漳县、保康县等 9 个县级烟草专卖局（营销部）和南漳县、保康县 2 个烟叶分公司。2010 年，市局被湖北省政府评为“2009 年度全省卷烟打假和市场整顿工作先进集体”。

按照创先争优的要求，对全市烟草商业系统的基层现状进行重新摸底与重新定位，加强对基层单位硬件设施的充实和完善。通过对 9 个县级局、2 个烟叶分公司上报的 2000 余个硬件项目进行核实和审计，市局（公司）对所需物品进行统一招标、统一采购和统一配置，全市烟草商业系统的 24 个农网部（所）、22 个烟站全部实现集中办公和集中食宿。

【荆州市烟草专卖局（公司）】 荆州市烟草专卖局、湖北省烟草公司荆州分公司成立于 1984 年 6 月。沙市市烟草专卖局、湖北省烟草公司沙市市公司成立于 1986 年 10 月。1994 年 12 月，荆州市烟草专卖局、湖北省烟草公司荆州分公司和沙市市烟草专卖局、湖北省烟草公司沙市市公司合并组成荆沙市烟草专卖局、湖北省烟草公司荆沙分公司。1996 年 12 月，荆沙市烟草专卖局更名为荆州市烟草专卖局，荆沙分公司更名为荆州分公司。2003 年 12 月，荆州分公司更名为荆州市公司。下辖荆州区、沙市区、江陵县、松滋市、公安县、石首市、监利县、洪湖市等 8 个县级烟草专卖局（营销部）。

大力推进科技创新工作，“一种水循环机房空调节能装置”和“水循环机房空调的节能控制装置”项目获得专利授权。

【十堰市烟草专卖局（公司）】 十堰市烟草专卖局、湖北省烟草公司十堰市公司成立于 1984 年 12 月。下辖十堰城区、丹江口市、郧县、郧西县、房县、竹山县、竹溪县等 7 个县级烟草专卖局（营销部）和郧西县、竹山县、竹溪县、房县4个烟叶分公司，以及十堰金叶阳光连锁商贸物业有限责任公司和十堰金叶经贸公司2个多元化公司。

【孝感市烟草专卖局(公司)】 孝感市烟草专卖局、湖北省烟草公司孝感市公司成立于1984年4月。下辖孝南区、汉川市、应城市、云梦县、安陆市、大悟县、孝昌县等7个县级烟草专卖局（营销部）。

创新日常市场监管方式方法，在孝南区召开“四大体系”建设现场会，探索建立专管所“2211”专卖精细化管理模式。“2211”（周一和周二、周三和周四分别为“2”，周五和周六分别为“1”）专卖精细化管理模式，即：一是个人拜访，发现线索。每周一、二，专管员驾驶摩托走访市场，主要检查亮证经营、公开摆卖、内部监管、到货确认等日常性工作，并做好烟草法律法规的宣传工作。二是线索汇集，重点打击。每周三、四，所有专管员以队所为单位汇集到一起，对各人前两天市场走访情况进行梳理，对于有违法嫌疑的零售客户进行集中重点打击，再次上门进行细致检查，查处违法“三烟”。三是书写日志，形成痕迹。每周五，专管员在队所填写工作日志，并对重点违法经营户的违法情况，进行简单的痕迹记录，研究处罚和教育对策。四是针对重点辖区，轮流值班巡查。每周六，根据专卖监督管理办公室事先安排好的值班表，各队所按时按点对辖区重点地段和重点违法经营户进行反复巡查。

【恩施土家族苗族自治州烟草专卖局(公司)】 恩施土家族苗族自治州烟草专卖局、湖北省烟草公司恩施土家族苗族自治州公司成立于1984年3月。下辖恩施市、利川市、建始县、巴东县、宣恩县、咸丰县、来凤县、鹤峰县等8个县级烟草专卖局（营销部），8个县级烟叶分公司，以及恩施州烟草物资供应公司、鄂西卷烟材料厂、恩施州烟草专卖局教育培训中心、恩施香城现代烟草农业开发有限公司。

8月9～10日，“清江源”特色优质烟叶品牌专家论证会在恩施召开，专家组一致认为“清江源”烟叶以浓透清和浓偏中香气类型为主，“甜雅香”风格特色突出，“绿色生态、富硒低害”特征明显。10月11～12日，2010年度“清江源”烟叶品牌导向工商座谈会在恩施召开，来自全国17家卷烟工业企业的技术专家和业务代表共同商定恩施州基地单元建设计划和2010年度烟叶调拨事宜。

10月，州公司的“白肋烟多功能可调控晾房”项目通过湖北省科技厅的科技成果鉴定。

【宜昌市烟草专卖局(公司)】 宜昌市烟草专卖局、湖北省烟草公司宜昌市公司成立于1984年4月。下辖夷陵区、宜都市、枝江市、当阳市、远安县、兴山县、秭归县、长阳土家族自治县、五峰土家族自治县等9个县级烟草专卖局（营销部）。

推动科技创新工作，2010年市局（公司）投入创新资金380万元，参与创新工作人员300余人，承担各类科研及推广示范类项目12项，自立创新项目29项，获省公司科技进步一等奖、三等奖各1项。2010年，发表科技论文20篇，申报国家专利2项，获得专利授权1项，发表专著1部。五峰马里兰烟新品种培育有突破性进展，新品种“五峰一号”、“五峰二号”已通过国家局组织的全国农业评审。

开展以“抓好一个班子、建强一支队伍、巩固一个基础、建设一批示范、抓住一个灵魂、构建一个格局”为主要内容的“六个一”主题实践活动。开展“知行”文化和“三峡石”文化的宣贯、融合，提炼并推出“峡江情”企业服务品牌。

【咸宁市烟草专卖局(公司)】 咸宁市烟草专卖局、湖北省烟草公司咸宁市公司成立于1984年4月。下辖咸安区、嘉鱼县、赤壁市、通山县、崇阳县、通城县等6个县级烟草专卖局（营销部）。

使用半自动补烟装置，分拣速度由24箱/小时提高到52箱/小时，属行业首创，该项目中的“逆向式卷烟皮带输送装置”申请国家专利。

编印《咸烟企业文化手册》、《企业文化案例故事集》和《服务品牌工作体系》，注册“节节高”服务品牌，完善企业文化构架体系。开展行业企业文化评价体系实施项目，组织实施“八大工程”，即客户需求调查工程、服务承诺工程、服务标准化工程、服务系统优化工程、客户互动工程、员工素质工程、服务质量监管工程、社会责任工程，建设完善以员工满意度评价、客户满意度评价、社会满意度评价为内容的多方位、多层次的企业文化评价系统，加强企业文化评价体系PDCA循环建设。

【随州市烟草专卖局(公司)】 随州市烟草专卖局、湖北省烟草公司随州市公司成立于2000年10月。下辖随县、广水市、曾都区等3个县级烟草专卖局（营销部）。2010年，市公司被湖北省政府授予“2008～2009年度湖北省‘守合同重信用’企业”称号，市局被湖北省政府授予“2010年度全省安全生产红旗单位”称号。

创新专卖执法手段，市局自主开发了专卖执法视频评估系统，建立了执法视频库，配备了视频采集器，并出台《网上执法办案管理规定》和《执法视频评估标准及计分细则》，对现场执法行为的合法性、规范性、合理性和技巧性进行评估和监管。

【黄石市烟草专卖局（公司）】 黄石市烟草专卖局、湖北省烟草公司黄石市公司成立于1984年6月。下辖大冶市、阳新县2个县级烟草专卖局（营销部）和1个直属分局（营销部）。

开展对标管理，在对标管理考核的9项指标中，有5项指标已完成计划目标值，同比增加3项。

【荆门市烟草专卖局（公司）】 荆门市烟草专卖局、湖北省烟草公司荆门市公司成立于1984年8月。下辖沙洋市、京山县、钟祥市、城区等4个县级烟草专卖局（营销部）。

7月，首次采用低碳环保的方式销毁假冒卷烟，通过将先粉碎后燃烧的再生资源回收利用方式，把重约17吨的假冒卷烟转化为约1.2万千瓦时电能。

【鄂州市烟草专卖局（公司）】 鄂州市烟草专卖局、湖北省烟草公司鄂州市公司成立于1984年9月。下辖城区、华容、梁子湖、泽林、樊口等5个专卖管理所（市场部）。2010年，市局（公司）被湖北省人力资源和社会保障厅授予"湖北省劳动保障最佳诚信单位"、"湖北省劳动关系和谐企业"称号。

依托"家"文化，围绕"实际、实用、实效"，把"快乐万家"服务品牌建设的着力点放在零售终端建设上，渗透于企业管理体制、经营模式、发展战略之中，创新服务方式，加强营销服务，广泛开展以"服务群众、服务企业、服务基层"为主题的"服务年"活动，把零售客户吸引到企业的服务文化建设中来，扩大品牌建设的群众基础。

【仙桃市烟草专卖局（公司）】 仙桃市烟草专卖局、湖北省烟草公司仙桃市公司成立于1984年4月，1995年1月隶属湖北省烟草专卖局（公司）直管。下辖毛嘴、三伏潭、张沟、通海口、彭场、长埫口、西流河、城区等8个市场部，7个专卖管理所及1个市场稽查中队。

在践行"知行"文化的基础上，秉承仙桃深厚的地域文化（顽强拼搏、永不言败的奥运精神、体操精神）和仙桃烟草和谐、规范、敬业、奉献的企业精神，创建以"搏"为灵魂的企业文化体系。突出做到四个结合，即：企业文化与"知行"文化相结合、与地域文化相结合、与企业发展相结合、与创先争优相结合。做到人人"四有"，即：有《企业文化手册》、有《体系理念》、有《实施规划》、有《宣贯方案》。开展四项活动，即：开展创先争优活动、开展向杨永长同志学习活动、举办"用感恩的心去工作"有奖征文和主题演讲比赛、打造"三真"（真诚、真情、真实）服务品牌。

【天门市烟草专卖局（公司）】 天门市烟草专卖局、湖北省烟草公司天门市公司组建于1984年4月，1995年1月隶属湖北省烟草专卖局（公司）直管。下辖竟陵、岳口、皂市、多宝、马湾等5个市场部，5个专卖管理所及2个市场稽查中队。2010年，市局被湖北省政府授予"全省卷烟打假市场整顿先进集体"称号。

开展对标管理，每月一清算，每季一核对，把降低人工成本和物流成本作为提升管理水平的重要措施，加强监督管理。通过对标分析，全年三项费用率为6.13%。从效率指标来看，人均劳动效率、人均卷烟销售收入、资产贡献率均高于全省平均水平；从卷烟费用指标来看，三项费用率、人工费用率、单箱人工费用、单箱管理费用均低于全省平均水平。

【潜江市烟草专卖局（公司）】 潜江市烟草专卖局、湖北省烟草公司潜江市公司成立于1984年5月。下辖城区、泽口、王场、广华、浩口、张金、老新、渔洋等8个市场部，4个专卖管理所及2个稽查中队。

实施"三大工程"。一是"终端示范工程"，选择50户零售客户，对其店面形象、柜台陈列等进行统一。二是"客户培训工程"，全年分10期组织零售客户进行业务知识和经营能力培训。三是"零售户致富工程"，开展客户经营指导"五个一"活动，在提高客户赢利水平上下工夫。全市零售客户平均毛利率达16.1%，同比增长3%。

开展以"五创、四有、三个一"为核心的安全文化体系建设。"五创"，即：开展创建安全文明好机关、安全和谐好队（所）、安全明理好家庭、安全教育好干部、安全守纪好员工。"四有"，即：在安全文化体系建设上有领导分管，有工作方案，有形式多样的活动内容，有部门特色。"三个一"，即：提炼了一条安全理念，在局域网开辟了一个安全栏目，谱写了一首安全歌曲《祸福一念间》。

【神农架林区烟草专卖局（公司）】 神农架林区烟草专卖局、湖北省烟草公司神农架林区公司成立于1984年12月，1986年8月隶属湖北省烟草专卖局（公司）直管。下辖2个二级卷烟配送部（站）、1个二级烟叶收购站及木鱼烟草香溢宾馆。

依托单位内部在线教育培训平台，制订本单位的2010年度教育培训计划，为全体干部职工“量身定制”公共政治课程和两门专业课程，进一步提升教育培训实效。

所属其他二级单位

【中国烟草湖北进出口有限责任公司】 中国烟草湖北进出口有限责任公司成立于1985年1月，并与湖北省烟叶产销公司合署办公；1992年3月，更名为中国烟草湖北进出口公司；1999年9月，中国烟草湖北进出口公司与湖北省烟叶产销公司分立办公；2001年1月更名为中国烟草湖北进出口有限责任公司，公司注册资本7868万元，其中，原中国烟草进出口（集团）公司占55%的股份，中国烟草总公司湖北省公司占35%的股份，原武汉烟草（集团）有限公司占10%的股份。为贯彻落实国务院有关文件精神，根据《国家烟草专卖局关于调整中国烟草进出口（集团）公司成员企业管理体制的决定》（国烟法［2006］589号），2006年12月将原中国烟草进出口（集团）公司、原武汉烟草（集团）有限公司的股权无偿划转给中国烟草总公司湖北省公司，中国烟草湖北进出口有限责任公司成为中国烟草总公司湖北省公司的全资子公司，公司名称不变。截至2010年年底，公司拥有总资产4.2亿元，其中，固定资产0.22亿元、流动资产3.98亿元，资产负债率为79.5%。共有从业人员77人，其中聘用员工34人。

公司经营范围为烟叶出口及卷烟进口等业务。2010年，出口烟叶类产品1.3万吨，出口总值3902万美元，出口总量实现历史性突破。进口卷烟9055万支，实现销售收入2.7亿元。

【湖北烟草投资管理有限责任公司】 湖北烟草投资管理有限责任公司成立于2007年。截至2010年年底，公司拥有总资产8.02亿元，其中，固定资产95万元、流动资产3773万元，长期股权投资7.64亿元。资产负债率为3%。公司经营范围主要是投资管理、资产经营及投资咨询（不含证券投资）。共有从业人员14人，其中聘用员工4人。

湖北烟草投资管理有限责任公司主要对省公司投资的多元化资产进行经营和管理，对各市、州烟草公司和直属单位投资的多元化资产进行监管和指导。公司下辖控股子公司有湖北香青化肥有限公司、武汉香溢大酒店有限公司、湖北省烟草武汉贸易有限责任公司、武汉宝丰宾馆有限公司、湖北新业建筑装饰有限公司、湖北新业物业管理有限公司、上海香益经贸公司。2010年，公司投资控股企业实现营业收入4.79亿元，实现税利1.02亿元，利润总额7840万元，达到历史最好水平。

2010年湖北省烟草商业系统主要情况统计

地市级局(公司)名称	武汉市烟草专卖局(公司)	黄冈市烟草专卖局(公司)	襄樊市烟草专卖局(公司)	荆州市烟草专卖局(公司)	十堰市烟草专卖局(公司)	孝感市烟草专卖局(公司)
主要负责人/法人代表	刘裕堂(—2010.11) 梁　斌(2010.11—)	张俊初	唐启楹(—2010.6) 吴天植(2010.6—)	蔡　刚	梁　斌(—2010.11) 马超纯(2010.11—)	严继松
总资产(万元)	377478	101480	85695	82172	93168	80284
资产负债率(%)	14.01	30.80	34.07	16.92	57.10	32.88
所属县级局(个)	13	11	9	8	7	7
所属县级公司/分公司(个)	—	—	—	—	—	—
所属县级营销部(个)	13	10	9	8	7	7
从业人员(人)	1931	1077	1340	940	1038	715

续表

地市级局(公司)名称		武汉市烟草专卖局(公司)	黄冈市烟草专卖局(公司)	襄樊市烟草专卖局(公司)	荆州市烟草专卖局(公司)	十堰市烟草专卖局(公司)	孝感市烟草专卖局(公司)
所属业务机构	访销机构	1个营销中心、1个电访中心	1个营销中心、1个电访中心	1个营销中心、1个电访中心	1个营销中心、1个电访中心	1个营销中心、1个电访中心	1个电访中心
	物流配送机构	1个营销中心、1个电访中心	1个配送中心	1个物流中心、1个配送中心	1个配送中心	1个物流配送中心、7个卷烟中转站	1个物流中心
	稽查机构	1个稽查支队、16个稽查大队	1个稽查支队、11个稽查大队	1个稽查支队	1个稽查支队	1个稽查支队、7个稽查大队	1个稽查支队、8个稽查大队
	烟叶机构	—	—	24个烟叶工作站	—	29个烟叶工作站、38个烟叶收购组	—
销售卷烟	(亿支)	183.15	93.50	84.47	82.45	47.81	65.60
	2010年比2009年(%)	2.61	3.00	0.85	1.40	0.65	3.14
卷烟销售收入(万元)		740989	262717	218965	245373	128375	215565
实现税利	(万元)	185151	60205	55773	45305	36419	50928
	2010年比2009年(%)	-0.29	19.35	11.66	-8.29	37.91	19.07
实现利润	(万元)	107429	31445	27715	21258	16295	25915
	2010年比2009年(%)	-16.34	-4.65	-2.41	-27.3	33.45	-7.36
查处涉烟违法案件(起)		5554	2749	2867	4662	914	1733
查处涉烟违法案件案值(万元)		7663	1329	689	4530	208	1400
2010年度烟草行业投入烟叶生产基础设施建设资金(万元)		—	—	2582	—	9908	—
烟水配套工程累计受益面积(万亩)		—	—	17.1	—	22	—
烟叶种植(亩)		—	—	81124	—	72700	—
烟叶收购(担)		—	—	186381	—	164948	—
零售户数(户)		35517	24041	17094	19408	14161	14830
零售户销售毛利率(%)		12.49	11.50	13.27	14.45	12.55	9.50

地市级局(公司)名称	恩施州烟草专卖局(公司)	宜昌市烟草专卖局(公司)	咸宁市烟草专卖局(公司)	随州市烟草专卖局(公司)	黄石市烟草专卖局(公司)	荆门市烟草专卖局(公司)
主要负责人/法人代表	黄树立	高道德	游爱民	黄海堂(—2010.5) 刘洪明(2010.5—)	吴天植(—2010.6) 邓良启(2010.6—)	雷培榜
总资产(万元)	191068	98959	45603	33133	52075	51279
资产负债率(%)	71.36	36.74	26.00	34.40	22.17	29.83
所属县级局(个)	8	9	6	3	3	4
所属县级公司/分公司(个)	—	—	—	—	—	—
所属县级营销部(个)	8	9	6	3	3	4
从业人员(人)	2380	1239	511	350	403	410

续表

地市级局(公司)名称		恩施州烟草专卖局(公司)	宜昌市烟草专卖局(公司)	咸宁市烟草专卖局(公司)	随州市烟草专卖局(公司)	黄石市烟草专卖局(公司)	荆门市烟草专卖局(公司)
所属业务机构	访销机构	1个营销中心	1个营销中心、1个访销中心	1个营销中心、1个电访中心	1个营销中心、1个电访中心	1个营销中心	1个营销中心
	物流配送机构	1个配送中心	1个配送中心	1个配送中心	1个物流配送中心	1个配送中心	1个配送中心
	稽查机构	1个稽查支队	1个稽查支队	1个稽查支队、7个稽查大队	1个稽查支队	1个稽查支队、3个稽查大队	1个稽查支队
	烟叶机构	62个烟叶工作站、286个烟叶收购组	15个烟叶工作站、56个烟叶收购组	—	—	—	—
销售卷烟	(亿支)	50.11	70.40	37.42	32.86	34.51	39.86
	2010年比2009年(%)	3.04	0.72	2.33	2.76	1.20	3.37
卷烟销售收入(万元)		128109	198857	120297	112369	116255	119950
实现税利	(万元)	114966	48909	24975	20931	29211	25864
	2010年比2009年(%)	13.78	15.80	10.00	20.13	11.71	8.91
实现利润	(万元)	62930	22178	11500	10347	15767	12574
	2010年比2009年(%)	3.64	7.45	-14.88	0.67	-13.11	-13.46
查处涉烟违法案件(起)		1045	1108	934	759	1718	1132
查处涉烟违法案件案值(万元)		1083	479	1213	202	1086	553
2010年度烟草行业投入烟叶生产基础设施建设资金(万元)		28800	5299	—	—	—	—
烟水配套工程累计受益面积(万亩)		120.33	1.26	—	—	—	—
烟叶种植(亩)		506800	95700	—	—	—	—
烟叶收购(担)		1449400	260200	—	—	—	—
零售户数(户)		12268	16036	8346	7464	9411	10610
零售户销售毛利率(%)		10.00	12.30	10.37	10.05	11.30	9.30

地市级局(公司)名称		鄂州市烟草专卖局(公司)	仙桃市烟草专卖局(公司)	天门市烟草专卖局(公司)	潜江市烟草专卖局(公司)	神农架林区烟草专卖局(公司)
主要负责人/法人代表		陈明蓉	马　力	田保森(—2010.3) 胡泽文(2010.3—)	张子义	韩　敏
总资产(万元)		23585	29480	23334	19450	2273
资产负债率(%)		35.68	32.73	32.91	30.59	25.73
所属县级局(个)		—	—	—	—	—
所属县级公司/分公司(个)		—	—	—	—	—
所属县级营销部(个)		—	—	—	—	—
从业人员(人)		176	183	192	136	40
所属业务机构	访销机构	1个营销中心、1个电访中心	1个营销中心、1个电访中心	1个电访中心	1个电访中心	1个营销中心
	物流配送机构	1个配送中心	1个配送中心	1个配送中心	1个配送中心	1个电访中心、1个配送中心
	稽查机构	1个专卖稽查支队	1个稽查大队	1个稽查大队	1个稽查大队	1个稽查支队
	烟叶机构	—	—	—	—	1个烟叶产销经营部

续表

地市级局(公司)名称		鄂州市烟草专卖局(公司)	仙桃市烟草专卖局(公司)	天门市烟草专卖局(公司)	潜江市烟草专卖局(公司)	神农架林区烟草专卖局(公司)
销售卷烟	(亿支)	15.93	18.95	18.90	14.12	1.42
	2010 年比 2009 年(%)	7.24	3.78	0.80	5.29	0.71
卷烟销售收入(万元)		57850	65390	57643	49879	5767
实现税利	(万元)	14502	16262	13854	11540	1270
	2010 年比 2009 年(%)	27.21	11.94	6.06	10.66	14.41
实现利润	(万元)	7758	9356	7796	6012	631
	2010 年比 2009 年(%)	4.51	-2.76	-6.76	-10.07	2.10
查处涉烟违法案件(起)		1138	622	425	409	10
查处涉烟违法案件案值(万元)		213	424	49	248	1
2010 年度烟草行业投入烟叶生产基础设施建设资金(万元)		—	—	—	—	312
烟水配套工程累计受益面积(万亩)		—	—	—	—	—
烟叶种植(亩)		—	—	—	—	1200
烟叶收购(担)		—	—	—	—	3000
零售户数(户)		3450	3967	4097	2981	517
零售户销售毛利率(%)		11.40	12.37	11.89	12.00	14.89

（范晶瑛）

湖南省烟草专卖局（公司）

【概　况】 湖南省烟草公司成立于 1983 年 7 月，湖南省烟草专卖局成立于 1983 年 10 月。省局（公司）下辖 14 家市（州）烟草专卖局（公司），永州天顺烟叶复烤有限责任公司、郴州天泰烟叶复烤有限责任公司 2 家打叶复烤企业和湖南省烟草职工培训中心（湘潭烟草中专学校）。截至 2010 年年底，公司拥有总资产 196.18 亿元，其中，固定资产 28.07 亿元、流动资产 150.99 亿元，资产负债率为 10.95%。共有从业人员 14532 人。

2010 年，湖南省局（公司）被湖南省政府授予“2010 年度全省政务公开工作先进单位”称号，被中共湖南省委基层党建工作领导小组授予“省直单位农村基层组织建设与扶贫开发整村推进工作先进联村单位”称号，被湖南省综治委授予“综治工作平安单位”称号，被中共湖南省直机关工委授予“先进基层党组织”、“省直机关 2010 年工会工作先进单位”称号，被湖南省政府办公厅授予“2010 年度政务信息工作先进单位”称号。

【领导成员】 局长、总经理、党组书记：杨先杰

副局长、党组成员：张志刚

副总经理、党组成员：程晓邵

纪检组长、党组成员：罗高社

副总经理、党组成员：李民灯

副总经理、党组成员：陈江华（2010.6—）

总农艺师：赵松义

副巡视员：姜孝清

【机构设置】 省局（公司）机关下设办公室（外事办公室）、综合计划处（经济运行处）、专卖监督管理处（专卖稽查总队、内部专卖监督管理处）、财务管理处、审计处、科技处（中国烟草中南农业试验站）、烟叶管理处、卷烟销售管理处、安全保卫处、投资管理处、人事劳资处（离退休人员管理处、技能鉴定站）、监察处（与党组纪检组合署办公）、思想政治工作处（机关党委、机关工会）、政策法规与体制改革处、物流管理处等 15 个职能处室，信息中心、烟

草学会秘书处、机关服务中心、烟草质量监督检测站等4个专业部门，长株潭烟草物流中心建设办公室1个临时性机构，以及中国烟草湖南进出口有限责任公司1个专业公司。

【专卖管理】 *卷烟打假*。全省共查处涉烟违法案件14075起，其中假冒卷烟案件4275起；查获假冒卷烟3.12亿支；捣毁大型制假窝点5个，收缴制假烟机16台；罚没烟叶、烟丝731.63吨；罚没卷烟纸5.50吨、滤棒591.48吨；破获符合省局以上标准的制售假烟网络案件61起，其中符合国家局标准的网络案件49起。公安、司法机关依法逮捕232人，判刑164人，其中判处无期徒刑1人。

打击互联网售假工作取得重大突破，全年破获2起利用互联网售假的百万元以上案值的网络案件，其中长沙“7.5”案被公安部、国家局列为督办案件。长沙“7.5”利用互联网销售假冒卷烟网络案件，现场查获“中华（软）”、“黄鹤楼（1916）”、“白沙（和天下）”等10多个高档品牌规格的假冒卷烟，数量达66.22万支，标值130.6万元。已查明涉案金额达1400余万元，售假范围涉及广东、浙江、福建、河北、河南、北京等28个省（市），涉案客户终端600户；犯罪嫌疑人在全国各省设有多个互联网假冒卷烟销售平台，以QQ账号群发信息、电话推荐或群发短信等方式发展辐射。截至年底，该案已逮捕3人，网上追逃3人。

内部管理监督。加强内管检查，加强专卖内管信息平台的应用与完善。采取措施遏制卷烟无序流动，将真品卷烟非正常流动的数据作为各市、州卷烟销售计划、工资基金计划分配的考核指标之一，并将卷烟无序流动情况纳入对各市州局的年度考核。

基层创建。全省按照“整体推进、逐年验收、动态管理、三年达标”的工作方针，实行省、市、县局“三级联动”，与“四要”作风建设、贯标对标等工作有机结合，推进优秀县级局创建活动。2010年，全省有37家县级局通过省局创建达标验收，累计创建达标率为66.67%。全年组织四批专卖管理员岗位技能培训鉴定培训，培训人数876人，通过人数525人。加强专卖管理高级技能人才队伍建设，9月，举办首届专卖管理员岗位技能竞赛，评选出10名“省级烟草技术能手”。坚持合理布局，组织各地全面开展对原《卷烟零售点合理布局规划》的修订工作。

【经济效益】 2010年，全省烟草商业系统实现销售收入429.47亿元。实现税利101.23亿元，其中利润53.02亿元，同比增长13.12%。三项费用率为9.84%。

【卷烟经营】 *卷烟销售*。2010年，全省烟草商业系统销售卷烟1255亿支（251万箱），同比增长3.3%，其中，省内销售卷烟909亿支（181.8万箱），同比增长1.44%；省外销售卷烟346亿支（69.2万箱），同比增长8.42%。销售一类烟116.55亿支（23.31万箱）、二类烟25.7亿支（5.14万箱）、三类烟440.25亿支（88.05万箱）、四类烟417.65亿支（83.53万箱）、五类烟254.7亿支（50.94万箱）。本地区销量居前三位的品牌为“白沙”、“芙蓉”、“双喜”，销量分别为583.50亿支（116.7万箱）、144.5亿支（28.9万箱）、98.5亿支（19.7万箱）。

品牌培育。制订《全省系统“十二五”卷烟销售与品牌发展规划》，明确“十二五”期间卷烟销售及品牌发展的工作目标。按照“品牌培育从城市向农村延伸，从零售客户向消费者延伸”的要求，组织100万人口以上的县级市场开展“双喜”和其他品牌的培育延伸工作，重点在农村市场开展“双喜”品牌促销以及针对消费者的宣传推介工作。

网络建设。实现长沙、株洲、湘潭三市集中呼叫和服务受理。完成全省网上订货的推广工作，发展网上订货客户11.29万户。在常德、怀化、岳阳三地开展手机订货试点，发展手机订货客户9980户。全省网上订货、网上配货和手机订货客户占客户总数的51%，销量比重达52%。制订《“636”零售连锁十二五规划》和《“636”零售连锁管理手册》，明确终端建设的运营机制和管理模式，并召开全省系统现代物流暨零售终端建设现场会，优化全省23万零售客户网络布局。

现代物流建设。长株潭烟草物流园项目正式开工，项目占地1500亩，规划分两期建设：第一期占地900亩，主要建设卷烟物流中心、现代烟草农业科研园、全省烟草商业信息处理中心和烟草服务中心及配套的经营与生活区；第二期为预留发展用地，占地600亩，规划为烟草行业跨区域物流中心。常德市公司物流中心投入使用，并完成“物流管理水平全面提升”的试点工作。湘西自治州、张家界市公司的物流中心建成并进入安装调试阶段，岳阳、邵阳市公司的物流中心项目先后开工，永州、衡阳市公司的物流中心项目完成设计方案评审和前期工作。

【烟叶产销】 *烟叶生产经营*。全省落实烟叶种植面积100.36万亩，收购烟叶15.40万吨（307.94万担），其中落实晾晒烟种植面积0.56万亩，收购晾晒烟0.30万吨（5.93万担）。

实施“良种、良区、良法”配套，完善生产技术体系，全年落实标准化生产面积76.83万亩，落实专业化育苗面积79.97万亩，实施稻草还田和绿肥压青面积58.64万亩，实行稻草覆盖和地膜覆盖面积68.14万亩，实施平衡施肥面积79万亩，实行病虫害统防统治面积66.19万亩。

推进特色优质烟叶开发，全年在10个县13个点落实特色优质烟叶开发面积18.9万亩；完成项目烟叶调拨2.8万吨（56万担），特色烟叶开发规模位列全国第二位。

推行全面质量管理，全省烟叶收购等级合格率达81.7%，同比提高0.4个百分点。全省烟叶收购均价740.5元/担，同比增加22.24元/担；实现烟农种烟收入26.24亿元，同比减少4.52亿元；实现烟叶税5.2亿元，同比减少0.56亿元；烟农户均种烟收入2.32万元，同比增加0.04万元。年度销售烟叶17.46万吨（349.17万担），同比增加0.68万吨（13.61万担）；实现销售收入51.55亿元，同比增加2.16亿元。

*烟叶基础设施建设。*推行“以规划定项目、以项目定计划、以计划定资金”的项目立项审批制度，持续推进烟叶基础设施建设，设施综合配套功能显著增强。全年共完成建设投资8.87亿元，建成项目17590个，其中烟水配套工程2187个，建成机耕路478条共416千米，密集式烤房11611座，配置烟用农机3314台（套），增加基本烟田受益面积24.94万亩。

*现代烟草农业建设。*按烟叶经济区划对全省烟叶基地单元进行总体规划设计，完成75个基地单元的规划工作，确定了75个中心烟站的规划布局。全年落实4个国家局整县推进单位，实施7个基地单元；落实6个省局整县推进单位，实施8个基地单元。15个整县推进基地单元按照“三化建设”的总体要求，全面实施八大基础工程综合配套，抓好烟叶生产组织形式创新和专业化服务体系建设，现代烟草农业建设取得较大突破，得到国家局的充分肯定。15个基地单元共落实烟叶合同种植面积18.57万亩，其中种烟专业户、家庭农场、烟农专业合作社三类种植主体的种烟比例达61.53%；共成立综合性服务合作社17个，专业化服务面积达15.02万亩，亩均用工减少到20个，长沙宁乡金醇烟叶合作社被列为湖南省100个为民办实事农民专业合作社示范社。

【多元化经营】 整合存量资产，稳步开展酒店集团建设，并制订《湖南烟草商业系统酒店业整合方案》。从省级公司和多元化经营企业两个层面推进多元化投资管理制度建设，对各项制度进行收集梳理。落实国家局多元化经营管理评价体系试运行工作，制订全省系统多元化企业经营管理考评办法。探索多元化投资管理体制建设，起草湖南省烟草投资管理公司组建方案和公司章程。

【科技创新】 省局（公司）新立科研项目31个，其中3个项目被批准为国家局重点项目。全年共组织成果鉴定20项，另申请国家局和湖南省科技厅鉴定、验收项目各3项。“烟草物流系统信息协同智能处理关键技术及应用”获国家科技进步奖二等奖，“烟草商业平台应用系统的开发及关键技术研究”获得中国烟草总公司科技进步奖三等奖，4套计算机软件获版权登记，22项专利获授权。“湘烟3号”、“湘烟4号”两个烟草新品种通过全国烟草品种审定。全省系统有23项成果获2010年度湖南省烟草专卖局（公司）科学技术进步奖，27项成果获2010年度湖南省烟草专卖局（公司）知识产权奖。新成立标准化委员会及营销物流、烟叶生产、烟叶标准标样三个分技术委员会。

【信息化建设】 完成《湖南烟草商业系统“十二五”信息化规划》总规划和电子政务、IT治理、信息安全三个分册的编制工作，牵头承担国家局重点课题《行业信息化建设指南》行业标准编制工作。完成国家局“行业卷烟生产经营决策管理系统数据统计应用项目”在全省14个市州单位的应用部署和试点培训。将全省系统内工程投资、物资采购、宣传促销三类项目的办事公开民主管理工作纳入流程监管，实现企业流程监控。完成全省统一GIS/GPS平台的建设，GPS平台纳入车辆1339台，移动办公人员474人，GIS平台采集卷烟零售户地理坐标23.47万户、烟基设施8.07万项、固定资产230余项。完成烟叶办公自动化软件版本开发与升级，开展烟叶管理信息系统科研项目建设，安装并完善“烟站（单元）烟叶管理信息系统”。完成人力资源系统与国家局的数据传输联调，实现数字证书系统与湖南烟草应用集成门户的对接和全省系统办公电脑的内外网分离。“烟草行业系统应用平台系统”和“基础数据资源管理系统”获实用新型专利授权。

【安全管理】 推进基层单位安全基础工作规范化、标准化、系统化，组织开展“安全生产基层基础建设年”活动。开展各类安全生产教育培训，共培训安保管理人员145人次。开展安全知识网上答题竞赛活动，共计1.01万人次参加。开展以消防、交通、生产经营资金安全为重点的安全生产检查、隐患整改，以及突发安全事故（事件）应急预案的修订和演练，并组织开展建设项目安全设施“三同时”管理专项检查。

2010年，省局（公司）获湖南省“综治工作平安单位”称号，并被湖南省公安厅授予“治安保卫工作集体二等功”。

【人力资源管理】 干部人事制度改革。创新竞争性选拔方式，制订直属单位领导班子副职竞争上岗办法，并在衡阳市局（公司）试点。系统规划管理人才的储备工作，制订《2010～2014年后备干部队伍建设规划》、《省局机关年轻干部下基层锻炼工作方案》，建立工商干部互派挂职锻炼机制。改进和完善干部考核评价机制，制订《领导班子及处级领导干部综合考核评价办法》，将“四好”领导班子创建的标准和要求纳入《办法》。组织对直属单位班子的考察和干部调整，全年调整干部13人，提拔处级干部20人。

用工分配制度改革。省局（公司）完成省局机关第七轮全员竞聘工作，并指导13个直属单位开展新一轮竞争上岗工作，使市级局（公司）在机构、岗位、编制、职数、薪酬分配制度、竞争上岗机制、岗位工资标准和套级套档办法等方面实现规范统一。探索薪酬分配新模式，针对烟叶技术员、客户经理、送货员三类岗位开展按量计酬试点。率先在全省商业系统内开展“基于轴承模型的湖南烟草商业系统现代人力资源管理体系建设”项目鉴定的相关工作，顺利通过国家局组织的项目鉴定。全年公开招聘大学毕业生175人，接收安置军转干部和退伍士兵83人。

教育培训与技能鉴定。抓好高层次人才培养，全年新增8名高级专业技术资格人才、340名高技能人才，其中技师15人，并在营销专业方面实现技师以上高技能人才零的突破，进入行业内首批拥有营销技师的单位行列。相继举办卷烟商品营销、烟叶分级、专卖管理员技能竞赛，13人获“全国烟草技术能手”称号，40人获“省级烟草技术能手”称号。建立教育培训新格局，启动中层管理人员轮训，年内轮训3期共180人；联合湖南大学开办一期法律硕士研究生班；组织专兼职教师参加行业首届优质课评选活动，获2个二等奖、3个三等奖。继续推进技能鉴定工作，省局鉴定站获人力资源和社会保障部鉴定机构质量管理体系正式认证，全年共组织实施卷烟、专卖、烟叶技能鉴定8个批次2203人次。加强鉴定队伍建设，向国家局推荐鉴定专业专家6人，3人获得技能竞赛国家级裁判资格证，1人获得质量督导员资格证，2人获得考评员资格证。

【党风廉政建设】 推进廉政文化进企业、进基层、进家庭工作，组织开展廉政宣传教育活动326次，讲廉政党课63次，向干部及其家属发送廉政短信28次，评选出优秀廉政书画作品100幅并编印成《廉政书画集》。加强惩防体系建设，制订《湖南省烟草系统行政问责暂行规定》、《全省系统领导干部家庭助廉守则》、《关于办事公开民主管理的实施意见》，组织对《烟草行业工程投资、物资采购、宣传促销项目管理程序规定》、《关于对直属单位主要负责人监督管理暂行办法》制度执行和车辆购置情况的检查。开展烟叶生产经营、烟基建设、工程建设领域突出问题等专项治理，在长沙、永州市局试点开发招标采购监管信息系统。对新提拔干部进行廉政监督和廉政谈话，共审核218人次，诫勉谈话17人次。开通“纪检监察举报信箱”，全面推进信访及案件查办工作规范化。

【企业文化】 做好文化架构体系构建工作，组织编写《湖南烟草企业文化践行手册》。加强全省烟草商业系统VI规范建设，省局（公司）机关实现文化理念上墙，所属各单位全面启动VI系统建设。开展各类文体活动，组织了省局机关大众广播体操比赛、“读书月”活动、全省系统第三届男子篮球赛等。

【“十一五”发展概要】 “十一五”期间，湖南省烟草专卖局（公司）抢抓机遇，践行“国家利益至上，消费者利益至上”的行业共同价值观，强化管理，深化改革，着力创新，较好地实现了卷烟和烟叶规模扩张、效益持续增长、经济总量不断跨越，全省系统实现持续平稳健康较快发展。

“十一五”期间，湖南省局（公司）卷烟销量年均增长3.09%；累计投入39.55亿元用于加强烟区基础设施建设，烟叶生产规模年均增长2.6%；销售收入年均增长13.68%；累计实现税利352.37亿元，税利年均增长18.22%，其中税金年均增长23.08%。积极参与社会公益事业，2006年与湖南省慈善总会联合开展的“金叶慈善医疗卡”项目，先后捐赠3500万元，帮助湖南省贫困群众解决看病难、看病贵问题，共有6万人受到资助。省局（公司）机关先后获“全国精神文明建设工作先进单位”、“全国文明行业”、“中华慈善事业突出贡献奖”、“全国模范职工之家”等30多项荣誉。2010年，全省系统有12家单位被湖南省政府授予“2009年度湖南省纳税50强企业”称号。

【特事要辑】 4月24日，湖南省政协主席胡彪到永州新田县考察烟叶工作。

4月22～24日，驻国家局纪检组组长潘家华到湖南考察调研，先后考察浏阳、宁乡现代烟草农业建设试点单元和湖南省烟草服务中心。

6月19日，驻国家局纪检组组长潘家华到宁乡考察现代烟草农业整县推进工作。

8月17～21日，国家局局长姜成康、副局长何泽华、总会计师兼财务司（审计司）司长张玉霞到湖南烟草考察调研，先后考察宁乡整县推进现代烟草农业建设工作和湖南省烟草服务中心。考察期间，姜成康与湖南省委书记周强，省委副书记、代省长徐守盛进行了会谈。

8月18日，长株潭烟草物流园开工动员大会在长沙县暮云镇举行。国家局局长姜成康，湖南省委书记周强，湖南省委副书记、代省长徐守盛共同启动开工触球。

9月27日，湖南省局（公司）系统捐赠1200万元设立“2010金叶慈善医疗卡”项目。

11月22日，湖南省委常委、常务副省长于来山到湘西永顺县考察现代烟草农业建设。

12月22日，湖南省政府在长沙组织召开全省烟叶工作会议，研究“十二五”烟叶发展思路，安排部署2011年烟叶工作。湖南省委副书记、省长徐守盛出席会议。

12月29日，国家局副局长何泽华出席湖南省局（公司）联合湖南中烟在长沙举办的“卷烟大品牌原料保障发展战略——浓香型烟叶生产与开发”论坛。期间，何泽华与湖南省委副书记、省长徐守盛进行了会谈。

2010年湖南省局（公司）主要统计指标汇总

实现税利（亿元）	实现利润（亿元）	销售卷烟（亿支）	烟叶种植（万亩）	烟叶收购（万担）
101.23	53.02	1255.00	100.36	307.94

所属地市级局（公司）

【长沙市烟草专卖局（公司）】 长沙市烟草专卖局、湖南省烟草公司长沙市公司组建于1984年。下辖长沙县、望城县、宁乡县、浏阳市等4个县级烟草专卖局（分公司）和神农大酒店、神农山庄、金叶酒店、金网零售连锁公司等4家多元化企业。

全年破获符合国家局标准的制售假烟网络案件6起，其中，“7.5”利用互联网销售假烟网络案涉案金额达1400余万元，售假范围涉及28个省（市），涉案客户终端达600户；“12.14”销售假烟网络案件涉案金额逾2000万元，公安机关依法刑拘14人，并赴福建抓捕假烟制造商，切断了该团伙制假源头。加大市场监管力度，先后5次集中对货运站、车站、机场、码头、宾馆酒店等重点区域开展专项整治行动。加大卷烟打假宣传力度，共发放打假举报联系卡片5000张，长沙电视台政法频道分7次进行了打假专题系列报道。完善与各级政府部门的齐抓共管方案，推行“社区化”管理，与天心区79个社区专管人员建立市场检查协作等6个考核管理机制。

坚持“做得来、推得开、有价值”理念，建立“整合资源、多方共建、各记其功、成果共享”机制，确立打造“生态、特色、效益、和谐”烟区的目标，探索实践经济相对发达地区烟叶产业可持续发展道路。在落实行业烟基政策基础上，整合20余个涉农部门项目投入烟区建设，核心示范区涉农部门资金占总投资的2/3。加大烟叶生产组织形式创新，成立66家烤烟合作社，烟农入社率达57%，其中宁乡县金醇烟叶合作社积极开拓设施综合利用途径，开创了合作社建设新模式，成为全国学习推广模式。

【株洲市烟草专卖局（公司）】 株洲市烟草专卖局、湖南省烟草公司株洲市公司组建于1984年。下辖醴陵市、株洲县、攸县、茶陵县、炎陵县等5个县级烟草专卖局（分公司）。

开展卷烟零售户网上订货试点工作，网上订货率达94%，得到国家局的充分肯定。加强卷烟物流仓储软硬件建设，对物流各主要环节实行提质改造，有效控制经营成本。

推进茶陵县芙冲村现代烟草农业示范点建设，成立首个烟农专业合作社组织。

【湘潭市烟草专卖局（公司）】 湘潭市烟草专卖局、湖南省烟草公司湘潭市公司组建于1984年。下辖湘潭县、湘乡市、韶山市3个县级烟草专卖局（分公司）。2010年，湘潭市局（公司）被湖南省委、省政府授予“湖南省文明标兵单位”称号，湘潭市公司被湖南省政府评为“湖南省纳税50强”。

推进企业文化建设，打造“莲品”文化。以“莲品沁心，心手相连”为主题，组织全体员工共同总结和提炼企业理念，构建“莲品”文化框架体系。

【衡阳市烟草专卖局(公司)】 衡阳市烟草专卖局、湖南省烟草公司衡阳市公司组建于1984年。下辖南岳区、常宁市、耒阳市、衡南县、衡阳县、衡山县、衡东县、祁东县等8个县级烟草专卖局（分公司）。

推进市场服务管理体系建设，全面启动自律小组片区建设，在组建卷烟零售客户自律小组的基础上对自律小组进行分片管理，成立以片区牵头、小组主导的辖区烟草市场自管自律的日常管理组织。

规范卷烟经营，开展了以整顿网上代订、货源供应与客户经营能力明显不符合、卷烟零售上柜率不符要求、指定代送中存在的不规范等为主要内容的“四项整顿”工作。

以衡南县僚塘现代烟草农业项目区建设为载体，探索创新烟叶生产组织形式。成立僚塘现代烟草农业合作社，并通过土地流转实现集中连片种植。

【岳阳市烟草专卖局(公司)】 岳阳市烟草专卖局、湖南省烟草公司岳阳市公司组建于1984年。下辖临湘市、汨罗市、岳阳县、华容县、湘阴县、平江县等6个县级烟草专卖局（分公司）。

将烟草市场综合治理纳入城市文明创建体系，在全省烟草商业系统率先推出以“无假冒卷烟、无走私卷烟、无非法渠道卷烟、无无证经营行为、无不规范不文明的专卖执法行为、无不规范不文明的专营服务行为”为主要内容的“六无”示范街创建工作，并在岳阳县成功试点，形成“政府牵头、烟草为主、部门协作、社区参与”的市场监管模式。

10月28日，岳阳烟草物流园举行奠基仪式。岳阳烟草物流园主要由烟叶进出口基地、物流配送中心、经营业务用房等组成，建成后每年可储运烟叶60万担、分拣卷烟30万箱。

【郴州市烟草专卖局(公司)】 郴州市烟草专卖局、湖南省烟草公司郴州市公司组建于1984年。下辖资兴市、桂阳县、嘉禾县、永兴县、安仁县、宜章县、临武县、汝城县、桂东县等9个县级烟草专卖局（分公司）和天泰烟叶复烤有限责任公司1家控股公司、郴州金叶商贸有限公司1家直属公司。

做好卷烟零售终端网络建设，创建桂东“高山金网”、汝城“春风服务”、资兴“一圈三点”等卷烟营销服务品牌，全市系统卷烟营销水平不断提升。

科技创新取得新成果。全年获国家实用新型专利授权6项、国家发明专利授权1项；获市科技进步奖一、二、三等奖各1项，省局（公司）科技进步一等奖1项、三等奖2项；16篇科研论文发表于国家一级刊物和国家二级刊物；被列为国家局重大科技项目的郴州优质烟叶生产科技示范基地建设顺利通过国家局验收。

【常德市烟草专卖局(公司)】 常德市烟草专卖局、湖南省烟草公司常德市公司组建于1984年。下辖津市市、安乡县、汉寿县、澧县、临澧县、桃源县、石门县等7个县级烟草专卖局（分公司）。

加强烟叶基地单元建设，桃源县盘太基地单元项目区总投资1.32亿元，其中烟草行业投入4632万元，共硬化烟区公路55千米，新建烟田机耕道路33千米，硬化灌溉渠道4.2万米，整修堰塘105口，整理土地1500亩，新建现代化烘烤工场6处520座。与同地区大面积生产相比，项目区烟叶生产亩均用工20个，减少12个；亩均成本1678元，减少454元；亩均收入2680元，增加264元。

【益阳市烟草专卖局(公司)】 益阳市烟草专卖局、湖南省烟草公司益阳市公司组建于1984年。下辖沅江市、南县、桃江县、安化县等4个县级烟草专卖局（分公司）。

推进对标工作，在全省烟草商业系统2010年度对标指标中，市局（公司）有10项指标优于全省平均水平，其中，总资产贡献率为81.03%，比全省平均水平高出13.75个百分点，排名全省第一；单箱卷烟管理费用为782元/箱，比全省平均水平低111元，排名全省第二；卷烟三项费用率为6.86%，比全省平均水平低0.74个百分点，排名全省第三。

【娄底市烟草专卖局(公司)】 娄底市烟草专卖局、湖南省烟草公司娄底市公司组建于1984年。下辖冷水江市、涟源市、双峰县、新化县等4个县级烟草专卖局（分公司）。

整合社会资源形成打假合力，形成“政府主导、职能部门参与、市县同步、内外协同、齐抓共管”的卷烟打假格局。全年破获娄底“4.8”、双峰“1.16”和新化“9.26”等3起符合国家局标准的制售假烟网络案件，其中，娄底“4.8”案件为全省首例利用互联网销售假烟网络案件，该网络组织严密、机构复杂、分工明确，主要通过QQ和“淘宝旺旺”等网络平台联系，将“支付宝”转账和网上银行交易相结合，通过物流快递送货的形式销售假冒卷烟，案值达700余万元，公安机关依法抓获涉案人员4人。

【邵阳市烟草专卖局（公司）】 邵阳市烟草专卖局、湖南省烟草公司邵阳市公司组建于1984年。下辖武冈市、邵东县、新邵县、隆回县、洞口县、绥宁县、城步苗族自治县、新宁县、邵阳县等9个县级烟草专卖局（分公司）。

深化市、县两级烟草专卖局联合打假机制，与公安部门加大对跨区域、集团化制售假烟团伙的打击力度。3月和9月，市局先后组织邵东、邵阳、洞口县局，在公安、工商部门的配合下，捣毁2个非法生产窝点，查获大型制假烟机2台（套）及大量的成品烟支和原辅材料，抓获和锁定犯罪嫌疑人6人。在省局稽查总队、省公安厅治安总队的指挥下，破获“1.25”、“1.26”、“8.29”等3起符合国家局标准的制售假烟网络案件，共锁定犯罪嫌疑人上下线45人，总标值360余万元，其中8名主犯全部被抓获归案并判刑。

【湘西土家族苗族自治州烟草专卖局（公司）】 湘西土家族苗族自治州烟草专卖局、湖南省烟草公司湘西土家族苗族自治州公司组建于1984年。下辖龙山县、永顺县、保靖县、花垣县、古丈县、凤凰县、泸溪县等7个县级烟草专卖局（分公司）。2010年，市公司被湖南省消费者协会评为“保护消费者合法权益先进单位”，被湖南省审计厅、省内部审计协会评为“2008～2010年度湖南省内部审计先进单位”。

突出烟叶特色化，抓好标准化生产，开展22个标准化示范片和1个“万宝路”原料本地化生产基地建设，单收单调特色烟叶10万担。启动凤凰县腊尔山土地综合整治项目，该项目总投资1亿余元，将对凤凰县8个乡镇23个行政村的5个连片区域，进行土地整治、田间水利、机耕道路和农田保护工程建设。

【张家界市烟草专卖局（公司）】 张家界市烟草专卖局、湖南省烟草公司张家界公司组建于1988年。下辖武陵源区、慈利县、桑植县3个县级烟草专卖局（分公司）。

坚持“小连片、大集中，适度规模发展”的烟叶发展思路，推进桑植县山地特色烟品牌建设，山地特色烟成为湖南中烟卷烟品牌中关键的配方组分之一。

【怀化市烟草专卖局（公司）】 怀化市烟草专卖局、湖南省烟草公司怀化市公司组建于1984年。下辖洪江区、洪江市、沅陵县、辰溪县、溆浦县、麻阳县、芷江县、新晃县、会同县、靖州县、通道县等11个县级烟草专卖局（分公司）。

坚持“系统集成、点滴创新”的创新工作理念，开展“4331”创新项目，即：以满足客户需要推出市场运营与服务、本色营销、烟草市场多元共建满意工程和“双精三上”（通过精准营销和精细管理，推动城镇卷烟销售上结构、农村卷烟市场上销量、特种经营场所上管理）4个营销创新项目；以提高服务质量推出卷烟市场需求预测组合模型、手机网上订货和卷烟零售客户合理布局3个技术创新项目；以企业自我完善推出质量管理体系建设、烟叶标准化建设和烟草服务中心建设3个管理创新项目；以提升企业软实力推出企业文化创新项目。

【永州市烟草专卖局（公司）】 永州市烟草专卖局、湖南省烟草公司永州市公司组建于1985年。下辖零陵区、祁阳县、东安县、双牌县、道县、江华县、江永县、宁远县、新田县、蓝山县等10个县级烟草专卖局（分公司）和天顺烟叶复烤有限责任公司。

创新卷烟营销模式。8月，在全省烟草商业系统内率先开展客户自主选择货源工作，即：紧俏品牌合理定量，顺销品牌除少数品牌外，其他品牌只设内管限量，均衡投放货源；做好与零售客户月度商定供货总量的沟通，指导零售客户合理选择品牌、理性订购数量，让客户自主选择，基本满足。

加强对县级分公司的财务监督，实行县级分公司财务主管委派制，烟叶产区县级分公司的财务主管由市公司直接委派，并由市公司财务科、被委派单位、原单位共同管理；市公司对被委派财务主管的职务任免晋升、薪酬发放、工作业绩考核等进行统一管理。

所属其他二级单位

【中国烟草湖南进出口有限责任公司】 中国烟草湖南进出口有限责任公司成立于1991年10月，2007年12月成为中国烟草总公司湖南省公司的全资子公司。截至2010年年底，公司拥有总资产20203万元，其中固定资产90万元、流动资产20113万元，资产负债率为20%。共有从业人员19人。

公司主要经营卷烟及雪茄烟进口，烟叶、烟丝、卷烟纸、滤嘴棒、烟用丝束及烟草专用机械出口业务；开展与烟叶有关的对外经济合作、技术交流业务，除国家组织统一联合经营的出口商品和国家实行核定公司经营的进口商品以外的其他商品及技术的进出口业务，非烟草制品的一般贸易业务。

2010年，公司出口片烟（含烟梗）1.02万吨，出口卷烟纸94吨。烟叶出口实现四个突破：数量突破历史水平；品种突破单一格局，全年出口晒黄烟260吨、晒红烟229吨、烟梗5782吨；市场突破单纯局面，不再局限菲莫国际公司、美国烟草合作有限公司、联一公司等几家客户；工作方式突破陈旧模式，变上半年加工、下半年出口的工作模式为每月出货均衡销售。

全年进口卷烟7280万支，为历年来进口数量最多的一年。

公司全年出口实现2379万美元。实现总利润4049万元。

2010年湖南省烟草商业系统主要情况统计

地市级局(公司)名称		长沙市烟草专卖局(公司)	株洲市烟草专卖局(公司)	湘潭市烟草专卖局(公司)	衡阳市烟草专卖局(公司)	岳阳市烟草专卖局(公司)
主要负责人/法人代表		徐文军	杨万松	刘麦秋	柏承知	黄国联
总资产(万元)		272839	120359	85603	171780	130827
资产负债率(%)		13.84	4.66	6.41	16.91	2.25
所属县级局(个)		4	5	3	8	6
所属县级公司/分公司(个)		4个分公司	5个分公司	3个分公司	8个分公司	6个分公司
所属县级营销部(个)		—	—	—	—	—
从业人员(人)		587	707	341	833	690
所属业务机构	访销机构	1个营销中心、1个电访中心	1个营销中心、1个电访中心	1个营销中心	1个营销中心、1个电访中心	1个营销中心、1个电访中心
	物流配送机构	1个物流中心、1个配送中心	1个物流配送中心	1个物流配送中心	1个物流中心、8个配送分部	2个物流中心、1个配送中心
	稽查机构	1个稽查支队	1个稽查支队	1个稽查支队	1个稽查支队、4个市场管理大队、9个稽查大队	1个稽查支队、9个稽查大队
	烟叶机构	13个烟叶站	1个烟叶站	—	22个烟叶站	—
销售卷烟	(亿支)	156.55	86.75	65.15	122.05	107.70
	2010年比2009年(%)	5.28	4.44	3.33	2.18	3.11
卷烟销售收入(万元)		543610	272440	202509	394517	316482
实现税利	(万元)	151208	70483	51515	96129	73700
	2010年比2009年(%)	21.06	20.04	20.73	27.06	21.54
实现利润	(万元)	82174	39813	31221	52776	40277
	2010年比2009年(%)	7.32	4.81	8.63	19.95	11.45
查处涉烟违法案件(起)		2029	1175	449	1646	1158
查处涉烟违法案件案值(万元)		8010	891	969	3477	2300
2010年度烟草行业投入烟叶生产基础设施建设资金(万元)		12634	2846	—	4047	—
烟水配套工程累计受益面积(万亩)		20.00	3.00	—	11.00	—
烟叶种植(亩)		107700	20801	—	90625	—
烟叶收购(担)		402000	59100	—	276900	—
零售户数(户)		23605	14418	10713	23434	22855
零售户销售毛利率(%)		10.00	9.00	7.00	8.00	8.00

地市级局（公司）名称		郴州市烟草专卖局（公司）	常德市烟草专卖局（公司）	益阳市烟草专卖局（公司）	娄底市烟草专卖局（公司）	邵阳市烟草专卖局（公司）
主要负责人/法人代表		郑雄志	吴明俭	肖钢超	吴奇林	宾　波
总资产（万元）		149132	132748	89503	75761	103633
资产负债率（%）		19.03	7.75	1.64	7.15	8.21
所属县级局（个）		9	7	4	4	9
所属县级公司/分公司（个）		9个分公司	7个分公司	4个分公司	4个分公司	9个分公司
所属县级营销部（个）		—	—	—	—	—
从业人员（人）		1606	652	484	420	935
所属业务机构	访销机构	1个营销中心（下设1个电访中心）	1个营销中心、1个电访中心	1个营销中心、1个电访中心	1个营销中心、1个电访中心	1个营销中心、1个电访中心
	物流配送机构	1个物流中心配送中心	1个物流中心、1个配送中心	1个物流配送中心、2个中转站	1个物流中心、1个配送中心	1个物流中心、1个配送中心
	稽查机构	1个稽查支队	1个稽查支队	1个稽查支队	1个稽查支队	1个稽查支队
	烟叶机构	1个烟叶生产经营部、54个烟叶站	4个烟叶站	—	—	5个烟叶中心站、16个烟叶收购站
销售卷烟	（亿支）	84.25	119.70	87.50	70.60	108.00
	2010年比2009年（%）	2.74	1.01	1.74	4.36	2.66
卷烟销售收入（万元）		234185	346861	250725	241900	287106
实现税利	（万元）	94681	93069	60593	48343	72779
	2010年比2009年（%）	15.96	15.63	23.08	18.18	27.04
实现利润	（万元）	45650	42646	33497	26677	37378
	2010年比2009年（%）	3.31	5.14	7.68	3.48	13.07
查处涉烟违法案件（起）		1551	1112	942	540	741
查处涉烟违法案件案值（万元）		7458	1120	926	196	1166
2010年度烟草行业投入烟叶生产基础设施建设资金（万元）		23498	4756	—	—	5998
烟水配套工程累计受益面积（万亩）		48.00	0.96	—	—	3.00
烟叶种植（亩）		245311	46700	—	—	96700
烟叶收购（担）		835900	129000	—	—	205900
零售户数（户）		16309	20509	16406	13145	24106
零售户销售毛利率（%）		8.30	8.00	6.35	8.00	7.90

地市级局（公司）名称	湘西自治州烟草专卖局（公司）	张家界市烟草专卖局（公司）	怀化市烟草专卖局（公司）	永州市烟草专卖局（公司）
主要负责人/法人代表	万　伟	邓少文	付依良	李刚华
总资产（万元）	84827	52086	72944	122938
资产负债率（%）	34.10	21.70	9.77	20.47
所属县级局（个）	7	3	11	10
所属县级公司/分公司（个）	7个分公司	3个分公司	11个分公司	10个分公司
所属县级营销部（个）	—	—	—	—
从业人员（人）	706		899	1681

续表

地市级局(公司)名称		湘西自治州烟草专卖局(公司)	张家界市烟草专卖局(公司)	怀化市烟草专卖局(公司)	永州市烟草专卖局(公司)
所属业务机构	访销机构	1个营销中心	1个营销中心、1个电访中心	1个营销中心	1个营销中心
	物流配送机构	1个物流配送中心	1个物流中心、1个配送中心	1个物流配送中心	1个物流中心
	稽查机构	1个稽查支队	1个稽查支队	1个稽查支队	1个稽查支队
	烟叶机构	12个烟叶站	5个标准化烟站、21个烟叶收购站	10个烟叶站	45个烟叶站
销售卷烟	(亿支)	46.05	34.10	77.85	89.10
	2010年比2009年(%)	7.97	3.49	3.46	3.42
卷烟销售收入(万元)		134675	108292	210082	238929
实现税利	(万元)	51493	31063	49400	74219
	2010年比2009年(%)	14.89	25.64	43.24	11.74
实现利润	(万元)	24648	14422	25729	34384
	2010年比2009年(%)	23.13	13.11	32.87	5.95
查处涉烟违法案件(起)		610	368	949	805
查处涉烟违法案件案值(万元)		173	352	1845	948
2010年度烟草行业投入烟叶生产基础设施建设资金(万元)		13077	5299	2455	14052
烟水配套工程累计受益面积(万亩)		38.85	1.09	1.50	6.68
烟叶种植(亩)		179577	44000	11600	154800
烟叶收购(担)		498100	183000	53500	436000
零售户数(户)		8841	5727	16151	22787
零售户销售毛利率(%)		8.83	10.00	7.00	8.22

(张　仕)

广东省烟草专卖局（公司）

【概　况】 广东省烟草专卖局、中国烟草总公司广东省公司成立于1983年。省局（公司）下辖21家地市级烟草专卖局（公司），开平、新兴、澄海、普宁等4家控股烟草有限公司，广东省梅州烟叶复烤有限责任公司、广东省韶关烟叶复烤有限责任公司、广东南雄烟叶复烤有限公司等3家烟叶加工企业，以及中国烟草广东进出口有限公司。截至2010年年底，公司拥有总资产283.23亿元，其中，固定资产40.49亿元、流动资产235.61亿元，资产负债率为8.60%。共有从业人员14716人，其中聘用员工7836人。

【领导成员】 局长、总经理、党组书记：向晋成

副局长、党组成员：何建华

副总经理、党组成员：黄履东

副总经理、党组成员：陈焕平

纪检组长、党组成员：周伟兵

副巡视员：武铁云

【机构设置】 省局（公司）机关设办公室（外事办公室）、综合计划处（经济运行处）、专卖监督管理处（专卖稽查总队、内部专卖监督管理处、拍卖行）、政策法规与体制改革处、财务管理处、审计处、科技

处、人事劳资处（职工培训中心）、思想政治工作处（直属党委办公室、工会）、监察处（党组纪检组、直属纪委）、安全保卫处、投资管理处、烟叶管理处（广东省烟叶生产购销公司）、卷烟销售管理处、物流管理处（2010年新设立）等15个职能处室，离退休人员管理办公室、机关服务中心、经济信息中心、产品质量监督检验站、职业技能鉴定站、烟草学会办公室（编志办）、进出口管理部（中国烟草广东进出口有限公司）等7个专业部门，广东省金叶发展公司1个专业公司，珠江城基建办公室、珠江城置业有限公司、广东烟草行业整顿和规范市场经济秩序工作办公室、广东烟草粤东管理中心、广东烟草粤西督导组、广东烟草珠三角督导组、广东烟草粤北督导组等7个临时机构。

【专卖管理】 打假打私。深化“四个转变”，实行端点与破网、打假与市场清理、重点地区整治与全省打击“三个相结合”，确定广州、汕头、潮州为重点地区，确立“以重点地区集中整治带动全省打假，以全省打假保障重点地区集中整治”思路，成立卷烟打假联合指挥部，组建省局和三个重点地区机动队，强化案件督办，破获饶平“1.25”、澄海“3.30”、电白“3.25”、云浮“4.16”、高州“6.10”、饶平“8.24”等重大案件，基本实现公安部、国家局提出的“三个月压住势头、半年见成效、一年基本解决问题”目标。

全年全省共查处假冒卷烟案件6693起，查获大型制假烟机193台、假烟商标标识印刷设备286台，查获假烟15.7亿支、烟丝烟叶2721吨，查扣车辆603台，公安、司法机关依法抓获制售假人员1538人，判刑409人。

“打网络”成效显著。全年破获30起符合公安部、国家局标准的制售假烟网络案件，其中饶平“8.24”等5起案件被公安部、国家局列为督办案件。针对饶平地区大型制假活动出现明显反弹，连续发生多起暴力抗法事件的形势，广东省局、省公安厅组织了由省市县三级烟草、公安和市县两级政府2000多人参加的“海啸二号”行动，破获饶平“8.24”制售假烟网络案件，抓捕包括所有主犯在内的涉案人员17人，捣毁各类制假窝点19个，查获大型制假烟机30台、滤棒成型机4台、八刀切丝机1台，假烟850余万支、烟丝100余吨、滤棒1860余件、卷烟纸60余吨、水松纸10余吨、烟用丝束8.9吨、烟丝加工设备4台，假烟商标印刷机3台，切纸机、切线机等印刷设备13台，假烟标志近400万张，发电机13套，现场货值5000多万元，查明非法生产、运输、销售假烟9670余万支，涉案金额高达1亿余元。“海啸二号”是全国卷烟打假史上行动人数最多、成果最大的一次打假行动，是卷烟打假的新突破。

内部专卖管理监督。全面推进专卖内管责任制建设，各单位深化职责分工工作全部完成。开展对各单位内管工作的检查，并重点开展卷烟打码真实性检查、高价位卷烟经营管理监督情况检查等。初步建立起内外联动，互为补充的专卖内管与市场管理日常衔接机制。推进内控机制建设，至年底，全省系统内控机制建设工作全面完成，初步构建起内控机制管理框架。

专卖内管队伍建设。制订内管人员配备标准和学习交流制度。举办两期针对卷烟经营监管和烟叶生产经营监管的内管员培训班，并召开5次专题研讨会。全年各单位组织各类培训、学习、交流活动共计500多次，内管人员参加学习、培训的时间均达到80学时以上。

【经济效益】 2010年，全省烟草商业系统实现税利137.14亿元，同比增长7.37%，其中利润77.56亿元，同比下降5.44%。三项费用率为7.17%。

【卷烟经营】 卷烟销售。全省烟草商业系统销售卷烟1609.18亿支（321.84万箱），同比增长3.15%，其中一类烟145.18亿支（29.04万箱）、二类烟70.71亿支（14.14万箱）、三类烟856.66亿支（171.33万箱）、四类烟355.76亿支（71.15万箱）、五类烟180.80亿支（36.16万箱）。本地区销量居前三位的品牌为“双喜”、“椰树”、“白沙”，销量分别为606.45亿支（121.29万箱）、98.98亿支（19.80万箱）、93.01亿支（18.60万箱）。

制订品牌发展规划。制订《广东卷烟市场“十二五”品牌发展规划》，确定了全省卷烟销量“两步走”的整体目标，即：到2012年，实现全省卷烟销量330万箱以上，其中一、二类卷烟占总销量的18%以上；到2015年，实现卷烟销量350万箱以上，一、二类卷烟占总销量的25%以上，其中高档卷烟（零售价格300元/条以上）占总销量的5%以上。

卷烟品类测评和管理见成效。调整卷烟品类测评指标，抓好各品牌（规格）的引进退出工作，制订《广东烟草商业系统卷烟品牌管理办法》。全省市场共导入49个卷烟规格、退出37个卷烟规格。全年累计销售重点品牌卷烟1057.25亿支（211.45万箱），占总销量的比重同比上升6.28个百分点。

卷烟销售网络建设。完善制度，规范流程，制订《关于规范卷烟订单采集和货源供应的管理办法》、《卷烟零售客户分类测评实施意见》、《卷烟零售大户管理办法》等制度。

推进网上订货工作。广州市公司作为先行单位，截至年底，网上订货客户数已占零售客户总数的52.6%。佛山、中山市公司分别于8月和9月正式启动网上订货工作。

工商协同营销。将落实国家局《工商协同营销业务操作规范（试行）》文件的情况纳入年度卷烟销售工作考核。做好全省工商协同营销平台的管理和维护工作，积极与工业企业信息平台进行对接，至年底已与浙江中烟、红塔集团等实现数据对接。总结广州市公司协同营销市场信息采集、佛山市公司零售柜台陈列规范等成功做法，在全省逐步推广。

【烟叶产销】 *种植与收购*。全省共签订烟叶种植收购合同8369份，合同种植面积25.48万亩，收购烟叶3.54万吨（70.88万担）（不含晒烟），其中上等烟占49.01%、中等烟占44.64%，烟叶收购均价为763.32元/担。

现代烟草农业建设。推进“一基四化”建设。全年全省烟农户均种烟30.4亩，高于全国11.9亩的平均水平；种烟专业户、家庭农场和烟农合作社种烟面积占全省种烟面积的84.74%，同比提高13.3个百分点。全省已登记注册种植合作社78个，入社农户5195户；机耕专业合作社3个，入社农户114户；综合性服务合作社8个，入社农户405户。机械化整地耕作面积占87.5%，机械化起垄面积占99%，集约化育苗率和商品化供苗率均达到90%以上，平衡施肥面积达100%，病虫害统防统治面积占98.8%，覆膜面积占89.24%。烟叶基础软件升级工作进入实施阶段；基层站烟叶管理信息软件推广应用的筹备工作有序进行。

推进基地单元建设。南雄市作为全国整县推进现代烟草农业基地单元建设的单位，安排了湖口和水口2个基地单元展开建设。韶关始兴、梅州蕉岭的基地单元建设稳步推进。

加强工商合作，广东中烟首个配方打叶工作站在韶关烟叶复烤有限公司挂牌成立；梅州烟叶复烤有限公司与广东中烟的配方打叶项目进入实施阶段。

特色优质烟叶开发。2010年国家局在南雄市安排了3个特色优质烟叶开发点，分别对口广东中烟、湖北中烟和川渝中烟，共种植烟叶3.76万亩，收购烟叶0.57万吨（11.37万担）。通过工商研联合制订工作方案、工业企业和科研单位驻点督导以及增加优惠扶持政策等措施，顺利完成年度开发任务。6月，特色优质烟叶开发工作通过了国家局组织的中期评估。

烟叶生产基础设施建设。烟基建设项目规划实现了从零星分散布局到集中连片、规模推进的系统规划转变。项目管理更加规范。全面推广“双面立模、连体现浇”的施工工艺，确保工程质量。2010年度，行业共投入烟基建设资金8844.63万元，建设项目1748个，至年底，项目现场施工已基本完成。

【优秀县级局创建活动】 统一评价标准，确定创建优秀县级局活动达标率达到50%以上的目标，省局定期开展创优督导工作，全年全省共确立57个创优单位。

【安全设施建设】 加大安全设施建设投入力度，从硬件上保障基础管理上水平。全省系统有地市级公司卷烟仓库、直管县级公司卷烟仓库、烟叶复烤企业仓库共27座，其中，完成火灾自动报警系统的达100%；完成火灾自动灭火系统的18座，在建的3座，已批准立项进行招标的5座。全省系统自有产权仓库全部达到国烟运［2009］8号文件中关于安全设施建设工作的要求。

【人力资源管理】 *劳动用工分配制度改革*。进一步规范各层级管理岗位的职责权限和任职条件，加强管理岗位员工队伍建设。将专业技术、技能资格细化为岗位任职条件，调动科技人员的积极性。开辟“三员”晋升通道。出台《统招大学生员工人事管理体制调整实施办法》。

干部队伍建设。突出抓好党组中心组学习和民主生活会质量两个环节，开展“四好”班子创建活动。做好领导班子调整配备和领导干部选拔任用，组织开展第三次地市级局（公司）副职领导竞争上岗工作。加强后备干部队伍建设，举办中青年干部培训班。

人才培养。制订《2011～2015年全省系统人才发展规划》。加大人才引进力度，全省系统招聘大学毕业生88名。加强员工培训，搭建员工远程教育培训平台，建立培训师资库。全年省局（公司）组织各类培训32项，并选派500多人次参加国家局和行业外的培训。组织开展职业技能鉴定，全年组织实施8批次共5560人次的鉴定工作。

【思想政治工作】 组织“保持良好精神状态，努力开创‘卷烟上水平’新局面”主题教育活动，开展“卷烟上水平”主题宣讲、专题调研、专题征文、献计献策等活动。活动中各单位进行专题宣讲50场次，撰写调研报告20余篇。开展以“创先争优”为主题的基层党建工作，珠海市局（公司）等单位积极创新方式方法，细化活动内容，开展了评选优秀、组织“红色之旅”、“重温入党誓词，发挥先锋模范作用”等主题党日活动。

【企业文化】 把服务品牌建设作为企业文化建设的重点，确定2010年为服务品牌建设“全面推进年”。各单位注重依托特色文化打造特色品牌，深化品牌内涵，着力建设服务文化，细化服务内容，提升服务质量和水平。加强企业文化宣贯，完成文化理念体系的构建。

【“十一五”发展概要】 “十一五”时期是广东省烟草商业系统改革发展至关重要的时期，也是历史发展最好的时期。

“十一五”期间，广东省局（公司）始终以经济建设为中心，采取“退一进三”的策略，坚定不移调结构，经济运行持续保持良好发展态势，经济综合实力实现新飞跃。“十一五”末，全省系统卷烟销量突破300万箱；按汇总口径计算，实现总税利比“十五”末增长近1.5倍。

不断深化卷烟打假“四个转变”。始终保持打假高压态势，形成地方政府统一领导，打假办、公安、工商、检察、法院、烟草等部门各司其职、密切合作的联合打假领导机制和工作机制，先后组织开展“台风一号”、“台风二号”、“闽粤一号”、“海啸二号”等重大打假行动，卷烟打假取得突破性进展，从根本上扭转了广东卷烟打假被动局面，卷烟制售假猖獗势头得到根本遏制。

*理顺完善管理体制。*省公司资产实行上划，着力进行股权比例调整，取消县级公司法人资格，理顺金叶公司管理体制，实现中央控股并占70%以上股份，形成并由省政府批转下发《关于进一步促进全省金叶公司稳定发展的意见》。

*加强内部监管。*开展“两项整顿”、“三项检查”以及“严格规范年”活动，推进“两烟”生产经营“内管促内控、内控促自律”机制建设，推进办事公开民主管理工作，全面推进以“预算管理、贯标、对标和基层创优”为基础的企业管理，加强管理信息化建设。全省系统自律意识明显增强，规范水平和管理水平进一步提升。

*开创性地推进烟草区域经济建设。*先后实施“一体两翼”和“做强中部、提升东部、突破西部、发展北部”发展战略；成立粤东管理中心，实现“规范治乱、辣手治乱”的初衷，促进了烟草区域经济的发展。

*积极开展队伍建设。*深入开展“两个至上”教育活动，抓好各级领导班子和员工队伍建设，组织实施“千、百、十”工程，“十一五”期间共招聘大学毕业生832名，其中博士研究生学历3名、硕士研究生学历194名、本科学历635名。推进企业文化建设，企业文化理念架构体系全面建成，服务品牌建设取得阶段性成效。干部队伍思想政治素质和业务水平得到提升。

2010年广东省局（公司）主要统计指标汇总

实现税利（亿元）	实现利润（亿元）	销售卷烟（亿支）	烟叶种植（万亩）	烟叶收购（万担）
137.14	77.56	1609.18	25.48	70.88

所属地市级局（公司）

【广州市烟草专卖局(有限公司)】 广州市烟草专卖局成立于1984年，2001年，中国烟草总公司广东省公司与广州市烟草贸易公司共同组建广东烟草广州市有限公司。下辖越秀区、荔湾区、海珠区、白云区、天河区、黄埔区、萝岗区、番禺区、南沙区、花都区、从化市、增城市等12个县级烟草专卖分局（营销部），以及广州市卷烟配送中心。2010年，市局（有限公司）被评为“全国企业文化建设先进单位”；黄埔（萝岗）分局工会分会被评为“全国模范职工小家”；从化分局被评为“广州市‘五一巾帼奖’先进集体”；越秀分局工会被评为“2005～2009年度广州市模范职工之家”；市局机关政工处被评为“2008～2009年度广州市三八红旗集体”。

加大卷烟打假力度。组建一支编制80人的市局稽查支队直属机动队，集中全市优势兵力重点打击白云、天河两个重点区域，并负责其他各区重大案件的查处工作，初步形成快速反应、快速机动、实时指挥调度的全方位、立体式卷烟打假新模式。拓展省际卷烟打假协作机制，继长沙、重庆、昆明市局之后，2010 年市局与西安市局建立卷烟打假协作机制。全年捣毁制假窝点 732 个，查处假烟仓库 725 个，查获制假烟机 37 台、假烟 9.84 亿支、烟丝 569.71 吨、烟叶 209.90 吨、烟梗 175.26 吨。加强市场监管，开展“百日行动”，共清理无证经营户 5554 户。

加强品牌培育，全市在销卷烟共 50 个品牌、155 个规格，一至三类烟销量前 15 名品牌占一至三类烟销售总量的 82.68%。推动网上订货，并选取 51 家金叶连锁分店进行网上配货试点，至年底，实施网上订（配）货零售客户达到 1.64 万户。推进电子结算，全年按次数电子结算率达 98.16%，电子结算成功率达 97.48%，实现客户结算无差错。完成物流信息平台开发上线工作，实现物流配送的“可视化”和“数字化”管理。年底，卷烟入库、出库、分拣、装车、送货等流程全面实现数字化、信息化管理。

加大员工培训力度。全年投入教育培训经费 272.8 万元，组织各类培训 468 场次，培训员工 1.54 万人次。加大职业技能鉴定力度，组织专卖管理员和卷烟商品营销员技能鉴定共 3 批次 657 人。

推进“加减有道”企业文化理念体系和“贴心服务”品牌落地工作，把“服务流程、服务规范和服务质量考核评估”作为工作重点，形成《客户经理服务规范》等 6 个窗口岗位服务规范，以及电话订货流程、客户拜访流程等 13 个服务流程，出台《广州烟草服务质量考核评估办法》。

【中山市烟草专卖局（有限责任公司）】 中山市烟草专卖局成立于 1990 年，中山市烟草公司成立于 1991 年，1999 年改制组建广东烟草中山市有限责任公司。

完善联合打假机制。3 月 12 日，珠海、中山、江门三地烟草、公安部门联合签署《珠海、中山、江门公安经侦、烟草稽查跨区合作协议》，建立联席会议机制、联络员机制、情报信息互通机制、联动机制、交流学习机制等五项合作机制。5 月 18 日，中山市公安局经济侦查犯罪支队驻中山市烟草专卖局警务室正式挂牌成立。

落实建设“现代中山烟草”的发展目标。年内开展为期 8 个月的课题调研，形成调研成果 16 万字，完善了“现代中山烟草”框架下的一体化现代营销体系、精细化现代物流体系、长效化现代专卖体系、精益化现代管理体系、职业化现代团队体系、多元化现代企业文化等六大体系，为企业在“十二五”时期的新发展找准方向。

抓住“同行”服务品牌落地契机，以营销服务为突破口，加强终端建设。开展“菜单式”服务、“服务品牌建设形象街”和“客户经理体验店员”等一系列创新客户服务活动，让客户有针对性地选择服务项目，实现营销服务的“量体裁衣”。

【珠海市烟草专卖局（有限公司）】 珠海市烟草专卖局成立于 1985 年 4 月，广东省烟草公司珠海市公司成立于 1984 年，2001 年改制组建广东烟草珠海市有限公司。下辖斗门区烟草专卖局（分公司）。

整合珠海、中山、江门三地公安、烟草资源，跨区合作长效打假，全省第一个区域协作会议在珠海召开。破获 1 起卷烟制假网络案件，查获制假烟机 1 台（套），检察机关批捕 5 人。

探索网上订货模式，上线实施“零售终端平台建设”项目，选择 200 家零售客户进行推广。推进服务品牌建设，打造 10 家“汇通”品牌形象店，实现品牌价值的对外传播。

结合创先争优活动的开展，确立“让党旗在关键岗位上高高飘扬”的党建新思路，将党建着力点由党总支推进到党支部、再到基层党员，通过“找准关键岗位，选配关键人，发挥关键作用”来实现“一个岗位一份责任，一个党员一面旗帜”。制定党支部责任区、党员承诺制等党建制度，完善党建 ISO 9000 质量管理体系工作，党建工作的制度化、规范化水平有较大提升。

【东莞市烟草专卖局（有限公司）】 东莞市烟草专卖局、广东省烟草公司东莞市公司成立于 1988 年，2001 年改制组建广东烟草东莞市有限公司。

全面加强基础管理，启动分局机构设置和职能配置调整工作，理顺管理体制，完善管理职能，优化工作流程，并加强绩效考核和队伍建设。

【佛山市烟草专卖局（有限责任公司）】 佛山市烟草专卖局成立于 1987 年，广东省烟草公司佛山市公司成立于 1991 年，1999 年改制组建广东烟草佛山市有限责任公司。下辖南海区、顺德区、三水区、高明区等 4 个县级烟草专卖局（分公司）和直属分局。2010 年，市公司营销管理中心被广东省总工会授予广东省“工人先锋号”称号。

推进工商精准协同机制建设，全年共组织召开 9 个场次的大型工商协同营销会议。推进网上订货，至年底，已有 56.49% 的客户使用网上订货服务。“客户经理智能化管理体系”项目获广东省局（公司）烟草科技成果推广应用一等奖。

逐步建立起企业内部培训基地、全员网络教育培训、外训送培进修三大培训平台。全年组织员工培训3275人次，组织参加专卖管理员鉴定146人、参加营销员鉴定107人。至年底，全市专卖队伍应持证177人，已持证180人；卷烟网络从业人员应持证384人，已持证388人；客户经理112人，中级资格持证比例达74.1%。

通过建立员工服务标准、完善考勤制度、检查会议制度、加强绩效考核等，推进企业文化宣贯工作。开展“荷香”服务月活动，通过建设“荷香”服务品牌形象店、成立荷香志愿服务队、设立荷香助学基金等一系列活动，提升品牌的影响力。

【肇庆市烟草专卖局（有限责任公司）】 肇庆市烟草专卖局、肇庆市烟草公司成立于1988年，1997年改制组建广东烟草肇庆市有限责任公司。下辖高要市、广宁县、四会市、德庆县、封开县、怀集县等6个县级烟草专卖局（分公司）。2010年，市公司工会委员会被中华全国总工会授予“全国模范职工之家”称号。

以开展创先争优活动为契机，加强思想建设、组织建设等，通过开展学习《廉政准则》、推行“明示与承诺”制度、观看警示教育片以及重温入党誓词等一系列活动，取得较好成效。推进企业文化的宣贯落地工作，举办文艺汇演、文化宣讲等活动。

全年共5个科技项目完成了广东省科技厅科技查新，有3个2009年立项项目通过肇庆市社科联鉴定并取得优秀等次。

【江门市烟草专卖局（有限公司）】 江门市烟草专卖局成立于1986年，江门市烟草公司成立于1987年，2001年改制组建广东烟草江门市有限公司。下辖新会区、台山市、鹤山市、恩平市等4个县级烟草专卖局（分公司）和开平市烟草专卖局。

“打窝点”取得突破。破获开平“8.5”案件，捣毁1个非法加工烟丝窝点，查获烟丝烟梗31.2吨、制假烟机5台，公安机关依法逮捕3人。破获新会“7.1”制售假烟网络案件，查获假冒卷烟62.38万支，公安、司法机关依法逮捕4人，判处主犯有期徒刑12年并处罚金80万元，判处从犯有期徒刑9年并处罚金70万元。

【广东烟草开平市有限公司】 广东省烟草公司开平市公司成立于1994年，2001年改制组建广东烟草开平市有限公司，是中国烟草总公司广东省公司的直接控股企业。

【惠州市烟草专卖局（有限责任公司）】 惠州市烟草专卖局成立于1986年，广东省惠州烟草贸易中心成立于1986年，1998年改制组建广东烟草惠州市有限责任公司。下辖博罗县、惠东县、龙门县、惠阳区、大亚湾区等5个县级烟草专卖局（分公司）。

加大重点骨干品牌培育力度，全市在销品牌共28个品牌、68个规格，其中“双喜”销量为30.85亿支（6.17万箱），同比增长15.58%；“芙蓉王”销量为5.3亿支（1.06万箱），同比增长35.22%。加强客户服务体系研究工作，把服务体系研究作为科技创新项目立项，取得阶段性成果。完善自行设计的“烟草物流信息管理系统”，初步建立“数字化物流、标准化运作、高效化服务、模式化管理”的现代物流体系。

加强基础管理，质量管理体系建设进入试运行阶段；统一全市专卖内管工作的内容、流程和标准。

加强员工培训，全年举办培训班26期，培训员工2100余人次，外派员工参加各类培训175人次。惠阳分公司建立了公司培训档案和员工个人培训档案，做到“一训一档、一人一档”。

推进“惠”文化的培训和宣贯工作。打造“惠风”服务品牌，通过印制宣传册、组织员工培训、与客户座谈、设立“惠风”服务品牌示范店等形式，服务品牌建设工作取得新成效。

【茂名市烟草专卖局（有限责任公司）】 茂名市烟草专卖局、广东省烟草公司茂名市公司成立于1991年，1999年改制组建广东烟草茂名市有限责任公司。下辖高州市、信宜市、化州市、电白县等4个县级烟草专卖局（分公司）。2010年，市局（公司）被广东省纪委、省委组织部等5个单位联合授予“广东省厂务公开民主管理先进单位”称号。

全面推进企业文化建设，构建起以“根深叶茂、人本鼎名”为核心的“根·本”文化体系，并构建了“根叶情”服务品牌体系。

【阳江市烟草专卖局（有限责任公司）】 阳江市烟草专卖局、广东省烟草公司阳江市公司成立于1988年，1997年改制组建广东烟草阳江市有限责任公司。下辖阳春市、阳东县、阳西县等3个县级烟草专卖局（分公司）。

完善卷烟打假办案机制，与公安部门建立了情报传递等制度。开展卷烟打假宣传，与阳江市广播电台联合开播“烟草之声”栏目。

推进“海诚”文化、“海诚”服务品牌的宣贯，统一办公电话和员工手机彩铃，并把企业文化、服务品牌作为员工技能考试的必考内容。

【云浮市烟草专卖局(有限责任公司)】 云浮市烟草专卖局成立于1994年，云浮市烟草公司成立于1998年，1998年改制组建广东烟草云浮市有限责任公司。下辖罗定市、郁南县、云安县3个县级烟草专卖局（分公司）以及新兴县烟草专卖局。2010年，市局被评为“全省清理整顿卷烟市场‘百日行动’先进集体”。

破获“1.6”制售假烟网络案件，该案涉及生产、仓储、运输三个环节，查获非法卷烟生产线2条，检察机关批捕17名犯罪嫌疑人。

【广东烟草新兴县有限公司】 广东省烟草公司新兴县公司成立于1992年，2001年改制组建广东烟草新兴县有限公司，是中国烟草总公司广东省公司的直接控股企业。

【湛江市烟草专卖局(有限公司)】 湛江市烟草专卖局成立于1983年12月，湛江市烟草分公司成立于1984年1月，2001年改制组建广东烟草湛江市有限公司。下辖廉江市、雷州市、吴川市、遂溪县、徐闻县等5个县级烟草专卖局（分公司）和直属分局。

加强市场监管，全年清理无证经营户1901户，依法发放零售许可证1.47万份，辖区持证率同比上升0.22‰。市局直属分局被评为“全省清理整顿卷烟市场‘百日行动’先进集体”。

加大“正和之道”文化宣贯力度，开展了企业文化发布会展示、内训师讲课、聘请专家授课等8次宣贯活动。完成中国烟草视觉识别系统规范工作。提炼出“正和”服务品牌理念，建立了“正和”服务品牌体系。

【汕头市烟草专卖局(有限责任公司)】 汕头市烟草专卖局、广东省烟草公司汕头市公司成立于1985年，1999年改制组建广东烟草汕头市有限责任公司。下辖龙湖区、潮阳区2个县级烟草专卖局（分公司），南澳县烟草专卖局（公司），澄海区烟草专卖局以及直属分局。

针对假烟原辅材料加工、假冒商标印刷等违法活动，组织专门力量，常驻潮南区，加大对非法烟丝加工点、商标印刷点和手工包装点的查处力度。1月12日，在潮南胪岗镇查处1个大型假烟商标印刷窝点，查获国外引进印刷机械20台，假烟商标281.15万张。全年共查获假冒卷烟1.14亿支，捣毁制假窝点11个，缴获制假切丝机12台、烟机8台，查获假烟商标标识1261万张、烟丝（烟叶）259吨以及原辅料一批。

改善干部队伍的年龄、文化、专业知识结构，4名通过竞聘上岗进入中层队伍的大学学历员工转任部门副职，4名大学学历员工走上管理岗位。推进“三员”队伍整体建设，招聘2名电访员、30名专卖稽查员，开展专卖稽查副大队长竞聘上岗，选拔出2人担任直属分局专卖稽查副大队长。

加强企业文化宣贯，建立内训师队伍，向员工发放《明德善行、创者无疆》、《汕头烟草职业行为规范》等读本，并举办文化培训班。开展“和美”服务品牌创建活动。

【广东烟草汕头澄海有限公司】 澄海县烟草公司成立于1987年，后更名为澄海市金叶发展总公司，1999年澄海市金叶发展总公司与广东省烟草公司共同出资组建广东烟草澄海市有限责任公司，2003年更名为广东烟草汕头澄海有限公司。

【潮州市烟草专卖局(有限责任公司)】 潮州市烟草专卖局、广东省烟草公司潮州市公司成立于1988年，1998年改制组建广东烟草潮州市有限责任公司。下辖潮安县、饶平县2个县级烟草专卖局（分公司）。2010年，公司营销管理中心客户服务部被中华全国妇女联合会、全国妇女“巾帼建功”活动领导小组授予“全国巾帼文明岗”称号。

对饶平地区重点制假村镇开展地毯式清查和整治，相继开展“9.19”、“9.23”等大规模清扫行动。全年捣毁制假窝点41个、印刷假冒卷烟商标窝点19个；查获涉案卷烟1.15亿支，烟叶97.85吨，烟丝203吨，烟梗84.13吨；缴获卷烟制假机械72台，滤棒成型机2台（套），烟叶加工机械27台（套），假冒烟标约4369.9万张，印刷机械45台及其他辅助加工机械71台，涉案金额约8074.8万元。破获的饶平“8.24”制售假烟网络案件被市局被公安部、国家局列为督办案件，市局被评为“广东省‘海啸二号’卷烟打假行动先进集体”。

【汕尾市烟草专卖局(有限公司)】 汕尾市烟草专卖局、广东省烟草公司汕尾市公司成立于1988年，2001年改制组建广东烟草汕尾市有限公司。下辖陆丰市、海丰县、陆河县3个县级烟草专卖局（分公司）和直属分局。

加大追刑力度，2009年破获的“9.9”制售假烟网络案件的33名犯罪人员被判处有期徒刑总刑期132

年，共处罚金585.5万元。

推进“扬帆”文化体系与“和风”服务品牌的宣贯，全年多次举办企业文化培训班。

【揭阳市烟草专卖局（有限公司）】 揭阳市烟草专卖局、广东省烟草公司揭阳市公司成立于1992年，2001年改制组建广东烟草揭阳市有限公司。下辖揭东县、揭西县、惠来县等3个县级烟草专卖局（分公司）和普宁市烟草专卖局。2010年，市局（公司）被评为“广东省精神文明建设先进单位”；市局（公司）工会委员会惠来分会被评为“全国模范职工小家”。

3月30日，揭阳普宁捣毁1个印刷假烟商标标志窝点，现场查获印刷机械21台。

深化企业文化建设，发动全市行业员工创作企业歌曲、歌词，并通过参与社会公益活动，展示“成人达己”的企业形象。

【广东烟草普宁市有限责任公司】 广东省烟草公司普宁县公司成立于1984年，1998年7月更名为普宁市金叶集团公司，1998年8月普宁市金叶集团公司与广东省烟草公司各出资50%组建广东烟草普宁市有限责任公司。

【韶关市烟草专卖局（有限公司）】 韶关市烟草专卖局成立于1984年，韶关市烟草公司成立于1983年，1987年更名为广东省烟草公司韶关分公司，2001年改制组建广东烟草韶关市有限公司。下辖曲江区、始兴县、仁化县、翁源县、乳源瑶族自治县、新丰县、乐昌市等7个县级烟草专卖局（分公司）。

全年辖区实现烟农种烟收入1.33亿元，烟农户均种烟收入8.7万元。重新合理规划烟站建设和布局，全市烟叶收购站从21个烟站（点）整合为12个烟站（点）。

【梅州市烟草专卖局（有限公司）】 梅州市烟草专卖局成立于1983年，广东烟草梅州市有限公司成立于2001年。下辖梅县、兴宁市、平远县、蕉岭县、大埔县、丰顺县、五华县等7个县级烟草专卖局（分公司）。

推进现代烟草农业建设。规划形成5个烟叶基地单元，总投资8233.11万元，建设5个标准化烟叶工作站。全年发展种烟专业户484户、家庭农场1个、专业合作社27个，组建5个烟农综合服务合作社。

全面推进民主管理及创建优秀基层单位活动，全年投入200余万元参与“创卫创园”及各项公益活动。2010年，市局（公司）被广东省创争活动领导小组授予“创争活动优秀组织单位”称号，被广东省纪委、省委组织部等5个单位联合授予“广东省厂务公开民主管理先进单位”称号。

【南雄市烟草专卖局（有限公司）】 南雄市烟草专卖局成立于1983年12月，南雄市烟草公司成立于1983年10月，1987年更名为广东省烟草公司南雄市公司，2000年12月改制组建广东烟草南雄市有限公司，下辖广东南雄烟叶复烤有限公司，并代管省公司直属的广东省烟草南雄科学研究所。

推进特色优质烟叶开发。通过采取扶持政策，实施旱坡地改造、配套烟水、烟路项目等措施，3个特色优质烟叶开发点顺利完成年度开发任务，其中“提高川渝中烟南雄基地烟叶质量技术推广应用”项目获2010年度韶关市科技进步二等奖。

在湖口烟叶基地单元太和、承平两个村开展紫色土旱坡地改造示范，规模为2800亩。通过综合改造，示范区恢复旱坡地面积1100亩，新增耕地377亩；烟叶产量同比增加4.5千克/亩，均价提高0.34元/千克，上等烟比例提高1.65个百分点，产值增加113.89元/亩；烤后烟叶成熟度明显提升、浓香型风格特色进一步彰显。

【河源市烟草专卖局（有限责任公司）】 河源市烟草专卖局、广东省烟草公司河源市公司成立于1988年，1998年改制组建广东烟草河源市有限责任公司。下辖东源县、龙川县、紫金县、连平县、和平县等5个县级烟草专卖局（分公司）以及1个直属分局。2010年，公司物流配送中心被广东省总工会评为“广东省工人先锋号”，公司工会妇委会被广东省妇联评为“广东省三八红旗集体”。

卷烟销售网络建设不断深化。探索出符合河源山区实际的“预约定时定点取货”模式，在定点取货模式的基础上，与无法直接配送到户的零售客户实行事先约定时间和地点取货，解决了农村边远地区“送货难”问题。打破行政区域界线，将紫金县古竹、临江等乡镇的卷烟配送纳入市区配送线路中，实现“跨区配送”。探索“当天访销，当天分拣，当天配送”新型配送模式，将连平县忠信区域客户的分拣时间适度提前，确保配送车辆将当天分拣的卷烟运到忠信后可直接配送到户。

【清远市烟草专卖局（有限公司）】 清远市烟草专卖局成立于1988年，清远市烟草公司成立于1991年，1995年更名为广东省烟草公司清远市公司，2001

年改制组建广东烟草清远市有限公司。下辖英德市、佛冈县、清新县、阳山县、连州市、连南县、连山县等7个县级烟草专卖局（分公司）。

破获"6.27"制售假烟网络案件，被公安部、国家局列为督办案件。破获"9.19"制假案件，捣毁卷烟制假窝点1个，该案从制假主犯到一般制假人员均被司法机关依法判处有期徒刑，其中该案主犯是广东、湖南等省公安厅通缉多年的制假头目，被判处有期徒刑12年，并处罚金200万元。2010年，清远市局被评为"广东省卷烟打假先进集体"，成为全省唯一一个连续四年获此荣誉的单位。

所属其他二级单位

【中国烟草广东进出口有限公司】 中国烟草广东进出口有限公司成立于1985年1月，2006年调整为中国烟草总公司广东省公司的子公司。公司主要经营烟草和烟草制品及烟草行业机械设备、原辅材料等进出口业务；接受委托、代理上述进出口业务；经营在国内寄售外国烟草制品和在国外及港澳地区寄售国产烟草及烟草制品业务；承办烟草行业中外合资经营、合作生产业务；承办烟草行业来料加工、来样加工、来件装配业务；开展补偿贸易业务；从事烟草行业对外技术交流业务。截至2010年年底，公司拥有总资产30653万元，其中，固定资产66万元、流动资产30587万元，资产负债率为66%。共有从业人员35人。

2010年，公司进口卷烟3.30亿支，同比增长2.48%；出口卷烟9.26亿支，同比基本持平；出口烟叶1945吨，同比增长19.33%；出口烟丝1762吨，同比下降26.12%。出口辅料及其他实现收入3339万元。实现出口总值4476万美元，同比增长5.02%。实现销售收入71786万元，同比下降3.20%。实现利润6604万元。

2010年广东省烟草商业系统主要情况统计

地市级局(公司)名称		广州市烟草专卖局(有限公司)	中山市烟草专卖局(有限责任公司)	珠海市烟草专卖局(有限公司)	东莞市烟草专卖局(有限公司)	佛山市烟草专卖局(有限责任公司)	肇庆市烟草专卖局(有限责任公司)
主要负责人/法人代表		户春河	赖少洪	黄时南	刘恒建(—2010.6) 管伟华(2010.6—)	王国飞	罗春华
总资产(万元)		277791	29966	31337	93454	84398	31976
资产负债率(%)		39.03	16.41	12.19	20.31	12.73	8.85
所属县级局(个)		12	—	1	—	4	6
所属县级公司/分公司(个)		—	—	1个分公司	—	4个分公司	6个分公司
所属县级营销部(个)		12	—	—	—	—	—
从业人员(人)		1266	243	208	762	747	658
所属业务机构	访销机构	1个营销管理中心、12个卷烟营销部	1个营销中心，下设3个营销区域、1个电访中心	1个营销中心、1个电访中心	1个营销中心、1个电访中心	1个营销中心、1个电访中心	1个营销管理中心
	物流配送机构	1个物流配送中心	1个物流配送中心	1个物流中心、1个配送中心	1个物流中心、1个配送中心	1个物流配送中心	1个物流配送中心
	稽查机构	1个稽查支队（含直属机动队）、12个稽查大队	1个稽查支队、4个稽查大队	1个稽查支队	1个稽查支队、7个稽查大队	1个稽查支队、5个稽查大队	1个稽查支队、1个直属分局
	烟叶机构	—	—	—	—	—	—
销售卷烟	(亿支)	220.13	51.06	37.45	151.85	127.98	58.34
	2010年比2009年(%)	2.12	4.75	8.01	3.37	3.58	4.99
卷烟销售收入(万元)		791425	176219	148699	492462	437811	185494

续表

地市级局(公司)名称		广州市烟草专卖局(有限公司)	中山市烟草专卖局(有限责任公司)	珠海市烟草专卖局(有限公司)	东莞市烟草专卖局(有限公司)	佛山市烟草专卖局(有限责任公司)	肇庆市烟草专卖局(有限责任公司)
实现税利	(万元)	208150	47870	41689	132567	115111	42778
	2010 年比 2009 年(%)	5.91	14.51	24.93	7.16	13.89	15.75
实现利润	(万元)	122913	29217	25874	81763	70558	23960
	2010 年比 2009 年(%)	-8.15	1.34	13.36	-3.63	2.97	-1.81
查处涉烟违法案件(起)		2357	237	245	491	917	662
查处涉烟违法案件案值(万元)		53515	260	280	340	190	230
2010 年度烟草行业投入烟叶生产基础设施建设资金(万元)		—	—	—	—	—	—
烟水配套工程累计受益面积(万亩)		—	—	—	—	—	—
烟叶种植(亩)		—	—	—	—	—	—
烟叶收购(担)		—	—	—	—	—	—
零售户数(户)		29979	8087	5351	23419	19034	12374
零售户销售毛利率(%)		13.67	10.70	15.66	11.30	10.27	13.73

地市级局(公司)名称		江门市烟草专卖局(有限公司)	广东烟草开平市有限公司	惠州市烟草专卖局(有限责任公司)	茂名市烟草专卖局(有限责任公司)	阳江市烟草专卖局(有限责任公司)	云浮市烟草专卖局(有限责任公司)
主要负责人/法人代表		管伟华(—2010.6) 范　波(2010.6—)	雷民照	陈惠忠(—2010.7) 刘志斌(2010.7—)	翁　飞	林　显	刘志强
总资产(万元)		37947	14932	39868	32510	21257	17956
资产负债率(%)		15.91	18.00	8.91	12.10	12.22	7.92
所属县级局(个)		5	—	5	4	3	4
所属县级公司/分公司(个)		4 个分公司		5 个分公司	4 个分公司	3 个分公司	3 个分公司
所属县级营销部(个)		—	—	—	—	—	—
从业人员(人)		596	144	675	734	423	365
所属业务机构	访销机构	1 个营销中心、1 个电访中心	—	1 个营销管理中心	1 个营销管理中心	1 个电访中心	1 个营销中心
	物流配送机构	1 个物流配送中心、2 个中转站	1 个物流配送中心	1 个物流配送中心	1 个物流配送中心	1 个配送中心	1 个物流中心
	稽查机构	1 个稽查支队	1 个稽查大队	1 个稽查支队、5 个稽查大队	1 个稽查支队、7 个稽查大队	1 个稽查支队、7 个稽查大队	1 个稽查支队
	烟叶机构	—	—	—	—	—	—
销售卷烟	(亿支)	72.22	22.21	73.82	65.55	37.31	29.61
	2010 年比 2009 年(%)	2.89	2.60	3.03	2.30	2.60	4.33
卷烟销售收入(万元)		219776	74834	267505	198076	111556	93424
实现税利	(万元)	52336	19875	65746	43122	24223	21040
	2010 年比 2009 年(%)	15.83	9.72	12.89	1.83	6.98	-0.70
实现利润	(万元)	29544	12135	38213	23787	12596	11471
	2010 年比 2009 年(%)	18.41	-1.55	-0.16	-13.72	-10.37	-15.98
查处涉烟违法案件(起)		130	—	172	36	291	246
查处涉烟违法案件案值(万元)		120	—	6680	120	130	110

续表

地市级局(公司)名称	江门市烟草专卖局(有限公司)	广东烟草开平市有限公司	惠州市烟草专卖局(有限责任公司)	茂名市烟草专卖局(有限责任公司)	阳江市烟草专卖局(有限责任公司)	云浮市烟草专卖局(有限责任公司)
2010年度烟草行业投入烟叶生产基础设施建设资金(万元)	—	—	—	—	—	—
烟水配套工程累计受益面积(万亩)	—	—	—	—	—	—
烟叶种植(亩)	—	—	—	—	—	—
烟叶收购(担)	—	—	—	—	715	—
零售户数(户)	11660	3293	13179	13666	7856	5873
零售户销售毛利率(%)	10.59	16.30	11.00	12.70	12.06	10.30

地市级局(公司)名称		广东烟草新兴县有限公司	湛江市烟草专卖局(有限公司)	汕头市烟草专卖局(有限责任公司)	广东烟草汕头澄海有限公司	潮州市烟草专卖局(有限责任公司)	汕尾市烟草专卖局(有限公司)
主要负责人/法人代表		陈煜联(—2009.11) 钟耀东(2010.9—)	李仕文	林香存	徐远秋	陈业芝(—2010.6) 许暖镇(2010.7—)	陈文铸
总资产(万元)		8293	48553	49968	22994	26907	32064
资产负债率(%)		4.10	37.17	26.03	9.59	10.48	—
所属县级局(个)		—	5	4	—	2	3
所属县级公司/分公司(个)		—	5个分公司	1个公司、2个分公司	—	2个分公司	3个分公司
所属县级营销部(个)		—	—	—	—	—	—
从业人员(人)		90	925	685	161	436	540
所属业务机构	访销机构	—	1个营销中心、 1个电访中心	1个营销中心、 1个电访中心	1个营销部	1个电访中心	1个营销中心(电访部设在普宁,由粤东管理中心统一管理)
	物流配送机构	1个物流配送部	1个物流中心、 1个配送中心、 5个配送中转站	1个物流中心、 3个配送中心	1个物流配送部	1个物流配送中心	1个物流中心、 1个配送中心
	稽查机构	1个稽查大队	1个稽查支队、 10个稽查大队	1个稽查支队、 6个稽查大队、 1个机动队	1个稽查大队	1个稽查支队、 4个稽查大队	1个稽查支队、 5个稽查大队、 1个机动队
	烟叶机构	—	—	—	—	—	—
销售卷烟	(亿支)	9.06	89.40	71.07	24.73	48.96	54.47
	2010年比2009年(%)	3.80	2.72	1.44	3.29	4.64	6.93
卷烟销售收入(万元)		31735	277112	256230	105925	182176	181192
实现税利	(万元)	8113	62087	61570	29834	43569	40362
	2010年比2009年(%)	0.70	13.68	-1.44	-5.25	-1.11	6.43
实现利润	(万元)	4901	33928	34080	18398	24512	21639
	2010年比2009年(%)	-10.20	-6.31	-16.18	-18.28	-14.99	-9.07
查处涉烟违法案件(起)		—	212	33	—	83	44
查处涉烟违法案件案值(万元)		—	140	8400	—	15800	3600
2010年度烟草行业投入烟叶生产基础设施建设资金(万元)		—	—	—	—	—	—
烟水配套工程累计受益面积(万亩)		—	—	—	—	—	—
烟叶种植(亩)		—	—	—	—	—	—

续表

地市级局(公司)名称	广东烟草新兴县有限公司	湛江市烟草专卖局(有限公司)	汕头市烟草专卖局(有限责任公司)	广东烟草汕头澄海有限公司	潮州市烟草专卖局(有限责任公司)	汕尾市烟草专卖局(有限公司)
烟叶收购(担)	—	4750	—	—	—	—
零售户数(户)	1533	14569	9960	2356	6827	8719
零售户销售毛利率(%)	10.20	10.80	10.00	12.62	10.25	10.56

地市级局(公司)名称		揭阳市烟草专卖局(有限公司)	广东烟草普宁市有限责任公司	韶关市烟草专卖局(有限公司)	梅州市烟草专卖局(有限公司)	南雄市烟草专卖局(有限公司)	河源市烟草专卖局(有限责任公司)	清远市烟草专卖局(有限公司)
主要负责人/法人代表		许永钦	方贵中	何传国	林建华(—2010.6) 谢平华(2010.6—)	尹本良	刘志斌(—2010.6) 赖科东(2010.6—)	杨伟平
总资产(万元)		43141	30598	47524	50403	35540	46566	44214
资产负债率(%)		19.94	9.97	21.68	19.42	52.40	25.38	16.50
所属县级局(个)		4	—	7	7	—	5	7
所属县级公司/分公司(个)		3个分公司	—	7个分公司	7个分公司	—	5个分公司	7个分公司
所属县级营销部(个)		—	—	—	—	—	—	—
从业人员(人)		589	340	831	1320	525	628	788
所属业务机构	访销机构	1个营销中心	1个营销部	1个营销中心	1个营销管理中心	1个营销管理中心	1个访销中心	1个访销中心
	物流配送机构	1个配送中心	1个物流配送部	1个物流配送中心	1个物流配送中心、6个配送中转站	1个配送站	1个物流中心、5个配送中转站	1个物流中心、1个配送站
	稽查机构	1个稽查支队、8个稽查大队	1个稽查大队	1个稽查支队、9个稽查大队	1个稽查支队、8个稽查大队	1个稽查大队、3个稽查中队	1个稽查支队、8个稽查大队	1个稽查支队、11个稽查大队
	烟叶机构	—	—	3个烟叶中心工作站、9个烟叶工作点	5个烟叶站、28个收购点	11个烟叶站	—	1个烟叶总站、1个烟叶站
销售卷烟	(亿支)	68.16	38.80	47.28	77.74	7.51	58.53	65.84
	2010年比2009年(%)	3.25	3.60	3.65	0.01	4.79	1.93	3.12
卷烟销售收入(万元)		235103	142812	168930	298851	25411	196786	227924
实现税利	(万元)	57616	39183	52792	67365	24424	45565	55395
	2010年比2009年(%)	-3.83	-0.44	23.35	6.25	12.28	5.90	7.19
实现利润	(万元)	33831	24101	30483	35699	12691	25715	30944
	2010年比2009年(%)	-14.45	-12.65	24.31	-6.09	14.82	-8.01	-6.78
查处涉烟违法案件(起)		143	—	89	72	—	144	89
查处涉烟违法案件案值(万元)		2100	—	260	170	—	360	380
2010年度烟草行业投入烟叶生产基础设施建设资金(万元)		—	—	3823	885	3855	—	280
烟水配套工程累计受益面积(万亩)		—	—	3.18	0.72	2.76	—	2.54
烟叶种植(亩)		—	—	58600	72866	115000	—	8340
烟叶收购(担)		—	—	174836	203965	306169	—	23872
零售户数(户)		10708	5723	8523	12091	1525	10685	11336
零售户销售毛利率(%)		11.00	10.67	12.27	9.52	12.30	10.00	11.32

（张　慧）

广西壮族自治区烟草专卖局（公司）

【概　况】 广西壮族自治区烟草专卖局成立于1984年1月，广西壮族自治区烟草公司成立于1983年5月。1985年，广西壮族自治区烟草公司上划中国烟草总公司。自治区局（公司）下辖南宁、柳州、桂林、河池、百色、钦州、北海、防城港、玉林、贵港、梧州、贺州、来宾、崇左等14家地市级局（公司）及广西伊灵烟叶复烤有限责任公司。截至2010年年底，公司拥有总资产75.75亿元，其中，固定资产12.65亿元、流动资产57.13亿元，资产负债率20.53%。共有从业人员8116人。有经营管理人才2779人，其中硕士研究生163人，本科生1267人；有1042人获得专业技术职业资格，其中高级专业技术资格8人，中级专业技术资格254人；有7035人次获得职业资格证书，其中高级职业技能人员925人。

【领导成员】 副局长、副总经理、党组成员：谈天江（主持全面工作）

副总经理、党组成员：张克勤

副局长、党组成员：赵同军

副总经理、党组成员：席亮文

纪检组长、党组成员：叶青峰

副巡视员：邹发远

副巡视员：何文丹

【机构设置】 自治区局（公司）机关设办公室（外事办公室）、综合计划处、专卖监督管理处（内部专卖监督管理处、专卖稽查总队、拍卖行）、政策法规与体制改革处、财务管理处、审计处、科技处、人事劳资处（职业技能鉴定站、教育培训中心）、思想政治工作处（机关党委）、监察处（纪检组）、安全保卫处、烟叶管理处（烟叶基础设施建设办公室）、卷烟销售管理处、整顿与规范管理办公室、机关工会、广西烟草质量监督检测站、离退休人员管理办公室、烟草学会、机关服务中心、基建办公室、物流管理处等21个部门，其中，物流管理处于2010年9月成立。

【专卖管理】 *卷烟打假打私。*自治区局继续把“端窝点、断源头、破网络、抓主犯”作为工作重点，坚持内管外打，发挥与工商、烟草、公安等部门合作的优势，始终保持卷烟打假打私高压态势。成功查处梧州市“11.23”、南宁市“8.17”、钦州市“8.24”等一批在广西乃至全国有重大影响的制售假烟网络案件。破获来宾市“1.11”团伙走私卷烟网络案件和玉林市“6.29”卷烟走私贩私网络案件。全年共查处涉烟违法案件12895起，其中符合国家局标准的网络案件26起。查获假烟4628.1万支、走私烟4146.51万支、非法烟丝166.34吨、非法烟叶2134吨、烟用机械60台（套）。移送公安机关处理案件374起、406人，其中行政拘留8人、刑事拘留228人、逮捕173人、判刑93人。

*市场清理整顿专项行动。*根据自治区政府统一部署，工商、烟草、公安等部门联合组织开展为期7个月的卷烟市场清理整顿专项行动（2009.12.10～2010.6.30）。自治区政府印发《关于清理整顿卷烟市场的通告》（桂政发［2010］1号）和《关于印发建立健全烟草卷烟市场清理整顿工作长效机制实施意见的通知》（桂政办发［2010］166号），初步建立起以政府为主导的卷烟市场清理整顿长效工作机制。对名烟名酒店、宾馆酒楼等特殊经营场所的非法经营卷烟行为开展专项整治行动，重点打击河南、浙江、福建、广东等外省籍为主的家族式无证经营名烟名酒店团伙，全年处罚名烟名酒店非法经营者668人，停业整顿和关闭一批名烟名酒店。

*内部专卖管理监管。*制定规范业务用烟、高价位卷烟管理和内部专卖管理监督责任追究等制度。内管信息系统增设工业企业监管节点，增加卷烟零售户单品种供货量预警点，实现与工业业务系统有效对接。强化日常督导，自治区局每月对一个所辖的市局专卖内管和规范经营情况进行重点检查。全年自治区各级专卖内管部门共下发异常情况调查通知书215份、整改通知书200份。建立零售户卷烟市场信息采集制度，定期采集市场信息，及时掌握零售户销量、社会库存和零售价格情况。严格管理高端卷烟销售价格，零售价格严格控制在1000元/条以内；取消所有“批条烟”，全部特供卷烟纳入终端市场。清理整合卷烟牌号价格目录，清理滞销卷烟库存，51个牌号规格退出广西卷烟价格目录。

*专卖基础工作。*2010年，自治区专卖零售许可证办理进驻属地办证服务大厅办公。截至年底，全自治区共有持证专卖人员1925人，持证率达85%；有持证经营零售户21.28万户，其中新增卷烟零售户1.52万户。

【经济效益】 2010年，全省烟草商业系统实现税利38.39亿元，同比增长22.81%，其中利润19.00亿元，同比增长12.43%。三项费用率为10.15%。

【卷烟经营】 卷烟销售。2010年，全自治区烟草商业系统销售卷烟710.42亿支（142.08万箱），同比增长5.74%，其中，销售一类烟43.96亿支（8.79万箱）、二类烟7.47亿支（1.49万箱）、三类烟258.56亿支（51.71万箱）、四类烟242.64亿支（48.53万箱）、五类烟157.79亿支（31.56万箱）。本地区销量居前三位的品牌为“甲天下”、“红塔山”、“真龙”，销量分别为255.22亿支（51.04万箱）、99.55亿支（19.91万箱）、71.64亿支（14.33万箱）。实现卷烟销售收入179.98亿元，同比增长20.80%。实现卷烟税利37.29亿元，同比增长22.6%，其中利润19.05亿元。

品牌培育。按照“532”、“461”品牌发展战略，加大品牌整合力度，优化品牌结构，促进重点骨干品牌成长。突出对“双喜”、“真龙”品牌的培育，把“做大‘双喜’、做强‘真龙’”作为重要任务贯穿全年工作，重视“中华”、“黄鹤楼”、“芙蓉王”、“红塔山”、“玉溪”等品牌的战略地位。通过引导消费，加快非重点品牌市场向重点品牌靠拢，对一些长期市场份额较低，不适应本地市场发展“散、杂、小”的品牌进行清理，促进全国知名品牌销量增长。2010年，销售全国性重点骨干品牌卷烟369.85亿支（73.97万箱），占销售总量的52.05%。

工商协同营销。全面实施《工商协同营销业务操作规范》，探索工商协同品牌培育的新方法、新途径、新模式。自治区公司及南宁、桂林市公司与红塔集团、湖北中烟、广东中烟协同举办“‘红塔山（国际100）’推介会”、“为了谁·黄鹤楼迎八一拥军联谊会”、“共创喜悦新生活”经济论坛等推介活动。推进工商协作的纵深开展，工商协同整合营销资源，制订专项品牌培育方案，举办品牌宣讲培训会。

农网建设。开展消灭卷烟销售空白点“回头看”工作，对农网布局进行拾遗补漏，辖区基本实现300人以上的村屯“村村有点”的目标。推进农网维护工作，按“开发一户、维护一户、成功一户”的方针，加大农网维护投入。推行直接配送、流动送货和代送等多种形式相结合的配送模式，将访销、配送体系延伸到村屯，代存、代送点从2009年的464个减少到455个，下挂户从2009年的4318户减少到3617户。在巩固邮政储蓄银行电子结算的基础上，与工商银行、农业银行、农村信用社合作，全面推进电话订货、电子结算工作，辖区乡镇电话订货率达99.49%，电子结算率达87%。

现代物流建设。进一步推广卷烟工商物流在途信息管理系统，实现工商企业之间物流在途信息自动对接、实时共享。对全自治区商业企业物流建设进行统筹规划，对玉林、梧州、河池、来宾4家地市级公司的卷烟分拣设备进行统一规划选型。加强物流基础设施建设，截至年底，全自治区规划的13个现代卷烟物流配送中心，有5个已经建成投入使用，1个完成土建主体工程，6个正在建设，1个正在规划。加强物流人才队伍建设，全年共培训物流从业人员7087人次。

电子商务建设。积极探索电子商务网络营销新模式，在南宁、桂林市公司进行网上订货、网上配货试点工作。截至年底，两家公司共有1.28万户零售户实现网上订货，占零售户总数的23.65%；网上订货量占总销量的31.3%，占销售总额的46.96%。开展“新商盟”网上营销平台试点工作，确定南宁、柳州市公司为推广“新商盟”网上营销平台试点单位，推行“网上订货、网上配货、网上结算、网上营销”四网合一的营销模式。

零售终端建设。按照《地市级公司卷烟零售终端信息采集操作办法》的要求，建立终端信息采集与分析体系，其中桂林市公司率先建立消费者需求信息库，采集消费者样本达3万个。开展“卷烟零售终端示范店”试点和推广工作，发挥示范店在培育品牌、引导消费、宣传形象等方面的作用。完善《大户管理办法》，建立销售大户建档备案制度和销售大户市场监控制度，全面掌握其卷烟流向，确保规范经营。

【烟叶产销】 种植与收购。全年种植烤烟13.83万亩，收购烟叶1.77万吨（35.46万担）；种植晒黄烟2.45万亩，收购烟叶0.22万吨（4.33万担）。实现烟叶税利2.42亿元，其中利润1.42亿元。烟农种烤烟收入2.23亿元（不含补贴），种烟户均收入1.21万元（不含补贴）。

现代烟草农业建设试点。自治区局（公司）以单元建设为载体，开展靖西、富川、隆林、德保、罗城、南丹等6个县的现代烟草农业建设工作，其中，靖西县成为全国首批32个整县推进现代烟草农业建设的县。大力发展专业户种植，靖西县新靖单元户均种植面积达到11.43亩。完成湖北中烟“黄鹤楼”靖西县新靖现代烟草农业基地单元；启动广西中烟“真龙”富川瑶族自治县朝东特色优质基地单元、河南中烟“黄金叶”德保县足荣基地单元建设项目。利用低空无人机技术，对靖西、德保两个县20万亩基本烟田进行航拍，制作数字正射影像图，在1：2000的电子地图上对烟田、烟水、烟路、农机具、烟站、育苗设施、烘烤设施、防灾设施等8大基础设施进行规划，现代烟草农业初具雏形。

烟叶生产基础设施建设。全年投入烟叶生产基础设施建设资金9112.47万元，建成水池4座、沟渠253条、管网2条、机耕路55条、小塘坝6座，提灌站1座，密集烤房3091座，烟水配套工程受益面积3.92万亩。截至年底，全区共建成引蓄排灌相配套的高标准基本烟田20余万亩；卧式密集式烤房6760座，普改密烤房7236座，配套烤能达19.96万亩；联体育苗钢构大棚1491座，供苗能力达15.92万亩；购置农机具848套，总动力8465千瓦，机耕作业率71%。

标准化生产。围绕"主攻质量、突出特色"目标，集中力量发展靖西、隆林、富川、德保、南丹、罗城等生态环境优势明显烟区，种植布局向1万担以上县份集中，铜片向100亩以上规模集聚。发挥特色品种关键作用，开展品种比对试验，做到种植一代，存储一代。为有效解决烟田土壤板结、肥力下降问题，大面积推广以生物钾肥为代表的套餐式施肥技术，推广生物钾肥覆盖率60%。

技术创新。成功开发密集型烤房关键设备"一把抓"快速笼式烟夹，夹烟速度是人工编竿的3.5倍，解烟速度约是人工编竿的5倍，烘烤能力增加50%，能有效避免青筋、青烟和光滑烟出现，内在质量和外观质量好于编竿烟半个级差以上。该项技获得国家实用新型专利授权。育苗大棚增温取得突破，30分钟内能将840平方米大棚内温度提高10℃。

自然灾害。2010年，广西烟区遭遇60年一遇大旱，17个县84个乡镇16422户烟农受灾。11.08万亩烟田缺水，521.5万株烟苗死亡，2.87万亩烟田无法正常备耕，1.53万亩烟田无法正常移栽，0.26万亩烟田移栽后无法存活。旱灾过后，4月下旬又遭遇雹灾、风灾、洪灾和严重的光照不足等自然灾害。据统计，广西烟区烟叶生长期间受灾烟田累计7.28万亩，其中烤烟5.04万亩，晒烟2.25万亩，直接造成烟叶减收9.2万担，其中，烤烟7.1万担、晒烟2.1万担。

【基础管理】 "双创"工作。自治区局（公司）确立专卖创优、营销创优的"双创"工作思路，确定灵川县局（营销部）为"双创"工作的试点单位，并在灵川召开创建优秀基层单位现场会。年底，开展"双创"考评验收工作，采取县级营销部自评、市级公司检查、自治区局（公司）复查的方式对第一批创优单位开展考核验收，全自治区创优达标率达90.5%。

对标工作。改进对标考核体系，从指标总量、时间跨度、指标深度等3个方面构建立体指标体系，把人均劳动效率、人均销售收入、三项费用率等对标指标列入各市局（公司）领导班子工作业绩考核。

安全管理。9月，全面开展职业健康安全管理体系管理评审活动，召开管理评审总结分析会议，邀请专家现场点评。2010年，共投入安全基础设施4200万元，安装火灾报警系统18套、自动灭火系统8套、视频监控系统59套、电子巡更系统34套、避雷设备125套、广播系统5套、GPS系统241套。全年共发生安全生产事故6起，无车辆交通安全责任事故和重大以上安全责任事故发生。

法制工作。制订《专卖行政处罚案卷标准》、《专卖行政许可案卷标准》；通过自治区"五五"普法工作检查验收；成立公职律师办公室，共审查各类合同114份，涉及金额8512.9万元，提出修改意见53条。

【人力资源管理】 干部管理。自治区局（公司）全年共选拔处级干部15人，其中，正处级7人、副处级8人。推进干部交流轮岗、挂职制度，自治区局（公司）机关选派2人到市局（公司）挂职锻炼，市局（公司）抽调10名年轻干部到自治区局（公司）机关学习实践。畅通基层干部选拔渠道，从基层选调11人到自治区局（公司）机关工作。

培训和技能鉴定工作。加强培训工作的计划性、系统性，提高教育培训执行力度，全年共举办各类培训62期，培训人员5852人次。全年共组织开展9个批次的职业技能鉴定工作，受理鉴定6570人次，实际鉴定6237人次，合格2771人次，合格率达44.4%。

【党风廉政建设】 自治区烟草商业系统各单位"一把手"签订《生产经营责任状》，副职与部门主要负责人层层签订《党风廉政建设责任书》和《明示承诺书》；制订《广西烟草商业领导干部"十不准"》，提出领导干部不准公款打高尔夫球、不准赌博、不准公款大吃大喝等十个禁止性规定；召开以反思"韩峰案件"、玉林市局（公司）不规范经营卷烟案件为主题的专题民主生活会；组织副处以上干部参观自治区纪委廉政图片展览。

全年共受理来信来访35件，初核17件，立案4起，处分12人。协助国家局、自治区纪委和南宁市检察院、法院调查"韩峰案件"，给予韩峰开除党籍和开除公职处分。

【"十一五"发展概要】 生产经营。自治区局（公司）总资产由2005年的29.63亿元增加到2010年的75.75亿元，年均增长31.13%；卷烟销量由535亿支（107万箱）增加到710亿支（142万箱），年均增长6.54%；单箱销售额由8670元增加到1.48万元，年均增长 13.84%；实现税利由 15.5 亿元增加到 38.39 亿元，年均增长 30.05%。

专卖管理。5 年来，共查处各类涉烟违法案件 59008 起，查处符合国家局标准的网络案件 79 起。收缴各类烟草专用机械 20 台（套），查扣各类违法卷烟 8.91 亿支，其中，假冒卷烟 2.694 亿支，走私卷烟 3.90 亿支，收缴烟叶、烟丝 2.13 万吨，捣毁大型制假窝点 33 个，向公安机关移送 278 人。

现代烟草农业。“十一五”期间，累计投入烟基建设资金 4.3 亿元，建设完成烟水工程 362 项、烤房 13996 座、机耕路 157 千米，农业机械投入使用面积覆盖 10.36 万亩，机耕作业率 71%；建设完成现代烟草农业试点村 10 个、现代烟草农业基地单元 10 个。

市场营销。全面提升网络运行水平，卷烟零售户电话订货率为 99.63%，电子结算率为 87.32%，均高于行业平均水平。大力发展工商协同营销工作，与 7 家中烟公司建立战略合作品牌关系；建成现代物流配送中心 4 个，送货到户率达 98.37%。

信息化建设。“十一五”期间，累计投入信息化建设项目资金 0.62 亿元，完成项目 48 个，统一建成行业资金管理、卷烟营销、专卖管理、生产经营决策管理、办公自动化等系统。

【特事要辑】 1 月 31 日，国家局局长姜成康到南宁烟草物流科技园考察。

2 月 1 日，广西烟草提前实现“百亿税利”目标庆典仪式在南宁举行，姜成康、李克明及自治区党委书记郭声琨、自治区主席马飚等领导出席庆典仪式。

9 月 16 ~ 20 日，国家局副局长何泽华到来宾、柳州、钦州、北海、防城港、南宁等 6 个市局（公司）考察调研。

12 月 21 日，自治区局（公司）举行新办公楼搬迁仪式，自治区副主席杨道喜等领导参加庆典活动。

2010 年广西壮族自治区局（公司）主要统计指标汇总

实现税利（亿元）	实现利润（亿元）	销售卷烟（亿支）	烟叶种植（万亩）	烟叶收购（万担）
38.39	19.00	710.42	16.28	39.79

所属地市级局（公司）

【南宁市烟草专卖局（公司）】 南宁市烟草专卖局成立于 1984 年 4 月，广西壮族自治区烟草公司南宁市公司成立于 1983 年 11 月。下辖青秀区、兴宁区、江南区、西乡塘区、良庆区、邕宁区等 6 个城区烟草专卖局（营销部）和武鸣县、宾阳县、横县、隆安县、上林县、马山县等 6 个县烟草专卖局（营销部）。

推广网上订货工作，全年通过网络订货的客户有 7934 户，占客户总数的 29.7%。加大对重点骨干卷烟品牌和二类以上卷烟品牌的培育，全年销售重点骨干品牌卷烟 68.45 亿支（13.69 万箱），同比增长 23.1%；销售二类以上品牌卷烟 10.9 亿支（2.18 万箱），占总销量 9.6%。

自主研发的异型包装卷烟打码系统在全市商业系统投入使用，解决了异型烟不能打码到条的难题，为企业节约资金十万余元。优化调整配送线路，全年辖区减少配送线路 27 条，减少送货车 3 辆，减少送货人员 7 人，城网送货车满载量由 3500 条提高至 4500 条，单车装载量提高 28.5%。

【柳州市烟草专卖局（公司）】 柳州市烟草专卖局、广西壮族自治区烟草公司柳州市公司成立于 1984 年 4 月。下辖城区、柳江县、柳城县、鹿寨县、融安县、融水苗族自治县、三江侗族自治县等 7 个县级烟草专卖局（营销部）。

创新服务拜访模式，根据客户的经营状况确定拜访对象、方式和频率。针对经营正常的客户，开展集中拜访指导，或利用电话、移动飞信、短信拜访；针对经营不正常或有较大销售潜力的客户，采取上门实地拜访模式，进行深度经营策划指导。

以责任、创新、和谐文化等核心要素为支撑，形成柳州烟草“聚人兴企谋发展”的企业文化体系，并发布施行《企业文化手册》、《员工行为规范》、《优秀员工故事集》等文件。

【桂林市烟草专卖局（公司）】 桂林市烟草专卖局、广西壮族自治区烟草公司桂林市公司成立于 1984 年 12 月。下辖城区、临桂县、灵川县、永福县、兴安县、全州县、灌阳县、阳朔县、荔浦县、平乐县、资源县、恭城瑶族自治县、龙胜各族自治县等13个县级烟草专卖局（营销部）。

以举办全区创建优秀基层单位现场会为契机，重新规划布局专卖管理所和客户服务站的设置，按照统一机构设置和人员编制，统一配置办公和生活设施，统一专卖员、客户经理驻点等各种工作制度和工作流程，统一企业文化视觉识别系统的应用，统一考核模式和绩效评价体系的“五统一”思路，着力打造“内务管理军事化、综合分析信息化、工作流程标准化、零售户管理精细化、内部监管常态化、联合机制社会化”的“六化”专卖管理所（客户服务站），进一步延伸监管触角，消除农村卷烟市场的监管盲区、监管死角，提高卷烟市场净化率。

【河池市烟草专卖局（公司）】 河池市烟草专卖局、广西壮族自治区烟草公司河池市公司成立于1988年10月。下辖金城江区、宜州市、罗城仫佬族自治县、环江毛南族自治县、南丹县、天峨县、东兰县、巴马瑶族自治县、凤山县、都安瑶族自治县、大化瑶族自治县等11个县级烟草专卖局（营销部）。

全市共有烟农2081户，实现烟农收入2500万元（含补贴），烟农户均收入1.21万元（含补贴）。

推行“送货准时制”，城区送货到户时间误差控制在15分钟内，乡镇、村屯在30分钟内。调整、优化配送线路，线路由226条整合为180条。

提炼形成“炼己、达人；成人、达己”的河池烟草企业文化体系，包含管理、服务、行为、团队、用人、安全、成本7个经营子理念。

【百色市烟草专卖局（公司）】 百色市烟草专卖局、广西壮族自治区烟草公司百色市公司成立于1988年8月。下辖城区、田阳县、田东县、平果县、德保县、靖西县、那坡县、西林县、凌云县、乐业县、田林县、隆林各族自治县等12个县级烟草专卖局（营销部）。

全年实现烟农收入1.79亿元，烟农户均收入1.76万元。完成湖北中烟“黄鹤楼”靖西县新靖现代烟草农业基地单元建设，建成基本烟田3.54万亩、育苗工场3处、烘烤工场50座，可种植烤烟1.77万亩。

【钦州市烟草专卖局（公司）】 钦州市烟草专卖局、广西壮族自治区烟草公司钦州市公司成立于1988年4月。下辖城区、灵山县、浦北县3个县级烟草专卖局（营销部）。

构建全方位的员工纵横晋升平台，使专业技术类、业务类、管理类形成一个纵向的发展平台。制订以《员工岗位等级管理办法》为总纲，以《中层干部管理办法》为主线，以《职业资格聘任暂行办法》、《专业技术职务聘任暂行办法》为有效补充的员工职业生涯管理体系，多方位打通员工职业生涯通道。

【北海市烟草专卖局（公司）】 北海市烟草专卖局、广西壮族自治区烟草公司北海市公司成立于1985年5月。下辖城区（2010年恢复设置）、合浦县2个县级烟草专卖局（营销部）。

建立由人力资源管理部门统筹安排，分批抽调机关人员协助市场检查的机制，创建专卖联动机制。与工商部门、北海365网站建立协作机制，采取定时监控和不定时巡查相结合，以舆论宣传带动，治理名烟名酒店、土特产店等特殊经营场所违法经营行为。共处理违法名烟名酒店18户，其中取缔持证户3户，改行、停业15户。

【防城港市烟草专卖局（公司）】 防城港市烟草专卖局、广西壮族自治区烟草公司防城港市公司成立于1988年8月。下辖城区、上思县、东兴市3个县级烟草专卖局。

制订《加快推进质量管理体系建设工作方案》，全面梳理体系文件，利用市局（公司）短信平台，向全体职工发送贯标知识信息6000条次。

形成传承自治区局（公司）母文化，具有防城港烟草特质的“静为蓄势 动则远航”企业文化理念体系。

【玉林市烟草专卖局（公司）】 玉林市烟草专卖局、广西壮族自治区烟草公司玉林市公司成立于1984年8月。下辖城区、北流市、容县、陆川县、兴业县、博白县等6个县级烟草专卖局（营销部）。

修订《内管考核办法》、《卷烟供应管理办法》，将预警分析处理情况纳入月度考核，建立异常客户监管机制，在县局和基层专卖管理所两个层面增设仓库出入库监管、配送监管、重点零售户监管等同级监管点，加大卷烟落地销售的监管力度。

【贵港市烟草专卖局（公司）】 贵港市烟草专卖局、广西壮族自治区烟草公司贵港市公司成立于1997年1月。下辖城区、桂平市、平南县3个县级烟草专卖局（营销部）。

市公司的卷烟分拣中心工程项目、经营业务用房工程项目分别于12月27日和12月28日完成竣工验收工作。

【梧州市烟草专卖局（公司）】 梧州市烟草专卖局、广西壮族自治区烟草公司梧州市公司成立于1985年1月。下辖城区、苍梧县、岑溪市、藤县、蒙山县等5个县级烟草专卖局（营销部）。

全年查获各类假烟46.06万支、走私烟356.75万支、非法烟叶52.19吨、烟丝0.96吨。移送公安机关处理案件19起，其中“11.23”制售假烟网络案件被公安部、国家局列为挂牌督办案件。

【贺州市烟草专卖局（公司）】 贺州市烟草专卖局、广西壮族自治区烟草公司贺州市公司成立于2001年12月。下辖城区、钟山县、富川瑶族自治县、昭平县等4个县级烟草专卖局（营销部）。

完成广西中烟“真龙”富川瑶族自治县朝东特色优质基地单元建设，建成基本烟田1.08万亩，收购烟叶0.12万吨（2.3万担），占烤烟收购总量31.67%。组建专业化烘烤队伍17支，拥有专业化烘烤人员92人，可为0.68万亩烤烟提供专业化烘烤服务。

延承广西烟草商业母文化体系核心，形成以“智者心致远·搏者境无界”为主题的“智·搏”企业文化体系。

【来宾市烟草专卖局（公司）】 来宾市烟草专卖局、广西壮族自治区烟草公司来宾市公司成立于2003年2月。下辖城区、忻城县、合山市、象州县、武宣县、金秀瑶族自治县等6个县级烟草专卖局（营销部）。

加强客户经营指导培训，利用自律小组平台开展客户培训195场，利用工商协同平台开展培训16场，共313课时，培训5055人次，培训覆盖率为49.75%。

通过企业文化知识培训、理念征集、头脑风暴等形式，对企业文化理念进行提炼，形成“精行致远”的企业文化理念体系。

【崇左市烟草专卖局（公司）】 崇左市烟草专卖局、广西壮族自治区烟草公司崇左市公司成立于2003年8月。下辖江州区、扶绥县、宁明县、大新县、龙州县、天等县、凭祥市等7个县级烟草专卖局（营销部）。

与农业银行合作，推广惠农信用卡，解决卷烟零售户临时小额资金周转短缺问题。与邮政银行合作，为客户提供更为便捷的电子扣款服务，解决农村经营户存钱难的问题。辖区内通过电话订货的零售户有1.15万户，占零售户总数99.80%；通过电子结算的零售户有9771户，占零售户总数84.4%。

启动企业文化建设项目，初步提炼出崇左烟草特色的“木棉文化”。举办第一届企业文化艺术节。

2010年广西烟草商业系统主要情况统计

地市级局（公司）名称		南宁市烟草专卖局（公司）	柳州市烟草专卖局（公司）	桂林市烟草专卖局（公司）	河池市烟草专卖局（公司）	百色市烟草专卖局（公司）
主要负责人/法人代表		覃敏良	陈可忠	霍文义（—2010.9） 廖宏秀（2010.9—）	范东升	张太玉
总资产（万元）		107170	68194	89617	46815	88045
资产负债率（%）		36.45	31.27	22.76	23.46	39.06
所属县级局（个）		12	7	13	11	12
所属县级公司/分公司（个）		—	—	—	—	—
所属县级营销部（个）		12	6	13	11	12
从业人员（人）		975	519	761	689	1227
所属业务机构	访销机构	1个营销中心	1个营销中心	1个营销中心	1个营销中心	1个营销中心
	物流配送机构	1个物流中心、 7个中转站	1个物流中心、 5个中转站	1个物流中心、 1个送货部、 12个中转站	1个物流中心、 11个中转站	1个物流中心、 12个客服办公室
	稽查机构	1个稽查支队、 16个稽查大队	1个稽查支队、 9个稽查大队	1个稽查支队、 16个稽查大队	1个稽查支队、 11个稽查大队	1个稽查支队、 12个稽查大队
	烟叶机构	—	—	—	1个烟叶营销科、 18个烟站、 2个收购点	1个烟叶营销科、 1个烟叶科研所、 1个现代烟草办公室、 43个烟叶收购站

续表

地市级局(公司)名称		南宁市烟草专卖局(公司)	柳州市烟草专卖局(公司)	桂林市烟草专卖局(公司)	河池市烟草专卖局(公司)	百色市烟草专卖局(公司)
销售卷烟	(亿支)	113.64	68.51	91.00	55.01	50.35
	2010 年比 2009 年(%)	9.66	4.87	5.46	4.75	6.19
卷烟销售收入(万元)		334562	182364	252600	128483	120518
实现税利	(万元)	73368	41937	55823	25565	41312
	2010 年比 2009 年(%)	26.45	27.29	28.24	11.81	31.79
实现利润	(万元)	39643	23768	29488	11584	23316
	2010 年比 2009 年(%)	13.32	17.28	16.76	-9.14	62.33
查处涉烟违法案件(起)		1227	1425	1104	348	387
查处涉烟违法案件案值(万元)		3731	1040	548	1210	826
2010 年度烟草行业投入烟叶生产基础设施建设资金(万元)		—	—	—	1020	6514
烟水配套工程累计受益面积(万亩)		—	—	—	0.57	2.20
烟叶种植(亩)		—	—	—	17165	87685
烟叶收购(担)		—	—	—	35587	246256
零售户数(户)		26874	17632	27507	15833	18484
零售户销售毛利率(%)		12.87	12.73	13.27	13.04	12.75

地市级局(公司)名称		钦州市烟草专卖局(公司)	北海市烟草专卖局(公司)	防城港市烟草专卖局(公司)	玉林市烟草专卖局(公司)	贵港市烟草专卖局(公司)
主要负责人/法人代表		郑 刚	韦毓云	张新荣	朱东波(—2010.4) 尹中越(2010.4—)	戴诗宜(—2010.12) 凌为民(2010.12—)
总资产(万元)		27824	30746	17334	43436	36171
资产负债率(%)		33.69	33.92	37.95	38.87	41.96
所属县级局(个)		3	2	3	6	3
所属县级公司/分公司(个)		—	—	—	—	—
所属县级营销部(个)		3	2	3	6	3
从业人员(人)		397	243	208	630	522
所属业务机构	访销机构	1 个营销中心	1 个营销中心	1 个营销中心	1 个营销中心	1 个营销中心
	物流配送机构	1 个物流中心、3 个中转站	1 个物流中心	1 个物流中心、1 个中转站	1 个物流中心、7 个中转站	1 个物流中心、3 个送货部
	稽查机构	1 个稽查支队、3 个稽查大队	1 个稽查支队、4 个稽查大队	1 个稽查支队、3 个稽查大队	1 个稽查支队、15 个稽查大队	1 个稽查支队、3 个稽查大队
	烟叶机构	—	—	—	—	1 个烟叶生产经营科
销售卷烟	(亿支)	41.01	26.00	17.44	50.27	50.01
	2010 年比 2009 年(%)	9.21	16.14	14.45	-12.75	8.70
卷烟销售收入(万元)		96976	84645	55371	134792	112528
实现税利	(万元)	18063	19209	11718	23474	22293
	2010 年比 2009 年(%)	19.12	40.92	43.85	-8.14	21.77

续表

地市级局（公司）名称		钦州市烟草专卖局（公司）	北海市烟草专卖局（公司）	防城港市烟草专卖局（公司）	玉林市烟草专卖局（公司）	贵港市烟草专卖局（公司）
实现利润	（万元）	9403	10727	6075	10691	11196
	2010 年比 2009 年（%）	17.35	32.96	36.58	-25.95	7.42
查处涉烟违法案件（起）		1031	351	383	1849	1575
查处涉烟违法案件案值（万元）		1600	442	387	734	340
2010 年度烟草行业投入烟叶生产基础设施建设资金（万元）		—	—	—	—	—
烟水配套工程累计受益面积（万亩）		—	—	—	—	—
烟叶种植（亩）		—	—	—	—	4300
烟叶收购（担）		—	—	—	—	421
零售户数（户）		12611	7762	3446	20321	17505
零售户销售毛利率（%）		13.02	13.48	13.02	12.75	12.69

地市级局（公司）名称		梧州市烟草专卖局（公司）	贺州市烟草专卖局（公司）	来宾市烟草专卖局（公司）	崇左市烟草专卖局（公司）
主要负责人/法人代表		彭　峰	覃忠达	龚志华	廖正清（—2010.12） 卢达坚（2010.12—）
总资产（万元）		29365	35846	23276	21953
资产负债率（%）		25.21	43.49	38.20	32.53
所属县级局（个）		5	4	6	7
所属县级公司/分公司（个）		—	—	—	—
所属县级营销部（个）		5	4	6	7
从业人员（人）		446	552	372	408
所属业务机构	访销机构	1 个营销中心	1 个营销中心	1 个营销中心	1 个营销中心
	物流配送机构	1 个物流中心、3 个送货部	1 个物流中心、4 个中转部	1 个物流中心、5 个中转站	1 个物流中心、7 个中转站
	稽查机构	1 个稽查支队、5 个稽查大队	1 个稽查支队、4 个稽查大队	1 个稽查支队、6 个稽查大队	1 个稽查支队、7 个稽查大队
	烟叶机构	—	1 个生产收购科、1 个营销科、1 个现代烟草农业办公室、17 个烟站	—	—
销售卷烟	（亿支）	45.05	30.52	36.51	35.11
	2010 年比 2009 年（%）	7.57	7.42	5.94	6.04
卷烟销售收入（万元）		98927	72061	75694	78364
实现税利	（万元）	18555	19429	13005	13407
	2010 年比 2009 年（%）	24.34	16.01	23.03	30.81
实现利润	（万元）	8162	9634	5476	5649
	2010 年比 2009 年（%）	-4.14	29.82	-4.38	11.33
查处涉烟违法案件（起）		605	658	1733	219
查处涉烟违法案件案值（万元）		1300	1318	15188	500
2010 年度烟草行业投入烟叶生产基础设施建设资金（万元）		—	1579	—	—
烟水配套工程累计受益面积（万亩）		—	1.15	—	—
烟叶种植（亩）		—	56936	—	—

续表

地市级局(公司)名称	梧州市烟草专卖局(公司)	贺州市烟草专卖局(公司)	来宾市烟草专卖局(公司)	崇左市烟草专卖局(公司)
烟叶收购(担)	—	115666	—	—
零售户数(户)	12029	9814	11357	11648
零售户销售毛利率(%)	12.54	12.61	12.75	12.83

(黄祥进)

海南省烟草专卖局(公司)

【概　况】 海南省烟草专卖局、中国烟草总公司海南省公司成立于1988年6月，投资设立海南省烟草公司海口、三亚、琼海、儋州公司4家全资子公司。省局(公司)下辖4家市级烟草专卖局，14家县级烟草专卖局(营销部)，持有老挝红塔寮中好运烟草有限公司30%的股份，持有海南金沙岛卷烟销售有限责任公司①30%的股份。截至2010年年底，公司拥有总资产31.41亿元，其中，固定资产5.16亿元、流动资产24.02亿元，资产负债率为11.79%。全省烟草商业系统实行全员聘用制，共有从业人员1244人。

2010年，省局(公司)被海南省爱国卫生运动委员会授予“2009年度海南省卫生先进单位”称号，被海南省委办公厅评为“2006～2010年度全省保密工作先进单位”，被海南省档案局评为“2007～2010年度档案工作先进单位”。

【领导成员】 局长、总经理、党组书记：张晓川

副局长、党组成员：杨　明

副总经理、党组成员：林先德

总会计师、党组成员：闫玉岗

纪检组长、党组成员：徐维华(2010.11—)

纪检组长、党组成员：张永军(—2010.11)

【机构设置】 省局(公司)机关设有办公室(外事办公室)、综合计划处(经济运行处、科技处)、专卖监督管理处(内部专卖管理监督处、专卖稽查总队)、政策法规与体制改革处、财务管理处、审计处、人事劳资处(离退休人员管理办公室)、思想政治工作处(机关党委、工会)、监察处(与党组纪检组合署办公)、安全保卫处、投资管理处、物流管理处(2010年新设立)等12个职能处室和卷烟营销物流中心、经济信息中心、机关服务中心、职业技能鉴定站、职工培训中心、烟草质量监督检验站、烟草学会(《海南烟草报》编辑部)等7个专业部门。

【专卖管理】 *卷烟打私打假。*省局继续把打击制售假烟网络作为全省卷烟打私打假工作的首要任务，全年共破获符合国家局标准的制售假烟网络案件4起，分别由三亚市局、海口市局、澄迈县局破获，其中澄迈县局破获的“4.13”案件是自开展打击制售假烟网络工作以来全省第一宗由县级局破获的非法销售假烟网络案件。扩大联合执法范围，与通信管理部门加强合作，对利用互联网等信息网络非法从事烟草专卖品经营活动进行监管。联合公安、工商、交通等部门，加强对货运站、码头等物流重点场所的日常检查。全年共查处各类涉烟违法案件1366起，查获非法卷烟2432.69万支，上缴罚没款96.69万元。公安、司法机关依法拘留72人，逮捕31人，判刑22人。

*内部专卖管理监督。*利用专卖内管信息系统加强对全省行业卷烟经营的日常监管，全年内管系统共预警29524次，查核并处理28881次，查核处理率为97.8%。同时，对内管信息系统的预警监管、流程管理、数据查询、资料备案等功能进行了改进。开展对海口、三亚、琼海、儋州4个市局及海南红塔卷烟有限责任公司内管工作半年、全年考核和高价位卷烟生产经营、卷烟打码到条等工作的专项检查。

*专卖队伍建设。*制订专卖队伍培训计划，举办高级专卖管理员岗位资格、卷烟真伪鉴别技能、专卖管理信息系统、新修订的烟草专卖行政处罚程序规定及两高司法解释培训班。加大与行业专卖管理工作先进省份的学习交流，全年共组织2批次专卖管理人员到浙江、山东、河北、四川、湖南、陕西等6个省考察学习。2010年，全省共有170人通过专卖岗位技能鉴定，其中初级职称17人、中级职称123人、高级职称30人。截至年底，全省烟草商业系统的专卖管理岗位资格持证率达86%。

① 海南金沙岛卷烟销售有限责任公司于2010年8月成立。

【经济效益】 2010年，全省烟草商业系统实现税利14.2亿元，同比增长33.70%，其中利润8.01亿元，同比增长21.92%。三项费用率为7.26%。

【卷烟经营】 卷烟销售。2010年，全省烟草商业系统销售卷烟173.8亿支（34.76万箱），同比增长6.6%，其中，销售一类烟18.97亿支（3.79万箱），同比增长34.2%；二类烟8.62亿支（1.72万箱），同比增长163.6%；三类烟79.94亿支（15.99万箱），同比增长12.2%；四类烟45.68亿支（9.14万箱），同比下降11.9%；五类烟20.58亿支（4.12万箱），同比下降8.9%。本地区销量居前三位的品牌为“红梅”、“红塔山”、“白沙”，其中，销售“红梅”42.83亿支（8.57万箱），同比下降7%；销售“红塔山”23.16亿支（4.63万箱），同比增长18.7%；销售“白沙”18.99亿支（3.8万箱），同比增长12.5%。实现卷烟销售收入59.85亿元，同比增长20.98%。实现卷烟税利14.2亿元，同比增长33.7%，其中利润8.01亿元，同比增长21.92%。

品牌培育。围绕行业品牌发展上水平战略，重点培育符合海南省市场需求的知名品牌。2010年，销售全国性重点骨干品牌卷烟107.5亿支（21.5万箱），同比增长21.9%，占总销量的61.9%，其中，“中华”、“云烟”、“芙蓉王”、“白沙”、“红塔山”、“双喜”等6个品牌共销售78.7亿支（15.74万箱），同比增长17.5%，占总销量的45.3%。

电子商务建设。加强网上订货基础调研工作，并聘请行业专家结合海南省的实际制订《海南烟草网上订货工作方案》，逐步推广卷烟批零网上订货。在海口市公司开展卷烟批零网上订货试点，截至年底，海口市公司所辖地区已有2692户卷烟零售户初步实现网上订货。

现代物流建设。建立物流工作定期评价分析制度，并发布了全省行业《物流工作评价实施细则》。完成省公司仓库搬迁及全省物流特例方案项目的上线实施工作。全省行业数字化仓储系统建成并投入试运行，实现数据上报的自动化。成立专职物流管理部门——物流管理处。

【烟叶产销】 海南地理环境及气候条件与国际公认雪茄原烟最佳产地的环境一致，是国内最适宜种植优质雪茄外包皮烟叶的地区之一。2010年9月，经国家局批准，海南建恒哈瓦那雪茄有限公司在海南省儋州市光村尝试规模种植优质雪茄烟叶1000亩。

【企业管理】 贯标对标工作。省局（公司）发布ISO 9000质量管理体系文件，制定质量管理文件128个，规范并优化工作流程128个。开展对标工作，重点改进单箱物流、人工、管理等费用存在的短板问题，2010年，三项费用率同比降低0.61%；人工费用率占销售收入比重的4.42%，同比降低0.29%；物流费用率占销售收入比重的1.18%，同比下降0.09%。

财务管理。加强财务管理，坚持每季度召开财务分析会制度；修订《海南省烟草商业企业预算管理考核办法》、《海南省烟草行业打假经费管理办法》，出台《海南省烟草行业账销案存管理办法》、《规范市内工作用车相关规定》；完成行业统一核算软件的验收工作。加强审计监督，实施审计委派制，省公司在地市级局（公司）派驻审计机构，聘任专职审计人员8人；全年共提出审计建议69条，节约资金294.54万元。

整顿规范。继续开展“小金库”专项治理工作，对资金支付、财务核算、企业间资金占用、银行账户管理、基建工程项目立项审批等方面加强重点监管。对2008年1月至2010年4月的大宗物资采购、宣传促销、工程项目投资进行了自查和复查，全省行业“三项检查”工作通过国家局重点抽查。

安全管理。9月30日至10月7日，海南省16个市、县遭受特大暴雨洪涝灾害，全省烟草商业企业实行24小时不间断值班制，及时转移受灾人员和物资，除文昌市局（营销部）办公楼一层被淹及文昌市局（营销部）9辆、三亚市局（公司）4辆机动车辆遭洪水浸泡外，无重大财产损失和人员伤亡。开展“安全生产宣传教育活动月”和“11.9”消防宣传日活动，刊印安全生产宣传栏5期，宣传壁报19期，宣传标语、安全警示标语各19套，分发《安全知识宝典》800册，《警惕交通事故杀手》光碟、《突发事件应急案例精选—全民篇光碟》各5套。2010年，全省行业共投资363万元用于安全基础设施建设。

【成立海南金沙岛卷烟销售有限责任公司】 为保障驻岛军警民的卷烟供应，同时也为了将海南省的西、南、中沙群岛纳入烟草专卖的管理，2010年8月，经国家局批准，海南省烟草公司与海南省西、南、中沙群岛办事处商业服务站共同出资成立海南金沙岛卷烟销售有限责任公司。根据《国家局关于成立海南金沙岛卷烟销售有限责任公司的批复》（国烟法[2010] 290号），公司负责海南省西、南、中沙群岛地区的卷烟和雪茄烟的批发。公司注册资本50万元人民币，其中海南省公司出资15万元现金。公司卷烟的计划、进货、价格等由海南省公司统一管理，并接受其监管。

【优秀县级局创建活动】 5月，组织开展优秀县级局创建工作调研，了解优秀县级局创建工作情况，督促创建工作方案及任务的落实；6月28日，印发《海南省烟草专卖局优秀县级烟草专卖局创建考核验收办法》；10月，在文昌市召开海口辖区优秀县级局创建工作研讨会，总结经验、交流学习；12月，省局（公司）组成考核验收小组对2010年度优秀县级局创建工作进行考核验收。截至年底，全省共有9个县级局通过考核验收，占全省县级局64%。

【信息化建设】 开发“新商盟”卷烟批零网上订货系统，并于2010年12月在海口市公司正式上线运行。对专卖与营销系统进行升级，开发并实施省内准运证系统和市场信息采集系统，并对协同办公系统功进行功能增加和完善。完成人力资源信息管理系统技术平台的实施。对省局（公司）的门户网站进行二次需求开发。

【人力资源管理】 干部管理。2010年，省局（公司）在民主推荐的基础上公开选拔4名副处级干部，并调整了琼海、儋州2个市局（公司）和陵水、五指山、屯昌3个县级局（营销部）领导班子。推进干部交流、轮岗制度，省局（公司）选派4名年轻干部到基层挂职锻炼，市局（公司）抽调4名年轻干部到省局（公司）机关学习实践。完善领导班子年度工作业绩考核评价体系。

教育培训。举办领导干部培训班，邀请北京大学专家开展以“领导力和领导效能”为主题的专题培训。全年共有6批次254人完成专卖管理员和卷烟商品营销员职业技能鉴定。共举办各类培训班32期，培训干部职工652人。

【思想政治工作】 反腐败惩防体系建设。在全省行业推行“明示与承诺”制度，与全体员工签订《明示承诺书》，并将其作为《劳动合同》的补充条款。按《省纪委省监察厅关于开展违规违纪收送款物问题专项治理工作的方案》要求，开展违规违纪收送款物问题专项治理，人员范围涵盖全省行业副科级以上干部。对全省行业制度的廉洁性、程序性、规范性进行审查，共修订和完善制度及流程33项。

廉政教育。组织开展“争先创优”活动和“保持良好精神状态，努力开创‘卷烟上水平’新局面”的教育活动。全年共开展廉政文化活动8次，召开各种专题讲课15次，开展各级各类廉政警示教育6次。

【企业文化】 省局（公司）于2010年12月正式发布“海川”企业文化架构体系。该体系以“纳海于心、融川于行”为核心，以“小有大为、有为有位”为愿景，以“同发展、共和谐”为使命，以“精、卓、和、实”为企业精神，具有鲜明的海南烟草特色。

【“十一五”发展概要】 经济运行。“十一五”时期，全省行业坚持“控制总量、稍紧平衡”方针，加强宏观调控，保持市场稳定，避免大起大落，卷烟销售和经济效益持续5年平稳较快增长。全省烟草商业累计销售卷烟779.13亿支（155.83万箱），比“十五”时期的585.30亿支（117.06万箱）增长33.10%。实现税利从2005年的3.47亿元增加到2010年的14.2亿元，增长3.09倍，年均增长32.53%，累计实现税利45.49亿元。

专卖管理。完善卷烟联合打假机制，成立烟草、公安联合打假办公室。重新修订与公安、边防、工商、海关等执法部门的联合打假长效机制规章制度，细化各部门在联合打假中的职责及工作程序。加强内部专卖管理监督，实现内部专卖监督的日常化、规范化和信息化。转变卷烟打假理念和方式，注重案件经营和打击制售假烟网络。5年来，全省共查处案件7592件，查获假冒卷烟8699万支，非法烟叶、烟丝63.37吨，收缴罚没款290.25万元。

卷烟营销。以市场需求为导向，加强卷烟品牌培育，开展工商协同营销，实行“按订单组织货源”。卷烟销售网络建设突出服务、注重效率、优化流程、提高素质，截至2010年年底，除海口市公司因推行网上订货而使电话订货率降为69.38%以外，其他3个地市级公司电话订货率皆达97%以上（三亚100%、琼海98.03%、儋州97.83%），电子结算率为92.04%，分拣到户率为100%。加强卷烟物流基础设施建设，建成琼海、海口2个卷烟物流配送中心。

企业管理与体制改革。实施全省行业商业企业体制改革，完成资产划转及资产关系理顺工作，实行由省公司统一经营的母子公司体制，建立4个子公司和14个卷烟营销部。深化人事用工分配制度改革，打破全民所有制职工、聘用工、临时工等身份界限，实行全员劳动合同制。开展以专卖管理监督和同级审计监督为主要内容的“两项检查”和以工程投资项目、物资采购、宣传促销为主要内容的“三项检查”工作，加强企业内部管理的规范和自律。引进ISO 9000质量管理体系，开展对标工作。

2010 年海南省局（公司）主要统计指标汇总

实现税利（亿元）	实现利润（亿元）	销售卷烟（亿支）	烟叶种植（万亩）	烟叶收购（万担）
14.20	8.01	173.80	—	—

所属地市级局（公司）

【海口市烟草专卖局、海南省烟草公司海口公司】 海口市烟草专卖局、海南省烟草公司海口公司成立于1997年，于2003年9月成立正处级独立法人单位。下辖文昌市、澄迈县、定安县、临高县等4个县级烟草专卖局（营销部）。

市局（公司）大力开展自主创新活动，注重科技项目转化，实现知识创新、技术创新和成果产业化的紧密衔接。在全省行业首创卷烟物流中心移动式装卸车，并获国家实用新型专利授权，该项目利用闲置旧设备，经多次设计、改造形成新型辅助搬运工具，可节省装载时间40%，降低搬运强度，减少商品破损，提高工作效率。

【三亚市烟草专卖局、海南省烟草公司三亚公司】 三亚市烟草专卖局、海南省烟草公司三亚公司成立于1985年，于2003年9月成立正处级独立法人单位。下辖陵水黎族自治县、乐东黎族自治县、保亭黎族苗族自治县、五指山市等4个县级烟草专卖局（营销部）。

市局（公司）开展创建“五星级服务机关”活动，出台《服务承诺制》，对办公环境、礼仪礼节、工作纪律、政务公开、办事效率、工作质量、行政执法、制度建设等工作进行定期或不定期的检查，严格规范办事流程，改进机关作风。

【琼海市烟草专卖局、海南省烟草公司琼海公司】 琼海市烟草专卖局、海南省烟草公司琼海公司成立于1989年，于2003年9月成立正处级独立法人单位。下辖万宁市、屯昌县、琼中黎族苗族自治县3个县级烟草专卖局（营销部）。

市局（公司）开展“四员”互动活动。制定“四员”互动内部专卖管理监督控制操作流程规范，打破专卖内管工作仅限于职能部门的局限性，将一线稽查员、客户经理、电访员和送货员组成内管信息员，实现“四员”互动互控。

【儋州市烟草专卖局、海南省烟草公司儋州公司】 儋州市烟草专卖局、海南省烟草公司儋州公司成立于1988年，于2003年9月成立正处级独立法人单位。下辖东方市、昌江黎族自治县、白沙黎族自治县3个县级烟草专卖局（营销部）。

市局（公司）引入中国移动的“MAS服务器”，通过短信（SMS）、彩信（MMS）、USSD等业务进行新产品推介，客户满意度调查，企业内部信息传递以及与零售户进行卷烟打假和市场信息的互动。

2010 年海南省烟草商业系统主要情况统计

地市级局(公司)名称	海口市烟草专卖局(公司)	三亚市烟草专卖局(公司)	琼海市烟草专卖局(公司)	儋州市烟草专卖局(公司)
主要负责人/法人代表	赵江波	王斌斌	陈益峰	许丁科(—2010.9) 李宏伟(2010.9—)
总资产(万元)	48460	18103	20072	11963
资产负债率(%)	22.93	18.74	16.17	29.07
所属县级局(个)	4	4	3	3
所属县级公司/分公司(个)	—	—	—	—
所属县级营销部(个)	4	4	3	3
从业人员(人)	506	305	245	204

续表

地市级局(公司)名称		海口市烟草专卖局(公司)	三亚市烟草专卖局(公司)	琼海市烟草专卖局(公司)	儋州市烟草专卖局(公司)
所属业务机构	访销机构	1个营销中心	1个营销中心	1个营销中心	1个营销中心
	物流配送机构	1个物流中心	1个物流中心	1个物流中心	1个物流中心
	稽查机构	1个稽查支队、10个稽查大队	1个稽查支队、8个稽查大队	1个稽查支队、6个稽查大队	1个稽查支队、7个稽查大队
	烟叶机构	—	—	—	—
销售卷烟	(亿支)	77.62	36.20	34.33	25.63
	2010年比2009年(%)	6.62	5.60	6.52	8.14
卷烟销售收入(万元)		286248	124103	110355	77565
实现税利	(万元)	38265	15505	13620	8321
	2010年比2009年(%)	59.34	73.39	67.82	72.34
实现利润	(万元)	15006	4842	4608	2141
	2010年比2009年(%)	32.61	37.16	39.91	26.58
查处涉烟违法案件(起)		756	218	234	158
查处涉烟违法案件案值(万元)		1268	739	120	62
2010年度烟草行业投入烟叶生产基础设施建设资金(万元)		—	—	—	—
烟水配套工程累计受益面积(万亩)		—	—	—	—
烟叶种植(亩)		—	—	—	—
烟叶收购(担)		—	—	—	—
零售户数(户)		14028	5827	1742	4519
零售户销售毛利率(%)		10.66	13.70	13.29	10.66

(孙　云)

重庆市烟草专卖局（公司）

【概　况】 重庆市烟草专卖局、中国烟草总公司重庆市公司成立于1983年。市局（公司）下辖39家区（县）烟草专卖局（分公司），重庆市烟草投资管理有限公司①1家多元化经营企业，中国烟草总公司重庆市公司销售分公司、物流分公司、烟叶分公司等3家专业分公司，重庆金益烟草有限责任公司、重庆万兴烟叶有限责任公司2家烟叶加工企业。截至2010年年底，公司拥有总资产81亿元，其中，固定资产11.6亿元、流动资产62亿元，资产负债率为22.1%。共有从业人员9932人，其中聘用员工2960人。

2010年，市局（公司）被中国老区建设促进会授予“支持老区工作先进企业”称号；被重庆市慈善总会授予“重庆慈善贡献奖”。

【领导成员】 局长、总经理、党组书记：李恩华

副总经理、党组成员：高兴华

副总经理、党组成员：李　江

副局长、党组成员：刘光洋

纪检组长、党组成员：冉幕寿

副巡视员：李　志

副巡视员：智　力

【机构设置】 市局（公司）机关设办公室（外事办公室）、综合计划处、经济运行处、专卖监督管理处（专卖稽查总队）、政策法规和体制改革处、财务

① 2010年11月，原重庆渝叶实业（集团）有限公司更名为重庆市烟草投资管理有限公司。

管理处（资金结算中心）、审计处、科技处（烟草质量监督检测站）、整顿办、人事劳资处、思想政治工作处（工会、共青团、机关党委）、监察处（党组纪检组）、安全保卫处、经济信息中心、离退休人员管理办公室、特有工种职业技能鉴定站、机关服务中心、烟草学会等18个部门。

【专卖管理】 卷烟打假。2010年，市局围绕“打假破网立新功、内部监管上水平、文明执法树形象、优质服务作表率”的总体要求，推进内部监管、打假打私、市场监管和基层建设“四项任务”。全市共查处涉烟违法案件14686起，其中假烟案件3164起，查获假烟4525万支，案值7000余万元。捣毁制假窝点7个，缴获制假烟机19台（套）。移送公安、司法机关刑事拘留193人、逮捕150人。破获符合国家局标准的网络案件22个，其中，市局稽查总队“8.18”和涪陵“9.10”两起案件被公安部、国家局列为部级督办案件。

省际协作机制。全市在继续发挥“政府搭台、烟草牵头、部门协作”的打假协作机制的基础上，强化与广东、福建等省的省际协作机制，开展了针对名烟名酒店、娱乐服务场所和铁路沿线等场所的专项整治。全市共清理名烟名酒店511家，取缔45家，清理娱乐服务场所5000余家，查处违规案件242起。

专卖内管。围绕“内部监管上水平”的要求，进一步完善信息支撑，强化日常监管、定期检查和责任追究。全年全市共查处违规经营案件19起，处理25人。

基层建设。加大基层创优工作力度，完善基层创优考核验收细则，全市共有12家单位通过市局组织的考评验收。加强执法案卷质量评查工作，评查案卷1528份，优秀案卷率达95.3%。

【经济效益】 2010年，全市烟草商业系统实现税利40.3亿元，同比增长22%，其中利润21.3亿元，同比增长11.7%。实现“两烟”销售收入172.1亿元，同比增长15.8%。三项费用率为9.6%。

【卷烟经营】 卷烟销售。2010年，全市烟草商业系统销售卷烟521.5亿支（104.3万箱），同比增长4.6%，其中，销售一类烟46亿支（9.2万箱），同比增长27.1%；二类烟25.6亿支（5.12万箱），同比增长19.3%；三类烟193.35亿支（38.67万箱），同比增长109.5%；四类烟196.1亿支（39.22万箱），同比下降27.3%；五类烟60.4亿支（12.08万箱），同比下降23.7%。本地区销量居前三位的品牌为“龙凤呈祥”、“宏声”、“娇子”，其中，销售“龙凤呈祥”156.95亿支（31.39万箱），同比增长28.8%；销售“宏声”138.35亿支（27.67万箱），同比下降27.4%；销售“娇子”34.6亿支（6.92万箱），同比增长309.6%。实现卷烟销售收入149.9亿元，同比增长18.4%。

品牌培育。以“中华”为试点品牌，在10家区县公司启动精准营销试点工作；深化工商协同，落实“机会均等、过程透明、结果真实”原则，先后开展“娇子”、“天子”品牌协同投放、“双喜”品牌协同试点、“贵烟（贵在重庆）”的品牌宣传等活动；推进批零互动，着力提升卷烟零售客户经营能力、品牌推介能力、文化传播能力、引导消费能力；做好品牌置换工作，顺利完成川渝中烟“娇子”品牌整合工作，确保销量不减、价格稳定。

电子商务建设。不断扩大网上订货范围，与川渝中烟、浙江中烟、红塔集团、红云红河集团等企业开展“订单生产、网上配货”服务，与主城6区的渝叶广霄烟草连锁店联合开展零售终端网上配货试点工作。整合零售客户网上结算银行，实现工商网上结算，进一步加快“三网”建设进程。

现代物流建设。倡导“五个一”送货服务，即告知一份客户书、递上一张名片、面带一个微笑、传递一声问候、反馈一个信息。开展送货“红旗班组”、“红旗机台”评比活动。对主城片区配送领域持续进行优化整合，节约车辆8台。截至年底，全市分拣包装综合速度达200万支/小时，同比增长6%。

客户服务。健全服务标准，推进货源调控、明码标价与价格自律工作，强化对零售客户在订单、销售、库存、价格、品牌等方面的具体分析指导，关注客户投诉与咨询，基本做到零售价格的稳定。

【烟叶产销】 种植与收购。2010年，全市共签订烟叶种植合同4.97万份，种植烟叶51.3万亩，户均种植面积10.32亩。收购烟叶6.28万吨（125.57万担），其中，中上等烟比例为88.08%。销售烟叶7.83万吨（156.23万担），烟叶收购均价14.1元/千克。实现烟农种烟收入9.1亿元，烟农户均种烟收入1.83万元。

现代烟草农业建设。2010年，市公司先后与湖南中烟、江苏中烟、广东中烟等工业企业建立20个烟叶基地单元，调拨烟叶5.7万吨（114万担）。在非烟季节利用育苗大棚发展多种经营，拓宽烟农增收渠道，巫溪文峰镇育苗工场通过种植食用菌实现净利润14万元；巫山大海烟叶合作社发展生态循环农业，实现生态、经济、社会效益三赢。截至2010年年底，全市现代烟草农业单元推进和整乡推进面积达11.8万亩，占烟叶种植总面积的24%。

烟叶生产基础设施建设。全年累计投入烟基建设资金3亿元，建成烤房6635座、育苗大棚108座，添置配套烟机537台（套），修建机耕道路248千米、水池9.23万立方米，铺设管网906千米，修建沟渠96.9千米。

科技兴烟。2010年，省局（公司）按照按照ISO 9000标准建立并运行烟叶经营标准化体系，预留烟地52.4万亩，其中轮作面积23.7万亩，占计划面积的47%。培育专业化育苗户1146个，实现商品化供苗面积51.2万亩。全市按照“3515”的要求推行“分离式移栽”方法，基本做到一个种植单元3天、统一海拔区域5天、一个区县15天结束移栽。截至年底，全市专业化育苗、商品化供苗比例接近100%，机耕面积达50%。全面推行电子合同种植和电子秤收购，升级烟叶信息系统，优化收购业务流程，实施“四分法”收购，基本消除二次挑选现象，全市烟叶原收原调比例达到97%以上。

【企业管理】 *对标工作*。市局（公司）确立了“69341”管理体系，即6个程度、9个要素、3大系统、4个步骤、1个平台，构建起“五层手册”（行业手册、专项管理手册、企业管理手册、部门管理手册、岗位管理手册）的文件化管理架构。其中，编写工作流程504个，梳理规章制度135个，建立工作标准532个，设计岗位绩效指标424个，初步形成了人人有职责、流程、标准、痕迹、考核的系统、规范、有用的工作标准体系。此外，市局（公司）探索创建“分层级、划类区”的对标模式，获得国家局认可。

基层创优。优秀基层单位创建活动有序开展，完善《2010年争创优秀基层单位考评细则》。2010年，全市有13个基层单位、10个烟叶工作站创优达标，达标率为68%。组织2009年达标的16家基层单位、4个烟叶工作站开展“回头看”工作，巩固创优成果。

财务管理。按照“全过程、全覆盖、全参与、全受控、信息化”的预算管理机制要求，以成本费用定额标准体系建设为突破口，推动全面预算管理工作上水平。加强国有资产产权变更和处置管理，对拟处置的闲置资产进行集中挂牌转让，全年共组织公开拍卖15次，拍卖资产共计89项（房屋、土地、股票、车辆），净值1086万元。全市行业主业三项费用总额为16.6亿元，同比减少0.24亿元，下降1.43%。

绩效考核。按照“管理与经营并重、过程与结果并重、质量与效益并重、规范与效率并重、重点工作与常规工作相结合”的原则，设置经济运行、基础管理、专项管理、保障监督等4类考评目标，包含现代营销、烟叶生产、现代物流、预算管理等16个专项管理工作、78个重点事项，实现了对全市行业生产经营及内部管理的全面覆盖。

【信息化建设】 启动“数字渝烟”集成平台项目建设，通过制定数据管理、集成整合、运维服务等标准，搭建数据集成、应用集成、流程集成、门户集成所需的集成平台，集成整合重庆烟草商业系统所有应用系统和信息资源。“数字渝烟”集成平台主要包括：一个集成平台、三大支撑体系（标准规范体系、安全保障体系、运维服务体系）、五大应用中心（决策指挥中心、业务支撑中心、沟通协作中心、企业报表中心、信息资源中心）和一个企业门户。

编制《重庆市烟草行业信息化建设上水平实施方案》和《“十二五”全市行业信息化投资规划》。推广国家局烟站（单元）烟叶管理信息系统，对生产系统、收购系统、资金结算系统进行功能升级，并开发基础设施管理、客户关系管理子系统，完成烟技员手持PDA设备招投标工作。完善卷烟管理信息系统，开发工商协同网上配货、零售终端网上配货、市场信息采集等3个子系统，进一步深化计算机网络订货、数字电视订货、自动货源分配系统的应用，初步实现“网上订货、网上配货、网上结算”的新型电子商务模式。拓展人力资源信息系统，开发人力资源系统二期工程，通过计划、新建、审批等功能对日常工作事物实现全程管理，并通过任务验评实现与绩效模块对接，提高处理效率和效能。深化财务管理信息系统建设，完成财务管理系统平台升级、预算系统完善、重庆渝叶实业（集团）有限公司核算系统部署、资产管理系统调研及部分功能模块开发应用、资金管理系统调研及方案设计等工作。

【人力资源管理】 *干部管理*。市局（公司）坚持将干部交流作为优化领导班子结构、盘活干部人才资源的有效手段，全年共调整基层单位领导班子24个，调整、任免干部73人次，其中，调整基层单位“一把手”19人，平级交流25人，提拔26人，改任非领导职务8人，试用期满转正4人，挂职1人，免职1人，退休8人。组织行业第三批的10个基层单位“一把手”进行述职述廉与民主测评工作。

岗位绩效管理。实施行业年度岗位绩效管理目标考核。编写专卖、财务、审计、销售、物流、烟叶等业务序列岗位绩效考核指导方案，充实完善绩效管理体系。组织开展机关绩效管理工作，修订完善机关部门及员工绩效管理实施方案。拟定2010年机关考核工

作方案，并于2011年1月正式实施。完成员工能力素质模型初步设计。

用工分配制度改革。出台《深化推进用工分配制度改革的意见》，修订完善用工分配制度改革的相关配套文件。规范劳动合同的续订管理，印发《劳动合同到期考核办法》。结合贯标工作加强岗位管理体系建设，编写行业岗位工作标准，编制岗位工作手册，使岗位职责与工作流程、工作要求、考核评价等事项协调统一。

教育培训与技能鉴定。修订《全市行业教育培训补助经费管理办法》和《职称评聘制度》，制定重庆烟草员工队伍建设“十二五”规划。全年组织领导干部政治理论培训、人事劳资干部培训、后备干部EMBA研修培训各1期，共培训365人次。外送培训近200人次，完成国家局调训任务。开展政工、农业系列中级职称评审和职称初定工作，4人取得政工师资格、10人取得农艺师资格。开展高级职称申报工作，其中1人取得高级经济师资格、2人取得高级农艺师资格、3人取得高级会计师资格。

【思想政治工作】 *理论学习*。开展学习实践活动“回头看”和“第十七届五中全会”精神学习活动。每月举办一期“三诚大讲坛”讲座，进一步强化员工学习意识，培养良好习惯。举办西南、西北片区思想政治工作研讨会，全年撰写调研报告10篇，收集政研论文158篇。

党建工作。制订《重庆市烟草行业标准化党支部建设实施意见》，完善考核细则，强化基层党支部标准化建设工作。完成机关党委换届选举工作，成立市局（公司）党建工作指导办公室。强化党员党性修养，统一发放党费证、党章、党徽等，组织新党员进行入党宣誓。开展“送温暖、炼党性”主题实践活动、建党89年纪念活动、“颂歌献祖国”红歌比赛等活动。

党风廉政建设。全市行业组织开展警示教育、党风党纪教育等宣教活动106次，发布廉政信息318条。组织行业46名纪检监察干部参加中纪委脱产培训。推行明示与承诺制度，逐级签订《党风廉政建设和反腐败工作责任书》。全年处理信访举报5件次，开展诫勉谈话5人次，对14个单位开展巡视工作，梳理意见和建议118条，提出意见和建议120条。

【企业文化】 市局（公司）开展“三诚”服务在岗位大讨论、“三诚”服务技能大比武等活动。设计注册“三诚”LOGO，建立“文化评价体系”和“IPM”思想政治工作系统两套信息化平台，提炼出274条业务服务标准和190条岗位服务标准，形成《三诚服务品牌文化手册》和《行业服务指导标准》等11项建设成果。完成全市行业从业人员工装统一、所属单位办公楼和基层站点VI导入、“三诚”彩铃覆盖办公电话等工作。“三诚”服务品牌被国家局确定为全国烟草行业综合性服务品牌的代表。

【“十一五”发展概要】 市局（公司）坚持以市场为导向、以效益为中心，以“打牢基础、完善机制、推进改革、构建和谐”为主要任务，“两烟”并重、专销同举，两手抓、两促进，狠抓规范，强化管理，“两烟”经营水平显著提升。“十一五”期间，全市累计实现销售收入647.1亿元，比“十五”时期增长84%；“十一五”期间实现税利134.4亿元，比“十五”时期增长2倍；行业总资产突破80亿元、净资产突破60亿元；多元化产业实现由“瘦身”向“强体”的转变，规范投资体系，调整产业结构，组建中维地产重庆分公司。

现代烟草农业建设取得阶段性成效。烟叶生产基地化取得新进展，与上海烟草集团、云南中烟、湖南中烟、湖北中烟等重点工业企业联办烟叶基地，对接工业企业由2005年的29家整合到13家。重庆烟叶成功进入“中华”、“芙蓉王”、“白沙”、“双喜”等全国性卷烟大品牌的主配方。投资13亿元用于烟基建设，建成密集式烤房25412座，烟水配套工程533万立方米，铺设管网15000千米，修建烟路532千米，覆盖基本烟田100万亩。烟叶生产布局调整实现新突破，种烟区县由16个调整优化为12个。推进适度规模化种植，2010年全市户均种烟规模达10.5亩，比2005年增加4.4亩；烟农户均种烟收入突破2万元，比2005年增长1.9倍。

初步实现传统商业向现代流通转变。“十一五”期间，全市累计销售卷烟2389亿支（477.8万箱），比“十五”时期增长21.7%，年均增长4.4%；2010年单箱销售收入（不含税）14426元，比2005年增长77.6%。网上订货、电子结算加速推进，截至2010年年底，全市网上订货客户比达83.5%，网上结算客户比达99.5%。投资1.5亿元，建成具备5.5万箱仓储能力、110万箱配送能力，覆盖全市11万卷烟零售客户的现代物流体系。2010年，全市卷烟综合分拣速度达200万支/小时。

行业基础管理更加扎实规范。五年来，市局（公司）共分三批次在行业开展竞争上岗，选拔副处级干部20人，招录新员工265人。推行大宗物资统一集中采购、工程项目统一监理，建立行业招标评委库，实施招标代理公司“退出机制”。实现由单一的费用预

算管理向全面预算管理转变，2010年全市行业三项费用率为9.6%，比2005年下降6.8%。探索创建“分层级、划类区”的对标模式，2010年，重庆烟草相对值排位列全国行业第二，综合排位列第八，比2009年国家局首次公布数据分别上升23位、24位。

企业文化建设取得突破性成果。成功构建企业文化和“三诚”服务品牌两大体系，对外公开发布《员工行为规范》等12项企业文化建设成果和《“三诚”服务品牌手册》等11项服务品牌建设成果，形成以“行动者创造未来”为核心的企业文化理念体系，实现企业文化建设从无到有、从分散到系统的重大突破。

和谐重庆烟草构建成效显著。持续改善生产经营环境，累计投入6.6亿元，新建和改造烟叶收购站点60个、单位办公经营用房19个。积极参与和谐社会建设，“十一五”共计捐赠8800万元用于各项公益事业支出，组织开展“春暖2010”、“温暖上学路”等大型公益活动；引进卷烟工业企业累计捐赠4300万元，支持烟区基础设施建设和教育文化事业，援建希望小学7所。

【特事要辑】 12月10日，《烟草控制框架公约》中方代表在重庆召开“《烟草控制框架公约》缔约方第四次大会总结会”。

2010年重庆市局（公司）主要统计指标汇总

实现税利（亿元）	实现利润（亿元）	销售卷烟（亿元）	烟叶种植（万亩）	烟叶收购（万担）
40.30	21.30	521.50	51.30	125.57

所属区、县局（公司）

【万州区烟草专卖局(分公司)】 万州区烟草专卖局、重庆市烟草公司万州分公司成立于1984年。

2010年9月，区局创立“311”市场监管模式，即每周3天上线，1天集中整治市场，1天学习总结，每月实行量化考核，与当月绩效工资挂钩。

7月，启动万州域内部分单位物流集约化整合，将万州、开县、梁平和云阳等4家单位纳入中心直接送货范围。域内单车年均装载量达到5800箱/车，较整合前提高20.5%；直接送货装载率达110%，较整合前提高12.5%。

【黔江区烟草专卖局(分公司)】 黔江区烟草专卖局、重庆市烟草公司黔江分公司成立于2002年。

2010年，按照“整区推进，单元实施”的要求，全区23个种烟乡镇划分为水市、濯水、石家、马喇等4个基地单元，其中，重点建设水市基地单元。工商合作进一步深化，4个基地单元分别与湖南中烟、安徽中烟、河南中烟、上海烟草集团等4家工业企业对接，充分发挥基地建设中工业和商业的共同作用。

【涪陵区烟草专卖局(分公司)】 涪陵区烟草专卖局、重庆市烟草公司涪陵分公司成立于1983年。

成功破获“9.10”假烟网络案件，共抓获涉案嫌疑人54人，刑事拘留48人；涉案总价值3000余万元，已核实1795余万元；现场查扣各类假烟2600余条，案值130余万元；扣押制假设备一套，生产假烟原辅材料一批；扣押涉案车辆10台、涉案电脑28台，查扣冻结资金110余万元。“9.10”假烟网络案被公安部、国家局列为全国十大案例之一。

【渝中区烟草专卖局(分公司)】 渝中区烟草专卖局、重庆市烟草公司渝中分公司成立于1984年。

作为全市唯一的“卷烟数字电视订货”试点单位，经过2批56户卷烟零售客户近5个月的试运行后，区公司在辖区符合条件的客户中全面推广“电视订货”。截至2010年年底，辖区“电视订货”客户达到200户。

【大渡口区烟草专卖局(分公司)】 大渡口区烟草专卖局、重庆市烟草公司大渡口分公司成立于1985年。

全年查获假冒卷烟6.19万支，打掉贩藏假烟窝点1个，上缴罚没款13.93万元。移送公安机关涉烟案件1起，公安、司法机关依法刑事拘留2人，逮捕1人，判刑1人。破获符合市局标准的网络案件1起，案值19.59万元。

【江北区烟草专卖局(分公司)】 江北区烟草专

卖局、重庆市烟草公司江北分公司成立于1985年。

坚持以财务管理为龙头，成立了预算管理机构，积极发挥预算管理委员会的作用，落实相应责任人；推进全面预算管理，严格国有资产日常管理，不断降低费用率，确保财务管理上水平。2010年区局（分公司）三项费用合计2401.35万元，预算执行率97.31%。

【沙坪坝区烟草专卖局（分公司）】 沙坪坝区烟草专卖局、重庆市烟草公司沙坪坝分公司成立于1985年。2010年，区局被市局评为“专卖管理工作先进单位”。

坚持以“传承渝烟文化、打造特色文化、培育优秀文化、构建和谐文化”的理念带队伍，提升职工的“精、气、神”，以沙烟文化引领和推动区局（分公司）各项工作。全年开展4次沙烟故事会及争光贡献先进个人评选活动，举办5次客户趣味运动会。

【九龙坡区烟草专卖局（分公司）】 九龙坡区烟草专卖局、重庆市烟草公司九龙坡分公司成立于1985年。

成立了周末和节假日市场巡查值班支队，实施卷烟市场无缝监管；将辖区客户分为一般客户、重点客户、名烟名酒店、娱乐服务场所等4类，实施分类动态管理；将零售客户基本信息、违规记录等基础资料都纳入了客户电子档案中，创新客户电子档案和电子地图；完善零售终端市场监管工作制度，梳理岗位工作标准流程，设计客户档案等记录表，实施痕迹管理。

【南岸区烟草专卖局（分公司）】 南岸区烟草专卖局、重庆市烟草公司南岸分公司成立于1985年。

围绕“管理上水平，对标升位次”的中心任务，建立了“一室三组”的对标管理机构，率先开展岗位对标工作。

【北碚区烟草专卖局（分公司）】 北碚区烟草专卖局、重庆市烟草公司北碚分公司成立于1985年。

区局（分公司）立足实践，提炼出囊括发展愿景、管理理念、经营策略、领导艺术、工作要求、推进手段等诸多内容的立体管理“六三”工作法。（“六三”即三化导引，三先定位；三精明责，三细攻坚；三基固本，三励驱动。）

【万盛区烟草专卖局（分公司）】 万盛区烟草专卖局、重庆市烟草公司万盛分公司成立于1984年。

大力扶持贫困零售客户、政策倾斜弱势群体，受到卷烟零售客户和群众的广泛认可和好评。

【渝北区烟草专卖局（分公司）】 渝北区烟草专卖局、重庆市烟草公司渝北分公司成立于1985年。

2010年，破获“9.16”跨省运输、制售假烟网络案件，切断了由广东淡水至重庆的假烟运输通道。共查获假烟1190条，涉案金额145.32万元，案值50.13万元。公安、司法机关依法刑事拘留8人，其中逮捕7人。该案被重庆市公安局、重庆市局评为“2010年全市10大卷烟打假精品案例”。

【巴南区烟草专卖局（分公司）】 巴南区烟草专卖局、重庆市烟草公司巴南分公司成立于1986年。

建立符合本区实际的零售终端服务体系，该体系从管理需求、市场需求、客户需求等3个方面入手，规范了服务准备、服务过程、服务评价、客户细分等4个标准，完善了终端服务流程、终端服务监督、终端服务评价三个体系。通过对试点客户的服务管理，客户理论销量执行率达到90%以上。

【长寿区烟草专卖局（分公司）】 长寿区烟草专卖局、重庆市烟草公司长寿分公司成立于1984年。

通过开展市场调查，掌握长寿市场的消费情况，把握品牌消费需求，区公司制订了符合长寿区市场实际的《品牌发展规划》。全年销售全国性卷烟重点骨干品牌9.25亿支（1.85万箱），同比增长62.93%，

【江津区烟草专卖局（分公司）】 江津区烟草专卖局、重庆市烟草公司江津分公司成立于1985年。

统一全区网点的硬件标准和管理标准，开展“标杆”试点工作，采用“以点带面”的方式统一规范各网点配置。截至年底，区局（分公司）辖区内标准化基层网点建设工程已全面完成并通过验收，共计改造装修面积约2200平方米。

【合川区烟草专卖局（分公司）】 合川区烟草专卖局、重庆市烟草公司合川分公司成立于1985年。

区局（分公司）从信访工作机制入手，不断加强信访工作力度，成立信访工作领导小组，下设信访办公室和接待室。落实“领导信访接待日”制度，明确每月8日为领导公开接待群众来访日，设立“举报箱”。

【永川区烟草专卖局（分公司）】 永川区烟草专

卖局、重庆市烟草公司永川分公司成立于1984年。

全年查获假冒卷烟7.25万支，打掉贩藏假烟窝点2个，上缴罚没款7.4万元。移送公安机关涉烟案件5起，公安、司法机关依法刑事拘留3人，判刑1人。破获符合国家局标准的制售假烟网络案件1起。

【南川区烟草专卖局(分公司)】 南川区烟草专卖局、重庆市烟草公司南川分公司成立于1983年。2010年，区局（分公司）工会被中华全国总工会评为“全国模范职工小家”。

区局（分公司）与种烟乡镇党委政府配合，创新组织模式，改进生产方式，加强基础建设。各烟乡（镇）都建立了一个120亩的示范片，发挥以“点”带“面”的示范作用。加强与川渝中烟及科研院校合作，建立500亩品种试验示范展示区1个，承担市局科试项目7个，市局推广项目5个，试验散叶烘烤和收购。烟叶预检在全市阶段指标考核排序中名列第一。

【綦江县烟草专卖局(分公司)】 綦江县烟草专卖局、重庆市烟草公司綦江分公司成立于1984年。

县局（分公司）建立并完善了以目标管理、激励约束、绩效考评“三大手段”为核心的运行考核机制，完善后的绩效考核体系从5月份起正式运行，基本实现了“任务具体、责任明确、功过分明、奖惩到位”的运行目标。

【潼南县烟草专卖局(分公司)】 潼南县烟草专卖局、重庆市烟草公司潼南分公司成立于1984年。2010年，县局（分公司）工会被中华全国总工会评为“全国模范职工小家”。

县局（分公司）以“扩总量、调结构、育品牌、稳价格”为目标，打造以市场为导向、以客户为中心、以信息技术为支撑的“工业、商业、零售客户”三位一体面向消费者的现代营销体系，取得了全市行业卷烟单箱销售收入增幅和卷烟销售收入增幅的“两个第一”。

【铜梁县烟草专卖局(分公司)】 铜梁县烟草专卖局、重庆市烟草公司铜梁分公司成立于1985年。

建立职工民主管理机制，凡涉及重大经营管理决策、投资、物资采购等事项，至少需要有两名来自一线的职工代表参与。

【大足县烟草专卖局(分公司)】 大足县烟草专卖局、重庆市烟草公司大足分公司成立于1984年。2010年，县局（分公司）工会被中华全国总工会评为“全国模范职工小家”。

组织“三诚”服务在岗位主题活动，全员签订“三诚”服务承诺书。全年共印制《三诚之窗》6期。

【荣昌县烟草专卖局(分公司)】 荣昌县烟草专卖局、重庆市烟草公司荣昌分公司成立于1984年。

利用《三诚之窗》报纸、内网论坛等平台开展大讨论活动，启动品牌营销协同行动、消费大众放心工程、社会公众信心工程、优质服务明星评选活动和员工开心工程“五大亮点”工作。创办每月一期的“棠城行动者论坛”，进一步完善VI视觉识别系统。

【璧山县烟草专卖局(分公司)】 璧山县烟草专卖局、重庆市烟草公司璧山分公司成立于1984年。

县局（分公司）围绕“销量平稳增长、结构合理提高、品牌做大做强、服务再上水平”的目标要求，以卷烟“四增长”和川渝卷烟“三增长”为主要任务，通过打造“三诚”服务品牌、提升客户服务水平、完善品牌培育机制、挖掘市场潜力，以及不断夯实网建基础、优化流程、提高网络运行质量等有力措施，确保了全年卷烟销售工作各项任务圆满完成。

【梁平县烟草专卖局(分公司)】 梁平县烟草专卖局、重庆市烟草公司梁平分公司成立于1984年。

推进客户经理拜访方式，由原来的日常性拜访向协同性拜访转变，重点把服务核心放在细化对客户的经营指导上，共同查找提升客户经营能力的突破口。

【城口县烟草专卖局(分公司)】 城口县烟草专卖局、重庆市烟草公司城口分公司成立于1984年。2010年，县局（分公司）工会被中华全国总工会评为“全国模范职工小家”。

【丰都县烟草专卖局(分公司)】 丰都县烟草专卖局、重庆市烟草公司丰都分公司成立于1983年。

作为国家局办事公开民主管理工作试点单位之一，县局（分公司）及时成立领导小组，制定实施方案，建立办事公开短信发布平台，新增局域网公开公示信息反馈功能，通过《三诚之窗》等多种渠道宣传办事公开民主管理工作。

【垫江县烟草专卖局(分公司)】 垫江县烟草专卖局、重庆市烟草公司垫江分公司成立于1983年。

县局（分公司）把费用控制上水平作为企业发展

的重要保证，通过加强预算制度建设、完善内控机制、加强物流配送成本和可控费用支出的管理，确保预算执行率不超标，全年费用率同比下降2.07%。

【武隆县烟草专卖局（分公司）】 武隆县烟草专卖局、重庆市烟草公司武隆分公司成立于1983年。

全年查获假冒卷烟1.96万支、非法烟叶3.01吨，上缴罚没款3.25万元。

全年烟叶收购均价为14.57元/千克。实现烟农售烟收入1.04亿元，烟农户均收入2.33万元。

【忠县烟草专卖局（分公司）】 忠县烟草专卖局、重庆市烟草公司忠县分公司成立于1984年。

推行“文化入文”活动，按照“四全”原则确保企业文化落地，完成VI视觉系统导入。

【开县烟草专卖局（分公司）】 开县烟草专卖局、重庆市烟草公司开县分公司成立于1984年。

根据《开县行政审批代办中心建设方案、开县行政审批电子监查系统建设方案》要求，县局被纳入行政审批代办分中心建设单位。2010年4月，实现了与县行政审批代办中心的顺利对接，5月31日完成了分中心挂牌。

【云阳县烟草专卖局（分公司）】 云阳县烟草专卖局、重庆市烟草公司云阳分公司成立于1984年。

全年查获假冒卷烟84万支，上缴罚没款5.79万元。公安、司法机关依法逮捕3人，判刑3人。

【奉节县烟草专卖局（分公司）】 奉节县烟草专卖局、重庆市烟草公司奉节分公司成立于1984年。

全年查获假冒卷烟10万支、非法烟叶4吨，打掉贩藏假烟窝点1个，上缴罚没款4.72万元。移送公安机关涉烟案件1起，公安、司法机关依法刑事拘留3人，逮捕8人，判刑4人。全年破获符合市局标准的制售假烟网络案件1起。

全年烟叶收购均价为13.31元/千克。实现烟农售烟收入0.53亿元，烟农户均收入1.35万元。

【巫山县烟草专卖局（分公司）】 巫山县烟草专卖局、重庆市烟草公司巫山分公司成立于1983年。

成立大海、蓝田、庞兴、金安等4个烟叶综合合作社，全部实现100%育苗专业化，100%植保专业化。合作社对“以烟为主，产业结合，多元增收”的绿色循环经济作出了规划，利用育苗大棚、土地空闲期种植蔬菜、水果等项目，取得较好的效益。

【巫溪县烟草专卖局（分公司）】 巫溪县烟草专卖局、重庆市烟草公司巫溪分公司成立于1984年。

县局（分公司）利用文峰镇三宝村2000亩的育苗工场，在5～12月的闲置期，引导绿联蔬菜专业合作社开展食用菌种植项目，2010年实现纯收入20万元以上，解决了107名农民的劳动就业，有效探索育苗工场后续产业发展新模式。

【石柱土家族自治县烟草专卖局（分公司）】 石柱土家族自治县烟草专卖局、重庆市烟草公司石柱分公司成立于1983年。

以“专卖管理上水平”为中心，强化规范流程与痕迹管理相结合、日常监管与市场巡查相结合、重点监管与专项行动相结合、分类管理与内部监管相结合，全力推进专卖管理工作上台阶。2010年，全县市场净化率达99%，案值任务完成达292%，案卷评查优秀率达100%。

【秀山土家族苗族自治县烟草专卖局（分公司）】 秀山土家族苗族自治县烟草专卖局、重庆市烟草公司秀山分公司成立于1983年。

推进劳动用工分配制度改革，建立了月度与年度结合、岗位与绩效结合的绩效考评机制。确定2010年为县局（分公司）学习培训年，先后组织开展专卖法律法规、公文基础知识、预算软件应用等业务知识培训等共8次，参加培训500余人次。

【酉阳土家族苗族自治县烟草专卖局（分公司）】 酉阳土家族苗族自治县烟草专卖局、重庆市烟草公司酉阳分公司成立于1984年。

全年查获假冒卷烟123.68万支，查获贩藏假烟窝点3个，上缴罚没款3万元。移送公安机关涉烟案件2起，公安、司法机关依法刑事拘留4人，逮捕3人。全年破获符合市局标准的制售假烟网络案件2起。

全年烟叶收购均价为14.4元/千克。实现烟农售烟收入1.1亿元，烟农户均收入1.5万元。

【彭水苗族土家族自治县烟草专卖局（分公司）】 彭水苗族土家族自治县烟草专卖局、重庆市烟草公司彭水分公司成立于1983年。

分别组织召开了烟叶育苗、起垄、规范化移栽、田间管理、“K326”品种观摩、烟叶预检“四分法”等现场会，各片区分别以站、点为单位召开了种烟客户技术培训会和现场推进会。

所属其他二级单位

【重庆市烟草投资管理有限公司】 重庆市烟草投资管理公司前身为成立于2000年2月的重庆渝叶实业（集团）有限公司。2010年11月，公司更名为重庆市烟草投资管理有限公司，注册资金由3000万元增至5.12亿元，是重庆市烟草公司的全资子公司。截至2010年年底，公司拥有总资产6.74亿元，其中，固定资产0.2亿元、流动资产1.63亿元，资产负债率为18.42%。共有员工435人，其中聘用员工390人。公司主要负责重庆市烟草多元化企业投资和经营管理工作，经营业务涉及全市卷烟及烤烟中转运输、卷烟连锁经营、房地产开发、烟用配套物资产销、酒店经营及物业管理等领域。

2010年，公司实现营业收入22800万元，同比增长8.97%。实现利润1362万元，同比增长7.8%。

推进全市计划内企业的清退工作，截至年底，除1家多元化企业仍在进行股权转让外，其他计划内多元化企业清退工作已全部完成，基本实现了重庆烟草商业多元化产业的"瘦身"目标。

实现与北京中维地产公司在房地产开发上的经营合作，对中维地产重庆分公司注资4.82亿元，注资后持有该企业49%的股份。自此，房地产开发业务成为重庆烟草商业多元产业的重要增长点。

2010年重庆市烟草商业系统主要情况统计

区、县局(公司)名称		万州区烟草专卖局(分公司)	黔江区烟草专卖局(分公司)	涪陵区烟草专卖局(分公司)	渝中区烟草专卖局(分公司)	大渡口区烟草专卖局(分公司)
主要负责人/法人代表		李恩成	王登平	蔡世全	谢小波	段承明
总资产(万元)		5329	24092	2763	2434	8763
资产负债率(%)		—	—	—	—	—
所属县级局(个)		—	—	—	—	—
所属县级公司/分公司(个)		—	—	—	—	—
所属县级营销部(个)		—	—	—	—	—
从业人员(人)		498	393	257	84	55
所属业务机构	访销机构	—	1个电访中心	1个客户服务部	1个客户服务部	—
	物流配送机构	1个配送中心	1个配送中心	1个配送中心	—	—
	稽查机构	1个稽查支队、8个稽查大队	1个稽查支队、5个稽查大队	1个稽查支队、6个稽查大队	1个稽查支队、4个稽查大队	1个稽查支队、2个稽查大队
	烟叶机构	6个烟叶站	4个烟叶站	1个烟叶站	—	—
销售卷烟	(亿支)	22.92	8.02	18.45	17.41	7.80
	2010年比2009年(%)	-2.46	3.48	4.03	3.32	1.96
卷烟销售收入(万元)		62854	28478	49345	73496	25766
实现税利	(万元)	10327	4024	7554	13815	4397
	2010年比2009年(%)	72.60	-31.66	35.69	26.78	22.20
实现利润	(万元)	2472	925	2417	7162	2079
	2010年比2009年(%)	217.33	45.34	45.34	13.42	5.10
查处涉烟违法案件(起)		702	116	361	875	251
查处涉烟违法案件案值(万元)		96	121	2042	339	31
2010年度烟草行业投入烟叶生产基础设施建设资金(万元)		662	5000	833	—	—
烟水配套工程累计受益面积(万亩)		0.24	16.40	1.10	—	—

续表

区、县局（公司）名称	万州区烟草专卖局（分公司）	黔江区烟草专卖局（分公司）	涪陵区烟草专卖局（分公司）	渝中区烟草专卖局（分公司）	大渡口区烟草专卖局（分公司）
烟叶种植（亩）	18300	70000	11029	—	—
烟叶收购（担）	53000	150617	25591	—	—
零售户数（户）	6754	2079	4261	2164	1022
零售户销售毛利率（%）	10.00	8.00	9.00	18.57	9.00

区、县局（公司）名称		江北区烟草专卖局（分公司）	沙坪坝区烟草专卖（分公司）	九龙坡区烟草专卖（分公司）	南岸区烟草专卖局（分公司）	北碚区烟草专卖局（分公司）
主要负责人/法人代表		郭　敏	李兴奇	戴吉云（—2010.3） 黄在春（2010.3—）	黄键雄（—2010.3） 窦梓铭（2010.3—）	谷　华（—2010.4） 张　旭（2010.4—）
总资产（万元）		2723	2676	2899	2309	1630
资产负债率（%）		—	—	—	—	—
所属县级局（个）		—	—	—	—	—
所属县级公司/分公司（个）		—	—	—	—	—
所属县级营销部（个）		—	—	—	—	—
从业人员（人）		93	104	112	105	94
所属业务机构	访销机构	1个客户服务部	—	1个客户服务部	—	—
	物流配送机构	—	—	—	—	—
	稽查机构	5个稽查大队	1个稽查支队、 3个稽查大队	1个稽查支队、 4个稽查大队	1个稽查支队、 5个稽查大队	4个稽查大队
	烟叶机构	—	—	—	—	—
销售卷烟	（亿支）	19.00	24.48	28.20	19.55	15.05
	2010年比2009年（%）	6.10	6.37	6.51	4.26	9.58
卷烟销售收入（万元）		69127	82384	99462	68960	43729
实现税利	（万元）	12645	15597	18972	12377	7180
	2010年比2009年（%）	26.70	25.03	28.30	24.31	30.78
实现利润	（万元）	6389	8198	10017	6156	3236
	2010年比2009年（%）	11.02	8.64	13.10	6.16	11.93
查处涉烟违法案件（起）		952	668	668	734	213
查处涉烟违法案件案值（万元）		113	274	435	510	143
2010年度烟草行业投入烟叶生产基础设施建设资金（万元）		—	—	—	—	—
烟水配套工程累计受益面积（万亩）		—	—	—	—	—
烟叶种植（亩）		—	—	—	—	—
烟叶收购（担）		—	—	—	—	—
零售户数（户）		2148	2989	3327	2357	3191
零售户销售毛利率（%）		9.00	18.48	7.90	9.00	9.00

区、县局(公司)名称	万盛区烟草专卖局(分公司)	渝北区烟草专卖局(分公司)	巴南区烟草专卖局(分公司)	长寿区烟草专卖局(分公司)	江津区烟草专卖局(分公司)
主要负责人/法人代表	徐　建(—2010.3) 杨建鸣(2010.3—)	蒲志奇	黄在春(—2010.3) 张琼华(2010.3—)	张　旭(—2010.3) 刘　晗(2010.3—)	李长中
总资产(万元)	651	3077	1969	1442	1557
资产负债率(%)	—	—	—	—	—
所属县级局(个)	—	—	—	—	—
所属县级公司/分公司(个)	—	—	—	—	—
所属县级营销部(个)	—	—	—	—	—
从业人员(人)	53	136	97	96	131
所属业务机构　访销机构	—	—	1个客户服务部、2个区域客户服务部	1个客户服务部	1个客户服务部、6个区域客户服务部
所属业务机构　物流配送机构	—	—	—	1个配送组	1个配送部
所属业务机构　稽查机构	2个稽查支队	1个稽查支队、5个稽查大队	1个稽查支队、2个稽查大队	1个稽查支队、3个稽查大队	7个稽查大队
所属业务机构　烟叶机构	—	—	—	—	—
销售卷烟　(亿支)	5.63	32.40	18.74	15.04	19.19
销售卷烟　2010年比2009年(%)	4.19	8.81	7.72	9.54	3.77
卷烟销售收入(万元)	15323	112146	51733	45136	47351
实现税利　(万元)	2086	21531	9220	6165	6876
实现税利　2010年比2009年(%)	33.79	28.06	38.95	34.61	39.30
实现利润　(万元)	713	11450	4585	2744	2644
实现利润　2010年比2009年(%)	11.17	12.03	25.71	15.98	15.3
查处涉烟违法案件(起)	97	1333	556	221	305
查处涉烟违法案件案值(万元)	7	242	249	26	81
2010年度烟草行业投入烟叶生产基础设施建设资金(万元)	—	—	—	—	—
烟水配套工程累计受益面积(万亩)	—	—	—	—	—
烟叶种植(亩)	—	—	—	—	—
烟叶收购(担)	—	—	—	—	—
零售户数(户)	1125	5566	3376	3206	3838
零售户销售毛利率(%)	10.50	10.00	9.00	10.00	8.91

区、县局(公司)名称	合川区烟草专卖局(分公司)	永川区烟草专卖局(分公司)	南川区烟草专卖局(分公司)	綦江县烟草专卖局(分公司)	潼南县烟草专卖局(分公司)
主要负责人/法人代表	窦梓铭(—2010.3) 谷　华(2010.3—)	肖中华(—2010.4) 刘　伟(2010.4—)	周　建	张琼华(—2010.3) 徐　建(2010.3—)	刘　伟(—2010.4) 燕　静(2010.4—)
总资产(万元)	2005	2009	11967	1433	1027
资产负债率(%)	—	—	—	—	—
所属县级局(个)	—	—	—	—	—
所属县级公司/分公司(个)	—	—	—	—	—
所属县级营销部(个)	—	—	—	—	—
从业人员(人)	136	104	165	95	68

续表

区、县局(公司)名称		合川区烟草专卖局(分公司)	永川区烟草专卖局(分公司)	南川区烟草专卖局(分公司)	綦江县烟草专卖局(分公司)	潼南县烟草专卖局(分公司)
所属业务机构	访销机构	—	—	—	1个营销中心	1个客户服务部
	物流配送机构	—	1个接力配送部	1个配送中心	—	—
	稽查机构	1个稽查支队、5个稽查大队	1个稽查支队、1个巡查支队、5个稽查大队	1个稽查支队、2个稽查中队	6个稽查支队、1个稽查大队	1个稽查大队、3个稽查中队
	烟叶机构	—	—	9个烟草点	—	—
销售卷烟	(亿支)	20.03	18.50	12.00	15.97	9.13
	2010年比2009年(%)	9.23	3.06	9.11	3.90	7.53
卷烟销售收入(万元)		49765	47408	28815	38349	21714
实现税利	(万元)	7591	7572	4893	5888	2990
	2010年比2009年(%)	38.90	40.64	-0.73	24.57	58.12
实现利润	(万元)	3184	3329	1382	2519	1107
	2010年比2009年(%)	16.49	23.34	-13.57	3.40	45.47
查处涉烟违法案件(起)		874	376	68	665	207
查处涉烟违法案件案值(万元)		42	30	7	165	21
2010年度烟草行业投入烟叶生产基础设施建设资金(万元)		—	—	140	—	—
烟水配套工程累计受益面积(万亩)		—	—	0.50	—	—
烟叶种植(亩)		—	—	13700	—	—
烟叶收购(担)		—	—	17935	—	—
零售户数(户)		4795	3664	2734	3413	2251
零售户销售毛利率(%)		9.00	11.26	9.60	9.20	9.20

区、县局(公司)名称		铜梁县烟草专卖局(分公司)	大足县烟草专卖局(分公司)	荣昌县烟草专卖局(分公司)	璧山县烟草专卖局(分公司)	梁平县烟草专卖局(分公司)
主要负责人/法人代表		张胜华(—2010.1) 张继伟(2010.1—)	赵　飞	范　涛(—2010.3) 王　平(2010.3—)	楚　鹰(—2010.4) 罗晓庆(2010.4—)	李锦福
总资产(万元)		1023	1348	1664	1004	1297
资产负债率(%)		—	—	—	—	—
所属县级局(个)		—	—	—	—	—
所属县级公司/分公司(个)		—	—	—	—	—
所属县级营销部(个)		—	—	—	—	—
从业人员(人)		76	110	82	75	96
所属业务机构	访销机构	3个片区区域客户服务部	—	—	—	—
	物流配送机构	—	—	—	1个客户服务部	—
	稽查机构	3个稽查中队、1个稽查大队	1个稽查大队、5个稽查中队	1个直属稽查队、3个区域稽查队	1个稽查大队、3个稽查中队	1个稽查大队、4个稽查中队
	烟叶机构	—	—	—	—	—
销售卷烟	(亿支)	11.50	14.25	12.25	11.48	10.26
	2010年比2009年(%)	12.75	5.70	5.06	4.27	1.46

续表

区、县局(公司)名称		铜梁县烟草专卖局(分公司)	大足县烟草专卖局(分公司)	荣昌县烟草专卖局(分公司)	璧山县烟草专卖局(分公司)	梁平县烟草专卖局(分公司)
卷烟销售收入(万元)		24814	41767	31328	29600	21814
实现税利	(万元)	3693	5147	4743	4783	3114
	2010 年比 2009 年(%)	39.28	37.70	29.33	37.21	64.44
实现利润	(万元)	1518	2007	2021	1953	1130
	2010 年比 2009 年(%)	22.01	13.80	3.68	9.57	83.07
查处涉烟违法案件(起)		97	322	198	344	426
查处涉烟违法案件案值(万元)		13	61	18	19	26
2010 年度烟草行业投入烟叶生产基础设施建设资金(万元)		—	—	—	—	—
烟水配套工程累计受益面积(万亩)		—	—	—	—	—
烟叶种植(亩)		—	—	—	—	—
烟叶收购(担)		—	—	—	—	—
零售户数(户)		2670	3382	1909	2187	2769
零售户销售毛利率(%)		9.00	9.00	8.97	17.97	9.00

区、县局(公司)名称		城口县烟草专卖局(分公司)	丰都县烟草专卖局(分公司)	垫江县烟草专卖局(分公司)	武隆县烟草专卖局(分公司)	忠县烟草专卖局(分公司)
主要负责人/法人代表		夏刚东(—2010.3) 黎　明(2010.3—)	杨通华	程念民(—2010.3) 李　明(2010.3—)	肖鹏程(2010.3—) 熊向东(—2010.3)	何汝成(—2010.3) 夏刚东(2010.3—)
总资产(万元)		509	3914	1109	5973	1399
资产负债率(%)		—	—	—	—	—
所属县级局(个)		—	—	—	—	—
所属县级公司/分公司(个)		—	—	—	—	—
所属县级营销部(个)		—	—	—	—	—
从业人员(人)		42	230	105	488	99
所属业务机构	访销机构	—	—	—	1 个电访中心	1 个客户服务部、5 个区域客户服务部
	物流配送机构	1 个配送中心	1 个配送中心	—	—	1 个配送中心
	稽查机构	1 个稽查大队	2 个稽查中队、1 个稽查大队	1 个稽查大队、2 个稽查中队	1 个稽查大队、2 个稽查队	5 个稽查中队、1 个稽查大队
	烟叶机构	—	2 个烟叶站	—	4 个烟叶站	—
销售卷烟	(亿支)	2.61	8.24	10.03	5.60	8.75
	2010 年比 2009 年(%)	-4.40	4.90	11.32	-4.43	1.74
卷烟销售收入(万元)		8334	20462	23068	16276	18480
实现税利	(万元)	1024	6665	3190	8336	2328
	2010 年比 2009 年(%)	14.03	68.22	71.79	31.30	79.08
实现利润	(万元)	211	3037	1041	3462	641
	2010 年比 2009 年(%)	-8.26	178.87	86.56	133.60	672.29

续表

区、县局(公司)名称		城口县烟草专卖局(分公司)	丰都县烟草专卖局(分公司)	垫江县烟草专卖局(分公司)	武隆县烟草专卖局(分公司)	忠县烟草专卖局(分公司)
查处涉烟违法案件(起)		19	115	126	94	180
查处涉烟违法案件案值(万元)		2	6	25	8	15
2010年度烟草行业投入烟叶生产基础设施建设资金(万元)		—	1814	—	3800	—
烟水配套工程累计受益面积(万亩)		—	0.11	—	14.81	—
烟叶种植(亩)		—	25397	—	61269	—
烟叶收购(担)		—	72168	—	142514	—
零售户数(户)		1347	3019	2547	2334	2964
零售户销售毛利率(%)		9.00	9.00	10.00	12.85	11.00

区、县局(公司)名称		开县烟草专卖局(分公司)	云阳县烟草专卖局(分公司)	奉节县烟草专卖局(分公司)	巫山县烟草专卖局(分公司)	巫溪县烟草专卖局(分公司)
主要负责人/法人代表		邬　俊	潘吉祥	张明礼	陈　涛(2010.3—) 袁力平(—2010.3)	李　明(—2010.3) 解昌盛(2010.3—)
总资产(万元)		1931	1531.68	2185	7756	11967
资产负债率(%)		—	—	—	—	—
所属县级局(个)		—	—	—	—	—
所属县级公司/分公司(个)		—	—	—	—	—
所属县级营销部(个)		—	—	—	—	—
从业人员(人)		113	119	256	333	215
所属业务机构	访销机构	7个营销中心	—	1个客户服务部	—	—
	物流配送机构	—	—	1个配送中心	—	—
	稽查机构	7个稽查支队、1个稽查大队	1个稽查大队、3个稽查中队	4个稽查大队	1个稽查大队	1个稽查大队、1个稽查中队
	烟叶机构	—	—	3个烟叶站	6个烟叶站	4个烟叶站
销售卷烟	(亿支)	14.43	10.21	11.28	8.18	5.50
	2010年比2009年(%)	-0.77	0.59	1.99	-1.09	0.92
卷烟销售收入(万元)		38292	31280	34487	24613	17900
实现税利	(万元)	5575	3478	7439	6397	6062
	2010年比2009年(%)	21.23	65.03	1.68	22.03	-12.47
实现利润	(万元)	2246	898	2544	1884	2529
	2010年比2009年(%)	-3.65	61.42	-16.26	-34.61	-19.66
查处涉烟违法案件(起)		446	269	104	55	43
查处涉烟违法案件案值(万元)		15	13	29	14	6
2010年度烟草行业投入烟叶生产基础设施建设资金(万元)		—	—	2122	5201	1226
烟水配套工程累计受益面积(万亩)		—	—	12.00	0.50	2.00
烟叶种植(亩)		—	—	33500	52216	29700
烟叶收购(担)		—	—	88200	146800	79800
零售户数(户)		4160	3526	3091	2400	1610
零售户销售毛利率(%)		10.00	11.15	10.00	9.00	11.10

区、县局(公司)名称		石柱土家族自治县烟草专卖局(分公司)	秀山土家族苗族自治县烟草专卖局(分公司)	酉阳土家族苗族自治县烟草专卖局(分公司)	彭水苗族土家族自治县烟草专卖局(分公司)
主要负责人/法人代表		罗晓庆(—2010.4) 李　伟(2010.4—)	何明川	谢　静	江　波
总资产(万元)		7577	1560	18988	19184
资产负债率(%)		—	—	—	—
所属县级局(个)		—	—	—	—
所属县级公司/分公司(个)		—	—	—	—
所属县级营销部(个)		—	—	—	—
从业人员(人)		216	132	317	431
所属业务机构	访销机构	—	—	1个电访中心	1个电访中心
	物流配送机构	—	—	—	—
	稽查机构	3个稽查支队、 1个稽查大队	4个稽查大队	3个稽查支队、 1个稽查大队	1个稽查大队、 3个稽查中队
	烟叶机构	2个烟叶站	3个烟叶站	9个烟叶站	8个烟叶站
销售卷烟	(亿支)	6.00	9.01	7.87	6.88
	2010年比2009年(%)	1.69	1.24	-1.29	5.68
卷烟销售收入(万元)		16221	27395	22713	18453
实现税利	(万元)	4506	4070	9422	11416
	2010年比2009年(%)	-35.07	15.53	30.61	22.66
实现利润	(万元)	687	1276	4279	5458
	2010年比2009年(%)	-73.16	27.09	121.29	-24.79
查处涉烟违法案件(起)		195	148	212	133
查处涉烟违法案件案值(万元)		12	87	61	10
2010年度烟草行业投入烟叶生产基础设施建设资金(万元)		2649	—	5200	4661
烟水配套工程累计受益面积(万亩)		0.08	—	7.47	12.00
烟叶种植(亩)		32000	6296	61700	92355
烟叶收购(担)		83200	12312	148200	220600
零售户数(户)		1790	1869	2346	2112
零售户销售毛利率(%)		9.60	12.50	11.15	10.20

（龚洪磊）

四川省烟草专卖局（公司）

【概　况】 四川省烟草专卖局、中国烟草总公司四川省公司成立于1983年2月。省局（公司）下辖22个市（州）烟草专卖局（公司），163个县（市、区）烟草专卖局（营销部），以及中国烟草四川进出口有限责任公司1家全资子公司。截至2010年年底，公司拥有总资产238.48亿元，其中，固定资产42.50亿元、流动资产184亿元，资产负债率为14.78%。共有从业人员14311人，其中聘用员工7894人。

2010年，省局（公司）被四川省委、省政府授予“优秀企业”称号，省局（公司）机关团委被共青团四川省委授予“四川省五四红旗团委”称号。

【领导成员】 局长、总经理、党组书记：龚锦华

副总经理、党组成员：杨永法

副总经理、党组成员：陈　霖

副局长、党组成员：黄晋南

副总经理、党组成员：陈　章

纪检组长、党组成员：肖　瑞

党组成员：胡存忠

总会计师：石　磊

副巡视员：陈维平

副巡视员：商　波

【机构设置】 省局（公司）机关设14个内设机构：办公室（外事办）、综合计划处（经济运行处）、物流管理处、专卖监督管理处（内部专卖监督管理处）、法规处、财务管理处（国有资产管理处）、审计处、科技处、人事劳资处、思想政治工作处（党办、工会）、监察处、安全保卫处、投资管理处、四川烟草技术中心；10个专业部门：专卖稽查总队、卷烟经营管理部、烟叶生产经营管理部、经济信息中心、资金管理中心、整顿烟草经济秩序办公室、烟草质量监督检测站、离退休人员管理办公室、烟草职工教育培训中心（烟草职业技能鉴定站）、机关后勤服务管理中心；1个专业公司：中国烟草四川进出口有限责任公司；1个社团组织：省烟草学会；1个临时机构：驻京办。（物流管理处为2010年7月设立，与综合计划处合署办公）

【专卖管理】 *卷烟打假*。省局全年查处涉烟违法案件2.92万起，查获假冒卷烟4.68亿支，非法烟丝、烟叶192吨，捣毁制假窝点57个，查获制假机器32台，案值共计3.4亿元。破获制售假烟网络案件79起，其中，100万元以上的网络案件45起。公安部、国家局两级督办的达州“5.14”案件全面告破，此案涉及人员400余人，涉案金额600余万元。

市场监管。3月10日至5月9日，省局和省工商局联合开展为期60天的“金叶维权”烟草市场专项整治行动，该行动以整顿规范卷烟零售市场秩序为重点，特别是加大对重点区域、关键部位和薄弱环节的监管力度，全面清理整治卷烟零售市场。此次活动共查处各类案件6089起，查获“假、私、非”烟2.09亿支，案值共计8795万元。全年共查处无证经营案件1.04万起，非法渠道进货案件9959起，无证运输案件1274起，清理整改无证经营、证照不全等违法违规经营户2.89万户。

【经济效益】 2010年，全省烟草商业系统实现税利116.25亿元，同比增长17.46%，其中利润63.09亿元，同比增长2.3%。三项费用率为8.86%。

【卷烟经营】 *卷烟销售*。2010年，全省烟草商业系统销售卷烟1231.65亿支（246.33万箱），同比增长4.58%，其中，销售一类烟136.25亿支（27.25万箱）、二类烟105.6亿支（21.12万箱）、三类烟342.9亿支（68.58万箱）、四类烟497.85亿支（99.57万箱）、五类烟149.05亿支（29.81万箱）。全辖区销量居前三位的品牌依次为“天下秀”、“娇子”、“云烟”，分别销售294.15亿支（58.83万箱）、192.8亿支（38.56万箱）和113.7亿支（22.74万箱），全年共销售600.65亿支（120.13万箱），占总销售量的48.77%。

品牌培育。品牌培育机制不断完善，品牌集中度不断提高。2010年，全省在销卷烟品牌60个，同比减少2个；品牌规格246个，同比减少4个。销售“百牌号”卷烟1214.45亿支（242.89万箱），占总销量的98.6%；销售全国性卷烟重点骨干品牌卷烟722.15亿支（144.43万箱），占总销量的58.63%，其中“娇子”销量同比增长46.94%。

市场信息监测体系建设。自2008年起，省公司开始推进全省卷烟市场监测体系建设。此后，该体系一直不断完善，截至2010年年底，该市场监测体系已完成“两个延伸”工作。即向上，实现与国家局市场信息监测体系的对接；向下，实现向地市级局（公司）层面的深度移植。基本构建起“覆盖全省、分析科学、应用广泛、功能完善”的市场监测体系。

卷烟消费者动态分析体系建设。卷烟消费者动态分析体系逐步由“终端层面”分析向“消费层面”研究延伸，基本构建起“随机选取样本、自主调查、模型分析、关联应用”的卷烟消费者动态分析体系。

电子商务建设。进一步推进以网上订货、网上配货为重点的电子商务建设，省公司与18家重点工业企业完成网上配货系统对接工作。全省共有7.5万户经营户实现网上订货，占全省经营户总数的30%；网上订货成功率达90%，网上配货准确率达90%。

【烟叶产销】 *种植与收购*。2010年，全省共签订烤烟种植合同14.91万份，种植烤烟131.98万亩；签订白肋烟种植合同1.2万份，种植白肋烟2.3万亩；建设晒烟生产基地1.4万亩。全年收购烟叶21.13万吨（422.6万担），其中烤烟20.18万吨（403.6万担），白肋烟0.66万吨（13.23万担），晒烟0.3万吨（6万担）。烟叶生产规模连续三年位居全国第三位，烟农

种烟收入30亿元，户均收入2.4万元。

现代烟草农业建设实现新突破。省局（公司）推进35个基地单元建设，规模化种植水平显著提升，100亩以上的连片种植占现代烟草农业建设面积的85%。烟叶生产组织模式不断完善，运用“专业合作社+互助组+种烟大户”的生产模式种植的烟叶面积达81.4%。专业化服务体系更加健全，亩均生产用工下降到19.45个，用工成本降低600余元。

烟叶生产基础设施建设。全年共投入烟叶生产基础设施建设资金14.94亿元，建成烟基建设项目6.5万件，其中，新建和改造密集烤房1万多座，新建机耕道1000多千米，配置农机2.8万台（套），新建育苗棚3000余个。落实项目过程监管工作，全年投入管护资金2508万元，促进项目持久发挥效益。

烟叶质量。烘烤技术进一步提高，全省烟叶收购等级检查合格率突破80%，收购上等烟叶比例超过44%，桔色烟比例近76%。全省烟地轮作率达88.1%，烤烟漂浮育苗面积比例首次达到100%；新品种示范力度加大，特色品种“红花大金元”种植比例达28%，“川南中烟103”种植比例超过20%。

科研活动。2010年，全省投入科研经费1.06亿元，开展科研项目148项。省局（公司）与省农业厅、四川农业大学、省农业科学院等科研机构签订科技合作协议；同上海烟草（集团）公司在凉山、攀枝花、泸州、广元等地启动中华原料基地特色优质烟叶研究；同津巴布韦烟草研究院、CDF公司开展国际烟叶生产技术合作。

【多元化经营】 6月28日，国家局批复同意都江堰金叶宾馆灾后重建项目。省局（公司）成立项目建设领导小组，开始筹建四川都江堰国际大酒店有限公司。8月26日，与上海烟草（集团）公司签订战略合作框架协议，双方建立了“两烟互动、多元化合作”的战略合作关系，其中，隶属于上海烟草（集团）公司的上海王宝和大酒店有限公司与隶属于省局（公司）的四川都江堰国际大酒店有限公司，签订了《酒店建设与经营管理合作协议》，为提升四川烟草多元化经营管理水平奠定基础。

10月，省局（公司）全面完成省行业多元化经营企业的资产上划工作。截至年底，省行业所有多元化经营企业全部完成资产上划后的工商变更登记工作，并修改完善公司章程，调整董事会、监事会人员，建立健全了法人治理结构，理顺“自上而下、归口管理、分级负责”的多元化投资管理体制和运行机制。2010年，全省多元化经营企业实现主营业务收入38011万元，其中利润2633万元，同比增长8.55%。

【优秀县级局创建活动】 2010年，省局（公司）先后修定和完善了《考核验收评分细则》、《考核验收工作底稿》、《评分细目表》等制度，新增标准3项，进一步量化标准8项，确定6大板块共95项具体达标指标，统一了优秀县级局（营销部）创建活动的标准、方法和程序。制订《全省第二批优秀县级局（营销部）创建活动实施方案》，对创建工作的总体目标任务、方法步骤和制度措施做出具体规划。全年全省优秀县级局（营销部）创建达标率为26.3%，从数量和质量上达到国家局创建工作进展要求。

【企业管理】 质量管理体系建设。省局（公司）确立“5I1P”质量管理体系建设目标，并创新以“MATCH”为体系的建设手段，“5I1P+MATCH”① 质量管理体系建设工作模式推动了体系运行与生产经营具体工作的深度融合。年底，涵盖省、市、县三级的管理体系文件控制信息系统基本实现上线运行，实现省局（公司）对各类规范性文件的全生命周期管理。推进全省QC小组活动，组织各层次“QC小组”专项培训15次，培训人员800余人。凉山州局（公司）的“降低烤烟砂培育苗螺旋根发生率”获得全国烟草行业第二十一届优秀QC小组成果三等奖。

财务管理。省局（公司）被确定为行业资金监管系统扩大试点单位后，确立了“高标准、高质量、高水平，力求创新突破”的试点原则，基本搭建起以信息平台为载体、监管规则为抓手、过程控制为导向，覆盖省、市、县三级的资金监管体系，实现预算、核算、结算的“三算合一”。全年完成审计项目493项，审减金额1.04亿元。累计归集资金550亿元，拨付预算资金446亿元，实现净收益1.5亿元。

【对外交流】 2月，省局（公司）组织考察团赴津巴布韦进行实地考察；6月，津巴布韦国家烟草工业营销总裁和国家烟草研究院专家到凉山州考察，商订双方烟草生产技术合作事宜；10月，四川省副省长钟勉率团赴津巴布韦考察访问，就烟叶的品种研发、技术交流、人才培养等合作达成一致意见；10月22日，津巴布韦副总统恩科莫率代表团参加在成都举办的“第十一届中国西部国际博览会”，并出席凉山州人民政府与津巴布韦国家烟草研究院烟草生产技术合作协

---

① “5I1P”是管理体系建设目标，即“一体化”、“规范化”、“信息化”、“创新性”、“持续改进”和“全员参与”；“MATCH”是为达成目标所必需的建设手段和实现路径，包含创新例会制度、建立评价系统、搭建信息平台、推动管理创新、强化队伍建设五个方面。

议签约仪式，省局（公司）局长、总经理龚锦华应邀一并出席。

【信息化建设】 2010年，省局（公司）完成“一机房四平台”的建设工作。其中，数据中心机房建设是省行业信息化发展的一个重要里程碑，可以满足未来8～10年的信息化发展需求；ECC企业总控平台，实现对全省核心应用系统、网络系统运行的实时监控；网络平台，实现了省市单位间4M主备双线路链接，市县单位间2M专线链接，以及全省8000余台计算机终端入网运行问题；高清视讯会议平台，采用1080P高清视讯技术，实现省局、各市级与所属区县级单位视讯会议系统的设备部署与级联实施；启动3S通用服务平台，逐步为烟叶生产经营管理、物流送货线路优化、卷烟零售户管理、专卖稽查管理等业务应用提供统一调用的可视化管理平台。

【思想政治工作】 “两个领先”大讨论活动。组织开展省局（公司）机关和成都、凉山、宜宾等4个地市级局（公司）参加的“两个领先”青年辩论赛，在全省烟草商业系统范围内征集“两个领先”主题文章103篇。

党工团建设。开展全省烟草商业系统党工团建设专题调研活动，组织机关党支部书记参加党务培训和行业政工干部业务培训。选派部分单位团委书记参加中央团校调训工作。德阳、乐山、凉山、广安等市州局（公司）进行机关团委换届改选工作。开展全省烟草商业系统“两个领先”优秀主题团日评选活动。

【企业文化】 省局（公司）进一步推广运用行业文化评价体系，开发设计全省烟草商业系统大政工信息系统。截至年底，该系统已全面上线。推进VI标识规范工程，完成省局（公司）新办公楼的VI标识工程招标和建设，制定下发《四川烟草商业系统VI手册》，在全省各级各单位开展VI工程的自查整改迎检工作。确定遂宁、绵阳两个市局（公司）率先进行服务品牌的试点工作，并在此基础上，依托专业咨询公司，统一打造四川省烟草的服务品牌，推动商品营销向服务营销和价值营销提档升级。

【灾后重建工作】 省局（公司）灾后恢复重建工作取得阶段性成果，截至5月底，全省烟草商业系统灾后重建共计完成投资10196.6万元，其中已竣工投入使用的灾后重建项目10个，已完成投资1862.6万元；正在实施项目31个，已完成投资8334万元。灾后重建中的重点“都江堰金叶宾馆灾后重建项目”已完成前期准备工作。

【“十一五”发展概要】 生产经营。“十一五”期间，共实现卷烟总销量5680.45亿支（1136.09万箱），比“十五”期间增长17.73%；实现税利407.89亿元，年均增长19.45%；实现销售收入（不含税）1687亿元，年均增长19.45%。累计收购烟叶89.9万吨（1798万担）；累计出口烟叶及其副产品9.91万吨（198.2万担），出口实现2.3亿美元，是“十五”时期的2.9倍。总资产贡献率为56.65%，国有资产保值增值率为133%，优质资产比率为99.94%。

专卖管理。市场监管和专卖执法深入推进，“十一五”期间，共计查处各类涉烟违法案件16.07万起，打掉制售假烟网络239个、捣毁制假窝点1178个，刑事拘留1034人，全省卷烟市场平均净化率达96.5%。

基础管理。企业管理全面升级，全省有17项对标指标优于全国平均水平，7项对标指标接近全国先进水平；累计投入信息化建设资金4.6亿元，打造“数字川烟”工程；累计投入资金38.5亿元，建成烟叶基础设施30.85万件；投资40亿元完善生产、经营、科研、办公等基础设施，21个市州局（公司）、143个县级局（营销部）的办公楼进行了改建，硬件设施配套更加完善；投入经费2.5亿元开展300余项技术研发项目，推进“三最”营销网络、现代物流体系和电子商务、电子政务建设。

机制改革。在全国烟草行业率先实行“城乡一体”营销网建改革和“三集中”改革，推动传统商业向现代流通转变；率先进行资产一体化改革，构建“一中心、两主体”管理新模式；率先导入质量管理体系，提升企业现代管理水平；率先进行人力资源管理改革，打破员工身份界限；全面推行“全员参与型”领导管理模式，加速“三民主”进程。

【特事要辑】 3月8日，四川省局（公司）与四川农业大学、省农业科学院在成都签订科技合作协议。这标志着四川烟草整合社会科技资源、加快实施“科技兴烟”战略迈出实质性步伐。

7月20～21日，驻国家局纪检组组长潘家华到凉山州烟区对当地的现代烟草农业建设和烟叶生产工作进行调研。随后还检查指导了四川烟草资金监管系统扩大试点工作。

10月8日，四川省局（公司）在成都新会展中心举行新办公楼落成仪式。

2010 年四川省局（公司）主要统计指标汇总

实现税利（亿元）	实现利润（亿元）	销售卷烟（亿支）	烟叶种植（万亩）	烟叶收购（万担）
116.25	63.09	1231.65	131.98	422.60

所属地市级局（公司）

【成都市烟草专卖局(公司)】 成都市烟草专卖局、四川省烟草公司成都市公司成立于 1983 年 11 月。下辖青羊区、金牛区、武侯区、高新区、锦江区、成华区等 6 个区烟草专卖局，城区第一、第二、第三营销部（城区第一营销部辖金牛、青羊两区，第二营销部辖武侯、高新两区，第三营销部辖锦江、成华两区），以及龙泉驿区、青白江区、新都区、温江区、彭州市、邛崃市、崇州市、金堂县、双流县、郫县、大邑县、蒲江县、新津县等 13 个县级烟草专卖局（营销部）和 1 个物流中心。

市局（公司）把品牌培育作为第一要务，全年销售全国三类及以上卷烟销量前 15 位品牌卷烟 151 亿支(30.2 万箱)，其中，“娇子”销量突破 12 万箱；推进电子商务建设，全市直营店全部实现网上配货，全市网上订货率为 50.6%，电子结算率为 97.2%。

【自贡市烟草专卖局(公司)】 自贡市烟草专卖局、四川省烟草公司自贡市公司成立于 1983 年 12 月。下辖富顺县、荣县、自流井区、贡井区、大安区、沿滩区等 6 个县级烟草专卖局，以及富顺、荣县、直属分局 3 个县级卷烟营销部①。2010 年，市局（公司）通过四川省文明委的复核，重新登记为“省级文明单位”。

【攀枝花市烟草专卖局(公司)】 攀枝花市烟草专卖局成立于 1984 年，四川省烟草公司攀枝花市公司成立于 1983 年。下辖仁和区、盐边县、米易县、东区、西区等 5 个县级烟草专卖局和仁和区、盐边县、米易县、直属等 4 个县级卷烟营销部。

市局“7.22”非法经营卷烟网络案件涉案金额达 1300 余万元，该案是攀枝花建市以来破获的涉案金额最大的制售假烟网络案件。

全年开展烟叶生产技术研究与应用项目 23 项，其中“攀西优质烟叶生产科技示范基地建设”项目为国家局立项项目。

【泸州市烟草专卖局(公司)】 泸州市烟草专卖局、四川省烟草公司泸州市公司成立于 1983 年 12 月。下辖江阳区、龙马潭区、纳溪区、泸县、合江县、叙永县、古蔺县等 7 个县级烟草专卖局（营销部），以及四川省烟草公司泸州市公司烟叶生产技术推广应用中心、四川三友打叶复烤有限责任公司。2010 年，市局（公司）被省法制建设领导小组办公室评为“2010 年全省普法依法治理工作先进集体”。

加快推进特色优质烟叶的开发工作，基本确立了以“清甜香韵”为主的烟叶风格特色，逐渐形成“中烟 103”的特色品种栽培定位，全年种植“中烟 103”型烤烟 5 万亩。全面完成以古蔺大寨和叙永麻城两个现代烟草农业基地单元为龙头的单元建设，同时，8 个工业企业原料供应基地格局建设也已全面启动。

【德阳市烟草专卖局(公司)】 德阳市烟草专卖局、四川省烟草公司德阳市公司成立于 1983 年 1 月。下辖旌阳区、绵竹市、什邡市、广汉市、中江县、罗江县等 6 个县级烟草专卖局（营销部）。2010 年，市局（公司）通过四川省文明委的复核，重新登记为“省级文明单位”。

【绵阳市烟草专卖局(公司)】 绵阳市烟草专卖局、四川省烟草公司绵阳市公司成立于 1984 年 1 月。下辖涪城区、江油市、三台县、盐亭县、梓潼县、安县、北川羌族自治县、平武县等 8 个县级烟草专卖局（营销部）和游仙区烟草专卖局。

以“和商”服务品牌建设为抓手，坚持以“宣贯企业文化、提升服务质量、构建和谐烟草、提升综合竞争力”为品牌打造目标，通过开展“和商”助学活动、“和商”志愿者服务、节能环保亮点工程等系列“和商”文化活动，将“和商”文化与“和商”服务品牌深度融合，提升服务品牌建设内涵。2010 年，市局（公司）获得“全国烟草行业企业文化建设先进单

① 根据《四川省局关于自贡市局成立自流井、大安区、贡井区、沿滩区局的批复》（川烟人［2010］75 号），撤销自贡市局直属分局。

位”称号。

【广元市烟草专卖局（公司）】 广元市烟草专卖局、四川省烟草公司广元市公司成立于1985年12月。下辖苍溪县、旺苍县、剑阁县、青川县、利州区、元坝区、朝天区等7个县级烟草专卖局（营销部）。2010年，市局（公司）通过四川省文明委的复核，重新登记为“省级文明单位”。

【遂宁市烟草专卖局（公司）】 遂宁市烟草专卖局、四川省烟草公司遂宁市公司成立于1985年4月。下辖船山区、安居区、射洪区、蓬溪县、大英县等5个县级烟草专卖局（营销部）。

坚持卷烟品牌培育和销量结构提升，全年共销售“娇子”5.95亿支（1.19万箱），占总销量的14.1%，被省公司评为“娇子卷烟结构增长突出先进单位”。

【内江市烟草专卖局（公司）】 内江市烟草专卖局、四川省烟草公司内江市公司成立于1983年11月。下辖市中区、东兴区、资中县、威远县、隆昌县等5个县级烟草专卖局（营销部）。

【乐山市烟草专卖局（公司）】 乐山市烟草专卖局、四川省烟草公司乐山市公司成立于1984年2月。下辖市中区、峨眉山市、五通桥区、犍为县、井研县、夹江县、沙湾区、峨边彝族自治县、金口河区、马边彝族自治县、沐川县等11个县级烟草专卖局（营销部），以及峨眉山金叶宾馆1个多元化经营企业。

【南充市烟草专卖局（公司）】 南充市烟草专卖局、四川省烟草公司南充市公司成立于1984年1月。下辖顺庆区、高坪区、嘉陵区3个县级烟草专卖局，以及南充县、南部县、仪陇县、蓬安县、营山县、阆中市等6个县级烟草专卖局（营销部）和1个直属卷烟营销部。

3月，市局（公司）在全市行业推行标准化管理，重新梳理工作职责，细化工作流程，将目标建立在流程的关键控制点上。全年共梳理流程367个，建立流程目标993个，工作标准73个，技术标准120个，管理标准148个。

【宜宾市烟草专卖局（公司）】 宜宾市烟草专卖局、四川省烟草公司宜宾市公司成立于1983年11月。下辖翠屏区、宜宾县、南溪县、江安县、长宁县、高县、筠连县、珙县、兴文县、屏山县等10个县级烟草专卖局（营销部），以及宜宾三原烟叶复烤有限责任公司1个烟叶加工企业。2010年，市局（公司）被省总工会授予“四川省模范职工之家”称号。

围绕“崇尚先进一流、崇尚规范精细、崇尚公正和谐”的企业文化理念，开展了“砥砺青春、厚实人生”读书活动及“思辨青春、知行领先”全市行业青年辩论大赛等大型企业文化活动。2010年，市局（公司）获得“全国烟草行业企业文化建设先进单位”称号。

【广安市烟草专卖局（公司）】 广安市烟草专卖局、四川省烟草公司广安市公司成立于1993年12月。下辖广安区、岳池县、武胜县、华蓥市、邻水县等5个县级烟草专卖局（营销部）。

全市系统新建立的业务流程以送货线路为单位，实现电话订货顺序与配送顺序一致、客户经理拜访周期与“两控”数据采集周期一致、电访周期与行政工作周期一致的“三个一致”。全市系统电话订货员人均服务客户减少27户，减少送货线路5条、送货车辆5台，精减送货员11人。

【达州市烟草专卖局（公司）】 达州市烟草专卖局、四川省烟草公司达州市公司成立于1984年1月。下辖通川区、达县、万源市、大竹县、宣汉县、渠县、开江县等7个县级烟草专卖局（营销部）。

2010年，市局共破获制售假烟网络案件4起，其中，万源市局和宣汉县局实现破获网络案件“零”的突破。渠县“5.14”案件被公安部、国家局列为部督案件。

加强与工业企业的沟通，深入推进“两烟互动”。市局（公司）的白肋烟打入红塔集团，晒烟进入法国、马来西亚、印度尼西亚等国际市场。

加强烟叶科研工作，全年共投入科研经费500余万元，有14个科研项目取得新进展，其中，“达白一号选育与应用”项目获得达州市科技进步一等奖。

【巴中市烟草专卖局（公司）】 巴中市烟草专卖局、四川省烟草公司巴中市公司成立于1993年12月。下辖巴州区、通江县、南江县、平昌县等4个县级烟草专卖局（营销部）。

2010年，市局共破获制售假烟网络案件4起，其中，通江县局破获的“1.30”网络案件案值126万余元，实现巴中烟草打假破网上百万元案件“零”的突破。

【雅安市烟草专卖局(公司)】 雅安市烟草专卖局、四川省烟草公司雅安市公司成立于1983年12月。下辖雨城区、名山县、荥经县、汉源县、石棉县、天全县、芦山县、宝兴县等8个县级烟草专卖局和雨城、名山、荥经、汉源、石棉、天全、芦宝等7个卷烟营销部。

【眉山市烟草专卖局(公司)】 眉山市烟草专卖局、四川省烟草公司眉山市公司成立于1997年12月。下辖东坡区、仁寿县、洪雅县、彭山县、青神县、丹棱县等6个县级烟草专卖局（营销部）。

市局破获东坡“7.26”制售假烟网络案件，此案是眉山市局成立以来破获的最大规模的制假网络案件，共捣毁生产窝点2个、手工制假窝点1个，查获卷烟生产机器设备3台、激光打码器1台、手工制假操作平台3个，制假原辅材料5吨，涉案车辆3台，共涉及金额1116.7万元。

【资阳市烟草专卖局(公司)】 资阳市烟草专卖局、四川省烟草公司资阳市公司成立于1998年10月。下辖雁江区、简阳市、安岳县、乐至县等4个县级烟草专卖局（营销部）。

市局（公司）全面推进企业QC小组活动，全年共对32个QC小组课题进行了评审，其中有2个课题分获省烟草商业系统首届优秀QC小组活动成果二等奖和三等奖。

进一步加强科技创新工作，全年全市行业开展创新课题研究15个，其中，1个课题获得省烟草专卖管理调研成果鼓励奖。

【凉山彝族自治州烟草专卖局(公司)】 凉山彝族自治州烟草专卖局、四川省烟草公司凉山彝族自治州公司成立于1984年5月。下辖会理县、会东县、宁南县、德昌县、西昌市、普格县、盐源县、冕宁县、越西县、金阳县、布拖县、雷波县、美姑县、甘洛县、昭觉县、喜德县、木里藏族自治县等17个县级烟草专卖局（营销部），以及四川三益烟草有限责任公司、四川金叶化肥股份有限责任公司2个控股公司。

州局（公司）研制的《红花大金元烤烟复合肥》和《烟草用有机肥料及其制备工艺》获得发明专利授权，填补了四川烟草商业系统无发明专利的空白。

【阿坝藏族羌族自治州烟草专卖局(公司)】 阿坝藏族羌族自治州烟草专卖局、四川省烟草公司阿坝藏族羌族自治州公司成立于2003年1月。下辖阿坝县、金川县、理县、茂县、汶川县、马尔康县、若尔盖县、松潘县、黑水县、九寨沟县、红原县、壤塘县、小金县等13个县级烟草专卖局（营销部）。

【甘孜藏族自治州烟草专卖局(公司)】 甘孜藏族自治州烟草专卖局、四川省烟草公司甘孜藏族自治州公司成立于2003年9月。下辖康定县、泸定县、丹巴县、九龙县、理塘县、雅江县、巴塘县、乡城县、稻城县、得荣县、炉霍县、道孚县、色达县、甘孜县、新龙县、石渠县、德格县、白玉县等18个县级烟草专卖局（营销部）。

7月，州公司新建的物流中心正式投入使用。该物流中心投资2500余万元，占地7.1亩，建筑面积5169.5平方米，库存容量0.22万箱，该物流中心的建立标志着甘孜州卷烟物流从传统商业向现代流通转变迈出了实质性的步伐。

全面实施卷烟并库工作，物流成本得到有效控制。单箱物流费用为330.36元，同比下降4.07%。

【都江堰市烟草专卖局(公司)】 都江堰市烟草专卖局、四川省烟草公司都江堰市公司成立于1984年7月，原隶属于成都市烟草专卖局（公司），1996年划归四川省局（公司）直属管理。

做好“娇子”系列卷烟的销售与培育工作，销售“娇子”7351箱，同比增长43.5%，其中，销售“娇子（大金元）”148箱，同比增长866.67%，创历史新高。

所属其他二级单位

【中国烟草四川进出口有限责任公司】 中国烟草四川进出口有限责任公司成立于1993年5月27日，是中国烟草总公司四川省公司的全资子公司，经营性质为国有独资外贸企业。公司是川渝地区唯一一家具有烟草及其制品进出口经营的专业外贸公司，主要经营业务为烟叶出口和卷烟进口。截至2010年年底，公司拥有总资产37188万元，其中固定资产1489万元、流动资产33207万元，资产负债率为41.92%。公司共有从业人员35人。

2010年，公司出口烟叶3.03万吨（含烟梗、烟末），进口卷烟2.72亿支。实现主营业务收入6.75亿元，同比增长35.67%。实现税利1.51亿元，同比增长1.32%。实现利润总额1.08亿元，同比增长4.98%。

2010年四川省烟草商业系统主要情况统计

地市级局(公司)名称		成都市烟草专卖局(公司)	自贡市烟草专卖局(公司)	攀枝花市烟草专卖局(公司)	泸州市烟草专卖局(公司)	德阳市烟草专卖局(公司)	绵阳市烟草专卖局(公司)
主要负责人/法人代表		胡存忠	王广生	伍仁军	金一兵	宋海荣	刘应栋
总资产(万元)		536540	45386	80312	98887	86002	98973
资产负债率(%)		8.95	10.79	37.53	13.88	12.97	9.48
所属县级局(个)		19	6	5	7	6	9
所属县级公司/分公司(个)		—	—	—	—	—	—
所属县级营销部(个)		16	3	4	7	6	8
从业人员(人)		1370	285	679	1199	498	596
所属业务机构	访销机构	1个营销中心、1个电访中心	1个营销中心	1个营销中心、1个订单部	1个营销中心、1个电访中心	1个营销中心、1个电访中心	1个访销中心
	物流配送机构	1个物流中心	1个物流中心	1个物流中心	1个物流中心、1个配送中心	1个物流中心、1个配送中心	1个物流中心
	稽查机构	19个稽查大队	1个稽查支队	1个稽查支队、5个稽查大队、1个特勤大队	1个稽查支队、8个稽查大队	1个稽查支队	1个稽查支队、8个稽查大队
	烟叶机构	—	—	42个烟叶站	23个烟叶站	3个烟叶收购点	—
销售卷烟	(亿支)	258.79	38.62	22.79	68.21	56.50	76.66
	2010年比2009年(%)	4.40	2.25	3.41	5.69	2.73	5.70
卷烟销售收入(万元)		1083290	120032	80324	192810	207506	253172
实现税利	(万元)	302424	28436	27208	51087	52882	64595
	2010年比2009年(%)	20.52	27.10	-0.18	-0.73	21.01	34.92
实现利润	(万元)	192927	15913	12715	19484	30341	37848
	2010年比2009年(%)	9.49	8.76	-22.65	-4.49	6.29	18.79
查处涉烟违法案件(起)		6719	933	568	1308	3148	1280
查处涉烟违法案件案值(万元)		16911	369	346	287	1729	791
2010年度烟草行业投入烟叶生产基础设施建设资金(万元)		—	—	6905	4420	102	—
烟水配套工程累计受益面积(万亩)		—	—	2.11	1.60	0.12	—
烟叶种植(亩)		—	—	114300	161700	3263	—
烟叶收购(担)		—	—	320000	484976	31600	—
零售户数(户)		36032	8327	4310	14798	13677	18556
零售户销售毛利率(%)		12.93	10.87	12.54	11.28	12.45	12.12

地市级局(公司)名称	广元市烟草专卖局(公司)	遂宁市烟草专卖局(公司)	内江市烟草专卖局(公司)	乐山市烟草专卖局(公司)	南充市烟草专卖局(公司)	宜宾市烟草专卖局(公司)
主要负责人/法人代表	宋 平	袁 成	刘耀亭(—2010.1) 易 伟(2010.1—)	尹 柯	步 克	赵屹峰
总资产(万元)	57669	36380	42144	64736	66332	117257
资产负债率(%)	45.84	13.39	9.47	11.63	17.00	33.84

续表

地市级局(公司)名称		广元市烟草专卖局(公司)	遂宁市烟草专卖局(公司)	内江市烟草专卖局(公司)	乐山市烟草专卖局(公司)	南充市烟草专卖局(公司)	宜宾市烟草专卖局(公司)
所属县级局(个)		7	5	5	11	9	10
所属县级公司/分公司(个)		—	—	—	—	—	—
所属县级营销部(个)		7	5	5	11	7	10
从业人员(人)		704	323	408	392	658	679
所属业务机构	访销机构	1个营销中心、1个电访中心	1个营销中心、1个电访中心	1个营销中心、1个电访中心	1个营销中心、1个电访中心	1个营销中心、1个电访中心	1个营销中心、1个订单部
	物流配送机构	1个物流中心、4个配送中心	1个物流中心、1个配送中心	1个物流配送中心	1个物流配送中心	1个物流中心	1个物流中心
	稽查机构	1个稽查支队	1个稽查支队	1个稽查支队、5个稽查大队	1个稽查支队	10个稽查大队	1个稽查支队
	烟叶机构	6个烟叶总站、78个烟叶站	—	—	—	—	16个烟站、78个烟叶收购点
销售卷烟	(亿支)	39.10	42.26	48.55	53.40	75.79	69.44
	2010年比2009年(%)	2.73	4.79	4.41	3.69	6.44	5.15
卷烟销售收入(万元)		114922	138486	136203	173553	219664	201160
实现税利	(万元)	23100	27756	28285	41815	51425	42969
	2010年比2009年(%)	-2.12	30.20	30.54	30.59	45.83	4.79
实现利润	(万元)	7320	14673	13983	22728	26937	16303
	2010年比2009年(%)	-47.73	6.57	9.73	7.86	23.25	-14.18
查处涉烟违法案件(起)		1053	666	3642	572	2352	1630
查处涉烟违法案件案值(万元)		563	1313	592	404	599	532
2010年度烟草行业投入烟叶生产基础设施建设资金(万元)		7900	—	—	—	—	9598
烟水配套工程累计受益面积(万亩)		0.49	—	—	—	—	14.00
烟叶种植(亩)		76700	—	—	—	—	106667
烟叶收购(担)		184000	—	—	—	—	318846
零售户数(户)		10847	9181	10478	12058	18576	13027
零售户销售毛利率(%)		12.00	10.29	11.86	12.07	11.79	10.68

地市级局(公司)名称	广安市烟草专卖局(公司)	达州市烟草专卖局(公司)	巴中市烟草专卖局(公司)	雅安市烟草专卖局(公司)	眉山市烟草专卖局(公司)
主要负责人/法人代表	杜如万	蒋启尧	熊良政	姜 宁	四朗彭措
总资产(万元)	34452	69062	24590	27896	48873
资产负债率(%)	10.95	12.40	15.95	13.27	7.30
所属县级局(个)	5	7	4	8	6
所属县级公司/分公司(个)	—	—	—	—	—
所属县级营销部(个)	5	7	4	7	6
从业人员(人)	373	782	318	234	351

续表

地市级局(公司)名称		广安市烟草专卖局(公司)	达州市烟草专卖局(公司)	巴中市烟草专卖局(公司)	雅安市烟草专卖局(公司)	眉山市烟草专卖局(公司)
所属业务机构	访销机构	1个营销中心、1个电访中心	1个营销中心、1个电访中心	1个营销中心	1个营销中心、1个电访中心	1个营销中心、1个电访中心
	物流配送机构	1个物流中心、1个配送中心	1个物流中心	1个物流中心	1个物流中心	1个物流中心、1个配送中心
	稽查机构	1个稽查支队、5个稽查大队	1个稽查支队	1个稽查支队、4个稽查大队	1个稽查支队、8个稽查大队	1个稽查支队
	烟叶机构	—	1个烟叶中心、1个烟科所、9个烟叶站	—	—	—
销售卷烟	(亿支)	46.55	67.73	36.84	23.75	45.90
	2010年比2009年(%)	3.41	3.34	5.23	1.28	6.08
卷烟销售收入(万元)		120531	212867	95636	65211	147540
实现税利	(万元)	26756	44010	19030	14670	36326
	2010年比2009年(%)	36.54	29.10	31.31	20.51	31.51
实现利润	(万元)	13655	22869	9063	7551	20279
	2010年比2009年(%)	14.43	13.20	8.25	-4.64	12.02
查处涉烟违法案件(起)		837	1550	510	363	761
查处涉烟违法案件案值(万元)		515	2146	405	148	583
2010年度烟草行业投入烟叶生产基础设施建设资金(万元)		—	19600	—	—	—
烟水配套工程累计受益面积(万亩)		—	24.85	—	—	—
烟叶种植(亩)		—	54300	—	—	—
烟叶收购(担)		—	151700	—	—	—
零售户数(户)		11739	18026	8578	4657	7699
零售户销售毛利率(%)		11.72	11.16	11.35	11.30	12.75

地市级局(公司)名称	资阳市烟草专卖局(公司)	凉山彝族自治州烟草专卖局(公司)	阿坝藏族羌族自治州烟草专卖局(公司)	甘孜藏族自治州烟草专卖局(公司)	都江堰市烟草专卖局(公司)
主要负责人/法人代表	唐　强	宋　俊	苏王福	谌泽俊	刘兴红
总资产(万元)	33724	393748	20517	18682	23439
资产负债率(%)	7.94	29.30	12.27	8.08	11.41
所属县级局(个)	4	17	13	18	—
所属县级公司/分公司(个)	—	—	—	—	—
所属县级营销部(个)	4	17	13	18	—
从业人员(人)	495	3074	253	244	108

续表

地市级局(公司)名称		资阳市烟草专卖局(公司)	凉山彝族自治州烟草专卖局(公司)	阿坝藏族羌族自治州烟草专卖局(公司)	甘孜藏族自治州烟草专卖局(公司)	都江堰市烟草专卖局(公司)
所属业务机构	访销机构	1个营销中心	1个营销中心	1个电话访销中心	1个电访中心、1个营销中心	1个营销中心、1个电访中心
	物流配送机构	1个物流中心	1个物流中心、16个配送站	1个物流中心	1个物流中心	1个物流中心、1个配送中心
	稽查机构	1个稽查支队、4个稽查大队	1个稽查支队、17个稽查大队	1个稽查支队、13个稽查大队	1个稽查支队	1个稽查支队
	烟叶机构	—	37个烟叶工作站、253个烟叶收购点	—	—	—
销售卷烟	(亿支)	48.77	68.68	15.70	14.45	13.93
	2010年比2009年(%)	3.52	7.73	5.00	5.10	8.95
卷烟销售收入(万元)		136365	185229	63295	59300	57533
实现税利	(万元)	28082	194100	12967	8726	14671
	2010年比2009年(%)	35.66	6.98	42.73	14.59	33.95
实现利润	(万元)	14434	109910	5966	3619	8484
	2010年比2009年(%)	14.54	5.89	21.56	-0.13	17.25
查处涉烟违法案件(起)		887	601	203	91	324
查处涉烟违法案件案值(万元)		376	513	10	21	286
2010年度烟草行业投入烟叶生产基础设施建设资金(万元)		—	47600	—	—	—
烟水配套工程累计受益面积(万亩)		—	128.43	—	—	—
烟叶种植(亩)		—	869800	—	—	—
烟叶收购(担)		—	2685000	—	—	—
零售户数(户)		13157	14858	3664	2420	2107
零售户销售毛利率(%)		10.86	12.86	12.02	12.42	12.65

(张羽翔)

贵州省烟草专卖局（公司）

【概　况】 贵州省烟草专卖局组建于1983年9月，中国烟草总公司贵州省公司组建于1981年11月。省局（公司）下辖贵阳市、遵义市、安顺市、六盘水市、黔南州、黔东南州、黔西南州、毕节地区、铜仁地区等9家地市级烟草专卖局（公司）及中国烟草贵州进出口有限责任公司、贵州省烟草科学研究所、贵州烟草投资管理有限公司（2010年12月成立），控股管理贵州烟叶复烤有限责任公司。截至2010年年底，公司拥有总资产153亿元，其中，固定资产30.3亿元，流动资产113亿元，资产负债率为18.95%。共有从业人员19008人。

2010年，省局（公司）被贵州省民政厅、贵州省慈善总会联合授予“慈善捐赠先进集体”称号。

【领导成员】 局长、总经理、党组书记：陈卫东

副局长、副总经理、党组成员：杨　俊（正厅级）

副总经理、党组成员：李智勇

副局长、党组成员：任　林

纪检组长、党组成员：钟　勇

副总经理、党组成员：吴洪田（—2010.12）

【机构设置】 省局（公司）机关设办公室（外事

办公室）、综合计划处（经济运行处）、专卖监督管理处（专卖稽查总队、内部专卖监督管理处）、政策法规与企业管理处、财务管理处（国有资产管理处、资金管理中心）、审计处、科技处、人事处、思想政治工作处（机关党委）、监察处（与党组纪检组合署办公）、安全生产监督管理处、烟叶管理处、卷烟销售管理处、卷烟物流管理处（2010 年 7 月成立，与卷烟销售管理处合署办公）等 14 个职能处室，贵州省烟草质量监督检测站、机关离退休职工管理工作办公室、特有职业（工种）技能鉴定站、烟叶生产基础设施建设管理办公室、信息中心、整顿烟草经济秩序办公室、机关服务中心等 7 个专业部门，以及烟草学会、机关工会。

【专卖管理】 卷烟打假。省局完善打假协作机制，加强重大案件督办，打击非法经营“两烟”违法犯罪活动。全年查处假烟案件 1376 起，查获假烟 10606 万支，捣毁制假窝点 9 个，查获非法烟叶、烟丝 704.8 吨，缴获制假烟机 8 台。公安、司法机关依法刑事拘留 109 人、逮捕 83 人、劳教 7 人、判刑 78 人。全省破获重大网络案件 14 起，其中，国家局、公安部挂牌督办的特大案件 2 起。

内部专卖管理监督。完成烟叶生产、卷烟工业监管两个模块的上线运行，利用信息化平台对各类烟草专卖品生产经营全过程实施监管，提高监管工作效率。全面贯彻实施新修订的《烟草专卖法》、《烟草专卖行政处罚程序规定》和“两高”司法解释，并结合实际制订《贵州省烟草专卖行政处罚工作制度》，推动内管长效机制建设。

专卖队伍建设。省局专卖处与省质监站联合举办真假烟鉴别技能培训及竞赛，并先后在全省举办 8 次专卖管理知识技能培训，提高基层专卖管理队伍整体素质。采取“未考先培训，凡考必培训，培训测试不通过不得参加鉴定”的措施，2010 年全省专卖管理人员职业技能鉴定平均合格率同比提高 35.8%。

【经济效益】 2010 年，全省烟草商业系统实现税利 71 亿元，同比增长 15.64%，其中利润 33.87 亿元，同比增长 4.64%。三项费用率为 14.05%。

【卷烟经营】 卷烟销售。全省销售卷烟 637.85 亿支（127.57 万箱），其中，销售一类烟 38.5 亿支（7.7 万箱），同比增长 35.89%；二类烟 14.6 亿支（2.92 万箱），同比增长 46.47%；三类烟 133.45 亿支（26.69 万箱），同比增长 23.14%；四类烟 294.45 亿支（58.89 万箱），同比增长 0.02%；五类烟 156.85 亿支（31.37 万箱），同比增长 1.24%。销量居前三位的品牌依次是“黄果树”、“遵义”、“贵烟”，销量分别是 385.85 亿支（77.17 万箱）、108.4 亿支（21.68 万箱）、27.6 亿支（5.52 万箱）。全年实现卷烟税利 38.1 亿元，同比增长 33.17%，其中利润 20.1 亿元。

品牌培育。加强工商协同营销，实施《工商协同营销工作方案》，将协同工作逐步落实到具体操作层面。持续完善品牌进退机制，加强在销品牌的市场评价和研究，针对品牌不同特点实施分类管理，实行紧俏品牌限量供应、新进品牌选点供应、畅销品牌适度满足、特殊品牌重点监控。组织开展精准营销工作，各地市级公司分别选择 3 个卷烟品牌，探索品牌市场精确定位、目标客户精确选择、卷烟货源精准投放、卷烟品牌精细管理的新途径，有效提高品牌培育水平。2010 年，销售全国性重点骨干品牌卷烟 496.15 亿支（99.23 万箱），同比增长 6.7%，占总销售量的 77.78%。

电子商务。探索“覆盖城乡、精准营销、真诚服务、提升价值”的山区卷烟网建营销模式，打造贵州特色卷烟网建模式。推进网络营销信息系统升级，搭建省、市两级信息采集渠道，设立信息采集客户 3675 户，占总客户数的 2%。全省网上订货户数 45616 户，占总客户数的 28.9%；网上配货户数 3073 户，占总客户数的 2%。贵阳市公司启动网上结算试点工作，提高结算效率。

现代物流建设。制订《贵州省烟草商业物流评价工作实施方案》，完善评价标准。初步完成《物流规划大纲及建议书》的撰写，为全面提升物流建设水平奠定基础。全省卷烟物流中转站由 2009 年的 53 个整合到 52 个，配送线路由 1706 条优化到 1697 条。贵阳、遵义、安顺、六盘水、毕节等 5 个地市级公司的新物流中心建设项目获得国家局批准。按照国家局的统一部署，省公司设立卷烟物流管理处。

客户服务。将客户服务与企业文化建设结合，打造具有地域特色的服务品牌。注重客户需求，强化服务措施，开展标准化、差异化和个性化服务。卷烟直接配送到户率为 96%，客户满意度 90% 以上。

【烟叶产销】 种植与收购。全省种植烟叶 261.8 万亩，同比增加 7.4 万亩。户均种植规模 18.7 亩，同比增加 6.3 亩。签订烟叶种植收购合同 14.1 万份，收购烟叶 35.144 万吨（702.88 万担），完成计划的 101%。其中，上中等烟比例为 80%。销售烟叶 33.92 万吨（678.45 万担）。其中，出口烟叶 3 万吨（59.96 万担），出口实现 1 亿美元，同比增长 5.5%。实现烟叶税利 31.1 亿元，同比增长 20.54%，其中利润 14.4 亿元，同比增长45.45%。实现烟农种烟收入51.3亿元。

烟叶生产基础设施建设。全省完成烟叶生产基础设施建设投资21.64亿元。其中，烟水配套工程投资10.38亿元，受益烟田累计112万亩。机耕路投资6422万元，建成509千米。烟草农机具投资2000万元，配置烟草农机具10511台（套）。密集型烤房投资10.33亿元，新建烤房3.66万座。育苗大棚投资900万元，建成育苗大棚14万平方米。

现代烟草农业建设。2010年，全省12个县（市）共18个基地单元按照“整县推进，单元实施”的总体要求，开展现代烟草农业建设工作，涉及乡（镇）81个，基本烟田71万亩，种植烤烟32.1万亩。基地单元内有生产主体10545个，平均种植规模30.4亩，实现种植专业户、家庭农场、生产合作社全覆盖。成立18个综合服务型烟农专业合作社，有社员7802人，专业化育苗比例100%，专业化机耕比例59%，专业化植保比例83%，专业化烘烤比例77%，专业化分级比例63%。在余庆、黔西、湄潭、遵义等4个县的7个基地单元开展专业分级散叶收购试点工作。

特色优质烟叶开发。6月10日，省局（公司）在贵阳举行贵州烟叶发展战略论坛，围绕贵州“山地醇甜香”和“山地清甜香”特色优质烟叶开发进行学术交流，对贵州特色烟叶风格定位、质量评价和技术路线进行研讨，确立贵州特色优质烟叶的风格定位和研发方向。2010年，遵义、黔西南、黔东南、毕节等4个地市级局（公司）与贵州中烟、上海烟草集团、湖南中烟等6个工业企业共同开发9个特色优质烟叶基地单元，种植面积16.24万亩，收购烟叶2.38万吨（47.56万担），特色烟叶等级合格率为86%。

抗旱救灾。2010年，贵州省遭遇百年不遇的严重旱灾，全省烟草商业系统投入抗旱资金1233万元、人力13.4万人次，组织农用具抽水、运水23.4万吨，确保大旱之年烟叶不减产，烟农不减收，为全面完成烟叶生产收购任务，稳定烟农收入做出贡献。

【科技创新】 省局（公司）围绕特色烟叶开展科技攻关，推进重大科技专项实施。2010年，种植自育品种“韭菜坪2号”、“南江3号”等烤烟新品种68.6万亩，占全省种植面积的26.2%。自育新品系“遵烟6号”、“贵烟1号”、“毕纳1号”通过全省烤烟新品系农业评审。参与制定“烟草及烟草制品 箱内片烟密度偏差率的无损检测 电离辐射法”国际标准，为我国烟草行业制定国际标准“零”的突破做出贡献。与中国烟叶公司合作承担的《基本烟田水利设施质量评定与验收规程》通过全国烟草标准化技术委员会组织评审，并于2010年2月起在全行业发布实施。制订《贵州省烤烟标准体系》，在全国率先完成烤烟标准体系的构建与发布。

【企业管理】 对标工作。省局（公司）举办首届质量管理体系建设知识竞赛，把质量体系建设作为管理提升的载体，提高企业基础管理水平及质量管理人才队伍素质。设计对标指标十级评分法，量化排序对标管理。

财务管理。加强国有资产管理监督，完成打叶复烤企业资产划转、2009年度全省烟草商业系统企业的产权登记和资产处置工作。加强资金监管，提高资金使用效率，地市级局（公司）资金集中度98%以上，县级局（分公司）账户资金余额比重从年初的13%下降到3.5%。2010年，省局（公司）国有资产保值增值率106.52%，净资产收益率20.72%，同比增加2.65%。三项费用总额比预算节约0.29亿元，财务费用比预算节约3143万元，同比减少4063万元。

安全管理。加强安全设施建设，基本完成年度安全设施建设项目一期建设。开展消防设施选项考察论证和自动灭火系统的试点工作。组织四次全省安全大检查、两次安全体系运行评审工作。未发生重大火灾事故、生产死亡责任事故、等责以上重特大交通责任事故、特别重大被盗案件和重特大锅炉、压力容器事故。

【基层创优】 开展优秀基层单位创建活动，省局制订《优秀县级局创建工作实施细则》，明确3个县级局为省局联系单位，通过试点以点带面推进优秀县级局创建活动。各地市级局组织列入2010年创优活动计划的县级局开展全面自查和复查工作，省局对各联系单位进行重点抽查。17个县级局、19个卷烟营销部、37个烟叶站、4个烟叶复烤厂通过省局组织的验收。

【人力资源管理】 调整充实省局（公司）机关部门负责人，选拔处级干部10人。开展“一报告、两评议”及直属单位后备干部集中调整工作，加强领导班子和领导干部考核评价，首次实现网上考评，初步建立多层次、多维度的考核评价体系。加大干部交流使用力度，从省局（公司）机关选拔6人到基层挂职，从基层选拔25人到省局（公司）机关挂职。加大学习培训力度，培训干部职工21109人次。开展职业技能鉴定工作，鉴定6777人/次，合格率70.8%。

【企业文化】 坚持以“博思笃行、合智共创”的企业精神统领文化建设，开展“创多彩服务、塑阳光烟草”活动。举办企业文化建设专题讲座，推进烟草视觉识别系统应用和服务品牌建设，初步形成“娄山情”、“知行”、“六顺”等地域性明显的特色文化品牌。

【“十一五”发展概要】 坚持“一流管理、一流经营水平、一流效益、一流企业”的发展目标，打牢“战略、发展、管理、工作”四个基础、构建“科技研发、烟叶生产、卷烟营销、资产营运”四个体系，应对“三个百年不遇”等严峻复杂形势，建设严格规范、富有效率、充满活力的贵州烟草商业。

生产经营。省局（公司）总资产由2005年的101.3亿元增加到153亿元。卷烟销量由482.8亿支（96.56万箱）增加到637.85亿支（127.5万箱），年均增长4.3%。实现税利由19.8亿元增加到71亿元，年均增长29.1%。实现利润从9.8亿元增加到33.87亿元，年均增长28.1%。

专卖管理。查处制售假烟案件8220起，查获假冒卷烟4.5亿支、走私卷烟173万支、非法烟叶烟丝6769吨。捣毁制假窝点100个，公安、司法机关依法刑事拘留331人、判刑202人。

烟叶生产。与2005年相比，烟叶收购计划从593万担增加到702.88万担，年均增长3.71%。全省收购烟叶30万担以上地区增至7个，10万担以上的县21个，20万担以上的县5个，30万担以上的县3个，50万担以上的县1个。与2005年相比，实现烟农总收入214.1亿元，增加111.07亿元，年均增长10.2%；烟农户均种植规模从2005年的5.95亩增加到18.7亩。为适应规模化生产需求，省局（公司）整合全省打叶复烤资源，组建贵州烟叶复烤有限责任公司，年打叶复烤加工能力30.5万吨（610万担）。

烟叶生产基础设施建设。“十一五”期间，全省累计投入烟叶生产基础设施建设资金63.9亿元，建成烟水配套工程受益面积491万亩。新改建密集式烤房16.3万座；建成机耕路748千米，配置农机具19918台（套），建成育苗大棚36.8万平方米。5年来，开工建设卷烟物流中心项目5个、标准化烟叶站136个、打叶复烤技改及新建项目3个、信息化项目20个。

体制机制。完成国有资产上划下拨工作，建立母子公司体制，确立地市级公司市场经营主体地位。2006年，省烟草科学研究所理顺管理体制，人财物全部划转省局（公司）。2009年，完成中国烟草贵州进出口有限责任公司划转、南明烟叶复烤厂关停和省打叶复烤企业重组整合工作。2010年，成立贵州烟草投资管理有限公司。以资产为纽带的现代企业产权制度基本建立。

【特事要辑】 1月12日，贵州烟叶复烤有限责任公司成立授牌仪式在贵阳举行，贵州省副省长禄智明出席仪式。

5月13～14日，国家局副局长何泽华一行赴毕节地区、六盘水市和安顺市调研，强调要突出特色，大力推进现代烟草农业建设。

5月31日，贵州省委副书记王富玉率省政府考察团赴安顺市平坝县烟叶生产基地单元天龙片区调研指导现代烟草农业建设工作。

6月10～11日，贵州烟叶发展战略论坛在贵阳举办。参会专家学者围绕贵州“山地醇香型”和“山地清香型”特色优质烟叶开发进行学术交流。

6月25～29日，驻国家局纪检组组长潘家华到贵州毕节地区黔西县林泉基地单元、威宁县牛棚基地单元考察现代烟草农业建设工作。

9月15～17日，国家局副局长张辉到贵州铜仁烟草调研指导工作。其间，张辉前往铜仁地区松桃苗族自治县寨英镇、普觉镇烟区，了解烟农生产生活情况。

10月11日，贵州省委书记栗战书、省长赵克志与国家局领导协调沟通贵州烟草发展事宜，国家局同意将贵州省基本烟田面积由600万亩增加到750万亩，并专门指导编制《贵州烟草发展规划》，加大对贵州烟草产业的支持力度。

2010年贵州省局（公司）主要统计指标汇总

实现税利（亿元）	实现利润（亿元）	销售卷烟（亿支）	烟叶种植（万亩）	烟叶收购（万担）
71.00	33.87	637.85	261.80	702.88

所属地市级局（公司）

【贵阳市烟草专卖局（公司）】 贵阳市烟草专卖局成立于1983年，贵州省烟草公司贵阳市公司成立于

2001年。下辖修文县、息烽县、开阳县、清镇市等4个县级烟草专卖局（分公司），南明区、云岩区、小河区、花溪区、乌当区、白云区等6个区烟草专卖局，以及云岩一部、云岩二部、云岩三部、南明一部、南明二部、南明三部、金阳、小河、花溪、白云、乌当、修文、息烽、开阳、清镇等15个营销部。①

开展2个现代烟草农业基地单元建设，涉及乡（镇）6个，基本烟田6.8万亩，种植烤烟2.38万亩，成立综合服务型烟农专业合作社2个。全年实施科技项目26项，其中，“烟叶种植区划”课题获得贵州省科学技术进步三等奖。自育品种推广面积逐年增加，“南江3号”种植面积超过50%。

【遵义市烟草专卖局（公司）】 遵义市烟草专卖局、贵州省烟草公司遵义市公司成立于1983年。下辖市区、务川仡佬族苗族自治县、湄潭县、遵义县、仁怀市、习水县、道真仡佬族苗族自治县、余庆县、桐梓县、正安县、绥阳县、凤冈县、赤水市等13个县级烟草专卖局（分公司）。

2010年，市局（公司）相继召开“新长征·新追求”企业文化推进工作会、2010年企业文化现场会暨“娄山情”卷烟服务品牌推进工作会；组织开展三期企业文化内训师培训，组建近80人的文化宣讲师队伍，全面开展企业文化和服务品牌理念培训和巡回宣讲活动；全面导入行业视觉识别系统，启用遵义烟草商业“娄山情”服务品牌标志，企业文化工作成效明显，11月，获“全国烟草行业企业文化建设先进单位”称号。

【安顺市烟草专卖局（公司）】 安顺市烟草专卖局、贵州省烟草公司安顺市公司成立于1983年。下辖西秀区、紫云苗族布依族自治县、镇宁布依族苗族自治县、平坝县、普定县、关岭布依族苗族自治县等6个县级烟草专卖局（分公司）。

2010年，市局破获的“11.26”烟叶网络案件是安顺首个被国家局、公安部列为督办的案件，也是贵州首次破获的特大烟叶网络案件。该案共查获涉案烟叶6000余担，涉案金额300余万元。

建成云南中烟“红河”品牌现代烟草农业基地单元1个，组建平坝县利民烤烟综合服务合作社。基地单元种植烟叶16664亩，种植主体462个，同比减少552个；户均种植面积36亩，亩产300千克，同比提高75千克；亩均用工20个，减少10个，节约成本500元；亩均产值2161.36元，增加206.62元；户均收入7.8万元，增加5.87万元。

【六盘水市烟草专卖局（公司）】 六盘水市烟草专卖局、贵州省烟草公司六盘水市公司成立于1984年。下辖六枝特区、盘县、水城县3个县级烟草专卖局（分公司）和钟山区烟草专卖局。

11月，市局（公司）举行卷烟营销服务品牌体系建设暨安全文化成果发布会，推出“印心”服务品牌及贵州烟草商业系统首个《安全文化手册》。这是六盘水烟草“印”文化的延伸和具体体现。

2010年，面对百年不遇旱情，全市烟草商业系统投入抗旱资金211.7万元、人力2.3万人次，提灌水量1.92万吨，组织农用具运水1.03万吨，出动车辆1447车次，开展抗旱救灾保生产工作。

【黔东南苗族侗族自治州烟草专卖局（公司）】 黔东南苗族侗族自治州烟草专卖局、贵州省烟草公司黔东南苗族侗族自治州公司成立于1983年，下辖凯里市、天柱县、黄平县、施秉县、镇远县、岑巩县、麻江县、雷山县、台江县、剑河县、三穗县、锦屏县、黎平县、从江县、榕江县、丹寨县等16个县（市）烟草专卖局（分公司）②。2010年，黔东南州烟草专卖局被国家烟草专卖局表彰为全国烟草行业“‘五五’普法法制宣传教育先进集体”，黔东南州烟草行业工会委员会榕江分会被中华全国总工会评选为“全国模范职工小家”。

州局（公司）与贵州中烟联合推进天柱特色优质烟叶国家级开发基地单元建设，与河南中烟、浙江中烟分别达成施秉白垛国家级、镇远舞阳省级基地单元建设合作协议，共同开展基地单元建设，推进原料供应基地化。完成镇远县江古乡，天柱县平甫村、八甲村，三穗县等溪村、施秉县上翁哨村等5个现代烟草农业示范点建设。探索创新生产组织方式，在示范基地单元内成立9个烟农合作社，育苗、机耕、植保、烘烤专业化服务面积达8000余亩。

【黔南布依族苗族自治州烟草专卖局（公司）】 黔南布依族苗族自治州烟草专卖局、贵州省烟草公司黔南布依族苗族自治州公司成立于1984年。下辖瓮安

---

① 2010年底，贵州市局（公司）将贵阳市区域划分调整为15个网格，并相应设立15个区域营销部，取消原有区域经理层级，调整为卷烟营销中心直接管理15个区域营销部，市场经理直接对接卷烟营销中心，减少管理层级，提高管理效率。

② 2010年7月，黔东南州局（公司）下发《黔东南州烟草专卖局（公司）关于部分内设机构及县级卷烟营销部名称变更的通知》（黔东南烟［2010］26号文件），对县级卷烟营销部名称进行变更，营销部全部变更为分公司。

县、福泉市、贵定县、龙里县、长顺县、惠水县、平塘县、三都水族自治县、荔波县、罗甸县、独山县、都匀市等12个县级烟草专卖局（分公司）和黔南金福有限责任公司1个控股公司。

生产组织方式探索取得新突破。2010年全州组建家庭农场17户、注册成立紧密型种植合作社4个、松散型种植合作社16个，注册成立综合服务合作社2个、农机专业合作社44个，有种植专业户8471户，三种生产主体烤烟种植面积占总面积的60.6%，专业化服务覆盖了育苗、机耕、植保、烘烤、分级等生产环节。

【黔西南布依族苗族自治州烟草专卖局（公司）】 黔西南布依族苗族自治州烟草专卖局、贵州省烟草公司黔西南布依族苗族自治州公司成立于1983年。下辖兴义市、兴仁县、普安县、晴隆县、贞丰县、安龙县、册亨县、望谟县等8个县级烟草专卖局（分公司），以及黔西南州金州翠湖宾馆有限责任公司。

2010年，面对百年不遇的特大旱灾，全州烟草系统共投入抗旱专项经费112.02万元，投入抗旱人数2.75万人（次），投入抗旱抽水农机具209台（套）、机动运水车辆9942辆（次），克服了旱情的影响，促使各项工作顺利开展。

【毕节地区烟草专卖局（公司）】 毕节地区烟草专卖局、贵州省烟草公司毕节地区公司成立于1983年。下辖毕节市、大方县、黔西县、金沙县、织金县、纳雍县、威宁彝族回族苗族自治县、赫章县等8个县级烟草专卖局（分公司）。2010年，地区局（公司）被贵州省民政厅、贵州省慈善总会联合授予“慈善捐赠先进集体”称号。

2010年，全地区现代烟草农业建设整县推进涉及8个县（市）、51个乡镇、330个自然村，种植烤烟19.39万亩，成立综合服务型烟农专业合作社29个。基地单元内有种烟主体3941个，平均种烟规模48.95亩。

【铜仁地区烟草专卖局（公司）】 铜仁地区烟草专卖局、贵州省烟草公司铜仁地区公司成立于1983年。下辖松桃苗族自治县、江口县、印江土家族苗族自治县、德江县、思南县、沿河土家族自治县、石阡县等7个县级烟草专卖局（分公司）和铜仁市、万山特区、玉屏侗族自治县3个县级烟草专卖局，以及思南县、德江县2个烟叶管理库。2010年，地区局（公司）被贵州省民政厅、贵州省慈善总会联合授予“慈善捐赠先进集体”称号。

地区局（公司）分别与浙江中烟、山东中烟、安徽中烟和川渝中烟合作，推进德江县煎茶、思南县许家坝2个国家级和思南县张家寨、沿河县黄土2个省级基地单元建设，在做好基本烟田规划的基础上，高标准建设基地单元基础设施，积极探索新型生产组织方式，结合地区实际，按照小区域连片、大区域集中的思路，努力打造200～1000亩“珍珠项链式”具有山区特色的现代烟草农业基地单元。

所属其他二级单位

【中国烟草贵州进出口有限责任公司】 中国烟草贵州进出口有限责任公司前身为中国烟草贵州进出口公司，始建于1991年，是经外经贸部批准，贵州省唯一经营烟草进出口业务的国有企业。2001年，为发挥工贸一体优势，中国烟草贵州进出口有限责任公司与贵州南明烟叶有限责任公司合并办公，实行“两块牌子、两本账、一套人马”的经营管理方式。2006年，根据《国家局关于调整中国烟草贵州进出口有限责任公司管理体制的批复》（国烟法［2006］856号），在理顺中国烟草贵州进出口有限责任公司管理体制的同时，由中国烟草贵州进出口有限责任公司吸收合并贵州南明烟叶有限责任公司。2009年底，根据《国家局 总公司关于贵州省公司打叶复烤企业重组整合的批复》（国烟法［2009］517号），省局（公司）将中国烟草贵州进出口有限责任公司的打叶复烤生产业务及相关资产进行剥离，对公司的机构和人员进行优化和缩编，成立新的中国烟草贵州进出口有限责任公司。经营范围为：烟叶、复烤烟叶进出口业务，进口卷烟、雪茄烟配套服务业务。截至2010年年底，公司拥有总资产3.84亿元，其中，固定资产0.35亿元、流动资产3.49亿元，资产负债率为14%。有从业员工19人。

2010年，公司出口烟叶2.99万吨，出口实现1亿美元，同比增长5.5%。实现税利1.45亿元，其中利润1.23亿元。签订烟叶类产品（含烤烟、烟末、烟梗、碎烟片）出口合同3.48万吨。

2010 年贵州省烟草商业系统主要情况统计

地市级局(公司)名称		贵阳市烟草专卖局(公司)	遵义市烟草专卖局(公司)	安顺市烟草专卖局(公司)	六盘水市烟草专卖局(公司)	黔东南州烟草专卖局(公司)
主要负责人/法人代表		龙丽琴	丁 伟	徐 铭	张拥军	李明海
总资产(万元)		163659	333164	63822	66876	56728
资产负债率(%)		12.15	22.82	15.21	11.30	18.72
所属县级局(个)		4	13	6	4	16
所属县级公司/分公司(个)		4 个分公司	13 个分公司	6 个分公司	3 个分公司	16 个分公司
所属县级营销部(个)		15	—	—	—	—
从业人员(人)		1302	3841	939	1002	1477
所属业务机构	访销机构	1 个营销中心、1 个电访中心	1 个营销中心	1 个营销中心、1 个电访中心	1 个营销中心、1 个电访中心	1 个营销中心、1 个电访中心
	物流配送机构	1 个卷烟配送中心、4 个中转站	1 个物流中心、2 个物流分库、9 个物流中转站	1 个物流中心	1 个物流中心、1 个物流分库、1 个物流中转站	1 个物流中心、1 个物流中心库、1 个物流分库、9 个中转站
	稽查机构	1 个稽查支队、11 个稽查大队	1 个稽查支队、13 个稽查大队	1 个稽查支队、7 个稽查大队	1 个稽查支队、4 稽查大队	1 个稽查支队、16 个稽查大队
	烟叶机构	18 个烟叶总站	68 个烟叶站	8 个烟叶总站、33 个烟叶站	9 个烟叶总站、26 个烟叶站	18 个烟叶总站、84 个烟叶收站
销售卷烟	(亿支)	111.53	110.30	48.09	50.20	59.67
	2010 年比 2009 年(%)	7.33	5.10	8.52	5.37	8.61
卷烟销售收入(万元)		374087	293778	126112	156309	145636
实现税利	(万元)	114381	153873	36128	43502	41358
	2010 年比 2009 年(%)	38.59	0.03	28.67	18.99	30.02
实现利润	(万元)	69884	58246	18227	24947	18220
	2010 年比 2009 年(%)	21.11	-0.12	27.85	7.30	18.55
查处涉烟违法案件(起)		1367	1272	208	1083	124
查处涉烟违法案件案值(万元)		1624	3800	13	227	335
2010 年度烟草行业投入烟叶生产基础设施建设资金(万元)		7216	29040	8875	6045	11368
烟水配套工程累计受益面积(万亩)		8.82	10.00	5.30	19.94	8.37
烟叶种植(亩)		157900	701000	88000	104837	148000
烟叶收购(担)		389800	1903000	215700	300740	368070
零售户数(户)		18500	29405	11364	12020	19577
零售户销售毛利率(%)		14.37	14.64	12.00	12.30	12.00

地市级局(公司)名称	黔南州烟草专卖局(公司)	黔西南州烟草专卖局(公司)	毕节地区烟草专卖局(公司)	铜仁地区烟草专卖局(公司)
主要负责人/法人代表	朱贵川	伍崇峰	陈文相	马 健
总资产(万元)	100540	128967	229871	96697
资产负债率(%)	31.00	26.46	30.73	56.91
所属县级局(个)	12	8	8	10

续表

地市级局(公司)名称		黔南州烟草专卖局(公司)	黔西南州烟草专卖局(公司)	毕节地区烟草专卖局(公司)	铜仁地区烟草专卖局(公司)
所属县级公司/分公司(个)		12 个分公司	8 个分公司	8 个分公司	7 个分公司
所属县级营销部(个)		—	—	—	—
从业人员(人)		1879	1415	3794	1901
所属业务机构	访销机构	1 个营销中心	1 个营销中心、1 个电访中心	2 个营销中心、1 个电访中心	1 个营销中心、1 个电访中心
	物流配送机构	1 个物流中心、12 个中转站	1 个物流配送中心	1 个物流中心、7 个中转站	1 个物流中心、5 个中转站
	稽查机构	1 个稽查支队、12 稽查大队	1 个稽查支队	1 个稽查支队、8 稽查大队	1 个稽查支队、11 个稽查大队
	烟叶机构	14 个烟叶总站、106 个烟叶站	41 个烟叶总站、80 个烟叶站	52 个烟叶站	39 个烟叶总站、180 个烟叶站
销售卷烟	(亿支)	64.24	48.11	94.20	52.29
	2010 年比 2009 年(%)	9.36	7.56	7.11	6.90
卷烟销售收入(万元)		155151	116141	231100	137718
实现税利	(万元)	57403	70308	165500	50622
	2010 年比 2009 年(%)	27.17	6.00	5.00	24.11
实现利润	(万元)	27609	36345	82700	21768
	2010 年比 2009 年(%)	27.04	6.00	3.90	11.37
查处涉烟违法案件(起)		351	202	691	547
查处涉烟违法案件案值(万元)		180	961	559	365
2010 年度烟草行业投入烟叶生产基础设施建设资金(万元)		32219	9734	41345	6472
烟水配套工程累计受益面积(万亩)		13.40	6.00	7.40	31.58
烟叶种植(亩)		223400	290500	697200	222900
烟叶收购(担)		550400	800000	1950500	626300
零售户数(户)		15678	13043	25717	12613
零售户销售毛利率(%)		14.00	10.00	12.00	14.26

（陈　俊）

云南省烟草专卖局（公司）

【概　况】 云南省烟草专卖局成立于 1983 年 11 月，中国烟草总公司云南省公司成立于 1982 年 4 月。省局（公司）下辖昆明市、玉溪市、曲靖市、红河州、楚雄州、大理州、昭通市、保山市、文山州、普洱市、丽江市、临沧市、德宏州、西双版纳州、怒江州、迪庆州等 16 家地市级烟草专卖局（公司），以及云南省烟草烟叶公司、云南烟叶复烤有限责任公司、云南省烟草实业公司、中国烟草云南进出口有限公司等 4 家直属企业。截至 2010 年年底，公司拥有总资产 588.44 亿元，其中，固定资产 73.56 亿元、流动资产 479.11 亿元，资产负债率为 27.2%。共有在岗员工 18075 人，其中聘用员工 3153 人。

2010 年，省局（公司）被云南省委、省政府授予“云南省‘十一五’扶贫开发先进集体”称号；被云南省政府评为“云南省安全生产责任考核优秀单位”。

【领导成员】 局长、总经理、党组书记：余云东

纪检组长、党组成员：温宁军（巡视员 2010. 11—）

副总经理、党组成员：杨经建

副总经理、党组成员：童荣崑

副总经理、党组成员：高体仁

副局长、党组成员：赵　全
总会计师：万里明（—2010.5）
副总经理、党组成员：邵　岩
副总经理、党组成员：郝和国（2010.5—）
巡视员：郑天一（2010.11—）
副巡视员：包　毅（2010.11—）
副巡视员：付昆生（2010.11—）

【机构设置】 省局（公司）机关设办公室（外事办公室、信访办公室）、综合计划处（经济运行处）、专卖监督管理处（专卖稽查总队、内部专卖管理监督办公室、铁路分局和民航分局）、政策法规与体制改革处、财务管理处、审计处、科技处、人事劳资处、思想政治工作处、监察处（与党组纪检组合署办公）、安全保卫处、投资管理处、烟叶管理处（新烟区建设与发展办公室、烟叶营销管理办公室）、卷烟销售管理处、物流管理处（2010年8月成立）等15个职能处室，信息中心、离退休人员管理办公室、省烟草学会办事机构、调研督察室、职业技能鉴定站、机关服务中心、云南省烟草农业科学研究院、云南省烟草质量监督检测站等8个专业部门，以及整顿和规范市场经济秩序办公室、现代烟草农业基础设施建设办公室。

【专卖管理】 *打假打私*。始终把打击非法经营烟叶活动作为源头打假的重点工作，加强对烟叶生产的内部规范和监管，从烟叶生产源头上进行管控。开展打击非法经营烟叶专项行动，加强对烟叶非法集散地的专项治理；加强路堵路查工作，充分利用出省通道警务站打击烟叶非法外流。建立云南、广东、福建等省联合打击涉烟违法犯罪合作机制，联合查办省际间非法涉烟网络案件。2010年全省共出动打假打私人员16万余人次，查处涉烟违法案件2411起，查获假冒卷烟11955万支、走私烟262万支，非法烟叶、烟丝4618吨，非法烟机6台，破获制售假烟网络案件25起。公安、司法机关依法刑事拘留861人，逮捕507人，劳教7人，判刑558人。

内部专卖管理监督。贯彻落实国家局对加强高价位卷烟销售管理、卷烟打码到条、出库信息和准运证信息绑定的相关要求，抽查监督各州（市）公司卷烟经营情况。组织相关属地局对省内卷烟工业集团烟叶采购、废弃原料处理、准运证取证等业务开展专项检查。组织对合同内丰产烟叶和不列级烟叶进行收购，避免烟叶流入地下制假窝点。加强卷烟市场监管工作，全省共检查零售户11.15万户，严厉打击售假、售私、售非和无证经营行为，进一步规范全省卷烟市场经营。制订《定点销毁假冒注册商标卷烟》制度，明确销毁流程及要求，确定中烟昆船瑞升公司为销毁定点单位，组织开展集中销毁。

专卖队伍建设。进一步完善创建优秀县级局考评验收办法，对28个试点县级局进行考评验收。在试点工作基础上，安排布置全省百县整体推进创建工作，截至年底，各州市局完成对各县级局创建活动的达标考评验收。全年共开展4期专卖管理岗位技能鉴定，992人参加，其中613人通过鉴定，通过率为61.8%。

专卖证件管理。全省各级局重视城乡结合部、新建城区的扩户工作。2010年新办烟草专卖零售许可证3.06万个，开具卷烟准运证6.64万份，烟叶准运证4.74万份，烟机准运证516份，其他烟草专卖品准运证2391份。

【经济效益】 2010年，全省烟草商业系统实现税利180.41亿元，同比增长12.69%，其中利润97.33亿元，同比增长8.9%。三项费用率为13.05%。

【卷烟经营】 *卷烟销售*。全省烟草商业系统销售卷烟820.44亿支（164.09万箱），同比增长4.49%，其中，销售一类烟79.15亿支（15.83万箱），同比增长52.77%；二类烟21.2亿支（4.24万箱），同比增长46.34%；三类烟309.75亿支（61.95万箱），同比增长32.15%；四类烟263.4亿支（52.68万箱），同比下降9.72%；五类烟147亿支（29.4万箱），同比下降23.75%。本地区销量居前三位的品牌为“红河”、“云烟”、“红山茶”，其中，销售“红河”221.15亿支（44.23万箱）、“云烟”145.9亿支（29.18万箱）、“红山茶”66.5亿支（13.3万箱）。实现卷烟销售收入262.49亿元，同比增长22.61%。实现卷烟税利60.5亿元，同比增长26.71%，其中利润34.89亿元，同比增长10.32%。

品牌培育。2010年，销售重点骨干品牌卷烟577.1亿支（115.42万箱），占总销售量的70.34%。重点骨干品牌卷烟销量累计贡献毛利62.74亿元，占毛利总额的91.12%，其中省外品牌“中华”销售同比增幅为29.08%，“兰州”销售同比增幅为100%，“双喜”销售同比增幅为51.22%，“黄金叶”销售同比增幅为880.66%，“娇子”销售同比增幅为39.6%；云产品牌“红塔山”、“云烟”、“玉溪”保持较快增长。

现代物流建设。编制完成《中国烟草总公司云南省公司卷烟现代物流建设总体规划（2010～2011）》、《云南省卷烟现代物流综合业务管理平台建设方案》。在全省卷烟销量及零售客户持续增长情况下，实现了物流成本持续降低和配送效率持续提升。2010年全省

烟草商业单箱物流成本 137.68 元，较全国平均水平（169.17 元）低 31.49 元；单箱物流管理成本 28.4 元，较全国平均水平（62.19 元）低 33.79 元；物流人工费用比例为 30.83%，低于全国平均水平（54.44%）23.6%。

网络建设。全省共有持证零售客户 17.83 万户，其中农网零售客户 9.78 万户，占零售客户总数的 54.86%。成交总订货量 164.09 万箱，其中农网零售客户订货量 70.64 万箱，占总订货量的 43.05%。进行网上订货的零售客户达到 11.34 万户，占零售客户总数的 63.6%。

【烟叶产销】 种植和收购。全年种植烟叶 642.28 万亩，收购烟叶 96.81 万吨（1936.2 万担），其中，收购烤烟 93.88 万吨（1877.59 万担）、香料烟 2.23 万吨（44.6 万担）、白肋烟 0.7 万吨（14 万担）。实现烟叶税利 142.1 亿元。

现代烟草农业建设。全省规划建设 19 个现代烟草农业示范县，年种植烤烟 180 万亩，收购烟叶 27.85 万吨（557 万担）。以滇东示范区为代表的现代烟草农业建设，初步探索出一条以“基地化、特色化、现代化”建设为目标，以基地单元建设为载体，以烟田设施建设为基础，以现代烟草农业服务中心和工商合作管理中心建设为重点，以信息化建设为支撑的高标准、高质量、高水平、大区域现代烟草农业的发展模式。

烟叶生产基础设施建设。2010 年，全省烟草行业投资 26.65 亿元建设烟基项目 82334 件，其中投资 11.48 亿元建设烟水配套工程 8660 件，投资 2.37 亿元建成机耕道路 1803 千米，投资 10.17 亿元建设烟叶调制设施 60179 座，投资 0.49 亿元购置烟草农业机械 10579 台（套），投资 0.48 亿元建成育苗大棚 862 座，在石林、江川、陆良、师宗、泸西、姚安、腾冲、丘北等 8 个现代烟草农业整县推进示范县投资 0.83 亿元实施 10.86 万亩烟田土地整理项目，建成烟水配套基本烟田 153.03 万亩。全年投入资金 12.23 亿元，改造中低产田地 128.01 万亩；投入资金 5.19 亿元，实施中国烟草云南祥云大型水源工程、中国烟草云南宣威大型引水济榕工程、中国烟草云南砚山大型灌区建设工程等 3 件水源工程建设项目。

特色优质烟叶开发。全省承担国家局特色优质烟叶开发点 45 个，种植面积 66.7 万亩，收购烟叶 9.85 万吨（197 万担）；种植“红花大金元”186 万亩，收购烟叶 12.15 万吨（243 万担）；种植美国引进品种和津巴布韦引进品种烟叶 32 万亩，收购烟叶 5 万吨（100 万担），保障重点企业和骨干品牌优质原料需求。根据地方区域特色，提出打造云南黄金走廊生态特色烟叶品牌发展战略目标，普洱市着力开发“生态普洱”特色烟叶，临沧市充分发挥“澜沧江流域”和“南汀河流域”的生态优势，保山市全面研究火山灰土壤特色优质烟叶生产技术，丽江市深入挖掘金沙江流域高原河谷区域烟叶特色。7 月 25 日，省局（公司）举办 2010 年中国云南国际优质烟叶高级专家论坛，论坛形成并通过了《昆明宣言》。

新烟区开发。按照“四位一体”开发模式推进新烟区开发，坚持“高起点、高标准、高水平”开发思路，突出优势区域，突出重点产区，突出资源整合，突出连片规划，扎实推进新烟区开发。与 2008 年开始发展新烟区相比，烟叶生产总量从 12.06 万吨（241.1 万担）增加到 2010 年的 19.16 万吨（383.1 万担），种烟收入从 18.06 亿元增加到 27.33 亿元。

科技推广。推广漂浮育苗等适用生产技术，全省漂浮育苗比例达 100%，商品化育苗比例达 100%。实现轮作面积 574.2 万亩，占种烟面积的 92.5%，同比提高 1.8 个百分点；机械深耕面积 492.5 万亩，同比提高 16.4%；测土配方施肥面积 600.2 万亩，同比增加 156.1 万亩；百亩以上连片种植面积 400.67 万亩，占种烟总面积的 64.5%；千亩以上连片种植面积 82.1 万亩，占种烟总面积的 13.2%；户均种烟面积达 12.3 亩，同比增加 0.7 亩。

烟叶资源配置方式改革。构建适应知名品牌发展的新型工商合作模式，全年全省建设品牌导向型基地单元 60 个，种烟面积 89.2 万亩，收购烟叶 13.18 万吨（263.5 万担），定向调拨供应全国有关工业企业的 19 个卷烟品牌。省局（公司）与 5 家卷烟工业企业签订合作框架协议，领导亲自带队到工业企业进行走访调研，两次召开工业企业烟叶采购人员座谈会加强沟通交流。

【体制改革】 完善昆明市县级经营机构设置。5 月，国家局、总公司批复同意云南省烟草专卖局对昆明市县级经营机构设置进行改革，撤销昆明市城区烟草专卖局、解散昆明城区卷烟配送有限责任公司，设立昆明市五华区烟草专卖局、云南省烟草公司昆明市公司五华区分公司，实行“两块牌子、一套班子”合署办公；设立昆明市盘龙区烟草专卖局、云南省烟草公司昆明市公司盘龙区分公司，实行“两块牌子、一套班子”合署办公。城区公司在册职工划分到昆明市五华区烟草专卖局（分公司）和昆明市盘龙区烟草专卖局（分公司）。该项改革实施工作于 2010 年 8 月完成。

调整股权结构深化复烤企业改革。2010 年，省局（公司）对云南烟叶复烤有限责任公司股权结构通过增资扩股进行调整。云南烟叶复烤有限责任公司2010年末资本公积金和任意盈余公积金合计4.12亿元转增实收资本，新增加实物资产2.22亿元，新增货币资金2.22亿元。新增加浙江中烟、广西中烟、河南中烟、川渝中烟、河北中烟等5家工业公司为股东单位。

【企业管理】 “十大”管理体系建设。2010年，全省烟草商业系统开展“十大”管理体系建设。“十大”管理体系建设包括专卖监督管理、卷烟营销管理、烟叶生产经营管理、人力资源及绩效考核管理、科技创新管理、综合服务保障管理、信息管理、财务管理、发展战略、企业文化体系等建设，是质量管理体系建设持续改进的具体要求。省局（公司）以大理州局（公司）为试点单位，通过一年时间摸索，初步构建起管理体系信息化平台，把专项管理体系的流程、标准、岗位、绩效指标及工作痕迹固化到管理体系信息化平台上，从根本上解决管理体系“两张皮”问题。截至年底，省局（公司）机关以及曲靖、红河、昭通、文山、普洱等州、市局（公司）和省烟叶复烤公司的管理体系文件基本编制完成。

对标工作。建立健全报告制度、例会制度、通报制度等运行机制，明确年度目标，确立对标课题，基本建立常态化运行机制。7月，在国家局发布的指标基础上，省局（公司）把州（市）局（公司）的指标扩充为33项，省烟叶复烤公司指标扩充为15项，进一步增强指标的导向性和引领性。2010年，全省烟草商业系统人均卷烟劳动效率同比提高8.02%，人均卷烟销售收入同比上升27.59%，人均烟叶劳动效率同比提高10.5%，人均烟叶销售收入同比上升7.97%；综合三项费用率由2009年的13.47%下降为13.05%；成本费用率由2009年的83.68%下降为83.32%。

安全工作。全年共批准安全设施建设项目资金9202.79万元，建设安全设施火灾自动报警系统和安防监控系统项目42项。99%的安保人员取得安全资格证书，其中获得注册工程师资格24人。2010年，全省烟草商业系统未发生重大安全责任事故。

【信息化建设】 烟叶生产管理上以信息化建设为支撑，以基地单元为载体，围绕计划合同、烟叶生产、收购调运三大环节，实施烟站（单元）烟叶管理信息系统，实现烟叶生产、收购、经营全过程管控、全流程服务，2010年，烟站（单元）烟叶管理信息系统在全国烟草行业推广。完善专卖内管子系统信息预警功能，开发TTS考试培训平台，开展应用单位人员培训。加强惩防体系信息平台建设，以“省—州市—县”三级监管为架构，实现对预算、大额资金、资产处置、工程项目、大宗物资采购、干部管理等重要业务环节的过程监控，该平台的应用实现了业务部门自我监督与纪检监察专职监督的独立并行。网站建设上，省局（公司）网站全年采编并发布烟草新闻4329条、发布其他信息2906条，向国家局行业网站、《中国烟草》杂志、《东方烟草报》等媒体投稿214篇。

【对外交流与合作】 2010年，“国际型优质烟叶研究与开发”项目的国外合作方在原有客户基础上，新增加了普瑞铭烟草亚洲有限公司。7月，“2010·中国云南国际型优质烟叶高级专家论坛”在昆明召开。期间，由菲莫国际、日本烟草、联一国际烟草、环球烟叶等公司19人组成的专家组分别到保山腾冲国际型优质烟叶生产示范基地、普洱市宁洱县红塔普洱生态烟叶示范基地、泸西现代烟草农业示范区进行实地考察，专家组对腾冲基地项目烟叶生产工作给予较高评价。

【多元化经营】 继续稳步推进酒店管理平台建设，全省存续的宾馆酒店大部分由云岭四季酒店管理有限公司、保山兰都酒店管理有限公司、版纳新傣园酒店管理有限责任公司及新凯通酒店管理有限公司分别进行统一管理。研究制订《中国烟草总公司云南省公司多元化经营企业重大事项报告制度实施细则》，升级完善了“多元化投资监管信息系统”。做好行业多元化经营管理评价体系有关工作，根据《国家局办公室关于行业多元化经营管理评价（试运行）情况的通报》，2010年全省烟草商业多元化经营管理工作在全国45家省级公司综合测评中位于第五位，其中经营绩效单项位列第一。

2010年，完成清退长期投资项目2项、整改项目1项。截至年底，全省烟草商业系统累计完成清退项目45项，占清退计划总数49家的91.43%。存续经营的多元化企业（项目）共有18个，投资成本和资产原值共计17.27亿元。全省94个主业固定资产用于多元化经营的项目中，已完成整改79项（资产原值7.3亿元），正在整改2项（资产原值0.34亿元），继续保留经营的项目13项（资产原值8.05亿元）。已清退和整改完成的124个项目（清退45项、整改79项），其中关闭清算项目20个、有偿转让项目14个、无偿划转项目12个、收归主业不再做多元化项目34个、用于多元化出租项目44个。通过大规模清理整顿，理顺了资产关系，全系统多元化投资分散局面有效改变，投资层级明显压缩，资产质量得以改善。

【人力资源管理】 干部人事制度改革和组织建设。

完成人力资源信息系统第一期组织、人事、薪酬管理等3个模块的建设工作，并与国家局人力资源信息系统实现对接。2010年，省局（公司）招录应届毕业生199人，接收军转干部3人，安置退役军人103人；面向社会公开招聘3名机关工作人员，面向全系统公开选拔4名副处级干部，并选派2人作为第四批省级社会主义新农村建设指导员进驻文山麻栗坡县工作。组织开展2009年度省局（公司）机关处级干部和工作人员考核工作，对考核优秀的10名人员进行表彰奖励，对考核末两位的人员进行通报和诫勉谈话。

用工分配制度改革。2010年1月1日起，在省局（公司）机关及22个所属单位试行用工分配制度改革方案和制度，省烟叶复烤公司于2010年7月1日起试行。3月初，省局（公司）机关开展全员竞争上岗，共有136人报名竞争135个岗位，通过考核测评，评定为"优秀"3人、"称职"94人、"基本称职"39人。对测评成绩末三位的人员，由处室、部门负责人进行谈话，并安排其上岗培训，培训考试合格后正式公告上岗；对竞争上岗中被评定为"基本称职"及以下等次的，当年不得提拔晋升。3月24日，省局（公司）机关召开总结大会，完成机关用工分配制度改革阶段性工作目标。

教育培训及专业技术职务评聘。全年共组织、参加并自行举办培训班137个，其中省局（公司）自办培训班31个，培训总人数3629人。配合国家局做好培训教案征集工作，共征集教案53份。省局（公司）共有13份教案入选行业教育培训案例库。2010年，全省系统共有106人获得中级专业技术资格。

【企业文化】 2010年，省局（公司）全面构建起以"利国惠民、至爱大成"为核心价值理念的"大成"文化体系。明确全省烟草系统核心价值理念：利国惠民、至爱大成；企业愿景：打造烟叶卓越品牌、成就烟草一流企业；企业使命：报效国家、共创大成；企业精神：求精务实、拼搏创新；行为信条：潜心做事、低调做人、同心致爱、同向致远；行为准则：爱岗敬业、心存感恩、遵纪守法、维护专卖、行为规范、诚实守信；企业形象传播语：利国惠民、至爱大成；服务品牌：七彩服务；服务品牌传播语：七彩服务、情系你我；烟叶品牌传播语：经典云叶、清甜香润。

【"十一五"发展概要】 *经济效益*。"十一五"期间，全省烟草商业系统累计销售卷烟3763.5亿支（752.7万箱），累计实现税利716.3亿元，累计收购烤烟415.2万吨（8303.97万担），累计实现收购总值564.6亿元。省局（公司）的总资产由2005年389.14亿元增加到2010年的588.44亿元，年均增长9.4%；实现税利由88.2亿元增加到180.4亿元，年均增长15.4%；卷烟销量由646亿支（129.2万箱）增加到820亿支（164万箱），年均增长4.9%；烟农售烟收入由83.1亿元增加到138.3亿元，年均增长10.6%。

烟叶工作。全面推广漂浮育苗，突出抓好"深耕深翻高起垄、高茎壮苗深栽、适时揭膜促管理、适时封顶留足叶片"四项关键实用技术，全省烤烟生产实现100%漂浮育苗；砂培育苗推广面积逐步扩大，揭膜培土面积占到地膜覆盖面积的69.5%。五年中，共发展种烟专业户26万户、家庭农场713个、专业合作社441个、种植合作社552个。各种新型生产组织形式覆盖种植面积423.6万亩，占全省种植面积的75.4%。建成育苗工场9299个，实现100%商品化供苗；建立机耕专业队1067个，起垄专业队506个，施肥专业队3469个，植保专业队2067个，烘烤专业队3027个。2010年收购烤烟93.88万吨（1877.59万担），比2005年76.04万吨（1520.73万担）增加17.84万吨（356.86万担），年均增长4.3%。

科技创新。初步建立起以省局（公司）科技管理部门、云南省烟草农业科学研究院、州（市）公司烟叶生产技术中心、基层技术推广站为主体的四级科研体制。建立一整套以"科学技术突出贡献奖"为引领，"科技进步奖"为基础，"创新工作先进个人"奖励为补充的梯次分明的激励体系，充分调动了广大科技人员自主创新积极性。

【特事要辑】 1月11日，云南省局（公司）将2009年胡锦涛总书记视察云南楚雄姚安地震灾区时与烟农一起劳动、亲手编扎的烟叶实物郑重移交中国烟草博物馆，作为永久馆藏陈列展出，鼓舞和激励烟草行业职工奋发进取，努力创造新的业绩。

1月16日，云南省委、省政府在昆明召开全省烟草工作座谈会。省委书记、省人大常委会主任白恩培，省委副书记、省长秦光荣出席会议并讲话。

3月9～12日，驻国家局纪检组组长潘家华在云南省保山市腾冲县调研现代烟草农业建设和烤烟生产抗旱工作。

3月20日，中共中央政治局常委、国务院总理温家宝在云南曲靖旱灾最严重地区看望慰问受灾群众、指导抗旱救灾工作期间，来到陆良县召夸镇中低产田改造示范区，当了解到示范区通过坡改梯、零改整，实现了田成方、沟成网、路相连、渠相通，土地质量提高了、耕地面积也增加了时，温总理欣慰地说："今后可以做到旱能浇、涝能排，旱涝无虞。"温总理还将散布田间的现代烟草农业灌桩形象地称为"小白龙”。

4月1日，云南省泸西县现代烟草农业12万亩农田水利灌溉工程通水典礼在云南省泸西县举行，云南省副省长高峰出席通水典礼。

4月14~17日，国家局局长姜成康在云南烟草考察调研，了解烟草抗旱救灾保生产工作。

6月3日，云南省烟叶生产抗旱工作总结表彰大会在昆明举行。云南省委书记、省人大常委会主任白恩培、省长秦光荣和国家局局长姜成康对云南烟叶生产抗旱工作分别作出重要批示。

7月6~8日，全国烟叶收购暨现代烟草农业建设现场会在昆明召开。国家局副局长何泽华、驻国家局纪检组组长潘家华出席会议并讲话，云南省副省长曹建方到会致辞。

7月25日，省局（公司）在昆明举办“2010年中国云南国际优质烟叶高级专家论坛”，国家局副局长何泽华出席论坛并讲话，云南省副省长高峰出席致辞。来自国内外30多位专家分析了当前国内外优质烟叶发展形势，并通过了烟叶发展具有历史意义的《昆明宣言》。

8月2~4日，由云南省局（公司）和丽江市政府共同主办的“2010丽江金沙江区域特色优质烟叶品牌论坛”在丽江举行，国家局副局长何泽华、云南省副省长曹建方致贺信。

8月29日~9月3日，驻国家局纪检组组长潘家华到云南进行现代烟草农业发展中专业合作社建设的专题调研。

11月26日，国家局副局长李克明到云南烟草商业系统调研指导工作。

12月10日，中国烟草云南祥云大型水源工程建设项目开工仪式在大理州祥云县举行，国家局副局长何泽华出席开工仪式并宣布工程开工。国家局总会计师兼财务司（审计司）司长张玉霞出席开工仪式。

2010年云南省局（公司）主要统计指标汇总

实现税利（亿元）	实现利润（亿元）	销售卷烟（亿支）	烟叶种植（万亩）	烟叶收购（万担）
180.41	97.33	820.44	642.28	1936.20

所属地市级局（公司）

【昆明市烟草专卖局（公司）】 昆明市烟草专卖局成立于1985年、云南省烟草公司昆明市公司成立于1984年。下辖官渡区、西山区、呈贡县、安宁市、晋宁县、宜良县、石林彝族自治县、嵩明县、寻甸回族彝族自治县、东川区、富民县、禄劝彝族苗族自治县、五华区、盘龙区等14个县级烟草专卖局（分公司）。

市公司选择840户零售客户作为信息采集点，建立市场信息监测网，定期进行数据采集，掌握市场需求和社会库存变化情况。组织实施零售客户网上订货工作，全年网上订货客户数10960户，占全市有效订货客户数的45.45%。

【玉溪市烟草专卖局（公司）】 玉溪市烟草专卖局成立于1983年、云南省烟草公司玉溪市公司成立于1982年。下辖红塔区、澄江县、江川县、通海县、华宁县、峨山彝族自治县、新平彝族傣族自治县、元江哈尼族彝族傣族自治县、易门县等9个县级烟草专卖局（分公司）及玉溪市研和水泥制造有限公司、云南省玉溪钢铁有限责任公司、通海县熙苑宾馆有限责任公司、玉溪商业银行、云南云岭四季酒店管理公司等5个多元化经营的控（参）股公司。

市局（公司）探索出黄官模式和6S基础站点管理模式。黄官模式是以烤烟专业合作社为载体，通过成立烤烟专业合作社，按照“自愿、互惠、互利、公平”等原则，把零散的农民土地有机集中，实施土地流转，合作社成为流转土地的经营主体。基层站点的“6S”管理是以“整理、整顿、清扫、清洁、素养、安全”为要求，提升基层烟站在烟叶生产、收购、物资供应、培训指导、技术服务、基础建设、卷烟销售、专卖管理等水平。

【曲靖市烟草专卖局（公司）】 曲靖市烟草专卖局成立于1984年、云南省烟草公司曲靖市公司成立于1982年。下辖麒麟区、宣威市、会泽县、富源县、沾益县、陆良县、师宗县、罗平县、马龙县等9个县级烟草专卖局（分公司）。2010年，市公司陆良分公司小百户烟站被中华全国总工会评为“全国模范职工小家”。

市局（公司）通过品牌计分管理，促使客户在经营过程中既注重卷烟的销售数量，更注重经营结构和品牌宽度。通过专项促销等品牌培育系列活动的开展，推动重点骨干品牌卷烟的销量增长，其中，“玉溪”系列同比增长 80.5%、“红塔山”系列同比增长 53.9%、“云烟”系列同比增长 44.6%。

【红河哈尼族彝族自治州烟草专卖局（公司）】 红河哈尼族彝族自治州烟草专卖局、云南省烟草公司红河哈尼族彝族自治州公司成立于 1983 年。下辖弥勒县、泸西县、个旧市、开远市、蒙自县、建水县、石屏县、屏边苗族自治县等 8 个县级烟草专卖局（分公司），红河县、元阳县、河口瑶族自治县、金平苗族瑶族傣族自治县、绿春县等 5 个县级烟草专卖局（营销部）。

2010 年，红河州泸西县作为“国家局现代烟草农业整县推进县”和“滇东现代烟草农业综合示范区”四县之一，一是完成了推进烟水、烟路、烟田、烟机、育苗工场、烘烤收购一体化工场、烟农学校、防雹点“八大工程”综合配套；二是以土地整形、综合治理为切入点，对原有土地布局进行“集零为整、二次分配”；三是以金城、白水、东山等 3 个基地单元作为试点，探索工商互动烟叶基地建设模式，实现烟叶品质特色化，推进烟叶生产方式现代化；四是开展集“育苗工场、烘烤收购工场、工商合作管理中心、专业化服务管理中心”一体的“四位一体”管理模式探索与实践。

【大理白族自治州烟草专卖局（公司）】 大理白族自治州烟草专卖局、云南省烟草公司大理州公司成立于 1984 年。下辖大理市、祥云县、宾川县、弥渡县、漾濞彝族自治县、南涧彝族自治县、巍山彝族回族自治县、永平县、云龙县、洱源县、剑川县、鹤庆县等 12 个县级烟草专卖局（分公司），以及云南烟草宾川白肋烟有限责任公司。2010 年，祥云县和南涧县同时被省局（公司）列为省级现代烟草农业建设示范县。

2010 年，中国烟草云南祥云大型水源工程开工建设。该项目建成后将新增蓄水 2400 万立方米以上，受益农田 30 万亩，受益人口达 38 万人，年增加经济收入 9600 万元以上，提升了祥云县农业生产基础设施和生态环境条件。

大理建成烟草物流园，园区占地 400 亩，以“一体化”物流建设为核心，构建了“一平台、四中心”的结构模型。

【楚雄彝族自治州烟草专卖局（公司）】 楚雄彝族自治州烟草专卖局成立于 1983 年、云南省烟草公司楚雄彝族自治州公司成立于 1982 年。下辖楚雄市、双柏县、牟定县、南华县、姚安县、大姚县、永仁县、武定县、禄丰县、元谋县等 10 个县级烟草专卖局（分公司）。

2010 年，州局配合当地公安部门成功破获通过快递货运等方式购销假冒卷烟的“3.10”重大售假网络案件，依法抓获犯罪嫌疑人 11 人，逮捕 8 人，现场查获卷烟 224 件，案值 222.19 万元。

在继续完善提升禄丰整县推进现代烟草农业建设基础上，州局（公司）重点对楚雄、姚安、牟定、武定等 4 个县市进行整县推进建设，其中姚安县为国家局联系点，楚雄市、牟定县、武定县为省局（公司）联系点，其余 5 个县各选择一个乡镇进行建设示范。全年全州实现烟农种烟收入 14.9 亿元，同比增加 1.35 亿元。

【昭通市烟草专卖局（公司）】 昭通市烟草专卖局成立于 1984 年、云南省烟草公司昭通市公司成立于 1982 年。下辖昭阳区、鲁甸县、巧家县、镇雄县、彝良县、威信县、大关县、永善县、盐津县、绥江县、水富县等 11 个县级烟草专卖局（分公司）。

市局（公司）重点从基本烟田规划、基础设施建设、转变生产组织形式、专业化服务、技术保障、信息化管理等方面开展工作，全面加强“一站两中心”管理。烟叶收购取消二次验级“清选”环节，统一实施原收直调模式。重点抓好永丰县、布嘎乡烟叶基地单元建设，种烟面积 3.85 万亩，收购烟叶 0.63 万吨（12.56 万担），户均种烟面积 21.64 亩。昭阳区被列为 2010 年全省现代烟草农业示范县建设试点之一。

【保山市烟草专卖局（公司）】 保山市烟草专卖局、云南省烟草公司保山市公司成立于 1988 年。下辖隆阳区、腾冲县、龙陵县、施甸县、昌宁县等 5 个县级烟草专卖局（分公司）。

全年实现烟农种烟收入 8.9 亿元，烟农户均种烟收入 2.86 万元。

【丽江市烟草专卖局（公司）】 丽江市烟草专卖局、云南省烟草公司丽江市公司成立于 1985 年 4 月。下辖永胜县、华坪县、玉龙纳西族自治县、宁蒗彝族自治县等 4 个县级烟草专卖局（分公司）。

以实施“丽江特色优质烟叶重大专项”为突破口，加快科研基础研究和新技术的集成推广应用。召开首次科技创新工作会议，成立市烟草学会和市烟叶科学技术委员会，形成烟叶科技创新工作新格局和新机制。多层次进行校企共建“实践教学基地”，与多家科研院所签订项目合作协议，建立专家咨询机制，完成了基于GIS的特色烟叶规划及管理信息平台建设，《丽江特色优质烟叶研究与开发》重大专项通过中期评估。8月，承办由市政府、省局（公司）共同主办的“2010丽江特色优质烟叶品牌论坛”。

【文山壮族苗族自治州烟草专卖局（公司）】 文山壮族苗族自治州烟草专卖局、云南省烟草公司文山壮族苗族自治州公司成立于1984年7月。下辖文山县、砚山县、西畴县、麻栗坡县、马关县、丘北县、广南县、富宁县等8个县级烟草专卖局（分公司）。

州局破获非法经营烟叶网络案件1起，依法抓获犯罪嫌疑人18人，查获非法烟叶31.57吨（631.4担），涉案金额131.92万元。该网络案件侦破成为全省12个获国家局通报表彰的网络案件之一。

文山州承担特色优质烟叶开发项目11.74万亩，收购特色优质烟叶1.75万吨（35万担）。与同地区大面积种植相比，特色优质烟叶开发项目亩产达150.71千克，提高3.66千克；收购均价13.69元/千克，提高0.25元/千克；上等烟比例42.23%，提高0.83%；烟叶亩产值2030.36元，提高55.86元。

【德宏傣族景颇族自治州烟草专卖局（公司）】 德宏傣族景颇族自治州烟草专卖局、云南省烟草公司德宏傣族景颇族自治州公司成立于1989年。下辖潞西市、瑞丽市、陇川县、盈江县、梁河县等5个县级烟草专卖局（分公司），以及姐告边境贸易区烟草专卖分局1个直属分局。

州局（公司）种植津巴布韦“KRK26”特色品种烟叶9000亩，收购烟叶0.12万吨（2.41万担）。实现总产值1774.71万元、烟叶税390万元。

【西双版纳傣族自治州烟草专卖局（公司）】 西双版纳傣族自治州烟草专卖局成立于1991年、云南省烟草公司西双版纳傣族自治州公司成立于1993年。下辖景洪市、勐海县、勐腊县3个县级烟草专卖局，控股企业有新傣园酒店管理有限公司。

开发运用“按客户订单组织货源”软件，科学预测卷烟市场需求。不断优化送货线路、加强送货过程监管，平均送货到户时限为26.4小时，零售客户配送服务质量满意度为98.39分。强化烟草行业生产经营决策系统对卷烟经营的适时监控，实现100%的落地销售和入网销售。

【怒江傈僳族自治州烟草专卖局（公司）】 怒江傈僳族自治州烟草专卖局成立于1991年、云南省烟草公司怒江傈僳族自治州公司成立于1994年。下辖福贡县、兰坪白族普米族自治县、贡山独龙族怒族自治县3个县级烟草专卖局（分公司）。

积极开展ISO 9000质量管理体系认证工作。州局（公司）于2010年1月开展了第二次内部审核，审核组共提出整改意见89条，开出不合格报告10项。4月进行管理评审，州局（公司）领导、各部门负责人及全体内审员都参加评审，评审组对质量管理体系的建设和运行情况进行考察和审核，确保质量管理体系持续的适宜性、充分性、有效性。全年三项费用率为15.31%；成本费用率为89.04%，同比下降1.31%。

【普洱市烟草专卖局（公司）】 普洱市烟草专卖局、云南省烟草公司普洱市公司系分别成立于1991年7月和1992年7月的原思茅市烟草专卖局、云南省烟草公司思茅市公司，2007年4月正式更名。下辖景东彝族自治县、镇沅彝族哈尼族拉祜族自治县、墨江哈尼族自治县、景谷傣族彝族自治县、宁洱哈尼族彝族自治县、江城哈尼族彝族自治县、澜沧拉祜族自治县、孟连傣族拉祜族佤族自治县、西盟佤族自治县和思茅区等10个县级烟草专卖局（分公司）。

全市烟区8个基地单元共发展烤烟种植专业户5859户、家庭农场19个、种植专业合作社3个，全市户均种植规模达到19.97亩，比2009年提高8.12亩。8个基地单元共成立育苗、机耕、植保、烘烤预检分级等各类服务社541个。

【临沧市烟草专卖局（公司）】 临沧市烟草专卖局、云南省烟草公司临沧市公司成立于1985年。下辖临翔区、云县、凤庆县、永德县、镇康县、耿马傣族佤族自治县、沧源佤族自治县、双江拉祜族佤族布朗族傣族自治县等8个县级烟草专卖局（分公司）。

积极推进现代烟草农业建设，完成临翔完海山区现代烟草农业核心示范区0.5万亩和耿马现代烟草农业示范县1.67万亩烟田建设；在凤庆、云县、永德、镇康、双江、沧源等6个县分别建立6个展示区，共2.53万亩。全市现代烟草农业建设核心示范区、示范县和展示区平均亩产量为3.05担，较同地区大面积生产相比增加0.05担；亩均用工18个左右，减少12.5个；用工成本1232.5元，减少512.5元；烟叶亩产值2267.89元，增加59.56元。

【迪庆藏族自治州烟草专卖局（公司）】 迪庆藏

族自治州烟草专卖局成立于1989年、云南省烟草公司迪庆藏族自治州公司成立于2002年。下辖德钦县、维西县、香格里拉县、其宗镇、虎跳峡镇、奔子栏镇、白济汛镇等7个区域营销中心。

州局（公司）按照“内训为主、外训为辅”原则，结合各部门培训需求，拟定培训计划，加强教育培训。组织中层管理人员到先进州（市）公司学习考察，组织员工参加职业技能鉴定。全年培训费用23.36万元，共举办培训53场次、培训895人次。

所属其他二级单位

【中国烟草云南进出口有限公司】 中国烟草云南进出口有限公司成立于1985年，是中国烟草总公司云南省公司的全资子公司。公司主要经营云南省的烟叶出口、卷烟进口、烟丝出口和云南省商业系统复烤设备及零配件进出口等业务。截至2010年年底，公司有全资子公司2家，分别为云南云辉货运有限公司、深圳泰福物流有限公司；控股公司1家，为云南烟草保山香料烟有限责任公司，持股比例为75%。公司本部拥有总资产24.23亿元，其中，固定资产5288万元、流动资产18.66亿元，资产负债率为13.2%。共有在岗员工64人。

2010年，公司实现进出口总值2.91亿美元，同比增长21.3%，其中进口总值517万美元，同比增长20.2%；出口总值2.85亿美元，同比增长21.4%。出口烟叶8.51万吨，同比增长16.5%；出口实现2.83亿美元，同比增长21.3%。出口品种有烤烟、烟叶副产品、香料烟、生切烟丝、出口白肋烟、烟草薄片、烟丝等。全年卷烟进口值192万美元，同比增长34%；进口仪表仪器等非烟商品322万美元，同比增长48%。公司实现利润5.22亿元，同比增长7.4%。三项费用率为12.98%。

【云南省烟草实业公司】 云南省烟草实业公司组建于1988年，隶属于中国烟草总公司云南省公司。公司下辖昆明海天酒店1家全资多元化经营企业，参股8家企业。主要经营范围包括全省烟叶生产用化肥销售、酒店管理、物业管理等。截至2010年年底，拥有总资产8亿元，其中固定资产1210万元、流动资产6亿元，资产负债率为40.77%。公司本部在岗员工67人，其中聘用员工32人。

2010年，公司实现税利2031.08万元，同比增长15.5%，其中利润1930.1万元，同比增长27.4%。对外投资收益2069万元，同比增长7.2%。

2010年云南省烟草商业系统主要情况统计

地市级局（公司）名称		昆明市烟草专卖局（公司）	玉溪市烟草专卖局（公司）	曲靖市烟草专卖局（公司）	红河州烟草专卖局（公司）	大理州烟草专卖局（公司）	楚雄州烟草专卖局（公司）
主要负责人/法人代表		郑天一（—2010.11） 邓小刚（2010.11—）	邓小刚（—2010.11） 田泽华（2010.11—）	杨荣生	吴立著	樊在斗	段应泽
总资产（万元）		681122	526936	840001	478285	324725	385594
资产负债率（%）		29.68	28.73	38.71	26.56	41.36	45.75
所属县级局（个）		14	9	9	13	12	10
所属县级公司/分公司（个）		14个分公司	9个分公司	9个分公司	8个分公司	12个分公司	10个分公司
所属县级营销部（个）		—	—	—	5	—	—
从业人员（人）		1591	958	2699	1211	1367	1221
所属业务机构	访销机构	1个营销中心、 1个电访中心	1个营销中心	1个营销中心、 1个电访中心	1个营销中心、 1个订单部	1个营销中心、 1个电访中心	1个营销中心
	物流配送机构	1个物流中心	1个物流配送中心	1个物流中心、 1个配送中心	1个物流配送中心	1个物流中心、 1个配送中心	1个物流配送中心
	稽查机构	14个稽查大队	9个稽查大队	9个稽查大队	13个稽查大队	12个稽查大队	10个稽查大队
	烟叶机构	71个烟站、 212个烟叶收购点	64个烟站、 105个烟叶收购点	93个烟叶站、 380个烟叶收购点	44个烟叶总站、 132个烟叶点	80个烟叶站、 87个烟叶收购点	60个烟叶站

续表

地市级局(公司)名称		昆明市烟草专卖局(公司)	玉溪市烟草专卖局(公司)	曲靖市烟草专卖局(公司)	红河州烟草专卖局(公司)	大理州烟草专卖局(公司)	楚雄州烟草专卖局(公司)
销售卷烟	(亿支)	138.07	42.10	106.49	76.40	65.01	47.65
	2010 年比 2009 年(%)	9.95	3.95	2.81	5.38	3.03	4.15
卷烟销售收入(万元)		506804	145759	343750	247758	204145	150673
实现税利	(万元)	240008	175006	310111	165586	145038	141327
	2010 年比 2009 年(%)	10.39	12.56	8.31	22.73	6.79	6.39
实现利润	(万元)	141030	105373	155963	87611	79859	75100
	2010 年比 2009 年(%)	9.30	11.69	5.29	15.41	10.20	-0.33
查处涉烟违法案件(起)		1995	599	1882	585	2154	356
查处涉烟违法案件案值(万元)		2560	796	2008	616	2305	366
2010 年度烟草行业投入烟叶生产基础设施建设资金(万元)		18846	21602	44469	26382	25860	27061
烟水配套工程累计受益面积(万亩)		11.18	14.94	22.00	12.00	15.63	16.53
烟叶种植(亩)		610400	690000	1350000	600000	542100	610000
烟叶收购(担)		1835400	1995100	4112800	1829000	1633600	1983000
零售户数(户)		24118	9896	23014	17381	12461	10055
零售户销售毛利率(%)		13.64	13.18	13.27	26.33	13.98	14.23

地市级局(公司)名称		昭通市烟草专卖局(公司)	保山市烟草专卖局(公司)	丽江市烟草专卖局(公司)	文山州烟草专卖局(公司)	德宏州烟草专卖局(公司)
主要负责人/法人代表		吴仕江(—2010.1) 于　明(2010.1—)	何　伟	段树苍	杨世田(—2010.1) 张树锋(2010.1—)	赵　强
总资产(万元)		273549	221492	102487	249421	27045
资产负债率(%)		46.80	49.52	60.64	48.28	23.58
所属县级局(个)		11	5	4	8	6
所属县级公司/分公司(个)		11 个分公司	5 个分公司	4 个分公司	8 个分公司	5 个分公司
所属县级营销部(个)		—	—	—	—	—
从业人员(人)		1870	839	567	1103	195
所属业务机构	访销机构	1 个营销中心	1 个卷烟营销中心	1 个营销中心	1 个营销中心、 1 个电访中心	1 个营销中心、 1 个电访中心
	物流配送机构	1 个物流中心	1 个卷烟物流中心	1 个物流配送中心	1 个物流中心、 1 个配送中心	1 个物流中心、 1 个配送中心
	稽查机构	11 个稽查大队	5 个稽查大队	4 个稽查大队	8 个稽查大队	5 个稽查大队
	烟叶机构	77 个烟叶站、 179 个烟叶收购点	35 个烟叶站、 109 个烟叶收购点	20 个烟叶站、 26 个烟叶收购点	56 个烟叶站、 56 个烟叶收购点	4 个烟叶站
销售卷烟	(亿支)	81.63	44.21	23.70	53.01	20.18
	2010 年比 2009 年(%)	2.01	1.60	6.52	6.54	3.25
卷烟销售收入(万元)		246530	134313	82303	140311	59836
实现税利	(万元)	100095	108494	32819	94535	11124
	2010 年比 2009 年(%)	12.10	17.30	25.92	8.89	19.40

续表

地市级局(公司)名称		昭通市烟草专卖局(公司)	保山市烟草专卖局(公司)	丽江市烟草专卖局(公司)	文山州烟草专卖局(公司)	德宏州烟草专卖局(公司)
实现利润	(万元)	47663	58303	12361	47041	4214
	2010 年比 2009 年(%)	10.70	13.87	7.73	-0.50	-17.46
查处涉烟违法案件(起)		2555	1028	91	468	325
查处涉烟违法案件案值(万元)		3415	1325	97	591	450
2010 年度烟草行业投入烟叶生产基础设施建设资金(万元)		8101	27105	11574	26909	2324
烟水配套工程累计受益面积(万亩)		6.50	14.19	4.64	16.92	0.69
烟叶种植(亩)		363900	411900	157000	408000	9000
烟叶收购(担)		1084300	1237100	465500	1200000	24100
零售户数(户)		15080	9468	5287	18017	5544
零售户销售毛利率(%)		13.61	10.55	11.74	13.73	13.72

地市级局(公司)名称		西双版纳州烟草专卖局(公司)	怒江州烟草专卖局(公司)	普洱市烟草专卖局(公司)	临沧市烟草专卖局(公司)	迪庆州烟草专卖局(公司)
主要负责人/法人代表		彭　川	何杨赵	田泽华(—2010.11) 杨　跃(2010.11—)	杜绍明	夏　巴
总资产(万元)		35099	10387	138787	90371	8658
资产负债率(%)		23.84	16.33	55.97	64.03	34.62
所属县级局(个)		3	3	10	8	—
所属县级公司/分公司(个)		—	3 个分公司	10 个分公司	8 个分公司	—
所属县级营销部(个)		—	—	—	—	—
从业人员(人)		164	101	843	741	106
所属业务机构	访销机构	1 个营销中心	1 个营销中心、1 电访中心	1 个营销中心、1 个电访中心	1 个营销中心	1 个营销中心、1 个电访中心
	物流配送机构	1 个物流配送中心	1 个物流中心、1 配送中心	1 个物流中心	1 个物流中心	1 个物流配送中心
	稽查机构	3 个稽查大队	4 个稽查大队	10 个稽查大队	8 个稽查大队	2 个稽查大队
	烟叶机构	—	—	32 个烟叶站、34 个烟叶收购点	20 烟叶总站、35 个烟叶站	—
销售卷烟	(亿支)	21.75	9.70	42.28	40.25	8.00
	2010 年比 2009 年(%)	10.13	-0.10	0.65	0.55	5.61
卷烟销售收入(万元)		74530	30225	126678	108288	28469
实现税利	(万元)	16277	4653	73070	41893	4730
	2010 年比 2009 年(%)	27.16	15.67	35.32	36.51	16.50
实现利润	(万元)	8126	1528	37622	18909	1890
	2010 年比 2009 年(%)	6.10	0.14	30.60	17.30	-10.07
查处涉烟违法案件(起)		297	23	307	845	63
查处涉烟违法案件案值(万元)		309	23	339	1027	64

续表

地市级局(公司)名称	西双版纳州烟草专卖局(公司)	怒江州烟草专卖局(公司)	普洱市烟草专卖局(公司)	临沧市烟草专卖局(公司)	迪庆州烟草专卖局(公司)
2010年度烟草行业投入烟叶生产基础设施建设资金(万元)	—	—	16427	14029	—
烟水配套工程累计受益面积(万亩)	—	—	8.53	7.36	—
烟叶种植(亩)	—	—	265000	194300	—
烟叶收购(担)	—	—	792000	584000	—
零售户数(户)	5723	1868	9942	8383	2028
零售户销售毛利率(%)	13.53	11.78	15.01	12.87	14.05

（曾尔庆）

西藏自治区烟草专卖局（公司）

【概　况】 西藏自治区烟草专卖局成立于1998年1月，西藏自治区烟草公司组建于1998年1月，实行合署办公。2001年1月，西藏自治区烟草公司正式上划中国烟草总公司。自治区局（公司）下辖山南、日喀则、林芝、昌都、那曲、阿里等6个地区烟草专卖局（公司），其中那曲地区烟草专卖局（公司）体制尚未上划。截至2010年年底，公司拥有总资产9.27亿元，其中，固定资产2.50亿元、流动资产6.01亿元，资产负债率为15.21%。共有从业人员817人（不包括那曲地区），其中聘用员工369人。

【领导成员】 局长、总经理、党委副书记：平措旺扎

党委书记、副局长、副总经理：杨桂选

副局长、副总经理、党委委员：蔡建文

副局长、纪检书记、党委委员：旺　啦

副总经理、党委委员、工会主席：乔建民

副巡视员：冯建立（—2010.12）

副巡视员：多布拉

【机构设置】 自治区局（公司）机关设办公室（外事办公室）、综合计划处（经济运行处、科技处）、专卖监督管理处（专卖稽查总队、内部专卖监督管理处）、政策法规与体制改革处、财务管理处、审计处、人事劳资处、纪检监察处、思想政治工作处、安全保卫处等10个职能处室，以及营销中心、经济信息中心、卷烟物流配送中心、机关服务中心等4个专业部门和西藏金叶实业发展有限责任公司1个专业公司。

【专卖管理】 卷烟打假。2010年，专卖管理工作从调整工作思路、加强组织协调入手，动员各方面的力量，抓好市场监管与涉网案件，继续发挥与公安厅经侦总队、拉萨铁路公安处、民航公安处等部门的联合打假工作机制作用，加强与基层公安等部门的协作，加大对大要案的查处力度。

全年自治区共查处涉烟违法案件374起，查获非法卷烟684.3万支，涉案金额279.1万元，上缴罚没款26.97万元。公安、司法机关依法判刑1人，拘留9人。

内部专卖管理监督。落实国家局《关于切实发挥专卖内管长效机制作用的意见》，以日常监管、定期检查、同级监督、痕迹管理为重点，加大对卷烟购、销、存的全程监管。

【经济效益】 2010年，全自治区烟草系统实现卷烟销售收入16.94亿元，同比增长9.14%。实现税利3.29亿元，同比增长4.44%，其中利润1.50亿元，同比下降1.35%。三项费用率为14.34%。

【卷烟经营】 卷烟销售。2010年，自治区烟草商业系统共销售卷烟40.01亿支（8.0万箱），同比下降5.23%，其中，一类烟7.09亿支（1.42万箱），同比增长17.30%；二类烟2.35亿支（0.47万箱），同比下降17.43%；三类烟12.44亿支（2.49万箱），同比增长7.33%；四类烟13.43亿支（2.69万箱），同比下降11.38%；五类烟4.51亿支（0.90万箱），同比下降31.61%；国外烟（含雪茄烟）0.20亿支（0.04万箱），同比增长55.56%。本地区销量居前三位的品

牌是“云烟”、“白沙”、“芙蓉”，销量分别为6.99亿支（1.40万箱）、白沙5.67亿支（1.13万箱）、芙蓉3.09亿支（0.62万箱）。

卷烟网建取得新进展。以拉萨市卷烟农网作为全自治区试点，开展“集中呼叫、统一分拣、邮政配送、电子结算”访销配送模式；借助邮政储蓄网点和物流平台，加快“行商”向“服务商”的转变。

加强市场营销管理。建立营销服务体系，根据ISO 9000质量管理体系标准，制定不同的岗位服务和职责标准，规范客户经理、电访员、送货员等工作流程和服务行为规范。提升营销队伍素质，围绕市场营销、专卖管理等内容，加强对电访员、客户经理、送货员等一线员工的业务知识培训学习。

推进电子结算工作。各地区公司以座谈、宣传、客户经理日常拜访等多种形式，让广大卷烟零售客户了解和接受电子结算。截至2010年年底，拉萨市共有零售客户3894户，已绑定电子结算客户1910户；各地区公司行署所在地电子结算工作全面铺开。

品牌培育能力有新提升。统一品牌培育的组织模式和流程模式，加强品牌定位、宣传、维护工作的管理，拓宽和加速品牌的有效流通。在品牌引进方面，按照需求调查、试销评估、正式引进分步骤实施，体现“机会公平、过程公平、结果公平”；在品牌退出方面，根据存销比、供货均衡度、断档脱销次数确定品牌退出机制；在品牌维护方面，通过开展建立档案、推广维护、营销维护、质量维护、供应维护、投放维护、意见维护等，提高品牌市场占有率。截至2010年年底，西藏销售的卷烟有40个品牌、88个规格，销量居前20位的规格集中度为82.38%。

全面推进现代卷烟物流建设。遵循“优化网络布局、提升网建水平”的要求，出台自治区卷烟网点和物流建设的总体框架，重点突出县级卷烟网点建设，以提高卷烟销售网点的覆盖率。

【企业管理】 *财务和审计*。加强预算过程控制，把业务接待费、办公费等可控性费用开支管理作为主要内容，规范运作，严格管理，编制年度单位预算，加大对年度预算执行情况分析考核。制订《西藏自治区烟草专卖局（公司）审计委派制实施方案》，各地区公司设有1～2名专职或兼职的审计人员。

贯标和对标工作。完成自治区局（公司）各处室及山南、日喀则地区局（公司）ISO 9000质量管理体系的第一次内部审核工作。按照“对比标杆、改进短板、总体提升、争创一流”的总体要求，以行业先进指标为标杆，抓住采购成本、库存成本、销售费用、管理费用等成本控制节点，细化指标分解，进行目标考核。

【信息化建设】 2010年，完成阿里、那曲地区局的局域网建设，实现与区局的网络互联互通。安装机房UPS不间断电源及监控、防雷设备，并完成电视电话系统安装和调试，实现自治区局与地区局及与国家局之间电视电话会议系统的互联互通。

【人力资源管理】 2010年初，《西藏自治区烟草专卖局（公司）薪酬改革实施方案（试行）》由国家局审定批准实施。推进各直属单位干部选拔任用的管理工作，自治区局分别在山南、林芝、日喀则、昌都地区进行后备干部考察。委托自治区人力资源和社会保障厅，采取笔试和面试相结合的办法，为阿里地区录取本科以上毕业生27名。建立健全培训计划、培训经费、培训师资、培训教材、培训考核评估等方面的管理制度，全年分2个批次、2个种类和3个级别组织职业技能鉴定，鉴定人数为104人。

【思想政治工作】 制订《中共西藏自治区烟草专卖局（公司）委员会关于创建学习型组织的意见》和《西藏自治区烟草专卖局关于开展“两个至上”在岗位主题实践活动长效机制和评价体系建设的意见》。开展以“政治素质好、经营业绩好、团结协作好、作风形象好”为主要内容的“四好”领导班子创建活动，强化对各级领导班子和领导干部教育培训。

【企业文化】 制订了《企业文化建设方案》和《西藏自治区烟草专卖局关于加强企业文化建设的意见》。自治区局（公司）及昌都、那曲、日喀则、山南、林芝地区局（公司）完成评价体系的应用工作。

出台《服务体系实施方案》，方案明确规定了打造服务品牌的任务、措施和今后一段时间内服务品牌的实施步骤。开展中国烟草视觉识别系统VI导入工作。

【“十一五”发展概要】 “十一五”期间，全区烟草实现税利由2006年的1.93亿元增加到2010年的3.3亿元，年均增幅15.43%；累计销售卷烟203亿支（40.60万箱），年均增幅0.74%；累计实现销售收入（含税）75.44亿元，年均增幅16.42%；2010年单箱销售收入（含税）达2.3万元，与2006年同比增加0.87万元，增长60.84%。

企业贡献率不断提升。总资产由2006年的6.32亿元增加到2010年9.27亿元。资产负债率由2006年的34.08%下降到2010年的15.21%，年均降幅为17.24%。2006年，自治区烟草公司被评为全自治区国有企业纳税25强，并连续多年成为自治区纳税大户。

“十一五”期间，自治区局共查处各类涉烟违法案件3927起，案值达3268万元，上缴罚没款145.8万元，配合公安机关抓获犯罪嫌疑人49人，移交司法机关判刑14人。

【特事要辑】 2月27日，全自治区烟草工作会议暨纪检监察会议在拉萨召开。

8月3日，自治区烟草行业局长、经理座谈会在拉萨召开。

8月17～22日，全国烟草行业第四次援藏工作座谈会在林芝召开。

2010年西藏自治区局（公司）主要统计指标汇总

实现税利（亿元）	实现利润（亿元）	销售卷烟（亿支）	烟叶种植（万亩）	烟叶收购（万担）
3.29	1.50	40.01	—	—

所属地市级局（公司）

【昌都地区烟草专卖局（公司）】 昌都地区烟草专卖局、西藏自治区烟草公司昌都地区公司组建于1998年9月，2003年12月国家局批复同意昌都烟草体制上划，2004年7月正式上划。下辖江达、芒康、丁青、洛隆、边坝、贡觉、类乌齐、左贡、八宿等9个县级营销网点和1个城区配送中心。

全年稽查支队共出动2000余人次，查处各类涉烟违法案件35起，查获假冒卷烟27.16万支，案值10.37万元。上缴罚没款3万元。

【日喀则地区烟草专卖局（公司）】 日喀则地区烟草专卖局、西藏自治区烟草公司日喀则地区公司组建于1998年，2003年12月国家局批复日喀则烟草体制上划，2004年7月正式上划。下辖江孜县、拉孜县、定日县、萨嘎县、聂拉木县樟木口岸等5个县级营销网点和1个城区配送中心。

全年查获假冒卷烟142.19万支。打掉贩藏假烟窝点1个，案值34.17万元。上缴罚没款1.3万元。

结合日喀则烟草的实际情况，先后制定并形成“日喀则烟草誓词”、“日喀则烟草工作思路”、“日喀则烟草经营理念”，明确日喀则烟草经营理念，即：服务至上、顾客至尊、诚信经营、共同发展。

【山南地区烟草专卖局（公司）】 山南地区烟草专卖局、西藏自治区烟草公司山南地区公司组建于1998年1月，2004年4月国家局批复同意山南烟草体制上划，2004年7月正式上划。下辖贡嘎、扎囊、浪卡子、加查、洛扎、错那、措美、曲松、桑日、隆子、乃东等11个县级营销网点及泽当镇1个零售门市。

全年查获假冒卷烟8.26万支，打掉贩藏假烟窝点1个，案值7.79万元。上缴罚没款0.5万元。移交公安机关涉烟案件1起，公安、司法机关依法刑事拘留2人。

开展争创“青年文明号”活动，以“始于客户需求，终于客户满意”为指导思想，以“满意服务，让青年文明号走进卷烟零售户”为主题，以“青年文明号”服务为载体，把弘扬企业精神、提高职业技能、创造一流业绩作为“青年文明号”活动的基本内容，把服务群众、奉献社会、以岗报国作为“青年文明号”活动的导向，以创建为核心，推出多项具体有形的工作载体，使青年员工的职业道德教育经常化、职业技能训练日常化。10月，被共青团山南地委授予地级“青年文明号”称号。

【林芝地区烟草专卖局（公司）】 林芝地区烟草专卖局、西藏自治区烟草公司林芝地区公司组建于1996年11月，2004年7月体制上划。下辖工布江达县、波密县、朗县、察隅县等4个县级营销网点，米林县营销网点于4月依法撤销。2010年，林芝地区烟草专卖局被西藏自治区团委授予“自治区青年文明号”称号。

全年查获非渠道卷烟2.41万支，案值8364元；假烟5.52万支，案值7.48万元。上缴罚没款1.79万元。

开展效能建设年活动。把每周二下午作为学习时间，列出学习计划，做好考勤记录，并制作宣传栏和公示栏，对效能建设年活动开展情况及时进行宣传。

同时，认真搞好分析检查，对效能建设年活动取得的成绩、存在的问题进行总结，明确整改措施和努力方向。

【阿里地区烟草专卖局(公司)】 阿里地区烟草专卖局、西藏自治区烟草公司阿里地区公司于1999年从地区商贸公司分离组建，2007年7月国家局批复同意阿里烟草体制上划。主要负责革吉县、噶尔县、普兰县、札达县、日土县、改则县、措勤县等7个县级营销网点。

全年共出动专卖打假人员400人次，查获假冒卷烟5660支，案值1.55万元。上缴罚没款1万元。

推进办事公开民主管理工作，将工作职能、投诉电话等内容通过阿里政务公开网站向社会公布，接受社会各界的监督。将单位重要事项、重大决策等通过内部发文、职工座谈会、意见征集会等多种形式向职工公开，探索职工主动参与企业管理的有效途径，最大限度地保障职工群众的知情权、参与权与监督权。落实民主监督的各项规定，在涉及企业改革发展的重要决策、干部任免和大额资金（主要是物资采购）使用等问题上，严格执行民主集中制原则。

所属其他二级单位

【西藏金叶实业发展有限责任公司】 西藏金叶实业发展有限责任公司成立于2002年4月，隶属于西藏自治区烟草专卖局（公司），注册资本250万元，截至2010年年底，公司总资产为1890万元，资产负债率为37.84%。公司主要在拉萨市城区从事卷烟零售业务，拥有连锁店11个。共有从业人员78人，其中聘用员工53人。

2010年，共销售卷烟2749万支（549.8箱），同比增长16.77%。实现销售收入5740万元，同比增长27.8%。实现税利525万元，同比下降44.79%，其中利润295万元，同比增长57.75%。

2010年西藏自治区烟草商业系统主要情况统计

地市级局(公司)名称		昌都地区烟草专卖局(公司)	日喀则地区烟草专卖局(公司)	山南地区烟草专卖局(公司)	林芝地区烟草专卖局(公司)	阿里地区烟草专卖局(公司)
主要负责人/法人代表		尼　加	普　布	袁金平	顿　珠	黄明荣
总资产(万元)		10532	6284	5088	5274	3931
资产负债率(%)		8.60	35.07	9.98	17.30	9.27
所属县级局(个)		—	—	—	—	—
所属县级公司/分公司(个)		—	—	—	—	—
所属县级营销部(个)		—	—	—	—	—
从业人员(人)		88	134	90	85	36
所属业务机构	访销机构	1个营销中心、9个直属网点	1个营销中心、5个县级营销网点	1个营销中心、11个县直属网点	1个营销中心、4个县级配送网点	1个营销中心、6个直属营业网点
	物流配送机构	1个配送中心	1个配送中心	1个配送中心	1个配送中心	1个配送中心
	稽查机构	1个稽查支队、3个稽查大队、3个专卖管理所	1个稽查支队、3个稽查大队	1个稽查大队、1个专卖监督管理所	1个稽查支队	1个稽查支队
	烟叶机构	—	—	—	—	—
销售卷烟	(亿支)	5.58	6.94	4.74	3.97	1.25
	2010年比2009年(%)	2.01	-0.28	6.99	-1.50	-18.83
卷烟销售收入(万元)		20218	23098	19799	18907	6596

续表

地市级局(公司)名称		昌都地区烟草专卖局(公司)	日喀则地区烟草专卖局(公司)	山南地区烟草专卖局(公司)	林芝地区烟草专卖局(公司)	阿里地区烟草专卖局(公司)
实现税利	(万元)	2222	2216	2087	1625	700
	2010 年比 2009 年(%)	107.18	41.06	61.66	29.27	12.9
实现利润	(万元)	277	263	558	110	320
	2010 年比 2009 年(%)	610.20	-8.68	82.35	-23.66	7.38
查处涉烟违法案件(起)		35	174	24	27	8
查处涉烟违法案件案值(万元)		10	34	8	8	2
2010 年度烟草行业投入烟叶生产基础设施建设资金(万元)		—	—	—	—	—
烟水配套工程累计受益面积(万亩)		—	—	—	—	—
烟叶种植(亩)		—	—	—	—	—
烟叶收购(担)		—	—	—	—	—
零售户数(户)		910	2319	2380	1182	516
零售户销售毛利率(%)		14.62	12.10	8.00	10.83	5.00

(王佳敏)

陕西省烟草专卖局（公司）

【概　况】 陕西省烟草专卖局成立于 1984 年 9 月，陕西省烟草公司组建于 1984 年 7 月，实行合署办公。1985 年，陕西省烟草公司正式上划中国烟草总公司，2007 年实施母子公司体制改革。省局（公司）下辖西安、咸阳、宝鸡、渭南、铜川、榆林、延安、安康、汉中、商洛、杨凌等 11 家地市级烟草专卖局（公司），咸阳烟叶复烤有限责任公司，西安尚德大厦，陕西烟草实业有限责任公司，陕西烟草进出口有限责任公司和西安铁路烟草专卖分局。截至 2010 年年底，公司拥有总资产 80.69 亿元，其中，固定资产 22.09 亿元、流动资产 54.47 亿元，资产负债率为 16.63%。共有从业人员 9900 人，其中聘用员工 1888 人。

2010 年，省局被陕西省政府评为“应急管理先进单位”；省公司被陕西省扶贫开发领导小组评为“千企千村扶助行动先进集体”。

【领导成员】 局长、总经理、党组书记：张天峰

副总经理、党组成员：张曼军

副局长、党组成员：燕宏恩

纪检组长、党组成员：吉应城

副总经理、党组成员：沈云龙（2010.5—）

总会计师：谭招生

副巡视员：胡金宝

副巡视员：柏安民

【机构设置】 省局（公司）机关设办公室（外事办公室）、综合计划处（经济运行处）、安全保卫处、专卖监督管理处（专卖稽查总队、内部专卖监督管理处）、政策法规与体制改革处、财务管理处（资金管理中心）、审计处、科技处、人事劳资处（离退休干部管理办公室）、监察处（与党组纪检组合署办公）、思想政治工作处（与机关党委合署办公）、卷烟销售管理处、烟叶管理处等 13 个职能处室，经济信息中心、烟草学会、烟草工会（机关工会）、机关后勤服务中心（含驻京办 1 个）、烟草质量监督检测站、烟草研究所、职业技能鉴定站等 7 个专业部门，以及整顿与规范市场经济秩序领导小组办公室 1 个临时机构。

【专卖管理】 卷烟打假。2010 年，共查处假烟案件 3917 起，其中案值在 5 万元以上的案件 154 起，查获假冒卷烟 8088 万支。全年共破获网络案件 15 起，其中制售假烟网络案件 14 起，西安“4.14”，安康“1.22”、“12.1”，咸阳“12.18”，宝鸡“12.23”等网络案件的案值超过 1000 万元，被公安部、国家局列

为督办案件；渭南“7.22”真烟网络案件案值超过1000万元。

内部专卖管理监督。制订《省、市、县局内部专卖管理监督工作规范落实细则》，进一步完善专卖内管长效机制。加大对非法真烟案件的查处和核查力度，将高价位卷烟、卷烟打码销售及卷烟零售大户纳入监管范围。加强对报废专卖品的监管，会同陕西中烟工业有限责任公司实施对报废烟机的监督销毁；严格审批报废专卖品业务，2010年，全省烟草商业系统无专卖品非法外流现象。

专卖队伍建设。推进专卖管理员技能鉴定工作，2月，省局下发《关于全省烟草专卖管理技能人才队伍建设情况的通报》，制定2010～2011年全省烟草专卖管理技能人才队伍建设工作目标，建立专卖管理网络教学培训分站。全年共有1501人次参加职业技能鉴定，604人合格。

【经济效益】 2010年，全省烟草商业系统实现税利44.11亿元，同比增长28.99%，其中利润21.91亿元，同比增长15.26%。三项费用率为10.53%。

【卷烟经营】 卷烟销售。2010年，全省烟草商业系统共销售卷烟730.95亿支（146.19万箱），同比增长4.55%，其中，销售一类烟56.45亿支（11.29万箱），同比增长35.32%；二类烟21.4亿支（4.28万箱），同比增长53.44%；三类烟142.15亿支（28.43万箱），同比增长34.28%；四类烟346.6亿支（69.32万箱），同比增长3.68%；五类烟164.4亿支（32.88万箱），同比下降19.17%。本地区销量居前三位的品牌为“猴王”、“延安”、“白沙”，销量分别为263.45亿支（52.69万箱）、138.6亿支（27.72万箱）、54.1亿支（10.82万箱）。全年实现卷烟销售收入193.7亿元，同比增长21.48%。实现卷烟税利38.87亿元，同比增长28.99%，其中利润19.84亿元，同比增长10.89%。

重点品牌培育。省公司修订完善了《陕西省烟草商业企业卷烟品牌管理办法》等6项制度，并组织所属单位与9家工业企业就协同营销进行座谈交流，与6家工业企业共同制定协同营销实施方案。针对“好猫”、“红塔山”、“云烟”、“黄鹤楼”、“黄山”、“七匹狼”、“白沙”、“娇子”等卷烟品牌，开展协同营销活动84次。西安市公司与上海烟草（集团）公司开展的“中华”品牌精准营销试点取得初步成效。

2010年，全省累计销售全国性卷烟重点骨干品牌262.6亿支（52.52万箱），同比增长24.43%，占总销量的35.93%；全国烟草行业一至三类烟销量前15位品牌卷烟全年实现销量151.9亿支（30.38万箱），同比增长35.92%；全国烟草行业销售收入前15位品牌卷烟全年实现销售收入111.43亿元，同比增长37.74%。低焦油卷烟（盒标焦油量8mg以下）全年实现销量5.95亿支（1.19万箱），增幅超过37%。

网上订货。推进信息技术与卷烟经营业务模式的融合，通过应用新兴信息与网络技术，创新订单采集、协同营销、品牌培育与客户服务方式，实现网上订货系统与全省统一信息平台的对接，以及商流、物流、资金流、信息流的无缝对接。在铜川市公司开展“新商盟”网上订货系统应用试点工作。截至2010年年底，全省网上订货的零售客户比例为82.07%。

现代物流建设。优化卷烟物流资源配置，2010年，物流中转站数量由72个减少到40个。实现与陕西中烟宝鸡、汉中卷烟厂的同城物流对接。完成物流管理信息系统的建设推广工作，物流管理信息化水平进一步提高。西安、咸阳、延安和杨凌区公司卷烟配送中心建成并投入使用，铜川市公司卷烟配送中心完成内部初验，物流现代化水平进一步提高。

【烟叶产销】 种植与收购。2010年，陕西烟叶生产克服“前期低温、中期洪涝、后期阴雨”的影响，经受了“防过热、上水平、拓市场”的考验。全年共签订烟叶电子合同3.24万份，种植烟叶35.6万亩，收购烟叶4.81万吨（96.2万担），完成计划收购量的94.2%。实现烟农种烟收入5.9亿元。出口烟叶类产品3861吨，同比增长28%。

烟叶分布在全省8市、33县、241个乡镇、1551个村组，比2009年减少了29个种烟乡、124个种烟村、11647户烟农，布局得到优化，烟叶生产控制在国家局计划之内。

2010年，陕西烟叶集约化育苗覆盖率为56.5%，其中漂浮育苗占集约化育苗的80%。全面推广揭膜培土、化学抑芽和深打顶技术，烟田管理质量明显提高，密集烘烤覆盖率由47%提高到66%。上等烟比例由16.5%提高到31.8%，橘黄烟比例由41.3%提高到48.8%。烟叶收购均价由11.25元/千克提高到12.25元/千克。

现代烟草农业建设。现代烟草农业建设坚持“整县推进、单元实施”，种植规模扩大到14万亩，建成“白沙”和“好猫”两个品牌原料基地单元。2010年，投入基础设施建设资金2.53亿元，其中省内烟草行业投入资金1.01亿元，全年完成建设项目7100余个。与现代烟草农业相适应的烟农合作社组织逐步完善提高，建成烟农合作社20个。

2010年，烟叶基地化建设全面启动，建成2个品牌导向型基地单元。制订《陕西省烟叶品质特色化工作指导意见》，明确集中打造“柔和至醇，自然本香”秦岭特色烟叶的工作目标。

烟叶收购管理。2010 年，全省 11 个县 26 个烟站开展了在线支付试点和网络视频监控试点，收购过程实行全程网络数据监控。制定大户交售跟踪、受灾烟农计划调整报告、收购台账管理三项制度，全省烟叶平均等级合格率为 72.7%，同比提高 6.9%。

【多元化经营】 2010 年，全省烟草商业系统共有存续多元化企业 11 家，截至年底，累计取得投资收益 6655 万元，其中 5 家全资企业实现利润 305 万元。对 7 家多元化企业进行涉及组织建设、制度建设、机制运行、经营绩效的管理评价工作，并完善多元化投资管理信息系统。完成原延安行署北京办事处和西安中兴生物工程有限公司 2 家多元化企业清理清退工作。

【科技创新】 全年新立项科技项目 49 项，承担国家局科技项目 4 项，“1QFYM－100A1 型烟草四位一体机改进研发和推广应用”项目获省科学技术进步奖三等奖。全年共取得授权专利 17 项和软件著作权 1 项。自育烤烟品种“秦烟 97”通过国家局组织的全国农业评审。

【企业管理】 安全管理。省局分别与所属各单位签订安全责任书 9900 份，形成“横向到边、纵向到底”的安全责任制网络，确保 2010 年度安全生产无事故。2009 年至 2010 年，累计投入 4000 余万元，完成全省烟草商业系统消防报警、自动灭火、视频监控、电子巡更、红外报警、应急广播等“六大系统”的建设，安装各类安全设施 182 套。开展“安全生产月”和“119 消防周”等安全教育活动，共组织培训 79 期次，5 人取得全国安全工程师资格证书。

应急管理。推进市级局应急管理体系建设，以标准化要求规范应急管理工作，应急组织体系实现“上下联动、左右协同”。建立各类应急救援小组 572 个共 6120 人，制定各种预案 1133 项，储备应急物资 50 余种共 12950 件，完成应急演练 337 次，预警值守做到“全天候、广覆盖”。

汉中市局被国家局确定为“应急管理试点单位”，省局作为全国烟草行业唯一的应急管理工作先进单位，向全行业进行应急管理经验交流。

【人力资源管理】 全年出台和修订干部人事制度 7 项，制定《关于加强和改进领导班子和干部队伍建设的实施意见》、《陕西省烟草专卖局（公司）系统市级局（公司）领导班子和领导干部考核评价实施办法》和《陕西省烟草专卖局（公司）机关缺编人员选调办法》等文件。

全省烟草商业系统共组织举办培训班 446 期，培训 1.58 万人次。推进职业技能鉴定工作，全年共 328 名烟叶分级人员、604 名专卖管理员、189 名卷烟营销人员通过职业技能鉴定。

【信息化建设】 在应用系统建设方面，有效推进卷烟物流信息化建设，省公司和 8 家市公司安装了地理信息系统和电子地图，7 家市公司上线试运行卷烟物流管理信息系统，全省烟草商业系统已采集录入卷烟零售客户、中转站及路网等地理信息 11.2 万条。推广烟叶基地单元信息系统，4 家市公司完成烟叶基础软件 B/S 版收购系统升级改造，部分基层站开展收购资金在线支付试点。

在基础设施建设方面，通过应用软硬件资源的集成整合，进一步降低了总体投资、机房空间压力、机房能耗和后期运维成本。以 ISO 9000 质量管理体系和职业健康安全管理体系建设为契机，全省烟草商业系统建立健全信息化工作规章制度。建立三级统计指标管理体系和三级统计数据汇总、审核和上报机制，实现“一数一源、数入一库、数出一门”的目标。

【“十一五”发展概要】 经济总效益迈上新台阶。“十一五”末和“十五”末相比较，卷烟销量增长 30 万箱，低档卷烟销量减少 25.7 万箱，卷烟单箱销售收入增长 6910 元；实现税利由 12.62 亿元增长至 44.11 亿元，年均增幅为 28.44%；企业所有者权益相应由 19.36 亿元增长至 67.27 亿元，资产负债率由 57.2% 下降至 16.63%。

卷烟打假工作。“十一五”期间，累计查处各类假烟案件 2.43 万起，查获假冒卷烟 6.91 亿支（1.38 万箱），公安、司法机关依法刑事拘留 585 人，批捕 316 人，判刑 298 人，劳教 19 人。破获较大规模制售假烟网络案件 57 起，其中部级督办案件 9 起，省局 4 次被国家局、公安部评为全国卷烟打假先进集体。

烟叶生产走向现代烟草农业。“十一五”期间，烟草行业累计投入 8.1 亿元用于烟叶基础设施建设，其中省内累计投入烟叶生产补贴资金 4.78 亿元；共有 53 万亩烟田实现烟水配套，15 万亩烟田实现集约化育苗、商品化供苗，20 万亩烟田实现密集式烘烤。现代烟草农业试点面积占烟叶种植总面积的三分之一。烟农亩均种烟收入由 977 元增长至 1655.7 元。

烟草商业向现代流通全面转型。“十一五”期间，订单采集方式由电话订货向网上订货转变，电子结算率由期初的24.4%提高至期末的94.9%。累计投入5.4亿元发展现代物流，11个市级公司全部建成新的卷烟配送中心。

经济发展方式持续转变。推进创新型行业建设，“十一五”期间，省局（公司）获得省部级科技成果奖励4项、授权专利30项。信息网络技术已融入行业生产经营管理各个领域，管理规范化、现代化程度不断提高。大专以上学历人员占在岗从业人员比例由期初的31.56%提高至期末的45.91%，取得专业技术和专业技能资格人员比例也相应由29.03%提高至45.83%。

【特事要辑】 1月26～27日，召开全省2010年工作会议，国家局副局长张辉、陕西省副省长吴登昌出席会议。

7月22～23日，国家局副局长何泽华到延安、榆林调研。

8月18日，全省烟叶收购暨现代烟草农业建设现场会在商洛召开。

9月2日，国家局副局长张保振到西安市局（公司）调研。

11月4～5日，国家局副局长张辉到西安、安康市局（公司）调研。

11月7～9日，全国烟草行业第九次信访稳定工作座谈会在陕西西安召开，国家局副局长张保振出席会议。

11月10～11日，国家局副局长李克明到西安、宝鸡市公司卷烟配送中心调研。

2010年陕西省局（公司）主要统计指标汇总

实现税利（亿元）	实现利润（亿元）	销售卷烟（亿支）	烟叶种植（万亩）	烟叶收购（万担）
44.11	21.91	730.95	35.6	96.2

所属地市级局（公司）

【西安市烟草专卖局(公司)】 西安市烟草专卖局、陕西省烟草公司西安市公司组建于1987年。下辖长安区、临潼区、高陵县、周至县、户县、蓝田县、阎良区等7个县级烟草专卖局（分公司）和4个城区烟草专卖分局，以及金叶实业有限责任公司。2010年，西安市局被陕西省政府评为“思想政治工作先进单位”，被省局授予“全省卷烟打假工作特殊贡献奖”；市公司被评为“全省纳税信用等级评定A级纳税人”。

2010年3月，西安市公司物流配送中心正式投入运行。该中心可承担60万箱以上储存、分拣任务，满足全市3.5万户零售客户的配送货需要，其中大品种叠垛备货系统、环形穿梭车及复核分段汇集式分拣设备为全国烟草商业企业首创。

建立科技创新专家库，申报3项省局科技项目，颁布4项企业标准，获得“一种折叠式周转箱”等4项专利授权。

【咸阳市烟草专卖局(公司)】 咸阳市烟草专卖局成立于1986年6月，陕西省烟草公司咸阳市公司成立于1986年9月。下辖兴平市、长武县、彬县、淳化县、永寿县、旬邑县、礼泉县、乾县、武功县、三原县、泾阳县等11个县级烟草专卖局（分公司）和城区直属分局（分公司），以及咸阳烟叶复烤有限责任公司和宏立商贸有限责任公司。2010年，咸阳市公司被评为“全省纳税信用等级评定A级纳税人”。

6月29日，总投资6900余万元的卷烟物流中心投入运行。物流中心的仓储采用了较为先进的卷烟整托盘出入库、托盘货位管理、RFID无线射频技术、无线局域网、数据库等设备和技术，实现了仓储数字化管理，年分拣能力为21万箱。

【宝鸡市烟草专卖局(公司)】 宝鸡市烟草专卖局、陕西省烟草公司宝鸡市公司成立于1986年12月。下辖陈仓区、陇县、麟游县、凤翔县、岐山县、扶风县、眉县、千阳县、凤县、太白县等10个县级烟草专卖局（分公司）和1个市区直属分局（营销部）。

开发货源自动分配系统，建立“在线客服”服务平台。完成物流工商同城对接、分拣线扩能改造、仓储系统升级，实现整托盘出入库和在库管理，分拣能力提升60%。7月，全面实行即访即配、今访明送的配送制度。实行物流垂直化管理，把陈仓区、凤翔县纳入直送范围，直送范围内卷烟送货量占总量的52.8%，配送效率进一步提高。

开发预算管理平台，健全预算执行的预警控制和分析评价机制，全年费用预算执行率达到97%，全省商业系统预算管理现场会在宝鸡召开。

全年共获得国家实用新型专利授权3项，“国家级烟叶标准化示范区建设及综合技术推广”项目获省局（公司）农业技术推广成果一等奖。

【渭南市烟草专卖局（公司）】 渭南市烟草专卖局、陕西省烟草公司渭南市公司组建于1986年。下辖韩城市、合阳县、澄城县、富平县、蒲城县、潼关县、白水县、华县、华阴市、大荔县等10个县级烟草专卖局（分公司）和1个直属分局（分公司）。

9月8日，渭南市公司卷烟物流中心正式启用，该中心占地面积为7950平方米（含分拣、暂存、仓储及控制中心），最大储存量达到1.2万箱，可以满足统一储存的需求。

【铜川市烟草专卖局（公司）】 铜川市烟草专卖局、陕西省烟草公司铜川市公司成立于1986年7月。下辖耀州区、宜君县2个县级烟草专卖局（分公司）和1个直属分局（分公司）。2010年，被陕西省委、省政府评为“省级精神文明标兵单位”。

2010年，市公司共有在研科技项目9项，其中省局项目4项（含省局重大专项1项）。全年申报并获受理国家专利4项，获得授权专利2项，登记软件著作权1项，公开发表科技论文16篇。

【商洛市烟草专卖局（公司）】 商洛市烟草专卖局、陕西省烟草公司商洛市公司成立于1986年。下辖商州区、洛南县、丹凤县、商南县、山阳县、镇安县、柞水县等7个县级烟草专卖局（分公司）。

创新烟叶生产组织方式和专业化服务模式，全年共组建专业化服务合作社14个，成立专业化服务队60余支，有效解决烟区设施的使用、维护与专业化服务问题，基本实现基地单元内生产组织管理方式现代化。与湖南、陕西中烟分别建立“白沙”、“好猫”品牌导向型基地单元，与广东、湖北中烟达成基地单元建设意向。充分利用秦岭腹地优越的生态条件，密切与科研院所的合作，加大科技研发和攻关力度，取得关键技术的突破，确立商洛烟叶的生态定位，为实现烟叶品质特色化奠定基础。

推进电子商务的应用，全市通过网上订货的零售客户为6782户；实行电子结算的客户为7353户，电子结算率为99.6%。

【汉中市烟草专卖局（公司）】 汉中市烟草专卖局、陕西省烟草公司汉中市公司组建于1986年7月，1995年8月并入汉中烟草集团公司，1999年6月原集团公司解体后重新组建成立。下辖南郑县、城固县、洋县、西乡、勉县、宁强县、略阳县、镇巴县、留坝县、佛坪县等10个县级烟草专卖局（分公司）和汉台区烟草专卖局。

市局提出应急管理工作的标准体系，推进应急管理工作的规范化、程序化、法制化和科学化。2010年，汉中市局被国家局办公室确定为“全国烟草行业应急管理试点单位”，被省政府授予“全省基层应急示范点”。市局与有关科研院所合作，成立《烟草行业应急管理标准体系》项目研究课题组，并列入省局（公司）科技创新项目。同时，完成与之配套的《烟草行业应急指南》一书的编写工作。

【安康市烟草专卖局（公司）】 安康市烟草专卖局、陕西省烟草公司安康市公司成立于1986年6月。下辖汉阴县、石泉县、宁陕县、紫阳县、岚皋县、平利县、镇坪县、旬阳县、白河县等9个县级烟草专卖局（分公司）和汉滨分局（分公司），以及汉滨烟叶生产部。

市公司依托独特的山地资源优势，着力打造“山地金”富硒特色烟叶品牌，提升优质烟叶原料保障能力。

坚持“人才立企、创新强企、文化兴企”的发展理念，形成“同心报效国家、同心奉献社会、同心服务客户、同心忠诚企业、同心谋求发展”的同心文化。

【延安市烟草专卖局（公司）】 延安市烟草专卖局成立于1986年6月，陕西省烟草公司延安市公司成立于1981年3月。下辖宝塔区、吴起县、志丹县、安塞县、延川县、延长县、子长县、富县、洛川县、宜川县、黄陵县、黄龙县、甘泉县等13个县级烟草专卖局（分公司）。

市公司组织编写了《烟叶基地单元现代烟草农业建设规划》和《现代烟草农业示范区建设规划》，并通过国家局、省局组织的两次专家评审。年底，南泥湾现代烟草农业示范园育苗大棚开始动工。

8月16日，新建卷烟物流配送中心正式投入运行，由市公司实行垂直管理、统一运行。

【榆林市烟草专卖局（公司）】 榆林市烟草专卖局成立于1986年8月、陕西省烟草公司榆林市公司成立于1986年8月。下辖榆阳区、神木县、府谷县、定边县、靖边县、横山县、绥德县、米脂县、子洲县、清涧县、佳县、吴堡县等12个县级烟草专卖局（分公司）和神府煤田烟草专卖局（分公司）。

【杨凌示范区烟草专卖局（公司）】 杨凌示范区烟草专卖局、陕西省烟草公司杨凌示范区公司成立于1999年9月。

推进质量安全管理体系建设，全年通过内部审核2次、管理评审1次、交叉审核1次。修订完善《全面预算管理办法》，健全对标指标体系、对标运行体系、对标考核体系和对标数字应用体系，全面预算对标管理运行良好，总资产贡献率为76.49%，同比提高17.1%。

全面推广应用"烛光"文化与"烛之缘"服务品牌，编写《企业文化手册》并发放1200余册，"烛之缘"服务品牌标识已在工商部门登记注册。

所属其他二级单位及派驻机构

【陕西省烟草专卖局西安铁路烟草专卖分局】 陕西省烟草专卖局西安铁路烟草专卖分局于1992年8月26日成立。截至2010年年底，拥有总资产684万元，其中，固定资产22.71万元、流动资产656.59万元，资产负债率为10.52%。共有从业人员28人，其中铁路委派干部12人，省局派驻干部1人。

分局拥有两个独立法人企业，即陕西烟草经营公司和西铁卷烟配送服务部。主要经营卷烟、雪茄烟及酒类产品等。全年实现经营收入5350万元，同比增长2.19%，实现利润60.25万元，同比增长0.16%。

全年共查处涉烟违法案件16起，出动1500余人次，检查旅客列车300余趟，检查铁路特快行包专列25列，检查列车行李车200余辆。开箱检查铁路货运集装箱1300余个，查获各类非法卷烟78.2万支（15.64箱），其中假冒卷烟66.5万支（13.30箱）。辖区市场在省局检查中持证率为100%，市场净化率为99%。

【陕西烟草进出口有限责任公司】 陕西烟草进出口有限责任公司成立于1999年9月，注册资本1000万元。2006年，进行管理体制调整，成为中国烟草总公司陕西省公司的全资子公司。进出口公司实行董事会领导下的总经理负责制，主要经营和代理烟草及其制品、烟用原辅材料及配套物资，以及其他商品的进出口业务。截至2010年年底，公司拥有总资产11871万元，其中，固定资产905万元、流动资产11401万元。共有从业人员19人。

2010年，公司坚持"烟叶出口为主，卷烟进口为辅，多元化并重"的发展战略，业务规模稳步扩大，各项指标不断创新高。公司全年实现进出口总值738万美元，烟叶出口0.386万吨（7.72万担），烟叶出口备货0.6万吨（12万担）。进一步加强与菲莫·国际公司、中烟国际欧洲公司的合作，为公司"走出去"发展奠定了良好的基础。公司全年实现利润708万元。

2010年陕西省烟草商业系统主要情况统计

地市级局（公司）名称	西安市烟草专卖局（公司）	咸阳市烟草专卖局（公司）	宝鸡市烟草专卖局（公司）	渭南市烟草专卖局（公司）	铜川市烟草专卖局（公司）	商洛市烟草专卖局（公司）
主要负责人/法人代表	王万勋	李振海	周武庆	孙新增	崔传斌	梁培荣
总资产（万元）	212167	69645	57192	46486	15714	45511
资产负债率（%）	11.51	20.05	13.22	23.52	29.06	16.90
所属县级局（个）	7	12	11	11	3	7
所属县级公司/分公司（个）	7个分公司	12个分公司	10个分公司	11个分公司	3个分公司	7个分公司
所属县级营销部（个）	—	—	1	—	3	—
从业人员（人）	1645	1132	928	902	292	790

续表

地市级局(公司)名称		西安市烟草专卖局(公司)	咸阳市烟草专卖局(公司)	宝鸡市烟草专卖局(公司)	渭南市烟草专卖局(公司)	铜川市烟草专卖局(公司)	商洛市烟草专卖局(公司)
所属业务机构	访销机构	1个营销中心、1个电访中心	1个营销中心、1个电访中心	1个营销中心、1个电访中心	1个营销中心、1个电访中心	1个营销中心、1个电访中心	1个营销中心、1个电访中心
	物流配送机构	1个物流配送中心	1个物流配送中心	1个物流配送中心	1个物流配送中心	1个物流配送中心	1个物流配送中心
	稽查机构	1个稽查支队	1个稽查支队	1个稽查支队	1个稽查支队	1个稽查支队	1个稽查支队
	烟叶机构	—	1个烟叶总库、16个烟叶站	1个烟叶总站、13个烟叶站	1个中心库;7个烟叶站	2个烟叶站	12个烟叶站
销售卷烟	(亿支)	190.10	90.00	61.50	96.50	16.78	36.30
	2010年比2009年(%)	5.57	4.50	4.50	3.14	4.80	3.70
卷烟销售收入(万元)		556086	214040	190283	212017	49042	84281
实现税利	(万元)	134709	44395	41788	36370	10141	28394
	2010年比2009年(%)	23.49	30.75	30.91	32.35	28.27	33.83
实现利润	(万元)	77680	20487	21150	14537	4468	19039
	2010年比2009年(%)	7.57	0.05	15.74	7.29	15.43	39.90
查处涉烟违法案件(起)		6966	1731	1420	1014	80	582
查处涉烟违法案件案值(万元)		4424	204	298	1507	129	208
2010年度烟草行业投入烟叶生产基础设施建设资金(万元)		—	2724	3639	425	54	9042
烟水配套工程累计受益面积(万亩)		—	6.83	15.00	0.50	0.85	8.84
烟叶种植(亩)		—	38000	75000	11000	10000	61000
烟叶收购(担)		—	111695	192527	29002	28000	196249
零售户数(户)		31077	14584	10894	17575	2246	7381
零售户销售毛利率(%)		11.20	10.28	12.23	10.40	10.80	11.20

地市级局(公司)名称		汉中市烟草专卖局(公司)	安康市烟草专卖局(公司)	延安市烟草专卖局(公司)	榆林市烟草专卖局(公司)	杨凌示范区烟草专卖局(公司)
主要负责人/法人代表		张爱峰	奚柏龙	刘　玮	王云彪	惠　宁
总资产(万元)		43217	64969	40744	67565	3103
资产负债率(%)		12.28	21.00	24.92	11.95	10.63
所属县级局(个)		11	10	13	13	—
所属县级公司/分公司(个)		10个分公司	10个分公司	13个分公司	13个分公司	—
所属县级营销部(个)		—	—	—	—	—
从业人员(人)		769	1089	900	726	48
所属业务机构	访销机构	1个营销中心、1个电访中心	1个营销中心、1个电访中心	1个营销中心、1个电访中心	1个营销中心、1个电访中心	1个电访中心
	物流配送机构	1个物流配送中心	1个物流配送中心	1个物流配送中心	1个物流中心	1个配送中心
	稽查机构	12个稽查大队	1个稽查支队	1个稽查支队、13个稽查大队	1个稽查支队	1个稽查支队
	烟叶机构	7个烟叶站	1个中心库、56个烟叶站	11个烟叶站	—	—

续表

地市级局(公司)名称		汉中市烟草专卖局(公司)	安康市烟草专卖局(公司)	延安市烟草专卖局(公司)	榆林市烟草专卖局(公司)	杨凌示范区烟草专卖局(公司)
销售卷烟	(亿支)	60.03	44.01	55.61	74.03	3.75
	2010年比2009年(%)	5.20	1.64	4.41	5.73	7.17
卷烟销售收入(万元)		151767	120511	149675	220895	11011
实现税利	(万元)	34373	32854	26129	51831	2152
	2010年比2009年(%)	27.96	27.81	27.43	40.55	42.32
实现利润	(万元)	17959	18012	10635	28436	1014
	2010年比2009年(%)	0.23	17.57	3.59	27.00	24.20
查处涉烟违法案件(起)		192	385	524	508	56
查处涉烟违法案件案值(万元)		347	6302	454	152	9
2010年度烟草行业投入烟叶生产基础设施建设资金(万元)		2599	7545	1142	—	—
烟水配套工程累计受益面积(万亩)		0.14	10.91	3.20	—	—
烟叶种植(亩)		23000	106000	32000	—	—
烟叶收购(担)		74848	258241	71692	—	—
零售户数(户)		14176	11646	9857	10198	560
零售户销售毛利率(%)		11.92	11.96	10.70	10.70	10.00

（王　玉）

甘肃省烟草专卖局（公司）

【概　况】 甘肃省烟草专卖局、中国烟草总公司甘肃省公司成立于1984年9月，实行合署办公。2006年，完成母子公司体制改革。省局（公司）下辖兰州、天水、定西、酒泉、武威、张掖、庆阳、平凉、陇南、白银、金昌、嘉峪关、临夏、甘南等14家地市级烟草专卖局（公司）。截至2010年年底，公司总资产57.03亿元，其中，固定资产5.22亿元、流动资产49.31亿元，资产负债率10.91%。共有从业人员4256人，其中聘用员工1748人。

【领导成员】 局长、总经理、党组书记：武卫东

副局长、纪检组长、党组成员：周孝贤（正厅级）

巡视员：孔荣成（—2010.1）

副总经理、党组成员：张　威

副总经理、党组成员：杨　洪

副巡视员：张建新

副巡视员：蒲蔚仲（—2010.5）

副巡视员：刘　震（2010.4—）

【机构设置】 省局（公司）机关设办公室（外事办公室）、综合计划处（经济运行处、科技处）、专卖监督管理处（内部专卖监督管理处、专卖稽查总队）、政策法规与体制改革处、财务管理处、审计处、人事劳资处、思想政治工作处（机关党委、工会、离退休人员管理办公室）、监察处（与党组纪检组合署办公）、安全保卫处、投资管理处、烟叶管理处、卷烟销售管理处、物流处（2010年9月新设）等14个职能处室，经济信息中心、机关服务中心、特有职业（工种）职业技能鉴定站、西北（甘肃省）烟草质量监督检测站等4个专业部门，驻兰州铁路烟草专卖局、驻北京办事处（由办公室管理）2个派出机构，整顿和规范市场经济秩序领导小组办公室1个临时机构，以及甘肃省烟草学会秘书处和审计派驻办公室（科级建制）。

【专卖管理】 卷烟打假。与省检察院、法院、公安厅等部门配合，开展区域间执法联查联动，通过定期

召开打假联席会议、建立案情分析制度、联合清理整顿卷烟市场等方式，推动卷烟打假破网工作。兰州市局破获的“6.30”假冒卷烟案件涉案金额超过千万元，案件涉及福建、上海、江苏、浙江、陕西、甘肃、贵州，7名涉案人员被依法判刑，主犯被判处有期徒刑15年，并处罚金700万元。

全年查处涉烟违法案件1.27万起，其中假冒卷烟案件5387起。查获非法卷烟2189万支，其中假冒卷烟799万支。破获制售假烟网络案件11起，其中符合国家局标准的网络案件6起。公安、司法机关依法拘留44人，逮捕25人，判刑31人。

内部专卖管理监督。以制度化、规范化、标准化管理为目标，开展同级监管、日常监管工作。制订《甘肃省烟草商业内部专卖管理监督工作规范实施细则》，明确省、市、县局和专卖管理所工作职责。完成专卖综合监管系统开发，形成“以管促控、管控结合、重心下移、防线前移”的内部专卖管理监督体系。

卷烟市场监管。进一步细分卷烟市场，明确市场中各类区域的管理思路、监管措施、检查频次等。解决无证经营问题，与公安、工商部门开展专项行动、联合整治行动，取缔无证经营户1000余户。

专卖队伍建设。加强专卖管理职业技能培训，建立省、市、县（区）局三级培训制度，全省70%烟草专卖管理人员通过岗位技能鉴定。推进优秀县级局创建活动，全省共46个县级局完成年度创建任务。

【经济效益】 2010年，全省烟草商业系统实现税利21.15亿元，同比增长11.18%，其中利润10.24亿元，同比下降13.94%。三项费用率为8.15%。

【卷烟经营】 卷烟销售。全省烟草商业系统销售卷烟415.16亿支（83.03万箱），同比增长4.82%，其中，销售一类烟17.55亿支（3.51万箱），同比增长33.66%；二类烟29.02亿支（5.81万箱），同比增长44.31%；三类烟88.74亿支（17.75万箱），同比增长43.73%；四类烟182.06亿支（36.41万箱），同比下降1.91%；五类烟97.78亿支（19.56万箱），同比下降15.32%。销量居前三位的品牌为“兰州”、“红塔山”、“哈德门”，其中，“兰州”244.79亿支（48.96万箱），同比下降1.26%；“红塔山”34.82亿支（6.96万箱），同比增长32.92%；“哈德门”22.25亿支（4.45万箱），同比增长1.30%。

实现卷烟销售收入103.72亿元，同比增长20.42%。实现卷烟税利20.94亿元，同比增长16.58%，其中利润10.23亿元，同比下降12.03%。

品牌培育。规范订单采集流程，实现预测与订单分离，使客户订单真实反映市场需求。规范货源供应策略，对卷烟零售客户实行总量浮动管理、紧俏品牌合理限量及顺销品牌卷烟由零售客户自主选择、货源自动分配等销售措施。全省在销卷烟共有37个品牌、113个规格，全国性卷烟重点骨干品牌销量358.75亿支（71.78万箱），同比增长6.81%，占总销量的86.45%，同比下降0.32%；三类以上重点骨干品牌销量134.5亿支（26.9万箱），同比增长44.46%，占总销量的32.39%，同比上升8.89百分点。

工商协同营销。按照互动互信、互助互利原则，与17家卷烟工业企业召开3次工商协同专题营销会、座谈会，研究确定各卷烟品牌在甘肃市场的发展目标和协同营销任务。编印170期《协同营销市场信息》，反馈各个品牌的市场表现、客户意见等信息。与甘肃烟草工业有限责任公司、浙江中烟工业有限责任公司协同开展网上配货，推行工业管理商业库存，推动工商物流一体化建设，做到货源对接。

“135”工作法体系。该工作法体系是在兰州市公司建立和完善的以“一条主线、三个要点、五个步骤”为主要内容的客户经理、市场经理和品牌经理工作法体系，即以建立“平等互利、长期合作、共同发展”的新型客我关系为主线，围绕“客户、品牌、市场”三个要点，按照“分析、计划、实施、评估、改进”五个步骤，支持营销人员开展服务营销活动。该工作法体系在2010年9月召开的全国卷烟销售网络建设会暨“532”和“461”知名品牌培育动员会上向全国烟草行业推广。

网上订货。自5月开始，运用“新商盟”软件开展卷烟零售客户网上订货工作，推动业务模式向“网上订货、网上配货、网上结算”转变。截至12月底，网上订货卷烟零售客户7.89万户，占零售客户总数75.28%。

【烟叶产销】 生产与收购。开展烟田轮作、漂浮育苗、平衡施肥、适时移栽、大田管理、病虫害综合防治等实用技术普及，开展优质烤烟新品种试验研究，特色优质烟叶示范面积累计达3000亩。

全省签订种植收购合同5449份，种植烟叶4.47万亩，户均种植8.2亩，同比增加0.7亩，种烟农户同比减少800户。由于烟叶生产前期遭受低温天气，8月、9月又遭受暴雨、冰雹及泥石流灾害，累计受灾面积2.9万亩，减产0.225万吨（4.5万担）。

全年收购烟叶0.448万吨（8.96万担），销售烟叶0.449万吨（8.98万担）。烟叶实现税利0.22亿元，同比下降62.14%，其中利润0.02亿元，同比下降95.31%。

烟叶标准化生产。以提高烟叶质量为重点，围绕实现90%的烟叶标准化生产目标，发布《烤烟综合标准体系》，编制《标准化生产技术要点》并发放至烟农，制订《烟叶标准化生产走访记录本》，确保烟叶技术员指导到户、管理到田。8月，在甘肃省质量技术监督局组织的省农业标准化示范项目验收审核中，全省烟叶标准化得分97.92分。截至2010年年底，全省烟叶标准化生产示范面积达到2000亩。

烟叶生产基础设施建设。本年度实施的2009年度烟叶生产基础设施项目共606个，行业投入资金2140万元，其中省内烟草行业配套资金886万元。建设烟水工程96个，投资602万元；机耕路49.4千米，投资307万元；密集式烤房504座，投资1227万元；农业机械6台，投资4万元。实现基本烟田可灌溉面积1.2万亩，集约化烘烤面积2万亩。本年度全省在建烟叶生产基础设施建设项目322个，烟草行业投入资金1157万元，其中省内烟草行业投入资金463万元，新建密集式烤房302座，投资803万元；机耕路40千米，投资250万元；育苗大棚20座，投资104万元，实现集约化烘烤面积1.2万亩。

现代烟草农业建设。按照依法、自愿、尊重烟农的原则，协调产区地方政府，建立土地流转机制，推进烟叶的适度规模化种植。健全专业化服务体系，重点培育育苗、机耕、植保、烘烤等专业化服务组织，发展成立各类专业合作社5个，建成现代烟草农业综合工场1处，全省现代烟草农业从试点建设进入到全面推广阶段。

【多元化经营】 全省烟草商业系统中兰州、陇南、平凉、定西、武威、张掖、酒泉、嘉峪关、白银市公司下设多元化经营企业，主要从事卷烟零售及名品酒类批发、零售业务，有零售网点101个，共有从业人员520人，总资产1.09亿元。全年实现销售收入5.80亿元，同比增长13.31%。实现税利5250万元，同比增长4.26%，其中利润3490万元，同比增长0.15%。

【企业管理】 质量管理体系建设。编制《甘肃省烟草专卖商业系统质量管理体系审核规范》和审核检查表，组织开展省级行业审核工作。编制省局（公司）机关体系文件框架，分13个管理系统、55个程序文件和113个主要工作流程，覆盖省局（公司）管理和服务的全部工作。

财务与审计。加强预算定额管理，加强预算分析和考核工作，严控会议费、业务招待费、出国费、业务宣传费、车辆运行费和对外捐赠等重点项目预算。加强资金监管，上线运行行业资金监管软件，制订《银行账户管理办法》和《行业资金监管系统甘肃省公司监管规则》等，实现对资金收支的在线监管、全程控制。

巩固和完善以财务收支审计为基础的同级审计，开展资产核算及管理规范专项审计，组织实施陇南、定西、张掖市局（公司）法人离任及庆阳、天水、武威、临夏市（州）局（公司）领导经济责任审计，对投资项目、招投标、物资采购、废旧物资处理、经济合同签订、项目验收等重大事项实施过程监督和控制。全年内部审计机构完成审计项目224个，日常监督管理事项737个。

安全管理。以加强职业健康安全管理体系、安全设施、隐患排查治理、消防安全、道路交通安全等5项工作为主要内容，开展“安全生产年”活动。与18个单位（部门）签订安全责任书，组织各类安全培训283期，培训人员5632人次；组织安全自查289次，查出安全隐患570处，下发隐患整改通知书214份。

【产品质量监督】 开展卷烟质量监督抽检，完成对卷烟工业企业和销售市场等45批次卷烟产品的抽样检测工作并及时上报数据。对新疆、陕西、四川、甘肃4省（区）卷烟工业企业93批次烟用香精香料产品质量进行监督抽查，完成国家局组织的卷烟、卷烟纸、烟用滤棒物理性能指标、卷烟烟气和烟用香精香料5个项目的共同实验。完成卷烟质量安全指标检测顶空固相萃取平台等设备一期项目安装调试和试检测工作，建成甘肃、青海、宁夏三省（区）远程网络视频卷烟鉴别检验信息管理系统项目。

【内部管理监督】 印发《关于进一步推进办事公开民主管理工作的实施意见》和《关于全面深入推行办事公开民主管理工作的实施办法》，明确工作思路、任务目标和主要措施，并确定酒泉、临夏、天水、陇南、白银市（州）局（公司）为试点单位。

从“制度、决策、程序、监管”四个环节入手，对物资采购、宣传促销、工程投资项目进行全面检查。加强制度建设，按照“查、补、建、改”的要求，对现行的相关规章制度梳理完善，逐步形成“工作有监管、监管有流程、流程有记录、记录有检查、检查有考核、考核有奖罚”的长效工作机制。全省系统全年检查工程投资项目76个，物资采购项目783个，宣传促销项目108个，符合条件的公开招标率100%。

【体制改革】 10月，省局（公司）与甘南藏族自治州人民政府签订关于甘南七县烟草专卖局（公司）

划归甘南藏族自治州烟草专卖局（公司）管理的协议。11月，按照《国家烟草专卖局关于甘肃省甘南藏族自治州所属七县烟草管理体制上划的批复》（国烟法［2010］397号），将甘南藏族自治州所辖夏河、迭部、碌曲、玛曲、舟曲、临潭、卓尼县烟草专卖局（公司）7家单位划归甘南藏族自治州烟草专卖局（公司），取消县级烟草公司法人资格，分别成立甘南藏族自治州烟草公司夏河、迭部、碌曲、玛曲、舟曲、临潭、卓尼营销部，与所在地的县级烟草专卖局合署办公。

【信息化建设】 采用虚拟化、模块化分区等技术，建成计算存储系统、网络通信系统和信息安全体系。建成一体化数据平台，通过统一数据标准、统一数据库、统一主数据、统一数据交换和统一数据展现，推动数据资源整合。建成网上订货系统（“新商盟”），与后台需求预测、货源投放等业务对接，实现“网上订货、网上配货、网上结算、网上服务”新业务模式。应用数据仓库、多维分析、数据挖掘等技术，初步建成数据中心应用系统。

【人力资源管理】 *干部队伍建设。*印发《甘肃省烟草专卖商业系统领导班子和领导干部年度考核实施办法（试行）》和《甘肃省烟草专卖商业系统领导班子和领导干部综合考核实施办法（试行）》，配合国家局完成对省局（公司）领导班子的考核工作。全省系统调整处级干部29人，其中交流干部10人，职务调整11人，新提拔处级干部8人；3名副处级干部参加援藏工作。

*省局（公司）机关“四定”改革。*编制省局（公司）机关机构设置和定编定岗定员方案，确定机关机构设置和部门职责，并编写各岗位说明书。组织开展省局（公司）机关用工分配制度改革和考核竞争上岗工作，任命处级干部34人，竞聘到副处级岗位员工4人，聘任处级以下岗位员工99人。

*教育培训与职业技能鉴定。*省局（公司）举办培训班20期，培训2200余人次；200余人次参加国家局专业业务培训，430人次参加总公司进修学院的远程培训。全年完成职业技能鉴定8批次，鉴定1594人次，鉴定合格921人。

【党风廉政建设】 *廉政教育。*组织干部职工学习《中国共产党党员领导干部廉洁从政若干准则》、《国有企业领导人员廉洁从业若干规定》，召开以贯彻落实廉洁从政若干准则为主要内容的专题民主生活会。省局机关举行“拒腐防变每月一课”教育活动，有714人次参加学习。全省系统组织观看先进人物事迹电影16场次，发放各类学习辅导书籍1000余册，开展专题讲座24次，其中主要领导讲课7人次，受教育人数1830人次。

*源头预防治理。*围绕重点领域和关键环节，修订完善《项目投资管理办法》、《招标管理办法》、《采购管理办法》等制度，初步形成“规范权力运行、公开透明操作、确保监管到位、打造阳光烟草”的制度体系，做到事前、事中和事后全过程监管，有效规范招标和采购行为。落实工程建设项目初步设计方案和设计概算第三方审核制度、建设项目设立拦标价制度和履约保证金制度。

【企业文化】 以《行业文化评价体系》和《中国烟草视觉识别系统》为标准，评价文化建设状况，完善文化构架体系，推进企业文化建设工作系统化、规范化和标准化。围绕“提升网络软实力、推动服务营销上水平”主题，确立“陇之情”服务品牌形象和“人一我十、共创价值”的核心服务理念，构建服务品牌理念体系、识别体系、传播体系、管理体系和品牌标准与流程体系。

【“十一五”发展概要】 “十一五”期间，确立“稳定销量、优化结构、控制费用、增加效益”的经营方针，增强把握市场、培育品牌、控制费用和调控运行的能力，推进发展方式由数量扩张型向质量效益型转变。2010年与2005年底相比，卷烟销量增长21.21%，重点品牌销量占总销量比重达86.45%，单箱销售额增长78.60%，税利增长51.92%，综合费用率下降2.31%。

保持打假高压态势，形成“政府领导、烟草牵头、部门配合、联合办案”的打假工作格局。“十一五”期间，查处假冒卷烟案件2.7万起，查获假冒卷烟1.3亿支，捣毁贩假窝点156个，查处案值100万元以上假烟网络案件20起，有103名涉烟犯罪分子被追究刑事责任。全省烟草、公安系统有10个单位和15名个人分别获得全国卷烟打假先进集体、先进个人称号。

确立“做精做实”烟叶工作的基本方针，推进烟叶规范管理和现代烟草农业建设，种植区域由8个县调整为4个县，种植集约化程度得到提高。通过加强合同管理，规范收购秩序，烟叶生产连续五年实现“稳得住、控得住”的目标。“十一五”期间，共投入8370万元，建设烟水配套工程3260个，实现基本烟田可灌溉面积5.8万亩，专业化育苗面积比例达到69%，密集式烤房烘烤比例达到50%。

围绕构建工、商、零“三位一体”面向市场的现代营销体系，完善网络运行模式，转换流通方式，建立网络规范，统一信息平台，构建以“电话订货、网上配货、电子结算、现代物流”为特征的现代营销模式。推进网上订货工作，实现网建模式优化升级，网上订货率超过70%，电子结算率达到99%，分别高于行业平均水平46.8和14.7%。兰州市公司的“135”服务营销工作法为现代卷烟营销体系建设创出亮点。

为加强企业基础管理，自2006年开始，每年围绕管理主题，相继开展了“规范年”、“管理年”、“深化管理年”、“质量管理年”、“管理提升年”活动。以推进质量管理体系建设为主线，以会计核算管理、资产管理、预算管理和资金管理为重点，完善制度，健全标准，优化流程；以打造“数字烟草”为目标，确立“大集中、一体化”的信息化格局，为管理体制、运行机制、经营模式和发展方式的转变发挥支撑和引领作用。

【特事要辑】 5月21日，国家局副局长何泽华到甘肃省局（公司）调研。

8月4～5日，国家局副局长张保振到甘肃省局（公司）调研。

8月30～31日，国家局副局长何泽华到甘肃省局（公司）考察指导工作。

9月27～28日，2010年全国卷烟销售网络建设现场会暨“532”和“461”知名品牌培育动员会在兰州召开，国家局副局长何泽华出席会议并讲话。

11月23～24日，国家局副局长张辉到甘肃省局（公司）调研。

2010年甘肃省局（公司）主要统计指标汇总

实现税利（亿元）	实现利润（亿元）	销售卷烟（亿支）	烟叶种植（万亩）	烟叶收购（万担）
21.15	10.24	415.16	4.47	8.96

所属地市级局（公司）

【兰州市烟草专卖局（公司）】 兰州市烟草专卖局成立于1985年8月，甘肃省烟草公司兰州市公司成立于1985年2月。下辖城关区、七里河区、西固区、安宁区、红古区、榆中县、皋兰县、永登县等8个县级烟草专卖局（营销部）和甘肃欣大商贸有限责任公司1个多元化经营企业。

建设“平等互利、长期合作、共同发展”的新型客我关系，围绕“客户、品牌、市场”三个要点，按照“分析、计划、实施、评估、改进”五个步骤，创出“135”工作法体系并向全行业推广。把尊重市场与引领市场有机统一起来，围绕国家局“532”、“461”品牌战略，结合兰州地域实际，将“中华”、“利群（新版）”、“云烟（软珍品）”、“芙蓉王”等品牌、规格作为培育重点，不断扩大知名品牌市场份额。推进服务信息化进程，发展电子商务，截至5月，使用“新商盟”软件进行网上订货的零售客户达1.1万户，占零售客户总数81%。

【天水市烟草专卖局（公司）】 天水市烟草专卖局、甘肃省烟草公司天水市公司成立于1984年12月。下辖秦州区、麦积区、秦安县、甘谷县、武山县、清水县、张家川回族自治县等7个县级烟草专卖局（营销部）。

通过档案管理、品类划分、规范浮动供货管理、对“新品、顺销、紧俏”类别细分等4项措施培育卷烟品牌，提升卷烟销售结构。为卷烟零售客户制作“店铺推荐品牌”展架，将“陇之情”服务品牌的文化宣传与卷烟品牌的文化特征结合起来。

加强对无证经营户管理，实施帮助扶持一批、查处取缔一批、引导规范一批的“三个一批”和排摸登记制、卷烟条码追源制、联合执法制、宣传教育制“四项制度”的“3+4”无证经营户监管体系。以“完善服务手段、提升执法效能”为目标，通过建立专卖行政服务大厅，突出专卖执法服务，形成行政服务大厅“一个部门对外、一个窗口受理、一条龙服务、一站式办结”的“四一制”及行政提示制、行政告诫制、大要案件公示制、首次轻微违法不处罚制、卷烟零售客户恳谈培训制的服务型执法工作体系。

【定西市烟草专卖局（公司）】 定西市烟草专卖局、甘肃省烟草公司定西市公司成立于1992年7月。下辖安定区、临洮县、陇西县、渭源县、岷县、漳县、通渭县等7个县级烟草专卖局（营销部）和定西市欣大经销有限公司1个多元化经营企业。

践行“用心、用行、用信”的“三用”的服务理念，客户经理通过“定访区、定访次、定访时、定内容”的“四定”工作模式，使营销服务工作制度化、流程化、标准化、系统化。

【酒泉市烟草专卖局(公司)】 酒泉市烟草专卖局、甘肃省烟草公司酒泉市公司成立于1985年1月。下辖肃州区、玉门市、瓜州县、金塔县等4个县级烟草专卖局（营销部）和敦煌市烟草专卖局（公司），以及酒泉欣大烟草有限责任公司1个多元化经营企业。

自主设计开发绩效考核、营销终端信息采集监测系统，与中软公司共同设计开发打码到条及订单采集酒泉区域物流特例系统，并在省内率先完成跨区域（酒泉市、嘉峪关市）物流管理。

【张掖市烟草专卖局(公司)】 张掖市烟草专卖局、甘肃省烟草公司张掖市公司成立于1992年6月。下辖甘州区、高台县、临泽县、山丹县、民乐县等5个县级烟草专卖局（营销部）和张掖市欣大烟草有限责任公司1个多元化经营企业。

坚持“情报收集、案情分析、案件经营、案件侦破”的统一，联合工商、公安部门集中开展卷烟市场净化专项行动。推行辖区卷烟市场“分区分类”管理办法，构建教育、制度、监督、整顿“四位一体”的监管体系，该法根据市场规范程度、管理难易程度、地理位置、零售客户分布等指标，对卷烟市场进一步细分，明确各类区市场管理思路、监管措施、检查频次等，对不同类区的市场、不同类别的经营户，采取不同的管理措施。

【武威市烟草专卖局(公司)】 武威市烟草专卖局、甘肃省烟草公司武威市公司成立于1985年1月。下辖凉州区、民勤县、古浪县、天祝县等4个县级烟草专卖局（营销部）和武威欣大烟草有限责任公司1个多元化经营企业。2010年，被甘肃省委、省政府授予“省级文明单位”称号。

以武威烟草“驰者无疆”企业文化宣贯落地为抓手，推动文化建设由“知”到“行”的转变，文化引领、文化取胜、文化推动企业发展的作用得以进一步发挥。

【庆阳市烟草专卖局(公司)】 庆阳市烟草专卖局、甘肃省烟草公司庆阳市公司成立于1984年12月。下辖西峰区、庆城县、华池县、环县、合水县、宁县、正宁县、镇原县等8个县级烟草专卖局（营销部）。

【平凉市烟草专卖局(公司)】 平凉市烟草专卖局、甘肃省烟草公司平凉市公司成立于1984年8月。下辖崆峒区、泾川县、崇信县、灵台县、华亭县、庄浪县、静宁县等7个县级烟草专卖局（营销部）和平凉欣大商贸有限责任公司1个多元经营企业。

制定卷烟市场净化评价办法、市场监管工作质量评价细则与市场净化预警实施细则，并设立评价标准，建立了评价机制的操作规程。

【陇南市烟草专卖局(公司)】 陇南市烟草专卖局、甘肃省烟草公司陇南市公司成立于1987年3月。下辖武都区、成县、文县、徽县、康县、礼县、两当县、西和县、宕昌县等9个县级烟草专卖局（营销部）和陇南欣大烟草经销有限公司1个多元化经营企业。

完善企业文化构架体系，编写《陇烟企业文化手册》、《企业文化案例故事集》和《企业文化培训手册》。完成《中国烟草视觉识别系统》应用部分内容的导入工作，开展行业企业文化评价体系实施项目。

【白银市烟草专卖局(公司)】 白银市烟草专卖局、甘肃省烟草公司白银市公司成立于1987年。下辖白银区、平川区、靖远县、景泰县、会宁县等5个县级烟草专卖局（营销部）和白银欣大烟草经销有限公司1个多元化经营企业。

推行“三一一”市场监管模式，即“三天正常检查、一天交叉检查、一天联合检查”。整合专卖管理资源，联合工商、公安部门开展卷烟市场及许可证清理整顿工作，并开展净化卷烟市场百日打假专项行动。

【金昌市烟草专卖局(公司)】 金昌市烟草专卖局成立于1984年7月，甘肃省烟草公司金昌市公司成立于1984年9月。下辖永昌县烟草专卖局（营销部）。

建立“四合一”市场监管工作法，即集市场检查、管理服务、内部监管和依法行政4项职能于一次检查过程中，通过《“四合一”市场检查记录表》予以反映和记录。将持证户监管细分为16个具体项目，将无证户监管细分为8个具体项目，解决“监管什么”的问题，丰富和完善监管内容，提高市场监管实效。

【嘉峪关市烟草专卖局(公司)】 嘉峪关市烟草专卖局、甘肃省烟草公司嘉峪关市公司成立于2008年

10 月。下辖嘉峪关欣大烟草有限责任公司 1 个多元经营企业。2010 年，市公司被甘肃省委、省政府授予“省级文明单位标兵”称号。

开展职业健康安全管理体系、质量管理体系的建标、贯标、学标、用标工作，形成卷烟营销、专卖管理等 12 个子系统、61 个程序文件、274 个制度，473 个记录的基础管理系统，构建全员参与、全面覆盖、全程对标的工作格局。推进创新工作，开展财务管理和节能减排工作，推行“7S”现场管理，实现水、电、油费用年均递减 2% 的管理目标。

【临夏回族自治州烟草专卖局（公司）】 临夏回族自治州烟草专卖局、甘肃省烟草公司临夏回族自治州公司成立于 1994 年 8 月，1999 年 3 月划归甘肃省烟草专卖局（公司）管理。下辖临夏市、临夏县、康乐县、和政县、永靖县、积石山县、广河县、东乡县等 8 个县级烟草专卖局（营销部）。

开展办事公开民主管理试点工作，制定实施方案和实施细则，以及办事公开预审管理办法、办事公开联络员管理办法等 6 项制度，编制信息公开目录，分为州局、县局两个层面与面向内部、面向外部两个维度，包括“三项工作”、“三重一大”、经营管理等 14 个类别、63 项公开内容，涉及 223 个公开节点。搭建临夏烟草信息公开网和电子查询系统，设立临夏州局政务大厅。

【甘南藏族自治州烟草专卖局（公司）】 甘南藏族自治州烟草专卖局、甘肃省烟草公司甘南藏族自治州公司成立于 1998 年 6 月。下辖夏河、迭部、碌曲、玛曲、舟曲、临潭、卓尼等 7 个县级烟草专卖局（营销部）。

在 2008 年甘南州局（公司）上划的基础上，2010 年 10 月 12 日，甘肃省局（公司）与甘南藏族自治州人民政府签订关于甘南七县烟草专卖局（公司）划归甘南藏族自治州烟草专卖局（公司）管理的协议，11 月 15 日，国家局批复同意甘南七县烟草管理体制上划烟草行业管理。上划后，保留七县烟草专卖局，成立 7 个县级营销部，与所在县级烟草专卖局合署办公。

8 月 8 日，舟曲发生特大山洪泥石流灾害，使舟曲县城城关片区 217 户卷烟零售客户中的 86 户受灾，其中遭受水泡 59 户、掩埋 27 户，直接经济损失 10 万元以上的卷烟零售客户达 59 户。舟曲县局（营销部）24 名员工中虽无人员伤亡，但半数员工家庭受灾严重，其中有 2 户的房屋被泥石流吞没、9 户的房屋被水浸泡，无法居住。甘南藏族自治州局（公司）启动突发事件应急预案，开展灾害排查、卷烟供应、受灾职工安置、生活救济等抢险救援工作。甘南州局（公司）、舟曲县局（营销部）组织客户经理、专卖稽查员深入灾区各乡镇街道，排查零售客户受灾情况，帮助受灾零售客户清除淤泥，恢复正常经营，并组织送货突击队，做好卷烟配送工作，对于车辆无法到达的地方，配送人员通过肩扛手抬的方式送货上门。为帮助受灾卷烟零售客户解决生活上的困难，舟曲县局（营销部）根据受灾情况，向每名受灾卷烟零售客户发放 300～500 元不等的慰问金。

所属其他二级单位及派驻机构

【甘肃省烟草专卖局驻兰州铁路专卖局】 甘肃省烟草专卖局驻兰州铁路专卖局成立于 1992 年 7 月，由甘肃省烟草专卖局和兰州铁路局共同组建。驻兰州铁路专卖局有员工 17 人，其中烟草系统内员工 13 人，铁路正式员工 4 人，设一科（检查科）一室（办公室），属甘肃省烟草专卖局外驻非法人执法机构。担负着东起天水，西至敦煌，东西长一千余千米范围内的铁路客货运列车及近百个铁路专用线的专卖管理职责。

2010 年，兰州铁路局和烟草部门相互配合、相互支持，形成良好的联动工作机制，以打击走私贩假为重点，严厉打击利用铁路违法贩运卷烟的活动。全年出动检查车辆 240 台次，出动专卖检查人员 1920 人次，查处各类涉烟案件 15 起，案值 83 万元。

2010 年甘肃省烟草商业系统主要情况统计

地市级局(公司)名称		兰州市烟草专卖局(公司)	天水市烟草专卖局(公司)	定西市烟草专卖局(公司)	酒泉市烟草专卖局(公司)	武威市烟草专卖局(公司)
主要负责人/法人代表		刘　震	李　明	蒋大成(—2010.2) 牛跟道(2010.2—)	蔺志宏	向　阳
总资产(万元)		135066	48019	26720	31421	25358
资产负债率(%)		9.06	19.89	6.10	10.94	23.24
所属县级局(个)		8	7	7	5	4
所属县级公司/分公司(个)		—	—	—	1 个公司	—
所属县级营销部(个)		8	7	7	4	4
从业人员(人)		581	438	381	284	279
所属业务机构	访销机构	1 个营销中心、1 个订单部	1 个营销中心、1 个订单部	1 个营销中心、1 个订单部	2 个营销中心、1 个订单部	1 个营销中心、1 个订单部
	物流配送机构	1 个物流配送中心	1 个物流配送中心	1 个物流配送中心	1 个物流配送中心	1 个物流配送中心
	稽查机构	1 个稽查支队、2 个稽查大队	1 个稽查支队、7 个稽查大队	1 个稽查支队、7 个稽查大队	1 个稽查支队、5 个稽查大队	1 个稽查支队、4 个稽查大队
	烟叶机构	—	—	—	—	—
销售卷烟	(亿支)	77.57	47.45	39.67	21.68	26.20
	2010 年比 2009 年(%)	3.09	3.05	6.48	3.98	4.80
卷烟销售收入(万元)		245766	110399	79148	61708	59773
实现税利	(万元)	60043	22415	15944	14562	11760
	2010 年比 2009 年(%)	3.07	13.03	27.95	22.05	33.56
实现利润	(万元)	34205	10920	7684	8123	5799
	2010 年比 2009 年(%)	-14.37	-10.25	3.84	6.29	20.16
查处涉烟违法案件(起)		8636	518	435	214	381
查处涉烟违法案件案值(万元)		435	69	40	24	31
2010 年度烟草行业投入烟叶生产基础设施建设资金(万元)		—	—	—	—	—
烟水配套工程累计受益面积(万亩)		—	—	—	—	—
烟叶种植(亩)		—	—	—	—	—
烟叶收购(担)		—	—	—	—	—
零售户数(户)		13700	13785	11216	5824	7017
零售户销售毛利率(%)		12.80	10.15	10.69	11.20	10.30

地市级局(公司)名称	张掖市烟草专卖局(公司)	庆阳市烟草专卖局(公司)	平凉市烟草专卖局(公司)	陇南市烟草专卖局(公司)	白银市烟草专卖局(公司)
主要负责人/法人代表	贾辉林(—2010.9) 朵守红(2010.9—)	缑守恩	王来云	牛跟道(—2010.2) 李文辉(2010.2—)	张建辉
总资产(万元)	19062	40358	25387	33173	31029
资产负债率(%)	1.10	9.44	3.54	8.92	18.56
所属县级局(个)	5	8	7	9	5
所属县级公司/分公司(个)	—	—	—	—	—
所属县级营销部(个)	5	8	7	9	5
从业人员(人)	228	440	303	434	284

续表

地市级局(公司)名称		张掖市烟草专卖局(公司)	庆阳市烟草专卖局(公司)	平凉市烟草专卖局(公司)	陇南市烟草专卖局(公司)	白银市烟草专卖局(公司)
所属业务机构	访销机构	1个营销中心、1个订单部	1个营销中心、1个订单部	1个营销中心、1个订单部	1个营销中心、1个订单部	1个营销中心、1个订单部
	物流配送机构	1个仓储配送中心	1个物流配送中心	1个物流配送中心	1个物流配送中心	1个物流配送中心
	稽查机构	1个稽查支队、5个稽查大队	1个稽查支队、8个稽查大队	1个稽查支队、7个稽查大队	1个稽查支队、9个稽查大队	1个稽查支队、4个稽查大队
	烟叶机构	—	1个烟叶收购站	—	8个烟叶收购站	—
销售卷烟	(亿支)	20.50	33.73	29.02	42.63	29.64
	2010年比2009年(%)	3.07	3.85	5.48	5.91	8.46
卷烟销售收入(万元)		46472	85033	64785	100112	70633
实现税利	(万元)	10168	20455	13596	20793	15732
	2010年比2009年(%)	22.17	10.25	25.99	12.32	34.39
实现利润	(万元)	4928	10001	6934	9801	8536
	2010年比2009年(%)	-0.40	-19.08	7.67	-20.22	14.64
查处涉烟违法案件(起)		139	254	461	592	670
查处涉烟违法案件案值(万元)		13	103	18	58	56
2010年度烟草行业投入烟叶生产基础设施建设资金(万元)		—	818	—	338.5	—
烟水配套工程累计受益面积(万亩)		—	1.2	—	1.6	—
烟叶种植(亩)		—	29000	—	15747	—
烟叶收购(担)		—	52800	—	36758	—
零售户数(户)		6236	9180	7900	10722	7126
零售户销售毛利率(%)		10.76	12.50	11.52	10.00	11.31

地市级局(公司)名称		金昌市烟草专卖局(公司)	嘉峪关市烟草专卖局(公司)	临夏州烟草专卖局(公司)	甘南州烟草专卖局(公司)
主要负责人/法人代表		赵普忠	王玉琴	魏小敏	米虎祥
总资产(万元)		12793	11045	18539	6332
资产负债率(%)		12.91	3.91	3.50	6.65
所属县级局(个)		1	—	8	7
所属县级公司/分公司(个)		—	—	—	—
所属县级营销部(个)		1	—	8	7
从业人员(人)		111	50	221	60
所属业务机构	访销机构	1个营销中心、1个订单部	1个营销中心	1个营销中心、1个订单部	1个营销中心、1个订单部
	物流配送机构	1个物流配送中心	—	1个配送中心	1个物流配送中心
	稽查机构	1个稽查支队、1个稽查大队	1个稽查支队、1个稽查大队	1个稽查支队、8个稽查大队	1个稽查支队、7个稽查大队
	烟叶机构	—	—	—	—
销售卷烟	(亿支)	9.71	6.35	21.51	9.50
	2010年比2009年(%)	0.05	6.44	7.55	5.59
卷烟销售收入(万元)		26723	20729	46137	20352

续表

地市级局(公司)名称		金昌市烟草专卖局(公司)	嘉峪关市烟草专卖局(公司)	临夏州烟草专卖局(公司)	甘南州烟草专卖局(公司)
实现税利	(万元)	6028	5218	8623	2219
	2010 年比 2009 年(%)	6.88	12.14	18.58	4.92
实现利润	(万元)	3199	2950	4159	1278
	2010 年比 2009 年(%)	-11.29	-2.48	-3.50	-12.82
查处涉烟违法案件(起)		122	12	268	32
查处涉烟违法案件案值(万元)		19	2	30	11
2010 年度烟草行业投入烟叶生产基础设施建设资金(万元)		—	—	—	—
烟水配套工程累计受益面积(万亩)		—	—	—	—
烟叶种植(亩)		—	—	—	—
烟叶收购(担)		—	—	—	—
零售户数(户)		2468	1192	6218	3852
零售户销售毛利率(%)		10.91	11.40	11.90	11.35

（汤　乐）

青海省烟草专卖局（公司）

【概　况】 青海省烟草专卖局、中国烟草总公司青海省公司组建于 1984 年，1986 年青海省烟草公司上划中国烟草总公司。2007 年，完成母子公司体制改革。省局（公司）下辖西宁、海东、海西、格尔木、海北、海南、黄南、玉树、果洛等 9 家地市级烟草专卖局（公司）。截至 2010 年年底，公司拥有总资产 19.18 亿元，其中，固定资产 2.03 亿元、流动资产 16.64 亿元，资产负债率为 7.82%。共有从业人员 1264 人。

2010 年，省局（公司）被青海省政府评为“青海省财政支柱企业”；5 月，省公司被省委组织部、省经济委员会、省国有资产监督管理委员会、省总工会等 8 家单位联合授予“青海省第六届优秀企业”称号；8 月，被省经济委员会、省统计局、省企业联合会、省企业家协会 4 家单位评为“2010 年青海企业 50 强”。

【领导成员】 局长、总经理、党组书记：宋亚强

副总经理、党组成员：侯国昆

副局长、党组成员：张超凡

纪检组长、党组成员：李成方

【机构设置】 省局（公司）机关设办公室（外事办公室）、综合计划处（经济运行处、科技处）、专卖监督管理处（专卖稽查总队、内部专卖监督管理处）、政策法规与体制改革处、财务管理处、审计处、人事劳资处（特有职业 <工种> 职业技能鉴定站）、思想政治工作处（机关党委、工会）、监察处（与党组纪检组合署办公）、安全保卫处、整顿办、卷烟销售管理处（客户投诉中心、卷烟网络建设办公室）、物流管理处、烟草学会、经济信息中心、机关服务中心等 16 个部门，其中，特有职业（工种）职业技能鉴定站和物流管理处为 2010 年新设部门。

【专卖管理】 卷烟打假。2010 年，全省共出动专卖管理人员 3431 人次，查处各类涉烟违法案件 634 起，其中假烟案件 254 起，查获假冒卷烟 420.39 万支，查处案值 5 万元以上的假烟案件 7 起，西宁市局破获 1 起符合国家局标准和 1 起符合省局标准的销售假烟网络案件，格尔木市局破获 1 起符合省局标准的销售假烟网络案件。公安、司法机关依法刑事拘留 13 人，逮捕 15 人，判刑 15 人。

市场监管。采取交叉检查、联合检查、夜查、暗访等方法，加强对货运场所、物流企业、综合批发市场、违法经营大户等重点场所和对象的监管。完善卷

烟联合监管协作机制，联合公安、工商部门，加强对互联网非法销售假烟活动的监控；联合公安、交通等部门，加强对通过邮政、物流、快递等流通渠道非法销售卷烟的监管。

内部专卖管理监督。定期开展考核检查，形成省局、州地市局、县局三级专卖内管机制。加强对高价位卷烟销售的监管，并实施专项检查。应用信息化手段，对卷烟经营实施事前、事中、事后的全方位监管，2010 年，全省烟草系统共产生预警信息 9010 条，比 2009 年的 80153 条减少 88.75%。

许可证管理。完善烟草专卖零售许可证信息系统，用信息化手段固化法定审批程序。组织市场调研，解决无证经营、农村卷烟零售客户持证比例偏低、监管不到位等问题。截至 2010 年年底，全省持证卷烟零售客户为 1.96 万户。

【经济效益】 2010 年，全省烟草商业系统实现卷烟销售收入 30.20 亿元，同比增长 25.52%。实现税利 6.58 亿元，同比增长 10.77%，其中，省公司本级实现税利 2.83 亿元，同比下降 23.31%。实现利润 3.66 亿元，同比增长 4.57%，其中，省公司本级实现利润 2.35 亿元，同比下降 19.24%。三项费用率为 7.55%。

【卷烟经营】 *卷烟销售*。全省烟草系统销售卷烟 102.60 亿支（20.52 万箱），同比增长 8.76%，其中，销售一类烟 8.68 亿支（1.74 万箱）、二类烟 6.40 亿支（1.28 万箱）、三类烟 19.31 亿支（3.86 万箱）、四类烟 45.67 亿支（9.13 万箱）、五类烟 22.54 亿支（4.51 万箱）。本地区销量居前三位的品牌为“兰州”、“金许昌”、“延安”，销量分别为 23.73 亿支（4.75 万箱）、12.53 亿支（2.51 万箱）、8.82 亿支（1.76 万箱）。

卷烟市场管理。制订《卷烟零售客户分类标准及评价细则》，完善零售客户信息，统一分类标准、评价方法、评定流程。下发《关于建立全省卷烟市场信息采集网络的通知》和《全省烟草系统卷烟市场信息采集工作实施方案》，规范零售客户基础信息的维护与管理。11 月，在试点单位西宁市公司启动首批零售客户网上订货工作，下发《“135”工作法推广实施方案》。制订《卷烟品牌精准营销实施方案》、《中华品牌精准营销实施方案》，并组织推广。

卷烟物流建设。按照《“两个集中”工作实施意见》，建立全省卷烟“集中电话访销、集中物流配送”的业务模式，使物流规模化、专业化，全省卷烟配送中心由 2007 年年底的 10 个减至 1 个，订单部由 9 个减至 1 个。制订《现场管理标准》，保证了作业现场安全规范、整洁有序。开展跨地区卷烟配送线路的调整优化和卷烟中转交接工作，全省卷烟物流成本降低。实施全省卷烟库存“虚拟卷烟库存”管理模式，优化全省卷烟库存资源配置。

【企业管理】 *质量管理体系建设*。按照“突出应用、突出创新、突出解决企业管理中存在的实际问题”的要求，推进质量管理体系建设，并将体系建设纳入绩效考核范畴。2010 年，9 个州地市局（公司）体系建设全部进入试运行阶段。

基层创优。对 10 个优秀县级营销部进行达标验收。达到 90 分以上（含 90 分）的县级营销部共 7 家，占全省卷烟营销部的 18%。

财务审计。规范资产处置，全省烟草系统处置资产 102 个单项，涉及资产净值 1148 万元，经审核汇总后上报国家局备案。修订《全省烟草系统全面预算管理办法》，明确预算编制方法，以及预算审核、执行等内容。强化成本费用管理，加强对会议费、业务招待费、办公费、出国费、对外捐赠、车辆购置等费用的控制。

在全省烟草系统推行“垂直管理、双重领导、监督驻地、参审异地”的审计委派制。2010 年，共开展责任审计项目 3 个，审计资产 7258 万元，问题金额 90 万元，提出整改建议 16 条。开展工程审计项目 20 个，审计资产 1818 万元，核减金额 152 万元，审减率为 8.35%，提出审计建议 80 条。

安全管理。逐级签订安全责任书，强化全员安全意识。全省烟草系统共 10 名安全管理员参加国家局举办的安全管理知识培训学习。8 月，组织对全省烟草系统的安全检查，发出安全检查报告书 9 份，查出各类安全隐患 42 项，存在问题 26 项，向受检单位提出安全意见或建议 39 条。

【人力资源管理】 *干部职工队伍建设*。制订《州地市局（公司）领导班子和领导干部综合考核评价办法（试行）》、《州地市局（公司）领导班子和领导干部年度考核办法（试行）》，《全省烟草系统 2010 年州地市局（公司）领导工作业绩考核细则》等制度，分批对所属单位领导班子和干部开展考核，完成部分单位领导班子成员职务调整工作。在全省烟草系统选拔 5 名员工到省局（公司）机关工作，公开招聘并择优录用 22 名高校毕业生充实到具体岗位。对全省烟草系统岗位工资标准进行调整，工资分配向基层一线和艰苦边远地区倾斜。

教育培训和技能鉴定。创新培训模式，与河南省局（公司）合作办班，开展远程培训。以《烟草专卖

法》修改条款、“两高”司法解释和新修订的《烟草专卖行政处罚程序规定》为主要内容，开展法律知识培训。全年共组织各类培训班22期，培训人员1540人次。

3月，成立特有职业（工种）职业技能鉴定站，全年共完成卷烟商品营销员和专卖管理员330人次的技能鉴定工作。

【思想政治工作】 主题学习与思想教育。坚持党组理论学习中心组学习制度，通过组织干部职工参加辅导讲座、参观、观看电教片、答题竞赛，增强贯彻落实科学发展观的坚定性和自觉性。加强对干部职工的思想政治教育，开展“两个至上”在岗位主题实践活动、“四要”良好作风建设、“保持良好精神状态，努力开创‘卷烟上水平’新局面”教育活动。

党风廉政建设。开展“明示与承诺”制度试点工作。加强对干部选拔任用、投资项目、物资采购及相关工作落实情况的监督检查，共262名中层干部向组织报告了住房、投资、配偶子女从业，以及履行工作职责和廉洁自律的情况。组织参观全国廉政教育基地，观看反腐倡廉警示教育片，开展《准则》相关反腐倡廉知识答题和党风廉政建设宣传教育月活动。2010年，全省烟草商业系统共开展各类宣传教育活动85场次，受教育人数2000余人次。

【企业文化】 举办《中国烟草视觉识别系统》培训班，把推广视觉识别系统的应用与创建优秀县局（营销部）结合起来，以格尔木市、黄南州局（公司）为重点开展《中国烟草视觉识别系统》应用工作。

【抗震救灾】 受灾情况。2010年4月14日7时49分，青海省玉树藏族自治州发生里氏7.1级地震，震中位于青海省玉树藏族自治州局（公司）所在地玉树县。青海烟草系统的受灾单位主要是玉树州局（公司）及下属称多、囊谦、治多、杂多、曲麻莱5个县局（营销部）。地震造成职工直系亲属8人、非直系亲属60人死亡，职工重伤2人、轻伤3人，职工及家属住房坍塌260间，州局1栋办公楼和2栋职工住宅楼经鉴定成为危房，办公经营设施受损严重。州局（公司）直接经济损失达1037万元。

开展救灾工作。“4.14”玉树地震发生后，省局（公司）迅速启动应急预案，研究部署抗震救灾工作，玉树州局（公司）开展自助自救，组织抢救受伤人员和家属，紧急制订应对措施，明确安全撤离人员的分工，做好员工安抚，按规定发放救灾物资，保障震后员工的基本生活，有序开展过渡安置点板房搭建等工作。

省局（公司）局长、总经理、党组书记宋亚强带工作组于地震发生第二天赶赴灾区，实地查看受灾情况，分析震情灾情，研究指导抗灾救灾工作，鼓舞和坚定了玉树州局（公司）全体员工战胜灾难的信心和力量。

4月15日凌晨6时30分，省局（公司）组织的棉帐篷20顶、棉被褥100床、灶具20套及食物、饮用水、药品等第一批救灾物资运抵玉树州局（公司），这是到达地震灾区最快的一批救灾物资。截至2010年年底，省局（公司）送达玉树州局（公司）的救灾物资总价值为137.67万元。行业内各单位也通过各种形式表示慰问，以实际行动支持抗震救灾和恢复重建工作。

信息报送工作。省局（公司）在抗震救灾阶段坚持每日向国家局和省政府应急办公室上报抗震救灾情况简报。中国烟草杂志社和《东方烟草报》社派出记者深入震后现场和员工中间做实地采访报道工作。

灾后恢复经营。4月20日，姜成康局长在“青海烟草玉树抗震救灾情况反映”快报上作出批示，要求全力抓好受灾员工安置和卷烟经营恢复工作。玉树州局（公司）在灾区适时设立1～2处固定卷烟批发场所，组织2台卷烟零售流动服务车，在重灾区结古镇市场开展应急卷烟零售业务。西宁市局（公司）、海南州局（公司）、果洛州局（公司）等单位加强对玉树灾区沿线的卷烟经营和市场管理工作，确保货源充足、价格稳定。

【“十一五”发展概要】 “十一五”期间，全省烟草系统经济运行保持良好发展态势，经济总量和资产质量迈上新台阶。累计销售卷烟92.21万箱，较“十五”期间增加5.21万箱，增长5.99%；实现卷烟销售收入124.82亿元，较“十五”期间增加30.82亿元，增长32.79%；实现税利26.25亿元，较“十五”期间增加12.2亿元，增长115.16%；上缴税金13.36亿元，较“十五”期间增加8.04亿元，增长151.13%。单箱销售额从2006年的10049元提高到2010年的17000元左右，增长69.17%，年均增幅为14.05%。经济运行质量提高，全省烟草系统三项费用率下降到7.55%。

“十一五”期间，省局累计查处各类卷烟违法案件4048起，假烟案件1799起，查处案值5万元以上的假烟案件51起，查获假烟3546.47万支。移送公安、司法机关刑事拘留102人，逮捕68人，判刑73人。

深化改革，建立以资产为纽带的母子公司体制，完成母子公司体制改革，省、市、县三级公司的资产关系全面理顺，9家州地市公司依法成为省公司的全资子公司。

推进物流体系建设，建立覆盖全省的卷烟销售网络。订单采集方式由电话订货逐渐向网上订货转变，电话订货率达到99.18%，电子结算率达到55.5%。

【特事要辑】 1月27日，全省烟草工作会议在西宁召开。

4月14日7时49分，青海省玉树藏族自治州玉树州局（公司）所在地玉树县发生7.1级地震。

5月17日，与红塔集团召开工商协同营销恳谈会，双方签订了《工商协同营销战略合作协议书》。

2010年青海省局（公司）主要统计指标汇总

实现税利（亿元）	实现利润（亿元）	销售卷烟（亿支）	烟叶种植（万亩）	烟叶收购（万担）
6.58	3.66	102.60	—	—

所属地市级局（公司）

【西宁市烟草专卖局（公司）】 西宁市烟草专卖局、青海省烟草公司西宁市公司组建于2000年9月。下辖大通回族土族自治县、湟中县、湟源县3个县级烟草专卖局（营销部）。

全年共查获假冒卷烟342.63万支，上缴罚没款22.49万元。破获符合国家局标准的制售假烟网络案件1起，案值206万元。

探索解决市场上无证经营户比例偏高问题的办法，加强与工商部门沟通协调，共召开协调会29次，组织联合执法检查37次，取缔无证经营户55户，为62户符合办证条件的无证经营户办理了零售许可证，辖区内的无证经营比例由2009年的4.67%下降到3.34%。

开展创建优秀县级局（营销部）试点活动。10月，全省烟草系统创建优秀县级营销部现场会在湟中县召开。强化客户管理和服务工作，修订完善《卷烟零售客户分类实施细则》，开展营销“服务年”和建设“示范样板街”活动，开展“一对一”营销技巧指导。制订网上订货实施方案和阶段性工作计划，于11月正式启动网上订货，截至年底，941户零售客户实现了网上订货。

6月底，通过了国家局工程投资、物资采购和宣传促销“三项检查”重点抽查。

【海东地区烟草专卖局（公司）】 海东地区烟草专卖局、青海省烟草公司海东地区公司组建于2000年8月。下辖平安县、乐都县、民和回族土族自治县、互助土族自治县、循化撒拉族自治县、化隆回族自治县等6个县级烟草专卖局（营销部）。

全年共查获假冒卷烟34.62万支，取缔无证经营户92户，上缴罚没款3.34万元。

稳步提升卷烟销售结构，把三类烟作为拓展市场的重点，引导城镇地区的中间消费群体在品牌选择上由三、四类卷烟向二、三类卷烟转移，引导农村地区消费向四类烟过渡。制定客户分类评价细则，将海东地区所有持证零售客户划分为特型客户组群、普通客户组群、新增客户组群，根据划分后的客户类别对货源管理办法进行了修订，为实现货源的精准投放奠定了基础。

【海西蒙古族藏族自治州烟草专卖局（公司）】 海西蒙古族藏族自治州烟草专卖局、青海省烟草公司海西蒙古族藏族自治州公司组建于1986年8月。下辖都兰县、乌兰县、天峻县、茫崖行委、大柴旦行委等5个县级烟草专卖局（营销部）和冷湖行委烟草专卖局。

全年共查获假冒卷烟7.19万支，上缴罚没款3.67万元。

州局利用专卖内管信息平台，对出现预警频率较高的环节及时向营销部门提出改进意见和整改建议。2010年，全州系统共产生预警信息615条，同比减少3611条，下降85%，预警信息量控制在省局规定的0.01条/万支以下。

全面调研辖区卷烟市场，全年共解决3个“空白工矿点”和5个“空白村”，有效促进了卷烟销售网络的进一步延伸。

【格尔木市烟草专卖局(公司)】 格尔木市烟草专卖局、青海省烟草公司格尔木市公司组建于2000年12月。

全年共查获假冒卷烟15.37万支，上缴罚没款1.84万元。破获制售假烟网络案件1起。移送公安机关涉烟案件2起，公安、司法机关依法刑事拘留4人，逮捕6人，判刑5人。

按照《烟草商业企业卷烟物流管理办法》，市公司统一核算口径，分析卷烟配送环节发生的费用项目，并查找关键控制节点，完善成本费用控制的量化标准，对送货车辆修理费、燃油费实行目标管理。2010年，物流费用占销售收入比重为0.65%，同比下降54.86%，达到全行业和全省先进水平。

【海北藏族自治州烟草专卖局(公司)】 海北藏族自治州烟草专卖局、青海省烟草公司海北藏族自治州公司组建于2004年。下辖门源回族自治县、祁连县、刚察县3个县级烟草专卖局（营销部）和海晏县烟草专卖局。

全年共查获假冒卷烟9.25万支，上缴罚没款0.63万元。移送公安机关涉烟案件1起，公安、司法机关依法逮捕1人，判刑1人。

【海南藏族自治州烟草专卖局(公司)】 海南藏族自治州烟草专卖局、青海省烟草公司海南藏族自治州公司组建于2004年5月。下辖兴海县、同德县、贵南县、贵德县等4个县级烟草专卖局（营销部）和共和县烟草营销部。

全年共查处假冒卷烟案件32起，查获假冒卷烟7.70万支，上缴罚没款1.04万元。

州局（公司）把企业文化创新和管理创新结合起来，通过展板海报、横幅标语等宣传途径，促进企业文化和企业管理的融合，实现企业文化落地生根。按照《中国烟草视觉识别系统》的规范要求，对全州烟草配送车辆厢体进行了统一规范，完成办公楼的藏式风格改造。

【黄南藏族自治州烟草专卖局(公司)】 黄南藏族自治州烟草专卖局、青海省烟草公司黄南藏族自治州公司组建于2004年5月。下辖同仁县、尖扎县、泽库县、河南蒙古族自治县等4个县级烟草专卖局（营销部）。

全年共查获假冒卷烟0.34万支，上缴罚没款0.17万元。

加强对各类零售客户的研究分析，针对不同类别客户实施不同的营销策略和措施。开展全自治州卷烟物流评价工作，逐步完善物流评价指标体系，规范物流评价方法，构建完善的现代物流评价体系。

加强职业技能培训，州局（公司）全年组织培训班53期，培训人数达376人次。

【玉树藏族自治州烟草专卖局(公司)】 玉树藏族自治州烟草专卖局、青海省烟草公司玉树藏族自治州公司组建于2004年6月。下辖杂多县、治多县、曲麻莱县、囊谦县、称多县等5个县级烟草专卖局（营销部）。

全年共查获假冒卷烟0.14万支，上缴罚没款0.87万元。

“4.14”地震发生后，州局（公司）第一时间成立抗震救灾工作领导小组，以及救援组、后勤保障组、安全组、信息报道组、监督组等，并启动突发公共事件应急预案，安排部署当天的抗震救灾工作。在第一时间集中和组织人员对全员的人身安全情况进行排查，并通知能够联系到的员工搜救周边受困群众，共救助受困群众达42人次。同时，安排人员抢购应急生活物资，对所有车辆进行安全转移，并用车厢解决了员工住宿，帮助全员度过了最初的困难时期。

【果洛藏族自治州烟草专卖局(公司)】 果洛藏族自治州烟草专卖局、青海省烟草公司果洛藏族自治州公司组建于2004年9月。下辖久治县、达日县2个县级烟草专卖局（营销部）。

全年共查获假冒卷烟3.15万支，上缴罚没款2.65万元。

2010年青海省烟草商业系统主要情况统计

地市级局(公司)名称	西宁市烟草专卖局(公司)	海东地区烟草专卖局(公司)	海西蒙古族藏族自治州烟草专卖局(公司)	格尔木市烟草专卖局(公司)	海北藏族自治州烟草专卖局(公司)
主要负责人/法人代表	崔会民	钟建平	戴岳鹏	李安益	董长吉
总资产(万元)	21164	7453	4082	2308	2563
资产负债率(%)	43.93	25.29	18.96	13.60	39.33

续表

地市级局(公司)名称		西宁市烟草专卖局(公司)	海东地区烟草专卖局(公司)	海西蒙古族藏族自治州烟草专卖局(公司)	格尔木市烟草专卖局(公司)	海北藏族自治州烟草专卖局(公司)
所属县级局(个)		3	6	6	—	4
所属县级公司/分公司(个)		—	—	—	—	—
所属县级营销部(个)		3	6	5	—	3
从业人员(人)		394	197	109	69	88
所属业务机构	访销机构	1个营销中心	1个营销中心	1个营销中心	1个营销中心	1个营销中心
	物流配送机构	1个配送中心	—	—	—	—
	稽查机构	8个稽查大队	7个稽查大队	5个稽查大队	2个稽查大队	4个稽查大队
	烟叶机构	—	—	—	—	—
销售卷烟	(亿支)	46.70	19.60	7.20	6.59	5.58
	2010年比2009年±%	10.18	7.07	6.66	10.54	3.91
卷烟销售收入(万元)		157860	42334	20465	25487	12489
实现税利	(万元)	17915	6720	3436	3168	1760
	2010年比2009年±%	86.36	79.82	79.14	98.87	69.39
实现利润	(万元)	5317	2993	1559	1143	609
	2010年比2009年±%	77.59	92.11	103.52	134.22	80.71
查处涉烟违法案件(起)		303	123	34	31	23
查处涉烟违法案件案值(万元)		331	53	17	30	11
2010年度烟草行业投入烟叶生产基础设施建设资金(万元)		—	—	—	—	—
烟水配套工程累计受益面积(万亩)		—	—	—	—	—
烟叶种植(亩)		—	—	—	—	—
烟叶收购(担)		—	—	—	—	—
零售户数(户)		8644	4468	1350	939	1087
零售户销售毛利率(%)		10.00	10.00	11.41	12.86	9.10

地市级局(公司)名称		海南藏族自治州烟草专卖局(公司)	黄南藏族自治州烟草专卖局(公司)	玉树藏族自治州烟草专卖局(公司)	果洛州藏族自治烟草专卖局(公司)
主要负责人/法人代表		张国明	李映元	王洪胜	房光源
总资产(万元)		2983	2115	3511	1477
资产负债率(%)		29.98	24.00	41.52	15.37
所属县级局(个)		4	4	5	2
所属县级公司/分公司(个)		—	—	—	—
所属县级营销部(个)		5	4	5	2
从业人员(人)		87	71	79	47
所属业务机构	访销机构	1个营销中心	1个营销中心	1个营销中心	1个营销中心
	物流配送机构	—	—	—	—
	稽查机构	4个稽查大队	4个稽查大队	1个稽查大队	1个稽查大队
	烟叶机构	—	—	—	—
销售卷烟	(亿支)	7.35	3.54	3.81	2.25
	2010年比2009年±%	10.88	1.43	9.80	12.50

续表

地市级局(公司)名称		海南藏族自治州烟草专卖局(公司)	黄南藏族自治州烟草专卖局(公司)	玉树藏族自治州烟草专卖局(公司)	果洛州藏族自治烟草专卖局(公司)
卷烟销售收入(万元)		16576	8600	10642	6253
实现税利	(万元)	2509	1635	1787	1152
	2010 年比 2009 年±%	66.6	45.46	38.41	71.68
实现利润	(万元)	1052	742	699	511
	2010 年比 2009 年±%	62.60	32.03	12.20	81.85
查处涉烟违法案件(起)		54	14	3	49
查处涉烟违法案件案值(万元)		7	1	2	10
2010 年度烟草行业投入烟叶生产基础设施建设资金(万元)		—	—	—	—
烟水配套工程累计受益面积(万亩)		—	—	—	—
烟叶种植(亩)		—	—	—	—
烟叶收购(担)		—	—	—	—
零售户数(户)		1504	666	591	302
零售户销售毛利率(%)		19.54	12.00	9.80	13.00

(葛建宝)

宁夏回族自治区烟草专卖局（公司）

【概　况】 宁夏回族自治区烟草专卖局、中国烟草总公司宁夏回族自治区公司经宁夏回族自治区政府批准于 1983 年 10 月成立，1984 年 4 月挂牌，1986 年 1 月上划国家烟草专卖局、中国烟草总公司。自治区局（公司）下辖银川、石嘴山、吴忠、固原、中卫等 5 个市烟草专卖局（公司）。截至 2010 年年底，公司拥有总资产 17.66 亿元，其中，固定资产 1.72 亿元、流动资产 15.53 亿元，资产负债率为 6.40%。自治区局（公司）实行全员聘用制，共有从业人员 1338 人。

2010 年 4 月，自治区局（公司）被宁夏回族自治区扶贫开发领导小组评为“2006～2010 年度宁夏扶贫开发定点帮扶先进单位”。

【领导成员】 局长、总经理、党组书记：师增建

副总经理、党组成员：毕溪英

副局长、纪检组长、党组成员：李光荣

副总经理、党组成员：杨保仓

【机构设置】 自治区局（公司）机关设办公室（外事办公室）、综合计划处（经济运行处、科技处）、安全保卫处、专卖监督管理处（专卖稽查总队、内部专卖监督管理处）、政策法规与体制改革处、财务管理处、审计处、人事劳资处（职业技能鉴定站）、思想政治工作处（机关党委、工会）、监察处（与党组纪检组合署办公）、卷烟销售管理处、物流管理处、机关服务中心、经济信息中心、烟草学会秘书处等 15 个部门，其中职业技能鉴定站和物流管理处为 2010 年新设部门。

【专卖管理】 打假破网工作。坚持“突出重点、标本兼治、横向协调、上下沟通、整体联动”的方针，深入开展卷烟打假破网工作。2010 年，全自治区共查处各类涉烟违法案件 794 起，其中假冒商标卷烟案件 413 起，查获假烟 406.4 万支，上缴罚没款 35.53 万元，司法机关判刑 28 人。破获符合国家局标准的假烟网络案件 6 起、符合自治区局标准的假烟网络案件 2 起。

市场监管工作。研究制定市场秩序评价标准和可操作的市场监管工作标准，履行市场监管职责。全面推广贺兰县局零售客户自律小组建设经验，调动零售户诚信经营和打假积极性。联合工商部门开展专项治

理行动，着力遏制无证经营行为。

专卖管理体系建设。4月，全面部署建立专卖管理工作标准体系。5月，派人赴福建省局学习，对体系建设情况进行全面调研。各市局借鉴先进经验，结合实际，制订体系文本。9月，自治区局成立编写小组，编写完成由专卖管理监督、市场管理、队伍建设、基础管理和考核评价体系五个工作模块组成的《专卖管理工作标准》。

专卖队伍建设。继续加大教育培训力度，开展以新修订的《烟草专卖法》、《烟草专卖行政处罚程序规定》及最高法、最高检《关于办理非法生产、销售烟草专卖品等刑事案件具体应用法律若干问题的解释》为主要内容的培训。举办4期职业技能培训班和内管知识培训班，全自治区参加初、中、高级专卖管理员技能鉴定考试合格率达77.53%。

内部专卖管理监督。修改完善《内部监管工作规范》，发挥专卖内管信息系统“智能分析预警、自动流程驱动”的作用，有效开展日常监管和同级监管工作，内部监管工作逐步向实用化、常态化转变。组织开展高价位卷烟监督自查、内部专卖监管季度重点抽查，督促认真整改落实，通过国家局重点抽查，全自治区生产经营活动规范有序，没有发生违纪违规问题。

【经济效益】 2010年，全自治区烟草商业系统实现卷烟销售收入31.46亿元，同比增长16.59%。实现税利7.12亿元，同比增长14.16%，其中利润3.88亿元，同比下降3.17%。三项费用率为7.55%。

【卷烟经营】 卷烟销售。2010年，全自治区烟草商业系统销售卷烟111.05亿支（22.21万箱），同比增长6.85%，其中，一类烟8.49亿支（1.70万箱），同比增长21.29%；二类烟4.24亿支（0.85万箱），同比增长60.34%；三类烟31.89亿支（6.38万箱），同比增长28.54%；四类烟44.72亿支（8.95万箱），同比下降2.10%；五类烟21.71亿支（4.34万箱），同比下降8.78%。本地区销量居前三位的品牌为“兰州”、“白沙”、“猴王”，销量分别为19.79亿支（3.96万箱）、15.51亿支（3.10万箱）、12.03亿支（2.41万箱）。全国性卷烟重点品牌销量为76.46亿支（15.29万箱），同比增长23.18%，占总销量的比重为68.86%，同比增长9.13%。

网络建设基础规划。制订《营销网建工作三年发展规划》、《市场营销上水平实施意见》、《2011～2015年卷烟市场发展规划》，明确营销网建发展方向。修订完善全自治区网建基础管理标准，组织开展基标对标考评，查找问题，加强指导，促进基础工作实际效果的有效提升。

订单供货工作。以“预测、采购、供应、市场”四个有机对接为重点，加强营销管理，建立信息采集操作规范模式，遵循“需求驱动营销”工作思路，改进系统自动分配货源模式，强化规范运作、市场调研、采购管理和货源供应等工作，较好地实现“市场需求基本满足、零售客户有所选择”。全年零售客户订单满足率达到81%，销量预测吻合度达到98%，预测对采购的指导程度达到99%。

协同营销。各市公司协同工业企业开展深度营销，进行品牌精准营销试点，提炼出“141”① 品牌培育操作模式，并在10月份召开的全自治区现场会上进行推广。围绕全国性卷烟重点骨干品牌，进一步加大自治区品牌整合力度。全国销量排名前15位品牌（一至三类烟）全自治区销量达到36.8亿支（7.36万箱），同比增长28.1%，占总销量的33.1%，同比提高5.5%；全国销售收入排名前15位品牌全自治区销售收入达到22.65亿元，同比增长29.4%，占总销售收入的61.6%，同比增长6.1%。

现代物流建设。8月，自治区公司成立物流管理处，9月组团考察学习湖南、江苏、福建等省卷烟现代物流建设经验，成立物流规划领导小组，启动现代物流建设规划编制工作。制订《关于开展卷烟物流配送工作评价的实施方案》，从管理、成本、运营、服务、安全等五个方面对配送中心进行考核评价。各市公司实施现场管理和对标管理，优化工作流程、整合送货线路、独立核算费用，物流费用指标总体保持平稳运行。

【企业管理】 质量管理体系建设。制定2010年质量管理体系建设工作要点，开展2009年体系建设考核评价及表彰奖励，并对宁夏烟草系统审核情况进行督导。银川市局（公司）8月通过国家局审核。

对标工作。按照全年对标工作要点，在各市局（公司）自测的基础上，制订2010年对标指标标杆，完善对标工作体系和对标指标体系，有序开展对标工作，主要指标同比有所进步。4月，自治区局（公司）通过深入基层调研，查找存在的突出问题，对控制成本费用的有效途径和办法进行探讨，并对未来五年对标指标进行了测算。

基层创优活动。自治区局（公司）印发了《2010年优秀基层单位创建工作安排意见》，组织召开贺兰优秀县局创建现场会，加强督查和考核，增强创优工

---

① 即一个目标是引领，“市场调研－市场细分－终端营销－效果评价”四个步骤是核心，一支团队是保障。

作的针对性和实效性。各县局（分公司）学习借鉴试点经验，将创优活动与党的基层建设、队伍建设、品牌培育等工作有机结合，丰富创建载体，创新途径和方式，2010 年自治区 13 家县局全部达标，8 家分公司达标。

预算管理。严格执行全面预算管理办法和规程，制订完善《成本费用定额标准管理办法》、《成本费用定额标准方案》、《宁夏烟草系统全面预算考核办法》等制度文件，加强预算编制、日常监控、预算公开和预算执行情况分析，促使预算执行到位。

【信息化建设】 在制订完善信息化规划，加强信息安全管理，保障信息系统运行的同时，积极推进重点项目建设。专卖管理信息系统于 7 月份在全自治区正式启用；营销分析、按订单组织货源、自动货源分配、数字仓储等信息系统完成验收；12 月底，完成人力资源信息系统建设第二阶段试运行工作，以及国家局卷烟远程鉴别、全国网上订货等系统推广实施工作。

【内部管理监督】 “两项工作”。制定民主管理监督、预审、评议等配套制度，明确自治区局机关公开事项的内容、范围、公开的方式与时间要求，并对基层单位进行检查考核。一季度，全系统对 2008 年以来的工程投资、物资采购和宣传促销项目再次进行自查自纠；4 月，自治区局（公司）组织重点督查，督促问题彻底整改；6 月，通过国家局的重点抽查并得到肯定。

财务审计监管工作。规范细化会计核算，开展“小金库”专项治理，加强国有资产监管，保证国有资产的保值增值。加强对烟叶基础设施建设项目投入资金审计，规范补贴资金的使用，通过国家局检查验收。加强对物资采购、宣传促销、工程投资项目等工作的审计监管，启动并推行审计委派制，完成制度建立、机构设置、人员选派，派驻办工作年底正式运行。自治区局被宁夏回族自治区审计厅评为“2008 至 2010 年度全区内部审计先进单位”。

【人力资源管理】 干部队伍建设。制定、修订《宁夏烟草系统市局（公司）领导班子和领导干部综合考核评价办法》、《宁夏烟草系统市局（公司）领导班子和领导干部年度考核办法》、《宁夏自治区烟草专卖局（公司）机关处级干部年度考核办法》等八项制度，严格干部教育管理监督。国家局对自治区局（公司）领导班子开展年度考核。

用工分配制度改革。各市局（公司）对岗位设置进行修正，修订和完善岗位说明书，进一步明确岗位工作职责。不断修改完善绩效考核指标和考核方法、考核流程，增强考核的针对性、公平性和公正性。自治区局（公司）重新核定市局（公司）岗位设置和定员定额标准，开展绩效管理体系持续改进工作调研和检查验收工作。2010 年，自治区局（公司）机关进行绩效管理体系试运行。

员工培训。建立集中办班培训组织实施办法、内训师管理办法、教育培训经费管理办法和教育培训工作考核激励办法，制订《宁夏烟草系统 2010 年培训计划》。开展管理、营销、专卖“三支队伍”集中轮训工作，全年共集中轮训 19 班次，受训 1274 人次。

【思想政治工作】 坚持中心组理论学习和支部、部门学习制度，开展“卷烟上水平”大讨论、“创先争优”等活动，制订并实施构建以“进班子、进岗位、进制度、进流程”为重点的“两个至上”长效机制建设实施方案。

【企业文化】 基本建立起包括企业文化定位、理念体系、员工行为规范等内容的宁夏烟草企业“搏·为”文化架构体系。8 月，召开企业文化建设成果发布会，举办内训师训练营。银川市公司被总公司评为全国烟草行业企业文化建设先进单位。

【“十一五”发展概要】 “十一五”时期，宁夏烟草系统总体经济实力不断增强，企业管理水平不断提高，实现又好又快发展，为进一步改革发展奠定良好的基础。

经济持续健康发展，综合实力逐步提高。2010 年销售卷烟 111.05 亿支（22.21 万箱），比“十五”末的 89.8 亿支（17.69 万箱）增加 22.6 亿支（4.52 万箱），增幅为 25.54%，平均每年递增 4.66%。2010 年实现税利 7.12 亿元，比“十五”末的 3.09 亿元增加 4.03 亿元，增幅为 130.42%，平均每年递增 18.23%。

改革不断深化，初步建立现代企业管理制度和资产经营管理制度。取消县级公司法人资格，理顺产权关系，建立归属清晰、权责明确、保护严格、流转顺畅的现代企业资产管理制度；推进人事用工分配制度改革，分类管理、科学设岗、明确职责、严格考核、落实报酬的用工分配机制初步形成。

扎实推进营销网建工作，初步建立起富有宁烟特色的卷烟销售网络。完成整体推进、全面提升两个阶段任务，整体推进阶段被评为全国优秀单位。全系统在销卷烟品牌、规格分别由 2005 的 75 个、155 个减少到 2010 年的 43 个、118 个，人均劳动生产率由 114.8 箱提高到 165.1 箱，电话订货率达到 100%，电子结算率达到76.81%，配送到户率达到99.45%。

专卖管理不断加强，市场经济秩序更加规范。紧紧围绕专卖管理的三项任务，营造工商企业满意的卷烟营销环境、零售客户满意的公平竞争环境、消费者满意的安全消费环境，5年共查获各类假烟案件2794起，移送司法机关判刑141人，破获符合国家局标准的假烟网络案件21起，2008年被国家局、公安部联合授予“全国卷烟打假工作特殊贡献奖”。

规范工作整体推进，基础管理水平不断提升。相继开展专卖内管、同级审计、“三项检查”、办事公开民主管理工作，加强全面预算管理，持续改进质量管理体系。基层创优活动稳步开展，职业健康安全管理体系正常运行，加强信息化与经营管理融合。

队伍建设得到加强，廉政建设、精神文明建设成效明显。基本建立选拔使用、竞争择优、激励约束、教育培训和管理监督机制，开展“五五”普法、大规模集中培训；思想政治建设、“两个至上”在岗位、创建文明单位、创先争优等活动深入开展，具有自身特色的“搏·为”文化体系建立并逐步落地；惩防体系、反腐倡廉建设稳步推进。

【特事要辑】 1月26～27日，宁夏区局（公司）在银川召开自治区烟草工作会议。

7月15日，国家局副局长李克明到宁夏烟草调研质量管理体系建设情况。

7月23～24日，国家局副局长何泽华到宁夏烟草调研营销网建工作。

8月1～2日，宁夏区局（公司）在银川召开自治区烟草专卖局长、公司经理座谈会。

8月31日至9月1日，国家局局长姜成康在宁夏烟草调研指导工作，对宁夏烟草下一步工作提出要求。调研期间，姜成康与宁夏回族自治区党委书记、人大常委会主任张毅，自治区党委副书记、自治区主席王正伟进行座谈，双方就推进宁夏烟草发展及吴忠卷烟厂发展交换意见。

2010年宁夏回族自治区局（公司）主要统计指标汇总

实现税利（亿元）	实现利润（亿元）	销售卷烟（亿支）	烟叶种植（万亩）	烟叶收购（万担）
7.12	3.88	111.05	0.62	1.76

注：宁夏回族自治区的烟叶经营工作由宁夏彭阳县烟叶公司负责，该公司由彭阳县政府管理，因此“实现税利”、“实现利润”不包含烟叶税利、烟叶利润。

所属地市级局（公司）

【银川市烟草专卖局（公司）】 银川市烟草专卖局、宁夏回族自治区烟草公司银川市公司成立于1998年1月。下辖永宁县、贺兰县、灵武市3个县级烟草专卖局（分公司）。

加强卷烟打假工作。制定实施《打击制售假烟网络工作方案》，组织召开14次卷烟打假联席会和专题协作会，加强与各级公、检、法部门在信息共享、串并案件和跨区域协同方面的沟通合作。全年查处各类卷烟违法案件592起，破获符合国家局标准的贩售假烟网络案件2起。

加强质量体系建设。编制B/0版质量管理体系文件和5个应用手册，分层分批开展全员质量管理体系知识培训，举办体系知识竞赛，开展内部审核和管理评审，探索质量管理体系信息化建设路径。质量管理体系建设在全国36个重点城市中率先接受并通过行业审核，体系文件执行率达到99.04%，质量管理体系建设经验在全国烟草行业企业管理现场会上进行交流。

加强基层单位创优工作。通过开展专卖、营销、物流优秀基层部门、优秀基层部门负责人和优秀基层员工评选活动，延伸基层创优触角，所有县级局（分公司）全部达标。贺兰县局（分公司）承办自治区优秀县级局创建工作现场会，并在行业优秀县级局创建工作调研会、行业部分工商企业品牌发展上水平座谈会和全国卷烟销售工作会上进行经验交流。

【石嘴山市烟草专卖局（公司）】 石嘴山市烟草专卖局、宁夏回族自治区烟草公司石嘴山市公司成立于1986年1月。下辖平罗县烟草专卖局（分公司）。

突出零售终端建设。编制《零售终端建设发展规划》，探索客户价值与品牌价值共同提升的措施，确定“围绕一条主线，突出两个重点，打造五化终端”的工作目标（围绕知名品牌培育这一条主线，突出终端提升和终端营销两个重点，打造陈列设施标准化、卷烟陈列品牌化、服务品牌形象化、客我合作信息化和终端延伸规模化的五化终端)。建立服务标准和服务承诺，明确8项零售客户服务承诺、7项工业企业服务承诺和6项消费者服务承诺，通过《石嘴山烟草报》、网络等各种传播途径向服务对象宣传标准和承诺，自觉接受监督。修订终端陈列标准，将知名品牌作为陈列重点，进行陈列改造，突出品牌生动化陈列，展示重点骨干品牌形象，使终端客户陈列水平明显提升，标准化和主题化陈列达到90%以上。

*开展线路优化整合工作。*将送货线路由45条压缩到41条，车辆满载率由51.7%提高到60.1%，送货车辆由9辆调整为8辆，单车日均送货户数由75户提高到87户，单车日均送货条数由3510条提高到4306条，送货车辆里程由22.65万千米下降到21.11万千米，下降6.8%。线路优化整合工作在市总工会“五小”成果评审奖励中获得三等奖。

【吴忠市烟草专卖局(公司)】 吴忠市烟草专卖局、宁夏回族自治区烟草公司吴忠市公司成立于1986年1月。下辖青铜峡市、同心县、盐池县3个县级烟草专卖局（分公司)。

*开展全面预算管理。*通过开展“建立预算监管体系，提升预算管理水平”工作，构建起四维监控主体和三维监控客体的全方位预算管理体系。经过一年的实施，企业成本费用得到有效控制，各项费用开支大幅下降。2010年，三项费用预算执行率达到99.59%，重点可控费用减少26万元。

*开展零售终端陈列资源的标准化管理。*为推进“532”、“461”知名品牌培育工作，吴忠市公司以品牌发展方向为指引，开展标准化陈列工作。制订了《零售终端卷烟标准陈列手册》，使零售终端的卷烟陈列目标更明确、方法更具体，视觉引导更有利于目标品牌的培育。在标准化陈列的推广实施中，营销人员还设计出卷烟陈列样柜，全年卷烟陈列面积比2009年增加1202平方米，同比增长16%，标准化陈列面达到90%以上，卷烟出样达标率达到80%。

【固原市烟草专卖局(公司)】 固原市烟草专卖局、宁夏回族自治区烟草公司固原市公司成立于1986年1月。下辖西吉县、彭阳县、隆德县、泾源县等4个县级烟草专卖局（分公司)。

*强化教育培训。*通过内训、外培、宣贯、研讨、讲解、答疑和考试等多种方式，组织开展各类别、多层面的学习培训和考试验证。全年共举办培训班159个，其中岗位培训班148个，入职培训6个班，技能鉴定培训班5个，共培训239人、4116人次，另有85人参加上级部门举办的相关业务培训，116人参加国家局举办的技能鉴定远程教育培训，全年教育培训经费支出53.5万元。通过各种形式的培训，干部职工文化素质与职业技能明显提高。

*注重激励机制建设。*制定并落实关于鼓励创新的奖励规定及在职工教育培训、增强创新能力方面的一些配套奖励措施。2010年，对在教学案例征集、烟草学术研讨、会计知识大赛、“搏·为”文化宣贯、专卖管理员技能鉴定、营销人员分级培训中成绩处在前三名的人员进行奖励。

【中卫市烟草专卖局(公司)】 中卫市烟草专卖局、宁夏回族自治区烟草公司中卫市公司成立于2004年7月。下辖中宁县、海原县烟草专卖局（分公司)。

*加强知名品牌培育。*承办宁夏烟草系统知名品牌精准营销现场会暨“532”、“461”品牌动员会，展示全自治区知名品牌精准营销试点研究的成果，确立知名品牌培育的操作模式，形成知名品牌培育的运行规则。

*加强“三项检查”工作。*建立完善规章制度，加强内部审批管理，重视自查自纠和整改落实，注重在实践中体现工作创新，在总结“一事一卷”、“视觉管理”经验的基础上，针对基建工程投资项目率先在全自治区推行“三方共管账户”做法，在4月份国家局的重点抽查中获得好评。

2010年宁夏回族自治区烟草商业系统主要情况统计

地市级局(公司)名称	银川市烟草专卖局(公司)	石嘴山市烟草专卖局(公司)	吴忠市烟草专卖局(公司)	固原市烟草专卖局(公司)	中卫市烟草专卖局(公司)
主要负责人/法人代表	虎治富	刘大年(—2010.7) 甄宗伟(2010.7—)	马存军	马　斌(—2010.3) 邹振军(2010.3—)	李祥红
总资产(万元)	54889	24257	25396	13731	15418
资产负债率(%)	5.29	5.14	5.76	5.29	8.68
所属县级局(个)	3	1	3	4	2
所属县级公司/分公司(个)	3个分公司	1个分公司	3个分公司	4个分公司	2个分公司

续表

地市级局(公司)名称		银川市烟草专卖局(公司)	石嘴山市烟草专卖局(公司)	吴忠市烟草专卖局(公司)	固原市烟草专卖局(公司)	中卫市烟草专卖局(公司)
所属县级营销部(个)		—	—	—	—	—
从业人员(人)		385	167	257	248	195
所属业务机构	访销机构	1个营销中心、1个电访中心	1个营销中心、1个电访中心	1个营销中心、1个电访中心	1个营销中心、1个电访中心	1个营销中心、1个订单部
	物流配送机构	1个物流配送中心	1个物流配送中心	1个物流配送中心	1个物流配送中心	1个物流配送中心
	稽查机构	1个稽查支队、7个稽查大队	1个稽查支队、5个稽查大队	1个稽查支队、3个稽查大队	1个稽查支队、6个稽查大队	1个稽查支队、4个稽查大队
	烟叶机构	—	—	—	—	—
销售卷烟	(亿支)	41.93	18.04	20.9	15.53	14.65
	2010年比2009年±%	11.55	3.09	3.21	4.37	7.01
卷烟销售收入(万元)		127599	52873	60491	37503	36103
实现税利	(万元)	32017	13037	13964	6987	8443
	2010年比2009年±%	16.24	10.0	8.62	15.79	19.76
实现利润	(万元)	18817	7538	7724	3352	4632
	2010年比2009年±%	0.86	-3.75	-9.12	-5.10	2.29
查处涉烟违法案件(起)		592	13	48	120	21
查处涉烟违法案件案值(万元)		461	103	244	113	16
2010年度烟草行业投入烟叶生产基础设施建设资金(万元)		—	—	—	—	—
烟水配套工程累计受益面积(万亩)		—	—	—	—	—
烟叶种植(亩)		—	—	—	—	—
烟叶收购(担)		—	—	—	—	—
零售户数(户)		7054	3837	4817	4846	4014
零售户销售毛利率(%)		11.93	11.76	11.70	11.53	11.00

（汪创业）

新疆维吾尔自治区烟草专卖局（公司）

【概　况】 新疆维吾尔自治区烟草专卖局、中国烟草总公司新疆维吾尔自治区烟草公司成立于1986年1月1日。自治区局（公司）下辖15个州（地、市）烟草专卖局，13个州（地、市）烟草公司①，以及新疆烟草进出口有限责任公司1个专业子公司。截至2010年年底，公司拥有总资产38.46亿元，其中，固定资产5.38亿元、流动资产31.39亿元，资产负债率为6.51%。共有从业人员2670人，其中聘用员工1904人。

【领导成员】 局长、总经理、党组书记：陈玉芳

副总经理、总会计师、党组成员：邱永春

副局长、纪检组长、党组成员：多里坤·阿西木

副局长、党组成员：张小勇（2010年4月前任副总经理、党组成员）

副总经理、党组成员：刘建昌（2010.4—）

① 喀什地区烟草专卖分局与克孜勒苏柯尔克孜自治州烟草专卖分局合署办公。新疆烟草兵团石河子有限公司是兵团国资公司下属企业，未列入新疆自治区公司下辖单位中，人、财、物属兵团国资公司，自治区公司仅对其经营管理工作进行指导。

副巡视员：姜　涛

副巡视员：荆　仲（2010.4—）

【机构设置】 自治区局（公司）机关设办公室（外事办公室、烟草学会）、综合计划处（经济运行处）、专卖监督管理处（专卖稽查总队、内部专卖管理监督处）、政策法规与体制改革处、财务管理处、审计处、人事劳资处（离退休人员管理办公室）、思想政治工作处（机关党委、工会）、监察处（与党组纪检组合署办公）、安全保卫处等10个职能处室，以及卷烟销售管理处、物流管理处、经济信息中心、机关服务中心等4个专业部门，其中物流管理处为2010年新设部门。

【专卖管理】 *卷烟打假。*建立线索共享、案件联动的打假工作机制，加强与公安、工商等部门协作，制定《新疆烟草专卖行政案件管理办法》，规范信息上报、线索情报分析、案件协查工作，实现全自治区案件线索共享。建立各分局、县局之间的案件联动机制，加强案件协调工作，对跨地区查办大、要案做到有线必挖、有案必查、查必深究。

2010年，全自治区共查处涉烟违法案件2845起，查获非法卷烟804.05万支，其中假冒卷烟350.93万支，上缴罚没款313.92万元。向公安机关移送涉烟案件15起，公安、司法机关拘留20人，判刑13人。破获符合国家局标准的制售假烟网络案件2起，案值335.94万元；破获符合自治区局标准的制售假烟网络案件4起，案值70.69万元。

*内部专卖管理监督。*以“五化”（内管机制长效化、流程规范化、检查日常化、考核动态化、学习培训经常化）实现内管工作的“常态化”。做到“三个100%”，即检查单位必须达到100%，检查内容必须达到100%，问题整改必须达到100%。全年分两次对所属地市级局（公司）、进出口公司和机关本部经营单位进行专卖内管检查和考核。

*专卖队伍建设。*各地市级局采取开展“五个一口清”活动、召开现场会、集中培训、实际操练、技能培训、团队建设等方式，持续提升专卖队伍的综合素质，全年共举办各类培训班596期，培训8495人次。加大专卖监督管理职业技能鉴定工作，截至2010年年底，全自治区共有专卖人员600人，其中，取得初级专卖管理员资格认证122人，中级专卖管理员资格认证262人，高级专卖管理员资格认证21人，持证上岗率为67.5%。

*市场监管。*开通“12313”烟草专卖品市场监管举报电话，全年共受理各类举报投诉咨询151起，办结率为100%，客户满意率为100%。

【经济效益】 2010年，全自治区烟草商业系统实现销售收入81.67亿元，同比增长19.89%。实现税利17.71亿元，同比增长14.09%，其中利润9.3亿元，同比下降1.81%。三项费用率为7.68%。

【卷烟经营】 *卷烟销售。*2010年，全自治区烟草商业系统共销售卷烟319.99亿支（64.0万箱），同比增长6.77%，其中，销售一类烟17.20亿支（3.44万箱），同比增长47.64%；二类烟5.10亿支（1.02万箱），同比增长47.83%；三类烟79.15亿支（15.83万箱），同比增长33.93%；四类烟181.50亿支（36.30万箱），同比下降1.92%；五类烟37.05亿支（7.41万箱），同比下降8.41%。本地区销量居前三位的品牌为“红河”、“雪莲”、“云烟”，销量分别为116.05亿支（23.21万箱）、36.0亿支（7.20万箱）、19.0亿支（3.80万箱），分别同比增长3.48%、18.23%、77.57%。

*品牌培育。*围绕行业“532”、“461”品牌发展目标，制定《新疆烟草“十二五”品牌发展规划》，明确品牌发展方向。工商双方加强信息互通、需求预测和货源供应方面的深度协同，着力解决供大于求、供不应求、供非所求等问题。

2010年，全自治区预测销量和实际销量的吻合度为99.4%，同比提高0.4%。全自治区在销的28个重点骨干品牌累计销量为264.55亿支（52.91万箱）（含“雪莲”），同比增长9.7%，占总销量比重为82.7%，同比提高2.19%。

*服务零售客户。*通过组织有效货源、完善货源分配政策、做精做实服务等方式，保证客户合理利益，2010年零售客户综合毛利率为11.22%。通过延伸农村服务站点、整合服务资源、开展农村市场调研、加大消灭空白村工作力度等方式，提高服务质量。

2010年，全自治区零售客户平均订单满足率为71.8%，客户对货源供应满意度为92.4%，客户综合满意度为96.09%，同比提高2.7%。

*网上订货。*10月，完成“新商盟”网上订货系统上线工作。截至年底，网上订货客户占零售客户总数的46.39%，其中，克拉玛依、乌鲁木齐、石河子、阿勒泰网上订货客户比例超过50%。

【现代物流建设】 按照“统一规划布局、统一技术标准、统一管理模式、统一运行方式”物流建设原则，确定信息化物流体系建设的工作思路。把质量管理体系建设同数字仓储管理、物流资源整合、物流成本费用核算等工作结合起来，物流成本费用水平持续下降，2010 年全自治区物流单箱费用为 180.26 元，同比下降 0.72%。

【企业管理】 财务管理。制订《新疆烟草系统会计核算标准》。开展产权登记、年度检查和土地、房屋建筑物清查登记工作，实现国有资产动态管理。加强预算编制、日常监控、预算执行情况分析，提高预算执行率，全自治区会议费、差旅费、业务招待费等重点费用项目及捐赠支出均控制在国家局核定的标准内。

对标工作。编制《新疆烟草 2010 年对标实施细则》，建立“决策、执行、督导”三大体系，成立财务、销售、人事、信息和督察五个专业组，形成对标工作长效机制。在新疆自治区局（公司）确定的 11 项先进指标中，阿克苏地区有 4 项、喀什地区有 3 项、乌鲁木齐市有 2 项、克拉玛依市和塔城地区各有 1 项指标进入全自治区先进指标行列。

【信息化建设】 制订《新疆烟草系统计算机及信息网络设备购置、使用和处置管理暂行规定》、《区局（公司）机关计算机及信息网络设备购置、使用和处置管理暂行规定》，完善信息体系制度。以一体化“数字烟草”为目标，梳理业务流程，统筹开展业务、财务、现代物流、电子商务等应用系统建设工作，使各应用系统与新疆烟草“数据大集中”系统相统一。完成“新商盟”网上订货平台与外部网站建设、专线网络扩容、备份网络建设等工作，使自治区信息化建设与全国烟草行业同步进行。

【人力资源管理】 干部队伍建设。完善选拔任用机制，严格按照组织原则和组织程序选拔领导干部。全系统 35 岁左右处级干部达到 14 人，处级干部平均年龄为 46 岁，大学本科以上学历占 60% 以上，基层领导班子基本配齐。完善教育培养机制，组织 22 名处级干部赴国家局党校、自治区党校等院校学习；组织新提任的 13 名处级干部入职培训；举办 54 名处级后备干部培训班，对后备干部进行“人格和职业价值测量”；组织 19 名科级干部到地州县局挂职锻炼。

教育与培训。逐步完善自治区局（公司）、地市级局（公司）的两级培训体系，形成各地市级局（公司）岗位培训重实操、提技能，自治区局（公司）集中培训阔思维、提水平的格局。2010 年，自治区局（公司）培训中心共组织培训班 19 期，培训 880 学时，1118 人次接受培训；外派培训 30 批次，239 人次接受培训。全自治区共有内训师 224 人，开发形成营销、专卖、物流、综合类优秀课程共 42 项。

职业技能鉴定。以行业职业技能鉴定机构第三批质量管理体系认证试点为契机，全面梳理鉴定站服务管理工作，编制形成 23.6 万字的技能鉴定质量保障文件，并于 12 月接受国家局职业技能鉴定指导中心审核。组织 3 期国家三级职业技能鉴定考前辅导班，在 192 名学员中，90 人通过高级营销员鉴定考试，22 人通过高级专卖管理员鉴定考试。全系统营销人员职业资格持证率达 87%，专卖人员职业资格持证率达 73%。

【内部管理监督】 “三项检查”工作。重视过程监管，全年完成投资项目 19 个。项目实施过程中，计划、纪检监察、审计、法规、财务等部门全程参加，科学论证、环环监管，确保投资安全。重视规范建设，通过“三项检查”，完善工程投资、物资采购和宣传促销等管理制度和工作流程，加速“三项检查”工作的程序化、常态化进程。

内部审计监督。完成地市级局（公司）主要领导年度任期经济责任审计，审计资产总额 10.23 亿元，提出审计建议 46 条。加强对物资采购、合同签订、招（投）标和资产处置等项目的审计监管。加强对工程项目的审计，拓展基建工程审计内容，从事后审计转变为事前、事中、事后的全过程审计，工程项目审计覆盖面达到 100%，审减金额 644.71 万元。

“三位一体”监督机制。建立以纪检监察、法规、审计为核心的“三位一体”监督机制，制订《新疆烟草廉政监督工作规则》和《“三位一体”监督工作指南》，整合纪检、法规、审计监督职能，解决基层监督机构缺位、监督力量不足、监督资源分散等问题。

【党风廉政建设】 围绕领导干部“三加强，三提升”目标要求，开展第十二个党风廉政教育月活动，举办全系统纪检监察干部培训班，对新提拔 15 位副处级干部进行任职前廉政教育，结合创建“感动人物”、“感动团队”和“好习惯在岗位”等活动，深化“讲党性、重品行、做表率”廉政文化理念教育。

【企业文化】 在全自治区系统内开展“好习惯在岗位”活动，自治区公司本部、各地市级局（公司）结合干部职工岗位职责和工作流程，以人人参与的方式，整理出《岗位好习惯口诀》参加评选，形成通用《岗位好习惯口诀》。深入推进团队建设，将吐鲁番地区分局（公司）作为试点，探索“以团队建设为载体，把‘服务体系’、‘队伍建设’和‘终端建设’融入到企业文化建设中，通过打造‘感动’服务品牌，提升队伍素质和服务能力、提升客户经营和品牌培育能力”的全新团队建设模式，于8月份召开现场会，推广吐鲁番地区分局（公司）团队建设经验。

【“十一五”发展概要】 经济效益。“十一五”期间，是新疆烟草发展的最好时期之一。2010年与2005年相比较，卷烟销量由244.75亿支（48.95万箱）增加到319.99亿支（64.0万箱），年均增幅为5.51%；实现税利由9.01亿元上升到17.71亿元，年均增幅为14.47%；实现税金由2.34亿元增长到8.41亿元，年均增幅为29.16%；零售客户平均毛利额由9581.41元提高到18999.9元，年均增幅为14.67%。自治区局（公司）净资产增加到近36亿元，比“十五”期末增长近1倍，三项费用率降低到7.68%。

持续实施“理念引导”。在企业文化理念宣贯基础上，对干部职工进行理念辅导，促进理念转换。干部职工注重服务，从以管理为主转换为以服务为主，客户服务满意度持续提高。2010年，在国家局委托统计局进行的全国客户满意度调查中，新疆自治区局（公司）位居全国第一。

持续进行“三高”目标建设。高素质干部职工队伍建设：建设“三项机制”（选拔任用机制、培养教育机制、考核评价机制），完善“四项措施”（薪酬分配制度改革措施、培训措施、专业技术职务评聘管理措施、职业技能鉴定措施），领导班子领导水平得到提高；加强人力资源建设和教育培训，大专以上学历比例由48.1%上升到62%，专卖、营销人员持证上岗率达到80%。高水平卷烟营销网络建设：开展市场诚信体系建设、零售终端建设和服务机制建设，网络建设方式从以客户关系管理为主，转换为以客户价值管理为主，零售客户成为培育品牌、引领消费的重要力量。高标准现代流通企业建设：采用无线射频技术，实现辖区内工商之间、商商之间快速出入库管理，实施数字仓储管理、整合物流资源，降低费用成本。

持续创新工作机制。以质量管理体系建设为主线，明确岗位职责，改进、完善、细化各项规范及工作流程，开展机制创新，形成以“统购分销、预算管理、用工分配、信息管理、考核评价、反腐倡廉”为主要内容的“六大工作机制”。

持续推进品牌培育。将规范客户订单、加强工商协同、加速农村网建、促进协会建设等工作，与深化终端建设、完善诚信体系、推动品牌培育示范、保持卷烟明码实价等工作相结合，夯实品牌培育工作基础。同时，加强服务评价机制和服务考核机制建设，瞄准“532”、“461”品牌发展目标，确定品牌发展规划。

持续建设企业文化。完成新疆烟草企业文化理念体系、评价体系、培训体系、保障体系和服务品牌传播体系构建，从企业文化建设转向企业文化管理。

持续统筹各项工作。统筹物质文明建设与精神文明建设、年度工作安排与“三高”目标建设、日常管理与绩效考核、干部职工队伍建设与零售客户队伍建设等工作，为实现“卷烟上水平”和新疆烟草“三高”目标提供保证。

【特事要辑】 2月1～2日，新疆区局（公司）在乌鲁木齐召开全自治区烟草工作会议。自治区党委常委、自治区副主席库热西·买合苏提到会并讲话。

8月5日，在吐鲁番召开2010年自治区烟草专卖局长、经理座谈会。

8月7～9日，国家局局长姜成康、副局长李克明、总会计师兼财务司（审计司）司长张玉霞到新疆烟草调研指导工作。

9月25～30日，国家局副局长张保振到新疆烟草调研指导工作。

2010年新疆维吾尔自治区局（公司）主要统计指标汇总

实现税利（亿元）	实现利润（亿元）	销售卷烟（亿支）	烟叶种植（万亩）	烟叶收购（万担）
17.71	9.30	319.99	0.60	1.20

所属地市级局（公司）

【乌鲁木齐市烟草专卖局(公司)】 乌鲁木齐市烟草专卖局、新疆维吾尔自治区烟草公司乌鲁木齐市公司成立于1986年5月。2010年6月，成立市区一局、二局、三局、四局、五局5个基层烟草专卖局（营销部）。

开展精准营销研讨与实施工作，市公司研究、制作的精准营销课题在10月份举行的自治区网络建设现场会上通过评审。开展卷烟诚信经营示范户评选及授牌活动，将诚信示范户作为首期信息采集点，从目标定位、实施投放、信息共享、综合评估四个方面，研究和分析市场规律。

【昌吉回族自治州烟草专卖分局（公司）】 昌吉回族自治州烟草专卖分局、新疆维吾尔自治区烟草公司昌吉回族自治州公司成立于2000年6月。下辖木垒县、奇台县、吉木萨尔县、阜康市、五家渠市、呼图壁县、玛纳斯县等7个县级烟草专卖局（营销部）。

优化送货线路，将昌吉市、呼图壁、五家渠卷烟物流配送工作进行整合，重新划分客户服务区域、调整配送线路，将40条送货线路整合为22条，12辆配送车缩减为9辆，送货成本同比下降7.54%。

【新疆维吾尔自治区烟草专卖局石河子分局、新疆烟草兵团石河子有限公司】 新疆维吾尔自治区烟草专卖局石河子分局成立于1998年，石河子烟草公司于1996年在原石河子烟草购销站的基础上组建成立，2001年4月，石河子烟草公司整体移交给兵团烟草公司，更名为新疆烟草兵团石河子有限公司，是兵团国资公司的下属企业。

探索“专销结合”服务模式，将专卖、营销队伍整合，将分散、单个的服务市场模式转换成职责互融、相互协作的团队服务模式，形成市场服务和监管合力，倡导专卖职能由监管稽查向服务客户转变。

【博尔塔拉蒙古自治州烟草专卖分局（公司）】 博尔塔拉蒙古自治州烟草专卖分局、新疆维吾尔自治区烟草公司博尔塔拉蒙古自治州公司成立于1997年8月。下辖精河县、温泉县2个县级烟草专卖局（营销部），阿拉山口、塔斯尔海2个专卖管理所（营销部）。

破获“9.7”、“9.8”两起符合国家局标准的制售假烟网络案件，案件侦破历时超过4个月，捣毁12处窝点，查获非法卷烟157.9万支，案值335.94万元。

出台创新项目管理评审办法，全年共完成创新课题17项，《面向客户的服务体系建设》被自治区公司指定为创新课题项目并在自治区网络建设现场会上进行交流。

【伊犁哈萨克自治州烟草专卖分局（公司）】 伊犁哈萨克自治州烟草专卖分局、新疆维吾尔自治区烟草公司伊犁哈萨克自治州公司成立于1991年9月。下辖伊宁县、霍城县、察布查尔锡伯自治县、巩留县、特克斯县、昭苏县、尼勒克县、新源县等8个县级烟草专卖局（营销部）。

围绕零售终端建设目标，采用个性化、差异化服务持续提升卷烟零售客户队伍素质。加强零售客户“掌握品牌知识、提升推介意识、提炼沟通技巧、重视店面形象、提高销售技能、提供差异服务、坚持信息收集、注重情感联络”8个方面的技能提升训练。深化“五好零售客户”（诚信自律好、品牌培育好、营销贡献好、文化传播好、客户体验好）创建活动，结合诚信金招牌、理财金算盘、爱心金钥匙“三金”系列活动，提升零售客户素质。

【克拉玛依烟草专卖分局（公司）】 克拉玛依烟草专卖分局成立于2000年9月，同时由乌鲁木齐市公司与克拉玛依市糖业烟酒公司共同出资组建克拉玛依市烟草商贸有限责任公司。2006年4月，自治区烟草公司有偿回购了该公司的全部股份，克拉玛依市烟草商贸有限责任公司更名为新疆维吾尔自治区烟草公司克拉玛依市公司。下辖独山子区烟草专卖局（营销部）。

开展电子商务的宣传和调查工作，并组织内训师分4个批次对具备网上订货条件的零售客户进行“新商盟”网上订货培训。截至2010年年底，通过网上订货零售客户达1097户。

开展“诚信经营示范店”、“十大感动客户”、优秀协会会员的评选活动，评选出“诚信经营示范店”80家、优秀协会会员100名，树立优秀零售终端典型。

【塔城地区烟草专卖分局（公司）】 塔城地区烟草专卖分局于2000年7月上划自治区烟草专卖局，新疆维吾尔自治区烟草公司塔城地区公司前身是塔城地区烟草商贸有限责任公司，于2002年6月由自治区烟草公司垂直管理。下辖塔城市、乌苏市、奎屯市、沙湾县、额敏县、和布克赛尔蒙古自治县、托里县、裕民县等8个县级烟草专卖局（营销部）。

发挥公安、工商、专卖、营销、协会联席会议作用，实施“五联一体”市场检查机制，共同维护辖区卷烟市场，通过“五联一体”查获非法卷烟46万支。

【阿勒泰地区烟草专卖分局（公司）】 阿勒泰地区烟草专卖分局、新疆维吾尔自治区烟草公司阿勒泰地区公司成立于2000年11月。下辖福海县、青河县、富蕴县、布尔津县、哈巴河县、吉木乃县等6个县级烟草专卖局（营销部）。

提升专销结合能力，采取客户经理、专卖人员共同协作的方式，开展“两问、三看、五指导”。“两问”指询问和了解客户商圈及卷烟经营情况、询问和了解客户对服务方面的意见和建议；“三看”指看卷烟陈列、看订货单、看卷烟库存情况；“五指导”指通过两问、三看，及时发现客户在经营过程中的问题，在品牌培育、卷烟经营、库存管理、卷烟商品知识和经营理财五个方面加强指导，提升客户的经营能力和盈利水平。

【巴音郭楞蒙古自治州烟草专卖分局(公司)】 巴音郭楞蒙古自治州烟草专卖分局、新疆维吾尔自治区烟草公司巴州公司成立于1994年8月。下辖焉耆回族自治县、和硕县、和静县、轮台县、尉犁县、若羌县、且末县等7个县级烟草专卖局（营销部）和博湖县烟草专卖局。

变革访送模式，开通“访送直通车”，实现库尔勒市区40%的零售客户6小时内送达。开展“一站两店”（阳光服务站、卷烟诚信经营示范店和卷烟诚信经营标准店）典型示范活动，全年共有755名协会会员被授予“卷烟诚信经营示范店”牌匾。

建立“三位一体”工作机制，联合纪检、审计、法规三方监督力量，加强对物资采购、工程投资、员工招聘、资产处置等工作的监督。

【吐鲁番地区烟草专卖分局(公司)】 吐鲁番地区烟草专卖分局、新疆维吾尔自治区烟草公司吐鲁番地区公司成立于1986年6月。下辖鄯善县、托克逊县、吐鲁番市3个县级烟草专卖局（营销部），其中吐鲁番市烟草专卖局（营销部）于2010年3月成立。

制订《团队建设方案》，组建专销团队、物流团队、机关团队、管理团队、终端团队，建立管理团队为整体工作服务、机关团队为一线团队服务、一线团队为终端团队服务的工作格局，确定服务标准，明确服务内容，形成服务评价。将“对标”管理引入团队建设，制订《争创“示范岗”活动实施方案》、《职业素养示范岗评选标准》、《营销服务规范示范岗评选标准》、《机关五型员工示范岗标准》等六项配套标准。以“三个协调”即企业文化建设与人力资源建设相协调、团队建设与服务体系建设相协调、团队建设与干部职工职务晋升、薪酬晋级及绩效挂钩相协调，创新团队建设方法，形成全新团队建设模式。8月，自治区局（公司）在吐鲁番召开自治区企业文化建设现场会，推广吐鲁番地区分局（公司）团队建设经验。

【哈密地区烟草专卖分局(公司)】 哈密地区烟草专卖分局、新疆维吾尔自治区烟草公司哈密地区公司于1988年5月上划自治区局（公司）。下辖巴里坤县烟草专卖局（区域营销部）、伊吾县烟草专卖管理所（区域营销部）、哈密三道岭矿区烟草专卖管理所。2010年，被哈密地区行署评为“2010年度落实安全生产目标管理责任制先进单位”；被哈密地委、哈密行署授予“地区纳税突出贡献企业”称号；被哈密市委、市政府评为“纳税先进企业二等奖”。

建立定期市场调研制度，通过预测市场变化和分析市场潜力，提升把握市场的能力。制订客户盈利水平提升计划，结合区域特点和零售客户经营现状，对不同类型的客户进行分类指导，提升服务的有效性。为零售客户量身定制“年度卷烟销售与库存参考表”，通过“四员”（稽查员、客户经理、电访员、送货员）联动管控社会库存，提升库存管理水平。

【阿克苏地区烟草专卖分局(公司)】 阿克苏地区烟草专卖分局、新疆维吾尔自治区烟草公司阿克苏地区公司成立于2000年1月。下辖库车县、沙雅县、新和县、拜城县、温宿县、阿瓦提县、乌什县、柯坪县、阿拉尔市9个县级烟草专卖局①。

开展“卷烟诚信经营示范店”评选活动，评选出“卷烟诚信经营示范店”873家。加大示范街（乡、村）创建力度，全年创建示范街42条、示范村24个、示范乡20个。

【喀什地区烟草专卖分局(公司)】 喀什地区烟草专卖分局、新疆维吾尔自治区烟草公司喀什地区公司成立于1999年7月。2003年1月，喀什地区公司改制为自治区烟草公司的全资子公司。2005年1月，喀什地区公司与克孜勒苏柯尔克孜自治州烟草公司进行业务整合，成立了新的喀什地区烟草公司，管辖区域覆盖三个地州市，即：喀什地区、克孜勒苏克尔克孜自治州和图木舒克市。2010年3月，成立监察法规综合办公室，原督察考评中心并入该机构；6月，成立喀什市烟草专卖管理办公室（客户服务部）。11月，成立阿图什市烟草专卖局，负责阿图什市辖区专卖管理工作。下辖叶城县、泽普县、莎车县、英吉沙县、阿克陶县、伽师县、岳普湖县、麦盖提县、疏勒县、喀什市、疏附县、乌恰县、阿图什市、巴楚县、图木舒克市等15个县级烟草专卖局及南片区（包括叶城县、泽普县、莎车县）、东片区（包括巴楚县和图木

① 沙井子营销部改为客户服务部，与柯坪县烟草专卖局合并办公；阿合奇营销部改为客户服务部，与乌什县烟草专卖局合并办公。根据阿烟办［2010］34号文件，所属单位名称由县级（市）烟草专卖局（营销部）统一改为县（市）烟草专卖局）。

舒克市）、英吉沙县、阿克陶县、伽师县、岳普湖县、麦盖提县、疏勒县、喀什市、疏附县、乌恰县、阿图什市等12个营销部。

开展“三个一”活动（读一本好书、做一次调研、解决一个发展难题）、“好习惯在岗位·感动在身边”主题演讲比赛、“热爱伟大祖国、建设美好家园”主题教育以及“感动人物”、“十大感动客户”评选活动。

【和田地区烟草专卖分局（公司）】 和田地区烟草专卖分局、新疆维吾尔自治区烟草公司和田地区公司成立于2001年3月。下辖皮山县、墨玉县、洛浦县、策勒县、于田县等5个县级烟草专卖局（营销部）。

完成500个卷烟消费者信息采集及分析工作，准确把握市场需求，全年卷烟销售预测吻合度99.5%，同比提高1.5%。完善包括服务项目、服务程序、服务标准、服务承诺、服务监督、服务评价等内容的客户服务体系，提高客户服务工作的针对性、有效性。

开展以提升“四种能力”（把握市场能力、服务客户能力、控制渠道能力、科学营销能力）和“四化”（店面形象规范化、卷烟陈列生动化、经营指导精细化、客户价值最大化）建设为主要内容的零售终端建设，提高零售终端建设水平，全年创建135个零售终端品牌培育示范点、235个零售终端形象示范店、271个诚信经营示范店和13个示范街（乡）。

所属其他二级单位

【新疆烟草进出口有限责任公司】 新疆维吾尔自治区烟草公司新疆烟草进出口有限责任公司成立于1996年7月，由原中国烟草进出口（集团）公司和自治区公司共同投资组建。2006年5月，改制为自治区公司的全资子公司。2006年12月，新疆烟叶生产开发有限责任公司依法解散，其烟叶生产、加工、销售业务划归新疆烟草进出口有限责任公司负责。2009年4月，撤消在霍城县、伊宁县、昌吉州设立的烟叶生产监督管理部，并在进出口公司本部成立烟叶生产监督管理部。下辖石河子烟草加工厂、察布查尔香源烟叶有限公司，其中，察布查尔香源烟叶有限公司是由新疆烟草进出口有限责任公司与察布查尔县种子管理站共同出资80万元组建的独立法人有限公司，进出口公司占60%股份。新疆烟草进出口有限责任公司在石河子经济技术开发区建有年加工能力为10万担的香料烟加工厂1座，在伊犁察布查尔县拥有1.38万亩的香料烟生产基地。截至2010年年底，进出口公司拥有总资产6973万元，其中，固定资产174万元、流动资产6444万元，资产负债率为4.7%。共有从业人员56人，其中聘用员工14人。

2010年，公司实现销售收入12244万元，出口实现999万美元。实现税利4485万元，其中利润2487万元。

全年种植烟叶6020亩，其中香料烟5320亩、半香料烟700亩。收购烟叶600吨（12000担），其中香料烟520吨（10400担）、半香料烟80吨（1600担）。加工成品烟叶925吨（18500担），加工损耗8.05%，其中加工香料烟683.5吨（13700担），加工损耗8.65%，同比下降5.08%。销售烟叶（烟梗）1.39万吨（27.8万担），完成年度任务的277%。代理新疆、甘肃、青海、宁夏四省区进口卷烟1673箱。

在伊犁、石河子两地开展“两烟”生产关键技术攻关，项目涉及半香料烟的品种选育、调制、叶面肥、密度及香料烟调制、打顶期及较厚土层种植香料烟等18项内容。推广“双茬采收、整株调制”新技术，在产区推广使用移栽机、穿烟机及新研发的打包机，在察县基地建成试用集育苗、调制、醇化为一体的多功能调制棚，种植和调制技术上有了新的突破。

2010年新疆维吾尔自治区烟草商业系统主要情况统计

地市级局(公司)名称	乌鲁木齐市烟草专卖局(公司)	昌吉回族自治州烟草专卖分局(公司)	新疆维吾尔自治区烟草专卖局石河子分局(有限公司)	博尔塔拉蒙古自治州烟草专卖分局(公司)	伊犁哈萨克自治州烟草专卖分局(公司)
主要负责人/法人代表	曲卫东	刘锡文	李 栋	李 方	刘建昌(—2010.4) 秘秀峰(2010.4—)
总资产(万元)	34903	10591	8574	3291	9527
资产负债率(%)	17.53	48.42	30.33	35.22	65.50

续表

地市级局(公司)名称		乌鲁木齐市烟草专卖局(公司)	昌吉回族自治州烟草专卖分局(公司)	新疆维吾尔自治区烟草专卖局石河子分局(有限公司)	博尔塔拉蒙古自治州烟草专卖分局(公司)	伊犁哈萨克自治州烟草专卖分局(公司)
所属县级局(个)		—	7	—	2	8
所属县级公司/分公司(个)		—	—	—	—	—
所属县级营销部(个)		5	7	—	2	8
从业人员(人)		510	242	116	89	245
所属业务机构	访销机构	1个营销管理中心	1个营销中心	1个营销配送中心(下设电访中心和物流配送中心)	1个营销中心	1个营销中心(下设电访部)
	物流配送机构	1个物流配送中心	1个物流中心、7个配送中心	—	1个物流中心	1个物流配送中心
	稽查机构	1个稽查支队	1个稽查支队	1个稽查支队	1个稽查支队	1个稽查支队
	烟叶机构	—	—	—	—	—
销售卷烟	(亿支)	70.60	29.20	13.40	9.15	30.75
	2010年比2009年(%)	7.78	5.98	6.77	3.97	6.10
卷烟销售收入(万元)		219297	69545	33456	20387	65652
实现税利	(万元)	23284	6898	4308	1711	5520
	2010年比2009年(%)	54.56	51.95	23.65	57.88	71.28
实现利润	(万元)	5993	1598	1416	44	155
	2010年比2009年(%)	41.81	32.12	-19.09	-22.89	134.84
查处涉烟违法案件(起)		1755	908	60	93	2932
查处涉烟违法案件案值(万元)		352	24	11	345	140
2010年度烟草行业投入烟叶生产基础设施建设资金(万元)		—	—	—	—	—
烟水配套工程累计受益面积(万亩)		—	—	—	—	—
烟叶种植(亩)		—	—	—	—	—
烟叶收购(担)		—	—	—	—	—
零售户数(户)		11460	6964	2780	2211	7154
零售户销售毛利率(%)		11.57	11.50	10.88	10.72	10.55

地市级局(公司)名称	克拉玛依烟草专卖分局(公司)	塔城地区烟草专卖分局(公司)	阿勒泰地区烟草专卖分局(公司)	巴音郭楞蒙古自治州烟草专卖分局(公司)	吐鲁番地区烟草专卖分局(公司)
主要负责人/法人代表	李立新	秘秀峰(—2010.4) 李卫东(2010.4—)	李卫东(—2010.4) 郜生权(2010.4—)	瞿小玲	孙　勇
总资产(万元)	5441	7080	3057	10536	6833
资产负债率(%)	72.63	48.94	28.16	10.00	60.15
所属县级局(个)	1	8	6	8	3
所属县级公司/分公司(个)	—	—	—	—	—
所属县级营销部(个)	1	8	6	7	3
从业人员(人)	88	208	110	247	107

续表

地市级局(公司)名称		克拉玛依烟草专卖分局(公司)	塔城地区烟草专卖分局(公司)	阿勒泰地区烟草专卖分局(公司)	巴音郭楞蒙古自治州烟草专卖分局(公司)	吐鲁番地区烟草专卖分局(公司)
所属业务机构	访销机构	1个营销中心（下设1个访销部）	1个营销中心（下设1个信息部、1个储配部、1个电访部）	1个营销中心	1个营销中心（下设1个电访部）	1个营销中心
	物流配送机构	1个物流配送中心（下设1个储配部、1个分拣部）	—	1个物流配送中心	1个物流配送中心	1个物流配送中心
	稽查机构	1个稽查支队	1个稽查支队	1个稽查支队	1个稽查支队	1个稽查支队
	烟叶机构	—	—	—	—	—
销售卷烟	(亿支)	8.70	24.65	12.40	28.80	11.40
	2010年比2009年(%)	-4.92	5.12	2.90	5.30	9.09
卷烟销售收入(万元)		26497	56017	26385	73247	26586
实现税利	(万元)	2683	5711	2165	7472	2290
	2010年比2009年(%)	21.14	51.77	57.61	47.30	53.17
实现利润	(万元)	460	1194	92	1359	91
	2010年比2009年(%)	-34.13	37.47	19.29	16.94	-37.43
查处涉烟违法案件(起)		72	629	48	242	77
查处涉烟违法案件案值(万元)		13	4	4	37	31
2010年度烟草行业投入烟叶生产基础设施建设资金(万元)		—	—	—	—	—
烟水配套工程累计受益面积(万亩)		—	—	—	—	—
烟叶种植(亩)		—	—	—	—	—
烟叶收购(担)		—	—	—	—	—
零售户数(户)		1670	6351	2907	5910	2400
零售户销售毛利率(%)		13.00	11.02	13.00	11.12	10.97

地市级局(公司)名称		哈密地区烟草专卖分局(公司)	阿克苏地区烟草专卖分局(公司)	喀什地区烟草专卖分局(公司)	和田地区烟草专卖分局(公司)
主要负责人/法人代表		王　勇	李谦明	郑学义	张　力
总资产(万元)		3835	8108	5654	3322
资产负债率(%)		62.00	41.33	39.28	79.35
所属县级局(个)		1	9	15	5
所属县级公司/分公司(个)		—	—	—	—
所属县级营销部(个)		2	—	12	5
从业人员(人)		134	240	212	87
所属业务机构	访销机构	1个营销中心	1个营销中心	1个营销中心	1个营销中心
	物流配送机构	1个物流配送中心	1个物流配送中心	1个物流配送中心	1个物流配送中心
	稽查机构	1个稽查支队	1个稽查支队	1个稽查支队	1个稽查支队
	烟叶机构	—	—	—	—
销售卷烟	(亿支)	13.35	29.45	28.15	10.00
	2010年比2009年(%)	20.81	5.17	9.10	10.86

续表

地市级局(公司)名称		哈密地区烟草专卖分局(公司)	阿克苏地区烟草专卖分局(公司)	喀什地区烟草专卖分局(公司)	和田地区烟草专卖分局(公司)
卷烟销售收入(万元)		35961	71993	63041	22066
实现税利	(万元)	3505	7952	6619	1928
	2010 年比 2009 年(%)	98.85	41.74	48.11	41.86
实现利润	(万元)	631	2033	1412	33
	2010 年比 2009 年(%)	1000.56	16.73	36.43	3.09
查处涉烟违法案件(起)		55	74	179	25
查处涉烟违法案件案值(万元)		14	64	69	7
2010 年度烟草行业投入烟叶生产基础设施建设资金(万元)		—	—	—	—
烟水配套工程累计受益面积(万亩)		—	—	—	—
烟叶种植(亩)		—	—	—	—
烟叶收购(担)		—	—	—	—
零售户数(户)		2081	5512	4595	2645
零售户销售毛利率(%)		11.15	11.04	11.69	11.20

(韩　敏)

大连市烟草专卖局（公司）

【概　况】 大连市烟草专卖局、中国烟草总公司大连市公司组建于1984年，在烟草行业内计划单列，是国家烟草专卖局、中国烟草总公司直接管理的省级烟草专卖局（公司）。市局（公司）下辖旅顺口区、金州区、瓦房店市、普兰店市、庄河市等5个区（市）级烟草专卖局（营销部），1个市区营销中心和大连经济技术开发区东方大厦有限公司1家控股子公司。截至2010年年底，公司拥有总资产39.59亿元，其中，固定资产2.02亿元、流动资产35.54亿元，资产负债率为6.59%。共有从业人员808人，其中聘用员工540人。

【领导成员】 局长、总经理、党组书记：毕长敏
副局长、副总经理、党组成员：戚　兵
副总经理、党组成员：王卫东
纪检组长、党组成员：潘洪革
副巡视员：孙成国
副巡视员：康　锵

【机构设置】 市局（公司）设办公室（外事办公室）、安全保卫处、综合计划处、专卖监督管理处（内部专卖管理监督处）、政策法规与体制改革处、财务管理处、审计处、人事劳资处（烟草职工教育培训中心）、监察处（与党组纪检组合署办公）、思想政治工作处（机关党委）、卷烟销售管理处等11个职能处室，以及物流中心、经济信息中心、开发办公室、职业技能鉴定站等4个专业部门。考评中心于2010年并入人事劳资处。

【专卖管理】 卷烟打假。全年共查处涉烟违法案件1457起，其中，案值1~5万元的案件有280起、5万元以上的案件有43起。查获各类非法卷烟2100万余支，案值1500万元。移送公安、司法机关涉烟案件1起，判刑1人。

市场监管。2010年，按照经营场所无假烟及零售客户不经营假烟的工作要求，市局提高了日常市场检查频次并加大市场巡查力度；加强与公安机关联合执法，全年与公安等执法部门召开联席会议5次，开展联合执法4次，检查零售客户5万余户次。市场净化率超过90%。

内部专卖管理监督。市局两级内管部门进一步加

强组织领导、完善制度、规范流程，通过网上实时监控、数据分析报表查询、实地核查三种方式，对到货确认、购销合同执行、实物扫码情况进行监管；从卷烟购进、库存管理、价格管理、销售情况等4大方面12个小项着手，不断强化对自营店的监管。

2010年，全市烟草商业系统共开展内管教育培训45次，开展内管专项检查3次，检查准运证2933份、购销合同3047份，抽查到货确认99个品种，实地走访客户7316户次，监管自营店60余户次，未发现违规违纪情况。

专卖队伍建设。组织开展专卖内管人员岗位技能练兵活动。加强专卖业务培训，全年开展真假卷烟识别培训6次。围绕新修订的《烟草专卖法》及新出台的“两高”司法解释，在全市烟草商业系统开展3期培训。

【经济效益】 2010年，全市烟草商业系统实现销售收入50.97亿元，同比增长14.03%。实现税利14.0亿元，同比增长51.84%，其中利润8.74亿元，同比增长4.17%。三项费用率为3.44%。

【卷烟经营】 *卷烟销售*。2010年，全市烟草商业系统共销售卷烟155.17亿支（31.03万箱），同比增长3.38%，其中，销售一类烟15.16亿支（3.03万箱）、二类烟6.93亿支（1.39万箱）、三类烟67.84亿支（13.57万箱）、四类烟43.23亿支（8.65万箱）、五类烟22.02亿支（4.40万箱）。本地区销量居前三位的品牌是“红塔山”、“长白山”、“红梅”，销量分别为22.60亿支（4.52万箱）、13.20亿支（2.64万箱）、13.19亿支（2.63万箱）。

全市烟草商业系统全年实现卷烟销售收入50.10亿元，同比增长14.18%。实现卷烟税利13.94亿元，同比增长13.52%，其中利润8.69亿元，同比增长3.70%。三项费用率为3.44%。

品牌培育。市公司围绕培育“532”、“461”知名品牌，面向市场、面向客户积极推进营销创新，强化市场开发，挖掘市场需求，着力做大骨干品牌规模。市公司制订了“十二五”市场发展规划，对卷烟品牌规模及在各价位段的合理分布、卷烟销量、经营结构及各类别卷烟的比重等进行了目标规划。重新修订了计算机自动分配的规则和办法，提高卷烟货源供应的公平性和合理性。制订卷烟销售网络建设实施意见，完善终端建设，发挥零售客户的营销和品牌培育作用。

重点骨干品牌及视同品牌全年销量为107.15亿支（21.43万箱），同比增长10.58%，占总销量的69.07%，同比提高4.49%。“红塔山”、“长白山”、“红梅”、“红河”、“玉溪”、“黄山”、“中南海”、“黄果树”等8个品牌销量均超过5亿支（1万箱）；一类卷烟主导品牌“玉溪”保持稳健发展，销量为7.14亿支（1.43万箱）；“中华”、“黄鹤楼”等高端品牌继续强势增长，销量同比增长幅度分别达58.09%和62.57%。

网上订货。2010年，市公司着眼建设工、商、零三位一体的电子商务体系，成功开发“新商盟”网络平台，建立服务全行业和全国卷烟零售户的网上订货、网上营销平台。截至10月底，全市卷烟零售客户实现100%网上订货。

完善“新商盟”服务功能，开通客户网上沟通交流通道、品牌营销通道、学习娱乐通道；形成新品上市“五步法”，依托实体网络和“新商盟”虚拟网络，开展品牌营销和互动交流活动，吸引零售客户参与“红塔山（经典150）”和“云烟（Win）”等品牌培育，与红云红河集团、吉林烟草工业公司等工业企业进行网上互动。

“新商盟”成为国家局向全行业推广的网上订货软件，截至年底，全行业50余万户零售客户通过“新商盟”实现网上订货。

【信息化建设】 完成信息安全系统建设、信息系统构架调整和核心业务数据备份系统升级工作。进行核心系统应急演练，进一步完善《大连烟草信息系统应急预案》，并编制了《大连烟草计算机存储介质使用管理规定》。

【企业管理】 *质量管理体系建设*。引入卓越绩效管理理念，完善各项工作的目标系统和考核评价系统，通过目标引导、状态记录、痕迹管理、过程监控等不断加强管理体系建设。

财务审计。加强审计监督，强化同级审计，对10万元以上审计项目引入外部审计。全年共实施审计项目369个，提出审计意见和建议367条。

安全管理。2010年，市公司通过了第三方职业健康安全管理体系认证，并以此认证为重点全面推动安全管理工作水平提升，建立安全生产的PDCA循环体系，提高了安全生产现场管理水平和交通安全管理水平，杜绝了重大以上安全事故。

【人力资源管理】 市公司层面组织各类业务培训13批次，培训干部员工1250余人次。8月，建立了大连烟草职业技能鉴定平台，并配备鉴定站相关工作人员。建立健全考评员诚信档案，并组织部分人员参加国家局职业技能鉴定指导中心组织的考评员培训。

【"十一五"发展概要】 "十一五"期间，大连市局（公司）持续调整优化品牌结构、发展现代流通、深化改革创新、提升管理水平和强化队伍建设，建立了扎实的工作基础和稳固的市场基础。2010 年与 2005 年相比较，年卷烟销量由 125.05 亿支（25.01 万箱）增长到 155.17 亿支（31.03 万箱），年均增幅为 4.41%；年卷烟销售收入从 29.47 亿元增长到 50.10 亿元，年均增幅为 11.20%；年实现税利由 8.74 亿元增长到 14.0 亿元，年均增幅为 9.88%；三项费用率由 6% 下降到 3.44%。

面向零售客户的电子商务成功运行，基本建立了工、商、零三位一体共同服务消费者、培育品牌的基础平台；率先开展网上营销，"新商盟"网站投入运行并在全行业得到推广，工商协同机制和新型客户关系在实践中稳定发展；探索电子商务和供应链物流，现代流通发展实现重大突破，大连烟草全面迈入网络营销和电子商务发展新阶段。

【特事要辑】 1 月 11 日，"新商盟"电子商务平台在大连烟草上网试运行。

3 月 13 日，中国卷烟销售公司、中烟电子商务公司、国家局信息中心在大连召开项目评审会，对市公司开发建设的面向卷烟零售户的电子商务平台"新商盟"网站进行项目评审，国家局副局长何泽华到会。

11 月 19 日，大连烟草关闭电话订货系统，全面实现网上订货，标志着在大连烟草运行 8 年的 V3 电子商务电话订货系统退出了历史舞台，大连烟草进入网络营销时代。

2010 年大连市局（公司）主要统计指标汇总

实现税利（亿元）	实现利润（亿元）	销售卷烟（亿支）	烟叶种植（万亩）	烟叶收购（万担）
14.0	8.74	155.17	—	—

（高　瑞）

深圳市烟草专卖局（公司）

【概　况】 深圳市烟草专卖局、中国烟草总公司深圳市公司成立于 1986 年，1995 年 4 月正式上划国家烟草专卖局、中国烟草总公司，享有省级烟草专卖管理权、经营权。市局（公司）下辖福田、罗湖、南山、盐田、宝安、龙岗、光明新区、坪山新区等 8 个区烟草专卖局（公司），中深烟草贸易中心 1 个直属公司，以及深圳烟草进出口有限公司① 1 个联营公司。截至 2010 年年底，拥有总资产 76.43 亿元，其中，固定资产 8.21 亿元、流动资产 67.38 亿元，资产负债率为 2.88%。全市烟草商业系统有员工 1077 人②，其中，高级职称 9 人、中级职称 45 人。

2010 年 1 月，市公司入选"2009 深圳企业 100 强"，列第 24 位；10 月，市局（公司）被国家档案局评为"企业档案工作目标管理国家二级单位"。

【领导成员】 局长、总经理、党组书记：吴建荣

副局长、党组成员：顾永光

副局长、副总经理、纪检组长、党组成员、工会主席：崔茂德

副总经理、党组成员：王　军（2010.9—）

副总经理、党组成员：张锦辉（—2010.10）

副巡视员：陈雪慧

副巡视员：孙晓红

【机构设置】 市局（公司）机关设办公室（外事办公室）、综合计划处（经济运行处、科技处）、专卖监督管理处（内部专卖监督管理处）、政策法规与体制改革处、财务管理处、审计处、人事劳资处（培训中心、职业技能鉴定站、离退休人员管理办公室）、思想政治工作处（机关党委、工会）、监察处（与党组纪检组合署办公）、销售管理处、安全保卫处等 11 个职能处室，以及机关服务中心、经济信息中心、物流中心、投资管理办公室、酒店管理办公室、烟草学会等 6 个专业部门。

① 深圳烟草进出口有限公司由中国烟草进出口（集团）公司、深圳市烟草专卖局（公司）共同控股，详细情况请见"行业概览"栏目中的"中国烟草进出口（集团）公司"。

② 员工总数不包含深圳烟草进出口有限公司。深圳市局（公司）实行全员聘用制。

【专卖管理】 卷烟打假。加大查处制售假烟网络案件工作力度，严厉打击地下制假活动。通过分环节综合打击的方法，及时关闭售假网站，删除有关售假信息，向涉嫌售假手机机主频发警示短信，对网上售假分子起到震慑作用。各区局贯彻落实《卷烟打假社区化管理工作方案》，不断加强与政府各职能部门及街道、社区的沟通、协调。设立龙华、大鹏专卖管理站，加强对特殊地区、重点区域的监管。

全年全市共破获案值5万元以上制售假烟案件43起，其中制售假烟网络案件30起，符合公安部、国家局标准的案件10起。捣毁制假窝点12个，查获制假烟机20台，查获假冒卷烟1.33亿支。公安、司法机关依法拘留130人，判刑50人。

内部专卖管理监督。各区局开展以“自律与规范”为主题的学习教育活动，营造“以自律促规范、以规范促发展”的企业文化氛围。完善监管制度，进一步细化卷烟出入库、配送、分拣和零售客户满意度的评价标准及相关措施。落实卷烟打码的管理规定，确保已销售卷烟全部打码到条，同时将条烟打码事宜在单位外网和内部刊物《客户通》上刊登，向全市卷烟零售客户和消费者公示，并接受监督。市局全年组织开展了两次专项检查，并于5月接受国家局检查组检查。

专卖队伍建设。推进职业技能培训和鉴定工作，市局专卖处、人劳处、法规处与各区局共同制定工作方案，组建师资队伍，全年共开展8次集中培训。市局217名专卖管理人员参加职业鉴定，22人通过初级烟草专卖管理员考试，137人通过中级烟草专卖管理员考试，2人通过高级烟草专卖管理员考试。市政府为市局20名专卖执法人员核发了行政执法证。

【经济效益①】 2010年，全市烟草商业系统实现税利26.60亿元，同比增长9.77%，其中利润16.74亿元，同比下降2.61%。进出口总值为3389万美元，同比增长10.28%。三项费用率为4.45%。

【卷烟经营】 卷烟销售。全市烟草商业系统共销售卷烟237.15亿支（47.43万箱），同比增长2.06%，其中，销售一类烟36.22亿支（7.24万箱）、二类烟16.23亿支（3.25万箱）、三类烟97.38亿支（19.48万箱）、四类烟73.30亿支（14.66万箱）、五类烟14.01亿支（2.80万箱）。全市一、二、三类烟销量增幅分别为24.77%、31.54%、5.53%。本地区销量居前三位的品牌为“好日子”、“双喜”、“白沙”，销售“好日子”45.80亿支（9.16万箱），同比增长10.30%；销售“双喜”34.65亿支（6.93万箱），同比增长9.49%；销售“白沙”30.12亿支（6.02万箱），同比下降6.98%。

全国性卷烟重点骨干品牌销量为128.8亿支（25.76万箱），同比增长9.98%，占总销量比重为54.31%，同比增长3.91个百分点。

全年实现卷烟销售收入111.9亿元，同比增长12.88%。实现卷烟税利26.62亿元，同比增长10.63%，其中利润16.76亿元，同比下降2.67%。

品牌培育。完善重点骨干品牌培育工作的“双文明”责任制考核制度，品牌培育在“双文明”考核中的比重由往年的三分提高到五分，加强对指定培育品牌和品牌培育基础工作的考核，引导品牌培育工作做到既有重点，又有亮点。市公司在全市范围内组织星级客户的评选及走访活动。根据《深圳烟草客户分类管理方法》及《星级客户评选办法》，各区公司挑选并上报具有卷烟品牌培育能力的零售客户作为星级客户的候选，市公司品牌经理协同客户经理到各个星级候选客户进行终端拜访，并对其各项指标进行评估，审核其星级标准，确保所有的星级零售终端都具备相应级别卷烟的培育及推介能力。

现代物流建设。全年累计完成卷烟入库47.35万箱，累计完成卷烟出库47.60万箱。入库扫码率100%，入库准确率100%。全年累计完成散条卷烟分拣44.41万箱，同比增长16.2%，年度条烟分拣量首次突破1亿条。条烟分拣差错率为零，卷烟破损率控制在十万分之一以内。6月1日，件烟分拣实现跟踪到户。10月19日开始，所有配送卷烟上线打码，出库打码率达到100%。全年累计电访客户130.54万户次，实际订货126.73万户次，订货成功率为97.08%，订单差错率控制在十万分之一以内。

启用新租用白沙物流周转仓和出货平台，有效缓解物流中心场地狭窄的问题。“可快速任意组合装箱数量的装箱机”于5月获得国家实用新型专利证书。制定并实施《深圳烟草卷烟物流评价工作实施方案》，进一步提高物流绩效评价水平。

【多元化经营】 2010年，多元化企业揭西特美思度假村有限公司在区域经济不甚良好，宾馆饭店业竞争激烈的环境中，实现营业收入1004万元，同比增加96万元，增长10.5%。减亏工作取得成效，全年实现利润同比增加103万元。

【企业管理】 财务审计。在经济责任审计工作中将

① 经济效益含深圳烟草进出口有限公司的数据。

"在线审计"与现场审计结合，提高审计工作效率和准确性。2010 年，累计完成审计项目 80 个，提出并被采纳意见共 70 条；协助上级审计机关和社会审计项目 3 个；协助市局有关部门开展检查项目 8 个。

质量管理体系评审。3 月 18～20 日，市局（公司）开展了质量管理体系运行以来的第一次管理评审；7 月，组织了第二次内部审核。6 月，市局进行了 2010 年度质量管理体系文件更新，并在内部网站发布了体系文件的第二版。

安全管理。全面落实安全生产责任制，把安全生产管理目标纳入年度"双文明"考核。市局（公司）同机关 16 个部门、行业 10 个单位，以及特美思大厦商户签订了《安全生产责任书》。6 月，通过职业安全健康管理体系外部审核。

【体制改革】 制定下发《深圳市烟草专卖局关于调整法规科机构设置的通知》（深烟人［2010］105 号），根据《通知》要求，市局所属各区烟草专卖局法规科从专卖科分离，与办公室合署办公，实现专卖执法与执法监督机构分离。

【信息化建设】 用信息化支撑"卷烟上水平"，持续优化综合营销系统，完成数据中心一期建设，按计划完成二期阶段研发及初验工作。初步建立深圳烟草 CA 认证体系，完成网上订货系统、人力资源信息管理系统、外部网站等项目的开发验收及终验工作。

【人力资源管理】 人事档案整理。开展用工分配制度改革"回头看"工作，重点对员工人事档案进行全面整理，档案整理工作于 11 月底完成，共整理干部档案 235 份，工人档案 726 份。

职业技能鉴定工作。全年组织实施职业技能鉴定 2 个批次 83 人（按照国家局鉴定指导中心规定，2010 年 12 月份专卖批次鉴定统计数据计入 2011 年），合格人数 50 人，其中，鉴定初级工 17 人，合格 15 人；鉴定中级工 50 人，合格 27 人；鉴定高级工 15 人，合格 7 人；鉴定技师 1 人并合格。分工种统计，鉴定卷烟商品营销员 60 人，合格 42 人；专卖管理员 23 人，合格 8 人。

【"十一五"发展概要】 "十一五"期间，深圳烟草深入贯彻落实科学发展观，紧紧围绕确定的目标任务，以纪念特区建立 30 周年为契机，立足新阶段，谋划新发展，各项工作取得新的进展。

经济运行质量稳步提升。2010 年与 2005 年相比，全市卷烟销量从 43.9 万箱增长到 47.4 万箱，增幅为 7.97%；销售收入从 70.7 亿元增长到 111.9 亿元，增幅为 58.27%，单箱销售额从 16117 元增长到 23595 元，增幅为 46.40%；税利从 15.84 亿元增长到 26.60 亿元，增幅为 67.93%；利润从 13.14 亿元增长到 16.74 亿元，增幅为 27.39%。

专卖管理工作成效明显。"十一五"期间，累计查处各类涉烟违法案件 7169 起，移送司法机关判刑 247 人，破获制售假烟网络案件 97 起。2007 年，深圳市局被国家局、公安部评为"全国卷烟打假先进集体"。

【特事要辑】 5 月 27 日，国家局局长姜成康一行到深圳市局（公司）调研指导工作。

5 月 28～29 日，全国烟草行业"卷烟上水平"总体规划座谈会在深圳召开。

2010 年深圳市局（公司）主要统计指标汇总

实现税利（亿元）	实现利润（亿元）	销售卷烟（亿支）	烟叶种植（万亩）	烟叶收购（万担）
26.60	16.74	237.15	—	—

所属区局（公司）

【深圳市福田区烟草专卖局（公司）】 深圳市福田区烟草专卖局前身为成立于 1997 年 12 月的深圳市烟草专卖局福田分局，2003 年 4 月更名为深圳市福田区烟草专卖局；深圳市烟草公司福田区公司前身为注册成立于 1994 年 6 月的深圳市烟草公司名烟总汇，1995 年 8 月更名为深圳市烟草福田公司。

2010 年，福田区公司的各项商业企业对标指标均接近于全国最好水平，其中人均劳动效率、人均卷烟销售收入、卷烟三项费用率、人工费用占销售收入比重、成本费用利润率等 5 项指标为全国标杆指标。

【深圳市罗湖区烟草专卖局（公司）】 深圳市罗湖区烟草专卖局前身为成立于1997年12月的深圳市烟草专卖局罗湖分局，2003年4月更名为深圳市罗湖区烟草专卖局；深圳市烟草公司罗湖区公司前身为注册成立于1994年6月的深圳市烟草公司罗湖名烟总汇，1995年8月更名为深圳市烟草罗湖公司。

加强区局（公司）规范基础建设、效率建设和活力建设，按管理体系建设标准要求对文件进行修订和完善，确保体系层层落实，充分体现“人人有职责、事事有程序、干事有标准、过程有痕迹、绩效有考核、改进有保障、创新有方法”。

【深圳市南山区烟草专卖局（公司）】 深圳市南山区烟草专卖局前身为成立于1997年12月的深圳市烟草专卖局南山分局，2003年4月更名为深圳市南山区烟草专卖局；深圳市烟草公司南山区公司注册成立于1994年4月。

区局坚持烟草专卖许可证办理工作“责任到人、上门服务”，对辖区卷烟零售客户进行分片分组管理并且责任到人，稽查员对各自管辖片区的零售客户从宣传办证、及时提醒证照延续、提交办证申请材料、实地调查核实到许可证发放送达全程提供上门服务。

【深圳市盐田区烟草专卖局（公司）】 深圳市盐田区烟草专卖局前身为成立于1999年1月的深圳市烟草专卖局盐田分局，2003年4月更名为深圳市盐田区烟草专卖局；深圳市烟草盐田公司前身为成立于1998年9月的深圳市盐田烟草有限公司，2007年4月更名为深圳市烟草盐田公司。2010年9月26日搬迁到盐田区金融路98号新业大厦办公。

全年出动专卖执法人员1400余人次，组织专项联合行动37次。查获假冒卷烟442万支、走私烟15.2万支，破获制售假烟网络案件4起。公开销毁非法卷烟770万支（含2009年查获的假冒卷烟）。

【深圳市宝安区烟草专卖局（公司）】 深圳市宝安区烟草专卖局前身为成立于1997年12月的深圳市烟草专卖局宝安分局，2003年4月更名为深圳市宝安区烟草专卖局；深圳市烟草公司宝安区公司前身为注册成立于1994年6月的深圳市烟草宝安经理部，1995年8月更名为深圳市烟草宝安公司。

开展党支部“创先争优”试点活动，区局党支部第一时间制定“创先争优”活动实施方案，并按照方案逐步推进，设立“党员先锋服务窗”和“网上订货体验区”，组织“我为创先争优献一言”等活动，并制作活动工作简报，试点活动取得明显的效果。

【深圳市龙岗区烟草专卖局（公司）】 深圳市龙岗区烟草专卖局前身为成立于1997年12月的深圳市烟草专卖局龙岗分局，2003年4月更名为深圳市龙岗区烟草专卖局；深圳市烟草公司龙岗区公司前身为注册成立于1993年2月的深圳市烟草公司龙岗经理部，1995年8月更名为深圳市烟草龙岗公司。

区局（公司）定期组织“大家谈·大家议”沙龙活动，发挥员工民主参与、民主管理的作用。开展“青年文明号”创建活动，加强服务窗口建设，调整对外办公时间，方便群众办事。

【深圳市光明新区烟草专卖局（公司）】 深圳市光明新区烟草专卖局、深圳市烟草光明新区公司成立于2008年3月28日。

区公司以突出“532”、“461”知名品牌发展为目标，构建梯次合理、主次分明的品类体系，健全信息跟踪、采集、分析和反馈体系，加强与工业企业的衔接沟通，着力建立衔接顺畅的工商营销品牌培育体系。

【深圳市坪山新区烟草专卖局（公司）】 深圳市坪山新区烟草专卖局成立于2009年9月，深圳市烟草坪山新区公司于2009年11月18日获深圳市工商局正式核准成立，2010年1月1日起正式开始运营。

全年共出动专卖稽查执法人员1680人次，查获非法卷烟1193.12万支，其中假冒卷烟1191.14万支、走私烟1.96万支。与区工商、执法大队等部门进行联合检查行动共10余次，参加法律知识宣传4次。

【深圳中深烟草贸易中心】 深圳中深烟草贸易中心前身为注册成立于1984年10月12日的中国（深圳）烟草贸易中心，1986年4月12日更名为深圳中深烟草贸易中心，2008年9月23日正式上划深圳市烟草专卖局（公司）管理。下辖烟酒自营商场1家。

2010年深圳市烟草商业系统主要情况统计

区局(公司)名称		深圳市福田区烟草专卖局(公司)	深圳市罗湖区烟草专卖局(公司)	深圳市南山区烟草专卖局(公司)	深圳市盐田区烟草专卖局(公司)	深圳市宝安区烟草专卖局(公司)
主要负责人/法人代表		叶选强(—2010.10) 林永金(2010.11—)	罗求安(—2010.10) 李新忠(2010.11—)	赛　民(—2010.10) 吴镇丰(2010.11—)	吴镇丰(—2010.11) 张　玲(2010.11—)	李新忠(—2010.10) 罗求安(2010.11—)
总资产(万元)		22160	21314	19610	16432	30206
资产负债率(%)		5.70	5.07	5.08	5.63	5.49
所属县级局(个)		—	—	—	—	—
所属县级公司/分公司(个)		—	—	—	—	—
所属县级营销部(个)		—	—	—	—	—
从业人员(人)		53	62	62	46	120
所属业务机构	访销机构	1个营销部	1个营销部	1个营销部	1个营销部	1个营销部
	物流配送机构	—	—	—	—	—
	稽查机构	1个稽查大队	1个稽查大队	1个稽查大队	1个稽查大队	1个稽查大队
	烟叶机构	—	—	—	—	—
销售卷烟	(亿支)	27.60	26.77	24.05	25.34	45.10
	2010年比2009年(%)	6.86	5.35	4.43	28.08	4.45
卷烟销售收入(万元)		140886	132139	118191	117385	204395
实现税利	(万元)	16058	14408	13333	13041	22256
	2010年比2009年(%)	21.86	0.17	17.85	38.63	14.39
实现利润	(万元)	7212	6121	5930	5702	9489
	2010年比2009年(%)	-4.89	-11.98	-8.00	5.46	-13.88
查处涉烟违法案件(起)		120	105	187	16	88
查处涉烟违法案件案值(万元)		965	1347	700	210	1622
2010年度烟草行业投入烟叶生产基础设施建设资金(万元)		—	—	—	—	—
烟水配套工程累计受益面积(万亩)		—	—	—	—	—
烟叶种植(亩)		—	—	—	—	—
烟叶收购(担)		—	—	—	—	—
零售户数(户)		2655	2564	2467	3090	6745
零售户销售毛利率(%)		12.50	12.24	12.19	9.00	14.70

区局(公司)名称	深圳市龙岗区烟草专卖局(公司)	深圳市光明新区烟草专卖局(公司)	深圳市坪山新区烟草专卖局(公司)	深圳中深烟草贸易中心
主要负责人/法人代表	黄励勋(—2010.10) 邹山鹰(2010.11—)	尤树深	邹山鹰(—2010.10) 赖远彪(2010.11—)	黄喜扬
总资产(万元)	28066	2941	2606	17153
资产负债率(%)	5.58	14.67	19.76	5.37
所属县级局(个)	—	—	—	—
所属县级公司/分公司(个)	—	—	—	—
所属县级营销部(个)	—	—	—	—
从业人员(人)	109	41	38	73

续表

区局(公司)名称		深圳市龙岗区烟草专卖局(公司)	深圳市光明新区烟草专卖局(公司)	深圳市坪山新区烟草专卖局(公司)	深圳中深烟草贸易中心
所属业务机构	访销机构	1个营销部	1个营销部	—	1个访销中心
	物流配送机构	—	—	—	—
	稽查机构	1个稽查大队	1个稽查大队	1个稽查大队	—
	烟叶机构	—	—	—	—
销售卷烟	(亿支)	43.15	11.15	14.29	19.07
	2010年比2009年(%)	4.50	24.03	—	6.36
卷烟销售收入(万元)		192943	50833	65889	89209
实现税利	(万元)	21064	4858	6429	8887
	2010年比2009年(%)	15.05	40.89	—	26.25
实现利润	(万元)	8986	1683	2310	3088
	2010年比2009年(%)	-12.65	-0.75	—	23.12
查处涉烟违法案件(起)		12	24	4	—
查处涉烟违法案件案值(万元)		1567	900	536	—
2010年度烟草行业投入烟叶生产基础设施建设资金(万元)		—	—	—	—
烟水配套工程累计受益面积(万亩)		—	—	—	—
烟叶种植(亩)		—	—	—	—
烟叶收购(担)		—	—	—	—
零售户数(户)		6540	1704	2069	2412
零售户销售毛利率(%)		9.10	13.29	10.99	13.60

（唐琎琎）

9月21日，上海烟草（集团）公司天津卷烟厂举行新厂揭牌仪式

上海烟草（集团）公司 供稿

12月23日，江苏中烟新建技术研发中心暨“南京”品牌专线项目奠基

江苏中烟 任强林 摄

1月9日，“黄山”品牌发展论坛在安徽合肥举行

安徽中烟 朱要文 摄

5月20日，安徽中烟合肥卷烟厂举行易地技改奠基仪式

安徽中烟合肥卷烟厂 冯海东 摄

11月23日，福建中烟召开全力推进“七匹狼”上水平座谈会

福建中烟 陈昭霖 摄

4月20日，山东中烟工业有限责任公司举行揭牌仪式

山东中烟 供稿

4月23日，河南中烟组织召开“黄金叶”品牌发展座谈会

河南中烟 瞿卫华 摄

4月29日，河南中烟举行郑州和新郑卷烟厂联合易地技术改造项目奠基仪式

河南中烟 瞿卫华 摄

2月1日，广西烟草提前实现“百亿税利”目标庆典仪式在广西南宁举行

广西中烟 供稿

2月8日，川渝中烟与阿吉奥雪茄公司技术合作签字仪式在四川成都举行

川渝中烟 供稿

6月9日，川渝中烟灾后重建暨“娇子”品牌发展汇报会在四川成都召开

汤元宋 摄

6月3日，云南中烟召开云产卷烟大品牌发展研讨会

云南中烟 晏江 摄

8月8日，红云红河集团新疆卷烟厂易地技改项目奠基仪式在乌鲁木齐市经济开发区举行

红云红河集团 张忠文 摄

9月9日，红塔辽宁烟草有限责任公司沈阳卷烟厂易地技改奠基

红塔辽宁烟草有限责任公司 周鹏飞 摄

11月13日，广东中烟工业有限责任公司与深圳烟草工业有限责任公司举行“双喜·好日子”品牌整合签约仪式

深圳烟草工业有限责任公司 王玉洋 摄

9月3日，秦皇岛烟草机械有限责任公司举行易地技改项目投产仪式

陈兴杰 摄

易地技改后的上海烟草集团北京卷烟厂全新制丝车间

王承丞 摄

建设中的“中华专线”

上海烟草（集团）公司 供稿

江苏中烟开展岗位技能竞赛

颉虎平 摄

江苏中烟淮阴卷烟厂质量监督员以实物形式对职工进行现场培训

江苏中烟淮阴卷烟厂 朱兆亮 摄

"黄金叶杯"首届烟机设备操作技术比赛郑州赛区实操比赛

河南中烟郑州卷烟厂 郭大玺 摄

“黄金叶（金满堂）”在郑州卷烟厂试生产

河南中烟郑州卷烟厂 郭大玺 摄

江西中烟南昌卷烟厂进行班组创优活动总动员

江西中烟 供稿

广东中烟广州生产基地联合工房进行钢格栅施工

广东中烟 供稿

红塔集团生产车间

红塔集团 供稿

南通醋酸纤维有限公司举行机械维修技能比武活动

南通醋酸纤维有限公司 供稿

广东中烟举办“双喜杯”第二届烟机设备维修职业技能竞赛

广东中烟 供稿

广西中烟南宁卷烟分厂车间质检员对合作生产品牌卷烟进行检验

广西中烟南宁卷烟分厂 供稿

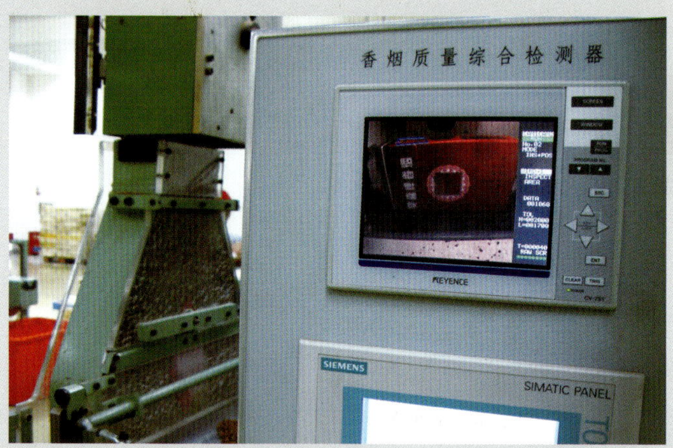

广西中烟加强质量检测，确保产品质量稳定

邢忠敏 摄

“长白山”加工线增加人工除杂环节，对原料质量精益求精

张燕 摄

技术创新 精益生产

中烟摩迪助力中式卷烟减害降焦

工业企业

卷烟工业企业

河北中烟工业公司

【概　况】　河北中烟工业公司成立于2003年6月12日，下辖张家口卷烟厂有限责任公司、河北白沙烟草有限责任公司2家卷烟工业企业。2010年12月28日，国家局下发《关于河北中烟工业公司改制更名和完善公司法人治理结构的批复》（国烟法［2010］451号），批复同意河北中烟工业公司依法改制更名为河北中烟工业有限责任公司。公司拥有总资产93.82亿元，其中，固定资产27.46亿元、流动资产61.78亿元，资产负债率为27.07%。共有从业人员8529人，其中在岗员工6033人。

2010年，公司紧紧围绕"卷烟上水平"基本方针和战略任务，坚持以市场为导向，努力提升"钻石"品牌的品质、品位、价值，经济运行总体保持了产销协调发展、结构稳步提升、经济效益快速增长的良好局面。

【领导成员】　总经理、党组书记：段铁力

副总经理、党组成员：杨　军

副总经理、党组成员：严金虎

副总经理、党组成员：李金祥

副总经理、党组成员：王礼发

副总经理、党组成员：师进辉

纪检组长、党组成员：李建新

【机构设置】　公司总部设办公室（外事办公室）、综合计划部、生产管理部、安全保卫部、法律与改革部（整顿办）、财务管理部（投资管理部）、审计部、人力资源部、思想政治工作部、监察部、市场营销中心、原料供应部、物资供应部、技术中心、信息中心、后勤服务中心、物流中心等17个部门和北方烟机配件有限公司1个专业公司，其中物流中心于2010年7月成立。

【卷烟生产经营】　2010年，公司生产卷烟775亿支（155.0万箱），同比增长4.38%，其中，生产一类烟2.95亿支（0.59万箱），同比增长28.63%；二类烟4.15亿支（0.83万箱），同比下降3.57%；三类烟216.9亿支（43.38万箱），同比增长75.88%；四类烟354.3亿支（70.86万箱），同比下降1.09%；五类烟196.7亿支（39.34万箱），同比下降22.69%。销售卷烟774.95亿支（154.99万箱），同比增长4.31%，其中，销售一类烟3.1亿支（0.62万箱）、二类烟4.3亿支（0.86万箱）、三类烟214.8亿支（42.96万箱）、四类烟356.05亿支（71.21万箱）、五类烟196.7亿支（39.34万箱）。

全年卷烟实现销售收入116.25亿元，同比增长16.61%。实现税利75.35亿元，同比增长19.76%，其中利润11.79亿元，同比增长14.39%。公司三项费用率为9.61%。

公司全年万元产值综合能耗为28.01千克标煤/万元，万支卷烟综合能耗为3.96千克标煤/万支。烟叶、滤棒、盘纸平均消耗分别为6.92千克/万支、2047支/万支、604米/万支。水、电平均消耗分别为0.11吨/万支、7.94千瓦时/万支。

【主要产品】　2010年，公司生产的卷烟有"钻石"、"白沙"、"新石家庄"、"玉兰"、"北戴河"、"七匹狼"、"红塔山"、"大丰收"等8个品牌、36个规格，其中"钻石"品牌有21个规格。

全年共生产"钻石"341.15亿支（68.23万箱），销售"钻石"345.45亿支（69.09万箱），其中省外销售70亿支（14.0万箱），销售区域覆盖30个省（市、区）。生产"白沙"197.15亿支（39.43万箱）。

【品牌营销】　围绕"立足华北、辐射全国"的总体思路，强化对市场的"跟进"和"服务"。深入实施"十市百县千户万箱"工程，巩固省内市场，开拓省外市场，重点零售客户扩展到1万户左右。围绕"渠道服务、品牌培育、终端维护"三大职能，探索实施销区职能分开，提升营销队伍活力。开展营销技能培训与技能竞赛，树立营销人员竞争意识和危机意识。

【原料保障】　改善烟叶库存结构，库存总量趋于合理。稳步推进烟叶基地建设，在6个省市7个烟叶产区共建7个烟叶基地单元，规模达到1.8万吨（36万担）。加强与河南农业大学、青州烟草研究所等科研单位合作，以品牌原料需求为导向，针对不同产区的生态条件，分别就品种对比、烟叶采收、配方施肥、土壤改良、烘烤调制及微量元素对质量的影响，开展科研项目研究。以烟叶栽培、烘烤、病虫害防治及复烤加工等为主要内容，先后在郑州、许昌组织专业技能培训，培训50余人次。

【科技创新】 坚持"求新、求变、求特色"的品牌发展方针，强化产品研发、改造和维护，于2010年1月和7月分别推出"钻石（吉祥）"和"钻石（时尚）"两个新产品，"钻石"品牌低焦油、低危害特色进一步突显。制订《卷烟产品质量均质化评价办法》，实现质量保障体系与质量评价体系的有机结合。开展"卷烟分组加工应用技术研究"、"卷烟工艺测试与评价技术集成和应用"、"HXD加工参数对卷烟主流烟气中苯并芘及氢氰酸释放量的影响"等工艺研究。配合郑州烟草研究院完成《烟草及烟草制品 铬、镍、砷、硒、镉、铅的测定 电感耦合等离子体质谱法》烟草行业标准。

【企业管理】 预算管理。按照"成本增长低于收入增长幅度，费用增长低于税利增长幅度"的要求，全面开展预算管理，按月进行预算分析，实施预算季度检查，加大预算监控力度。

设备管理。出台《"十二五"生产设备装备规划》和《"卷烟上水平"生产力布局规划》，企业装备规划和生产力布局进一步优化。购进6组ZJ17卷接机组和5组ZB45硬盒包装机组，有效缓解硬包设备紧张的矛盾。推动设备自主深度修理，开展现场测试、分析和考核，设备有效作业率为88.2%，同比提高1.6%。实施生产过程"准时化"管控方式，提升生产运作水平。

【内部管理监督】 完成国家局推进办事公开民主管理和贯彻落实"三项工作"程序规定综合试点任务。按照决策、管理、执行、监督4个层级，建立并优化集体决策、授权管理等5项决策工作流程，合同审核、管理办公室工作两项管理工作流程，固定资产投资项目管理、烟用材料采购管理、宣传促销项目管理等20项执行工作流程，以及监督工作小组日常监督、专项监督和物资采购、宣传促销项目日常审计、专项审计等8项监督工作流程。搭建办事公开民主管理网站和"三项工作"网上办公系统两个网络平台，实现物资采购项目的公开招标。经测算，价值近4亿元的烟用物资项目经公开招标后最终价格下降8%。加强监管，构建法律监督、审计监督、纪检监察再监督与民主监督相结合的"四位一体"的监管网络，明确项目立项、采购方式审核等6个一级监管点，细化25个二级监管点。出台《办事公开民主管理责任追究办法》，健全考核评价机制和跟踪处理机制。

【信息化建设】 4月，统一会计核算软件和供应链管理项目投入运行。人力资源管理系统按进度实施，初步搭建起一体化的经营管理信息平台。实施内网安全管理系统和网络管理系统建设，进一步提高安全保障能力。

【人力资源管理】 配合国家局完成公司班子考察和后备干部推荐工作。采取公开述职、民主测评、个别谈话的形式，对公司总部中层干部、河北白沙烟草有限责任公司和保定卷烟厂班子进行充实调整，提拔厂（处）级干部7人，调整交流厂（处）级干部3人。制订《岗位管理办法》，修订完善《岗位等级聘任管理规定》，基本建立起覆盖全省行业各个类别（序列）的岗位等级聘任制度。制订《岗位考核办法》和《绩效考核办法》，明确考核的职责权限、考核内容和方式方法，考核体系进一步完善。

推动职称评价工作，全年共5人取得高级职称资格，46人取得中级职称资格。4月，公司成立特有职业（工种）职业技能鉴定站；全年共完成通用工种与特有工种技能鉴定14批次，鉴定1833人。

【"十一五"发展概要】 坚持以发展为主题，行业总体实力迈上新台阶。"十一五"期末和"十五"期末相比，年实现税利由31.3亿元增加到75.35亿元，年均增幅为19.19%，比全国烟草行业平均增幅高0.16%，资产负债率由49.76%下降至27.07%，资产总额由53.39亿元增长到93.82亿元。

坚持以改革为动力，企业重组和品牌合作迈出新步伐。推进工业公司实体化运作，采取母子公司、母分运作的模式，相继完成营销、技术、采购及财务等职能的上划，公司成为生产经营主体。

加强与行业重点骨干品牌的合作，"白沙"品牌的年合作产量由"十五"期末的51亿支（10.2万箱）增加到197.15亿支（39.43万箱），合作规格由1个增加到7个，合作规模稳步扩大，结构不断提升。在此基础上，探索实施与"红塔山"、"七匹狼"的品牌合作，实现"钻石"品牌与合作品牌相互促进、共同发展的格局。

坚持以品牌为重点，"钻石"竞争力和影响力有新提升。"十一五"期末和"十五"期末相比，公司的自有品牌数从6个减少到4个，规格由29个减少到25个，形成“钻石”品牌系列化发展的格局。坚持“求新、求变、求特色”的品牌发展方针，形成“钻石”品牌特色化、低危害风格。2008年，“钻石”被认定为“中国驰名商标”，同年，被国家局列为全国性卷烟重点骨干品牌视同品牌。

坚持强化人才支撑，队伍素质有了新提升。“十一五”期间，全省烟草工业系统共41人取得高级职称资格，453人取得中级职称资格，2人取得高级技师职业资格，75人取得技师职业资格，高级技师实现零的突破。

【特事要辑】 1月26～28日，国家局副局长张保振到河北中烟调研。

7月28日，国家局原局长倪益瑾到河北白沙烟草有限责任公司调研指导。

7月29日，国家局副局长张辉到河北中烟调研。

9月13日，河北省副省长张杰辉到河北中烟调研。

10月27～28日，国家局局长姜成康、副局长张辉到河北烟草调研办事公开民主管理和贯彻落实“三项工作”程序规定综合试点工作。

12月7～8日，全国烟草行业办事公开民主管理暨贯彻落实“三项工作”程序规定综合试点现场会在河北石家庄召开，总结推广河北经验和做法。

所属企业

张家口卷烟厂有限责任公司

【概　况】 张家口卷烟厂有限责任公司前身是始建于1939年的张家口卷烟厂。2006年12月，改制更名为张家口卷烟厂有限责任公司，下辖张家口钻石工贸有限公司。企业生产区占地面积为12.68万平方米，库区占地面积为22.96万平方米，拥有2条4800千克/小时制丝线、2条2000千克/小时梗丝生产线，46组卷接机组和44组包装机组。企业年卷烟生产能力为500亿支（100万箱）。公司拥有总资产33.02亿元，其中，固定资产10.15亿元、流动资产20.53亿元，资产负债率为50.15%。共有从业人员4341人，其中在岗员工2937人。

2010年，张家口卷烟厂有限责任公司在河北中烟工业公司的领导下，认真贯彻落实国家局和全省烟草工业系统工作会议精神，深入落实科学发展观，紧紧围绕“‘钻石’品牌上水平”的中心任务，全面开展“精细六合”管理体系建设，以“两标一优”工作为重点，狠抓各项工作落实，不断提高生产运行效率，持续提升“钻石”品牌品质，全面完成了各项工作任务，各项经济指标再创新高。

【领导机构】 董事会

董事长：段铁力

董　事：杨　军　严金虎　李金祥　师进辉　栾永亮　贾保军　胡自强　张显辉（职工董事）

监事会

主　席：李建新

监　事：何　庄　高东朝　李劲松　牛亚维（职工监事）

班子成员

党委书记：师进辉（—2010.7）

总经理、党委代理书记：胡自强（2010年7月前任总经理、党委副书记）

副总经理、党委委员：王大放

副总经理、党委委员：黄　强

党委副书记、纪委书记、工会主席：范建华

副总经理、党委委员：王海涛

总会计师、党委委员：王金山

副调研员：李伟军

【机构设置】 公司下设办公室、人力资源部、财务管理部、企业管理部、生产管理部、设备管理部、审计部、纪检监察部、政治工作部、工会、安全保卫部、驻厂市场部、工艺质量部、供应部、物流中心、信息中心、服务中心等17个行政管理部门和一车间、二车间、三车间、四车间等4个生产车间。技改期间，临时设立技术改造办公室。

【卷烟生产经营】 2010年，生产卷烟420亿支（84.0万箱），同比增长3.70%，其中，生产一类烟1.9亿支（0.38万箱）、三类烟59.25亿支（11.85万箱）、四类烟231.95亿支（46.39万箱）、五类烟126.9亿支（25.38万箱）。全年共销售卷烟422.55亿支（84.51万箱），同比增长4.17%，其中，销售一类烟2.05亿支（0.41万箱）、三类烟59.35亿支（11.87万箱）、四类烟234.25亿支（46.85万箱）、五类烟126.9亿支（25.38万箱）。

公司全年实现卷烟销售收入55.29亿元，同比增长14.72%。实现税利34.05亿元，同比增长19.35%，其中利润3.99亿元，同比增长6.39%。公司三项费用率为7.9%。

企业全年万元产值综合能耗为29.8千克标煤/万元，万支卷烟综合能耗为3.99千克标煤/万支。烟叶、滤棒、盘纸平均消耗分别为6.9千克/万支、2113支/万支、597米/万支。水、电平均消耗分别为0.097吨/万支、6.86千瓦时/万支。

【主要产品】 2010年，公司生产的卷烟品牌有“钻石”、“北戴河”、“大丰收”、“七匹狼”、“红塔山”、“新石家庄”等6个品牌。全年生产“钻石”253.15亿支（50.63万箱），同比增长9.8%，销售“钻石”255.5亿支（51.10万箱），同比增长11.73%。

全年合作生产卷烟39.95亿支（7.99万箱），其中，生产“七匹狼（白）”14.95亿支（2.99万箱），生产“红塔山（软经典）”25亿支（5万箱）。

【企业管理】 *对标工作。*建立对标工作指标体系、运行体系和考核体系，规范152项对标指标。组织开展课题攻关活动，完成课题89个。在工业公司公布的80项对标指标中，有56项优于2009年。

*创优活动。*修订完善创建模型，严格考核管理。保持全国烟草行业“优秀卷烟工厂”10项“创优”指标中8项达标的成绩，全员实物劳动生产率同比提高4.37%，卷包设备有效作业率同比提高1.2%，单箱卷烟综合能耗同比下降20.72%，首次完成能耗方面的创优指标。

*安全生产。*逐级落实安全生产主体责任，完善安全管理体系和安全信息化平台建设，开展危险源辨识、安全现状评价等工作，加大安全隐患整治和“重点工程”安全管理力度，被河北省政府评为“河北省安全生产管理先进单位”。

【信息化建设】 卷接包数据采集系统和MES项目整体上线运行。实施统一会计核算软件和供应链系统项目，先后完成总账、固定资产、报表、报账中心、原料、辅料、备品备件、销售等8个模块新旧系统的切换工作并于4月上线运行。实施卷烟生产经营数据统计应用项目，对卷烟生产经营决策管理系统服务器、车间打码机软件、物流中心扫码软件进行升级。完成烟叶片烟条码管理系统的开发与实施工作，实现原料库片烟入库打码、移库扫码、高架库入库扫码及车间扫码。配合三期技改完成机房搬迁和网络设备搬迁，网络线路扩容，安全程度提高。继续实施安防监控系统和周界报警系统，完成员工智能管理系统升级改造。

【人力资源管理】 *教育培训。*坚持以人力资源开发为导向，建立以全员培训、职业教育、素质培养为特征的新机制。全年共举办各类内部培训127个，投入经费224万元，培训6130人次；送外培训200余人次，员工职业教育培训体系初步构建。

*职称评定与职务聘用。*2010年，公司共有52人取得初级职称资格，14人取得工程师资格，21人取得技师职业资格，1人取得高级技师职业资格。全年新聘1名高级技师、12名技师和7名工程师，高级工占生产操作类员工比例为45.78%。

【“十一五”发展概要】 “十一五”期间，公司累计产销卷烟1937.5亿支（387.05万箱），实现税利126.51亿元，同“十五”相比分别增长23.28%和138.34%。

“十一五”期间，公司在体制建设方面实现三个转型，即：从工厂制向公司制的企业体制转型，从生产经营向生产管理的运营模式转型，从自主生产向按订单组织生产的生产模式转型。

公司累计投资6.8亿元用于实施技改工程和基础设施建设。卷烟生产经营决策管理系统和生产制造管理系统顺利运行，卷接包数据采集系统、MES项目和卷烟生产经营数据统计应用项目上线运行。会计核算软件和供应链系统项目初步运用于管理和生产，根据原料管理需求开发烟叶片烟条码管理系统。

河北白沙烟草有限责任公司

【概　况】 河北白沙烟草有限责任公司前身为成立于1948年的石家庄卷烟厂。公司本部占地面积为34.32万平方米，拥有1条6000千克/小时制丝线，1条2000千克/小时梗丝膨胀线，1条200千克/小时LB13A薄片生产线，19台卷接机组和19台包装机组，年卷烟生产能力为300亿支（60万箱）①。公司拥有总资产47.71亿元，其中，固定资产15.66亿元、流动资产31.13亿元，资产负债率为24.61%。共有从业人员2398人，其中在岗员工1888人。

2010年，河北白沙烟草有限责任公司在河北中烟工业公司的领导下，认真贯彻落实国家局和全省烟草工业系统工作会议精神，以生产组织为中心，以“两

① 此处占地面积指公司本部；年卷烟生产能力指公司本部设备的设计生产能力，不包括保定卷烟厂。其他有关生产经营数据均包括保定卷烟厂。

标一优”为主线，以创建“优秀卷烟工厂”为目标，以队伍建设作保障，强化内部控制，加快管理创新，积极推进“卷烟上水平”。

【领导机构】 董事会

董事长：段铁力

副董事长：卢　平

董　事：严金虎　杜为红　狄东昇　涂清明　陈国联　刘建福　朱方钦　雷建生（职工董事）

监事会

主　席：华谢飞

监　事：李丽华　王　芬　丁付起　李永乐（职工监事）

班子成员

总经理、党委副书记：杜为红

副总经理、党委书记：丁付起

副总经理：马立志

党委副书记、纪委书记：张太明（—2010.7）

副总经理、党委委员：易　广

副总经理、党委委员：周振威

副总经理、党委委员：刘松杨

党委委员、工会主席：路　莉

总工程师、党委委员：臧　靖

党委副书记、纪委书记：李永乐（2010.7—）

【机构设置】 公司下设办公室、财务管理部、人力资源部、企业管理部、生产管理部、政治工作部、审计部、工艺质量部、工会、纪检监察部、供应部、信息中心、设备管理部、安全保卫部、服务中心、物流中心、制丝车间、卷接包车间、动力车间、驻厂市场部、技术改造办公室等21个部门。

【卷烟生产经营】 2010年，公司共生产卷烟355亿支（71.0万箱），同比增长5.19%，其中，生产一类烟1.05亿支（0.21万箱）、二类烟4.15亿支（0.83万箱）、三类烟157.65亿支（31.53万箱）、四类烟122.35亿支（24.47万箱）、五类烟69.8亿支（13.96万箱）。

全年共销售卷烟352.4亿支（70.48万箱），同比增长4.46%，其中，销售一类烟1.1亿支（0.22万箱）、二类烟4.3亿支（0.86万箱）、三类烟155.45亿支（31.09万箱）、四类烟121.8亿支（24.36万箱）、五类烟69.75亿支（13.95万箱）。

全年实现销售收入58.26亿元，同比增长18.84%。实现税利39.37亿元，同比增长22.69%，其中利润6.83亿元，同比增长18.29%。三项费用率为11.4%。

全年万支卷烟综合能耗为3.95千克标煤/万支。烟叶、滤棒、盘纸平均消耗分别为6.94千克/万支、1970支/万支、612米/万支。水、电平均消耗分别为0.12立方米/万支、8.30千瓦时/万支。

【主要产品】 2010年，公司主要生产的卷烟品牌有“钻石”、“白沙”、“玉兰”、“北戴河”。全年生产“钻石”138.45亿支（27.69万箱），其中合作生产6.5亿支（1.30万箱）；生产“玉兰”13.45亿支（2.69万箱）；生产“白沙”197.15亿支（39.43万箱）。

销售“钻石”140.25亿支（28.05万箱）。销售“白沙”192.85亿支（38.57万箱），其中省内销售65.25亿支（13.05万箱）。

【科技创新】 2010年，科研项目共立项21项，完成19项，其中2项未结题。动力车间“降低空调电能消耗”获全国烟草行业第二十一届QC小组成果二等奖；制丝车间“梗沫分离自动除尘系统的研制”课题组被评为“全国质量信得过班组”和“河北省优秀质量管理小组”。

【企业管理】 *对标活动*。采取“横向行业对标、纵向自我对标”的方法，将全国烟草行业对标指标和“优秀卷烟工厂”评价标准细化为三层级对标指标体系。创建对标管理分析系统，将主要指标量化分解，并加强考核。各车间（部门）成立活动小组，围绕质量、消耗、成本开展课题攻关，通过衡量短板指标及指标背后的管理差距和缺陷，有针对性地制定改进措施。全年对标课题立项25项，实际完成22项，涵盖节电、节水、降耗、提质、增效、降低费用等方面。

财务审计。财务工作以成本费用控制为中心，强化会计核算、全面预算和资产管理三项工作。按照“费用率不高于收入增长率，工资增长率不高于利税增长率”的原则，编制公司年度预算。建立预算执行预警机制，对关键环节进行跟踪监控和月度预算考核，确保预算平稳运行。

审计工作坚持“健全制度、严格流程、注重规范、突出重点”的思路，开展公司本部和保定卷烟厂的2009年度同级审计、灵芝材料厂年度财务审计、易地技改工程跟踪审计和价格审计、日常维修工程决算审计等。

【信息化建设】 完成MES系统的阶段验收和ERP升级改造的整体验收工作，MES系统的生产和设备两个模块及ERP系统已转入维护期。设计开发办事公开民主管理暨“三项工作”信息管理平台。自主开发河北白沙党建信息平台和岗位说明书网上查询系统，初步探索技术创新和队伍建设模式。

【人力资源管理】 构建职工成才通道，以增活力、提素质为目标，加强人才队伍建设。加强兼职教师队伍建设，通过聘请专业教师授课、组织外出培训等方式，提高兼职教师队伍的整体水平，全年组织培训班174个，培训4362人次。

【“十一五”发展概要】 “十一五”期末和“十五”期末相比较，年卷烟产量由265亿支（53万箱）增加到355亿支（71万箱），年实现税利由16.2亿元增加到39.37亿元，年实现利润由3亿元增加到6.83亿元。

成立了成本费用控制、规章制度建设、科技创新等6个委员会，采用课题制的形式开展工作。坚持“支支一流、条条名优”的质量方针，健全工艺监督和质量改进机制，完善多点生产质量保障体系和质量内控标准，产品质量稳步提高，历年的市场抽检中，卷烟合格率均为100%。“十一五”期间，累计注册发布QC课题118个，其中获全国烟草行业QC成果一等奖3个，工业公司一等奖7个。

河北白沙烟草有限责任公司所属生产厂

河北白沙烟草有限责任公司保定卷烟厂

【概　况】 河北白沙烟草有限责任公司保定卷烟厂前身为始建于1902年的北洋烟草公司。2004年，企业与石家庄卷烟厂联合重组后，更名为石家庄卷烟厂保定卷烟分厂。2005年，更名为河北白沙烟草有限责任公司保定卷烟分厂。2009年4月，更名为河北白沙烟草有限责任公司保定卷烟厂。企业年卷烟生产能力为200亿支（40万箱），占地面积近12万平方米。共有从业人员1689人，其中在岗员工1107人。

【领导成员】 党委书记：杜为红

厂长、党委副书记：马立志

副厂长、党委委员：贺　健（—2010.7）

副厂长、党委委员：廖彦军（2010年7月前任党委委员、工会主席）

副厂长、党委委员：罗　勇

党委副书记、纪委书记：田　蔚

副厂长、总会计师、党委委员：李剑波（2010.7—）

党委委员、工会主席：张晓军（2010.7—）

【卷烟生产】 2010年，企业生产的卷烟品牌有“钻石”、“白沙”、“新石家庄”、“玉兰”、“北戴河”等。全年共生产卷烟122.5亿支（24.50万箱），其中，生产二类烟0.85亿支（0.17万箱）、三类烟22.55亿支（4.51万箱）、四类烟60.6亿支（12.12万箱）、五类烟38.5亿支（7.70万箱）。

（刘　辉）

上海烟草（集团）公司所属企业

上海烟草（集团）公司上海卷烟厂

【概　况】 上海烟草（集团）公司上海卷烟厂前身是始建于1925年的英美烟草公司颐中三厂。1952年4月，颐中三厂转让给中国政府，更名为国营上海卷烟二厂；1960年12月，更名为上海卷烟厂。1993年11月26日上海烟草（集团）公司正式成立，上海卷烟厂成为其核心层单位之一。企业占地面积4.77万平方米，拥有德国HAUNI制丝生产线，PROTOS、GD、FOCKE等卷包设备，以及570千克/小时膨胀烟丝生产线，年卷烟生产能力750亿支（150万箱）。共有从业人员1958人，其中在岗员工1951人。

2010年，企业被上海市节能协会评为“上海市节能先进集体”。世博会期间，先后接待来宾66批次，共计2142人次，被集团公司授予“上海烟草行业世博服务优秀组织奖”、“世博优秀文明示范窗口”称号。

【领导成员】 企业实行厂长负责制，主要领导成员有：

厂长、党委委员：陆　捷

副厂长、党委书记：张　燕

副厂长、党委委员：周　铭

副厂长、党委委员：胡勤伟

副厂长、党委委员：戴志渊

副厂长、党委委员：郭世洋（2010 年 12 月前任副厂长）

纪委书记、党委委员、工会主席：汤　健

【卷烟生产】 2010 年，企业生产的主要卷烟品牌有“熊猫”、“中华”、“上海”、“红双喜”、“牡丹”、“大前门”等。共生产卷烟 762.51 亿支（152.50 万箱），其中，生产一类烟 386.52 亿支（77.30 万箱）、二类烟 2.76 亿支（0.55 万箱）、三类烟 243.73 亿支（48.75 万箱）、四类烟 49.41 亿支（9.88 万箱）、五类烟 80.10 亿支（16.02 万箱）。生产“中华”品牌卷烟 378.82 亿支（75.76 万箱）、“红双喜”品牌卷烟 179.52 亿支（35.90 万箱）、“牡丹”品牌卷烟 49.41 亿支（9.88 万箱）。

全年万支卷烟综合能耗为 2.18 千克标煤/万支。烟叶、盘纸、滤棒平均消耗分别为 7.71 千克/万支、649 米/万支、1679 支/万支。水、电消耗分别为 0.09 吨/万支、8.65 千瓦时/万支。

【技术改造】 落实“中华专线”设备安装工作，截至年底，制丝设备基本安装到位，仓储物流建设稳步实施，形成物流设备保养方案，完成维修人员配置。在动力配套方面，相继完成新电站的开关站建设等项目，完成了 80#地块变电站设备安装、验收，并于 11 月 9 日正式送电投入试运行。完成新锅炉的安装、锅炉省煤器和配套给水泵的安装、城市热网蒸汽停止供应后的管网切换等项目，三空（空调、真空、空压）设备逐步进入安装阶段。

【科技创新】 编制“中华”品牌维护工作计划。实施公司级科技项目“开展‘中华’牌卷烟泡皱缺陷的系统性研究与改进”、“建立‘中华’牌生产制造过程的内控标准”，“中华”卷烟制造过程 σ 水平达到 4.55。“中华”满分率从 2009 年末的 28.29% 提升到 53.79%，“中华”牌加权外在质量得分 99.6 分，同比提高 0.33 分。

全年申报质量管理小组 112 个，其中，二车间日班软包小组获“2010 年全国优秀质量管理小组”称号，三车间的“Protos 70 烟枪调整工装的研制”在全国烟草行业第二十一届优秀 QC 小组成果发布会上获二等奖。全年申报 7 项专利，完成 2 项技术秘密的厂级评审和申报。

【信息化建设】 围绕“中华专线”信息化建设，依托现代信息技术和 MES 系统，推进制造装备数控化、生产管理信息化、决策分析智能化、人文环境知识化的“四化”建设，实现生产动态柔性、设备监控保障、质量过程控制、决策分析支持。截至年底，完成“中华专线”综合布线及计算机网络系统设计方案讨论，形成“中华专线”信息化管理标准文件初稿。

【设备管理】 开展质量点检工作，系统分析并改进设备重点缺陷，共形成 KPI 指标 82 项，达标率为 90.71%。在日常点检及专业巡检基础上，加强设备关键部位和重要检测装置的日常检查和保养，形成设备点检管理评价标准。

【安全工作】 推进“习惯性违章”整治活动，落实“世博”期间安保专项管理，开展安全事故预防性管理为主题的基础管理提升活动，对近五年来内、外部安全检查问题、安全事故、隐患、苗子进行梳理汇总。全年共开展综合安全检查 11 次、专项检查 3 次、日常检查 1034 次，检查问题共计 480 项，下达整改单 10 张，整改率 100%。

上海烟草集团北京卷烟厂

【概　况】 上海烟草集团北京卷烟厂始建于 1970 年，2003 年 11 月 3 日与上海烟草（集团）公司签订战略性联合重组协议，正式加入上海烟草（集团）公司，是具有法人资格的企业。2009 年 10 月，迁入北京市通州区，2010 年 1 月 18 日举行正式投产仪式。企业占地面积 24.71 万平方米，拥有 1 条 5000 千克/小时的叶丝生产线，1 条 2000 千克/小时的梗丝生产线，1 条 1140 千克/小时的膨胀烟丝生产线和 PROTOS、GD、FOCKE 等卷接包设备。年卷烟生产能力 250 亿支（50 万箱）。拥有总资产 31.57 亿元，其中，固定资产 12.10 亿元、流动资产 15.45 亿元，资产负债率为 32.90%。共有在岗员工 857 人，其中高级技术职称 7 人、中级职称 153 人，技师及高级技师 46 人。

2010 年，企业先后获“用户满意企业”、“2010 年度北京市实施用户满意工程先进单位”等称号。“中南海”品牌卷烟被北京质量协会、北京用户满意工程联合推进办公室推荐为“用户满意产品”（有效期至2012年8月）。

【领导成员】 企业实行厂长负责制，主要领导成员有：

厂长、党委副书记：曲志刚

党委书记：马庆林

常务副厂长、党委委员：齐伟城

党委委员：姚琴声

党委副书记、纪委书记、工会主席：蔡继东

总会计师：于国欣

副厂长：赵丽儒

副厂长：刘文忠

【卷烟生产经营】 2010年，企业生产卷烟（含出口）202.95亿支（40.59万箱），同比增长5.04%，其中，生产一类烟6.49亿支（1.30万箱）、二类烟8.07亿支（1.61万箱）、三类烟92.27亿支（18.45万箱）、四类烟72.67亿支（14.53万箱）、五类烟10亿支（2万箱）。销售卷烟202.01亿支（40.4万箱），同比增长4.6%，其中，销售一类烟6.48亿支（1.30万箱）、二类烟7.98亿支（1.60万箱）、三类烟91.63亿支（18.33万箱）、四类烟72.42亿支（14.48万箱）、五类烟10亿支（2万箱）。出口“中南海”卷烟13.51亿支（2.70万箱）。

全年实现卷烟销售收入36.56亿元，同比增长13.68%。实现税利23.99亿元，同比增长13%，其中利润3.4亿元。出口实现1824万美元。

全年万元产值综合能耗为30.26千克标煤/万元，万支卷烟综合能耗为5.52千克标煤/万支。烟叶、盘纸、滤棒平均消耗分别为6.69千克/万支、645米/万支、1677支/万支。水、电平均消耗分别为0.11吨/万支、11.66千瓦时/万支。

【品牌战略和产品介绍】 企业主要生产的卷烟品牌为“中南海”。推进“中南海”品牌发展和结构提升，“中南海”产销量突破200亿支（40万箱）。销售混合型“中南海”（含出口）189.35亿支（37.87万箱），同比增长4.6%，其中内销混合型“中南海”176.6亿支（35.32万箱），同比增长3.49%，占全国混合型卷烟销量（含外烟）39.64%，同比增长1.38%，继续保持国内混合型卷烟第一大品牌地位。在规格上，内销三类烟以上混合型“中南海”占全国三类烟以上混合型卷烟（含外烟）63.66%，同比增长9.76%。

在国内市场中，北京市场销售“中南海”58.05亿支（11.61万箱）；北京以外市场销售130.45亿支，同比增长4.96%，12个万箱市场和3个两万箱市场进一步稳固。在海外市场，全年出口“中南海”13.51亿支（2.70万箱），同比增长3.05%。积极开拓韩国、柬埔寨和马来西亚等新兴市场，保持出口总量平稳运行。利用举办世博会、亚运会契机，增设专柜，加强边境店、机场店宣传促销，提升品牌知名度。

【技术改造】 签订易地技改项目合同218份，其中，完成土建、设备、安装结算项目74个，完成土建、设备、预转固项目52个。易地技改三期工程（烟叶库和职工餐厅项目）进展顺利，进入招标设计阶段。新增成品自动化库、纳米材料自动施加、软包硬化等技改项目，进展顺利。

【科技创新】 加强新品开发，完成“中南海（硬1mg）”、“中南海（软蓝色时光）”、“中南海（硬浪漫风情94mm）”、“中南海（硬酷爽风尚）”等新产品的配方、商标设计。重视减害降焦，卷烟平均焦油含量7.8毫克/支，同比降低0.51毫克/支。加强在线工艺应用研究，解决纳米材料施加方法、降低切丝造碎、气流叶丝结团和卷烟机剔除异常等课题。开展“白肋烟线最佳工艺参数”、“混合型造纸法烟草薄片”等基础项目研究。

【企业管理】 *生产管理*。采取批次合理匹配、控制程序优化、物流系统保障等措施，实现同牌号单批次多单元连续化生产，单牌号最多达到7批次，故障停机率由搬入新厂时的7.01%降到0.18%。卷包机型配置逐步到位，卷包车间3个区域11台（套）设备实现单一规格生产。GD、ZB47设备有效作业率分别达83.69%、79.17%。

质量控制。对新厂区生产线的关键参数与一般参数进行全面确认与优化，现场工艺参数控制符合率达99.32%。加强防差错管理，初步建立潜在失效模式管理体系。推进外在质量满分率计划，在新版内控标准、烟支克重、真空镀铝纸、物料流量和加料系统等方面展开研究。

【信息化建设】 梳理新厂区业务流程，MES及配套ERP系统项目八类业务系统分批、分阶段上线运行。完成协同办公系统升级换代、中南海在线网站改版，卷烟生产经营决策管理系统数据和统计数据实现日清日结和数据并轨。

上海烟草（集团）公司天津卷烟厂

【概　况】 上海烟草（集团）公司天津卷烟厂前身

是成立于1919年的天津英美烟公司，1952年被中央人民政府接管，更名为天津卷烟厂；2004年12月与上海烟草（集团）公司签署联合重组协议，更名为上海烟草（集团）公司天津卷烟厂。2010年11月1日企业完成“十一五”技术改造，正式搬入新厂生产。新厂占地面积22万平方米，建筑面积15万平方米。拥有1条6000千克/小时制丝生产线、18台（套）GD－PROTOS中高速卷接机组。年卷烟生产能力350亿支（70万箱）。共有从业人员1107人，其中在岗员工893人。

【领导成员】 企业实行厂长负责制，主要领导成员有：

厂长：李钢成（2010年5月前任厂长、党委书记）

副厂长、党委书记：唐　涛（2010年5月前任副厂长、党委委员）

副厂长、党委委员：田振勇

党委副书记、纪委书记、工会主席：孟庆荣

副厂长：李　卫

副厂长：贯忠利

厂长助理：阎　杰

党委委员：王自明

【卷烟生产】 2010年，企业主要生产“江山”、“恒大”、“红双喜”、“大前门”等4个卷烟品牌。全年生产卷烟220.5亿支（44.1万箱），其中，生产一类烟0.07亿支（0.014万箱）、二类烟1.09亿支（0.22万箱）、三类烟91.83亿支（18.36万箱）、五类烟127.50亿支（25.50万箱）。生产“江山”8.98亿支（1.80万箱），“恒大”32.06亿支（6.41万箱），“大前门”95.44亿支（19.09万箱），“红双喜”84.02亿支（16.80万箱），新增“红双喜（硬百顺）”的生产。

全年万元产值综合能耗为56.77千克标煤/万元，万支卷烟综合能耗为6.81千克标煤/万支。烟叶、盘纸、滤棒分别消耗7.57千克/万支、645米/万支、1673支/万支。

【科技创新】 开展管理创新活动，实施20个厂级关键项目及49个部门级项目。全年注册QC课题66个，普及率63.25%。新制丝线建成投产后，开展了叶丝加料、叶丝干燥、分组加工等关键工艺技术的应用研究，使新生产线加工过程与产品风格质量相对稳定，满足产品均质化要求。

【技术改造】 企业“十一五”技改工程进入收官阶段，按计划完成水电气外网配套工程，启动设备调试和带料调试，完成工艺验证和工厂搬迁。11月1日，新厂投产运行。此次技改工程获“鲁班奖”、“效能监察先进项目”。

【安全管理】 职业健康安全管理体系通过第三方审核。按照体系要求，在全厂范围内开展危险源辨识工作，补充辨识和评价262个危险源和2个重点危险源；建立完善安全管理标准和安全技术标准文件15个、识别法律法规123个、国家标准132个，修订安全作业指导书61个、综合安全应急预案和专项应急预案12个。制定重点危险源岗位清单。新厂的燃气锅炉、异味处理系统、污水处理站等节能减排项目正式投入运行。

【班组建设】 创新传统班组管理工作，将现场管理、安全管理、精益生产、行为规范纳入传统班组管理范围。重点开展班组自我审视“回头看”活动、“知司情厂情，解岗位难题，增企业效益”活动和合理化建议活动。

上海高扬国际烟草有限公司

【概　况】 上海高扬国际烟草有限公司创建于1992年2月，1995年7月正式投入生产，由上海烟草（集团）公司、香港南洋兄弟投资（中国）有限公司合资经营，投资总额为5000万美元。企业占地面积4.6万平方米，拥有HAUNI制丝生产线1条、卷包设备9组，年卷烟生产能力125亿支（25万箱）。拥有总资产4.94亿元，其中，固定资产0.58亿元、流动资产2.81亿元，资产负债率为21.24%。共有从业人员364人，其中在岗员工362人。

2010年，公司确立了“聚集一个中心、深化两项建设、提高两个能力、加强九项管理、实现一个目标”的“12291”方针目标，即围绕“卷烟上水平”的目标，深入推进标杆管理，不断提升品质控制力；文化建设和队伍建设；技术创新能力和管理创新能力；设备管理、能源管理、物资管理、安全管理、标准化管理、信息化管理、财务管理、统计管理、后勤管理；全面实现高扬公司“十一五”目标，策划编制好高扬公司“十二五”发展计划。

2010年，公司被上海市总工会评为2009～2010年度上海市“厂务公开、民主管理”工作先进单位。

【领导机构】 董事会

董事长：周永森

副董事长：杨锡生

董　事：陆益敏　陈宣民　卢　游（2010.12—）陆永年（—2010.12）　许建育　徐国强

班子成员

总经理、党总支书记：徐国强

党总支副书记、工会主席：盛晓敏

副总经理、党总支委员：郭　亮（2010年11月前任副总经理）

副总经理、党总支委员：沈　涛

副总经理、党总支委员：张　巍（—2010.10）

总经理助理：朱文倩（2010.11—）

【卷烟生产经营】 公司以委托加工生产低焦油卷烟产品为主，生产的卷烟品牌有“红双喜”、“牡丹”、“金鹿”等，并与日本烟草产业株式会社合作来料加工生产“七星”品牌卷烟。全年生产委托加工卷烟118.82亿支（23.76万箱），同比增长1.05%。生产“七星”卷烟1.25亿支（0.25万箱）。第四季度完成为山东中烟代加工1.7万箱烟丝任务。

全年实现销售收入24705万元。实现税利9493万元，其中利润5750万元。公司三项费用率为20.92%。

全年万元产值综合能耗为87.63千克标煤/万元，万支卷烟综合能耗为1.80千克标煤/万支。烟叶、盘纸、滤棒平均消耗分别为7.49千克/万支、649米/万支、1677支/万支。水、电消耗分别为0.07吨/万支、7.01千瓦时/万支。

【科研成果】 重点加强对生产过程的基础技术和低焦油产品特色工艺的研究。2010年，公司实施完成了3个科技项目和基建设备类创新项目、4个局级质量改进项目、2个六西格玛项目、7个内部技术类项目和26个QC课题，申报专利3项。1个六西格玛项目被评为国家优秀六西格玛项目，2项QC项目被集团公司评为三等奖。

【技术改造】 在制丝线上更新1台旋转式六管喂丝机、8台在线红外水分仪。在卷包工段完成2台ZJ112卷烟机、1台ZB45包装机、1台YF27发射机的更新项目。完成1台FOCKE 486C装箱机的新增项目。

【“现场主动”精神】 运用标杆管理方法，学习实践“现场主动”精神，围绕“产品安全卫生”、“队伍培养模式”、“产品质量控制”3个课题开展对标。在“现场主动”精神逐步融入员工的思想、行为后，加强公司文化架构体系建设，形成精神层面“1614”理念，即1种企业精神：“和搏一流”的企业精神；6大理念：战略思想、企业愿景、核心价值观、质量方针、行为信条、企业宗旨；1个执行基石：“现场主动”行动纲领；4项执行理念：廉洁理念、管理理念、操作理念和行为理念。公司挖掘“现场主动”优秀工作案例近20个。

上海烟草（集团）公司上海烟草储运公司

【概　况】 上海烟草（集团）公司上海烟草储运公司前身是成立于1986年的上海市烟草储运公司。1993年11月26日上海烟草（集团）公司正式成立，上海烟草储运公司成为其核心层单位之一。2010年11月，集团公司原物资供应部仓储科划归储运公司，由储运公司成立辅料物流部。公司主营业务包括烟叶原料、卷烟成品、烟用材料储存养护配送和烟草商品的运输等。拥有自有原料库房建筑面积33.63万平方米，卷烟成品库房建筑面积4.8万平方米，主要生产运输车辆84辆。共有在岗员工614人。

2010年，公司被上海市总工会评为2009～2010年度上海市“厂务公开、民主管理”工作先进单位，并荣获全国“安康杯”竞赛（上海赛区）优胜单位称号。

【领导成员】 总经理、党委委员：汤福刚

副总经理、党委书记：汤红芳

副总经理、党委委员：宋　玮（—2010.11）

副总经理、党委委员：许资新

副总经理、党委委员：高国进（2010.11—）

纪委书记、党委委员、工会主席：陆仁平

【生产经营】 2010年，完成卷烟吞吐1577.56亿支（315.51万箱），同比增长7.57%；烟叶吞吐20.67万吨，同比下降1.90%；汽车运输614.33万吨千米，同比下降1.25%。

全年柴油油耗7.33升/百吨千米，综合能耗1428.28吨标煤。市内外卷烟配送订单执行率达到100%，卷烟发运配送产品损坏率为0.543×10^{-6}，卷烟公路配送准时率为96.07%。

【“三大保障能力”建设】 公司将安全性保障、生产性保障和市场性保障作为衡量企业能力的主要标志。建立安全性保障流程，按“网络化、区域化”管理要求，围绕“库、炉、车、门、油、电、污、毒”八大重点，强化现场和动态的监控管理。建立生产性保障

机制，推进“清洁仓间”和“烟叶储存养护研究室”硬件设施建设。建立市场性保障机制，从理念落地、目标分解、流程梳理、方法改进等维度，探索实践“三个精准”，即精准调度，精准仓储、精准发运。

【科技创新】 健全技术创新管理体制，制订《质量改进工作管理规定》和《专利管理规定》，形成两级质量改进工作机制。全年开展集团级课题4个、公司级课题10个，获得实用新型专利2项，申报专利2项。

【信息化建设】 作为国家局试点单位，4月15日，公司正式启用工商卷烟物流在途信息系统，提高物联网技术在现代工业物流中的应用。制订《工商卷烟物流在途信息系统运行管理规定》、《车载设备上锁业务流程》等系列制度，实现卷烟配送运输“点到点全追踪”。

【对标管理】 围绕现代工业物流建设，加大指标绩效管理力度。梳理81个绩效指标，制订《绩效指标统计管理办法》，并对其中12项体现安全性、生产性、市场性保障能力的KPI指标，制订了《关键绩效指标统计管理办法》。

上海烟草包装印刷有限公司

【概　况】 上海烟草包装印刷前身是成立于1929年的英美烟草公司华盛路印刷厂，1955年更名为上海烟草工业印刷厂，2008年4月改制更名为上海烟草包装印刷有限公司。2009年6月30日，公司购买了上海海烟实业合作公司、上海烟印实业合作公司所持有的上海金鼎印务有限公司、上海金叶包装材料有限公司全部股份；2010年5月完成工商变更手续，成为上海金鼎印务有限公司、上海金叶包装材料有限公司控股股东。公司位于浦东新区高行工业园区，占地面积11万平方米，是中国双维投资公司、上海烟草（集团）公司的投资企业。拥有总资产10.57亿元，其中，固定资产3.05亿元、流动资产3.03亿元，资产负债率为28.27%。共有在册员工572人。

2010年，上海烟草包装印刷有限公司位列“中国印刷企业100强”第九位，被上海市新闻出版局评为上海市印刷企业综合竞争力排名第一；上海金鼎印务有限公司位列上海市印刷企业综合竞争力排名第四位；上海金叶包装材料有限公司位列“中国印刷企业100强”第二十九位。

【领导机构】 董事会

董事长：吴菊民（—2010.2）　部　强（2010.2—）

董　事：罗文强（—2010.2）　孙　平（2010.2—）周东辉　俞志康　曹水萍　沈云龙（—2010.6）王守仁（2010.6—）　宫　强

监　事：易武军　甘向红

班子成员

总经理、党委委员：俞志康

副总经理、党委书记：曹水萍

副总经理、党委委员：张国生

副总经理、党委委员：孙健法

纪委书记、党委委员、工会主席：甘向红

副总经理：罗　龙（—2010.3）

总经理助理：郁　俊

【生产经营】 2010年，公司完成印刷产量149991对开万印，实现工业产值6.2亿元。实现销售收入10.6亿元，同比增长13.22%。实现税利1.93亿元，同比增长34.97%，其中利润1.38亿元，同比增长48.56%。公司三项费用率为11.7%。

全年万元产值综合能耗46.53千克标煤/万元。

【产品介绍】 公司主要生产高中档卷烟商标及包装装潢印刷品、画册、样本等纸质印刷品，具备创意设计、制版、胶印、凹印、烫金、丝网印刷和模切等综合印刷能力。

产品主要包括烟标产品和非烟标产品两大类。烟标产品主要有上海烟草（集团）公司的“熊猫”、“中华”、“红双喜”、“金上海”、“江山”、“金鹿”等系列烟标以及部分外省市烟标。非烟标产品主要为日用化工类、食品类、文教用品的包装印刷品，产品有：德国汉高公司的“卡尼尔”染发剂系列外包装盒、法国欧莱雅公司的唇膏系列外包装盒、肯德基公司的外带全家桶系列包装盒、上海不凡帝糖果有限公司的“阿尔卑斯”和“曼妥思”系列包装盒、瑞特元昌公司的订书机、订书钉系列外包装盒等。

【技术改造】 为配合“中华专线”项目的实施，在金鼎公司厂区内组织实施技术改造项目。项目占地7410平方米，总投资1.60亿元，新建一幢三层（局部六层）生产车间、一幢四层技术中心，扩建浴室和危险品地下储罐，并引进了一条九色凹印机生产线。

【科技创新】 编制《包装设计印刷研究室中（长）期规划》，确立以“项目课题专人负责制”为主体模式的创新工作体系。2010 年，公司级 14 项科技项目、9 项集团级科技项目通过验收，申报并获得授权 2 项发明专利和 3 项实用新型专利。

【企业管理】 转变库存方式。适应集团订单式生产要求，将库存采购向订单采购进行转化，建立采购快速响应机制。完善供应商评价模式，从价格、质量、技术支持、交货时间等传统的基础层面逐步过渡到兼容能力、优化能力、测控能力、应急能力等战略层面，把对供应商的管理从传统的选择供应商转变为培育供应商。

标准化工作。实施企业标准化管理工作，开展企业标准化与信息化的联动建设，实现“信息流程，标准先行”的目标。全年共检查标准文件 40 本，涉及相关标准条款 169 项，向受查部门提出建议 52 条。

安全管理。全年组织对环境因素和危险源进行排摸、辨识和评价，汇总危险源 882 项，其中重点危险源 14 项；环境因素 308 项，其中重要环境因素 26 项。加强“世博”期间公司的安全维稳工作，成立“世博”安保工作领导小组和工作小组，制订并实施《“世博”安保工作实施方案》。

【信息化工作】 推进“烟印资源管理系统”三期项目建设，完成基建设备管理系统、定单成本分析项目、用友 NC 成本核算系统项目的验收工作；完成烟印资源管理系统优化完善项目（合同管理、数据分析）阶段性任务。

上海白玉兰烟草材料有限公司

【概　况】 上海白玉兰烟草材料有限公司前身是成立于 1979 年 9 月的上海烟草综合厂，1984 年 6 月更名为上海烟草材料厂。1994 年 6 月，以上海烟草材料厂为主体，上海烟草（集团）公司、上海申花（集团）公司、上海经纬实业公司、中国卷烟滤嘴材料公司、浦东新区张江镇伟丰村经济合作社等 6 家单位联合出资，成立上海烟草材料厂浦东联营公司。2002 年 7 月，更名为上海白玉兰烟草材料有限公司。公司拥有总资产 1.6 亿元，其中固定资产 1.06 亿元、流动资产 0.54 亿元，资产负债率为 13.56%。共有在册员工 448 人，其中在岗员工 394 人。

拥有德国 HAUNI 公司复合成型机，KDF－4、KDF－2 滤棒成型机，台湾祥艺七层四楞纸板生产线等各类专用生产设备。主要生产滤棒、纸箱等两大类产品，具有年产滤棒 35 亿支、纸箱 1100 万标准平方米的生产能力。

2010 年，公司先后获“中国包装五星级企业”、“上海市包装五星级企业”、“上海市节水型企业”等称号。

【领导机构】 董事会

董事长：陈桂荣

董　事：陈荣富　陆益敏　孙　平（2010.7—）　陈征宇（2010.7—）　张荣彪　秦建国　成旭光

监　事：周东辉　蔡建国

班子成员

总经理、党总支书记：陈桂荣

党总支副书记、工会主席：蔡建国

副总经理：张荣彪

副总经理、党总支委员：秦建国

副总经理：田永昌

【生产经营】 2010 年，公司生产滤棒 38.59 亿支，同比下降 1.51%；生产纸箱 1113.31 万标准平方米，同比下降 3.68%。实现工业总产值 1.51 亿元，同比增长 8.10%。实现销售收入 1.47 亿元，同比下降 0.12%。实现税利 2023 万元，同比下降 1.54%，其中利润 497 万元，同比下降 24.35%。公司三项费用率为 38.54%。

全年万元产值综合能耗为 92.49 千克标煤/万元，同比下降 0.6%。丝束消耗为 6.12 千克/万支，同比增长 0.33%。

【科技创新】 重点围绕“滤棒特性对烟气及感官影响”课题，试制各种特性规格滤棒。完成并通过北京卷烟厂“中南海”卷烟复合滤棒小试、中试工作。研究活性炭主要技术指标，编制完成集团公司《烟用活性炭标准（征求意见稿）》。完成“KDF－2 滤棒成型机成型槽腔冷却系统的改进”项目并申报专利。

【企业管理】 质量管理。运用 SPC 技术进行检测数据分析，改进质量问题。运用 FMEA 技术寻找影响滤棒搭口存储时间的潜在失效原因，进行风险评价，制定改进措施。加强参数管理，一方面通过设备本体参数控制和观察产品物理指标进行重点预防、质量维修，另一方面通过建立“机台质量档案”记录每部机台的参数情况与产品物测指标 CPK 情况等。全年优化参数 69 项，新增参数 19 项，去除参数 5 项，滤棒工艺参数符合率为 99.7%，纸箱工艺参数符合率为 99.8%。

标准化工作。加强质量管理体系与企业标准化体系建设。4 月，公司通过上海市质量管理体系审核中心第三方监审和转版认证工作。在集团公司对公司进行的第二方资质认证审核中，滤棒产品、纸箱产品得分分别为417分、422分，同比分别增长12.5%、14.5%。修订完善《企业标准编写规则》、《企业标准化工作管理规定》等4个综合性基础标准，新增标准化文件33本，修改文件44本，作废文件36本。

安全管理。启动环境与职业健康安全管理体系贯标工作，组建工作小组。落实作业环境因素和岗位危害因素的排摸工作，开展职业危害岗位职工职业健康体检，并对作业环境进行危害因素监测。对重点危险源进行6次安全检查，组织安全专业小组进行现场检查10余次。

【人力资源管理】 全年招聘新职工63人，其中硕士2人、本科19人。编制《技师、助理技师聘任工作管理办法》，首次在获得技师等级证书的员工中评审聘任技师2名、助理技师1名。加强员工培训工作，全年组织参加各类培训291次，培训员工1284人次。

上海海烟物流发展有限公司

【概 况】 上海海烟物流发展有限公司成立于2002年6月18日，由上海烟草（集团）公司控股，股东方有中国双维投资公司、上海市烟业糖酒（集团）有限公司、上海捷强烟草糖酒（集团）有限公司。公司专注于烟草、酒类、食品、百货的分销与配送，形成以现代物流、糖酒品牌运作、卷烟销售为核心的三大主营业务，是集现代物流、商品营销、信息服务于一体的供应链服务提供商。公司下属海烟物流中心占地面积为6.25万平方米，拥有无人自动高架库和自动存取机、SENZANI自动卷烟拣选系统等设备。拥有总资产17.85亿元，其中，固定资产2.91亿元、流动资产14.13亿元，资产负债率为34.79%。共有在岗员工705人。

2010年，公司被中国质量协会、全国用户委员会授予“用户满意服务”称号，被上海市商业联合会评为“上海商业优质服务先进集体”。

【领导机构】 董事会

董事长：董秀明

副董事长：葛俊杰

董 事：沈云龙（—2010.5） 宫 强（2010.5—） 倪鸿宾 郭 兰

监 事：冯小莉 易武军

班子成员

总经理、党委委员：过明啸

副总经理、党委书记、纪委书记：管振毅

副总经理、党委委员：柏树兴

副总经理：陈 君

副总经理、工会主席：倪婷芳

【生产经营】 2010年，公司分拣配送卷烟403.93亿支（80.79万箱），同比增长2%。销售卷烟110.94亿支（22.19万箱），同比增长2.49%。实现卷烟销售收入47.89亿元，同比增长9.31%。实现糖酒销售收入15.58亿元，同比增长9.03%。实现税利5.24亿元，同比下降0.4%，其中利润1.54亿元，同比下降37.40%。公司三项费用率为1.71%。

【物流配送】 深化“两个一”服务承诺（即向全市卷烟零售户做出“送货时间误差约定在一小时内”的承诺；向上游工业单位做出“卷烟进货车辆等待不超过一辆车”的承诺），提高服务质量。建设订单跟踪查询平台。完成崇明地区卷烟统一配送，实现全市商业配送一体化。调整卷烟分拣模式，完成“六改五”（即六天中班改为五天日班）模式转换。

【卷烟营销】 探索连锁型终端建设模式，形成以“诚信价值、渠道价值、推广价值、信息价值、示范价值”5个价值维度及相应测量指标的终端价值识别体系，并通过价值与资源投入的匹配，优化公司资源投入方向。采取包括上评、中评、下评、自评等4个方面的360度评价方式，推进重点营销岗位的分级管理，形成能上能下的进退机制。开展“世博”营销，形成“三个一”，即“一个品牌，一支队伍，一种精神”（海烟服务品牌、海烟物流志愿者队伍、发扬“世博”精神），展示了企业的良好形象。

【质量管理】 完善非烟体系质量文件，实现体系运行覆盖“物流配送、卷烟经营、糖酒经营”三大主营业务，非烟质量体系具备认证条件。全年修订技术标准9项、管理标准21项、工作标准257项；重要环境因素26条，重点危险源静态36条、动态3条；拥有86名内审员，其中中层干部内审员占干部人数80%以上。

上海烟草集团太仓海烟烟草薄片有限公司

【概 况】 上海烟草集团太仓海烟烟草薄片有限公司成立于2004年1月，位于江苏省太仓港港口开发区，2007年7月开始试生产。公司由上海烟草（集团）公司、广东省金叶烟草薄片技术开发有限公司共同出资组建，注册资金2.3亿元。公司占地面积14.85万平方米，年生产能力为1万吨造纸法烟草薄片，是国内生产烟草薄片规模较大，技术较先进的造纸法烟草薄片生产基地之一。拥有总资产2.45亿元，其中，固定资产1.64亿元、流动资产0.58亿元，资产负债率为15.10%。共有员工179人。

【领导机构】 董事会

董事长：郜 强

董 事：王 平 李惠敏 倪建东 郑松明

监 事：徐朱琴 黄奕鹏

经理层

总经理：周 栋

副总经理：宗宝祥

副总经理：严新龙

总经理助理：仇晓峰

【生产经营】 2010年，公司生产薄片成品6129.22吨，其中，为集团公司生产薄片产品4524.80吨（“红双喜”薄片3211.2吨、“前门”薄片1309.86吨、“中南海”试制薄片3.74吨）；为其他企业生产薄片产品1606.33吨。实现销售收入11543.72万元。实现税利1573万元，其中利润269.03万元。

全年薄片产品得率为70.54%。每吨成品消耗水、电、蒸汽分别为77.5吨、2173.08千瓦时、7.78吨。

【科技创新】 初步形成以科技项目、质改项目、QC课题三个不同层次的技术研发机制。采用“走出去、引进来”的方式，建立了一支薄片质量评吸专业队伍。全年申报实施4项科技项目、2项质改项目，启动2项预研项目，申报1项发明专利。成立5个QC小组，申报了5个QC课题，其中，“提高萃取工序出料干度”QC课题在集团公司QC成果发布会上获三等奖。

【参数管理】 全年确立了工艺验证的18项技术监测指标和相关工艺要求，增加了30多个工艺和设备控制参数，总参数提高到126个。加强日常管理，采取工班自查自纠与主管部门专项检查的方式，保持参数的持续稳定和相符性。出台《造纸法薄片工艺规程（试行）》、《造纸法薄片出厂放行标准》、《不合格品处置程序》等10多个技术管理标准，落实评吸小组日评制度。2010年，参数化符合率达95.07%。

【设备管理】 在“主动维修”理念下，以专业点检、主修复合为特色，施行设备检修区域负责制为主要内容的维修作业模式。在新模式的推进过程中，实现管理重心下移，实施设备动力部对日班、生产班设备管理和维修工进行垂直考核，非意外因素造成停机大幅减少，设备完好率和整改率明显提升。

（李 燕）

江苏中烟工业有限责任公司

【概 况】 江苏中烟工业有限责任公司，最初为江苏烟草工商分设后于2003年9月成立的江苏中烟工业公司。2008年5月12日，经国家局、总公司批复同意改制更名为江苏中烟工业有限责任公司。2009年9月，江苏中烟工业有限责任公司成立董事会，并于12月3日举行挂牌仪式。公司下辖江苏中烟工业有限责任公司南京卷烟厂、徐州卷烟厂、淮阴卷烟厂等3家不具有法人资格的卷烟生产企业和南通烟滤嘴有限责任公司、江苏格瑞实业有限责任公司2个全资子公司。公司拥有总资产353亿元，其中，固定资产42亿元、流动资产291亿元，资产负债率为15.09%。共有在岗员工6612人。

2010年，公司认真贯彻“卷烟上水平”的基本方针和战略任务，紧紧围绕行业“532”、“461”品牌发展规划，立足江苏烟草工业实际，以市场为导向，以品牌为核心，着力提升品牌发展、原料保障、技术创新、市场营销和基础管理水平，完成了年初确定的经济目标，生产经营继续保持了平稳向上的发展态势。

2010年，公司全年纳税243亿元，位居江苏省第一位。

【领导机构】 董事会

董事长：王彦亭

董 事：蒋洪喜 张岩磊 俞惠梅 穆重林 黄翠萍 宣晓泉

监 事：唐 健

班子成员

总经理、党组书记：蒋洪喜

巡视员、副总经理、党组成员：张岩磊（2010年10月前任副总经理、党组成员）

副总经理、党组成员：俞惠梅

副总经理、党组成员：唐 健（2010年10月前任纪检组长、党组成员）

纪检组长、党组成员：马　健（2010.10—）
总会计师：王轩庭（2010.10—）
副巡视员：陈小天
副巡视员：刘　凡

【机构设置】 公司设办公室（外事办公室）、后勤服务部、董事会办公室、人力资源部（培训中心）、党群工作部、监察部、机关工会（机关党委、技能鉴定站、离退休办公室）、法律与改革部（整顿办）、财务管理部（投资管理部）、审计部、综合计划部、原料供应部、信息中心、生产制造中心（安全保卫部）、物资采购中心、技术研发中心、市场营销中心、物流中心等18个部门，其中董事会办公室和物流中心为2010年新设部门。

【卷烟生产经营】 2010年，公司生产卷烟959.5亿支（191.9万箱）（含出口烟），同比增长3.78%，其中，生产一类烟202.1亿支（40.42万箱）、二类烟84.9亿支（16.98万箱）、三类烟394亿支（78.80万箱）、四类烟218亿支（43.6万箱）、五类烟59.5亿支（11.9万箱）。

公司全年销售卷烟957.3亿支（191.46万箱），同比增长3.68%，其中，销售一类烟203.13亿支（40.63万箱）、二类烟84.45亿支（16.89万箱）、三类烟392.5亿支（78.5万箱）、四类烟216.15亿支（43.23万箱）、五类烟61.15亿支（12.23万箱）。

全年实现卷烟销售收入336.44亿元，同比增长16.46%；实现税利297.05亿元，同比增长19.99%，其中利润64.1亿元，同比增长8.85%。公司三项费用率为5.73%。

全年万支卷烟综合能耗为3.59千克标煤/万支，万元产值综合能耗为10.16千克标煤/万元。烟叶、滤棒、盘纸平均消耗分别为7.04千克/万支、2028.6支/万支、610.83米/万支。水、电平均消耗分别为0.12吨/万支、10.36千瓦时/万支。

【主要产品】 2010年，公司在产卷烟包括“苏烟”、“南京”、“一品梅”、“红杉树”、“梦都”、“秦淮”、“大丰收”、“华西村”等8个品牌、45个规格，其中“苏烟”和“南京”被列入全国性卷烟重点骨干品牌。公司全年生产“苏烟”101.6亿支（20.32万箱），共5个规格；生产“南京”421.65亿支（84.33万箱），共16个规格，其中山东中烟工业有限责任公司合作加工“南京（红）”10亿支（2万箱）。全年销售“苏烟”101.08亿支（20.22万箱），同比增长85.41%，其中江苏省内销售42.25亿支（8.45万箱）；销售“南京”419.6亿支（83.92万箱），同比增长85.41%，其中江苏省内销售227.35亿支（45.47万箱）。

2010年，公司新开发“南京（十二钗烤烟）”、“南京（十二钗薄荷）”2个低焦油卷烟产品，对“南京（精品）”、“南京（佳品）”进行升级改造，并将“红杉树”、“一品梅”部分规格整合进入“苏烟”和“南京”品牌。

【品牌营销】 公司坚持“立足高端、做精求强、积极扩张、全力做大”的工作思路，以“苏烟”和“南京”为培育重点。“苏烟”以“稳固江苏市场、做实重点市场、开拓‘三北’市场”为区域推进策略，以“高端规格稳价促量，中端规格强力推广”为营销策略。“南京”以“高端引路、扩大影响、做实市场、全面推进”为工作思路，并加快提高市场覆盖率，加快向全国性品牌的转变。

开展“消除市场空白点”活动，提高重点品牌的市场覆盖率。加大品牌宣传力度，全年共策划、实施各类宣传促销活动近400场次，召开品牌推介会70余场。在巩固江苏市场的基础上，与山东、浙江、河南、安徽等省实施工商协同营销战略，稳定华南沿海地区，着力扩大长江流域，重点拓展“三北”（东北、华北、西北）地区。

【原料保障】 坚持“以品牌配方为导向，以稳定供应为核心，以技术创新为动力”为指导思想，抓住“数量、结构、质量、特色”四个关键环节，落实“调早、调足、调高、调优”的工作方针，优化资源配置，推进业务整合，创新组织模式，提高烟叶集团化运作水平。

主动参与、深度介入烟叶种植的规划、育苗、栽培、烘烤等主要过程，落实三重检验和巡检制度，保证烟叶生产和收购质量。以“定品牌、定区域、定品种、定技术”为主要任务，以现代烟草农业和特色优质烟叶基地单元建设为突破口，积极推进品牌导向型烟叶基地建设，先后与30家业务单位签订基地建设协议，与云南、贵州、福建等省公司签订长期战略合作框架协议，入股中烟国际阿根廷公司。

2010年实际入库烟叶6.91万吨（138.13万担），截至年底，公司库存烟叶15.89万吨（317.8万担）。

【科技创新】 2010年，公司的科技研发投入为1.35亿元。全年共开展科研项目78项，取得科技成果20项。获得授权专利5项，公开发表科技论文23篇。

参与国家局“减害降焦”、“卷烟增香保润”等重大科技专项，先后在18个规格的卷烟中启用27项减害降焦技术。全面开展原料区域优化项目研究和评价工作，全年共完成1800余个样品的检测、评吸和分析评价。

【企业管理】 对标工作。印发《对标、创优主要经济技术指标责任分解表》，制订原辅材料消耗、能源消耗、设备有效作业率等考核指标，定期开展对标工作检查和交流。在行业对标工作通报的41项对标指标中，公司有35项优于行业平均水平，有20项处于行业前三名，比2009年分别增加3项。

“十大体系”建设。印发《十大体系建设实施意见》，全面开展质量管理体系、标准化体系、财务管理体系、绩效管理体系、科技创新体系、数字化管理体系、市场营销体系、监督管理体系、生产保障体系、企业文化体系建设工作。按照“模式先进、系统科学、流程顺畅、标准明确、责任清晰”的要求，初步完成各管理体系的框架搭建工作。

安全管理。投资900余万元，对消防报警系统和自动灭火系统进行改造。全年共22人通过国家注册安全工程师执业资格考试并领取注册证。严格执行24小时双岗值班制度，加强安全生产法制体制机制、安全生产保障能力、安全生产监管队伍的“三项建设”。全年未发生重大安全事故。

【人力资源管理】 加大干部轮岗交流力度，全年共有16名处级干部轮岗交流，6名处级干部异地交流。推进“人才培养工程”，制定《江苏中烟工业有限责任公司培训中心管理实施细则》，继续与南京理工大学联合举办第二期工商管理硕士研究生班。全年共举办各类培训186期，参训人员达6852人次。

【思想政治工作】 “创先争优”活动。确定以徐州卷烟厂及该厂1个所属党支部为全省烟草工业系统创先争优活动的试点单位。编发活动动态刊物7期，交流各单位开展主题活动的特色做法和活动亮点；完成学习动员、承诺公示、领导点评三个阶段工作，活动覆盖率达到100%。

“上水平、争先进、创一流”主题活动。以“走在行业前列，展现一流水平，全面建设现代烟草”为新目标，开展“上水平、争先进、创一流”主题活动。活动跨越2009、2010两个年度，分为统一思想、深化认识，对照目标、制定措施和全面落实、整体推进三个阶段。2010年，“上水平、争先进、创一流”主题活动以“创建优秀基层组织”、“岗位练兵岗位竞赛”、“产品质量零缺陷”、“对标创优”等活动为载体，积极推进品牌培育、内部管理、产品研发、技术改造和队伍建设，并于12月组织了主题活动成果巡回展览。

【企业文化】 完成企业文化建设项目调研、诊断、提炼、设计等主体工程，形成以“志存高远、和谐奋进”的企业精神为核心，以《企业文化手册》等成果为载体，覆盖企业理念识别系统、视觉识别系统和行为识别系统三个领域的“志·行”文化体系。结合企业文化工作特点，初步构建以三大识别体系为主体的企业文化管理体系。

【“十一五”发展概要】 实现经营主体和管理模式的转变。取消各卷烟厂的法人资格，全省烟草工业系统建立了“一个法人、多点生产”的一体化管理体制。工业公司承担主要经营职能，由行政管理单位转变成为直接参与市场竞争的生产经营主体，全系统实现由分散经营向集团化运行的转变。

实现市场格局的转变。卷烟产品市场从由华东地区为主，积极向全国扩展。2005年，销售卷烟814.0亿支（162.8万箱），其中江苏省外192.5亿支（38.5万箱）（不含澄城加工量）；2010年，销售卷烟957.3亿支（191.46万箱），其中江苏省外347.5亿支(69.5万箱)。

实现企业经济效益的跨越。2005年卷烟生产计划为813.5亿支（162.7万箱），2010年达到959.5亿支(191.9万箱)。公司2005年实现税利137.56亿元，2010年实现税利297.05亿元。

实现品牌的发展。2005年全省烟草工业系统共生产13个牌号，54个规格。2010年在产品牌数量减少到8个，规格减少到45个。2005年，“苏烟”和“南京”的销量仅分别为22.1亿支（4.42万箱）和195.1亿支（39.02万箱）；2010年达到101.05亿支（20.21万箱）和419.6亿支（83.92万箱）。“苏烟”和“南京”被国家局列为全国性卷烟重点骨干品牌。

实现技术水平的跨越。“十一五”时期累计完成投资38.6亿元，徐州卷烟厂和淮阴卷烟厂“十一五”技术改造项目建成投产；HXD、ESS、超高速卷接包设备等一大批先进装备和配套设施投入使用；建成了“统一标准、统一平台、统一数据、统一网络”的ERP系统；在数字烟草、烟草化学、卷烟工艺、减害降焦等关键领域取得了一批具有较高水平的科技成果。“十一五”期间，共承担和完成行业级科研项目8项，4项科技成果通过国家局行业级鉴定验收，累计取得专利42项。

【特事要辑】 4月2日，国家局副局长张保振到江苏中烟考察调研。

5月22日，国家局局长姜成康到江苏中烟考察调研。

5月25日，国家局副局长何泽华到江苏中烟检查指导现代物流建设工作。

6月22日，国家局副局长张保振到江苏中烟考察调研。

7月23日，国家局总会计师兼财务司（审计司）司长张玉霞到江苏中烟考察调研。

8月19日，江苏中烟与山东中烟签订品牌合作加工协议。

12月23日，江苏中烟新建技术研发中心暨“南京”品牌专线技改项目奠基仪式在南京举行。国家局局长姜成康、国家局副局长李克明、江苏省副省长史和平等出席奠基仪式。

所属企业

江苏中烟工业有限责任公司南京卷烟厂

【概　况】 江苏中烟工业有限责任公司南京卷烟厂前身为成立于1948年的振业卷烟厂。1964年更名为国营南京卷烟厂。2006年取消法人资格，更名为江苏中烟工业公司南京卷烟厂。2009年更名为江苏中烟工业有限责任公司南京卷烟厂。

企业厂区占地面积为27.2万平方米。拥有卷接包设备20台（套），其中包括16000支/分钟的意大利超高速卷接包机组1套，6600支/分钟的细支卷接包机组1套及德国HAUNI滤嘴棒成型发射机组。年卷烟生产能力400亿支（80万箱）。共有从业人员1650人，其中在岗员工1555人。

2010年7月，企业被江苏省委、省政府评为“2007～2009年度江苏省文明单位”。

【领导成员】 企业实行厂长负责制，主要领导成员有：

厂长、党委书记：李　鸣

调研员：王振洲（2010年7月前任副厂长、党委委员，7月改任副调研员，10月起任调研员）

副厂长、党委委员：黄　彪（—2010.4）

副厂长、党委委员：王　宁

财务总监：杨　勇（—2010.12）

党委副书记、纪委书记：刘殷亭（—2010.12）

常务副厂长、党委委员：高　宏（2010年12月前任副厂长、党委委员）

副厂长、党委委员：金茂跃

党委委员、工会主席：姚　远

副厂长、党委委员：梁　鹏（2010.7—）

党委副书记、纪委书记：张再鸣（2010.12—）

副调研员：谢文浩

副调研员：龚怀龙

【卷烟生产】 2010年，企业主要生产的卷烟品牌有“南京”、“梦都”、“大丰收”等。全年生产卷烟341.6亿支（68.32万箱），同比增长4.54%，其中，生产一类烟60.52亿支（12.10万箱）、二类烟1.05亿支（0.21万箱）、三类烟280.03亿支（56.01万箱）和四五类烟155万支（31箱）。生产“南京”340.15亿支（68.03万箱），“梦都”1.45亿支（0.29万箱），其余为“大丰收”。

全年卷烟平均综合能耗为2.98千克标煤/万支，产值平均综合能耗为8.08千克标煤/万元。烟叶、滤棒、盘纸平均消耗分别为7.13千克/万支、1685.63支/万支、616.81米/万支。水、电平均消耗分别为0.09吨/万支、7.62千瓦时/万支。

【技术改造】 新型辊压薄片、环保内衬纸攻关等项目取得突破。参与完成“南京（金陵十二钗）”的产品开发任务。截至12月，“南京品牌专线”项目完成了第一批进口设备的比选申报和项目初步设计。

江苏中烟工业有限责任公司徐州卷烟厂

【概　况】 江苏中烟工业有限责任公司徐州卷烟厂前身为成立于1939年9月的陇海烟厂，1956年2月更名为地方国营徐州卷烟厂，2006年取消徐州卷烟厂法人资格，更名为江苏中烟工业公司徐州卷烟厂，2009年更名为江苏中烟工业有限责任公司徐州卷烟厂。企业拥有2条6000千克/小时制丝线、2条400千克/小时辊压法薄片生产线，以及15台（套）卷接机组、18台（套）包装机组。年卷烟生产能力为500亿支（100万箱）。共有从业人员1816人，其中在岗员工1816人。

2010年1月，被江苏省依法治省领导小组办公室、省依法经营协调指导办公室联合授予“江苏省依法治企诚信经营先进单位”称号；12月，被江苏省委、省政府评为“2007～2009年度江苏省文明单位标兵”。

【领导成员】 企业实行厂长负责制，主要领导成员有：

厂长、党委书记：宣晓泉

副厂长、纪委书记、党委委员：张兴顺（—2010.3）

常务副厂长、党委委员：强　青（2010年12月前任副厂长、党委委员）

副厂长、党委委员：朱卫星（—2010.5）

副厂长、党委委员：董　彪（—2010.12）

党委副书记、工会主席：王洪雷

副厂长、党委委员：边　姜（2010年12月前任财务总监）

总工程师、党委委员：吴宝兴

纪委书记、党委委员：曹爱峰（2010.4～12）

副厂长、党委委员：梁瑞海（2010.7—）

副厂长、党委委员：黄旭峰（2010.7—）

副厂长、党委委员：夏　宇（2010.12—）

调研员：时培俊（2010年10月前任副调研员）

副调研员：王继林

副调研员：刘明轩

副调研员：祁祯祥（—2010.11）

副调研员：部广礼

【卷烟生产】 2010年，企业主要生产的卷烟品牌有“苏烟”、“红杉树”、“南京”、“一品梅”、“大丰收”、“秦淮”。全年共生产卷烟304.7亿支（60.94万箱），同比增长3.3%，其中，生产一类烟139亿支（27.8万箱）、二类烟13.9亿支（2.78万箱）、三类烟67.8亿支（13.56万箱）、四类烟65.3亿支（13.06万箱）、五类烟18.6亿支（3.72万箱）。生产“苏烟”101.6亿支（20.32万箱），同比增长86.8%，生产“红杉树”167.6亿支（33.52万箱），同比下降11.21%。

全年产值平均综合能耗为8千克标煤/万元，卷烟平均综合能耗为3.95千克标煤/万支。烟叶、滤棒、盘纸平均消耗分别为7.12千克/万支、1702.9支/万支、607.2米/万支。水、电平均消耗分别为0.09吨/万支、12.6千瓦时/万支。

【技术改造】 “十一五”技改工程南厂区生产辅助综合楼建设完成主体工程验收。投资约3.5亿元的3组高速卷接包机组通过设备验收并正式投入运行。

启动“十二五”易地技术改造暨“苏烟”品牌专线项目前期调研工作，项目于12月正式获得国家局审批。

【科技创新】 针对高档卷烟焦油量相对较高的问题，围绕ESS、造纸法薄片等掺配物的添加使用进行专项实验，卷烟产品焦油加权平均值降至11.93毫克/支，同比降低0.86毫克/支。

推动群众性技术创新活动，企业的“制丝线加料流量计校准系统的开发”项目在全国烟草行业第二十一届优秀QC小组成果发布会上荣获一等奖。

【企业管理】 基础管理。推行6S现场管理，编制《徐州卷烟厂6S活动手册》、《徐州卷烟厂6S管理考核细则》，外聘咨询专家进行专题培训和现场指导。对71条企业体系建设目标进行分解、细化、完善，对8项管理提案进行立项实施，制订并完善《徐州卷烟厂三标一体管理体系工作人员标准》及体系自查自评制度、体系建设季度汇报制度等。全面启动绩效管理体系建设工作，制订《徐州卷烟厂绩效管理体系建设实施意见》，印发《徐州卷烟厂绩效考核细则（试行）》和《徐州卷烟厂绩效考核办法（试行）》。

质量管理。坚持“卷烟质量零缺陷”活动与强化“苏烟”质量、保证体系建设的有机结合，健全完善“苏烟产品感官质量日评吸制”、“工艺质量现场检查制”、“卷烟产品全机台抽检制”等防差错管理工作机制。在国家局组织的质量抽检中，产品合格率均为100%。“前沿”QC小组被中华全国总工会、共青团中央、中华全国妇女联合会等5家单位联合授予“2009年度全国优秀质量管理小组”称号。

【实践与培训】 以“岗位练兵、岗位竞赛”活动作为提升员工队伍建设水平的有效载体，在生产一线开展了大学生员工“角色转换”的轮岗实践活动。采取外聘专家授课和内聘技术骨干培训等形式，全年累计举办各类培训班112期，组织培训2823人次。

江苏中烟工业有限责任公司淮阴卷烟厂

【概　况】 江苏中烟工业有限责任公司淮阴卷烟厂前身是成立于1945年的华新烟草公司。1963年，更名为淮阴卷烟厂；2006年取消淮阴卷烟厂法人资格，更名为江苏中烟工业公司淮阴卷烟厂；2009年更名为江苏中烟工业有限责任公司淮阴卷烟厂。

企业占地面积54万平方米。拥有4800千克/小时叶片处理线2条，SH93叶丝高速膨胀干燥设备1台（套），COMAS烘丝机1台（套），HXD在线膨胀设备1台（套），SP81烟梗制粒膨胀设备1台（套），从德国和意大利进口的PROTOS－GD卷接包装机组8台（套）、PROTOS－FK机组6台（套）、PROTOS－BE

机组2台（套），从德国、意大利、日本进口的自动装封箱机8台、KDF2滤棒成型机4组、滤棒发射机4套、码垛机3台。年卷烟生产能力为400亿支（80万箱）。共有从业人员2006人，其中在岗员工1586人。

2010年，企业被江苏省政府评为“2007～2009年度江苏省文明单位”，被全国工农业旅游示范点评定委员会评为“全国工业旅游示范点”。

【领导成员】 企业实行厂长负责制，主要领导成员有：

厂长、党委书记：周　涛

常务副厂长、党委委员：金殿明（2010年12月前任副厂长、党委委员）

副厂长、党委委员：郁雨昌

党委委员、工会主席：孔维应

副厂长、党委委员：赵　亮（—2010.10）

纪委书记、党委委员：张再鸣（2010.3～12）

财务总监：程学贵（2010.3～12）

纪委书记、党委委员：曹爱峰（2010.12—）

副厂长、党委委员：刘元庆（2010.10—）

总工程师：郝爱民（2010.10—）

调研员：陈　伟

副调研员：樊兆庆

副调研员：王寿义

【卷烟生产】 2010年，企业主要生产的卷烟品牌有“南京”、“一品梅”、“华西村”、“红杉树”和“大丰收”等5个品牌、18个规格。

全年生产卷烟313.22亿支（62.64万箱），其中，生产一类烟3.58亿支（0.72万箱）、二类烟69.99亿支（14.0万箱）、三类烟46.17亿支（9.23万箱）、四类烟152.7亿支（30.54万箱）、五类烟40.79亿支（8.16万箱）。

全年产值平均综合能耗为19.63千克标煤/万元，卷烟平均综合能耗为3.85千克标煤/万支。烟叶、滤棒、盘纸平均消耗分别为6.86千克/万支、1730.6支/万支、607.8米/万支。水、电平均消耗分别为0.15吨/万支、11.11千瓦时/万支。

【技术改造】 推进配套项目建设，实行“项目负责人”制。干冰膨胀烟丝生产线项目完成初步设计，并通过行业专家评审。“九五”厂房改造项目投入使用。职工餐厅项目完成主体验收，中水处理项目投入试运行。完成3台（套）超高速机组的设备考察、技术谈判和合同签订工作。

【科技创新】 对“一品梅（佳品醇）”等产品进行分组加工、膨胀梗粒应用、999#配方板块生产，全年降低配方成本800余万元，制丝综合达标率96.93%。针对“十一五”技改新生产线特点，运用特种滤棒、激光打孔、SP81烟梗膨胀制粒等技术，降低烟叶消耗和焦油含量，卷烟焦油量加权平均值11.27毫克/支，烟叶消耗达6.86千克/万支。

全年申请专利18项，获国家知识产权局受理。

【企业管理】 管理体系建设。形成“卷烟上水平”工作方案及6个方面的实施细则。完成绩效管理、生产保障等体系框架搭建。推进“三标一体”体系建设，先后修改和制订文件80个，开展企业内审2次、专题审核3次，通过第三方认证审核。

对标创优。把对标创优指标设为全厂A类目标，全面分解落实。确定15个关键控制点，针对“短板”指标，确立5个课题。全年有3项指标达到行业先进水平，21项指标优于行业平均水平，6项指标达到“优秀卷烟工厂”标准，同比增加2项。

办事公开民主管理。制订预审、监督、评议和问责四项制度，完善办事公开民主管理联络员网络，建立厂级、部门、班组三级公开体系。

【信息化建设】 完成ERP三期系统上线和卷烟物流在途信息系统建设。实施生产系统及数据安全备份、厂区网络改造等项目，完善质量数据采集等业务模块功能。

【人力资源管理】 推动干部岗位交流，对8个部门中层干部进行交流和轮岗。出台《内部借用人员管理办法》、《年薪制新进人员工资管理补充规定》等。开展“岗位练兵、岗位竞赛”活动，进行9大类、32小项的大比武活动，累计有543人次参加。

全年组织培训17批次，培训1886人次。2人通过行业高级专业技术资格评审，51人参加2010年烟草工业特有工种实操统一鉴定考试，通过率100%。

（卢　超）

浙江中烟工业有限责任公司

【概　况】 浙江中烟工业有限责任公司，最初为浙江烟草工商分设后于2003年7月成立的浙江中烟工业公司。2007年11月，浙江中烟工业公司改制更名为浙江中烟工业有限责任公司。公司下辖杭州制造部、宁波制造部2个卷烟生产企业，参股甘肃烟草工业有限责任公司。公司拥有总资产248.34亿元，其中，固定资产24.47亿元、流动资产181.24亿元，资产负债率为10.16%。共有从业人员3127人，其中在岗员工3123人。

2010年，浙江中烟工作的指导思想是：以党的十七届四中全会精神为指导，全面贯彻落实全国烟草工作会议精神，巩固和发展学习实践科学发展观活动成果，以“卷烟上水平”为主要任务，紧紧围绕“三个一”① 的企业战略目标，沿着“五个二”② 的发展路径，以确保“百万利群”的实现为重点，统筹营销、研发、保障、管理、队伍等各个要素，做强品牌、做精制造、做优企业、做实市场，在做强做大做好上做足文章，坚定信心，全力以赴，努力构建浙江中烟新一轮发展平台。

2010年9月，浙江中烟在中国企业联合会、中国企业家协会公布的“2010中国企业500强名单”中，名列第209位，较2009年上升24位；居“2010中国制造业企业500强”102位，较2009年上升20位；居“2010中国企业效益200佳”119位。12月，被浙江省委、省政府评为“2010年度‘低收入农户奔小康工程’结对帮扶工作先进单位”。

【领导机构】 董事会

董事长：徐　瑾（—2010.6）
　　　　卢瑞刚（2010.6—）

董　事：张益山　刘建设　孟伟刚　李晓兵　舒　明　韩春宁

监　事：潘志刚

班子成员

总经理、党组书记：张益山
副总经理、党组成员：刘建设
副总经理、党组成员：孟伟刚
副总经理、党组成员：许明忠
副总经理、党组成员：杨柳军
纪检组长、党组成员：潘志刚
副巡视员：徐芳权
副巡视员：华夫明（—2010.3）

【机构设置】 公司设办公室（外事办公室）、综合计划部、生产管理部、安全保卫部、财务管理部、审计部、法律与改革部、投资管理部、人力资源部、思想政治工作部、监察部、市场营销部、物资供应部、进出口部、技术中心、信息中心等16个部门。

【卷烟生产经营】 2010年，全年共生产卷烟1093.35亿支（218.67万箱）（不含出口烟），同比增长8.89%，其中，一类烟204.92亿支（40.98万箱），同比增长19.15%；二类烟375.01亿支（75.0万箱），同比增长26.91%；三类烟72亿支（14.40万箱），同比下降6.48%；四类烟314.22亿支（62.84万箱），同比下降5.65%；五类烟127.19亿支（25.44万箱），同比增长0.47%。自产815.0亿支（163.0万箱），同比增长1.34%；合作生产278.35亿支（55.67万箱），同比增长27.05%。生产出口卷烟35.98亿支（7.19万箱），同比增长87.38%。实现工业内销1079.9亿支（215.98万箱），同比增长7.43%；海外销售卷烟31.52亿支（6.30万箱），同比增长84.34%。

实现销售收入354.3亿元，同比增长17.59%。全年实现税利232.25亿元，同比增加35.55亿元，增长18.07%，其中利润21.21亿元，同比下降32.73%。公司三项费用率为7.41%。税利总量居行业第6位，单箱税利和单箱销售收入居行业第3位。

全年万支卷烟综合能耗为2.54千克标煤/万支，万元产值综合能耗为7.75千克标煤/万元。烟叶、滤棒、盘纸平均消耗分别为7.39千克/万支、1680支/万支、645米/万支。水、电平均消耗分别为0.05吨/万支、6.75千瓦时/万支。

【主要产品】 全年生产的主要卷烟品牌为“利群”、“大红鹰”、“雄狮”三大系列，其他还有“双叶”、“五一”和“大丰收”，在产规格共30个。国际市场在产品牌有“摩登”、“利群”和“大红鹰”。

“利群”系列共有13个规格，全部为烤烟型，其中一类烟8个、二类烟5个。全年生产548.48亿支（109.70万箱），同比增长27.95%，其中自产507.46

① 建设一个优秀企业，培育一个有影响力、有竞争力的品牌，成为行业名副其实的主力队员之一。

② 突出两个重点（品牌与市场），关注两大环境（内环境与外环境），提升两种实力（硬实力与软实力），打造两支队伍（技术队伍和员工队伍），强化两级班子。

亿支（101.49 万箱），同比增长 25.78%；合作生产 41.02 亿支（8.20 万箱），同比增长 62.76%。全年实现工业销售 547.22 亿支（109.44 万箱），同比增长 27.66%。实现省内销售 266.71 亿支（53.34 万箱），同比增长 14.67%；海外销售 3.31 亿支（0.66 万箱），同比增长 24.44%。

2010 年，“利群”成为行业首个“一、二类百万箱”品牌，进入行业“批发市值过 400 亿元”的品牌目录。全年实现商业批发销量 538.35 亿支（107.67 万箱），同比增加 112.4 亿支（22.48 万箱），增长 26.38%，连续第十年增速超过 25%；品牌批发市值达到 417 亿元，同比增加 89 亿元，增长 27%。品牌的销量和批发市值在行业“两个前 15 位品牌”中分别处于第 5 和第 6 位。一类烟实现销量 199 亿支（39.8 万箱），同比增长 22.44%，其中省外销量增幅达到 67.7%。300 元/条及以上“利群”实现销量 33.65 亿支（6.73 万箱），同比增长 69.7%。二类烟实现销量 339.5 亿支（67.9 万箱），同比增长 28.8%，占行业二类烟总份额的 30%。

“利群”市场规模进一步扩大，全年省外销量同比增长 40.5%，省外销售比重达到 50.5%，同比提高 5.1%。省外销量超过 5 万箱省份达到 2 个，超过 2 万箱省份达到 8 个，5000 箱以上的地市新增 11 个，达到 26 个，1000 箱以上的地市新增 37 个，达到 136 个。

“大红鹰”系列共有 9 个规格，全部为烤烟型，一类烟、二类烟和三类烟各 3 个。全年共生产 100.96 亿支（20.19 万箱），同比下降 5.06%，其中自产 10.69 亿支（2.14 万箱），同比下降 54.4%；合作生产 90.28 亿支（18.06 万箱），同比增长 8.89%。全年实现工业销售 96.91 亿支（19.38 万箱），同比下降 8.55%；实现省内销售 87.04 亿支（17.41 万箱），同比下降 0.75%。

“雄狮”系列共有 6 个规格，全部为烤烟型，其中三类烟 1 个，四类烟 3 个，五类烟 2 个。全年共生产 414.05 亿支（82.81 万箱），同比增长 2.36%，其中自产 267 亿支（53.40 万箱），同比下降 9.04%；合作生产 147.06 亿支（29.41 万箱），同比增长 32.5%。全年实现工业销售 405.91 亿支（81.18 万箱），同比增长 0.07%；实现省内销售 209.11 亿支（41.82 万箱），同比下降 4.47%。

【品牌营销】 2010 年，浙江中烟始终突出市场和品牌两个重点，以“百万利群”工程、400 亿元“利群”批发市值的实现为抓手，继续实施“东稳西进”战略和“成千上万”工程，全面推进营销上水平。省内市场基本扭转了减量减份额的态势，企稳回升，市场份额达到 44.86%，同比上升 0.5%。其中，300 元/条及以上价区市场份额达到 37.5%，同比上升 7.4%。

“东稳西进”战略。即稳健提升东部市场份额，突出重点省市，精耕细作；同时，以东部市场的发展为模板，积极挺进中西部市场，加快浙产烟从东部区域市场向全国性大市场的拓展。2010 年，省外的华东、中南、东北、中原四大区域浙产烟销量达到 77 万箱，同比增长 8.9%。西北、西南区域增长突出，两区域总量同比增长 37%，“利群”销量同比增长 84%，其中，云南等 3 省（市）浙产烟销量翻番，新疆等 4 省（区、市）“利群”销量翻番。浙产烟销量在西部区域的快速稳步上升成为了浙产烟省外发展的一个新的特点，为西部推进战略的有效实施起到积极作用。

“成千上万”工程。即省级、地级市场总量成千上万、单品牌销量成千上万、主导规格销量成千上万。2010 年，在浙江省外的 32 个省级单位、286 个销售市场中，浙产烟销售总量在 10 万箱以上的省份有 1 个；5 万至 10 万箱的省份有 7 个，较 2009 年新增 1 个；1 万至 5 万箱的省份有 12 个，较 2009 年新增 2 个。上万箱的地市新增 4 个达到 19 个，1000 箱以上的地市新增 23 个达到 201 个。

工商协同营销。省内物流全面铺开，成品数字化仓储项目有序推进。省外实现工商销售数据对接的单位新增 44 家达到 150 家，实施电子托盘运输的单位新增 31 家达到 117 家，整托盘运输量占工业调出总量的 74.6%。

海外市场开拓。按照“‘利群’明显提升、‘摩登’继续突破、营销全面延伸”的工作目标，2010 年，“利群”卷烟在有税和免税市场上的出口力度进一步加大，产品结构的提升步伐进一步加快。在秘鲁、印度尼西亚和澳大利亚市场，分别推出“利群”有税版，在香港机场实现“利群”免税上市销售。推出“利群（长嘴）”等 5 个规格产品出口，并在 12 月首次出口“利群（阳光）”和“利群（软长嘴）”共计 0.06 亿支（0.012 万箱）。全年“利群（长嘴）”和“利群（阳光）”等规格产品出口共计 1.35 亿支（0.27 万箱），占“利群”卷烟出口量的 40.8%。“摩登”卷烟全年出口销售 28.21 亿支（5.64 万箱），同比增长 96.74%，并在中东单一市场突破 20 亿支。三大市场销量分别为：中东 22.87 亿支（4.57 万箱），同比增长 104%；南美 3.22 亿支（0.64 万箱），同比增长 52.2%；印尼 2.12 亿支（0.42 万箱），同比增长 109%，从而为浙产烟向国际市场发展创造了较为有利的条件。

品牌文化建设。梳理“利群”系列产品吸味和风格的传播要素，将“淡淡的满足”作为“利群”产品的消费体验传播主题。将“利群”各规格产品按价位分为“休闲版”、“阳光版”、“经典版”、“原生版”四大系列，引导消费者对“利群”品牌产品的认识和认同，提升“利群”产品特别是“利群”一类烟在市场推广中的销售力。

终端营销。2月，召开年度终端建设工作研讨座谈会，强化“需求引导”的工作思路，提出明确的终端工作目标与规划，引导并拉动终端服务公司跟进配合。6月，再次召开终端营销专题会议，梳理、落实与推进终端阵地建设。7~9月，组织进行终端市场专题调研，通过借鉴质量管理体系建设的内审方法，重点调研了签约的9家终端服务公司的履约情况，走访13个省级单位23个地市级市场，调研终端营销的工作现状，加强与终端服务公司及终端业务团队的沟通，梳理、优化终端工作方向和着力点，促进终端营销的“需求引领”。

【原料保障】 *原料采购*。2009烟叶年度共计采购烟叶11.51万吨（230.2万担）（按原烟口径，片烟按65%折回原烟），其中，国内烤烟10.32万吨（206.36万担），晾晒烟0.31万吨（6.19万担），进口片烟0.51万吨（10.25万担），工业调剂片烟0.06万吨（1.2万担）。截至2010年6月底，公司片烟库存总量为13.23万吨（264.5万担），同比增加0.8万吨（16万担），增长6.4%。截至12月底完成调拨9.04万吨（180.85万担），完成核定计划的73.8%。

基地建设。制订《“利群”品牌原料保障规划》，全年完成20个“利群”品牌原料基地单元建设，其中现代烟草农业基地单元4个，特色烟基地单元5个，现代烟草农业、特色烟基地单元2个，自建基地单元9个。与四川、山东、河南省内有基地单元合作的6家市公司签订基地单元建设框架协议、年度协议及涉及技术依托单位的三方协议；与云南、四川、湖南、山东、河南省烟草公司签订为期5年的基地单元建设框架协议，并在各基地单元建立了工、商、研共同合作的基地建设组织架构，各区域确定专人负责，进行烟叶生产动态跟踪，分阶段收集产区生产资料，技术依托单位相关人员负责驻点开展试验与技术指导。5月，来自云南普洱、四川凉山、湖南长沙县等六县（市）“利群”品牌原料核心区域烟叶基地的78名一线技术骨干，在河南农业大学参加为期7天的“利群”品牌烟叶基地技术人员专业技术培训。

【辅料生产供应】 定期组织召开供方质量沟通交流会，掌握和了解供方的进货、生产、交货等方面信息，并及时、全面地反馈相关材料的使用情况。为了提高产品的同质化水平，对烟用材料实施对标管理，从颜色、文字、线条等细节入手，发现问题即作分析改进，有效提升产品质量。针对即将实施的大范围降焦改版，从采购计划交接、供方生产控制、仓储物流等多方面着手，开展相关烟用材料改版衔接和采购控制工作。推进公开招标采购，制订《非专卖物资采购管理规定》，分别于5月和11月两次开展烟用塑料托盘的公开招标采购。

【技术创新】 围绕品牌与市场这两个重点，跟踪研究新技术、新材料、新工艺。全年完成“利群（软老版）”、“利群（逍遥）”、“利群（神州）”等3个新产品的研发设计，实施“利群（长嘴秘鲁）”、“利群（长嘴印尼）”、“利群（长嘴GM）”、“利群（软长嘴GM）”、“利群（阳光GM）”、“雄狮（薄荷）”、“摩登（印尼BH）”、“摩登（南美BH）”等10个新产品的包装和烟支配套辅料设计及“雄狮（硬）”、“摩登（秘鲁BH）”、“摩登（南美S）”、“摩登（印尼）”等6个产品的包装材料设计更改任务。作为双8产品①，“利群（软老版）”和“利群（神州）”突破“利群”传统的叶组配方模式，不仅添加造纸法薄片，而且严格控制云南烟叶的使用比例，并在上部烟的使用上取得较大突破。

在不影响消费者吸食口感、始终保持卷烟产品吸味特征一致的基础上，完成了“利群”、“大红鹰”、“雄狮”三大系列共32个产品的降焦改版工作。通过改进叶组配方工作理念，运用特有的叶组配方模块技术，“利群”二类烟叶组配方替代津巴布韦烟叶项目顺利实施，并成功切换。

【多元化经营】 推进宁波地区多元化企业的清理整合工作。通过清退外部股东、割断职工投资与集体企业的资产纽带关系、解决历史遗留问题的方式，完成6家企业的资产转让工作。截至年底，列入国家局多元化清退计划的相关企业已全部清退完毕。

2010年，监管的11家多元化企业均实现赢利，全年实现投资收益总额2271万元，其中全资企业571万元，参股企业1700万元。

【企业管理】 *成本费用控制*。推出100条降本节费的具体措施，全年共计节约成本费用4715万元。公司全年销售成本费用率为28.26%，同比下降1%；单箱主要材料成本1414.6元，剔除结构因素同比减少

① 焦油含量8毫克、危害性指数8.0。

33.16 元。

贯标对标。4 月 26 日，浙江中烟“三标一体”管理体系顺利通过第三方认证，并获得认证证书。对第三方审核、内审、管理评审和日常检查中发现的不合格项和问题项，公司及时组织系统整改，并对整改结果进行跟踪验证。将对标和“创优”工作有机结合，同步推进，初步建立起 42 项对标指标和制造部 10 项创优指标的定期分析机制。

安全管理。共签订安全管理责任书 1676 份。开展年度环境因素、危险源辨识评价工作，共辨识出环境因素 1146 条、危险源 973 条，通过评价确定重要环境因素 59 条、重点危险源 110 条，并建立完善相应的控制措施。举办安全管理培训班，组织 62 名专兼职安全管理人员参加国家安全生产监督管理总局培训中心的专业培训，13 人参加国家局举办的安全督导师培训并取得了督导师证书。

【信息化建设】 作为企业资源计划系统（ERP）二期建设的主要内容，人力资源管理、项目管理和设备管理 3 个模块于 4 月 1 日正式上线运行。

东洲卷烟成品数字化仓储项目是烟草行业内首次应用无线射频识别技术（RFID）实现卷烟平库的数字化管理项目，公司在 3 月确定设备测试与安装方案，并于 9 月正式上线试运行，从而为托盘数字化、货位数字化、作业轨迹数字化、视频监控数字化设计目标的全面实现打下基础。

【人力资源管理】 出台《浙江中烟工业有限责任公司竞争性选拔干部工作实施办法》和《浙江中烟工业有限责任公司干部职级晋升聘任工作实施办法》等，进一步健全干部选拔任用工作机制。

提升公司营销队伍的职业素养和业务技能水平，与浙江省局（公司）联合举办卷烟商品营销职业技能竞赛，并派出两名选手参加国家局与全国轻工烟草工会联合组织的行业技能大赛，分别取得了第 18 名、第 25 名的成绩。

公司全年共实施培训项目 264 项，培训员工 5810 人次，总培训课时达 114996 课时。280 名员工申请参加职业技能鉴定，共计 176 人通过鉴定。

【思想政治工作】 制定《关于进一步规范发展党员工作的实施细则》和《关于严格党的生活制度 加强党的组织建设的若干规定》。推行党支部书记“一岗双责”制，实现党建工作与经营生产的相互促进。开展基层党组织“创先争优”活动，杭州制造部示范试点工作取得明显成效。全面推行“明示与承诺”制度，全体科级以上（含科级）管理人员和重点关键岗位人员计 301 名员工与公司签订了“明示与承诺”书。

【企业文化】 组建公司企业文化内训师队伍，开发培训课件，组织文化宣讲，开展文化测试。制订《企业文化建设管理标准》，编印《员工行为规范》和企业文化案例集，推进企业文化行为规范建设试点工作。

【“十一五”发展概要】 “十一五”期间，浙江中烟紧跟行业发展步伐，牢牢把握企业发展的大局、方向、重点和关键，准确判断，及时决策，抓住机遇，确保了企业的持续健康发展。

一是抓住行业理顺资产管理体制、加快烟草企业改革的大机遇，实现了企业三变一、品牌八变三的新格局，增强了企业合力，焕发了品牌活力，催生了“一个企业”实体运作的强大动力。

二是抓住行业调整省公司职能、取消县级公司法人的大机遇，面向全国的市场经营主体，适时提出“要多少给多少，要什么给什么，销多快跟多快”的服务承诺，明确提出“五个十”① 的市场策略和“成千上万”的目标进程，为刚刚完成整合的浙产烟迅速打开市场，创造了有利的局面。

三是抓住行业推进企业跨省联合、品牌整合的大机遇，迅速完成与甘肃烟草工业的跨省联合，通过输出“利群”品牌，不仅实现了“内联外拓”的突破，并以此为契机推进“东稳西进”，为企业的跨越式发展创造了有利条件。

四是抓住行业改革卷烟交易方式、推进“按客户订单组织货源”的大机遇，建立起以市场为起点和终点，环环相扣、一路跟进的内部供应链，形成以“五大滚动”② 为核心的市场驱动型管理模式，提升了企业适应市场的能力。

五是抓住行业全面推进“卷烟上水平”、加快培育知名品牌的大机遇，推进“百万利群”工程，以积极有效的作为拉动市场、撬动资源，确保企业的核心竞争力在“十一五”收官之年跃上了一个新的平台。

五年间，浙江中烟在企业数量、品牌数量上坚定不移地做减法，在企业规模、市场空间上千方百计地做加法，在解决矛盾、破除障碍上全心全意地做除法，一切的努力，产生了乘法的倍增效应。五年间，公司规模增长 0.4 倍，税利增长 1.1 倍，省际间销量增长

---

① 总量 10 万箱以上的省、占调入量 10% 的省、居前十位供应商的省、占当地销量 10% 的地市、年增幅超 10% 的销区。

② 滚动预测、滚动生产、滚动供货、滚动维护、滚动服务。

1.6倍，“利群”销量增长2.3倍，超额完成了期初设定的目标。

【特事要辑】 3月5日，国家局副局长张保振到浙江中烟调研。

4月23日，驻国家局纪检组组长潘家华考察浙江中烟——湖南宁乡“利群”品牌导向性基地单元，28日考察浙江中烟。

8月18日，国家局局长姜成康考察浙江中烟——湖南宁乡“利群”品牌导向性基地单元。

所属企业

浙江中烟工业有限责任公司杭州制造部

【概　况】 浙江中烟工业有限责任公司杭州制造部前身为成立于1949年10月的利群烟厂，1964年利群烟厂更名为杭州卷烟厂，2006年杭州卷烟厂取消法人资格，更名为浙江中烟工业公司杭州制造部，2007年更名为浙江中烟工业有限责任公司杭州制造部。企业占地面积约7万平方米，年卷烟生产能力400亿支（80万箱）。主要生产设备全部从国外引进，拥有1条从德国引进的8000千克/小时HAUNI制丝线，25台（套）从意大利和德国进口的GD－PROTOS连接机组，7组意大利产自动装封箱机，2台码垛机，12组滤棒成型机和7套滤棒发送机。共有从业人员1285人，其中主业在岗人员1174人。

2010年，杭州制造部工会被中华全国总工会评为2010年度“全国职工教育培训示范点”，卷包车间卷包轮保QC小组被中华全国总工会、共青团中央、全国妇联、中国质量协会等单位联合授予2010年“全国优秀质量管理小组”称号。

【领导成员】 主任、党委书记：张思荣

副主任、党委副书记、纪委书记：张立新

副主任、党委委员：周小忠

副主任、党委委员：倪雄军（2010年8月前任副主任）

副主任、党委委员：楼卫东（2010年8月前任副主任）

党委委员、工会主席：施成水

主任助理：王仁林（2010.11—）

【卷烟生产】 2010年，企业主要生产的卷烟品牌有“利群”、“雄师”、“双叶”、“大丰收”。

全年生产卷烟491.7亿支（98.34万箱），同比增长2.13%，其中，生产一类烟199.28亿支（39.86万箱），同比增长21.39%；二类烟85.86亿支（17.17万箱），同比增长16.32%；三类烟1.39亿支（0.28万箱），同比下降60.96%；四类烟156.12亿支（31.22万箱），同比下降16.85%；五类烟49.05亿支（9.81万箱），同比下降5.97%。按品牌计算，生产“利群”系列卷烟286.48亿支（57.30万箱），“雄狮”系列卷烟181.98亿支（36.39万箱），其他品牌23.24亿支（4.65万箱）。

全年万支卷烟综合能耗为2.23千克标煤/万支，万元产值综合能耗为6.09千克标煤/万元。平均消耗烟叶7.46千克/万支、滤棒1680支/万支、盘纸645米/万支。水、电平均消耗分别为0.05吨/万支、6.67千瓦时/万支。

【“十一五”易地技改】 制丝车间完成主体结构及砌体、粉刷工程，网架、太空板、钢格栅、光导管、幕墙龙骨完成安装，进口制丝线设备于10月19日开始安装。卷接包车间完成主体结构及砌体、粉刷工程和网架及幕墙龙骨的安装。动力中心及地下室主体结构施工完成并通过验收，内部砌体完成90%，外围砌体基本完成，厂外沟体施工基本完成。

【六西格玛管理】 2010年9月，正式发布《六西格玛项目管理程序》，明确企业各部门职能和项目管理流程，建立了六西格玛项目持续推进的长效机制。完成8个以“防差错，降缺陷，提质量”为主题的六西格玛改善课题。实施第一期六西格玛黑带培训课程，3名学员通过了中国质量协会六西格玛黑带认证考试，1名学员取得六西格玛黑带认证资格。4项六西格玛项目在第七届全国六西格玛大会上发布。

浙江中烟工业有限责任公司宁波制造部

【概　况】 浙江中烟工业有限责任公司宁波制造部前身为成立于1925年的宁波卷烟厂，1955年成立公私合营联工烟厂，1964年全国组建烟草托拉斯后改名为国营宁波卷烟厂，2006年取消宁波卷烟厂法人资格，更名为浙江中烟工业公司宁波制造部，2007年更名为浙江中烟工业有限责任公司宁波制造部。企业占地面积9.83万平方米，年卷烟生产能力300亿支（60万箱）。拥有2条设计产能分别为5600千克/小时和4800千克/

小时的制丝线。拥有15套PROTOS70卷接机，3套PROTOS80E卷接机，19套包装机，8套成型机和5套封箱机。共有从业人员1187人，全部为在岗员工。

2010年，企业被中欧中小企业论坛组委会评为“2010年中欧中小企业论坛浙江中烟工业有限责任公司宁波制造部绿色案例企业”；制丝车间片叶线机组被共青团浙江省委评为“省级青年文明号”。

【领导成员】 党委书记、纪委书记：何小寒（—2010.4）

党委书记、主任、党委委员：徐兆良（2010年4月前任主任、党委委员）

副主任、党委委员：邵国良

副主任、党委委员：谢琪君

副主任、党委委员：虞文进（2010年6月前任副主任）

党委副书记、纪委书记、工会主席：韩春宁（2010年6月前任党委副书记、工会主席）

副调研员：何新伟

主任助理：李晓星（2010.11—）

【卷烟生产】 2010年，企业主要生产的卷烟品牌有“利群”、“大红鹰”、“雄狮”、“摩登”等。

全年共生产卷烟359.3亿支（71.86万箱），同比增长11.3%，其中，生产一类烟5.3亿支（1.06万箱），二类烟227.75亿支（45.55万箱），三类烟4.4亿支（0.88万箱），四类烟11.05亿支（2.21万箱），五类烟110.8亿支（22.16万箱）。

全年万支卷烟综合能耗为2.97千克标煤/万支，万元产值综合能耗为10.25千克标煤/万元。平均消耗烟叶7.29千克/万支、滤棒1680支/万支、盘纸645米/万支。水、电平均消耗分别为0.065吨/万支、6.86千瓦时/万支。

【技术改造】 2月10日，烘丝机改造项目启动，2月20日正式开始第一批实物调试。实施改造后的烘丝机，设备操控性能和系统运行稳定性明显提高，烘丝水分控制稳定，料头、料尾的干烟丝明显减少。

（孙　琦）

安徽中烟工业公司

【概　况】 安徽中烟工业公司成立于2003年4月。2005年3月，安徽中烟工业公司进行重组，取消所属蚌埠、合肥、滁州卷烟厂法人资格，联合成立黄山卷烟总厂。2006年5月，安徽中烟工业公司进行二次重组，在取消黄山卷烟总厂、芜湖卷烟厂、阜阳卷烟厂法人资格后，公司下辖安徽中烟工业公司蚌埠、芜湖、合肥、阜阳、滁州卷烟厂等5家不具有法人资格的卷烟生产企业，以及中烟国际欧洲有限公司1家控股公司。公司拥有总资产154.65亿元，其中，固定资产31.66亿元、流动资产114.15亿元，资产负债率为20.51%。共有在岗员工6452人。

2010年，公司紧紧围绕“卷烟上水平”的任务要求，深入贯彻落实科学发展观，坚持科技创新，突出品牌培育，夯实基础保障，强化能力建设，提出“瞄准双十位、锁定双两百”的五年发展目标；启动“黄山”品牌“双两百工程”和“十二五”基建技改工程；完成年初既定的各项工作任务，为实施企业“十二五”发展规划打下了坚实的基础。

2010年，公司被安徽省总工会、劳动竞赛委员会评为“安徽省劳动竞赛先进集体”。

【领导成员】 总经理、党组书记：朱建华

副总经理、党组成员：卢安宁

副总经理、党组成员：赵　辉

纪检组长、党组成员、工会主席：张会廷

副总经理、党组成员：张全在（2010.4—）

总会计师：吴信芳

【机构设置】 公司本部设办公室（外事办、法改部）、企业管理部（信息中心）、制造管理部、安全保卫部、原料部、物资采购部、财务部、审计部、投资管理部、人力资源部（职业技能鉴定站）、纪检组监察部、政工部（机关党委、团委、机关工会）、工会、技术中心、进出口部、机关服务中心等16个职能部门以及1个营销中心和1个物流中心。

【卷烟生产经营】 2010年，公司生产卷烟1225.85亿支（245.17万箱）（不含合作生产），同比增长3.01%，其中，生产一类烟33.70亿支（6.74万箱），同比增长21.71%；二类烟94.55亿支（18.91万箱），同比增长29.73%；三类烟226.45亿支（45.29万箱），同比增长14.12%；四类烟582.00亿支（116.40万箱），同比增长14.82%；五类烟289.10亿支（57.82万箱），同比下降25.11%。全年合作生产

"红双喜"40亿支（8万箱）；生产出口卷烟3.35亿支（0.67万箱），同比增长35.37%。

全年销售内销卷烟1214.65亿支（242.93万箱），同比增长3.03%，其中，销售一类烟33.55亿支（6.71万箱），同比增长24.94%；二类烟94.45亿支（18.89万箱），同比增长28.56%；三类烟223.26亿支（44.65万箱），同比增长12.96%；四类烟585.60亿支（117.12万箱），同比增长17.34%；五类烟277.80亿支（55.56万箱），同比下降27.51%。实现境外销售卷烟7.05亿支（1.41万箱）。

全年实现卷烟销售收入217.80亿元，同比增长14.58%。实现税利158.19亿元，同比增长23.39%，其中利润25.13亿元，同比增长32.19%。公司三项费用率为10.65%。

全年万支卷烟综合能耗为2.86千克标煤/万支，万元产值综合能耗为16.53千克标煤/万元。烟叶、滤棒、盘纸平均消耗分别为6.86千克/万支、1682支/万支、596米/万支。水、电平均消耗分别为0.12吨/万支、7.8千瓦时/万支。

【主要产品】 2010年，公司生产的烤烟型卷烟品牌有"黄山"、"红三环"、"盛唐"，生产的混合型卷烟品牌有"都宝"，生产的雪茄烟品牌有"黄山松"、"王冠"、"味美思"，其中"黄山"为全国性卷烟重点骨干品牌。

2010年，生产"黄山"828.45亿支（165.69万箱），同比增长19.39%；销售"黄山"826.02亿支（165.20万箱），同比增长20.60%。生产"都宝"98.45亿支（19.71万箱），同比增长4.60%，销售"都宝"94.69亿支（18.94万箱），同比增长0.02%。生产雪茄烟0.90亿支，同比增长2.89%，销售雪茄烟0.97亿支，同比增长32.03%。

"黄山"品牌首度实现出口新加坡、马来西亚、印度尼西亚等海外市场；"都宝"品牌境外市场销量为7.03亿支（1.41万箱），同比增长26.6%。

【品牌营销】 *品牌发展思路及实施措施。*以公司五年发展规划为指导，以将"黄山"品牌打造成行业"532"、"461"知名品牌为目标，全面实施新品推广、运行优化、团队提升三大战略，积极推进"黄山"品牌"双两百工程"，努力打赢"四转三"攻坚战，不断优化运行模式，实施营销创新，推进工商协同，夯实管理基础。以新品培育为主题，全面实施新品推广战略，通过新品推广带动品牌培育与市场建设的全面突破。

坚持目标市场集聚，将全国市场划分为15个省级重点市场和100个市级重点市场，根据各类市场的不同特点，分别实施六大策略，即：根据地市场巩固提升策略、大市场重点培育策略、部分市场收缩聚集策略、中部市场集群崛起策略、周边市场顺势拓展策略和传统市场产品升级策略，努力打造一批重点市场。

*新品上市及市场表现。*将2010年确定为新品全面推进年，针对各类新品的产品特点与市场定位，通过全局谋划、合理分工、精准营销、差异运作的方式，实施特色营销，相继开展"新品春耕行动"、"专题促销活动"等，推动各类新品在省内外市场快速成长。

依托各类新品，调整品牌培育思路，创新品牌推广模式，丰富品牌推广手段，实现品牌结构的整体升级。全年共销售新品65.2亿支（13.04万箱），其中，"黄山"系列新品（全部为三类以上）销量为53亿支（10.6万箱）；"都宝"新品销量为12.2亿支（2.44万箱）。新品销量占公司总销量的5.37%，新品实现销售收入20.3亿元，占公司销售总收入的8.31%。

*工商协同及市场拓展。*通过品牌共建、合作互惠的方式，2010年相继与内蒙古、山东等省级公司建立长期稳定的合作关系，构建起定向合作的工商协同体系。加大协同营销力度，创新协同营销手段，相继召开粤皖、陕皖、甘皖、鲁皖、苏皖、浙皖、冀皖、京皖、晋皖工商协同营销恳谈会、品牌建设座谈会，推动货源保障、品牌培育、市场共建、信息沟通、"零点行动"等方面的工作。协同营销内容延伸到新品研发、网上配货、物流对接、零售客户管理和文体互动等方面。

探索实施网上配货的方式，实现与徐州、大连、成都、北京等公司网上配货的技术对接和业务协同。

*营销中心建设。*按照公司"改革调整，精干高效，积极稳妥，全面提升"的营销队伍建设方针，完成部分高级营销管理人员的职务调整工作。按照专业化分工，标准化运作的要求，完成450人的销售业务团队和150人的品牌推广团队的组建工作，在省内成立了区域级高端客户服务队。按照大品牌营销的要求，对营销区域管辖范围进行调整，将省外市场调整为四大区域和两个直属片区。对制度体系进行全面梳理、完善，推行一线标准工作法、"135工作法"、区域总监负责制、首问责任制。梳理和优化业务流程，并设立营销服务大厅。

【原料保障】 2010年，公司共签订的国内烟叶交易计划总量为11.07万吨（221.35万担），其中烤烟10.19万吨（203.7万担）、晾晒烟0.88万吨（17.65万担）。

烟叶基地建设坚持以品牌需求为导向，主动参与、深度介入烟叶生产、收购和复烤加工环节，积极探索品牌导向型基地建设的新模式。根据“黄山”品牌发展规划，按照“适度、合理”的原则，制定《2011—2015年烟叶基地建设及烟叶采购规划》。

推进实施2010年度国家局统一安排的3个整县推进现代烟草农业建设基地单元（云南曲靖、四川凉山会理、贵州黔西南各1个点，共计15万担）和6个特色优质烟叶开发项目（云南文山3万担、云南普洱5万担、贵州黔西南5万担、湖南郴州5万担、四川凉山2万担、安徽皖南3万担，共计23万担）。深度参与26个品牌导向型基地的建设工作，做到目标、品种、区域、生产技术方案“四确定”和驻点、技术、管理、评比、考核“五到位”。以合作项目为平台，探索工业主动参与、深度介入的新途径，与相关产区公司、技术依托单位共同围绕烟叶品种、施肥、栽培技术等方面开展技术研究。

【科技创新】 2010年，完成“黄山”和“都宝”品牌30余个产品规格的开发、改造和提质维护任务。围绕减害降焦、增香保润等重大专项开展技术研究，独立完成的《烟草及烟草制品果胶的测定离子色谱法》已正式发布为行业标准。向CORESTA大会报送论文并成功入选，实现零的突破。完成国家局重点课题招标项目“卷烟保润机理及应用技术研究”。

以科研项目为载体，以原料质量改进为主题，开展原料项目研究，全年自主立项项目8个，参与项目6个。完成“中高档混合型卷烟专用膨胀烟丝研发及相关技术研究”、“都宝卷烟香精香料模块功能研究”3个模块34个样品的收集与检测分析工作。

全年新申请专利21件，其中发明专利13件；获得专利授权52件，其中外观设计专利6件，实用新型专利45件，发明专利1件。发表在中文核心期刊以上刊物论文11篇，其中2篇论文在2010年中国烟草学会工业专业委员会烟草工艺学术研讨会上分别获得一、二等奖。

【对标管理】 围绕国家局对标体系、公司自建对标体系、卷烟厂创优对标体系等三层对标体系，组织实施了38个重大专项活动，全年有行业先进指标3个，有32个指标进入行业前10位；各卷烟厂在创建“优秀卷烟工厂”活动中充分发挥主体作用，5家卷烟厂均完成了国家局规定的8项以上达标要求，其中4家卷烟厂的10项指标全部达标，生产管理水平、质量保障能力和节约发展能力全面提高。

【内部管理监督】 加强工程投资、物资采购和宣传促销的管理，注重关口前移，重大工程项目中实行总规设计第三方审核、设置栏标价、设置履约保证金、设立工程资金共管账户、应用工程建设项目监控软件等五个环节同步监管。

推进企务公开工作，截至年底，完成一级公开65项、二级公开325项、三级公开143项、四级公开76项，共计609项，基本涵盖企业“三重一大”事项。制订并下发《关于进一步推进党务公开工作的实施意见》，进一步扩大党内民主。

【技术改造】 2010年，公司投资项目计划经国家局批复为127项，计划投资总额为7.24亿元，项目投资计划完成7.04亿元。

截至年底，“黄山”精品卷烟生产线项目完成建设场地平整和联合工房土建工程进场施工；“都宝”生产线项目的动力中心开始土建施工；雪茄烟生产部技改项目完成联合工房施工图设计审查；造纸法烟草薄片建设项目于12月获得国家局批复。

全面完成公司“十一五”期间24万平方米烟叶仓库规划建设；蚌埠、滁州卷烟厂生产指挥中心建设项目进入全面施工阶段，阜阳卷烟厂生产指挥中心于9月30日建成并投入使用；于2009年年底国家局批复公司购置的4组ZJ17卷接机组、2组YF12连接设备、2组YF17连接设备和4台滤棒接收站等全部交付使用。

【多元化经营】 加强多元化企业管理工作，9月，中烟公司完成对滁烟物业管理有限责任公司的合并注销。继续加强对辅业企业的管理和推动发展，7月，公司召开辅业企业发展专题会议；12月，蚌埠卷烟材料厂完成对投资企业蚌埠市一品黄山工贸有限责任公司的合并注销。

【人力资源管理】 严格规范干部选拔任用程序，推行“一报告两评议”制度，全年共考核提拔处级干部21人，配合国家局完成对公司领导班子的考核工作。面向社会公开招聘115名本科以上高学历人才，修订出台《新进员工管理办法》、《驻外人员暂行管理办法》。

实施专业技术职务和高技能岗位聘任工作常态化管理，全年新聘高级工程师1名、高级技师4名和高级工65名。4月，成立公司特有工种职业技能鉴定站。推荐11人参加2010年度国家局高级专业技术资格评审，8人取得高级专业技术资格；组织开展工程、农业、政工3个系列中级专业技术资格评审工作，47人符合申报条件，40人取得中级专业技术资格。组织开展烟机设备维修、烟草检验、卷烟营销等9个行业特有工种4个批次技能鉴定工作，共599人参加，459名员工通过鉴定取得相应职业资格。

全年培训1.1万余人次，投入培训经费近1000万元。

【企业文化】 公司将2010年确立为企业“攀登者”文化宣传贯彻年，按照“领导重视、全员参与、讲求结合、创新形式、配置资源、内外并举、与时俱进、一以贯之”的要求，开展了包括首届“攀登者”文化艺术节，“攀登先锋·感动中烟”人物评选表彰和“攀登者”文化体系宣讲培训等文化宣传贯彻活动，历时三个月，分三个专场。完成“攀登者”企业文化标志的设计应用、视觉识别系统导入以及企业歌曲《攀登者之歌》的创作，完成了企业文化评价体系的实施应用。

【“十一五”发展概要】 *经济效益*。2010年年底和2005年年底相比较，公司实现销售收入从113.32亿元增加到217.80亿元，年均增幅18.44%；实现税利从67.65亿元增加到158.19亿元，年均增幅26.77%；实现利润从9.05亿元增加到25.13亿元，年均增幅35.54%。累计上缴税金450亿元，保持安徽省第一税利大户，累计对外捐赠近8000万元。

技术改造。“十一五”期间，累计投入技改资金31亿元，比“十五”期间的技改投资19.6亿元增长58.16%。

品牌建设。“十一五”期间，品牌规格数量由14个品牌100余个规格整合到4个品牌38个规格。“黄山”品牌规模由21万箱扩张到165万箱，行业销量排名由第24位跃升至第7位，品牌集中度由10.3%提高到68%，是“黄山”品牌发展增长最快的时期。截至2010年，手工雪茄烟在生产装备条件落后情况下占据国产同类产品60%以上的市场份额。

两个跨越。省外市场，卷烟销量由275亿支（55万箱）发展到百万箱以上，销售比重由26.68%提高到42.2%。国外市场，2006年在罗马尼亚投资建厂，构建了中国烟草在欧洲的生产基地，五年来“都宝”品牌累计出口2.22万箱，出口实现1078万美元。

【特事要辑】 1月8~9日，“黄山”品牌发展论坛在合肥举行，国家局副局长何泽华出席并讲话。

3月11日，国家局副局长李克明到安徽中烟调研。

3月31日，国家局副局长张辉到安徽中烟调研。

4月29日，“都宝”卷烟生产线技术改造项目举行奠基开工典礼。

5月20日，安徽中烟合肥卷烟厂易地技术改造暨“黄山”精品卷烟生产线项目举行开工典礼，国家局局长姜成康、副局长李克明出席。

10月24日，安徽烟草举行成立三十周年纪念大会。

所属企业

安徽中烟工业公司蚌埠卷烟厂

【概　况】 安徽中烟工业公司蚌埠卷烟厂前身是成立于1942年的东海卷烟厂，1964年更名为蚌埠卷烟厂。2006年5月取消法人资格，更名为安徽中烟工业公司蚌埠卷烟厂。企业占地面积约11万平方米，拥有1条8000千克/小时HAUNI制丝生产线和1条570千克/小时二氧化碳膨胀烟丝线，PROTOS1-8+GDX2、PROTOS70+GDX2、PROTOS70+BO等卷接包机组19台（套），装封箱机5台及嘴棒发送机4套。6组GD-PROTOS连接机组、5组自动装封箱机、4套滤棒发送机。年卷烟生产能力400亿支（80万箱）。共有在岗员工1312人。

2010年，企业被评为“全国厂务公开民主管理先进单位”，被中华全国总工会、国家安全生产监督管理总局授予“全国‘安康杯’竞赛活动优胜企业”。

【领导成员】 厂长、党委书记：李国栋

副厂长、党委委员：徐　斌（—2010.5）

党委副书记、纪委书记、工会主席：张明林

副厂长、党委委员：张玲珑

副厂长、党委委员：王成虎（—2010.9）

副厂长、党委委员：应礼耀

副厂长、党委委员：刘泓杰（2010.7—）

财务总监：李慧琳（2010.7—）

【卷烟生产】 2010年，企业生产卷烟323.41亿支（64.68万箱），其中，生产一类烟5.16亿支（1.03万箱）、三类烟52.05亿支（10.41万箱）、四类烟206.45亿支（41.29万箱）、五类烟59.75亿支（11.95万箱）。生产的卷烟品牌为“黄山”系列和“红三环（渡江）”。

企业全年万元产值综合能耗为2.92千克标煤/万元，万支卷烟综合能耗为2.90千克标煤/万支。烟叶、

滤棒、盘纸平均消耗分别为 6.7 千克/万支、1681 支/万支、595 米/万支。水、电平均消耗分别为 0.13 吨/万支、0.86 千瓦时/万支。

【企业管理】 制定《蚌埠卷烟厂“标准化管理年”活动方案》，组织开展标准化“回头看”活动，确定标准化“回头看”课题 20 项，下达标准化指令性课题 6 项，梳理出质量、职业健康安全管理体系管理标准 155 项，于 6 月发布。

加强对 QC 活动的指导，全年共确定 34 项课题，其中“降低 BE 硬化商标纸单耗”获行业第二十一届优秀 QC 成果发布一等奖，“常青藤”、“三叶草”等 5 个 QC 小组被评为“安徽省优秀质量管理小组”。

【信息化建设】 启动数据中心项目，完成对 8 个与数据中心系统相关的业务及控制系统功能和接口的分析工作。完成数据中心系统的原型系统开发及数据库设计。截至 2010 年 5 月，上线试运行了主体功能中的 70 个功能点。

【技术改造】 烟叶醇化库二期工程于 6 月封顶。截至年底，污水处理站项目通过竣工验收；生产指挥中心项目基本完工，进入收尾阶段。12 月 21 日，雪茄烟生产部易地技改项目正式启动。

【科技创新】 修改完善《蚌埠卷烟厂创新活动管理规定》，设立专用资金用于激励、引导员工参与科技创新，各部门成立相应的创新活动管理网络，确保“横向到边、纵向到底、全员参与”。在专利发掘组的指导下，企业围绕设备革新改造、产品设计、生产工艺、操作方法、减少污染、降低成本等方面开展科技创新活动，2010 年共获实用新型专利授权 18 项，发明者全部是来自生产一线的技术员工，企业全年将 5 万元用于科技创新奖励。

附：

蚌埠卷烟厂雪茄烟生产部

安徽中烟工业公司蚌埠卷烟厂雪茄烟生产部前身为蒙城雪茄烟厂。2001 年 10 月，经国家局批准，在原厂址重新组建成立雪茄烟生产部，隶属蚌埠卷烟厂管理，不具有法人资格。2006 年，企业更名为安徽中烟工业公司蚌埠卷烟厂雪茄烟生产部。2008 年 1 月，安徽中烟工业公司成立雪茄烟研发中心；同年 10 月，雪茄烟销售纳入到安徽中烟营销中心统一运作。2009 年 3 月，雪茄烟生产纳入公司平台统一调度。生产部下设立生产科、经营科、综合办公室、动力机制车间、手工雪茄车间等 3 个职能科室和 2 个生产车间。

2010 年，企业共生产各类雪茄烟 9028 万支，同比增长 2.89%，其中全叶卷产量 22.14 万支，同比增长 103.67%。销售各类雪茄烟 9688.2 万支，同比增长 32.03%，其中省外销售 8585.8 万支。实现销售收入 5171 万元，同比增长 38.4%；实现税利 2124 万元，同比增长 31%。

生产部烟叶、盘纸平均消耗分别为 25 千克/万支、1236 米/万支，消耗电 59.6 千瓦时/万支。

2010 年，生产的雪茄烟共有 3 个品牌 12 个产品规格，其中，“王冠”品牌有 8 个系列规格，“味美思”有 2 个系列规格。产品分为半叶卷雪茄和全叶卷雪茄，其中半叶卷雪茄有“黄山松（5 支）”（110mm × 9.5mm）、“味美思（5 支）”［120mm × 8mm × 12mm（方支）］、“味美思（10 支）”［84mm × 10mm × 10mm（方支）］、“王冠（5 支）”（136mm × 13.05mm）、“王冠（16 支）”（86mm × 7.8mm）、“王冠（20 支）”（88mm × 9.2mm）、“王冠（塑 10 支）”（130mm × 15.3mm）、“王冠（五支奶香）”（110mm × 9.5mm）、“王冠（5 支木嘴）”（126mm × 10.8mm），全叶卷雪茄有“王冠（铝 2 支）”（150mm × 17.8mm）、“王冠（塑 2 支）”（120mm × 13mm）、“王冠（10 支）”（150mm × 17.8mm）。

12 月 21 日，雪茄烟易地技术改造项目举行奠基仪式。

安徽中烟工业公司芜湖卷烟厂

【概　况】 安徽中烟工业公司芜湖卷烟厂前身为成立于 1949 年 11 月的长江烟厂，1964 年 1 月，长江烟厂更名为国营芜湖卷烟厂。2006 年 5 月取消法人资格，更名为安徽中烟工业公司芜湖卷烟厂。企业占地面积 32 万平方米，拥有 6000 千克/小时叶丝生产线、2000 千克/小时梗丝生产线、3000 千克/小时制丝线中试生产线、1500 千克/小时白肋烟生产线各 1 条，以及 PASSIM（ZJ19）、PROTOS1 – 8、GDX2（ZB45）等卷接包设备 50 台（套），年卷烟生产能力为 300 亿支（60 万箱）。共有在岗员工 1182 人。

2010 年 10 月，企业被安徽省人力资源和社会保障厅授予“安徽省劳动保障诚信示范单位”，被评为“安徽省 2008 ~ 2009 年度 A 级纳税信用单位”。

【领导成员】 厂长、党委书记：何　盛

副厂长、党委副书记、纪委书记、工会主席：孙　平

副厂长、党委委员：汪玉兰
副厂长、党委委员：张开华
副厂长、党委委员：汪旭阳
财务总监：穆四元

【卷烟生产】 2010年，全年生产卷烟318.71亿支（63.74万箱），其中，生产一类烟7.55亿支（1.51万箱）、三类烟67.11亿支（13.42万箱）、四类烟171.28亿支（34.25万箱）、五类烟72.77亿支（14.56万箱）。生产的卷烟品牌有“黄山”、“都宝”。

全年万支卷烟综合能耗为3.17千克标煤/万支。烟叶、滤棒、盘纸平均消耗分别为6.72千克/万支、1683支/万支、596米/万支。水、电平均消耗分别为0.16吨/万支、8.29千瓦时/万支。

【企业管理】 确定2010年为企业的“规范年”，开展“两标一创”（对标、贯标、创建“优秀卷烟工厂”）工作，建立包含2000余项指标的三层指标体系。

加强质量管理，组织开展专项工艺检查，加强成品质量监督。全年产品市场监督抽检合格率为100%，市场投诉率0.012×10^{-6}。“黄山”、“都宝”品牌在国家局组织的各次抽检中，综合排名保持前十名。

加强成本管理，开展盘活存量资产活动；推进“作业成本法”，坚持“一事一报”控本降费的运行机制，并建立“双向承诺制”，开展烟叶单耗降低、能源消耗节约等五项课题攻关，全年降低成本费用3240元。

【信息化建设】 完成数据中心项目计划调度、制丝生产等剩余模块的优化完善并正式启用。制定“都宝”卷烟生产线技改信息系统建设目标，并对技改信息化建设的各项工作进行初步规划。完成企务、党务公开平台和制丝、动力设备图纸管理软件的自主开发工作。开展合同管理软件的自主研发工作。

【技术改造】 综合仓库项目和1140千克/小时二氧化碳膨胀烟丝生产线项目分别于6月和8月获得国家局批复。“都宝”卷烟生产线技改项目完成初步设计和相关评价工作。“都宝”技改项目于4月29日奠基启动，新动力中心项目等一期工程破土动工。芜湖卷烟材料厂异地搬迁项目基本完成。

安徽中烟工业公司合肥卷烟厂

【概　况】 安徽中烟工业公司合肥卷烟厂前身为皖北军分区后勤卷烟厂，1949年随部队迁至合肥，后更名合肥卷烟厂。企业占地面积23.17万平方米。作为烟草行业唯一的科研教学实验基地，企业拥有15台（套）高速卷包接设备和1条5000千克/小时制丝线，年卷烟生产能力为250亿支（50万箱）。共有在岗员工1060人。

【领导成员】 厂长、党委书记：周恩海
党委副书记：时大远
副厂长、党委委员：王冬梅
副厂长、党委委员：林　河
纪委书记、党委委员、工会主席：崔　枫
总工程师：王　毅
总会计师：吴红斌

【卷烟生产】 2010年，企业共生产卷烟205.65亿支（41.13万箱），其中，生产一类烟21亿支（4.20万箱）、二类烟89.75亿支（17.95万箱）、三类烟67.3亿支（13.46万箱）、四类烟27.6亿支（5.52万箱）。生产的卷烟品牌全部为“黄山”，其中“黄山（皖烟）”系列卷烟产量为110亿支（22.0万箱），同比增长25.53%。产品结构继续提升，一、二类卷烟产量同比增长20.20%。

全年万支卷烟综合能耗为2.65千克标煤/万支。烟叶、滤棒、盘纸平均消耗分别为7.03千克/万支、1682支/万支、597米/万支。水、电平均消耗分别为0.07吨/万支、8.22千瓦时/万支。

【机构调整】 2010年，企业对机构进行更名和调整，将各部门由“部”统一改为“科”，并增设设备科，对部分机构职能进行调整。

【技术改造】 全年完成技术改造投资8000余万元，用于2台硬盒包装机、4台（套）ZJ17卷接机组［含更新2台（套）］、检测及计量仪器和叉抱车的购置。

【科技创新】 加大科技创新力度，开展“质量月”和“创新年”等活动。11项自主攻关课题经验收全部合格，其中3项课题获安徽中烟“优秀合理化建议奖”，2项课题获安徽中烟“银点子”奖（“金点子”奖空缺），1项课题被评为安徽省重大合理化建议和技术改进成果。1个QC小组被评为“全国优秀质量管理小组”。

【企业管理】 2010年，制定《合肥卷烟厂2010年度节约发展工作实施方案》，全年节约可控费用近420

万元，降低生产成本665万元，节约资本性支出（不含重点项目和专卖设备）近120万元，规范处置闲置资产约380万元，盘活存量资产98.53万元。企业清洁生产持续保持“AAAA”水平。

【信息化建设】 企业完成信息化项目投资120万元。完成车间在线质检系统实施及新老财务系统切换工作，配合公司做好生产视频指挥系统、金蝶EAS系统及财务用友软件的管理维护工作。

【人力资源管理】 完善人事管理制度，进一步构建员工多方位晋升通道。全年共组织各类培训96个，培训2660人次。共60人通过初、中、高、技师四级职业技能鉴定，合格率同比增加36.5%。

安徽中烟工业公司阜阳卷烟厂

【概　况】 安徽中烟工业公司阜阳卷烟厂前身是成立于1948年的人民烟厂。1979年10月更名为阜阳卷烟厂。2006年5月，更名为安徽中烟工业公司阜阳卷烟厂。企业占地面积23.34万平方米，拥有1条5000千克/小时制丝生产线，40台（套）卷接包设备，年卷烟生产能力200亿支（40万箱）。共有在岗员工953人。

2010年，企业被安徽省劳动竞赛委员会、安徽省总工会授予“安徽省劳动竞赛先进集体”称号，被安徽省总工会授予“安徽省五一劳动奖状”。

【领导成员】 厂长、党委书记：刘　云（—2010.9）

厂长、党委书记：何小敏（2010.9—）

副厂长、党委副书记、纪委书记：李　葆

副厂长、党委委员：陈　鹏

副厂长、党委委员：徐　伟

财务总监：卢　健

调研员：葛善礼（—2010.1）

【机构调整】 3月，按照安徽中烟工业公司机构设置的要求，将设备（技改）科分设为设备科、技改办，薄片工段并入制丝车间。

【卷烟生产】 2010年，企业生产卷烟200.35亿支（40.07万箱），其中，生产三类烟40亿支（8.0万箱）、四类烟57.20亿支（11.44万箱）、五类烟103.15亿支（20.63万箱）。

全年万元产值综合能耗为19.68千克标煤/万元，万支卷烟综合能耗为2.44千克标煤/万支。烟叶、滤棒、盘纸平均消耗分别为7.07千克/万支、1683支/万支、596米/万支。水、电平均消耗分别为0.10吨/万支、6.92千瓦时/万支。

【信息化建设】 完善信息化资产的管理，加强对服务器和网络设备的动态管理。推进信息化建设项目，实现与中烟公司信息化项目“办公自动化资产和耗材管理系统”、“烟草行业企业文化评价体系管理平台”、“设备及备件管理系统”等系统的有效对接。建立健全信息管理基础体系，完善软硬件参数档案，保障信息管理和信息服务质量。重新设计开发企业安全网、企务公开栏等专题网站。启动中央控制系统的整合集成工作，推动生产组织、设备物流、工艺质量、成本控制、安全监控等五大功能模块的集成共享。

截至年底，完成信息中心机房建设项目、一卡通建设项目、LED全彩屏及触摸查询设备采购项目，完成部分信息化建设项目所需的设备采购。

【技术改造】 购置一套滤棒发射系统。10月，启动制丝线工艺设备购置项目、制丝线电控系统、辅联设备改造项目及公用工程改造项目。完成生产指挥中心建设项目、厂前区建设项目及品质检测室建设项目。

【工艺质量管理】 构建质量信息沟通平台，实现生产过程数据的自动采集、自动分析和自动考核。建立质量评价体系，逐步提高过程控制精度和批间质量稳定性，保障产品的品质。完善动态参数化控制体系，实现对生产过程的全覆盖。全年烟支重量标准偏差达标率为73.21%。在国家局组织的市场抽检中，“黄山（硬一品）”、“红三环（硬黄）”外观质量均为100分。

【科技创新】 全年企业完成中烟公司科研项目7个，启动厂级科研项目13个，发布41项QC成果和8项管理创新项目，其中“降低风力送丝系统补风处噪声”和“中控数据使用流程的设计和应用”在中烟公司QC成果发布会上分获二等奖、三等奖。

【人力资源管理】 建立健全以业绩为导向的收入分配机制，实行“一岗八薪”①。强化岗位管理，完善人才培养机制，制订《2010～2012年人才培养计划》及配套考核细则，依据考核结果，863名员工实现晋升。调整交流中层干部4名，公开竞聘选拔中层干部3名，择优录取15名应届大学毕业生。全年举办培训

---

① 在每个岗位设置8个档位的薪酬。

83期，培训2796人次。

【企业文化】 制订2010年企业文化工作计划，发布《企业文化建设管理办法》，每月通报企业文化工作情况。建设一支由20人组成的企业文化内训师队伍，并印制发放“攀登者”文化手册，实施文化体系培训工作。开通企业文化专题网站。

安徽中烟工业公司滁州卷烟厂

【概　况】 安徽中烟工业公司滁州卷烟厂前身是始建于1949年的同生烟厂，后更名为滁州卷烟厂。2006年5月，安徽卷烟工业企业管理体制改革，滁州卷烟厂更名为安徽中烟工业公司滁州卷烟厂。企业占地面积为9.9万平方米，拥有1条5000千克/小时制丝生产线，25台（套）卷接包机组。共有在岗员工828人。

【领导成员】 厂长、党委书记、纪委书记、工会主席：李金广

副厂长、总工程师、党委委员：乔国宝

副厂长、党委委员：陈　林

副厂长、党委委员：王　林

副厂长、党委委员：徐友良（2010年12月前任副调研员）

【卷烟生产】 2010年，企业生产卷烟177.7亿支（35.54万箱），其中，生产二类烟4.80亿支（0.96万箱）、四类烟119.50亿支（23.90万箱）、五类烟53.40亿支（10.68万箱）。生产的卷烟品牌有“黄山”、“红三环”、“盛唐”、“大丰收”。

全年万支卷烟综合能耗为2.94千克标煤/万支。烟叶、滤棒、盘纸平均消耗分别为6.93千克/万支、1683支/万支、597米/万支。水、电平均消耗分别为0.14吨/万支、7.52千瓦时/万支。

【技术改造】 全年技术改造投资约3500万元。2台ZB45包装机组完成调试、验收并顺利投产，1台空压机及废水排放COD在线检测设施完成安装、调试并投入使用。完成仓库消防自动报警系统项目。物流综合库项目已立项报批，并于年底通过中烟公司专家组初步评审。完成生产指挥中心及后勤服务设施项目土建工程主体结构封顶。

【人力资源管理】 推进薪酬分配制度改革，坚持薪酬分配向基层一线职工倾斜。全年共投入教育培训经费99.6万元，培训1975人次。推进职业技能鉴定工作，在国家局组织的职业技能鉴定中，企业特有工种通过率为88.75%。

【企业文化】 制订了企业“攀登者”文化宣传贯彻工作计划，加强企业文化内训师和文化联络员队伍建设。完成中国烟草视觉识别系统导入、企业三级文化体系构建评价及“攀登者”文化手册印制。

（苏　畅）

福建中烟工业公司

【概　况】 福建中烟工业公司成立于2003年11月，总部于2005年5月从福州搬迁至厦门。2010年12月20日，国家局、总公司下发《关于福建中烟工业公司改制更名和完善公司法人治理结构的批复》（国烟法［2010］430号），同意福建中烟工业公司改制更名为福建中烟工业有限责任公司。下辖龙岩烟草工业有限责任公司、厦门烟草工业有限责任公司2家具有独立法人资格的卷烟生产企业，龙岩金叶复烤有限责任公司1家打叶复烤企业，福建金闽再造烟叶发展有限责任公司1家烟草薄片生产企业，以及福建鑫叶投资管理集团有限公司1家多元化经营企业。公司拥有总资产180.81亿元，其中，固定资产49.97亿元、流动资产110.55亿元，资产负债率为33.59%。共有在岗员工4051人。

2010年，公司紧紧围绕“卷烟上水平”基本方针和战略任务，秉持“合心智搏、励志精进”的企业精神，大力实施“一优一特”品牌发展战略，以产品结构提升为主线，着力推进工商协同营销，强力实施产品研发“脱胎换骨”，着力构建“生态绵柔香”全新品类，全面加强“四大中心”建设，全力推进“七匹狼”上水平，企业生产经营实现持续稳定健康发展。

在“2010年度福建省纳税百强”企业中，公司总部列67位，龙岩烟草工业有限责任公司、厦门烟草工业有限责任公司分列第二、第三位。

【领导成员】 总经理、党组书记：卢金来

副总经理、党组成员：李仰佳（正厅级）

副总经理、党组成员：李跃民

副总经理、党组成员：陈子强

纪检组长、党组成员：郭香灼

副总经理、党组成员：王建勇（2010.11—）
副总经理、党组成员：王道宽（2010.11—）
副总经理、党组成员：邱全胜（2010.11—）
副巡视员：李长鲁
副巡视员：叶枝榕（—2010.5）
副巡视员：赖鞍山（2010.7—）

【机构设置】 公司总部设办公室（外事办公室）、营销中心、技术中心、物资采购中心、生产制造中心、人力资源管理处、财务管理处（投资管理处）、审计处、信息中心、物流中心、安全保卫处、体改法规处、进出口处、纪检监察处、思想政治工作处（机关党委、工会）等15个处室，其中，物流中心于8月新设。

【卷烟生产经营】 2010年，公司生产自有计划卷烟842.5亿支（168.5万箱），同比增长5.64%，其中，生产一类烟28.73亿支（5.75万箱），同比增长12.75%；二类烟101.98亿支（20.4万箱），同比增长7.85%；三类烟183.26亿支（36.65万箱），同比增长7.69%；四类烟423.69亿支（84.74万箱），同比增长11.69%；五类烟104.84亿支（20.97万箱），同比下降18.08%。与省外合作生产卷烟76.5亿支（15.3万箱）。

全年销售内销卷烟913.91亿支（182.78万箱），同比增长8.16%，其中，销售一类烟28.98亿支（5.8万箱），同比增长13.19%；二类烟103.32亿支（20.66万箱），同比增长10.32%；三类烟253.16亿支（50.63万箱），同比增长22.63%；四类烟423.78亿支（84.76万箱），同比增长8.43%；五类烟104.67亿支（20.93万箱），同比下降18.52%。全年出口卷烟1.17亿支（0.23万箱），同比增长75%，其中，“金桥”出口中国台湾地区1亿支（0.2万箱），同比翻番。

全年实现卷烟销售收入167.13亿元，同比基本持平。实现卷烟税利117.36亿元，同比增长6.34%，其中卷烟利润14.77亿元。公司三项费用率为9.5%。

公司全年万元产值综合能耗为13.89千克标煤/万元，万支卷烟综合能耗为2.77千克标煤/万支。烟叶、盘纸、滤棒平均消耗分别为8.48千克/万支、614米/万支、1652支/万支。水、电平均消耗分别为0.06吨/万支、9.45千瓦时/万支。

【主要产品】 公司生产的卷烟品牌有“七匹狼”、“金桥”、“石狮”、“厦门”等，对外合作生产的卷烟品牌有“万宝路”，其中，“七匹狼”为全国性卷烟重点骨干品牌，“金桥”为视同全国性卷烟重点骨干品牌。2010年，公司共生产“七匹狼”710.72亿支（142.14万箱），其中省外合作生产76.5亿支（15.3万箱）（河北中烟生产15亿支〈3万箱〉、江西中烟生产26.5亿支〈5.3万箱〉、河南中烟生产35亿支〈7万箱〉）；生产“金桥”58.12亿支（11.62万箱）（含出口）；生产“万宝路”8.25亿支（1.65万箱）。

全年销售“七匹狼”704.5亿支（140.9万箱），在全国性卷烟重点骨干品牌销量排名中居第8位，其中，省内销售371.5亿支（74.3万箱）。销售“金桥”57.25亿支（11.45万箱），同比增长13.62%，其中省内销售5.1亿支（1.02万箱）。

【品牌营销】 *品牌战略思路*。2010年，公司继续实施“一优一特”（即大力发展“七匹狼”、积极提升“金桥”）品牌发展战略，以品牌培育为核心，聚集“七匹狼”品牌价值提升，加强一、二、三类卷烟发展，积极优化结构、扩张规模。

品牌文化建设。推进“七匹狼”品牌再定位工程，面向社会公开征集“七匹狼”品牌广告语，品牌文化诉求从“豪放、力量、勇往直前”转变为“吐纳有度、通仙情怀”。调整“七匹狼”品牌商标标志组合、主传播语及平面媒体表现，改变原来“奔狼”核心设计元素，在“通”系列包装中，将“七”调整为“7”，采用全新的“7匹狼”标志。“金桥”则以“沟通的金桥”为主题进行推广传播。

特色品类构建。“7匹狼”高端产品“通”系列，实现产品风格的突破，颠覆了以往“七匹狼”浓度大、劲头足的风格，开创“生态绵柔香”新品类，以“烟香自然突出、烟气醇和细腻、烟味细柔绵长”为主要特征。10月，“7匹狼（通仙）”率先在福建省内试投放。11月22~23日，公司在厦门召开全力推进“七匹狼”上水平会议，正式启动“通”系列卷烟全国上市策划部署工作。

市场培育。推进工商协同营销，全年“七匹狼”销量在辽宁首度突破10万箱，超7万箱的有广东、河北，超4万箱的有山东、山西，销量为2~4万箱的有江西、浙江、吉林、江苏、四川、天津等省（市），基本形成以福建为基础市场，以辽宁、大连、京津冀晋、粤赣为核心市场，以浙苏鲁、川渝为潜力市场的全国市场布局。

【原料保障】 制订《福建中烟工业公司“十二五”原料保障上水平》专项规划，确定了到2015年30个原料基地单元及其分年度推进计划。提高原料采购管控能力，再造业务流程，构建“以集中采购、优化配置为原则，中烟统一采购加工、统一调运结算、统一分销配置”的原料集中采供模式。发布《原料基地建设管理程序》，启动云南宜良耿家营、云南沾益大坡、云南景东文井、云南牟定江坡、福建永定湖雷等5个基地单元建设，先后与15个地市公司签订基地建设合作框架协议。建立烟叶基地建设和原料监督复烤加工两支专业化队伍。

全年公司签订各类烟叶采购合同8.35万吨（167万担），其中国内烟叶7.4万吨（148万担），进口烟叶0.95万吨（19万担）。

【辅料生产供应】 组建烟用材料供应商资质认证小组，采取实地认证和信函认证相结合的方式，全年共完成对65家供应商资质的认证工作，并发布《烟用材料合格供方名录》。

全年公司签订各类丝束采购合同约定量9850吨，其中，国内丝束6050吨、进口丝束3800吨；签订各类卷烟纸采购合同约定量4360吨、滤棒34300万支、成型纸1400吨。

【技术创新】 *产品开发与改造*。成功研发“7匹狼（通仙）”、“7匹狼（通泰）”、“7匹狼（通运）”等“通”系列高端产品，首创“生态绵柔香”全新品类。12月16日，全国评烟委员会在南京召开“卷烟上水平”工作研讨会，对2010年度新准产的一、二类重点骨干品牌卷烟进行评级，“7匹狼（通仙）”感官质量评价名列第一。完成“金桥（9元）”、“金桥（1mg）”、“七匹狼（6mg）”等低焦储备产品的感官质量设计工作。完成“七匹狼（豪运）”、“七匹狼（纯金）”、“七匹狼（棕韵）”产品改造，停止生产“大丰收（福临门）”。

科研及成果。共开展各类科研项目137个，其中国家局项目6个，中烟公司重点项目48个。2010年，公司卷烟产品焦油量加权平均值为11.89毫克/支，同比下降0.2毫克/支。完成福建中烟首届科技进步奖评审工作，对2004～2008年所取得的科技进步成果进行评审，评选出17个技术创新类、4个产品研发类项目成果奖。

全年公司主持或参与国际、行业标准制定、修订项目6个，其中“卷烟加料均匀性的测定”、“烟叶熏蒸杀虫磷化氢浓度的测定无线传感法”、“卷制过程烟丝破碎度的测定方法”、“卷烟侧流烟气一氧化碳测定烟叶”等4个标准已正式颁布实施。

全年公司申请专利51项，其中，国内发明专利27项，国外发明专利4项，国内实用新型专利19项，国内外观设计专利1项。取得授权专利28项，其中，发明专利6项，实用新型专利20项，外观设计专利2项。

技术中心建设。2010年，公司技术中心通过国家局行业技术中心实地认定核查。研发人员中，拥有硕士研究生以上学历29人，其中，博士4人，拥有中级职称65人、高级职称18人。完成技术中心建设三年规划和“技术创新上水平”专项规划的编制工作，技术中心科研用房建设项目奠基开工。

技术合作。搭建香精香料研究所和包装研究所两个实验研究平台，联合成立“福建中烟技术中心—福州大学厦门工艺美术学院联合研发中心”。12月，公司与厦门大学化学化工学院签订技术合作合同，共建联合实验室，重点围绕烟草加工干燥、烟支燃烧、减害降焦三个方向开展技术研究。与上游供应商、科研院校加强技术合作，开展低焦油系列产品的委外商标设计、6毫克低焦油产品感官质量委外设计试点工作，举办高档“七匹狼”包装设计邀请赛。

质量管理与控制。制订《福建中烟高档卷烟生产质量保障补充管理规定》，强化对高档卷烟的产品质量管理。全年完成烟叶质检（含进口片烟）7.65万吨（153万担），卷烟烟气化学检测分析1093个，烟叶样品常规化学检测分析2030个；在烟用材料安全性质量指标监控方面，完成香精香料样品检测1400个，商标纸等材料检测2000个。

【技改项目】 精品“七匹狼”生产线重大技改项目全面竣工，实现“七匹狼（红）”以上一、二类卷烟在精品线上的正式生产，建立“三头两尾”分组加工模式，拥有进口卷烟加工和物流装备，实现了“智能多线加工、智能加香加料、智能激光选叶、智能九式烘丝、智能分贮醇化”五大工艺，是行业首个正式投入生产的精品线重大技改项目。6月29日，混合型“金桥”专用生产技改重大项目实现制丝线全线投料调试成功。8月，龙岩金叶复烤有限责任公司技术改造扩建项目联合工房厂房开工建设。9月底，“金桥”卷烟新技改线试投产。

【多元化经营】 福建鑫叶投资管理集团有限公司成立于2009年12月，是福建中烟公司下辖的多元化经营企业，主要经营印刷包装业、酒店、房地产开发投资和管理等业务。拥有总资产9.9亿元，其中，固定资产3.42亿元、流动资产5.06亿元，资产负债率为45.21%。总部共有在岗员工52人。拥有9家全资、控股、参股子公司，分别是厦门五福印务有限公司、厦门鑫叶印务有限公司、厦门鑫叶包装材料有限公司、厦门金桥实业有限公司、厦门鑫叶房地产开发有限公司、厦门悦宾贸易有限公司、厦门鼓浪湾酒店有限公司、厦门金桥国际旅行社有限公司、福建中烟置业有限公司。2010年，公司获福建省“五一劳动奖状”。

公司全年实现销售收入7.18亿元，实现税利2.22亿元。

2010年，中烟公司制订多元化企业整合实施方案，完成对福建中烟置业有限公司的整合工作。优化资源配置，整合下属3家印包业技术开发力量，加强资金中心统一调配资金，节约贷款利息500万元。强化基础管理，重视印包业产品质量，全年产品质量监督抽检合格率、VOCs送检合格率均达100%。开展“对标”工作，通过原料纸张切换，节支降耗2600万元。强化内部监管，对各种原料纸张全部实行招标采购，全年节约采购资金751万元。加强制度建设，将重大事项报告、合同管理、采购管理等23项工作制度汇编成册。

【企业管理】 质量管理。推进质量管理体系建设，中烟公司总部先后通过行业审核与第三方认证审核。开展质量管理控制活动，“提高配方库出入库物流量”、“提高梗丝出丝率”两大课题分别获行业优秀QC小组成果二等奖、三等奖。加强设备及零配件管理，导入TPM和TnPM创新活动，推进零配件国产化，推广寄售模式，实现零配件库存资源共享。

对标创优。引入项目管理机制，以项目引领对标重点工作，设立13个对标项目，共节约成本费用1.81亿元。在国家局公布的44项对标指标中，公司有26项达到或超过全国平均水平，达标数在行业工业公司中居第5位。开展创建“优秀卷烟工厂”活动，龙岩、厦门烟草工业有限责任公司均达到创建目标。

管理创新。龙岩烟草工业有限责任公司建立了基于批次的制丝产品质量分析与评价体系，推动实施TnPM项目，促进质量管理水平的提高。厦门烟草工业有限责任公司实施六西格玛项目攻关，推行6S管理，对公司运作进行系统识别、梳理和改进，实施卓越绩效管理模式，获厦门市首届“质量奖”。

财务管理。实施会计核算一体化项目，统一全省工业系统会计核算口径、标准。提高预算管理水平，制订实施预算标准定额，注重预算的刚性控制和过程分析。成立资金管理中心，实现全省卷烟工业系统资金统一调度和管理。加强招标采购管理，全年节约资金2794万元。

【体制改革】 12月20日，国家局、总公司下发《关于福建中烟工业公司改制更名和完善公司法人治理结构的批复》（国烟法［2010］430号），同意福建中烟工业公司改制更名为福建中烟工业有限责任公司。公司积极开展相关工作，截至年底，完成相关人事准备工作。

【信息化建设】 建立基础数据交换平台，基本完成统一会计核算软件、营销综合管理平台、生产运行管理系统、产品协同研发平台、原辅料供应链系统、人力资源管理等一系列信息系统建设。启动“十二五”信息化发展规划和数据中心建设，完成标准化文件管理系统改造。

【人力资源管理】 用工分配制度改革。重点加大营销、技术中心绩效工资与销售目标挂钩的力度。推进公司机关部门关键绩效指标（KPI）项目，完成“战略审视暨绩效管理诊断”、“部门绩效指标体系设计”和“关键绩效指标提取和目标值确定”等步骤，进入部门绩效指标体系落地阶段。优化调整工资结构和工资水平定位，收入分配向关键岗位、重要岗位倾斜。设立专项奖励，对“7匹狼（通仙）”研发人员进行奖励。

人事制度改革。优化公司领导班子结构。调整龙岩、厦门烟草工业有限责任公司新一届领导班子。制定《福建中烟工业公司“十二五”人力资源管理专项规划》、《福建中烟工业公司深化干部人事制度改革实施意见》等制度，修订《部门职责》和《岗位说明书》，发布《公司机关岗位管理办法》、《公司机关薪酬管理办法》和营销、技术、物资供应三大中心《内部退养管理办法》。实施营销业务模式扁平化改革，区域经理及人员进行双向选择、公开竞聘。

教育培训工作。全省烟草工业系统有23人获得工程、政工系列中级专业技术资格，4人获得高级专业技术资格。13人获烟机设备修理技师任职资格。组织干部职工参加国家局举办的72个各类培训班，培训342人次；公司组织各项培训活动35次，培训2386人次。

【企业文化】 2010年，公司制订了《福建中烟企业文化建设“十二五”发展规划》、《福建中烟企业文化核心理念架构体系》。开展“和、睿、行”文化宣贯深植活动，弘扬“合心智博、励志精进”的企业精神。成立一支由27人组成的企业文化内训师队伍，全年开展企业文化宣讲4场次。

【“十一五”发展概要】 战略思路。“十一五”期间，公司以发展为第一要务，大力实施“一优一特”品牌发展战略，果断推进以品牌整合为核心的各项资源整合，不断加强“四大中心”建设，实现“三个战略性调整”目标，即“品牌从区域性品牌向全国性品牌调整，市场从省内市场向省外市场调整，企业从内部过度竞争向对外合作、战略联盟调整”，企业综合实力显著提升。

生产经营。公司自有计划产量从2005年的605亿支（121万箱）增加到2010年842.5亿支（168.5万箱），增长38.1%；销售收入从85.76亿元增至167.13亿元，增长94.88%；税利从58.48亿元增至117.36亿元，增长100.68%。在18家省级工业公司中，公司产销规模从2005年的第17位提升到2010年的第14位。

品牌发展。推动品牌整合，“乘风”、“富健”、“沉香”、“特”等卷烟品牌陆续退出市场，集中精力做大做强“七匹狼”，大力提升“金桥”。“七匹狼”销量从2005年167亿支（33.4万箱）增加到2010年704.5亿支（140.9万箱），增长321%，年均增长33.3%。2010年，“七匹狼”产销规模居全国重点骨干品牌第8位。“金桥”品牌从2005年25亿支（5万箱）增加到2010年57.25亿支（11.45万箱），增长130%。2006～2008年，陆续开发“金桥”一、二、三类烟新品，实现“金桥”品牌的三类烟从无到有。2010年销售“金桥”三类烟7.3亿支（1.46万箱），结构明显提升。省外市场上，公司卷烟产品销量由2005年161亿支（32.2万箱）增加到2010年412.5亿支（82.5万箱），增长156%，其中，“七匹狼”省外市场销量从54亿支（10.8万箱）增长到333亿支（66.6万箱），增长516%。

体制改革。“十一五”期间，公司实现了由管理型主体向经营型主体转变。2006年起，先后撤销龙岩、厦门卷烟厂技术中心、业务科，成立福建中烟技术中心、营销中心、生产制造中心和物资采购中心，强化中烟公司实体化经营能力。所属卷烟生产企业由传统卷烟制造企业向法人治理结构完善的现代卷烟工业企业转变，2007年11月，龙岩、厦门卷烟厂先后改制更名为龙岩、厦门烟草工业有限责任公司，仍保留法人资格。2010年12月，国家局、总公司批复同意福建中烟工业公司改制更名为福建中烟工业有限责任公司。

技术改造。2007年年初，启动龙岩烟草工业有限责任公司精品“七匹狼”卷烟专用生产线技术改造项目；2008年8月开工建设；2010年4月，精品线正式投入生产。推进厦门烟草工业有限责任公司“金桥”专用生产线技术改造项目。2006年，该项目启动前期工作；2008年12月项目奠基建设；2010年9月“金桥”卷烟生产线正式形成生产能力。

合作生产。加强国际技术合作。2006年5月，龙岩烟草工业有限责任公司中试的“万宝路”产品通过菲莫公司的评审和确认；2008年7月，“万宝路”在龙岩烟草工业有限责任公司下线，在中国实现本土化生产。开展品牌许可生产工作。龙岩烟草工业有限责任公司于2007年4月、9月分别与张家口卷烟厂和赣南卷烟厂开展品牌许可生产工作。截至2010年年底，与张家口卷烟厂共合作生产“七匹狼”42.5亿支（8.5万箱），与赣南卷烟厂共合作生产“七匹狼”72亿支（14.4万箱）。厦门烟草工业有限责任公司于2007年5月与郑州卷烟厂开展品牌许可生产工作。截至2010年年底，与郑州卷烟厂共合作生产“七匹狼”70亿支（14万箱）。

【特事要辑】 1月27～28日，国家局局长姜成康考察福建中烟“金桥”混合型卷烟技改线和精品“七匹狼”生产线技改项目，提出以“满腔热情、充满激情、富有智慧、奋力创新”的良好精神状态，开创福建中烟“卷烟上水平”新局面。

6月1～2日，国家局局长姜成康、副局长何泽华一行就“卷烟上水平”到福建中烟开展专题调研，提出“新思维、大手笔、超常规、增信心”，推进“卷烟上水平”。

6月10日，福建省委书记孙春兰、省长黄小晶现场考察精品“七匹狼”卷烟专用生产线。

11月4日，国家局副局长张保振一行到福建中烟调研。

11月22～24日，全力推进“七匹狼”上水平会议在厦门召开。国家局局长姜成康，副局长何泽华，总会计师兼财务司（审计司）司长张玉霞出席会议并讲话。

12月23日，国家局副局长何泽华出席福建中烟在浙江举办的“7匹狼（通仙）”、“7匹狼（通泰）”新品推介会并讲话。

所属企业

龙岩烟草工业有限责任公司

【概　况】 龙岩烟草工业有限责任公司，最初为创建于1951年的龙岩卷烟厂。2007年11月，龙岩卷烟厂改制更名为龙岩烟草工业有限责任公司，是福建中烟工业公司的全资子公司。下辖福建红狼实业有限责任公司、福建贝森蜂窝新型材料有限责任公司2个多元化企业。公司拥有总资产70.34亿元，其中，固定资产24.31亿元、流动资产37.27亿元，资产负债率为24.24%。公司占地面积为23.2万平方米，共有从业人员1439人。拥有2条6000千克/小时的叶丝生产大线（具备香料厨房和加香、加料系统）、1条3000千克/小时的叶丝生产小线、1条2400千克/小时的梗丝生产线、1条570千克/小时的二氧化碳膨胀烟丝生产线、1条500千克/小时叶丝试验线，25台（套）卷烟机、28台（套）包装机、1套条包输送系统、8台自动装箱机、25台自动堆垛机，14台（套）成型机，4台（套）滤棒气力输送系统，2台（套）滤棒卸盘及发射系统，3台16T燃油锅炉。年卷烟生产能力670亿支（134万箱）。

2010年，公司被中国科协、国家发展改革委、科技部、国务院国资委联合授予2009～2010年度全国“讲理想、比贡献”活动先进集体称号。

【领导成员】 总经理、党委副书记：赖鞍山（—2010.11）

党委书记：邱全胜（—2010.11）

副总经理、党委委员：林荣欣（—2010.12）

总经理、党委副书记（主持工作）：廖材河（2010年12月前任副总经理、党委委员）

副总经理、党委委员：陈聪玉（2010年12月不再担任工会主席）

副总经理、党委委员：黄　华（—2010.10）

党委副书记、纪委书记：李海民（2010年8月前任副总经理、党委委员）

总会计师、党委委员：林芳沛（—2010.8）

副总经理：姜林忠（2010.8—）

副总经理：肖　建（2010.8—）

工会主席：刘禄涛（2010.8—）

调研员：胡国林（2010年3月前任党委副书记、纪委书记）

【机构设置】 公司设办公室（外事办公室）、党委办公室（精神文明建设办公室、青年工作办公室、团委）、人力资源部、企业管理部、财务部、审计部、监察部、工会办公室、物流部、供应部、生产管理部、设备管理部、质量管理部（质量监督检测站）、技术改造办公室、信息技术部、安全保卫部（人民武装部）、后勤管理部、制丝车间、卷包车间、动力车间等20个部门（车间）。

【卷烟生产经营】 2010年，公司生产内销卷烟437.1亿支（87.42万箱），同比增长6.71%，其中，生产一类烟26.53亿支（5.31万箱）、二类烟68.93亿支（13.79万箱）、三类烟71.63亿支（14.33万箱）、四类烟180.85亿支（36.17万箱）、五类烟89.16亿支（17.83万箱）。销售卷烟438.76亿支（87.75万箱），同比增长7.39%。

全年实现销售收入88.71亿元，同比增长7.87%。实现税利68.86亿元，同比增长7.73%，其中利润8.85亿元，同比下降24.98%。公司三项费用率为5.36%。

公司全年万元产值综合能耗为14.48千克标煤/万元，万支卷烟综合能耗为2.91千克标煤/万支。烟叶、盘纸、滤棒平均消耗分别为7.04千克/万支、643米/万支、1683支/万支。水、电平均消耗分别为0.07吨/万支、11.2千瓦时/万支。

【主要产品】 2010年，公司生产的卷烟品牌有“七匹狼”、“石狮”、“妙香”、“土楼”，代加工生产的卷烟品牌有“万宝路”。“七匹狼”在产规格有13个，其产量为335.66亿支（67.13万箱），同比增长8.89%。“石狮”在产规格有“石狮（软富健）”、“石狮（沉香）”；“土楼”在产规格有“土楼（礼）”。生产“万宝路”8.25亿支（1.65万箱）。

【技术改造】 在2009年12月底精品“七匹狼”卷烟专用生产线（简称“精品线”）投入试生产基础上，2010年3月，完成精品线“七匹狼”卷烟二类烟以上规格产品的切换调试。4月起，“七匹狼”卷烟二类烟以上规格产品切换至精品线生产。6月，对精品线质量保障能力进行综合测试。

【企业管理】 对标工作。制订发布《对标工作管理办法》，开展效率、能耗、费用、成本项目攻关。全年44项对标指标中，有27项指标达到或超过行业平均水平。

质量管理。运用PDCA质量管理法则，自主设计出一套基于批次的制丝产品质量分析与评价的体系，实现工艺质量管理由结果控制向过程控制转变。制定制丝质量全新考核方案，提出质量指数的概念，10月，启动制丝车间质量评价考核模式。在国家局市场抽查、季度统检中，卷烟成品、烟用材料、出厂成品合格率均达100%。2010年，1个小组获全国“优秀QC小组”称号。

设备管理。推行生产维护管理体系TnPM项目。全年制丝设备综合故障停机率平均值为0.17%，卷包设备有效作业率平均值为89.77%，动力设备综合运行可靠率平均值为99.97%，物流设备综合运行可靠率平均值为99.99%。推进节能减排工作，在精品线装机容量大幅增加的情况下，综合能耗仍控制在合理范围之内。

【信息化建设】 完成统一会计软件项目工作。原辅料供应链系统正式切换上线，成本模块顺利实施。完成数据交换和接口改造，实现公司龙烟信息系统与中烟公司信息系统业务的纵向集成。建立精品线物流自动化系统、二区生产经营决策管理系统。升级改造堆垛机、辅料库AGV系统等，提高物流系统可靠性、安全性及作业效率，全年物流系统综合运行可靠率为99.99%。

【人力资源管理】 将临时性、辅助性和替代性岗位聘用制员工的用工形式，由劳务派遣改为业务外包。车间聘用制操作工经考核合格，分期分批转为与企业签订劳动合同，将其工资调整机制纳入企业统一的薪酬分配体系。将委派到龙岩金叶复烤有限责任公司工作的员工，分两批共54人调回公司生产车间工作。

制定《"师带徒"管理考核办法》，系统开展"师带徒"培训。全年共举办各类培训班50期，培训员工1711人次，累计培训1134课时。

厦门烟草工业有限责任公司

【概　况】 厦门烟草工业有限责任公司，最初为创建于1948年的厦门卷烟厂。2007年11月，厦门卷烟厂改制更名为厦门烟草工业有限责任公司，成为福建中烟工业公司的全资子公司。拥有总资产65.93亿元，其中，固定资产20.8亿元、流动资产35.63亿元，资产负债率为26.78%。公司占地面积为42.2万平方米，共有在岗员工1666人。公司下设一区（老线）、二区（金桥卷烟生产线）两条生产线，其中，一区拥有1条5000千克/小时的叶丝生产线（具备香料厨房和加香、加料系统）、1条2000千克/小时的叶丝生产线、1条1500千克/小时的梗丝生产线、1条570千克/小时的二氧化碳膨胀烟丝生产线；二区拥有1条综合能力6000千克/小时的制叶丝生产线、1条2000千克/小时的梗丝生产线和1条500千克/小时的实验线。公司拥有28台（套）卷烟机、27台（套）包装机、3套条烟输送系统、5台自动装箱机、7台自动堆垛机、3台KDF4成型机、4台KDF2成型机、3台ZL22滤棒成型机。年卷烟生产能力400亿支（80万箱）。

2010年，公司获福建省"第十届文明单位"、"第五届军民共建精神文明先进单位"称号。

【领导成员】 总经理、党委副书记：王道宽（—2010.11）

党委书记：王建勇（—2010.11）

总经理、党委副书记：林荣欣（2010.12—）

党委书记：吴志文（2010年11月前任副总经理、党委委员）

党委副书记、纪委书记、工会主席：朱一民

副总经理、党委委员：黄　宏

副总经理、党委委员：姜国海（—2010.1）

副总经理、党委委员：林定丰（—2010.1）

副总经理、党委委员：姜志强（2010.8—）

总经济师、党委委员：林贵芳

调研员：刘宗柳（2010年5月前任副总经理、党委委员）

【机构设置】 公司设办公室（外事办公室）、党委办公室（团委）、人力资源部、企业管理部、财务部、审计部、监察部、工会、物流部、供应部、生产管理部、设备管理部、质量管理部、技术改造办公室、信息技术部、安全保卫部、后勤管理部、制丝车间、卷包车间、动力车间等20个部门（车间）。2010年8月，撤销金桥生产中心；11月，撤销烟叶部，设立物流部。

【卷烟生产经营】 2010年，公司生产卷烟405.4亿支（81.08万箱），同比增长4.51%，其中，生产一类烟2.2亿支（0.44万箱）、二类烟33.05亿支（6.61万箱）、三类烟111.63亿支（22.33万箱）、四类烟242.85亿支（48.57万箱）、五类烟15.68亿支（3.14万箱）。销售卷烟409.2亿支（81.84万箱），同比增长5.69%。

全年实现销售收入71.55亿元，同比增长9.73%。实现税利48.77亿元，同比增长7.09%，其中利润7.44亿元。公司三项费用率为6.67%。

公司全年万元产值综合能耗为14.04千克标煤/万元，卷烟生产综合能耗为3.5千克标煤/万支。烟叶、盘纸、滤棒平均消耗分别为7.08千克/万支、606米/万支、1751支/万支。水、电平均消耗分别为0.04吨/万支、8.72千瓦时/万支。

【主要产品】 2010年，公司生产的卷烟品牌有"七匹狼"、"石狮"、"厦门"、"金桥"、"大丰收"等。"七匹狼"在产规格有12个，全年产量为298.55亿支（59.71万箱），同比增长19.56%。"石狮"在产规格有"石狮（沉香）"、"石狮（软富健）"，产量为38.2亿支（7.64万箱），同比下降36.49%。生产内销“金桥”57.05亿支（11.41万箱），同比增长12.4%；出口“金桥”1.08亿支（0.22万箱），同比增长116.84%。

【技术改造】 推进实施“金桥”卷烟生产线技术改造工程，2010年6月，制丝生产线成功实现全线试投料；9月，“金桥”卷烟生产线正式投产。海沧东孚烟叶仓储项目第一、二期项目（烟叶醇化库6栋）于12月动工建设。

【企业管理】 企业战略。制定“厦烟制造”战略，即以全面满足顾客需求为导向，以打造内在的核心竞争力和外在的企业品牌为主线，通过优化技术、管理、人员三大基因，打造快速反应、品质经营、成本管控、工艺提升、管理创新、学习成长、文化管理七大能力，输出卷烟产品、工艺技术（标准）、管理方法（模式）、专业人才、思想文化五大成果。

管理创新。推行卓越绩效管理模式，以6σ、TPM、SPC、6S等主要创新活动为抓手，强化“没有量化就没有管理，没有对比就没有卓越，没有什么不可能”的“三没有”管理理念。

设备管理。将设备管理考核与车间经济考核指标直接挂钩。开展全员生产维护（TPM）管理活动，制定出一套符合企业实际的预防维修管理体系。全年卷接包设备有效作业率为91.16%，制丝设备故障率为0.32%，专用设备完好率为100%。

【人力资源管理】 《用工分配制度改革方案》获职代会审议通过。完成216份《岗位说明书》汇编工作，并形成《岗位管理办法》。制定部门绩效考核指标库及绩效考核方案。开通基层网上学习平台，每月举办1次“管理思想与实践论坛”讲座。开辟非受聘管理者沙龙，选送综合管理类中层骨干员工到厦门大学参加EMBA和EDP学习，选送专业技术型中层骨干员工参加与福州大学合办的工程硕士班。开展“金桥杯”职工技能竞赛。全年组织各类培训活动120次，培训员工3595人次。

（肖　部）

江西中烟工业有限责任公司

【概　况】 江西中烟工业有限责任公司，最初为江西烟草工商分设后于2004年10月成立的江西中烟工业公司。2007年12月，国家局、总公司批复同意江西中烟工业公司与所属南昌卷烟总厂合并重组为一个法人实体，企业名称为江西中烟工业公司；2009年10月，江西中烟工业公司改制更名为江西中烟工业有限责任公司。下辖江西中烟工业有限责任公司南昌卷烟厂、赣南卷烟厂、广丰卷烟厂、井冈山卷烟厂、兴国卷烟厂5家非法人卷烟生产厂。公司拥有总资产69.79亿元，其中，固定资产12.02亿元、流动资产54.62亿元，资产负债率为38.77%。共有从业人员4763人，其中在岗员工4693人。

2010年，公司坚持以科学发展观为指导，认真贯彻落实行业“卷烟上水平”的基本方针和战略任务，通过全省卷烟工业系统干部职工的扎实工作，企业持续发展能力明显增强，“金圣”品牌培育取得明显成效，科技创新能力得到明显提升，基础管理工作取得明显进步，队伍建设得到明显加强。

2010年，“金圣”品牌在第四届中国品牌节上获“品牌中国总评榜（2009～2010）·金谱奖——本草减害创新品牌”称号。

【领导机构】 董事会

董事长：王彦亭

董　事：郑　伟　王志彬　于明芳　穆重林　黄翠萍　王洪宪

监　事：任用镨

班子成员

总经理、党组书记：郑　伟

副总经理、党组成员：王志彬

副总经理、党组成员：于明芳（—2010.10）

纪检组长、党组成员：任用镨

总经理助理：王迪汗（2010.8—）

【机构设置】 公司本部设董事会办公室（2010年7月成立）、公司办公室（外事办公室）、人力资源部、监察部、政治思想工作部、法律与改革部、财务管理部（投资管理部）、审计部、经济运行部（安全保卫部）、综合计划部、物资供应部、原料供应部以及特有职业（工种）职业技能鉴定站（2010年3月成立）、信息中心、市场营销中心、技术研发中心、赣州卷烟厂技改项目建设指挥部（2010年12月成立）等17个部门，其中市场营销中心、技术研发中心为事业部制管理。

【卷烟生产经营】 2010年，公司累计生产卷烟559亿支（111.8万箱），同比增长5.67%，其中，生产一类烟18.1亿支（3.62万箱），同比增长10.75%；二类烟2.08亿支（0.42万箱），同比下降1.56%；三类烟187.4亿支（37.48万箱），同比增长68.16%；四类烟192.8亿支（38.56万箱），同比下降12.07%；五类烟158.61亿支（31.72万箱），同比下降11.8%。合作生产卷烟89亿支（17.80万箱），同比增长161.82%，其中"七匹狼（白）"26.5亿支（5.3万箱）、"双喜（硬）"17.53亿支（3.51万箱）、"双喜（软）"12.46亿支（2.49万箱）、"红塔山（硬经典）"32.5亿支（6.5万箱）。

全年累计销售卷烟557.62亿支（111.52万箱），同比增长4.30%，其中，销售一类烟19.14亿支（3.83万箱），同比增长15.94%；二类烟1.92亿支（0.38万箱），同比下降18.48%；三类烟185.47亿支（37.09万箱），同比增长60.31%；四类烟194.37亿支（38.87万箱），同比下降11.98%；五类烟156.73亿支（31.35万箱），同比下降12.56%。

全年实现卷烟销售收入94亿元，同比增长11.27%。实现卷烟税利62.64亿元，同比增长15.13%，其中卷烟利润8.72亿元，同比增长18.81%。公司三项费用率为9%。

全年万元产值综合能耗为21.61千克标煤/万元，万支卷烟综合能耗为3.62千克标煤/万支。烟叶、滤棒、盘纸平均消耗分别为7.18千克/万支、1686支/万支、617米/万支。水、电平均消耗分别为0.13吨/万支、9.54千瓦时/万支。

【主要产品】 2010年，公司主要生产的卷烟品牌有"金圣"、"庐山"，全年生产自有品牌卷烟31个规格，生产定向加工卷烟4个规格。"金圣"为全国性卷烟重点骨干品牌，共有15个规格。全年生产"金圣"117.34亿支（23.47万箱），同比增长25.62%。销售"金圣"114.07亿支（22.81万箱），同比增长13.96%，其中，省内销售100.55亿支（20.11万箱），同比增长9.24%；省外销售13.52亿支（2.7万箱），同比增长67.98%。

【品牌营销】 2010年，公司继续推进以"金圣"品牌为核心的发展战略，全力聚焦"金圣"品牌发展，"金圣"销量位列全国卷烟重点骨干品牌第12位。3月，启动"金圣"品牌档案建立工作。推进新产品开发工作，"金圣（时代15)"、"金圣（赣）"、"金圣（硬时代祥和）"、"金圣（硬红）"等4个新规格产品的成功上市，进一步健全了产品规格体系。加强"金圣"品牌终端宣传工作，开展"金圣"本草香主题公园等体验活动88场。加大省外市场开拓力度，形成以江苏、浙江、广东等省为代表的规模市场和亮点市场。着力推进工商协同营销，在全国召开了200多场工商协同营销和特色宣讲推介会，在省内形成省、市、县三级商业公司常态沟通运作机制；在省外建立与省、市商业公司决策层、操作层和终端环节的沟通机制。制订"金圣"品牌"十二五"发展规划，对"金圣"品牌未来五年的发展进行重点研究部署。

【原料保障】 以"金圣"品牌为核心推进原料保障工作，抓住"质量"、"成本"两条主线，围绕"原料供应基地化、烟叶品质特色化、原料库存合理化"的"三化"目标，提升原料库存水平和优质烟叶保障能力。全年签订烟叶调拨计划4.23万吨（84.6万担），耗用烟叶原料4.25万吨（84.91万担），调拨入库烟叶原料3.8万吨（75.98万担）。截至年底，完成调拨3.35万吨（66.98万担），原料库存8.45万吨（168.91万担）。

推进烟叶基地单元建设，在云南曲靖陆良、云南红河泸西分别建立了1个现代烟草农业基地单元，在江西赣州石城建立了1个特色优质烟叶开发基地单元，并参与了云南文山州5万担烟叶新区开发工作。

【辅料生产供应】 以"保供、控本"为目标，健全完善了5项企业标准化体系文件。通过公开招标采购，完成对丝束运输、商标纸、内衬纸、拉线等项目的招标采购工作，烟用物资采购成本同比降低4163万元。全年共签订物资采购合同783份，合同履约率达98%以上。全年采购烟用物资共计15.81亿元，其中采购专卖品卷烟材料3.68亿元、非专卖品卷烟材料11.72亿元、零配件0.42亿元。

【科技创新】 技术中心概况。公司技术研发中心于2007年1月成立，2010年12月被评为"行业认定企业技术中心"。共有在岗人员77人，其中博士3人、硕士22人。拥有原值6500万元的研发仪器设备，占地面积约6600余平方米，共有30余间现代化专业实验室。全年共开展项目研究40余项，其中，"利用中药技术降低金圣卷烟危害研究"通过江西省科技厅鉴定并获中国烟草总公司2010年度科学技术进步三等奖。申报发明专利13项、实用新型专利16项，获得实用新型专利授权11项。

项目研究。围绕"金圣"品牌，开展核心技术、原料、材料、HXD工艺技术等研究。初步探明“金圣香”燃烧前化学成分的物质基础。应用“金圣香”精提中心平台，提高“金圣香”的纯度和精度。开展“金圣香”四代的提取工艺流程优化和参数确立及“金圣香”技术在造纸法薄片和复合滤嘴中的运用研究。

完成“金圣（时代15）”等4个卷烟规格产品的开发工作和“金圣（软红）”的改造工作。完成“金圣（硬时代）”等产品的储备工作及6毫克/支“金圣”低焦油规格的产品中试工作。

加强本草减害研究，3月27日，召开“金圣”本草香减害技术研讨会。2010年，“6毫克/支‘金圣’品牌低焦油卷烟产品开发”被列入国家局减害技术重大专项。“金圣”系列卷烟焦油量加权平均值同比下降0.29毫克/支。

【技术改造】 12月9日，国家局批复同意江西中烟实施赣州卷烟厂易地技术改造项目。12月，江西中烟先后成立技改项目工作领导小组、技改项目建设指挥部、技改项目建设廉政监督办公室。同月，该项目被江西省政府列入江西省重点工程项目。

【企业管理】 *优化生产布局*。公司各卷烟厂生产牌号相对固定，同一规格卷烟生产安排不超过两个生产点。南昌卷烟厂以生产中高档卷烟为主，赣南、广丰、井冈山、兴国卷烟厂以生产中低档卷烟为主。确定南昌、赣南卷烟厂为合作生产定点厂。

质量管理。开展“一丝不苟、不优不休”质量管理年活动，制订落实产品质量内部监控计划，通过开展畅通产品质量信息渠道、动态评价产品质量内控目标、严格执行质量事故管理办法、组织工艺巡检、组织和推广群众性质量改进活动等，确保全年产品质量稳步提升。

设备管理。按照“一项报表制度、六个工作流程、八项管理规定”的“168”工作标准，强化设备管理，全面推进TPM管理，规范统一运行数据统计口径，提升设备使用效率。卷接包设备有效作业率为90.82%，同比提高40%，单位产量设备维持费用为60.33元/箱。

班组建设。推进先进车间班组建设，完善创建活动方案，提出2010年创建工作要求。编制全省卷烟工业系统基层班组建设档案，组织主题培训活动，定期召开专题经验交流会，创建学习交流平台。开展全省行业先进车间班组评比，评选出3个先进车间和5个先进班组。

6S管理。在各卷烟厂推进6S管理，创建考核评价体系，印发《2010年度6S管理考核评价办法》。成立6S管理年度考核评价组，从组织实施、管理推进、效果评估、管理亮点等4个方面对各单位6S管理进行年终考核评价。

成本控制。加强成本费用管理，在管理上挖潜增值、节能降耗，在技术上工艺提升、革新改造，在财务上夯实会计基础、优化核算软件、加强成本监控。公司全年可比配方成本节约4528万元，材料采购成本节约4163万元，财务费用下降595万元，招待费、差旅费、汽车费用等实现明显下降。

【内部管理监督】 下发《关于印发2010年整顿规范生产经营秩序和加强内部管理监督工作要点的通知》，将内部管理监督工作列入公司年度考核。加大内管监督检查力度，开展季度、半年和年度专卖内管监督自查及例行检查和抽查工作。召开内管监督工作协调会，针对发现的问题落实整改措施。4月至6月，通过专题讲座、年度普法考试等形式，学习新修订的《烟草专卖法》和《烟草专卖行政处罚程序规定》。9月17日，与江西省烟草专卖局（公司）联合举办了首届江西卷烟工业企业内管监督工作培训班。

【信息化建设】 完成人力资源管理信息系统、技术中心实验室管理系统、卷烟物流在途信息系统等项目建设工作。完善管理制度，制订《财务供应链系统运行管理办法》、《办公自动化系统运行管理办法》等。加强信息化系统运维管理工作，成立相关组织机构。

【人力资源管理】 *人事管理制度建设*。制订《竞争上岗实施办法》、《干部挂职锻炼管理办法》和《各直属单位领导班子后备干部集中调整工作方案》。调整后备干部队伍，16人被列为各直属单位副厂级后备干部。对专业技术人员实行双轨聘任制，7月，首次开展专业技术人员聘任工作。启动“青年才俊计划”，建立专业技术类、专业管理类、专业技能类等“三支队伍”，选拔后备青年干部174人。

用工分配制度改革。构建激励约束的长效机制，修订完善《职能部室员工岗位绩效考核方案》。加强工资、福利、教育培训经费的管理，制订《公司所属单位福利费用、教育经费管理指导意见》。规范工资管理，到各卷烟厂开展工资管理使用专项检查。

教育培训。下发《教育培训管理办法》、《内训师管理办法》、《教育培训工作考核评价办法》等多个制度。全年举办培训班148个，培训员工1.16万人次。创新新进员工入职培训模式，首次采取集中课堂授课、到生产一线观摩学习、团队融入训练为一体的培训

方法。

职业技能鉴定。3月，公司特有职业（工种）职业技能鉴定站顺利完成建站和基础建设工作。全年共组织技能鉴定报名664人，开展技能鉴定4批次（其中卷烟商品营销人员1次），已经实施鉴定638人，合格347人。

【思想政治工作】 组织干部职工集中学习政府工作报告、全国烟草工作会议报告等文件，开展“创先争优”、“创业服务年”、“《金圣宣言》在岗位”、员工新形象代表评选等主题教育活动。开展“廉政文化月”活动，加强反腐倡廉教育。完善招投标管理、物资采购、岗位问责、人事管理以及技改项目等方面的制度，初步构建反腐倡廉的“制度链”。对宣传促销活动、重大工程项目、烟用物资采购、招标采购加强廉政监督。推进风险岗位廉能管理，作为全省风险岗位廉能管理试点单位，积极构建以“查、防、控、诺、处”为一体的廉能管理新体系，促进廉政建设与岗位效能相统一。

【企业文化】 3月3日，公司印发《2010年度企业文化理念架构体系〈金圣宣言〉宣贯工作方案》，对企业文化宣贯工作进行部署。举办企业文化宣贯工作骨干人员培训班和研讨会，完成《金圣宣言文化理念手册》、《金圣宣言践行录》的编印和VIS系统的设计工作。开展“《金圣宣言》在岗位”主题活动、员工新形象评选、知识竞赛、征文演讲比赛、“我的金圣我的未来”主题书法摄影比赛等。南昌卷烟厂被评为“全国烟草行业企业文化建设先进单位”。

【“十一五”发展概要】 “十一五”期间，公司累计完成卷烟产量2520亿支（504万箱）、卷烟销量2518.7亿支（503.74万箱），实现销售收入380.19亿元；累计实现税利247.11亿元，其中利润37.33亿元。总资产由2005年的50.8亿元增长到69.79亿元，增长37.38%；所有者权益由2005年的14.78亿元增长到42.73亿元，增长189.11%。

不断推进体制改革，实现公司由管理型转向经营实体，企业制度由工厂制转向公司制，各厂职能由独立法人转向生产制造中心。2006年，全省5家卷烟厂完成联合重组；2007年，江西中烟完成与南昌卷烟总厂合并重组，与中国烟草总公司构建二级母子公司体制；2009年，改制更名为江西中烟工业有限责任公司，建立董事会，构建现代企业制度。

培育主导品牌，推进品牌整合、市场创新和技术创新。“十一五”期间，“金圣”卷烟年销量由51.75亿支（10.35万箱）增长到114.07亿支（22.81万箱），增长120.39%；累计实现销售收入146.34亿元，累计实现税金101.5亿元，累计实现利润27.47亿元。

夯实发展基础，提高经济运行质量。“十一五”期间，公司销售成本率由42.47%下降到35.5%，三项费用率由13.56%下降到9%，人均劳动生产率由163.4箱/人增长到239.6箱/人，工业增加值率由68.16%增长到71.22%。五年中，公司累计节约原料可比配方成本1.8亿元，节约材料成本1.6亿元，节约财务费用0.6亿元。

【特事要辑】 2月2日，江西中烟召开2010年工作会议。江西省副省长洪礼和出席会议并讲话。

3月19日，国家局副局长张保振一行考察江西中烟，参观“金圣香”精提中心和南昌卷烟厂，提出“做名‘金圣’，服务大局”的要求。

4月26日，江西中烟“金圣香”精提中心项目工艺生产线通过评审验收。

8月23日，江西中烟在南昌举行2010年度“金圣学子”助学金颁发仪式，70名“金圣学子”共获35万元助学金。

12月9日，国家局下发《关于江西中烟工业有限责任公司赣州卷烟厂易地技术改造项目的批复》，同意江西中烟实施赣州卷烟厂易地技术改造项目（赣南卷烟厂和兴国卷烟厂联合易地技术改造项目）。

所属企业

江西中烟工业有限责任公司南昌卷烟厂

【概　况】 江西中烟工业有限责任公司南昌卷烟厂始建于1950年。2005年，南昌卷烟厂联合重组成为南昌卷烟总厂的一部分，更名为南昌卷烟总厂南昌卷烟厂。2006年，南昌卷烟总厂与赣南卷烟厂、广丰卷烟厂重组成新的南昌卷烟总厂。2007年，更名为江西中烟工业公司南昌卷烟厂。2009年，更名为江西中烟工业有限责任公司南昌卷烟厂。2010年，企业内设机构人事教育科更名为人力资源科。

企业占地面积为28万平方米。拥有德国HAUNI

公司生产的8000千克/小时的片烟线、5000千克/小时的制丝线和1500千克/小时的梗丝线各1条，英国狄更生公司生产的5000千克/小时的HXD高温气流式叶丝干燥线1条，秦皇岛烟草机械有限责任公司生产的570千克/小时二氧化碳膨胀线1条，卷接机组18台（套），包装机组18台（套），德国产自动装封箱机6组，滤棒成型机组6组，滤棒发射接收机3套，年卷烟生产能力300亿支（60万箱）。共有从业人员1642人，其中在岗员工1632人。

2010年，企业被全国厂务公开协调小组授予“全国厂务公开民主管理先进单位”称号。

【领导成员】 企业实行厂长负责制，主要领导成员有：

厂长、党委副书记：张胜健

党委书记、工会主席：叶华英

副厂长、党委委员：吴　刚

副厂长、党委委员：李铁军

厂长助理、党委委员：华　刚

厂长助理、党委委员：张世勤

【卷烟生产】 2010年，企业生产的卷烟品牌有“金圣”、“庐山”，定向加工的品牌有“双喜”、“红塔山”。全年生产卷烟331亿支（66.2万箱）（含定向加工）。生产“金圣”117.34亿支（23.47万箱）、“庐山”150.75亿支（30.15万箱）；定向加工“双喜（硬）”17.53亿支（3.51万箱）、“双喜（软）”12.46亿支（2.49万箱）、“红塔山（硬经典）”32.5亿支（6.5万箱）。

全年万元产值综合能耗为10.73千克标煤/万元，万支卷烟综合能耗为2.32千克标煤/万支。烟叶、滤棒、盘纸平均消耗分别为7.44千克/万支、1685支/万支、615米/万支。水、电平均消耗分别为0.13吨/万支、10.11千瓦时/万支。

【技术改造】 完成危险品仓库、垃圾漕运站主体工程、制丝和卷包车间网架防结露改造项目及抚生路老厂雨水管网与市政对接工程的施工，并相继投入使用。安装调试2组卷包机组（ZJ19 + CONCORD + ZB45）、1组ZL26成型机、1组飞马3000滤棒发射机组，完成1组ZB25软盒包装机组及1台喂丝机的置换安装。完成HXD高温烘丝线进口设备的验收并交付使用。截至年底，18组卷包设备全部投入使用。

【科技创新】 企业全年对外报送管理创新项目39项。其中，“以创建优秀卷烟工厂为目标的关键职能管理”项目，在第十一届江西省企业管理现代化创新成果评选活动中获一等奖；2项QC成果获全国烟草行业第二十一届优秀QC成果三等奖，2个QC小组分别荣获“全国优秀QC小组”、“全国质量信得过班组”称号。

【企业管理】 成本控制。细化预算管理，查找成本挖潜点，编制关键成本控制点图册，开展材料与设备适应性研究等课题，并成功实施一系列技术革新项目。2010年，卷烟单箱综合能耗同比下降8.81%，清洁能源利用比例达100%，累计节约成本费用1628.08万元。

质量管理。启动体系完善和标准化建设工作，开展“找问题、查隐患、防事故”主题活动，实施生产车间质量日考核机制，制作可视化标准，明确检验步骤，规范检验行为。强化现场“首自检管理”，形成首检、自检、检测器每班检查与及时反馈机制。针对“金圣”产品质量的难点和关键点，开展针对性课题组攻关，建立“金圣”成品质量实时反馈系统。全年产品质量得分为97.46分，顾客抱怨率为0.098×10^{-6}，同比下降11.7%。

创建“优秀卷烟工厂”。通过跨部门矩阵式的8个课题组结构，由员工自发组成若干工作组和改善小组，开展创建“优秀卷烟工厂”活动。重视对标管理，将关键绩效考核与指标改善相结合，促进企业发展。

【内部管理监督】 推进制度评审和制度督导，按照每月不少于3个制度的要求，共评审36个制度，共督导《工资发放管理办法》、《预算管理办法》等30个制度的执行。开展异型烟生产管理调研、临时用工审计调研等6个管理审计调研。加强管理项目、采购项目、设备维修改造项目的监督及开展小型基建预决算审计，全程参与日常监管。全年开展110项小型基建预决算审计，送审金额970.38万元，核减率为8.75%。

【人力资源管理】 全年建立并发布各类别272个岗位305个工作标准。制订“1227”五年人才规划，出台《岗位管理办法》、《岗位锻炼实施意见》、《师带徒管理办法》等制度，修订完善《工资管理办法》、《二级培训管理办法》。全年共举办各类培训150期，培训员工6600余人次。开展特有工种职业技能鉴定，70人合格，其中，初级工33人，中级工26人，高级工11人。2人取得高级技师证书。

江西中烟工业有限责任公司赣南卷烟厂

【概　况】 江西中烟工业有限责任公司赣南卷烟厂始建于1969年。2006年，赣南卷烟厂更名为南昌卷烟总厂赣南卷烟厂。2007年，更名为江西中烟工业公司赣南卷烟厂。2009年，更名为江西中烟工业有限责任公司赣南卷烟厂。

企业占地面积为12万平方米。拥有制丝线1条，卷接机组9台（套），德国FOCKE硬盒包装机组3台（套），天津ZB43A型硬盒包装机组7台（套），年卷烟生产能力100亿支（20万箱）。共有在岗员工798人。

【领导成员】 企业实行厂长负责制，主要领导成员有：

厂长、党委书记：黄　平

党委副书记、纪委书记、工会主席：刘海清（正处级）

副厂长、党委委员：朱　平

副厂长、党委委员：汪新华

副厂长：廖明俊（—2010.12）

【卷烟生产】 2010年，企业生产的卷烟品牌有“赣”、“庐山”，定向加工的品牌有“七匹狼”。全年生产卷烟85亿支（17万箱）（含定向加工）。生产“赣”27亿支（5.4万箱），“庐山”31.5亿支（6.3万箱），定向加工“七匹狼（白）”26.5亿支（5.3万箱）。

全年万元产值综合能耗为38.59千克标煤/万元，万支卷烟综合能耗为5.07千克标煤/万支。烟叶、滤棒、盘纸平均消耗分别为7.01千克/万支、1684支/万支、607米/万支。水、电平均消耗分别为0.16吨/万支、7.99千瓦时/万支。

【技术改造】 从南昌卷烟厂调入1组滤棒成型机组。投资210万元，实施空气压缩机改造。投资310万元，购置切梗丝机和残烟机。

【企业管理】 创建先进班组。成立创建先进车间班组领导小组，围绕生产、质量、成本、设备、队伍、安全、现场、培训等8个方面成立6个评价小组，落实各评价小组月会制度和领导工作小组季度会议制度，制订改进措施，营造了“赶、比、超”的竞争氛围。

对标管理。建立工作网络，制定工作方案，分月度、季度建立对标工作例会制度和对标通报制度。建立对标工作考评制度，将对标工作与绩效考核挂钩。有9项指标达到公司对标目标。

质量管理。开展“查隐患、防事故”工作、“质量事故典型案例分析”活动月、“质量在我心中”演讲比赛和质量征文等活动。修订完善质量管理制度规程，对质量监督实施闭环管理。严格监督考核，修订《赣南卷烟厂2010年产品质量检验及考核管理方案》。开展岗位练兵、职业技能竞赛、质量工艺培训考试等全员活动。在国家局、江西省局（公司）抽检的13个样品中，企业卷烟产品合格率达100%。

【全员营销】 开展全员营销活动，团员青年先后7次开展市场走访、“金圣”品牌宣传促销活动。企业8个党支部开展了“党员走市场”全员营销活动，党员参与人数达200多人次，参与面达98%。

【人力资源管理】 采取改任非领导职务的形式，全年共有15名中层干部改任非领导职务。加强干部考核，实行末名淘汰制。4人被确立为厂级班子后备干部，1人由副科（级）提拔为正科（级）。出台《赣南卷烟厂教育培训管理办法》。举办内部培训班39个，1795人次接受培训；参加外部培训班59个，186人次接受培训。举办5次各类技能竞赛，14人次获奖。组织154人参加职业技能鉴定，80人通过。

江西中烟工业有限责任公司广丰卷烟厂

【概　况】 江西中烟工业有限责任公司广丰卷烟厂前身是成立于1988年的广丰烟丝厂。1991年8月，广丰烟丝厂更名为广丰卷烟厂并正式被批准为国家计划内地方卷烟厂。2006年，更名为南昌卷烟总厂广丰卷烟厂。2007年，更名为江西中烟工业公司广丰卷烟厂。2009年，更名为江西中烟工业有限责任公司广丰卷烟厂。

企业占地面积为14.66万平方米。拥有制丝能力达3000千克/小时的制丝线1条，卷接机组6台（套），ZB43型硬盒包装机组9台（套），年卷烟生产能力150亿支（30万箱）。共有在岗员工1155人。

【领导成员】 企业实行厂长负责制，主要领导成员有：

厂长、党委书记：余小斌（—2010.8）

副厂长、党委委员：徐辉广（—2010.8）

副厂长、党委副书记：毛小东（2010.8—）（主持行政工作）

副厂长、党委副书记：徐辉广（2010.8—）（主

持党务工作）

党委委员、工会主席：唐庆丰

副厂长、党委委员：俞增产

副调研员：夏良俊

【卷烟生产】 2010年，企业生产的卷烟品牌有"庐山"、"月兔"。全年生产卷烟65亿支（13万箱），其中四类烟5.76亿支（1.15万箱），五类烟59.24亿支（11.85万箱）。

全年万元产值综合能耗为88.31千克标煤/万元，万支卷烟综合能耗为7.13千克标煤/万支。烟叶、滤棒、盘纸平均消耗分别为6.73千克/万支、1694支/万支、631米/万支。水、电平均消耗分别为0.33吨/万支、8.34千瓦时/万支。

【科技创新】 全年企业共有4个QC成果获省级以上奖励，其中，"提高锅炉水膜除尘废水回用率"获江西中烟二等奖、江西省质量协会一等奖、全国烟草行业第二十一届优秀QC小组成果发布会三等奖；"YB99透条机缺包检测器的研制"获江西中烟二等奖、江西省质量协会二等奖；"降低YB99透条机玻璃纸卡纸频次"获江西中烟三等奖、江西省质量协会一等奖；"提高薄片丝抗张强度"获江西省质量协会一等奖。

【人力资源管理】 向公司报送22名青年后备人才。选拔专业管理、专业技术、专业技能等三类后备人才，共确定39名青年后备人才和12名技术带头人。全年共举办培训班20期，培训员工2680人次，其中外部培训104人次。169人通过烟草行业特有工种初级工以上职业技能鉴定。

江西中烟工业有限责任公司井冈山卷烟厂

【概　况】 江西中烟工业有限责任公司井冈山卷烟厂始建于1982年，1991年纳入国家计划内管理。2005年，井冈山卷烟厂更名为南昌卷烟总厂井冈山卷烟厂。2007年，更名为江西中烟工业公司井冈山卷烟厂。2009年，更名为江西中烟工业有限责任公司井冈山卷烟厂。

企业占地面积为6.67万平方米。拥有制丝线1条，卷接机组7台（套），硬盒包装机组6台（套），软盒包装机组2台（套），年卷烟生产能力75亿支（15万箱）。共有从业人员494人，其中在岗员工443人。

【领导成员】 企业实行厂长负责制，主要领导成员有：

厂长、党委委员：刘沪明（2010年10月前任副厂长）

党委书记：刘一华

副厂长、党委委员：毛晓光（2010年10月行政级别提为正处级）

副厂长、党委委员：胡淡梅

纪委书记、工会主席：刘　曜（2010.2～12）

副调研员：杨庚龙（—2010.6）

副调研员：周冬庆

【卷烟生产】 2010年，企业生产的卷烟品牌为"庐山"。全年生产卷烟42.50亿支（8.50万箱），均为五类烟。

全年万元产值综合能耗为60.28千克标煤/万元，万支卷烟综合能耗为4.62千克标煤/万支。烟叶、滤棒、盘纸平均消耗分别为6.59千克/万支、1685支/万支、625米/万支。水、电平均消耗分别为0.16吨/万支、7.73千瓦时/万支。

【技术改造】 完成ZB43包装机组现场修理、卷烟工艺除尘系统和辅材仓库自动灭火系统改造等项目，其中，卷烟工艺除尘系统改造完全凭借自主力量完成。组织实施12个QC课题，"降低硬盒烟小盒透明纸包装缺陷率"课题在江西省质量管理小组第31次QC成果发布会上获三等奖。

【人力资源管理】 成立班组长协会，加强班组自主管理水平和班组长管理素质的提升。启动员工多岗位交流锻炼，坚持开展技术比武、岗位练兵活动。加强教育培训，开展不同层次的培训活动49个，培训员工2400余人次。开展技能鉴定，全年有62人参加行业特殊工种职业技能鉴定，通过率为84%，其中15人获得高级工技能等级资格，实现企业专业技能等级高级工"零"的突破。

江西中烟工业有限责任公司兴国卷烟厂

【概　况】 江西中烟工业有限责任公司兴国卷烟厂前身是成立于1991年的赣南卷烟厂兴国卷烟分厂。2005年，更名为南昌卷烟总厂兴国卷烟厂。2007年，更名为江西中烟工业公司兴国卷烟厂。2009年，更名为江西中烟工业有限责任公司兴国卷烟厂。

企业占地面积为7万余平方米。拥有制丝线1条，MK9－5型卷接机组5台（套），ZB43A型硬盒包装机组4台（套），意大利 SASIB 公司生产的6000型软盒包装机组4台（套），年卷烟生产能力60亿支（12万箱）。共有在岗员工365人。

【领导成员】 企业实行厂长负责制，主要领导成员有：

厂长、党委书记：罗　飚（2010年10月前任副厂长、党委副书记）

副厂长：李伟忠

副厂长、党委委员：雷开福

纪委书记、党委委员：黄丝俊

副调研员：李继才

副调研员：沈忠诚（2009.12—）

厂长助理：邓宜平（2009.12—）

【卷烟生产】 2010年，企业生产的卷烟品牌有“庐山”、“南方”。全年生产卷烟35.5亿支（7.1万箱），均为五类烟。

全年万元产值综合能耗为59.55千克标煤/万元，万支卷烟综合能耗为4.11千克标煤/万支。烟叶、滤棒、盘纸平均消耗分别为6.71千克/万支、1692支/万支、629米/万支。水、电平均消耗分别为0.14吨/万支、7.8千瓦时/万支。

【技术改造】 组织制丝线设备移位改造。完成空调系统规范整修、空压机项修与电气控制系统节能改造、ZB43A硬盒包装机组大修、MK9－5卷接机组大修、10KV高压专线安全隐患整改等维修改造项目。举办企业QC成果发布会，“PA85水松纸盘支架改造”获江西中烟QC成果发布会三等奖。

【管理创新】 制定《兴国卷烟厂创新活动实施方案》。“以6S管理为抓手的精益化班组建设”、“以培训和考核体系为目标的人力资源管理”项目分别获得江西中烟管理创新课题二等奖和优秀奖。“刚柔相济的动态绩效考核机制”获2010年第十二届江西省企业管理现代化创新成果三等奖。

【企业管理】 *质量管理*。开展“一丝不苟、不优不休”质量管理年活动。全年重大工序质量事故率为零，重大顾客投诉质量事故为零。在国家局、江西中烟分别组织的产品抽检中，合格率均为100%。包装卷制平均得分96.75分，同比提高1.12分；成品抽检得分92.27分，同比提高4.26分。

基础管理。加强成本控制，制订《预算管理办法》、《预算考核办法》等内控制度。开展制度的梳理、评审和“废、改、立”工作，修改完善50余项制度流程（不包括体系文件）。启动办事公开民主管理工作，开展后勤基建管理、预算管理、成本费用管理等多项审计调研。

对标管理。健全对标考核方案，全年烟叶单耗同比下降1.03千克，滤棒单耗同比下降21.58支，商标纸单耗同比下降2.37张，单箱能耗同比下降2.07千克标煤。在江西中烟制定的13项对标指标中，企业有6项指标为全省卷烟工业系统最好水平。

【全员营销】 组织7批员工共70人次深入江西省新余、宜春、赣州等地市场终端，配合做好“金圣”品牌新品上市、终端维护等一系列工作，行程2万余千米，走访卷烟经营户2.6万余户次。

【人力资源管理】 启动人力资源管理体系优化项目，优化定岗定编，编写岗位工作标准，制定岗位测评管理办法。制订《劳动纪律及考勤管理办法》、《作风建设考评方案》等相关制度，开展员工作风整顿。开展劳动技能竞赛，组织各类培训81期，培训员工2228人次。

（李前进）

山东中烟工业有限责任公司

【概　况】 山东中烟工业有限责任公司，最初为山东烟草工商分设后于2004年2月成立的山东中烟工业公司。2009年9月，经国家局、总公司批复同意改制更名为山东中烟工业有限责任公司并建立董事会。2010年4月20日，山东中烟工业有限责任公司挂牌成立。公司下辖济南卷烟厂、青岛卷烟厂、青州卷烟厂、滕州卷烟厂等4家不具有法人资格的卷烟生产企业，将军烟草集团有限公司、颐中烟草（集团）有限公司、山东省烟草物资设备有限公司等3个全资子公司及山东中鲁烟叶有限公司、山东惠丰烟叶复烤有限公司、山东瑞博斯烟草有限公司等3个直属公司。公司拥有总资产231.63亿元，其中，固定资产71.35亿元、流动资产138.79亿元，资产负债率为44.19%。共有在岗员工7477人，拥有高级管理人员98人，企业经营管理人员2858人，专业技术人员2332人，高技能人员1509人。

1月，公司被山东省经济和信息化委员会、财政厅等14个部门、单位联合授予首批“山东省诚信企业”称号。4月，在山东省政府召开的2009年度山东省纳税百强新闻发布会上，公司位列山东省纳税百强排行榜第二名。

【领导机构】 董事会

董事长：王彦亭（2010.1—）

董　事：韩　林（2010.1—）　蒲　强（2010.1～10）　王众声（2010.1—）　穆重林（2010.1—）　黄翠萍　叶　逊（2010.1—）

监　事：朱怡聆（2010.1—）

班子成员

总经理、党组书记：韩　林

副总经理、党组成员：朱怡聆（2010.11—，之前任副总经理、纪检组长、党组成员）

副总经理、党组成员：栗新华

副总经理、党组成员：王众声

纪检组长、党组成员：鹿广瑞（2010.11—）

巡视员：蒲　强（2010.7—，之前任副总经理、党组成员）

副巡视员：张福廷（2010.7—，之前任副总经理、党组成员）

副巡视员：徐长森

副巡视员：李　平

副巡视员：刘青文

【机构设置】 公司本部设办公室（外事办公室）、人力资源部、生产安全部、法律与改革部、财务部、审计部、投资管理部、国际部、监察部、政工部、机关党委办公室、营销中心、技术中心、物资采购中心和《山东中烟报》编辑部等15个部门。

【卷烟生产经营】 2010年，公司生产内销卷烟1330亿支（266万箱），同比增长2.7%，其中，生产一类烟27.02亿支（5.4万箱），同比增长3.81%；二类烟7.71亿支（1.54万箱），同比增长24.87%；三类烟249.27亿支（49.85万箱），同比增长132.03%；四类烟764.11亿支（152.82万箱），同比下降9.34%；五类烟281.91亿支（56.38万箱），同比下降9.82%。生产出口卷烟3.15亿支（0.63万箱），同比下降39.01%。

全年内售卷烟1365.47亿支（273.09万箱），同比增长7.13%，其中，销售一类烟28.26亿支（5.65万箱），同比增长8.43%；二类烟8.14亿支（1.63万箱），同比增长27.87%；三类烟251.74亿支（50.35万箱），同比增长119.42%；四类烟790.9亿支（158.18万箱），同比下降3.15%；五类烟286.43亿支（57.29万箱），同比下降7.83%。出口卷烟4亿支（0.8万箱），同比下降7.05%。

公司全年实现卷烟销售收入211.87亿元，同比增长16.41%。全年实现卷烟税利133.64亿元，同比增长21.02%，其中利润14.09亿元，同比增长40.30%。公司三项费用率为11.63%，同比下降2.98%。

全年万元产值综合能耗为19.71千克标煤/万元，万支卷烟综合能耗为3.04千克标煤/万支。烟叶、滤棒、盘纸平均消耗分别为6.84千克/万支、2005支/万支、603米/万支。水、电平均消耗分别为0.08吨/万支、8.84千瓦时/万支。

【主要产品】 2010年，公司生产的卷烟品牌有3个，分别是“泰山”、“将军”、“哈德门”；生产的雪茄烟品牌有“将军”。“泰山”品牌快速扩张，全年销售“泰山”系列卷烟172.49亿支（34.5万箱），同比增长65.12%，销量增幅位居全国前三，商业批发增幅居全国首位，其中省内销售134.64亿支（26.93万箱），省外销售37.85亿支（7.57万箱）；销售“将军”系列卷烟405.02亿支（81万箱），同比增长0.53%，其中省内销售378.68亿支（75.74万箱），省外销售26.34亿支（5.27万箱）；销售“哈德门”系列卷烟652.61亿支（130.52万箱），同比下降3.13%，其中省内销售325.95亿支（65.19万箱），省外销售326.65亿支（65.33万箱）。

【体制改革】 2010年1月，国家局、总公司下发《关于设立山东中烟工业有限责任公司董事会的通知》等系列文件，建立董事会、监事会、经理层运作机制。4月20日，山东中烟工业有限责任公司挂牌成立。

【品牌营销】 工商协同营销。在省内，加强省、市、县三级“营销动力圈”建设，实现信息对接、网上补货，推进协同营销培训工程。在省外，和重点市场所在的卷烟商业企业达成战略发展共识，优化销售结构配置，基本满足重点市场需求。2月5日，公司与宁夏回族自治区局（公司）在济南召开工商协同座谈会。

推进大营销。6月3日，公司召开大营销工作启动大会。将所属4家卷烟生产企业驻地市场划归各卷烟生产企业管理，其销售业务受营销中心指导、管理、监督和考核。确立系统营销工作思路，加强营销信息化平台建设，强调计划执行率，密切产销衔接，强化绩效考核，巩固终端建设，规范宣传促销，提升销售协议执行率，重点产品存销比基本合理，卷烟销售物流初步实现一体化。

品牌培育。制订山东中烟“卷烟上水平”暨“泰山”品牌发展规划，确定“泰山”品牌“246”发展目标，即到2015年，实现“泰山”品牌产销200万箱、工业调拨收入400亿元、商业批发收入600亿元。将“八喜（贵宾）”、“将军（特纯）”等产品并入“泰山”系列。开发了“泰山（拂光）”、“泰山（神秀）”等8款新产品，并改造4款产品，研究储备一批低焦低害卷烟配方。高端卷烟取得突破，“泰山（拂光）”上市后走势良好。

【原辅材料保障】 原料供应。截至年底，公司在云南、福建等省共建立32个烟叶基地单元，平均基地化供给率为70.6%，提前完成基地单元建设目标。选拔录用15名驻点农艺师和80名外派检验员、监打员，参与烟叶生产调拨全过程。在国家局工商烟叶交接质量抽检中，平均合格率达66.5%。

辅料保障。延伸招标采购范围，具备3家以上供货条件的卷烟材料全部纳入招标采购。全年卷烟材料采购成本同比降低9437万元，其中印刷类烟标采购成本同比下降6%。推行即时供应制度，卷烟材料入库使用合格率、采购供应及时率达100%，供应周期降至7天左右，月均库存金额同比下降7.8%。实行进口备件寄售采购和国产备件招标采购，进口备件平均供货周期缩短80天，急用件可在10天内供货。

【科技创新】 应用增香保润、减害降焦等集成技术，精选优质烟叶，采用多叶组小配方精细混配，构建“泰山”茶甜香品类。加强原料存储应用研究，推进烟叶可控醇化工作。加强理化项目研究，探索烟梗膨胀制粒、二氧化碳低温膨胀、再造烟叶等技术，降低卷烟危害。研究松散回潮、烘干膨胀、加香加料、电气控制等技术，优化在线工艺加工参数。推行项目研发模式，初步建立科技创新激励机制。

全年组织科技立项35项。公司共有在研项目84项，其中承担行业项目12项。2010年获授权专利37项，其中发明专利9项。12月，公司“卷烟配方计算机辅助设计技术创新研究成果”获中国烟草总公司科技进步奖二等奖，并有4个项目、19篇论文获全省技术创新优秀成果奖。

【多元化经营】 2010年，公司依法清退14家（含视同完成）多元化企业。加快内部借款清收，新收回内部借款11.55亿元。截至年底，颐中烟草（集团）有限公司内部借款本息清收基本完成。

将军烟草集团有限公司。将军烟草集团有限公司（简称“将军集团公司”）组建于1995年10月，是山东中烟下辖的全资子公司，注册资本为12.62亿元。8月，清算注销山东物流分公司；12月，将济南九州置业有限公司纳入将军集团公司进行经营管理。下辖济南包装材料分公司、德州分公司、临清分公司、临清纸业分公司等4家分公司，将军经贸有限公司、山东鲁烟莱州印务有限公司、山东将军开元纸业有限公司、济南九州春天物业管理有限公司、山东泰山品牌文化传播有限公司、山东省烟草包装印刷有限公司等6家全资子公司，以及济南泉永印务有限公司、山东省三名投资有限公司、山东将军双辰房地产开发有限公司、将军控股有限公司等4家控股及相对控股企业，并参股光大银行和交通银行。共有从业人员2505人。

2010年，将军集团公司及所属10家单位实现主营业务收入13.11亿元，实现税利5235万元。

重视科技创新工作。2月，由将军集团公司编制完成的烟草行业标准“烟叶熏蒸杀虫磷化氢浓度的测定—无线传感法”（YC/T342—2010）经国家局颁布实施。11月，将军集团公司申报的“烟草多元化企业全面预算管理体系的构建与实施”项目获2010年山东省企业管理现代化创新成果一等奖。

颐中烟草（集团）有限公司。颐中烟草（集团）有限公司（简称“颐中集团公司”）组建于1994年，是山东中烟下辖的全资子公司，注册资本为12.91亿元。2010年，将颐中（青岛）体育产业发展有限公司纳入企业清退计划。9月28日，对颐中（青岛）实业有限公司重新确权并划归颐中集团公司。下辖卷烟材料分公司、菏泽分公司、烟台分公司等3家分公司，青岛颐中国际大酒店有限公司、颐中（青岛）置业有限公司、颐中（青岛）实业有限公司、颐中（潍坊）实业有限公司、颐中（滕州）实业有限公司等5家全资子公司，青岛颐中星日投资股份有限公司1家成员单位，以及青岛黎马敦包装有限公司、烟台颐中包装有限公司、青岛沧口维客购物中心有限公司等3家参股企业。共有从业人员1866人。

2010年，颐中集团公司及所属12家单位实现营业收入6.7亿元，实现税利7500万元，其中利润1794万元。

【企业管理】 质量管理。开展“质量管理年”活动，加强精细生产、精细加工，各级质量抽检合格率为100%。推进群众性质量管理，公司共有158个QC小组，其中，4个获国优称号、1个获行优称号、29个获省优称号。15项管理创新成果获全省年度管理创新成果奖，其中，特等奖1项、一等奖5项。

两标一创。推进质量、环境、职业健康安全管理体系建设，以及标准化建设和创建“优秀卷烟工厂”等工作。改进管理体系和标准体系，严格审核新发布文件，基本形成标准化体系。推进定额管理，制定454项定额标准，初步形成卷烟厂定额标准体系。在国家局公布的42项对标指标中，公司有1项达到行业先进水平，25项优于行业平均水平。推进“优秀卷烟工厂”创建活动，济南、青岛、青州卷烟厂有9项数据达到国家局标准，滕州卷烟厂有7项数据达标。

整顿规范。确定年度整顿规范和内部监管工作要点，开展效能监察、实施经济责任审计和存货审计、清查盘点烟叶、严格合同审核、“小金库”专项治理等工作，规范内部运行，并通过了国家局、山东省局（公司）内部专卖管理监督检查。

【信息化建设】 完成营销综合管理、办公自动化系统的优化升级，资金监管系统、能源管控系统上线运行，ERP二期项目和青州、滕州卷烟厂MES（生产执行系统）通过验收。

【合作交流】 对内合作生产。公司与红塔集团、红云红河集团、湖北中烟、上海烟草集团、江苏中烟、广东中烟、湖南中烟等7家单位合作，生产“云烟（紫）”、“红金龙（软精品）”、“红双喜（硬8mg）”、“红双喜（硬晶派）”、“南京（红）”、“双喜（软精品）”、“白沙（精品二代）”、“红塔山（软经典）”等8个品牌规格的产品。全年合作生产卷烟75亿支（15万箱）。

对外交流。以自主品牌国际化培育为主线，把卷烟出口贸易与境外实体化运作战略目标相结合，探索实施“走出去”战略的新模式。加强与东方贸易公司的合作，拓展阿联酋和坦桑尼亚的两家新客户，自主品牌J&J“将军（境外版）”、TS“泰山（境外版）”进入中东和东非市场。全年共出口卷烟4亿支，其中自主品牌卷烟出口2.5亿支，同比增长439%。

【人力资源管理】 加强领导干部管理，印发《领导干部问责办法》等10项制度。组织36名基层人员交流挂职锻炼，录用21名退伍军人。建立卷烟厂劳动定员定额标准体系。开展分级分类培训，全年共举办培训班247期，累计培训2.3万余人次。公司共有4人被评为“全省技术能手”，4人被评为“全省突出贡献技师”。

【思想政治工作】 推进惩防体系建设，出台完善37项制度，同时开展党性教育和反腐倡廉教育，严格执行“三谈两述”（即廉政谈话、诫勉谈话、纪委书记与下级党政主要负责人谈话，述职、述廉）、询问质询等制度。

以济南、青岛卷烟厂为试点单位，开展基层党组织创先争优活动。以济南卷烟厂为试点单位，推进办事公开民主管理工作。开展“立足岗位‘上变拼’，我为公司谋发展”建言献策大讨论活动，弘扬“上变拼”精神。组织户外拓展、全民健身、全民读书等文体活动，开展慈心一日捐、救灾救难、扶危济困等公益活动，树立公司形象。

【企业文化】 公司以“四进”（进班子、进岗位、进制度、进流程）为重点，构建“两个至上”长效机制，完成企业文化理念框架体系起草工作，编制培训手册和员工职业行为规范。济南卷烟厂制订了《企业文化建设三年规划纲要》，形成企业文化理念框架体系，并进行了“我们就是泰山”主题宣讲和相关培训。12月，济南卷烟厂被评为全国烟草行业企业文化建设先进单位。

【“十一五”发展概要】 生产经营概况。“十一五”期间，公司内销卷烟产量由“十五”末的的1170.25亿支（234.05万箱）增至2010年的1330亿支（266万箱）；内销卷烟销量由1177.46亿支（235.49万箱）增至1365.47亿支（273.09万箱）。内销卷烟销售收入由122.43亿元增至211.87亿元，实现税利由72.04亿元增至133.64亿元，实现税金（含所得税）由64.63亿元增至123.68亿元；所有者权益由85.3亿元增至133.14亿元。“十一五”公司累计实现销售收入843亿元，年均增长11.49%；累计实现税利509亿元，年均增长13.15%；累计实现税金468亿元，年均增长13.86%。

深化改革，理顺体制机制。2006年，公司实施管理体制改革，实现全系统资产、品牌、销售、采购“四统一”。调整组织架构，加强“四大中心”建设；实施用工分配制度改革，畅通职工发展通道；开展优秀基层企业创建工作，建立模拟利润中心考核机制。2010年，改制更名为山东中烟工业有限责任公司，建立法人治理结构。

优化调整，明确品牌发展目标。推进品牌整合，实施品牌“5变3”、“3变2”① 发展思路，生产规格

① “5”变“3”，即由重点发展“泰山”、“将军”、“一枝笔”、“八喜”、“哈德门”等5个品牌变为重点发展“泰山”、“将军”、“哈德门”等3个品牌；“3”变“2”，即重点发展“泰山”、“将军”2个品牌。

由65个减至24个。2008年，公司确定“泰山”品牌发展思路，“泰山”被国家局列为视同行业重点骨干品牌。2010年，确定“泰山”品牌“246”发展目标。

强化管理，夯实发展基础。原料保障方面，库存总量保持在20万吨（400万担）左右。技术装备方面，全系统产能达1500亿支（300万箱）以上。科技创新方面，公司技术中心为国家级企业技术中心，“十一五”期间获授权专利268项，卷烟平均焦油含量降低1.4毫克/支。基础管理方面，公司被评为国家AAAA级标准化良好行为企业，并先后完成ERP、MES、CAD等信息体系建设，其中，青岛卷烟厂CIMS项目是“国家高技术研究发展计划（即863计划）”之一。

【特事要辑】 1月26日，山东中烟在济南召开2010年山东烟草工业系统工作会议。

4月19日，山东中烟召开第一届董事会第一次会议。

4月20日，山东中烟改制更名揭牌仪式在山东大厦举行。国家局副局长张辉出席揭牌仪式并讲话。

10月26～29日，国家局副局长何泽华到山东中烟调研。

11月24日，澳大利亚阿姆科集团总裁及首席执行官肯尼斯·麦肯兹到山东中烟访问。

所属企业

山东中烟工业有限责任公司济南卷烟厂

【概　况】 山东中烟工业有限责任公司济南卷烟厂始建于1928年。1993年初，济南卷烟厂成为将军烟草集团有限责任公司的核心企业。2006年，山东烟草工业实施管理体制调整，取消其法人资格，改制更名为山东中烟工业公司济南卷烟厂。2010年，山东中烟工业有限责任公司成立，企业改制更名为山东中烟工业有限责任公司济南卷烟厂。企业占地面积73.33万平方米，共有从业人员2212人，其中在岗员工1468人。2010年4月，企业动力车间被授予山东省“工人先锋号”称号。

企业拥有13条硬盒生产线，11条软盒生产线，另有5条ZJ112－ZB47高速卷包生产线，1条M5－GDX6高速卷包生产线。拥有8000千克/小时、6000千克/小时、2000千克/小时叶丝生产线各1条，3000千克/小时、800千克/小时膨胀烟丝生产线各1条，以及1000千克/小时白肋烟生产线1条。年卷烟生产能力625亿支（125万箱）。

【领导成员】 厂长、党委副书记：秦日伦

副厂长、党委书记：孟令权

副厂长、党委委员：王洪祥

副厂长、党委委员：王坤明

纪委书记、党委委员、工会主席：卞新中

副厂长、党委委员：迟修东

【卷烟生产】 2010年，企业生产卷烟502.9亿支（100.58万箱）（含出口），其中，生产“将军”337.5亿支（67.50万箱）、“哈德门”107.9亿支（21.58万箱）、“泰山”44.6亿支（8.92万箱），加工“云烟”5亿支（1万箱）、“红金龙”5亿支（1万箱）。

企业全年万元产值综合能耗为20.55千克标煤/万元，万支卷烟综合能耗为2.95千克标煤/万支。烟叶、滤棒、盘纸平均消耗分别为7.29千克/万支、1671支/万支、643米/万支。水、电平均消耗分别为0.04吨/万支、9.20千瓦时/万支。

【机构调整】 6月，企业成立运输管理中心、雪茄烟制造中心、市场处和离退休（内退）人员管理处党支部。同月，成立山东技师工作站，是山东烟草工业系统首家技师工作站。

【技术改造】 10月，企业易地技术改造一期项目通过国家局总体验收。启动6万平方米的烟叶醇化库建设项目，截至年底，完成规划建设论证、设计招标、监理单位招标、施工图设计、施工总承包单位招标、5万立方米土方处理、854万元建设规费减免手续等工作。启动科研生产指挥中心项目，草拟可行性报告。完成生产保障库设备安装调试，库存量可达7.5亿支（1.5万箱）。

加强设备改造，引进滤棒发射机、YB18A卸盘机，完成安装、调试及验收，并投入使用。与德国虹霓公司、香港高比公司签订进口设备垂直切片机、松散回潮机、烟梗激光分选机购置合同。全年进行了4次停产检修，确保设备性能完好和产品质量稳定。企业被山东省设备管理协会评为山东省“2010年度设备

管理先进单位”。

【企业管理】 财务审计。加强预算过程控制，通过公司2009年绩效考核现场检查。对“小金库”治理涉及的“10个重点问题”进行自查整改。完成易地技术改造项目初、复审工作，审减金额1.22亿元，审减率14.09%。

创优对标。“三标”体系通过公司内审验证组现场验证。开展企业标准和制度的“废改立转”工作，现行有效企业标准790余个。开展定额标准数据验证，发布各项定额标准。创建“优秀卷烟工厂”，在国家局公布的10项指标中，企业达标9项。

质量管理。强化工艺研究和控制，全年开展了400余项次工艺指标测评、5次全过程工艺质量管理测评，编制了《工艺汇编》。开展“质量月”、“我为质量提升献一计”群众性质量管理活动，并在山东省内17个地级市场进行走访调查。设计完成并启动生产现场信息展现分析系统。强化烟叶仓储及熏蒸杀虫监督管理，保证烟叶的养护质量和储存安全。规范各级能源检测设施，完成部分节能照明、LED、节电器和谐波器的安装。

创新管理。完善企业三级创新管理组织体系，评出2010年获奖创新成果122项、优秀合理化建议100项。“MAX70接装机扇形齿轮组弹性圆柱销拆装工具的设计与应用”项目获“全国创新成果三等奖”，QC成果“研制造纸法薄片烟块自动松散装置”获行业一等奖，“尖尖角”、“火炬”QC小组获“全国优秀质量管理小组”称号，另有3个项目被评为“2009年度全国优秀六西格玛项目”。

安全管理。逐级签订《2010年安全生产管理目标责任书》。投入177.6万元，建设应急保障库的自动灭火系统、信息中心机房气体灭火系统、电子围栏周界防范系统。完善视频监控系统，增加移动监控功能。开展“安康杯”竞赛活动，企业获山东省“安康杯”竞赛优胜单位称号。

【大营销】 拟定并实施《济南卷烟厂大营销工作方案》及各项支持方案，设立市场处。建立厂级领导与济南市六区三县一市销区的联系点制度。召开鲁产卷烟品牌培育会议、工商联席会议，举办泉城烟草青年论坛等活动，搭建鲁产卷烟品牌培育平台。启动济南卷烟零售户“感悟泰山”活动，组织零售户1500余人次参观。

附：

山东中烟工业有限责任公司
济南雪茄烟制造中心

山东中烟工业有限责任公司济南雪茄烟制造中心前身是成立于1999年12月的将军烟草集团有限公司技术中心雪茄烟实验室。2004年5月，国家局批准将军烟草集团有限公司济南卷烟厂生产雪茄烟，济南卷烟厂成立雪茄烟生产工段。2006年12月，山东中烟工业公司实施体制改革后，雪茄烟生产工段由原将军烟草集团有限公司技术中心划归济南卷烟厂工艺技术处管理。2008年12月，山东中烟工业公司济南雪茄烟制造中心正式成立。2010年4月，济南雪茄烟制造中心因公司改制名称变更为山东中烟工业有限责任公司济南雪茄烟制造中心。

制造中心占地面积约8500平方米，共有在岗员工24人。拥有机制全叶卷雪茄烟MIR－01卷烟机4台（套）、RSC－100烟支包装机1台（套）、T3/S3/DOW瓜片芯叶打叶机1台（套），以及雪茄型卷烟MRK－95卷烟机1台（套）、PROTOS70卷烟机1台（套）、ZB42双十支包装机1台（套）。雪茄型卷烟年生产能力15000万支，机制雪茄烟年生产能力400万支。

制造中心主要产品有机制雪茄烟“将军（3G）”和雪茄型卷烟“将军（潘萨）”。2010年，制造中心生产机制雪茄烟“将军（3G）”10.4万支、雪茄型卷烟“将军（潘萨）”2972万支。

山东中烟工业有限责任公司青岛卷烟厂

【概　况】 山东中烟工业有限责任公司青岛卷烟厂前身是始建于1919年的大英烟草股份有限公司青岛办事处。2006年，山东烟草工业实施管理体制调整，取消其法人资格，改制更名为山东中烟工业公司青岛卷烟厂。2010年，山东中烟工业有限责任公司成立，企业改制更名为山东中烟工业有限责任公司青岛卷烟厂。企业占地面积36.44万平方米，共有从业人员1349人。拥有卷接包设备70组，以及9000千克/小时叶丝生产线1条、3000千克/小时梗丝生产线1条、1000千克/小时白肋烟生产线1条、180千克/小时薄片生产线2条、570千克/小时膨胀烟丝生产线1条。年卷烟生产能力665亿支（133万箱）。

2010年，企业被中国质量协会授予“全国六西格玛管理推进先进企业”称号，被中国设备管理协会授予“全国TnPM推进示范基地”称号，被中华全国总工会授予“全国‘安康杯’竞赛优胜企业”称号。

【领导成员】 厂长、党委副书记：周　健
副厂长、党委书记：郭本安
副厂长、纪委书记、党委委员：张　彤
副厂长、党委委员：应青苗
副厂长、党委委员：肖春菊
党委委员、工会主席：王军伟
副厂长、党委委员：孟庆华

【卷烟生产】 2010年，企业生产卷烟512.5亿支（102.5万箱），其中，生产一类烟14.9亿支（2.98万箱）、二类烟1.55亿支（0.31万箱）、三类烟88.4亿支（17.68万箱）、四类烟327.5亿支（65.50万箱）、五类烟80.15亿支（16.03万箱）。生产的卷烟品牌有“泰山”、“哈德门”、“将军”、“红双喜”。

全年万元产值综合能耗为18.14千克标煤/万元，万支卷烟综合能耗为2.95千克标煤/万支。烟叶、滤棒、盘纸平均消耗分别为6.9千克/万支、1671支/万支、643米/万支。水、电平均消耗分别为0.05吨/万支、8.41千瓦时/万支。

【企业管理】 创建“优秀卷烟工厂”。制订创建“优秀卷烟工厂”、“质量提升”、“双增双节”等9个方案和实施细则，夯实基础管理。争创管理样板车间（处室），争创“卓越班组”。在国家局公布的创优10项经济技术指标中，企业达标9项。

生产管理。推进精细化生产，制订卷烟产品质量提升方案，完善质量风险抵押金制度，落实全员质量责任系数考核。推进六西格玛管理，实施15个六西格玛改进项目，其中质量类7个。定期召开项目评审发布会。开发西格玛水平测评信息系统。开展六西格玛绿带、黑带培训，通过率分别达83.9%、89.7%。在全国质量技术奖励大会暨第七届全国六西格玛大会上，企业有4项成果被评为优秀六西格玛项目。

【大营销】 负责青岛市场鲁产卷烟营销工作。以青岛国际啤酒节为平台，开展“泰山”品牌宣传推广活动。落实集团消费、意见领袖、婚庆市场策划方案，实施精准营销。

【科技创新】 开展合理化建议、小改小革、QC攻关等群众性科技创新活动。召开第三届科技创新大会和第二届QC成果发布会。建立TnPM设备管理信息化平台，完成两轮迭代上线运行。实现办公自动化系统合同、用印、出差借款、物品领用等业务审批功能。

【技术改造】 制订“十二五”投资规划。完成精品“泰山”制丝线施工设计，并签订国产主机设备和进口设备合同。完成5000千克/小时制丝线项目的带料调试。南渠烟叶醇化库项目正式开工。

山东中烟工业有限责任公司青州卷烟厂

【概　况】 山东中烟工业有限责任公司青州卷烟厂前身是始建于1948年的华东野战军随军卷烟社。1998年8月，山东烟草实施综合配套改革，划归颐中烟草（集团）有限公司管理。2006年，山东烟草工业实施管理体制调整，取消青州卷烟厂法人资格，改制更名为山东中烟工业公司青州卷烟厂。2010年，山东中烟工业有限责任公司成立，企业改制更名为山东中烟工业有限责任公司青州卷烟厂。企业占地面积为17.3万平方米，共有在岗员工1246人。拥有6000千克/小时制丝生产线、570千克/小时二氧化碳膨胀烟丝线及在线高温膨胀烟丝生产线、薄片烟丝生产线各1条，以及14组卷接包联合机组。年卷烟生产能力250亿支（50万箱）。

【领导成员】 厂长、党委副书记：史春晓
副厂长、党委书记：黄文正
副厂长、党委委员：赵阳春
副厂长、党委委员：程逢春
纪委书记、党委委员、工会主席：王宗林
副厂长、党委委员：赵玉成

【卷烟生产】 2010年，企业生产卷烟215亿支（43万箱），其中，生产一、二类烟15.85亿支（3.17万箱），三类烟41.05亿支（8.21万箱），四类烟126.4亿支（25.28万箱），五类烟31.7亿支（6.34万箱）。生产的卷烟品牌有“泰山”、“将军”、“八喜”、“哈德门”、“红双喜”、“南京”、“白沙”。

全年万元产值综合能耗为15.08千克标煤/万元，万支卷烟综合能耗为2.70千克标煤/万支。烟叶、滤棒、盘纸平均消耗分别为7.16千克/万支、1676支/万支、644米/万支。水、电平均消耗分别为0.07立方米/万支、6.76千瓦时/万支。

【大营销】 成立大营销机构和市场处，制订实施方案，加强工商协同，推动工商干部交流。围绕提档、增量目标，实施精准营销，推动潍坊地区鲁产卷烟的销量、结构双提升。

【创建“优秀卷烟工厂”】 有9项指标达到创优标

准，承担的公司17项重点指标全部完成。全年有4项管理创新成果、3项科技成果获省级奖励，“提高泰山烟用滤棒吸阻的加工精度”、“提高‘泰山（望岳）’烟支单质重量加工精度”、“提高‘泰山（望岳）’包装机组车速”等3个六西格玛项目被评为全国优秀六西格玛项目，10项专利通过国家专利局审查。全年发布QC成果14个，卷包车间“研制ZB25机组YB55机剔除填充装置”项目获全国QC成果一等奖，卷包车间清泉QC小组获“全国优秀QC小组”称号。

山东中烟工业有限责任公司滕州卷烟厂

【概　况】 山东中烟工业有限责任公司滕州卷烟厂始建于1951年。1998年8月，滕州卷烟厂划归颐中烟草（集团）有限公司管理。2006年，山东烟草工业实施管理体制调整，取消其法人资格，改制更名为山东中烟工业公司滕州卷烟厂。2010年，山东中烟工业有限责任公司成立，企业改制更名为山东中烟工业有限责任公司滕州卷烟厂。企业占地面积约为15万平方米，共有从业人员710人。拥有5000千克/小时制丝生产线1条，ZJ17、ZB25等卷接包设备16台（套）及自动装封箱机2组、码垛机2台、KDF2滤棒成型机3组、滤棒发送机2套。年卷烟生产能力150亿支（30万箱）。

【领导成员】 厂长、党委副书记：赵　昆

党委书记、副厂长：孙　萍

副厂长、纪委书记、党委委员、工会主席：苏红卫

副厂长、党委委员：李继东

副厂长、党委委员：赵常友

【卷烟生产】 2010年，企业被国家局确定为行业知名品牌定点合作生产厂之一，并自9月份正式开始合作生产“红塔山（软经典）”。全年共生产卷烟102.5亿支（20.5万箱），其中生产“红塔山（软经典）”30亿支（6万箱），“哈德门（软）”72.5亿支（14.5万箱）。

全年万元产值综合能耗为28.3千克标煤/万元，万支卷烟综合能耗为3.69千克标煤/万支。烟叶、滤棒、盘纸平均消耗分别为6.55千克/万支、1673支/万支、643米/万支。水、电平均消耗分别为0.12吨/万支、10.5千瓦时/万支。

【企业管理】 *质量管理*。开展群众性质量管理活动，全年共取得QC成果36项。企业有7项QC成果在公司优秀QC成果发布会上获奖。在第30届山东省群众性质量管理活动经验交流会上，企业首次被评为山东省质量管理小组活动优秀企业。全年开展管理创新课题19项，其中有2项创新成果分别被评为山东省2010年度企业管理现代化创新成果一、二等奖。

体系建设。完善绩效指标体系，确立厂级绩效指标93项、部门级关键绩效指标192个。加强标准化体系建设，完成683个企业标准换版工作。

【技术改造】 12月2日，国家局下发文件，批复同意企业实施易地技改项目。12月24日，企业举行了易地技改项目奠基仪式。

【内部监管】 制订监督处理方案，规范卷烟生产经营行为。全年共评审工程214项，审减金额144.38万元；实施招标、商务谈判等47项，节约资金319.64万元；开展物资采购比价项目95批，审减金额97.46万元。开展效能监察，抽查工程预、决算审计项目、采购比价项目合计93项，抽检合格率均为100%。

（秦日旭）

河南中烟工业有限责任公司

【概　况】 河南中烟工业有限责任公司，最初为河南烟草工商分设后于2003年10月成立的河南中烟工业公司。2009年8月，河南中烟工业公司改制更名为河南中烟工业有限责任公司。下辖新郑、郑州、许昌、安阳、南阳、驻马店、漯河、洛阳卷烟厂等8家不具有法人资格的卷烟生产企业及河南卷烟工业烟草薄片有限公司。公司拥有总资产200.19亿元，其中，固定资产39.79亿元、流动资产148.49亿元，资产负债率为44.94%。共有在岗员工10017人。

2010年，公司围绕国家局“卷烟上水平”基本方针和战略任务，以“全面推进品牌上水平”为工作主题，切实强化市场营销、技术创新、原料保障、基础管理、内部改革、队伍建设等6项重点工作，生产经营保持良好发展态势，连续第7年受到河南省政府通报表彰。

2010年，公司被河南省政府授予“2009年度完成责任目标先进单位”称号；被共青团河南省委授予“河南省希望工程20周年先进集体”称号；被河南省

总工会授予“2009 年度工会财务工作先进集体”称号。

【领导成员】 总经理、党组书记：赵九来

副总经理、党组成员：杨自业

副总经理、党组成员：赵志正

副总经理、党组成员：宋有申（—2010. 5）

副总经理、党组成员：杨志忠

副总经理、纪检组长、党组成员：邵富根（2010 年 4 月前任纪检组长、党组成员）

副巡视员：吴明山

副巡视员：许廷选

副巡视员：王志远

【机构设置】 公司本部设办公室（外事办）、企划部、生产管理部、安全保卫部、装备部、法律与改革部、财务部、审计部（招标办）、人力资源部（职业技能鉴定站）、投资管理部、监察部、政工部（机关党委、团委、工会）、市场营销部、原料部、物资部、进出口部、技术中心、信息中心、整顿和规范市场经济秩序办公室、物流中心等 20 个部门，其中，物流中心于 2010 年 12 月设立。

【卷烟生产经营】 2010 年，公司生产卷烟 1645 亿支（329 万箱）（不含出口烟），同比增长 2.29%，其中，生产一类烟 22.45 亿支（4.49 万箱），同比增长 118.42%；二类烟 31.27 亿支（6.25 万箱），同比增长 750.15%；三类烟 388.44 亿支（77.69 万箱），同比增长 26.43%；四类烟 741.23 亿支（148.25 万箱），同比增长 3.63%；五类烟 461.60 亿支（92.32 万箱），同比下降 19.51%。生产出口卷烟 5.45 亿支（1.09 万箱），同比增长 55.73%。

全年销售卷烟 1647.93 亿支（329.59 万箱）（不含出口烟），同比增长 2.48%，其中一类烟 20.91 亿支（4.18 万箱），同比增长 130.60%；二类烟 30.88 亿支（6.18 万箱），同比增长 711.84%；三类烟 390.95 亿支（78.19 万箱），同比增长 27.20%；四类烟 741.83 亿支（148.37 万箱），同比增长 3.63%；五类烟 463.37 亿支（92.67 万箱），同比下降 19.17%。出口卷烟 5.30 亿支（1.06 万箱），同比增长 37.92%。

实现卷烟销售收入 264.9 亿元，同比增长 16.34%。实现税利 175.55 亿元，同比增长 21.77%，其中利润 25.79 亿元，同比增长 22.58%。出口实现 447.74 万美元，同比增长 20.15%。公司三项费用率为 8.92%。

全年万元产值综合能耗为 20.92 千克标煤/万元，万支卷烟综合能耗为 3.52 千克标煤/万支。烟叶、滤棒、盘纸平均消耗分别为 6.57 千克/万支、1932 支/万支、612 米/万支。水、电平均消耗分别为 0.11 吨/万支、7.89 千瓦时/万支。

【主要产品】 2010 年，公司生产的卷烟品牌主要有“黄金叶”、“帝豪”、“红旗渠”、“金许昌”、“散花”等。7 月 9 日，国家局下发通知，将“黄金叶”品牌视同全国性卷烟重点骨干品牌进行考核。全年新开发“黄金叶（黄金眼）”、“黄金叶（金满堂）”2 个规格产品；停产“红旗渠（嘉年华）”、“红旗渠（硬银）”、“红旗渠（软白）”、“沙河（吉祥）”等 4 个规格产品；“帝豪（硬金黄）”置换为“黄金叶（硬帝豪）”，“红旗渠（硬金红）”置换为“黄金叶（硬红旗渠）”。

全年销售“黄金叶”88.01 亿支（17.60 万箱），同比增长 197.31%，其中省内销售 58.20 亿支（11.64 万箱）。销售“帝豪”103.77 亿支（20.75 万箱），同比下降 16.30%，其中省内销售 94.0 亿支（18.80 万箱）。销售“红旗渠”979.78 亿支（195.96 万箱），同比下降 3.45%，其中省内销售 635 亿支（127 万箱）。

全年出口卷烟 5.30 亿支（1.06 万箱），其中，向缅甸、马来西亚、巴拿马、智利、墨西哥出口“FARSTAR（发时达）”3.90 亿支（0.78 万箱）；向缅甸、马来西亚出口“CRAZY HORSE（野马）”0.70 亿支（0.14 万箱）；向巴拿马、新加坡、澳大利亚、马来西亚、中国澳门出口“帝豪”0.70 亿支（0.14 万箱）。

【品牌营销】 品牌战略。制订《黄金叶品牌上水平发展规划》，确定“251”工程，即指通过 5 年时间的努力，实现“黄金叶”品牌年销量 200 万箱以上，年销售额 500 亿元以上，公司平均单箱税利突破 1 万元，把“黄金叶”打造成行业知名品牌。推进零售价 100 元/条价位的“帝豪”、“红旗渠”卷烟产品向“黄金叶”整合，全年零售价 100 元/条以上的“黄金叶”销量为 66.3 亿支（13.26 万箱）。

工商协同营销。落实《协同营销三年工作规划》，探索工业、商业、零售户一体化运作新机制。全年共举办 80 场“黄金叶”品牌发展暨协同营销座谈会，与 98 家合同单位签订工商协同营销协议。

市场建设。成立河南烟草“黄金叶”品牌市场营销组，加强商业渠道、零售商户和消费者终端建设。“黄金叶”实现省内全覆盖，并在省内形成三类烟万箱以上规模市场 2 个，省内三类烟 5000 箱以上规模市

场11个；突出省外区域市场运作，建设标杆市场，“黄金叶”在省外进入259个合同单位，形成销售一、二类烟1000箱以上的市场4个。

【原料保障】 全年共签订国内烟叶采购计划13.03万吨（260.5万担）。严格烟叶质量把关，原烟接收等级纯度进一步提高，受到国家局通报表彰。推进特色优质烟叶基地建设，在河南建立2个浓香型风格基地，在云南建立2个清香型风格基地。共签订基地单元建设协议29个，其中省内16个、省外13个，初步形成涵盖浓香型、清香型及中间香型的基地发展布局。全年精选原烟0.5万吨（10万担），模块加工烟叶5.95万吨（119万担）。

【物资供应】 针对多厂家供应同种材料及多点生产的现状，采取集中采购、集中供货、集中投料的“三集中”管理方法，实现材料保供率100%。改进物料配送方式，在郑州卷烟厂、新郑卷烟厂物料供应环节推行托盘化配送，实现标准化管理。运用虚拟库的创新管理模式与方法，加强仓储物流管理，全年对167个批次价值1632万元的物资进行厂际间调剂。改进材料换版方式，完成自有品牌卷烟装潢和箱皮的焦油含量标志换版工作。组织供应商供货业绩评价工作，对24家出现质量问题的供应商进行通报警告，责成2家质量问题较多的供应商进行限时整改。

【科技创新】 强化“醇香”品类构建，推出“黄金叶（黄金眼）”和“黄金叶（金满堂）”两款新产品，完成“黄金叶”新品定型及“黄金叶”3毫克、6毫克低焦油产品技术储备。推进减害降焦，卷烟焦油含量加权平均值为11.38毫克/支，比全国平均值低0.52毫克/支。开展项目研究，共立项38项，4个项目获省部级科技进步奖，参与制定行业标准11项。加强薄片技术研究应用，成功开发浓香型薄片。

推进河南中烟博士后科研工作站建设，成立博士后工作站管理委员会。与郑州大学、河南农业大学、河南大学博士后科研流动站加强技术合作和人才培养工作。河南中烟博士后科研工作站被河南省人力资源和社会保障厅评为“河南省优秀博士后工作站”。

【多元化经营】 完成国家局对河南中烟多元化企业清退计划的最后一家公司，即河南华银水松纸制品有限公司的注销工作。开展清退工作“回头看”，检查已完成清退企业的各项手续，建立清退档案，完备资料。建立多元化企业管理评价体系，分层级、按维度组织多元化企业经营管理评价自查和抽查工作，优化多元化企业股份结构。

截至年底，河南中烟下辖河南省新郑金芒果实业总公司、许昌帝豪实业公司、郑州黄金叶实业总公司、安阳市红旗渠集团、南阳卷烟厂双龙实业公司、洛阳烟草服务中心、漯河沙河实业有限公司等7家集体性质多元化经营企业，驻马店发时达工贸有限公司、许昌帝豪物业管理有限公司、许昌永昌印务有限公司、河南金瑞香精香料有限公司、河南金芒果印刷有限公司、广东汕头龙华印务有限公司、河南红旗渠品牌文化传播有限公司等7家股份制多元化经营企业。

全年多元化经营企业共实现销售收入15.39亿元，同比增长14.17%。实现利润1.27亿元，同比增长11.37%。

【企业管理】 财务审计。加强预算、成本费用、资金和资产管理，销售收入成本费用率同比下降1.75%。推行审计委派制，实施财务收支和重大工程项目过程跟踪审计，全年实施标底预算、工程项目结算审计415个、经济合同审计项目1139份，完成招标项目35个。

质量管理。推行三级质量管控模式，开展工艺攻关，推进SPC（统计过程控制）技术应用，开展在线质量评价、产品质量监督检查和市场质量反馈考核，各级产品质量抽检合格率100%。开展群众性质量管理活动，17个QC小组获全国“优秀QC小组”称号，84个小组获省部级“优秀QC小组”称号。

设备管理。深化设备轮保养、“进站式”保养和“故障库”建设，推进全员设备管理、设备点检等试点工作，设备有效作业率91.97%。

对标创优。开展贯标、对标和“优秀卷烟工厂”创建工作，2项成果获国家级创新成果二等奖，8项成果获省级成果一等奖，郑州、洛阳卷烟厂通过国家局创优达标评审。

【体制改革】 推进建立董事会和设立监事工作，国家局批复通过《河南中烟工业有限责任公司完善公司法人治理结构工作实施方案》和《河南中烟工业有限责任公司章程》。董事会建设的前期准备工作基本完成。

【人力资源管理】 干部队伍建设。对所属卷烟厂领导班子空缺职位进行选拔。在中层干部年度考核中，首次推行“百分制”量化考核制度。对所属8家卷烟厂近年来的中层干部选拔工作进行检查，组织职工满意度测评。制订《公司党组管理的领导班子后备干部推荐选拔工作方案》，在8家卷烟厂共确定40名后备干部。

教育培训和技术人才评聘。7月31日至8月9日，公司与河南省财贸轻纺烟草工会联合举办河南省“黄金叶杯”首届烟机设备操作技术比赛。全年共组织各类培训班534期，培训员工2.48万人次。制订《公司政工师任职资格评审实施细则》，完成会计、经济、政工三大系列专业技术试题库建设工作。完成许昌、安阳、新郑、洛阳卷烟厂工程师设岗聘任工作，15人获高级职称、67人获中级职称。

【思想政治工作】 围绕“迎世博、讲文明、树新风”主题，开展读书交流、征文比赛、红色短信、文明礼仪和灾难防范知识答卷活动。开展思想政治工作课题研究论文征集和评选活动，收到论文142篇，向国家局推荐优秀论文10篇。整理出版2009年优秀政研论文集《金叶畅谈》。

加强惩防体系建设，开展反腐倡廉教育，实施效能监察，突出对“三重一大”、招标采购等事项的监督。公司连续第5年在河南省委、省政府党风廉政建设责任制工作考评中评为优秀；公司机关党委获“河南省直机关2009年度先进机关党委”称号；机关五支部获“河南省五好基层党组织”称号。

【企业文化】 组织“金叶文化在岗位”主题实践活动，开展企业文化宣讲、演讲比赛、金叶文化案例故事（创业传奇）征集活动等，共征集反映金叶文化理念内涵的故事200余篇。举办企业文化内训师培训班，2000余名干部职工接受金叶文化培训。

【“十一五”发展概要】 生产经营。“十一五”期间，公司深入推进企业组织结构调整，顺利完成一体化重组。卷烟产量由2005年的1430.2亿支（286.04万箱）增加到2010年的1650.45亿支（330.09万箱），销量由2005年的1432.25亿支（286.45万箱）增加到2010年的1653.23亿支（330.65万箱）。销售收入由2005年的137.43亿元增加到2010年的264.9亿元。实现税利由2005年的67.52亿元增加到2010年的175.55亿元，年均增长20.96%，高出全国卷烟工业平均增幅5.34%。五年以来，公司累计实现税利647亿元，连年受到河南省政府通报表彰。

品牌发展。公司坚持走品牌结构效益型发展路子，探索调整品牌发展思路，逐步聚焦“黄金叶”品牌发展。2010年，研究制订“251”发展规划，构建“醇香”品类技术标准体系。

科技创新。实施“科教兴企”战略，“十一五”期间，公司累计投入科技活动经费4.9亿元、研发经费2.85亿元，获得专利授权88项；参与行业技术标准研究22项，获省部级科技成果5项。累计投入技改资金40.60亿元，实施千万元以上技改项目23项。

基础管理。“十一五”期间，公司持续开展专项治理，强化内部监管，推进办事公开民主管理，全面加强以财务管理为核心的基础管理，开展贯标、对标和“优秀卷烟工厂”创建活动。2010年，公司销售收入成本率、销售收入成本费用率分别比五年前下降9.54%和13.82%，成本费用利润率提高17.64%，资产负债率下降23.36%。

【特事要辑】 3月2日，在十一届全国人大三次会议召开期间，国务院副总理李克强向全国人大代表、河南中烟安阳卷烟厂职工郭生民亲切询问河南卷烟品牌建设情况。

3月17日，国家局副局长张保振考察河南中烟郑州、新郑卷烟厂联合易地技术改造项目建设情况。

4月23日，“黄金叶”品牌发展座谈会在郑州召开。国家局副局长何泽华出席会议并讲话。

4月29日，河南中烟郑州、新郑卷烟厂联合易地技术改造项目奠基仪式在郑州举行。

8月20日，2010年“黄金叶·金秋爱心助学”助学金发放仪式在河南省人民会堂举行。

8月26日，国家局副局长张辉到河南中烟郑州卷烟厂考察。

所属企业

河南中烟工业有限责任公司新郑卷烟厂

【概　况】 河南中烟工业有限责任公司新郑卷烟厂前身为成立于1949年5月的新中烟厂。2009年8月，更名为河南中烟工业有限责任公司新郑卷烟厂。企业占地面积60万平方米，拥有1条6400千克/小时叶丝生产线、1条1300千克/小时梗丝生产线、1条570千克/小时膨胀烟丝生产线、3条90千克/小时薄片生产线、20台（套）卷接机组、5组自动装封箱机、8组滤棒成型机、3套滤棒发送机，年卷烟生产能力300亿支（60万箱）。共有从业人员1322人。

2010年，企业被中华全国总工会、国家安全生产监督管理总局授予“全国‘安康杯’竞赛优胜企业”称号。

【领导成员】 厂长、党委副书记：王志远

副厂长、党委书记：张丕中

纪委书记、工会主席：赵天泉

副厂长：杨玉良

副厂长：常明升

副厂长：李震宇

副厂长：苏庚仁

【卷烟生产】 2010年，企业主要生产“黄金叶”、“帝豪”、“红旗渠”、“散花”等品牌卷烟，合作生产的品牌有“黄鹤楼”、“红金龙”。全年生产内销卷烟290亿支（58万箱）（含合作生产），其中，生产一类烟18.52亿支（3.70万箱）、二类烟17.75亿支（3.55万箱）、三类烟9.53亿支（1.91万箱）、四类烟191.64亿支（38.33万箱）、五类烟52.56亿支（10.51万箱）。生产出口烟0.04亿支（0.01万箱）。合作生产“黄鹤楼”17.75亿支（3.55万箱）、“红金龙”7亿支（1.40万箱）。

全年万元产值综合能耗为16.02千克标煤/万元，万支卷烟综合能耗为3.20千克标煤/万支。烟叶、滤棒、盘纸平均消耗分别为6.39千克/万支、1671支/万支、598米/万支。水、电平均消耗分别为0.11吨/万支、7.87千瓦时/万支。

【技术改造】 新购3台ZJ17型号卷烟机、2台ZB45型号包装机。完成卷接包车间天花吊顶、制丝流化床、动力除尘系统等技改项目。全年共完成技术改造和基本建设项目7项，设备大修项目9项，设备购置项目6项，设备改造3项，完成投资7800万元。

【企业管理】 创建“优秀卷烟工厂”。推进“一创两标”活动，落实对标工作实施方案，确保全员、全方位、全过程参与创优。坚持季度创优通报制度，细化分解创优指标对标体系，建立110项创优对标指标，定期对创优指标进行改进提升。

质量管理。开展在线工艺质量评价、隐患排查和“质量月”活动，推进SPC技术应用、质量缺陷库建设，加强预防性质量管控体系建设。加强工艺攻关，实现“黄金叶（大金圆）”生产机型由“超九”机组向PROTOS平稳过渡。3个小组获全国“优秀QC小组”称号，1个班组获“国家级质量信得过班组”称号。

河南中烟工业有限责任公司郑州卷烟厂

【概　况】 河南中烟工业有限责任公司郑州卷烟厂前身为成立于1944年的利通烟草公司。2009年8月，更名为河南中烟工业有限责任公司郑州卷烟厂。企业占地面积11.12万平方米，拥有1条6000千克/小时国产制丝生产线，18台（套）卷接机组，18组包装机组，8组滤棒成型机，年卷烟生产能力300亿支（60万箱）。共有从业人员1066人。

2010年，企业被河南省委授予“2008～2010年河南省思想政治工作先进单位”称号。

【领导成员】 厂长、党委副书记：吴殿信

党委书记、副厂长：魏平建

副厂长：白瑞民（正厂级）

纪委书记：鲁建新

副厂长：齐建华

副厂长：武超伟

【卷烟生产】 2010年，企业主要生产“黄金叶”、“红旗渠”、“散花”等品牌卷烟，合作生产的品牌有“红塔山”、“七匹狼”。全年生产卷烟290亿支（58万箱）（含合作生产），其中一类烟2.05亿支（0.41万箱）、二类烟3.26亿支（0.65万箱）、三类烟103.82亿支（20.76万箱）、四类烟141.52亿支（28.30万箱）、五类烟39.35亿支（7.87万箱）。合作生产“红塔山”32.55亿支（6.51万箱）、“七匹狼”35亿支（7万箱）。

全年万元产值综合能耗为18.44千克标煤/万元，万支卷烟综合能耗为3.22千克标煤/万支。烟叶、滤棒、盘纸平均消耗分别为6.96千克/万支、1679支/万支、607米/万支。水、电平均消耗分别为0.13吨/万支、8.89千瓦时/万支。

【科技创新】 2010年，企业实施技术革新项目62个、科技项目2个，获得省级科技进步奖2项，河南中烟科技进步奖2项和革新成果奖4项，郑州市职工优秀技术创新成果奖励7项，发表学术论文9篇，被河南省科学技术协会、河南省社会科学院、河南省科学院、河南省农业科学院联合授予“河南省科技推广十佳品牌单位”称号。开展QC活动，2个QC小组获全国“优秀QC小组”称号，2个班组分别获“全国质量信得过班组”、“河南省质量信得过班组”称号，企业被评为“河南省质量管理活动先进单位”。全年申报专利45项，获得23项实用新型专利授权。

【企业管理】 *基础管理*。推进企业“数字管理年”活动，初步形成以能力指标体系为核心、整合型管理体系和信息化建设为基础的“1+2”数字管理模式。强化创优对标工作，制订企业争先创优激励管理办法，探索实施五步循环聚焦工作法。加强整合型管理体系建设，完善“文件控制点库”，文件执行率达98.4%。

财务管理。加强成本费用管理，导入SPC技术，实施“一个课题、两级对标、三个强化”的“123”全面预算管理工作法，细化220个内控指标，强化实物成本日常管理和关键消耗指标过程监控，成本费用控制水平不断提高。

设备管理。推行预防性维修，建立“设备点检+润滑+故障检修+预防性维修”和“日常保养+进站式保养”相结合的工作模式，拓宽进站式保养范围，量化维修工考核标准，注重新进设备技术性能消化和吸收，置换2组PROTOS卷接机、1组ZB45包装机。卷包设备有效作业率达89.57%，制丝设备故障停机率平均为0.12%，设备完好率100%。

【信息化建设】 完善卷包数采系统，该项目获得河南省工业和信息化科技成果一等奖。深入推进MES项目，通过中烟公司验收。实施设备、人力资源、审计和财务等专项管理信息化项目。推动信息化与企业管理相融合，逐步形成厂级管理系统化、部门管理创新化、班组管理即时化和岗位管理自我化的工厂级管控一体化信息系统。

河南中烟工业有限责任公司许昌卷烟厂

【概　况】 河南中烟工业有限责任公司许昌卷烟厂前身为创建于1949年2月的许昌泰兴烟厂。2009年8月，更名为河南中烟工业有限责任公司许昌卷烟厂。企业占地面积10.6万平方米，拥有1条8000千克/小时制丝线，23台（套）卷接机组，20组包装机组，6组自动装封箱机，8组滤棒成型机、4套滤棒发射系统，年卷烟生产能力400亿支（80万箱）。共有从业人员1559人。

【领导成员】 厂长、党委副书记：彭桂新

党委书记、副厂长：许廷选

副厂长：陈书政（正厂级）

党委副书记、纪委书记、工会主席：李郑钢

副厂长：徐合军

副厂长：王秋领

【卷烟生产】 2010年，企业主要生产“帝豪”、“红旗渠”、“黄金叶”、“金许昌”等品牌卷烟，合作生产的品牌有“大红鹰”、“云烟”。全年生产内销卷烟300.66亿支（60.13万箱）（含合作生产），其中一类烟1.87亿支（0.37万箱）、二类烟0.92亿支（0.18万箱）、三类烟162亿支（32.4万箱）、四类烟119.20亿支（23.84万箱）、五类烟16.67亿支（3.33万箱）。出口烟0.66亿支（0.13万箱）。合作生产“大红鹰”32.5亿支（6.5万箱）、“云烟”7.50亿支（1.5万箱）。

全年万元产值综合能耗为17.92千克标煤/万元，万支卷烟综合能耗为3.78千克标煤/万支。烟叶、滤棒、盘纸平均消耗分别为6.81千克/万支、1905支/万支、619米/万支。水、电平均消耗分别为0.09吨/万支、7.73千瓦时/万支。

【技术改造】 推进易地技术改造项目，完成项目建设一期用地445.48亩的招标、拍卖、挂牌等程序，并签订《国有建设用地使用权出让协议书》。二期建设用地报批手续办理完毕。

【企业管理】 *管理创新*。推进整合型管理体系建设，组织体系内审，文件执行率达98%以上。加强目标管理、预算管理和6S管理，深化“三库”（即质量缺陷清除库、设备故障排除库、安全隐患清除库）建设，加大管理创新力度。全年获得国家级管理创新成果二等奖1项，省级管理创新成果一等奖2项。

质量管理。强化质量警示教育，开展质量隐患排查活动，推进SPC技术应用和“质量缺陷库”建设，构建预防性质量管控体系，加强“黄金叶”产品质量管理，实现“帝豪”向“黄金叶”品牌转换。全年各级市场抽检产品合格率达100%。2个QC小组获全国“优秀QC小组”称号，2个班组分别获“全国信得过班组”和“河南省信得过班组”称号。

成本管理。围绕烟叶消耗、能源消耗等难点问题开展课题攻关，提高工厂节能降耗能力。全年单箱管理费用、单箱制造费用分别同比下降106元、127元。

设备管理。深化“设备故障库”建设，开展设备管理信息化试点工作，提升设备管理精益化水平。设备有效作业率91.5%，同比提高2.24%。

河南中烟工业有限责任公司安阳卷烟厂

【概　况】 河南中烟工业有限责任公司安阳卷烟厂前身为成立于1945年9月的民主烟厂。2009年8月，更名为河南中烟工业有限责任公司安阳卷烟厂。企业占地面积约25万平方米，拥有1条6000千克/小时制丝线、1条1000千克/小时白肋烟线、2条180千克/小时薄片线，14台（套）卷接机组，14组包装机组，5组自动装封箱机、7组滤棒成型机、3套滤棒发送机，年卷烟生产能力300亿支（60万箱）。共有从业人员1238人。

2010年，企业被全国厂务公开协调小组授予“全国厂务公开民主管理先进单位”称号；被中华全国总工会、国家安全生产监督管理总局联合授予“全国‘安康杯’竞赛优胜企业”称号。

【领导成员】 厂长、党委副书记：陈春喜

副厂长、党委副书记：赵　磊

副厂长：董建兴（2010年7月前任纪委书记、工会主席）

副厂长：李文明

纪委书记、工会主席：孙大伟（2010.7—）

副调研员：张俊忠

【卷烟生产】 2010年，企业主要生产“红旗渠”、“黄金叶”、“散花”等品牌卷烟，出口卷烟品牌有“CRAZY HORSE（野马）”、“FARSTAR（发时达）”。调整卷烟产品规格，“红旗渠（硬金红）”顺利置换为“黄金叶（硬红旗渠）”。全年生产内销卷烟220亿支（44万箱），其中三类烟91.89亿支（18.38万箱）、四类烟96.46亿支（19.29万箱）、五类烟31.65亿支（6.33万箱）。生产出口烟4.75亿支（0.95万箱）。

全年万元产值综合能耗为18.45千克标煤/万元，万支卷烟综合能耗为3.77千克标煤/万支。烟叶、滤棒、盘纸平均消耗分别为6.55千克/万支、2016支/万支、602米/万支。水、电平均消耗分别为0.12吨/万支、7.23千瓦时/万支。

【科技创新】 “十五”技改工程通过国家局总体竣工验收。3个技术创新项目获实用新型专利授权，2个技术创新项目通过河南省科技厅鉴定验收。开展“五个一”技术革新活动，实行每月一申报、一评比、一公示、一推广、一奖励，共申报62项，获奖59项。

【企业管理】 对标创优。开展对标工作，将指标分为“攻关、改进、保持”三类，申报课题26个，其中公司下达的指令性课题7个。开展“安烟创纪录”活动，纪录库由两大类13项增加到五大类33项，卷接机无故障运行最长时间达11.33小时，包装机无故障运行最长时间达6.25小时。创建“优秀卷烟工厂”，制订《对标与优秀卷烟工厂创建管理办法》，实施“2441”（即：以文化建设和队伍建设两大体系为支撑，强化提升质量保证、计划响应、设备保障、成本控制等四种核心制造能力，通过整合运用目标、对标、创新、标准化四种管理方法，努力实现持续提升企业核心制造力这一核心目标）管理模型，逐级分解创优指标，量化考核标准，落实创优事宜30项，召开专题例会4次，组织自我评价2次。

审计工作。严格落实合同审计制度，对签订的经济合同进行审计监督。全年累计审计合同89份，涉及金额2181万元，提出修改建议15条，审核招标文件6份，提出建议11条。

节能降耗。建立能源对标数据库和课题组，选定10个节能降耗子课题进行集中攻关。实施“厂区路灯安装节电器”和“真空泵变频电机”项目，每年可节省用电16.52万度，节约费用9.91万元。采用“锅炉蒸汽余热回收再利用”新技术，每年可节约天然气29.12万立方米，节约费用82.99万元。动力车间锅炉房是国家质检总局首批评选的“安全与节能管理标杆锅炉房”。

设备管理。建设设备故障库，推行“进站式点检”和“进站式维修”，实行“2小时保养+进站保养+轮保”三级保养，形成立体式交叉互补的设备维护保养新模式。实施“空调机组降频”改造，耗电量同比下降36%，节约费用34.18万元。

生产管理。制订《黄金叶产品生产过程控制管理规定》，梳理控制点51个。健全生产晨会议定事项督办机制，协调解决各类难题116项。

质量管理。开展“质量问诊”活动，坚持“三工会审”（“三工”指巡视工、操作工和维修工）和“专家会审”制度，加强对生产准备、生产过程和特殊时段的重点监控。制订《SPC应用课题管理办法》，在各生产环节推广SPC技术。建设质量缺陷库，组织缺陷条目评审3次，评审入库缺陷条目66项。开展QC小组活动，4个QC成果获得国家级优秀QC成果奖，14个QC成果获河南省质量管理成果一等奖。

河南中烟工业有限责任公司南阳卷烟厂

【概　况】 河南中烟工业有限责任公司南阳卷烟厂前身为成立于1950年7月的南阳公营烟厂。2009年8月，更名为河南中烟工业有限责任公司南阳卷烟厂。企业占地面积17万平方米，拥有1条5000千克/小时制丝线、1条200千克/小时薄片线，12台（套）卷接机组，10组包装机组，5组滤棒成型机组，年卷烟生产能力225亿支（45万箱）。共有从业人员1085人。

2010年，企业被中华全国总工会、国家安全生产监督管理总局授予“全国‘安康杯’竞赛优胜企业”称号。

【领导成员】 厂长、党委副书记：王恒宇（2010.1—，之前任厂长）

副厂长、党委书记：孟祥军（2010.1—，之前任副厂长、党委副书记〈主持党委工作〉）

副厂长：石国强

副厂长：张　喆

纪委书记、工会主席：曾显峰

调研员：李贵玲（2010.1~3）

【卷烟生产】 2010年，企业主要生产“红旗渠”、“金许昌”等品牌卷烟。全年生产卷烟155亿支（31万箱），其中四类烟84.31亿支（16.86万箱）、五类烟70.69亿支（14.14万箱）。

全年万元产值综合能耗为30.78千克标煤/万元，万支卷烟综合能耗为3.97千克标煤/万支。烟叶、滤棒、盘纸平均消耗分别为6.52千克/万支、1898支/万支、613米/万支。水、电平均消耗分别为0.11吨/万支、7.49千瓦时/万支。

【技术改造】 完成香料厨房加香加料系统、梗丝加料控制系统改造。实施成品库及辅料仓库搬迁项目的消防系统、公用配套设施建设，完成成品入库自动分拣、成品出库自动设备，成品香烟堆垛搬运叉车及托盘、箱烟缺条自动检测装置等设备的安装调试并投入运行。“叶丝在线膨胀干燥机尾气余热回收利用”等5个项目被确定为中烟公司2010年度科学研究与技术开发计划项目。

【企业管理】 创建“优秀卷烟工厂”。制订《创建优秀卷烟工厂实现管理一流目标实施办法》等，建立目标和实践“双驱动”创优管理模式，出台《缺陷和弱项管理实施办法》、《目标挑战管理办法》等创优激励管理办法。主要经济指标有8项达标，同比增加2项。

体系建设。制订《整合型管理体系运行监督考核办法》，以提升体系运行自我管控能力为重点，组织开展文件、控制点识别、内审和管理评审，通过中烟公司年度审核，文件执行率97.1%，同比提高4.6%。

管理创新。完善创新工作体系，组织创新成果年初注册、半年评定和年末评审发布，评定厂内创新成果24项。全年获省级以上创新成果4项、公司级（市级）5项，3项成果获国家专利授权。

河南中烟工业有限责任公司驻马店卷烟厂

【概　况】 河南中烟工业有限责任公司驻马店卷烟厂前身为成立于1949年7月的公营利华烟厂。2009年8月，更名为河南中烟工业有限责任公司驻马店卷烟厂。企业占地面积约10.8万平方米，拥有1条5000千克/小时国产制丝线，7台（套）卷接烟机组，7组包装机组，7套辅联设备，2套滤棒发送机，年卷烟生产能力175亿支（35万箱）。共有从业人员752人。

2010年，企业被国家版权局、工业和信息化部等九部委联合授予“全国软件正版化工作示范单位”称号。

【领导成员】 厂长、党委副书记：崔少卿

副厂长、党委副书记：张建民（主持党委工作）

纪委书记、工会主席：杨五奎

副厂长：于建春

副厂长：范国民

【卷烟生产】 2010年，企业主要生产“红旗渠”、“散花”等品牌卷烟。全年生产卷烟110亿支（22万箱），均为五类烟。

全年万元产值综合能耗为45.90千克标煤/万元，万支卷烟综合能耗为3.93千克标煤/万支。烟叶、滤棒、盘纸平均消耗分别为6.56千克/万支、1676支/万支、642米/万支。水、电平均消耗分别为0.10吨/万支、6.94千瓦时/万支。

【技术改造】 根据工艺技术发展需要，对设备进行局部升级改造，满足设备对卷烟加工的需求。全年完成滤棒气力输送系统、蒸汽与电力二次计量项目建设。建设气流式烘丝机及其配套设备项目，实施后续调试及其配套设施建设。

【科技创新】 完成“GDX1小包透明纸自动拼接装置的研制”和“空调加湿雾化粒大小的研究”2项公司级科研项目，“梗丝质量对卷烟吸阻的影响”项目通过中烟公司专家组验收，2项市级科技创新成果通过鉴定。获5项实用新型专利授权。

【企业管理】 对标创优。坚持对标和创优有机结合，完善对标指标体系和目标绩效考核体系。强化过程管理，开展排查弱项、查找管理短板活动。以项目制和课题制为推手，开展课题攻关。加强创优专题培

训，开展“创优大讨论”及“赶标、超标、创标、树标”活动，构建简约化管理模型。创优五项工作达标率100%。

“双基”工作。提升基础管理水平，开展清洁生产技术的应用和清洁生产自评，保持4A级水平，获国家局通报表扬。完善物质、原料快速响应机制，保供率100%。加强质量隐患排查和质量控制改进，构建工艺质量管控体系。

加强基层建设，完成班组优化设置，健全班组目标绩效考核体系，落实班组创优主体责任。开展“创建优秀班组”活动，建立班组间、班组内良性竞争激励机制和奖励制度。开展技术比武、劳动竞赛等活动，增强基层活力。

【信息化建设】 推进设备、安全、投资管理信息系统、“三库建设”和卷包数据采集系统项目的实施。完成实验室检测系统综合布线、制丝车间修理班组综合布线、视频会议终端的改造升级等项目。组织信息网络综合布线系统的方案论证与实施。

河南中烟工业有限责任公司漯河卷烟厂

【概　况】 河南中烟工业有限责任公司漯河卷烟厂前身为成立于1949年5月的漯河五一烟厂。2009年8月，更名为河南中烟工业有限责任公司漯河卷烟厂。企业占地面积12.6万平方米，拥有1条5000千克/小时国产制丝生产线，10台（套）卷接机组，9组包装机组，4组滤棒成型机，3组滤棒发射机，10组滤棒接收机，年卷烟生产能力150亿支（30万箱）。共有从业人员2150人，其中在岗员工833人。

2010年，企业被中华全国总工会、国家安全生产监督管理总局授予“全国‘安康杯’竞赛优胜企业”称号。被河南省总工会授予“河南省五一劳动奖状”。

【领导成员】 厂长、党委副书记：程国胜

副厂长：谢庆宏

副厂长：赵群发

纪委书记：曹建军

副厂长：赵高扬（—2010.6）

工会主席：王洪安

【卷烟生产】 2010年，企业主要生产“黄金叶”、“红旗渠”、“散花”等品牌卷烟，合作生产的品牌有“大红鹰”、“雄狮”。全年生产卷烟150亿支（30万箱）（含合作生产），其中二类烟10亿支（2万箱）、四类烟30.63亿支（6.13万箱）、五类烟109.37亿支（21.87万箱）。合作生产“大红鹰”10亿支（2万箱）、“雄狮”22.50亿支（4.50万箱）。

全年万元产值综合能耗为25.98千克标煤/万元，万支卷烟综合能耗为3.08千克标煤/万支。烟叶、滤棒、盘纸平均消耗分别为6.63千克/万支、1784支/万支、628米/万支。水、电平均消耗分别为0.09吨/万支、7.14千瓦时/万支。

【技术改造】 “十五”技改后期及“填平补齐”技改项目竣工，并通过国家局验收。完成厂区道路、成品库、辅料库、制丝车间内外墙面改造，安装成品烟输送系，完成厂区景观绿化施工。

【企业管理】 创建“优秀卷烟工厂”。制订完善《“优秀卷烟工厂”创建活动实施方案》、《“优秀卷烟工厂”创建评价工作任务分解台账》、《“优秀卷烟工厂”创建管理及考评办法》等，开展“企业争创优秀，人人争当优秀”系列活动，建立定期例会制度，形成“月度抽查、季度考评、半年评价”的创建管理体系和“强化领导，责任明晰，过程管理，持续改进”的闭环控制体系。

设备管理。探索实施备件一级发料，深化设备轮保，推行卷接包设备进站式保养，推进装备管理信息化项目建设，开展以减少设备小停车为内容的劳动竞赛和设备小改小革活动，以及“设备原理大家学”活动和“首席维修工”聘任工作，卷包设备有效作业率达92.99%。

质量管理。建立质量末位淘汰机制，开展在线工艺质量评价、群众性QC活动，推进SPC技术应用和质量缺陷库建设，修订完善《在线工艺质量评价实施办法》等制度，形成质量压力传导机制。全年二级站以上产品抽检以及公司市场抽检合格率达100%。

节能降耗。加强生产用水、电、气、汽等主要能源的合理调度和关键环节的监管。加强能源“节点”管理，把节能减排降耗和QC小组攻关、小改小革等活动结合起来，开展岗位对标节能竞赛、资源节约“六个一”活动和节能降耗“金点子”征集等活动。

河南中烟工业有限责任公司洛阳卷烟厂

【概　况】 河南中烟工业有限责任公司洛阳卷烟厂始建于1981年。2009年8月，更名为河南中烟工业有限责任公司洛阳卷烟厂。企业占地面积6.61万平方米，拥有1条3000千克/小时制丝线，10台（套）卷接机组，10组包装机组，年卷烟生产能力175亿支（35万箱）。共有在岗员工837人。

2010年，企业党委被河南省委组织部授予“河南省‘五好’基层党组织”称号。

【领导成员】 厂长、党委副书记：安保华

党委副书记、纪委书记：李燕翔

副厂长：朱新甫

副厂长：刘宏刚

副厂长：张长杰

工会主席：刘学军

调研员：贾　兆

【卷烟生产】 2010年，企业主要生产“红旗渠”、“散花”等品牌卷烟，合作生产的品牌有“红塔山”、“红金龙”。全年生产卷烟130亿支（26万箱）（含合作生产），其中三类烟21.21亿支（4.24万箱）、四类烟77.48亿支（15.50万箱）、五类烟31.32亿支（6.26万箱）。合作生产“红塔山”2.46亿支（0.49万箱）、“红金龙”27.75亿支（5.55万箱）。

全年万元产值综合能耗为26.41千克标煤/万元，万支卷烟综合能耗为3.33千克标煤/万支。烟叶、滤棒、盘纸平均消耗分别为6.67千克/万支、1920支/万支、612米/万支。水、电平均消耗分别为0.08吨/万支、8千瓦时/万支。

【技术改造】 完成生产指挥中心主体工程施工，外部装修基本结束。洛阳烟草服务中心烟用材料基地奠基开工。完成滤棒发射项目调试工作，推进装备管理信息化系统建设。

【生产管理】 深化精细化生产，强化生产组织、工艺保障、成本控制等核心能力建设。建立质量责任传导机制，推行SPC统计过程控制技术，建立“三单跟踪”（工作通知单、问题跟踪反馈单、生产效能执行奖罚单）、“四线确认”（生产过程、质量控制、设备保障、辅料供应）的闭环式生产管理模式，实现高质量、高效率、低消耗的管控效果。产品抽检合格率为100%。

（张　宇）

湖北中烟工业有限责任公司

【概　况】 湖北中烟工业有限责任公司，最初为湖北烟草工商分设后于2004年1月18日成立的湖北中烟工业公司，2006年湖北中烟工业公司与武汉烟草（集团）有限公司、武汉卷烟厂实行双向合署办公，重组整合为一个法人实体，2007年11月28日改制更名为湖北中烟工业有限责任公司。下辖武汉卷烟厂、红安卷烟厂、三峡卷烟厂、广水卷烟厂、襄樊卷烟厂、恩施卷烟厂等6个不具有法人资格的卷烟生产厂，以及红金龙（集团）有限公司1个全资子公司。公司拥有总资产254.48亿元，其中，固定资产25.13亿元、流动资产185.78亿元，资产负债率为54.57%。共有在岗员工6390人，其中聘用员工364人。

2010年，湖北中烟提出了关于品牌发展的“1735”工程，即力争用五年左右时间将“黄鹤楼”培育成销量超过100万箱、实现税利700亿元左右的中式卷烟经典品牌，将“红金龙”培育成销量超过300万箱、实现税利500亿元左右的大众名牌，引领和支撑企业朝“国内领先、国际一流”的目标迈进。

【领导机构】 董事会

董事长：徐　瑆（—2010.6）

卢瑞刚（2010.6—）

董　事：李晓兵　舒　明　彭明权　吴　俊　谢伯卿　吕有农

监　事：倪　华

班子成员

总经理、党组书记：彭明权

副总经理、党组成员：吴　俊

副总经理、党组成员：谢伯卿

副总经理、党组成员：康永胜

副总经理、党组成员：彭传新

纪检组长、党组成员：倪　华

【机构设置】 公司本部设办公室（外事办）、综合计划部、法律与改革部、财务管理部、审计部、科技开发部、市场营销部、物资部、安全管理部、人力资源部、监察部11个部室，以及技术研发中心、市场营销中心、物资采购中心、生产制造中心4个中心。此外，还设有湖北中烟工业有限责任公司黄鹤楼工业园区新建项目办公室、湖北中烟工业有限责任公司进出口部。

【卷烟生产经营】 2010年，公司生产卷烟1612亿支（322.4万箱）（含合作生产，不含出口），其中一类烟269.6亿支（53.92万箱）、二类烟85.7亿支

(17.14 万箱)、三类烟 277.3 亿支（55.46 万箱)、四类烟639.85 亿支（127.97 万箱)、五类烟339.55 亿支(67.91 万箱)。生产出口卷烟 15.69 亿支（3.14 万箱)。

公司与省外卷烟工业企业合作生产卷烟 299.5 亿支（59.9 万箱)，其中一类烟 5 亿支（1 万箱)、二类烟 18.75 亿支（3.75 万箱)、三类烟 210.25 亿支(42.05 万箱)、四类烟65.5 亿支（13.1 万箱)。

全年销售卷烟 1596.20 亿支（319.24 万箱）（不含出口)，同比增长 11.28%。实现销售收入 307.13 亿元，同比增长 19.49%。实现税利 229.49 亿元，同比增长 27.02%，其中利润 17.43 亿元，同比增长 3.59%。公司三项费用率为 10.75%。

全年公司万支卷烟综合能耗为 2.44 千克标煤/万支。平均消耗烟叶 6.86 千克/万支、盘纸 639 米/万支、滤棒 1662 支/万支、水 0.199 吨/万支、电 9.12 千瓦时/万支。

【主要产品】 2010 年，公司生产的卷烟品牌主要有“黄鹤楼”、“红金龙”。全年生产（含合作生产）“黄鹤楼”系列卷烟 346.45 亿支（69.29 万箱)，销售 335.55 亿支（67.11 万箱)，同比增长 41%，其中省内销售 139.9 亿支（27.98 万箱)，同比增长 19.41%；省外销售 194.75 亿支（38.95 万箱)，同比增长 61.61%。生产（含合作生产）“红金龙”系列卷烟 1182.45 亿支（236.49 万箱)，销售 1157.8 亿支(231.56 万箱)，其中省内销售 594.85 亿支（118.97 万箱)，同比下降 2.45%；省外销售 562.70 亿支(112.54 万箱)，同比增长 13.04%。

【品牌营销】 2010 年，公司始终把做强做大“黄鹤楼”、“红金龙”品牌作为首要任务、中心工作和头等大事，实施提质增效、减害降焦、提升价值战略，“黄鹤楼”品牌排名行业三类以上卷烟销量第 13 位，“黄鹤楼”、“红金龙”品牌分别排名行业销售收入（含税）第 9 位和第 14 位，均进入到行业 2010 年度前 15 位重点品牌名单。

探索机制创新，实施全员服务。探索创建有利于规范、有利于激励、有利于快速反应的营销机制，创新营销管理模式，实行营销服务中心、市场部、各卷烟厂联动承担品牌培育、市场营销和渠道维护等职责，落实责任主体，调动多方积极性，初步形成全员支持、参与、服务营销的良好局面。

突出重点市场，实施规模推动。公司整合各层面有效资源，更大程度地激活存量，在各卷烟厂、各区域总监和各责任主体中推广“比学赶超”的工作方法，形成一批初具规模、势头强劲的区域市场。2010 年，“黄鹤楼”品牌在全国 32 个省级市场均实现销量增长，其中四川、江苏等 16 个省级市场销售过万箱，河南、海南等 6 个省级市场实现销量翻番以上增长。“红金龙”品牌在全国 21 个省级市场实现销量增长。

突出关键规格，实施结构带动。实施“高端占位”的策略，在强化“黄鹤楼（1916)”和“黄鹤楼(漫天游)”高端形象的同时，以“黄鹤楼（论道)”、“黄鹤楼（珍品)”强腰，形成“黄鹤楼”品牌的合理结构。实施“红金龙”品牌产品结构优化升级。在“黄鹤楼”和“红金龙”两大品牌的带动作用下，公司一、二、三类卷烟销量同比分别增长 31.8%、87.2% 和 28.7%。

【原料保障】 2010 年，公司共调拨国内烟叶 17.65 万吨（353 万担)，其中烤烟 16.4 万吨（328 万担)、晾晒烟 1.25 万吨（25 万担)；调拨进口成品片烟 0.74 万吨（14.8 万担)，同比增长 13.85%。

优质烟叶开发。继续加大对湖北省环神农架区域和清江流域的生态特色烟叶、四川省凉山州红花大金元特色烟叶的资金投入和研究力度。着力培育淡雅飘逸、纯净醇香的“金神农”生态烟叶、“清江源”富硒烟叶和“红花大金元”特色烟叶，通过技术的手段和科学合理的种植，从原料层面持续维护和强化淡雅香品类风格。

烟叶基地建设。重点建设 24 个烟叶基地单元，其中国家局主导的 14 个，湖北中烟主导的 8 个，商业企业主导的 2 个。加强基地科研力度，加大资金投入，并与云南烟草科学研究院和贵州省烟草科学研究所合作成立联合原料研究室；与贵州毕节地区公司联合共建技术中心。创新烟叶收购和打叶模式，在四川凉山会理基地单元全面试行专业化分级散叶收购工作；实行模块配打，各基地单元均采取配方师到现场制作配打方案模式，以配方打叶技术实现卷烟配方的前移。

烟叶调拨管理。优化原料供应布局，在巩固扩大省内烟叶采购的基础上，将协作单位扩增到 18 个省份 50 家公司。从采购源头入手，建立烟叶质量终身追溯制，将烟叶质量把关地点从接货地点前移到发货地点，并全面推行优质原料精细化挑选和分类加工。

【科技创新】 2010 年，公司立足于强化“黄鹤楼”、“红金龙”系列产品的技术优势、品质优势，全面推进技术创新，彰显淡雅香品类的“低害、低焦、高香、舒喉”特质。

创新平台建设。以创建“国际一流”的技术中心为方向，在做强原有科研平台、试验机构的基础上，做实黄鹤楼神农百草园、黄鹤楼神农生态烟叶园、黄鹤楼天鹅湖植物种植科研基地等外延基地。细分技术分支，充分发挥各卷烟生产厂的人才、技术优势，增设红金龙工艺质量研究所、女士烟研究所、雪茄烟研究所、混合型卷烟研究所等专业技术研究平台。黄鹤楼重组烟叶技术研究所正式通过湖北省科技厅的认定并挂牌成立，成为湖北省重点实验室。

推进关键技术创新。以天然植物（中草药）减害降焦技术为突破口，构建起天然本草香精、原生态烟叶、优质填充物、功能型辅料“四维合一”的减害降焦体系，掌握了一批以神农香菊、止咳化痰复方、功能型减害材料为代表的核心技术，“黄鹤楼”、“红金龙”系列产品焦油量加权平均值降至11.2毫克/支。继续加大天然本草香精香料研究应用力度，新开发天然本草单体香料120种、自主调配香精48种，截至2010年年底已成功提取668种天然本草单体香料，实现“黄鹤楼”品牌100%香精由企业自主调配供应。全年新研发出21种滤棒，截至2010年年底自主研发特色滤棒达56种。加大重组烟叶技术研发力度，新开发本草增香型优质薄片5种，已生产近5000吨并应用到产品中。

开展重点科技项目研究。全年开展科技项目研究120余项，其中省部级项目17项。“清江流域优质烟叶基地开发与工业利用研究”通过湖北省科技厅鉴定，先后获湖北省科技进步二等奖和中国烟草总公司科技进步三等奖。“黄鹤楼品牌制丝工艺独特技术研究”项目通过湖北省科技厅鉴定，并获中国烟草总公司科技进步三等奖。“卷烟品牌调香体系构建”、“红金龙品牌多点加工均质化技术”项目通过国家局鉴定。全年申报专利206项，获授权专利161项，其中发明专利7项。

【多元化经营】 红金龙（集团）有限公司作为湖北中烟工业有限责任公司多元化经营企业的归口管理单位，对公司多元化经营企业实行系统管理。截至2010年年底，公司存续多元化企业共计10家，其中武汉5家、襄樊3家、宜昌和红安各1家，涉及烟草薄片、酒店管理、后勤服务、人力资源、仓储物流、包装印刷等多个行业，资产总额约1.97亿元，其中烟草行业投资额约1.85亿元。

【体制改革】 公司与黑龙江烟草工业有限责任公司的跨省联合重组取得新进展。4月，黑龙江烟草工业有限责任公司2010年度第一次股东会议暨第二届第二次董事会议、监事会议在武汉召开；12月，黑龙江烟草工业有限责任公司2010年第二次股东会议暨第二届第三次董事会议、监事会议召开。

【企业管理】 基础管理。全面加强基础管理，以支撑品牌可持续发展。按照“宜统则统、宜分则分、统分适度、合力效率”的原则，整合内部关联较紧、性质相同的业务和服务，搭建起财务、审计、人力资源、物资、后勤等公共服务大平台，实现扁平化管理。加强体系建设，做好体系文件换版工作，并承办全国烟草行业管理体系建设现场会。开展对标工作，探索以课题制和项目制的方式推进对标工作。开发综合管理体系建设监控系统，初步构建了一套以信息化为支撑的现代管理体系。

生产组织管理。推行精细化设备管理模式，提高柔性化生产水平，推进与黑龙江烟草工业、川渝中烟、河南中烟、山东中烟的省外合作生产。全面推进清洁生产，主要排放物平均水平均达到全年目标任务。

财务审计。严格推进全面预算管理，按月进行预算分析，实施预算季度检查。实施统一会计核算软件工作，于2010年6月末完成十大财务核算模块上线应用。创新内部审计工作机制，开展预算、营销内控、科技园财政资金收支等专项审计，全年共完成各类审计项目3183项，直接审减费用支出1890万元。

【信息化建设】 以建设一体化“数字烟草”为目标，制订《“十二五”信息化建设规划》。加强信息基础设施建设，推进信息化标准建设，完成国家局统一会计核算软件、四大中心信息化建设等项目，突出数据中心信息资源的管理和应用。启动综合管理体系信息系统建设工作。

【合作交流】 2010年，公司境外市场拓展继续保持稳健势头，全年销售卷烟14.88亿支，其中东欧市场10.7亿支，墨西哥市场0.23亿支，亚太市场3.95亿支。东欧项目取得新成效，继在波兰、捷克、斯洛伐克上市并获得认可之后，12月，“RGD”品牌在匈牙利上市。墨西哥项目取得突破性进展，经过艰苦谈判，湖北中烟全资子公司香港统一联邦公司最终收购了金丝路烟草股份有限公司80%的股权。澳门项目进展顺利，卷烟一般贸易业务拓展至亚洲、澳大利亚、南非等市场。

【人力资源管理】 劳动用工管理。制订《湖北中烟人力资源基本管理办法》，统一全省人事、劳资管理办法，严把进人关，理顺工资构成。制定并实施《在汉单位劳务派遣人员进出的有关规定》，实现真正从源头上控制员工总量。全面清理借调和被整合人员，规范、统一被整合人员的收入构成。统一清理和规范在汉单位的工资收入，使收入结构更趋合理。

干部队伍建设。理顺、完善部分单位领导班子建设。按照岗位与职级相对分离的原则，对各单位领导干部进行岗位调整及职级明确，全年调整领导干部岗位8人次，清理、明确领导干部职级47人次。分期分批逐步理顺在汉科级干部的任用、审批程序。逐步建立起处级干部党组管理、科级干部呈报备案制管理体系。

人才培养。提出“十百千万”人才素质提升计划（即力争培育出十名以上在行业内外有一定影响力的优秀专业人才、百名以上在公司内部有重大贡献的人才、千名以上专业化人才，将外向型合作人才扩展到万人以上，形成与品牌发展相适应的核心团队），逐步确立营造氛围、分类管理、深挖潜力、有效激励的四大人才培养手段。创新培训形式，采取内训、外训相结合的方式，开展干部职工“走出办公室，走进职工心灵”活动上百次。开展“卷烟上水平”轮训活动，聘请专家、教授就品牌发展、原料保障、技术创新、市场营销和基础管理五个方面进行讲座，累计培训各类人员近千人次。分批次组织处级干部到国家局党校学习，科级干部到湖北省委党校学习。为吸引国内外优秀学者，筹备建立外聘专家库。

技能鉴定。对襄樊、恩施、广水卷烟厂开展职工技能鉴定，共鉴定340人，其中鉴定高级工130人、中级工150人。

【思想政治工作】 开展“创先争优”活动，并通过了中组部及国家局组织的检查。召开以“学习和实践科学发展观，落实‘1735’工程”为主题的专题党组民主生活会，形成分析检查报告并在群众中进行全面公开评议，获得员工高度认可。激励一线员工的积极性和创造性，2010年党员评先工作全部从一线工作人员和基层岗位中产生，共评出26名优秀党员和7个优秀支部。

【企业文化】 继续践行“四自”工作作风和“四事”处事规则，持续向社会、全体员工传播公司以“正直、宽容、远见、敬业”为核心的企业文化和以“创新、服务、感恩”为价值取向的思行服务品牌。举办湖北中烟“黄鹤楼创新杯”第二届职工羽毛球比赛，促进各单位之间的文化融合。

【“十一五”发展概要】 “十一五”期间，湖北中烟坚持以科学发展观统领全局，把创新作为企业由弱变强的根本途径，难行能行，全力创新，各项主要经济指标连续保持20%以上的增幅。

经济效益保持适度增长。全省卷烟工业实现税利由“十五”末的69.38亿元提升到“十一五”末的229.49亿元，净增160.11亿元；上缴税金由“十五”末的65.94亿元提升到“十一五”末的216.72亿元，净增150.78亿元。

企业规模保持适度扩张。公司产量由“十五”末的1124.7亿支（224.94万箱）扩大到“十一五”末的1612亿支（322.4万箱），销量由“十五”末的1131.6亿支（226.32万箱）扩大到“十一五”末的1596.2亿支（319.24万箱），实现由历史上计划输出省份向品牌输出省份的转变。

主导品牌保持较快成长。“黄鹤楼”品牌销量由“十五”末的56.65亿支（11.33万箱）发展到“十一五”末的340亿支（68万箱），增长5.01倍；“红金龙”品牌由“十五”末的553.95亿支（110.79万箱）发展到“十一五”末的1180亿支（236万箱），增长1.13倍；两大品牌销量均由排名全国同类卷烟末位提升到前4位。

技术实力跻身行业前列。联合40多家高等院校、科研院所开展技术协作，借助2400多名社会专家的力量实施技术攻关，开发出天然本草单体香精668种，在行业内率先变进口化学合成香精为自主研发的天然本草香精，研发出功能型滤棒58种、本草增香型薄片8种，形成以全叶精选、小锅小炒为代表的特色工序371道，累计申报专利720多项，变执行标准为制订标准，变制造为创造，变销售传统消费品为营销专利集成品。技术成果转化率达到60%以上，“黄鹤楼”品牌开创出淡雅香品类，被行业内外专家评定为国内首创，达到国内领先水平，技术研发综合实力排名行业第二位。

基础管理、原料保障、市场营销等工作逐年加强，境外产销卷烟实现由零到3万箱的跨越，初步培育出一支适应可持续发展的人才队伍。

【特事要辑】 4月7日，国家局党组在北京专门听取湖北中烟关于进一步培育“黄鹤楼”、“红金龙”品牌的汇报。

8月14日，国家民族事务委员会主任杨晶在湖北省委书记罗清泉、省长李鸿忠陪同下参观考察恩施卷烟厂。

8月20日，湖北省人大常委会党组副书记、副主任任世茂率省经信委、省发改委等部门负责人调研湖北烟草产业。

8月26日，中国工程院院长周济在湖北省副省长郭生练的陪同下，考察黄鹤楼科技园。

9月2日，湖北省副省长段轮一率省直相关部门负责人到黄鹤楼科技园考察。

9月15～16日，国家局副局长何泽华、总会计师兼财务司（审计司）司长张玉霞一行到恩施卷烟厂、广水卷烟厂考察调研。

10月15日，国家局副局长李克明调研湖北卷烟工业企业。

11月10日，驻国家局纪检组组长潘家华在湖北中烟检查调研纪检工作。

12月14～15日，全国烟草行业质量管理体系建设现场会在武汉召开，国家局副局长李克明出席会议。

12月27～28日，全国烟草行业资金监管系统推广现场会在武汉召开，国家局副局长何泽华、驻国家局纪检组组长潘家华、国家局总会计师兼财务司（审计司）司长张玉霞出席会议。

所属企业

湖北中烟工业有限责任公司武汉卷烟厂

【概　况】 湖北中烟工业有限责任公司武汉卷烟厂前身为创建于1916年的南洋兄弟烟草公司汉口分公司，1964年由汉口制造厂更名为汉口卷烟总厂，1968年更名为武汉卷烟厂，1995年成为武汉烟草（集团）有限公司的核心企业，2008年更名为湖北中烟工业有限责任公司武汉卷烟厂。企业占地面积80万平方米，拥有卷包设备32台（套）、KDF2滤嘴成型机8台（套）、滤嘴发射机4台（套），5000千克/小时的制丝生产线，1500千克/小时的制梗生产线，570千克/小时的二氧化碳膨胀烟丝线，以及2400千克/小时的“黄鹤楼”特色工艺线，年卷烟生产能力700亿支（140万箱）。共有在岗员工1386人。

【领导成员】 厂长：吕有农（2010年7月之前任厂长、党委书记）

党委书记：聂广军（2010.7—）

副厂长、党委委员：肖贤敬（—2010.1）

党委副书记、纪委书记：魏兰英

副厂长、党委委员：辜瑜庭

党委委员、工会主席：程　农

副厂长、党委委员：刘致华

副厂长、党委委员：魏　嵬

副厂长、党委委员：程思军

副厂长、党委委员：刘　青

【卷烟生产】 2010年，企业主要生产“黄鹤楼”、“红金龙”品牌卷烟。全年生产卷烟550.85亿支（110.17万箱），其中，生产“黄鹤楼”322.7亿支（64.4万箱），同比增长34.83%；“红金龙”227.5亿支（45.5万箱），同比下降30.22%。

全年万支卷烟综合能耗为2.22千克标煤/万支，平均消耗烟叶6.74千克/万支、盘纸639米/万支、滤棒1627支/万支、水0.288吨/万支、电9.02千瓦时/万支。

【技术创新】 坚持推进工艺技术创新，以“黄鹤楼”品牌专用制丝线、特色设备改造为抓手，广泛开展工艺质量改进活动，实施双飞晓楼设备研制、烟丝在线干燥技术、梗丝成丝流程再造等64项工艺改进和技术创新项目。全年申报专利51项，其中发明专利7项、实用新型专利42项、外观设计专利2项，“黄鹤楼品牌制丝工艺独特技术研究”项目获2010年中国烟草总公司科技进步奖。

【生产管理】 聚焦“黄鹤楼”品牌，调整生产组织布局，强化生产人员素质培训。把握“黄鹤楼”品牌生产的重点，创造异型规格生产的亮点。强化快速保障能力，在“小”字上下工夫，满足批量小至5箱/次的产品订单；在“高”字上下工夫，产能持续攀高，月度最高峰突破12万箱；在“快”字上下工夫，从接到订单到生产出成品缩短至48小时；设备有效作业率达到92.79%，同比提高0.35%。

【质量管理】 坚持质量优先原则，把六西格玛管理方法引入生产和质量管理过程中。强化生产过程管理和生产与市场的联动，组织生产与质管人员深入市场调研，依据产品质量市场反馈确立质量改进项目，全年三级站质量抽检合格率100%，卷烟产品质量得分98.31分，客户综合投诉率0.05×10^{-6}，为历史最低。

【安全管理】 落实安全责任制，持续强化全员安全意识，推进安全管理大整顿，开展火灾消防预案演练、“三无”主题活动。强化生产区域、厂区进出人员、车辆检查，新增厂区前后门门禁管理系统。加强施工安全管理，与55家相关单位签订安全协议书，全年查找安全隐患104起，处理违章作业人员33人次、违纪人员12人次，整改率达100%。

【队伍建设】 落实“十百千万”人才培育计划，全年实施六西格玛管理、品牌文化等培训项目123项，培训3594人次；3人新获得技师资质，5人通过国家局高级技师评估。

湖北中烟工业有限责任公司襄樊卷烟厂

【概　况】 湖北中烟工业有限责任公司襄樊卷烟厂始建于1944年，2008年取消法人资格，更名为湖北中烟工业有限责任公司襄樊卷烟厂。企业生产厂区面积6.3万平方米，拥有5000千克/小时制丝线1条，专用卷接包设备35台（套），滤棒成型机12台（套），年卷烟生产能力250亿支（50万箱）。共有在岗员工1308人。

2010年，企业被国家民政部授予“中华慈善奖”。

【领导成员】 厂长、党委书记：李金春

副厂长、党委委员：邹名扬

副厂长、党委委员：王　军

副厂长、党委委员：王耀国

副厂长、党委委员：张道义

【卷烟生产】 2010年，企业主要生产“红金龙”品牌卷烟，共生产卷烟270.65亿支（54.13万箱），同比下降3.32%。

全年万支卷烟综合能耗为1.99千克标煤/万支，平均消耗烟叶6.94千克/万支、盘纸630米/万支、滤棒1676支/万支、水0.089吨/万支、电8.99千瓦时/万支。

【技术创新】 全年申请了“一种烟机切纸轮和靠拢鼓轮间隙调整装置”、“一种烙铁连杆滑块升降装置”2项实用新型专利；开展技术进步和管理创新项目58项。

企业制丝线技术改造项目有序推进，截至年底，累计完成项目投资约3.6亿元。结构主体工程、网架工程、渗耐屋面工程、钢格栅工程等已经完工，并通过了襄樊市建设质检站的检验。

【队伍建设】 坚持“以需求为导向、以职工为中心、以技能为本位”，采取内训、外训相结合的方式，加强基础理论教育、基本知识学习、基本技能训练“三基”工作，强化管理人员、专业技术人员、操作人员“三层”培训。全年共举办内训76期、培训3986人次，外出培训280人次；214人参加职业技能鉴定，34人获得技师资质，3人获得高级技师资质。

湖北中烟工业有限责任公司三峡卷烟厂

【概　况】 湖北中烟工业有限责任公司三峡卷烟厂（湖北中烟工业有限责任公司三峡烟草有限公司）成立于1998年。企业占地面积约29.8万平方米，拥有3000千克/小时的制丝生产线，ZJ19、PASSIM、GDX1、FOCKE为主的卷接包生产设备7台（套），以及高级雪茄烟生产线，年卷烟生产能力150亿支（30万箱）。共有在岗员工750人。

【领导成员】 党委书记：倪　华（兼任）

厂长、党委副书记：刘兴国

副厂长、党委副书记：杨　猛

副厂长、纪委书记、党委委员：邹华荣

副厂长、党委委员：廖其双

党委委员、工会主席：李先师

党委委员：尚有喜

厂长助理：廖中海

【卷烟生产】 2010年，企业主要生产“红金龙”品牌卷烟，共生产卷烟133.35亿支（26.67万箱），同比增长4.75%。

全年万支卷烟综合能耗为2.9千克标煤/万支，平均消耗烟叶6.56千克/万支、盘纸650米/万支、滤棒1676支/万支、水0.23吨/万支、电9.42千瓦时/万支。

【质量管理】 根据公司新出台的6个质量管理文件要求，修改和完善了23个质量体系文件和32份工艺质量技术指导卡。加强质量考核，在考核内容上将关键工序各项指标的CPK全部纳入考核范围，在考核方式上由月度评价、综合质量指标评价变为批次考核评价，由单一考核工序/机台变为捆绑考核相关人员。严把质量检查关，全年抽检辅助材料1125批次，成品抽检2174牌次，雪茄烟分厂辅料与部分成品纳入三级站检测。改善质量检测环境，完成三级站恒温恒湿空调和工作台的配置及车间质量室改造，确保检测的准确性。企业产品在国家局抽检与省二级站抽检合格率均达100%。

【设备管理】 针对设备有效作业率与先进指标存在差距这一短板，以及设备产能季节性不足的状况，导入“5M1H”管理方法（即Man，Machine，Material，

Method，Measurement，How），重点加强设备电器保养和润滑管理，建立检修、保养目录，设定检修、保养周期，制定检修、保养标准。严格执行设备轮修轮保制，卷包每台设备每周轮保一次，保证了满负荷生产时期设备高效运行。全年设备综合有效作业率88.7%，完好率100%，故障停机率0.59%。

【安全管理】 严格执行安全“四检制”，开展安全宣传培训和应急预案实战演练。全年共开展月度检查12次，消防专项检查3次，接受国家局、湖北中烟开展的安全检查3次、地方主管部门检查12次，共查出大小隐患159处，整改159处，整改率达100%。全年无任何安全责任事故发生。

【思想政治工作】 加强领导班子建设和党风廉政建设，坚持实行党委中心小组学习制度，全年集中学习5次。各支部开展“党员双带示范岗”、“规范化操作自我训练”、“上一堂党课、做一份试卷、提一条建议、找一个问题”、“爱岗敬业讲奉献”、“党员分片负责设备保养”等主题实践活动。2010年，通过群众评议、年终述职和业绩考核，46名中层干部优秀率达89%，胜任率100%。

附：

湖北中烟工业有限责任公司三峡卷烟厂雪茄烟分厂

湖北中烟工业有限责任公司三峡卷烟厂雪茄烟分厂前身为三峡卷烟厂与英美烟草公司高档雪茄烟技术合作项目，于1999年6月正式启动。随着企业并入武烟集团以及该雪茄烟项目的投产，2003年9月，武汉烟草集团有限公司设立雪茄烟分厂。2008年12月更名为湖北中烟工业有限责任公司三峡卷烟厂雪茄烟分厂。企业占地面积4093平方米。拥有高档雪茄烟卷制和包装设备118台（套）。年手卷雪茄生产能力1500万支、非叶卷（机制）雪茄能力25亿支（5万箱）。共有在岗员工71人。

2010年，企业生产的雪茄共有“红金龙”、“三峡”、“茂大”、“顺百利”4个品牌共11个产品规格，规格分别为机制雪茄“红金龙（红龙）”（84mm×7.8mm）、机制雪茄“红金龙（金龙）”（84mm×7.8mm）、机制雪茄“红金龙（古龙）”（84mm×7.8mm）；手卷雪茄“三峡（原味）”（84mm×7.8mm）、手卷雪茄“三峡（香型）”（84mm×7.8mm）；手卷雪茄“茂大”（132mm×16.2mm）、手卷雪茄“茂大”（132mm×13.8mm）、手卷雪茄“茂大”（105mm×12.5mm）；手卷雪茄“顺百利”（132mm×16.2mm）、手卷雪茄“顺百利”（132mm×13.8mm）、手卷雪茄“顺百利”（105mm×12.5mm）。

全年生产手卷雪茄727万支，同比增长78%；生产机制雪茄11.67亿支（2.33万箱），同比增长46%。产品销往全国20个省（区、市）120个地市级公司。

2010年，企业持续进行中式雪茄创新开发。先后开发出“红金龙（软古龙）”、“红金龙（硬古龙）”、“红金龙（明道）”、“红金龙（软楚风）”、“红金龙（硬楚风）”、“红金龙（望星空）”等产品，形成独具特色、品种规格齐全、结构合理、具有较强市场竞争力的雪茄烟产品集群。开展减害降焦工作，采用新材料，改进加工工艺，实现机制雪茄烟焦油量12毫克/支以下。

创建学习型团队，坚持开展“一对一”、“一帮一”、“以师带徒”岗位技能培训，共签订“师带徒”协议21份，考核合格操作工3人。持续开展岗位技能培训和鉴定，组织6名员工参加行业技能鉴定。全年组织各类培训9期，培训员工386人次。

湖北中烟工业有限责任公司广水卷烟厂

【概　况】 湖北中烟工业有限责任公司广水卷烟厂始建于1970年，2004年取消法人资格，更名为武汉烟草（集团）有限公司广水卷烟厂，2008年更名为湖北中烟工业有限责任公司广水卷烟厂。企业拥有引进英国、德国和国产先进制丝设备以及卷接包设备8台（套），年卷烟生产能力150亿支（30万箱）。共有从业人员886人，其中在岗员工408人。

【领导成员】 厂长、党委书记：彭涛鸣

党委副书记、纪委书记、工会主席：肖才敏
副厂长、党委委员：易宙晓
副厂长、党委委员：周章铁
副厂长、党委委员：余迁鸿
副厂长、党委委员：尚　斌
总工程师：孙立国
厂长助理：朱正君
厂长助理：吴　强
党委委员：陈前民

【卷烟生产】 2010年，企业生产“红金龙”品牌卷烟。共生产卷烟84.65亿支（16.93万箱），同比下降5.73%。

全年万支卷烟综合能耗为2.99千克标煤/万支，

平均消耗烟叶7.25千克/万支、盘纸634米/万支、滤棒1727支/万支、水0.208吨/万支、电9.02千瓦时/万支。

【技术创新】 成立黄鹤楼女士烟研究所。全年共完成配方和设备工艺技术攻关课题23项，取得QC成果6项。合理分配动力车间锅炉鼓风量，降低煤渣含碳量10%左右，年节煤约180吨。完成ZB45包装机组及生产车间空调系统安装调试、BE包装机组大修、卷包连接装置改造、动力中心安装工程等10余项大规模设备技术改造。新增GDX2包装机组1台、淘汰DT包装机组1台。

【企业管理】 全面实施6S管理，改善生产环境和设施布置，形成"人人懂、人人知、人人行"的良好局面。加强信息化建设，全面推行协同办公，在湖北中烟内部试点推行财务预算管理和资金监控平台体系。加强员工培训，邀请湖北省安监局、湖北省特种设备研究院、中南财经政法大学等科研院校和医疗机构专家学者举办讲座，参训人数达2000人次以上。

湖北中烟工业有限责任公司红安卷烟厂

【概　况】 湖北中烟工业有限责任公司红安卷烟厂前身为成立于1981年12月的红安县知青卷烟厂，1983年被纳入国家计划，1984年上划，1987年更名为红安卷烟厂，2003年取消法人资格，更名为武汉烟草（集团）有限公司红安卷烟厂，2007年更名为湖北中烟工业有限责任公司红安卷烟厂。企业占地面积24万平方米，拥有昆船3000千克/小时的制丝线1条、PROTOS－GDX2机组2台（套）、长城－GDX1机组2台（套）、PASSIM－GDX2机组1台（套）。年卷烟生产能力130亿支（26万箱）。共有从业人员700人。

2010年，企业被湖北省安全生产委员会授予"全省安全生产先进单位"称号。

【领导成员】 厂长、党委书记：方战先

副厂长、党委委员：王闰光

工会主席：潘清明（2010.5—）

厂长助理：张福平

厂长助理：熊平安

副总工程师：肖志国

厂长助理：帅克彬

厂长助理：罗红坪

【卷烟生产】 2010年，企业生产"红金龙"品牌卷烟。共生产卷烟79.35亿支（15.87万箱），同比增长7.04%。

全年万支卷烟综合能耗为2.96千克标煤/万支，平均消耗烟叶7.29千克/万支、盘纸633米/万支、滤棒1699支/万支、水0.136吨/万支、电9.52千瓦时/万支。

【技术创新】 启动混合型卷烟技术研发，在厂挂牌成立混合型卷烟技术研究所。加强质量改进，全年10个QC小组共发布16个课题，其中4个课题在中烟公司获奖。加强技术改造，投资160万元完成制丝、卷包除尘及动力车间的真空泵、中央空调的节能改造；投资150万元完成制丝车间的中控系统改造；投资140万元完成卷包车间的空调柜维修改造、制丝掺兑电子秤及烘叶丝机后喂料机改造、造纸法薄片喂料机改造、切片回潮机维修改造等。

【安全生产】 全面落实安全生产责任制，签订安全责任书178份。完善职业健康安全管理体系建设，严格三级安全检查制度和隐患整改，加快安全基础设施建设和技术保障的投入，先后在辅料仓库、成品仓库安装火灾报警系统，在烟叶库消防应急水泵加装远程开启控制系统，在厂区监控系统增加8个监控点，更换11辆箱式运输车辆，提高事故防范能力，实现安全零事故目标。

【人力资源管理】 提升职工综合素质，优化职工队伍结构。启动工人技师评聘，细分技术岗位级别，拓宽人才成长通道。利用生产淡季、双休和月末集中休假时间，相继举办工艺质量管理、生产现场管理、安全生产知识、综合管理体系、计算机知识等7期培训班，培训人员达450人次。将生产技术骨干、管理骨干送外培训53人次，其中2人通过行业技师鉴定。

湖北中烟工业有限责任公司恩施卷烟厂

【概　况】 湖北中烟工业有限责任公司恩施卷烟厂于2006年经国家局批准建设，企业首期工程于2007年4月15日正式动工，2009年1月8日建成投产试运行，2009年3月正式投产。企业占地面积16.8万平方米，拥有5000千克/小时制丝线、PASSIM卷接机组、FOCKE包装机组等卷烟制造专用设备207台（套），年卷烟生产能力250亿支（50万箱）。共有从业人员763人，其中在岗员工696人。

【领导成员】 厂长、党委书记：张仁才

副厂长、纪委书记、党委委员：陈元利

党委副书记：吴宏伟

副厂长、党委委员：吴曦华

党委委员：宋　波

副厂长：谭文峰

副厂长：宋玉林

【卷烟生产】 2010年，企业生产“红金龙”品牌卷烟。共生产卷烟193.65亿支（38.73万箱），同比增长38.56%。

全年企业万支卷烟综合能耗为2.9千克标煤/万支，平均消耗烟叶6.98千克/万支、盘纸648米/万支、滤棒1686支/万支、水0.092吨/万支、电9.24千瓦时/万支。

（刘智丹）

湖南中烟工业有限责任公司

【概　况】 湖南中烟工业有限责任公司，最初为湖南烟草工商分设后于2003年成立的湖南中烟工业公司。2006年10月，湖南中烟工业公司与所属长沙卷烟厂、常德卷烟厂合并重组为一个企业法人，取消长沙卷烟厂、常德卷烟厂法人资格；2007年11月，湖南中烟工业公司改制更名为湖南中烟工业有限责任公司。下辖长沙卷烟厂、常德卷烟厂、郴州卷烟厂、零陵卷烟厂、四平卷烟厂、吴忠卷烟厂6个非法人卷烟生产企业，控股湘西鹤盛原烟发展有限责任公司、常德芙蓉烟叶复烤有限责任公司、浏阳天福打叶复烤有限责任公司3个具有独立法人资格的烟叶加工企业，以及湖南金叶烟草薄片有限责任公司1个具有独立法人资格的烟草薄片加工企业，并持有河北白沙烟草有限责任公司50%的股权。拥有总资产447.43亿元，其中固定资产84.94亿元、流动资产293.85亿元，资产负债率为15.04%。共有从业人员21278人，其中在岗员工16743人。

2010年，公司突出“转变发展方式，提升品牌价值”工作主线，科学谋划“白沙”、“芙蓉王”品牌发展，完成年初确定的各项目标任务，继续保持了良好发展态势。

2010年，公司被湖南省委、省政府授予“全省加速推进新型工业化红旗企业”称号；被湖南省消费者委员会评为“2009年度湖南省消费维权先进单位”；获得2010年第八届全国TnPM大会评选出的“TnPM卓越推进者奖”等7个奖项。

【领导机构】 董事会

董事长：徐　瑾（—2010.6）

卢瑞刚（2010.6—）

董　事：周昌贡　卢　平　曾献兵　李晓兵　舒　明　熊丽萍（职工董事）

监　事：李曙光

班子成员

总经理、党组书记：周昌贡

副总经理、党组成员：卢　平

副总经理、党组成员：曾献兵

纪检组长、党组成员：李曙光

副总经理、党组成员：杨智敏

副总经理、党组成员：郭汉华（—2010.6）

总工程师：刘建福

总会计师：郑则豪

副巡视员：白玉琦

副巡视员：刘　兴

副巡视员：涂清明

副巡视员：孔　敏

总经理助理：李明三（2010.6—）

【机构设置】 公司设有董事会办公室、办公室（外事办）、综合计划部（企业管理部）、生产管理部、安全保卫部、法律与改革部、整顿办、财务管理部、审计部、人力资源部、思想政治工作部、机关党委（工会、团委）、监察部、技改工程部、投资管理部、进出口部、物资供应部、信息工程部（原信息中心）、后勤服务部（原后勤服务中心）、市场营销中心、技术研发中心、原料采购中心共22个部门。

【卷烟生产经营】 2010年，公司自产卷烟（不含合作生产）1752.75亿支（350.55万箱），其中，生产内销卷烟1736亿支（347.2万箱），生产出口卷烟16.75亿支（3.35万箱）。生产一类烟437.9亿支（87.58万箱）、二类烟27.25亿支（5.45万箱）、三类烟464.95亿支（92.99万箱）、四类烟521.15亿支（104.23万箱）、五类烟301.5亿支（60.3万箱）。年内停产“白沙（紫和）”、“白沙（硬鹤翔）”两个规格卷烟。

全年销售卷烟（含落地销售）2121.55亿支（424.31万箱），其中出口卷烟15.75亿支（3.15万箱)。销售一类烟425.15亿支(85.03万箱)、二类烟19.35亿支(3.87万箱)、三类烟620.35亿支(124.07万箱)、四类烟764亿支(152.8万箱)、五类烟292.75亿支(58.55万箱)。省外市场销售1207.95亿支(241.59万箱)。在陕西、河北、山东、贵州等4个省合作生产卷烟439.55亿支(87.91万箱),同比增长5.82%,占全国定向整合总量的16.3%。

全年实现销售收入512.69亿元,同比增长15.89%;出口实现2466万美元,同比增长11.75%。实现税利420.69亿元,同比增长16.79%,其中利润67.88亿元,同比下降3.4%。公司三项费用率为7.61%。

公司万支卷烟综合能耗为4.47千克标煤/万支,万元产值综合能耗为14.97千克标煤/万元。平均消耗烟叶6.94千克/万支、滤棒1679支/万支、盘纸627米/万支、水0.26吨/万支、电8.42千瓦时/万支。

【主要产品】 *品牌发展规划*。2010年,公司围绕国家局“卷烟上水平”总体规划和行业“532”、“461”品牌发展规划,编制《“卷烟上水平”规划纲要》,并制订公司《“十二五”发展规划》和《“十二五”“白沙”、“芙蓉王”品牌发展设想》,提出“芙蓉王”销售收入过1000亿元和“白沙”销量过500万箱的“十二五”品牌发展目标。

内销卷烟。内销卷烟品牌主要有“白沙”、“芙蓉王”、“芙蓉”、“相思鸟”和“红豆”。全年自产“白沙”979.9亿支(195.98万箱),合作生产“白沙”439.55亿支(87.91万箱),销售“白沙”1379.65亿支(275.93万箱)。生产“芙蓉王”429.45亿支(85.89万箱),销售421.27亿支(84.25万箱)。生产“芙蓉”237.35亿支(47.47万箱),销售238.85亿支(47.77万箱)。生产“相思鸟”74.7亿支(14.94万箱),销售74.7亿支(14.94万箱)。生产“红豆”7.95亿支(1.59万箱),销售8.05亿支(1.61万箱)。

出口卷烟。出口卷烟有“利事(NISE)”、“白沙”、“和天下”、“芙蓉王”、“银象”、“元帅(Marshal)”6个品牌55个规格,年内新开发“利事(硬薄巴拿马)”、“芙蓉王(彩警1香港免税)”、“白沙(硬白尚品香港有税)”等17个卷烟规格,停产“利事(硬薄南美)”、“芙蓉王(香港有税)”、“银象(秘鲁)”等8个卷烟规格。年内出口“利事(NISE)”7.5亿支(1.5万箱)、“芙蓉王”4亿支(0.80万箱)、“元帅(Marshal)”3亿支(0.6万箱)、“银象”1.05亿支(0.21万箱)、“和天下”0.005亿支(0.001万箱),新试销出口“白沙”0.2亿支(0.04万箱)。

【品牌营销】 *省外市场开拓*。以“532”、“461”品牌发展战略目标为契机,推进“突出重点目标市场,兼顾全国性市场布局”的市场拓展策略。在巩固现有核心市场的基础上,重点拓展省外潜力市场。2010年省外市场调拨销售卷烟(含落地销售)1207.95亿支(241.59万箱),品牌省外销量比重达56.94%。全年公司品牌销量过25亿支(5万箱)的省级市场18个;“芙蓉王”系列省外销量比重为77.1%,全年销量过万箱的省级市场17个;“白沙”精品类省外销量比重为56.5%,全年销量过万箱的省级市场23个。

新产品上市。2月,“芙蓉王(软金)”上市,全年共在13个省(市、区)销售0.75亿支(0.14万箱)。

市场推广。“芙蓉王”品牌推广方面,开展品牌理念提升与推广创新、高端规格针对性专项推广、“芙蓉王(软金)”上市推广、第十三届“芙蓉学子”公益活动等系列高端杂志软文传播,“芙蓉王”品牌成为中国企业家论坛的战略合作伙伴和TOP赞助商。“白沙”品牌推广方面,开展了主要包括品牌年度咨询服务、“创想”年度主题营销活动、“白沙(尚品)”系列上市推广等9个文化推广项目;6月,启动“白沙(尚品)”系列集盒兑奖活动。

【原料保障】 围绕“白沙”、“芙蓉王”品牌发展战略,按照“规模、结构、质量、成本”方针,抓好原料保障工作。克服烟叶主产区严重受灾等影响,稳定烟叶调拨结构和质量,全年完成烟叶调拨19.5万吨(390万担),落实进口烟叶2.2万吨(44万担)。建成品牌原料基地37个,基地开发总规模超过19.10万吨(382万担),基地化调拨水平达90%。在云南楚雄、保山、临沧,贵州余庆、黔西南等12个品牌导向型基地开发特色优质烟叶20.4万亩。探索农工商分级精选交验一体化,参与贵州余庆、湖南浏阳、云南禄丰等基地专业化分级散叶收购工作,完成专业化分级散叶收购1.63万吨(32.55万担)。参股中国烟草国际有限公司巴西有限公司,迈出境外烟叶合作实质性的一步。

【科技创新】 *技术研发中心概况*。湖南中烟工业有限责任公司技术研发中心原名为湖南中烟工业公司技术中心,成立于2006年12月,2007年通过国家级企业技术中心复评,2010年6月更名为技术研发中心。下设办公室和知识产权与科技项目管理办公室2个办公室，产品研究所、工艺研究所、烟叶研究所、烟草化学研究所、香精香料研究所等5个专业研究所，1个质量技术监督站和1个博士后科研工作站。员工平均年龄38岁，有博士研究生学历18人，硕士研究生学历75人，在站博士后1人。截至2010年年底，中心共获国家级科技进步一等奖2个，二等奖2个，三等奖3个。共申请专利189项，其中发明专利96项，实用新型专利57项，外观设计专利36项；共获专利授权149项，其中发明专利41项，实用新型专利72项，外观设计专利36项。以湖南中烟为第一完成单位，发表在中文核心期刊以上刊物、或在全国一级学术会议上交流的论文共计192篇，其中在CORESTA等国际会议交流论文36篇、在国家一级期刊发表论文5篇。

科研成果。持续开展主导品牌提质扩量研究工作，至年底，公司各牌号卷烟焦油加权平均值为11.74毫克/支，同比下降0.31毫克/支；“芙蓉王（蓝软）”焦油量由10毫克/支降至8毫克/支；首次在“白沙”精品类卷烟中添加造纸法薄片，通过多种降焦技术的应用和叶组配方、香精香料配方的调整，实现“白沙”精品类增量降焦目标；完成“芙蓉王”、“白沙”低焦油卷烟新产品的设计开发与储备工作；完成“利事”、“元帅”及“白沙（尚品）”系列四个规格出口新品卷烟的设计开发。

推进行业重大（重点）项目立项，年内共申报12个重大（重点）项目，有5个获得国家局批准立项。加强“三新技术”研究，在纸质嘴棒、改性沟槽滤棒开发和自然透气接装纸改进等新材料、新技术方面取得突破性进展，部分成果在公司减害降焦新产品开发或老产品改造上得到应用。通过水性胶丙纤滤棒替代醋纤滤棒等项目的应用，全年实现节约挖潜约1.06亿元。

加强对烟草新品种选育及配套技术研究，11月17日，具有自主知识产权的烤烟新品种“湘烟4号（CY9506）”通过国家局组织的农业评审。对从国内外引进的烤烟新品种进行系统的生态适应性和工业可用性评价，初步筛选出“云烟109”、“云烟99”、“NC471”等烤烟品种。“万宝路”烟叶原料研究与开发项目顺利推进，全年实施项目示范319亩。

公司全年共申请专利36项，其中发明专利23项，实用新型专利11项，位列省级工业公司第四位；共获专利授权49项，其中发明专利15项，实用新型专利32项，外观设计专利2项，年内授权的发明专利占行业烟草技术类发明专利的9.2%。以湖南中烟为第一完成单位，发表在中文核心期刊以上刊物、或在全国一级学术会议上交流的论文共计79篇，其中在CORESTA等国际会议交流论文18篇，在国家一级期刊发表论文4篇。公司参与承担的“卷烟危害性指标体系研究”获国家科学技术进步二等奖，“烟草多组分指纹图谱及烟草识别与智能配烟系统开发”获中国烟草总公司科学技术进步三等奖，“烟叶栽培专用转光大棚膜、转光保温地膜和转光反光地膜”获湖南省科学技术进步三等奖。公司在国家局年度省级工业公司技术创新能力评价考核中列第三位，同比上升一位。

【技术改造】 全年实际投资14.66亿元进行技术改造。常德“芙蓉王”技改专线、吴忠卷烟厂联合工房技改项目建成投产，石板滩15万吨（300万担）片烟仓库群基本建成。启动实施公司技术研发中心建设项目、常德芙蓉复烤易地搬迁项目、郴州烟叶仓库建设、长沙大托库区片烟醇化库建设、浏阳片烟醇化库建设等5个项目。完成四平卷烟厂易地技改、常德“芙蓉王”扩量技术改造2个项目的立项评审、项目申报工作。组织实施公司物流中心、常德“芙蓉王”品牌工厂建设项目和吴忠卷烟厂“十二五”技术改造3个项目的立项论证和方案优化工作。年内购置ZJ17卷接机组3台（套），ZB45A包装机组2台（套），ZL26A成型机组1台（套）。

【多元化经营】 修订组建投资管理公司的实施方案和投资管理公司章程，明确公司推进实体化运作管理体制建设的总体思路与步骤。对湖南白沙运输有限公司等16个多元化经营企业的董事、监事进行调整、委派。完成常德金鹏印务有限公司合作方股权退出的谈判。完成湖南省江永潇湘食品有限公司等2家企业的清退挂牌工作。推进物流产业整合。截至年底，公司所属多元化企业共24家，总投资14.6亿元，存续多元化企业资产净值为17.51亿元。全年多元化企业实现销售收入28.20亿元；实现利润总额4.15亿元，同比增长32.17%。

【企业管理】 质量管理。根据湖南省省长质量奖申报及公司管理体系运行要求，导入“卓越绩效管理”模式。12月，邀请国家质量奖评审专家分别对公司中高层领导和骨干进行卓越绩效管理标准及理念培训，并向长沙市质量技术监督局提交“省长质量奖”申报材料。

推进对标工作。梳理对标工作流程，编制公司《对标管理办法》；强化对标分析与通报制度，将每季度分析通报转变为每月利用生产经营例会进行主要对标指标的分析通报。全年行业工业企业对标指标44项，公司有12项对标指标排名行业前三位，28项对标指标达到行业工业企业平均水平以上。

“创建”活动见成效。参照 GB/T19580 - 2004，按1000分从创建活动策划、实施、诊断和改进提升四个维度建立《现代卷烟制造工厂创建活动评价准则》。各卷烟厂以“优秀卷烟工厂”创建为契机，引入卓越绩效、TnPM、SPC、7S、清洁生产等管理理念和方法。11月中旬开始，公司对6家卷烟厂进行创建活动现场检查和逐项打分，综合评定长沙、常德卷烟厂为公司创建“优秀卷烟工厂”活动一等奖。

【信息化建设】 启动办公自动化、营销、MES 和原料信息管理等系统的二期建设。完成人力资源系统定制开发和推广应用。完成财务系统切换长沙卷烟厂ERP系统深化应用工作，并以长沙卷烟厂为模板，统一公司所属6个卷烟厂的集中采购物资到货和入库管理及产品库存管理。完成办公自动化、财务、营销、原烟、物资、MES、人力资源管理等系统的门户集成和单点登录工作。完成财务系统与公司 MES、营销、物资、人资、原料、企业门户、综合报表系统及长沙卷烟厂 MES、指标系统，常德卷烟厂 MES、质量系统的接口开发。

【实施审计集中统一管理】 遵循“统一领导、集中管理、监督驻地、参审异地”基本原则，选调25名专职审计人员到公司审计部工作，于6月底全面实施审计集中统一管理工作。实行审计集中统一管理后，公司下属卷烟厂和“三个中心（市场营销中心、技术研发中心、原料采购中心）”不另设立审计机构和审计岗位，由公司统一派驻审计机构和审计人员。

【民主管理试点工作】 制订《湖南中烟工业有限责任公司深入推进司（厂）务公开民主管理实施细则》，建立司（厂）务公开机制，将“三项业务”涉及的招投标过程及结果列为公开内容。同时，确定长沙、零陵卷烟厂为公司推行办事公开民主管理的试点单位。

年内，长沙卷烟厂以“三个转变”为重点，在形式上由单一公开转向多元载体公开，在内容上由结果公开转向过程公开，在时间上由事后公开转向事中公开，坚持以职代会为公开主要形式，在内网开辟“厂务公开”专栏，并建立员工提案机制。零陵卷烟厂结合两标体系，制订《零陵卷烟厂办事公开民主管理手册》，确保办事公开民主管理落到实处，达到“操作标准化、程序文件化”的目的，并针对在员工子女中招聘生产操作工等热点问题实施公开。在两厂试点基础上，公司在内网开辟“办事公开民主管理”专栏，公开“三项业务”开展情况。

【人力资源管理】 干部管理。建立健全领导班子和领导干部考核评价体系，出台《公司各部门（中心）负责人、卷烟厂领导班子成员选拔任用考察评价办法》、《卷烟厂领导班子和领导干部年度考核办法》等制度。开展部门（中心）负责人竞聘工作，先后有52人被聘任为公司各部门（中心）正副职。推动公司内部、公司与地方政府和商业公司的干部交流，共交流干部9人。按领导职数1∶1比例，对卷烟厂领导班子后备干部队伍进行集中调整。

人才队伍建设。开展市场营销中心、技术研发中心、原料采购中心“三个中心”和公司本部员工竞争上岗工作，将公司本部149个基层岗位划分为三个层级，面向“三个中心”，实行双向选择，年内有148人通过竞聘上岗。建立符合专业技术、技能等非行政领导人员职业特点的成长和晋升通道，先后从“三个中心”选拔7名高级专业技术人员，开展高级业务经理、高级研发师的聘任试点工作。

组织招聘。统一组织长沙、常德、郴州、零陵卷烟厂的大学生招聘工作，共录用大学毕业生30人。分步组织各卷烟厂的生产操作工招聘工作，年内共招聘录用生产操作工125人。

教育培训。印发《公司师资管理办法》、《公司培训经费管理办法》；基本形成公司教育培训课程体系目录共21类271门。2010年公司本部共举办培训项目84个，组织培训1553人次。

湖南中烟职业技能鉴定站成立。5月，成立湖南中烟职业技能鉴定站。年内鉴定站共组织公司190人次参加职业技能鉴定和培训；组织40人进行烟机设备维修（制丝、卷接、包装）技师鉴定，31人通过鉴定。组织专家开发的国家局鉴定标准题库《烟机设备修理工（制丝）初中高级》通过复审；组织编写的卷烟设备包装修理工鉴定教材通过终审。

【企业文化】 制订《湖南中烟企业文化十二五规划纲要》，对公司文化进行重新梳理。5月，举办评价体系实施培训班，正式启动企业文化评价体系工作。承办全国烟草行业企业文化调研座谈会，会上，公司做“推进文化融合 共建和谐烟草”专题发言。

【“十一五”发展概要】 公司改革扎实推进。先后完成湖南烟草工业合并重组、改制更名等一系列体制改革，公司从行政管理转变为经营实体，相继建立董事会、监事会工作机构，并按照“全面优化型”的发展方向和“重点突破型”的推进思路，对“三个中心”实行相对独立的非法人实体的管理体制。

卷烟产销协调增长。2010年公司卷烟产量（含出口）比2005年增长19.9%，品牌规模（含联营加工）增长38.72%，卷烟销量（含回购）增长28.77%。

主导品牌持续做大。2010年“白沙”产量（含联营加工）比2005年增长87.35%，“芙蓉王”产量增长263.79%。

“两个跨越”步伐坚实。2010年公司卷烟湖南省外销量比2005年增长93.27%；卷烟出口增长131.62%；自主品牌“和”实现境外生产境外销售，国际化运作平台初步搭建。

资产质量明显改善。2010年公司资产总额比2005年增长97%，所有者权益增长126%，所属多元化企业投资收益增长1147%。

企业发展后劲增强。常德卷烟厂“芙蓉王”专线、吴忠卷烟厂联合工房等一批重点建设项目建成投产；公司烟叶库存储备充足，烟叶基地开发总规模达19.10万吨（382万担）；“芙蓉王（蔚蓝星空）”、“芙蓉王（软金）”、“白沙（软精品）”等10个新规格先后上市，品牌链条进一步丰富。

经济效益持续攀升。2010年公司卷烟销售收入比2005年增长94%；实现税利增长131%，其中利润增长100%、税金增长138%。“十一五”期间累计实现税利、税金分别是“十五”期间的2.42倍、2.32倍。

【特事要辑】 4月21日，国家局局长姜成康主持专题会议，听取湖南中烟关于“白沙”、“芙蓉王”品牌发展设想的汇报。

4月22～23日，驻国家局纪检组组长潘家华考察湖南中烟。

7月15日，美国烟农合作社董事长Albert Johnson、国际销售部副总裁Mike Lych等一行就美国烟叶发展状况及烟叶合作等事宜到湖南中烟交流。

7月20日，国家局副局长何泽华一行到吴忠卷烟厂考察。

7月21日，菲莫国际阿根廷公司总裁Chris Dilley一行就品牌“和”在阿根廷市场的拓展和培育到湖南中烟交流。

8月17～20日，国家局局长姜成康到湖南考察调研。期间，姜成康与湖南省委书记周强，省委副书记、代省长徐守盛就加快湖南“两烟”发展交换意见，听取湖南中烟工作汇报，并到长沙卷烟厂、常德卷烟厂考察调研。国家局副局长何泽华、总会计师兼财务司（审计司）司长张玉霞一同考察调研。

8月31日，国家局局长姜成康一行到吴忠卷烟厂考察。

11月9日，湖南中烟“吸抹式设备保养模式”在2010年烟草行业设备管理经验交流会作经验交流。

12月12日，国家局局长姜成康与湖南省委书记周强，省委副书记、省长徐守盛与在北京举行会谈，双方共商湖南“十二五”烟草产业发展。

所属企业

湖南中烟工业有限责任公司长沙卷烟厂

【概　况】 湖南中烟工业有限责任公司长沙卷烟厂始建于1947年。2006年10月，湖南烟草工业实施合并重组，长沙卷烟厂成为湖南中烟工业公司6个非法人生产企业之一，更名为湖南中烟工业公司长沙卷烟厂；2007年11月，随公司改制更名为湖南中烟工业有限责任公司长沙卷烟厂。企业占地面积81.8万平方米，拥有意大利产COMAS制丝线2条、卷接机38台、包装机39台、成型机28台，年卷烟生产能力900亿支（180万箱）。共有从业人员3460人，其中在岗员工3405人。

【领导成员】 厂长、党委书记：范康君

副厂长、党委委员：沈力平

副厂长、党委委员：刘京广

党委副书记：尹　宾

纪委书记、党委委员：丁洪涛

副厂长、党委委员：周景秋

党委委员、工会主席：向晓芳

【卷烟生产】 企业主要生产“白沙”、“利事”等品牌卷烟，共生产5个品牌、37个规格。年内生产卷烟640.15亿支（128.03万箱），其中生产内销卷烟632.75亿支（126.55万箱）、出口卷烟7.42亿支（1.48万箱）。生产“白沙”626.22亿支（125.24万箱），其中“白沙”精品类463.63亿支（92.73万箱）。加工“万宝路”6.53亿支（1.30万箱）。

全年万支卷烟综合能耗为3.52千克标煤/万支；平均消耗烟叶6.88千克/万支、盘纸606米/万支、滤棒1685支/万支、水0.15吨/万支、电10.29千瓦时/万支。

【技术改造】 加快技改二期新设备、新技术的消化吸收，卷包箱式储存及柔性输送系统通过验收，新增辅联设备运转正常。采取分段改造的方式，完成制丝一线电器改造。技术中心建设项目开始进行场地平整，进入全面施工阶段。大托烟叶醇化库项目完成设计招标工作。年内完成8台（套）KDF4及YF171A+YF27设备的安装、调试和验收，10台设备的拆除和转运，并对PROTOS70卷接1号机组及相关辅联设备进行第一阶段的噪声治理和改造施工。

【质量控制】 全年产品外检合格率100%，年内产品质量投诉事故事件为零。强化过程质量控制，实现质量改进与提升的PDCA（指计划、执行、检查、处置）循环。加强生产过程中的辅料管理，年内辅料换版零失误。针对现场质量管理存在的重点和难点问题，开展工艺预防管理体系重大课题研究和47个工艺技术课题攻关，制丝工序10个关键参数CPK（过程质量控制能力指数）平均值从1.35提升到1.56，CPK合格率由84.32%提升到97.07%；卷包工序质量缺陷率下降，其中成品盒装缺陷下降61.9%、烟支缺陷下降23.1%。

【设备管理】 通过“万箱故障停机时间”等指标牵引，完善设备故障停台数据库建设，建立健全台账管理，实施主要指标环比、同比分析机制，实现预防维修体系全面覆盖。2010年，中速卷接、包装设备有效作业率分别为93.02%、87.64%，超高速卷接、包装设备有效作业率分别为88.09%、71.2%。

【企业文化】 围绕提升境界、规范行为、培育习惯等工作开展企业文化建设，全年组织5期“你说话吧”主题文化活动，开展行业企业文化测评，编辑《让今天告诉未来》企业文化建设案例，并制作《责任的力量》等主题电视片。

湖南中烟工业有限责任公司常德卷烟厂

【概　况】 湖南中烟工业有限责任公司常德卷烟厂前身是成立于1951年7月的常德县公营新湘烟厂；2006年10月，湖南烟草工业实施合并重组，常德卷烟厂成为湖南中烟工业公司6个非法人生产企业之一，更名为湖南中烟工业公司常德卷烟厂；2007年11月，随公司改制更名为湖南中烟工业有限责任公司常德卷烟厂。企业占地面积150万平方米，拥有3条制丝线，卷接包设备共70台（套），年卷烟生产能力650亿支（130万箱）。共有从业人员11055人，其中在岗员工6803人。

2010年，常德卷烟厂被中国文化管理学会评为“中国文化管理十佳单位”。

【领导成员】 厂长、党委书记：邹纲强

副厂长、党委委员：刘存孝

副厂长、党委委员：李平华

副厂长、党委委员：杜　晖（2009年6月之前任纪委书记、党委委员）

党委副书记：曾兆亚

纪委书记、党委委员：钟菊香

党委委员、工会主席：黄朝晖

【卷烟生产】 企业生产卷烟489.55亿支（97.91万箱），其中一类烟433.30亿支（86.66万箱），均为“芙蓉王”系列；四类烟0.10亿支（0.02万箱）、五类烟56.15亿支（11.23万箱），均为“芙蓉”系列。

全年万支卷烟综合能耗为4.49千克标煤/万支，万元产值综合能耗为7.22千克标煤/万元。平均消耗烟叶7.00千克/万支、盘纸636米/万支、滤棒1785支/万支、水0.57吨/万支、电13.72千瓦时/万支。

全年产品质量抽检合格率达100%，市场产品质量投诉A类事件为零。

【内部管理】 完成质量管理体系换版文件的修订和发布工作。强化目标管理的参数化和精细化，全年共设计目标653项，同比新增173项，目标量化率达到90%以上。推行问题管理，共梳理问题176项。开展课题攻关，对57个攻关项目、12个工艺质量改进课题进行现场评审。按照“一项一卷（一个工程项目设立一个卷宗）”的要求，重点整理完善工程投资项目57项。年内，工厂5种原辅料8项卷烟物耗指标考核达标率为100%，其中（28+56）毫米规格卷烟烟叶单耗同比下降2.89%。

【职(岗)位竞聘】 开展中层领导职位竞聘，年内聘任2名中层副职为中层正职，9名中层后备干部为中层副职，18名中层干部进行岗位交流，并选拔67名中层后备干部。历时一个月，开展年度全员竞岗工作，由员工直接参与竞岗过程的监督和评选。共有2154人参与竞岗，竞争的岗位547个、编制2232个，直接录用1717人走向482个岗位，另有437人参加65个岗位、219个编制的竞岗述职测评。通过竞岗，生产车间基层技术人员的平均年龄由38岁下降到36.6岁，30岁以下基层技术人员增加6人；基层管理骨干

中40岁以上人员占总数的比例降至25%，基层管理骨干队伍中大部分为30岁以下的全日制大学毕业生，形成老中青相结合的合理梯队。

湖南中烟工业有限责任公司郴州卷烟厂

【概　况】 湖南中烟工业有限责任公司郴州卷烟厂前身是创建于1939年的华中卷烟厂。2004年，郴州卷烟厂与长沙卷烟厂实现联合重组，更名为长沙卷烟厂郴州卷烟分厂；2006年10月，成为湖南中烟工业公司6个非法人生产企业之一，更名为湖南中烟工业公司郴州卷烟厂；2007年11月，随公司改制更名为湖南中烟工业有限责任公司郴州卷烟厂。企业占地面积55.28万平方米，年卷烟生产能力280.80亿支（56.16万箱），拥有国产5250千克/小时制丝线1条、卷接机组14台（套）、包装机组14台（套）。共有从业人员2179人，均为在岗员工。

2010年，企业被湖南省总工会、湖南省安全生产监督管理局评为湖南省“安康杯”竞赛活动优胜企业；被中国设备管理协会全面生产维护委员评为“企业可视化管理创意一等奖”、“TnPM六项改善案例二等奖”、“TnPM金点子奖”、“TnPM信息化应用优秀奖”；卷包车间PROTOS QC小组被中国质量管理协会评为“全国优秀质量管理小组”；卷包车间QC小组、制丝车间开拓者QC小组、动力车间QC小组获“湖南省优秀质量管理小组”称号；卷包车间QC小组、卷包车间生产一班、制丝车间生产一班获“湖南省优秀质量信得过班组”称号。

【领导成员】 厂长、党委书记：周文斌

党委副书记、纪委书记：刘　军

副厂长、党委委员：吕爱华（—2010.4）

副厂长、党委委员：汤　华（2010.4—）

党委委员、工会主席：刘春兰

副厂长、党委委员：王江涛

【卷烟生产】 企业生产卷烟255.50亿支（51.10万箱），同比增长11%，其中三类烟7.50亿支（1.50万箱）、四类烟137.85亿支（27.57万箱）、五类烟110.15亿支（22.03万箱）。生产“白沙”系列134.70亿支（26.94万箱）、“芙蓉”系列46.05亿支（9.21万箱）、“相思鸟（软）”74.70亿支（14.94万箱）。生产外运烟丝505吨。

全年万支卷烟综合能耗为4.82千克标煤/万支，万元产值综合能耗为45.12千克标煤/万支。平均消耗烟叶6.86千克/万支、盘纸641米/万支、滤棒1672支/万支、水0.06吨/万支、电5.63千瓦时/万支。

湖南中烟工业有限责任公司零陵卷烟厂

【概　况】 湖南中烟工业有限责任公司零陵卷烟厂始建于1976年，2004年与常德卷烟厂实现联合重组，更名为常德卷烟厂零陵卷烟分厂；2006年10月，成为湖南中烟工业公司6个非法人生产企业之一，更名为湖南中烟工业公司零陵卷烟厂；2007年11月，随公司改制更名为湖南中烟工业有限责任公司零陵卷烟厂。企业占地面积62万平方米，年卷烟生产能力250亿支（50万箱），拥有5000千克/小时制丝线1条，卷接包设备14台（套）。共有从业人员1759人，其中在岗员工1611人。

2010年，企业被湖南省劳动和社会保障厅授予“和谐劳动关系先进企业”称号，40万担仓储工程获得“湖南省优质工程”称号，动力车间电器QC小组、制丝车间臭皮匠QC小组、卷包车间电气二QC小组获“湖南省优秀质量信得过小组”称号。

【领导成员】 厂长、党委书记：陈东平

副厂长、党委委员：朱凌冰

副厂长、工会主席：吕爱华（2010.4—）

党委副书记、纪委书记：何洁松

副厂长、党委委员：王浩明（2010.4—）

副厂长、党委委员：邓永志（—2010.4）

党委委员、工会主席：汤　华（—2010.4）

副总工程师、党委委员：吕芳德（—2010.4）

【卷烟生产】 企业生产内销卷烟252亿支（50.4万箱），其中三类烟5.80亿支（1.16万箱）、四类烟156亿支（31.20万箱）、五类烟90.20亿支（18.04万箱）。生产“白沙”系列144亿支（28.80万箱）、“芙蓉”系列100亿支（20万箱）、“红豆”系列7.95亿支（1.59万箱）。生产出口烟5亿支（1万箱），其中“元帅（Marshal）”3.95亿支（0.79万箱）、“银象”1.05亿支（0.21万箱）。

全年万支卷烟综合能耗为4.63千克标煤/万支，万元产值综合能耗为42.09千克标煤/万元。平均消耗烟叶6.94千克/万支、盘纸643米/万支、滤棒1675支/万支、水0.31吨/万支、电8.03千瓦时/万支。

【技术改造】 全年投入技改资金1.9亿元，完成中心配电房、环保型燃油锅炉、条烟输送线、厂区照明节能等76个改造项目。新购ZB45包装设备2组、PT卷接设备1组，从常德卷烟厂调剂PT－GDX1设备1套。

MES系统经过调整优化和功能验证，实现网上排产。

湖南中烟工业有限责任公司四平卷烟厂

【概　况】 湖南中烟工业有限责任公司四平卷烟厂始建于1948年，2003年与常德卷烟厂实现联合重组，更名为常德卷烟厂四平卷烟分厂；2006年10月，成为湖南中烟工业公司6个非法人生产企业之一，更名为湖南中烟工业公司四平卷烟厂；2007年11月，随公司改制更名为湖南中烟工业有限责任公司四平卷烟厂。企业占地面积14.2万平方米，年卷烟生产能力100亿支（20万箱），拥有1条4000千克/小时制丝线，ZJ17－ZB45卷包联合机组、ZL21B成型机组等生产设备。共有从业人员992人，其中在岗员工912人。

【领导成员】 厂长、党委书记：白玉琦

副厂长、党委委员：衣文友

党委副书记、工会主席：马英林（2010年11月之前任党委副书记）

副厂长、党委委员、工会主席：高占忠（—2010.7）

副厂长、党委委员：韩志明（—2010.7）

纪委书记、党委委员：刘少军

副厂长、党委委员：邢德秋（2010.7—）

【卷烟生产】 2010年，企业停产“芙蓉（黄后）”卷烟，改为全部生产“白沙”系列，8月开始生产“白沙（绿和）”卷烟。年内生产卷烟60亿支（12万箱），其中三类烟13.1亿支（2.62万箱）、四类烟46.9亿支（9.38万箱）。生产“白沙（精品二代）”10亿支（2万箱）、“白沙（硬）”46.9亿支（9.38万箱）、“白沙（绿和）”3.1亿支（0.62万箱）。

全年万支卷烟综合能耗为5.05千克标煤/万支，万元产值综合能耗为25.52千克标煤/万元。平均消耗烟叶7.01千克/万支、盘纸633米/万支、滤棒1671支/万支、水0.18吨/万支、电7.08千瓦时/万支。

【技术改造】 完成易地技术改造项目的申报立项、评审、批复、设计标书等相关工作，此次技改预计投资近10亿元，年生产规模设计为150亿支（30万箱）。

【节能降耗】 “五项消耗（烟叶、滤棒、盘纸、小盒、条盒）”指标控制成效显著，其中烟叶、滤棒、盘纸、小盒、条盒消耗同比分别降低0.10千克/万支、19.19支/万支、8.56米/万支、0.19张/万支、0.03张/万支。在公司6家卷烟厂低消耗排名中，滤棒消耗位列第一，盘纸消耗位列第二。

湖南中烟工业有限责任公司吴忠卷烟厂

【概　况】 湖南中烟工业有限责任公司吴忠卷烟厂始建于1970年。2004年，长沙卷烟厂兼并吴忠卷烟厂，成立长沙卷烟厂吴忠卷烟分厂。2006年10月，湖南烟草工业实施合并重组，吴忠卷烟厂成为湖南中烟工业公司6个非法人生产企业之一，更名为湖南中烟工业公司吴忠卷烟厂；2007年11月，随公司改制更名为湖南中烟工业有限责任公司吴忠卷烟厂。企业占地总面积9.27万平方米，拥有制丝生产线1条，3台（套）PT70、GDX等生产设备，年卷烟生产能力75亿支（15万箱）。共有从业人员413人，均为在岗员工。

【班子成员】 厂长、党委书记：李朝辉

党委副书记、工会主席：沈中和

副厂长、党委委员：李占保

纪委书记、党委委员：毛建华

【卷烟生产】 企业生产卷烟52.2亿支（10.44万箱），其中生产“白沙（硬）”16.2亿支（3.24万箱）、“芙蓉（黄）”36亿支（7.2万箱）。

全年万支卷烟综合能耗为10.80千克标煤/万支，平均消耗烟叶7.34千克/万支、盘纸654米/万支、滤棒1703支/万支、水0.25吨/万支、电12.46千瓦时/万支。

【技术改造】 全年技改投资3195.9万元，完成联合工房及配套设施技术改造项目。12月，10吨燃油燃气锅炉房正式投入使用；完成数据采集系统项目建设。

【设备管理】 建立健全设备停机频次台账管理，修订完善设备管理维修制度和操作规程，全年设备完好率99%，设备有效作业率81.96%，同比提高5.4%。加强生产车间技术消化，卷包设备PT－GD台时效率由上年的6.5箱/小时提升到7.3箱/小时，比目标值提高12%。完成ZL26成型机、YF11封箱机、YF613条箱输送设备和2台（套）PT70、GDX卷包设备的安装、调试和验收，并投入使用。

（盛晓燕）

广东中烟工业有限责任公司

【概　况】 广东中烟工业有限责任公司，最初为广东烟草工商分设后于2003年成立的广东中烟工业公司，2007年改制更名为广东中烟工业有限责任公司，是全国烟草行业首家建立董事会的省级工业公司。公司下设广州卷烟二厂、韶关卷烟厂、梅州卷烟厂、湛江卷烟厂等4家不具有法人资格的卷烟生产企业。公司拥有总资产238亿元，其中，固定资产18亿元、流动资产164亿元，资产负债率为7.12%。共有从业人员5260人。

2010年，公司提出了“551”品牌发展战略，即计划用5年或更长一段时间，把“双喜”打造成以一二类烟为主导、三类烟为基础、产销规模500万箱、工业税利500亿元、商业销售收入1000亿元的全国性强势品牌，并逐步发展成为国际性品牌。

2010年，公司被广东省企业联合会评为“广东省自主创新标杆企业”。

【领导机构】 董事会

董事长：徐　瑺（—2010.6）
　　　　卢瑞刚（2010.6—）

董　事：李根基　李世胜　张穗强　李晓兵　舒　明　张赤兵

监　事：刘依平

班子成员

总经理、党组书记：李根基
副总经理、党组成员：李世胜
副总经理、党组成员：廖中浩
总会计师、党组成员：张穗强
副总经理、党组成员：林孟昌
副总经理、党组成员：区广安
纪检组长、党组成员：刘依平

【机构设置】 公司本部设办公室（外事办）、综合计划部、生产管理部、安全保卫部、市场营销中心、原料供应中心、物资供应部、财务管理部、审计部、法律与改革部（投资管理部）、人力资源部、思想政治工作部（直属党委、工会、直属团委）、监察部、企业管理部、技术中心、信息中心、烟机零配件中心、技改办、董事会办公室等19个部门。

【卷烟生产经营】 2010年，公司生产卷烟（不含出口和合作生产）1112.5亿支（222.5万箱），同比增长3.25%，其中，生产一类烟42.7亿支（8.5万箱）、二类烟40.8亿支（8.2万箱）、三类烟796.4亿支（159.3万箱）、四类烟85.4亿支（17.1万箱）、五类烟147.2亿支（29.4万箱）。销售卷烟（不含出口、含合作生产的三类烟295.9亿支）1400.2亿支（280万箱），同比增长10.34%，其中，销售一类烟40.4亿支（8.1万箱）、二类烟38.7亿支（7.7万箱）、三类烟1090.9亿支（218.2万箱）、四类烟83.5亿支（16.7万箱）、五类烟146.7亿支（29.3万箱）。出口卷烟9.3亿支（1.9万箱）。

全年自产卷烟实现销售收入258亿元，同比增长7.67%。实现税利188.54亿元，同比增长8.84%，其中利润37.43亿元，同比下降5.84%。公司三项费用率为11.75%。

公司万元产值综合能耗为8.13千克标煤/万元，万支卷烟综合能耗为1.87千克标煤/万支。平均消耗烟叶7.31千克/万支、滤棒1677支/万支、盘纸638米/万支、水0.095吨/万支、电5.24千瓦时/万支。

【主要产品】 全年公司生产的卷烟有“双喜”、“五叶神”、“椰树”、“羊城”、“红玫”、“红玫王”、“大丰收”共7个品牌43个规格。停产“双喜（硬）”、“双喜（听）”、“五叶神（听典藏）”3个规格。

全年公司自产“双喜”727.5亿支（145.5万箱）。省外卷烟工业企业合作生产“双喜”311亿支（62.2万箱），同比增加124.7亿支（24.9万箱），其中，广西中烟生产231亿支（46.2万箱），同比增加81亿支（16.2万箱）；江西中烟生产30亿支（6万箱）；陕西中烟生产15亿支（3万箱）；山东中烟生产10亿支（2万箱）；深圳烟草工业有限责任公司生产25亿支（5万箱）。销售“双喜”1018.5亿支（203.7万箱），同比增长21.74%，其中，省外销量达415.6亿支（83.1万箱），同比增长34.57%。

全年生产“五叶神”127亿支（25.4万箱）、“椰树”112.1亿支（22.4万箱）、“红玫”74亿支（14.8万箱）、“红玫王”26.2亿支（5.2万箱）、“羊城”41.3亿支（8.3万箱）。

【品牌营销】 市场拓展。调整市场营销中心组织架构，将原来的10个市场区域调整为18个，并配置相应人员，逐步实现全国市场的精耕细作。省内市场采取拓宽销售渠道、提高乡镇市场上架率等措施，形成销量大幅增长、结构明显提升的良好局面，全年省内

"双喜"销量同比增长16.7%，在广东市场的占有率为37.7%，其中二类烟在广东市场优势明显增强，占二类烟市场的35.9%，同比上升11.9%。省外大市场的规模和数量都取得新突破，年销量超过10万箱的省级市场有湖南、广西，销量分别为23万箱、16.6万箱；年销量5万～10万箱的市场，在深圳的基础上，新增河南和江西；2万～5万箱的市场新增山东、四川、重庆、海南。全年"双喜"省际交易比重为41%，同比提高4%。

2010年"双喜"规模实现重大跨越，商业销量达1010亿支（202万箱），同比增长22.8%。效益增长明显，实现商业销售收入376.5亿元，同比增长25.4%；实现工业税利180.7亿元，同比增长36.1%。结构不断提升，一类烟、二类烟、三类烟销量分别同比增长57%、185.7%、20%。

品牌整合与开发。优化品牌资源，将"五叶神"、"红玫王"和"好日子"整合到"双喜"品牌中，并实现平稳过渡。提高产品结构，开发出"双喜（盛世）"、"双喜（传奇）"和"双喜（满堂红）"3个新产品。

品牌合作生产。根据"双喜"重点市场定位，在广西中烟、江西中烟和深圳烟草工业有限责任公司的基础上，新增陕西中烟、山东中烟2家合作生产企业。9月，"双喜"在陕西中烟宝鸡卷烟厂落地生产；11月，"双喜"在山东中烟青州卷烟厂正式投厂。基本确定公司与5家合作生产企业2010～2016年的合作加工计划。

工商协同营销。协助举办粤湘工商协同座谈会及省内外共3场"双喜"品牌培育座谈会。制定《"双喜"高端品牌全国市场培育方案》，在国家局支持下，在全国7个省（区）试点开展"双喜（典藏逸品）"、"双喜（盛世）"的工商协同品牌培育工作。

品牌文化推广。在河南举办"五洲同喜，喜传天下"双喜世纪婚礼。独家冠名赞助"中国喜 传天下——中国音乐先锋榜2009年度颁奖典礼"。在广西桂林举办"共创喜悦新生活"高端经济论坛。

品牌国际化。推进"双喜"品牌的国际化进程，截至年底，"双喜"品牌商标已在37个国家和地区注册；已在69个国家和地区开展商标注册的申报工作，并获得官方受理；另外正在32个国家和地区办理"双喜"商标注册手续。

【原料保障】 全年完成国内烤烟采购量9.5万吨（190万担），薄片采购量0.15万吨（3万担），进口烟叶0.65万吨（13万担）。按已采购的国内烤烟数量统计，上等、中等、下等烟比例分别为64.6%、33.9%、1.5%，上部、中部、下部烟比例分别为36.1%、53.6%、10.3%。

加快实现原料供应的基地化，与贵州、云南、湖南等"双喜"主要原料产区确立合作关系，共建立17个品牌导向型烟叶基地，其中包括文山广南、普洱景东等9个特色优质烟叶合作项目区；常德桃源、毕节黔西等5个整县推进现代烟草农业示范区；云南临沧1个新区开发项目区，广东始兴1个全收全调试点区，以及贵州龙岗1个基地单元。

以科研项目合作形式深化烟叶基地合作，在南雄市黄坑镇等4个品牌导向型基地开展品种适宜性研究工作。

在贵州毕节黔西县的重新基地单元和遵义市遵义县开展"专业化分级、散叶收购"试点工作。

【科技创新】 推进公司技术中心建设，全年技术中心在研科技项目共计87项，其中国家局项目11项、公司项目76项。完善科技激励机制，发布《科技创新奖励办法》；选拔和任用技术中心副主任级专业技术职务人员。

推进工艺平台建设，建成具有行业领先水平的全功能试验平台；在第三代"低害、低焦、高香"技术平台的基础上，构建一条"高香、高端、低害、低焦"的品牌专线。

加强配套技术研发，开发出两款功能性和增香型薄片产品并应用于产品改造和新产品开发中。

推进科技成果应用，将"烟叶中四种成分（总糖、总还原糖、总氮、总植物碱）检测模型的建立与应用转移"项目中建立的烟叶原料化学质量检验近红外模型应用于梅州复烤厂烤烟原料质量把关工作上。完成科研成果GYH－001的转化生产。

加强产学研合作，拟订联合（共建）实验室科技项目管理流程。

【技术改造】 广州生产基地建设。广东中烟广州生产基地是广东卷烟工业的核心生产基地，占地面积1047亩，是国家局和广州市的重点工程项目，总投资36亿元，建成后卷烟综合生产能力可达150万箱。2007年12月，广州生产基地项目正式开工奠基。截至2010年年底，项目顺利完成各个施工目标节点，实现生产基地里程碑式建设进程。

土建方面，土建工程、道路工程、搅拌桩工程、雨水工程、污水工程分别完成总工程量的95.68%、52.07%、54.75%、44.32%、50.70%；完成联合工房外装修石材及仿石砖幕墙2.81万平方米、玻璃幕墙4324平方米。

公用工程方面，永久用电、用水、天然气已投入使用，完成锅炉、空压、制冷机组等设备的单机调试。

制丝工艺方面，4800千克/小时膨胀烟丝配套制丝线安装完成并上电调试；膨胀烟丝生产线A线完成安装进入设备调试；9600千克/小时叶丝线和混丝加香线的设备安装完成；5000千克/小时梗丝线完成安装任务的80%，制丝线自控集成及管控一体化系统完成60%；累计完成各种管道7.5千米。

卷包工艺方面，基本完成成品高架库、配方高架库和箱式储丝系统的机电安装工作。卷接包风送除尘系统已完成75%；滤棒发射管道已完成A、B、C区格栅上的工作，等待设备就位后的对接。

百万双喜技改项目。广西中烟柳州卷烟分厂百万双喜技改工程项目正式启动，并开始项目前期筹备工作。此次技改，将有助于满足广东中烟“双喜”品牌在广西中烟的同质化生产和产能需求。

【基础管理】 *贯标和对标工作*。正式启动公司本部质量管理体系贯标工作。确立以管理标准、技术标准、工作标准为主体的公司本部标准文件体系，完成50份主程序文件的全部编写和评审工作，完成信息化文件管理平台的搭建。完善对标工作考核体系，将对标管理融入基层创优活动中。

实施部门绩效管理，制订《广东中烟工业有限责任公司绩效管理办法》，并根据公司全年目标和任务，明确各部门的KPI指标。

财务管理。构建财务管理制度架构体系，完成公司会计政策、基本财务制度、应收账款、预付账款、应付账款、固定资产等财务管理制度建设工作。拟订《品牌许可生产业务财务管理规程》，逐步理顺品牌合作生产的业务流程。

加强运输价格管理控制，将现行内部调拨卷烟物资运输价格平均下调10%；品牌许可生产的卷烟物资运输价格在现行价格的基础上平均下调8.8%。

建立科学完整的指标管理控制体系，形成全面预算执行情况分析报告制度，实现精细化预算管理。

【安全管理】 经过方圆标志认证集团审核组对广东中烟机关本部19个部门及6家卷烟厂（生产部）的认证审核，广东中烟职业健康安全管理体系通过外部审核认证。

建设高压细水雾自动灭火系统，至年底，完成第一标段的建设工作，共完成6个库区（4个为高架库）面积约13万平方米（约占总面积的30%），并对安装完毕的设备组织了自动灭火试验和是否引起磷化铝药片反应的试验。

针对之前采用的烟叶杀虫方法为人工堆位投药，开仓自然排气存在安全隐患的问题，开展烟叶混合气体杀虫及废气回收技术的推广应用。

编制《广东中烟员工安全手册》并发放给员工。

【信息化建设】 通过ERP项目的三期建设及体系内各系统的集成整合，完善和扩充ERP的基础架构，实现信息化在公司内部的横向拓展，以及与国家局的纵向贯通。开展广州生产基地和湛江卷烟厂MES系统及公司总部生产指挥系统的建设，为构建统一生产指挥调度平台打下基础。

搭建广东中烟合作生产协同办公平台，支撑跨省联合重组业务的实施。省际协同平台采用CA安全保障体系，基于独立平台实现了烟叶配方单定向保密传递、普通文件传递等功能。至年底，跨省合作信息平台已完成前两个阶段的建设，实现“双喜”配方单通过合作生产协同办公平台保密传输到广西中烟柳州卷烟分厂。

【境外企业管理】 建立和完善国际市场拓展工作的相关管理办法和规定，修订《国际市场拓展工作职责和业务流程》。加强服务保障，全年完成出口各类原辅材料、零备件总重2467.98吨，货物总值1.52亿元，其中向柬埔寨威尼顿公司供应货物总值0.22亿元，向金叶卷烟厂（澳门）有限公司供应货物总值1.30亿元。

【内部监管】 加强对重点项目、关键环节的监督检查，全年监察部门先后派出100余人次参与资质认证、宣传促销、采购项目招标、价格评审、比质比价和招聘员工等过程监督工作，提出监督意见10次。围绕广州生产基地技改工程项目建设，完善同步预防、全程监督的体制机制，抓好资金监管账户等“五道关口”的监管，监察部门共列席基地工作专题会议100余次，参加招标项目11项，比质比价项目12项，参与工程项目监督19次，提出监督意见14次，发出监督函8份。开展审计工作，全年发出合同审计工作底稿79份，发出审计工作底稿17份。

【合作交流】 9月27日，广东中烟技术中心与广西、江西、深圳等烟草工业企业技术中心负责人及科研开发主管在广州召开“携手创新，共谋发展”技术创新合作发展研讨会。10月29日，斯道拉恩索公司销售总监霍笑玲（Annkatrin Forsling）一行3人和香港迪昌公司董事总经理陈金玉到广东中烟进行技术交流。

【人力资源管理】 制度修订。发布《公司本部员工绩效考核实施办法》和《公司本部工资分配实施方案的补充意见》，完善员工工资分配方案。完善“三条跑道”建设，制订《综合计划部和技术中心副主任级专业技术职务人员选拔任用实施方案》。

教育培训。建立教育培训基地，实行学分制管理。开展全员岗位培训，共培训102天，培训学员2664人次。开展两期企业战略高端培训，共76人次参加培训。与中山大学管理学院合作开展处级干部EDP培训。举办3期烟机设备维修培训班，安排公司兼职教师为生产一线的员工授课，共95人参加培训。

职业技能鉴定。建立职业技能鉴定站，在广州卷烟二厂生产一部、生产二部分两个实操考点进行鉴定，共24人通过技师鉴定；开展高、中、初级工技能鉴定，在营销中心、韶关卷烟厂、湛江卷烟厂、珠海醋酸纤维有限公司、深圳烟草工业有限责任公司等鉴定考点组织实施职业技能鉴定，实际参加鉴定人数483人，获证人数342人。

职业技能竞赛。举办“双喜杯”第二届广东中烟工业有限责任公司烟机设备维修职业技能竞赛，共41名选手参赛，5名选手获广东中烟“烟草技术能手”称号，其中2名选手获“全国烟草技术能手”称号。

【企业文化】 制订《广东中烟2010～2014年企业文化建设发展规划》。推进服务品牌建设，形成以“双喜精神”为内核、以“共创喜悦新生活”为价值理念的双喜服务品牌文化体系。修订完善《企业文化管理程序》，编发《双喜服务品牌标志使用规范》、《广东中烟VI视觉识别系统应用手册》，组织实施《中国烟草视觉识别系统》基础应用、规范应用部分相关内容的导入。

重视企业内刊《广东中烟报》宣传平台的建设，邀请报界专业人士参与每期评刊，并建立通讯员队伍。《广东中烟报》被评为2010年“广东省十大最具影响力企业报刊”。

【“十一五”发展概要】 “十一五”期间，广东中烟工业有限责任公司实现了“四个转变”：一是企业改革不断深化，资源配置实现由分散向集中优化、由省内向全国转变。二是技术创新体系不断完善，产品风格实现从单一向丰富多样、特色鲜明转变。三是品牌综合竞争力不断增强，“双喜”实现从区域性品牌向全国性大品牌转变。四是固定资产投入成效显著，生产制造实现从传统生产模式向现代化大生产格局转变。

经过“十一五”期间的改革发展，广东中烟经济运行质量和综合实力明显增强：品牌规模从“十五”末的916亿支（183.2万箱）增加到“十一五”末的1433亿支（286.6万箱），增长56.4%；销售收入从148.3亿元增加到258亿元，增长74.2%；税利从104.2亿元增加到188.54亿元，增长81%；单箱税利增长48.6%，资产增值保值率达到230.5%。“双喜”品牌总规模从“十五”末的338.5亿支（67.7万箱）增加到“十一五”末的1038.5亿支（207.7万箱），增长206.8%；销售收入从56.9亿元增长到248.6亿元，增长337%；税利从41.1亿元增加到180.7亿元，增长339%。

【特事要辑】 2月19日，“双喜（盛世）”在汕头澄海上市。

5月7日，国家局副局长张保振到广东中烟调研，并考察广州生产基地建设现场。

5月30～31日，国家局局长姜成康、副局长何泽华到广东中烟调研，并考察广州生产基地建设现场。

5月31日，广东省委书记汪洋在广州会见国家局局长姜成康。汪洋表示广东省委、省政府将全力支持全国烟草行业“卷烟上水平”的基本方针和战略任务以及发展目标，加大双方的合作力度，共同推进广东烟草行业做大做强，为“双喜”品牌发展成为全国性知名品牌创造有利条件和环境。

7月9日，国家局副局长张辉到广东中烟调研，并考察广州生产基地建设现场。

7月27～30日，国家局副局长张保振调研广东烟草，期间考察了广东中烟本部及湛江卷烟厂。

7月29日，“双喜（传奇）”在广西南宁上市。

8月9日，“双喜（满堂红）”在云南、广西、河南、山西同时上市。

11月13日，广东中烟和深圳烟草工业有限责任公司举行“双喜·好日子”品牌整合签约暨启动仪式，“好日子”正式整合进“双喜”品牌中。这是广东中烟首次实现跨区域品牌整合。

所属企业

广东中烟工业有限责任公司广州卷烟二厂

【概　况】 2004 年 1 月，原广州卷烟二厂、广州卷烟一厂及南海卷烟厂三厂合并重组，新的广州卷烟二厂成立。2005 年，广东卷烟总厂成立，企业更名为广东卷烟总厂广州卷烟二厂。2006 年，广东中烟工业公司与广东卷烟总厂合并成为一个法人实体，企业更名为广东中烟工业公司广州卷烟二厂。2007 年，企业更名为广东中烟工业有限责任公司广州卷烟二厂，下设生产一部、生产二部、南海生产部。企业占地面积 17 万平方米。其中生产一部拥有 2 条制丝生产线、18 组卷包机组、4 组自动装封箱机、6 组 KDF2 以及 1 组 KDF3 滤棒成型机、4 组滤棒发射机；生产二部拥有 20 台（套）PROTOS—GD 卷接包生产线，一条德国 HAUNI 公司生产的 8000 千克/小时制丝生产线，一条英国 BAT 公司生产的 800 千克/小时膨胀烟丝生产线；南海部拥有卷接机组 7 台，包装机组 7 台，成型机组 3 台。年卷烟生产能力 942.5 亿支（188.5 万箱）。共有从业人员 2382 人。

【领导成员】 厂长、党委委员：邵卫国
党委书记：李显万
副厂长、党委委员：周临干
纪委书记、党委委员、工会主席：庄　红
党委委员：张赤兵
党委委员：张金城
党委委员：陈国定
党委委员：刘焕钊

【卷烟生产】 2010 年，企业生产的卷烟品牌有“双喜”、“羊城”、“椰树”，其中，生产一部主要生产“双喜”和“椰树”，生产二部主要生产“双喜”，南海部主要生产“羊城”和“椰树”。

全年生产卷烟 628.6 亿支（125.7 万箱），其中，生产“双喜”527.5 亿支（105.5 万箱）、“羊城” 38.5 亿支（7.7 万箱）、“椰树”62.5 亿支（12.5 万箱）。

全年企业万元产值综合能耗为 7.89 千克标煤/万元，万支卷烟综合能耗为 1.84 千克标煤/万支。平均消耗烟叶 7.34 千克/万支、滤棒 1678 支/万支、盘纸 639 米/万支、水 0.074 吨/万支、电 5.38 千瓦时/万支。

【技术改造】 生产一部购置了电动托盘堆垛叉车，完成源潭库区片烟仓库及配套建设前期项目。实施 7#、8#、10#卷接包机组增加部件和 7#、8#卷接机组部件改造。实施制丝线专项设备改造。实施 4 台包装机组和 2 台卷烟机组的电控系统升级改造，以及 13 台包装机组透明拉线检测装置改造、1 台烟支输送系统 PLC 技术升级改造、滤棒成型机甘油酯喷雾系统改造等。

生产二部全年共完成各种设备维修工程 291 项，基建维修工程 91 项。完成石马库区雨污分流、污水处理系统等专项工程。完成石马库区原有 SHW6 - 13 - AI 燃煤锅炉的更换，新安装的生物质燃料锅炉于 10 月起正式投入使用。

南海部继续对从韩国引进的加碳装置、二元滤棒复合机进行后续改造工作。全面完成 3 台装卸盘、3 台滚筒式卷接包机连接装置的电控升级改造。对软包机铝箔纸吸风输送装置和新旧柴油发电机联络柜等进行改造。

【创建优秀卷烟工厂】 开展创建优秀卷烟工厂活动。生产一部成立创优组织领导机构和四个推进小组，召开 4 次创优推进会，并将创优工作纳入各部门年度绩效考核中。生产二部初步形成以执行力、制造力、竞争力和凝聚力为主的“创建优秀卷烟工厂指标体系”，将 2010 年的创优工作重点确定为“完善制度建设、确保生产及质量稳定、强化过程管理、提高员工素质、维持队伍稳定”，确定了涉及质量、设备、消耗等方面的 24 个创优指标予以重点推进。南海部以对标为抓手，结合目标管理等工作，形成全过程、全方位、全员参与的创优活动格局。

【质量管理】 生产一部对质量管理文件体系进行了修改完善。继续聘请广东省质量协会对 QC 活动进行全面跟踪和指导，全年推荐 4 个 QC 成果参加“南粤之星杯”QC 成果发布会，获得 1 个金奖、2 个银奖和 1 个“全国优秀 QC 小组”称号；推荐 1 个 QC 成果参加国家局发布会，获得二等奖。

生产二部制订《不合格品考核制度》，设计了新的车间工艺标志卡，并完成近 4000 台计量器具的识别和导出工作。有 5 个 QC 小组在广州市 QC 成果发布会上获奖，4 个 QC 小组在“南粤之星”杯 QC 成果发布会上获奖，其中，卷接包车间机电维修班组获“广东

省优秀质量信得过班组”称号，生产二部被评为“广东省质量管理小组活动优秀企业”，膨胀烟丝车间乙班获“全国质量信得过班组”称号，制丝车间机电维修班“双喜喜传天下”QC小组被评为“全国优秀质量管理小组”。

南海部通过了公司组织测量管理体系贯标工作内部审核，初步实现“计量管理上水平，计量人员提素质”的目标。

【设备管理】 启动TnPM体系建设，成立TnPM推进领导机构，全面开展6S、6H活动。生产一部车间建立各班组项目小组架构，制丝车间购买三台震动检测仪配发至制丝组、膨丝组、电工组，在设备上添加可视化标志监测点，实现检测数据基建设备科、车间技术员共享。生产二部开展了润滑技术和润滑管理、轮保周期优化和6S、6H活动等培训。

【节能降耗】 生产一部部分能耗指标大幅度降低，其中，万元产值能耗8.78千克，同比下降1.96千克；单箱卷烟综合能耗9.97千克，同比下降1.08千克。生产二部将能耗与部门绩效结合起来，加大对能耗的考核力度，并调整节能领导小组及工作小组人员。南海部建立节能工作例会制度，成立专业攻关小组，重点降低“椰树（软）”烟叶消耗，全年单位产品全部综合耗能为1.76千克/万支，超额完成2.25千克/万支的“十一五”节能规划目标。

【安全管理】 生产一部在卷包车间、成品仓等重点部位增加20余个视频监控，并加装防盗网；在全厂范围内组织一次设备完好状态的工作检查，加强消防设施巡检，严格控制生产场所、库区火源、吸烟点管理和动火作业手续的审批。生产二部开展以“严监管、除隐患、防事故、保安全”为主题的安全文化建设，推动安全生产由粗放型管理向精细化管理转变。南海部开展春季用电安全、设备安全隐患、秋冬季节防火等专项检查，并通过组织安全培训、开展专题活动等形式，营造“人人想安全、个个抓安全、事事保安全”的氛围。

【人力资源管理】 生产一部采取外送培训、内部集中培训和车间培训三个不同层次的培训，鼓励员工一岗多能。全年有317人次外送参加专业技术类培训；有133名特种作业人员参加考证、审证培训，进行转岗（复岗）培训63人次。开展专业技术评聘工作，聘任高级专业技术职务1人，中级专业技术职务3人，初级专业技术职务12人，高级技师3人，技师13人。全年组织员工参加培训1586人次。

生产二部开展首席技师和首席挡车工的竞聘工作。举办第二届烟机设备操作职业技能竞赛、烟机维修技能交流观摩会、仓储人员技能竞赛、驾驶员职业技能竞赛、烟机设备修理电工技能竞赛等活动。

南海部完成培训项目197项，参加培训的员工达2264人次；23人通过技能鉴定考核，其中10人取得技师级资格。举办烟机设备维修技能竞赛，并选拔出5位选手参加“双喜杯”职业技能竞赛，取得SQ35机型、PROTOS70机型两个项目第一名的成绩。对3个中层副职岗位开展选拔任用工作，对新取得职称和技能等级的16名专业技术人员和22名技能人员以及南海部首位高级工程师进行聘任。

广东中烟工业有限责任公司韶关卷烟厂

【概　况】 广东中烟工业有限责任公司韶关卷烟厂前身是成立于1950年6月1日的民生卷烟厂，1964年更名为韶关卷烟厂，2006年取消企业法人资格，更名为广东卷烟总厂韶关卷烟厂，2006年更名为广东中烟工业公司韶关卷烟厂，2007年更名为广东中烟工业有限责任公司韶关卷烟厂。企业占地面积15万平方米，拥有4800千克/小时的制丝线1条，额定生产能力570千克/小时的二氧化碳膨胀烟丝生产线1条，卷接包机组13套，年卷烟生产能力263亿支（52.6万箱）。共有从业人员761人。

【领导成员】 厂长、党委委员：张卓研

党委书记、工会主席：赖建文（—2010.11）

副厂长、党委副书记、纪委书记：陈绮婷

副厂长、党委委员：何维贵

副厂长、党委委员：谢乐机

【卷烟生产】 2010年，企业生产的卷烟品牌有“双喜”、“红玫”和“红玫王”。全年生产卷烟194.25亿支（38.85万箱），其中，生产“双喜”141.45亿支（28.29万箱）、“红玫”26.6亿支（5.31万箱）、“红玫王”26.2亿支（5.24万箱）。

全年企业万支卷烟综合能耗为1.80千克标煤/万支，平均消耗烟叶7.23千克/万支、滤棒1675支/万支、盘纸632米/万支、水0.06吨/万支、电5.02千瓦时/万支，

【技术改造】 完成上廉冲库区烟叶醇化库主体工程及配套设施建设。完成卷烟厂四楼车间改造和成型机

搬迁，为卷接包车间增添生产设备和扩大产能腾出空间。完成制丝车间二氧化碳膨化烟丝生产线热端改造、贮丝柜平衡生产出料改造等项目。完成ZL22A及ZL26滤棒成型机甘油酯喷雾系统改造、卷接包车间在线产品质量自动检测装置及成型机电控改造等项目。从广州卷烟二厂生产二部调拨1套国产PROTOS70/GDX1卷接包机组，并新购1套YP11全自动装封箱机组。

【企业管理】 基础管理。开展创建“优秀卷烟工厂”活动和对标活动，通过突出“防差错”质量管理、改进绩效考核、调整劳动定额和作业时间、完善经济业务规范等，基础管理取得明显成效。

节能降耗。烟叶、盘纸、滤棒等消耗指标进一步降低，其中烟叶消耗7.23千克/万支和盘纸消耗632米/万支，是全公司最好水平，全年节约烟叶254吨。

质量管理。在全厂范围内实施全员全过程防差错质量管理活动，落实对制丝车间13个、卷接包车间8个共21个重点环节的防差错控制措施，全年卷烟成品放行抽检842批次，抽检合格率为100%。

【人力资源管理】 配合公司做好“双喜杯”职业技能竞赛相关工作，并在竞赛中实现“技术能手”零的突破。拓宽培训渠道，依托行业内外培训资源落实年度各项培训计划，全年完成管理业务类培训80项、培训1589人次，并组织148人参加技能培训和鉴定。

广东中烟工业有限责任公司梅州卷烟厂

【概　况】 广东中烟工业有限责任公司梅州卷烟厂前身是成立于1939年的海源卷烟厂、复兴卷烟厂，1953年海源卷烟厂和复兴卷烟厂联合后更名为海源复兴联营卷烟厂，1956年与梅县烟丝联合制造厂合并后更名为梅县卷烟厂，1979年更名为梅州市卷烟厂，1987年更名为广东梅州卷烟厂，2005年取消企业法人资格并更名为广东卷烟总厂梅州卷烟厂，2007年更名为广东中烟工业有限责任公司梅州卷烟厂。企业占地面积15万平方米，拥有1条5000千克/小时的制丝生产线，12台（套）卷接机组，12台（套）包装机组，年卷烟生产能力200亿支（40万箱）。共有在册员工1104人，其中在岗员工786人。

2010年，梅州卷烟厂被广东省企业联合会评为“广东省创建学习型企业优秀单位”。

【领导成员】 厂长、党委书记：刁东田

党委副书记、纪委书记、工会主席：吴宗雄

副厂长、党委委员：饶智华

副厂长、党委委员：李伟才

副厂长、党委委员：刘依军

【卷烟生产】 2010年，企业生产的卷烟品牌有“双喜”和“五叶神”。全年生产卷烟163.88亿支（32.78万箱），其中生产“五叶神”127.07亿支（25.41万箱）、“双喜”36.81亿支（7.36万箱）［含“双喜（五叶神）”26.14亿支（5.23万箱）］。

全年企业万支卷烟综合能耗为1.60千克标煤/万支，平均消耗烟叶7.34千克/万支、滤棒1675支/万支、盘纸639米/万支。

【技术改造】 实施了制丝车间松散回潮工艺设备配套改造，电子称升级改造，卷接包车间2#机组电控一体化改造，风送烟丝系统工程改造，滤棒发射升级改造，动力车间锅炉电控系统、炉体保温、风机隔噪声改造等一系列技改项目。新配置1组ZJ112－ZB45A卷包设备。

【企业管理】 体系建设。做好职业健康安全管理体系认证审核工作，全面实现安全管理目标“七个为零”。推进质量管理体系建设，完成78个作业指导书的编写发布工作，“双喜（五叶神）”实现转版生产。测量管理体系通过广东中烟计量管理体系内部审核。

质量管理。全年产品统检、抽检合格率、卷烟焦油量抽检合格率均为100%。开展群众性的技术、管理创新活动，14个QC小组均取得成果，分获国家局QC成果发布三等奖、梅州市发布第一名等荣誉，所在QC小组分别获得“广东省优秀质量管理小组”和“全国优秀QC小组”等称号，企业获得“广东省质量管理小组活动优秀企业”称号。

【人力资源管理】 3～10月，调整卷接包车间生产组织架构，生产组织方式由三班二运作调整为二班二运作，车间组织结构由四级组织管理体系调整为三级组织管理体系，岗位设置由29个调整为23个。

重视员工培训，全年组织各类培训146期，共3970学时，培训员工3488人次。6～7月，开展第二届职业技能劳动竞赛，383名车间一线员工参加了31个工种的竞赛。重视高技能人才培养，1名管理人员获得高级会计师职称，2人获得高级技师称号，实现高级技术、技能人才零的突破。

广东中烟工业有限责任公司湛江卷烟厂

【概　况】 广东中烟工业有限责任公司湛江卷烟厂

始建于1978年8月，2005年改制更名为广东卷烟总厂湛江卷烟厂，2006年更名为广东中烟工业公司湛江卷烟厂，2007年更名为广东中烟工业有限责任公司湛江卷烟厂。企业占地面积9.25万平方米，拥有1条4800千克/小时的制丝生产线、1条1500千克/小时的白肋烟生产线，11台（套）卷接机组，11台（套）包装机组，年卷烟生产能力200亿支（40万箱）。共有从业人员853人，其中在岗员工639人。

【领导成员】 厂长、党委书记：符 敏

副厂长、党委委员：庞耀林

副厂长、党委委员：王忠刚

副厂长、党委委员：陈克成

纪委书记、党委委员：刘广英

党委委员、工会主席：林卫中

【卷烟生产】 2010年，企业生产的卷烟品牌有“双喜”、“椰树”、“红玫”、“羊城”和“大丰收”。全年生产卷烟135亿支（27万箱），其中，生产“双喜”30.12亿支（6.02万箱）、“椰树”49.65亿支（9.93万箱）、“红玫”47.43亿支（9.49万箱）、“羊城”2.81亿支（0.56万箱）、“大丰收”4.99亿支（1万箱）。

全年企业万支卷烟综合能耗为1.75千克标煤/万支，平均消耗烟叶7.24千克/万支、滤棒1675支/万支、盘纸641米/万支、水0.06吨/万支、电5.25千瓦时/万支。

【技术改造】 完成白肋烟线改造、卷接包除尘改造、制冷机改造、香料厨房改造及除异味工程等14个技术改造项目。白肋烟线改造项目的成功实施，使“羊城”品牌在该厂顺利投产，为下一步生产中高档混合型卷烟奠定基础。

【企业管理】 对企业管理工作进行总结提炼，确立“人人有事做、事事有人管、管理有标准、标准有考核、考核有反馈，反馈有改进”的闭环管理模式。推行TnPM设备管理，开展设备定置管理、可视化管理、六源识别与整改、OPL单点课、OPS合理化建议等活动。实施“质量双轨制”，强化现场质量过程控制，提高产品同质化和生产均质化的水平。

【人力资源管理】 加强制度建设，制订实施《考勤管理实施办法》、《工资支付实施办法》和《关于部分工作岗位实行不定时工作制和综合计算工时工作制的实施办法》。拓宽选人用人渠道，以竞争上岗的方式选拔部分车间班组长。

创新职工教育培训模式，组织了包含7个技能项目、共有163人次参加的全厂性技术比武活动；制作车间关键岗位规范操作教学光碟，实现培训与实际工作紧密配合。全年共3150人次参加培训。

（郑泽敏）

广西中烟工业有限责任公司

【概　况】 广西中烟工业有限责任公司，最初为2003年广西烟草工商分设后成立的广西中烟工业公司，2008年9月，广西中烟工业公司完成公司制改造，更名为广西中烟工业有限责任公司，下设南宁卷烟分厂、柳州卷烟分厂2家卷烟生产企业、广西真龙纸品包装有限责任公司、广西真龙国际大酒店有限责任公司2家全资子公司及广西真龙彩印包装有限公司、广西甲天下水松纸有限公司2家控股子公司。公司拥有总资产98亿元，其中，固定资产23.14亿元、流动资产58.04亿元，资产负债率为17.24%。共有从业人员3289人，其中在岗员工2760人。

2010年，公司被国家标准化管理委员会评为“4A级标准良好行为企业”；被国家工商总局评为“国家商标战略实施示范企业”；被自治区总工会授予“广西五一劳动奖状”、“百佳模范职工之家”称号；被自治区国资委评为“全区国有企业深入开展创先争优和党组织建设示范单位”。

【领导机构】 董事会

董事长：徐　瑾（—2010.6）

卢瑞刚（2010.6—）

董　事：李晓兵　舒　明　张雨夏　刘湘源　覃　荣　陈　峰　李世胜　廖中浩

监　事：王　全

班子成员

副总经理、党组成员：张雨夏（主持党组、公司全面工作）

纪检组长、党组成员：王　全

副总经理、党组成员：刘湘源

副总经理、党组成员：覃　荣

副总经理、党组成员：袁汉辉

总会计师：陈仲良

【机构设置】 公司设有董事会办公室（2010年4月成立）、办公室（外事办）、人力资源部、政治思想工作部（工会）、纪检监察部、企业管理部、财务管理部、审计部、生产管理部、市场营销部、原料供应部、物资供应部、技术中心、品质保障部、信息中心、安全保卫部、法律事务与企业改革部、后勤服务中心、南宁制造部、柳州制造部①等20个部室、中心。

【卷烟生产经营】 2010年，公司生产卷烟716.5亿支（143.3万箱），同比增长4.41%，其中合作生产卷烟296亿支（59.2万箱），同比增长6.64%。生产一类烟5.92亿支（1.18万箱），同比增长58.04%；二类烟26.21亿支（5.24万箱），同比增长30.66%；三类烟288.79亿支（57.76万箱），同比增长51.80%；四类烟245.53亿支（49.11万箱），同比下降20.87%；五类烟150.05亿支（30.01万箱），同比下降7.32%。

全年销售卷烟721.26亿支（144.25万箱），同比增长5.03%。实现销售收入118.26亿元，同比增长12.97%。实现税利81.7亿元，同比增长16.38%，其中利润12.69亿元，同比下降6.81%。公司三项费用率为8.53%。

全年万元产值综合能耗为21.19千克标煤/万元，万支卷烟综合能耗为3.64千克标煤/万支。烟叶、滤棒、盘纸平均消耗分别为7.25千克/万支、1861支/万支、627米/万支。水、电平均消耗分别为0.11吨/万支、7.46千瓦时/万支。

【主要产品】 公司主要生产“真龙”、“甲天下”2个品牌共20个规格卷烟产品，其中，“真龙”系列卷烟主要面向中、高档卷烟市场，“甲天下”系列卷烟主要面向低档卷烟市场。全年生产“真龙”120.79亿支（24.16万箱），同比增长17.75%；销售“真龙”121.54亿支（24.31万箱），同比增长16.97%，其中，自治区内销售70.92亿支（14.18万箱）、自治区外销售50.1亿支（10.02万箱）。生产“甲天下”299.71亿支（59.94万箱）；销售“甲天下”302.08亿支（60.42万箱），其中，自治区内销售257.06亿支（51.41万箱）、自治区外销售45.03亿支（9.01万箱）。

【品牌营销】 品牌培育。根据目标市场需求的特点，选择有价值的目标市场，对新产品目标市场决策进行定位，制订系统性的两级新品市场验证机制。从产品研发开始，以市场为导向对产品研发进行决策定位，反复开展“真龙（天翔）”、“真龙（珍品）”、“真龙（祥云）”、“真龙（佳韵）”、“真龙（灵韵）”、“真龙（禅韵）”等新产品的对比品吸及市场调查，对投产前的产品市场适应度、投放后的新产品质量水平和风格特征是否符合市场预期进行分析验证。挖掘品牌内涵，实现“天高几许问真龙”向“真龙游天，气聚人和”的升级转换。

精准营销。2010年，公司推行品类分众营销模式，实现营销方式从粗放型向精准型转变。在细分价格区间市场及消费者群体的基础上，编制“12224”品类分众营销工作指导书，通过开展品类市场调研分析，建立和完善品类分析数据库，以针对不同类别消费者需求制定差异化营销策略，实施精准投放和精细管理，全年全自治区共完成品类客户有效开发1.2万人。市公司与全国重点省级、地市级市场联合制定“一省一策、一市一策、一事一策”分类营销方法，提出营销指导建议，在实际执行中配合解决各种问题与困难，并将好的经验和营销模式在省级、地市级市场之间推广。

【原料保障】 实行原料一体化管理，充分发挥原料业务一体化、专业化管理优势，克服产区自然灾害频发的不利影响。继续完善基地烟叶质量数据库，以生产方式现代化、烟叶品质特色化为目标，围绕“真龙”品牌特色风格需要，综合评价基地烟叶的内、外在质量，对基地的生产技术方案进行修订、完善和优化，形成基地烟叶个性化生产技术方案。建立工商协调机制，推进烟叶基地建设，提升基地烟叶适用性。

2010年，国家局确定广西贺州市富川县为特色烟叶开发基地单元。推广“产、学、研、企”四位一体的项目联合攻关模式，投入基地科研经费1820万元，与云南、贵州、重庆、湖南、湖北等省和广西壮族自治区的烟叶产区以及科研院所开展“密集式烤房对红大品种烘烤提香工艺技术研究”、“丘北基地烟叶标准化生产与特色烟叶开发”等12个科研合作项目。全年共采购烟叶3.83万吨（76.65万担），其中基地烟叶3.18万吨（63.59万担），原料基地化供应率达82.96%。

【技术创新】 产品创新。2010年，公司新研发

① 南宁制造部、柳州制造部对外分别称广西中烟工业有限责任公司南宁卷烟分厂、柳州卷烟分厂。

“真龙（灵韵）”、“真龙（禅韵）”、“真龙（巴马印象）”、“真龙（馨云）”等4个新产品，对“真龙（珍品）”、“真龙（天翔）”、“真龙（娇子）”3个规格进行改造。“真龙（珍品）”、“真龙（天翔）”改造所用香精香料通过向全球知名香精香料公司招标确定，“真龙（珍品）”改造采用了特色天然植物提取液龙莲香1号和具有微胶囊香味缓释功能的ZLKJ－02技术。

工艺创新。与南通烟滤嘴试验工厂、韩国泰荣工业公司合作研发出双沟槽滤棒、颗粒沟槽滤棒、活性碳复合滤棒、DNA复合滤棒，并在“真龙（灵韵）”、“真龙（佳韵）”、“真龙（馨云）”的产品开发和改造中应用；研究实现埋线滤棒的自主生产，并应用在“真龙（珍品）”改造中。

基础研究。全年共投入科研经费7600余万元用于卷烟原料、卷烟调香、卷烟工艺和产品安全等多个重点技术领域研究工作，涉及“生物技术改善上部烟叶品质的研究”等56项基础和应用项目研究。完成“真龙特色卷烟产品的研究与开发”等40项科研项目研究。

知识产权保护。及时做好各种商标的维护和注册工作，对技术创新和研究过程中产生的科研成果申请专利保护，截至年底，“真龙”、“甲天下”商标系列注册量已达到100项。完成“真龙”商标在中国台湾、香港、澳门及马来西亚、新加坡等国家和地区的注册，以及“甲天下”商标在中国台湾、香港、澳门的注册。

专利成果。2010年，公司完成“一种小盒包装机折弧辊轴”、“一种透明纸卷烟包装机U型切刀对压辊的改进装置”等2个专利的申报，并获得受理；获得“一种增香保润的天然烟用添加剂”等5项授权专利。截至年底，公司共拥有55项国家专利授权，其中发明专利12项、实用新型专利43项。

【多元化经营】 按照国家局“先瘦身，后强身”的行业多元化投资战略，公司对现有多元化企业实施整合，2010年10月内完成广西甲天下纸品包装有限责任公司吸收合并广西甲天下化纤有限责任公司的工作，同时公司名称变更为广西真龙纸品包装有限责任公司。制订《多元化企业国有资产经营管理考核办法》，进一步加强对多元化企业国有资产的监管，规范企业内部管理，增强多元化企业综合竞争实力。以实施新会计准则为契机，指导多元化企业进行年度预算编制，对多元化企业引入“自上而下、自下而上、上下结合、分级编制、逐级汇总、职能评审”的预算编制理念，提高多元化企业预算管理的科学化、精细化。

截至2010年年底，公司共有4家多元化控股企业，其中，3家为卷烟辅料生产企业，分别是：广西真龙彩印包装有限公司、广西真龙纸品包装有限责任公司、广西甲天下水松纸有限公司；1家酒店，为北海真龙国际大酒店。2010年，多元化企业实现销售收入7.92亿元，实现税利2.20亿元，其中利润1.75亿元。

【企业管理】 审计监督管理。创新审计方式，应用内控测评、分析性复核、效益分析与评价等审计方法，通过专项审计与常规审计相结合的工作模式，履行财务收支审计、工程建设项目审计、合同审计、价格管理、招投标管理等审计监督职能。全年共完成各类审计事项1500余项（次），涉及金额40.44亿元，为公司节约开支9368万元。

设备管理。每月在两个分厂进行交叉互检、节能专项检查、特种设备专项检查、外围设备检查，针对检查发现的主要问题，每月以通报形式提出整改建议。推行精细化和信息化管理，全年制丝设备故障率为1.02%，同比下降0.12%；卷包设备有效作业率为90.06%，同比提高0.19%；动力保障率为99.9%；设备完好率保持100%。

安全生产。按照行业安全生产“三化建设”的要求，修订34项安全生产管理标准，并搭建公司安全管理信息系统平台。开展环境、职业健康安全管理体系的运行和持续改进工作，辨识评价了339项环境因素、725项危险源，每项均制订有控制措施，5月，该体系通过第三方的年度评审。加强安全知识普及力度，全年分2期培训安全管理干部和兼职安全员200余人。开展地震应急演练，公司20个部室共600余人参加了演练。

基础管理。完成公司“十二五”发展规划和“五做”实施方案的编制工作。制定公司年度贯标工作实施方案，明确“四标一体”的指导思想、总体要求。开展标杆管理，以对标为抓手，有序推进“优秀卷烟工厂”创建工作。实行量化管理，引入考核机制，全面提升公司的创新水平。

【技术改造】 公司采用扩建和适应性调整相结合的方式，提升公司卷烟生产能力、烟叶仓储能力和科研创新能力，打造技改精品阳光工程。全年实施固定资产投资项目137项，完成投资6.01亿元。重点工程项目包括广西中烟南宁卷烟分厂技术改造项目（原项目名称为：南宁卷烟分厂“十一五”期完善提高项目），全年完成了征地拆迁、场地平整、土建工程招标、工程报建等工作；柳州卷烟分厂干冰膨胀烟丝生产线项目，全年完成了土建主体施工、烟草专用设备安装等工作；武鸣红岭烟叶醇化库B区项目于5月交付使用，各专业组对该项目进行了验收、结算；公司研发楼内部装修项目于5月交付使用，截至年底，完成消防检测复检、各专业的竣工资料整理等工作。

【信息化建设】 公司引入知识管理理念，综合归类形成《广西中烟知识分类表》，并于11月正式颁布《广西中烟知识分类与编码》。梳理完善协同系统知识库，构建起知识沉淀、共享、创新、学习与应用的知识管理雏形和“小车模型”结构的知识流管理体系。

广西中烟南宁卷烟分厂技术改造项目中的制丝、卷包、动力及干冰线等车间的综合布线、大屏显示、安防监控、会议系统及网络设备采购等多个子项目进入方案设计及图纸优化阶段；研发大楼综合办公自动化系统、综合布线工程等项目于年底完成，并通过项目验收；继续开发客户关系管理系统（CRM），增设绩效管理、人力资源、信息管理、采购管理、真龙高端俱乐部等7个模块，截至年底，全面完成CRM的二期建设并通过验收；基本实现与桂林、柳州2家市公司数据交换平台的对接，加强了工商企业在品牌培育、货源预测、货源组织上的协同能力和工商协同营销的整体水平。

【人力资源管理】 *用工分配制度改革*。深化用工分配制度改革，制订《岗位说明书管理办法》，完善公司岗位说明书体系。正式实施员工绩效考核制度，将考核结果与岗位绩效工资挂钩，进一步发挥工资分配杠杆作用。制订《两卷烟分厂定员指导性意见》，对两卷烟分厂重新设岗、从紧定编，规范劳务派遣，实现减员增效。制订《两卷烟分厂工资调整指导性意见》、《两卷烟分厂工程师聘任指导性意见》和《两卷烟分厂技师聘用指导性意见》，薪酬分配和技术技能人才聘任向车间和机台一线倾斜。实施专业技术职务聘任制，通过竞争择优选拔，聘任各系列中、高级专业技术人员29人。

干部管理。印发《关于进一步从严管理干部全面加强新形势下干部队伍建设的实施意见》，开展处级干部民主测评、下属单位领导班子及其成员年度考核、分厂领导班子后备干部推荐和下属单位巡视检查工作。

教育培训和技能鉴定。全年共组织员工教育培训324期共8558人次，其中，内部培训88期7693人次，送外培训236期865人次。组织行业4个批次共700人参加职业技能鉴定，其中，406人获得职业资格证书。截至年底，公司共有技师135人，高级技师2人，高级技师实现“零”的突破。

【党风廉政建设】 *廉政教育*。组织员工参观广西检察机关预防职务犯罪展览，开创协同办公系统廉政视频课程，全年共播放警示教育片8片次，内部报刊登载反腐倡廉教育文章30篇，出版廉政板报共18期。

廉政制度建设。制订《管理人员廉洁从业若干规定》、《领导干部问责实施办法》、《贯彻落实〈廉政准则〉的意见》、《切实加强领导干部选拔任用工作责任追究和事项报告工作的通知》、《工程建设资金共管账户管理办法》等制度。发挥基层纪检监察部门监督职能作用，在公司纪检监察部和两卷烟分厂纪委各增配1名专职纪检监察员，各党委、党支部增设了纪检委员22名，3个下属控股公司配备了兼职监察员8名。对公司下属广西真龙纸品包装有限责任公司、广西真龙彩印包装有限公司、广西真龙国际大酒店有限责任公司等3个控股单位开展巡视检查，对涉及制度建设、民主管理、档案管理、员工培训等12个不足方面问题提出整改意见。

重大工程项目监管。首次借助检察机关行贿犯罪记录查询系统，严格规范投标单位资格预审关。坚持工程建设规范和施工进度控制并重，创新性导入“基建工程资金监管系统”，利用信息化手段对共管账户进行多方位全过程监控。

【“十一五”发展概要】 *经济效益*。“十一五”期末，公司年实现税利81.7亿元，比2005年增长183.88%；卷烟销售收入118.26亿元，比2005年增长115.18%；净资产达到83.5亿元，比2005年增长240.54%；资产负债率为17.24%，比2005年下降66.4%。连续五年入选“全国制造企业500强”、“全国纳税企业百强”，始终保持广西第一大纳税大户地位。

品牌培育。“十一五”期间，公司积极实施“做精做强‘真龙’”的品牌发展战略，加快推进“真龙”品牌在全国市场的布局。2010年，“真龙”品牌销售121.54亿支（24.31万箱），比2005年增加98亿支（19.6万箱），同比增长426%。“真龙”品牌于2006年进入行业百牌号名录，2007年入选“中国驰名商标”，2008年又跻身全国性卷烟重点骨干品牌前20位。

技术创新。公司不断加大技改投入，累计完成固定资产投资24.96亿元。构建起以技术中心为核心的技术创新工作机制和组织体系，组建博士后工作站，并获得行业级技术中心、国家级实验室的认定。先后承担国家局重大科技攻关项目3项，“以甘蔗渣为基质的烤烟漂浮育苗综合技术应用研究”获2006年度国家局科学技术进步三等奖，“提高广西基地烟叶可用性

的研究”和“以甘蔗渣为基质的烤烟漂浮育苗综合技术应用研究”、“具有自主知识产权的烟草薄片创新型技术研究”分别获得2006、2007年度广西科技进步三等奖，“‘真龙（娇子）’卷烟的研制开发”获得2007年广西新产品成果奖。拥有授权专利33项，其中发明专利8项。2006～2008年连续三年入选“中国企业信息化500强企业”，2008年获得“中国企业信息化标杆企业”称号。

基础管理。公司积极引进并深入推进6S、TPM、6σ等现代化管理理念，率先在行业内通过质量、环境、职业健康安全、测量管理体系“四标一体”的认证。先后承担全国烟草行业6S现场管理、QC活动、知识分类编码等3个行业标准的制定。获得“全国实施卓越绩效模式先进企业特别奖”，成为广西壮族自治区第一家获得国家4A级标准化良好行为企业认定的企业。

【特事要辑】 1月31日～2月1日，国家局局长姜成康、副局长李克明一行到广西中烟考察调研。

2月1日，广西烟草工商提前实现“百亿税利”目标庆典仪式在南宁举行，标志广西首家年税利突破100亿元的行业产生。

9月20日，国家局副局长何泽华一行到广西中烟检查指导工作。

9月27日，广西中烟南宁卷烟分厂技术改造工程项目举行开工仪式。

所属企业

广西中烟工业有限责任公司南宁卷烟分厂

【概　况】 广西中烟工业有限责任公司南宁卷烟分厂前身为成立于1978年的广西壮族自治区南宁卷烟厂。2008年，广西中烟工业公司改制更名为广西中烟工业有限责任公司，企业更名为广西中烟工业有限责任公司南宁卷烟分厂。企业占地面积13.71万平方米（2010年新征用地4.41万平方米），拥有4500千克/小时、1000千克/小时的叶丝生产线各1条，1500千克/小时的梗丝生产线1条，卷接机组21台（套），包装机组20台（套），滤棒成型机6组，堆垛机10台，自动巡航小车6组，机械手2组，年卷烟生产能力425亿支（85万箱）。共有在岗员工897人，其中从业人员159人。

【领导成员】 厂长、党委书记：戴　翔

副厂长：李江宁（2010.6—）

纪委书记、工会主席：覃汉良

副厂长：陆万林（—2010.4）

副厂长：罗仕成

副厂长：李　奋（2010.2—）

副调研员：黄庆群（2010.4—）

【卷烟生产】 2010年，企业生产卷烟363.1亿支（72.62万箱），同比增长4.87%，其中，一类烟5.92亿支（1.18万箱），同比增长57.87%；二类烟1.18亿支（0.24万箱），同比增长3774.1%；三类烟50.27亿支（10.05万箱），同比增长29.02%；四类烟192.43亿支（38.49万箱），同比增长3.52%；五类烟113.3亿支（22.66万箱），同比下降3.66%。

企业万元产值综合能耗为22.5千克标煤/万元，万支卷烟综合能耗为3.4千克标煤/万支。烟叶、滤棒、盘纸平均消耗分别为7.15千克/万支、1924支/万支、618米/万支。水、电平均消耗分别为0.11吨/万支、7.16千瓦时/万支。

【企业管理】 工艺质量管理。加强生产过程监控，全年开展基础工艺改进实验及质量标准研究12项。初步建立生产过程管理基础信息数据库和工艺异常问题处置经验库，实现在线控制与工艺分析的协同作业。制订《生产现场工艺管理规定》等4类8项制度，实现与公司27个在用的工艺质量管理标准文件有效对接与整合。主动与行业先进企业在工艺质量、工艺参数等方面全面对接，完成《关于落实浙江中烟对制造一部工艺写实需改进若干问题的报告》及相关工作。全年一、二级站市场监督抽检合格率为100%，三级站常规抽检合格率为100%。

QC小组活动。企业全年共取得8项优秀QC成果，其中“快速改变PROTOS70卷接机组双倍长滤嘴规格装置的研制”、“S QC36型切梗机电控柜降温装置的研制”获全国QC小组成果发表赛一等奖。

设备管理。引入“预防性维修”理念，加强备件领用计划的准确性，追求备件的“零库存”。将TPM与设备维保深度结合，加快“设备维护保障体系、设备监控保障体系、设备准入体系”三大体系建设。围绕卷包设备有效作业率及产能贡献率指标进行设备能力写实，形成《影响制造一部生产设备产能因素分析》报告，查找困扰企业设备效率指标逐年下滑的问题。在2010年第八届全国TnPM大会上，企业获得“卓越推进者奖”、“现场改善案例奖”和“文宣创意奖”。

安全管理。修改和完善安全管理组织机构和安全管理制度，加大安全检查考核力度，全年安全隐患整改率为100%。2010年，企业无火灾、设备、环保、交通和治安等重大安全事故发生，有毒有害废弃物得到100%回收处理。加强应急队伍建设，坚持每季度至少开展一次应急演练，全年共开展应急演练10次。加强安全教育培训，每月组织开展一次安全主题教育活动，全年共发放各种安全宣传资料2700余册，新职工及转岗职工三级安全培训率达100%。

民主管理。继续推行南宁卷烟分厂厂领导与基层员工“恳谈会”制度，落实厂务公开工作，职工民主管理工作深入开展。职工代表们在恳谈会上，从生产管理、设备技改、产品质量、绩效管理、学习培训及生活福利等方面与分厂领导进行面对面交流，提出意见和建议73条。

【人力资源管理】 引入“时代光华”网络学习项目，开展科级干部上讲台等活动。组织各工种的技术比武、技能比赛，构建岗位能力素质模型。截至年底，企业拥有高级技师2人，公司级技术能手2人，技师39人，技师比例占修理工的37%。高级工岗位人员持证达标率为56%，中级工岗位人员持证达标率为70%。

【创先争优活动】 制订《南宁卷烟分厂党委关于在各党支部和党员中深入开展创先争优活动的实施方案》，围绕“争创五个好，筑坚强堡垒；争当五带头，树先锋形象”主题，推进分厂党委基层党组织建设。在活动中实施量化积分管理，创新性地把量化考核体系纳入党支部“五个好”、党员“五带头”目标管理，分别将党支部、党员责任及义务具体化，行为准则明晰化。

【创建“优秀卷烟工厂”】 成立创优工作领导小组，下设创优工作办公室和6个创优专业组，统筹创优工作，建立分厂创优指标体系、保障体系、考核体系，制订各阶段重点。实行月度分析会、季度总结会和年度工作会制度。截至年底，在创优的10个定量指标中，企业共有8个指标达标，其中单箱卷烟综合能耗指标由2009年的17.75千克标准煤下降到16.95千克标准煤；烟叶单箱消耗由2009年的36.15千克下降到35.72千克。

广西中烟工业有限责任公司柳州卷烟分厂

【概　况】 广西中烟工业有限责任公司柳州卷烟分厂前身为成立于1955年的广西壮族自治区柳州卷烟厂。2008年9月，广西中烟工业公司改制更名为广西中烟工业有限责任公司，企业更名为广西中烟工业有限责任公司柳州卷烟分厂。企业占地面积约22万平方米，拥有6400千克/小时、4800千克/小时的叶丝生产线各1条，2000千克/小时的梗丝生产线1条，高速卷包机组20台（套），滤棒成型机6组，成品库、辅料库、配方库堆垛机10台，年卷烟生产能力375亿支（75万箱）。共有从业人员980人，其中在岗员工889人。

2010年，企业被全国绿化委员会授予“全国绿化模范单位”称号。

【领导成员】 厂长、党委书记：郭志宏

副厂长：文胜辉

党委副书记、纪委书记、工会主席：秦小华（2010.4—）

副厂长：陆万林（2010.4—）

副厂长：钟军宁（2010.4—）

副调研员：张立明（2010.2—）

副厂长：黄庆群（—2010.4）

党委副书记、纪委书记、工会主席：谢　平（—2010.4）

【卷烟生产】 2010年，企业生产卷烟353.32亿支（70.66万箱），同比增长3.94%，其中，生产二类烟25.03亿支（5.01万箱），同比增长24.95%；三类烟238.51亿支（47.07万箱），同比增长57.65%；四类烟53.10亿支（10.62万箱），同比下降57.31%；五类烟36.75亿支（7.35万箱），同比下降17.03%。

全年合作生产卷烟296亿支（59.2万箱），同比增长37.62%，其中，生产“双喜”系列231亿支（46.2万箱），“大红鹰”系列25.02亿支（5万箱），“雄狮”系列32.46亿支（6.49万箱），“利群”系列7.52亿支（1.5万箱）。

企业万元产值综合能耗为16.71千克标煤/万元，万支卷烟综合能耗为3.59千克标煤/万支。烟叶、滤棒、盘纸平均消耗分别为7.34千克/万支、1796支/万支、635米/万支。水、电平均消耗分别为0.03吨/万支、5.79千瓦时/万支。

【企业管理】 质量管理。完成企业职能调整后质量监控的优化，初步建立起覆盖质量管理工作各个环节的运行体系。全年实施并完成4大项20小项攻关课题，干燥出口梗丝上下层之间的含水率最大极差由2009年的6.31%降至2.0%以下。产品市场投诉率降为0.065×10^{-6}，卷包质量百万机会缺陷次数降为44×10^{-6}，低于目标值的小于80×10^{-6}。累计开展工艺培训14期，培训人员近200人次。全年一、二、三级站抽检合格率均为100%。

对标工作。外部对标方面：对标行业各先进单位，通过机台试验，制定适合企业实际的自检、首检方法；推行“以试代训”，支持员工参加从业资格考试，技能考试通过率从年初26%提升至年底87%；将员工能力成长纳入长期系统培训的模式，成立“工艺质量水平提升”专业组和“设备技能、操作水平提升”专业组，建立岗位技能评价模型。

内部对标方面：班组层面以相互对标为重点，个人层面以对标各类先进为重点。开展“职工最满意科室”的评选、“星组对标班组”的竞赛活动、以“岗位素养提升”为主题的岗位创标主题活动等。提炼管理、维修、操作工等岗位最佳操作方式、行为特点以图文的形式，制作145项“岗位素养基准”。

创优工作。围绕10项创优指标，细分为“6维30力”共190个指标，采用“条块结合、五级展开”的方式开展全面对标工作。全年共收集合理化建议、TPM改善提案100余项，小改小革、QC成果20余项，其中“研发YJ127接装机胶水不足检测装置”在第21届全国烟草行业优秀QC小组成果发布会上获得一等奖。

设备管理。加强生产组织保障，结合MES系统的导入开展信息化排产的新探索，确保月度计划执行率不低于98%，仓储管理达标率为100%。继续以设备保全为主，以人才育成为辅，开展设备保全初期清扫的专业诊断、源头治理、现场管理强化及素养提升等多项工作，企业全年平均设备有效作业率比2009年提升0.2%，达到90.04%，卷接机组平均班产提高3.65万支（0.73箱）。推行全员生产维修工作，并获2010年第八届全国TnPM大会OPL优秀组织奖。

【人力资源管理】 以技能提升为主线，分层次组建管理专家、技术专家、能工巧匠队伍。完成19名内部培训师和25名特聘培训师的聘任，选拔8人进入副科级岗位，9人通过设备修理技师职业资格理论考试，4人获得高级技师资格，实现企业高级技师“零”的突破。全年共组织各类培训项目1098项，共培训1.62万人。

【党建工作】 签订《党建、精神文明建设、党风廉政建设目标管理责任书》，把工作分解落实到各党支部，每季度对各支部开展情况进行考核，实施过程监督检查。邀请柳州市讲师团、市委党校的教授讲授十七届五中全会精神等理论知识。在庆祝建党89周年之际，组织100余名党员到桂林兴安县开展党员教育活动。在开展“党员模范岗”和“红旗责任区”创建活动的同时，结合“创优”、“对标”重点工作开展“党员对标明星”主题实践活动。

（周丽霞）

川渝中烟工业公司

【概　况】 川渝中烟工业公司成立于2003年8月，是全国烟草行业首家跨省组建的工业公司。公司下辖四川、重庆烟草工业有限责任公司2家全资子公司，成都、什邡、西昌、绵阳、重庆、涪陵、黔江分厂等7家卷烟生产厂，以及长城雪茄烟厂和四川三联卷烟材料有限公司。公司拥有总资产228.18亿元，其中，固定资产40.41亿元、流动资产162.86亿元，资产负债率为35.43%。共有从业人员10376人，其中在岗员工8123人。

2010年，公司围绕行业“卷烟上水平”基本方针，推进“新川渝、新烟草”战略，以“126”目标为主线，加速品牌发展，推进重建技改项目，确保税利增长，实现“十一五”发展圆满收官。

【领导成员】 公司实行总经理负责制，主要领导成员有：

总经理、党组书记：吴应禄

副总经理、党组成员：吴　宪

副总经理、党组成员、重庆烟草工业有限责任公司党委书记、董事长：易从宽

副总经理、党组成员：崔建华

副总经理、党组成员：汤柱国

副总经理、党组成员：吴　钢

副总经理、党组成员、四川烟草工业有限责任公司董事长：王志江（2010年4月起任川渝中烟工业公司副总经理、党组成员；5月起任四川烟草工业公司董事长）

纪检组长、党组成员：郭瑞银
总会计师：程晓苏
副巡视员、工会主席：罗　维
副巡视员：赖成虎

【机构设置】 公司本部设有办公室（外事办）、生产综合部、人力资源部、监察部、法律与改革部、企业管理部、财务管理部、审计部、投资管理部、企业策划部、党群工作部、进出口部、安全保卫部、市场营销中心、技术研发中心、物资供应中心、物流中心（2010年10月成立）等17个部门。

【卷烟生产经营】 2010年，公司生产卷烟1414.5亿支（282.9万箱），同比增长4.82%，其中，合作生产卷烟325.08亿支（65.02万箱），同比增长35.4%。生产一类烟31.96亿支（6.4万箱），同比增长104.35%；二类烟121.34亿支（24.27万箱），同比增长14.09%；三类烟550.47亿支（110.09万箱），同比增长37.61%；四类烟528.8亿支（105.76万箱），同比下降7.16%；五类烟181.92亿支（36.38万箱），同比下降29.47%。

全年销售卷烟1404.24亿支（280.85万箱）（不含出口），同比增长4.91%，其中，销售合作生产卷烟324.63亿支（64.93万箱），同比增长35.22%。销售一类烟30.4亿支（6.08万箱），同比增长121.89%；二类烟118.88亿支（23.77万箱），同比增长11.65%；三类烟554.55亿支（110.91万箱），同比增长39.61%；四类烟519.88亿支（103.98万箱），同比下降8.7%；五类烟180.53亿支（36.11万箱），同比下降28.24%。出口卷烟7400万支（1480箱），同比增长65.18%。

全年实现卷烟销售收入261.87亿元。实现税利192.96亿元，其中利润32.19亿元。公司三项费用率为9.81%。

全年万元产值综合能耗为16.33千克标煤/万元，万支卷烟综合能耗为3.11千克标煤/万支。烟叶、滤棒、盘纸平均消耗分别为7.11千克/万支、1837支/万支、623米/万支。水、电平均消耗分别为0.14吨/万支、8.8千瓦时/万支。

【主要产品】 2010年，公司主要生产的卷烟品牌有“娇子”、“天子”、“龙凤呈祥”、“天下秀”、“宏声”、“五牛”、“山城”等。销售“娇子”370亿支（74万箱），同比增长38.9%；销售“天子”11亿支（2.2万箱），同比增长69.2%；销售“龙凤呈祥”229亿支（45.8万箱），同比增长37%。

【品牌营销】 *品牌发展规划*。川渝中烟围绕“新川渝、新烟草”战略主线，制订“126”品牌发展规划，即在“十二五”期间，实现“娇子（天之骄子）”销量突破10万箱，“娇子”品牌总规模突破200万箱，商业销售收入突破600亿元。进一步梳理优化“娇子”品牌产品线，完成“娇子”对“天子”和“龙凤呈祥”三类以上共11个规格的整合工作，进一步壮大“娇子”品牌规模。

工商协同营销。川渝中烟先后与江苏、浙江、陕西、安徽等省的商业企业强化协同协作，建立运行顺畅、成效显著的协同模式和系统化、流程化的协同体系。针对“娇子”高端卷烟及“天子”品牌卷烟开展精准营销，“娇子”已覆盖全国所有省级市场，拥有20个年销量超过0.5万箱的区外市场，9个万箱区外市场。

培育雪茄品牌。按照打造国产雪茄第一基地、培育国产雪茄第一品牌的总体思路，推进雪茄营销模式创新，开展产品定制、形象店标准店建设等服务项目。全年销售雪茄烟12.71亿支，同比增长12%，“长城雪茄”首次出口欧洲市场。实现销售收入3亿元。

发展低焦油品牌。2010年，“娇子”低焦油产品有5个在销规格，分别为“娇子（传奇天子）”、“娇子（硬黄天子）”、“娇子（天之骄子）”、“娇子（X）”和“娇子（X2）”。共销售低焦油卷烟24.75亿支，同比增长33%，在全国重点品牌低焦油卷烟销售排名中位列第5名。

【原料保障】 推进烟叶基地单元建设，公司累计建立32个烟叶基地单元，面积60万亩，采购量达150万担，烟叶供应基地化率达75%。基地种植“红花大金元”、“翠碧一号”、“K326”等优质特色烟叶品种近35万亩，收购100万担，优质特色烟叶品种占年度收购计划总量的50%以上。物资保障工作取得新成效，做到保质、保量、保时，实现100%及时供货率。完成《川渝中烟雪茄原料基地“十二五”建设方案》。

【科技创新】 *产品创新*。2010年，公司以打造“新一代清香型卷烟”为主线，全面启动“科技娇子”建设工程。开发“娇子（锦绣）”、“娇子（国宝）”、“娇子（软国宝）”、“娇子（时代）”、“娇子（硬龙凤经典）”、“娇子（硬阳光新）”等6个新产品，产品规格布局基本形成。

工艺研究。完善成都分厂“娇子”5000千克/小时和8000千克/小时制丝线工艺技术，配合产品生产线路调整，对部分“娇子”产品开展在叶片回潮和叶丝干燥工序调整后的工艺调整和参数优化。统一各分

厂梗丝生产加工工艺，优化加工工艺参数，实现梗丝生产的均质化。

项目制课题研究。公司开展“项目制”课题研究，其中，“卷烟加工重点工序工艺参数与卷烟烟气中七种有害成分含量及焦油释放量的关系研究”、“卷烟企业特色工艺应用技术研究”、“低害卷烟研制及其机理研究”、“川渝销区卷烟特征剖析”等项目通过国家局、四川省科技厅、重庆市科委等部门组织的验收。截至年底，公司共有在研科研项目117项，其中国家“863”项目1项，国家局项目13项。全年共申请专利60项，发表各类论文60篇。

【多元化经营】 制订下发《川渝中烟工业公司关于开展多元化经营企业制度建设问卷调查的通知》、《川渝中烟工业公司关于开展多元化经营企业制度建设补充完善工作的通知》，指导各多元化经营企业补充完善投融资决策、财务预算管理、内部控制、人力资源管理、安全生产等方面的105项基础管理制度。推行经营管理评价体系，对公司和多元化经营企业两个层级的组织建设、制度建设、机制运行、经营绩效等工作进行监管和评价。实行目标责任管理，对多元化经营企业的总收入、利税总额、净利润、成本费用利润率、资产保值增值率等10项经营目标指标和安全、稳定、依法依规、无经济责任事故等7项管理责任指标进行考核。

截至2010年年底，川渝中烟下属多元化经营企业共21家，其中，全资企业3家，控股企业6家，参股企业7家，集体企业2家，二级控股企业1家，二级参股企业1家，集体企业再投资企业1家。全年多元化企业实现销售收入8.11亿元，投资收益4675万元。实现税利9600万元，其中利润4898万元。

【企业管理】 质量管理。编写《标准化管理程序》和《标准/文件控制程序》2个标准，并于10月1日开始执行。举办5期内审员培训班，共培训各级管理人员353名，公司内审员在行业质量管理体系知识竞赛中，获得团体优秀奖和优秀管理者奖。组织实施质量管理体系第一次内部审核，发现问题点和待改进项250个。

财务管理。引入资产经营责任主体理念，搭建起以提升国有资产运营质量为目标的集法人主体、税收主体和资产经营责任主体为一体的会计核算模式，增强宏观调控能力。加强对业务流程梳理工作，确定以三级责任主体和业务归口管理部门为轴心的编制、审批和分解流程，促进管理效率持续提升。组织开展土地所有权证明清理工作，编制《资产损失管理办法》、《权证管理》，进一步规范企业资产有偿转让、股权转让、资产损失处置、政府收回土地等资产处置行为。

节能降耗。全面开展节能降耗活动，全年万元产值综合能耗同比减少5.38千克标煤；财务费用减少3652万元，同比下降31.2%；期间费用率下降1.2%；销售成本率下降2.3%。

【信息化建设】 推进财务NC5.0二期“原料、辅料、备件、产成品”业务系统建设，该系统于11月正式上线。进行人力资源管理信息系统建设，机构与岗位管理、人事事务管理两个模块上线运行。推进电子政务系统软件开发工作，对已有办公自动化系统整合提升，形成集中部署、统一应用的集中办公平台。加强基础平台及应用系统建设，以SOA业务流程整合平台为基础，建设政务信息资源应用平台，加强业务应用系统建设。

【人力资源管理】 用工分配制度改革。完成公司《人力资源管理诊断报告》、《岗位规范手册》编写，以及《岗位绩效管理办法》修订，推进岗位设置管理。开展竞争上岗、专业技术岗位聘任等工作，18人通过竞争被聘为内设机构负责人。10月，全面启动用工分配制度改革工作，四川、重庆烟草工业有限责任公司本部及所属7家卷烟厂、长城雪茄烟厂、四川三联卷烟材料有限公司完成岗位等级、工资档次确定等工作，现代企业人力资源管理体系和运行机制建立。

人才队伍建设。推进“1153”人才工程，加大高层次专业人才引进力度，利用博士后工作站科研平台，引进4名专业博士进站学习研究；招录高校毕业生182名、复退军人110名。全年共有11人通过行业相关系列高级专业技术资格认定，135人通过中级专业技术等级评定；配合国家局鉴定中心新培养高级技师4人、技师42人，完成特有工种12批次623人次的初、中、高级鉴定工作，404人获得证书，合格率64.9%。

教育培训。按照教育培训体系建设实施方案，制定教育培训中心建设规划，改进教育培训中计划管理、经费管理、制度建设等工作。加强教育培训资源管理，全年有78名兼职培训师被纳入公司级培训师资库管理。开展岗位能力提升培训，组织应急管理、绩效管理等专题培训项目。全年共完成培训项目100余项，其中完成国家局调训70余项；组织参训1200余人次，人均受训1.4次。

【灾后重建技改工程】 坚持按照“程序不减、周期缩短、提速不越轨”的要求，严格项目管理，严把进度关、质量关、规范关、安全关，抓紧抓好灾后重建决战决胜阶段工作。三大重建技改项目主体工程于10月完工，其中，绵阳、西昌分厂项目分别提前3个月、2个月完工，截至年底两厂已正式投入生产；长城雪茄烟厂灾后重建易地技改项目完成扫尾工作。成都分厂制丝线适应性改造历时45天全面完成，片烟库和综合库建设项目也于年底完成并投入使用。10月23日，启动川渝中烟总部及“四中心”（技术研发中心、物资供应中心、生产管理中心、营销中心）建设项目，建设总投资5.2亿元。

【企业文化】 公司开展“激情”文化宣贯活动，将工作要点纳入年度保证目标考核。全年开展宣讲26场次，组织员工宣誓与承诺活动15场次，主题演讲比赛12场次，收到员工合理化意见与建议128条。组织编写企业文化知识读本《激情之道》并完成定稿。

【“十一五”发展概要】 “十一五”是川渝中烟发展历程极不平凡的五年，面对市场竞争、特大地震、金融危机等考验，公司始终坚持“非常之时要有非常之为、非常之事要尽非常之责”，举全司之力、聚众人之智，实现砥砺奋进、创新发展。

抓住新一轮重大战略发展机遇。五年中，川渝中烟加快改革步伐，推动公司实现由“求生存”到“求跨越”的根本性转变。相继启动实施“百万箱娇子工程”、“新川渝、新烟草”战略、“娇子”品牌“126”目标，环环相扣推进战略发展。

打造一个大有可为的前进平台。公司构建“母子体制、母分运作”模式，实现跨省条件下的集团化管理、实体化运行、集约化经营。卷烟产销规模从“十五”末的1081亿支（216.2万箱）增加到“十一五”末的1414.5亿支（282.9万箱），五年净增333.5亿支（66.7万箱）；雪茄烟销量由2005年的2.81亿支增加到2010年的12.92亿支，五年增长11.11亿支，销量位居全国第一；税利总额从2005年的70.8亿元增加到2010年的192.96亿元，增长122.16亿元

培育一个支撑发展的骨干品牌。“5·12”汶川特大地震后，借助行业和地方各方面大力支持，实现了“娇子”由区域品牌向全国品牌的重大跨越。“娇子”品牌销售量从“十五”末的63.5亿支（12.7万箱）增加到“十一五”末的370亿支（74万箱），五年增长4.8倍，进入全国三类及以上卷烟销量排名前十位。

走出一条自主创新的发展之路。着力强化创新驱动、增强内生动力，实现由“学习跟进”到“自主创新”的重大转变。在技术创新方面，形成了“复合生化制剂”、“纳米材料”、“中草药制剂”减害等核心技术成果和40余项专利，并在“娇子”等品牌上成功应用。立足构建“新一代清香型卷烟”品类，利用四川建设全国战略性优质烟叶基地契机，创新基地建设模式，突出“红花大金元”等特色优质烟叶发展，建成一批初具规模的核心原料基地。

【特事要辑】 1月26日，川渝中烟与美国阿塔迪斯公司雪茄技术合作框架协议签字仪式在北京举行。川渝中烟总经理吴应禄、阿塔迪斯总裁埃利斯分别在协议上签字。

1月30日，四川省委副书记李崇禧主持召开全省“两烟”发展座谈会。

2月8日，川渝中烟与荷兰皇家阿吉奥公司在成都正式签署雪茄烟技术合作协议，标志着中国第一个雪茄烟对外合作项目进入实施阶段。

6月9日，川渝中烟灾后重建暨娇子品牌发展汇报会在成都举行。国家局局长姜成康、副局长何泽华，四川省委副书记李崇禧出席会议并讲话。

9月5日，四川省委书记、省人大常委会主任刘奇葆到川渝中烟四川烟草工业公司西昌分厂调研。

12月2日，四川省委副书记李崇禧赴川渝中烟长城雪茄烟厂易地技改项目现场考察调研。

所属企业

四川烟草工业有限责任公司

【概　况】 四川烟草工业有限责任公司成立于2006年6月，是川渝中烟工业公司出资设立的全资子公司，下设四川烟草工业有限责任公司成都分厂、什邡分厂、西昌分厂、绵阳分厂共4个卷烟生产厂。拥有4条卷烟生产线、卷烟生产设备60台（套），年卷烟生产能力1100亿支（220万箱）。公司拥有总资产103.36亿元，其中，固定资产26.19亿元、流动资产61.44亿元，资产负债率为46.05%。共有从业人员9511人。

【领导机构】 董事会

董事长：罗　维（—2010.5）

董事长：王志江（2010.5—）

董　事：刘　柳（2010.2—）　姜　鸥　樊宣刚（2010.2—）　邓　权　陆　伟

毛开跃（职工董事）

监事会

主　席：赖成虎（—2010. 2）

主　席：程晓苏（2010. 2—）

监　事：刘定刚（2010. 2—）黄绍慧（2010. 2—）陆孟先（职工监事）（2010. 2—）

杨　毅（职工监事）（2010. 2—）

班子成员

总经理、党委副书记：邓　权

副总经理、党委书记：陆　伟

副总经理、党委委员：冯广林

副总经理、党委委员：张　静

纪委书记、党委委员、工会主席：李长勋

总工程师、党委委员：徐太源

总会计师：程晓苏（—2010. 7）

总会计师：严志蓉（2010. 7—）

党委委员、成都分厂厂长：甘忠德

党委委员、什邡分厂厂长：黄若强

党委委员、西昌分厂厂长：周　冰

党委委员、绵阳分厂厂长：秦富炳

【卷烟生产经营】　2010 年，公司生产卷烟 914. 24 亿支（182. 85 万箱），同比增长 4. 61%，其中，生产一类烟 15. 54 亿支（3. 11 万箱）、二类烟 96. 81 亿支（19. 36 万箱）、三类烟 371. 6 亿支（74. 32 万箱）、四类烟 289. 48 亿支（57. 9 万箱）、五类烟 140. 81 亿支（28. 16 万箱）。实现税利 114. 67 亿元，同比增长 25%，其中利润 13. 66 亿元。

全年万元产值综合能耗为 16. 45 千克标煤/万元，万支卷烟综合能耗为 2. 94 千克标煤/万支。烟叶、滤棒、盘纸平均消耗分别为 7. 2 千克/万支、1814 支/万支、621 米/万支。水、电平均消耗分别为 0. 15 吨/万支、7. 92 千瓦时/万支。

【企业管理】　财务管理。推动财务信息系统整体升级，打造、优化财务信息平台，创新财务管理方式。努力探索成本控制的有效途径，建立标准成本控制模式。按照川渝中烟“三级财务核算”体系建设要求，转变职能、明确目标，构建权责分明的分级资产管理体系，打造管理型财务团队。

信息化管理。相继引入 6σ 管理、标杆管理、6S 现场管理体系、TPM 设备管理体系等先进管理理念与方法，注重用信息化建设改造传统生产管理流程，促进公司管理理念、管理手段、管理方式全面提升。

安全生产。积极推进安全生产“三化”建设，全面加强技改工程安全监管，切实加大安全风险管控。推进公司整体安全风险管控力有效提升，实现“九无一控五符合”的年度安全工作控制目标。

【人力资源管理】　加大培养高技能人才工作力度，全年组织各类培训 175 班次，培训人员 7350 人次。全年有 5 人通过高级专业技术职务任职资格评审，3 人获得行业烟机设备维修高级技师职业资格认证，3 人获得通用工种高级技师职业资格认证。

四川烟草工业有限责任公司所属生产厂

四川烟草工业有限责任公司成都分厂

【概　况】　四川烟草工业有限责任公司成都分厂前身是成立于 1952 年的地方国营成都卷烟厂，2006 年省内卷烟工业联合重组成立四川烟草工业有限责任公司，成都卷烟厂更名为四川烟草工业有限责任公司成都分厂。企业占地面积 26. 53 万平方米，拥有先进的 HDT 在线快速膨胀干燥设备的制丝线、卷烟企业 MES 系统、省内第一条全自动化生产物流系统，年卷烟生产能力 330 亿支（66 万箱）。共有在岗员工 1368 人。

【领导成员】　厂长、党委书记：甘忠德

党委副书记：杨云清（—2010. 2）

党委副书记：丛鲁昌（2010 年 2 月前任副厂长、党委委员）

副厂长、党委委员：罗　诚

副厂长、党委委员：刘晓鸣

副厂长、党委委员：孔晓文（2010. 2—）

副厂长、党委委员：代建文（2010. 2—）

纪委书记、党委委员、工会主席：曾　惠

【卷烟生产】　2010 年，企业生产卷烟 329. 56 亿支（65. 91 万箱），其中，生产“娇子”271. 25 亿支（54. 25 万箱）、“五牛”6. 75 亿支（1. 35 万箱）、“天下秀”38. 55 亿支（7. 71 万箱）。

全年万元产值综合能耗为 15. 2 千克标煤/万元，万支卷烟综合能耗为 3 千克标煤/万支。烟叶、滤棒、盘纸平均消耗分别为 7. 4 千克/万支、2024 支/万支、619 米/万支。水、电平均消耗分别为 0. 08 吨/万支、10. 1 千瓦时/万支。

四川烟草工业有限责任公司什邡分厂

【概　况】　四川烟草工业有限责任公司什邡分厂前

身是成立1918年的益川工业社，1986年更名为什邡卷烟厂。2006年四川烟草工业有限责任公司成立，什邡卷烟厂更名为四川烟草工业有限责任公司什邡分厂，成为四川烟草工业有限责任公司的生产厂之一。2007年，川渝中烟长城雪茄烟厂成立后，什邡分厂只负责卷烟生产制造业务。企业主厂区占地面积11万平方米，拥有1条6000千克/小时的制丝生产线、1条2000千克/小时的梗丝生产线，以及卷接、包装机组16台（套），年卷烟生产能力337.5亿支（67.5万箱）。共有从业人员2513人。

【领导成员】 厂长、党委书记：黄若强

党委副书记：程宜根

副厂长、党委委员：张　楠

纪委书记、党委委员、工会主席：李　洪

副厂长、党委委员：余　斌

副厂长：曹君仁（—2010.3，挂职）

【卷烟生产】 2010年，企业生产卷烟321亿支(64.2万箱)。主要生产"娇子"、"天下秀"，以及合作生产"黄鹤楼"、"红塔山"、"红金龙"等品牌卷烟。

全年万元产值综合能耗为15.95千克标煤/万元，万支卷烟综合能耗为2.84千克标煤/万支。烟叶、滤棒、盘纸平均消耗分别为7.14千克/万支、1677支/万支、609米/万支。水、电平均消耗分别为0.86吨/万支、6.65千瓦时/万支。

四川烟草工业有限责任公司西昌分厂

【概　况】 四川烟草工业有限责任公司西昌分厂前身是成立于1985年的原西昌卷烟厂。2006年四川烟草工业有限责任公司成立，西昌卷烟厂更名为四川烟草工业有限责任公司西厂分厂，成为四川烟草工业有限责任公司的生产厂之一。企业占地面积20万平方米，拥有国产化制丝线1条、包装机9台（套）、卷烟机9台（套）、连接装置9台（套），年卷烟生产能力140亿支（28万箱）。共有从业人员630人。

【领导成员】 厂长、党委书记：周　冰

党委副书记：罗永杰

副厂长、党委委员：黄木楠

副厂长、党委委员：高　珲

纪委书记、党委委员、工会主席：谭　勇

副调研员：唐　平（2010.8—）

【生产经营】 2010年，企业生产卷烟140亿支（28万箱），同比增长3.2%。主要生产"五牛"、"天下秀"、"娇子"等品牌卷烟。

全年万元产值综合能耗为20.18千克标煤/万元，万支卷烟综合能耗为2.06千克标煤/万支。烟叶、滤棒、盘纸平均消耗分别为7.02千克/万支、1674支/万支、641米/万支。水、电平均消耗分别为0.14吨/万支、1.15千瓦时/万支。

【创建"优秀卷烟工厂"】 2010年，西昌分厂围绕行业创建"优秀卷烟工厂"工作主线，全面推进"标杆管理"创新实践，切实把"标杆管理"作为统领各项工作的核心理念和根本方法，推动基础管理大变革、大创新。经川渝中烟考评验收，西昌分厂成为四川烟草工业有限责任公司内第一家达到行业"优秀卷烟工厂"评价标准的工厂。

四川烟草工业有限责任公司绵阳分厂

【概　况】 四川烟草工业有限责任公司绵阳分厂前身是成立于1952年的原绵阳卷烟厂。2006年四川烟草工业有限责任公司成立，绵阳卷烟厂更名为四川烟草工业有限责任公司绵阳分厂，成为四川烟草工业有限责任公司的生产厂之一。灾后重建后的新厂占地面积8.97万平方米，拥有ZJ17、ZB45、ZB25、YF17等生产设备，年卷烟生产能力150亿支（30万箱）。共有从业人员1442人。

【领导成员】 厂长、党委书记：秦富炳

党委副书记：叶诗礼（—2010.1）

党委副书记：鲜学成（2010.2—）

副厂长、党委委员：廖伦彪

副厂长、党委委员：晏　飞

纪委书记、党委委员、工会主席：刘　勇（2010.2—）

副调研员、奔驰工业总公司总经理：杜小荣（2010.8—）

副厂长：蒋　政（—2010.2，挂职）

【生产经营】 2010年，企业生产卷烟105.98亿支(21.19万箱)。产品为五类烟，主要生产"天下秀(红)"、"天下秀（硬绿）"、"天下秀（佳品）"、"五牛（硬绿新）"、"五牛（硬金）"等规格卷烟。

全年万元产值综合能耗为25.02千克标煤/万元，万支卷烟综合能耗为2.91千克标煤/万支。烟叶、滤棒、盘纸平均消耗分别为7.03千克/万支、1671.48支/万支、642.01米/万支。水、电平均消耗分别为0.57吨/万支、0.03千瓦时/万支。

【灾后重建】 绵阳分厂灾后易地重建技术改造项目，坚持“工艺先进，装备一流，环保节能，全面提升，铸就形象”的建设宗旨，在“程序不减，周期缩短，提速不越轨”的基础上，选用“5+2”、“白+黑”模式超常规工作，加强组织监管，加大工作力度。项目提前90天完成了主体工程完工目标，提前2个月实现了原定“12月投料试生产”的阶段性目标。10月11日，新厂带料生产一次性成功。12月23日，工厂完成搬迁及制丝、卷包生产设备、动力保障系统投产运行，实现了中央提出的“三年重建任务，两年基本完成”的总目标。

重庆烟草工业有限责任公司

【概　况】 重庆烟草工业有限责任公司成立于1998年11月，2003年工商管理体制改革后隶属于川渝中烟工业公司，下设重庆分厂、涪陵分厂、黔江分厂等3个卷烟生产厂。公司占地面积53.28万平方米，拥有微波松散装置、管板式烘丝机、气流式烘丝机等国内先进制丝设备60余台（套），以及完整高速卷接包生产线38条，年卷烟生产能力501亿支（100.2万箱）。公司拥有总资产59.39亿元，其中，固定资产13.22亿元、流动资产41.07亿元，资产负债率为47.9%。共有从业人员4309人，其中在岗员工3008人。

【领导成员】 董事长、党委书记：易从宽（2010年2月前任总经理、党委书记）

总经理、党委副书记：张建华（2010年2月前任副总经理、党委副书记）

副总经理、党委委员：曾　俚

副总经理、党委委员：何昭全

副总经理、党委委员：时　红

纪委书记、党委委员、工会主席：刘　炼

副总经理、党委委员：程玉春（2010.2—）

副调研员：李贤茂

总会计师：程晓苏

【卷烟生产经营】 2010年，公司生产卷烟501亿支（100.2万箱），同比增长5.3%，其中，生产一类烟17.25亿支（3.45万箱），同比增长33.1%；二类烟24.55亿支（4.91万箱），同比增长26.9%；三类烟177.6亿支（35.52万箱），同比增长89.4%；四类烟240.7亿支（48.14万箱），同比下降17.8%；五类烟40.9亿支（8.18万箱），同比下降28.2%。

全年销售卷烟490.3亿支（98.06万箱），同比增长4.7%，其中，销售一类烟16.95亿支（3.39万箱）、二类烟22.6亿支（4.52万箱）、三类烟176亿支（35.2万箱）、四类烟240亿支（48万箱）、五类烟34.7亿支（6.94万箱）。

销售“宏声”132.9亿支（26.58万箱），同比减少33.8%；销售“龙凤呈祥”229亿支（45.8万箱），同比增长37.1%；销售“天子”11亿支（2.2万箱），同比增长64.9%。实现销售收入94.66亿元，同比增长20%。实现税利67.56亿元，同比增长28.95%，其中利润11.49亿元，同比增长40.6%。

全年万元产值综合能耗为16.16千克标煤/万元，万支卷烟综合能耗为3.15千克标煤/万支。烟叶、滤棒、盘纸平均消耗分别为6.96千克/万支、1696支/万支、625米/万支。水、电平均消耗分别为0.11吨/万支、8.49千瓦时/万支。

【企业管理】 对标工作。结合行业对标创优工作，公司进一步健全制度、优化流程、细化考核，对接川渝中烟质量保证体系，深化企业精细管理，各个关键环节的主攻目标更加明确，考核标准更加具体。

质量管理。全年公司有4个QC小组获得全国优秀质量管理小组，15个QC成果分别获得重庆市优秀QC成果一、二、三等奖。新版职业健康安全管理体系通过第三方审核，公司管理水平进一步提升。

创建“优秀卷烟工厂”。各分厂开展优秀卷烟工厂创建活动，其中，涪陵分厂保持创优达标水平，黔江分厂达到创优标准，重庆分厂有较大提高。进一步加强成本费用控制，物耗、能耗指标持续优化，单箱卷烟耗烟叶和万元产值综合能耗两项指标均优于川渝中烟和行业平均水平。

【科技创新】 加大科技攻关力度，《管板式烘丝机筒壁温度预测模型的建立》、《不同烤烟原料的模糊聚类分析》等多篇论文在国家级和省级刊物上发表；“一种气流式叶丝干燥设备”获得发明专利授权；“废烟支处理机避免嘴棒纤维黏附、钩挂”等2项技术获得实用新型专利授权；向国家专利局申报“一种气流式叶丝干燥制丝工艺”等5项技术，截至年底已进入实审阶段。在国家局组织的产品交叉抽检活动中，“天子（软黄）”、“龙凤呈祥（世纪朝）”获得包装与卷制质量100分。按照川渝中烟安排，配合完成卷烟主流烟气调整和“天子”、“龙凤呈祥”三类以上共11个规格整合进入“娇子”品牌工作。

【技术改造】 2010年，公司完成技改、基建投资2.49亿元，配置16台（套）卷接包装机和连接设备。对3个分厂实施适应性改造工程，其中，涪陵分厂易地改造项目正式得到国家局批复并于9月启动实施，截至年底已进入场平施工阶段。对生产经营决策系统、工商数据采集系统、公司互联网络系统以及重庆分厂高架库数据备份系统、黔江分厂视频监控系统进行升级改造。全面启用财务NC5.0系统。

【人力资源管理】 全面开展素质培训，全年送培、参培人员5439人次，其中专业管理类培训296人次，安全类培训445人次，法律知识培训1023人次。组织各工种职业技能培训鉴定313人次，其中119人取得通用工种资格证书，92人取得特有工种资格证书，22人取得技师资格，2人取得特有工种高级技师资格证书。

重庆烟草工业有限责任公司所属生产厂

重庆烟草工业有限责任公司重庆分厂

【概　况】 重庆烟草工业有限责任公司重庆分厂的前身是成立于1938年的香港南洋兄弟烟草公司重庆制造厂，后更名为重庆卷烟厂。1998年11月，重庆烟草工业有限责任公司成立，企业成为重庆烟草工业有限责任公司生产企业之一。企业占地面积26.64万平方米，拥有4800千克/小时、2400千克/小时的制丝生产线各1条，2000千克/小时的梗丝生产线1条，2000千克/小时的薄片生产线1条，1000千克/小时的白肋烟线1条，卷接设备14台（套），包装设备14台（套），年卷烟生产能力186亿支（37.2万箱）。共有从业人员1988人，其中在岗员工1159人。

2010年，企业被国家质检总局、工信部、中华全国总工会、全国妇联、共青团中央、中国科学技术协会、中国质量协会等7家单位联合授予“全国质量管理小组活动优秀企业”称号；企业动力车间空调空压工段被中国质量协会、中华全国总工会、全国妇联、共青团中央、中国科学协会等5家单位联合授予“全国质量信得过班组”称号。

【领导成员】 厂长、党总支副书记：何　强

党总支书记：张云义

常务副厂长、党总支副书记、工会主席：张义海

副厂长：刘大富

副厂长：严启亮

副厂长：符昌文

【卷烟生产】 2010年，企业生产卷烟186亿支（37.2万箱）。主要生产“龙凤呈祥”、“宏声”、“山城”、“红梅”、“红塔山”等品牌卷烟。

全年万元产值综合能耗为17.26千克标煤/万元，万支卷烟综合能耗为3.07千克标煤/万支。烟叶、滤棒、盘纸平均消耗分别为7.01千克/万支、1677支/万支、611米/万支。水、电平均消耗分别为0.07吨/万支、7.88千瓦时/万支。

重庆烟草工业有限责任公司涪陵分厂

【概　况】 重庆烟草工业有限责任公司涪陵分厂前身是成立于1964年的涪陵农机厂，1982年转产卷烟。1998年11月，重庆烟草工业有限责任公司成立，企业成为重庆烟草工业有限责任公司生产企业之一，更名为重庆烟草工业有限责任公司涪陵分厂。企业占地面积5.4万平方米，拥有3000千克/小时的制丝线1条，包括微波松散、HXD管式膨胀机、管板式烘丝机、分组配方贮丝柜等国内先进制丝设备，有高速卷接包装机组12组，以及空压机、制冷机、燃气锅炉等动力配套设备。烟叶仓库面积3.79万平方米，储备烟叶近25万担。共有从业人员1057人，其中在岗员工890人。

2010年，企业卷接包车间被中华全国总工会评为“全国模范职工小家”；企业制丝车间生产甲班被中华全国总工会、国家安全生产监督管理总局联合授予“全国安康杯竞赛优胜班组”称号。

【领导成员】 厂长、党总支书记：张正念

党总支副书记：余　丰

副厂长：王　卫

副厂长：陈　瑜

副厂长：李小建（2010.2—）

副厂长、党总支副书记：刘　力（—2010.1）

【卷烟生产】 2010年，企业生产卷烟157.5亿支（31.5万箱），同比增长5%。主要生产“天子”、“龙凤呈祥”、“宏声”品牌卷烟。

全年万元产值综合能耗为15.38千克标煤/万元，万支卷烟综合能耗为2.89千克标煤/万支。烟叶、滤棒、盘纸平均消耗分别为6.89千克/万支、1677支/万支、651米/万支。水、电平均消耗分别为0.01吨/万支、9.72千瓦时/万支。

重庆烟草工业有限责任公司黔江分厂

【概　况】 重庆烟草工业有限责任公司黔江分厂前身是成立于1975年的原黔江卷烟厂，2004年11月重组进入重庆烟草工业公司，企业更名为重庆烟草工业

有限责任公司黔江分厂。企业占地面积10万平方米，有5000千克/小时制丝生产线1条，卷接包机12台（套），年卷烟生产能力200亿支（40万箱）。共有从业人员843人，其中在岗员工751人。

2010年，企业被重庆市直属机关工会联合会授予“重庆市五一劳动奖状”；被重庆市总工会授予“重庆市工人先锋号”称号。

【领导成员】 厂长、党委书记：余建华

副厂长、党委委员：李大学

副厂长、党委委员：冉井旺

副厂长、党委委员：张文国

纪委书记、党委委员、工会主席：钱兴鸿

【卷烟生产】 2010年，企业生产卷烟157.5亿支（31.5万箱），同比增长5%，其中，生产“娇子”27.65亿支（5.53万箱）、“龙凤呈祥”109.7亿支（21.94万箱）、“宏声”20.15亿支（4.03万箱）。

全年万元产值综合能耗为14.87千克标煤/万元，万支卷烟综合能耗为2.97千克标煤/万支。烟叶、滤棒、盘纸平均消耗分别为6.98千克/万支、1679支/万支、639米/万支。水、电平均消耗分别为0.15吨/万支、7.2千瓦时/万支。

川渝中烟工业公司长城雪茄烟厂

【概　况】 川渝中烟工业公司长城雪茄烟厂是全国烟草行业定点生产雪茄烟的四家生产点之一，成立于2007年9月4日，隶属于川渝中烟工业公司，按照川渝公司“四统一”的模式进行管理，负责雪茄产品的生产。企业拥有总资产8.82亿元。共有从业人员575人，年生产能力10亿支以上。

【领导成员】 厂长、党委书记：张代荣

副厂长、党委副书记、纪委书记：刘谋志

副厂长、党委委员：刘一兵

副厂长、党委委员：周玉军

副厂长、党委委员：段　炼

副厂长、党委委员：旷志勇

党委委员、工会主席：林　曦

副厂长：刘亮山（—2010.3，挂职）

【机构设置】 工厂按照扁平化管理模式，设立办公室、制造部、党群工作部（2010年4月成立）、人力资源部（2010年4月成立）、财务审计部、工艺质量技术部、工程部、物资管理部（2010年4月成立）、安保部等9个部门。

【生产经营】 2010年，企业生产雪茄烟13.5亿支，同比增长8%；销售雪茄烟12.9亿支，同比增长13.15%；实现销售收入3.05亿元，同比增长29%；产品出口工作取得突破，首次在欧洲国家落地销售，实现了国产雪茄出口欧洲的历史性突破。

【主要产品】 长城雪茄烟厂主要生产“长城”、“狮牌”、“工字”等系列雪茄烟，分为“浓”、“中”、“淡”3个风格，“叶束式”、“叶片式”、“叶丝式”3个规格。

【易地技改】 围绕建设“信心工程、战略工程、责任工程”的要求，全年累计完成招投标项目34个，占项目招投标总量的97%。签订土建及通用设备购置合同84份，完成投资4.2亿元。签订专用设备购置合同25份，完成投资1.33亿元。截至2010年年底，完成联合工房、库区、手工生产区的土建施工。

【国际合作】 公司与荷兰皇家阿吉奥公司和美国阿塔迪斯公司开展技术合作，以增强企业在雪茄烟研发、原料研究、流程设计、人才培养等方面的水平。与荷兰皇家阿吉奥公司合作研发的8.3×75mm规格的两款叶片式新产品及合作改造的10.8×100mm规格的四款“骑士”产品，年底已在国内上市销售。

（晏　钢）

贵州中烟工业有限责任公司

【概　况】 贵州中烟工业有限责任公司，最初为贵州烟草工商分设后于2003年7月成立的贵州中烟工业公司。2008年7月，经国家局、总公司批复同意改制更名为贵州中烟工业有限责任公司，主要职责是承担烟草制品的生产、销售，烟草物资、烟机零配件经营及其他相关的生产经营任务。下辖贵州中烟工业有限责任公司贵阳卷烟厂、遵义卷烟厂、毕节卷烟厂、贵定卷烟厂、铜仁卷烟厂、兴义卷烟厂共6个卷烟生产厂，以及贵州黄果树企业有限公司1个全资子公司。公司拥有总资产148.83亿元，其中，固定资产29.75亿元、流动资产108.71亿元，资产负债率为49.18%。

共有从业人员10182人，其中在岗员工8290人。

2010年，公司被中国企业联合会、中国企业家协会评为“中国企业500强”第335位、“中国制造业500强”第176位、“中国企业效益200佳”第200位；被贵州省慈善总会授予“2003～2009年度贵州省慈善捐赠先进集体”称号。

【领导成员】 公司实行总经理负责制，主要领导成员有：

总经理、党组书记：白云峰

副总经理、党组成员：徐东泰

纪检组长、党组成员：杨 东

副总经理、党组成员：方 静

副总经理、党组成员：张士刚（2010.4—）

副巡视员：吴晓江

副巡视员：王礼昌（2010.4—）

副巡视员：冯力勤（2010.4—）

【机构设置】 公司本部下设办公室（外事办）、综合计划部、生产管理部、安全保卫部、财务部、审计部、法律与改革部、投资管理部、人力资源部、政治思想工作部（机关党委）、机关工会、监察部、信息中心、原料供应部、物资供应部、技术中心、进出口部、市场营销中心、物流部等19个部门，其中，机关工会和物流部为2010年独立设置部门。此外，还设有职业技能鉴定站和重大技改项目指挥部2个内设机构。

【卷烟生产经营】 2010年，公司生产卷烟（不含出口烟）1196亿支（239.2万箱），同比增长2.99%。生产一类烟27.35亿支（5.47万箱）；二类烟15.1亿支（3.02万箱）；三类烟220.21亿支（44.04万箱），其中合作生产94.03亿支（18.81万箱）；四类烟702.42亿支（140.49万箱），其中合作生产80.97亿支（16.19万箱）；五类烟230.92亿支（46.18万箱）。

销售卷烟（不含出口烟）1191.28亿支（238.25万箱），同比增长2.77%。销售一类烟27.15亿支（5.43万箱）；二类烟13.21亿支（2.64万箱）；三类烟216.42亿支（43.28万箱），其中合作生产93.51亿支（18.7万箱）；四类烟700.34亿支（140.07万箱），其中合作生产80.97亿支（16.19万箱）；五类烟234.16亿支（46.83万箱）。

生产出口卷烟2006万支（401.2箱）；销售出口卷烟2006万支（401.2箱），其中，出口海外销售2001万支（400.2箱），其他销售5万支（1箱）。

全年实现销售收入206.28亿元，同比增长18.51%。实现税利133.75亿元，同比增长18.5%，其中利润16.59亿元，同比下降0.89%。公司三项费用率为9.44%。

公司全年万元产值综合能耗为34.57千克标煤/万元，万支卷烟综合能耗为5.85千克标煤/万支。烟叶、滤棒、盘纸平均消耗7.15千克/万支、1949支/万支、619米/万支。水、电平均消耗0.21吨/万支、8.25千瓦时/万支。

【主要产品】 2010年，公司继续实施“聚焦‘贵烟’，做实‘黄果树’”的品牌发展战略，加大品牌整合力度。全年生产“贵烟”、“黄果树”、“遵义”、“桫椤”4个自有品牌，其中“黄果树”品牌是行业重点骨干品牌，“贵烟”品牌是视同全国性重点骨干品牌。全年新开发“贵烟（蓝色的爱）”、“贵烟（流金岁月）”、“贵烟（喜满意）”3个规格，整合“遵义（软高）”、“遵义（硬高）”、“黄果树（精品）”到“贵烟”品牌。

全年生产“贵烟”（不含出口烟）68.97亿支（13.79万箱），同比增长97.91%；销售60.94亿支（12.19万箱），同比增长74.01%，其中，省内市场销售36.06亿支（7.21万箱），省外销售24.88亿支（4.98万箱）。生产“黄果树”（不含出口烟）824.53亿支（164.91万箱），同比减少11.55%；销售825.14亿支（165.03万箱），同比减少11.24%，其中，省内市场销售372.70亿支（74.54万箱），省外销售452.45亿支（90.49万箱）。

全年合作生产品牌卷烟175亿支（35万箱），其中，与浙江中烟合作生产“大红鹰”、“雄狮”共70亿支（14万箱），与红塔集团合作生产“红塔山”、“红梅”共70亿支（14万箱），与湖南中烟合作生产“白沙”35亿支（7万箱）。

【品牌营销】 *品牌发展思路。*2010年，公司围绕行业“532”、“461”品牌发展要求，按照“稳一进二”的品牌发展战略（在稳定“黄果树”较大规模的同时，提高“黄果树”品牌结构，全面推进“贵烟”品牌提结构、上规模），着力打牢骨干品牌的基础规格，突出骨干品牌的发展规格，提高产品结构，提升品牌价值。

*品牌培育和整合。*公司完成“贵烟（多彩）”的改版升级工作，地市级销售市场由228个发展到252个，实现销量28.45亿支（5.69万箱），同比增加6.4亿支（1.28万箱）；完成高档卷烟“遵义（软高）”、“遵义（硬高）”和“黄果树（精品）”向“贵烟”系列的整合，使“贵烟”的高端形象更加突出。启动

“贵烟（蓝色的爱）”、“贵烟（流金岁月）”、“贵烟（喜满意）”的市场初期投放活动，为提升“贵烟”品牌形象营造了良好的市场口碑。2010年，“贵烟”销量首次突破10万箱大关，全年销售12.19万箱，同比增长74.01%，其中“贵烟（盛世）”和“贵烟（福）”在省内、外市场表现出良好的增长态势，销量分别达到0.55亿支（0.11万箱）和3.45亿支（0.69万箱），同比分别增长119.07%和95.95%。2010年1月，国家工商总局公布了2009年认定的314件中国“驰名商标”，“贵烟”名列其中。公司加大对“黄果树”品牌的结构调整力度，成功将“黄果树”的零售价由3元/包调整到4元/包，提升了“黄果树”的品牌价值，盘活了存量计划资源。

【原料保障】 公司按照“主动参与、深度介入”的基地单元建设总体要求，以品牌为导向和满足特色化个性需求为目标，积极推进品牌导向型的基地单元建设模式。2010年，新增湖南嘉禾县、云南施甸县等4个基地单元，截至年底，经国家局批准建设的烟叶基地单元达已到9个，单元生产特色优质烟叶1.68万吨（33.5万担）。此外，根据“贵烟”品牌发展需要，公司还与河南、云南、四川等省的商业企业共建了河南许昌市、平顶山叶县等5个基地单元。通过派驻单元“四师”（农艺师、质检师、配方师、工艺管理师）工作组、聘请技术依托单位，加强了原料加工环节的质量控制，提高了模块配方打叶精细度，明确了以模块加工配方精度、烟叶水分、叶中含梗等监控重点和关键指标。

公司全年采购烟叶11.08万吨（221.54万担），其中进口烟叶0.19万吨（3.76万担）。原料仓储量达到17.6万吨（352.09万担），保障能力同比提高2个月。

【科技创新】 *基础研究*。2010年，公司承担了行业4项重点科技项目、2个标准的制修订工作，其中1项被列入国家局、总公司2010年度科技面上项目计划，实现了贵州中烟在总公司科技面上项目零的突破。《环保型烟丝膨胀介质开发及应用技术研究项目》通过国家局验收，研发的零ODP值新型环保膨胀介质（KC－2A）获得了国家发明专利授权，填补了国内空白。

工艺技术研究。开展对贵阳卷烟厂新制丝线工艺参数的研究和实验，制定产品转移中试技术标准，进行转移生产的跟踪、评价。制定新梗丝生产线的工艺标准和新厂各生产环境的温湿度标准。完成国家标准《片烟贮存养护气调贮存法》的工业验证及标准制定，完成与贵州省烟草公司合作项目《仓储烟草粉螟和甲虫的真菌防治菌的筛选及应用研究》的结题工作。

产品研发。加大减害降焦工作力度，通过新材料、新工艺和新技术的应用，使“贵烟（多彩）”、“黄果树（典藏）”和“黄果树（长征）”一氧化碳释放量由原来的16毫克/支降至13毫克/支，新技术“保润线”在“贵烟（蓝色的爱）”开发中也得到了运用。国内第一个通过沙特SASO认证的卷烟品牌“黄果树（金时代）”成功投放沙特市场。完成新产品“黄果树（红色经典）”、“黄果树（软红色经典）”、“贵烟（喜满意）”、“贵烟（蓝色的爱）”、“贵烟（流金岁月）”的开发任务。

科研成果。2010年，公司有1个项目通过国家局科技成果鉴定，13个项目通过中烟公司鉴定验收。贵阳卷烟厂的《探索孔板式蒸汽系统校准新方法》获得国家局第二十一届优秀QC小组成果发布二等奖，遵义卷烟厂二车间丙班和兴义卷烟厂点石QC小组2个QC小组被评为“全国优秀质量管理小组”。全年共获得授权专利11件，其中发明专利1件；申请专利42件，其中发明专利22件。

【多元化经营】 2010年，公司进一步完善《贵州中烟工业有限责任公司投资企业董事、监事及高级管理人员任职管理制度》、《贵州中烟工业有限责任公司关于明确多元化投资管理体制相关事宜的通知》等相关制度，明确由公司投资管理部对贵州黄果树企业有限公司进行归口管理，履行监督管理职能。公司对贵州黄果树企业有限公司在人事、财务、审计等方面进行管理，全年实现利润600余万元。

贵州黄果树企业有限公司具体负责贵州中烟工业有限责任公司多元化投资经营管理的工作，行使对贵阳黄果树纸业有限公司、贵州西牛王印务有限公司、贵州福贵文化传媒有限公司、贵州省遵义市银江劳务有限责任公司和遵义市商业银行等5家企业的经营管理职能。

【企业管理】 *对标工作*。公司以标准化体系建设为重点，落实行业“全面、有效、深入”的管理要求，增强体系运行的有效性，推进精细化管理。2010年，在行业40项对标指标中，有14项优于行业平均水平，2项达到先进水平。

工艺质量管理。开展质量管理体系内部审核检查工作，实现了覆盖全流程和全过程的工艺质量检查。分牌号开展工序质量评价，工艺质量管控更加到位。开展争创“三优”活动，强化全员工艺质量意识，关键工序得到有效管控。实施生产调度、质量监控、设

备保障、清洁生产和质量监测模块化管控。产品质量持续提高，原辅材料消耗持续下降，全年产品质量合格率、质量安全指标合格率均达到100%，成品抽检包装与卷制质量96分率达到87.6%、100分率达到8.3%，同比分别提高11.6%和4%。

财务管理。贯彻行业新的成本核算办法，统一构建并实施各卷烟厂成本核算模式，实现信息化核算和管理。推进ERP与NC系统的集成，实现财务数据的业务追根溯源。全面加强预算管理，推进业务核算、会计核算和预算的“三算”有机结合，细化预算编制规程，突出预算对公司发展战略的支持和在生产经营中的指导控制作用，加强对业务招待、广告宣传促销等费用的刚性控制。

信息化建设。完成编码中心、ERP等信息系统更新数据的创建、发布等工作，实现ERP和NC系统的对接。全面启动国家局物流在途跟踪系统的建设。完成NC系统的成本管理模块上线运行和SOA系统集成项目。建立市场信息网络运行平台，搭建了市场分析体系。此外，在贵阳、毕节卷烟厂技改项目中分别引入了工程项目管理软件、工程项目资金监管软件。

【内部改革】 2010年，公司制订《贵州中烟工业有限责任公司法人治理结构工作实施方案》和《贵州中烟工业有限责任公司章程》。正式组建物流部，理顺物流组织架构；成立机关工会；调整技术中心、营销中心、生产管理部（质监站）等3个内设机构，进一步明确职能和职责；梳理、优化法改部、计划部等相关部门职责。理顺多元化经营产权关系，完善管理制度，多元化企业主要经济指标呈现良好的增长态势。年底，启动兴义卷烟厂停产转型工作，并下达停产令。

【合作交流】 2010年，沙特阿拉伯 Gulf Pearl Est. for Trading Services 公司人员多次到公司访问，就贵州中烟向沙特阿拉伯出口中低档卷烟与进出口部进行了洽谈协商，双方合作进入实质性阶段。年底，第一批“黄果树（金时代）”卷烟正式向沙特市场出口。“黄果树（金时代）”是国内第一个通过沙特SASO认证并出口到沙特的卷烟品牌。

6月，公司与乌兹别克斯坦中方投资人就合作问题进行会谈，双方确定了合作的基本原则。6～8月，与进口丝束供应商美国Eastman公司、德国Rhodia公司及过滤嘴棒供应商Filtrona公司售后服务及技术人员进行了技术交流。

【人力资源管理】 干部队伍管理。2010年，公司制订《中层领导干部聘任管理办法》等制度，实行中层干部聘任制，建立和完善干部正常退任机制。实施中层干部的重大调整，任免干部40人次，其中新提24人，平职交流11人，转任非领导职务5人。完成公司中层干部及后备干部的考察推荐工作，确定处级后备干部26人。配合国家局完成公司领导班子年度考核和后备干部集中调整工作，确定公司副职后备干部6人。

劳动用工管理。公司制订《工作服配置管理办法（暂行）》、《高校毕业生录用和培养管理办法（暂行）》。对所属各卷烟厂和市场营销中心劳务派遣和劳务外包情况进行调研，规范和改进劳务用工管理。组织开展企业工时制度调查和企业劳动定员定额标准征求意见工作。完成公司审计派驻各卷烟厂人员的考核选聘。根据公司有关部门职责职能调整，完成计划部、生产部等8个部门相关岗位的竞聘上岗工作。全年招录大学毕业生85人，接收复退军人114人。

教育培训。完善教育培训体系，制订《教育培训学分管理办法》。组织公司内训师参加全国烟草行业优秀教学评比，有10个教学案例获奖；举办2期兼职内训师授课技巧培训，培训兼职内训师100名。完成培训课程开发149门；完成国家局烟草职业技能鉴定指导中心“卷烟修理工卷接题库”开发任务；编制《制丝设备知识手册》、《动力设备知识手册》和《动力设备操作维保经验手册》。加强干部及管理人员培训，选派5人参加国家局党校的学习，3人参加行业举办的MBA学习。全年组织各类培训290个班次，外出培训90个批次，累计培训20000人次，人均达到52个学时。

职业技能鉴定。举办首届卷烟商品营销职业技能竞赛，其中9人被授予“贵州中烟烟草技术能手”称号，5人通过国家局鉴定中心三级晋级资格鉴定。协助国家局鉴定中心在贵阳举办全国烟草行业职业技能鉴定题库评审会。全年共组织3个批次670人参加职业技能鉴定；完成6人高级职称评审推荐和38人中级职称认定工作。

用工分配制度改革。出台了《用工分配制度改革指导意见》，重新优化岗位设置方案，拟定员工成长通道设计方案。

【思想政治工作】 开展“创先争优”活动。公司组织实施“做‘贵烟’发展先锋队，当‘五个更加’排头兵”为主题的创先争优活动，创建“五个好”先进基层党组织、争做“五带头”优秀共产党员。制订《创先争优动态信息报送制度》，全年编发《创先争优简报》26期。

深入学习实践科学发展观活动。制订《“忠实践行宗旨、勤政廉政为民”教育巩固和扩大深入学习实践科学发展观活动成果的实施方案》，围绕重点开好一次会、抓好两次学习、开展三项活动等方面内容组织民主生活会。全年以支部为单位组织教育学习活动，受教育人数达7000余人次；副处级以上人员作党风廉政教育报告或上党课53场次，2000余人次参加。

政工管理体系建设。修订《政工工作考核办法》及《考核细则》，坚持月度自查、年度检查。组织开展党建政工问卷调研工作。完善《贵州中烟政研会章程》，调整政研会组织机构，发布政研课题，征集政研论文60余篇。2010年，公司政研会获得“思想政治研究工作优秀组织单位”称号。

【党风廉政建设】 公司进一步加强惩防体系建设，全面完成《工作规划》目标任务。积极推进明示与承诺制度的落实，加大《党风廉政建设责任追究制度》执行力度，把加强党风廉政和反腐倡廉教育、推进企业廉洁文化建设，与社会公德、职业道德、法制教育和企业文化建设结合起来。

加大“三重一大”监管力度，对领导干部特别是各级领导班子主要负责人执行党的纪律、贯彻落实科学发展观和廉洁从业等规定加大监督检查。完善领导干部报告个人有关事项制度，加强对资金和重大投资项目的审计。按照国家局有关烟草行业“六五”普法规划要求，制定公司“六五”普法规划，并贯彻落实。

【企业文化】 2010年，公司按照《企业文化三年发展规划》要求，推进企业文化建设落地。按照国家局的要求，于5月前全面完成企业文化视听走廊应用规范和VI视觉识别系统的推广应用工作，完成企业文化职工培训教材的编写和企业文化培训课件的开发。

进一步完善企业文化建设制度，加强内训师队伍建设。落实行为规范，强化企业行为识别，建立企业文化评价长效机制，推动企业文化的落地。

【“十一五”发展概要】 “十一五”时期，是贵州中烟实施“追赶”、“跨越”发展进程的五年。公司紧紧围绕“卷烟上水平”的目标任务，积极抢抓发展机遇，妥善应对各种挑战，不断夯实管理基础，大力推进科研创新，不断增强原料保障能力，快速提升装备水平，发展取得了一系列重大成就。在这五年间，公司综合实力快速提升，发展活力明显增强。

效益大幅增长。“十一五”时期，公司效益大幅增长。累计实现税利518.26亿元，与“十五”时期相比，增加290.77亿元，增长127.82%。

产销协调发展。累计生产卷烟5635.8亿支（1130.67万箱），比“十五”时期增加929.55亿支（185.91万箱），年均增长2.82%；累计销售卷烟5635.8亿支（1127.16万箱），比“十五”时期增加871.55亿支（174.31万箱），年均增长2.59%。

结构稳步提升。单箱产值从2005年的5365.50元提高到2010年的8457.40元，增加3091.90元，年均增长9.53%。

品牌发展壮大。累计销售“贵烟”145.6亿支（29.12万箱），比“十五”时期增加139.72亿支（27.94万箱），年均增长91.59%；销售“黄果树”3912.2亿支（782.44万箱），比“十五”时期增加2385.35亿支（477.07万箱），年均增长10.44%。

管理迈上新台阶。瞄准“达到行业先进管理水平”的目标，全面加强体系建设，大力推进精细化管理，初步实现从传统管理向科学管理的转变，企业科学管理水平明显提高。

【特事要辑】 5月20日，贵州省副省长孙国强到贵阳卷烟厂新厂考察并现场办公，了解设备安装、调试等情况。

6月18日，贵阳卷烟厂举办在线设备搬迁启动仪式，卷烟厂易地搬迁工作正式启动。

9月17日，贵州省委副书记、代省长赵克志到贵阳卷烟厂新厂调研。

同日，国家局副局长张辉到贵阳卷烟厂新厂考察。

9月28日，贵州省委书记栗战书到贵阳卷烟厂新厂调研，了解生产情况，要求企业为贵州经济发展做出更大贡献。

所属企业

贵州中烟工业有限责任公司贵阳卷烟厂

【概　况】 贵州中烟工业有限责任公司贵阳卷烟厂前身是始建于1940年的贵州烟草股份有限公司，1988年贵阳卷烟厂成立，2009年1月企业正式更名为贵州中烟工业有限责任公司贵阳卷烟厂，是贵州中烟工业有限责任公司的6家非法人卷烟生产企业之一。2010

年6月，贵阳卷烟厂启动了易地搬迁工作，11月新厂正式投入生产。截至年底，贵阳卷烟厂分为老厂（贵阳市区）和新厂（小河区）两个厂区，其中老厂区占地面积8.1万平方米，新厂区占地面积43.2万平方米。企业拥有2条6000千克/小时制丝线，1条3000千克/小时制丝线，1条4000千克/小时梗丝生产线，1条1140千克/小时膨胀烟丝生产线；32组高速卷接设备；32组高速包装设备。共有从业人员4161人，其中在岗员工3196人。

2010年，贵阳卷烟厂获得“2009年度省国资委基层党的建设工作考核”一等奖；厂原料物资科党委获得“省国资委系统‘五好’基层党组织”称号；厂团委获得省国资委系统企业共青团目标管理优秀奖及共青团工作创新奖。

【领导成员】 2010年9月，贵州中烟党组对贵阳卷烟厂领导班子进行了调整。

2010年9月前：

厂长、党委委员：王光举

副厂长、党委副书记：龙志远（主持党委工作）

副厂长、党委委员：陈　新

党委委员、纪委书记、工会主席：刘　晏

2010年9月后：

厂长、党委委员：王光举

副厂长、党委书记：龙志远

副厂长、党委委员：陈　新

纪委书记、党委委员、工会主席：刘　晏

副厂长、党委委员：彭黔荣

副厂长、党委委员：邢普亮

【卷烟生产】 2010年，企业主要生产“贵烟”、“黄果树”、“遵义”3个自有品牌。全年生产卷烟500.38亿支（100.08万箱），其中，生产一类烟26.65亿支（5.33万箱）、二类烟10.3亿支（2.06万箱）、三类烟113.69亿支（22.74万箱）、四类烟247.15亿支（49.43万箱）、五类烟102.59亿支（20.52万箱）。

企业万元产值综合能耗为37.68千克标煤/万元，万支卷烟综合能耗为7.8千克标煤/万支。烟叶、滤棒、盘纸平均消耗7.17千克/万支、1891支/万支、627米/万支。水、电平均消耗0.19吨/万支、9.95千瓦时/万支。

【新厂搬迁】 2005年8月，贵阳卷烟厂易地技改项目经国家局批准，在贵阳小河经济开发区启动贵阳卷烟厂新厂建设项目。2010年6月18日启动在线设备搬迁工作，11月20日完成全部30组卷接包设备、10组KDF2设备的搬迁、调试和试生产工作，及新厂工艺路径的选择、控制及现场操作站界面的设置。开展新厂新设备、新工艺、新技术的培训，完成18个品牌规格的转移，形成了新厂生产品牌的工艺标准。在“边建设、边搬迁、边调试、边生产”的情况下，12月22日，企业年产值首次突破100亿元大关，成为贵阳市第一家百亿元企业。

贵州中烟工业有限责任公司遵义卷烟厂

【概　况】 贵州中烟工业有限责任公司遵义卷烟厂始建于1978年，是贵州中烟工业有限责任公司的6家非法人卷烟生产企业之一。企业占地面积21万平方米，拥有从英国、德国、意大利等国家引进的先进卷烟生产设备200多台（套），其中，GDX2、PASSIM、FOCKE等设备具有世界先进水平。有烟叶醇化库9万平方米，年卷烟生产能力250亿支（50万箱）。共有从业人员1692人，其中在岗员工1502人。

【领导成员】 2010年9月贵州中烟党组对遵义卷烟厂领导班子进行了调整。

2010年9月前：

厂长、党委副书记：余　文

副厂长、党委书记：何莉琴

纪委书记、党委委员、工会主席：苟辉奇

副厂长、党委委员：徐光明

2010年9月后：

厂长、党委书记：余　文

纪委书记、党委委员、工会主席：苟辉奇

副厂长、党委委员：徐光明

副厂长、党委委员：万　陶

副厂长、党委委员：蒋成彬

调研员：何莉琴

【卷烟生产】 2010年，企业主要生产“贵烟”、“黄果树”、“遵义”3个自有品牌及“红塔山”、“红梅”2个合作生产品牌。全年共生产卷烟285.69亿支（57.14万箱），其中，生产二类烟4.78亿支（0.96万箱）、三类烟57.65亿支（11.53万箱）、四类烟223.26亿支（44.65万箱）；生产合作生产卷烟70亿支（14万箱），其中，生产“红塔山”45.03亿支（9.01万箱）、“红梅”24.97亿支（4.99万箱）。

企业万元产值综合能耗为28.27千克标煤/万元，万支卷烟综合能耗为4.5千克标煤/万支。烟叶、滤棒、盘纸平均消耗7.2千克/万支、2070支/万支、600

米/万支。水、电平均消耗 0.13 吨/万支、6.97 千瓦时/万支。

贵州中烟工业有限责任公司毕节卷烟厂

【概　况】 贵州中烟工业有限责任公司毕节卷烟厂前身是创建于1974年的毕节地区卷烟厂，2009年1月企业正式更名为贵州中烟工业有限责任公司毕节卷烟厂，是贵州中烟工业有限责任公司的6家非法人卷烟生产企业之一。企业占地面积32万平方米，拥有1条3000千克/小时制丝线、1条2500千克/小时制丝线、1条570千克/小时干冰膨胀烟丝生产线；11台（套）卷接机组；12台（套）包装机组等卷烟生产设备。年卷烟生产能力225亿支（45万箱）。共有从业人员1566人，其中在岗员工1259人。

2010年，毕节卷烟厂被国家体育总局评为“全民健身活动先进单位”。

【领导成员】 2010年9月，贵州中烟党组对毕节卷烟厂领导班子进行了调整。

2010年9月前：

党委书记、纪委书记：胡齐志

厂长、党委副书记：丁先文

副厂长、党委委员：冷启国

副厂长、党委委员：范丛军

党委委员、工会主席：卢　镝

2010年9月后：

厂长、党委书记：胡齐志

副厂长、党委委员：冷启国

副厂长、党委委员：范丛军

党委委员、工会主席：卢　镝

副厂长、党委委员：赵科文

纪委书记、党委委员：刘　刚

调研员：丁先文

【卷烟生产】 2010年，企业主要生产“贵烟”、“黄果树”2个自有品牌及“雄狮”、“大红鹰”、“白沙”3个合作生产品牌。全年共生产卷烟208.17亿支（41.63万箱）。生产一类烟0.75亿支（0.15万箱）、三类烟35.67亿支（7.13万箱）、四类烟166.82亿支（33.36万箱）、五类烟4.93亿支（0.99万箱）。合作生产卷烟91.67亿支（18.33万箱），其中，生产“雄狮”55.99亿支（11.2万箱）、“大红鹰”14.01亿支（2.8万箱）、“白沙”21.67亿支（4.33万箱）。

企业万元产值综合能耗为27.65千克标煤/万元，万支卷烟综合能耗为4.34千克标煤/万支。烟叶、滤棒、盘纸平均消耗7.09千克/万支、2070支/万支、604米/万支。水、电平均消耗0.23吨/万支、6.69千瓦时/万支。

【技术改造】 企业易地技改项目于2006年6月经国家局批复同意实施建设，设计规模为年产200亿支（40万箱），包括新建联合工房4.3万平方米、配置1条5000千克/小时的制丝生产线、配齐相应能力的公用工程、新建职工食堂1800平方米等，项目总投资控制在1.8亿元以内。2010年，企业易地技改项目主要实施了场平、挡土墙、联合工房桩基、联合工房及食堂、消防车房等4个单体、联合厂房网架工程等6项土建工程，其中3项已经完成，3项仍在建设。2010年开展的项目涉及金额9788万元。

贵州中烟工业有限责任公司贵定卷烟厂

【概　况】 贵州中烟工业有限责任公司贵定卷烟厂前身是始建于1952年的国营贵定卷烟厂，1983年6月纳入国家计划内卷烟厂，更名为贵定卷烟厂。2009年1月企业正式更名为贵州中烟工业有限责任公司毕节卷烟厂，是贵州中烟工业有限责任公司的6家非法人卷烟生产企业之一。企业占地面积31.56万平方米，拥有1条3000千克/小时德国HAUNI制丝生产线，白肋烟处理线、闪蒸梗丝膨胀线、SP31烟丝膨胀线各1条；8台（套）卷接机组；9台（套）包装机组。年卷烟生产能力150亿支（30万箱）。共有从业人员1138人，其中在岗员工770人。

【领导成员】 2010年9月，贵州中烟党组对贵定卷烟厂领导班子进行了调整。

2010年9月前：

副厂长、党委书记：尹志云

厂长、党委委员：马　亚

副厂长、党委委员：雷云泽

副厂长、党委委员：史永飞

2010年9月后：

厂长、党委书记：马　亚

副厂长、党委委员：史永飞

副厂长、党委委员：谭天兵

纪委书记、党委成员、工会主席：刘春荣

【卷烟生产】 2010年，企业主要生产“黄果树”、“遵义”2个自有品牌及“白沙”1个合作生产品牌。全年共生产卷烟126.95亿支（25.39万箱），其中，三类烟13.33亿支（2.67万箱）、四类烟43.77亿支

(8.75 万箱)、五类烟 69.85 亿支（13.97 万箱）；合作生产加工卷烟 13.33 亿支（2.67 万箱）。

企业万元产值综合能耗为 41.91 千克标煤/万元，万支卷烟综合能耗为 4.65 千克标煤/万支。烟叶、滤棒、盘纸平均消耗 7.16 千克/万支、1807 支/万支、638 米/万支。水、电平均消耗 0.19 吨/万支、6.06 千瓦时/万支。

贵州中烟工业有限责任公司铜仁卷烟厂

【概　况】 贵州中烟工业有限责任公司铜仁卷烟厂始建于 1977 年，其前身为铜仁县城关镇雪茄烟厂，1984 年 1 月纳入国家计划内企业，更名为铜仁雪茄烟厂。2009 年 1 月正式更名为贵州中烟工业有限责任公司铜仁卷烟厂，是贵州中烟工业有限责任公司的 6 家非法人卷烟生产企业之一。企业占地面积 8.18 万平方米，拥有 1 条 3000 千克/小时仿 HAUNI 制丝生产线；9 台（套）卷接机组；12 台（套）包装机组。年卷烟生产能力 75 亿支（15 万箱）。共有从业人员 577 人，其中在岗员工 516 人。

【领导成员】 厂长、党委书记：谭跃辉
副厂长、党委委员：陈　骏
纪委书记、党委委员、工会主席：杨　和
副厂长、党委委员：田应红
副厂长：刘开祥

【卷烟生产】 2010 年，企业主要生产“黄果树”、“桫椤”2 个自有品牌。全年共生产卷烟 55.01 亿支（11 万箱），其中，生产四类烟 17.64 亿支（3.53 万箱）、五类烟 37.37 亿支（7.47 万箱）。

企业万元产值综合能耗为 43.46 千克标煤/万元，万支卷烟综合能耗为 3.94 千克标煤/万支。烟叶、滤棒、盘纸平均消耗 7.14 千克/万支、1805 支/万支、640 米/万支。水、电平均消耗 0.23 吨/万支、7.94 千瓦时/万支。

贵州中烟工业有限责任公司兴义卷烟厂

【概　况】 贵州中烟工业有限责任公司兴义卷烟厂原是国务院 1991 年 10 月批准的国家计划内地方卷烟厂，其前身是作为贵阳卷烟厂分厂的兴仁县卷烟厂，1988 年 5 月易地黔西南布依族苗族自治州州府所在地兴义市区进行技术改造，1991 年 7 月技改结束投入生产。2009 年 1 月企业正式更名为贵州中烟工业有限责任公司兴义卷烟厂，是贵州中烟工业有限责任公司的 6 家非法人卷烟生产企业之一。企业占地面积 15.33 万平方米。拥有 3000 千克/小时国产制丝线 1 条，18 台（套）卷接设备，7 组 YJ22 包装设备和 2 组英国制造的 HLP250 硬盒包装机。年卷烟生产能力 75 亿支（15 万箱）。共有从业人员 301 人，全部为在岗员工。

【领导成员】 厂长、党委书记：刘凤文
副厂长、党委委员：李爱民
纪委书记、党委委员、工会主席：蒋先军

【卷烟生产】 2010 年，企业主要生产“黄果树”1 个自有品牌。全年共生产卷烟 20 亿支（4 万箱），其中，生产四类烟 3.82 亿支（0.77 万箱）、五类烟 16.18 亿支（3.23 万箱）。

企业万元产值综合能耗为 29.51 千克标煤/万元，万支卷烟综合能耗为 2.26 千克标煤/万支。烟叶、滤棒、盘纸平均消耗 6.72 千克/万支、1701 支/万支、640 米/万支。水、电平均消耗 0.13 吨/万支、6.79 千瓦时/万支。

（胡桂姜）

云南中烟工业公司

【概　况】 云南中烟工业公司于 2003 年 10 月 23 日登记注册，2004 年 1 月 1 日挂牌成立。2010 年 12 月 28 日，国家局下发《国家烟草专卖局　中国烟草总公司关于云南中烟工业公司改制更名和完善公司法人治理结构的批复》（国烟法［2010］450 号），批复同意云南中烟工业公司依法改制更名为云南中烟工业有限责任公司。下辖红塔烟草（集团）有限责任公司、红云红河烟草（集团）有限责任公司、云南中烟物资（集团）有限责任公司、云南烟草国际有限公司等 4 家全资子公司，云南烟草兴云投资股份有限责任公司、云南烟草机械有限责任公司 2 家控股子公司，以及云南烟草科学研究院、云南烟草教育培训中心 2 家直属事业单位。公司拥有总资产 1298.59 亿元，其中，固定资产 97.93 亿元、流动资产 801.27 亿元，资产负债率为 19.66%。共有从业人员 44890 人，其中在岗员工 21936 人。

2010 年，云南中烟工业公司被云南省政府授予“云南省退役士兵安置先进单位”、“爱国拥军模范单位”称号，被云南省总工会授予云南省“兴边富民工程”突出贡献奖，被共青团云南省委授予“2010 年重

点工作考核优秀单位”称号，被云南省教育基金会授予“支教助学突出贡献奖”。

【领导成员】 总经理、党组副书记：张水长（正厅级）（—2010.8）

总经理、党组副书记：朱绍明（正厅级）（2010.8—，之前任副总经理、党组成员）

副总经理、党组书记：柳万东（正厅级）

副总经理、党组成员：邱建康（—2010.4）

副总经理、党组成员：姚庆艳

纪检组长、党组成员：李新军

副总经理、党组成员：李穗明

副总经理、党组成员：李天飞

副总经理、党组成员：顾　波

副总经理、党组成员：李光林

副巡视员：李　斌

【机构设置】 公司本部内设办公室（外事办公室）、生产安全管理部、人力资源部、科技开发部、财务部、审计部、投资管理部、原料部、市场管理部、法律与改革部、党群工作部、纪检监察部、事务管理部（2010年3月由原行政管理部更名为事务管理部）共1室12部。

【卷烟生产经营】 2010年，公司共生产卷烟（含出口烟56.3亿支）3808.8亿支（761.76万箱），同比增长3.84%。省内卷烟厂生产3573.8亿支（714.76万箱），同比增长3.35%，其中，生产一类烟581.8亿支（116.36万箱），同比增长27.95%；二类烟30亿支（6万箱），同比增长91.69%；三类烟1714.8亿支（342.96万箱），同比增长10.80%；四类烟967.95亿支（193.59万箱），同比下降15.87%；五类烟279.25亿支（55.85万箱），同比下降3.46%。省外卷烟厂（新疆卷烟厂、乌兰浩特卷烟厂）生产235亿支（47万箱），同比增长11.9%。

全年对外品牌合作生产卷烟1120亿支（224万箱），同比增长18.27%。

全年实现销售收入1028.03亿元。省内企业实现税利689.99亿元，同比增长10.62%；实现归属于母公司所有者的利润67.55亿元。省外生产厂（新疆卷烟厂、乌兰浩特卷烟厂）实现税利25.08亿元，同比增长16.27%。公司三项费用率为9.28%。

全年万元产值综合能耗为10.93千克标煤/万元，同比下降15.12%，万支卷烟综合能耗为2.75千克标煤/万支，同比下降8.37%。平均消耗电5.42千瓦时/万支、水0.07吨/万支，同比分别下降4.96%、23.63%。

【主要产品】 *品牌发展规划*。2010年，云南中烟以行业“532”、“461”品牌发展规划为重要指引，确立了云南烟草工业“5331”品牌发展目标，即通过“十二五”或者稍长时间的努力，力争实现“红塔山”品牌销量500万箱、销售收入1000亿元，“云烟”品牌销量300万箱、销售收入1000亿元，“红河”品牌销量300万箱、销售收入500亿元，“玉溪”品牌销量150万箱、销售收入800亿元的目标。

在产品牌和规模。2010年，云南省内企业共生产15个品牌、86个规格（含出口产品）的云南品牌卷烟，分别为“玉溪”、“云烟”、“红塔山”、“红河”、“阿诗玛”、“红梅”、“新兴”、“红山茶”、“小熊猫”、“石林”、“福”、“茶花”、“钓鱼台”、“云宝”和“雪域”。全年云产品牌卷烟市场规模达到4845亿支（969万箱），“玉溪”、“红塔山”、“云烟”、“红河”销量分别达345亿支（69万箱）、1375亿支（275万箱）、860亿支（172万箱）和1105亿支（221万箱），均创历史新高，四大品牌销售集中度提高到76%，同比上升9.61%。

【品牌营销】 实施营销差异化战略，及时调整品牌市场布局，促进品牌特别是高档高端品牌销售，市场占有率稳步提升，全年销售云产烟10万箱以上的省份27个，1万箱以上的地市级公司240个，10万箱以上的地市级公司12个。与商业企业构建新型工商关系，完善品牌共育机制。组织召开大品牌发展战略研讨会、“卷烟上水平”工商协同座谈会和品牌合作生产衔接座谈会，意向性衔接2011年上半年卷烟销售计划538万箱。推进营销奖励实施方案落实，奖励优秀卷烟营销团队和个人。把现代物流建设作为核心工作，明确市场管理部负责履行工业公司物流管理职能。加强红塔集团、红云红河集团营销中心非法人实体建设。

【原料保障】 坚持以工业为主导、商业为主体、科技为主力，全面实施烟叶基地单元整县推进，品牌导向型烟叶基地建设在大灾之年上了新的水平。全年云南省内共落实65个烟叶基地县建设，调拨量33.6万吨（672万担）；在福建、贵州、江西、河南、黑龙江、广东省落实9个基地县，调拨量2.7万吨（54万担）；与重庆市局（公司）签订共建烟叶基地单元战略协议，初步确定2个基地单元。国家局层面整县推进共有4省10市10县15个基地单元，其中省内有6市6县11个基地单元，计划调拨量2.8万吨（56万担）。种植美国引进品种20万亩，计划收购量约3万吨（60万担）。在省内推广种植1500亩有机烟叶，示范种植1.7万亩绿色烟叶并制定发布有机烟叶、绿色烟叶云南省地方标准。通过改善余缺调剂、加大梗丝应用、推进薄片使用等有效手段，缓解原料供给的总量和结构性矛盾。完成2010年度烟叶工商交接工作，全省主产区烟叶工商交接上等烟比例为54.4%，等级合格率70.08%；中等烟比例为37.46%，等级合格率76.62%。

【技术创新】 完善技术创新制度，印发并实施云南中烟《科技计划项目管理办法》、《科技进步奖励办法》、《奖励突出贡献专业技术人才、科技创新优秀人才办法》、《科学技术成果评价办法》四项制度。加强云南烟草科学研究院和红塔集团、红云红河集团技术中心建设，中国烟草总公司烟草添加剂安全性测试中心和云南省烟草化学重点实验室获准在研究院设立。加大减害降焦工作力度，全省卷烟产品平均焦油量、一氧化碳释放量平均值均下降至12毫克/支左右。作为行业卷烟减害技术重大专项的试点品牌，“红塔山”、“云烟”品牌减害降焦工作方案获国家局批准实施，并开发储备一系列低焦油卷烟新品。

全年下达并实施工业公司科技计划项目85项，科技经费计划拨款7205万元，多项科技成果进入应用推广阶段，形成一批具有自主知识产权的专有技术和专利产品。公司全年获2010年度中国烟草总公司科技进步奖二等奖2项、三等奖2项；获云南省科技进步奖二等奖1项、三等奖3项；申请专利84项，获得授权专利67项。参与行业标准体系建设，制定、修订标准8项。

【多元化经营】 截至2010年年底，云南中烟工业公司及所属各卷烟集团、各直属单位共有多元化经营企业投资143项，剔除重复投资多元化经营企业因素对总户数的影响，云南中烟工业公司及所属各卷烟集团、各直属单位共投资多元化经营企业122户，投资总额235.89亿元。全年共取得投资收益15.9亿元，其中云南中烟本部投资收益6233万元、红塔集团14.34亿元、红云红河集团5769万元、云南烟草兴云投资股份有限公司2475万元、云南中烟物资（集团）有限责任公司1169万元。

【物资配套工作】 云南中烟物资（集团）有限责任公司主要从事全省烟草工业生产所需的卷烟材料、烟机零配件及仓储运输的经营业务；履行全省卷烟材料、烟机设备和零配件行政管理职能。下辖管理云南烟草机械有限责任公司1家企业；控股云南云成印务有限公司、昆明市官渡区大宗物资有限责任公司、云南卷烟材料厂大理三塔分厂等3家企业，参股云南铝加工厂、昆明中宇集装箱运输有限公司、北京云天酒店有限公司、大理市古榕会馆旅游有限责任公司、交通银行股份有限公司、中国太平洋保险（集团）股份有限公司等6家企业。公司拥有总资产27.14亿元，其中，固定资产1.65亿元、流动资产23.31亿元，资产负债率为45.11%。

全年物资公司实现主营业务收入98.80亿元。实现税利2.86亿元，其中利润2.16亿元。

全面实现卷烟材料价格的统一；研究制订全省烟草工业系统物资招标采购的具体实施办法，基本实现了13大类卷烟材料招标采购；改革供应商资质认证办法，实行三年一周期的等级认证制度，组织对香精香料、内衬纸、框架纸、包装膜的供应商进行统一认证。完成两个标准的制定，编印《烟用材料知识大全》。建成全省统一规范、在全国具有示范性的烟机零配件编码体系，并随ERP系统上线运行，全面推广运用。

调整设立设备管理部；拟定云南中烟《设备管理规定》和《设备管理实施办法》；组织全省烟草工业年度设备管理检查考核和表彰奖励，将设备检查考核统一纳入到云南中烟检查考核体系。全年全省烟草工业设备完好率为100%、卷包设备有效作业率为89.51%、制丝线故障停机率为0.37%，分别超额完成目标值98%、85%、1%。

【国际业务】 云南烟草国际有限公司（简称国际公司）成立于2006年12月14日，是云南中烟工业公司的全资子公司，注册资本4亿元人民币。国际公司是全国烟草工业系统第一家从事外贸业务经营的公司，独家经营云南卷烟工业企业的卷烟、烟丝、烟草专用机械设备和零配件及其他烟用辅料出口；烟丝、丝束、烟草专用机械设备和零配件及其他辅料进出口配套服务，烟草经济技术交流与合作等业务。国际公司拥有总资产15.35亿元，其中，固定资产229万元、流动资产15.32亿元，资产负债率为62.80%。

全年实现进出口总值1.42亿美元。实现销售收入20.72亿元，同比增长34.38%。实现利润9404万元，同比增长3.93%。公司三项费用率为4.22%。

全年一般贸易出口卷烟55.38亿支（混合型32.23亿支、烤烟型23.15亿支），同比增长24.72%，占全国卷烟出口总量的27%，位居全国第二位。境外生产卷烟56.31亿支，同比增长35.77%，占全国卷烟境外生产总量的26%，位居第二位，其中香港红塔生产25.36亿支、老挝红塔生产19.33亿支。境外生产的卷烟中，“红塔山”占总量的24.33%、“MARBLE”占21.33%。出口烟丝3673吨。执行烟机设备出口合同8个。执行烟机设备进口合同38个，实现收入972万元；非专卖仪器进口实现收入292万元；内贸采购丝束并销售2.23万吨；辅料进口4045吨；出料加工复进口项目下出口烟末2715吨，进口烟草薄片1756吨。

多个境外项目稳步推进并取得实质性进展。红云红河集团授权“红河”品牌（混合型）在缅甸生产的项目完成前期准备工作。对老挝追加投资的项目已组织完成考察调研工作，并提报详细调研报告。红塔集团在阿根廷、伊朗、越南组建合资公司项目，以及在澳门新建制丝、卷烟加工、出口基地项目已组织完成项目申报工作。配合缅甸果敢烟厂恢复了正常的生产与经营。组织开展对伊朗烟草市场的专题研究项目。

【基础管理】 以预算管理、贯标、对标、基层创优四项工作为重点，提高基础管理和基层建设水平。各单位开展“预算管理年”活动，把预算管理作为加强管理、提升管理水平的重要手段，有效控制成本费用。全年成本总额增幅为5.96%，低于收入增幅2.96%；销售成本率为26%，同比下降0.6%。开展质量管理体系建设，基本搭建起企业基础管理平台和综合管理体系。制定对标工作重点，实施对标考核奖励方案。开展创建优秀基层单位活动，以试点单位为重点开展检查考评，健全指标评价体系和奖励考核机制。推行审计委派制，委派了驻各所属单位审计办公室负责人。办事公开民主管理逐步深化，工业公司办事公开民主管理试点单位工作获得中华全国总工会检查组好评，红塔集团和红云红河集团获“云南省厂务公开民主管理工作先进单位”称号。

【信息化建设】 完善各项管理制度，印发公司《网站管理办法》、《CA数字证书管理办法》、《信息系统运行维护及安全管理规定》、《计算机信息系统保密管理暂行规定》等制度。加快实施信息化工程建设，以行业卷烟生产经营决策管理系统为重点，工业公司CA安全认证体系架构基本搭建，ERP系统一期和人力资源系统建设工程顺利推进，用友NC5.0财务核算软件实现上线运行；红塔集团ERP系统应用进一步深化，红云红河集团ERP系统项目获准建设。

【人力资源管理】 改进干部选拔任用工作，制定工业公司贯彻深化干部人事制度改革规划纲要的实施意见，完成所属单位领导班子、领导干部年度考核及后备干部集中调整工作。大规模开展教育培训工作，全年系统举办培训班1555期，培训员工7万人次以上。评审通过中级专业技术职务102人，向国家局推荐评审高级专业技术职务25人，实施职业技能鉴定2070人。举办第七届云南中烟系统职业技能竞赛暨第二届卷烟商品营销职业技能竞赛，1人获“全国技术能手”称号，4人获“全国烟草技术能手”称号，25人获“云南中烟技术能手”称号。落实离退休人员“两项待遇”，举办系统离退休人员文艺汇演。树立和宣传先进典型，有2人被授予“全国劳动模范”称号，1个集体获“云南省五一劳动奖章”。

云南烟草教育培训中心。云南烟草教育培训中心（云南烟草学校）原名云南烟草工业干部学校，始建于1983年，1986年经云南省教育厅、省计划委员会批准为全日制普通中等专业学校，1989年开始面向全省招收全日制中专生，2000年9月更名为云南烟草教育培训中心。2010年共组织完成烟草系统各类培训班106期，培训8128人次。

云南中烟工业公司特有职业（工种）职业技能鉴定站。鉴定站于2007年10月由国家人力资源和社会保障部批准设立。2010年，鉴定站通过了人力资源和社会保障部的职业技能鉴定机构质量管理体系认证。全年共组织报名1604人，涉及15个工种、5个等级，组织实施鉴定1154人，获证人数601人，其中高级技师4人、技师60人、高级工277人。

【思想政治工作】 *提高职工思想政治素质*。把学习贯彻党的十七届五中全会精神作为重要政治任务深入开展。在全系统党的基层组织和党员中深入开展创先争优活动，构建以“四进”为重点的“两个至上”长效机制，凝聚力量、激发活力，取得明显实效。各单位努力构建具有自身特色的文化架构体系，推进企业文化建设走向深入，红塔集团和红云红河集团被国家局授予“全国烟草行业企业文化建设先进单位”称号，物资集团发布了企业文化建设阶段性成果。

党风廉政建设。全系统惩防体系建设进一步推进。组织清理了工业公司成立以来涉及党风廉政建设和反腐倡廉建设的18项制度规定。2010年，工业公司及所属单位开展廉政文化活动32次，参与2902人次；开展廉政讲课20次，听课1717人次；开展警示教育59次，观看廉政警示电教片2部。各级纪检监察部门参与招投标、商务谈判、物资采购等活动的廉政监督213次。参与干部选拔任用廉政考察72人次，考察谈话241人次，廉政谈话144人次。

【“十一五”发展概要】 “十一五”期间，云南中烟工业公司坚持以科学发展为第一要务，以“做精做强做大品牌、做实做强做大企业”为发展思路，以品牌发展、原料保障、技术创新、市场营销、基础管理、队伍建设为重要支撑，砥砺奋进，奋力拼搏，推动云南烟草工业进入了历史最好的一个发展时期。

经济增长实现巨大跨越。实现税利连续五年增长，连续跨越400亿元、500亿元、600亿元大关。2010年实现税利比“十五”末增长58.6%；单箱税利增加3965元；对外品牌合作生产将近翻番。“十一五”期间，省内企业累计生产卷烟比“十五”期间增加327万箱；销售卷烟增加297万箱；实现工业增加值增加1285亿元；实现总税利增加1107亿元。

体制改革取得重大突破。省内卷烟工业企业“3变2”联合重组成功实施，原红河集团昭通卷烟厂并入红塔集团，原红云集团和原红河集团（除昭通卷烟厂）组建成立红云红河集团。物资集团和烟机公司重组设立，国际公司和职业技能鉴定站新设成立。理顺了工业公司资产管理关系，构建三级母子公司体制，所属企业现代公司制改造、现代企业制度建设、法人治理结构健全任务全面完成。

品牌竞争力大幅增强。品牌结构调整向纵深推进，资源快速向“红塔山”、“玉溪”、“云烟”和“红河”四大品牌聚集，2010年省内生产内销卷烟品牌10个，比“十五”末减少16个；平均单牌号产量增加46万箱。品牌结构持续上移，省内卷烟企业一类烟销量占比达到16%以上。四大品牌商业销量、商业销售收入均跻身行业前列。品牌结构优化升级对经济增长的贡献度达到70%左右。

原料基础进一步夯实。以基地、品种双优化为核心的原料差异化战略逐年推进，原料基地建设“良种、良区、良法”的要求得到较好落实，基地县品种结构得到进一步优化配置。有机烟叶、绿色烟叶研发取得初步成效，原料基地化供应比例超过国家局要求，原料综合利用率有新提高，原料保障能力显著增强。

技术创新迈出较大步伐。10个重点科技专项启动推进，多个项目取得重大突破，多项科技成果进入应用推广阶段。“十一五”期间，全系统累计投入科技经费22亿元以上；申请专利348项，已获授权165项；有36项科技成果获省部级以上奖励，123项科技成果获工业公司科技进步奖。承担完成标准制定、修订项目28项，参与完成标准制定、修订项目32项。2010年底卷烟焦油含量比“十五”末下降1.19毫克/支。投资上百亿元实施15个重大技术改造项目，卷烟生产装备技术水平进一步提高。

市场营销水平显著提升。年销售云产烟10万箱以上的省份从2006年的22个增加到2010年的27个，1万箱以上的地市级公司从199个增加到240个，10万箱以上的地市级公司从8个增加到12个。

【特事要辑】 1月16日，云南省委、省政府召开烟草工作座谈会，提出云南烟草要再接再厉、勇创佳绩，再上新台阶。云南省委书记、省人大常委会主任白恩培，省委副书记、省长秦光荣出席会议并讲话。

4月14~17日，国家局局长姜成康在云南烟草调研。期间，姜成康一行先后考察玉溪卷烟厂、红河卷烟厂并听取云南中烟的工作汇报。云南省委副书记、省长秦光荣，副省长曹建方一同调研。

6月3日，云产卷烟大品牌发展战略研讨会在昆明召开。云南省副省长曹建方致辞，国家局副局长何泽华讲话。

7月27日，云南中烟工业公司工会第二次代表大会召开。

8月19日，云南中烟召开会议，宣布国家局关于云南中烟主要领导调整的决定：朱绍明同志任云南中烟工业公司总经理、党组副书记；张水长同志不再担任云南中烟工业公司总经理、党组副书记职务。国家局副局长张保振、云南省副省长曹建方出席会议并作重要讲话。

10月11日，国家局批复同意在云南烟草科学研究院设立中国烟草总公司烟草添加剂安全性测试中心。

11月9日，云南中烟“卷烟上水平”工商协同座谈会在昆明召开。云南省副省长曹建方、国家局副局长何泽华出席会议并致辞。

11月17日，正在老挝进行友好访问的云南省委书记、省人大常委会主任白恩培、副省长曹建方一行，到红塔集团控股的老挝寮中红塔好运烟草有限公司考察指导工作。

11月25日，云南中烟品牌合作生产衔接座谈会在云南玉溪召开。国家局副局长李克明，云南省副省长曹建方、副秘书长蒋兆岗等领导参加会议。

所属企业

红塔烟草（集团）有限责任公司

【概　况】 红塔烟草（集团）有限责任公司（简称红塔集团）于2005年12月2日由玉溪红塔烟草（集团）有限责任公司（1995年组建）更名重组而成。截至2010年年底，红塔集团以母分公司形式拥有云南省内玉溪卷烟厂、楚雄卷烟厂、大理卷烟厂、昭通卷烟厂等4家不具有法人资格的卷烟生产厂；控股海南红塔卷烟有限责任公司、红塔辽宁烟草有限责任公司、香港红塔国际烟草有限公司、老挝寮中红塔好运烟草有限公司；参股吉林烟草工业有限责任公司；拥有云南红塔集团有限公司和云南红塔烟叶物资有限责任公司2个全资子公司。总资产735.05亿元，其中，固定资产66.7亿元、流动资产398.35亿元，资产负债率为18.62%。共有在岗员工9688人（含玉溪、楚雄、大理、昭通卷烟厂），其中，博士研究生学历9人、硕士研究生学历176人、大学本科学历1987人；专业技术资格人员3700人。

2010年，红塔集团在中国企业联合会、中国企业家协会发布的“2010年中国企业500强”中排名104位，位居烟草行业第一名；被国务院国有资产监督管理委员会表彰为“2009年重点企业信息报送先进单位”；被中国质量协会、中华全国总工会等单位命名为“2010年全国质量管理小组活动优秀企业”；“红梅HONGMEI及图”商标被国家工商行政管理总局商标局认定为中国驰名商标；《红塔集团志》被云南省地方志编纂委员会授予“云南省地方志系统首届十佳成果奖”。

【领导机构】 董事会

红塔集团第二届董事会（任期至2010年4月）

董事长：柳万东

董　事：李新军　李穗明　李天飞　周少南　张　峻　孙　玲　张国良　谢昆或　蒋顺华　李剑波

红塔集团第三届董事会（2010年4月起任）

董事长：柳万东

董　事：李穗明　李天飞　谢昆或　董翠珍　孙　玲　叶宗强

监事会

红塔集团第二届监事会（任期至2010年4月）

主　席：曹　航

监　事：施永超　魏琼仙　赵建华　杨　柱

红塔集团第三届监事会（2010年4月起任）

主　席：曹　航

监　事：文华玖　金　航　施永超　杨　柱

经理层

总　裁：李穗明

副总裁：谢昆或　张国良　蒋顺华　葛孚明　李剑波　王　勇　张建华　金亦斌（2010.4—，之前任总裁助理）

财务总监：张　萌

集团巡视员：张国良

集团调研员：官润芬（—2010.9）

党委会

党委书记：谢昆或

党委副书记、纪委书记：施永超

党委委员：柳万东　李穗明　曹　航　李德贤　吕子军　吕　坚　王敏慧　夏开元　赵　明（—2010.8）

工会主席：曹　航

【机构设置】 红塔集团本部设办公室、人力资源部、党委工作部、经济运行部、财务部、装备技术部、安全生产委员会（办公室）、纪检监察办公室、集团工会共9个部门，市场营销中心、技术中心、生产制造中心、物资采购中心（对外称“云南红塔烟叶物资有限责任公司”）4个中心。

【卷烟生产经营】 2010年，红塔集团境内外卷烟总产量（集团省内四厂内销与出口、合作生产、境外生产）2663.5亿支（532.7万箱）。

集团省内玉溪、楚雄、大理、昭通4个卷烟厂共生产卷烟1758.6亿支（351.72万箱），同比增长3.6%。生产内销卷烟1714.5亿支（342.9万箱），同比增长3%，其中一类烟347.45亿支（69.49万箱），同比增长34.25%；二类烟10.4亿支（2.08万箱），同比增长292.45%；三类烟910.6亿支（182.12万箱），同比增长7.9%；四类烟311亿支（62.2万箱），同比下降27.95%；五类烟135.05亿支（27.01万箱），同比增长5.96%。生产出口卷烟44.1亿支（8.82万箱），同比增长33.84%。

全年境内外销售卷烟（集团省内四厂内销与出口、合作方销售、回购销售、境外加工生产销售）2601.95亿支（520.39万箱）。

集团省内四厂内销卷烟销量为1673.75亿支（334.75万箱），同比增长1.64%，其中一类烟336.6亿支（67.32万箱），同比增长28.89%；二类烟9.5亿支（1.9万箱），同比增长578.57%；三类烟875.15亿支（175.03万箱），同比增长5.73%；四类烟310.05亿支（62.01万箱），同比下降27.75%；五类烟142.45亿支（28.49万箱），同比增长11.9%。出口卷烟销量43.2亿支（8.64万箱），同比增长35.21%。

全年集团本部及省内四厂实现销售收入442.51亿元，同比增长9.97%。实现税利340.68亿元，同比增长13.48%，其中利润31.62亿元。三项费用率为11.32%。

控股企业红塔辽宁烟草有限责任公司生产、销售卷烟均为265.3亿支（53.06万箱），同比增长

1.92%；实现税利31.17亿元，其中利润3.28亿元。海南红塔卷烟有限责任公司生产卷烟87.5亿支（17.5万箱），销售卷烟86.55亿支（17.31万箱）；实现税利8.31亿元，其中利润1.08亿元。

全年集团卷烟品牌实现合作生产852.3亿支（170.46万箱），同比增长25.71%。

全年万支卷烟综合能耗为2.61千克标煤/万支，平均消耗烟叶6.22千克/万支、滤棒1672支/万支、盘纸605米/万支、水0.06吨/万支、电4.82千瓦时/万支。

【主要产品】 2010年，红塔集团新开发"红塔山（硬恭贺新禧）"和"玉溪（硬8090）"。全年"玉溪"品牌卷烟生产361.2亿支（72.24万箱），同比增长33.01%，云南省内商业销售19.6亿支（3.92万箱），同比增长83.78%；省外商业销售324.1亿支（64.82万箱），同比增长29.35%；出口10.45亿支（2.09万箱），同比增长1.95%；境外生产3.6亿支（0.72万箱），同比增长20%。"红塔山"品牌卷烟生产1457.6亿支（291.52万箱），同比增长31.28%，其中合作生产526.5亿支（105.3万箱），同比增长90.59%；省内商业销售154.75亿支（30.95万箱），同比增长40.65%；省外商业销售1217.55亿支（243.51万箱），同比增长26.58%；出口3.55亿支（0.71万箱），同比增长10.94%；境外生产13.7亿支（2.74万箱），同比增长166.02%。

【品牌营销】 *品牌发展规划。*2010年，围绕国家局提出的"532"、"461"发展目标，红塔集团提出了"51518"品牌发展目标，即到2015年，"红塔山"实现年销量500万箱，"玉溪"实现年销量150万箱；"红塔山"年商业销售收入达到1000亿元，"玉溪"年商业销售收入达到800亿元。

2010年，红塔集团紧紧围绕品牌发展目标，聚焦"高端品牌要有影响力，处于强势地位；中端品牌要争第一，处于引领地位；国际市场要有新突破，处于领先地位"的思路，持续深化工商协同营销，全面分解落实品牌发展目标，高度关注市场变化，卷烟销售规模稳步扩大，产品结构持续提升，品牌竞争力明显增强。

*市场拓展。*确立以"玉溪（软）"和100元/条以上价位"红塔山"市场培育为主的品牌营销思路，加大"玉溪（软）"、"红塔山（经典100）"、"红塔山（经典150）"的市场拓展力度，"玉溪"、"红塔山"品牌规模、结构进一步提升。深化协同营销工作，2010年与青海、浙江、广东3省签订品牌发展战略规划协议，省级协同营销战略合作伙伴达到26个。

*新产品上市。*在全国部分市场完成"玉溪（软和谐）"、"红塔山（硬经典150）"、"红塔山（硬国际100）"、"红塔山（硬恭贺新禧）"4个新品的上市导入工作。

【原料保障】 全年共落实烟叶采购计划29.47万吨（589.41万担），签订合同175份，在全国7个省41县建立了品牌导向型烟叶基地单元，其中在9个县整县推进现代烟草农业基地单元建设。建立"红塔"品牌导向型烟叶基地单元，"K326"种植比例达到60.73%，占全年采购计划的87.1%，以云南为主、覆盖全国主要优质烟区的"红塔"品牌导向型基地单元建设新格局初步形成。深化烟叶资源配置方式改革，探索从"大基地"到"小单元"的转化，"红河"泸西金城基地单元成为全国的标杆，普洱市宁洱县勐先生态特色烟叶基地建设取得明显成效。继续推广打叶复烤特色工艺，扩大83级工业分级和模块配方打叶规模，不同产地、类型、等级原料的互补性、可用性和使用价值得到提高。全年烟用物资采购成本同比下降4937万元，库存资金占用得到有效控制，烟用物资采购入库合格率明显提高。

【辅料生产供应】 2010年，红塔集团玉溪、楚雄、大理、昭通卷烟厂共有烟用物资合格供应商291家，供应商分布在云南、四川、重庆、广东、广西、浙江等地。全年省内四厂共采购卷烟纸8373吨、接装纸5909吨、包装纸91.94亿张。

【技术创新】 2010年，红塔集团技术中心围绕减害降焦和消费者吸食口味变化两条主线，坚持中式卷烟发展方向，抓好重大专项研究，在产品研发、原料研究、减害降焦、薄片与梗丝应用研究、增香保润等方面取得阶段性成果。全年申请专利34项（发明专利10项，实用新型专利17项，外观设计专利7项），获授权专利12项（实用新型专利8项，外观设计专利4项）。发表科技论文43篇（国内核心期刊40篇，国际重要期刊SCI源刊3篇）。参与制定烟草行业标准2项，完成红塔集团企业标准制定（修订）50项，部门级标准制定（修订）18项。2010年，获国家科技进步奖二等奖1项、中国烟草总公司科技进步奖一等奖1项、云南省科技进步二等奖1项、云南中烟工业公司科技进步奖13项。

【多元化经营】 云南红塔集团有限公司是红塔烟草

（集团）有限责任公司的全资子公司，负责红塔集团多元化经营管理工作，投资项目涉及能源、交通、金融、化工、酒店房地产、医药、建材机电、汽车等多个领域。截至2010年年底，云南红塔集团有限公司参与投资项目70个，总投资额164.14亿元，涉及金融证券、能源交通、酒店房地产、烟草配套及材料等行业。“十一五”期间，云南红塔集团有限公司实现主营业务收入1281.59亿元；实现税利458.37亿元，其中利润369.94亿元；集团本部累计获得投资收益25.42亿元。

【技术改造】 2010年，红塔集团共开展技改项目286项（不含追加），其中装备技术部负责131项，省内四厂负责155项。“中烟—施伟策再造烟叶”项目稳步推进，项目审批已完成，合资双方就合同内容、企业架构、经营班子成员、建设期组织机构等达成一致。楚雄卷烟厂易地技改项目一期土建主体工程基本完成，原烟分选车间、原烟堆放场和消防经警楼已交付使用，综合办公楼、联合工房正在进行内外部装修。大理卷烟厂就地技改项目开工建设，截至年底，已完成卷包联合工房一期土建主体工程大部分施工工作。新建元江片烟醇化库项目完成场地平整，达到主体工程施工进场条件。玉溪卷烟厂复烤车间易地搬迁技术改造及新建烟叶存储仓库项目正式启动。

【企业管理】 标准化管理。持续开展“三标一体”管理体系建设、创建AAAA级“标准化良好行为企业”、对标和创优等基础管理活动。4月6日，发布实施《集团标准化规划（2010～2015）》。重视参与行业标准的制定、修订工作。8月18日，发布实施《红塔集团标准化技术委员会章程》。

对标管理。完善对标体系，结合工作实际，建立部门层面的对标指标187项。制订《红塔集团2010年对标工作实施方案》、《对标管理工作考核管理办法》。全年，在行业公布的42项对标指标中，与2009年相比，集团有24项指标有明显改善。

质量管理。持续开展“深化质量管理体系建设”工作，围绕“降低产品市场投诉率，为市场消费者提供高质量卷烟产品”主题，启动产品质量安全管理体系构建专项工作。持续推进全面质量管理，QC小组活动成效显著，获全国烟草行业QC成果一等奖1项、三等奖1项。

【人力资源管理】 深化用工分配制度改革，修订集团《绩效管理基本制度》、《岗位管理办法》、《薪酬管理办法》等管理制度，拟定《员工岗位任职考核指导意见》，努力实现身份管理向岗位管理转变。加强员工职业通道建设，截至年底，已在品牌管理、原料保障和设备维修3个序列的5个专业建立职业发展通道和相应的技能工资体系。全年共开展各类培训678项，3.45万人次。举办第二届“红塔杯”烟机设备维修职业技能竞赛和首届卷包设备操作工技能竞赛，3人获“全国烟草技术能手”称号，7人获“省级烟草技术能手”称号。

【纪检监察】 加强党风廉政建设，制订《关于2010年节日期间严格遵守廉洁自律规定的通知》和《红塔集团重大工程项目监督管理实施办法（暂行）》等10项党风廉政制度规定。加强廉政监督，全年纪检部门对工程项目、物资采购、宣传促销招投标和新员工招聘等活动实行廉政监督975次，签订《工程建设廉政责任书》828份；对各业务部门和省内四厂的招投标项目、中标情况以及采购方式、供应商选定和采购物资种类等近200项信息进行公示；对拟提拔任用的49人提出廉政审核意见。有针对性地对履行工程项目、物资采购、市场营销等重点部位和关键环节的工作人员开展岗位廉政教育，全年组织观看《忏悔与警示》、《算一算七笔账》、《慎交友警示录》等警示教育片69场次；组织参观廉政警示教育基地，召开廉政教育专题报告会、廉政座谈会，编发廉政短信，举办廉政知识竞赛和讲座，廉政教育覆盖党员干部5100余人次。

【企业文化】 继续深入推进母子文化建设。楚雄、大理、昭通卷烟厂分别完成文化子系统的提炼工作，至此，集团所有全资、控股企业均已建立起与集团母文化相匹配的文化子系统。深化红塔文化宣贯，围绕红塔文化理念体系和文化子系统，组织集团内训师，赴各全资、控股企业和各职能部门进行宣讲、培训50多场，覆盖面达95%以上。行业行为规范建设试点工作进展顺利，共建立起15个类别的职业行为规范和8个窗口岗位行为规范，提炼形成《红塔集团员工行为规范手册》。完成中国烟草企业文化系列丛书红塔案例《山高人为峰——红塔文化管理最新发展》的编撰。

【“十一五”发展概要】 “十一五”期间，红塔集团经历国家局“卷烟上水平”大战略调整，经历云南烟草工业“3变2”大变革，经历从“十五”期间以来连续8年产销量下滑的大考验。面对各种困难和挑战，红塔集团以科学发展观为指引，紧跟行业改革步伐，坚持解放思想，转变观念，抓住机遇，提出“做精做强‘玉溪’，做强做大‘红塔山’，做实做稳‘红梅'"的品牌发展战略，迈出"止跌"、"回升"、"加快发展"三大步。"十一五"期间，红塔集团生产卷烟10585.75亿支（2117.15万箱），商业销售卷烟10163.3亿支（2032.66万箱）；重点品牌实现高速增长，其中"玉溪"品牌年销量从2005年的85.15亿支（17.03万箱）增长到2010年的346.65亿支（69.33万箱），"红塔山"品牌从183.25亿支（36.65万箱）增长到1386.85亿支（277.37万箱），"红梅"品牌从626亿支（125.20万箱）增长到744.2亿支（148.84万箱）。按省内合并统一口径，"十一五"期间集团共实现税利1351亿元，比"十五"期间增加529亿元，增长64.34%，年均增幅14.81%。

【特事要辑】 3月10日，由德国Hauni公司首席执行官Christopher、副总裁Gunnar Jans、远东公司总裁Florian一行10人组成的代表团访问红塔集团，与红塔集团就设备和技术等方面的合作进行交流。

3月16日，意大利G.D公司董事局主席Isabella Seragnoli一行访问红塔集团，与红塔集团就设备和技术等方面的合作进行交流。

4月1日，越南经销商代表团参观访问红塔集团。

4月9日，俄罗斯涅瓦烟草公司董事长、总经理阿列克·阿米拉诺夫一行访问红塔集团，并表达合作意向。

4月13日，云南省副省长曹建方到红塔集团调研。

4月14日，国家局局长姜成康到红塔集团调研。

4月27日，红塔集团总裁李穗明获"全国劳动模范"称号。

5月12日，国家局副局长何泽华到昭通卷烟厂调研。

7月1日，阿富汗驻京参赞雅玛·阿克拉米一行访问红塔集团。

7月14日，尼泊尔高级警官代表团到红塔集团参观。

8月5日，国家局副局长张辉到大理卷烟厂调研。

8月18日，国家局副局长张保振到红塔集团调研。

9月2日，驻国家局纪检组组长潘家华检查楚雄州姚安县红塔集团栋川现代烟草农业基地单元建设情况。

10月13日，云南省副省长曹建方到红塔集团楚雄卷烟厂调研。

10月22日，南洋兄弟烟草公司董事长钱毅到红塔集团参观考察。

11月16日，朝鲜妙香集团社长朱永善一行到昭通卷烟厂参观考察。

12月9日，国家局副局长何泽华到大理卷烟厂调研。

12月16日，云南省副省长曹建方到红塔集团检查消防安全工作。

红塔烟草（集团）有限责任公司所属生产厂

红塔烟草（集团）有限责任公司玉溪卷烟厂

【概　况】 红塔烟草（集团）有限责任公司玉溪卷烟厂始建于1956年，1995年9月玉溪红塔烟草（集团）有限责任公司组建，玉溪卷烟厂成为其核心成员企业，2007年7月，玉溪卷烟厂取消法人资格，成为红塔集团下属生产厂。企业厂区占地面积46.9万平方米，拥有打叶复烤线4条，制丝生产线5条，梗丝生产线2条，水法膨胀烟丝生产线1条，卷接包装机组82台（套），滤棒成型设备32台，年卷烟生产能力1250亿支（250万箱）。共有在岗员工3034人，

2010年，玉溪卷烟厂获云南省政府"2009年度全省节能工作节能优秀奖"、"内部治安保卫工作先进集体"，卷包二车间被中华全国总工会授予"模范职工小家"称号。

【领导成员】 厂长、党委书记：夏开元

常务副厂长、党委副书记：马云参

副厂长、党委委员：李向东

副厂长、党委委员：司武元

纪委副书记、党委委员、工会副主席：张树荣

厂长助理：乔正荣

厂长助理：王金良

厂长助理：潘明（2010.3—，挂职）

【卷烟生产】 2010年，企业生产卷烟（含出口）989.75亿支（197.95万箱），同比增长3.92%。生产内销卷烟947亿支（189.4万箱），其中一类烟347.14亿支（69.43万箱）、二类烟10.28亿支（2.06万箱）、三类烟400.97亿支（80.19万箱）、四类烟53.56亿支（10.71万箱）、五类烟135.04亿支（27.01万箱）。生产出口卷烟42.78亿支（8.56万箱）。生产"玉溪"356.96亿支（71.39万箱）、"红塔山"414.45亿支（82.89万箱）、"红梅"188.60亿支（37.72万箱）、"马宝"13.30亿支（2.66万箱）、"新兴"4.25亿支（0.85万箱）、"阿诗玛"11.50亿支（2.30万箱），代加工"威斯"0.71亿支（0.14万

箱）。

全年企业万支卷烟综合能耗为2.53千克标煤/万支，平均消耗烟叶6.21千克/万支、滤棒1673支/万支、盘纸607米/万支、接装纸0.32千克/万支、商标500张/万支、水0.045吨/万支、电4.67千瓦时/万支。

【复烤加工】 复烤车间全年复烤加工烟叶10.09万吨（201.79万担），产出片烟7.43万吨（148.63万担），打叶复烤出片率同比提高4.95%；打叶复烤出梗2.09万吨，出梗率同比下降4.55%；成品水分合格率99.91%，同比提高0.03%。

【技术创新】 全年申报红塔集团科技进步奖66项，获奖54项，其中5项参加云南中烟项目鉴定；征集论文60篇，22篇论文受云南烟草学会表彰，其中一等奖3篇，二等奖5篇，三等奖14篇；申报专利23项，6项专利获得国家知识产权局实用新型专利授权。

【创建优秀卷烟工厂】 提出创建优秀卷烟工厂活动提升方案，以实现“4个新突破”和推进“6个精细化”作为根本手段，对“创优”指标进行分类管理，重点突破，完成好保障型指标，控制好风险型指标，提升稳步推进型指标，力创行业领先性指标。2010年，“创优”10项主要经济技术指标全部达标，2项指标达到行业先进水平，3项指标优于行业先进水平。

【品牌生产技术支持】 协助集团制造中心做好品牌合作生产厂家的设备改造和备件准备工作，并提供相应技术支持，全年共派遣32人次到全国9家卷烟厂进行设备调试工作。完成南昌卷烟厂6套PASSIM7000+GDX2、延安卷烟厂5套PASSIM7000+GDX1、遵义卷烟厂2套PROTOS70+GDX2、郑州卷烟厂2套PROTOS70+GDX1、洛阳卷烟厂2套PASSIM7000+GDX2、滕州卷烟厂6套GDX1+PROTOS70、长春卷烟厂5套GDX2+PROTOS70、重庆卷烟分厂1套GDX2共29组包装机的前期调试。

【编写行业标准】 2010年8月15日，中国烟草《卷烟生产过程产品安全卫生保障通则》正式实施，该行业标准制订工作由红塔集团牵头，玉溪卷烟厂首次承担主要编写任务，在质量管理体系的基础上，对卷烟生产过程中产品安全卫生提出具体要求，是质量管理体系的补充和延伸。标准的实施，向社会表明了烟草行业对卷烟产品安全卫生的认识和态度，传递烟草行业对社会的责任和承诺，为卷烟产品安全卫生提供保障。

【企业文化】 推进红塔母子文化落地工作。举办主题为“责任员工，典范基石”的员工良好行为展示晚会。建立起“玉烟安全管理体系模型”和“玉烟安全价值模型”，成为行业第一家开展安全文化建设的卷烟企业，年内，被云南省安监局推荐上报国家安监总局作为安全文化建设示范单位。制定下发《玉溪卷烟厂企业文化建设考核指标评分细则》。

红塔烟草（集团）有限责任公司楚雄卷烟厂

【概　况】 红塔烟草（集团）有限责任公司楚雄卷烟厂始建于1974年，1998年成为红塔集团的全资卷烟生产企业，2004年取消法人资格，成为红塔集团下属生产厂。企业厂区占地面积25.45万平方米，拥有打叶复烤线1条，制丝生产线1条，卷接包装机组27台（套），滤棒成型设备12台。年卷烟生产能力325亿支（65万箱）。共有在岗员工1733人。

2010年，楚雄卷烟厂女工委员会被中华全国妇女联合会授予“全国三八红旗集体”称号。

【领导成员】 厂长、党委副书记：李泽良

副厂长、党委书记：王敏慧

副厂长、党委委员：高中华

副厂长、党委委员：彭黎明

纪委书记、党委委员、工会主席：朱明言

【卷烟生产】 企业全年生产卷烟289亿支（57.8万箱），同比增长3.03%，其中，生产三类烟208.93亿支（41.79万箱），同比增长11.94%，均为“红塔山”系列卷烟；四类烟80.07亿支（16.01万箱），同比下降14.55%，均为“红梅”系列卷烟。

全年企业万元产值综合能耗为13.75千克标煤/万元，万支卷烟综合能耗为2.28千克标煤/万支。平均消耗烟叶6.23千克/万支、滤棒1672支/万支、盘纸603米/万支、接装纸0.32千克/万支、商标500张/万支、水0.06吨/万支、电5.01千瓦时/万支。

【原料保障】 完成3.23万吨（64.52万担）地产烟叶采购任务，其中上等烟1.78万吨（35.54万担）、中等烟1.18万吨（23.51万担）、下等烟0.27万吨（5.47万担），采购综合合格率71.86%。分选累计投入原烟3.24万吨（64.82万担），共分选成品3.02万

吨（63.37 万担）。

【易地技改】 易地技改工程全面推进。截至年底，原烟分选车间、原烟堆放场和消防经警楼（含易燃易爆品库）投入使用，人行道照明系统施工完工，动力中心区完成锅炉、电力等设备安装，综合办公楼、联合工房正在进行内外部装修。打叶复烤工房完成主体建设，场区绿化正紧张施工。

【创建“优秀卷烟工厂”】 立足班组建设，实施“头雁工程”、“建制工程”、“筑基工程”和“文化工程”4个系统工程，全面推进争创明星机台、样板车间和优秀科室工作。年内，创建“优秀卷烟工厂”的14项指标中，4项复烤主要经济技术指标全部达标，单箱烟叶消耗、单箱滤棒消耗、卷包设备有效作业率等7项指标达到优秀卷烟工厂评价标准，单箱制造费用、单箱管理费用和实物劳动生产率3项指标得到改进。涌现出“六型班组”、“修理技术擂台争霸赛”、“达标创优标兵”、“节能先锋班组”、“交通安全文明之星”等一系列争先创优典型活动案例。

【设备管理】 按照“对标挖潜找差距、创新方法强管理”的工作思路，不断完善设备管理制度，改进设备管理方法。3月17日，15组新型卷接设备ZJ17卷接机组安装就位并通过验收，投入正常生产。10月14日，卷包车间5号B1包装机大修后通过验收，投入正常生产。全年卷包设备有效作业率达90.41%，同比提高1.9%。

【清洁生产】 2010年12月23日，楚雄卷烟厂顺利通过清洁生产合格企业审核验收，成为楚雄州首家通过清洁生产合格企业审核验收的企业。

红塔烟草（集团）有限责任公司大理卷烟厂

【概　况】 红塔烟草（集团）有限责任公司大理卷烟厂始建于1950年，1995年成为红塔集团的全资卷烟生产企业，2004年取消法人资格，成为红塔集团下属生产厂。企业厂区占地面积40万平方米，拥有打叶复烤生产线1条，制丝生产线1条，卷包机组15组，年卷烟生产能力250亿支（50万箱）。共有在岗员工1409人。

2010年，企业被全国绿化委员会评为“全国绿化模范单位”。

【领导成员】 厂长、党委副书记：杨煜文

副厂长、党委书记：吕　坚

副厂长、党委委员：王洪云

副厂长、党委委员：李志新

纪委书记、党委委员、工会主席：范　斌

【卷烟生产】 企业全年生产卷烟214.5亿支（42.9万箱），同比增长3.13%，其中，三类烟125.25亿支（25.05万箱），均为“红塔山”系列卷烟；四类烟89.25亿支（17.85万箱），均为“红梅”系列卷烟。

全年企业万元产值综合能耗为12.80千克标煤/万支，万支卷烟综合能耗为2.24千克标煤/万支。平均消耗烟叶6.31千克/万支，滤棒1668支/万支、盘纸601米/万支、水0.059吨/万支、电4.60千瓦时/万支。

【原料保障】 完成3.9万吨（78万担）烟叶的采购任务，完成工业分级分选2.2万吨（44万担）。

【就地技改】 2010年4月，大理卷烟厂就地技改项目开工。年内，完成就地技改项目中32个子项目的招标，招标确定金额3.23亿元；完成11个子项目的谈判及比价采购，确定金额0.86亿元。截至年底，卷包联合工房一期土建主体工程年内完成大部分施工工作，动力中心土建工程完成封顶。

【人力资源管理】 以提升职业素质和职业技能为核心，以培养技师和高级技师为重点，落实高技能人才培养措施，促进人力资源向人力资本转化。全年开展各类管理培训1021人次。加强职业通道建设，在支撑企业发展的7个关键岗位上建立三级职业技能职位通道，年内产生13名三级设备维修师和烟叶质检师。截至年底，全厂拥有高级技师1人，技师37人，高级工529人。

红塔烟草（集团）有限责任公司昭通卷烟厂

【概　况】 红塔烟草（集团）有限责任公司昭通卷烟厂始建于1970年，2005年与红河卷烟厂合并重组为红河卷烟总厂，2007年5月依法改制更名为红河烟草（集团）有限责任公司昭通卷烟厂，2008年11月8日与红塔烟草（集团）有限责任公司实现重组整合，12月10日正式挂牌成立，成为红塔集团下属生产厂。企业厂区占地面积100万平方米，拥有打叶复烤生产线1条，制丝线2条，制丝线1条，二氧化碳膨胀烟丝线1条，卷包机组25台（套），年卷烟生产能力400亿支（80万箱）。共有在岗员工2008人。

2010年，企业被云南省绿化委员会评为“全省绿化先进单位”，被云南省体育局评为“全省群众体育先进单位”。

【领导成员】 厂长、党委委员：王　勇（兼任）
党委书记：赵　明（—2010.8）
副厂长、党委委员：张学忠
副厂长、党委委员：宋国华
纪委书记、党委委员、工会主席：杨　柱
副厂长、党委委员：陈永伟
党委副书记：谢成明
副厂长：胡发明

【卷烟生产】 全年生产卷烟265.33亿支（53.07万箱），同比增长4.01%，其中一类烟0.6亿支（0.12万箱）、二类烟0.12亿支（0.02万箱）、三类烟175.45亿支（35.09万箱）、四类烟88.11亿支（17.62万箱）、五类烟1.05亿支（0.21万箱）。生产“玉溪”0.6亿支（0.12万箱）、“红塔山”168.82亿支（33.76万箱）、“红梅”69.87亿支（13.97万箱）、“红河”25亿支（5万箱）、“先锋”1.05亿支（0.21万箱）。

全年企业万元产值综合能耗为21.35千克标煤/万元，万支卷烟综合能耗为3.04千克标煤/万支。平均消耗烟叶6.23千克/万支，滤棒1760支/万支、盘纸604米/万支、接装纸0.33千克/万支、商标501张/万支，水0.12吨/万支、电4.90千瓦时/万支。

【原料保障】 完成烟叶采购任务1.47万吨（29.35万担），集团工业分级抽检合格率为94.7%。年内，完成红塔基地烤烟移栽9.45万亩；成功实施100亩“特色有机烟叶”示范和《品牌导向原料体系研究》试验；组织完成124个特色烟叶和试验品种烟叶样品采送工作。

【物资管理】 在全省范围内率先实行烟用辅料“两承诺一挂钩”的质量责任和合同履约追究制。在机配物资采购方面，加大进口配件国产化力度，推行部分零配件“寄售制”，有效降低采购成本。全年零配件、香糖、辅料库存资金占用同比下降446.61万元，商标、条盒等主要物资采购成本同比下降766万元。烟用材料采购入库抽检合格率达99.92%。

【设备管理】 健全设备管理体系，新制定58项技术标准，完善设备分级分类归口管理体制。逐步推广TnPM（全面规范化生产维护）项目，强化设备现场管理。完善设备维修预算及设备台账管理。加强操作、维修、管理“三支队伍”建设。全年完成6组新购滤棒成型机组置换安装；完成技改、维修、基建项目115个。被云南中烟评为“设备管理优秀单位”。

【企业文化】 2010年7月3日，《红塔文化力——昭烟子系统》正式出版。《红塔文化力——昭烟子系统》分为“思”、“志”、“力”、“悟”、“为”五个部分。11月17日，昭通卷烟厂启动《红塔文化力——昭烟子系统》的宣贯工作。举行建厂40周年系列文化活动。

红云红河烟草（集团）有限责任公司

【概　况】 红云红河烟草（集团）有限责任公司（简称红云红河集团）成立于2008年11月8日，由原红云烟草（集团）有限责任公司和原红河烟草（集团）有限责任公司红河卷烟厂、新疆卷烟厂合并组建，下辖昆明卷烟厂、红河卷烟厂、曲靖卷烟厂、会泽卷烟厂、新疆卷烟厂、乌兰浩特卷烟厂，控股山西昆明烟草有限责任公司、内蒙古昆明卷烟有限责任公司。拥有总资产550.27亿元，其中，固定资产61.1亿元、流动资产389.37亿元，资产负债率为25.74%。共有从业人员18631人，其中在岗员工10989人。

2010年，红云红河集团列中国企业500强第126位、制造业500强第56位，集团被国有资产监督管理委员会评为“重点企业信息报送先进单位”，被中国保护消费者基金会评为“重质守信—3·15放心单位”，被云南省委、省政府评为“云南省社会扶贫工作先进集体”，被云南省总工会、云南省人力资源和社会保障厅等单位联合评为“云南省劳动关系和谐企业”，被云南省质量协会、云南省总工会等单位联合评为“云南省质量效益型先进企业”、“云南省质量管理小组活动优秀企业”，被云南省厂务公开领导小组评为“云南省厂务公开民主管理工作先进单位”，被国家统计局云南调查总队评为企业监测调查工作企业景气调查专业一等奖、企业（集团）监测专业一等奖、采购经理调查专业一等奖；集团党委被中共云南省委省直机关工作委员会评为“省直机关创先争优活动先进基层党组织”；集团技术中心生理生化研究室被共青团云南省委命名为“云南省青年文明号”。

【领导机构】 董事会
董事长：邱建康（—2010.4）
　　　　姚庆艳（2010.4—）

董　事：朱绍明（—2010.4）　顾　波（—2010.4）
俞瑞方（—2010.4）　陆宪生（—2010.4）　武　怡
许力为　赵子敏　祁　燕　郭　曼　方　斌（2010.4—）
谷　宏（—2010.4）　毕凤林（—2010.4）

监事会

主　席：文华玖（—2010.4）
魏志刚（2010.4—）

监　事：陆　琪　董翠珍（—2010.4）
魏琼仙（2010.4—）　周芳旭（—2010.4）
宁宏元（—2010.4）　姜　磊（2010.4—）
罗建华（2010.4—）

总裁班子

总　裁：朱绍明（—2010.4）
武　怡（2010.4—）

副总裁：武　怡（—2010.4）　许力为（—2010.4）
谷　宏　毕凤林　和国刚　李　恒　冯　斌　王家寿

巡视员：俞瑞方　马子肖

总裁助理：代　伟　王绍坤
马宗泽（2010.11—）　刘根栓（2010.12—）

调研员：方康宁　田　福　袁建华
郑楚声（—2010.1）　王绍坤（2010.9—）

党委班子

党委书记：姚庆艳（—2010.4）
许力为（2010.4—）

党委副书记、工会主席：朱俊英

纪委书记、党委委员：魏志刚

党委委员：邱建康（—2010.8）　朱绍明（—2010.8）　许力为（2010.4—）　姚庆艳　武　怡（2010.8—）　杨校平　谷　宏　马　珍　肖亚泽　张树山　刘凤书（—2010.8）　王保佳（2010.8—）　范　晓（2010.8—）　李建平（2010.8—）

【机构设置】 2010年，红云红河集团调整了部分机构及职能，12月，成立物流中心、原料部，撤销行政管理部整体划并党政办公室。至年底，总部下设市场营销中心、技术研发中心、生产制造中心、物资采购中心、物流中心、党政办公室、人力资源部、经济运行部、财务部、审计部、原料部、信息管理部、海外拓展部、宣传策划部、基建技改部、多元化投资管理部、党群工作部、纪检监察部、工会综合办公室、调研室共5个中心、15个部室。

【卷烟生产经营】 2010年，红云红河集团共生产卷烟（含控股企业山昆、蒙昆产量，不含出口烟）2366亿支（473.2万箱），其中一类烟223.3亿支（44.66万箱）、二类烟46.95亿支（9.39万箱）、三类烟896.55亿支（179.31万箱）、四类烟995.45亿支（199.09万箱）、五类烟203.75亿支（40.75万箱）、福样促试烟0.05亿支（0.01万箱）。销售卷烟（不含出口烟）2315.1亿支（463.02万箱），其中一类烟214.15亿支（42.83万箱）、二类烟46.45亿支（9.29万箱）、三类烟876.1亿支（175.22万箱）、四类烟974.5亿支（194.9万箱）、五类烟203.9亿支（40.78万箱）。生产出口卷烟12.15亿支（2.43万箱）。

2010年，红云红河集团与河南中烟、山东中烟、红塔集团合作生产卷烟37.5亿支（7.5万箱）。

全年实现销售收入528.39亿元，同比增长8.84%。实现税利410.93亿元，同比增长10.14%，其中利润69.67亿元，同比增长2.43%。公司三项费用率为8.77%。

全年万元产值综合能耗为11.8千克标煤/万元，万支卷烟综合能耗为2.89千克标煤/万支。平均消耗烟叶7.18千克/万支、滤棒2209支/万支、盘纸575米/万支、水0.08吨/万支、电5.98千瓦时/万支。

【主要产品】 2010年，红云红河集团生产卷烟共11个品牌、72个规格，品牌分别“云烟”、“红河”、“小熊猫”、“红山茶”、“石林”、“福”、“茶花”、“钓鱼台”、“雪域”、“雪莲”和“呼伦贝尔”。全年“云烟”市场规模达858.75亿支（171.75万箱），同比增长23%；商业批发销售额达487.4亿元，居全行业第2位。“红河”市场规模达1102亿支（220.4万箱），同比增长11%。

【品牌营销】 *品牌发展规划。*围绕国家局“532”、“461”和云南中烟“5331”品牌发展战略，红云红河集团编制《2010～2015年“卷烟上水平”发展规划》，明确了“331”品牌发展目标，即：到2015年或更长一段时间，力争集团品牌总规模达到600万箱，“云烟”品牌规模达到300万箱，商业批发销售额达到1000亿元，“红河”品牌规模确保200万箱以上、力争300万箱，其余特色和区域品牌按照20万箱计划规模逐步过渡，海外市场力争“十二五”末期规模达到20万箱。

2010年，红云红河集团以“做精做强做大‘云烟’，做好做稳做实‘红河’”为主线，进一步把资源要素向两大品牌集中，加大品牌整合力度，调整产品结构，强化品牌与市场的契合度，超额完成“331”年度目标任务。

*市场拓展。*推进全员营销，加大集团领导、技术、制造和工厂负责人市场走访调研力度，并充分发挥生

产厂资源和地缘优势，省内推动市场营销中心、生产厂、商业公司和当地政府“四位一体”营销，省外在新疆、山西、内蒙古市场则赋予生产厂营销主体责任，以拓展市场、提升结构。推进工商协同，与5家省级公司、67家地市级公司签订工商协同营销合作协议，与31省区（市）的81家地市级商业公司共开展112场协同营销恳谈会，坚持潜力市场重点投入、核心市场持续投入、难点市场倾斜投入、一般市场加大投入，确保市场份额不减少，客情关系不受损，重点品牌规格有增长。实施百家示范店、千家优质店、万家创优店“百千万”终端客户提升计划，把营销重心向前延伸到重点零售户，向下深入到消费者，着力引导一、二类卷烟消费，提升终端渗透力。加大缅印大区域、中南美洲、南部非洲等海外重点市场拓展力度，扩大一般贸易出口，并寻求境外加工，提升市场份额。

【原料保障】 加强工商共建基地，省内整体推进“云烟”、“红河”品牌专属原料区建设，省外统筹推进优质烟叶基地开发，形成以云南为主，河南、贵州、黑龙江、福建共建的5省15市47县76个原料基地单元，基地烟叶供给量达18.9万吨（378万担）、占采购总量的94%。派驻人员全程参与、深度介入烤烟生产全环节，突出“良种”种植、“良区”建设和“良法”运用。统筹仓储建设规划，曲靖卷烟厂就地新建的7栋烟叶仓库项目主体工程已完工，南海子新建烟叶仓库项目完成征地手续。按照“分片收购，就地保管”原则，分品种分烟叶单收单调，严把收购质量关。至年底，完成2009年度国内烟叶21.64万吨（432.88万担）和进口烟叶0.82万吨（16.4万担）的采购，2010年度20.15万吨（403.09万担）国内烟叶正常采购计划已完成18.66万吨（373.26万担）并进口烟叶0.67万吨（13.5万担），新增2.25万吨（45万担）的抗旱计划开始采购调拨。

【技术创新】 加强云烟科技园、博士后科研工作站等创新平台建设，完善科研项目管理、成果转化应用、奖惩激励等创新机制，在重大专项和关键领域积极攻关，形成了一批以选择性减害、特色植物添加剂减害、烟用表面活性剂为代表的核心技术，复合滤棒专用添加剂、HH170US卷烟纸、新型滤棒等研究成果已运用到部分产品中。建立游离烟碱测定方法，加大抑制有害成分分解新型添加剂的研究力度，集团成为行业具备7种有害成分准确检测能力的两家卷烟企业之一，所有内销卷烟规格均完成了12毫克盒标焦油值的换版工作。云烟生态园、植物园着力加强烟用天然香原料研究应用，优化配方模块，均衡烟叶使用。

全年获中国烟草总公司科技进步二等奖2项，云南省科技进步二等奖1项、三等奖2项，云南中烟工业公司科技进步二等奖7项、三等奖3项。共申请专利84项，其中发明专利27项、实用新型专利39项、外观设计专利18项，22项发明专利获授权。

【技术改造】 加快技改进度，昆明卷烟厂易地技改进入设备联动调试阶段，红云红河集团管理总部和云烟科技园完成桩基施工；曲靖卷烟厂技改联合工房、中庭院改造稳步推进；新疆卷烟厂技改工程于8月8日奠基，规划设计、招投标等前期工作基本完成；乌兰浩特卷烟厂技改新线10月1日正式投入生产；会泽卷烟厂技改完成前期审批手续及主要项目设计。

【多元化经营】 围绕“理顺体制、完善机制、资产监管、业务指导、运行把控、业绩考评、队伍建设、和谐稳定”工作重心，促进多元化企业规范健康运行。全年红云红河集团下属多元化企业（天恒大酒店、天平大酒店、红云医院、曲靖福牌实业、红河投资、红河实业、庆来学校、九九物业、奎屯红雪莲公司、奎屯海纳尔物业）共实现业务收入8.27亿元，实现利润3794万元。

【企业管理】 基础管理。深化全面预算管理，扩大生产性费用授权。开展“三标一体”管理体系内部审核，顺利通过第三方监督评审，并完成体系文件修改换版工作。规范“对标”和“创优”工作流程，管控节点，订立标杆，强化考核，全年集团18项指标达到行业平均水平，15项指标同比有所提高，“创优”达标率66.67%。

生产管理。平衡设备产能，统一制造标准，实现“云烟（软珍品）”、“云烟（紫）”在曲靖卷烟厂，“红河（硬甲）”在会泽卷烟厂落地生产。强化质量控制，开展QC活动，全年2项成果获中国烟草总公司表彰，17项成果获云南中烟表彰，3个小组被评为“全国优秀质量管理小组”，7个小组被评为“云南省优秀质量管理小组”；全年产品质量行检、抽检、商检合格率均为100%。推进清洁生产，省内4家厂顺利通过属地审核验收，集团二氧化硫、烟草粉尘等均实现达标排放。

内部监管。加强内审监督，深挖增收节支潜力，全年共完成经济合同会审2836项，工程结算审核1729项，参与招标比价项目430项。

【队伍建设】 始终践行“让想干事的人有机会、能干事的人有舞台、会干事的人有地位”的用人观。深化用工分配制度改革，严格定岗定编。加大中级管理人员公推选拔力度，开展专业技术职务申报、专业技术职务和职业技能人员的考核聘任。组织营销、法律知识、烟叶分级和卷烟感官质量评吸等多类别技能竞赛，并开展“评优树模”工程。集团全年共调整、聘任（任命）中级管理人员166人次，组织各类培训752期、培训2.6万人次，评审认定初级职称127人、中级职称20人，申报高级职称12人，2名员工分获“全国劳动模范”称号和“云南省五一劳动奖章”，9名员工获全国、行业或云南中烟“技术能手”称号；评选出集团劳模10名，“红云红河之星”、“红云红河标兵”各20名，“红云红河技术能手”27名。

【基层党组织建设】 2010年，红云红河集团党委在7个基层党委、35个党总支、138个党支部及4500余名党员中开展“树形象做表率创佳绩”创先争优活动，提升基层党建工作整体水平。下发《集团党务公开管理办法》，明确7类31条公开目录，形成集团党委、基层党委、总支（支部）三级公开体系。对关乎集团发展的事项进行公开承诺并接受群众监督，4000余名党员做出“提前10分钟到岗”、“按时巡查不徇私情”等承诺。在“党员示范区”、“党员先锋岗”的带动下，昆明卷烟厂“党员一带六”、红河卷烟厂“党员议案制”、曲靖卷烟厂“党员亮牌”、会泽卷烟厂“百日无翻箱”竞赛、乌兰浩特卷烟厂“党员奉献日”等活动广泛开展，“学先进、赶先进、当先进”的良好氛围日益浓厚。在2010年度党建目标考核中，集团各基层党委及所属各党总支（支部）参评率及达标率为100%，党员个人达标率及评议合格率为100%。

【民主管理】 完善以职代会为主要形式的企业民主管理制度，加大办事公开力度，落实职工知情权、参与权、表达权、监督权。2010年1月职代会审议通过《集团劳动合同制实施办法》等4个制度，签订了集体合同，按照《集团职代会民主评议领导班子办法》对领导班子无记名民主评议。集团、各生产厂两级职代会分级落实提案和合理化建议，按“定项目、定部门、定人、定时间”及时追踪落实，2010年职代会12类67条提案全部回复反馈。职代会日常工作机制落实到位，闭会期间各分团充分行使职权提出建设性意见。按照《集团进一步加强办事公开民主管理工作推进意见》要求，明确公开部门、内容、平台、考核等机制，办事公开目录编制分级制订、分级发布。昆明卷烟厂作为国家局、云南中烟办事公开民主管理试点单位，坚持和完善以职代会为主要形式的民主管理制度，以试点示范为契机，以信息技术为平台，加大办事公开力度，形成独具特色的“阳光文化”。2010年，乌兰浩特卷烟厂被中华全国总工会评为“全国厂务公开民主管理先进单位”，集团和曲靖卷烟厂被云南省总工会评为“全省厂务公开民主管理先进单位”。

【企业文化】 把企业文化宣贯与“优秀卷烟工厂”创建、打造学习型组织、开展“创先争优”活动结合起来，引导员工树立为集团发展多做贡献的核心价值追求。健全“国家利益至上、消费者利益至上”进班子、进岗位、进制度、进流程的长效机制，完善母子文化建设考核考评体系，推进品牌、安全、质量、责任、廉政、节能、制造等子文化示范基地建设。建立一支由总支、支部书记为骨干的企业文化内训师队伍，昆明卷烟厂的“文化三字经”、红河卷烟厂的“百字论文化”，会泽卷烟厂的“文化会烟”每月一谈等宣贯和内训活动，覆盖到基层一线。以庆祝建党89周年和集团成立两周年为契机，开展“责任品牌创新”辩论赛和“同舟共济放飞希望”庆典活动，通过企业文化故事征集和宣讲，促进文化建设与中心工作的密切交融，相互提升。2010年，集团被评为行业企业文化建设先进单位。

【和谐建设】 围绕发展构建内外和谐。开展兴边富民、对口帮扶和红云园丁奖、红河助学金、红云图书室等公益活动，集团连续三年获“云南省社会扶贫先进集体”称号。落实离退休和内退员工的各项政策和待遇，共享改革发展成果。加强安全维稳工作，落实信访工作领导定点联系和下访包案制度，实现集团安全“六无”目标。以青春岗位建功活动为载体，举办岗位竞赛、“成长力量”青年论坛、青年创新项目星光奖评比，组织“激情、智慧、创新”青年风采比赛和青年形象使者培训，并广泛开展青年志愿者社会公益活动。发挥宣传的窗口、交流功能，《红云红河烟草》报全年出刊35期、发行量40万份，《今日红云红河》杂志全年出刊12期、发行量20万册，集团网站总访问量突破1000万次、列中国烟草企业网站第一位。

【“十一五”发展概要】 回顾“十一五”重组发展历程，红云红河集团按照行业的总体部署，全面贯彻科学发展观，明确发展目标、做强做大品牌，完善体制机制、提高运行效能，立足自主创新、突出产品特质，开展体系建设、强化内部管理，统筹规划技改、增强发展后劲，注重节能减排、转变增长方式，加强文化建设、构建和谐企业，承担社会责任、践行“两个至上”，生产经营管理各项工作都取得较大进展，综合竞争实力不断增强。实现销售收入由2006年的379.49亿元［包括红云集团（含昆明、曲靖、会泽、乌兰浩特卷烟厂和昆明卷烟分厂）、山昆、蒙昆、红河卷烟总厂（含红河、昭通、新疆卷烟厂）］增加到2010年的528.39亿元（含6个生产厂、2个控股公司）；实现税利由268.65亿元增加到410.93亿元。重点品牌“云烟”市场规模由2006年的371.5亿支（74.3万箱）增加到2010年的858.75亿支（171.75万箱），年创税利由92.3亿元增加到240.2亿元；“红河”市场规模由715.85亿支（143.17万箱）增加到1102亿支（220.4万箱），年创税利由83.97亿元增加到118亿元；两个品牌的品牌集中度达到84%。

【特事要辑】 1月7日，内蒙古自治区党委书记胡春华到乌兰浩特卷烟厂易地技改现场调研。

3月29日，云南省省长秦光荣到会泽卷烟厂调研。

4月7日，云南省副省长曹建方到红云红河集团调研。

4月11日，国家局局长姜成康听取红云红河集团就卷烟上水平规划思路和措施所做的专题汇报。

4月13日，云南省委常委、副省长李江到会泽卷烟厂调研。

4月15日，国家局局长姜成康在云南省副省长曹建方的陪同下，到红河卷烟厂调研。

8月8日，新疆卷烟厂易地技改项目奠基仪式举行。新疆自治区党委副书记、自治区主席努尔·白克力，副主席库热西·买合苏提，国家局局长姜成康，副局长李克明，云南省副省长曹建方等领导出席仪式。

8月19日，国家局副局长张保振一行到红云红河集团调研。

11月25日，国家局副局长李克明、云南省副省长曹建方等到红云红河集团调研。

红云红河烟草（集团）有限责任公司所属生产厂

红云红河烟草（集团）有限责任公司昆明卷烟厂

【概　况】 红云红河烟草（集团）有限责任公司昆明卷烟厂始建于1922年，2004年9月联合重组春城卷烟厂，2005年11月与曲靖卷烟厂合并改制成立红云烟草（集团）有限责任公司后成为红云集团所属生产厂，2008年11月成为红云红河集团所属生产厂，2009年1月昆明卷烟分厂整体并入昆明卷烟厂。企业占地面积113.4万平方米，拥有意大利进口的12000千克/小时打叶复烤生产线2条，德国进口的1650千克/小时、5000千克/小时和12000千克/小时HAUNI制丝生产线各1条，卷包连接机组43台（套），年卷烟生产能力940亿支（188万箱）。共有从业人员6869人，其中在岗员工4351人。

2010年，昆明卷烟厂生产二部五车间超越QC小组被中国质量协会、中华全国总工会等单位联合评为“全国优秀质量管理小组”；烟梗预处理工艺QC小组、生产二部五车间超越QC小组被云南省质量协会、云南省总工会等单位联合评为“云南省优秀质量管理小组”；生产五部四车间被云南省总工会命名为“云南省工人先锋号”；易地技改项目青年团队被共青团云南省委继续认定为“云南省青年文明号”。

【领导成员】 厂长、党委副书记：田东明

副厂长、党委书记：杨校平

副厂长、党委副书记：刘　豪（党委副书记任期自2010年4月起）

副厂长、党委委员：瞿　涛（—2010.4）

党委副书记、纪委书记、工会主席：胡　霈（—2010.4）

副厂长、党委委员：杨　勇（副厂长任期自2010年4月起，党委委员任期自2010年11月起）

副厂长、党委委员：田建华（党委委员任期自2010年11月起）

副厂长：白海俊（2010.4—）

纪委书记、党委委员、工会主席：吴　岗（纪委书记、党委委员任期自2010年11月起，工会主席任期自2010年9月起）

厂长助理：郭　辉　张　嵘　陈静春　王　慧（2010.8—）

【卷烟生产】 2010年，企业主要生产“云烟”等品牌卷烟。全年生产卷烟694.45亿支（138.89万箱），其中一类烟192.45亿支（38.49万箱）、二类烟0.015亿支（0.003万箱）、三类烟463.4亿支（92.68万箱）、四类烟32.1亿支（6.42万箱）、出口卷烟6.45亿支（1.29万箱）。

全年企业万支卷烟综合能耗为2.36千克标煤/万支，平均消耗烟叶7.35千克/万支、滤棒2106支/万支、盘纸530米/万支、水0.07吨/万支、电5.61千瓦时/万支。

【易地技改】 截至2010年年底，易地技改工程共有250个技改项目进行了进度验收；液化石油气空混站、中水站、动力中心基本具备向联合工房供应生产用气、汽、水、电等的能力；制丝卷接包主机设备、辅联设备、物流系统、信息系统等关键工程进行了联调和载料试车；生产辅房、职工食堂、立体车库等基本具备使用条件；新增设备全部到位。11月，昆明卷烟厂召开三线（生产、技改、搬迁）攻坚动员大会，设备搬迁方案也于当月完成。

【基础管理】 完善基础管理的规范性、全面性、彻底性、持久性、自觉性、创新性、绩效性“七要素”评价细则，通过“评标、对标、竞标”营造氛围，突出实效。在国家局创优评价体系10项主要经济技术指标中，企业有9项指标达标；打叶复烤设备故障率、打叶复烤实物产品得率、吨片烟综合能耗3项指标引领行业标杆，单箱卷烟综合能耗、化学需氧量2项指标达到行业先进；设备有效作业率由2009年的89.38%提高到2010年的90.57%；卷烟主要物耗按红云红河集团7项考核标准全部达标，滤棒、商标消耗等指标降幅尤为明显。全年产品质量平均综合得分98.43分，同比增加0.13分；质量问题市场反馈7起，较2009年大幅下降71起，在国家局卷制与包装监督抽检中，5个规格牌号得到满分。

【企业文化】 巩固和完善企业文化建设，“一制一书”、“双品生产”（优良产品和优秀人品）、“三维和谐”、“五个子文化”持续推进，编撰《画说企业文化——心理健康篇》手册并设计制作配套动漫片。立足创先争优，以“讲文明、树新风、促攻坚”为主题开展“三学三创”、“四创两争”、“攻坚2010文明在基层”、“全员节约、共同行动”系列专题活动。

红云红河烟草（集团）有限责任公司红河卷烟厂

【概 况】 红云红河烟草（集团）有限责任公司红河卷烟厂始建于1985年，2005年2月与昭通卷烟厂合并重组为红河卷烟总厂，2007年5月红河卷烟总厂依法改制为红河烟草（集团）有限责任公司后成为红河集团所属生产厂，2008年11月成为红云红河集团所属生产厂。企业占地面积40万平方米，拥有8000千克/小时制丝线2条，卷接、包装机组各32台（套），年卷烟生产能力725亿支（145万箱）。共有从业人员1815人，其中在岗员工1091人。

2010年，红河卷烟厂被云南省质量技术监督局、云南省工业和信息化委员会评为“云南省能源计量示范单位”，制造一部探源QC小组被中国质量协会、中华全国总工会等单位联合评为“全国优秀质量管理小组”，制造一部远望QC小组、红河奔腾QC一小组被云南省质量协会、云南省总工会等单位联合评为“云南省优秀质量管理小组”。

【领导成员】 党委书记：谷 宏（兼）

厂长、党委副书记：许永明

党委副书记、纪委书记：舒 勇

副厂长、党委委员：张鹤松（—2010.12）

副厂长：张云飞（2010.5—）

副厂长：李 斌（2010.5—，此前任厂长助理）

党委委员、工会主席：胡建伟

厂长助理、党委委员：谭国庆

【卷烟生产】 2010年，企业主要生产“红河”等品牌卷烟。全年生产卷烟513.3亿支（102.66万箱），其中一类烟6.25亿支（1.25万箱）、二类烟19.45亿支（3.89万箱）、三类烟98.15亿支（19.63万箱）、四类烟388.8亿支（77.76万箱）、福样促试烟0.05亿支（0.01万箱）、出口卷烟0.65亿支（0.13万箱）。

全年企业万支卷烟综合能耗为2.35千克标煤/万支，平均消耗烟叶7.15千克/万支、滤棒2322支/万支、盘纸588米/万支、水0.07吨/万支、电5.78千瓦时/万支。

【质量管理】 构建“1233”质量管控模式，“1”为第一责任人，即“我制造，我负责”；“2”为两项能力建设，指强化员工胜任工作、驾驭设备的岗位能力及能说、会写、善思、巧干的综合能力建设；第一个“3”为“三关键”，指生产过程中关键时段、关键工序、关键岗位的有效控制；第二个“3”为“三全”，即实行全员、全过程、全方位的立体管控模式。全年顺利完成各项质量目标，万箱量质比、市场投诉率同比分别下降1.15次/万箱、0.169个缺陷单位/万箱。

【设备管理】 以“计划为先、操检合一、巡点结合、状态监控”为手段，促进设备维修向“修故障—修质量—修状态”迈进，全年实施设备技术改造60余项。

【队伍建设】 加强激励机制建设，结合“七项考核”及创优、对标工作，实施部门绩效考核、履职考核等制度，把对标体系的重点和关键指标纳入绩效考核，形成以对标为核心的“目标体系”、以创优为核心的“执行体系”、以考评激励为核心的“支撑体系”；设立创优专项奖励基金；设置技术组长岗位，聘任技术组长。创新性地提出并启动全员师徒制，明确师徒权责并进行考评奖惩。开展“管理人员电教课堂”。全年培训员工1200多人次，137人通过通用工种技能鉴定，61人通过特有工种技能鉴定，10人取得专业技术职务任职资格。

【企业文化】 明确“以责任文化凝聚人、以创新文化提升人、以批评文化促进人”的文化建设思想，提出“创一流工厂，塑红烟智造”的工厂追求，确定以“责任文化”为特征的子文化体系大纲，并组织编写责任文化手册。11月，红云红河集团在红河卷烟厂举行“责任文化基地”授牌仪式。

红云红河烟草（集团）有限责任公司曲靖卷烟厂

【概　况】 红云红河烟草（集团）有限责任公司曲靖卷烟厂始建于1966年，2004年5月联合重组会泽卷烟厂，2005年6月联合重组乌兰浩特卷烟厂，2005年11月与昆明卷烟厂合并改制成立红云烟草（集团）有限责任公司后成为红云集团所属生产厂，2008年11月成为红云红河集团所属生产厂。企业占地面积121万平方米，拥有9000千克/小时、5000千克/小时制丝生产线各1条，卷包机组33台（套），年卷烟生产能力640亿支（128万箱）。共有从业人员6083人，其中在岗员工2696人。

2010年，曲靖卷烟厂被云南省厂务公开领导小组评为“云南省厂务公开民主管理工作先进单位”，制造二部卷包QC小组被中国质量协会、中华全国总工会等单位联合评为“全国优秀质量管理小组”，制造一部深海鱼QC小组、制造二部啄木鸟QC小组被云南省质量协会、云南省总工会等单位联合评为“云南省优秀质量管理小组”，制造二部卷包车间修理班被云南省总工会、云南省安全生产监督管理局评为“云南省安康杯竞赛优胜班组”，制造一部四工班被共青团云南省委、云南省安全生产监督管理局评为“云南省青年安全生产示范岗”。

【领导成员】 厂长、党委副书记：黄木忠

党委书记：马　珍

副厂长、党委副书记：李　林（党委副书记任期自2010年11月起）

副厂长：白海俊（—2010.4）

副厂长、党委委员：郭　跃

副厂长：胡　霈（2010.4—）

纪委书记、党委委员、工会主席：郭柱荣

副厂长：陈金奎（2010.8—，此前任厂长助理）

厂长助理：赵　荣

党委委员：张飞豹

党委委员：晏崇德

【卷烟生产】 2010年，企业主要生产“红河”、“云烟”、“红山茶”、“小熊猫”等品牌卷烟。全年生产卷烟508.2亿支（101.64万箱），其中一类烟8.1亿支（1.62万箱）、三类烟184.95亿支（36.99万箱）、四类烟190.75亿支（38.15万箱）、五类烟121.5亿支（24.30万箱）、出口卷烟2.9亿支（0.58万箱）。

全年企业万支卷烟综合能耗为2.35千克标煤/万支，平均消耗烟叶7.08千克/万支、滤棒2201支/万支、盘纸603米/万支、水0.06吨/万支、电5.63千瓦时/万支。

【技术改造】 按照“国际一流、国内领先”的目标，全力推进技改工程建设，各项目进入全面实施阶段：制丝线进口主机设备陆续到货，联合工房主体工程和卷包工房中庭院改造工程于9月开始施工，其他配套设备购置及相关工程建设按计划平稳推进；就地新建7幢烟叶仓库项目主体工程大部分已封顶断水；南海子打叶复烤易地技改及新建烟叶仓储设施项目已征地700亩，正进行方案上报准备工作。

【生产管理】 全面提升柔性生产水平。建立不同品牌的生产组织模块，试点推行卷包模块化快捷生产方式，缩短换牌时间，提高响应速度，并降低消耗；试点推行全员生产维护（TPM）体系，使现有设备可同时生产9个不同品牌、规格的产品；加强产品提质维护，加大工艺研究和工艺试验的频次和深度，优化关键环节、重点工序的工艺参数；承担集团品牌异地生产任务，实现“红河（硬甲）”、“云烟（紫）”、“云烟（软珍品）”的均质化落地生产。全年上级抽检产品合格率100%，包装卷制质量达标率100%，产品质量市场投诉3起，继续保持较低水平；设备完好率100%，卷包设备有效作业率90.13%；红云红河集团考核12项物耗指标全部达标；烟叶工商交接合格率同比提高5.5%，以出色的工作成为集团“制造文化建设示范基地”。

【“精品店”绩效考核】 探索“对标”、“创优”工作的长效机制，提出“精品店”绩效考核评价新思

路，即把“对标”、“创优”与部门绩效考核有机结合，每月定期考核，倡导管理创新，鼓励全厂各部门积极立标、追标、创标。“精品店”运行近一年来，全厂上下广泛运用 PDCA 循环，查短板、找差距、抓整改，促进各项工作持续提升。

【队伍建设】 2010 年聘任各类专业技术人员 325 人，技师以上职业技能人员 95 人，组织培训 132 期，培训 5354 人次，选派 10 批共 74 名管理人员和技术骨干到国外考察培训。开展质检员、操作工“岗位互换”体验式培训，增强机台人员与质检员的工作认同感和协作性。

【企业文化】 全面整合曲烟文化，确立以“铸就曲烟制造　打造一流工厂”为追求，以部门文化为基础，以质量、安全、廉洁等文化实践为支撑的曲烟制造文化体系，编印下发《曲靖卷烟厂制造文化手册》，制作制造文化专题片。

红云红河烟草（集团）有限责任公司会泽卷烟厂

【概　况】 红云红河烟草（集团）有限责任公司会泽卷烟厂始建于 1974 年，2004 年 5 月合并重组为曲靖卷烟厂会泽分厂，2005 年 11 月成为红云集团所属生产厂，2008 年 11 月成为红云红河集团所属生产厂。企业占地面积 26.67 万平方米，拥有 5000 千克/小时制丝生产线 1 条，卷包联合机组 8 台（套），年卷烟生产能力 155 亿支（31 万箱）。共有从业人员 1049 人，其中在岗员工 710 人。

2010 年，会泽卷烟厂卷烟车间生产一班被云南省总工会命名为“云南省工人先锋号”，制丝电修 QC 小组被云南省质量协会、云南省总工会等单位联合评为“云南省优秀质量管理小组”。

【领导成员】 厂长、党委书记：肖亚泽

副厂长、党委委员：梁明成

委副书记：周选松（2010.4—）

副厂长、党委委员：苏俊波（—2010.4）

副厂长：李　昀

纪委书记、党委委员、工会主席：罗　琼（党委委员任期自 2010 年 11 月起）

厂长助理：林　丹

副调研员：唐开新

党委委员：陈永东

【卷烟生产】 2010 年，企业主要生产“红河”、“小熊猫”等品牌卷烟。全年共生产卷烟 99.25 亿支（19.85 万箱），其中一类烟 12.75 亿支（2.55 万箱）、三类烟 39.05 亿支（7.81 万箱）、四类烟 45.3 亿支（9.06 万箱）、出口卷烟 2.2 亿支（0.44 万箱）。

全年企业万支卷烟综合能耗为 3.52 千克标煤/万支，平均消耗烟叶 7.37 千克/万支、滤棒 2304 支/万支、盘纸 627 米/万支、水 0.17 吨/万支、电 6.70 千瓦时/万支。

【基础管理】 以“严密组织生产、规范管理行为”为主线开展工作，全年修订完善工作标准 25 个、管理标准 254 个、技术标准 142 个、记录 765 个。推进创优、对标工作，每月召开通报会及指标评价分析会，加强弱值指标改进，按季度制定改进计划，并通过问责制对完成情况进行督查。改进“三标一体”管理体系，做好内审员转版知识的培训和考核评价，顺利通过第三方监督审核。对桌面管理系统进行优化升级，增加机房核心设备的第三方定期巡检，完成应用系统重要数据统一备份工作，重建会泽卷烟厂信息港并正式上线运行。

【设备管理】 突出设备痕迹管理，加大设备保养监督检查力度，特别是关键部位和关键流程的检查。全年完成硬包 1 号机组和成型 3 号机组的大修、制丝工段 HT63 上三体更换、KLK4 烘丝机维修。全年卷包设备有效作业率 88.1%，主要生产设备完好率 100%，制丝故障停机率 0.63%，设备综合效率 84.71%。

红云红河烟草（集团）有限责任公司新疆卷烟厂

【概　况】 红云红河烟草（集团）有限责任公司新疆卷烟厂始建于 1960 年，2005 年 12 月与红河卷烟总厂合并重组更名为红河卷烟总厂新疆卷烟厂，2007 年 5 月改制更名为红河集团新疆卷烟厂，2008 年 11 月成为红云红河集团所属生产厂。企业占地面积 69.52 万平方米，拥有国产 3000 千克/小时制丝生产线 1 条，卷接包设备各 11 台（套），年卷烟生产能力 230 亿支（46 万箱）。共有从业人员 947 人，其中在岗员工 581 人。

2010 年，新疆卷烟厂再次被国家标准化管理委员会确认为“AAAA 级标准化良好行为企业”，并被新疆维吾尔自治区经济和信息化委员会评为“自治区‘两化’融合工作先进集体”。

【领导成员】 厂长、党委书记：张树山

副厂长、党委副书记、纪委书记、工会主席：白

九重（副厂长任期至2010年4月）

副厂长、党委委员：程振西

副厂长、党委委员：朱福桢

副厂长、党委委员：陶　新

厂长助理：赵利平（2010.10—）

【卷烟生产】 2010年，企业主要生产“红河”、“雪莲”等品牌卷烟。全年生产卷烟150亿支（30万箱），其中一类烟1.2亿支（0.24万箱）、三类烟29.25亿支（5.85万箱）、四类烟104.55亿支（20.91万箱）、五类烟15亿支（3万箱）。

全年企业万支卷烟综合能耗为5.64千克标煤/万支，平均消耗烟叶6.87千克/万支、滤棒2278支/万支、盘纸584米/万支、水0.13吨/万支、电8.19千瓦时/万支。

【品牌营销】 2010年，新疆卷烟厂全面负责红云红河集团产品在新疆的销售工作。在全新疆开展“感恩有你，一路同行”工商协同营销恳谈会活动，开展“雪莲（软蓝）”、“云烟（软珍）”、“云烟（WIN）”促销宣传活动。全年邀请新疆16个地州市商业公司员工、经销商、终端零售户代表800余人到新疆卷烟厂参观交流，并在建厂50周年厂庆期间举办品牌发展论坛。全年集团产品在新疆实现市场进度、销量、结构同步增长，顾客满意度达91%。

【易地技改】 2010年，经国家局批准，新疆卷烟厂实施易地技术改造工程，着手在乌鲁木齐市新建50万箱卷烟生产规模的工厂，计划于2012年底竣工投产。成立易地技改总指挥部，抽调专业技术人员组成前线指挥部，至年底，完成前期规划、设计、评估、建设用地、环评、部分项目招投标等工作。

【质量管理】 重视产品维护、工艺管理，确保卷烟产品内外在质量。通过20余次产品配方调整，“红河”转化准确率达100%。完成“云烟（软金雪莲）”卷烟试制工作。全年产品质量行检、抽检和商检合格率均为100%。

【企业文化】 2010年是新疆卷烟厂企业文化建设全面落地宣贯的关键阶段。加大宣传力度，举办“做完美的职业化新烟人”演讲比赛；完成企业文化系列丛书《雪莲文丛》（共4本）编写工作。加大内部培训力度，组织5个培训课题，举办44场次培训。组织编修了企业续志。

红云红河烟草（集团）有限责任公司
乌兰浩特卷烟厂

【概　况】 红云红河烟草（集团）有限责任公司乌兰浩特卷烟厂始建于1981年，2005年6月合并重组为曲靖卷烟厂乌兰浩特分厂，2005年11月成为红云集团所属生产厂，2008年11月成为红云红河集团所属生产厂。企业占地面积47.68万平方米，拥有3000千克/小时制丝生产线1条，ZB45－ZJ15连接机组3台（套），B1－ZJ15连接机组4台（套），ZJ15卷烟机1台（套），ZB43A包装机组3台（套）等生产设备，年卷烟生产能力155亿支（31万箱）。共有从业人员933人，其中在岗员工625人。

2010年，乌兰浩特卷烟厂被全国厂务公开协调小组评为“全国厂务公开民主管理先进单位”，被中国文化管理学会评为“中国文化管理杰出贡献单位”，被内蒙古自治区企业联合会、内蒙古自治区企业家协会评为“内蒙古自治区优秀企业”，被内蒙古自治区质量协会、内蒙古自治区总工会等单位联合评为“内蒙古质量管理小组活动优秀企业”，并连续第9年获得内蒙古自治区社会治安综合治理“长安杯”；产品开发QC小组和卷接包车间包装QC活动小组分别获得内蒙古自治区质量管理小组一等奖、二等奖，卷接包车间乙班、制丝车间制丝班被评为“质量信得过班组”。

【领导成员】 厂长、党委委员：刘凤书

党委书记：王保佳

常务副厂长、总会计师、党委委员：尹继东

纪委书记、党委委员、工会主席：袁庆文

副厂长、党委委员：邸殿洪

副厂长、党委委员：王建明

副厂长、党委委员：王力佳（2010.8—，此前任厂长助理、党委委员）

副调研员：陈　刚

【卷烟生产】 2010年，企业主要生产“红河”、“红山茶”、“云烟”、“呼伦贝尔”等品牌卷烟。全年生产卷烟85亿支（17万箱），其中一类烟0.65亿支（0.13万箱）、二类烟7亿支（1.4万箱）、三类烟11.5亿支（2.3万箱）、四类烟37.4亿支（7.48万箱）、五类烟28.45亿支（5.69万箱）。

全年企业万支卷烟综合能耗为9.03千克标煤/万支，平均消耗烟叶6.92千克/万支、滤棒2186支/万支、盘纸628米/万支、水0.17吨/万支、电7.84千瓦时/万支。

【易地技改】 按照“一次征地、着眼发展、统筹规划、分步实施、规范运作、高效优质”的指导思想，经过18个月施工建设，至2010年8月易地技改搬迁条件成熟。8月18日开始卷接包设备搬迁，8月底开始办公室搬迁，10月1日正式生产。搬迁前后进行3次资产全面盘点，搬迁资产1.45亿元，未出现安全事故和财产丢失情况。

【基础管理】 加强柔性生产管理，转化“红河”制丝标准，确保达到均质化要求。强化质量控制，把卷烟生产8个关键工序、9个关键岗位、10个关键时段、69个工艺参数作为质量控制重点，随时跟踪、实时改进、定期分析。推进“三标一体”、测量管理体系建设，全年完成管理手册2008版换版和19个管理程序、55个管理标准、16个技术标准、252个岗位工作标准的修订工作。制订覆盖生产经营全过程的15类213项管理目标和792个绩效考核点，建立起系统化的目标、绩效、薪酬三位一体的绩效管理体系。

（王宏先）

陕西中烟工业有限责任公司

【概　况】 陕西中烟工业有限责任公司，最初为陕西烟草工商分设后于2003年12月成立的陕西中烟工业公司。2009年9月，经国家局、总公司批复同意改制更名为陕西中烟工业有限责任公司。下辖宝鸡卷烟厂、延安卷烟厂、汉中卷烟厂、澄城卷烟厂和旬阳卷烟厂等5家不具有法人资格的卷烟生产企业，共有从业人员8753人，其中在岗员工5501人。公司拥有总资产122.25亿元，其中，固定资产37.96亿元、流动资产79.15亿元，资产负债率为42.67%。

2010年，公司围绕“卷烟上水平”基本方针和战略任务，以“做强做大‘好猫’品牌”为目标，坚持“加强管理，认真对标，重点突破，全面提升”方针，圆满完成全年目标任务，继续保持了良好发展态势。

2010年，公司被陕西省政府授予“陕西省企业文化建设示范单位”称号、“2010年度安全生产先进企业”。

【领导机构】 董事会

董事长：王彦亭

董　事：陈　晖　曹兴浪　赵德学　穆重林　黄翠萍　王乃志

监　事：陈建利

班子成员

总经理、党组书记：陈　晖

副总经理、党组成员：曹兴浪

纪检组长、党组成员：陈建利

副总经理、党组成员：赵德学

副总经理、党组成员：李春滨

总会计师：吴建玲

副巡视员：朱良同

副巡视员：常维祥

【机构设置】① 公司本部下设办公室、董事会办公室、综合计划部、企业管理部、法律与改革部、思想政治工作部、人力资源部、监察部、财务管理部、审计部、进出口部、安全保卫部、整顿办、机关后勤服务中心、技术中心、生产制造中心、市场营销中心、物资采购中心、物流中心等19个部门。

【卷烟生产经营】 2010年，公司共生产卷烟830亿支（166万箱）（含品牌合作生产），同比增长3.11%，其中，生产一类烟11.45亿支（2.29万箱）、二类烟7.18亿支（1.44万箱）、三类烟126.12亿支（25.22万箱）、四类烟466.78亿支（93.36万箱）、五类烟218.47亿支（43.69万箱）。

公司全年销售卷烟830.02亿支（166万箱），同比增长2.66%，其中，省外销售378.47亿支（75.69万箱），同比增长16.58%。全年实现销售收入119.54亿元，同比增长15.69%。实现税利80.62亿元，同比增长23.96%，其中利润11.64亿元，同比增长22.53%。公司三项费用率为10.53%。

全年万支卷烟综合能耗为4.48千克标煤/万支。烟叶、滤棒、盘纸平均消耗分别为6.97千克/万支、1675支/万支、630米/万支。水、电平均消耗分别为0.14吨/万支、7.59千瓦时/万支。

【主要产品】 公司生产的卷烟品牌有“好猫”、“猴王”、“延安”等，2010年，公司品牌发展有序推进，结构明显提升，“延安（软红）”、“公主（硬红）”退出市场，“公主（紫）”、“金丝猴（软蓝）”成功置换为“猴王”品牌。全年生产“好猫”16.80

① 2010年10月，公司成立董事会办公室；12月，公司成立物流中心。

亿支（3.36 万箱），同比增长 52.68%；生产“猴王”387.35 亿支（77.47 万箱），同比增长 76.11%；生产“延安”170.93 亿支（34.19 万箱），同比下降 3.69%。销售“好猫”16.98 亿支（3.40 万箱），同比增长 57.55%；销售“猴王”387.30 亿支（77.46 万箱），同比增长 77.35%；销售“延安”170.74 亿支（34.15 万箱），同比下降 4.34%。

公司合作生产卷烟 254.91 亿支（50.98 万箱），其中，生产“白沙”202.41 亿支（40.48 万箱）、“大红鹰”7.53 亿支（1.51 万箱）、“雄狮（红老版）”17.47 亿支（3.49 万箱）、“双喜”15 亿支（3 万箱）、“红塔山”12.5 亿支（2.5 万箱）。

【品牌营销】 公司加强“好猫”品牌营销管理，不断挖掘“好猫”文化内涵，创新营销方式，强化宣传力度，扎实开展全员营销，实现了“好猫”品牌较快增长。制订了《2010 年好猫品牌营销大纲》、《陕西中烟品牌发展上水平实施方案》和《陕西中烟市场营销上水平实施方案》，明确了品牌培育的目标、任务、时间、步骤与措施。加强“好猫”品牌营销管理，对“好猫”品牌的市场运作进行调研、策划、实施、监控和效果评估，实现了“好猫”品牌快速增长。推出“好猫（步步高）”和“好猫（如意）”两个新品，开展了一系列连续性和针对性更强的推广活动。有序推进置换品牌的市场平稳过度。通过在商业公司访销平台发布产品置换信息、向消费者发放“告消费者白皮书”等多种形式，将置换产品的信息及时传递到商业公司、零售户和消费者，稳步推进“猴王（神韵）”、“猴王（磨砂）”、“延安（金）”置换为“好猫（神韵）”、“好猫（磨砂）”、“好猫（金）”工作。

省外市场进一步拓展，全年省外销售卷烟 378.47 亿支（75.69 万箱），同比增长 16.58%，形成了年销量 10 万箱以上的市场 1 个，3 万～5 万箱市场 2 个，“好猫”品牌省外市场拓展迅速，同比增长 259.08%。

【原料保障】 公司原料保障工作以“优化烟叶资源配置，提升原料保障水平”为核心，坚持把调入计划与保障重点品牌发展的原料需求、烟叶基地单元建设规划、特色优质烟叶需求相结合。完成了 5.53 万吨（110.5 万担）烟叶计划的衔接落实工作，涉及 12 个省（区、市）的 34 个烟叶产区。坚持“主动参与、深度介入”的基地建设要求，制订了《陕西中烟工业有限责任公司烟叶资源配置方式改革实施方案》。公司先后与云南麒麟、贵州遵义、重庆石柱、陕西安康市公司等 9 个公司签订了烟叶基地单元建设协议。分析全省库存烟叶结构，采用内部调剂方式，盘活库存资源，满足了生产需求。

【辅料生产供应】 公司规范物资采购流程，合理编制采购计划，增加采购频次，加快材料周转，确保了烟用材料持续有效供应和生产的有序进行。推行公开招标采购方式，完成了烟箱、包装膜、卷烟纸 3 大类 31 个标段烟用材料的招标采购工作，其中公开招标 25 个，节约采购资金 330 万元。推行网上比价采购，成立公司、卷烟厂两级比价小组，健全监督机制，深入企业实地调研。扩大寄售采购配件，寄售品种 1 万余种。合理调控，盘活库房价值 160 万元闲置配件。

【科技创新】 公司确立了“好猫”卷烟品牌“清润香型”风格的品类构建，完成 8 毫克低焦油产品“好猫（如意）”的研发。“好猫（非常）”进入中试阶段，“好猫（软蓝）”配方设计以及“猴王（神韵）”、“猴王（磨砂）”、“延安（金）”等规格整合为“好猫”品牌的技术研发工作进展顺利。关键技术研究取得新进展，“‘好猫’品牌特色工艺核心技术研究”和“‘好猫’品牌特征香料的研究与应用”2 个行业重点科技项目以及“无添加剂低危害卷烟研发”项目积极推进。开展减害降焦应用研究，全年卷烟焦油量加权平均值 12.04 毫克/支，同比降低 0.16 毫克/支。完善优化工艺技术，加大造纸法薄片、膨胀梗丝使用量。制定发布技术标准 192 项，基本建立了企业技术标准体系。持续优化技改新线功能，加快推进宝鸡、延安、汉中卷烟厂技改后续项目建设，宝鸡卷烟厂技改项目通过国家局验收，公司技术中心科研用房、宝鸡卷烟厂生产指挥中心、旬阳卷烟厂打叶复烤技改项目前期工作进展顺利。全年累计完成资本性投资 4.3 亿元。

【多元化经营】 2010 年，公司进一步加强多元化投资的基础管理，起草了《多元化经营发展规划》，开展多元化经营管理评价工作，明确多元化经营管理制度体系思路，修订《多元化经营企业管理办法》。加快多元化企业清理整顿，完成了延安超群实业发展有限责任公司的清退工作，延安世纪龙俱乐部有限公司和深圳中电华臣科技发展有限公司两家企业的清退工作有了实质性进展。加强多元化投资管理，2010 年 12 月 31 日，国家局批复同意实施陕西省卷烟材料厂迁扩建项目。

【体制改革】 2010 年，公司进一步建立健全董事会制度，完善法人治理结构，不断完善和提高董事会的运作方式、职权行使、工作程序和管理模式。

2010年10月，公司成立了董事会办公室，负责处理董事会的日常事务。公司制改革的深化和推进，推动了公司生产经营水平、管理水平的提高，推动了公司基本制度的补充完善。

【基础管理】 公司加强全面预算管理，建立了预算报表体系和网络编制平台，实行季度预算分析，预算管理的质量和效率进一步提高。稳步推进综合管理体系建设，加强体系宣贯培训，发布标准160个，完成体系第一次内审。开展对标创优工作，建立对标指标体系和对标工作管理机制，3项指标中2项达到行业先进水平，20项达到行业平均水平。汉中、宝鸡、延安卷烟厂分别有5项、5项、4项指标达到行业优秀卷烟工厂评价标准。全年卷包设备综合有效作业率81.22%，同比提高3.92%。

【信息化建设】 2010年，公司建立了营销管理信息系统和卷烟物流在途信息系统平台，实现了与国家局、陕西省局（公司）、徐州市局（公司）的对接，实现了与汉中烟草商业的物流同城对接，营销信息化水平得到提升。财务核算系统通过项目验收。

【人力资源管理】 公司进一步加强基层领导班子和领导干部考评，对各卷烟厂领导班子进行全面考评，在综合考评的基础上，按照干部选拔任用程序，经过严格考察，提拔任命20名处级干部，其中正处级7人、副处级13人，交流干部7人。

持续深化用工分配制度改革，建立岗位评价改进机制，开展特有工种和烟机修理技师技能鉴定工作，完成高级专业技术职务评审推荐和中级专业技术评审，各卷烟厂有序开展竞争上岗和专业技术职务聘任工作。

【党风廉政建设】 2010年，公司严格落实党风廉政建设责任制，逐级签订党风廉政建设责任书，全面实施“明示与承诺”制度，全员签订了明示承诺书。开展反腐倡廉宣传教育活动，开展廉政专题教育和廉政文化活动44次，参加人数近2800人次；开展廉政知识测试1次，系统888名党员干部参加，其中81名处级以上干部参加了廉政知识测试，参与率95.3%；开展反腐倡廉征文活动1次，收到征文107篇；加强重大事项监督检查，进行廉政监督审核50人次。廉政制度建设持续推进，修订完善廉政制度19项，配合相关部门修改完善其他制度235项。

【企业文化】 2010年，公司全面推进企业文化建设，深入开展“智行”文化理念体系的宣贯。应用行业企业文化评价体系，对全系统企业文化建设情况进行科学评价。完成《陕西中烟VIS应用手册》的规划与设计并全面推广。组织举办“好猫杯”企业文化知识竞赛，谱写《陕西中烟之歌》，制作《陕西中烟企业文化建设巡礼》，参加陕西省“厂歌嘹亮”企业文化展示活动。公司获“陕西省企业文化建设示范单位”称号，延安卷烟厂获“全国烟草行业企业文化建设先进单位”称号。

【“十一五”发展概要】 “十一五”是陕西烟草工业发展速度最快、发展效益最好、发展质量最佳、为地方经济建设贡献最多的五年。五年来，公司坚持以科学发展观为指导，扎实推动各项工作，取得了长足发展。

*综合实力大幅提升。*五年来，卷烟年产量增长31.49%，资产总额增长99.82%，实现税利增长142.46%，实现利润增长165.4%，特别是“十一五”的后三年，实现税利年均增加10亿元以上。“十一五”期间，累计上缴税金254.22亿元。

*企业改革不断深入。*先后完成了省内企业联合重组、公司改制更名等工作，理顺了内部管理体制和运作机制，初步建立了现代企业运行模式，促进了生产要素合理配置。

*技术装备迈上新台阶。*五年累计投资30.87亿元，完成宝鸡、延安、汉中卷烟厂技改并相继投产，拥有了具有行业先进水平的制丝线、联合工房以及配套物流系统。

*品牌建设稳步推进。*卷烟品牌由5个减少到3个，产品集中度和竞争力显著提高，彻底改变了品牌多乱杂、自相竞争的局面，尤其是2008年以来理清品牌发展思路，先后成功规格开发改造了10个规格产品，品牌发展框架初步形成。

【特事要辑】 7月22日，国家局副局长何泽华一行到延安卷烟厂调研。

9月1～2日，国家局副局长张保振一行到汉中卷烟厂调研，察看了企业技改新建联合工房生产现场。

10月11日，陕西省副省长景俊海一行到延安卷烟厂调研指导工作，听取企业近期生产经营情况汇报。

11月4～5日，国家局副局长张辉一行到陕西烟草调研指导工作，并听取了陕西中烟的工作汇报。

11月11日，国家局副局长李克明一行到宝鸡卷烟厂调研指导工作。

11月22日，陕西省常务副省长娄勤俭到旬阳卷烟厂调研，对旬阳卷烟厂取得的成绩给予充分肯定，勉励企业为地域经济发展作出更大贡献。

所属企业

陕西中烟工业有限责任公司宝鸡卷烟厂

【概　况】 陕西中烟工业有限责任公司宝鸡卷烟厂前身为成立于1949年10月的新宝烟厂，1964年更名为宝鸡卷烟厂。2005年，陕西卷烟总厂成立，取消宝鸡卷烟厂法人资格，更名为陕西卷烟总厂宝鸡分厂。2007年10月，按照陕西烟草工业体制改革要求，企业更名为陕西中烟工业公司宝鸡卷烟厂。2009年11月，陕西烟草工业完成公司制改造，企业更名为陕西中烟工业有限责任公司宝鸡卷烟厂。

企业占地面积36.33万平方米，共有在岗员工1894人。拥有4800千克/小时微波松散、气流烘丝线和切片松散、管板烘丝线各1条，2000千克/小时梗丝加工线、570千克/小时二氧化碳膨胀烟丝线各1条，200千克/小时辊压法薄片丝加工线2条，1000千克/小时试验线1条和卷接包设备23组，年卷烟生产能力为475亿支（95万箱）。

【领导成员】 厂长、党委副书记：任　立

副厂长、党委书记、工会主席：秦东生（2010年10月前任党委副书记、纪委书记、工会主席）

调研员：杨琦保

调研员：王连峰

副厂长、党委委员：郭东伟

副厂长、党委委员：秦　宏

副厂长、党委委员：赵　华（—2010.10）

纪委书记、党委委员：舒　奇（2010.10—）

副厂长、党委委员：徐屹秦（2010.10—）

副调研员：王长生

副调研员：唐建中

副调研员：刘官良（2010.10—）

【卷烟生产】 2010年，企业生产卷烟318亿支（63.6万箱）（含品牌合作生产），同比增长9.24%，其中，生产一类烟11.45亿支（2.29万箱）、二类烟0.52亿支（0.10万箱）、三类烟79.51亿支（15.9万箱）、四类烟164.57亿支（32.91万箱）、五类烟61.94亿支（12.39万箱）。

生产“好猫”16.8亿支（3.36万箱），同比增长52.74%；生产“猴王”238.7亿支（47.74万箱），同比增长50.66%；生产加工“白沙”22.5亿支（4.5万箱），“大红鹰”、“雄狮”25亿支（5万箱），“双喜”15亿支（3万箱）。

全年万元产值综合能耗为24.3千克标煤/万元，万支卷烟综合能耗为4.32千克标煤/万支。烟叶、滤棒、盘纸平均消耗分别为6.92千克/万支、1675支/万支、611米/万支。水、电平均消耗分别为0.12吨/万支、8.19千瓦时/万支。

【技术改造】 2010年7月，宝鸡卷烟厂易地技术改造项目通过国家局组织的竣工验收。易地技改后续项目建设进展顺利，职工食堂及配套公用工程项目于10月全面开工建设。

【基础管理】 体系建设。扎实推进企业综合管理体系建设，完成了174个管理标准和411个技术标准的转化发布，确定6大环境目标，编制32个环境管理方案，完成工厂10个方面72个关键流程的梳理和优化。

对标创优。全年完成对标创优课题31个、对标创优指标73项。有17项指标达到行业平均水平，其中5项达到行业先进水平。

设备管理。以创建设备管理示范单位为目标，加强设备管理基础工作，修订完善涵盖设备购置、移交验收、设备操作、维护修理、备件采购、调拨与报废、绩效考核等全过程的设备管理标准和技术标准，健全完善主要设备管理档案580余份。开展设备效率因素分析摸排，推行设备深度保养，全年卷包设备平均有效作业率达到82.88%，同比提高1.98%。

质量管理。全员印发学习《卷烟工艺质量应知应会手册》，组织开展工艺质量知识答题、竞赛等活动。加强在线工艺质量控制，推行“质量一级检验”模式。多次选派管理人员和关键岗位操作工到品牌输出厂家学习，通过多种方式加强合作品牌工艺质量管理。建立烟用材料不合格品退货、赔付和销毁机制，较好解决了材料上机适用性对产品质量的影响。成品检测室按期建成投用，检测手段更加先进科学，全年行业成品市场抽检合格率100%。

安全管理。制定安全技术标准37个、安全管理制度47个、安全操作规程65个，企业安全生产标准化框架基本建立。规范安全检查工作，明确检查方式、问题原因分析、溯源追踪、改进提升等闭环管理要求，严格落实企业安全“四级”检查制度，做好安全隐患整改验证工作。开展消防灭火、危险化学品泄漏、锅炉突发停电等应急演练，进一步修订企业应急预案

体系。

陕西中烟工业有限责任公司延安卷烟厂

【概　况】 陕西中烟工业有限责任公司延安卷烟厂始建于1970年，建厂以来，经历四次易地搬迁和技术改造。截至2010年年底，企业占地面积41万平方米，共有在岗员工1057人，拥有5000千克/小时的制丝线1条，卷接机组16组、包装机组17组，年卷烟生产能力为250亿支（50万箱）。

【领导成员】 厂长、党委副书记：赵启斌（2010.10—）

副厂长、党委书记：白丰（2010年10月前任副厂长、总工程师、党委委员）

厂长、党委副书记：张国亮（—2010.10）

副厂长、党委委员：刘蟠生（—2010.10）

副厂长、党委委员：李亚锋

党委副书记、纪委书记、工会主席：胡　捷

副厂长、党委委员：王剑波（2010.10—）

副调研员：朱群虎

副调研员：张子琴

副调研员：高延明

【卷烟生产】 2010年，企业生产卷烟171亿支（34.2万箱）（含品牌合作生产），其中，生产二类烟6.65亿支（1.33万箱）、三类烟12.5亿支（2.5万箱）、四类烟136.47亿支（27.29万箱）、五类烟15.38亿支（3.07万箱）。生产加工“延安”110.73亿支（22.15万箱），“红塔山”12.5亿支（2.5万箱），“白沙”47.77亿支（9.55万箱）。

全年万元产值综合能耗为28.12千克标煤/万元，万支卷烟综合能耗为4.7千克标煤/万支。烟叶、滤棒、盘纸平均消耗分别为7.02千克/万支、1674支/万支、643米/万支。水、电平均消耗分别为0.09吨/万支、6.72千瓦时/万支。

【基础管理】 2010年度确定8项攻关课题，成立了课题管理办公室，设立跟踪评审小组，年度累计创造经济效益3460余万元。通过加强成本控制管理，节约生产成本费用970万元；通过加强能源管理，实施设备节能改造，除尘系统用电单耗6.21千瓦时，同比下降0.75千瓦时；全年节约原煤869吨，节电11.08万千瓦时，经济效益412万元以上。

【技术改造】 企业技改二期项目顺利完成。3月，生产指挥中心投入使用；6月，烟叶立体库建成投入使用。生产指挥中心、景观绿化、片烟物流、卷包数采、备件库信息化、弱电系统等工程建设完成，企业形象展示区基础建设完成，单体工程竣工验收、设备验收、结算审计和资产资料移交工作结束。

陕西中烟工业有限责任公司汉中卷烟厂

【概　况】 陕西中烟工业有限责任公司汉中卷烟厂前身是始建于1975年8月的南郑卷烟厂。企业占地面积40万平方米，共有在岗员工1256人，拥有6000千克/小时制丝线1条，各类主要卷烟专用设备30台（套），年卷烟生产能力250亿支（50万箱）。

2010年，企业被中华全国总工会和国家安全生产监督管理总局联合评为全国“‘安康杯’竞赛优胜企业”，被中华全国总工会评为“全国模范职工之家”、“全国厂务公开民主管理先进单位”，被陕西省总工会评为“陕西省厂务公开职代会五星级单位”。

【领导成员】 厂长、党委书记：蒋正林（—2010.10）

厂长、党委副书记：马文卷（2010.10—）

副厂长、党委书记：刘景明（2010年10月前任副厂长、党委委员）

副厂长、党委委员：李晓龙

党委副书记、纪委书记、工会主席：王柯兰

副厂长、党委委员：李俊合（2010.10—）

【卷烟生产】 2010年，企业生产卷烟210亿支（42万箱）（含品牌合作生产），同比下降5.62%，其中，生产三类烟34.1亿支（6.82万箱）、四类烟146.1亿支（29.22万箱）、五类烟29.8亿支（5.96万箱）。企业主要生产加工“猴王”、“白沙”、“延安”等卷烟品牌。

全年万支卷烟综合能耗为4.37千克标煤/万支，烟叶、滤棒、盘纸平均消耗分别为6.99千克/万支、1672支/万支、645米/万支，平均消耗水0.18吨/万支。

【质量管理】 2010年，企业通过开展在线工艺测试，调整了34项工艺质量参数，进一步优化工艺流程，减少过程造碎。组织3批17人次到长沙卷烟厂学习培训，提高工艺质量技术水平，陆续实现了“白沙”制丝本地化生产、“白沙”滤棒本地化生产，“白沙（精品二代）”制丝本地化生产工作。实施的20吨冷凝水除铁过滤系统项目年节水13万吨，节能效益达

120万元。

【基础管理】 强化对标工作，对照行业对标指标体系，建立了以全厂各部门33名贯标员和标准化管理员构成的专业队伍，初步建立起以流程管理为核心的文件编制思想和管理方法。企业综合管理体系进入试运行阶段。

按照行业创建“优秀卷烟工厂”要求，确立了提升组织协同、质量保障、财务管理、队伍建设、企业文化创新能力五大能力的重点，强化班组建设，确保各项创优指标落到实处。

陕西中烟工业有限责任公司澄城卷烟厂

【概　况】 陕西中烟工业有限责任公司澄城卷烟厂始建于1976年5月，2004年7月与江苏中烟工业公司徐州卷烟厂进行重组，更名为江苏中烟工业公司徐州卷烟厂澄城分厂。2007年12月，调整划归陕西中烟工业公司管理，更名为陕西中烟工业公司澄城分厂。2009年11月，陕西烟草工业完成公司制改造，更名为陕西中烟工业有限责任公司澄城卷烟厂。企业占地面积15.2万平方米，共有在岗员工406人，拥有3000千克/小时片烟制丝生产线1条、PROTOS卷烟机组3组、GDX1包装机组3组，年卷烟生产能力60亿支(12万箱)。

【领导成员】 厂长、党委副书记：黄仲波（—2010.9）

厂长、党委副书记：牛长有（2010.10—）

副厂长、党委书记：高凌云

副厂长、党委委员：仝智强

副厂长、党委委员：李　磊

纪委书记、党委委员、工会主席：侯　恩（2010.10—）

副调研员：党敏捷（2010.10—）

【卷烟生产】 2010年，企业共生产卷烟40亿支（8万箱），其中，生产“猴王（软蓝）”27.1亿支(5.42万箱)、“猴王（软紫）”7.9亿支（1.58万箱)、“猴王（软红）”5亿支（1万箱)。

全年万元产值综合能耗为60.82千克标煤/万元，万支卷烟综合能耗为4.46千克标煤/万支。烟叶、滤棒、盘纸平均消耗分别为6.92千克/万支、1684支/万支、645米/万支。水、电平均消耗分别为0.20吨/万支、6.98千瓦时/万支。

【专项管理创新】 在卷包车间推行以点检为核心的设备维护，在制丝车间推行以设备运行“零”故障为目标的产前产后全面设备维护，在动力车间推行以降低能源消耗为目标动能设备维护保养，细化“跑、冒、滴、漏”治理，突出能源管理标准。全年制丝、动力设备平均故障停机率0.11%，保持在控制指标1%以下，其中制丝设备故障停机率为零；卷包专用设备平均有效作业率86.52%，较公司下达指标提高6.52%。

陕西中烟工业有限责任公司旬阳卷烟厂

【概　况】 陕西中烟工业有限责任公司旬阳卷烟厂前身为始建于1976年的地方国营旬阳县卷烟厂，1984年更名为陕西省旬阳雪茄烟厂，1992年更名为旬阳卷烟厂，2004年企业取消法人资格，更名为宝鸡卷烟厂旬阳分厂。旬阳卷烟厂于1999年建成打叶复烤项目，2000年合并旬阳县烟叶复烤厂，更名设立陕西旬阳烟叶复烤厂，实行与旬阳卷烟厂“两块牌子，一套人员”的管理体制。企业总占地面积约40.19万平方米，共有从业人员677人；拥有2000千克/小时制丝生产线、200千克/小时薄片生产线、2000千克/小时小车送丝系统、6000千克/小时打叶复烤生产线各1条，卷接包设备21组，年卷烟生产能力140亿支（28万箱），烟叶复烤加工能力1.5万吨（30万担）。

【领导成员】 厂长、党委书记：李保平

党委副书记、纪委书记：李忠民（2010年9月任纪委书记，11月卸任工会主席）

副厂长、党委委员：吴新友

副厂长、党委委员：陈新仕

副厂长、党委委员：栗丰斌

党委委员、工会主席：屠　琼（2010年9月任党委委员，11月任工会主席）

纪委书记、党委委员：雷建强（—2010.9）

副调研员：邱世新

副调研员：常智勇（2010.9—）

【卷烟生产】 2010年，企业生产卷烟92.1亿支(18.42万箱)，其中，生产“猴王（硬红）”6.83亿支（1.37万箱)、“猴王（软红）”7.91亿支（1.58万箱)、“猴王（软蓝）”17.99亿支（3.60万箱)、“延安（硬红）”59.37亿支（11.87万箱)。加工出口烟丝731.58吨。

全年万元产值综合能耗为52.96千克标煤/万元，万支卷烟综合能耗为4.79千克标煤/万支。烟叶、滤棒、盘纸平均消耗分别为7.01千克/万支、1679支/万支、647米/万支。水、电平均消耗分别为0.20吨/万支、9.19千瓦时/万支。

【企业管理】 生产管理。围绕“4M1E”环节，持续查改设备问题，促进设备稳定运行。建立完善激励机制，将设备有效作业率、故障停机率等指标分解落实到班组、机台，严格考核奖惩，全年设备有效作业率平均达到80.62%，同比增长2%。加强生产现场管理和清洁生产工作，深入推进6S管理，生产现场安全、整洁、有序。

质量管理。深入推进质量管理创新应用工作，全面推行质量一级检验模式，强化生产过程质量自检和管理控制。建立工艺评价、关键（特殊）工序作业指导书30个。加强市场产品质量信息反馈，持续改进和提高产品、服务质量，全年产品出厂合格率100%，市场抽检合格率100%，无市场质量投诉事件发生。

安全管理。层层签订安全责任书，全面实行安全责任制，安全管理形成“一日一小查、一周一大查、一月一汇报”工作模式。突出重点部位安全防范，重新识别二级以上危险源151个。组织安全专项检查61次，查处隐患32处。加强应急管理，组织9个厂级应急预案演练。

（张建华）

中国烟草实业发展中心

【概　况】 中国烟草实业发展中心（简称“中烟实业”）成立于1999年1月。下辖黑龙江烟草工业有限责任公司、红塔辽宁烟草有限责任公司、吉林烟草工业有限责任公司、甘肃烟草工业有限责任公司、内蒙古昆明卷烟有限责任公司、深圳烟草工业有限责任公司、山西昆明烟草有限责任公司、海南红塔卷烟有限责任公司等8家卷烟工业企业和吉林烟草进出口有限责任公司。

2010年，中烟实业所属8家卷烟工业企业拥有总资产340.03亿元，其中，固定资产81.93亿元、流动资产237.31亿元，资产负债率为24.20%。所属企业共有从业人员15829人，其中在岗员工14606人。

【领导成员】 总经理、党组书记：张建军

副总经理、党组成员：李增林

纪检组长、党组成员：傅　鹏

副总经理、党组成员：赵　琦

副总经理、党组成员：刘　龙（2010.4—）

总会计师：汪利华（2010.4—）

副巡视员：李立林

副巡视员：秦　燕

【机构设置】 2010年，中烟实业本部设办公室（外事办公室）、人力资源部、生产部、安全监督管理部、企业管理部、财务部、审计部、法律与改革部、市场营销部、物资供应部、纪检监察部等11个部门。

【卷烟生产经营】 2010年，中烟实业所属企业共生产卷烟（含品牌合作生产，不含出口）2082.5亿支（416.5万箱），同比增长4.34%，其中，生产一类烟40.75亿支（8.15万箱），同比增长60.36%；二类烟139.2亿支（27.84万箱），同比增长27.59%；三类烟845.2亿支（169.04万箱），同比增长26.54%；四类烟554.9亿支（110.98万箱），同比下降9.19%；五类烟502.05亿支（100.41万箱），同比下降13.7%。全年共合作生产卷烟909.5亿支（181.9万箱），同比增长7.84%。生产出口卷烟10.5亿支（2.1万箱），同比增长12.39%。

全年销售卷烟（不含出口）2081.85亿支（416.37万箱），同比增长4.1%，其中，销售一类烟38.35亿支（7.67万箱），同比增长41.26%；二类烟138.65亿支（27.73万箱），同比增长25.94%；三类烟847.1亿支（169.42万箱），同比增长26.61%；四类烟555.3亿支（111.06万箱），同比下降9.30%；五类烟502.45亿支（100.49万箱），同比下降13.58%。销售出口卷烟10.5亿支（2.1万箱），同比增长11.63%。

全年实现销售收入445.28亿元，同比增长16.30%。实现税利264.31亿元，同比增长19.56%，其中利润39.64亿元，同比增长9.74%。公司三项费用率为8.82%。

全年万元产值综合能耗为23.75千克标煤/万元，万支卷烟综合能耗为4.45千克标煤/万支。平均消耗烟叶7.55千克/万支、盘纸649米/万支、滤棒1686支/万支、水0.11吨/万支、电7.37千瓦时/万支。

【主要产品】 2010年，中烟实业所属企业主要有“长白山”、“兰州”、“好日子”、“人民大会堂”、“冬虫夏草”、“椰王”、“哈尔滨”等自有品牌，其中，“长白山”、“兰州”被国家局列为全国重点品牌考核。

11月，“好日子”整合到“双喜”品牌系列。

“长白山”品牌卷烟。“长白山”品牌卷烟以“低危害、低焦油”创知名度，全年共生产328.5亿支（65.7万箱），同比增长17%，其中，生产三类以上卷烟309亿支（61.8万箱），同比增长24%。“长白山”品牌卷烟覆盖全国27个省（区、市）的150多家地市级商业公司，共销售329.5亿支（65.9万箱），其中省外市场销售194.5亿支（38.9万箱）。

“兰州”品牌卷烟。“兰州”品牌卷烟坚持“干燥我适合、湿润更绵香”的特色理念，全年共生产370亿支（74万箱），同比增长1.51%，其中，生产三类以上卷烟107.45亿支（21.49万箱），同比增长52.41%。加强品牌培育和市场推广力度，“兰州”品牌卷烟覆盖全国24个省（区、市）的136家地市级商业公司，共销售368.20亿支（73.64万箱），其中省外市场销售127亿支（25.4万箱）。

【原料保障】 全年采购烟叶11.75万吨（235万担）、晾晒烟0.89万吨（17.7万担）、进口烟叶0.32万吨（6.4万担）。按照原料供应基地化、烟叶品质特色化的要求，开展烟叶基地单元建设和特色优质烟叶重大专项开发工作。具有自主卷烟品牌的所属企业制订了原料需求规划，成立专门机构负责基地单元建设，参与烟叶基地建设的主动性和介入程度得到提高。2010年，工商合作建立烟叶基地单元15个，基地烟叶采购量共计3.65万吨（73万担）。

【科技创新】 中烟实业召开科技工作座谈会，总结“十一五”期间的科技创新工作，明确“十二五”期间科技创新工作目标任务。组织开展QC小组活动，向国家局推荐优秀成果5项，其中深圳烟草工业有限责任公司“研究制丝生产防差错的新方法”和红塔辽宁烟草有限责任公司“卷烟机料斗滤网清洁系统的研发”2项成果在全国烟草行业第二十一届优秀QC小组成果发布会上获得一等奖。

减害降焦工作取得成效，中烟实业所属企业自有品牌焦油量加权平均值为10.96毫克/支；“长白山”品牌焦油量8毫克以下产量达到111.3亿支（22.26万箱），成为低焦低害卷烟产品的代表品牌之一。

【企业管理】 全面预算管理。制订《中烟实业全面预算管理办法》和《中烟实业全面预算管理三年（2010~2012）实施规划》，整体推进所属企业全面预算管理工作。开展多个层面的业务培训，提高对预算管理的认识和实际操作能力。将预算管理考核融入企业领导业绩考核，增强预算管理考核力度。

对标创优。中烟实业将创建“优秀卷烟工厂”活动与对标工作有机结合，找准差距，明确目标，持续改进。在国家局公布的行业44项对标指标中，中烟实业平均水平有29项进步，占对标指标数的65.9%；达到行业平均水平的指标有10项，占对标指标数的22.7%。所属14家卷烟工厂全部140个创优指标中，共有81个指标达到“优秀”评价标准，占57.86%。所属企业总资产贡献率为85.98%，比行业平均水平高10.9%。

安全生产。中烟实业抓好安全“三化建设”（安全标准化、安全信息化、安全文化），全面落实安全生产责任，企业安全生产意识增强。加强安全设备设施基础建设和维护，落实火灾自动报警系统11套，火灾自动灭火系统9套，视频监控系统10套。开展安全隐患检查，共提出整改意见和建议60余项，整改率达91.7%。所属企业全年无重大安全生产责任事故。

【信访稳定】 中烟实业召开信访稳定工作座谈会，组织专题培训，交流信访工作经验，提高信访工作队伍素质。2010年，中烟实业本部共接待来访13批33人次，均按照信访条例，依法依规处理。针对重点疑难案件，组成专门工作组，到企业调研，摸清情况，督促企业妥善处理。各企业完善信访组织机构和工作制度，排查、化解不稳定因素，实现稳定发展。

【境外办厂】 2010年，吉林烟草工业有限责任公司在吉林烟草进出口有限责任公司配合下，克服原料供应不畅、市场状态不稳定等诸多困难，确保在朝鲜设立的3家境外卷烟生产企业平稳发展，“长白山（白山）”品牌在朝鲜产销量达到60.5亿支（12.1万箱），同比增长9%。

【“十一五”发展概要】 “十一五”期间，中烟实业贯彻落实“加强管理、加强监管，搞好协调、搞好服务，管好班子、带好队伍”的任务要求，注重协调各方利益关系，实现所属企业平稳过渡，取得以下成效。

所属企业全部实现与大企业联合重组，依托大企业的优势实现了快速发展，年实现税利从“十五”期末的92.5亿元增加到“十一五”期末的264.31亿元，增长1.86倍。“十一五”期间累计上缴税金804.24亿元，为地方经济特别是老少边穷地区经济发展做出了贡献。

坚持把企业发展作为第一要务，把产品结构提升作为提高经济运行质量的主攻方向，以扩大生产三类以上卷烟产品为目标，以做实做强做精企业为主要任务，充分发挥管理体制优势，企业经济运行质量明显提高。“十一五”期间，所属企业三类以上卷烟比重由9.48%增长到49.14%；利润由13.1亿元增加到39.64亿元；人均劳动生产率由215.95箱提高到290.40箱；工业增加值率由66.37%提高到75.25%；销售收入成本率由42.06%下降到34.82%；总资产由157.97亿元增加到340.03亿元，增长一倍多；所有者权益由87.7亿元增加到257.52亿元，增长1.9倍；资产负债率由44.48%减少到24.29%，降低20.19%。

推进现代企业制度建设。所属企业全部实现由工厂制向公司制转变，初步建立了相互制衡的法人治理结构，重大生产经营决策由董事会议定，企业管理方式由传统行政管理向现代企业管理转变。推进资源优化配置，整合卷烟牌号，品牌集中度不断提高。促进合作生产，“十一五”期间，累计合作生产卷烟3591.2亿支（718.24万箱）。

推进科技进步，企业自主创新能力不断增强，产品风格特色更加突出。增加科研投入，购置一批先进的科研和检测仪器设备，改善企业技术中心的科研基础条件。加强科研人才培养，所属企业科技工作人员由“十五”期末的199人增加到“十一五”期末的402人，中级以上技术职称人员由28人增加到191人。完善创新体系，各企业主动和行业内外科研院所及大企业合作，搭建科研项目联合开发平台；组织技术交流与协作，拓展科研人员视野，提升自主创新能力，共获得国家专利83项。推动减害降焦，所属企业卷烟平均焦油量由“十五”期末的13毫克/支降低到“十一五”期末的11.49毫克/支，比行业平均水平低0.41毫克/支。在全行业率先研制开发焦油量5毫克/支烤烟型产品“长白山（东方神韵）”。

推进技术改造，所属8家卷烟工业企业、14个卷烟生产企业技改总投资102亿元，已完成技术改造的企业有7家，技改进程中的企业有3家，另外4家生产企业进入技改准备阶段。技改后的企业，生产环境得到全面改善，技术装备达到国内先进水平，加工工艺做到了智能化、标准化、规范化、精细化。

先后组织开展了深入学习实践科学发展观教育活动、“两个至上”在岗位主题实践活动和创先争优活动，加强领导班子党风廉政建设和作风建设，促进了企业和谐发展。推进用工分配制度改革，疏通各类人员发展通道，所属企业共有6258人获得职业资格证书，占在岗职工总数的42.85%，11人获得“全国烟草技术能手”荣誉称号。所属企业在岗员工年人均收入得到适当提高，员工的物质和精神文化需求得到较好满足，保持了企业和谐稳定。

【特事要辑】 4月28日，“长白山”低害低焦卷烟品类创新成果发布会在吉林延吉市召开。国家局副局长李克明出席会议并讲话。

9月9日，红塔辽宁烟草有限责任公司沈阳卷烟厂易地技改项目奠基仪式在沈阳举行。国家局副局长李克明出席仪式并讲话。

9月16日，吉林烟草工业有限责任公司长春卷烟厂“十一五”易地技改竣工投产仪式在长春举行。国家局副局长李克明出席仪式并讲话。

9月28日，黑龙江烟草工业有限责任公司哈尔滨卷烟厂易地技改项目开工奠基仪式在哈尔滨举行。国家局副局长李克明出席仪式并讲话。

11月11～12日，国家局局长姜成康到吉林烟草工业有限责任公司延吉卷烟厂考察调研。

11月13日，深圳烟草工业有限责任公司和广东中烟工业有限责任公司在广州签署品牌整合协议，深圳烟草工业有限责任公司“好日子”品牌全部整合为“双喜”品牌。国家局副局长张保振出席仪式并讲话。

12月17日，吉林烟草工业有限责任公司在长春举行“推动减害降焦，提升品牌价值”会议。国家局副局长何泽华出席会议。

所属企业

黑龙江烟草工业有限责任公司

【概　况】 黑龙江烟草工业有限责任公司成立于2007年11月，下辖哈尔滨卷烟厂、海林卷烟厂、穆棱卷烟厂、绥化卷烟厂等4个卷烟生产企业。2009年，公司与湖北中烟工业有限责任公司进行跨省联合、整合重组，中烟实业占65%的股权，湖北中烟占35%的股权。公司占地面积55.6万平方米，有5000千克/小时的制丝生产线1条，3000千克/小时的制丝生产线2条，1500千克/小时的梗丝生产线2条，卷接包设备21台（套），年卷烟生产能力500亿支（100万箱）。公司拥有总资产54.08亿元，其中，固定资产9.5亿元、流动资产40亿元，资产负债率为16.7%。共有在岗员工3759人。

【领导机构】 董事会

董事长：张建军

董　事：李增林　李立林　吴　俊　彭传新　李　卫　王殿贵　王志军　吕德勋

监事会

主　席：倪　华

监　事：严奉炎　袁展斌　戴建存　张春华

班子成员

总经理、党组书记：王殿贵

副总经理、党组成员：王志军

副总经理、党组成员：苗国盛

副总经理、党组成员：李　野

副总经理、党组成员：周长春

总会计师、党组成员：仇慧君

总经济师、党组成员：连福昌

党组常务副书记：戴建存

纪检组长、党组成员、工会主席：吕德勋

【机构设置】 公司本部设技术研发中心、市场营销中心、物资采购中心、生产制造中心、经理办公室、财务管理部、审计部、人力资源部、经济运行部、技改工程部、党群工作部、纪检监察部、计算机管理部、原料采购部、设备管理部、工会等16个部门。

【卷烟生产经营】 2010年，公司生产卷烟431亿支（86.2万箱），同比增长1.17%。销售卷烟430.5亿支（86.1万箱），同比增长1.2%。实现销售收入54.8亿元，同比增长8.94%。实现税利41.9亿元，同比增长17.71%，其中利润8.4亿元，同比增长13.12%。公司三项费用率为10.09%。

全年万支卷烟综合能耗为6.6千克标煤/万支，平均消耗烟叶7.19千克/万支、滤棒1986支/万支、盘纸629米/万支、水0.15吨/万支、电6.59千瓦时/万支。

【科技创新】 2010年，公司以特色混合型卷烟研发为方向，以提升公司经济效益、培育新的经济增长点为目标，加强对中式卷烟减害降焦技术的研究，推广降焦效果好、综合成本低的集成技术，自有品牌平均焦油量由上年的12毫克/支降低到10毫克/支。通过技术手段，采用HXD燃油烘丝机膨化新技术，有效降低烟丝消耗。通过优化配方设计，合理使用烟叶库存资源，加大梗丝、薄片的掺兑比例，探索应用辊压法薄片等技术降低产品配方成本。

【原料保障】 重点保证云南、湖南烤烟以及湖北白肋烟和浙江香料烟等烟叶采购数量和质量，加强对新购进烟叶的监控、分类、仓储和加工，确保新购进烟叶原料分批次质量的稳定性。推进烟叶基地建设，保证公司烟叶原料采购需要。合理调整烟叶库存结构，全年调剂片烟0.94万吨（18.75万担），盘活了烟叶库存占用资金，烟叶库存总量和结构控制在科学合理范围内。

【品牌营销】 公司从“时间、区域、分类”三个维度和“覆盖率、铺货率、动销率、成长率”四个方面制定公司中长期市场开发战略，增强市场开拓能力。巩固和发展老销区，加速拓展新销区，重点培育山东、河北、贵州、四川等市场。通过市场开发战略的实施，推进自有品牌的投放与调控从“总量调控”模式向“精准营销”模式转变，货源投放从“多环节”向“扁平化”转变，实现自有品牌在省内外销售市场“因地制宜、全面覆盖、动态匹配”和“不断档、不积压、稳价格、促销售”的目标。

做好订单预测和产销衔接，确保供货的时间及时、货源充足。从“品牌营销、市场营销、服务营销”三个方面着手，构建工商协同营销价值链，建立品牌培育长效机制，提升自有品牌市场占有率。

【“十一五”发展概要】 “十一五”期间，公司经济效益持续增长，“十一五”期末与“十五”期末相比，公司年实现销售收入增加30亿元，平均每年增长25%；年实现税利增加27亿元，平均每年增长36.6%；年实现利润增加6.6亿元，平均每年增长80%。

进行自有品牌整合，由总厂成立后的10多个品牌、30个规格整合至“十一五”期末的“哈尔滨”、“林海灵芝”、“老仁义”3个品牌、10个规格，品牌集中度逐步提高，竞争实力不断增强。公司与浙江中烟、红塔集团、湖北中烟建立了定向品牌合作生产关系，2007年至2010年合作生产卷烟463.2亿支（92.64万箱）。

与湖北中烟确立了以品牌为主、以资产为纽带的跨省联合关系。通过跨省联合、沟通融合，进一步引入了湖北中烟资金、品牌、管理、技术等资源，不断优化双方资源配置效率，实现“互利多赢、共同发展”。

加大设备设施投入，购置卷包设备ZJ17卷接机组25组，GD机组25组，成型机组ZL26机组2组、ZL21机组11组及部分制丝设备，截至2010年年底，公司所属4家卷烟厂卷接设备可以满足生产高中低档卷烟需要，卷烟年产量达到500亿支（100万箱）。

黑龙江烟草工业有限责任公司所属生产厂

黑龙江烟草工业有限责任公司哈尔滨卷烟厂

【概　况】 黑龙江烟草工业有限责任公司哈尔滨卷烟厂前身为始建于1902年的葛万那烟庄，1952年更名为国营哈尔滨卷烟厂。2003年，以哈尔滨卷烟厂为主体，对绥化、海林、穆棱卷烟厂实施重组整合，成立了哈尔滨卷烟总厂。2007年，哈尔滨卷烟总厂改制更名为黑龙江烟草工业有限责任公司，哈尔滨卷烟厂成为其所属卷烟生产厂之一。企业占地面积17.1万平方米，拥有国内外先进的制丝、卷接包生产线22条，以及先进的技术开发和产品质量检测设备，年卷烟生产能力225亿支（45万箱）。共有在岗员工1788人。

【领导成员】 厂长、党委委员：苗国盛（—2010.3）

厂长、党委委员：谢东升（2010.3—）

党委书记：戴建存（—2010.3）

党委书记：宋延彬（2010.3—）

纪委书记、党委委员、工会主席：吕德勋

副厂长、党委委员：张传贵

副厂长、党委委员：孙永刚

厂长助理、党委委员：安　毅

厂长助理、党委委员：李光磊

【卷烟生产】 2010年，企业生产卷烟226亿支（45.2万箱），其中合作加工卷烟164.5亿支（32.9万箱）。主要生产“林海灵芝”、“老仁义”、“哈尔滨”、“红塔山”、“红梅”、“红金龙”、“黄鹤楼”等品牌。

【技术改造】 2010年4月，成立技术改造指挥部，按照“一个核心，三个机制”建立综合、财务、招标、工艺装备、土建、动力能源、信息自控、包装物流等8个专业组，成立技术改造指挥部党支部。7月8日，国家局组织项目初步设计方案专家评审会，同意哈尔滨卷烟厂易地技术改造项目设计方案，技改项目通过评审。9月28日，哈尔滨卷烟厂“十一五”易地搬迁技改项目正式开工。

黑龙江烟草工业有限责任公司海林卷烟厂

【概　况】 黑龙江烟草工业有限责任公司海林卷烟厂始建于1970年。2003年整合进哈尔滨卷烟总厂，更名为哈尔滨卷烟总厂海林分厂。2007年，哈尔滨卷烟总厂改制更名为黑龙江烟草工业有限责任公司，海林卷烟厂成为其所属卷烟生产厂之一。企业占地面积19.2万平方米，拥有卷接机组7台（套）、包装机组9台（套）、滤棒成型机组10台（套）、滤嘴发射机2台（套）和3000千克/小时制丝生产线、白肋烟生产线各1条，年卷烟生产能力194.4亿支（38.88万箱）。共有在岗员工779人。

【领导成员】 厂长、党委书记：王继民

党委副书记、纪委书记、工会主席：张　翔

副厂长、党委委员：袁　波（—2010.3）

副厂长、党委委员：姜英乙

副厂长、党委委员：唐雪冰

【卷烟生产】 2010年，企业生产卷烟87.45亿支（17.49万箱），其中，生产“老仁义（和谐）”37.96亿支（7.59万箱）、“老仁义（吉祥）”2.55亿支（0.51万箱）、“林海灵芝（软白）”46.95亿支（9.39万箱）。

全年万支卷烟综合能耗为9.45千克标煤/万支，平均消耗烟叶7.23千克/万支、滤棒1618支/万支、盘纸645米/万支、水0.18吨/万支、电6.95千瓦时/万支。

黑龙江烟草工业有限责任公司穆棱卷烟厂

【概　况】 黑龙江烟草工业有限责任公司穆棱卷烟厂前身是始建于1977年的国营穆棱县雪茄烟厂，1992年更名为穆棱卷烟厂。2003年整合进哈尔滨卷烟总厂，更名为哈尔滨卷烟总厂穆棱分厂。2007年11月，哈尔滨卷烟总厂改制更名为黑龙江烟草工业有限责任公司，穆棱卷烟厂成为其所属卷烟生产厂之一。企业占地面积14万平方米，有制丝生产线1条，卷接包装设备31台（套），年卷烟生产能力75亿支（15万箱）。共有在岗员工518人。

【领导成员】 厂长、党委委员：谢东升（—2010.3）

厂长、党委委员：曲　礼（2010年3月前担任党委书记）

党委书记：袁　波（2010.3—）

副厂长、党委委员：邱连邦

副厂长、党委委员：郎玉卓

纪委书记、党委委员、工会主席：石春峰

【卷烟生产】 2010年，企业生产卷烟56.55亿支

(11.31 万箱)。主要生产牌号有“哈尔滨”、“老仁义”。

全年万元产值综合能耗为 97.21 千克标煤/万元。平均消耗烟叶 7.31 千克/万支、滤棒 1681 支/万支、盘纸 645 米/万支、水 0.18 吨/万支、电 4.8 千瓦时/万支。

黑龙江烟草工业有限责任公司绥化卷烟厂

【概　况】 黑龙江烟草工业有限责任公司绥化卷烟厂始建于 1970 年。2003 年整合进哈尔滨卷烟总厂，更名为哈尔滨卷烟总厂绥化分厂。2007 年 11 月，哈尔滨卷烟总厂改制更名为黑龙江烟草工业有限责任公司，绥化卷烟厂成为其所属卷烟生产厂之一。企业占地面积 10 万平方米，拥有 3000 千克/小时的制丝生产线 1 条、卷接机组 12 台（套）、包装机组 10 台（套）、滤嘴成型机组 9 台（套），年卷烟生产能力 216 亿支（43.2 万箱）。共有在岗员工 674 人。

【领导成员】 厂长、党委委员：阮　见

党委书记、纪委书记、工会主席：周显明

副厂长、党委委员：刘素英

副厂长、党委委员：唐文双

【卷烟生产】 2010 年，企业生产卷烟 60.88 亿支（12.18 万箱），全部为五类烟，主要生产“哈尔滨（软黄）”。

全年万元产值综合能耗为 167.61 千克标煤/万元。平均消耗烟叶 7.38 千克/万支、滤棒 1681 支/万支、盘纸 645 米/万支、水 0.26 吨/万支、电 3.98 千瓦时/万支。

红塔辽宁烟草有限责任公司

【概　况】 红塔辽宁烟草有限责任公司成立于 2003 年 12 月，由红塔烟草（集团）有限责任公司和中国烟草实业发展中心共同持股，红塔烟草（集团）有限责任公司控股。公司下设沈阳卷烟厂、营口卷烟厂 2 个卷烟生产厂。公司占地面积 46.4 万平方米，有 5000 千克/小时、6000 千克/小时制丝生产线各 1 条，PROTOS、PASSIM 卷接机组 17 台（套），GDX1、GDX2 包装机组 18 台（套）。公司拥有总资产 41.16 亿元，其中，固定资产 10.42 亿元、流动资产 27.69 亿元，资产负债率为 14.87%。共有从业人员 1940 人。

营口卷烟厂被全国厂务公开协调小组办公室评为“全国厂务公开民主管理先进单位”。

【领导机构】 董事会

董事长：柳万东

副董事长：赵　琦

董　事：傅　鹏（2010.12—）　李剑波　张国良　秦　燕　李德贤　宋玉强　罗　晶

监事会

主　席：傅　鹏（—2010.12）

汪利华（2010.12—）

监　事：张　萌　朱学成　黄向红　张　华　王国祥

班子成员

总经理、党组书记：李德贤

副总经理、纪检组长、党组成员：宋玉强

副总经理、党组成员：罗　晶

副总经理、党组成员：慈　东

副总经理、党组成员：张　峥

总经理助理：王旭东（2010.7—）

【机构设置】 公司本部设办公室、党群工作部、人力资源部、经济运行部、财务会计部、审计监督管理办公室、技术改造部、采购中心、安全管理部、纪检监察部、红塔集团营销中心东北分中心、红塔集团技术中心东北分中心等 12 个职能部门，其中，安全管理部、纪检监察部分别于 2010 年 3 月、7 月成立。

【卷烟生产经营】 2010 年，企业生产卷烟 265 亿支（53 万箱），同比增长 1.81%，其中生产三类以上卷烟 158.7 亿支（31.74 万箱），同比增长 41.1%。合作生产卷烟 242.45 亿支（48.49 万箱），同比增长 3.45%；生产“人民大会堂”22.7 亿支（4.54 万箱），同比下降 11.77%。

全年销售卷烟 265 亿支（53 万箱）。实现卷烟销售收入 50.06 亿元，同比增长 16.4%。实现税利 31.24 亿元，同比增长 13.27%，其中利润 3.34 亿元，同比增长 0.65%。公司三项费用率为 11.74%。

全年万支卷烟综合能耗为 3.74 千克标煤/万支，平均消耗烟叶 7.28 千克/万支、滤棒 1685 支/万支、盘纸 607 米/万支、水 0.1 吨/万支、电 8.22 千瓦时/万支。

【品牌营销】 6 月，红塔集团营销东北分中心机构调整工作会在沈阳召开，完成了体制和机构调整，基本实现了营销管理、业务平台、计划资源、品牌管理、营销资源五个一体化。分中心按照集团的统一部署，在三省一市开展了“红塔山（经典 100）”、“红塔山

（经典150）”的世界杯推广活动。与大连市公司开展新商盟网上合作，共同推进卷烟网络营销。

【原料保障】 全年实际采购烟叶（不含两厂内部调剂）2.57万吨（51.46万担），验收原料合格率为100%。内部调剂0.19万吨（3.79万担），促进烟叶资源优化配置。12月，原料库存为2.92万吨（58.31万担）。

【辅料生产供应】 全年采购丝束2641吨、滤棒7.4亿支、卷烟纸1185吨、小盒13.36亿枚、条盒1.34亿枚、铝箔纸1502吨、卡纸284吨、薄膜753吨等辅料物资。制订辅料采购计划，围绕经济运行变化及时调整辅料订单，保证辅料及时到货。全年辅料入库检查3298批次，合格率100%。

【科技创新】 公司技术中心与红塔集团技术中心共同承担了“卷烟生产工艺技术水平分析及工序质量评价”项目研究，加强了以工艺试验、工序评价、新材料新技术试验为重点的工艺管理。在东北地区的37个地级市进行了市场调研，与红塔集团技术中心共同对“红塔山（经典1956）”、“恭贺新禧”配方进行创新，优化原料配置，提高了产品适应市场的能力，产品均质化水平保持稳定。

【易地技改】 2010年，营口卷烟厂技术改造全面竣工，通过了国家局的验收。沈阳卷烟厂易地搬迁技术改造举行开工奠基仪式。

【企业管理】 对标工作　公司成立对标工作领导小组、对标管理办公室，组织8个对标专项小组，制订《对标工作管理办法》，将对标指标进行分类归口管理。在国家局公布的行业44项对标指标中，公司有23项指标优于上年同期水平。

完善制度体制　修订公司章程，完善董事会制度。在梳理原有41项管理制度基础上，修订、编制《生产经营管理制度》等14项基本管理制度，并经三届七次董事会议审议通过。质量、环境、职业健康安全管理“三标一体”建设经过运行检验、行业审核和外部监督审核，通过认证。

信息化建设　按照国家局统一部署，完成会计核算软件由NC3.0至NC5.0的转换，实现产品、物流、服务和资金等信息的无缝对接，实现人力资源管理模块和协同办公系统的系统升级，在国家局组织的2010年烟草行业设备管理经验交流会上，公司以“利用信息化技术推动设备管理上水平”为题作典型发言。

【人力资源管理】 出台《红塔辽宁烟草有限责任公司岗位管理办法》和《2011年岗位竞聘实施方案》，进一步完善用工分配制度和岗位管理办法，开始全面实施岗位管理。对岗位分类做出调整，由两大类划分为管理、专业技术、业务、生产操作和工勤五大类，每一类重新设计岗级，真正实现以岗选人，拓宽员工职业发展通道，增强员工岗位意识。

全年开展各类教育培训242项，参加培训8700人次。公司有中级以上专业技术资格的138人，有技师资格的69人。选派员工分别参加由云南中烟、中烟实业举办的营销技能竞赛，其中有1人获得“全国烟草技术能手”称号。

【多元化经营】 营口天利彩色印务有限公司成立于1998年9月，是隶属于红塔辽宁烟草有限责任公司的多元化经营企业，前身是营口烟草印务有限公司，由营口卷烟厂印刷车间脱离主体独立后成立。总投资4000万元人民币，由红塔辽宁烟草有限责任公司控股。公司的经营范围主要是生产卷烟商标，为沈阳、营口卷烟厂提供辅料加工，同时印刷加工其他纸制品包装产品。全年生产条盒71648烟箱，盒皮77576烟箱，实现销售收入1393万元。

【“十一五”发展概要】 “十一五”时期是公司成立以来发展最好最快的时期，实现跨省重组使企业技术改造和再造能力增强，公司治理水平不断提高。改革与创新不断发展，以名优品牌整合自有产品，保证公司持续健康稳定发展。

“十一五”期间，公司累计生产卷烟1279亿支（255.8万箱），年均增长2.65%。合作生产卷烟1068.5亿支（213.7万箱），年均增长14%。累计生产“红塔山”276.5亿支（55.3万箱）、“人民大会堂”121亿支（24.2万箱）。累计实现销售收入196.3亿元；实现税利121.1亿元，年均增长13.4%；其中上缴税金105.3亿元。

红塔辽宁烟草有限责任公司所属生产厂

红塔辽宁烟草有限责任公司沈阳卷烟厂

【概　况】 红塔辽宁烟草有限责任公司沈阳卷烟厂始建于1908年。2003年12月，红塔辽宁烟草有限责任公司成立，企业成为红塔辽宁烟草有限责任公司下辖的卷烟生产厂。企业占地面积为16.4万平方米，有5000千克/小时制丝生产线1条，PROTOS卷包机组9台（套），GDX1、GDX2包装机组9台（套），年卷烟生产能力150亿支（30万箱）。共有从业人员787人。

【领导成员】 厂长、党委副书记：魏 利

调研员：王国祥（2010年12月前担任副厂长、党委书记）

纪委书记、党委委员、工会主席：王长征

副厂长、党委委员：董丽艳

副厂长、党委委员：穆 忠（—2010.12）

副厂长、党委委员：安鹏启（2010年2月前担任厂长助理、党委委员）

厂长助理：张 涛（2010.12—）

【卷烟生产】 2010年，企业生产卷烟120亿支（24万箱），主要生产"红塔山"、"红梅"系列。

全年万支卷烟综合能耗为3.98千克标煤/万支，平均消耗烟叶7.26千克/万支、滤棒1686支/万支、盘纸605米/万支、水0.14吨/万支、电7.71千瓦时/万支。

红塔辽宁烟草有限责任公司营口卷烟厂

【概 况】 红塔辽宁烟草有限责任公司营口卷烟厂始建于1909年。2003年12月，红塔辽宁烟草有限责任公司成立，企业成为红塔辽宁烟草有限责任公司下辖的卷烟厂。企业占地面积30万平方米，有6000千克/小时制丝生产线1条，PROTOS、PASSIM卷包机组8台（套），GDX1、GDX2包装机组9台（套），年卷烟生产能力150亿支（30万箱）。共有从业人员926人。

【领导成员】 副厂长、党委书记：白龙潭（2010.12—）

厂长、党委副书记：侯 伟

副厂长、党委书记：张 华（—2010.12）

纪委书记、党委委员、工会主席：刘洪岐（—2010.12）

党委委员、工会主席：赵广伟（2010.12—）

副厂长：李 军（—2010.2）

副厂长、党委委员：张 玮（2010年2月前担任厂长助理、党委委员）

厂长助理：周景喜（2010.5—）

【卷烟生产】 2010年，企业生产卷烟145.3亿支（29.06万箱），主要生产"人民大会堂"系列，"红塔山"、"红梅"系列。

全年万支卷烟综合能耗为3.58千克标煤/万支，平均消耗烟叶7.29千克/万支、滤棒1684支/万支、盘纸610米/万支、水0.07吨/万支、电8.74千瓦时/万支。

吉林烟草工业有限责任公司

【概 况】 吉林烟草工业有限责任公司成立于2006年12月，下设延吉卷烟厂、长春卷烟厂2个卷烟生产厂，朝鲜罗先新兴烟草会社、朝鲜大同江烟草有限公司、朝鲜平壤白山烟草有限责任公司等3个境外卷烟生产企业，延边友利打叶复烤有限责任公司1个烟叶加工企业，延边长白山嘴棒有限公司1个辅料生产企业，延吉长白山文化传媒有限公司1个多元化企业。公司占地面积44.9万平方米，有5000千克/小时的制丝生产线2条，3000千克/小时的制丝生产线1条，1500千克/小时、2000千克/小时的梗丝生产线各1条，试验线、梗颗粒线和薄片生产线各1条，卷接机组29台（套）、包装机组30台（套）、滤嘴成型机组13台（套）、装封箱机组11台（套），年卷烟生产能力500亿支（100万箱）。公司拥有总资产84亿元，其中，固定资产25亿元、流动资产55亿元，资产负债率为51.5%。共有在岗员工3309人。

【领导机构】 董事会

董事长：张建军

副董事长：蒋顺华

董 事：傅 鹏（—2010.12）
刘 龙（2010.12—） 张国良（2010.12—）
李剑波（—2010.12） 孔庆峰 孙国伟 吕子军
曹锡忱（—2010.6） 刘轴承（—2010.6）
金胜龙（2010.6—） 姚 琛（2010.6—）

监事会

主 席：曹 航

监 事：严奉炎 王春联 孙金昕 于 霞

班子成员

总经理、党组书记：孙国伟

常务副总经理、党组副书记：吕子军

副总经理、党组成员：金洪天

党组副书记、纪检组长：李凤元

营销中心总监、党组成员：吴 刚

技术中心总监、党组成员：李元实

总会计师：卜 莹

【机构设置】 公司本部设有办公室、经济运行部、财务部、审计部、人力资源部、安全保卫部、党群工作部、国际部、品质控制部、采购中心、营销中心、技术中心、企业管理部、信访办公室、纪检监察部等15个部门。纪检监察部于2010年8月设立。

【卷烟生产经营】 2010年，企业生产卷烟（不含出口）400亿支（80万箱），同比增长11.42%。销售卷烟（不含出口）400亿支（80万箱），同比增长8.77%。实现销售收入82.56亿元，同比增长17.54%。实现税利50.53亿元，同比增长13.63%，其中利润6.77亿元，同比增长11.68%。公司三项费用率为11.18%。

全年万支卷烟综合能耗为4.02千克标煤/万支，平均消耗烟叶7.72千克/万支、滤棒1690支/万支、盘纸653米/万支、水0.11吨/万支、电8.94千瓦时/万支。

公司控（参）股的平壤白山烟草有限责任公司、大同江烟草有限公司、罗先新兴烟草会社等3家境外企业生产卷烟60.5亿支（12.1万箱），销售卷烟60.5亿支（12.1万箱）。

【原料保障】 2010年，公司完成原烟调入3.64万吨（72.7万担），调入薄片1400吨。进一步巩固工商双方关系，加大烟叶基地化建设步伐。针对“长白山”品牌配方需要，签订进口烟叶合同2204吨。针对境外企业卷烟原料库存紧缺，且使用的都是低价位低等级的烟叶的现状，先后调入片烟0.28万吨（5.5万担），及时保障境外企业卷烟生产的需要。

【技术创新】 坚持低害低焦的研发方向，深入推进低危害品类核心技术的研究，全年先后完成“长白山（高山流水）”、“长白山（揽胜）”、“长白山（人参）”等规格的设计研发。全年有3项技术创新成果申报国家专利，在行业核心期刊发表10篇技术研究论文。2010年，“长白山”品牌的卷烟焦油量加权平均值8.7毫克/支，危害性评价指数加权平均值为7.0。

【多元化经营】 延吉长白山文化传媒有限公司成立于2005年11月，公司注册资本10万元，由吉林烟草工业有限责任公司和延边烟草物资供应有限公司共同出资。主要经营企业形象宣传。

【“十一五”发展概要】 2007年3月，公司正式运营以来，坚持以经济效益为中心，品牌发展为主线，实现观念创新、技术创新、管理创新，推动产品研发和市场开发。

“十一五”期末，公司卷烟产量在2007年的基础上增长38.6%，税利增长143.9%，上缴税金在2007年的基础上实现翻番，完成了“十一五”目标任务。“长白山”品牌发展取得重大突破，成为中国烟草低害低焦品类的代表品牌。“十一五”期间，延吉、长春卷烟厂完成技术改造，为公司进一步发展打下了基础，为做精做强“长白山”品牌提供了强大的技术支撑。吉林烟草工业“走出去”战略取得实质性进展，成为中国烟草最大的境外产销基地。

【特事要辑】 4月28日，公司召开“长白山”低害低焦卷烟品类创新成果发布会。国家局副局长李克明出席会议。

9月16日，长春卷烟厂“十一五”易地技改竣工投产仪式在长春举行。国家局副局长李克明出席仪式。

11月11～12日，国家局局长姜成康、吉林省委书记孙政才一行到公司调研。

12月17日，公司召开“长白山”品牌“推动减害降焦 提升品牌价值”会议，国家局副局长何泽华出席会议并讲话。

吉林烟草工业有限责任公司所属生产厂

吉林烟草工业有限责任公司延吉卷烟厂

【概　况】 吉林烟草工业有限责任公司延吉卷烟厂始建于1975年，2006年12月，与长春卷烟厂合并重组，成立吉林烟草工业有限责任公司，延吉卷烟厂成为吉林烟草工业有限责任公司下辖的卷烟生产厂。企业占地面积27万平方米，有叶片处理线1条，叶丝处理线2条，滚压法薄片生产线、梗丝线、实验线、梗颗粒线各1条，卷接机组16台（套），包装机组16台（套），年卷烟生产能力300亿支（60万箱）。共有在岗员工1438人。

【领导成员】 厂长、党委副书记：丁昌禄

党委书记：梁宝君

副厂长：玄　涌

副厂长、党委委员：金光泽

副厂长、党委委员：李春善

党委副书记、纪委书记：杨国栋

总工程师、党委委员：崔永吉（2010年3月前担任总工程师）

党委委员、工会主席：金胜龙

【卷烟生产】 2010年，企业生产卷烟240亿支（48万箱），同比增长11.9%。企业主要生产“长白山”品牌，其中生产三类以上“长白山”卷烟220.5亿支（44.1万箱），占总产量的92%。

全年万支卷烟综合能耗为3.68千克标煤/万支，平均消耗烟叶7.65千克/万支、滤棒1695支/万支、盘纸649米/万支、水0.07吨/万支、电6.43千瓦时/万支。

吉林烟草工业有限责任公司长春卷烟厂

【概　况】 吉林烟草工业有限责任公司长春卷烟厂始建于1934年，2006年12月，与延吉卷烟厂合并重组，成立吉林烟草工业有限责任公司，企业成为吉林烟草工业有限责任公司下辖的卷烟生产厂。企业占地面积22万平方米，拥有制丝生产线1条、梗丝生产线1条、卷接机组13台（套）、包装机组14台（套）、滤嘴成型机组6台（套）、装封箱机组6台（套），年卷烟生产能力250亿支（50万箱）。共有在岗员工1164人。

【领导成员】 党委书记：吕子军

厂长、党委委员：张玉良

常务副厂长、党委委员：刘广野

党委副书记、纪委书记：史宏义

副厂长、党委委员：马增环

副厂长、党委委员：张海涛

总工程师：魏佳宏

工会主席：姚　琛（2010.2—）

【卷烟生产】 2010年，企业生产卷烟160亿支（32万箱），同比增长11%。企业主要生产“人参”、“红塔山”、“长白山”品牌卷烟。

全年万支卷烟综合能耗为4.69千克标煤/万支，平均消耗烟叶7.85千克/万支、滤棒1684支/万支、盘纸650.4米/万支、水0.11吨/万支。

【易地技改】 2010年，企业易地技改工程建设依法依规、科学开展、扎实推进。2010年8月15日整体搬迁完毕。

甘肃烟草工业有限责任公司

【概　况】 甘肃烟草工业有限责任公司的前身是创建于1936年的兰州卷烟厂。2002年，兰州卷烟厂与原天水卷烟厂合并，形成了“一厂两点”的运行管理模式。2007年12月，兰州卷烟厂改制更名为甘肃烟草工业有限责任公司，下辖天水卷烟厂1个卷烟生产厂。2008年8月，公司与浙江中烟工业有限责任公司跨省联合，重组改制。公司拥有4500千克/小时HAUNI制丝生产线和1500千克/小时制丝生产线各1条、卷接机组15组、包装机组15组、意大利产自动装封箱机5组、码垛机2台、滤棒发送机3套，年卷烟生产能力430亿支（86万箱）。公司拥有总资产59.56亿元，其中，固定资产12.26亿元、流动资产44.94亿元，资产负债率为21.04%。共有在岗员工1897人。

2010年公司被兰州市总工会评为2010年度“兰州市劳动关系和谐企业”；被中共兰州市委、兰州市人民政府评为“2009年度兰州市税收贡献突出企业”。

【领导机构】 董事会

董事长：李增林

董　事：赵　琦　李立林　刘建设　孟伟刚　刘亚平　蒲蔚仲（—2010.4）　田　成　王凤阁（职工董事）

监事会

主　席：陶建英

监　事：朱家福　丁良朝　魏世胜（职工监事）　仲文青（职工监事）

班子成员

党委书记：蒲蔚仲（—2010.9）

总经理、党委书记：田　成（2010年8月前担任总经理、党委副书记）

常务副总经理、党委委员：蔺翻红（2010年8月前担任副总经理、党委委员）

党委委员、工会主席：王凤阁

副总经理、党委委员：李保明

副总经理、党委委员：吴　兵

副总经理、党委委员：司继红（2010年8月前担任副总经理）

党委副书记、纪委书记：张生俊（2010年8月前担任纪委书记、党委委员）

副总经理、党委委员：翟玉俊

总工程师：廖国太

【机构设置】 公司本部设有办公室、财务部、审计部、人力资源部、党委工作部、工会办公室、纪检监察部、安全保卫部、技术改造办公室、信息管理部、企业管理办公室等11个职能部门，技术研发中心、市场营销中心、生产制造中心、物资采购中心等4个中心，以及兰州瑞丰实业有限公司和兰州兰烟汽车运输公司2个独立核算公司。企业管理办公室为2010年9月新设立。

【卷烟生产经营】 2010年，企业生产卷烟400亿支（80万箱），同比增长2.04%，其中，生产一类烟17.2亿支（3.44万箱）、二类烟76.35亿支（15.27万箱）、三类烟45.75亿支（9.15万箱）、四类烟113.45亿支（22.69万箱）、五类烟147.25亿支（29.45万箱）。

全年销售卷烟401.7亿支（80.34万箱），同比增长2.45%。实现销售收入77.59亿元，同比增长22%。实现税利58.07亿元，同比增长27.37%，其中利润5.88亿元。公司三项费用率为6.17%。

全年万支卷烟综合能耗为3.23千克标煤/万支，平均消耗烟叶7.15千克/万支、滤棒1981支/万支、盘纸618米/万支、水0.13吨/万支、电7.06千瓦时/万支。

【品牌营销】 2010年，“兰州”品牌销量为368.2亿支（73.64万箱），销售市场覆盖全国24个省（区、市），尤其在西北地区得到广大消费者的认可，销量在当地市场占有主导地位。公司开展“兰州”品牌形象塑造工程，对品牌价值、品牌文化进行了全新定位，确定了“兰州”品牌的“绵香”风格特征和“润生活、润心田”的品牌核心价值，以飞天女神作为品牌形象载体和文化图腾，“悠悠兰州、九天揽秀”和“干燥我适合、湿润更绵香”两个品牌广告宣传语并用，通过事件营销以及户外路牌、报纸、杂志等媒体宣传，彰显品牌文化，品牌形象得到有效提升。

【原料保障】 公司以稳定原料采购规模、优化烟叶库存结构为主线，初步筛选形成了能够支撑“兰州”品牌特色风格需求的原料产地。适应烟叶资源配置方式改革，主动参与烟叶基地建设，在云南曲靖、四川凉山和贵州遵义等地建立了5个烟叶基地单元。

【企业管理】 2010年，公司获得质量、环境、职业健康安全管理体系认证证书。全面落实预算管理，加强预算执行和成本费用控制，严格核算监督。开展对标、创优活动，在国家局发布的行业44项对标指标中，公司总资产贡献率、焦油加权平均值等6项指标达到行业先进水平。

【“十一五”发展概要】 “十一五”期间，公司生产经营保持良好发展态势，经济运行质量不断提高，经济效益持续增长，卷烟产量从“十五”期末的355亿支（71万箱）增加到“十一五”期末的400亿支（80万箱），增长12.68%。实现税利从19.18亿元增长到58.07亿元，增长2.03倍。“兰州”品牌销量从“十五”期末的246.7亿支（49.34万箱）发展到“十一五”期末的368.2亿支（73.64万箱）。

坚持深化改革，2007年以来，以推进工厂制向公司制的转变为标志，企业各项改革深入推进，体制机制不断健全完善，初步建立了符合现代企业制度要求的法人治理结构和管理运行机制，公司与浙江中烟实施了联合重组。清理整顿多元化经营，围绕主业，突出重点，做好服务。

“十一五”期间，推进生产设备更新改造，先后购置了9组卷包机组、1条200千克/小时薄片生产线、2组成型机组以及相关配套设备。建成3000平方米自动化成品库、7500平方米烟叶醇化库和近7000平方米辅料库，异味处理系统、污水处理站等节能减排设施投入使用。

“十一五”期间，公司以减害降焦为重点，以突出特色为目标，在保润增香、减害降焦、特色工艺等方面开展针对性研究，完成技术创新项目40多个，拥有专利15项。新技术、新工艺得到较好吸收和应用，产品焦油量加权平均值从“十五”期末的12毫克/支下降至“十一五”期末的10.8毫克/支。

【特事要辑】 8月7日，甘南藏族自治州舟曲县发生特大山洪泥石流灾害，8月10日，公司向灾区捐款500万元，员工捐款10.15万元，支援灾区抢险救灾。

11月23~24日，国家局副局长张辉到公司调研。

甘肃烟草工业有限责任公司所属生产厂

甘肃烟草工业有限责任公司天水卷烟厂

【概　况】 甘肃烟草工业有限责任公司天水卷烟厂始建于1970年，2002年与原兰州卷烟厂合并，形成了“一厂两点”的运行管理模式。2007年12月，国家局批复兰州卷烟厂改制更名为甘肃烟草工业有限责任公司，企业成为甘肃烟草工业有限责任公司下辖的卷烟厂。企业占地面积51.7万平方米，有3000千克/小时制丝生产线1条、ZJ17－ZB45硬盒卷包机组6组、ZJ17－ZB25软盒卷包机组3组、ZJ17卷接机组1组，年卷烟生产能力175亿支（35万箱）。共有在岗员工677人。

【领导成员】 厂长、党委书记：杨永清
副厂长、党委委员：岳彦虎
副厂长、党委委员：王乐平
副厂长、党委委员：漆松柏
副厂长：党委委员：杨　林
副厂长、党委委员：张　辉

【卷烟生产】 2010年，企业生产卷烟160.4亿支（32.08万箱），主要生产“兰州（软红）”、“兰州（硬红）”。

全年万支卷烟综合能耗为3.95千克标煤/万支，平均消耗烟叶7千克/万支、滤棒1687支/万支、盘纸646米/万支、水0.13吨/万支、电7.32千瓦时/万支。

内蒙古昆明卷烟有限责任公司

【概　况】 内蒙古昆明卷烟有限责任公司于2003年10月10日挂牌，2004年6月30日注册成立。公司注册资本12.33亿元，中国烟草实业发展中心占49%股份、红云红河烟草（集团）有限责任公司占51%股份。企业生产厂区占地面积17万平方米，有4800千克/小时制丝生产线1条，卷包联合机组13组，年卷烟生产能力200亿支（40万箱）。公司拥有总资产25.43亿元，其中，固定资产6.58亿元、流动资产17.54亿元，资产负债率为2.86%。共有在岗员工1420人。

【领导机构】 董事会
董事长：李增林
副董事长：许力为
董　事：秦　燕　杨　帆（—2010.12）
黄训良（2010.12—）　李建平　田凤霞　付英宝

监事会
主　席：毛家昌
监　事：朱家福　宋燕冰（—2010.12）
张志春（2010.12—）　高晓东　刘玉祥

班子成员
总经理、党委副书记：李建平
副总经理、党委书记：夏家全（2010.12—）
党委副书记、纪委书记、工会主席：田凤霞
副总经理：王洪波（—2010.12）
副总经理：王　林
副总经理、党委委员：张耀中
副总经理、党委委员：王向荣
总会计师：倪乐峰
总经理助理：魏　霞
总经理助理：谷超今
副总工程师：赵秋蓉
副调研员：陈德顺

【机构设置】 公司下设办公室、政治工作部、纪检监察部、工会、团委、人力资源部、企业规划部、制造中心、营销中心、采购中心、技术中心、财务部、审计部、安保部、后勤保障部等15个部门、中心，以及呼和浩特宏金叶卷烟销售公司、呼和浩特市苁蓉物业有限责任公司、呼和浩特卷烟厂劳动服务中心（含纸箱厂）等3个多元化企业。

【卷烟生产经营】 2010年，企业生产卷烟180亿支（36万箱），同比增长10%。销售卷烟179.49亿支（35.89万箱），同比增长10.15%。实现销售收入33.46亿元，同比增长14.99%。实现税利25.85亿元，同比增长24.66%，其中利润3.65亿元，同比增长25.53%。

全年万元产值综合能耗为34.85千克标煤/万元，万支卷烟综合能耗为5千克标煤/万支。平均消耗烟叶7.76千克/万支、滤棒1695支/万支、盘纸650米/万支、水0.07吨/万支、电6.42千瓦时/万支。

【主要产品】 按照“做强‘云烟（苁蓉）’，做精‘冬虫夏草’，做大‘云烟’、‘红河’两个联营品牌”的总体思路进行品牌建设。加强生产环节管控，稳定产品质量，进行营销模式变革，加强工商协同营销，确保各类卷烟平衡供应。2010年，主要生产“冬虫夏草”、“云烟（软苁蓉）”、“云烟（12mg苁蓉）”、“云烟（红）”、“红河（硬甲）”、“红河（软甲）”等品牌规格。

【科技创新】 2010年，公司科研项目“冬虫夏草有效成分在降低卷烟烟气有害成分方面的应用技术研究”取得实质性进展。完成“冬虫夏草多糖的提取及其在卷烟中的应用”、“冬虫夏草有效成分的提取及其在卷烟滤嘴中的应用”、“冬虫夏草有效成分的提取及其在卷烟中的应用”等3项专利的申请。

掌握了“冬虫夏草”各单体有效成分提取方法，通过优化药材提取方式，提高了药材中有效成分的提取效率，虫草酸得率提高6.2倍，虫草腺苷得率提高32.1倍，虫草多糖得率提高12.5倍。该工艺在2010年下半年生产运用，保证了产品的内在品质，单箱节约40%中草药成本。

【人力资源管理】 用工分配制度改革。按照国家局、中烟实业的要求，继续深化和完善用工分配制度改革，审核了各部门岗位设置规划，草拟了《蒙昆公司薪酬改革实施方案》并进行了实施前的测算，为下一步改革做了准备工作。

教育培训。采取送出去和请进来的方式大力开展各项培训，2010 年举办内部培训 2478 人次，送外培训 550 人次，请北大教授对中层以上管理人员进行了高级研修班系列讲座。开展内训师培训，经过选拔，25 人被聘为企业内训师。

【思想政治工作】 举办劳模先进事迹报告会，利用自有媒体挖掘、宣传报道先进人物和一线普通员工的先进事迹，形成积极向上、与企业共同成长的主流意识，增强企业凝聚力，对培育共同理想发挥了积极作用。

【多元化经营】 呼和浩特宏金叶卷烟销售公司。公司不断寻求新形势下的发展途径，代理销售四川郎酒集团产品。2010 年主营业务收入 430 万元，年末亏损 148 万元。

呼和浩特市苁蓉物业有限责任公司。负责苁蓉住宅小区、昭君住宅小区、金青城住宅小区和蒙昆公司厂区物业管理服务，2010 年公司营业收入 210 万元，年末亏损 50 万元。

呼和浩特卷烟厂劳动服务中心（含纸箱厂）。公司实现废品收入 54.36 万元，年末亏损 6.6 万元；纸箱厂生产卷烟包装箱 185.1 万个，实现销售收入 2249 万元，年末亏损 25.2 万元。

【信访稳定】 修订公司突发信访事件应急预案。坚持采取各种形式收集员工思想动态，认真开展安全稳定排查工作。认真接待和协调办理来信来访，信访稳定工作顺利实现“三不一高”目标。定时收集职工代表提案、合理化建议和职工意见并及时妥善处理，做到件件有回复，促进企业健康稳定发展。

【“十一五”发展概要】 “十一五”期间，公司经济效益持续增长。企业卷烟年产量由“十五”期末的 140 亿支（28 万箱）增长到“十一五”期末的 180 亿支（36 万箱），增长 28.57%；年实现税利由 12.91 亿元增长到 25.85 亿元，增长 100.23%。实现了企业“硬件”改造，2007 年，公司全面完成了异地搬迁技术改造项目，实现了整体搬迁。

实施机制创新工作，为企业发展注入新的活力。按照“扁平化”原则，突出“四个中心”建设，以技术改造后的工艺布局和业务流程为依据，2007 年将原 23 个职能部门、5 个生产车间整合为 15 个部（室、中心），企业的机构设置和工艺流程更为科学合理。

确立了“做强‘云烟（苁蓉）’，做精‘冬虫夏草’，做好‘云烟’、‘红河’两个联营品牌”的品牌发展总体思路，企业产品结构得到了优化，品牌集中度不断提高。2009 年，“苁蓉”整合并入“云烟”系列。进行品牌合作加工，“十一五”期间，累计生产“红山茶”、“春城”、“云烟”、“红河”等品牌卷烟 464.45 亿支（92.89 万箱）。

深圳烟草工业有限责任公司

【概　况】 深圳烟草工业有限责任公司前身为创建于 1988 年的深圳卷烟厂。2007 年 7 月，国家局批复同意深圳卷烟厂改制更名为深圳烟草工业有限责任公司。中国烟草实业发展中心和广东中烟工业有限责任公司分别占有 70% 和 30% 的股权。公司占地面积 30 万平方米，拥有叶线、梗线各 1 条，卷接包设备 15 台（套），年卷烟生产能力 175 亿支（35 万箱）。公司拥有总资产 38.34 亿元，其中，固定资产 10.03 亿元、流动资产 27.84 亿元，资产负债率为 7.12%。共有在岗员工 497 人。

2010 年，公司被深圳市委、市政府授予“深圳特区三十周年杰出贡献企业”称号。

【领导机构】 董事会

董事长：张建军

董　事：李世胜　傅　鹏　陈　焕　王文祥　温东奇　梁　强　何博均（—2010.2）　廖晓花

监事会

主　席：奚铁峰

监　事：严奉炎　李庆忠　喻志刚

班子成员

总经理、党委副书记：梁　强

党委书记：何博均（—2010.2）

党委书记：廖晓花（2010 年 6 月前担任党委副书记、纪委书记、工会主席）

副总经理、党委委员：宋士军

副总经理：曾培煜

副总经理、党委委员：王加深

【机构设置】 公司设有办公室、企业管理部、生产管理部、技术中心、品质管理部、辅料部、烟叶部、财务部、审计部、人事部、基建部、信息中心、市场部、销售部、公关营销部、党委工作部（纪检监察部与党委工作部合署办公）、安全保卫部、工会、制丝车间、卷接包车间等20个部门。

【卷烟生产经营】 2010年，企业生产卷烟172.24亿支（34.45万箱）（不含出口），其中，生产一类烟4.2亿支（0.84万箱）、二类烟25.04亿支（5.01万箱）、三类烟130.41亿支（26.08万箱）、四类烟12.59亿支（2.52万箱）。生产出口卷烟10.20亿支（2.04万箱）。实现卷烟销售收入42.29亿元，同比增长17.1%。实现税利32.09亿元，同比增长24%，其中利润7.85亿元，同比增长13.6%。公司三项费用率为6.01%。

全年万元产值综合能耗为8.52千克标煤/万元，万支卷烟综合能耗为1.99千克标煤/万支。平均消耗烟叶7.17千克/万支、滤棒1681支/万支、盘纸649米/万支、水0.08吨/万支。

【品牌营销】 *品牌整合*。公司与广东中烟沟通协商，完成“双喜”与“好日子”的品牌整合工作，2010年11月13日在广州签署品牌整合协议，并做好新产品的上市置换准备工作，新产品于2011年1月1日上市。

品牌文化。围绕品牌发展战略，推动品牌文化发展，提高品牌文化认同和产品知名度，组织编印《好日子雅集》、《优品生活》、《深烟风采》等品牌文化杂志。

【原料保障】 全年采购国产烟叶1.20万吨（23.9万担），上等烟比例达65%；采购进口烟叶0.07万吨（1.4万担）。为实现烟叶原料保障上水平，公司深度介入，全程参与品牌导向型烟叶基地建设，实施原料差异化战略。2010年，公司南雄烟叶基地被广东省烟草专卖局（公司）确定为整县推进基地单元示范点。2010年，国家局批复同意公司在云南曲靖新增一个烟叶基地单元。

【科技创新】 *减害降焦*。做好产品开发和维护，进行低焦低害产品的研发，进一步优化焦油量8毫克/支的低焦低害新产品“好日子（卓越）”，基本完成焦油量5毫克/支卷烟产品的配方设计、开发储备。

产品质量安全。组织对公司200多个样品的主流烟气、20多个单料烟样品、100多个成品烟样品的化学成分进行检测，对70多种香精香料和8种成品烟有害成分进行2次检测。组织开展对烟用胶、三醋酸甘油脂的检测，保障产品质量安全。

科技项目攻关。2010年，报送中烟实业的“快干型滤棒增塑剂品质分析研究”与“制丝工序质量评价技术研究”项目，分别获中烟实业科技项目一等奖和三等奖。参与行业科研创新工作，启动了由公司技术中心主持的行业基础性预研科技项目“深度抽吸——吸烟机的附加抽吸条件”，申报国家局重大专项科技项目“低危害低焦油好日子产品研发”，获得立项。

【企业管理】 *对标创优*。公司以“对比标杆、改进短板、总体提升、争创一流”为目标，不断完善对标工作指标体系，以指标创优推动管理创优，2010年，行业对标指标中，可比指标37项，公司有26项达到行业平均水平以上，有3项达到行业先进水平。启动质量、安全、环境三个管理体系“三标合一”综合管理体系的建设工作。

预算管理。以财务管理为核心，强化资金监管和监督，加强信息化对预算管理的支撑作用，全年预算执行情况比较均衡，预算执行偏差率严格控制在5%以内。

【“十一五”发展概要】 “十一五”期间，公司经济效益保持了快速增长，五年间，累计实现税利106亿元，年均增长19%，其中，累计实现利润29亿元，年均增长10%。

“十一五”期间，公司大力发展“好日子”品牌，不断优化产品结构，研制开发了“好日子（盛世）”、“好日子（吉祥）”、“好日子（如意）”等产品，新产品的不断推出，对优化产品结构、培育新的经济增长点发挥了作用。“好日子”品牌被认定为中国驰名商标。

推动联合重组和体制改革，2007年，由“深圳卷烟厂”更名为“深圳烟草工业有限责任公司”，建立了现代企业管理体制。完成了易地技术改造工程，建设了一个现代化厂区，设备工艺水平达到国内先进水平。

公司不断加大科技创新力度，五年申报各类专利74项。建设了一支团结奋进、充满活力的员工队伍，培育了具有深圳特色的企业文化。2010年，“好日子”品牌与“双喜”品牌完成品牌整合，为企业发展拓展了更加广阔的空间。

【特事要辑】 5月27日，国家局局长姜成康到深圳烟草调研指导工作。

11月13日，广东中烟工业有限责任公司和深圳烟草工业有限责任公司举行“双喜·好日子”品牌整合签约暨启动仪式，“好日子”正式整合到“双喜”品牌。国家局副局长张保振出席仪式。

12月6日，第一箱“双喜·好日子”产品诞生。

12月21日，公司举行《企业文化手册》启动仪式，正式发布《企业文化手册》。

山西昆明烟草有限责任公司

【概　况】 山西昆明烟草有限责任公司前身是成立于1930年的太原卷烟厂。2003年7月，在原太原卷烟厂基础上，中国烟草总公司山西省公司和昆明卷烟厂共同投资组建了山西昆明烟草有限责任公司。2004年11月，中国烟草总公司山西省公司所持股份划转到中国烟草实业发展中心持有，企业的行政管理权限也随之划转。2005年11月红云集团组建，承继原昆明卷烟厂股权，2008年11月红云红河烟草（集团）有限责任公司成立，承继原红云集团股权。红云红河烟草（集团）有限责任公司占62.22%的股权，中国烟草实业发展中心占37.78%的股权。公司占地面积18.75万平方米，有5000千克/小时制丝生产线1条、1250千克/小时梗丝生产线1条、卷接包设备30台（套）。公司拥有总资产24.48亿元，其中，固定资产9.54亿元、流动资产14.91亿元，资产负债率为26.18%。共有在岗员工1176人。

2010年4月，公司被山西省委、省政府授予“山西省模范单位”称号。

【领导机构】 董事会

董事长：李增林

副董事长：许力为

董　事：马保军　杨　帆（—2010.12）　黄训良（2010.12—）　范　晓　陈景云　刘根栓

监事会

主　席：毛家昌

监　事：朱家福　杨德江　王　凯　杨耀荣

班子成员

总经理、党委副书记：范　晓（—2010.12）

总经理、党委副书记：陈景云（2010年12月前担任第一副总经理、党委委员）

党委书记：郭柱荣（2010.12—）

常务副总经理：刘建明

纪委书记、工会主席：李稚宏（2010年12月前担任副总经理、党委委员）

党委副书记、纪委书记、工会主席：刘根栓（—2010.12）

副总经理：吕家谋（—2010.12）

副总经理、党委委员：付云祥

副总经理：杨　帆（2010.12—）

总会计师：陈　东

【机构设置】 公司本部下设制造中心、营销中心、技术中心、物流中心、办公室、企划管理部、人力资源部、财务部、审计内管部、安保人武部、思想政治工作部、纪检监察部、工会等13个部门以及云福物业管理有限公司。

【卷烟生产经营】 2010年，企业生产卷烟148亿支（29.6万箱），同比增长2.42%，其中，生产三类烟47.15亿支（9.43万箱）、四类烟100.85亿支（20.17万箱）。销售卷烟147.9亿支（29.58万箱），同比增长0.92%，其中，销售三类烟46.2亿支（9.24万箱）、四类烟101.65亿支（20.33万箱）。实现销售收入26.36亿元，同比增长12.28%。实现税利16.94亿元，同比增长16.81%，其中利润2.83亿元，同比增长42.73%。公司三项费用率为8.38%。

全年万支卷烟综合能耗为3.44千克标煤/万支，平均消耗烟叶6.76千克/万支、滤棒2526支/万支、盘纸586米/万支、水0.2吨/万支、电6.37千瓦时/万支。

【人力资源管理】 *教育培训*。采取“请进来、送出去”的培训方法，开展了业务技能培训和拓展训练。在培训内容上，开展六西格玛封闭式培训、计算机知识培训、安全培训等内容，聘请全国烟草行业PLC、信息安全、烟机设备操作等方面的专家来公司授课。全年共开办培训班37期，培训7480人次。参加特殊工种培训共234人，取证率100%。

职业技能鉴定。2010年，有7名员工参加在上海举行的制丝、卷接、包装设备修理技师的培训、鉴定；6名员工参加在川渝中烟进行的烟机设备修理技师实操鉴定。11月，协助山西省职业技能鉴定站对公司104名员工进行特有工种的职业技能鉴定。

【企业文化】 公司以“回顾昨天、珍惜今天、展望未来、和合共赢”活动为主线，以“践行企业文化，创造岗位精彩”活动为载体，开展一系列特色文化活动。制作了企业发展纪实片《行思寻道》和形象片《山昆赋》、《行思寻道》剪辑片，完成以《航程》命名的陈列室布展工作，总结、回顾老一辈山昆人创业历史，教育广大员工传承和弘扬企业奋斗精神，共同开创山昆科学发展、和谐发展的局面。

【"十一五"发展概要】 "十一五"时期是企业历史上发展最好的时期。品牌整合深入推进，产品结构稳步提升，企业适应和拓展市场的能力不断增强。通过"春城"到"红山茶"再到"红河"的平稳置换，以及"福（银）"向"云烟（福）"的全面整合，公司产品全部整合为"云烟"、"红河"两大重点品牌，三类以上卷烟比例由0.29%提高到31.85%。

经济运行质量明显改善。单箱税利由"十五"期末的2554元提高到"十一五"期末的5727元，单箱利润由162元提高到957元，人均劳动生产率由146箱提高到205箱，总资产由7.72亿元增加到24.48亿元，资产负债率由28.24%下降到26.18%。

经济效益保持平稳增长。实现销售收入由"十五"期末的12.35亿元增加到"十一五"期末的26.36亿元，增长了1.14倍，年均增幅14.5%；实现税利由6.43亿元增加到16.94亿元，增长了1.63倍，年均增幅17.8%；实现利润由0.41亿元增加到2.83亿元，增长了5.9倍，年均增幅23.1%。

海南红塔卷烟有限责任公司

【概　况】 海南红塔卷烟有限责任公司前身为始建于1978年的琼山卷烟厂，1988年更名为海南省琼州卷烟厂，1990年更名为海南卷烟厂。2002年4月，中国烟草总公司海南省公司与红塔烟草（集团）有限责任公司实行股份制合作，组建海南红塔卷烟有限责任公司，海南省烟草公司占51%股权，红塔集团占49%股权；2003年7月，公司股份调整为红塔集团占51%股权，海南省烟草公司占49%股权；2004年11月，海南省烟草公司所持49%股份划归中国烟草实业发展中心。公司占地面积16万平方米，有制丝生产线1条，卷包机组6台（套），年卷烟生产能力111.1亿支(22.22万箱)。公司拥有总资产14.5亿元，其中，固定资产2亿元、流动资产11.36亿元，资产负债率为40.57%。共有在岗员工596人。

【领导机构】 董事会

董事长：张建军

副董事长：蒋顺华

董　事：赵　琦　陈玉秋　朱明权　郑中文　梁生龙　杜泽平

监事会

主　席：曹　航

监　事：严奉炎　赵　强　林春雨　吴　锋

班子成员

总经理、党委副书记：郑中文

副总经理、党委书记：梁生龙

副总经理、党委委员：潘　明

副总经理：杨明权

纪委书记、党委委员、工会主席：杜泽平

【机构设置】 公司下设办公室、品质管理科（技术中心海南分中心）、销售科、设备技术科、人力资源科、安保消防科、生产综合管理科、纪检监察室、工会办公室、党群工作科、财务科、老职工管理办公室、审计科、经济运行管理科、生产作业线、技改办公室等16个职能科室以及海南宝岛实业公司1个全资子公司。

【卷烟生产经营】 2010年，企业生产卷烟87.5亿支（17.5万箱），同比增长6.06%。销售卷烟86.55亿支（17.31万箱），同比增长5.51%。实现销售收入13.43亿元，同比增长17.89%。实现税利8.27亿元，同比增长16.13%，其中利润1.06亿元。

全年万元产值综合能耗为27.31千克标煤/万元，万支卷烟综合能耗4.44千克标煤/万支。平均消耗烟叶7.83千克/万支、滤棒1678支/万支、盘纸648米/万支、水0.04吨/万支。

【主要产品】 2010年，公司生产卷烟品牌有"红塔山"、"恭贺新禧"、"红梅"、"椰王"。1月，"椰王（硬金）"在海南上市，该产品依托红塔集团技术中心，运用先进的生物减害制剂和激光打孔技术，突出"高科技、高香气、低焦油、低危害"的风格特点，实现销售1350万支新产品。

【科技创新】 公司开展了"低海拔、高温高湿地区制丝工序评价应用研究"、"存储环境和存储时间对烟用水基胶安全性指标的影响"和"制丝能力分析、项目改进"3个科技项目的研究，按照烟用水基胶相关检测标准，具备了检测水基胶中4项安全性指标的能力。开展多领域的QC小组活动，其中，"金椰"QC小组的"降低烟条输送大S提升机损烟条率"获得中烟实业第六届优秀QC成果三等奖和红塔集团QC成果品牌贡献奖。

【易地技改】 2010年，公司易地技术改造项目累计完成投资7630万元，主要用于项目土地购置和设计、环评等费用。完成了项目环境影响评价、安全预评价和职业病危害评价、预制管桩、检测工程及土方工程的施工，开展了工程监理招标和联合工房、片烟存储及中转库、成品辅料库的桩基础工程招标。按照工程项目进度计划，主体工程计划于2011年底建成，2012年3月进行设备安装调试，2012年8月试投产。

【企业管理】 对标创优　编制《对标及创建“优秀卷烟工厂”体系运行管理手册》，加强对辅料成本、宣传促销费用、生产制造费用等重点指标控制。在2010年对标活动中，达到行业平均水平的指标有16项，达到行业先进水平的指标有3项。

人力资源管理　成立初级专业技术资格评审委员会，共审核确认了25名助理级专业技术资格，44名技术工人申报三个工种两个等级的技术鉴定。运用“以内训师培训骨干尖子”的内训新模式，加快新员工教育培训。全年共组织培训班25期，培训1151人次，外出参加地方及行业各类培训班112人次，特种作业人员外出培训47人次，组织参加中国烟草总公司职工进修学院远程教育培训60人次。

安全生产　开展“安全生产年”活动，重点进行安全生产专项整治，签订了2010年全员安全稳定目标责任书。全年共开展各类安全大检查7次，发现各类安全隐患问题80项，下发不安全因素督办单77份，隐患整改率达96.69%，实现了全年生产经营无重大安全责任事故的目标。

【“十一五”发展概要】 “十一五”期间，公司经济效益持续增长。“十一五”期末与“十五”期末相比，实现工业总产值由7.14亿元提升到的13.64亿元，增长91.04%；实现税利由3.89亿元提升到8.27亿元，增长113.37%；上缴税金由3.18亿元提升到7.36亿元，增长131.45%，为地方经济建设和社会发展做出了贡献。

“十一五”期间，公司完成对装备技术关键部位的技改工作，并持续提升装备技术水平和制造工艺水平，优化生产及办公环境。通过引进加工生产全国名优品牌，持续调整产品结构，提高品牌集中度，促使经济效益持续增长。经国家局批准，公司实施易地搬迁技改工程项目，项目于2009年12月奠基，计划于2012年8月投产，为企业发展提供硬件支撑。

【特事要辑】 7月8日，海南省省长罗保铭到公司考察指导工作。

吉林烟草进出口有限责任公司

【概　况】 吉林烟草进出口有限责任公司成立于1999年10月。2006年8月，国家局对中国烟草进出口（集团）公司成员企业管理体制进行调整，吉林烟草进出口有限责任公司成为中国烟草实业发展中心的全资子公司，注册资本1000万元。公司拥有总资产5378万元，其中，固定资产141万元、流动资产5236万元，资产负债率为69.96%。共有从业人员15人。

【领导成员】 总经理：李维新
副总经理：厉　峰

【生产经营】 2010年，企业出口烟丝5825吨、滤棒12.2亿支、盘纸366吨、丝束38吨。全年出口实现3033万美元。

【企业管理】 公司从规范入手，不断强化公司管理。全面实行绩效考核，提高“精细化”管理水平。根据业务实际，将部门工作指标分为经营和出口贸易服务质量、全面预算、月份工作计划、基本职责工作、指令性工作计划、思想政治工作及否决项等6项指标，并每月对指标进行严格考核。

加强审计监督工作力度，进一步规范财务基础工作，严格审核票据，按国家、行业政策法规严格规范资金支出。全面实行预算管理，严格执行行业《全面预算管理办法》，实行全面预算的痕迹化管理，不断完善预算管理考核制度，严把预算的审批关、执行关，严格控制成本费用。

（曹建平）

境外卷烟生产企业

威尼顿集团有限公司

【概　况】 威尼顿集团有限公司位于柬埔寨首都金边市，成立于1993年7月。公司由原广州卷烟一厂（现划归广东中烟工业有限责任公司）与亚细安国际有限公司共同出资组建，初始投资160万美元，其中原广州卷烟一厂占股份60%，亚细安国际有限公司占40%；2003年，经过利润转增资本、股权内部转让及增资，公司投资总额为1327.2万美元，其中广东中烟工业有限责任公司占股份80%，亚细安国际有限公司占20%。公司拥有总资产3702万美元，其中，固定资产707万美元、流动资产2845万美元，资产负债率为46%。厂区占地面积为6.8万平方米，拥有1000千克/小时制丝线1条，低速卷烟机13台，高速卷烟机1台，包装机9台，成型机2台，年卷烟生产能力32亿支。公司共有员工598人，其中中方派员25人，当地雇员573人。

【领导机构】 董事会

董事长：李世胜（由广东中烟工业有限责任公司委派）

副董事长：黄　华（由亚细安国际有限公司委派）

董　事：奚铁锋（由广东中烟工业有限责任公司委派）

刘道新（由广东中烟工业有限责任公司委派）

黄玉奎（由亚细安国际有限公司委派）

经理层

总经理：刘道新（由广东中烟工业有限责任公司委派）

副总经理：黄玉奎（由亚细安国际有限公司委派）

【生产经营】 2010年，公司共生产卷烟40.31亿支，其中硬包17.44亿支，软包22.87亿支。销售卷烟41.23亿支。全年实现销售收入3689.54万美元，同比增长7.43%，其中，中高档卷烟销售收入占总收入的54.3%，同比提高10%。

【技术改造】 2月，一条PROTOS70－GDX2卷接包生产线通过验收并投入使用，使公司硬包卷烟产能提高90%，产品从质量和数量上具备立足本地、辐射东南亚的能力。

【品牌战略与产品介绍】 2010年，公司采取“强化管理、控制成本、稳量提结构、保质增效益”的经营策略。生产的卷烟有“利是”、“吴哥”、“皇冠”、“金宝”和“椰树”等5个品牌。高档卷烟产品以“吴哥”为主，走柬埔寨的“国烟”路线，全年销量为0.2亿支；中档卷烟产品以“利是”为主，是公司重点投入的品牌，全年销量为15.15亿支；低档卷烟产品为“皇冠”、“金宝”，全年销量分别为6.71亿支、17.41亿支。

金叶卷烟厂（澳门）有限公司

【概　况】 金叶卷烟厂（澳门）有限公司位于中国澳门特别行政区，成立于1992年。公司初始投资2476万港元，由原广州卷烟二厂（现划归广东中烟工业有限责任公司）、广东省烟草公司、香港永发烟草有限公司、澳门南粤（集团）有限公司共同出资组建，分别占股份27%、20%、28%、25%。1993年，香港永发烟草有限公司将14%的股份转让给金叶（香港）烟草国际有限公司，股东变为5家；2001年，香港永发烟草有限公司、澳门南粤（集团）有限公司收回投资，股权由金叶卷烟厂（澳门）有限公司收回。经过两次股东变更，公司股东为广东中烟工业有限责任公司、广东省烟草公司、金叶（香港）烟草国际有限公司，投资8501万港元，分别占股份的55%、26%、19%。公司拥有总资产2.68亿港元，其中，固定资产1493万港元、流动资产2.53亿港元，资产负债率为22%。公司拥有4980平方米的厂房、200平方米的产品配送中心，共有员工53人，其中广东中烟派员39人。拥有PROTOS卷接机2台和GD包装机2台。年卷烟生产能力30亿支。

【领导机构】 董事会

董事长：李世胜（由广东中烟工业有限责任公司委派）

副董事长：陈焕平（由广东省烟草公司委派）

董　事：张穗强（由广东中烟工业有限责任公司委派）

王为岷（由金叶〈香港〉烟草国际有限公司委派）

李伟庆（由广东中烟工业有限责任公司委派）

吴焕如（由广东省烟草公司委派）

经理层

总经理：袁　炜（由广东中烟工业有限责任公司委派）

副总经理：魏　理（由广东中烟工业有限责任公司委派）

【生产经营】 2010年，公司共生产卷烟17.05亿支，同比下降2.48%。销售卷烟16.95亿支，同比下降2.66%。主要市场为中国香港、澳门地区，以及越南、新加坡、南非、澳大利亚、巴拿马、秘鲁等国家。

全年实现销售收入23749万港元，同比下降0.11%。实现利润1520万港元，同比增长13.75%。销售成本为18364万港元，销售费用为1690.03万港元，同比增长3.03%，主要原因在于公司加大了品牌宣传力度，为建立稳固销售渠道而增加了销售费用的投入。此外，由于人民币升值及原材料价格的上涨，特别是从国内进口烟丝成本的增加，导致经营成本持续增长。

【品牌战略与产品介绍】 2010年，公司生产的卷烟有“双喜”、“吉利”2个品牌6个规格。全年生产“双喜”13.07亿支，占总产量的76.66%。针对产品线相对比较单一的问题，公司依托广东中烟工业有限责任公司技术中心的研发能力，启动对混合型产品的预研工作，研发“双喜”、“吉利”品牌的中高档混合型产品，丰富了产品线，实现了从生产主导型向市场主导型转型。

中烟国际欧洲有限公司

【概　况】 中烟国际欧洲有限公司的英文名称S. C. CHINA TOBACCO INTERNATIONAL EUROPE COMPANY S. R. L.，简称“CTIEC”，位于罗马尼亚布泽乌县（BUZAU）巴尔斯果夫镇（PARSCOV），是中国烟草在欧洲的唯一生产基地，也是截至2010年年底中国国有企业在罗马尼亚投资额最大的一个合资公司，经营范围主要是卷烟生产及销售。

公司前身是成立于1997年4月的宝丰烟草实业有限公司（S. C. SINOROMA INDUSTRY COMPANY S. R. L.），由陕西省烟草公司、原宝鸡卷烟厂（现划归陕西中烟工业有限责任公司）、原中国烟草进出口（集团）公司与原西安丰佳科技实业发展有限公司（现划归丰佳国际集团）共同出资组建，项目总投资102万美元，其中丰佳国际集团占总股份30%。2003年，原中国烟草进出口（集团）公司退出股份，丰佳国际集团收购其股权后占股份50%。2005年7月，由安徽中烟工业公司牵头，对宝丰烟草实业有限公司进行重组，扩大投资规模。2007年8月，公司更名为中烟国际欧洲有限公司。2008年7月，经商务部批准，公司在行业内进行第二轮增资扩股，增资总额为1500万美元。2009年，公司完成了第二轮变更的全部商业登记程序，注册资本为3000万美元，其中，安徽中烟工业公司占总股份60.5%，红塔烟草（集团）有限责任公司占25%，陕西中烟工业有限责任公司占12%，外方丰佳国际集团旗下的罗马尼亚木业公司占2.5%。

2010年6月，CTIEC一届二次董事会召开，会议听取并审议了2009年CTIEC年度生产经营报告、CTIEC 2009年财务决算暨2010年财务预算报告，审议安徽中烟工业公司对其派出董事人选进行调整的提议，以及CTIEC对经营班子人员进行调整的报告，重点审议向CTIEC追加3000万美元投资的可行性分析报告以及在增资完成后对CTIEC股权进行调整的建议。

公司下设1厂3部，即工厂、销售部、财务部、综合部。拥有总资产3535万美元，其中，固定资产1287万美元、流动资产2185万美元，资产负债率为33.07%。公司占地面积为4.5万平方米。共有员工139人，其中中方员工35人。拥有3000千克/小时制叶片线1条、1000千克/小时梗丝线1条、1000千克/小时白肋烟处理线1条、800千克/小时香料烟处理线1条、高速卷包机组2台（套）。年卷烟生产能力25

亿支。

【领导机构】 董事会

董事长：朱建华（2010.6—，由安徽中烟工业公司委派）

常务副董事长：赵　辉（2010年6月前任董事长，由安徽中烟工业公司委派）

副董事长：蒋顺华（由红塔烟草〈集团〉有限责任公司委派）

陈　晖（由陕西中烟工业有限责任公司委派）

耿　健（由丰佳国际集团委派）

董　事：熊　斌（由中国烟草国际有限公司委派）

张　劲（由安徽中烟工业公司委派）

张开华（—2010.6，由安徽中烟工业公司委派）

王茂林（由安徽中烟工业公司委派）

许永忠（由红塔烟草〈集团〉有限责任公司委派）

监事会

主　席：赵西纯（由陕西中烟工业有限责任公司委派）

监　事：张荣霞（由安徽中烟工业公司委派）

尤　杰（由丰佳国际集团委派）

经理层

总经理：王龙明

副总经理：王成虎（—2010.6）

副总经理：付文忠（2010.6—）

财务总监：王　斌

【生产经营】 2010年，公司生产卷烟5.13亿支，其中生产自有品牌“GOLDEN MONKEY”0.45亿支，生产委托加工“RGD”3.03亿支，生产委托加工“MARBLE”1.64亿支。加工并销售烟丝579.7吨，其中调拨“RGD”烟丝539.02吨、“DUBLISS”法国烟丝40.68吨。

2010年，公司销售卷烟4.98亿支，其中销售“GOLDEN MONKEY”0.46亿支、“RGD”3.07亿支、“MARBLE”1.45亿支。

全年公司实现销售收入2935万美元，同比增长83.55%。利润亏损56万美元，同比上年减亏42万美元。

蒙古烟草有限责任公司

【概　况】 蒙古烟草有限责任公司位于蒙古国首都乌兰巴托市，成立于2001年。公司是由陕西中烟工业有限责任公司控股并与蒙古阿哈木德音呼其公司、蒙古新大陆公司、陕西省烟草公司合资组建的卷烟加工贸易企业，注册资金137.7万美元，中方投资占51%，蒙方投资占49%。公司拥有总资产1013万美元，其中，固定资产389万美元、流动资产624万美元，资产负债率为2.32%。公司占地面积为6700平方米，共有员工98人，其中中方管理技术人员12人。拥有卷接包设备8台（套）。年卷烟生产能力20亿支，占蒙古国50%卷烟市场份额。

【领导机构】 董事会

董事长：赵德学（由陕西中烟工业有限责任公司委派）

副董事长：巴音孟赫（由蒙古阿哈木德音呼其公司委派）

董　事：赵启斌（—2010.3，由陕西中烟工业有限责任公司委派）

赵西纯（—2010.3，由陕西中烟工业有限责任公司委派）

马文卷（2010.3—，由陕西中烟工业有限责任公司委派）

薛伊林（2010.3—，由陕西中烟工业有限责任公司委派）

铁木真（由蒙古阿哈木德音呼其公司委派）

李　斌（由陕西省烟草公司委派）

监事会

主　席：策德布（由蒙古阿哈木德音呼其公司委派）

监　事：朱军利（由陕西中烟工业有限责任公司委派）

谭招生（由陕西省烟草公司委派）

经理层

总经理：栗丰斌

副总经理：巴音孟赫　栗庆国

【生产经营】 2010年，公司共生产卷烟14.54亿支，同比增长10%，其中，生产“红鹰”10亿支、“金叶丛”2.57亿支、“DUBLISS”0.1亿支。销售卷烟15.49亿支，同比增长21%，其中，销售“红鹰”

10.39 亿支、“金叶丛”3.14 亿支、“DUBLISS”0.15 亿支。公司产销量占蒙古卷烟市场份额的50%。全年实现销售收入3100 万美元，实现税利1300 万美元，其中利润287 万美元。

【品牌战略与产品介绍】 公司生产的卷烟品牌有“金叶丛”、“蒙古包”、“红鹰”、“好运”、“DUBLISS”，其中，主导品牌“红鹰”、“金叶丛”市场销量连续多年居蒙古卷烟市场上的第一、二位。2010 年，公司坚持“立足蒙古国内，面向中亚市场”的经营方针，巩固蒙古国内市场，提高中高档卷烟销量。开展品牌出口和来牌加工，拓宽业务领域，开拓俄罗斯、哈萨克斯坦等国家市场。重视卷烟销售网络建设，以产品销售为龙头，建立了15 个直销、28 个协议代理销售网点，面向蒙古全国进行卷烟销售。加强中高档卷烟市场拓展，通过来牌合作生产，高档“DUBLISS”卷烟成功面市并销售1500 万支。

平壤白山烟草有限责任公司

【概　况】 平壤白山烟草有限责任公司位于朝鲜平壤市龙城区，成立于2008 年4 月23 日，是由吉林烟草工业有限责任公司与朝鲜烟草进出口商社合资组建的卷烟生产企业。公司投资总额为400 万欧元（按2008 年4 月23 日汇率折合美元639 万美元），其中，中方以设备折价出资，股份占51%；朝方以土地、厂房等配套设施折价出资，股份占49%。公司拥有总资产1514.19 万美元，其中，固定资产585.08 万美元、流动资产929.11 万美元，资产负债率57.56%。公司占地面积4940 平方米，共有员工271 人，其中中方人员32 人。公司拥有8 台MK9 卷烟机组、3 台MK95 卷烟机组、5 台ZB43A 硬盒机组、5 台SASIB 软包机组。年卷烟生产能力50 亿支。

【领导机构】 董事会

董事长：金洪天（由吉林烟草工业有限责任公司委派）

副董事长：崔勇哲（—2010.7，由朝鲜烟草进出口商社委派）

咸哲男（2010.7—，由朝鲜烟草进出口商社委派）

董　事：朴光石（由吉林烟草工业有限责任公司委派）

董明哲（由朝鲜烟草进出口商社委派）

董秀吉（由吉林烟草工业有限责任公司委派）

经理层

社　长：董明哲

副社长：董秀吉

财务负责人：姜龙范

总工程师：卜灿洙

【卷烟生产经营】 2010 年，公司共生产卷烟40.2 亿支，销售卷烟42.1 亿支，全年实现销售收入2651 万美元，实现利润106.8 万美元。

【品牌战略与产品介绍】 公司作为吉林烟草工业有限责任公司在朝鲜投资成立的主要卷烟生产企业，依托产品开发和原辅材料优势，培育中式卷烟，兼顾高、中、低档卷烟市场，快速扩大在朝鲜的市场份额。公司生产的主要卷烟品牌有高档烟“东海（硬）”、“锦绣江山（硬）”、“平壤（硬）”、“阿里郎（硬）”、“普通江（硬）”，低档烟“七宝山（硬）”、“白山（软）”等。

大同江烟草有限公司

【概　况】 大同江烟草有限公司位于朝鲜首都平壤市乐浪区，成立于2000 年，是由吉林烟草工业有限责任公司与朝鲜海洋贸易会社合资组建的卷烟生产企业。公司投资总额为120 万美元，其中中方占股份51%，朝方占49%。公司拥有总资产423.55 万美元，其中，固定资产166.84 万美元、流动资产256.71 万美元，资产负债率为47.36%。公司占地面积5100 平方米，共有员工120 人，其中中方员工9 人。公司拥有卷烟机组5 台、硬盒机组2 台、软包机组1 台。年卷烟生产能力15 亿支。

【领导机构】 董事会

董事长：金洪天（由吉林烟草工业有限责任公司委派）

副董事长：吴永哲（由朝鲜海洋贸易会社委派）

董　事：朴光石（由吉林烟草工业有限责任公司委派）

南相林（由吉林烟草工业有限责任公司委派）

金顺玉（由朝鲜海洋贸易会社委派）

经理层

社　长：吴永哲

副社长：南相林

财务负责人：赵贞玉

【生产经营】 2010年，公司共生产卷烟6.5亿支，销售卷烟6.9亿支。全年实现销售收入359.88万美元，实现利润2.11万美元。

【产品介绍】 公司充分利用朝鲜合作方的政策优势，重点开拓中、低档卷烟市场，努力将公司培育成为中朝经贸合作的典范企业。生产的主要卷烟品牌有高档烟“大同江（硬）”、“老虎（硬）”，中档烟“日出（硬）”，低档烟“闪电（软）”、“雪景（软）”等。

罗先新兴烟草会社

【概　况】 罗先新兴烟草会社位于朝鲜罗先特别市，成立于2001年，是吉林烟草工业有限责任公司在朝鲜独资设立的卷烟生产企业，注册资本为305万美元。公司拥有总资产543.69万美元，其中，固定资产323.18万美元、流动资产220.51万美元，资产负债率19.40%。公司占地面积8400平方米，共有员工54人，其中中方员工19人。公司拥有MK95卷烟机组4台、ZB43A硬盒机组2台、SASIB软包机组3台。年卷烟生产能力15亿支。

【领导机构】 罗先新兴烟草会社董事会成员，全部由吉林烟草工业有限责任公司委派。

董事会

董事长：金洪天

董　事：朴光石　金明孙　徐世成　孙金昕

经理层

社　长：金明孙

财务负责人：金辰子

【生产经营】 2010年，公司共生产卷烟10.0亿支，销售卷烟11.5亿支，实现销售收入777.07万美元，实现利润60.91万美元。

【品牌战略与产品介绍】 公司作为吉林烟草工业有限责任公司卷烟出口加工基地，利用经济特区政策优势和独资企业的经营优势，在开拓朝鲜北部市场的同时，通过自主品牌出口、来牌加工等多种形式，积极开拓韩国、中东、东南亚等国际市场。公司生产的主要卷烟品牌有“罗津（硬）”、“丰收（硬）”、“松林岛（软）”等。

老挝寮中红塔好运烟草有限公司

【概　况】 老挝寮中红塔好运烟草有限公司前身是成立于1992年的老挝寮中好运烟草有限公司，位于老挝万象市；2008年7月，更名为老挝寮中红塔好运烟草有限公司。公司由红塔烟草（集团）有限责任公司、中国烟草总公司海南省公司、老挝因得·沙伯服装厂和老挝D.D建筑有限公司共同出资，注册资本150万美元，其中红塔集团占股份61%，海南省烟草公司占股份30%，老挝因得·沙伯服装厂占股份6%，老挝D.D建筑有限公司占股份3%。

公司拥有总资产2030万美元，其中，固定资产380万美元、流动资产1632万美元，资产负债率为33%。公司占地面积2万平方米，共有员工209人，其中中方员工30人。公司下设复烤、制丝、卷包等3个车间，拥有梗叶混合制丝生产线1条，简易打叶线1条，卷包机组2台，滤棒成型机2台。年卷烟生产能力10亿支（2万箱）。

企业的发展战略和思路：紧密围绕红塔集团国际市场发展规划，针对老挝当地经营实际，通过坚持不懈的努力，建设成为红塔集团在东南亚的烟叶种植基地、烟丝加工出口基地和卷烟加工出口基地。

【领导机构】 董事会

董事长：蒋顺华（由红塔烟草〈集团〉有限责任公司委派）

董　事：李　云（由海南省烟草公司委派）

杨金波（由红塔烟草〈集团〉有限责任公司委派）

王　琦（由红塔烟草〈集团〉有限责任

公司委派）

张明强（由老挝因得·沙伯服装厂委派）

经理层

总经理：王　琦

副总经理：王　剑　胡云见

许　政（2010.7—）

财务总监：刘　波（2010.1—）

【生产经营】 2010年，公司以建设境外烟叶种植基地、境外烟丝供应基地以及东南亚卷烟生产销售基地"三个基地"的发展规划为指导，推进公司发展。公司种植烟叶面积414万平方米，收购烟叶约800吨。共生产卷烟19.35亿支，同比增长124.13%；销售卷烟19.25亿支，同比增长119.7%。实现卷烟销售收入3022万美元，其中，内销烟实现销售收入460万美元，出口烟实现销售收入2562万美元。全年利润总额842万美元，实现净利润674万美元。

【产品介绍】 公司生产的卷烟品牌主要有"红花"、"JONNEE"、"MARBLE"、"恭贺新禧"、"红塔山"、"阿诗玛"、"玉溪"、"GEM"等，其中"红花"、"JONNEE"两种品牌在老挝当地市场销售；"恭贺新禧"品牌主要销往柬埔寨有税市场；"红塔山（硬）"品牌在老挝有税市场及泰国免税市场销售。"MARBLE"因生产量较小，逐步退出市场；"GEM（硬）"在当地市场销售和销往中东、北非等市场。

香港红塔国际烟草有限公司

【概　况】 香港红塔国际烟草有限公司位于中国香港特别行政区，前身是成立于1992年的雄伟（国际）烟草有限公司，由原楚雄卷烟厂控股，正邦发展有限公司、云南省烟草公司共同出资组建。1998年，国家局批复将楚雄卷烟厂的资产划转给红塔烟草（集团）有限责任公司。1998年12月9日，雄伟（国际）烟草有限公司更名为香港红塔国际烟草有限责任公司。

截至2010年年底，公司由红塔烟草（集团）有限责任公司、仁恒国际投资有限公司和云南中烟工业公司共同出资，其中，红塔集团占股份的55%，仁恒国际投资有限公司占30%，云南中烟占15%。公司拥有总资产1.72亿港元，其中，固定资产5818万港元、流动资产1.14亿港元，资产负债率为8.73%。公司占地面积为4500平方米，共有员工55人，其中3人为红塔集团外派管理人员，1人为云南烟草国际有限公司外派管理人员，其余均为香港本地员工。拥有3条卷接包生产线，年卷烟生产能力30亿支。

企业的发展战略和思路：充分利用香港贸易自由港及国际金融中心的优势和便利条件，在国家局及云南中烟国际海外市场战略的统一部署下，继续担当好配合云南烟草拓展国际市场的重要角色，承担好云南烟草品牌从国内市场向海外目标市场本地化转移前过渡期的桥梁作用，并依托自身生产组织及出口的优势，力争成为红塔集团在全球免税市场及高端产品领域的境外加工基地。

【领导机构】 董事会

董事长：姚庆艳（由云南中烟工业公司委派）

副董事长：李穗明（由红塔烟草〈集团〉有限责任公司委派）

董　事：魏胜鹏（由仁恒国际投资有限公司委派）

杨雪梅（由云南烟草国际有限公司委派）

李　宁（由红塔烟草〈集团〉有限责任公司委派）

经理层

总经理：李　宁

副总经理：刘　敏（2010.5—）

总经理助理：杨卫红（2010.5—）

许智雄（2010.12—）

【生产经营】 2010年，公司共生产卷烟27.5亿支，同比增长41.52%。销售卷烟27.6亿支，同比增长41.32%。全年实现卷烟销售收入2.46亿港元，同比增长58.7%，其中利润1738万港元。

【产品介绍】 公司以红塔集团原料、管理、品牌、技术为依托，主要生产混合型卷烟，包括英式混合型"MARBLE"、"ESTON"和美式混合型"PLAZA"、"STRAND"、"BRASS"，以及"阿诗玛"、"恭贺新禧"、"红塔山"、"喜丰收"、"金阳光"等品牌。产品主要销往东欧、非洲、南美等地区，其中，"MARBLE"品牌主要销往欧洲和中东市场，并在东欧市场具有一定影响力；"ESTON"、"STRAND"、"PLAZA"、"BRASS"品牌主要销往南美洲市场；"红塔山（铂金）"、"阿诗玛"品牌主要销往东南亚市场；"恭贺新禧"品牌主要销往柬埔寨市场和中东市场；"红塔山（硬）"、"玉溪（硬）"主要在中国香港、中南美洲及东南亚市场销售；“红塔山（混合型）”品牌销往中国台湾市场；“喜丰收”和“金阳光”销往朝鲜市场。

缅甸掸邦第一特区果敢卷烟厂

【概　况】 缅甸掸邦第一特区果敢卷烟厂成立于1994年，企业注册资本430万元，其中红云红河（集团）有限责任公司占64%的股份，由云南中烟工业公司控股的天成（太平洋）有限公司占18.5%的股份，缅甸掸邦第一特区政府占17.5%的股份。截至2010年年底，拥有总资产844万元，其中，固定资产107万元，流动资产737万元，资产负债率为32.5%。果敢卷烟厂位于缅甸联邦境内掸邦第一特区果敢昔娥寨，占地面积约1万平方米，拥有新中国卷烟机2台（套），YJ-14卷烟机1台（套），70毫米小包机1台（套），84毫米横包机1台（套），年卷烟生产能力5亿支。员工26人，其中中方管理人员4人。

【领导机构】 董事会

董事长：张云飞（—2010.8，由红云红河〈集团〉有限责任公司委派）

李家权（2010.8—，由红云红河〈集团〉有限责任公司委派）

董　事：杨　帆（—2010.8，由红云红河〈集团〉有限责任公司委派）

王海涛（2010.8—，由红云红河〈集团〉有限责任公司委派）

吴益昆（由红云红河〈集团〉有限责任公司委派）

曹俊辉（—2010.8，由云南中烟工业公司委派）

施文萃（2010.8—，由云南中烟工业公司委派）

彭家声（—2010.8，由缅甸掸邦第一特区政府委派）

白所成（2010.8—，由缅甸掸邦第一特区政府委派）

经理层

厂长：吴益昆

副厂长：罗志雄

财务总监：文　才

董事会秘书：单庆恒

【生产经营】 企业生产经营由红云红河集团委派的经营班子负责，截至2010年年底，投资已全部收回，从7月恢复生产至12月期间，共生产“昔娥”牌卷烟1.64亿支，销售1.50亿支。实现卷烟销售收入674.3万元，实现利润61.4万元。

【产品介绍】 企业生产的卷烟品牌为“昔娥”，主要规格是“昔娥（70MM无嘴软）”及“昔娥（84MM过滤嘴软）”，均为烤烟型卷烟。主要销售市场为缅甸，少量进入印度市场。

【特事要辑】 7月，在红云红河集团的支持下，果敢卷烟厂管理班子克服了2009年8月以来缅甸果敢地区发生武装冲突造成的影响，重新恢复果敢卷烟厂生产经营，较好完成了集团境外加工任务。

烟草机械生产企业

烟机工业概况

2010年，烟草机械工业围绕行业“卷烟上水平”的基本方针和战略任务，着力于满足卷烟工业发展需要和增强设备保障能力，各方面工作取得较好成绩。一是国产烟机工业整体效益持续稳步提高。全年国产烟机工业共实现工业总产值58亿元，同比增长3.3%；烟机出口金额达到2.93亿元。自2009年2月“中国烟草机械零配件交易监管网”试运行以来，共签订烟草机械零配件采购合同3.4万份，金额达12.23亿元。二是国产烟机科技创新工作效果显著。“可调式把烟切断机的研制”、“烟梗真空微波膨胀制粒工艺及装备研究”等27个项目列入2010年烟机科技开发项目计划。三是质量管理工作推动产品质量稳步提升。2010年烟机工业QC成果评选活动中，共有来自10家烟机企业的21个QC小组获奖，秦皇岛烟草机械有限责任公司的“DUC型皮带机出料斗计算机辅助设计系统的研发”获全国烟草行业QC成果三等奖。通过加强出口设备出厂检验工作，严格控制国产烟机出口产品质量，树立了良好的国际市场信誉。

截至2010年年底，全国烟草专用机械持证生产企业共有35家（见附表），其中中国烟草机械集团有限责任公司下属企业共5家。

中国烟草机械集团有限责任公司

【概　况】 中国烟草机械集团有限责任公司（简称中烟机械集团公司）组建于1999年，由中国烟草总公司、上海烟草（集团）公司和中国烟草总公司云南省公司、山东省公司、河南省公司共同出资组建，是烟草行业内第一家按现代企业制度框架组建的专业化集团公司。后经股权变更，中烟机械集团公司由中国烟草总公司控股，上海烟草（集团）公司及云南中烟、山东中烟、河南中烟等4家工业公司参股。2008年，经中国烟草总公司批准（中烟办［2008］305号），中烟机械集团公司新增湖南中烟、湖北中烟、江苏中烟、安徽中烟、广东中烟等5家股东。增资扩股后，中国烟草总公司股权比例占67%，上海烟草（集团）公司占5%，云南、河南、山东、湖南、湖北、江苏、安徽、广东中烟分别占3.5%。中烟机械集团公司是中国烟机工业核心企业，对全国烟草专用机械的生产经营担负一定的行业管理职能。

集团公司下辖7家控股企业，包括上海烟草机械有限责任公司、常德烟草机械有限责任公司、许昌烟草机械有限责任公司、秦皇岛烟草机械有限责任公司等4家烟机生产企业，北京达特烟草成套设备技术开发有限责任公司、北京特思达机电技术开发有限责任公司2家专业公司，以及设在上海专门从事烟机产品开发的中烟机械技术中心有限责任公司。同时，中烟机械集团公司以30%的股份参股云南烟草机械有限责任公司。

截至2010年年底，集团公司拥有总资产76.06亿元，其中，固定资产10.19亿元、流动资产60.82亿元，资产负债率为40.07%。共有从业人员4604人，其中在岗员工4445人。

【领导机构】 董事会

董事长：王崇光

副董事长：周永森

董　事：程佳华（—2010.12）　王仲强（—2010.12）　顾　波　朱怡聆　杨自业　曲　伟（职工董事）　郑则豪　吴　俊　俞惠梅　卢安宁　林孟昌　王建法（2010.12—）　于明芳（2010.12—）

监事会

主　席：王建雪

监　事：刘敬如　刘亮山（职工监事）

班子成员

总经理、党组书记：王崇光

副总经理、党组成员：程佳华（—2010.10）

副总经理、总会计师、党组成员：宋春华（部门正职级）

副总经理、党组成员：王仲强（—2010.8，2010年8～10月任巡视员）

副总经理、党组成员：王建法
副总经理、党组成员：于明芳（2010.10—）
副巡视员：凌卫民
副巡视员：赵美燕
总经理助理：鹿广瑞（—2010.6）

【机构设置】 集团公司本部下设办公室、综合计划部、人力资源（纪检监察）部、生产管理部、市场部、财务资产部、技术合作部、审计部、设备管理部等9个部门。

【生产经营】 2010年，集团公司共生产卷接包设备、滤棒成型及辅联设备268台（套），销售263台（套）；生产制丝、打叶复烤及二氧化碳膨胀烟丝线10条，销售9条。实现销售收入51.99亿元，同比增长5.28%。实现税利13.29亿元，其中利润9.94亿元，同比增长1.27%。国产烟机的海外市场稳步回升，全年出口额达到8432.68万元。公司三项费用率为15.71%。

【产品介绍】 2010年，集团公司主要产品有：7000支/分钟、8000支/分钟和10000支/分钟卷接机组；400包/分钟软盒硬条包装机组、400包/分钟硬盒硬条包装机组和550包/分钟硬盒硬条包装机组；400米/分钟和600米/分钟纤维滤棒成型机组；卷烟储存输送系统；滤棒储存输送装置；制丝生产线；打叶复烤线、二氧化碳烟丝膨胀生产线等。

【科技创新】 重大科技专项。编制完成《超高速卷接包机组研制重大专项方案》并通过国家局组织的专家论证，12月，国家局下发国烟科［2010］449号文件，正式启动“超高速卷接包机组研制”重大专项。全年完成PROTOS2－2、FC800机组的技术资料交接、图纸转化设计、技术指导培训、样机生产组织等工作。加快推进“异地协同并行设计及统一项目管理平台”建设，完成项目技术方案，通过了专家论证，并由国家局正式批复立项。

与卷烟工业企业开展了制丝线关键主机设备的联合研发与合作生产，加大中式卷烟制丝生产线工艺设备的自主研发力度。

标准化建设。4月15日，由集团公司参与并组织秦皇岛烟草机械有限责任公司等企业研发、制造和试验相关设备的基础上，行业制定的第一项国际标准“烟草及烟草制品 箱内片烟密度偏差率的无损检测 电离辐射法”（ISO 12030），正式由国际标准化组织批准发布，实现中国烟草行业制定国际标准“零”的突破。

技术引进。经过多轮谈判，2010年3月18日，与意大利G.D公司签署了《GD X6S－C800－BV软盒包装机组技术转让协议》。协议的签署对于完善国产软盒包装机产品结构、满足卷烟工业企业设备需求具有重要意义。

【设备管理】 建设并完善“中国烟草总公司卷烟工业企业设备管理绩效评价体系”。完成“超高速卷接包机组使用情况”调研，进一步摸清行业设备管理现状。11月，国家局以“应用先进技术支撑设备管理精益化”为主题组织召开全国烟草行业设备管理经验交流会，对“十二五”时期行业设备管理工作进行研讨与交流。

【企业管理】 财务管理。2010年，集团公司持续深化应用NC系统，完善提升系统功能，规范业务流程，提升了财务信息化水平。正式启动全面预算管理项目，在许昌烟草机械有限责任公司进行试点的基础上，完成了对其他控股企业的调研，并着手制订集团公司全面预算管理制度。参与制订《烟草行业烟机制造企业会计核算办法》，开展会计基础自查、“小金库”检查以及银行账户管理和银行对账工作。研究集团公司发展与财务管理现状，制订了财务管理战略。加强研发费用与成本费用管理，提升国有资产管理水平。加强财务队伍能力建设，开展了以生产管理为重点的知识培训。

对标工作。集团公司通过组织调研先进企业精益化生产系统、召开对标工作座谈会等方式，发挥引导和推动作用，为控股生产企业搭建学习交流平台。各控股生产企业根据自身情况，建立对标指标体系，明确改进重点。在对标工作推进过程中，充分运用信息化系统，实现由重数据结果向重数据质量和分析的转变。

质量管理。推进质量管理体系建设，开展ZJ112和ZB47机组可靠性考核、出口烟机产品检查工作，并组织开展烟机工业QC成果评选活动。

【人力资源管理】 完成各控股企业人力资源现状调研，重点针对高端人才培养进行调研分析，并制订《高端技术人才培养方案》。探索校企联合培养人才的新模式，组织开展湖南大学烟机定向培养班的招生选拔工作。打造烟机装备制造培训基地，以职业技能鉴定培训为突破口，为卷烟工业企业培养高水平设备技能人才。10月，在上海烟草机械有限责任公司举办行业首期烟机设备修理高级技师后续教育培训班，全国31家卷烟生产企业的62名高级技师参加培训，取得良好效果。

【反腐倡廉建设】 针对2010年各控股企业技改项目较多的特点，持续加大对重大工程建设领域的纪检监察与审计监督力度。纪检监察部门直接参与技术中心招投标工作的监督检查。召开专门会议，研究部署在重大工程项目领域的纪检监察工作。加强队伍建设，在技术中心设置了纪检委员。制订中烟机械集团公司《工程审计管理办法》，修订《内部审计管理办法》。实施审计委派制，推进集团公司审计管理体制改革。

【"十一五"发展概要】 "十一五"时期是中烟机械集团公司发展的最好时期之一。这一时期，集团公司紧紧抓住行业加大卷烟品牌结构调整力度、卷烟加工企业开展大规模技术改造的机遇，努力推动技术创新与技术进步，着力增强核心制造能力，持续提升服务保障水平，努力完善体制机制，各项工作均取得明显进步，在行业技术装备中日益发挥主导作用。五年中，集团公司共实现销售收入189亿元，年均增长16%；实现利润35亿元，年均增长21%。

一是引进消化吸收和自主研发相结合，不断推动技术创新与技术进步。大力开展对外技术交流合作，与国际先进烟机制造企业签订一系列技术引进与合作协议。以"中式卷烟制丝生产线"、"超高速卷接包机组研制"两个重大专项的实施为抓手，加强自主创新体系建设，推动技术资源整合，完善产学研用合作机制，有效提升了国产烟机自主创新能力。

二是开展企业技术改造，着力增强核心制造能力。不断推进控股企业技术改造项目的实施，开展企业产品分工调整，提升企业基础管理水平，完善质量管理体系，落实安全生产责任制。企业生产组织效率与核心制造能力得到有效增强，行业主要装备制造基地建设取得积极进展。

三是与卷烟工业企业建立密切合作关系，持续提升服务保障水平。以整机制造、大修改造、零配件保障、共同研发、信息交流、服务支撑六大平台建设为载体，积极推进与卷烟工业企业建立全面、长期、紧密、稳定的战略合作伙伴关系并取得明显成效，实现优势互补与合作双赢，较好地满足了卷烟工业企业对工艺设备的特色化需求。

四是不断完善体制机制，为企业发展提供制度保障。进一步优化法人治理结构，实现投资主体多元化。不断健全完善各项管理机制，充分利用信息化等先进手段，建立起"以现代企业制度为核心，以资产为纽带，以市场为导向"的集团化管理体系。

五是开展企业文化建设，不断增强企业凝聚力。牢固树立和践行"两个至上"行业共同价值观，深入开展企业文化建设，逐步形成以"创新、和谐、诚信、服务"为核心的烟机企业文化理念，成为中烟机械集团公司全体干部职工的共同价值取向。

【特事要辑】 10月26日，中烟机械集团公司在上海召开首届烟机技术发展论坛。此次论坛邀请2名中国科学院院士、1名中国工程院院士以及国内部分高校20多位专家、教授参加，就国产烟机技术的发展和创新进行探讨和交流。

中烟机械集团公司所属企业

上海烟草机械有限责任公司

【概　况】 上海烟草机械有限责任公司（简称上海烟机公司）始创于1902年，1952年正式成立，是中国第一家烟草机械专业生产企业，1999年成为中烟机械集团公司控股企业。公司下辖上海鑫隆烟草机械厂、上海新场烟草机械铸造有限责任公司、上海中臣烟草机械配件有限责任公司、上海中臣烟草数控技术有限公司及上海英国莫林斯烟草机械零配件寄售站有限公司等5家企业。公司总资产16亿元，其中固定资产3亿元、流动资产10亿元，资产负债率为32.66%。共有从业人员1157人，其中在岗员工1086人。

2010年，公司以"调整结构，研发新产品，转变经济增长方式"为重点，扎实开展各项工作，企业发展总体保持平稳，经济效益实现稳步增长。

2010年，上海烟机公司被中国机械工业企业管理协会授予"中国机械500强"称号和"设备制造行业排头兵企业"称号，并获得"国家技能人才培育突出贡献奖"和"上海市质量管理奖"。

【领导机构】 董事会

董事长：胡森炯

副董事长：郭　宇

董　事：曲　伟　李　梅　刘国平　王志祥

傅锦弟

监事会

监　事：陈俊奎　倪莉萍　田　静

班子成员

总经理、党委副书记：胡淼炯

党委书记：傅锦弟

副总经理、党委委员：王志祥

副总经理、党委委员：夏士红

副总经理：陈　黎

副总经理：杨　军（2010.9—）

总会计师兼财务负责人：吴可音

纪委书记、党委委员、工会主席：倪莉萍

副调研员：童大方

副调研员、党委委员：秦小鸣

副调研员：王国跃

【机构设置】 下设公司办公室、政治工作部、工会、综合管理部、综合计划部、人力资源部、财务会计部、技术开发部、生产管理部、质量检验部、设备动力部、信息技术部、采购中心、安全保卫部、行政事业部、技能培训部、客户中心、制造一部、制造二部、技术改造办公室、退管会办公室等21个部门。

【生产经营】 2010年，公司生产整机产品103套；销售整机产品97套，其中包括ZB25B型包装机组26台（套）、ZB45型包装机组58台（套）、ZB47型包装机组9台（套）、ZL22D型滤棒成型机组4台（套）。实现工业总产值14.54亿元，同比增长11.44%。实现销售收入14.57亿元，同比增长9.23%，其中大修理收入1.72亿元，零配件收入2.08亿元。实现税利3亿元，其中利润2.33亿元，同比增长1.17%。公司三项费用率为17.71%。全员劳动生产率为52.79万元/人·年。万元产值综合能耗为8.02千克标煤/万元。

【产品介绍】 主要产品包括ZB25B型软盒硬条包装机组、ZB45型硬盒硬条包装机组、ZB47型硬盒硬条包装机组以及ZL22系列纤维滤棒成型机组，同时提供大修理和零配件销售、技术服务。

【科技创新】 开展新产品的研发试制和成熟产品的技术改进完善工作。ZB48型包装机组技术转化工作和样机生产试制全面推进，完成图纸转化、工艺编制和大部分零件加工。ZB47型包装机组开发项目被纳入上海市重点新产品计划，并获上海市科技进步三等奖，国产化项目在郑州卷烟厂顺利通过考核鉴定。全年2项实用新型专利获授权，另有4项实用新型专利正在申请中。

【技术改造】 厂区改扩建及高速包装机组技术改造项目有序推进。C区钢结构厂房、高架物流仓库、车库以及配套设施等基本建设完工。所有技改设备的技术调研、招投标和合同签订工作已经完成。高精度磨床、数控磨削中心、车铣复合加工中心、FMS柔性制造线、五轴五联动加工中心、数控水切割机床、数控镗铣加工中心、多用炉生产线、氮化炉、激光切割机、数控折弯机、数控液压矫直机等设备大部分安装调试完毕，并基本完成工艺布局调整。

【企业管理】 2010年，公司结合市场变化情况，从突出规模和速度的经济增长向重视质量、效率和效益的持续稳定适度增长转变，下半年调整了生产模式、投产方式，并结合ERP等信息化应用逐步优化流程，使生产组织安排更趋合理有效。

财务管理。加强预算管理，初步构建了公司、部门二级经济运行分析管理体系，公司财务总体状况和运行质量良好。

对标创优工作。制订《对标方案》与《创优方案》，在中烟机械集团公司下达的考核、对标以及创优三类指标基础上，结合公司运行效率、成本费用控制、质量改进、节能减排和技术创新工作等经济类指标，开展了一系列管理创优活动，建立了多条线、多层次、多渠道的立体化管理测量指标体系。

设备管理。推进设备管理系统建设，修订完善相关管理标准，建立设备档案，全年关键设备数据完整率100%，公司荣获上海市第一届设备管理先进单位。开展低值易耗品库、备品备件库的清理和物料编码工作，规范生产性物资的采购。

【信息化建设】 开展针对ERP运算建议采纳率的控制工作，完善统一会计核算软件系统平台，实现与中烟机械集团公司在财务成本数据上的集成与交互。完成办公自动化新版软件切换、升级扩容。开展网络安全维护工作，数据备份有效性得到提高，具备二级自主防护级防护能力。

【人力资源管理】 全年对拟任3名领导干部人选进行了民主推荐；申报推荐高级职称2人、中级职称7人并通过评审取得资格。共招录57名大学、中专毕业生，其中9人为研究生学历。组织开展培训项目116项，1800余人次参加；为行业卷烟工业企业培训烟机设备维修技师171名、高级技师52名。继续加强后备干部培养；完成新一届团委换届选举工作。

【企业文化】 开展“世博文明窗口”创建等特色活动，制订《进一步推进企业文化建设实施方案》，编制《企业文化手册》，同时通过《烟机通讯》、《上海烟机》、企业网站等媒体，宣传企业文化理念。公司获2010年“全国烟草行业企业文化先进单位”。

【“十一五”发展概要】 “十一五”期间，上海烟机公司在行业发展大环境中取得快速发展。烟机制造水平明显提升，产品质量和可靠性水平逐年提高；国产化工作进展顺利，公司产品完全取代了同类进口产品；市场覆盖面不断扩大，产品覆盖全国各卷烟工业企业。截至“十一五”末期，上海烟机公司生产提供的卷烟包装设备已占烟草行业在用设备总量70%以上。

【特事要辑】 2月，上海烟机公司“ZB47型包装机组关键零配件化学复合镀镍液新工艺”获得国家知识产权局发明专利证书。

5月，由中烟机械技术中心设计、上海烟机公司负责试制的第一台国产ZL27型（500米/分钟）纤维滤棒成型机组样机顺利通过中烟机械集团公司的验收。

10月16～17日，上海烟机公司举办烟草行业首期烟机设备修理高级技师后续教育培训班。

常德烟草机械有限责任公司

【概　况】 常德烟草机械有限责任公司（简称常德烟机公司）最初成立于1969年，是中国较早从事烟草机械产品研发和生产制造企业之一；1999年完成公司制改造，成为中烟机械集团公司控股企业。公司下辖常德金叶机械有限责任公司、常德旺达工贸有限责任公司和常德烟机配件经销服务有限责任公司。拥有总资产11.45亿元，其中，固定资产1.32亿元、流动资产9.44亿元，资产负债率为18.2%。共有从业人员1016人。

2010年，公司工作方针为“实施职能战略，开展对标创优；创建‘三个一流’（技术一流、服务一流、管理一流），提升综合实力”，重点攻关项目为ZJ116型超高速卷接机组转化设计工作。

2010年，常德烟机公司获“全国企业文化建设优秀单位”、“全国厂务公开、民主管理先进单位”、“湖南省100强企业”、“湖南省纳税50强企业”、“湖南省节水型企业”等称号。

【领导机构】 董事会

董事长：周诗伟

董　事：江海山　吴熙亮　孟令军　刘存孝　秦继玉　赵训滋

监事会

主　席：范　红

监　事：张孝堂　何丽英　华建忠　王本华

班子成员

总经理、党委书记：周诗伟

副总经理：秦继玉

副总经理：郭宏斌　杨新安　鲁方霞（2010.6—）

总会计师：熊卫国

纪委书记、工会主席：华建忠

党委委员：华建忠　郭宏斌　杨新安　何　平　严重阳

【机构设置】 下设公司办公室、人力资源部、财务部、信息中心、综合计划部、生产部、采购部、设备工具部、市场部、国际业务部、总工程师办公室、研究所、生产技术部、质量检验部、政治部、纪检监察室、审计部、安全保卫部、工会、金工车间、装配车间、钣金热表车间、大修车间、价格管理办公室（2010年新设立）、离退休人员管理办公室（2010年新设立）等25个部门。

【生产经营】 2010年，公司共生产烟草机械整机113台（套），销售烟草机械整机115台（套）。实现工业总产值12.45亿元，工业增加值6.46亿元。实现销售收入12.53亿元。实现税利4.72亿元，其中利润3.71亿元。公司三项费用率为22.3%。万元产值综合能耗为21.75千克标煤/万元。

【产品介绍】 主要产品包括ZJ17型卷接机组、ZJ112型卷接机组、YF13型卷烟储存输送系统、YF171A型滤棒储存输送装置、ZL26A型纤维滤棒成型机组、YF27B型滤棒气力输送系统、YF26型滤棒接收装置、FY113型废烟支处理机以及LOGA Ⅱ机改造等。

【科技创新】 ZJ116 超高速卷烟机组转化设计已完成第一阶段的资料转化和工艺编制工作。改进和优化新型 8000 支/分钟卷接机组供料成条机原理样机设计方案。推进 ZJ112 型卷接机组适应丁香烟卷制的改进设计项目。对 ZL26A 型纤维滤棒成型机组进行外观造型、水冷系统、在线检测、高位出料及降成本等多方面的设计改进。YF27B 型滤棒气力输送装置完成样机交验，速度由 1500 支/分钟提升到 1800 支/分钟。相继实现 ZL26A 成型机和 YF27 滤棒输送装置的柔性线装配生产，并启动实施大修产品柔性装配模式。实施完成 TH20 手帕纸包装机组样机的改进设计。完成面巾纸枕式包装机研发两种试验方案的设计和试验机装配。公司全年共申请专利 9 项。

【企业管理】 基础管理。有效实施 51 个精细管理项目和创建“三个一流”工作项目，修订完善 13 大类 54 项管理标准和规章制度，建立起以关键业绩指标（KPI）为基准的部门工作绩效考核体系，强化公司对各部门工作绩效的监管力度。

财务管理。突出成本控制，加强采购成本、协作生产费用等方面的控制，推进技术进步，全年降低成本约 1500 万元。

贯标对标。完成对标管理综合诊断、主体方案设计、运行管理系统设计、对标指标库建立等第一阶段工作，同时以成本控制为突破点，稳步推进对标工作。

安全生产。持续改进环境和职业健康安全管理体系。连续第二年获得常德市颁发的“安全生产先进单位”称号。

【信息化建设】 着力提高 ERP 系统集成性、操作方便性、业务可控性，开发新功能，其中新开发的柔性装配管理监控系统，可实时查看装配现场物流、进度、报警等异常情况，突出体现了柔性装配过程的准时化要求。加强下属企业的信息化建设，确保下属企业 ERP 系统的完整性和独立性，提高与公司 ERP 系统的集成性，改善双方的业务处理流程。

【人力资源管理】 挑选 73 名工作经验丰富、专业技能水平高的员工作为公司首批内部培训师，与湖南中烟、湖南大学、常德职业技术学院、中烟机械技术中心签订《外聘教师协议书》，内部培训体系进一步完善。全年共培养技师 6 人，组织 9 人参加全国职业资格培训和考试，并取得相应职业资格。公司高级工程师李小平在常德市人才工作会议上获得通报表彰，并被授予“常德市优秀专家”称号。

【企业文化】 以“超越”文化为核心，通过企业愿景的树立、价值观的导入、行为的训练、形象的统一、心灵的满足等具体工作，先后形成《企业文化手册》、《视觉识别系统手册》、《礼仪守则》、《企业文化案例故事集》等一系列文化成果。11 月，公司被中国企业文化研究会评为“全国企业文化建设优秀单位”。

【“十一五”发展概要】 “十一五”期间，常德烟机公司累计实现销售收入 53.18 亿元，是“十五”时期的 2.81 倍；累计实现利润 8.73 亿元，是“十五”时期的 2.75 倍。2006 年，公司首度入选湖南省“百强”企业，2010 年位列“湖南制造业 50 强”的第 39 位；2007 年，公司获得“全国五一劳动奖状”和“全国机械行业文明单位”称号；2010 年获得“全国企业文化建设优秀单位”称号。

【特事要辑】 4 月 22 日，常德烟机公司被批准为湖南省第四批知识产权优势培育企业。

8 月 19 日，国家局局长姜成康一行到常德烟机公司调研指导工作。

10 月 28 日，常德烟机公司代表队参加常德市首届企业职工运动会，取得企业组团体总分第一名的成绩。

许昌烟草机械有限责任公司

【概　况】 许昌烟草机械有限责任公司（简称许昌烟机公司）前身企业最初于 1958 年经国家经济委员会批准创建，1965 年划归中国烟草工业公司管理，1969 年划归国家轻工部管理，1987 年划归中国烟草总公司管理，1999 年划归中国烟草机械集团有限责任公司，2002 年改制更名为许昌烟草机械有限责任公司。下辖许昌富思特烟机配件有限公司 1 个全资子公司。公司拥有总资产 6.79 亿元，其中固定资产 1.58 亿元、流动资产 4.73 亿元，资产负债率为 36.31%。共有从业人员 1280 人，其中在岗员工 1197 人。

2010 年，许昌烟机公司被河南省质量技术监督局评为“河南省标准化工作示范企业”；被河南省人力资源和社会保障厅、省教育厅、省总工会联合授予“第四届全国数控技能大赛（河南赛区）选拔赛优秀组织奖”；公司机加分厂回转件单元被中华全国总工会、国家安全生产监督管理局联合授予“全国‘安康杯’竞赛活动优胜班组”称号。

【领导机构】 董事会

董事长：张彦岭

董　事：曹顺兴　贾会志　李新光　李捍红　张维群　董秀明

监事会

主　席：刘亮山

监　事：李留木　张梅香

班子成员

总经理、财务负责人、党委副书记：董秀明

副总经理：张松军　王向东　吴永胜

总会计师：赵志莉（2010.12—）

党委书记：张彦岭

纪委书记、党委委员：魏万昌

党委委员、工会主席：张梅香

党委委员：吴永胜　张建民

调 研 员：李新光　曹顺兴

副调研员：刘学海（2010.2—）　陈定玺（2010.2—）

【机构设置】 下设公司办公室、纪检监察审计部、生产制造部、计划仓储部、工程装备部、物资供应部、安全保卫部、总师办、研究所、工艺技术部、信息中心、质量保证部、财务管理部、人力资源部、市场营销部、国际业务部、政治工作部、工会、铸造分厂、机加分厂、装配分厂、结构件分厂等22个部门。

【生产经营】 2010年，公司共生产烟机产品52台（套），销售烟机产品51台（套）。实现工业总产值5.66亿元，工业增加值1.97亿元。实现销售收入5.37亿元。实现税利1.41亿元，其中利润0.97亿元。公司三项费用率为27.37%。万元产值综合能耗为27.81千克标煤/万元。

【产品介绍】 主要产品包括ZF12B型卷烟储存输送系统，YF17型卷烟储存输送装置，YF71型盘纸自动更换机，YF611型条盒储存输送系统，YF63型盒包储存输送系统，YF172型滤棒固化储存输送装置，ZF25型滤棒自动发射与接收装置，FY114型废烟处理机，YL43型复合滤棒成型机组，ZL41型复合滤棒成型机组，ZL26B型纤维滤棒成型机组，ZL27型滤棒成型机，ZL22D型滤棒成型机，ZJ19B、ZJ15、ZJ114型卷接机组。

【科技创新】 YF25型滤棒自动发射与接收装置、YF71型盘纸自动更换机、FY114型废烟处理机、ZJ114型卷接机组等4个新产品于2010年11月通过中烟机械集团公司的正式验收。ZL26B型滤棒成型机综合改进项目研发试制成功，已在红河卷烟厂试用。YP19型装封箱机、YJ36型滤棒装盒机和FY36型废烟支处理机3个项目在中烟机械集团公司立项，样机试制进展顺利。全年共申报专利6项，其中实用新型专利4项，发明专利2项；获得授权专利3项。截至2010年年底，许昌烟机公司共获得专利20项。

【技术改造】 为适应中烟机械集团公司产品专业化分工和企业可持续发展需要，公司拟订《易地技术改造项目申请报告》，并于3月呈报中烟机械集团公司。3月30日，易地技改项目通过中烟机械集团公司组织的前期论证；8月4日，项目通过国家局组织的论证；12月31日，获得中国烟草总公司正式批复。

【企业管理】 发展战略。制订《公司“十二五”发展规划》，将战略实施分为“前期夯实基础，维持产品转型后的收入稳定；中期攻坚阶段，完成战略转型；远期改善提升，成为行业领先的滤棒成型、辅联类设备和工业物流类设备制造企业”三个阶段，并相应制订了具体的业务战略、职能战略。

对标工作。按照“立标、对标、达标、创标”的思路，启动管理对标工作，发布《对标管理项目综合诊断报告》，明确企业差距和改进方向。编制《对标管理工作手册》、《对标管理规划报告》等。结合对标工作，以ZF12B产品为试点实施了精益生产改善项目。

财务管理。深化应用NC财务核算系统，从会计科目分类定义、成本要素对照等多项措施入手，促进公司成本核算更加规范。实施全面预算管理，落实《公司预算编制体系制度》，着重控制三项费用、资本性支出等预算指标，确保预算执行到位。

质量管理。把2010年确定为“外观质量整顿年”，有针对性地实施26项改进计划，对各类产品从内在质量到外观质量进行全面整顿提高。

6S管理。完善6S检查制度，通过加强看板管理、班组6S建设及6S管理的定期检查和指导，为6S管理长效推行打下基础。

【信息化建设】 完成财务业务一体化（NC）系统

的上线及完善优化，启动全面预算管理系统和人力资源管理系统软件项目。配合精益生产，完成车间作业流程优化。优化PDM功能应用，开发Co－PLAN协同工作平台，完善产品研发、工艺、标准化及技术管理体系。

【人力资源管理】 在2009年实施工资改革的基础上，出台《公司员工岗位管理办法》、《公司绩效工资管理办法》、《公司部门绩效管理办法》、《公司员工职务晋升管理办法》等配套制度，各项人力资源管理工作相继完善。引进人力资源管理系统软件，搭建起数据集中、业务协同的人力资源管理平台。

【思想政治工作】 组织开展“创建优秀基层单位”活动，提出“建一流工厂、造一流产品、带一流队伍”的工作目标和“结合对标工作，分解各项指标，推进创优活动”的工作思路，将中烟机械集团公司规定的四大类、十五项指标和公司创建优秀基层单位活动制定的六大创优标准、八项硬性经济指标分解到部门和班组，并直接纳入2010年部门级目标责任书中，实现任务从公司到部门、员工的层层有效传递。

【企业文化】 开展企业文化访谈、员工座谈及问卷调查等工作，发布许昌烟机企业文化诊断报告，提出“责任和激情”的企业文化主题。开展企业文化理念提炼、企业文化故事征集和讲师团培训等工作，编写《企业文化理念手册》，初步构建起战略导向型企业文化理念体系。

【“十一五”发展概要】 “十一五”期间，许昌烟机公司经营资产规模持续扩张，销售收入、利润保持增长，资产收益率保持高位，经济运行质量稳步提高，综合实力明显提高，步入高质量、高效率的科学发展轨道。

五年间，公司以构建“严格规范、富有效率、充满活力”的和谐烟机企业为目标，先后深入贯彻实施“整顿、调整、规范、提高”和“强基础、重研发、兴文化、上水平”的工作方针，坚持夯实企业管理基础，构建环境管理体系、职业健康安全管理体系、质量管理体系“三标一体”的整合型管理体系；明确产品方向和定位，确定公司未来的核心业务是滤棒成型、辅联类设备和工业物流类设备，各产品系列更加丰富完善。公司各项工作水平不断提高，“十五”技改项目顺利竣工验收，易地技改项目稳步推进，实现了公司“十一五”时期持续健康稳定发展。

【特事要辑】 3月23日，许昌烟机公司顺利通过国家级高新技术企业的考核认定。

4月21日，许昌烟机公司召开新产品技术交流会，来自全国各地卷烟工业企业近150名代表参加会议。

秦皇岛烟草机械有限责任公司

【概　况】 秦皇岛烟草机械有限责任公司（简称秦皇岛烟机公司）原为中国轻工业机械总公司秦皇岛轻工业机械厂，1989年4月划归中国烟草总公司管理，更名为中国烟草总公司秦皇岛烟草工业机械厂，2002年3月组建秦皇岛烟草机械有限责任公司，出资方为中国烟草机械集团有限责任公司和河北中烟工业公司（原为河北省烟草公司）。下辖秦皇岛弘和机械有限责任公司、秦皇岛金叶物流有限责任公司2个子公司。公司拥有总资产10.15亿元，其中固定资产4.34亿元、流动资产5.33亿元，资产负债率为66.08%。共有从业人员1219人，其中在岗员工1078人。

2010年，秦皇岛烟机公司被河北省委、省人力资源和社会保障厅、省财政厅评为“河北省高技能人才培育突出贡献单位”，员工谭孟超、程德泉被评为“燕赵金牌技师”，何立军被评为“河北省技术能手”。

【领导机构】 董事会

董事长：郭冬青

副董事长：凌卫民（2010.6—）

董　事：范思齐　赵文华　齐　琳　付　嘉　王力明　宗殿伟

监事会

主　席：侯燕霞

监　事：田　华　付东平

班子成员

党委书记：郭冬青

总经理、党委副书记：付　嘉

党委副书记、纪委书记、工会主席：张世成（2010.8—，之前任副总经理）

副总经理：刘习申　赵德玉（2010.8—，之前任总工程师）　陈定玺（2010.6—，挂职）　邹金华

（2010.8—，之前任副调研员） 王小飞（2010.8—）

党委委员：付东平 孙玉喜

总经理助理：周海涛（2010.6—）

调研员：王力明（2010.8—，之前任党委副书记、纪委书记、工会主席）

副调研员、党委委员：刘军民（2010.8—）

【机构设置】 2010 年 7 月，公司新设立企业管理部、计划物流部，同时原党委工作部和综合管理办公室合并为党政办公室，原生产部和五个生产车间整合为制造中心。截至年底，下设公司党政办公室、董事会办公室、企业管理部、人力资源部、财务管理部、计划物流部、项目管理部、质量保证部、审计部、纪检监察部、工会、信息部、物资采购部、装备能源部、安全监察部、技术中心、制造中心等 17 个部门。

【生产经营】 2010 年，公司共生产制丝、打叶复烤及二氧化碳膨胀烟丝线 10 条，销售 9 条。实现工业总产值 6.4 亿元，工业增加值 1.15 亿元。实现销售收入 5.88 亿元。实现税利 6365 万元，其中利润 2489 万元。公司三项费用率为 27.53%。万元产值综合能耗为 97 千克标煤/万元。

【产品介绍】 主要产品包括 FT62 烟（片）垛垂直分切机、FT6311 机械式垂直分切机、WF314 滚筒式热风润叶机、WF3218 滚筒式热风润叶机、WQ613 喷射管式加温加湿机、WQ617 喷射管式加温加湿机，KG236C 烟片复烤机、KG326 烟梗复烤机、KG431C 滚筒式碎片干燥机、KG431D 滚筒式碎片干燥机、WT2401 调节喂料机、MT28052A 比例分料器、MT 打叶器、MT25 落料器、GF224 风分器、FT479 风选除杂机，SP27 型浸渍装置、SP67 型升华装置、WQ397 滚筒式叶丝回潮机。

【科技创新】 *产学研合作*。与上海英雷红外水分系统科技有限公司合作开展“复烤线叶片湿团检测剔除系统的研制”项目。与湖南大学合作开展“筒式烘丝机智能控制系统原理研究”项目。落实与 Hauni 公司的全面合作协议，完成合作研发协议的签署，并共同进行市场调研，确定了下一步共同开展中式卷烟制丝线研究的课题。

重点攻关项目。“分段式低温滚筒叶丝干燥技术与设备研究”项目完成 500 千克/小时实验机型的图纸设计。“模块化滚刀式切丝机的研制”项目完成样机试制。“SD5 切丝机引进技术消化吸收国产化（第二阶段）”项目完成技术转化吸收工作，掌握了 SD5 切丝机关键技术、关键工艺。“滚筒 - 气流式烘丝技术与设备应用研究”项目完成所有技术准备工作，生产信息已导入 ERP 系统，并与供货商签订外购件技术协议。“实验线建设”项目所有设备于 2010 年 12 月至 2011 年 2 月间完成制作。

获奖与专利情况。全年共申请专利 3 项，获授权专利 1 项。“SH962 新型燃油（气）管道式烘丝机”项目获中国烟草总公司科学技术进步奖三等奖。

【企业管理】 *对标管理*。成立对标领导小组和工作小组，下设对标管理体系组、对标理念体系组、对标指标体系组和对标评估体系组 4 个专业工作组。完成涵盖公司财务、销售、技术、生产、质量、仓储、能源、安全 8 个类别在内的 77 项对标指标的制定，并制订《对标指标体系建立说明及管理办法》。

工作流程与绩效考核。聘请专家、集中力量对公司原有的组织管理方式进行调研，结合搬迁后的组织结构和部门职责调整，对 74 项工作流程进行修订完善。结合用工分配制度改革，建立了部门绩效考核体系和岗位绩效考核体系，对绩效考核 KPI 指标进行重新调整与设定，提高 KPI 考核指标的可操作性，为全面实施绩效管理奠定基础。

安全生产。编写了分别针对全员、中层以上管理人员和班组长的职业健康教育讲义，在公司局域网上发布并进行了考试。举办专题安全知识讲座、三级安全教育、职业健康和安全知识教育等活动。针对搬迁后生产现场作业人员普遍使用单梁起重机的现状，进行单梁桥式起重机操作资质的取证培训和复审培训。对接触职业危害的员工进行健康检查，建立职业健康监护档案。全年共开展 19 次定期与专项安全检查，发现各类不安全问题 52 项，有 51 项得到整改。

质量管理。启动质量管理体系的更新换版工作，形成新版质量体系文件草案并完成第一次反馈修订。按照新的特种设备法规要求，对《压力容器制造质量手册》及 56 个管理制度进行系统修订，完善公司特种设备压力容器制造质量保证体系。严抓产品实物质量，抓好出口产品、压力容器压力管道产品和以切丝机为主的新产品的质量控制，产品质量得到用户好评。“缩短 SH9611（T139）.4.4 燃油烘丝机管道制作周期”、“提高压缩机组缓冲罐 D 类焊缝合格率”项目获得河北省科技质量成果奖。

6S 管理。全面实施 6S 管理，印发《6S 员工指南》。在 7 月份易地搬迁后，结合新的生产现场和办公环境，开始对生产现场和办公区域实行定置定位管理。10 月，印发《6S 生产现场考核表》和《6S 办公区域

考核表》。

【人力资源管理】 制订《绩效工资管理办法》、《部门绩效管理办法》和《员工绩效管理办法》。全年共举办内部培训班32期，共1158人次参加；外出培训182人次，出国培训116人次。

【企业文化】 将中烟机械集团公司视觉识别系统应用于会议室装修设计、楼层导视、橱窗、移动宣传栏、绿地宣传牌等。开展“我为‘十二五’规划献一计”活动、“创建学习型党组织 学习型企业 争当学习型员工”活动。完成公司《企业文化手册》理念部分的编撰，并举行企业文化手册、公司之歌《跨越》光盘颁发仪式。

【“十一五”发展概要】 “十一五”期间，秦皇岛烟机公司实现快速健康发展，五年累计实现销售收入24.39亿元，与“十五”时期相比增长138.44%，出口产品总额达到1.8亿元。

加强产学研用合作，寻求发展中式卷烟制丝线的有效途径。与卷烟工业企业建立更加密切的战略合作关系；与行业内外科研院所联合，加强产学研合作开发；开展与德国Hauni公司的制丝技术与设备合作，落实与Garbuio－Dickinson公司的战略合作框架协议，推进与国际烟机企业的联合研发项目。

加大科技开发投入，巩固制丝、打叶复烤、二氧化碳膨胀烟丝三大系列产品的技术优势。“十一五”期间共有34项科技项目立项，14项完成了交车验收任务，其中8项完成鉴定结题。截至2010年年底，公司拥有有效专利50项，其中授权专利44项。

加强企业基础管理工作，促进企业管理水平提升。逐步推行6S管理，加强对标管理和部门绩效考核，在生产系统内全面推行精细化管理、财务成本管理、预算管理等一系列措施，内控体系更加完善。

加强职工队伍建设，为培养各类人才搭建平台。“十一五”期间，共招收大学本科以上应届毕业生112人，其中研究生28人，涉及机械、电气自动化、计算机、经济管理等专业，优化了职工队伍知识结构；与燕山大学机械学院开展联合办学，为公司员工搭建继续教育平台；以与Hauni公司开展全面技术合作为契机，开展了大规模技术与管理培训。

【特事要辑】 9月3日，秦皇岛烟机公司举行易地技术改造投产仪式，国家局副局长李克明出席投产仪式并讲话。该项目历时三年，总投资4.64亿元，总建筑面积近10万平方米，投产后具备年生产制丝生产线5条、打叶复烤生产线5条、二氧化碳膨胀烟丝生产线2条的生产能力。

中烟机械技术中心有限责任公司

【概　况】 中烟机械技术中心有限责任公司（简称技术中心）成立于1999年12月。技术中心拥有总资产2.2亿元，其中固定资产614万元、流动资产1.37亿元，资产负债率为5.75%。共有在岗员工78人。

【领导机构】 董事会

董事长：王崇光

副董事长：王建法

董　事：范思齐　杜国锋　董祥云　张红代　陈　黎　鲁方霞　王向东　刘习申

监事会

监　事：侯燕霞

班子成员

总经理：杜国锋

副总经理：韩　芸（2010.7—）　段书亭（2010.9—）

调研员：魏安忠（2010.9—，之前任副总经理）

副调研员：龚美华（2010.7—，之前任副总经理）

【机构设置】 下设综合管理部、战略管理部、制丝研究室、卷接研究室、包装研究室、电气研究室、成型物流研究室（2010年新成立）等7个部门。

【生产经营】 2010年，技术中心实现销售收入6294万元。实现利润863万元。

【科技创新】 2010年，技术中心共有在研项目11个：超高速卷接包重大专项方案论证、PROTOS2－2卷接机组引进技术消化吸收转化设计（第二阶段）、FC800包装机组引进技术消化吸收转化设计（第二阶段）、500米/分钟滤棒成型机、400米/分钟复合滤棒成型机、添加剂在滤棒材料上的喷涂工艺及装置研究、滤棒自动化储存配送系统、550包软盒包装机、G.D X6S技术引进项目、统一电控平台、滚筒气流式烘丝机技术与设备研究。全年共申报专利3项，获得专利授权3项，其中发明专利1项。

【标准化工作】 技术中心负责起草的《烟草机械 设备噪声声压级测量》等三项行业标准于10月发布实施；《烟草机械 过盈配合的冷热装配技术要求》等4项行业标准已报批。完成ZJ116、ZB48、YF173等在研产品技术图样和技术文件的标准化审查工作。与中国机械科学研究院合作，完成《80o非密封管螺纹》国家标准草案的编制，已提交全国螺纹标准化技术委员会审查。完成40项烟机新产品型号的审查核定工作和32项烟机产品标准的备案技术审查。

【人力资源管理】 组织专家对技术中心人力资源管理体系开展访谈和诊断，形成诊断报告，优化人才激励机制。鼓励员工参加学历教育，为员工创造继续教育的条件，先后开展档案管理、国家标准、知识产权、预算管理等继续教育。

北京达特烟草成套设备技术开发有限责任公司

【概　况】 北京达特烟草成套设备技术开发有限责任公司（简称北京达特公司）成立于1998年3月，原名北京达特膨胀烟丝成套设备工程有限责任公司，2002年10月更名为北京达特烟草成套设备技术开发有限责任公司。公司由中国烟草机械集团有限责任公司、五洲工程设计研究院、秦皇岛烟草机械有限责任公司共同投资组建，注册资本1000万元，是一家集科、工、贸于一体，实施机、光、电、控一体化的烟草成套设备工程公司，同时承担烟草工、商物流设计与集成业务。公司拥有总资产1.73亿元，其中固定资产0.05亿元、流动资产1.68亿元，资产负债率为79%。共有从业人员54人，其中研究员级高级工程师2人、高级工程师15人、工程师18人。

【领导机构】 董事会

董事长：凌卫民
副董事长：陈海英
董　事：金　波　付　嘉

监事会

主　席：刘亮山
监　事：张国辉　刘习申

班子成员

总经理：于忠泉
副总经理：李建梅
总工程师：尉培旭
工会主席：王小为

【生产经营】 2010年，北京达特公司实现销售收入1.18亿元，同比增长14%。实现税利2003万元，其中利润1487万元，同比增长17%。

【技术创新】 12月，公司与上海烟草集团共同承担的“干冰膨胀烟丝线热端环保节能型加热装置及废气处理系统的研制”项目通过部级鉴定。与传统的焚烧炉处理工艺相比，该项目可节省能源53%，减少二氧化碳排放量50%，减少废气排放量40%。在项目研制过程中共取得2项专利。该项目的干冰膨胀烟丝线热端环保节能技术处于国内领先水平。

北京特思达机电技术开发有限责任公司

【概　况】 北京特思达机电技术开发有限责任公司（简称北京特思达公司）由中国烟草机械集团有限责任公司控股，上海、常德、许昌、秦皇岛烟机公司共同出资组建，专业从事烟机零配件工作，重点开展进口烟机零配件业务。公司拥有总资产3.02亿元，其中固定资产430万元、流动资产2.97亿元，资产负债率为78.53%。共有从业人员13人。

【领导机构】 董事会

董事长：王　珩
董　事：廖默然　付　嘉　郭宏斌（2010.7—）　王志祥　曹顺兴　江海山（2010.7—）　国成龙（—2010.7）　王本华（—2010.7）

监事会

监　事：杨　帆

班子成员

总经理：王　珩
副总经理：姬建红

【生产经营】 2010年，北京特思达公司实现销售收入7643万元。实现税利334万元，其中利润232万元。

云南烟草机械有限责任公司

【概　况】 云南烟草机械有限责任公司（简称云南烟机公司）以成立于1991年的云南烟草机械厂为基础改制组建。2008年3月20日，国家局批复同意云南中烟工业公司以云南烟草机械厂优良资产出资（股份比例占70%），中国烟草机械集团有限责任公司以现金方式出资（股份比例占30%），在云南省昆明市组建云南烟草机械有限责任公司。2008年6月23日，云南烟草机械有限责任公司正式注册成立。公司拥有总资产1.54亿元，其中固定资产0.43亿元、流动资产1亿元，资产负债率为43.61%。共有在岗员工339人。

【领导机构】 董事会

董事长：张　俊

董　事：范思齐　毛　军　张　年　张　诚

监事会

主　席：董翠珍

监　事：陈俊奎　曹　阳

班子成员

总经理、党委副书记：张　年

副总经理、党委书记：张　平（—2009.12）

副总经理、党委委员：杨建东　殷伟刚　王爱国

纪委书记、党委委员、工会主席：李正旭

【机构设置】 下设党政办公室、财务审计部、人力资源与企管部、技术部、质量管理部、信息部、采供部、市场部、综合计划部、设备部、大修理车间、机加工车间等12个部门。

【生产经营】 2010年，公司实现工业总产值1.39亿元，工业增加值0.56亿元。实现销售收入1.38亿元。实现税利2652万元，其中利润1308万元。公司三项费用率为21.92%。万元产值综合能耗为21.79千克标煤/万元。

【产品介绍】 2010年，公司主要业务包括：大修及电器改造B1软盒硬条包装机组；大修及电器改造FOCKE350S硬盒硬条包装机组；大修及电器改造B0软盒硬条包装机组；大修及电器改造GDX1软盒硬条包装机组；大修及电器改造GDX2硬盒硬条包装机组；加工YB45包装机和ZJ17卷接机配件及烟机零配件。

【科技创新】 对楚雄卷烟厂FK机缺陷条盒剔除装置、条盒照相装置实施改造；为昆明卷烟厂GDX1机组开发的渗漏油治理项目进行工业性负荷实验；对汉中卷烟厂FK机改开GDX2规格产品实施技术改造；对红塔国际公司出口伊朗的YB22特型设备进行改型。

公司"COMPAS500包装机组控制系统升级改造"项目获云南中烟工业公司科技进步二等奖；"FK机组铝纸校正及断裂检测装置的研制"、"星轮机构的研制和开发"分获国内烟机行业年度QC成果二、三等奖。

【技术改造】 将租用的原昆明莫林斯烟草机械有限公司场地改造成为烟机大修理生产基地，按照年大修50组设备能力，对大修厂房、设备需求、工艺流程、物流系统及信息化等实施高效配置，打造专业化的烟机大修理基地。

【"十一五"发展概要】 "十一五"期间，云南烟机公司累计实现销售收入3.15亿元，实现总利润3025万元。公司法人治理结构不断完善，企业内部改革不断深化，基本实现了以烟机大修为主、零配件加工销售为辅的产品结构战略调整。公司取得"质量、环境、职业健康安全"三标一体管理体系证书。进行劳动用工分配制度改革，初步形成有效的激励与约束机制。通过公司制改造，企业外部环境得到改善，体制机制不断完善，增强了企业实力和发展动力，使企业走上现代企业制度的良性发展轨道。

附表

全国烟草专用机械持证生产企业

序号	企业名称	企业住所
1	上海烟草机械有限责任公司	上海市浦东金桥出口加工区金港路1041号
2	常德烟草机械有限责任公司	湖南省常德市武陵区长庚路中段

续表

序号	企业名称	企业住所
3	许昌烟草机械有限责任公司	河南省许昌市工农路南段
4	秦皇岛烟草机械有限责任公司	河北省秦皇岛市海阳路266号
5	北京达特烟草成套设备技术开发有限责任公司	北京市丰台区海鹰路1号院5号楼4层
6	北京长征高科技公司	北京丰台区万源南里甲43号
7	江苏智思机械集团有限公司	江苏省武进市高新技术产业开发区凤鸣路智思工业园
8	云南烟草机械有限责任公司	云南省昆明市高新技术开发区科医路43号
9	昆明船舶设备集团有限公司	云南省昆明市人民东路3号
10	杭州萧山烟草机械设备有限公司	浙江省杭州市萧山区临浦经济技术开发区
11	颐中（青岛）烟草机械有限公司	山东省青岛市崂山区株洲路177号7号楼
12	昆明烟机集团三机有限公司	云南省昆明市官渡区东风东路145号
13	昆明烟机集团二机有限公司	云南省昆明市东郊金马寺
14	张家口市通用机械有限责任公司	河北省张家口市桥西区新村路14号
15	上海兰宝坤大智能技术有限公司	上海市奉贤区金汇镇世永路228号
16	宝应仁恒实业有限公司	江苏省扬州市宝应县城叶挺路66号
17	沈阳沈飞民品工业有限公司	辽宁省沈阳市皇姑区松山路11号
18	贵州平水机械有限责任公司	贵州省安顺市平坝县夏云镇
19	巩义市建设机械制造有限公司	河南省巩义市石灰务工业区
20	东方机器制造（昆明）有限公司	云南省昆明市经济技术开发区牛街庄片区11－1号地
21	昆明风动新技术集团发展有限公司	云南省昆明市高新技术开发区科泰路M1－12地块
22	中船总第七研究院715研究所宜昌分部	湖北省宜昌市绿萝路43号
23	宁波轻工机械制造有限公司	浙江省宁波市镇海区骆驼工业区南一西路78号
24	如皋市恒昌烟草设备有限公司	江苏省如皋市环城西路29号
25	西安东风仪表厂	陕西省西安市雁塔区东仪路3号
26	云南紫金科贸有限公司	云南省昆明市金星广场A幢3楼
27	天津华一有限责任公司	天津市红桥区丁字沽三号路8号
28	开封东方机械有限公司	河南省开封市通许县文卫路东段
29	机科发展科技股份有限公司	北京市海淀区首体南路2号
30	恒久集团中铁徐州机械有限公司	江苏省徐州市民营工业园纬一路9号
31	大树智能科技（南京）有限公司	江苏省南京市江宁经济技术开发区挹淮街8号
32	扬州市天宝自动化工程有限公司	江苏省扬州市宝应县柳堡工业区
33	武汉船用机械有限责任公司	湖北省武汉市青山区武东路9号
34	合肥安大电子检测设备厂	安徽省合肥市长江西路669号高新技术开发区安大科技园电子楼
35	北京倍易发烟机技术开发中心	北京市西城区木樨地北里24号

（华　伟）

卷烟辅助材料生产企业

南通醋酸纤维有限公司

【概　况】 南通醋酸纤维有限公司（简称“南纤公司”）成立于1987年3月，由中国烟草总公司与美国塞拉尼斯公司合资经营，是集化工、化纤、热电为一体的大型工业企业。南纤公司占地面积为57万平方米，总投资4.92亿美元，中方投资比例占69.32%，美方占30.68%。南纤公司主要产品为烟用二醋酸纤维丝束（简称“醋纤丝束”）及其配套原料二醋酸纤维素片（简称“醋片”），其中，醋纤丝束销售到全国40多家卷烟生产企业；醋片作为醋纤丝束的生产原料，除公司自用外，同时供应昆明和珠海两家醋酸纤维有限公司。公司拥有总资产33.81亿元，其中，固定资产13.42亿元、流动资产17.72亿元，资产负债率为12.76%。共有在岗员工811人，其中，大专以上学历522人，具备助理工程师以上专业技术任职资格262人（含高级职称20人）。

2010年，南纤公司明确了“四个着力、两个力争”的工作指导思想，即坚持以科学发展观为指导，围绕建设国际一流醋纤企业的目标，全面开展对标工作，着力提升公司竞争力；稳步推进精益管理，着力提升组织执行力；持续开展技术创新，着力提升工作创新力；系统加强文化建设，着力提升团队凝聚力；力争五期扩建工程开工建设；力争生产经营再创历史新高。2010年，南纤公司取得了良好的业绩，醋纤丝束和醋片两大主产品的产量、主要质量指标以及企业实现利润均超过历史最好水平，五期工程全面开工，生产经营实现持续健康发展。

【领导机构】 南纤公司实行董事会领导下的总经理负责制，主要领导成员有：

董事长：刘敬如

副董事长：沃尔特（Robert Walters）（—2010.10）

副董事长：艾里奥特（Todd Elliott）（2010.10—）

总经理、党委书记：孙桂泉

副总经理、党委委员：杨占平

副总经理、党委委员：茅　俊

副总经理、党委委员：张　杰

副总经理、党委委员：江建军

副总经理：王文庭（Wen Wang）

副总经理：韦　恩（David Weyer）

党委委员、工会主席：钟　朝

【机构设置】 南纤公司下设安全保卫部、质量管理部、办公室、财务部、账务部、供销部、技术部、设备项目部等8个职能部门，制备回收生产部、醋片生产部、纺丝生产部、制浆丙酮生产部、热电生产部、动力生产部、机械维修部、电仪维修部等8个生产维修部门，另设党委/工会办公室。受董事会委托管理醋纤丝束技术中心，技术中心下设技术及新产品研究室、客户技术支持及分析室、信息技术室、综合管理室等4个部门。

【生产经营】 南纤公司2010年生产丝束68007吨，同比增长2.23%；销售丝束66499吨，同比增长8.04%。生产醋片129786吨，同比增长1.55%；销售醋片65006吨，同比增长4.16%。全年实现利润13.81亿元，同比增长7.82%。

【原料保障】 南纤公司原料采购工作以“及时率”为抓手，通过强化考核，采购及时率大幅度提高，主要原材料采购计划完成率和到货及时率、备品备件采购及时率均达99%以上，保证了公司的正常生产。

【辅料生产供应】 南纤公司辅料主要为食品级的醋纤丝束油剂，用于醋纤丝束生产润滑、集束、防静电。油剂以白油、乳化剂为主要原料，根据醋纤丝束的生产特点和要求配制。全年生产油剂1615吨，销售油剂714吨。

【技术创新】 南纤公司以“依托中心、健全体系、重点突破、持续创新”为技术创新指导方针，全年获得“竹浆粕合成的醋酸纤维素在生产薄膜中的应用”和“在醋纤工业领域应用的纺丝油剂”2项发明专利授权和“化纤干纺组合式自控气流预热装置”、“烟用醋纤纺丝在线丝束飞花收集装置”、“醋酸纤维素丝束纺丝双面上油装置”、“粉粒气力输送的分离器”、“新型背压式压滤机滤板”等5项实用新型专利授权。

产品应用型研究成果显著，“多品种木浆试验和棉浆试验”取得突破性进展，并批量试用，拓宽了原料供应渠道；具有自主知识产权的“YH03改进型国产卷曲机”的研制与设计取得突破，并进行试制加工；自主研发了“醋片金属异物分离捕集器”；先后开发了三个新规格丝束，满足了用户的需要。

【精益生产】 南纤公司全面开展精益生产，一期精益示范线全面完成，二期精益项目全面启动，公司管理水平大幅提升。在项目推进过程中，共发现6378项不良点，解决了5773项，解决率为90.51%。提出合理化建议2086条，实施了1417条，实施率为68%。改善记录1578项，制作一点课（由员工自己编写，用于交流经验和自我学习的课程，是精益生产活动的方法之一）1045个。制定了242台设备的巡检标准、225台设备的点检标准，确定了1409台设备的2612个润滑点。共制订1223个SOP编制计划，完成845个，完成率为69.1%。醋片4B生产线和纺丝生产部分别被中国质量协会评为全国现场管理“五星级现场”和“四星级现场”。

2010年产品质量再创新高，11项质量指标超过历史最好水平。丝束、醋片设备的联机效率分别为93.52%和91.73%，均达到国际一流水平。

【五期工程建设】 2010年4月，南纤公司五期工程通过国家发展改革委核准，7月举行开工仪式。公司建立了矩阵式工程建设组织机构，制订了一个程序、十大管理制度。五期工程进展顺利，安全、进度、费用和质量全面受控。热电、丝束和醋片装置土建工程相继开工，其中，醋片生产大楼完成土方工程，热电站烟囱、主厂房基础灌注完毕；五期项目主体设备采购达90%以上，合同金额超过4亿元。

【品牌营销】 加强与客户之间的沟通，科学均衡各类规格丝束的生产和销售，努力满足丝束用户的个性化需求。公司致力于醋片供应链控制能力的提高，持续改进醋片的结算数据、运输数据的管理和传递。

全年共组织技术服务人员走访用户108次，为用户解决技术问题和提供技术咨询50多次，组织各类培训、交流活动22次，280多人次参加。规范服务流程，加强服务考核，发挥了“沟通渠道短、技术保障强”的优势，提升了品牌形象。2010年，南纤丝束用户满意度达到90.36分，再创历史新高。

【节能减排】 2010年，南纤公司节能率为1.11%，节约标煤3904吨，节约能源成本400万元。“降低国产干燥机蒸汽单耗”项目获江苏省“节能减排QC成果一等奖”。全年二氧化硫排放仅118吨，同比减少685吨。全年COD（化学需氧量）排放为319吨，同比减少69吨。全年减少取水总量41万吨。

【安全管理】 加强全员安全培训，员工的安全理念不断深化。通过部门自查、区域互查、安全专业小组检查、专项检查等多种形式强化安全监管。共审核了外协单位的172个施工安全技术方案，并在施工过程中加强现场安全监督，有效保证了施工过程中的安全。公司开展电气安全评估，对配电装置、防雷接地、照明线路等设备、设施进行了定性、定量分析和评估，并制订了整改计划，全年实施完成了10项。2010年，公司一般及以上安全、环境事故为零，未发生任何人身伤害事故。

【对标工作】 南纤公司制订了《对标工作实施方案》，从对标工作的指导思想、工作目标、组织机构、对标原则、行动步骤等5个方面阐述了对标工作要求和重点。制订了公司2011～2015年发展规划，明确了45项对标指标在每年的具体目标值，并将国际一流指标体系和公司现有的目标绩效管理体系进行有机融合，把45项对标指标全部落实到日常生产经营管理过程中。通过层层分解指标，确定指标归属责任部门，并开展日常监测、检查和评估，确保年度对标工作目标的实现。2010年，在45项对标指标中，30项达到了国际一流标准，达标率为66.7%。

【信息化建设】 南纤公司不断优化和完善SAP系统功能，全年共修改开发程序及新增修改系统配置180多个，保证了系统的安全平稳运行。制订了SAP物料主数据分类规范标准等基础性文件以及SAP系统岗位操作说明书，并加强考核，SAP系统应用不断走向规范。充分发挥SAP作用，开发了财务分析系统以及物流管理、维修管理模块的20多个相关报表，涉及备品备件领用统计、设备检修次数、检修费用、故障统计等方面，为管理提供了有力支撑。

【人力资源管理】 优化人力资源管理流程，修改发布人力资源管理相关文件，重点改进了员工绩效管理制度。2010年度按新的年度综合考核方案实施了员工综合考核。通过考核，增强了管理者与员工之间的沟通与交流，员工个人绩效与组织绩效得到提高。开发实施了人力资源信息化系统，“绩效管理”和“时间管理”模块上线运行，提高了人力资源管理水平和工作效率。

【企业文化】 南纤公司发布了VIS手册，根据公司2011~2015年发展规划，制订了《企业文化体系建设实施工作计划》，确定了企业宗旨、企业愿景、企业目标。首次举办企业文化论坛活动，公司领导与100余名2007年以来入职的青年员工围绕学习与成长的话题，进行面对面现场对话交流。开展了技能比武活动，410名员工参加了20个科目的比武，员工技术素质得到提高。在员工餐厅和内网展示22名员工的小发明、小改进，营造浓郁的创新氛围。先后组织全员心理健康培训、员工社会实践交流等24项主题凝聚力活动，企业凝聚力不断增强。

【“十一五”发展概要】 “十一五”期间，南纤公司醋片总产量55.29万吨、丝束总产量32.93万吨、总利润53.27亿元，实现了跨越式发展，核心竞争能力不断提升。完成了总投资为21亿元的四期扩建工程，丝束和醋片生产能力翻了一番。四期扩建装置的成功投产，不仅使南纤劳动生产率大幅度提升，人力资源配置更加优化，规模效益更加显著，而且进一步满足了国内醋纤丝束的市场需求，实现了国产醋纤丝束原料醋片的完全配套。

“十一五”期间，南纤公司先后开展了“精品质量改进活动”和“精益生产”活动，较好地实现了精益工作由局部示范向全面推进的转变、精益理念由全员知晓向全员贯彻的转变、精益推行由外部咨询指导为主向内部精益骨干推动为主的转变，精益绩效愈渐明显，丝束和醋片的主要质量指标连年攀升，用户满意度指数不断提高。

“十一五”期间，南纤公司加大科技投入，不断推动技术创新，开展了多品种木浆试验和棉浆试验，并取得突破性进展，拓宽了原料供应渠道。2009年公司科研项目“热电联产节能减排工艺技术研究与应用”具有节约能源、减少烟尘和二氧化硫排放的作用，“高效优质低耗二醋片生产成套技术研究”项目获得江苏省科技进步三等奖。

“十一五”期间，南纤公司新的ERP系统（SAP）成功上线后，公司制定并实施了SAP系统的各项管理制度，包括运行管理制度、主数据管理制度、业务模块操作规范、考核管理制度等，确保了系统的正常运行。公司充分应用SAP的价值，开发了财务分析系统以及其他业务分析报表，为企业管理提供了有力支持。

“十一五”期间，南纤公司万元GDP能耗下降674.8千克标煤/万元，节能率为28.24%，节约标煤8.53万吨，比国家给定指标多节约5.63万吨；减少二氧化硫排放9018吨，比国家给定指标少排放6172吨；减少COD排放1.53万吨，比国家给定指标少排放1603吨；减少SS（悬浮物）排放量5769吨；每年10万吨固体废物中，有98%得到综合利用；年回收丙酮18万吨，回收醋酸50万吨，回收率均在99.5%以上。

【特事要辑】 7月28日，国家局副局长李克明、江苏省副省长史和平参加南纤五期工程开工典礼。李克明强调南纤要以打造国际一流醋纤企业为目标，精心组织、规范运作，持续改进、卓越管理，使五期扩建工程成为展现企业技术与管理水平的一个新的亮点。

12月17日，江苏省省长李学勇到南纤公司考察。李学勇认为南通醋纤设施先进、管理严格、生产效率高、环保设施有效，现代化水平非常高，勉励南纤继续保持和发展。

（陈丹彤）

珠海醋酸纤维有限公司

【概　况】 珠海醋酸纤维有限公司（简称“珠纤公司”）成立于1993年5月20日，由中国烟草总公司和美国塞拉尼斯公司合资兴建。珠纤公司占地面积约16万平方米，总投资8831万美元，其中，中方占70%、美方占30%。珠纤公司专业生产烟用二醋酸纤维丝束（简称“醋纤丝束”），醋纤丝束年生产能力为3.5万吨。珠纤公司拥有总资产8.5亿元，其中，固定资产1.81亿元、流动资产6.61亿元，资产负债率为20.23%。公司共有在岗员工331人。

2010年，珠纤公司按照“强化责任，注重质量和细节，不断提升凝聚力、执行力和创造力，建设国际一流醋纤企业”的总体工作目标，在安全管理、节能减排、增产增收、技术创新、文化建设等方面取得突出成绩。2010年12月，珠纤公司生产的“华维”牌醋纤丝束被广东省名牌评价中心授予“广东省名牌产品”称号。

珠纤公司工会被中华全国总工会评为“全国模范职工之家”；公司团委被共青团广东省委评为“广东

省五四红旗团委”。

【领导机构】 珠纤公司实行董事会领导下的总经理负责制，主要领导成员有：

董事长：刘敬如

副董事长：沃尔特（Robert Walters）（—2010.10）

副董事长：艾里奥特（Todd Elliott）（2010.10—）

总经理、党委书记：王　军

生产副总经理：查擎美（Charles Zha）

行政副总经理、党委委员：吴锡辉（—2010.5）

行政副总经理、党委委员：潘定益（2010年5月之前任维修与工程副总经理、党委委员）

总会计师、党委委员：唐　炯

财务副总经理：柯鲁格（Alexander Krug）

维修与工程副总经理、党委委员：刘　强（2010年5月前任党委委员、工会主席）

党委委员、工会主席：赵树春（2010.5—）

【机构设置】 珠纤公司下设丝束生产部、公用工程部、电仪维修部、机械维修部、质量部、技术项目部（能源管理办公室）、安保部、营销部、账务部、财务部、信息化部、办公室等12个职能部门及工会。

【生产经营】 2010年，珠纤公司主要生产3.0Y35000、2.7Y35000、3.0Y32000、3.9Y31000、3.3Y35000、3.5Y34000等6种规格醋纤丝束。全年共生产醋纤丝束35519吨，同比增长0.54%；销售醋纤丝束35694吨，同比增长2.05%，产品销往全国14个省（市、自治区）。全年实现利润2.80亿元，同比增长4.07%。

【安全管理】 2010年，珠纤公司着力解决“有章不循、视而不见、习以为常”的不良安全问题。筹备安全月活动，组织全员分析“王家岭矿难”事故，开展全公司性的EHS知识竞赛，不断提升员工安全意识和消防操作、复苏急救、应急演练等安全技能。导入TPM全员维修系统，提升设备管理水平。

6月28日至7月4日，珠纤公司完成2010年度停产检修，实施了204项检修与技改项目，将检修更换意见落实到位，提升设备本质安全。全年开展和接受安全检查32次，检查发现的505项均按计划落实整改。深入推进STOP（STOP由Safety，Training，Observation，Programme组成，即安全、培训、观察程序。）审核工作。该管理方式鼓励使用STOP卡，运用STOP卡纠正不安全行为，肯定和加强安全行为，以防止不安全行为的再发生和强化安全行为的持续改进。人均STOP填报4.3条，同比增加0.3条。

【质量管理】 珠纤公司以“保质、保量、保重点”为醋纤丝束生产经营方针。加强生产过程的精细控制，全年废丝量220吨，同比减少151吨。丝束线密度CV由2009年的0.27%降至2010年的0.25%。

结合行业“532”、“461”品牌发展战略，珠纤公司着力保障重点品牌的需求，满足关键用户的小规格醋纤丝束需求。2010年，低总旦醋纤丝束占生产计划总量的38%，公司全年承担产能损失1500吨。加大用户走访力度，全年共走访用户113次，接待用户来访27厂次，深入厂方举行技术交流会5次。

公司将35项“国际一流”指标纳入公司KPI体系进行运营监控，通过对标工作寻找差距，改进短板。在2009年导入卓越绩效模式的基础上，按计划启动各主项目和子项目。2010年先后开展顾客契合度调查、员工契合度调查，以及知识管理等项目研究，不断提升管理成熟度。

进一步加强基础管理工作的创新力度。提前批量锁定全年重油，在油价持续上涨的情况下，实际单价与预算持平，减少成本支出670万元。严格预算管理和费用考核，在原辅材料大幅涨价的情况下，全年吨丝加工费用同比基本持平，全年费用较预算节约755万元。

【技术创新】 珠纤公司继续以“人人能创新、人人要创新”为创新方针，2010年获得6项专利授权，其中，2项发明专利、4项实用新型专利。全年开展13个创新项目研究，覆盖节能减排、提速增产、质量控制、提升公司形象等领域，其中，“低总旦类丝束产能提高”创新项目，使单机纺丝速度达到630米/分钟。

珠纤公司抽调专门技术人员，联合美国塞拉尼斯公司、三纤技术中心、高校研究中心等方面的力量，推动“水吸收法丙酮回收”项目按计划开展。“烟用二醋酸纤维丝束行业检测标准制定”项目获珠海市政府标准化项目专项资金资助。参与制订《国产醋纤丝束产品质量和销售服务评价办法》，增强行业统一评价的可操作性，推进醋纤工业对标工作的实施。

【节能减排】 珠纤公司吨醋纤丝束耗标煤由2009年的1.095吨下降至2010年的1.077吨，万元产值耗标煤由2009年的0.33吨下降至2010年的0.31吨，均创公司能耗历史最低水平。全年废水零排放，二氧化硫、氮氧化物等排放继续保持低位运行。实施“烟用丝束生产中高品位余热的集中回收系统”等节能减排项目，该项目获广东省节能专项资金补助。

【信息化建设】 制定信息化五年发展规划，逐步实现“系统集成、资源整合、信息共享、突出应用”的规划目标。推动 SAP 系统与网银系统、财务分析系统、邮件系统的对接，充分发挥 SAP 系统的功能。启动 SAP 系统 PS 模块的上线工作，拓展 SAP 系统的应用范围。升级质量信息系统和安全管理系统，提升产品质量和安全隐患的管控水平。

【队伍建设】 鼓励员工自我学习和继续教育，实施公派进修，对自修取得学历和技能证书的员工进行奖励，加快学习型企业建设步伐。2010 年公司新增 2 名高级工程师和 32 名丝束操作高级工。评聘高级工程师、技师，侧重考查创新能力，4 名员工被新聘为技师。开展劳动竞赛活动，提升员工的技能操作水平，促进形成团队合作精神。全面部署创先争优活动，并以维修支部为试点区域，先行开展创先争优活动。以党建工作为中心，带动工会团建工作一体化发展。珠纤公司工会被中华全国总工会评为“全国模范职工之家”。公司团委被共青团广东省委评为“广东省五四红旗团委”。

【企业文化】 6 月启动文化管理工程，从公司经营发展的历史和实际出发，对公司文化进行系统地总结、提炼和升华，梳理出公司四大核心理念与九大经营理念。8 月内外部网站改版上线。12 月出版《企业文化手册》和《员工手册》。继续举办“珠纤文化讲坛”，开展公司级和部门级企业文化宣贯活动，从制度、行为、物质等层面着手，使企业文化梳理成果落到实处。

【“十一五”发展概要】 “十一五”期间，珠纤公司醋纤丝束年产量由期初的 34403 吨增长至期末的 35519 吨，增幅 3.24%；利润由期初的 1.69 亿元增长至期末的 2.80 亿元，增幅 65.52%。导入 STOP 安全管理理念，构建珠纤特色的 ABCD 安全管理模式，实现安全生产零事故。启动“金牌丝束”战略，2008 年起用户订货量超过公司产能，被菲莫国际公司认证为中国首家丝束供应商。导入六西格玛管理体系，组建研发中心，实现专利零的突破，“十一五”期间累计获专利授权 11 项；实现省部级科技类获奖零的突破，获中国烟草总公司科技进步三等奖。导入清洁生产理念，提前三年完成国家“十一五”规划提出的能耗降低 20%、污染物排放降低 10% 的目标，2009 年起废水零排放，2010 年吨醋纤丝耗标煤 1.077 吨，降耗水平居行业先进。导入卓越绩效管理模式，确定“成为国际一流的醋纤企业”的愿景目标。

【特事要辑】 11 月 21 日，共青团中央书记处第一书记陆昊到珠纤公司考察团建工作，对珠纤党建带团建，青年团员“服务公司、成就自我”给予肯定。

（许　江）

昆明醋酸纤维有限公司

【概　况】 昆明醋酸纤维有限公司（简称“昆纤公司”）成立于 1993 年 5 月，由中国烟草总公司和美国塞拉尼斯公司共同投资兴建，占地面积 19 万平方米，总投资 9171.3 万美元，中方投资比例占 70%，美方占 30%。公司专业生产烟用二醋酸纤维丝束（简称“丝束”），丝束年生产能力为 3.2 万吨。公司拥有总资产 9.38 亿元，其中，流动资产 7.33 亿元、固定资产 1.92 亿元，资产负债率为 16.96%。公司共有在岗员工 338 人。

2010 年，按照董事会的工作要求和“围绕一个中心、突出一个重点、推动六项工作”的工作方针，昆纤公司围绕建设国际一流企业的目标，抓好国际一流醋纤企业指标体系的贯标和对标这一个中心工作，找差距，促发展。突出以敢为人先的创新精神，学习和运用好 SAP 系统，发挥系统的强大功能，切实提升企业管理水平。推动六项工作，即持续推动节能降耗、节能减排工作；继续推动技术创新和管理创新，抓好六西格玛项目实施工作；强化基础管理，抓好部门和班组建设工作；大力加强员工的内部培训，抓好关键岗位后备人才的培养工作；深化企业文化建设，创新企业核心价值观宣贯形式；适应市场变化，做好市场开发和客户服务工作。

【领导机构】 昆纤公司实行董事会领导下的总经理负责制，主要领导成员有：

董事长：刘敬如

副董事长：沃尔特（Robert Walters）（—2010.10）

副董事长：艾里奥特（Todd Elliott）（2010.10—）

总经理：雷　龙（Rene Neron）

副总经理、党委书记：温　明
总会计师、党委委员：周本琼
副总经理：夏　吕（2010.10—）
副总经理：艾德利（Detlev Alm）
副总经理：刘伦光（LK Liu）
党委委员、工会主席：杨　敏

【机构设置】　昆纤公司下设办公室、工会、物资供应部、市场和客户服务部、财务部、信息部、会计部、安全管理部、设备项目部、质量管理部、技术开发部、纺丝生产部、制备生产部、热动生产部、电仪维修部、机械维修部等16个部门。2010年，为进一步适应新的市场要求和推动公司可持续发展，有效提高组织绩效，公司对管理职能进一步细化分工，增设技术开发部、市场和客户服务部两个部门。

【生产经营】　2010年，昆纤公司生产丝束35555吨，同比下降1.94%；销售丝束36100吨，同比增长1.6%；实现利润3.27亿元，同比增长4.14%。全年无职业健康安全损失时间达166万小时。

【产品质量管理】　2010年，为进一步提高产品质量，昆纤公司在生产区域启动了质量卓越中心工作，通过有效的资源整合，集中优势力量攻克技术难题。定期召开质量会议，处理客户反馈信息，统计、分析、解决发现的质量问题，并完善了客户反馈信息的处理流程。全年丝束产品质量保持稳定，丝束合格品率达99.5%，客户满意度为96.2分。

【技术创新】　昆纤公司把专利工作作为企业技术创新的重要考核指标，制订和发布了《专利管理制度》。2010年，“一种醋纤摆丝机电动摆臂”、“醋纤纺丝机精确测速装置”和“链条锅炉炉排起拱保护器”等3项实用新型专利获得授权。开发了强化过滤功能的丝束，试验开发了两种3.0/32000规格的丝束，并投入批量生产，满足了客户的滤棒要求。4月，公司完成全厂停车大检修，大检修共进行了5天，完成检修项目246项，技改项目23项，实现了“安全无事故，费用不超标”的目标。

【节能减排】　2010年，公司成立能源卓越中心，组成10个攻关小组，设定了丝束产能提升、降低原煤消耗、减少低压蒸汽消耗等节能量化指标。重点实施了节电改造，完成了公司的电能平衡测试工作，全面系统地评估公司的电力、电量消耗总量、构成、分布、流向、用电设备的状况和电能利用率。提升锅炉效率，总电耗比2009年降低6%，能源消耗（煤+电）节约了270万元。2010年，公司工业产值能耗每万元0.472吨标煤，达到了“十一五”期间的最低点；吨丝束耗电1456千瓦时，同比下降3.7%。

【客户交流与合作】　2010年3月，昆纤公司为满足客户不断增长和变化的需求，成立了市场和客户服务部。树立“以客户为关注焦点，为客户创造价值”的服务宗旨，以产品为核心，以市场为导向，全面提升公司的产品销售、市场开拓、售后技术服务和成品仓库的管理水平，切实做好客户的服务工作。通过基础服务工作，实现以“访问规范化、反馈及时化、结果有效化”为手段，确保了“四提高”（提高技术服务技能；提高产品质量；提高客户的使用水平；提高用户满意度）。2010年，公司市场和客户服务部累计服务客户86次，比原计划增加35次。全年没有客户抱怨、投诉的现象发生。

【安全管理】　2010年，昆纤公司安全目标绩效管理采用了安全金字塔方案，关注安全过程管理与控制，实施了安全事件全过程分析、控制、交流、学习等一体化的系统思路。开展历时5个月的电气专项综合检查评估，对公司557台（套）电气设备和线路，按照风险评估的原则，分为8类18子类进行了全面检查评估，根据评估结果制订了《昆纤公司电气设备、线路改进计划》的5年规划，将持续不断地提升电仪设备安全可靠性和先进性。

10月，昆纤公司启动了生产工艺安全系统评价工作，对生产过程中的危害、风险和可操作性过程风险识别进行全面、系统评估。对公司安全管理信息系统进行了升级和改造，强化安全管理流程、数据查询、处理、统计、存档等功能。

完善安全生产设施，投资218万元，新装140个摄像头，加上原有的60个摄像头，做到了全厂重要生产部门、安全保卫有效的覆盖和监控。

强调定期安全检查，完成正式检查27次，其中国家局安全检查3次，并接受地方政府相关职能部门的监测。开展隐患排查，累计 排查出隐患286项，全年隐患整改率达到99.03%。全年废水、烟气、二氧化硫排放符合总量控制要求，无重大环境泄漏事故，无火灾爆炸事故，无重大人身伤害事故。

持续开展企业月度安全文化宣讲培训，举办“企业文化与管理”安全文化辩论赛，组织安全文化建设交流活动。

【信息化建设】 昆纤公司ERP系统于2010年1月4日成功上线。在系统运用过程中，及时分析出现的问题，修正错误数据，保证月结和年结工作的完成；完成了昆纤公司物料主数据的整理工作，开发了财务报表分析软件系统和该系统与SAP系统的接口。

在公司内部网页上开发集成了隐患管理、事故管理、TPM、5S、六源、工艺变更、合理化建议、技术创新等功能，形成一个综合管理平台。

【人力资源管理】 为进一步加强公司中层管理干部队伍建设，建立优胜劣汰、能上能下的用人机制，营造公开、平等、竞争、择优的用人环境，公司出台了《昆纤公司中层干部管理办法》，对中层管理干部的选拔任用、考核、晋升、解聘、级别待遇和轮岗工作安排均做出详细规定，通过公开竞聘产生中层管理人员4名。

公司对照国际一流醋纤企业标准，制订符合员工实际的成长规划，进一步加强公司内部安全、技能、管理等方面培训力度，参加国家局组织的外部培训，采用"走出去、请进来"培训方式，用员工培训学分制度规范培训工作，不断提升培训工作有效性。2010年，公司被中国烟草总公司授予"十一五"教育培训先进集体荣誉称号。

【企业文化】 2010年，昆纤公司采取新举措，深化"安全、绿色、和谐、共赢"核心价值观宣贯活动。举办"为昆纤自豪，为春天歌唱"文艺演出，员工自编自创了多个具有昆纤独特元素的节目，提升了节目的整体质量，展示了昆纤的团队风貌，增强了企业凝聚力和向心力。编印企业文化丛书《心声——员工文集》，汇编生活随笔、读书札记、杂文论谈、旅游记事及诗词歌赋的文章126篇。公司外网11月建成并投入试运行，对外展示企业形象的宣传窗口又增添了新的信息平台。

【"十一五"发展概要】 "十一五"期间，昆纤公司实施了以提升产能、加强成本控制、提升企业管理、挖掘企业潜力的利润改善计划，克服使用软、硬木浆混合醋片生产过程中出现的低产率、凝丝等困难，共生产合格丝束17.54万吨，产量比"十五"期间增长205.82%；销售丝束17.44万吨，增长205.37%；实现利润13.6亿元，增长304.28%。

昆纤公司将确保安全、稳定生产和提高产品质量作为一切工作的前提，全面夯实基础管理，在企业文化建设、管理创新、技术创新和员工职业化队伍建设等方面取得新突破。

昆纤公司深化企业文化建设，确立了"安全、绿色、和谐、共赢"的企业核心价值观，为企业健康、稳定、协调、发展提供强大的精神动力和文化支撑。

通过对现行管理制度、工作流程的全面梳理提升和完善内部管理。在生产运行部门推行精细化操作，提高工艺控制水平；通过引入TPM管理模式，开展5S、六源、单点课等基础管理活动，建立了新的检维修模式；ERP系统（SAP）成功上线，进一步提升了公司管理水平；出台《突出贡献奖评选办法》、《明星员工评选办法》、《合理化建议制度》和《激励奖励管理办法》，掀起创新热潮，积极推进绩效管理体系建设，取得显著成效。

加大技术、资金投入，结合公司节能降耗工作，开展六西格玛活动，成立蒸汽消耗改善、水消耗改善和工艺调整等攻关小组。"十一五"期间，节约标煤3.5万吨，比国家核定指标多节约1.05万吨；二氧化硫排放比国家核定指标少排放1492吨，提前三年完成国家下达的节能目标；减少COD排放31吨，比国家核定指标少排放42吨；每年2.7万吨固体废物中，有98%得到综合利用；年回收丙酮12.09万吨，回收率在99.15%以上。

（唐丽维）

附表

其他卷烟辅助材料生产企业

辅料生产企业名称	出资人（烟草企业）（全资、控股、参股）	总资产（万元）	总产值（万元）	总利润（万元）	主要经营项目
中烟摩迪（江门）纸业有限公司	中国烟草总公司参股	74900	28800	5139	主要经营卷烟纸、成型纸、其他用于烟草制造业的各种纸类制品的加工、生产和销售及其他特定用途纸，并提供与此相关的服务
张家口钻石工贸有限公司	张家口卷烟厂有限责任公司全资子公司	146	4383	41	主要经营纸箱、水松纸、铝箔纸加工，卷烟零售、物业管理
石家庄灵芝卷烟材料厂	河北白沙烟草有限责任公司全资子公司	984	4144	28	主要生产加胶滤棒、水松纸、铝箔纸、薄片胶、纸箱，卷烟、日用百货零售
上海烟草包装印刷有限公司	上海烟草（集团）公司全资子公司	105696	62453	13783	主要生产中高档卷烟商标及包装装潢印刷品、画册、样本等
上海白玉兰烟草材料有限公司	上海烟草（集团）公司控股	15980	15072	497	专业生产高档滤棒、纸箱
上海烟草集团太仓海烟烟草薄片有限公司	上海烟草（集团）公司控股	24456	9824	269	主要经营造纸法烟草薄片生产
江苏格瑞实业有限责任公司	江苏中烟工业有限责任公司全资子公司	31832	10126	2148	主要经营二氧化碳膨胀烟丝生产，烟叶、复烤烟叶、二氧化碳膨胀烟丝批发
南通烟滤嘴有限责任公司	江苏中烟工业有限责任公司全资子公司	32182	65953	6908	主要经营烟滤嘴的加工、销售
合肥烟草工贸总公司	隶属安徽中烟工业公司管理（集体企业）	3526	7679	783	主要经营纸箱、铝箔纸、水松纸、卡纸、废丝束再生品等生产
一品黄山工贸公司	隶属安徽中烟工业公司管理（集体企业）	35300	42870	2371	主要经营滤棒、水松纸、铝箔纸、香精、纸箱、卡纸等生产
芜湖卷烟材料厂	隶属安徽中烟工业公司管理（集体企业）	22712	14761	2828	主要经营滤棒、铝箔纸、水松纸、卡纸、纸箱等生产
滁州卷烟材料厂	隶属安徽中烟工业公司管理（集体企业）	11589	10416	873	主要经营滤棒、水松纸、铝箔纸、纸箱、卡纸等生产
阜阳卷烟材料厂	隶属安徽中烟工业公司管理（集体企业）	6670	9200	170	主要经营滤棒、纸箱、水松纸、铝箔纸、卡纸等生产
厦门鑫叶印务有限公司	福建鑫叶投资管理集团有限公司控股	13723	17297	3636	主要经营卷烟商标印制等

续表

辅料生产企业名称	出资人（烟草企业）（全资、控股、参股）	总资产（万元）	总产值（万元）	总利润（万元）	主要经营项目
厦门五福印务有限公司	福建鑫叶投资管理集团有限公司参股	18368	21208	4481	主要经营卷烟商标印制等
厦门鑫叶包装材料有限公司	福建鑫叶投资管理集团有限公司全资子公司	7895	11752	1686	主要经营纸箱、铝箔纸、框架纸、接装纸的生产销售
山东鲁烟莱州印务有限公司	将军烟草集团有限公司全资子公司	19585	23219	2062	主要经营包装装潢、印刷品印刷；生产、销售油墨；租赁企业闲置房屋、设备；纸张销售。
山东将军开元纸业有限公司	将军烟草集团有限公司全资子公司	7513	6975	7	主要经营瓦楞纸、纸箱、铝箔纸、卡纸及包装制品生产、销售，包装装潢、印刷
将军集团济南包装材料分公司	将军烟草集团有限公司直属	7046	10335	489	主要经营纸张、纸制品、塑料制品、卷烟包装材料的加工、销售，包装装潢、印刷品印刷
济南泉永印务有限公司	将军烟草集团有限公司控股	19574	11838	645	主要经营卷烟商标、包装箱（盒）及其他包装制品的印制，本册制作（不含出版物印刷）
将军集团临清纸业分公司	将军烟草集团有限公司直属	6228	4640	557	主要经营包装装潢、印刷品印刷，批发、零售纸张、纸制品、烟用辅助材料、烟用配件、机械零部件、机械设备及配件，房屋租赁
颐中烟草（集团）有限公司烟台分公司	颐中烟草（集团）有限公司分支机构	3835	602	22	主要经营丝束成型助剂、添加剂、化工助剂的生产、销售
颐中（潍坊）实业有限公司	颐中烟草（集团）有限公司全资子公司	13741	6628	-638	主要经营卷烟配套的原辅材料（烟草专卖品除外）加工、销售等
颐中（滕州）实业有限公司	颐中烟草（集团）有限公司全资子公司	369	925	-146	主要经营烟用滤棒、铝箔复合、乳胶、水松纸、薄片加工、烟机配件等
烟台颐中包装有限公司	颐中烟草（集团）有限公司参股	2916	247	153	主要经营纸箱、纸板、包装物料的制造、批发
青岛黎马敦包装有限公司	颐中烟草（集团）有限公司参股	44130	51667	7409	主要经营包装制品的生产、销售
青州新华包装制品有限公司	颐中（潍坊）实业有限公司参股	9319	6977	93	主要经营生产、印刷包装制品，生产、改造柔性版印刷机械及配件
颐中烟草（集团）公司卷烟材料分公司	颐中烟草（集团）有限公司分支机构	3031	5257	2808	主要经营卷烟辅助材料制造

续表

辅料生产企业名称	出资人（烟草企业）（全资、控股、参股）	总资产（万元）	总产值（万元）	总利润（万元）	主要经营项目
河南新郑金芒果实业总公司	隶属河南中烟工业有限责任公司管理（集体企业）	8194	13129	607	主要经营滤棒、白卡纸、内衬纸、接装纸、黏合剂、纸箱等生产
许昌帝豪实业公司	隶属河南中烟工业有限责任公司管理（集体企业）	18669	16503	517	主要经营铝箔纸复合，水松纸、BOPP 薄膜、内衬纸、黏合剂、纸箱等生产
郑州黄金叶实业总公司	隶属河南中烟工业有限责任公司管理（集体企业）	15404	25313	4113	主要经营滤棒加工，包装装潢及其他印刷品印刷
安阳市红旗渠集团	隶属河南中烟工业有限责任公司管理（集体企业）	7918	12275	99	主要经营滤棒、卷烟商标、白卡纸、内衬纸、接装纸等生产
南阳卷烟厂双龙实业公司	隶属河南中烟工业有限责任公司管理（集体企业）	5983	8344	－21	主要经营卷烟商标印刷，BOPP 薄膜、白卡纸、内衬纸、接装纸、黏合剂、纸箱等生产
洛阳烟草服务中心	隶属河南中烟工业有限责任公司管理（集体企业）	7750	9256	－24	主要经营滤棒、卷烟商标、白卡纸、内衬纸等生产
漯河沙河实业有限公司	隶属河南中烟工业有限责任公司管理（集体企业）	5129	5061	49	主要经营卷烟商标印刷，BOPP 薄膜、白卡纸、内衬纸、接装纸、纸箱等生产
驻马店发时达工贸有限公司	河南中烟工业有限责任公司控股	7076	7172	23	主要经营滤棒加工、薄片加工、铝箔纸复合、水松纸印刷、纸箱、胶、BOPP、卡纸、主业物业服务等
许昌永昌印务有限公司	河南中烟工业有限责任公司参股	19172	20642	5882	主要经营烟标装潢的印制
河南金芒果印刷有限公司	河南中烟工业有限责任公司参股	25135	20485	4161	主要经营烟标装潢的印制
河南金瑞香精香料有限公司	河南中烟工业有限责任公司控股	4018	3139	381	主要经营烟用香精香料生产、销售
广东汕头龙华印务有限公司	河南中烟工业有限责任公司控股	9214	8983	1069	主要经营烟标装潢的印制
河南卷烟工业烟草薄片有限公司	河南中烟工业有限责任公司全资子公司	39977	12542	3341	主要经营造纸法烟草薄片制造及销售

续表

辅料生产企业名称	出资人（烟草企业）（全资、控股、参股）	总资产（万元）	总产值（万元）	总利润（万元）	主要经营项目
红金龙（集团）有限公司	湖北中烟工业有限责任公司全资子公司	93435	53845	26854	主要经营瓦楞纸箱、材料回收加工、封口，金属结构件加工，销售百货、纺织品、五金交电、工艺美术品、土特品、家具、民用建材、文化用纸、印刷机械配件、烟机配件、食品添加剂、香精与香料，柜台出租，仓储服务、机械设备安装及租赁，土建、装饰、市政、园林工程、烟草行业管理咨询，IT规划、培训服务，计算机硬件、运行维护，提供企业信息化项目实施、监理服务，建筑智能化工程设计施工
常德金鹏印务有限公司	湖南中烟工业有限责任公司参股	75349	113825	35547	主要经营设计、制版、印刷出版物、内部资料性出版物、包装装潢和其他印刷品及产品自销，国内让售印刷纸纸张及器材
常德市金芙蓉实业发展总公司	湖南中烟工业有限责任公司参股	19410	38542	969	主要经营纸箱、接装纸、卡纸等纸制品及包装材料的设计、生产与服务，建筑维修工程项目的施工安装、电梯安装与维修
常德芙蓉大亚化纤有限公司	湖南中烟工业有限责任公司控股	9524	17188	1176	主要经营烟用聚丙烯丝束、滤棒的设计、开发、生产、销售
湖南永州九子龙经贸有限公司	湖南中烟工业有限责任公司全资子公司	1085	2493	71	主要经营卷烟材料、纸箱生产、销售，废品经营（许可项目除外），工艺美术品、纸制品、汽车配件、烟机配件、纺织制品、家具、服装、百货销售，国内户外广告设计、制作、发布，物业管理等
湖南九子龙印务有限公司	湖南中烟工业有限责任公司参股	3330	5803	462	主要经营烟标的研制开发、印制以及其他印刷品生产纸箱制品
湖南零陵金秋实业总公司	湖南中烟工业有限责任公司控股	1905	3040	251	主要经营铝箔纸、接装纸、舌头纸、香精、香料、乳白胶等卷烟包装材料、辅助材料和纸品包装材料、化工产品（危险品除外）、汽车配件、建筑装饰材料的生产、加工、销售，兼营百货、针纺织品
湖南永怡印刷包装有限公司	湖南中烟工业有限责任公司参股	5315	6154	816	主要经营彩色印刷品及产品自销
四平芙蓉纸品有限责任公司	湖南中烟工业有限责任公司全资子公司	2438	2621	–247	主要经营纸制品生产、销售，铝箔纸复合、分切、印刷
湖南金叶烟草薄片有限责任公司	湖南中烟工业有限责任公司控股	10427	7631	238	主要经营薄片委托加工，烟草专用机械购进，烟叶购进，烟草薄片生产销售

续表

辅料生产企业名称	出资人（烟草企业）（全资、控股、参股）	总资产（万元）	总产值（万元）	总利润（万元）	主要经营项目
广西真龙纸品包装有限责任公司	广西中烟工业有限责任公司全资子公司	15161	16954	2478	主要经营烟用铝箔纸复合、销售，烟用盘纸、成型纸加工（分切）、销售，烟用丝束定向购进，滤棒生产、定向销售，金拉线、纸箱生产、销售，烟用薄膜分切、销售，精细化工类生产、销售；卷烟、雪茄烟零售
广西真龙彩印包装有限公司	广西中烟工业有限责任公司控股	37184	57330	15063	主要经营卷烟商标的制版印刷（凭许可证有效期经营）
广西甲天下水松纸有限公司	广西中烟工业有限责任公司控股	5256	5838	1134	主要经营烟用接装纸生产、销售
四川三联卷烟材料有限公司	川渝中烟工业公司控股，四川烟草工业有限责任公司、重庆烟草工业有限责任公司参股	24769	48220	3221	主要经营滤棒生产
涪陵宏声实业（集团）有限责任公司	重庆烟草工业有限责任公司参股	168803	128807	9314	主要经营滤棒、内衬纸（铝箔）等生产、印刷（商标）
西昌市腾飞纸箱厂	四川烟草工业有限责任公司控股	460	686	18	主要经营纸箱的生产
四川佛兰印务有限公司	四川烟草工业有限责任公司参股	12956	16110	3237	主要经营印刷、白卡纸的生产
什邡峨眉山物资有限公司	四川烟草工业有限责任公司控股	2933	4296	333	主要经营内衬纸的生产
陕西省卷烟材料厂	陕西中烟工业有限责任公司全资子公司	4878	4019	2	主要经营全省行业部分滤棒和烟箱的生产
宁波大安化学工业有限公司	陕西中烟工业有限责任公司参股	94759	75376	12913	主要经营醋片生产
西安惠大化学有限公司	陕西中烟工业有限责任公司参股	46233	79922	10057	主要经营醋酸丝束生产
陕西金叶科教集团股份有限公司	陕西中烟工业有限责任公司参股	115673	46372	7047	主要经营包装装潢印刷品印刷，卷烟过滤材料生产、销售，高新数字印刷技术及高新技术广告制作，高新技术产业、教育、文化产业、基础设施、房地产的投资、开发等
陕西金叶滤材有限公司	陕西中烟工业有限责任公司参股	381	—	-64	主要生产聚丙烯丝束
宝鸡好猫实业集团有限公司	陕西中烟工业有限责任公司参股	33710	17075	88	主要经营卡纸、内衬纸、接装纸、烟箱、BOPP 薄膜生产

烟叶加工企业

打叶复烤企业

截至2010年年底，全国烟草行业具有独立法人的打叶复烤企业共有40家，非独立法人的复烤厂或车间8个，共有64个生产点，81条生产线（不含正在筹建的贵州黔西南和江西赣南2条60万担/年的生产线，贵州遵义南白镇生产线已经拆除），年度设计加工能力186.75万吨（3735万担）。按照自然年度统计，2010年全国打叶复烤企业共加工烟叶251.66万吨（5033.27万担），其中加工原烟244.84万吨（4896.71万担），加工机烤把（片）烟6.83万吨（136.56万担）。全年“原烟交接、委托加工”总量为238.24万吨（4764.88万担），其中委托加工省内烟叶总量为210.02万吨（4200.35万担），委托加工省外烟叶总量为28.23万吨（564.53万担）。40家独立法人打叶复烤企业的资产总额为171.65亿元，实现加工费用收入49.42亿元，平均吨烟加工费收入为2967.24元（含价外费用）。

哈尔滨天阳国际烟草有限公司

【概　况】 哈尔滨天阳国际烟草有限公司位于黑龙江省哈尔滨市，前身为注册成立于1992年的中港合资打叶复烤经营企业，1995年正式运营，由哈尔滨卷烟厂和天利国际经贸有限公司共同出资组建。2004年、2007年，公司先后两次增资转股，由黑龙江省烟草公司哈尔滨烟叶公司、山东中烟工业有限责任公司、黑龙江烟草工业有限责任公司和天利国际经贸有限公司共同出资，注册资本1.6亿元。公司拥有总资产2.65亿元，占地面积14万平方米，共有在岗员工220人。公司原烟仓储能力1.5万吨（30万担），片烟仓储能力1.2万吨（24万担），年复烤加工能力2.5万吨（50万担）。

【生产经营】 全年复烤加工烟叶2.16万吨（43.16万担），产出片烟1.44万吨（28.91万担）。实现加工收入4602万元。实现税利709万元，其中利润1万元。

【技术改造】 完成打叶生产线改造工作，并将提升检测检验水平作为重点，安装全自动快速水分仪，可实现多个样品同时检测；增加AA3连续流动分析仪含氮检测模块，满足在线质量控制要求。

绥化红塔烟叶有限责任公司

【概　况】 绥化红塔烟叶有限责任公司位于黑龙江省绥化市，成立于2006年4月，由黑龙江省烟草公司哈尔滨烟叶公司和红塔烟草（集团）有限责任公司共同出资组建。2009年，公司进行增资扩股，广东中烟工业有限责任公司参股4000万元，注册资本增至2.51亿元。公司拥有总资产2.64亿元，占地面积9.6万平方米，共有在岗员工139人。公司拥有1条1999年投产的打叶复烤生产线，年复烤加工能力2.5万吨（50万担）。

【生产经营】 全年复烤加工烟叶1.8万吨（36万担），产出片烟1.22万吨（24.46万担）。实现加工收入6055万元。实现税利781万元，其中利润182万元。

【技术改造】 对打叶段、预处理段进行大修改造，添置了切断解把机。

勃利龙湘烟叶有限责任公司

【概　况】 勃利龙湘烟叶有限责任公司位于黑龙江省七台河市勃利县，成立于2006年4月，由黑龙江省烟草公司牡丹江烟叶公司与湖南中烟工业有限责任公司共同出资组建，注册资本1.02亿元。公司拥有总资产1.23亿元，占地面积17万平方米，共有在岗员工191人。公司年复烤加工能力2.5万吨（50万担）。

【生产经营】 全年复烤加工烟叶1.87万吨（37.3万担），产出片烟1.40万吨（27.93万担）。实现加工收入5230万元。实现税利1067万元，其中利润253万元。

【技术改造】 投资1975万元对生产线打叶机组、碎叶烘干机进行改造，安装新型高效除尘器，增设一台水分测定仪。在国内同行业中首家采用烧结板除尘器；首家采用回梗循环风送。自行完成打叶线电控和上位机控制系统，采用人脸识别技术与WinCC软件授权管理相结合，实现操作权限管理。此项应用在国内同行业中属首例。

林口龙鄂烟叶有限责任公司

【概　况】 林口龙鄂烟叶有限责任公司位于黑龙江省牡丹江市林口县，成立于2007年8月，由黑龙江省烟草公司牡丹江烟叶公司和湖北中烟工业有限责任公司共同出资，注册资本8200万元。公司拥有总资产9817万元，占地面积15万平方米，共有在岗员工128人。公司拥有1条6000千克/小时打叶复烤生产线，年复烤加工能力3万吨（60万担）。

【生产经营】 全年复烤加工烟叶1.99万吨（39.76万担），产出片烟1.24万吨（24.8万担）。实现加工收入4414万元。实现税利784万元，其中利润266万元。

【技术改造】 投资2067万元对生产线打叶机组、打包出箱辊道、预压打包机电控系统S5升级、循环流化床锅炉等设备进行技术改造。

丹东辽东烟草发展有限责任公司

【概　况】 丹东辽东烟草发展有限责任公司位于辽宁省凤城市，成立于1996年7月，隶属于辽宁省烟草专卖局（公司）管理。公司拥有总资产1.77亿元，占地面积7.2万平方米，共有从业人员509人。公司拥有1条设计加工能力为6000千克/小时的打叶复烤生产线，年复烤加工能力2.5万吨（50万担）。

【生产经营】 全年复烤加工烟叶2.55万吨（51.03万担），产出片烟1.64万吨（32.88万担）。实现加工收入5388万元。实现税利991万元，其中利润130万元。

【技术改造】 投资657万元对打叶复烤生产线的预处理段、打叶段、叶片处理段、梗风送段的工艺装备及电控系统进行改造，改造后复烤加工能力达到9000千克/小时。

延边友利打叶复烤有限责任公司

【概　况】 延边友利打叶复烤有限责任公司位于吉林省延边朝鲜族自治州延吉市，筹建于2002年，注册资本6054万元，隶属于吉林烟草工业有限责任公司管理。公司拥有总资产7266万元，占地面积8.5万平方米，共有从业人员288人。公司拥有1条6000千克/小时打叶复烤生产线，年复烤加工能力1.5万吨（30万担）。

【生产经营】 全年复烤加工烟叶1.59万吨（31.79万担），产出片烟0.95万吨（19万担）。实现加工收入4410万元。实现税利1444万元，其中利润561万元。

华环国际烟草有限公司

【概　况】 华环国际烟草有限公司位于安徽省凤阳县，成立于1994年5月。由上海烟草（集团）公司和安徽省烟草公司蚌埠储运公司共同投资建设，隶属于安徽省烟草专卖局（公司）管理。公司拥有总资产3.46亿元，占地面积40.53万平方米，共有从业人员1415人，其中聘用员工1104人。拥有1条9000千克/小时的打叶复烤生产线和全套进口质量检测设备，年设计复烤加工能力2.25万吨（45万担）。

【生产经营】 全年复烤加工烟叶6.1万吨（122万担），产出片烟4.04万吨（80.81万担）。实现加工收入15293万元。实现税利5527万元，其中利润3016万元。

【技术改造】 拟定《易地技改总体规划》和《工艺设计方案》，易地技术改造项目通过国家局专家组论证和国家局投资管理委员会审议。

安徽华圆烟草有限责任公司

【概　况】 安徽华圆烟草有限责任公司位于安徽省涡阳县，前身为成立于1984年的涡阳烟叶复烤厂。2005年进行股份制改造，由安徽省烟草公司亳州市公司和安徽中烟工业公司共同出资。公司拥有总资产1.49亿元，占地面积19万平方米，共有在岗员工149人。公司拥有1条6000千克/小时打叶复烤生产线，年复烤加工能力1.5万吨（30万担）。

【生产经营】 全年复烤加工烟叶3.57万吨（71.37万担），产出片烟2.43万吨（48.6万担）。实现加工收入7544万元。实现税利2377万元，其中利润1143万元。

【技术改造】 根据技改投资计划，安装水分仪自动校准系统。完成复烤机工艺测试与验收工作。

福建武夷烟叶有限公司

【概　况】 福建武夷烟叶有限公司位于福建省邵武市，成立于2000年12月。由中国烟叶公司、原中国烟草进出口（集团）公司、中国烟草总公司福建省公司、福建省烟草公司南平市公司、中国烟草福建进出口有限责任公司、浙江中烟工业有限责任公司共同出资组建。2007年，中国烟叶公司、原中国烟草进出口（集团）公司所持股权无偿划转给中国烟草总公司福建省公司。2010年经增资扩股，新增上海烟草（集团）公司、江苏中烟工业有限责任公司、红塔烟草（集团）有限责任公司、安徽中烟工业公司、山东中烟工业有限责任公司、川渝中烟工业公司等股东。公司拥有总资产3.23亿元，占地面积41万平方米，共有从业人员209人。公司拥有1条6000千克/小时打叶复烤线，年设计复烤加工能力1.5万吨（30万担），经改造后打叶能力提高到8000千克/小时，年复烤加工能力达到2.5万吨（50万担）。

【生产经营】 全年复烤加工烟叶3.22万吨（64.4万担），产出片烟2.19万吨（43.8万担）。实现销售收入8972万元，其中加工收入7849万元。实现税利3083万元，其中利润1110万元。

【易地技改】 在邵武经济开发区实施打叶复烤生产线易地技术改造项目，项目总占地面积34.97万平方米，按年加工烟叶4.5万吨（90万担）进行设计，总投资约6.5亿元，将新增1条12000千克/小时的打叶复烤生产线，同时搬迁1条6000千克/小时的打叶复烤生产线。

福建省龙岩金叶复烤有限责任公司

【概　况】 福建省龙岩金叶复烤有限责任公司位于福建省永定县，成立于2003年4月。由福建中烟工业公司、龙岩烟草工业有限责任公司、厦门烟草工业有限责任公司、福建省烟草公司龙岩市公司、上海烟草

（集团）公司共同出资组建，隶属于福建中烟工业公司管理，注册资本4亿元。公司拥有总资产7.5亿元，占地面积11.67万平方米，共有从业人员410人，其中聘用员工213人。公司拥有2条6000千克/小时打叶复烤生产线，年复烤加工能力5万吨（100万担）。

【生产经营】 全年复烤加工烟叶4.54万吨（90.7万担），产出片烟2.9万吨（58万担）。实现加工收入11100万元。实现税利3927万元，其中利润2642万元。

【技术改造】 打叶复烤生产线技术改造项目进入实施阶段，项目投资预算7.599亿元，将采用精细化打叶复烤工艺设计，新建2条12000千克/小时打叶复烤生产线，年设计复烤加工能力6万吨（120万担）。8月，联合工房土建项目正式开工，计划于2011年10月具备试生产条件。

福建省三明金叶复烤有限公司

【概　况】 福建省三明金叶复烤有限公司位于福建省三明市，成立于1998年10月。由中国烟草总公司福建省公司、福建省烟草公司三明市公司、上海烟草（集团）公司、江苏中烟工业有限责任公司、厦门烟草工业有限责任公司5家企业联合出资组建，隶属于福建省烟草专卖局（公司）管理。2010年经增资扩股，新增湖北中烟工业有限责任公司、贵州中烟工业有限责任公司、川渝中烟工业公司、红云红河烟草（集团）有限责任公司、湖南中烟工业有限责任公司5家股东单位，注册资本3.75亿元。公司拥有总资产3.93亿元，占地面积7.47万平方米，共有从业人员292人。公司拥有2条打叶复烤生产线，可满足加香加料、烟叶精选、烟梗装箱与配方打叶等个性化要求，实际年复烤加工能力4.5万吨（90万担）。

【生产经营】 2010年，受自然灾害频发、三明烟区烟叶产量锐减、人力成本增加和煤炭等物资价格上涨的因素影响，公司经营出现亏损。全年复烤加工烟叶2.52万吨（50.42万担），同比下降48.77%；产出片烟1.71万吨（34万担）。实现加工收入7522万元。实现税利859万元，其中利润－431万元。

【技术改造】 抓好A线烟片复烤机改造工作，提出烤机左、右交替进风的理念，开创了国内烤机“三个第一”，即第一个在干燥区和冷却区采用左、右交替进风；第一个实现带料状态下干燥区内部情况的实时监视；第一个彻底解决了回潮区挂料造成团料水渍烟的难题。该项目已获得国家局科技成果立项。

山东烟叶复烤有限公司

【概　况】 山东烟叶复烤有限公司位于山东省济南市，成立于2010年10月，根据《国家烟草专卖局中国烟草总公司关于山东省公司打叶复烤企业体制改革的批复》（国烟法［2010］359号），将山东京鲁烟叶复烤有限公司、山东申沂烟叶复烤有限公司重组整合而成。公司注册资本为3.61亿元，有中国烟草总公司山东省公司、上海烟草（集团）公司2家股东，持股比例分别为85%、15%。公司下设非独立法人的山东烟叶复烤有限公司沂水复烤厂、山东烟叶复烤有限公司诸城复烤厂2家生产厂。

山东烟叶复烤有限公司联合重组的企业

山东京鲁烟叶复烤有限公司

【概　况】 山东京鲁烟叶复烤有限公司位于山东省诸城市，前身为诸城烟叶复烤厂，成立于2003年7月。由山东潍坊烟草有限公司与上海烟草集团北京卷烟厂共同投资组建，注册资本8000万元，其中，山东潍坊烟草有限公司出资7200万元，北京卷烟厂出资800万元，隶属于山东潍坊烟草有限公司管理。2010年，山东京鲁烟叶复烤有限公司与山东申沂烟叶复烤有限公司实行重组整合。公司拥有总资产2.73亿元，占地面积19.3万平方米，共有在岗员工235人。公司拥有2条打叶复烤生产线，年复烤加工能力5万吨

（100万担）。

【生产经营】 2010年，公司与上海烟草（集团）公司、河北中烟、湖南中烟、红云红河集团等17家客户建立了合作关系，并拓展废弃烟叶加工处理业务。全年复烤加工烟叶6.35万吨（127万担），产出片烟4.13万吨（82.6万担）。实现加工收入18347万元。实现税利12055万元，其中利润9036万元。

【技术改造】 投资1.9亿元进行总体技术改造。全年新建烟叶仓库2座，总面积6477平方米；新建综合仓库1座，面积1372平方米；新建消防池600立方米，整修硬化道路路面5490平方米。设计研发碎烟土末处理生产线，获得国家实用新型专利授权；设计研发厂区内烟草原料及成品运输托盘车、冷凝水回收循环利用系统，降低了厂区内物流运输成本及吨烟耗汽量。建设完成信息网络服务平台，实现信息资源在公司内部的互联共享。

山东申沂烟叶复烤有限公司

【概　况】 山东申沂烟叶复烤有限公司位于山东省沂水县，其前身为沂水烟叶复烤厂，2004年12月由山东临沂烟草有限公司、上海烟草（集团）公司共同出资改制而成，注册资本1500万元，由山东临沂烟草有限公司控股。2010年，山东申沂烟叶复烤有限公司与山东京鲁烟叶复烤有限公司实行重组整合。公司拥有总资产8268万元，占地面积14.99万平方米，共有从业人员125人。公司拥有1条6000千克/小时打叶复烤生产线，年复烤加工能力1.5万吨（30万担）。

【生产经营】 全年复烤加工烟叶1.76万吨（35.1万担），产出片烟1.15万吨（23.05万担）。实现主营业务收入4361万元；实现加工收入3573万元。实现税利1432万元，其中利润733万元。

【技术改造】 组织实施预压打包机大修项目，预压打包自动化控制水平明显提升。在真空回潮区增设托盘8套，利用托盘装置将烟包送入回潮罐，提升工作效率，降低劳动强度和用工。加大非烟杂物控制力度，在生产线各主要皮带输送环节设置14处粘杂带装置，有效降低非烟杂物含量。与红塔集团合作进行委托加工烟叶质量控制研究项目，出片率达到66.5%，比课题预设项目标准提高1.5个百分点；大中片率、碎末率、叶中含梗率、成品水分等关键工艺技术指标均达到或超过课题项目质量标准要求。

山东中鲁烟叶有限公司

【概　况】 山东中鲁烟叶有限公司位于山东省临沂市，成立于2000年4月。由山东中烟工业有限责任公司和山东临沂烟草有限公司共同出资组建，隶属于山东中烟工业有限责任公司管理。公司拥有总资产1.16亿元，占地面积9.7万平方米，共有员工212人。公司拥有2条6000千克/小时打叶复烤生产线，年复烤加工能力3万吨（60万担）。

【生产经营】 全年复烤加工烟叶2.47万吨（49.47万担），产出片烟1.68万吨（33.57万担）。实现加工收入5748万元。

【技术改造】 实施光电除杂机汉化升级改造，利用现有设备配件自行进行风选除杂机电控系统改造，保障生产线杂物剔除。完成烟叶切尖解把机改造，改变以往工艺方式，既可切尖、又可切把，同时还能梳理解把，减少烟叶造碎，提高烟叶解把率，且满足客户剔除烟把头的个性化加工要求。实施原烟批次管理项目改造，解决仓储容量及分选场地问题。

山东惠丰烟叶复烤有限公司

【概　况】 山东惠丰烟叶复烤有限公司位于山东省潍坊市，前身为成立于1917年的山东潍坊廿里堡复烤厂。2001年8月进行股份制改造，由山东中烟工业有限责任公司、山东潍坊烟草有限公司共同出资组建，注册资本7000万元，隶属于山东中烟工业有限责任公司管理。公司拥有总资产1.04亿元，占地面积20.2万平方米，共有从业人员424人，其中聘用员工170人。公司拥有1条6000千克/小时打叶复烤生产线，年复烤加工能力3万吨（60万担）。

【生产经营】 全年复烤加工烟叶1.37万吨（27.42万担），产出片烟0.93万吨（18.52万担）；筛分片烟0.54万吨（10.77万担）。实现加工收入4589万元。

天昌国际烟草有限公司

【概 况】 天昌国际烟草有限公司位于河南省许昌市，成立于1993年7月。由天利国际经贸有限公司、中国烟草河南进出口有限责任公司、浙江中烟工业有限责任公司、河南中烟工业有限责任公司和河南省烟草公司许昌、信阳、洛阳、驻马店、商丘、漯河、济源市公司共11家公司共同出资组建，注册资本1360万美元，隶属于河南省烟草专卖局（公司）管理。公司拥有总资产6.41亿元，占地面积25.66万平方米，共有员工164人。公司拥有3条打叶复烤生产线，年设计复烤加工能力6万吨（120万担）。

【生产经营】 全年复烤加工烟叶6.39万吨（127.74万担），产出片烟4.22万吨（84.47万担）。实现加工收入43900万元。实现税利9322万元，其中利润4273万元。

【技术改造】 完成公司“十一五”技术改造二期工程1.98万平方米智能化高架烟叶周转库项目的论证及申报工作。

宝丰金叶烟草有限责任公司

【概 况】 宝丰金叶烟草有限责任公司位于河南省平顶山市宝丰县，1988年成立，1991年建成投产，2005年8月正式挂牌运营。由河南中烟工业有限责任公司和河南省烟草公司平顶山、洛阳市公司共同出资，所占股份分别为11.62%、82.62%、5.76%，注册资本1.71亿元。公司拥有总资产1.9亿元，资产负债率为7.97%，占地面积13.4万平方米，共有员工202人。公司拥有1条6000千克/小时打叶复烤生产线，年设计复烤加工能力1.5万吨（30万担）。

【生产经营】 全年复烤加工烟叶3.5万吨（70万担），产出片烟2.28万吨（45.6万担）。实现加工收入7375万元。实现税利2494万元，其中利润1489万元。

【技术改造】 公司“十一五”打叶复烤技术改造项目一期工程已完成设备制作、安装和联合工房建设，通用工程正在施工。

三门峡金红烟草有限责任公司

【概 况】 三门峡金红烟草有限责任公司位于河南省三门峡市，2002年建成投产。由河南省烟草公司三门峡市公司、河南中烟工业有限责任公司共同出资组建。公司拥有总资产1.33亿元，占地面积7.6万平方米，共有员工146人。公司年设计复烤加工能力3万吨（60万担）。

【生产经营】 全年复烤加工烟叶3.84万吨（76.74万担），产出片烟2.51万吨（50.13万担）。实现加工收入9225万元。实现税利3744万元，其中利润2402万元。

南阳金业烟草有限责任公司

【概 况】 南阳金业烟草有限责任公司位于河南省南阳市邓州市，成立于1999年。2004年5月进行股份制改造，由河南省烟草公司南阳市公司、河南中烟工业有限责任公司共同出资，注册资本6655万元。公司拥有总资产1.01亿元，占地面积15万平方米，共有员工146人。公司年设计复烤加工能力1.5万吨（30万担）。

【生产经营】 全年复烤加工烟叶2.9万吨（58万担），产出片烟1.90万吨（38万担）。实现加工5601万元。实现税利3183万元，其中利润1522万元。

【技术改造】 投资1.3亿元的“十一五”技改项目于2010年9月破土动工，预计2011年4月进行设备安装，8月进行设备调试，9月具备生产条件。

湖北烟草金叶复烤有限责任公司

【概　况】 湖北烟草金叶复烤有限责任公司位于湖北省恩施州，2009年12月经国家局批复同意成立，由原恩施金叶烟草有限责任公司和原襄樊金叶烟草有限责任公司重组整合而成，2010年1月正式挂牌。公司有中国烟草总公司湖北省公司、湖北中烟工业有限责任公司、湖南中烟工业有限责任公司、浙江中烟工业有限责任公司、红云红河烟草（集团）有限责任公司、红塔烟草（集团）有限责任公司、山东中烟工业有限责任公司、川渝中烟工业公司、广西中烟工业有限责任公司、安徽中烟工业公司等10家股东，注册资本4.83亿元，由中国烟草总公司湖北省公司控股。公司下设非独立法人的恩施复烤厂、襄阳复烤厂2家生产厂。公司拥有总资产5.83亿元，资产负债率为9.39%，占地面积33.52万平方米，共有员工509人。公司拥有1条12000千克/小时节能环保型打叶生产线和2条6000千克/小时打叶生产线，年设计复烤加工能力6万吨（120万担）。

【生产经营】 全年复烤加工烟叶11.01万吨（220.17万担），产出片烟7.0万吨（139.6万担）。实现加工收入21050万元。实现税利6932万元，其中利润3502万元。

【技术改造】 公司所辖的恩施复烤厂6000千克/小时生产线扩能技术改造工作于2010年5月获国家局批准立项，至2010年年底，已完成项目立项、设备招标（采购）等工作。襄阳复烤厂技改项目已申报立项，正协调土地划转事宜，为全面启动技术改造奠定基础。

郴州天泰烟叶复烤有限责任公司

【概　况】 郴州天泰烟叶复烤有限责任公司位于湖南省郴州市，2005年9月注册成立，2006年1月正式独立运作。由湖南省烟草公司郴州市公司、上海烟草（集团）公司、广东中烟工业有限责任公司、湖南中烟工业有限责任公司共同出资组建，注册资本1.41亿元，隶属于湖南省烟草公司郴州市公司管理。公司拥有总资产1.97亿元，占地面积9.24万平方米，共有在册员工188人。公司拥有12000千克/小时、6000千克/小时打叶复烤生产线各1条，年复烤加工能力4.5万吨（90万担）。

【生产经营】 全年复烤加工烟叶5.04万吨（100.72万担），产出片烟3.10万吨（61.95万担）。实现加工收入11814万元。实现税利2712万元，其中利润1012万元。

【技术改造】 对生产、动力、储运和质量检测等14个设备设施项目进行维修和改造，主要包括购置质量检测仪器，改造格瑞芬打叶复烤生产线打包电控系统和除尘系统，增加一套蒸汽热量回收系统，两条生产线梗打包增加自动缝包和自动清梗系统，节能型生产线增加片烟返料装置等。

常德芙蓉烟叶复烤有限责任公司

【概　况】 常德芙蓉烟叶复烤有限责任公司位于湖南省常德市，2005年11月注册成立。由湖南中烟工业有限责任公司和湖南省烟草公司常德、张家界市公司共同出资组建，注册资本3721万元，隶属于湖南中烟工业有限责任公司管理。公司拥有总资产1.76亿元，占地面积1.7万平方米，共有在岗员工222人。拥有6000千克/小时打叶线2条、12000千克/小时复烤线1条、12000千克/小时打包设备线1条、12000千克/小时选叶生产线2条，年设计复烤加工能力3万吨（60万担）。

【生产经营】 全年复烤加工烟叶3.81万吨（76.26万担），产出片烟2.49万吨（49.8万担）。实现加工收入8486万元．实现税利2265万元，其中利润977万元。

【技术改造】 全年修复减速机4台、45千瓦电机1台、110千瓦电机一台、立打框栏12副、打包料箱油缸2件、生产现场操作站4处，累计节约维修费用19.82万元。

【"三支队伍"建设】 做好党员、员工、管理技术人员"三支队伍"建设。年内共支出员工培训经费38万元，实施涵盖全员全面质量管理、企业内审员培训、机械、质量、仓储、选叶技术人员培训等30个培训项目，参培人员310人次。组织30名青年工人到常德卷烟厂物资配送部仓库进行为期3个月的选叶技能学习。5月，组织工艺质量员以师带徒形式进行技能比武。

湘西鹤盛原烟发展有限责任公司

【概　况】 湘西鹤盛原烟发展有限责任公司位于湖南省吉首市，成立于1999年。由湖南中烟工业有限责任公司和湖南省烟草公司湘西土家族苗族自治州公司共同出资组建，注册资本9000万元，隶属于湖南中烟工业有限责任公司管理。公司拥有总资产1.74亿元，占地面积11.2万平方米，共有在岗员工650人。公司拥有12000千克/小时打叶线1条、9600千克/小时烤片线1条、3600千克/小时烤梗线1条、12000千克/小时真空回潮机1台、12000千克/小时打包线1条，年设计复烤加工能力3万吨（60万担）。

2010年，公司工会获得2009年度"湖南省模范职工之家"称号。

【生产经营】 全年复烤加工烟叶3.68万吨（73.7万担），产出片烟2.39万吨（47.89万担）。实现加工收入6742万元。实现税利2451万元，其中利润1126万元。

全年产品质量综合合格率100%，未发生一起质量事故。

【技术改造】 全年共投资600万元，开展节能环保的新设备、新工艺、新技术的改造和改进工作，先后完成工艺除尘和梗打包等设备改造。

【机构改革】 对公司部门设置进行优化整合，将总经办、技改办、市场计划部、生产车间、动力车间、人力资源部、设备管理部、品质管理部、财务审计部、安保环境部等10个部门整合为综合管理部、市场计划部、生产部、品质管理部、安全环保部、工程设备部、财务审计部等7个部门，并兼顾工作效能对部门职责进行调整。

浏阳天福打叶复烤有限责任公司

【概　况】 浏阳天福打叶复烤有限责任公司位于湖南省浏阳市，注册成立于2004年10月。由湖南中烟工业有限责任公司和湖南省烟草公司长沙、衡阳市公司共同出资组建，注册资本1.6亿元，隶属于湖南中烟工业有限责任公司管理。公司拥有总资产2.35亿元，占地面积10.67万平方米，共有员工162人。公司拥有1条设计加工能力12000千克/小时的打叶复烤生产线，年设计复烤加工能力3万吨（60万担）。

【生产经营】 全年复烤加工烟叶4.6万吨（91.94万担），产出片烟3.01万吨（60.2万担）。实现销售收入11390万元。实现加工收入11298万元。实现税利4190万元，其中利润2781万元。

【技术改造】 改造叶片复烤机，改造后的叶片复烤机共有5个独立的干燥区和3个独立的回潮区，属行业首创。在打叶复烤线增加把头分类加工线，7月，在预处理段热风润叶机增加旋风除尘器，8月，在预压打包段增加一级复压机。通过改进，打叶线出片率得到提高，整线设备生产能力由原来的9000千克/小时提升至12000千克/小时；进一步提高热风润叶机热风温度调整能力；叶片复烤机实现低温慢烤、独立分区控制，提高了复烤的调整能力及控制精度。

【"芙蓉王"烟叶精选】 2010年，公司承担了湖南中烟0.4万吨（8万担）"芙蓉王"烟叶的选叶工作。成立精选领导小组，制定《芙蓉王精选方案》，提供一切所需资源，满足精选工作的要求。9月15日～12

月31日，累计挑选精选“芙蓉王”烟叶0.23万吨（4.5万担），培训“芙蓉王”选叶人员400名，为实施和完善“芙蓉王”精选项目打下基础。

永州天顺烟叶复烤有限责任公司

【概　况】 永州天顺烟叶复烤有限责任公司位于湖南省永州市，注册成立于2005年12月。由湖南省烟草公司永州市公司、湖南中烟工业有限责任公司、山东中烟工业有限责任公司、江苏中烟工业有限责任公司共同出资组建，注册资本1.5亿元，隶属于湖南省烟草公司永州市公司管理。公司拥有总资产2亿元，占地面积21万平方米，共有在册员工210人，聘用员工4人。公司年复烤加工能力4万吨（80万担）。

【生产经营】 全年复烤加工烟叶3.85万吨（77.02万担），产出片烟2.5万吨（50万担）。实现营业收入9484万元，实现加工收入9203万元。实现税利3000万元，其中利润943万元。

【技术改造】 总投资700余万元，改造真空回潮机，使设备能力提高到原来的2倍；将预压机由两联改为三联，满足低档次烟叶和出口烟叶加工要求；改造铺叶解把机，实现烟茎和把头的自动切割和分离；增加打叶线碎叶烘烤线自动清理装置，改良碎叶筛分效果，提高烟叶出片率。

广东韶关烟叶复烤有限公司

【概　况】 广东韶关烟叶复烤有限公司位于广东省韶关市，成立于1992年，2003年进行股份制改造，由中国烟草总公司广东省公司、广东中烟工业有限责任公司、深圳烟草工业有限责任公司、韶关市金叶发展公司、韶关市公共资产管理中心等8个股东共同出资组建。公司拥有总资产1.37亿元，占地面积7万平方米，共有员工165人。公司拥有1条12000千克/小时打叶复烤生产线，年复烤加工能力3万吨（60万担）。

【生产经营】 全年复烤加工烟叶2.95万吨（59万担），产出片烟1.90万吨（37.9万担）。实现营业收入8034万元，实现加工收入7888万元。实现税利1827万元，其中利润704万元。

广东梅州烟叶复烤有限公司

【概　况】 广东梅州烟叶复烤有限公司位于广东省梅州市，成立于1999年12月。2002年进行股份制改造，由中国烟草总公司广东省公司、广东中烟工业有限责任公司、深圳烟草工业有限责任公司、广东梅州市烟草有限公司和梅州市新金叶发展公司共同出资，隶属于广东省烟草专卖局（公司）管理。公司拥有总资产1.48亿元，占地面积5.71万平方米，共有员工179人，其中大专以上学历127人。公司主要生产设备为10000千克/小时的打叶复烤生产线，年复烤加工能力3万吨（60万担）。

【生产经营】 全年复烤加工烟叶3.17万吨（63.4万担），产出片烟2.05万吨（40.97万担）。实现加工收入6350万元，实现税利1937万元，其中利润814万元。

【技术改造】 对预处理段进行大修改造，配置了3组配方贮柜，配方打叶生产的均匀性、稳定性明显提高，满足了客户配方打叶生产的需要。对一打打叶机组进行双面打技术改造，提高了打刀使用效率和叶片结构各项工艺指标。对预压打包机进行大修，设备运行率及稳定性明显提高。对梗除尘系统进行改造，增加1台除尘器，改造后烤梗段生产粉尘大大减少，车间生产环境明显改善。购置近红外检测仪，用于检测成品烟叶理化指标，保障配方打叶的均匀性和稳定性。在工艺质检室建立质量检测自动采集分析管理系统，实现检测数据的自动采集、分析、反馈和报表生成，减轻质检工作人员工作量，提高数据反馈的实时性和可靠性。

广东南雄烟叶复烤有限公司

【概　况】　广东南雄烟叶复烤有限公司位于广东省南雄市，成立于1985年，2007年11月改制为有限公司，注册资本1970万元，隶属于广东南雄烟草有限公司管理。公司拥有总资产4279万元，占地面积14万平方米，共有从业人员94人，其中聘用员工7人。公司拥有1条6000千克/小时打叶复烤线，年复烤加工能力1.5万吨（30万担）。

【生产经营】　全年复烤加工烟叶1.28万吨（25.55万担），产出片烟0.83万吨（16.58万担）。实现加工收入3201万元。实现税利688万元，其中利润121万元。

【技术改造】　加大技改投入力度。在预处理段风选除杂后的碎烟挑选皮带机上增设麻丝和细小杂尘的剔除处理设备，提升烟叶的纯净度。通过改变吸尘口、改造管道、调整风机风力，对预处理段环境除尘进行改造，降低烟叶中烟尘及杂物含量，改善生产车间的作业环境。

广西伊灵烟叶复烤有限责任公司

【概　况】　广西伊灵烟叶复烤有限责任公司位于广西壮族自治区南宁市，2000年筹建，2002年6月正式投产。2003年6月进行股份制改造，由中国烟草总公司广西壮族自治区公司、广西中烟工业有限责任公司和广西壮族自治区烟草公司百色、贺州市公司共同出资组建，注册资金1亿元。公司拥有总资产1.96亿元，占地面积8.3万平方米，共有从业人员171人。公司拥有1条6000千克/小时打叶复烤生产线，年复烤加工能力2.5万吨（50万担）；拥有纸箱生产设备及纸箱检测设备，可生产各类瓦楞纸箱，年生产能力400万只。

【生产经营】　全年复烤加工烟叶2.71万吨（54.14万担），产出片烟1.75万吨（35.08万担）。加工纸箱总量320.45万只。实现工业总产值7907万元。打叶及纸箱加工实现收入7332万元。实现税利1585万元，其中利润422万元。

【技术改造】　易地搬迁技术改造工程项目进入实施阶段，建设完成两栋烟叶仓库（建筑面积9000平方米），有效缓解原烟仓库的压力。

【企业管理】　建立质量、环境、职业健康安全管理的“三标合一”综合管理体系，基本构建起公司质量、环境、安全方面的现代管理平台。

四川三益烟草有限责任公司

【概　况】　四川三益烟草有限责任公司位于四川省凉山彝族自治州，始建于1997年，2006年与原四川三鑫烟草有限责任公司实现重组。公司下辖会理、会东、德昌等3个复烤厂，有四川省烟草公司凉山州公司、川渝中烟工业公司、上海烟草（集团）公司、湖北中烟工业有限责任公司、湖南中烟工业有限责任公司、广东中烟工业有限责任公司、浙江中烟工业有限责任公司、安徽中烟工业公司、山东中烟工业有限责任公司和中国烟草实业发展中心等10家股东。公司拥有总资产11.86亿元，共有员工405人。公司拥有4条独立的打叶复烤生产线，配套仓储32万平方米，年设计生产能力10.5万吨（210万担），实际复烤加工能力15万吨（300万担）。

【生产经营】　全年复烤加工烟叶13.48万吨（269.64万担），产出片烟8.78万吨（175.6万担）。实现加工收入29500万元。实现税利11000万元，其中利润7600万元。

【技术改造】　投资600余万元，对复烤厂的工艺设备进行完善，提升打叶复烤技术保障能力，有效改善生产现场环境，实现节能降耗。与川渝中烟工业公司、郑州烟草研究院合作的“红大专线”实现正式运行，实现关键控制指标大幅提升，仅出片率增长0.87%一项，一年就为川渝中烟节约了860万元的原料采购成本。德昌复烤厂获得“四川省节能管理标杆锅炉房示范单位”称号。

四川三友打叶复烤有限公司

【概　况】　四川三友打叶复烤有限公司位于四川省泸州市，始建于2000年，2001年试运行生产，由中国烟草总公司四川省公司、原什邡卷烟厂、四川省烟草公司泸州市公司和叙永县烟草公司、古蔺县烟草公司合资组建，注册资本4800万元。2006年6月增资扩股后，注册资本变更为1亿元，有四川省烟草公司泸州市公司、川渝中烟工业公司、湖北中烟工业有限责任公司、广东中烟工业有限责任公司、湖南中烟工业有限责任公司等5家股东，由四川省烟草公司泸州市公司相对控股。公司拥有总资产1.83亿元，占地面积9.53万平方米，共有在册员工74人。公司拥有1条独立的采用三层控制总线的打叶复烤生产线，原设计生产能力6000千克/小时，年设计生产加工能力1.5万吨（30万担），2007年经技术改造后生产线复烤加工能力提高到10000千克/小时。

【生产经营】　全年复烤加工烟叶3.11万吨（62.26万担），产出片烟2.003万吨（40.06万担）。实现加工收入7478万元。实现税利3175万元，其中利润1981万元。

宜宾三原烟叶复烤有限责任公司

【概　况】　宜宾三原烟叶复烤有限责任公司位于四川省宜宾市，前身为宜宾烟叶复烤厂，始建于1985年，2009年经国家局批准实施股份制改革，2009年12月7日完成注册成立登记，2010年1月25日挂牌运行。由四川省烟草公司宜宾市公司、川渝中烟工业公司、广东中烟工业有限责任公司、浙江中烟工业有限责任公司、中国烟草四川进出口有限责任公司共同出资，注册资本1.4亿元。公司共有在岗员工118人，拥有1条6000千克/小时打叶复烤生产线，年复烤加工能力2万吨（40万担）。

【生产经营】　全年复烤加工烟叶1.97万吨（39.4万担），产出片烟1.27万吨（25.42万担）；出片率为65.07%，同比上升0.45个百分点。实现销售收入4639万元。实现税利1228万元，其中利润502万元。

【技术改造】　易地技改工程项目进入实施阶段，项目投资预算3.8亿元，将采用精细化打叶复烤工艺设计，新建1条6000千克/小时打叶复烤生产线，年复烤加工设计能力1.5万吨（30万担）。2010年，因宜宾经济开发区区域调整以及宜宾临港经济开发区总体发展战略规划的产业规划调整，对原建设用地进行置换调整。通过置换和预留建设用地，整个项目完成后，建设用地将达到19.6万平方米，项目建筑总面积6.7万平方米。

贵州烟叶复烤有限责任公司

【概　况】　贵州烟叶复烤有限责任公司于2009年12月经国家局批复同意成立，并于2010年1月12日正式挂牌运行，下设贵阳、遵义、湄潭、黔西南、毕节、铜仁、黔南复烤厂等7家非独立法人企业。公司注册资本12.58亿元，总投资额14.05亿元，中国烟草总公司贵州省公司持股比例为56.8%，上海烟草（集团）公司、江苏中烟工业有限责任公司、湖南中烟工业有限责任公司、湖北中烟工业有限责任公司、浙江中烟工业有限责任公司、贵州中烟工业有限责任公司、广东中烟工业有限责任公司、安徽中烟工业公司、山东中烟工业有限责任公司、龙岩烟草工业有限责任公司、广西中烟工业有限责任公司、厦门烟草工业有限责任公司、江西中烟工业有限责任公司、河北中烟工业公司等14家公司持股比例为43.2%。公司拥有总资产18.09亿元，其中固定资产11.37亿元、流动资产6.72亿元，所有者权益为17.06亿元，资产负债率为5.7%；共有从业人员1103人。公司拥有12000千克/小时打叶复烤生产线8条，其中毕节复烤厂2条、其余6家复烤厂各1条。公司总设计年生产能力24万吨（480万担），实际年复烤加工能力32万吨（640万担）。

【生产经营】　全年复烤加工烟叶28.32万吨（566.38万担），烤季有效工作日日均单线生产烟叶量

223 吨（4470.7 担），同比增长 10.6%。实现加工收入 58100 万元。实现税利 19900 万元，其中利润 11100 万元。

【企业管理】 建立“一个法人，七个生产加工点”的生产经营管理模式，确立“六统一”管理原则，即“统一业务流程、统一标准管理、统一计划管理、统一财务管理、统一投资采购管理、统一人力资源管理”。采取集中统一管理和授权管理并举的措施，明确公司本部和各复烤厂工作职责界定，按照“掌握客户需求—制订加工计划—签订加工合同—各厂分别实施”的工作流程，遵循“以工业客户需求为基础、结合各复烤厂产能均衡安排、兼顾烟叶相对集中加工”的三项原则，有效组织生产经营。

云南省烟草烟叶公司

【概　况】 云南省烟草烟叶公司位于云南省昆明市，创建于 1982 年 7 月 1 日，是中国烟草总公司云南省公司的全资子公司。公司拥有总资产 32.67 亿元，其中，固定资产 2.26 亿元、流动资产 30.13 亿元，资产负债率为 67.49%。公司占地面积 39.27 万平方米，建筑面积 22.187 万平方米，共有在岗员工 532 人。公司拥有 1 条 12000 千克/小时、2 条 6000 千克/小时的打叶复烤生产线，年复烤加工能力 9 万吨（180 万担）。

【生产经营】 全年复烤加工烟叶 9.84 万吨（196.84 万担），产出片烟 6.29 万吨（125.80 万担）。自营加工烟叶 6.99 万吨（139.78 万担），产出片烟 4.51 万吨（90.12 万担）；代加工烟叶 2.85 万吨（57.06 万担），产出片烟 1.78 万吨（35.68 万担）。销售烤烟（初烟口径，按 67% 的出片率折算片烟）6.70 万吨（133.99 万担）。实现业务收入 27.01 亿元，其中，销售烤烟收入 25.97 亿元，复烤加工收入 1.04 亿元。实现税利 4.2 亿元，其中利润 2.29 亿元。

【技术改造】 完成锅炉水处理设备改造等项目的技改工作，共投资 167.35 万元。

【配方打叶】 2010 烤季共完成配方加工 6.14 万吨（122.76 万担），其中，与湖北中烟、广东中烟、上海烟草（集团）公司等 10 家工业企业合作开发的配方加工量为 4.10 万吨（81.96 万担），自主研发的配方加工量为 2.04 万吨（40.8 万担）。

【人事管理】 在“321”（三级考核、二级兑现、一级监督）的管理运行模式的基础上，按照自上而下、层层推行、中层管理者率先示范的思路，再次梳理岗位职责，调整收入分配结构，制定了岗位工资、岗位绩效加专项奖励的薪酬分配机制，建立宽带薪酬分配模式。

云南烟叶复烤有限责任公司

【概　况】 云南烟叶复烤有限责任公司本部设在云南省昆明市五华区，挂牌成立于 2009 年 12 月 16 日，2010 年 1 月 1 日正式运行，由原云南曲靖烟叶有限责任公司、原云南曲靖天然烟叶复烤有限责任公司、原石林天合烟叶复烤有限责任公司、原红河天赢烟叶复烤有限责任公司、原楚雄烟叶复烤有限责任公司、原云南省烟草大理烟叶复烤有限责任公司、原云南保山烟叶复烤有限责任公司和原云南省文山州复烤厂等 8 家打叶复烤企业重组整合后组建，下设麒麟、陆良、宣威、师宗、石林、泸西、楚雄、大理、保山、文山等 10 个复烤厂。公司股东单位共 14 家，分别为中国烟草总公司云南省公司、中国烟草云南进出口有限公司、湖南中烟工业有限责任公司、广东中烟工业有限责任公司、江苏中烟工业有限责任公司、红云红河烟草（集团）有限责任公司、上海烟草（集团）公司、湖北中烟工业有限责任公司、安徽中烟工业公司、福建中烟工业公司、龙岩烟草工业有限责任公司、山东中烟工业有限责任公司、江西中烟工业有限责任公司、陕西中烟工业有限责任公司，注册资本 13.47 亿元。公司拥有总资产 23.13 亿元，其中，固定资产 7.65 亿元、流动资产 14.83 亿元，资产负债率为 12.07%。公司共有员工 1224 人，其中在岗员工 1177 人。公司拥有 10 条复烤生产线，年设计加工能力 27 万吨（540 万担）。

【生产经营】 2010 年，公司共为 24 家工业企业提供打叶复烤加工服务。全年复烤加工烟叶 48.265 万吨（965.30 万担），产出片烟 31.55 万吨（631.02 万担）、烟梗 12.37 万吨（247.31 万担）、碎烟 0.47 万吨(9.46 万担)。复烤综合损耗平均为 8.03%。完成集中加工配方打叶生产总量 13.97 万吨（279.47 万担），配方加工比例达到 28.96%，烟叶加工对子和 2009 年相比，从 107 对减少到 84 对，同比减少 23 对；加工点最多的卷烟工业从 2009 年的 8 家减少到 6 家，平均加工点从 4.5 个减少到 3.5 个。全年实现税利 43600 万元，其中利润 31100 万元。

【技术改造】 全年完成技改项目 7 项，共投资 1388.16 万元，其中，大理复烤厂刘家凹消防系统改造工程投资 174.93 万元；大理复烤厂中水回用系统建设投资 284.7 万元；泸西复烤厂打叶复烤线电力配套设施改造、成品仓库安防设施建设和冷凝水回收系统改造投资 738.53 万元；石林复烤厂初烟挑选房建盖工程投资 115 万元；开发 ERP 系统投资 75 万元。

红河烟叶复烤有限公司

【概　况】 红河烟叶复烤有限公司位于云南省红河哈尼族彝族自治州弥勒县，成立于 2003 年 8 月 8 日，由云南省烟草公司红河哈尼族彝族自治州公司和红云红河烟草（集团）有限责任公司共同出资，注册资本为 2 亿元。公司拥有总资产 6.13 亿元，占地面积 51.33 万平方米，共有在册员工 22 人。公司拥有 2 条 12000 千克/小时打叶复烤生产线，年复烤加工能力 10 万吨（200 万担）。

【生产经营】 2010 年，公司复烤加工烟叶 8.01 万吨（160.23 万担），产出片烟 5.31 万吨（106.13 万担）。实现加工收入 1.81 亿元。实现税利 1.17 亿元，其中利润 6244 万元。

曲靖天福烟叶复烤有限责任公司

【概　况】 曲靖天福烟叶复烤有限责任公司位于云南省曲靖市，成立于 2003 年。公司注册资本 2.46 亿元，其中红云红河烟草（集团）有限责任公司持有 95% 股份，云南中烟工业公司持有 5% 股份。公司拥有总资产 3.78 亿元，其中，固定资产 1.01 亿元、流动资产 1.72 亿元，资产负债率 16.72%。占地面积 7.4 万平方米，共有在册在岗员工 201 人。公司拥有 2 条 12000 千克/小时意大利 Garbuio 打叶复烤生产线，年复烤加工能力 6 万吨（120 万担）。

【生产经营】 全年复烤加工烟叶 5.15 万吨（103 万担），产出片烟 3.35 万吨（67 万担）。加工出口烟梗 0.5 万吨。实现加工收入 1.4436 亿元，同比增长 0.5%。实现税利 6579 万元，同比增长 4.58%，其中利润 4357 万元，同比增长 9.37%。

咸阳烟叶复烤有限责任公司

【概　况】 咸阳烟叶复烤有限责任公司位于陕西省咸阳市，成立于 1978 年。2006 年 12 月 18 日，进行股份制改造，由陕西省烟草公司咸阳、宝鸡、商洛、汉中、延安、安康市公司和湖南中烟工业有限责任公司、四川烟草工业有限责任公司等 8 家企业出资组建。2008 年进行扩股融资，增加中国烟草总公司陕西省公司和陕西中烟工业有限责任公司 2 家股东，参股单位达到 10 家，总注册资本达到 1.6 亿元。公司拥有总资产 1.6 亿元，占地面积 14 万平方米，共有从业人员 146 人。公司拥有 1 条 6000 千克/小时打叶复烤生产线，年设计复烤加工能力 1.5 万吨（30 万担）。

【生产经营】 全年复烤加工烟叶 3.14 万吨（62.85 万担），同比增长 37.23%；产出片烟 2 万吨（40.08 万担），同比增长 40.14%。实现加工收入 6594 万元，同比增长 85.59%。实现税利 2062 万元，其中利润 1248 万元，同比增长 190%。

重庆金益烟草有限责任公司

【概　况】 重庆金益烟草有限责任公司位于重庆市彭水县，成立于1998年10月7日。由中国烟草总公司重庆市公司、江苏中烟工业有限责任公司和重庆烟草工业有限责任公司共同投资组建，注册资本1.36亿元，隶属于中国烟草总公司重庆市公司管理。公司拥有总资产2.25亿元，资产负债率为4.73%。占地面积13.33万平方米，建筑面积8.4万平方米，其中仓储面积4.8万平方米，烟叶整选场0.86万平方米，共有从业人员162人，其中聘用员工93人。公司拥有1条12000千克/小时打叶复烤生产线，年设计复烤加工能力3万吨（60万担）。

【生产经营】 全年复烤加工烟叶4.40万吨（87.96万担），产出片烟2.87万吨（57.4万担）。实现加工收入9869万元。实现税利3724万元，其中利润2222万元。

【企业管理】 抓好节能减排，全年电煤综合消耗168.78吨/吨片烟，二氧化硫排放419.33毫克/立方米，烟尘43.80毫克/立方米。公司年内通过“重庆市安全文化示范企业创建”验收和“标准化良好行为企业”AA级认证。

重庆万兴烟叶有限责任公司

【概　况】 重庆万兴烟叶有限责任公司位于重庆市万州区，成立于2001年。由中国烟草总公司重庆市公司、湖南中烟工业有限责任公司和重庆烟草工业有限责任公司共同出资组建，注册资本1.2亿元，隶属于中国烟草总公司重庆市公司管理。公司拥有总资产1.46亿元，资产负债率为2.35%，占地面积8.2万平方米，共有从业人员185人，其中聘用员工20人。公司拥有1条9000千克/小时打叶复烤生产线，年设计复烤加工能力1.5万吨（30万担）。

【生产经营】 全年复烤加工烟叶3.75万吨（75万担），产出片烟2.4万吨（48万担）。实现加工收入6942万元。实现税利2287万元，其中利润840万元。

薄片生产企业

上海烟草集团太仓海烟烟草薄片有限公司

【概　况】 上海烟草集团太仓海烟烟草薄片有限公司成立于2004年1月，位于江苏省太仓港港口开发区，2007年7月开始试生产。公司由上海烟草（集团）公司、广东省金叶烟草薄片技术开发有限公司共同出资组建，注册资金2.3亿元。公司占地面积14.85万平方米，年生产能力为1万吨造纸法烟草薄片。公司拥有总资产2.45亿元，其中，固定资产1.64亿元、流动资产0.58亿元，资产负债率为15.10%。共有员工179人。

【生产经营】 2010年，公司生产薄片成品6129.22吨，其中，为集团公司生产薄片产品4524.80吨（“红双喜”薄片3211.2吨、“前门”薄片1309.86吨、“中南海”试制薄片3.74吨）；为其他企业生产薄片产品1606.33吨。实现销售收入11543.72万元。实现税利1573万元，其中利润269.03万元。

全年薄片产品得率①为70.54%。每吨成品消耗水77.5吨，消耗电2173.08千瓦时，消耗蒸汽7.78吨。

【科技创新】 初步形成科技项目、质改项目、QC课题项目三个不同层次的技术研发机制。采用“走出去、引进来”的方式，建立了一支薄片质量评吸专业队伍。全年申报实施4项科技项目、2项质改项目，启动2项预研项目，申报1项发明专利。成立5个QC小组，申报了5个QC课题，其中，“提高萃取工序出

① 指烟草原料经过加工后，产出的薄片成品标准重量占净投料烟草原料标准重量的百分比。

料干度”QC 课题在集团公司 QC 成果发布会上获三等奖。

【参数管理】 全年确立了工艺验证的 18 项技术监测指标和相关工艺要求，增加了 30 多个工艺和设备控制参数，总参数提高到 126 个。加强日常管理，采取工班自查自纠与主管部门专项检查的方式，保持参数的持续稳定和相符性。出台《造纸法薄片工艺规程（试行）》、《造纸法薄片出厂放行标准》、《不合格品处置程序》等 10 多个技术管理标准，落实评吸小组日评制度。2010 年，参数化符合率达 95.07%。

福建金闽再造烟叶发展有限公司

【概　况】 福建金闽再造烟叶发展有限公司位于福建省福州市，始建于 2003 年 3 月，由福建中烟工业公司、厦门烟草工业有限责任公司、龙岩烟草工业有限责任公司共同投资 1.3 亿元成立，是福建中烟工业公司直属法人企业。公司生产规模按年产 10000 吨烟草薄片规划，分两期实施，第一期 5000 吨烟草薄片生产线于 2009 年 6 月建成投产。公司拥有总资产 1.97 亿元，占地面积 6.67 万平方米，共有在岗员工 286 人，大专以上学历员工占 70%。

【生产经营】 全年生产薄片 2691 吨，销售薄片 2500 吨。实现销售收入 5700 万元。实现税利 640 万元。

【技术研发】 2010 年，公司董事会研究通过与云南瑞升烟草技术（集团）有限公司开展技术与市场合作的决议事项，加快推进对外合作。围绕国家局造纸法再造烟叶重大专项，开展烟梗酶法处理技术研究、改性烟醇法技术应用研究和功能性再造烟叶产品的开发与研究。

山东瑞博斯烟草有限公司

【概　况】 山东瑞博斯烟草有限公司位于山东省临沂市，成立于 2002 年 6 月。由山东中烟工业有限责任公司和中国烟草总公司山东省公司出资组建，隶属于山东中烟工业有限责任公司管理。公司拥有总资产 1.38 亿元，占地面积 18.1 万平方米，共有从业人员 173 人。公司拥有 1 条 5000 吨/年造纸法再造烟叶生产线及配套污水处理站。

【生产经营】 全年生产薄片 3612.33 吨，销售薄片 3233.79 吨。实现销售收入 5858 万元。实现税利 1 万元。

河南卷烟工业烟草薄片有限公司

【概　况】 河南卷烟工业烟草薄片有限公司位于河南省许昌县，成立于 2006 年 7 月，是河南中烟工业有限责任公司的全资子公司。公司拥有总资产 3.99 亿元，占地面积 20 万平方米，共有在岗员工 247 人。公司拥有浸取罐、2640/150 烟草薄片长网纸机、卧式螺旋沉降式离心机、高浓磨浆机、滚筒式薄片烘干机等主要设备，年造纸法烟草薄片生产能力 1 万吨。

【生产经营】 全年生产薄片 6827.8 吨，销售薄片 5505.5 吨。实现销售收入 14835 万元，同比增长 59.47%。实现税利 4972 万元，同比增长 90.04%，其中利润 3341 万元，同比增长 82.55%。

【技术创新】 全年新立科技攻关项目 4 个。率先成功研发出浓香型薄片，受到卷烟工业配方应用认可，填补了国内该项功能型造纸法薄片空白。创建河南省造纸法再造烟叶工程技术研究中心，与郑州烟草研究院签署技术合作协议，联合建立“造纸法再造烟叶实验基地”，并与郑州大学、河南大学及郑州轻工业学院建立战略合作伙伴关系。全年新申报发明专利 6 项、实用新型专利 6 项。

湖南金叶烟草薄片有限责任公司

【概　况】 湖南金叶烟草薄片有限责任公司位于湖南省祁东县，前身为原祁东卷烟厂转产项目，2004 年 4 月正式成立并经国家局批准为专门从事造纸法再造烟叶（烟草薄片）的生产厂。2007 年 5 月，通过国家烟草专卖局的造纸法烟草薄片项目中试线验收。公司由湖南中烟工业有限责任公司和广东省金叶烟草薄片技术开发有限公司共同出资设立，注册资本 5500 万元。公司拥有总资产 1.04 亿元，占地面积 11.05 万平方米，共有从业人员 303 人，其中在岗员工 299 人。公司拥有 2 条年产 6000 吨的造纸法烟草薄片科研中试线，年造纸法烟草薄片生产能力 6000 吨。

【生产经营】 全年生产薄片 4423.92 吨，同比下降 1.69%；销售薄片 4186.16 吨，同比下降 11.05%。实现主营业务收入 7631 万元，同比增长 14.36%。实现税利 718 万元，其中利润 2378 万元，同比增长 229.86%。

【产品改进与开发】 组织生产、技术人员参与“湖南中烟薄片研究与应用”课题联合攻关，开发出 WY－01、RT－5 两个中高结构功能型薄片新产品，并实现批量生产（试产）和配方使用（试用），其中 RT－5的产量达到 218.8 吨。对 CYTS－01 产品进行改进，提高其物理性能和内在品质。通过改进老产品，开发新产品，提升产品质量和产品结构。

【技术改造】 加大与国内薄片生产企业及设备制造专业机构的技术合作交流力度。投资 220 万元，对纸机线的流浆箱和大缸包毯等部位进行局部改造或更新，为提高基片定量的控制精度、降低大缸能耗、优化完善工艺设备、提升老产品质量和新产品批量生产提供设备和技术保障。

【企业管理】 实施全面预算管理。推行预算管理联动及部门预算员初核工作制度，对“三项费用（招待费、办公费、电话费）”实行“花钱凭预算”的刚性机制。加强过程质量控制。全年工序质量合格率、成品质量抽检合格率和总合格率同比分别提高 0.09 个百分点、1.5 个百分点和 0.68 个百分点。全年平均生产得率为 61.29%，同比提高 1.67 个百分点。重建质量、环境、职业健康安全管理“三标”体系，年内，重建后的“三标”体系进入试运行阶段。

科研（教育）机构

科研机构

中国烟草总公司郑州烟草研究院

【概　况】 中国烟草总公司郑州烟草研究院（简称郑州院）位于河南省郑州市，始建于1958年，主要从事烟草栽培调制及贮保、烟草基因、卷烟加工工艺和卷烟配方、烟草化学、烟用香精香料、卷烟减害降焦、再造烟叶等方面的应用基础和共性技术研究，卷烟厂和烟叶复烤厂的工程设计、行业相关检测仪器的研制、开发等。学科范围覆盖了烟草栽培到卷烟生产的全过程。郑州院是国际标准化组织烟草及烟草制品技术委员会（ISO/TC126）国内技术归口单位和国际烟草科学研究合作中心（CORESTA）的成员单位。2010年，共有在职员工297人，其中，博士研究生35人、硕士研究生95人；高级职称107人、中级职称97人。2010年，郑州院被河南省政府授予“省级文明单位”称号。

【领导成员】 院长、党组书记：闫亚明

副院长、党组成员：谢剑平

副院长、纪检组长、党组成员：赵继先

副院长、党组成员：张建勋

副院长：罗登山

【机构设置】 郑州院下设院长办公室、机关党委（政工处）、人事处（含研究生部）、科研开发处、财务管理处等5个职能部门，农业研究室、烟草工艺研究开发中心（烟草工艺重点实验室）、烟草化学重点实验室、香精香料研究室等4个科研部门，国家烟草基因研究中心（2010年12月设立）、国家烟草质量监督检验中心、中国烟草科技信息中心、中国烟草标准化研究中心等4个行业中心，以及河南新桥烟草科技服务有限公司、郑州嘉德机电科技有限公司2家多元化经营企业。

【科研项目与成果】 2010年，郑州院申请获得科研项目53项，高层次项目申请取得突破。“纳米增效肥料技术研究及产品创制”项目被列入国家“863计划”；获得5项国家自然科学基金项目；“纳米增效技术在烤烟优质高效生产中的应用研究”项目获得河南省重点科技攻关项目资助；获得9项行业科技重大专项项目，1项中国烟草总公司重点科技项目及28项标准项目。

以郑州院为技术依托单位的重大专项深入开展。中式卷烟制丝生产线重大专项，开展了部分制丝工艺技术及设备研制，对主机研发和专线建设单位技术创新工作进行调研和指导，取得阶段性成效。卷烟减害技术重大专项，与云南烟草科学研究院、上海烟草（集团）公司和国家烟草质量监督检验中心等单位联合对2008年至2010年主要国产卷烟品牌的危害性指数进行了普查。承担的“卷烟危害性指标体系深化研究”、“应用亲核功能化材料选择性降低烟气中挥发性羰基化合物技术研究”等6个项目顺利实施。卷烟增香保润重大专项，已建立中式卷烟感官评价方法，完成开发近20种新型香料单体，烟草保润机理研究取得阶段性成果。参加“特色优质烟叶开发”重大专项的研究项目。“烟草基因组计划”重大专项正式启动，国家烟草基因研究中心依托郑州院开始建设，专项首席科学家和中心主任到位。

全年共有47个项目通过鉴定、验收或审定，其中，3个项目通过省部级鉴定，13个项目通过院学委会验收，3个项目通过院专家委员会验收，28项标准项目通过审定。

郑州院全年共有7个牵头或参与承担的项目获得国家和省部级奖励，其中，“卷烟危害性评价与控制体系建立及其应用”项目获国家科技进步二等奖；“特色工艺技术应用基础及共性研究”项目获中国烟草总公司科技进步二等奖；“烟草香味成分特征评价研究及应用”项目获河南省科技进步二等奖；“代表性香料单体转移率研究”、“贮烟害虫防治新技术研究及综合控制技术集成推广”、“香料单体在卷烟中的作用评价方法研究”等3个项目获中国烟草总公司科技进步三等奖；以第二承担单位完成的“红塔山卷烟品牌多点加工均质化技术”项目获中国烟草总公司科技进步三等奖。全年发表、宣读论文114篇，出版6部专著包括首部外文著作。

郑州院牵头承担的国际标准项目“烟草及烟草制

品 箱内片烟密度偏差率的无损检测 电离辐射法”正式发布，实现烟草行业国际标准零的突破。提出的第二个国际标准项目“卷烟端部掉落烟丝的测定—振动法”也已立项。

【知识产权工作】 全年共申报专利85项，获得专利授权74项，同比增加39项，其中发明专利44项、实用新型专利30项。获得计算机软件著作权11项。“海洋生物提取物在卷烟中的应用”、“卷烟燃烧温度场测定仪”等专利成果实现产业转化。

【合作与交流】 1月，与湖南中烟签署协议共建烟草工艺研究联合实验室；6月，与红塔集团举行深化战略合作研讨会，与山东省局（公司）联合签署战略合作协议；11月，与湖北中烟联合举办第三届烟草科技东湖论坛。举办第十八期烟草工艺培训班、第四期烟草化学培训班。

全年共派出外事出访团组29批、69人次，接待外事来访6批次。以技术输出方身份与美国雷诺烟草公司签署合作协议，双方将在卷烟危害性评价、可降解过滤嘴、含可降解过滤嘴产品开发等方面开展深入合作。继续参加CORESTA组织科学委员会和各分学组活动，1人获CORESTA铜牌，1人连任CORESTA科学委员会委员。

【研究生教育】 取得食品科学与工程一级学科学位授予权，硕士点由1个二级学科增加为4个，学科建设取得突破。

全年共录取12名硕士研究生；有36名在读硕士研究生，6名联合培养博士研究生，4名合作培养硕士研究生。11名硕士研究生、2名联合培养博士研究生毕业。

【队伍建设】 全年共引进毕业生12人，引进烟草基因组计划重大专项首席科学家和国家烟草基因研究中心主任；26人通过专业技术职务任职资格评审，高级和中级技术职称分别为14人和12人。

【特事要辑】 8月26日，国家局副局长张辉到郑州院考察调研。

中国烟草科技信息中心

【概　况】 中国烟草科技信息中心（简称科技信息中心）是国家局批准建立的行业信息机构，其前身为原国家轻工业部烟草工业科技情报站。1986年4月，更名为全国烟草科技情报站，1989年3月更名为全国烟草科技情报中心，1994年更名为中国烟草科技信息中心。业务上由国家局科技司领导和指导，日常行政工作由郑州院管理，主要从事国内外烟草科技信息的收集、研究、加工、报道、交流和软科学研究、科技查新、咨询服务及烟草科技评估、评价、创新咨询等工作，负责编辑出版《烟草科技》期刊，为国家局提供决策支持服务和为行业经济建设提供综合信息服务。2010年，共有员工28人，其中高级职称12人、中级职称14人、初级职称1人及高级工1人。

【领导成员】 主　任：郑新章

副主任：程　彪

副主任：王　峙

【机构设置】 科技信息中心下设《烟草科技》编辑部、信息资源部、情报研究部、网络系统部和综合部等5个部门。郑州院信息化工作领导小组办公室设在科技信息中心。

【信息资源建设】 信息资源体系建设。以建立中国烟草行业战略性信息资源基地为目标，继续加强3大类烟草信息资源体系建设。加强中国烟草信息文献资源系统建设（中国烟草信息文献数据库群），全年共收集中文科技文献、会议论文、学位论文、中外专利文献、标准等资源2万余条。推进万方数据镜像站点信息资源建设，全年增加各类数据近6160万篇（条），数据总量为9800万篇（条）；购置Wiley－Blackwell出版社的化学和生命科学电子期刊。加快中国烟草行业数字图书馆资源建设，全年共制作烟草电子期刊20本、电子图书10本、会议论文集1本，购买电子图书1694册。

中国烟草科教网建设。2010年，科教网发布中外文信息4200余条，发布各类文献1994篇。新设“知识产权”栏目和“全国烟草有害生物调查研究”专题。各种数据库新增数据2.3万余条、全文1.5万余篇。数据库总条数已达35万篇、全文22万篇。

【科技评估与评价】 协助国家局科技司开展2010年度行业省级公司创新能力考核、企业技术中心年度评价工作；参与2010年度总公司科技进步奖的评审组织和服务工作，完成项目申报、形式审查、网上评审组织工作，撰写形式审查报告、网上评审报告和会议评审所需的相关材料。

【编辑出版】 全年共编辑出版12期《烟草科技》，发表论文182篇，约161万字，其中，基金论文87篇，同比增加10篇。通过加强组稿等措施，期刊质量进一步提高，影响因子提高到0.903，发行量增加到56100册，网络发行机构用户数增加400家，其中海外增加23家。继续保持中国中文核心期刊、中国科技核心期刊和美国《化学文摘》、《烟草文摘》等国际、国内著名数据的收录期刊。

【科研项目】 国家局项目。完成“烟用香精香料数据库的建立和《烟用香精香料实用手册》编撰”项目的部分后期工作。批准立项1项国家局标准项目。

国家环境保护部项目。完成“烟草行业甲基溴替代技术研究进展与技术资料汇编”项目预定研究内容，包括文献收集、加工，论文集编辑并形成初稿；完成项目技术领域的调研工作，起草了研究报告等。

郑州院科技计划项目。“烟草知识产权信息资源研究及综合服务平台开发”项目，修改完善了中国烟草专利数据库，初步构建了国外烟草专利数据库、中国烟草商标数据库、中国烟草版权（著作权）数据库、中国烟草植物新品种数据库、知识产权法律法规和政策数据库，开发了烟草知识产权信息综合管理系统及服务平台。“烟草商业企业创新能力评价研究”项目，完成了烟草商业企业单位名录、烟草商业企业创新活动关键词的整理；开展了烟草商业企业创新活动数据调研，编制了烟草商业企业创新活动调查问卷并开展实地调研。

郑州院院长基金项目。“烟草科技期刊评价指标体系应用研究”项目已完成各项工作，并通过验收。“烟草科技项目后评价体系设计与实证分析”项目，研究确定了烟草行业科技项目类型和特点、后评价内容，设计了指标体系，确定评价方法和评价模型，进行了三类烟草科技项目的实证分析并撰写了实证报告。

科技信息中心自立项目。开展“国内外烟草科学技术发展动态跟踪研究”项目研究，共9个专题，研究报告均已通过科技信息中心审定并上报国家局。

企业合作科研项目。开展了“广东中烟知识产权保护体系框架及科技创新能力评价体系的研究与建立”、“广东中烟科技项目后评价体系研究与设计”、“湖南中烟技术创新体系建设咨询”等3个项目研究。

【科技成果】 全年共申请专利2件，获得专利授权2件、计算机软件著作权4项。出版著作3部，发表论文11篇（第一作者）。

中国烟草标准化研究中心

【概　况】 中国烟草标准化研究中心（简称标准化中心）成立于1995年1月，是国家局批准建立的行业标准化、计量专业机构，业务上受国家局科技司和郑州院领导，国家质量监督检疫检验总局、国家标准化管理委员会参与指导工作。主要职责是负责全国烟草标准化技术委员会的日常工作，专门从事烟草标准化的研究及推广，组织重大标准的制定、修订，为行业提供标准体系框架，引导行业科学地制定（修订）标准、积极地采用国际标准；作为ISO/TC126烟草和烟草制品技术委员会在国内的技术归口单位，承担了国际标准日常投票工作，为行业及时提供国际标准最新信息，组织专家对国际标准项目进行试验验证，积极开展中国烟草标准向国际标准上升的提案、制定工作；负责烟草行业计量标准（基准）的建立、专用检测仪器的量值溯源以及标准物质的制定，负责行业计量体系和计量网络的建立；负责烟草行业卷烟条码的审查、备案工作。

2010年，共有员工19人，其中，研究员1人，高级工程师8人、工程师7人、助理工程师3人，博士研究生1人、硕士研究生8人。

【领导成员】 主　任：范　黎

副主任：陈连芳

【机构设置】 标准化中心下设标准化管理室、国际标准化室、标准化研究与推广室、计量室等4个部门。

【产品质量安全工作】 在国家局科技司的主持下，配合开展了烟草添加剂安全性调研，完成了《烟草添加剂安全管理调研报告》，编写了《国内外卷烟产品质量安全技术法规的对比与分析》，组织编写了《烟用材料技术手册》，起草了《关于进一步控制接装纸卫生指标的分析与建议》、《关于快速制定“烟机产品禁用材料”行业内控标准的建议》。组织开展聚丙烯丝束滤棒成型胶粘剂、烟用水基胶、条、盒包装纸、内衬纸、烟用接装纸中有害成分含量的行业重点调查。

【国际标准化工作】 2010 年 4 月，ISO 12030 - 2010“片烟箱内密度偏差率无损检测 电离辐射法”正式被国际标准化组织发布为国际标准，实现了中国烟草行业乃至亚洲烟草界制定国际标准“零”的突破，国家局印发了《关于通令嘉奖在制订国际烟草标准中做出突出贡献的单位和个人的决定》。2010 年 10 月，由中国烟草行业提出和牵头制定的 ISO 3550 - 3“卷烟端部掉落烟丝的测定 第三部分 振动法”又被国际标准化组织立项。2010 年 12 月，ISO/TC126 主席邀请中国与土耳其共同承担 ISO/TC126/SC2 的秘书处工作。全年共完成 ISO/TC126 及其分标委征集的标准或文件投票 19 个，投票完成率 100%；组织并完成翻译 150 余份文件，共计 1500 余页；依托“卷烟出口目的国（或地区）信息共享平台”，继续收录 WTO、WHO、欧盟、中东等国家、国际组织、大企业的技术法规，至年底，累计收录技术法规 910 条、标准 834 项、WTO/TBT 通报 153 条；参与 ISO/TC126 及其分标委及 TC 126/WG10“深度抽吸模式”工作组、TC126/WG11“烟气冷凝物中的薄荷醇”工作组、TC92/SC1/WG15“卷烟引燃倾向”联合工作组的活动。

【重要标准宣贯】 根据国家局部署，组织行业技术骨干根据《卷烟品牌许可生产质量保障通则》的技术要求，对 7 家许可方和 6 家被许可方共 13 组许可生产企业进行了现场管理评价，并对 53 组定点加工产品进行了产品外观、烟气分析指标、感官三点评吸一致性的分析。根据《卷烟企业清洁生产评价准则》的技术要求，组织对 95 个加工点进行了清洁生产自查，并对 12 个加工点的标准执行情况进行了现场评价。

【农业标准化示范推广】 根据国家局安排，组织一期烟叶标准化生产技术培训班，培训行业技术骨干 200 人次；组织召开了 2010 年行业烟叶生产标准化工作现场经验交流会。修订了《农业标准化生产示范区考核办法》，重点开展了 12 个第六批国家级烟叶标准化生产示范区建设项目及其余 14 个烟叶产区的烟叶标准化生产工作实效年度考评工作。

【全标委工作】 配合国家局完成 2010 年标准项目合同审查及项目申报、答辩，全年共审查标准项目合同 67 项，初审 2011 年标准项目申请书 174 项。配合各分标委审定标准项目 92 项，配合国家局和国标委发布国家标准 5 项、行业标准及计量检定规程 77 项，制作审定 2010 年度国家烟叶标准样品 166 套（包括烤烟、白肋烟和香料烟）。截至 2010 年年底，烟草类国家及行业现行标准（规程、规范）共 502 项。

【行业计量工作】 依托现有的五项行业最高计量标准，检定相关计量器具 3000 余件，现场检测烟草恒温恒湿实验室约 50 间；吸烟机风速仪的检定已覆盖行业所有在用吸烟机机型。正式加入并参与了 CORESTA 物理测试方法分学组关于烟草专用计量标准器具的共同实验研究。“环境大气压调节装置”已经调试完毕，《烟草制丝线重点指标计量技术规范研究》预研项目通过行业审定。

【科技成果】 2010 年，在《烟草科技》等核心期刊发表论文 4 篇，在国际会议发表并宣读论文 2 篇。获得发明专利授权 2 项，申请发明专利 4 项、实用新型专利 1 项；获得计算机软件版权登记 3 项。承担科研及标准项目 7 项；出版专业书籍 1 本；获得国家局通令嘉奖 1 次。

国家烟草基因研究中心

【概　况】 国家烟草基因研究中心隶属郑州院，业务上接受国家局科技司指导和管理。2010 年 12 月 9 日，烟草基因组计划重大专项启动会在北京召开，同时国家烟草基因研究中心揭牌成立。

国家烟草基因研究中心主要负责开展烟草基因组研究工作，整合利用行业内外科技资源，搭建具有公益性、基础性、战略性的烟草基因研究共享平台，在行业内长期发挥指导、推动、支撑和纽带作用，逐步建成国内一流、国际先进、行业共享的知识创新和人才培养基地。

【领导成员】 主　任：林福呈

中国烟草总公司合肥设计院

【概　况】 中国烟草总公司合肥设计院（简称合肥设计院）成立于1990年6月，是国家局直属管理的专业设计院。合肥设计院具有国家住房和城乡建设部批准的“轻纺行业（食品发酵烟草工程）专业甲级”和“建筑行业（建筑工程）乙级”、“轻型钢结构工程设计专项乙级”设计资质，可从事资质证书许可范围内相应的建筑工程总承包业务以及项目管理和相关的技术与管理服务。2010年是合肥设计院履行技术审查职责的“职能调整年”，根据国家局《关于中国烟草总公司合肥设计院职能调整的批复》（国烟人〔2009〕454号）文件精神，合肥设计院的主要职能由从事烟草行业大中型技术改造建设工程设计和服务，调整为受国家局、总公司委托，承担烟草行业固定资产投资工程项目的技术审查职责，负责组织行业固定资产重大投资工程项目总体规划、项目申请报告、初步设计文件、工程超支分析报告等技术审查以及对重大项目和课题的专家论证、评估。在完成国家局委托的工程项目技术审查任务的基础上，合肥设计院保留部分经营职能，利用技术优势，承接行业打叶复烤厂、烟用原料仓库和部分项目施工图审查及设计咨询工作。2010年，共有员工59人（聘用人员1人），其中，高级职称18人、中级职称19人，国家一级注册建筑师2人，国家一级注册结构师3人。

【领导成员】 院　长、党委书记：朱小平

副院长、党委委员：陆　敏

【机构设置】 合肥设计院内设技术审查处、生产设计处、经营处、人力资源处、财务处、办公室等6个处室。

【技术审查工作】 合肥设计院全年共完成国家局委托的工程技术审查项目53项，其中，卷烟厂技改项目10项，烟机厂技改项目3项，造纸法薄片厂技改项目5项，卷烟物流配送中心建设项目17项，经营业务用房建设项目11项，其他类型项目7项。

【设计研究项目】 全年从事工程设计项目28项，其中打叶复烤厂技改工程设计6项，烟用仓库工程设计8项（建筑面积56万平方米）。新签设计项目合同22项。项目估算总投资209.8亿元。

【“三项检查”工作】 按照“制度是否完善、决策是否符合程序、运作是否规范、监督是否到位”的要求，合肥设计院共梳理、核查本单位“三项检查”相关业务5项。

中国烟草育种研究（南方）中心（云南省烟草农业科学研究院）

【概　况】 云南省烟草农业科学研究院前身是成立于1955年的云南省烟草科学研究所，2009年3月更名为云南省烟草农业科学研究院，是云南省烟草专卖局（公司）直属科研机构，中国烟草育种研究（南方）中心成立于1995年，实行合署办公（简称南方中心）。主要从事烟草育种、栽培、植保、烘烤技术研究和技术推广、培训工作，承担着国家自然基金委、中国烟草总公司、云南省科技厅和云南省局（公司）的科研项目研究工作，以及其他烟草企业委托的科研项目和任务。南方中心拥有6000余平方米的实验室和国际先进的科研与分析仪器200余台（套），是CORESTA转基因工作组第18个参比实验室，科研试验基地占地280余亩，拥有全国首座烟草隔离检疫负压温室和3000余平方米的加拿大进口温室。2010年，共有员工99人，其中科研人员79人，包括高级职称28人、中级职称37人，博士研究生23人、硕士研究生37人。

【领导成员】 党委书记：张树锋（—2010.1）

党委副书记：林　劼（2010.2—）

常务副院长：卢秀萍

副院长：易　冕

副院长（南方中心副主任）：李永平

副院长：晋　艳

【机构设置】 下设党政办公室、科研管理办公室、玉溪科研实验中心、育种与生物技术研究中心、农艺研究与推广中心、烟草经济信息研究中心、分析测试

中心、安宁科技交流培训中心等8个部门。

【科研项目】 2010年，南方中心围绕行业科技发展方向，进一步调整科研工作思路，突出科研重点，突出做大、做精、做强的项目立项要求，全年共承担各级科研项目64项，其中，国家自然基金项目2项、云南省科技厅项目3项、云南省局（公司）项目42项，投入科研项目经费2217万元。全年完成项目鉴定验收27项，其中，4项通过国家局鉴定验收项目，23项通过省局（公司）鉴定验收。

【烟草品种选育及推广】 2010年，自育品种“云烟99”和引进品种“PVH19”通过了全国农业评审。从津巴布韦引进的“KRK26”品种在全国9省（市）示范推广14万余亩。

【种子综合技术研究】 研究掌握了利用外源多胺提高烟草花粉活力关键技术，提出烟草介质花粉的制备及应用技术规程，可降低采粉成本1/3以上，能有效提高烟草种子产量。研制出抗低温、低氧胁迫、高活力的专用包衣种子，尤其适宜于高海拔冷凉烟区使用，可有效降低育苗成本，在全国17个省（市）种植面积达480万余亩。

【烟草农艺技术研究】 2010年，围绕高端品牌对优质烟叶原料的需求，系统研究优质烟叶营养模式，提出了改善烟叶品质、提高上等烟比例的技术措施。提出“培育壮苗、明水深栽、覆盖保墒、水施追肥”十六字方针，制定抗旱栽培技术措施。深入开展微生物降解烟碱的机理研究，筛选出降碱微生物500余株和菌株突变体19个。研制出烟草花叶病毒（TMV）诊断试纸条，检测灵敏度为1ng/ml，达到国际同类产品先进水平；初步建立烟草病虫害监测预警及综合防治技术信息平台，进一步提高了烟草病虫害综合防治和管理水平。

【科研成果】 2010年，南方中心获省部级科技成果奖3项，其中二等奖2项和三等奖1项；获云南省局（公司）科技进步奖10项。全年发表论文69篇，其中国外发表论文5篇。制定标准15项，其中国家标准1项、行业标准3项。获得专利授权15项，其中发明专利授权9项、实用新型专利授权6项。申请专利22项。获得计算机软件著作权1项。

【科技服务】 抗旱生产技术服务。面对云南的严重干旱，南方中心及时成立抗旱工作领导小组，精心组织育种、栽培、植保、烘烤等方面的专家开展抗旱技术研究并深入烟区系统开展抗旱服务；编写《云南省烤烟抗旱生产技术》、《烤烟短期育苗生长技术》等6本生产实用技术手册，刊印8万余册并分发至全省烟区及种烟农户。

基地单元技术依托服务。承担12家工业企业37个基地单元的技术服务任务，在国家局基地单元技术依托单位考核中连续五年被评为优秀。在滇东现代烟草农业示范区、普洱勐先科技园建设中派出专家和技术骨干为示范区提供技术服务。

烟叶质量检测服务。建立烟草中多酚类物质分析的超高效液相色谱法，分析能力和工作效率提高200%。建立烟草可溶性糖的固相萃取法，提高了分析检测准确性。开发烟叶香味物质的顶空分析检测方法。全年完成各类检测样品1万余个，提供有效数据13万余个，样品量增加50%，数据量创历史新高。

信息服务。完成云南烟叶信息网的改版工作，开展专家在线咨询指导服务，全年网站稿件更新6570条，访问量突破100万人次。与云南省局（公司）办公室共同创办了“云南烟草领导参考”和“云南烟草专题研究报告”，编印13期。

【合作交流】 2010年，与美国北卡罗莱纳州立大学、浙江大学共同组建了行业第一家中美烟草分子育种联合实验室，搭建了国际高层次、高水平合作平台。与中国科学院大连化学物理研究所、浙江大学、上海烟草（集团）公司、湖南中烟等科研院所和工业企业共建联合实验室运行良好，合作研究不断深入。5月，南方中心承建的云南省烟草农业工程技术中心通过省科技厅验收，省级科研成果转化平台成功搭建。全年共有美国、英国、津巴布韦、印尼等国家的科研院所和国际烟草企业代表团10批次共102人来访，邀请国内外专家作学术报告12场次。

【人才培养与科研团队建设】 科技人才培养。全年共有21人次到国外科研机构访问，600余人次科技人员参加学术交流。深化科研激励机制改革，从绩效工资中提取100万元用于奖励获得成果、品种、标准、专利及高档次论文的优秀科技人员。从中国科学院等单位招聘博士5人，聘请国内外客座研究员12人。李永平、莫笑晗入选第10批云南省技术创新人才培养对象。评选研究员1人，副研究员5人。

科研团队建设。组建了育种及生物技术、烟草种子、特色烟叶及烘烤、烟草栽培技术、烟叶安全性、病虫害综合防治技术6个科研团队。按照“边建设、边发展，滚动竞争、优胜劣汰”的原则建设和管理科研团队，制订《科研团队管理办法》，明确了团队负责人的权力和义务，确定了团队目标任务和考核指标。团队与南方中心签订为期三年的《科研团队任务书》，每年对团队进行考核评价。

中国烟草东北农业试验站（中国烟草进出口烟叶检测站、中国烟草总公司黑龙江省公司牡丹江烟草科学研究所）

【概　况】 中国烟草东北农业试验站（简称东北站）是经国家局批准，于1995年3月在黑龙江省烟草科学研究所的基础上建立，负责开展黑龙江烟区及东北烟区的烟草农业科研和技术推广工作。1998年6月1日，经国家局批准，依托东北站成立中国烟草进出口烟叶检测站，检测站主要承担国家进出烟叶及其制品的转基因检测和监测工作，同时开展烟草转基因检测方法及国家和行业标准制定、修订项目。2010年，共有员工28人，其中，研究员2人，高级职称10人、中级职称9人、初级职称6人，高级工1人。

【领导成员】 所　长：郭兆奎

党委书记：栾　双

副所长：辛　钢

副所长：刘德育

副所长：陈荣平

【机构设置】 东北站设育种研究室、高新技术研究室、植保研究室、土化研究室、栽培与烘烤研究室、实用技术研究室、办公室、财务科等8个科室。

【科技项目及成果】 2010年，东北站共承担各类科研项目19项，其中主持国家局项目5项、黑龙江省科技厅项目2项、黑龙江省局（公司）项目12项。“烟草病虫害生物防治技术研究”项目获2010年黑龙江省科技进步三等奖；“应用RNA干涉技术烟草病毒病研究”项目获得中国烟草总公司2010年度科技进步三等奖；“东北烤烟生理生态学研究”项目获得2010年度黑龙江省局（公司）科技进步一等奖。主持起草的“烟草及烟草制品 转基因测定的取样方法”和“烟草主要病毒病鉴定 逆转录—聚合酶链反应法”2项标准于2010年10月颁布实施。全年获得发明专利、实用新型专利授权各1项。

【科技创新】 在育种研究方面，“龙江925”和“龙江935”通过全国烟草品种审定委员会的评审，“龙江981”、“龙江237”通过黑龙江省烟草品种委员会的评审，其中“龙江981”通过全国品种审定委员会组织的农业评审，新品系“9709－322”经济性状较好，推荐进入2011年的全省烤烟品种生产试验。

在栽培技术研究方面，开展全省各主产区烟叶外观特征、组织结构、感观质量、内在化学指标、重金属含量和致香成分的化验分析，围绕制约黑龙江省连作烟田烟株营养障碍等问题，找出了影响连作烟田烟叶质量的障碍因子，并初步提出综合治理措施。

在生物技术研究方面，初步建立烟草PVY、烟草角斑病、野火病抗性基因克隆与分子标记辅助育种方法，为加快抗病育种进程奠定基础。

在土壤肥料研究方面，开展了烟田综合治理技术研究，并与佳木斯农垦科学院合作，在宁安、林口、宝清、绥化、宾县、汤原等地开展三因素、四水平的“3414”小区肥料试验，建立了适于黑龙江省的土壤有效养分分级指标体系，构建土壤养分数据库与施肥模型，初步设计了黑龙江省烤烟测土配方施肥软件网络版。

在植保研究方面，开展黑龙江省有害生物调查研究项目，查出烟草侵染性病害16种、害虫46种、杂草31种，进行了主要病虫害发生规律研究及主要病害病菌分化的研究，同时围绕“烟草主要病虫害预测预报技术研究与应用”课题开展了烟草主要病虫害发病规律及发生动态研究，在绥化、林口、肇州、肇东、集贤和东宁等地设立了6个病虫观测站。

在配套机械研究方面，以国家局“平原烟区烤烟规模化种植关键技术环节配套机具的烟田农业机具开发研究项目”为平台，开展了烟田移栽机、烟田综合管理机、烟叶回潮机、烟田拔杆机的专项研究。

【科技服务】 全年开展技术培训53场次，培训烟叶技术员、烟农6000余人。按照广东中烟和红塔集团对烟叶质量目标需求，结合基地单元建设点的气候、土壤等生态条件，东北站参与制订了“广东中烟汤旺河”与“红塔集团新城”2个基地单元烟叶生产技术方案，并分阶段对基地单元生产技术指导人员和烟农进行技术培训。基地单元顺利通过国家局烤烟生产标准化检查组的验收。

【成果转化】 强化对“四网”（品种区试和生产示范网、测土配方施肥网、病虫害预测预报和综合防治网、特色烟叶栽培和烘烤培训网）网点人员的业务培训和技术指导，完善黑龙江烟草预警防灾网站建设。为产区提供试验示范烤烟新品种（品系）8个、化验土壤样品5369个，发布黑龙江烟草病虫害简报7期，并通过网络及时对来自产区的100余张病虫害照片进行了远程诊断。

【转基因检测】 全年共检测各类烟草样品398份，其中出口备货烟叶及烟梗115份、进口烟叶201份、进口卷烟48份、烟草种子样品34份。

中国烟草东南农业试验站（福建省烟草专卖局烟草农业科学研究所）

【概 况】 中国烟草东南农业试验站（简称东南站）于1995年5月在福建三明成立，2002年初迁到福州，与福建省烟草专卖局烟草农业科学研究所实行“一套班子，两块牌子”管理。2004年全面完成东南站的易地搬迁工作，所址位于福州市，在福州市晋安区宦溪镇设科研基地，在龙岩、南平、三明3个主产烟区设立省烟科所分所。全省烟草农业科研已形成了以福建省烟科所（东南农业试验站）为龙头，龙岩、三明、南平3个分所和13个产烟县的烤烟试验站组成的科研试验网络。

2010年，共有在岗员工14人，其中，博士研究生2人、硕士研究生6人，研究员1人，高级农艺师6人，中级职称2人。

【领导成员】 所 长：陈顺辉
副所长：林桂华

【机构设置】 东南站设有办公室、科研开发部和行政事业部等3个部门，其中科研开发部内设烤烟遗传育种、营养与栽培、调制技术、病虫害综合防治、化学分析等5个研究室和福建省烟草病虫害预测预报及综合防治站。

【科研工作】 *特色优质烟叶开发研究*。积极参与全国特色优质烟叶开发重大专项研究，结合福建省清香型特色烟叶开发实际，开展“福建清香型适宜区的生态基础研究”和“福建生态条件下品种、栽培措施与烟叶风格特色关系研究”项目研究。

品种培育。完成国家局项目“地方特色烤烟新品种选育”，选育出“闽烟7号”新品种和一批新品系。开展重点课题“福建清香型烤烟新品种选育研究”研究。完成2010年度“全国烟草种质资源平台建设”项目福建点试验任务，编目12份，品质鉴定14份，青枯病鉴定77份，青枯病遗传分析18份。

烟草主要病虫害测报和综合防治工作。指导基层植保防治工作，发布8期病虫情报，并应用福建省烟草植保专家系统。开展福建烟蚜抗性监测与抗性治理研究，掌握福建省主要烟区烟蚜种群的抗性现状和抗性分布特征。

烟叶营养施肥与栽培技术研究。开展福建以烟为主耕作制度研究、福建烟区有机肥资源及其施用效应和安全性评估的研究、福建烤烟碳氮代谢机理及其调控技术研究、提高福建植烟土壤质量及测土配方施肥技术研究，完成了福建烟区土壤、烟叶中农药残留降解研究和国家局项目福建种植区划研究。

烟草农业机械研发。与福建农林大学合作研发3ZY中耕除草培土机，在烟区进行样机测试，并承担国家局项目“东南烟区烟叶生产机械化关键技术装备开发研究”。

基地单元建设技术服务工作。承担了南平浦城——浙江中烟、南平建阳——红塔集团、南平建阳——江苏中烟、三明永安——贵州中烟、龙岩永定——福建中烟等合作点的技术服务工作。

【科研成果】 2010年，东南站在特色优质烟叶开发、新品种选育、营养与栽培、病虫害防治、小型农机具等研究和基地单元技术服务方面承担了国家局、省局科研项目和技术服务项目39项。“地方特色烤烟新品种选育”项目获国家局结题验收，“青枯菌种内遗传多样性研究”项目通过省局成果鉴定。全年申请1项实用新型专利，获得2项发明专利和1项实用新型专利授权。在全国性学术刊物发表论文6篇，有2篇获得福建省自然科学优秀论文奖。

中国烟草白肋烟试验站
（湖北省烟草科研所）

【概　况】 中国烟草白肋烟试验站（湖北省烟草科研所）是全国唯一的白肋烟农业科研单位，其前身为成立于1986年的湖北省鄂西烟草科研所，1991年5月组建湖北省白肋烟研究所，1997年6月改名为湖北省烟草科研所；1997年7月，国家局决定在湖北省建立中国烟草白肋烟试验站，并与湖北省烟草科研所合署办公（简称白肋烟试验站）；2002年8月，白肋烟试验站由湖北省恩施州搬迁到武汉市。2010年，共有员工29人，其中，研究员3人，高级职称11人、中级职称13人。

【领导成员】 站长、所长、党支部书记：林国平

副站长、副所长：李进平

总农艺师：杨春雷

副站长、副所长：肖绪镇

【机构设置】 白肋烟试验站设有育种研究室、栽培调制研究室、植保研究室、科技推广室、良种繁育室、中心实验室、办公室和财务科等8个科室。

【科研工作】 2010年，白肋烟试验站紧紧围绕“特色、品种、降害、减本、提质”等关键技术开展研究，主持或参与科研项目30项，均取得明显成效。

国家局重点科研项目“优质、丰产、抗病白肋烟新品种选育与生产示范”。选育出白肋烟新品种“22084”并通过全国农业评审，鉴定172份种质资源和62份黑胫病抗性材料，配制91份杂交新品系，筛选10份优异材料，初步筛选13份低烟碱转化率资源，并保持7份低烟碱转化率不育系。

“湖北省烤烟育种”重大专题。选育出烤烟新品系“A9”和“HB074”并通过湖北省品种审定委员会审定，实现湖北省自育烤烟新品种“零”的突破。选育的综合性状优异的新品种“A9”已提升进入全国区试，新品系“HB023”、“HB032”已提升进入全国中间香型专题研究项目。

“环神农架周边地区‘金神农’特色烤烟及综合配套技术研究与开发”项目。深化对“金神农”烟叶清香淡雅的形成机理的研究，在十堰、襄樊和宜昌等地安排7项研究课题。选择烤烟生产适宜区建立生产示范基地，总结“金神农”特色烤烟生产的先进适用技术，并制定了生产技术标准。

“太阳能在烟草育苗及白肋烟晾制中的热能利用研究与应用”项目。针对目前白肋烟产区在晾晒调制期间经常遭遇低温高湿天气而产生大量霉烂烟的现象，首次在烟叶调制中应用太阳能热能进行增温调湿，将调制中烟叶霉烂比例降低至3%以下，烟叶的评吸质量也得到明显改善。

“密集烤房烘烤工艺及装烟设备研究与应用”项目。明确密集烘烤过程中定色期的适宜湿球温度和定色后期的适宜稳温时间，确定了适宜的移动烟架的规格、可拆卸移动装烟架的技术标准和加工工艺。

“白肋烟栽培技术规程”和“土壤有机氯农药残留量的测定 气相色谱法”标准项目。“白肋烟栽培技术规程”，通过对优质白肋烟栽培技术的系统研究，形成了白肋烟栽培技术规程，适用于中国白肋烟产区的栽培及采收，已由国家局批准发布。“土壤有机氯农药残留量的测定 气相色谱法”规定植烟土壤中20种有机氯农药残留量的气相色谱测定方法，并对各农药残留量的检测限进行规定，已通过行业审定。

【科研成果】 2010年，参与完成的“清江流域优质烟叶基地开发与工业利用研究”、“烟区土壤肥力评价及烟草营养调控技术研究与应用”项目分别获得中国烟草总公司科技进步三等奖和湖北省科技进步三等奖，主持承担的“聚γ-谷氨酸及其增效肥在烟草上的应用”获得湖北省局（公司）科技进步二等奖。主持承担的重点项目“烟草大棚立体高效集约化育苗技术研究与示范”项目通过湖北省科技厅鉴定。自主选育的烤烟新品种“A9”、“HB074”通过湖北省烟草品种审评委员会的审评，自主选育的白肋烟新品种“22084”通过全国农业评审。获得实用新型专利授权6项，申请国际发明专利1项，国内发明专利3项、实用新型专利2项。主持承担的《白肋烟栽培技术规程》（YC/T 338—2010）和参与完成的《烟草种子 催芽包衣丸化种子生产技术规程》（YC/T 368—2010）2个标准获国家局批准发布，《土壤中有机氯农药残留量的测定 气相色谱法》通过国家局审定。全年发表、交流学术论文27篇。

【良种繁育】 全年共调拨烤烟、白肋烟包衣种77.28万袋，种子销售收入182.41万元。完成白肋烟杂交制种、烤烟、名晒烟繁殖48亩，生产种子364.3

千克，种子发芽率、千粒重及饱满纯度均达到历年最好水平。加工 2011 年烟叶生产用丸化包衣种 81.19 万袋，种子质量指标均超过国家行业标准。

【科技服务】 深入产区进行科技培训和服务工作，在育苗、备耕、移栽、施肥、大田管理、绿肥种植、烟叶烘烤、病虫害防治和分级扎把等环节，以授课、现场会等形式对技术员和烟农进行培训，先后为产区培训 30 余次，培训人数上万人。

【交流合作】 2010 年，白肋烟试验站与湖北中烟、川渝中烟、安徽中烟、河北中烟、浙江中烟、上海烟草集团北京卷烟厂等单位就烟叶基地单元建设进行沟通交流，严格按照建设方案进行试验示范，确保各项技术落实到位。

中国烟草西南农业试验站
（贵州省烟草科学研究所）

【概　况】 中国烟草西南农业试验站（简称西南站）于 1999 年在贵阳成立，与贵州省烟草科学研究所合署办公。主要从事烟草农业科技知识创新，以应用研究为主，强化应用基础研究。贵州烟草科研实验大楼为西南站总部，在福泉、龙岗设有两个基地。2010 年，共有员工 145 人，其中科研人员 79 人，包括博士研究生 14 人、硕士研究生 32 人，高级职称 21 人，中级职称 37 人。本年度共引进博士研究生 4 人，硕士研究生 2 人。

【领导成员】 党委书记、纪委书记：王秀龙

所长、党委副书记：冯勇刚

副站长、副所长：陈　尧

调研员：龚顺禹

调研员：韩晓红

【机构设置】 西南站设有育种研究室、特色烟叶研究室、植保研究室、现代烟草农业研究室和技术服务中心等 5 个科研部门，良种繁育中心、测试中心和信息中心等 3 个业务部门，科技管理科、综合办公室、财务科、安监科等 4 个科室及福泉、龙岗 2 个基地。

【科技创新】 2010 年，西南站主持承担行业内外科研项目或协作课题 69 项，其中，主持中国烟草总公司重点项目 2 项、贵州省科技厅项目 8 项、贵州省局（公司）项目 35 项。

育种研究。完成常规育种、种质资源、省级区试与生产试验等研究工作，“贵烟 1 号”新品系通过农业评审，推荐 6 份材料进入 2011 年度全省区域试验；筛选出优良单株 40 份，配制杂交组合 150 个；初步构建了评价烟草品种抗旱性的方法体系，建立了烟草种质资源信息化管理系统；分析了 800 份烟草种质的本底多样性与 DNA 遗传多样性，分析了 48 份烤烟种质的 DNA 甲基化遗传多样性，筛选出对重要性状贡献率超过 20% 的位点 10 个，开发出 2 个与“兴烟 1 号”突变性状连锁的分子标记，完成“南江 3 号”均一化 cDNA 文库部分序列的测序分析，克隆 β 胡萝卜素合成途径关键酶基因，获取了烟草青枯病和黑胫病病圃土壤微生物的遗传物质信息。

特色烟叶研究。通过异地交换试验，确定了影响贵州省烟叶风格及质量的主要因素，基本明确了土壤改良措施对烤烟产质量的影响。有机烟叶研究与开发稳步推进，全省有机烟叶生产面积达 1.01 万亩，通过有机认证的基地面积达 6925 亩，通过有机转换认证基地面积达 2150 亩。

土壤肥料与微生物研究。针对不同区域生态特点研发了 8 个肥料配方，开展了缓释钾肥的研究，初步筛选出用于有机烟叶生产的肥料种类。筛选并保存青枯病、黑胫病、灰霉病和赤星病等 350 余株菌株，并获得具有抑制青枯病和黑胫病病原菌生长的细菌 45 株、真菌 6 株、放线菌 38 株，筛选出促进烟株生长的微生物菌株 1 株。

植保与烟叶安全性研究。启动烟草有害生物调查研究与“贵州烟草农业微生物资源库”构建工作，初步查明了主要病虫害消长动态及其危害损失状况，并明确了贵州植烟土壤及烟叶中主要重金属含量状况及其分布特征、烤烟对主要重金属元素的积累规律及其毒害效应。

烘烤调制研究。研发的散叶堆积和散叶插签装烟技术能明显提高密集烤房利用率，该项技术在全年推广应用 15 万余亩。研究出了具有省工降本、低碳烘烤价值的远红外碳纤维加热技术。合作研制了分米波烟叶定色烘烤机，并开展了配套技术研究。

其他研究。开展烟草漂浮育苗与壮苗培育关键技

术研究，开发出以保水剂和蚯蚓肥制成的替代新型育苗基质。建立中性主要致香成分、主流烟气中有害酚类化合物、多酚类化合物及淀粉含量的检测方法。合作研发的烟草种子包衣丸化一体机样机进入试生产阶段。

【科技服务】 完成上海、湖南、贵州、湖北、广东、安徽等卷烟工业企业的11个基地单元技术依托工作，并通过国家局验收。承担了贵州、湖南、上海、安徽等卷烟工业企业基地技术服务，提高了基地烟叶生产技术水平和烟叶质量的符合性，得到各工业企业充分肯定。以卷烟品牌对原料的需求为导向，积极开展试验、示范30余项，累积示范面积5000余亩，取得了显著的经济、社会效益。

【科技成果】 2010年，西南站首次牵头组织实施了全国重大专项“特色优质烟叶开发——中间香型组”项目研究工作，首次获得省级自然科学基金项目5项，合作立项国家自然科学基金项目2项、农业部支撑项目1项，获中国烟草总公司科技重点项目2项、面上项目4项，科技部中国农村技术开发中心项目1项。获得省部级科技进步三等奖2项，地厅级科技进步二等奖2项和三等奖1项。6项成果通过省部级鉴定。在核心期刊发表科技论文41篇，出版《烤烟节水灌溉研究与实践》等专著5部。申请专利19项，其中发明专利8项、实用新型专利和外观专利11项。获得专利授权9项，其中发明专利授权2项、实用新型专利授权7项。获得《烟草种质资源管理系统V1.2》等软件著作权3项。

【合作交流】 2010年，西南站通过共建“中国有机类肥料产业创新技术联盟——贵州植烟土壤生物修复中心”、“南京农业大学研究生贵州工作站”，搭建了高层次合作新平台。西南站1名研究人员参加了在英国召开的2010年度CORESTA大会并宣读论文。全年有浙江大学、中国科学技术大学、南京农业大学、中国科学院、郑州烟草研究院、中国农业科学院等20余家高校或院所近100名专家教授来西南站进行交流指导，开展合作研究。全年有2人出国考察调研，西南站研究人员分批次到中国烟草总公司黑龙江省公司牡丹江烟草科学研究所、中国科学院大连化学物理研究所、贵州省油菜研究所、云南省烟草农业科学研究院等单位进行考察学习。举办中间香型特色优质烟叶开发方案研讨会、全国烟草有害生物项目年会、贵州省农业工程技术研究中心经验交流暨座谈会。

中国烟草中南农业试验站

【概　况】 中国烟草中南农业试验站（简称中南站）成立于2000年7月，总部设在湖南长沙，下设永州、郴州、湘西3个试验基地。2007年10月，中国烟草总公司湖南省公司、湖南中烟工业有限责任公司和湖南农业大学签订合作协议共建中南站，新型中南站在运行管理上以中国烟草总公司湖南省公司为主，湖南中烟工业有限责任公司、湖南农业大学参与中南站的建设和管理。主要工作职责是整合和利用三方科技资源，立足湖南，面向中南，开展烟草农业基础科学与应用技术研究，组织实施重大科技项目联合攻关、烟草农业科技宣传培训与科技成果转化工作。

2010年，中南站科技人员中，中国烟草总公司湖南省公司方面36人（含各试验基地），其中，博士研究生2人、硕士研究生14人，高级职称10人；湖南农业大学方面20人，其中教授15人，研究员1人，另有在读博士生12人、硕士生10余人参与烟草项目研究；湖南中烟工业有限责任公司方面13人，其中高级职称4人，博士后1人，博士研究生2人、硕士研究生7人。

【领导成员】 站　长：赵松义

常务副站长：周志成（—2010.2）

副站长：王　翔（—2010.2）

副站长：周冀衡

副站长：朱列书

副站长：曾　中（2010.3—）

副站长：周劲波（2010.3—）

【机构设置】 中南站总部设烟草育种研究室、栽培调制研究室、植保研究室、综合实验室和技术推广部等5个部门。中南站科技创新平台搭建后，工商研三方的联系进一步密切，合力逐渐加强。

【科技项目与科研成果】 2010年，中南站开展了烟草育种、育苗、植保、土壤肥料、栽培、烘烤、烟草农机等方面的研究，主持或参与国家局项目近10

项、省局项目20余项，其中“郴州优质烟叶生产科技示范基地建设”、“湖南省基本烟田适宜性评价和可持续利用技术研究”项目通过了国家局组织的项目鉴定验收，“2ZY－1型烟草移栽机”和“太阳能密集式烤房及其配套烘烤工艺研究”项目通过省科技厅组织的成果鉴定。

全年获省部级科技进步奖二、三等奖各1项，2个烤烟新品种通过全国审定，1个烤烟新品系通过全国农业评审，获得13项专利授权。

【试验基地建设】 中南站总部基地引进了饼肥发酵中试生产线，永州、郴州、湘西基地分别购置了部分精密仪器设备，实验室建设得到加强。

【烟叶标准化工作】 加强湖南省商业系统标准化工作，起草了湖南省局（公司）标准委员会章程，并成立了湖南省商业系统标准化委员会及分技术委员会。加强烟叶生产标准化工作，浏阳市、桂阳县的烟叶生产标准化工作得到了持续改进提升，五大烟叶主产市州的烤烟综合标准体系经过修订完善后继续在生产中推行。进一步加强与中国烟草标准化研究中心、市州质量技术监督部门、市州科技局的合作与交流。

云南烟草科学研究院

【概　况】 云南烟草科学研究院（简称云南院）创建于1998年6月，位于昆明国家高新技术产业开发区，隶属于云南中烟工业公司，是基础性研究、应用基础性研究和决策咨询研究的科研机构。云南院按照《烟草行业中长期科技发展规划纲要（2006—2020年）》的总体要求，依靠科技创新，围绕云南中烟工业公司发展战略和中心工作，以及云南各卷烟企业（集团）现阶段技术需求，组织基础研究和应用技术开发，实施重大科技项目的攻关，实现重点突破，解决云南烟草发展的主要共性技术问题，当前重点开展卷烟原料、减害降焦、烟用添加剂安全性评价、天然香料、烟草经济、吸烟与健康等领域研究和相关学科建设。云南院装备具有国际先进水平的科研仪器设备300余台（套），能够开展多种基础性和常规性的理化分析检测。

2010年，共有在岗员工119人，其中科研人员77人，博士研究生15人、硕士研究生32人，高级职称34人，4人分别享受国务院政府特殊津贴和云南省政府特殊津贴；云南省中青年学术和技术带头人4人，云南省技术创新人才5人，昆明市学术带头人5人。

【领导成员】 院　长：李光斗（2010.11—，之前任常务副院长<主持院行政全面工作>）

党委书记、副院长：程永照

党委副书记：张嘉滨

副院长：缪明明

副院长：杨伟祖

调研员：陈辉敏（2010年8月前任副院长）

【机构设置】 云南院下设办公室、党群工作部、人力资源部、科研管理部、财务审计部等5个职能管理部门，卷烟原料研究中心、减害降焦研究中心、烟用添加剂安全性评价与研究中心、香精香料研究中心、经济信息研究中心等5个研究中心。

【科研工作】 2010年，云南院新申报科研项目13项，承担在研项目（课题）共34项，其中，国家局项目4项、云南中烟工业公司项目13项，延续课题17项。全年完成科研项目5项，通过云南中烟工业公司成果鉴定5项。有6项成果获奖励，其中云南省科技进步一等奖1项，云南中烟工业公司科技进步二等奖2项、三等奖3项。申请发明专利35项，获得专利授权12项，其中发明专利7项、实用新型专利5项。在公开刊物发表科研论文78篇。编发《经研专报》50期、《决策参考》2期、《烟情快讯》30期。

【科技创新】 2010年，经国家局、云南省科技厅批准，分别成立了中国烟草总公司烟草添加剂安全性测试中心和云南省烟草化学重点实验室，搭建了云南烟草工业开放共享的科技平台。云南院的博士后科研工作站已获得国家人力资源和社会保障部、全国博士后管理委员会批准，烟叶农残检测研究中心、重金属检测研究中心、与法国摩迪公司合建的烟草薄片研究中心也在积极筹备。

【科技服务】 组织完成了由郑州院、上海烟草（集团）公司技术中心、军事医学科学院等行业内外研究机构参与的添加剂安全性化学与生物学评价共同对比试验。完成2009年和2010年国产卷烟主流烟气7种成分的检测，检测结果准确可靠。完成行业实际在用添加剂的安全性许可查证，完成了云南省内外多家卷烟和辅料企业的添加剂样品的安全性测试，为企业出口卷烟提供部分烟气成分和烟草添加剂的毒理学数据资料，满足产品输入地区对卷烟成分披露的相关要求。

中国烟草遗传育种研究（北方）中心

【概　况】 中国烟草遗传育种研究（北方）中心（简称北方中心）成立于1999年，为非独立法人科研事业机构，挂靠中国烟草总公司青州烟草研究所。北方中心实行在管委会领导下的主任负责制，管委会由国家局科技司、中国烟叶公司、山东省烟草专卖局、中国农业科学院和青州烟草研究所组成。业务上接受国家局科技司和中国烟叶公司的指导，日常工作由青州烟草研究所管理。北方中心承担国家局和山东省局下达的烟草遗传育种科研任务，选育适宜北方烟区及全国种植的优质抗病烟草新品种，研究烟草主要病害的抗性机理及其遗传变异规律，研究提出良种良法配套技术，提供烟叶生产推广利用。2010年，共有在职科研人员37人，其中，研究员8人、副研究员9人、助理研究员19人，博士研究生7人、硕士研究生16人。

【领导成员】 主　任：王元英
副主任：许家来
副主任：贾兴华

【机构设置】 北方中心设种质资源研究室、遗传育种研究室、原种繁育研究室、综合技术研究室等4个研究室。

【科技项目及成果】 全年承担科研项目32项，其中国家自然科学基金项目2项。通过鉴定科技成果2项，获得中国农业科学院科技进步二等奖1项。育成并通过全国审定烤烟新品种1个。3项标准通过评审，6项标准发布实施。获得软件著作权2项。培养博士、硕士研究生16人，新录取博士、硕士研究生19人。公开发表论文40余篇，在CORESTA大会宣读论文3篇，出版专著1部。组织全国性学术会议6次，培训技术人员1100余人次，多人次出国交流和参加国际学术会议，并邀请国内外专家来所交流。

【科技创新】 *品种资源研究。*加强网络信息系统维护，定期更新各类数据库，确保网络信息系统正常运行，建立了数据统计分析系统，种质资源数据信息在线统计分析基本实现。全年种质编目265份，繁种更新342份。对780份次种质资源进行主要病（虫）害抗性鉴定，对273份种质资源进行了品质鉴定。

新品种选育研究。“优质高香气烤烟新品种选育”项目育成的“中烟102”、“中烟202”2个烤烟新品种通过全国烟草品种审定委员会的审定并推广；“优质抗病毒病烟草新品种选育”项目育成的“中烟103”、“秦烟96”2个烤烟新品种通过全国烟草品种审定委员会的审定并推广，于2010年10月通过国家局的结题验收。育成烤烟新品种“中烟203”于2010年11月通过全国烟草品种审定委员会审定。开展航天搭载育种材料的鉴定和后代材料的选育工作。

*品种适应性研究。*主持完成本年度全国烤烟品种试验和生产试验，完成19个新品系小区鉴定评价和5个新品系的配套技术研究，为全国烟草品种审定委员会推荐审定新品种7个、农业评审新品种（系）5个。

*生物技术研究。*构建了“红花大金元”等不同品种、不同组织和不同发育时期的全长cDNA文库及差减杂交文库共15个。对烟草NtLS、GRAS、CDPK等重要基因或基因家族的表达谱进行了研究。采用Solexa测序技术，对6个烟草材料的16个组织进行了转录组测序，发现约5万个unigene。构建烟草NtLS基因RNA干扰表达载体，进行遗传转化并成功获得阳性植株。对“中烟100”和绒毛状烟草实施EMS诱变，并进行初步外观形态观察和TILLING筛选体系构建。利用T－DNA插入处理烟草四倍体和二倍体，构建了用于创制烟草基因激活标签突变体的双元载体，建立适合烟草的农杆菌转化的高效再生体系。

【科技服务】 为全国20余家教学、科研单位提供各类烟草种质914份次。针对2010年度各产区受自然灾害影响的不同程度，选派经验丰富的技术人员对当地科技员、农户进行了多次现场培训。启动了全国有害生物调查工作，在17个烟叶主产区于烟草关键生长时期对主要有害生物种类进行了普查。确定了有害生物管理信息系统的框架，完成了信息系统功能模块和专家系统的设计工作。

【学科、团队建设】 继续加大烟草行业烟草遗传育种重点实验室的筹备建设力度，加强农业部转基因烟草环境安全监督检验测试中心、中国农业科学院青岛烟草资源与环境野外科学观测试验站等遗传育种重点学科平台建设。新引进博士研究生 1 人，硕士研究生 2 人。

【特事要辑】 3 月 27 ~ 29 日，受国家局委托，北方中心在贵州贵阳主持召开了中国烟草种质资源平台建设 2009 年度工作总结暨评估会议。

国家烟草栽培生理生化研究基地

【概　况】 国家烟草栽培生理生化研究基地（简称生理生化基地）组建于 1997 年，是受国家局和河南农业大学双重领导，从事烟草生产技术研究和推广，培养高层次人才的科学研究机构。生理生化基地在行政上与河南农业大学烟草学院平行，由烟草学院代管，教学以院系为主，科研和学科建设以生理生化基地为主。生理生化基地以自主创新为动力，以科研项目为纽带，凝聚学科优势力量，组建了烟草栽培、烟草育种、烟草调制、烟草品质生态、烟草化学和生物化学与分子生物学等 6 个研究方向不同、各具特色的科技创新团队。2010 年，共有从事烟草专业教学和科研工作的教师 66 人，其中，教授 13 人、副教授 25 人，博士生导师 8 人、硕士生导师 14 人。

【领导成员】 主　任：刘国顺

副主任：许自成

【机构设置】 生理生化基地设有办公室、特色烟叶研究室、现代烟草农业研究室、标准化研究室、国际合作部、学术委员会，拥有烟草行业烟草栽培重点实验室和河南省烟叶生产技术研究与推广中心。

【科研成果】 2010 年，生理生化基地共获得省部级科技进步一等奖 1 项、二等奖 2 项，其中“烤烟适度规模种植配套烘烤设备的研究与应用”获中国烟草总公司科技进步一等奖，“皖南烟区烤烟特殊香气风格形成机理及配套栽培技术研究”获中国烟草总公司科技进步二等奖，“清江流域优质烟叶基地开发与工业利用研究”获湖北省科技进步二等奖。“平顶山烟草施肥专家决策支持系统开发与应用”、“烤烟化学成分的外显性诊断技术和工业应用研究”、“三门峡优质烤烟配方施肥优化技术研究”和“密集烘烤设备与配套工艺研究和综合示范”等 4 项成果通过省级鉴定。全年共获得发明专利授权 5 项，实用新型专利授权 10 项。烟草学科教师共发表学术论文 190 余篇。

【人才培养】 “烟草学”专业成功申报国家级特色专业。主持撰写了全国高校“烟草学”专业规范，以刘国顺教授为课程主持人的《烟草栽培学》成功申报国家级精品课程并获准。修订了本科生、研究生教学计划和培育方案。申报的“提高烟草学高等教育教学质量相关问题研究”被批准为河南省教育科学“十一五”规划课题。引进博士研究生 5 人，硕士研究生 1 人。

【重点实验室建设】 进一步明确烟草行业烟草栽培重点实验室的定位和目标，并加强机构和团队建设。截至 2010 年年底，生理生化基地首批资助的 5 项研究课题都已顺利结题，“烟田土壤水分特征变化规律研究”、“基于 GIS 的烟草生产专家决策系统研发”、“烟田灌溉自动控制系统研发”、“烤烟营养遥感监测技术研究”、“烟草色谱分析平台构建研究”等第二批资助的课题也取得成果，并将陆续结题。重点实验室新上的第三批课题，包括“烟草 Priming 的分子机制研究”、“烟草类胡萝卜素降解关键基因 CCD 的克隆与功能解析”、“烟草 ANGUSTIFOLIA（AN）基因的功能研究”、“氮素水平对烟叶蛋白质表达的影响以及生物标记蛋白的筛选和鉴定”正在实施。成立烟草基础科学系，完善大型精密仪器平台建设。

【科技服务】 在烟叶基地单元建设方面，坚持走产学研相结合的道路，以现代烟草农业、特色优质烟叶开发为重点，以服务行业和科技成果转化推广为核心。进一步强化湖南浏阳、云南临沧、河南平顶山、湖北恩施、四川凉山、吉林延边、重庆黔江、贵州贵阳、广西百色等 28 个基地开发试点工作，在全国新建了 10 个烤烟、白肋烟、香料烟科研与技术推广基地，并举办了全国“提高烟草基地单元建设技术到位率研讨会”。在服务行业方面，在全国性烟叶工作、技术观摩、学术讨论会上，生理生化基地的专家教授作了 20 余场次的学术报告，10 余位专家多次参加行业有关生产与学术会议。举办了 6 期烟叶生产技术培训班，分别对湖北中烟的吉林白城、陕西宝鸡基地，河北中烟的重庆巫溪等基地进行了技术培训。在支持地方经济建设方面，选派近20位专家教授到全国烟区参与项目对接和科技开发活动，并与全国20余个科研基地进行紧密合作。

【科技创新】 在产品创新方面，与河南农业大学机电工程学院共同研制了集自动行走、采叶、装筐于一体的“大型自走式烟草收获机”，为国内首创。自行设计研制了“生物质锅炉集中供热烘烤模式”。在人才培养机制创新方面，与贵州省烟草公司毕节地区公司等商业企业签订战略合作框架协议，创新了烟区不同层次技术人员提高学历层次的培养模式。

【学术交流与合作研究】 2010年，生理生化基地先后派出多名专家教授到加拿大、韩国、英国进行学术交流和合作访问。聘请英国勒斯特大学蛋白质表达实验室杨效文教授为讲座教授，指导河南农业大学烟草学科的发展规划及学科建设，并开展相关科研合作。与美国北卡罗莱纳州立大学合作开展烟草叶片代谢组学的科学研究，并选派专家赴美国参与该项研究工作。

中国农业科学院烟草研究所
（中国烟草总公司青州烟草研究所）

【概　况】 中国农业科学院烟草研究所（中国烟草总公司青州烟草研究所）始建于1958年，1959年4月正式增名为山东省烟草研究所，1987年经国家科委批准增挂“中国烟草总公司青州烟草研究所”牌子（简称青州所），受中国农业科学院和中国烟草总公司双重领导，主要开展烟草农业科学研究和成果转化工作，是中国唯一的国家级烟草农业科研机构。2010年，青州所有在职员工193人，其中专业技术人员143人，高级职称58人，博士、硕士研究生79人，享受国务院政府特殊津贴的专家17人，部级突出贡献中青年专家3人；有国家“百、千、万人才工程”第一、第二层次人选1人，农业部“神农计划”人选1人，中国农业科学院跨世纪学科带头人1人。

【领导成员】 所　长：王元英

党委书记：管　辉

副所长：王树声

副所长：张忠锋

副所长、党委副书记：赖燕萍（2010年9月由中国农业科学院党组任命）

【机构设置】 青州所下设综合管理处、科技管理处、技术服务处、财务管理处、基建管理处等5个职能部门，遗传育种研究中心、病虫害测报综防研究中心、栽培营养研究室、生物技术研究室、质检中心、吸烟与健康研究中心、调制加工研究室、科技信息中心等8个研究室（中心）和青州科技服务中心、青岛试验基地、科技开发中心等3个服务机构。国家烟草改良中心、中国烟草遗传育种研究（北方）中心、农业部烟草类作物质量控制重点开放实验室、农业部烟草产业产品质量监督检验测试中心、农业部转基因烟草环境安全监督检验测试中心、中国烟草病虫害预测预报及综合防治中心、中国烟草青州原种繁殖基地、中国烟草种质资源平台、中国农科院烟草遗传改良与生物技术重点开放实验室、中国农科院青岛烟草资源与环境野外科学观测试验站、青岛烟草减害工程技术研究中心等创新平台挂靠青州所。青岛中烟种子有限责任公司、上海烟草集团有限责任公司原料研究一室、山东中烟工业有限责任公司原料研发中心、川渝中烟工业公司原料研发中心等科技成果转化平台也设在青州所。

【科研工作】 *科研项目*。2010年，青州所新增各类科研项目37项，其中国家自然科学基金项目3项，国家局项目9项（含标准项目）；在研科研项目65项，年度项目合同经费3325万元。推进烟草基因组计划和特色优质烟叶重大专项相关课题研究工作，完成绒毛状烟草全基因组测序并进行了生物信息学分析，构建了烟草突变体库创制、筛选和鉴定技术体系。在优质抗病丰产烟草新品选育研究中初步建立了标记辅助育种技术和诱变育种技术体系，创新了一批优质、抗病新种质。全国烟草有害生物调查研究全面启动，初步构建起病虫害预警信息平台，开展了以生物防治为主的烟草病虫害治理技术体系研究。

科研成果。2010年，青州所获中国农科院科学技术进步二等奖1项，并被推荐参评农业部神农中华农业科技奖，获山东省局（公司）科技进步三等奖3项；育成“中烟203”烤烟新品种并通过全国烟草品种审定委员会评审；5项标准通过审核，10项标准发布实施；获专利授权2项。主编和参编著作2部。正

式发表和参加国际学术会议交流的论文60余篇，在CORESTA大会宣读论文3篇。

【科技服务与成果转化】 拓展科技服务范围。实行以研发相结合的科技服务方式，即根据工业企业对原料的需求导向，结合产区的实际情况，有目的地开展一些针对性好、实用性强的研究项目，实现科技服务不断向纵深发展。2010年，新增浙江中烟、河北中烟、中烟实业3家合作单位，新增仁义、舜陵、泽家、永兴等合作区域。开展了郴州浓香型烟叶的研究与开发，红塔集团品牌导向原料体系研究等一系列深度研究。湖北恩施的"清江源"特色优质烟叶开发项目得到了国家局及有关专家的高度评价。

科研成果。自主研发的肥料增效剂获得成功，在全国布局了12个试验示范点进行验证。"多功能烟草移栽覆膜施肥一体机"获得实用新型发明专利授权。抗青枯病QKK产品即将进入中试阶段。

创新成果转化模式。青州所在全国烟叶主产区实行了片区负责制。统一协调各部门在所辖区域内的工作、人员安排，实现了科研和成果转化工作的有机结合。

【学科、团队和平台建设】 学科、团队建设。完善相关学科发展定位，确定25个学科方向，并重点建设遗传育种理论与方法、烟草功能基因组学、烟草生理、植物病理等9个重点学科方向。2010年新录取研究生42人，毕业研究生28人。招聘高层次人员7人，其中博士研究生4人、硕士研究生2人。2人通过高级专业技术资格评审，5人通过副高级专业技术资格评审，新增博士生导师1人，硕士生导师1人。

创新平台建设。2010年，青岛市依托青州所建立了青岛烟草减害工程技术研究中心，深入开展烟草减害技术研究。加快烟草行业遗传育种重点实验室、烟草行业病虫害监测与综合治理重点实验室的筹备建设步伐，对实验室运行进行了科学规划，召开学术委员会，设立开放课题，充分发挥平台在所属研究领域科技创新的组织牵头作用。

【支撑条件建设】 投入1000余万元用于行业重点实验室建设和青岛试验基地的土壤改良等。新购置生物信息学分析平台、超景深三维显微系统、自动凝胶渗透—浓缩仪等大型仪器70余台（套），价值900余万元。完成青岛试验基地土壤改良300余亩，投入经费185万元。

【合作与交流】 依托中国烟草种质资源平台、全国烟草有害生物调查研究、全国烟草病虫害预测预报网络等项目，形成了覆盖行业的协作网络。组织开展了烟草遗传育种和烟草病虫害综防学科的基础性研究，面向全国设立开放课题项目18项。组织烟草遗传育种、全国烟草有害生物调查研究、中国烟草种质资源平台建设、密集烘烤烤香技术等全国性学术交流活动9次。接待国内外专家来所交流访问100余人次，出国考察交流5人次，参加国际会议交流2人次。

广东省烟草南雄科学研究所

【概　况】 广东省烟草南雄科学研究所前身为国立中山大学农学院烟草良种改良场，1985年划归南雄烟草公司管理，1998年划归广东省烟草专卖局（公司）管理，并更名为广东省烟草南雄科学研究所（简称南雄所）。南雄所主要负责广东省烟叶生产新技术的研究引进及推广示范，全省烟叶生产技术人员培训及生产技术指导和全省烟叶质量及植烟土壤化肥检测及烟草良种繁育等工作。2010年，共有在职员工30人，其中专业技术人员18人，中级职称以上12人，硕士研究生4人。

【领导成员】 所　长：邱妙文

副所长：陈永明

【机构设置】 南雄所下设技术研究部、技术推广部、技术开发公司、综合办公室等4个部门。

【科研项目】 2010年，南雄所承担了"耐低温抗旱花烤烟新品种选育及遗传生理机理研究"、"全国烤烟新品种区试与示范"、"南雄浓香型特色优质烟叶生产开发"、"广东省典型烟区土壤氮肥损失特征及高效利用研究"、"广东省烟草有害生物调查研究"、"抗青枯病烟草资源筛选与基因型关联分析"、"基于近红外光谱的烤烟精准水肥管理技术研究"、"烟草特有亚硝胺含量的关联分析与遗传筛选"等国家局、广东省局（公司）与广东省科技厅科研项目12项。参与南雄浓香型特色烟技术开发和基地单元及韶关、南雄现代烟草农业规划建设。加大密集烤房、地方特色品种"粤烟97”病虫害综合防治及烟草专用农机具的推广应用力度。

【科研成果及知识产权】 2010年，“烤烟早花对品质形成的影响及其调控技术研究”、“烤烟品质生理及其调控研究”获广东省局（公司）科技进步一等奖，“烤烟密集烤房技术创新与推广”获广东省局（公司）科技进步三等奖。获得实用新型专利授权1项。

江西省烟叶科学研究所

【概　况】 江西省烟叶科学研究所（简称江西烟科所）成立于1994年，是江西省烟草专卖局（公司）直属科研机构。建设之初，所址设在江西农业大学。2009年，江西省局（公司）决定将江西烟科所单设。江西烟科所是江西省烟叶科学研究的龙头单位，负责实用技术研发和相关基础研究，开展全省烟叶三级技术研发服务体系的组织、协调和指导工作，组织全省烟叶科技协作，负责全省烟草病虫害预测预报工作，开展烟叶生产技术指导。

2010年，共有科研人员10人，其中，高级农艺师2人，博士研究生2人、硕士研究生5人。

【领导成员】 所　长：何宽信

副所长：李立新（2010.2—）

【科研工作】 烟叶生产技术研究。重点围绕新品种选育、特色烟叶开发、烘烤工艺、植保等开展试验研究，并完成年度工作目标。向江西省局（公司）申报4项课题，积极实施国家局“浓香型特色优质烟叶开发”和“全国烟草有害生物调查研究”等项目研究工作。

烟叶三级技术研发服务体系建设。制定三级体系建设方案，具体指导市技术中心与县级实验站建设。2010年，三级体系建设已初显成效，江西烟科所工作步入正轨，赣州、抚州、吉安三个烟区市公司烟叶生产技术中心建设稳步推进，四个重点县级实验站建设进展顺利。

科技服务。积极配合省局相关部门在江西烟区开展科技服务，全年共开展烟叶生产、科研培训达500余人次。按照国家局关于“工业主导、产区主体、科研主力”的工作要求，承担了红塔集团、上海烟草（集团）公司、山东中烟和江西中烟等卷烟工业企业的基地单元建设技术依托工作。

河南省烟草公司烟草研究所（河南省农业科学院烟草研究中心）

【概　况】 河南省烟草公司烟草研究所（河南省农业科学院烟草研究中心）前身是始建于1947年的国民政府农林部烟产改进处，是河南省目前唯一的省级烟草专业科研机构，也是全国建立最早的烟草研究机构之一。1979年归并河南省农业科学院，更名为河南农业科学院烟草研究所；2006年，省属科研机构管理体制改革，更名为河南省农业科学院烟草研究中心。2008年，增挂河南省烟草公司烟草研究所牌子，业务上归河南省农业科学院和河南省烟草专卖局（公司）管理（简称河南研究所）。河南研究所拥有大型精密科研仪器15台，科研试验土地390余亩，农用灌溉配套设施齐全。中心拥有2800平方米晒场和1000平方米高标准烟仓和完备的种子资源库，保存烟草种质资源600余份。馆藏图书、期刊3万余册。

2010年，共有在职人员56人，其中科技人员27人，研究员3人、副研究员7人、助理研究员10人，博士研究生2人、硕士研究生6人。

【领导成员】 所长、主任：陈廷贵

党委书记：丁清池

副所长、副主任：李淑君

副所长、副主任：李耀宇

【机构设置】 河南研究所下设育种研究室、栽培研究室、植保研究室、烘烤研究室、农化研究室、科研与成果示范推广科、中心办公室、后勤科等8个机构，河南省烟草病虫害预测预报网及综合防治站和河南省农科院烟草学重点实验室均挂靠在研究所。

【科研项目】 2010年，河南研究所共承担各级各类科研课题21项，其中承担国家局、总公司项目6项，河南省局（公司）项目12项，河南中烟项目3项。"浓香型烤烟新品种选育"、"烟草病虫害预测预报及综合防治"、"'中华'骨干品牌河南浓香型特色烟叶原料保障体系研究"、"烟叶烘烤集中供热与热能循环利用研究"等一批重要课题研究取得较大进展，总公司重点课题"全国有害生物普查"、"低危害烟叶开发技术"、"高茎壮苗技术研究"研究项目完成技术方案制定。

【科研成果】 2010年，"豫烟7号"品种通过国家新品种委员会审定。"河南省烟草重大病虫害预测预报技术研究与应用"项目获得河南省科技成果二等奖。发表论文6篇。

【科技服务及成果转化】 2010年，河南研究所继续加大了与工业企业的合作，在与上海烟草（集团）公司、红云红河集团合作的基础上，又与吉林烟草工业、浙江中烟等多家卷烟工业企业签订了特色优质烟开发项目。河南研究所共派出12名专业技术骨干，在许昌、平顶山、漯河、三门峡、信阳等地区开展优质烟技术示范和推广工作。共建基地示范面积7.15万余亩，辐射面积28.01万亩。基地人员根据各烟叶基地特点，重点开展"浓香型"烟叶的适宜种植模式、品种选用、集约化育苗，科学施肥、系统防病、田间管理等关键技术培训。6个基地共举办市级培训20次，县级培训66次，乡镇级培训37次，累计培训技术骨干和烟农123人次，印发技术资料85期次、6.2万份。

教育机构

中国烟草总公司职工进修学院

【概　况】 中国烟草总公司职工进修学院成立于1985年，前身是河南省烟草工业学校；1992年11月，更名为中国烟草总公司郑州中等专业学校；2001年7月，更名为中国烟草总公司职工技术培训中心；2009年11月，更名为中国烟草总公司职工进修学院。学院承担烟草行业高层次高技能人才培训、远程培训、培训师资培训、培训师资库和培训教材库的建设与管理、职业技能竞赛，并为企业提供职业技能鉴定、培训开发设计、培训评估、培训师资、培训教材和培训案例、培训信息资源、培训业务和生产技术咨询及成人学历教育服务。2010年，学院共有在职教职工88人，其中，硕士研究生29人、博士（后）5人，高级职称28人、中级职称46人。

2010年，学院紧紧围绕"卷烟上水平"基本方针和战略任务，以服务行业为宗旨，以提高职工队伍素质为目标，以高层次高技能培训、远程培训和职业技能竞赛为重点，深入开展教育培训研究，各项工作保持了稳定发展的良好态势。

【领导成员】 院长、党委委员：翁　浩（2010.3～2010.10，2010年3月因机构更名改任院长）

党委书记：路鹏翔

副院长、党委委员：杨保吉（2010.3—，因机构更名改任副院长）

副院长、党委委员：刘学义（2010.3—，因机构更名改任副院长）

副院长、党委委员：李广才（2010.3—，因机构更名改任副院长）

纪委书记、党委委员：陈卫华

【机构设置】 学院内设办公室、政工处（人事劳资处、监察处）、财务审计处、安全保卫处等4个行政部门，信息中心（对外合作办公室）、培训处、远程培训处（培训研究室）、学员管理处等4个教学培训部门，以及后勤服务部、学员公寓服务部、餐饮服务部等3个后勤服务部门。

【培训工作】 培训规模。学院全年共举办行业干部职工培训班194期，培训2.11万人次（不含远程培训），其中，国家局机关培训52期，培训6711人次；自主开发实施培训116期，培训1.24万人次。承办会议55期，接待3620人次。

远程培训。以“中国烟草培训网”为平台，利用网络媒体，集中行业优秀师资力量，继续面向行业基层职工开展远程培训服务。全年共举办“专卖管理员”、“卷烟商品营销员”和“新员工”3个远程培训项目，在线培训总人数达2.63万人。

培训教材。组织召开10次行业培训教材开发工作会议，完成《打叶复烤工》等5类职业7本培训教材的终审，以及《卷烟包装工》等4类职业5本培训教材的复审和《烟机设备修理工（打叶复烤、滤棒成型）》等16个项目18本培训教材的初审工作。

企业培训。学院全年共选派教师深入企业举办各类培训班47期，培训4134人次。为企业提供培训需求分析、方案设计、效果评价等方面的业务咨询服务，部分骨干教师积极参与企业技术推广项目和科研工作，为企业提供更为直接的科技推广和科研服务。

培训项目。学院结合企业实际，开发的培训项目涉及到农工商贸管各个领域。卷烟品牌培育、烟草物流等培训项目受到企业的关注和欢迎。特色品牌项目培育稳步发展，烟叶分级培训、机电一体化技术培训等项目已经成为学院的培训品牌项目。

【学历教育】 与中国科学技术大学等六所高校联合开展八个专业方向的在职研究生专业学位教育。2010年，学院在读硕士研究生511人，199人通过论文答辩并获得研究生专业学位证书。

【职业技能竞赛】 承办第八届全国行业职业技能竞赛暨第一届全国烟草行业卷烟商品营销职业技能竞赛。为贵州、湖南省公司和中烟实业分别举办了烟叶分级、卷烟商品营销等竞赛活动。

【队伍建设】 2010年，学院继续加强教职工队伍建设，采用有效措施，全面提高教职工队伍整体素质。推荐7人参加烟草行业优质课评选，在四个专业领域，3人分获一等奖、二等奖，1人获三等奖。完成专业技术职务任职资格的评审推荐工作，5人通过高级职称评审。完成培训师的评聘和教职工考核工作，聘任2名首席培训师、9名高级培训师、4名培训师及2名助理培训师，聘任11名业务主管。

【特事要辑】 3月16日，烟草行业教育培训工作座谈会暨中国烟草总公司职工进修学院揭牌仪式举行，国家局副局长张保振出席。

附表

全国烟草行业国家级行业级技术中心、博士后科研工作站列表

技术中心

名称	成立时间	科研队伍状况	科研成果、专利	备注
上海烟草（集团）公司技术中心	1995年	拥有硕士研究生以上学历44人，有中级职称59人、高级职称13人。	全年共完成21个上海烟草（集团）公司项目。2个项目获中国烟草总公司科技进步二等奖。	国家认定企业技术中心
江苏中烟工业有限责任公司技术研发中心	2007年	拥有硕士研究生以上学历33人，有中级职称41人、高级职称2人。	全年共开展公司级项目26项，其中标准化项目7项；承担国家局“减害降焦”、“卷烟增香保润”重大专项，开展行业级项目5项。已申报发明专利2项。	原淮阴、徐州卷烟厂技术中心为行业认定企业技术中心，整合后未重新认定。
安徽中烟工业公司技术中心	2007年6月	现有人员95人，其中，高级职称8人、中级职称43人；博士研究生学历7人、硕士研究生学历28人。	共开展91项科研项目，其中承担22项国家局科研项目和标准项目，与郑州烟草研究院、中国科技大学、皖南医学院、安徽省农科院烟草研究所等单位合作开展33项科研项目。	原蚌埠、芜湖卷烟厂技术中心为行业认定企业技术中心，整合后未重新认定。

续表

名称	成立时间	科研队伍状况	科研成果、专利	备注
福建中烟工业公司技术中心	2006年	拥有硕士研究生以上学历人员29人，中级职称65人、高级职称18人。	2010年，共开展6个国家局科研项目，48个福建中烟工业公司科研项目；有21个项目获福建中烟科技进步成果奖励；完成19项省级公司以上科技成果验收。	原厦门、龙岩卷烟厂技术中心为行业认定企业技术中心，整合后未重新认定。
山东中烟工业有限责任公司技术中心	2006年10月	拥有硕士研究生以上学历18人，有中级职称103人、高级职称20人。	2010年，共完成25项山东中烟工业有限责任公司科研项目。申请专利40项，其中申请发明专利10项，截至年底，共有发明专利授权53项。发表科技论文23篇。	国家认定企业技术中心
河南中烟工业有限责任公司技术中心	2007年3月	拥有硕士研究生以上学历33人，中级职称48人、高级职称8人。	2010年完成科研项目19项，均为公司科研项目。	原新郑卷烟厂技术中心为行业认定企业技术中心，整合后未重新认定。
湖北中烟工业有限责任公司技术研发中心	1993年	共有员工161人，其中硕士研究生学历39人、博士研究生学历11人，中级职称58人、高级职称32人。开展合作的外界各类社会专家近2000人。	2010年，开展科技项目120余项，其中省部级项目17项；申报专利206项，获得专利授权161项，其中发明专利7项。	国家认定企业技术中心
湖南中烟工业有限责任公司技术研发中心	2006年成立，2010年6月13日，更名为“技术研发中心”。	共有硕士研究生学历75人、博士研究生学历18人，在站博士后1人，有中级职称91人，高级职称27人。	2010年，公司有3项成果获省部级以上奖励，其中“卷烟危害性指标体系研究”获国家科技进步二等奖，“烟草多组分指纹图谱及烟草识别与智能配烟系统开发”获中国烟草总公司科技进步三等奖，“烟叶栽培专用转光大棚膜、转光保温地膜和转光反光地膜”获湖南省科技进步三等奖。	国家认定企业技术中心
广东中烟工业有限责任公司技术中心	2005年	拥有硕士研究生以上学历53人，中级职称72人，其中已聘任61人，高级职称7人，其中已聘任5人。	2010年，共参与国家局科研项目、标准项目11项，广东中烟工业公司科研项目76项。	国家认定企业技术中心
广西中烟工业有限责任公司技术中心	2003年	拥有硕士研究生以上学历人员22人，中级职称25人、高级职称3人。	2010年，共完成广西中烟工业有限责任公司科研项目40项，共40个项目获公司级奖励。	行业认定企业技术中心
川渝中烟工业公司技术研发中心	2006年	拥有99名技术研发与管理人员，其中高级专家和博士研究生13人。	2010年，参与或承担国家、国家局项目14项，省政府项目6项，公司项目22项。“减缓烟气对呼吸系统危害的滤嘴添加剂研发与应用”获四川省科技进步二等奖。	行业认定企业技术中心

续表

名称	成立时间	科研队伍状况	科研成果、专利	备注
贵州工业有限责任公司技术中心	1997年9月	拥有专职研发人员68人，其中硕士研究生以上学历人员20余人，有中级职称36人、高级职称2人。	2010年，共完成国家局科研项目1项，贵州中烟工业有限责任公司科研项目13项，共5个项目获贵州中烟工业有限责任公司科技成果奖。	原黄果树烟草集团公司技术中心为行业认定企业技术中心，整合后未重新认定。
红塔烟草（集团）有限责任公司技术中心	1997年	拥在硕士研究生以上学历人员60人，中级职称62人、高级职称7人。	2010年，共完成国家局科研项目1项，云南中烟工业有限责任公司科研项目8项；获国家科技进步奖二等奖1项；获中国烟草总公司科技进步奖一等奖1项；获云南省科技进步二等奖1项；获云南中烟工业公司科技进步奖13项。	国家认定企业技术中心
红云红河烟草（集团）有限责任公司技术中心	2008年11月	拥有硕士研究生及以上学历40人，中级职称102人，高级职称5人。	2010年，集团在研科技项目中，上级科研项目50项，其中重大科技项目13项，集团自立科技项目56项；云南省科技进步奖二等奖1项；三等奖2项；云南中烟工业公司科技进步奖二等奖7项、三等奖3项；2010年新增生产技术标准43份，烟用材料标准（含方法检测标准）2份。	国家认定企业技术中心
中国烟草机械集团有限责任公司技术中心	1999年	拥有硕士研究生以上学历18人，中级职称35人、高级职称19人。	2010年，共有在研项目11项，申报专利3项，获得专利授权3项，其中发明专利授权1项。	行业认定企业技术中心
南通烟滤嘴有限责任公司技术中心	2001年	拥有专职人员40人，其中，硕士研究生以上学历7人，中级职称15人、高级职称2人。	2010年，共有在研项目12项，申报专利8项，获得专利授权2项。	原南通烟滤嘴实验工厂技术中心为行业认定企业技术中心，改制后未重新认定。

博士后科研工作站

名称	建站时间	科研队伍状况	科研成果
上海烟草（集团）公司博士后科研工作站	2002年10月	9月之前有在站博士后8人，9月之后有在站博士后7人。	2010年，主持开展国家局项目1项，公司级项目7项，发表会议论文1篇。
河南中烟工业有限责任公司博士后科研工作站	2008年5月	在站博士后1人，出站4人。	2010年，完成科研项目5项，其中1项为国家局科研项目，4项为河南中烟工业有限责任公司科研项目。获河南省烟草专卖局（公司）科技成果二等奖1项，获河南中烟工业有限责任公司科技成果一等奖1项，撰写专著2部，发表论文2篇，获专利授权2项。
浙江中烟工业有限责任公司博士后科研工作站	2007年6月	在站博士后1人	申请发明专利2项，被SCI收录论文2篇。
湖南中烟工业有限责任公司博士后科研工作站	2006年	在站博士后1人	2010年，完成1项公司级项目，发表学术论文4篇，获得1项专利授权。

续表

名称	建站时间	科研队伍状况	科研成果
广东中烟工业有限责任公司博士后科研工作站	2006 年 6 月	在站博士后 1 名，出站 1 人。	2010 年，完成 1 项公司级科研项目“利用生物酶技术改良烟叶品质的研究”，发表学术论文 5 篇。
广西中烟工业有限责任公司博士后科研工作站	2004 年	在站博士后 1 人	2010 年，主持开展国家局项目 1 项，公司级项目 4 项，发表学术论文 4 篇
红塔烟草（集团）有限责任公司博士后科研工作站	2000 年	在站博士后 3 人	2010 年，主持完成《致香物质的合成及应用》、《烟叶中糖苷物质的分离合成分析》、《基于色谱指纹图谱技术的卷烟原辅材料的化学组分与主流烟气中相关化学成分释放量的相关关系研究》3 个项目，参与国家局项目研究 1 项，云南中烟工业公司项目 3 项，撰写论文 43 篇。
红云红河烟草（集团）有限责任公司博士后科研工作站	2008 年 6 月	在站博士后 6 人	1. 功能水专项科研，目前初步完成了功能水的分析表征体系的建立，完成“云烟（紫）”、“云烟（软珍品）”和“云烟（红印象）”的实验室小样添加实验，自行设计开发两套生产能力 500 升/小时的工业化的功能水生产装置，在集团“云烟（软珍品）”生产中进行了应用。2. 烟叶醇化专项科研，目前经筛选已获取 15 个有益菌株，并针对不同烟叶，研制出 3 个烟叶醇化剂，实现了生物制剂在“云烟（红印象）”叶组中生产应用，筛选了能应用于梗丝的生物制剂，采用小试及中试验证的方式，完成了生物制剂在梗丝加料加工中生产应用。3. 申请发明专利 4 项，发表论文 4 篇。
川渝中烟工业公司博士后科研工作站	2007 年	在站博士后 4 人	2010 年，开展了“卷烟双向保润技术研究”、“卷烟烟气危害性标志物的分析”、“凉攀地区红花大金元合理群体结构研究及其遗传改良”、“生物制剂 HL 提高烟叶品质的机制研究”等 4 个科技项目的研究工作。共申请发明专利 5 项，其中国际专利 1 项。发表论文 14 篇，其中 SCI 收录论文 4 篇。

经济统计

总表部分

全国烟草系统主要指标总表（2010 年）

指标名称	计量单位	2010 年	2009 年	2010 年比 2009 年(%)
工业总产值（现价）	亿元	5679.61	4910.88	15.65
卷烟产值	亿元	5430.69	4670.36	16.28
工业增加值（现价）	亿元	4584.59	3898.08	17.61
复烤烟叶产量	万吨	190.77	191.88	-0.58
打叶复烤	万吨	190.77	191.64	-0.45
卷烟产量	亿支	23752.73	22902.75	3.71
一类卷烟［100 元（含）以上］	亿支	2377.28	1821.80	30.49
二类卷烟［70（含）~100 元］	亿支	1131.99	833.12	35.87
三类卷烟［30（含）~70 元］	亿支	7494.95	6211.33	20.67
四类卷烟［16.5（含）~30 元］	亿支	8402.90	8953.33	-6.15
五类卷烟［16.5 元以下］	亿支	4345.60	5083.16	-14.51
11 毫克/支 ~ 15 毫克/支	亿支	20538.44	22121.76	-7.16
5 毫克/支 ~ 10 毫克/支	亿支	3203.90	766.31	318.09
4 毫克/支以下	亿支	9.68	14.68	-34.06
烤烟型	亿支	23111.82	22301.68	3.63
混合型	亿支	572.63	541.30	5.79
出口和供应出口	亿支	211.19	172.00	22.78
雪茄烟产量	亿支	1.79	1.74	3.13
二醋酸纤维丝束产量	吨	139079	137411	1.21

续表

指标名称	计量单位	2010 年	2009 年	2010 年比 2009 年(%)
技术经济指标				
卷烟质量抽检合格率	%	98.52	99.96	-1.44
卷烟成品合格率	%	99.60	99.54	0.06
每万支卷烟耗用烟叶	千克	6.93	7.03	-1.42
每万支卷烟耗用盘纸	米	615	625	-1.60
每万支滤嘴烟耗用嘴棒	支	1916	1915	0.05
复烤年末生产能力（三班）	万吨	191.98	187.14	2.59
卷烟年末生产能力（三班）	亿支	34237.83	32604.32	5.01
烟叶收购量	万吨	266.69	273.43	-2.46
烤　烟	万吨	255.27	263.25	-3.03
卷烟销售量	亿支	23554.99	22626.71	4.10
出　口	亿支	106.47	150.03	-29.04
卷烟期末库存量	亿支	1823.96	1575.55	15.77
工　业	亿支	584.74	384.48	52.09
商　业	亿支	1239.22	1191.07	4.04
固定资产投资	亿元	327.35	273.61	19.64
能源消耗总量	万吨	116.43	171.71	-32.19
万元产值耗能源（现价）	千克	29.30	34.97	-16.21

注：在本表及本章其余的表格中，雪茄烟产量皆为手工雪茄烟的产量

资料来源：国家烟草专卖局烟草经济信息中心

工业部分

全国烟草系统工业企业主要指标汇总表（2010年）

指标名称	计量单位	总计		卷烟工业		复烤企业	
		2010年	2009年	2010年	2009年	2010年	2009年
卷烟产量	亿支	23752.73	22902.75	23752.73	22902.75		
软盒嘴烟	亿支	8161.76	8202.04	8161.76	8202.04		
硬盒嘴烟	亿支	15558.05	14674.40	15558.05	14674.40		
一类卷烟［100元（含）以上］	亿支	2377.28	1821.80	2377.28	1821.80		
二类卷烟［70（含）~100元］	亿支	1131.99	833.12	1131.99	833.12		
三类卷烟［30（含）~70元］	亿支	7494.95	6211.33	7494.95	6211.33		
四类卷烟［16.5（含）~30元］	亿支	8402.90	8953.33	8402.90	8953.33		
五类卷烟［16.5元以下］	亿支	4345.60	5083.16	4345.60	5083.16		
11毫克/支~15毫克/支	亿支	20538.44	20008.75	20538.44	20008.75		
5毫克/支~10毫克/支	亿支	3203.90	2885.97	3203.90	2885.97		
4毫克/支以下	亿支	9.68	8.04	9.68	8.04		
烤烟型	亿支	23111.82	22301.67	23111.82	22301.67		
混合型	亿支	572.63	541.30	572.63	541.30		
其他型	亿支	68.28	59.76	68.28	59.76		
供应出口和出口	亿支	211.19	172.00	211.19	172.00		
来牌或来料加工卷烟产量	亿支	1.25	1.35	1.25	1.35		
雪茄烟产量	亿支	1.79	1.74	1.79	1.74		
联营加工卷烟产量	亿支	2704.47	2239.47	2704.47	2239.47		
省 外	亿支	2576.33	2030.55	2576.33	2030.55		
从生产者购进（指联营加工回购）	亿支	1834.61	1320.79	1834.61	1320.79		
省 外	亿支	1809.61	1220.72	1809.61	1220.72		

续表

指标名称	计量单位	总计		卷烟工业		复烤企业	
		2010 年	2009 年	2010 年	2009 年	2010 年	2009 年
工业企业卷烟销售量	亿支	25386.81	24200.88	25386.81	24200.88		
联营加工	亿支	4359.32	3497.73	4359.32	3497.73		
卷烟期末库存	亿支	584.74	384.48	584.74	384.48		
一类卷烟［100 元（含）以上］	亿支	92.77	63.32	92.77	63.32		
二类卷烟［70（含）～100 元］	亿支	28.12	16.05	28.12	16.05		
三类卷烟［30（含）～70 元］	亿支	263.81	117.02	263.81	117.02		
四类卷烟［16.5（含）～30 元］	亿支	129.17	114.94	129.17	114.94		
五类卷烟［16.5 元以下］	亿支	70.86	73.16	70.86	73.16		
供应出口和出口	亿支	23.38	16.91	23.38	16.91		
联营加工	亿支	140.69	48.84	140.69	48.84		
复烤烟叶产量	吨	1907733	1918851	252499	262283	1655235	1656568
打叶复烤	吨	1907733	1916394	252499	259827	1655235	1656568
期末烟叶库存	吨	4150271	4111678	4046657	3979714	103615	131964
二醋酸纤维丝束产量	吨	139079	137411				
丝束期末库存	吨	57472	50681	45462	39429		
二醋酸纤维丝束	吨	55022	48203	43012	36951		
卷烟质量抽检合格率	%	98.52	99.96	98.52	99.96		
卷烟成品合格率	%	99.60	99.54	99.60	99.54		
每万支卷烟耗烟叶	千克	6.93	7.03	6.93	7.03		
每万支卷烟耗盘纸	米	615	625	615	625		
每万支卷烟耗嘴棒	支	1916	1915	1916	1915		
万元产值耗能源（现价）	千克	29.30	32.24	15.57	16.56	532.71	527.59
万元产值生产耗能源（现价）	千克	27.22	32.24	13.82	16.56	496.25	527.59

资料来源：国家烟草专卖局烟草经济信息中心

附：

总表及工业部分指标解释

【工业总产值、卷烟产值(现价)】 指以货币表现的工业企业在报告期内生产的工业产品总量。它包括生产成品价值、对外加工费收入和自制半成品、在产品期末期初差额价值。它是计算增加值和劳动生产率及其他经济指标的依据。

工业总产值不包括：①非本企业生产的工业产品价值；②本企业非工业活动单位的非工业产品价值和收入；③本企业工业生产过程中产生的废料（如锯末、切屑、矸石等）的出售价值。

【工业增加值(现价)】 指工业企业在报告期内以货币表现的工业生产活动的最终成果。该指标要通过计算求得，计算方法有两种，一是生产法，二是分配法。烟草系统工业企业一律采用生产法计算。

计算公式为：

工业增加值（现价）=工业总产值（现价）-工业中间投入+本期应交增值税

【卷烟产量】 指产品质量符合《国颁标准》，经检验合格，并已包装入库的卷烟（包括雪茄型卷烟）成品。凡不符合《国颁标准》的卷烟，不论是否包装入库，均列入不合格品，不做产量统计。

【软盒嘴烟】 指小包软包玻璃纸、金拉线，硬条盒玻璃纸包装的滤嘴卷烟。

【硬盒嘴烟】 指小包硬盒翻盖玻璃纸、金拉线，硬条盒玻璃纸包装的滤嘴卷烟。

【调拨价格分类统计】 调拨价格：指卷烟生产企业通过卷烟交易市场与购货方签订的卷烟交易价格。

一类卷烟：每标准条（200支）不含增值税调拨价格100（含）以上。

二类卷烟：每标准条（200支）不含增值税调拨价格70（含）~100元。

三类卷烟：每标准条（200支）不含增值税调拨价格30（含）~70元。

四类卷烟：每标准条（200支）不含增值税调拨价格16.5（含）~30元。

五类卷烟：每标准条（200支）不含增值税调拨价格16.5元以下。

出口卷烟划分等级不含税价计算按国内同牌号卷烟或参照同等级卷烟计算。

【名优卷烟】 指国家局经济运行司下发文件规定的名优卷烟牌号（规格）。

【百牌号卷烟】 指国家局下发的百牌号卷烟产品目录内的卷烟（含所有规格）。

【百牌号卷烟销售量(额)】 指售给系统外的各种经济类型的批发零售贸易单位和城乡居民、社会集团用于最终消费或公用消费的百牌号卷烟数量（金额）。即对国内烟草商业系统外的销售量（额）。

【百牌号卷烟月末商业库存】 指百牌号卷烟的库存量。

【卷烟产量按盒标焦油量分组】 共划分为3档：11毫克/支~15毫克/支；5毫克/支~10毫克/支（含）；4毫克/支（含）以下。

【卷烟产量按卷烟类型分类统计】 卷烟按烤烟型、混合型、其他型分别统计。

【供应出口和出口卷烟产量】 指工业企业生产用作供应出口和直接出口的卷烟产量。

【雪茄烟产量】 指产品质量符合《部颁标准》，经检验合格入库的雪茄烟成品。凡不符合《部颁标准》的雪茄烟，不论是否包装入库，均列入不合格产品，不做产量统计。

【来牌或来料加工卷烟产量】 来牌加工卷烟指国外（境外）卷烟牌号，其主要原料使用国内的，并在国内进行加工又销往国外的卷烟，其产量应统计在该指标内。来料加工卷烟指凡从国外（境外）来料加工，且在境外销售的卷烟，其产量应统计在该指标内。

【联营加工卷烟产量】 联营加工卷烟指省内（外）工业企业之间的委托加工，委托方提供卷烟牌号和部分或全部原材料，且占用加工企业生产计划的卷烟，其产量一律由加工企业统计。

【工业企业卷烟销售量(额)】 指报告期内工业企业实际销售的由本企业生产（包括上期和本期生产）的符合质量要求或订货合同规定的技术条件的卷烟数量额，但不包括用订货者来料加工生产的卷烟数量[不包括次品烟数量（额）]。即对省内（外）烟草系统销售、供应出口与出口及其他项之和。

【卷烟期末库存，一、二、三、四、五类卷烟库存，滤嘴烟库存，供应出口库存，出口库存】 卷烟期末库存指报告期初或期末某一时点上，尚存在工业企业产成品仓库中，而暂未售出的产品实物数量（不包括次品烟数量）。包括订货者来料加工的产品，尚未拨出的实物量。其中一、二、三、四、五类卷烟库存是指按不含增值税调拨价分类统计的卷烟库存数量；滤嘴烟库存是指库存总量中滤嘴烟的数量；供应出口库存是指暂未售给烟草进出口公司，尚存在工业企业产成品仓库中的实物数量；出口库存是指工业企业准备直接向国外出口的商品。

【复烤烟叶产量】 指烟叶经过复烤，产品质量符合《国颁标准》，经检验合格，并已包装入库的烟叶成品量。凡不符合《国颁标准》的复烤烟叶，不论是否包装入库均列入不合格品，不做产量统计。订货单位退回的本年内生产的不合格品量，应从产量中扣除。

打叶复烤烟叶产量指烟叶经过打叶复烤，经检验合格，并已包装入库的烟叶成品量。

【烟叶期末库存量】 指工业企业报告期末烟叶库存总量，包括烤烟、晾烟、晒烟、进口烟叶。

【二醋酸纤维丝束产量】 指已包装入库的二醋酸纤维丝束成品。

【丝束期末库存】 指尚存在工业企业仓库中，而暂未售出的丝束数量。包括二醋酸纤维丝束和丙纤丝束。

【技术经济指标】

$$\text{卷烟质量抽检合格率（\%）}=\frac{\text{报告期抽检合格品次数（次）}}{\text{报告期抽检总次数（次）}}\times 100\%$$

$$\text{每万支滤嘴卷烟耗用烟叶（千克）}=\frac{\text{报告期车间实收烟叶投料量}\pm\text{期末期初在制品差异量（千克）}}{\text{报告期卷烟产品产量（万支）}}$$

$$\text{万元产值综合耗能源（千克）}=\frac{\text{报告期生产消耗能源总量（折标准煤）（千克）}}{\text{报告期工业总产值（当年价）（万元）}}$$

$$\text{卷烟成品率（\%）}=\frac{\text{报告期卷烟产品产量（万支）}}{\text{报告期卷烟产品产量（万支）}+\text{不合格品数量（万支）}}\times 100\%$$

$$\text{每万支滤嘴卷烟耗用嘴棒量（支）}=\frac{\text{报告期耗用嘴棒总量}\pm\text{期末期初在制品差异量（支）}}{\text{报告期卷烟产品产量（万支）}}$$

$$\text{每万支滤嘴卷烟耗用盘纸量（米）}=\frac{\text{报告期耗用盘纸总量}\pm\text{期末期初在制品差异量（米）}}{\text{报告期卷烟产品产量（万支）}}$$

【从生产者购进（指联营加工）和其中省外】 指报告期内工业企业直接从本省内（外）烟草系统工业企业购进的，且由系统内工业企业生产的符合产品质量要求或订货合同规定的技术要求的联营加工卷烟数量。

【年末生产能力】 指在报告年末企业生产某种产品的全部设备的综合平衡能力，即企业生产某种产品的全部设备（包括主要生产设备、辅助生产设备、起重运输设备、动力设备及有关厂房和生产建筑等），在原材料、燃料、动力供应充分，劳动力配备合理，设备正常运转的条件下，可能达到的年生产能力。

其 他

2010年全国卷烟交易成交量汇总表（省际）

序号	销方地区	交易量（万支）	占全国（%）	同比增减（万支）	交易金额（元）
合 计		120777084	100	8578899	298719601260.84
1	云南省	32887597.50	27.23	2707753.00	84246950830.89
2	湖南省	11151554.50	9.23	474819.00	37261209175.65
3	湖北省	8715336.00	7.22	1675701.50	18677310645.61
4	上海市	7296759.00	6.04	368343.00	45788613049.25
5	浙江省	5284522.00	4.38	819491.00	13602331909.15
6	贵州省	5032007.50	4.17	-695409.50	6982967982.20
7	安徽省	5029350.00	4.16	380333.00	6933469687.20
8	广东省	4986548.00	4.13	880568.00	10246421415.67
9	山东省	4472820.00	3.70	480550.00	6762417887.85
10	河南省	4170416.00	3.45	17710.00	5457658912.86
11	四川省	3903030.00	3.23	517555.00	8988288686.45
12	福建省	3543568.00	2.93	561717.00	5999438737.24
13	江苏省	3507070.00	2.90	314630.00	14620981323.05
14	吉林省	2334403.00	1.93	46042.00	4872652060.01
15	辽宁省	2230450.00	1.85	-207978.00	3584661438.30
16	陕西省	1934363.00	1.60	-153801.50	2377225297.90
17	内蒙古区	1794932.00	1.49	118873.00	2876514576.50
18	河北省	1520444.00	1.26	-37315.00	2455093541.66
19	黑龙江省	1490892.00	1.23	34377.00	1678514194.00
20	山西省	1465550.00	1.21	62855.00	2600773610.00
21	北京市	1304400.00	1.08	61456.00	2220780170.00
22	甘肃省	1270079.00	1.05	95782.00	2281921911.50
23	江西省	1260437.00	1.04	-210533.00	1647630733.75
24	新疆区	1103328.00	0.91	59321.00	1510562381.00
25	广西区	948352.50	0.79	81874.50	1193561879.05
26	深圳市	889123.00	0.74	71723.00	2198716285.00
27	海南省	727404.00	0.60	-15786.00	1017825911.00
28	总公司	522348.00	0.43	68248.00	635107028.10

资料来源：中烟电子商务有限责任公司

2010 年卷烟累计交易量（三类以上）成交情况表（全国）

序号	品牌	协议总量（万箱）	交易量（万箱）	交易量同比增减（万箱）	交易量同比变动（%）
1	红塔山	283.37	283.37	66.66	30.76
2	双　喜	204.74	204.73	36.82	21.93
3	云　烟	172.04	171.98	33.48	24.17
4	白　沙	128.73	128.71	28.72	28.73
5	利　群	110.16	110.16	24.97	29.31
6	芙蓉王	85.39	85.38	20.84	32.28
7	南　京	83.57	83.57	14.29	20.63
8	红双喜	75.83	75.25	2.16	2.96
9	娇　子	75.23	75.00	22.41	42.62
10	七匹狼	73.71	73.65	11.49	18.49
11	中　华	73.44	73.44	20.25	38.08
12	玉　溪	71.08	71.08	18.34	34.76
13	黄鹤楼	68.22	68.22	19.86	41.06
14	长白山	62.38	62.38	13.03	26.42
15	黄　山	61.60	61.60	9.00	17.12

资料来源：中烟电子商务有限责任公司

2010 年卷烟累计交易金额前 15 名品牌成交情况表（全国）

序号	品牌	协议总量（万箱）	交易金额（亿元）	金额同比增减（亿元）	金额同比变动（%）
1	中　华	73.44	443.87	132.67	42.63
2	红塔山	283.37	316.17	76.23	31.77
3	云　烟	172.04	304.63	66.08	27.70
4	芙蓉王	85.39	294.05	72.52	32.74
5	白　沙	276.28	274.67	32.45	13.40
6	利　群	110.16	262.68	59.16	29.07
7	双　喜	204.74	245.14	49.43	25.26
8	玉　溪	71.08	210.49	55.17	35.52
9	黄鹤楼	68.22	201.29	60.69	43.17
10	红　河	219.36	179.76	14.89	9.03
11	黄　山	165.12	179.56	29.37	19.55
12	红金龙	236.02	159.78	17.55	12.34
13	南　京	86.77	157.40	29.33	22.91
14	七匹狼	141.28	156.14	22.46	16.80
15	红旗渠	196.06	137.08	3.86	2.90

资料来源：中烟电子商务有限责任公司

2010年鼓励培育品牌成交情况表（全国）

序号	品牌	协议总量（万箱）	交易量（万箱）	交易量同比增减（万箱）	交易量同比变动（%）	占总量比重（%）	占省际交易比重（%）	交易金额（亿元）
1	钻　石	69.06	69.05	10.41	17.75	1.47	20.29	8.82
2	中南海	37.40	37.40	1.10	3.02	0.80	69.75	3.65
3	泰　山	34.60	34.60	13.90	67.12	0.74	22.31	16.17
4	真　龙	24.13	24.10	3.29	15.78	0.51	41.20	4.71
5	金　圣	22.94	22.92	3.26	16.55	0.49	12.01	4.93
6	都　宝	18.53	18.53	-0.05	-0.26	0.40	98.80	0.28
7	黄金叶	17.61	17.61	11.69	197.51	0.38	33.91	22.71
8	贵　烟	12.44	12.44	5.43	77.39	0.27	40.38	11.94
9	金　桥	11.46	11.46	1.39	13.77	0.24	91.07	0.78
10	好　猫	3.30	3.30	1.22	58.20	0.07	14.96	2.70

资料来源：中烟电子商务有限责任公司

全国百牌号卷烟产、

序　号	品　牌	商标所有者	工业产量	
			2010年	2009年
合　计			23159.13	22236.53 *
1	新石家庄	河北白沙烟草有限责任公司	142.17	160.77
2	钻　石	河北白沙烟草有限责任公司	341.16	297.14
3	北戴河	河北白沙烟草有限责任公司	34.41	69.82
4	玉　兰	河北白沙烟草有限责任公司	13.75	18.53
5	苁　蓉	内蒙古昆明卷烟有限责任公司	0.21	11.76
6	长白山	吉林烟草工业有限责任公司	328.50	280.49
7	林海灵芝	黑龙江烟草工业有限责任公司	96.77	93.18
8	老仁义	黑龙江烟草工业有限责任公司	69.99	94.36
9	中　华	上海烟草（集团）公司	378.74	278.06
10	红双喜（上海）	上海烟草（集团）公司	397.19	379.30
11	上海牡丹	上海烟草（集团）公司	66.94	103.65
12	熊　猫	上海烟草（集团）公司	4.21	2.65
13	中南海	上海烟草（集团）公司	202.95	193.22
14	北　京	上海烟草（集团）公司	—	—
15	恒　大	上海烟草（集团）公司	32.06	49.23
16	江　山	上海烟草（集团）公司	8.98	9.23
17	南　京	江苏中烟工业有限责任公司	431.63	353.10
18	梦　都	江苏中烟工业有限责任公司	1.45	1.21
19	一品梅	江苏中烟工业有限责任公司	208.18	251.74
20	华西村	江苏中烟工业有限责任公司	14.48	14.46
21	红杉树	江苏中烟工业有限责任公司	169.00	190.16
22	苏　烟	江苏中烟工业有限责任公司	101.61	54.36
23	利　群	浙江中烟工业有限责任公司	551.79	431.13
24	雄　狮	浙江中烟工业有限责任公司	395.42	419.77
25	新安江	浙江中烟工业有限责任公司	—	—
26	西　湖	浙江中烟工业有限责任公司	—	—
27	大红鹰	浙江中烟工业有限责任公司	99.75	103.56
28	五　一	浙江中烟工业有限责任公司	2.44	9.08
29	上　游	浙江中烟工业有限责任公司	—	—
30	黄　山	安徽中烟工业公司	825.70	692.72

销、存统计表（2010年）

单位：亿支

商业销量		年末工商库存		
2010年	2009年	合　计	工　业	商　业
22896.68	22001.60	1759.99	562.46	1197.53
142.24	162.20	3.26	0.18	3.08
342.96	288.89	14.63	1.53	13.10
35.16	71.03	1.94	0.02	1.92
13.77	18.81	0.03	0.01	0.02
0.39	14.16	0.02	0.00	0.02
322.92	276.13	22.07	2.26	19.81
97.93	90.58	5.59	0.71	4.88
69.17	97.55	2.53	0.14	2.38
353.92	266.34	31.90	11.34	20.56
375.98	367.47	28.48	11.95	16.53
68.66	100.35	8.22	1.15	7.07
2.36	1.68	0.75	0.46	0.30
185.87	181.01	8.62	1.22	7.40
—	0.19	—	—	—
32.29	49.16	0.49	0.12	0.38
9.04	9.19	0.34	0.07	0.27
418.16	353.98	30.64	5.72	24.93
1.55	1.19	0.06	0.00	0.06
210.20	254.61	13.15	3.97	9.18
14.53	14.57	0.94	0.30	0.64
171.63	188.14	8.98	1.80	7.18
95.21	57.14	9.12	1.06	8.05
541.50	426.34	17.30	0.00	17.30
405.41	407.37	21.55	8.38	13.18
—	0.06	—	—	—
—	—	—	—	—
99.32	105.03	6.83	4.37	2.46
2.54	9.71	—	—	—
—	—	—	—	—
821.40	690.77	41.21	13.80	27.40

序　号	品　牌	商标所有者	工 业 产 量	
			2010 年	2009 年
31	渡　江	安徽中烟工业公司	—	—
32	迎客松	安徽中烟工业公司	—	—
33	都　宝	安徽中烟工业公司	98. 02	96. 05
34	盛　唐	安徽中烟工业公司	41. 43	52. 69
35	皖　烟	安徽中烟工业公司	—	—
36	光　明	安徽中烟工业公司	—	—
37	红三环	安徽中烟工业公司	220. 65	286. 56
38	七匹狼	福建中烟工业公司	710. 68	608. 20
39	乘　风	龙岩烟草工业有限责任公司	—	—
40	石　狮	厦门烟草工业有限责任公司	130. 93	152. 98
41	沉　香	厦门烟草工业有限责任公司	—	—
42	金　桥	福建中烟工业公司	58. 12	51. 25
43	金　圣	江西中烟工业有限责任公司	117. 34	93. 40
44	庐　山	江西中烟工业有限责任公司	299. 82	332. 47
45	赣	江西中烟工业有限责任公司	26. 98	33. 07
46	哈德门	山东中烟工业有限责任公司	641. 66	683. 79
47	壹枝笔	山东中烟工业有限责任公司	—	0. 73
48	八　喜	山东中烟工业有限责任公司	56. 30	80. 08
49	将　军	山东中烟工业有限责任公司	387. 63	419. 06
50	大　鸡	山东中烟工业有限责任公司	—	—
51	泰　山	山东中烟工业有限责任公司	171. 63	106. 61
52	红旗渠	河南中烟工业有限责任公司	978. 13	1014. 17
53	金芒果	河南中烟工业有限责任公司	—	—
54	洛　烟	河南中烟工业有限责任公司	—	—
55	黄金叶	河南中烟工业有限责任公司	90. 10	30. 23
56	散　花	河南中烟工业有限责任公司	248. 11	257. 41
57	沙　河	河南中烟工业有限责任公司	—	1. 38
58	帝　豪	河南中烟工业有限责任公司	102. 29	124. 55
59	金许昌	河南中烟工业有限责任公司	32. 07	45. 49
60	群英会	河南中烟工业有限责任公司	—	—
61	红金龙	湖北中烟工业有限责任公司	1182. 43	1107. 25
62	红双喜（武汉）	湖北中烟工业有限责任公司	44. 99	46. 61
63	黄鹤楼	湖北中烟工业有限责任公司	346. 45	242. 67

续表

商业销量		年末工商库存		
2010年	2009年	合计	工业	商业
—	—	—	—	—
—	—	—	—	—
93.84	92.84	8.57	5.99	2.58
41.64	50.75	3.41	0.92	2.49
—	—	—	—	—
—	—	—	—	—
219.35	276.75	23.39	10.57	12.81
698.51	597.35	51.14	11.70	39.44
—	—	—	—	—
134.62	152.16	1.53	0.01	1.52
—	—	—	—	—
56.48	50.17	4.72	0.19	4.53
115.73	97.21	12.45	6.65	5.80
302.29	338.05	19.75	7.17	12.58
27.92	33.07	1.92	0.69	1.22
661.62	673.43	25.79	2.26	23.52
0.19	11.62	0.01	—	0.01
62.48	78.68	0.40	—	0.40
416.38	399.80	4.18	0.05	4.13
—	—	—	—	—
159.97	97.22	23.16	1.33	21.83
1003.33	1000.56	37.95	0.84	37.11
—	—	—	—	—
—	—	—	—	—
73.14	31.35	16.94	0.98	15.95
233.92	254.14	20.27	0.51	19.76
—	2.81	—	—	—
111.26	123.52	1.28	0.32	0.96
34.43	47.62	0.90	—	0.90
—	—	—	—	—
1157.81	1107.84	85.23	24.11	61.12
46.62	46.09	1.74	0.16	1.58
335.56	237.76	29.23	9.37	19.86

序　号	品　牌	商标所有者	工业产量	
			2010 年	2009 年
64	长　城	湖北中烟工业有限责任公司	—	—
65	中　美	湖北中烟工业有限责任公司	—	—
66	白　沙	湖南中烟工业有限责任公司	1419.65	1326.70
67	长　沙	湖南中烟工业有限责任公司	—	—
68	相思鸟	湖南中烟工业有限责任公司	74.71	90.00
69	芙蓉王	湖南中烟工业有限责任公司	433.29	324.59
70	芙　蓉	湖南中烟工业有限责任公司	237.36	336.40
71	东方红	湖南中烟工业有限责任公司	—	—
72	红　豆	湖南中烟工业有限责任公司	7.97	6.90
73	羊　城	广东中烟工业有限责任公司	41.32	46.02
74	双　喜	广东中烟工业有限责任公司	1055.99	842.26
75	椰　树	广东中烟工业有限责任公司	112.14	122.17
76	红　玫	广东中烟工业有限责任公司	74.01	72.51
77	五叶神	广东中烟工业有限责任公司	127.07	145.27
78	甲天下	广西中烟工业有限责任公司	299.71	306.09
79	真　龙	广西中烟工业有限责任公司	120.79	102.58
80	好日子	深圳烟草工业有限责任公司	128.58	129.51
81	特美思	深圳烟草工业有限责任公司	18.99	24.31
82	娇　子	四川烟草工业有限责任公司	377.73	264.78
83	五　牛	四川烟草工业有限责任公司	50.25	74.01
84	九寨沟	四川烟草工业有限责任公司	—	—
85	宏　声	重庆烟草工业有限责任公司	140.86	204.13
86	龙凤呈祥	重庆烟草工业有限责任公司	196.91	169.50
87	天下秀	四川烟草工业有限责任公司	296.83	347.28
88	国　宝	四川烟草工业有限责任公司	—	—
89	小南海	重庆烟草工业有限责任公司	—	—
90	黄果树	贵州中烟工业有限责任公司	824.70	919.77
91	遵　义	贵州中烟工业有限责任公司	104.78	92.30
92	桫　椤	贵州中烟工业有限责任公司	22.62	24.26
93	长　征	贵州中烟工业有限责任公司	—	—
94	驰	贵州中烟工业有限责任公司	—	—
95	贵　烟	贵州中烟工业有限责任公司	69.00	34.75
96	红塔山	红塔烟草（集团）有限责任公司	1443.64	1104.96

续表

商业销量		年末工商库存		
2010年	2009年	合 计	工 业	商 业
—	—	—	—	—
—	0.03	—	—	—
1359.36	1316.50	129.49	53.07	76.41
—	—	—	—	—
76.19	87.68	4.27	0.44	3.83
416.29	322.93	30.37	13.13	17.24
241.42	344.70	12.15	3.30	8.84
—	—	—	—	—
7.91	8.83	0.47	0.04	0.43
41.30	46.14	2.72	0.18	2.54
1010.96	823.40	85.74	33.86	51.87
110.87	120.55	6.65	0.86	5.79
70.22	71.10	8.44	1.89	6.56
126.43	145.63	5.95	1.07	4.88
300.97	300.55	17.92	4.03	13.89
121.66	105.77	8.21	2.84	5.38
134.15	121.33	1.16	—	1.14
12.46	19.87	1.85	0.18	1.67
359.02	256.65	47.18	16.38	30.80
56.61	73.72	8.30	5.17	3.13
—	0.03	—	—	—
139.25	199.27	15.97	11.85	4.12
203.29	162.88	6.69	2.84	3.85
305.83	338.33	26.48	7.71	18.77
—	0.08	0.05	—	0.05
—	—	—	—	—
841.01	908.98	54.77	9.23	45.54
108.48	91.59	6.45	0.95	5.51
23.72	24.22	0.82	0.40	0.42
—	13.58	—	—	—
—	0.16	0.02	0.02	—
53.97	34.60	19.34	10.01	9.33
1372.91	1067.82	195.86	86.58	109.28

序　号	品　牌	商标所有者	工业产量	
			2010年	2009年
97	红　梅	红塔烟草（集团）有限责任公司	736.65	872.91
98	阿诗玛	红塔烟草（集团）有限责任公司	11.51	10.50
99	恭贺新禧	红塔烟草（集团）有限责任公司	16.94	8.56
100	玉　溪	红塔烟草（集团）有限责任公司	356.88	268.29
101	国　宾	红塔烟草（集团）有限责任公司	—	—
102	蝴蝶泉	红塔烟草（集团）有限责任公司	—	—
103	美　登	红塔烟草（集团）有限责任公司	—	—
104	人　参	吉林烟草工业有限责任公司	0.01	8.74
105	人民大会堂	红塔辽宁烟草有限责任公司	22.7	25.72
106	云　烟	红云红河烟草（集团）有限责任公司	877.79	691.44
107	红山茶	红云红河烟草（集团）有限责任公司	182.04	372.88
108	春　城	红云红河烟草（集团）有限责任公司	—	—
109	香格里拉	红云红河烟草（集团）有限责任公司	—	—
110	茶　花	红云红河烟草（集团）有限责任公司	5.77	7.93
111	福	红云红河烟草（集团）有限责任公司	12.12	30.39
112	石　林	红云红河烟草（集团）有限责任公司	27.34	60.80
113	吉　庆	红云红河烟草（集团）有限责任公司	—	—
114	小熊猫	红云红河烟草（集团）有限责任公司	111.84	136.17
115	红　河	红云红河烟草（集团）有限责任公司	1105.72	1006.70
116	龙　泉	红云红河烟草（集团）有限责任公司	—	—
117	钓鱼台（红云红河）	红云红河烟草（集团）有限责任公司	—	—
118	雪　莲	红云红河烟草（集团）有限责任公司	39.66	30.59
119	猴　王	陕西中烟工业有限责任公司	387.35	219.94
120	好　猫	陕西中烟工业有限责任公司	16.80	11.00
121	公　主	陕西中烟工业有限责任公司	—	36.10
122	延　安	陕西中烟工业有限责任公司	170.93	177.48
123	兰　州	甘肃烟草工业有限责任公司	366.50	365.75
124	海　洋	甘肃烟草工业有限责任公司	—	—
125	大丰收	国家烟草专卖局	126.44	206.03
126	金丝猴	陕西中烟工业有限责任公司	—	148.22

注：百牌号销售为对国内烟草商业系统外销售

*：此处2009年工业产量数据和《全国百牌号卷烟产、销、存统计表（2009年）》中的2009年工业产量数据因统计原因有部分出入。

资料来源：国家烟草专卖局烟草经济信息中心

续表

商业销量		年末工商库存		
2010 年	2009 年	合　计	工　业	商　业
759.17	863.27	62.71	12.84	49.87
0.01	—	1.41	1.41	—
16.70	8.51	1.35	—	0.90
344.67	262.13	57.30	31.33	25.96
—	—	—	—	—
—	—	—	—	—
—	—	—	—	—
1.37	8.96	—	—	—
23.59	26.56	0.86	0.54	0.32
859.65	700.21	89.67	46.23	43.43
185.81	395.09	19.81	4.84	14.96
—	—	—	—	—
—	0.37	—	—	—
5.92	8.31	0.62	0.3	0.32
12.97	29.87	2.44	1.53	0.91
28.09	67.12	4.63	1.69	2.95
—	—	—	—	—
119.19	130.38	10.43	4.34	6.09
1103.32	994.62	105.90	32.26	73.64
—	—	—	—	—
—	—	0.01	—	0.01
36.17	30.48	6.21	—	6.21
383.70	214.84	19.02	3.12	15.91
15.66	10.53	1.72	0.29	1.43
0.64	36.09	—	—	—
173.15	176.06	5.95	0.36	5.59
371.50	362.88	15.23	0.07	15.16
—	1.12	—	—	—
133.35	214.14	4.85	0.44	4.41
6.55	148.72	—	—	—

文 化

中国烟草博物馆

【概　况】 中国烟草博物馆位于上海市长阳路，于2004年7月15日开馆，总投资1.8亿元。博物馆总建筑面积为9617平方米，其中占地面积为5511平方米，展示面积约3500平方米。它是一家反映中国烟草发展历史、传承中国烟草文化的专业博物馆，是上海首个国家级行业博物馆，也是目前世界上规模最大的烟草博物馆。根据国家局的有关文件精神，中国烟草博物馆开馆后的日常管理纳入上海烟草（集团）公司统一管理。

中国烟草博物馆有烟草历程、烟草农业、烟草工业、烟草经贸、烟草管理、烟草文化、吸烟与控烟、新世纪等8个展馆，参观者可以通过大量珍贵的文物、文献、模型、场景、真人蜡像及照片、多媒体等形式，全面了解中国烟草的起源及各发展阶段的概况和特征，了解吸烟与控烟的发展历史及中国烟草行业在控烟与减害降焦等方面的情况。

2010年，中国烟草博物馆被上海市旅游局、上海市经济和信息化委员会评为“上海市工业旅游景点服务质量优秀单位”；被上海市委宣传部评为“上海市爱国主义教育基地”并授牌。

【机构设置】 博物馆下设办公室、陈列布展部、征集保管部、后勤保障部等4个部门。

【世博接待】 2010年，博物馆全力以赴做好上海世界博览会（简称“世博”）接待服务工作。在世博开幕前，博物馆引导员工主动学习世博知识，组织“迎世博，满意服务伴我行”学习知识竞赛活动；要求博物馆每个员工结合本人岗位实际，用一句话概括表达自己参与世博、服务世博的承诺。同时，开展了员工礼仪培训和一专多能的业务培训，要求50岁以下员工人人会讲解，以解决一线讲解人员紧缺的问题。在此基础上，开展了迎世博展品维护调整和安全、设备大检查，针对安全工作中存在的薄弱环节，拟定迎世博安全应急预案。在讲解接待工作中，博物馆提出“三多”、“三心”为内容的特色服务要求（“三多”即多一份笑容、多一点关心、多一些帮助；“三心”即热心、耐心、贴心）。

2010年，博物馆累计接待观众62435人次。

【展馆调整与研究工作】 在展馆调整方面，博物馆完成了“胡锦涛总书记在云南楚雄和烟农一起编烟上架”重要实物的陈列布展工作。对历程馆“明清烟具陈列内容”、文化馆“鲁迅与文学青年”场景、工业馆雪茄烟陈列橱窗、新世纪馆“江泽民为北京金叶园题字”展示版面、农业馆“烟叶采收和调制”场景及吸控馆多媒体播放等内容进行了调整和完善。此外，应行业卷烟品牌整合和重点品牌的宣传需要，博物馆集中力量，将工业馆展出的全国性卷烟重点骨干品牌“36个名优卷烟产品”更换为“20+10”骨干品牌，并在每一种产品展示板块中增加该产品的企业标志性图片及产品介绍。将工业馆原来的“卷烟生产主要经济指标”多块展示版面改为“卷烟工业企业技术改造”内容。

在研究工作方面，根据朱尊权院士在2008年CORESTA大会上提出的建议，博物馆与复旦大学文物与博物馆学系合作，启动了“烟草传入中国时间问题”的课题研究活动。经过一年时间的深入调查和研讨，课题组于6月24日召开结题会，具体汇报了课题研究成果。同时，博物馆对“美丽”牌烟标进行了专题研究，完成了《美丽牌烟标寻踪》的专著论文及近10万余字的“民国烟草广告画”课题的研究工作。此外，博物馆通过对馆藏水烟壶和香烟广告画的分类研究，共完成303件水烟壶、297张烟画及101套烟画片的研究描述工作，并完成近12000条烟标藏品信息卡的制作和6552条“民国烟草档案”信息的整理工作。上述研究工作的成果，已输入博物馆信息系统，以备调用与查阅。

2010年，博物馆普查小组对上海烟草1906～1966年间共2323件稀有文献史料进行了普查调研，并形成普查报告和文献史料普查档案库。11月初，对北京卷烟厂文献史料和物品进行查阅、拍摄和登记工作，保存了北京卷烟厂建厂40年来741件珍贵的烟草历史文献资料和信息。

【对外交流和宣传】 博物馆完成本馆介绍片的重新拍摄和制作工作，并通过博物馆网站，加大对外宣传的力度。全年博物馆网站共发表特约研究文章56篇，网民点击率达到29000余人次。向《中国烟草学报》提供介绍博物馆近几年工作概况的文字和彩色图片；参加区文管委在国歌广场组织的“5.18”世界博物馆日宣传活动；在市委宣传部、市科协、市总工会等单位制作的《工业旅游》和《基地指南》等画册上刊载介绍博物馆概况的文字。全年博物馆在行业内外各媒体发表介绍博物馆工作和烟草文化的稿件达50余篇，提高了博物馆的社会知名度。

根据“科普教育基地”和“爱国主义教育基地”建设的要求，为适应不同层次观众的参观需求，在梳理各馆讲解内容的基础上，完成了博物馆解说词学生版和老年版的修改工作，并完善了中英文语音导览系统。

烟草行业媒体名录

报刊名	报刊号/准印证号	创刊日期	刊　期	联系电话	主办单位
《中国烟草》	ISSN1008－9063 CN11－3831/D	1985年7月	半月刊	010－63605464	中国烟草杂志社
《中国烟草学报》	ISSN1004－5708 CN11－2985/TS	1992年	双月刊	010－63605768	中国烟草学会
《新烟草》	ISSN1008－5181 CN23－1526/TS	1986年6月	月　刊	010－68535662	黑龙江省烟草公司、中国烟草杂志社
《北京烟草》	京内资准字1999－L0006	1993年	季　刊	010－67009775	北京市烟草专卖局（公司）、北京烟草学会
《北京烟草视窗》	京内资准字0707－L0038	2005年1月	半月报	010－67009783	北京市烟草专卖局（公司）
《天津烟草》	准印证第05038号	2000年6月	双月刊	022－60356155	天津市烟草专卖局（公司）、天津市烟草学会
《河北烟草》	JL01－0160（内部交流）	1984年9月	双月刊	0311－88607867	河北省烟草专卖局（公司）、河北省烟草学会
《河北烟草报》	JL01－0312（内部交流）	2003年8月	半月报	0311－66006562	河北中烟工业公司、河北省烟草专卖局（公司）
《山西烟草》	山西省连续性内部资料准印证（99）第K224号	1987年3月	季　刊	0351－4153278	山西省烟草专卖局（公司）
《太原烟草》	山西省内部资料准印证第B122号	2008年11月	月　刊	0351－8399010	山西省太原市烟草专卖局（公司）
《客户服务窗》		2007年4月	月　刊	0352－5681219	山西省大同市烟草专卖局（公司）
《市场关注》		2007年8月	月　刊	0355－2611053	山西省长治市烟草专卖局（公司）
《德泽之光》		2009年1月	月　刊	0356－2197859	山西省晋城市烟草专卖局（公司）

续表

报刊名	报刊号/准印证号	创刊日期	刊　期	联系电话	主办单位
《运烟人》		2010 年 3 月	月　刊	0359－2628062	山西省运城市烟草专卖局（公司）
《吕梁烟草》		2002 年 4 月	半月刊	0358－8211720	山西省吕梁市烟草专卖局（公司）
《精　进》		2010 年 3 月	月　刊	0354－3073113	山西省晋中市烟草专卖局（公司）
《共同关注》		2005 年 10 月	月　刊	0350－3040538	山西省忻州市烟草专卖局（公司）
《临网导刊》		2005 年 7 月	月　刊	0357－2999001	山西省临汾市烟草专卖局（公司）
《大　光》	山西省内部资料准印证［2009］B124 号	1995 年 1 月	月　刊	0351－4188236	山西昆明烟草有限责任公司
《内蒙古烟草》	15－088/C（内部交流）	1988 年 10 月	双月刊	0471－2297071	内蒙古自治区烟草专卖局（公司）、内蒙古自治区烟草学会
《呼烟报》		1998 年 1 月	月　报	0471－4348623	内蒙古昆明卷烟有限责任公司
《辽宁烟草》	辽宁省内部资料准印证第 0022 号	1990 年 1 月	双月刊	024－22937058	辽宁省烟草专卖局（公司）、辽宁省烟草学会
《烟草资讯》	内部资料	2003 年 1 月	月　刊	024－22822897	辽宁省沈阳市烟草专卖局（公司）
《网建与经营》	内部资料	2006 年 7 月	月　报	0412－5539535	辽宁省鞍山市烟草专卖局（公司）
《烟草资讯》	内部资料	2003 年 1 月	月　刊	024－22822897	辽宁省沈阳市烟草专卖局（公司）
《网建与经营》	内部资料	2006 年 7 月	月报	0412－5539535	辽宁省鞍山市烟草专卖局（公司）
《丹东烟草报》	内部资料	2007 年 12 月	双月报	0415－2122621	辽宁省丹东市烟草专卖局（公司）
《锦州烟草报》	内部资料	2005 年 7 月	月　报	0416－2329215	辽宁省锦州市烟草专卖局（公司）
《阜新烟草》	内部资料	2007 年 7 月	月　报	0418－2833617	辽宁省阜新市烟草专卖局（公司）
《辽阳烟草》	内部资料	2002 年 11 月	季　刊	0419－4122818	辽宁省辽阳市烟草专卖局（公司）

续表

报刊名	报刊号/准印证号	创刊日期	刊　期	联系电话	主办单位
《铁岭烟草》	内部资料	2003 年 12 月	月　报	024－72223268	辽宁省铁岭市烟草专卖局（公司）
《朝烟信息》	内部资料	2005 年 5 月	月　报	0421－2610269	辽宁省朝阳市烟草专卖局（公司）
《红辽烟草》	辽宁省内部资料准印证 0151 号	2005 年 1 月	半月刊	024－22815777	红塔辽宁烟草有限责任公司
《吉林烟草》	吉林省连续性内部资料出版物准印证编号：JN00－013	1994 年 1 月	月　刊	0431－88401432	吉林省烟草专卖局（公司）
《长春烟草》		2004 年 1 月	月　报	0431－88464908	吉林省长春市烟草专卖局（公司）
《烟草专卖导读》	吉林省连续性内部资料出版物准印证编号：JN02－033	2003 年 4 月	月　报	0432－46064909	吉林省吉林市烟草专卖局（公司）
《松原烟草报》	吉林省内部数据性出版物 20079007 号	2006 年 6 月	季　报	0438－2281402	吉林省松原市烟草专卖局（公司）
《工商协同营销期刊》		2007 年 4 月	不定期	0438－2281201	吉林省松原市烟草专卖局（公司）
《白城烟草》	吉准印号 200607009	2006 年 8 月	月　报	0436－3351928	吉林省白城市烟草专卖局（公司）
《烟叶快报》		2007 年 2 月	不定期	0436－335935	吉林省白城市烟草专卖局（公司）
《英雄城烟草报》		2006 年 7 月	季　报	0434－3599958	吉林省四平市烟草专卖局（公司）
《白山烟草工作动态》		2008 年 9 月	双月报	0439－3380366	吉林省白山市烟草专卖局（公司）
《吉林烟草工业报》	吉林省连续性内部资料出版物准印证编号：JN03－025	2008 年 5 月	半月报	0433－2858368	吉林烟草工业有限责任公司
《黑龙江烟草》	黑新出印字 2300009 号	1999 年 3 月	旬　报	0451－82643781	黑龙江省烟草专卖局（公司）
《哈尔滨烟草》	黑新出印字 2301026 号	2002 年 9 月	半月刊	0451－88620697	黑龙江省哈尔滨市烟草专卖局（公司）
《政务信息》		2004 年 9 月	月　刊	0467－2682215	黑龙江省鸡西市烟草专卖局（公司）

续表

报刊名	报刊号/准印证号	创刊日期	刊 期	联系电话	主办单位
《黑龙江烟草工业》	黑新出印第字 2301039 号	1988 年 11 月	旬 报	0451－82521456－250	黑龙江烟草工业有限责任公司
《上海烟业》	上海市连续性内部资料准印证第 0205 号	1987 年 2 月	季 刊	021－61669608	上海市烟草学会
《上海烟业报》		1994 年 11 月	周 报	021－61669053	上海市烟草专卖局、上海烟草（集团）公司
《京 烟》	内部资料性出版物京内资准字 99－L0501	1993 年 1 月	月 报	010－65762922－211	上海烟草集团北京卷烟厂
《津 烟》	内部资料准印证号津 07011	1994 年 10 月	半月报	022－24727350	上海烟草（集团）公司天津卷烟厂
《烟印报》		1993 年 1 月	月 报	021－61666913	上海烟草工业印刷厂
《白玉兰报》		2004 年 1 月	双月报	021－61662878	上海白玉兰烟草材料有限公司
《专卖网建动态》		2005 年 4 月	半月刊	021－37101067	上海市烟草专卖局奉贤分局、上海烟草集团奉贤烟草糖酒有限公司
《江苏烟草报》	苏新出准印 JS－S060 号	2008 年 2 月	月 报	025－86794543	江苏省烟草专卖局（公司）
《江苏烟草研究》	苏新出准印 JS－S027 号	2008 年 2 月	双月刊	025－86794543	江苏省烟草专卖局（公司）
《江苏中烟报》	苏新出准印 JS－S319 号	2007 年 1 月	半月报	025－58590617	江苏中烟工业有限责任公司
《江苏中烟》	苏新出准印 JS－S318 号	2007 年 2 月	双月刊	025－58590637	江苏中烟工业有限责任公司
《浙江烟草》	浙内部资料准印证第 0039 号	1987 年 4 月	双月刊	0571－87032401	浙江省烟草专卖局（公司）、浙江中烟工业有限责任公司、浙江省烟草学会
《杭州烟草报－客户直通车》	浙企准字第 A052 号	2001 年 1 月	月 报	0571－87227521	浙江省杭州市烟草专卖局（公司）
《宁波烟草》	浙内准字第 B054 号	2010 年 1 月	双月报	0574－87993103	浙江省宁波市烟草专卖局（公司）
《春 蚕》		2007 年 12 月	年 刊	0573－82718533	浙江省嘉兴市烟草专卖局（公司）

续表

报刊名	报刊号/准印证号	创刊日期	刊　期	联系电话	主办单位
《绍兴烟草》	浙企准字第 D－067 号	2007 年 7 月	月　报	0575－88655563	浙江省绍兴市烟草专卖局（公司）
《烟草客户之友》	浙企准字第 G－059 号	2006 年 10 月	月　报	0579－2321583	浙江省金华市烟草专卖局（公司）
《浙江中烟报》	浙企准字 S042 号	2006 年 10 月	月　报	0571－87075860	浙江中烟工业有限责任公司
《安徽烟草》	安徽省内部资料准印（综）00－2046	2001 年 1 月	月　刊	0551－2285023	安徽省烟草专卖局（公司）、安徽省烟草学会
《亳州烟草报》	亳宣准字 200303	2003 年 3 月	半月报	0558－5128518	安徽省亳州市烟草专卖局（公司）
《蚌烟实报》	皖内部资料性图书 BB－2010－009 号	2010 年 1 月	月　刊	0552－4089163	安徽省蚌埠市烟草专卖局（公司）
《阜阳烟草》		2009 年	月　报	0558－2361322	安徽省阜阳市烟草专卖局（公司）
《淮南烟草》		2004 年	月　报	0554－2519952	安徽省淮南市烟草专卖局（公司）
《皖东烟草报》		2003 年	月　报	0550－3216356	安徽省滁州市烟草专卖局（公司）
《徽映敬亭》		2009 年	双月刊	0563－2615178	安徽省宣城市烟草专卖局（公司）
《香樟树》		2007 年	双月报	0566－2089056	安徽省池州市烟草专卖局（公司）
《仁之魂》		2008 年	季　刊	0566－2089056	安徽省池州烟草仁文化研究会
《四书五经一对一》		2009 年	双月刊	0563－2615178	安徽省宣城市烟草专卖局（公司）
《一周一箴》		2009 年		0566－2089015	安徽省池州市烟草专卖局（公司）
《安庆烟草》	内部资料	1998 年	月　刊	0556－5280215	安徽省安庆市烟草专卖局（公司）
《安徽中烟报》	皖内资准字第 01－020	2006 年 10 月	半月报	0551－5392203	安徽中烟工业公司
《黄山世界》	皖内资准字第 00－265	2009 年	季　刊	0551－5368036	安徽中烟工业公司

续表

报刊名	报刊号/准印证号	创刊日期	刊　期	联系电话	主办单位
《福建烟草》	闽内刊出版许可证第K097号	1987年	双月刊	0591－87069999	福建省烟草专卖局（公司）、福建中烟工业公司、福建省烟草学会
《海峡烟草》		2003年6月	旬　报	0591－87069999	福建省烟草专卖局（公司）
《海峡烟草》（烟叶版）		2005年5月	月　报	0591－87069999	福建省烟草专卖局（公司）
《三明烟草》	闽内刊出版许可证第08003号	1992年1月	双月刊	0598－8566611	福建省三明市烟草专卖局（公司）、福建省三明市烟草学会
《龙岩烟草》	（岩）新出（2009）第120号	2007年10月	月　报	0597－2999816	福建省龙岩市烟草专卖局（公司）
《永烟信息》	（明）新出（2008）内书第263号	2002年2月	月　刊	0598－3739036	福建省永安市烟草专卖局（分公司）
《延烟资讯》	（南）新出（2008）内书第04号	2008年1月	月　报	0599－8876005	福建省南平市延平区烟草专卖局（分公司）
《龙烟人》	闽内部资料性出版许可证第119号	1991年7月	旬　刊	0597－2776888	龙岩烟草工业有限责任公司
《厦门烟草》	厦新出（99）内资第16号	1993年12月	月　刊	0592－6536171	厦门烟草工业有限责任公司
《江西烟草》	赣内资字第122号	1991年1月	双月刊	0791－6535063	江西省烟草专卖局（公司）、江西中烟工业有限责任公司、江西省烟草学会
《江西金叶》		2009年11月	双月刊	0791－6535295	江西省烟草专卖局（公司）
《江西烟草调研》		1996年1月	月　刊	0791－6535295	江西省烟草专卖局（公司）
《南昌烟草报》		2005年9月	月　报	0791－6508573	江西省南昌市烟草专卖局（公司）
《诚信红绿灯》	赣内资第G023号	2009年6月	月　报	0792－8130011	江西省九江市烟草专卖局（公司）
《饶烟论坛》		1998年5月	月　报	0793－8310528	江西省上饶市烟草专卖局（公司）
《学与思》		2005年6月	月　报	0793－8310193	江西省上饶市烟草专卖局（公司）

续表

报刊名	报刊号/准印证号	创刊日期	刊　期	联系电话	主办单位
《宜春烟草报》		2008 年 1 月	月　报	0795－3286206	江西省宜春市烟草专卖局（公司）
《景德镇烟草报》	CN36－0012	2007 年 8 月	半月报	0798－6799000	江西省景德镇市烟草专卖局（公司）
《赣南广播电视报·金叶专版》	国内统一连续出版物号：CN36－0025/05－12	2006 年 12 月	月　报	0797－8229530	江西省赣州市烟草专卖局（公司）、赣南广播电视报
《鹰潭广播电视报·金叶专版》	国内统一连续出版物号：CN36－0025/08－12	2005 年 12 月	半月报	0701－6251388	鹰潭市烟草专卖局（公司）、鹰潭市广播电视局
《金圣报》	赣内资字第 076 号	2004 年 6 月	月　报	0791－8358596	江西中烟工业有限责任公司
《典　藏》		2009 年 9 月	不定期	0791－8358596	江西中烟工业有限责任公司
《南烟信息》	赣内资字第 076 号（副）	1999 年 10 月	半月报	0791－8358920	江西中烟工业有限责任公司南昌卷烟厂
《快乐人》		1998 年 6 月	月　报	0797－6799271	江西中烟工业有限责任公司赣南卷烟厂
《月兔信息》	赣内资字第 E004 号	1996 年 10 月	月　报	0793－6078818	江西中烟工业有限责任公司广丰卷烟厂
《兴烟简讯》		2000 年 5 月	月　报	0797－5305600	江西中烟工业有限责任公司兴国卷烟厂
《井烟信息》		2010 年 3 月	双月刊	0796－8401898	江西中烟工业有限责任公司井冈山卷烟厂
《东方烟草报》	国内统一刊号：CN37－0082	1992 年 7 月	周五报	0531－88562706	《东方烟草报社》有限公司
《山东烟草》	鲁连内资（2007）1263	2007 年 12 月	双月刊	0531－88525069	山东省烟草专卖局（公司）、山东中烟工业公司、山东省烟草学会
《山东中烟报》	鲁连内资（2008）第 0059 号	2007 年 11 月	半月报	0531－82599965	山东中烟工业有限责任公司
《零售商·泰山周刊》	国内统一刊号：CN37－0016	2008 年 5 月	周　刊	0531－82599963	山东中烟工业有限责任公司
《将军视窗》	济南市内部资料准印证第 004 号	1990 年 7 月	旬　报	0531－66776238	山东中烟工业有限责任公司济南卷烟厂、将军烟草集团有限公司
《星光报》	山东省连续型内部资料出版物准印证 0085 号	1997 年 10 月	月　报	0536－3239468	山东中烟工业有限责任公司青州卷烟厂

续表

报刊名	报刊号/准印证号	创刊日期	刊　期	联系电话	主办单位
《青岛卷烟》	鲁连内资（2007）第0055号	1991年9月	季　报	0532－81921263	山东中烟工业有限责任公司青岛卷烟厂
《滕烟采风报》	鲁D（枣庄市）：连内资（2009）第031号	1996年2月	不定期	0632－5636956	山东中烟工业有限责任公司滕州卷烟厂
《中国烟草科学》	ISSN1007－5119 CN37－1277/S	1979年	季　刊	0532－88703708	中国农业科学院烟草研究所、中国烟草总公司青州烟草研究所
《河南烟草》	内资［豫直］168号	1996年6月	季　刊	0371－65583125	河南省烟草专卖局（公司）、河南中烟工业有限责任公司、河南省烟草学会
《郑州烟草》	豫内资准印证［郑州］0005	2001年	半月报	0371－86168658	河南省郑州市烟草专卖局（公司）
《洛阳烟草》	豫内资准印证［洛阳］0098	2009年3月	半月报	0379－65921197	河南省洛阳市烟草专卖局（公司）
《南阳烟草通讯》	豫内资准印证［南阳］049	2009年9月	月　报	0377－63160072	河南省南阳市烟草专卖局（分公司）
《焦作烟草》	豫内资准印证［焦作］0024	2006年1月	半月报	0391－8381072	河南省焦作市烟草专卖局（公司）
《今日信烟》	豫内资准印证［信阳］0024	2004年8月	月　报	0376－6557519	河南省信阳市烟草专卖局（公司）
《郑州院报》		2004年1月	不定期	0371－67672208	中国烟草总公司郑州烟草研究院
《烟草科技》	ISSN1002－0861 CN41－1137/TS	1957年	月　刊	0371－67672637	中国烟草总公司郑州烟草研究院
《河南中烟》	内资［省直］163号	2006年9月	月　刊	0371－69192833	河南中烟工业有限责任公司
《新烟时空》	河南省连续性内部资料郑州［74号］	2008年7月	月　刊	0371－62619537	河南中烟工业有限责任公司新郑卷烟厂
《黄金叶信息》	豫内资通字［2002］0026	2003年1月	月　刊	0371－66393271	河南中烟工业有限责任公司郑州卷烟厂
《帝豪时讯》	内资［许昌］0006号	1988年6月	半月刊	0374－3351139	河南中烟工业有限责任公司许昌卷烟厂
《安　烟》	［审安阳连］00001号	2010年1月	月　刊	0372－5089897	河南中烟工业有限责任公司安阳卷烟厂
《湖北烟草》	湖北省内部资料准印证第2006/SG	1986年1月	月　刊	027－83738388	湖北省烟草专卖局（公司）、湖北中烟工业有限责任公司、湖北省烟草学会

续表

报刊名	报刊号/准印证号	创刊日期	刊　期	联系电话	主办单位
《襄烟学报》		2001 年	月　报	0710－3010881	湖北省襄樊市烟草专卖局（公司）、襄樊市烟草学会
《鄂州烟草报》	鄂州内图字 2009 年第 101 号	2003 年 1 月	半月刊	0711－3870952	湖北省鄂州市烟草学会
《荆州文学·金叶》	JTR（2004）32 号		双月刊	0716－8506861	湖北省荆州市烟草专卖局（公司）、荆州市作家协会
《黄鹤楼内刊》	鄂内资准印 1013/WH	1989 年	半月刊	027－68832900	湖北中烟工业有限责任公司
《湖南烟草》	湖南省内部资料刊型准印证号 0058	1986 年 9 月	双月刊	0731－85799277	湖南省烟草专卖局（公司）、湖南中烟工业有限责任公司、湖南省烟草学会
《株洲烟草》		2005 年 6 月	月　刊	0731－28223986	湖南省株洲市烟草学会
《益阳烟草》	湖南省内部资料型准许印证号：湘益新出（2009）011 号	2006 年 11 月	季　刊	0737－6184999	湖南省益阳市烟草专卖局（公司）、益阳市烟草学会
《娄烟之声》	湘 K0010	2007 年 3 月	双月刊	0738－8312687	湖南省娄底市烟草专卖局（公司）
《邵阳烟草服务直通车》	湘邵新出准字（2009）第 35 号	2009 年 8 月	季　刊	0739－5390975	湖南省邵阳市烟草专卖局（公司）
《湖南中烟报》		2007 年 12 月	半月报	0731－85098341	湖南中烟工业有限责任公司
《白沙报》	湖南省报型内部资料准印证 A002 号	1989 年	半月报	0731－85559117	湖南中烟工业有限责任公司长沙卷烟
《常德烟厂报》	湖南省内部资料型准许印证号 H002	1984 年 4 月	旬　报	0736－7299323	湖南中烟工业有限责任公司常德卷烟厂
《郴烟通讯》	湖南省报型资料准印证第 L003 号	1995 年 4 月	半月报	0735－2229904	湖南中烟工业有限责任公司郴州卷烟厂
《零烟通讯》	湖南省报型资料准印证第 M001 号	1986 年 3 月	半月报	0746－6668564	湖南中烟工业有限责任公司零陵卷烟厂
《广东烟草》	粤内登字 O 第 10310 号	2004 年 8 月	双月刊	020－38809775	广东省烟草专卖局（公司）
《广东中烟报》	粤内登字 O 第 00034 号	2005 年 5 月	月　报	020－87013273	广东中烟工业有限责任公司
《广西烟草》	广西壮族自治区内部资料性出版物准印证第 0001032 号	1987 年 1 月	双月刊	0771－5851875	广西壮族自治区烟草专卖局（公司）、广西中烟工业有限责任公司、广西烟草学会

续表

报刊名	报刊号/准印证号	创刊日期	刊　期	联系电话	主办单位
《桂烟之友》	广西壮族自治区内部资料性出版物准印证第0001025号	2010年6月	半月刊	0771－5851875	广西壮族自治区烟草专卖局（公司）
《邕城烟草报》	广西壮族自治区内部资料性出版物准印证第0010155号	2004年7月	半月报	0771－2108681	广西壮族自治区南宁市烟草专卖局（公司）
《柳州烟草》	广西壮族自治区内部资料性出版物准印证第0005122号	2007年8月	月　报	0772－2838788	广西壮族自治区柳州市烟草专卖局（公司）
《河池烟草》	广西壮族自治区内部资料性出版物准印证第0029689号	2003年4月	月　报	0778－2284430	广西壮族自治区河池市烟草专卖局（公司）
《来宾烟草》	广西壮族自治区内部资料性出版物准印证第0006441号	2006年6月	双月刊	0772－4228861	广西壮族自治区来宾市烟草专卖局（公司）
《梧州烟草》	广西壮族自治区内部资料性出版物准印证第00157222号	2009年2月	月　报	0774－3815167	广西壮族自治区梧州市烟草专卖局（公司）、梧州市烟草学会
《桂林烟草》		2006年7月	月　报	0773－3892101	广西壮族自治区桂林市烟草专卖局（公司）
《百色烟草》	广西壮族自治区内部资料性出版物准印证第0026253号	2008年2月	月　报	0776－2939400	广西壮族自治区百色市烟草专卖局（公司）
《真　龙》	广西壮族自治区内部资料性出版物准印证第0018007号	2005年4月	旬　报	0771－2093238	广西中烟工业有限责任公司
《海南烟草》	琼内准印字第B005号	2000年10月	月　报	0898－65806069	海南省烟草专卖局（公司）、海南省烟草学会
《长江烟草报》	渝内字（07）－（040）号	1992年2月	旬　报	023－62940675	重庆市烟草专卖局（公司）、重庆烟草工业有限责任公司
《重庆烟草》	渝内字（06）－（349）号	1989年	月　刊	023－67982697	重庆市烟草专卖局（公司）、重庆市烟草学会
《四川烟草通讯》		1985年	双月刊	028－86162076	四川省烟草专卖局（公司）、川渝中烟工业公司、四川省烟草学会
《成都烟草》		2006年4月	月　刊	028－82597346	四川省成都市烟草专卖局（公司）、成都市烟草学会

续表

报刊名	报刊号/准印证号	创刊日期	刊　期	联系电话	主办单位
《凉山烟草》	凉新出图 2008 第 54 号	-	月　刊	0834 - 6120045	四川省凉山州烟草专卖局（公司）
《贵州烟草》	黔新出［报刊］2005 连续性内资准字第 220 号	1979 年	季　刊	0851 - 6830484	贵州省烟草专卖局（公司）、贵州中烟工业有限责任公司、贵州省烟草学会、贵州省烟草科学研究所
《贵阳烟草》	黔新出［报刊］2010 年连续性内资准字第 357 号	2005 年 5 月	季　刊	0851 - 5814816	贵州省贵阳市烟草专卖局（公司）
《遵义烟草》	贵州省［报刊］内资字第 DK108 号	2002 年 10 月	双月刊	0852 - 8662861	贵州省遵义市烟草专卖局（公司）
《遵烟时讯》	贵州省［报刊］连续性内资字第 ZYSB6 号/黔新出［期刊］2010 年连续性内资准字第 ZYSB138 号	2004 年 10 月	月　刊	0852 - 8662861	贵州省遵义市烟草专卖局（公司）
《毕节烟草报》	黔新［报刊］2006 内资准字 162 号	1987 年 7 月	旬　报	0851 - 8278816	贵州省毕节地区烟草专卖局（公司）
《黄果树烟草报》	2010 年连续性内资字第 SB20 号	2005 年 9 月	周　报	0851 - 6831628	贵州中烟工业有限责任公司、贵州省烟草专卖局（公司）
《贵烟之窗》	贵州省连续性内资字第 SB62 号	2005 年 9 月	月　刊	0851 - 5989802	贵州中烟工业有限责任公司贵阳卷烟厂
《遵烟一览》	贵州省连续性内资字第 ZYSB2 号	2007 年 1 月	月　刊	0852 - 8641629	贵州中烟工业有限责任公司遵义卷烟厂
《云南烟草》	云新出（2009）准印连字第 A15025 号	1987 年	双月刊	0871 - 3129888	云南省烟草专卖局（公司）、云南中烟工业公司、云南省烟草学会
《红云红河烟草》	云新出（2010）准印连字第 A16057 号	2009 年 1 月	半月刊	0871 - 5833193	红云红河烟草（集团）有限责任公司
《今日红云红河》	云新出（2010）准印连字第 A16056 号	2009 年 1 月	双月刊	0871 - 5833191	红云红河烟草（集团）有限责任公司
《和谐昆烟》	云新出（2010）准印连字第 A16088 号	1990 年 1 月	双月刊	0871 - 5815580	红云红河烟草（集团）有限责任公司昆明卷烟厂
《红塔时报》	云南省连续性内部出版物 366 号	1987 年 5 月	半月报	0877 - 2968939	红塔烟草（集团）有限责任公司
《价　值》	玉图（报、刊）字 2008169	2008 年 9 月	季　刊	0877 - 2968089	红塔烟草（集团）有限责任公司玉溪卷烟厂

续表

报刊名	报刊号/准印证号	创刊日期	刊 期	联系电话	主办单位
《红塔楚雄时讯》	云新出（2009）准印连字第 F36002 号	1983 年	半月报	0878－3207295	红塔烟草（集团）有限责任公司楚雄卷烟厂
《红塔大理时讯》	云新出（2010）准印连字第 L26002 号	1984 年	半月报	0872－2360191	红塔烟草（集团）有限责任公司大理卷烟厂
《红塔昭通时讯》	云新出（2010）准印连字第 B36001 号	1988 年 2 月	半月报	0870－2130195	红塔烟草（集团）有限责任公司昭通卷烟厂
《烟草农业科学》	云新出（2005）250 号	2005 年 9 月	季 刊	0871－8310750	云南省烟草农业科学研究院、中国烟草育种研究（南方）中心
《西藏烟草报》	内部资料	2008 年 5 月	月 报	0891－6865668	西藏自治区烟草专卖局（公司）
《陕西烟草》	陕新出内印字/第 9617 号	1990 年 12 月	月 刊	029－85466252	陕西省烟草专卖局（公司）、陕西中烟工业有限责任公司、陕西省烟草学会
《西安烟草》		2004 年 3 月	半月刊	029－82509149	陕西省西安市烟草专卖局（公司）
《咸阳烟草》	陕内资字 0324 号	2006 年 5 月	半月刊	029－33369992	陕西省咸阳市烟草专卖局（公司）
《商洛烟草》		1992 年	周 报	0914－2313216	陕西省商洛市烟草专卖局（公司）
《烟雨心声》		2006 年	月 报	0917－3250219	陕西省宝鸡市烟草专卖局（公司）
《同心安康》	陕新出内印字 0625 号		双月刊	0915－3286490	陕西省安康市烟草专卖局（公司）
《榆烟心桥》			月 刊	0912－5632623	陕西省榆林市烟草专卖局（公司）
《陕西中烟报》	陕新出内印字第 9898 号	2005 年 12 月	月 报	029－88453282	陕西中烟工业有限责任公司
《猴王通讯》		2006 年 9 月	月 刊	0917－3469224	陕西中烟工业有限责任公司宝鸡卷烟厂
《甘肃烟草》	甘新出连续性内部资料准印证（刊型）G10059	1992 年 12 月	双月刊	0931－8858751	甘肃省烟草专卖局（公司）、甘肃省烟草学会
《烟 志》	甘出准 46 字总 334 号（2010）14 号	2010 年 4 月	季 刊	0932－8211569	甘肃省定西市烟草专卖局（公司）
《烟 语》	甘出准 036 字总 341 号（2009）022 号	2009 年 10 月	季 刊	0939－8212481	甘肃省陇南市烟草专卖局（公司）

续表

报刊名	报刊号/准印证号	创刊日期	刊 期	联系电话	主办单位
《文化武烟》		2010 年 4 月	季 刊	0935－6119513	甘肃省武威市烟草专卖局（公司）
《飞天烟讯》		1994 年	旬 报	0931－2555038	甘肃烟草工业有限责任公司
《青海烟草》	青内资 K－173 号	1986 年	双月刊	0971－6106090	青海省烟草专卖局（公司）、青海省烟草学会
《宁夏烟草》	宁出新管字［2010］第 0192 号	1991 年	季 刊	0951－5044368	宁夏回族自治区烟草专卖局（公司）、宁夏回族自治区烟草学会
《银川烟草》	宁出新管字［2010］第 0286 号	2005 年 1 月	双月刊	0951－5077021	宁夏回族自治区银川市烟草专卖局（公司）
《银烟市场报》		2003 年 1 月	月 报	0951－5077021	宁夏回族自治区银川市烟草专卖局（公司）
《石嘴山烟草报》		2007 年 10 月	月 报	0952－2013123	宁夏回族自治区石嘴山市烟草专卖局（公司）
《吴忠烟草报》		2007 年 12 月	月 报	0953－2013426	宁夏回族自治区吴忠市烟草专卖局（公司）
《中卫烟草报》		2006 年 3 月	月 报	0955－7022901	宁夏回族自治区中卫市烟草专卖局（公司）
《新疆烟草》	新疆内部准印证第 0113 号	1988 年	季 刊	0991－4810977	新疆维吾尔自治区烟草专卖局（公司）、新疆维吾尔自治区烟草学会
《乌鲁木齐烟草》	新疆内部准印证第 0143 号	2009 年	季 刊	0991－2811355	新疆维吾尔自治区乌鲁木齐市烟草专卖局（公司）、乌鲁木齐市烟草学会
《深圳烟草》	粤内登字 B 第 11180 号	1986 年 12 月	双月刊	0755－82029915	深圳市烟草专卖局（公司）
《深烟风采》	［2005］粤印准字第 0334 号	2002 年 6 月	季 刊	0755－81788330	深圳烟草工业有限责任公司

2010年度烟草新书目

1. YC171－2009《烟用接装纸》与YC170－2009《烟用接装纸原纸》实施指南/范黎主编. 国家烟草专卖局科技司，中国烟草标准化研究中心编著.——北京：中国标准出版社，2010

2. ZJ17卷接机组培训教材，机械维修/贾会志主编.——郑州：河南人民出版社，2010

3. ZJ17卷接机组培训教材，电气维修/贾会志，白瑞民主编.——郑州：河南人民出版社，2010

4. ZJ17卷接机组培训教材，设备操作/贾会志，韩李利主编.——郑州：河南人民出版社，2010

5. 毕节地区优质烤烟综合标准体系/贵州省烟草公司毕节地区公司，贵州省烟草科学研究所，毕节地区质量技术监督局编.——贵阳：贵州人民出版社，2010

6. 郴州烟草复烤志/何田松主编.《郴州烟草复烤志》编纂委员会编.——北京：方志出版社，2010

7. 大成：云南省烟草公司系统企业文化建设风采/温宁军主编. 云南省烟草专卖局（公司）编.——昆明：云南人民出版社，2010

8. 大理州烟叶标准化及特色优质烟叶生产技术规范手册/杨程主编. 大理州烟草专卖局（公司），大理州烟草学会编.——昆明：云南科技出版社，2010

9. 红塔集团年鉴（2010）/肖振宇主编. 玉溪市红塔区史志编纂办公室编.——潞西：德宏民族出版社，2010

10. 后公约时代的中国烟草控制：制度变迁与战略对策/胡峰著.——太原：山西经济出版社，2010

11. 湖南烟草种植区划/赵松义，肖汉乾主编.——长沙：湖南地图出版社，2010

12. 基于烟草供货的烟卷营销供应链构造与流程再造/李铁岗等编著.——山东：山东大学出版社，2010

13. 江海扬帆/秦立华主编.——北京：中国文联出版社，2010

14. 金叶畅谈/何建新，陈清棠，王晓林主编.——郑州：河南人民出版社，2010

15. 卷烟材料知识大全/赵勇等主编；云南中烟物资（集团）有限责任公司编.——昆明：云南科技出版社，2010

16. 烤烟节水灌溉研究与实践/李继新等主编.——贵阳：贵州科技出版社，2010

17. 烤烟密集烘烤技术/江凯主编.——北京：中国农业出版社，2010

18. 快乐是一种能力：生活哲学札记/张保振——北京：中国经济出版社，2010

19. 辽宁烟草经典烟画通览/初昭仑编著.——沈阳：白山出版社，2010

20. 绿色的长路：福建烟草商业的履责之路/杨培森主编. 孙长青著.——福州：福建教育出版社，2010

21. 南阳卷烟厂厂志/《南阳卷烟厂厂志》编委会著.——郑州：中州古籍出版社，2010

22. 山东省烟草专卖行政处罚工作程序/本书编委会编.——济南：山东人民出版社，2010

23. 探索与实践：毕节地区优质烟叶生产科技示范基地论文集萃/陈文相等主编. 贵州省烟草公司毕节地区公司编.——贵阳：贵州人民出版社，2010

24. 现代烟草农业的探索与实践/王道支主编.——合肥：合肥工业大学出版社，2010

25. 现代烟草农业生产技术/李世勇，关博谦，韦凤杰主编.——北京：中国农业出版社，2010

26. 消防安全知识读本/肖洪主编.——郑州：河南人民出版社，2010

27. 新编烟草病虫害防治图说/白建保编著.——郑州：河南人民出版社，2010

28. 新修订的《中华人民共和国烟草专卖法》及《烟草专卖行政处罚程序规定》辅导教材/国家烟草专卖局政策法规与体制改革司编.——北京：中国财政经济出版社，2010

29. 新中国烟草专卖制度成本收益研究/万斌.——南昌：江西人民出版社，2010

30. 烟草化学/韩富根主编.——北京：中国农业出版社，2010

31. 烟草及烟草制品WTO/TBT官方通报（2000～2009年）/冯茜主编.——北京：中国标准出版社，2010

32. 烟草集约化育苗理论与技术/常思敏，韦凤杰主编.——北京：中国农业出版社，2010

33. 烟草科普知识读本/高道德，李世昌著.——武汉：湖北科学技术出版社，2010

34. 烟草科学与技术学科发展报告（2009～2010年）/中国烟草学会编著.——北京：中国科学技术出版社，2010

35. 烟草栽培技术/王思远，于鸣编著.——长春：吉林科学技术出版社，2010

36. 烟草知识与养护/韩林主编.——济南：山东人民出版社，2010

37. 烟草种质资源DNA指纹图谱/任学良，王仁刚，王轶著.《烟草种质资源DNA指纹图谱》编审委员会编.——北京：科学出版社，2010

38. 烟草专卖法规手册/国家烟草专卖局政策法规与体制改革司编.——北京：中国财政经济出版社，2010

39. 烟蚜茧蜂：规模繁殖与应用/邓小刚主编.云南省烟草公司玉溪市公司编.——北京：中国环境科学出版社，2010

40. 阳泉烟草志/牛玉槐主编.《阳泉烟草志》编纂委员会编.——太原：山西人民出版社，2010

41. 中国科协学科发展研究系列报告烟草科学与技术学科发展报告（2009～2010）/中国科学技术协会主编.——北京：中国科学技术出版社，2010

42. 中国烟草年鉴（2009）/国家烟草专卖局编.——北京：中国科学技术出版社，2010

43. 中国烟草文化之乡——河南襄城/赵联群主编.——北京：中共党史出版社，2010

44. 中国烟草种植区划/王彦亭，谢剑平，李志宏主编.——北京：科学出版社，2010

行业部分单位网站网址

主办单位名称	网站网址
国家烟草专卖局、中国烟草总公司	http：//www. tobacco. gov. cn
国家烟草专卖局科技司	http：//www. tobaccoinfo. com. cn
中国烟草投资管理公司	http：//www. ctimc. com
中烟电子商务有限责任公司	http：//www. tobt. com. cn
中国烟草杂志社	http：//www. echinatobacco. com
中国烟草学会	http：//www. tobacco. org. cn
中国烟草总公司郑州烟草研究院	http：//www. ztri. com. cn
中国烟草总公司职工进修学院	http：//www. ctt. cn
中国烟草总公司合肥设计院	http：//www. tobaccodesign. com. cn
中国烟草博物馆	http：//www. tobaccomuseum. com. cn
《东方烟草报》社有限公司	http：//www. eastobacco. com
北京市烟草专卖局（公司）	http：//www. bjtobacco. com
天津市烟草专卖局（公司）	http：//www. tjtobacco. cn
山西省烟草专卖局（公司）	http：//sx. tobacco. com. cn
内蒙古自治区烟草专卖局（公司）	http：//www. nm. tobacco. com. cn
辽宁省烟草专卖局（公司）	http：//www. lntobacco. gov. cn

续表

主办单位名称	网站网址
吉林省烟草专卖局（公司）	http：//www. jltobacco. com. cn
黑龙江省烟草专卖局（公司）	http：//hl. tobacco. com. cn
江苏省烟草专卖局（公司）	http：//www. js. com. yc
安徽省烟草专卖局（公司）	http：//www. ahyc. com. cn
福建省烟草专卖局（公司）	http：//www. fjycw. com
山东省烟草专卖局（公司）	http：//sd. tobacco. com. cn
湖南省烟草专卖局（公司）	http：//www. hntobacco. gov. cn
广西壮族自治区烟草专卖局（公司）	http：//gx. tobacco. com. cn
海南省烟草专卖局（公司）	http：//hi. tobacco. com. cn
重庆市烟草专卖局（公司）	http：//www. 966599. com
四川省烟草专卖局（公司）	http：//sc. tobacco. com. cn
云南省烟草专卖局（公司）	http：//www. yn – tobacco. com
陕西省烟草专卖局（公司）	http：//www. snyc. com. cn
甘肃省烟草专卖局（公司）	http：//www. gs. tobacco. com. cn
宁夏回族自治区烟草专卖局（公司）	http：//www. nx – tobacco. com. cn
新疆维吾尔自治区烟草专卖局（公司）	http：//www. xj. tobacco. com. cn
深圳市烟草专卖局（公司）	http：//sz. tobacco. com. cn
河北中烟工业公司	——
河北中烟工业公司张家口卷烟厂有限责任公司	http：//www. zuanshiyan. com
河北中烟工业公司河北白沙烟草有限责任公司	http：//www. hbbs. cn
上海烟草（集团）公司	http：//www. sh – tobacco. com. cn
江苏中烟工业有限责任公司	http：//www. jszygs. com
浙江中烟工业有限责任公司	http：//www. zjtobacco. com
安徽中烟工业公司	http：//www. ahycgy. com. cn
福建中烟工业公司	http：//www. fjtic. com. cn
龙岩烟草工业有限责任公司	http：//www. lycf. com. cn
厦门烟草工业有限责任公司	http：//www. xmjyc. com
江西中烟工业有限责任公司	http：//jxgy. tobacco. com. cn
江西中烟工业有限责任公司南昌卷烟厂	http：//www. jinsheng. com
山东中烟工业有限责任公司	http：//www. sdtobacco. com. cn
河南中烟工业有限责任公司	http：//www. hatic. com
湖北中烟工业有限责任公司	http：//www. hbtobacco. com

续表

主办单位名称	网站网址
湖北中烟工业有限责任公司襄樊卷烟厂	http：//www. xfjyc. com
湖南中烟工业有限责任公司	http：//www. hngytobacco. com
湖南中烟工业有限责任公司长沙卷烟厂	http：//www. baisha. com
湖南中烟工业有限责任公司常德卷烟厂	http：//www. furongwang. com
广东中烟工业有限责任公司	http：//gdgy. tobacco. com. cn
广西中烟工业有限责任公司	http：//www. gxzygygs. com
川渝中烟工业公司	http：//www. cytobacco. com
贵州中烟工业有限责任公司	http：//www. guiyan. com
云南中烟工业公司	http：//www. ynzy – tobacco. com
红塔烟草（集团）有限责任公司	http：//www. hongta. com
红云红河烟草（集团）有限责任公司	http：//www. hyhhgroup. com
陕西中烟工业有限责任公司	http：//www. shaanxizhongyan. com. cn
上海烟草机械有限责任公司	http：//www. sh – ctmc. com. cn
常德烟草机械有限责任公司	http：//www. ccdtm. com
许昌烟草机械有限责任公司	http：//www. xcyj. com
秦皇岛烟草机械有限责任公司	http：//www. qhdyj. com
中国烟草实业发展中心	http：//www. cticc. cn
黑龙江烟草工业有限责任公司	http：//www. lopato. com. cn
红塔辽宁烟草有限责任公司	http：//www. htln. cn
吉林烟草工业有限责任公司	http：//www. jilintobacco. com. cn
甘肃烟草工业有限责任公司	http：//www. gslzcf. com
内蒙古昆明卷烟有限责任公司	http：//www. imkcc. com
深圳烟草工业有限责任公司	http：//www. szjyc. com
山西昆明烟草有限责任公司	http：//www. sxky. cn
南通醋酸纤维有限公司	http：//www. ncfcinfo. com
珠海醋酸纤维有限公司	http：//www. zcfc. com
国家烟草质量监督检验中心	http：//www. cntqstc. org. cn
中国烟草科技信息中心	http：//www. ctstic. org. cn
中国烟草标准化研究中心	http：//www. ctsrc. org. cn

文化活动与文化团体

【文化活动】

北京市烟草专卖局（公司）
5 月 15 日 ~7 月 3 日，参加首届北京市职工足球联赛。
6 月 4 日，举行北京烟草职工素质教育活动。
7 月 1 日，举行北京烟草“庆七一”卡拉 OK 比赛。
9 月 28 日 ~10 月 27 日，第六届烟草系统“中国娇子杯”足球邀请赛北京地区赛在奥体中心举行开幕。
12 月 30 日，召开北京烟草成立 25 周年庆祝大会。
天津市烟草专卖局（公司）
10 月 9 日，举办天津烟草商业系统第二届职工运动会。
山西省烟草专卖局（公司）
9 月 1 日，举办“卷烟上水平”主题书画、摄影展。
9 月 15 日，建成“激情的火炬”企业文化展室，制作完成同名电视宣传片。
内蒙古自治区烟草专卖局（公司）
6 月 11 日 ~7 月 1 日，举办全自治区烟草行业“十佳员工”、“十佳高校毕业生”先进事迹巡回报告会。
10 月 10 ~ 14 日，举办全自治区烟草商业系统第八届职工运动会。
吉林省烟草专卖局（公司）
9 月 29 日，举办“保持良好精神状态”主题演讲比赛。
黑龙江省烟草专卖局（公司）
5 月 10 ~ 12 日，举办全省烟草商业系统第九届职工乒乓球比赛。
9 月 25 ~ 28 日，举办全省烟草商业系统第六届职工篮球比赛。
上海烟草（集团）公司
3 月 1 ~ 30 日，举办“迎世博、学雷锋、上烟青年在行动”青年志愿者服务月活动。
4 ~ 6 月，举办“青春绽放世博、激情奉献上烟”纪念“五四”运动 91 周年系列活动。
6 月 22 日，举办“重温激情岁月、传承创业精神”司史司情专题教育讲座。
6 ~ 11 月，举办“为世博加油、为青春喝彩”弘扬志愿者精神的主题实践活动。
江苏省烟草专卖局（公司）
3 月 11 日，举办省局机关第三届登山节。
9 月 27 日，举办全省烟草商业系统第三届职工运动会。
浙江省烟草专卖局（公司）
11 月 25 日，举办“岗位在我心中”演讲比赛。

续表

安徽省烟草专卖局（公司）
3月12日，举办“女性健康美丽”专题讲座。
5月，举办全省烟草商业系统乒乓球友谊比赛。
6月4日，举办以“我运动、我快乐、我健康”为主题的登山活动。
10月24日，举办“纪念安徽烟草成立30周年——‘一路朝前走’”文艺演出。
9月21～22日，举办“责任烟草”辩论赛。
9月26日、10月17～19日，全省烟草商业系统首届职工运动会分两个阶段举办。
福建省烟草专卖局（公司）
4月29日，举行“迎五一”登山比赛。
6月9日，举办职工读书心得交流会。
7月28日，举行职工子女与华大街道农民工（特困家庭）子女“手拉手”暑期夏令营活动。
8月14～21日，举行第四届“通仙杯”福建烟草商业系统职工篮球比赛。
12月31日，举办职工趣味体育活动。
江西省烟草专卖局（公司）
10月23日，举办“责任烟草杯”职工诗、书、画作品展。
10月23～24日，举行全省烟草商业系统首届订单员羽毛球比赛。
12月5～7日，举行全省烟草商业系统综合知识竞赛。
山东省烟草专卖局（公司）
5月28日，举办第二届老年文化节。
9月28日，举行全省烟草商业系统第二届文艺汇演。
湖南省烟草专卖局（公司）
3月19～20日、4月16～17日，举办两期以“创活力烟草，建和谐团队”为主题的拓展训练。
5月21日，举行“迎亚运、迎世博”大众广播体操比赛。
6月25～27日，举办全省烟草商业系统第三届男子篮球比赛。
10月30日，举办“迎亚运”全民健身户外活动。
11月15日～12月15日，举办“读书月”活动。
广西壮族自治区烟草专卖局（公司）
7月13日，举办“为了谁”迎“八一”拥军联谊晚会。
10月2～28日，举办职工气排球比赛。
11月24日，举办全自治区烟草商业系统“卷烟上水平、我们在行动”演讲比赛。

续表

海南省烟草专卖局（公司）
9月21日，举办“卡拉OK”大家唱活动。
10月15日，举办趣味运动会。
贵州省烟草专卖局（公司）
8月13~25日，举办“颂劳模、强四要、上水平、促和谐”巡回演讲报告活动。
8月27日，举行“讲协同、重合作、聚人心、创美好”主题趣味活动。
云南省烟草专卖局（公司）
12月16日，举办“全国烟草行业第六次企业文化建设工作文艺汇演——腾冲·大成之约”文艺晚会。
西藏自治区烟草专卖局（公司）
5月3日，组织全自治区烟草商业系统部分职工赴江西、陕西省接受革命传统教育。
5月5日，举办“奉献爱心、关爱老人”活动。
陕西省烟草专卖局（公司）
3~7月，举办“陕西卷烟上水平和现代烟草农业发展”论坛专题征文活动。
10月，举行省局机关“迎国庆·环湖跑”健身比赛。
宁夏回族自治区烟草专卖局（公司）
4月15日，举办以“阅读·厚德·正行”为主题的第三届“读书月”活动。
8月2~7日，举办企业文化内训师训练营。
8月28日，与川渝中烟联合举办“娇子杯”篮球联谊比赛。
8月20日~9月30日，举办全自治区烟草商业系统“搏为与我同行”有奖征文活动。
11月26日，举办全自治区烟草商业系统“搏之精彩、为之情怀”企业文化演讲比赛。
新疆维吾尔自治区烟草专卖局（公司）
3月8日，举办“纪念国际劳动妇女节100周年”活动。
5月24日，举办“爱我中华、爱我新疆、企银联谊”活动。
10月27日，举办争创“感动”团队倡议活动。
深圳市烟草专卖局（公司）
8月12日，举办“走近红云红河、感受品牌魅力”讲坛活动。
9月10日，组织机关部分职工到深圳博物馆新馆参观“深圳改革开放史”大型主题展览。
河北中烟工业公司
3月7日，举办“纪念国际劳动妇女节100周年暨‘女性——钻石之星’”评选活动。
5月14日，与石家庄市局（公司）联合举行篮球友谊比赛。
6月25日，组织公司机关党员和党务工作者到西柏坡重温入党誓词，共庆建党89周年。
8月15日，举行“践行科学发展观、从我做起”主题演讲比赛。

续表

张家口卷烟厂有限责任公司	4月24日，举行植树活动。
	5月24日，举办以“再接再厉、勇往直前、勇攀高峰”为主题的登山活动。
	9月23日，举办首届“钻石杯”职工篮球比赛。
	11月9日，举办首届“钻石杯”职工羽毛球、乒乓球团体比赛。
河北白沙烟草有限责任公司	4月，举办职工羽毛球比赛。
	10月，举办职工篮球比赛。
	12月，举办职工拔河比赛。
	12月，举办职工跳绳比赛。
江苏中烟工业有限责任公司	
6月11~12日，举办“苏烟杯”乒乓球比赛。	
8月19日，与安徽中烟联合举办“苏烟杯”篮球友谊比赛。	
11月10~12日，举办“南京杯”羽毛球比赛。	
南京卷烟厂	3月，举办青年员工“植树环保行”活动。
	4月，举办职工登山活动。
	5月，举办全厂职工钓鱼比赛。
	8月，举办职工“卡拉OK”比赛。
	11月，举办“志行之心”职工合唱比赛。
徐州卷烟厂	1月20日，举办“上水平、争先进、创一流”知识竞赛。
	5月22~23日，举办第三届职工扑克牌比赛。
	8月13日，举办“保持良好精神状态”职工演讲比赛。
	9月4日，举办职工游泳比赛。
	9月24~25日，举办职工羽毛球比赛。
淮阴卷烟厂	3月8日，举办“雷霆战鼓”、“穿越生死圈”女职工集体比赛。
	5月15日~6月15日，举办“红五月”职工书画、摄影作品展。
	5月28日，举办“我是青年、我是先锋”演讲比赛。
浙江中烟工业有限责任公司	
4~9月，举办“长知识 强素质 促发展”职工读书活动。	
9月，举办“印象·百万利群”暨第四届“我爱我家”职工书画、摄影作品展。	
杭州制造部	4~10月，开展“创建学习型班组 争做知识型职工”读书活动。
	9月，举行“爱生活、秀才艺”女职工十字绣手工艺展。
宁波制造部	3月28日，举行庆“三八”妇女节女职工活动。
	5月27日，举行羽毛球比赛。
	6月29~30日，举行乒乓球比赛。
	11月15日，举行“我与百万利群”演讲比赛。

续表

<table>
<tr><th colspan="2">安徽中烟工业公司</th></tr>
<tr><td colspan="2">4 月 20 日 ~9 月 30 日，举办“攀登 · 我心 · 我行”系列征集活动。</td></tr>
<tr><td colspan="2">9 月 1 日 ~11 月 30 日，举办首届“攀登者”文化艺术节活动。</td></tr>
<tr><td colspan="2">10 月 23 ~24 日，举办“纪念安徽烟草成立 30 周年”纪念活动。</td></tr>
<tr><td rowspan="3">蚌埠卷烟厂</td><td>4 月，举办“体验攀登者文化”主题实践活动。</td></tr>
<tr><td>6 月，举办迎“七一”大会暨攀登者文化知识竞赛。</td></tr>
<tr><td>12 月，举办“我身边的攀登者”故事讲演大赛。</td></tr>
<tr><td rowspan="5">芜湖卷烟厂</td><td>3 月 20 日，举办“快乐的攀登者”户外活动。</td></tr>
<tr><td>5 月 26 日，举办“智慧的攀登者”知识竞赛。</td></tr>
<tr><td>6 月 18 日，举办以“节约”为主题的发展论坛。</td></tr>
<tr><td>7 月 1 日，举办建党 89 周年纪念大会暨文艺汇演。</td></tr>
<tr><td>12 月 28 日，举办乒乓球比赛。</td></tr>
<tr><td rowspan="6">合肥卷烟厂</td><td>1 月 29 日，举办“寻找身边的攀登者”演讲比赛。</td></tr>
<tr><td>3 月 8 日，举办迎“三八”妇女节趣味活动。</td></tr>
<tr><td>4 月 30 日，举办篮球友谊比赛。</td></tr>
<tr><td>5 月 11 日，举办“弘扬攀登精神”主题实践活动。</td></tr>
<tr><td>7 月 24 日，举办“激情攀登、超越梦想”团队实践活动。</td></tr>
<tr><td>8 月 24 日，举办“攀登者杯”辩论赛。</td></tr>
<tr><td rowspan="6">阜阳卷烟厂</td><td>2 月 10 日，举行“黄山杯”职工拔河比赛。</td></tr>
<tr><td>2 月 25 日，举办“黄山杯”职工长跑比赛。</td></tr>
<tr><td>5 月 4 日，举行“弘扬攀登文化、提升六个能力、建功两标一创”演讲比赛。</td></tr>
<tr><td>10 月 22 ~25 日，举行“攀登者杯”职工篮球比赛。</td></tr>
<tr><td>11 月 9 日，举办以“‘黄山’品牌‘双两百工程’我有责”为主题的青年沙龙。</td></tr>
<tr><td>11 月 18 日 ~12 月 16 日，举办“攀登者杯”企业文化辩论赛。</td></tr>
<tr><td rowspan="2">滁州卷烟厂</td><td>3 月 26 日，举办“攀登者”职工歌咏比赛。</td></tr>
<tr><td>5 月 28 日，举办以“攀登者文化与青年成长”为主题的第二期“青年论坛”活动。</td></tr>
<tr><th colspan="2">福建中烟工业公司</th></tr>
<tr><td colspan="2">7 月，举办全省卷烟工业系统践行“两个至上”、“和 · 睿 · 行”企业文化知识竞赛。</td></tr>
<tr><td colspan="2">9 月，开展“庆中秋、迎国庆”文艺演出、博饼等系列活动。</td></tr>
<tr><td colspan="2">12 月，举办全省卷烟工业系统乒乓球团体联赛。</td></tr>
<tr><td rowspan="3">龙岩烟草工业有限责任公司</td><td>1 月，举办摄影知识讲座。</td></tr>
<tr><td>4 月，举行第六届职工气排球比赛。</td></tr>
<tr><td>7 月，举办“和 · 睿 · 行”青年红歌会。</td></tr>
</table>

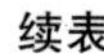
续表

<table>
<tr><td rowspan="2">厦门烟草工业有限责任公司</td><td>5 月，举办“金桥杯”足球联赛。</td></tr>
<tr><td>10 月，举办“金桥杯”摄影、书画作品比赛。</td></tr>
<tr><td colspan="2">江西中烟工业有限责任公司</td></tr>
<tr><td colspan="2">5 月，开展好书推荐、阅读活动。</td></tr>
<tr><td colspan="2">7 月，协办走进鄱阳湖大型公益行动“徒步鄱阳湖·希望工程——金圣生态爱心之旅”活动。</td></tr>
<tr><td colspan="2">10～11 月，举办“我的金圣、我的未来”主题书法、摄影比赛。</td></tr>
<tr><td colspan="2">11 月，举办“两个至上”长效机制、“创先争优”、“卷烟上水平”、“《金圣宣言》在岗位”等 4 项主题教育活动知识竞赛。</td></tr>
<tr><td rowspan="5">南昌卷烟厂</td><td>5 月 24 日，举行第四届职工运动会。</td></tr>
<tr><td>7 月 13 日，举办第四届职工“巧巧手”比赛。</td></tr>
<tr><td>7 月 29 日，举行“《金圣宣言》在岗位暨责任文化月”主题演讲比赛。</td></tr>
<tr><td>11 月 22～26 日，举行以“感恩于心、责任于行”为主题的感恩文化周活动。</td></tr>
<tr><td>11 月 25 日，举行“以拳悟道——功到自然成”首届职工太极拳比赛。</td></tr>
<tr><td rowspan="4">赣南卷烟厂</td><td>5 月 4 日，举行践行《金圣宣言》——团员青年全员营销活动。</td></tr>
<tr><td>9 月 17 日，举行《金圣故事》征文活动。</td></tr>
<tr><td>10 月 12 日，举办“两个至上”长效机制、“创先争优”、“卷烟上水平”、“《金圣宣言》在岗位”等 4 项主题活动征文、演讲比赛。</td></tr>
<tr><td>11 月 2 日，举办“我的金圣、我的未来”书法摄影比赛。</td></tr>
<tr><td rowspan="2">广丰卷烟厂</td><td>7 月 5 日，举办“安全在我身边”知识竞赛。</td></tr>
<tr><td>10 月 12 日，举办《金圣宣言》职工书画展。</td></tr>
<tr><td rowspan="4">井冈山卷烟厂</td><td>5 月 5 日，举办“激情飞扬、活力井烟”卡拉 OK 比赛和篮球比赛。</td></tr>
<tr><td>8 月 17 日，举办“《金圣宣言》在岗位”演讲比赛。</td></tr>
<tr><td>10 月 10 日，举办以“金圣——我的幸福生活”为主题的棋（牌）友谊赛活动。</td></tr>
<tr><td>10 月 12 日，举办“金圣——我的未来”主题篮球联赛。</td></tr>
<tr><td rowspan="4">兴国卷烟厂</td><td>4 月 29 日，开展《金圣宣言》知识竞赛。</td></tr>
<tr><td>5 月 17 日，举办“《金圣宣言》在岗位”主题教育活动动员会。</td></tr>
<tr><td>10 月 13 日，举办老年职工第四届艺术节。</td></tr>
<tr><td>11 月 13 日，举办第六届职工运动会。</td></tr>
<tr><td colspan="2">山东中烟工业有限责任公司</td></tr>
<tr><td colspan="2">4 月 28 日，举行以“岗位建功、岗位成才——挑战与机遇中的青年力量”为主题的五四青年论坛活动。</td></tr>
<tr><td colspan="2">8 月 24～27 日，举办“求变敢拼，唱响我们就是泰山”第二届职工乒乓球比赛。</td></tr>
<tr><td colspan="2">9 月 3 日，举办“我们就是泰山”主题演讲比赛暨金秋登泰山活动。</td></tr>
<tr><td rowspan="2">济南卷烟厂</td><td>10 月 17 日，与济南市局（公司）、将军烟草集团有限公司联合举办济南烟草职工运动会。</td></tr>
<tr><td>12 月 25 日，与济南市局（公司）、将军烟草集团有限公司联合举办济南烟草文艺汇演。</td></tr>
</table>

续表

青岛卷烟厂	3 月 8 日，举行“和谐青烟我的家”表演大赛和庆“三八”妇女节趣味运动会。
	6 月 28 日，举行“创先争优活动启动大会暨庆祝建党 89 周年红歌演唱会”。
	9 月 21 日，举行第三届职工运动会。
	12 月 3 日，举行“我们就是泰山”主题演讲比赛。
	12 月 28 日，举行“泰山杯”职工越野赛。
青州卷烟厂	4 月 9 日，举行以“立足岗位上变拼、我为企业谋发展”为主题的演讲比赛。
	5 月 12 日，与潍坊市局（公司）联合举办“携手同行·共创未来”工商联谊晚会。
	6 月 10 日，举办老少同乐书画笔会。
	9 月 28 日～10 月 10 日，举办“海岱文化”知识竞赛。
滕州卷烟厂	4 月 28 日，举办“先进集体和先模人物表彰颁奖会议暨贺公司揭牌”职工合唱大赛。
	4 月 30 日，与枣庄市局（公司）共同举办迎“五四”青年节登山友谊比赛。
	11 月 10 日，举办诵读、践行《弟子规》活动。
河南中烟工业有限责任公司	
4 月，举行“世界读书日”活动。	
9 月，举办“红色短信”征集评选活动。	
9～12 月，举办“金叶”文化在岗位主题实践活动。	
新郑卷烟厂	4～10 月，举办第 25 届“金芒果杯”运动会。
	6 月 28 日，举办迎“七一”红歌会。
	7 月 9 日，举办“安康杯”演讲比赛。
	8 月 5 日，举办国学经典读书会。
	9 月 25 日，举办“黄金时代红色音符”红歌会。
郑州卷烟厂	4～11 月，举办首届“学在郑烟”读书节活动。
	6 月 5 日，举办“树正气 尚清廉”反腐倡廉百家论谈论文征集活动。
	7 月 1 日，举办“七月飞歌·最美的歌声献给党”大型合唱会。
	9 月 23 日，举办“黄金叶杯”在岗职工乒乓球比赛。
	11 月 30 日，举行“金叶文化在岗位——我与黄金叶”演讲比赛。
许昌卷烟厂	5 月 11 日，举办第二届“吉尼斯”大赛。
	5 月 28 日，举办第二届老年运动会。
	9 月 15 日，举办第二届“三车”技能大赛。
安阳卷烟厂	3～10 月，举行第二十七届职工运动会。
	4～12 月，举办“每天一小时、每月一本书”读书活动。
	11 月 29 日，举办“金叶进岗位、创优我参与”职工演讲比赛。

续表

南阳卷烟厂	4～11月，举办第三届“金叶之春”职工运动会各单项比赛。
	8月6日，与南阳市团委联合举办“黄金叶杯”青年演讲比赛。
	10月2日，举办“送廉政文化、学廉政知识、守廉政制度、做廉政员工”书画作品展。
驻马店卷烟厂	5～9月，举办“体育年”活动。
	5月26日，举办“成长大讲堂”名家讲座。
	6月30日，举行“迎七一·歌颂党”反腐倡廉文艺汇演。
漯河卷烟厂	6月29日，举行迎“七一”演讲比赛。
	7月12日，举办“我的企业·我的家”摄影比赛。
	9月21日，举行“今朝月更明、举国大联欢”迎“双节”职工文艺汇演。
洛阳卷烟厂	4月8日～5月4日，举办“放飞青春激情、唱响奋进之歌”系列活动。
	9月30日，举行“颂黄金时代”主题迎国庆长跑比赛。
	9月15日～12月31日，举办“金叶”文化在岗位主题实践活动。
湖北中烟工业有限责任公司	
5月27～29日，举办“黄鹤楼创新杯”第二届职工羽毛球赛。	
8月26日，举办“黄鹤楼杯”篮球友谊比赛。	
湖南中烟工业有限责任公司	
3月8日，举办风采女性评选活动。	
10月14～16日，举办“金秋美”书画工艺作品展、歌舞重阳广场文艺晚会、福地登高登山等活动。	
长沙卷烟厂	5月4日，举办“我与长烟共奋进”五四系列活动。
	6月20日，“2010·快乐白沙”杯趣味运动会。
	8月22日，“2010·快乐白沙”杯乒乓球比赛。
常德卷烟厂	7～9月，举办“阳光芙蓉”体育文化节群众体育活动。
郴州卷烟厂	5月14日，举办“我身边最可爱的人”故事讲述比赛活动。
	7月21日，举办“欢乐尽享、清凉一夏”水上趣味运动会。
	9月15日～12月5日，举办“我们的幸福生活”职工摄影活动。
零陵卷烟厂	9月5日，举办“我快乐·我歌唱”十大歌手赛。
	9月26日，举办“我运动·我健康”体育赛事活动。
	10～12月，举办篮球比赛和7人制足球比赛。
四平卷烟厂	5月29日～6月5日，举办职工乒乓球、象棋和跳棋比赛。
	8月16日，举办“和谐、发展、辉煌”文艺汇演。
	10月29日，举办女职工健康知识培训活动。
	12月6日，举办安全知识竞赛。
吴忠卷烟厂	7月26日，举办企业文化知识竞赛。
	8月29～30日，举办职工羽毛球比赛。

续表

广东中烟工业有限责任公司		
7 月，举办“青春飞扬，喜悦我 show”青年风采大赛。		
9 月，举行“庆华诞迎亚运”登山活动。		
12 月，举办“精彩世博、激情亚运”会员作品巡回展览。		
广州卷烟二厂	生产一部	4 月，举行“传递喜悦、超越自我”员工登山活动。
		4～12 月，举办足球、篮球联赛。
		7 月，与广州卷烟二厂联合举办羽毛球联赛。
		11 月，举行摄影采风活动。
	生产二部	3 月，举行以“低碳环保”为主题的创意联欢晚会。
		6 月，举行职工“快乐周末”活动。
		7 月，举行广州卷烟二厂羽毛球比赛。
		10～12 月，举行职工足球比赛。
	南海生产部	5 月，举办“青年风采大赛”活动。
		8 月，举办“团员青年团队素质提升”培训活动。
		9 月，举办职工篮球友谊赛。
韶关卷烟厂		6～10 月，举办职工综合运动会。
梅州卷烟厂		11 月 23 日，举办“喜迎亚运·全民健身”登山活动。
湛江卷烟厂		4 月 27 日，举办“展技能庆‘五一’、爱劳动促文明”劳动技能运动会。
		5～9 月，举办“创新管理、规范提升”主题读书、征文暨阳光书籍漂流活动。
广西中烟工业有限责任公司		
9 月，举办女职工插花艺术比赛、“迎中秋、庆国庆”职工书画和女职工才艺比赛。		
12 月，举办第二届“真龙贺岁杯”足球比赛。		
南宁卷烟分厂		5 月，举办“激情放歌红五月”歌咏比赛、“讲责任、比奉献、促发展”主题演讲比赛。
柳州卷烟分厂		3 月，举办“快乐女工 想唱就唱”女职工卡拉 OK 比赛。
		4 月，举办“咱们工人有力量”职工长跑比赛。
		9 月，举办“做好这包烟·卷烟上水平”主题演讲比赛、迎国庆“真龙好男儿”卡拉 OK 比赛。
贵州中烟工业有限责任公司		
5 月 12～13 日，举办“展示企业文化、提升素质水平”书画、摄影大赛。		
8 月 26 日，举办“提升生活品位、成就社会和谐”职工钓鱼比赛。		
9 月 1～17 日，举办第二届“贵烟杯”职工篮球比赛。		
10 月 28～29 日，举办“流金岁月”第三届“贵烟杯”全省围棋邀请赛。		
10 月 30～31 日，举办“蓝色的爱”第二届“贵烟杯”全省网球邀请赛。		

续表

<table>
<tr><td rowspan="2">贵阳卷烟厂</td><td>6 月 12 日，举办“三创一办、安全在我心中”职工演讲比赛。</td></tr>
<tr><td>9 月 24 日，开展“安康杯”户外拓展活动。</td></tr>
<tr><td rowspan="3">遵义卷烟厂</td><td>4 月 26 日，举办“对标管理，我参与”职工演讲比赛。</td></tr>
<tr><td>6 月 2 日，举办职工辩论赛。</td></tr>
<tr><td>10 月 12 日，举办第二届“青春遵烟”职工健美操大赛。</td></tr>
<tr><td rowspan="4">毕节卷烟厂</td><td>4 月 18 日，举办第三届职工登山比赛。</td></tr>
<tr><td>5 月 7 日 ~ 7 月 25 日，举办乒乓球、羽毛球、篮球、足球周末联赛。</td></tr>
<tr><td>8 月 4 日，举办首届钓鱼比赛。</td></tr>
<tr><td>9 月 17 ~ 25 日，举办网球邀请赛。</td></tr>
<tr><td rowspan="4">贵定卷烟厂</td><td>1 月 23 日，举办乒乓球、棋牌比赛。</td></tr>
<tr><td>3 月 8 日，举办在岗女职工拔河比赛及退休女职工乒乓球投篮比赛。</td></tr>
<tr><td>6 月 5 日，举办“关爱生命 安全发展”职工漫画展和“安全责任与我同行”征文比赛。</td></tr>
<tr><td>9 月 18 日，举办“读一本好书 写一篇读书心得体会”活动。</td></tr>
<tr><td rowspan="2">铜仁卷烟厂</td><td>4 月 23 日，举办第八届职工运动会。</td></tr>
<tr><td>5 月 12 日，协助中烟公司在铜仁举办“展示文化 提升素质水平”首届书画、摄影暨摄影协会成立活动。</td></tr>
<tr><td rowspan="2">兴义卷烟厂</td><td>7 月，举办钓鱼比赛。</td></tr>
<tr><td>11 月，举办羽毛球、乒乓球比赛。</td></tr>
<tr><td colspan="2">云南中烟工业公司</td></tr>
<tr><td colspan="2">7 月 29 ~ 31 日，举办“爱岭杯”第七届云南烟草工业系统桥牌比赛。</td></tr>
<tr><td colspan="2">8 月 7 日，举办第七届云南烟草工业系统职业技能竞赛暨第二届卷烟商品营销职业技能竞赛。</td></tr>
<tr><td colspan="2">9 月 2 ~ 3 日，举行“五五”普法法律知识竞赛。</td></tr>
<tr><td colspan="2">10 月 11 日，举办第七届云南烟草工业系统网球比赛。</td></tr>
<tr><td rowspan="2">红塔烟草（集团）有限责任公司</td><td>7 ~ 9 月，举办“祖国在我心中”职工摄影艺术作品展。</td></tr>
<tr><td>8 月，举办“红塔和谐杯”篮球比赛、羽毛球比赛、网球比赛。</td></tr>
<tr><td rowspan="9">红云红河烟草（集团）有限责任公司</td><td>与中国青年报社联合发起“红云图书室”活动，向全国贫困地区中小学捐赠图书。</td></tr>
<tr><td>举办数字电影公益展映活动。</td></tr>
<tr><td>1 月 16 日，由集团独家赞助的“云岭大讲堂”正式开讲。</td></tr>
<tr><td>3 月 23 日，举办“成长的力量”第二届红云红河青年论坛。</td></tr>
<tr><td>4 月 20 日，由集团全程支持的 2010 年“红云红河 · 昆明好人”大型公益评选活动全面启动。</td></tr>
<tr><td>5 月 5 ~ 31 日，举办“勤学习、提素能、展风采”青年职工文化月活动。</td></tr>
<tr><td>6 月 28 ~ 30 日，举办职工羽毛球比赛。</td></tr>
<tr><td>7 月 12 ~ 14 日，举办集团“责任 · 品牌 · 创新”主题辩论赛。</td></tr>
<tr><td>7 月 17 ~ 19 日，举办职工桥牌比赛。</td></tr>
</table>

续表

<table>
<tr><td rowspan="8">红云红河烟草（集团）有限责任公司</td><td>7 月 25 日，举办“党在我心中、为党旗增辉”庆祝建党 89 周年系列活动。</td></tr>
<tr><td>8 月 10 日，举办“先锋·足迹”党员故事会活动。</td></tr>
<tr><td>8 月 26 ~ 28 日，举办职工网球比赛。</td></tr>
<tr><td>8 月 27 日 ~ 9 月 16 日，举办集团“传承·创新”网上知识竞赛。</td></tr>
<tr><td>10 月 18 ~ 20 日，举办职工乒乓球比赛。</td></tr>
<tr><td>11 月 8 日，举办“和谐 创新 超越——庆祝集团成立二周年企业文化故事宣讲会”。</td></tr>
<tr><td>11 月 22 日，举行“红云红河”杯云南省第二届“百姓最喜爱的十大人民警察”评选活动。</td></tr>
<tr><td>12 月 18 日，全程冠名的“红云红河”杯第四届昆明海鸥节摄影展在翠湖畔露天展出。</td></tr>
<tr><td colspan="2">陕西中烟工业有限责任公司</td></tr>
<tr><td colspan="2">3 月 8 日，举行“职业女性、美丽人生”机关庆祝“三八节”活动。</td></tr>
<tr><td colspan="2">3 月 30 日，举办“西安商贸看中烟”活动。</td></tr>
<tr><td colspan="2">4 ~ 6 月，举办“‘卷烟上水平’——我与‘好猫’征文”活动。</td></tr>
<tr><td colspan="2">5 月，举办机关“学习反腐倡廉制度，推进反腐倡廉建设”学习教育月活动。</td></tr>
<tr><td colspan="2">8 月 16 ~ 19 日，举办第四届职工运动会暨第二届中老年职工运动会。</td></tr>
<tr><td colspan="2">11 月 17 日，举办“好猫杯”系统企业文化知识竞赛。</td></tr>
<tr><td colspan="2">12 月 30 日，举办以“陕西中烟·智行 2011”为主题的机关迎新春慢跑活动。</td></tr>
<tr><td>宝鸡卷烟厂</td><td>7 月 25 日 ~ 12 月 10 日，举办主题为“保持良好精神状态，努力开创‘卷烟上水平’新局面”的教育活动。</td></tr>
<tr><td rowspan="3">延安卷烟厂</td><td>4 月 22 日，举行“延烟杯”职工乒乓球、羽毛球运动会。</td></tr>
<tr><td>7 月 22 日，举行安全生产知识竞赛。</td></tr>
<tr><td>11 月 2 日，举行建厂 40 周年庆暨技改竣工庆典。</td></tr>
<tr><td rowspan="6">汉中卷烟厂</td><td>1 月 8 日，举办“迎新年职工体能竞赛”活动。</td></tr>
<tr><td>1 月 17 日，举办“自信 超越”主题登山活动。</td></tr>
<tr><td>3 月 3 日，举行纪念国际劳动妇女节 100 周年暨表彰大会。</td></tr>
<tr><td>3 月 7 日，举办“庆三八女职工趣味游艺竞赛”活动。</td></tr>
<tr><td>3 月 9 ~ 10 日，举办“智行”企业文化培训及演讲比赛。</td></tr>
<tr><td>4 月 26 ~ 28 日，举办“汉中卷烟厂第三届职工运动会”。</td></tr>
<tr><td rowspan="3">澄城卷烟厂</td><td>3 月 8 日，举办庆“三八”系列活动。</td></tr>
<tr><td>8 月 12 日，举办“金秋助学”活动。</td></tr>
<tr><td>10 月 11 日，举办“乒乓球、羽毛球、象棋”三项体育比赛。</td></tr>
</table>

续表

旬阳卷烟厂	3月5~8日，举办纪念“三八”国际劳动妇女节活动。
	4月15日，与河南军残艺术团共同组织一场“帮困扶残”文艺演出。
	4月29日，与旬阳县总工会、团县委联合举办“庆五一迎五四”全民健身跑活动。
	5月4日，举办“趣味运动迎五四”活动。
	5月底~6月25日，举办庆“六一”赠书活动。
	6月30日，举办庆“七一”双退人员歌咏比赛暨文艺晚会。
	9月13~18日，举办庆“十一”第七届职工篮球赛。
	12月28日，举办“超越梦想，共创辉煌”庆元旦职工文艺晚会。
中国烟草实业发展中心	
全年开展中烟实业系统“回顾昨天、珍惜今天、展望未来、和合共赢”系列主题活动。	
10月，举办首届“椰王杯”羽毛球比赛。	
黑龙江烟草工业有限责任公司	6月9~10日，举办“林海灵芝杯”职工乒乓球比赛。
	7月18日，举行“展‘龙烟’新品、赞发展新貌”职工趣味运动会。
	9月1~2日，举办“龙烟杯”职工篮球比赛。
	10月15日，举办以“感恩”为主题的演讲比赛。
红塔辽宁烟草有限责任公司	9月25日，举办第四届职工运动会。
内蒙古昆明卷烟有限责任公司	4月6~12日，举办乒乓球比赛。
	5月24日，举办首届健美操比赛。
	6月21日，举办第八届职工运动会。
	7月12~16日，举办篮球比赛。
	8月24日，举办第十届“书法·绘画·摄影”比赛。
	8月18~20日，举办羽毛球比赛。
	11月22~29日，举办围棋、象棋、跳棋比赛。
山西昆明烟草有限责任公司	3月16日，举办“回顾昨天、珍惜今天、展望未来 和合共赢”主题演讲活动。
	4月28日，举办以“青春、激情、智慧、责任”为主题的纪念“五四”运动91周年活动。
	6月，举办“安全在我心中”主题演讲比赛。
	9月，举办羽毛球比赛。
海南红塔卷烟有限责任公司	3月25日，举办“回顾昨天、珍惜今天、展望未来、和合共赢”主题演讲比赛。
	4月7日~5月7日，举办“快乐杯”第二届篮球联赛。
	6月20日，举办“迎七一 唱红歌 颂祖国”歌咏比赛。
	8月23日，举办钓鱼比赛。
	9月4日，举办乒乓球团体赛。
	12月4~5日，举办海南省烟草工业系统第二届“红塔杯”足球邀请赛。

续表

中国烟草机械集团有限责任公司	
上海烟草机械有限责任公司	7月22~25日，与济南卷烟厂联合开展企业文化学习交流活动。
	9月29日，举办“‘烟机明天更美好’庆祝中华人民共和国成立61周年”主题演唱会。
	10~11月，举办“员工素质大家谈”主题征文活动。
常德烟草机械有限责任公司	5月，举办“三湘读书”活动。
	6月19~21日，举办职工羽毛球比赛。
	7月24日，举办第三届职工游泳比赛。
	8月28~29日，举办职工乒乓球比赛。
	10月12~16日，举办职工篮球比赛。
	11月30日，举办以“立足岗位实践 传承超越文化”为主题的企业文化知识竞赛。
许昌烟草机械有限责任公司	3月1日~5月31日，举办“比质量 比进度 比奉献”劳动竞赛活动。
	4月15日~5月15日，举办第四届足球赛。
	4月30日，举办“光荣·责任·奉献”主题演讲比赛。
	5月10日~9月14日，举办第三届读书活动。
	12月14~23日，举办第三届乒乓球比赛。
秦皇岛烟草机械有限责任公司	3月1日~7月1日，举办“搬迁志愿者系列服务”活动。

【文化团体】

吉林省烟草专卖局（公司）		
吉林市烟草专卖局（公司）	同舟乐队	成立于2009年，现有成员13人，全年举办演出11场。
	同舟篮球队	成立于2009年，现有成员13人，全年参加比赛20场。
	同舟足球队	成立于2010年，现有成员18人，全年参加比赛20场。
浙江省烟草专卖局（公司）		
嘉兴市烟草专卖局（公司）	嘉兴烟草文联	成立于2006年5月，现有成员62人。2010年编撰《嘉烟文集》1册。
	春蚕志愿者服务队	成立于2009年10月，现有社员94人。全年举办摄影培训班2期，组织采风活动2次。
安徽省烟草专卖局（公司）		
乒乓球协会		成立于2009年3月，现有成员39人。
篮球协会		成立于2009年3月，现有成员10人。
羽毛球协会		成立于2009年3月，现有成员47人。
网球协会		成立于2009年3月，现有成员37人。
保龄球协会		成立于2009年3月，现有成员17人。
书画摄影协会		成立于2009年3月，现有成员29人。

续表

<table>
<tr><td colspan="2">钓鱼协会</td><td>成立于 2009 年 3 月，现有成员 51 人。</td></tr>
<tr><td colspan="2">棋牌协会</td><td>成立于 2009 年 3 月，现有成员 31 人。</td></tr>
<tr><td colspan="2">音乐舞蹈协会</td><td>成立于 2009 年 3 月，现有成员 23 人。</td></tr>
<tr><td colspan="3">山东省烟草专卖局（公司）</td></tr>
<tr><td colspan="2">山东老年大学烟草分校</td><td>成立于 2009 年 4 月，现有在册学员 4100 人。</td></tr>
<tr><td colspan="2">山东老年大学烟草分校文体俱乐部</td><td>成立于 2009 年 5 月，包括球类、书画（摄影）类、棋牌类、文艺类等 4 个活动小组。</td></tr>
<tr><td colspan="3">河南省烟草专卖局（公司）</td></tr>
<tr><td colspan="2">摄影协会</td><td>成立于 2007 年 4 月，现有成员 65 人。</td></tr>
<tr><td colspan="3">云南省烟草专卖局（公司）</td></tr>
<tr><td colspan="2">云南烟草大成艺术团</td><td>成立于 2010 年 10 月。举办华叶之春、金色秋韵晚会，筹办《大成之约》、《大成之夜》晚会。</td></tr>
<tr><td colspan="3">陕西省烟草专卖局（公司）</td></tr>
<tr><td>西安市烟草专卖局（公司）</td><td>“丝路情”职工业余艺术团</td><td>成立于 2009 年 8 月，现有成员 116 人。包括合唱队、歌唱队、舞蹈队、曲艺小品队、器乐队。</td></tr>
<tr><td>渭南市烟草专卖局（公司）</td><td>老年门球队</td><td>成立于 1988 年，现有成员 11 人。</td></tr>
<tr><td colspan="3">深圳市烟草专卖局（公司）</td></tr>
<tr><td colspan="2">摄影分部</td><td>成立于 1997 年，现有成员 69 人。全年组织采风活动 3 次，举办摄影展 1 次。</td></tr>
<tr><td colspan="2">文艺分部</td><td>成立于 1997 年，现有成员 110 人。全年培训人员 60 人。全年组织比赛 6 次。</td></tr>
<tr><td colspan="2">体育分部</td><td>成立于 1997 年。</td></tr>
<tr><td colspan="2">书画分部</td><td>成立于 1997 年，现有成员 54 人。</td></tr>
<tr><td colspan="3">江苏中烟工业有限责任公司</td></tr>
<tr><td colspan="2">羽毛球队</td><td>成立于 2008 年 6 月，现有成员 40 人。2010 年 6 月，参加第二届“天泰杯”羽毛球邀请赛；11 月，参加“南京杯”羽毛球比赛。</td></tr>
<tr><td colspan="2">篮球队</td><td>成立于 2008 年 6 月，现有成员 15 人。2010 年 8 月，参加安徽烟草江苏中烟“苏烟杯”篮球友谊赛；12 月，与南京卷烟厂进行友谊赛。</td></tr>
<tr><td colspan="2">乒乓球队</td><td>成立于 2008 年 6 月，现有成员 30 人。2010 年 6 月，参加“苏烟杯”乒乓球比赛。</td></tr>
<tr><td rowspan="5">南京卷烟厂</td><td>摄影爱好者协会</td><td>成立于 2009 年 4 月，现有成员 42 人。</td></tr>
<tr><td>羽毛球协会</td><td>成立于 2009 年 4 月，现有成员 40 人。</td></tr>
<tr><td>文艺爱好者协会</td><td>成立于 2009 年 3 月，现有成员 32 人。</td></tr>
<tr><td>钓鱼协会</td><td>成立于 2010 年 11 月，现有成员 53 人。</td></tr>
<tr><td>管乐团</td><td>成立于 1998 年 3 月，现有成员 42 人。</td></tr>
<tr><td rowspan="2">徐州卷烟厂</td><td>乒乓球协会</td><td>成立于 2009 年，现有成员 78 人。</td></tr>
<tr><td>安捷快乐车吧</td><td>成立于 2009 年 12 月。</td></tr>
</table>

续表

淮阴卷烟厂	乒乓球协会	成立于2002年，现有成员160人。2010年，获得公司“苏烟杯”乒乓球比赛团体第三名。
	羽毛球协会	成立于2006年，现有成员126人。全年开展活动5次。
	老年军鼓、腰鼓队	成立于2004年，现有成员46人。全年组织开展宣传活动2次。
	足球协会	成立于2007年，现有成员56人。
浙江中烟工业有限责任公司		
书画艺术沙龙		成立于2008年5月，现有成员21人。全年组织开展活动1次。
摄影艺术沙龙		成立于2008年2月，现有成员50人。全年组织开展活动11次。
登山队		成立于2008年6月，现有成员11人。全年组织开展活动9次。
羽毛球队		成立于2008年5月，现有成员33人。全年组织开展活动97次。
网球队		成立于2008年6月，现有成员18人。全年组织开展活动60次。
篮球队		成立于2008年5月，现有成员20人。全年组织开展活动3次。
杭州制造部	书画摄影协会	成立于1982年3月。
	足球协会	成立于2006年5月。
	羽毛球协会	成立于2006年5月。
	钓鱼协会	成立于2006年5月。
	登山协会	成立于2004年3月。
宁波制造部	摄影协会	成立于2010年5月，现有成员48人。全年组织开展各类活动5次。
	篮球协会	成立于2006年8月，现有成员21人。全年组织开展各类活动24次。
	钓鱼协会	成立于2006年10月，现有成员49人。全年开展比赛活动6次。
江西中烟工业有限责任公司		
南昌卷烟厂	羽毛球协会	成立于2006年，现有成员12人。每周安排2次训练，与行业内外企业单位举办过多次友谊比赛和对抗比赛。
	篮球队	成立于2007年，现有成员30人。
	乒乓球协会	成立于2007年，现有成员30余人，分甲级和乙级两队。2010年，获得南昌市“市政公用杯”团体亚军；参加江西省运动会第一届企业运动会，并获女子团体第五名。
	驾驶协会	成立于2009年3月。
	摄影协会	成立于2009年4月，现有成员28人。
	班组长协会	成立于2009年11月。
	电气协会	成立于2009年12月。
	太极拳协会	成立于2010年3月。
	工艺质量协会	成立于2010年5月。
	人力资源管理协会	成立于2010年9月。
	安全管理协会	成立于2010年10月。

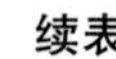
续表

赣南卷烟厂	老年体协	成立于2005年4月，现有成员136人，包括职工舞蹈、管乐、腰鼓、合唱等队组。全年组织开展宣传活动5次。
	钓鱼协会	成立于2006年8月，现有成员41人。全年组织活动5次。
	乒乓球协会	成立于2008年5月，现有成员74人。全年组织活动3次。
	羽毛球协会	成立于2010年10月，现有成员89人。全年组织活动5次。
广丰卷烟厂	足球协会	成立于2009年10月。
	机电协会	成立于2010年5月。
	文艺协会	成立于2010年5月。
	摄影协会	成立于2010年5月。
	自行车协会	成立于2010年5月。
	书画家协会	成立于2010年9月。
	作家协会	成立于2010年9月。
	羽毛球协会	成立于2010年10月。
井冈山卷烟厂	篮球协会	成立于2009年7月，现有成员29人。
	乒乓球协会	成立于2009年7月，现有成员9人。每周二进行常规训练，与市乒乓球协会进行联谊比赛。
	羽毛球协会	成立于2009年7月，现有成员25人。2010年，参加吉安市环境科学学会组织的羽毛球比赛；举办了“迎新春”羽毛球比赛。
	网球协会	成立于2009年7月，现有成员28人。
	老年协会	成立于2010年4月，现有成员77人。全年多次组织座谈会、保健知识讲座等活动。
兴国卷烟厂	老年协会	成立于2006年。2010年，举办第四届老年艺术节。
	篮球队	成立于2008年，现有成员10人。2010年，先后与井冈山卷烟厂等球队开展友谊比赛；获得兴国县第三届职工运动会篮球赛团体第四名。
	乒乓球队	成立于2008年，现有成员10人。2010年，获得兴国县机关运动会乒乓球赛团体第三名。
	羽毛球队	成立于2009年，现有成员8人。2010年，获得兴国县机关运动会羽毛球赛团体第五名。
山东中烟工业有限责任公司		
济南卷烟厂	社区老年艺术团	成立于2001年11月，现有成员40人。
	乒乓球队	成立于2006年，现有成员10余人。
青岛卷烟厂	职工艺术团	成立于2008年，现有成员100余人。包括职工合唱团、管乐队、舞蹈队。
	体育协会	成立于2008年，现有成员180余人。包括篮球、足球、排球、羽毛球、乒乓球、毽球、田径等分会。
	老年大学	成立于2006年。

续表

青州卷烟厂	八喜足球队	成立于1996年，现有成员18人。
	东方篮球队	成立于1996年，现有成员12人。
	八喜歌舞团	成立于2000年，现有成员60余人。
	八喜军乐团	成立于2000年，现有成员48人。
	八喜老年门球队	成立于1995年5月，现有成员26人。
	八喜老年秧歌队	成立于2001年3月，现有成员50余人。
	八喜老年文艺宣传队	成立于1997年4月，现有成员70余人。
滕州卷烟厂	老年门球队	成立于1997年，现有队员50余人。
	乒乓球俱乐部	成立于2004年，现有成员60余人。
	老年腰鼓队	成立于2003年，现有队员100余人。
	合唱团	成立于2008年，现有成员50余人。
河南中烟工业有限责任公司		
新郑卷烟厂	博睿读书研究会	成立于2009年11月，现有成员174人。全年举办读书交流活动20期；举办国学经典诵读会1期。
	声乐协会	成立于2010年2月，现有成员171人。全年举办声乐培训班23期；组织合唱表演2场。
	舞蹈协会	成立于2010年2月，现有成员149人。全年举办舞蹈培训3期；组织舞蹈演出2次。
	书画协会	成立于2010年2月，现有成员75人。全年举办书画展1期。
	诗词协会	成立于2010年2月，现有成员32人。全年组织诗词交流会3期。
	技术协会	成立于2010年2月，现有成员180人。全年举办技术大讲堂1期。
	摄影协会	成立于2010年2月，现有成员174人。全年举办摄影培训班1期，摄影展1期。
	体育运动协会	成立于2007年3月，下设篮球、排球、乒乓球、羽毛球、棋牌、田径、网球等7个分会。
	老年大学	成立于2008年12月。
郑州卷烟厂	工人技术协会	成立于2007年5月，下设制丝、卷包、印刷、动能、实业等5个专业协会。
	体育协会	成立于2007年5月，下设篮球、乒乓球专业2个协会。
	文化艺术协会	成立于2007年5月，下设书法绘画、摄影、器乐、表演和写作等5个专业协会。
	黄金叶诗社	成立于2001年7月，现有成员30人。
	集邮协会	成立1991年10月，现有成员100人。
	老年门球队	成立于2003年4月，现有成员18人。
	黄金叶·天叶合唱团	成立于2010年1月，现有成员100人。全年组织开展各类宣传活动4次。

续表

许昌卷烟厂	文艺协会	成立于2005年。
	摄影协会	成立于2006年。
	乒乓球协会	成立于2005年。
	羽毛球协会	成立于2006年4月，现有成员200余人。
	篮球协会	成立于2006年。
	足球协会	成立于2002年8月。
安阳卷烟厂	老年夕阳红艺术团	成立于2009年，现有成员280人。包括舞蹈队、合唱队、鼓乐队、模特队等8个队。
	老年体育协会	成立于2009年，现有成员433人。包括门球队、柔力球队、健身球队、国标麻将队、乒乓球队等12个队。
	老年大学	成立于2009年5月，现有成员500余人。开设有合唱班、模特班、国标麻将班、剪纸班、太极拳班、健身班等。
	“红旗渠”艺术团	成立于1984年，原名金钟艺术团，现有成员250余人。下设合唱团、民乐团、打击乐团等。
	体育协会	成立于1984年，包括乒乓球、羽毛球、篮球、足球等4个俱乐部和排球、台球、游泳等9个运动队。
南阳卷烟厂	乒乓球协会	成立于2006年4月，现有成员40余人。
	篮球协会	成立于2006年4月，现有成员120人。
	足球协会	成立于2006年4月，现有成员35人。
	羽毛球协会	成立于2006年4月，现有成员80余人。
	摄影协会	成立于2006年4月，现有成员40余人。
	文化艺术协会	成立于2006年9月，现有成员400余人。下设文艺、书画、文学等3个分会。
	青年卓越读书社	成立于2007年9月。
驻马店卷烟厂	新闻写作及摄影协会	成立于2008年4月，现有成员45人。
	篮球协会	成立于2004年3月，现有8支球队、60名成员。全年组织开展比赛1次。
	乒乓球协会	成立于2004年3月，现有成员56人。全年组织开展比赛2次。
	书画协会	成立于2005年8月。
	羽毛球协会	成立于2005年10月，现有成员66人。全年组织开展活动1次。
	老年门球队	成立于2001年，现有成员20人。全年组织参加比赛5次；获得驻马店市老年门球比赛第一名。
漯河卷烟厂	夕阳红艺术团	成立于1996年，现有成员120人。包括乐器队、戏曲队、秧歌舞蹈队、合唱队、民间艺术队、太极拳剑队、腰鼓队、铜器队等8个大队，全年组织开展宣传活动11次。
洛阳卷烟厂	文体协会	成立于2010年5月，现有成员325人。包括乒乓球、羽毛球、长跑、合唱、军乐、篮球、舞蹈体操、太极拳等队组，全年组织开展活动16次。
	老年文体协会	成立于2008年2月，现有成员212人次。包括门球、国标麻将、象棋、钓鱼、书画、合唱、乒羽、太极拳、柔力球、腰鼓、舞蹈等队组，全年组织开展活动12次。

续表

湖南中烟工业有限责任公司		
常德卷烟厂	科学技术协会	成立于2010年8月，下设11个分会。
郴州卷烟厂	文艺协会	成立于2007年4月，现有成员75人。包括舞蹈、器乐、柔力球3个组，全年组织参加活动10次。
	文化协会	成立于2006年9月，现有成员20人。全年举办会员写作培训班和学术交流会2次。
	门球协会	成立于1988年4月，现有成员20人。全年参加活动15次，其中参加洛阳“泉舜牡丹杯”门球邀请赛，获得第四名。
	养生协会	成立于2007年6月，现有成员60人。全年组织开展养生活动7次。
	乒羽协会	成立于2007年6月，现有成员50人。全年组织活动2次。
	钓鱼协会	成立于1988年5月，现有成员83人。全年组织活动5次。
	腰鼓协会	成立于2005年3月，现有成员55人。全年组织参加活动10次。
	太极协会	成立于2010年4月，现有成员120人。全年参加举办各种活动6次。
零陵卷烟厂	足球协会	成立于1995年，由7个足球队组成。
	中老年体育协会	下设门球、钓鱼、气排球、乒乓球、羽毛球、中国竞技麻将、健身与健美等7个协会。
四平卷烟厂	夕阳红文艺宣传队	成立于1999年，现有成员70人。其中，舞蹈队成立于2009年，拥有成员30人；合唱队成立于2009年，拥有成员20人。全年组织开展活动6次。
广东中烟工业有限责任公司		
美术书法诗词摄影协会		成立于2006年8月，下设7个分会，现有成员113人。
广州卷烟二厂 南海生产部	足球队	现有成员15人。
	篮球队	现有成员13人。
	羽毛球队	现有成员13人。
	乒乓球队	现有成员9人。
梅州卷烟厂	文体协会	成立于2009年5月，下设书法美术协会、摄影协会、足球协会、篮球协会、乒乓球协会、羽毛球协会、钓鱼协会、自行车协会等8个分会。
湛江卷烟厂	业余爱好团队	下设足球、篮球、羽毛球、钓鱼、风筝、书法摄影等6个团队。
广西中烟工业有限责任公司		
摄影协会		成立于2009年8月，现有成员40人。全年举办摄影培训班1期，组织采风活动4次，举办摄影展1次。
气排球协会		成立于2009年6月，现有成员90人。全年举办协会会员联赛1次；代表公司组队参加广西区“真龙杯”第二届城乡气排球赛并获第7名。
形体协会		成立于2009年8月，现有成员50余人。全年开展举办瑜伽培训班和形体训练班。
足球协会		成立于2009年11月，现有成员120人。全年举办联赛1次，每周定期开展活动，开展多场对外友谊比赛。

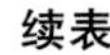

羽毛球协会		成立于2010年4月，现有成员43人。全年举办培训班1期，组织比赛活动1次。
钓鱼协会		成立于2010年10月，现有成员30人。全年举办比赛1次。
南宁卷烟分厂	气排球协会	成立于2010年6月，现有成员60余人。每周固定开展气排球活动。
柳州卷烟分厂	足球协会	成立于2010年9月，现有成员67人。全年开展“足协杯”比赛。
贵州中烟工业有限责任公司		
桥牌协会		成立于2009年5月，现有成员42人。全年举办桥牌培训班3期，组织交流活动8次，参加贵州省桥牌协会举办的桥牌赛1次。
摄影协会		成立于2010年5月，现有成员300余人。全年举办培训班1次，举办交流活动1次。
贵阳卷烟厂	合唱协会	成立于2006年8月，现有成员134人。
	老年门球队	成立于1988年，现有成员16人。
	足球协会	成立于2007年，现有成员39人。
遵义卷烟厂	书画协会	成立于2009年1月，现有成员25人。包括书法（硬笔、毛笔）、绘画（国画、油画、版画）。全年组织开展活动5次。
	摄影协会	成立于2009年1月，现有成员45人。全年组织采风活动5次。
	钓鱼协会	成立于2009年1月，现有成员85人。全年组织开展活动3次。
毕节卷烟厂	羽毛球协会	成立于2008年12月，现有成员37人。
	乒乓球协会	成立于2008年12月，现有成员48人。
	书画摄影协会	成立于2010年3月，现有成员35人。包括书法小组、绘画小组和摄影小组。
	网足篮协会	成立于2010年3月，现有成员106人。其中，网球小组有成员17人，全年组织训练10次，举办一次“邀请赛”；篮球小组有成员45人，全年组织训练6次；足球小组有成员44人，全年组织训练15次，组织一次周末联赛，与外单位进行了6次友谊赛。
贵定卷烟厂	摄影协会	成立于2009年9月，现有成员16人。全年组织参与贵州中烟摄影比赛1次，采风活动1次。
	书法协会	成立于2009年9月，现有成员15人。全年组织参与贵州中烟书法比赛1次，采风活动1次。
	钓鱼协会	成立于2009年9月，现有成员50人。
铜仁卷烟厂	摄影协会	成立于2006年1月，现有成员22人。
	乒乓球协会	成立于2005年6月，现有成员40人。2010年4月，参加铜仁地区“迎世博”电大杯乒乓球赛，荣获男子组第三名、女子组第三名。
	钓鱼协会	成立于2006年6月，现有成员50人。2010年6月，参加铜仁地区工会与钓鱼协会举办“2010年地直钓鱼比赛”活动，获二等奖。
	足球协会	成立于2006年6月，现有成员25人。2010年4月，参加铜仁地区文化体育事业局主办的2010“电力杯”足球联赛。
	羽毛球协会	成立于2009年7月，现有成员53人。2010年10月，举办羽毛球比赛活动。

续表

兴义卷烟厂		足球协会	成立于2008年10月，现有成员18人。
		篮球协会	现有成员16人。
		羽毛球协会	现有成员11人。
		乒乓球协会	现有成员12人。
		游泳协会	现有成员13人。
		书法、摄影协会	现有成员19人。
		象棋协会	现有成员10人。
		垂钓协会	现有成员19人。
		文艺协会	现有成员10人。
云南中烟工业公司			
书法家协会			成立于1984年，现有成员36人。
美术家协会			成立于1984年，现有成员32人。
摄影家协会			成立于1984年，现有成员88人。
羽毛球协会			成立于1984年，现有成员40人。
网球协会			成立于1984年，现有成员40人。
乒乓球协会			成立于1984年，现有成员150人。
红云红河烟草（集团）有限责任公司	昆明卷烟厂	集邮协会	成立于1994年7月，现有成员200余人。
		乒羽网协会	成立于2009年8月，现有成员218人。2010年8月，组队参加集团第二届职工网球比赛并取得女子双打冠军；10月，组队参加集团2010年度职工乒乓球比赛并取得男子单打第一名、女子团体第二名。
		桥牌协会	成立于2009年1月，现有成员60人。2010年4月，获云南省桥牌协会等级赛甲级赛第五名；7月，举办职工桥牌双人比赛。
		九九信鸽协会	成立于2000年。2010年11月，举办了“红云杯”信鸽竞赛、幼鸽赛、高原公棚400公里级团体及单鸽赛；12月，组织会员参加由飞翔俱乐部举办的500公里级赛事。
		书法、美术、摄影协会	成立于1992年4月，现有成员110人。2010年7月，协助工厂组织筹办“红色七月”职工摄影书画展。
		老年体育协会	成立于1986年，现有成员2036人。下设门球分会、老年艺术分会、武术分会、乒乓球分会、老年合唱团分会等，全年共参加全国、省、市、区文艺演出和比赛活动17次。
	曲靖卷烟厂	红河谷文学社	成立于2008年1月，现有成员38人。全年举办诗歌培训1次，组织活动3次。
		网球协会	成立于2009年4月，现有成员88人。全年举办网球培训1次，组织活动3次，参加中烟公司、集团网球比赛2次。
		羽毛球协会	成立于2009年4月，现有成员374人。
		乒乓球协会	成立于2009年4月，现有成员34人。全年举办乒乓球培训1次，组织活动1次，参加集团乒乓球比赛1次。

续表

红云红河烟草（集团）有限责任公司	曲靖卷烟厂	摄影协会	成立于2009年7月，现有成员35人。全年组织采风活动8次，交流培训3次，承办工厂摄影比赛1次，参加国家老协摄影比赛1次。
		车友协会	成立于2009年7月，现有成员475人。全年组织活动2次。
		气排球协会	成立于2009年4月，现有成员44人。全年举办气排球培训1次，组织活动6次，参加国家级、县级气排球比赛2次。
		钓鱼协会	成立于2009年4月，现有成员62人。全年举办钓鱼培训1次，组织活动3次。
		棋牌协会	成立于2010年1月，现有成员30人。全年举办棋牌培训1次，组织活动2次，承办工厂象棋、围棋比赛1次，参加中烟公司、集团比赛2次。
		艺术协会	成立于2010年9月，现有成员294人。
		老年协会	成立于1999年3月，现有成员250人。
		退养协会	成立于2002年6月，现有成员505人。
	会泽卷烟厂	计算机协会	成立于2009年5月，现有成员87人。
		网羽协会	成立于2000年4月，现有成员80人。
		足球协会	成立于2003年8月，现有成员45人。全年开展足球比赛12次。
		钓鱼协会	成立于2003年12月，现有成员365人。
		门球协会	成立于2008年5月，现有成员37人。全年举办比赛4次。
		乒乓球协会	成立于2009年8月，现有成员103人。全年举办比赛3次。
	乌兰浩特卷烟厂	钓鱼协会	成立于2009年4月，现有成员35人。
		摄影协会	成立于2009年4月，现有成员26人。
		游泳协会	成立于2009年4月，现有成员30人。
		乒乓球协会	成立于2009年4月，现有成员20人。
		篮球协会	成立于2009年4月，现有成员8人。
		诗词协会	成立于2009年5月，现有成员28人。
		书画协会	成立于2009年3月，现有成员21人。
陕西中烟工业有限责任公司			
宝鸡卷烟厂		摄影协会	成立于2010年1月，现有会员56人。全年举办1期摄影展，组织开展3期野外采风摄影活动。
		游泳俱乐部	成立于2009年6月，现有会员152人。全年举办游泳比赛1次，组织活动28次。
汉中卷烟厂		书法协会	成立于2009年9月，现有成员28人。全年共组织开展各类活动3次。
		老年文工团	成立于2004年6月，现有成员80人。全年共组织开展各类活动15次。
澄城卷烟厂		羽毛球队	成立于2010年6月。
		乒乓球队	成立于2010年7月。
		双退办门球队	成立于2008年10月。
		双退办象棋组	成立于2008年8月，现有成员6人。
		双退办乒乓球队	成立于2008年8月，现有队员6人。

续表

旬阳卷烟厂	管乐队	成立于2001年6月，现有成员40人。全年举办训练2期9次。
	金叶自行车队	成立于2008年6月，现有成员38人。全年共组织参加活动6次。
中国烟草实业发展中心		
青年学习小组		2009年4月成立，现有成员23人。2010年，通过开展业务知识培训，主题活动等方式为青年搭建了学习交流、资源共享的平台。
内蒙古昆明卷烟有限责任公司	“苁蓉”秧歌队	成立于2001年5月，现有成员100余人。
	山地运动自行车队	成立于2010年8月，现有成员20人。
	羽毛球协会	成立于2009年10月，现有成员41人。
	篮球协会	成立于2009年10月，现有成员26人。
	棋类协会	成立于2010年4月，现有成员21人。
深圳烟草工业有限责任公司	“好日子”俱乐部	成立于2008年8月，下设体育、摄影、书法、绘画、文艺等分部。
海南红塔卷烟有限责任公司	乒乓球协会	成立于2009年1月，现有成员40人。
	音乐舞蹈协会	成立于2008年11月，现有成员101人。
	摄影钓鱼协会	成立于2008年11月，现有成员人144人。
	老职工文体学会	成立于2009年3月，现有成员195人。
	羽毛球协会	成立于2008年11月，现有成员58人。
	足球协会	成立于2008年11月，现有成员40人。
	篮球协会	成立于2008年11月。
中国烟草机械集团有限责任公司		
常德烟草机械有限责任公司	乒乓球协会	成立于2007年12月，现有成员41人。全年参与各类赛事和组织交流活动8次。
	羽毛球协会	成立于2008年7月，现有成员38人。全年参与各类赛事和组织交流活动4次。
	摄影协会	成立于2009年2月，现有成员45人。全年开展对外交流活动4次。
	篮球协会	成立于2009年6月，现有成员25人。全年参与各类赛事和组织交流活动9次。
	足球协会	成立于2010年3月，现有成员35人。全年参与各类赛事和组织交流活动24次。
秦皇岛烟草机械有限责任公司	羽毛球协会	成立于2010年11月，现有成员100人。全年举办羽毛球团体赛1次。

1月15日，国家局领导与中国作家协会领导共同商讨“金叶·育才图书室”工程建设

陈兴杰 摄

6月28日，第三届“金叶育才图书室”工程启动仪式在北京举行。2010年中国烟草总公司与中华文学基金会先后在8个省、自治区捐建“金叶育才图书室”235个，捐赠46万册图书、50台电脑、1216套书架，捐赠价值1377万元，受益中小学生138万人

国家局办公室 毛保红 供稿

1月27日，国家局捐建“春雨工程金叶科技援助站”揭牌仪式在四川广元举行

国家局办公室 毛保红 供稿

8月20日，国家局、总公司向援助西藏发展基金会“阳光工程”项目捐赠206万元

国家局办公室 毛保红 供稿

“阳光工程”让藏区学校用上了太阳能

国家局办公室 毛保红 供稿

新年快乐
Happy New Year

尊敬的叔叔阿姨们：

首先，谢谢你们的爱心帮助，让我能够更好地学习。新的一年即将到来，在此，我祝各位叔叔阿姨们身体健康，新年快乐，祝您们在新的一年里工作更加顺利，生活更加美满，天天开心，快乐与幸福永伴！谢谢您们的爱心让我们感到温暖，我一定会发奋努力的！Happy New Year！

一个受到您们的关心的人

湖北郧西县一位高三学生写给国家局的感谢信

陈兴杰 摄

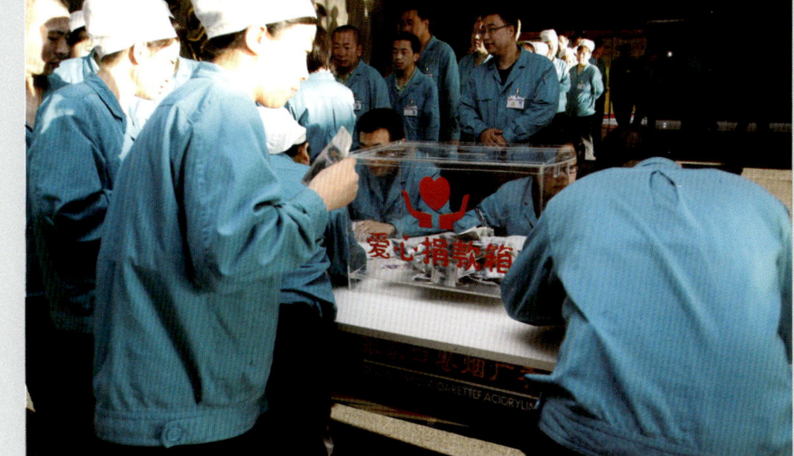

4月2日，张家口卷烟厂有限责任公司组织抗旱救灾爱心捐款

张家口卷烟厂有限责任公司 王亚峰 摄

4月30日，江苏中烟南京卷烟厂干部职工为青海玉树地震灾区捐款

江苏中烟南京卷烟厂 王晓伟 摄

8月30日，福建厦门市局（公司）"三角梅——手拉手"爱心助学启动仪式

福建厦门市局 沈雁 摄

安徽宣城市局（公司）举行"牵手留守儿童、分享世博精彩"活动

安徽宣城市局 王伟政 摄

9月10日，安徽安庆市局（公司）向"希望工程"和"春蕾女童"捐赠爱心助学金

安徽安庆市局 郝敏 摄

4月2日，安徽中烟蚌埠卷烟厂干部职工向西南受旱灾区捐款

安徽中烟 供稿

江西中烟捐资50万元建起了江西省黎川县坊坪小学“金叶源”教学楼

江西中烟 周平庭 摄

4月21日，山东莱芜市局（公司）干部职工为青海玉树地震灾区捐款

山东莱芜市局 李建超 摄

4月21日，河南中烟郑州卷烟厂97岁的老红军于秀英老人为青海玉树地震灾区捐款

河南中烟郑州卷烟厂 张丹丹 摄

2010年“黄金叶金秋爱心助学”活动向贫困家庭学生发放助学金

河南中烟 瞿卫华 摄

9月27日，湖南省烟草商业系统举行“2010金叶慈善医疗卡”捐赠仪式

湖南省局 供稿

4月6日，陕西咸阳市局（公司）开展“雨滴行动”抗旱救灾捐款活动

陕西省局 供稿

6月2日，西藏区局（公司）援建的达孜县敬老院建成揭牌

西藏区局 尼玛拉姆 摄

重庆市局（公司）向"温暖上学路"活动捐款

重庆市局 供稿

中国烟草在津巴布韦援建希望小学

天泽公司 供稿

公益事业

公益事业

国家烟草专卖局、中国烟草总公司

2010年，国家烟草专卖局、中国烟草总公司本级积极开展各项社会公益活动。

定点帮扶：配合国务院扶贫办做好整村推进工作，国家局从2008年开始至2010年年底，在湖北省十堰市郧西县、竹溪县共帮扶12个贫困村，总投入600万元，其中2010年投入200万元，主要开展基础设施、产业扶持、人居环境改善、社会事业发展等4类项目。制订2010年扶贫工作方案，全年在郧西县、竹溪县投资600万元，实施了公路桥梁、教育卫生、产业扶贫、扶贫搬迁、科技扶贫等5类46个子项目，其中郧西县17个、竹溪县29个，两县共有59个村8万多人直接受益。针对2010年夏季洪涝灾害，向两县拨付救灾资金60万元。完善扶贫数据库，对所提供资金与物资帮助及受助的贫困人口实行信息化管理，避免重复投资，增加扶贫资金的透明度。

资助教育事业：建设“金叶育才图书室”项目，国家局向中华文学基金会捐款1000万元，在新疆、西藏、广西、江西、云南、青海、福建、河北等8省（区）建设“金叶育才图书室”235个，捐赠图书46万册、书架1216个、电脑50台，使贫困地区138万名中小学师生受益。建设“春雨工程”，国家局于2009年向中华国际科学交流基金会捐款200万元，并于2010年年底前在四川、云南、甘肃等3省的中小学共建设37个“春雨工程·金叶科技援助站”，每站配备了23台高配置电脑，使3.63万名师生受益。开展“太阳花杯”劝阻青少年吸烟活动，向中国宋庆龄基金会捐资180万元，该活动已持续了13年。开展援藏“阳光工程”，向援藏发展基金会捐款110万元，为阿里地区扎达县曲松乡楚鲁松苹果希望小学、改则县古姆乡小学、改则县察布乡完全小学、革吉县亚热乡小学和日喀则地区仲巴县布多乡小学等5所学校安装4.0千瓦小型太阳能发电系统和太阳能灶。开展“新长城特困大学生助学项目”，向中国扶贫基金会捐款120万元，资助300名来自湖北省郧西县、竹溪县的大一至大三的特困大学生，并在两个县的高中各开办了3个“金叶自强班”，资助300名品学兼优的特困高中生。

资助环保事业：支持“绿化长江重庆行动”，国家局向重庆市政府捐款1亿元，加强长江流域和三峡库区生态环境建设与保护。加盟“中国十亿绿树森林、绿色公民行动计划”，向中国绿化基金会捐款500万元，设立“中国烟草森林基金”，在西部重点省份营造“中国烟草碳汇森林”。建设“华夏绿洲生态园”，向中国绿化基金会捐款100万元，在河北省涿鹿县种植1万株果树，建成生态采摘园112亩。建设“大地之爱·母亲水窖”工程，向中国妇女发展基金会捐款1000万元，设立“金叶基金”，解决西部干旱缺水地区群众饮水困难、资助贫困母亲。

国家局、总公司机关2010年开展公益活动情况：开展“送温暖、献爱心”活动，机关党员干部先后向青海玉树地震灾区和甘肃舟曲灾区共捐款74.6万元。

中国烟草总公司郑州烟草研究院：救助灾害，向青海玉树地震灾区捐款3.3万元。资助乡村建设，向郑州市高新区东史马村、漯河市临颍县台陈村共捐款23万元。

中国烟草总公司职工进修学院：救助灾害，向青海玉树地震灾区捐款1.41万元；向甘肃舟曲灾区捐款1.13万元。资助乡村、社区建设，向帮扶村捐赠价值1万余元的室外健身活动器材；向学院所在社区捐赠2台电脑。

中国烟草机械集团有限责任公司

上海烟草机械有限责任公司：救助灾害，向青海玉树地震灾区捐款22.3万元。资助教育事业，向云南希望小学、四川省南江县八庙乡小学及云南省文山壮族苗族自治州广南县、北京市密云县的8名儿童捐款2万元。资助体育事业，捐款2万元。

常德烟草机械有限责任公司：扶贫济困，向常德市福利院捐赠大米5吨；慰问3名孤寡老人和留守儿童，捐赠大米30千克、食用油30千克；5名员工向常德市安乡县烧伤儿童捐款1000元。资助教育事业，向常德市石门县贫困学生捐款2000元。救助灾害，向西南旱灾地区、青海玉树地震灾区捐款2.15万元。资助乡村建设，对口支援贫困地区建设，共捐款10万元；参与新农村建设活动，向常德市鼎城区中河口镇中河村、周家店镇黄公嘴村分别捐款10万元、8万元。参加无偿献血活动，205 名员工共献血 6.4 万毫升。

许昌烟草机械有限责任公司：扶贫济困，向许昌市慈善协会捐款 5 万元。救助灾害，员工向青海玉树地震灾区捐款 5.91 万元。资助教育事业，向许昌市教育基金会捐款 5 万元。资助乡村建设，对口帮扶许昌市鄢陵县马坊乡后彪岗村修建公路，捐款 18 万元。

秦皇岛烟草机械有限责任公司：扶贫济困，参加“仁爱行动——贫困地区农村百万孤老爱心认助”活动，捐款 1 万元；参加“博爱一日捐”活动，向秦皇岛市红十字会捐款 1 万元。救助灾害，向青海玉树地震灾区捐款 7.16 万元。资助乡村建设，支持青龙满族自治县官场乡谢杖子村道路硬化工程，捐款 3 万元。

中国烟草实业发展中心

黑龙江烟草工业有限责任公司：救助灾害，向青海玉树地震灾区捐款 68.4 万元。资助教育事业，与哈尔滨市妇联共同举办“‘龙腾高远，真情暖心’助春蕾，圆大学梦想”捐赠活动，向 20 余名家庭困难的女童各捐款 5000 元。

红塔辽宁烟草有限责任公司：扶贫济困，启动“红塔辽宁烟草丹东蓓蕾慈善基金”活动，向丹东市慈善总会捐款 50 万元；向沈阳市职工爱心慈善基金会捐款 2.32 万元；为沈阳市 1 名患病儿童捐款 1.89 万元。救助灾害，向青海玉树地震灾区捐款 6.74 万元。资助教育事业，向沈阳市法库县、盖州市的 3 所红塔希望小学捐赠价值 40 多万元的物品；结成助学对子 38 对，捐款 1.52 万元；员工多次为营口市红塔杨运希望小学、矿洞沟镇薛屯小学捐赠体育用品及学习用品，价值 3 万元。资助社区、乡村建设，建设“红塔社区”，捐款 2 万元，并为社区图书室捐赠图书 200 多册；向大石桥市建一乡秘子村捐款 2 万元。

甘肃烟草工业有限责任公司：救助灾害，公司向甘肃舟曲灾区捐款 500 万元，员工捐款 10.15 万元。

内蒙古昆明卷烟有限责任公司：扶贫济困，参加“博爱一日捐”活动，捐款 2.28 万元；向呼和浩特市石东路爱心超市捐赠价值 4470 元的面粉。资助乡村建设，为呼和浩特市武川县上秃亥乡东房子村人畜饮水工程捐款 7 万元。参加无偿献血活动，72 名员工共献血 2.14 万毫升。

山西昆明烟草有限责任公司：扶贫济困，开展“慈善一日捐”活动，向太原市慈善总会捐款 4.45 万元。资助乡村建设，参加“百强帮百村，共建新农村”活动，为太原市阳曲县大卜村街巷硬化工程捐款 10 万元。参加志愿服务，派出一支由 4 名青年员工组成的志愿者服务队，在太原市上下班高峰期，到相关交叉路口开展“志愿红绿灯”文明出行志愿服务站岗活动，宣传文明出行理念。

海南红塔卷烟有限责任公司：救助灾害，向青海玉树地震灾区捐款 7 万余元；救助海南省洪涝重灾区，公司捐款 200 万元，员工捐款 8 万余元。资助教育事业，开展“金秋助学”活动，向琼山中学 9 名贫困学生捐款 2.7 万元。

北京市烟草专卖局（公司）

北京市烟草专卖局（公司）机关：扶贫济困，支持残疾人艺术团演出，捐款 8.28 万元；向防城港市残疾人联合会捐款 50 万元；参加“共产党员献爱心”活动，捐款 1.99 万元；向通州区慈善协会捐款 50 万元；向北京市红十字会捐款 20 万元。救助灾害，向青海玉树地震灾区捐款 5.07 万元。资助教育、环保事业，共捐款 9000 元。资助其他社会福利和公共事业，向中国控烟协会宣传活动、法律援助基金会等共捐款 115 万元。

东城区烟草专卖局（公司）：扶贫济困，开展结对互助、“共产党员献爱心”、“博爱在京城”活动，共捐款 1.22 万元。救助灾害，向青海玉树地震灾区捐款 3780 元。

西城区烟草专卖局（公司）：扶贫济困，参加“共产党员献爱心”、“送温暖、献爱心”活动，共捐款 1.25 万元。救助灾害，向青海玉树地震灾区捐款 1.17 万元。

朝阳区烟草专卖局（公司）：扶贫济困，参加“共产党员献爱心”、支援朝阳区红十字会，共捐款 1.65 万元。救助灾害，向青海玉树地震灾区捐款 1.6 万余元。

海淀区烟草专卖局（公司）：救助灾害，向青海玉树地震灾区捐款 1.37 万元。

丰台区烟草专卖局（公司）：扶贫救灾，参加“共产党员献爱心”活动、支援青海玉树地震灾区，共捐款 1.34 万元。

石景山区烟草专卖局（公司）：扶贫济困，慰问石景山区黑石头村 3 户特困户，捐款 800 元，并捐赠慰问品；向门头沟区清水镇塔河村捐赠电脑等办公用品；向石景山区慈善协会捐款 5 万元，其中 2 万元用于救助石景山区八宝山街道所辖 10 户特困户；参加“国际残疾人日扶残助残”活动，慰问两户重度残疾零售户，并送去生活用品。

通州区烟草专卖局（公司）：扶贫济困，参加“博爱在京城”、“共产党员献爱心”活动，共捐款 7010 元。救助灾害，向西南旱灾地区捐款 3 万元；向青海玉树地震灾区捐款 1.19 万元。

顺义区烟草专卖局（公司）：扶贫济困，向大孙各庄镇后陆马村捐款3万元，并为该村的贫困户送去慰问品；参加“共产党员献爱心”、“送温暖、献爱心”活动，共捐款1.61万元。救助灾害，向青海玉树地震灾区捐款1.11万元。

延庆县烟草专卖局（公司）：扶贫济困，参加“共产党员献爱心”活动、慰问贫困群众，捐款捐物共计1.7万元。救助灾害，支援青海玉树地震灾区、参加“春雨抗旱救灾行动”活动，共捐款5310元。资助乡村建设，向张庄村捐款1.2万元。

怀柔区烟草专卖局（公司）：扶贫济困，参加“博爱在京城”、“共产党员献爱心”活动，共捐款9120元。救助灾害，向青海玉树地震灾区捐款9600元；开展“捐赠衣被、温暖灾区”活动，捐赠棉被、棉衣等75件。

大兴区烟草专卖局（公司）：扶贫救灾，参加“共产党员献爱心”、支援青海玉树地震灾区，共捐款1.09万元。资助教育事业，向采育镇第二中心小学捐款5000元。

昌平区烟草专卖局（公司）：扶贫济困，参加“共产党员献爱心”活动、支持残疾人事业，共捐款7050元。救助灾害，向青海玉树地震灾区、南方旱灾地区共捐款1.85万元。

密云县烟草专卖局（公司）：扶贫救灾，向青海玉树地震灾区等共捐款5400元。资助乡村建设，向高岭镇芹菜岭村捐款5万元。

门头沟区烟草专卖局（公司）：扶贫济困，参加“博爱在京城”、“共产党员献爱心”、“送温暖”活动，支援门头沟区慈善协会，共捐款5.52万元。救助灾害，向青海玉树地震灾区、甘肃舟曲灾区共捐款4910元。资助教育事业，慰问门头沟区清水小学，捐赠学习用具、书籍及助学金；参加“善薪计划”，区局（公司）29名团员青年每月从工资中拿出2元存入专门账户，用于支持和服务青少年的成长和发展。

房山区烟草专卖局（公司）：扶贫救灾，开展“送温暖”活动，慰问房山区十渡镇西石门、北石门村66户低保户，捐款捐物共计1.55万元；参加“博爱在京城”、“共产党员献爱心”活动，支援青海玉树地震灾区，共捐款1万元。资助教育事业，“六一”儿童节期间慰问1所希望小学，捐款5000元，并捐赠图书300余册及价值2000元的运动器材；“中秋”节期间慰问希望小学，捐赠价值8000余元的慰问品。

平谷区烟草专卖局（公司）：扶贫济困，2月，参加“百局扶百户”活动，慰问平谷区太后村1名残疾人；参加“共产党员献爱心”、资助北京市“让爱飞翔”残疾人艺术团演出，共捐款3540元。救助灾害，向青海玉树地震灾区捐款4500元。资助乡村建设，向平谷区大华山镇西长峪村捐款1万元。

公路运输专卖分局：扶贫济困，参加“共产党员献爱心”活动，捐款1150元。

北京京烟卷烟零售连锁有限公司：扶贫救灾，参加“共产党员献爱心”活动及向青海玉树地震灾区捐款，共捐款1.7万元。资助教育事业，慰问房山希望学校，捐赠图书489册及日常生活用品。参加“善薪计划”，公司23名员工每月从工资中拿出2元存入专门账户，用于支持和服务青少年的成长和发展。

金健恒通商贸有限公司：救助灾害，向青海玉树地震灾区捐款6300元。

天津市烟草专卖局（公司）

2010年，天津市烟草商业系统共捐款75.44万元，用于各项社会公益活动。扶贫济困，共捐款13.66万元。救助灾害，向青海玉树地震灾区捐款26.7万元；向甘肃舟曲灾区捐款23.59万元。资助教育事业，共捐款4.48万元。资助文化事业，共捐款4万元。资助社会公共设施建设，共捐款3万元。

滨海新区烟草专卖局塘沽分局（分公司）：资助教育事业，向蓟县下营镇镇东小学捐款2万元。

滨海新区烟草专卖局大港分局（分公司）：扶贫济困，慰问困难零售户，共捐款4800元。

静海县烟草专卖局、静海烟草有限公司：扶贫支教，参加“入户谈心活动”，帮助农户解决实际困难，向静海县王口镇、陈官屯镇共捐款5万元；参加“送温暖、献爱心”活动、资助6名困难学生，共捐款2.08万元。

宝坻区烟草专卖局、宝坻烟草有限公司：扶贫济困，向宝坻区慈善协会捐款2万元。

蓟县烟草专卖局、渔阳烟草有限公司：扶贫济困，开展“助残、助困”、“博爱助万家”活动，捐款1.69万元；建设蓟县下营镇养老院，捐款3万元。救助灾害，员工向西南旱灾地区捐款8900元。资助教育事业，向蓟县下营镇镇东小学捐款2万元。资助文化事业，捐款2万元。

河北省烟草专卖局（公司）

2010年，河北省烟草商业系统共捐款221.29万元，用于各项社会公益活动。

河北省烟草专卖局（公司）机关：扶贫济困，参加“博爱一日捐”活动，捐款1.2万元；向顺平县神南乡残疾人、神南乡向明小学共捐赠价值9万元的物品。

石家庄市烟草专卖局（公司）：资助乡村建设，捐款2万元，用于正定县西安丰村、元氏县何家沟村新民居建设。

邯郸市烟草专卖局（公司）：扶贫济困，参加成安县“送温暖、献爱心”活动、帮扶邱县贫困群众、资助贵州省毕节地区水窖建设，共捐款4900元。资助教育事业，向丛台区、魏县共捐款29.2万元；向曲周县安寨镇西马连固联办小学捐款2万元；为成安县道东堡中心学校购置价值9900元的教学用品。资助文化事业，捐款3000元。资助乡村建设，支援临漳县西烟寨村建设农村示范村，捐款4.5万元；向临漳县堤上村、涉县偏城镇西庙湾村分别捐款1万元、2万元；资助曲周县西南寨村“引水到户”工程、大名县“治后建家工程”，分别捐款3万元、1万元；资助永年县曲陌乡吕七方村建设，捐款1万元；帮扶大名县束馆镇、磁县闫浅村开展新农村建设，共捐款2万元；帮扶磁县建设，捐款1万元；向馆陶县柴堡镇市庄西村捐款1万元；资助魏县长安河东代固段的开挖工作，捐款1万元。资助环保事业，支援永年县明洼西山北段栽植刺槐树、邱县邱城镇植树造林，共捐款1.5万元。

保定市烟草专卖局（公司）：扶贫济困，支援贫困群众和特困群众案件救助基金、参加“见义勇为”募捐活动，捐款1.49万元；慰问定州市特困户，捐款9800元。资助教育事业，向望都县捐赠助学金5400元。资助乡村建设，支持清苑县建设文明生态村、农村新民居等，捐款1.94万元。

张家口市烟草专卖局（公司）：扶贫济困，开展“爱心包裹项目关怀行动”、“博爱一日捐”活动，共捐款1.52万元。救助灾害，向青海玉树地震灾区捐款1.15万元。资助乡村建设，支援怀安县王虎屯乡榆林屯树修路，捐款8万元；资助张北县白庙潭村修建大棚菜试验田，捐款1万元；资助菜园社区开展卫生清理、市容整治工作，捐款1万元。

承德市烟草专卖局（公司）：扶贫济困，向承德市红十字会捐款9650元。救助灾害，向青海玉树地震灾区捐款1.9万元。资助教育事业，向甘肃省庆阳市环县甜水镇甜水街村中心小学、承德市希望工程办公室共捐款1.22万元，并捐赠爱心包裹44个。资助乡村建设，对21个项目进行帮扶，共捐款12万元。

唐山市烟草专卖局（公司）：扶贫济困，慰问方各庄镇扶贫户和优抚对象、迁安市杨各庄镇贫困户，共捐款1.61万元；慰问唐山市截瘫疗养院残疾人、资助见义勇为爱心募捐活动，共捐款1.5万元。资助文化事业，捐款3万元。资助乡村建设，向玉田县潮落窝乡新赵村、滦县张各庄镇后街村、乐亭县新寨镇小港村等共捐款28.9万元。

廊坊市烟草专卖局（公司）：救助灾害，向青海玉树地震灾区捐款2万元。资助教育事业，捐款1.35万元，为贫困村（街）、农村中小学订阅报刊杂志。

沧州市烟草专卖局（公司）：资助教育事业，捐款1.2万元，为泊头市王武镇王武村小学购置体育器材。资助乡村建设，向盐山县小营乡刘武村捐款21万元。

衡水市烟草专卖局（公司）：扶贫济困，向阜城县董家庵村五保户捐款1300元；向阜城县董家庵村老年活动中心捐赠6台电脑。资助文化事业、乡村建设，共捐款8.3万元。

邢台市烟草专卖局（公司）：扶贫济困，参加“救助困难职工一日捐”、“助残”、“生育关怀”、“博爱一日捐”等活动，共捐款2.47万元；对定点帮扶干部进行培训，捐款1万元。

秦皇岛市烟草专卖局（公司）：扶贫济困，走访扶贫村、帮建村7次，向青龙满族自治县、卢龙县、抚宁县、昌黎县下辖的扶贫村捐款10万元；参加“救助困难职工一日捐”活动，捐款2.28万元。救助灾害，向青海玉树地震灾区捐款1.49万元。

河北中烟工业公司

2010年，河北中烟工业公司积极开展各项社会公益活动。

河北中烟工业公司本部：扶贫济困，捐款25万元。救助灾害，向青海玉树地震灾区捐款11.86万元。资助教育事业，开展“钻石助学活动”，捐款130万余元。

张家口卷烟厂有限责任公司：扶贫济困，参加“博爱一日捐”活动、慰问张北县工会镇水泉村、双脑包村，共捐款18.71万元，并捐赠大米950袋。救助灾害，开展“抗旱救灾奉献爱心，节约用水从我做起”赈灾活动，向西南旱灾地区捐款4.64万元。资助文化事业，共捐款50万元。

河北白沙烟草有限责任公司：扶贫济困，捐款20万元，资助承德市丰宁满族自治县官场沟门村建设标准化村级卫生室，为丰宁县十道沟村打机井两眼；开展“救助困难职工一日捐”活动，捐款26万元。救助灾害，向青海玉树地震灾区捐款9.16万元。

山西省烟草专卖局（公司）

2010年，山西省烟草商业系统共捐款437.91万元；用于各项社会公益活动。

山西省烟草专卖局（公司）机关：扶贫济困，支援定点扶贫单位永和县阁底乡、交口乡、桑壁镇发展红枣、核桃产业，捐款70万元，发放慰问金1.86万元，并捐赠价值28.14万元的白面2700袋、食用油2700桶；向联企帮困企业山西建筑机械厂的9户帮扶对象捐款4500元。救助灾害，向青海玉树地震灾区捐款4.11万元。

太原市烟草专卖局（公司）：扶贫济困，参加“为空巢老人献爱心”活动，员工捐款1.68万元；参加“博爱一日捐”活动，员工捐款2.55万元；参加“慈善一日捐”活动，员工捐款2.89万元。救助灾害，员工向青海玉树地震灾区捐款6万元。资助环保事业，捐款49万元，用于太原市西山植树造林。

大同市烟草专卖局（公司）：扶贫济困，资助定点扶贫村大同市阳高县大白登镇杏园村修建村委办公场所，捐款14万元；参加“博爱一日捐”活动，员工捐款2.1万元。救助灾害，员工向青海玉树地震灾区捐款3.6万元。资助教育事业，向贫困大学生捐款2万元。

阳泉市烟草专卖局（公司）：扶贫济困，向定点扶贫单位阳泉市郊区旧街簸箕掌村捐款2万元。救助灾害，向青海玉树地震灾区捐款1.97万元；向甘肃省舟曲县特大泥石流灾区捐款1.69万元。资助教育事业，向平定县巨城镇岩会小学捐款500元。

长治市烟草专卖局（公司）：扶贫济困，资助扶贫点修路等，捐款4.47万元；参加“博爱一日捐”、“慈善一日捐”、“送温暖、献爱心”活动，帮扶弱势群体，捐款捐物共计2.69万元。救助灾害，向青海玉树地震灾区捐款3.8万元；向甘肃舟曲灾区捐款6.44万元。资助环保事业，捐款4.17万元，用于植树造林。

晋城市烟草专卖局（公司）：扶贫济困，资助结对帮扶村，捐款9.5万元；向陵川县锡崖沟村贫困村民捐赠价值6600元的米、面、油等；向晋城市社会福利院捐赠价值1.1万元的米、面、油；春节慰问帮扶对象，市局（公司）领导共捐款9000元；参加“博爱一日捐”活动，员工捐款1.53万元。救助灾害，员工向青海玉树地震灾区捐款3.25万元。资助教育事业，为晋城市凤鸣小学捐赠1000册图书，价值1.75万元。资助乡村建设，支援文明共建村修建饮水工程，捐款10万元。

朔州市烟草专卖局（公司）：扶贫济困，向定点扶贫村右玉县高家堡乡布家村捐赠价值2.43万元的米、面、油。救助灾害，员工向青海玉树地震灾区捐款3.04万元。资助教育事业，向右玉县第四小学、应县一中共捐款2万元。资助乡村建设，向怀仁县亲和乡安大庄村捐款10.35万元。

忻州市烟草专卖局（公司）：扶贫济困，参加“博爱一日捐”活动，捐款6.13万元；资助定点扶贫村五台县台城镇兴郑村，捐款3.5万元，并捐赠5台电脑和价值2000元的米、面、油，发放慰问金1000元；参加“送温暖、献爱心”活动，向忻州市社会捐助接收站捐款1.33万元。救助灾害，向青海玉树地震灾区捐款11.13万元。

吕梁市烟草专卖局（公司）：扶贫支教，参加“送温暖、献爱心”、“金秋助学”活动，共捐款1.48万元。救助灾害，员工向青海玉树地震灾区捐款2.9万元。资助乡村建设，向岚县东村镇堡上村捐款17万元，并向该村65名小学生捐赠价值5000元的学习用品。

晋中市烟草专卖局（公司）：救助灾害，向青海玉树地震灾区捐款5.7万元；向甘肃舟曲灾区捐款13.5万元。资助教育事业，参加榆次区“爱心助学”活动，向贫困大学生捐款10万元。资助乡村建设，向定点扶贫村昔阳县沾尚镇中山村、榆社区付箕城镇等共捐款11.7万元。

临汾市烟草专卖局（公司）：扶贫济困，向临汾市残疾人联合会捐款18万元。救助灾害，员工向青海玉树地震灾区捐款8万元；向甘肃舟曲灾区捐款3万元。资助乡村建设，向定点扶贫村永和县南庄乡北河露村捐款14万元，并发放慰问金4万元。

运城市烟草专卖局（公司）：扶贫济困，参加“送温暖、献爱心”活动，员工捐款2.08万元。救助灾害，向青海玉树地震灾区捐款10万元；向甘肃舟曲灾区捐款8.28万元。资助乡村建设，向定点扶贫村平陆县坡底乡粮宿村捐款10万元，并捐赠价值6万元的电脑30台、价值1200元的图书80册。

内蒙古自治区烟草专卖局（公司）

2010年，内蒙古自治区烟草商业系统共捐款344.66万元，用于各项社会公益活动。扶贫济困，向各级红十字会捐款85.5万元。资助乡村建设，为帮扶点共投入资金210.87万元。资助其他社会公共和福利事业，捐款48.28万元。

内蒙古自治区烟草专卖局（公司）机关：扶贫济困，捐款63.78万元；参加“博爱一日捐”活动，员工捐款2.46万元。救助灾害，员工捐款2.22万元。资助社区建设，向呼和浩特市气象局东路社区捐款24.34万元。

呼和浩特市烟草专卖局（公司）：资助乡村建设，向武川县得胜沟乡捐款2万元；支援清水河县韭菜庄乡抗旱，捐款1万元；资助和林县平整水平沟项目、“双包双挂”务实为民工程项目，共捐款1.45万元。

满洲里市烟草专卖局（公司）：救助灾害，向青海玉树地震灾区捐款2380元。

呼伦贝尔市烟草专卖局（公司）：扶贫支教，参加“博爱一日捐”活动、慰问阿荣旗等旗县的中小学，共捐款3.04万元。救助灾害，向青海玉树地震灾区捐款2.17万元。资助乡村建设，向阿荣旗等旗县捐款1.39万元；向扎兰屯市成吉思汗镇繁荣村捐款5万元。

赤峰市烟草专卖局（公司）：扶贫济困，参加“博爱一日捐”、救助贫困群众，共捐款3.39万元。救助灾害，向青海玉树地震灾区捐款5.59万元。资助乡村建设，向帮扶村镇共捐款6.16万元。

兴安盟烟草专卖局（公司）：扶贫济困，参加“送温暖、献爱心”活动，慰问贫困户35户，捐赠价值4500元的米、面；参加“博爱一日捐”活动，捐款4560元。救助灾害，向青海玉树地震灾区捐款4.36万元；向甘肃舟曲灾区捐款2.4万元。资助乡村建设，支援扶贫点开展养牛项目，捐款12万元。

通辽市烟草专卖局（公司）：扶贫济困，捐款15.07万元；参加“博爱一日捐”活动，捐款2.3万元。救助灾害，向受灾地区捐款3.64万元；救助本地受灾群众，捐款1.32万元。资助教育事业，向42名贫困学生捐款2.82万元。

锡林郭勒盟烟草专卖局（公司）：扶贫济困，捐款1.34万元；全年向各级红十字会、慈善总会捐款1.78万元。救助灾害，捐款3.92万元。

二连浩特市烟草专卖局（公司）：扶贫济困，向二连浩特市移民区1户贫困群众捐款500元，并捐赠价值500元的生活必需品；参加“送温暖、献爱心”活动，为患病群众捐款4200元。救助灾害，向青海玉树地震灾区、甘肃舟曲灾区共捐款1.09万元。

乌兰察布市烟草专卖局（公司）：扶贫济困，参加“博爱一日捐”活动，捐款3.06万元；慰问贫困群众等，各支部党员捐款5.42万元；慰问乌兰察布市福利院40名孤儿，捐赠40件羽绒服。救助灾害，向青海玉树地震灾区、甘肃舟曲灾区共捐款4.46万元。资助乡村建设，参加乌兰察布市“2+1”携手帮扶工程，捐款6.5万元；支援察哈尔右翼中旗铁沙盖镇点力宿太村打井抗旱，捐款4万元。

包头市烟草专卖局（公司）：扶贫济困，为“结对共建”单位捐款13万元；帮扶东河区西二社区的86户贫困群众，捐赠图书116册。救助灾害，向青海玉树地震灾区1.44万元；向甘肃舟曲灾区捐款1.23万元；向遭遇旱灾地区捐款5400元。资助体育事业，捐款15万元。资助乡村建设，向固阳县金山镇万盛新村捐款30万元。

鄂尔多斯市烟草专卖局（公司）：资助教育事业，向东胜区第一中学捐款1万元。资助乡村建设，捐款26万元，支援全市8个旗、区开展新农村建设。

巴彦淖尔市烟草专卖局（公司）：资助文化事业，捐款3万元；参加社区图书捐赠活动，捐赠图书300余册。资助乡村建设，支援杭锦后旗蛮会镇华西村进行自来水入户改造，捐款5万元；向杭锦后旗团结镇捐款10万元，用于新农村新牧区建设；支援杭锦后旗沙海镇八一村开展“十个一工程”，捐款2万元；资助磴口县渡口镇南尖子村修路，捐款1万元。

乌海市烟草专卖局（公司）：救助灾害，向青海玉树地震灾区、甘肃舟曲灾区共捐款1.65万元。资助教育事业，参加“风铃下”捐书助学活动，捐款3000元。资助乡村、社区建设，支援海北社区开展文化活动、参加“包联共建”活动，共捐款5000元。

阿拉善盟烟草专卖局（公司）：扶贫济困，参加“博爱一日捐”、“结对帮扶”活动，共捐款1.2万元。救助灾害，向青海玉树地震灾区、甘肃舟曲灾区等共捐款2.48万元。资助社区建设，捐款2000元，用于巴彦浩特园林社区基础建设。

辽宁省烟草专卖局（公司）

2010年，辽宁省烟草商业系统共捐款450.64万元，用于各项社会公益活动。

辽宁省烟草专卖局（公司）机关：扶贫济困，向沈阳市沈河区爱心慈善总会捐款5万元。资助乡村建设，支援阜新彰武县满堂红乡建设老年公寓和修建公路，捐款40万元。救助灾害，员工向青海玉树地震灾区捐款7.12万元。

沈阳市烟草专卖局（公司）：扶贫济困，向沈阳市沈河区残疾人联合会捐款10万元；捐款4.2万元，资助石家庄燕赵残疾人艺术团演出。救助灾害，向西南旱灾地区捐赠饮用水1312箱；员工向青海玉树地震灾区捐款13.84万元。

鞍山市烟草专卖局（公司）：扶贫济困，参加“送温暖、献爱心”活动，向岫岩满族自治县捐款1700元；向贫困户捐赠价值3万元的生活必需品。资助乡村建设，捐款1.5万元，用于海城接文镇防汛工程建设；资助海城县毛祁乡刘八里村修路，捐款1.5万元；向台安县新台遵化村、台南区耿家村、岫岩满族自治县汤河村共捐款4万元。

抚顺市烟草专卖局（公司）：扶贫济困，参加“党员干部走进千家万户”、“办实事、解民忧、惠民生”活动、支援抚顺市慈善总会，共捐款2.59万元。救助灾害，共捐款50万元，用于清原县湾甸子村、新宾县平河村抗洪救灾。

本溪市烟草专卖局（公司）：扶贫支教，参加“送温暖、献爱心”活动、资助4名贫困大学生，共捐款4.8万余元。向35户帮扶对象捐赠价值1.5万元的生活必需品。

丹东市烟草专卖局（公司）：扶贫济困，向丹东市106名帮扶对象捐款捐物共计5.5万元。救助灾害，员工向青海玉树地震灾区捐款6.09万元；向丹东市洪灾地区捐款9.73万元。资助教育事业，向贫困学生捐款1.4万元，其中员工捐款5000元。资助文化事业，为烟农购买挂历，捐款8万元；为部分零售户、烟农订阅《鸭绿江晚报》，捐款7万元；为部分贫困农村订阅党刊党报，捐款1万元。资助乡村建设，支援凤城市、宽甸满族自治县修路，捐款25万元。

锦州市烟草专卖局（公司）：扶贫济困，参加“送温暖、献爱心”活动，捐款1.5万元。资助乡村建设，向北镇市高山子镇、柳家乡捐款5000元。

营口市烟草专卖局（公司）：扶贫济困，向13户贫困群众捐款1.3万元，并捐赠价值6800元的生活必需品；参加“壹元献爱心、真情暖营口”公益募捐活动，向辽宁省残疾人福利基金会捐款2万元。救助灾害，员工向青海玉树地震灾区、甘肃舟曲灾区捐款13.19万元。资助教育事业，向营口市特殊教育学校捐款2万元。资助乡村建设，向盖州市娘娘庙村、矿洞沟村，大石桥市黄土岭村共捐款7万元。

阜新市烟草专卖局（公司）：扶贫济困，向阜新市慈善总会捐款1.64万元；参加“送温暖、献爱心”活动，捐款1.69万元；帮扶贫困零售户和贫困烟农，捐款10万元。救助灾害，员工向青海玉树地震灾区捐款1.05万元。

辽阳市烟草专卖局（公司）：扶贫济困，捐款3万元；参加“送温暖、献爱心”活动，捐款11.51万元。救助灾害，员工向青海玉树地震灾区捐款1.4万元。

铁岭市烟草专卖局（公司）：扶贫济困，参加“送温暖、献爱心”活动，捐款1.38万元。救助灾害，员工向青海玉树地震灾区捐款7.65万元；向铁岭市洪灾地区捐款1.22万元。资助乡村建设，支援开原县、昌图县、西丰县修建公路、桥梁等，共捐款10万元。

朝阳市烟草专卖局（公司）：扶贫济困，参加“送温暖、献爱心”活动，捐款1.2万元；慰问特困户，捐款4.94万元，并捐赠价值1万元的生活必需品。救助灾害，向北票市、建平县等地遭受雹灾的343户烟农捐款99.99万元。资助公共设施建设，支援喀左沁左翼蒙古族自治县进行街巷道路改造，捐款1.5万元。

盘锦市烟草专卖局（公司）：扶贫济困，参加“送温暖、献爱心”活动，捐款6.36万元，其中员工捐款1.36万元；参加“万名干部大走访、结对帮扶送温暖”活动，党员干部为贫困户捐赠价值8700元的生活必需品。救助灾害，向青海玉树地震灾区捐款3万元。资助教育事业，向盘山县大荒小学捐赠10台电脑、10台打印机、29套桌椅等。

葫芦岛市烟草专卖局（公司）：扶贫济困，帮扶贫困零售户300户，共捐款9万元，并捐赠米、面、油等；参加“送温暖、献爱心”活动，捐款2.26万元。救助灾害，员工向青海玉树地震灾区捐款、甘肃舟曲灾区共捐款4.74万元。资助文化事业，为贫困户订阅科技扶贫资料，捐款1.13万元。

中国烟草辽宁进出口公司：资助教育事业，参加“希望工程”活动，捐款23万元，帮助23名贫困学生完成从小学至高中的学业。

吉林省烟草专卖局（公司）

吉林省烟草专卖局（公司）机关：扶贫济困，参加“慈善救助双日捐”活动，捐款4.91万元。救助灾害，向青海玉树地震灾区捐款4.74万元。

长春市烟草专卖局（公司）：扶贫济困，帮助4户遭遇洪灾的家庭进行重建，捐款8万元；慰问贫困户，捐赠价值2万元的生活必需品。资助教育事业，参加“代理妈妈”慰问活动，对接3个贫困儿童，多次走访慰问并保持通信，捐赠生活、学习用品等。

吉林市烟草专卖局（公司）：扶贫济困，帮扶受灾家庭和零售户，共捐款15万元，并捐赠米、面、油等；向吉林市慈善总会捐款76.7万元。救助灾害，资助吉林市抗洪救灾，捐款130万元；支援桦甸市、磐石市、永吉县、蛟河市进行灾后重建，捐款30.5万元。资助乡村建设，支援永吉县口前镇开展农村泥草房改造安居工程，捐款2.3万元；资助桦甸市、舒兰市开展城镇建设、改造泥草房等，共捐款16.2万元。

四平市烟草专卖局（公司）：资助教育事业，开展捐资助学活动，捐款15万元。资助乡村建设，捐款22万元；捐款2万元，用于农村泥草房改造。资助其他社会公共和福利事业，捐款3万元。

辽源市烟草专卖局（公司）：扶贫济困，参加“爱心双日捐”活动，向辽源市慈善总会捐款2.47万元，捐赠被褥衣物260余件（套）。救助灾害，向洪灾地区捐款10万元；帮助2户受灾农户重建房屋，捐款3万元。

通化市烟草专卖局（公司）：扶贫济困，参加“送温暖、献爱心”活动，捐款7万元；参加“慈善救助双日捐”活动，向通化市慈善总会捐款2.09万元。救助灾害，向洪灾地区捐款3.39万元。资助乡村建设，向集安市治安村捐款2.03万元。

白城市烟草专卖局（公司）：扶贫济困，向白城市慈善总会、白城市残疾人联合会、白城市红十字会等慈善机构共捐款36.7万元。

白山市烟草专卖局（公司）：扶贫支教，向浑江区东山村24户贫困户捐赠48袋面粉、24桶油；参加“慈善救助双日捐”活动、资助4名贫困学生，共捐款1.28万元。救助灾害，向青海玉树地震灾区捐款1.86万元；向白山洪灾地区捐款5.51万元。

松原市烟草专卖局（公司）：扶贫济困，向松原市慈善总会捐款10万元。救助灾害，向洪灾地区捐赠价值1.8万元的救灾物资。资助乡村建设，向扶余县捐款9000元；向乾安县大布苏工业园区德字村捐赠5台电脑；支援前郭县开展农业生产，捐款2230元；帮扶贫困村建设，捐款9万元。资助体育及其他社会公共和福利事业，共捐款2000元。

延边州烟草专卖局（公司）：全年共捐款50万元，用于各项社会公益活动。

黑龙江省烟草专卖局（公司）

2010年，黑龙江省烟草商业系统共捐款122.57万元，用于各项社会公益活动。

黑龙江省烟草专卖局（公司）机关：救助灾害，向青海玉树地震灾区捐款3.65万元。资助乡村建设，支援明水县双兴乡双发村修建入户桥涵，捐款8.75万元；资助望奎县后三乡后三村开展烟叶标准化生产，捐款29.7万元。

大庆市烟草专卖局（公司）：救助灾害，向青海玉树地震灾区捐款1.05万元；向甘肃舟曲灾区捐款1.98万元。资助乡村建设，向大同区祝三乡万龙泡村捐款3600元。

齐齐哈尔市烟草专卖局（公司）：扶贫济困，资助残疾人事业，帮扶贫困女职工、贫困儿童、患病群众，共捐款1.53万元，并捐赠学习用品。救助灾害，向青海玉树地震灾区捐款1.17万元。

绥化市烟草专卖局（公司）：救助灾害，向青海玉树地震灾区捐款1.48万元；为北林区三井乡遭遇龙卷风灾害的群众捐款1.08万元。

牡丹江市烟草专卖局（公司）：扶贫济困，为1名帮扶对象联系工作岗位；向2名下岗员工的子女捐款3000元，并捐赠生活用品。救助灾害，向甘肃舟曲灾区捐款8000元。资助乡村建设，支援林口县莲花镇柳树村建设树莓储藏冷库，捐赠30吨水泥。

佳木斯市烟草专卖局（公司）：扶贫支教，向特困人员、下岗职工、贫困学生捐款捐物共计1.58万元。救助灾害，向青海玉树地震灾区捐款2.15万元；向甘肃舟曲灾区捐款1.86万元。资助乡村建设，支援郊区沿江乡三连村开展基础建设，捐款3万元；资助帮扶村购买物资和设备，捐款1.41万元。

鸡西市烟草专卖局（公司）：扶贫济困，为困难职工捐赠衣物72件。资助教育事业，向贫困学生捐款3670元。资助乡村建设，向密山市幸福乡和平村捐款4万元。

双鸭山市烟草专卖局（公司）：救助灾害，向青海玉树地震灾区捐款2.09万元。资助教育事业，开展“爱心助学”活动，捐款1.5万余元。资助乡村建设，为宝清县夹信子镇七一村捐款5万元。资助环保事业，支援双鸭山市参加“创建国家森林城市”活动，捐款1.7万余元。

伊春市烟草专卖局（公司）：救助灾害，向青海玉树地震灾区捐款1万元；为“8.16”乌马河鞭炮厂爆炸事故受灾群众捐款12.45万元。资助乡村建设，向伊春市美溪区五道库林场捐款3万元，用于建设电子图书室、购买书籍等。资助环保事业，保护红松生态资源，市局（公司）捐款2万元、员工捐款4万余元，共认领红松600多株。

七台河市烟草专卖局（公司）：扶贫济困，参加“慈善一日捐”活动，捐款3.79万元，其中员工捐款8250元。

鹤岗市烟草专卖局（公司）：扶贫济困，资助贫困零售户、参加“慈善一日捐”活动，共捐款9520元。救助灾害，向青海玉树地震灾区捐款2.12万元。

大兴安岭地区烟草专卖局（公司）：扶贫济困，参加“救助弱势群体募捐活动”，捐款1500元。救助灾害，向青海玉树地震灾区捐款5600余元。

哈尔滨烟叶公司：救助灾害，向青海玉树地震灾区捐款2.07万元。

牡丹江烟叶公司：扶贫济困，救助弱势群体、患病群众，共捐款7.15万元。

中国烟草黑龙江进出口有限责任公司：救助灾害，向青海玉树地震灾区捐款3500元。

上海烟草（集团）公司

2010年，上海烟草（集团）公司共捐款3603.28万元，用于各项社会公益活动。扶贫济困，向上海市职工帮困基金会捐款13.28万元；向上海市慈善基金会捐款1000万元，并向其杨浦区分会捐款900万元；向上海市老年基金会捐款200万元；向福建、四川、云南、贵州、湖南、云南等受灾烟叶基地捐款1290万元；对甘肃省进行扶贫帮困，捐款150万元。

上海烟草集团浦东烟草糖酒有限公司一公司：扶

贫济困，向浦东新区张江镇香楠路的贫困群众捐赠价值1.2万元的生活必需品；参加浦东新区“慈善公益联合捐”活动，捐款5万元。救助灾害，向青海玉树地震灾区捐款2.16万元。资助教育事业，与四川省都江堰市50名中小学生结对，捐款5万元。资助社区建设，利用公司停车场，作为浦东新区金杨社区居民锻炼场所。

上海烟草集团浦东烟草糖酒有限公司二公司：扶贫济困，向上海市慈善基金会捐款7845元。

上海市烟草专卖局虹口分局（有限公司）：扶贫济困，参加“蓝天下的至爱”慈善一日捐活动，捐款4.04万元。慰问257名困难职工，捐款9.82万元。

上海市烟草专卖局青浦分局（有限公司）：扶贫济困，参加“蓝天下的至爱”慈善一日捐活动，员工捐款2万元。资助社区建设，支援青浦区青城社区开展社区宣传、演出等活动，捐款6000元。

上海市烟草专卖局崇明分局（有限公司）：扶贫济困，慰问困难职工、参加“蓝天下的至爱”慈善一日捐活动，共捐款2.95万元；参加“送温暖、献爱心”活动，捐款1.52万元。资助社区建设，向崇明县三星镇捐款3万元，用于社区基础设施建设。

上海市烟草专卖局宝山分局（有限公司）：救助灾害，向青海玉树地震灾区捐款1.12万元。

上海市烟草专卖局普陀分局（有限公司）：扶贫济困，帮扶辖区内的贫困群众，捐款约4万元；参加“蓝天下的至爱”慈善一日捐活动，捐款3.51万元。救助灾害，向青海玉树地震灾区捐款2.72万元。

上海市烟草专卖局闸北分局（有限公司）：扶贫济困，支援上海市慈善基金会闸北区分会、参加“蓝天下的至爱”慈善一日捐活动，共捐款5.2万元。救助灾害，向青海玉树地震灾区捐款8340元。资助教育事业，向闸北区均益居委会的困难学生捐款2100元，并捐赠衣物854件。

上海市烟草专卖局松江分局（有限公司）：扶贫济困，帮扶松江区41户困难家庭，捐款2.2万元；参加“蓝天下的至爱”慈善一日捐活动，捐款3.76万元；向松江区红十字会捐款1.5万元。救助灾害，向青海玉树地震灾区捐款1.85万元。

上海市烟草专卖局奉贤分局（有限公司）：扶贫济困，帮扶奉贤区庄行镇潘垫村的2户困难家庭，捐款1000元；参加“蓝天下的至爱”慈善一日捐、“为困难残疾人捐赠世博会门票”、“送温暖、献爱心”活动，以及向青海玉树地震灾区捐款等，共捐款4.1万元，其中员工捐款2.9万元。

上海市烟草专卖局黄浦分局（有限公司）：扶贫济困，参加“蓝天下的至爱”慈善一日捐活动、“迎七一、献爱心”活动，共捐款2.4万元；参加“送温暖、献爱心”活动，捐赠衣物1440件；慰问黄浦区40户困难家庭和南京东路街道托老所，捐款1.3万余元；与小东门街道“阳光之家”开展结对联谊活动，关爱智障人士，捐款约3000元。救助灾害，向青海玉树地震灾区捐款2万元。资助社区建设，慰问社区信息员，捐款3万余元。

上海市烟草专卖局静安分局（有限公司）：救助灾害，向青海玉树地震灾区捐款1.01万元。参加志愿者活动，50名员工参加志愿者队伍，服务世博会。

上海市烟草专卖局杨浦分局（有限公司）：扶贫济困，帮扶社区居委会的35户困难家庭，捐款1.17万元，并捐赠米、面、油等；参加“送温暖、献爱心”活动，员工捐款3.04万元。

上海市烟草专卖局徐汇分局（有限公司）：救助灾害，向青海玉树地震灾区捐款1.57万元。资助教育事业，开展“青春世博、冬日阳光”新春帮困助学爱心募捐活动，捐款4395元。

上海市烟草专卖局闵行分局（有限公司）：救助灾害，向遭遇旱灾地区、青海玉树地震灾区捐款1.85万元。

上海市烟草专卖局嘉定分局（有限公司）：扶贫济困，参加“蓝天下的至爱”慈善一日捐活动，捐款1.5万元；参加“送温暖、献爱心”活动，捐赠衣物1350件。救助灾害，向青海玉树地震灾区、云南旱灾地区，共捐款2.21万元。资助教育事业，向2名贫困学生捐款1000元。资助文化事业，开展“书香溢社区”图书捐赠活动，共捐赠价值3000元的图书110册。

上海市烟草专卖局驻上海铁路专卖局（有限公司）：扶贫济困，参加“蓝天下的至爱”慈善一日捐活动，捐款5350元。

上海烟草集团北京卷烟厂：扶贫济困，向北京青少年发展基金会捐款156.7万元。

上海烟草（集团）公司天津卷烟厂：扶贫济困，向中华少年儿童慈善救助基金会捐款20万元；向天津市联合助学基金会捐款11万元；向天津市东丽区残疾人公益事业促进会捐款5万元。

上海高扬国际烟草有限公司：扶贫济困，参加“送温暖、献爱心”活动，捐赠衣物806件。救助灾害，向青海玉树地震灾区捐款5.3万元。

上海烟草包装印刷有限公司：救助灾害，向青海玉树地震灾区捐款15.59万元。资助教育事业，与浦东新区高行镇2名困难学生结对，捐款2000元。

江苏省烟草专卖局（公司）

2010年，江苏省烟草商业系统积极开展各项社会公益活动。

江苏省烟草专卖局（公司）机关：扶贫济困，向徐州市睢宁县捐赠扶贫款58万元；向南京市老人福利院捐款6.5万元，向江苏省未成年人美德基金会捐款50万元。

南京市烟草专卖局（公司）：扶贫济困，参加“送温暖、献爱心”活动，捐款5万元；参加南京市“阳光下的关爱”慈善公益活动，捐款3万元；资助六合县24户低收入家庭，捐款10万元。资助教育事业，向浦口区凤凰幼儿园、永宁车站村小学等共捐款6.24万元。资助文化事业，捐款8万元。资助乡村、社区建设，支援高淳县修复椏溪河、胥河、东风圩的闸、涵，加固堤防等，共捐款16.5万元；向溧水县白马镇石头寨行政村捐款1.73万元；向江宁区江宁街道天然社区捐款9.5万元。

苏州市烟草专卖局（公司）：扶贫济困，支持残疾人事业，捐款2.45万元；参加“爱满港城”活动，捐款3万元；向各级慈善基金会捐款38万元。资助文化事业，共捐款50.58万元。资助乡村、社区建设，向吴中区东蔡村、吴江市同里镇屯南村、张家港市常阴沙农场、常熟市梅李镇等共捐款26.8万元；向太仓市捐赠扶贫款3万元；资助共建社区，捐款9万元。资助其他公共和福利事业，向常熟市见义勇为基金会捐款2万元；其他捐款54.57万元。

无锡市烟草专卖局（公司）：扶贫济困，参加“慈善一日捐”活动，捐款35万元；参加“红十字人道万人捐”活动、慰问残疾零售户，共捐款9300元。救助灾害，向青海玉树地震灾区捐款4700元。资助乡村、社区建设，支援扶贫单位修筑水渠等农田基本建设，捐款8万元；资助贫困社区改善社区环境，捐款1.5万元；向帮扶单位捐款9.8万元。资助其他公共和福利事业，向无锡市见义勇为基金会捐款6万元。

常州市烟草专卖局（公司）：扶贫济困，资助扶贫村、困难社区和贫困群众，捐款50万元；向常州市红十字会捐款10万元。救助灾害，向青海玉树地震灾区、甘肃舟曲灾区、西南旱灾地区等共捐款35万元。资助教育事业，资助江苏省儿童少年基金福利会开设2个“春蕾”班，捐款10万元。

镇江市烟草专卖局（公司）：扶贫济困，帮扶20多户贫困群众、慰问福利院孤残儿童等，捐款24.1万元；参加“社会妈妈”、“慈善一日捐”等活动，共捐款10.18万元。救助灾害，向青海玉树地震灾区、甘肃舟曲灾区、西南旱灾地区等共捐款11.08万元。资助教育、体育事业，共捐款4.15万元。

南通市烟草专卖局（公司）：扶贫济困，帮扶贫困群众，捐款21.35万元，并捐赠米、面、油等；参加“扶贫帮困”活动，捐款122.96万元；参加“博爱万人捐”、“一日一捐”等活动，共捐款3.44万元；建立启东爱心服务站，共捐款4.45万元。资助教育事业，向海安县“春蕾”班、如东县六一新苗幼儿园、新疆维吾尔自治区贫困学生捐款1.99万元。资助文化事业，向海安县第五届青墩文化艺术节捐款6万元；其他文化捐款1.59万元。资助乡村建设，向如皋市杨村庄、启东市吕四镇等共捐款10.96万元。

扬州市烟草专卖局（公司）：扶贫济困，参加“慈善一日捐”、“扶贫帮困”、“捐资助学”等活动，共捐款63.7万元。

泰州市烟草专卖局（公司）：扶贫济困，资助青海玉树地震灾区、泰州市慈善总会、江苏省儿童少年福利基金会，参加“博爱万人捐”活动，开展“金秋助学”活动，赞助“市民音乐会”等，共捐款152.4万元；资助共建单位，捐赠20台电脑、60套办公家具；组织6次党员义工活动，慰问贫困户。

盐城市烟草专卖局（公司）：扶贫济困，向新塘社区养老服务中心捐款1.8万元；资助白血病儿童、贫困妇女，共捐款5.18万元。资助教育事业，向全市部分中小学捐款26万元。资助乡村建设，支援阜宁县、射阳县开展新农村建设，捐款25万元。

宿迁市烟草专卖局（公司）：扶贫济困，为宿城区中扬镇敬老院、扶贫村结对户捐款捐物共计1.12万元；资助慈善事业，捐款7.3万元。救助灾害，向甘肃舟曲灾区捐款1.12万元。资助教育事业，为农村教育捐款2万元。资助乡村建设，向宿城区中扬镇饭棚村等共捐款28.52万元。资助其他社会公共和福利事业，捐款35.21万元。

徐州市烟草专卖局（公司）：扶贫济困，慰问邳州市农村孤儿、睢宁县魏集镇贫困群众等，共捐款5.75万元，并捐赠米、面、油等；参加“博爱万人捐”、“慈善一日捐”等活动，员工捐款7.12万元。救助灾害，向甘肃舟曲灾区、四川省汶川县地震灾区等共捐款3.14万余元。资助乡村建设，支援铜山区镇阎庄村、汉王镇北望村，新沂市河沟镇长集村，丰县大沙河镇曹庄村，贾汪区贾汪镇闫村等开展生产建设，共捐款10.57万元。

连云港市烟草专卖局（公司）：扶贫济困，帮扶连云区大港社区12户贫困家庭，捐款1.2万元；向新浦区云台乡敬老院捐赠价值7000元的生活必需品；资助连云港市妇女联合会，捐款1万元。救助灾害，向青海玉树地震灾区捐款3.7万元，其中员工捐款1.75万元。资助文化事业，捐款2万元，用于连云港市广播电视基础设施建设。资助乡村建设，支援东海县打井抗旱，捐款10万元；派出1名干部到东海县挂职，支援新农村建设。

江苏中烟工业有限责任公司

2010年，江苏中烟工业有限责任公司共捐款900余万元，用于各项社会公益活动。救助灾害，9月，支援云南省楚雄州抗旱救灾，捐款100万元。资助教育事业，3月，向云南省普洱市希望小学捐款90万元；12月，参加江苏省“春蕾圆梦工程”活动，为贫困女童捐款20万元。

江苏中烟工业有限责任公司本部：救助灾害，4月，向青海玉树地震灾区捐款约10万元；8月，向甘肃舟曲灾区捐款7万余元。

江苏中烟工业有限责任公司南京卷烟厂：救助灾害，5月，向青海玉树地震灾区捐款13.27万元；9月，向甘肃舟曲灾区捐款6.79万元。资助教育事业，在南京财经大学设立“南烟爱心助学行动助学金”，向50名特困生每人每年捐款3600元。资助其他公共和福利事业，10月，向南京市见义勇为基金会捐款30万元。

江苏中烟工业有限责任公司徐州卷烟厂：扶贫济困，向徐州市慈善基金会捐款49万元；向新沂市贫困地区捐款16万元；参加“慈善一日捐”活动，捐款3.6万元。救助灾害，向青海玉树地震灾区捐款10.59万元；向甘肃舟曲灾区捐款9.86万元。资助教育事业，向徐州市第一中学捐款24万元；向中国矿业大学捐款10万元。

江苏中烟工业有限责任公司淮阴卷烟厂：扶贫济困，向淮安市慈善总会捐款81.8万元；慰问盱眙县兴隆乡刘岗村贫困户，捐款2万元；春节期间到盱眙县兴隆乡慰问，捐款9000元。救助灾害，向青海玉树地震灾区、甘肃舟曲灾区共捐款29.1万元。资助乡村建设，支援淮安市新农村道路建设、帮扶定点扶贫单位，捐款49.8万元。

浙江省烟草专卖局（公司）

2010年，浙江省烟草商业系统共捐款2000余万元，用于各项社会公益活动。

浙江省烟草专卖局（公司）机关：扶贫济困，向浙江省残疾人福利基金会捐款100万元。救助灾害，向甘肃舟曲灾区捐款2.13万元。资助文化事业，捐款10万元。资助乡村建设，向温州市苍南县赤溪镇捐赠扶贫款8万元；向杭州市淳安县安阳乡陈家门村捐款68万元；向新疆维吾尔自治区阿克苏地区捐款268万元；支援西藏自治区建设，捐款50万元。资助其他社会和公共福利事业，向浙江省见义勇为基金会捐款58万元。

杭州市烟草专卖局（公司）：扶贫济困，参加“万名党员干部结对帮扶万户城乡困难家庭”活动、“春风行动”及夏日“送清凉”活动等，慰问杭州市108家困难家庭。救助灾害，参加“公民爱心日”活动，并向青海玉树地震灾区、甘肃舟曲灾区捐款。资助教育事业，在淳安中学设立“志远班慈善爱心助学”基金，向淳安中学志远班（2010级）贫困学生捐赠30万元。资助乡村建设，与富阳市常安镇幸福村结对共建；向建德市三都镇绿源村捐款20万元，用于发展香榧基地、建设党员活动室等。

宁波市烟草专卖局（公司）：扶贫济困，全年向地方各级慈善总会、福利院、志愿者服务基金会等机构捐款153.48万元。救助灾害，向重庆广安市洪灾地区捐款10万元。资助乡村建设，全年向贵州省雷山县、浙江省奉化市溪口镇等捐款177万元。

温州市烟草专卖局（公司）：扶贫济困，资助困难老党员、零售户、儿童，捐款2.1万余元；向地方各级慈善总会捐款121.5万元。救助灾害，向云南旱灾地区捐款5万元。资助教育事业，向贫困学生捐款9100元。资助文化、医疗事业，支援温州市文成县编辑《文成年鉴》、瑞安市红十字会等捐款16.5万元。资助乡村、社区建设，帮扶全市近20个村镇，捐款61.2万元；与温州市康园社区、温迪社区，乐清市民丰社区，文成县城南社区等开展精神文明共建活动，捐款10万余元。

嘉兴市烟草专卖局（公司）：扶贫济困，慰问结对村困难户、社会福利院孤儿，捐赠米、面、油等。资助教育事业，继续发放“关爱‘南湖学子’百万助学”基金，并追加50万元。资助乡村建设，向秀洲区洪合镇锦福村捐款2万元。参加无偿献血活动，共献血2万毫升。

湖州市烟草专卖局（公司）：扶贫济困，全年向湖州市慈善总会、残疾人联合会、抗癌协会等共捐款58.3万元。资助教育事业，开展“烟草雨露”助学金捐赠活动，捐款1.5万元。资助乡村建设，支援吴兴区织里镇元通桥村，长兴县泗安镇泗安钱庄村、庆丰村、五里渡村等贫困村修建公路、改善住房、修筑水坝等，共捐款64.5万元。

绍兴市烟草专卖局（公司）：扶贫济困，开展慈善捐款、“结对帮扶”活动等，共捐款150万元。救助灾害，向青海玉树地震灾区捐款9.6万元。

金华市烟草专卖局（公司）：扶贫济困，向金华市慈善总会捐款20万元；慰问260名考上大学的困难零售户子女，捐款16.02万元。救助灾害，参加“慈善一日捐”活动和向青海玉树地震灾区捐款活动，员工捐款2.24万元。资助乡村建设，向婺城区沙畈乡周村捐款6万元。

衢州市烟草专卖局（公司）：扶贫济困，资助各级慈善总会、红十字会等公益机构，市局（公司）捐款20.7万元，员工捐款3.84万元并捐赠价值1万余元的慈善物资；慰问常山县辉埠镇、何家乡文图村的贫困户，捐款1.5万元；参加“送温暖、献爱心”活动，向困难零售户、学生捐款1.61万元。救助灾害，向青海玉树地震灾区捐款4.37万元。资助教育事业，向江山市大桥镇小学、城南小学、江山市人民教育基金会等捐款2.3万元；向常山县何家乡中心小学捐赠价值1.5万余元的课桌椅150套；开展“阳光助学”活动，为考上大学的贫困零售户子女捐款1.8万元。资助医疗事业，向龙游县人民医院捐款2000元。资助乡村、社区建设，向江山市、常山县部分村镇捐款38.25万元；向兴华社区、阳光社区、方门街社区捐款3.9万元。

丽水市烟草专卖局（公司）：扶贫济困，参加“慈善活动月”等公益活动，向各级慈善总会捐款23.7万元。救助灾害，向遭受自然灾害的地区捐款5.49万元。资助教育事业，慰问教师、通过“亲情助学”基金资助贫困大学新生等，捐款18.53万元。资助文化体育事业，向各类文化体育协会、艺术团体捐款40.8万元。资助乡村、社区建设，向共建社区、对口支援乡村等捐款82.8万元。资助其他社会公共和福利事业，捐款25.1万元。

台州市烟草专卖局（公司）：扶贫济困，向各级慈善总会捐款118.15万元。资助乡村建设，向各扶贫乡镇捐款23.67万元；资助温岭市新河镇市民大道迁移高压线，捐款8万元；支援临海市双港镇里后坑村、东塍镇上山村修路，捐款4.9万元；向玉环县海山乡、玉环县城关镇小岙村等捐款14万元。资助其他社会公共和福利事业，捐款50.53万元。

舟山市烟草专卖局（公司）：扶贫济困，帮扶贫困零售户、结对户，捐款10.02万元；向舟山市残疾人康复中心捐款2万元；向各级慈善总会捐款41.2万元。资助教育事业，庆祝“六一”儿童节、资助舟山市人民教育基金，共捐款2.8万元。资助体育事业，共捐款1.85万元。资助其他社会公共和福利事业，捐款10.5万元。

浙江中烟工业有限责任公司

2010年，浙江中烟工业有限责任公司共捐款7675万元，用于各项社会公益活动。

扶贫济困，1月，参加西湖区“春风行动”，向杭州市慈善总会捐款85万元；同月，向浙江省慈善总会捐款100万元；7月，向淳安县农村扶贫工作领导小组办公室提供结对扶贫款70万元；9月，资助举办第八届全国残疾人运动会，向浙江省残疾人福利基金会捐款100万元；11月，向温州市文成县财政局扶贫资金专户捐助扶贫款70万元；12月，向利川市慈善总会、浙江省慈善总会共捐款100万元；同月，向杭州市慈善总会进行慈善捐赠3000万元、专项捐赠2450万元。

救助灾害，4月，支援云南抗旱，向浙江省慈善总会捐款360万元；同月，分别向毕节地区慈善总会捐款60万元、向广西自治区百色市靖西县民政局捐款30万元，均用于支援当地抗旱；7月，抗击洪灾，分别向福建省三明市捐赠救灾款30万元、向福建省龙岩市慈善总会捐款30万元、向福建省南平市民政局捐款60万元；9月，救助甘肃舟曲灾区，向甘肃省民政局捐款100万元；10月，抗击洪灾，向辽宁省丹东市慈善总会捐款30万元。

资助教育事业，8月，向杭州市慈善总会捐款760万元，用于“利群阳光助学行动”；同月，通过山东省蒙阴县救灾扶贫基金会捐赠助学款60万元。

资助乡村建设，12月，向四川省盐源县捐款120万元。

资助其他社会公共和福利事业，4月，向杭州市高新开发区老年活动中心捐款10万元；其他捐款50万元。

安徽省烟草专卖局（公司）

2010年，安徽省烟草商业系统共捐款918.51万元，用于各项社会公益活动。

安徽省烟草专卖局（公司）机关：救助灾害，省局（公司）向青海玉树地震灾区捐款300万元，省局（公司）机关员工捐款6.84万元。资助教育事业，向六安市金寨县金叶希望学校捐款15万元。资助文化事业，捐款100万元。资助乡村建设，向合肥市长丰县下塘镇捐款10万元；向滁州市定远县张桥镇、二龙乡分别捐款10万元。

合肥市烟草专卖局（公司）：扶贫济困，向瑶海区获港社区困难群众捐款1.5万元。救助灾害，向青海玉树地震灾区捐款7.1万元。资助教育事业，向合肥市考入大学的特困家庭子女捐款10万元；向考上大学的困难零售户子女捐款6万元。资助乡村、社区建设，向长丰县下塘镇捐款3.5万元，用于建设南圩村科技站；向蜀山区南七街道丁香社区捐款2万元，用于小区环境治理及公用设施修缮。

淮北市烟草专卖局（公司）：救助灾害，向甘肃舟曲灾区捐款1万元。

亳州市烟草专卖局（公司）：救助灾害，向青海玉树地震灾区捐款7.73万元。资助教育事业，向利辛县巩店镇丁寨行政村小学捐赠60余套课桌椅；关爱留守儿童，向“留守儿童”之家等共捐款1.3万元。资助城市建设，改造亳州市古泉东路人行道，捐款4万元。

宿州市烟草专卖局（公司）：济贫助困，慰问离退休老干部、困难职工和帮扶对象等，共捐款4.59万元；帮扶特困户，捐款1.2万元；开展助残活动，捐款1.9万元；参加“送温暖、献爱心”、“博爱在江淮”、向青海玉树地震灾区捐款和捐助重病少女等活动，共捐款5.41万元。资助文化事业，捐款1万元；向宿州市奇石节和泗州戏艺术节共捐款3.87万元。资助城市建设，捐款1.22万元。

蚌埠市烟草专卖局（公司）：扶贫济困，参加“慈善一日捐”、“送温暖、献爱心”、捐助五河县“板车女孩”黄凤等活动，共捐款2.78万元。救助灾害，员工向青海玉树地震灾区捐款10万元。资助教育事业，向五河县沫河口镇四铺小学捐赠价值2.2万元书籍、电脑。资助社区建设，向结对帮扶社区高新区文锦路社区捐赠各类图书440余册，援建“社区书屋”。

阜阳市烟草专卖局（公司）：扶贫济困，参加“送温暖、献爱心”活动，共捐款4.2万元，其中员工捐款1.7万元，并捐赠米、面、油等。救助灾害，向青海玉树地震灾区捐款6.4万元。资助教育事业，参加“关心下一代”活动，捐款3万元。资助乡村建设，支援太和县李兴镇谢寨村修路，捐款5万元。

淮南市烟草专卖局（公司）：扶贫济困，帮扶大通区上窑镇上窑村5户困难户，捐款捐物共计5000元。救助灾害，向青海玉树地震灾区捐款7.7万元，其中员工捐款2.7万元。资助教育事业，开展教师节慰问活动，捐赠价值近3万元的物品；参加“希望工程捐赠图书”活动，捐赠价值2.74万元的图书2000册。资助文化事业，捐款5000元。

六安市烟草专卖局（公司）：扶贫济困，开展各类节日慰问活动，共捐款15.6万元；参加“慈善一日捐”活动，捐款2万元。资助文化、教育事业，共捐款1.6万元。资助乡村建设，对口帮扶20个自然行政村修建公路、改善住房等，共捐款15.93万元。资助环保事业、社区建设，共捐款5.9万元。

马鞍山市烟草专卖局（公司）：扶贫济困，参加“慈善一日捐”活动，捐款2.9万元。救助灾害，员工向青海玉树地震灾区捐款2.3万元。

巢湖市烟草专卖局（公司）：扶贫济困，参加“送温暖、献爱心”活动，以及帮扶贫困群众、下岗职工等，共捐款9.8万元。资助教育事业，帮扶特困大学生、向巢湖一中捐赠等，共捐款20万元。资助乡村建设，向对口帮扶村捐款32万元，用于改造公路、修建排水等。资助其他社会公共和福利事业，共捐款33.03万元。

芜湖市烟草专卖局（公司）：扶贫济困，向贫困群众捐款3.58万元。救助灾害，向青海玉树地震灾区捐款5万元。资助社区建设，向结对帮扶社区捐款2800元。

宣城市烟草专卖局（公司）：救助灾害，向青海玉树地震灾区捐款1.91万元；支援西南旱灾地区，捐款1.41万元。资助教育事业，举行“青檀源、思行远”活动，为贫困大学生捐款5.8万元；参加宣城市“栋梁圆梦”活动，捐款4.8万元；组织泾县王直助教中心留守儿童赴上海与亲人团聚，并参观上海世博会；建设宣城市青少年活动中心，捐款5000元。资助文化事业，捐款2万元。资助体育事业，捐款4.9万元。资助乡村建设，向宣州区水东镇交通村捐款4000元。

铜陵市烟草专卖局（公司）：扶贫济困，参加“两节送温暖”、“关爱贫困母亲”活动，共捐款5.05万元。救助灾害，向青海玉树地震灾区捐款5万元；向甘肃舟曲灾区捐款3万元；向西南旱灾地区捐款3万元；开展国际援助，向海地地震灾区捐款5万元。资助乡村建设，分别向铜陵县东联乡长河村、钟仓乡钟仓村捐款2万元、1万元。

池州市烟草专卖局（公司）：扶贫济困，向池州市慈善协会、涓桥镇敬老院、东流镇敬老院等共捐款2.82万元。资助教育事业，参加“春蕾计划”，以及捐助贫困学生、贫困小学、特教学校等，共捐款2.86万元。资助文化事业，向各类文化团体共捐款9.28万余元。资助体育事业，共捐款3.2万元。资助乡村建设，对口帮扶东至县土桥合作社，石台县小河镇来田村、小河镇莘田村，青阳县杜村修建公路、改善住房、修筑水坝等，共捐款5.85万元。

安庆市烟草专卖局（公司）：扶贫济困，参加“送温暖”活动、春节慰问对口扶贫村望江县鸦滩镇码头村，共捐款6.6万元。救助灾害，向青海玉树地震灾区捐款捐物共计18万元。资助教育事业，参加“育才关怀”行动，捐款2万元；援建一所留守儿童之家，捐款2万元；为“春蕾计划”、“希望工程”分别捐款30万元。资助体育事业，共捐款3.7万元。资助其他社会公共和福利事业，向安庆市女职工普通话比赛捐款2万元；其他捐款2万元。

黄山市烟草专卖局（公司）：救助灾害，向青海玉树地震灾区捐款9.65万元，其中员工捐款3.85万元。资助教育事业，开展“心系学子伸援手，捐资助学献爱心”活动，向91名贫困学生捐款3.76万元。参加无偿献血活动，共献血7500毫升。

华环国际烟草有限公司：救助灾害，员工向青海玉树地震灾区捐款3.04万元。

安徽皖南烟叶有限责任公司：扶贫济困，慰问困难员工、特困烟农，捐款6.15万元；向宣州区新田镇妇联捐款5万元。资助教育事业，向宣州区金坝中心幼儿园、金坝中心小学共捐款1000元；向烟农学校捐款3万元。

安徽华圆烟草有限责任公司：资助教育事业，向涡阳县西阳镇郭寨中心中学捐款3000元。

安徽中烟工业公司

2010年，安徽中烟工业公司共捐款1885.43万元，用于各项社会公益活动。

安徽中烟工业公司本部：扶贫助教，共捐款270万元。救助灾害，4月，中烟公司向青海玉树地震灾区捐款300万元，本部员工捐款5.8万元；8月，中烟公司向甘肃舟曲灾区捐款200万元，本部员工捐款5.89万元；向西南旱灾地区捐款500万元；向福建洪灾地区捐款240万元。8月，本部111名员工积极参加无偿献血活动。

安徽中烟工业公司蚌埠卷烟厂：扶贫济困，参加“送温暖、献爱心”活动，捐款12万元；资助残疾人事业，捐款60万元；参加“一日捐”活动，为困难职工捐款8.35万元；通过蚌埠市民政局，捐赠棉衣、被子300多件，并捐款2万元。7月，95名员工积极参加无偿献血活动。

安徽中烟工业公司芜湖卷烟厂：扶贫支教，帮扶社区贫困群众11名，结成共建帮扶对子3个，资助5名贫困大学生等，共捐款80万元。救助灾害，向青海玉树地震灾区捐款近10万元。130余名员工积极参加无偿献血活动。

安徽中烟工业公司合肥卷烟厂：救助灾害，向青海玉树地震灾区捐款11.79万元。资助教育事业，组织团员青年开展“青年文明号集体济困助学”活动，捐款3500元；开展“向贫困小学献爱心”活动，捐赠图书千余册。

安徽中烟工业公司阜阳卷烟厂：扶贫济困，参加“送温暖、献爱心”活动，企业捐款5000元，员工捐款3.61万元。救助灾害，向青海玉树地震灾区捐款6.57万元。

安徽中烟工业公司滁州卷烟厂：扶贫济困，参加“送温暖、献爱心”活动，为特困家庭捐款15万元。救助灾害，通过滁州市红十字会向西南旱灾地区捐款1万元。资助教育事业，向滁州中学、滁州第三小学、滁州第六中学、滁州实验小学共捐款20万元；资助1名贫困高中生，捐款4000元。资助文化事业，捐款19万元。资助体育事业，捐款6万元。资助乡村、社区建设，向来安县施官镇桥西村捐款5万元；向东门街道为民社区、清流街道来安路社区、扬子街道菱湖社区共捐款7万元。

福建省烟草专卖局（公司）

2010年，福建省烟草商业系统共捐款2.08亿元，用于各项社会公益活动。

福建省烟草专卖局（公司）机关：扶贫济困，资助贫困盲人进行按摩培训，捐款15万元。救助灾害，支援3个烟区开展抗洪救灾及灾后重建工作，捐款2140万元。资助教育事业，捐赠云霄教育专项发展资金100万元；向福清市海口小学捐款60万元。资助体育事业，捐款30万元。资助医疗事业，支援福建省立医院建设“绿色通道”，捐款50万元；为福州市平潭县岚城乡爱卫事业发展捐款12万元。资助乡村建设，向省级扶贫开发重点村捐款200万元；支援永定县、宁化县等开展新农村建设，共捐款360万元。

福州市烟草专卖局（公司）：扶贫济困，共捐款5.13万元。救助灾害，向青海玉树地震灾区、甘肃舟曲灾区、福建洪灾区等捐款6万元，其中员工捐款2.37万元。资助教育事业，捐款2万元。资助乡村建设，支援连江县、平潭县等加强农村基础建设，捐款2.4万元。

厦门市烟草专卖局（公司）：扶贫济困，为厦门市竹坝开发区的贫困村民捐款9000元。救助灾害，向青海玉树地震灾区捐款8.65万元；向福建洪灾区捐款5万元。资助教育事业，利用“三角梅——手拉手”爱心基金15万元收益，资助贫困家庭大学生完成学业。

宁德市烟草专卖局（公司）：扶贫救灾，慰问贫困零售户，捐款4.72万元；资助新农村建设、慰问贫困残疾户，以及救助青海玉树地震灾区、甘肃舟曲灾区、西南旱灾地区、福建洪灾区等，共捐款44.2万元。资助教育事业，为贫困大学生捐款7万元；“六一”儿童节期间，慰问相关小学，捐款1.64万元。资助社区建设，向共建社区、社会团体捐款4.78万元。

莆田市烟草专卖局（公司）：扶贫救灾，慰问困难群众、救助青海玉树地震灾区，共捐款1.12万元。资助教育事业，向莆田市第十二中学、仙游县第三华侨中学等捐款1.4万元。资助文化、体育事业，共捐款201.5万元。资助乡村建设，向仙游县园庄镇枫林村捐款2万元。

泉州市烟草专卖局（公司）：扶贫济困，向南安市、安溪县等地的困难群众捐款7.98万元。资助教育事业，共捐款5.46万元。资助文化事业，共捐款8.85万元。资助卫生事业，支援永春县一都镇改善卫生设施建设，捐款1.5万元。资助乡村建设，向南安市金淘镇、德化县大铭乡等共捐款10.07万元。

漳州市烟草专卖局（公司）：扶贫救灾，慰问贫困零售户、扶贫村困难户，救助青海玉树地震灾区，共捐款7.7万元。资助教育事业，向云霄金叶教育发展基金捐款20万元；向平和开智学校捐款2万元；资助改造华安县仙都镇仙都村的校舍危房，捐款2万元；向云霄教育系统捐赠48台电脑。资助文化事业，共捐款56.46万元。资助乡村建设，向龙文区朝阳镇石洲村，华安县高车乡、新圩镇绵治村、仙都镇大地村共捐款18万元。

龙岩市烟草专卖局（公司）：扶贫济困，资助贫困村、帮扶困难户，共捐款40.17万元；向龙岩市红十字会捐款4.5万元。救助灾害，资助地方烟叶救灾，捐款2676.45万元。资助教育事业，开展阳光助学活动，为烟农、零售户子女捐款19.7万元。资助乡村建设，共捐款39.7万元。资助其他社会公共和福利事业，共捐款53.7万元。

三明市烟草专卖局（公司）：扶贫济困，慰问特困烟农、零售户、老党员和孤寡老人等，共捐款12.33万元；向三明市社会福利院捐款1万元；资助老年活动中心、敬老院、老年协会等，共捐款3.45万元。救助灾害，向三明市遭受“6.18”特大洪涝灾害的烟农捐款7876万元；向宁化县安乐乡大毕坑捐款106万元，用于“6.18”特大洪涝灾害后住房重建；向青海玉树地震灾区捐款15.35万元，其中员工捐款8.35万元。资助教育事业，设立“金叶奖学金”、“烟草爱心基金”等，共捐款14.79万元。资助乡村建设，共捐款24万余元。

南平市烟草专卖局（公司）：扶贫济困，资助贫困烟农、零售户，赞助特殊奥林匹克运动会等，共捐款22万元。救助灾害，向青海玉树地震灾区捐款8万元；救助南平市遭受洪灾的烟农，捐款6452万元。资助乡村建设，向浦城县石陂镇布墩村捐款2万元。资助其他社会公共和福利事业，共捐款30.2万元。

福建中烟工业公司

2010年，福建中烟工业公司共捐款8321万元，用于各项社会公益活动。

福建中烟工业公司总部：扶贫济困，资助省级扶贫开发工作，捐款200万元；向福建省扶贫基金会捐款50万元。救助灾害，向南平市洪灾地区捐款1500万元。资助教育事业，资助集美大学学科及校园建设，捐款100万元；向厦门市教育基金会、厦门外国语学校等捐款180万元。资助文化事业，共捐款700万元。

龙岩烟草工业有限责任公司：资助教育事业，支援龙岩师范附属小学配备媒体设备，捐款20万元；开展“红七匹狼”爱心助学活动，捐款25万元；其他教育类捐款10万元。资助卫生事业，支援龙岩市第一医院建设门诊大楼，捐款50万元。资助其他社会公共和福利事业，支援龙岩市慈善总会建设福利中心，捐款1900万；向第五届龙岩世界同乡恳亲联谊大会捐款100万元。

厦门烟草工业有限责任公司：救助灾害，向青海玉树地震灾区捐款10万元。资助教育事业，捐款100万元；资助贫困大学生，向厦门市教育基金会捐款13万元。资助医疗事业，向厦门市中山医院基金会捐款30万元。资助其他社会公共和福利事业，捐款3000万元。

江西省烟草专卖局（公司）

2010年，江西省烟草商业系统共捐款2901.7万元，用于各项社会公益活动。

江西省烟草专卖局（公司）机关：救助灾害，向青海玉树地震灾区捐款2万元；资助受灾烟农，捐款42万元。资助体育事业，捐款50万元。资助乡村建设，向抚州市广昌县驿前镇驿前村、新建县望城镇小桥村分别捐款22万元、6万元。

南昌市烟草专卖局（公司）：扶贫救灾，向南昌市残疾人联合会捐款3万元；向青海玉树地震灾区等共捐款11.36万元。资助教育事业，向南昌县冈山镇石湖希望小学捐款5万元；向安义县鼎湖镇前溪小学捐款2万元。资助文化事业，捐款1万元。资助乡村建设，支援对口帮扶村修建公路等，共捐款24万元。资助其他社会公共和福利事业，捐款7.97万元。

九江市烟草专卖局（公司）：扶贫济困，帮扶困难群众，捐款2.1万元。资助教育事业，资助湖口县张青乡程山村小学、九江市、湖口县困难学生，共捐款2.34万元。资助乡村建设，向浔阳区白水湖街道、湖口县张青乡程山村共捐款2.7万元。

上饶市烟草专卖局（公司）：扶贫济困，帮扶中山路社区、八角塘社区的困难群众，捐款8.27万元。救助灾害，向青海玉树地震灾区等捐款7万元。资助教育事业，参加“金秋助学”、资助困难大学生等活动，捐款1.73万元。资助乡村、社区建设，向结对帮扶社区捐款3.14万元；支援玉山县下镇镇官宅村、余干县三塘乡冷井村等开展新农村建设，捐款19.63万元。

抚州市烟草专卖局（公司）：扶贫济困，向抚州市慈善总会捐款 1.5 万元；向抚州市红十字会捐款 1 万元。救助灾害，开展抗洪救灾工作，捐款捐物共计 6.41 万元，累计发放矿泉水 750 箱、方便面 800 余箱、棉被 200 床、食用油 60 箱，出动救灾人员 600 余人次、车辆 100 余辆次；开展“回报社会、关爱灾民”活动，捐款 9.7 万元。资助乡村建设，捐款 10.64 万元。

宜春市烟草专卖局（公司）：扶贫济困，慰问困难零售户 120 户，捐款捐物共计 3.2 万元；参加“情系玉树”、“春蕾计划”及“一日捐”、结队帮扶等活动，共捐款 38.04 万元。资助乡村建设，向挂点村共捐款 2.62 万元。

吉安市烟草专卖局（公司）：扶贫济困，参加“春蕾计划”、“精神文明献爱心”等活动，共捐款 2100 元。救助灾害，向洪灾区捐款 260.97 万元，并捐赠价值 5000 元的米、油等生活必需品。资助乡村、社区建设，支援对口帮扶村遂川县黄坑村、大汾镇滁峰村等 10 多个村，共捐款 252.8 万元；帮扶银云社区、房山社区改造街巷，捐款 2.4 万元。

赣州市烟草专卖局（公司）：救助灾害，慰问洪灾区烟农，捐款 620.5 万元。资助教育事业，向 140 名考上大学的受灾烟农子女捐款 14 万元。资助乡村建设，支援挂点乡村架桥修路，捐款 42 万元。

景德镇市烟草专卖局（公司）：扶贫济困，帮扶贫困村、慰问困难户等，共捐款 28.35 万元。救助灾害，向青海玉树地震灾区捐款 1.2 万元；向景德镇市受灾群众捐款 1.4 万元。

萍乡市烟草专卖局（公司）：救助灾害，向青海玉树地震灾区捐款 2.81 万元。资助乡村、社区建设，向芦溪县张佳坊村捐款 7 万元；支援安源区井冲村开展新农村建设，捐款 7 万元；向开发区黄泥塘社区捐款 1 万元；向安源区彭泉村捐款 9 万元。资助其他社会公共和福利事业，捐款 3 万元。

新余市烟草专卖局（公司）：扶贫救灾，参加“送温暖、献爱心”活动、慰问渝水区水北镇新桥村 12 户受灾零售户、救助遭遇洪灾的分宜县双林镇，共捐款 2.21 万元。资助乡村建设，向仰天岗办事处、渝水区水西镇等共捐款 9.45 万元。

鹰潭市烟草专卖局（公司）：扶贫济困，向困难户捐款 2200 元。救助灾害，向青海玉树地震灾区捐款 1.03 万元；支持抗洪抢险，捐款 3.66 万元。资助教育事业，参加“春蕾计划”，捐款 3330 元。资助体育事业，捐款 10 万元。资助乡村、社区建设，支援新农村建设，捐款 10 万余元；将 500 余平方米职工活动室无偿提供给社区党员服务中心作办公用房，并无偿提供水、电等。

江西中烟工业有限责任公司

2010 年，江西中烟工业有限责任公司共捐款 1570.54 万元，用于各项社会公益活动。扶贫济困，3 月，向抚州市黎川县坊坪村捐款 5650 元；7 月，向江西省红十字会捐款 300 万元；9 月，向中国志愿服务基金会捐款 30 万元；12 月，向南昌市残疾人联合会捐款 5 万元；全年向各级慈善组织共捐款 880 万元。救助灾害，4 月，向云南省曲靖市捐款 80 万元，用于抗旱救灾；6 月，向抚州市捐款 2.01 万元，用于抗洪救灾。资助教育事业，5 月，向江西省青少年基金会捐款 48 万元；8 月，向 70 名“金圣学子”捐款 35 万元；12 月，向高安市龙潭镇捐赠扶贫助学款 8 万元。

江西中烟工业有限责任公司机关：扶贫济困，参加“慈善一日捐”活动，捐款 2.23 万元；参加“支持民族乡发展”捐赠活动，捐赠各类图书 885 册、彩电 2 台及一批小家电。救助灾害，向青海玉树地震灾区、旱灾地区共捐款 5.59 万元。资助教育事业，参加“春蕾计划”，捐款 1900 元。

江西中烟工业有限责任公司南昌卷烟厂：扶贫济困，向抚州市乐安县沙港村贫困村民捐款 1 万元。资助乡村建设，向抚州市乐安县沙港村捐款 7 万元。

江西中烟工业有限责任公司赣南卷烟厂：扶贫济困，员工向义工组织捐款 1.08 万元。救助灾害，向青海玉树地震灾区捐款 4.47 万元。

江西中烟工业有限责任公司广丰卷烟厂：资助教育事业，向贫困学生捐款 6.48 万元。资助乡村建设，向上饶市广丰县毛村镇、少阳乡分别捐款 4 万元、6 万元，用于开展新农村建设。

江西中烟工业有限责任公司井冈山卷烟厂：扶贫济困，参加“慈善一日捐”活动，捐款 2.58 万元。救助灾害，向青海玉树地震灾区捐款 2.61 万元；向遭受严重洪涝灾害的吉安市吉安县捐款 1.66 万元。资助乡村建设，向吉安市吉安县凤凰镇捐款 8 万元。

江西中烟工业有限责任公司兴国卷烟厂：救助灾害，向青海玉树地震灾区捐款 1.5 万元。资助教育事业，参加“春蕾计划”，捐款 3816 元。资助乡村建设，向赣州市兴国县潋江镇捐款 22 万元。

山东省烟草专卖局（公司）

2010 年，山东省烟草商业系统共捐款 1624 万元，用于各项社会公益活动。

山东省烟草专卖局（公司）机关：扶贫济困，向山东省残疾人福利基金会捐款 100 万元，用于资助万名聋儿“一站式”康复工程；参加“慈心一日捐”活动，捐款3.9万元。救助灾害，向青海玉树地震灾区捐款1.8万元。

济南市烟草专卖局（有限公司）：扶贫济困，向济南市儿童福利院捐款5万元；参加“慈心一日捐”活动，捐款41.9万元。救助灾害，向青海玉树地震灾区捐款2.8万元。资助体育事业，向山东省老年体育协会捐款70万元。

青岛市烟草专卖局（有限公司）：扶贫济困，慰问孤残儿童，向青岛市儿童福利院捐赠电视机、儿童玩具、儿童食品等；参加“慈心一日捐”活动，捐款6.5万元。

淄博市烟草专卖局（有限公司）：扶贫济困，参加“慈心一日捐”活动，捐款9.3万元；向淄博市慈善总会捐款23.1万元。救助灾害，向青海玉树地震灾区捐款10.6万元。资助教育事业，向淄博市红十字会捐款3.1万元，用于购买安全教育图书。

枣庄市烟草专卖局（有限公司）：扶贫济困，参加“慈心一日捐”活动，捐款12万元。救助灾害，向青海玉树地震灾区、甘肃舟曲灾区共捐款18万元。资助教育事业，向滕州市龙阳镇龙山小学、西南岭小学捐款1.6万元，用于购买安全教育图书。资助乡村建设，向台儿庄区张山子镇张山子村捐款20万余元。

东营市烟草专卖局（有限公司）：扶贫济困，参加“慈心一日捐”活动、慰问贫困党员、群众40户，共捐款3.6万元。救助灾害，向青海玉树地震灾区捐款3.3万元。资助教育事业，慰问5所中小学及幼儿园，捐款5000元。资助乡村建设，对口帮扶东营区大宋村、利津县新村和垦利县牧场村，共捐款170.5万元。

烟台市烟草专卖局（有限公司）：扶贫济困，资助“百万空巢老人关爱志愿服务行动”，捐款20万元；向烟台市见义勇为基金会捐款40万元。救助灾害，向青海玉树地震灾区捐款3万元；向西南旱灾地区捐款1万元。资助教育事业，参加“手拉手、一帮一”爱心助学活动等，共捐款56万元。资助医疗事业，参加烟台市“医药下乡”活动，捐款30万元。资助乡村建设，帮助13个乡村修路、安装自来水工程、发展生产等，共捐款63.9万元。

潍坊市烟草专卖局（有限公司）：扶贫济困，资助寒亭区社会福利院，慰问困难群众，共捐款2.7万元，并捐赠米、面、油等；参加“慈心一日捐”、“送温暖、献爱心”活动等，共捐款3.8万元。救助灾害，向青海玉树地震灾区捐款25.5万元，其中员工捐款15.5万元；向遭受风雹灾害的安丘市辉渠镇烟农捐赠价值6.3万元的救灾物资。资助教育事业，向昌乐县光明小学、高密市聋哑学校等捐款5.3万元。资助文化、体育事业，共捐款2.5万元。资助乡村建设，支援昌乐县红河镇埠南头村硬化路面，捐款14.7万元。

济宁市烟草专卖局（有限公司）：扶贫济困，帮扶特困户、贫困军属、困难党员580余户，共捐款5.2万元；参加“慈心一日捐”活动，捐款3万元。救助灾害，向青海玉树地震灾区捐款4.5万元。资助教育、文化事业，支援济宁市东门小学、机关幼儿园及“中国孝城”建设，共捐款5.8万元；向微山县两城乡独西村“农家书屋”捐赠价值4000元的图书。资助环保事业，为嘉祥县南部山区荒山绿化工程捐款10万元。资助乡村建设，向泗水县圣水峪乡安德村、泗张镇前袁村、泗水县泉林镇东城村共捐款37万元。

泰安市烟草专卖局（有限公司）：扶贫济困，向泰安市慈善总会捐款11万元。救助灾害，向青海玉树地震灾区捐款8.9万元。资助教育事业，向第三届“牵手希望、情重泰山”希望工程捐款6.3万元；向泰安师范附小捐款5.5万元。资助乡村建设，支援岱岳区范镇戚台村修路、铺设排水管道等，捐款20万元。

威海市烟草专卖局（有限公司）：扶贫济困，向威海市红十字会捐款15万元；慰问威海市黄山居委会、文登市小观镇郃家村孤儿，捐款1万元；参加“慈心一日捐”活动，捐款2.8万元。救助灾害，向青海玉树地震灾区捐款22万元。资助教育、文化事业，向环翠区孙家疃小学、塔山小学，经济技术开发区凤林小学等共捐款4.4万元；参加“福彩伴您行”活动，向威海市图书馆捐赠图书200余册。资助乡村建设，向对口帮扶村共捐款36万元。

日照市烟草专卖局（有限公司）：扶贫济困，参加对口援疆活动，捐款1万元。救助灾害，参加抗旱抗震救援捐款等活动，共捐款9.6万元。资助乡村建设，向东港区三庄镇范家楼村捐款3万元；向岚山区黄墩镇西石山村、碑廓镇西辛兴村共捐款1万元。资助其他社会公共和福利事业，为五莲县烈士陵园迁建工程捐款1.8万元。

莱芜市烟草专卖局（有限公司）：救助灾害，向青海玉树地震灾区捐款3.5万元；向甘肃舟曲灾区捐款2.1万元。资助乡村建设，帮扶钢城区辛庄镇砟峪村等13个村，共捐款36万元。

临沂市烟草专卖局（有限公司）：扶贫济困，向临沂市见义勇为基金会捐款20万元；向“百万空巢老人关爱志愿服务行动”捐款10万元；参加“送温暖、献爱心”活动，捐款2万元。救灾支教，捐赠防汛救灾款、支援临沂第四实验小学，共捐款1.4万元。资助体育事业，捐款10万元。资助乡村建设，支援河东区汤河镇禹屋村进行荒山绿化，捐款7.5万元；向莒南县、临沭县、沂南县张庄镇共捐款1.5万元。

德州市烟草专卖局（有限公司）：扶贫济困，参加“慈心一日捐”活动、支援德州市慈善总会，共捐款25.7万元；向德州市红十字会捐赠价值2万元的图书1000册。救助灾害，向青海玉树地震灾区捐款1.5万元。资助乡村、社区建设，向德城区芦庄村捐款4万元；向陵县滋镇北宋社区捐款10万元。

聊城市烟草专卖局（有限公司）：扶贫济困，参加“慈心一日捐”活动，捐款20.1万元。救助灾害，向青海玉树地震灾区捐款11.1万元。资助乡村建设，支援高唐县开发区安康社区建设农村社区服务中心，捐款2万元。

滨州市烟草专卖局（有限公司）：扶贫济困，参加“送温暖、献爱心”、“博爱在滨州”活动，共捐款11.6万元；向见义勇为基金会捐款12.7万元；参加“慈心一日捐”活动，捐款12.3万元；向帮扶对象捐款1.2万元，并捐赠价值5000元的物资。救助灾害，向青海玉树地震灾区、甘肃舟曲灾区共捐款1.5万元。资助文化事业，共捐款4万元。资助乡村建设，向沾化县富国街道办事处刚家村、无棣县水湾镇吴何庵村共捐款6万元。

菏泽市烟草专卖局（有限公司）：扶贫济困，参加“送温暖、献爱心”、“慈心一日捐”等活动，共捐款29万元。资助乡村建设，向单县高韦庄镇大徐庄村捐款30万元；向鄄城县大营乡郭集新村捐款311万元。

中国烟草山东进出口有限责任公司：救助灾害，向青海玉树地震灾区、西南旱灾地区共捐款6.6万元。

中国烟草总公司青州中等专业学校：救助灾害，全校师生向灾区捐款2.2万元。

山东中烟工业有限责任公司

2010年，山东中烟工业有限责任公司共捐款930.4万元，用于各项社会公益活动。救助灾害，向云南曲靖市、大理州、保山市、文山州、临沧市耿马县等共捐款280万元，用于抗击旱灾；向湖南永州市，福建三明市、南平市，江西上饶市、吉安市遂川县、抚州市黎川县共捐款370万元，用于抗击洪灾；向青海玉树地震灾区捐款50万元。资助教育事业，支援四川省凉山州会理县建设希望小学，捐款60万元。资助其他社会公共和福利事业，捐款50万元。

山东中烟工业有限责任公司本部：扶贫济困，6月，参加“慈心一日捐”活动，向山东省慈善总会捐款6.26万元。救助灾害，4月，向青海玉树地震灾区捐款4.43万元；8月，向甘肃舟曲灾区捐款2.83万元。

山东中烟工业有限责任公司济南卷烟厂：救助灾害，4月，向青海玉树地震灾区捐款18.93万元。

山东中烟工业有限责任公司青岛卷烟厂：扶贫济困，向青岛市残疾人福利基金会捐款10万元；参加“慈心一日捐”活动，捐款7.9万元。救助灾害，向青海玉树地震灾区捐款15.09万元；开展“奉献爱心，温暖灾区”捐赠过冬衣被活动，向甘肃、贵州灾区困难群众捐赠衣被3000余件。

山东中烟工业有限责任公司青州卷烟厂：扶贫济困，救助下岗困难职工，向青州市总工会捐款3万元。救助灾害，向青海玉树地震灾区捐款9.28万元。资助教育、医疗事业，参加“春蕾计划”、支援青州市慈善医院，共捐款5.34万元。

山东中烟工业有限责任公司滕州卷烟厂：扶贫济困，参加“慈心一日捐”活动，捐款10万元。资助教育事业，开展“安全知识进校园，我为孩子捐本书”倡议活动，捐赠价值1.09万元的图书。

将军烟草集团有限公司：救助灾害，向青海玉树地震灾区捐款8.1万元。

颐中烟草（集团）有限公司：救助灾害，向青海玉树地震灾区捐款12.92万元；向甘肃、贵州灾区捐赠衣被456件。资助其他社会公共和福利事业，捐款400元。

山东中鲁烟叶有限公司：救助灾害，向青海玉树地震灾区捐款2.01万元。

山东惠丰烟叶复烤有限公司：救助灾害，向青海玉树地震灾区、西南旱灾地区共捐款1.94万元。资助其他社会公共和福利事业，捐款500元。

山东瑞博斯烟草公司：救助灾害，向青海玉树地震灾区捐款1.2万元。

河南省烟草专卖局（公司）

2010年，河南省烟草商业系统共捐款435.16万元，用于各项社会公益活动。

河南省烟草专卖局（公司）机关：救助灾害，向甘肃舟曲灾区捐款100万元；员工向青海玉树地震灾区捐款4.79万元。

郑州市烟草专卖局（公司）：救助灾害，向青海玉树地震灾区、甘肃舟曲灾区共捐款9.99万元；资助受灾烟农，捐款11.83万元，其中员工捐款2.23万元。资助教育事业，向125名贫困大学新生捐款20万元。资助医疗事业，捐款3.64万元，用于14岁以下贫困先天性心脏病患儿救助项目、脑瘫患儿救助活动。资助乡村、社区建设，向巩义市夹津口镇韩沟村捐款10万元；向新郑市新村镇王毕庄、郭店镇洪沟村各捐款5万元，并捐赠图书317册、电脑15台；向郑州市二七区五彩社区捐款4万元，用于帮助便民服务点改造。

开封市烟草专卖局（公司）：扶贫济困，为开封胶印厂下岗贫困职工捐款13万元；资助贫困残疾儿童，捐赠价值1000元的物品；向开封市社会福利院捐款2万元。救助灾害，向青海玉树地震灾区捐款5万元。资助教育事业，向开封市希望工程办公室捐赠价值1.37万元的图书；向通许县特殊教育学校捐款1000元。资助文化事业，捐款2000元。资助乡村、社区建设，向开封市武夷社区捐赠价值3.01万元的电脑、健身器材和图书，并派出1名干部到社区开展帮扶活动；向开封市卧龙办事处捐款4500元，用于开展防洪、河道清淤工作。

洛阳市烟草专卖局（公司）：扶贫济困，为洛阳市轴承厂贫困职工捐款13万元；慰问高新区华夏社区贫困户110户，捐款2.3万元，并捐赠米、面各1100千克、食用油550千克。资助乡村建设，向洛宁县河底乡牛头村捐款18万元，用于修建村委会办公楼，并派驻1名干部。

平顶山市烟草专卖局（公司）：扶贫济困，参加“送温暖、献爱心”活动，为贫困家庭捐款9000元。救助灾害，向青海玉树地震灾区捐款1.68万元。资助乡村建设，向郏县茨芭镇茨芭村捐款6.5万元，并派驻3名干部。

安阳市烟草专卖局（公司）：扶贫济困，为残疾人捐款2.64万元；资助特困户、五保户和军烈属，捐款1.52万元；参加“慈善一日捐”活动，捐款6万元；参加“恒爱行动”，捐赠毛衣96件。救助灾害，向青海玉树地震灾区捐款3.4万元。资助教育事业，参加“金秋助学”活动，捐款1.29万元；向林州市相关中小学捐赠价值1520元的图书；向滑县半坡店乡后营村学校捐赠55套桌椅。资助乡村建设，向汤阴县农村社区捐款1万元；对口帮扶林州市任村镇小王庄村，为村子安装路灯、改造文化场所等。

鹤壁市烟草专卖局（公司）：救助灾害，向甘肃舟曲灾区捐款2.3万元。资助乡村建设，向淇县黄洞乡鲍庄村捐款5000元；向浚县善堂镇捐赠价值3000元的清洁车6辆。

新乡市烟草专卖局（公司）：扶贫济困，向困难群众捐款5.38万元。救助灾害，向青海玉树地震灾区捐款3.29万元。资助教育事业，捐款3500元，用于为留守儿童购买文具、图书等。资助环保事业，捐款3.17万元，用于绿化和环城河建设。资助乡村建设，捐款捐物共计9.96万元。

焦作市烟草专卖局（公司）：扶贫济困，参加“爱心一日捐”、“亲情救助”活动，捐款3.5万元。

濮阳市烟草专卖局（公司）：扶贫济困，为“空巢老人”捐款1.5万元。救助灾害，向青海玉树地震灾区捐款7.47万元。资助乡村、社区建设，向对口帮扶村捐款5.19万元；支援自主防洪固滩工程、推进平安社会建设，共捐款4.3万元。

漯河市烟草专卖局（公司）：扶贫济困，为慈善事业捐款1.4万元；救助贫困户等，共捐款2.95万元。救助灾害，向青海玉树地震灾区捐款1.29万元。资助教育事业，参加“爱心助学”活动，捐款1万元；向临颍县固厢乡岗东村青少年宫捐赠价值5900元的体育器材。资助乡村建设，支援舞阳县章化乡付庄村修路，捐款1.1万元。

三门峡市烟草专卖局（公司）：资助教育事业，向卢氏县范里镇干沟窑村小学捐赠价值3000多元的学习用品和图书。资助乡村建设，向卢氏县范里镇干沟窑村捐款10万元，并向文化大院捐赠办公用品，为该村筹建科教扶贫阅览室，捐赠图书1000余册。

南阳市烟草专卖局（公司）：救助灾害，向灾区捐款4.22万元。

商丘市烟草专卖局（公司）：扶贫救灾，参加“送温暖、献爱心”活动、支援青海玉树地震灾区，共捐款1.8万元。资助教育事业，参加“金秋助学”活动，向5名贫困大学生捐款1万元。资助乡村建设，向民权县北关镇六合村捐款2.7万元，用于修建文化广场，并派驻2名干部。

信阳市烟草专卖局（公司）：扶贫济困，向信阳市儿童福利院捐款5.29万元。救助灾害，向青海玉树地震灾区捐款7.95万元。资助文化事业，捐款5000元。资助乡村建设，向平桥区陆庙新村捐款10万元；为浉河区董家河乡集云村捐赠价值1万元的图书、光碟；支援对口帮扶村修建大塘、公路等，共捐款7.22万元。

周口市烟草专卖局（公司）：扶贫济困，救助残疾人、患病群众，参加“慈善一日捐”活动，老区建设促进会等，共捐款1.73万元。资助教育事业，向周口市第四初级中学捐款3000元。资助乡村建设，支援对口帮扶村太康县高朗乡张车岗村落实8个项目。资助其他社会公共和福利事业，捐款7800元。

驻马店市烟草专卖局（公司）：资助慈善事业，向宋庆龄基金会捐款3万元。救助灾害，向青海玉树地震灾区捐款7.87万元。资助教育事业，向驻马店市第二小学和驻马店市第四中学分别捐款2.1万元、2.9万元。资助乡村建设，向确山县任店镇下岗村捐款5.49万元；向上蔡县大路李乡陈桥村捐款4.49万元。

济源市烟草专卖局（公司）：扶贫济困，扶助残疾人、孤寡老人，捐款1.89万元。资助乡村建设，向王屋乡风门腰村捐款3.07万元，用于建设文化大院、修建篮球场等，并派驻2名干部。

天昌国际烟草有限公司：扶贫济困，参加“送温暖、献爱心”活动，捐款3.18万元。救助灾害，向青海玉树地震灾区捐款3.35万元。资助教育、医疗事业，共捐款2.16万元，并捐赠价值1000元的学习、体育用品。资助乡村建设，捐款27万元，支援许昌市七里店乡周庄社区建设自来水入户工程；向许昌市尚集镇郭甄村村委会捐赠价值3730元的办公用品。

河南中烟工业有限责任公司

2010年，河南中烟工业有限责任公司共捐款643.36万元（不含捐赠物品的价值），用于各项社会公益活动。

河南中烟工业有限责任公司本部：救助灾害，3月，向云南旱灾地区捐款300万元；4月，向青海玉树地震灾区捐款70万元。资助教育事业，8月，参加“金秋助学”活动，捐款28万元。资助乡村建设，捐款20万元，对口帮扶漯河市召陵区姬石乡罗庄村建设党员综合活动中心、进行道路硬化等。

河南中烟工业有限责任公司新郑卷烟厂：救助灾害，4月，向西南旱灾地区捐款4.07万元。

河南中烟工业有限责任公司郑州卷烟厂：扶贫济困，5月，向郑州市儿童福利院孤残儿童捐赠价值1.5万元的奶粉和生活用品。救助灾害，4月，向青海玉树地震灾区捐款17.74万元。资助教育事业，5月，向管城区南曹乡毕河村村小学捐款6213元，捐赠图书2226册、体育器材和文具718件。

河南中烟工业有限责任公司许昌卷烟厂：资助教育事业，通过许昌市工会捐赠助学金6万元、电脑10台。资助乡村建设，支援鄢陵县南坞乡修建公路，捐款20万元。

河南中烟工业有限责任公司安阳卷烟厂：扶贫济困，向安阳市慈善总会捐款7.62万元。救助灾害，向青海玉树地震灾区捐款19.71万元。

河南中烟工业有限责任公司南阳卷烟厂：救助灾害，1月，为南阳市受灾群众捐款2.89万元；向青海玉树地震灾区、西南旱灾地区捐款4.66万元；7月，救助南阳市受灾地区，捐款1.06万元；8月，向淅川县、西峡县等受灾地区义务献血3.14万毫升。资助教育事业，8月，为宛城区茶庵乡贾洼移民新村小学捐赠送书包、文具盒、字典等学习用品60余套。

河南中烟工业有限责任公司驻马店卷烟厂：扶贫济困，帮扶正阳县王勿桥乡谢庄村，捐赠米、面、油、棉衣等，并开展“送医下乡”活动，并捐赠价值1000多元的药品。救助灾害，向青海玉树地震灾区捐款4.1万元；向西南旱灾地区捐款1万元。资助教育事业，5月，向驻马店市第二中学捐建一幢教学楼，资产净值104.6万元。

河南中烟工业有限责任公司漯河卷烟厂：扶贫济困，9月，参加“慈善一日捐”活动，捐款10.73万元。救助灾害，4月，向青海玉树地震灾区捐款7.86万元。

河南中烟工业有限责任公司洛阳卷烟厂：救助灾害，4月，向青海玉树地震灾区捐款5.02万元；11月，向洛阳市栾川县受灾群众捐赠棉毛衣裤、被褥、文具等，共计400余件。

河南卷烟工业烟草薄片有限公司：扶贫济困，参加“送温暖、献爱心”活动，捐款3.07万元。救助灾害，4月，向青海玉树地震灾区捐款1万余元。资助乡村建设，组建驻村工作队到许昌市张潘镇七级韩村开展帮扶工作，并捐款2万元。

湖北省烟草专卖局（公司）

2010年，湖北省烟草商业系统积极参与各项社会公益活动。

湖北省烟草专卖局（公司）机关：扶贫济困，慰问困难群众等，捐款8000元。救助灾害，向青海玉树地震灾区捐款11.7万元。资助教育事业，向恩施州来凤县职业技术学校捐款150万元。资助乡村建设，对口帮扶十堰市郧县柳陂镇马蹄沟村，捐赠扶贫款、救灾款共34.36万元；慰问该村贫困户、困难党员等，捐款3.4万元，并捐赠衣物900余件、图书1000余册及价值6000元的体育用品。

武汉市烟草专卖局（公司）：扶贫济困，向武汉市慈善总会捐款43.48万元。资助文化事业，向武汉市文联捐款5万元。资助乡村、社区建设，向黄陂区蔡店乡马鞍村捐款23.5万元；向江夏区法泗镇法泗村捐款19万元；支援江夏区山坡乡开展新农村建设，捐款36.3万元；参加“社区和谐共建”活动，捐款23.72万元。

黄冈市烟草专卖局（公司）：扶贫济困，参加“送温暖、献爱心”活动，捐款44万元，其中职工捐款10.6万元。救助灾害，向英山县、罗田县等地的32户受灾农户捐款28万元，用于重建房屋，并捐赠米、面、油等。资助乡村建设，向红安县七里坪镇郑必高村捐款20万元，用于修建公路、建设水利设施等。

襄樊市烟草专卖局（公司）：救助灾害，向青海玉树地震灾区捐款4.45万元；向甘肃舟曲灾区捐款2.39万元。资助教育事业，向友谊街社区回民小学捐款4万元。资助乡村、社区建设，向革命老区捐款5万元；捐赠移民安置费1.35万元；向友谊街社区赠送办公桌椅 20 余套。

荆州市烟草专卖局（公司）：扶贫济困，慰问沙市区岑河镇庙兴村特困户、参加“送温暖、献爱心”活动、资助公安县黄山头镇福利院，共捐款 2.42 万元；向各级慈善总会捐款 18 万元；资助沙市区解放街办救助工作，捐款 3 万元。救助灾害，支援监利县开展救灾工作，捐款 10 万元。资助教育事业，参加“助残助学”活动，捐款 10 万元；资助荆州市总工会困难职工帮扶中心、参加“关爱女孩行动”基金建立活动，共捐款 1.3 万元。资助医疗事业，支援沙市区开展血吸虫防治工作，捐款 2 万元。资助乡村建设，捐款 13.5 万元，用于各乡镇加强新农村建设、修路等。参加无偿献血活动，员工共献血 3 万毫升。资助其他社会公共和福利事业，捐款 4.51 万元。

十堰市烟草专卖局（公司）：扶贫济困，捐款 10 万元，用于治疗白内障病人的复明工程、建设福利院；参加“双联双助”活动，帮扶老党员、特困户 23 人，捐款 1.3 万元。救助灾害，向青海玉树地震灾区、西南旱灾地区捐款 1.25 万元。资助乡村建设，对口帮扶郧西县安家乡神雾岭村，捐款 119 万元。

孝感市烟草专卖局（公司）：扶贫济困，慰问困难群众、残疾人等，捐款 5.87 万元。资助教育、文化事业，共捐款 6500 元。资助乡村建设，向孝南区刘集镇、云梦县倒店乡等共捐款 9.72 万元。

恩施土家族苗族自治州烟草专卖局（公司）：扶贫济困，向恩施市儿童福利院捐赠价值 1.94 万元的架子鼓 1 套、空调 1 台、音响 1 套、电脑 2 台；向鹤峰县容美镇残疾人捐款 5000 元。救助灾害，向甘肃舟曲灾区捐款 17.73 万元。资助教育事业，向恩施市白果乡民族中小学捐款 5 万元；参加“恩施骄傲——助飞行动”，向贫困儿童捐款 5 万元。资助乡村建设，向建始县茅田乡大茅田村捐款 10 万元；向恩施市白果乡茅坝槽村捐款 20 万元。

宜昌市烟草专卖局（公司）：扶贫济困，参加“慈善一日捐”等活动，共捐款 6.85 万元。资助乡村建设，向兴山县南阳镇龙门河村捐款 6 万元。

咸宁市烟草专卖局（公司）：救助灾害，支援青海玉树地震灾区、咸宁市抗洪救灾，共捐款 1. 8 万元。资助教育事业，捐款 20 万元，帮助贫困学生上大学。资助乡村建设，向赤壁市车埠镇芙蓉村捐款 20 万元，用于电教室、道路、水利建设等。

随州市烟草专卖局（公司）：扶贫济困，救助再生障碍性贫血患病儿童、参加“送温暖、献爱心”活动，共 6 万元；慰问革命烈士遗属，捐款 2 万元。救助灾害，向青海玉树地震灾区捐款 7 万元。资助教育、文化事业，共 50.2 万元。资助乡村建设，向广水市吴店镇东湾村、曾都区洛阳镇张畈村共捐款 30 万元，培育主导产业 8 个、兴办集体经济项目 6 个。

黄石市烟草专卖局（公司）：扶贫济困，向黄石市慈善总会、阳新县红十字会、大冶市慈善总会共捐款 15 万元。资助乡村建设，向大冶市刘仁八镇刘仁八村，阳新县太子镇李姓村、龙港镇、陶港镇向录村共捐款 27 万元。

荆门市烟草专卖局（公司）：扶贫济困，向东宝区仙居乡福利院捐款 10 万元。资助教育事业，向钟祥市柴湖镇贫困大学生捐款 1.2 万元。资助体育事业，共捐款 30.8 万元。资助乡村、社区建设，向东宝区牌楼乡江湾村、漳河镇陈井村，钟祥市张集镇薛店村，东宝区虎牙关社区等共捐款 46 万元。

鄂州市烟草专卖局（公司）：扶贫济困，参加“送温暖、献爱心”活动，捐款 9000 元。救助灾害，向青海玉树地震灾区捐款 1.2 万元。资助乡村建设，向梁子湖区沼山镇夏咀村捐款 5 万元。

仙桃市烟草专卖局（公司）：救助灾害，向青海玉树地震灾区捐款 1.45 万元。资助乡村建设，捐款 11 万元，用于开展新农村建设、城乡共建等。

天门市烟草专卖局（公司）：救助灾害，捐款 1.5 万元。资助乡村、社区建设，支援夏日文化广场建设，捐款 5 万元；向结对帮扶村捐款 3.5 万元；资助新农村建设，捐款 4 万元。

潜江市烟草专卖局（公司）：扶贫济困，向潜江市慈善总会、市政府“救济行动”共捐款 11.06 万元。资助文化事业，共捐款 8 万元。资助新农村建设，共捐款 11.84 万元。

神农架林区烟草专卖局（公司）：扶贫济困，参加“抗旱救灾”活动、“爱心包裹”捐赠活动，共捐款 6000 元。资助教育、文化事业，支援神农架林区松柏镇实验小学、神农架林区高级中学及神农架林区妇联和残疾人联合会举办文艺活动，共捐款 1.21 万元。资助乡村建设，向大九湖乡落羊河村捐款 2 万元。资助其他社会公共和福利事业，捐款 2000 元。

湖北中烟工业有限责任公司

2010 年，湖北中烟工业有限责任公司共捐款 1100 万余元，用于各项社会公益活动。扶贫济困，向各级慈善总会捐款 140 万元；参加湖北省“616”工程，对口支援少数民族地区发展，捐款 290 万元。救助灾害，向福建龙岩市、三明市洪灾地区、青海玉树地震灾区共捐赠 200 万元；向西南旱灾地区捐款 28 万元。资助教育事业，建设黄鹤楼希望小学，捐款 10 万元；向恩施自治州部分学校共捐款 65 万元。资助乡村建设，向云南曲靖市捐款 100 万元；向湖北恩施州、咸宁市共捐款230万元。资助其他社会公共和福利事业，捐款100万元。

湖南省烟草专卖局（公司）

2010年，湖南省烟草商业系统共捐款4163.49万元，用于各项社会公益活动。

湖南省烟草专卖局（公司）机关：扶贫济困，慰问贫困户，捐款12.8万元。资助教育事业，援建长沙市天心区红卫小学，捐款28.8万元；向湖南省青少年事业发展基金会捐款10万元；向湘西州龙山县兴场坳小学捐款3万元；参加“爱心阳光”扶贫助教活动，捐款4.26万元。资助医疗事业，向“2010金叶慈善医疗卡”项目捐款50万元。资助文化事业，共捐款35万元。资助体育事业，捐款5万元。资助乡村建设，向炎陵县捐款100万元。资助其他社会公共和福利事业，共捐款52万元。

长沙市烟草专卖局（公司）：扶贫济困，向“金叶情 心连心”项目捐款50万元；支援湖南省残疾人福利基金会、参加“送温暖、献爱心”活动，共捐款4.33万元；慰问望城县丁字镇书堂山村、浏阳市淳口镇贫困家庭，共捐款5.3万元；参加“天天慈善一元捐”活动，捐款2.41万元。救助灾害，开展“心系玉树，情牵西南”爱心赈灾活动，捐款7.54万元；向青海玉树地震灾区、西南旱灾地区共捐款3.66万元。资助教育事业，为长沙县贫困大学新生捐款1万元；资助浏阳市贫困学生，捐款3.68万元；向浏阳市第一中学、官渡镇云山村学校等共捐款5.49万元。资助医疗事业，向“2010金叶慈善医疗卡”项目捐款80万元。资助体育事业、各类公益团体，共捐款9.9万元。资助乡村、社区建设，向长沙县白沙乡、金井镇，浏阳市沙市镇、淳口镇等共捐款64.67万元。资助其他社会公共和福利事业，共捐款9.22万元。

株洲市烟草专卖局（公司）：资助教育事业，向株洲市实验小学、何家坳小学、白鹤小学、体育路小学等捐款3.44万元。资助医疗事业，向“2010金叶慈善医疗卡”项目捐款80万元。资助文化事业，捐款29万元。资助乡村建设，向醴陵市板衫乡、神福港镇，株洲县洲坪乡北坪村等共捐款31.22万元。资助其他社会公共和福利事业，为茶陵县洮水水库移民捐款2万元。

湘潭市烟草专卖局（公司）：扶贫济困，向湘潭市仪表厂及其困难职工捐款2.6万元，并捐赠米、面、油等；参加湘乡特大洪灾捐款、“百企万人大帮扶”等活动，共捐款3.02万元。资助教育事业，参加“关心下一代”活动，捐款1.74万元。资助医疗事业，向“2010金叶慈善医疗卡”项目捐款80万元。资助体育事业，捐款100万元。资助乡村、社区建设，向湘潭县白石镇新桥村、湘乡市育塅乡花平村等共捐款38.4万元。

衡阳市烟草专卖局（公司）：救助灾害，向青海玉树地震灾区捐款2.55万元；开展“救灾募捐”活动，向受灾烟农捐款1.2万余元。资助教育事业，开展“爱心捐助”、“金秋助学”活动，共捐款2万元。资助医疗事业，向“2010金叶慈善医疗卡”项目捐款80万元。资助乡村建设，向祁东县太和堂镇文桥村捐款4万元，用于硬化村级公路；向祁东县白地市镇官渡桥村、步云桥镇清泉村共捐款10万元。

岳阳市烟草专卖局（公司）：扶贫济困，支持残疾人事业，捐款18万元；向各慈善机构共捐款37万元。救助灾害，向青海玉树地震灾区、甘肃舟曲灾区共捐款39万元。资助教育事业，向“希望工程”捐款26万元。资助医疗事业，向“2010金叶慈善医疗卡”项目捐款80万元。资助乡村建设，共捐款119万元。

郴州市烟草专卖局（公司）：扶贫济困，参加“慈善一日捐”、“爱心助残一日捐”、“送温暖、献爱心”等活动，共捐款398.5万元。资助教育、文化事业，支持郴州市图书馆建设、开展“捐资助学”等，共捐款60.3万元。资助乡村建设，向桂阳县荷叶镇高山村、苏仙区白露塘镇上白水村等共捐款40.2万元。

常德市烟草专卖局（公司）：扶贫济困，支持残疾人事业，捐款1.85万元。救助灾害，向甘肃舟曲灾区和湖南省桃源县、临澧县、石门县洪灾区等共捐款361.4万元。资助教育事业，向安乡一中、临澧县新安镇沙堤小学及桃源县、石门县的贫困学校、学生等共捐款153.6万元。资助乡村建设，支援临澧县合口乡、津市李家铺乡等建设，共捐款108.59万元。

益阳市烟草专卖局（公司）：资助教育事业，救助特困教师、参加“金秋助学”活动等，共捐款10.3万元。资助医疗事业，向“2010金叶慈善医疗卡”项目捐款80万元。资助体育、文化事业，共捐款28万余元。资助乡村建设，支援对口帮扶村修建公路、改善住房、修筑水坝等，共捐款61万元。资助其他社会公共和福利事业，捐款8万元，用于寺院修理、水井维修等。

娄底市烟草专卖局（公司）：资助教育事业，向“希望工程”捐款20万元；为“关心下一代基金”捐款10万元。资助医疗事业，捐款86万元。资助环保事业，支援娄底市参展“绿博会”，捐款4万元；资助新化县绿化建设，捐款2万元。资助乡村建设，向新化县白溪镇大熊村、冷水江市付中连乡等共捐款20万元。资助其他社会公共和福利事业，向消费维权爱心基金捐款3万元；其他捐款35万元。

邵阳市烟草专卖局（公司）：扶贫济困，帮扶各街道、办事处等，共捐款50.7万元；慰问特困企业职工，捐款3.4万元。资助教育事业，捐赠教育基金14.5万元。资助医疗事业，向“2010金叶慈善医疗卡”项目捐款80万元；捐赠生育基金3万元。资助乡村建设，支援各乡镇修路、扶贫、开展新农村建设，共捐款91.31万元。资助其他社会公共和福利事业，捐款5.8万元。

湘西土家族苗族自治州烟草专卖局（公司）：扶贫济困，为贫困群众、患病群众捐款5.31万元；参加“慈善一日捐”活动，捐款1.13万元。救助灾害，向青海玉树地震灾区捐款18.58万元；救助受灾烟农，捐款150.08万元。资助教育事业，为留守儿童、大学生捐款2万元；参加“金秋助学”活动，捐款1万元；向吉首市一中、吉大师院附小、龙山县新城初级中学等共捐款26.57万元。资助医疗事业，向“2010金叶慈善医疗卡”项目捐款80万元。资助文化事业，共捐款15万元。资助乡村、社区建设，共捐款63.04万元，用于吉首市、龙山县等修路、开展新农村建设等。资助其他社会公共和福利事业，向吉首市老年大学及吉首市、泸溪县老龄金秋健身队共捐款2.1万元。

张家界市烟草专卖局（公司）：救助灾害，向青海玉树地震灾区捐款3.79万元，并捐赠衣物200余件。资助医疗事业，向“2010金叶慈善医疗卡”项目捐款80万元。资助乡村、社区建设，向大庸桥社区、桑植县细砂坪乡周家垭村等共捐款222.03万元。

怀化市烟草专卖局（公司）：扶贫济困，向620户困难群众共捐款31万元。资助医疗事业，向“2010金叶慈善医疗卡”项目捐款80万元。资助乡村建设，支援12个对口帮扶村修建公路、加固桥梁、修筑水坝、发展山区经济作物等，共捐款60万元。

永州市烟草专卖局（公司）：资助医疗事业，向“2010金叶慈善医疗卡”项目捐款80万元。资助乡村建设，向江华县白芒营镇二坝村、蓝山县新圩镇新圩村、东安县大盛镇铁塘村、零陵区接履桥镇接履桥村等共捐款30.3万元。

湖南省烟草职工培训中心：资助乡村建设，向湘潭县射埠镇仙凤村捐款1.2万元。

中国烟草湖南进出口有限责任公司：扶贫济困，向湖南省慈善总会捐款22万元。救助灾害，向青海玉树地震灾区捐款4000元。资助医疗事业，向“2010金叶慈善医疗卡”项目捐款80万元。

湖南中烟工业有限责任公司

2010年，湖南烟草工业有限责任公司共捐款3466.73万元，用于各项社会公益活动。

湖南中烟工业有限责任公司本部：扶贫济困，向湖南省老区发展基金会捐款50万元；对口支援三峡库区，捐款40万元；向困难职工帮扶中心捐款2万元；参加“慈善一日捐”活动，捐款2万元。救助灾害，向西南旱灾地区捐款1600万元；向青海玉树地震灾区捐款124.34万元；向甘肃舟曲灾区捐款100万元。资助教育事业，向湖南省青少年发展基金会捐献“芙蓉学子”活动款1280万元。

湖南中烟工业有限责任公司长沙卷烟厂：救助灾害，4月，向青海玉树地震灾区捐款28.99万元。

湖南中烟工业有限责任公司常德卷烟厂：救助灾害，向青海玉树地震灾区捐款34.10万元。资助教育事业，向常德市各中小学共捐款73万元；向石门县教育捐赠中心捐款3万元。资助乡村建设，向石门县皂市镇万仞洞村等共捐款54万元。

湖南中烟工业有限责任公司郴州卷烟厂：扶贫济困，开展“姐妹情深、爱心接力”捐款活动，捐款1.89万元；开展2010年“暖冬”活动，为孤寡老人、孤儿募集过冬衣物2300件；参加“助残一日捐”活动，捐款7.24万元。救助灾害，向青海玉树地震灾区捐款12.19万元。

湖南中烟工业有限责任公司零陵卷烟厂：救助灾害，开展“情系玉树，祝福玉树”捐献活动，捐款1万元。资助乡村建设，向双牌县永江乡大坪村捐款14万元，用于通村公路建设。

湖南中烟工业有限责任公司四平卷烟厂：扶贫济困，参加“慈善救助双日捐”活动，捐款5.95万元。救助灾害，向青海玉树地震灾区捐款5.7万元。资助教育事业，开展“芙蓉学子——与希望同行”助学活动，为50名贫困大学生捐款15万元。

湖南中烟工业有限责任公司吴忠卷烟厂：扶贫济困，资助宁夏州同心县移民工作，捐款1.45万元。救助灾害，向青海玉树地震灾区、宁夏州同心县灾区共捐款2.18万元。资助教育事业，为贫困地区小学生捐赠价值1万元的爱心包裹；向吴忠市特殊教育学校捐款1500元。资助体育事业、社区建设，共捐款10.5万元。开展社会共建，8名员工自愿捐献造血干细胞血样。

广东省烟草专卖局（公司）

2010年，广东省烟草商业系统积极开展各项社会公益活动。

广东省烟草专卖局（公司）机关：救助灾害，向青海玉树地震灾区捐款20.87万元。资助教育事业，捐款7.65万元，用于奖励清远市连南县三排镇考上大学的学生。

广州市烟草专卖局（有限公司）：扶贫济困，向中国志愿者基金会、广州市职工济难基金会等共捐款31.57万余元；慰问患病员工及家属，捐款7.02万元。救助灾害，向青海玉树地震灾区、甘肃舟曲灾区共捐款22.4万元。

中山市烟草专卖局（有限责任公司）：扶贫济困，向中山市慈善总会捐款15万元；参加中山市“慈善万人行”活动，捐款9.1万元；慰问南头镇困难户、特困党员，捐赠米、油等。救助灾害，向青海玉树地震灾区、西南旱灾地区共捐款9.33万元。资助教育事业、乡村建设，开展“金叶之光”助学活动，对口帮扶海丰县联安镇联英村、和平村等，共捐款28.04万元。

珠海市烟草专卖局（有限公司）：救助灾害，向青海玉树地震灾区捐款3万元。资助乡村建设，支援斗门区白蕉镇鳖鱼沙村修缮危桥、拓宽鱼塘道路等，共捐款1.88万元。

东莞市烟草专卖局（有限公司）：扶贫济困，参加“扶贫济困日”活动，捐款5.57万元；参加“2010年迎春慈善长跑活动”，捐款4.98万元。救助灾害，向青海玉树地震灾区捐款6.07万元。资助乡村建设，向企石镇旧围村捐款20万元，并向该村困难群众捐款4万元。

佛山市烟草专卖局（有限责任公司）：扶贫济困，向禅城区慈善总会捐款20万元；慰问英德市水边镇流寨村、肇庆市金装镇仁厚村的贫困村民，共捐款6.75万元；向佛山市金盾救助基金会捐款8万元。资助教育事业，参加佛山市“教育基金百万行”活动，捐款2万元。资助医疗事业，向高明区更合镇官山村捐赠医疗保险经费4.4万元。资助乡村建设，向怀集县凤岗镇欧上村，城区堤田村、湖涌村共捐款1.5万元。

肇庆市烟草专卖局（有限责任公司）：扶贫济困，向对口扶贫单位捐款24.68万元。救助灾害，向青海玉树地震灾区捐款1.84万元。资助乡村建设，向怀集县桥头镇徐安村捐款27.99万元；向扶贫村捐款2.1万元。

江门市烟草专卖局（有限公司）：积极开展各项社会公益活动，共捐款19.97万元。

惠州市烟草专卖局（有限责任公司）：积极开展各项社会公益活动，共捐款107.8万元。

茂名市烟草专卖局（有限责任公司）：扶贫济困，参加“扶贫济困日”活动，捐款18.94万元；参加“送温暖、献爱心”活动等，共捐款7.06万元。救助灾害，向茂名“9.21”特大暴雨洪灾区捐款106.19万元，其中员工捐款27.19万元；向西南旱灾地区、青海玉树地震灾区共捐款7.86万元。资助教育事业，捐助“希望工程”、开展教育扶贫、支援相关学校灾后重建等，共捐款16万元。资助乡村建设，向高州市南塘镇捐款19.22万元。

阳江市烟草专卖局（有限责任公司）：积极开展各项社会公益活动，共捐款113万元。

云浮市烟草专卖局（有限责任公司）：扶贫济困，慰问特困党员、贫困群众，捐款7000元。救助灾害，向罗定市洪灾区群众捐款2.8万元。资助教育事业，支援郁南县连滩中学、郁南县教育发展，共捐款2.6万元。资助环保事业、乡村建设，支持“西江百里画廊”义务植树活动，帮扶扶贫村，共捐款2.3万元。

湛江市烟草专卖局（有限公司）：积极开展各项社会公益活动，共捐款155.63万元。

汕头市烟草专卖局（有限责任公司）：救助灾害，支援青海玉树地震灾区、参加“扶贫济困日”活动和汕头市“行善举、促和谐”活动，共捐款6.26万元。资助乡村建设，向南澳县云澳镇西畔村捐款20万余元。资助其他社会公共和福利事业，协助开展“汕头市公共文明品牌创建”活动，捐款9万元。

潮州市烟草专卖局（有限责任公司）：扶贫济困，参加“扶贫济困日”活动，捐款50万元。资助乡村建设，向饶平县黄冈镇大澳村捐款100万元，用于固本强基配套工程，推动生产发展。

汕尾市烟草专卖局（有限公司）：救助灾害，向青海玉树地震灾区、西南旱灾地区共捐款3万元。资助乡村建设，向陆丰市甲东镇后洋村捐款24万元；支持陆丰市甲东镇、甲西镇计划生育工作，捐款3万元；向陆河县南万镇捐款1万元。

揭阳市烟草专卖局（有限公司）：扶贫济困，参加“扶贫济困日”活动，捐款43.3万元，其中员工捐款5.8万元。救助灾害，向青海玉树地震灾区捐款5.05万元。资助乡村建设，向普宁市梅林镇青潭村捐款33万元；向揭东县玉窖镇凤关村、揭西县五经富镇中联村、惠来县东陇镇东陇村共捐款9万元。资助其他社会公共和福利事业，捐款29.1万元。

韶关市烟草专卖局（有限公司）：扶贫济困，参加“扶贫济困日”活动，捐款107.27万元；参加“慈善一日捐”活动、帮扶南雄市湖口镇积塔村、乐昌市黄圃镇应山村、仁化县长江镇浒松村等乡镇的贫困户，共捐款9.95万元，并捐赠烤烟煤5吨、烟草复合肥500千克；向翁源县残联捐赠残疾人保障金1.03万元。救助灾害，向青海玉树地震灾区捐款14.87万元；向韶关洪灾区捐款1.36万元。资助教育事业，参加“百万帮扶暖千家”活动，捐款10万元，用于资助百名贫困高中生；向新丰县4名贫困中学生捐款

1940元。资助文化事业，捐款3万元。资助乡村、城镇建设，向南雄市湖口镇积塔村捐款10万元，用于道路建设；向翁源县官渡镇社背村、龙仙镇石寨村共捐款4万元；支援乳源县城“亮化工程”，捐款2万元；为始兴县马市镇远迳村修建水泥桥一座。

梅州市烟草专卖局（有限公司）：积极开展各项社会公益活动，共捐款200万余元。

河源市烟草专卖局（有限责任公司）：扶贫济困，参加“扶贫济困日”活动，捐款14万元。救助灾害，向西南旱灾地区、青海玉树地震灾区、甘肃舟曲灾区捐款近8万元。资助教育事业，参加“爱心父母”牵手困境儿童活动，将连续3年资助贫困学生每年每户500元。资助文化事业，参加“书香河源”活动，捐赠各类图书487册。资助乡村建设，向对口帮扶村捐款40.25万元，并捐赠耕牛、猪苗、鸡苗及一批生产生活工具。

清远市烟草专卖局（有限公司）：资助文化事业，参加“农村书屋”、“文化进校园”等活动，捐赠各类图书500余册、DVD机4台、学习用品若干，价值共计2万元。资助乡村建设，向连山壮族瑶族自治县上帅镇东南村捐款捐物共计40万余元，并派驻干部1人。

广东中烟工业有限责任公司

2010年，广东中烟工业有限责任公司共捐款3161万多元，用于各项社会公益活动。扶贫济困，参加“扶贫济困日”活动，捐款1000万元。救助灾害，向湖南洪灾地区捐款340万元；支援云南、四川、广西抗旱救灾，捐款420万元；向青海玉树地震灾区捐款120万元。资助教育事业，救助流浪儿童等社会弱势青少年群体，向团中央“喜愿基金”捐款260万元。

广东中烟工业有限责任公司本部：救助灾害，员工向青海玉树地震灾区捐款63.93万元。资助乡村建设，对口帮扶韶关市始兴县沈所镇沈北村，成立扶贫开发工作领导小组、督察小组、驻村工作组等多项扶贫机构，捐款180万元，用于水力、村舍、文化站等基础设施建设。

广东中烟工业有限责任公司广州卷烟二厂：扶贫济困，参加“幸福工程”、“助残日”活动，共捐款1.79万元。救助灾害，向青海玉树地震灾区捐款21.04万元。资助体育事业，捐款2万元。124名员工积极参加义务献血活动。

广东中烟工业有限责任公司梅州卷烟厂：扶贫济困，帮扶贫困村的57户困难群众，捐款60.43万元，并捐赠米、面、油等；参加“爱心父母”牵手困境儿童活动，帮扶困境儿童174名，捐款5.45万元；参加“扶贫济困日”活动，捐款10.03万元。

广东中烟工业有限责任公司韶关卷烟厂：扶贫济困，为困难员工捐款6.3万元；参加“扶贫济困日”活动，向南雄市南亩镇岭下村捐款10万元，并捐赠大米10吨、棉被400张。救助灾害，向青海玉树地震灾区捐款7.2万元。

广东中烟工业有限责任公司湛江卷烟厂：扶贫济困，帮扶湛江市坡头区南三镇白沙村、麻弄村的116户困难群众，共捐款211.71万元，并捐赠米、面、油等；参加“扶贫济困日”活动，捐款21万元；参加“送温暖、献爱心”活动，捐款1.61万元。救助灾害，向青海玉树地震灾区捐款4.55万元。资助乡村建设，向湛江市遂溪县港门镇新城村捐款19.5万元。

广西壮族自治区烟草专卖局（公司）

2010年，广西壮族自治区烟草商业系统共捐款1478.84万元，用于各项社会公益活动。

广西壮族自治区烟草专卖局（公司）机关：救助灾害，向青海玉树地震灾区捐款3.83万元；支援广西区百色市、河池市等抗旱救灾，共捐款500.3万元；向西南旱灾地区捐款4.2万元。资助教育事业，向富川瑶族自治区葛坡镇上洞村完小捐款53.09万元。资助乡村建设，向富川瑶族自治区葛坡镇上洞村捐款84.34万元，用于建设村委办公楼、硬化路面及解决饮水困难问题等。

南宁市烟草专卖局（公司）：扶贫济困，慰问西乡塘区石西村困难户、困难党员等，捐款9600元。救助灾害，向青海玉树地震灾区捐款11.01万元，其中员工捐款6.01万元；向西南旱灾地区捐款7.01万元，其中员工捐款4.01万元。资助教育事业，参加希望工程“大学生圆梦”活动，捐款15万元。

柳州市烟草专卖局（公司）：扶贫济困，慰问遭受洪灾的客户经理，捐款2.14万元。救助灾害，向西南旱灾地区捐款2.54万元；向青海玉树地震灾区捐款2.88万元；向甘肃舟曲灾区捐款1.94万元。资助乡村建设，向三江侗族自治县洋溪村捐款7.02万元，用于建设“爱心水柜”等。

桂林市烟草专卖局（公司）：救助灾害，员工向西南旱灾地区捐款3.72万元；向青海玉树地震灾区捐款5万元。资助教育事业、乡村建设，支援临桂县两江镇保全小学、12个县扶贫点，共捐款12.64万元。

河池市烟草专卖局（公司）：救助灾害，向青海玉树地震灾区捐款6570元；员工先后两次向西南旱灾地区共捐款2.53万元；支援河池市抗旱救灾，捐款9.92万元。资助教育事业，支援巴马瑶族自治县那桃乡那敏小学、参加希望工程“大学生圆梦”活动，共捐款48.79万元。资助乡村建设，向东兰县大同乡天然村拉若队、可永队共捐款2.45万元，用于解决饮水安全问题。

百色市烟草专卖局（公司）：救助灾害，向青海玉树地震灾区捐款3.48万元，其中员工捐款1.24万元；员工向西南旱灾地区捐款1.55万元。资助教育事业，向田东县合乐小学捐款2.5万元。

钦州市烟草专卖局（公司）：救助灾害，员工向西南旱灾地区捐款1.5万元；向青海玉树地震灾区捐款1.8万元；向甘肃舟曲灾区捐款1.3万元。资助教育事业，参加希望工程“大学生圆梦”活动，捐款5万元。

北海市烟草专卖局（公司）：扶贫济困，参加北海市“爱心助残”活动、慰问特困户、五保户及孤寡老人，捐款捐物共计2.91万元。救助灾害，向青海玉树地震灾区捐款6万元；向西南旱灾地区捐款1.5万元。资助教育事业，向海城区第三小学捐款3万元；向合浦县山口镇英罗村英北小学、合浦县石康镇大崇村小学共捐款5.4万元。

防城港市烟草专卖局（公司）：救助灾害，向西南旱灾地区、甘肃舟曲灾区共捐款3.21万元；向青海玉树地震灾区捐款3.77万元，并向灾区小学生捐款1000元，用于购买“六一”爱心包裹。

玉林市烟草专卖局（公司）：资助乡村建设，支援兴业县大平山镇谭旭村、正阳村及容县十里乡甘旺村修建公路，捐款1.03万元。

贵港市烟草专卖局（公司）：扶贫济困，资助患病学生、贫困老党员、五保户等，共捐款1.87万元，并捐赠大米180千克、油60千克。救助灾害，向西南旱灾地区捐款2.88万元；向青海玉树地震灾区捐款2.67万元。资助教育事业，参加希望工程”大学生圆梦”活动，捐款1.08万元。资助乡村建设，向桂平市垌心乡罗宜村及该村小学共捐款1.21万元，捐赠作业本1800本。

梧州市烟草专卖局（公司）：救助灾害，支援梧州市遭受地质灾害地区，捐款102万元。资助文化事业，共捐款12万元。资助乡村建设，支援苍梧县王水村、藤县平福乡、蒙山县金垌村、岑溪县波塘镇开展新农村建设，捐款5万元。

贺州市烟草专卖局（公司）：救助灾害，开展“抗旱救灾献爱心”和“情系玉树·大爱无疆”募捐活动，共捐款5.49万元。资助乡村建设，向靖西县捐款1.5万元，用于修建“爱心水柜”；支援富川瑶族自治县福利镇洞池村硬化道路，捐款2万元；向钟山县回龙镇水圳口村捐款2万元。

来宾市烟草专卖局（公司）：救助灾害，向西南旱灾地区捐款1.05万元；向青海玉树地震灾区捐款2300元。资助乡村建设，支援兴宾区凤凰镇牛角村、武宣县三里镇林业改造项目，共捐款5.8万元。

崇左市烟草专卖局（公司）：扶贫济困，支援崇左市残疾人联合会“听世界、献爱心”活动，捐赠价值1600元的收音机20台。救助灾害，向西南旱灾地区捐款2.5万元；向青海玉树地震灾区、甘肃舟曲灾区共捐款1.12万元。资助乡村建设，支援龙州县彬桥乡安镇村道路硬化工程，捐赠价值3000元的水泥一批。

伊灵烟叶复烤有限责任公司：扶贫济困，参加武鸣县“送温暖工程”、“三八”姐妹献爱心活动，共捐款3770元。救助灾害，向西南旱灾地区捐款1.6万元，其中员工捐款1.3万元；向青海玉树地震灾区捐款1.56万元。

广西中烟工业有限责任公司

2010年，广西中烟工业有限责任公司共捐款2096.1万元，用于各项社会公益活动。

扶贫济困，支援广西壮族自治区红十字会“救心行动”，捐款1万元；向“孤巢老人”捐款1万元；参加“全国助残日”活动，捐款1万元；向贫困地区捐赠扶贫基金380万元。救助灾害，支援广西壮族自治区百色市、河池市等抗旱救灾，共捐款500万元；向青海玉树地震灾区捐款100万元。资助教育事业，向广西希望工程办公室捐款500万元，援建10所真龙希望小学；第五次启用真龙教育基金50万元，资助100名在校贫困优秀学生；开展第六届“真龙金秋助学”活动，资助100名贫困大学生，捐款50万元；教师节期间慰问中小学教师，捐款3.5万元。资助乡村建设，向柳州市融水苗族自治县大年乡林浪村捐款9.6万元。

海南省烟草专卖局（公司）

2010年，海南省烟草商业系统共捐款686.06万元，用于各项社会公益活动。

海南省烟草专卖局（公司）机关：救助灾害，捐赠抢险救灾款500万元。资助乡村建设，向临高县博厚镇博西村捐款52.63万元。

海口市烟草专卖局（公司）：救助灾害，向青海玉树地震灾区捐款4.78万元；支援海南省抗洪救灾，捐款54.63万元。资助教育事业，向贫困学生基金会捐款3万元。资助乡村建设，向琼山区龙塘镇玉仙村，定安县美态村、田洋村捐款4.44万元，并捐赠大米9000千克。资助其他社会公共和福利事业，向海口市见义勇为奖励基金会捐款3万元。

三亚市烟草专卖局（公司）：扶贫济困，资助贫困户修建房屋，捐款1万元；慰问陵水黎族自治县黎跃村、格择村等扶贫点，共捐赠价值7020元的物资；向保亭黎族苗族自治县六弓乡扶贫户捐款1.2万元。救助灾害，向青海玉树地震灾区捐款1.2万元；支援海南省抗洪救灾，捐款20.5万元。资助文化、体育事业，共捐款7000元。资助社区、乡村建设，支援河西区新建社区、河东区丹州社区开展卫生综合整治，捐款3.5万元；支援保亭自治县六弓乡，陵水黎族自治县黎跃村、格择村及陵水黎族自治县提蒙洋水利工程建设等，共捐款3.36万元。

琼海市烟草专卖局（公司）：救助灾害，向海南省洪灾区、青海玉树地震灾区共捐款20.4万元，并捐赠价值4.42万元的救灾物资。资助教育、体育事业，向屯昌县教育助学促进会、屯昌县良史小学共捐款8000元。资助社区、乡村建设，向琼海市嘉积镇红星社区、河南省南阳市官庄镇何上寨村等共捐款5.23万元。

儋州市烟草专卖局（公司）：扶贫济困、资助文化事业，共捐款1万元。救助灾害，向青海玉树地震灾区、海南省文昌市洪灾地区共捐款3.5万元。资助社区、乡村建设，向那大镇解放社区、大成镇捐款1.2万元。

重庆市烟草专卖局（公司）

2010年，重庆市烟草商业系统共捐款3893.55万元，用于各项社会公益活动。

重庆市烟草专卖局（公司）机关：扶贫济困，向重庆市残疾人基金会捐款20万元，并资助其“雨露行动”，捐款10万元；资助“情系妇女、爱洒儿童”活动，捐款10万元；向重庆市妇女儿童基金会捐款14.5万元；向贫困地区捐款50万元。救助灾害，向受灾烟农捐款2300万元。资助教育事业，开展“温暖上学路”活动，捐款60万元。资助文化事业，共捐款20万元。资助环保事业，向“绿化长江 重庆行动”捐款500万元。资助乡村建设，向对口扶贫县捐款50万元。

万州区烟草专卖局（分公司）：扶贫济困，帮扶铁锋乡楼坪村10户困难群众，捐款3000元，并捐赠价值2000元的米、面、油等。救助灾害，向青海玉树地震灾区、重庆市分水镇洪灾地区捐款3.86万元。资助环保事业、乡村建设，支援“绿化长江 重庆行动”，帮扶普子乡、铁峰乡、恒合乡等，共捐款8.27万元。

黔江区烟草专卖局（分公司）：扶贫济困，帮扶白土乡、城南办事处南沟社区46户困难群众，共捐款2.24万元，并捐赠米、面、油等。救助灾害、资助环保事业，支援青海玉树地震灾区、参加“绿化长江 重庆行动”，共捐款4.06万元。资助文化事业，为白土乡金塘村建立村级农家图书室。

涪陵区烟草专卖局（分公司）：扶贫济困，帮扶杨家湾居委会、望兰桥居委会的10户困难群众，捐款3000元；向涪陵区福利院捐赠价值1380元的乒乓球桌1张。救助灾害，向青海玉树地震灾区捐款4.26万元；救助武陵山2户遭受火灾群众，捐款2.5万元。资助教育、旅游事业，共捐款10.48万元。资助其他社会福利和公共事业，共捐款1.1万元。

渝中区烟草专卖局（分公司）：扶贫济困，帮扶24户困难群众，共捐款1.9万元，并捐赠米、面、油等。资助教育事业，支援合溪镇中心小学翻修校门前道路，捐款5万元，并为该校贫困学生捐款1.62万元。

大渡口区烟草专卖局（分公司）：参加“送温暖、惠民生”活动，捐款1万元。

江北区烟草专卖局（分公司）：扶贫济困，帮扶江北区瑜康社区、鱼嘴镇鹿角村的30户困难群众，共捐款1.5万元，并捐赠米、面、油等；参加“青年文明号”结对帮扶、“送温暖、献爱心”活动，共捐款1.2万元。救助灾害，向青海玉树地震灾区捐款5000元。资助乡村建设，向鱼嘴镇鹿角村捐款2万元，并派出干部20余人到该村支援新农村建设。

沙坪坝区烟草专卖局（分公司）：参加“送温暖、献爱心”活动等，共捐款4万余元。

九龙坡区烟草专卖局（分公司）：扶贫济困，帮扶走马镇乐园村14户困难群众，捐款捐物共计7500元；参加“慈善双日捐”、“五日义捐”等活动，共捐款4.46万元。资助乡村建设，向走马镇乐园村捐款3.25万元，用于建设村级综合服务中心、乡村便道等，并捐赠各类书籍100余册。

南岸区烟草专卖局（分公司）：扶贫济困，帮扶广阳镇塘坎村困难群众、支援广阳镇塘坎村等，共捐款2.38万元，并捐赠价值2.99万元的电脑6台。

北碚区烟草专卖局（分公司）：扶贫济困，慰问困难群众、支援北碚区癌症病人康复协会等，共捐款7000元，并捐赠价值3000元的米、面、油等。资助文化事业，向北碚区迎春书画展捐款1.8万元。资助乡村建设，支援天府镇建设蔬菜基地，捐款1万元。

万盛区烟草专卖局（分公司）：扶贫济困，向3个扶贫村捐款9.6万元，并捐赠米、面、油等；参加“干部大下访”、“送温暖、献爱心”等活动，捐款捐物共计3900元。救助灾害，向青海玉树地震灾区捐款3400元。

渝北区烟草专卖局（分公司）：扶贫济困，帮扶大湾镇点灯村、拱桥村36户困难群众、慰问留守儿童等，共捐款8.7万元，并捐赠米、油、面等。救助灾害，向青海玉树地震灾区捐款2.4万元。资助环保事业，向“绿化长江 重庆行动”捐款6.24万元；支援“城市‘三乱’环境整治”，捐款2万元。

巴南区烟草专卖局（分公司）：扶贫救灾，参加“慈善两日捐”活动、帮扶惠民镇8位贫困党员、支援青海玉树地震灾区，共捐款1.96万元。资助环保事业，向“绿化长江 重庆行动”捐款1.2万元。资助乡村建设，向天星寺镇花房村捐款4万元。

长寿区烟草专卖局（分公司）：扶贫救灾，慰问困难群众、支援青海玉树地震灾区，共捐款1.31万元；向零售户捐赠电脑12台。资助社区、乡村建设，向东街社区、葛兰镇罗岩村共捐款2.3万元。

江津区烟草专卖局（分公司）：扶贫济困，参加“结穷亲”活动，向困难群众捐款4.1万元；参加“情系大众送温暖、深入群众炼党性”、“手拉手、促和谐”等活动，共捐款1.81万元。救助灾害，向青海玉树地震灾区捐款1.08万元。资助环保事业，向“绿化长江 重庆行动”捐款2万元。

合川区烟草专卖局（分公司）：扶贫救灾，慰问困难零售户、资助肖家镇凉泉村2名孤儿、支援青海玉树地震灾区，共捐款1.59万元。资助体育事业，捐款1.1万元。资助环保事业、乡村建设，支援“绿化长江 重庆行动”、参加“三进三同”活动，共捐款2.34万元。

永川区烟草专卖局（分公司）：扶贫济困，慰问三教镇三台村困难群众，捐赠价值400元的米、油等；向永川区慈善总会捐款500元。资助教育事业，向大足县灯塔中学捐赠价值1万元的图书560册。资助旅游事业，捐款1.67万元。资助环保事业，向“绿化长江 重庆行动”捐款1万元。

南川区烟草专卖局（分公司）：扶贫济困，慰问困难群众、资助南川区慈善总会，共捐款2.38万元。资助教育事业，向合溪镇中心小学捐款2万元。资助社区建设，向清桥居委会、东城街道等共捐款2.94万元。

綦江县烟草专卖局（分公司）：扶贫救灾，帮扶4个乡镇的18户困难群众、支援青海玉树地震灾区，共捐款1.34万元，并捐赠米、油等。资助教育事业，向双坝村学校、古剑学校共捐款2.16万元。资助环保事业、乡村建设，参加“植树造林”活动、帮扶隆盛镇，共捐款1.25万元；向中峰镇龙山村捐赠价值5400元的办公桌椅。

潼南县烟草专卖局（分公司）：扶贫济困，资助留守儿童、捐赠残疾人爱心款等，共捐款4万余元。救助灾害，向青海玉树地震灾区、潼南“1.31”地震灾区、潼南“7.17”洪灾区等共捐款3.1万元。资助乡村建设，向新胜镇捐款1万元。

铜梁县烟草专卖局（分公司）：扶贫救灾，参加“送温暖、炼党性、惠民生”活动、支援青海玉树地震灾区，共捐款1.41万元。资助教育事业，帮扶大庙镇贫困学生11人；开展“教师节”慰问活动，捐款2500元。资助环保事业，向“绿化长江 重庆行动”捐款3.1万元。

大足县烟草专卖局（分公司）：扶贫济困，帮扶54户困难群众，共捐款4.2万元，并捐赠米、面、油等；参加“送温暖、献爱心”活动等，共捐款2.3万元。

荣昌县烟草专卖局（分公司）：扶贫济困，帮扶广顺街道20户困难群众，捐赠价值3000元的米、面、油等。资助教育事业，“六一”儿童节期间，向3所小学捐赠价值5000元的学习用品；向荣昌县特殊教育学校捐款1万元；在西南大学荣昌分校商学院设立贫困学生奖学金，捐款2万元。资助环保事业，向“绿化长江 重庆行动”捐款2000元。

璧山县烟草专卖局（分公司）：救灾支教，支援青海玉树地震灾区、资助丁家镇贫困学生，共捐款2.54万元。资助环保事业，支援璧南河整治工程，捐款5000元。资助社区建设，向南关社区捐赠电脑一台。

梁平县烟草专卖局（分公司）：扶贫济困，帮扶龙门镇乐胜村59名困难群众，捐款1万元，并捐赠复合肥1批；参加“送温暖、献爱心”活动，捐款1.17万元。救助灾害，向回龙镇捐款5.7万元，支援遭受“5.6”风暴灾害的群众，并向3户受灾零售户捐款2500元；向青海玉树地震灾区捐款1.56万元。资助乡村建设，向石安镇联丰村捐款6900元。

丰都县烟草专卖局（分公司）：扶贫救灾，帮扶困难群众、支援青海玉树地震灾区，共捐款1.86万元。资助环保事业、乡村建设，支援“绿化长江 重庆行动”、武平镇山羊溪村“万元增收工程”，共捐款7.01万元。

垫江县烟草专卖局（分公司）：扶贫济困，帮扶1个村20名困难群众，共捐款1万元；参加“留守儿童帮扶”活动，捐赠价值5600元的床上用品等。救助灾害，向遭受垫江“5.6”风灾地区捐款8万元。资助医疗事业、乡村建设，向垫江县医院、鹤游镇共捐款2.74万元。

忠县烟草专卖局（分公司）：共捐款1.84万元，用于扶贫慰问、对口帮扶等公益活动。

开县烟草专卖局（分公司）：扶贫济困、资助体育事业，共捐款1.2万元。资助乡村建设，向满月乡双坪村捐款4万元。

奉节县烟草专卖局（分公司）：扶贫济困，慰问贫困党员、烟农、零售户，捐赠价值3500元的米、面、油等。资助体育事业，捐款3.5万元。资助环保事业，向“绿化长江 重庆行动”捐款11.6万元，其中员工捐款1.6万元。资助乡村建设，向甲高镇、龙桥乡、安坪乡、冯坪乡、太和乡、兴隆镇、云雾乡共捐款6.8万元，并派出1名干部到太和乡挂职。

巫山县烟草专卖局（分公司）：扶贫济困，帮扶51户困难群众，捐赠价值5100元的米、面、油等；参加“救助特困母亲”活动、资助白血病患者、参加“送温暖、献爱心”活动等，共捐款5.18万元。

巫溪县烟草专卖局（分公司）：扶贫济困，帮扶20户困难群众，捐款5000元，并捐赠米40袋、面100斤、油40桶。资助教育事业，向朝阳镇小学捐款2万元，并捐赠电脑12台。资助乡村建设，向朝阳镇捐款1万元。

石柱土家族自治县烟草专卖局（分公司）：扶贫济困，帮扶40户困难群众，捐款2.6万元；慰问贫困烟农、救助遭遇火灾的烟农等，共捐款1.1万元。

酉阳土家族苗族自治县烟草专卖局（分公司）：扶贫济困，参加“三进三同”活动，帮扶黑水镇苏家村、龙潭镇梅树村的6户困难群众，共捐款6万元，并捐赠米、面、油等。

彭水苗族土家族自治县烟草专卖局（分公司）：扶贫济困，向彭水自治县残联捐款12万元。救助灾害，慰问新田乡遭受洪涝灾害的4户农户、彭水“7.8”洪灾地区，共捐款4.8万元。资助教育事业，资助“爱心午餐”、2名贫困大学生等，共捐款6万元。资助环保事业，向“绿化长江 重庆行动”捐款10万元。

四川省烟草专卖局（公司）

“十一五”期间，四川省烟草商业系统累计捐款2.52亿元，用于各项公益事业，其中，修建希望小学20所、敬老院2所，资助贫困大学生1140名。

2010年，四川省烟草商业系统积极参与各项社会公益活动。

四川省烟草专卖局（公司）机关：共捐款2083.4万元，用于各项社会公益活动。

成都市烟草专卖局（公司）：扶贫济困，参加“送温暖、献爱心”、“阳光圆梦”工程等活动，共捐款25.7万元。救助灾害，向青海玉树地震灾区捐款13.09万元；向山洪泥石流灾区捐款9.95万元。资助教育事业，向崇州市街子镇“金梦”幼儿园捐款200万元。

自贡市烟草专卖局（公司）：扶贫济困，帮扶沿滩区大罗村18户困难群众，共捐款1.08万元；慰问沿滩区中堰村、富顺县兜山镇6户困难群众，捐赠米、面、油等；参加“送温暖、献爱心”、“慈善一日捐”活动，共捐款3.23万元。资助教育事业，向8名贫困大学生捐赠助学金4万元；为富南小学捐赠价值1800元的文具用品；教师节期间，向古佛小学捐款5000元。资助体育事业，捐款100万元。资助乡村建设，向荣县金花乡大坪山村捐款7980元；派出1名干部到沿滩区富全镇中堰村挂职。

攀枝花市烟草专卖局（公司）：资助教育事业，参加“金秋助学”活动，向12名贫困大学新生捐款6万元。资助体育事业，捐款100万元。资助乡村建设，向米易县垭口镇捐款50万元。

泸州市烟草专卖局（公司）：扶贫济困，参加“送温暖、献爱心”活动，捐款3万元；参加“慈善一日捐”、“爱心助残”活动，共捐款2.13万元。救助灾害，向青海玉树地震灾区、甘肃舟曲灾区共捐款16.18万元。资助教育事业，向15名贫困大学新生捐款7.5万元；向叙永县、古蔺县的20名贫困学生捐款4.31万元。资助乡村建设，向8个帮扶村捐款4.17万元，并捐赠米、油等；从2010年起，计划用三年时间，共投资50万余元，支援古蔺县双沙镇寨坪村开展新农村建设。

德阳市烟草专卖局（公司）：扶贫济困，向13户困难群众捐赠大米300千克、油20桶等。救助灾害，向青海玉树地震灾区、绵竹清平乡泥石流灾区共捐款9.7万元。资助教育事业，向20名贫困大学生共捐款10万元。资助乡村建设，向旌阳区城北街道办青衣江路社区、东工苑社区等共捐款40万余元。

绵阳市烟草专卖局（公司）：扶贫济困，慰问北川县擂鼓镇田坝村困难群众，共捐款2.9万元。资助教育事业，慰问涪城区吴家镇小学的贫困学生、教师，共捐款1.5万元；支援涪城区玉河镇、三台县石安镇等建设少年宫，共捐款10.8万元；资助20名贫困大学新生，共捐款10万元。资助乡村建设，支援安县永河镇金星村修建居民小区道路，捐款12万元；向江油市厚坝镇林静村、三台县灵兴镇翻埝村等共捐款6.44万元。

广元市烟草专卖局（公司）：扶贫济困，帮扶26户困难群众，共捐款7865元，并捐赠米、面、油等。救助灾害，向青海玉树地震灾区、甘肃舟曲灾区共捐款9万余元。资助教育事业，参加“栋梁工程”活动，向20名贫困大学新生捐款10万元；“六一”儿童节期间，向利州区3所小学20名贫困学生捐赠价值2000元的学习用品。资助乡村建设，支援朝天区朝天镇楼房村、重岩村等建设生态小康新村、开展“五改”工程等，共捐款6万余元。

遂宁市烟草专卖局（公司）：救助灾害，向“1.31遂宁－潼南”地震灾区、青海玉树地震灾区、甘肃舟曲灾区共捐款4.88万元，其中员工捐款2.77万元。资助教育事业，在安居区玉丰镇修建四川烟草希望学校，捐款100万元；向8名贫困大学新生捐款4万元。资助乡村建设，支援蓬溪县常乐镇高层山村修路，捐款1.95万元，并向该村3户贫困户捐赠米、面、油等；向经济开发区张家湾小区捐款186万元。

内江市烟草专卖局（公司）：扶贫济困，帮扶东兴区西林街道、隆昌县界市镇的19户困难群众、参加“博爱天空”活动，共捐款1.53万元，并捐赠米、面、油等。资助教育事业，参加“栋梁工程”扶贫助学活动、支援西林中心小学，共捐款5.7万元。资助乡村、城镇建设，向市中区朝阳镇太仆村捐款4.9万元，并派出1名干部到该村挂职；支援内江市“一街一景”绿化工程，捐款100万元。

乐山市烟草专卖局（公司）：资助教育事业，向15名贫困大学生捐款7.5万元；向井研县、犍为县、峨边县等地的贫困学生共捐款4.93万元。资助乡村建设，向井研县东林镇、金口河区解放村等共捐款15.71万元。

南充市烟草专卖局（公司）：扶贫济困，开展定点扶贫、“挂包帮”等活动，共捐款128万余元。救助灾害，向青海玉树地震灾区捐款6.2万元，其中员工捐款1.2万元。资助教育事业，向12名贫困大学新生捐款6万元；12月，由市局（公司）捐款100万元修建的嘉陵区集凤希望小学落成并投入使用；在嘉陵区世阳镇建设面积为1200平方米的留守儿童之家活动室，捐款70万余元。

宜宾市烟草专卖局（公司）：救助灾害，员工向青海玉树地震灾区捐款11.79万元。资助教育事业，向屏山县太平乡中心学校捐款50万元；向灾区、贫困地区的小学生捐赠价值3.55万元的“爱心包裹”；向14名贫困大学生捐款7万元。资助乡村建设，支援对口帮扶村修路、建设活动室等，共捐款7万元。

广安市烟草专卖局（公司）：救助灾害，向青海玉树地震灾区捐款3.56万元，其中员工捐款2.56万元；向广安“7.17”特大洪灾中受灾零售户捐款9.25万元；向甘肃舟曲灾区、四川泥石流灾区共捐款2万元。资助教育事业，向广安市特殊学校捐赠生活用品；参加“金秋助学”活动，向12名贫困大学新生捐款6万元；支援广安中学修建塑胶运动场，捐款120万元。资助乡村建设，向邻水县太和乡高家庙村、广安区观阁镇观南村共捐款25万元。

达州市烟草专卖局（公司）：扶贫济困，参加“挂包帮”活动，捐款3.6万元。救助灾害，共捐款181.02万元。资助教育事业，向15名贫困大学生捐款7.5万元；向广西区百色市平果县向布荣小学捐款2万元；向宣汉县峰城镇小学捐款100万元，用于修建金叶希望学校。

巴中市烟草专卖局（公司）：扶贫济困，参加“挂包帮”活动等，捐款9.5万元；慰问困难群众，捐款12.6万元。救助灾害，支援巴中市抗洪救灾，捐款53.4万元；慰问巴中市遭受“7.19”特大洪灾的零售户，捐款捐物共计7万余元。资助教育事业，向15名贫困大学生捐款7.5万元。

雅安市烟草专卖局（公司）：扶贫济困，参加“慈善一日捐”活动，共捐款7870元。救助灾害，向青海玉树地震灾区、甘肃舟曲灾区共捐款1.75万元。资助教育事业，向15名贫困大学新生捐款7.5万元；支援“奖教助学”活动，捐款1万元。资助乡村建设，支援雨城区多营镇改造道路基础设施、帮扶7个贫困村，共捐款10.69万元，并捐赠米、油等。

眉山市烟草专卖局（公司）：扶贫济困，向眉山市残联捐款1万元；向彭山县慈善协会捐款2000元。救助灾害，向青海玉树地震灾区捐款5.78万元。资助教育事业，向洪雅县8名贫困大学生捐款4万元。资助乡村建设，支援洪雅县、彭山县、仁寿县开展新农村建设、建设“安居工程”等，共捐款3.8万元。资助其他社会公共和福利事业，共捐款6000元。

资阳市烟草专卖局（公司）：扶贫救灾，帮扶乐至县盛池乡三碑垭村并慰问5户困难户、支援青海玉树地震灾区、甘肃舟曲灾区及四川省山洪泥石流灾区，共捐款1.06万元。资助教育事业，向贫困大学生捐款4万元。资助社区、乡村建设，向南骏社区、安岳县永清镇石碾村、简阳市丹景乡张家沟村共捐款5.2万元；帮扶乐至县大佛镇源柏村大学生村官创办野鸡养殖业项目、人滩子村发展蔬菜产业，共捐款2万元。

凉山彝族自治州烟草专卖局（公司）：扶贫济困，参加“板凳工程”，捐款128万元。救助灾害，支援凉山州各地受灾烟农，共捐款1456万元；向宁南县骑螺沟泥石流灾区捐款8万元；员工向西南旱灾地区、青海玉树地震灾区共捐款10.73万元；救助其他灾害，共捐款49.43万元。资助教育事业，参加“金秋助学”活动，向25名贫困大学生捐款12.5万元；支援会东县堵格小学、甘洛县则拉乡中心校、宁南县幸福乡中心校修建教学楼、校舍，购置电脑等，共捐款23.8万元；开展“一帮一”活动，向越西县瓦里觉乡中心小学捐款4.95万元；支持会东县发展教育事业，捐款20万元；资助自治州教育系统开展各项活动，捐款43万元。资助文化、体育事业，共捐款435万元。资助乡村建设，支援喜德县鲁基乡大埂村建设田间主干道，捐款135万元；向会理县、会东县、越西县等所属乡镇共捐款105.75万元。资助其他社会公共和福利事业，捐款6200元。

阿坝藏族羌族自治州烟草专卖局（公司）：扶贫济困，慰问敬老院、贫困户、危重病人等，共捐款30万余元。救助灾害，向青海玉树地震灾区等受灾地区共捐款5万余元，并捐赠价值50万余元的救灾物资。资助教育事业，共捐款70万余元。资助乡村建设，共捐款110万余元，用于灾后阿坝州新农村建设、汶川县龙溪乡阿尔村修建人畜饮水工程、茂县浅沟村修路等。

甘孜藏族自治州烟草专卖局（公司）：救助灾害，向石渠县地震灾区捐款20.2万元。资助教育事业，向15名贫困大学生捐款7.5万元。资助乡村建设，共捐款7.5万元。资助其他社会公共和福利事业，捐款3661元。

都江堰市烟草专卖局（公司）：救助灾害，员工向遭受泥石流灾害的虹口乡和龙池镇共捐款1.23万元。资助教育事业，向10名贫困大学生捐款5万元。

川渝中烟工业公司

2010年，川渝中烟工业公司共捐款3000万余元，用于各项社会公益活动。

川渝中烟工业公司本部：救助灾害，4月，向云南陆良县、大理白族自治州，四川喜德县旱灾地区共捐款300万元；向青海玉树地震灾区捐款300万元。资助教育事业，向四川会理县下村乡中心小学捐款150万元。资助环保事业，向“绿化长江 重庆行动”共捐款1500万元；6月，公司与四川省林业厅等单位共同发起“2010中国娇子野生动物保护行”大型采访暨考察活动。资助其他社会公共和福利事业，4月，纪念“5.12”汶川特大地震两周年，公司与四川广播电视台共同主办了“5.12中国娇子 中国力量”大型公益活动。

四川烟草工业有限责任公司：扶贫济困，参加“送温暖、献爱心”活动，绵阳分厂捐款2万余元，并捐赠棉衣、被等。

重庆烟草工业有限责任公司：资助乡村建设，黔江分厂结对帮扶黔江区马喇镇香树村，开展“互联共建”活动，慰问10户贫困户，捐款499万元。

川渝中烟工业公司长城雪茄烟厂：扶贫济困，开展“党员爱心援助”活动，帮扶1名困难党员、2名贫困学生，捐款6.3万元。

贵州省烟草专卖局（公司）

2010年，贵州省烟草商业系统共捐款1516.47万元，用于各项社会公益活动。

贵州省烟草专卖局（公司）机关：救助灾害，向青海玉树地震灾区捐款100万元；向西南旱灾地区捐款500万元。资助教育事业，支援黔东南苗族侗族自治州黄平县翁坪中学修建女生宿舍，捐款60万元；“六一”儿童节期间，向毕节地区纳雍县马场乡小学捐赠价值2万余元的文体用品；向党建扶贫点的中小学捐赠价值5万元的法制宣传挂图。资助体育事业，捐款6万元。资助乡村建设，向党建扶贫点捐款20万元；向遵义市西坪镇竹山村捐款10万元，并捐赠电脑3台；支援铜仁地区思南县、毕节地区纳雍县进行危房改造，共捐款76万元。

贵阳市烟草专卖局（公司）：救助灾害，向青海玉树地震灾区捐款8.1万元；支援清镇市、息烽县、开阳县、修文县旱灾地区，捐款4.89万元。资助教育事业、乡村建设，帮扶清镇市贫困学生、参加“双千工程”活动，共捐款7.18万元。

遵义市烟草专卖局（公司）：资助教育事业、乡村建设，共捐款131.8万元，用于新农村建设。资助其他社会公共和福利事业，捐款17.67万元。

安顺市烟草专卖局（公司）：扶贫救灾，支援旱灾地区等，共捐款25.11万元；组织给遭受旱灾村寨运水，出动人员500余人次、车辆40余台次。资助教育事业，慰问平坝县等现代烟草农业示范区的学校，并捐赠价值3万元的学习、文体用品。

六盘水市烟草专卖局（公司）：扶贫济困，参加“送温暖、献爱心”活动，捐款5.52万元；向企业困难职工捐款11.96万元；向水塘村五保户、孤儿、孤寡老人、特困户捐赠价值5000元的油、米及衣物等；帮扶贫困党员9名、困难户125户。救助灾害，向地震灾区捐款6.99万元。资助乡村建设，支援盘县四格乡修建公路、学生宿舍等，共捐款82万元。

黔东南苗族侗族自治州烟草专卖局（公司）：救助灾害，向青海玉树地震灾区捐款2万元；资助麻江县宣威镇中寨村抗旱，捐款1.6万元；向其他受灾地区捐款3.95万元。资助教育事业，向施秉县马号乡捐赠助学金6万元；向自治州党校、凯里学院共捐款1.5万元。资助乡村建设，向帮扶村捐款17.73万元。资助其他社会公共和福利事业，捐款4.03万元。

黔南布依族苗族自治州烟草专卖局（公司）：救助灾害，向受灾地区捐款15.35万元，其中员工捐款8.35万元。资助旅游、文化事业，共捐款6600元。

资助乡村建设，支援龙里县水场乡修建水渠，捐款2万元；支援独山县建设“饮水工程”，捐款1万元。

黔西南布依族苗族自治州烟草专卖局（公司）：全年共捐款63万元，用于各项社会公益活动。

毕节地区烟草专卖局（公司）：救助灾害，支援毕节地区抗旱救灾，捐款215.4万元；向甘肃舟曲灾区捐款17万余元。资助乡村建设，支援“黔西北民居”改建工程、织金县茶店乡修路，共捐款50.9万元。

铜仁地区烟草专卖局（公司）：救助灾害，向青海玉树地震灾区捐款8.3万元；支援抗旱救灾工作，捐款3.23万元。

中国烟草贵州进出口有限责任公司：救助灾害，向青海省玉树地震灾区捐款3300元。

贵州烟叶复烤有限责任公司：救助灾害，支援抗旱救灾工作，员工捐款12.51万元；向青海玉树地震灾区、甘肃舟曲灾区共捐款4.2万元。资助教育事业，支援湄潭县乐乐中学春晖爱心基金、开展“捐资助学”活动，共捐款2000元。资助乡村建设，向湄潭县茅坪镇、铜仁地区环北办事处熊家屯村共捐款2万元。

贵州中烟工业有限责任公司

2010年，贵州中烟工业有限责任公司积极参与各项社会公益活动。

贵州中烟工业有限责任公司本部：救助灾害，向青海玉树地震灾区捐款54万元。

贵州中烟工业有限责任公司贵阳卷烟厂：扶贫济困，慰问毕节地区大方县雨冲乡、油杉河村100户困难群众，共捐款2万元，并捐赠衣物1700余件、课桌椅130余套；参加“送温暖、献爱心”活动，员工捐款3万元。资助乡村建设，对口帮扶毕节地区大方县雨冲的银乡的银村、油杉河村，共捐款20万元，用于修建公路、改善住房、改造人畜饮水工程等，并派出干部15人次进行调研、落实项目工作。

贵州中烟工业有限责任公司遵义卷烟厂：扶贫济困，帮扶遵义市特殊教育学校、遵义市荣军院、遵义市汇川区金田村、红花岗区金川村，以及慰问贫困党员及孤寡老人、残疾儿童200余名，共捐款10万元，并捐赠价值16万余元的物资。参加无偿献血活动，8月，130名职工无偿献血4.23万毫升。

贵州中烟工业有限责任公司毕节卷烟厂：扶贫济困，慰问纳雍县羊场乡贫困户，捐款2万元。资助乡村建设，支援黔西县铁石乡石丫口村改造串村公路，捐款9万元；支援青场镇渔洞村维护河堤，捐款9万元。

贵州中烟工业有限责任公司贵定卷烟厂：救助灾害，3月，支援贵定县抗旱救灾，员工捐款2.16万元；4月，员工向青海玉树地震灾区捐款3.86万元。资助教育事业，向贵定县第一中学5名贫困学生捐款1万元；支援贵定县第二中学建设校园数字化监控系统项目，捐款8万元。资助体育事业，捐款10万元。

贵州中烟工业有限责任公司铜仁卷烟厂：资助乡村建设，对口帮扶铜仁市六龙山乡牛场村修建养殖场，捐款10万元。

贵州中烟工业有限责任公司兴义卷烟厂：救助灾害，支援抗旱救灾，向兴义市白碗窑镇柳树坪村等村镇的134户烟农送水一个多月，保障其育苗用水；向兴仁县捐赠矿泉水1.44万瓶；向晴隆县大厂镇嘎木村捐款2.07万元，用于解决8个村民小组半个月的人畜饮水问题；向青海玉树地震灾区捐款1.12万元。

云南省烟草专卖局（公司）

2010年，云南省烟草商业系统积极参与各项社会公益活动。扶贫济困，向云南省老龄事业发展基金会程款30万元；参加“送温暖、献爱心”活动，捐款9.5万元。救助灾害，2月，支援云南省抗旱救灾，捐款2000万元；5月，向青海玉树地震灾区捐款100万元；6月，支援曲靖市马龙县抗洪救灾，捐款300万元。资助乡村建设，向文山壮族苗族自治州麻栗坡县捐款150万元，用于新农村整村推进项目、人畜饮水建设项目。

昆明市烟草专卖局（公司）：共捐款101万元，用于各项社会公益活动。

玉溪市烟草专卖局（公司）：市局（公司）党员交纳特殊党费36.02万元，用于各项社会公益活动。

曲靖市烟草专卖局（公司）：救助灾害，支援抗旱救灾，捐款51.4万元。资助乡村建设，向曲靖市贫困山区捐款110万余元。

红河哈尼族彝族自治州烟草专卖局（公司）：共捐款166.39万元，用于各项社会公益活动。

大理白族自治州烟草专卖局（公司）：救助灾害，向自治州旱灾地区共捐款60万余元。资助教育事业，捐款300万元。

楚雄彝族自治州烟草专卖局（公司）：救助灾害，向青海玉树地震灾区捐款9.9万元；救助自治州遭受旱灾的群众，捐款16万余元；支持姚安“7.9”地震灾后恢复重建工作，捐款120万元。资助教育事业，捐款68.22万元。

昭通市烟草专卖局（公司）：共捐款102万元，用于各项社会公益活动。

保山市烟草专卖局（公司）：共捐款46.33万元，用于各项社会公益活动。

云南中烟工业公司

2010年，云南中烟工业公司总部共捐款9000万余元，用于各项社会公益活动。扶贫济困，向云南省老龄事业发展基金会捐款30万元；向云南省总工会特困职工爱心帮扶专项基金捐款1000万元；向云南省红十字会捐款600万元。救助灾害，支援云南省9个地（州）抗旱救灾，共捐款2700万元；向云南省抗旱指挥部捐款200万元；向青海玉树地震灾区捐款300万元；向甘肃舟曲灾区捐款100万元。资助教育事业，捐款512万元，用于建设希望小学；参加云南省“希望工程爱心圆梦大学”活动，捐款40万元；支援红河哈尼族彝族自治州、楚雄彝族自治州等发展教育事业，共捐款1000万元；支援云南省教育改革发展事业，捐款400万元。资助乡村建设，向曲靖市、昭通市等捐款1000万元。

红塔烟草（集团）有限责任公司：共捐款近7000万元，用于各项社会公益活动。扶贫济困，向昭通市、大理州、怒江州等共捐赠扶贫款1290.31万元；向云南省红十字癌症康复专业委员会捐款5万元；向云南省老龄事业发展基金会捐款20万元。救助灾害，向青海玉树地震灾区捐款300万元；向甘肃舟曲灾区捐款100万元；向云南省旱灾地区捐款1770万元；救助遭受地质灾害的玉溪市红塔区小石桥乡，捐款100万元；向曲靖市马龙县洪灾地区捐款100万元。资助教育事业，向玉溪市、楚雄彝族自治州、大理白族自治州、昭通市共捐款1266万元，用于发展义务教育；设立大理州“红塔学子”助学金，捐款100万元；向文山州麻栗坡县、普洱市宁洱县、保山市腾冲县共捐款180万元，用于发展当地教育。资助体育事业，捐款6万元。资助乡村建设，支援昭通市进行农村改造建设，捐款350万元；支援玉溪市小石桥乡开展新农村建设，捐款100万元；支援玉溪市黄草坝乡进行生态文明建设，捐款100万元；支援怒江州捧当乡修建道路、水渠，捐款50万元；向大理州六合乡自来水工程捐款30万元。

红云红河烟草（集团）有限责任公司本部：本部共捐款7666.67万元，用于各项社会公益活动。扶贫济困，支援云南省老龄事业发展基金会“助老工程”，捐款35万元。救助灾害，支持云南省抗旱救灾，共捐款1678.06万元；向青海玉树地震灾区捐款310万元。资助教育事业，捐赠农村中小学标准化建设资金1000万元；在云南大学等10所高校设立“红云园丁奖”、“红河助学金”，共捐款980万元；在丽江市宁蒗彝族自治县设立“爱心助学金”，捐款10万元；向红云图书室捐赠价值40.31万元的图书；向石林小河小学捐赠价值5000元的图书、文具。资助医疗事业，向云南省红十字会“健康云南、和谐边疆”流动医院捐款300万元。资助体育事业，捐款200万元。资助文化事业，共捐款170万元。资助环保事业，建设红云生态公园，捐款458.8万元；向曲靖市捐款1000万元，用于水利建设、教育发展等。资助乡村建设，向红河州捐款600万元；向曲靖市会泽县、临沧市沧源县分别捐款500万元、200万元；支援昭通市巧家县开展新农村建设，捐款9万元。资助其他社会公共和福利事业，捐款175万元。

红云红河烟草（集团）有限责任公司昆明卷烟厂：救助灾害，慰问昆明市附近旱灾地区，员工及家属自发组织送水下乡3次，捐赠矿泉水1464箱。资助教育事业，向云南省青少年发展基金会、红云小学、昆明市第八中学、昆明市第十中学共捐款88.17万元，用于资助特困学生、设立园丁奖励基金等。资助旅游事业，捐款20万元。资助乡村建设，向昆明市禄劝县茂山镇永翠村委会老施噶村捐款30万元，用于多功能村务室及附属设施项目建设。资助其他社会公共和福利事业，捐款10.1万元。

红云红河烟草（集团）有限责任公司红河卷烟厂：扶贫济困，向红河州弥勒县敬老院等捐赠价值4400元的生活用品。救助灾害，向10余个旱灾地区共捐赠160吨生活用水、400桶饮用水、10万瓶矿泉水。资助教育事业，向弥勒县第一中学、庆来学校捐赠助学助教金，设立“红烟桃李奖“等，共捐款35.5万元，并捐赠价值5.49万元的图书、学习用品；支援红河州石屏县龙武镇中心小学建设饮水工程，捐款20万元；为高寒贫困山区小学生捐赠价值7.4万元的“爱心棉被”813床。资助文化事业，捐款10万元。资助环保事业，参加红河州弥勒县洗洒水库“爱我家园 青春同行”植树活动，植树300棵。参加无偿献血活动，共献血1.82万毫升。资助其他社会公共和福利事业，捐款123万元。

红云红河烟草（集团）有限责任公司曲靖卷烟厂：资助教育事业，向曲靖市第三中学、麒麟区育红小学共捐款3.6万元。资助文化事业，捐款10万元。资助其他社会公共和福利事业，捐款12.6万元。

红云红河烟草（集团）有限责任公司会泽卷烟厂：扶贫济困，在曲靖市会泽县21家敬老院开展“送温暖、献爱心”活动，捐款9.63万元。资助教育事业，捐款30万元，用于表彰和帮扶曲靖市会泽县20名优秀教师、40名贫困学生。资助乡村建设，捐款71.76万元，用于曲靖市会泽县上村乡、驾车乡、娜姑镇等乡镇修路、建设人畜饮水工程等。资助其他社会公共和福利事业，捐款18万元。

红云红河烟草（集团）有限责任公司新疆卷烟

厂：扶贫济困，向奎屯市福利院捐款2万元。救助灾害，向伊犁哈萨克自治州、塔城地区、阿勒泰地区等遭受雪灾地区共捐款102万元。资助教育事业，向农七师奎管处中学、128团小学捐赠价值11.52万元的图书；向1名贫困生捐款5300元；向萨亚双语职业技术学校捐款2万元。资助文化事业，捐款100万元。

红云红河烟草（集团）有限责任公司乌兰浩特卷烟厂：扶贫济困，捐款59.79万元。资助教育事业，捐款152.02万元。资助文化事业，捐款25.4万元。资助社区建设，捐款16万元。资助其他社会公共和福利事业，捐款29万元。

云南烟草机械有限责任公司：救助灾害，向云南省旱灾地区捐款6.68万元。

西藏自治区烟草专卖局（公司）

2010年，西藏自治区烟草商业系统积极参与各项社会公益活动。

西藏自治区烟草专卖局（公司）机关：扶贫济困，共捐款1177万元。资助乡村建设，捐款40万元。

日喀则地区烟草专卖局（公司）：资助乡村建设，与边雄乡甲根村18户农民合作，成立农民农机专业合作社，捐款20万元，并捐赠联合收割机2台。

昌都地区烟草专卖局（公司）：扶贫济困，“六一”儿童节期间，向地区儿童福利院捐赠价值3万余元的物资。救助灾害，向青海玉树地震灾区捐款1.97万元。资助乡村建设，向芒康县朱巴龙乡、纳西乡捐款10万元，用于改善当地相关部门的办公条件；支援芒康县朱巴龙乡藏猪养殖场和藏猪加工房项目建设，捐款12.5万元；资助昌都县妥坝乡修路，捐款9.61万元。

山南地区烟草专卖局（公司）：救助灾害，向青海玉树地震灾区、西南旱灾地区共捐款5.5万元。资助教育事业，组织一对一帮扶志愿者队伍，并与地区实验学校结成帮扶对子，捐赠价值3万余元的慰问品、学习用具等。资助乡村建设，共捐款14万余元，其中在加查县拉绥乡援建了2个安居工程。

陕西省烟草专卖局（公司）

2010年，陕西省烟草商业系统共捐款362.27万元，用于各项社会公益活动。

陕西省烟草专卖局（公司）机关：扶贫济困，走访慰问11个地市的困难职工163名、省级以上劳模21名，捐款19.6万元。救助灾害，向陕西省遭受特大山洪泥石流灾害的群众捐款3.46万元。资助教育事业，参加2010年“金秋爱心助学”活动，向100名贫困学生共捐款40万元；资助安康市旬阳县60名贫困大学生，捐款44万元。资助乡村建设，向安康市旬阳县捐款47.32万元，用于修建50户标准化养猪圈舍、新建4户因洪灾倒塌的房屋；帮扶扶贫点发展“圈、厕、沼”一体化养猪产业，增加农民收入；帮扶扶贫点的劳务输出工作，为10名劳务人员解决就业问题。科普惠农，编印5辑《陕西现代烟草农业科普丛书》，并举办了发行式暨送科技下乡活动；在宝鸡市陇县牙科乡、咸阳市旬邑县底庙镇、铜川市袁家山村烟农服务站共新建3个科普惠农兴烟示范站暨图书室；9月，开展“陕西烟草科普宣传周”活动，推广科普知识。

西安市烟草专卖局（公司）：扶贫救灾，慰问贫困户、救助陕西省洪灾地区，共捐款5.32万元，并捐赠价值2000元的物资；向青海玉树地震灾区捐款6.63万元。资助乡村建设，参加“千企千村扶助工程”，向蓝田县三里镇磨李村捐款10.05万元，用于村组道路水泥硬化、小学教室及教舍门窗修复改造等工程。

咸阳市烟草专卖局（公司）：扶贫济困，慰问社会困难职工300名，捐赠价值4万元的米、面、油等；参加“送温暖、献爱心”活动，捐款2.5万元，并捐赠新棉被30床、新棉衣4件。救助灾害，向西南旱灾地区捐款2.02万元。资助教育事业，向14个县（区）的30多名贫困大学新生捐款7.82万元。

宝鸡市烟草专卖局（公司）：救助灾害，向青海玉树地震灾区捐款9.51万元；向宝鸡市遭受暴雨灾害的地区捐款1.38万元。资助教育事业，向陈仓区赤沙镇烟草希望小学、新街镇老庄村九华小学、陇县天成镇张家山村小学等捐款1.5万元，并捐赠电脑7台、科普图书114册、价值2000余元的学习用品。资助乡村建设，参加“突破西山”活动，向宝鸡市西山地区捐款29.8万元。

渭南市烟草专卖局（公司）：救助灾害，向青海玉树地震灾区捐款2.5万元。资助教育事业，向渭南市慈善协会捐款2万元，用于资助5名贫困大学生；向临渭区河西乡双刘村白庙小学捐赠10台电脑。资助乡村建设，向临渭区河西乡双刘村捐款3000元，用于购置图书、桌椅、书柜等。

铜川市烟草专卖局（公司）：扶贫济困，慰问铜川市纺织厂4户困难职工，捐赠米、面、油等。救助灾害，向铜川市洪灾地区捐款7410元。资助乡村建设，向印台区袁家山村、耀州区教场坪村共捐款3万元。

商洛市烟草专卖局（公司）：扶贫支教，春节慰问特困家庭，捐赠价值2000元的基本生活用品。资助教育事业，向5名贫困学生捐款6000元。资助乡村建设，向腰市镇屈村捐款15万元，用于修建5间党员活动室。

汉中市烟草专卖局（公司）：救助灾害，向青海玉树地震灾区捐款2.87万元。资助乡村建设，支援

“清洁工程”，捐款18.1万元，用于乡村道路硬化、桥梁建设等。

安康市烟草专卖局（公司）：资助教育事业，向旬阳县神河镇丰家岭村小学捐款1万元，并捐赠电脑15台。资助乡村建设，向旬阳县神河镇丰家岭村捐款3万元，用于修路、铺设管网等。

延安市烟草专卖局（公司）：救灾支教，向陕西省南部受灾地区、宝塔区麻洞川小学共捐款7.65万元。资助乡村建设，向宝塔区蟠龙镇张山圪台村捐款3万元，用于产业建设；向安塞县真武洞镇小草沟村捐款2万元，用于修建村民饮水工程；支援吴起县仓堡乡党畔村修建便民桥，捐款2万元；向黄陵县腰平乡水坪村捐款2万元。

榆林市烟草专卖局（公司）：救助灾害，向青海玉树地震灾区捐款6万余元。资助教育事业，向榆林市中学、榆林市实验中学分别捐款15万元、8万元，用于购买图书、教育器材等。资助乡村建设，支援定边县砖井镇王圈梁村硬化路面，捐款20万元；支援定边县学庄乡罗山村打深水井，捐款10万元；向吴堡县辛家沟乡老庄村捐款10万元，用于加固堤坝。

杨凌区烟草专卖局（公司）：扶贫救灾，为残疾人缴纳保障金、救助青海玉树地震灾区，共捐款1.7万元。资助乡村建设，向礼泉县石潭镇虎沟村捐赠价值约1.5万元的物资。

陕西中烟工业有限责任公司

2010年，陕西中烟工业有限责任公司积极参与各项社会公益活动。救助灾害，4月，向云南省曲靖市旱灾地区捐款100万元；同月，向青海玉树地震灾区捐款50万元；向陕西省南部洪灾地区共捐款300万元。资助乡村建设，参加“千企千村扶助行动”，帮扶8个扶贫点，共捐款145万元。

陕西中烟工业有限责任公司本部：救助灾害，向青海玉树地震灾区捐款7.02万元；向陕西省南部洪灾地区捐款4.63万元。

陕西中烟工业有限责任公司宝鸡卷烟厂：资助乡村建设，向绥德县白家硷乡西贺家石村捐款15万元，用于修建1条长18.9千米、宽4.5米的农林产业路。

陕西中烟工业有限责任公司延安卷烟厂：资助教育事业，向延安市冯庄中学捐款3万元，用于围墙维修；向黄陵县店头小学捐款3万元，并捐赠电脑6台。资助乡村建设，支援吴起县王洼子乡陈岔村搬迁拉电，捐款10万元；支援宜川县牛家佃乡西塬村道路硬化，捐款3万元；资助延安市姚店镇前四十里铺村建设引水进户工程，捐款6万元；支援富县交道镇鲁家庄村建设村卫生室，捐款5万元。

陕西中烟工业有限责任公司汉中卷烟厂：救助灾害，向青海玉树地震灾区捐款5万元。资助乡村建设，向佛坪县栗子坝乡狮子坝村、十亩地乡和南郑县小南海镇树林子村共捐款45万元。

陕西中烟工业有限责任公司澄城卷烟厂：救助灾害，向青海玉树地震灾区捐款2.41万元；向渭南市华阴县受灾地区捐款1.38万元。资助乡村建设，参加“两联一包”和“千企千村扶助行动”，支援澄城县刘家洼乡良周村巷道硬化项目，捐款10万元。

陕西中烟工业有限责任公司旬阳卷烟厂：救助灾害，向青海玉树地震灾区捐款5.55万元。资助乡村建设，向旬阳县麻坪镇海棠寺村捐款35万元，主要用于道路重建、购置村党支部活动室相关设施等。

甘肃省烟草专卖局（公司）

2010年，甘肃省烟草商业系统共捐款1085.57万元，用于各项社会公益活动。

甘肃省烟草专卖局（公司）机关：救助灾害，向甘肃舟曲灾区共捐款665.92万元，其中员工捐款5.92万元；向青海玉树地震灾区捐赠价值31万元的活动板房，以及帐篷17顶、折叠床29张、被褥74套等，员工捐款1.95万元。

兰州市烟草专卖局（公司）：救助灾害，向青海玉树地震灾区捐款4.83万元；向甘肃舟曲灾区捐款8.59万元。资助教育事业，向永登县道顺中学贫困学生捐款6300元。

天水市烟草专卖局（公司）：扶贫济困，向清水县郭川乡平定村困难群众捐赠衣物170余件，慰问该村10户困难户，捐赠煤、油、米等。救助灾害，向西南旱灾地区捐款1.55万元；向甘肃舟曲灾区捐款1.02万元。资助教育事业，向清水县郭川乡平定村小学捐款6万元；支援天水市特教学校购买教学用具，捐款5万元。资助乡村建设，帮扶武山县、甘谷县、清水县等修路、建设活动场所等，捐款10.7万元。

武威市烟草专卖局（公司）：扶贫济困，捐赠价值1500元的儿童“爱心包裹”。救助灾害，向青海玉树地震灾区捐款1.01万元；向甘肃舟曲灾区、武威市受灾群众共捐款1.32万元。资助乡村建设，向民勤县捐款5000元，用于为农民搭建日光温棚；向古浪县横梁乡尖山村捐款2400元。

金昌市烟草专卖局（公司）：扶贫济困，参加“爱心助残”等活动，捐款1.58万元；向全市各级见义勇为协会、金昌市志愿者协会共捐款1.6万元。救助灾害，向青海玉树地震灾区、甘肃舟曲灾区共捐款1.39万元。资助教育事业，向市、县图书馆捐赠图书134册、科教光盘21盘；向永昌县胜利小学捐赠价值

2500元的火炉、炭。资助乡村建设，支援农村道路建设，捐赠价值2万元的水泥；向永昌县局（营销部）帮扶点捐款5000元。

张掖市烟草专卖局（公司）：扶贫济困，向高台县南华镇明水村捐赠价值1500元的化肥、米、油等，以及衣物60余件；慰问山丹县位奇镇敬老院孤寡老人，捐赠价值300元的米、面、油等。救助灾害，向青海玉树地震灾区捐款1.41万元；向甘肃舟曲灾区、遭受旱灾的山丹县困难群众共捐款1.84万元。资助乡村建设，支援高台县南华镇墩仁村、明水村开展新农村建设，捐款5000元；向民乐县永固镇捐赠价值8400元的水泥。

酒泉市烟草专卖局（公司）：扶贫济困，慰问玉门市柳河乡红旗村困难党员，捐款2000元，并捐赠价值1000元的米、面、油等。救助灾害，向中华思源工程扶贫基金会捐款2.15万元，用于在云南旱灾地区建设水窖；向青海玉树地震灾区捐款1.35万元；向遭受雪灾的玉门市昌马乡、甘肃舟曲灾区共捐款1.86万元。资助乡村建设，向玉门市小金湾乡捐款5万元。

嘉峪关市烟草专卖局（公司）：扶贫济困，慰问西大桥社区7户困难群众、参加“送温暖、献爱心”活动，共捐款1.4万元，并捐赠米、面、油等。资助教育事业，向嘉峪关市第一中学贫困学生捐款5200元。资助其他社会公共和福利事业，捐款8400元。

平凉市烟草专卖局（公司）：救助灾害，向青海玉树地震灾区和甘肃舟曲灾区共捐款6.76万元；支援华亭县防汛减灾，捐款1万元。资助社区、乡村建设，捐款3.34万元，用于春节街道亮化工程；向崆峒区香莲花乡、崇信县黄花乡、灵台县西屯乡、庄浪县共捐款6.8万元。

庆阳市烟草专卖局（公司）：扶贫济困，向庆阳市见义勇为协会捐款6万元。救助灾害，向正宁县遭受冰雹灾害的烟农捐款60万元；向青海玉树地震灾区捐款1.72万元；向甘肃舟曲灾区捐款2.08万元。资助乡村建设，向宁县捐款1万元。

陇南市烟草专卖局（公司）：救助灾害，向陇南市遭受暴雨灾害的群众捐款62万元；向青海玉树地震灾区捐款4.3万元；向甘肃舟曲灾区捐款3.2万元。

白银市烟草专卖局（公司）：救助灾害，向青海玉树地震灾区捐款7885元；向甘肃舟曲灾区捐款6735元。资助环保事业，捐款2.86万元，用于绿化工程。

定西市烟草专卖局（公司）：扶贫济困，在通渭县、漳县、安定区开展“城乡联动帮扶”活动，捐款4.79万元。救助灾害，向西南旱灾地区捐款1.85万元；向青海玉树地震灾区捐款2.4万元；向甘肃舟曲灾区捐款4.66万元，其中员工捐款3.72万元，并捐赠饮用水168箱、方便面38箱。资助文化事业，参加“世界读书日”活动，捐款2000元用于认购图书，并捐赠各类图书289册。

临夏回族自治州烟草专卖局（公司）：扶贫济困，为困难群众购买农资、改造危房，捐款22万元；资助东乡县董岭乡高咀村困难群众，捐赠化肥10吨，更换灌溉变压器1台，并出资开办驾驶技术培训班。救助灾害，向青海玉树地震灾区、甘肃舟曲灾区共捐款3.3万元。资助文化事业，参加“世界读书日”活动，捐赠图书33册。

甘南藏族自治州烟草专卖局（公司）：救助灾害，向甘肃舟曲灾区共捐款101.56万元；慰问受灾零售户等，捐款16.38万元。

青海省烟草专卖局（公司）

2010年，青海省烟草商业系统共捐款748.16万元，用于各项社会公益活动。

青海省烟草专卖局（公司）机关：救助灾害，向青海玉树地震灾区共捐款520.36万元，并捐赠价值137.67万元的救灾物资。资助教育事业，参加“圆梦助学”活动、解决希望小学冬季取暖用煤等，共捐款44.78万元。资助乡村建设，支援海东地区平安县尔官村维修农田灌溉渠道、购买化肥等，捐款11.86万元。

西宁市烟草专卖局（公司）：扶贫济困，向西宁市妇联捐款1万元；参加“送温暖、献爱心”活动，捐款1.11万元。救助灾害，向青海玉树地震灾区捐款4.52万元。

海东地区烟草专卖局（公司）：扶贫济困，参加“爱心助残”、“送温暖、献爱心”活动，共捐款1.3万元。救助灾害，向青海玉树地震灾区捐款2.98万元。

海西蒙古族藏族自治州烟草专卖局（公司）：扶贫救灾，参加“送温暖、献爱心”活动，支援青海玉树地震灾区、甘肃舟曲灾区，共捐款1.82万元。资助教育事业，捐款2120元。资助乡村建设，参加“百企联百村”活动，捐款1万元。

格尔木市烟草专卖局（公司）：扶贫济困，支援那陵格勒牧委会、缴纳残疾人保障金，共捐款1.91万元。救助灾害、资助文化事业，向青海玉树地震灾区等共捐款1.1万元。

海北藏族自治州烟草专卖局（公司）：救助灾害，向青海玉树地震灾区捐款1.37万元。资助教育事业，向祁连山小学、祁连山中学等共捐款2500元。

海南藏族自治州烟草专卖局（公司）：救助灾害，向青海玉树地震灾区捐款2.38万元。资助教育事业，向贵德县、兴海县中心幼儿园捐赠价值2万元的教学用具。

黄南藏族自治州烟草专卖局（公司）：扶贫济困，向河南县优干宁镇泽雄村20户群众共捐款7000元。救助灾害、资助教育事业，向青海玉树地震灾区等共捐款3.1万元。

玉树藏族自治州烟草专卖局（公司）：救助灾害，向青海玉树地震灾区共捐款4.29万元。

果洛藏族自治州烟草专卖局（公司）：救助灾害，向青海玉树地震灾区捐款1.25万元。资助教育事业，捐赠价值8100元的“爱心包裹”。

宁夏回族自治区烟草专卖局（公司）

2010年，宁夏回族自治区烟草商业系统共捐款210万余元，用于各项社会公益活动。

宁夏回族自治区烟草专卖局（公司）机关：扶贫济困，春节慰问同心县下马关镇申家滩村50户困难群众，共捐款9000元，并向村小学捐款5.23万元及价值3000元的图书4套；“七一”慰问社区贫困户，捐款2000元。救助灾害，向青海玉树地震灾区、甘肃舟曲灾区共捐款7.39万元。资助环保事业，捐款1.7万元，用于植树造林。资助乡村建设，支援申家滩村修路，捐款6.27万元。

银川市烟草专卖局（公司）：扶贫济困，向对口帮扶点特困户捐款3.95万元。救助灾害，向甘肃舟曲灾区捐款2.21万元；向青海玉树地震灾区捐款2.47万元。资助教育事业，向永宁县闽宁镇的宁中心小学捐款5万元。资助社区、乡村建设，支援金凤区开展社区活动，捐款9.1万元；向灵武市郝家桥镇新民村、永清村捐款20.32万元。

石嘴山市烟草专卖局（公司）：扶贫救灾，慰问大武口区锦林街道安康社区10户困难群众、支援青海玉树地震灾区等，共捐款3.13万元，并捐赠米、面、油等。资助教育事业，捐款6.3万元。资助社区、乡村建设，支援平罗县前东社区、平罗县秋冬水利建设，共捐款1.47万元。

吴忠市烟草专卖局（公司）：扶贫济困，慰问同心县田老庄乡田老庄村、民生社区的困难职工、零售户，捐款3.38万元，并捐赠米、面、油等。救助灾害，向青海玉树地震灾区捐款5万元，其中员工捐款2.6万元。资助教育事业，开展“烟草杯·金秋助学”和“爱心包裹”活动，捐款8.41万元。资助文化事业，向田老庄乡田老庄村捐赠各类图书300余册。资助体育事业，捐款5000元。资助乡村建设，参加“向同心移民捐建一盘炕”活动，捐款2万余元。

固原市烟草专卖局（公司）：资助教育事业，向宁夏青少年发展基金会捐款1万元。资助文化事业，捐款2.2万元。资助环保事业，捐款2.31万元，用于资助原州区、彭阳县、隆德县生态绿化，以及维护隆德县珍稀植物园。资助乡村建设，向帮扶村捐款9.2万元，用于修路、建设文化活动室等。

中卫市烟草专卖局（公司）：救助灾害，向青海玉树地震灾区捐款1.87万元。资助教育事业，向中卫市2010希望工程“圆梦行动”捐款10万元。资助乡村建设，共捐款5.93万元。

新疆维吾尔自治区烟草专卖局（公司）

2010年，新疆维吾尔自治区烟草商业系统共捐款354.81万元，用于各项社会公益活动。

新疆维吾尔自治区烟草专卖局（公司）机关：扶贫济困，慰问宝地社区15户贫困家庭，捐赠价值5250元的米、油、面等，并向社区捐赠价值2200元的电脑耗材；向妇女儿童发展基金会捐款20万元。救助灾害，向甘肃舟曲灾区捐款100万元；向青海玉树地震灾区捐款4.18万元。资助教育事业，向宝地社区3名特困学生捐款1000元，并捐赠价值860元的学习用品。资助乡村建设，向阿勒泰地区吉木乃县捐款50万元。

乌鲁木齐市烟草专卖局（公司）：扶贫济困，向乌鲁木齐市儿童福利中心捐赠价值5000元的食品和图书；支援湖北省雄鹰残疾人联合艺术团演出、慰问贫困零售户，共捐款4800元。

昌吉回族自治州烟草专卖分局（公司）：扶贫济困，慰问1名贫困户及贫困零售户等，共捐款2520元，并捐赠米、面、油等。救助灾害，向青海玉树地震灾区捐款1.89万元。

新疆维吾尔自治区烟草专卖局石河子分局、新疆烟草兵团石河子有限公司：扶贫济困，向石河子市儿童福利院捐赠价值1920元的学习、生活用品。资助教育事业，向贫困生捐款1万元。救助灾害，向青海玉树地震灾区捐款1.67万元。

博尔塔拉蒙古自治州烟草专卖分局（公司）：扶贫济困，向41户贫困零售户捐款1460元，并捐赠价值4005元的米、面、油等；成立博州卷烟零售行业协会“爱心基金”，捐款6.4万元。救助灾害，支援青海玉树地震灾区、参加“爱心一元捐”活动等，共捐款8570元。资助教育事业，向1名贫困学生捐款4200元。资助文化事业，向乌图布拉格镇出门布呼村、博乐市看守所共捐赠价值582.3元的图书。资助社区建设，捐款3000元。

伊犁哈萨克自治州烟草专卖分局（公司）：扶贫济困，慰问尼勒克县、伊宁县贫困户，捐款1.55万元，用于购买种子等。救助灾害，向新源县那拉提镇茵塔勒村捐赠价值3710元的防洪物资；支援特克斯县乔拉克铁热克乡救灾，捐款4580元；向遭受雨灾的贫困户捐赠价值260元的塑料篷布。资助教育事业，向巩留县提克阿热克乡库乃桑村捐赠价值2700元的图书；向新源县捐赠教育基金1万元，并向新源县回民小学捐赠价值9万元的桌椅。资助社区、乡村建设，向伊宁市萨依布依街道办事处捐款1万元；向新源县那拉提镇茵塔勒村、霍城县芦草沟镇元宝山村共捐款1.03万元。

克拉玛依烟草专卖分局（公司）：扶贫济困，参加“母亲节暨幸福工程救助贫困母亲活动日”活动，捐款2060元。资助教育事业，向贫困学生捐款2792元。

塔城地区烟草专卖分局（公司）：救助灾害，向遭受雪灾的裕民县、额敏县共捐款10万元；向甘肃舟曲灾区捐款2.32万元。资助教育、环保事业，帮扶两名贫困大学生，支援沙湾县、额敏县、丰县等建设绿化工程，共捐款5.43万元。资助乡村建设，支援额敏县开展新农村建设，捐款2000元。

阿勒泰地区烟草专卖分局（公司）：扶贫济困，慰问阿勒泰市解放南路社区、富蕴县文化东路社区、青海县局阿热勒乡的困难群众及福海县患病零售户，共捐款7084元；向喀尔交乡20户贫困户捐赠米、面、油等；向布尔津县贫困零售户捐赠卷烟展示柜2个。救助灾害，向洪灾地区及支援杜来提乡、阿热勒乡拉斯特村抗击雪灾，共捐款2500元。

巴音郭楞蒙古自治州烟草专卖分局（公司）：扶贫济困，向若羌县、且末县及95户困难群众共捐款4.98万元。救助灾害，向青海玉树地震灾区等共捐款33.33万元。资助教育事业，向库尔勒市铁克其乡小学、中学共捐款2114元。资助乡村、社区建设，向库尔勒市、和硕县、轮台县等共捐款1.27万元。

吐鲁番地区烟草专卖分局（公司）：扶贫济困，慰问贫困零售户，捐款捐物共计1.36万元。救助灾害，支援吐鲁番地区“4.23”抗风赈灾活动，捐款11.25万元，并向受灾群众捐赠价值6000元的生活用品；向青海玉树地震灾区捐款6120元。

哈密地区烟草专卖分局（公司）：扶贫济困，向巴里坤县萨尔乔克乡自流井村贫困农牧民捐赠米、油等。资助教育事业，捐款2000元。救助灾害，向青海玉树地震灾区捐款1.37万元。资助乡村建设，向巴里坤县萨尔乔克乡自流井村捐款5万余元。

阿克苏地区烟草专卖分局（公司）：扶贫济困，向1名受伤女孩捐款7.02万元。资助乡村、社区建设，向柯坪县捐款2万元；向建设社区捐赠价值近1万元的电脑、打印机。

喀什地区烟草专卖分局（公司）：扶贫济困，资助1名患病学生、参加“救助贫困母亲活动日”活动、慰问困难群众，共捐款1.41万元；向扶贫村捐赠价值4140元的化肥。救助灾害，捐赠价值200元的防洪物资；向青海玉树地震灾区捐款1.19万元。资助教育事业，捐款5775元。

和田地区烟草专卖分局（公司）：扶贫济困，向皮山县藏桂乡亚曼亚农场捐赠价值2.74万元的米、面、油等。救助灾害，向青海玉树地震灾区捐款5460元。

新疆烟草进出口有限责任公司：扶贫济困，向见义勇基金会捐款2150元。救助灾害，向青海玉树地震灾区捐款5500元。参加无偿献血活动，献血400毫升。

大连市烟草专卖局（公司）

2010年，大连市烟草商业系统共捐款150.9万元，用于各项社会公益活动。扶贫济困，向各项慈善事业捐款149.5万元。资助教育事业，向希望工程捐款1.4万元。

深圳市烟草专卖局（公司）

2010年，深圳市烟草商业系统共捐款322.9万元，用于各项社会公益活动。

深圳市烟草专卖局（公司）机关：救助灾害，向青海玉树地震灾区捐款221.5万元，其中员工捐款21.5万元；支援旱灾地区，捐款1.4万元。资助教育事业，捐赠“深圳慈善会·好日子奖学金”100万元。

罗湖区烟草专卖局（公司）：扶贫济困，参加“扶贫济困日”活动，捐款5万元。救助灾害，向西南旱灾地区捐款1.29万元；向青海玉树地震灾区捐款1.97万元。

南山区烟草专卖局（公司）：救助灾害，向青海玉树地震灾区、西南旱灾地区共捐款2.67万元。

盐田区烟草专卖局（公司）：救助灾害，向青海玉树地震灾区、西南旱灾地区共捐款1.5万元。

宝安区烟草专卖局（公司）：救助灾害，向西南旱灾地区捐款2.55万元；向青海玉树地震灾区捐款2.3万元。

龙岗区烟草专卖局（公司）：资助社区建设，向龙岗区葵涌街道葵丰社区居委会捐款5万元。资助其他社会公共和福利事业，捐款15万元。

坪山新区烟草专卖局（公司）：资助体育事业，捐款10万元。

中深烟草贸易中心：扶贫济困，向深圳市社会福利中心捐款1万元；向深圳市罗湖区慈善协会捐款2万元。

论点摘要

专卖管理

【打假破网的突破】 安徽省合肥市烟草专卖局（公司）郑义坤在《破假烟网络 争市场空间》一文中，就当前卷烟售假网络案件更加多样化，挤占市场空间，破坏专卖秩序的情况，提出了四点应对措施，以保证“卷烟上水平”。

一、主动工作，寻求获取售假网络案件信息的主要途径。首先要从“线人”的举报中获取信息。其次是专卖稽查人员要在市场专项调研、检查中挖掘信息，对所发现的问题要深查。第三要加大对销量最高和销量最少的重点客户检查和监控。第四是专卖管理部门对群众投诉或举报的案件线索要进行登记，并分类跟踪，迅速核查。

二、积极探索，查找售假网络难以有效遏制的关键因素。一是对卷烟售假网络案件深挖工作的重视程度如何。二是公众投诉举报的热情或是投诉举报的质量怎样。三是卷烟售假网络案件的存在是否存在一定的市场基础。此外，特殊的主体身份和地位是卷烟售假网络案件屡禁不止的一个重要原因。

三、大胆突破，强化对售假网络案件现场处置的研究。要不断强化案件的“证据意识、诉讼意识、网络意识和铁案意识”，加强对第一现场的管理控制。要在第一时间内迅速完成案件的取证、调查、突破等工作。针对查处卷烟售假网络案件所存在的抓捕卷烟售假主犯难、调查取证难、追刑难等问题，主动工作、积极协调，努力争取政法联动。

四、创新思维，谋划新形势下破网的工作思路。以信息网络平台为载体，提高破解售假网络案件的时效性。建立和完善联合办案制度，健全侦破售假网络案件的长效机制。提升经营案件能力，提高侦破售假网络案件工作质量。强化市场管理，不断提高市场控制能力。以建立激励机制为抓手，提高侦破售假网络案件的积极性。

（摘编自《中国烟草》2010 年第 22 期）

烟叶生产

【提高烟叶等级质量的三个环节】 广东省南雄市烟草专卖局（公司）刘晓辉在《浅议如何提高烟叶等级质量》一文中指出，重点骨干品牌的快速发展对烟叶工作提出了新的要求。在新形势下，如何为重点骨干品牌提供优质烟叶，已经成为关系行业发展的全局性、战略性问题。作者认为应该从抓好烟叶生产、分级、收购等环节入手提高烟叶等级质量。

一、抓好烟叶生产是提高烟叶等级质量的基础。好的烟叶等级质量构筑在烟叶生产提供的优质烟叶基础上，因此要抓好烟叶生产这项基础工程，重点在以下三个关键点：一是要优选品种、科学育苗、适时移栽、合理密植。二是要平衡施肥。三是要成熟采收、科学烘烤。烟叶采收应遵循下部叶适时早收，中部叶成熟稳收，上部叶充分成熟采收的原则，从而提高烟叶烘烤质量，增加优质烟出坑率。

二、抓好烟叶分级是提高烟叶等级质量的关键。烟叶分级好坏影响到烟叶等级纯度，影响到烟叶价格，也影响到工业企业的原料使用。抓好此项工作，一是要解决思想问题。按照“一批烟叶在两个等级界限上则定较低等级”的原则，引导烟农算好经济账，让其认识到分好级能够增加收入，从而主动做好这项工作；二是要解决好技术问题。对于烟叶种植户自主分级的，烟草公司可采取组织烟叶分级技术培训、召开烟叶分级现场会和烟技员（预检员）上门指导服务等方式，提高分级水平，并通过预检环节来控制不符合要求烟叶进入收购环节；对专业化分级，因为其具有可以提高烟叶分级效率和等级纯度，降低烟农分级劳动强度及烟叶损耗，并便于质量责任跟踪等优点，烟草公司可加以扶持引导。

三、抓好烟叶收购是提高烟叶等级质量的核心。通过烟叶收购控制烟叶等级质量，需做到：一要加强思想教育。把好烟叶等级质量关是维护烟农、企业、地方政府等多方利益，实现烟叶平稳收购，稳定烟叶市场秩序，避免烟叶生产大起大落，促进烟叶生产平稳发展的重要措施。二要加强烟叶实物标样管理。必须以国家烤烟标准为基础，根据国家烟叶基准样品和省级仿制样品，结合当地烟叶质量特征和质量水平，制作烟叶收购指导样品。同时，为保证烟叶制样的科学性和合理性，应在每天一换的原则下，根据烟叶收购进度和气候环境对样品的影响情况，及时更换，实行对样收购。三要加强烟叶收购关键环节控制。把好初检关、定级关、检查关和入库烟叶验级关。四是要加强烟叶收购秩序管理。

（摘编自《经理日报》2010 年 9 月 1 日）

【基层烟站烟叶收购管理的建议】 河南省三门峡市烟草专卖局（公司）朱硕民在《基层烟站烟叶收购管理的思考》一文中指出，烟叶收购工作政策性强、涉及面广，是烟区关注的焦点、烟草行业监管的重点，必须加强基层烟站的收购管理，推进“原料保障上水平”。

一、加强员工思想教育。首先要抓好收购前警示教育，组织全体收购人员学习行业关于烟叶收购的政策规定；其次要抓好收购期间日常教育，坚持每天进行一次收购班前教育；最后要利用休息时间抓好专题教育，可利用阴雨天休息时间组织员工学习政治和业务。

二、统一烟站收购标准。首先要做到技术标准眼光统一，在收购前要统一烟农与烟站的标准眼光，收购期间及时统一检验员的技术标准眼光；其次要做到生人、熟人统一，把原来的干部带队轮流交售改为按烟农合同证尾数安排交售次序，对无理取闹的村组干部和人情烟、面子烟问题，则用发动群众进行监督管理和逆向溯源管理制度进行解决；其三要做到前期、后期统一，合理安排交售次序，把稳定烟叶收购等级作为调节上市量的重要手段，坚决杜绝忽高忽低、左右摇摆现象；最后要做到上午、下午统一，上午考核磅次，全天考核总量，以及全天等级的平稳和秩序的稳定。

三、规范内部管理制度。首先季节工招收管理要规范，烟站在季节工的使用上必须坚持做到六个不用，即：没有正式职工介绍担保的不用、不缴纳保证金的不用、年龄未满 18 周岁的不用、有违规违纪记录的不用、烟站职工的直系亲属不用、未经公司统一培训的不用，并对确定使用人员进行岗前培训；其次职工管理要规范，烟站要制定收购人员工作纪律，对职工的行为规范做出明确规定；最后廉洁自律承诺要规范，烟站要按照行业廉洁从业规定，把重要岗位人员的廉洁自律承诺制作成牌匾，集中悬挂在烟叶收购棚，接受群众监督。

四、加大监督检查力度。首先质量监督要到位，明确规定站长是质量管理的第一责任人，制定《逆向溯源管理制度》，并落到实处；其次岗位监督要到位，烟站在完善管理制度的同时，还要重点健全岗位监督制约机制，对在检查中发现的履职行为偏差，严格对照管理制度兑现奖惩；最后检查监督要到位，烟站要坚持内部监管与外部监督相结合、监督检查与开展暗访相结合、教育与处罚相结合，突出抓好对季节工检验员的监督、对收购行为的规范和公开通报制度的落实。

（摘编自《中国烟草》2010 年第 16 期）

【现代烟草农业的分工制度】 贵州省烟草专卖局（公司）王丰在《现代烟草农业的分工制度问题》一文中就烟草农业中专业化分工的程度与方式问题作了探讨。

一、关于分工与专业化的经济性。烟叶生产中实行专业化分工，将生产过程分解为若干单一化、标准化及专业化的生产环节和操作内容，有利于发挥不同烟农的资源、技术优势。专业化分工可在以下四个方面促进烟叶生产效率的提高：其一，解决烟农种烟劳动强度大的问题；其二，解决种烟环节复杂的问题；其三，解决种烟技术性强的问题；其四，提高烟草公司对烟叶生产规模和烟叶质量的调控能力。

二、关于现代烟草农业的专业化分工程度。现代烟草农业专业化分工的适宜程度，从内生交易费用理论分析，必须解决好三个方面问题：一是针对专业化分工方式，建立科学的监督机制和合理的考核标准；二是针对分工或专业化服务过程，制定具体、清晰、量化的结算标准；三是针对专业化分工环节，建立标准化的操作程序和作业规范。从外生交易费用理论分析，必须根据当地实际，选择适宜区域和适度规模开展专业化分工，以最大限度地降低因种植分散、标准不一所引起的运输和改良成本。

烟叶生产中可实现专业化服务的环节，必须满足以下四个特征之一，即具备一定的装备要求、具备一定的技术含量、具备一定的成本投入要求、易于量化考核和结算。反之，则必须谨慎对待，或实行单元化管理。

三、关于现代烟草农业的专业化分工方式。我国的烟叶生产以家庭、农场、合作社为基本单元，可将烟叶生产的专业化分工区分为横向完全分工和局部纵向单元化两种。横向完全分工是将烟叶生产过程分解为许多基本单位，且这些基本单位在技术上不可再分；

局部纵向单元化是将烟叶生产的部分基本单位（环节）纵向一体化合并，将单个烟农或组织的生产活动从一个基本单位职能或操作扩大到较多的、不同职能的操作上。但这种职能的扩大只是局部的，从烟叶生产整体过程看，仍属于横向专业化分工。之所以提出局部纵向单元化的问题，是因其解决了横向完全分工所带来的交易费用过高、整体协作性差的弊端，在当前烟叶生产形势下，较横向完全分工具有更多的优越性。

（摘编自《中国烟草学报》2010 年第 1 期）

销售与网建

【品牌共鸣对烟草品牌建设具有重要作用】 深圳市烟草专卖局（公司）张中祥在《基于品牌共鸣视角的烟草品牌建设分析》一文中指出，实现“532”、“461”品牌发展目标，关键在于使消费者产生强烈的品牌共鸣。作者对价值缺失、途径偏颇、被动模仿和消费约束等在品牌共鸣视角下的烟草品牌建设困境进行了分析，并提出了烟草品牌建设的路径。

一、建立卷烟品牌的核心价值。首先，要突出卷烟品牌的个性，它是品牌在消费者心中的感性形象。当消费者在消费某一品牌时，实质是消费者的真实个性在某种品牌上的再现。其次，要始终坚守卷烟品牌核心价值。第三，要正确把握卷烟品牌核心价值定位的消费者泛化。

二、强化卷烟品牌的情感体验。可以通过以下途径：一是向消费者和客户展示品牌发展的历程。通过信息技术手段，或者选择性的邀请消费者、客户参观卷烟产品的研发、制造过程，让其体验卷烟品牌的风采。二是让消费者和客户参与品牌的设计。对于卷烟新产品的包装、功能、颜色等，征求消费者和客户的意见。三是不断提升卷烟品牌体验的层次。从感官体验、情感体验、精神体验到心灵体验，不断提升体验层次，或者综合运用多种体验，增强与卷烟消费者的情感共鸣。四是营造和谐的卷烟品牌发展环境，营造卷烟品牌与公共部门、利益相关者、相关品牌、资源以及环境之间的全方位的和谐关系。

三、构建独特的卷烟品牌区隔。对于卷烟品牌，建立独特的市场区隔，一要积极开创并主导一个品类。这种品类的构建，必须以消费者的心智为基础，以原有品类为竞争对手，以培育品牌和新技术为手段。二要保持领先态势。可以通过保持领先和强调领先，来形成和强化市场竞争优势。三要建立一项利益，并拥有一个“字眼”，且这些字眼赋予消费者品牌利益。

四、抓住卷烟品牌发展的“长尾”。作为中小卷烟品牌，要抓住品牌发展的“长尾”，一是可以走特色品牌之路，挖掘消费者的心智中蕴含商机的差异，并创造差别，突出特色。二是可以走区域强势品牌之路，凭借区域情感赢得生存发展空间。三是可以选择“隐形冠军”之路，选择一个狭窄的市场定位，追求深度，走全国化乃至全球化的营销路线。

（摘编自《中国烟草学报》2010 年第 16 卷增刊）

【提高零售客户盈利能力亟须解决的问题】 江西省赣州市烟草专卖局（公司）许扬光在《浅论新形势下如何提高零售客户盈利能力》一文中指出，客户是每个企业生存发展的基础，烟草企业要想靠服务培育品牌、靠服务抢占市场，解决零售客户盈利过程中遇到的问题，必须先要提高零售客户盈利水平。

一、抓需求，保货源，解决零售客户“缺货源”的问题。一要全面摸清辖区内零售客户的真实需求，按照经营业态等选取辖区样本客户进行需求预测，获取准确的市场信息。二要紧密跟进货源组织调拨进度。对于省产烟，要在工业企业派驻货源管理员，密切跟踪工业生产进度，抓紧卷烟调拨。对于省外烟，要主动走出去衔接货源；要进一步完善货源预警机制，建立合理的库存数量和结构指标体系；要加强货源投放精细化管理，进一步完善从工业企业到消费者的供应链管理，提高货源投放管理水平；要以零售客户需求为出发点，兼顾不同区域的市场特性，保证货源供应的平衡。

二、抓品牌，提结构，解决零售客户销售“水平低”的问题。要注意调整完善重点推广品牌计划，抓好全国性卷烟重点骨干品牌和一、二类烟全国销量排名前 20 位品牌的销售，加强对重点品牌的上柜率、再购率考核，提高中高档卷烟的市场覆盖率与销售量；要协助零售客户开展卷烟销售结构分析，稳步提升品牌结构。

三、抓管理，重服务，解决零售客户“赚钱少”的问题。一是坚持“内管”与“外打”相结合。要杜绝各种假私烟、回流烟对市场秩序的干扰与破坏；要依据有关法律法规，解决部分零售客户互相以低价进行恶性竞争等问题。二是加强零售客户卷烟零售价格诚信自律。要提高卷烟明码标价、明码实价的到位率；要加大对零售客户供货的规范管理，防止乱码、滥价现象的发生。三是提升零售客户对卷烟营销的账务管理水平。要帮助零售客户建立卷烟进销存台账，避免脱销与积压；要加强卷烟零售价格信息的采集管理及研究，每月不定期采集市场价格信息；要借助地方物价部门的力量，及时掌握卷烟零售价格异动情况。四是提高服务零售客户的能力，牢固树立“与客户共创成功”理念。要把服务客户理念作为每一名员工必须牢记的工作准则和行为取向；要根据零售客户的地理位置等情况，引导零售客户合理进货、科学安排库存，对零售客户进行营销、理财等多方面的知识培训；要通过打击不法卷烟经营行为，为合法卷烟销售腾出盈利空间，保持卷烟市场健康有序。

（摘编自《东方烟草报》2010 年 2 月 4 日）

【有效发挥地市级公司的市场营销主体作用】 河北中烟工业公司关黎明在《论如何有效发挥地市级公司市场营销主体作用》一文中指出，随着“大市场、大企业、大品牌”战略的逐步推进，地市级公司在行业发展中的重要作用日益显现，但当前也存在着一些影响地市级公司有效发挥市场营销主体作用的因素，分别为：行业内利益分配机制有待完善；对地市级公司的考核评价不够全面；个别地市级公司自我定位不够准确；个别地市级公司的服务和控制能力有所欠缺。针对这种情况，作者就如何有效发挥地市级公司市场营销主体作用提出了以下四点建议：

一、完善行业内部利益分配机制。首先，以价格调整方式改变工商企业间的利益分配方式，增加税收在行业税利中的比重以提高国家财政收入。同时，工业收益的增加可以使工业企业有更多的资金加强烟叶基地建设、提高研发水平等。其次，引导地市级公司将更多的资金投入到提升服务水平上，加快传统商业向现代流通转变。

二、完善对地市级公司的考核评价机制。要强化对服务和控制能力的考核评价，在考核硬件指标和自身发展能力的基础上，更加关注对工业企业和零售客户满意度等软指标的考核，考核检查可以邀请第三方加入，考核指标由省级公司制定。

三、明确地市级公司的定位。要明确地市级公司以服务为核心，对内服务行业发展大局，促进大企业、大品牌的成长；对外服务卷烟零售客户，收集消费者信息，更好地满足市场需求。

四、强化地市级公司的服务和控制能力。地市级公司应认清行业赋予的历史重任，在创造公平的市场竞争环境、提高品牌培育能力、提高服务水平、强化市场控制能力等方面充分发挥自己的作用，抓好队伍建设，加大人力资源开发和投入力度，有效发挥市场营销主体作用。

（摘编自《东方烟草报》2010 年 5 月 6 日）

思想政治工作

【新时期思想政治工作的“三个支点”】 江苏省淮安市烟草专卖局（公司）李前效在《找准新时期思想政治工作的“三个支点”》一文中指出，面对新形势、新任务，必须要找准新时期思想政治工作的“三个支点”，构筑起新时期思想政治工作的“三角稳定”的新格局。

支点一：紧扣中心是思想政治工作的魅力所在。思想政治工作只有紧紧围绕行业改革和发展，才能最大限度地发挥其“生命线”的作用。围绕中心必须密切联系工作，坚持从企业的中心工作实际出发，从广大员工思想实际和工作实际出发，具体问题具体解决。首先要在“贴近”上下工夫，思想政治工作只有贴近实际、贴近群众、贴近生活，才能增强针对性、实效性；其次要在“结合”上下工夫，增强思想政治工作的活力，与员工的思想问题结合起来，找准新的结合点和切入点；第三要在“实效”上下工夫，要切中困扰企业发展的思想问题，有效克服“两张皮”现象，形成思想政治工作与生产经营管理工作齐抓共管的局面。

支点二：刚柔相济是思想政治工作的必备手段。强化“刚性”，思想政治工作才有威力，要注重保持鲜明的政治性、党性和阶级性；注重“柔性”，思想政治工作才有活力，通过注重内容上的适应性、方法上的科学性和载体上的灵活性，来改进和加强思想政治工作方法，增强思想政治工作的吸引力；刚柔相济，思想政治工作才能张弛有度。

支点三：勇于创新是思想政治工作的活力源泉。创新必须找准与员工思想产生共鸣的点和交流结合点，使教育者与受教育者之间达到思想上共鸣。创新思想政治工作形式，必须转变思想观念：一是由单一性向多向性转变；二是由灌输型向互动型转变。创新机制增强思想政治工作的长效性，机制创新应主要围绕责任机制、调控机制、保障机制来进行。

（摘编自《中国烟草》2010 年第 2 期）

【构建服务品牌的“着力点”和“结合点”】 河北省烟草专卖局（公司）高义志在《三着力五结合点亮服务品牌发展路》一文中指出，服务品牌是体现企业文化建设成果与效果的有效载体，是企业文化建设的中心内容。烟草行业应围绕构建服务品牌的重点，理解实质内涵，抓好“着力点”，把握“结合点”。

一、理解内涵，提高构建服务品牌的认知度。服务品牌是企业通过高品质的服务，形成服务提供方和服务对象方两者都能认同的一个规范，最终这个规范浓缩成一个品牌。它是企业独特的精神财富，是企业无形服务有形展示的载体。构建服务品牌是提升综合服务水平的内在要求，是行业发展的重要推手；是行业文化深植的具体体现，是强化员工服务理念的有效途径；是提升行业整体形象的现实需要。

二、抓好“着力点”，突出服务品牌建设特色。一要抓源头，理念决定行为，首要的是确立和强化现代服务理念；二要抓基础，即要以高标准和严要求来构筑服务品牌建设的支撑体系，包括硬件、软件和人力资源等方面；三要抓创新，服务品牌的创新重点体现在制度创新上，要把创新服务制度化。同时，服务品牌的创新也要体现在技术创新、加强服务管理和不断创新流程上。

三、把握“五结合”，不断推进服务品牌创新。一要与推进质量管理体系建设相结合；二要与文化根植相结合，要注重强调服务理念的统领作用，充分调动员工参与热情，并注重营造服务品牌构建氛围；三要与完善零售终端服务体系相结合；四要与梳理服务流程、优化服务环境相结合；五要与完善培训体系、提升员工服务素养相结合。

（摘编自《烟草企业文化》2010 年 11 月）

【推进企务公开促进企业持续健康发展】 湖北省鄂州市烟草专卖局（公司）杨彬全在《浅论企务公开在企业党风廉政建设中的作用》一文指出，企务公开是保护、调动和发挥广大职工的积极性，发动和依靠职工办好企业的一种形式、方式和手段，是促进烟草企业持续健康发展的一项重要措施。作者就烟草企业如何推行企务公开提出了三点建议。

一、围绕企业改革、发展和稳定大局深化企务公开，用制度构筑党风廉政工作运行机制。企务公开是将企业领导和党员干部的言行置于群众的有效监督之下，而要真正做到企务公开，必须建立党组（党委）统一领导、党政共同负责、工会实施监督、有关部门齐抓共管、职工群众全员参与的运行机制。规定企业党组（党委）书记为企务公开的第一责任人，企业法人代表为企务公开的第一执行人，工会主席为企务公开的第一监督人，企业主管部门的工会组织为企务公开的监督机构。

二、把企务公开的要求融入到依靠职工办企业的体制、机制和制度中去。要把企务公开纳入职代会制度建设之中，以职代会为基本形式发挥企务公开的作用。健全和完善市级单位、县级单位、营销网点三级民主管理网络，落实职工代表的审议权、监督权、评议权。企业行政工作报告、工资调整方案等重大事项的决策，必须通过三级民主管理网络广泛征求职工意见，待决策实施之后，要及时向职工通报实施情况。同时，民主评议结果要作为党员干部廉政考核的依据，与干部的任免挂钩。

三、抓好企务公开中职工群众民主监督权利的落实。对公开的内容是否真实、公开的程度是否符合规定、职工的意见是否落实等，要在公开前进行预审，公开中进行监督，公开后组织评议，把监督贯穿于公开的全过程。要注意理顺三个方面的关系：一是要处理好企务公开与促进企业发展的关系，坚持把企业的发展和经济效益的提高放在首位。二是要处理好实行企务公开与企业领导干部依法行使职权的关系，既要通过企务公开搞好民主监督，保证行政决策的科学化、民主化，又要教育引导职工群众支持企业领导干部正确行使管理权，维护其管理权威。三是要处理好实行企务公开与维护职工合法权益的关系。

（摘编自《东方烟草报》2010 年 3 月 4 日）

附 录

国外烟草

世界烟草：2010 年发展报告

世界卫生组织《烟草控制框架公约》生效以来，世界烟草产业面临的风险挑战和不确定性快速增加。为适应复杂多变的外部环境和更加激烈的市场竞争，各跨国烟草公司坚持把培育旗舰品牌、控制成本费用、加强技术创新、推动重组整合作为支撑发展的重要途径。总体来看，2010 年，世界烟叶生产小幅增长，卷烟产销有所下降，细切烟丝、无烟气烟草制品快速增长，主要跨国烟草公司稳步发展，世界烟草产业整体上保持了较好的成长性和盈利性。

【《烟草控制框架公约》履约进展情况】 2010 年是世界卫生组织《烟草控制框架公约》（以下简称《公约》）生效后的第六年。在这一年中，突尼斯、阿富汗、科特迪瓦、圣文森特和格林纳丁斯相继批准《公约》，截至 2010 年年底，《公约》缔约方已达 172 个。2010 年 11 月 15 ~ 20 日，《公约》第四届缔约方会议在乌拉圭埃斯特角城召开，讨论通过了《教育、交流、培训和公众意识（第 12 条）实施准则》、《与烟草依赖和戒烟有关的降低烟草需求的措施（第 14 条）实施准则》和《烟草制品成分管制和烟草制品披露的规定（第 9 条和第 10 条）实施准则（部分案文)》。这次会议还讨论了发展烟草种植经济上可持续替代生计、控制和预防无烟气烟草制品和电子烟、减少烟草需求的价格和税收措施、消除跨国界烟草制品广告、促销和赞助措施、实施《公约》第 19 条“责任”条款、为实施《公约》促进南南合作及加强《公约》秘书处与世界贸易组织的合作等有关议题，就深入推进世界范围内的烟草控制达成了一些新的共识。

在世界卫生组织的推动下，各缔约方控烟履约工作不断推进，各国政府烟草管制措施也在不断加强。2010 年，世界卫生组织汇总了 135 个缔约方履约情况，主要进展情况如下：一是制定国家烟草控制规划。有 81 个缔约方建立了多部门合作的国家烟草控制实施机制，有 51 个缔约方制定了国家烟草控制规划，提出了烟草控制的目标、战略和措施。二是出台更加严格的吸烟禁令。有 87 个缔约方禁止在室内工作场所吸烟，有 86 个缔约方禁止在公共交通工具中吸烟，有 81 个缔约方禁止在室内公共场所吸烟。目前，欧盟大部分国家在公共的室内封闭场所都禁止吸烟。三是提高烟草税收和价格。绝大部分缔约方都对烟草制品征收消费税、增值税、销售税等不同种类的税收。2010 年缔约方平均卷烟税价比率为 64.7%，比 2007 ~ 2008 年提高了 8.8 个百分点，其中在高收入国家为 65.3%，在中等收入国家为 62.4%，分别比 2007 ~ 2008 年提高了 4.4 个百分点和 13.8 个百分点。每包卷烟销售价格平均为 2.53 美元，其中非洲为 1.31 美元，美洲为 2.87 美元，东南亚地区为 1.13 美元，欧洲为 3.70 美元，东地中海地区为 1.21 美元，西太平洋地区为 2.60 美元。四是强化卷烟包装和标签的健康警示。有 100 个缔约方要求使用经过政府当局批准的警语和信息，有 88 个缔约方禁止烟草制品包装和标签上带有任何误导、欺骗或可能对制品产生错误印象的描述，有 81 个缔约方要求轮换使用警语和信息，有 38 个缔约方要求卷烟包装警语和信息占可见面积的 50% 或以上，有 44 个缔约方要求使用警示图片或象形图。五是加强烟草制品成分及释放物检测和披露。有 59 个缔约方对烟草制品成分及释放物进行了检测，有 66 个缔约方对烟草制品成分实行了管制，有 62 个缔约方对烟草制品释放物实行了管制，有 84 个缔约方要求烟草制品生产商和（或）进口商向政府当局披露烟草制品成分和释放物信息。六是广泛禁止烟草广告、促销和赞助。有 74 个缔约方广泛禁止烟草广告、促销和赞助，有 66 个缔约方禁止采用任何虚假、误导、欺骗或可能产生错误印象的手段推销烟草制品，有 61 个缔约方限制采用鼓励公众购买烟草制品的直接或间接奖励手段，有 64 个缔约方禁止或限制烟草商对国际事件、活动进行赞助。七是促进戒烟和对烟草依赖进行适当治疗。有 59 个缔约方制定了促进戒烟和对烟草依赖进行适当治疗的指南，有 50 个缔约方为教育机构、57 个缔约方为卫生保健机构、47 个缔约方为工作场所、39 个缔约方为体育机构制定和实施了戒烟规划。

此外，在监测烟草使用、打击非法烟草贸易、禁止向未成年人或由未成年人销售烟草制品、加强教育交流培训和提高公众意识、支持烟草替代活动、加强科学和技术合作等方面，各缔约方也取得了一些积极进展。

【世界烟草产业总体发展状况】 随着各缔约方控烟履约工作的不断推进，世界烟草产业发展环境日趋严峻。然而，作为一种合法商品，在市场需求的有力拉动下，2010年世界烟草产业仍然保持基本稳定。虽然卷烟销量有所下降，但鼻烟、嚼烟、细切烟丝等非卷烟类烟草制品市场规模不断扩大，烟叶生产继续保持增长态势。

世界吸烟人口总体状况。吸烟人口的大量存在，是拉动烟草产业发展的决定性力量。2010年，全球15岁以上成年人口主吸卷烟等有烟气烟草制品的比率男性为36%，女性为8%；主吸鼻烟等无烟气烟草制品的比率男性为27%，女性为9%。从主吸卷烟等有烟气烟草制品的成年人口吸烟率来看，非洲男性为30%，女性为7%；美洲男性为26%，女性为16%；东南亚地区男性为35%，女性为2%；欧洲男性为42%，女性为22%；东地中海地区男性为31%，女性为5%；西太平洋地区男性为47%，女性为8%。此外，在13～15岁的人群中，主吸有烟气烟草制品的比率男性为15%，女性为8%；主吸无烟气烟草制品的比率男性为12%，女性为7%。据推算，2010年全球吸烟人口总数为13.08亿，其中男性为10.74亿，女性为2.33亿。虽然近年来世界人口吸烟率呈下降趋势，但由于成年人口数量增长速度快于人口吸烟率下降速度，世界吸烟人口总数仍在不断增长，其中自《公约》2005年正式生效以来到2010年，世界吸烟人口总数增长了近4000万。

世界烟草制品市场总体发展状况。卷烟是主要的烟草制品，2010年中国以外世界卷烟总销量约为36500亿支，比上年下降2%左右。总体上看，2010年绝大部分高收入国家卷烟销量呈下降趋势，如美国销量为2830亿支，比上年下降5.2%；日本为2338亿支，下降4.8%；韩国为904亿支，下降4.6%；意大利为870亿支，下降2.5%；德国为839亿支，下降1.8%；西班牙为716亿支，下降11.2%；英国为440亿支，下降2.5%。部分中低收入国家卷烟销量也出现下降趋势，如2010年俄罗斯卷烟销量为3800亿支，比上年下降2.7%；土耳其为930亿支，下降9.6%；乌克兰为870亿支，下降2.5%。但也有部分中低收入国家卷烟销量继续保持增长，如印尼约为2700亿支，比上年增长3.9%；墨西哥约为410亿支，增长2.5%。在卷烟销量有所下降的同时，近年来世界鼻烟、细切烟丝等非卷烟类烟草制品保持快速增长趋势，这也是世界烟草市场结构变动的一个显著特征。譬如，2010年，美国无烟气烟草制品销量达13.1亿盒，比上年增长10.8%，其中湿润鼻烟销量达6.34亿盒，增长5.3%；德国细切烟丝销量达2.55万吨，比上年增长3.9%；英国细切烟丝销量达5050吨，比上年增长13.5%。

世界烟叶生产总体发展状况。烟叶生产受市场需求、天气条件和经济政策的多重影响，总体上具有一定的波动性和周期性。据初步统计，2010年，世界烤烟产量454.6万吨，比上年增长5.1%；白肋烟产量75.9万吨，下降9.8%；香料烟产量27.2万吨，增长3.0%；晾晒烟产量12.6万吨，下降4.5%。巴西是居中国之后世界第二大烟叶生产国，主要受天气因素影响，2010年巴西烟叶生产出现了幅度不小的下降，其中烤烟产量为56.7万吨，比上年下降6.7%；白肋烟产量为9.0万吨，下降26.2%。美国2010年烤烟产量为22.2万吨，比上年下降5.9%；白肋烟产量为8.2万吨，下降9.9%。津巴布韦烟叶生产在2010年获得大丰收，全年烤烟产量12.3万吨，比上年增长108.5%。印度、马拉维、孟加拉国、赞比亚、莫桑比克等一些亚非国家近年来烟叶产量不断扩大，其中2010年印度烤烟产量为33.5万吨，马拉维烟叶产量为22万吨，孟加拉国烟叶产量为14万吨，比上年均有不同幅度的增长。从烟叶市场供需格局来看，2010年世界烤烟、白肋烟处于供过于求状态，但香料烟供应略显不足。

【世界主要跨国烟草公司发展状况】 随着世界烟草发展环境的日趋严峻，各跨国烟草公司纷纷把培育旗舰品牌、控制成本费用、加强技术创新、推动重组整合作为支撑发展的重要途径，同时不断加强彼此间的竞争与合作。除中国烟草总公司外，2010年世界卷烟市场68.2%的份额被菲莫国际公司、英美烟草公司、日本烟草公司、帝国烟草公司等四大跨国烟草公司所控制，奥驰亚集团、韩国烟草人参公社、埃及东方公司、雷诺美国公司等烟草公司在其目标市场上也具有很高的占有率。在世界烟叶市场上，主要有环球公司和联一国际公司两大跨国烟叶公司。在雪茄烟、鼻烟、斗烟和细切烟丝等非卷烟类烟草制品市场上，斯堪的纳维亚烟草集团（2010年合并了瑞典火柴公司）具有很强的竞争力。

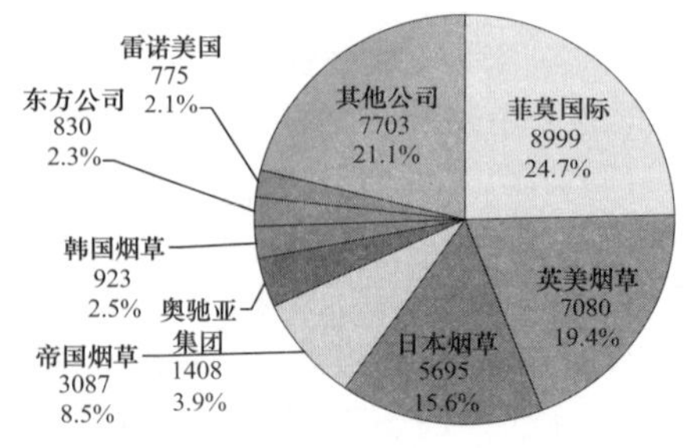

图 2010年部分国上烟草公司卷烟销量及占中国以外世界卷烟市场份额（单位：亿支）

（一）四大跨国烟草公司

菲莫国际公司（Philip Morris International Inc.）。2008年3月，菲莫国际公司正式从奥驰亚集团独立出来，专注从事烟草制品业务。目前，菲莫国际公司是除中国烟草总公司之外的世界第一大跨国烟草公司，其产品销往世界180多个国家和地区。在世界最大的30个卷烟消费国家中，有11个国家菲莫国际公司市场占有率为第1位，另有11个国家菲莫国际公司市场占有率为第2位。2010年，菲莫国际公司两大旗舰品牌——“万宝路（Marlboro）”和“蓝星（L&M）”市场销量分别为2974亿支和886亿支，比上年分别下降1.5%和2.4%。在其他几个重点品牌中，“切斯特菲尔德（Chesterfield）”销量为364亿支，比上年下降3.3%；“百乐门（Parliament）”销量为352亿支，下降5.7%；“拉克（Lark）”销量为287亿支，下降6.0%；“邦德街（Bond Street）”销量为441亿支，增长5.7%。尽管在许多目标市场上卷烟销量出现了下降，但由于合并了世界第五大私人拥有的烟草公司——菲律宾福川烟草公司（Fortune Tobacco Corporation），菲莫国际公司2010年卷烟总销量达8999亿支，比上年增长4.1%（剔除并购因素下降2.5%），同年其他烟草制品销量比上年增长了35.1%。从地区市场来看，2010年菲莫国际公司在欧盟市场销售卷烟2230亿支，比上年下降5.2%；在东欧、中东和非洲市场销售卷烟2893亿支，下降3.2%；在拉美和加拿大市场销售卷烟1053亿支，增长1.5%；在亚洲市场销售卷烟2823亿支，增长24.8%。从2008年开始，菲莫国际公司启动实施了“效率、成本和营运改善提升三年计划”，累计节约支出15亿美元，并增加了10亿美元现金储备，回购了9710万普通股（花费50亿美元）。在销量增长、成本节约和结构优化的共同作用下，2010年菲莫国际公司共实现销售收入677.1亿美元，比上年增长9.1%；实现税收405.1亿美元，增长9.3%；实现利润114.6亿美元，增长11.6%。年末资产总额为350.5亿美元，员工总数为7.7万人。值得关注的是，2010年菲莫国际公司对烟叶采购业务进行了重大调整，在巴西推行不通过代理商而直接向烟农采购烟叶的模式，并提出要在世界范围内把直接采购烟叶的比重逐步由目前的10%提高到40%左右。

菲莫国际公司2010年在部分国家或地区卷烟市场占有率

国家或地区	占有率（%）	国家或地区	占有率（%）	国家或地区	占有率（%）
捷　克	47.8	俄罗斯	25.5	菲律宾	92.8
法　国	40.4	土耳其	42.1	阿根廷	74.8
德　国	35.5	乌克兰	34.9	加拿大	33.3
意大利	53.9	印　尼	29.1	墨西哥	70.1
波　兰	37.3	日　本	24.4		
西班牙	31.7	韩　国	16.9		

英美烟草公司（British American Tobacco）。英美烟草公司是除中国烟草总公司之外的世界第二大跨国烟草公司。2010年9月，英美烟草公司董事会决定，由53岁的尼坎德罗·杜兰特（Nicandro Durante）接替于2011年2月底任期结束的保罗·亚当斯出任公司新的首席执行官。近年来，为实现成为“全球烟草行业领导者”的战略目标，英美烟草公司始终坚持以培育四大“全球驱动品牌”为核心，全力推进品牌扩张和业务增长；以构建卓有成效的组织结构为基础，不断提高生产运营效率和成本控制水平；以互惠、负责任的产品管理和优良企业行为规范为基本准则，积极履行企业社会责任。2010年，英美烟草公司共销售卷烟7080亿支，比上年下降2.2%，但其四大“全球驱动品牌”销量达2090亿支，比上年增长7.0%，其中“登喜路（Dunhill）”销量为485亿支，比上年增长18.0%；“波迈（Pall Mall）”销量为740亿支，比上年增长8.0%；“好彩（Lucky Strike）”销量为265亿支，比上年增长2.0%；“健牌（Kent）”销量为600亿支，比上年下降1%。全年实现销售收入438.5亿英镑（678.0亿美元），比上年增长7.7%；实现税收289.7亿英镑（447.9亿美元），比上年增长9.3%；实现利润43.2亿英镑（66.7亿美元），比上年增长5.3%。2010年，英美烟草公司决定对企业组织架构进行重组，把原来的西欧、东欧、非洲与中东三个地区分部合并重组成东欧、中东与非洲（EEMEA）和东南欧（SEE）两个地区分部，亚太分部和美洲分部保持不变，新的组织架构自2011年1月1日起正式运行。

英美烟草公司分地区卷烟销量变动情况（单位：亿支）

地　区	2008 年	2009 年	2010 年	2010 年增长率（%）
亚　太	1800	1850	1880	1.6
美　洲	1610	1510	1490	-1.3
西　欧	1230	1300	1190	-8.5
东　欧	1370	1310	1280	-2.3
非洲和中东	1140	1270	1240	-2.4
总　计	7150	7240	7080	-2.2

日本烟草公司（Japan Tobacco Inc.）。日本烟草公司是除中国烟草总公司之外的世界第三大跨国烟草公司。2010 年，日本政府大幅度提高了卷烟税收和零售价格，导致国内市场出现了剧烈波动。日本烟草公司在国内销售卷烟一季度为 343 亿支，二季度为 359 亿支，三季度增到 506 亿支，四季度跌到 203 亿支，全年累计销售 1411 亿支，比上年下降 8.1%。在国际市场上，2010 年日本烟草公司销售卷烟 4284 亿支，比上年下降 1.5%。8 个“全球旗舰品牌”销量达 2498 亿支，比上年增长 2.7%，其中“云丝顿（Wiston）”销量为 1252 亿支，比上年增长 3.1%；“骆驼（Camel）”销量为 424 亿支，比上年增长 1.4%；“柔和七星（Mild Seven）”销量为 193 亿支，比上年增长 5.8%；“乐迪（L&D）”销量为 364 亿支，比上年增长 6.1%。包括国内和国际市场，2010 年日本烟草公司卷烟总销量为 5695 亿支，比上年下降了 3.2%。在 2010 财政年度，日本烟草公司实现烟草销售收入 56764 亿日元（610.2 亿美元），比上年下降 10.2%；实现烟草税收 36206 亿日元（389.2 亿美元），比上年下降 9.6%；实现烟草利润 3124 亿日元（33.6 亿美元），比上年下降 13.9%。据日本烟草公司预计，2011 年财政年度（2010 年 4 月至 2011 年 3 月）烟草收入与上平基本持平，实现税收比上年增长 1% 左右，实现利润比上年增长 5% 左右。除烟草业务外，日本烟草公司还经营食品、药品等非烟业务，2010 财政年度药品业务销售收入为 440 亿日元（4.7 亿美元），食品业务销售收入为 3946 亿日元（42.4 亿美元），其他非烟业务销售收入 195 亿日元（2.1 亿美元）。在日本烟草公司营业总收入中，烟草业务所占比重为 92.5%，非烟业务所占比重为 7.5%。

日本烟草公司 2010 年在部分国家或地区卷烟市场占有率

国家或地区	占有率（%）	国家或地区	占有率（%）	国家或地区	占有率（%）
日　本	64.4	意大利	19.7	爱尔兰	49.4
俄罗斯	37.0	西班牙	20.8	土耳其	22.6
乌克兰	27.5	法　国	16.0	中国台湾	38.4
哈萨克斯坦	41.5	希　腊	15.3	加拿大	14.3
罗马尼亚	25.0	奥地利	34.5	马来西亚	20.3
瑞　典	39.4	英　国	39.0		

帝国烟草公司（Imperial Tobacco Group PLC）。帝国烟草公司是除中国烟草总公司之外的世界第四大跨国烟草公司，其烟草业务覆盖卷烟、雪茄烟、鼻烟、烟丝、卷烟纸等，目前共有 31 家卷烟厂、18 家其他烟草制品加工厂和 2 家卷烟纸厂，产品销往 160 多个国家和地区，其雪茄烟业务目前位居世界第一。2010 年 5 月，年仅 44 岁的艾莉森·库珀（Alison Cooper）接任退休的加雷思·戴维斯（Gareth Davis），成为帝国烟草公司新任首席执行官。公司领导层变动后，仍然坚持把业务增长、成本优化和资金有效利用作为三大基础性战略，全力培育“大卫·杜夫（Davidoff）”、“威斯（West）”和“金高卢（Gauloises Blondes）”三个“全球战略品牌”。2010 年财政年度，帝国烟草公司共销售卷烟 3087 亿支，比上年下降 4.2%，其中三个“全球战略品牌”销量约为 680 亿支，比上年增长约 3.0%。销售细切烟丝 2.76 万吨，比上年增长 6.2%（折算成卷烟为 398 亿支，比上年增长 8.7%）。实现烟草销售收入 202.1 亿英镑（312.4 亿美元），比上年增长 8.7%；实现烟草税收 131.5 亿英镑（203.4 亿美元），比上年增长 11.8%；实现烟草利润 24.9 亿

英镑（38.5 亿美元），比上年增长 8.7%。除经营烟草业务外，帝国烟草公司以烟草制品配送为主的物流业务在欧洲处于领先水平，2010 年物流服务收入为 9.4 亿英镑（14.5 亿美元），比上年下降 2.9%；物流业务实现利润 3600 万英镑（5565 万美元），比上年下降 10.0%。

帝国烟草公司 2010 年在部分国家或地区卷烟市场占有率

国家或地区	占有率（%）	国家或地区	占有率（%）	国家或地区	占有率（%）
英　国	45.4	希　腊	11.6	俄罗斯	8.3
德　国	26.9	爱尔兰	24.5	沙特阿拉伯	10.2
西班牙	29.0	意大利	2.3	土耳其	3.9
奥地利	17.2	荷　兰	12.7	乌克兰	20.8
比利时	16.1	波　兰	25.5	中国台湾	11.0
捷　克	13.9	澳大利亚	17.5	美　国	3.9
法　国	23.6	摩洛哥	83.1		

（二）部分地区性烟草公司

奥驰亚集团（Altria Group）。奥驰亚集团曾经是全球第一大跨国烟草公司，但菲莫国际公司分离出去以后，其烟草业务基本集中在美国，目前有菲莫美国公司、美国无烟烟草公司和约翰·米德尔顿雪茄烟公司三家全资子公司从事烟草业务，2010 年在美国卷烟市场的占有率为 49.8%，在美国无烟气烟草制品市场的占有率为 55.3%，在美国雪茄烟市场的占有率为 28.9%。2010 年，奥驰亚集团共销售卷烟 1408 亿支，比上年下降 5.3%，其中销售“万宝路”品牌 1219 亿支，比上年下降 3.7%。销售无烟气烟草制品 7.24 亿盒，比上年增长 12.2%。销售雪茄烟 12.5 亿支，比上年下降 1.0%。全年实现烟草销售收入 237.4 亿美元，比上年增长 4.1%；实现烟草税收 74.5 亿美元，增长 11.0%；实现烟草利润 64.2 亿美元，增长 14.4%。除缴纳税收外，2010 年奥驰亚集团还向各州缴纳烟草大和解费用 48.3 亿美元，向美国食品和药品管理局缴纳管制费用 1.35 亿美元。

韩国烟草人参公社（KT&G）。韩国烟草人参公社成立于 1899 年，韩国政府从 1921 年开始授权其对国内市场实行垄断经营。1980 年韩国取消烟草专卖体制后，政府逐步对其实行私有化改造。2010 年，韩国烟草人参公社共销售卷烟 923 亿支，比上年下降 3.8%，其中在韩国市场销售卷烟 529 亿支，下降 10.4%；占韩国卷烟市场的份额为 58.4%，下降 3.9 个百分点。出口卷烟 394 亿支，比上年增长 7.1%，其中“爱喜（ESSE）”品牌出口约 120 亿支，在中国、俄罗斯等市场已具有一定的知名度和影响力。

埃及东方公司（Eastern Company）。埃及东方公司成立于 1920 年，1956 年被埃及政府收归国有，1992 年改制上市（目前埃及政府占 55% 的股份），是埃及目前唯一的卷烟制造商，在非洲、中东地区烟草市场也具有较强影响力。2010 财政年度，东方公司共生产卷烟 830 亿支，比上年增长 3.7%，其中根据授权协议生产菲莫国际公司和英美烟草公司的品牌 200 亿支，增长 17.6%。生产斗烟 1.6 万吨，比上年增长 6.7%。

雷诺美国公司（Reynolds American Inc.）雷诺美国公司是美国第二大烟草公司，英美烟草公司拥有其 42% 的股份，其烟草业务主要有卷烟和鼻烟，同时经营一家尼古丁替代品公司。2010 年，雷诺美国公司共销售卷烟 775 亿支，比上年下降 5.1%。销售鼻烟 3.77 亿盒，比上年增长 5.8%。尽管卷烟总销量在下降，但其两大核心品牌销量却保持强劲增长，其中“骆驼（Camel）”品牌销量达 216 亿支，比上年增长 1.9%；“波迈（Pall Mall）”品牌销量达 201 亿支，增长 37.7%。在核心品牌强劲增长的带动下，2010 年雷诺美国公司实现销售收入 85.5 亿美元，比上年增长 1.6%；实现税收 43.4 亿美元，增长 10.5%；实现利润 24.2 亿美元，增长 36.3%。除缴纳税收外，2010 年雷诺美国公司还向各州缴纳烟草大和解费用 24.9 亿美元，向美国食品和药品管理局缴纳管制费用 7500 万美元。

斯堪的纳维亚烟草集团（Scandinavian Tobacco Group）。2010 年 10 月，原斯堪的纳维亚烟草集团和瑞典火柴公司（不包括美国雪茄烟业务）合并重组，新公司仍然保持斯堪的纳维亚烟草集团的名称，斯堪的纳维亚投资公司占新公司 51% 的股份，瑞典火柴公司保留新公司 49% 的股份。新公司总部设在丹麦哥本哈根，在 20 个国家设有制造或销售分部，其中在 8 个国家拥有 17 家烟草制品生产企业，产品销往 100 多个国家和地区，是目前世界第一大斗烟制造商和居帝国烟草公司之后的第二大雪茄烟制造商，同时在世界鼻烟、嚼烟和细切烟丝市场上也处于领先地位。2010年，斯堪的纳维亚烟草集团销售机制雪茄烟约25亿支，销售手工雪茄烟约1.15亿支，销售斗烟约1800吨，销售细切烟丝约2100吨。

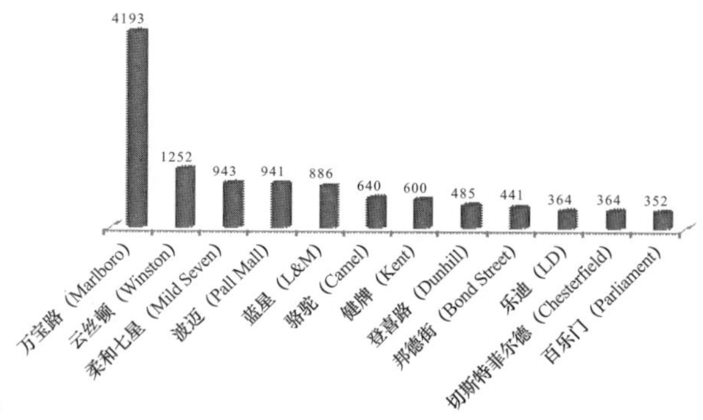

图 2010年世界部分卷烟品牌销量（单位：亿支）
注："万宝路"包括菲莫国际和奥驰亚集团销量；
"骆驼"包括日本烟草和雷诺美国销量；
"波迈"包括英美烟草和雷诺美国销量。

（三）两大跨国烟叶公司

环球公司（Universal Corporation）。环球公司建立于1918年，是目前世界第一大跨国烟叶公司，总部位于美国弗吉尼亚州里士满，烟叶业务分布在30个国家和地区。近年来，巴西烟叶的20%～30%、非洲烟叶的35%～45%及美国烟叶的35%～45%均被环球公司所采购。2010年，环球公司积极增进战略合作，强化本土管理，拓展烟叶来源，在世界烟叶市场继续保持领先地位。全年销售烟叶约50万吨，实现销售收入24.9亿美元，比上年下降2.5%；实现利润2.6亿美元，比上年增长22.5%。环球烟叶公司的主要客户是菲莫国际公司等几大跨国烟草公司，2010年环球公司向菲莫国际公司销售烟叶7.0亿美元，占总收入的比重为28.1%；向日本烟草公司销售烟叶5.75亿美元，所占比重为23.1%；向帝国烟草公司销售烟叶2.5亿美元，所占比重为10.0%。

联一国际公司（Alliance One International）。由德孟公司和标准商业公司于2005年合并重组而成的联一国际公司，是目前世界第二大跨国烟叶公司，总部位于美国北卡罗来纳州首府罗利，烟叶业务分布在45个国家和地区。2010年销售烟叶48.95万吨，比上年下降1.7%；销售收入为23.1亿美元，比上年增长2.2%；平均每千克烟叶售价为4.58美元，比上年增长5.0%；全年实现利润3.96亿美元，比上年增长9.9%。从联一国际公司市场分布看，2010年在比利时销售烟叶的收入为4.91亿美元，占公司总收入的比重为21.3%；在美国销售烟叶的收入为3.23亿美元，所占比重为14.0%；在俄罗斯销售烟叶的收入为1.32亿美元，所占比重为5.7%；在中国销售烟叶的收入为1.29亿美元，所占比重为5.6%；在其他地区销售烟叶的收入为12.31亿美元，所占比重为53.3%。

【2011年世界烟草发展趋势】 随着各国履行《公约》行动的深入，世界烟草产业所面临的风险挑战和不确定性不断增加。2011年和今后更长的时间里，世界烟草产业所面临的主要风险挑战和不确定性：一是烟草管制的增强。越来越多的国家将出台更加严格、具体和可操作性强的管制政策，包括进一步提高烟草税负、防止接触烟草烟雾、控制烟草制品添加物质、强化烟草制品包装健康警示和信息披露及广泛禁止烟草广告、促销和赞助等。同时，一些国家将对烟草制品分销方式及零售陈列方式实行更加严格的限定。二是反烟呼声的高涨。除政府部门不断加强烟草管制外，社会公众的反烟压力也在不断加强，由卫生部门、公共媒体主导的反烟呼声不断高涨，烟草企业面临的环境压力、舆论压力不断增强。三是法律诉讼的增加。在许多欧美国家，这是烟草企业面临的最大风险和最具变数的不确定性。尽管除在美国之外，目前很少有烟草公司由于吸烟危害健康而败诉的案例，但近年来已累积了越来越多的诉讼申请，一旦出现败诉案例，将会对有关烟草公司带来极其严重的破坏性影响。四是市场需求的变化。在许多发达国家，烟草消费行为在逐步改变，卷烟市场已出现持续而迅速的下降趋势。此外，在许多国家，合法烟草企业都长期受到非法烟草贸易的严重冲击和影响。

面对各种风险挑战和不确定性，预计2011年全世界卷烟和雪茄烟产销规模可能有所下降，但鼻烟、斗烟、嚼烟、细切烟丝等非卷烟类烟草制品产销规模持续增长。从价值量来看，世界烟草市场将继续保持稳定增长，其中低收入国家和中等收入国家增长速度快于高收入国家。烟叶生产保持稳定发展，其中巴西和非洲烟叶有望保持较大幅度的增长。烟叶供给总量的增加和菲莫国际公司、日本烟草公司等跨国烟草公司向烟叶生产收购环节的纵向延伸，将导致全球烟叶市场出现更加激烈的竞争。各个跨国烟草公司直接采购烟叶和收购、新建烟叶公司的步伐会进一步加快。各个跨国烟草公司将继续把培育旗舰品牌、控制成本费用、加强技术创新、推动重组整合作为支撑发展的重要途径，彼此之间的竞争和合作也会不断加强，世界烟草市场集中度将进一步提高，各大跨国烟草公司旗舰品牌的竞争优势有望进一步扩大。绝大部分烟草公司将继续聚焦烟草主业，并会有效发挥在卷烟上确立的品牌优势，积极推进在非卷烟类烟草制品上的品牌延伸和品牌共享。预计“万宝路（Marlboro）”、“骆驼（Camel）”等品牌在无烟气烟草制品领域会取得一定的发展。此外，新兴烟草市场的竞争将变得更加激烈。由于美国、欧洲、日本等成熟市场卷烟销量持续下降，各大跨国烟草公司将进一步加大对俄罗斯、印尼、乌克兰等新兴市场的拓展力度，东欧、中东和非洲地区可能是近期竞争的焦点。对于中国这块世界最大的烟草市场，各大跨国烟草公司的进入企图也变得越来越强烈。

（李保江）

先进人物名单

【烟草行业 2010 年全国劳动模范名单】（国务院关于表彰全国劳动模范和先进工作者的决定　国发［2010］11 号　2010 年 4 月 24 日公布）

刘宝荣（回族）　天津市烟草公司物流分公司卷烟成品库主任

康晓春　张家口卷烟厂有限责任公司设备管理部主任

杜为红　河北白沙烟草有限责任公司总经理

吕子军　吉林烟草工业有限责任公司副总经理

白玉琦　湖南中烟工业有限责任公司四平卷烟厂厂长、党委书记

王文杰　上海烟草集团卢湾烟草糖酒有限公司长春食品商店柜组长、商场值班长

钟　明　上海烟草（集团）公司上海卷烟厂设备维修技师

陈　凯　江苏中烟工业有限责任公司淮阴卷烟厂卷包车间副主任

沙建华　安徽中烟工业公司合肥卷烟厂辅联机电维修组长

刘加树　安徽中烟工业公司蚌埠卷烟厂制丝工段电工

朱建华　安徽中烟工业公司总经理

李志勇　厦门烟草工业有限责任公司卷包车间机组长

赖鞍山　龙岩烟草工业有限责任公司总经理

张新锋　河南中烟工业有限责任公司南阳卷烟厂维修电工

秦志强　河南中烟工业有限责任公司驻马店卷烟厂车间支部副书记

黄兰彬　许昌烟草机械有限责任公司主任工程师

裴　钧　河南省烟草公司洛阳市公司宜阳县分公司经理

方战先　湖北中烟工业有限责任公司红安卷烟厂厂长

周昌贡　湖南中烟工业有限责任公司总经理

何　生　广东烟草湛江市有限公司廉江市分公司经理

刁东田　广东中烟工业有限责任公司梅州卷烟厂厂长

戴　滔　重庆烟草工业有限责任公司黔江分厂机械工

毕奎荣　四川烟草工业有限责任公司成都分厂维修工

贺思建　贵州中烟工业有限责任公司贵阳卷烟厂工人

范玉芬　贵州中烟工业有限责任公司毕节卷烟厂二车间机长

张昆华　红云红河烟草（集团）有限责任公司昆明卷烟厂生产二部六车间工人

李穗明　红塔烟草（集团）有限责任公司总裁

朱东华　陕西中烟工业有限责任公司延安卷烟厂技师

【烟草行业 2010 年全国先进工作者名单】（国务院关于表彰全国劳动模范和先进工作者的决定　国发［2010］11 号　2010 年 4 月 24 日公布）

刘添毅　福建省三明市烟草专卖局局长

【烟草行业入选“第十届全国技术能手”名单】（关于表彰第十届中华技能大奖获得者、全国技术能手和国家技能人才培育突出贡献奖获奖单位、获奖个人的决定　人社部发［2010］78 号　2010 年 11 月 2 日）

郑东文　龙岩烟草工业有限责任公司烟机设备修理工（包装）高级技师

金彩洪　红塔烟草（集团）有限责任公司楚雄卷

烟厂烟机设备修理工（卷接）技师

李东节　红云红河烟草（集团）有限责任公司烟叶分级工技师

【烟草行业入选“第十届国家技能人才培育突出贡献奖”名单】（关于表彰第十届中华技能大奖获得者、全国技术能手和国家技能人才培育突出贡献奖获奖单位、获奖个人的决定　人社部发［2010］78 号　2010 年 11 月 2 日）

李广才　中国烟草总公司职工进修学院高级企业培训师

【烟草行业入选全国工会系统“五五”普法先进个人名单】（中华全国总工会关于表彰全国工会系统“五五”普法先进单位和先进个人的决定　总工发［2010］66 号　2010 年 12 月 30 日公布）

王学英　张家口卷烟厂有限责任公司工会副主席

於国棣　上海烟草集团闸北烟草糖酒有限公司办公室主任

陈　刚　安徽中烟工业公司滁州卷烟厂工会副主席

曹　慧　湖南中烟工业有限责任公司长沙卷烟厂工会法律专干

华建忠　常德烟草机械有限责任公司纪委书记、工会主席

吴宗雄　广东中烟工业有限责任公司梅州卷烟厂党委副书记、纪检书记、工会主席

湛　平　陕西省安康市烟草公司工会主席

【第二届烟草行业卷烟产品鉴别检验技能竞赛获奖选手名单】（中国烟草总公司关于表彰第二届烟草行业卷烟产品鉴别检验技能竞赛获奖选手的决定　中烟办［2010］186 号　2010 年 10 月 8 日）

质检组

名次	姓　名	工作单位
1	傅杭军	浙江省绍兴市烟草专卖局（公司）
2	骆震杰	浙江省杭州市烟草专卖局（公司）
3	石泯铭	浙江省金华市烟草专卖局（公司）
4	李　慧	北京市烟草专卖局（公司）烟草质量监督检测站
5	陈跃群	福建省漳州市烟草专卖局（公司）
6	刘　敏	山东省潍坊市烟草专卖局（有限公司）
7	崔岩石	辽宁省锦州市烟草专卖局（公司）
8	魏中华	北京市烟草专卖局（公司）烟草质量监督检测站
9	刘砚婷	北京市烟草专卖局（公司）烟草质量监督检测站
10	雷敏辉	广东省珠海市烟草专卖局（有限公司）
11	孙　萌	山东省青岛市烟草专卖局（有限公司）
12	朱　忠	江苏省烟草专卖局（公司）烟草质量监督检测站
13	马　研	广东省广州市烟草专卖局（有限公司）
14	代　伟	重庆市丰都县烟草专卖局（公司）
15	陈红伟	江苏省苏州市烟草专卖局（公司）
16	傅国安	上海市烟草专卖局浦东新区分局
17	崔光华	福建省福州市烟草专卖局（公司）
18	王永梅	吉林省烟草专卖局（公司）烟草质量监督检测站
19	徐存华	江苏省烟草专卖局（公司）烟草质量监督检测站
20	王　铮	河南省安阳市烟草专卖局（公司）

专卖组

名次	姓 名	工作单位
1	朱建生	浙江省杭州市烟草专卖局（公司）
2	施旭鹏	浙江省金华市烟草专卖局（公司）
3	倪国松	浙江省杭州市烟草专卖局（公司）
4	申 晖	北京市东城区烟草专卖局（公司）
5	王小华	浙江省衢州市烟草专卖局（公司）
6	陈 辉	福建省福州市烟草专卖局（公司）
7	徐 洋	北京市海淀区烟草专卖局（公司）
8	许 明	北京市东城区烟草专卖局（公司）
9	郑源辉	福建省福州市烟草专卖局（公司）
10	高 琪	上海市烟草专卖局普陀分局、 上海烟草集团普陀烟草糖酒有限公司
11	何 军	北京市朝阳区烟草专卖局（公司）
12	翟牛仔	广东省东莞市烟草专卖局（有限公司）
13	蒋道东	四川省成都市烟草专卖局（公司）
14	贺 伟	江苏省常州市烟草专卖局（公司）
15	张治军	江苏省南京市烟草专卖局（公司）
16	戈 斌	上海市烟草专卖局普陀分局、 上海烟草集团普陀烟草糖酒有限公司
17	慕宪伟	吉林省吉林市烟草专卖局（公司）
18	郭 峰	山东省潍坊市烟草专卖局（有限公司）
19	周 佳	上海市烟草专卖局虹口分局、 上海烟草集团虹口烟草糖酒有限公司
20	邱叶冰	福建省三明市烟草专卖局（公司）

【烟草行业入选“海啸二号”卷烟打假行动先进个人名单】（国家烟草专卖局、公安部关于表彰广东省“海啸二号”卷烟打假行动先进集体和先进个人的决定　国烟专［2010］361号　2010年10月9日）

何建华　广东省烟草专卖局副局长
武铁云　广东省烟草专卖局副巡视员
钟荣林　广东省烟草专卖局专卖稽查总队副总队长
谢赞平　广东省烟草专卖局专卖稽查总队科长
郑小林　广东省烟草专卖局机动队副队长
徐远秋　广东省汕头市烟草专卖局澄海区局局长
陈旭龙　广东省揭阳市烟草专卖局专卖办主任
陈　辉　广东省潮州市饶平县烟草专卖局专卖办主任

【“五五”法制宣传教育先进个人名单】（国家烟草专卖局关于表彰烟草行业“五五”法制宣传教育先进单位先进集体和先进个人的决定　国烟法［2010］439号　2010年12月17日）

严文学　上海市烟草专卖局法规处
容日兼　广西壮族自治区烟草专卖局法规处
王录奎　甘肃省烟草专卖局多元化经营投资管理处
肖海萍　青海省烟草专卖局法规处
陈征宇　浙江中烟工业有限责任公司法改部
王光举　贵州中烟工业有限责任公司法改部
王子郁　安徽中烟工业公司法改部
陈国联　湖南中烟工业有限责任公司法改部
李瑾琦　内蒙古自治区锡林郭勒盟烟草专卖局法规科
顾爱华　浙江省湖州市烟草专卖局法规处
唐永佳　广西中烟工业有限责任公司南宁卷烟分厂人力资源科
林卫东　浙江中烟工业有限责任公司宁波制造部安保科
许国良　中国烟草总公司职工进修学院法制办
许　尧　安徽中烟工业公司芜湖卷烟厂安保科
周相金　黑龙江省绥化市烟草专卖局法规科
耿利永　安徽省烟草专卖局法规处
张坤明　福建省龙岩市烟草专卖局法规科
王家忠　江西中烟工业有限责任公司赣南卷烟厂政工科
李祥红　宁夏回族自治区中卫市烟草专卖局
陶　花　四川烟草工业有限责任公司监察部
张　静　西藏自治区山南地区烟草专卖局
陈雪涛　山东省临沂市烟草专卖局法规科
靳　刚　陕西中烟工业有限责任公司法改部
梁永贺　南通醋酸纤维有限责任公司
刘　璎　上海市烟草专卖局法规处整顿管理科
郑琴英　江西省抚州市烟草专卖局法规科
李宝珍　北京市朝阳区烟草专卖局
张文祺　深圳市罗湖区烟草专卖局专卖科
黎　军　广西壮族自治区桂林市烟草专卖局法规科
李继东　山东中烟工业有限责任公司滕州卷烟厂
邓　震　大连市烟草专卖局专卖处案审科
何传国　广东省韶关市烟草专卖局
赵　飞　重庆市大足县烟草专卖局
文华清　四川省德阳市烟草专卖局法规科
刘宗汉　辽宁省鞍山市烟草专卖局法规办
曹　航　红塔烟草（集团）有限责任公司
杨　芳　湖北中烟工业有限责任公司红金龙（集团）有限公司
张　景　新疆维吾尔自治区烟草专卖局法规处
陈湘龙　湖南中烟工业有限责任公司法改部
张　磊　吉林省松原市烟草专卖局
姚建新　江苏省常州市烟草专卖局
王宗林　山西省晋城市烟草专卖局法规科
张　瑜　海南省儋州市烟草专卖局法规科
熊国江　青海省果洛藏族自治州烟草专卖局
邹安静　贵州省贵阳市烟草专卖局法规科
何　伟　云南省保山市烟草专卖局
蒋卯卯　天津市烟草专卖局法规处
吴　优　昆明醋酸纤维有限责任公司办公室人力资源组
张京湘　厦门烟草工业有限责任公司党委办公室
孙新增　陕西省渭南市烟草专卖局
刘殷亭　江苏中烟工业有限责任公司南京卷烟厂
段　强　河南中烟工业有限责任公司法改部
蒋贺清　河南省焦作市烟草专卖局
谭柱生　湖南省衡阳市烟草专卖局法规科
李洪智　河北省保定市烟草专卖局法规科
曹　鹏　甘肃省白银市烟草专卖局
陈　锐　湖北省武汉市烟草专卖局洪山区分局综合办
李显万　广东中烟工业有限责任公司广州卷烟二厂生产二部
刘江涛　河北中烟工业公司法改部
刘国成　珠海醋酸纤维有限责任公司营销部
赵　欣　中国烟草总公司郑州烟草研究院人事处
夏　曼　贵州中烟工业有限责任公司遵义卷烟厂
金红永　吉林烟草工业有限责任公司办公室

【2010 年度“全国烟草技术能手”名单】

（国家烟草专卖局关于授予2010 年度烟草行业职业技能竞赛优秀选手全国烟草技术能手荣誉称号的决定　国烟人［2010］460 号　2010 年 12 月 31 日）

一、第八届全国烟草行业职业技能竞赛暨第一届全国烟草行业卷烟商品营销职业技能竞赛获奖选手名单

曹丽娟　山西省吕梁市烟草公司
曾　雳　四川省烟草公司卷烟经营管理部
蔡凯华　上海烟草（集团）公司上海烟草贸易中心有限公司
韩伟民　上海烟草（集团）公司市场营销中心
楼　佳　浙江省金华市烟草公司
贺　东　湖南省长沙市烟草公司
魏灿生　云南省玉溪市烟草公司
黄诗媛　福建省漳州市烟草公司

秦莎莎 广东烟草韶关市有限公司
陈 斌 上海烟草集团卢湾烟草糖酒有限公司
夏 阳 广东烟草中山市有限责任公司
池 卿 上海烟草集团杨浦烟草糖酒有限公司
刘婷婷 福建省南平市烟草公司
谭 意 湖南省湘潭市烟草公司
周国芳 山东德州烟草有限公司
关 昊 上海烟草集团浦东烟草糖酒有限公司
汪继德 广东烟草珠海市有限公司
陈 芳 浙江中烟工业有限责任公司市场营销部
李 熹 福建省厦门市烟草公司
李汀桂 湖南省怀化市烟草公司
马鹏龙 福建中烟工业公司营销中心
杨 慧 湖北省襄樊市烟草公司
李慧颖 江西省宜春市烟草公司
董燕玲 新疆维吾尔自治区哈密地区烟草公司
周 义 浙江中烟工业有限责任公司市场营销部
马骏珍 浙江省金华市烟草公司
沈 婵 湖南省长沙市烟草公司
张仪娜 内蒙古自治区兴安盟烟草公司
米佳璐 江西省抚州市烟草公司
杨明宽 云南省保山市烟草公司

二、行业省级职业技能竞赛获奖名单

（一）“钻石杯”河北烟草工业系统第三届烟机设备维修职业技能竞赛

徐 建 河北白沙烟草有限责任公司石家庄卷烟厂
张翠强 河北白沙烟草有限责任公司石家庄卷烟厂

（二）第一届中国烟草实业发展中心卷烟商品营销职业技能竞赛

谢定安 深圳烟草工业有限责任公司
刘仁旺 山西昆明烟草有限责任公司
陈昶宇 深圳烟草工业有限责任公司
杨慧君 红塔辽宁烟草有限责任公司
李 颖 吉林烟草工业有限责任公司
符起慧 海南红塔卷烟有限责任公司
王玉洋 深圳烟草工业有限责任公司

（三）第一届湖南中烟工业有限责任公司卷烟商品营销职业技能竞赛

廖忠仁 湖南中烟工业有限责任公司
王丹青 湖南中烟工业有限责任公司
张小平 湖南中烟工业有限责任公司
肖尔佳 湖南中烟工业有限责任公司

（四）第一届北京市烟草专卖局（公司）卷烟商品营销职业技能竞赛

史 磊 北京市海淀区烟草公司
刘 巍 北京市海淀区烟草公司
高红菊 北京市顺义区烟草公司

（五）第一届河南烟草商业卷烟商品营销职业技能竞赛

曹 磊 河南省商丘市烟草公司
郭丹丹 河南省许昌市烟草公司
李 飞 河南省周口市烟草公司
屈丽丽 河南省三门峡市烟草公司
栾慧芳 河南省商丘市烟草公司

（六）第二届四川烟草商业系统卷烟商品营销职业技能竞赛

欧 文 四川省德阳市烟草公司
姬春利 四川省宜宾市烟草公司
张雨佳 四川省成都市烟草公司

（七）第一届山东省烟草专卖局（公司）卷烟商品营销职业技能竞赛

王 铮 山东泰安烟草有限公司
孙 雯 山东泰安烟草有限公司
李晓亮 山东枣庄烟草有限公司
马学军 山东菏泽烟草有限公司
韩长林 山东聊城烟草有限公司

（八）第三届湖南省烟草专卖局（公司）卷烟商品营销职业技能竞赛

胡妍波 湖南省常德市烟草公司
李 娟 湖南省怀化市烟草公司
廖志葵 湖南省永州市烟草公司
刘 鑫 湖南省娄底市烟草公司

（九）第一届贵州中烟工业有限责任公司卷烟商品营销职业技能竞赛

郭燕燕 贵州中烟工业有限责任公司市场营销中心
李 琳 贵州中烟工业有限责任公司市场营销中心
喻发俊 贵州中烟工业有限责任公司市场营销中心

（十）第一届江西省烟草专卖局（公司）系统卷烟商品营销职业技能竞赛

李 芹 江西省宜春市烟草公司

（十一）第七届云南烟草工业系统职业技能竞赛暨第二届云南烟草工业系统卷烟商品营销职业技能竞赛

胡 鹍 红塔烟草（集团）有限责任公司
舒云华 红塔烟草（集团）有限责任公司
王金刚 红云红河烟草（集团）有限责任公司
吴 梅 红塔烟草（集团）有限责任公司

（十二）第一届山西烟草商业系统卷烟商品营销职业技能竞赛

张仰宇　山西省吕梁市烟草公司
郗　斌　山西省临汾市烟草公司
贾建平　山西省晋中市烟草公司
史君毅　山西省临汾市烟草公司

（十三）第一届湖北省烟草专卖局（公司）卷烟商品营销职业技能竞赛

曹　珊　湖北省武汉市烟草公司
陈锦霞　湖北省武汉市烟草公司
凌志雄　湖北省荆州市烟草公司
李启明　湖北省武汉市烟草公司
刘　洋　湖北省武汉市烟草公司

（十四）第一届浙江省烟草专卖局（公司）卷烟商品营销职业技能竞赛

汪　玮　浙江省杭州市烟草公司
陈华艳　浙江省台州市烟草公司

（十五）第二届福建省烟草商业系统卷烟商品营销职业技能竞赛

江白燕　福建省厦门市烟草公司
吴　昊　福建省厦门市烟草公司
王嘉悦　福建省厦门市烟草公司

（十六）“双喜杯”第二届广东中烟工业有限责任公司烟机设备维修职业技能竞赛

邓纪强　广东中烟工业有限责任公司广州卷烟二厂南海生产部
郑国华　广东中烟工业有限责任公司梅州卷烟厂

（十七）“双喜杯”第二届上海烟草（集团）公司烟机设备维修职业技能竞赛

王欣烨　上海烟草（集团）公司上海卷烟厂
孙　华　上海烟草（集团）公司上海卷烟厂

（十八）第三届湖南省烟草专卖局（公司）烟叶分级职业技能竞赛

刘聪聪　湖南省邵阳市烟草公司
李正付　湖南省衡阳市烟草公司
范才银　湖南省衡阳市烟草公司
何志红　湖南省郴州市烟草公司
曹红梅　湖南省郴州市烟草公司

（十九）第二届贵州省烟草专卖局（公司）烟叶分级职业技能竞赛

朱　萍　贵州省毕节地区烟草公司
陈代利　贵州省遵义市烟草公司
邓春燕　贵州省毕节地区烟草公司

【烟草行业“十一五”教育培训工作先进工作者名单】（中国烟草总公司关于表彰全国烟草行业“十一五”教育培训工作先进集体和先进工作者及优秀教师的决定　中烟办［2011］44号　2011年3月22日公布）

洪伟峻　北京市烟草专卖局（公司）
李卓维　天津市烟草专卖局（公司）
奚小娟　山西省烟草职工培训中心
赵　海　内蒙古自治区烟草专卖局（公司）
刘晓华　吉林省烟草专卖局（公司）
纪　扬　黑龙江省烟草专卖局（公司）
郁步林　上海烟草集团有限责任公司
许　萍　安徽省烟草职工培训中心
赖玲周　福建省龙岩市烟草专卖局（公司）
周小英　江西省宜春市烟草专卖局（公司）
李　艳　山东省烟草专卖局（公司）
朱超杰　河南省烟草职工培训中心
杨　波　广西壮族自治区柳州市烟草专卖局（公司）
孟文强　重庆市烟草专卖局（公司）
张光明　四川省烟草职工教育培训中心
杨　卫　甘肃省烟草专卖局（公司）
吴晓云　青海省格尔木市烟草专卖局（公司）
赖远程　深圳市烟草专卖局（公司）
郭晓红　龙岩烟草工业有限责任公司
金　翔　江西中烟工业有限责任公司
黄　明　河南中烟工业有限责任公司
曾　玲　湖北中烟工业有限责任公司
黄　丽　湖南中烟工业有限责任公司长沙卷烟厂
凌玉萍　广西中烟工业有限责任公司
代桂荣　川渝中烟工业公司
缪莉萍　红塔烟草（集团）有限责任公司
强海波　陕西中烟工业有限责任公司
郭　慧　中国烟草总公司郑州烟草研究院
杨保吉　中国烟草总公司职工进修学院
夏士红　上海烟草机械有限责任公司

【烟草行业“十一五”教育培训工作优秀教师名单】（中国烟草总公司关于表彰全国烟草行业“十一五”教育培训工作先进集体和先进工作者及优秀教师的决定　中烟办［2011］44号　2011年3月22日公布）

高云发　北京市顺义区烟草专卖局（公司）
徐延峰　天津市烟草专卖局（公司）物流分公司
马　欣　河北省沧州市烟草专卖局（公司）

韩英楠　辽宁省沈阳市烟草专卖局（公司）
徐　辉　吉林烟草职业培训中心
唐根利　上海烟草集团有限责任公司上海卷烟厂
曹　美　江苏省烟草专卖局（公司）质检站
刘一峰　浙江省舟山市烟草专卖局（公司）
王洪光　安徽省烟草专卖局（公司）法规处
王传安　中国烟草总公司青州中等专业学校（山东烟草职工培训中心）
刘传荣　中国烟草总公司青州中等专业学校（山东烟草职工培训中心）
曹同枝　湖南省烟草职工培训中心
马德军　广西壮族自治区桂林市灵川县烟草专卖局（营销部）
张树鑫　海南省烟草专卖局（公司）专卖处
蒋　雯　四川省德阳市烟草专卖局（公司）
黄丽清　云南省烟草烟叶公司
杨树勋　甘肃省陇南市烟草专卖局（公司）
张秀峰　宁夏回族自治区银川市烟草专卖局（公司）
张圣凤　新疆维吾尔自治区阿克苏烟草专卖局（公司）
卜建立　河北白沙烟草有限责任公司
李　坤　江苏中烟工业有限责任公司徐州卷烟厂
陆小雨　浙江中烟工业有限责任公司宁波制造部
陆建华　浙江中烟工业有限责任公司杭州制造部
俞大祥　湖北中烟工业有限责任公司武汉卷烟厂
刘爱民　湖南中烟工业有限责任公司郴州卷烟厂
覃学兵　湖南中烟工业有限责任公司常德卷烟厂
卢浥良　广东中烟工业有限责任公司广州卷烟二厂
王德吉　中国烟草总公司职工进修学院
甄焕菊　中国烟草总公司职工进修学院
朱云飞　常德烟草机械有限责任公司

先进集体名单

【烟草行业入选“全国先进社会组织”名单】

（民政部关于表彰全国先进社会组织的决定　民发［2010］16号　2010年2月4日发布）

江西省烟草学会
广西壮族自治区烟草学会
云南省烟草学会

【烟草行业入选“全国模范职工之家”名单】

（中华全国总工会关于表彰全国模范职工之家、全国模范职工小家的决定　总工发［2010］30号　2010年5月28日发布）

安徽中烟工业公司合肥卷烟厂工会委员会
安徽省烟草公司宿州市公司工会委员会
山东菏泽烟草有限公司工会委员会
福建省烟草专卖局机关工会委员会
湖北省烟草公司武汉市公司工会委员会
湖北省天门市烟草专卖局（公司）工会委员会
湖南省岳阳市烟草专卖局（公司）工会委员会
广东烟草肇庆市有限责任公司工会委员会
浙江省烟草专卖局（公司）工会委员会
上海烟草（集团）公司上海卷烟厂工会委员会

【烟草行业入选“全国模范职工小家”名单】

（中华全国总工会关于表彰全国模范职工之家、全国模范职工小家的决定　总工发［2010］30号　2010年5月28日发布）

上海烟草机械有限责任公司制造一部数控二组工会小组
江苏中烟工业有限责任公司徐州卷烟厂烟叶处分工会
浙江省烟草公司绍兴市公司绍兴分工会
厦门烟草工业有限责任公司制丝车间分工会
山东潍坊烟草有限公司临朐分公司嵩山烟叶工作站工会小组
河南中烟工业有限责任公司工会郑州卷烟厂动能车间分会
河南中烟工业有限责任公司许昌卷烟厂工会动力车间分会
广东烟草梅州市有限公司工会梅县分会
广东烟草湛江市有限公司工会委员会雷州分会
广东烟草揭阳市有限公司工会委员会惠来分会
广东烟草广州市有限公司黄埔分局工会分会

广西中烟工业有限责任公司工会柳州卷烟分厂分会
重庆市烟草公司南川分公司工会
重庆市烟草公司潼南分公司工会
重庆市烟草公司大足分公司工会
重庆市烟草公司城口分公司工会
重庆市烟草公司武隆分公司工会
四川烟草工业有限责任公司成都分厂动力部分工会
贵州省烟草公司黔东南州公司工会委员会榕江分会
贵州中烟工业有限责任公司毕节卷烟厂二车间分工会
云南省烟草公司曲靖市公司陆良分公司小百户烟站工会小组
红塔烟草（集团）有限责任公司玉溪卷烟厂卷包二车间工会
陕西中烟工业有限责任公司汉中卷烟厂卷包车间工会分会
重庆烟草工业有限责任公司涪陵分厂卷接包车间工会

【烟草行业入选“第十届国家技能人才培育突出贡献奖”获奖单位名单】（关于表彰第十届中华技能大奖获得者、全国技术能手和国家技能人才培育突出贡献奖获奖单位、获奖个人的决定　人社部发［2010］78号　2010年11月2日发布）

上海烟草机械有限责任公司

【烟草行业入选全国工会系统“五五”普法先进单位名单】（中华全国总工会关于表彰全国工会系统“五五”普法先进单位和先进个人的决定　总工发［2010］66号　2010年12月30日发布）

上海市烟草工会
上海海烟物流发展有限公司工会
江苏省烟草公司淮安市公司工会
安徽中烟工业公司合肥卷烟厂工会
安徽中烟工业公司蚌埠卷烟厂工会
福建省烟草公司三明市公司泰宁县分公司工会
湖南中烟工业有限责任公司常德卷烟厂工会
湖南中烟工业有限责任公司郴州卷烟厂工会
湖南中烟工业有限责任公司机关工会
广东烟草广州市有限公司工会
广西壮族自治区烟草公司北海市公司工会委员会
广西壮族自治区烟草公司贵港市公司工会委员会
云南中烟工业公司工会
陕西省烟草公司渭南市公司工会

【2009年下半年烟草打假重大案件表彰名单】（国家烟草专卖局关于2009年下半年烟草打假重大案件和专项行动的表彰通报　国烟专［2010］106号　2010年4月6日发布）

北京“11.26”销售假烟网络案件
北京“8.15”销售假烟网络案件
北京“7.24”销售假烟网络案件
天津“10.11”销售假烟网络案件
天津“7.21”销售假烟网络案件
石家庄“8.11”制售假烟网络案件
石家庄“7.19”销售假烟网络案件
邯郸“7.23”销售假烟网络案件
邯郸“8.27”销售假烟网络案件
沧州“11.6”销售假烟网络案件
沧州“7.21”销售假烟网络案件
保定“4.22”制售假烟网络案件
太原“3.20”销售假烟网络案件
介休“4.24”销售假烟网络案件
太原“7.24”制售假烟网络案件
阳泉“1.20”销售假烟网络案件
鄂尔多斯“6.19”销售假烟网络案件
包头“8.19”制售假烟网络案件
呼和浩特“9.26”销售假烟网络案件
锡林郭勒“4.23”销售假烟网络案件
阜新“7.7”互联网销售烟机案件
辽宁“7.12”销售假烟网络案件
沈阳“3.12”销售假烟网络案件
铁岭“10.7”非法经营烟叶网络案件
通化“7.3”销售假烟网络案件
哈尔滨“8.26”运销假烟网络案件
大庆谢隆格制售假烟网络案件
绥化“10.30”非法经营烟叶网络案件
上海原南汇陈原宗销售假烟网络案件
上海何汉生等销售假烟网络案件
上海季忠等销售假烟网络案件
南通“8.5”销售假烟网络案件
南京“10.14”销售假烟网络案件

常州“11.9”销售假烟网络案件
扬州“9.25”销售假烟网络案件
杭州“4.10”运销假烟网络案件
慈溪“6.18”制售假烟网络案件
富阳“10.20”运销假烟网络案件
宁波“1.19”销售假烟网络案件
奉化“2.7”销售假烟网络案件
上虞“10.19”运销假烟网络案件
武义“10.15”运销假烟网络案件
龙游“3.29”销售假烟网络案件
玉环“7.13”销售假烟网络案件
池州“7.15”运销假烟网络案件
六安“9.3”贩售假烟网络案件
龙岩王太胜制售假烟网络案件
三明纪熙锦制售假烟网络案件
莆田“5.16”销售假烟网络案件
泉州“1.13”销售假烟网络案件
漳州“3.3”制售假烟网络案件
南昌“1.17”销售假烟网络案件
南昌“4.1”销售假烟网络案件
抚州“4.27”销售假烟网络案件
萍乡“9.11”销售假烟网络案件
新余“4.20”销售假烟网络案件
泰安韩丰利用互联网非法销售假烟案件
滨州刘会平非法经营假冒卷烟网络案件
临沂王艳明非法经营假冒卷烟网络案件
德州尹秋祖非法经营假冒卷烟网络案件
青岛高顺非法经营假冒卷烟网络案件
潍坊王世全非法经营假冒卷烟网络案件
枣庄宗西良非法经营假冒卷烟网络案件
济宁王金峰非法经营假冒卷烟网络案件
信阳“12.28”制售假烟网络案件
郑州“1.4”制售假烟网络案件
洛阳“6.10”制售假烟网络案件
焦作“12.16”制售假烟网络案件
商丘“6.21”制售假烟网络案件
南阳“3.26”制售假烟网络案件
黄冈“10.18”潘光霞团伙贩售假烟案件
黄冈“3.3”戴桂英团伙贩售假烟案件
孝感“7.30”宋军团伙制售假烟案件
长沙“4.15”销售假烟网络案件
常德钱本超销售假烟网络案件
衡阳“1.7”销售假烟网络案件
永州“4.14”销售假烟网络案件
郴州“5.6”销售假烟网络案件
清远“9.19”制售假烟网络案件
阳江“10.14”制售假烟网络案件
珠海“4.7”制售假烟网络案件
云浮“6.10”制售假烟网络案件
柳州“3.6”非法经营卷烟网络案件
桂林“6.24”销售假烟网络案件
防城港“6.26”非法经营卷烟网络案件
梧州“11.9”销售假烟网络案件
海口“5.13”销售假烟网络案件
深圳“9.17”制售假烟网络案件
渝穗“2.19”制售假烟网络案件
渝中“1.14”制售假烟网络案件
潼南“2.13”制售假烟网络案件
涪陵“8.25”制售假烟网络案件
眉山“5.20”制售假烟网络案件
资阳“9.13”运销假烟网络案件
宜宾“8.28”运销假烟网络案件
安顺“1.15”销售假烟网络案件
黔东南州“5.29”制售假烟网络案件
贵阳“7.2”销售假烟网络案件
玉溪“9.14”非法经营烟叶网络案件
德宏州“8.24”销售假烟网络案件
保山“7.23”涉烟原辅材料网络案件
红河州“8.4”非法经营烟叶网络案件
商洛“3.13”制售假烟网络案件
安康“6.3”销售假烟网络案件
铜川“11.21”销售假烟网络案件
宝鸡“9.20”销售假烟网络案件
西宁“3.18”贩售假烟网络案件
石嘴山“7.31”贩售假烟网络案件
乌鲁木齐“8.4”销售假烟网络案件
拉萨市“12.4”销售假烟网络案件

【2009 年下半年烟草打假专项行动表彰名单】

（国家烟草专卖局关于2009 年下半年烟草打假重大案件和专项行动的表彰通报　国烟专［2010］106 号　2010 年 4 月 6 日）

2009 年广东省卷烟打假应急机动队打击重点地区专项行动

2009 年广东省清理卷烟市场“百日行动”

黑龙江“迎国庆、净市场、促增长”专项打假行动

上海“庆国庆、迎世博、净市场、树形象”专项整治行动

2009 年浙江省非法涉烟运输专项整治行动

泉州“铁帚”卷烟市场综合整治专项行动

江西打击制售假烟网络案件翻番工程专项行动

山东省烟草市场秩序集中整治“利剑行动”

河南省烟草工商联合取缔无证无照经营卷烟零售商户“百日整顿”专项行动

2009年湖北省第三次卷烟打假市场整顿专项行动

湖南益阳“猎狐”专项行动

琼海市2009年今冬明春卷烟打假专项行动

贵州省国庆中秋卷烟市场整顿专项行动

【全国烟草行业第二十一届优秀QC小组成果发布会获奖名单】（中国烟草总公司关于表彰全国烟草行业第二十一届优秀QC小组成果的通报　中烟办［2010］148号　2010年8月2日）

一等奖小组

单位名称	小组名称	成果名称
红塔烟草（集团）有限责任公司玉溪卷烟厂	卷包二车间包装修理QC小组	降低GDX500商标纸消耗
湖南中烟工业有限责任公司常德卷烟厂	东方红QC小组	软包硬化商标纸新型涂胶系统的研制
广西中烟工业有限责任公司柳州卷烟分厂	亮剑QC小组	研发YJ27接装机胶水不足检测装置
江苏中烟工业有限责任公司徐州卷烟厂	前沿QC小组	制丝线加料流量计校准系统的开发
山东中烟工业有限责任公司济南卷烟厂	制丝车间火炬QC小组	研制造纸法薄片烟块自动松散装置
深圳烟草工业有限责任公司	聚劲QC小组	研究制丝生产防差错的新方法
河南中烟工业有限责任公司安阳卷烟厂	铝箔车间飞扬QC小组	减少复合涂布机故障停机时间
河北白沙烟草有限责任公司保定卷烟厂	节电研究小组QC小组	优化梗丝结构
河南中烟工业有限责任公司新郑卷烟厂	卷接包车间奇胜QC小组	研制条输送堵塞定位报警显示装置
安徽中烟工业公司蚌埠卷烟厂	蒲公英QC小组	降低BE硬化商标纸单耗
红塔辽宁烟草有限责任公司营口卷烟厂	卷包车间第一QC小组	卷烟机料斗滤网清洁系统的研发
陕西中烟工业有限责任公司汉中卷烟厂	工艺QC小组	来料含水率与加香加料精度关系的研究与应用

二等奖小组

单位名称	小组名称	成果名称
上海烟草（集团）公司上海卷烟厂	三车间凌云QC小组	PROTOS70烟枪调整工装的研制
湖南中烟工业有限责任公司长沙卷烟厂	包装技术室QC小组	降低GD包装机小盒消耗
红云红河烟草（集团）有限责任公司红河卷烟厂	节能QC小组	降低中央空调加湿制冷能耗
南通醋酸纤维有限公司	纺织生产部QC小组	降低7B4在线飞花
浙江中烟工业有限责任公司	技术中心材料研究QC小组	提高“利群（软长嘴）”商标包装速度
贵州中烟工业有限责任公司贵阳卷烟厂	计量站同心圆QC小组	探索孔板式蒸汽流量测量系统校准新方法
河北白沙烟草有限责任公司	动力车间电气QC小组	降低空调电能消耗
河南中烟工业有限责任公司许昌卷烟厂	一车间乙班QC小组	提高混丝加香机小批量烟丝加香精度
安徽省烟草公司马鞍山市公司	卷烟配送中心远航QC小组	提高卷烟送货效率

续表

单位名称	小组名称	成果名称
广西烟草工业有限责任公司南宁卷烟分厂	真龙 QC 小组	新型铝箔纸剩余量控制器的研制
龙岩烟草工业有限责任公司	物流先锋 QC 小组	提高配方库出入库物流量
广东中烟工业有限责任公司广州卷烟二厂生产一部	制丝车间开源节流 QC 小组	降低制丝车间生产单位用水量
陕西中烟工业有限责任公司延安卷烟厂	901QC 小组	建立优化流程管理
河南中烟工业有限责任公司洛阳卷烟厂	奉献 QC 小组	降低制丝线蒸汽能源消耗
上海烟草（集团）公司天津卷烟厂	一车间求实 QC 小组	烘丝尾料运行时间控制装置的研制

三等奖小组

单位名称	小组名称	成果名称
上海烟草（集团）公司	基建设备处鹰眼 QC 小组	提高加香储料罐的测量精度
红云红河烟草（集团）有限责任公司昆明卷烟厂	工艺 QC 小组	提高预处理烟梗转色质量
江苏中烟工业有限责任公司淮阴卷烟厂	卷包车间包装 QC 小组	减少 FK350S 包装机商标纸吸取故障时间
湖北中烟工业有限责任公司武汉卷烟厂	工艺品质部圆梦 QC 小组	提高 100×280 规格滤棒硬度
秦皇岛烟草机械有限责任公司	技术中心计算机辅助设计 QC 小组	DUC 型皮带机出料斗计算机辅助设计系统的研发
福建省烟草公司厦门市公司	鹭岛 1 号 QC 小组	提高“七匹狼（尚品）”的上柜率
张家口卷烟厂有限责任公司	三车间 QC 小组	研究水胶棒生产设备的改造方法
浙江省烟草公司温州市公司	精实二号 QC 小组	多楼层整托盘出入库侧面扫码技术的研究和实施
重庆市烟草公司奉节分公司	客户服务部 QC 小组	提高网上订货客户比
四川省烟草公司凉山州公司	金叶飘香 QC 小组	降低烤烟砂培育苗螺旋根发生率
厦门烟草工业有限责任公司	制丝车间知行 QC 小组	提高梗丝出丝率
四川烟草工业有限责任公司成都分厂	卷烟工艺制造部 QC 小组	提高实验小线风选烟丝的回收利用率
广东中烟工业有限责任公司梅州卷烟厂	科创 QC 小组	研究抽检润叶水分的快速测定法
红塔烟草（集团）有限责任公司大理卷烟厂	迅雷 QC 小组	降低切断机切刀机构故障频次
浙江中烟工业有限责任公司杭州制造部	卷包车间卷烟 QC 小组	降低水松纸油渍烟缺陷
江西中烟工业有限责任公司广丰卷烟厂	基建科动力车间联合 QC 小组	提高锅炉水膜除尘废水回收率
安徽中烟工业公司芜湖卷烟厂	膨丝线 QC 小组	提高膨胀丝出丝率
山西昆明烟草有限责任公司	动力车间锅炉工段 QC 小组	提高 SHL 型燃煤锅炉吨煤产汽量

【2010年上半年烟草打假重大案件表彰名单】
（国家烟草专卖局关于2010年上半年烟草打假重大案件和专项行动的表彰通报　国烟专［2010］333号　2010年10月9日）

北京丰台“4.15”销售假烟网络案件
北京市“4.13”销售假烟网络案件
北京市“5.9”销售假烟网络案件
北京大兴“4.15”销售假烟网络案件
北京海淀“6.29”销售假烟网络案件
北京朝阳“5.31”销售假烟网络案件
北京丰台“1.25”销售假烟网络案件
北京丰台“2.1”销售假烟网络案件
北京朝阳“1.30”销售假烟网络案件
北京昌平“1.2”销售假烟网络案件
天津市“2.25”销售假烟网络案件
天津市“1.15”销售假烟网络案件
天津市“3.14”销售假烟网络案件
河北石家庄“1.19”互联网售假网络案件
河北保定“4.15”销售假烟网络案件
河北石家庄“12.12”销售假烟网络案件
河北保定“4.20”制售假烟网络案件
河北邯郸“5.7”销售假烟网络案件
河北张家口“4.10”制售假烟网络案件
山西晋中“1.23”销售假烟网络案件
山西太原“9.27”销售假烟网络案件
山西太原“1.23”销售假烟网络案件
山西太原“9.16”销售假烟网络案件
山西阳泉“4.17”销售假烟网络案件
山西晋城“4.18”非法经营卷烟网络案件
山西长治“12.8”贩售假烟网络案件
山西长治“12.15”贩售假烟网络案件
山西临汾“11.3”销售假烟网络案件
山西临汾“5.1”销售假烟网络案件
山西临汾“5.27”销售假烟网络案件
山西大同“12.18”销售假烟网络案件
山西运城“4.18”销售假烟网络案件
山西运城“4.23”销售假烟网络案件
内蒙古兴安盟“12.25”销售假烟网络案件
内蒙古兴安盟“1.20”销售假烟网络案件
内蒙古呼和浩特“1.18”销售假烟网络案件
内蒙古包头“12.30”销售假烟网络案件
内蒙古包头“1.11”销售假烟网络案件
内蒙古锡林郭勒“9.18”销售假烟网络案件
内蒙古赤峰“12.7”销售假烟网络案件
内蒙古乌兰察布“5.8”销售假烟网络案件
辽宁沈阳“1.22”销售假烟网络案件
辽宁沈阳“3.4”销售假烟网络案件
辽宁沈阳“8.18”销售假烟网络案件
辽宁沈阳“6.18”销售假烟网络案件
辽宁鞍山“5.23”销售假烟网络案件
辽宁鞍山“2.1”销售假烟网络案件
辽宁抚顺“3.23”销售假烟网络案件
辽宁朝阳“11.4”销售假烟网络案件
辽宁辽阳“5.15”销售假烟网络案件
吉林“2.20”互联网销售假烟网络案件
黑龙江哈尔滨“1.17”销售假烟网络案件
上海静安“12.11”运销假烟网络案件
上海金山“1.13”运销假烟网络案件
上海浦东“10.11”运销假烟网络案件
上海闵行“1.7”运销假烟网络案件
上海松江“12.30”运销假烟网络案件
上海嘉定“10.19”销售假烟网络案件
上海浦东“1.7”运销假烟网络案件
上海闸北“11.17”销售假烟网络案件
上海宝山“6.19”销售假烟网络案件
上海黄浦“10.20”销售假烟网络案件
上海金山“8.28”运销假烟网络案件
上海浦东“11.14”运销假烟网络案件
上海浦东“4.17”运销假烟网络案件
上海闵行“1.14”运销假烟网络案件
江苏宿迁“1.16”销售假烟网络案件
江苏常州“9.17”销售假烟网络案件
江苏苏州“4.29”销售假烟网络案件
江苏南通“10.18”销售假烟网络案件
江苏泰州“11.23”销售假烟网络案件
江苏宿迁“6.22”销售假烟网络案件
江苏苏州“6.30”销售假烟网络案件
江苏南京“7.28”销售假烟网络案件
江苏苏州“11.23”销售假烟网络案件
江苏苏州“7.12”销售假烟网络案件
江苏徐州“6.29”销售假烟网络案件
浙江临海“12.24”运销假烟网络案件
浙江海宁“1.31”销售假烟网络案件
浙江杭州“6.26”运销假烟网络案件
浙江杭州“10.15”销售假烟网络案件
浙江杭州“4.30”运销假烟网络案件
浙江杭州“4.4”销售假烟网络案件
浙江杭州“4.10”运销假烟网络案件
浙江杭州“7.3”运销假烟网络案件
浙江临安“8.14”销售假烟网络案件

浙江杭州“3.14”销售假烟网络案件
浙江杭州“1.5”销售假烟网络案件
浙江富阳“7.25”销售假烟网络案件
浙江宁波“8.18”销售假烟网络案件
浙江宁波“5.22”运销假烟网络案件
浙江象山“8.18”销售假烟网络案件
浙江余姚“5.25”销售假烟网络案件
浙江宁波“1.20”销售假烟网络案件
浙江奉化“3.25”销售假烟网络案件
浙江宁波“11.24”销售假烟网络案件
浙江慈溪“5.14”销售假烟网络案件
浙江宁海“5.26”销售假烟网络案件
浙江宁波“7.3”销售假烟网络案件
浙江宁波“7.6”销售假烟网络案件
浙江温州“11.16”销售假烟网络案件
浙江嘉兴“5.1”销售假烟网络案件
浙江平湖“10.10”运销假烟网络案件
浙江嘉兴“2.8”销售假烟网络案件
浙江新昌“6.6”销售假烟网络案件
浙江上虞“5.4”销售假烟网络案件
浙江永康“4.16”销售假烟网络案件
浙江义乌“1.5”销售假烟网络案件
浙江义乌“9.11”销售假烟网络案件
浙江义乌“1.17”销售假烟网络案件
浙江东阳“1.31”销售假烟网络案件
浙江江山“12.30”运销假烟网络案件
浙江丽水“5.18”运销假烟网络案件
安徽蚌埠“2.14”销售假烟网络案件
安徽池州“4.7”销售假烟网络案件
安徽池州“4.25”销售假烟网络案件
安徽芜湖“1.13”销售假烟网络案件
福建龙岩“9.28”制售假烟网络案件
福建三明纪熙锦等制售假烟网络案件
福建福州“12.12”制售违法卷烟网络案件
福建福州“1.22”制售违法卷烟网络案件
福建宁德“1.16”非法经营卷烟网络案件
福建宁德“10.14”非法经营卷烟网络案件
福建漳州“7.23”运输销售假烟网络案件
福建三明高超灯等制售假烟网络案件
福建南平“4.8”制售假烟网络案件
江西抚州“7.18”非法经营烟用丝束案件
江西赣州“4.9”制售假烟网络案件
江西九江“12.16”运输假烟网络案件
江西宜春“9.10”销售假烟网络案件
江西吉安“9.19”销售假烟网络案件
江西赣州“7.2”销售假烟网络案件
江西萍乡“10.15”销售假烟网络案件
山东临沂“10.19”非法经营卷烟网络案件
山东济南“8.1”非法经营卷烟网络案件
山东济南“4.2”非法经营烟机、假烟网络案件
山东济南“1.13”销售假烟网络案件
山东济南“10.10”非法经营卷烟网络案件
山东济南“1.5”销售假烟网络案件
山东济南“6.13”非法经营卷烟网络案件
山东淄博“3.21”非法经营卷烟网络案件
山东枣庄“11.19”非法经营卷烟网络案件
山东烟台“7.22”销售假烟网络案件
山东潍坊“6.27”销售假烟网络案件
山东潍坊“3.20”销售假烟网络案件
山东潍坊“9.29”销售假烟网络案件
山东潍坊“11.6”非法经营假烟网络案件
山东泰安赵平凡非法销售烟丝烟叶网络案件
山东泰安闫瑞金非法销售卷烟网络案件
山东泰安潘汝营非法销售卷烟网络案件
山东泰安杜树荣互联网销售假烟网络案件
山东泰安陈振兰非法经营烟叶烟丝网络案件
山东威海“12.9”销售假烟网络案件
山东威海“12.13”销售假烟网络案件
山东威海“11.29”制售假烟网络案件
山东临沂“4.15”非法经营烟丝网络案件
山东临沂“2.17”非法经营卷烟网络案件
山东临沂“11.22”非法经营卷烟网络案件
山东临沂“9.6”非法经营烟草制品网络案件
山东德州“11.7”贩售假烟网络案件
山东菏泽“12.28”销售假烟网络案件
山东菏泽“2.3”销售假烟网络案件
河南南阳“1.3”制售假烟网络案件
河南南阳“12.25”制售假烟网络案件
河南郑州“7.10”制售假烟网络案件
河南焦作“3.17”制售假烟网络案件
河南焦作“3.25”制售假烟网络案件
河南漯河“3.16”制售假烟网络案件
河南周口“12.17”制售假烟网络案件
深圳“1.4”销售假烟网络案件
深圳“1.17”销售假烟网络案件
深圳“1.29”制售假烟网络案件
深圳“12.23”制售假烟网络案件
深圳“2.9”销售假烟网络案件
湖北荆州“10.15”制售假烟网络案件
湖北黄石“1.14”运输假烟网络案件
湖北麻城“3.9”销售假烟网络案件
湖北汉阳“1.8”贩售假烟网络案件

湖北黄梅“8.10”运输假烟网络案件
湖北荆门“1.2”贩售假烟网络案件
湖北随州“8.16”贩售假烟网络案件
湖北十堰“1.30”销售假烟网络案件
湖北洪山“9.17”贩售假烟网络案件
湖北襄樊“1.14”非法经营卷烟网络案件
湖北宜昌“2.4”贩售假烟网络案件
湖北仙桃“12.26”贩售假烟网络案件
湖北武汉“8.12”贩售假烟网络案件
湖南长沙“12.14”销售假烟网络案件
湖南醴陵“1.8”销售假烟网络案件
湖南株洲“1.4”销售假烟网络案件
湖南茶陵“1.24”销售假烟网络案件
湖南湘潭“12.25”销售假烟网络案件
湖南湘乡“10.24”销售假烟网络案件
湖南耒阳“3.15”销售假烟网络案件
湖南衡山“12.23”销售假烟网络案件
湖南常宁“12.17”销售假烟网络案件
湖南邵阳“1.26”销售假烟网络案件
湖南邵阳“12.29”销售假烟网络案件
湖南邵阳“8.25”销售假烟网络案件
湖南岳阳“10.5”销售假烟网络案件
湖南汨罗“11.21”销售假烟网络案件
湖南常德李基成销售假烟网络案件
湖南益阳“11.30”销售假烟网络案件
湖南永州“1.16”销售假烟网络案件
湖南娄底“1.16”销售假烟网络案件
湖南湘西“12.25”销售假烟网络案件
湖南湘西“5.5”销售假烟网络案件
广东从化“3.27”制售假烟网络案件
广东翁源“1.26”制售假烟网络案件
广东乐昌“1.27”制售假烟网络案件
广东汕头“7.21”运销假烟网络案件
广东兴宁“12.10”制售假烟网络案件
广东清远“6.27”制售假烟网络案件
广东云浮“4.16”制售假烟网络案件
广西崇左“11.17”非法经营烟叶网络案件
广西南宁“12.11”销售假烟网络案件
广西来宾“1.11”非法经营卷烟网络案件
广西桂林“1.18”销售假烟网络案件
广西柳州“1.19”销售假烟网络案件
广西桂林“1.25”销售假烟网络案件
广西贺州“1.29”销售假烟网络案件
广西梧州“2.6”销售假烟网络案件
广西柳州“3.23”非法经营卷烟网络案件
广西梧州“5.22”非法经营卷烟网络案件
广西南宁“6.4”制售假烟网络案件
海南三亚“8.22”销售假烟网络案件
重庆渝北“5.26”销售假烟网络案件
重庆万州“11.19”非法经营烟叶网络案件
重庆永川“9.15”销售假烟网络案件
重庆九龙坡“1.25”销售假烟网络案件
重庆九龙坡“1.5”销售假烟网络案件
重庆江北“1.8”销售假烟网络案件
四川宜宾“12.14”销售假烟网络案件
四川德阳“5.19”运销假烟网络案件
四川泸州“11.28”销售假烟网络案件
四川遂宁“11.4”运销假烟网络案件
四川成都“1.5”运销假烟网络案件
四川广元“2.25”运销假烟网络案件
四川内江“1.26”销售假烟网络案件
四川自贡“12.11”制售假烟网络案件
四川广安“1.3”销售假烟网络案件
四川遂宁“12.4”运输假烟网络案件
四川成都“2.1”运销假烟网络案件
四川宜宾“12.23”销售假烟网络案件
四川德阳“3.10”运销假烟网络案件
四川乐山“10.29”制售假烟网络案件
四川达州“7.7”销售假烟网络案件
四川绵阳“1.2”销售假烟网络案件
四川宜宾“11.18”销售假烟网络案件
四川自贡“12.12”销售假冒注册商标商品案件
贵州安顺“11.26”销售烟叶网络案件
贵州黔东南“6.23”制售假烟网络案件
贵州黔东南“8.27”制售假烟网络案件
贵州六盘水“12.25”制售假烟网络案件
云南昭通“3.19”非法经营烟叶网络案件
云南昆明“9.17”非法经营烟叶网络案件
云南曲靖“11.25”非法经营烟叶网络案件
云南普洱“8.11”非法经营卷烟网络案件
云南保山“12.11”销售假烟网络案件
云南保山“12.26”非法经营烟叶网络案件
云南保山“11.3”非法经营烟叶网络案件
云南红河“12.25”非法经营烟叶网络案件
云南红河“4.30”非法经营烟叶网络案件
云南文山“1.21”非法经营烟叶网络案件
云南玉溪“11.17”非法经营烟叶网络案件
云南玉溪“4.7”非法经营烟叶网络案件
陕西咸阳“12.18”制售假烟网络案件
陕西宝鸡“12.23”销售假烟网络案件
陕西安康“1.22”销售假烟网络案件
陕西西安“4.14”制售假烟网络案件

陕西渭南“7.22”非法经营卷烟网络案件

陕西西安“1.18”销售假烟网络案件

陕西安康“12.1”运销假烟网络案件

甘肃兰州黄志斌贩售假烟网络案件

甘肃庆阳黄伟等贩售假烟网络案件

宁夏银川“1.13”贩售假烟网络案件

宁夏贺兰“8.22”贩售假烟网络案件

宁夏吴忠“9.23”制售假烟网络案件

【2010年上半年烟草打假专项行动表彰名单】

（国家烟草专卖局关于2010年上半年烟草打假重大案件和专项行动的表彰通报 国烟专［2010］333号 2010年10月9日）

福建省“天鹰2号”专项整治行动

福建省“集结号”市场整规专项行动

广东省2009年9月至2010年3月打击非法运输假冒伪劣烟草专卖品专项行动

河南省重点地区卷烟打假专项整治行动

天津市夏季卷烟市场清理整顿专项行动

山西省“市场监管上水平、卷烟打假深推进”专项行动

辽宁省“两节”卷烟市场集中清理整治专项行动

吉林省严厉打击制售假烟专项行动

上海市烟草、公安联合打击制售假烟违法犯罪百日专项整治行动

江苏省“闪电7号”专项行动

大连市清理整顿卷烟市场专项行动

湖南省去冬今春集中清理整顿“两烟”市场专项行动

广西壮族自治区卷烟市场清理整顿专项行动

海南省儋州“3.15～5.1”专项行动

四川省“金叶维权”专项行动

陕西省“打假维权树诚信、规范市场促和谐”专项行动

甘肃省净化卷烟市场百日专项行动

青海省门源清理整顿卷烟市场专项行动

新疆维吾尔自治区“春雷”专项打假行动

【全国烟草行业企业文化建设先进单位名单】

（中国烟草总公司关于表彰全国烟草行业企业文化建设先进单位的决定 中烟办［2010］227号 2010年11月19日公布）

北京市烟草公司物流中心

天津市烟草公司东丽区分公司

河北省烟草公司邯郸市公司

山西省烟草公司太原市公司

内蒙古自治区烟草公司包头市公司

辽宁省烟草公司沈阳市公司

吉林省烟草公司吉林市公司

黑龙江省烟草公司佳木斯市公司

上海烟草集团崇明烟草糖酒有限公司

上海烟草（集团）公司上海卷烟厂

江苏省烟草公司南京市公司

江苏省烟草公司南通市公司

浙江省烟草公司嘉兴市公司

安徽省烟草公司安庆市公司

安徽省烟草公司池州市公司

福建省烟草公司莆田市公司

江西省烟草公司九江市公司

山东省烟草公司泰安市公司

山东省烟草公司滨州市公司

河南省烟草公司新乡市公司

河南省烟草公司商丘市公司

湖北省烟草公司武汉市公司

湖北省烟草公司鄂州市公司

湖南省烟草公司长沙市公司

广东省烟草公司广州市公司

广东省烟草公司佛山市公司

广西壮族自治区烟草公司南宁市公司

四川省烟草公司绵阳市公司

四川省烟草公司宜宾市公司

贵州省烟草公司遵义市公司

云南省烟草公司保山市公司

云南省烟草公司曲靖市公司

陕西省烟草公司西安市公司

甘肃省烟草公司兰州市公司

宁夏回族自治区烟草公司银川市公司

新疆维吾尔自治区烟草公司吐鲁番地区公司

西藏自治区烟草公司日喀则地区公司

重庆市烟草公司云阳分公司

重庆市烟草公司大足分公司

深圳市烟草公司宝安区公司

江苏中烟工业有限责任公司南京卷烟厂

浙江中烟工业有限责任公司宁波制造部

安徽中烟工业公司蚌埠卷烟厂

江西中烟工业有限责任公司南昌卷烟厂

山东中烟工业有限责任公司济南卷烟厂

龙岩烟草工业有限责任公司

河南中烟工业有限责任公司郑州卷烟厂

湖北中烟工业有限责任公司广水卷烟厂
湖南中烟工业有限责任公司长沙卷烟厂
广东中烟工业有限责任公司湛江卷烟厂
广西中烟工业有限责任公司南宁卷烟分厂
重庆烟草工业有限责任公司涪陵分厂
贵州中烟工业有限责任公司遵义卷烟厂
红塔烟草（集团）有限责任公司
红云红河烟草（集团）有限责任公司
陕西中烟工业有限责任公司延安卷烟厂
上海烟草机械有限责任公司
深圳烟草工业有限责任公司

【全国烟草行业 2009 ~2010 年度会计信息质量先进单位】（中国烟草总公司关于表彰 2009 ~2010 年度烟草行业会计信息质量先进单位的通报　中烟办［2010］251 号　2010 年 12 月 17 日公布）

一等奖　中国烟草总公司四川省公司
二等奖　上海烟草（集团）公司
　　　　中国烟草总公司湖南省公司
三等奖　中国烟草总公司湖北省公司
　　　　中国烟草总公司甘肃省公司
　　　　湖北中烟工业有限责任公司

【2010 年度中国烟草总公司科学技术进步奖项目名单】（中国烟草总公司关于 2010 年度科学技术进步奖励的决定　中烟办［2010］254 号　2010 年 12 月 17 日公布）

序号	项目名称	获奖等级	主要完成单位	主要完成人
1	烤烟适度规模种植配套烘烤设备的研究与应用	一等奖	中国烟叶公司 河南农业大学	陈江华、宫长荣、刘建利、周义和、潘建斌、孙敬权、王胜雷、冯勇刚、肖春生、徐秀红、李立新、郑云泽、周　建、吴中华、江　凯
2	特色工艺技术应用基础及共性技术研究	二等奖	中国烟草总公司郑州烟草研究院 中国烟草机械集团有限责任公司	罗登山、王　兵、姚光明、申玉军、闫亚明、刘朝贤、王宏生、席年生、梁　伟、堵劲松、范思齐、于　录、师建全、王　毅、邹　泉
3	烤烟品种“云烟 87”的推广应用	二等奖	云南省烟草农业科学研究院 中国烟草育种研究（南方）中心	李永平、王颖宽、童荣崑、周义和、马文广、卢秀萍、肖炳光、余砚碧、藤永忠、焦芳婵、李智勇、赵松义、谢会川、林国平、何宽信
4	应用纳米技术有效降低卷烟烟气中有害物质含量的研究	二等奖	上海烟草集团北京卷烟厂 清华大学	周　骏、朱永法、张新荣、白若石、曹伏军、易小丽、严莉红、王巍巍、田书霞、马雁军、孙　岳、常　翔、何爱军、石玉萍、林　琳
5	卷烟配方计算机辅助设计技术创新研究	二等奖	山东中烟工业有限责任公司 中国海洋大学	蒲　强、丁香乾、胡盛国、肖协忠、杨　宁、阮晓明、贺　英、宋学艳、马琳涛、张金林、宫会丽、于　录、王　放、冯天瑾、李　晓
6	皖南烟区烤烟特殊香气风格形成机理及配套栽培技术研究	二等奖	安徽省烟草专卖局（公司） 国家烟草栽培生理生化研究基地 安徽省农业科学院烟草研究所 湖南中烟工业有限责任公司 安徽皖南烟叶有限责任公司	王汉文、刘国顺、王道支、邱立友、祖朝龙、邵伏文、史宏志、王大洲、刘建福、刘碧荣、刘炎红、徐经年、时向东、易建华、杨永锋

续表

序号	项目名称	获奖等级	主要完成单位	主要完成人
7	利用化学指标体系表征卷烟产品品质特征的研究	二等奖	红云红河烟草（集团）有限责任公司 云南瑞升烟草技术（集团）有限公司 中国科学院大连化学物理研究所	武 怡、曾晓鹰、王保兴、李庆华、许国旺、杨伟祖、王 玉、者 为、詹建波、王 超、侯 英、张天栋、杨式华、陶 鹰、朱东来
8	“云烟”系列卷烟品牌调香体系构建	二等奖	红云红河烟草（集团）有限责任公司 云南瑞升烟草技术（集团）有限公司 华宝食用香精香料（上海）有限公司	武 怡、曾晓鹰、者 为、王明锋、朱保昆、夏建军、陶 鹰、李先毅、黄立斌、张天栋、段焰青、廖头根、刘 艺、邓国宾、李庆华
9	上海烟草（集团）公司烟叶原料质量体系研究与应用	二等奖	上海烟草（集团）公司	张建平、王 平、汤朝起、张 骏、程 森、任 伟、束茹欣、葛 炯、计 玉、张 俊、刘百战、王维妙、曹妙玲、唐 宇、林国海
10	利用现代中药技术降低金圣卷烟危害研究	三等奖	江西中烟工业有限责任公司	郑 伟、王迪汗、蔡继宝、周会舜、邓 宇、廖 坤、胡 纲、谭明杰、王华君、张文惠
11	烟草多组分指纹图谱及烟草识别与智能配烟系统开发	三等奖	湖南中烟工业有限责任公司	钟科军、卢红兵、魏万之、许国旺、黄建国、孔 波、郭紫明、吴名剑、毛友安、李燕春
12	“红塔山”卷烟品牌多点加工均质化技术	三等奖	红塔烟草（集团）有限责任公司 中国烟草总公司郑州烟草研究院	牟定荣、王 毅、刘 强、常纪恒、王晓辉、邹 泉、陈 冉、刘朝贤、孔 臻、杨明权
13	黄鹤楼品牌制丝工艺独特技术研究	三等奖	湖北中烟工业有限责任公司	张楚安、陈慧斌、王建新、程思军、杜荣杰、张风光、刘 辉、朱俊召、邓 勇、刘德强
14	应用 RNAi 技术进行烟草抗 TMV 病毒病研究	三等奖	中国烟草东北农业试验站 中国科学院遗传与发育生物学研究所	郭兆奎、储成才、颜培强、万秀清、孙剑萍、白先权、冯春才、康 宏、李丽杰、律凤霞
15	一种烟草特有葡萄糖四酯的合成及应用	三等奖	河南中烟工业有限责任公司 郑州轻工业学院	杨志忠、马宇平、陈芝飞、毛多斌、孙志涛、刘 强、王保会、戴建国、郝 辉、李国政
16	代表性香料单体转移率研究	三等奖	中国烟草总公司郑州烟草研究院 云南烟草科学研究院	谢剑平、张晓兵、赵晓东、蔡君兰、宋喻冰、宗永立、陈章玉、王 冰、屈 展、胡 军
17	贮烟害虫防治新技术研究及综合控制技术集成推广	三等奖	中国烟草总公司郑州烟草研究院 中国科学技术大学 华中农业大学	谢剑平、宋纪真、程新胜、尹启生、李建洪、奚家勤、周汉平、陈永龙、纪文章、范英丽

续表

序号	项目名称	获奖等级	主要完成单位	主要完成人
18	烤烟品种“云烟85”的推广应用	三等奖	云南省烟草农业科学研究院 中国烟草育种研究（南方）中心	李永平、王颖宽、童荣崑、周义和、马文广、卢秀萍、肖炳光、余砚碧、焦芳婵、冯柱安
19	清江流域优质烟叶基地开发与工业利用研究	三等奖	湖北中烟工业有限责任公司 河南农业大学 湖北省农业科学院 湖北省烟草科研所 湖北省烟草公司恩施州公司	杨林波、李　丹、吴风光、毕庆文、汪　健、黎　根、王海明、何结望、章新军、王豹祥
20	烟草商业系统应用平台的开发及关键技术研究	三等奖	湖南省烟草专卖局（公司）	侯杰华、颜　玫、蔡吉吉、邹　暾、徐　智、江　俊、崔　凯、姚利军、申玉华、刘业鸿
21	贵州省烤烟种植区划研究	三等奖	贵州省烟草专卖局（公司） 中国烟草西南农业试验站 贵州省烟草公司遵义市公司 贵州省烟草公司毕节地区公司 贵州省烟草公司黔西南州公司 贵州省烟草公司黔南州公司 贵州省烟草公司黔东南州公司	李智勇、毛学军、姜超英、李建伟、陈　杰、梁永江、代昌明、马　莹、郭光东、姚　军
22	红塔集团烟叶工业分级体系、烟叶原料模块等级体系的研究和应用	三等奖	红塔烟草（集团）有限责任公司	王　毅、王颖琦、牟定荣、唐兴宏、马　翔、董　伟、吴　静、张家伟、任昆玉、温亚东
23	香料单体在卷烟中的作用评价方法研究	三等奖	中国烟草总公司郑州烟草研究院 云南瑞升烟草技术（集团）有限公司	谢剑平、宗永立、屈　展、张建勋、陆益敏、刘　强、张　映、杨伟祖、钟维勇、钟科军

【烟草行业“五五”法制宣传教育先进单位名单】（国家烟草专卖局关于表彰烟草行业“五五”法制宣传教育先进单位先进集体和先进个人的决定　国烟法［2010］439号　2010年12月17日公布）

北京市烟草专卖局
山东省烟草专卖局
浙江省烟草专卖局
云南省烟草专卖局
四川省烟草专卖局
福建省烟草专卖局
辽宁省烟草专卖局
江西省烟草专卖局
湖北省烟草专卖局
河北省烟草专卖局
山西省烟草专卖局
安徽省烟草专卖局
黑龙江省烟草专卖局
贵州省烟草专卖局
海南省烟草专卖局
云南中烟工业公司
江苏中烟工业有限责任公司
广东中烟工业有限责任公司
湖北中烟工业有限责任公司
河南中烟工业有限责任公司

【烟草行业“五五”法制宣传教育组织工作先进集体名单】（国家烟草专卖局关于表彰烟草行业“五五”法制宣传教育先进单位先进集体和先进个人的决定　国烟法［2010］439号　2010年12月17日公布）

山东中烟工业有限责任公司法制宣传教育领导小组办公室

广西中烟工业有限责任公司法制宣传教育领导小组办公室

福建中烟工业公司法制宣传教育领导小组办公室

川渝中烟工业公司法制宣传教育领导小组办公室

河北中烟工业公司法制宣传教育领导小组办公室

陕西中烟工业有限责任公司法制宣传教育领导小组办公室

江西中烟工业有限责任公司法制宣传教育领导小组办公室

吉林省烟草专卖局法制宣传教育领导小组办公室

江苏省烟草专卖局法制宣传教育领导小组办公室

重庆市烟草专卖局法制宣传教育领导小组办公室

深圳市烟草专卖局法制宣传教育领导小组办公室

天津市烟草专卖局法制宣传教育领导小组办公室

大连市烟草专卖局法制宣传教育领导小组办公室

内蒙古自治区烟草专卖局法制宣传教育领导小组办公室

河南省烟草专卖局法制宣传教育领导小组办公室

湖南省烟草专卖局法制宣传教育领导小组办公室

广东省烟草专卖局法制宣传教育领导小组办公室

陕西省烟草专卖局法制宣传教育领导小组办公室

宁夏回族自治区烟草专卖局法制宣传教育领导小组办公室

新疆维吾尔自治区烟草专卖局法制宣传教育领导小组办公室

西藏自治区烟草专卖局法制宣传教育领导小组办公室

内蒙古自治区锡林郭勒烟草专卖局

浙江省杭州市烟草专卖局

广西中烟工业有限责任公司柳州卷烟分厂

浙江中烟工业有限责任公司杭州制造部

安徽中烟工业公司合肥卷烟厂

黑龙江省齐齐哈尔市烟草专卖局

安徽省池州市烟草专卖局

福建省南平市烟草专卖局

江西中烟工业有限责任公司南昌卷烟厂

贵州中烟工业有限责任公司贵阳卷烟厂

宁夏回族自治区贺兰县烟草专卖局

重庆烟草工业有限责任公司黔江分厂

西藏自治区山南地区烟草专卖局

山东省淄博市烟草专卖局

陕西中烟工业有限责任公司汉中卷烟厂

上海市杨浦烟草专卖分局

江西省赣州市烟草专卖局

北京市平谷区烟草专卖局

深圳市龙岗区烟草专卖局

广西壮族自治区柳州市烟草专卖局

山东中烟工业有限责任公司青岛卷烟厂

大连市旅顺口区烟草专卖局

广东省中山市烟草专卖局

重庆市彭水县烟草专卖局

四川省成都市烟草专卖局

辽宁省沈阳市烟草专卖局

红云红河烟草（集团）有限责任公司

湖北中烟工业有限责任公司武汉卷烟厂

新疆维吾尔自治区博尔塔拉蒙古自治州烟草专卖分局

湖南中烟工业有限责任公司常德卷烟厂

吉林省吉林市烟草专卖局

江苏省盐城市烟草专卖局

山西省太原市烟草专卖局

海南省三亚市烟草专卖局

青海省海南州烟草专卖局

贵州省黔东南州烟草专卖局

云南省玉溪市烟草专卖局

天津市津南区烟草专卖局

龙岩烟草工业有限责任公司

陕西省西安市烟草专卖局

江苏中烟工业有限责任公司徐州卷烟厂

河南省洛阳市烟草专卖局

湖南省长沙市烟草专卖局

河北省石家庄市烟草专卖局

甘肃省酒泉市烟草专卖局

湖北省宜昌市烟草专卖局

广东中烟工业有限责任公司广州卷烟二厂生产一部

河北白沙烟草有限责任公司石家庄卷烟厂

珠海醋酸纤维有限责任公司安保部

海南红塔卷烟有限责任公司纪检监察室

【烟草行业“十一五”教育培训工作先进集体名单】（中国烟草总公司关于表彰全国烟草行业“十一五”教育培训工作先进集体和先进工作者及优秀教师的决定　中烟办［2011］44号　2011年3月22日公布）

北京市海淀区烟草专卖局（公司）

山西省烟草职工培训中心

内蒙古自治区呼和浩特市烟草专卖局（公司）

吉林省烟草职业培训中心
上海烟草集团有限责任公司
山东省烟草专卖局（公司）
河南省烟草专卖局（公司）
湖北省武汉市烟草专卖局（公司）
湖南省烟草职工培训中心
重庆市烟草公司物流分公司
四川省成都市烟草专卖局（公司）
云南省烟草专卖局（公司）烟叶公司
陕西省烟草专卖局（公司）
甘肃省兰州市烟草专卖局（公司）
新疆维吾尔自治区乌鲁木齐市烟草专卖局（公司）
张家口卷烟厂有限责任公司
江苏中烟工业有限责任公司南京卷烟厂
浙江中烟工业有限责任公司
厦门烟草工业有限责任公司
江西中烟工业有限责任公司南昌卷烟厂
山东中烟工业有限责任公司济南卷烟厂
河南中烟工业有限责任公司郑州卷烟厂
湖南中烟工业有限责任公司郴州卷烟厂
广西中烟工业有限责任公司柳州卷烟厂
云南中烟工业有限责任公司
陕西中烟工业有限责任公司宝鸡卷烟厂
昆明醋酸纤维有限公司
中国烟草总公司职工进修学院
许昌烟草机械有限责任公司
红塔辽宁烟草有限责任公司

【烟草行业“十一五”期间获得国家科技进步奖项目名单】（国家烟草专卖局关于表彰奖励“十一五”期间重大科技成果的决定　国烟科［2011］152号　2011年3月25日公布）

为贯彻落实“卷烟上水平”总体规划，激发科技人员创新热情，推进技术创新上水平，增强烟草行业自主创新能力和整体竞争实力，国家烟草专卖局决定对在“十一五”期间获得国家科技进步二等奖的重大科技成果进行表彰。名单如下：

项目名称	年度	获奖等级	主要完成单位	主要完成人
卷烟危害性评价与控制体系建立及其应用	2010	二等奖	中国烟草总公司郑州烟草研究院、中国人民解放军军事医学科学院放射与辐射医学研究所、湖南中烟工业有限责任公司、重庆烟草工业有限责任公司、南开大学、红塔烟草（集团）有限责任公司、湖北中烟工业有限责任公司	谢剑平、刘惠民、朱茂祥、钟科军、戴　亚、杜　文、谢复炜、缪明明、邓家云、聂　聪
烟草物流系统信息协同智能处理关键技术及应用	2010	二等奖	湖南大学、南昌航空大学、中国科学院计算技术研究所、湖南白沙物流有限公司、长沙理工大学	赖明勇、谢高岗、姜新荣、杨洪明、聂　凯、曹二保、刘征驰、谢奉军、黎福海、肖　伟

2010年行业高级职称认定情况

经中国烟草总公司相应系列高级专业技术资格评审委员会评审，中国烟草总公司职称改革工作领导小组审定，中国烟草总公司印发了《关于确认杨春雷等324人高级专业技术资格的通知》（中烟办［2010］253号），同意确认杨春雷等8人研究员资格，时间从2010年8月11日起算；谭新良等8人副研究员资格，时间从2010年8月11日起算；陈瑜等116人高级工程师资格，时间从2010年9月8日起算；向金友等62人高级农艺师资格，时间从2010年9月26日起算；胡龙海等50人高级经济师资格，时间从2010年8月17日起算；徐晖等29人高级会计（审计）师资格，时间从2010年9月2日起算；刘茂珍等42人高级政工师资格，时间从2010年9月26日起算。

经中国烟草总公司委托地方人事厅评审，中国烟草总公司职称改革工作领导小组审定，同意确认河南中烟工业有限责任公司宝玉金主任医师资格，时间从2008年12月12日起算；中国烟草总公司职工进修学院边永生、杨彬、王德吉、栗卫军、李同泉、乔剑博高级讲师资格，时间从2009年11月22日起算；浙江中烟工业有限责任公司孙琦副研究馆员资格，时间从2008年12月10日起算；山东中烟工业有限责任公司李红副主任医师资格，时间从2010年2月5日起算。

【研究员名单】（2010年8月11日起算）

序 号	姓 名	性 别	单 位
1	杨春雷	男	湖北省烟草公司
2	钟科军	男	湖南中烟工业有限责任公司
3	夏振远	男	云南省烟草公司
4	李雪梅	女	云南中烟工业公司
5	王保兴	男	云南中烟工业公司
6	雷东锋	男	陕西中烟工业有限责任公司
7	常纪恒	女	中国烟草总公司郑州烟草研究院
8	王 芳	女	中国烟草实业发展中心

【副研究员名单】（2010年8月11日起算）

序 号	姓 名	性 别	单 位
1	谭新良	男	湖南中烟工业有限责任公司
2	王树会	女	云南省烟草公司
3	吴玉萍	女	云南省烟草公司
4	陈 萍	女	云南省烟草公司
5	陈学军	男	云南省烟草公司
6	徐照丽	女	云南省烟草公司
7	徐济仓	男	云南中烟工业公司
8	魏玉玲	女	云南中烟工业公司

【高级工程师名单】（2010年9月8日起算）

序 号	姓 名	性 别	单 位
1	陈 瑜	男	川渝中烟工业公司
2	汪长国	男	川渝中烟工业公司
3	谭兰兰	女	川渝中烟工业公司
4	周学政	男	川渝中烟工业公司
5	朱立军	男	川渝中烟工业公司
6	温若愚	男	川渝中烟工业公司
7	贾红龙	男	四川省烟草公司
8	刘剑刚	男	四川省烟草公司
9	桂永发	男	云南中烟工业公司

续表

序　号	姓　名	性　别	单　位
10	吕永贵	男	云南中烟工业公司
11	尹　涛	男	云南中烟工业公司
12	李　健	男	云南中烟工业公司
13	吴　颀	男	云南中烟工业公司
14	陈　刚	男	云南中烟工业公司
15	王　超	男	云南中烟工业公司
16	者　为	男	云南中烟工业公司
17	刘福云	男	云南中烟工业公司
18	王　慧	男	云南中烟工业公司
19	施红林	女	云南中烟工业公司
20	阴耕云	男	云南中烟工业公司
21	杨　兵	男	云南省烟草公司
22	范国民	男	河南中烟工业有限责任公司
23	王镇增	男	河南中烟工业有限责任公司
24	魏新科	男	河南中烟工业有限责任公司
25	高文杰	男	河南中烟工业有限责任公司
26	柳百奇	男	河南中烟工业有限责任公司
27	钟德义	男	湖南中烟工业有限责任公司
28	谭坚红	男	湖南中烟工业有限责任公司
29	周景秋	男	湖南中烟工业有限责任公司
30	孙　军	男	湖南中烟工业有限责任公司
31	毛先武	男	湖南中烟工业有限责任公司
32	谢玉宝	男	湖南中烟工业有限责任公司
33	马伏旗	男	河北中烟工业公司
34	刘志刚	男	河北中烟工业公司
35	张彩云	女	中国烟草总公司郑州烟草研究院
36	张大波	男	中国烟草总公司郑州烟草研究院
37	胡　斌	男	中国烟草总公司郑州烟草研究院
38	丁　丽	女	中国烟草总公司郑州烟草研究院
39	李　鹏	女	中国烟草总公司郑州烟草研究院
40	卢斌斌	男	中国烟草总公司郑州烟草研究院
41	郑　路	男	中国烟草总公司郑州烟草研究院
42	张　勍	男	中国烟草总公司郑州烟草研究院
43	牛润杰	男	中国烟草总公司郑州烟草研究院
44	赵彭弟	男	江苏中烟工业有限责任公司
45	简　耀	男	江苏中烟工业有限责任公司
46	徐如彦	男	江苏中烟工业有限责任公司

续表

序 号	姓 名	性 别	单 位
47	白 丰	男	陕西中烟工业有限责任公司
48	解建斌	男	陕西中烟工业有限责任公司
49	张迎新	男	陕西中烟工业有限责任公司
50	赵红燕	女	中国烟草总公司合肥设计院
51	黄卫忠	男	浙江中烟工业有限责任公司
52	江家森	男	福建中烟工业公司
53	林 慧	女	福建中烟工业公司
54	张 伟	男	福建中烟工业公司
55	蒋景强	男	福建中烟工业公司
56	徐尚军	男	安徽中烟工业公司
57	胡永华	男	安徽中烟工业公司
58	晏行芳	女	安徽中烟工业公司
59	刘 云	男	安徽中烟工业公司
60	庄 红	女	广东中烟工业有限责任公司
61	饶国华	男	广东中烟工业有限责任公司
62	谢少龙	男	广东中烟工业有限责任公司
63	周永光	男	广东中烟工业有限责任公司
64	梁卓颖	男	广东中烟工业有限责任公司
65	韩 勇	男	山东中烟工业有限责任公司
66	崔燕黎	男	山东中烟工业有限责任公司
67	袁朝辉	男	山东中烟工业有限责任公司
68	高秀华	男	山东中烟工业有限责任公司
69	张东升	女	山东中烟工业有限责任公司
70	吕建国	男	山东中烟工业有限责任公司
71	杨 雷	男	山东中烟工业有限责任公司
72	王 涛	男	山东中烟工业有限责任公司
73	颜丙杭	男	山东中烟工业有限责任公司
74	仲伟庆	男	山东中烟工业有限责任公司
75	胡盛国	男	山东中烟工业有限责任公司
76	楚 霞	女	山东中烟工业有限责任公司
77	刘 震	男	山东中烟工业有限责任公司
78	盛志艺	女	山东中烟工业有限责任公司
79	徐海涛	男	山东中烟工业有限责任公司
80	刘利锋	男	山东中烟工业有限责任公司
81	周仕禄	男	山东中烟工业有限责任公司
82	卢 超	男	山东中烟工业有限责任公司
83	翟玉俊	男	中国烟草实业发展中心

续表

序　号	姓　名	性　别	单　位
84	张洪飞	男	中国烟草实业发展中心
85	范　晓	男	中国烟草实业发展中心
86	杨　蕾	女	北京市烟草公司
87	李思伟	男	北京市烟草公司
88	曲志刚	男	上海烟草（集团）公司
89	刘国平	男	上海烟草（集团）公司
90	谢雯燕	女	上海烟草（集团）公司
91	余　苓	女	上海烟草（集团）公司
92	金永明	男	上海烟草（集团）公司
93	张　巍	男	上海烟草（集团）公司
94	武卫东	男	甘肃省烟草公司
95	许松伟	男	南通醋酸纤维有限公司
96	马晓龙	男	南通醋酸纤维有限公司
97	吴超平	男	珠海醋酸纤维有限公司
98	涂如松	男	珠海醋酸纤维有限公司
99	孙德平	男	湖北中烟工业有限责任公司
100	王　琼	女	湖北中烟工业有限责任公司
101	朱　巍	男	湖北中烟工业有限责任公司
102	程占刚	男	湖北中烟工业有限责任公司
103	张耀华	男	湖北中烟工业有限责任公司
104	陈慧斌	男	湖北中烟工业有限责任公司
105	陈子勇	女	湖北中烟工业有限责任公司
106	金登权	男	中国烟草机械集团有限责任公司
107	张道东	男	中国烟草机械集团有限责任公司
108	甘蔚钰	女	中国烟草机械集团有限责任公司
109	龚美华	女	中国烟草机械集团有限责任公司
110	张金生	男	中国烟草机械集团有限责任公司
111	韩百恒	男	中国烟草机械集团有限责任公司
112	王志祥	男	中国烟草机械集团有限责任公司
113	曾续武	男	中国烟草机械集团有限责任公司
114	刘学海	男	中国烟草机械集团有限责任公司
115	张松军	男	中国烟草机械集团有限责任公司
116	赵宗华	男	中国烟草机械集团有限责任公司

【高级农艺师名单】（2010年9月26日起算）

序 号	姓 名	性 别	单 位
1	向金友	男	四川省烟草公司
2	杨应明	男	云南中烟工业公司
3	何跃锋	男	云南中烟工业公司
4	杨龙祥	男	云南省烟草公司
5	杨 明	男	云南省烟草公司
6	李文璧	男	云南省烟草公司
7	徐发华	男	云南省烟草公司
8	黄 韡	男	云南省烟草公司
9	李春明	男	云南省烟草公司
10	瞿 兴	男	云南省烟草公司
11	张 恒	男	云南省烟草公司
12	许 龙	男	云南省烟草公司
13	张拯研	男	云南省烟草公司
14	苏新宏	男	河南省烟草公司
15	宋守晔	男	河南省烟草公司
16	李 彰	男	河南省烟草公司
17	马京民	男	河南省烟草公司
18	李常军	男	重庆市烟草公司
19	马 啸	男	重庆市烟草公司
20	韦凤杰	男	河南中烟工业有限责任公司
21	袁仕豪	男	湖南中烟工业有限责任公司
22	蒲文宣	男	湖南中烟工业有限责任公司
23	尹东升	男	山东省烟草公司
24	侯跃亮	男	山东省烟草公司
25	孟庆洪	男	山东省烟草公司
26	杨 斌	男	山东省烟草公司
27	杨举田	男	山东省烟草公司
28	龙丽琴	女	贵州省烟草公司
29	谭 建	男	贵州省烟草公司
30	徐 铭	男	贵州省烟草公司
31	韩忠明	男	贵州省烟草公司
32	陈文相	男	贵州省烟草公司
33	陈 雪	女	贵州省烟草公司
34	陈 尧	男	贵州省烟草公司
35	厉福强	男	贵州省烟草公司
36	胡卫东	男	湖南省烟草公司

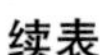
续表

序　号	姓　名	性　别	单　位
37	蒋笃忠	男	湖南省烟草公司
38	段晓峰	男	湖南省烟草公司
39	张明发	男	湖南省烟草公司
40	张光利	男	湖南省烟草公司
41	薛超群	男	中国烟草总公司郑州烟草研究院
42	周汉平	男	中国烟草总公司郑州烟草研究院
43	朱卫星	男	江苏中烟工业有限责任公司
44	武常青	男	黑龙江省烟草公司
45	李大壮	男	黑龙江省烟草公司
46	王胜雷	男	福建省烟草公司
47	王雪仁	女	福建省烟草公司
48	林北森	男	广西壮族自治区烟草公司
49	冯小虎	男	江西省烟草公司
50	张　扬	男	山东中烟工业有限责任公司
51	洪　炜	男	陕西省烟草公司
52	文俊明	男	陕西省烟草公司
53	蒲秀平	男	陕西省烟草公司
54	陈明山	男	陕西省烟草公司
55	朱信宁	男	陕西省烟草公司
56	汤朝起	男	上海烟草（集团）公司
57	杨树勋	男	甘肃省烟草公司
58	石方斌	男	湖北省烟草公司
59	吴自友	男	湖北省烟草公司
60	张光辉	男	湖北省烟草公司
61	杨九红	女	湖北省烟草公司
62	陈永明	男	广东省烟草公司

【高级经济师名单】（2010 年 8 月 17 日起算）

序　号	姓　名	性　别	单　位
1	胡龙海	男	江苏省烟草公司
2	甘忠德	男	川渝中烟工业公司
3	李剑波	男	云南中烟工业公司
4	朱明权	男	云南中烟工业公司
5	张洪见	男	云南中烟工业公司
6	邓小刚	男	云南省烟草公司
7	周孝忠	男	河南省烟草公司

续表

序 号	姓 名	性 别	单 位
8	陈伟华	男	重庆市烟草公司
9	杨志忠	男	河南中烟工业有限责任公司
10	安保华	男	河南中烟工业有限责任公司
11	李彦伟	男	河南中烟工业有限责任公司
12	贾会志	男	河南中烟工业有限责任公司
13	王秋领	男	河南中烟工业有限责任公司
14	严重阳	男	湖南中烟工业有限责任公司
15	苑怀宁	男	山东省烟草公司
16	栾永亮	男	河北中烟工业公司
17	李文鹏	男	河北中烟工业公司
18	龙建平	男	湖南省烟草公司
19	蒋跃进	男	安徽省烟草公司
20	俞惠梅	女	江苏中烟工业有限责任公司
21	杨春荣	男	黑龙江省烟草公司
22	王永权	男	黑龙江省烟草公司
23	杨培森	男	福建省烟草公司
24	黄宗淦	男	福建省烟草公司
25	杜毓志	男	山西省烟草公司
26	席那顺	男	内蒙古自治区烟草公司
27	孙 奇	男	辽宁省烟草公司
28	丁 岩	男	吉林省烟草公司
29	傅新建	男	浙江省烟草公司
30	胡新华	男	国家烟草专卖局烟草经济信息中心
31	陈 焕	男	中国烟草实业发展中心
32	姜亚维	男	安徽中烟工业公司
33	张胜健	男	江西中烟工业有限责任公司
34	刘 伟	男	山东中烟工业有限责任公司
35	苏 敏	女	山东中烟工业有限责任公司
36	冷 涛	男	山东中烟工业有限责任公司
37	李 川	男	山东中烟工业有限责任公司
38	张明利	男	山东中烟工业有限责任公司
39	秦 宁	男	山东中烟工业有限责任公司
40	赵华国	男	天津市烟草公司
41	陈晓春	男	中国烟草实业发展中心
42	厉 峰	男	中国烟草实业发展中心
43	宋玉强	男	中国烟草实业发展中心
44	王建芬	女	上海烟草（集团）公司

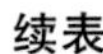
续表

序　号	姓　名	性　别	单　位
45	张　定	男	上海烟草（集团）公司
46	牛跟道	男	甘肃省烟草公司
47	李　志	女	湖北省烟草公司
48	陈元利	男	湖北中烟工业有限责任公司
49	夏士红	女	中国烟草机械集团有限责任公司
50	陈伟明	男	广东省烟草公司

【高级会计（审计）师名单】（2010 年 9 月 2 日起算）

序　号	姓　名	性　别	单　位
1	徐　晖	男	云南中烟工业公司
2	周芳旭	女	云南中烟工业公司
3	傅云彤	女	云南省烟草公司
4	李绍祥	男	云南省烟草公司
5	王　霞	女	河南省烟草公司
6	龚凌雁	女	重庆市烟草公司
7	王世伦	男	重庆市烟草公司
8	曾　焱	女	重庆市烟草公司
9	赵　勇	男	湖南中烟工业有限责任公司
10	邓雪玲	女	山东省烟草公司
11	郝艳芬	女	河北中烟工业公司
12	王泽煜	男	贵州省烟草公司
13	姚文敏	男	湖南省烟草公司
14	胡　权	男	江苏中烟工业有限责任公司
15	邓　奇	男	黑龙江省烟草公司
16	李　妍	女	吉林省烟草公司
17	张　宇	男	国家烟草专卖局财务管理与监督司
18	朱风云	女	安徽中烟工业公司
19	汪大江	男	安徽中烟工业公司
20	王世广	男	安徽中烟工业公司
21	管仕廷	男	广东中烟工业有限责任公司
22	洪　皓	女	江西省烟草公司
23	揭旻茹	女	江西省烟草公司
24	邓雪梅	女	江西省烟草公司
25	李洪义	男	山东中烟工业有限责任公司
26	武　凝	女	山东中烟工业有限责任公司
27	刘　浩	男	中国烟草实业发展中心
28	喻志刚	男	中国烟草实业发展中心
29	宋爱玲	女	大连市烟草公司

【高级政工师名单】（2010年9月26日起算）

序 号	姓 名	性 别	单 位
1	刘茂珍	男	江苏省烟草公司
2	汤柱国	男	川渝中烟工业公司
3	倪 旗	男	川渝中烟工业公司
4	陆孟先	男	川渝中烟工业公司
5	何仁君	男	川渝中烟工业公司
6	陈金红	男	云南省烟草公司
7	向世涛	男	重庆市烟草公司
8	张丕中	男	河南中烟工业有限责任公司
9	赵天泉	男	河南中烟工业有限责任公司
10	董建兴	男	河南中烟工业有限责任公司
11	张建民	男	河南中烟工业有限责任公司
12	王开新	男	湖南中烟工业有限责任公司
13	宋宴清	女	山东省烟草公司
14	崔方成	男	山东省烟草公司
15	乔廷勇	男	山东省烟草公司
16	黄国联	男	湖南省烟草公司
17	张晓兆	女	江苏中烟工业有限责任公司
18	陈丽娟	女	黑龙江省烟草公司
19	高 丹	女	黑龙江省烟草公司
20	宁 辉	男	黑龙江省烟草公司
21	宋晓庸	女	黑龙江省烟草公司
22	方祝平	男	福建省烟草公司
23	张书林	男	河北省烟草公司
24	谭新社	男	河北省烟草公司
25	张耀南	男	浙江省烟草公司
26	王恒峰	男	浙江省烟草公司
27	施受谦	女	江西省烟草公司
28	刘金凤	女	山东中烟工业有限责任公司
29	罗 琼	女	贵州中烟工业有限责任公司
30	李 敏	男	海南省烟草公司
31	李志连	男	天津市烟草公司
32	姜桂生	男	天津市烟草公司
33	戴建存	男	中国烟草实业发展中心
34	卢志波	男	北京市烟草公司
35	解建伟	男	上海烟草（集团）公司
36	张 燕	女	上海烟草（集团）公司

续表

序　号	姓　名	性　别	单　位
37	汤红芳	女	上海烟草（集团）公司
38	马庆林	男	上海烟草（集团）公司
39	纪　华	女	上海烟草（集团）公司
40	甘向红	女	上海烟草（集团）公司
41	蔡建国	男	上海烟草（集团）公司
42	张京湘	女	福建中烟工业公司

【其他高级专业技术资格名单】（2009 年 12 月 24 日起算）

姓　名	性　别	单　位	专业技术资格名称	资格起算时间
宝玉金	女	河南中烟工业有限责任公司	主任医师	2008 年 12 月 12 日
边永生	男	中国烟草总公司职工进修学院	高级讲师	2009 年 11 月 22 日
杨　彬	男	中国烟草总公司职工进修学院	高级讲师	2009 年 11 月 22 日
王德吉	男	中国烟草总公司职工进修学院	高级讲师	2009 年 11 月 22 日
栗卫军	男	中国烟草总公司职工进修学院	高级讲师	2009 年 11 月 22 日
李同泉	男	中国烟草总公司职工进修学院	高级讲师	2009 年 11 月 22 日
乔剑博	男	中国烟草总公司职工进修学院	高级讲师	2009 年 11 月 22 日
孙　琦	女	浙江中烟工业有限责任公司	副研究馆员	2008 年 12 月 10 日
李　红	女	山东中烟工业有限责任公司	副主任医师	2010 年 2 月 5 日

2010年行业获得的授权专利名单

2010 年度全国烟草行业发明授权专利一览表

序号	专利名称	专利号	专利权人	发明人	授权日
1	过滤嘴棒气力输送装置	CN200710035714.6	常德烟草机械有限责任公司	吴先士、杜国锋、高绍梁、徐振武、谢立军、王湘玲	2010.01.27
2	一种贴标签装置的控制方法	CN200910043676.8	常德烟草机械有限责任公司	杨远宏、田凤志	2010.12.08
3	对高速滤棒成型机的滤棒剔除进行精确控制的方法	CN200710094097.7	中烟机械技术中心有限责任公司	甘蔚钰	2010.12.22
4	加香装置的连接管剩余香料吹扫方法及其吹扫系统	CN200710125315.9	深圳烟草工业有限责任公司	尉朝、黄伟平、李东生、刘思忠、张淦滔、陈伟华	2010.06.16
5	可视化的加料型滚筒	CN200710125522.4	深圳烟草工业有限责任公司	吉雄、张宗盛、黄伟平、段宁东、廖可舒、谢富林、田明明	2010.06.23
6	高速包装机镭射印刷纸加速传动装置	CN200710125520.5	深圳烟草工业有限责任公司	梁金成	2010.06.23
7	卷烟用纸中荧光增白剂VBL、ABP的定量测定方法	CN200710054256.0	中国烟草总公司郑州烟草研究院	谢剑平、姚效元、韩云辉、范黎、王燕、李栋、李青常、朱珂	2010.01.06

续表

序号	专利名称	专利号	专利权人	发明人	授权日
8	水蒸气蒸馏提取槐花精油及其在卷烟加香中的应用	CN200610128449.1	中国烟草总公司郑州烟草研究院	周富臣、王月侠、李炎强、胡军、刘珊	2010.01.06
9	卷烟主流烟气中气相自由基的分析和检测方法	CN200710054566.2	中国烟草总公司郑州烟草研究院	谢剑平、宗永立、田耀伟、孙世豪、郭寅龙	2010.01.27
10	用于低焦油滤嘴棒的烟草香味补偿剂及其应用	CN200710189723.0	中国烟草总公司郑州烟草研究院	谢剑平、宗永立、屈展、孙世豪、杨春强	2010.01.27
11	袋装口含型烟草制品	CN200810049346.5	中国烟草总公司郑州烟草研究院	宗永立、谢剑平、孙世豪、钱发成、张建勋、王月霞、李炎强、杨春强、宋瑜冰	2010.03.10
12	袋装口含晾晒烟烟草制品及其制备方法	CN200810049349.9	中国烟草总公司郑州烟草研究院	张建勋、孙世豪、宗永立、谢剑平、钱发成、李鹏、屈展、郭学科	2010.03.10
13	石油醚提取槐花浸膏及其在卷烟加香中的应用	CN200610128448.7	中国烟草总公司郑州烟草研究院	周富臣、王月侠、李炎强、胡军、刘珊、戚万敏	2010.03.10
14	用于降低卷烟烟气中醛酮类化合物含量的烟草添加剂及其制备方法和应用	CN200710055008.8	中国烟草总公司郑州烟草研究院	聂聪、赵乐、彭斌、刘惠民、谢剑平	2010.04.14
15	一种防治烟草黑胫病的菌株及其菌剂	CN200710300087.4	中国烟草总公司郑州烟草研究院	奚家勤、尹启生、宋纪真、魏春阳、周汉平、薛超群、蔡宪杰、杨军、王广山	2010.04.14
16	袋装口含烟草制品及其制备方法	CN200810049347.X	中国烟草总公司郑州烟草研究院	谢剑平、宗永立、钱发成、孙世豪、张建勋、王月霞、李鹏、卢斌斌	2010.04.14
17	烟用接装纸中铬含量的测定方法	CN200810050105.2	中国烟草总公司郑州烟草研究院	胡清源、侯宏卫、唐纲岭、朱风鹏、张艳革、庞永强、边照阳	2010.04.14
18	超临界胡萝卜提取液及其在卷烟加香中的应用	CN200610017966.1	中国烟草总公司郑州烟草研究院	胡军、宗永立、车燕丽	2010.05.12
19	烟草淀粉超声萃取与分离的方法及装置	CN200710054736.7	中国烟草总公司郑州烟草研究院	王洪波、刘惠民、张威、王颖	2010.05.19
20	烟用接装纸中镍含量的测定方法	CN200810050104.8	中国烟草总公司郑州烟草研究院	胡清源、侯宏卫、唐纲岭、朱风鹏、张艳革、庞永强、边照阳	2010.06.02
21	一种口含型烟草制品	CN200810050106.7	中国烟草总公司郑州烟草研究院	张建勋、宗永立、孙世豪、钱发成、屈展、马骥、李鹏、王月侠、杨春强	2010.06.02
22	水蒸气蒸馏提取牡丹花精油及其在卷烟加香中的应用	CN200710189719.4	中国烟草总公司郑州烟草研究院	周富臣、王月侠、刘珊	2010.06.02
23	含有烟草成分的硬质糖	CN200810049285.2	中国烟草总公司郑州烟草研究院	张建勋、屈展、郭学科、谢剑平、宗永立、李炎强、卢斌斌、何保江	2010.06.02
24	一种烟片复烤方法及其专用设备	CN200810049577.6	中国烟草总公司郑州烟草研究院	罗登山、陈良元、马铁兵、李名城、张大波、李善莲、梁伟、林玉红	2010.06.02
25	降低造纸法烟草薄片中有害成分的方法	CN200810049440.0	中国烟草总公司郑州烟草研究院	聂聪、彭斌、赵乐、何书杰、谢复炜、张晓兵、刘惠民	2010.06.02
26	一种用于烟草薄片加香的添加剂	CN200810050196.X	中国烟草总公司郑州烟草研究院	李鹏、宗永立、马骥、屈展、杨春强、钱发成、曾世通、卢斌斌、何保江、郭学科	2010.06.02
27	一种对低焦油卷烟进行香味补偿的含脱氧果糖嗪添加剂	CN200810140585.1	中国烟草总公司郑州烟草研究院	屈展、马骥、李鹏、宗永立、钱发成、孙世豪、郭学科、杨春强	2010.06.02

续表

序号	专利名称	专利号	专利权人	发明人	授权日
28	高分子棕色化反应产物的制备方法及其产品应用	CN200810049687.2	中国烟草总公司郑州烟草研究院	胡军、宗永立、曾世通、李鹏	2010.06.09
29	一种利用水解植物蛋白制备烟用香料的方法	CN200710189728.3	中国烟草总公司郑州烟草研究院	刘珊、茹呈杰、胡军、李炎强、赵明月	2010.06.09
30	一种诱导烟草烟碱提前转化方法及其应用	CN200710054082.8	中国烟草总公司郑州烟草研究院	蔡斌、杨军、尹启生、宋纪真、薛超群	2010.06.30
31	烟梗预膨胀处理工艺	CN200710054816.2	中国烟草总公司郑州烟草研究院	王洪权、毛国强、王红旗、孟庆华、陈家东	2010.07.21
32	烟用接装纸中汞含量的测定方法	CN200810141329.4	中国烟草总公司郑州烟草研究院	侯宏卫、唐纲岭、陈再根、杨进、李雪、朱风鹏、庞永强、边照阳、张洪非、胡清源	2010.07.21
33	卷烟主流烟气中半挥发性成分的分析方法	CN200710055006.9	中国烟草总公司郑州烟草研究院	谢复炜、赵阁、夏巧玲、赵乐、王昇	2010.07.28
34	可实现主流烟气气相物连续单口取样的吸烟装置	CN200810140896.8	中国烟草总公司郑州烟草研究院	孙世豪、宗永立、谢剑平、卢斌斌	2010.08.18
35	烟草含水率连续测量的方法及其装置	CN200810230655.2	中国烟草总公司郑州烟草研究院	胡军、何保江、赵明月、曾世通、胡有持	2010.08.18
36	振动法卷烟端部落丝测试装置	CN200810230651.4	中国烟草总公司郑州烟草研究院、中国科学院安徽光学精密机械研究所、合肥威尔仪光电科技有限公司	冯茜、刘勇、张勍、吴晓松、赵继俊、张龙、梁伟、黄瑞、高汉华、张胜华、王锴、肖燕、胡启秀	2010.08.18
37	石油醚提取牡丹花浸膏及其在卷烟加香中的应用	CN200710189718.X	中国烟草总公司郑州烟草研究院	周富臣、王月侠、刘珊	2010.09.08
38	一种通过诱导类胡萝卜素合成提高烟叶香气品质的方法	CN200810140819.2	中国烟草总公司郑州烟草研究院	尹启生、过伟民、宋纪真、王信民、蔡宪杰	2010.09.08
39	烟用包装薄膜磨损程度测试评价方法	CN200810141349.1	中国烟草总公司郑州烟草研究院	董浩、周明珠、周德成、荆熠、李晓辉、邢军、刘锋	2010.09.08
40	近红外烟叶加料均匀性测试装置	CN200810049575.7	中国烟草总公司郑州烟草研究院、郑州嘉德机电科技有限公司	安淑玉、曾波、牛润杰、黄卫东、常诚、陈良元、段玲、谢复炜、阮晓明、牛罡、任静霞	2010.10.06
41	超临界 CO2 流体萃取牡丹花精油及其在卷烟加香中的应用	CN200710189721.1	中国烟草总公司郑州烟草研究院	周富臣、王月侠、刘珊	2010.10.13
42	苯乙酸酯类衍生物的合成方法及其产品应用	CN200810049287.1	中国烟草总公司郑州烟草研究院	赵明月、吴晶晶	2010.10.13
43	烟碱缓释型口含烟草片	CN200810049348.4	中国烟草总公司郑州烟草研究院	钱发成、张建勋、孙世豪、宗永立、李炎强、屈展、马骥、何保江	2010.10.13
44	一种西瓜霜添加剂及其卷烟中的应用	CN200810230711.2	中国烟草总公司郑州烟草研究院	何保江、屈展、宗永立、胡军、曾世通、李鹏、杨春强	2010.10.13
45	烟用接装纸中镉含量的测定方法	CN200810050103.3	中国烟草总公司郑州烟草研究院	胡清源、侯宏卫、唐纲岭、朱风鹏、张艳革、庞永强、边照阳	2010.12.01

续表

序号	专利名称	专利号	专利权人	发明人	授权日
46	一种用全自动化学分析仪检测烟草中硫酸盐的方法	CN200710180576.0	中国烟草总公司郑州烟草研究院	张威、王颖、胡清源、邢军、王芳、唐纲岭、陈再根	2010.12.01
47	一种测定配方烟丝中薄片丝掺用比例的方法	CN200910065223.5	中国烟草总公司郑州烟草研究院	王兵、张玉海、申玉军、乔学义、邓国栋	2010.12.01
48	卷烟主流烟气中挥发性有机化合物成分的测定方法	CN200710055005.4	中国烟草总公司郑州烟草研究院	谢复炜、赵阁、夏巧玲、王昇、赵乐	2010.12.15
49	一种用于卷烟纸阴燃速率的测定方法	CN200710304822.9	中国烟草总公司郑州烟草研究院	刘锋、邢军、周明珠、李晓辉、周德成	2010.12.15
50	烟草仓库贮烟害虫虫害发生规律观察箱及其应用	CN200810230654.8	中国烟草总公司郑州烟草研究院	奚家勤、宋纪真、尹启生、周汉平、谢剑平、张涛	2010.12.29
51	一株防治烟草野火病的荧光假单胞杆菌	CN200810224386.9	中国烟草总公司黑龙江省公司牡丹江烟草科学研究所	万秀清、郭兆奎、李丽杰、颜培强、王春军、元野、乔婵	2010.12.08
52	一种烘丝过程控制方法	CN200710173562.6	上海烟草（集团）公司	晏小平	2010.01.27
53	工艺储存条件可变型储柜及其方法	CN200710173390.2	上海烟草（集团）公司、张家口市通用机械厂	黄江喜、钱轶霆、赵霙、王久玲、马越	2010.04.14
54	卷烟开包气息的捕集装置及其检测方法	CN200410018362.X	上海烟草（集团）公司	施超	2010.05.12
55	用于校准圆周仪的椭圆棒及使用椭圆棒校准圆周仪的方法	CN200810203884.5	上海烟草（集团）公司	刘志刚	2010.06.02
56	喂料机提升带速度控制方法及物料传送系统	CN200810204988.8	上海烟草（集团）公司	章习、方维岚	2010.06.23
57	获取颗粒梗在烟丝中比例的方法	CN200810202788.9	上海烟草（集团）公司	孙凯健、张晴川、曹毅	2010.08.11
58	卷烟生产中产生的烟灰在再造烟叶（造纸法）中的利用方法	CN200610027316.5	上海烟草（集团）公司	施超	2010.08.11
59	优质或高档片烟微波松散的方法和装置	CN200710048804.9	上海烟草（集团）公司、成都宏普科技有限公司	施超、周川	2010.09.01
60	一种卷烟红外测温同步移动装置	CN200910053075.5	上海烟草（集团）公司	郑赛晶、顾文博、张建平、刘百战	2010.12.29
61	用于烟叶烟碱降解的假单胞菌ZCJ菌株及其筛选方法和应用	CN200910097536.9	浙江中烟工业有限责任公司、浙江工业大学	舒明、杨君、钟卫鸿、朱晨静、朱申康、朱雪娜	2010.11.10
62	软盒卷烟包装机上烟盒封签的检测方法	CN200810021259.9	安徽中烟工业公司	李强、兰峰	2010.06.09
63	全自动编烟机	CN200710009094.9	中国烟草总公司福建省公司、福建工程学院	陈顺辉、王胜雷、彭小冬、黄卫东、林永南、叶盛、宫长荣、宋朝鹏	2010.06.09
64	一种卷烟及提高卷烟内在质量的方法	CN200710008516.0	龙岩烟草工业有限责任公司	范坚强、余志强、洪祖灿、包可翔、邓小华	2010.06.16

续表

序号	专利名称	专利号	专利权人	发明人	授权日
65	巴戟天多糖的提取方法及在卷烟中的应用	CN200810141450.7	龙岩烟草工业有限责任公司	范坚强、杨振民、黄华、赵明月、胡军、刘加增、伊勇涛、余志强、洪祖灿、包可翔、张峰、胡有持	2010.12.08
66	烟用香精物理性质的快速测定方法	CN200810071990.2	龙岩烟草工业有限责任公司	张峰、刘泽春、黄华发、陈昱	2010.12.29
67	混合型卷烟中的白肋烟加工处理工艺	CN200810099739.7	厦门烟草工业有限责任公司	王道宽、周跃飞、陈良元、吴正举、李清华、曾强、堵劲松、谢金栋、郭文龙、邵柱、王道铨、林志平	2010.06.02
68	一种烟草混配布料装置及利用该装置进行布料的方法	CN200810094647.X	厦门烟草工业有限责任公司	周跃飞、曾强、李清华、王道铨、林志平、骆永昌、谢金栋、邱玉春	2010.06.23
69	一种白肋烟加料装置及利用该装置进行加料的方法	CN200810094648.4	厦门烟草工业有限责任公司	周跃飞、曾强、邵柱、李清华、王道铨、林志平、骆永昌、罗靖、谢金栋、李斌	2010.12.08
70	一种秸秆燃烧炉的内热提取装置	CN200810139871.6	山东潍坊烟草有限公司	王兆群、杜传印、高传军、李更新、李仁政、崔志军、王喜功、杜兆生、王锡金	2010.06.02
71	叶丝、梗丝、膨胀丝、薄片丝及回收烟丝的掺配方法	CN200810015546.9	山东中烟工业有限责任公司	赵国庆、米强	2010.01.27
72	香烟内包装材料内衬纸用添加剂及其制备方法	CN200810138419.8	山东中烟工业有限责任公司	蒲强、阮晓明、陈绍明、姜福东、刘俊、段树青、马丽	2010.04.21
73	烟片预配工艺	CN200810016350.1	山东中烟工业有限责任公司	米强	2010.04.21
74	基于关联规则的卷烟配方维护行为挖掘系统及其方法	CN200810237699.8	山东中烟工业有限责任公司、中国海洋大学	段玲、阮晓明、赵砚棠、宋学艳、李成富、姜福东、张金林、孟广宇、杨宁、贺英、刘勃、刘红伟	2010.06.30
75	基于灰色关联分析的卷烟工序质量综合评价系统及其方法	CN200810237698.3	山东中烟工业有限责任公司、中国海洋大学	蒲强、王放、孟庆华、于录、马强、肖协忠、丁香乾、陈建军、马琳涛、姜百宁、刘怀波	2010.08.11
76	烟丝低温汽爆膨胀装置和方法	CN200810138852.1	山东中烟工业有限责任公司、梅林	蒲强、阮晓明、梅林	2010.09.01
77	一种三段式烟丝烘干工艺及其烘丝机	CN200810157323.6	山东中烟工业有限责任公司	蒲强、赵砚棠	2010.09.08
78	同时分析卷烟主流烟气中苯并［a］芘和苯酚的方法	CN200910018236.7	山东中烟工业有限责任公司	周仕禄、吕健、徐海涛、盛志艺、肖协忠、马强、刘丽丽、王小燕、张书圣、王红广	2010.09.08
79	确定叶丝在烘丝滚筒内滞留时间的方法	CN200710014843.7	山东中烟工业有限责任公司	刘杰、段玲、郗继忠	2010.10.13
80	一种香烟滤棒中心有颜色的制造装置和方法	CN200810140325.4	山东中烟工业有限责任公司	蒲强、阮晓明、陈绍明、姜福东、刘俊、段树青、马丽	2010.10.27
81	配方库出库烟箱自动核对方法	CN200910020092.9	山东中烟工业有限责任公司	段三青、程林峰、高卫、宋金涛、印长虹	2010.10.27
82	一种提高烟草行业辊道式立体库入库效率的方法	CN200610044359.4	将军烟草集团有限公司	孟庆华、段三青、尹旭梅	2010.04.21
83	防水防潮防渗的烟嘴滤棒及其生产方法	CN200610048580.7	焦作市卷烟材料有限公司	赵延歌	2010.04.14

续表

序号	专利名称	专利号	专利权人	发明人	授权日
84	贮柜系统的快速无级调控柜存容量的方法	CN200610125190.5	湖北中烟工业有限责任公司	赖林、李明涛、王建新、张楚安、吴桂兵	2010.05.12
85	烟草、中草药、及其制品的回潮方法及其回潮装置	CN200710052290.4	湖北中烟工业有限责任公司	陈慧斌、尤长虹、邢优诚、周萍芳、李明涛、夏正林	2010.06.02
86	用复合酶提高薄片原料萃取效率和薄片烟气质量的方法	CN200710053791.4	湖北中烟工业有限责任公司	柯炜昌、蔡冰、马舒翼、孙德平、王学文、唐向兵、姚元军	2010.08.18
87	薄荷嘴棒加线牵引机	CN200710053390.9	湖北中烟工业有限责任公司	黄龙、熊烽、朱巍、陈国平、赵爱武、易传云	2010.12.15
88	一种降低片烟含梗率的打叶复烤方法及抽梗工具	CN200710052480.6	湖北中烟工业有限责任公司	谢豪、魏嵬、司辉、秦志强、黄义兵、谢立磊、蔡冰	2010.12.22
89	造纸法薄片生产中的回水分级处理、回用方法	CN200710052565.4	湖北中烟工业有限责任公司、湖北新业烟草薄片开发有限公司	唐向兵、蔡冰、胡德武、柯炜昌、许国齐、刘良才	2010.12.22
90	核桃壳提取液及其在卷烟中的应用	CN200710053559.0	湖北中烟工业有限责任公司	朱威、丁辉、赵同林、周湘	2010.12.22
91	一种基于烟叶近红外光谱的相似烟叶搜索方法	CN200810030799.3	湖南中烟工业有限责任公司	杜文、易建华、谭新良、任建新、张文利、周燕	2010.06.02
92	烟用降低一氧化碳、有害物涂料	CN200810143023.2	湖南中烟工业有限责任公司	刘斌、刘波、谢兰英、孙贤军、钟科军、朱效群	2010.08.25
93	一种选择性降低卷烟烟气中醛类物质的添加剂、其制备方法及应用	CN200710192691.X	湖南中烟工业有限责任公司	王诗太、谭海风、银董红、金勇、丁时超、赵立红、尹新强、范红梅	2010.09.29
94	一种添加含氟憎水憎油剂的低吸附效率卷烟滤嘴及该含氟憎水憎油剂的应用	CN200710192687.3	湖南中烟工业有限责任公司	金勇、谭海风、王师太、李克、范红梅	2010.09.29
95	一种降低卷烟烟气中一氧化碳、氮氧化合物和酚类等有害物质含量的卷烟纸及其制备	CN200810189920.7	湖南中烟工业有限责任公司	范红梅、金勇、李克、王诗太	2010.09.29
96	一种薄荷型卷烟纸的制备	CN200910042713.3	湖南中烟工业有限责任公司	刘斌、钟科军、朱效群、周家俊、黄富、李军、王平军、丁多	2010.09.29
97	一种测定造纸法再造烟叶中外加纤维含量的方法	CN200910042570.6	湖南中烟工业有限责任公司	钟德义	2010.10.06
98	一种选择性去除卷烟烟气中TSNA的分子印迹材料及其制备和应用方法	CN200810143063.7	湖南中烟工业有限责任公司	陈潜、银董红、金勇、李克	2010.11.17
99	一种松散回潮排气量的控制方法和设备	CN200610032144.0	湖南中烟工业有限责任公司	刘建福、陈刚、易浩、廖文大、朱双印、尹大锋	2010.10.13
100	一种烟草加工用低流速蒸汽喷嘴	CN200910042652.0	湖南中烟工业有限责任公司	易文波、朱效群、喻光荣、毛伟俊、席建平	2010.12.01
101	校验测定烟草水分用烘箱的方法以及烟草水分的测定方法	CN200610032102.7	湖南中烟工业有限责任公司	刘建福、易浩、尹大锋、廖文大、尹宾、陈刚、谭新良	2010.12.08

续表

序号	专利名称	专利号	专利权人	发明人	授权日
102	连续投料下同一配方物料添加不同糖料的方法及其装置	CN200610032248. 1	湖南中烟工业有限责任公司	刘建福、陈刚、易浩、廖文大、朱双印、尹大锋	2010. 12. 22
103	一种可变透气度卷烟纸及其制备方法	CN200710192688. 8	湖南中烟工业有限责任公司	王诗太、谭海风、金勇、银董红、范红梅、赵立红、陈潜	2010. 12. 29
104	基于醋酸乙烯酯高黏度乳胶的制备方法	CN200510031185. 3	常德市金芙蓉精细化工有限责任公司	周诗彪、黄亚依、李琳、陈宝林、张维庆、张儒祥	2010. 05. 05
105	一种桑叶提取物及其制备方法与应用	CN200710027588. X	广东中烟工业有限责任公司	沈光林、饶国华、温东奇	2010. 05. 19
106	一种生物活性剂及应用该活性剂制得的卷烟滤嘴	CN200610170404. 0	广东中烟工业有限责任公司	杨剑锋	2010. 06. 02
107	一种香烟包装盒	CN200810220707. 8	广东中烟工业有限责任公司	金劲松、杨劲松	2010. 07. 14
108	一种水分仪的校准方法	CN200810030397. 3	广东中烟工业有限责任公司	田志雄、吴桂周、冯志斌	2010. 08. 18
109	烟草中的氯含量的测定方法	CN200710027590. 7	广东中烟工业有限责任公司	孔浩辉、沈光林	2010. 12. 08
110	一种改良烟梗品质的方法	CN200710032842. 5	广东中烟工业有限责任公司	郭晓雪	2010. 12. 08
111	一种香烟分组加工工艺中在线水分仪的校准方法	CN200810030398. 8	广东中烟工业有限责任公司	田志雄、吴桂周、冯志斌	2010. 12. 08
112	一种增香保润的天然烟用添加剂	CN200710052295. 7	广西中烟工业有限责任公司	刘绍华、黄泰松、邹克兴、李桂湘、陈志燕、周俊、孟冬玲、陈义昌、胡志忠、范自众、农李政、李志华、白家峰	2010. 01. 20
113	一种降低烟气中有害成分的添加剂及制备方法	CN200710036161. 6	广西中烟工业有限责任公司	黄天辉、田玉红、谢伟强、周俊	2010. 10. 13
114	电子售烟机以及卷烟零售系统	CN200710027500. 4	广州威尔特电子科技有限公司、中国烟草总公司海南省公司	杨寿平、张晓川、苏海萍、曹鲜会、聂平、董玉钢、周鹏	2010. 07. 28
115	一种烟草用有机肥料及其制备方法	CN200810305738. 3	四川省烟草公司凉山州公司	宋俊、邢小军、邱景川、余祥文、李建川、张建慧、罗庆波	2010. 12. 29
116	红花大金元烤烟用复合肥料	CN200810305846. 0	四川省烟草公司凉山州公司	宋俊、邢小军、邱景川、余祥文、李建川、张建慧、罗庆波	2010. 12. 29
117	控制香烟滤嘴中香料线张力并添加香料的装置	CN200610021527. 8	川渝中烟工业公司	何书杰、邓永、费翔、张高峰	2010. 01. 20
118	一种卷烟成品后处理方法	CN200810044826. 2	川渝中烟工业公司	汪长国、戴亚、唐士军	2010. 06. 02
119	一种使香料线稳定居中于滤嘴中心的装置	CN200610021526. 3	川渝中烟工业公司	何书杰、邓永、费翔、张高峰	2010. 08. 18
120	烟用 BOPP 膜的检测方法	CN200910058371. 4	川渝中烟工业公司	朱立军、戴亚、黎洪利	2010. 10. 20
121	用低温、冷冻对出厂卷烟进行后处理的方法	CN200810044827. 7	川渝中烟工业公司	戴亚、汪长国、唐士军	2010. 12. 08

续表

序号	专利名称	专利号	专利权人	发明人	授权日
122	对卷烟成品进行电磁辐照的后处理方法	CN200810044825.8	川渝中烟工业公司	戴亚、汪长国、唐士军	2010.12.08
123	烟用香精的检测方法	CN200910059029.6	川渝中烟工业公司	朱立军、戴亚、黎洪利	2010.12.29
124	一种橙味香烟	CN200610020747.9	四川烟草工业有限责任公司成都分厂	何书杰	2010.03.24
125	一种茶叶味香烟	CN200610020746.4	四川烟草工业有限责任公司成都分厂	何书杰	2010.11.03
126	一种减缓烟气对呼吸系统不良影响的卷烟滤嘴添加剂	CN200610054656.7	重庆烟草工业有限责任公司	戴亚、谭兰兰、朱立军、钟维勇、李科文	2010.05.12
127	一种气流式叶丝干燥设备	CN200810069652.5	重庆烟草工业有限责任公司	齐延鹏、何蓉	2010.06.23
128	烟草南繁加代技术	CN200710077967.X	贵州省烟草科学研究所	任学良、李继新、吴春、王轶	2010.03.31
129	散叶密集式烤房烘烤工艺	CN200710077916.7	贵州省烟草科学研究所	谢已书、李国彬	2010.09.15
130	烟叶在线改性处理生物隧道装置	CN200610048721.5	红云红河烟草（集团）有限责任公司	武怡、王慧	2010.02.17
131	一种新型卷烟滤嘴用过滤材料及其制备方法	CN200710066121.6	红云红河烟草（集团）有限责任公司、云南瑞升烟草技术（集团）有限公司	武怡、曾晓鹰、者为、詹建波、李祖红、李赓、陶鹰、朱保昆、杨涛、罗丽莉、马涛、温光和、徐兰兰、杨伟祖	2010.04.14
132	卷烟用海藻复合添加剂及其制备方法	CN200610011010.0	红云红河烟草（集团）有限责任公司、云南瑞升烟草技术（集团）有限公司	曾晓鹰、者为、蒋美红、包崇彦、弓新国、陈岭峰、刘坚、段焰青	2010.04.14
133	烟草制丝线的箱式储叶工艺	CN200610140232.2	红云红河烟草（集团）有限责任公司、北京达特烟草成套设备技术开发有限责任公司	武怡、凌卫民、王慧、杨勇、于忠泉	2010.03.17
134	一种烟叶分段打叶复烤方法	CN200810058051.4	红云红河烟草（集团）有限责任公司	武怡、曾晓鹰、王超、杨应明、姜家和、胡巍耀、李顺嘉、陈平、骆正	2010.06.02
135	应用近红外光谱分析技术无损鉴别卷烟真伪的方法	CN200810058463.8	红云红河烟草（集团）有限责任公司	段焰青、曾晓鹰、朱保昆、李祖红、陶鹰、骆正	2010.06.02
136	一种烟叶的发酵生产方法	CN200810058739.2	红云红河烟草（集团）有限责任公司	朱保昆、李祖红、者为、黄立斌、段焰青、王坚	2010.06.02
137	一种功能卷烟搭口胶及其制备方法	CN200810058012.4	红云红河烟草（集团）有限责任公司	曾晓鹰、陈礼敏、詹建波、者为、张天栋、陶鹰、何华、朱东来、赵英良、盛雪艳、郭珺、李赓	2010.06.09
138	一种功能卷烟纸及其制备方法	CN200810058015.8	红云红河烟草（集团）有限责任公司	曾晓鹰、陈礼敏、詹建波、者为、张天栋、陶鹰、何华、朱东来、赵英良、盛雪艳、郭珺、李赓	2010.09.01

续表

序号	专利名称	专利号	专利权人	发明人	授权日
139	一种石油醚提取普洱熟茶浸膏及其制备方法和应用	CN200810058760. 2	红云红河烟草（集团）有限责任公司	夏建军、李祖红、黄立斌、段焰青、朱保昆、者为	2010. 09. 29
140	半成品丝、成品丝共用立体箱式储存和掺配方法	CN200610140233. 7	红云红河烟草（集团）有限责任公司、北京达特烟草成套设备技术开发有限责任公司	武怡、凌卫民、王慧、杨勇、于忠泉	2010. 09. 29
141	一种石油醚提取普洱生茶浸膏及其制备方法和应用	CN200810058763. 6	红云红河烟草（集团）有限责任公司	曾晓鹰、朱保昆、李祖红、夏建军、黄立斌、李赓	2010. 09. 29
142	一种石油醚提取乌龙茶浸膏及其制备方法和应用	CN200810058757. 0	红云红河烟草（集团）有限责任公司	段焰青、夏建军、者为、黄立斌、王明锋、汤丹瑜	2010. 09. 29
143	一种普洱熟茶醇提浸膏及其制备方法和应用	CN200810058759. X	红云红河烟草（集团）有限责任公司	段焰青、者为、朱保昆、李祖红、黄立斌、陶鹰	2010. 09. 29
144	一种普洱生茶醇提浸膏及其制备方法和应用	CN200810058762. 1	红云红河烟草（集团）有限责任公司	夏建军、段焰青、者为、黄立斌、王明锋、朱保昆	2010. 10. 20
145	一种白茶醇提浸膏及其制备方法和应用	CN200810058741. X	红云红河烟草（集团）有限责任公司	者为、朱保昆、李祖红、王明锋、段焰青、夏建军	2010. 12. 01
146	一种石油醚提取白茶浸膏及其制备方法和应用	CN200810058742. 4	红云红河烟草（集团）有限责任公司	者为、王明锋、夏建军、唐洪、朱保昆、陈平	2010. 12. 01
147	一种黄茶醇提浸膏及其制备方法和应用	CN200810058750. 9	红云红河烟草（集团）有限责任公司	王明锋、李祖红、朱保昆、黄立斌、陶鹰、段焰青	2010. 12. 01
148	一种绿茶精油及其制备方法和应用	CN200810058752. 8	红云红河烟草（集团）有限责任公司	曾晓鹰、李祖红、朱保昆、黄立斌、夏建军、王星林	2010. 12. 01
149	一种绿茶醇提浸膏及其制备方法和应用	CN200810058753. 2	红云红河烟草（集团）有限责任公司	朱保昆、王明锋、段焰青、汤丹瑜、夏建军、者为	2010. 12. 01
150	一种植物育苗盘用消毒组合物	CN200710065692. 8	云南省烟草农业科学研究院	刘勇	2010. 07. 28
151	一种介质花粉及其制备方法和应用	CN200810058968. 4	玉溪中烟种子有限责任公司、云南省烟草农业科学研究院	马文广、郑昀晔、李永平、邓盛斌、陈云松、牛永志、索文龙、宋碧清、陈连红	2010. 08. 25
152	一种烟叶烘烤过程中用液化氮固定样品的制样方法	CN200810233634. 6	云南省烟草农业科学研究院	崔国民、邓云龙、孔光辉、余砚碧、杨懿德、马翠玲	2010. 09. 08
153	一种提高烟叶质量的生物菌剂	CN200910094138. 1	云南省烟草农业科学研究院	高家合、李梅云、晋艳、张树铎	2010. 09. 29
154	一种用微生物制备的粗酶液及其应用	CN200710065916. 5	云南烟草科学研究院	李雪梅、杨金奎、张克勤、杨伟租、陈春梅	2010. 04. 14
155	卷烟辅料精益组合搭配方法	CN200710066271. 7	云南烟草科学研究院	魏玉玲、胡群、王建、王理珉	2010. 09. 29
156	一种香茅草卷烟	CN200810058832. 3	云南烟草科学研究院	缪明明、陈永宽、刘志华、阴耕耘、胡群、孙志勇	2010. 10. 13
157	烟叶改性料液自动施加工艺及其专用设备	CN200710066152. 1	云南烟草科学研究院	孔维松、李斌、陈章玉、贺兵、缪恩铭、刘巍	2010. 11. 10

续表

序号	专利名称	专利号	专利权人	发明人	授权日
158	具有线条状视觉感的醋酸纤维过滤嘴棒及其生产方法	CN200810058236.5	云南烟草科学研究院	刘志华、孙志勇、陈章玉、缪明明、胡群、李斌	2010.12.08
159	一种能降低卷烟烟气中一氧化碳的烟丝添加剂	CN200810058698.7	云南烟草科学研究院	张承明、陈章玉、金永灿、李斌、缪明明、杨卫花、孔维松、刘巍、崔柱文、杨光宇、施红林、缪恩铭	2010.12.29
160	一种改性淀粉颗粒及其制备方法和应用	CN200810058701.5	云南烟草科学研究院	张承明、李斌、缪明明、陈章玉、金永灿、孔维松、刘巍、崔柱文、杨光宇	2010.12.29
161	一种提高卷烟烟气水分的复合添加剂及其应用	CN200610048649.6	云南瑞升烟草技术（集团）有限公司	杨叶昆、王保兴、周瑾、徐兰兰、衣志民	2010.03.17
162	一种速调式水松纸	CN200710065685.8	云南瑞升烟草技术（集团）有限公司	沈靖轩、罗丽莉、杨伟祖	2010.05.19
163	一种巨豆三烯酮的合成方法	CN200610010624.7	云南瑞升烟草技术（集团）有限公司	谢冰、刘欣宇、孔宁川、王保兴、杨伟祖、陈永宽	2010.05.26
164	灯芯草在卷烟制备中的应用	CN200710065737.1	云南瑞升烟草技术（集团）有限公司	陈东、杨伟祖	2010.06.09
165	一种烟梗预处理的方法及设备	CN200810058037.4	云南瑞升烟草技术（集团）有限公司	李军、徐济仓、杨伟祖、苏四清、马志伟、陈喜、陈婉、吴晓华、张云岩	2010.06.16
166	一种造纸法再造烟叶外观颜色检测方法	CN200910094107.6	云南昆船瑞升科技有限公司、云南瑞升烟草技术（集团）有限公司	卫青、张云龙、刘维涓、余红涛、周瑾	2010.09.08
167	一种烟梗加工过程中的烟梗离线预处理方法	CN200710066156.X	云南瑞升烟草技术（集团）有限公司	杨伟祖、李军、徐济仓、苏四清	2010.11.10
168	一种制备膨胀烟梗颗粒的方法及其设备	CN200710065892.3	云南瑞升烟草技术（集团）有限公司、成都宏普科技有限公司	杨涛、杨伟祖、周川、刘朝辉、李敏、李姗姗、徐兰兰、衣志民、付宇、杨彦明、李军、刘毅、吕尊秋	2010.12.01
169	一种卷烟滤嘴用吸附材料及其制备方法	CN200810058673.7	云南瑞升烟草技术（集团）有限公司	罗丽莉、温光和、马涛、尧珍玉、倪军、杨伟祖、衣志民	2010.12.08
170	在醋纤工业领域应用的纺丝油剂	CN200910024434.4	南通醋酸纤维有限公司	杨占平、陆书明、高春红、李有为	2010.11.10

2010年全国烟草行业实用新型专利授权情况表

单位名称	数　量	单位名称	数　量
中国烟草总公司郑州烟草研究院	29	福建中烟工业公司	20
中国烟草总公司河北省公司	10	江西中烟工业有限责任公司	3
中国烟草总公司山西省公司	2	山东中烟工业有限责任公司	37
中国烟草总公司内蒙古自治区公司	6	河南中烟工业有限责任公司	42
中国烟草总公司辽宁省公司	1	湖北中烟工业有限责任公司	98
中国烟草总公司吉林省公司	1	湖南中烟工业有限责任公司	46

续表

单位名称	数　量	单位名称	数　量
中国烟草总公司黑龙江省公司	2	广东中烟工业有限责任公司	14
上海烟草（集团）公司	34	广西中烟工业有限责任公司	12
中国烟草总公司江苏省公司	2	重庆烟草工业有限责任公司	3
中国烟草总公司安徽省公司	1	贵州中烟工业有限责任公司	6
中国烟草总公司福建省公司	17	陕西中烟工业有限责任公司	1
中国烟草总公司山东省公司	3	云南中烟工业公司	4
中国烟草总公司河南省公司	9	红塔烟草（集团）有限责任公司	17
中国烟草总公司湖北省公司	18	红云红河烟草（集团）有限责任公司	15
中国烟草总公司湖南省公司	9	中国烟草实业发展中心	14
中国烟草总公司广东省公司	4	中国烟草机械集团有限责任公司	8
中国烟草总公司广西壮族自治区公司	1	南通醋酸纤维有限公司	4
中国烟草总公司海南省公司	3	珠海醋酸纤维有限公司	2
中国烟草总公司重庆市公司	1	昆明醋酸纤维有限公司	4
中国烟草总公司贵州省公司	6	中国烟草中南农业试验站	3
中国烟草总公司云南省公司	28	中国烟草西南农业试验站	7
中国烟草总公司陕西省公司	11	牡丹江卷烟材料厂有限责任公司	3
江苏中烟工业有限责任公司	4	宜昌市烟用物资公司	1
浙江中烟工业有限责任公司	26	云南瑞升烟草技术（集团）有限公司	2
安徽中烟工业公司	46	总　计	641
玉溪中烟种子有限责任公司	1		

2010 年全国烟草行业外观设计专利授权情况表

单位名称	数　量	单位名称	数　量
福建省烟草公司龙岩市公司	2	川渝中烟工业公司	3
上海烟草集团北京卷烟厂	3	贵州中烟工业有限责任公司	3
江苏中烟工业有限责任公司	1	红塔烟草（集团）有限责任公司	4
浙江中烟工业有限责任公司	1	红塔烟草（集团）有限责任公司玉溪卷烟厂	1
安徽中烟工业公司	5	吉林省金叶烟草有限责任公司	1
山东中烟工业有限责任公司	8	芜湖卷烟材料厂	1
湖北中烟工业有限责任公司	47	河南金芒果印刷有限公司	2
湖南中烟工业有限责任公司	2	云南瑞升烟草技术（集团）有限公司	2
广东中烟工业有限责任公司	2	总　计	88

2010年在产卷烟品牌(规格)名录[①]

企 业	品 牌	规 格	焦油量	备 注
河北中烟工业公司	钻石◆	钻石（软景泰）	8毫克/支	一类烟 烤烟型
		钻石（硬锦绣）	8毫克/支	一类烟 烤烟型
		钻石（硬蓝10支120mm）	11毫克/支	一类烟 烤烟型
		钻石（软珍品）	12毫克/支	一类烟 烤烟型
		钻石（硬珍品）	12毫克/支	一类烟 烤烟型
		钻石（硬红120）	12毫克/支	一类烟 烤烟型
		钻石（硬金）	12毫克/支	一类烟 烤烟型
		钻石（金石）	12毫克/支	二类烟 烤烟型
		钻石（吉祥）	5毫克/支	二类烟 烤烟型
		钻石（时尚）	6毫克/支	二类烟 烤烟型 2010年新产品
		钻石（金玉兰）	12毫克/支	二类烟 烤烟型
		钻石（绿石2代）	12毫克/支	三类烟 烤烟型
		钻石（软如意）	12毫克/支	三类烟 烤烟型
		钻石（红石2代）	12毫克/支	三类烟 烤烟型
		钻石（硬玫瑰紫）	12毫克/支	三类烟 烤烟型

① 表中加特殊符号的品牌为国烟办综［2011］1号文件公布的中国烟草行业2010年度重点品牌。其中，加“★”号的品牌为三类以上卷烟销量排名前15位品牌；加“▲”号的品牌为销售收入（含税）排名前15位品牌；加“●”号的品牌为年销量25亿支（5万箱）以上的低焦油（盒标焦油含量8毫克/支以下）卷烟品牌；加“◆”号的品牌为鼓励培育品牌。

续表

企　业	品　牌	规　格	焦油量	备　注
河北中烟工业公司	钻石◆	钻石（硬红）	12 毫克/支	三类烟 烤烟型
		钻石（双喜）	12 毫克/支	三类烟 烤烟型
		钻石（软红）	12 毫克/支	四类烟 烤烟型
		钻石（硬蓝）	12 毫克/支	四类烟 烤烟型
		钻石（硬特醇）	11 毫克/支	四类烟 烤烟型
	新石家庄	新石家庄（软）	12 毫克/支	五类烟 烤烟型
	玉兰	玉兰（软）	12 毫克/支	五类烟 烤烟型
	北戴河	北戴河（硬混 5mg）	5 毫克/支	三类烟 烤烟型
		北戴河（软混）	10 毫克/支	五类烟 烤烟型
		北戴河（软）	11 毫克/支	五类烟 烤烟型
上海烟草（集团）公司	熊猫	熊猫（硬特规）	13 毫克/支	一类烟 烤烟型
		熊猫（5 盒礼盒）	13 毫克/支	一类烟 烤烟型
		熊猫（硬时代版）	13 毫克/支	一类烟 烤烟型
	中华★▲	中华（软）	12 毫克/支	一类烟 烤烟型
		中华（硬）	12 毫克/支	一类烟 烤烟型
		中华（硬 10mg）	10 毫克/支	一类烟 烤烟型
		中华（硬 10mg12 支）	10 毫克/支	一类烟 烤烟型
		中华（硬 10mg5 支）	10 毫克/支	一类烟 烤烟型
		中华（5000）	12 毫克/支	一类烟 烤烟型
		中华（全开式）	13 毫克/支	一类烟 烤烟型

续表

企 业	品 牌	规 格	焦油量	备 注
上海烟草（集团）公司	江山	江山（硬一统）	12 毫克/支	一类烟 烤烟型
		江山（硬珍品）	13 毫克/支	二类烟 烤烟型
		江山（硬精品）	12 毫克/支	三类烟 烤烟型
	中南海●◆	中南海（3mg）	3 毫克/支	一类烟 混合型
		中南海（软精品）	12 毫克/支	一类烟 烤烟型
		中南海（特高）	13 毫克/支	二类烟 烤烟型
		中南海（蓝色风尚）	5 毫克/支	二类烟 混合型
		中南海（金 8mg）	8 毫克/支	三类烟 混合型
		中南海（5mg 细支）	5 毫克/支	三类烟 混合型
		中南海（5mg）	5 毫克/支	三类烟 混合型
		中南海（10mg）	10 毫克/支	四类烟 混合型
		中南海（8mg）	8 毫克/支	四类烟 混合型
		中南海（浓味）	13 毫克/支	五类烟 混合型
	红双喜★●	红双喜（硬晶派）	12 毫克/支	一类烟 烤烟型 2010 年新产品
		红双喜（硬精品）	10 毫克/支	二类烟 烤烟型
		红双喜（软）	12 毫克/支	三类烟 烤烟型
		红双喜（硬）	12 毫克/支	三类烟 烤烟型
		红双喜（硬 8mg）	8 毫克/支	三类烟 烤烟型
		红双喜（硬百顺）	12 毫克/支	三类烟 烤烟型
		红双喜（硬特）	10 毫克/支	三类烟 烤烟型
	上海	上海（硬）	12 毫克/支	三类烟 烤烟型
		上海（硬 12 支）	12 毫克/支	三类烟 烤烟型

续表

企　业	品　牌	规　格	焦油量	备　注
上海烟草（集团）公司	上海	上海（硬5支）	12毫克/支	三类烟 烤烟型
	孟菲斯	孟菲斯（硬红）	12毫克/支	三类烟 烤烟型
		孟菲斯（硬蓝）	9毫克/支	三类烟 烤烟型
	牡丹	牡丹（软）	11毫克/支	四类烟 烤烟型
		牡丹（硬）	13毫克/支	四类烟 烤烟型
	大前门	大前门（硬）	12毫克/支	五类烟 烤烟型
		大前门（软）	11毫克/支	五类烟 烤烟型
	恒大	恒大（硬红）	11毫克/支	五类烟 烤烟型
		恒大（软80）	11毫克/支	五类烟 烤烟型
江苏中烟工业有限责任公司	苏烟	苏烟（铂晶）	12毫克/支	一类烟 烤烟型
		苏烟（金砂2）	12毫克/支	一类烟 烤烟型
		苏烟（五星红杉树）	12毫克/支	一类烟 烤烟型
		苏烟（软金砂）	12毫克/支	一类烟 烤烟型
		苏烟（软金砂S）	12毫克/支	一类烟 烤烟型
	南京★▲	南京（九五）	12毫克/支	一类烟 烤烟型
		南京（硬珍品）	12毫克/支	一类烟 烤烟型
		南京（精品）	12毫克/支	一类烟 烤烟型
		南京（出口精品）	12毫克/支	一类烟 烤烟型 出口烟
		南京（喜庆）	12毫克/支	一类烟 烤烟型
		南京（出口喜庆）	12毫克/支	一类烟 烤烟型 出口烟
		南京（五星）	12毫克/支	一类烟 烤烟型

续表

企 业	品 牌	规 格	焦油量	备 注
江苏中烟工业有限责任公司	南京★▲	南京（臻品）	12 毫克/支	一类烟 烤烟型 2010 年新产品
		南京（七星）	12 毫克/支	一类烟 烤烟型 2010 年新产品
		南京（十二钗薄荷）	6 毫克/支	一类烟 烤烟型 2010 年新产品
		南京（十二钗烤烟）	6 毫克/支	一类烟 烤烟型 2010 年新产品
		南京（佳品）	12 毫克/支	二类烟 烤烟型
		南京（炫赫门）	9 毫克/支	二类烟 烤烟型
		南京（金砂）	12 毫克/支	二类烟 烤烟型 2010 年新产品
		南京（红）	12 毫克/支	三类烟 烤烟型
		南京（紫树）	12 毫克/支	三类烟 烤烟型 2010 年新产品
		南京（绿）	11 毫克/支	四类烟 烤烟型
	一品梅	一品梅（精品）	13 毫克/支	一类烟 烤烟型
		一品梅（特长）	13 毫克/支	二类烟 烤烟型
		一品梅（佳品）	12 毫克/支	三类烟 烤烟型
		一品梅（佳品醇）	11 毫克/支	三类烟 烤烟型
		一品梅（淡黄）	11 毫克/支	四类烟 烤烟型
		一品梅（硬红）	11 毫克/支	四类烟 烤烟型
	红杉树	红杉树（森）	12 毫克/支	一类烟 烤烟型
		红杉树（软五星）	13 毫克/支	一类烟 烤烟型
		红杉树（五星）	13 毫克/支	二类烟 烤烟型

续表

企　业	品　牌	规　格	焦油量	备　注
江苏中烟工业有限责任公司	红杉树	红杉树（林）	13 毫克/支	二类烟 烤烟型
		红杉树（精品）	13 毫克/支	三类烟 烤烟型
		红杉树（木）	12 毫克/支	四类烟 烤烟型
		红杉树（硬新）	11 毫克/支	四类烟 烤烟型
		红杉树（软黄）	11 毫克/支	五类烟 烤烟型
		红杉树（软红）	11 毫克/支	五类烟 烤烟型
	华西村	华西村（经典）	12 毫克/支	一类烟 烤烟型
		华西村（金）	12 毫克/支	一类烟 烤烟型
		华西村（红）	12 毫克/支	二类烟 烤烟型
		华西村（UV）	11 毫克/支	五类烟 烤烟型
		华西村（软）	12 毫克/支	五类烟 烤烟型
	梦都	梦都（细支型）	9 毫克/支	三类烟 烤烟型
		梦都（薄荷型）	8 毫克/支	三类烟 烤烟型
	秦淮	秦淮（软蓝）	12 毫克/支	五类烟 烤烟型
浙江中烟工业有限责任公司	利群★▲	利群（休闲）	11 毫克/支	一类烟 烤烟型
		利群（逍遥）	12 毫克/支	一类烟 烤烟型 2010 年新产品
		利群（阳光）	10 毫克/支	一类烟 烤烟型
		利群（软长嘴）	12 毫克/支	一类烟 烤烟型
		利群（神州）	8 毫克/支	一类烟 烤烟型
		利群（硬）	12 毫克/支	一类烟 烤烟型
		利群（长嘴）	12 毫克/支	一类烟 烤烟型
		利群（软红长嘴）	12 毫克/支	一类烟 烤烟型

续表

企 业	品 牌	规 格	焦油量	备 注
浙江中烟工业有限责任公司	利群★▲	利群（软蓝）	12 毫克/支	二类烟 烤烟型
		利群（蓝天）	12 毫克/支	二类烟 烤烟型
		利群（老版）	12 毫克/支	二类烟 烤烟型
		利群（软老版）	8 毫克/支	二类烟 烤烟型 2010 年新产品
		利群（新版）	12 毫克/支	二类烟 烤烟型
	大红鹰	大红鹰（精品）	12 毫克/支	一类烟 烤烟型
		大红鹰（软精品）	12 毫克/支	一类烟 烤烟型
		大红鹰（软 F1）	12 毫克/支	一类烟 烤烟型
		大红鹰（红）	12 毫克/支	二类烟 烤烟型
		大红鹰（银）	12 毫克/支	二类烟 烤烟型
		大红鹰（软）	12 毫克/支	二类烟 烤烟型
		大红鹰（新品）	12 毫克/支	二类烟 烤烟型
		大红鹰（软新品）	12 毫克/支	三类烟 烤烟型
		大红鹰（软蓝）	12 毫克/支	三类烟 烤烟型
	雄狮	雄狮（007）	13 毫克/支	三类烟 烤烟型
		雄狮（红老版）	12 毫克/支	三类烟 烤烟型
		雄狮（新）	12 毫克/支	四类烟 烤烟型
		雄狮（硬）	11 毫克/支	四类烟 烤烟型
		雄狮（薄荷）	10 毫克/支	五类烟 外香型 2010 年新产品
		雄狮（红）	10 毫克/支	五类烟 烤烟型
	五一	五一（精品）	13 毫克/支	三类烟 烤烟型
		五一（软国际）	12 毫克/支	三类烟 烤烟型

续表

企业	品牌	规格	焦油量	备注
安徽中烟工业公司	黄山★▲	黄山（新视界）	12 毫克/支	一类烟 烤烟型
		黄山（经典皖烟）	13 毫克/支	一类烟 烤烟型
		黄山（金皖烟）	13 毫克/支	一类烟 烤烟型
		黄山（红皖烟）	13 毫克/支	一类烟 烤烟型
		黄山（国宾迎客松）	13 毫克/支	一类烟 烤烟型
		黄山（50）	12 毫克/支	一类烟 烤烟型
		黄山（万象）	11 毫克/支	一类烟 烤烟型
		黄山（新制皖烟）	13 毫克/支	二类烟 烤烟型
		黄山（锦绣）	12 毫克/支	二类烟 烤烟型
		黄山（新概念）	12 毫克/支	二类烟 烤烟型
		黄山（软红）	13 毫克/支	二类烟 烤烟型
		黄山（1993）	13 毫克/支	二类烟 烤烟型
		黄山（硬）	13 毫克/支	二类烟 烤烟型
		黄山（贵宾迎客松）	13 毫克/支	二类烟 烤烟型
		黄山（中国风）	12 毫克/支	三类烟 烤烟型
		黄山（金纯和）	13 毫克/支	三类烟 烤烟型
		黄山（嘉宾迎客松）	13 毫克/支	三类烟 烤烟型
		黄山（硬一品）	13 毫克/支	三类烟 烤烟型
		黄山（蓝一品）	13 毫克/支	三类烟 烤烟型
		黄山（软一品）	13 毫克/支	三类烟 烤烟型 2010 年新产品
	都宝◆	都宝（纯正 1 号）	1 毫克/支	一类烟 混合型
		都宝（超越）	10 毫克/支	三类烟 混合型

续表

企 业	品 牌	规 格	焦油量	备 注
安徽中烟工业公司	都宝◆	都宝（纯和）	8 毫克/支	三类烟 混合型
		都宝（16 支纯和）	8 毫克/支	三类烟 混合型
		都宝（硬红新）	11 毫克/支	三类烟 混合型
		都宝（新）	11 毫克/支	三类烟 混合型
		都宝（银时尚台湾）	7 毫克/支	三类烟 混合型 出口烟
		都宝（5mg）	5 毫克/支	三类烟 混合型
		都宝（红 10mg）	10 毫克/支	三类烟 混合型 出口烟 （罗马尼亚生产、销售）
		都宝（蓝 8mg）	8 毫克/支	三类烟 混合型 出口烟 （国内制丝、蒙古卷制包装销售）
		都宝（银 6mg）	6 毫克/支	三类烟 混合型 出口烟 （罗马尼亚生产、销售）
		都宝（纯正 3 号）	3 毫克/支	三类烟 混合型
		都宝（纯正 6 号）	6 毫克/支	三类烟 混合型 出口烟
		都宝（4mg 乌克兰）	4 毫克/支	混合型 （在俄罗斯生产）
		都宝（台湾 6 号）	6 毫克/支	三类烟 混合型 出口烟
		都宝（台湾 9 号）	9 毫克/支	三类烟 混合型 出口烟
		都宝（国际蓝）	6 毫克/支	三类烟 混合型 出口烟 2010 年新产品
		都宝（纯正 9 号）	9 毫克/支	四类烟 混合型 出口烟

续表

企　业	品　牌	规　格	焦油量	备　注
安徽中烟工业公司	盛唐	盛唐（金）	13 毫克/支	四类烟 烤烟型
		盛唐（吉祥）	11 毫克/支	四类烟 烤烟型
	红三环	红三环（红）	13 毫克/支	四类烟 烤烟型
		红三环（幸福篇）	13 毫克/支	四类烟 烤烟型
		红三环（硬黄）	12 毫克/支	五类烟 烤烟型
		红三环（渡江）	13 毫克/支	五类烟 烤烟型
		红三环（软黄）	12 毫克/支	五类烟 烤烟型
		红三环（喜庆）	12 毫克/支	五类烟 烤烟型
福建中烟工业公司	七匹狼★▲●	七匹狼（圣典）	12 毫克/支	一类烟 烤烟型
		七匹狼（雅典）	12 毫克/支	一类烟 烤烟型
		7 匹狼（通仙）	11 毫克/支	一类烟 烤烟型 2010 年新产品
		7 匹狼（通运）	11 毫克/支	一类烟 烤烟型 2010 年新产品
		七匹狼（软灰）	13 毫克/支	一类烟 烤烟型
		七匹狼（纯典）	5 毫克/支	一类烟 烤烟型
		七匹狼（纯金）	12 毫克/支	一类烟 烤烟型
		7 匹狼（通泰）	12 毫克/支	二类烟 烤烟型 2010 年新产品
		七匹狼（软红）	13 毫克/支	二类烟 烤烟型
		七匹狼（红）	13 毫克/支	二类烟 烤烟型
		七匹狼（枣红新）	13 毫克/支	三类烟 烤烟型
		七匹狼（豪迈）	12 毫克/支	三类烟 烤烟型
		七匹狼（豪运）	13 毫克/支	三类烟 烤烟型

续表

企 业	品 牌	规 格	焦油量	备 注
福建中烟工业公司	七匹狼★▲●	七匹狼（白）	13 毫克/支	三类烟 烤烟型
		七匹狼（金）	13 毫克/支	三类烟 烤烟型
		七匹狼（蓝）	8 毫克/支	三类烟 烤烟型
		七匹狼（古田）	13 毫克/支	四类烟 烤烟型
		七匹狼（豪情）	13 毫克/支	四类烟 烤烟型
	金桥◆	金桥（英伦奶香）	6 毫克/支	二类烟 混合型
		金桥（软混）	13 毫克/支	四类烟 混合型
	石狮	石狮（沉香）	13 毫克/支	四类烟 烤烟型
		石狮（富健）	12 毫克/支	五类烟 烤烟型
江西中烟工业有限责任公司	金圣◆	金圣（盛世典藏）	12 毫克/支	一类烟 烤烟型
		金圣（典藏·本草香）	12 毫克/支	一类烟 烤烟型
		金圣（硬典藏）	12 毫克/支	一类烟 烤烟型
		金圣（吉品）	12 毫克/支	一类烟 烤烟型
		金圣（尚品 200）	12 毫克/支	一类烟 烤烟型
		金圣（硬黑带）	10 毫克/支	二类烟 烤烟型
		金圣（时代 15）	12 毫克/支	二类烟 烤烟型 2010 年新产品
		金圣（赣）	12 毫克/支	二类烟 烤烟型 2010 年新产品
		金圣（硬）	12 毫克/支	三类烟 烤烟型
		金圣（蓝）	12 毫克/支	三类烟 烤烟型
		金圣（祥和）	11 毫克/支	三类烟 烤烟型
		金圣（硬时代祥和）	12 毫克/支	三类烟 烤烟型 2010 年新产品

续表

企业	品牌	规格	焦油量	备注
江西中烟工业有限责任公司	金圣◆	金圣（硬红）	11 毫克/支	三类烟 烤烟型 2010 年新产品
		金圣（软红）	12 毫克/支	三类烟 烤烟型
		金圣（软）	12 毫克/支	三类烟 烤烟型
	庐山	庐山（珍品）	13 毫克/支	三类烟 烤烟型
		庐山（鸿运）	13 毫克/支	三类烟 烤烟型
		庐山（精品）	13 毫克/支	四类烟 烤烟型
		庐山（黄精品）	13 毫克/支	四类烟 烤烟型
		庐山（好运）	12 毫克/支	四类烟 烤烟型
		庐山（银）	11 毫克/支	四类烟 烤烟型
		庐山（硬）	11 毫克/支	五类烟 烤烟型
		庐山（新）	11 毫克/支	五类烟 烤烟型
		庐山（软）	11 毫克/支	五类烟 烤烟型
	赣	赣（硬红金）	13 毫克/支	二类烟 烤烟型
		赣（佳品）	13 毫克/支	四类烟 烤烟型
		赣（蓝）	11 毫克/支	四类烟 烤烟型
	月兔	小月兔	11 毫克/支	四类烟 烤烟型
		月兔（硬）	11 毫克/支	五类烟 烤烟型
	南方	南方（千禧）	11 毫克/支	五类烟 烤烟型
		南方（软红）	11 毫克/支	五类烟 烤烟型
山东中烟工业有限责任公司	泰山◆	泰山（拂光）	12 毫克/支	一类烟 烤烟型 2010 年新产品
		泰山（儒风）	12 毫克/支	一类烟 烤烟型

续表

企业	品牌	规格	焦油量	备注
山东中烟工业有限责任公司	泰山◆	泰山（望岳）	8 毫克/支	一类烟 烤烟型
		泰山（新品）	12 毫克/支	一类烟 烤烟型
		泰山（将军）	12 毫克/支	一类烟 烤烟型
		泰山（乐章）	5 毫克/支	一类烟 烤烟型
		泰山（八喜）	8 毫克/支	二类烟 烤烟型
		泰山（观云）	12 毫克/支	二类烟 烤烟型
		泰山（华贵）	12 毫克/支	三类烟 烤烟型
		泰山（东方）	12 毫克/支	三类烟 烤烟型
		泰山（红将军）	12 毫克/支	三类烟 烤烟型 2010 年新产品
		泰山（宏图）	12 毫克/支	三类烟 烤烟型
	将军	将军（功勋）	13 毫克/支	二类烟 烤烟型
		将军（国际）	12 毫克/支	三类烟 烤烟型
		将军（白）	12 毫克/支	三类烟 烤烟型 2010 年新产品
		将军（潘萨）	12 毫克/支	三类烟 雪茄型
		将军（亮银）	12 毫克/支	三类烟 烤烟型
		将军（琥珀）	12 毫克/支	三类烟 烤烟型
		将军（尚勇）	12 毫克/支	三类烟 烤烟型
		将军（特纯）	12 毫克/支	四类烟 烤烟型
		将军（普通）	13 毫克/支	四类烟 烤烟型
	哈德门	哈德门（王府）	12 毫克/支	三类烟 烤烟型
		哈德门（纯香）	12 毫克/支	四类烟 烤烟型

续表

企　业	品　牌	规　格	焦油量	备　注
山东中烟工业有限责任公司	哈德门	哈德门（精品）	12 毫克/支	四类烟 烤烟型
山东中烟工业有限责任公司	哈德门	哈德门（软）	12 毫克/支	五类烟 烤烟型
山东中烟工业有限责任公司	八喜	八喜（贵宾）	9 毫克/支	四类烟 烤烟型
河南中烟工业有限责任公司	黄金叶◆	黄金叶（天叶）	12 毫克/支	一类烟 烤烟型
河南中烟工业有限责任公司	黄金叶◆	黄金叶（软大金圆）	13 毫克/支	一类烟 烤烟型
河南中烟工业有限责任公司	黄金叶◆	黄金叶（茗仕之风）	13 毫克/支	一类烟 烤烟型
河南中烟工业有限责任公司	黄金叶◆	黄金叶（黄金眼）	10 毫克/支	二类烟 烤烟型 2010 年新产品
河南中烟工业有限责任公司	黄金叶◆	黄金叶（金满堂）	12 毫克/支	三类烟 烤烟型 2010 年新产品
河南中烟工业有限责任公司	黄金叶◆	黄金叶（世纪之星）	13 毫克/支	三类烟 烤烟型
河南中烟工业有限责任公司	黄金叶◆	黄金叶（世纪之光）	13 毫克/支	四类烟 烤烟型
河南中烟工业有限责任公司	帝豪	帝豪（一代天骄）	12 毫克/支	一类烟 烤烟型
河南中烟工业有限责任公司	帝豪	帝豪（盛世金典）	13 毫克/支	一类烟 烤烟型
河南中烟工业有限责任公司	帝豪	帝豪（国风）	12 毫克/支	一类烟 烤烟型
河南中烟工业有限责任公司	帝豪	帝豪（风华）	12 毫克/支	二类烟 烤烟型
河南中烟工业有限责任公司	帝豪	帝豪（硬金黄）	13 毫克/支	三类烟 烤烟型
河南中烟工业有限责任公司	红旗渠▲	红旗渠（天行健）	12 毫克/支	三类烟 烤烟型
河南中烟工业有限责任公司	红旗渠▲	红旗渠（硬金红）	13 毫克/支	三类烟 烤烟型
河南中烟工业有限责任公司	红旗渠▲	红旗渠（新开元）	12 毫克/支	三类烟 烤烟型
河南中烟工业有限责任公司	红旗渠▲	红旗渠（天河之星）	13 毫克/支	三类烟 烤烟型
河南中烟工业有限责任公司	红旗渠▲	红旗渠（新世纪）	13 毫克/支	四类烟 烤烟型
河南中烟工业有限责任公司	红旗渠▲	红旗渠（银河之光）	12 毫克/支	四类烟 烤烟型

续表

企 业	品 牌	规 格	焦油量	备 注
河南中烟工业有限责任公司	红旗渠▲	红旗渠（世纪之光）	13 毫克/支	四类烟 烤烟型
		红旗渠（长河之韵）	12 毫克/支	四类烟 烤烟型
		红旗渠（软红）	12 毫克/支	五类烟 烤烟型
	散花	散花（软蓝）	13 毫克/支	五类烟 烤烟型
	金许昌	金许昌（银星）	13 毫克/支	四类烟 烤烟型
		金许昌（硬红）	13 毫克/支	四类烟 烤烟型
		金许昌（软红）	13 毫克/支	五类烟 烤烟型
湖北中烟工业有限责任公司	黄鹤楼★▲	黄鹤楼（软 1916）	10 毫克/支	一类烟 烤烟型
		黄鹤楼（硬 1916）	10 毫克/支	一类烟 烤烟型
		黄鹤楼（硬为了谁）	6 毫克/支	一类烟 烤烟型 2010 年新产品
		黄鹤楼（硬品道）	7 毫克/支	一类烟 烤烟型 2010 年新产品
		黄鹤楼（软漫天游）	10 毫克/支	一类烟 烤烟型
		黄鹤楼（硬漫天游）	10 毫克/支	一类烟 烤烟型
		黄鹤楼（软论道）	8 毫克/支	一类烟 烤烟型
		黄鹤楼（软珍品）	10 毫克/支	一类烟 烤烟型
		黄鹤楼（硬论道）	12 毫克/支	一类烟 烤烟型
		黄鹤楼（硬珍品）	10 毫克/支	一类烟 烤烟型
		黄鹤楼（软满天星）	12 毫克/支	一类烟 烤烟型
		黄鹤楼（硬满天星）	12 毫克/支	一类烟 烤烟型
		黄鹤楼（硬大彩）	6 毫克/支	一类烟 烤烟型 2010 年新产品
		黄鹤楼（软红）	12 毫克/支	一类烟 烤烟型

续表

企　业	品　牌	规　格	焦油量	备　注
湖北中烟工业有限责任公司	黄鹤楼★▲	黄鹤楼（硬红）	12 毫克/支	一类烟 烤烟型
		黄鹤楼（硬雅香）	12 毫克/支	一类烟 烤烟型
		黄鹤楼（软蓝）	12 毫克/支	一类烟 烤烟型
		黄鹤楼（软金砂）	12 毫克/支	二类烟 烤烟型
		黄鹤楼（硬金砂）	12 毫克/支	二类烟 烤烟型
	红金龙▲	红金龙（晓楼）	10 毫克/支	二类烟 烤烟型 2010 年新产品
		红金龙（硬晓楼）	10 毫克/支	二类烟 烤烟型 2010 年新产品
		红金龙（硬百年）	12 毫克/支	三类烟 烤烟型
		红金龙（硬火之舞）	10 毫克/支	三类烟 烤烟型
		红金龙（硬红火之舞）	13 毫克/支	三类烟 烤烟型
		红金龙（软精品）	13 毫克/支	三类烟 烤烟型
		红金龙（硬红精品）	8 毫克/支	三类烟 烤烟型
		红金龙（硬祥龙）	12 毫克/支	三类烟 烤烟型
		红金龙（硬神州腾龙）	13 毫克/支	三类烟 烤烟型
		红金龙（硬佳品）	13 毫克/支	四类烟 烤烟型
		红金龙（硬九州腾龙）	13 毫克/支	四类烟 烤烟型
		红金龙（软红九州腾龙）	13 毫克/支	四类烟 烤烟型
		红金龙（硬红）	11 毫克/支	四类烟 烤烟型
		红金龙（软九州腾龙）	13 毫克/支	四类烟 烤烟型
		红金龙（软蓝九州腾龙）	13 毫克/支	四类烟 烤烟型
		红金龙（硬虹之彩）	12 毫克/支	四类烟 烤烟型

续表

企 业	品 牌	规 格	焦油量	备 注
湖北中烟工业有限责任公司	红金龙▲	红金龙（硬喜）	11 毫克/支	五类烟 烤烟型
		红金龙（软虹之彩）	11 毫克/支	五类烟 烤烟型
	红双喜	红双喜（硬）	11 毫克/支	五类烟 烤烟型
		红双喜（软）	11 毫克/支	五类烟 烤烟型
	黄金龙	黄金龙（硬）	11 毫克/支	五类烟 烤烟型
湖南中烟工业有限责任公司	芙蓉王★▲	芙蓉王（硬）	12 毫克/支	一类烟 烤烟型
		芙蓉王（蓝）	12 毫克/支	一类烟 烤烟型
		芙蓉王（软蓝）	8 毫克/支	一类烟 烤烟型
		芙蓉王（蔚蓝星空）	11 毫克/支	一类烟 烤烟型
		芙蓉王（软金）	10 毫克/支	一类烟 烤烟型
		芙蓉王（钻石）	10 毫克/支	一类烟 烤烟型
	白沙★▲	白沙（和天下）	12 毫克/支	一类烟 烤烟型
		白沙（和钻石）	12 毫克/支	一类烟 烤烟型
		白沙（珍品）	12 毫克/支	一类烟 烤烟型
		白沙（硬金尚品）	12 毫克/支	二类烟 烤烟型
		白沙（硬蓝尚品）	12 毫克/支	二类烟 烤烟型
		白沙（硬白尚品）	8 毫克/支	二类烟 烤烟型
		白沙（银世界）	12 毫克/支	三类烟 烤烟型
		白沙（精品二代）	12 毫克/支	三类烟 烤烟型
		白沙（软精品）	12 毫克/支	三类烟 烤烟型
		白沙（精品）	12 毫克/支	三类烟 烤烟型
		白沙（新精品）	12 毫克/支	三类烟 烤烟型

续表

企　业	品　牌	规　格	焦油量	备　注
湖南中烟工业有限责任公司	白沙★▲	白沙（红和）	12 毫克/支	三类烟 烤烟型
		白沙（绿和）	11 毫克/支	三类烟 烤烟型
		白沙（硬香槟）	11 毫克/支	三类烟 烤烟型
		白沙（软香槟）	11 毫克/支	三类烟 烤烟型
		白沙（硬）	12 毫克/支	四类烟 烤烟型
		白沙（软）	12 毫克/支	四类烟 烤烟型
	芙蓉	芙蓉（精品）	12 毫克/支	三类烟 烤烟型
		芙蓉（佳品）	11 毫克/支	四类烟 烤烟型
		芙蓉（黄后）	12 毫克/支	四类烟 烤烟型
		芙蓉（软红）	11 毫克/支	五类烟 烤烟型
		芙蓉（黄）	12 毫克/支	五类烟 烤烟型
		芙蓉（软橙）	13 毫克/支	五类烟 烤烟型
	相思鸟	相思鸟（软）	11 毫克/支	五类烟 烤烟型
	红豆	红豆（白）	11 毫克/支	五类烟 烤烟型
广东中烟工业有限责任公司	双喜★▲	双喜（典藏逸品）	9 毫克/支	一类烟 烤烟型
		双喜（硬逸品）	10 毫克/支	一类烟 烤烟型
		双喜（硬世纪经典）	11 毫克/支	一类烟 烤烟型
		双喜（盛世）	6 毫克/支	一类烟 烤烟型 2010 年新产品
		双喜（软红五叶神）	12 毫克/支	一类烟 烤烟型
		双喜（硬红五叶神）	13 毫克/支	一类烟 烤烟型
		双喜（硬绿五叶神）	13 毫克/支	一类烟 烤烟型
		双喜（硬蓝红玫王）	10 毫克/支	一类烟 烤烟型

续表

企 业	品 牌	规 格	焦油量	备 注
广东中烟工业有限责任公司	双喜★▲	双喜（硬经典1906）	11毫克/支	二类烟 烤烟型
		双喜（传奇）	8毫克/支	二类烟 烤烟型 2010年新产品
		双喜（硬金五叶神）	13毫克/支	二类烟 烤烟型
		双喜（硬银五叶神）	13毫克/支	二类烟 烤烟型
		双喜（软蓝红玫王）	10毫克/支	二类烟 烤烟型
		双喜（满堂红）	10毫克/支	三类烟 烤烟型 2010年新产品
		双喜（硬经典）	13毫克/支	三类烟 烤烟型
		双喜（软经典）	13毫克/支	三类烟 烤烟型
		双喜（硬）	13毫克/支	三类烟 烤烟型
		双喜（软）	13毫克/支	三类烟 烤烟型
		双喜（硬01）	13毫克/支	三类烟 烤烟型
		双喜（软01）	13毫克/支	三类烟 烤烟型
		双喜（硬国际）	13毫克/支	三类烟 烤烟型
		双喜（软国际）	13毫克/支	三类烟 烤烟型
		双喜（硬红玫王）	11毫克/支	三类烟 烤烟型
	红玫	红玫（硬金）	13毫克/支	四类烟 烤烟型
		红玫（软）	13毫克/支	五类烟 烤烟型
	椰树	椰树（硬绿）	13毫克/支	四类烟 烤烟型
		椰树（硬）	13毫克/支	四类烟 烤烟型
		椰树（软）	13毫克/支	五类烟 烤烟型

续表

企 业	品 牌	规 格	焦油量	备 注
广东中烟工业有限责任公司	羊城	羊城（硬红）	13 毫克/支	四类烟 混合型
		羊城（软红）	13 毫克/支	五类烟 混合型
		羊城（软白）	12 毫克/支	五类烟 混合型
		羊城（软薄荷）	13 毫克/支	五类烟 外香型
广西中烟工业有限责任公司	真龙◆	真龙（盛世）	7 毫克/支	一类烟 烤烟型
		真龙（金韵）	12 毫克/支	一类烟 烤烟型
		真龙（禅韵）	12 毫克/支	一类烟 烤烟型 2010 年新产品
		真龙（神韵）	12 毫克/支	一类烟 烤烟型
		真龙（海韵）	12 毫克/支	一类烟 烤烟型
		真龙（灵韵）	12 毫克/支	一类烟 烤烟型 2010 年新产品
		真龙（佳韵）	13 毫克/支	一类烟 烤烟型
		真龙（鸿韵）	13 毫克/支	一类烟 烤烟型
		真龙（轩云）	13 毫克/支	二类烟 烤烟型
		真龙（祥云）	13 毫克/支	三类烟 烤烟型
		真龙（珍品）	13 毫克/支	三类烟 烤烟型
		真龙（天翔）	13 毫克/支	三类烟 烤烟型
		真龙（软娇子）	13 毫克/支	三类烟 烤烟型
		真龙（娇子）	13 毫克/支	四类烟 烤烟型
	甲天下	甲天下（珍品）	13 毫克/支	三类烟 烤烟型
		甲天下（富）	13 毫克/支	四类烟 烤烟型
		甲天下（精品）	12 毫克/支	四类烟 烤烟型

续表

企　业	品　牌	规　格	焦油量	备　注
广西中烟工业有限责任公司	甲天下	甲天下（红）	13 毫克/支	四类烟 烤烟型
		甲天下（山水）	13 毫克/支	五类烟 烤烟型
		甲天下（漓江）	12 毫克/支	五类烟 烤烟型
川渝中烟工业公司	天子	天子（黄）	8 毫克/支	一类烟 烤烟型
		天子（软黄）	12 毫克/支	一类烟 烤烟型
	娇子★	娇子（天之娇子）	8 毫克/支	一类烟 烤烟型
		娇子（黄天之娇子）	10 毫克/支	一类烟 烤烟型
		娇子（精品）	12 毫克/支	一类烟 烤烟型
		娇子（锦绣）	10 毫克/支	一类烟 烤烟型
		娇子（锦绣）小天子	12 毫克/支	一类烟 烤烟型 2010 年新产品
		娇子（国宝）	12 毫克/支	一类烟 烤烟型
		娇子（国宝）蓝天之娇子	12 毫克/支	一类烟 烤烟型 2010 年新产品
		娇子（软紫国宝）大金元	10 毫克/支	一类烟 烤烟型 2010 年新产品
		娇子（时代）新锐	10 毫克/支	一类烟 烤烟型
		娇子（时代）硬大金元	12 毫克/支	一类烟 烤烟型 2010 年新产品
		娇子（软黄天子）	12 毫克/支	一类烟 烤烟型
		娇子（硬黄天子）	8 毫克/支	一类烟 烤烟型
		娇子（硬龙凤珍品）	12 毫克/支	一类烟 烤烟型
		娇子（X2）	5 毫克/支	二类烟 烤烟型
		娇子（红）	12 毫克/支	二类烟 烤烟型

续表

企　业	品　牌	规　格	焦油量	备　注
川渝中烟工业公司	娇子★	娇子（硬红经典）	12 毫克/支	二类烟 烤烟型 2010 年新产品
		娇子（蓝）	12 毫克/支	二类烟 烤烟型
		娇子（硬蓝经典）	12 毫克/支	二类烟 烤烟型 2010 年新产品
		娇子（软国宝）团圆版	12 毫克/支	二类烟 烤烟型
		娇子（硬龙凤呈祥）	12 毫克/支	二类烟 烤烟型
		娇子（硬龙凤经典）	12 毫克/支	二类烟 烤烟型 2010 年新产品
		娇子（X）	8 毫克/支	三类烟 烤烟型
		娇子（新概念）	11 毫克/支	三类烟 烤烟型
		娇子（时代阳光）	12 毫克/支	三类烟 烤烟型
		娇子（绿时代阳光）	12 毫克/支	三类烟 烤烟型
		娇子（硬阳光）	12 毫克/支	三类烟 烤烟型
		娇子（硬阳光新）	12 毫克/支	三类烟 烤烟型 2010 年新产品
		娇子（软阳光）	12 毫克/支	三类烟 烤烟型
		娇子（软阳光）新一代	12 毫克/支	三类烟 烤烟型 2010 年新产品
		娇子（软龙凤呈祥）	12 毫克/支	三类烟 烤烟型
		娇子（软龙凤魅力朝）	12 毫克/支	三类烟 烤烟型
		娇子（硬龙凤世纪朝）	12 毫克/支	三类烟 烤烟型
		娇子（硬龙凤喜庆）	12 毫克/支	三类烟 烤烟型
		娇子（硬龙凤喜庆新）	12 毫克/支	三类烟 烤烟型

续表

企 业	品 牌	规 格	焦油量	备 注
川渝中烟工业公司	龙凤呈祥	龙凤呈祥（喜庆珍品）	12 毫克/支	一类烟 烤烟型
		龙凤呈祥（硬）	12 毫克/支	二类烟 烤烟型
		龙凤呈祥（软）	12 毫克/支	三类烟 烤烟型
		龙凤呈祥（喜庆香烟）	12 毫克/支	三类烟 烤烟型
		龙凤呈祥（喜庆香烟新）	12 毫克/支	三类烟 烤烟型
		龙凤呈祥（魅力）	12 毫克/支	三类烟 烤烟型
		龙凤呈祥（魅力朝）	12 毫克/支	三类烟 烤烟型
		龙凤呈祥（世纪朝）	12 毫克/支	三类烟 烤烟型
		龙凤呈祥（佳品）	12 毫克/支	四类烟 烤烟型
	天下秀	天下秀（珍品）	12 毫克/支	三类烟 烤烟型
		天下秀（红天地）	12 毫克/支	四类烟 烤烟型
		天下秀（金）	12 毫克/支	四类烟 烤烟型
		天下秀（红名品）	12 毫克/支	四类烟 烤烟型
		天下秀（佳品）	12 毫克/支	四类烟 烤烟型
		天下秀（硬绿）	12 毫克/支	五类烟 烤烟型
		天下秀（红）	12 毫克/支	五类烟 烤烟型
		天下秀（软红）	12 毫克/支	五类烟 烤烟型
	五牛	五牛（硬金）	12 毫克/支	五类烟 烤烟型
		五牛（绿）	12 毫克/支	五类烟 烤烟型
		五牛（硬绿新）	12 毫克/支	五类烟 烤烟型
	宏声	宏声（精品）	12 毫克/支	四类烟 烤烟型
		宏声（时尚）	12 毫克/支	四类烟 烤烟型

续表

企 业	品 牌	规 格	焦油量	备 注
川渝中烟工业公司	宏声	宏声（硬特）	12 毫克/支	四类烟 烤烟型
		宏声（软特）	12 毫克/支	五类烟 烤烟型
		宏声（软）	12 毫克/支	五类烟 烤烟型
		宏声（硬）	12 毫克/支	五类烟 烤烟型
	山城	山城（软蓝）	12 毫克/支	五类烟 烤烟型
贵州中烟工业有限责任公司	黄果树	黄果树（红色经典）	11 毫克/支	三类烟 烤烟型 2010 年新产品
		黄果树（软红色经典）	11 毫克/支	三类烟 烤烟型 2010 年新产品
		黄果树（典藏）	12 毫克/支	三类烟 烤烟型
		黄果树（硬黄精品）	12 毫克/支	三类烟 烤烟型
		黄果树（佳品）	12 毫克/支	四类烟 烤烟型
		黄果树（佳品 01）	12 毫克/支	四类烟 烤烟型
		黄果树（金时代）	12 毫克/支	四类烟 烤烟型
		黄果树（长征）	12 毫克/支	四类烟 烤烟型
		黄果树（硬）	11 毫克/支	四类烟 烤烟型
		黄果树（软）	12 毫克/支	五类烟 烤烟型
	贵烟◆	贵烟（盛世）	11 毫克/支	一类烟 烤烟型
		贵烟（福）	11 毫克/支	一类烟 烤烟型
		贵烟（北纬 27 度）	11 毫克/支	一类烟 烤烟型
		贵烟（软北纬 27 度）	11 毫克/支	一类烟 烤烟型
		贵烟（蓝色的爱）	11 毫克/支	一类烟 烤烟型 2010 年新产品

续表

企 业	品 牌	规 格	焦油量	备 注
贵州中烟工业有限责任公司	贵烟◆	贵烟（流金岁月）	11 毫克/支	一类烟 烤烟型 2010 年新产品
		贵烟（软高遵）	12 毫克/支	一类烟 烤烟型
		贵烟（硬高遵）	12 毫克/支	一类烟 烤烟型
		贵烟（喜）	12 毫克/支	二类烟 烤烟型
		贵烟（喜满意）	10 毫克/支	二类烟 烤烟型 2010 年新产品
		贵烟（多彩）	12 毫克/支	三类烟 烤烟型
	遵义	遵义（新佳品）	12 毫克/支	三类烟 烤烟型
		遵义（软）	12 毫克/支	五类烟 烤烟型
	桫椤	桫椤（红）	12 毫克/支	五类烟 烤烟型
云南中烟工业公司	玉溪★▲	玉溪（软境界）	10 毫克/支	一类烟 烤烟型
		玉溪（硬大成）	10 毫克/支	一类烟 烤烟型
		玉溪（硬和谐）	11 毫克/支	一类烟 烤烟型
		玉溪（软和谐）	11 毫克/支	一类烟 烤烟型
		玉溪（软尚善）	12 毫克/支	一类烟 烤烟型
		玉溪（软）	12 毫克/支	一类烟 烤烟型
		玉溪（硬）	12 毫克/支	一类烟 烤烟型
		玉溪（8090）	8 毫克/支	一类烟 烤烟型 2010 年新产品
		玉溪（硬金出口）	11 毫克/支	一类烟 烤烟型
		玉溪（硬出口）	12 毫克/支	一类烟 烤烟型
		玉溪（硬金 HK）	11 毫克/支	一类烟 烤烟型
		玉溪（硬金 US）	11 毫克/支	一类烟 烤烟型

续表

企 业	品 牌	规 格	焦油量	备 注
云南中烟工业公司	玉溪★▲	玉溪（硬 AU）	12 毫克/支	一类烟 烤烟型
		玉溪（硬 TH）	12 毫克/支	一类烟 烤烟型
		玉溪（硬 HK）	12 毫克/支	一类烟 烤烟型
		玉溪（硬 DF）	12 毫克/支	一类烟 烤烟型
		玉溪（硬金 DF）	11 毫克/支	一类烟 烤烟型
	红塔山★▲	红塔山（硬大经典）	10 毫克/支	一类烟 烤烟型
		红塔山（硬经典 150）	10 毫克/支	二类烟 烤烟型
		红塔山（恭贺新禧）	10 毫克/支	二类烟 烤烟型 2010 年新产品
		红塔山（软经典 100）	12 毫克/支	三类烟 烤烟型
		红塔山（硬经典 100）	12 毫克/支	三类烟 烤烟型
		红塔山（硬新势力）	12 毫克/支	三类烟 烤烟型
		红塔山（硬新）	12 毫克/支	三类烟 烤烟型
		红塔山（软新）	12 毫克/支	三类烟 烤烟型
		红塔山（硬经典 1956）	12 毫克/支	三类烟 烤烟型
		红塔山（软经典 1956）	12 毫克/支	三类烟 烤烟型
		红塔山（硬世纪）	12 毫克/支	三类烟 烤烟型
		红塔山（软世纪）	12 毫克/支	三类烟 烤烟型
		红塔山（硬国际 100）	7 毫克/支	三类烟 烤烟型
		红塔山（硬金出口）	11 毫克/支	烤烟型 出口烟
		红塔山（软出口）	13 毫克/支	烤烟型 出口烟
		红塔山（硬出口）	13 毫克/支	烤烟型 出口烟
		红塔山（台湾版）	7 毫克/支	混合型 出口烟

续表

企 业	品 牌	规 格	焦油量	备 注
云南中烟工业公司	红塔山★▲	红塔山（台湾版）	10 毫克/支	混合型 出口烟
		红塔山（硬国际 100 台湾版）	7 毫克/支	混合型 出口烟
		红塔山（硬 DF）	13 毫克/支	混合型 出口烟
		红塔山（硬金 DF）	12 毫克/支	混合型 出口烟
	红梅	红梅（硬春）	12 毫克/支	四类烟 烤烟型
		红梅（硬蓝春）	12 毫克/支	四类烟 烤烟型
		红梅（硬虹）	12 毫克/支	四类烟 烤烟型
		红梅（硬黄）	12 毫克/支	四类烟 烤烟型
		红梅（软黄）	12 毫克/支	四类烟 烤烟型
		红梅（软白）	12 毫克/支	五类烟 烤烟型
		红梅（软顺）	12 毫克/支	五类烟 烤烟型
	恭贺新禧	恭贺新禧（硬）	12 毫克/支	三类烟 烤烟型
		恭贺新禧（软）	12 毫克/支	三类烟 烤烟型
	阿诗玛	阿诗玛（94mmCH）	8 毫克/支	混合型 出口烟
		阿诗玛（94mmCH1）	9 毫克/支	混合型 出口烟
	XINGXING（新兴）	XINGXING（新兴）（软 94mm）	12 毫克/支	混合型 出口烟
		XINGXING（新兴）（硬红 TH2）	12 毫克/支	混合型 出口烟
	MARBLE（马宝）	MARBLE（马宝）（硬）	10 毫克/支	混合型 出口烟
		MARBLE（马宝）（硬 GOLD）	8 毫克/支	混合型 出口烟
		MARBLE（马宝）（硬 BG）	10 毫克/支	混合型 出口烟
		MARBLE（马宝）（硬 BG1）	10 毫克/支	混合型 出口烟
	PLAZA（天堂）	PLAZA（天堂）	13 毫克/支	混合型 出口烟

续表

企业	品牌	规格	焦油量	备注
云南中烟工业公司	WEST（威斯）	WEST（威斯）（硬红）	12 毫克/支	代加工品牌
		WEST（威斯）（硬蓝）	8 毫克/支	代加工品牌
	云烟★▲	云烟（软礼印象）	12 毫克/支	一类烟 烤烟型
		云烟（印象）	12 毫克/支	一类烟 烤烟型
		云烟（94mm 印象）	11 毫克/支	一类烟 烤烟型
		云烟（红印象）	10 毫克/支	一类烟 烤烟型
		云烟（硬珍品）	12 毫克/支	一类烟 烤烟型
		云烟（软珍品）	13 毫克/支	一类烟 烤烟型
		云烟（软珍品 zj）	13 毫克/支	一类烟 烤烟型
		云烟（软小熊猫）	12 毫克/支	一类烟 烤烟型 2010 年新产品
		云烟（小熊猫）	12 毫克/支	一类烟 烤烟型 2010 年新产品
		云烟（WIN）	8 毫克/支	一类烟 烤烟型
		云烟（12mg 苁蓉）	12 毫克/支	二类烟 烤烟型
		云烟（软苁蓉）	12 毫克/支	二类烟 烤烟型
		云烟（紫）	13 毫克/支	三类烟 烤烟型
		云烟（软如意）	12 毫克/支	三类烟 烤烟型
		云烟（双龙）	13 毫克/支	三类烟 烤烟型
		云烟（红）	13 毫克/支	三类烟 烤烟型
		云烟（软紫）	12 毫克/支	三类烟 烤烟型
		云烟（福）	12 毫克/支	三类烟 烤烟型
		云烟（朱砂红出口）	13 毫克/支	烤烟型 出口烟

续表

企 业	品 牌	规 格	焦油量	备 注
云南中烟工业公司	云烟★▲	云烟（朱砂红出口 HK）	13 毫克/支	烤烟型 出口烟
		云烟（软珍品出口）	13 毫克/支	烤烟型 出口烟
		云烟（硬珍品出口）	12 毫克/支	烤烟型 出口烟
		云烟（软如意出口）	12 毫克/支	烤烟型 出口烟
		云烟（吉祥出口）	11 毫克/支	烤烟型 出口烟
		云烟（紫出口）	13 毫克/支	烤烟型 出口烟
		云烟（红出口）	13 毫克/支	烤烟型 出口烟
	红河▲	红河（道）	11 毫克/支	一类烟 烤烟型
		红河（硬 V8）	11 毫克/支	一类烟 烤烟型
		红河（硬 99）	12 毫克/支	二类烟 烤烟型
		红河（软 99）	12 毫克/支	二类烟 烤烟型
		红河（硬 88）	12 毫克/支	三类烟 烤烟型
		红河（软 88）	12 毫克/支	三类烟 烤烟型
		红河（硬 66）	13 毫克/支	三类烟 烤烟型
		红河（奔腾）	12 毫克/支	三类烟 烤烟型
		红河（软奔腾）	12 毫克/支	三类烟 烤烟型
		红河（运）	12 毫克/支	三类烟 烤烟型 2010 年新产品
		红河（软运）	12 毫克/支	三类烟 烤烟型 2010 年新产品
		红河（硬甲）	13 毫克/支	四类烟 烤烟型
		红河（软甲）	13 毫克/支	四类烟 烤烟型
		红河（硬乙）	13 毫克/支	四类烟 烤烟型

续表

企　业	品　牌	规　格	焦油量	备　注
云南中烟工业公司	红河▲	红河（软乙）	13 毫克/支	四类烟 烤烟型
		红河（硬 88 出口）	12 毫克/支	烤烟型 出口烟
		红河（软 88 出口）	12 毫克/支	烤烟型 出口烟
	小熊猫	小熊猫（软珍品）	12 毫克/支	一类烟 烤烟型
		小熊猫（精品）	13 毫克/支	一类烟 烤烟型
		小熊猫（清和风）	12 毫克/支	三类烟 烤烟型
		小熊猫（软清和风）	12 毫克/支	三类烟 烤烟型
		小熊猫（软红世纪风）	13 毫克/支	三类烟 烤烟型
		小熊猫（红世纪风）	13 毫克/支	三类烟 烤烟型
		小熊猫（精品出口）	13 毫克/支	烤烟型 出口烟
		小熊猫（精品出口 AU）	13 毫克/支	烤烟型 出口烟
		小熊猫（精品出口 HK）	13 毫克/支	烤烟型 出口烟
		小熊猫（软珍品出口）	12 毫克/支	烤烟型 出口烟
	红山茶	红山茶（紫）	13 毫克/支	四类烟 烤烟型
		红山茶（特红）	13 毫克/支	四类烟 烤烟型
		红山茶（软）	13 毫克/支	五类烟 烤烟型
	石林	石林（软精品）	13 毫克/支	三类烟 烤烟型
		石林（硬）	13 毫克/支	四类烟 烤烟型
		石林（软）	13 毫克/支	四类烟 烤烟型
	福	福（软精品）	12 毫克/支	一类烟 烤烟型
		福（软红）	13 毫克/支	三类烟 烤烟型
	茶花	茶花（94mm）	13 毫克/支	三类烟 烤烟型

续表

企 业	品 牌	规 格	焦油量	备 注
云南中烟工业公司	雪莲	雪莲（红精品）	13 毫克/支	一类烟 烤烟型
		雪莲（软蓝）	12 毫克/支	一类烟 烤烟型
		雪莲（蓝精品）	13 毫克/支	三类烟 烤烟型
		雪莲（红新品）	12 毫克/支	五类烟 烤烟型
	雪域	雪域（软）	12 毫克/支	一类烟 烤烟型
		雪域（硬）	12 毫克/支	三类烟 烤烟型
	呼伦贝尔	呼伦贝尔（金）	10 毫克/支	一类烟 烤烟型
		呼伦贝尔（绿）	13 毫克/支	二类烟 烤烟型
	钓鱼台	钓鱼台 （硬景泰蓝 94mm）	6 毫克/支	一类烟 烤烟型
		钓鱼台（金）	10 毫克/支	二类烟 烤烟型
陕西中烟工业有限责任公司	好猫◆	好猫（盛世）	10 毫克/支	一类烟 烤烟型
		好猫（如意）	8 毫克/支	一类烟 烤烟型 2010 年新产品
		好猫（吉祥）	12 毫克/支	一类烟 烤烟型
		好猫（炫蓝）	12 毫克/支	一类烟 烤烟型
		好猫（软神韵）	11 毫克/支	二类烟 烤烟型
		好猫（金延安）	12 毫克/支	二类烟 烤烟型
		好猫（步步高）	12 毫克/支	三类烟 烤烟型 2010 年新产品
		好猫（猴王磨砂）	12 毫克/支	三类烟 烤烟型
	猴王	猴王（神采）	12 毫克/支	三类烟 烤烟型
		猴王（软红）	12 毫克/支	四类烟 烤烟型
		猴王（硬红）	12 毫克/支	四类烟 烤烟型

续表

企 业	品 牌	规 格	焦油量	备 注
陕西中烟工业有限责任公司	猴王	猴王（金）	12 毫克/支	四类烟 烤烟型
		猴王（软蓝）	12 毫克/支	五类烟 烤烟型
		猴王（软紫）	12 毫克/支	五类烟 烤烟型
	延安	延安（硬）	12 毫克/支	三类烟 烤烟型
		延安（软）	11 毫克/支	四类烟 烤烟型
		延安（硬红）	12 毫克/支	五类烟 烤烟型
黑龙江烟草工业有限责任公司	林海灵芝	林海灵芝（印象）	12 毫克/支	三类烟 烤烟型
		林海灵芝（8mg）	8 毫克/支	三类烟 混合型
		林海灵芝（硬白）	11 毫克/支	四类烟 混合型
		林海灵芝（硬扁 16 支）	11 毫克/支	四类烟 混合型
		林海灵芝（如意）	12 毫克/支	四类烟 烤烟型
		林海灵芝（蓝色经典）	12 毫克/支	四类烟 混合型 2010 年新产品
		林海灵芝（软白）	11 毫克/支	五类烟 混合型
	哈尔滨	哈尔滨（龙烟祥和）	10 毫克/支	一类烟 烤烟型 2010 年新产品
		哈尔滨（禧龙）	10 毫克/支	一类烟 烤烟型 2010 年新产品
		哈尔滨（软黄）	13 毫克/支	五类烟 烤烟型
	老仁义	老仁义（吉祥）	12 毫克/支	四类烟 烤烟型
		老仁义（和谐）	13 毫克/支	五类烟 烤烟型
		老仁义（软红）	14 毫克/支	五类烟 烤烟型
红塔辽宁烟草有限责任公司	人民大会堂	人民大会堂（软红）	13 毫克/支	一类烟 烤烟型
		人民大会堂（本香）	10 毫克/支	一类烟 烤烟型

续表

企 业	品 牌	规 格	焦油量	备 注
红塔辽宁烟草有限责任公司	人民大会堂	人民大会堂（盛世典藏）	8 毫克/支	一类烟 烤烟型 2010 年新产品
		人民大会堂（硬红）	13 毫克/支	二类烟 烤烟型
		人民大会堂（国典 1959）	12 毫克/支	二类烟 烤烟型 2010 年新产品
		人民大会堂（双色红）	12 毫克/支	三类烟 烤烟型
		人民大会堂（珍品）	12 毫克/支	三类烟 烤烟型
吉林烟草工业有限责任公司	长白山★●	长白山（高山流水）	1 毫克/支	一类烟 烤烟型 2010 年新产品
		长白山（德容天下）	3 毫克/支	一类烟 烤烟型
		长白山（5mg）	5 毫克/支	一类烟 烤烟型
		长白山（神韵）	5 毫克/支	一类烟 烤烟型
		长白山（天韵）	6 毫克/支	一类烟 烤烟型
		长白山（揽胜）	8 毫克/支	一类烟 烤烟型 2010 年新产品
		长白山（丹韵）	9 毫克/支	二类烟 烤烟型
		长白山（人参）	8 毫克/支	二类烟 烤烟型 2010 年新产品
		长白山（8mg）	8 毫克/支	二类烟 烤烟型
		长白山（软红）	12 毫克/支	二类烟 烤烟型
		长白山（红）	13 毫克/支	三类烟 烤烟型
		长白山（银）	8 毫克/支	三类烟 烤烟型
		长白山（淳香）	13 毫克/支	四类烟 烤烟型
		长白山（阿里郎）	11 毫克/支	四类烟 烤烟型

续表

企　业	品　牌	规　格	焦油量	备　注
甘肃烟草工业有限责任公司	兰州	兰州（硬经典）	10 毫克/支	一类烟 烤烟型
		兰州（硬吉祥）	10 毫克/支	一类烟 烤烟型
		兰州（16 支吉祥）	10 毫克/支	一类烟 烤烟型
		兰州（硬飞天）	9 毫克/支	一类烟 烤烟型
		兰州（硬六味）	9 毫克/支	一类烟 烤烟型
		兰州（硬如意）	10 毫克/支	二类烟 烤烟型
		兰州（硬珍品）	11 毫克/支	二类烟 烤烟型
		兰州（硬精品）	11 毫克/支	三类烟 烤烟型
		兰州（硬蓝）	12 毫克/支	四类烟 烤烟型
		兰州（硬黄）	10 毫克/支	四类烟 烤烟型
		兰州（软黄）	10 毫克/支	四类烟 烤烟型
		兰州（硬红）	10 毫克/支	五类烟 烤烟型
		兰州（软红）	10 毫克/支	五类烟 烤烟型
内蒙古昆明卷烟有限责任公司	冬虫夏草	冬虫夏草	12 毫克/支	一类烟 烤烟型
	苁蓉	苁蓉（祥和）	11 毫克/支	一类烟 烤烟型
	云烟	云烟（软苁蓉）	12 毫克/支	二类烟 烤烟型
		云烟（12mg 苁蓉）	12 毫克/支	二类烟 烤烟型
	大青山	大青山（红）	11 毫克/支	五类烟 烤烟型
		大青山（软	11 毫克/支	五类烟 烤烟型
深圳烟草工业有限责任公司	好日子	好日子（盛世）	12 毫克/支	一类烟 烤烟型
		好日子（硬金樽）	12 毫克/支	一类烟 烤烟型
		好日子（锦绣）	10 毫克/支	一类烟 烤烟型

续表

企业	品牌	规格	焦油量	备注
深圳烟草工业有限责任公司	好日子	好日子（软珍品）	12 毫克/支	二类烟 烤烟型
		好日子（硬金精品）	12 毫克/支	三类烟 烤烟型
		好日子（硬吉祥）	12 毫克/支	三类烟 烤烟型
		好日子（软如意）	12 毫克/支	三类烟 烤烟型
	特美思	特美思（硬精品）	12 毫克/支	四类烟 烤烟型
		特美思（硬）	12 毫克/支	四类烟 烤烟型
海南红塔卷烟有限责任公司	红梅	红梅（软黄）	13 毫克/支	四类烟 烤烟型
		红梅（硬黄）	13 毫克/支	四类烟 烤烟型
		红梅（软顺）	13 毫克/支	五类烟 烤烟型
	恭贺新禧	恭贺新禧（软）	13 毫克/支	三类烟 烤烟型
		恭贺新禧（硬）	13 毫克/支	三类烟 烤烟型
	红塔山	红塔山（软经典）	13 毫克/支	三类烟 烤烟型
		红塔山（硬经典）	13 毫克/支	三类烟 烤烟型
		红塔山（硬经典 100）	12 毫克/支	三类烟 烤烟型
	椰王	椰王（硬金）	10 毫克/支	一类烟 烤烟型
		椰王	13 毫克/支	二类烟 烤烟型

2010年在产雪茄烟品牌(规格)名录

企　业	品　牌	品　名	风格特征	尺寸规格①	包装规格	类　别
安徽中烟工业公司	黄山松	黄山松（5 支）	中度浓味	110 毫米×9.5 毫米	5 支装硬盒	半叶卷手工雪茄
	味美思	味美思（5 支）	中度浓味	120 毫米×8 毫米×12 毫米（方支）	5 支装硬盒	半叶卷手工雪茄
		味美思（10 支）	中度浓味	84 毫米×10 毫米×10 毫米（方支）	10 支装硬盒	半叶卷手工雪茄
	王冠	王冠（16 支）	中度浓味	86 毫米×7.8 毫米	16 支装硬盒	半叶卷手工雪茄
		王冠（20 支）	中度浓味	88 毫米×9.2 毫米	20 支装硬盒	半叶卷手工雪茄
		王冠（5 支）	中度浓味	136 毫米×13.05 毫米	5 支装塑盒	半叶卷手工雪茄
		王冠（塑 10 支）	中度浓味	130 毫米×15.3 毫米	10 支装塑盒	半叶卷手工雪茄
		王冠（铝 2 支全叶卷）	中度浓味	150 毫米×17.8 毫米	2 支装硬盒	全叶卷手工雪茄
		王冠（塑 2 支全叶卷）	中度浓味	120 毫米×13 毫米	2 支装硬盒	全叶卷手工雪茄
		王冠（10 支全叶卷）	中度浓味	150 毫米×17.8 毫米	10 支装木盒	全叶卷手工雪茄
		王冠（5 支木嘴）	中度浓味	126 毫米×10.8 毫米	5 支装硬盒	半叶卷手工雪茄 2010 年新产品
		王冠（5 支奶香）	香味	110 毫米×9.5 毫米	5 支装硬盒	半叶卷手工雪茄 2010 年新产品
山东中烟工业有限责任公司	将军	将军（3G）	中味	100 毫米×9 毫米	10 支装铁盒	半手工雪茄
湖北中烟工业有限责任公司	三峡	三峡（MX10）	香型	84 毫米×7.8 毫米	10 支装硬盒	手工雪茄
		三峡（MY10）	原味	84 毫米×7.9 毫米	10 支装硬盒	手工雪茄
		三峡（WX20）	香型	84 毫米×7.10 毫米	20 支装硬盒	雪茄型
		三峡（WY20）	原味	84 毫米×7.11 毫米	20 支装硬盒	雪茄型

① 安徽中烟、湖北中烟、山东中烟雪茄烟尺寸规格为“长度×直径”；川渝中烟雪茄烟尺寸规格为“长度×周长”。

续表

企　业	品　牌	品　名	风格特征	尺寸规格	包装规格	类　别
湖北中烟工业有限责任公司	顺百利	顺百利（10 支 LP）	原味	132 毫米×16.2 毫米	10 支装木盒	手工雪茄
		顺百利（25 支 LP）	原味	132 毫米×16.3 毫米	25 支装木盒	手工雪茄
		顺百利（2 支）	原味	132 毫米×16.4 毫米	2 支装纸盒	手工雪茄
		顺百利（3 支 X）	原味	132 毫米×13.8 毫米	3 支装硬盒	手工雪茄
		顺百利（5 支 XY）	原味	105 毫米×12.5 毫米	5 支装纸盒	手工雪茄
	茂大	茂大（10 支 LP）	原味	132 毫米×16.5 毫米	10 支装木盒	手工雪茄
		茂大（25 支 LP）	原味	132 毫米×16.6 毫米	25 支装木盒	手工雪茄
		茂大（3 支 X）	原味	132 毫米×13.9 毫米	3 支装硬盒	手工雪茄
		茂大（25 支 XLP）	原味	132 毫米×13.10 毫米	25 支装木盒	手工雪茄
		茂大（5 支 XY）	原味	105 毫米×12.6 毫米	5 支装纸盒	手工雪茄
	红金龙	红金龙（硬古龙）	中式雪茄（香柔顺喉）	84 毫米×7.8 毫米	20 支装硬盒	雪茄型
		红金龙（硬金龙）	中式雪茄（香柔顺喉）	84 毫米×7.8 毫米	20 支装硬盒	雪茄型
		红金龙（硬红龙）	中式雪茄（香柔顺喉）	84 毫米×7.8 毫米	20 支装硬盒	雪茄型
川渝中烟工业公司	长城	长城（导师 2 号）	原味	130 毫米×53.4 毫米	25 支装木盒	手工叶束式雪茄
		长城（2 号）	原味	130 毫米×53.4 毫米	5 支装纸盒	手工叶束式雪茄
		长城（3 号）	原味、中等浓郁	150 毫米×50 毫米	5 支装纸盒	手工叶束式雪茄
		长城（3 号铝管 2 支）	原味、中等浓郁	150 毫米×50 毫米	2 支装纸盒	手工叶束式雪茄
		长城（盛世 6 号）	原味、中等浓郁	110 毫米×45 毫米	5 支装纸盒	手工叶束式雪茄
		长城（大号铝管 5 支）	奶油香味	160 毫米×55 毫米	5 支装纸盒	手卷叶片式雪茄
		长城（5 支小号）	原味、中等浓郁	100 毫米×34.5 毫米	5 支装纸盒	手卷叶丝式雪茄
		长城（骑士 3 号）	香草味	100 毫米×35 毫米	10 支装纸盒	机卷叶片式雪茄
		长城（金南极）	水蜜桃味	120 毫米×35 毫米（带木嘴）	5 支装纸盒	机卷叶片式雪茄

续表

企　业	品　牌	品　名	风格特征	尺寸规格	包装规格	类　别
川渝中烟工业公司	长城	长城（迷你原味）	原味	95 毫米 ×26 毫米	2×5 支装铁盒	机卷叶片式雪茄
		长城（迷你咖啡）	淡味、咖啡味	75 毫米 ×26 毫米	2×5 支装铁盒	机卷叶片式雪茄
		长城（迷你香草）	淡味、香草味	75 毫米 ×26 毫米	2×5 支装铁盒	机卷叶片式雪茄
		长城（骑士国际原味 1 号）	原味	100 毫米 ×35 毫米	5 支装纸盒	机卷叶片式雪茄 2010 年新产品
		长城（骑士国际香草 1 号）	香草	100 毫米 ×35 毫米	5 支装纸盒	机卷叶片式雪茄 2010 年新产品
		长城（骑士国际原味 2 号）	原味	100 毫米 ×35 毫米	10 支装纸盒	机卷叶片式雪茄 2010 年新产品
		长城（骑士国际香草 2 号）	香草味	100 毫米 ×35 毫米	10 支装纸盒	机卷叶片式雪茄 2010 年新产品
		长城（迷你国际原味 1 号）	原味	75 毫米 ×26 毫米	1×10 支装铁盒	机卷叶片式雪茄 2010 年新产品
		长城（迷你国际香草 1 号）	淡味、香草味	75 毫米 ×26 毫米	1×10 支装铁盒	机卷叶片式雪茄 2010 年新产品
		长城（132）	雪茄原味	84 毫米 ×24.5 毫米	20 支装硬盒	机制叶丝式雪茄
	狮牌	狮牌（5 支小号）	原味、中等浓郁	112 毫米 ×31 毫米	5 支装纸盒	手卷叶丝式雪茄
		狮牌（谜你 3 号）	微有奶油香味	84 毫米 ×25 毫米	20 支装纸盒	手卷叶片式雪茄
		狮牌（谜你 1 号）	淡味、咖啡香草味	98 毫米 ×26 毫米	2×5 支装纸盒	机卷叶片式雪茄
		狮牌（微型）	香草咖啡味	84 毫米 ×24.5 毫米	20 支装硬盒	机制雪茄
		狮牌（原味）	原味	84 毫米 ×24.5 毫米	20 支装硬盒	机制雪茄
		狮牌（草莓）	草莓	84 毫米 ×24.5 毫米	20 支装软盒	机制雪茄
		狮牌（特香）	烟草特香	84 毫米 ×24.5 毫米	20 支装硬盒	机制雪茄
		狮牌（蓝调）	坚果味	84 毫米 ×24.5 毫米	20 支装硬盒	机制雪茄 2010 年新产品
		狮牌（原味新版）	坚果味	84 毫米 ×24.5 毫米	20 支装硬盒	机制雪茄 2010 年新产品
	工字	工字（2 代）	原味、中等浓郁	84 毫米 ×34.5 毫米	10 支装纸盒	手卷叶丝式雪茄

索引

索引使用说明

一、本索引采用关键词索引法编制，对年鉴中有实质检索意义的内容予以标引，以供检索使用。

二、本索引基本上是按汉语拼音音序排列。具体排列规则如下：以数字开头的标目，排在最前面；以英文字母打头的标目，列于其次；汉字标目则按首字的音序、音调依次排列；首字相同时，则以第二个字排序，并依此类推。

三、索引标目后的数字，表示检索内容所在的年鉴正文页码，如果一个关键词在同一页中出现多次，页码只标一次。

索 引

图书在版编目(CIP)数据

中国烟草年鉴．2010/国家烟草专卖局主编．—北京：中国科学技术出版社，2011.12

ISBN 978－7－5046－5962－0

Ⅰ.①中…　Ⅱ.①国…　Ⅲ.①烟草工业－中国－2010－年鉴　Ⅳ.①F426.89－54

中国版本图书馆 CIP 数据核字(2011)第 227969 号

发　　行：高建国　63605464，张　洁　63605646，姚　媛　63606745
广告电话：丁广达　68535568

选题策划　吕建华　许　英
责任编辑　许　英　王　菡
封面设计　吉天虹
彩插设计　吉天虹　张晨艳　华　眉　陈兴杰　许双慧　李西屹　卢　璇　周泽丹
责任校对　林　华
责任印制　张建农

出　　版　中国科学技术出版社
发　　行　科学普及出版社发行部
地　　址　北京市海淀区中关村南大街 16 号
邮　　编　100081
发行电话　010－62173865
传　　真　010－62179148
网　　址　http://www.cspbooks.com.cn

开　　本　889mm×1194mm　1/16
字　　数　2300 千字
印　　张　60.5
彩　　插　32
印　　数　1—3200 册
版　　次　2011 年 12 月第 1 版
印　　次　2011 年 12 月第 1 次印刷
印　　刷　北京华正印刷有限公司印刷

书　　号　ISBN 978－7－5046－5962－0/F·734
定　　价　330.00 元

中国烟草年鉴 2010